中国建设年鉴 2011

《中国建设年鉴》编委会 编

中国建筑工业出版社

图书在版编目(CIP)数据

中国建设年鉴2011/《中国建设年鉴》编委会编. —北京：中国建筑工业出版社，2012.1
ISBN 978-7-112-13946-0

Ⅰ.①中… Ⅱ.①中… Ⅲ.①城乡建设-中国-2011-年鉴 Ⅳ.①F299.2-54

中国版本图书馆CIP数据核字(2012)第005624号

责任编辑：马　红　李　宁
责任设计：陈　旭
责任校对：党　蕾　王雪竹

中国建设年鉴2011

《中国建设年鉴》编委会　编

*

中国建筑工业出版社出版、发行(北京西郊百万庄)
各地新华书店、建筑书店经销
北京天成排版公司制版
北京中科印刷有限公司印刷

*

开本：880×1230毫米　1/16　印张：62　字数：2000千字
2012年2月第一版　2012年2月第一次印刷
定价：300.00元
ISBN 978-7-112-13946-0
(21984)

版权所有　翻印必究
如有印装质量问题，可寄本社退换
(邮政编码　100037)

编辑说明

一、《中国建设年鉴》由住房和城乡建设部组织编纂、中国建筑工业出版社具体负责编辑出版工作。内容综合反映我国建设事业发展与改革年度情况，属于大型文献史料性工具书。内容丰富，资料来源权威可靠，具有很强的政策性、指导性、文献性。可为各级建设行政主管领导提供参考，为地区和行业建设发展规划和思路提供借鉴，为国内外各界人士了解中国建设情况提供信息。本书具有重要的史料价值、实用价值和收藏价值。

二、本卷力求全面记述2010年我国房地产业、住房保障、城乡规划、城市建设与市政公用事业、村镇建设、建筑业和建筑节能与科技方面的主要工作，突出新思路、新举措、新特点。

三、本年鉴记述时限一般为上一年度1月1日～12月31日。考虑有些条目内容的实效性，如科技推广项目的发布，为服务行业需要，在时限上有所下延。

四、本卷内容共分十篇，分别是重要活动，专论，建设综述，各地建设，法规政策文件，专题与行业报告，数据统计与分析，部属单位、社团与部分央企，2010年建设大事记，附录。

五、我国香港特别行政区、澳门特别行政区和台湾地区建设情况未列入本卷。

六、本年鉴资料由各省、自治区住房和城乡建设厅，直辖市住房和城乡建设委员会及有关部门，国务院有关部委司局，住房和城乡建设部各司局和部属单位、社团等提供。稿件由供稿单位组织专人搜集资料并撰写、供稿单位负责人把关。

七、谨向关心支持《中国建设年鉴》的各地区、有关部门、各单位领导、撰稿人员和有关单位致以诚挚的感谢！

《中国建设年鉴2011》编纂委员会

主　任
　　郭允冲　住房和城乡建设部副部长
副主任
　　王铁宏　住房和城乡建设部办公厅主任
　　沈元勤　中国建筑工业出版社社长兼总编辑
编　委
　　曹金彪　住房和城乡建设部法规司司长
　　倪　虹　住房和城乡建设部住房改革与发展司司长
　　冯　俊　住房和城乡建设部住房保障司司长
　　孙安军　住房和城乡建设部城乡规划司司长
　　王志宏　住房和城乡建设部标准定额司司长
　　沈建忠　住房和城乡建设部房地产市场监管司司长
　　陈　重　住房和城乡建设部建筑市场监管司司长
　　陆克华　住房和城乡建设部城市建设司司长
　　赵　晖　住房和城乡建设部村镇建设司副司长
　　吴慧娟　住房和城乡建设部工程质量安全监管司司长
　　陈宜明　住房和城乡建设部建筑节能与科技司司长
　　张其光　住房和城乡建设部住房公积金监管司司长
　　何兴华　住房和城乡建设部计划财务与外事司司长
　　王　宁　住房和城乡建设部人事司司长
　　杨忠诚　住房和城乡建设部直属机关党委常务副书记
　　田思明　驻住房和城乡建设部纪检组副组长、监察局局长
　　张志新　住房和城乡建设部办公厅副主任
　　王早生　住房和城乡建设部稽查办公室主任
　　刘士杰　中国建设报社社长
　　陈　淮　住房和城乡建设部政策研究中心主任
　　杨　榕　住房和城乡建设部科技发展促进中心主任
　　刘　灿　住房和城乡建设部住宅产业化促进中心主任
　　江　月　住房和城乡建设部干部学院党委副书记
　　赵春山　住房和城乡建设部执业资格注册中心主任
　　鞠洪芬　住房和城乡建设部人力资源开发中心主任
　　杨　斌　北京市住房和城乡建设委员会主任
　　李晓光　北京市市政市容管理委员会主任
　　黄　艳　北京市规划委员会主任
　　刘小明　北京市交通委员会主任
　　李全喜　天津市城乡建设和交通委员会主任
　　尹海林　天津市规划局局长
　　吴延龙　天津市国土资源和房屋管理局局长

李福海	天津市市容和园林管理委员会主任		书记、厅长
黄　融	上海市城乡建设和交通委员会主任	张　鸿	新疆维吾尔自治区住房和城乡建设厅厅长
冯经明	上海市规划和国土资源管理局局长		
刘海生	上海市住房保障和房屋管理局局长	钟　波	新疆生产建设兵团建设局局长
马云安	上海市绿化和市容管理局局长	张亚东	大连市城乡建设委员会主任
程志毅	重庆市城乡建设委员会主任	汤吉庆	青岛市城乡建设委员会主任
张定宇	重庆市国土资源和房屋管理局局长	阮跃国	厦门市建设与管理局局长
扈万泰	重庆市规划局局长	郑世海	宁波市住房和城乡建设委员会主任
朱正举	河北省住房和城乡建设厅厅长	李荣强	深圳市住房和建设局局长
王国正	山西省住房和城乡建设厅党组书记、厅长	王　芃	深圳市规划和国土资源委员会主任
		王晓涛	国家发展和改革委员会固定资产投资司司长
李振东	内蒙古自治区住房和城乡建设厅厅长		
杨占报	黑龙江省住房和城乡建设厅厅长	苏全利	铁道部建设管理司巡视员
王正刚	辽宁省住房和城乡建设厅厅长	李　华	交通运输部公路局局长
柳　青	吉林省住房和城乡建设厅厅长	肖大选	交通运输部水运局副局长
杨焕彩	山东省住房和城乡建设厅厅长	祝　军	工业和信息化部通信发展司副司长
宋瑞乾	山东省建筑工程管理局局长	饶　权	文化部财务司司长
周　岚	江苏省住房和城乡建设厅厅长	隋　斌	农业部发展计划司司长
谈月明	浙江省住房和城乡建设厅厅长	孙继昌	水利部建设与管理司司长
李　明	安徽省住房和城乡建设厅厅长	陈　锋	教育部发展规划司副司长
林坚飞	福建省住房和城乡建设厅厅长	于德志	卫生部规划财务司副司长
欧阳泉华	江西省住房和城乡建设厅副厅长	张光辉	国家民航总局机场司司长
刘洪涛	河南省住房和城乡建设厅厅长	于保安	国家广播电影电视总局计财司副司长
李德炳	湖北省住房和城乡建设厅厅长	舒　庆	环境保护部规划财务司司长
高克勤	湖南省住房和城乡建设厅厅长	王延祜	中国地震局规划财务司副司长
房庆方	广东省住房和城乡建设厅厅长	张吉林	国家旅游局规划发展与财务司副司长
严世明	广西壮族自治区住房和城乡建设厅党组书记、厅长	唐　亮	中国气象局巡视员
		张　驰	国家体育总局经济司副司长
李建飞	海南省住房和城乡建设厅厅长	赖　刚	中国建筑工程总公司办公室副主任
杨洪波	四川省住房和城乡建设厅厅长	冯忠海	中国铁道建筑工程总公司办公室主任
李光荣	贵州省住房和城乡建设厅厅长	姚桂清	中国铁路工程总公司副董事长、党委副书记
罗应光	云南省住房和城乡建设厅厅长		
陈　锦	西藏自治区住房和城乡建设厅厅长	郭　志	中国水利水电建设集团公司史志办公室主任
李子青	陕西省住房和城乡建设厅厅长		
李　慧	甘肃省住房和城乡建设厅党组书记、厅长	陈　云	中国港湾建设（集团）总公司副总经理
		张胜利	中国中煤能源集团公司副总经理
匡　湧	青海省住房和城乡建设厅厅长	金克宁	中国化学工程集团公司总经理
刘慧芳	宁夏回族自治区住房和城乡建设厅党组	吴　涛	中国建筑业协会秘书长

周　畅	中国建筑学会秘书长		研究会副会长兼秘书长
李　迅	中国城市科学研究会秘书长	刘志琪	中国城镇供水排水协会常务副秘书长
崔衡德	中国市长协会副秘书长	秦书星	中国建设职工思想政研会秘书长
刘　哲	中国建筑金属结构协会秘书长	张允宽	中国建设工程造价管理协会理事长
张　雁	中国土木工程学会秘书长	王德楼	中国工程建设标准化协会秘书长
李秉仁	中国建筑装饰协会会长	杨存成	中国安装协会副会长兼秘书长
王子牛	中国勘察设计协会秘书长	林芳友	中国公园协会副会长
李竹成	中国建设教育协会理事长	柳尚华	中国动物园协会副会长
林之毅	中国建设监理协会副会长兼秘书长	杨雪芝	中国风景园林学会秘书长
王　燕	中国城市规划协会秘书长	王要武	哈尔滨工业大学教授
苗乐如	中国房地产业协会秘书长、中国房地产		

《中国建设年鉴2011》工作执行委员会

崔寿民	住房和城乡建设部办公厅综合处处长
毕建玲	住房和城乡建设部办公厅宣传信息处处长
欧阳志宏	住房和城乡建设部办公厅档案处处长
赵锦新	住房和城乡建设部办公厅督办处处长
宋长明	住房和城乡建设部法规司综合处处长
梁慧文	住房和城乡建设部住房改革与发展司综合处处长
刘 霞	住房和城乡建设部住房保障司综合处处长
郑文良	住房和城乡建设部城乡规划司综合处处长
卫 明	住房和城乡建设部标准定额司综合处处长
陈健容	住房和城乡建设部房地产市场监管司综合处处长
逄宗展	住房和城乡建设部建筑市场监管司综合处处长
冯忠华	住房和城乡建设部城市建设司综合法规处处长
顾宇新	住房和城乡建设部村镇建设司综合处处长
张红梅	住房和城乡建设部工程质量安全监管司综合处处长
王建清	住房和城乡建设部建筑节能与科技司综合处处长
姜 涛	住房和城乡建设部住房公积金监管司综合处处长
王彦芳	住房和城乡建设部计划财务与外事司综合处处长
王立秋	住房和城乡建设部人事司综合处处长
郭剑飞	住房和城乡建设部直属机关党委办公室主任
韩 煜	住房和城乡建设部稽查办公室综合处处长
李 迎	中国建设报社新闻中心主任
周 江	住房和城乡建设部政策研究中心科研处副处长
徐凌功	住房和城乡建设部人力资源开发中心办公室主任
李剑英	住房和城乡建设部科技发展促进中心综合财务处处长
牛淑敏	住房和城乡建设部干部学院办公室主任
付海诚	住房和城乡建设部执业资格注册中心办公室主任
黄天然	北京市住房和城乡建设委员会综合处史志办公室主任
郑勤俭	北京市市政市容管理委员会研究室副主任
陈建军	北京市规划委员会办公室主任
王明浩	天津市城乡建设和交通委员会原副总工程师
王 滨	天津市市容和园林管理委法规处(研究室)副处长
年继业	上海市城乡建设和交通委员会办公室主任
余 亮	上海市规划和国土资源管理局办公室主任
刘 虩	上海市住房保障和房屋管理局办公室主任

胡建文	上海市绿化和市容管理局研究室主任	孟卫民	新疆生产建设兵团建设局办公室主任
陈拥军	重庆市国土资源和房屋管理局综合处处长	杨晓军	大连市城乡建设委员会建设市场处副处长
刘朝煜	重庆市城乡建设委员会办公室主任	田　峰	青岛市城乡建设委员会办公室主任
汪子发	重庆市规划局副局长	陶相木	厦门市建设与管理局办公室主任
徐向东	河北省住房和城乡建设厅办公室主任	袁布军	宁波市住房和城乡建设委员会办公室主任
郭玉斌	山西省住房和城乡建设厅办公室副主任	赖宣尧	深圳市住房和建设局办公室副主任
戴军瑞	内蒙古自治区住房和城乡建设厅办公室主任	刘　勤	国家发展和改革委员会固定资产投资司处长
张立志	黑龙江省住房和城乡建设厅办公室主任	李永文	铁道部建设管理司处长
何永良	辽宁省住房和城乡建设厅办公室主任	周荣丰	交通运输部公路局处长
邢文忠	吉林省住房和城乡建设厅办公室主任	李永恒	交通运输部水运局处长
崔秀顺	山东省住房和城乡建设厅办公室主任	王晓丽	工业和信息化部通信发展司调研员
杨洪海	江苏省住房和城乡建设厅办公室主任	魏　琪	文化部财务司处长
陈　航	浙江省住房和城乡建设厅办公室副主任	张　辉	农业部发展计划司投资处处长
蔡新立	安徽省住房和城乡建设厅办公室主任	赵东晓	水利部建设与管理司处长
练　欣	福建省住房和城乡建设厅办公室主任	何革华	科学技术部社会科技发展司调研员
姚宏平	江西省住房和城乡建设厅办公室主任	林志华	教育部发展规划司处长
刘江明	河南省住房和城乡建设厅办公室主任	刘　魁	卫生部规划财务司处长
邱正炯	湖北省住房和城乡建设厅办公室副主任	佟岱山	国家民航总局机场司处长
易小林	湖南省住房和城乡建设厅办公室主任	李　锋	国家广播电影电视总局计财司处长
黄维德	广东省住房和城乡建设厅办公室主任	李春红	环境保护部规划财务司处长
黄小川	广西壮族自治区住房和城乡建设厅办公室主任	韩志强	中国地震局规划财务司处长
史贵有	海南省住房和城乡建设厅改革与发展处处长	王晓宇	国家旅游局规划发展与财务司
		缪旭明	中国气象局调研员
方怀南	四川省住房和城乡建设厅政策法规处处长	吕铁杭	国家体育总局经济司处长
		王秀兰	中国建筑业协会信息传媒部主任
毛家荣	贵州省住房和城乡建设厅办公室主任	王平原	中国建筑学会办公室主任
李发新	云南省住房和城乡建设厅办公室主任	周兰兰	中国城市科学研究会办公室副主任
李进忠	西藏自治区住房和城乡建设厅办公室主任	吕志翠	中国建筑金属结构协会
		刘晓一	中国建筑装饰协会秘书长
倪　平	陕西省住房和城乡建设厅建设志办公室主任	邵新莉	中国房地产业协会、中国房地产研究会副秘书长
郭元乐	甘肃省住房和城乡建设厅办公室副主任	何秀兰	中国城市规划协会办公室主任
斗　拉	青海省住房和城乡建设厅办公室主任	王毅强	中国建筑装饰协会副秘书长
刘　兵	宁夏回族自治区住房和城乡建设厅办公室副调研员	庞　政	中国建设监理协会行业发展部主任
		顾心建	中国安装协会联络部主任
陆青锋	新疆维吾尔自治区住房和城乡建设厅办公室	张金娣	中国建设教育协会办公室主任
		李　佳	中国公园协会秘书处

马桂芝	中国建设工程造价管理协会秘书长	边建利	中国水利水电建设集团公司年鉴编辑部副主编
傅彦荣	中国风景园林学会	唐永胜	中国港湾建设（集团）总公司
蔡成军	中国工程建设标准化协会办公室主任	卢 骏	中国中煤能源集团公司
李成扬	中国建筑工程总公司办公室高级经理	李胜利	中国化学工程集团公司
杨启燕	中国铁道建筑工程总公司办公室		
常玉伟	中国铁路工程总公司办公厅副主任		

目 录

第一篇 重要活动

胡锦涛：加快保障性住房建设 加强房地产
　市场调控 ·· 2
温家宝：要促进房地产市场平稳健康发展 ········· 2
温家宝主持召开国务院常务会议 研究部署遏制部
　分城市房价过快上涨的政策措施 ······················ 3
温家宝主持召开国务院常务会议 审议并原则通过
　《全国主体功能区规划》决定取消和下放184项行
　政审批项目 ··· 3
李克强指出：加快把保障性住房重大民生工程
　建设好 ··· 4
李克强强调加快发展公共租赁住房 着力推进保障
　性安居工程 ·· 5
国办发出通知要求促进房地产市场平稳健康
　发展 ··· 6
全国住房和城乡建设工作会议暨党风廉政、精神文
　明建设工作会议召开 ······································ 6

第二篇 专论

增强责任感 迎接新挑战 推进我国城市节水工作
　走向深入 ··························· 仇保兴 10
加大供热计量改革工作力度 确保完成建筑节能任
　务目标
　——仇保兴副部长在2010年北方采暖地区供热计
　量改革工作会议上的讲话 ································ 14
切实增强依法行政的使命感、紧迫感和责任感
　——陈大卫副部长在住房城乡建设系统依法行政
　工作会议上的讲话 ·· 19
认清形势 坚定信心 扎实做好建筑安全生产工作
　——郭允冲副部长在全国建筑安全生产电视电话
　会议上的讲话 ·· 23
加强建筑施工企业安全生产工作 推动建筑安全生
　产工作迈上新的台阶
　——郭允冲副部长在全国建筑安全生产电视电话
　会议上的讲话 ·· 29

第三篇 建设综述

住房城乡建设法制建设 ································· 36
房地产市场监管 ·· 38
住房保障建设 ··· 44
住房公积金监管 ·· 49
城乡规划 ·· 53
城市建设与市政公用事业 ······························ 57
村镇规划建设 ··· 60
工程建设标准定额 ······································· 63
建设工程质量安全监管 ································· 67
建筑市场监管 ··· 70
建筑节能与科技 ·· 74
住房城乡建设人事教育 ································· 78
城建档案 ·· 92
住房城乡建设稽查执法 ································· 94
铁道建设 ·· 96
公路工程建设 ··· 107
水路工程建设 ··· 110
农业基本建设投资 ······································· 113
通信业建设 ·· 115
民航建设 ·· 116
公共文化服务设施建设 ································· 119
水利建设 ·· 120
西部开发建设 ··· 123

第四篇 各地建设

北京市	128	广西壮族自治区	389
天津市	144	海南省	397
河北省	167	重庆市	405
山西省	184	四川省	416
内蒙古自治区	195	贵州省	428
辽宁省	202	云南省	433
吉林省	206	西藏自治区	441
黑龙江省	215	陕西省	449
上海市	223	甘肃省	464
江苏省	243	青海省	475
浙江省	262	宁夏回族自治区	479
安徽省	275	新疆维吾尔自治区	489
福建省	290	新疆生产建设兵团	498
江西省	308	大连市	503
山东省	320	青岛市	512
河南省	330	宁波市	517
湖北省	346	厦门市	526
湖南省	355	深圳市	539
广东省	374		

第五篇 法规政策文件

一、国务院及有关部门文件 …… 550
 国务院关于落实《政府工作报告》重点工作部门分工的意见
  国发〔2010〕8 号 …… 550
 国务院关于坚决遏制部分城市房价过快上涨的通知
  国发〔2010〕10 号 …… 557
 国务院办公厅关于促进房地产市场平稳健康发展的通知 …… 559
 国务院办公厅关于进一步做好农民工培训工作的指导意见
  国办发〔2010〕11 号 …… 560
 国务院办公厅转发发展改革委等部门关于加快推行合同能源管理促进节能服务产业发展意见的通知
  国办发〔2010〕25 号 …… 564
二、部令 …… 566
 省域城镇体系规划编制审批办法
  中华人民共和国住房和城乡建设部令第 3 号 …… 566
 城市照明管理规定
  中华人民共和国住房和城乡建设部令第 4 号 …… 568
 房屋建筑和市政基础设施工程质量监督管理规定
  中华人民共和国住房和城乡建设部令第 5 号 …… 570
 商品房屋租赁管理办法
  中华人民共和国住房和城乡建设部令第 6 号 …… 572
 城市、镇控制性详细规划编制审批办法
  中华人民共和国住房和城乡建设部令第 7 号 …… 574
三、综合类 …… 576
 2010 年住房和城乡建设部政府信息公开工作报告
  建办厅函〔2011〕181 号 …… 576
 关于印发《住房和城乡建设部科学技术计划项目管理办法》的通知
  建科〔2009〕290 号 …… 577
 关于进一步加大工作力度确保完成"十一五"建筑节能任务的通知
  建科〔2010〕73 号 …… 580
 关于加大工作力度确保完成北方采暖地区既有居住建筑供热计量及节能改造工作任务的通知
  建科〔2010〕84 号 …… 581
 关于切实加强政府办公和大型公共建筑节能管理工作的通知

建科〔2010〕90号 …………… 582
关于进一步加强建筑门窗节能性能标识工作
　　的通知
　　建科〔2010〕93号 …………… 583
关于印发《全国绿色建筑创新奖实施细则》和
　　《全国绿色建筑创新奖评审标准》
　　的通知
　　建科〔2010〕216号 …………… 584
关于2009年全国建设职业技能培训与鉴定
　　工作情况通报和2010年工作安排的通知
　　建办人函〔2010〕600号 …………… 588
关于印发《建设领域违法违规行为稽查工作
　　管理办法》的通知
　　建稽〔2010〕4号 …………… 588
关于印发《部分地区治理商业贿赂工作督查
　　情况通报》的通知
　　建治贿办函〔2010〕02号 …………… 590
关于试行住房公积金督察员制度的意见
　　建稽〔2010〕102号 …………… 594
关于开展2010年派驻城乡规划督察员工作的通知
　　建稽〔2010〕138号 …………… 595

四、建筑市场监管类 …………… 596
关于进一步强化住宅工程质量管理和责任的通知
　　建市〔2010〕68号 …………… 596
关于取得建筑行业及建筑工程专业设计资质企业
　　申请建筑装饰工程等六类专项资质有关问题
　　的通知
　　建市资函〔2010〕56号 …………… 601
关于印发《关于加强建筑市场资质资格动态监管
　　完善企业和人员准入清出制度的指导意见》
　　的通知
　　建市〔2010〕128号 …………… 601
关于对注册有效期满的一级建造师延续注册有关
　　问题的通知
　　建市施函〔2010〕80号 …………… 605
关于印发《注册建造师继续教育管理暂行办法》
　　的通知
　　建市〔2010〕192号 …………… 606

五、工程质量安全监管类 …………… 609
关于印发《城市轨道交通工程安全质量管理
　　暂行办法》的通知
　　建质〔2010〕5号 …………… 609
关于印发《市政公用设施抗震设防专项论证技术
　　要点(室外给水、排水、燃气、热力和生活垃圾
　　处理工程篇)》的通知
　　建质〔2010〕70号 …………… 614
关于进一步加强汶川地震灾后恢复重建工程
　　质量管理的通知
　　建质〔2010〕85号 …………… 618

六、城乡规划与村镇建设类 …………… 619
关于深入推进房地产开发领域违规变更规划
　　调整容积率问题专项治理工作情况的通报
　　建规〔2010〕57号 …………… 619
关于开展中小城市基础设施完善"十二五"
　　规划编制工作的通知
　　建办规函〔2010〕235号 …………… 621
关于做好2010年扩大农村危房改造试点工作
　　的通知
　　建村〔2010〕63号 …………… 623

七、城市建设类 …………… 625
关于做好城建行业应对冰雪寒潮灾害天气
　　保障城市安全运行的紧急通知
　　建城综函〔2010〕1号 …………… 625
关于印发《城市综合交通体系规划编制
　　办法》的通知
　　建城〔2010〕13号 …………… 627
关于进一步推进供热计量改革工作的意见
　　建城〔2010〕14号 …………… 628
关于配合发展改革部门做好2010年中央预算
　　内投资城镇污水垃圾处理设施建设备选项目审
　　核工作的通知
　　建办城函〔2010〕147号 …………… 630
关于印发《生活垃圾处理技术指南》的通知
　　建城〔2010〕61号 …………… 631
关于城市停车设施规划建设及管理的指导意见
　　建城〔2010〕74号 …………… 635
关于切实加强城市照明节能管理严格控制
　　景观照明的通知
　　建城〔2010〕92号 …………… 637
关于加强城市轨道交通安防设施建设工作
　　的指导意见
　　建城〔2010〕94号 …………… 639
关于做好应对高温暴雨极端恶劣天气保障
　　城市市政公用设施安全运行
　　的紧急通知
　　建城综函〔2010〕101号 …………… 640
关于国家级风景名胜区数字化景区建设
　　工作的指导意见
　　建城函〔2010〕226号 …………… 641
关于进一步加强世界遗产保护管理工作的通知
　　建城函〔2010〕240号 …………… 643
关于进一步加强动物园管理的意见
　　建城〔2010〕172号 …………… 644

八、住宅与房地产类 …………… 645

关于推进城市和国有工矿棚户区改造工作
　的指导意见
　　建保〔2009〕295号 …………………… 645
关于住房保障规范化管理检查情况的通报
　　建办保〔2010〕3号 ……………………… 648
关于做好城市和国有工矿棚户区改造规划
　编制工作的通知
　　建保〔2010〕58号 ……………………… 649
关于加强经济适用住房管理有关问题的通知
　　建保〔2010〕59号 ……………………… 651
关于加强廉租住房管理有关问题的通知
　　建保〔2010〕62号 ……………………… 653
关于中央投资支持国有工矿棚户区改造
　有关问题的通知
　　建保〔2010〕56号 ……………………… 654
关于加快发展公共租赁住房的指导意见
　　建保〔2010〕87号 ……………………… 655
关于做好住房保障规划编制工作的通知
　　建保〔2010〕91号 ……………………… 657
关于进一步加强房地产市场监管完善商品

住房预售制度有关问题的通知
　　建房〔2010〕53号 ……………………… 659
关于规范商业性个人住房贷款中第二套
　住房认定标准的通知
　　建房〔2010〕83号 ……………………… 662
关于进一步加强房地产用地和建设管理调控
　的通知
　　国土资发〔2010〕151号 ………………… 662
关于进一步贯彻落实国发〔2010〕10号文件
　的通知
　　建房〔2010〕155号 ……………………… 665
关于印发《物业承接查验办法》的通知
　　建房〔2010〕165号 ……………………… 666
关于进一步规范境外机构和个人购房管理
　的通知
　　建房〔2010〕186号 ……………………… 669
关于规范住房公积金个人住房贷款政策
　有关问题的通知
　　建金〔2010〕179号 ……………………… 670
九、2010年住房和城乡建设部公告目录………… 671

第六篇　专题与行业报告

一、专题 ……………………………………… 686
　1.青海玉树地震抗震救灾 …………………… 686
　青海省玉树藏族自治州玉树县发生
　　7.1级地震 ……………………………… 686
　住房和城乡建设部副部长、抗震救灾指挥部
　　指挥长郭允冲随国务院领导同志赶赴灾区 …… 686
　住房和城乡建设部积极开展抢险救灾工作 …… 687
　玉树灾区过渡房建设将抓紧完成 …………… 687
　玉树灾后重建规划已启动 …………………… 687
　玉树震区灾后重建将充分利用建筑废材　降低
　　重建成本　减轻群众负担 ………………… 688
　玉树灾区过渡安置活动板房建设技术管理
　　标准明确 …………………………………… 688
　玉树震后房屋应急评估工作基本结束 ……… 688
　住房和城乡建设部抗震救灾指挥部召开第16次
　　会议　姜伟新要求扎扎实实做好救灾重建
　　各项工作 …………………………………… 689
　玉树灾区过渡房搭建已完成9000平方米 …… 689
　玉树地震灾区危房拆除工作启动　已拆除危房
　　1万余平方米 ……………………………… 690
　青海玉树灾后重建取得重大阶段性成效 …… 690
　玉树灾区冬季施工严把质量关 ……………… 691
　玉树灾后重建项目规划设计会战启幕 ……… 692
　2.保障性住房建设 …………………………… 692

住房城乡建设部加大保障房建设力度 2010年
　　开工套数增1/3 …………………………… 692
国办：中央将适当提高对中西部地区
　　廉租住房建设的补助标准 ………………… 693
甘肃省省长徐守盛强调：要把棚户区改造作为
　　当前最大的民生工程民心工程 …………… 693
山东棚户区改造拟3年完成　重点抓好6
　　方面工作 …………………………………… 694
西宁加快棚户区改造建设　2010年将实施住宅
　　改造6000套 ……………………………… 694
河南省副省长张大伟在全省保障性
　　住房建设棚户区改造工作会议上强调　要加快
　　推进全省保障性住房建设 ………………… 695
住房和城乡建设部与宁夏回族自治区领导举行
　　工作会谈　姜伟新　陈建国　王正伟　齐骥
　　李锐参加 …………………………………… 696
财政部下发通知落实相关财政政策　积极推进城市
　　和国有工矿棚户区改造 …………………… 696
国土资源部要求　保障房用地不低于
　　供应总量的70% …………………………… 697
北京市2010年住房保障工作六大任务 ……… 697
国土资源部要求　确保300万套保障性住房用地
　　抑制房价地价过快上涨 …………………… 698
住房和城乡建设部召开电视电话会议要求

加快保障性住房建设　遏制部分城市房价
　　过快上涨 ………………………………………… 699
住房和城乡建设部多项措施加强经济适用型
　　住房管理 ………………………………………… 699
2010年城镇住房保障领导干部培训班结业
　　齐骥出席结业典礼并讲话 ……………………… 700
中央文明办"志愿基金"捐建农民工廉租
　　房小区 …………………………………………… 700
住房和城乡建设部与各地方政府签订2010年住房
　　保障工作目标责任书 …………………………… 701
国家六部门联合部署住房保障规划编制 ………… 701
住房和城乡建设部召开保障性住房管理工作
　　座谈会　齐骥强调　建管并重　全面提高住房
　　保障工作水平 …………………………………… 702
各地采取措施加快保障性安居工程建设 ………… 703
全国保障性安居工程稳步推进 …………………… 703
为了实现"住有所居"的庄严承诺——"十一五"
　　期间我国大力推进保障性住房建设综述 ……… 704
六部门联合举办热点问题形势报告会　姜伟新就城
　　镇住房问题作报告 ……………………………… 706
全国主要省市地区保障性住房2010年建设完成
　　情况 ……………………………………………… 706

二、行业报告 …………………………………………… 711

2010年全国住房城乡建设领域节能减排专项监督
　　检查建筑节能检查情况
　　………中华人民共和国住房和城乡建设部办公厅　711
2010年城市照明节能工作专项监督检查情况
　　………中华人民共和国住房和城乡建设部办公厅
　　　　　　　国家发展和改革委员会办公厅　715
提高城市综合防灾减灾能力的若干思考
　　………住房和城乡建设部政策研究中心课题组　717
引导农民工定居城镇的住房政策探索
　　………住房和城乡建设部政策研究中心课题组　720
创新城中村改造模式，增加城市低端租赁
　　住房供给
　　………住房和城乡建设部政策研究中心课题组　724
发展绿色建筑存在的问题及对策建议
　　………住房和城乡建设部政策研究中心课题组　727
关于建筑市场不规范行为和资质管理问题的
　　调研报告
　　………………………………中国建筑业协会　730
加大政策研究力度，全面推进建筑节能发展
　　………住房和城乡建设部政策研究中心课题组　735
"十二五"小城镇发展应重视从量到质的转变
　　………住房和城乡建设部政策研究中心课题组　738

第七篇　数据统计与分析

一、2010年城镇建设统计分析 ……………………… 742
　　（一）2010年城市建设统计概述 ………………… 742
　　（二）2010年县城建设统计概述 ………………… 747
　　（三）2010年村镇建设统计概述 ………………… 750
　　（四）2010年城市化水平分析 …………………… 752
　　（五）2010年全国城镇污水处理设施建设和运行统
　　　　计概述 ………………………………………… 753
二、2010年建筑业发展统计分析 …………………… 756
　　（一）2010年建筑业基本情况 …………………… 756
　　（二）2010年建筑业发展的特点 ………………… 760
　　（三）2010年建筑业特、一级资质企业基本情况
　　　　分析 …………………………………………… 766
　　（四）2010年建设工程监理行业基本情况 ……… 772
　　（五）2010年工程建设项目招标代理机构基本
　　　　情况 …………………………………………… 776
　　（六）2010年工程勘察设计企业基本情况 ……… 776
　　（七）2010年房屋市政工程生产安全事故情况 … 783

　　（八）入选国际承包商225强的中国内地企业 …… 788
　　（九）入选全球承包商225强的中国内地企业 …… 791
　　（十）2010年我国对外承包工程业务统计分析 … 793
　　（十一）中国500强企业中的建筑业企业 ……… 795
　　（十二）2011"世界500强"中的中国建筑业
　　　　企业 …………………………………………… 796
三、2010年全国房地产市场运行分析 ……………… 797
　　（一）2010年全国房地产开发情况 ……………… 797
　　（二）2010年商品房销售量 ……………………… 801
　　（三）70个大中城市房屋销售价格分析 ………… 802
　　（四）2010年全国房地产市场季度分析 ………… 817
　　（五）2010年全国房地产开发资金结构分析 …… 819
　　（六）2010年全国房地产开发景气指数 ………… 820
　　（七）2011中国500强企业中的房地产企业 …… 820
　　（八）2010年全国住房公积金运行管理情况 …… 821
四、2010年住房城乡建设部行政复议案件
　　统计分析 ………………………………………… 824

第八篇　部属单位、社团与部分央企

一、部属单位、社团 ………………………………… 830

住房和城乡建设部科技发展促进中心 …………… 830

住房和城乡建设部执业资格注册中心 …… 832	中国建设监理协会 …… 865
住房和城乡建设部人力资源开发中心 …… 835	中国勘察设计协会 …… 867
住房和城乡建设部干部学院 …… 836	中国风景园林学会 …… 870
中国市长协会 …… 837	中国安装协会 …… 872
中国建筑工业出版社 …… 838	中国工程建设标准化协会 …… 875
中国建筑学会 …… 841	中国公园协会 …… 880
中国建筑业协会 …… 843	中国建设教育协会 …… 881
中国房地产业协会 …… 847	二、中央企业 …… 882
中国房地产研究会 …… 849	中国建筑工程总公司 …… 882
中国城市规划协会 …… 851	中国铁路工程总公司 …… 886
中国建筑装饰协会 …… 854	中国铁建股份有限公司 …… 889
中国城市科学研究会 …… 858	中国水利水电建设集团公司 …… 893
中国土木工程学会 …… 861	

第九篇 2010年建设大事记

1～12月 …… 898

第十篇 附 录

一、2010年度会议报道 …… 906	第七批国家城市湿地公园名单 …… 919
第七批国家级风景名胜区发布会 …… 906	第八批国家城市湿地公园名单 …… 919
全国住房和城乡建设稽查执法工作座谈会 …… 906	第一批村镇生活垃圾治理全覆盖县(市、区)名单 …… 919
全国城乡规划督察工作专题会议 …… 907	第六批全国建筑业新技术应用示范工程名单 …… 919
第六届国际绿色建筑与建筑节能大会暨新技术与产品博览会 …… 908	三、获奖名单 …… 926
2010年中国城市无车日活动新闻发布会 …… 910	全国优秀村镇规划设计获奖名单 …… 926
2010年北方采暖地区供热计量改革工作会议 …… 912	全国优秀灾后重建村镇规划设计获奖名单 …… 931
住房和城乡建设部第五批城乡规划督察员派遣仪式 …… 913	2010～2011年度中国建设工程鲁班奖(国家优质工程)获奖名单 …… 936
第五届中国数字城市建设技术研讨会暨设备博览会新闻发布会 …… 913	第十届中国土木工程詹天佑奖 …… 944
第九届中国国际住宅产业博览会 …… 914	2010年"中国建研院CABR杯"华夏建设科学技术奖获奖项目名单 …… 948
全国建设工程监理会议 …… 915	2010年中国人居环境奖获奖名单 …… 956
二、示范名录 …… 916	2010年度中国安装工程优质奖获奖工程 …… 957
第五批(2010年度)国家节水型城市名单 …… 916	2010年先进工程监理企业名单 …… 961
第五批中国历史文化名镇(村) …… 916	2010年优秀总监理工程师名单 …… 963
第十二批国家园林城市名单 …… 918	2010年优秀监理工程师名单 …… 965
第四批国家园林县城名单 …… 918	2010年监理协会优秀工作者名单 …… 968
第四批国家重点公园名单 …… 918	2010年度全国物业管理示范住宅小区(大厦、工业区)名单 …… 969

第一篇

重 要 活 动

胡锦涛：加快保障性住房建设加强房地产市场调控

中共中央 11 月 30 日在中南海召开党外人士座谈会，就当前经济形势和明年经济工作听取各民主党派中央、全国工商联领导人和无党派人士意见和建议。中共中央总书记胡锦涛主持座谈会并发表重要讲话。

胡锦涛指出，在充分肯定成绩的同时，我们也要清醒地看到，当前我国经济运行还面临一些突出矛盾和问题，发展面临的环境更为复杂、任务更加艰巨。我们必须增强忧患意识、风险意识，采取有力措施，妥善加以解决。明年是"十二五"开局之年，做好明年经济工作十分重要。一是要切实加强和改善宏观调控，更加积极稳妥地处理好稳定经济增长、调整经济结构、管理通货膨胀预期的关系。二是要切实加强农业农村工作，千方百计争取粮食好收成，加强农村基础设施建设，加强现代农业建设，加快转变农业发展方式，大力发展高产、优质、高效、生态、安全农业。三是要切实加快经济结构调整步伐，优化需求结构，增强消费对经济发展的拉动作用，优化产业结构，扎实发展战略性新兴产业，强化节能减排和应对气候变化工作，继续实施区域发展总体战略，落实主体功能区规划，积极稳妥推进城镇化。四是要切实推进重点领域和关键环节改革，加强改革的顶层设计和总体规划，明确优先顺序和重点任务。五是要切实提高开放型经济水平，推动"引进来"和"走出去"相互协调，增强应对外部环境变化能力，加强国际协调，积极参与全球经济治理。六是要切实改善民生和加强社会管理，坚持更加积极的就业政策，扩大社会保险覆盖面，扎实推进医药卫生体制改革，加快保障性住房建设，加强房地产市场调控，抓好灾后恢复重建工作，加强和创新社会管理，确保社会和谐稳定。

胡锦涛最后希望各民主党派、全国工商联和无党派人士紧紧围绕经济社会发展重大问题深入调查研究，提出建设性意见和建议；紧紧围绕保障和改善民生等重点问题，深入了解社情民意，协助党和政府做好团结群众、联系群众、服务群众工作。

（新华网　2010 年 12 月 4 日）

温家宝：要促进房地产市场平稳健康发展

国务院总理温家宝 3 月 5 日在十一届全国人大三次会议上作政府工作报告时说，要促进房地产市场平稳健康发展。坚决遏制部分城市房价过快上涨势头，满足人民群众的基本住房需求。

温家宝说，一是继续大规模实施保障性安居工程。中央财政拟安排保障性住房专项补助资金 632 亿元，比上年增加 81 亿元。建设保障性住房 300 万套，各类棚户区改造住房 280 万套。扩大农村危房改造试点范围。各级政府要切实负起责任，严格执行年度建设计划，确保土地、资金和优惠政策落实到位。二是继续支持居民自住性住房消费。增加中低价位、中小套型普通商品房用地供应，加快普通商品房项目审批和建设进度。规范发展二手房市场，倡导住房租赁消费。盘活住房租赁市场。三是抑制投机性购房。加大差别化信贷、税收政策执行力度。完善商品房预售制度。四是大力整顿和规范房地产市场秩序。完善土地收入管理使用办法，抑制土地价格过快上涨。加大对圈地不建、捂盘惜售、哄抬房价等违法违规行为的查处力度。

（新华网　2010 年 3 月 5 日）

温家宝主持召开国务院常务会议
研究部署遏制部分城市房价过快上涨的政策措施

国务院总理温家宝4月14日主持召开国务院常务会议，研究部署遏制部分城市房价过快上涨的政策措施。

会议指出，今年1月初《国务院办公厅关于促进房地产市场平稳健康发展的通知》下发后，全国房地产市场整体上出现了一些积极变化。但近期部分城市房价、地价又出现过快上涨势头，加大了居民通过市场解决住房问题的难度，增加了金融风险。这既有流动性充裕、住房供求矛盾突出的原因，也与一些地方认识不到位、落实调控措施不力，投机性购房大量增加有关。必须采取更为严格、更为有力的措施，认真落实中央确定的房地产市场调控政策，坚决遏制部分城市房价过快上涨，切实解决城镇居民住房问题。

会议确定了以下政策措施：一是抑制不合理住房需求。实行更为严格的差别化住房信贷政策。对购买首套自住房且套型建筑面积在90平方米以上的家庭，贷款首付款比例不得低于30%；对贷款购买第二套住房的家庭，贷款首付款比例不得低于50%，贷款利率不得低于基准利率的1.1倍；对贷款购买第三套及以上住房的，大幅度提高首付款比例和利率水平。地方政府可根据实际，在一定时期内采取临时性措施，严格限制各种名目的炒房和投机性购房。加快研究制定合理引导个人住房消费、调节个人房产收益的有关税收政策。二是增加住房有效供给。房价上涨过快的城市，要增加居住用地供应总量，大幅度增加公共租赁住房、经济适用住房和限价商品住房供应。依法加快处置闲置房地产用地，对收回的闲置土地，优先安排用于普通住房建设。在坚持和完善土地招拍挂制度的同时，探索"综合评标"、"一次竞价"、"双向竞价"等土地出让方式。各地要尽快编制和公布住房建设规划，保障性住房、棚户区改造和中小套型普通商品住房用地不低于住房建设用地供应总量的70%。加快普通商品住房项目审批，尽快形成有效供应。三是加快保障性安居工程建设。各级地方政府要切实落实土地供应、资金投入和税费优惠政策，确保完成2010年建设保障性住房300万套、改造各类棚户区280万套的工作任务。大力发展公共租赁住房。四是加强市场监管。严格依法查处土地闲置及炒地行为，对存在捂盘惜售、土地闲置等违法违规行为的房地产开发企业，限制新购置土地，暂停批准上市、再融资和重大资产重组，商业银行不得发放新开发项目贷款。清理已发放预售许可证的商品住房项目，对囤积房源、哄抬房价等行为加大曝光和处罚力度，性质恶劣的依法取消房地产市场经营资格，对违法违规的要依法依规严肃追究相关负责人的责任。规范发展租赁市场。完善房地产市场信息披露制度。

会议要求，稳定房价和住房保障要实行省级人民政府负总责、城市人民政府抓落实的工作责任制，住房城乡建设部、监察部等部门要建立考核问责和约谈、巡查制度，对遏制房价过快上涨、推进保障性住房建设工作不力的，要追究责任。各地区、各部门要切实履行职责，加强分工协作和指导督查，加快制定、调整和完善相关政策措施。

（新华网 2010年4月15日）

温家宝主持召开国务院常务会议
审议并原则通过《全国主体功能区规划》
决定取消和下放184项行政审批项目

国务院总理温家宝6月12日主持召开国务院常务会议，审议并原则通过《全国主体功能区规划》，决定取消和下放184项行政审批项目。

会议指出,根据不同区域的资源环境承载能力、现有开发强度和发展潜力,统筹谋划未来人口分布、经济布局、国土利用和城镇化格局,确定不同区域主体功能,并据此明确开发方向和政策,推进形成主体功能区,是党中央、国务院作出的重要战略部署,是深入贯彻落实科学发展观的重大战略举措。编制实施全国主体功能区规划,必须树立新的开发理念,把以人为本、提高全体人民生活质量、增强可持续发展能力作为基本原则,坚持优化结构、保护自然、集约开发、协调开发、陆海统筹,科学开发国土空间,构建城市化战略格局、农业发展战略格局和生态安全战略格局,努力实现空间开发格局清晰、空间结构优化、空间利用效率提高、基本公共服务差距缩小、可持续发展能力增强的目标。

会议审议通过的《规划》在国家层面将国土空间划分为优化开发、重点开发、限制开发和禁止开发四类区域,并明确了各自的范围、发展目标、发展方向和开发原则。国家优化开发的城市化地区要率先加快转变经济发展方式,着力提升经济增长质量和效益,提高自主创新能力,提升参与全球分工与竞争的层次,发挥带动全国经济社会发展的龙头作用;国家重点开发的城市化地区要增强产业和要素集聚能力,加快推进城镇化和新型工业化,逐步建成区域协调发展的重要支撑点和全国经济增长的重要增长极;东北平原、黄淮海平原、长江流域等农业主产区要严格保护耕地,稳定粮食生产,保障农产品供给,努力建成社会主义新农村建设示范区;青藏高原生态屏障、黄土高原—云贵高原生态屏障、东北森林带、北方防沙带、南方丘陵山地带和大江大河重要水系等生态系统、关系全国或较大范围区域生态安全的国家限制开发的生态地区,要保护和修复生态环境,提高生态产品供给能力,建设全国重要的生态功能区和人与自然和谐相处的示范区;国家级自然保护区、风景名胜区、森林公园、地质公园和世界文化自然遗产等1300多处国家禁止开发的生态地区,要依法实施强制性保护,严禁各类开发活动,引导人口逐步有序转移,实现污染物零排放。

会议要求,各地区、各有关部门要严格落实责任,结合"十二五"规划编制工作,抓紧制定完善法规政策和绩效评价考核办法,处理好主体功能区与区域发展总体战略、政府与市场之间的关系。

(新华网 2010年6月12日)

李克强指出:加快把保障性住房重大民生工程建设好

8月21日,中共中央政治局常委、国务院副总理李克强在江苏省常州市主持召开加快保障性安居工程建设工作座谈会并讲话。他强调,要认真贯彻落实党中央、国务院的决策部署,以更大的决心更有力的措施,加快把保障性住房重大民生工程建设好,使人民群众住有所居、安居乐业。

座谈会上,住房和城乡建设部负责同志介绍了全国保障性安居工程建设情况和下一步工作安排;部分省(区、市)政府负责同志先后发言,谈了工作打算。在认真听取大家的意见后,李克强说,衣食问题基本解决后,住房问题日益成为人民群众关心的大事。实施保障性安居工程,对低收入家庭住房实行保障,对中等偏下收入群众住房给予支持,是人民群众的热切期望,是各级政府的重要职责,也是当前的重要任务。建设好这项工程,有利于保障和改善民生、促进社会和谐,有利于促进房地产市场稳定健康发展,也有利于保持经济平稳较快发展。

李克强指出,近年来,各地区各有关部门做了大量工作,出台了一系列政策,支持保障性住房建设,增加了面向中低收入家庭的住房供给,改善了群众居住条件。但各地进展还不平衡,住房保障体系仍不完善,政策支持力度也有待提高。要进一步提高认识,统一思想,坚定信心,加大保障性住房建设力度,扎实有效地推进这项工作。

李克强强调,实施保障性安居工程,要从各地实际出发,突出重点,分类指导。在人口较多的城市,要大力发展公共租赁住房,缓解中等偏下收入家庭以及新就业职工、外来务工人员的住房困难,在制度设计上考虑老百姓的承受能力,逐步形成梯度消费的住房模式,实现可持续发展。在低收入家庭较多的城市，要进一步加快廉租住房建设步伐，提高困难群众住房保障程度。在工矿区、林区和垦区，要建设好棚户区改造安置住房，解决职工群众基本住房问题。今年全国要建设廉租住房、公共租赁住房、棚户区改造安置住房等580万套。同时，要采取措施增加普通商品房等供给，满足居民住房消费的合理需求。

李克强说，实施保障性安居工程，地方政府是责任主体。把这项工程建设好，各项政策要跟上。要多渠道增加资金投入，切实安排好土地供应，进一步加强规划管理，健全责任制度，提高工程质量，公平公正分配，强化监督检查，推动保障性安居工程建设目标全面实现。

李克强最后要求，各地要继续落实好国务院关于房地产调控的政策措施，切实增加住房有效供应，坚决抑制投机炒作行为，巩固调控成果，促进房地产市场长期稳定健康发展。

为了贯彻落实国务院关于促进房地产市场平稳较快发展的有关文件精神，听取各地区保障性安居工程建设进展情况、存在问题及建议，研究部署下一阶段保障性住房建设相关工作，国务院召开本次座谈会。来自华北、华东地区的11个省(区、市)政府负责人、中央有关部门负责人出席会议。

(新华网　2010年8月22日　记者　谢登、王骏勇)

李克强强调加快发展公共租赁住房着力推进保障性安居工程

加快保障性安居工程建设工作座谈会9月17日在北京召开。中共中央政治局常委、国务院副总理李克强出席会议并讲话。他强调，要坚持以人为本、执政为民，着力推进保障性安居工程，加快发展公共租赁住房，促进人民群众安居乐业。

为推进保障性安居工程建设，国务院上个月在江苏召开了华北、华东片区11个省份工作座谈会，这次又请东北、中南、西南、西北等片区20个省份和新疆生产建设兵团负责人来京座谈。在认真听取有关部门和部分省份负责人发言后，李克强说，加快保障性安居工程建设，是党中央、国务院作出的重大决策，是关系经济社会发展全局的重大民生工程，是各级政府的一项重点工作。今年是近几年来保障性安居工程建设力度最大、任务最重的一年，各地区、各有关部门做了大量工作，保障性安居工程建设取得积极进展，前8个月城镇保障性住房开工面积占全年计划的70%。但各地进展还不平衡。必须进一步提高对这项工作重要性紧迫性的认识，采取更加有力有效的措施，切实加快保障性安居工程建设。

李克强指出，实施保障性安居工程，关系人民群众切身利益，关系经济平稳较快发展，关系社会和谐稳定。办好这件大事，群众迫切希望，社会热切期盼，政府义不容辞。要加强公共租赁住房建设，使中等偏下收入住房困难居民、新就业职工、新毕业大学生及外来务工人员等"夹心层"，通过梯度消费逐步实现住有所居。同时，继续推进廉租住房建设和棚户区改造等，解决好低收入家庭和困难职工基本住房。

李克强强调，加快保障性安居工程建设，要通过建机制，做到保基本、促公平、可持续，使低收入和中等偏下收入群众基本住房能够得到保障和支持，使保障性住房真正惠及困难家庭，使住房保障体系建立起来并长期运转下去。这就需要完善财税、投融资、土地供应和租金设定、户型选择、市政配套、准入退出等标准和机制，把公共租赁住房、廉租住房建设和棚户区改造落到实处，把这项重大民生工程切实建成优质工程、阳光工程、民心工程。

李克强指出，各地区、各有关部门要坚定不移地落实国务院关于房地产市场调控的一系列措施，继续坚决抑制投资投机性需求，积极增加有效供给，稳定社会预期，巩固调控成果，完善财税、金融、土地等政策，促进房地产市场平稳健康发展。

(中央电视台-新闻联播　2010年9月18日)

国办发出通知要求促进房地产市场平稳健康发展

国办近日发出通知，要求进一步加强和改善房地产市场调控，稳定市场预期，促进房地产市场平稳健康发展。

通知指出，随着房地产市场的回升，近期部分城市出现了房价上涨过快等问题，需要引起高度重视。

通知要求，加快中低价位、中小套型普通商品住房建设。要适当加大经济适用住房建设力度，扩大经济适用住房供应范围。商品住房价格过高、上涨过快的城市，要切实增加限价商品住房、经济适用住房、公共租赁住房供应。增加住房建设用地有效供应，提高土地供应和开发利用效率。各地要根据房地产市场运行情况，把握好土地供应的总量、结构和时序。

金融机构在继续支持居民首次贷款购买普通自住房的同时，要严格二套住房购房贷款管理，合理引导住房消费，抑制投资投机性购房需求。对已利用贷款购买住房、又申请购买第二套（含）以上住房的家庭（包括借款人、配偶及未成年子女），贷款首付款比例不得低于40%，贷款利率严格按照风险定价。继续实施差别化的住房税收政策。同时，要加快研究完善住房税收政策，引导居民树立合理、节约的住房消费观念。

加强房地产信贷风险管理。要严格执行房地产项目资本金要求，严禁对不符合信贷政策规定的房地产开发企业或开发项目发放房地产开发贷款。有关部门要加强对信贷资金流向和跨境投融资活动的监控，防范信贷资金违规进入房地产市场，防止境外"热钱"冲击我国市场。

（新华网　2010年1月10日　记者　杜宇）

全国住房和城乡建设工作会议暨党风廉政、精神文明建设工作会议召开

2010年12月29日，全国住房和城乡建设工作会议暨党风廉政、精神文明建设工作会议在京召开。住房城乡建设部党组书记、部长姜伟新在作住房和城乡建设工作报告时回顾了2010年住房城乡建设工作，并对2011年的重点工作进行了部署。会议由部党组成员、副部长仇保兴主持。部党组成员、副部长陈大卫、齐骥出席会议。部党组成员、副部长郭允冲作住房城乡建设系统精神文明建设工作报告，部党组成员、中央纪委驻部纪检组组长杜鹃作住房城乡建设系统党风廉政、纪检监察工作报告。

会议指出，2010年保障性安居工程建设规模创历年之最，全国各类保障性住房和棚户区改造住房开工590万套，基本建成370万套；农村危房改造开工136万户，基本竣工108万户，均超额完成年初国务院部署的任务。2010年，国家加大了对房地产市场的调控力度，房地产市场投机性需求得到一定抑制，调控取得一定效果。

姜伟新介绍，截至2010年11月，新建建筑执行强制性标准比例达到95%，北方既有居住建筑节能改造5800多万平方米，全国新增城市污水日处理能力1850万吨，均超额完成年度计划任务。在2009年江苏等6个省市率先实现所有县城都建有污水处理厂的目标之后，2010年又有贵州、安徽、天津、湖南、江西、福建、广西、海南、山西9个省区市实现这一目标。

会议指出，住房城乡建设系统基本完成了"十一五"规划确定的目标任务。城镇化快速推进，2009年城镇化水平为46.59%，比"十五"期末提高了3.6个百分点。2009年底，城市人均住宅建筑面积约30平方米，农村人居住房面积33.6平方米，

分别比2005年提高15%和13%。"十一五"期间累计完成北方既有居住建筑供热计量和节能改造1.67亿平方米，超出"十一五"期间任务的11.3%。预计2010年全国城市生活垃圾处理率和城镇污水处理率分别达到72.5%和75%，分别超出"十一五"规划目标2.5个百分点和5个百分点。

会议强调，2011年住房城乡建设系统要重点抓好以下几项工作：

一是继续坚定不移地加强房地产市场调控。进一步强化各项调控措施的贯彻落实。在支持自住性、改善性住房需求的同时，抑制投资投机性购房，遏制房价过快上涨。适时会同监察部对省、市人民政府稳定房价工作进行考核，对政策落实不到位、工作不得力的，进行约谈直至追究责任。增加住房有效供给，配合国土部门在增加保障性住房供地的同时，切实保障普通商品住房的用地供应。继续大力规范和监管房地产市场秩序，维护消费者合法权益。

二是更大规模地推进保障性安居工程建设。2011年计划建设保障性住房和各类棚户区改造住房将比2010年大幅度增加。重点发展公共租赁住房，加快解决低收入和中等偏下收入群体、新就业职工和外来务工人员住房问题。加大保障性住房建设质量的监管力度，确保百姓住上放心房。

三是积极稳妥推进城镇化。编制实施好城镇体系规划，合理确定城镇布局，促进大中小城市和小城镇功能互补和协调发展。积极推动城市基础设施和服务功能向农村地区延伸，让广大农民分享城镇化发展成果。

四是进一步加强城市和村镇规划工作。提高城乡规划编制的科学性和适用性，认真落实以人为本、生态环保、安全实用等要求。严格规划修改审批程序，特别要注意避免因城市政府换届等因素随意更改城市规划的情况。推动乡镇村庄规划的科学编制与有效实施，改善农村人居环境。

五是扎实推进建筑节能和科技创新。北方城市所有集中供热的新建建筑和完成改造的既有建筑，都必须采用热量计价收费。加大新建建筑节能监管力度，明年力争新建建筑节能标准执行率超过97%，有条件的地区要执行65%节能设计标准。推动绿色建筑发展。推广应用建筑业10项新技术。

六是着力提高城市管理水平。要科学选择适用的垃圾处理技术路线，加快垃圾处理设施建设，强化设施运营监管。继续推进污水处理厂及配套管网建设，提升运行负荷率。加强城市供水、供气、供热等方面的安全监管，建立健全城市综合防灾体系，促进城市安全高效运行。

七是加强住房公积金管理。完善住房公积金缴存、提取、使用、管理和监督制度，确保资金安全和运行规范。强化对住房公积金支持保障性住房建设试点的监管。

八是下大力气强化住房和市政工程质量及施工安全监管。在全行业开展以严格执行标准规范为重要内容的安全生产活动。各地要加强住房工程质量，特别是保障房质量的监督检查。

会议同时强调，要全面推进住房城乡建设领域依法行政；要深入推进廉政建设、精神文明建设和作风建设；要深入开展"创先争优"活动，提高社会各界对住房城乡建设工作的满意度；要大力加强队伍建设，不断改进工作作风。

会议最后强调，临近岁末，全系统务必要抓好安全生产工作，不能有丝毫麻痹大意，切实防止各类事故发生。

会议期间，来自吉林、重庆、上海、北京等地住房城乡建设主管部门负责人进行了经验交流。各省、自治区住房城乡建设厅、直辖市建委及有关部门、计划单列市建委及有关部门主要负责人、纪检组长、文明办主任，新疆生产建设兵团建设局主要负责人，中央有关部门有关局、室负责人，国务院有关部门司（局）负责人，总后基建营房部工程局负责人，中国海员建设工会有关负责人出席了会议。会议还特邀了部分地级以上城市人民政府分管住房城乡建设工作的负责人出席。

（中华人民共和国住房和城乡建设部
www.mohurd.gov.cn 2010年12月30日）

第二篇

专 论

增强责任感　迎接新挑战
推进我国城市节水工作走向深入

仇保兴

2010年5月15日至21日是第十九个"全国城市节约用水宣传周"。经过18年的积淀,"全国城市节约用水宣传周"活动作为社会动员、公众参与的典范,普及节水知识,推广节水科技,提高节水意识,为我国城市节水工作的深入开展发挥了重要的作用。

党中央、国务院高度重视节水工作。胡锦涛总书记2004年在中央人口与资源环境工作座谈会上指出,要把节水作为一项必须长期坚持的战略方针,把节水工作贯穿于国民经济发展和群众生产生活的全过程。温家宝总理曾于2000年在全国城市供水节水与水污染防治工作会议上指出,解决城市缺水的问题直接关系到人民的生活,关系到社会的稳定,关系到城市的可持续发展,要坚持把节约用水放在首位,努力建设节水型城市。

近年来,随着城镇化快速推进和经济社会稳步发展,我国城市用水人口和用水需求大幅度增长,供水普及率和服务能力不断提高,但是,城市用水总量基本保持稳定,维持在500亿立方米/年左右。随着国家节能减排政策的实施,城市节水工作将为建设资源节约型、环境友好型社会做出新的更大的贡献。

一、转变观念,提高效益,城市节水工作取得令人瞩目的成就

(一)促进城市节水管理和发展观念发生深刻转变

我国城市节水管理工作经历了4个阶段:第一阶段是新中国建国初期到上世纪50年代末,城市供水设施不足,用水基本需求难以满足,大力开源成为首要任务。第二阶段是上世纪50年代末到改革开放前,城市节水的目的是"弥补开源和供水设施不足",以开源为主,提倡节水。第三阶段是上世纪80年代,改革开放为国民经济发展带来活力,城市缺水问题日益显现,基础设施短缺与资源短缺并存,"开源与节流并重"的理念导引着城市节水工作;1988年我部出台《城市节约用水管理规定》,节水初步纳入法制轨道。第四阶段是上世纪90年代至今,城市面临水少、水脏的问题非常集中、非常突出地表现出来,"开源、节流与治污并重"的战略逐步形成。

新世纪以来,通过大力实施民生工程、加大基础设施建设,缓解了城市供水紧张的局面。在城市水务管理和节水工作的指导思想上,实现了"节水优先、治污为本、多渠道开源"和"节水减排、科学发展"的重大转变和提升。全社会用水观念发生深刻转变,节约用水的认知度和自觉性得到大幅度提高;从无视环境容量、污染水环境的粗放式用水向节约用水和提高水的利用效率的集约型发展思路转变;从向大自然无节制地索取,向人与自然和谐发展、实现资源可持续利用转变。

(二)促进城市用水效率不断提高

大量统计数据表明,通过大力开展城市节水工作和创建"节水型城市"活动,我国城市节约用水工作取得显著效益,有效缓解了供需矛盾,为推动用水模式转变、建设节约型社会发挥重要作用。

(1)从节水总量看,全国城市1991年至2008年采用各种节水措施节约水量594.98亿立方米,与2008年全年用水总量(500.1亿立方米)相当。2008年节水量达到65.9亿立方米,相当于当年城市年供水总量的13%。

(2)从用水总量来看,与2001年相比,2008年全国城市用水人口增长了36%,城市用水普及率由72.3%增加到94.7%,但城市年用水总量仅增长7%,基本稳定在500亿立方米/年。

(3)从人均综合用水量看,全国城市人均综合用水量持续降低,从1998年的556.3升/(人·天)下降至2008年的390.5升/(人·天),10年下降30%。

(4)从居民家庭生活用水量看,上世纪末,随着热水器和洗衣机不断普及,城市居民生活水平和生

活质量不断提高，用水需求不断扩大，城市人均家庭生活用水量一度持续增加，2001年达到峰值153.5升/(人·天)。从2002年开始，随着节水器具的普及，城市居民文明生活水准不断提升，而人均生活用水量开始出现下降趋势，2008年下降到130.5升/(人·天)。

(5) 从工业用水量看，工业用水重复利用率由2001年的75.7%增加到2008年的86.0%，增加了10.3个百分点。万元工业增加值用水量却逐年下降，由1998年的335立方米下降到2008年的130立方米。

(6) 从供水管网漏损控制看，近年来，在国债专项资金的支持下，对全国城市老城区使用年限超过50年、漏损严重的供水管道进行了改造。截至2008年，累计改造约7万公里。与此同时，通过强化水表计量管理、创新检漏方法和加大供水管网巡检力度等方式，逐步提高供水管网科学管理水平。全国城市供水管网漏损率从2005年的26.13%降低到2008年11.92%。

(7) 从再生水利用看，2001年至2008年，全国城市污水再生利用量157.73亿立方米，再生水利用率由5.7%增加到9.2%。北京作为第一批国家节水型城市，在再生水利用方面十分突出，2008年、2009年再生水利用量连续两年超过地表水取用量，目前再生水的利用量占到全市总用水量的18%，再生水利用率由2001年的4.7%增加到45.4%。

(三) 促进城市产业结构调整和产业空间布局优化

城市节水主管部门协同发展改革等主管部门积极推动城市工业企业节水工作，促进城市产业结构和空间布局优化，鼓励工业企业实施清洁生产，完成技术升级改造、转变用水模式。

一是促进了产业结构优化调整。通过开展城市节水工作，城市工业、农业及其他产业逐步由"需水型"变为"适水型"。许多城市根据资源条件和经济结构的特点，调整产业结构，转变经济增长方式，发展符合国家产业政策、耗水量少的产业，并鼓励发展用水效率高的高新技术产业和工艺，严格限制高取水工业项目。

二是促进了城市的经济产业空间优化布局。以天津为例，该市根据城市水资源的可供量，确定和调整城市建设布局和发展规划，实施工业东移战略、海水综合开发战略、再生水开发利用战略，逐渐形成主导产业、功能区建设、资源配置与用水结构高度一致的空间布局。

三是推动了工业企业(单位)用水模式转变和技术升级改造。国家针对火力发电等重点用水行业，颁布了GB/T 18916系列行业取水定额标准，加强源头控制，鼓励企业通过技术升级改造等手段，加大节水工作力度，大力推行清洁生产，严格禁止淘汰的高耗水工艺和设备重新进入生产领域。同时广泛开展节水型企业(单位)创建活动，鼓励企业(单位)用水模式转变。在住房城乡建设部与国家发展改革委组织修订的《节水型城市考核标准》中，纳入了"节水型企业(单位)覆盖率"指标，对于企业用水模式转变和技术升级改造也起到了重要推动作用。

二、齐抓共管，统筹兼顾，把城市节水工作落到实处

城市节水工作涉及面广，专业性和系统性强，是城市建设管理、市政公用事业管理、城市公共管理重要的有机组成部分，在全国节水工作中具有举足轻重的地位。多年来，各级住房城乡建设部门与发展改革等部门密切配合，各级地方人民政府和社会各界共同努力，充分利用各种资源，发挥各自的专长和优势，把节水工作融合到城市经济社会发展和城市规划建设管理的各个节点，统筹运用行政、法律、经济、科技和宣传手段推动城市节约用水工作的有效开展。

(一) 逐步建立健全节水政策和标准

1988年，住房城乡建设部以1号部令颁发了《城市节约用水管理规定》，明确提出了城市节水工作的原则、目标和要求。各省、自治区、直辖市也相继出台了城市节约用水管理规定。为加强城市地下水的开发、利用和保护的管理，住房城乡建设部出台了《城市地下水开发利用保护管理规定》。

住房城乡建设部还会同国家标准管理部门陆续发布了《城市居民用水量标准》、《城市供水管网漏损控制和评定标准》、《节水型生活用水器具标准》、《城市污水再生利用》系列标准(6项)等技术标准和规范，会同国家发展改革部门推行节水产品认证制度、促进城市水价改革、制定有关税收调控政策，使城市节水工作由单一的计划用水管理向综合管理不断转化。

为进一步加强对节水型城市建设工作的指导，2006年，住房城乡建设部、国家发展和改革委员会联合修订了《节水型城市申报与考核办法》和《节水型城市考核标准》，对节水型城市创建工作提出了更高的要求。

(二) 加强节水工作组织建设，构建城市节水管

理网络

目前，全国655个城市绝大多数设立了城市节约用水管理机构，50%的县城设有相应的职能机构，城市节约用水已形成了专管成线、群管成网、依法用水、依法节水的管理网络，建立长效管理机制。

（三）落实节水工作机制，强化全方位节水管理

通过落实节水各项工作机制，使城市节水工作由单一的计划用水管理向综合运用法规、经济、技术等手段不断转化。工作机制主要包括：

一是强化规划指导。在城镇体系规划、城市总体规划中明确水源和城市水系的保护原则，合理布局产业结构，强化水污染治理和水的循环、循序和再生利用，进一步推进各地编制并有效实施城市节水综合规划。

二是实行建设项目和节水设施的"三同时"制度，把节水要求落实在规划许可、施工图审查、开工及验收等管理环节中。

三是加强计划用水和定额用水管理。以城市供水管理为基础和抓手，通过经济手段促进产业高效用水、重复用水，把企业节水落到实处。

四是逐步建立合理的价格机制。推进水价改革，逐渐形成原水、自来水、污水处理和再生水的合理比价关系，在价格中体现水的稀缺性，以价格杠杆促进节水。目前，大部分地区改革了水价定价模式和计收方式，有15个大中城市实行了生活用水阶梯式计量水价，517个城市开征了污水处理费。

五是限制自备水源的开采和使用。积极发展公共供水，在公共供水覆盖范围内，严格控制并逐步关闭自建供水设施，特别是加强了对自备水井的限期关闭工作。

六是推广节水器具应用。会同有关部门实施节水器具认证制度和市场准入监管工作，通过住宅建设管理和物业管理，大力普及节水器具使用。

七是降低供水管网漏失。通过实施相关标准和考核制度，促进城市政府和供水企业加强管网改造，严格控制自来水漏损。

八是推进水的循环与再生利用。严格要求缺水地区在建设污水处理设施的同时，必须配套建设再生水处理和利用设施；鼓励企事业单位、住宅小区使用中水；积极开展雨水收集利用工作。

（四）组织开展节水型城市创建活动，以点带面推动城市节水工作

自2001年开始，住房和城乡建设部与国家发展改革委共同组织开展节水型城市创建活动。目前全国已有北京、上海等40个城市先后获得"国家节水型城市"的称号，起到了很好的示范带头作用。与此同时，各地还开展了省级节水型城市创建活动。开展创建节水型城市活动，为推动我国转变用水模式、建设节水型社会发挥了重要作用。根据《节水型社会建设"十一五"规划》，"十一五"期间要累计创建50个全国节水型城市，严重缺水以及南水北调工程沿线受水城市正在加快创建步伐，努力把城市节水工作引向深入。

（五）大力开展城市节水宣传，提高全社会节水意识

自1992年起，住房和城乡建设部连年组织开展的"全国城市节约用水宣传周"活动，表扬节水先进典型，倡导科学合理用水方式，内容丰富、形式多样、渗透性强，带动了经常性的节水宣传教育，广泛动员了社会参与，大大提高了全社会节水意识。

三、认清形势，不辱使命，增强节水工作的责任感和紧迫感

经过多年的努力，节水已成为全社会的共识和公德，节水实现了城市涉水节点全覆盖，节水缓解了城市水的供需矛盾，节水成效有目共睹。同时，我们要清醒地认识到城市节水工作面临着新的形势和挑战。

（一）全球性水资源短缺问题正在加剧

上世纪70年代，联合国就发出了全球性水危机预警。2006年，联合国又以"透视贫水：权力、贫穷与全球水危机"为主题发布了年度报告。今年世界水日（3月22日），联合国秘书长潘基文指出："清洁饮水已经成为稀缺资源，而且随着气候变化的到来将变得更加稀缺。"我们还要清醒地认识到，任何一个国家可以在全世界范围内获取石油、天然气和矿产等资源以维持其经济体系的运转，但大规模的用水却无法通过国际贸易获得保障。面对水危机从预警到现实，节约用水已成为世界各国化解水危机的共同方向。

（二）我国缺水状况依然严重

我国是一个缺水的国家，人均占有水资源不足2200立方米，仅为世界平均水平的28%，而且时空分布不均衡。2010年以来，我们遇到了前所未有的挑战。一方面，快速城镇化、工业化发展，对水的需求压力持续增大；另一方面，气候变化导致水资源的空间分布发生变化。前一段时间西南地区大规模的干旱灾害，再次给我们敲响了警钟。随着我国经济社会建设事业的不断发展，资源性缺水、水质性缺水和水环境污染已经成为经济与社会可持续发

展的重要制约因素。我们只有坚持开源与节流并举、把节约放在首位的方针，进一步强化节水工作，实现以节水为中心的水的优化配置和高效利用，确保供需基本平衡，才有可能顺利实现长远的经济发展目标。

（三）快速城镇化和工业化对水的利用和管理提出了严峻的挑战

水是城市的生命线，城市是人口、经济和用水最集中的区域，也是用水供水矛盾最突出、水环境污染压力最大的区域。目前我国正处于工业化、城镇化快速发展的重要阶段，对水的利用和管理提出了严峻的挑战。至2009年底，全国城镇人口达6.22亿，城镇化水平达46.6%，"十一五"以来年均增加0.9个百分点。"十二五"期间，我国城镇化水平预计超过50%。2009年中央经济工作会议提出"积极稳妥推进城镇化，提升城镇发展质量和水平"，对实施新型城镇化战略，提高城镇发展可持续性提出了更高的要求。而目前我国城镇在经济实力不断增强的同时，城镇的空间布局与资源环境承载能力不相适应的问题越来越突出，655个城市中有2/3存在不同程度的缺水问题。如果传统的管理策略不加改变，城市水的供需矛盾势必进一步加剧。

（四）节能减排给节水工作提出了新的要求

近年来，为应对全球气候变化带来的风险，我国主动承担大国责任，节能减排取得了明显成效。从结构上看，此前节能减排的着力点主要是工业领域，随着工业领域节能减排潜力的快速释放，节能减排的难度在加大。国务院日前召开全国节能减排工作电视电话会议，动员和部署加强节能减排工作，要求进一步加大工作力度，确保实现"十一五"节能减排目标。国家节能减排对城市节水工作提出了新的要求。加强城市节水，提高城市用水效率，不仅节约资源，而且节约能耗，减少污水排放，降低环境成本，是节能减排的一项重要途径。因而，新时期的节水工作也承载着节能减排的重任。

所以，加强城市节约用水工作不是权宜之计，而是我们应长期坚持的一项战略任务。不仅经济活动要节水，城镇人民生活和社会事业的方方面面也要节水；不仅贫水地区要节水，富水地区也要节水；不仅枯水年要节水，丰水年也要节水。

四、巩固成果，突出重点，持续推进城市节水工作走向深入

我国目前快速的城市化和工业化阶段，是一个用水结构变化、快速发展的阶段，也是提高用水效率的黄金期，对城市水务管理和节约用水工作而言又是一个重要的机遇。面对新的形势、新的任务，我们要正视问题，抓住机遇，不断提高认识，开拓创新，巩固已经取得的成果，突出重点，把城市节水工作推向深入。

（一）进一步完善节水法律法规、政策和标准体系

城市节水工作涉及行政、经济甚至民商事法律规范，在社会法治程度越来越高的背景下，城市节水工作迫切需要完善的法制支撑。同时，城市节水工作的形势、任务、机制、理念等方面都发生了深刻变化，也要求我们与时俱进，加强城市节水法律法规、政策和标准的完整性、系统性和科学性，提高城市节水法制和政策保障水平。一是要进一步加快节水专门性法规的立法进程，提高节水的法制化水平；二是要进一步构建和完善相关财政、税收和金融等方面的激励政策，完善淘汰落后产能、严格项目准入的相关政策，切实调动和提高社会各界节水工作的积极性和主动性；三是要积极组织节水相关工程建设标准和技术规范的编制与修订，提升标准层次；四是各地要因地制宜，制定符合地方资源条件和经济结构特点的地方法规、政策和标准。

（二）进一步提高节水工作在城市发展中的地位，加大节水工作责任制

各级政府对推动城市节水工作的领导和支持，是保障节水型城市持续发展的重要基础。但是，全国城市节水工作发展不平衡，个别地区还没有把节水工作放在突出的位置，城市节水工作缺乏深度和力度，特别是有些相对丰水的地区，不重视计划用水管理；有些城市还没有将节水与减排的关系厘清，在开发新水源上舍得投入大量资金，却不重视解决用水浪费和水污染问题；有一些地区仍然不顾自身的资源条件，盲目发展高耗水、高污染项目，甚至还有一些缺水城市仍然热衷于建设大草坪、水景观。

因此，要制定和落实各级政府节约用水的责任制及有效监督制度，将节水的责任和实际效果纳入各级政府节能减排的目标责任制和考核体系，进一步加大各级政府对节水工作的监督、检查力度。要把创建节水型城市作为城市节水工作管理的有效抓手，因地制宜，抓住节水工作重点突破口，切实提高城市节水水平。

（三）充分发挥经济杠杆和市场引导作用，促进城市节水工作

节约用水涉及各行各业、千家万户，单靠市场推动，没有政府引导和调控，节水必然难见成效；

单靠政府行为，没有市场推动，节水必然动力不足。抓好节水既要加强政府行为，也要靠市场推动。

价格手段是社会主义市场经济条件下促进节能减排的一个重要杠杆，水价改革对城市节水有举足轻重的作用。目前，我们的水价改革尚需进一步深化，污水再生利用收费机制还没有建立，污水再生利用缺乏良好的市场条件。许多节水工程直接经济效益有限，更多地体现在社会效益和生态效益，致使有些用水大户使用再生水的积极性不高，节水工作内在动力不足。

要尽快制定支持再生水及雨水、海水等非常规水资源开发利用的价格政策，建立适应市场经济的运行模式，发挥企事业单位的积极性和主动性；研究制定有关政策措施，充分利用行政的和经济的手段，引导用水单位积极利用再生水资源，扩大再生水的应用范围，特别是市政、绿化、环卫和工业用水等方面要率先使用再生水。

（四）增强节水减排科技支撑能力，加大节水科技投入和推广力度

随着城市节水工作的深入开展，节水的空间越来越小，想要进一步挖掘节水潜力，就必须在采用设施改造、推广节水型器具等常规手段的基础上，充分发挥科技的先导作用，全面提高我国城市节水减排的技术水平。

一是要加大节水技术投入力度，将节水技术资金投入纳入财政预算，支持新技术、新工艺、新材料和新设备的研究开发，逐步形成系统的节水科研体系。二是要开展污水再生利用及海水等非常规水资源应用技术的研究，鼓励原始创新、集成创新和引进消化吸收再创新，发展经济实用和具有自主知识产权的节水技术和产品，重点发展膜技术及其他高效节水技术和成套化设备。三是要研究和开发非常规水资源各种用水途径的水质监测技术、用水技术和安全性评价技术，确保用水质量安全。四是要选择带动力强、影响面大、见效快的科技节水项目示范、带动节水减排高科技产品和技术的产业化，促进城市节水技术水平的不断提高和用水效率的整体提升。

（五）进一步创新方式，加强宣传动员和公众参与

要充分利用"全国城市节约用水宣传周"契机，积极组织开展节水器具和节水产品的推广和普及工作，引导居民尽快淘汰更新不符合节水标准的用水器具。在鼓励居民生活节水方面，要逐步实行阶梯水价，充分运用经济杠杆改变粗放的用水习惯，保障基本需求，调节弹性需求，抑制奢侈性需求。在节水宣传形式上，要创新思路，培养人们的"水危机"意识。新加坡定期进行"水危机演习"，让市民感受水的重要性的做法就给了我们很好的启发。

一年一度的"全国城市节约用水宣传周"活动即将在全国各地展开，借此机会我代表住房和城乡建设部向全国广大城市节水工作者和积极投身于城市节水工作的社会各界表示崇高的敬意和亲切的慰问，希望你们以高度的责任感，再接再厉，奋发努力，为城市节水减排工作和城市可持续发展作出更大的贡献。

（仇保兴为住房和城乡建设部副部长。本文摘自《中国建设报》2010年5月14日）

加大供热计量改革工作力度 确保完成建筑节能任务目标
——仇保兴副部长在2010年北方采暖地区供热计量改革工作会议上的讲话
（2010年9月27日）

同志们：

今天我们在天津市召开2010年北方采暖地区供热计量改革工作会，也是一次经验交流的现场会。会议的主要目的是贯彻落实党中央、国务院关于节能减排的战略部署和住房城乡建设部、发展改革委、财政部、质检总局联合下发的《关于进一步推进供热计量改革工作的意见》（建城〔2010〕14号）文件精神，加大推进供热计量改革力度，促进建筑节

工作。刚才有七个单位介绍了他们的经验，是值得学习和推广的。等会儿，姜伟新部长还要做重要指示。下面我先讲几点意见，主要分工作进展、取得的经验、存在的问题、下一步工作重点和几点具体要求五个方面。

一、供热计量改革进展情况

过去的一年，各地对供热计量改革工作重要性认识有了明显的提高，尤其是2009年北方采暖地区供热计量改革工作唐山会议后，各地都采取了许多的行动。

一是组织领导进一步加强。2009年唐山会议后，河北、青海、山东、山西、甘肃等地纷纷召开供热计量改革工作会，贯彻唐山会议精神，主动积极地研究问题，出台实施方案和配套政策，落实责任，部署任务，供热计量推行比较顺利。河北省规定，2010年采暖季前各市既有大型公共建筑要全部完成供热计量改造，既有居住建筑供热计量及节能改造完成2000万平方米以上；所有新竣工建筑和完成供热计量改造的既有建筑，全部实行供热计量收费，全省供热计量收费面积达到3000万平方米。山东省要求，2010年采暖季前安装温控与热计量装置的所有建筑，全部试行按热量计价收费。地级城市中有31个地级城市以市政府名义印发了供热计量改革的实施方案或实施意见，明确了供热计量改革目标以及建设、发改、物价、财政等部门责任分工等。

二是分户计量收费面积稳步增加。2009年出台供热计量价格和收费办法的地级以上采暖城市有48个，实现供热计量收费1.5亿平方米，比2008年增加了1亿平方米。天津市、山东省、河北省、吉林省、山西省、甘肃省等地的物价和建设主管部门还及时制定了供热计量价格指导性文件。这些文件的发布对推进供热计量改革起了重要的作用。

三是新建建筑供热计量设施安装比例有较大的提高。北方地区大部分省市都出台了新建建筑强制安装供热计量装置的政策和文件。2009年北方采暖地区15个省、直辖市、自治区新建建筑3.4亿平方米，其中达到安装分户供热计量装置的有1.6亿平方米，占新建建筑总量48%，比2008年提高了14个百分点。地级以上采暖城市中有61个已经都明确规定了必须按照供热计量要求进行设计、安装供热计量和温控装置，否则不予出具施工图审查合格证明、不予发放施工许可证、不予验收备案、不得销售、不予供热等。这个"五不"政策的出台大大促进了供热计量改革。有没有执行"五不"政策已经成为检验一个地方是真改还是假改、是忽悠上级改还是利国利民改的重要标准。

四是"十一五"既有居住建筑供热计量及节能改造任务有望按期完成。截至今年7月底，北方采暖地区15个省、自治区、直辖市已经完成既有居住建筑供热计量及节能改造的面积1.2亿平方米，占国务院下达的"十一五"期间1.5亿平方米改造任务的80%。加上正在改造的，预计今年采暖季前，完成既有居住建筑供热计量及节能改造的面积将达到1.7亿平方米。

五是2009年供热计量检查结果通报。2009年底我部开展了建设领域节能减排检查，其中供热计量改革检查涉及14个省(自治区、直辖市)、25个地级城市和9个县级城市。天津、河北、山东、北京等省(直辖市)，西宁、长春、青岛、东营、延安、呼和浩特等地级以上城市以及榆中、迁安、志丹等县级城市供热计量改革工作目标明确，责任落实，政策配套，措施有效，工作成效明显。检查发现，黑龙江等省，中卫、定西等地级城市，肇东、中宁、共和等县级城市供热计量收费相对进展较慢。在受检的123个新建建筑工程项目中，发现没有安装供热计量装置，违反工程建设标准的项目19个，并下发了执法通知书。其中：

北京市1个(金顶街三区经济适用房项目)；河北省石家庄市1个(中基礼域项目)，秦皇岛市1个(湾海一号项目)；山西省太原市1个(和泰小区1号楼项目)；内蒙古自治区乌海市1个(蒙西世纪城项目)；陕西省西安市3个(中海国际社区熙岸项目、雅逸花园项目、玄武花园项目)；辽宁省大连市1个(幸福e家五期6区6-1号楼项目)；吉林省长春市1个(万盛理想国1期E组团3号、14号住宅楼项目)；黑龙江省哈尔滨市1个(远大都市名都项目)，鸡西市1个(丰烨名居8号楼项目)；甘肃省兰州市1个(金地商务大厦项目)、定西市2个(正立瑞丽佳苑项目、中华路中学教学楼项目)；宁夏回族自治区银川市1个(园丁家园项目)、中卫市1个(美利城市花园项目)、中宁县1个(世纪花园锦绣苑项目)；青海省海南藏族自治州1个(民族中学教学楼项目)。

二、供热计量改革取得的经验

各地在推进供热计量改革的过程中，积极探索，取得了许多很好的经验。这些经验值得大家认真学习、借鉴和运用。概括起来，主要有五个方面：

一是发挥政府主导作用是供热计量改革的基础。供热计量改革只有在省市政府的统一领导下，明确各部门分工和责任，建立强有力的督查机制，才能顺利推进。河北省将供热计量改革列入省政府对基层45个考核指标中的一票否决内容，以省政府名义给各市下达供热计量收费指标，要求市长亲自抓。新疆自治区把供热计量改革作为各城市参加"天山杯"竞赛评比的主要指标。天津市制定《供热单位供热计量量化考核办法》，对先进单位及个人进行表彰和奖励。青岛市制定供热计量收费奖励政策，2009年对实行供热计量收费的三家供热企业给予了300万元奖励。这些经验证明，供热计量改革搞得好还是坏，与政府主导作用成正比。城市主要领导能不能带头、能不能出面号召、能不能亲自动员对推进供热计量改革非常关键。

二是推进立法是供热计量改革的保障。目前天津、河北、山东、北京、山西等省市以民用建筑节能条例、供热管理条例等形式将供热计量改革纳入了地方性法规或行政规章。《天津市供热用热条例》规定，供热单位不按照供热计量规定实施计量收费的，由市和区、县供热办公室责令限期改正；逾期不改正的，处三万元以上十万元以下罚款。《河北省民用建筑节能条例》规定，新建民用建筑未配套建设供热采暖分户计量系统，未安装温度调控装置和供热系统调控装置，由县级以上人民政府建设主管部门责令改正，并处二十万元以上五十万元以下罚款。各地回去后，要参考这些处罚规定，结合实际情况，制定本地区处罚规定，处罚手段不仅可以包括罚款，还可以包括吊销执照、许可证等。

三是发挥供热企业主力军作用是供热计量收费的关键。天津开发区泰达热电公司将供热计量收费作为法律赋予企业的神圣职责，加强六大环节管理，切实发挥了供热计量收费主力军作用。承德市热力集团自2003年开始实施供热计量，采取了"四步走"的政策，既壮大了自己的力量，又提高了企业的效益，在不增加热源的情况下，供热面积增加了1/3。连续3年不仅没有出现计量和温控装置欠账问题，并同步实现了计量收费的全覆盖。从这些经验可以看出，推进供热计量收费，必须明确供热企业是实施主体。对拒不实施计量改革或计量收费的供热企业经教育拒不改正的，要尽快撤换企业负责人。

四是引入合同能源管理模式是促进供热计量收费的有效途径。合同能源管理是行之有效的节能措施。天津、承德、石家庄、唐山、长春、安阳等城市积极探索合同能源管理推进供热计量改革，效果非常好。实践证明，采用合同能源管理的模式，把市场和政府的力量组合在一起，不仅可以解决供热计量资金困难的问题，同时还可以解决供热企业在节能诊断、改造、计量收费、热表检测、热表维修等方面力量不足的问题，而且用户的节能积极性也可以调动起来。所以说，引入合同能源管理模式，供热企业、用户、节能服务公司三方都可以获得利益，国家也可以实现节能减排目标。

五是多渠道筹集资金是可持续推进既有居住建筑供热计量及节能改造的有效方法。山东、山西等地将既有居住建筑供热计量及节能改造与建筑抗震加固改造、旧城和城中村改造、小区综合整治相结合，有效地节约了资金，降低了成本。内蒙古、山西财政按中央奖励资金1：1比例制定地方配套资金政策，石家庄市财政今年安排1亿元专项用于供热计量改造，寿光市对既有居住建筑供热计量及节能改造项目给予20%财政补贴。国家财政资金"四两拨千斤"的引导作用正在发挥。

三、供热计量收费严重滞后

2009年虽然供热计量改革取得了阶段性进展，但改革总体进度极不平衡。截至2009年底，北方采暖地区安装供热计量装置的面积约4亿平方米，实现供热计量收费面积1.5亿平方米。有2.5亿平方米安装了供热计量装置但是仍然没有实现计量收费，不仅造成了资源的严重闲置和浪费，更关键的是节能潜力被遏制，节能空间远未发挥。2009年的新建建筑实现供热计量收费面积约为1600万平方米，占当年新建建筑安装供热计量装置面积的10%，还有90%没有计量收费。山西省、内蒙古自治区、黑龙江省、宁夏回族自治区等省区新建建筑基本没有实现供热计量收费。既有居住建筑改造完成后，实现供热计量收费约7000万平方米，至少30%以上既有居住建筑改造完成后，没有同步实现计量收费。造成上述问题的原因很多，主要包括五个方面：

第一，组织领导不力。从省级层面来看，虽然各省建设主管部门和相关部门都建立供热计量改革领导机构或协调机构。有些机构领导不力，有些机构没有奖罚。有些机构没有开展工作，供热计量改革还没有纳入省级政府工作议程。从城市级层面来看，目前开展供热计量改革的城市有86个，占69%。基本没有开展供热计量改革的城市有39个，占31%。其中包括甘肃省8个，河南省6个，陕西省6个，辽宁省4个，吉林省4个，黑龙江省4个，内蒙古自治区3个，山西省2个，山东省1个，宁夏回族自治区1个。在已开展供热计量改革的86个城市中，只有31个地级城市以市政府或市政府办公室的名义印发了供热计量改革的实施方案或实施意见。大部分城市没有明确横向的部门分工和合作，供热计量改革工作形成不了合力。

第二，供热单位收费主体责任不明确。尽管供热计量改革是利国利民的好事，政府积极倡导、居民呼声很高。但由于供热单位收费主体责任不明确，导致供热计量装置的选型安装与计量收费脱节，装表不收费现象日益严重。2008年建设部《民用建筑供热计量管理办法》早已明确规定：供热单位是计量收费实施主体，必须由供热企业负责供热计量和温控装置的选型、购置、维护、管理以及计量收费。但是目前这些责任在很多城市都没有落实到供热企业身上。供水、供气、供电的表都是由供水、供气、供电公司安装的，唯独供热的表许多地方还是由开发商自行安装，这种现象很不正常。开发商装的计量表质量较差，有些仅是为了应付验收，供热企业不愿按表收费。有一段时间市场上甚至出现了只有烂表、坏表才有销路的局面。出现这种局面，严肃一点讲，就是主管部门在与国务院节能减排的要求对着干。由于供热计量收费责任没有落实到供热企业身上，再加上部分供热企业本来对供热计量改革就不积极，导致供热计量收费严重滞后。

第三，计量价格和收费政策不配套。北方采暖地区125个地级以上采暖城市出台供热计量价格的只有48个，占38%。供热计量价格和收费政策缺位已经成为供热计量改革的一大瓶颈。希望在座的各位省市领导回去立即组织落实，尽快出台供热计量价格和收费政策。

第四，监管不力。2009年北方采暖地区新建建筑3.4亿平方米，其中没有安装分户供热计量装置的有1.76亿平方米，占新建建筑总量52%。新建建筑设计阶段基本都能够按照供热计量的要求进行设计，但是施工阶段预留安装位置或安装质量低劣的计量装置等不到位现象仍非常严重。在既有居住建筑供热计量及节能改造中，一些省市没有同步安装供热计量装置，节能改造与供热计量改造脱节。形成新建建筑供热计量装置安装不到位、既有居住建筑供热计量与节能改造不同步的主因就是监管不力。目前很多省市虽然下发了一些文件，但由于责任不明确，措施不配套，部门之间配合不够，没有形成部门联动，缺乏监管合力。在规划、设计、施工图审查、施工、监理、质量监管、验收，特别是质量监管和验收两个环节上缺乏有效监管。虽然供热计量已经成为《建筑节能工程施工质量验收规范》、《供热计量技术规程》等相关标准的强制性条文，但很多地方没有严格执行，导致新建建筑供热计量设施形成新的欠账。有的地方既有居住建筑节能改造时，也没有同步进行供热计量改造，用户室内温度提高了，但能节不下来，只好开窗散热。有些地方没有严格按照《建筑节能工程施工质量验收规范》要求，从2007年10月1日强制新建建筑安装供热计量装置，而是随意改动强制执行时间。

第五，有些地方选用了不成熟的计量方法。《供热计量技术规程》在正文中指明目前成熟的供热计量技术路线包括户用热量表和热分配计法。虽然在说明中提到了流量温度法、通断时间面积法两种方法，但是这两种方法目前还没有配套的产品标准，在相关的产品标准出台前，只应在一定范围内试点和实验，不应大规模推广应用。但由于相关部门缺乏对供热计量技术的引导和监督，目前不仅流量温度法、通断时间面积法，还有不在规程内的温度法，各地也在应用。这些没有产品标准的计量方法的大规模应用势必为计量收费埋下了纠纷隐患。

四、下一步工作重点

党中央、国务院关于节能减排做了一系列战略部署，今年我部联合发展改革委、财政部、质检总局下发了《关于进一步推进供热计量改革工作的意见》。下一步供热计量改革工作的重点就是贯彻落实党中央、国务院的部署要求和四部委意见。具体包括六个方面：

一是大力推行按用热量计价收费。从现在开始，我们应把这项工作抓紧抓好。各地回去以后要按照要求，制定供热计量收费实施方案，倒排时间表，全面取消以面积计价收费方式，全部实行按用热量计价收费方式。各地的实施方案和时间表要在今年采暖季前报我部城市建设司，统一公开登报发布。

二是完善供热计量监管体制机制。切实加强新建建筑供热计量工程监管，在规划、设计、施工图审查、施工、监理、验收和销售等环节，落实建筑节能标准和供热计量装置安装的监管。各级建设主管部门要层层落实和分解责任，哪个环节出问题，就追究哪个环节负责人的责任。未达到供热计量要求的建筑一律不得发放相关证件。建立计量装置安装与计量收费衔接机制，严格执行《民用建筑供热计量管理办法》，制定供热单位选型、购置、维护管理供热计量器具的实施细则。热量表和温控阀一定要由供热单位统一公开购置，不能再任由房地产开发商购置。对符合供热计量条件的建筑，供热单位必须无条件地实行供热计量收费，并负责供热计量器具的日常维护。对于只进行了节能改造的项目,必须按照"谁欠账,谁还"的原则,要求相关单位补装供热计量和温控装置。否则,不予通过验收备案,不予拨付中央奖励资金。

三是引入节能服务公司模式。节能服务公司模式是一种体制外促进体制内改革的好办法。引入节能服务公司模式介入计量收费,可以热力站为分界线,由节能服务公司负责换热站、二次管网及用户的计量表安装、节能改造、运行维护和计量收费,再加以中央奖励资金的激励和引导,不仅可以消除供热企业的垄断,更重要的是建立了利用节能服务公司推行计量收费的新模式,另开了推行计量改革的新路。目前国务院转发了发展改革委、财政部、人民银行、税务总局《关于加快推行合同能源管理促进节能服务产业发展的意见》,提出了具体措施。各地要积极探索,重点扶持一些有实力的节能服务公司,利用市场机制,进行节能改造、计量改造和收费。

四是加强供热计量产品质量监管。各级供热主管部门要配合质量监督部门做好供热计量产品质量监管。要建立企业监管档案,依法强化供热计量器具型式批准和制造许可监管,严厉查处无证生产、不按产品标准和已批准的型式进行生产以及将不合格产品出厂销售的行为。各地质量技术监督部门要依法组织开展供热计量器具产品质量监督抽查,抽查结果要向社会公布,对产品质量不合格的企业要依法进行处理。同时,各地供热主管部门要明确供热计量产品的质量要求、售后服务标准,严把产品的使用门槛,坚决杜绝假冒伪劣产品。

五是保质保量完成既有居住建筑供热计量及节能改造工作。目前正在组织实施的既有居住建筑供热计量及节能改造面积近6000万平方米,各地要精心组织,确保完成或超额完成"十一五"期间既有居住建筑供热计量及节能改造任务。我部将联合财政部密切跟踪改造进度和质量,根据各地工作进展和节能改造的积极性,及时对改造任务指标做调整和奖罚,将任务指标向改造积极性高、改造项目效果好的地区倾斜,并公布那些未完成任务的地区和单位,给予通报批评。

六是加强检查和督促。我部将实行供热计量改革进度公开公示制度,定期公开各省市供热计量进展情况。对推进不力的省市,将给予通报批评。各省级建设主管部门也应对各城市建立供热计量改革进度公开制度,对推进不力的城市给予通报批评。我部今年将对已获得中国人居环境奖、国家园林城市等荣誉的北方采暖城市进行复查,凡是住宅供热计量收费面积占集中供热总面积的比例低于25%的,必须限期整改。整改不力的,取消资格,全国通报。

五、几点具体要求

一是提高认识。我国建筑能耗占全社会总能耗的比例约为28%左右,而且逐年上升。建筑能耗是刚性的,北方地区不实行计量收费,用户自身很难调节。北方地区建筑总量占全国建筑总量的比例不到10%,但所耗能却占了40%以上。北方建筑能耗有两大板块浪费严重。最大的一个板块就是供热能耗,占了40%。第二个板块是大型公共建筑的耗能,比发达国家能耗高30%左右。所以说,供热是北方地区最大的建筑节能领域,必须下决心实行供热计量改革。

二是健全组织机构。各地必须明确责任和分工,要把供热计量改革的压力和任务分解到各城市、各部门。物价部门不出台计量热价,就追究物价部门责任。物价部门出台了计量热价,建设部门不执行,就追究建设部门责任。供热企业拒绝按用热量计价收费,就追究供热企业领导责任。这些责任都要非常明确。各地必须把供热计量改革目标完成情况,作为各级建设主管部门以及供热企业的负责人业绩考核的最主要内容,实行一票否决,并公之于众。

三是尽快制定供热计量价格。没有出台计量热价的城市,建设部门要积极配合物价部门尽快在今年采暖季前制定出台供热计量价格和收费办法。两部制热价中按面积收取的基本热价比例按30%、按热量收取的计量热价按70%执行。在制定计量热价时,应将供热计量和温控装置的维护、更换、管理等成本纳入热价成本。这项工作我们将在今年采暖季前全面检查,并将结果通报全国。同时,我个人也会根据检查结果给相关的书记、市长写信,督促供热计量改革工作。各省级建设部门回去后要赶紧布置这项工作,对北方采暖城市没有出台计量热价的城市要督查出台。对没有出台计量热价的国家可再生能源建筑应用示范城市、获得中国人居环境奖的城市、园林城市等要限期整改,整改不合格的取消其称号和国家财政奖励资金。

四是制定实施方案。各地要依据《节约能源法》、《民用建筑节能条例》、《公共机构节能条例》等法律法规,制定供热计量工作实施细则或管理办法,编制供热计量工作规划和年度计划,制定供热计量工作实施方案。各省(直辖市、自治区)及地级以上的城市要按照住房城乡建设部、发展改革委、财政部、质检总局联合下发的《关于进一步推进供热计量改革工作的意见》(建城〔2010〕14号)文件的要求,明确计量收费目标,并分解落实。实施方案今年采暖季前由各省级建设主管部门汇总后报我部城建司备案,并将纳入到今年建设领域节能减排检查的重要内容。

五是规范计量方法。各地要按照《供热计量技术规程》的要求,开展供热计量方法清理规范,对于不符合《供热计量技术规程》的地方标准要予以修改,没有国家产品标准的计量方法可以试验示范,但不得大面积推广。

六是做好督查和宣传。第一,要宣传供热计量改革节能的巨大潜力。供热计量改革在国家节能减排战略中不可替代,实施计量收费可以实现节能30%以上。第二,要宣传相关部门的责任重大。没有完成好任务,就是下对不起老百姓,上对不起党中央国务院,也是没有落实好科学发展观的具体表现。第三,要通过宣传消除改革的疑虑。一个疑虑就是搞供热计量改革不如搞管网改造的节能效果大。这个观点忽悠了我们多年,我想大家现都已经想通了。另一个疑虑就是通过墙体流失85%的热,搞供热计量没有意义。这个观点严重违反了基本常识和实践。普通墙体的传热系数比玻璃窗低8—10倍,大部分热是通过玻璃窗,而不是墙体流失的。事实上,许多用户在冬季会将个别房间的暖气阀关上,使其降温以达到贮藏蔬菜水果的目的。由此可见,这些观点完全是在为不进行供热计量改革寻找借口。第四,要大力宣传国家对节能减排的支持。中央财政已对建筑节能敞开口子,资金安排是有保证的。而目前的情况是供热计量改造的资金用不出去,大量沉淀。不是供热计量改造缺资金,主要是宣传不够,大家不知道怎么用。各地建设主管部门要大力宣传,抓紧部署,使参与供热计量改革的各方面了解供热计量改造资金在节能减排工作的积极意义和使用方法,切实利用好这笔资金,发挥它的作用。

(本文来源:中华人民共和国住房和城乡建设部 www.mohurcl.gov.cn 2010年10月20日)

切实增强依法行政的使命感、紧迫感和责任感
——陈大卫副部长在住房城乡建设系统依法行政工作会议上的讲话

(2010年12月29日)

同志们:

这次会议的主要任务是,根据伟新同志在全国住房城乡建设工作会议上的部署,总结2004年国务院发布《全面推进依法行政实施纲要》(以下简称《纲要》)以来的依法行政工作,分析面临的新情况、新问题,对下一阶段住房城乡建设系统依法行政工作提出要求。上午山东省住房城乡建设厅在全国住房城乡建设工作会议上作了经验介绍,刚才北京市住房城乡建设委员会、上海市城乡建设和交通委员会、重庆市城乡建设委员会、黑龙江省住房城乡建设厅四家单位又作了经验交流。下面,我讲几点意见。

一、住房城乡建设系统依法行政工作取得了积极进展

自《纲要》实施六年来,在各级党委、政府的正确领导下,住房城乡建设系统认真贯彻落实国务院关于推进依法行政的各项部署,依法行政工作取得了积极进展:

一是,领导干部依法行政的意识和能力不断提高。大多数省级建设部门都成立了以主要负责人为组长的依法行政工作领导小组,建立了依法科学民主决策的机制和程序,领导干部学法用法已成制度,法制机构和队伍建设得到加强。去年在新一轮机构改革中,全国8个没有专门法制机构的省厅,已有6个设立了法规处。

二是,法制建设不断加快。《城乡规划法》、《风景名胜区条例》、《民用建筑节能条例》、《历史文化名城名镇名村保护条例》、《城镇燃气管理条例》等法律、行政法规发布实施。各地结合实际,着力开展法规建设。《城乡规划法》颁布实施以来,已有14个省(区、市)制定了实施条例。陕西省建设厅近5

年制定和修订13部地方性法规和1部省政府规章，山西省建设厅连续11年每年出台一部地方性法规。各地都对规章和规范性文件进行了清理。住房保障、节能减排、防灾减灾等方面的工程建设标准不断完善。

三是，行政行为不断规范。几年来，住房城乡建设部取消和调整行政审批项目177项，地方建设部门也取消和调整了一大批审批项目。各地认真贯彻《行政许可法》，大多数地方建立了政务大厅或者行政审批中心，实行"一站式"服务。不少地方开展了规范行政裁量权工作，推行执法责任制。北京、浙江、福建等地建立了执法信息系统，江苏、辽宁等许多地方加强了对执法人员的培训考核。各地开展的建筑市场、房地产市场整顿和城乡规划专项治理取得成效。各地认真贯彻《政府信息公开条例》，上海、天津、重庆等规划部门全面推行"阳光规划"。

四是，行政复议作用日益突出。近五年来，住房城乡建设系统通过行政复议化解行政争议约1万件。大多数地方积极畅通行政复议渠道，注重运用和解调解方式化解行政争议。

这些成绩凝聚着住房城乡建设系统各级领导和广大干部职工，特别是从事法制工作同志们的心血与汗水。我谨代表部党组，向同志们致以崇高的敬意！

在肯定成绩的同时，我们也必须清醒地看到面临的问题：一是有的领导对依法行政工作说起来重要，做起来不要。想问题、做决策，缺乏依法办事的观念。认为依法行政是一种约束，会影响办事效率，对法律缺少起码的敬畏之心。二是住房城乡建设系统一些重要的法律法规还不能及时出台，一些已经不能满足实际需要的法律法规还不能及时修订。有的规范性文件以备案为名行许可之实。三是，从部机关到地方各级建设部门，不同程度地存在着重事前审批轻事后监管，重制度建设轻制度落实的问题。有的执法行为缺乏依据，执法程序不到位，对同类违法行为处罚畸轻畸重。还有极少数执法人员执法不懂法。四是有的领导对行政复议化解社会矛盾的功能认识不到位，甚至要求法制机构不得受理行政复议申请。对上述问题，必须引起高度重视，在下一步工作中采取切实措施加以解决。

二、充分认识全面推进依法行政的重要性和紧迫性

党中央、国务院高度重视依法行政工作。今年8月，国务院召开全国依法行政工作会议，温家宝总理发表了重要讲话。10月，国务院发布《关于加强法治政府建设的意见》（以下简称《意见》）。依法治国是党领导人民治理国家的基本方略，很重要的是要建设法治政府，关键是依法行政。依法行政是现代政治文明的重要标志。当前，全国上下都在认真学习贯彻党的十七届五中全会精神和中央经济工作会议精神，"十二五"时期住房城乡建设系统转变经济发展方式的任务十分艰巨和紧迫。推进住房城乡建设事业的科学发展，重要的是要依法行政。我们要认真贯彻落实党中央、国务院关于依法行政工作的要求和部署，正确看待住房城乡建设事业发展的新变化、新形势，及时回应人民群众的新期待，切实增强依法行政的使命感、紧迫感和责任感。

（一）全面推进依法行政，是深化改革的重要内容。多年来，各级建设部门在转变政府职能方面取得了显著进展，大大减少了对企业微观经济活动的干预，但对房地产市场、建筑市场、市政公用领域的市场监管还远没有到位。例如，《建筑法》等法律法规对建设工程的转包、违法分包、出借资质证书、强制性标准的执行等都有明确规定，但在实践中许多违法行为并没有得到有效查处，有的地方甚至是"零执法"。房地产市场等其他行业也存在执法不严的类似情况。解决这些问题，要求我们深化行政体制改革，进一步转变政府职能，切实提高运用法治思维和法律手段解决问题的能力，完善市场法规，严格规范执法，为市场主体创造公平竞争的良好环境。同时，我们还要学会运用法律法规和政策，不断完善体制机制，引导行业调整结构。例如，放宽市场准入，支持民间资本进入市政公用事业领域；促进建筑业企业调整产业组织结构，增强国际竞争力；促进房地产企业改进项目管理方式，切实担负起社会责任等。

（二）全面推进依法行政，是维护人民群众合法权益，促进社会和谐稳定的重要举措。住房城乡建设系统的工作涉及面广，与群众利益密切相关，城市房屋拆迁、城乡规划、房屋登记、信息公开、质量安全、垃圾污水处理设施建设等社会热点领域多。当前我国仍处在工业化、城镇化快速发展阶段，伴随着建设热潮，社会矛盾也在逐年增多。产生矛盾的重要原因是，随着群众依法维权意识不断增强，我们依法行政的水平还有差距。化解社会矛盾，促进社会和谐，要求我们在制度建设中，更加重视维护人民群众合法权益，更加重视听取人民群众意见。例如，国务院法制办在起草《国有土地上

房屋征收与补偿条例》过程中，专门组织六部门参加的工作小组，反复听取有关方面意见，并第二次向全社会公开征求意见，目的就是平衡各方利益关系，既要促进社会和谐稳定，又要保证城镇化、工业化的顺利推进；要求我们任何一项行政行为都要于法有据，程序正当；要求我们不断提高依法调节社会利益关系的能力，依法建立有效的社会矛盾调解机制。

（三）全面推进依法行政，是科学发展的迫切需要。住房城乡建设系统在坚持科学发展，更加注重以人为本，更加注重全面协调可持续发展，更加注重统筹兼顾，更加注重保障和改善民生方面承担着重要的历史使命。建设部门过去比较重视产业的发展，住房保障、住房公积金监管等社会管理和公共服务相对薄弱，这些年有了很大转变，但还不够。一些地方重城市、轻农村的问题还比较突出，一些城市的城中村、城乡结合部还是规划管理的盲区。在建设资源节约型、环境友好型社会方面，建筑节能、垃圾回收和资源再生利用、城市节水、供水安全、城镇污水垃圾处理等还有待加强。推动行业科学发展，要求我们全面推进依法行政，进一步完善有关法律法规和政策，引导各地更加注重保障和改善民生，不断加强社会管理和公共服务；切实贯彻《城乡规划法》等法律法规，充分发挥城乡规划的综合调控作用，加强城镇化管理。

（四）全面推进依法行政，是反腐倡廉的重要保障。住房城乡建设系统的各部门手中都掌握着一定的权力。近年来，系统内腐败案件时有发生，重要原因之一是没有严格依法行政。要通过依法行政，促进各项工作的制度化、规范化、程序化，使权力在阳光下行使，让政府工作人员特别是领导干部得到有效的监督。

三、当前和今后一个时期依法行政工作的主要任务和措施

根据国务院《意见》的要求，当前和今后一个时期，要深入贯彻科学发展观，认真落实依法治国基本方略，进一步加大《纲要》的实施力度，以建设法治政府为奋斗目标，以事关依法行政全局的体制机制创新为突破口，以增强领导干部依法行政的意识和能力、提高制度建设质量、规范行政权力运行、保证法律法规严格执行为着力点，全面推进依法行政，不断提高政府公信力和执行力，为保障经济又好又快发展和社会和谐稳定发挥更大的作用。结合住房城乡建设系统的实际，要着力抓好以下重点工作：

（一）进一步增强领导干部依法行政的意识和能力

领导干部特别是部门首长重视依法行政，这是搞好依法行政工作的一个前提。

一是要牢固树立社会主义法治理念。各级领导干部要带头学法、遵法、守法、用法，自觉养成依法办事的习惯。在做决策、签发文件时，要让法制机构进行合法性审查，充分发挥法制机构的参谋、助手和顾问作用。要重视加强法制机构和队伍建设，加大对法制干部的培养、使用和交流力度，重视提拔政治素质高、法律素养好、工作能力强的法制干部。

二是要推行领导干部任职前法律知识测试制度。拟任部门领导职务的干部，任职前要考察其掌握相关法律知识和依法行政情况，对拟从事行政执法等工作的人员，还要组织专门的法律知识考试。

三是要进一步完善领导干部学法制度。每年至少要举办两期领导干部依法行政专题研讨班。住房城乡建设领域有关法律法规出台后，要组织专题学习。

（二）加强和改进住房城乡建设立法工作，为行业发展做好制度安排

依法行政首先要有法可依，要通过制订好的法律、法规、政策、标准，营造有利于住房城乡建设事业科学发展的政策、体制、法制环境。

一是要考虑当前经济社会发展大局，围绕住房城乡建设中心工作，安排立法项目。2009年初，部里印发了《住房和城乡建设法律法规框架》、《住房和城乡建设部五年立法规划》，确定了二法六条例为重点的立法项目。住房保障方面，研究起草《基本住房保障法》，城乡规划方面，抓紧修订《村庄和集镇规划建设管理条例》等一批配套法规和部门规章，节能减排方面，推动《城镇排水与污水处理条例》尽快出台，建筑市场监管方面，起草《建筑市场管理条例》，房地产方面，配合国务院法制办做好《城市房地产管理法》修订和《国有土地上房屋征收与补偿条例》的制订，公积金管理方面，研究修订《住房公积金管理条例》，工程质量安全方面，起草修订一批部门规章。两年来，有关司局组织大批专家和地方同志进行专题研究，出了一批研究成果，主动去国务院有关部门协调，积极配合国务院法制办做了大量工作，各项目都取得了积极进展。

二是要坚持依法立法、科学立法、民主立法，

进一步提高立法质量。要完善立法程序和机制，充分发挥公众参与和专家咨询论证的作用。坚决克服立法过程中的部门利益化倾向。在立法过程中，要注意把握活力、有序与科学的统一。活力来源于对市场主体的平等相待。有序，就是处理好公共利益和私人利益的关系。科学，就是要尊重和把握建设行业自身的发展规律。在制度安排中，应当坚持权责一致，政府机关有权必有责。

三是要增强协调意识，提高协调能力。一些方面立法滞后，确实有立法容量有限的原因，也与建设部门与兄弟部门职能交叉多，部门之间协调难度大有关。在制度建设中，无论是领导，还是具体办事人员都要增加协调的主动性。协调时要提前认真研究，权衡取舍，出以公心，讲究方式方法，在交流中求得理解，增进共识。

四是要进一步改进规范性文件制定和清理工作。各级建设部门要严格依照法定权限和程序制定规范性文件。各类规范性文件不得设定行政许可、行政处罚、行政强制等事项，不得违法增加公民、法人和其他组织的义务。建立规章和规范性文件定期清理制度，对规章一般每隔5年、规范性文件一般每隔2年要清理一次，清理结果要向社会公布。2008年底，按照伟新同志要求，部里就对规章集中进行了一次清理。今年又按照国务院的部署对规章和规范性文件再次进行了清理，修改和废止了一批已不适应实际需要的规章和规范性文件。

（三）始终牢记宗旨，严格规范公正文明执法

行政执法是各级建设部门大量的、日常性行政活动，直接关系到法律法规能否令行禁止，关系到人民群众的切身利益。

一是要严格依法履行职责。要依法加强房地产市场调控、推进保障性安居工程建设、加强城乡规划管理、提高城镇化管理水平，确保中央一系列保障和改善民生的政策落到实处。要健全执法机构，整合执法队伍，两年多来，绝大多数省（区）建设厅都成立了稽查执法机构。要总结一些地方执法信息系统建设的经验，利用信息化手段，及时掌握市场主体存在的违法行为，为迅速查处违法案件提供技术支持。要重点加强城乡规划、房地产市场、建筑市场和工程质量安全、节能减排、住房公积金、工程建设标准的执行等方面的监督执法力度，加强对重点案件的稽查执法。要总结各地行政审批制度改革的经验，不断完善网上电子审批、一个窗口集中办理和"一站式"服务的工作机制，加强对许可权力的有效监督和制约，提高服务质量和效率。

二是要以强化程序意识和规范行政执法裁量权为重点，促进规范执法和公正执法。要加强程序制度建设，细化执法流程，明确执法环节和步骤。要牢固树立违反法定程序的执法行为，本身就是违法行为的意识。继续做好规范行政执法裁量权工作。目前部里已就规范部机关工程建设行政处罚裁量权起草了实施办法和裁量基准，这项工作需要大家共同探索，积累经验，不断完善。

三是要寓监管于服务中，促进文明执法。行政执法不仅是要规范市场，更重要的是服务人民。要坚持管理与服务并重、处置与疏导结合，加强和改进城市管理工作。要加强对行政执法人员的培训，严格执法人员持证上岗和资格管理制度，不断提高执法人员的素质。要完善执法责任制，加强对执法人员的评议考核和责任追究。

（四）改进行政复议和行政应诉工作，依法化解社会矛盾

住房城乡建设领域社会矛盾较多，更要重视和加强行政复议和行政应诉工作。

一是要积极受理行政复议案件。行政复议是解决行政争议、化解矛盾的法定机制。老百姓来申请行政复议，是对行政机关的信任。我们必须畅通行政复议渠道，不能将群众拒之门外。确实不属于行政复议受案范围的，要告知申请人解决问题的渠道，努力帮助他们创造解决问题的条件。

二是要不断提高办案质量。要深入调查了解案情，注重运用调解、和解方式解决纠纷，坚决纠正违法或者不当的行政行为，绝不能搞"官官相护"，努力实现"定纷止争、案结事了"。要健全行政复议机构，确保复议案件依法由2名以上复议人员办理。今年，部里建立了行政复议统计制度，各地要重视行政复议统计和分析工作。

三是要正确对待和认真做好行政应诉工作。行政诉讼是人民群众监督政府的一种重要形式。要完善行政应诉制度，依法积极应诉，尊重并自觉履行人民法院作出的生效判决、裁定。

（五）坚持依法科学民主决策，全面推进政务公开

住房城乡建设系统很多政策和决策，都涉及公共利益或者与人民群众利益密切相关。要进一步健全行政决策机制，把公众参与、专家咨询、风险评估、合法性审查和集体讨论决定，作为重大决策的必经程序，增加公共政策制定透明度和公众参与度。

城市房屋拆迁、城乡规划、重大公共设施建设等都应纳入决策风险评估范围。要加大政府信息公开力度,重点推进重大建设项目批准和实施、公共资源配置等领域的政府信息公开,深入推进市政公用事业领域的办事公开,创新政务公开方式,自觉接受群众监督和舆论监督。

同志们,依法行政工作在大家的共同努力下,已经取得了积极进展。但是,与国务院的要求相比,与人民群众的期盼相比,我们的任务还很艰巨,使命也很光荣。这里要特别强调的是,住房城乡建设系统各部门的首长要切实担起依法行政第一责任人的责任,把全面推进依法行政摆在更加突出的位置,认真落实国务院的要求,将依法行政任务与改革发展稳定任务一起部署、一起落实、一起考核。只要我们深入贯彻落实科学发展观,扎实工作,就一定能为加快建设法治政府,促进住房城乡建设事业科学发展和社会和谐稳定作出新的更大的贡献。

认清形势　坚定信心　扎实做好建筑安全生产工作
——郭允冲副部长在全国建筑安全生产电视电话会议上的讲话

(2010年1月29日)

同志们:

今天,我们召开电视电话会议的主要任务是,贯彻落实党的十七届四中全会和中央经济工作会议精神,按照全国住房城乡建设工作会议和全国安全生产电视电话会议的工作要求,认真总结2009年建筑安全生产工作,深入分析建筑安全生产面临的形势,研究部署2010年建筑安全生产工作,进一步认清形势,坚定信心,推动工作,促进建筑安全生产形势的持续稳定好转。刚才,北京市住房城乡建设委和浙江省住房城乡建设厅的同志介绍了他们的建筑安全生产工作情况和经验,希望各地认真学习借鉴。下面,我讲三方面的意见。

一、2009年建筑安全生产工作情况

过去的一年,是新世纪以来我国经济发展最为困难的一年,在党中央、国务院的正确领导下,我们取得了成功应对国际金融危机的重大成就,经济形势稳定好转。全国住房城乡建设系统认真贯彻落实党中央、国务院的决策部署,扎实工作,较好地完成了工作任务。建筑安全生产工作也取得了很大成绩。据统计,2009年全国房屋建筑及市政工程生产安全事故起数同比减少88起,死亡人数同比减少121人,分别下降11.27%和12.51%,与前几年下降的幅度相比,这个下降幅度是比较大的;其中,较大及以上生产安全事故起数同比减少19起,死亡人数同比减少90人,分别下降45.24%和48.13%,这个下降幅度也很大;全年没有发生重大及以上生产安全事故。在建设规模逐年扩大,建筑生产安全事故连续多年下降的情况下,去年全国建筑生产安全事故起数和死亡人数两个指标均低于控制数10%以上,取得这样的成绩实属不易。这是党中央、国务院高度重视和正确领导的结果,是全国住房城乡建设系统认真实践科学发展观,坚持安全发展理念,贯彻"安全第一、预防为主、综合治理"方针,不懈努力、共同奋斗的结果。在此,我谨代表住房城乡建设部向大家的辛勤工作表示衷心的感谢!

2009年,全国有16个地区建筑生产安全事故起数和死亡人数同比下降,按事故起数下降量大小顺序排列,依次是辽宁(下降24起、减少30人)、浙江(下降22起、减少35人)、江苏(下降19起、减少26人)、河南(下降12起、减少13人)、上海(下降12起、减少11人)、云南(下降9起、减少15人)、北京(下降9起、减少8人)、重庆(下降7起、减少7人)、内蒙古(下降5起、减少6人)、贵州(下降4起、减少5人)、安徽(下降4起、减少4人)、湖北(下降2起、减少6人)、山东(下降2起、减少4人)、新疆(下降2起、减少2人)、陕西(下降1起、减少5人)、天津(下降1起、减少4人);全国有17个地区没有发生较大及以上建筑生产安全事故(2008年只有10个地区没有发生较大及以上事故),分别是北京、天津、内蒙古、辽宁、黑龙江、福建、江

西、湖北、广西、海南、四川、云南、贵州、陕西、甘肃、宁夏、新疆。但成绩只能说明过去，不能代表明天，更不能代表后天。安全生产是永恒的话题，今天不出事故不等于明天不出事故，明天不出事故不等于后天不出事故。因此，希望上述地区再接再厉、不断巩固提高，更进一步做好工作；也希望其他地区，能够积极学习借鉴，改进加强建筑安全生产工作，共同推动全国建筑安全生产水平迈上新的台阶。回顾2009年，建筑安全生产主要做了以下几个方面工作：

（一）积极开展"安全生产年"各项工作

按照国务院安委会"安全生产年"的工作部署，我部结合住房城乡建设系统实际，及时下发建筑安全生产"三项行动"和"三项建设"实施意见，并认真做好对各地区的监督检查工作。2009年，住房城乡建设系统共开展安全执法行动21805起，涉及企业182569家、在建工程74845个；共排查治理隐患1095587项，其中一般隐患1077975项、重大隐患17612项；共组织宣传教育活动22432次，参与人数3463944人。各地住房城乡建设主管部门高度重视，扎实推进"三项行动"和"三项建设"各项工作。如江苏省积极开展建筑安全生产执法行动，严厉查处不办理施工许可和质量安全报监手续、无安全生产许可证从事施工、瞒报迟报漏报安全事故、拒不整改安全隐患、无证人员擅自上岗等行为，累计达2285起；江西省通过开发应用"江西省危险性较大的分部分项工程安全监管信息系统"，对危险性较大分部分项工程实施了全过程的动态监管。建筑安全生产"三项行动"和"三项建设"工作的开展，有力地推动了建筑安全生产管理水平的提高，促进了建筑安全生产形势的稳定好转。

（二）加强建筑安全生产长效机制建设

一是完善管理制度。我部制定印发了《危险性较大的分部分项工程安全管理办法》、《建设工程高大模板支撑系统施工安全监督管理导则》和《城市轨道交通工程安全质量管理暂行办法》，组织编制了《建筑施工企业安全生产管理规范》和《施工安全生产技术统一规范》。二是加强教育培训工作，提高建筑从业人员的技能素质。组织编写了建筑施工企业"三类人员"、特种作业人员的安全培训教材，为地方培训师资人员680多人，加强了对安全生产关键岗位人员的培训教育和资格考核。为发挥事故的警示教育作用，组织专家编写了《建筑施工安全事故案例分析》。三是积极开展课题研究，探索加强建筑安全生产管理的有效途径。结合建筑行业特点和工程项目实际，从创新管理思路和监管手段入手，进行了"加强在建项目建设安全生产管理能力"、"完善建筑安全生产监督管理机制"等研究。各地区住房城乡建设主管部门和建筑施工企业也从工作实际出发，注重加强建筑安全生产长效机制建设。如中国铁道建筑总公司牢固树立"细节决定成败、素质决定行为、规范决定安全"理念，始终重视安全生产基础工作，2009年共培训三类人员2254人、专职安全员2895人、特殊作业人员2860人，员工参加安全生产教育培训达31万人次；中建一局制定了安全三项硬措施，即在工程项目实施责任死亡事故项目经理无条件撤换、责任死亡事故责任工长无条件辞退、责任安全事故个人经济责任连带等制度，起到了很好的效果。

（三）推进建筑施工安全质量标准化工作

建筑施工安全质量标准化，有利于强化安全生产过程管理，是做好建筑安全生产工作的重要抓手。自2005年以来，全国已累计创建省级建筑施工安全质量标准化示范工地24000多个。2009年11月，在宁波召开了全国建筑施工安全质量标准化现场会，总结了几年来建筑施工安全质量标准化工作，交流学习了一些地区好的经验与做法，并与全国总工会联合表彰了一批建筑施工安全质量标准化工作先进集体、先进个人及示范工地，对建筑安全生产工作起到了积极的推动作用。各地区多年来积极推行建筑施工安全质量标准化，取得了很大的成效。如陕西省从1997年起开展创建文明工地活动，十三年共创省级文明工地2122个，改变了施工现场"脏、乱、差"状况，生产安全事故得到有效控制，全省的建筑安全管理水平得到明显提升；黑龙江省先后印发《建筑施工安全质量标准化实施标准》、《创建标准化工地的指导意见》等文件，并建立了工作月报制度，不断完善安全质量标准化工作的各项管理措施。建筑施工安全质量标准化工作的开展，既促进了住房城乡建设主管部门安全监管水平的提高，也促进了建筑施工企业安全生产水平的提高。

（四）加大建筑生产安全事故处理力度

生产安全事故的调查处理，是安全生产的重要环节。2009年，在统计分析基础上，我部印发了《关于2008年全国房屋建筑和市政工程安全生产事故处罚情况的通报》和《关于进一步做好建筑生产安全事故处理工作的通知》，要求各地住房城乡建设主管部门要高度重视事故处理工作，及时上报事故有关情况，积极做好事故调查，加强事故结案和报送，依法依规做好事故处罚工作，完善事故分析和通报制度。各地住房城乡建设主管部门根据实际情况，采取有效措施，全面加强了生产安全事故处理工作。如北京市住房城乡建设委联合安全生产监督管理部门下发了《北京市建设工程生产安全事故责任认定若干规定》、《北京市建设工程施工现场生产安全事故及重大隐患处理规定》等文件，进一步规范了事故处理工作，与安全生产部门在事故调查的同时根据已确认的事实，及时进行相应处罚，而不是待安全生产部门事故调查结束后再处罚，做到事故的快速高效处理；安徽省住房城乡建设厅全年依法暂扣了25家建筑施工企业安全生产许可证，向外省住房城乡建设主管部门发函通报事故企业16次，同时对有关项目经理、项目总监、安全员等安全事故责任人员进行了严厉处罚，起到了惩戒警示作用。

二、正确认识当前建筑安全生产形势

在肯定成绩的同时，我们也必须清醒地看到，当前的建筑安全生产工作中，仍然存在着一些问题和薄弱环节。意识上的稍微松懈，工作中的稍微疏忽，都会引起建筑安全生产形势的波动，甚至反弹。当前的建筑安全生产形势依然不容乐观：

一是事故总量仍然比较大，较大事故还时有发生。据统计，全国有7个地区的事故起数和死亡人数同比上升，按事故起数上升量大小顺序排列，依次是山西（上升7起、增加19人）、吉林（上升5起、增加9人）、江西（上升4起、增加5人）、甘肃（上升4起、增加2人）、海南（上升3起、增加2人）、广东（上升2起、增加10人）、黑龙江（上升1起、增加1人）；全国有13个地区发生了较大事故，按事故多少顺序排列，依次是山西（4起）、广东（4起）、江苏（3起）、浙江（2起）、安徽（2起）、湖南（1起）、青海（1起）、山东（1起）、河北（1起）、上海（1起）、吉林（1起）、河南（1起）、重庆（1起）。其中湖南株洲"5.17"事故、青海西宁"3.19"事故、浙江台州"9.9"事故、广东深圳"12.28"事故等四起事故，分别造成9人、8人、7人、6人死亡的严重后果，给人民生命财产带来了重大损失，也产生了很不好的社会影响。

在这里，还要对2009年连续发生3起以上建筑生产安全事故的建筑施工企业进行通报：浙江实事集团建设工程有限公司发生4起一般生产安全事故，造成4人死亡；浙江精工钢结构有限公司、上海名华工程建筑有限公司、上海建工（集团）总公司各发生3起一般生产安全事故，分别造成3人死亡。

二是建筑市场秩序有待进一步规范。当前的建筑市场还存在着一些需要认真研究解决的问题。从建筑市场运行的角度看，有市场交易、市场秩序不公平、不公正、不规范的问题，有围标、串标等招投标领域的问题，有违法违规、不认真执行工程建设强制性标准的问题；从建筑企业经营的角度看，由于市场过度竞争，或者业主的明示、暗示，企业竞相压价、降低标准等问题突出，有的企业由于利润空间小，偷工减料，安全生产的投入比较少。这些违法违规行为，都为建筑安全生产埋下了隐患。因此，必须整顿规范建筑市场。

三是安全生产管理基础还不牢固。政府部门安全监管水平需要进一步提高。一些地区对建筑安全监管的重视性不够，没有正确处理安全、效益、发展之间的关系，不重视甚至忽视安全生产；一些地区建筑安全监管的专业性不够，没有认真了解、研究、掌握本地区安全生产的突出问题和薄弱环节；一些地区建筑安全监管的实效性不够，只重视事前的行政审批，而忽视事后的动态监管。部分建设单位不具备工程项目管理能力，忽视安全生产管理，不及时拨付安全生产费用，任意压缩工程造价和合理工期。2009年2月23日，河南省荥阳市广武镇"清华·忆江南"二期5区地下车库工程，发生死亡3人的较大事故，该工程建设单位郑州清华园房地产开发有限公司不办理任何相关建设手续，为压缩造价和工期，擅自进行工程发包。部分施工单位安全生产投入不足，安全防护措施不到位，施工现场管理混乱，缺乏有效的施工组织；部分监理单位不能熟练掌握法律法规和规范标准，对现场事故隐患不能及时进行处理。建筑施工一线作业人员整体素质仍然不高，有的安全意识淡薄，自我防护能力较差，安全生产知识欠缺，违章作业和冒险蛮干的现象还时有发生。

四是安全生产执法监督检查不到位。虽然各地都在加强执法监督检查上下了不少工夫，也取得了一些成效。但与违法违规必究、执法执规必严的要求相比，还有很多工作要做。比如，每年建筑安全生产事故有几百起，但究竟有多少责任单位和人员受到了处罚？根据我们对2008年全国房屋建筑和市政工程安全生产事故处罚情况的统计，仍有62起事故没有结案，只有13个地区结案率达到100%；处罚的力度也远远不够，在745起事故中，只有5家企业被降低资质，252名资格人员被停止执业，经济处罚方式偏多，处罚的震慑警示作用还不够。对流了血、死了人的安全生产事故，若处罚太轻，就起不到"吸取血的教训"的警示作用。

2010年还不到一个月，已经发生了4起较大事故，比去年同期多了3起。这些事故不仅给国家和人民生命财产造成了重大损失，也造成了十分不好的社会影响。

2010年1月3日，云南昆明新机场配套引桥工程施工现场，施工人员在浇筑桥梁混凝土时，模板支撑体系发生坍塌，造成施工作业人员7人死亡、8人重伤。该工程建设单位为云南新机场建设集团，施工单位为云南建工市政建设有限公司，监理单位为云南城市建设监理有限公司，劳务分包单位为吉林松原市宁江区诚信劳务有限公司。事故暴露出该工程在施工过程中存在安全生产主体责任不落实，施工现场隐患排查治理不到位，安全监管不力等问题。

2010年1月9日，江苏扬州邗江区彩弘苑7号楼工程施工现场，卸料平台发生坍塌，造成施工作业人员3人死亡。该工程建设单位为扬州金阳光房地产开发有限公司，施工单位为南通华硕建设发展有限公司，监理单位为江苏润扬监理公司。经初步调查分析，事故是由于操作不当，利用卸料平台自11层向14层转运支撑模板的钢管时，堆积钢管超载，发生平台倾覆坍塌所致。

2010年1月12日，安徽芜湖华强文化科技产业园配送中心工程施工现场，施工人员在浇筑混凝土时，发生坍塌事故，造成现场作业人员8人死亡，3人受伤。该工程建设单位为芜湖华强文化科技产业有限公司，施工单位为芜湖恒达建筑安装有限责任公司，监理单位为芜湖市芜建建设监理有限责任公司。经初步调查分析，这是一起因施工单位为抢工期违规操作、冒险作业造成的责任事故。该工程建筑面积只有5580.06平方米，造价只有853.65万元，却造成了这么巨大的损失，令人痛心，教训十分深刻。

2010年1月24日，河北石家庄市北城国际B-10号楼工地一塔吊在维修过程中发生倾覆，造成维修塔吊的3名作业人员死亡。该工程建设单位是石家庄盈佳房地产开发有限公司，施工单位是江苏江中集团有限公司，监理单位是河北冀通工程建设监理有限公司。事故原因正在调查中。

虽然今天是安全生产电视电话会议，但还要通报近期两起市政桥梁工程的质量问题。一是因为质量安全本来不分家；二是这两起桥梁工程质量事件影响很坏。

2009年12月8日，江苏南京市汉中门桥工程出现质量问题。主要问题是南侧主桥人行道39根栏杆、北侧主桥人行道5根栏杆和北侧引桥11根栏杆立柱根部开裂，施工单位擅自采用建筑胶对裂缝进行处理。该工程建设单位是南京建设工程项目投资管理有限公司，设计单位是南京市市政设计研究院有限公司，施工单位是中铁十五局集团有限公司，监理单位是南京第一建设事务所有限责任公司。据说，该工程事前还得了设计二等奖，虽然后来撤销了，真是啼笑皆非。

2009年12月28日，上海市苏州河河南路桥改建工程出现质量问题。主要问题是外挂GRC饰板有明显变形裂缝，饰板外挂构件背面与结构空隙违规使用编织袋等杂物填充作为空腔内膜。该工程建设单位是上海市黄浦江大桥建设有限公司，总体设计单位是上海市城市建设设计研究院，监理单位是上海市新光工程咨询有限公司，桥梁结构施工单位是上海市基础工程有限公司，装饰设计和施工单位是上海市建筑装饰工程有限公司。

以上问题暴露出一些地区和企业对建筑安全生产及工程质量重视还远不够，质量安全意识、法制观念淡薄，安全发展理念不牢固；质量安全工作落实不到位，工作措施不得力，没有真正担负起相应责任。对此，我们一定要引起高度重视，认真反思工作的不足，采取切实有效的措施，把建筑安全生产及工程质量工作真正抓实抓好。

三、2010年建筑安全生产工作任务

胡锦涛总书记在去年的中央经济工作会议上明确指出："要牢固树立安全发展的理念，健全和落实各项安全生产制度，强化安全监管责任，有效防范和坚决遏制重特大安全事故。"总书记的重要指示，为我们做好今年的建筑安全生产工作指明了方向。2010年建筑安全生产工作的总体要求是：认真贯彻落实党中央、国务院关于安全生产工作的决策部署和指示精神，按照全国住房城乡建设工作会议和全国安全生产电视电话会议的要求，深入学习实践科学发展观，坚持安全发展理念，坚持"安全第一、质量第一"，继续深入开展"安全生产年"活动，进一步强化建筑安全生产监管力度，全面落实安全生产责任制，努力实现建筑安全生产形势持续稳定好转，为经济社会平稳较快发展提供良好的发展环境

认清形势　坚定信心　扎实做好建筑安全生产工作——郭允冲副部长在全国建筑安全生产电视电话会议上的讲话

和有力支持。2010年建筑安全生产的工作目标是：房屋建筑及市政工程生产安全事故起数和死亡人数继续保持下降，较大以及上生产安全事故得到有效控制，全国建筑安全生产形势进一步稳定好转。要重点做好以下工作：

（一）继续深入开展"安全生产年"活动

要按照国务院的统一部署，结合住房城乡建设系统实际，继续深入开展"安全生产年"活动，抓好"三个突出"，做到"三个加强"，即突出预防为主，突出加强监管，突出落实责任，加强宣传教育和队伍建设，加强安全基础工作，加强协作联动。一是要根据建筑行业特点，继续开展以防范深基坑、高支模、脚手架和建筑起重机械设备等为重点的建筑安全专项治理工作；二是加强层级督查，组织开展全国建筑安全生产大检查，重点督查形势严峻和事故多发的地区；三是全面推进建筑施工安全质量标准化工作，督促建筑施工企业增强安全生产意识，认真履行安全生产责任，确保各项安全管理制度和措施真正落实到工程项目；四是加大城市轨道交通等重大工程安全质量监管力度，认真贯彻落实《关于加强重大工程安全质量保障措施的通知》和《城市轨道交通工程安全质量管理暂行办法》。各地住房城乡建设主管部门要进一步完善建筑安全生产管理制度，强化安全生产检查工作，深入开展建筑安全生产专项治理，促进安全生产管理水平提高，切实遏制和防范建筑生产安全事故的发生。

（二）积极推进建筑安全生产长效机制建设

建筑安全生产长效机制建设是一项基础性工作，有利于安全生产长期稳定好转，必须高度重视。一是健全完善法律法规和标准规范体系。研究起草《建筑施工企业主要负责人、项目负责人和专职安全生产管理人员安全生产考核管理规定》，推动《建筑施工企业安全生产管理规范》、《施工安全生产技术统一规范》等技术标准的制定颁发。二是要切实加强安全培训教育工作。加强对建筑安全监管人员的教育培训，提高安全监管人员监管水平和业务素质；加强对企业"三类人员"和建筑施工特种作业人员的安全生产教育培训和考核，促使其熟练掌握关键岗位的安全技能；督促指导建筑施工企业加强对农民工的安全教育培训，切实提高其安全生产意识和安全生产技能；进一步加强在建地铁工程监理人员质量安全培训，提高其风险防范意识和能力。三是加强建筑安全监管机构和队伍建设。建筑安全生产监管队伍的素质对于提高建筑安全生产管理水平至关重要。要稳定并进一步加强安全监管队伍的建设，切实提高人员业务素质和依法行政水平，促进建筑安全生产监管体系完善，以适应我国投资规模持续扩大、经济快速发展的需要。四是要加大建筑安全生产费用的保障力度，增加安全生产投入，加强安全生产科技研究，充分运用高科技信息化手段，提高安全监管效能，提升安全生产管理水平。在去年7月召开的全国建筑工程质量安全电视电话会议上，我说过，江苏、浙江、广东是经济大省、科技大省、建筑大省，但也是事故大省，你们有能力、有基础，也应当加强建筑安全科技研究，加大建筑安全投入，把建筑安全生产工作做得更好一些。

（三）构建市场现场联动的安全监管机制

建筑安全生产监管机制要从实际出发，大胆进行改革创新。建筑市场监管和施工现场监管都是确保安全生产的重要环节，要积极探索构建市场现场联动的安全监管机制，树立协同治理的理念。一是要严格市场准入，强化"源头"管理，从工程招投标、资质审批、施工许可等多个管理节点上把关，将安全生产作为建筑企业的一项重要指标，确保只有真正符合安全条件的企业才能进入市场，不符合安全生产要求的企业坚决不允许进入建筑市场。二是要加大市场清出力度，做到市场准入管理与市场清出管理并重，加强资质资格审批的后续管理，做到资质资格审批管理与后续管理并重，要对企业落实法律法规规定的安全生产责任情况进行严格监督，对企业和执业人员的违法违规行为及时进行处理，对不符合安全生产条件的企业和执业人员要依法依规坚决查处，或者降低资质资格，或者吊销资质资格，或者清理出建筑市场。三是要研究完善动态监管，研究建立企业资质审批及审批后企业运行情况、个人执业资格审批及审批后情况、工程项目管理情况的动态数据库，将企业或个人的安全生产情况、违法违规行为录入数据库，引导建设单位在招投标、承发包中选用遵纪守法、重视质量安全的企业，不用那些有违法违规行为、老出安全事故的企业。通过信息公开、舆论监督，建立公平、公正、合法竞争的建筑市场秩序，构建良好的建筑安全生产环境。

（四）依法依规严肃查处生产安全事故

虽然各地对安全生产事故都作了一些查处，但还存在着处理不够规范、处理周期过长及与其他部门沟通不够等问题。各地住房城乡建设主管部门要进一步加强建筑生产安全事故处理工作。一是要高度重视事故处理工作。各地住房城乡建设主管部门要认真学习和掌握有关法律法规，认真分析研究事故处理工作中存在的问题，改进加强各项措施，切实做到所有事故都要依法查处。二是要积极做好事故调查工作。各地住房城乡建设主管部门要按照有关规定，在当地人民政府的统一领导下，认真组织或积极参与事故的调查工作，做好与其他部门的沟通协调，切实履行职责，充分发挥作用。三是要加大事故处罚力度，要真正按照"四不放过"的原则和依法依规、实事求是的要求，严肃追究事故责任单位和责任人员的责任，依法加大对企业资质和从业人员执业资格的处罚力度。

各地区住房城乡建设主管部门和建筑企业要学习借鉴北京市住房城乡建设委实行的与安全生产部门事故调查同步进行处罚的方式，以及中建一局建设发展公司执行的事故相关人员无条件撤换、辞退、经济责任连带的制度，认真研究做好事故处理工作。我部将从2010年起建立"建筑生产安全事故处理统计通报制度"，对事故处理工作做得好的地区予以表扬，对事故处理不及时、工作不到位的地区进行通报。对较大以上建筑生产安全事故和事故处理情况，要进行定期或不定期通报。希望各地对发生的每一起建筑生产安全事故都要进行认真处理、对责任企业和责任人员都要进行依法严厉处罚，每一起事故都要有明确的交待，尤其是对引起社会广泛关注的典型事故。2008年杭州"11.15"地铁事故，已经过去一年多时间，到现在仍然没有明确的查处结果。这个问题一定要引起我们的重视。

另外，近日在调研中了解到，一些地区和企业在控制安全生产工作目标时，有些目标似乎偏低，如"年度责任事故死亡人数控制在百亿元产值2人以内"。2008年全国建筑业百亿元产值死亡率为1.56，2009年为1.14左右。各地区和企业一定要对建筑安全生产工作高标准、严要求，制定好安全生产工作目标。特别是安全生产工作基础较好的地方和企业，要尽可能低于全国平均数。

建筑安全生产和工程质量是一个整体。因此，我还要简单讲一下工程质量监管问题。随着经济社会的快速发展和工程建设规模的日益扩大，全社会对工程质量的关注度和人民群众对工程质量的要求越来越高，工程质量工作面临着严峻的形势和挑战，绝不能掉以轻心。我们必须以对党、对人民、对历史负责的态度，切实增强忧患意识，加大工作力度，确保工程质量稳步提升。一是要切实加大工程质量监督执法力度。进一步完善工程质量检查制度，持续开展各类综合检查和专项督查，依法严肃查处质量事故和质量问题，始终保持对违法违规行为的震慑力。同时强化不良记录管理和信用惩戒，充分发挥市场对工程质量行为的约束作用。二是要建立健全质量责任追究制度。进一步强化对各方主体质量责任的追究，特别是要加大对建设单位质量责任的追究，和对有关领导责任的追究，严格落实质量责任终身制。同时要规范和加强对工程质量监管机构和人员的问责制。三是要认真开展工程建设领域突出问题专项治理工作。按照中央统一要求，继续采取切实有效措施，着重解决工程建设项目标后监管薄弱、转包和违法分包、不认真履行监理责任、建设质量低劣和质量责任不落实等突出问题。四是要加强重点领域工程质量管理。集中力量加强住宅特别是保障性住房质量管理，加大监督检查力度，强化质量通病治理，全面推行住宅质量分户验收制度。尤其今年保障性安居工程规模扩大，任务很重，千万不能在保障性安居工程中出现质量问题。对于城市轨道交通工程和重要市政基础设施工程，要着力完善风险评估制度，加强设计和施工方案论证，确保质量安全。

最后，我还要强调一下春节和"两会"期间的建筑安全生产工作。重大节假日是事故易发、多发的重点时段。各地住房城乡建设主管部门要高度重视，认真做好春节和"两会"期间的建筑安全生产工作。要切实担负起政府安全生产监管主体责任，认真履行安全生产监管职责。要督促指导建设、施工、监理单位等工程建设的各方安全生产责任主体，认真履行安全生产管理职责。要加强对在建工程项目的安全生产监督检查，确保各项安全管理措施落实到位，预防和控制建筑生产安全事故发生，为广大人民群众欢度春节、确保全国"两会"顺利召开创造安全稳定的社会环境。

同志们，安全生产事关人民群众的生命财产安全，责任重于泰山。我们一定要认清形势、牢记责任、不辱使命，在党中央、国务院的统一领导下，深入贯彻落实科学发展观，真抓实干，扎实做好建筑安全生产各项工作，促进建筑安全生产形势的持续稳定好转，为经济社会平稳较快发展作出新的贡献。

（本文来源：中华人民共和国住房和城乡建设部 www.mohurcl.gov.cn 2010年2月11日）

加强建筑施工企业安全生产工作
推动建筑安全生产工作迈上新的台阶
——郭允冲副部长在全国建筑安全生产电视电话会议上的讲话

(2010年10月29日)

同志们：

最近，国务院下发了《关于进一步加强企业安全生产工作的通知》，为贯彻落实国务院文件精神，我部下发了《关于贯彻落实〈国务院关于进一步加强企业安全生产工作的通知〉的实施意见》，昨天国务院安委会召开了深入开展严厉打击非法违法行为专项行动视频会议，并且考虑到当前全国建筑安全生产形势仍然比较严峻，因此，我们今天召开全国住房城乡建设系统建筑安全生产电视电话会议，要求大家认真贯彻落实国务院、国务院安委会和我部文件精神，进一步加强建筑安全生产工作。下面，我讲三方面的意见。

一、建筑安全生产工作取得成效

今年以来，全国各级住房城乡建设主管部门按照国务院的一系列重要部署及我部的总体工作安排，不断加大建筑安全监管力度，狠抓企业安全主体责任落实，全国建筑安全生产工作取得比较好的成效。在去年全国房屋市政工程安全生产事故起数和死亡人数同比下降两位数的基础上，今年1至9月份，全国安全生产事故起数和死亡人数继续呈明显下降趋势，比去年同期事故起数减少107起、死亡人数减少95人，同比分别下降20.62%和15.63%。这是很不容易的。

这里要通报或表扬。一是全国有18个地区安全生产事故起数和死亡人数同比下降。其中，下降比例较大的地区有宁夏（事故起数下降70%，死亡人数下降70%）、重庆（事故起数下降64%，死亡人数下降64%）、北京（事故起数下降60%，死亡人数下降65%）、福建（事故起数下降56%，死亡人数下降56%）、湖南（事故起数下降54%，死亡人数下降59%）、安徽（事故起数下降54%，死亡人数下降38%）、黑龙江（事故起数下降50%，死亡人数下降43%）、江西（事故起数下降43%，死亡人数下降47%）、上海（事故起数下降41%，死亡人数下降46%）、新疆（事故起数下降40%，死亡人数下降36%）、河南（事故起数下降33%，死亡人数下降42%）、河北（事故起数下降31%，死亡人数下降35%）。从下降绝对数量看，事故起数和死亡人数下降量超过两位数的地区有安徽（减少19起、减少14人）、上海（减少14起、减少17人）、湖南（减少13起、减少20人）、北京（减少12起、减少15人）、江苏（减少10起、减少10人）、浙江（减少2起、减少11人）、山西（减少2起、减少11人）。二是全国有17个地区没有发生较大及以上事故。分别是北京、天津、山西、黑龙江、上海、浙江、福建、山东、河南、广西、海南、重庆、甘肃、青海、宁夏、新疆及新疆生产建设兵团。

这些数据和情况表明，全国各级住房城乡建设主管部门在建筑安全生产方面做了大量卓有成效的工作，如加强制度建设、加大监管力度、加大事故查处力度等等，因此取得了实实在在的效果。在此，我代表住房城乡建设部，向全国住房城乡建设系统从事建筑安全生产的干部职工和广大企业的干部职工的辛勤劳动和工作，表示衷心感谢！

肯定成绩，是为了鼓舞士气、坚定信心、鼓足干劲，进一步做好我们的工作，而不是躺在成绩簿上沾沾自喜。我相信，只要我们认真研究问题、分析问题，积极想办法、出主意，真正把功夫和精力用在刀刃上，而不是用在做表面文章、形式主义上，实实在在地做工作，那么我们的安全生产工作就一定可以做得更好。大家做的很多工作要认真总结经验，这里不再具体讲了，今天主要讲讲安全生产的形势和下一步的工作。

二、当前建筑安全生产形势依然比较严峻

在肯定成绩的同时，我们要清醒地认识到，当

前建筑安全生产形势仍然比较严峻。反映在以下几个方面：

一是事故总量仍然比较大。虽然近几年建筑安全生产事故大幅下降，但事故总量还是比较大。去年事故死亡800多人，今年前三季度死亡500多人。

二是部分地区事故呈明显上升趋势。前三季度有18个地区事故同比下降，13个地区上升。特别是以下几个地区事故起数和死亡人数增加较多：广东（增加12起，19人）、内蒙古（增加8起，12人）、陕西（增加5起，6人）、甘肃（增加5起，5人）、湖北（增加4起，6人）。希望这些省要引起重视，加大工作力度，努力扭转被动局面。

三是今年发生了重大事故。今年8月16日，吉林省梅河口市发生了一起施工升降机坠落的重大事故，造成11人死亡。这是近两年来发生的第一起重大事故，影响非常恶劣。我们常说要遏制重大事故的发生，但却没有遏制住。在之后不久，吉林省长春市又发生一起造成4人死亡的建筑起重机械生产安全事故，为此我部专门向吉林省住房城乡建设厅发文，要求他们切实加强建筑施工安全监管工作。

四是较大及以上事故明显上升。今年前三季度虽然总的事故起数及死亡人数下降较多，但较大及以上事故呈上升趋势。前三季度生产安全较大及以上事故起数为21起，死亡人数为96人，分别上升40%和41.18%。而2009年全年发生的较大事故为21起，91人。也就是说，今年前三季度的较大及以上事故起数已经与去年全年持平，死亡人数已经超过了去年全年。另外，广东深圳"3.13"事故和贵州贵阳"3.14"事故都发生在中建集团，都造成了9人死亡，临近重大事故的标准，去年全年中建系统安全事故死亡11人，而这连续两天两起事故就造成18人死亡，对此要引起高度重视。

五是部分地区的较大事故比较多。前面说过，前三季度有17个地区没有发生较大事故，而有的省则发生了不止1起，其中辽宁、四川各发生3起，吉林、广东、江苏、内蒙古各发生2起，这很不应该，这些省要认真反思，要切实改进工作，要真正下工夫。

六是安全生产的稳定性不好。我们常说要促进安全生产形势持续稳定好转，而实际上我们安全生产的稳定性不太好，主要反映在两个方面：

第一是时间上不稳定。前三季度全国事故死亡人数同比下降15.63%，而一季度同比上升13.82%。什么原因，大家要认真分析，我看可能是由于冬季施工，又是"两节"期间，建设、施工、监理、监管各方都有可能放松管理。这一定要引起我们的重视，今年冬季施工期和"两节"快要到了，大家一定要未雨绸缪，要从现在就开始研究布置，一定要加强冬季施工监管，加强"两节"期间监管，不要重蹈今年一季度的覆辙。安民告示：明年一季度我部要重点通报各地的安全生产情况。另外，8月份形势也不太好，同比仅下降1.27%。这也是今天开电视电话会的原因之一。

第二是地区之间不平衡。比如，广东省建筑业总产值约为江苏的1/2，而前三季度广东事故死亡人数（53人）是江苏（25人）的两倍还多；内蒙古建筑业总产值约为江苏的1/10，而前三季度死亡人数内蒙古（23人）与江苏（25人）差不多；吉林省建筑业总产值约为江苏的1/10强一点，而前三季度死亡人数吉林（27人）比江苏（25人）还要多；云南省建筑业总产值约为江苏的1/10多一点，而前三季度死亡人数云南（32人）比江苏（25人）还多7人。希望这些地区要引起重视，加大工作力度。其他地区的情况不再举例了。以上这些数字说明两个问题，一是地区之间安全生产水平参差不齐，二是不能简单用事故总数来衡量各省安全生产水平，而要用相对数来衡量。这个问题请质量安全司认真研究，我认为只要下工夫，这个问题并不难。

去年电视电话会上我讲过，江苏、浙江是经济大省、经济强省、建筑业大省，也是建筑事故大省，你们有能力、有基础在建筑安全生产上做得更好一点。从现在的数据看，你们两省取得了很好的成效，事故大幅减少。现在广东相对成了建筑事故大省，广东更是经济大省、经济强省，建筑业也比较强，你们也有能力、有基础，把建筑安全做得更好一点。

七是建筑市场秩序不规范问题仍然突出。从建筑市场运行的角度看，建筑市场过度竞争，建筑施工企业竞相压价、诚信缺失的问题突出，甚至存在偷工减料、以次充好的现象，埋下安全隐患。如前段时间在西安发现的钢筋拉细的问题。另外，工程转包和违法分包、企业挂靠等违法违规现象大量存在，各方主体的安全生产责任不能真正落实，安全措施费用投入不足，施工现场安全管理混乱，安全隐患不能真正消除，这些都增加了建筑生产安全事故发生的概率。因此，我们必须严厉整顿规范建筑市场，必须严厉打击各种违法违规行为。

三、下一步要继续做好几项重点工作

（一）认真学习贯彻《国务院关于进一步加强企业安全生产工作的通知》精神。2010年7月19日，

国务院印发了《关于进一步加强企业安全生产工作的通知》。该《通知》是继2004年国务院《关于进一步加强安全生产工作的决定》之后出台的又一个安全生产的重要文件。为贯彻落实《通知》精神，我部结合建筑安全生产工作的实际，下发了《关于贯彻落实〈关于进一步加强企业安全生产工作的通知〉的实施意见》，提出了5个方面的16项具体工作要求和措施。希望各地认真地全面地贯彻落实，要结合本地实际，制定具体的实施办法。这里，我强调一下《通知》和《实施意见》中的三项重要的新制度。一是领导带班制度。这也是国务院《通知》和《实施意见》中的一个重点。《通知》要求企业主要负责人和领导班子成员要轮流现场带班。我们结合建筑安全生产工作的实际，提出了工程项目要有施工企业负责人或项目负责人、监理企业负责人或项目监理负责人在现场带班，并与工人同时上班、同时下班。对于无负责人带班或该带班而未带班的，对有关负责人按擅离职守处理，同时给予规定上限的经济处罚。发生事故而没有负责人现场带班的，对企业给予规定上限的经济处罚，并依法从重追究企业主要负责人的责任。这项制度非常重要，特别是对于一些重大工程、危险性较大的分部分项工程来说，领导带班对于及时消除隐患、排除险情，作用十分关键。二是重大隐患挂牌督办制度。省级住房城乡建设部门要对重大隐患治理实行挂牌督办，住房城乡建设部将加强督促检查。企业要经常性开展安全隐患排查，切实做到整改措施、责任、资金、时限和预案"五到位"。要对深基坑、高大模板、脚手架、建筑起重机械设备等重点部位和环节进行重点检查和治理，真正及时消除隐患。对重大隐患，企业负责人要现场监督整改，确保隐患消除后再继续施工。从发生的安全生产事故看，不少事故是由于隐患排查治理不认真、不彻底，建设、勘察设计、施工、监理各单位、各环节都没有严格把关，最后才使隐患变成险情，使险情变成事故现实。只要其中一个或几个环节严格检查、严格把关，就有可能把隐患排除，不让隐患变成险情，就有可能把险情排除，不让险情变成事故现实。杭州地铁事故就是一个非常典型的反面例子。三是生产安全事故查处督办制度。重大事故查处由住房城乡建设部负责督办，较大及以下事故查处由省级住房城乡建设部门负责督办。事故查处情况要在媒体上予以公告，接受社会监督。对于这三项制度，我部都将制定具体办法，希望各地也要根据实际，制定具体的、可操作的办法。

（二）严厉打击建筑施工领域违法违规行为。昨天下午，国务院安委会召开了全国深入开展严厉打击非法违法行为专项行动视频会议。前一段时间，我们已经做了一些工作，但还远远不够。我部按照国务院安委会统一部署组织开展的"打非"专项监督检查，在一些地区和一些项目上发现了不少问题，各地要引起重视，认真进行整改。国务院安委会组织开展的这次"打非"行动是从安全生产角度提出的，大量违法违规行为的存在，不仅危害安全生产，还危害工程质量，扰乱建筑市场。因此，我们必须严肃整顿规范建筑市场，必须严厉查处各种违法违规行为。而当前建筑市场的违法违规行为还比较多，包括招投标中的围标、串标，资质方面的挂靠、转包、违法分包等。某地级市建设局下属四个建筑公司，自己没有施工队伍，完全靠其他企业挂靠、收取管理费来维持。建设局本身就是管建筑市场的，本身就违法违规，建筑市场能不乱吗？大量违法违规行为包括违反强制性标准行为的存在，安全生产就不可能得到保证。说句极端的话，在这种情况下，出事故是正常的，不出事故反而是不正常的。吉林省梅河口事故就是个典型的例子。事实证明，只要严格遵行法律法规，严格执行强制性标准，就不可能经常发生事故，就可以大幅度减少事故的发生。大量违法违规行为扰乱了市场，导致很多企业不是把能力和精力放在企业管理上、放在提高企业的质量安全管理水平和技术水平上，放在提高企业核心竞争力上，而是用在歪门邪道上，用在送礼、行贿上，使得诚信的企业拿不到项目，不诚信的企业反而能拿到项目，这是很不正常的。而且大量违法违规行为的存在，大家都不遵守法律法规，法律法规就成为一纸空文，失去了法律的严肃性、权威性。因此必须严肃整顿规范建筑市场秩序，严厉打击建筑市场中各种违法违规行为。这次国务院安委会作了统一部署，我部也下发了关于严厉打击非法违法行为的通知。我们要以此为契机，进一步加大这方面的工作力度，严厉打击各种违法违规行为。这要作为建筑市场监管、质量安全监管部门共同的一项基本的重要工作。第一，质量安全是工程建设最基本的要求，如果没有质量安全，工程建设还有什么意义？第二，质量安全是所有与工程建设有关的部门、单位的共同责任，不只是某一部门、某一单位的责任，就政府部门来说，不只是质量安全部门的责任，而是所有建筑业管理部门的共同责任。如果大家都只热衷于发证、评奖评优，都不愿得罪人，那么建筑市场就永无宁日，建筑安全生产就永远搞不好。只有严肃查处违法违规行为,企业才能真正把你当回事,我们监管部门才能真正得到企业的尊重。我讲过这样的观点,可能说得比较难听:如果资质资格审批只搞准入、不搞清出,就相当于一个人光吃不拉,这样肯定要撑死的。因此,凡是资质资格审批,一定要查一查有没有违法违规行为,有没有质量安全事故,如果有就一定要严肃处罚。希望各地一定要大力整顿规范建筑市场秩序,严厉打击各种违法违规行为,加大市场清出的力度。我们还要把查处违法违规的情况登报、上网,让大家知道。只有这样,才能够真正引导市场、引导业主选用那些诚信的企业,不用不诚信的企业,选用质量安全好的企业,不用质量安全不好的企业。

(三)切实加强安全事故查处工作。事故查处是一项重要的基础性的工作,对于发生事故的责任单位和责任人,如果不严肃查处,就不能起到事故警示教育的作用,不能起到奖罚分明的作用,不能起到优胜劣汰的作用,不能起到净化市场的作用。所以我们一定要高度重视事故查处工作,要真正按照"四不放过"的原则和依法依规、实事求是的要求,严肃查处每一起事故。实事求是地说,以前不少地方可能存在事故查处不严肃、不严厉问题。对责任单位和人员的处理不能简单的罚点钱就过去了,这样企业和人员违法违规所付出的成本太低,大家不在乎,没有切肤之痛,也就不能真正起到警示惩戒的作用。他们继续不重视安全生产,继续发生事故,继续扰乱建筑市场。因此我们必须严格按照法律法规的规定,对企业资质、安全生产许可证等进行处罚。该吊销的吊销,该降级的降级,该暂扣安全生产许可证的暂扣,该清出建筑市场的清出市场。对注册人员来说,该吊销证书的吊销证书,该停止执业的停止执业。要让企业和注册人员真正意识到,一旦发生事故,他们付出的成本、付出的代价要远远高于违法违规所得,不仅要在经济上受到处罚,还要在资质资格上严厉罚处,直至被清出建筑市场,一辈子都不能从事建筑活动。只有这样才能让责任单位和责任人感受到切肤之痛,才能真正重视安全生产工作。

(四)加强安全事故的统计和上报工作。我们要善于用数据说话,用经过认真调查统计得来的各项数据作为决策的依据。建筑安全事故的统计分析和上报工作非常重要,一方面它可以检验我们是否认真按照规定做好了事故的调查以及处罚等工作,另一方面它反映出的信息也对我们的决策起着至关重要的作用,使我们能抓住工作的重点或薄弱环节。这项工作主要有两部分内容:一是事故发生的统计和上报。目前,各地区在事故发生的统计和上报方面做得比较好,大多能做到及时统计上报。大家可能已经注意到了,我部以前的事故通报是不点名的,近两次的通报不仅通报事故情况,还通报涉及的施工企业及其负责人、项目经理的名字,监理企业及其负责人、项目总监理工程师的名字,希望各地在通报时也一并点名通报,从而提高全社会对安全生产工作的重视,引导业主选择质量安全好的企业,让经常发生事故的企业及其负责人成为过街老鼠、人人喊打。二是事故查处的统计和上报。事故查处的统计和上报工作还很不到位。一些地区的建设主管部门对于本行业发生的事故调查处理有关情况不清楚、不掌握。当然,这里存在一些客观因素,大多数地区事故调查处理都是由当地政府委托安监部门牵头调查处理,事故调查报告及结案批复等材料可能没有及时得到。但是按照《生产安全事故报告和调查处理条例》的规定,行业主管部门是事故调查组的组成单位之一,是事故调查的主要成员,有权利也有责任了解事故的调查处理进展情况。如果建设主管部门不掌握有关情况,没有相关的事故调查报告和结案批复等材料,就会导致事故相关责任单位和责任人不能在资质、资格和其他行政处罚方面及时受到相应的处罚。所以,各地要高度重视此项工作。对每一起事故,从事故发生起,我们就要开始建立档案,包括事故快报材料、事故调查报告及结案批复、事故相关责任单位和责任人查处的具体情况等。我部将建立较大及以上事故档案,各省级建设主管部门要建立所有事故的档案。希望各地加强这方面的工作。另外,在事故调查处理结束后,我们要及时将事故的查处情况在网络以及新闻媒体上进行公开,接受社会舆论和群众舆论的监督。这样也可以引导市场、业主选择质量安全好的企业,不用质量安全不好的企业。以后,我部对生产安全事故查处统计上报工作不好的地区,将进行通报批评。

最后还要强调一下工程质量问题。虽然今天我们召开的是建筑安全生产电视电话会议,但质量安全本身不分家,同时当前的质量形势虽然总体稳定,但也很严峻,问题不少。比如前一段时间陕西西安的"瘦身钢筋"问题,武汉长江三桥10年修24次的问题,住房特别是保障房质量通病问题等,新闻媒体和网络上常有报道,国务院领导同志多次作出批示。对于工程质量领域出现的问题,我们要引起高度重视,切实加强监管,严格执法检查,严格要求建设、勘察设计、施工、监理等各方责任主体切实加强质量管理，确保工程质量安全。

同志们，现在距离 2010 年底只有两个月的时间了，这段时间的安全生产工作非常重要，能否做好直接决定着今年建筑安全生产形势的整体走向。希望各地住房城乡建设主管部门紧紧绷住安全生产这根弦，要加大安全监管力度，督促指导建设、施工、监理等工程建设的各方安全生产责任主体，认真履行安全生产管理职责。要加强对工程项目的监督检查，确保各项安全管理措施落实到位，控制和减少伤亡事故的发生，尤其是要努力遏制较大及以上事故的发生，夺取今年建筑安全生产的更大成绩。

（本文来源：中华人民共和国住房和城乡建设部 www.mohurd.gov.cn 2010 年 11 月 16 日）

第三篇

建设综述

住房城乡建设法制建设

【制定出台《省域城镇体系规划编制审批办法》】 2010年4月25日，住房和城乡建设部发布《省域城镇体系规划编制审批办法》（住房和城乡建设部令第3号）。

随着我国经济社会的发展和社会主义市场经济体制改革的深入，我国城镇化和城镇发展也面临着一些新情况、新问题，原有的管理制度和管理办法已不能完全适应形势发展的需要。一是乡村地区发展和乡村居民点规划建设的内容相对薄弱；二是规划成果侧重于学术研究和现象描述，规划的公共政策属性不突出，可操作性有待提高；三是规划的实施机制不完善，实施手段不健全，约束力不强；四是规划编制过程中公众参与、部门协调等制度还不完备。为进一步落实《城乡规划法》的要求，体现城乡统筹的规划思想，进一步发挥城镇体系规划对城乡空间的调控作用，提高城镇体系规划的科学性和实施性，规范规划编制审批程序，发布《省域城镇体系规划编制审批办法》。主要内容是：

1. 把城乡统筹作为编制省域城镇体系规划的基本原则，明确了省域城镇体系规划是省、自治区人民政府实施城乡规划管理，合理配置省域空间资源，优化城乡空间布局，统筹基础设施和公共设施建设的基本依据，并在省域城镇体系规划的内容中，增加了农村居民点布局，重点镇、中心村基础设施和基本公共服务设施配置，以及对农村居民点建设和环境综合整治的要求等内容。

2. 明确了省域城镇体系规划的制定和修改程序。编制主体是省、自治区人民政府，而规划组织编制的具体工作由省、自治区人民政府城乡规划主管部门负责。同时，要求在规划编制过程中加强公众参与、部门协调，完善人大审议的程序，规定规划纲要和规划成果阶段要进行充分论证，并征求下一级地方政府的意见。省、自治区人民政府城乡规划主管部门在上报前应当将规划成果草案予以公告。

3. 提出省域城镇体系规划编制应分为规划纲要和规划成果两个阶段，并分别组织审查。规划纲要阶段侧重于分析现状，对重大问题进行论证，明确规划的原则和重点，研究提出主要的规划观点，为编制规划成果提供基础。纲要阶段的审查不要求提供规划文本，主要是针对规划综合报告提出的基本思路、原则、主要目标等规划基本结论提出审查意见。规划成果应在规划纲要的基础上，按照规划纲要的审查意见，编制完成规划文本、图纸等具有法律效力的规划文件。成果阶段的审查侧重于规划的规定性、政策性，以及上报成果的规范性要求等。

【颁布实施《城市照明管理规定》】 随着经济社会的发展，城市照明管理的内容和范围发生了很大变化。城市照明不仅包括保障人们出行和户外活动的功能照明，也包括以装饰和造景为目的的景观照明等。原《规定》的调整范围是城市道路照明设施，应予调整。节约能源是我国一项长期的战略方针。许多城市在城市照明工作中存在着片面追求大规模、高亮度、超豪华的倾向，造成能源浪费和光污染，不符合国家节能的要求，必须从立法上予以规范。2010年5月27日，住房和城乡建设部发布了《城市照明管理规定》（住房和城乡建设部令第4号）。主要内容包括：

1. 国务院住房和城乡建设主管部门指导全国城市照明工作；省、自治区住房和城乡建设主管部门负责本行政区域内城市照明管理工作；市一级的照明管理，由城市人民政府确定的城市照明主管部门负责。

2. 进一步强化在城市照明管理工作中专项规划的作用。一是要求城市照明主管部门应当会同有关部门，依据城市总体规划，编制城市照明专项规划；二是规定城市照明建设活动应当符合城市照明专项规划；三是明确了城市照明专项规划的内容，要求城市照明专项规划根据城市经济发展水平、自然地理环境、人文条件等，确定不同区域的照明效果。

3. 对城市照明中节约能源作了专门规定。一是支持城市照明科学技术研究，推广使用节能、环保的照明新技术、新产品，鼓励使用太阳能、风能等；二是制定城市照明节能计划和节能技术措施，严格规范景观照明；三是鼓励采取合同能源管理的方式，选择专业性能源管理公司管理城市照明设施。

4. 对于政府投资和非政府投资的城市照明设施，

分别由城市照明主管部门委托的单位和建设单位负责日常维护。非政府投资的城市照明设施可以移交城市照明主管部门管理，但应当符合城市照明专项规划、城市人民政府确定的可以移交城市照明设施的具体条件。

【制定发布《房屋建筑和市政基础设施工程质量监督管理规定》】 工程质量监督制度实施25年来，对有效遏制工程质量重特大事故的发生，促进我国工程质量水平的持续提高，保障国民经济的健康发展起到了重要作用。

随着我国经济的快速发展和城镇化建设的加速推进，工程质量监督工作面临一些突出问题。一是2000年颁布实施的《建设工程质量管理条例》，虽然确立了国家实行建设工程质量监督管理制度，但还缺乏工程质量监督工作配套的具体规定。二是工程建设规模不断扩大与工程质量监督力量不足的矛盾日益突出，要求必须进一步加强监督队伍建设，规范监督行为，转变监督方式，提高监督效能。住房城乡建设部于2010年8月1日发布了《房屋建筑和市政基础设施工程质量监督管理规定》（住房和城乡建设部令第5号）。主要内容如下：

1. 工程质量监督管理可以由县级以上地方人民政府建设主管部门所属的建设工程质量监督机构具体实施。工程质量监督的内容包括：执行法律法规和工程建设强制性标准的情况；抽查涉及工程主体结构安全和主要使用功能的工程实体质量；抽查工程质量责任主体和质量检测等单位的工程质量行为；抽查主要建筑材料、建筑构配件的质量；对工程竣工验收进行监督；组织或者参与工程质量事故的调查处理；定期对本地区工程质量状况进行统计分析；依法对违法违规行为实施处罚。

2. 明确对工程项目实施质量监督的程序为：受理建设单位办理质量监督手续；制订工作计划并组织实施；对工程实体质量、工程质量责任主体和质量检测等单位的工程质量行为进行抽查、抽测；监督工程竣工验收，重点对验收的组织形式、程序等是否符合有关规定进行监督；形成工程质量监督报告；建立工程质量监督档案。

3. 要求建设单位在工程竣工验收合格后，在建筑物明显部位设置永久性标牌，载明建设、勘察、设计、施工、监理单位等工程质量责任主体的名称和主要责任人姓名。县级以上地方人民政府建设主管部门应当根据本地区的工程质量状况，逐步建立工程质量信用档案，并将工程质量监督中发现的涉及主体结构安全和主要使用功能的工程质量问题及整改情况，及时向社会公布。

4. 工程质量监督不同于一般性的行政监督管理，不仅要求监督人员熟悉工程质量管理的有关法律法规，还必须具备相应的专业技术知识，具备检查所必需的检测仪器和设备的使用能力，是一项技术性和专业性非常强的工作。因此，必须建立健全监督机构和监督人员考核、培训体系，确保其具备监督工作所必需的条件和能力。《房屋建筑和市政基础设施工程质量监督管理规定》对监督机构和人员的基本条件、考核培训的要求等作了系统规定，并明确国务院住房和城乡建设主管部门对监督机构和监督人员的考核情况进行监督抽查。

【颁布实施《商品房屋租赁管理办法》】 根据《国务院关于坚决遏制部分城市房价上涨过快的通知》（国发〔2010〕10号）的要求，为了加强房屋租赁管理，规范房屋租赁行为，住房城乡建设部2010年12月1日发布了《商品房屋租赁管理办法》（住房和城乡建设部令第6号）。主要包括以下内容：

1. 要求建设（房地产）主管部门加强房屋租赁登记备案信息系统建设，逐步推行房屋租赁合同网上登记备案，定期分区域公布不同类型房屋的市场租金水平等信息，促进房屋租赁市场的公平、公开和透明。要求主管部门应当制定房屋租赁合同示范文本供租赁双方当事人选用。

2. 对房屋租赁市场上的突出问题予以规范。如：针对群租、分割房屋出租的情况，《办法》规定，出租住房应当以原设计的房间为最小出租单位，人均租住建筑面积不得低于当地人民政府规定的最低标准。同时，厨房、卫生间、阳台不得出租供人员居住。针对非法转租的问题，《办法》规定承租人转租房屋的，应当经出租人书面同意。

3. 根据《合同法》的规定，明确了租赁双方的权利义务。如：针对房屋租赁关系不稳定的现象，明确房屋租赁合同期内出租人不得单方随意提高租金，以保护承租人的权利。还要求出租人应当履行房屋维修义务，在房屋出售时，应在房屋出售前合理期限内通知承租人。对承租人在使用租赁房屋时也提出了要求。如：要求承租人不得擅自改动房屋承重结构和拆改室内设施；因使用不当造成房屋和设施损坏的，承租人应当负责修复或者承担赔偿责任。

【制定出台《控制性详细规划编制审批办法》】 《城乡规划法》的颁布实施，对控制性详细规划编制审批工作提出了新的要求。2009年7月《中共中央办公厅国务院办公厅印发〈关于开展工程建设领域突出问题专项治理工作的意见〉的通知》(中办发〔2009〕27号)明确提出要"着重加强控制性详细规划制定和实施监管,严格控制性详细规划的制定和修改程序",要求"制定控制性详细规划编制审批管理办法,规范自由裁量权行使"。为了贯彻落实《城乡规划法》,推进工程建设领域专项治理长效机制建设,住房和城乡建设部于2010年12月1日出台《控制性详细规划编制审批办法》(住房和城乡建设部令第7号)。主要内容如下:

1. 明确控制性详细规划是城乡规划主管部门作出规划行政许可、实施规划管理的依据。国有土地使用权的划拨、出让应当符合控制性详细规划。由于不同的城市、同一城市不同的地区、不同的发展阶段,对控制性详细规划编制内容的要求存在差异,《控制性详细规划编制审批办法》只对必要的、普遍适用的内容作出规定,如:土地使用性质及其兼容性等用地功能控制要求;容积率、建筑高度、建筑密度、绿地率等用地指标;基础设施、公共服务设施、公共安全设施的用地规模、范围及具体控制要求,地下管网控制要求;城市基础设施用地的控制界线(黄线)、城市各类绿地范围的控制线(绿线)、历史文化街区和历史建筑的保护范围界线(紫线)、城市地表水体保护和控制的地域界线(蓝线)等"四线"及控制要求。对于大城市和特大城市,由于地域范围大、空间层次复杂,在城市总体规划批准后直接编制各个地块的控制性详细规划,存在一定的困难。大城市和特大城市的控制性详细规划,可以根据本地实际情况,结合城市空间布局、规划管理要求,以及社区边界、城乡建设要求等,将建设地区划分为若干规划控制单元,组织编制单元规划。

2. 明确规划的编制审批程序。城市、县人民政府城乡规划主管部门组织编制城市、县人民政府所在地镇的控制性详细规划;其他镇的控制性详细规划由镇人民政府组织编制。城市的控制性详细规划经本级人民政府批准后,报本级人民代表大会常务委员会和上一级人民政府备案。县人民政府所在地镇的控制性详细规划,经县人民政府批准后,报本级人民代表大会常务委员会和上一级人民政府备案。镇的控制性详细规划由镇人民政府报上一级人民政府审批。

3. 要求在编制规划过程中广泛征求公众意见,接受公众监督,保障公众的知情权、参与权。如:要求控制性详细规划成果上报审批前应当公告,并征求专家和公众的意见;要求规划成果上报审批机关时应当附具公众意见及处理结果;要求控制性详细规划自批准之日起20个工作日内向社会公布。同时,为确保规划执行的权威性、严肃性,严格规划修改程序,规范修改规划的行为,切实维护社会公共利益和个人合法权益,防止借规划修改谋取不当利益,经批准后的控制性详细规划具有法定效力,任何单位和个人不得随意修改;确需修改的,应当按照严格的程序进行。

(住房和城乡建设部法规司)

房地产市场监管

1. 房地产市场运行基本情况与市场调控政策

【房地产开发投资增长较快】 据国家统计局数据,2010年全国房地产开发投资4.83万亿元,同比增长33.2%,增幅比2009年提高17.1个百分点。分区域看,东部、中部、西部地区房地产开发投资分别增长32.7%、32.4%、35.3%,西部地区增幅高于东部和中部地区。江苏、广东、辽宁、山东、浙江位居房地产开发投资额的前5位;福建、宁夏、贵州、黑龙江、河北位居房地产开发投资增幅的前5位。

【全国商品住房成交面积有所增长】 据国家统计局数据,2010年全国商品住房销售面积达到9.31亿平方米,同比增长8.0%,增幅比2009年回落35.9个百分点。东部、中部、西部地区商品住房销售面积同比分别增长1.3%、18.7%、11.4%,中、西部地区增幅高于东部地区。商品住房销售额达到4.40万亿元,同比增长14.4%。

【住房用地供应明显增长,商品住房供应有所增加】 据国家统计局数据,2010年,全国房地产开发企业完成土地购置面积4.10亿平方米,同比增长28.4%,增幅比2009年提高47.3个百分点。2010

年,全国商品住房施工面积、新开工面积、竣工面积分别达到31.5、12.9、6.1亿平方米,同比分别增长25.3%、28.8%、2.7%,增幅比2009年分别提高12.8、28.3和缩小3.5个百分点。

5月份以后房价同比涨幅持续回落,环比涨幅回落后在低位波动,但部分城市房价上涨仍然较快。据国家统计局数据,12月,70个大中城市新建住房和二手住房价格同比分别上涨7.6%和5.0%,涨幅比上年同期分别回落1.5和1.8个百分点,比涨幅最高的4月分别回落7.8和5.5个百分点,自5月以后已连续8个月回落(图1)。70个大中城市中,三亚(47.5%)、海口(44.2%)、岳阳(18.3%)、石家庄(11.0%)等10个城市新建住房价格同比涨幅超过10%。12月,新建住房和二手住房价格环比分别上涨0.3%和0.5%,环比涨幅在5~8月明显回落,9~12月保持在0.5%以内(图2)。

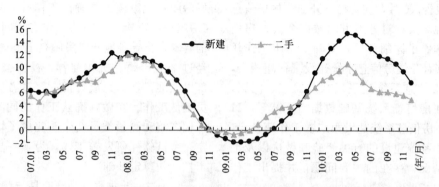

图1　70个大中城市新建商品住房、二手住房价格各月同比增幅
(资料来源:国家统计局"70个大中城市房价指数数据")

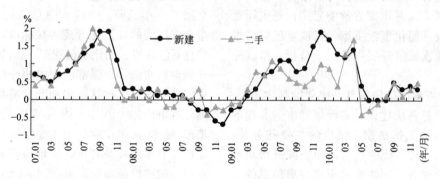

图2　70个大中城市新建商品住房、二手住房价格各月环比增幅
(资料来源:国家统计局"70个大中城市房价指数数据")

【2010年房地产市场调控】　为进一步加强和改善房地产市场调控,稳定市场预期,促进房地产市场平稳健康发展,2010年1月,国务院办公厅下发了《关于促进房地产市场平稳健康发展的通知》(国办发〔2010〕4号),要求增加保障性住房和普通商品住房有效供应,合理引导住房消费抑制投资投机性购房需求,加强风险防范和市场监管,加快推进保障性安居工程建设,落实地方人民政府责任。

针对部分城市房价、地价过快上涨和投机性购房再度活跃等情况,为进一步落实责任,切实解决城镇居民住房问题,2010年4月,国务院下发《关于坚决遏制部分城市房价过快上涨的通知》(国发〔2010〕10号),强调各地区及各有关部门要切实履行稳定房价和住房保障职责,抑制不合理住房需求、增加住房有效供给、加快保障性安居工程建设、加强市场监管。

为巩固房地产市场调控成果,按照国务院统一部署,2010年9月29日,住房和城乡建设部会同有关部门公布了进一步加强房地产市场调控的"五项措施",要求各地加大贯彻落实房地产市场宏观调控政策措施的力度、完善差别化住房信贷政策、调整住房交易环节的契税和个人所得税优惠政策、切实增加住房有效供给、加大住房交易市场检查力度。

随着国家一系列房地产调控政策和稳健货币政策的实施,多数城市房价涨幅趋稳,投资投机性购房得到一定遏制,市场供求矛盾有所缓解,市场预期明显转变,调控成效初步显现。

2. 房屋交易与权属管理

【**个人住房信息系统建设**】（1）启动个人住房信息系统建设工作。按照《关于坚决遏制部分城市房价过快上涨的通知》（国发〔2010〕10号）要求，于2010年4月正式启动全国个人住房信息系统建设，并开展了相关工作。一是对各地个人住房信息系统建设情况进行了汇总，形成了关于建立全国个人住房信息系统的报告。6月，在青岛召开加快住房信息系统建设工作现场会，对各地方的城市个人住房信息系统建设工作做了详细部署，明确下一步工作任务。二是在北京召开住房信息系统建设工作座谈会，了解各有关城市信息系统建设现状及难点、问题，并讨论《个人住房信息系统基础数据指标》等。11月在北京召开住房信息系统建设第二次工作座谈会，各地城市介绍了系统建设的有关经验和做法以及汇报了系统建设情况、存在的主要问题，并提出工作意见。

（2）开展项目需求分析编制工作。2010年11月，将《个人住房信息系统项目可研报告》报国家发改委申请立项，12月国家发改委复函：原则同意住房和城乡建设部简化审批手续，直接审理可研报告的要求，并建议抓紧开展项目需求分析，修改完善可研报告。

（3）部署地方城市住房信息系统建设具体工作。全国个人住房信息系统建设，实行部省市一起抓落实、重心在城市的工作机制。城市的主要任务是：加快完成市、区、县系统的整合，加快推进房地产纸质档案数字化进程，加快实现全市住房信息的全覆盖。一是按照属地管理的原则，对使用独立信息系统的区、县进行整合，尽快建立市一级统一的数据库，实现数据的集中统一和互联互通。二是加快推进历史档案的数字化工作，完成已有数据的清理、录入、关联等工作。三是推动解决因各种原因不能登记的历史遗留房屋登记问题。

（4）启动信息服务外包工作。为了确保40个重点城市信息系统按时联网。在抓紧编制需求分析工作的同时，委托信息中心以信息服务外包的方式，建设硬件网络环境和应用软件系统的工作，住房和城乡建设部信息中心与中国电信、中国移动和中国联通商讨技术需求和技术资源的对接与交流相关事宜。

【**完善房屋登记制度**】（1）健全完善房屋登记制度。配合最高人民法院出台《最高人民法院关于审理房屋登记案件若干问题的规定》；在认真办结多件有关登记行为的行政复议案件基础上，对登记机构在要件受理、业务审核、档案信息管理、制度建设等方面提出要求，指导部分地方出台规范性文件，有针对性地完善制度薄弱环节。

（2）房屋登记审核人员确认与培训考核。《房屋登记办法》出台以后，按照《关于做好房屋登记审核人员培训考核工作（试行）的通知》，建立了房屋登记审核人员考核、持证上岗制度。并按照《关于做好房屋登记审核人员确认工作有关问题的通知》及《房屋登记审核人员确认工作有关问题的补充说明》的要求，指导各地开展房屋登记审核人员确认工作，经过个人申请、机构推荐、社会公示、省级审核、部里核准，基本完成首批一万多名房屋登记审核人员确认工作。在做好确认工作的同时，委托房地产产权产籍和测量委员会牵头完成了培训考核大纲拟定、考试软件研发等工作，为下一步全面启动培训考核工作奠定基础。

（3）进一步加强房地产交易与登记规范化管理工作。在沈阳召开全国房地产交易与登记规范化管理工作经验交流会。会上，北京、上海、沈阳等城市交流了工作经验。会议回顾总结规范化管理工作，结合修订后的规范化管理考核标准，就下一步加强信息系统建设、深化动态管理、提高队伍整体素质、开展创新交流、加强部门间的协作配合等方面的工作提出明确要求；认定房地产交易与登记规范化管理先进单位。2010年全国共有19个省（自治区、直辖市）的61家单位申报了房地产交易与登记规范化管理先进单位，经初审、实地检查和公示，认定南京市房屋产权市场处等40家单位为房地产交易与登记规范化管理先进单位。

【**进一步加强房地产中介行业监管**】加强对房地产估价行业的监管。推进房屋征收评估业务，参与起草《国有土地上房屋征收与补偿条例》，明确规定被征收房屋的价值，由具有相应资质的房地产价格评估机构按照房屋征收评估办法评估确定。根据《国有土地上房屋征收与补偿条例》，起草《国有土地上房屋征收评估办法》。

第二次房地产估价师资格互认取得重要进展。经与香港测量师学会积极磋商，就第二批资格互认事宜达成一致意见。9月签署了资格互认协议书（补充文件），第二批资格互认工作正式展开。根据补充文件，2011年1季度在深圳举行面授和补充测试，内地和香港互认通过人数分别为100人左右。

进一步加强房地产估价行业信用档案建设。截至2010年底，全国5200余家房地产估价机构（其中一级资质机构223家)、1.7万余家房地产经纪机构、4.1万余名房地产估价师的相关信息全部予以公示;通过信用档案公示的房地产估价项目达131万余个,其中2010年新增43万余个。

不断完善估价师考试注册管理工作。2010年房地产估价师考试的报名人数为19779人,考试合格人数为2516人。2010年,共完成注册审核11640人次,有11245人予以核准注册。其中初始、变更和延续注册的人数分别为1735人、2799人、6570人,注销和撤销注册的共141人。截至2010年底,已批准初始注册的房地产估价师累计达36652人(注册有效期内的25299人)。

改进估价师继续教育工作。2010年采取多种方式开展继续教育。通过公开征集、转化课题成果等方式丰富课程及师资。每个培训班都要求授课教师编写课件,印发讲义。培训过程中请学员给授课教师做出评价,不断完善课程内容,改善授课方式,提高培训质量。

【加强对房地产经纪行业的监管】 不断完善房地产经纪人考试注册和继续教育工作。2010年房地产经纪人考试的报名人数为17564人,考试合格人数为1881人。截至2010年底,共举办9次全国房地产经纪人资格考试,1次认定考试,有200025人参加考试,取得执业资格人数为36698人。为优化知识体系,对房地产经纪人考试大纲和用书进行了修订。2010年,房地产经纪人初始注册人数为1384人,续期注册人数为1114人。共有3022名房地产经纪人参加了网络教育。此外,还开发完成并启用房地产经纪人在线注册系统,实现房地产经纪人注册与房地产经纪信用档案系统公示信息的数据联动。

签署房地产经纪人资格互认协议。经与香港地产代理监管局就资格互认协议书内容进行反复沟通、协调,香港地产代理监管局修订了《地产代理条例》,为达成互认协议扫清障碍,2010年11月签署《内地房地产经纪人与香港地产代理专业资格互认协议书》,标志着房地产经纪人资格互认进入实质性阶段。

开展房地产经纪行业调研。为全面了解全国房地产经纪行业发展状况,弄清房地产经纪服务和房价、房租上涨的关系,提出加强管理、促进行业规范健康发展的建议,对40个重点城市房地产经纪行业状况、中介推高房价等情况进行调研。此外,配合国家和发展改革委员会对房地产经纪服务收费进行调研。

【强化房地产交易市场管理】 (1)完善商品住房预售制度。贯彻落实《国务院办公厅关于促进房地产市场平稳健康发展的通知》要求,进一步加强房地产市场监管,完善商品住房预售制度,下发《关于进一步加强房地产市场监管 完善商品住房预售制度有关问题的通知》(建房〔2010〕53号),提出下一步商品住房预售监管重点:严格商品住房许可管理,各地要结合当地实际,合理确定商品住房项目许可的最低规范和工程形象进度要求;强化商品住房预售方案管理,房地产开发企业应当按照商品住房预售方案销售商品住房;完善预售资金监管机制,各地要加快完善商品住房预售资金监管制度,尚未建立监管制度的地方,要加快制定本地区商品住房预售资金监管办法;严格预售商品住房退房管理,商品住房严格实行购房实名制,认购后不得擅自更改购房者姓名。

(2)加强商品房屋租赁管理。《国务院关于坚决遏制部分城市房价上涨过快的通知》(国发〔2010〕10号)要求住房城乡建设部要会同有关部门抓紧制定房屋租赁管理办法,规范发展租赁市场。为此,立法进程加快。2010年,开展了房屋租赁市场的专项调研,经多次修改和征求意见,出台《商品房屋租赁管理办法》(住房和城乡建设部令第6号),进一步加强商品房屋租赁管理,规范商品房屋租赁行为,维护商品房屋租赁双方当事人的合法权益。

(3)加强房地产行业非法集资督导调研。根据处置非法集资部际联席会议的工作部署,对全国部分省贯彻落实《国务院办公厅关于严厉打击非法集资有关问题的通知》(国办发电〔2010〕2号)情况进行督导调研。督导调研的重点:贯彻落实国办发电〔2010〕2号文精神有关工作及工作机制运行评价情况;打击和处置非法集资有关法律政策适用情况和完善法律政策建议;房地产、林业和农业等行业和中介机构非法集资案件情况。推动了打击非法集资各项政策方针的落实和工作的开展。

(4)加强外资进入房地产领域管理。为积极落实国务院《关于坚决遏制部分城市房价过快上涨的通知》(国发〔2010〕10号),加强对《关于规范房地产市场外资准入和管理的意见》(建住房〔2006〕171号)的实施监管,出台了《关于进一步规范境外机构和个人购房管理的通知》(建房〔2010〕186号),对外国人在境内购买住房行为进行进一步规定,加强对外国人在境内购房的管理。

3. 物业管理发展基本情况

【物业管理法规体系不断完善】 近年来,住房城乡建设部会同国务院有关部门制定了一系列与

《物权法》、《物业管理条例》配套的部门规章和规范性文件，各地政府及房地产主管部门积极推进《物权法》、《物业管理条例》及配套办法的宣传、贯彻和落实工作。通过各方面的探索和努力，物业管理法规体系日趋完善，各方主体的法治意识明显增强，竞争氛围和价格机制基本形成，行业不断发展壮大。物业管理在改善人民群众的居住和工作环境，促进经济社会协调发展等方面，正发挥着难以替代的积极作用。

2010年，住房城乡建设部房地产市场监管司全面贯彻落实《物权法》和《物业管理条例》，进一步完善物业管理相关制度，监督指导各地建立健全地方性法规政策，推进物业管理的法制化、规范化建设。

【规范发展物业管理】 指导各地开展物业管理文明行业创建工作，通过开展"优质服务年"等系列活动，提升服务质量，规范收费行为，改善行业形象，提高人民群众的满意度。

研究制定《物业承接查验办法》，规范物业承接查验的内容和程序，明确建设单位和物业服务企业的责任，加强前期物业管理活动的指导和监督，切实维护业主的合法权益。

调查了解一些城市清查整顿违法购买租占直管公房的基本情况，分析公有住房售后管理存在的问题，研究提出加强直管公房管理的政策措施。

按照中央领导的批示，部署大中城市房地产主管部门对物业服务企业管理玻璃幕墙的情况进行调查，并从玻璃幕墙管理维护角度提出指导性意见，以减少和消除玻璃幕墙自爆脱落造成的安全隐患。

开展住宅专项维修资金管理和使用情况的调查研究工作，全面了解《住宅专项维修资金管理办法》实施中存在的问题，指导国管局及中直管理局制定相关配套政策，探索专项维修资金保值增值的有效途径。

结合军队住房制度改革的实际情况，向解放军总后勤部和民政部提出加强移交政府安置的军队离退休干部自有住房管理和服务的意见和建议，推进全军老干部住房的物业管理工作。

扎实做好房屋安全鉴定、白蚁防治工作。监督指导各地加大汛期房屋使用安全管理工作的力度，最大限度消除既有房屋的安全隐患。积极开展对青海、甘肃灾区房屋安全鉴定的技术支持和援助工作。

【2010年物业管理师资格考试】 会同人力资源和社会保障部下发《关于2010年举行物业管理师资格考试有关问题的通知》，指导考试命题和阅卷评分等工作，严格考试纪律，做到公平考试、安全考试。

【指导督促物业服务企业支持配合做好人口普查工作】 认真落实李克强副总理在第六次全国人口普查电视电话会上的讲话精神，印发《关于指导督促物业服务企业支持配合做好人口普查工作的通知》，要求物业服务企业积极协助配合相关部门开展物业管理区域内的人口普查工作。

4. 城市房屋拆迁

【2010年基本情况】 根据党中央、国务院的有关部署和要求，全面贯彻落实党的十七大及十七届三中、四中、五中全会精神，通过完善城镇房屋拆迁法规政策、加强拆迁管理、规范拆迁行为、健全拆迁信访工作机制、开展矛盾纠纷排查化解、加强督查督办等措施，严肃查处拆迁过程中存在的违法违规行为，切实维护了群众合法权益和社会和谐稳定。同时，城镇房屋拆迁问题工作小组按照中央联席会议的部署，认真贯彻落实中央联席会议第十四、十五次全体会议精神和有关文件要求，督促各地住房城乡建设主管部门加大对本地区拆迁信访问题的预防与排查化解力度，取得了一定成效。

【修改完善《国有土地上房屋征收与补偿条例》】 配合国务院法制办修改完善《国有土地上房屋征收与补偿条例》（以下简称《征收条例》）。2010年年初，《征收条例》第一次公开征求意见后，住房城乡建设部积极配合国务院法制办对反馈的65601条意见和建议逐条进行整理分析，选取40多个城市进行专项调查统计，到部分地区进行实地调研，召开20多次论证会、座谈会听取部分城市政府和有关部门、新闻媒体、专家学者以及被拆迁人意见，并根据各方意见对《征收条例》作进一步修改、论证，形成第二次公开征求意见稿。2010年12月15日，国务院法制办将《征收条例》第二次向社会公开征求意见，共收到意见和建议37898条。工作组对各方面意见逐条进行整理、综合分析，反复研究、修改，力图缩小分歧、扩大共识，取得社会各界的理解和支持。2011年1月19日，经国务院第141次常务会议审议通过，1月21日公布施行。

【规范征地拆迁】 及时出台规范征地拆迁的政策措施。针对征地拆迁恶性事件多发的情况，代国务院办公厅起草紧急通知，2010年5月15日国务院办公厅引发了《关于进一步严格征地拆迁管理工作切实维护群众合法权益的紧急通知》（国办发明电〔2010〕15号）。要求各地健全征地拆迁信访工作责任制，加快建立上下贯通的信访信息系统，积极探索征地拆迁矛盾纠纷排查调处机制,采取各种有效方式做好群众思想工作,避免因征地拆迁问题引发新的上访事件。要求地方各级人民政府和有关部门深入到问题较多的地方去接访、下访,主动倾听群众诉求,把问题解决在初始阶段。

【加强对拆迁典型案件的督查督办】 根据全国人大、国务院领导同志的批示,会同有关部门先后对江苏、湖北两省3件拆迁信访案件,北京、黑龙江等4省市4件违规更改土地用途和规划问题信访案件以及辽宁、吉林、黑龙江、山东4省13件棚户区改造拆迁信访案件等进行了督查。

【召开座谈会布置上海世博会维稳工作】 按照中央有关部署,及时召开住房城乡建设系统世博维稳信访工作座谈会。要求各地把化解城镇房屋拆迁矛盾纠纷作为重中之重,特别要求周边省份认真排查、全力化解拆迁矛盾纠纷和不稳定因素;严格拆迁管理,制定应急预案;加强沟通引导,疏解矛盾纠纷,切实发挥好世博维稳"护城河"作用。

【拆迁信访积案化解】 按照中央联席会议《关于开展"信访积案化解年"活动的指导意见》要求,在2009年开展"信访积案化解年"活动基础上,继续采取有力措施,加大化解力度,据统计,2007年以来住房城乡建设部交办各地的82件典型拆迁重信重访案件,已结案80件,占97.56%;已息访50件,占60.98%。各地排查出的2520件拆迁信访积案中,已结案1170件,占46.43%;已息访806件,占31.98%。

【积极参加中央联席会议组织的中央信访工作督导组工作】 为深入贯彻落实党的十七届五中全会和胡锦涛总书记等中央领导同志有关重要指示精神,根据中央联席会议统一部署,11月下旬至12月上旬,参加了中央信访工作督导组,带队赴湖北、河南两省进行信访督导工作,参加赴江苏、安徽的信访督导工作。

5. 房地产业发展"十一五"成就

【房地产开发投资快速增长】 2010年,全国房地产开发投资达48267.1亿元,比2005年增长2.06倍,年均增长25.1%,保持高速增长态势。住宅产业是房地产业的重要组成部分。2006年以来,商品住房投资占房地产开发投资的比重在70%以上。

【房地产业增加值占GDP比重明显提高】 根据2004年的第一次经济普查数据,房地产业的增加值占GDP的比重达到4.5%。2006年至2009年,房地产业的增加值占GDP的比重分别达到4.8%、5.2%、4.7%、5.5%,房地产业已经成为我国的重要支柱产业。

【商品住房建设规模明显扩大】 2010年,全国商品住房竣工61215.7万平方米,比2005年增长53%,年均增长8.9%。2006年以来,商品住房竣工占城镇住房竣工面积的比例保持在70%以上,房地产市场已经成为城镇居民家庭解决住房问题的主渠道。

【商品住房销售量迅速增长】 2010年,全国商品住房销售面积为93051.6万平方米,比2005年增长86.9%,年均增长13.3%。住房消费的迅速增长拉动了装修装饰、家具、家电等行业的迅速发展。

【住房二级市场和住房租赁市场稳步发展】 随着住房制度改革的不断深化,住房二级市场开放的步伐不断加快。2009年以来,北京、上海等部分城市二手住房成交量超过了新建商品住房。同时,住房租赁市场已经成为住房供应体系的重要组成部分,大部分城市外来人员通过租赁方式解决住房问题。

【住宅产业化取得积极进展】 通过示范工程小区引路,提高住宅建设总体水平。到2010年底,正式列入国家康居示范工程实施计划的201个项目中,已有77个通过达标考核验收,覆盖全国28个省、区、市;住宅性能评定制度进一步完善,住宅综合品质有了较大提高。全国共有195个住宅小区项目通过住宅性能认定预审,236个住宅小区项目通过终审;建立住宅部品的推荐认证制度。共有90多个企业的20多类部品通过了认证,为确保住宅综合质量奠定了基础;国家住宅产业化基地工作规范化开展。到2010年底,全国批准国家住宅产业基地21家,凝聚了一批自主创新能力强、实力雄厚的企业集团,提升了产业化技术集成应用水平。住宅产业化的快速发展,推动住房质量和居住环境有了较大改善,基础设施配套水平不断提高。

【房地产登记工作】 不断完善房地产登记制度。为适应《物权法》的要求,修订实施了《房屋登记办法》,建立了房屋登记簿制度和房屋登记审核人员培训考核制度。同时,配合最高人民法院出台了《最高人民法院关于审理房屋登记案件若干问题的规定》,进一步完善房地产登记制度。

稳步推进全国房地产交易与登记规范化管理工作。为进一步规范房屋登记行为,改善窗口服务,分别从窗口建设、业务规范、信息系统、档案管理、制度建设及队伍建设等六方面,提出24项具体要求,不断扎实推进规范化工作。截至2010年,全国已有28个省的216个单位被认定为全国规范化管理先进单位，形成了涵盖大中小城市、东中西部均有分布的规范化管理先进单位分布格局。

房屋登记的信息化水平不断提高。全国近99.7%的城市建立了房屋登记信息系统，许多城市以楼盘表为基础，房屋登记簿为核心，采用信息化技术开展房屋登记业务，有的城市还运用GIS地理信息系统，实现了地、楼、房一体化管理。各地登记信息化水平的提高，为全国住房信息系统建设奠定了坚实的基础。

集体土地上的房屋登记工作积极稳妥推进。按照《物权法》、《房屋登记办法》对集体土地上房屋登记的规定与要求，指导全国积极稳妥地推进集体土地上的房屋登记工作。安徽、吉林、重庆、成都、温州等省市结合各地实际发展创新，集体土地上房屋登记工作水平不断提高。

【推进物业管理规范发展】（1）行业规模不断壮大，服务范围日趋广泛。截至2008年底，全国物业管理产值超过2000亿元，物业服务企业总数超过58000家，从业人员超过250万人（不包括劳务派遣人员），管理面积超过125亿平方米，城镇物业管理覆盖率达到60%。同时，物业管理类型日渐呈现出综合性、多样性的特点，已经从普通住宅物业发展到办公、商业、工业、仓储、学校、医院、大型公建等多种领域。

（2）服务水平显著提高，经济效益逐步改善。物业管理行业在发展中不断规范，物业服务企业通过不断提高服务理念、规范服务行为、完善服务标准，整体服务水平得到了显著提高，不仅满足了广大业主的物业服务需求，也对提升城市管理水平发挥了积极的作用。根据2008年第二次全国经济普查数据，全国物业服务企业主营业务收入已达到2077亿元，已高于旅游饭店业和文化、体育和娱乐业，已成为现代服务业的重要组成部分。

（3）政策法规不断完善，市场环境逐步优化。结合《物权法》的颁布实施及时修订了《物业管理条例》和《物业服务企业资质管理办法》，相继出台《住宅专项维修资金管理办法》、《业主大会和业主委员会指导规则》、《物业承接查验办法》等配套政策，进一步完善了物业管理的政策法规体系。同时，落实物业管理师制度，提高物业管理人员的整体素质，加强物业管理招投标管理，规范物业管理的市场秩序，为物业管理行业的健康持续发展营造了良好的市场环境。

（住房和城乡建设部房地产市场监管司）

住 房 保 障 建 设

【概况】 2010年是"十一五"的收官之年，党中央国务院高度重视保障性安居工程建设工作。国务院三次专门召开会议研究推进保障性安居工程建设工作，李克强副总理均出席会议并作重要讲话，要求加大投入力度，加快建设进度，加强保障性住房管理。保障性安居工程协调小组各成员单位加强了协调配合。国家发改委、财政部会同住房城乡建设部等部门及时向地方下达了中央补助资金；国土资源部采取有力措施，督促各地优先安排保障性住房建设用地；财政部、税务总局出台了棚户区改造和公共租赁住房建设税费减免政策；人民银行、银监会进一步完善了金融支持政策；农业部、国家林业局加强了项目管理，推进林区、垦区棚户区改造。各地区、各部门认真贯彻落实中央决策部署和全国保障性安居工程工作会议精神，加强组织领导，加大资金投入，完善相关政策，强化监督检查，确保保障性安居工程顺利实施。

1. 进一步完善住房保障政策体系

【全面启动城市和国有工矿棚户区改造】 城市和国有工矿棚户区是指在国有土地上集中建设的房屋结构简单、使用功能不全、建筑密度大、基础设施差的人口密集居住区。对城市和国有工矿棚户区进行改造，有利于解决低收入和部分中等偏下收入住房困难家庭的住房问题，对完善城市功能和带动消费等都具有重要意义。在国家发改委、财政部等有关部门和地方的支持下，前两年已开始进行了中央下放地方煤矿棚户区改造工作。根据全国保障性安居工程工作会议、推进城市和国有工矿棚户区改造工作座谈会的部署和国务院领导指示，住房城乡建设部、国家发改委、财政部、国土资源部、人民银行等部门在调查研究基础上，于2009年12月联合起草并印发了《关于推进城市和国有工矿棚户区改造工作的指导意见》(建保〔2009〕295号)(以下简称《指导意见》),标志着我国城市和国有工矿棚户区改造工作的全面启动。

推进城市和国有工矿棚户区改造要坚持以人为本、依法拆迁,科学规划、分步实施,政府主导、市场运作,因地制宜、区别对待,统筹兼顾、配套建设的原则。考虑到各地棚户区数量差别较大,部分地区改造任务较重,《指导意见》提出,从2009年开始,力争利用5年左右时间基本完成集中成片棚户区改造,有条件的地区(东部和中部省市)争取用3年时间基本完成。2010年,各类棚户区改造开工了约170万户住房。

【《关于推进城市和国有工矿棚户区改造工作的指导意见》主要内容】 为了积极稳妥地开展城市和国有工矿棚户区改造工作,《指导意见》提出了要多渠道筹措资金,加大税费政策支持,落实土地供应和妥善安置补偿等4个方面的政策措施。一要落实地方的责任。地方各级人民政府要对城市和国有工矿棚户区改造工作,加强组织领导。省级人民政府对本地区城市和国有工矿棚户区改造工作负总责。市、县人民政府是城市和国有工矿棚户区改造工作的责任主体,要明确任务,切实做到规划到位、资金到位、供地到位、政策到位、监管到位和分配公平,确保城市和国有工矿棚户区改造工作顺利实施。列入改造计划的国有工矿企业也要切实加强棚户区改造的组织实施工作。二要健全机制,形成合力。全国保障性安居工程协调小组及各有关部门,应根据各部门的职责,加强指导,完善政策。各有关部门之间以及中央与地方之间要密切配合,做好协调工作。三要编制好规划和计划。地方各级人民政府要把城市和国有工矿棚户区改造与廉租住房、经济适用住房建设结合起来;可以把国家用于补助廉租住房建设与租赁补贴的资金统筹使用、统筹安排;要编制好城市和国有工矿棚户区改造规划和年度工作计划,因地制宜地制定项目实施方案。省级人民政府要把本地区城市和国有工矿棚户区改造规划和年度工作计划,报住房城乡建设部、国家发改委、财政部、国土资源部备案。四要确保工程质量。要加强管理,优化规划设计,确保质量和施工安全。对小户型的设计也应实现基本的使用功能,满足基本居住需要。要按照节能省地环保的要求,推广新技术、新工艺、新材料和新设备。五要加强监督检查和宣传工作。省级住房城乡建设部门要会同相关部门加强监督检查工作。住房城乡建设部、国家发改委、财政部、国土资源部、监察部、审计署等部门也要加强对规划实施、资金使用、施工安全和工程质量等进行监督检查。对有问题的地区,要通报批评,限期整改。同时,要加强宣传引导,为城市和国有工矿棚户区改造工作营造良好的舆论氛围。对于正在实施的国有林区、垦区和中央下放地方煤矿棚户区改造工作,《指导意见》要求按现有政策继续推进。

【大力推进公共租赁住房建设】 针对近年来一些城市中等偏下收入家庭和新职工以及外来务工人员住房问题突出的情况,《国务院关于坚决遏制部分城市房价过快上涨的通知》(国发〔2010〕10号)和《国务院办公厅关于促进房地产市场平稳健康发展的通知》(国办发〔2010〕4号)明确要求,各城市,特别是房价过高、上涨过快的城市,要加快发展和大幅度增加公共租赁住房供应,以逐步解决中等偏下收入家庭的住房困难问题。为了落实国务院的部署,全面加快和健康推进公共租赁住房建设,住房城乡建设部、国家发改委、财政部、国土资源部、人民银行、国家税务总局和银监会在调研和总结全国各地好的做法和借鉴国外公共住房建设经验的基础上,研究起草并联合印发《关于加快发展公共租赁住房的指导意见》(建保〔2010〕87号)(以下简称《公租房指导意见》)。同时,配合国务院办公厅组织召开全国公共租赁住房建设工作会议。

【《关于加快发展公共租赁住房的指导意见》主要内容】 明确公共租赁住房供应对象主要是城市中等偏下收入住房困难家庭。有条件的地区,可以将新就业职工和有稳定职业并在城市居住一定年限的外来务工人员纳入供应范围。为了加快和健康发展公共租赁住房,《公租房指导意见》提出了政府组织、社会参与,因地制宜、分别决策,统筹规划、分步实施的原则。尤其是明确提出了要充分调动各类企业和其他机构投资和经营公共租赁住房的积极性,多渠道筹集公共租赁住房,也即在政府主导下实行市场运作模式。另外,《公租房指导意见》从土地、财税和信贷等方面提出了支持公共租赁住房发展的原则性的政策,并要求地方各级政府要加大对公共租赁住房建设和运营的投入,中央将以适当方式给予资金补助。

【加强保障性住房管理,强化基础工作】 为进一步强化保障性住房管理,促进公平、公开、公正,住房城乡建设部会同有关部门先后印发了《关于加强经济适用住房管理有关问题的通知》(建保〔2010〕59号)、《关于加强廉租住房管理有关问题的通知》（建保〔2010〕62号），完善和细化了保障性住房准入退出和后续管理相关政策，确保分配程序公开透明，结果公平公正，使用合理有序，确保各项政策优惠真正落实到中低收入家庭。为规范公共租赁住房建设和管理，《公租房指导意见》在总结各地好的做法基础上，针对租赁住房建设和运营管理要注意解决的重点问题，对公共租赁住房的房源筹集、准入审核、租赁管理等也做出了严格规定。为此，住房城乡建设部还组织召开了全国保障性住房管理工作座谈会，对加强保障性住房管理进行了全面部署。另外，住房城乡建设部还会同有关部门建立了保障性安居工程月度快报制度。编制了城市低收入家庭住房保障信息基础数据标准和系统技术规范（送审稿）等标准。开展住房保障对改善国民收入结构的作用等重点课题研究。配合部法规司研究修改了《基本住房保障法》（征求意见稿）。

【完善配套政策，加大监督指导力度】 保障性安居工程协调小组各成员单位加强协调配合，从资金、税收、土地等各个方面不断完善配套措施，出台多项优惠政策支持保障性安居工程建设，各地也根据本地实际情况出台相应的配套政策，确保保障性安居工程建设的顺利进行。

【推进棚户区改造的配套政策】 为大力推进棚户区改造工作，农业部会同国家发改委、财政部、国土资源部及住房城乡建设部联合印发《关于切实做好农垦危房改造工作的意见》（农垦函〔2010〕2号）；国家林业局等4部委联合印发《国有林区棚户区改造工程项目管理办法》的通知（林规发〔2010〕252号）。

【加强住房保障的政府投资与资金管理的配套政策】 财政部相继下达财政部关于切实落实相关财政政策积极推进城市和国有工矿棚户区改造工作的通知（财综〔2010〕8号）、财政部关于印发《廉租住房保障资金管理办法》的通知（财综〔2010〕64号）、财政部关于加强中央廉租住房保障专项补助资金管理的通知（财综〔2010〕83号）、财政部关于印发《中央补助廉租住房保障专项资金管理办法》（财综〔2010〕110号）、财政部、住房城乡建设部关于印发《中央补助城市棚户区改造专项资金管理办法的通知》（财综〔2010〕46号）、财政部、国家发改委、住房城乡建设部关于印发《中央补助公共租赁住房专项资金管理办法》的通知（财综〔2010〕50号）、财政部、国家发改委、住房城乡建设部关于保障性安居工程资金使用管理有关问题的通知（财综〔2010〕95号）、住房城乡建设部会同国家发改委印发《关于中央投资支持国有工矿棚户区改造有关问题的通知》（建保〔2010〕56号）。

【切实落实保障性安居工程用地，严格保障性住房用地监管】 为加快保障性住房用地供应管理和监督，国土资源部印发关于切实落实保障性安居工程用地的通知（国土资发〔2010〕58号）。为进一步强化住房用地和住房建设的年度计划管理，加快推进用地供应和建设项目审批，严格保障性住房用地监管，国土资源部会同住房城乡建设部联合下关于进一步加强房地产用地和建设管理调控的通知（国土资发〔2010〕151号）。

【保障性安居工程建设的税收优惠】 为加大保障性安居工程建设的税收优惠的支持力度，财政部会同国家税务总局相继下发关于城市和国有工矿棚户区改造项目有关税收优惠政策的通知（财税〔2010〕42号），关于支持公共租赁住房建设和运营有关税收优惠政策的通知（财税〔2010〕88号）。

为加大保障性安居工程建设金融、信贷支持，人民银行会同银监会联合下发关于印发《经济适用住房开发贷款管理办法》的通知（银发〔2010〕13号）、关于印发《廉租住房建设贷款管理办法》的通知（银发〔2010〕355号）、关于做好城市和国有工矿棚户区改造金融服务工作的通知（银发〔2010〕37号）。住房城乡建设部也会同财政部、人民银行、银监会等部委联合下发关于印发《利用住房公积金支持保障性住房建设试点项目贷款管理办法》的通知（建金〔2010〕101号）。

【相关检查调研工作】 为督促落实保障性安居工程相关政策的实施，住房城乡建设部配合中央检查组、全国人大调研组、政协考察组和专项审计调查组开展了检查调研工作，还会同监察部积极研究建立住房保障考核工作机制，研究起草了考核问责办法，对各地住房保障工作实行巡查、约谈和问责制度。

2. 保障性安居工程年度计划、资金安排及实施情况

【建设规模和投资补助】 2010年《政府工作报告》明确了建设保障性住房和各类棚户区改造住房580万套的目标任务。中央加大对保障性安居工程资金支持力度，2010年中央安排保障性安居工程专项补助资金802亿元，比2009年增加302亿元，并提高了对中西部财政困难地区新建廉租住房的补助标准，建设规模和投资补助是"十一五"期间力度最大的一年。

【2010年住房保障工作任务分解落实】 2010年

5月，住房城乡建设部按照国务院的要求，代表保障性安居工程协调小组与各省级人民政府签订了《2010年住房保障工作目标责任书》，将工作任务及时分解落实到各省（区、市），并配合有关部门下达了保障性安居工程建设计划和补助资金。住房城乡建设部还会同有关部门对保障性安居工程建设情况进行了全面督查，确保计划任务如期完成。

【保障性安居工程年度实施情况】 2010年全年开工建设保障性住房和各类棚户区改造住房590万套，基本建成370万套；农村危房改造开工139万户，基本竣工128万户，超额完成了年度计划。

3. 住房保障工作"十一五"成就盘点

【建设成效积极显著】 "十一五"期间，通过实施保障性住房建设和棚户区改造、发放廉租住房租赁补贴，共帮助1500万户城镇住房困难家庭改善了住房条件。2008年至2010年间，全国累计开工建设城镇保障性住房和棚户区改造住房1300万套，竣工800万套，新增发放租赁补贴340万户，解决了近1200万户城镇低收入和中等偏下收入家庭的住房困难问题。其中，2008年第四季度开工建设廉租住房38万套，全年开工建设保障性住房和棚户区改造住房232万套，竣工137万套，新增发放租赁补贴163万户，帮助313万户城镇家庭改善了居住条件；2009年开工建设485万套、年内竣工330万套，新增发放租赁补贴116万户，解决了446万户城镇家庭的住房困难问题；2010年起国家开始制定年度城镇保障性安居工程建设目标任务，当年计划开工建设580万套，实际开工590万套、年内竣工370万套，新增发放租赁补贴65万户，帮助415万户城镇家庭改善了住房条件。

【保障体系初步建立】 经过几年的探索和实践，我国初步形成了城镇住房保障体系。2007年，国务院出台了《关于解决城市低收入家庭住房困难的若干意见》（国发〔2007〕24号），提出加快建立以廉租住房制度为重点、多渠道解决城市低收入家庭住房困难的政策体系。2008年12月，国务院办公厅出台了《关于促进房地产市场健康发展的若干意见》（国办发〔2008〕131号），要求加快实施国有林区、垦区、中西部地区中央下放地方煤矿棚户区和采煤沉陷区民房搬迁维修改造工程。2009年5月，住房城乡建设部、国家发改委、财政部印发实施了《2009—2011年廉租住房保障规划》，提出争取用三年时间基本解决747万户现有城市低收入住房困难家庭的住房问题；同年12月，住房城乡建设部等五部门印发了《关于推进城市和国有工矿棚户区改造工作的指导意见》（建保〔2009〕295号），提出用5年左右时间基本完成集中成片城市和国有工矿棚户区改造。2010年6月，住房城乡建设部等七部门印发《关于加快发展公共租赁住房的指导意见》（建保〔2010〕87号），明确提出要大力发展公共租赁住房，满足城市中等偏下收入家庭以及新就业职工、外来务工人员基本住房需求。城镇住房保障体系的完善，促进了房地产市场供应结构的优化和住房保障覆盖面的扩展。

【工作机制基本形成】 2008年四季度以来，随着保障性安居工程建设的深入推进，中央及地方均相应建立了组织协调机制、目标责任管理机制和监督检查机制。2009年7月，经国务院同意，成立了由住房城乡建设部牵头，国家发改委、财政部、民政部等20个部门参加的保障性安居工程协调小组。自2010年起，保障性安居工程协调小组每年与各省级人民政府签订工作目标责任书，明确各省、自治区、直辖市和新疆生产建设兵团的保障性安居工程年度建设任务。几年来，全国人大、全国政协、中央纪委及监察部、审计署等国务院有关部门，通过开展询问、调研、检查和督查等，加强了对保障性安居工程的监督检查，形成了中央层面督促地方加快建设进度、加强项目管理、确保工程质量的工作机制。

按照中央"省级人民政府负总责，市、县人民政府抓落实"的工作要求，各省、自治区、直辖市和新疆生产建设兵团相继建立了保障性安居工程领导和组织协调机制。不少市、县把保障性安居工程作为"一把手工程"、"一号工程"，列入地方政府目标责任考核内容，明确了工作责任机制，制定了考核问责办法。陕西、河北、宁夏等省区均采取月度排名与年度考核相结合的方式，加强对地市的考核，对进度慢的城市进行约谈和问责。

【投入力度持续加大】 "十一五"期间，中央财政逐年加大了对保障性安居工程建设的补助力度，并在补助资金安排上对中西部财政困难地区进行了重点倾斜。2008～2010年间，中央财政共安排保障性安居工程补助资金1440亿元，各年度分别为168亿元、470亿元和802亿元，补助资金增长非常明显。同时，中央还适时提高了对各类保障性安居工程建设项目的补助力度。以新建廉租住房为例，2007年以来中央两次提高了补助标准。其中，对西部地区的补助由200元/平方米左右提高到了500元/平方米（含中部地区比照西部政策县、福建省中央苏区县），西藏自治区为1000元/平方米，四川、云南、甘肃、青海四省藏区及新疆、新疆生产建设兵团财政困难地区为800元/平方米；对中部地区（含福建省革命老区县）、东部地区的补助从无到有，2010年起分别达到200元/平方米、400元/平方米。中央对公共租赁住房、城市棚户区改造按照中央补助资金总盘子，在综合考虑各地新建任务、工作进展情况和地方财政困难程度等因素的基础上安排补助，随着中央补助资金总额的逐年增加，实际的补助水平明显上升。此外，各地方也普遍加大了保障性安居工程建设支持力度。各省级人民政府除了每年在财政一般预算中安排专项补助外，在中央代地方发行国债省级留用部分的使用上，也对保障性安居工程建设作了倾斜。各市、县人民政府通过财政预算、住房公积金增值收益、土地出让收益等渠道，积极筹措保障性安居工程建设资金。

【政策体系不断完善】国务院各有关部门逐步完善了土地供应、信贷优惠、税费减免等支持政策。国土资源部先后印发《关于切实落实保障性安居工程用地的通知》（国土资发〔2009〕58号）、《关于进一步加强房地产用地和建设管理调控的通知》（国土资发〔2010〕151号），明确了加强保障性安居工程建设用地供应、管理，确保项目落地的政策措施；2010年1月，国务院印发了《关于坚决遏制部分城市房价过快上涨的通知》（国发〔2010〕10号），要求保障性住房、棚户区改造和中小套型普通商品住房用地不低于住房建设用地供应总量的70%，并优先保证供应。人民银行、银监会先后印发了《经济适用住房开发贷款管理办法》、《廉租住房建设贷款管理办法》、《关于做好城市和国有工矿棚户区改造金融服务工作的通知》（银发〔2010〕37号），制定了城镇保障性安居工程建设项目在贷款利率、项目资本金等方面的优惠政策。财政部、国家税务总局先后印发《关于廉租住房经济适用住房和住房租赁有关税收政策的通知》（财税〔2008〕24号）、《城市和国有工矿棚户区改造项目有关税收优惠政策的通知》（财税〔2010〕42号）、《关于支持公共租赁住房建设和运营有关税收优惠政策的通知》（财税〔2010〕88号），出台了各类保障性住房在建设、买卖、经营等环节，免征或减征所涉及的城镇土地使用税、契税、印花税、营业税，以及免收城市基础设施配套费等各项行政事业性收费、政策性基金的政策。

【质量管理得到重视】保障性安居工程建设任务重、时间紧，加上成本控制，以及汛期施工等因素，容易产生安全质量隐患。在国务院各有关部门下发的加快廉租住房、公共租赁住房建设，推进城市和国有工矿等各类棚户区改造工作的指导意见中，对于保障性安居工程建设项目严格执行法定建设程序和技术标准，加强施工管理，确保工程质量等提出了明确要求。从实践来看，多数地方履行了工程质量监督管理职责，积极通过优化工序流程、科学组织施工、革新技术设备，确保工程质量和施工安全。一是优化规划布局。依据城乡规划、土地利用规划、住房建设规划等，合理布局保障性安居工程项目，并优先在交通便利、基础设施齐备的地段安排。二是优化户型设计。针对保障性住房户型面积较小的特点，通过组织设计竞赛等筛选优化小户型设计，力求在较小的户型内，做到功能齐全、布局合理、节能环保、经济适用、安全可靠。三是落实工程项目质量管理措施。规定保障性住房建设项目，必须严格履行招投标等法定项目建设程序，落实项目法人责任制、工程监理制，严格建筑材料验核。四是全面落实质量管理责任。不少地方推行了保障性安居工程项目勘察、设计、施工、监理单位负责人和项目负责人个人终生负责制。

【后续管理逐步规范】随着保障性安居工程建设力度的不断加大，大量保障性住房陆续竣工，进入分配和使用阶段，加强相应的管理工作提上了议事日程。住房城乡建设部会同或者配合国务院有关部门先后制定了廉租住房保障和经济适用住房管理办法，廉租住房申请、审核及退出管理办法，廉租住房工作规范化管理实施办法和档案管理办法，廉租住房保障资金管理办法，以及城市低收入家庭认定办法等有关政策。2010年，又印发了《关于加强经济适用住房管理有关问题的通知》、《关于加强廉租住房管理有关问题的通知》和《关于加快发展公共租赁住房的指导意见》，对各类城镇保障性住房的准入审核、使用监督等后续管理从制度上作出安排，从工作上提出要求。各省、自治区、直辖市和有关城市结合当地实际情况，也出台了保障性住房管理的相关政策措施，逐步完善准入退出机制，严格租售管理，加强使用管理，规范住房情况和收入状况审核，强化分配和使用管理。厦门、深圳加快了住房保障立法工作，分别实施《厦门市社会住房保障管理条例》、《深圳市保障性住房条例》。《广州市保障性住房小区管理扣分办法》作为全国第一个保障性住房小区管理规定，也已颁布实施。山东、广东、福建省建立了"多级审核、多次公示"的准入管理制度。辽宁省成立专门机构加强保障性安居工程审核、分配、退出管理，纪检部门全程介入。

（住房和城乡建设部住房保障司）

住房公积金监管

1. 2010年住房公积金监管工作

【建立住房公积金督察员制度】 为加强住房公积金监管,及时纠正违反住房公积金法规和政策、挤占挪用和骗提骗贷等问题,确保资金安全和有效使用,2010年6月28日,住房城乡建设部、财政部、国家发改委、人民银行、审计署、银监会联合印发《关于试行住房公积金督察员制度的意见》(建稽〔2010〕102号)。首批聘任了18名住房公积金督察员,主要围绕住房公积金政策执行和资金安全情况,按照统一部署,采用巡查方式,通过列席会议、查阅有关文件和财务报表、召开专题会议、调查访谈等形式开展督察工作。

2010年8月4～5日,六部门联合举办第一批住房公积金督察员聘任暨培训会议,住房城乡建设部副部长陈大卫出席会议并讲话,对开展督察工作提出明确要求。中纪委驻住房城乡建设部纪检组组长杜鹃在培训会议上以《以案促建 加强监管 深入推进住房公积金系统反腐倡廉工作》为题授课。

【稳步推进住房公积金试点工作】 按照住房和城乡建设部、财政部、人民银行等七部门联合印发的《关于印发利用住房公积金贷款支持保障性住房建设试点工作实施意见的通知》(建金〔2009〕160号)要求,抓紧开展试点工作,在各城市政府申报基础上,经过现场实地调查,印发了《关于做好利用住房公积金贷款支持保障性住房建设试点工作的通知》(建金〔2010〕100号),确定了28个试点城市、133个试点项目、493亿元贷款额度、4316万平方米的建设规模。

为保障试点工作有序开展,制定试点相关配套办法,会同财政部、人民银行等部门联合印发《关于印发〈利用住房公积金支持保障性住房建设试点项目贷款管理办法〉的通知》(建金〔2010〕101号)、《关于印发〈利用住房公积金发放保障性住房建设贷款财务管理办法〉的通知》(财综〔2010〕12号)、《关于印发〈利用住房公积金发放保障性住房建设项目贷款相关业务会计核算办法〉的通知》(财会〔2010〕18号)等文件,编制了《住房公积金支持保障性住房建设项目贷款业务规范》(住房城乡建设部公告第684号)。建设住房公积金项目贷款业务运行平台和运行监管系统,7月12日,系统正式上线运行,与全部28个试点城市住房公积金管理中心和中、农、工、建、交五家受委托银行实现专线联网,每一笔贷款都必须通过业务运行平台发放,实现了业务集中、信息透明、责任绑定以及对异常状况及时干预,保证贷款资金专款专用,防范资金运作风险。

【规范住房公积金个人贷款政策】 为贯彻《国务院关于坚决遏制部分城市房价过快上涨的通知》(国发〔2010〕10号),规范住房公积金个人住房贷款政策,2010年11月2日,住房和城乡建设部、财政部、中国人民银行、银监会联合印发《关于规范住房公积金个人住房贷款政策有关问题的通知》(建金〔2010〕179号,以下简称《通知》)。《通知》提出,住房公积金个人贷款只能用于支持基本住房需求,严禁使用住房公积金个人贷款进行投机性购房;使用住房公积金个人住房贷款购买首套普通自住房,套型建筑面积在90平方米(含)以下的,首付款比例不得低于20%,套型建筑面积在90平方米以上的,首付款比例不低于30%;第二套住房公积金个人住房贷款发放对象,仅限于现有人均住房建筑面积低于当地平均水平的缴存职工家庭,且贷款用途仅限于购买改善居住条件的普通自住房,第二套住房公积金个人贷款首付款比例不得低于50%,利率不得低于同期首套住房公积金个人住房贷款利率的1.1倍。停止向购买第三套及以上住房的缴存职工家庭发放住房公积金个人贷款。

【开展住房公积金人员机构基本情况调查】 为全面了解住房公积金系统人员机构基本状况,住房公积金监管司委托久其软件公司研究开发了"全国住房公积金从业人员信息统计报表"程序,经过多次测试和修改,于2010年10月上线使用。从10月初到12月底,经过3个月的时间,全国32个省、自治区、直辖市和新疆生产建设兵团通过"住房公积金从业人员信息统计报表"程序,报送了截至2009年底各省级监管机构和各设区城市管委会、管理中心从业人员及相关业务情况。经调查统计，截至2009年，全国共342个设区城市（深圳除外）建立住房公积金制度，除青海省的果洛和玉树外，340个城市设置了住房公积金管理委员会，各省（自治区）全部设立了住房公积金监管机构。全国共有专职住房公积金监管人员122人，住房公积金管委会委员共7881人，住房公积金管理人员共25697人。

【继续开展住房公积金管理专项治理】 根据第十七届中央纪委第五次全会、国务院第三次廉政工作会议的总体部署和《国务院办公厅转发国务院纠正行业不正之风办公室关于2010年纠风工作实施意见的通知》的要求，在巩固专项治理阶段性成果的基础上，继续有重点地开展加强住房公积金管理专项治理工作。2010年7月7日，住房城乡建设部、国务院纠风办等七部门联合印发《关于2009年全国加强住房公积金管理专项治理联合检查情况的通报》（建金〔2010〕104号，以下简称《通报》）。《通报》中提出，2010年专项治理工作，重点解决以下突出问题：一是加大力度清收逾期项目贷款、单位贷款、挤占挪用资金和涉险债券资金，确保住房公积金资金安全完整；二是健全管委会决策机制，切实加强管委会委员履职能力；三是加快调整管理机构，坚决纠正分支机构独立运作、单位自行归集和住房公积金管理中心挂靠其他部门等违规行为；四是坚决制止超比例上限缴存住房公积金，维护住房公积金制度公平。在各地自查自纠的基础上，2010年9～12月，七部委组成联合检查组，对山西、新疆等6个地区、13个设区城市专项治理工作进行了联合检查。

【赴美国、英国举办培训班】 为学习借鉴美国住房金融制度经验教训，完善我国住房公积金制度，经外国专家局批准，2010年1月7～27日，住房城乡建设部组织财政部、人民银行、国务院法制办和部分地区住房公积金管理中心负责同志赴美国培训，学习美国住房金融体制和运行机制。1月8～18日，培训团在加州大学SanBernardino分校集中学习，1月19～26日，考察美国联邦住房金融局（FHFA）、联邦住房管理局（FHA）、联邦住房和城市发展部（HUD）、吉利美（Ginnie Mae）、世界银行和宾夕法尼亚大学沃顿商学院，与有关专家进行交流和讨论，学习研究美国住房金融体制，了解次贷危机的成因和影响，并对如何改进我国房地产市场调控、完善住房公积金制度、构建中国式的住房保障体系等问题进行了探讨。

2010年10月31日～11月20日，由住房城乡建设部组织国务院纠风办，甘肃、内蒙古、陕西、贵州四省区住房公积金监管处及17个城市住房公积金中心负责人组成政策性住房金融运作和管理赴英培训团，在英国进行了为期20天的培训及考察。培训的主要内容是，了解英国住房市场发展情况、公共住房政策、政策性住房金融体系及金融监管模式。在英期间，培训团先后接受了英国瑞丁大学、伦敦南岸大学、伯明翰城市大学、曼彻斯特索尔福德大学有关专家教授的培训，拜访了英国社区与地方政府部、约克大学住房政策中心、皇家特许房屋供给机构、英国伯明翰城堡谷社区住房协会及英国住房互助会联合会（BSA）、英国TSA机构（租赁服务机构）。

【举办全国住房公积金系统领导干部培训班】 为提高全国住房公积金系统领导干部政治素质和业务能力，2010年7月13～20日，住房城乡建设部与中央党校函授学院联合举办全国住房公积金系统领导干部培训班。全国27个省、自治区住房公积金监管机构负责人、部分省住房城乡建设厅分管领导、320多个设区城市中心主任，部分省直、行业分中心主任，共409人参加培训。住房和城乡建设部总经济师李秉仁出席开班仪式作培训动员，提出希望和要求。副部长陈大卫出席结业仪式，转达姜伟新部长及部党组对全体学员的问候，并对下一步如何做好住房公积金工作提出明确要求。此次培训还邀请国务院纠风办、财政部、人民银行、审计署、国务院发展研究室等部门及部内相关司局同志参加。

本次培训，遵循党性修养与业务知识、课堂教学与集中讨论相结合原则，共安排集中授课12次和分组讨论1次。授课内容包括宏观经济形势、美国次贷危机、依法行政、学习型组织建设、领导干部作风建设、西方公共管理、住房公积金合规管理与风险控制、个人住房贷款风险管理等。培训师资既有中央党校骨干教师，也有外请的专家、领导。邀请了著名经济学家、十届人大常委会副委员长、民建中央原主席成思危，全国政协常委、人口环境资源委员会副主任刘志峰为学员授课。

【开展完善住房公积金制度研究】 在2009年委托开展五项课题研究和十项专题研究的基础上，2010年6月10～11日，住房公积金监管司组织召开住房公积金专题研究汇报会，对十项专题研究的成果进行评审。同时成立完善住房公积金制度研究小组，借鉴课题和专题研究成果，广泛开展调查研究，先后在北京、上海、大连、常州、长沙、山西等地召开十次座谈会，听取100多位省监管机构负责人和城市管理中心主任的意见，初步形成完善住房公积金制度框架思路，起草了《住房公积金投资建设公共租赁住房的初步设想》、《关于完善我国住房公积金制度的报告》、《完善住房公积金制度 促进公共租赁住房发展》等报告，为修订《住房公积金管理条例》、加强住房公积金管理奠定了基础。

【推动深圳市建立住房公积金制度】 为实现全国设区城市住房公积金制度全覆盖，依照《住房公积金管理条例》，推动深圳市建立住房公积金制度。2010年2月，深圳市机构编制委员会批复成立深圳市住房公积金管理中心，是深圳市法定机构试点单位。3月，经招标，确定建设银行深圳分行、招商银行深圳分行和中国银行深圳分行为深圳市住房公积金归集专户银行。10月29日，深圳市住房公积金管理中心揭牌暨与归集银行签约仪式举行，住房城乡建设部副部长陈大卫出席仪式。11月24日，深圳市政府正式出台《深圳市住房公积金管理暂行办法》。12月20日，深圳市住房公积金缴存业务开始试运行，深圳市住房公积金网上办事大厅投入运行。深圳市住房公积金制度的建立，标志着全国343个设区城市全部建立住房公积金制度。

2. "十一五"住房公积金制度发展情况

（1）住房公积金业务发展状况

【缴存职工人数稳定上升，缴存额持续增长】 截至"十一五"末，住房公积金实缴职工人数为8606.3万人，比"十五"末增加2276.59万人，增幅为35.97%。按2010国家统计局统计的在岗职工人数计算，住房公积金覆盖率（期末实缴职工人数/在岗职工人数）为72.79%，比"十五"末提高了12.09个百分点，见图1。

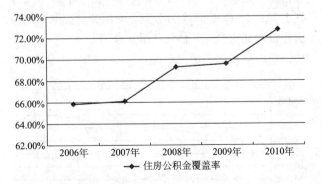

图1 "十一五"全国住房公积金覆盖率变化情况

"十一五"期间，全国住房公积金缴存额为22710.89亿元。"十一五"末，全国住房公积金缴存总额为32470.37亿元，是"十五"末的3.33倍；缴存余额为17713.49亿元，是"十五"末的2.83倍。图2为"十一五"全国住房公积金缴存总额和余额变化情况；图3为"十一五"全国住房公积金年缴存额变化情况。

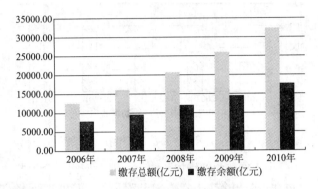

图2 "十一五"全国住房公积金缴存总额和余额变化情况

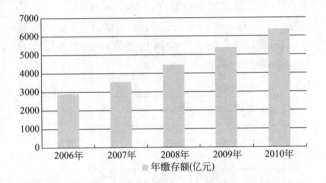

图3 "十一五"全国住房公积金年缴存额变化情况

【提取额逐步上升】 "十一五"期间，全国住房公积金提取额为11256.94亿元，占缴存额的49.57%。"十一五"末，全国住房公积金提取总额为14756.88亿元，是"十五"末的4.22倍。图4为"十一五"全国住房公积金累计缴存额变化情况；图4为"十一五"全国住房公积金缴存额变化情况；图5为"十一五"全国住房公积金年缴存和提取变化情况。

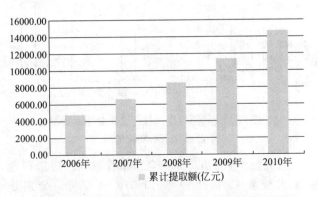

图4 "十一五"全国住房公积金累计缴存额变化情况

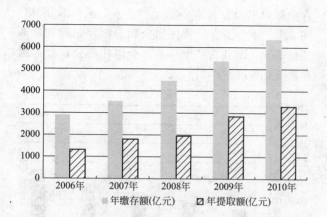

图5 "十一五"全国住房公积金年缴存和提取变化情况

【个人贷款大幅增加】"十一五"期间,全国共发放住房公积金个人贷款816.72万笔、13971.85亿元;单笔住房公积金个人贷款金额平均为17.11万元;个人贷款发放额占缴存额的比例为61.52%。图6为"十一五"全国住房公积金个人贷款发放回收情况;图7为"十一五"全国住房公积金个人贷款总额和余额变化情况。

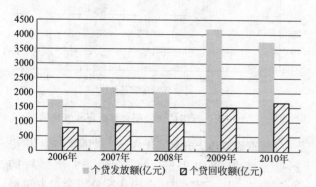

图6 "十一五"全国住房公积金个人贷款发放回收情况

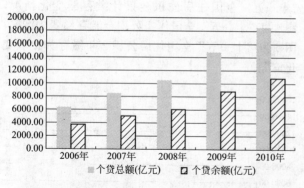

图7 "十一五"全国住房公积金个人贷款总额和余额变化情况

截至"十一五"末,全国累计发放住房公积金个人贷款1340.22万笔、18570.94亿元,分别是"十五"末的2.56倍和4.04倍;住房公积金个人贷款余额为10899.54亿元,是"十五"末的3.84倍;个贷率(个人贷款余额/缴存余额)为61.53%,比"十五"末提高了16.26个百分点;住房公积金个人贷款逾期余额为1.9亿元,逾期率为0.02%,比"十五"末下降了0.1个百分点。

【国债余额有所减少】"十一五"末,全国住房公积金购买国债余额为366.97亿元,比"十五"末减少了104.41亿元,减幅为22.15%,图8为"十一五"全国住房公积金购买国债余额变化情况。其中,在银行间债券市场、商业银行柜台市场和证券交易所购买的国债余额分别为60.77亿元、272.74亿元和33.45亿元。购买国债余额减小的原因:一是自2004年以来,各地加强了在证券交易所购买的存在损失风险的国债清收;二是住房公积金提取和贷款发放额日益增多,各地不再需要大量购买国债实现资金保值增值。

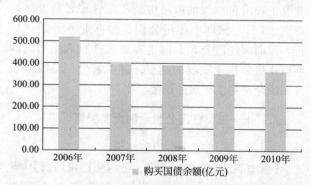

图8 "十一五"全国住房公积金购买国债余额变化情况

【资金使用效率明显提高】"十一五"末,全国住房公积金使用率(个人提取总额、个人贷款余额与购买国债余额之和占缴存总额的比例)为80.15%,住房公积金运用率(个人贷款余额与购买国债余额之和占缴存余额的比例)为63.65%,比"十五"末分别上升6.15和8.98个百分点。全国累计提取廉租住房建设补充资金398亿元。图9为"十一五"全国住房公积金资金利用情况。

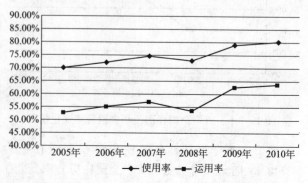

图9 "十一五"全国住房公积金资金利用情况

(2) 住房公积金制度主要作用

【通过长期缴存增加个人住房资金积累，提高住房支付能力】 住房公积金由单位和职工共同缴存，国家给予税收减免优惠，形成了国家、单位和个人共同负担的资金积累机制，对提高个人购房支付能力具有重要作用。随着缴存基数和缴存比例不断扩大，职工个人账户资金规模不断增大，住房公积金已经成为职工住房资金的重要来源。

【通过发放个人住房贷款，弥补即期住房支付能力不足】 住房公积金实行存贷结合、低存低贷的原则，个人住房贷款利率平均比同期商业银行贷款利率低2个百分点左右，可显著降低贷款职工还款负担，提高职工个人购房支付能力。2010年，经国务院同意，住房和城乡建设部、财政部、中国人民银行、银监会联合印发了《关于规范住房公积金个人住房贷款政策有关问题的通知》，严禁利用住房公积金多套购房和投机购房，引导住房公积金制度从支持职工住房消费向支持基本住房消费转型。

【通过提取廉租住房建设补充资金和开展住房公积金试点，支持保障性住房建设】 "十一五"期间，全国从住房公积金增值收益中共提取廉租住房建设补充资金362亿元，成为廉租住房建设资金的重要来源。2009年，经国务院同意，住房城乡建设部会同财政部、国家发改委等部门联合开展利用住房公积金贷款支持保障性住房建设试点工作，拓宽了保障性住房建设资金来源，加快了保障性住房建设，推进了城镇中低收入家庭住房问题的解决。

(3) 住房公积金监管工作主要成效

【监管机构逐步健全】 2008年国务院机构改革，住房城乡建设部独立设置住房公积金监管司，主要职责是拟订住房公积金政策和发展规划并组织实施；制定住房公积金缴存、使用、管理和监督制度；监督管理全国住房公积金和其他住房资金的管理、使用和安全。随后，以地方政府机构改革为契机，住房城乡建设部积极推动省级住房公积金监管机构建设。除青海、西藏外，各省、自治区住房城乡建设厅均独立设置住房公积金监管办公室（处），监管机构逐步健全，监管人员得到充实，监管力量得以提升。

【监管制度开始完善】 从2009年开始，逐步规范住房公积金统计上报制度，明确统计指标，升级上报系统，加强统计分析，为分析、公布住房公积金管理运行情况提供支撑。建立了住房公积金督察员制度，与财政部等六部门联合印发《关于试行住房公积金督察员制度的意见》，并确定了首批18名督察员人选。建立了住房公积金服务制度，会同财政部、人民银行、银监会印发《关于加强和改进住房公积金服务工作的通知》，发布住房公积金服务指引，规范公积金中心的服务行为。

【监管手段不断强化】 建立部门联合监管机制，2006年以来，配合国家审计署、国务院纠风办等部门，连续两年开展住房公积金专项审计，连续三年开展住房公积金专项治理，查处和纠正了一批违法违纪行为，挤占挪用资金、违规贷款、违规购买国债等问题得到有效遏制。组织住房公积金督察员，对住房公积金试点工作进行了实地监督检查。依托现代信息技术强化监管，建设了住房公积金支持保障性住房建设项目贷款业务运行平台和运行监管系统，每一笔贷款都必须通过业务运行平台发放，实现了业务集中、信息透明、责任绑定以及对异常状况及时干预，保证了贷款资金专款专用，防范了资金运作风险。

(住房和城乡建设部住房公积金监管司)

城 乡 规 划

1. 城乡规划政策制定和规章制度建设

【城乡规划法规体系建设】 2010年，完成了《省域城镇体系规划编制审批办法》和《城市、镇控制性详细规划编制和管理办法》，并以住房和城乡建设部部令颁布实施；组织开展《违反城乡规划行为处分办法》、《历史文化街区规划管理办法》、《历史文化名镇名村保护规划编制办法》、《城市紫线管理办法》、《城市规划编制单位资质管理规定》等一系列部门规章的修订起草工作；还组织进行了"城乡规划许可的重点内容"、"城乡规划公开公示制度"、"修订《注册规划师执业资格管理办法》"方面的专题研究。

【《城乡规划法》贯彻落实】 为及时掌握《城乡规划法》的贯彻落实情况,总结经验和发现问题,2010年6月,住房和城乡建设部城乡规划司组织召开《城乡规划法》实施情况交流会,通报《城乡规划法》颁布实施以来的贯彻落实情况,交流地方工作经验,并就推动地方配套法规建设以及下一步工作重点等进行研讨和部署。

【城乡规划标准规范编制】 研究拟订《关于加强城市规划标准规范管理的工作制度》和《关于加强城市规划标准规范编制的工作制度》,明确标准规范各个编制阶段的工作内容和要求,并建立起面向全行业的城市规划标准规范专家库。

完成"城乡规划标准体系"的修改完善,完成《城市对外交通规划规范》送审文件的审查,完成国家标准《城市环境保护规划规范》和《城市消防规划规范》、行业标准《城市人口规模预测规程》报批稿的审查,完成国家标准《城市绿地规划规范》和《城市通信工程规划规范》、行业标准《基础资料收集规程》征求意见工作。

【开展相关的专题研究】 (1)部署《全国中小城市基础设施完善十二五规划(2011~2015)》的编制工作,规划针对我国中小城市基础设施发展中存在的主要问题,提出完善中小城市基础设施建设的发展目标、项目计划和保障措施,以进一步完善中小城市基础设施建设,提高中小城市承载能力。

(2)组织开展"城市总体规划改革与创新"研究工作,重点研究如何围绕城市总体规划的法定地位、功能和作用,科学设定城市总体规划的编制思路、内容和方法,在研究成果的基础上,修订《城市规划编制办法》中关于城市总体规划编制工作的相关条款,研究制定《城市总体规划编制办法》。

(3)组织开展"城市地下空间开发利用规划编制与管理研究"的研究工作,为研究下一步制定城市地下空间利用的相关政策法规提供必要的依据和指导。

(4)组织开展《历史文化街区保护管理办法》、《历史文化名城名镇名村保护规划编制办法》、《历史文化名镇名村保护管理办法》、《历史文化名城名镇名村保护规划备案办法》、《历史建筑和历史文化街区认定标准》、《历史文化名城名镇名村监管信息系统》等一系列相关规范的研究。

(5)组织开展"区域空间开发管制模式研究",对"三区"、"四线"等不同层次空间开发管制的相互关系等进行研究和总结。

2. 城镇化研究和省域城镇体系规划工作

【加强对城镇化相关政策的研究】 结合"十二五"规划制定的要求,加强了对城镇化相关政策的研究。组织完成《"十二五"城镇化发展战略研究报告》等研究成果,以及一系列政策性文件的起草工作。针对各地高度重视并积极推进城镇化工作的形势,结合正在编制省域城镇体系规划,城乡规划司加强了对不同地区城镇化有关问题的调研和交流指导,支持各地积极探索因地制宜的城镇化道路。

【完成省域城镇体系规划相关工作】 城乡规划司按照《省域城镇体系规划编制审批办法》要求,加强对省域城镇体系规划的审查,完成对浙江省、吉林省城镇体系规划的审查并上报国务院,完成了吉林、河南、广东三省城镇体系规划的城市规划部际联席会审议程序,完成对福建省城镇体系规划大纲的专家审查工作。加强对贵州省、新疆维吾尔自治区、西藏自治区等西部地区省域城镇体系规划的支持和指导。2010年底,湖南省、广西壮族自治区城镇体系规划获国务院同意批复实施。至2010年底,第一轮27个省、自治区的城镇体系规划均已编制完成并上报,其中21个获国务院同意批复实施。

3. 国务院审批的城市总体规划审查报批工作

【城市总体规划修改相关工作】 城乡规划司起草并报请国务院印发了《城市总体规划修改工作规则》(国办发〔2010〕20号文),对城市总体规划修改的前期论证、修改程序、修改工作要求等做出了明确规定。2010年以来,会同城市总体规划部际联席会议成员单位,完成了国务院办公厅交办的上海、天津、长沙、株洲、重庆、张家口、大同、西宁、汕头、黄石等10个城市总体规划修改的审查工作。

【新一轮城市总体规划的审查报批工作大大加快】 截至2010年底,城乡规划司完成对桂林、泰州、伊春、扬州、大连5个城市的城市总体规划纲要审查;组织召开了7次城市总体规划部际联席会议,审议了长春、南宁等21个城市的城市总体规划;提请部常务会审议通过了郑州、武汉、海口、南宁、南昌、哈尔滨6个城市的城市总体规划;将郑州、深圳、武汉、海口、泰安、柳州、荆州、唐山、淮南9个城市的城市总体规划上报国务院审批,其中郑州、深圳、武汉、淮南4个城市的城市总体规划已经国务院批复。

4. 历史文化名城名镇名村保护工作

【历史文化名城保护相关标准和规划的发布与编制】 城乡规划司起草并会同国家文物局下发了《历史文化名城保护评估标准（试行）》；结合国家"十二五"规划制定要求，组织《全国"十二五"历史文化名城名镇名村保护设施建设规划》的编制工作。

【对申报国家历史文化名城城市的现场考察与评估】 会同国家文物局组织专家完成了对山西太原、江苏宜兴和泰州、浙江嘉兴、江西瑞金、山东蓬莱、广东中山、广西北海、四川会理、云南会泽和通海、新疆伊宁和库车13个申报国家历史文化名城城市的现场考察评估；已将北海、会理列为国家历史文化名城的请示报国务院。2010年11月，广西北海被国务院公布为国家历史文化名城。

【公布第五批中国历史文化名镇名村名单】 2010年7月，住房和城乡建设部会同国家文物局公布第五批中国历史文化名镇名村名录，包括河北省涉县固新镇等38个名镇和北京市顺义区龙湾屯镇焦庄户村等61个名村。

5. 青海省玉树灾区、甘肃省舟曲灾区灾后重建规划和汶川灾区重建协调工作

【及时有效地指导和协助地方开展灾后安置和重建规划】 玉树地震和舟曲特大泥石流灾害发生后，城乡规划司按照住房和城乡建设部的统一部署，迅速组成规划专家组，由司主要领导带队，在第一时间赶赴玉树、舟曲灾区开展工作，及时有效地指导和协助地方开展了灾后安置和重建的规划工作，较好地完成了玉树、舟曲灾后恢复重建规划的编制和协调工作。

【进行灾区工程质量、农房重建、城镇基础设施建设等方面的政策指导和技术支持】 按照国务院汶川地震灾后恢复重建工作协调小组的统一部署，2010年，会同部有关司局继续抓紧帮助指导四川、甘肃、陕西省建设厅做好灾后重建的有关工作，重点做好工程质量、农房重建、城镇基础设施建设等方面的政策指导和技术支持工作。

6. 房地产开发领域违规变更规划、调整容积率问题专项治理工作

【房地产开发领域违规变更规划、调整容积率问题专项治理情况】 按照中央部署开展专项治理工作以来，除西藏外，全国30个省（自治区、直辖市）共自查房地产项目98577个，用地面积581591公顷。其中违规变更规划、调整容积率项目2150个，违规用地面积7545公顷，补交规费、土地出让金等158.02亿元，罚款7.92亿元，撤销规划许可47项。各省市容积率问题专项治理工作机构共受理群众举报888件，查实241件，给予178人党纪政纪处分，移送司法机关69人。

【联合调研督导组开展重点抽查和督促指导】 2010年以来，城乡规划司会同监察部适时组成联合调研督导组，对部分地区专项治理工作开展以来的情况进行重点抽查和督促指导，对重点案件进行挂牌督办，严肃查处国家机关工作人员在建设用地规划变更、容积率调整等城乡规划工作中玩忽职守、权钱交易等违纪违法行为。截至2010年11月，共查办违反城乡规划管理规定的案件1101件。两部专项治理办公室直接组织力量核查了21件案件线索，对195件群众举报和案件线索进行了督办和转办。

【清理城乡规划管理规范性文件】 2010年，重点抓了城乡规划管理规范性文件的清理，对违反国家关于建设用地容积率管理法律法规和政策规定的文件，按照"谁发布谁纠正"的原则，提请或督促原发布机构及时予以纠正。

7. 土地利用总体规划、开发区设立和升级审核工作

【完成有关土地利用总体规划、开发区设立和升级审核工作】 2010年，完成了对安徽、陕西、甘肃、新疆和新疆生产建设兵团土地利用总体规划的审核工作；完成对贵阳市等14个城市土地利用总体规划的审核工作；完成金华、盐城、嘉善等29个省级经济开发区升级，泉州、绍兴、烟台等29个省级高新技术产业开发区升级，重庆西永综合保税区、泰州出口加工区等8个海关特殊监管区设立的规划审核工作。

8. 中新天津生态城建设

【首届中国（天津滨海）·国际生态城市论坛和博览会召开】 2010年9月28日，住房城乡建设部和国家发改委、天津市政府、国际经济交流中心共同主办了首届中国（天津滨海）·国际生态城市论坛和博览会，论坛在天津滨海新区召开，总结国内外生态城建设的经验做法，为促进生态城市建设交流与合作提供一个全方位的平台。

【中新天津生态城建设进展顺利】 2010年5月5日，住房城乡建设部和新加坡国家发展部在天津召

开中新天津生态城联合工作委员会第五次会议，审议天津生态城指标体系分解方案。7月23日，国务院副总理王岐山和新加坡副总理黄根成共同主持召开中新天津生态城联合协调理事会第三次会议，要求要抓住"生态"的主题，特别要解决好水污染治理、盐碱地改良等问题。至2010年底，起步区开发建设总体进展顺利，基础设施建设全部完成，环境综合治理工程取得阶段性成果，国家动漫园一期工程基本建成，科技园和产业园实现全面开工，绿色科技企业和文化创意企业开始聚集，城市运营管理同步推进。中新双方在水资源循环利用、绿色建筑、城市规划各方面合作取得积极成果。

9. 城乡规划十一五成就盘点

【城乡规划法制建设逐步强化】 2008年，《城乡规划法》开始施行，确定了从城乡规划编制、审批、实施到监督管理的一整套制度和程序，构筑起社会主义市场经济体制下我国城乡规划管理的基本制度框架。2008年出台了《历史文化名城名镇名村保护条例》。按照《城乡规划法》的要求，报请国务院下发了《国务院办公厅关于印发城市总体规划修改工作规则的通知》、《国务院办公厅关于印发由国务院审批城市总体规划城市名单的通知》，以住房和城乡建设部部令下发了《省域、城镇体系规划编制审批办法》、《城市、镇控制性详细规划编制审批办法》，研究制订《城市总体规划编制办法》，发布施行《城市总体规划实施评估办法(试行)》；城乡规划司组织起草了《违反城乡规划行为处分办法(送审稿)》，开展《城市紫线管理办法》、《城乡规划编制单位资质管理办法》、《历史文化名镇名村规划编制办法》、《历史文化街区保护管理办法》等部门规章的修订起草工作。以《城乡规划法》为核心的配套法规体系逐步健全完善。

【开展房地产开发领域违规变更规划、调整容积率问题专项治理工作】 为贯彻落实第十七届中央纪委第三次全会、国务院第二次廉政工作会议精神和《建立健全惩治和预防腐败体系2008～2012年工作规划》部署，推进重点领域和关键环节改革，住房和城乡建设部、监察部于2009年4月下发了《关于对房地产开发中违规变更规划、调整容积率问题开展专项治理的通知》(建规〔2009〕53号)，组织开展房地产开发领域违规变更规划、调整容积率问题专项治理工作。从2009年5月开始，各地对2007年1月1日至2009年12月31日期间领取规划许可的房地产开发项目进行了全面梳理排查，截止到2010年底，全国共排查房地产项目98577个，涉及用地面积58.16万公顷，发现违规变更规划、调整容积率项目2150个，涉及用地面积7545公顷；通过排查共补交土地出让金等158.02亿元，罚款7.92亿元，撤销规划行政许可47项。

专项治理工作中，各级监察机关和城乡规划主管部门建立健全查办案件协作配合机制，严肃查处了一批违纪违法案件。截至2010年11月，共查办违反城乡规划管理规定的案件1101件。两部专项治理办公室直接组织力量核查了21件案件线索，对195件群众举报和案件线索进行了督办和转办。

【城市规划标准规范体系逐步完善】 "十一五"期间，城市规划在城市发展建设上的先导和统筹作用日益提升，为促进城市经济社会与生态资源环境全面协调可持续发展发挥了重要作用。为规范加强对城市规划制定、实施和管理的指导、监督和检查，经过2003年和2006年两次修订后，形成"城乡规划技术标准体系"，共包含技术标准48项，其中基础标准6项、通用标准11项、专用标准31项。住房和城乡建设部还先后发布实施了《城市用地分类与规划建设用地标准》、《城市居住区规划设计规范》等19项国家标准，组织制订《城市环境保护规划规范》、《城市绿地系统规划规范》等15项国家标准。到"十一五"期末，全国各地的城市总体规划、控制性详细规划、近期建设规划和各类专项规划的编制工作稳步有序推进，充分发挥了在城市发展建设上的先导和统筹作用，对资源节约型、环境友好型城市的建设提供了基础保障。

【历史文化名城名镇名村保护工作不断强化】 (1)历史文化名城名镇名村数量不断增加。"十一五"期间，泰安市、金华市、安庆市、绩溪县、海口市、新疆吐鲁番市和特克斯县、无锡市、南通市、北海市分别经省(自治区)人民政府，向国务院提出了申报国家历史文化名城。住房和城乡建设部会同国家文物局组织相关专家对上述城市(县)进行了考察，并对保护工作提出了意见和建议指导。通过地方的有效工作，以上10个城市(县)已被国务院公布为历史文化名城，国家历史文化名城达到了111座。

2007年、2008年和2010年，住房城乡建设部(原建设部)和国家文物局分别公布了第三批(名镇41处，名村36处)、第四批(名镇58处，名村36处)、和第五批(名镇38处，名村61处)中国历史文化名镇名村，使中国历史文化名镇达到了181处，中国历史文化名村达到了169处。

(2)通过名城名镇名村的申报工作，带动了地方历史文化遗产保护工作。各地通过名城名镇名村申报工作,对现有历史文化遗存状况进行了认真梳理,并在编制的相关保护规划中划定了各级文物保护单位、历史建筑和历史文化街区的保护范围,制定了保护措施,使保护工作有章可循。

(3)充分利用好国家专项补助资金,既保护了历史文化遗存,又带动了地方经济的发展。"十一五"期间,在中央补助资金和地方配套资金的支持下,全国共实施了名城中102个历史文化街区和78个历史文化名镇名村保护设施建设项目,其中中央直接投资9.89亿元,主要用于历史文化街区、历史文化名镇名村保护设施建设。这些项目的实施,对于改善城市居民和农村群众的居住生活环境,保护街区、村镇的历史环境和传统风貌,以及促进地方经济增长发挥了重要的作用。

【城镇体系规划工作进一步加强】 (1)依法编制完成《全国城镇体系规划》并首次上报国务院,落实国家城镇化战略,加强国家对城镇化发展的宏观调控和对不同地区城镇化发展的分类引导,为制定省级和城市的规划提供了依据。

(2)加强省级城乡规划管理,强化省域城镇体系规划制定和实施。至"十一五"期末,27个省(自治区)省域城镇体系规划都已编制完成上报国务院,21个获同意批复实施。一些省份根据新形势的需要,启动了省域城镇体系规划的修编工作。

(3)加强对城镇密集地区的规划指导。"十一五"期间,住房和城乡建设部与相关省市政府完成了京津冀、海峡西岸、成渝、北部湾等重要城镇群协调发展规划的编制工作,促进城镇群协调发展,提高城镇群的整体竞争力。同时,加强对各地城镇发展的指导,支持做好有关城镇群和其他重点地区的规划,促进区域合作,实现健康协调可持续发展。

【建立城乡规划督察制度】 为加强城乡规划的实施监督,使经审批的城乡规划得到依法实施,"十一五"期间,住房和城乡建设部分批向70个城市派驻了83名城乡规划督察员,覆盖了由国务院审批城市总体规划的所有省会城市、副省级城市、历史文化名城(不含直辖市),对这些城市的规划编制、审批、管理工作进行事前和事中的监督,及时发现、制止和查处违法违规行为,保证城乡规划和有关法律法规的有效实施。

【加强城镇化相关问题研究】 按照中央提出的积极稳妥推进城镇化的要求,针对金融危机以来产业转移和结构调整的新形势,以及人口流动的新问题,加强城镇化研究,先后完成了《"十二五"城镇化发展战略研究报告》等多项研究报告。各地政府高度重视并积极推进城镇化工作,一些地方把发展新型城镇化作为促进转型、拉动内需、提高发展质量、富民强市的战略的核心。加强对东、中、西不同地区城镇化发展的调研,引导各地积极探索因地制宜的城镇化道路,提高城镇化质量。

【推进中新天津生态城建设】 为应对全球气候变化、促进城镇发展方式转变,我国和新加坡两国政府于2007年11月签署了中新天津生态城的合作框架协议。中新天津生态城建设启动以来,双方制定了生态城指标体系,并在水资源循环利用、绿色建筑、城市规划各方面合作取得积极成果。生态城的复制推广效应已经开始显现。

(住房和城乡建设部城乡规划司)

城市建设与市政公用事业

1. 市政基础设施建设与人居环境

【市政公用设施水平和服务能力】 市政公用基础设施的快速发展有力地保障了人民群众生活需要和经济社会发展。截至2010年底,全国657个设市城市,供水管道长度近54万公里,用水普及率96.68%;城市道路长度29.4万公里,面积52亿平方米;集中供热面积43.6亿平方米;城市污水处理厂1444座,日处理能力10435.7万立方米,污水处理率达82.31%;燃气普及率92.04%,人工煤气供应总量达到279.9亿立方米,天然气供应总量达到487.6亿立方米,液化石油气供气总量达到1268万吨;全国城市无害化生活垃圾处理厂628座,生活垃圾无害化处理量为12317.8万吨,无害化处理率为77.94%;全国城市建成区绿地面积144.4万公顷,城市公园绿地面积44.1万公顷,城市公园数量达到9955个，人均公园绿地面积10.66平方米，建成区绿地率34.13%，建成区绿化覆盖率38.22%。

【城镇供热计量改革】 印发住房城乡建设部、国家发改委、财政部、国家质监总局《关于进一步推进供热计量改革的意见》和《关于切实做好今冬明春供热采暖工作的通知》。召开2010年北方采暖地区供热计量改革工作会议，对推进供热计量改革工作做出进一步部署。完成北方采暖地区既有居住建筑供热计量及节能改造面积1.5亿平方米的改造任务。

【城镇供水安全保障和节水工作】 配合有关部门修订《生活饮用水卫生标准》，组织制定《城市供水管网漏损控制标准》、《城镇水厂安全运行维护规程》、《城镇供水管网运行、维护和安全技术规范》、《城市供水系统应急净水技术指导手册》、《城镇供水设施改造技术指南》等相关标准规范。进一步强化供水水质监管，不断完善国家城市供水水质监测网，初步形成由国家中心站、42个国家站和约190个地方站组成的"两级网三级站"城镇供水水质监测体系。定期组织监测网采取跨区域交叉监测的方式开展城镇供水水质督察。组织对全国215个城市和11个市辖区的688个公共供水厂出厂水、部分城市管网水和地表水水质情况进行监督检查。加强突发性环境污染和重大自然灾害中的应急供水安全保障工作。颁布了《城市供水系统应急净水技术指导手册》，提出针对100余种污染物的应急净水技术措施。成功应对了松花江水污染事件、太湖水污染事件、汶川特大地震、玉树特大地震、舟曲特大山洪泥石流等自然灾害和突发污染事件。

大力推进节水型城市建设，颁布"城市污水再生利用"系列标准，会同科技部制定《城市污水再生利用技术政策》，会同国家发改委颁布《节水型城市考核标准》。会同国家发改委命名了深圳、昆明等17个城市为第五批节水型城市。组织开展了以"节水全民行动，共建生态家园"为主题的"全国城市节约用水宣传周"活动，在中央电视台播出系列专题宣传片。2010年全国城市节约用水量40亿立方米，城市再生水利用率8.9%，公共供水管网漏损率15.3%。

【污水处理设施建设和运行监管】 印发《城镇污水处理工作考核暂行办法》、《城市污水再生利用技术政策》、《城镇污水处理厂污泥处理处置及污染防治技术政策》、《城镇污水处理厂污泥处理处置技术指南》。组织修订《室外排水设计规范》、《污水排入城镇下水道水质标准》、《城镇污水处理厂运行、维护及其安全技术规程》等规范标准。

召开全国城镇污水处理建设与运行工作现场会，2010年全国新增城镇污水处理能力1900万立方米/日，超额完成《政府工作报告》提出的"年内新增污水处理能力1500万立方米/日"的任务。配合财政部下拨110亿城镇污水管网建设"以奖代补"专项资金，并做好评估核查工作。研究制定"十二五"期间城镇污水处理设施配套管网建设项目资金管理办法。建立"全国城镇污水处理管理信息系统"，对污水处理项目建设和运行进行动态监管。"十一五"期间，全国城镇污水处理能力新增6500万立方米/日，已有92%的设市城市和63%的县建成了城镇污水处理厂，北京、天津、山西、上海、江苏、浙江、安徽、福建、江西、山东、河南、湖南、广西、海南、重庆、贵州等16个省区市实现了县县建有污水处理厂，城镇污水处理成为城镇减排的主要手段。

【研究提出解决城市生活垃圾处理问题的指导意见】 会同国家发改委、环境保护部等部门共同起草《关于进一步加强城市生活垃圾处理工作的意见（代拟稿）》（以下简称《意见》），经国务院第148次常务会审议通过，并以国务院批转形式发布。《意见》对城市生活垃圾处理发展目标、控制生活垃圾产生、提高处理能力水平、加强监督管理和加大政策支持等提出了综合性措施。印发了《生活垃圾焚烧厂评价标准》。会同国家发改委、环境保护部发布《生活垃圾处理技术指南》。

落实《国务院关于进一步加大工作力度确保实现"十一五"节能减排目标的通知》，下发《关于加强城镇生活垃圾处理设施建设管理 确保按时完成2010年建设任务的通知》。从2010年8月开始，每月发布在建设施建设情况通报，督促各地加快项目建设，确保完成节能减排目标。组织对广西、河北、辽宁三省区的部分城镇生活垃圾在建项目进行暗访，对进度较慢的项目，要求限期整改。

【全面推广数字化城市管理模式】 召开全国数字化城市管理工作总结交流会暨节约型数字化城市管理论坛，在全国地级城市全面推进数字化城市管理工作。印发《数字化城市管理模式建设导则（试行）》。不断加强对试点城市的组织、协调、宣传和监督指导力度，完成太原、张家港等9个试点城市的方案评审和系统验收工作。举办了四期数字化城市管理标准宣贯培训班。

【加强对城市综合交通体系建设的指导】 印发《城市综合交通体系规划编制办法》和《城市综合交通体系规划编制导则》。会同有关部门颁布《关于城市停车设施规划建设及管理的指导意见》，引导各地缓解城市停车难和交通拥堵矛盾。加大对城市轨道交通建设规划技术审查力度。2010年完成对上海、贵阳、武汉、南京、苏州等城市轨道交通建设规划的审查。印发《关于加强城市轨道交通安防设施建设工作的指导意见》，对加强城市轨道交通安防设施建设工作提出具体要求。

推进城市步行和自行车交通系统建设，倡导绿色交通理念，在重庆、济南、杭州、昆明、常熟、昆山6个城市开展"城市步行和自行车交通系统示范项目"工作。组织开展"2010年中国城市无车日"活动，2010年新增18个承诺开展"无车日"活动的城市，总数达到132个。

【城镇人居生态环境进一步改善】 修订印发《中国人居环境奖评价指标体系》、《中国人居环境范例奖评选主题及内容》、《国家园林城市标准》、《国家园林城市申报和评审办法》和《国家园林城市遥感调查与测试要求》。印发《城市园林绿化评价标准》、《关于进一步加强动物园管理工作的意见》。

组织开展中国人居环境奖复查和国家园林城市复查，引入第三方社会调查机构组织开展居民对城市人居生态环境的感受调查，并将调查结果作为重要的考核内容，推动各地政府研究解决人居生态环境领域群众关注的热点、焦点问题。截至2010年底，已命名25个中国人居环境奖城市、321个中国人居环境范例奖项目，183个国家园林城市（区）、63个国家园林县城和15个国家园林城镇。强化城市规划区内生物多样性保护工作。2010年命名了4个国家城市湿地公园和7个国家重点公园。进一步规范城市园林绿化一级企业资质的申报、审批和管理程序，加强监管，依法实施城市园林绿化行政许可。2010年对273家城市园林绿化企业一级资质升级和资质延续核准工作。

2. 世界遗产和风景名胜资源保护

【风景名胜区规划建设管理】 认真贯彻《风景名胜区条例》，进一步加强风景名胜区规划和建设活动的管理，按照规划严格监督风景名胜区的各项建设活动。组织起草《国家级风景名胜区规划建设管理办法》，拟以住房和城乡建设部部令颁发。2010年各地完成10多处风景名胜区总体规划编制上报工作，其中有3处经国务院批准实施。住房和城乡建设部还组织审批了一批风景名胜区详细规划。完成有关省上报的20多处涉及国家级风景名胜区的铁路、公路、索道等重大建设项目选址的审查。通过加强规划和建设管理，有效规范了风景名胜区建设项目的管理。

【完善风景名胜区监管信息系统建设】 完成国家级风景名胜区监管信息系统建设的全覆盖。208处国家级风景名胜区遥感影像本底库建设全部完成。做好国家级风景名胜区监管信息管理平台运营维护工作，发挥政务信息发布、网络传输以及信息互联共享作用。印发《关于国家级风景名胜区数字化景区建设工作的指导意见》，指导和推进数字化景区建设工作。做好2009年国家级风景名胜区规划实施和资源保护状况年度报告汇编工作，完成对49处国家级风景名胜区遥感监测核查工作。通过加强监管信息工作，不断提高保护监管和管理服务的工作水平。

【世界遗产保护】 积极配合中国联合国教科文全委会等有关部门做好世界自然遗产、自然与文化双遗产的申报管理工作。"中国丹霞"包括的六处国家级风景名胜区被联合国教科文组织列为世界自然遗产。积极推进五大连池申报世界自然遗产工作。印发《关于进一步加强世界遗产保护管理工作的通知》，对做好世界遗产申报和保护工作进一步提出了明确要求。

【开展《风景名胜区条例》实施情况检查】 为全面了解《风景名胜区条例》颁布3年来的实施情况，总结分析《条例》实施的经验及存在的问题，研究改进风景名胜资源保护管理工作，2010年组织开展了《条例》实施情况专项检查工作。重点检查风景名胜区资源与环境保护、规划建设管理、管理机构设置及管理绩效评估、标志标牌设置及形象宣传等方面的情况。通过严格执法，加强监管，确保风景名胜区资源环境的完好无损，保障了风景名胜区各项工作的顺利推进。

【法规制度建设】 颁布实施《城镇燃气管理条例》。积极配合国务院法制办做好《城镇排水与污水处理条例》的修改工作。组织开展《城市供水条例》修订前期准备工作。会同水利部、国家发改委研究起草了《节约用水条例》。完成《城市绿化条例》修订的征求意见稿。组织开展《风景名胜区条例》实施情况专项检查，全面了解《风景名胜区条例》颁布3年来的实施情况。

（住房和城乡建设部城市建设司）

村镇规划建设

【开展《村庄和集镇规划建设管理条例》立法后评估】 根据住房城乡建设部立法计划的安排，推动《村庄和集镇规划建设管理条例》（下简称《条例》）修订。国务院法制办农林城建司和住房城乡建设部法规司、村镇建设司启动《条例》立法后评估，全面了解《条例》各项规定的实施情况，总结村镇规划建设管理的立法经验，及时发现立法工作中存在的问题，主要针对村镇规划建设管理重大关键性制度的运行情况进行综合定量、定性分析，每项具体制度进行具体剖析，提炼出每项制度的关键点。从对关键点的理解、执行及效果三方面进行评估。不断完善立法，改进执法，增强政府立法科学性、民主性，促进法律制度全面正确实施。通过开展立法后评估工作，进一步推动了《条例》修订工作的开展。

【推动扩大农村危房改造试点】 2010年中央安排补助资金75亿元（含中央预算内投资25亿元）继续开展扩大农村危房改造试点。按照中央关于加大农村危房改造支持力度的要求，住房城乡建设部会同国家发展改革委、财政部印发了《关于做好2010年扩大农村危房改造试点工作的通知》（建村〔2010〕63号），明确试点实施范围是全国陆地边境县、西部地区县、国家扶贫开发工作重点县、国务院确定享受西部大开发政策的县和新疆生产建设兵团团场；任务是支持完成120万农村（含新疆生产建设兵团团场连队）贫困户危房改造。其中：优先完成陆地边境县（团场）边境一线12万贫困农户危房改造，支持严寒和寒冷地区3万农户结合危房改造开展建筑节能示范。截至2010年底，开工139万户，竣工128万户；累计有223万户享受各级政府补助的危房改造农户档案录入全国农村危房改造农户档案管理信息系统。

【中央扩大农村危房改造试点补助对象】 重点是居住在危房中的农村分散供养五保户、低保户、贫困残疾人家庭和其他贫困户。与2009年相比，补助对象突出了贫困残疾人家庭。危房是指依据《农村危险房屋鉴定技术导则（试行）》鉴定属于整栋危房（D级）或局部危险（C级）的房屋。补助对象和补助标准的审核与审批严格遵循公开、公平、公正原则，执行农户自愿申请、村民会议或村民代表会议民主评议、乡（镇）审核、县级审批的程序，并对每个环节进行公示，严格落实帮助住房最危险、经济最贫困农户建设最基本安全住房的要求。

【农村危房改造试点补助标准】 2010年中央补助标准为每户平均6000元，在此基础上对陆地边境县（团场）边境一线贫困农户、建筑节能示范户每户再增加2000元补助。与2009年相比，中央户均补助标准增加了1000元；对陆地边境县（团场）边境一线贫困农户给予倾斜，增加了2000元补助。各地在确保完成危房改造任务的前提下，可结合翻建新建、修缮加固等不同情况自行确定不同地区、不同类型的分类补助标准。

【农村危房改造目标及建设标准】 以解决贫困农户最基本安全住房为目标，从严控制建筑面积和总造价。拟改造农村危房属整栋危房（D级）的应拆除重建，属局部危险（C级）的应修缮加固。翻建新建或修缮加固住房建筑面积原则上控制在40～60平方米以内。农房设计建设应符合农民生产生活习惯、体现民族和地方建筑风格、传承和改进传统建造工法，推进农房建设技术进步。

【规范和加强农村危房改造管理】 为指导和监督各地切实做好农村危房改造试点工作，规范和加强农村危房改造管理，住房城乡建设部、国家发展改革委、财政部三部委加大了监督检查力度。2010年9月，住房城乡建设部在乌鲁木齐召开扩大农村危房改造试点工作会议，通报各地进展情况，明确下一步工作要求；12月开展扩大农村危房改造试点任务落实情况检查，组织各地开展自查或循环互查，并对部分省份从全国农村危房改造农户档案管理信息系统中随机抽取农户现场检查；完善全国农村危房改造农户档案管理信息系统，加强对农村危房改造情况的及时汇总、实时督查，实现直接监管到户和档案信息的永久保存；制定扩大农村危房改造试点建筑节能示范监督检查工作要求，规定检查内容和方法。

【加强对村镇规划的技术指导】 加大村镇规划

的法规制度建设。针对农村特点和改革发展的新形势，加强村镇规划编制的技术指导。在开展镇（乡）域规划试点基础上，召开镇乡域规划试点专家会，下发《镇（乡）域规划导则》，提高乡镇规划的综合调控性和有用性。推动《镇、乡和村庄规划编制办法》制定，规范村镇规划编制。起草《乡村建设规划许可证实施管理办法》，完善村镇规划的实施机制。

【**推动村镇规划试点建设　开展镇乡域规划试点**】村镇建设司在东、中、西部（河北、河南、安徽、广东、甘肃、海南）6个省共选取11个试点乡镇，通过编制镇乡域规划，总结该地区乡镇域规划的编制方法，为制定镇乡域规划编制导则提供技术支撑。继续推动了工程项目带动规划实施试点工作。

【**组织全国优秀村镇规划设计评选和全国优秀灾后重建村镇规划设计评选**】2010年4月，住房和城乡建设部组织了2009年度全国优秀村镇规划设计评选。严格按初审、终审、复议程序，对收到全国26个省、自治区、直辖市及中国城市规划设计研究院201个报送项目总计进行了评审。"天津市东丽区华明示范小城镇规划"、"浙江省丽水市景宁畲族自治县澄照乡金丘村建设与整治规划"获得一等奖，"北京市平谷区夏各庄镇总体规划及镇区控制性详细规划"等19个项目获得二等奖，"四川省德阳市什邡市八角镇中心区建设规划"等37个项目获得三等奖。

【**全国优秀灾后重建村镇规划设计评审**】2010年12月，为表彰灾后重建中做出特殊贡献的规划专业队伍和技术人员，按照《全国优秀城乡规划设计奖评选管理办法》有关规定，全国优秀城乡规划设计奖评选组织委员会决定将灾后重建规划项目单独分组进行评审。其中灾后恢复重建村镇规划项目共有83项。经专家评审、公示、审定和复议，评出获奖项目69项，其中"国家汶川地震灾后恢复重建农村建设专项规划"获得特别贡献奖，"四川省德阳市什邡市红白镇重建规划"等13个项目获得一等奖，"陕西省汉中市宁强县燕子砭镇木槽沟灾民新村规划"等20个项目获得二等奖，"四川省成都市都江堰市大观镇镇区控制性详细规划"等26个项目获得三等奖，"四川省绵阳市平武县坝子乡灾后重建总体规划"等9个项目获表扬奖。

【**开展建材下乡试点工作**】2009年12月31日，国务院下发了《中共中央国务院关于加大统筹城乡发展力度进一步夯实农业农村发展基础的若干意见》（中发〔2010〕1号），提出"抓住当前农村建房快速增长和建筑材料供给充裕的时机，把支持农民建房作为扩大内需的重大举措，采取有效措施推动建材下乡，鼓励有条件的地方通过多种形式支持农民依法依规建设自用住房。"

根据《国务院办公厅关于落实中共中央国务院关于加大统筹城乡发展力度进一步夯实农业农村发展基础的若干意见有关政策措施分工的通知》（国办函〔2010〕31号）中关于"采取有效措施推动建材下乡，鼓励有条件的地方通过多种形式支持农民依法依规建设自用住房"的工作分工，由住房城乡建设部牵头，会同财政部、国家发展改革委、工业和信息化部、国土资源部、商务部共同落实推动建材下乡工作。

根据工作分工，住房城乡建设部首先于2010年初先后与设计、科研、生产以及建材行业组织进行座谈，组织召开各省（区）村镇建设工作会议，并走访北京市建材市场，充分听取各方面对建材下乡工作的意见和建议，理清工作思路。在充分调研的基础上，住房城乡建设部初步确定组织实施建材下乡工作方案，明确指导思想和工作原则，确定组织机构及职责，制定补助方案、实施步骤和工作计划。

2010年3月4日，住房城乡建设部会同财政部、工业信息化部、国土资源部和商务部召开了建材下乡工作碰头会，共同研究如何开展建材下乡工作，并重点协商建立建材下乡部际工作协调机制和开展调研相关事宜。

【**建材下乡（山东）现场会在山东省临沂市召开**】2010年6月7~9日，住房城乡建设部在山东省临沂市召开建材下乡（山东）现场会。来自全国17个省、区住房城乡建设厅（委）村镇建设处相关负责人，国家发展改革委、工业信息化部、商务部，以及相关行业协会等单位的相关人员参加会议。会议主要学习交流山东省费县开展建材（水泥）下乡，支持农民建设自用住房和改造危旧房的做法，研究建材下乡试点的工作思路和操作办法，并对关于推动建材下乡试点的指导意见和建材下乡试点工作方案进行讨论。

根据现场会各方面的意见，并经财政部、国家发展改革委、工业信息化部、国土资源部和商务部等部委商讨，2010年9月29日，六部委共同下发了《关于开展推动建材下乡试点的通知》（建村〔2010〕154号），确定在山东省、宁夏回族自治区（以下称试点省区）开展建材下乡试点，为制定建材下乡政策提供经验。考虑到农房建设所需的大宗建材及其流通渠道现状，为保证试点工作效果，在试点期间，以推动水泥产品下乡为主。根据通知要求，试点省区于2010年底分别上报了试点实施方案。

【继续推动村镇人居生态环境改善】 党中央、国务院十分重视村镇人居环境改善工作。2010年《中共中央、国务院关于加大统筹城乡发展力度，进一步夯实农业农村发展基础的若干意见》（中发〔2010〕1号）明确提出"实行以奖促治政策，稳步推进农村环境综合整治，开展农村排水、河道疏浚等试点，搞好垃圾、污水处理，改善农村人居环境"。2010年《政府工作报告》也将改善农村生产生活条件列为加大统筹城乡发展力度、强化农业农村发展基础的工作内容。

住房城乡建设部以村庄整治为抓手，继续指导各地开展村镇生活污水和垃圾治理，减少农村污染物的排放，改善村镇人居环境，创造宜居宜业的生产生活条件，促进就业、拉动内需、增进和谐。

【推动污水治理】 2010年2月24日，中日技术合作项目"污水处理厂升级改造和运行改善"项目在北京正式启动。项目旨在借鉴国外先进的技术和经验，提高我国城镇污水处理厂的处理技术、运行管理与维护水平，实现污水处理厂出水水质的持续改善，特别是氮磷指标的稳定达标，并在此基础上降低城镇污水处理厂的运行能耗和物耗。项目选择北京高碑店污水处理厂、云南省昆明市阿子营镇污水处理厂分别作为城市和小城镇规模的污水处理厂示范工程，在分析现有状况和存在问题的基础上，提出达到深度脱氮除磷效果的升级改造工艺设计方案和运行维护技术指南。选派64名管理、科研、技术和操作人员分四批赴日参加城镇污水处理厂升级改造、流域综合管理、节能降耗、污泥处理处置等方面的培训。日方将提供长期专家1名，长期在北京和昆明提供技术援助，并负责联系日方短期专家；提供短期专家7名，主要负责城镇污水处理厂的升级改造技术方案设计、运行维护管理、节能降耗设计方面的指导。

【常熟市被列为村镇污水治理县域综合示范区试点】 2010年4月15日，住房城乡建设部村镇建设司同意将常熟市列为村镇污水治理县域综合示范区试点（建村建函〔2010〕21号）。常熟市地处太湖流域，是苏南地区经济发展最为活跃的城市之一，自2008年以来，编制完成了《全市镇村生活污水处理专项规划》，明确了村镇生活污水处理目标，在江苏省率先启动了农村生活污水处理设施三年行动计划，积累了一定的城乡污水处理工作实践和经验，在推动全国县域村镇污水综合治理方面具有一定的示范意义。该市将按照太湖流域水环境治理的目标任务和工作要求，进一步统筹城乡生活污水治理工作，探索县域村镇污水处理设施集约化运行管理模式，优选经济适用高效的处理技术，建立农村污水处理设施维护管养的长效机制。

【组织第一批赴日研修团】 2010年7月25日～8月7日，村镇建设司和城市建设司联合派遣了JICA污水处理厂升级改造和运行改善技术合作项目第一批赴日研修团。共有18名学员赴日参加研修，来自日本下水道事业团、大阪市建设局、滋贺县琵琶湖环境部等单位的12位专业娴熟的讲师，为研修团细致深入地介绍了日本城市污水处理厂深度处理、琵琶湖治理、城市河道整治、城市排水系统改善等方面的经验和技术。组织研修团到大阪、名古屋、冈山等9个示范点进行参观学习，与东芝、日立、月岛等日本优秀企业代表进行交流，日方提供了日本城镇污水处理和污泥处理处置方面的优秀示范案例。本次研修安排紧凑，涵盖内容广泛、活动形式多样、研讨气氛热烈，让学员在短期内对日本下水道技术有了较为系统地掌握，达到了研修的目的，取得了预期的成果。

【发布《关于印发分地区农村生活污水处理技术指南的通知》】 2010年9月21日，住房城乡建设部发布《关于印发分地区农村生活污水处理技术指南的通知》（建村〔2010〕149号）。为推进农村生活污水治理工作，加强对农村生活污水处理的技术指导，组织编制了东北、华北、西北、中南、西南、东南六个地区的农村生活污水处理技术指南。该指南充分利用已有统计数据、资料和开展实地调研，掌握村镇污水污染现状，以及处理设施建设、运行数量，分析存在村镇污水收集和处理方面存在的技术问题，在进行大量分析各种村镇污水收集和处理优秀案例之后，针对该地区地理、气候和经济社会发展条件，提出农村生活污水特征与排放要求、排水系统、农村生活污水处理技术、农村生活污水处理技术选择、农村生活污水处理设施的管理、工程实例。

【组织制定《村庄污水处理设施技术规程》】 为实现水体污染控制与治理目标，并达到改善农村人居生态环境，提高人民健康水平的要求，住房城乡建设部组织中科院生态环境研究中心等单位制定《村庄污水处理设施技术规程》。规程适用于规划设施人口在5000人以下行政村、自然村、分散农户新建、扩建和改建的生活污水（包括居民厕所、盥洗和厨房排水等）处理设施的设计、施工和验收。不涉及专业养殖户、农产品加工、工业园区及乡镇企业等生产污水的处理设施。

【推动村镇生活垃圾治理】 2010年5月，住房城乡建设部组织城市建设研究院制定《村镇生活垃圾收集转运和处理技术规程》。该规程适用于乡村居民、乡镇居民在日常生活过程中产生的生活垃圾，也包括乡镇居民在日常工作中产生的具有生活垃圾特性的固体垃圾。遵循生活垃圾收运处理"资源化、减量化、无害化"的基本原则，推行农村生活垃圾定期收集、分类收集、及时清运、妥善处理。

2010年6月23日，为了解各地农村生活污染治理及村庄公共照明现状，村镇建设司下发了《关于了解农村公共环境有关情况的通知》，要求各地调查本地区的省市县三级农村生活污水和垃圾治理的牵头部门，同时在本地区范围内随机抽样调查10个乡镇，了解村庄公共照明现状。共26个省（自治区、直辖市）以及新疆生产建设兵团对调查进行了反馈。汇总结果显示，无论是农村生活污水还是农村生活垃圾治理，在省、市、县三级层面上，建设系统均为主要的牵头责任部门，环保系统次之，农业系统更次之。在农村生活垃圾治理方面，牵头责任部门以建设系统为多的特征更为明显。

【统计村镇生活垃圾治理全覆盖县（市、区）情况】 2009年10月，住房城乡建设部要求各地统计村镇生活垃圾治理全覆盖县（市、区）情况。截至2010年2月，共有26个省、自治区和直辖市进行了反馈，申报了70个县（市、区）。住房城乡建设部通过统计评分、现场考察和专家评审，最终确定北京市丰台区、江苏省江阴市等28个县（市、区）符合村镇生活垃圾县域城乡统筹治理要求。2010年11月28日，住房城乡建设部公布北京市丰台区等第一批村镇生活垃圾治理全覆盖28个县（市、区）名单。

【推动全国特色景观旅游名镇（村）试点示范】 2010年3月10日，住房城乡建设部和国家旅游局联合印发关于公布全国特色景观旅游名镇（村）示范名单（第一批）的通知（建村〔2010〕36号），公布第一批北京市门头沟区斋堂镇等105个"全国特色景观旅游名镇（村）"示范名单。全国特色景观旅游名镇（村）示范工作开展以来，各地把发展全国特色景观旅游示范镇（村）作为保护村镇的自然环境、田园景观、传统文化、民族特色、特色产业等资源，促进城乡统筹协调发展，促进城乡交流，增加农民收入，扩大内需，促进农村经济社会全面发展的重要举措。

（住房和城乡建设部村镇建设司）

工程建设标准定额

【2010年工程建设标准、造价工作】 工程建设标准定额工作围绕住房和城乡建设部中心工作和工作部署，以科学发展观为指导，着力推进标准体系、技术保障体系和服务体系等三个体系的建设，进一步完善标准制定程序、工程造价管理、城镇建设参数、指导实施监督等制度，重点开展标准立项的精编和项目清理，集中力量加快标准编制进度、加强报批稿的审核。以适应防灾减灾标准体系建设，提高建筑设防等级；以钢材、太阳能的高效应用，明确标准规范中资源能源约束性指标；以系统编制司法行政建设标准，使服务项目投资决策更加科学；以厘清工程围标、串标、低价中标、拖欠款等问题的界限，开展《建筑工程发包与承包计价管理办法》部令的修订；以完善计价依据为基础，着力开展造价信息平台建设，严格造价咨询服务的监管，全面开展无障碍建设城市验收等一系列关系民生的重大问题。

【组织开展245项标准的制定、修订】 其中制定、修订国家标准106项、行业标准82项、产品标准57项、政府投资建设标准、方法参数22项。截至2010年12月25日，共批准发布工程建设国家标准148项，工程建设城建、建工行业标准72项，产品行业标准79项，同比增加近一倍。已批准发布22项建设标准，5项方法参数。完成行业标准165项和地方标准272项的备案。完成173家乙级工程造价咨询企业晋升甲级资质和6186名造价工程师初始注册工作，并办理了企业的甲级资质证书和造价工程师注册证书变更手续。全面开展对100个无障碍建设城市的验收工作。

【完成房屋建筑、城乡规划、城镇建设三部分标准体系专家审查】 继续完善工程建设标准体系，完成房屋建筑、城乡规划、城镇建设三部分标准体系专家审查。突出标准项目清理，通过对2001～2004年间发布的标准进行复审，将标准的更新与年度标准计划统筹考虑，形成标准全生命周期的良性循环。

【引导钢材、水泥在建筑中的高效应用】 落实产业结构调整政策，引导钢材、水泥在建筑中的高效应用，发布《混凝土结构设计规范》和《轻型钢结构住宅技术规程》等，启动《高强混凝土应用技术规程》的编制工作。

【保障民生住宅】 发布《住房公积金支持保障性住房建设项目贷款工程业务规范》、《住宅区和住宅建筑内通信设施工程设计规范》等规范。

【节能减排、抗震减灾相关标准规范】 贯彻落实节能减排，修订发布夏热冬冷、严寒寒冷地区居住区建筑节能设计规范，发布《室外作业场地照明设计标准》、《民用建筑太阳能光伏系统应用技术规范》等标准。应对自然灾害，适应灾后重建的要求，修订发布建筑抗震设计规范，支持青海省编制地方标准《钢筋混凝土复合墙板低层建筑技术规程》，组织编制《舟曲灾后恢复重建建设标准及技术规范汇编》。

【基础设施标准编制】 发布《快速公共汽车交通系统设计规范》、《城市轨道交通信号工程施工质量验收规范》以及《城镇供热管网设计规范》等规范。

落实中央新疆工作会议要求，组织编制《援疆重要工程建设标准汇编》。

【编制投资项目建设标准、方法参数】 围绕国家经济建设和社会发展及投资体制改革的需要，完成27项建设标准和方法参数的编制，包括文化馆、社区老年日间照料中心、老年养护院、儿童福利机构、地方残疾人综合服务设施、城市公共停车场等公共服务设施建设标准；小城镇污水处理、小城镇生活垃圾处理、生活垃圾填埋场封场等基础设施建设标准；公安机关业务技术用房、人民检察院、检察官学院、人民法院法庭、法官学院、司法业务用房、监狱、收容所、广播电视卫星地球站建设标准等执政能力建设标准；以及借鉴我国古代建筑标准设计的经验采用模块化的方式编制的乡镇卫生院、农村中小学校标准设计样图；市政公用设施建设项目后评价导则，公路建设项目、建材工业建设项目经济评价方法与参数。

建设标准编制管理更加规范，发布数量持续增加，编制质量稳步提升，服务项目投资更加科学决策。其中，以贯彻落实《中共中央转发〈中央政法委员会关于深化司法体制和工作机制改革若干问题的意见〉的通知》（中发〔2008〕19号）要求为主题编制的10项政法基础设施建设标准，对于促进司法体制改革，合理确定政法基础设施投资规模和建设水平，满足建设的基本需要，提高投资效益，发挥了重要的作用，为进一步实施政法基础设施投资建设规划奠定了坚实的基础。

【系统修订清单计价规范】 针对在推进清单计价改革工作中，各地推广应用国家标准《建设工程工程量清单计价规范》（GB 50500—2008）中遇到的实际问题，以及《规范》中各专业工程分类尚需完善的部分，组织开展《规范》附录部分的修订工作，经过广泛征求意见、研讨、论证，已完成送审稿。修订后的《规范》有利于深入推进工程量清单计价制度，有利于规范工程发承包计价的公平交易，促进建筑市场和谐健康发展。

【造价信息平台建设】 通过中国建设工程造价信息平台，分别完成2010年两季度的人工成本信息发布，上半年的住宅建安造价指标发布，并组织开展了城市轨道交通工程有关造价信息的收集、整理，于2010年底前发布。同时，组织开展《城市轨道概算定额》和《工程费用编制规则》的制定工作，基本完成送审稿。

【开展建设过程的标准实施监督试点】 完成强制性标准关键点的研究工作，上海、深圳、沈阳的三个单位工程建设强制性标准试点进入准备阶段，新疆生产建设兵团已进行试点检查验收。结合住房和城乡建设部援疆工作的部署，明确了对标准援疆中有关培训的工作计划。指导安徽、山东开展强制性标准监督检查。与国家电力监管委员会一同部署电力工程建设标准强制性条文执行情况的检查，并抽查了部分项目。重点开展《建筑抗震设计规范》和《民用建筑太阳能光伏系统应用技术规范》培训。

【标准定额法规制度基础工作】 为做好《工程建设标准化条例》起草工作，在征求电力、石化、建材、化工等多个行业意见的基础上，提出需进一步研究解决的关键点和难点，与此同时，针对国家质检总局提出的《标准化管理法（草案）》征求意见稿，组织专家深入讨论分析，提出了重要的意见和建议。组织起草《工程造价咨询监管实施办法》。组织建立工程造价咨询信用档案信息管理系统，完成系统的初步设计。起草《工程造价咨询企业及专业人员信用档案信息管理办法》。针对建筑市场中存在的围标、串标、低价中标以及工程款拖欠等问题，需加强和规范工程发承包计价行为，组织修订《建筑工程发包与承包计价管理办法》（建设部第107号部长令）。

【创建无障碍建设城市】 落实中央关于加大对残疾人基础设施建设力度的要求，批准发布《残疾人综合服务设施建设标准》，针对无障碍设施建设不系统、不完善、不规范以及维护管理薄弱等情况，组织编制的《无障碍设施施工验收及维护规范》已批准发布，《无障碍设计规范》完成征求意见，初步形成无障碍建设标准体系，体现了2010年世界标准日"标准让世界更畅通"的主题。按照"十一五"创建全国无障碍建设城市工作任务目标要求，全面组织创建全国无障碍建设城市验收工作，并将中国加入联合国《残疾人权利公约》有关无障碍物质环境建设的承诺落到实处。

工程建设标准定额"十一五"成就盘点

【建立具有中国特色的工程建设标准法规体系、标准体系和实施监督体系】"十一五"期间，围绕我国经济建设改革发展的客观要求，在科学发展观的统领下，按照"完善体系，创新机制，强化监督，服务市场，协调发展"的工作方针，我国工程建设标准化工作在建立具有中国特色的工程建设标准法规体系、标准体系和实施监督体系等方面取得一系列的成果。

(1) 工程建设标准法律法规制度建设进一步加强。为了加强和规范工程建设标准化管理，保障工程建设标准有效实施，促进工程建设领域技术进步，维护工程建设活动秩序和社会公共利益，根据《中华人民共和国标准化法》、《中华人民共和国建筑法》等法律，起草了《工程建设标准化管理条例》。先后发布《工程建设标准强制性条文》（电力工程部分）（建标〔2006〕102号）、《工程建设标准编写规定》（建标〔2008〕182号）、《工程建设标准复审管理办法》（建标〔2006〕221号）等行政规章和规范性文件。

(2) 工程建设标准体系逐步完善。开展了《工程建设标准体系》研究。先后完成城乡规划部分、城镇建设部分、房屋建筑部分、石油化工部分、有色金属工程部分、纺织工程部分、医药工程部分、电力工程部分等《工程建设标准体系》的编制。

(3) 工程建设国家标准、行业标准、地方标准的数量不断增加。"十一五"以来，我国工程建设标准化进程不断加快，国家标准、行业标准、地方标准的数量也逐年增加。截至2010年，现行的工程建设标准4766项，其中国家标准608项，行业标准2584项，地方标准1574项。"十一五"以来，2006年至2010年新增标准共1444项，其中国家标准350项、行业标准166项、地方标准928项。具体数据见表1：

工程建设标准批准发布数量表（项）　　表1

标准类别	总数量	2006~2010年新增数量	占比
国家标准	608	350	12.8%
行业标准	2584	166	54.2%
地方标准	1574	928	33.0%
总计	4766	1444	

(4) 工程建设强制性标准的实施与监督工作取得一定成效。为配合建筑节能工作，建设部连续组织开展了《公共建筑节能设计标准》等一批重点标准的宣贯，全国有近200万人次参加培训。由住房和城乡建设部组织开展的《建设工程抗震设防分类标准》、《建筑抗震设计规范》等重要标准宣贯，在全国产生了巨大的影响，取得了积极的效果，有力地促进该标准的实施。2006年强制标准《房屋建筑技术规范》全文发布后，建设部在全国范围内组织开展了大规模的宣贯培训活动，同时开展《住宅性能评定技术标准》和《绿色建筑评价标准》的宣贯培训，促进了该系列标准的实施，贯彻了中央提出的"节能、节水、节材、节地"要求，推动了住宅建筑健康发展。

(5) 工程建设标准的复审、清理工作逐步加强。为加强工程建设标准化的管理，规范工程建设标准的复审工作，不断提高工程建设标准的质量和技术水平，促进新技术、新工艺、新材料的应用，建设部于2006年印发了《工程建设标准复审管理办法》，建立经常性复审修订制度。2008年6月，住房和城乡建设部发布了对现行工程建设国家标准、城镇建设和建筑工程行业标准中2000年及以前的共199项标准的复审结果。其中，确认继续有效的工程建设标准13项，废止的工程建设标准67项，予以修订的工程建设标准119项。

(6) 初步建立工程建设标准管理的支撑体系。加强了基础理论和重大问题研究。针对地方标准化发展、标准对国民经济和社会发展的影响、工程建设标准与知识产权关系、标准国际化战略等问题开展了一系列研究；在工程项目建设标准方面开展了政府投资工程项目建设标准战略研究，取得了初步成果。

(7) 标准的宣贯培训工作得到逐步重视和加强。2006年8月，国家工程建设标准化信息网（www.ccsn.gov.cn）开通试运行。网站的开通体现了政府管理的公平、公正、公开，加强了工程建设标准化的信息交流，大大提高了工程建设标准化工作效率，为我国工程建设标准化的可持续发展提供先进、高效的基础保障。

(8) 工程建设标准的国际化工作得到加强。为提高工程建设标准的国际化水平，适应我国加入WTO后建设市场管理的需要，召开"房屋建筑工程标准国际化问题座谈会""中瑞工业和建筑领域气候和环境合作研讨会"、"中国—欧盟建筑标准和节能研讨会"等。

2008年，住房和城乡建设部印发了《工程建设标准翻译出版工作管理办法》、《工程建设标准英文版出版印刷规定》以及《工程建设标准英文版翻译细则（试行）》，对工程建设标准英文版的翻译工作提出了具体的要求，同时，明确了典型用语的翻译。

【改革工程计价体制　初步形成工程造价咨询业】
"十一五"期间紧紧围绕工程计价体制的改革和工程造价咨询业的建设而进行，工作取得了突破性的进展。

(1) 工程计价体制改革深入推进。工程量清单计价方式的实施，对规范建设市场计价行为和秩序，促进建设市场有序竞争和企业健康发展，加快工程造价的确定与控制有积极的意义。2008年在总结《建设工程工程量清单计价规范》（GB 50500—2003）的不足和实施经验的基础上对该规范进行了系统修订，突出表现为：强制性条文大幅度增加，执行力度进一步加大；内容更加全面，可操作性更强；更加符合国情和改革发展趋势，对不宜强制，但宜规范表述、约定的内容也做了详细的指导，体现了应有的指导性和灵活性。

(2) 工程造价咨询业的初步形成。工程造价咨询从依附和服务于设计进行过程计价，到成为建设市场认可的主体，成为工程造价控制的主体。通过培育工程造价咨询企业和造价工程师执业资格制度的建立，工程造价咨询业已经成为建设市场不可缺少的服务机构，工程造价咨询已经成为决策阶段的经济评价，设计阶段的造价控制，工程交易阶段的合同价格的确定，施工阶段工程款的拨付，工程竣工阶段的工程结算和工程决算的基础，更可喜的是工程造价咨询正在从单一的各阶段工程计价和控制，发展成为建设项目全过程造价管理。

截至2009年底，中国内地共有工程造价咨询企业6645家，其中，甲级资质咨询企业1579家，乙级4694家；在册的注册造价工程师近11万人，形成了年产值近300亿元的咨询产业。该产业的形成不仅为工程建设事业做出了重要的贡献，也使工程造价专业人员的地位得到了显著提高。

【政府投资项目建设标准的制定】"十一五"期间，紧紧围绕政府投资体制改革的需要，加快政府投资工程科学决策依据所需的建设标准制定，成效显著。

(1) 全面规划、编制建设标准体系。为适应政府职能转变和投资体制改革发展的需要，加强项目立项的科学管理，确立未来5~10年工程项目建设标准发展规划，保证建设标准的制定规范有序地进行，"十一五"初，建设部组织有关单位，通过分析总结建设标准的现状和存在的问题，重点围绕政府投资工程，兼顾企业投资核准工程，编制了《工程项目建设标准体系》。该体系的编制有力地促进工程项目建设标准的制定修订工作，对提高项目确立的规划性、前瞻性、预见性，规范建设标准的编制具有重要的意义。《体系》按部门（行业）综合为14个大类，建设标准项目总数为375项，其中待制订项目275项，约占项目总数的73%。

(2) 提高质量、加快进度，编制工程急需的建设标准。近年，建设标准从过去注重工业项目，调整到突出体现当前工程投资急需的项目，如安排资源能源战略、政权能力建设、基础设施、公共服务设施、新农村建设、市场监管、方法参数、投资估算以及制度研究。与此同时，采取了一系列措施加强建设标准的编制质量和加快编制进度：一是召开编写的研讨会议，加强建设标准编制组之间的交流，相互启发、共同提高；二是制定规则，规范建设标准程序与编写内容和格式；三是编写建设标准简报，及时沟通信息；四是充分发挥各行业部门的积极性，多渠道投入；五是加强指导，提出了建设标准的内容要求，主要规定项目，建设原则、功能、内容、规模和建筑面积，用地标准，装修标准，单位规模（能力）指标等，着力为工程项目的可研编制、评估和审批提供依据。

(3) 加强建设标准管理的制度建设。为了加强建设标准制定、实施和监督的全过程管理，正在逐步建立以《建设标准管理规定》（部门规章）为第一层次，《建设标准制定程序》、《建设标准实施监督办法》为第二层次，《建设标准编写规定》、《建设标准编制深度规定》、《建设标准局部修订管理办法》、《建设标准投资计划管理办法》为第三层次的管理制度体系。

依据《工程项目建设标准编制办法》、《规章制定程序条例》、ISO/IEC导则"第一部分　技术工作程序"和"第三部分　标准起草与表述规则"，会同国家发改委批准发布了《建设标准编制程序规定》和《建设标准编写规定》（建标〔2007〕144号），在与国际标准编制接轨的同时，又充分遵守了国内有关规范性文件的制定要求。

（4）通过标准设计探索建设标准实施的新途径。建设标准批准发布后，有关部门组织开展了多种形式的宣传贯彻活动，加强了建设标准的贯彻实施工作。例如卫生部门针对不同类型的医疗卫生机构编制出相应的标准设计通用图，在建设过程中统一使用，使得全国的同类项目建设提升到统一的平台，确保了建设标准执行的一致性，同时大大提高了设计效率，保证了建设质量，加快了项目建设速度。

（5）注重开展基础性战略研究。为加强政府投资工程建设标准基础制度研究，"十一五"期间共开展了5个专题11个子项的建设标准发展战略研究，包括美国、加拿大、德国、日本、英国、法国等发达国家政府投资工程标准的对比研究，以及积极借鉴中国古代社会的各类建筑制度、标准开展专项研究，分析周《考工记》、宋《营造法式》、清工部《工程做法》和《清式营造则例》4部专著，廓清我国古代涉及建造工程标准概念的制度与机构源流与衍变，达到探索建设标准的规律性，提高工作的前瞻性、预见性的目的。

【无障碍环境建设】（1）进一步完善无障碍建设标准体系。为深入贯彻落实《中共中央 国务院关于促进残疾人事业发展的意见》（中发〔2008〕7号）精神，依据新修订的《残疾人保障法》的规定，住房和城乡建设部与铁道、民航和中国残疾人联合会等部门，对30项有关无障碍建设的标准规范进行了全面梳理和审定，其中4项正在进行编制，14项需要组织修订，继续有效11项，废止1项。同时，为引导社会公益性服务建设项目的投资，组织制定《残疾人综合服务设施建设标准》；为提高无障碍建设的质量和设施的完好率与使用率，组织制订了《无障碍施工维护管理标准》；根据基层工作的技术需求，组织有关专家编写了《无障碍建设指南》。这些标准规范和指南，形成了新的无障碍建设技术标准和技术文件体系格局，发挥标准的引导和约束作用。组织成立了无障碍建设专家小组。

（2）开展创建全国无障碍建设城市，扩大了无障碍建设范围。根据国务院批转的《中国残疾人事业"十一五"发展纲要》及《无障碍建设"十一五"实施方案》的要求，住房和城乡建设部、民政部、中国残疾人联合会、全国老龄工作委员会办公室组织开展了创建全国无障碍建设城市活动，与创建工作开展之前相比，无障碍设施覆盖的范围明显扩大、数量显著增多、规范化程度和建设质量得到提高。城市道路的无障碍设施进一步普及，公共建筑无障碍建设取得突破，公共交通设施无障碍建设逐步开展，残疾人、老年人服务机构的无障碍设施逐步完善，残疾人家庭无障碍改造开始启动，居住建筑和住宅小区的无障碍设施建设逐步配套；信息交流无障碍取得新的进展；全社会关注、参与无障碍建设的氛围正在形成，城市无障碍环境的总体水平得到提升。

（3）加强无障碍建设的品质提升，确保大型活动成功举办。2007年上海特奥会、2008年北京奥运会和残奥会、2010年上海世博会等大型活动的成功举办，见证了我国体育设施的无障碍建设水平，经受了大型国际活动的检验，尤其得到了来自世界各地的残疾人运动员、官员、观众、老年人和行动不便者的高度赞扬。北京市以人文奥运为契机，实施了1.4万多项无障碍改造项目，无障碍设施建设总量相当于申奥前20年的总和，许多无障碍设施已达到世界先进水平。上海市对特奥会31个比赛场馆以及宾馆、社区进行全面无障碍化，上海市无障碍推进办还多次组织专家、督导队、受益群体代表进行检查和反馈，保证了建设质量。同时，上海世博会的无障碍建设提前一年达到了全国无障碍创建城市标准。天津、青岛、秦皇岛、昆明等城市在残疾人体育活动场馆服务设施建设上严格遵守标准规范，遵循国际上通用做法，为运动员取得优异成绩打下了坚实的基础。

（住房和城乡建设部标准定额司）

建设工程质量安全监管

2010年，我国工程质量安全形势持续稳定好转，全国房屋建筑和市政工程领域无重大质量事故，生产安全事故起数比上年下降8.33%，死亡人数下降3.74%。

【工程质量监管】 完善建设工程质量管理制度,积极推进《建设工程质量管理条例》修订等法规制度建设工作。住房和城乡建设部工程质量安全监管司针对工程质量管理中存在的突出问题,分7个专题进行深入研究论证,完成《建设工程质量管理条例》修订初稿;出台《房屋建筑和市政基础设施工程质量监督管理规定》(住房和城乡建设部令第5号),对工程质量监督的内容、程序、监督机构和人员的条件以及落实质量终身责任、实行永久性标牌制度作出明确规定;开展《建设工程质量检测管理办法》(建设部令第141号)修订工作,重点强化市场准入管理、违法责任追究等方面内容,完成修订初稿。印发《关于做好房屋建筑和市政基础设施工程质量事故报告和调查处理工作的通知》(建质〔2010〕111号),就工程质量事故定义、等级划分、报告和调查处理程序等作出具体规定;发布《房屋建筑和市政基础设施工程勘察文件编制深度规定》(2010年版),为科学编制勘察文件提供依据。

2010年,工程质量安全监管司对重点领域加强质量安全监管。扎实推进工程质量管理突出问题专项治理工作,认真开展自查自纠,全国共计排查工程项目63411个,通过排查发现问题60884个,罚没、补交等款项金额共计5320.5万元。

加强保障性住房质量监管。7月和8月,分两批对全国30个省、自治区、直辖市保障性安居工程质量情况进行了督查。其中,对北京、河北等16个省市共抽查62项保障性安居工程,房屋建筑总面积87.3万平方米。从检查情况看,各地高度重视保障性住房质量,工程参建各方责任主体质量行为比较规范,能够较好地执行国家有关法律法规和工程建设强制性标准,受检工程质量总体处于受控状态。存在的问题主要有不认真执行基本建设程序、施工质量通病较为普遍等。

加强汶川地震灾后恢复重建工程质量监管,开展灾区房屋建筑应急评估。3月至4月组织专家对四川、甘肃、陕西省灾后恢复重建工程质量进行了督查。共抽查13项工程,计23.23万平方米,重点抽查了学校、医院和住宅工程。针对督查中发现的问题,印发《关于进一步加强汶川地震灾后恢复重建工程质量管理的通知》(建质〔2010〕85号),从严格执行法定程序和工程建设标准、落实质量责任、强化竣工验收、加强工程档案管理、完善质量保修制度等6个方面提出要求。参与组织专家协助、指导省住房城乡建设厅分别对玉树县结古镇房屋建筑震后受损情况和舟曲特大山洪泥石流灾区受损建筑物安全性进行应急评估和鉴定。

加强施工图设计文件审查工作。全年共审查388425个项目,查出违反工程建设标准强制性条文数302621条次。各地住房和城乡建设主管部门对审查机构也开展了监督检查工作,共检查15553个项目,合格率超过98%。审查工作稳步开展,有力地推动了勘察设计质量监督工作。

加强工程质量监督队伍建设。4月召开全国工程质量监督工作座谈会,调查了解各地工程质量监督工作经费落实情况和存在问题,进一步推动工程质量监督工作经费的落实;9月召开《房屋建筑和市政基础设施工程质量监督管理规定》宣贯会,要求各地进一步提高对工程质量重要性的认识,扎实有效地开展《规定》的宣传和贯彻实施工作,全面推进和加强工程质量监督各项工作。

2010年,工程质量安全监管司共调查媒体报道的工程质量问题17件。其中,按照国务院领导的批示要求,专门组织对西安市"瘦身"钢筋、合肥市"竹签垫块"及玻璃幕墙自爆脱落等问题的调查和处理,并组织对12个省进行抽查。2010年共受理并批转各省住房城乡建设主管部门调查处理的工程质量投诉10件,均要求限期报送调查处理结果。

2010年,与中宣部、国家质检总局等有关部委联合,部署开展2010年全国"质量月"活动;开展工程质量评价体系等课题研究;开展工程质量责任主体行政处罚情况统计工作。

【建筑安全管理】 加强建筑安全工作部署。1月29日组织召开了全国建筑安全生产电视电话会议。会议总结了2009年的建筑安全生产工作,分析建筑安全生产形势,部署2010年的建筑安全生产工作。3月下旬和7月下旬分别召开了全国建筑安全生产联络员会议,对2010年上半年和下半年的工作进行重点安排。和国家食品药品监督管理局联合下发《关于开展建筑工地食堂食品安全专项整治工作的通知》,对建筑工地食堂食品安全专项整治工作进行部署。根据国务院《关于进一步加强企业安全生产工作的通知》及国务院各部门的分工意见,制定出台了《关于贯彻落实〈国务院关于进一步加强企业安全生产工作的通知〉的实施意见》(建质〔2010〕164号)。10月底在北京召开全国建筑安全生产电视电话会议。

加强规章制度建设。和商务部、国家安监总局联合下发了《关于做好境外投资合作项目安全生产工作的通知》,对加强境外工程的安全生产工作提出相应的要求。印发《关于进一步加强城市地下管线保护工作的通知》，对加强城市地下管线保护工作，保障城市地下管线安全运行做出明确规定。

继续深入开展"安全生产年"活动。根据《国务院办公厅关于继续深入开展"安全生产年"活动的通知》（国办发〔2010〕15号）要求，住房和城乡建设部结合建设系统实际，印发《关于住房城乡建设系统继续深入开展"安全生产年"活动的实施意见》（建质〔2010〕32号）、《关于印发〈2010年建筑安全专项治理工作方案〉的通知》（建质安函〔2010〕25号）和《关于集中开展严厉打击建筑施工非法违法行为专项行动的通知》（建办质电〔2010〕37号），督促指导各地住房城乡建设系统做好继续深入开展"安全生产年"活动的相关工作。

2010年，工程质量安全监管司紧密结合工作部署和建筑安全生产形势发展情况，加大建筑安全监管工作指导力度，先后印发了《关于对近期几起建筑施工安全事故和工程质量问题的通报》（建质电〔2010〕3号）、《关于立即开展建筑施工安全生产大检查的通知》（建办质电〔2010〕11号）、《关于转发〈国务院安委会办公室关于切实做好汛期安全生产工作的通知〉的通知》（建安办函〔2010〕2号）、《关于进一步加强城市地下管线保护工作的通知》等文件，指导督促各地开展工作，先后对21个省市区的建筑安全生产工作进行督查。2010年1月、2月（春节和"两会"前）和5月中下旬期间，分别对北京、上海、江苏、河北、广东、贵州、四川等7个地区的建筑安全生产工作进行了督查，督促各地认真做好建筑安全生产工作。4月，根据上海世博会安全保卫协调小组办公室的要求，会同国家安全生产监管总局组成联合检查组，对作为世博会开幕式举办地的世博文化中心工程进行安全检查，并及时向上海市有关部门通报了检查情况，为保证工程安全、实现"平安世博"发挥了积极作用。6月初，牵头国务院安委会第四督查组，对天津市和辽宁省进行了安全生产工作的监督检查。在9月、10月又分两批，对云南、广西、内蒙古、陕西、安徽、湖北、浙江、福建、河南、山东、宁夏、新疆等12个地区集中开展严厉打击建筑施工非法违法行为工作进行了专项督查。

强化建筑生产安全事故的调查处理工作。在云南昆明"1·3"、安徽芜湖"1·12"、广东深圳"3·13"、贵州贵阳"3·14"、安徽淮北"4·30"、吉林梅河口"8·16"、陕西西安"10·2"等建筑生产安全事故发生后，都及时派员赶赴事故现场了解情况，并指导地方做好事故处置工作。此外，会同国家发改委、国家安全生产监管总局组成调查组，对云南昆明"1·3"事故、浙江杭州"11·15"事故、南京市政桥梁质量问题的处理情况，以及河南栾川"7·2"垮桥事故情况进行调查了解。并对2008年福建霞浦"10·30"施工升降机坠落事故的施工单位及项目经理、监理单位及法人代表和项目总监下发了行政处罚决定书。

对2009年和2010年全年建筑生产安全事故情况进行通报和形势分析。对2009年以来发生的事故多次进行通报，尤其是较大及以上事故，共通报建设单位58个（次）、施工单位90个（次）、监理单位57个（次）、施工单位法定代表人41人（次）、项目经理41人（次）、监理单位法定代表人40人（次）、项目总监40人（次）。广东深圳"3·13"和贵州贵阳"3·14"两起事故都是中建总公司下属企业所为，对中建总公司的主要领导和有关部门进行了建筑安全工作约谈，督促其认真整改，进一步加强企业建筑安全工作。

2010年，组织开展建设单位质量安全责任研究和工程项目设立安全生产许可的可行性研究等有关课题研究的组织工作。6月下旬，在厦门召开了建筑施工安全监管工作座谈会，研究探讨如何进一步加强和规范建筑安全监管工作。7月上旬，组织开展了建筑施工企业"三类人员"管理工作的调研，并形成《关于建筑施工企业主要负责人、项目负责人和专职安全生产管理人员安全管理工作的调研报告》。

【城乡建设抗震防灾】 为贯彻2010年全国防震减灾工作会议和《国务院关于进一步加强防震减灾工作的意见》（国发〔2010〕18号）精神，印发《住房和城乡建设部防灾减灾与抗震工作2009年总结和2010年工作要点》。组织召开第一届全国抗震防灾规划审查委员会第二次全体会议，交流城市抗震防灾规划编制、审查、实施工作经验。根据汶川、玉树两次地震抗震救灾经验，组织修订《住房城乡建设系统破坏性地震应急预案》。

为做好全国超限高层建筑工程抗震设防专家委员会的专项审查工作，工程质量安全监管司印发《超限高层建筑工程抗震设防专项审查技术要点》。为做好市政公用设施抗震设防专项论证工作，组织编制《市政公用设施抗震设防专项论证技术要点》，其中"室外给水、排水、生活垃圾处理工程和燃气热力工程篇"已正式印发。参与组织修订新版《建筑抗震设计规范》，并组织召开新版《规范》宣贯会。

青海玉树地震发生后，工程质量安全监管司先后分两批共组织16名专家赶赴灾区，协助、指导青海省住房城乡建设厅对房屋建筑震后受损情况进行应急评估;援助青海省价值20.757万元的检测仪器设备,协调有关省市对灾区实施技术援助。甘肃舟曲特大泥石流灾害发生后,立即组织勘察、结构方面专家赶赴灾区,协助、指导甘肃省住房城乡建设厅对受损房屋进行安全应急评估。

配合教育部做好全国中小学校舍安全工程工作。印发了《关于进一步做好全国中小学校舍安全工程有关工作的通知》,加强工作部署。组织编制《中小学校舍抗震加固图集》和《全国中小学校舍抗震鉴定与加固示例》,为校舍安全工程提供技术支持。对口督察了江苏校舍安全工程。

【城市轨道交通工程质量安全监管】 为进一步明确城市轨道交通工程各方主体责任,规范城市轨道交通工程质量安全行为,工程质量安全监管司组织开展《城市轨道交通工程安全质量管理条例》的研究起草工作,并召开专家论证会。印发了《城市轨道交通工程安全质量管理暂行办法》(建质〔2010〕5号),起草城市轨道交通工程周边环境调查、监测管理和风险评估指南,指导各地轨道交通工程安全质量管理工作。

北京地铁15号线一期工程顺义站"7·14"事故发生后,及时赶赴现场了解事故情况。针对广州地铁3号线北延段嘉禾至龙归区间联络通道混凝土强度不达标问题,及时督促广东省调查核实有关情况,严肃查处责任单位和责任人,妥善应对媒体和舆论监督,加强质量监督管理。

为推广建设经验较丰富地区的质量安全管理制度,加大对首条线路建设地区的指导力度,7月,工程质量安全监管司组织召开了全国城市轨道交通工程质量安全管理经验交流会,北京、上海、广州、深圳等单位介绍了风险管理和应急处置经验。2010年初印发了《城市轨道交通工程质量安全联络员管理办法》,建立了城市轨道交通工程质量安全联络员制度。

为缓解人才资源供应不能满足建设规模需要这一矛盾,工程质量安全监管司委托中国建设监理协会、北京交通大学编写地铁工程监理人员安全质量培训教材和地铁工程施工管理人员安全质量培训教材。2010年,全国共培训监理人员8000人,充实了地铁工程监理队伍,提高了地铁工程监理人员工作的针对性和有效性。

【技术政策研究制定与技术应用交流】 为明确今后一个时期建筑业、勘察设计咨询业技术发展方向,指导行业技术进步工作,工程质量安全监管司组织拟定《2010～2015年建筑业、勘察设计咨询业技术发展纲要》和《2010～2015年建筑业信息化技术发展纲要》,提出了发展任务、目标、相关政策和主要措施。为推动技术政策的贯彻落实,启动建筑业、勘察设计咨询业技术政策监督执行及评估制度研究工作,研究提出监督执行评估的有关制度和措施。同时组织开展了工程设计技术转移制度研究。

为适应建筑业技术迅速发展的形势,加快推广应用促进建筑业结构升级和可持续发展的共性技术和关键技术,工程质量安全监管司对《建筑业10项新技术(2005)》进行了修订,完成了《建筑业10项新技术(2010)》;对第六批80项建筑业10项新技术示范工程进行验收评审。为进一步推动绿色施工工作开展,指导中国建筑业协会开展了绿色施工示范工程活动,并开展绿色施工技术、管理评价标准研究工作。组织召开了2008年度全国优秀工程勘察设计奖颁奖大会,对287个获奖项目进行表彰。2010年还开展了全国工程勘察设计大师评选,经过初评和综评,有29人获大师称号。

组织开展中日合作"建筑抗震技术人员研修"活动,2010年国内培训超过2000人。开展了第十五届全国工程设计计算机应用学术会议、工程质量责任保险经验交流会、第十四届全国建筑业企业信息化会议等活动。2010年,共编制完成《钢抗风柱》、《环境景观—滨水工程》等23项国家标准。

(住房和城乡建设部工程质量安全监管司 执笔人:林涛)

建筑市场监管

【概况】 2010年,继续围绕规范建筑市场秩序和促进建筑业发展两条主线,以开展工程建设领域突出问题专项治理为重点,加快建筑市场法规制度建设,健全市场准入清出制度,加大市场监管力度,努力营造统一开放、竞争有序的市场环境；以组织编制建筑业"十二五"发展规划为契机，明确行业发展的目标和措施，加强建筑业对外交流与合作，促进建筑业又好又快发展。

【住房城乡建设系统工程建设领域突出问题专项治理】 按照中共中央办公厅、国务院办公厅《关于开展工程建设领域突出问题专项治理工作的意见》和中央工程治理领导小组办公室的要求，做好住房和城乡建设部专项治理相关工作，有力推进了住房城乡建设系统工程建设领域突出问题专项治理工作。

（1）牵头组织制定了《关于贯彻〈2010年工程建设领域突出问题专项治理工作要点〉的任务分工及落实措施》和《关于进一步做好工程建设实施和工程质量管理专项治理排查工作的通知》，建筑市场监管司会同部内有关司局，组织协调督办各地开展工程建设实施和工程质量管理专项治理排查工作，形成《规范城乡规划管理专项治理排查工作总结报告》和《加强工程建设实施和工程质量管理专项治理排查工作总结报告》，上报中央专项治理领导小组办公室。

（2）为进一步加强和改进招投标监管工作，解决房屋建筑和市政工程招投标活动中的突出问题，会同中央专项治理领导小组办公室在青岛联合召开了全国房屋建筑和市政工程招投标监管暨专项治理工作会议，住房城乡建设部副部长郭允冲在会上作了《加强招投标监管，完善有形市场服务 全面促进住房城乡建设事业健康发展》重要讲话，提出了下一步工作任务。

（3）调研完成了关于有形建筑市场建设和发展的相关情况报告。按照《中央治理工程建设领域突出问题工作领导小组办公室关于报送有关工程建设有形市场情况和意见的通知》要求，对各地有形建筑市场建设情况进行调查和调研，系统总结了住房城乡建设系统有形建筑市场发展状况，完成相关情况报告。

（4）加强建筑市场诚信信息平台建设工作。根据中纪委《工程建设领域项目信息公开和诚信体系建设试点工作方案》要求，组织起草了《住房城乡建设部建筑市场项目信息公开和诚信体系建设试点工作方案》。在部网站上建立了"工程建设领域突出问题专项治理工作"专栏，截至2010年10月12日，共收录全国各地上报信息1282条。

【建筑市场动态监管】 研究制定《关于加强建筑市场资质资格动态监管 完善企业和人员准入清出制度的指导意见》。为引导、规范、监督建筑市场主体行为，建立和维护公平竞争、规范有序的建筑市场秩序，通过组织调研，起草并下发了《关于加强建筑资质资格动态监管 完善企业和人员制度的指导意见》（建市〔2010〕128号），从强化质量安全事故"一票否决"、加大资质资格弄虚作假的查处力度、开展建筑市场动态监管、完善基础数据库、加强诚信体系建设以及加强与有关部门联合监管等方面提出具体要求，为进一步加强建筑市场动态监管奠定了基础。

【推进建筑市场基础数据库建设】 加强和完善建筑市场基础数据库，是规范建筑市场秩序，加强建筑市场动态监管的重要手段。在系统分析了现有建筑市场信息系统的基础上，召开座谈会，听取部分地方建设主管部门的意见，制定《全国建筑市场基础数据库完善及应用工作方案》，明确实现全国建筑市场基础数据库完善与应用的工作原则、总体目标、分步目标、工作任务和工作计划，起草数据库建设的技术方案和数据标准，有效地推进了建筑市场基础数据库建设。

【加大对违法违规行为的查处力度，依法实施行政处罚205件】 其中，对发生安全生产事故的1家施工企业做出降低资质等级的行政处罚，对负有安全事故监理责任的1家监理企业做出停业整顿的行政处罚，对负有安全事故责任的1名注册建造师做出吊销注册证书且5年之内不予注册的行政处罚，对负有安全事故监理责任的2名注册监理工程师做出吊销注册证书且5年之内不予注册的行政处罚；依法对弄虚作假申报企业资质和注册的人员进行查处，对弄虚作假取得资质的2家企业做出了撤销行政许可决定，对不满足资质条件且没有在规定期限内整改的1家企业做出了撤回行政许可决定，对利用虚假《一级建造师执业资格证书》取得注册证书的189名人员做出了撤销注册证书和执业印章的行政处罚，对弄虚作假取得注册资格的8名注册监理工程师做出了撤销注册证书和执业印章的行政处罚。并对在资质资格申报中有弄虚作假行为的10家企业和68名人员进行了通报。各地也加大了对市场违法违规行为的查处力度，据对江苏、山东、四川等19个省市统计，共有5163家建筑企业因市场违法违规受到相应的行政处罚。

【组织召开全国建筑市场监管工作座谈会】 2010年12月20日，建筑市场监管司在贵阳召开了全国建筑市场动态监管工作会议，陈重司长作了《加强建筑市场动态监管促进建筑业又好又快发展》的工作报告，会议结合开展工程建设领域突出问题专项治理工作，分析了建筑市场动态监管中存在问题，交流各地建筑市场监管工作经验，研讨了进一步加强建筑市场动态监管工作的基本思路和政策措施，部署安排了施工总承包特级资质企业就位工作。

【认真督查拖欠工程款和拖欠农民工工资案件】 认真落实国务院领导批示，针对批示涉及的7个反映拖欠工程款问题的案件组成4个督查组，进行了实地核查和督办。会同有关部门组成督查组，对天津市开展解决企业拖欠农民工工资问题进行了专项督查。

【进一步健全房屋建筑和市政工程施工招标投标制度】 结合行业实践，制定《房屋建筑和市政工程标准施工招标文件》和《房屋建筑和市政工程标准施工招标资格预审文件》（建市〔2010〕88号），统一了房屋建筑和市政工程招投标规则和做法，对施工招标文件中废标条款集中设置、投标人投标成本判定等问题进行了规定，并于9月召开了全国住房城乡建设系统招投标主管部门行业标准文件宣贯会。

【努力完善合同管理制度】 为促进工程总承包的发展，经过5年的修改完善，组织完成了《工程总承包合同（示范文本）》（报批稿）。针对《建设工程施工合同示范文本》存在的合同条款粗放、工程风险分配不尽公平、进度款支付及竣工验收结算存在漏洞等问题，组织开展修订工作。与国家工商总局进行协商，进一步修改完善《建设工程监理合同》。

【继续开展企业资质标准修订工作】 为进一步完善建筑市场企业准入制度，按照实事求是、科学合理的原则，使企业资质标准与法律法规相适应，与个人注册执业制度相适应，继续组织开展《工程勘察资质标准》和《建筑业企业资质标准》的修订工作，通过调研、召开专题座谈会、征求意见等活动，形成《工程勘察资质标准》和《建筑业企业资质标准》的报批稿。为稳步推进《施工总承包企业特级资质标准》（下称《特级标准》）实施工作，组织制定了《施工总承包特级资质标准实施办法》，对《特级标准》的指标做了进一步细化解释，为特级企业资质就位做好准备工作。

【继续推进个人注册执业制度建设】 印发《关于开展注册公用设备工程师、注册电气工程师、注册化工工程师注册工作的通知》（建办市函〔2010〕9号），启动注册电气、化工和公用设备工程师的注册工作。在深圳开展新版全国一级注册建筑师、勘察设计注册工程师注册管理信息系统的使用试点工作。为提高注册建造师的执业素质，经过三年多的调研，反复与国务院有关部门、地方建设主管部门、行业协会等方面沟通，形成《注册建造师继续教育管理暂行办法》报批稿。

【抓紧修改完善《建筑市场管理条例》等法规】 深入调研论证，完成《建筑市场管理条例》（征求意见稿）前期起草工作，配合部政策法规司对地方和国务院有关部门意见进行分析、整理，推动条例进一步修改完善。推进了《建设工程监理条例》的起草工作；完成《建设工程监理管理规定》（征求意见稿）修订起草工作。

【组织开展调查研究】 （1）深入调研建造师现状，理清建造师制度管理工作思路。针对建造师制度中存在的问题，采取座谈、调研、现场走访等多种方式，深入基层反复听取企业、人员、行业协会、地方建设主管部门等方面对现行建造师制度实施情况的意见，经多次修改，形成《关于建造师制度有关工作的汇报提纲》，分析了建造师制度的实施状况及存在问题、形成原因，提出有针对性的改进措施和工作计划，理清下一步工作思路。

（2）调研提出城市轨道交通工程建筑市场准入审批的意见。针对我国城市轨道交通建设进入了快速发展时期，而具有城市轨道交通资质的企业数量不足，结构不合理的实际情况，先后到上海、郑州、苏州、南京等地调研城市轨道建设市场准入情况，起草了《关于城市轨道交通工程建筑市场准入的调研报告》，实事求是地提出了调整、细化城市轨道交通工程资质审批的建议。

（3）组织开展勘察设计、建筑业企业省（市）外分支机构监管政策研究工作。为进一步规范建筑市场秩序，加强对勘察设计、建筑业企业跨省市承接业务的监督管理，确保工程的质量安全，组织开展勘察设计、建筑业企业省（市）外分支机构监管政策研究工作。

【组织开展建筑业发展"十二五"规划编制工作】 组织协调有关司局和行业协会，召开部分省市建筑业发展"十二五"规划编制工作座谈会，组织起草完成《建筑业发展"十二五"规划纲要》和《建筑业发展"十二五"规划》初稿。积极向国家"十二五"编制单位反映建筑业的支柱产业地位和作用，提出拟纳入国家"十二五"规划的意见。同时组织有关行业协会编制勘察设计、建筑施工、建设监理行业"十二五"专题发展规划。

【全国建设工程监理会议】 2010年11月25日，在南京召开全国建设工程监理会议，住房城乡建设部郭允冲副部长作了《求真务实 开拓进取 促进建设工程监理事业科学发展》的工作报告；住房城乡建设部建筑市场监管司陈重司长做了《创新思路　多措并举　推进工程建设事业健康发展》的总结报告。通过此次会议，理清了现状，明确了发展方向，有力推动了工程监理行业科学发展。

【组织协调建筑企业开展对外工程承包工作】为促进我国对外承包工程的发展，积极配合商务部，做好《对外承包工程管理条例》及《对外承包工程资格管理办法》的贯彻实施工作，共同下发《商务部、外交部、国家发改委、财政部、住房城乡建设部、国资委、国家安全监管总局关于开展落实对外承包工程管理条例专项检查通知》，联合开展专项检查工作；会同商务部共同召开对外承包工程务虚座谈会，了解对外承包工程中存在的有关问题。

【对外交流合作】　认真研究提出了"CEPA补充协议之七"中有关取得内地一级注册建筑师、一级注册结构工程师资格的香港、澳门专业人士在内地开办建筑专业设计事务所及注册方案。组织召开"中日建设专家会议"，充分交流中日双方建筑市场管理制度。认真研究提出了世贸组织第三次对中国贸易政策审议有关建筑市场方面的应对方案及有关的要价和出价方案。

【组织编写《中国建筑业改革与发展研究报告(2010)》】　动态反映了行业改革发展状况，促进行业发展。组织完成2009年建设工程勘察设计、工程监理、工程招标代理统计汇总工作。

【做好节能减排等相关工作】（1）严格落实节能减排工作目标，加强施工许可管理。根据《国务院关于进一步加大工作力度确保实现"十一五"节能减排目标的通知》（国发〔2010〕12号）和《国务院办公厅印发主要任务分工方案的通知》（国办函〔2010〕92号）的整体部署，以及住房和城乡建设部节能减排工作分工，起草下发了《关于立即组织开展建筑工程和市政工程施工许可管理专项检查的紧急通知》（建办市电〔2010〕30号），部署开展建筑工程和市政工程施工许可管理专项检查，要求各级住房城乡建设部门立即开展对本地区已批准开工项目是否符合政策规定执行情况进行全面检查，并对各地检查情况进行督办和汇总。同时，会同国家发改委、工信部、铁道部、监察部五部委联合印发《关于进一步加强项目开工建设管理，确保实现"十一五"减排目标的通知》（建市〔2010〕12号），要求各地加大开工建设监管力度，严格审核新开工项目的开工条件，强化"三区"新开工项目的监管。

（2）配合有关部门做好上海世博会、广州亚运会期间建设系统的维稳工作。按照有关部门维稳工作要求，督促地方建设主管部门建立应急工作预案，加强劳务分包和用工行为监管，做好维稳工作。

（3）为进一步加强住宅工程质量管理，强化质量责任，落实责任追究，组织起草并印发了《关于进一步强化住宅工程质量管理和责任的通知》（建市〔2010〕68号）。

【2010年建筑市场管理类文件目录】《关于进一步强化住宅工程质量管理和责任的通知》（建市〔2010〕68号）；

《关于印发〈房屋建筑和市政工程标准施工招标文件〉和〈房屋建筑和市政工程标准施工招标资格预审文件〉的通知》（建市〔2010〕88号）；

《关于进一步加强项目开工建设管理，确保实现"十一五"减排目标的通知》（建市〔2010〕121号）；

《关于加强建筑资质资格动态监管完善企业和人员制度的指导意见》（建市〔2010〕128号）；

《关于印发〈注册建造师继续教育管理暂行办法〉的通知》（建市〔2010〕192号）；

《关于印发〈施工总承包企业特级资质标准实施办法〉的通知》（建市〔2010〕210号）；

《关于报送2010年工程招标代理机构统计报表的通知》（建市函〔2010〕293号）；

《关于开展注册公用设备工程师、注册电气工程师、注册化工工程师注册工作的通知》（建办市函〔2010〕9号）；

《关于印发〈建设工程企业资质评审专家管理办法〉的通知》（建办市〔2010〕46号）；

《关于报送2010年建设工程监理统计报表的通知》（建办市函〔2010〕51号）；

《关于报送2010年工程勘察设计统计报表的通知》（建办市〔2010〕52号）；

《关于对工程设计企业开展工程总承包业务有关安全生产许可证问题的复函》（建办市函〔2010〕283号）；

关于印发《住房和城乡建设部建筑市场监管司2010年工作要点》的通知　（建市综函〔2010〕14号）；

《关于取得建筑行业及建筑工程专业设计资质企业申请建筑装饰工程等六类专项资质有关问题的通知》（建市资函〔2010〕56号）；

关于《工程设计资质标准》实施过程中有关问题的函（建市设函〔2010〕73号）；

住房和城乡建设部建筑市场监管司《关于印发陈重同志在房屋建筑和市政工程招投标监管暨专项

治理工作会议上的讲话的通知》（建市招函〔2010〕72号）；

《关于对注册有效期满的一级建造师延续注册有关问题的通知》（建市施函〔2010〕80号）；

《关于完善二级建造师注册信息备案工作的通知》（建市施函〔2010〕88号）；

住房和城乡建设部建筑市场监管司《关于印发陈重同志在全国建设工程监理会议上的讲话的通知》（建市监函〔2010〕100号）；

《关于在工程设计资质审批中注册人员考核有关问题的函》（建市资函〔2010〕106号）。

(住房和城乡建设部建筑市场监管司　撰稿人：逄宗展)

建筑节能与科技

1. 建筑节能

2010年，按照《民用建筑节能条例》的规定，贯彻落实《国务院关于印发节能减排综合性工作方案的通知》和《推动落实节能减排综合性工作方案部门分工》确定的任务，重点抓好新建筑执行节能强制性标准，确保完成"十一五"期间1.5亿平方米北方既有居住建筑供热计量和节能改造任务，同时，在完善配套政策措施、推进示范工程、加强监督管理等方面取得了新的进展。

【逐步完善《民用建筑节能条例》的配套法规】印发《民用建筑能耗和节能信息统计报表制度》（建科〔2010〕31号）；起草了《民用建筑能耗和节能信息统计工作管理办法》、《民用建筑能耗和节能信息统计人员工作手册》；开发"民用建筑能耗和节能信息统计数据报送系统"及"在线技术支持平台"，深入开展统计工作的部署和培训活动。研究制定《"十二五"建筑节能专项规划》，完成初稿。

【新建建筑执行节能标准情况】印发《关于进一步加大工作力度确保完成"十一五"建筑节能任务的通知》，进一步加强新建建筑节能监管，确保2010年全国城镇新建建筑执行节能强制性标准的比例达到95%以上。要求各地要严格执行新建建筑市场准入制度，重点抓好《建筑节能施工质量验收规范》的实施，切实把住规划许可、施工图审查、竣工验收备案关键环节，凡达不到节能强制性标准的建筑，不得开工建设，不得竣工验收，不得销售，不得投入使用。要求各地加大新建建筑执行节能强制性标准的监督检查力度，9月底前要组织两次新建建筑执行节能强制性标准的专项检查，重点要对小城市、县城和建制镇新建建筑工程进行检查，对违反强制性标准的工程项目，依法严肃查处，限期整改。四季度组织全国建筑节能专项检查，对各地新建建筑执行节能强制性标准的情况进行监督检查。

【完成"十一五"期间1.5亿平方米北方采暖地区既有建筑节能改造任务】为确保2010年完成北方采暖地区既有居住建筑供热计量及节能改造5000万平方米，"十一五"期间完成1.5亿平方米改造任务，印发了《关于加大工作力度确保完成北方采暖地区既有居住建筑供热计量及节能改造工作任务的通知》，5月在吉林召开了工作推进会，要求各地高度重视这项工作，加强组织管理，完善配套措施，确保完成改造任务。8月，对完成任务有困难的省份进行了专项调研，研究解决问题，对一些省份的任务做了微调。对照改造任务，协调财政部及时下达中央财政奖励资金，2007年以来，已累计投入资金173亿元，其中，中央财政奖励42亿元，地方财政配套59亿元，受益居民投入12亿元，企业及其他社会资金投入60亿元。

【国家机关办公建筑和大型公共建筑节能监管体系建设】印发《关于切实加强政府办公和大型公共建筑节能管理工作的通知》，落实责任，督促各地将公共建筑节能管理和公共能耗降低指标纳入本部门"十一五"节能减排工作目标，并作为领导干部评价考核指标。与财政部协调继续对国家机关办公建筑和大型公共建筑节能管理工作给予财政资金支持，并对北京、天津、上海等三批共9个省市能耗监测平台建设试点给予经费补助。确定扩大节约型校园建设范围，至2010年，住房和城乡建设部会同财政部、教育部先后组织实施三批共72所节约型校园建设试点，中央财政补助资金3.13亿元，示范工作进展顺利，效果明显，人均能耗与2005年72所教育部直属高校人均能耗相比，节能60%以上。

【可再生能源建筑规模化应用进展顺利】继续

加强正在实施的371个可再生能源建筑应用示范项目的管理工作，发布了《关于加强可再生能源建筑应用示范项目管理的意见》，委托专业机构对示范项目进行可再生能源利用效果的检测评估。从已完成检测的项目看，可再生能源利用效果较好，替代常规能源效益显著。除有10个项目明确表示退出示范项目外，有63个项目已验收，另有298个项目处于土建施工的不同阶段。371个项目已获50%补贴资金共计13.5亿元，其中309个项目50%补贴资金全部拨付到位。

继续扩大太阳能光电建筑应用示范项目、可再生能源建筑应用城市示范和县级示范的规模。2010年共确定光电建筑应用示范项目99个、装机容量90兆瓦，中央财政补助资金约12亿元，项目覆盖了23个省（自治区）、3个直辖市和5个计划单列市。至2010年，共支持了210个太阳能光电建筑应用示范项目，总装机容量182兆瓦。截至2010年底，2009年的光电建筑应用示范项目已有5个完成全部或部分装机容量建设并并网发电。

继续扩大可再生能源建筑应用城市示范和县级示范的规模。两批共确定了44个示范城市和86个农村地区县级示范。其中2010年共确定示范城市18个、示范县48个，补贴资金合计约19亿元。2009年确定的部分示范城市、示范县已召开了启动会，建立了组织领导机构，成立专门的项目管理办公室，编制出台项目管理办法和资金管理办法，进一步完善规划和项目技术方案，分阶段落实项目示范目标。

配合全国人大进行以建筑节能为主的《节约能源法》执法检查，配合全国政协环资委进行建筑节能调研。办理人大、政协提案、议案。

2. 绿色建筑

绿色建筑的理念和绿色建筑技术应用得到社会广泛接受，并逐步形成绿色建筑技术研发、绿色建筑技术咨询的新兴服务行业。

【绿色建筑标识评价机制逐步完善】 组建部、省两级专家委员会，开展了13期对各省市（包括香港特区）的专家委员会和从事绿色建筑工作人员的培训。指导21个省市开展当地的绿色建筑标识评价工作，各地还成立相应的管理机构，明确了当地开展绿色建筑的技术支撑单位。

【评价标准体系逐步健全】 针对不同气候地区、不同建筑类型绿色建筑发展问题，研究不同适用条件的绿色建筑评价标准。印发《绿色工业建筑评价导则》，组织开展绿色建筑评价标准体系、绿色办公建筑、绿色医院建筑的研究等。北京、上海、重庆、深圳、广西等省区市相继制定了地方绿色建筑评价标准。

【绿色建筑发展】 截至2010年10月，全国共评出绿色建筑评价标识项目58项。湖北、河北、深圳等省市与住房和城乡建设部开展了绿色建筑、生态城市（区）及两型社会建设的部省（市）级合作。

【制定相关规定】 根据国务院纠风办的批复，组织研究制定绿色建筑创新奖评审细则等管理规定。

3. 科技支撑与决策咨询机制

2010年，围绕落实《国家中长期科学和技术发展规划纲要》——城镇化与城市发展领域五个优先主题的重点任务，通过完善咨询决策机制、组织实施国家科技支撑计划、"水体污染控制与治理"和"高分辨率对地观测系统"科技重大专项等科技计划项目，推动住房城乡建设领域技术进步，发挥科技对城镇化健康发展和城镇人居环境改善的支撑作用。

【充分发挥部科技委作用】 发挥部科技委在重大课题的研究、重大项目和技术论证评审以及重大事件处置中的参谋咨询作用。组建新一届部专家委员会，召开了部分省市科技委座谈会，加强与地方科技委的沟通和联系，了解地方科技委工作动态。

【组织实施"水体污染控制与治理"科技重大专项】 加强"城市水污染控制"和"饮用水安全保障"两个主题"十一五"项目（课题）管理，开展两个主题"十二五"目标任务确定和实施计划编制工作。

加强"十一五"水专项两个主题的组织管理。组织编报两个主题2010年度实施计划和2011年度实施计划，审查并签订了2009年启动项目（44个课题、200余个子课题）任务合同书，协调拨付2009年启动课题的2009年和2010年度中央财政经费共5.5亿元；规范两个主题课题专项经费管理，会同住房城乡建设部计划财务司制定并印发了《住房和城乡建设部水体污染控制与治理科技重大专项资金管理暂行办法》。召开经费预算编制与财务培训会，对各项目（课题）承担单位进行了预算编制与财务验收、审计等方面的培训；配合科技部、国家发展改革委和财政部开展水专项两个主题项目（课题）监督评估工作。组织两个主题各项目（课题）承担单位准备执行情况报告，配合监督评估组实地调研和考察重点督察课题的实施进展、示范工程建设和标志性成果，根据监督评估意见及时研究整改措施；推动水专项实施机制创新,发挥地方政府在水专项组织实施中的主导作用;召开技术交流会,检查"十一五"启动的各项目(课题)实施进展情况,交流城市水污染控制和饮用水安全保障领域的技术和管理经验;组织开展两个主题专家委员会成员推荐工作,组织有关科研院所、高校、设计院、水务管理等单位推荐了180余名专家。

做好两个主题具体内容的实施工作。研究"十二五"两个主题的技术攻关方向和重点任务,广泛征集相关领域急需解决并有望在"十二五"期间能够取得突破性进展的技术难题,总结、凝练出两个主题急需攻克的技术和重点任务;研究制定了"城市水环境改善和饮用水安全保障"示范城市组织实施管理办法(试行),开展"城市水环境改善和饮用水安全保障"示范城市创建工作,确定北京、上海、无锡等22个候选示范城市,组织各候选示范城市完善创建方案,修改课题实施方案,明确创建目标和研究重点;开展"城市水污染控制关键设备与重大装备研发及产业化"和"饮用水安全保障关键材料设备产业化"项目实施工作;召开"城市水污染控制"和"饮用水安全保障"领域关键设备与重大装备产业化需求座谈会,研讨水处理关键材料设备和重大装备国产化开发与产业化发展重点方向和任务,发布了两个主题"十二五"设备产业化项目第一批课题申报指南,并择优评审课题;召开两个主题实施方案编制启动会,组织编制各项目(课题)实施方案和经费预算书,组织论证"十二五"项目实施方案和2011年度启动课题实施方案,梳理各项目(课题)实施方案修改意见。

【"高分辨率对地观测系统"科技重大专项"城市精细化管理高分专项应用示范系统"项目申报】组织编报项目可行性研究报告、"十二五"的和一期项目的建议书,组织编制实施方案和经费预算。一期项目"城市精细化管理高分专项应用示范系统先期攻关"已通过立项评估,列入2011年第一批项目。结合"高分辨率对地观测系统"科技重大专项的实施,组织开展住房城乡建设领域遥感应用现状调查和规划工作,编报住房城乡建设领域航天发展(遥感应用)"十二五"规划(草案)。

【督促完成"十一五"国家科技支撑计划各项目(课题),做好"十二五"项目(课题)的申报工作】督促"十一五"国家科技支撑计划各项目(课题)承担单位按计划进度完成研究任务,做好验收准备工作。对"十一五"国家科技支撑计划中2010年度结题的"建筑节能关键技术研究"等21个项目163个课题进行检查。重点检查各项目(课题)的任务和考核指标完成情况、示范工程、生产线及基地建设运行情况、预算执行及财务验收材料准备情况等,确保各项目(课题)顺利通过验收。已完成"新型城市轨道交通技术"、"城镇人居环境改善与保障关键技术研究"等项目和课题的验收工作。

组织编写住房城乡建设领域"十二五"科技发展思路和重大科技需求建议,研究制定"十二五"绿色建筑科技发展专项规划。围绕城镇化与城市发展领域建筑节能与绿色建筑、城乡统筹规划与城市空间可持续利用、建筑工程安全与防灾、住房保障等方面开展"十二五"国家科技支撑计划项目建议书编写工作。其中,"节能建材成套应用技术研究与示范"、"建筑施工装备关键技术研发与产业化"等项目通过可行性论证,列入"十二五"国家科技支撑计划优先启动项目。同时,配合国家发改委开展国家重大科技基础设施建设中长期规划编制工作,组织开展"十二五"期间住房城乡建设领域重大科技基础设施建设中长期规划建设需求研究,提出《城市建设与运行国家监管平台》和《建筑地基基础工程实验室建设》两个重大科技基础设施建设需求的建议。

组织开展"十二五"国家科技计划农村领域首批预备项目推荐工作。围绕村镇规划和建设的科技需求及住房城乡建设部相关业务司工作重点,在村镇规划、村镇住宅与人居环境建设、村镇基础设施建设、村镇建筑节能、村镇建材、农村危旧房改造、农村防灾减灾等方面,推荐22个项目申报"十二五"国家科技计划农村领域首批预备项目,20个项目通过评审。同时,组织"十二五"农村领域有关专家的推荐工作,推荐专家70名。

【技术研究与成果推广应用】围绕贯彻落实《国务院关于印发节能减排综合性工作方案的通知》精神,深入推进建筑节能,做好墙体保温、房屋墙体材料革新以及科技成果推广应用的指导工作,经过提案征集、专家评审和公示,组织编制完成《墙体保温系统与墙体材料推广应用和限制、禁止使用技术公告》。

针对住房建设与保障、建筑节能与城镇减排、防灾减灾与工程安全、城乡统筹规划与土地高效利用、城市建设与管理、村镇建设等领域的行业管理与科技支撑能力建设需求,梳理行业发展需要解决的应急性、培育性、基础性科技问题,研究提出住房城乡建设部开展公益性行业科研专项的工作思路。组织实施2010年度新农村建设与城乡规划、工程项目管理、住宅与房地产、新型建筑结构和材料、建筑施工与安全、城市公共交通、节水与水资源综合利用等软科学和科研开发项目300余项，完成相关项目验收150余项。

贯彻落实国务院《关于发挥科技支撑作用促进经济平稳较快发展的意见》精神，会同科技部开展村镇宜居型住宅技术和既有建筑节能改造技术推广应用工作，评选出既有建筑节能改造、村镇规划、建筑结构与施工、建筑材料、新能源利用、污水处理等方面的139项村镇宜居型住宅技术和既有建筑节能改造技术和产品，印发《村镇宜居型住宅技术推广目录》和《既有建筑节能改造技术推广目录》。

4. 国际科技合作

【突出重点开展国际合作】 推动建筑节能和供热改革工作。结合世行/全球环境基金（GEF）"中国供热改革与建筑节能项目"，开展供热计量改革的调研和分析，在乌鲁木齐市开展楼宇换热站试点项目，在河北省承德市开展新建建筑节能示范。牵头组织中美清洁能源联合研究中心建筑节能部分的工作，制定工作方案，组织技术单位编制合作内容与计划。

推动既有建筑节能改造工作。组织开展北方既有居住建筑节能改造调研，开展既有建筑节能改造示范；组织编写《北方采暖地区既有建筑节能改造指南》、《北方采暖地区既有建筑节能改造100问》，翻译了《建筑节能和太阳能建筑一体化技术资料》，组织开展建筑项目经理和监理人员培训，召开既有居住建筑节能改造经验与技术宣讲会。先后组织赴德国、瑞士和德国、奥地利的两批"既有居住建筑节能改造考察"，赴德国、荷兰"能效测评及能源护照考察"。

积极推动公共建筑节能。组织开展中德技术合作"公共建筑节能——医院、中小学校建筑节能项目"实施前期工作、规划项目内容及实施方案。组织召开国家发展改革委、联合国开发计划署（UNDP）/GEF"中国终端能效项目"（建筑包部分）一期总结会，并与国家发展改革委、UNDP共同设计项目二期内容。组织申报国际科技合作政府间合作项目《国际能源署（IEA）研究框架协议之终端用能：建筑与社区节能》，推动国内建筑节能与国际间的交流。

推动绿色建筑与低能耗建筑发展。依托部科技发展促进中心与德国能源署合作开展"中国被动式—低能耗建筑技术与示范项目"；与加拿大自然资源部及加拿大不列颠哥伦比亚省林业厅签署《关于采用现代木结构建筑技术应对气候变化合作谅解备忘录》，在中国开展现代木结构建筑技术项目合作。组织赴芬兰、英国"低能耗建筑技术考察"。

推动低碳生态城市建设发展。支持开展基础性工作。组织开展《中国低碳生态城市发展指南》和《生态城市指标体系构建与生态城市示范评价》研究，支持地方政府开展城市可持续发展建设。

与瑞典政府办公室环境部签署《关于在城乡可持续发展领域开展合作的谅解备忘录》，支持唐山、无锡、天津、重庆等4个城市开展可持续发展城市建设；与英国商务、创新和技能部签署《关于推进绿色建筑和生态城市发展合作备忘录》，支持株洲云龙生态新城的发展与建设；结合中德"中国城市可持续发展项目"，为地方项目策划、评估、发展理念及具体城市综合措施规划提供咨询。

与瑞典政府办公室环境部合作举办"共生城市论坛"；与全国市长研修学院、美国能源部、美国贸发署合作组织"建筑能效与城市可持续发展专题研究班"赴美培训；组织赴德国、奥地利"城市可持续发展与更新的实施经验"考察团。

积极开展新的合作项目。与UNDP共同策划设计"中国城市可持续发展促进项目"，完成框架文件并报送财政部，争取全球环境基金项目5期（GEF-5期）资金支持。

【开展住房城乡建设系统应对气候变化工作】 指导地方加强应对气候变化工作。组织开展全国住房城乡建设系统应对气候变化工作调研，召开住房城乡建设系统应对气候变化工作座谈会，了解全国住房城乡建设系统应对气候变化工作现状、进展及存在的问题与困难。

组织开展研究课题，规划应对气候变化工作。组织开展应对气候变化战略与对策研究，开展住房城乡建设领域利用清洁发展机制（CDM）推进建筑节能和城镇减排的研究，参与组织编制"十二五"建筑节能领域应对气候变化科技专项规划。组织申报国际科技合作计划专题项目《住房城乡建设系统应对气候变化低碳技术研发与应用合作研究》。

积极开展宣传工作。组织制作"住房城乡建设系统应对气候变化宣传片和宣传画册"，宣传住房城乡建设领域开展的工作及取得的成效。参与《中国应对气候变化政策与行动2010年度报告》编制、《应对气候变化——中国在行动（2010）》电视宣传片及画册制作工作；参与和支持联合国气候变化国际谈判、政府间气候变化专门委员会的相关工作。

（住房和城乡建设部建筑节能与科技司）

住房城乡建设人事教育

1. 相关机构调整与设立

【住房和城乡建设部干部学院内设机构调整】2010年1月6日,住房和城乡建设部印发了《关于住房和城乡建设部干部学院内设机构调整的批复》,对住房和城乡建设部干部学院内设机构进行调整。调整后,住房和城乡建设部干部学院设办公室、教学管理与研究开发部、财务部、党校工作部、党政干部培训部、专业干部培训部、考前培训与远程教育部、招生与会议服务部。

【住房和城乡建设部中国建筑文化中心内设机构调整】2010年1月11日,住房和城乡建设部印发了《关于中国建筑文化中心内设机构和中层领导干部职数调整的批复》,对住房和城乡建设部中国建筑文化中心内设机构进行调整。调整后,中国建筑文化中心设办公室(保卫处)、党委办公室、人事劳资处、计划财务处、国际合作处、学术研究部、文化交流部、物业管理部、城市雕塑管理办公室、建筑展览部、建筑图书馆。

【住房和城乡建设部机关服务中心内设机构调整】2010年2月2日,住房和城乡建设部印发了《关于住房和城乡建设部机关服务中心内设机构调整的批复》,对住房和城乡建设部机关服务中心内设机构进行调整。调整后,住房和城乡建设部机关服务中心设办公室、党委办公室、人事处、计划财务处、机关服务处(机关节能办公室)、卫生处、房改与房产管理处、基建办公室、退休职工管理办公室。

【住房和城乡建设部保密委员会及其办公室组成人员调整】为进一步加强信息化条件下的保密工作,2010年2月3日,住房和城乡建设部印发了《关于住房和城乡建设部保密委员会及其办公室组成人员调整的通知》,对住房和城乡建设部保密委员会及其办公室组成人员进行了调整。住房和城乡建设部保密委员会主任为部长姜伟新,副主任为副部长郭允冲,成员为王铁宏、曹金彪、冯俊、侯淅珉、唐凯、王志宏、沈建忠、陈重、陆克华、李兵弟、吴慧娟、陈宜明、张其光、何兴华、王宁、杨忠诚、许中志、王早生、胡子健、李晓江、倪江波、陈淮、常青。

住房和城乡建设部保密委员会办公室主任为王铁宏,副主任为斯淙曜、郑立均、倪江波。

【中国城市规划设计研究院内设机构调整】2010年2月8日,住房和城乡建设部印发了《关于中国城市规划设计研究院机构设置和中层领导干部职数调整的批复》,对中国城市规划设计研究院机构设置和中层领导干部职数进行调整。调整后,中国城市规划设计研究院设综合办公室、党委办公室、人事教育处、计划财务处、科技业务处、总工程师室、城市规划设计所、城市与区域规划设计所、工程规划设计所、城市交通研究所、城市规划与历史名城所、风景园林规划研究所、城市环境与景观规划设计研究所、城市建设规划设计研究所、城市规划学术信息中心、建筑设计所、城市水系统规划设计研究所、服务中心、城乡规划研究中心、周干峙院士工作室、城市与乡村规划设计研究所。

【全国市长培训中心更名为全国市长研修学院】2010年3月17日,住房和城乡建设部印发了《关于全国市长培训中心更名为全国市长研修学院的通知》。全国市长培训中心更名为全国市长研修学院。

【住房和城乡建设部人力资源开发中心内设机构调整】2010年3月18日,住房和城乡建设部印发了《关于住房和城乡建设部人力资源开发中心机构设置调整的批复》,对住房和城乡建设部人力资源开发中心内设机构进行了调整。调整后,住房和城乡建设部人力资源开发中心设办公室(党委办公室)、财务处、档案管理处、人事代理处、人才交流处、信息开发处、培训处。

【住房和城乡建设部住宅产业化促进中心内设机构调整】2010年6月1日,住房和城乡建设部印发了《关于住房和城乡建设部住宅产业化促进中心内设机构调整的批复》,对住房和城乡建设部住宅产业化促进中心内设机构进行调整。调整后,住房和城乡建设部住宅产业化促进中心设综合处、产业发展处、示范工程处、性能认定处、产品认证处、技术开发处、房地产市场监测分析处。

【住房和城乡建设部支持新疆工作领导小组成员调整】 为进一步加强住房和城乡建设部支持新疆工作的领导和协调，2010年7月19日，住房和城乡建设部印发了《关于调整住房和城乡建设部支持新疆工作领导小组成员的通知》，对住房和城乡建设部支持新疆工作领导小组成员进行了调整。住房和城乡建设部支持新疆工作领导小组组长为副部长齐骥，常务副组长为总规划师唐凯，副组长为王铁宏、何兴华、侯淅珉、孙安军、王志宏、沈建忠、陈重、陆克华、吴慧娟、陈宜明、张其光、王宁、赵晖、郑立均、李晓江。

【住房和城乡建设部制止党政干部公款出国（境）旅游专项工作领导小组成员调整】 为进一步加强住房和城乡建设部制止党政干部公款出国（境）旅游专项工作的领导，2010年7月20日，住房和城乡建设部印发了《关于调整住房和城乡建设部制止党政干部公款出国（境）旅游专项工作领导小组成员的通知》，对住房和城乡建设部制止党政干部公款出国（境）旅游专项工作领导小组成员进行了调整。住房和城乡建设部制止党政干部公款出国（境）旅游专项工作领导小组组长为中央纪委驻住房和城乡建设部纪检组组长杜鹃，副组长为何兴华、田思明，成员为张毅、郭鹏伟、彭小平、郑广大。领导小组办公室设在部计划财务与外事司。

住房和城乡建设部制止党政干部公款出国（境）旅游专项工作领导小组主要职责是：负责领导和协调制止党政干部公款出国（境）旅游专项工作，负责审议专项工作文件和工作方案、制度，并对有关重大事项作出决定。领导小组办公室是在领导小组的领导下负责专项工作的组织实施和督促检查，主要职责是根据领导小组工作部署，对专项工作进行组织协调和实施；收集、综合各方面信息，起草有关文件，按照上级部门要求和领导批示及时上报有关材料；开展调查研究，为领导小组决策提供参考；按照领导小组要求，对相关工作进行督促检查；受理群众举报，对群众反映和检查发现的违法违纪问题，组织力量查处或转请并督促有关部门进行处理。

【住房和城乡建设部县镇建设管理办公室成立】 为贯彻落实中央关于积极稳妥推进城镇化、重点加强中小城市和小城镇发展的战略部署以及住房和城乡建设部"三定"规定，切实加强县镇建设管理工作，2010年11月8日，住房和城乡建设部印发了《关于成立住房和城乡建设部县镇建设管理办公室的通知》，成立住房和城乡建设部县镇建设管理办公室（以下简称办公室）。办公室由村镇建设司负责管理，主要职责是开展县城和小城镇建设相关政策的研究、技术管理等工作。

【住房和城乡建设部治理商业贿赂领导小组及其办公室组成人员调整】 为贯彻落实中央治理商业贿赂领导小组关于深入推进治理商业贿赂专项工作的要求，进一步加强住房城乡建设系统治理商业贿赂工作，2010年11月15日，住房和城乡建设部印发了《关于调整住房和城乡建设部治理商业贿赂领导小组及其办公室组成人员的通知》，对住房和城乡建设部治理商业贿赂领导小组及其办公室组成人员进行了调整。住房和城乡建设部治理商业贿赂领导小组组长为部长姜伟新，副组长为副部长陈大卫、中央纪委驻部纪检组组长杜鹃。成员为王铁宏、曹金彪、冯俊、侯淅珉、孙安军、王志宏、沈建忠、陈重、陆克华、赵晖、吴慧娟、陈宜明、张其光、何兴华、王宁、杨忠诚、田思明、王早生。住房和城乡建设部治理商业贿赂领导小组办公室主任为王早生，副主任为王学军、彭小平，联络员为韩煜。

（住房城乡建设部人事司　范婷）

2. 劳动与职业教育

【继续做好实施阳光工程村镇建筑工匠培训项目和建筑业农民工技能培训示范工程工作】 2010年住房和城乡建设部与农业部等6部委会签并印发了《关于做好2010年农村劳动力转移培训阳光工程实施工作的通知》，在河北等23个省（区）和新疆生产建设兵团安排了10万人的培训计划。在总结2009年开展培训工作经验的基础上，强化了住房城乡建设部门在开展村镇建筑工匠培训工作中的职能和作用，在部分农村劳动力转移大省取得了良好的反响。开展了总结评估工作，深入分析这项工作对促进农村劳动力就近就地就业、支持农房建设和农村危房改造、稳定就业形势、推动社会主义新农村建设等方面的重要意义和积极作用，为继续做好阳光工程培训项目奠定基础。继续做好和人力资源社会保障部共同开展的建筑业农民工技能培训示范工程工作。

【积极筹备建立住房和城乡建设部职业技能鉴定指导中心】 为规范建设行业职业资格证书管理，规范行业职业技能培训，提高鉴定水平，住房和城乡建设部人事司决定推行国家职业资格证书制度，筹备建立住房和城乡建设部职业技能鉴定指导中心，统一指导管理住房城乡建设行业职业资格的考核、发证等工作。起草了《关于申请成立住房和城乡建设部职业技能鉴定指导中心的函》、《建设行业特有职业(工种)技能鉴定实施办法(试行)》报送人力资源社会保障部，同时多次征求各省(区、市)住房城乡建设厅、部机关有关司局和部分直属单位(部管社团)意见。围绕发挥省级住房城乡建设主管部门职能，确定第一批行业职业技能鉴定职业目录范围等重点问题，同人力资源社会保障部有关司局进行了多次协商沟通，住房和城乡建设部加紧各项筹备工作。

【继续加大建设职业技能培训与鉴定工作力度】继续加强职业技能培训和鉴定工作，促进工人职业技能水平和从业人员队伍整体素质提高。印发了《关于2009年全国建设职业技能培训与鉴定工作情况通报和2010年工作安排的通知》。2010年全年共培训1430688人，其中培训普工296959人，占培训总人数的20.76%；初级工457703人，占31.99%；中级工524206人，占36.64%；高级工143840人，占10.05%；技师和高级技师7980人，占0.56%。全年共鉴定943570人，其中鉴定初级工395293人，占鉴定总人数的41.89%；中级工460290人，占48.78%；高级工81691人，占8.66%；技师和高级技师6296人，占0.67%。湖北、四川、江苏、安徽、山东、河南、河北、上海、湖南、江西、浙江、天津、重庆(不含市政)、陕西、辽宁省(自治区、直辖市)培训总量均超过5万人；湖北、四川、浙江、河北、宁夏、重庆(含市政)、河南、西藏、福建省(自治区、直辖市)超额完成年度培训任务；江苏、山东省技师、高级技师培训和鉴定规模大，成效突出。在具体措施方面，指导各地整合建设类中等职业学校、技校、岗位培训中心、建筑工地农民工业余学校等各类培训资源，加强组织领导，积极与人力资源社会保障部门、农业部门协调，保障培训经费，创新培训方式，提高培训质量。

【举办全国中职学校建筑工程技术技能比赛】与教育部职业教育与成人教育司、中国建设教育协会在天津举行了2010年全国职业院校技能大赛中职组建筑工程技术技能比赛。人事司司领导担任比赛执委会主任。赛前多次召开由专家、裁判以及有关人员参加的筹备会议、执委会工作会议研究落实各项赛事筹备工作。比赛期间，部总经济师李秉仁出席闭赛仪式并观摩了部分赛项。本次比赛设工程测量、工程算量和楼宇智能化3个项目，共有31个省(自治区、直辖市)、新疆生产建设兵团和5个计划单列市的选手、指导教师、领队600多人参加，规模位居本届大赛各分项赛事前列。经过3天激烈角逐，共决出一等奖23个，二等奖45个，三等奖67个，优秀奖87个。光明日报、经济日报、中国建设报、建筑杂志社等媒体对比赛都进行了报道。比赛对引导职业院校师生尊重技能、崇尚技能以及推动行业职业院校教学改革都产生了良好作用。

【开展行业中职教育专业指导委员会换届工作】为做好住房和城乡建设部中等职业教育专业指导委员会的换届工作，根据近年来行业中职院校发展的特点，在全国范围内征集学校、行业、企业的专家作为委员候选人。9月召开了6个分委员会主任等人参加的换届筹备工作会议，酝酿新一届委员会人选和主持学校的名单，做了认真充分的准备。11月，顺利召开了新一届专业指导委员会成立大会，并明确了专业委员会为行业中职教育做好咨询服务，为推动校企合作、工学结合以及行业农民工培训提供各类支持，指导各分委员会定期积极开展工作。

【完成建筑业八大工种职业标准的修订工作】从2009年下半年开始，与人力资源社会保障部有关司局合作，共同组织对现行的建筑业砌筑工、混凝土工、钢筋工、管工、防水工、架子工、手工木工、精细木工等8个职业标准开展修订工作。现行标准是2002年建设部与劳动部根据当时经济、技术水平对从业人员的要求共同制定颁发的。随着经济发展和技术进步，现行的职业标准已经不能满足职业培训、职业鉴定和行业对从业人员的要求。2010年经编修单位北京建工集团(负责管工、防水工、架子工、手工木工、精细木工5个职业标准)和浙江省建筑业协会(负责砌筑工、混凝土工、钢筋工3个职业标准)分别修改完善后通过终审，报人力资源社会保障部，准备共同颁发施行。

【组织建筑业农民工现状、问题及对策课题研究】为全面掌握当前建筑业农民工队伍的现状、问题，总结各地开展农民工工作的好经验、好做法，探索创新工作机制，提出完善农民工培训和权益保护的政策建议和长远制度安排，组织协调中建管理学院、首都师范大学、地方住房城乡建设部门的有关专家承担住房和城乡建设部课题《建筑业农民工现状、问题及对策研究》，召开课题大纲论证会，组织课题组专家赴青岛、太原、广州、郑州、哈尔滨等地开展调研工作，督促指导课题组按计划进行研究和写作。至2010年年底课题顺利完成。

【继续开展农民工艾滋病防治宣传教育工作】住房和城乡建设部积极履行国务院防治艾滋病工作

委员会成员单位的职责,在行业农民工中普及艾滋病防治知识,提高他们的自我防护意识,在国务院防治艾滋病工作委员会办公室的支持下,实施了农民工防艾宣传教育工程,大力开展行业农民工艾滋病防治知识宣传教育工作。承担国务院防治艾滋病工作委员会办公室中英艾滋病策略支持项目、中国全球基金项目,在山西、广西等地举办了防艾骨干教师培训班,培训防艾骨干教师308人,为开展农民工防艾培训提供了师资支持。调研并试点开展了在市政园林、公用事业等领域进行防艾宣教工作的情况。按照项目管理的要求,在流动人口较多的省区、建筑工地以及中等职业学校等场所开展防艾宣传教育。落实国务院有关进一步推动防治艾滋病工作文件精神,创新思路积极做好相关工作,研究制定住房城乡建设行业防艾宣教的有关政策。

(住房和城乡建设部人事司 刘洋)

3. 建设类高等学校情况

【**住房和城乡建设部组建新一届高等学校土建学科教学指导委员会及各专业指导委员会(指导小组)**】 经商教育部等相关部门,住房和城乡建设部于2010年3月组建新一届高等学校土建学科教学指导委员会及各专业指导委员会(指导小组),任期五年。新一届高等学校土建学科教学指导委员会主任委员为住房和城乡建设部人事司司长王宁,副主任委员为住房和城乡建设部人事司副巡视员赵琦;委员8人,分别是(按姓氏笔画排序):方潜生、仲德崑、任宏、朱颖心、李国强、杨锐、吴志强、崔福义;秘书长由赵琦兼任。高等学校土建学科教学指导委员会下设8个专业指导委员会(指导小组),组成人员是:(1)建筑学专业指导委员会。主持学校为东南大学,主任委员为东南大学仲德崑教授,副主任委员5人,分别是(按姓氏笔画排序):朱文一、吴长福、张颀、周畅、赵红红;委员22人,分别是(按姓氏笔画排序):丁沃沃、王冬、王竹、王万江、吕品晶、刘塨、刘克成、刘临安、吴永发、李百浩、李晓峰、沈中伟、张成龙、张兴国、张伶伶、张建涛、张险峰、饶小军、郝赤彪、梅洪元、韩冬青、魏春雨。(2)城市规划专业指导委员会。主持学校为同济大学,主任委员为同济大学吴志强教授,副主任委员4人,分别是(按姓氏笔画排序):毛其智、石楠、石铁矛、赵万民;委员20人,分别是(按姓氏笔画排序):王世福、王向荣、叶裕民、刘博敏、华晨、吕斌、毕凌岚、杨新海、运迎霞、张军民、张忠国、周婕、陈燕萍、赵天宇、袁奇峰、徐建刚、唐子来、黄亚平、黄明华、储金龙。(3)土木工程专业指导委员会。主持学校为同济大学,主任委员为同济大学李国强教授,副主任委员5人,分别是(按姓氏笔画排序):叶列平、李爱群、张雁、邹超英、郑健龙;委员33人,分别是(按姓氏笔画排序):王湛、王燕、王立忠、王宗林、王起才、方志、白国良、关罡、刘伯权、孙伟民、孙利民、朱宏平、朱彦鹏、吴徽、李宏男、祁皑、张永兴、张俊平、杨杨、余志武、周学军、周志祥、岳祖润、赵艳林、姜忻良、徐岳、徐礼华、高波、程桦、靖洪文、缪昇、薛素铎、魏庆朝。(4)给水排水工程专业指导委员会。主持学校为哈尔滨工业大学,主任委员为哈尔滨工业大学崔福义教授,副主任委员5人,分别是(按姓氏笔画排序):邓慧萍、刘志琪、张智、张土乔、张晓健;委员19人,分别是(按姓氏笔画排序):方正、吕锡武、李亚峰、汤利华、张克峰、张学洪、张国珍、张祥中、张朝升、张雅君、陈卫、岳秀萍、施周、施永生、袁一星、顾平、陶涛、黄勇、黄廷林。(5)建筑环境与设备工程专业指导委员会。主持学校为清华大学,主任委员为清华大学朱颖心教授,副主任委员3人,分别是(按姓氏笔画排序):王有为、付祥钊、姚杨;委员22人,分别是(按姓氏笔画排序):刁乃仁、王劲柏、冯国会、朱能、杨一凡、杨昌智、李先庭、李安桂、李德英、沈恒根、张旭、周孝清、陈忠海、陈振乾、官燕玲、范晓伟、茅靳丰、胡松涛、徐向荣、黄晨、焦文玲、端木琳。(6)工程管理专业指导委员会。主持学校为重庆大学,主任委员为重庆大学任宏教授,副主任委员4人,分别是(按姓氏笔画排序):王雪青、刘晓君、武永祥、柴强;委员27人,分别是(按姓氏笔画排序):王立国、王幼松、王卓甫、王恩茂、王孟钧、王建平、王建廷、王家远、方俊、尹贻林、刘亚臣、刘洪玉、杨宇、阮连法、李启明、吴涛、吴佐民、张云波、庞永师、周天华、陈起俊、陈建国、姚玲珍、骆汉宾、温健、谭大璐、谭跃虎。(7)风景园林专业指导小组。主持学校为清华大学,组长为清华大学杨锐教授,副组长4人,分别是(按姓氏笔画排序):刘滨谊、李雄、金荷仙、俞孔坚;成员9人,分别是(按姓氏笔画排序):王浩、叶强、刘晖、成玉宁、许大为、李敏、杜春兰、张大玉、高翅。(8)建筑电气与智能化专业指导小组。主持学校为安徽建筑工业学院,组长为安徽建筑工业学院方潜生教授,副组长2人,分别是(按姓氏笔画排序):于军琪、韩宁;成员11人,分别是(按姓氏笔画排序):王娜、王晓丽、付保川、李界家、张九根、陈志新、范同顺、胡国文、段培永、徐殿国、黄民德。

【住房和城乡建设部组建新一届高职高专教育土建类专业教学指导委员会及各分指导委员会】 经商教育部，住房和城乡建设部于2010年3月组建新一届高职高专教育土建类专业教学指导委员会及各分指导委员会，任期五年。新一届高职高专教育土建类专业教学指导委员会主持学校为四川建筑职业技术学院，主任委员为四川建筑职业技术学院吴泽教授；副主任委员3人，分别是（按姓氏笔画排序）：王凤君、侯元、袁洪志，秘书长为胡兴福；委员7人，分别是（按姓氏笔画排序）：丁夏君、李辉、季翔、刘春泽、陈锡宝、赵研、贺俊杰。高职高专教育土建类专业教学指导委员会下设7个分指导委员会，组成人员是：（1）建筑设计类专业分指导委员会。主持学校为徐州建筑职业技术学院，主任委员为徐州建筑职业技术学院季翔教授，副主任委员2人，分别是（按姓氏笔画排序）：马松雯、黄春波；委员13人，分别是（按姓氏笔画排序）：王小净、王俊英、冯美宇、刘超英、孙亚峰（兼秘书）、李进、杨青山、陈华、陈卫华、钟建、赵肖丹、徐锡权、章斌全。（2）规划园林类专业分指导委员会。主持学校为浙江建设职业技术学院，主任委员为浙江建设职业技术学院丁夏君教授，副主任委员2人，分别是（按姓氏笔画排序）：周兴元、裴杭；委员14人，分别是（按姓氏笔画排序）：甘翔云、刘小庆、刘学军、何向玲、张华、李伟国（兼秘书）、肖利才、邱海玲、陈芳、李春宝、赵建民、高卿、崔丽萍、解万玉。（3）土建施工类专业分指导委员会。主持学校为黑龙江建筑职业技术学院，主任委员为黑龙江建筑职业技术学院赵研教授，副主任委员3人，分别是（按姓氏笔画排序）：王强、危道军、胡兴福；委员17人，分别是（按姓氏笔画排序）：王付全、王春宁（兼秘书）、邓宗国、冯光灿、孙玉红、何辉、张伟、李光、李社生、杨太生、陈年和、武佩牛、侯洪涛、战启芳、赵惠琳、郝俊、黄春蕾。（4）建筑设备类专业分指导委员会。主持学校为辽宁建筑职业技术学院，主任委员为辽宁建筑职业技术学院刘春泽教授，副主任委员3人，分别是（按姓氏笔画排序）：高文安、谢社初、蒋志良；委员13人，分别是（按姓氏笔画排序）：王青山（兼秘书）、孙毅、孙景芝、汤万龙、吴晓辉、余增元、张炳根、杨婉、沈瑞珠、高绍远、黄河、黄亦沄、颜凌云。（5）市政工程类专业分指导委员会。主持学校为内蒙古建筑职业技术学院，主任委员为内蒙古建筑职业技术学院贺俊杰教授，副主任委员2人，分别是（按姓氏笔画排序）：张朝晖、范柳先；委员13人，分别是（按姓氏笔画排序）：马精凭、邓爱华、边喜龙、匡希龙、张宝军、张银会、李峰、李伙穆、邱琴忠、周美新、相会强、韩培江、谭翠萍（兼秘书）。（6）工程管理类专业分指导委员会。主持学校为四川建筑职业技术学院，主任委员为四川建筑职业技术学院李辉教授，副主任委员2人，分别是（按姓氏笔画排序）：黄兆康、夏清东；委员15人，分别是（按姓氏笔画排序）：王艳萍、田恒久、刘阳、刘建军、刘金海、张小林、张秀萍、李永光、李洪军、李英俊、杨旗、陈润生、胡六星、袁建新（兼秘书）、郭起剑。（7）房地产类专业分指导委员会。主持学校为上海城市管理职业技术学院，主任委员为上海城市管理职业技术学院陈锡宝教授，副主任委员2人，分别是（按姓氏笔画排序）：武敬、银花；委员13人，分别是（按姓氏笔画排序）：刘霁、佟颖春、李元美、杨晶、杨锐、杨光辉、陈旭平、周中元、孟庆杰、钟林、唐茂华、章鸿雁、滕永健（兼秘书）。

【新一届高等学校建筑学、城市规划、风景园林专业指导委员会（指导小组）联合召开成立会议】 2010年9月，第五届全国高等学校土建学科建筑学专业指导委员会第一次会议、第三届高等学校城市规划专业指导委员会第一次会议暨第一届高等学校风景园林专业指导小组第一次会议，在上海联合召开。三个专业指导委员会（指导小组）全体委员（成员）及住房和城乡建设部人事司有关负责人参加会议。会上，住房和城乡建设部人事司有关负责人向三个专业指导委员会（指导小组）委员（成员）颁发聘书，三个专业研究了学科专业发展、专业规范编制、设计竞赛等有关工作，并开展了研讨活动。会议由同济大学承办。

【第五届高等学校土木工程专业指导委员会第一次会议召开】 2010年10月，第五届高等学校土木工程专业指导委员会第一次会议在长沙召开。第四届专业指导委员会部分委员、第五届专业指导委员会全体委员以及住房和城乡建设部人事司有关负责人参加会议。会上，住房和城乡建设部人事司有关负责人向第五届高等学校土木工程专业指导委员会委员颁发聘书，李国强教授汇报第四届专业指导委员会工作和第五届专业指导委员会工作计划。会议研究了土木工程专业规范的编制，第一届全国高校土木工程专业大学生论坛有关工作，2010年全国土木工程学科本科生优秀创新实践成果评选，以及第五届专业指导委员会工作规划。会议由中南大学承办。

【第五届高等学校建筑环境与设备工程专业指导委员会第一次会议召开】 2010年8月，第五届高等学校建筑环境与设备工程专业指导委员会第一次会议在上海召开。第四届专业指导委员会部分委员、第五届专业指导委员会全体委员以及住房和城乡建设部人事司、中国制冷学会、《暖通空调》编辑部、中国建筑工业出版社、清华同方人工环境工程公司有关负责人和有关高校代表参加会议。会上，住房和城乡建设部人事司有关负责人向第五届高高等学校建筑环境与设备工程专业指导委员会委员颁发聘书，朱颖心教授汇报第四届专业指导委员会工作和第五届专业指导委员会工作计划。会议讨论了"人工环境工程学科奖学金"的评选组织方式，建筑环境与设备工程专业规范，以及普通高等教育土建学科专业"十二五"规划教材建设工作。第十八届(2010年)"人工环境工程学科奖学金"颁奖仪式同时举行。会议由同济大学承办。

【第五届高等学校给水排水工程专业指导委员会第一次会议召开】 2010年7月，第五届高等学校给水排水工程专业指导委员会第一次会议在上海召开。专业指导委员会全体委员及顾问李圭白院士，以及住房和城乡建设部人事司有关负责人参加会议。会上，住房和城乡建设部人事司有关负责人向第五届高等学校给水排水工程专业指导委员会委员颁发聘书，崔福义教授代表第四届专业指导委员会做工作报告。会议研究了本届专业指导委员会的主要工作，评审推荐了普通高等教育土建学科专业"十二五"规划教材，讨论并通过给水排水工程专业(给排水科学与工程)规范及专业发展战略研究报告。会议由上海市自然与健康基金会、同济大学承办。

【第四届高等学校工程管理专业指导委员会第一次会议召开】 2010年6月，第四届高等学校工程管理专业指导委员会第一次会议在西安召开。第四届专业指导委员会全体委员及住房和城乡建设部人事司有关负责人参加会议。会上，住房和城乡建设部人事司有关负责人向第四届高等学校工程管理专业指导委员会委员颁发聘书，任宏教授代表第三届专业指导委员会做工作报告。会议研究了本届专业指导委员会的主要工作，审议了《高等学校工程管理本科专业规范》(征求意见稿)，研究了教材建设工作。会议由西安建筑科技大学承办。

【高等学校建筑电气与智能化专业指导小组成立会议暨第一届第一次全体会议召开】 2010年8月，高等学校建筑电气与智能化专业指导小组成立会议暨第一届第一次全体会议在丹东召开。这次会议是指导小组正式从高等学校建筑环境与设备工程专业指导委员会独立出来的第一次会议。指导小组全体成员、住房和城乡建设部人事司有关负责人参加会议。会上，住房和城乡建设部人事司有关负责人向高等学校建筑电气与智能化专业指导小组成员颁发聘书。会议总结了上一届指导小组工作，研究了本届指导小组2010年工作计划和2010～2015年工作规划、专业规范制定、"十二五"规划教材建设、教改项目研究，以及第二届大学生智能建筑工程实践技能竞赛规则等。

【2009～2010年度高等学校土建类专业教育评估工作总体情况】 2009～2010年度，全国共有37所高校的43个土建类专业点参加专业评估。经过各专业评估委员会全体委员通讯评审、现场视察、会议评议和投票表决，决定通过这43个专业点的专业评估。截至2010年5月，全国已有74所高校累计206个专业点通过评估，在评估合格有效期内的205个。其中，建筑学专业45个、城市规划专业26个、土木工程专业56个、建筑环境与设备工程专业23个、给水排水工程专业27个、工程管理专业28个，分别占全国设置专业点总数的18%、16%、13%、14%、20%和8%(专业点总数截止到2010年底)。

【2009～2010年度高等学校建筑学专业教育评估工作】 2010年，全国高等学校建筑学专业教育评估委员会对北京工业大学、西南交通大学、南京工业大学、吉林建筑工程学院、青岛理工大学、上海交通大学、福州大学、北京交通大学、太原理工大学、浙江工业大学等10所学校的建筑学专业教育进行了评估。评估委员会全体委员对各学校的自评报告进行了审阅，于5月份派遣视察小组进校实地视察。之后，经评估委员会全体会议讨论，作出了评估结论并报送国务院学位办。6月，国务院学位办下发《关于批准北京交通大学等五所高等学校授予建筑学专业学位的通知》(学位办〔2010〕33号)和《关于批准北京工业大学等六所高等学校继续行使建筑学专业学位授予权的通知》(学位办〔2010〕34号)，授权这些高校行使或继续行使建筑学专业学位授予权。2010年高校建筑学专业评估结论见表1。

截至2010年5月，全国共有45所高校建筑学专业通过专业教育评估，受权行使建筑学专业学位(包括建筑学学士和建筑学硕士)授予权，其中具有建筑学学士学位授予权的有44个专业点，具有建筑学硕士学位授予权的有22个专业点。具体情况见表2。

2010年10所高校建筑学专业评估结论

表1

序号	学校	专业	授予学位	合格有效期		备注
				本科	硕士研究生	
1	北京工业大学	建筑学	学士、硕士	4年 (2010.5~2014.5)	4年 (2010.5~2014.5)	本科复评硕士首次
2	西南交通大学	建筑学	学士、硕士	4年 (2010.5~2014.5)	4年 (2010.5~2014.5)	复评
3	南京工业大学	建筑学	学士	4年 (2010.5~2014.5) (有条件)	—	复评
4	吉林建筑工程学院	建筑学	学士	4年 (2010.5~2014.5)	—	复评
5	青岛理工大学	建筑学	学士	4年 (2010.5~2014.5)	—	复评
6	上海交通大学	建筑学	学士	4年 (2010.5~2014.5)	—	复评
7	福州大学	建筑学	学士	4年 (2010.5~2014.5)	—	首次申请
8	北京交通大学	建筑学	学士	4年 (2010.5~2014.5)	—	首次申请
9	太原理工大学	建筑学	学士	4年 (2010.5~2014.5)	—	首次申请
10	浙江工业大学	建筑学	学士	4年 (2010.5~2014.5)	—	首次申请

高校建筑学专业教育评估通过学校和有效期情况统计
（截至2010年5月，按首次通过评估时间排序）

表2

序号	学校	本科合格有效期	硕士合格有效期	首次通过评估时间
1	清华大学	2004.5~2011.6	2004.5~2011.6	1992.5
2	同济大学	2004.5~2011.6	2004.5~2011.6	1992.5
3	东南大学	2004.5~2011.6	2004.5~2011.6	1992.5
4	天津大学	2004.5~2011.6	2004.5~2011.6	1992.5
5	重庆大学	2006.6~2013.6	2006.6~2013.6	1994.5
6	哈尔滨工业大学	2006.6~2013.6	2006.6~2013.6	1994.5
7	西安建筑科技大学	2006.6~2013.6	2006.6~2013.6	1994.5
8	华南理工大学	2006.6~2013.6	2006.6~2013.6	1994.5
9	浙江大学	2004.5~2011.6	2004.5~2011.6	1996.5
10	湖南大学	2008.5~2015.5	2008.5~2015.5	1996.5
11	合肥工业大学	2008.5~2015.5	2008.5~2015.5	1996.5
12	北京建筑工程学院	2008.5~2012.5	2008.5~2012.5	1996.5
13	深圳大学	2008.5~2012.5	—	1996.5
14	华侨大学	2008.5~2012.5	2008.5~2012.5	1996.5

续表

序号	学校	本科合格有效期	硕士合格有效期	首次通过评估时间
15	北京工业大学	2010.5～2014.5	2010.5～2014.5	本科1998.5/硕士2010.5
16	西南交通大学	2010.5～2014.5	2010.5～2014.5	本科1998.5/硕士2004.5
17	华中科技大学	2007.5～2014.5	2007.5～2014.5	1999.5
18	沈阳建筑大学	2007.5～2011.5	2007.5～2011.5	1999.5
19	郑州大学	2007.5～2011.5	—	1999.5
20	大连理工大学	2008.5～2015.5	2008.5～2015.5	2000.5
21	山东建筑大学	2008.5～2012.5	—	2000.5
22	昆明理工大学	2009.5～2013.5	2009.5～2013.5	本科2001.5/硕士2009.5
23	南京工业大学	2010.5～2014.5（有条件）	—	2002.5
24	吉林建筑工程学院	2010.5～2014.5	—	2002.5
25	武汉理工大学	2007.5～2011.5	—	2003.5
26	厦门大学	2007.5～2011.5	2007.5～2011.5	本科2003.5/硕士2007.5
27	广州大学	2008.5～2012.5	—	2004.5
28	河北工程大学	2008.5～2012.5	—	2004.5
29	上海交通大学	2010.5～2014.5	—	2006.6
30	青岛理工大学	2010.5～2014.5	—	2006.6
31	安徽建筑工业学院	2007.5～2011.5	—	2007.5
32	西安交通大学	2007.5～2011.5	—	2007.5
33	南京大学	—	2007.5～2011.5	2007.5
34	中南大学	2008.5～2012.5	—	2008.5
35	武汉大学	2008.5～2012.5	2008.5～2012.5	2008.5
36	北方工业大学	2008.5～2012.5	—	2008.5
37	中国矿业大学	2008.5～2012.5	—	2008.5
38	苏州科技学院	2008.5～2012.5	—	2008.5
39	内蒙古工业大学	2009.5～2013.5	—	2009.5
40	河北工业大学	2009.5～2013.5	—	2009.5
41	中央美术学院	2009.5～2013.5	—	2009.5
42	福州大学	2010.5～2014.5	—	2010.5
43	北京交通大学	2010.5～2014.5	—	2010.5
44	太原理工大学	2010.5～2014.5	—	2010.5
45	浙江工业大学	2010.5～2014.5	—	2010.5

【2009～2010年度高等学校城市规划专业教育评估工作】 2010年，住房和城乡建设部高等教育城市规划专业评估委员会对清华大学、东南大学、同济大学、重庆大学、哈尔滨工业大学、天津大学、西南交通大学、浙江大学、大连理工大学、浙江工业大学等10所学校的城市规划专业进行了评估。评估委员会全体委员对各校的自评报告进行了审阅，于5月份派遣视察小组进校实地视察。经评估委员会全体会议讨论，作出了评估结论，见表3。

截至2010年5月，全国共有26所高校的城市规划专业通过专业评估，其中本科专业点25个，硕士研究生专业点12个。具体情况见表4。

2010年10所高校城市规划专业评估结论

表3

序号	学校	专业	授予学位	合格有效期 本科	合格有效期 硕士研究生	备注
1	清华大学	城市规划	硕士	—	6年（2010.5~2016.5）	复评
2	东南大学	城市规划	学士、硕士	6年（2010.5~2016.5）	6年（2010.5~2016.5）	复评
3	同济大学	城市规划	学士、硕士	6年（2010.5~2016.5）	6年（2010.5~2016.5）	复评
4	重庆大学	城市规划	学士、硕士	6年（2010.5~2016.5）	6年（2010.5~2016.5）	复评
5	哈尔滨工业大学	城市规划	学士、硕士	6年（2010.5~2016.5）	6年（2010.5~2016.5）	复评
6	天津大学	城市规划	学士、硕士	6年（2010.5~2016.5）	6年（2010.5~2016.5）	复评
7	西南交通大学	城市规划	学士	6年（2010.5~2016.5）	—	复评
8	浙江大学	城市规划	学士	6年（2010.5~2016.5）	—	复评
9	大连理工大学	城市规划	学士	4年（2010.5~2014.5）	—	首次申请
10	浙江工业大学	城市规划	学士	4年（2010.5~2014.5）	—	首次申请

高校城市规划专业评估通过学校和有效期情况统计
（截至2010年5月，按首次通过评估时间排序）

表4

序号	学校	本科合格有效期	硕士合格有效期	首次通过评估时间
1	清华大学	—	2010.5~2016.5	1998.6
2	东南大学	2010.5~2016.5	2010.5~2016.5	1998.6
3	同济大学	2010.5~2016.5	2010.5~2016.5	1998.6
4	重庆大学	2010.5~2016.5	2010.5~2016.5	1998.6
5	哈尔滨工业大学	2010.5~2016.5	2010.5~2016.5	1998.6
6	天津大学	2010.5~2016.5	2010.5~2016.5（2006年6月至2010年5月硕士研究生教育不在有效期内）	2000.6
7	西安建筑科技大学	2006.6~2012.6	2006.6~2012.6	2000.6
8	华中科技大学	2006.6~2012.6	2006.6~2012.6	本科2000.6/硕士2006.6
9	南京大学	2008.5~2014.5（2006年6月至2008年5月本科教育不在有效期内）	2008.5~2014.5	2002.7
10	华南理工大学	2008.5~2014.5	2008.5~2014.5	2002.6
11	山东建筑大学	2008.5~2014.5	—	2004.6
12	西南交通大学	2010.5~2016.5	—	2006.6
13	浙江大学	2010.5~2016.5	—	2006.6
14	武汉大学	2008.5~2012.5	2008.5~2012.5	2008.5

续表

序号	学校	本科合格有效期	硕士合格有效期	首次通过评估时间
15	湖南大学	2008.5～2012.5	—	2008.5
16	苏州科技学院	2008.5～2012.5		2008.5
17	沈阳建筑大学	2008.5～2012.5		2008.5
18	安徽建筑工业学院	2008.5～2012.5		2008.5
19	昆明理工大学	2008.5～2012.5		2008.5
20	中山大学	2009.5～2013.5		2009.5
21	南京工业大学	2009.5～2013.5		2009.5
22	中南大学	2009.5～2013.5		2009.5
23	深圳大学	2009.5～2013.5		2009.5
24	西北大学	2009.5～2013.5	2009.5～2013.5	2009.5
25	大连理工大学	2010.5～2014.5	—	2010.5
26	浙江工业大学	2010.5～2014.5		2010.5

【2009～2010年度高等学校土木工程专业教育评估工作】 2010年，住房和城乡建设部高等教育土木工程专业评估委员会对华南理工大学、广州大学、中国矿业大学、苏州科技学院、南昌大学、重庆交通大学、西安科技大学、东北林业大学等8所学校的土木工程专业进行了评估。评估委员会全体委员对各校的自评报告进行了审阅，于5月份派遣视察小组进校实地视察。经评估委员会全体会议讨论，作出了评估结论，见表5。

截至2010年5月，全国共有56所高校的土木工程专业通过评估。具体情况见表6。

2010年8所高校土木工程专业评估结论　　　　表5

序号	学校	专业	授予学位	合格有效期	备注
1	华南理工大学	土木工程	学士	8年(2010.5～2018.5)	复评
2	广州大学	土木工程	学士	5年(2010.5～2015.5)	复评
3	中国矿业大学	土木工程	学士	5年(2010.5～2015.5)	复评
4	苏州科技学院	土木工程	学士	5年(2010.5～2015.5)	复评
5	南昌大学	土木工程	学士	5年(2010.5～2015.5)	首次申请
6	重庆交通大学	土木工程	学士	5年(2010.5～2015.5)	首次申请
7	西安科技大学	土木工程	学士	5年(2010.5～2015.5)	首次申请
8	东北林业大学	土木工程	学士	5年(2010.5～2015.5)	首次申请

高校土木工程专业评估通过学校和有效期情况统计
（截至2010年5月，按首次通过评估时间排序）　　　　表6

序号	学校	本科合格有效期	首次通过评估时间	序号	学校	本科合格有效期	首次通过评估时间
1	清华大学	2005.6～2013.6	1995.6	9	湖南大学	2005.6～2013.6	1995.6
2	天津大学	2005.6～2013.6	1995.6	10	西安建筑科技大学	2005.6～2013.6	1995.6
3	东南大学	2005.6～2013.6	1995.6	11	沈阳建筑大学	2007.5～2012.5	1997.6
4	同济大学	2005.6～2013.6	1995.6	12	郑州大学	2007.5～2012.5	1997.6
5	浙江大学	2005.6～2013.6	1995.6	13	合肥工业大学	2007.5～2012.5	1997.6
6	华南理工大学	2010.5～2018.5	1995.6	14	武汉理工大学	2007.5～2012.5	1997.6
7	重庆大学	2005.6～2013.6	1995.6	15	华中科技大学	2008.5～2013.5	1997.6
8	哈尔滨工业大学	2005.6～2013.6	1995.6	16	西南交通大学	2007.5～2015.5	1997.6

续表

序号	学校	本科合格有效期	首次通过评估时间	序号	学校	本科合格有效期	首次通过评估时间
17	中南大学	2009.5~2014.5（2002年6月至2004年6月不在有效期内）	1997.6	37	吉林建筑工程学院	2006.6~2011.6	2006.6
18	华侨大学	2007.5~2012.5	1997.6	38	内蒙古科技大学	2006.6~2011.6	2006.6
19	北京交通大学	2009.5~2017.5	1999.6	39	长安大学	2006.6~2011.6	2006.6
20	大连理工大学	2009.5~2017.5	1999.6	40	广西大学	2006.6~2011.6	2006.6
21	上海交通大学	2009.5~2017.5	1999.6	41	昆明理工大学	2007.5~2012.5	2007.5
22	河海大学	2009.5~2017.5	1999.6	42	西安交通大学	2007.5~2012.5	2007.5
23	武汉大学	2009.5~2017.5	1999.6	43	华北水利水电学院	2007.5~2012.5	2007.5
24	兰州理工大学	2009.5~2014.5	1999.6	44	四川大学	2007.5~2012.5	2007.5
25	三峡大学	2006.6~2011.6（2004年6月至2006年6月不在有效期内）	1999.6	45	安徽建筑工业学院	2007.5~2012.5	2007.5
26	南京工业大学	2006.6~2011.6	2001.6	46	浙江工业大学	2008.5~2013.5	2008.5
27	石家庄铁道学院	2007.5~2012.5（2006年6月至2007年5月不在有效期内）	2001.6	47	解放军理工大学	2008.5~2013.5	2008.5
28	北京工业大学	2007.5~2012.5	2002.6	48	西安理工大学	2008.5~2013.5	2008.5
29	兰州交通大学	2007.5~2012.5	2002.6	49	长沙理工大学	2009.5~2014.5	2009.5
30	山东建筑大学	2008.5~2013.5	2003.6	50	天津城市建设学院	2009.5~2014.5	2009.5
31	河北工业大学	2009.5~2014.5（2008年5月至2009年5月不在有效期内）	2003.6	51	河北建筑工程学院	2009.5~2014.5	2009.5
32	福州大学	2008.5~2013.5	2003.6	52	青岛理工大学	2009.5~2014.5	2009.5
33	广州大学	2010.5~2015.5	2005.6	53	南昌大学	2010.5~2015.5	2010.5
34	中国矿业大学	2010.5~2015.5	2005.6	54	重庆交通大学	2010.5~2015.5	2010.5
35	苏州科技学院	2010.5~2015.5	2005.6	55	西安科技大学	2010.5~2015.5	2010.5
36	北京建筑工程学院	2006.6~2011.6	2006.6	56	东北林业大学	2010.5~2015.5	2010.5

【2009~2010年度高等学校建筑环境与设备工程专业教育评估工作】 2010年，住房和城乡建设部高等教育建筑环境与设备工程专业评估委员会对山东建筑大学、北京建筑工程学院、南京理工大学等3所学校的建筑环境与设备工程专业进行评估。评估委员会全体委员对学校的自评报告进行审阅，于5月份派遣视察小组进校实地视察。经评估委员会全体会议讨论，作出了评估结论，见表7。

截至2010年5月，全国共有23所高校的建筑环境与设备工程专业通过评估。具体情况见表8。

2010年3所高校建筑环境与设备工程专业评估结论　　　表7

序号	学校	专业	授予学位	合格有效期	备注
1	山东建筑大学	建筑环境与设备工程	学士	5年（2010.5~2015.5）	复评
2	北京建筑工程学院	建筑环境与设备工程	学士	5年（2010.5~2015.5）	复评
3	南京理工大学	建筑环境与设备工程	学士	5年（2010.5~2015.5）	首次申请

高校建筑环境与设备工程专业评估通过学校和有效期情况统计
（截至 2010 年 5 月，按首次通过评估时间排序）　　表 8

序号	学校	本科合格有效期	首次通过评估时间	序号	学校	本科合格有效期	首次通过评估时间
1	清华大学	2007.6～2012.5	2002.5	13	广州大学	2006.6～2011.6	2006.6
2	同济大学	2007.6～2012.5	2002.5	14	北京工业大学	2006.6～2011.6	2006.6
3	天津大学	2007.6～2012.5	2002.5	15	沈阳建筑大学	2007.6～2012.5	2007.6
4	哈尔滨工业大学	2007.6～2012.5	2002.5	16	南京工业大学	2007.6～2012.5	2007.6
5	重庆大学	2007.6～2012.5	2002.5	17	长安大学	2008.5～2013.5	2008.5
6	解放军理工大学	2008.5～2013.5	2003.5	18	吉林建筑工程学院	2009.5～2014.5	2009.5
7	东华大学	2008.5～2013.5	2003.5	19	青岛理工大学	2009.5～2014.5	2009.5
8	湖南大学	2008.5～2013.5	2003.5	20	河北建筑工程学院	2009.5～2014.5	2009.5
9	西安建筑科技大学	2009.5～2014.5	2004.5	21	中南大学	2009.5～2014.5	2009.5
10	山东建筑大学	2010.5～2015.5	2005.6	22	安徽建筑工业学院	2009.5～2014.5	2009.5
11	北京建筑工程学院	2010.5～2015.5	2005.6	23	南京理工大学	2010.5～2015.5	2010.5
12	中原工学院	2006.6～2011.6	2006.6				

注：(1) 南华大学建筑环境与设备工程专业于 2006 年 6 月基本通过评估，有效期为有条件 5 年。根据《全国高等学校建筑环境与设备工程专业（本科）评估程序与方法》的有关规定，2008 年评估委员会应对该校进行中期检查，但应该校要求，未能组织对其复查，故评估委员会于 2008 年 5 月做出决议，终止对该校该专业原评估基本通过的结论。从 2008 年起（含 2008 年），该专业点本科教育不在评估合格有效期内。(2) 华中科技大学建筑环境与设备工程专业于 2005 年 6 月通过评估，合格有效期为 5 年，2010 年到期后没有提出复评申请，故 2010 年起（含 2010 年），该专业点本科教育不在评估合格有效期内。

【2009～2010 年度高等学校给水排水工程专业教育评估工作】 2010 年，住房和城乡建设部高等教育给水排水工程专业评估委员会对西安建筑科技大学、北京建筑工程学院、华东交通大学、浙江工业大学等 4 所学校的给水排水工程专业进行了评估。评估委员会全体委员对各校的自评报告进行了审阅，于 5 月份派遣视察小组进校实地视察。经评估委员会全体会议讨论，作出了评估结论，见表 9。

截至 2010 年 5 月，全国共有 27 所高校的给水排水工程专业通过评估。具体情况见表 10。

2010 年 4 所高校给水排水工程专业评估结论　　表 9

序号	学校	专业	授予学位	合格有效期	备注
1	西安建筑科技大学	给水排水工程	学士	5 年（2010.5～2015.5）	复评
2	北京建筑工程学院	给水排水工程	学士	5 年（2010.5～2015.5）	复评
3	华东交通大学	给水排水工程	学士	5 年（2010.5～2015.5）	首次申请
4	浙江工业大学	给水排水工程	学士	5 年（2010.5～2015.5）	首次申请

高校给水排水工程专业评估通过学校和有效期情况统计
（截至 2010 年 5 月，按首次通过评估时间排序）　　表 10

序号	学校	本科合格有效期	首次通过评估时间	序号	学校	本科合格有效期	首次通过评估时间
1	清华大学	2009.5～2014.5	2004.5	8	华中科技大学	2006.6～2011.6	2006.6
2	同济大学	2009.5～2014.5	2004.5	9	湖南大学	2006.6～2011.6	2006.6
3	重庆大学	2009.5～2014.5	2004.5	10	南京工业大学	2007.5～2012.5	2007.5
4	哈尔滨工业大学	2009.5～2014.5	2004.5	11	兰州交通大学	2007.5～2012.5	2007.5
5	西安建筑科技大学	2010.5～2015.5	2005.6	12	广州大学	2007.5～2012.5	2007.5
6	北京建筑工程学院	2010.5～2015.5	2005.6	13	安徽建筑工业学院	2007.5～2012.5	2007.5
7	河海大学	2006.6～2011.6	2006.6	14	沈阳建筑大学	2007.5～2012.5	2007.5

续表

序号	学校	本科合格有效期	首次通过评估时间	序号	学校	本科合格有效期	首次通过评估时间
15	长安大学	2008.5～2013.5	2008.5	22	吉林建筑工程学院	2009.5～2014.5	2009.5
16	桂林工学院	2008.5～2013.5	2008.5	23	四川大学	2009.5～2014.5	2009.5
17	武汉理工大学	2008.5～2013.5	2008.5	24	青岛理工大学	2009.5～2014.5	2009.5
18	扬州大学	2008.5～2013.5	2008.5	25	天津城市建设学院	2009.5～2014.5	2009.5
19	山东建筑大学	2008.5～2013.5	2008.5	26	华东交通大学	2010.5～2015.5	2010.5
20	武汉大学	2009.5～2014.5	2009.5	27	浙江工业大学	2010.5～2015.5	2010.5
21	苏州科技学院	2009.5～2014.5	2009.5				

【2009～2010年度高等学校工程管理专业教育评估工作】 2010年，住房和城乡建设部高等教育工程管理专业评估委员会对华中科技大学、河海大学、华侨大学、深圳大学、苏州科技学院、兰州交通大学、河北建筑工程学院等7所学校的工程管理专业进行了评估。评估委员会全体委员对各校的自评报告进行了审阅，于5月份派遣视察小组进校实地视察。经评估委员会全体会议讨论，作出了评估结论，见表11。

截至2010年5月，全国共有28所高校的工程管理专业通过评估。具体情况见表12。

2010年7所高校工程管理专业评估结论　　表11

序号	学校	专业	授予学位	合格有效期	备注
1	华中科技大学	工程管理	学士	5年(2010.5～2015.5)	复评
2	河海大学	工程管理	学士	5年(2010.5～2015.5)	复评
3	华侨大学	工程管理	学士	5年(2010.5～2015.5)	复评
4	深圳大学	工程管理	学士	5年(2010.5～2015.5)	复评
5	苏州科技学院	工程管理	学士	5年(2010.5～2015.5)	复评
6	兰州交通大学	工程管理	学士	5年(2010.5～2015.5)	首次申请
7	河北建筑工程学院	工程管理	学士	5年(2010.5～2015.5)	首次申请

高校工程管理专业评估通过学校和有效期情况统计
（截至2010年5月，按首次通过评估时间排序）　　表12

序号	学校	本科合格有效期	首次通过评估时间	序号	学校	本科合格有效期	首次通过评估时间
1	重庆大学	2009.5～2014.5	1999.11	15	苏州科技学院	2010.5～2015.5	2005.6
2	哈尔滨工业大学	2009.5～2014.5	1999.11	16	中南大学	2006.6～2011.6	2006.6
3	西安建筑科技大学	2009.5～2014.5	1999.11	17	湖南大学	2006.6～2011.6	2006.6
4	清华大学	2009.5～2014.5	1999.11	18	沈阳建筑大学	2007.5～2012.5	2007.6
5	同济大学	2009.5～2014.5	1999.11	19	北京建筑工程学院	2008.5～2013.5	2008.5
6	东南大学	2009.5～2014.5	1999.11	20	山东建筑大学	2008.5～2013.5	2008.5
7	天津大学	2006.6～2011.6	2001.6	21	安徽建筑工业学院	2008.5～2013.5	2008.5
8	南京工业大学	2006.6～2011.6	2001.6	22	武汉理工大学	2008.5～2013.5	2008.5
9	广州大学	2008.5～2013.5	2003.6	23	北京交通大学	2009.5～2014.5	2009.5
10	东北财经大学	2008.5～2013.5	2003.6	24	郑州航空工业管理学院	2009.5～2014.5	2009.5
11	华中科技大学	2010.5～2015.5	2005.6	25	天津城市建设学院	2009.5～2014.5	2009.5
12	河海大学	2010.5～2015.5	2005.6	26	吉林建筑工程学院	2009.5～2014.5	2009.5
13	华侨大学	2010.5～2015.5	2005.6	27	兰州交通大学	2010.5～2015.5	2010.5
14	深圳大学	2010.5～2015.5	2005.6	28	河北建筑工程学院	2010.5～2015.5	2010.5

（住房和城乡建设部人事司　王柏峰）

4. 住房城乡建设干部教育培训

【领导干部和专业技术人员业务知识培训】 按照中央大规模培训干部要求，2010年，住房和城乡建设部机关、直属单位和社会团体共组织培训班277项，662个班次，培训领导干部和专业技术人员64381人次。继续办好市长培训班，全国市长研修学院共组织2期市长培训班和6期专题研究班，共培训市长和领导干部314人次。支持定点帮扶地区干部培训工作，为住房和城乡建设部定点帮扶的青海省黄南藏族自治州及尖扎、泽库等县免费举办领导干部新农村(牧区)建设培训班。举办住房城乡建设系统援疆干部培训班，会同新疆住房城乡建设厅培训19个援疆省市及受援市州(师)建设系统领导干部105人。

【定向培养住房和城乡建设系统公共管理硕士(MPA)】 2010年，住房和城乡建设部继续委托中国人民大学、清华大学在全国住房和城乡建设系统开展定向培养公共管理硕士(MPA)工作。中国人民大学培养方向为住房保障和城乡建设，清华大学培养方向为城乡规划与管理。

(住房和城乡建设部人事司　王柏峰)

5. 专业人才情况

【住房和城乡建设部接收1名"西部之光"访问学者】 按照中央组织部、教育部、科技部、中国科学院《关于做好2010年"西部之光"访问学者选派工作的通知》，住房和城乡建设部所属中国城市规划设计研究院接收1名"西部之光"访问学者，进行为期1年的学习研修。

【住房和城乡建设部选派2名"博士服务团"成员】 按照中央组织部、共青团中央《关于开展第11批博士服务团成员选派工作的通知》，住房和城乡建设部选派2名"博士服务团"成员赴重庆、贵州服务锻炼。

【住房和城乡建设部5名专业技术人员被批准享受2010年度政府特殊津贴】 经国务院批准，人力资源社会保障部公布2010年享受政府特殊津贴人员名单。住房和城乡建设部所属中国城市规划设计研究院张兵、邓东、王凯以及中国建设报社殷敖佗、中国建筑工业出版社孙立波等5人被批准享受2010年度政府特殊津贴。政府特殊津贴制度是党和政府关心和爱护广大专业技术人才、高技能人才，加强高层次、高技能人才队伍建设的一项重大举措。

(住房和城乡建设部人事司　王柏峰)

6. 执业资格工作

【住房和城乡建设领域个人执业资格情况】 截至2010年底，住房和城乡建设领域取得各类执业资格人员共83.1万人(不含二级)，注册人数62.8万人，具体情况见表13。

住房和城乡建设领域执业资格人员专业分布情况
(截至2010年12月31日)　　表13

行业	类别	专业	累计取得资格人数	累计注册人数
勘察设计业	(一)注册建筑师		24453	22853
	(二)勘察设计注册工程师	1. 土木工程 岩土工程	11707	10148
		1. 土木工程 水利水电工程	6178	未注册
		1. 土木工程 港口与航道工程	1155	未注册
		1. 土木工程 道路工程	2411	未注册
		2. 结构工程	39649	37168
		3. 公用设备工程	19208	9973
		4. 电气工程	14561	7352
		5. 机械工程	3458	未注册
		6. 化工工程	4851	1878
		7. 冶金工程	1502	未注册
		8. 采矿/矿物工程	1461	未注册
		9. 石油/天然气工程	438	未注册
		10. 环保工程	2433	未注册

续表

行业	类别	专业	累计取得资格人数	累计注册人数
建筑业	（三）建造师（一级）		310366	215982
	（四）监理工程师		175917	139842
	（五）造价工程师		116416	110824
房地产业	（六）房地产估价师		41876	36511
	（七）房地产经纪人		36698	22504
	（八）物业管理师		1119	未注册
城市规划	（九）注册城市规划师		14928	12647
总　　计			830785	627682

（住房和城乡建设部人事司　王柏峰）

城 建 档 案

【加强地下管线档案工作】 2010年，住房和城乡建设部办公厅组织在直辖市、省会城市、计划单列市范围内开展了一次地下管线档案工作书面调研，并赴湖北、湖南、山东、乌鲁木齐等地开展实地调研。配合住房和城乡建设部质量安全监管司起草出台了《关于进一步加强城市地下管线保护工作的通知》，配合城市建设司研究起草了《关于地下管线综合管理情况的报告》。草拟了《关于向城建档案管理机构报送地下管线档案的通知》等文件。

【加强对全国城建档案工作的指导】 住房和城乡建设部办公厅赴唐山、天津进行城建档案调研并召开座谈会。制定印发《2010年城乡建设档案工作要点》。就城建档案馆的性质问题给河南省建设厅复函。印发《关于积极开展向刘义权同志学习活动进一步做好城乡建设档案工作的通知》（建办〔2009〕284号），在全国城建档案系统开展了向刘义权同志学习活动。起草《关于积极开展住房和城乡建设档案异地备份工作的通知》（草稿）。在西安和杭州举办了两期全国城建档案工作机构负责人培训班。编辑印发新一版《全国城建档案机构通讯录》。

【加强城建档案标准规范建设】 完成行业标准《城建档案业务管理规范》报批稿并报送部标准定额司。完成行业标准《建设电子档案元数据标准》征求意见稿，并送各地征求意见。

【做好有关沟通协调和相关工作】 为做好《城建档案管理暂行规定》修订工作，会同国家档案局赴上海、浙江进行了调研。

初步编写完成《住房和城乡建设部历史沿革》(1949～2010年)。

【住房和城乡建设部机关档案目录数据库基本建设完成】 对部机关1982年以来的12000卷、10多万件档案，全部进行数据建库工作，基本完成《住房和城乡建设部文书档案目录数据库》的建设。

【加强对部机关各单位立卷归档工作的指导】 制定印发《部机关文件材料归档范围和文书档案保管期限表》，举办部机关文件材料立卷归档培训班，设计了新的《归档文件目录》、《档案交接文据》，刻制司局文件归档章，完成新老立卷方法的过渡。开展对部机关网络改造工程项目的档案验收，并提出整改意见。

【"十五"以来城建档案工作】 城建档案是指在城市规划、建设及其管理活动中直接形成的对国家和社会具有保存价值的文字、图纸、图表、声像等各种载体的文件材料。其具体范围包括五方面：一是地上各类建筑的档案，如办公楼、住宅楼、工业厂房、公共场馆、机场、港口等；二是市政基础设施档案，如道路、铁路、桥梁、隧道、河道、码头、地铁、人防、无线电台塔等的档案；三是地下管线档案，如燃气、热力、供水、排水、电力、电信等管线的档案；四是建设系统各业务管理部门在管理工作中形成的业务管理和业务技术档案，如规划局、建设局、市政局、园林局、房管局等各部门形成的业务管理档案；五是城市建设方面的有关资料，如：城市地质、水文、气象、自然、经济、历史等方面的资料。

各地城建档案馆、室自1980年以来逐步建立，经过近30年的发展，全国各地共有城建档案馆、城建档案室近2000个，其中，城建档案馆约600个。各省建设厅都设有管理城建档案工作的专门机构或兼职机构，配有专职或兼职人员。城建档案馆、室的基本职责有四项：一是收集全市重要城建档案，二是保管城建档案，三是向社会提供档案利用，四是受建设行政管理部门的委托，负责本行政区内城建档案工作的日常管理工作。20多年来各地城建档案馆、室收集保管了城市重要建筑、道路、桥梁、机场等大量档案，并积极为城市规划、建设和管理服务，在抗震防灾、改建扩建、设计施工、抢险维护、稽查审计、维护权益等工作中发挥了重要作用。

为保证城建档案收集工作的顺利进行，多年来各地十分注重法规建设，多数省、自治区、直辖市都出台了城建档案管理的政府令或政府文件，相当一部分大中城市印发了管理城建档案的市政府或市建委文件，西安、济南、长沙、西宁等市人大还出台了城建档案管理方面的条例。为更好地服务城市建设，近些年来，各地积极开展档案信息化建设，北京、天津等一大批大中城市基本实现了馆藏档案的数字化和档案检索利用的计算机化。

按照1993年、1998年、2003年、2008年国务院"三定规定"要求，住房城乡建设部负责"管理全国城市建设档案"（或"指导城建档案工作"）。为了管好城建档案工作，自2000年以来，住房城乡建设部主要开展了以下几方面工作：

1. 加强法规建设。修订《城市建设档案管理办法》（建设部令第90号令），出台《城市房地产权属档案管理办法》（建设部令第101号）、《城市地下管线工程档案管理办法》（建设部令第136号）。在《城市规划法》、《建筑法》、《城市地下空间开发利用管理规定》等法规规章的修订过程中，以及在《建设工程质量管理条例》、《燃气管理条例》等法规规章的制定过程中，都将城建档案管理的有关要求纳入到法规规章中。

2. 积极推动地下管线档案工作的开展。组织调研组，对全国地下管线档案工作情况进行调研，向国务院报送了《城市地下管线档案信息管理的现状、问题和对策》。开展一系列宣传贯彻建设部《城市地下管线工程档案管理办法》的活动，包括印发贯彻落实文件，召开新闻发布会，举办培训研讨班，拍摄专题宣传片等等。为推动各地地下管线档案工作的开展，2005年7月在齐齐哈尔召开专题座谈会，2005年9月在济南召开地下管线档案工作现场经验交流会。2006年3月，布置各省对贯彻落实建设部《城市地下管线工程档案管理办法》情况进行自查。组织检查组，2006年对广东、湖南两省贯彻落实136号令的有关情况进行检查，2007年对福建、山东、重庆、安徽四省市进行检查，2008年对云南、河南、内蒙古三省区进行检查，2009年对内蒙古、辽宁、吉林、宁夏四省区进行检查。

3. 推动城建档案行业标准化、信息化建设。2001年建设部发布国家标准《城市建设档案著录规范》，2002年发布国家标准《建设工程文件归档整理规范》，2007年发布行业标准《建设电子文件与档案管理规范》，2008年协调配合国家档案局发布《档案馆建设标准》。编制行业标准《城建档案业务管理规范》。《建设电子档案元数据标准》计划2011年完成。组织调研组，对全国城建档案信息化情况进行调研，印发《城建档案信息化建设规划与实施纲要》；组织北京、上海、广州等城建档案馆开展"电子城建档案通用版式研究"课题研究；在部科技司的大力支持下，以珠海市城建档案馆"数字城建档案馆"科技示范项目为典范，树立城建档案信息化建设的示范单位。

4. 开展城建档案目标管理活动。为提升城建档案管理和服务水平，1998～2004年初，建设部和各省建设厅开展了目标管理活动。经过考评验收，有92个城建档案馆被认定为国家一级、二级城建档案馆，另有近200个城建档案馆被认定为省级城建档案馆。通过此项活动，促进了全国1/6的城建档案机构管理水平走上了新台阶。

5. 加强城建档案工作各方关系的协调。与国家发展改革委就城建档案服务收费问题进行协调，促使其印发了《关于城建档案馆技术咨询服务收费性质问题的复函》，使城建档案服务收费问题得到圆满解决。与国家档案局就城建档案的接收范围、重点工程档案的验收，以及"三档合一"等问题多次进行座谈和沟通。

6. 加强对各地城建档案工作的指导。多年来，住房城乡建设部每年召集部分省、自治区、直辖市城建档案工作负责人召开一次座谈会，分析研讨工作形势，布置安排当年工作。2004年建设部与国家档案局联合表彰了一批城建档案工作，先进集体和先进工作者。

7. 为增强各地工作信息的沟通与交流，2007年起在住房和城乡建设部网站上开通了"城建档案"网页，成为全国城建档案界同行了解住房和城乡建设部城建档案工作动态以及各地城建档案工作动态的窗口。

（住房和城乡建设部城建档案工作办公室）

住房城乡建设稽查执法

【稽查执法体制机制建设】 贯彻落实《关于加强稽查执法工作的若干意见》（建稽〔2009〕60号）精神，1月29日，住房和城乡建设部稽查办公室在北京召开第二次"住房城乡建设稽查执法工作座谈会"，会议明确了"实事求是，依法稽查；惩防并举，注重预防；服务大局，促进发展"的稽查执法工作原则和2010年稽查执法工作总体思路，住房和城乡建设部副部长陈大卫出席会议并作工作报告。1月7日，部印发《建设领域违法违规行为稽查工作管理办法》（建稽〔2010〕4号），规范稽查执法工作。2月，制定《住房和城乡建设部2010年重点稽查执法工作方案》（建稽〔2010〕28号），围绕部中心任务，统筹协调保障性安居工程建设、住房公积金监管、建筑节能和城镇减排、城乡规划实施、工程建设质量安全、房地产和建筑市场秩序等方面的稽查执法工作。10月，组织对黑龙江、吉林、安徽、福建、广东、广西、贵州、四川等8个省区稽查执法工作情况进行调研，总结工作经验，查找存在的问题和不足，进一步推动稽查执法工作。

【地方稽查执法体制建设】 2010年，山东省、河南省、广西壮族自治区和海南省的住房城乡建设厅相继设置稽查执法机构，分别是山东省住房和城乡建设厅执法监察处、河南省住房和城乡建设执法监察总队、广西壮族自治区住房和城乡建设厅稽查执法局、海南省住房和城乡建设厅建设执法稽查处。

【部派城乡规划督察员】 3月25日，组织召开第一次"全国城乡规划督察工作专题会议"，会议由住房和城乡建设部部长姜伟新主持，副部长仇保兴作报告，会议确定了用3年时间将规划督察员派驻到所有国务院审批总体规划城市的目标任务，会议要求要高度重视城乡规划督察工作，加强协调配合，推进城乡规划严格实施，确保城乡建设健康有序发展，对下一步城乡规划督察工作做出了部署。在前四批对51个城市派驻城乡规划督察员工作的基础上，开展第五批派驻督察员工作，向唐山、秦皇岛、包头、丹东、牡丹江、南通、扬州、镇江、泰州、嘉兴、绍兴、马鞍山、东营、新乡、焦作、南阳、黄石、佛山、东莞、三亚等20个城市派驻督察员。部派城乡规划督察员由68名增加到84名。2010年部派城乡规划督察员认真履行城乡规划监督职能，围绕"四线"等规划强制性条款的实施开展督察，加强对城市绿地、河湖水系、风景名胜区、历史文化街区等敏感地区的督察，针对发现的苗头性倾向性问题，及时警示提醒当地政府及规划部门，将问题遏制和解决在萌芽状态。2010年，部派城乡规划督察员共参加会议1700余次，约见地方政府领导97次，撰写调研报告39份，向派驻城市政府发出督察建议书、意见书34份，遏制违法违规苗头110起。城乡规划督察工作的开展对推动住房城乡建设事业健康发展发挥了重要作用。

【省派、市派规划督察员制度建设】 吉林省、福建省正式实施派驻城乡规划督察员制度；陕西省、山西省、河南省、贵州省、新疆维吾尔自治区等地在贯彻实施《城乡规划法》的地方性法规中明确了城乡规划督察制度的内容，明确了城乡规划督察制度的法定地位；重庆、成都、昆明、太原等城市政府开始探索向所辖区县派驻规划督察员。

【利用卫星遥感技术辅助城乡规划督察】 在28个城市开展利用卫星遥感技术辅助城乡规划督察工作的基础上，增加邯郸、沈阳、吉林、泰安、安阳、珠海、桂林、银川等8个城市开展利用卫星遥感技术辅助城乡规划督察工作，组织卫星遥感监测76期，组织督察员核查涉及城市总体规划强制性内容图斑625处。

【住房公积金督察】 6月28日，会同财政部、国家发展改革委等五部门印发《关于试行住房公积金督察员制度的意见》（建稽〔2010〕102号）。住房公积金督察员的主要督察内容为：住房公积金制度建立情况、住房公积金管理委员会决策情况、住房公积金管理中心运行管理情况、挤占挪用和骗提骗贷等违法违规苗头和行为、利用住房公积金贷款支持保障性住房建设试点情况等。第一批聘任了18名住房公积金督察员，主要在28个利用住房公积金贷款支持保障性住房建设试点城市进行巡查，通过列席会议、查阅有关文件和财务报表、召开专题会议、调查访谈等形式开展工作，及时发现存在的问题和薄弱环节，推动试点工作顺利进行。

【召开住房公积金督察员聘任暨培训会议】 8月4日，会同财政部、国家发展改革委、人民银行、审计署、银监会等六部门召开住房公积金督察员聘任暨培训会议。姜伟新部长接见了首批18名住房公积金督察员，陈大卫副部长出席会议并讲话，中纪委驻部纪检组组长杜鹃为住房公积金督察员作了题为《以案促建 加强监管 深入推进住房公积金系统反腐倡廉工作》的专题培训，陈大卫、杜鹃向18名住房公积金督察员发放了聘书。

【制定《住房公积金督察员管理暂行办法》】 为了加强对住房公积金督察员的管理，制定《住房公积金督察员管理暂行办法》（建稽〔2010〕139号），进一步明确住房公积金督察员遴选、聘任与培训、职责与任务、督察工作文书、档案管理、相关待遇、纪律与考核、离任与交接等内容，保障住房公积金督察员制度顺利试行。

【案件稽查情况】 及时组织对党中央、国务院及部领导批示的38件涉及违规拆迁损害群众利益、扰乱建筑市场、房地产市场秩序，违反城乡规划建设的案件进行调查，对存在的违法违规问题提出处理意见，并督促处理到位，做到件件有落实。2010年，部稽查办公室共受理违法违规问题举报301件，其中领导批转40件，占13.3%；信件举报149件，占49.5%；网络举报112件，占37.2%。按照有关规定，对40件违法违规事实严重或地方处理不力的举报直接立案稽查，对86件举报进行督办处理。定期对违法违规行为规律和趋势进行动态分析，剖析典型案例、举一反三，提出了完善制度和加强行业监管的意见建议，姜伟新部长在《2010年上半年受理举报情况统计分析报告》上批示，将其中的典型案例写进给国务院的报告中。

【专项检查】 住房和城乡建设部稽查办公室协助各司局完成好《住房城乡建设部重点稽查执法工作方案》安排的14项重点稽查执法任务，结合新形势、新任务，及时调整检查内容。通过加强监督检查，促进了各项法律法规、标准规范、政策措施的贯彻落实。根据部党组统一安排，积极参与对各地贯彻落实中央决策部署情况的监督检查，参加全国人大《节约能源法》执法检查、中纪委组织的中央扩内需保增长政策落实情况检查、中央处理信访突出问题及群体性事件联席会议组织的中央信访工作督导、国务院农民工工作联席会议办公室组织的农民工工作督察等。稽查办公室代表部参与其他部门牵头的专项检查，参加国家发改委组织的城建项目全过程监管情况调研、人力资源和社会保障部组织的解决企业拖欠农民工工资问题专项督察、国家质检总局组织的建筑工地食堂专项整治工作督察等。

【住房和城乡建设系统治理商业贿赂】 按照中央治理商业贿赂领导小组的部署，深入开展建设系统治理商业贿赂工作，组织开展对北京、江苏等14个省、自治区、直辖市治理商业贿赂工作情况的督查，及时掌握各地工作情况，部署下一阶段工作，推动治理商业贿赂工作深入开展。住房和城乡建设部治理商业贿赂领导小组办公室代表部在中央治理商业贿赂办公室召开的"治理商业贿赂研究成果交流会"上作大会发言，交流建设系统商业贿赂问题研究分析与治理对策。配合中央治理商业贿赂办公室对建设系统资质审查、评优评奖、市场信用信息公开利用等方面的情况进行调研，系统内有关方面建立的预防商业贿赂机制得到中央治贿办的肯定。据不完全统计，2010年全系统共查结商业贿赂案件158件，给予党纪政纪处理181人，移送司法机关43人。

【工程建设领域突出问题专项整治】 将工程建设领域突出问题专项治理工作与案件稽查和处理举报相结合，对属于专项治理范围的案件进行重点查处或督办。2010年受理工程建设领域相关领域投诉举报113件。其中，对38件案件进行了跟踪督办，10件案件进行了重点稽查。受理房地产开发领域违规变更规划调整容积率问题举报72件，其中现场督办10件，发函督办30件，转办32件。

【编辑出版《住房城乡建设稽查执法工作手册》】 组织编辑出版《住房和城乡建设稽查执法工作手册》。该手册作为全面介绍住房城乡建设稽查工作的书籍，是对住房和城乡建设稽查执法工作多年来实践经验的总结，汇集了全国各地稽查执法工作的成功经验和智慧，对系统稽查执法工作起到一定的指导和借鉴作用。该手册由陈大卫副部长担任顾问并作序，住房和城乡建设部稽查办公室主任王早生担任主编。

【稽查执法队伍建设】 以"强化稽查执法职责，

规范市场秩序,服务人民群众,为推进住房城乡建设事业科学发展服务"为主题,积极开展"创先争优"活动。将开展创先争优活动与做好本职工作、提高业务水平紧密结合,组织开展多项调研活动。不断强化党员干部思想作风、工作作风和党风廉政建设。坚持用制度管人管事,坚持民主集中制、团结协作,积极开展反腐倡廉警示教育。积极开展工作方法和政策研究,提高工作人员思考和解决实际问题能力。2010年开展了"稽查办电子政务信息化工作研究"、"利用住房公积金贷款支持保障性住房建设试点巡查工作监管研究"、"住宅工程建筑节能违法违规问题稽查执法工作研究"和"城乡规划督察工作部省联动机制研究"4个课题。举办了两期"住房城乡建设稽查执法工作培训班",培训了全系统500多名稽查执法工作人员,进一步提高了稽查执法队伍的素质。组织规划督察员参加"城乡规划'四线'管理办法"、"在新版城市总体规划未获批复情况下如何开展督察工作"等专题培训,深化了规划督察员对有关政策法规的理解,提升了规划督察员的工作能力。

【稽查执法十一五成就盘点】 稽查执法工作从注重立法向立法与执法并重转变,服务大局的目标任务更加明确,制定修订的法律法规,都强化了监督检查、惩处违法违规行为的内容,为稽查执法充实了依据。稽查执法力量逐步加强,全国省级建设稽查执法机构已经从2006年初的12个发展到36个,覆盖了28个省、自治区、直辖市。

稽查执法工作从单纯案件查处向全面稽查执法和以查促管转变,住房城乡建设稽查执法由建筑市场、房地产市场、城乡规划和风景名胜区4个领域覆盖到住房城乡建设各业务领域,各地在做好案件查处的同时,注意以点带面,强化防范措施;组织了针对重点工作的稽查执法,推动中心工作;加强了与行政监管的有效衔接,共同查找管理薄弱环节和漏洞,完善法律法规和政策制度。"十一五"期间,稽查办公室共受理违法违规行为举报1856件,查办案件160件。

稽查执法工作从注重事后查处向事前预防、事中监督、事后纠偏转变,建立协同预防、集体研判、警示震慑等工作机制。城乡规划督察员实时监督城乡规划执行情况全过程,"十一五"期间,共向71个城市派驻了84名城乡规划督察员,覆盖了由国务院审批城市总体规划的所有省会城市、副省级城市和历史文化名城(不含直辖市)。督察员共向派驻城市政府发出督察建议书、意见书130份,及时制止地方政府和部门违反规划审批建设的行为300余起。住房公积金督察员通过实地巡查28个利用住房公积金贷款支持保障房建设试点城市及项目,及时发现和纠正问题,保障了贷款安全。

(住房和城乡建设部稽查办公室)

铁 道 建 设

1. 综述

2010年,全体铁路建设者顽强拼搏,克服洪水、泥石流、台风等自然灾害和诸多困难,推进铁路建设,取得新的成绩。

【完成投资创历史纪录】 全国铁路共完成基建投资7074.59亿元,同比增加1070.12亿元,增长17.8%,再创历史新高。其中:铁道部投资完成5537.78亿元,比上年增长20.2%;地方政府和企业对国家铁路和合资铁路投资完成1520.72亿元,比上年增长11.6%;地方政府对地方铁路投资完成16.09亿元。国家铁路和合资铁路路网建设大中型项目投资完成7005.33亿元,比上年增长17.5%,其中铁道部投资完成5484.61亿元,比上年增长19.2%。

【续建项目取得重大进展】 2010年在建项目329个,为历年最多。全年完成新线铺轨7514公里、复线铺轨6794.4公里,分别比上年增长38.6%和61.3%;完成路基土石方11.4亿方、桥梁3320折合公里、隧道1588折合公里。北京—上海高速铁路及哈尔滨—大连铁路客运专线项目进展顺利,为2011年开通奠定了坚实基础。北京—石家庄、石家庄—武汉、广州—深圳、成都—绵阳—乐山、杭州—宁波、合肥—蚌埠、南京—杭州、西安—宝鸡、天津—秦皇岛等铁路客运专线项目以及兰州—重庆、贵阳—广州、南宁—广州、向塘—莆田等区际通道项目有序推进。

【新开工项目创新高】 年内新开工项目97个，长沙—昆明、大同—西安、成都—重庆、哈尔滨—齐齐哈尔、兰新铁路第二双线等客运专线以及天津至保定铁路、牡丹江—绥芬河段扩能改造、山西中南部铁路通道等重点工程开工建设。

【一批项目建成投产】 上海—南京、成都—都江堰、九江—南昌、上海—杭州、广州—珠海、长春—吉林、海南东环等客运专线以及宜昌—万州、太原—中卫（银川）、喀什—和田铁路、包头—西安铁路通道扩能改造工程等重点工程建成投产。全年共投产新线4908.4公里、复线3792.4公里、电气化铁路6029.7公里。年底铁路营业里程达到9.1万公里，实现"十一五"铁路建设目标。

【质量安全控制水平进一步提高】 强化质量安全教育。大力开展"不留遗憾、不当罪人、建不朽工程""不干违法的事、不干违章的事、不用低素质的人员、不吝啬安全投入、不存侥幸心理、不当老好人"的质量安全观念教育，全面提高参建各方质量安全意识，坚持把确保质量安全作为铁路建设最核心、最本质、最关键的工作来抓。

狠抓源头、过程和细节。强化原材料检测检查，加强技术管理，落实工艺方法，严格过程控制和现场管理，提升参建企业质量安全控制水平。

【加大监督检查和处罚力度】 严格执行铁路建设项目施工、监理企业信用评价、不良行为记录、质量安全事故与招投标挂钩等措施，全面推行质量终身负责制和质量问题可追溯制，加大质量安全问题和事故打击力度，严肃查处事故责任单位和责任人，较好地遏制了重大质量安全事故发生。

【做好项目竣工验收工作】 加强对开通项目的检查、检测和验收，确保工程质量达标，投产项目工程验收100%合格，开通速度均达到设计速度目标值，北京—上海高速铁路先导段创时速486.1公里世界铁路运营试验最高速。

【2010年鲁班奖、詹天佑土木工程大奖获奖项目】 新建北京至天津城际轨道交通工程、北京南站改扩建工程—站房工程、新建武汉北编组站、合武铁路大别山隧道获得2010年鲁班奖；武昌火车站改扩建工程、武汉北编组站、合肥至武汉铁路、石太铁路客运专线南梁隧道获得2010年中国詹天佑土木工程大奖。

【专项治理活动深入开展】 按照中央治理工程建设领域突出问题工作领导小组及中央治理办的统一安排部署，铁道部组织铁路系统深入开展了铁路工程建设领域突出问题专项治理活动。

加强组织领导。铁道部成立了部领导牵头、部机关有关部门为成员单位的铁路工程建设专项治理工作领导小组及其办公室。各铁路局、客专公司成立了相应的领导机构和工作机构，负责本单位的专项治理工作。2009年8月专项治理活动开展以来，铁道部及时印发《铁路工程建设领域突出问题专项治理工作实施方案》，先后召开4次领导小组会议、16次治理办工作会议，专题研究落实专项治理各项工作；先后3次派出10多个检查组，分赴建设单位督导检查；印发17期专项治理《工作简讯》，指导铁路各单位把思想和行动统一到党中央、国务院的重大决策部署上来，深入扎实推进专项治理工作。

明确治理重点。按照中央确定的八个重点，结合铁路自身实际，把铁路工程建设领域突出问题专项治理工作重点分为规范工程建设项目决策行为、规范招标投标活动和物资采购、加强工程建设实施和质量安全管理、规范资金安排使用和严格投资控制、推进建设项目信息公开和诚信体系建设、加大查办案件力度6个方面。

坚持样板引路。选择上海铁路局等单位作为全路专项治理工作试点单位，及时总结各阶段专项治理工作的做法和经验，发挥典型引路、以点带面的作用；召开全路电视电话会议，推广上海、沈阳、成都铁路局和兰渝铁路公司等单位推进专项治理活动的经验，为各单位深入开展专项治理活动提供了有益借鉴。

确保有序推进。按照《铁路工程建设领域突出问题专项治理工作实施方案》，铁路工程建设专项治理活动推进步骤分为动员部署、集中排查、全面整改、巩固深化四个阶段。在2009年8月至2010年3月底完成动员部署、集中排查两个阶段任务的基础上，从2010年4月起开始推进全面整改规范阶段工作。各单位加强对排查发现的问题整改，未整改问题均制定了整改措施、落实了责任人。针对排查发现的问题，结合建设项目审批自查工作，铁道部相关部门、各建设单位制定、修订了一批规章制度，加强了长效机制建设。

【队伍建设进一步加强】 落实"十百千万"人才培育工程推进计划，协助做好选拔标准制定，完成了工程建筑领域领军人物和大师级人才初选工作。着力提高建设队伍素质。以人员配备标准化为基础，强化建设单位和建设项目管理、技术人员配置，特别是质量安全管理人员配置；积极引导参建企业加大队伍建设，增加数量、提高质量。加大培训力度，举办1期高级培训班、培训61名项目高管,组织其他培训班21期、培训2166人,指导铁道工程协会举办施工、监理培训班24期、培训7078人;通过开展技术标准英文翻译工作,培育了一批为"走出去"服务的人才。切实加强党风廉政教育,学习宣传《廉政准则》,制定评标工作"十不准",深入推进惩治和预防腐败体系建设。确保队伍稳定,大力推进架子队建设,妥善解决拖欠农民工工资、合同经济纠纷、民工群殴械斗等突出问题。

(铁道部建设管理司综合处)

2. 强化铁路建设管理

【制度标准继续深化完善】 进一步健全建设规章制度。在梳理现行建设规章制度的基础上,新制订安全风险管理、铁路建设项目信息公开等管理办法,将4个铁路建设物资设备管理目录文件合成1个文件,将3个施工图审核文件合成1个文件,将关于施工招标的11个文件合并成1个施工招标投标实施细则。年内废止规范性文件共22个,制订、修订管理办法14个,为建立长效机制奠定了重要基础。

【加快完善建设技术标准】 2010年发布标准规范36项、标准设计18项、造价标准32项,编制铁路工程建设技术标准体系专题报告,制订高速铁路勘察、设计、施工、质量验收、施工安全成套标准,基本形成了具有中国特色的高速铁路工程建设技术标准体系。加快技术标准"走出去"工作,开展中外技术标准对比分析工作并取得初步成果,发布英文版建设技术标准23本。

【标准化管理纵深推进】 按照"镜头不换、纵深发展"的思路,紧紧依托铁路建设项目,持续推行管理制度标准化、人员配备标准化、现场管理标准化和过程控制标准化。

铁道部统一指导。大力推进落实《关于推进建设单位标准化管理工作指导意见》《关于规范建设项目管理机构的指导意见》《关于推进铁路建设标准化管理实施意见》,召开铁路建设标准化管理现场会,对纵深推进标准化管理进行统一部署安排,进一步细化明确了铁路建设标准化管理的体系框架、总体目标和推进要求,为全面推进铁路建设标准化管理指明了方向。同时,按照统一部署、分阶段、分层次逐步推进的原则,加快完善全路统一的建设技术标准,进一步健全基本一致的管理标准,加大对作业标准规范创新的指导力度,为全面推进铁路建设标准化管理奠定了重要基础;坚持把推行架子队建设作为标准化管理的重要内容,指导中国中铁股份公司制订《铁路工程项目实行架子队管理模式的指导意见》和《铁路工程项目实行架子队管理模式操作指南》,加大清理包工队力度,进一步规范劳务用工管理,有力推动了施工企业架子队建设,转包和违法分包现象得到有效遏制;提出把机械化、工厂化、专业化、信息化作为推进标准化管理的支撑手段,指导参建单位积极应用"四化"手段,着力提高生产效率和工程质量,铁路建设机械化、工厂化水平显著提升。此外,利用现场会、座谈会等多种方式,交流推广了一批建设、设计、施工、监理单位在推进标准化管理实践中形成的好做法,为深入推进标准化管理提供了有益借鉴。

建设单位牵头组织。各建设单位结合各自的特点和实际,全面规划本单位、本项目标准化管理推进工作,明确阶段目标、工作重点、推进措施、考核办法等内容,并将涉及设计、施工、监理单位的管理接口、工作内容和有关要求,一并纳入其中,协调、督促参建单位共同推进标准化管理,形成了以建设单位为主导、参建单位深度参与、协调推进的良好工作机制;组织管段内参建企业开展了座谈会、研讨会、现场观摩等形式多样的交流活动,并在全线大力推广和应用。

参建各方具体实施。设计单位结合设计合同、供图协议和现场设计配合要求,以人员配备标准化和施工现场配合为重点,完善设计变更程序和施工配合管理办法,提高设计文件质量和安全技术措施,明确现场配合人员工作权限,做好技术交底、变更设计等工作。

施工单位把企业贯标工作与项目标准化管理有效结合起来,以现场文明施工和标准化作业为重点,全面推进架子队建设,制定落实涵盖各类工程、各种机械设备、各个工点、各项工艺的施工作业指导书和作业标准,以及涉及质量安全、成本控制、文明施工等内容的现场管理标准,实施纵向到底、横向到边的全过程闭环管理。

监理单位以人员配备标准化和现场质量安全控制为重点,细化建设项目的监理规划和监理细则,根据投标承诺健全现场监理机构,提高上场监理人员素质,加强中心试验室建设,明确岗位职责和工作标准;重点加强了质量、安全、验工计价监管。

通过不断探索和实践,铁路建设标准化管理已经深入人心、形成体系,正朝着"人人参与其中、共创共享利益,标准成为习惯、习惯符合标准、结果达到标准"的方向迈进,成为铁路建设文化的重要组成部分。

【建设市场管理进一步规范】 加强资质管理。对住房和城乡建设部转来的 5 批申报资质的材料进行了审查。完成了住房和城乡建设部转来的一级建造师注册审查工作，共审查 596 人。

【加强工法和评优管理】 完成 2009～2010 年度铁路建设工程部级工法评审和国家级工法申报推荐工作；完成 2010 年度火车头奖复核和詹天佑奖评选申报工作；完成 2010 年度铁路优质工程勘察设计奖评选和国优评选申报工作。

【规范招标投标管理】 制定发布《关于实施施工图招标有关问题的通知》和《关于做好施工图招标前期工作的通知》，建立施工图招标基础上进行施工招标的基本制度框架。制定发布《铁路建设工程施工招标投标实施细则》（铁建设〔2010〕205 号），从源头上规范铁路工程施工招标投标工作。为确保工程质量，防止恶性竞争，坚持推行大标段招标，依据施工企业施工能力，对其最高中标额作出限制。

【加强诚信体系建设】 制定发布了《铁路建设工程监理企业与监理人员不良行为记录管理暂行办法》（铁建设〔2010〕260 号）。继续完善铁路参建单位信用评价制度，发挥信用评价的导向性，确保公平、公正、公开，进一步规范铁路工程建设参建单位从业行为。

【推行信息公开制度】 按照中央治理领导小组《关于工程建设领域项目信息公开和诚信体系建设工作的指导意见》（中治工发〔2009〕9 号）要求，制定下发《铁路建设项目信息公开和信用信息公开管理暂行办法》（铁建设〔2010〕113 号），规定信息公开的内容、方式和公开程序，结合铁路建设实际制定了建设项目信息公开和信用信息公开目录，提高建设项目管理的公开性和透明度。

【净化建设市场秩序】 结合铁路建设实际，在深入开展铁路交易市场调研的基础上，修订《铁路有形建设市场管理办法》，进一步规范铁路一、二级交易市场管理。狠抓招标投标投诉举报受理工作，做到每件投诉均进行认真调查，发现问题及时处理；2010 年共收到投诉举报 108 件，均按规定进行了调查、处理和答复。坚持严字当头，严厉打击各种违法违纪违规行为，对多次违规的二级交易市场铁道工程乌鲁木齐交易中心给予暂停 6 个月交易的处罚，对负有失职责任的 6 个建设单位的 28 人分别给予警告、记过等行政处分及经济处罚；对 36 家违规物资供应企业进行了处罚。

（铁道部建设管理司综合处、建设管理处、技术标准处）

3. 重点工程建设

1）2010 年部分新开工项目

【兰新铁路第二双线】 为促进新疆地区的繁荣和稳定，增进民族团结，提高兰新铁路运输能力和服务质量，实现西北地区与内地的快速客运连接，促进煤炭资源开发和区域经济社会协调发展，新建兰新铁路第二双线。

新建线路自兰州铁路枢纽兰州西站引出，经青海省西宁，甘肃省张掖、酒泉、嘉峪关，新疆维吾尔自治区哈密、吐鲁番，引入乌鲁木齐站，线路全长 1776 公里。

工程于 2010 年 1 月 1 日开工建设。截至 2010 年底，全线累计完成投资 297 亿元（铁道部 268.84 亿元，地方 28.16 亿元），完成征地拆迁，线下工程施工。

【哈尔滨西客运站】 为适应哈尔滨市及区域社会经济快速发展需要，充分发挥中心城市的辐射带动作用，进一步完善枢纽功能，提高铁路服务水平，促进城市规划建设和地区经济发展，新建哈尔滨西站。

哈尔滨西站为集运输生产、旅客服务、市政配套等多功能为一体的综合交通枢纽。车站位于哈尔滨市西南区域的哈西新区与群力新区之间的齿轮路东北与红星村间。车场按横列式一站两场布置，总规模 18 台（面）22 条到发线（含正线），新建客站站房规模 70000 平方米、无站台柱雨棚 92000 平方米，配套建设动车组运用所。既有哈大线改建接入哈尔滨西站，同时修建哈大客专至哈尔滨西站西场跨线联络线。哈尔滨西站至哈尔滨站间正线形成 4 线格局。

工程于 2010 年 1 月 8 日开工建设。截至 2010 年底，全线累计完成投资 36.57 亿元。

【达州至万州铁路电气化改造】 为促进区域经济社会发展，扩大运输能力，提高运输效率，满足客货运量增长需要，实施达州至万州铁路电气化改造工程。达州站至万州站全长 156 公里。

主要技术标准：铁路等级Ⅰ级；正线数目单线；限制坡度 12‰；最小曲线半径维持既有 400 米；到发线有效长 850 米（双机 880 米）；牵引种类为电力。

工程于 2010 年 1 月 15 日开工建设。截至 2010 年底，全线累计完成投资 7.8 亿元（铁道部 5.713 亿元，地方 2.087 亿元），工程全面施工。

【武汉和谐型大功率机车检修基地】 随着大功率机车的陆续投入使用，全路机务布局也会随之调整和优化，通过建设和谐型大功率机车检修基地，可以有效实现大功率机车的专业化、集中修，促进我国机车检修标准和水平的提升。根据铁道部对和谐型大功率机车检修基地建设的总体部署，全路规划新建5个和谐型大功率机车检修基地，武汉基地是其中之一。

新建武汉检修基地工程包括武汉检修基地及相关工程和武昌东机务折返段还建工程。武汉检修基地工程利用既有武昌东机务折返段及其与货车外绕线形成的三角地，占地431亩，新建房屋建筑面积约8.79万平方米，铺轨约6公里。武昌东机务折返段工程在新建检修基地的西南侧进行还建，与检修基地分别布置。

工程于2010年2月1日开工建设。截至2010年底，全线累计完成投资8.5亿元，工程全面施工。

【武汉至黄冈城际铁路】 为适应武汉城市圈"两型社会"综合配套改革试验区建设，推动武汉城市圈经济一体化进程，完善区域综合运输网络，促进区域经济社会又好又快发展，建设武汉至黄冈城际铁路。

线路自武汉至黄石铁路葛店南引出，在唐家渡上游跨长江引入黄冈地区设黄冈东站。葛店南站至黄冈东站，线路建筑长度35.9公里。

建设单位是湖北城际铁路公司。设计单位是中铁第四勘察设计院集团有限公司。施工单位是中铁大桥局股份有限公司、中铁十六局集团有限公司。监理单位是郑州中原铁道建设工程监理有限公司。

工程于2010年2月8日开工建设。截至2010年底，全线累计完成投资16亿元（铁道部12亿元，地方4亿元），线下工程施工。

【包兰线惠农至银川段增建第二线】 为扩大通道运输能力，适应运输需要，缓解惠农至银川段既有线路能力紧张状况，促进宁夏回族自治区经济发展，推进西部大开发，决定实施包兰线惠农至银川段增建第二线工程，线路长约99公里。

建设单位为兰州铁路局。设计单位为中铁第五勘察设计院集团有限公司。施工单位是中铁二十一局集团有限公司。监理单位是兰州交大工程咨询有限责任公司。

工程于2010年3月1日开工建设。截至2010年底，全线累计完成投资11亿元（铁道部10.75亿元，地方0.25亿元），进行征地拆迁，工程全面施工。

【大同至西安铁路】 为完善晋陕地区铁路网布局，缓解沿线铁路运输紧张状况，提高铁路服务水平，促进区域经济社会协调发展，建设大同至西安铁路。

线路自山西省大同市，经朔州、忻州、太原、晋中、临汾、运城、陕西省渭南至西安，全长859公里。其中，大同至原平段利用在建北同蒲铁路第三、四线160公里，原平至西安段新建线路长度699公里。同时，实施大同、太原、西安铁路枢纽配套工程及相关疏解线、联络线，线路长度分别为22.8公里、12.8公里和7.7公里；建设运城地区动车走行线，线路长度为5公里。

工程于2010年3月10日开工建设。截至2010年底，全线累计完成投资182亿元（铁道部144亿元，地方38亿元），征地拆迁，线下工程施工。

【哈尔滨至齐齐哈尔铁路客运专线】 为促进区域经济社会发展，提高铁路运输能力和服务质量，完善综合交通运输结构，新建哈尔滨至齐齐哈尔铁路客运专线。

线路自哈尔滨站引出，经肇东、安达、大庆、泰康至齐齐哈尔南站。哈尔滨站至齐齐哈尔南站正线全长约281.5公里。含哈尔滨、齐齐哈尔枢纽相关工程。

工程于2010年4月1日开工建设。截至2010年底，全线累计完成投资92.5亿元，其中铁道部56.5亿元，地方36亿元，站前工程施工。

【山西中南部铁路通道】 为保障国家能源运输安全，完善区域铁路网布局，促进沿线经济社会协调发展，新建山西中南部铁路通道。

新建线路自瓦塘站引出，经临县、柳林、蒲县、洪洞至长治，引入京广线汤阴东站，利用既有汤台铁路并增加第二线至侯庙站，新建线路自侯庙站引出，经泰安至辛泰铁路范镇站，利用辛泰铁路并增建第二线至莱芜东站，新建线路自莱芜东站引出，经沂源、沂水、巨峰南至日照南站，线路全长1260公里，其中新建线路1089公里，利用既有线增建第二线171公里。配套建设与岢瓦铁路、南同蒲铁路、太焦铁路、京广铁路、京九铁路、京沪铁路的联络线114公里。预留韩岗至兖州联络线。

工程于2010年4月10日开工建设。截至2010年底全线累计完成投资162.82亿元（铁道部109.44亿元，地方53.38亿元），征地拆迁，线下工程施工。

【杭州至长沙铁路客运专线】 为尽快形成我国铁路客运专线主骨架，充分发挥网络效益，提高沪昆铁路通道运输能力和运输质量，促进区域经济社会协调发展，建设杭州至长沙铁路客运专线。

线路自浙江省杭州市，经绍兴、金华、衢州，江西省上饶、鹰潭、抚州、南昌、新余、宜春、萍乡，湖南省株洲至长沙。新建客运专线杭州东站至长沙南站，线路长度933.165公里，正线建设长度930.682公里。包括杭州、南昌、长沙枢纽以及金华、衢州、上饶地区等配套工程。

工程分段开工建设，江西、湖南、浙江段分别于2010年4月18日、5月20日、6月18日开工建设。截至2010年底，全线累计完成投资224亿元（铁道部169.2亿元，地方54.8亿元），线下工程施工。

【合肥至福州铁路】 为完善路网布局，提高铁路运输质量，缓解沿线铁路运输紧张状况，促进区域经济社会协调发展，建设合肥至福州铁路。

线路自安徽省合肥市，经巢湖、铜陵、芜湖、宣城、黄山，福建省南平、宁德至福州市。新建合肥枢纽合肥南站至福州枢纽福州站，正线全长约810.41公里，包括相关联络线工程。

京福闽赣客专公司、京福客专安徽公司管段分别于2010年4月18日、6月15日开工建设。截至2010年底，全线累计完成投资113亿元（铁道部85.4亿元，地方27.6亿元），线下工程施工。

【广西沿海铁路钦州北至防城港段扩能改造】 为促进北部湾经济区发展，扩大防城港铁路疏港能力，提高铁路客货运输服务水平，完善区域交通设施布局，实施广西沿海铁路钦州北至防城港段扩能改造工程。

钦州北经钦州至防城港北段新建双线52.1公里，防城港北至防城港并行既有线增建二线10.5公里。钦州北站至防城港站，包括钦州地区及防城港地区相关工程，正线长约61.9公里。

工程于2010年4月21日开工建设。截至2010年底，全线累计完成投资14.5亿元（铁道部9.061亿元，地方5.439亿元），线下工程施工。

【邯郸（邢台）至黄骅港铁路】 为促进河北省经济社会协调发展，满足沿线地区客货运输需求，延伸黄骅港的腹地范围，增强港口集疏运系统能力，完善路网布局，新建邯郸（邢台）至黄骅港铁路。

线路自京广线小康庄站引出，经邯郸市的鸡泽、邢台市的巨鹿、南宫、新河，衡水市的冀州、衡水东，沧州市的海兴，至黄骅港区装车站。京广线小康庄站至黄骅港区工业站，新建线路正线全长约380.4公里。新建邯济铁路肥乡站至邯黄铁路鸡泽站连接线长52.47公里；新建与京广铁路上行疏解线6.68公里；新建石德铁路上、下行联络线20.15公里。

2010年4月25日，邯郸（邢台）至黄骅港铁路建设动员大会在河北邢台举行。工程于2010年10月1日开工建设。截至2010年底，全线累计完成投资35亿元（铁道部12.2亿元，地方22.8亿元），线下工程施工。

【沈阳至丹东铁路客运专线】 为完善东北地区铁路网，扩大运输能力，提高服务质量，促进区域经济社会发展，新建沈阳至丹东铁路客运专线。

线路起自沈阳，经本溪、凤凰城至丹东，沈阳南站（不含）至丹东站（含），正线长约205.6公里。含本溪、丹东地区相关工程。

工程于2010年5月1日开工建设。截至2010年底，全线累计完成投资32亿元，其中铁道部26亿元，地方6亿元。站前工程施工。

【集宁至通辽线扩能改造工程贲红至二道沟段】 为促进地区经济社会发展，满足内蒙古地区铁路运输需要，完善路网布局，实施集通铁路贲红至二道沟段扩能改造工程。集通线贲红站至二道沟站，长约80公里。

工程于2010年5月9日开工建设。截至2010年底，全线累计完成投资2.5亿元（铁道部1.9亿元，地方0.6亿元），线下工程施工。

【石门至长沙铁路增建第二线】 为扩大铁路运输能力，特别是煤炭等能源物资运输通道的能力，完善区域交通运输网络，实施石门至长沙铁路增建第二线工程。

石门县北站至捞刀河站，增建第二线长度约262.8公里。石长铁路与京广铁路间联络线，石长铁路与焦柳、益娄铁路间疏解线。

工程于2010年5月16日开工建设。截至2010年底，全线完成投资19.6亿元（铁道部13亿元，地方6.6亿元），站前工程施工。

【滨绥铁路牡丹江至绥芬河段扩能改造工程】 为提高铁路运输能力，畅通口岸后方通道，满足客货运输需要，促进沿线地方经济发展，实施滨绥铁路牡丹江至绥芬河段扩能改造工程。

自既有滨绥铁路牡丹江站引出，经穆棱、下城子、绥阳至边境口岸城市绥芬河。牡丹江站至绥芬河线路全长138.8公里。

工程于2010年6月1日开工建设。截至2010年底全线累计完成投资11.91亿元，其中铁道部8.91亿元，地方3亿元。线下工程施工。

【云桂铁路】 为促进云南省和广西壮族自治区经济社会发展，构建西南通往华南地区的运输通道，完善路网结构，提高铁路运输服务水平，新建云桂铁路。

线路自昆明枢纽南客站引出，经石林、板桥、弥勒、普者黑、广南、富宁、百色、田阳、平果、隆安，至南宁东站。南宁至昆明南，新建正线长710.269公里；南宁枢纽南环线邕宁至那罗增建第二线，正线长43.023公里；昆明枢纽昆明南至昆明东客车联络线，长16.768公里；王家营西至羊堡增建第二线，长7.112公里；羊堡至金马村联络线，长12.245公里；石林板桥至南昆铁路石林南货车联络线，长24.529公里；引入南宁枢纽、昆明枢纽和百色地区相关工程。

工程于2010年7月1日开工建设。截至2010年底，全线累计完成投资71亿元（铁道部46亿元，地方25亿元），线下工程施工。

【天津至保定铁路】 为完善京津冀地区铁路网，提高铁路服务水平，促进京津冀区域经济一体化，新建天津至保定铁路。

线路自天津枢纽天津西站，沿津保高速公路北侧，经河北省的霸州、雄县、容城、徐水，跨越京石客运专线后，引入京广线徐水站，利用既有京广线至保定站。津保铁路天津西站至保定站，全长约157公里，其中新建正线长度约133公里，利用既有线24公里。

工程于2010年9月1日开工建设。截至2010年底，全线累计完成投资30亿元（铁道部19亿元，地方11亿元），线下工程施工。

【长沙至株洲、湘潭城际铁路】 为适应长株潭城市群"两型社会"综合配套改革试验区建设，推动长株潭城市群经济一体化进程，完善区域综合运输网络，加快实施长株潭城市群区域规划以及区域内的城际铁路建设，促进区域经济社会又好又快发展，新建长沙至株洲、湘潭城际铁路。

新建城际铁路以长沙站为中心，衔接株洲、湘潭、益阳三个方向。线路自长沙站引出后，经圭塘、汽车南站、植物园至暮云，沿京广铁路经白石港沿红旗路接入株洲站，并向南延伸至七斗冲站；线路自长沙站北端引出后，沿开福寺西路过湘江，沿杜鹃路经长沙市政府北侧至雷锋大道站。长株潭城际铁路，正线全长95.513公里。

工程于2010年9月1日开工建设。截至2010年底，全线累计完成投资10亿元（铁道部7亿元，地方3亿元），线下工程施工。

【秦沈客运专线牵引供电系统改造】 秦沈客运专线地处京哈铁路通道的咽喉，是沟通东北地区与北京、天津及以远旅客运输的重要线路。开行重联动车组以来，该线既有牵引供电系统负荷大幅度增长，已超过原设计供电能力，不能满足进一步增开重联动车组的需要。因此，对秦沈客运专线牵引供电系统进行改造。

秦沈客运专线，自秦皇岛站至沈阳站，全长405公里。其中：山海关编组站运转场场外至皇姑屯站外围客运专线，正线长371公里。

工程于2010年9月1日开工建设。截至2010年底，全线累计完成投资1.82亿元。供电系统改造施工。

【宁德白马港铁路支线】 为加快福建沿海港口及临港工业发展，充分发挥白马港优势和路网干线的整体效益，促进海峡西岸经济区建设，在共同规划研究基础上，新建宁德白马港铁路支线。

线路自温福铁路福安站至白马港作业车场，正线长度17.5公里；大唐铁路支线自上澳港湾站至大唐电厂作业车场，正线长度4.435公里；另修建引入福安下行疏解线，长度3.922公里。

工程于2010年9月1日开工建设。截至2010年底，全线累计完成投资2亿元（铁道部1.01亿元，地方0.99亿元），征地拆迁，站前工程施工。

【西宁站改造及相关工程】 为适应铁路运量增长的需要，协调区域路网点线能力，提高运输效率，提升铁路客运服务水平，促进地区经济社会的发展，进行西宁站改造及相关工程。

兰新第二双线DK189+300至DK192+100，兰青线西宁东站东端K164+600至小桥站西端K178+000。西宁站改造，新建客、货疏解线，新建西宁动车运用所，新建车辆段货车段维修设施，客车整备所改造，机务段改造，新建西宁北铁路货运中心，新建大机维修基地。

工程于2010年9月20日开工建设。截至2010年底，全线累计完成投资6.1亿元（铁道部5.7435亿元，地方0.3565亿元），抗震救灾应急工程及站场过渡先期实施。

【郑州至焦作城际铁路】 为促进中部崛起战略实施，带动沿线经济社会发展，构建中原城市群轨道交通网，完善区域综合区域交通结构，实施新建郑州至焦作铁路工程。

线路自郑州枢纽南阳寨站引出，向北沿既有京广铁路通道跨黄河，经武陟、修武，向西沿既有新月铁路通道至焦作站。郑州至焦作铁路郑州站至焦作站，线路全长约77.8公里，其中利用京广铁路9.65公里，新建线路68.14公里。新建黄河四线桥改建京广铁路15.5公里。

工程于2010年9月25日开工建设。截至2010年底，全线累计完成投资20亿元（铁道部13亿元，地方7亿元），线下工程施工。

【长沙至昆明铁路客运专线】 为尽快形成我国铁路客运专线主骨架，充分发挥网络效益，提高沪昆铁路通道运输能力和运输质量，加强区域合作，促进区域经济社会协调发展，新建长沙至昆明铁路客运专线。

线路东起湖南省长沙市，经湖南省湘潭、邵阳、娄底、怀化，贵州省凯里、贵阳、安顺、盘县，云南省曲靖至昆明南。长昆客运专线长沙南站至昆明南站，正线全长1158.09公里。

工程于2010年10月1日开工建设。截至2010年底，全线累计完成投资79亿元（铁道部52亿元，地方27亿元），线下工程施工。

【赣州至龙岩铁路扩能工程】 为扩大铁路运输能力，加强海峡西岸经济区与中西部地区客货交流，实施赣州至龙岩铁路扩能工程。

线路自京九铁路赣县站引出，经于都、西江、瑞金、长汀、冠豸山、上杭至龙岩站。京九铁路赣县站至龙厦铁路龙岩站，正线全长249.42公里。新建龙岩地区东南联络线9.26公里。

工程于2010年10月1日开工建设。截至2010年底，全线累计完成投资18亿元（铁道部11亿元，地方7亿元），站前工程施工。

【邯长邯济铁路扩能改造工程】 为扩大铁路运输能力，特别是煤炭等能源物资运输通道的能力，完善区域交通运输网络，实施邯长邯济铁路扩能改造工程。

邯长铁路邯郸南至长治北，线路长度218.44公里；邯长铁路邯郸南至晏城北，线路长度232.99公里；新建王北联络线9.85公里；新建晏城北至焦斌线15.62公里等相关工程。

工程于2010年10月8日开工建设。截至2010年底，全线累计完成投资23.56亿元（铁道部14亿元，地方9.56亿元），线下工程施工，房建工程施工。

【张家口至唐山铁路】 为增强煤炭运输的保障能力和机动性，形成蒙西和蒙东煤炭下海新通道，强化曹妃甸港区的煤炭集疏运系统，促进蒙、冀地区经济社会协调发展，新建张家口至唐山铁路。

线路自张集线的孔家庄站，经张家口市的万全、宣化、赤城县，承德市的丰宁、滦平、兴隆县，唐山市的遵化、丰润、丰南、滦南、唐海县，至曹妃甸北站。张家口至唐山铁路，孔家庄站至曹妃甸北站正线长度约528.5公里。含张家口、承德、唐山地区相关工程等。

工程于2010年10月30日开工建设。截至2010年底，全线累计完成投资26亿元（铁道部21亿元，地方5亿元），征地拆迁，隧道工程施工。

【成都至重庆铁路客运专线】 为扩大西南地区铁路运输能力，提高服务质量，优化综合运输结构，促进成渝地区经济社会协调发展，新建成都至重庆铁路客运专线。

线路自成都东站引出，经四川简阳、资阳、资中、内江，重庆荣昌、永川、璧山至重庆站。成都东站至重庆站，正线长度308.45公里，以及成都、重庆枢纽相关工程。

工程于2010年11月1日开工建设。截至2010年底，全线累计完成投资29亿元（铁道部15亿元，地方14亿元），征地拆迁，线下工程施工。

【广西沿海铁路黎塘至钦州段扩能改造】 为促进北部湾地区经济社会发展，扩大广西沿海铁路运输能力，优化完善区域铁路网布局，实施广西沿海铁路黎塘至钦州段扩能改造工程。

线路自沙江站向南，经横州跨郁江，过沙坪、陆屋、平吉至马皇站，沿既有线增建第二线。广西沿海铁路沙江站增建第二线，全长约99公里。沙江站上行疏解线、钦州地区疏解线、联络线工程17.4公里，马皇至钦州段既有线电化8.7公里。

工程于2010年11月10日开工建设。截至2010年底，全线累计完成投资2.5亿元（铁道部1.3亿元，地方1.2亿元），线下工程施工。

【青岛至荣成城际轨道交通工程】 为完善山东半岛综合交通体系，缓解运输紧张状况，满足旅客运输需要，推动城镇化和经济一体化进程，促进区域经济社会协调发展，新建青岛至荣成城际轨道交通工程。

线路自青岛北站引出，经烟台、威海至荣成，正线长约300公里。

工程于2010年12月20日开工建设。截至2010年底，全线累计完成投资32亿元（铁道部24.5亿元，地方7.5亿元），线下工程施工。

（铁道部建设管理司工程管理处）

2）2010年部分销号项目

【郑州至西安客运专线】 郑西客运专线，线路全长458.2公里。全线总投资342亿元，全线施工总工期按48个月安排。工程于2005年9月25日开工。

截至2010年底，全线累计完成投资428.6782亿元（铁道部403.385亿元，地方25.2932亿元），工程全面施工，工程于2009年12月31日开通，2010年底项目建成销号。

【温福铁路】 温福铁路，线路长约298.4公里。新建温州至福州铁路总概算按2440269万元控制，总工期4.5年。工程于2004年12月24日开工建设。

截至2010年底，全线累计完成投资244.0269亿元（铁道部204.9413亿元，地方39.0856亿元），工程全面施工，工程于2009年9月28日全线开通投产，2010年底项目建成销号。

【上海至南京城际轨道交通】 新建上海至南京城际轨道交通工程。正线全长300.168公里，其中上海市境内32公里，江苏省境内268公里，另修建黄渡至虹桥线13.8公里。全线共设置21个车站。建设工期为4年。新建上海至南京城际轨道交通项目总概算按4827449万元控制。工程于2008年7月1日开工建设。

截至2010年底，全线累计完成投资441.1亿元（铁道部187.5718亿元，地方253.5282亿元），工程全面施工，2010年7月1日投产，年底项目建成销号。

【成都至都江堰铁路】 新建成都至都江堰铁路。安靖至青城山新建双线，正线长56.362公里；都江堰离堆公园支线长5.96公里，以及支线至青城山方向联络线，左线2.109公里，右线1.72公里；成都至安靖站增建二线，长8.262公里；西环线至宝成线成都方向联络线长3.012公里；引入成都站相关改造工程。新建成都至都江堰铁路总概算按1176913万元控制，项目工期1.5年。2008年11月4日成都至都江堰铁路开工动员大会在都江堰市举行。

截至2010年底，全线累计完成投资90.1416亿元（铁道部75.1916亿元，地方14.95亿元），工程全面施工，2010年5月12日投产，年底项目建成销号。

【洛湛铁路岑溪至茂名段】 洛湛铁路岑溪至茂名段，线路长152公里，总概算按399228万元控制，建设工期安排与永州至玉林（茂名）同时建成。工程于2005年12月开工建设。

截至2010年底，全线完成投资39.9228亿元（铁道部36.4128亿元，地方3.51亿元），工程全面施工，2010年底项目建成销号。

【武汉天兴洲公铁两用长江大桥】 新建武汉天兴洲公路铁路两用长江大桥工程，客运专线下行线路长53.176公里，上行52.095公里，Ⅲ线长16.349公里、Ⅳ线长15.91公里。武汉天兴洲公铁两用长江大桥全长4657.1米。

武汉天兴洲公铁两用长江大桥及铁路相关工程总概算按2033660万元控制，该工程于2004年9月28日在武汉举行开工动员大会。计划工期4.5年。

截至2010年底，全线完成投资203.6561亿元（铁道部151.2818亿元，地方52.3743亿元），工程全面施工，线路于2009年12月26日配合武广客运专线同时开通，2010年底项目建成销号。

【京九铁路北京西至向塘西段电气化工程】 京九铁路北京西至向塘西段电气化工程，京九铁路北京西站至乐化站，正线全长1422.2公里，相关枢纽地区电气化改造配套工程。另津霸联络线北仓站至霸州站，正线全长74.797公里。麻武联络线麻城站至武汉北站，正线全长80.798公里。京九铁路北京西至向塘西段电气化工程概算总额按932346万元控制，建设工期2年。工程于2008年8月6日开工建设。

截至2010年底，全线累计完成投资93.1646亿元，工程收尾，年底项目建成销号。

【贵阳枢纽贵阳南编组站】 贵阳南编组站扩建，贵阳至龙里客车外绕线及相关疏解线工程，新建龙里至贵阳站客车外绕线29公里。大土至贵阳按编组站进站端货车进出站线，长约12.9公里。贵阳南编组站按双向纵列式三级六场布置扩建，增建下行系统，改建上行系统。上行系统到达场设到发线15条、调车场设到发线32条、出发场设到发线15条充分利用既有车场改扩建，新建下行系统到达场设到发线13条、调车场设到发线32条、出发场设到发线15条，利用既有客车外绕线作为外包线，新建派驻机务折返段。枢纽内车站布置龙里、大土、谷立、改貌、老改貌、贵阳南、贵阳东、贵阳西、石板哨、花坡线路所、湖潮、马场、都拉营、大寨、贵阳北、关田、贵阳和花溪等18个车站，封闭长冲会让站，取消贵阳南客车会让站。总概算为455749万元，建设工期按30个月安排。工程于2005年12月开工。

截至2010年底，全线累计完成投资44.9002亿元（铁道部38.4002亿元，地方6.5亿元），工程全面施工。2010年1月25日投产，年底项目建成销号。累计完成路基土石方1375万方，特大桥1471延米，大桥4929延米，中桥207延米，小桥150延米，涵洞11500横延米，隧道15617成洞米，通信干缆121.2公里，自闭线路43公里，电气集中3站，电力线路52公里，接触网249条公里，牵引变电所2个，正线铺轨117.4公里，站线铺轨159公里，房屋36535平方米。

【武汉集装箱中心站】 武汉铁路集装箱中心站工程，分为集装箱主箱场、辅助箱场等设施，特货公司小汽车装卸、储运设施，快运公司行包装卸、储运设施及规划预留铁路局普通货物装卸线。本工程概算总额按70624万元控制，施工总工期2年。2008年9月20日开工建设。

截至2010年底，全线累计完成投资6.9499亿元，工程全面施工，年底项目建成销号。

【青藏铁路那曲物流中心】 青藏铁路那曲物流中心及相关工程，占地总规模8000亩，其中综合物流区2500亩，散堆装物流区3200亩，产品加工区1800亩，生活区500亩。那曲物流中心工程总概算按152672万元控制，总工期按15个月控制。工程于2007年9月28日开工建设。

截至2010年底，全线累计完成投资16.2188亿元（铁道部15.5388亿元，地方0.68亿元），工程全面施工，年底项目建成销号。

（铁道部建设管理司工程管理处）

3) 2010年部分续建项目

【京沪高速铁路】 京沪高速铁路北起北京南站，南至上海虹桥站，线路长1318公里。投资为1982.9亿元，总工期按60个月安排。

2008年4月18日，京沪高速铁路开工典礼在北京大兴京沪高速铁路北京特大桥桥址举行。中共中央政治局常委、国务院总理温家宝为京沪高速铁路股份有限公司揭牌，宣布京沪高速铁路全线开工并为京沪高速铁路奠基。中共中央政治局委员、国务院副总理张德江出席开工典礼并作重要讲话。

截至2010年底，全线累计完成投资1470.78亿元（铁道部910.7899亿元，地方559.9901亿元），工程全面施工。

【哈尔滨至大连铁路客运专线】 哈尔滨至大连铁路客运专线，北起哈尔滨，南至大连，正线全长904.26公里。投资总额为923.4亿元，建设总工期按5.5年安排。工程于2007年8月23日开工建设。

截至2010年底，全线累计完成投资770.03亿元（铁道部684.75亿元，地方85.28亿元），工程全面施工。

【北京至石家庄铁路客运专线】 北京至石家庄铁路客运专线，北起北京西站，南至石家庄南站，正线全长约283.7公里。另新建石太客运专线直通线，正线全长约28.6公里。投资总额为438.7亿元，工期4年。工程于2008年10月7日开工建设。

截至2010年底，全线累计完成投资293.95亿元（铁道部224.6亿元，地方69.35亿元），工程全面施工。

【石家庄至武汉铁路客运专线】 石家庄至武汉铁路客运专线，北起石家庄南站，南至武汉天兴洲大桥北岸，正线全长840.7公里。另新建郑西客运专线直通线39公里。本工程投资总额为1144.7亿元，总工期按4.5年安排。2008年10月15日，石家庄至武汉铁路客运专线开工动员大会在郑州举行。

截至2010年底，全线累计完成投资721.5505亿元（铁道部639.7317亿元，地方81.8188亿元），工程全面施工。

【长沙至昆明铁路客运专线】 长沙至昆明铁路客运专线，自长沙南站至昆明南站，正线全长1158.09公里。

本工程投资总额1601.4亿元，工程总工期，长沙南至贵阳北段按4年安排，贵阳北至昆明南段暂按5年半安排。工程于2010年10月1日开工建设。

截至2010年底全线累计完成投资79亿元（铁道部52亿元，地方27亿元），线下工程施工。

【绵阳至成都至乐山铁路客运专线】 绵阳至成都至乐山铁路客运专线，自江油经绵阳至乐山，正线全长约317公里，包括成都枢纽配套工程。本工程投资估算总额392亿元，总工期暂按3年安排。工程于2009年7月6日开工建设。

截至2010年底，全线累计完成投资166.1亿元（铁道部115.05亿元，地方51.05亿元），站前工程施工。

【西安至宝鸡铁路客运专线】 西安至宝鸡铁路客运专线，自西安枢纽在建咸阳西站至宝鸡枢纽新宝鸡站，正线全长约138公里。本工程投资总额181.95亿元，工期为3.5年。工程于2009年12月18日开工建设。

截至2010年底，全线累计完成投资57亿元（铁道部51.41亿元，地方5.59亿元），征地拆迁，线下工程施工。

【兰州至重庆铁路】 兰州至重庆铁路，自甘肃省兰州市至重庆市合川、北碚，新建双线铁路820公里。另修建南充经广安至高兴单线铁路95公里。投资总额774亿元，建设工期为6年。2008年9月26日兰渝铁路开工动员大会在甘肃省兰州市沙井驿隆重举行。中共中央政治局委员、国务院副总理张德江出席开工动员大会，为兰渝铁路有限责任公司揭牌，并宣布兰渝铁路全线开工。

截至2010年底，全线累计完成投资327.7亿元（铁道部264.7883亿元，地方62.9117亿元），工程全面施工。

【贵阳至广州铁路】 贵阳至广州铁路，自贵阳北站至广州站，线路长857.01公里。本工程投资总额975.54亿元，建设工期为6年。2008年10月13

日，贵广铁路开工动员大会在广西壮族自治区桂林市灵川县贵广铁路甘棠江特大桥桥址举行。中共中央政治局委员、国务院副总理张德江出席开工动员大会，宣布贵广铁路开工，并为贵广铁路奠基。

截至2010年底，全线累计完成投资282.5亿元（铁道部221.372亿元，地方61.128亿元），站前工程施工。

【南宁至广州铁路黎塘至广州段】 南宁至广州铁路黎塘至广州段，自柳州至南宁客运专线黎塘西站至肇庆东，线路长度约401.6公里；肇庆东至三眼桥与贵广铁路四线共线，线路长度约61.4公里。本工程总投资410亿元，建设工期4.5年。工程于2008年11月9日开工建设。

截至2010年底，全线累计完成投资180.8916亿元（铁道部131.5亿元，地方49.3916亿元），站前工程施工。

【武汉至黄石城际铁路】 武汉至黄石城际铁路，自武汉站至大冶北站，线路建筑长度约91.7公里。武汉枢纽南环线约25.1公里、联络线、流芳站和黄石地区相关工程。投资总额为169.1亿元，工期3年。工程于2009年10月2日开工建设。

截至2010年底，全线累计完成投资82.06亿元（铁道部59.735亿元，地方22.325亿元），线下工程施工。

【东莞至惠州城际轨道交通】 东莞至惠州城际轨道交通，自东莞道滘站至惠州客运北站，全长99.8公里。投资总额为342.8亿元，工期3.5年。工程于2009年5月8日开工建设。

截至2010年底，全线累计完成投资38.3亿元（铁道部4.05亿元，地方34.25亿元），线下工程施工。

【锡林浩特至乌兰浩特铁路】 锡林浩特至乌兰浩特铁路，锡林浩特北至霍林河，新建正线长396.12公里，其中锡林浩特北至海彦呼都格（正线长11.4公里）按双线一次完成线下工程；哈日努拉至芒罕屯，新建正线长143.2公里，芒罕屯至乌兰浩特增建第二线，正线长60.54公里。总投资113.2亿元，建设工期3年。工程于2009年4月1日开工建设。

截至2010年底，全线累计完成投资56.82亿元（铁道部37.74亿元，地方19.08亿元），线下工程施工，开始铺轨。

【京包线集宁至包头段增建第二双线工程】 京包铁路集宁至包头段增建第二双线，自集宁地区古营盘站至包头枢纽包头站，正线长307.9公里，其中新建263公里，利用既有线45公里。工程总投资162.6亿元，建设工期3年。先期工程于2008年7月21日开工建设。

截至2010年底，全线累计完成投资90.1617亿元（铁道部40.8576亿元，地方49.3041亿元），工程全面施工。

【贵昆线六盘水至沾益段增建二线】 贵昆铁路六盘水至沾益，线路全长约243.6公里。本工程投资总额为85.7亿元，总工期4年。工程于2007年9月11日开工建设。

截至2010年底，全线累计完成投资76.1亿元（铁道部72.6244亿元，地方3.4756亿元），工程全面施工。

【青藏铁路西宁至格尔木段增建第二线】 青藏铁路西宁至格尔木段增建第二线工程，既有铁路东起西宁货站，西至格尔木站，线路全长834公里。本次在应急工程的基础上，对西宁货站至托勒、江河至乌兰、连湖至浩鲁格、饮马峡至临山、格尔木东至格尔木五段增建第二线，计289.939公里。并对全线进行电气化改造。工程投资总额101亿元，工期5年。工程于2007年9月6日开工建设。

截至2010年底，全线累计完成投资94.8437亿元（铁道部91.7937亿元，地方3.05亿元）。

【湘桂铁路衡阳至南宁段扩能改造】 湘桂铁路衡阳至南宁段扩能改造工程，衡阳至柳州段，衡阳站至柳州站改建后线路长度497.9公里；湘桂铁路柳州站至南宁站新建客运专线，线路长度225.8公里。本工程投资总额为575亿元，总工期按3.5年安排。南宁局管段于2009年4月1日开工建设。广铁（集团）公司管段于2009年4月16日开工建设。

截至2010年底，全线累计完成投资234.2629亿元（铁道部182.7893亿元，地方51.4736亿元），站前工程施工。

【兰新铁路红柳河至阿拉山口段电气化改造】 兰新铁路红柳河至阿拉山口段进行电气化改造，红柳河站至阿拉山口站1201公里。工程投资总额92.58亿元，建设工期2年。工程2008年10月16日开工建设。

截至2010年底，全线累计完成投资41.2亿元，工程全面施工。

【京九铁路向塘西至东莞段电气化改造】 京九铁路向塘西至东莞段电气化改造工程，向塘西站至东莞站，京九铁路三江镇至东莞站正线全长821.525公里。本工程投资总额按58.1亿元控制，总工期按24个月安排。工程于2009年12月1日开工建设。

截至2010年底,全线累计完成投资30.7亿元,工程全面施工。

【北京站至北京西站地下直径线】 北京站至北京西站地下直径线,正线长9.156公里,含北京站及北京西站相关工程。工程投资总额23.9亿元,工期3年6个月。工程于2005年12月开工。

截至2010年底,全线累计完成投资23亿元(铁道部18亿元,地方5亿元),全线盾构施工。

【杭州东站扩建工程】 杭州东站扩建工程,新建杭州东站站房、雨棚及相关工程。工程投资总额120.8亿元,工期4年。工程于2008年12月27日开工建设。

截至2010年底,全线累计完成投资85亿元(铁道部49.8亿元,地方35.2亿元),工程全面施工。

【武汉综合维修基地】 武汉综合维修基地,武汉客运专线基础设施维修基地工程及相关工程,检测及维修设施,新建房屋的总面积按3.4万平方米控制。工程投资总额5.34亿元,总工期按12个月安排。工程于2009年7月1日开工建设。

截至2010年底,全线累计完成投资4.6亿元,工程全面施工。

(铁道部建设管理司工程管理处)

公路工程建设

【概况】 2010年是"十一五"规划的最后一年,面对复杂多变的国内外经济环境和各种重大挑战,交通运输行业认真贯彻落实党中央、国务院的决策部署,以科学发展为主题,以转变交通运输发展方式为主线,加快发展现代交通运输业,超额完成"十一五"规划确定的目标任务,公路建设各项工作取得新进展,为保持国民经济平稳较快增长发挥了重要作用。

【公路建设基本情况】 2010年底,全国公路总里程突破400万公里,达400.82万公里,"十一五"期间新增66.30万公里。全国公路密度为41.75公里/百平方公里。全国高速公路里程达7.41万公里,其中国家高速公路5.77万公里。河南、广东、河北等11个省份的高速公路里程超过3000公里。

等级公路所占比重明显提高,全国等级公路里程330.47万公里,占公路总里程的82.4%。其中,二级及以上公路里程44.73万公里,占公路总里程的11.2%。各行政等级公路里程分别为:国道16.40万公里、省道26.98万公里、县道55.40万公里、乡道105.48万公里、专用公路6.77万公里、村道189.77万公里。

公路桥梁、隧道总量持续增加。全国公路桥梁达65.81万座、3048.31万米,其中特大桥梁2051座、346.98万米。全国公路隧道为7384处、512.26万米,其中特长隧道265处、113.80万米。

公路建设投资继续较快增长。全年完成公路建设投资11482.28亿元,比上年增长18.8%。高速公路建设完成投资6862.20亿元,比上年增长28.9%,"十一五"累计完成投资22159.01亿元,是"十五"投资完成额的2.5倍。

【汶川、玉树、舟曲公路基础设施灾后重建进展】 在党中央、国务院的坚强领导和亲切关怀下,汶川、玉树、舟曲灾后重建工作迅速展开。交通运输部积极贯彻落实灾后重建工作规划,加快项目审批,加大指导、监督力度,汶川地震公路灾后重建工作基本完成,玉树、舟曲公路灾后重建工作进展顺利。

(1)汶川地震公路灾后重建情况

基本实现交通恢复重建工作"两年基本完成"的目标。四川省灾后交通基础设施恢复重建经中期规划调整后,包括高速公路、国省干线及重要经济干线公路、客运站点项目共483个,农村公路29028公里,规划期总投资842.83亿元。其中,12个高速公路项目1424公里,规划期投资310亿元;88个国省干线及重要经济干线公路项目4847.8公里,总投资305.7亿元;农村公路恢复重建总里程29028公里,总投资222.3亿元;客运站点共383个项目(39个县级客运站、344个农村客运站),总投资4.83亿元。

截至2010年底,建成项目451个,为项目总数的93.4%;建成农村公路25865.9公里,占总里程的89.1%;累计完成投资773.15亿元,为规划期总投资的91.7%,基本实现"三年目标任务两年基本完成"的目标。高速公路恢复重建任务全面完成,国省干线及重要经济干线项目累计完工76个(含主体工程完工项目),占项目总数的86.4%;累计完成投资238.53亿元，占总投资的78.0%。农村公路已建成25999.6公里，建成里程占总里程的89.6%，完成投资221.8亿元，完成投资占总投资的99.8%。客运站点已完工项目373个，完工项目数占项目总数的97.4%；完成投资4.49亿元，完成投资占总投资的93.0%。

(2) 玉树地震、舟曲泥石流公路灾后重建

玉树地震公路保通及重建工作主要涉及国道214线保通和重建、省道309线重建和省道308阶段性保通。国道214线应急保通工程包括路面加铺、加固沿线桥梁、处治危涵、设置停车港湾、冬季清雪除冰等工作。当地交通部门克服高寒缺氧、恶劣天气、多年冻土等困难，完成了国道214线和省道308线保通工程。国道214线共和至结古高速公路、省道309线玉树至杂多公路前期工作进展顺利。

舟曲交通灾后恢复重建工程包括省道313线水毁修复工程和改扩建工程，以及部分农村公路重建工程。当地政府和地方交通运输主管部门加快推进重建工作，工程进展顺利。

【全国公路建设座谈会在厦门召开】 2010年8月，交通运输部在福建厦门召开全国公路建设座谈会。会议充分肯定了公路建设取得的新成就，分析了公路建设存在的"一个隐忧，三个跟不上"，即公路建设的质量安全形势虽然总体稳定但存在隐忧；建设管理机制、项目法人管理能力、建设项目监管力量与公路建设形势相比，还存在不足。会议指出，现代工程建设在管理理念、组织结构、管理方法、管理手段、管理目标等方面呈现"五个新特点"。一段时间内公路建设管理工作要在推动"五化"上下工夫，即发展理念人本化、项目管理专业化、工程施工标准化、管理手段信息化、日常管理精细化。

会议强调要重点抓好六项工作：一是切实加强对项目法人的管理，严格准入管理，加强监督考核，促进项目管理专业化。二是推进工程施工标准化，从2011年起，开展为期3年的施工标准化活动，在工序流程、材料加工、场地建设、规范管理等方面实现施工标准化管理。三是加快实现项目管理信息化，运用信息网络技术，加强建设项目信息资源的整合和利用，对质量安全、计划进度、合同管理、远程监控进行信息管理，实现办公自动化、管理智能化和控制实时化。四是大力提高勘察设计质量，将提高地质勘察工作质量作为今后一段时期设计管理的重点工作，严格执行标准，加强设计审查，提高设计质量。五是强化建设市场监管，继续推进信用体系建设，规范招投标管理。六是引导规范工程分包行为，重点解决合理不合法的问题，明确专业分包的合理范畴和准入标准，规范劳务合作，引导施工分包更好地向专业化方向发展，促进工程分包阳光化、科学化、规范化。

【重点项目管理】 (1) 做好港珠澳大桥、马鞍山长江大桥、泰州长江大桥、墨脱公路等重点项目的建设协调和技术服务工作。6月19～20日，组织召开安徽马鞍山长江公路大桥第二次技术专家组会议；6月26～27日，组织召开江苏泰州长江公路大桥第二次技术专家组会议，副部长冯正霖出席专家组会议并讲话。

9月17日，港珠澳大桥技术专家组第一次会议召开，副部长翁孟勇、冯正霖出席会议并向专家颁发聘书。

12月15日，西藏墨脱公路的关键控制性工程嘎隆拉隧道贯通，翁孟勇副部长出席贯通仪式并讲话。中央主要媒体组织开展了"打开墨脱"系列报道。

(2) 国家重点公路工程竣工验收。2010年，交通运输部组织了苏通长江公路大桥、江西省景德镇至婺源(塔岭)公路等6个重点项目的竣工验收工作。苏通长江公路大桥取得了举世瞩目的建设成就：通过创新质量管理方法和保证体系，落实质量责任制度，实行精细化施工，保证了工程的高品质建设；通过创立安全生产管理方法和运行机制，实现了安全生产责任零事故；通过建立以企业为主的自主创新体系，积极引进国内外桥梁建设的先进技术和管理理念，开展国家科技支撑计划项目《苏通大桥建设关键技术研究》、交通部"十一五"重大攻关专项《千米级斜拉桥关键技术研究》等多项课题研究，形成大型复杂工程建设管理技术、千米级斜拉桥结构体系及设计关键技术、大型深水群桩基础施工与冲刷防护集成成套技术、超高索塔施工与控制技术、千米级斜拉桥长索制作、架设及减振技术等关键技术；获得6项国家级工法、9项省级工法、26项专利及软件著作权授权；研制大桥斜拉索高性能钢丝，填补了国内空白，并有多项技术达到国际先进水平。此外，苏通长江公路大桥建设还获得了全国公路优质工程一等奖、中国公路学会科技进步特等奖、江苏省科技进步一等奖等奖励，荣获国际桥梁大会(IBC)乔治·理查德森大奖和美国土木工程协会(ASCE)杰出成就奖。

【完善管理制度 印发相关通知】 (1) 修订并印发《公路工程竣(交)工验收办法实施细则》。

依据《公路工程竣(交)工验收办法》(交通部部令2004年第3号)，对《关于贯彻执行公路工程竣

（交）工验收办法有关事宜的通知》（交公路发〔2004〕446号）存在问题的有关内容进行修订，主要有：明确交、竣工验收程序，细化具体要求；明确关于分段通车项目的交工验收安排；加强参建单位总结工作，要求项目法人组织相关单位汇总编写设计、施工、监理的总结报告，全面反映工程实施情况，系统总结建设管理经验；增加交通主管部门、公路管理机构、质监机构可视情况参与交工验收及路面单位参与路基工程交工验收的内容；修订质量鉴定总体要求，增加工程质量检测报告、检测意见和鉴定报告的内容要求；增加机电工程有关鉴定内容；增加存在严重问题限制评为优良工程的内容，相应的单位工程和合同段质量得分按75分计。此外，《细则》对相关附件内容、表格也进行了调整、优化。修订后的《细则》进一步规范了公路工程竣工、交工验收相关工作。

（2）印发《关于严格执行标准进一步加强高速公路建设项目管理工作的通知》。要求通过加强政府监督管理、项目法人准入管理和在建项目管理，确保项目顺利实施。在高速公路审批、审查、验收等环节严格把关，要求高速公路的项目法人组织机构和组成人员应满足资格标准及项目建设管理需要。对发现不符合公路工程技术标准、设计要求，工程质量低劣或通车后可能存在行车安全隐患的在建项目，应立即责令彻底整改；把好即将完工项目交付使用前的验收关口。

严格执行公路建设各项制度和技术标准。严格控制初步设计质量和设计变更，严格执行公路工程技术标准，落实参建单位各项责任。公路建设项目和从业单位应严格执行公路工程强制性标准。对于直接涉及质量、安全、环保、节地和公众利益的公路工程强制性标准和技术指标，任何单位和个人不得降低、舍弃、更改或随意选取。对技术标准中可灵活运用的非强制性指标，应在确保行车安全的基础上经过综合论证后确定。

（3）印发《关于在初步设计阶段实行公路桥梁和隧道工程安全风险评估制度的通知》。交通运输部在总结安全风险评估制度试点工作的基础上，决定对复杂桥梁和隧道工程试行安全风险评估制度。强化工程建设安全风险意识，在设计阶段辨别桥隧工程设计、施工、运营阶段潜在的风险源，科学评估并判定其风险等级，进一步优化设计和施工组织方案，提出相应的风险控制措施，确保工程的顺利实施和安全运营。

公路桥梁和隧道工程安全风险评估工作主要针对特殊环境、复杂技术、施工工艺复杂和其他易发生安全风险的桥梁、隧道工程，以及缺乏同类工程管理和技术经验的地区。具体评估工作参照《公路桥梁建设安全风险评估指南》和《公路隧道建设安全风险评估指南》。

公路桥梁和隧道工程安全风险评估制度的实施由省级交通运输主管部门具体负责。对需要开展风险评估的项目，在初步设计完成后，由项目业主委托有资格的评估单位开展安全风险评估，并提交评估报告。省级交通运输主管部门在组织初步设计文件预审或审查时，对风险评估报告及设计单位根据风险评估报告修改完善设计的情况一并进行评审。需报交通运输部审批初步设计的，省级交通运输主管部门在上报初步设计文件时，必须同时附风险评估报告、预审意见和设计单位对预审意见的落实情况。

文件还对承担桥梁工程安全风险评估的单位资质及评估人员资格提出了要求。文件印发后，交通运输部在全国先后开展5期风险评估培训班，地方交通运输主管部门、项目法人、勘察设计单位等有关人员参加培训。

【支持新疆、西藏等西部地区公路建设】（1）推行项目代建制，支持新疆加快公路建设。2010年12月16日，交通运输部组织召开全国交通运输系统支持新疆公路建设项目管理协调会。21个省市的交通运输主管部门、高速公路建设管理单位的负责同志，以及中国交通建设股份有限公司、武警交通指挥部负责同志参加了会议。会议提出"政治任务动员、经济规律运作"的模式，以代建制方式，发挥行业合力，支持新疆公路建设，加强对新疆公路建设的指导和协调。组织召开支持新疆公路建设项目管理协调会，动员东中部21个省份支持新疆公路发展，推行公路建设项目代建制，探索培育公路建设代建市场，提高项目管理专业化水平。

（2）组织西藏公路建设人员到内地学习培训。为帮助提高西藏公路建设管理水平，提升公路技术人员建设管理理念，增长建设管理经验，交通运输部印发《关于西藏自治区交通运输厅选派人员赴江苏等6省在建项目进行建设管理培训的通知》，在部分省份选择一批公路典型在建项目，安排西藏公路技术人员进行学习交流。由西藏自治区交通运输厅选派公路技术人员分赴江苏、陕西、河南、福建、江西、湖南6省的在建项目进行为期3个月的培训学习，培训内容主要包括项目管理、质量监督及工程设计等。

（交通运输部公路局）

水路工程建设

1. 水运建设市场监管

【《航道养护管理规定》出台】 交通运输部根据《中华人民共和国航道管理条例》、《中华人民共和国航标条例》等有关法规,制定完成《航道养护管理规定》并于2011年1月1日起实施,《规定》明确了航道养护管理工作程序,规范了航道维护标准的确定、养护工作的分类、年度计划的制定与实施等工作内容,强化航道应急能力管理和技术考核管理工作,解决航道养护资金短缺、养护设施落后、应急能力不足、服务水平不高、"重建设、轻养护"现象等问题,进一步加强和规范航道养护管理、提高航道养护质量和服务水平。

【严格市场准入】 进一步加强对水运施工、设计、监理等企业资质的审查。2010年,交通运输部组织完成对水运工程监理资质已满4年企业的复查工作,共有55家监理企业通过了复查;组织完成3批共40家企业的资质审查工作,通过率50%,严把了市场准入关;组织起草了《勘察设计注册土木工程师(港口与航道工程)执业资格制度暂行规定》。

【2010年度全国水运建设市场检查】 为维护水运建设市场秩序,规范市场主体行为,确保水运工程质量和安全,促进水运建设市场持续、健康发展,交通运输部组织开展了2010年度全国水运建设市场检查工作。检查分为部级检查和省级检查,在省级检查的基础上,交通运输部成立检查组对江苏省、广东省和浙江省水运建设市场进行了综合检查,印发了检查意见,并抽查大中型水运建设项目72个,督促问题单位制定整改措施、及时整改。

继续做好水运工程建设领域突出问题专项治理,对交通运输部直属系统水运工程建设项目开展深入检查;成立专项治理领导小组和工作机构,制定工作方案,认真组织开展自查排查、重点抽查和专项监督,并督促问题单位认真整改,专项治理取得了一定成效。

【工程招投标管理】 加强招投标管理,规范招投标行为。下发了《关于加强工程招标备案管理的通告》,进一步规范了招标文件、资格审查、评标结果备案管理行为。积极开展水运行业及支持系统工程招投标专项调研工作。

开展水运工程评标专家库更新工作,建立健全水运工程评标专家库管理系统。继续组织完成新一轮水运工程和交通运输支持系统工程评标专家资格评审、公示、入库工作,2010年共有1930人获得专家资格。

【信用体系建设】 加强水运建设市场诚信体系建设,提高水运建设市场信用管理信息化水平。2010年,交通运输部组织开发了全国水运工程建设市场信用信息管理系统(简称部级信用系统),加快省级水运工程建设市场信用信息管理系统(简称省级信用系统)的建设,已有8个省(区、市)的省级信息系统实现了与部级信息系统的互联互通,广东、广西、山东、辽宁、福建、浙江、河南、重庆、安徽、海南等省(区、市)制定了本地区水运建设市场信用信息管理实施细则。完成第一批责任主体有关信息的收集、整理和录入工作。

【全国水运工程建设市场信用信息管理系统正式运行】 2010年8月15日,全国水运工程建设市场信用信息管理系统正式运行。水运工程建设市场信用信息管理,实行统一领导,分级管理。交通运输部负责部级信用系统的运行管理,并指导省级信息系统的建设运行。部级信用系统用于全国水运工程建设市场主要当事责任主体(从事水运工程建设的管理单位、有水运工程资质的勘察设计、施工、监理单位及检测单位)的信用信息汇总、发布等。省级交通运输主管部门负责本辖区的信用系统运行管理,负责所管辖行政区域的当事责任主体信用信息的采集、审核、汇总、上报和发布等。当事责任主体填报其基本信息,并报企业注册地的省级交通运输主管部门。

2. 内河航道建设

【航道建设】 窑监乌龟洲守护工程等11个项目新开工建设,东流航道整治、南浏段数字航道等6个项目竣工验收,中央新增投资全部完成。截至

2010年底，全国内河航道通航总里程12.42万公里，比上年末增加559公里，比"十五"末增加979公里，其中，等级航道6.23万公里，占总里程的50.1%，比"十五"末提高0.6个百分点。等级航道中，三级及以上航道9280公里，五级及以上航道2.53万公里，分别占总里程的7.5%和20.3%，比"十五"末分别提高0.5个和1.1个百分点。各等级内河航道通航里程分别为：一级航道1385公里，二级航道3008公里，三级航道4887公里，四级航道7802公里，五级航道8177公里，六级航道18806公里，七级航道18226公里。各水系内河航道通航里程分别为：长江水系64064公里，珠江水系15989公里，黄河水系3477公里，黑龙江水系8211公里，京杭运河1439公里，闽江水系1973公里，淮河水系17246公里。全国航道设标里程38695公里，设标数量42077座，比上年增加2759座，其中，发光航标增加1922座。

【长江干线航道整治】 中游藕池口水道航道整治一期工程、中下游口岸直水道航道治理鳗鱼沙心滩头部守护工程、三峡—葛洲坝间乐天溪航道整治工程等9个项目加快推进。珠江三角洲高等级航道网的各项建设工程基本收尾，贵港至梧州、界首至肇庆段二级航道建设工程基本完成。西南水运出海南线通道右江航运梯级开发和中线、北线通道的航道建设工程加快推进。

【航道维护和管理】 航道维护尺寸大幅度提高。积极依托航道整治工程，加强航道维护管理，2010年8月起提高了宜宾至重庆段中洪水期航道维护尺度，改善航道长度384.0公里；11月起提高了宜昌至武汉段枯水期航道维护尺度，改善航道长度612.5公里，长江干线航道维护水深得到全面提升。

海轮航道进一步延伸。2010年，完成延长芜湖至武汉河段海轮航道通航期、延伸海轮进江航道至城陵矶(简称"双延")工作。积极做好"双延"后的日常维护工作，确保海轮航道安全畅通。

长江干线船舶定线制航道长度进一步上延，有效地改善了船舶航行安全条件。2010年10月1日起，长江干线芜湖至安庆段、丰都至涪陵段航道实施船舶定线制，至此，长江干线船舶定线制航道达1120公里，占总里程的42%。

航道维护的信息化工作稳步推进。2010年，组织协调了长江电子航道图的测试、制作、发布和推广应用工作，组织完成了竣工验收。通过一年多的试运行，长江南浏段数字航道与智能航运示范工程实现了航道图数字化、航标与船舶监控实时化、信息服务网络化、船舶导航自动化，将航道管理和对外服务从传统模式转入数字化和信息化模式，标志着长江黄金水道开始迈向现代化。

航道维护管理水平进一步提升。为加强和规范航道养护管理工作，保障航道通畅，提高航道养护工作质量和服务水平，制定并发布了《航道养护管理规定》。

【长江口深水航道治理三期工程通过交工验收】 2010年3月，交通运输部组织完成了长江口深水航道治理三期工程的交工验收工作，标志着12.5米深水航道正式进入试通航期。长江口深水航道全长92.2公里，水深12.5米，底宽350米至400米，三期工程建成后，可满足第三代、第四代集装箱船舶和5万吨级散货船舶全潮双向通航，同时兼顾第五代、第六代大型远洋集装箱船、10万吨级满载散货船和20万吨级减载散货船乘潮进出长江口的需要。

三期工程建成后，交通运输部还将实施深水航道上延至南京工程，将逐步形成长江水系与长江口深水航道相衔接的高等级航道体系，发挥上海国际航运中心的"龙头"作用，提升长江黄金水道向长江三角洲及长江中上游地区的辐射能力，带动长江沿线经济发展，对实现交通运输新的跨越式发展具有重要意义。

3. 2010年全国港口建设

【港口码头泊位总量增加】 港口码头泊位总量继续增加，泊位大型化水平不断提升。截至2010年底，全国港口拥有生产用码头泊位31634个，比上年底增加205个，其中，拥有万吨级及以上泊位1661个，比上年底增加107个，比"十五"末增加627个。全国港口万吨级及以上泊位中，1万～3万吨级(不含3万吨级)泊位692个，3万～5万吨级(不含5万吨级)泊位297个，5万～10万吨级(不含10万吨级)泊位476个，10万吨级以上泊位196个，比上年底分别增加10个、21个、49个和27个，比"十五"末分别增加110个、91个、279个和147个。

【港口码头泊位专业化程度明显提高】 截至2010年底，全国万吨级及以上泊位中，通用散货泊位299个，通用件杂货泊位310个，专业化泊位903个，比上年底分别增加25个、26个和40个，比"十五"末分别增加165个、34个和314个。专业化泊位中，集装箱泊位298个，煤炭泊位173个，金属矿石泊位46个，原油泊位69个，成品油泊位109个，液体化工泊位113个，散装粮食泊位27个。

沿海港口码头泊位持续增加。截至2010年底，全国沿海港口拥有生产用码头泊位5453个，比上年底增加133个，比"十五"末增加1155个。其中，万吨级及以上泊位1343个，比上年底增加82个，比"十五"末增加496个。

大型专业化码头建设取得重大进展。加快推进码头结构加固改造，促进沿海港口持续、快速发展。沿海港口万吨级及以上泊位中，1万～3万吨级、3万～5万吨级、5万～10万吨级、10万吨级以上泊位分别为538个、207个、407个和191个，比上年底分别增加5个、14个、36个和27个，比"十五"末分别增加62个、52个、240个和142个。

【内河主要港口基础设施建设有序开展】 长江水系的阳逻集装箱港区二期交工验收并投入试运行，宜宾港志城作业区一期、嘉兴内河多用途港区、水富港扩建等工程完工。珠江水系的梧州港、贵港港升级改造步伐加快，云浮新港建成完工。黑龙江水系的同江港改扩建工程全面完工，黑河港改扩建主体工程交工，抚远莽吉塔港区开工建设。截至2010年底，内河港口拥有生产用码头泊位26181个，比上年底增加72个。其中，万吨级及以上泊位318个，比上年底增加25个，比"十五"末增加131个。

【内河港口大型化建设】 截至2010年底，内河港口万吨级及以上泊位中，1万～3万吨级、3万～5万吨级、5万～10万吨级、10万吨级以上泊位分别为154个、90个、69个和5个，比"十五"末分别增加48个、39个、39个和5个。

4. 水运工程技术与节能减排

【水运工程建设技术研发与新成果推广应用】 推进水运工程建设技术研发与新成果推广应用工作。推动规范标准的外文翻译工作，促进我国水运工程建设单位开拓国际市场。《黄金水道通过能力提升技术》、《西部港口物流枢纽建设和运营技术开发与示范》等重大课题有序开展。长江干线通航标准研究、中游荆江河段系统治理、下游"三沙"河段治理、三峡船闸通过能力提升、西江航运干线通过能力关键技术、船型标准化、港口节能减排、港口工程结构可靠度与耐久度关键技术等行业管理和建设急需研究内容得到体现。

施工技术创新成果加快转化。为鼓励水运工程技术创新，提高水运施工企业的技术水平、管理水平和竞争力，加快创新成果转化，发布了《水运工程工法管理办法》。组织对2010年度申请水运工程工法成果的评审，评出水运工程一级工法39项、二级工法11项。

【技术标准发布与制订】 做好标准规范的制定修订工作，发挥规范标准对水运建设的引导和约束作用。交通运输部组织发布《航道工程地质勘查规范》、《港口工程地基规范》等7项标准。组织做好重要标准规范的宣贯和培训工作，完成《液化天然气码头设计规范》等4项标准的培训教材审查和《水运工程测量质量检验标准》的3期培训工作。

加强内河航运技术标准制定工作。交通运输部充分发挥技术标准的基础保证作用，以技术标准指导和规范内河航运发展。完成国标《内河通航标准》修订工作立项，开展《水运工程施工监理规范》等13项标准的制定修订工作，组织《海港总平面设计规范》、大型船舶回旋水域制动距离及航道尺度实船测量研究等6项标准的9项专题研究成果审查，完成《港口建设项目环境影响评价规范》等15项标准的部审。

积极推进水运工程建设体系建设。截至2010年底，现行水运工程建设技术标准有108项，其中国家标准3项；新版《水运工程建设标准体系表》建设取得重大进展，87项体系标准中完成25项，在编39项。

【港口建设节能减排】 5月，交通运输部在唐山召开了全国资源节约型和环境友好型港口建设经验现场交流会，交流建设资源节约型、环境友好型港口的先进经验，安排部署了相关工作。7月，在上海召开了港航共建绿色水运技术交流现场会，上港集团和中海集团共同研发的我国第一台移动式岸基船用变频变压供电系统在会上正式宣布启用，联合发表《港航共建绿色水运宣言》。

加强行业引导，投入专项资金，开展港口"油改电"示范项目和靠泊船舶使用岸电试点项目。交通运输部安排资金9000万元，对上海港等8个港口288台轮胎式集装箱起重机"油改电"示范项目和连云港等3个靠泊船舶使用岸电试点项目进行补助，完成11个项目的专项设计审查审批工作。

港口节能减排联合技术攻关工作稳步推进。交通运输部组织开展针对集装箱码头、散货装卸工艺系统的7个研究方向的港口节能减排联合技术攻关工作。组织完成"高抓取比散货抓斗技术研究"和"轨道式集装箱门式起重机参数标准化研究"等3个项目的成果鉴定验收工作。

（交通运输部水运局）

农业基本建设投资

【概况】 2010年是"十一五"收尾之年，也是农业农村经济发展的关键一年。为贯彻落实好党中央、国务院扩内需、促增长的决策部署，农业部深入贯彻落实科学发展观，以转变农业发展方式为主线，以提高投资项目质量和效益为目标，加强项目管理，各类农业建设项目总体进展顺利，农业基本建设取得明显成效。

【农业基本建设投资情况】 按照2010年中央1号文件"预算内固定资产投资优先投向农业基础设施和农村民生工程"以及"要继续向重大农业农村建设项目倾斜"的要求，国家共安排农业基本建设投资252.4617亿元，比2009年的236.1652亿元增长6.9%。主要用于标准农田建设工程、新一轮"菜篮子"工程、草原建设与农业生物资源保护工程、农村废弃物资源利用工程、现代农业公共服务能力条件建设工程及其他共六方面的建设。

【标准农田建设工程78.2437亿元】 主要包括新增千亿斤粮食田间工程及农技服务体系、油料生产基地、糖料生产基地、旱作节水农业示范工程、棉花生产基地、农垦天然橡胶基地、退耕还林地区基本口粮田和农垦现代农业示范工程8个方面。

【新一轮"菜篮子"工程30亿元】 主要包括生猪标准化规模养殖小区（场）和奶牛标准化规模养殖小区（场）2个方面。

【现代农业公共服务能力建设工程50.8425亿元】 主要包括基层农业技术推广体系建设工程、动物防疫体系建设工程、植物保护工程、农产品质量安全检验检测体系建设工程、种植业种子工程、养殖业良种工程、渔政渔港工程、农业科技创新与推广能力建设和农垦公益性项目9个方面。

【草原建设与农业生物资源保护工程24.533亿元】 主要包括天然草原退牧还草、草原防火、保护性耕作工程、湿地保护和农业生物资源保护工程5个方面。

【农村废弃物资源利用工程52.8425亿元】 主要包括农村沼气工程和非粮食生物质能试点示范工程2个方面。

除上述五类项目外，还支持了农垦危房改造和血吸虫病综合治理工程以及其他项目。

【农业基本建设投资主要成效】 总体看，中央扩内需、促增长的战略部署在农业系统得到了有效落实，农业投资项目进展顺利，项目功能及时实现，投资效益较为显著。

【有效提升了农业综合生产能力】 实施标准粮田建设、生猪奶牛标准化规模养殖等项目。"十一五"期间累计建设标准粮田约1300万亩，棉花、油料、糖料生产基地约50万亩，天然橡胶生产基地324.5万亩，旱作节水农业示范基地44万亩，建成生猪标准化规模养殖场37133个、奶牛标准化规模养殖场1945个。标准粮田建设项目区亩均增产粮食50公斤以上，全国规模养殖比重明显增加，2010年生猪规模养殖比重达66%，比2007年提高17.5个百分点，农田水利基础设施条件显著改善，主要农产品生产能力显著提高，标准化、规模化水平显著提升。

【有效增强了农业公共服务能力】 实施种养业良种、动植物保护、农产品质检、渔政渔港等项目。"十一五"期间累计建设种植业良种繁育场300个，养殖业原良种场334个，农产品质检中心1208个，农业有害生物预警与控制区域站522个，乡镇兽医站37399个，渔港53个，提高了农作物病虫害和重大动物疫病防控、农产品质量安全检测、农业防灾减灾等农业公共服务能力。

【有效提高了农村生态环境质量】 实施农村沼气项目。"十一五"期间支持建设户用沼气1277万户、规模化养殖场大中型沼气工程3120处、养殖小区及联户沼气工程19882处、乡村服务网点7.7656万个。到2010年底，全国户用沼气达到4000万户，大中型沼气4700处，小型沼气6.5万处，乡村服务网点8万个，生产沼气164亿立方米、相当于年替代1840万吨左右标准煤，约为2009年全国天然气年消费量的13%，替代薪柴和秸秆4800多万吨，相当于保护林地1.32亿亩，有效推进了畜禽粪便的无害化处理和资源化利用。实施退牧还草工程，截至2010年全国实现禁、休牧草原48603万亩，工程区内的平均植被盖度比非工程区提高了12%，高度比非工程区提高了37.9%，草原生态环境明显改善。

【**有效改善了农民生产生活条件**】 实施垦区棚户区改造、农村沼气等项目，改善了广大农民的生产生活条件，增加了农民工需求和农民工资性收入。2008年四季度以来，垦区棚户区改造项目惠及69.6万户职工，实施期间年均提供就业岗位近1700个，增加农民工资性收入32.3亿元；截至2010年底，农村沼气项目惠及农村人口1.6亿人，每年可实现增收节支400多亿元，减少20%以上的农药和化肥施用量，改良土壤8000万亩。

【**有效支撑了国民经济持续健康发展**】 2008年第四季度以来，已完成扩大内需中央投资农业项目264亿元，带动地方配套、自筹资金和银行贷款超过472亿元，增加国内需求736亿元以上。通过农业基本建设项目的实施，进一步夯实了农业基础，对粮食和"菜篮子"产品连年增产，对保增长、保民生、保稳定发挥了不可替代的作用，为应对国际金融危机、稳定市场供应、保障国民经济持续健康发展提供了基础支撑。

【**农业基本建设项目管理主要措施**】 为切实发挥农业建设项目投资效益，农业部及各地农业部门精心组织，狠抓落实，有计划、按步骤采取了一系列措施，不断探索和创新项目建设管理的有效做法。

【**坚持制度建设，完善农业建设项目管理制度体系**】 为规范项目管理，提高投资效益，农业部不断加强制度建设，近年来陆续制定颁布了《农业基本建设项目管理办法》、《农业基本建设项目申报审批管理规定》、《农业建设项目监督检查规定》、《农业建设项目违规处理办法》等一系列规章制度，初步构建了覆盖项目申报、评审、批复、实施、竣工验收等项目建设全过程的农业项目管理制度体系。以现代信息技术为依托，农业部建成了农业建设项目管理信息系统，实现了项目建设全过程管理的网上作业，提高了项目管理的科学化、规范化、信息化水平。

【**坚持监督检查，加强工程建设领域突出问题专项治理**】 按照中央关于开展工程建设领域突出问题专项治理工作的要求，农业部成立了工程建设领域突出问题专项治理工作领导小组及办公室，及时制定工作方案，并召开专门会议进行了部署。各项目单位严格按照工作方案要求，对本单位建设项目进行了100%自查，制定方案对相关问题进行了认真整改，并上报了自查自纠报告。在各单位开展自查的基础上，驻农业部纪检组监察局牵头对部属单位承担的9个亿元以上项目逐一进行了重点抽查；加强农业建设项目的日常监管，要求各省级农业主管部门按照不少于项目总数30%的比例进行专项检查，农业部按照不少于项目总数10%的比例，进行了重点抽查。通过专项检查和抽查，及时指出项目建设中存在的问题并督促整改，确保了各类农业建设项目顺利实施。

【**坚持示范引领，加快推进现代农业示范区建设**】 在省级农业主管部门推荐、省级人民政府同意的基础上，农业部于2010年8月正式认定北京市顺义区、黑龙江省农垦等51个县（区、市、垦区）为全国第一批国家现代农业示范区。有关政府部门积极加大对国家现代农业示范区的工作指导和支持力度，江西、安徽、四川、山西、宁夏等许多省（区）已着手开展省级现代农业示范区的建设工作，部、省两级现代农业示范区建设上下联动、梯度推进的工作格局已初步形成，示范区建设呈现出良好发展势头。农业部进一步大力支持国家现代农业示范区建设，通过壮大示范区主导产业，突出主导产品，因地制宜改善生产条件，创新农业经营制度，加快转变发展方式，着力建成各地现代农业发展的样板和窗口，发挥示范引领作用。

【**坚持管理创新，提高农业建设项目管理水平**】 农业部积极探索项目公示制度，开展了养殖业良种工程等储备项目的公示试点，接受社会监督，促进项目管理的公开、公正。按照政务公开的要求，及时将有关规划向社会公布，将有关投资安排和项目申报事项向地方农业主管部门通报，累计在中国农业建设信息网上发布扩大内需农业项目建设情况旬报、月报和专题报告等100多期。健全农业投资监督机制，树立全程监管服务理念，将项目监管关口前移，加强重点项目、重点部位的监管与服务，加大在建项目经常性检查和抽查力度，做到及时整改、完善制度。针对建设项目专业性强的特点，积极倡导项目建设单位委托工程咨询机构实行工程专业化管理，在加快进度、控制投资等方面取得了很好效果。为推进项目管理创新，农业部每年举办综合业务培训，以及种植业、畜牧业、渔业、沼气、农产品质检体系等行业培训班数十期，提高思想认识，普及项目管理知识，宣传项目管理制度，规范管理行为，不断提高项目管理水平。

（农业部发展计划司）

通信业建设

【概况】 2010年,通信业认真贯彻落实中央关于继续应对国际金融危机、保持经济平稳较快发展的一系列政策措施,加快3G发展建设,推动网络发展演进升级,行业继续保持了健康平稳有序发展。投资规模稳中有降,信息网络加速向宽带化、移动化和IP化演进。贯彻落实八部委联合印发的支持3G和宽带网络发展建设的意见,继续加强信息网络基础设施投入力度,全行业完成固定资产投资3197亿元,同比下降14.2%。信息通信网络技术装备达到世界先进水平,已建成全球最大IP软交换网和IPv6示范网络,骨干传输网发展成为多路由冗余和多环网保护的高速、高可靠网络,加快实施"光进铜退",推进光纤到楼入户,3G网络基本实现城乡覆盖。

【通信业建设】 截至2010年底,全国通信光缆线路长度达到995.1万公里,同比增长20.4%。固定长途电话交换机容量减少41万路端,达到1644万路端;局用交换机容量(含接入网设备容量)减少2707万门,达到46559万门。移动电话交换机容量净增6433万户,达到150518万户,同比增长5.9%。互联网宽带接入端口达到1.88亿户,同比增长38%。互联网国际出口带宽达到1099Gbps,同比增长26.8%。3G专用设施投资达到1062.7亿元,3G基站规模达到62.2万个,3G网络覆盖全国大部分地市,中国电信3G已覆盖342个地市、2055个县和2万余个乡镇,中国移动已覆盖238个地级城市,地区覆盖率达到70%以上,中国联通3G已覆盖339个地市,县城覆盖率达到95%。

【相关法律法规】 几年来先后发布实施《工业和信息化部行政许可实施办法》(工信部2号令,通信建设行政许可部分)、《电信设备抗震性能检测管理办法》(工信部3号令)、《电信建设管理办法》(信息产业部20号令)、《通信工程质量监督管理规定》(信息产业部令第18号)等部门规章;出台《通信建设项目施工招标文件范本》、《通信设备、材料招标文件范本》、《通信建设工程安全生产管理办法》、《通信建设工程质量监督工作要点》、《关于实施通信建设行政许可项目具体问题的通知》、《通信工程质量监督机构及人员管理办法》、《关于进一步加强通信建设工程监理工作的通知》等规范性文件。

加强通信工程建设标准和概预算定额的制定、修订工作。在标准方面,为充分发挥标准的引导性和约束性作用,重点制定涉及工程质量安全、节能、环保、公众利益、共建共享等方面的标准,组织编制并审定国家标准9项,批准发布行业标准133项。组织开展通信工程建设标准强制性条文宣贯;在概预算定额方面,发布新编的《通信工程概算、预算编制办法》及相关定额、《通信建设工程量清单计价规范》,逐步形成较为完整的通信建设法规制度和标准体系。

【通信工程建设领域突出问题排查】 2010年,根据中央办公厅和国务院办公厅《关于开展工程建设领域突出问题专项治理工作的意见》,工业和信息化部组织开展了通信工程建设领域突出问题排查工作,重点围绕招标投标、工程质量管理两个方面,对电信运营企业总投资额在3000万元以上的通信工程建设项目进行了排查。电信运营企业共自查项目4622个,发现问题355个,纠正问题159个。工业和信息化部抽查项目39项,通信管理局抽查项目158项。从总体上看,各电信企业都结合实际建立了工程招投标、工程质量管理等规章制度,但仍存在一些突出问题:部分企业招投标制度与招投标法律法规不一致,框架入围取代招投标较普遍存在,项目公开招标比率偏低,部分项目评标委员会不推荐中标候选人;有的项目存在不符合基本建设程序的情况,有的项目存在无资质或超资质参与工程建设的情况,有的项目存在转包、违法分包及挂靠的现象。5月,印发了《关于开展通信工程建设领域突出问题排查情况的通报》,对发现的问题进行了通报,要求各单位进一步开展自查自纠工作,切实落实整改责任。

【通信业建设"十一五"成就盘点】 加强市场监管,增强服务意识,以完善法规制度和标准体系、规范通信建设招投标活动、加强通信工程质量监督与安全生产监管、加强通信建设市场准入管理作为工作重点,进一步规范了通信建设市场秩序。

(1)通信建设项目招投标监督管理

一是完善通信行业招投标有关规章制度,结合通信工程特点和通信建设项目招投标中存在的问题,组织开展对原有的规章进行修订，并出台通信行业招标文件范本；二是针对招投标重点环节，通过建立通信行业评标专家名册、强化对招投标活动的备案管理等措施，逐步健全了通信建设项目招投标监管体系；三是结合工程建设领域突出问题专项治理、反腐倡廉、治理商业贿赂等工作，不断加大对通信建设项目招投标的监督检查力度，重点对3G等重要工程的招投标活动进行跟踪、监督；四是培育通信建设项目招标代理市场，充分发挥招标代理机构的作用，规范招投标双方行为。

(2) 通信工程质量监督

完善规章制度，健全质量监管体系，创新质量监管方式，加大监督检查力度，把工程质量管理各项工作落到实处，保证全网通信工程质量和安全。一是制定规范性文件，明确了监管的目标、职责和重要环节；二是健全和完善了通信工程质量监管体系，不断创新质量监管思路和方式，建立质量监督部省联合检查制度、质量监督抽查与巡查结合机制、质量监督申报和备案管理信息平台、通信工程质量监督通报制度等，提高工作效率，有效地促进工程质量管理工作；三是把加强队伍建设、提高队伍素质作为一项重要工作来抓，一方面加强考核，严格资格认定，另一方面着力加强质监人员的继续教育、业务培训和职业道德教育，使质量监督队伍的业务水平和综合素质不断得以提高；四是加大了质量监督检查力度，结合工程建设领域突出问题专项治理工作，强化对重点工程建设项目的监督。2010年，全年电信企业共申报质量监督工程近54415项，竣工验收备案12346项，经质量监督部门实体抽查的近2134项，抽查发现问题的项目214项；五是开展了各种形式的宣贯活动，增强了全行业工程质量意识，通过"质量安全年"等形式多样的主题活动，加大舆论宣传力度，引导行业内各企业重视工程质量、关心工程质量，通过开展各种形式的评优、创优活动，增强企业创精品工程，促进通信工程质量水平的整体提升。

(3) 通信建设工程安全生产

重点在强化制度建设、健全安全生产监管机制、加大安全培训力度、开展安全生产专项整治等方面着手开展工作。一是依据《建设工程安全生产管理条例》，制定并发布安全生产管理规定，建立通信建设安全生产监管制度，明确各方的安全生产责任；二是将安全生产与质量监督有机结合起来，定期通报通信建设安全生产情况；三是针对通信工程安全生产的薄弱环节，制定《通信工程安全生产操作规范》，建立坚实的技术保障体系；四是切实加强对通信建设工程企业"三类人员"的安全生产培训考核，增强一线工作人员安全意识，提高安全生产水平；五是深入开展安全生产专项整治工作，围绕事故多发、危险源集中的工程建设项目进行重点检查，以检查促整改、以整改促提高。通过以上工作，各企业对安全生产的重视和对安全生产的投入普遍得到加强，一线施工人员的安全意识有了进一步的提升。

(4) 通信建设市场准入管理

一是修订和完善通信建设市场准入管理制度，出台外商投资企业申请通信建设资质的规范性文件；二是利用信息平台实现企业资质和个人资格的网上申报和审批，提高了工作效率，增加了透明度，提升了信息化水平；三是加强行政许可的后续监督，对已获得资质的企业进行监督检查，清理和整顿了通信建设队伍；四是加大对行政许可工作人员的培训力度，提高了行政执法水平；五是开展清理通信建设工程转包和违法分包行为的工作，要求各电信运营企业发挥市场主体作用，加强对工程承包单位的监督管理，抵制挂靠、工程转包等不正当市场行为。通过这些市场准入工作，进一步规范通信建设市场秩序，增强了通信参建企业的市场竞争力，各电信运营企业基本能够选取具备相应资质的企业承担工程建设任务，依法进行通信工程建设活动。

(工业和信息化部通信发展司)

民 航 建 设

1. 机场管理法规规章及技术标准

【修订《民用机场建设管理规定》】 为了适应民用机场工程建设过程中的变化，满足民用机场工程及民航空管建设工程的需要，对《民用机场建设管理规定》（民航总局令第129号）进行修订，计划

2011年颁布实施。

【技术标准颁布下发】 包括《民用机场水泥混凝土道面设计规范》(MH/T 5004—2010)、《民用机场目视助航设施施工质量验收规范》(MH/T 5012—2010)等。

2. 机场及配套设施建设

2010年，民航全行业完成固定资产投资640亿元左右，其中安排中央预算内投资22.3238亿元，民航专项基金约98.0766亿元，重点保障直属单位、安全、空管及西部机场项目的实施。

【重点建设项目】 2010年民航重点建设项目共25个，其中竣工的有上海虹桥机场扩建工程、南昌北机场扩建工程、重庆江北机场扩建工程、西藏阿里新机场工程4个项目；续建的有昆明新机场工程、合肥新机场工程、杭州萧山机场扩建工程、深圳宝安机场扩建工程、长沙黄花机场扩建工程、成都双流机场扩建工程、西安咸阳机场扩建工程、东部地区和西部地区航路雷达管制工程、成都区域管制中心工程、西安区域管制中心工程10个项目；新开工的有北京新机场工程、沈阳桃仙机场扩建工程、南京禄口机场扩建工程、广州白云机场扩建工程、武汉天河机场扩建工程、贵阳龙洞堡机场扩建工程、拉萨贡嘎机场扩建工程、西宁曹家堡机场扩建工程、上海终端区工程、沈阳区域管制中心工程、乌鲁木齐区域管制中心工程11个项目。

截至2010年底，4个计划竣工项目中，上海虹桥机场扩建工程、重庆江北机场扩建工程、西藏阿里新机场工程已通过行业验收并投入使用。10个续建项目进展顺利。11个新开工项目中，广州白云机场扩建工程、沈阳桃仙机场扩建工程、贵阳龙洞堡机场扩建工程、拉萨贡嘎机场扩建工程、西宁曹家堡机场扩建工程均已开工建设，北京新机场工程积极推进前期立项工作，武汉天河机场扩建工程、上海终端区工程、沈阳区域管制中心工程预可行性研究报告获得批复，积极推进可行性研究报告报审工作，南京禄口机场扩建工程、乌鲁木齐区域管制中心工程可行性研究报告已获得批复，履行工程初步设计及概算报批手续。

【其他建设项目】 2010年竣工的其他建设项目有：鄂尔多斯机场飞行区改扩建工程、唐山军民合用机场改扩建工程、大同机场飞行区改扩建工程、沈阳机场老航站楼改造、站坪扩建、跑道盖被工程、新建淮安机场工程、景德镇机场扩建工程、张家界机场扩建工程、洛阳机场航站楼改造工程、九寨机场扩建工程、西昌机场改扩建工程、新建宁夏固原机场工程、吐鲁番机场迁建工程、新建新疆博乐机场工程等共计81个项目。

续建项目：新建阿尔山机场工程、鄂尔多斯机场扩建工程、新建吕梁机场工程、长春机场航站区设施扩建工程、新建池州机场工程、徐州机场改扩建工程、长沙机场新航站楼工程、新建河池机场工程、新建潮汕机场工程、新建金昌机场工程等共计100个项目。

新开工项目：新建巴彦淖尔机场工程、乌海机场扩建工程、新建烟台机场工程、济南机场航站区扩建工程、梅县机场飞行区扩建工程、武汉机场国际航站楼工程、新建神农架机场工程、西双版纳机场改扩建工程、遵义机场改扩建工程、新建德令哈机场工程等共计48个项目。

【机场规划管理】 2010年民航局组织宁波栎社、贵阳龙洞堡、重庆江北、上海浦东等机场的总体规划审查，完成宁波栎社、长沙黄花、哈尔滨太平、桂林两江、沈阳桃仙等机场总体规划的批复工作。按照授权和分工，民航各地区管理局对辖区内飞行区指标4D及以下机场的总体规划进行了审批。

民航局参加了住房和城乡建设部城市规划部际联席会议，办理南阳、贵阳、石家庄、开封、焦作、洛阳、绍兴、新乡、南通、江门10个城市的城市总体规划部门审查意见。办理甘肃省、陕西省、宁夏回族自治区、西藏自治区、新疆维吾尔自治区和昆明、汕头、江门、无锡、扬州、南通、镇江、锦州、丹东、本溪、台州、福州、烟台、济南、温州、嘉兴、广州、惠州、佛山、青岛、桂林、呼和浩特、包头、沈阳、东营、临沂、宁波、海口、大连、株洲、德州、潍坊、枣庄、长春、黄石、衡阳、贵阳、威海、长沙、泰安、襄樊、吉林、荆州48个省、自治区、市及新疆生产建设兵团的土地利用总体规划部门审查意见。

【民航建设纪事】 (1) 2010年1月26日，民航东北地区管理局组织了鞍山机场工程行业验收。该工程于2008年12月正式开工建设，2009年12月建成。机场跑道长2600米，航站楼面积880平方米。4月1日，该机场顺利通航。

(2) 2010年3月2~3日，民航局组织了上海虹桥机场扩建工程行业验收。上海虹桥机场扩建工程是民航局和上海市"十一五"重点建设项目，该工程的顺利投产为上海世博会的胜利召开提供了良好的航空运输保障。本次验收的内容包括飞行区、航站区、公安消防安检、空管、供油、概算及档案等工程。经验收认为，本工程符合有关批准文件，工程各项技术指标均符合民航行业有关技术标准规范，达到设计要求，同意通过行业验收。

（3）2010年3月17～19日，民航局会同贵州省人民政府有关部门组织召开了贵阳龙洞堡国际机场总体规划审查。经审查，本次总体规划基本符合贵阳龙洞堡国际机场的实际，技术方案可行，同意通过审查。

（4）2010年3月22日，民航局与广西壮族自治区人民政府联合批复了桂林两江国际机场总体规划。

（5）2010年3月22日，民航局与辽宁省人民政府联合批复了沈阳桃仙国际机场总体规划。

（6）2010年3月23日，民航局与黑龙江省人民政府联合批复了哈尔滨太平国际机场总体规划。

（7）2010年3月23～25日，民航局会同宁波市人民政府有关部门组织召开了宁波栎社国际机场总体规划审查。经审查，本次总体规划基本符合宁波栎社国际机场的实际，技术方案可行，同意通过审查。7月20日，民航局与宁波市人民政府联合批复了该机场总体规划。

（8）2010年5月17～18日，民航新疆地区管理局组织了吐鲁番机场工程行业验收。该工程于2009年5月正式开工建设，2010年5月建成。机场跑道长2800米，航站楼面积5000平方米。7月9日，该机场顺利通航。

（9）2010年5月28日，民航局与湖南省人民政府联合批复了长沙黄花国际机场总体规划。

（10）2010年5月28～30日，民航西南地区管理局组织了阿里机场工程行业验收。该工程于2007年5月正式开工建设，2010年5月建成。机场跑道长4500米，航站楼面积3969平方米。7月1日，该机场顺利通航，这不仅填补了藏西北民航交通的空白，而且对于改善当地交通条件，方便群众生产生活，推动地方经济社会又好又快发展，确保国家边防巩固等具有重要意义。

（11）2010年6月17～19日，民航华北地区管理局组织了唐山机场工程行业验收。该工程于2003年2月正式开工建设，2010年5月建成。机场跑道长2700米，航站楼面积6218平方米。7月13日，该机场顺利通航。

（12）2010年6月23～24日，民航西北地区管理局组织了固原机场工程行业验收。该工程于2007年9月正式开工建设，2010年6月建成。机场跑道长2800米，航站楼面积3195平方米。6月26日，该机场顺利通航。

（13）2010年6月30日，民航局组织了民航财务管理信息系统二期工程行业验收。此次验收的内容包括硬件、软件、概算及档案等工程。经验收认为，本工程符合有关批准文件，工程各项技术指标均符合国家和行业有关技术标准规范，达到设计要求，同意通过行业验收。

（14）2010年7月8～9日，民航新疆地区管理局组织了博乐机场工程行业验收。该工程于2009年7月正式开工建设，2010年6月建成。机场跑道长2400米，航站楼面积3500平方米。7月10日，该机场顺利通航。

（15）2010年8月3～4日，民航西南地区管理局组织了黔江机场工程行业验收。该工程于2005年1月正式开工建设，2010年4月建成。机场跑道长2400米，航站楼面积1200平方米。11月22日，该机场顺利通航。

（16）2010年8月18～20日，民航局会同重庆市人民政府有关部门组织了重庆江北国际机场总体规划审查。经审查，本次总体规划基本符合重庆江北国际机场的实际，技术方案可行，同意通过审查。

（17）2010年8月31日～9月2日，民航局会同上海市人民政府有关部门组织了上海浦东国际机场总体规划审查。经审查，此次总体规划基本符合上海浦东国际机场的实际，技术方案可行，同意通过审查。

（18）2010年9月1～2日，民航华东地区管理局组织了淮安机场工程行业验收。该工程于2009年3月正式开工建设，2010年8月建成。机场跑道长2400米，航站楼面积7200平方米。9月26日，该机场顺利通航。

（19）2010年12月13～14日，民航局组织了重庆江北机场扩建工程行业验收。重庆江北机场扩建工程是民航局和重庆市"十一五"重点建设项目，该工程的顺利投产进一步提高了机场的航空运输服务和保障能力，改善了重庆及周边地区民航运输条件，完善了本地区航空运输网络，对促进地方社会经济发展具有重要意义。本次验收的内容包括飞行区、航站区、货运区、公安消防安检、供油、概算及档案等工程。经验收认为，本工程符合有关批准文件，工程各项技术指标均符合民航行业有关技术标准规范，达到设计要求，同意通过行业验收。

（20）2010年12月14日，民航局组织了民航固定资产投资项目管理信息系统工程行业验收。本次验收的内容包括工艺、概算及档案等工程。经验收认为，本工程符合有关批准文件，工程各项技术指标均符合国家和行业有关技术标准规范，达到设计要求，同意通过行业验收。

(21) 2010年1~12月，民航局分别组织了辽宁锦州、辽宁营口、黑龙江五大连池、浙江丽水、新疆且末、陕西安康等6个新建、迁建机场的场址复查，并对内蒙古阿拉善盟、内蒙古扎兰屯、辽宁锦州、辽宁营口、黑龙江五大连池、浙江丽水、江西上饶、重庆武隆、青海德令哈、陕西安康、新疆且末、新疆富蕴等12个场址出具了行业审查意见。

【民航"十一五"建设成就】 "十一五"期间，民航全行业和各级地方政府认真落实国务院关于机场实行属地化管理的决定，发挥中央和地方两个积极性，共同努力，机场建设在很多方面实现了历史性的突破。

"十一五"期间，基础设施建设共投资2500亿元，约为前25年民航建设资金之和。五年共新增机场33个，并对大部分现有机场进行了大规模的扩建或更新改造。截至2010年底，取得机场使用许可证的运输机场达到175个，覆盖全国91%的经济总量、76%的人口和70%的县级行政单元，运输机场密度达到每十万平方公里1.8个，比"十一五"初期提高0.3个。新增的机场基本为支线机场，大多分布在欠发达地区，这些机场的建成有效地改善了当地交通运输条件，促进了当地经济发展和社会和谐稳定。除了机场数量增多之外，现有机场的现代化程度也得到提升，保障能力持续提高。北京首都机场三期扩建、上海浦东机场和广州白云机场二期扩建等工程的建成投产，为奥运会、世博会、亚运会等我国承办的大型国际活动提供了良好保障。

(国家民航总局机场司)

公共文化服务设施建设

【全国文化(文物)系统基本建设投资项目总数达到12362个，比上年增加2189个，增长21.5%】 2010年，全国文化(文物)系统基本建设投资项目总数达到12362个，比上年增加2189个，增长21.5%。项目计划总投资达582.20亿元，计划施工面积(建筑面积)2191.54万平方米；本年完成投资额为105.62亿元，其中国家投资96.87亿元，国家投资占本年完成投资总额的91.7%。全国建成项目5367个，比上年增加442个，增长8.9%；竣工面积960.57万平方米。

【全国文化基建项目】 2010年，全国文化基建项目11983个，比上年增加2174个；项目计划总投资390.07亿元，比上年增长6.0%；施工面积(建筑面积)1243.46万平方米，增长22.4%；建成项目5260个，比上年增加418个；竣工面积315.53万平方米，比上年增长11.1%。

2010年国家加大对文化馆、图书馆、博物馆和乡镇综合文化站等文化基础设施建设的投入力度，国家投资主要使用于能直接为广大人民群众提供公共文化服务的基层文化设施建设。

【公共图书馆建设项目】 在文化基建项目中，全国有208个公共图书馆建设项目，占文化基建项目总数的1.7%；公共图书馆计划施工面积147.86万平方米，占文化基建项目总面积的11.9%；国家投资9.09亿元，占文化基建项目国家投资总数的13.8%；实际完成投资额129.91亿元，占总数的17.3%。

【群众艺术馆、文化馆、文化中心、乡镇综合文化站建设项目】 全国有11074个群众艺术馆、文化馆、文化中心、乡镇综合文化站建设项目，占文化基建项目总数的92.4%；计划施工面积470.79万平方米，占文化基建项目总面积的37.9%；国家投资26.00亿元，占文化基建项目国家投资总数的39.5%；实际完成投资额213.71亿元，占总数的29.8%。

【全国文物事业机构新建项目】 2010年，全国文物事业机构新建项目总数为379个(不含文物维修项目)，比上年增加15个；项目计划总投资192.13亿元；施工面积(建筑面积)948.08万平方米；本年完成投资额为30.48亿元；全年建成项目107个，比上年增加20个。

在文物新建项目中，有200个博物馆建设项目，占文物基建项目总数的54.9%。博物馆建设面积193.32万平方米，占文物基建项目总面积的20.4%。国家投资24.78亿元，占文物系统总数的80.0%；本年实际完成投资额22.81亿元，占文物系统总数的74.8%。2010年,全国49个博物馆项目建成,竣工面积23.50万平方米。

【县级和乡镇级文化事业机构基建项目共11227个,占全国文化事业机构基建项目总数的93.7%】 2010年各级财政对县级图书馆、文化馆和乡镇综合文化站等基层文化设施建设的投入比上年大幅增加。在全国12362个文化(文物)事业机构基建项目中,县级和乡镇级文化事业机构基建项目共11227个,占全国文化事业机构基建项目总数的93.7%。其中,乡镇综合文化站建设项目共10897个。

【乡镇综合文化站建设】 乡镇综合文化站是我国农村群众文化工作网络的重要组成部分,是党和政府开展农村文化工作的基本阵地,长期以来在活跃农村文化生活,促进农村经济社会协调发展等方面,发挥着重要作用。"十一五"期间,文化部和国家发展改革委联合制定并实施了《全国"十一五"乡镇综合文化站建设规划》,投入39.48亿元补助全国2.67万个乡镇综合文化站建设项目,在全国范围内实现"乡乡有文化站"的建设目标。该项目目前进展情况良好,预期2010年年底能够基本建设完成并投入使用。建成并投入使用的乡镇文化站,开展丰富多彩的文化活动,对于满足广大农民群众精神文化需求,保障基层群众文化权益起到了重要的作用。

【全国文化(文物)基建项目投资在亿元以上的筹建项目12个,在建项目31个,竣工项目8个】 2010年,全国投资达亿元以上的文化(文物)设施筹建项目有广州文化广场、北京市海淀区文化艺术中心、湖南艺术职业学院、深圳艺术学校、乐清市图书馆、九江市文化艺术中心、云南文化艺术职业学院、中国美术馆二期工程、湖北省黄梅戏大剧院、晋江市文化中心、福建省少儿图书馆、浙江小百花艺术中心等12个项目。

2010年,全国投资达亿元以上的文化(文物)设施在建项目31个,分别是广州大剧院、广州图书馆、国家图书馆二期工程暨国家数字图书馆工程、湖北省图书馆新馆、郑州市图书馆、滨州市文化中心、江西艺术中心、四川省图书馆新馆、苏州市文化艺术中心、扬州市文化艺术中心、鄂尔多斯文化艺术中心、国家话剧院剧场工程、河北省图书馆改扩建、邯郸市文化艺术中心、南宁博物馆、四川艺术职业学院、天津艺术职业学院、内蒙古演艺中心、如皋市文化中心、吉安市文化艺术中心、平顶山博物馆、普陀大剧院、周口市文化艺术中心、普洱市民族大剧院、福清市文化艺术中心、广东粤剧艺术中心、九江市博物馆、广东演艺中心、肇庆市图书馆、济南市艺术大厦和甘肃黄河剧院。

2010年,全国投资达亿元以上的文化(文物)设施竣工项目有8个,分别是:内蒙古乌兰浩特大剧院、福建大剧院、鄂尔多斯大剧院、江苏省美术馆、海南省文化艺术中心、包头市图书馆、上海市虹口第二图书馆和赤峰市文博大厦。

【国家重点文化设施建设共落实资金1.74亿元】 2010年,国家级重点文化设施建设成效显著,全年共落实基建投资1.74万元,国家博物馆、国家话剧院剧场相继竣工,"十一五"重点文化设施建设任务圆满完成。国家美术馆、中国工艺美术馆·中国非物质文化遗产展示馆、中央歌剧院剧场先后启动设计招标等前期工作,为"十二五"重点文化设施建设实现了良好开局。

【海外中国文化中心建设全面提速】 随着我国综合实力的不断提高,海外中国文化中心建设全面提速。2010年,中央领导先后出席曼谷中国文化中心、新加坡中国文化中心奠基仪式;乌兰巴托中国文化中心正式揭牌;马德里中国文化中心、莫斯科中国文化中心完成选址和房产购置;东京、贝尔格莱德等文化中心选址工作相继启动。

(文化部财务司)

水 利 建 设

【水利固定资产投资】 2010年,全社会共落实水利固定资产投资计划2707.6亿元(含南水北调528.1亿元),较上年增加59.0%。分投资来源看:中央政府投资1386.1亿元,较上年增加110.9%;地方政府投资1000.2亿元,较上年增加27.3%;利用外资4.8亿元,较上年增加37.1%;国内贷款

208.4亿元，较上年增加8.5%；企业和私人投资50.1亿元，较上年增加33.6%；其他投资58.0亿元，较上年增加114.0%。分投资方向看：防洪工程建设投资980.1亿元，较上年增加31.7%；水资源工程建设投资1170.1亿元，较上年增加59.7%；水土保持及生态环境保护投资115.3亿元，较上年增加73.6%；水电及专项工程投资442.1亿元，较上年增加177.2%。

全年共落实中央水利投资984.06亿元，较上年增加54%。其中：中央预算内拨款701.06亿元，较上年增加46%；水利建设基金15亿元，较上年增加25%；财政专项资金268亿元，较上年增加85%。

全年正式施工的水利建设项目10704个，在建项目投资总规模9966亿元，较上年增加27.4%。当年中央投资的水利建设项目5218个，较上年增加13.6%；在建投资规模5541.9亿元，较上年增加65.9%。当年新开工项目5811个，较上年减少3.0%；新增投资规模2426.3亿元，比上年增加18.4%。

全年水利建设完成投资2319.9亿元，较上年增加425.9亿元，增幅达22.5%。其中：建筑工程完成投资1524.9亿元，较上年增加17.6%；各类安装工程完成投资109.6亿元，较上年减少3.4%；机电设备及各类工器具购置完成投资124.5亿元，较上年减少0.4%；其他完成投资（包括移民征地补偿等）560.9亿元，较上年增加56.5%。

在全部完成投资中，防洪工程建设完成投资684.6亿元，水资源工程建设完成投资1070.5亿元，水土保持及生态工程完成投资85.9亿元，水电、机构能力建设等专项工程完成投资478.9亿元；七大江河流域完成投资1959.8亿元，东南诸河、西北诸河以及西南诸河等其他流域完成投资360.1亿元；东部、东北、中部、西部地区完成投资分别为813.8亿元、116.6亿元、646.0亿元、743.5亿元，占全部完成投资的比例分别为35.1%、5.0%、27.8%和32.1%。

在全年完成投资中，中央项目完成投资442.8亿元，地方项目完成投资1877.1亿元；大中型项目完成投资687.9亿元，小型及其他项目完成投资1632.0亿元；各类新建工程完成投资1649.3亿元，扩建、改建等项目完成投资670.6亿元。

全年水利建设项目部分投产项目979个，全部投产项目6346个，共新增固定资产949.9亿元。全年完成投资新增固定资产1849.8亿元，固定资产形成率为79.7%。截至2010年底，在建项目累计完成投资5669.4亿元，投资完成率为56.9%，比上年下降2.2个百分点；在建项目累计新增固定资产3871.5亿元，固定资产形成率为68.3%，比上年增加0.6个百分点。

全年水利建设完成土方、石方和混凝土方分别为22.6亿立方米、3.1亿立方米、0.5亿立方米。至2010年底，在建项目计划实物工程量完成率分别为：土方54.5%、石方68.3%、混凝土方60.6%。

【重点水利建设】 大江大河治理：全年在建江河治理工程1628处，累计完成投资1068.9亿元，项目投资完成率60.7%。新增达标堤防长度4530公里，其中一、二级堤防新增达标长度1609公里。当年河道整治长度3210公里，完成2237公里。治淮骨干工程建设已累计完成投资98%，编制完成《进一步治理淮河近期工作指导意见》和《进一步治理淮河实施方案》。启动淮河流域重点平原洼地治理工程建设；湖南四水、江西五水、福建五江一溪、渭河等大江大河重要支流治理，洞庭湖、鄱阳湖治理进展顺利。

水库枢纽工程：全年在建枢纽工程382座，累计完成投资1014.0亿元，项目投资完成率52.8%。其中，水库枢纽工程211座，累计完成投资761.1亿元，项目投资完成率54.2%。新开工建设了黄河海勃湾、辽宁青山、浙江钦寸、广东乐昌峡、贵州黔中、西藏旁多、新疆生产建设兵团肯斯瓦特等一批骨干工程。当年在建病险水库除险加固工程3021座，累计完成投资535.5亿元，项目投资完成率80.7%；当年安排中央投资126.43亿元，用于大中型和重点小型水库除险加固任务，启动实施重点小型病险水库除险加固规划，当年基本完成除险加固任务1823座。

水资源配置工程：全年在建各类水资源工程投资规模1820.2亿元，累计完成投资968.0亿元，项目投资完成率53.2%。南水北调东、中线一期工程主体工程有20项单项工程的110个设计单元工程开工建设，在建规模1751.6亿元，累计完成投资798.4亿元，当年完成投资408.4亿元，在建项目进展顺利。进一步加快了辽宁三湾、吉林哈达山、广西漓江补水、重庆玉滩、甘肃引洮、陕甘宁盐环定扬黄续建工程等枢纽水源工程建设。

农村水利：全年农村饮水安全工程在建投资规模592.5亿元，累计完成投资537.0亿元。当年解决6717万人的饮水安全问题。截至2010年底，农村饮水安全人口已达6.7亿人，农村自来水普及率达54.7%。中央安排71亿元用于大型灌区节水改造、节水灌溉示范项目及牧区水利试点为重点的农村水利设施建设，安排中央财政小型农田水利设施建设补助专项资金78亿元，在建规模1449.1亿元，累计完成投资617.8亿元，当年完成投资277.0亿元。新增有效灌溉面积1721.6千公顷，新增节水灌溉面积2311.6千公顷。实施长江流域水利血防项目96项。当年安排中央投资10亿元，继续对99处大型灌溉排水泵站进行更新改造。

农村水电：当年安排中央投资3亿元用于25个省（自治区、直辖市）和新疆生产建设兵团的373个水电农村电气化建设项目。当年安排中央投资3亿元用于18个省（自治区、直辖市）和新疆生产建设兵团的139个小水电代燃料建设项目。当年全国农村水电建设共完成投资230亿元，新增电站817座，投产发电设备容量379万千瓦。当年在建电站1963座，装机容量1370万千瓦。全国农村水电配套电网建设共完成投资60亿元，新增110千伏及以上变电站容量433万千伏安；新增35千伏变电站容量158万千伏安；配电变压器容量298万千伏安。新投产10千伏及以上高压线路3.4万公里，低压线路8.2万公里。当年解决32万无电人口用电问题。

水土保持：全年水土保持及生态工程在建规模达311.1亿元，累计完成163.0亿元。全国新增水土流失综合治理面积4.0万平方公里，其中小流域治理面积新增1.4万平方公里。当年新增封育保护面积2.4万平方公里。实施3516条小流域水土流失综合治理，新建黄土高原淤地坝268座。当年新修水平梯田401千公顷，新增沟坝淤地面积42千公顷，新栽种水保林面积1500千公顷，新增种草面积409千公顷。开展国家重点治理的项目县达600多个。正式启动坡耕地水土流失综合治理试点工程，涉及全国20个省、70个县。小流域、坡耕地、淤地坝和崩岗等水土保持重点工程稳步推进。

【水利工程建设领域突出问题专项治理】 2010年是工程建设领域突出问题专项治理工作的关键一年，水利行业紧密结合水利实际，采取有力措施，扎实开展工作，专项治理工作取得了积极进展。

水利部治理水利工程建设领域突出问题专项工作领导小组召开了第五、第六次会议，先后印发《关于进一步做好水利工程建设领域突出问题专项治理工作的通知》（水建管〔2010〕45号）等文件，加强水利行业专项治理工作的指导。认真贯彻落实国务院《关于解决当前政府投资工程建设中带有普遍性问题的意见》，结合水利实际制定了《贯彻落实关于解决当前政府投资工程建设中带有普遍性问题意见的实施方案》。水利部先后3次组织对部直属单位、2次对地方水利部门专项治理工作的专项检查，在检查安排上与扩大内需检查等工作一起部署、一起推进，收到了专项治理工作与业务工作两结合、两促进的良好效果。

水利行业专项治理问题排查和整改工作进展顺利。截至2010年12月底，全国水利行业共排查2008年以来立项、在建和竣工项目23169个，自查自纠工作全部完成。累计发现问题10937个，已整改问题7552个，占发现问题数量的69.0%。水利系统共罚没、补交资金2151.1万元，立案65件，给予党纪政纪处分75人，给予组织处理47人，移送司法机关50人。

稳步推进项目信息公开和诚信体系建设。水利部被中央工程治理领导小组列为工程建设领域项目信息公开和诚信体系建设4个试点部门之一，4月29日召开水利工程建设领域项目信息公开和诚信体系建设工作座谈会，明确7个流域机构和10个水利厅先行开展试点。制定印发《水利工程建设领域项目信息公开和诚信体系建设试点工作方案》等指导性文件，在部网站开通了水利工程建设领域项目信息公开和诚信体系建设专栏。进一步完善全国水利建设市场信用信息平台，及时发布水利建设市场主体不良行为记录，组织开展水利建设市场主体信用评价相关基础工作，累计公开各类信息73400余条。17个试点单位全部完成专栏建设任务。举办水利工程建设市场信用管理第一期培训班。

【水利建设市场监管】 联合国家发改委等10部委印发《关于进一步贯彻落实招标投标违法行为记录公告制度的通知》，全面落实招标投标违法行为记录公告制度；配合国家发改委会起草《简明标准施工招标文件》和《标准设计施工总承包招标文件》；配合国家发改委组织的电子招标投标办法及技术规范、评标专家专业分类标准使用指南起草工作。

开展2010年全国甲级水利工程质量检测单位资质审批工作，对93家单位184个专业申报材料进行评审，73家单位的130个专业通过审批。完成1172人的一级建造师（水利水电工程专业）初始注册、246人的增项注册、11人重新注册及71人的复议审核工作。

【水利工程质量安全管理】 开展《水利工程质量管理规定》、《水利工程质量监督管理规定》的修订工作，形成了征求意见稿。对《水利水电工程单元工程施工质量验收评定标准—发电电气设备安装工程》和《水利水电工程单元工程施工质量验收评定标准—升压变电设备安装工程》进行了修订，形成了征求意见稿。

黄河小浪底水利枢纽工程和乌鲁瓦提水利枢纽获2010年度国家优质工程鲁班奖；沂沭泗河洪水东调南下续建工程刘家道口枢纽工程和乌鲁瓦提水利枢纽获第十届詹天佑奖；飞来峡水利枢纽工程等11个项目获得中国水利工程优质（大禹）奖。

2010年，全国共发生17起水利工程建设安全生产事故，共造成25人死亡。其中，较大事故3起，10人死亡，一般事故14起，15人死亡。

（水利部建设与管理司　撰写人：咸波）

西部开发建设

【概况】 2010年是实施西部大开发战略10周年，也是西部大开发具有里程碑意义的一年。党中央、国务院召开西部大开发工作会议，全面总结了西部大开发战略实施10年来的重大成就和基本经验，对新一轮西部大开发工作做出全面部署。各有关地区、部门和单位认真贯彻中央重大战略部署，深入做好各项工作，西部地区经济社会发展势头良好，交通、水利、通信等基础设施建设稳步推进，生态建设和环境保护进一步加强，特色优势产业蓬勃发展，人民群众生产生活条件明显改善，为巩固全国经济回升向好态势做出了新的贡献。

【经济继续保持平稳较快增长】 按照中央部署，各部门进一步加大对西部地区的支持力度。全年中央财政对西部地区均衡性转移支付2202亿元，增长19.9%，增速高于全国2.3个百分点。西部地区完成城镇固定资产投资55924亿元，增长26.2%，高于各地区加总平均水平1.7个百分点。金融机构人民币存款余额12.5万亿元，增长22.2%；贷款余额8.7万亿元，增长23.0%。新开工西部大开发重点工程23项，总投资6822亿元。56家西部企业实现上市融资或再融资，募集资金876亿元。西部地区各族干部群众戮力同心，扎实工作，推动经济继续保持平稳较快增长。初步统计，2010年，西部地区实现生产总值80825亿元，增长14.2%。地方财政收入7837亿元，增长30.0%；地方财政支出21383亿元，增长21.6%。社会消费品零售总额27332亿元，增长18.6%。规模以上工业增加值增长15.5%。进出口总额1282亿美元，增长39.8%。城镇居民人均可支配收入、农村居民人均纯收入分别名义增长11.2%和15.8%。各主要经济指标增幅均高于全国平均水平，地区生产总值增速连续4年超过东部地区。

【特色优势产业加快发展】 西部地区深入实施以市场为导向的优势资源转化战略，加快转变经济发展方式，促进产业结构优化升级。特色农产品加工业稳步发展，建设了新疆棉花、桂中南和滇西南甘蔗、黄土高原苹果、西北白梨等一批特色优势产区。能源基地建设取得新进展，新发现大中型矿产地155个，批复新增煤炭矿区规划建设总规模6.98亿吨/年，核准新增煤矿生产能力1680万吨/年，核准火电建设规模1437万千瓦。清洁能源开发力度不断加大，新增水电装机1320万千瓦，甘肃酒泉、新疆、蒙东、蒙西千万千瓦级风电基地以及广西防城港核电站一期工程全面开工。石化基地建设扎实推进，广西钦州1000万吨炼油和神华包头60万吨煤制烯烃示范工程建成投产，四川彭州1000万吨炼油和80万吨乙烯工程建设进展顺利，内蒙古大唐年产40亿立方米煤制气、新疆广汇年产80万吨二甲醚等项目核准开工。区域特色高技术产业链建设加快推进，西安、重庆、安顺、金昌等国家高技术产业基地建设进一步加强，重庆富士康、成都戴尔笔记本电脑以及西安新舟60支线飞机等项目进展顺利。文化产业加快发展，具有民族和地域特色的文化旅游、传统工艺品生产、演艺、影视制作等日益繁荣。旅游业持续快速健康发展，全年共接待入境游客1063万人次，旅游外汇收入44.6亿美元。

【基础设施建设稳步推进】 铁路路网不断完善，新线投产2932公里，增建二线1947公里，包头至西安、成都至都江堰、太原至中卫等项目建成投运，西安至成都、长沙至昆明、重庆至万州等高速铁路以及拉萨至日喀则等重点铁路开工建设。西部开发8条省际公路通道基本贯通，国省干线公路改造建设进一步加强，西部地区（除西藏外）所有市地州基本通二级以上公路。新增公路通车里程5.2万公里，其中，高速公路新增通车里程 2700 公里，农村公路新增 4.8 万公里。航空布局不断优化，新建吐鲁番、博乐、阿里、日喀则、黔江、二连浩特和固原 7 个支线机场，民用运输机场数量达到 86 个。以长江、西江为重点的内河水运发展步伐明显加快，长江干线航道开始全面系统治理，广西长洲枢纽三、四线船闸等工程开工建设。宁夏扶贫扬黄灌溉一期工程全面建成，四川亭子口、贵州黔中、甘肃引洮供水一期、青海引大济湟等工程进展顺利，黄河海勃湾等水利枢纽工程开工建设。邮政空白乡镇补建工程全面启动，对西部 1193 个乡镇补建邮政局所。新增 108 个乡镇通互联网、1287 个行政村和 9900 个自然村通电话，实现了西部地区 100% 乡镇能上网、100% 行政村和 90% 的 20 户以上自然村通电话。新疆电网与西北电网 750 千伏联网工程竣工投产，青藏联网工程开工建设，向家坝至上海、云南至广东 ±800 千伏特高压直流输电示范工程成功投运。川气东送工程、榆林至济南天然气管道工程、陕京三线榆林至良乡段建成投产。

【生态建设与环境保护】 落实巩固退耕还林成果专项规划，安排基本口粮田建设任务 742 万亩，户用沼气池 44 万口，生态移民 18 万人，培训农民 212 万人，补植补造（林）1488 万亩。退牧还草工程稳步推进，安排围栏建设任务 10050 万亩，重度退化草原补播任务 4050 万亩，岩溶地区草地治理试点任务 40 万亩。继续实施天然林保护、京津风沙源治理、石漠化综合治理、"三北"防护林体系建设，稳步推进石羊河、黑河、塔里木河流域综合治理，启动坡耕地水土流失综合治理、黄土高原地区综合治理等试点，加快青海三江源等自然保护区和重要湿地的保护和建设步伐。建立健全生态补偿机制，中央财政对国家重点生态功能区生态补偿转移支付 156 亿元，安排森林生态效益补偿基金 45 亿元。《生态补偿条例》正式列入国务院立法计划，立法框架初步形成。大力推进重点领域水污染防治和大气污染联防联控，污水处理厂和燃煤电厂脱硫设施建设成效显著，部分流域水质以及乌鲁木齐、兰州等重点城市的空气质量有所改善。

【社会事业薄弱环节得到加强】 普九教育成果继续巩固提高，西部地区农村初中和小学生均公用经费基准定额分别提高到 600 元和 400 元，家庭经济困难寄宿生生活费基本补助标准每人每天提高 1 元。大力改善办学条件，继续实施中西部农村初中校舍改造、特殊教育学校建设、职业教育基础能力建设等工程。卫生事业投入力度不断加大，中央财政投入专项经费 398 亿元，增长 147%。城市医疗服务体系和农村县、乡、村三级卫生服务网络不断完善。农村部分计划生育家庭奖励扶助制度、少生快富工程和计划生育家庭特别扶助制度等"三项制度"不断完善。新解决了 2344 万农村人口的饮水安全问题。文化广电事业不断加强，全国文化信息资源共享工程、广播电视村村通工程、西新工程、农村电影放映工程、春雨工程等稳步推进，全面解决 52 万个 20 户以上已通电自然村收听收看广播电视问题，少数民族地区民族语节目译制制作水平和覆盖范围大幅提高。社会保障覆盖范围不断扩大，保障水平稳步提高，养老保险、城镇基本医疗保险、失业保险、工伤保险参保人数分别达到 4719 万人、8832 万人、2362 万人、2441 万人。新农合参保覆盖率达到 93%；新农保试点范围扩大到西部 452 个县，西藏自治区提前实现全覆盖。住房保障能力不断增强，中央财政安排西部地区城镇保障性安居工程补助资金 338 亿元，对西部地区廉租住房补助标准提高到 500 元/平方米。

【科技和人才工作】 国家技术创新工程试点工作稳步推进，关中—天水统筹科技资源改革试点和杨凌示范区建设成效显著。广西柳州、陕西渭南、甘肃白银和新疆昌吉等省级高新区升级为国家级高新区，西安、成都等进入国家创新型城市试点。知识产权战略实施工作成效显著，全年专利申请 11.3 万件，增长 33%。人才开发力度不断加大，双向交流一批省级领导干部和省部级后备干部，安排一批西部地区干部到中央、国家机关和经济相对发达地区挂职锻炼，培训西部地区党政领导干部 3187 名。大力推进西部地区农村党员干部现代远程教育网络一体化建设，基本实现终端站点乡村全覆盖。继续深入推进博士服务团、西部之光、东部城市对口支持西部地区人才培训计划、西部地区管理人才创新培训工程，中国西部开发远程学习网和上海展望发展进修学院为西部地区培训各类急需紧缺人才 1.9 万余名。引智规模不断扩大，聘请外国专家 5435 人次，资助专业人才出国（境）培训 1949 人次。

【少数民族地区加快发展】 中央召开第五次西藏工作座谈会，研究制定推动西藏和青海等四省区藏区经济社会发展的重大政策举措，确保西藏及四省区藏区经济社会发展水平不断提高。中央召开新疆工作座谈会，出台推进新疆跨越式发展和长治久安的重大政策举措，实施稳疆兴疆、富民固边战略，推进新疆经济社会跨越式发展。积极支持内蒙古、广西、宁夏等民族地区加快发展。启动新一轮兴边富民规划编制工作，加大对人口较少民族和特困民族支持力度。加强民族地区改善民生、支柱性产业扶持和少数民族特色村寨保护与发展工作。中央财政安排民族地区转移支付 297 亿元，增长 19.8%。5 个民族自治区实现地区生产总值 28727 亿元，占西部地区比重提高了 0.35 个百分点。

【改革开放不断深化】 资源税改革在西部地区率先实施，提高了资源产地的财政收入，使当地群众更多地分享资源开发成果。积极培育西部地区竞争性金融市场。非公有制经济加快发展。成都、重庆统筹城乡综合配套改革取得新进展，一些重点领域和关键环节改革取得重大突破，形成了一些具有推广价值的重要经验。重庆、成都、西安等城市积极探索对内对外开放发展新模式，着力打造以两江新区、天府新区、西咸新区为核心的发展新平台。新疆面向中亚，云南、广西面向东南亚，内蒙古面向东北亚，宁夏面向中东的全方位开放新格局初步形成，广西东兴、云南瑞丽、内蒙古满洲里等重点开发开放试验区建设开始起步。

【区域互动发展】 西部地区认真贯彻《国务院关于中西部地区承接产业转移的指导意见》（国发〔2010〕28号），进一步加强与东中部地区合作，区域互动合作呈现步伐明显加快、规模明显扩大、层次明显提高的良好态势。重庆全年实际到位国内资金 2600 亿元，增长 79.7%。四川全年引进省外资金 5300 亿元，增长 31.3%。西部地区承接产业转移示范区建设稳步推进，广西桂东和重庆沿江地区在完善机制、创新方式、改善环境、提高效益等方面先行先试，发挥示范作用。成渝、关中—天水、广西北部湾等重点经济区在西部大开发中的引领作用不断增强。国务院办公厅印发关于进一步支持甘肃经济社会发展的若干意见。中央财政补助西部地区扶贫资金 146 亿元，占全国的 65.7%。贫困人口减少 621 万人，减幅为 2006 年以来最高。

【抢险救灾和灾后恢复重建】 汶川地震灾后恢复重建原定三年重建目标任务在两年内基本完成，实现了中央对灾区人民的郑重承诺，灾区城乡面貌发生了脱胎换骨的变化。青海玉树地震和甘肃舟曲特大山洪泥石流地质灾害发生后，党中央、国务院立刻组织力量全力开展救援，取得抢险救灾重大胜利。国务院及时制定玉树、舟曲灾后恢复重建规划，出台一系列支援灾区的政策措施，加快推进灾区恢复重建。截至 2010 年底，玉树重建已开工项目 298 项，投资 50.1 亿元，占全部投资的 16%；舟曲重建规划项目前期工作全面展开，城镇居民住房加固已完成 75%，农房维修加固已完成 85%，白龙江城区河道疏浚基本完成，县城供水全面解决，地质灾害隐患排查评估工作全面完成。

（国家发展改革委西部开发司）

第四篇

各 地 建 设

北 京 市

1. 住房和城乡建设

2010年，北京市城市建设完成社会固定资产投资5493.5亿元，同比增长13.1%；完成房地产开发投资2901.1亿元、同比上涨24.1%，其中住宅1509.0亿元、同比上涨66.4%，商业营业用房336.3亿元、同比上涨67.5%，写字楼259.1亿元、同比上涨55.4%；商品房施工面积10300.9万平方米、同比上涨6.0%，其中住宅6176万平方米、同比上涨11.2%；商品房新开工面积2974.2万平方米、同比上涨32.4%，其中住宅2063.4万平方米、同比上涨49.5%；商品房竣工面积2386.7万平方米、同比下降10.9%，其中住宅1498.5万平方米、同比下降7.1%。完成建筑业总产值5196亿元，同比增长28%，其中在本市完成1930.7亿元、同比增长14.6%，外埠3265.3亿元、同比增长37.5%。

推进保障性住房建设和管理，完善以廉租房、公租房、经济适用房和限价房有效衔接的分层次住房保障政策体系，建立保障性住房全过程公开的监督管理体系，加快旧城保护和棚户区改造，逐步实现中低收入家庭"住有所居"。建立绿色审批长效机制，着力解决征地、拆迁难点问题，加强项目建设过程的协调和服务，推动重点工程落地开工与建设进度。严格落实房地产市场调控政策，出台《北京市商品房预售资金监督管理暂行办法》等措施，并加大市场主体监管力度，开展企业经营行为、新开盘项目、租赁经纪机构等专项检查，查处违法违规行为，规范房地产市场秩序。组织工程建设领域突出问题专项治理，建立执法查处长效机制，提升重点项目监管水平，实现工程安全质量目标，强化资质审批与核查管理，建立统一的信用信息管理平台，提升监管效能和政府部门公共信息服务水平，完善招标投标、施工合同履约监管，促进建筑业健康发展。制定《北京市物业管理办法》和36个配套政策，基本形成较完善的物业管理行业政策体系，创新房屋安全管理理念，营造和谐宜人的居住环境。制定住宅产业化优惠政策，同步推进项目试点，加强新建建筑节能监管，推进既有建筑节能改造，发布《北京市推广、限制和禁止使用建筑材料目录（2010年版）》，强化施工现场重点建材质量监督，实行建材供应商质量责任终身制，严厉打击建材使用违法违规行为，推动建筑业发展方式转变。

(1) 政策法规

围绕市委、市政府关注的城乡统筹、世界城市、"三个北京"等重点问题和首都住房城乡建设中心工作，创新立法工作方法，提升制度建设质量，加大稽查执法力度，规范执法行为，提高执法水平，并加强对推进依法行政的督促指导，以及基层法制机构和队伍建设。

【出台三项政府规章】 依照市政府立法计划，出台《北京市物业管理办法》，该办法在落实建设单位前期物业管理责任、推行第三方评估监理、搭建业主决策平台等方面实现制度创新，规范了本市物业服务活动，维护了业主、物业服务企业和其他管理人的合法权益，促进了和谐社区建设；出台《北京市房屋建筑使用安全管理办法》，确立城乡一体化的房屋安全管理模式，落实各方主体责任，建立房屋安全评估、鉴定、事故应急等制度，完善房屋使用过程中的安全监管；会同市发改委等部门出台《北京市实施〈中华人民共和国节约能源法〉办法》，落实既有建筑节能改造，促进可再生能源在建筑中的应用，推动建筑节能和绿色建筑的发展。

【规范性文件制定与废止】 围绕住房保障、房屋市场管理、物业管理、质量安全、建筑节能和建材管理等民生问题、重点问题，完善相关制度。发布《关于进一步加强廉租住房、经济适用住房和限价商品住房申请资格审核管理有关工作的通知》、《北京市商品房预售资金监督管理暂行办法》等62个规范性文件，并全部通过备案审核。同时，废止《北京市物业服务企业资质动态监督管理暂行办法》、《北京市建设工程施工现场安全监督工作规定》等10个规范性文件。

(2) 房地产业

【概况】 2010年全市房地产开发累计完成投资2901.1亿元、同比增长24.1%，其中住宅1509.0亿元、同比增长66.4%，商业营业用房336.3亿元、同比增长 67.5%，写字楼 259.1 亿元、同比增长 55.4%。批准预售许可证 416 个，面积 1620.8 万平方米、同比基本持平，其中住宅类房屋 11.36 万套、面积 1197.6 万平方米，同比增长 7.8%；办公类房屋 222.4 万平方米、同比增长 10.7%；商业 92.5 万平方米、同比减少 30.3%。商品期房预售登记成交 12.9 万套、1312.4 万平方米，同比分别减少 31%、34.0%，其中住宅 9.4 万套、面积 991.3 万平方米，同比分别减少 35.5%、37.4%，办公、商业分别为 179.9 万平方米、100.8 万平方米，同比分别减少 6.5%、6.1%，存量住房成交 18.0 万套、1776.6 万平方米，同比分别下降 15.4%、14.0%。

【制定房地产调控相关政策】 根据《国务院关于坚决遏制部分城市房价过快上涨的通知》，起草《北京市人民政府贯彻落实国务院关于坚决遏制部分城市房价过快上涨文件的通知》，从坚决抑制不合理住房需求、增加住房有效供给、加快保障性安居工程建设、加强市场监管等方面提出 12 条落实意见，并出台《关于落实同一购房家庭只能在本市新购买一套商品住房有关政策的通知》等配套文件，提供个人住房情况查询，协助金融、税务部门做好二套及以上住房的认定工作。

【创新开发项目管理模式】 针对北京市开发企业繁多、项目信息庞杂等特点，构建市房地产供应侧监管系统。该系统基于政府主管部门提供的行政许可或管理信息，全程监控企业房地产开发、销售，包括项目报批、土地转让、施工招标、施工许可、竣工验收、房屋销售的各环节，及时发现和纠正市场不良行为，并实时监控供求关系，保障市场平稳健康运行。截至 2010 年年底，全市资质证书有效期内的房地产开发企业 3272 家，同比增长 3%，其中一级 113 家、二级 244 家、三级 316 家、四级 1590 家、暂定 1009 家，包括内资 3060 家、外资 212 家。

【稳步推进房屋拆迁】 会同市发改委等 9 部门制发《关于下达 2010 年度房屋拆迁计划的通知》，坚持政府主导拆迁，妥善安置被拆迁群众，落实属地责任，在启动新项目拆迁的同时，加快滞留项目的清理。2010 年度全市房屋拆迁工作总体平稳，呈现"两高一低"特点，即拆迁启动量和签约量同时走高，核发拆迁许可证项目 169 个，拆迁房屋建筑面积 1539.9 万平方米，其中住宅 55502 户、948.7 万平方米，住宅拆迁签约 63144 户、934.5 万平方米，同比分别增长 21.9%、20.5%；拆迁信访量持续走低，接待拆迁类群众来访批次、人次和来信分别同比下降 24.98%、23.54%、17%。

【加强房地产市场调控】 4 月，根据市政府相关文件要求，下发《关于落实同一购房家庭只能在本市新购买一套商品住房有关政策的通知》，自 5 月 1 日起实施。同时，根据国务院、住房和城乡建设部房地产市场宏观调控相关要求，召开规范商品房销售市场秩序专题会，介绍 2010 年度市场总体发展情况，传达上级指示，明确工作要求，42 家开发企业相关负责人参加；组织开发企业经营行为专项检查，重点检查存在违法违规行为或群众投诉集中的企业，各区县、各部门于 5 月 31 日前书面报送了检查及整改情况；开展零成交项目专项执法检查，对全年新批预售项目彻底清查，分析项目成交情况，重点监控零成交项目，并对 6 个项目开展现场执法检查，总结政策调控效果并上报相关部门，为加强房地产市场监管提出建议。

【加强商品房预售监管】 加强对区县商品房预售许可受理、初审工作的指导和监督，定期组织区县业务人员集中培训，建立及时沟通机制；根据房地产调控政策，对涨幅过大过快的项目进行预售审核，严格落实明码标价政策，合理引导开发商定价预期；逐步完善商品房网签系统，增设价格自动验核、购房人信息审查功能，实现签约价格不高于预售许可申报价，向商业银行和税务部门提供个人住房情况查询支持，确保"限购令"落到实处，实时监测企业销售、退房情况，打击违法违规行为。另外，联合银行监管部门，加强非住宅房地产开发项目的融资贷款监管。

【完善物业服务管理制度】 贯彻落实《物权法》《物业管理条例》相关要求，4 月 6 日，市政府出台《北京市物业管理办法》，改革前期物业管理制度、创新行业监管体制、完善业主自我治理机制、完善物业共用部分查验交接等，明确了前期物业管理、物业服务、物业使用和维护等内容，有利于维护物业各方合法权益、促进和谐社区建设；9 月 8 日，印发《关于〈北京市物业管理办法〉实施中若干问题的通知》，进一步明确前期物业管理、业主大会成立等事项，建立"业主一卡通"制度，并组织社会力量共同研究起草、制发 36 个配套政策，基本形成了较完善的物业管理政策体系，为解决行业发展中的问题奠定了基础。同时，启动物业执法，将物业执法和日常监管、检查指导相结合，全年执法 5 起，发出责令整改通知书 4 份、行政处罚企业 1 家，进一步纠正和规范了行业违法违规行为。截至年底，全市取得《物业管理企业资质证书》企业 3151 家、新增 98 家，其中一级企业 115 家、新增 11 家，二级

280家、新增29家，三级2482家、新增64家，三级暂定274家、减少6家。

【住宅专项维修资金管理】 截至2010年底，全市累计归集维修资金269.16亿元、182.32万户，其中本年度归集48.66亿元；累计有342个小区使用住宅专项维修资金1.14亿元，涉及电梯、屋面防水等1358个维修项目，由于早期开发的住宅陆续进入维修期，以及明确了资金使用范围、程序，本年度使用资金5328.62万元、同比增长74.23%；累计有135个小区分137次将维修资金划转至业委会开户银行，涉及资金17.01亿元、13.67万户，本年度划转资金1.99亿元、同比增长0.08%。

【房地产经纪机构及人员管理】 截至2010年底，取得《北京市房地产经纪机构备案证书》的机构6805家，其中经纪机构2614家、分支机构4191家；取得《中华人民共和国房地产经纪人资格证》的1966人，从业1143人；取得《北京市房地产经纪资格考试合格证》、《中华人民共和国房地产经纪人协理证》的57589人，从业19220人。全年各区县住房城乡建设委检查房地产经纪机构（含分支机构）4486家，其中经纪机构2369家、分支机构2117家，发现问题1039件，下发《责令改正通知书》517份，行政处罚92家，罚款108.6万元。

【评估机构及人员情况】 截至2010年底，全市具备房地产价格评估资质的机构152家（含外地在京分支机构4家），其中一级37家、二级29家、三级（暂定）83家，仅在军队系统内执业的3家；房地产估价师考试合格2510人，其中专职注册估价师1309人。

（3）住房保障

【概况】 贯彻落实中央及市委、市政府关于住房保障工作的各项部署，加快实施保障性安居工程，加大保障房建设力度，超额完成"两个50%"目标，并加快推进旧城保护修缮和棚户区改造。全年投资128.46亿元财政资金，专项用于公共租赁住房建设、廉租住房建设和租金补贴、棚户区改造及旧城人口疏解；供应保障性住房用地1332万平方米、占全市住宅供地的52.8%；新开工各类保障性住房22万余套、占全市住宅新开工量的61.5%，竣工并交付使用保障房5万套；组织公开摇号配租配售40次，配租配售7.19万户，其中公开摇号5.35万户、定向安置用房1.84万户，包括配租廉租房0.62万户、配售经适房1.82万户、限价房2.90万户，基本完成上年度轮候家庭的配售工作，廉租住房实物配租实现"应保尽保"。

【各类政策性住房建设情况】 截至2010年底，廉租住房累计开复工99.3万平方米，提供约1.8万套房源，本年度在施项目59个，实现新开工7.2万平方米、1725套，竣工13.9万平方米、3088套；公共租赁住房累计开复工178.7万平方米，可提供约2.5万套房源，本年度在施项目27个，实现新开工122.5万平方米、约1.7万套，竣工15.8万平方米、2044套；经济适用住房累计开复工933万平方米，可提供约11万套房源，本年度在施项目58个，新开工225万平方米、约3.4万套，竣工175万平方米、2.03万套；限价商品住房累计开复工1575万平方米，可提供约14.4万套房源，本年度在施项目100个，实现新开工225万平方米、约3.18万套，竣工261万平方米、2.6万套；定向安置住房在施项目58个、1413.4万平方米，全部为本年度新开工项目，可提供约14万套房源。

【提高廉租住房准入标准】 7月29日，联合市财政、民政部门印发《关于调整本市廉租住房家庭收入准入标准有关问题的通知》，自8月1日起，城六区申请廉租住房家庭收入准入标准调整为人均月收入不高于960元。经市政府批准，远郊区县陆续调整廉租住房准入标准，除通州区与城六区一致外，其他区县均调整为人均月收入不高于731元，全市进一步扩大廉租住房覆盖面，加快解决低收入家庭住房困难。

【确定廉租实物住房项目标准租金】 指导区县重新确定23个廉租住房项目标准租金，标准租金均低于市场租金水平，其中为市场租金55%～75%的15个、75%～80%的5个、80%～92%的3个；廉租家庭应缴租金为469～1512元/月，获财政分档补贴后，实缴租金为23.45～267.6元/月，占家庭收入的4%～12%，实现了符合廉租实物配租条件的低收入家庭应保尽保。

【扩大经适房项目试点贷款范围】 房山区城关榆树小区、长阳镇北部组团小区、海淀区吴家场3个试点项目获得贷款资金保障后，审批速度和建设进度明显加快，经济适用住房试点贷款有力地推动了项目建设进度。在总结试点经验的基础上，11月，市住房城乡建设委组织国家开发银行北京分行与10个有贷款需求的经济适用房项目参加的供需见面会，并与市银监局、人民银行营业管理部联合上报国家金融管理部门，争取将更多符合条件的经适房项目纳入试点贷款范围，促进项目资金的落实。

【推进棚户区改造】 市委市政府高度重视棚户区危旧房改造工作，市委书记刘淇、市长郭金龙、常务副市长吉林、副市长陈刚等领导多次深入区县，现场调研棚户区改造工作。按照全国保障性安居工程工作会精神和国务院有关文件要求，市住房城乡建设委制定了《关于加快北京市城市和国有工矿棚户区改造工作的实施方案》，明确指导思想、原则及目标、政策措施及职责分工等内容，全面推进棚户区改造。截至年底，门头沟采空棚户区、通州老城区和丰台南苑老镇3片改造项目累计搬迁居民1.7万户，建设收购定向安置房267.8万平方米，其中本年度搬迁居民8000余户，建设收购104.8万平方米（含部分土方施工项目）；棚户区改造新增京煤集团门头沟、房山、大兴矿区及首农集团永乐店农场、丰台长辛店5项目。

【推进旧城保护修缮与对接安置房建设】 采取申请式修缮和疏散方式，制定旧城风貌保护区2万户危房保护修缮计划，截至年底，城两区修缮房屋33242间，涉及居民23097户，疏散居民2004户，超额完成改造任务。同时，市委、市政府统筹调度资源，在核心区外选择交通便利、设施相对完善的区域建设对接安置房，推动首都功能核心区人口对接安置和保护性改造。市住房城乡建设委研究起草了《首都功能核心区对接安置和保护性改造若干规定（送审稿）》，明确对接安置原则、方式、补偿办法、安置房建设等内容，并会同相关部门草拟安置房建设审批流程，将9个对接安置房项目、605万平方米全部列入市级重点工程，加快推进项目建设，截至年底，昌平回龙观、丰台张仪村和X1-1B地块、房山长阳7号地、朝阳定福庄5个项目开工，可提供房屋约2.5万套、218万平方米。

（4）城市建设

【概况】 本市确定200项重点工程建设项目，其中续建127项，计划新开工73项，计划竣工54项，工程总投资6005亿元，本年度计划投资1404亿元。截至年底，全市重点工程建设整体进展顺利，实际新开工58项、竣工50项，完成投资1402亿元，占年度计划的99.9%，占全社会固定资产投资规模近1/3。

【交通设施项目】 共确定49项重点工程，计划完成投资643.67亿元，其中18项轨道交通及配套、2条高速公路、27条城市道路、2项交通枢纽及配套。轨道交通亦庄线、大兴线、房山线、昌平线，以及西外大街西延、大兴清源路东延、通州路苑北大街、阜石路二期、蒲黄榆路（三环—四环）、蒲黄榆路（四环—五环）10项工程年内竣工。

【民生保障项目】 共确定30项重点工程，计划完成投资177.72亿元，其中10项医疗卫生设施、15项文化教育设施、1项保障性住房、1项棚户区改造、1项社会福利、2项其他项目。北京协和医院干部医疗保健基地、市第一社会福利院扩建工程2项工程年内竣工。

【生态环境项目】 共确定30项重点工程，计划完成投资120.71亿元，其中3项垃圾处理、10项水务治理、11项绿化工程、6项其他项目。东南郊水网建设工程、中关村创新园内河道综合治理工程、顺义新城温榆河水资源利用二期工程、大兴区三海子郊野公园一期工程、新农村基础设施建设－街坊路硬化绿化等10项工程年内竣工。

【现代产业项目】 共确定46项重点工程，计划完成投资253.51亿元，其中6项生产性服务业、4项文化创意产业、19项高新技术产业、10项现代制造业、7项其他项目。2010年中国联通北京分公司宽带升速20M接入建设项目、2010年中国联通北京分公司WCDMA网建设项目、北京现代汽车有限公司新雅绅特轿车技术改造项目、北京现代汽车有限公司第二生产厂区新增5万台轿车技术改造项目、微软（中国）研发集团总部1和2号楼工程、北京邮件综合处理中心6项工程年内竣工。

【能源资源项目】 共确定25项重点工程，计划完成投资62.84亿元，其中10项供热工程、10项输变电工程、1项风电工程、2项燃气工程、2项其他项目。大兴新城康庄供热厂工程、顺义城北集中供热中心项目、大房Ⅲ回线路500千伏输变电工程、马泉营110千伏输变电工程（轨道交通配套）、义和庄110千伏输变电工程（轨道交通配套）、平谷天然气供气工程、北京市2010年绿色照明工程等11项工程年内竣工。

【城建类项目】 共确定20项重点工程，计划完成投资145.42亿元，其中6项商业公建、14项土地一级开发。三里屯搜候中心工程年内竣工。

（5）建筑业与工程建设

【完善相关法规制度】 针对建设单位指定分包、施工单位转包、违法分包等问题，制定《关于进一步规范北京市房屋建筑和市政基础设施工程施工发包承包活动的通知》；完成《北京市建筑市场管理条例》课题研究，形成条例框架草案，并作为专项治理重要的制度化成果，列为本委下年立法重点；起草《关于建立和完善将建设工程施工合同纠纷多元化纠纷解决机制的若干意见》、《北京市建筑市场诚信信息管理办法》、《北京市建筑业企业从业行为综合评价暂行办法》等法规或规范性文件。

【构建市场诚信体系框架】 在调研各地建筑市场诚信体系建设情况的基础上，制定《北京市建筑市场监管信息系统建设工作方案》，成立专项领导小组，结合工程建设领域突出问题专项治理，将建筑市场信用体系建设与监管方式创新相结合，利用现有行政管理信息资源，搭建统一的信用信息管理平台，公开工程、企业及从业人员信用信息，提供相关查询，并建立公众参与的外部监督机制，促使企业和从业人员自觉规范市场行为，提升政府监管效能和公共信息服务水平。12月16日，"建筑市场公开信息平台"正式上线，提供企业资质、人员资格、招标投标、施工许可、合同备案、合同履约、业绩、获奖、违法违规及其他社会信息等10类信息公开查询，在全国率先向社会公布合同备案、合同履约信息，截至年底，该平台累计采集1.3万条企业信息、46万条从业人员信息、2.6万条施工许可信息、7.4万条合同备案信息、2.8万条合同履约信息，有效促进工程建设全过程的阳光透明。

【建筑业经营与企业情况】 2010年完成建筑业总产值5196亿元，同比增长28%，其中在本市完成1930.7亿元、同比增长14.6%，在外埠完成3265.3亿元、同比增长37.5%，外埠完成比重由58.5%提高到62.8%；施工总承包和专业承包企业新签合同额6969.4亿元、同比增长23.6%；在本市从事经营活动的各类施工企业7434家，同比增长1.6%，其中本市所属各类施工企业5867家，同比减少0.2%，中央在京及外地进京各类施工企业1567家，同比增长9.1%。

【建筑业企业资质审批情况】 全年受理施工、监理、造价、招标4类资质申请事项1193项，其中新办资质716项、晋级271项、增项206项，审批通过851项（不含变更事项）；会同市规划部门审批建筑智能化、消防、装饰装修和幕墙4类专业企业设计与施工一体化资质150件，审批通过114件。

【本市建筑市场主体情况】 截至2010年底，在本市从事经营活动的4类建设工程企业8431家，同比增长2.01%，其中建筑业企业7434家（市属5867家、外地进京1567家），同比增长1.61%；工程监理企业429家（市属288家、外地进京141家），同比增长5.67%；招标代理机构297家，同比增长6.83%；造价咨询企业271家，同比增长2.26%。具备设计与施工一体化资质的企业158家。

【工程招标投标监管情况】 全年办理施工总承包招标项目3367项（含直接发包）、中标价1791.3亿元，其中市招标投标机构办理920项、中标价793.4亿元，区县招标投标机构办理2447项、中标价997.9亿元；工程监理招标1898项，中标价29.1亿元；专业招标982项，中标价90.4亿元；劳务招标2509项，中标价107.8亿元；材料设备采购招标643项，中标价52.9亿元。

【加强合同履约监管】 制定《施工合同预警风险管理制度》，明确预警风险处理时限、程序和档案管理等内容，新纳入合同管理系统监管范围内的项目3760个，全年发现履约风险1438个，处理2548频次，提示风险全部化解2402频次、部分化解113频次，风险化解率82.89%。系统发布履约信息填报提示短信38905条，互动平台收到企业及区县住房城乡建设委咨询1008条，并全部回复。

【外施企业及人员备案情况】 截至2010年底，外地在京建筑业企业累计备案1567家，其中总承包464家、专业承包471家、劳务承包632家，新增备案267家，清出和自动退出118家；外地在京监理企业累计备案150家，劳务分包合同备案11418份，备案劳务人员318030人，劳务企业施工队长12683人。

【加强工程综合执法】 全市住房城乡建设系统坚持依法监督，严格执法，加大建设、施工、监理单位违法违规行为查处力度，全年立案1753起，其中施工质量类314起、施工安全类1423起、建筑市场类16起；按一般程序实施行政处罚853起、罚款2935.13万元，其中施工质量类309起、罚款2000.39万元，施工安全类529起、罚款832.93万元，建筑市场类15起、罚款101.81万元；按照简易处罚程序，当场实施行政处罚980起、罚款91.02万元。同时，将工程质量监督执法范围向上游程序延伸，组织多期施工许可、发包承包、企业资质等建筑市场管理培训，并针对重点企业、项目、区域，开展建筑市场综合执法检查，加强部门联动、形成执法合力，有效打击了建设工程领域的违法行为。

【加大保障房工程监管力度】 制定《关于在保障性住房工程施工现场试行开放日活动的指导意见》、《关于加强政策性住房工程建设管理的若干规定》等，继续深入推行开放日活动、业主参与验收、第三方检测、强化保修服务、装饰工程样板引路等制度，加强市区两级沟通协调，召开季度性工作联席会，研究解决保障房建设中存在的质量问题；开展以保障房工程为重点的月度质量网格执法检查，涉及工程12073项次、建筑面积15574.17万平方米，其中保障房工程1689项次、建筑面积2449.05万平方米，针对发现的违法违规行为，现场下发责令改正通知书1364份，实施简易处罚12起、立案处罚

73起，其中针对保障房工程下发责令改正通知书289份，实施简易处罚48起、立案处罚72起，已实施罚款48起、罚金332.24万元，并加大曝光力度，及时通报违法违规行为查处情况，通报施工单位30余家。

【加强工程检测监管】 市建设工程质量检测监管信息系统完成升级改造，实现试验机自动采集、监测数据实时上传、新增检测管理软件"指纹登录"、设立检测报告防伪处理等功能；建立建设工程质量检测监督管理工作联系机制，要求各检测机构及时上报不合格项目；开展检测机构检测能力验证工作，重点是钢筋保护层厚度、回弹法检测混凝土抗压强度、防水材料拉伸性能等项目，责令部分机构整改，1~3个月的整改期内不得承担相关项目的检测；拟定《关于进一步规范检测市场收费管理工作思路的报告》，试点检测费用由保险公司统收统付，抑制检测行业的恶性竞争。全年加大日常和专项监督检查力度，组织质量检测机构资质、试验委托、过程控制、数据采集与上传等方面监督检查，规范检测机构和从业人员行为，涉及检测机构133家次，下发整改通知书24份，撤回机构资质证书3家、立案查处4家。

【加强地铁工程监督】 市住房城乡建设系统加强轨道交通建设工程安全质量日常监督，进一步建立健全规章制度，通过行政处罚手段，规范参建各方行为，严格落实建设、勘察、设计、施工、监理、检测单位安全质量责任，并对参建各方形成较客观的等级形象评价；归纳总结工程建设不同阶段的工作重点，组织专家，开展深基坑、暗挖、主体结构、远程监控及门禁、机电设备安装、装饰装修等专项检查，加强重点掌控；要求在京施工的各大集团公司普遍建立地铁指挥部，发挥集团管理优势、利用集团管理资源，加强施工一线安全质量监管。对发现的问题跟踪问效直至落实，对未整改或整改不到位的问题，实施立案处罚并通报讲评，进一步提升全市轨道交通建设工程质量。全年监督12条线73个标段，抽查工程702项次，其中发出安全监督检查记录408份、质量监督检查记录509份，实施简易处罚25起、责令限期整改304起、立案处罚49起。

【开展建设领域突出问题专项治理】 按照《北京市工程建设领域突出问题排查工作方案》要求，拟定《工程建设实施和工程质量管理专项治理整改工作指导意见》，组织全市治理项目的工程实施和质量管理自查，并进行全面排查，将项目招标投标排查情况录入市工程建设领域专项治理信息系统。截至年底，经排查中央规定的6574个项目，发现存在问题的项目1166个、问题1684个，已整改1684个，整改率为100%；已整改完成895个，整改完成率为53.15%。

【工程创优情况】 全年9项工程获"鲁班奖"，11项工程获"国家优质工程奖"银质奖；347项工程获市建筑结构"长城杯"工程，其中金质奖126项、银质奖221项；56项工程获市建筑竣工"长城杯"工程，其中金质奖26项、银质奖30项；30项工程获对口支援四川什邡灾后恢复重建建筑"长城杯"，其中金质奖18项、银质奖12项；79项工程获装饰优质奖。此外，5家企业获"北京市工程建设质量管理先进单位"称号。

（6）村镇建设

【抗震节能型新农宅建设】 继续加强抗震节能型新农宅建设，发布《北京市抗震节能型农民住宅建设项目管理办法》，形成新建农宅补贴的长效机制。截至年底，组织完成新建抗震节能型农宅4062户。

【既有农宅节能增温改造】 继续加强既有农宅节能增温改造，截至年底，完成既有农宅节能保温改造23749户、同比增长44.3%，改造后的农宅室温普遍提高，采暖用煤和采暖成本减少50%。

【启动农村房屋建设信息系统】 进一步加强全市农村建筑节能项目信息管理，涉及抗震节能型新农宅建设、农宅抗震加固改造和节能增温改造项目，启用"市农民住房新建改造档案管理信息系统"，实现项目申报、过程监控、项目验收的无纸化管理，具备了所选区域的进度监控、资金拨付情况查看、数据分析统计等功能，提高了项目管理与统计工作效率。

【开展整村改造试点工作】 继续开展房山龙门台和密云张家坟整体改造试点，加强技术指导和支持。农宅建设集中应用了太阳能地板采暖、外墙外保温及节能保温窗等节能技术，装修一次性完成，并同步完成了村庄道路、水、电、通信、污水处理等基础设施。

【推进乡镇总体规划编制】 截至2010年底，本市需要编制总体规划的乡镇114个、批复107个，重点小城镇42个、批复40个，以新城总规为基础，区县土地利用总体规划全部编制完成，各区县乡镇级土地利用总体规划同步编制和审查。

【重点小城镇建设用地纳储工作】 截至2010年底，42个重点小城镇涉及纳储项目47个，其中办理完备22个、等待审核5个、准备上报材料20个；项目总占地 3003.9 万平方米，完成投资 65.19 亿元，其中非住宅类 24 个、占地 2326.5 万平方米、总投资 56.8 亿元，产业园区 6 个、占地 131.9 万平方米、总投资 1.49 亿元。

【重点小城镇产业和园区建设】 重点小城镇建设中，规划有集中、成规模的产业园区 38 个，其中市级工业开发区 10 个、市级农民就业产业基地 20 个。截至年底，重点小城镇产业园区规划用地 10558.6 万平方米，累计投资 558.7 亿元、入区企业 1103 个、从业 11.5 万人，本年度引入产业项目 95 个、占地 2487.58 万平方米，总投资 450.2 亿元、解决劳动力 7316 人，其中 10 亿元以上的超大型项目 6 个。

【开展村庄环境整治】 开展"十大重点区域、百项重点工程"村庄环境整治活动，确定整治任务 247 项，重点整治"白色污染"、乱堆乱放、私搭乱建等问题。截至年底，郊区县出动人员 6 万余人次、车辆 4000 余台次，清理垃圾渣土 18 万吨、乱堆乱放 5000 余处、乱写乱画 8 万余处、捡拾白色污染物 5300 余千克，进一步改观了村容村貌。

【超额完成生态示范村镇建设】 7 月 5~6 日，举办郊区环境优美乡镇生态村创建工作培训班，邀请专家讲解创建指标体系、验收要求等内容，各区县相关部门 370 余人参加。截至年底，房山区蒲洼乡等 6 个乡镇及通州区永乐店镇老槐庄村等 248 个村达到郊区环境优美乡镇和生态村的建设标准，超额完成市政府"为民办实事"确定的 5 个乡镇、100 个村的创优任务。同时，复查 2004~2006 年度市级环境优美乡镇和生态村，巩固生态创建成果，提升生态环境质量和建设管理水平。

【新农村建设工程】 "十一五"时期，全市农村"五项基础设施"建设累计完成投资 60.5 亿元，街坊路硬化 2687 万平方米、绿化 1246 万平方米，改造老化供水管网 5733 千米，安装一户一表 24 万个，实施污水处理工程 188 处，改造户厕 19.33 万座、新建公厕 2375 座，配置垃圾分类容器 40 余万个。"三起来"工程累计完成投资约 9 亿元，为 8 个远郊区县更换户用节能灯 800 余万只，村内公共场所更换直管荧光灯 10000 余只，安装、更换村内节能路灯 48000 余盏，安装太阳能路灯 8700 余盏、维护 6.1 万余盏；建设太阳能公共浴室 121 个，地热采暖示范 820 户，新建节能抗震民居 4073 户，改造既有农宅 20881 户；新建、扩建大中型沼气站 9 处（含 3 处管网铺设）、大中型生物质气化站 10 处（含 5 处管网铺设），建设生物质燃料加工厂 2 个、户用沼气池 500 户、雨洪利用工程 150 处、粪污治理工程 144 处，安装太阳灶 110 台，改造"两气"工程 120 余处。

（7）建筑节能与科技

【概况】 加强新建建筑节能监管，竣工节能建筑 3687.9 万平方米，超额完成既有建筑节能改造目标，进一步推进可再生能源建筑应用，大型公共建筑用电分项计量监测平台运行稳定并通过住房和城乡建设部验收；探索建材使用管理模式的转变，加强重点建材源头控制，继续推进建设工程材料采购备案试点，加大施工现场建材质量监督力度，组织建材使用专项执法检查和日常检查，提升散装水泥和预拌砂浆使用率、装备水平。围绕推动建设行业科技进步与创新，颁布实施地方标准 7 项，组织新技术应用示范工程验收 7 项、可再生能源建筑应用示范项目审核 5 项、绿色建筑与低碳能耗示范工程 2 项，完成重点科技成果鉴定 25 项，通过市级工法审定 19 项；组织建设、施工、设计、监理、检测等单位及技术人员参加工程建设科技宣贯活动，举办建筑技术公益讲座 6 期、标准宣贯 7 期及太阳能技术应用专项讲座。

【超额完成既有建筑节能改造目标】 4 月，联合市财政部门印发《北京市既有居住建筑节能改造补助资金管理办法》，进一步规范改造项目管理，全年完成既有建筑节能改造 643.59 万平方米、同比增长 31.49%，超额完成市政府折子工程 500 万平方米的目标。

【开展大型公建能耗监测】 6 月，完成本市能耗监测系统数据中心集成工作，实现大型公建能耗监测平台数据稳定上传；10 月，在全国率先实现向住房和城乡建设部能耗监测系统上传数据。全年完成 150 栋国家机关办公建筑、大型公建用电分项计量装置安装，建筑面积 822 万平方米。

【8 项太阳能光电示范项目获批】 联合市财政部门组织本市示范项目申报，东方家园太阳能屋顶并网电站示范等 8 个项目被批准为第二批获中央财政资金补贴的太阳能光电建筑应用项目，总装机容量 2273.12 千瓦，累计获中央财政补贴 2318 万元。

【组织"禁实"工作检查】 根据国家发展改革委相关要求，3 月，组织各区县禁用实心黏土砖工作自查，结果显示，近期竣工或在建工程中未发现实心黏土砖的使用，按规定关停的实心黏土砖生产企业均在 5 年前全部拆除砖窑和制砖机，由黏土砖厂转产的非黏土烧结砖厂、新建的煤矸石页岩烧结砖厂均未违规使用黏土。北京市"禁实"工作通过国务院节能目标责任考核组的检查考核。

【开展黏土砖专项检查】 8月,根据卫星监测报告,会同市国土、工商部门开展专项检查,涉及新增7家砖厂及7家疑似使用黏土的砖厂,检查发现部分砖厂存在违规取土烧砖行为,向相关区县发出通报并责令违规企业限期整改,关停5家非法生产黏土砖砖厂,并进一步加强后期监管。

【推广可再生能源建筑应用】 "十一五"期间,北京市大力推广可再生能源建筑应用,获国家级应用示范项目4批24项,累计示范面积212.96万平方米,已验收7项、68.39万平方米。本年度采用浅层地能和热泵技术采暖的民用建筑2000万平方米。

【完善住宅产业化管理政策】 3月8日,市住房城乡建设、规划等八部门联合发布《关于推进本市住宅产业化的指导意见》,明确住宅产业化的指导思想、基本原则和目标任务,并制定联席会议制度、完善标准体系、开展试点示范、实施激励政策等10项推进措施。随后,出台了《关于产业化住宅项目实施面积奖励等优惠措施的暂行办法》、《北京市住宅产业化专家委员会管理办法》、《北京市产业化住宅部品使用管理办法》(试行)等一系列文件,并逐步落实丰台假日风景、房山长阳半岛等试点项目,总建筑面积超过50万平方米,并给予长阳半岛1号地商品房项目3%的面积奖励。

【开展绿色建筑评价标识管理】 11月16日,根据住房和城乡建设部相关要求,推进本市星级绿色建筑评价标识工作,并与市规划部门联合印发《北京市绿色建筑评价标识管理办法》,指导和规范评价标识的实施与管理,涵盖新建、改建、扩建公共和居住的绿色建筑。截至年底,本市获国家绿色建筑评价标识项目8个、美国LEED绿色建筑认证项目11个,获批全国绿色建筑和低能耗建筑示范工程的项目14个、161.84万平方米。

【发布建材推广限制和禁止使用目录】 5月31日,发布《北京市推广、限制和禁止使用建筑材料目录(2010年版)》,其中推广类建材41个,新列入限制类15个、禁止类14个,进一步规范本市建筑材料使用管理,促进新材料、新技术、新设备、新工艺推广应用,淘汰浪费资源、污染环境的落后建材。

【开展产品质量专项检查】 组织预拌混凝土生产企业产品质量专项检查,涉及10个区,检查企业140家次,其中二级企业103家次、三级37家次,正生产企业128家次、已停产12家次,将已停产和资质不符合要求的19家企业移送相关部门,约谈23家企业相关负责人,下发责令改正通知书35份,其中暂停部分或全部试验项目的企业19家、暂停对外供应预拌混凝土的5家、立案处罚12家。同时,开展预制构件生产企业产品质量专项检查,检查企业55家次,其中二级企业20家次、三级35家次,对8家企业下发责令改正通知书9份,对6家地上物及生产设施不存在的企业移送相关机构对其资质进行核查。

【建立建材使用日常核查制度】 年内,成立专门核查小组,进一步加强建材使用管理监督,工作范围包括新型墙体材料专项基金和散装水泥专项资金返退核查,建筑节能、"禁止现场搅拌"、建材采购备案、"建材淘汰落后"日常监督检查,以及相关政策法规宣传等。全年核查建设工程96项、561万平方米。

【散装水泥供应率持续提高】 全年完成散装水泥供应量992.87万吨,供应率94.7%;散装水泥使用量2061万吨,使用率78.1%,其中新农村地区110万吨;混凝土供应量4986万立方米;预拌砂浆供应量166.5万吨,其中干砂浆供应量98.7万吨、同比增加36%。

【开展混凝土搅拌站专项检查】 7~9月,重点检查搅拌站的资质管理、混凝土质量及绿色生产管理强制性条款达标状况,对165个正在生产的搅拌站100%抽取混凝土试块样本、80%抽取混凝土原材料,委托检验机构进行质量检测,抽检110个搅拌站的640组试块和159个搅拌站的881组原材料样品。

【完成混凝土搅拌站资质复审】 12月8~24日,联合区县住房城乡建设委、市混凝土协会组成资质复审小组,完成第一批可申请保留的66个搅拌站复审工作,实际复审59个,其中资质达标32个、不达标27个,由于资产不清、主体不明、停产闭站等原因,未复审站点7个。

【9项市级新技术应用示范工程通过验收】 年内,北京雪莲大厦二期工程、北京国际花卉物流港、百度大厦工程等9个项目通过"北京市建筑业新技术应用示范工程"验收,新技术应用整体水平达国内先进的2项、国内领先的6项,其中安福大厦、地铁4号线西四站工程、北京汽车博物馆工程为全国第六批建筑业新技术应用示范工程;金汉绿港家园住宅性能认定达1A级,为国家级康居住宅示范项目。

【第六批国家级新技术应用示范工程通过评审验收】 截至年底,安福大厦、地铁4号线西四站工程、北京汽车博物馆工程3项工程通过住房和城乡建设部及市住房城乡建设委的联合评审验收,本市第六批全国建筑业新技术应用示范工程项目全部通过评审验收。

【19项工法通过市级审定】 年内，有150余项工法申报市级工法，其中超高层建筑施工临时用水设置工法、复合式衬砌隧道黏土浆液背后注浆工法等19项工法通过市级审定。由于工法申报数量大，本年度完成部分评审，下年将陆续完成全部评审。

【完成25项重点科技成果鉴定项目】 组织完成盾构穿越西安明代古文物保护区施工技术研究、盾构小半径下穿京沪京九股铁路特级风险源施工技术研究、铁矿尾矿砂级配优化及在混凝土中的应用研究等重点科技成果鉴定项目25项，其中达到国际领先水平6项、国际先进水平16项、国内领先水平3项。

(8) 建设教育

【概况】 2010年完成一、二级建造师及监理、造价工程师行政受理事项18569件；加强建筑企业主要负责人、项目负责人和专职安全员安全生产考核，组织统考11次，赴外地考核45次，考核"三类人员"38099人、合格31394人；组织全市造价员统考2次，关键岗位统考3次19610人，专场考试12次1995人，总考核49526人，合格24508人；特种设备作业人员考核5次10458人，合格7524人；建设职业技能岗位考核21批3614人，合格3210人。

（北京市住房和城乡建设委员会 北京市规划委员会）

2. 水务建设管理

【概况】 2010年，按照北京市委、市政府建设"人文北京、科技北京、绿色北京"和世界城市的发展战略，北京水务工作坚持大背景站位、大统筹谋划、大社会推动、大联调推进，强化科技支撑，实施精细化管理，有效应对水资源紧缺的风险挑战，突出"一个重心"，展开"两条主线"，强化"三项运行"，开展"四项整治"，加强"五项管理"，圆满完成了各项工作任务。

【全市水资源状况】 2010年，全市平均降水量524毫米，比上年增加17%，比多年平均值减少10%。全市水资源总量为23.08亿立方米，其中地表水资源量为7.22亿立方米，地下水资源量为15.86亿立方米。全市入境水量4.33亿立方米（未包括南水北调工程调水量），比上年增加1.3亿立方米。出境水量为8.29亿立方米，比上年增加0.06亿立方米。2010年末，全市大、中型水库蓄水总量为14.31亿立方米，可利用来水量为5.22亿立方米。官厅水库蓄水1.70亿立方米，比上年增加0.51亿立方米，比"十五"末增加0.11亿立方米；密云水库年末蓄水10.66亿立方米，比上年增加0.27亿立方米，比"十五"末增加0.36亿立方米。2010年末，地下水平均埋深为24.92米，与上年末比较，地下水位下降0.85米，地下水储量减少4.4亿立方米。

【全市总用水量35.2亿立方米】 2010年，北京市总用水量35.2亿立方米，比上年减少0.3亿立方米。其中地表水供水量为7.1亿立方米，占总供水量的20%；地下水供水量为21.5亿立方米，占总供水量的61%；利用再生水6.8亿立方米，占总供水量的19%。总用水量35.2亿立方米中，生活用水14.7亿立方米，占总用水量的42%；工业用水5.1亿立方米，占15%；农业用水11.4亿立方米，占32%；生态环境用水4.0亿立方米，占11%。

【从河北集中输水3.3亿立方米】 2010年，北京市完善与河北省的调水协调机制，从黄壁庄、王快等水库集中输水3.3亿立方米；将安格庄水库纳入河北应急输水的新水源，年增加调水量5000万立方米。密云、官厅两大水库上游集中输水1.38亿立方米。利用再生水增加到6.8亿立方米。

【南水北调工程建设安全有序质量优良】 2010年，南水北调北京段工程大宁调蓄水库防渗墙浇筑完成91%，泵站、小清河橡胶坝、退水渠、库区平整进展顺利，完成投资4.8亿元。南干渠工程进入主体结构施工阶段，完成投资15亿元。干线北京段49个单位工程和28个合同项目全部完成合同阶段工程验收，PCCP管道打压试验、联通井和分水口电气安装基本完成，干线工程土地移交全部完成。

【实施最严格的水资源管理制度】 2010年，北京市纳入用水计划管理单位用水总量同比减少2.2%。换装节水马桶1万套，居民家庭节水器具普及率达到91%。建成100个节水型单位和小区，推进海淀区、大兴区、怀柔区全国节水型社会试点工作。进一步发展节水型高端优势产业，退出高耗水企业40家。围绕都市型现代农业基础设施建设，建成农业节水灌溉面积18万亩。

【完成永定河生态治理主体工程】 2010年，永定河生态走廊莲石湖、门城湖、宛平湖、晓月湖和循环管线"四湖一线"工程总体进展顺利，主体工程完工，增加水面122万平方米，永定河城市段环境明显改善。永定河治理得到社会的广泛赞誉。

【完成北运河综合治理年度任务】 2010年，建成引温入潮二期工程，年调水能力达到年7000万立方米。建成北京东南郊水网工程，清淤沟渠43条238公里。实施辛堡闸改建工程，启动榆林庄闸改建项目。开工建设大兴等4座滨河森林公园和三海子郊野公园，新增水面530万平方米。建成昌平沙河等7处生态湿地，新增水面250万平方米。

【为沟域经济发展提供水生态支持】 2010年，完成朝阳小场沟、房山刺猬河等11条180公里中小河道生态治理，提高了防汛和水源配置能力，形成水清岸绿的生态水系。以"水源保护型、休闲观光型、绿色产业型、和谐宜居型"的模式新建生态清洁小流域22条，治理水土流失面积310平方公里。

【保障城市供水安全】 2010年，完成第九水厂应急改造工程，增加北京市区自来水日供水能力7万立方米，完成供水管网改造100公里。制定并启动了《市区供水高峰预警及响应工作方案》，平稳度过夏季高峰用水期，夏季高日用水达到288万立方米。针对供水管网隐患和自备井水量减少、水质降低、设施老化等问题，编制完成了市区公共管网更新改造计划和市区自备井水质改善方案。郊区加快推进密云等新城水厂建设和改造，提前完成村镇供水设施改造任务，年内安装村镇供水入户水表10.7万块，更新改造老化供水管网3100公里。全市郊区41个日供水5000立方米以上的集中供水厂实现水质实时监测和预警。

【推进污水处理厂升级改造】 2010年，完成卢沟桥再生水厂主体工程建设。定福庄至高碑店污水调配工程建成通水，五里坨、堡头、东坝三座污水处理厂开工建设。完成城区污水和再生水管线新建、改造147公里。完成海淀翠湖、通州永乐店、朝阳北甸和房山窦店等污水处理厂新建改建工程，已全部投入运行，新增污水日处理能力7万立方米。村级污水处理设施建设稳步推进，新建污水处理站120余座。污泥无害化处理取得新进展，新北水水泥有限责任公司和小红门污泥处理设施投入运行，全市年处理污泥42万吨。全市处理污水11.4亿立方米，削减污染物化学需氧量46万吨，完成累加削减2%的年度减排目标，污水处理率达到81%，城区和郊区污水处理率分别达到95%和53%。

【提高安全迎汛管理水平】 2010年北京市汛前启动了公共排水、再生水管网设施普查工作，建立管网状况、泵站汇水面积、抽升能力等基础档案。加强对大中型水库等水务工程安全隐患排查，完善各项安全迎汛联动机制，对2009年汛后确定的58处积水点和山区泥石流易发区、采空区隐患实行挂账督办。汛期共发布汛情戒备预警7次，蓝色预警5次，全市防汛指挥系统高效运行，各部门及时处置，措施得当，防洪、排涝、水务工程及城市运行安全

正常。

【开展百日专项整治行动】 2010年，联合公安、城管、国土等14个部门和16个区县政府，开展对非法洗车、钓鱼、非指定水域游泳、盗采沙石百日专项整治行动。行动期间，共出动巡查执法人员12万余人次，其中查处砂石盗采案件181起、行政拘留46人，取缔和责令整改违规洗车点312家，清劝占道洗车1.2万人次、非指定区域游泳9.8万人次、捕捞垂钓10万余人次。充分发挥宣传舆论作用，全市发放宣传材料30余万份，悬挂宣传横幅1000余条，树立警示标牌2000余处，市级以上媒体共发稿件400多篇，形成了良好的舆论环境。

【评选水务法制建设10件大事】 2010年，推举出年度水务法制建设10件大事：开展"百日整治行动"；《北京市排水和再生水管理办法》2010年1月1日施行；《北京市河湖保护管理条例》通过市人大立项论证；市人大审议通过《北京市水污染防治条例》；《北京市节约用水办法》修订草案完成；《北京市排水许可管理办法》5月4日颁布实施；水政监察执法队伍建设取得重大突破；水政监察队伍建设年活动成效显著；行政处罚案卷评查成绩优异；市级水务行政许可与市政府行政许可大厅合并，提高办事效能。2010年全系统受理行政许可项目2541件，比上年增加12%。承办的人大代表建议和政协委员提案108件，比上年增加64%。

【加强行业监督管理】 2010年，制定了更加严格的水务工程招投标监管制度，108项施工招投标备案等监督工作无投诉。进行了城乡供水水质监督检查，北京市为被检城市中惟一全部符合国家标准的城市。通过签订污水处理、污泥处理处置和排水设施监测等服务协议，规范排水行业管理。强化水务安全管理，对供水、排水、水务工程建设与运行进行隐患排查，落实安全责任，规范作业行为。

【加强水务基础设施建设项目管理】 2010年，将水务规划及建设项目与北京市政府综合规划衔接，为城乡发展提供水务保障。2010年市级水务基本建设项目100项，其中续建67项，新批复33项，涉及水资源管理、供排水行业、水环境建设、郊区水务和水库移民等领域。建立、强化"规划带项目"机制、部门联动审定项目机制和建设项目全程服务机制，加快项目落地和实施，实现了对项目投资、质量和目标的有效控制。

【严格水务资金使用管理】 2010年，北京市级水务基本建设落实资金53.6亿元，比上年增加36%。各区县严格落实市级转移支付资金和市基本建设配套

资金，强化区级资金投入力度，为区县重点水务项目顺利实施提供资金保障。加大对重大资金使用的监督检查力度，积极组织项目评审，落实项目资金，提高项目的绩效管理水平和资金的使用效益，使所有在建水务项目均处于严密管控状态，保证了资金安全。

【完成水库移民扶持年度任务】 2010年，按照北京市统一部署，完成水库移民农业户口移民扶持工作年度任务，发放后期扶持资金7783万元。为4.5万名农转非移民的就业技能培训发放补贴资金2500万元。完成对全市846名移民接收村的项目扶持，全市水库移民接收村扶持专项资金项目共计847项，全市水库移民接收村扶持专项资金项目总投资2.88亿元。10月，北京市编办批复同意成立北京市水库移民事务中心，为全额拨款事业单位，人员编制15人。

【启动水务普查工作】 2010年，北京市贯彻国务院《关于开展第一次全国水利普查的通知》要求，启动水务普查工作。市、区县两级分别成立了水务普查领导小组及办公室，组建了专业的普查工作队伍。按照市级与区县"职责不交叉、工作不重复、经费不重叠"的原则分级落实了普查经费。结合市情，编制了北京市水务普查实施方案，增加了供水设施情况和排水设施情况两项普查内容，深化和扩展了普查指标及范围。完成了市级普查培训任务，全市共组织120人次参加了国家级培训。组织编制了北京市水务普查培训教材，完成了全市1518人次普查骨干人员的培训。

【调整水管单位职能和经费形式】 2010年，按照水务管理公益性特点完成北京市水务局局属9家水管单位的职能和经费形式调整工作，由自收自支改为完全财政拨款，涉及在职职工和离退休人员近4000人。完成事业单位岗位聘用。区县水务局13支水政大队255名水政监察员参照公务员管理。推进农民用水协会和管水员队伍管理制度建设，培训管水员4万人次。建立管水员监督管理，全市119名管水员监督员上岗。

【加强党建和精神文明建设】 2010年，北京水务系统深入开展创先争优活动，开展创建"党员示范岗"、"党员示范窗口"活动。积极推动廉政风险防范管理工作，做到风险防范全覆盖，提升全体干部的廉政意识和拒腐防变的能力。开展丰富多彩的文化体育活动，组织召开了全系统近万人参加的水务职工运动会。水务队伍的凝聚力、战斗力不断增强，为水务事业的发展奠定了坚实的基础。

（北京市水务局　王民洲　唐菊）

3. 生态建设

【宜林荒山造林工程】 2010年北京市完成了造林面积5000公顷，植树529.4万株。其中，爆破造林666.67公顷，植树71.2万株；人工造林4333.33公顷，植树458.2万株。涉及7个远郊区县、45个乡镇、176个地块，共组建专业施工队伍218支，施工人员9632人，修建作业道路172497米，打防火道108514米，打井21眼，配备水泵612台，铺设管线548102米。

【绿化造林工程】 2010年，计划完成绿化造林1.07万公顷。全市实计新增造林1.07万公顷，补植补造1.33万公顷，共栽植各类苗木3200余万株。其中：三北防护林工程建设、太行山绿化工程完成造林3333.33公顷，补植补造1.33万公顷；完成绿化面积2400公顷；重点绿色通道完成绿化面积2866.67公顷；京津风沙源治理工程完成人工造林1000公顷，爆破造林666.67公顷；废弃矿山生态修复工程完成绿化1466.67公顷；山区困难地区造林工程完成人工造林3333.33公顷；彩叶树种造林工程完成造林1333.33公顷；公路河道绿化工程完成绿化300千米；生态林管护工程完成林木抚育2万公顷。

【播草盖沙】 完成播草盖沙面积1066.67公顷，栽植植物主要有二月兰、板蓝根、饲料桑、紫花苜蓿等。

【五河十路绿色通道建设】 新建绿色通道绿化面积3793.33公顷，主要包括2009年六环路西线、京包线、S2线三条公路2826.67公顷及2010年京承高速三期和京山铁路二期两条道路966.67公顷。完成2.57万公顷五河十路绿色通道绿化带养护工作，补植补造树木11.9万株，树木修枝整形98.3万株，抗旱浇水530万株，树干涂白650万株，林地除草23吨，清理垃圾143吨，病虫害防治750万株，全市绿色通道护林员人达到2762人。

【城镇绿化】 2010年全市完成新增城市绿化面积617.5公顷，改造绿地面积369.3公顷的建设任务。其中：新建公园绿地面积365.6公顷，改造公园绿地面积219公顷；完成滨河森林公园建设1715.4公顷；新建、改建道路绿化287.6公顷；完成居住区绿化103公顷；改造老旧小区100余处；新建屋顶绿化53125平方米，停车场绿化63650平方米。

【京津风沙源治理工程】 北京市2010年国家级京津风沙源治理工程人工造林任务1000公顷、爆破造林666.67公顷、封山育林2.67万公顷,市级荒山造林任务3333.33公顷。涉及怀柔、密云、门头沟、昌平、平谷、延庆、房山等区县。

【立项关停废弃矿山植被恢复工程】 2010年(2008年立项)实施关停废弃矿山植被恢复工程总面积1486.67公顷,涉及房山、密云、门头沟、顺义、怀柔、平谷、丰台、延庆、昌平等区县。全市累计完成建设面积1093.13公顷,占计划任务的73.5%,栽植苗木112.2万株,清理浮石12.4万立方米,弃渣平整134万立方米,干砌挡墙6.4万立方米,浆砌挡墙9.2万立方米,使用生态袋16781立方米,植生袋17171立方米,客土回填110万立方米,配备水泵149台,建蓄水池148座。

【平原治沙工程】 2009年平原治沙工程建设任务4570.13公顷,其中:沙坑治理172.4公顷,灌草覆盖1.38万公顷,残次林改造1265.67,示范区建设106667000公顷。涉及昌平、大兴、房山、海淀、怀柔、平谷、顺义、通州、密云、丰台等区县及共青、黄垡市属林场苗圃。主体工程建设已全部完工,2010年9月,有关部门对有关区县工程建设完成情况进行了检查验收。

【退耕还林工程】 按照国家林业局退耕办有关工程检查验收的通知要求,北京市先后于2009年11月和2010年2月安排部署了2010年阶段检查验收工作和年度检查验收工作。2010年1月,北京市对全体检查验收人员进行了对《退耕还林工程退耕地还林阶段验收办法(试行)》和《退耕还林工程年度检查验收办法》的培训。2010年3月至4月,北京市完成了对密云、怀柔、平谷、延庆、昌平、门头沟等六区县的退耕还林验收工作。

【水源保护林建设工程】 根据市发展改革委关于2008年度水源保护林建设工程立项批复,水源保护林建设工程任务1266.67公顷,涉及延庆、密云、怀柔、昌平、平谷、门头沟、房山等区县。2009年1月,市发展改革委正式批复了《水源保护林建设工程项目建议书》。完成了对北京市2007—2008年度水源保护林建设工程的全面检查验收工作,涉及密云、平谷、昌平、怀柔、房山、门头沟六区县的19000亩水源保护林。

【林下经济建设】 2010年全年共完成林下经济建设3686.67公顷,超额完成1686.67公顷。涉及昌平、大兴、房山、海淀、丰台、怀柔、门头沟、平谷、顺义、通州、延庆等区县。2010年进一步加大了示范基地建设力度,建设数量和建设规模都相应增加,重点是在房山、平谷、密云、延庆等区县确定适宜的地块,进行了以林缘玫瑰、林下仿野生菌、林下中草药、林下饲料桑、芳香类等为主要建设对象的示范建设并对2009年建设的部分示范基地进行了完善。2010年共建设和完善各类示范基地576.67公顷,建设成效良好,初步达到了示范推广、辐射带动的效果。其中:林缘玫瑰示范基地96.67公顷、林下仿野生菌种植示范基地313.33公顷、中草药示范基地13.33、林下饲料桑种植示范基地86.67公顷、芳香类植物种植示范基地66.67公顷。

【森林资源管理水平加强】 2010年全市共接到森林火情报警82起,较上年同期减少94起,下降54%。其中,发生一般森林火灾5起,过火面积1.41公顷,过火有林地面积0.70公顷。与2009年同期相比,过火面积减少13.04公顷,下降了90%;过火有林地面积减少6.65公顷,下降了90%,均取得了首都园林绿化体制改革以来的最好成绩。

【林木有害生物防治】 2010年,全市林木有害生物发生面积3.96万公顷,有效防治面积3.93万公顷,防治率达到了99.43%,无公害防治率达到了100%;测报准确率98.9%。全市果树病虫害发生面积18.72万公顷次,防治面积29.76万公顷次;应施种苗产地检疫面积1.28万公顷,种苗产地检疫率达到了100%;成灾面积40公顷,成灾率0.058‰。测报准确率、无公害防治率分别比国家下达指标任务提高13.9%和20.0%,成灾率比国家下达指标任务降低了1.342‰,全市未发生美国白蛾灾害。

【举办2010年北京郁金香文化节】 集中展示73个品种300万株郁金香,并辅以百合、番红花、风信子、洋水仙、花毛茛等八大类春季时令花卉,营造出令人神往的花海景观效果。在室内举办国内首个大型百合展——"百合中国秀",展出百合优良品种106个,20万株。同时引进了30多家国内外知名花卉企业特有的近百个品种花卉及苗木进行集中展示。节日期间吸引游客14万人,实现销售收入462万元。

【第二届北京月季文化节】 在北京植物园举办月季文化节通过盆栽月季展评、切花月季展、精品月季拍卖、月季造景展、月季科普展、月季插花比赛等16项丰富多彩主题活动,集中展出了1500个品种,15万株地栽月季以及100个品种,8500余支切花月季。节庆期间,首次举办精品月季拍卖和月季大师评选,对国内外月季生产企业和研究单位精心栽培的6个品种的精品月季进行了拍卖;从北京市月季生产者中评选出3名月季大师进行表彰,鼓励大家积极参与月季栽培与推广,这对于推动月季产业的发展，逐步形成"养月季、懂月季、爱月季"的良好氛围，起到了积极的促进作用。

【组织开展了"第二届北京菊花文化节"】 本届菊花文化节于2010年9月～11月在北京国际鲜花港、北海公园、北京植物园、世界花卉大观园等地同时举办。共展出1200余个品种、6万余盆独本菊，300余个品种、1200余万株小菊和草本花卉以及2000余盆造型菊、艺菊和盆景菊。通过菊花评比、"北京菊艺大师"评选、"斗菊"等8项丰富多彩的主题活动，为菊花正名，弘扬市花文化。截至目前吸引游客20多万人次。

【组织开展花卉园艺进社区系列活动】 通过与北京花卉协会等单位合作，邀请花卉专家、花卉生产一线的技术人员，走进社区，为社区居民讲解养花知识，推广花卉布置，表演家居插花，宣传花卉文化。与丰台区政府联合举办"让园艺花卉走进家庭暨第一届世纪奥桥家庭园艺花卉展"。通过园艺生活DIY体验园、阳台花园、家庭蔬菜花园体验园、草坪婚庆体验园和开展全民参与的"我爱生活·世纪奥桥阳台花园设计大赛"，展示了北京各主要花卉生产企业的数百种应季花卉、苗木、观赏草、水生植物等栽培技术的新成果。

【碳汇营林和造林示范区建设】 完成了全市10个郊区县和5个国有林场的万亩级碳汇营林和造林示范区的筛选工作。在延庆县实施碳汇造林26.67公顷，在八达岭林场实施碳汇林经营93.33公顷，建成果园复合系统固碳增汇试验示范基地170公顷，杨树速生丰产林固碳增汇试验示范基地178.67公顷。

【多部门联动推进北京碳汇专项基金】 采取了与不同领域多部门联动的新模式，共同开展推进北京碳汇专项基金工作。"应对气候变化，推进林业碳汇"活动共收到各级领导、市局机关干部、企业、个人的碳汇捐款312万余元，共计1093人，这些资金将陆续用于北京市碳汇营林、造林及相关宣传活动中。

(北京市园林绿化局 黄桂林)

4. "十一五"建设成就盘点

【住房城乡建设成就】 在重大急难险重任务面前勇挑重担，经受住各种严峻考验，出色完成奥运工程建设、平安国庆保障、抗震救灾和对口援建、扩内需保增长任务；服务首都经济社会发展大局，紧抓奥运机遇，加快推动首都城市现代化进程，建成了大批城市基础设施，建成各类房屋1.13亿平方米，城乡面貌发生翻天覆地的变化，为全市实现"新北京、新奥运"战略构想做出了积极贡献；全力保障和改善民生，加快推进保障性安居工程建设，建成各类政策性住房48万套，解决了40多万户中低收入家庭住房困难；以改革创新的精神克服困难，创新市场监管和服务体系，破解了两个市场以及物业、拆迁、古都风貌保护等工作中存在的制约发展的瓶颈和难题，营造了有利于推动发展的良好环境；大力推动建筑领域节能减排，在全国率先执行新建建筑65％节能设计标准，新建民用建筑1.27亿平方米，完成既有建筑节能改造5336.5万平方米，城镇节能居住建筑比重达到75.4％，建筑节能工作迈上新台阶；注重练好内功，不断加强基础性建设，狠抓作风建设和政风行风建设，加快推进政府职能转变，积极营造团结向上、锐意进取、主动服务的工作氛围，全系统为民服务的意识显著增强。

(北京市住房和城乡建设委员会)

【园林绿化成就】 "十一五"时期是全市园林绿化事业实现城乡统筹发展的重要五年。五年来，北京市园林绿化系统深入落实科学发展观，紧紧围绕"办绿色奥运、迎六十大庆、建生态城市"的目标，大力推进五大体系建设，圆满完成了奥运盛会、国庆庆典两件大事的景观环境布置和服务保障任务，全面兑现了奥运绿化七项承诺指标，加大了历史名园保护力度，全市山区、平原、绿化隔离地区三道生态屏障基本形成，呈现出城市青山环抱、市区森林环绕、郊区绿海田园的优美景观。全市森林覆盖率由35.47％提高到37％，林木绿化率由50.5％提高到53％，活立木蓄积净增289万立方米，达到1810.3万立方米；城市绿化覆盖率由42％提高到45％，人均公共绿地由12.66平方米提高到15平方米。

【市区绿色空间大幅拓展】 采取拆迁建绿、见缝插绿等多种形式，大力拓展城市绿色空间。全市新建公园绿地100余处1700多公顷，城市绿地面积达到6.17万公顷，涌现出以奥林匹克森林公园、北二环城市公园、昆玉河生态走廊等为代表的一大批精品公园绿地。高标准、高质量完成了150项奥运绿化重点工程，实现绿化面积1000余公顷。启动实施了城市"增绿添彩"工程，共种植彩色植物15万株。完成800余条城市道路绿化，完成老旧小区绿化改造500余个，建设绿荫停车场50余处，实施屋顶绿化50万平方米，使城市热岛效应明显缓解。

【城郊绿色景观全面提升】 按照"森林进城、公园下乡、城乡互动、科学发展"的思路，加快了大型公园绿地和城郊森林景观建设。一道绿化隔离地区累计完成绿化面积128.08平方公里，建成7个万亩以上绿色板块；按照"一环、六区、百园"的布局，新建郊野公园42个并免费向社会开放，使"公园环"公园总数达到71个，面积达到5000公顷。二道绿化隔离地区累计新增绿地1.03万公顷，全面完成了163平方公里的规划任务。启动了11个新城滨河森林公园、永定河"五园一带"建设，通州滨河森林公园一期、南海子郊野公园一期已建成开放。建成绿色景观大道11条，绿化长度400公里，市和区县级公路、河道绿化长度达到1400公里，使平原地区形成了高标准的防护林体系。

【山区绿色屏障基本形成】 京津风沙源治理、太行山绿化等重点工程全面推进，累计完成人工造林4.9万公顷、封山育林15.3万公顷。加强生态脆弱地区植被恢复，完成爆破造林5300公顷，废弃矿山生态修复3580公顷。推进大地景观建设，营造彩叶林6700公顷，使全市彩叶林面积达到2.13万公顷。大力开展森林健康经营，圆满完成了33万公顷国家重点公益林的管护任务，完成中幼林抚育示范工程7500余公顷。启动实施了京冀生态建设合作项目，完成造林面积9300余公顷，推动了生态一体化进程。全市森林资产总价值达到6148亿元，生态服务总价值达到5539亿元，年固定二氧化碳992万吨，释放氧气724万吨，森林生态服务功能显著提升。

【大力弘扬都市园林文化】 大力加强对全市公园的分级分类管理和公园设计方案的审查审核，加大对历史名园、风景名胜区的环境整治和配套设施建设，深入挖掘皇家园林深厚的文化底蕴，使一大批历史名园得到有效保护。全市公园数量从"十五"末的190个增加到339个，其中注册公园达到313个，免费开放比例达到85.6%，初步形成综合公园、专类公园、街区公园构成的公园管理体系，各级公园和风景名胜区年接待游客量达2.2亿人次。

【园林绿化管理体制机制实现重大创新】 围绕推进城乡统筹，2006年，市委、市政府做出了全市绿化资源集中管理的重大决策，组建了市园林绿化局。以此为标志，全面理顺了16个区县园林绿化管理体制，全面完成了基层林业站改革，使全市形成了市、区县、乡镇（街道）三级绿化管理体制。在全国率先成立了林业碳汇工作机构，初步建立起林业碳汇管理体系。集体林权制度改革全面推开，主体改革取得重大进展。5个平原区基本完成主体改革任务，7个山区县完成主体改革任务的80%。先后颁布实施了《北京市绿化条例》、《北京市实施〈种子法〉办法》和《北京市林业植物检疫办法》、《北京市重点陆生野生动物造成损失补偿办法》等4部地方性法规和规章；制定出台了山区公益林生态效益促进发展机制等重要政策，健全完善了"五河十路"、绿隔地区建设、山区生态林补偿等政策。大力推进规划建绿，《北京市绿地系统规划》获市政府批准，完成中心城3700多公顷规划绿地的绿线划定工作；编制完成森林防火、防沙治沙和郊野公园建设、湿地保护等一批专项规划；完成了《八达岭—十三陵国家级风景名胜区总体规划》修编及石花洞风景名胜区详细规划编制工作。大力加强调查研究工作，成立了政策研究机构，完善了有关调研制度，开展了"三个园林"发展战略、林业碳汇政策等一批重大课题的研究。

（北京市园林绿化局 黄桂林）

大 事 记

1月

16日，国务院总理温家宝到北京市视察保障性住房工作，参观了弘善家园小区环境，慰问入住家庭成员，并详细了解前门地区房屋修缮情况，看望草厂9条3号院居民。市委书记刘淇、市长郭金龙、副市长陈刚，市住房城乡建设委主任隋振江陪同。

同日，市住房城乡建设委承担建设的"国家机关办公建筑和大型公共建筑能耗监测系统"通过住房和城乡建设部验收，为进一步做好全国建筑节能监管体系建设奠定了基础。

21日，市住房城乡建设委召开北京市保障性住房建设情况新闻发布会，并就建设规模、公共租赁住房建设资金来源、棚户区改造等，回答了记者提问。

2月

21日，市住房城乡建设、发改等部门联合发布《关于贯彻国办发〔2010〕4号文件精神促进本市房地产市场平稳健康发展的实施意见》，明确加快保障性住房建设、调整住房市场结构、加强市场监管等措施，多管齐下确保房地产市场健康发展。

24日，住房和城乡建设部公布2009年中国人居环境奖和中国人居环境范例奖获奖名录，其中本市什刹海历史文化保护区环境整治项目获人居环境范例奖。

3月

22日，市委书记刘淇到宋家庄保障性住房专题调研改善民生工作，观看沙盘模型并听取相关情况汇报。市长郭金龙、副市长陈刚，市住房城乡建设委主任隋振江陪同。

24日,市政府加大旧城人口疏解力度,确定采取"结对子"方式,在郊区建设定向安置房,鼓励人口外迁,其中东城对接顺义、西城对接昌平、宣武对接丰台和大兴、崇文对接朝阳。

25日,市住房城乡建设委主任隋振江参加城市服务管理广播《城市零距离》"市民对话一把手"系列节目,就市民关注的保障性住房建设及配租配售等问题进行详细解答。

28日,第九届中国土木工程詹天佑奖颁奖典礼在京举行。本市有6项工程获奖,分别是北京电视中心、北京飞机维修工程有限公司A380机库、新保利大厦、中国电影博物馆、丰北路(三环路~四环路)改扩建工程、京津城际轨道交通工程(北京南站改扩建工程)。

29~30日,第六届国际绿色建筑与建筑节能会暨新技术与产品博览会在京召开,与会人员就国内外绿色建筑、建筑节能等方面最新成果进行交流。住房和城乡建设部部长姜伟新、副部长仇保兴参观了本市展区,市住房城乡建设委副主任冯可梁陪同。

30日,市住房城乡建设委举办"北京市住宅产业化国际高峰论坛",主任隋振江作"推进住宅产业化、建设宜居新城市"主旨演讲,论坛期间成立由万科、中粮、清华大学等32家机构组成的"住宅产业化企业联盟"。副市长陈刚、住房和城乡建设部总经济师李秉仁、中国房地产研究会会长刘志峰出席论坛,多个国家和地区的政府机构、科研院所、高校和企业代表350余人参加。

4月

23日,根据市住房城乡建设委物业服务成本定期公布制度,市物业管理行业协会首次公布城区普通商品住宅物业服务成本,成本项目包括日常设备设施运行维护费及物业管理区域绿化养护费、清洁卫生费等,为业主与物业服务企业协商服务价格提供参考。

28日,北京台湾街别墅式楼群完工。该工程位于国际雕塑公园西园西南角,总建筑面积4.3万平方米,东西长约500米,由12栋独立建筑组成,设十大主题馆、一条街中街、一座艺术馆,集美食、娱乐、时尚、文化等消费形式于一体,主要经营台湾特色小吃、特产、工艺品等。

5月

6日,隋振江到丰台区长辛店镇调研棚户区改造情况,并听取相关情况汇报。

10日,世界地质公园竣工。该项目位于房山区长沟镇,占地95395万平方米,包括周口店北京人遗址科普区、石花洞溶洞群观光区、十渡岩溶峡谷综合旅游区等8园区,是世界第一个在首都建设的世界地质公园。

11日,本市首个"结对子"定向安置房——西城区对接安置及保障性住房项目开工建设,该工程位于昌平区回龙观镇。副市长陈刚、隋振江出席开工仪式。

21日,隋振江带队到西城区,专题调研西城区保护性改造和对接安置情况,并听取有关工作汇报。

6月

9日,隋振江视察市有形建筑市场,参观了"一站式"办公大厅、开标室、封闭式评标区等场所,听取了相关工作汇报,并观看了电子辅助评标PPT演示。市住房城乡建设委副主任孙乾陪同。

18日,市住房城乡建设委与市安监局、经济技术开发区管委举办"北京市2010年安全生产大型公开课"活动,副市长苟仲文为近千名外来务工人员现场授课。市住房城乡建设委副主任王钢出席。

28日,金隅集团建成首个国家住宅产业化基地。住房和城乡建设部副部长齐骥、陈刚为基地揭牌,隋振江、冯可梁陪同。

7月

6~7日,全国人大北京市代表团开展完善保障性住房制度专题调研,听取了相关工作汇报,实地考察了宋家庄经济适用住房、万科红狮限价商品住房项目及街道审核窗口,并与行业专家、企业代表、中低收入家庭代表座谈。

22日,市住房城乡建设、规划等7部门出台《北京市公共租赁住房建设技术导则(试行)》,在全国率先规范了公租房建设和管理标准,以保证项目实现居住使用功能和达到节能环保要求。

27日,市住房城乡建设、规划等5部门联合印发《北京市住宅产业化专家委员会管理办法》,明确由建筑规划、设计、施工、质量检测及社会学、经济学等领域的专家组建委员会,参与城市建设科技发展战略的制订,促进本市住宅产业化的发展。

28日,本市举行本年度最大的政策房项目——金隅燕山水泥厂保障性住房项目开工典礼。该项目位于石景山区南部,规划总用地31.8万平方米,其中建设用地20.3万平方米,可提供房源7277套。市委书记刘淇、住房和城乡建设部部长姜伟新、郭金龙、陈刚,隋振江出席仪式。

30日,本市在经济技术开发区京东方项目工地举行来京建筑施工企业"安康杯"竞赛现场会,市住房城乡建设委副主任孙乾发表讲话,并为优胜单位颁奖。

8月

13日,中共中央政治局常委、国务院副总理李克强来京调研保障性住房建设情况,察看了朝阳区常营、定福庄保障房项目,并与看房家庭、一线施工人员进行交流。市长郭金龙作相关工作汇报,市委书记刘淇、陈刚,隋振江陪同。

22日,北京市最大的地铁列车检修基地——马泉营车辆段竣工交用。该工程位于朝阳区崔各庄乡,场区占地26.5万平方米、建筑面积12.19万平方米,首次运用柔强辐射采暖系统,主要承担14、15号线列车定期修理、停放、编组和日常检查等。

26日,市住房城乡建设、规划等部门在房山区霞云岭乡召开龙门台村新农村建设现场交流会,总结试点村建设经验,探索农村建设发展新思路。市委常委牛有成、副市长夏占义出席并讲话,隋振江陪同。

9月

28日,市住房城乡建设委制订《北京市经济适用住房、限价商品住房申请家庭原住房腾退办法》,明确原住房位于首都功能核心区的申请家庭,必须腾退,位于核心区之外,腾退原住房的按标准配售,不腾退的降档配售。

30日,市住房城乡建设委开展《"十二五"时期住房保障事业发展规划》公众建言活动,共收到近千条建言,建议集中在保障性住房分配、申请标准、资格审核等方面,将合理意见纳入规划。

10月

8日,圆明园正觉寺主体修缮、复建工程竣工。该寺是英法联军火烧后惟一幸存并保存至今的古建筑群,曾为清代皇室御用佛寺,占地约14000平方米,建筑面积约3600平方米,工程总投入约3000万元,是该园内整体复建的惟一古建筑群。

21日,北京市成立历史文化名城保护委员会,市委书记刘淇任名誉主任,市长郭金龙任主任,17位专家被聘为顾问组成员,负责对首都功能核心区重大项目建设提出意见和建议,深度挖掘本市的历史文化内涵。

23日,中国铁道博物馆竣工。该馆集收藏、陈列、宣传、教育等功能于一体,分为蹒跚起步、步履维艰、奋发图强、长足进步和科学发展5部分,涵盖了中国铁路从清朝末年以来的发展历程。

25日,市住房城乡建设委发布《北京市商品房预售资金监督管理暂行办法》,规定商品房预售资金全部存入监管专用账户,由相关银行重点监管用于项目建设的资金,进一步完善商品房预售制度,加强本市商品房预售资金监管,确保预售资金用于商品房工程建设。

11月

3日,北京市在大吉危改二期工地举行建筑施工安全标准化现场观摩会,市住房城乡建设委副主任王钢、行业各集团公司负责人出席,各区县住房城乡建设委、西城区重点工地施工单位等200余人参加。

4日,4个直辖市纪委监察局10余人考察本市有形建筑市场,参观了"一站式"办公大厅、开标室、封闭式全监控评标区等场所,观摩了有形建筑市场业务流程及服务平台。市住房城乡建设委副主任孙乾、市纪检委驻市住房城乡建设委纪检组组长宋海立陪同。

10日,隋振江出席丽景园小区首批廉租家庭入住仪式,并为廉租代表发放钥匙。该小区位于朝阳区常营,建筑面积约10万平方米,配建廉租住房2.2万平方米、560套。

12月

6日,住房和城乡建设部公布2010年度中国建设工程鲁班奖获奖名录,本市北京南站改扩建工程、中国科学技术馆新馆等8项工程获奖,外埠由本市企业承建的中国人民解放军后勤工程学院新校区教学主楼获奖。

14日,郭金龙到市住房城乡建设委视察党风廉政建设责任制落实情况,并实地查看行政服务大厅业务受理流程图,隋振江汇报有关工作情况。

16日,市住房城乡建设委开通"北京市建筑市场公开信息平台",向社会公开企业资质、人员资格、招标投标等10类信息,其中在全国率先公开合同备案、履约信息。市住房城乡建设委副主任孙乾、委员王荣武出席启动仪式。

17日,全国地方志系统先进集体和先进工作者表彰会在京召开。市住房城乡建设委史志办公室获"全国方志系统先进集体"称号,史志办主任黄天然获先进个人称号。

23日,国家工程建设质量奖审定委员会公布2010年度国家优质工程奖名单,其中本市奥林匹克公园(B区)国家会议中心工程、中铁建设大厦工程、通惠河北路道路工程等11项工程获银质奖。

29日,国家主席胡锦涛在北京考察保障性住房工作,实地察看常营项目丽景园小区建设和分配情况，听取本市保障性住房规划建设总体情况汇报，并慰问了廉租家庭代表。

30日，地铁房山线、亦庄线、15号线首开段、昌平线、大兴线5条线路同时开通试运营，5座新城进出市区的时间缩短至1小时以内。至此，本市轨道交通总里程由228千米增加到336千米，超额完成"十一五"时期交通规划。

（北京市住房和城乡建设委员会）

天 津 市

1. 城乡规划建设管理

（1）规划立法

【天津市城乡规划条例】《天津市城乡规划条例》由天津市第十五届人大常委会第十三次会议于2009年11月19日通过，自2010年3月1日起施行。

【天津市历史文化名城保护条例（送审稿）】 2010年4月形成《天津市历史文化名城保护条例（送审稿）》（以下简称《条例（送审稿）》），上报市政府。《条例（送审稿）》共七章五十六条，包括总则、申报与批准、保护规划、建设管理、保护措施、法律责任和附则。

【天津市地下空间信息管理办法（送审稿）】 为贯彻落实《天津市地下空间规划管理条例》，加强地下空间信息管理，合理开发利用地下空间资源，为城市规划、建设和管理提供准确、及时的地下空间信息，制定了《天津市地下空间信息管理办法》（送审稿），共三十二条，主要从制定依据和目的、适用范围、概念内涵及外延、管理原则和管理机构、信息服务、信息取得、信息汇交和接受主体、信息汇交内容及要求、提供查询、竣工测绘要求、汇交办理时限以及法律责任等方面进行规定。

【规范性文件】 全年向市政府法制办备案的行政规范性文件14件，其中制定的文件11件，修订的文件3件。

制定的文件包括：

① 关于印发《天津市滨海新区重点地区城市设计导则管理暂行办法》的通知（规法字〔2010〕199号）

② 关于进一步规范集体土地建设项目规划审批管理有关问题的通知（规业字〔2010〕310号）

③ 关于废止《天津市中心城区环外规划范围内规划和土地管理业务流程》等规范性文件的通知（规法字〔2010〕334号）

④ 关于进一步规范规划建设许可审批事项延期和许可证书遗失补发相关工作的通知（规业字〔2010〕408号）

⑤ 关于在历史文化街区范围内不予执行《关于支持企事业单位利用现有用地改造建设的有关意见》的通知（规保字〔2010〕526号）

⑥ 关于进一步完善市政工程规划管理工作通知（规市字〔2010〕529号）

⑦ 关于进一步加强高层建筑外檐规划建设管理的通知（规建字〔2010〕536号）

⑧ 关于加强规划预留地规划审批管理的通知（规建字〔2010〕537号）

⑨ 关于废止《关于进一步规范规划行政许可审批工作有关事项的通知》等9件规范性文件的通知（规法字〔2010〕592号）

⑩ 关于加强建设项目停车设施规划管理的通知（规建字〔2010〕697号）

⑪ 关于加强建筑阳台、露台及室内平台规划管理的通知（规建字〔2010〕726号）

修订的文件包括：

① 关于印发《天津市土地整理储备项目选址意见书和建设用地规划许可证办理办法》的通知（规法字〔2010〕480号）

② 关于印发《天津市城市建设档案利用办法》的通知（规法字〔2010〕544号）

③ 关于印发《天津市城市建设档案移交管理办法》的通知（规法字〔2010〕551号）

（2）城乡规划

【概况】 规划建设保障性住房680万平方米，占全市住房建设量30％以上。区县31个示范工业园区规划面积381.4平方公里。区县四批示范小城镇试点规划建设面积3300万平方米。累积竣工农民还迁住宅1150万平方米。全市共审定修建性详细规划方案943件，规划总建筑面积8011.20万平方米。全市共审定建筑总平面方案1407件，规划总建筑面积

6347.49万平方米。全市共核发《建设用地规划许可证》1300件，界内用地面积7789.76公顷。中心城区共核发《建设用地规划许可证》247件，界内用地面积922.50公顷。全市共核发《建设工程规划许可证》2420件，总建筑面积5859.90万平方米。中心城区共核发《建设工程规划许可证》380件，建筑面积1250.74万平方米。其中，规划居住建筑面积787.45万平方米；规划公共设施建设面积427.40万平方米，其他建筑面积35.89万平方米。

【加强规划编制计划管理】 综合统筹全市准备开展的规划编制项目，继续实施全市城乡规划编制年度计划管理，由市政府批转执行，共有27项规划纳入编制计划，有效地统筹全市城乡规划编制，促进各类规划之间相互协调、相互衔接。

【开展城市总体规划修改工作】 按照住房和城乡建设部的要求，编制完成天津市城市总体规划（2005～2020年）实施评估报告和强制性内容修改论证报告，形成阶段性成果，并经部际联席会议审查同意。

【深化完善滨海新区规划】 以指挥部的形式，集中力量，进一步提升滨海新区总体规划、分区规划、控制性详细规划、九大功能区规划以及基础设施和环境三年近期建设规划、滨海新区供热等专项规划。开展了重点地区城市设计，于家堡、响螺湾、南港工业区、中新天津生态城、东疆保税港、中心渔港、渤龙湖总部经济区等一批重点项目正在按照规划实施，促进滨海新区龙头带动作用。

【编制近期建设规划】 加强与国民经济和社会发展"十二五"规划的衔接和协调，开展近期建设规划编制工作，控制和指导"十二五"期间城市的发展和建设，保障各类项目在空间的落位，确定发展重点和建设时序，强化对建设项目的空间统筹力度。

【健全完善城市发展支撑体系】 深化完善市域综合交通规划，坚持以人为本，大力发展公共交通，编制完成市域轨道交通建设规划和公交专项规划，完成中心城区三年停车场行动计划和加油站布局规划，提升城市载体功能；注重城市公共安全，编制完成了排水设施、气象设施、除涝、防潮规划等一批专项规划，提高城市综合防灾能力。

【专项规划编制工作有序开展】 根据城市总体规划，会同各专业部门和职能部门，精心组织，编制园林绿地系统布局、民政事业设施、教育设施布局、医疗设施布局、体育设施布局、邮政设施、环境卫生设施等关系人民群众切身利益和公益性设施布局规划，对改善国计民生、建设生态宜居城市，起到重要的规划支撑作用。

【加强生态保护规划编制】 编制完成市域空间管制区规划，划定市域禁止建设区域，深化市域生态规划、绿地系统、河流水系规划，组织开展于桥水库及周边地区、七里海湿地等保护区保护与综合利用规划，为建设生态城市提供支撑载体。

【提升和完善区县规划】 按照城市总体规划修改工作的要求，着眼区县长远发展，组织开展了环城四区总体规划和两区三县总体规划方案深化和提升工作，积极推进区县新城控规的编制工作，已取得阶段性成果；同时，深化完善了海河中下游地区规划，从而不断优化拓展了城市发展空间。

【加强村镇规划建设】 编制完成天津市新农村布局规划，统筹全市农村地区规划建设。高水平完成了第四批28个示范小城镇规划，改善村民的生活和居住环境；高标准完成31个区县示范工业园区起步区控规和基础设施建设规划，促进产业集聚发展，为打造一流的工业园区、培育区县新的经济增长点、促进各区县加快发展打下重要基础。

【加强历史文化名城保护】 结合机构改革，设立保护规划处对历史文化名城名镇名村进行专业化、集中化、精细化、特色化管理。基本完成中心城区14片历史文化街区保护规划，开展杨柳青镇、葛沽镇、蓟县古城历史街区保护规划，天津境内大运河保护与发展利用规划编制工作，编制完成蓟县果香峪、西井峪名村保护规划，并已上报建设部申请第五批国家历史文化名村。结合历史街区保护规划编制，组织开展历史建筑遴选认定工作。制定完善保护规划技术标准和建设项目审批程序。

【进一步完善规划管理体制】 调整机构设置，细化各级规划管理部门的事权划分，明确相应的权力责任，进一步构建行为规范、运转协调、公正透明、廉洁高效的城乡规划管理体制和机制。健全完善"一个平台、一套标准、二级监督、三级会审"的业务管理模式，积极推动五区县规划执法监察机构、镇乡规划管理机构的组建。

【进一步加强精细化管理】 为进一步加强对建筑及景观设施建设的控制和引导，控制和引导天津市建筑风格标准化、规范化，制定城市特色、建筑色彩、建筑高度、建筑顶部、玻璃幕墙、围墙、街道家具、店招牌匾、区县示范工业园区、城中村等十几个方面的规划设计导则，形成《天津市规划建筑控制导则汇编》，制定实施《关于进一步加强建筑外檐规划管理工作机制》，整体提升城市景观水平，体现出天津独有的城市特色与魅力。

【进一步提高规划审批效率和服务水平】 加大并联审批力度，优化业务流程，取消审批事项2项，合并2项，缩减许可审批要件48件，缩减率达27%；将办件承诺时限明确为48个工作日，比法定的105个工作日提高54%。建立重大项目服务机制。2010年前三季度，全市规划行政主管部门共办理城乡规划业务案件12939件，审批建设用地面积5702公顷，审批建设总规模3887万平方米，一大批重点规划建设项目落地，为推进天津市经济社会发展再上新台阶提供规划保障。

【完善城乡法规体系】 积极与市人大、市政府法制办等部门紧密联系，推进规划立法工作。《天津市城乡规划条例》于2010年3月1日起正式施行，结合新条例施行，组织完成了两次规范性文件清理工作，涉及规章、规范性文件225件次。完成《天津市历史文化名城与历史风貌建筑保护条例》（送审稿）、《地下空间信息管理办法》（送审稿）上报工作，开展《天津市控规管理条例》立法调研和起草工作。

【加大规划监察力度】 按照"预防为主、事先防范与事后查处相结合"的工作思路，完善城乡规划监督检查机制，实现网格化区域全覆盖监管。加大对在建项目的跟踪查验力度和对区县规划部门的服务力度，有效地遏制违法建设行为，证后违法建设案件呈大幅下降的趋势。按照建设部、监察部的要求，深入开展房地产开发领域违规变更规划调整容积率问题、工程建设领域突出问题专项治理工作和全市政府投资及使用国有资金建设项目的清理工作。

【科学编制住房建设规划】 按照每两年滚动编制一次住房建设规划并确定年度建设计划的要求，会同市国土房管局、市建设交通组织编制完成《天津市住房建设规划(2010～2015年)》编制工作，加强对住房建设的控制和引导，完善住房供应机制，积极推动保障性住房建设。2010年保障性住房建设面积将达到900万平方米，占住房建设总面积的45%以上。

【高标准做好保障性住房规划设计管理工作】 在住房建设项目审批中，严格按照国务院相关文件要求，控制住房套型比例结构；在规划设计上、公共配套设施等方面，保障性住房与商品房住宅小区实行同一设计标准，确保保障性住房的高标准规划建设。积极提高审批效率，压缩审批时限，保证各项目的按时开工。

【加强规划公众参与】 进一步健全完善城乡规划公开、公示力度，增强公众关心规划、参与规划、支持规划的热情以及监督规划实施的自觉性。天津市规划展览馆成为宣传天津城市形象、加大公众参与的重要窗口，扩大开放、吸引投资的重要平台，促进提升城市规划上水平的重要基地，截至10月底，已累计接待参观群众140万人次，其中接待中央领导和有关部委1万1千余人次。结合规划编制工作，及时开展各项规划展品更新工作，确保各种展品的完整性和现势性。

【进一步加大政务公开力度】 完成局政务网的更新维护工作，做到规划公开招标或征集、规划设计多方案比选、规划实施全过程监督、规划许可审批备案事项与结果公开的四个"100%"，实现修建性详细规划公示率、论证率、公告率、公布率和建设工程设计方案总平面图公布率、建设项目总平面图悬挂率的六个"100%"。

(3) 城建档案管理

【城建档案立法】 2010年《天津市城市建设档案移交管理办法》、《天津市城市建设档案利用办法》在原有修订稿的基础上，经市局审批，2010年9月以天津市规划局规法字〔2010〕544号和规法字〔2010〕551号文下发执行。新颁布的《天津市城市建设档案移交管理办法》明确天津市城市建设档案馆负责市内六区、环城四区、滨海高新技术产业开发区移交城建档案的接收，以及其他区、县市管建设项目移交城建档案的接收；其他区、县城建档案馆或者区、县规划局负责本行政区域内移交城建档案的接收，市管建设项目除外；明确市、区、县城建档案馆或区、县规划主管部门接收城建档案的内容，疏通城建档案的接收渠道，从而保护城建档案资源；明确工程建设档案的管理程序，设立接待窗口统进统出，在规定时限内对工程档案的验收分别开具《天津市建设工程档案预验收证明》、《天津市建设工程档案验收认可证》。《天津市城市建设档案利用办法》对档案利用方式进行调整，明确控制利用档案范围；增设出具档案证明，明确各类单位及个人利用城建档案需提供的证明材料；要求在档案复制件上注明利用原因，更好地维护档案信息的安全。组织并参加《城市轨道交通工程文件归档标准》编写工作，该《标准》的实施，将统一轨道交通工程文件的归档标准，为建立完整、准确、系统的工程档案提供技术规范。完成《天津市建设工程文件归档整理规程》修改和报审工作，该规程适用于天津市行政区域内建(构)筑物工程竣工文件的归档、整理及验收、移交工作。主要修改内容包括基本规定、建设工程档案的归档内容及质量要求、声像档案的归档质量要求及著录标准、信息著录等。

【区、县城建档案管理】 积极推进五区县城建档案管理工作落实，加强城建档案工作调研。市规划局分管领导多次率队深入蓟县规划局就城建档案机构建设、档案管理等工作进行调研，帮助总结城建档案管理工作的做法，坚持以点带面，规范区县城建档案管理工作。组织召开五区县城建档案管理工作座谈会，进一步摸清五区县城建档案工作的基本情况，以市规划局的名义起草下发《关于加强五区县城建档案管理工作的通知》，为推进五区县城建档案管理工作的落实奠定基础。加强对区县档案工作的服务力度，安排有关区县档案人员到城建档案馆进行业务学习、交流。

【市局机关档案管理】 按照市档案局的部署和要求，组织落实天津市机关档案工作评估检查，市规划局成立档案评估检查工作组，由副巡视员刘荣任组长，办公室、城建档案馆有关人员为成员，制订工作方案，明确责任和各项工作的计划安排。按照《天津市机关档案工作评估标准》，逐项进行自查，找出存在问题并加以解决，多次召开专题会议进行研究，定期听取工作汇报，为做好评估检查工作打下坚实基础。市档案局局长荣华带队进行评估检查，评估组成员通过听取汇报、查看资料、现场察看三种形式，经过评审、复议，最终获得95.5分的成绩，市规划局获得"天津市机关档案工作评估一级单位"称号。

制定《天津市规划局建设项目规划管理文件和城乡规划编制文件归档整理规范》，明确归档范围、归档内容、案卷质量要求、整编方法等，保证全局系统业务档案的规范化管理。为进一步加强对档案工作的监督和检查，制定《天津市规划局归档责任追究暂行办法》，对于档案损毁、丢失等违反档案管理法律、法规等行为，明确处理意见。

(4) 规划业务管理

【规划管理机制建设】 2010年继续深入完善"一一三二"业务管理机制，不断丰富其内涵。在"一网通"平台建设方面，初步完成规划业务管理系统带图运转和全系统覆盖的工作目标，截至2010年12月31日，全系统27个管理单位中有26个实现网络通达，23个实现在线审批。实现规划建设项目、审批信息在一个平台集中展示。

在"一套标准"建设方面，加大政策研究力度，2010年机关各业务处室共印发业务管理规范性文件28件，其中综合业务管理类10件。组织各业务处室修编《天津市城乡规划管理业务手册》、《天津市城乡规划业务管理指导手册》、《天津市城乡规划管理服务手册》、《天津市城乡规划管理系统用户手册》4本业务管理教科书。

在深化"三级管理"方面，事权调整总体目标基本实现，细化各级规划管理部门的事权划分，各区县(分)局案件承办量占96.4%。滨海新区规划管理机构改革基本完成，并积极推动环城四区和五区县规划执法监察机构、镇乡规划管理机构的组建。全局业务案件会审制度得到较好落实，全年召开局长业务会14次，局领导组织召开业务案件会审会98次，形成会议纪要112期，对1800个次项目进行研究审查。

在推进"两级监督"方面，充分加强市局和区县局执法监察力度，建立和完善了网格化全覆盖的规划监管机制，全市实施以街区为单位的网格化巡查责任制，加大在建项目的跟踪查验力度，确保对违法建设行为及时发现、及时制止、及时处理，有效地遏制了违法建设行为，证后违法建设案件呈下降趋势。

【许可审批业务管理】 根据市政府实施行政审批服务再提速的工作要求，2010年继续贯彻实施《天津市城乡规划条例》，进一步依法规范审批要求，深化调整局系统业务审批流程，整合审批事项，简化要件，压缩办理时限，取消审批事项2项，合并2项，暂不列入行政审批事项1项；缩减许可审批要件48件，缩减率27%；办件效率承诺时限为48个工作日，比法定时限提高54%。2010年全系统业务案件平均办理时限为4.65天，比效率承诺时限提前3.71天，审批效率提高44.7%，比2009年略有提高。实行联合审批高效运转机制，推行"五个三"服务举措，确保进入联审第二阶段的项目审批时限控制在90自然天。全年进入联审第二阶段的项目645项，完成586项，完成率90.85%。建立重大项目服务机制，对全市170项重点工程进行任务分解，制定十六条服务保障措施，层层落实责任。在全市"解难题、促转变、上水平"活动中，全系统组织24个服务组，出动1950人次，深入到327个项目现场服务，特别是由市规划局牵头的天津市项目四组，帮扶解决问题69项，难题解决率达到100%。在全市各组中名列前茅。

【政府信息公开】 在机构设置、制度建设方面进行探索，成立政府信息公开网、政务网联合工作站，加大政府信息公开工作的领导和组织推动力度，依法推动政府信息主动公开和依申请公开工作，获得市政府和建设部好评。充分发挥天津市政府信息公开专网、天津市规划局政务网和天津市规划展览馆等平台的作用，2009年以来依法主动公开各类政府信息共计32583条，2010年向市政府指定的公开场所上报政府信息204件。在依申请政府信息公开工作中抓好接待受理、限时督办和反馈答复三个环节，实行独立窗口接待、独立流程运转、独立办结答复。2010年受理政府信息公开申请74件，100%做答复。政府信息公开年报被评为市级优秀。市规划局被评为天津市2010年度政府信息公开优秀工作单位。10月建设部特邀天津市规划局在全国规划建设系统政府信息公开交流会上做典型发言，并将天津市规划局有关创新机制和典型经验向全国同行推介。

【加强局政务网改版提升和运行管理】 局政务网于9月13日达沃斯会议开幕之际正式改版运行。新版网站建设过程中积极吸取各地政务网建设经验，做到有突破、有创新、有特色，实现局政务网"界面改善、栏目丰富、机制建立、功能拓展、运行安全"的工作目标。自改版运行以来，网站月点击率突破9.8万，日均点击率达3260人次，网民满意度有很大提升，市政府相关部门给予高度评价，在全国同行业门户网站中树立了品牌形象。

【综合统计】 坚持发布年度统计公报制度，定期公布业务管理数据，建立月份、季度和年度快报机制。充分利用城乡规划业务管理系统对全系统承办业务案件审批情况进行综合分析。2010年全市核发《建设用地规划许可证》1323件，审批建设用地面积7790公顷；核发《建设工程规划许可证》2458件，建设总规模5859万平方米；核发《建设工程验收合格证》1287件，验收建设规模2698万平方米。

【业务督办】 继续加强业务督办力度，创新督办内容和方式，规范督办方法和督办标准，在做好局机关内部督办的基础上，进一步加强对派出机构的业务指导和督办。对行政审批事项、局长业务会议定事项、市重点工程项目、会议专报中涉及的业务工作和指令性任务下达项目等六方面重点督办。全年召开业务督查督导会50余次，印发督办报告12期，督办通知53次，对102个业务事项进行督办，督办和协调解决各类问题110余件。

【业务指导与管理】 加强对各区县（分）局业务指导，组织召开全系统业务工作交流会。确定业务管理六个方面主题，15个区县（分）局编撰18份材料在会上交流，并编印成册供全系统学习。强化检查管理，组织各业务处室对全系统业务运转情况进行集中检查，检查业务案卷450余卷，随机抽查"一网通"案件620余件，整改各类问题30余个。

【指令性任务管理】 下达《2010年天津市规划局指令性任务计划》。全年下达指令性任务122项（含临时任务），经各有关处室审核认定已完成90项，占任务总量74%，成果上报、转化应用或上网运行75项，占任务总量61%。指令性任务中规划编制类77项（含临时任务），完成47项，占任务总量61%。其中，成果上报、转化应用或上网运行34项，占任务总量的44%。全年指令性任务的组织推动，坚持"服务发展、突出重点、综合平衡、保障管理"的工作原则，突出服务经济社会发展这一主题，以规划编制体系深化完善为重点，进一步规范指令性任务成果的管理，完善指令性任务验收机制和定期督办机制，确保全年指令任务的高质量完成，实现任务下达有计划、工作过程有督察、任务成果有验收、整体水平有提高的工作目标。

【综合业务协调】 贯彻落实市委市政府"解难题、促转变、上水平"活动总体要求，印发《关于开展解难题促转变上水平为重点规划建设项目提供服务保障活动的通知》等相关文件。制定并实施重点规划建设项目服务保障的十六条措施，实行每周项目审查例会制度、每月专项活动推动制度以及现场审批制度和分管局长业务案件联合会审制度等机制，有效提高了审批效率。同时，建立重大项目服务机制，对全市170项重点工程项目进行分解，落实责任部门，采取区县调研、企业服务、现场协调等多种常态沟通协调服务机制，组织全系统做好对现代服务业、工业项目和各区县重点建设项目的服务。推行"五个三"审批服务推动措施，深入开展"加快开放型经济发展服务月"活动，举办政策宣传周、局长服务接待日和重大项目现场推动会等。

(5) 规划编制管理

【城乡规划编制计划管理】 2010年市规划局牵头，组织市各委办局、区县政府拟定《天津市2010年度城乡规划编制计划》，经市政府审查同意，于8月初批转执行。2010年纳入全市城乡规划编制计划的规划27项（55小项），其中总体规划6项、近期建设规划1项、专项（业）规划11项、第四批示范小城镇规划1项（包含28个试点镇）、重点地区规划和城市设计8项。市规划局对列入编制计划的规划进行全过程跟踪服务。截至2011年3月，已经市政府和相关委局审批的规划共计40项（以小项为单位统计），完成比例为72.7%。通过年度计划的制定和实施，有效促进了全市规划体系的不断完善，促进了各类规划之间相互衔接、协调。

【控制性详细规划编制管理】 全市"一控规两导则"编制全面展开，不断加强规划的引领和调控作用。中心城区"一控规两导则"实现全覆盖。环城四区控规和土地细分基本实现全覆盖，城市设计基本覆盖新城、示范镇和示范工业园起步区。近郊区县新城（6个新城和蓟县新城起步区）、工业园区起步区、示范镇控规和土地细分基本实现全覆盖，大部分地区已编制城市设计。提升重点地区规划设计，不断增强城市载体功能。中心城区文化中心周边、解放南路地区、海河上游后五公里等约43平方公里重点地区规划进一步提升；通过组织编制地铁5、6号车站上盖及周边土地策划方案，使这些地区布局功能更加合理；环城四区杨柳青、咸水沽新城和东丽湖等重点地区城市设计得到进一步提升。

【创建"一控规两导则"的控规编制和管理体系】 按照城乡规划法的要求，积极进行控规编制与实施的探索与实践，通过控制性详细规划、土地细分导则、城市设计导则的有机结合、协同运作，逐渐形成"一控规两导则"的控规编制和实施管理体系。既保证对建设用地的主导性质、开发强度和建设规模、公共设施和配套服务设施等强制性内容的控制要求，又对城市空间形象的塑造提出引导性要求，提高了控规的兼容性、弹性和适应性，保障规划的严肃性和科学性。制定完善《天津市控制性详细规划编制规程》、《天津市土地细分导则编制规程》、《天津市控制性详细规划管理规定》等管理规定，将城市设计成果以导则的形式纳入规划管理体系，在控规的框架下运行，使城市设计有效地纳入城市规划编制法定体系和城市建设管理法制体系。

【规章制度建设】 为严格区县总体规划修改工作程序和内容，做好区县总体规划实施评估工作，切实发挥总体规划对区县发展的调控和引导作用，促进全面协调可持续发展，将国务院办公厅《关于印发城市总体规划修改工作规则的通知》（国办发〔2010〕20号）和住房和城乡建设部《关于印发〈城市总体规划实施评估办法（试行）〉的通知》转发各区、县规划（分）局执行。为适应农村地区发展需要，发挥乡镇规划对村镇建设的引导作用，规范和加强镇（乡）域规划的编制和实施管理，促进镇（乡）经济、社会和环境的协调发展，将住房建设部制定的《镇（乡）域规划导则（试行）》转发相关区县规划（分）局执行。

【管理机制建设建立与相关部门的沟通机制】 全年召开专项规划审查会260余次，结合专业规划编制、审查，积极建立与各委、局的规划合作机制，充分调动各部门主动编制规划的积极性，通过综合平衡达到各项规划相互衔接，保证规划的高水平。

【建立为区县局服务机制和干部轮岗交流机制】 赴各区县服务59次，研究区县总体规划和"十二五"发展规划，帮助协调解决大项目建设、小城镇规划、城中村改造、道路交通、特色村庄建设等各类问题。加强区县干部的轮岗交流，帮助区县局培养业务骨干。

【建立培训工作制度】 为提高整体规划编制水平，针对2010年重点规划任务，组织环城四区规划分局和近郊五区县规划局开展区县总体规划编制、镇规划编制、规划环境评价报告编制的培训。启动规划审查"一张图"管理。对环城四区、两区三县、滨海新区总体规划成果图，以及中心城区控制性详细规划图进行汇总，建立起全市各区县规划的动态维护和更新平台。在此基础上，逐步将专项规划图纳入平台，为实现规划"一张图"管理打下坚实基础。创新理论，建立"一控规两导则"规划管理体系，强化精细化管理。逐步建立中心城区控规和土地细分导则动态维护机制，进一步规范规划调整程序，建立专题会议制度，形成动态更新的规划管理信息平台。

【规划研究成果】 现代化国际性生态宜居城市研究。落实胡锦涛总书记讲话精神，深入研究"现代化国际性生态宜居城市指标体系"，指导规划编制和管理工作，真正把天津建设成为独具特色的国际性、现代化宜居城市。开展规划"十二五"工作思路的研究。加强与国民经济和社会发展"十二五"规划的对接，完成天津城市规划"十二五"规划思路研究和天津市"十二五"综合交通规划研究。参与京津冀区域研究工作。为加快京津冀地区整体协调发展，提升天津市在区域中的引领作用，适应区域发展的要求，参与京津冀区域研究。结合"十二五"期间天津空间发展规划，从区域产业的分工协作、区域交通一体化进程、区域资源的协调共享、区域生态体系建设等方面提出建议。

（6）保护规划管理

【保护规划管理】 2010年，结合历史文化名城名镇名村保护的管理职能，积极探索从规划建设层面塑造城市的特色魅力，更加突出专业化、精细化规划管理的工作方法，使各项工作有序推进。初步建立名城名镇名村的保护内容体系，天津市继1986年成为第二批国家历史文化名城后，2010年蓟县西井峪村成功申报为第五批国家历史文化名村。积极推动保护规划编制，初步建立了总规层面（城市总体规划的保护专项规划）、分区层面（历史城区的整体保护规划）、控规层面（历史文化街区、名镇、名村保护规划）、建筑层面（历史地块及保护建筑的修详规及建筑设计）的保护规划控制管理体系。高标准组织编制保护规划设计，精细化指导泰安道五大院地区、五大道民园地区、天河城等一批重点项目实施建设。

【加强对历史文化名城名镇名村的专业化管理】按照《历史文化名城名镇名村保护条例》的要求，研究制定天津市历史文化名城保护条例，制定规划管理审批程序、专家评审与三局联审制度，实施规范化、特色化管理。

【制度建设】 细化落实中心城区及区县的历史文化保护规划的管理范围，赴河北、和平、蓟县、西青、津南等区县规划分局（级），征求意见，调整划定"中心城区历史文化街区保护范围"，制定"历史文化街区保护范围内建设项目审批程序"（规保字〔2010〕240号）。依据天津市政府第124号令《天津市城市雕塑管理办法》，并结合本市雕塑规划管理现状，研究明确本市城市雕塑项目的审批程序。

(7) 建设项目规划管理

【概况】 经过全市规划建设项目管理部门的大力推动，截至2010年末，全市940项重大项目中450项建成或基本建成。新开工亿元以上施工项目374个，比上年增加136个，完成投资1418.04亿元。房屋建筑施工面积7420.10万平方米，房屋建筑竣工面积2166.32万平方米。全市商品房销售面积1564.52万平方米，实现销售额1282.43亿元。生态市建设三年行动计划任务基本完成。入选国家首批低碳城市试点。奋战300天综合整治市容环境成效明显。整修道路2378公里、楼房1.1万栋，新增提升改造绿化3900万平方米，新建改造提升公园51个，构建城市夜景灯光体系41公里，中心城区基本实现综合整治全覆盖。

2010年全市审定修建性详细规划方案943件，规划总建筑面积8011.20万平方米。其中规划居住建筑面积5092.17万平方米；规划公共设施建筑面积1506.44万平方米。在中心城区范围内，全年审定修建性详细规划方案64件，规划总建筑面积773.04万平方米。其中，规划居住建筑面积589.53万平方米；规划公共设施建筑面积136.73万平方米。

2010年全市审定总平面方案1407件，规划总建筑面积6347.49万平方米，其中规划居住建筑面积2580.60万平方米；规划公共设施建筑面积1387.31万平方米。在中心城区范围内，年共审定总平面方案193件，规划总建筑面积1095.51万平方米，其中规划居住建筑面积624.69万平方米；规划公共设施建筑面积415.95万平方米。

【重大建设项目规划管理】 对重大建设项目，进行修建性详细规划方案和设计方案征集和评审，专家评议、公众参与，全面提高规划和建筑设计水平。继续组织开展三维数字城市规划管理系统研究工作。完成中心城区大部分地区三维场景模型制作和重点区域建筑贴图工作，实现模拟真实场景审查重点地区规划和建筑方案的目标要求，最大限度为建设高水平建筑提供技术保障。

【建设项目督导督查例会制度】 自2010年3月起，建立全市建设项目督导督查例会制度，每月召开一次，全年累计对各区县、各功能区规划主管部门审批的1145个建设项目进行督导督查，按照上下半年汇编成册并下发。其中符合规划建筑导则和建设管理要求的项目共计985项，占86%；需进一步修改完善的项目共计160项，占14%。第一次督导督查会议达标率80%，12月达标率88.6%，各规划主管部门方案审查能力与水平有所提高，充分发挥了督导督查会交流平台的作用。每次例会除对项目进行点评外，还将市局对建设项目规划管理的最新要求及时传达和贯彻，以全市域督导督查为平台，推进建设项目管理标准的规范与统一。

【建筑外檐规划管理机制】 以加强外檐管理为切入点，建立两级管理、三级会审、上下联动的建筑外檐规划管理工作机制，明确工作目标、工作职责和责任人。作为2010年大干300天的重点任务，针对现状高层建筑存在的主要问题，从建筑风格、色彩、顶部、材料四方面入手，将奥体中心地区、梅江会展中心地区、文化中心地区、人民公园地区、水上天塔地区等五个地区作为天际线重点整治提升地区，积极打造层次分明、错落有致、富有韵律的城市天际线。依据导则，按照精细化、网格化、全覆盖的要求，本着"经济节约、技术可行、效果显著"的原则，有针对性地制定整改方案，尽可能以较小代价达到提升建筑立面效果的目的。对2009年底前已批在建的110项733栋建筑进行规划提升。对2010年以来新审批的51项770栋建筑，再次完善和提升。

【落实制度建设推动精细化管理】 在审查标准和审批流程方面制定实施《建设项目管理规程》、《建设项目审核要点表》；在加强居住区规划建设管理方面制定老龄设施、绿地及公共服务设施以及规划预留地管理的有关要求；在建筑管理方面制定高层建筑外檐管理、建筑凸窗以及阳台、露台及室内平台规划管理有关要求；在停车、消防方面也制定有关审查要求。在《天津市规划建筑导则汇编》的基础上，对建筑形式进行筛选和补充，对建筑色彩重新研究定位，对顶部处理形式进行补充，对住宅的顶部处理、外檐形式、建筑色彩等予以完善，编制完成《天津市规划设计导则》，进一步强调和突出了规划管理的系统性、规范性、控制性和引导性。

（8）市政基础设施规划管理

【规章制度建设】 围绕全局系统开展的确保和推动规划建设项目开工服务活动，从优化审批流程、规范审查程序、推动市政信息化系统等基础工作入手，加快审批速度，提高工作效率。制定《市政工程规划建设管理工作规程》、《关于进一步完善市政工程规划管理工作的通知》、《天津市管线综合规划编制管理工作规程》、《天津市建设项目配建停车场（库）标准》及《市政工程业务指导手册》等相关文件，进一步规范市区两级规划管理部门的审查审批行为。统一和简化市政申报表格和要件，取消了市政规划设计成果审批环节。对于重点工程采取绿色通道的制度，做到同步审查，同步审批，严格执行市政府的审批提速要求，做到24小时办公，保障业务案件当天办结。根据市政工程规划管理需要，组织完成市政工程规划信息系统实施方案，制定数据标准，为逐步建立完整、安全的市政工程规划管理信息系统提供了可靠的保障。

【对口服务保障机制】 积极开展到有关部门和基层单位现场调研服务活动。分别组织和参加赴市城投集团、市供热办、市铁路指挥部、市西站指挥部、市自来水集团、市燃气集团、东丽分局、西青分局、津南分局、北辰分局、宝坻规划局12个单位的调研和服务工作，对于需要解决的问题，做到专题研究，指定专人负责，确保各项工作落实，解决各类实际问题36项。

【市区两级联动管理机制】 完善联络员制度，坚持每周组织召开局、处两级市政业务案件会审会，通过采取具体业务案件共同分析审查形式，对各分局市政基础设施规划管理工作进行业务指导。

【重点市政基础设施建设】 2010年狠抓重点工作目标落实，确保全市重点市政基础设施按照规划开工建设。铁路项目，组织开展京沪高速铁路京津联络线和津保铁路等工程规划的编制工作，其中津保铁路正线和京沪高铁京津联络线路工程规划设计方案已经审定；研究确定京沪高铁联络线与密云路、红旗北路等道路相交节点的管线切改方案；批复京沪高速铁路牵引变电站电源线规划方案；组织完成了天津南站、军粮城北站配套工程规划方案的编制和审查工作。确保铁路工程建设符合国家统一安排和各项要求。地铁项目，完成了地铁2、3号线规划方案和建设用地规划许可证审批工作；结合各行政区城市设计及重点地区的规划建设，对地铁4、5、6号线规划线位进行了梳理和优化，为加快天津市地下轨道交通建设，大力发展公共交通事业提供规划保障。道路项目，组织完成了港塘路、赛达大道、津汉路、津浦及津保铁路立交新建地道及引路工程等道路规划审批工作。供水项目，组织完成南水北调中线引滦完善工程—尔王庄水库至武清供水工程及南水北调市内配套—引江入静海、津滨水厂出厂干管供水工程的规划审批手续。电力项目，组织审查批复市重点工程天津数字电视大厦35千伏电源线工程的建设工程规划许可证、河东区万达广场35千伏专用变电站电源线工程路径规划方案、锡林郭勒盟至上海1000千伏特高压输电线路天津段核发选址意见书及选线规划方案等多项重点建设工程。天然气项目，组织完成永唐秦输气管道工程建设工程设计方案及112线高压天然气输气管线选线规划方案的批复工作。

（9）执法监察

【机制建设】 依据《天津市城乡规划条例》，对《天津市建设工程规划许可证后管理规定》等规范性文件进行修订，从制度层面进一步强化对建设项目施工过程及外檐立面的监督管理。参照天津市行政复议法律文书示范文本，拟订《天津市规划系统行政复议和行政诉讼应诉工作管理办法》，经2010年第13次局长办公会议审议通过，下发全系统执行。

【证后管理与服务】 2010年，全市开展规划验线的建筑工程339项，建筑规模1057.74万平方米；规划验收的建筑工程1344项，建筑规模2839万平方米；规划验线的市政管线工程77项，建设规模6.09万米；规划验收的市政管线工程55项，建设规模8.78万米。对中心城区存在问题的证后管理和违法查处案件进行市局各部门会审，组织会审16次，共31个案件。全年以片会交流、到各区县规划（分）局和建设单位服务30余次，重点就市政工程证后管理、复议诉讼以及违法建设处罚标准等问题进行服务指导。

【违法建设查处】 做到日常巡查、集中巡查、节假日巡查和夜间巡查相结合，确保巡查工作不间断。2010年全市出动巡查人员3601人次，巡查区域1232个，移送综合执法部门处理违法建设行为160起，均依法进行了相应的处理。

【网格化全覆盖区域监管】 修改完善网格化全覆盖区域监管工作。在全市域实施以街区为单位的网格化巡查责任制，建立责任到人、赏罚分明的违法建设巡查工作机制。坚持依法依规管理，确保对违法建设行为及时发现，及时制止，及时处理。

【行政复议、行政应诉】 2010年，市局行政复议案件15件（其中2009年结转3件），维持5件，撤销1件，终止3件，调解1件，5件正在审理；市政府受理行政复议案件7件，维持7件；市局受理行政应诉案件93件，维持90件，3件正在审理。

【工程建设领域突出问题专项治理】 根据党中央办公厅、国务院办公厅工作意见和住房城乡建设部、监察部通知精神，按计划、有步骤地推进专项治理工作。突出排查重点，969个房地产开发项目列入核查范围，对规划调整程序不规范、欠缴出让金或者配套费的81个建设项目，进行逐项处理，涉及程序不规范项目均已完善程序，催缴土地出让金247758万元、配套费19407万元。

（10）信息化建设

【概况】 2010年天津市城乡规划系统围绕城乡规划信息化工作目标，结合城乡规划事业发展重心，全面加强信息化工作的统筹规划和组织推动，健全目标管理体系和责任考评机制，以服务规划管理为重点，以各业务平台为载体，以基础数据库为支撑，以全系统技术力量为依托，在信息化基础设施建设、成果应用转化、服务保障功能和数据资源共享等方面实现新突破，为全系统规划管理工作质量和效率的提升提供有力支撑。

【优化城乡规划空间数据平台】 优化后的平台在用户体验度、数据图层管理、地图浏览速度、基本GIS功能操作的便捷性等方面得到大幅提升，新增动态加载地图服务、多窗口联动查看、本地上传数据、草图绘制等个性化功能。初始化登陆速度提升95%，地图服务维护更新效率提升80%。

【建设项目e图管理工程建设】 为进一步加强天津市城乡规划管理，提高规划审批的科学性，在认真研究已有数据和应用需求的基础上，确定"以项目审批和业务决策需求为导向，以规划管理数据为基础，以关联信息集聚为目标，利用3S等信息技术，构建建设项目信息资源整合与综合利用的信息系统"的建设目标。项目e图展示平台是项目e图管理的基本载体，整合各类信息，可实现跨平台信息的集聚展示。

【建立地名管理信息系统】 地名管理信息系统是面向全市的地名信息服务载体。通过研究制定地名分类标准，建立完善的地名信息数据库，形成地名信息与时间、空间的集成。改进地名审批业务流程，实现带图审批作业和地名信息共享。通过地名命名、更名等业务及时更新地名数据库，实现地名数据库的动态更新。建立现状地名库、历史地名库，实现地名档案信息的浏览、查询、统计。实现门牌业务办理，以及门牌信息的入库、查询。结合网络运行方式发布信息，达到信息共享，实现地名数据动态更新及实现地名信息社会化服务的目的。

【实施"一网保廉"系统建设】 通过对规划审批管理和廉政风险点的分析研究，应用信息技术手段，提高纪检监察部门的信息获取和信息共享水平，加强监督管理，实现监督检查工作的"硬标准、硬程序、硬考核"。以规划审批效能管理和重大事项决策管理的统一程序、统一作业、统一监管为重点，建成集效能、质量、廉政、服务为一体的网络化、智能化和可视化的监督管理平台，提高行政效能和防范廉政风险水平，实现监督检查工作的"痕迹监控、在线监控、公开监控"，达到"一网保廉"的目的。

【存储灾备系统建设】 随天津市规划审批业务的全面网络化运行，规划管理业务对网络和信息系统的依赖程度越来越高，迫切需要建立完善的保护体系。存储与灾备的实施，对服务器、应用系统实行分级保护，做到关键系统本地快速恢复，核心数据本地镜像保护，异地快速复制，关键系统异地重建。存储设备冗余架构，提供高可用保障，存储虚拟化，提供了兼容性和扩展性。存储灾备系统的建设，对提高信息系统的可靠性，增强对各种意外及灾难的积极防范，保证重要系统、关键业务的持续运行起到积极可靠的保障作用。

（11）城乡规划"十一五"建设成就盘点

【城市发展定位显著提升】 为全面贯彻落实滨海新区开发开放国家发展战略，更好地发挥天津的辐射带动作用，用国际视野考量区位优势，组织编制新的城市总体规划，将城市定位从过去的"重要的经济中心"，提升为"国际港口城市、北方经济中心和生态城市"。2006年7月，国务院正式批复城市总体规划，开创天津发展的新纪元。

【城市空间布局更加合理】 2008年，按照市委市政府的要求，围绕新的城市定位，着眼未来，重新审视城市空间格局，经过反复研讨和论证，组织编制完成了《天津市空间发展战略规划》，确定"双城双港、相向拓展、一轴两带、南北生态"的总体战略，确立城市发展主轴，强化滨海新区的地位，提升城市职能，构建生态体系，为天津跨越式发展打开巨大承载空间，为城市面貌的根本性改变奠定基础。

【城市载体功能明显增强】 组织编制市域综合交通规划，完成天津市轨道线网规划、干线公路网规划、中心城区停车设施规划、公路主枢纽规划、电力空间、邮政布局设施等规划编制。组织开展市域生态规划、绿地系统、河流水系规划、供水、排水、气象设施、除涝等一批专项规划。精心组织编制了一批关系人民群众切身利益的养老设施、环境卫生设施、邮政设施、加油站布局等规划，为改善国计民生、提高人民生活质量、建设和谐生态宜居城市，起到重要的规划支撑作用。

【三个层面联动发展更加协调】 在滨海新区层面，编制完成滨海新区总体规划、分区规划、控制性详细规划、九大功能区规划，进一步统筹空间布局，优化产业结构，提升城市功能，促进新区科学发展率先发展。于家堡、响螺湾、南港工业区、中新生态城、东疆保税区、中心渔港等一批重点地区正在按照规划实施建设，空客A320系列总装、新一代运载火箭、大乙烯、大炼油、大造船、生物医药等一批国家重大项目已先后建成投产。

在中心城区层面，编制完成小白楼主中心和西站、天钢柳林两个城市副中心的规划，开展了文化中心周边地区、解放南路、北部新区等重点地区的城市设计；优化调整产业布局，沿海河重点发展金融、商贸、文化、教育、科研、旅游等现代服务业，打造现代服务业集聚区。西站、泰安道地区、文化中心等一批项目正在按照规划实施；津湾广场一期、梅江会展中心一期、奥体中心已经建成，特别是意式风情区、海河两岸等已成为城市新亮点，促进城市繁荣繁华。

在各区县层面，编制完成武清等7个新城规划。组织开展环城四区总体规划方案提升、两区三县总体规划深化、镇规划的编制工作；开展了四批、共41个示范小城镇规划；高标准完成31个区县示范工业园区规划、起步区控规和基础设施建设规划，为区县长远发展提供了空间和规划保证。华明示范镇、海河教育园、子牙循环经济产业园等一大批重点项目正在按规划实施，带动各区县加快发展。

【城市面貌发生巨大变化】 以迎接奥运会、国庆六十周年和达沃斯论坛等活动为契机，三年累计连续奋战600天，以高质量、高标准规划设计为指导，开展了市重点地区、重点道路市容环境提升，承担天际线整治、高层建筑外檐整改的具体工作。这批高水平的规划设计，妥善处理了局部与整体、环境整修与业态提升、市容观瞻与繁荣繁华的关系，为天津市城市面貌在较短时间内发生大变化起到至关重要的作用，塑造"大气洋气、清新靓丽、中西合璧、古今交融"的城市风格。

【创新规划编制方式方法，规划编制和设计水平显著提升】 "十一五"期间，共编制各类规划382个，整合提升滨海新区规划体系，编制完成全市各区县、各主要功能区总体规划、中心镇和一般镇规划，城乡规划编制体系基本建立，有效地引导城乡规划建设。在规划编制过程中，按照国际一流水平的要求，学习借鉴国内外先进理念，总结形成具有天津特色的经验做法，有效提升规划设计水平。

【更新理念，创建"一控规两导则"体系】 "十一五"期间，积极开展控规编制与实施的探索与实践，通过制定和完善《天津市控制性详细规划编制规程》、《天津市土地细分导则编制规程》、《天津市控制性详细规划管理规定》等工作制度，将控制性详细规划、土地细分导则、城市设计导则有机结合、协同运作，既体现对建设用地等强制性内容的控制要求，又对城市空间形象的塑造提出了引导性要求，提高控规的弹性和兼容性，保障规划的严肃性和科学性，形成具有天津特色的"一控规两导则"的控规编制和实施管理体系，在实践中取得良好的效果，得到建设部领导和全国同行高度认可。中心城区、滨海新区实现控规全覆盖，环城四区、两区三县新城控规已编制完成。

（天津市规划局）

2. 住房保障

【概况】 2010年，住房保障工作再度被列为市委、市政府20项民心工程首要任务。在各有关部门的积极支持配合、各级住房保障部门共同努力下，顺利完成了全年工作目标，取得了新的突破。2010年，全年计划开工建设保障性住房650万平方米、8.5万套，向7.5万户低收入住房困难家庭发放租房补贴。截至2010年底，各项工作目标顺利完成。新建保障性住房680万平方米、9.3万套，超额完成30万平方米、0.8万套；累计向7.8万户低收入住房困难家庭发放租房补贴，超额完成0.3万户。

【加大保障性住房建设力度，满足群众住房需求】 为实现早开工、早入住、早受益，2010年重点从资金筹集、协调配合、制度建设、服务监督四方面入手，进一步推动保障性住房建设。抓资金筹集，多元化拓宽融资渠道，确保建设资金足额到位，全年争取公共租赁住房和棚户区改造中央专项补助资金2.37亿元；在国内首批开展了利用住房公积金贷款19.75亿元建设公共租赁住房的试点工作，涉及5个项目、6000套住房；积极探索发行保障性住房信托基金，设立方案已由央行报国务院待批。抓制度建设，出台《天津市保障性住房建设用地证后开发建设监管办法》，将限价房项目开工、上市时限作为地块出让条件，在出让公告及土地使用权出让合同中明确；建立项目台账，要求开发单位定期报送项目前期、工程建设、市场销售等进展情况。抓协调配合，积极协调市发改、规划、建设等部门，加快项目投资备案、规划方案审批、招投标等手续办理，开辟保障性住房审批"绿色通道"。抓服务监督，建立项目跟踪服务机制，土地出让后立即与开发企业研究制定开工计划，定期督察各项手续办理情况，深入项目现场实地检查掌握进度，及时了解存在的困难，主动协调相关部门加快手续办理工作。

【改善住房供应结构】 在市土地整理中心、土地交易中心、登记中心等相关部门、各区县、各开发企业的共同努力下，全年开工建设经济适用住房387万平方米、5.4万套，限价商品住房293万平方米、3.9万套；此外，滨海新区还建设公共租赁住房76万平方米、1.6万套。保障性住房的建设量达到全市住宅建设量的30％以上，使住房供应结构得到了有效改善。

【限价商品住房供应】 为满足群众购房需求，积极推动限价商品住房上市供应。对于关注度高的热点项目，及时研究销售预案，果断采取提前登记发号等措施，化解矛盾，确保稳定。全年推动嘉春园、天易园、嘉畅园等12个项目、2.5万套限价商品住房上市销售，同比增长92％，累计推出房源3.8万套，保证房源供应。全年有2.3万户通过购买限价商品住房解决了住房困难，同比增长53％。据统计，2010年全市住宅销售量最大的20个项目中，限价商品住房项目占6个，其中，华城佳苑、美震中环时代、嘉春园稳居前三，昆俞家园、天房彩郡、舒畅园均名列前茅，为调控房地产价格、维护房地产市场健康稳定发展发挥了突出作用。

【扩大廉租住房实物配租保障范围】 由市内六区人均现住房使用面积低于7.5平方米的低保和优抚家庭，扩大到人均月收入低于600元的重残和双残家庭，实现从最低收入家庭到低收入家庭的跨越。会同市民政局、市残联采取上门宣传、集中受理等便民措施，妥善解决残疾人家庭信息渠道有限问题，全年新增配租家庭近千户。

【规范经济适用住房销售管理】 对已入住两年以上未办房地产权登记的23个经济适用房项目，积极协调相关部门补办手续，加快解决历史遗留问题。为完善拆迁定向安置经济适用住房销售管理制度，封堵监管漏洞，会同相关部门，制定《关于进一步加强经济适用住房房源管理有关规定的通知》和《关于完善拆迁定向安置经济适用住房销售管理的操作程序》，完善了经济适用住房销售管理，进一步加大监管力度，将为城中村改造和示范小城镇建设的定向安置经济适用住房纳入销售监管范畴。全年审定河怡花园、好美家园、东和家园、贵贤里等20多个定向安置房销售手续。

【加大住房保障监管力度，提升规范化管理水平】 为保证住房保障政策公开、公平、公正执行，2010年，重点做好加强制度建设、严格准入管理、强化质量监管、加大查处力度四方面工作，监管水平显著提升，违规率由上年的1.04％下降到0.16％，取得良好成效。

【加强住房保障制度建设】 下发《天津市住房保障监督管理试行办法》，作为全市住房保障监督管理工作开展的指导性文件，明确政策依据、责任部门、监管标准、监管方式及责任人，为将住房保障监管工作纳入制度化、长效化轨道奠定了基础。印发了住房保障工作考核试行办法，将住房保障工作纳入区县年度考核体系。印发《天津市保障性住房建设用地证后开发建设监管办法》，建立市、区县两级监管机制，对保障性住房项目履约和完成情况按节点核查。针对限价商品住房销售这一群众关注的热点、敏感问题，下发《关于进一步做好限价商品住房申购公示工作的通知》、《关于严格限价商品住房销售管理的通知》等文件，进一步强化申购家庭和开发企业两方面监管，确保销售行为公开透明。

【严格准入管理】 严格执行"三级审核、逐级公示"制度，限价商品住房申请家庭情况每周在《每日新报》和区有线电视台进行公示公告，公布市、区两级住房保障举报电话和网络邮箱，广泛接受社会监督；廉租住房实物配租摇号选房前进行再复核，确保实现"零误差"。

【强化质量监管】 强化保障性住房建设质量监管，建立多部门联合检查机制。2010年3月，会同市建交委、市规划局和相关区政府对2009年底中心城区在建和已竣工的155个项目、1755万平方米、

25万套保障性住房进行检查；5月份，组织有关区房管局对已入住的60个、478.76万平方米、6.79万套保障性住房小区管理养护情况进行巡查；8月份，与市建交委抽查了16个区县的保障性住房项目；落实各级政府属地化管理责任，对保障性住房小区月巡查、月报告，日常管理问题做到早发现、早协调、早解决。检查情况表明，天津市保障性住房项目总体上做到规划合理、功能完备、质量可靠、管理有序。

【加大查处力度】 运用网络手段逐月、逐季度动态核查住房保障申请家庭，对不符合条件的及时清退，涉及公职人员移交纪检监察部门处理。已通过住房保障管理系统核查享受住房保障家庭26万户次，下发追缴廉租住房租房补贴行政处理决定书941户，对96户违规申请限价商品住房家庭注销购房资格或启动退出程序，追缴违规领取租房补贴557户、241万元，追缴违规购买经济适用住房房款差价款14户、74.4万元。2010年，天津市住房保障监督管理实现了通过司法执行途径完成补贴追缴、运用专项退出程序指导清退实践、依据社会举报线索落实违规查处三项突破。

（天津市国土资源和房屋管理局）

3. 城市管理与市容环境综合整治

（1）城市管理

2010年，天津市城市管理工作以构筑生态宜居高地为目标，坚持高效能管理，推进城市管理法制化、常态化和精细化管理，加强城市载体功能，使城市净化绿化美化达到新水平。

【颁布实施《天津市城市管理规定》】 《天津市城市管理规定》自2010年4月1日期实施，强调属地管理与城市管理部门的责任，明确管理责任与标准，加大城管执法力度，行业和社会监督更加透明，完善监督考核机制，为依法管理城市提供有力保障。

【设立城市管理委员会，城市管理合力不断增强】 委员会下设办公室，由8个市级城市管理部门、9个单位组成，建立定期例会、协调议事、社会公示等制度，实现管理全面覆盖，消除管理的缝隙和空白，初步形成区县、部门各司其职、密切配合、紧密协作、无缝衔接的工作格局。

【专项治理成效初步显现，城市管理水平有较大提高】 坚持整治与管理并重，持续开展工程渣土运输撒漏、非法占路经营、违法停车、非法设置户外广告、路灯设施损坏和环境卫生脏乱专项治理，在全市形成专项治理的高压态势，深入治理城市管理顽症，严格落实城市管理规定，提升城市管理水平。

【运用现代化手段，建立科学、规范的考核与监督体系】 加大考核监督力度，将所有城市管理责任部门、区县全部纳入考核范围，实行科学、规范、严格的双向考核，实现考核范围全覆盖、考核时间全天候、考核内容全方位。市级数字化城管平台通过国家验收并命名为试点城市，形成全方位、全天候、全过程的管理网络。综合考核结果，每月向被考核单位主要负责同志反馈，并通过新闻媒体向社会公布。形成主动抓管理、自觉抓管理的良好局面，管理压力得到层层传递，管理责任进一步落实，影响城市管理的一些突出问题得到有效解决。

【加强市容市貌管理】 对1105条示范路、343条严管路、147条规范路和124个非法占路经营聚集点进行不间断治理；对1100多条主干道路和20个重点地区道路环境秩序管理实现全天候管理，340余条次支道路环境秩序管理水平不断提升，140余条定时定点管理的道路环境秩序发生较大变化，有效治理120余个非法占路经营聚集点。共清理占路摆卖15040处次，清理乱堆乱放114146处次，清理占路加工作业15389处次，清理露天烧烤22557处次，没收占路摆卖盗版光盘16986张、非法出版物45601件；规范治理学校周边秩序16081个次，规范整治农贸市场9250个次，治理城乡结合部4519处次；清理违章广告信息牌37699块，清理乱吊乱挂41429处、布标幔帐8974条，清除乱贴乱画79719张、即时贴338966张，覆盖喷涂小广告800681处；拆除违章棚亭1637间、45264平方米，违法建设5784间、197127平方米，清拆乱圈占525处、194089平方米。拆除违法户外广告设施10742块，其中，拆除楼顶广告942块、拆除墙体广告2907块、拆除占地标识576块、拆除楼顶单体字282处、拆除围挡广告201块、拆除单色LED电子显示牌797处、拆除刀牌412块；规范牌匾13万块。

【完善环卫设施】 截至2010年末，天津市垃圾加压缩车、高压冲洗车、洗地车、推土机、装载机、撒布机等环卫清扫专业机械车辆配置达到2490辆，比2009年增加267辆，环卫机械化作业面进一步扩大；全市共安装、更换道路及居民区果皮箱665个、垃圾箱9298个，加强日常维护，环卫设施完好率显著提升。

【废弃物管理】 2010年，天津继续推进生活垃圾减量化、资源化、无害化处理，碧海环保餐饮废弃物无害化处理厂、潘楼粪便无害化处理厂投入试运行。至年末，全市拥有生活废弃物收集、转运和处理设施 239 座，其中，垃圾焚烧厂 2 座、生活垃圾卫生填埋场 7 座；无害化处理厂 2 座，生活垃圾收集站 223 座，中转站 5 座。拥有垃圾运输车 737 部，日平均收集运输城市生活垃圾约 5680 吨，基本实现城市生活垃圾密闭运输、日产日清。全年城市生活垃圾产量 207.32 万吨，无害化处理 192.85 万吨，其中卫生填埋处理 134.56 万吨、焚烧处理 58.29 万吨，无害化处理率 93.02%，比上年提升 2.29 个百分点。

【路灯照明管理】 2010 年，天津市编制完成道路照明专题规划和中心城区道路照明"十二五"发展规划。道路照明节能工作获国家住房建设部建筑节能减排检查考核好评，获得中国市政工程协会颁发的"推进全国城市道路照明事业发展突出贡献奖"。截至 2010 年末，天津市城市道路、小区照明灯杆共计 154206 基，灯具 219312 盏；桥梁 93 座，灯杆 4592 基，灯具 9178 盏；涵洞（地道）25 座，灯具 3558 盏。中心城区、环城四区的 1025 条道路和 1175 个小区共有路灯 13.3 万盏，全年亮灯率主干路 99.55%，支路、区段 99.46%，路灯照明设备运行良好。

【园林绿化建设】 2010 年，天津在继承和发扬"西方疏林草地与东方盆景艺术有机融合，山石水景、亭廊阁榭、自然生态巧妙结合"城市绿化风格的基础上，继续创新，更加注重植物组群与植物单体的有机结合，注重植物配置与地形塑造的有机结合，注重乡土树种与新优品种的有机结合，注重运用园林艺术手法与地域环境的有机结合，充分展现园林绿化的层次感、色彩感、季相感、厚重感、纵深感和精细感。道路绿化实现增加植物品种，展现季相变化，丰富绿化色彩，突出层次韵律；公园达到特色鲜明，展现文化主题，布局合理，以人为本，拓展休闲空间，丰富花木品种，设施完善，满足开放需求；区域连接线道路突出大气，自然路景，节点绿化，形成韵律，乡土树种，地域特色；社区绿化突出以人为本，亲民绿色，功能齐全，方便舒适，进一步提升大气洋气、清新靓丽的城市绿化特色。全市新建和提升改造各类绿地 3095.15 万平方米，其中，新建绿地 2053.84 万平方米，提升改造绿地 1041.31 万平方米。其中：实施 483 条道路绿化 2269 万平方米；提升改造 353 个居住区，绿化面积 317 万平方米；其他绿化面积 237 万平方米；安装树箅子 60202 个。全市建成区绿化覆盖率、绿地率和人均公园绿地面积分别达到 32.06%、27.99% 和 8.56 平方米。

【园林养护管理】 2010 年，天津市重点抓住修剪、浇水、施肥、病虫害防治、绿地卫生五个环节，进一步加强园林绿化养护管理；针对气候寒冷异常导致部分植物遭受冻害的状况，及早布置冬季防寒、防盐害工作；及时补植冻害、盐害较重的枯死苗木，对受害的园林树木进行技术性拯救，保护绿化成果；开展以美国白蛾、蛀干害虫为主的园林病虫害防治工作，进一步健全病虫害监测和预报制度，采取多种无公害防控技术，有效地防控美国白蛾等主要的病虫害，保证绿地系统的安全。制定园林绿化养护管理工作考核内容、方法、标准，每月对市内六区和环城四区行道树和公共绿地等绿化设施进行量化评分考核，发现并督促解决绿地保洁、枯死树、病虫害等问题 260 余件，初步建立养护管理监督考核机制；加强城市规划区范围内的古树名木管理和保护复壮工作。截至 2010 年年末，天津市登记备案管理的古树名木共计 725 株，其中盘山风景名胜区 425 株。建立对新发现的准古树名木进行鉴定和保护的制度。

【公园管理】 2010 年，天津市新建和提升改造公园 51 个，并免费向社会开放。截至 2010 年末，全市共有面积在 3000 平方米以上的公园 226 个，比 2009 年增加 19 个，其中：综合公园 48 个，占 21%；社区公园 75 个，占 33%；专类公园 24 个，占 11%；带状公园 8 个，占 4%；小游园 71 个，占 31%。注重加强公园精细化、规范化、长效化管理。发挥水上公园、南翠屏公园的典型示范作用，加强公园的硬件设施整修、制度建设、软件服务，使两个市级公园容貌和管理有明显提升。依据《公园管理考核细则》，每月对全市重点公园进行检查考核，巩固提升公园建设改造成果。加强公园安全保障。各大公园严格落实重大节假日安全预案及保障措施；做好冬季山体公园防火、雪后公园道路广场清雪等工作，保证游园安全。天津动物园加强野生动物异地管理保护，严格动物饲养管理、提高动物繁殖质量；严格落实安全责任制，保证动物及人员的安全，实现全年零事故和零疫情。

【城市管理考核】 2010 年，天津城市管理考核工作动员全社会广泛参与，确保真实、全面、客观地反映各区县及各职能部门的城市管理水平，考核结果每月 10 日在《天津日报》公布，为"以奖代补"提供依据，达到以考促管的目的。4 月 1 日新修订的《天津市城市管理规定》实施后，修订出台《天津市城市管理工作考核实施细则（试行）》，在原《考核细则》的基础上，增加对建设交通、国土房管、水务、民政、公安交管、交通港口、工商、通信等各专业部门的考核内容，考核的内容细化至36个大项、189个子项，共1417条标准，考核单位由原来的4个专业部门扩大到11个。考核工作采取日巡查、周抽查、月联查和季民意调查等方式，坚持全时空、全覆盖、全天候的考评要求。考核样本点位220490个，其中，市考核办联查样本点占81%、国家统计局天津调查总队调查点位占6%，市容环卫等17个专业考核项目点位和群众监督点位占23%。全面的考核监督工作，进一步促进形成天津市城市管理重心下移、区县为主、权责明确、监管到位、履职尽责，务求高效的体制。

【市容园林规划】 2010年，天津市完成《市容建设和城市绿化"十二五"（2011～2015年）发展规划》草案编制。"十二五"期间，天津将加快推进新建提升改造各类绿地，推进大型公园绿地建设，使城市建成区绿化覆盖率、绿地率和人均公园绿地指标分别提升到35%、30%和10平方米。继续实施环境卫生整洁工程。机械化清扫率达到70%以上。调整优化环卫设施布局，推进建设生活垃圾处理设施，使城市生活垃圾无害化处理率达到94%以上。优化生活垃圾处理工艺，促进生活垃圾焚烧比例优化到45%，提升生活垃圾的减量化、无害化和资源化水平，努力建设环渤海地区最干净城市。

【市容园林科技教育】 2010年，天津园林在滨海盐碱地绿化的关键技术上取得重要成果，承担的国家"十一五"科技支撑计划"滨海盐碱地绿化的关键技术研究与集成示范"项目的5个课题全部通过专家组验收；天津市花——月季名优种苗繁育产业化技术示范研究取得阶段性成果，引进月季新品种100个，提升月季在全市园林景观中的应用水平；"天津乡土树种选育及系列化品种开发应用"研究取得显著进展，培育国槐等乡土树种6个系列27个品种，推广栽植6万株；天津市餐厨垃圾处理工艺及设备的研究通过专家验收，确立微生物资源循环的餐厨垃圾处理工艺，餐厨垃圾减量化、资源化、无害化关键技术达到国内领先水平。完成修订编写《天津市城市道路绿化建设标准》、《天津市园林植物保护技术规程》等7个标准，使市容园林设计、施工、养护、监理技术工作有"规"可依。

【城市管理法制建设】 2010年，天津市相继修订出台《天津市城市管理规定》《天津市公园条例》和《天津市公共厕所管理办法》，进一步完善城市管理法规体系。清理规范有关市容、园林的3部地方性法规、12部政府规章和20件市政府规范性文件。

【数字化城市管理】 2010年，天津市正式启动运行中心城区数字化城市管理，其他区县数字化城市管理试运行。采用两级监督、一级指挥的运行模式，市级监督中心负责监督、考核、裁定市级职能部门、管理争议、跨区域问题；区级监督指挥中心负责辖区内城市管理问题的派遣处置。市内六区平均每平方公里设城市管理信息采集人员1.17人，日均上报问题5.8件，累计处理城市管理问题295469件，月均32830件，其中，市容环境等问题占90.5%，公用设施等问题占9.5%，全年按期结案率89.58%。

【城市管理综合执法】 2010年，《天津市城市管理规定》颁布实施后，天津市城市管理综合执法系统先后出动30000余人次，深入1000多条道路沿街门脸商户26000余个次、社区2000个次、集贸市场和占路摆卖聚集点4000余个次，发放各类宣传材料20多万份，设立宣传咨询点130多个，在天津日报、今晚报等媒体刊发学习宣传落实《规定》稿件900余篇；对《规定》赋予城市管理综合行政执法机关的10个方面的法律责任，逐条逐项研究落实办法，制定49条城市管理综合行政执法机关履职尽责的细则；全系统依据《规定》处理违法案件33184起，处罚14331起。

（2）市容环境综合整治

【市容环境综合整治】 天津市继续开展奋战300天市容环境综合整治，城乡面貌发生更加显著变化。道路整治更加精致规范，综合整修道路323条2378公里，管线入地342公里，道路罩面70万平方米，更新改造路灯5000基，配置马路家具6000处，整修农村公路1000公里。整修楼房1.1万栋，调整室外机、加装空调罩60万个，创新"五子登科"，突出现代洋气目标。重点地区整治优美繁华，提升28条60公里重要道路、3.5公里商业街和海河两岸，美化城市环境，促进商贸繁荣，体现历史文化，形成天津特色。夜景照明综合整治14个节点建筑轮廓，完成2500栋建筑灯光夜景建设，构建点线面结合、覆盖中心城区41公里的城市夜景灯光体系。

【园林绿化更加生态艺术】 新建提升改造绿化3200万平方米，提升10条624公里连接区县道路和72公里城际铁路两侧绿化，新建改造公园51个566万平方米，并免费向社会开放，形成了艺术生态的绿化效果。

【生活环境得到显著改善】 整治居民社区460个，完善服务设施2800处，达到文化有阵地、娱乐有场所、健身有设施、绿化有特色的社区"四有"标准。改造里巷道路425万平方米，修复破损道路

260万平方米，实施"平改坡"26万平方米，完成老住宅楼节能改造30万平方米，更换塑钢窗35万平方米，使450多万群众得到实实在在的实惠，市民对综合整治的满意度达到99.5%。

【市容环境6个专项治理成效显现】 对120个建筑工地全部配置清洗设施，完成车辆密闭改装860部，渣土运输洒漏得到一定遏制；取缔非法占路经营1100处，保障主要道路清洁畅通；治理非法占路停车道路135条，优化停车秩序；规范广告牌匾7.3万块，街景立面更加协调有序；新建和修复路灯5000余个，路灯完好率显著提高；治理脏乱点位1850处，整体环境明显改观。

【群众评价】 国家统计局天津调查总队经对天津市内六区、滨海新区、西青区、武清区共9个区县3600多位居民进行调查，居民对"奋战300天市容环境整治工作"的总体满意度继2008年的98.8%、2009年的99.5%之后，2010年继续保持99.5%的高水平，其中，认为"非常满意"的占71.7%，其比重比前一年提高17.6个百分点。数据表明2010年整治工作群众满意度的含金量高于以往。

（3）"十一五"建设成就盘点

【有力促进经济社会的科学发展】 城乡面貌的改变，优化了投资环境和发展环境，展示了天津人民奋发进取的精神面貌，树立起天津充满朝气和活力的城市形象，增强了天津的吸引力，成为引进项目、扩大投资、聚集人才的重要因素。2008~2010年，市区两级共接待来自全国各地的考察团组近千个，成功举办两届夏季达沃斯论坛、联合国气候变化谈判会议、中阿合作论坛部长级会议、中国国际矿业大会、全球绿色基金峰会、中国旅游产业节等一系列大型活动，天津的知名度影响力进一步扩大，大项目、好项目源源不断地落户天津，大批高层次海内外人才到天津创业，形成新的发展优势，产生显著的经济效益和社会效益。

【初步展现生态宜居的城市特色】 综合整治从中心城区到各区县，从主干道路向次支道路，从平立面到天际线全面展开，有效治理脏乱差现象和污水噪音废气。3年共整修道路719条4160公里，整修农村公路1000多公里，主要道路及道路两侧的环境得到明显提升。综合整治小白楼等26个重点地区，改造提升海河上游两岸8个重要节点，整修建筑1.8万栋，形成清新靓丽的城市街景。完成3400多栋建筑灯光设施建设，构筑点、线、面结合，覆盖中心城区的夜景灯光网络，海河夜景成为城市景观的新亮点。新建提升改造绿地1.2亿平方米，建成高速公路、外环线沿线570公里绿化带，对区县道路、入市道路、京津城际铁路沿线进行绿化提升。数百公里城市街道，数千栋建筑，数万延米围栏护栏，数十万处城市家具，巧妙融入天津的民俗风情，彰显天津城市的独特魅力，提升城市文化品位。城乡面貌发生显著变化，呈现出大气洋气、清新靓丽、中西合璧、古今交融的城市风格。

【基本形成科学有序的管理机制】 实施《天津市城市管理规定》，健全完善"两级政府、三级管理"体制，开展工程渣土运输洒漏、违法占路经营、违法占路停车、非法设置广告、城乡结合部脏乱点位等专项治理，解决城市管理难题，城市变得更加干净有序。

【凝聚振奋民心民气】 广泛深入开展"同在一方热土，共建美好家园"活动，每月第一个星期六开展卫生集中清整日活动，人民群众发扬主人翁精神，积极参与市容环境综合整治，亲身感受到城市的发展变化和生活质量的提高，增强自豪感和自信心，激发出热爱天津、建设天津、发展天津的热情。

【深入开展城乡环境卫生整洁行动，环境卫生质量明显改观】 城市环境卫生作业实行精细化管理，加强清扫保洁、分类收集、密闭运输、末端处置，城市环境卫生作业的科技含量不断提升，道路机扫率达到50%，比2005年提高26%，卫生扫保工作尝试市场化运作机制，取得良好效果。城市道路清扫面积7800万平方米，比"十五"末增长56%；垃圾收运和处理能力大幅提高，全市生活垃圾清运量由2005年的167万吨增加到207万吨，增长24%；新建生活垃圾处理厂4座，处理能力增加1400吨/日，达到8200吨/日；城市生活垃圾无害化处理率达到93%。

【推进园林城市建设，园林绿化彰显天津风格特色】 截至2010年末，天津市城市绿地总面积近2亿平方米，比"十五"末增长18.3%。城市园林绿化更加注重艺术性，独创"东方盆景艺术和西方疏林草地有机融合"的绿化特色，在绿化改造中，充分展现园林绿化的层次感、色彩感、季相感、厚重感、纵深感、精细感六大美感，形成独具特色的景观效果，实现由"绿化"到"美化"的转变。建成区绿化建设注重调整结构，增加公园绿地比重，全市公园面积达到2633万平方米，比"十五"末增长19.7%，并全部免费向社会开放。在增加绿地总量的同时，注重提高绿地养护管理水平，二级标准以上养管面积达到60%。滨海新区的原塘沽区和蓟县被评为"国家园林区县"。

【**深入开展爱国卫生运动，推进国家卫生城市建设**】 巩固塘沽、大港、河西、和平4个国家卫生区的成果，西青区的大寺、中北和张家窝等3个国家卫生镇顺利通过全国爱卫办复审，命名市级卫生村45个。"十一五"期间改造农村户厕33万户，无害化卫生户厕普及率达到96.14%。病媒生物防治工作扎实有效，有效预防传染性疾病的发生。

【**综合执法水平全面提升，开启城市管理新格局**】 以"工作任务细化、管理执法集中、各方力量衔接"为重点，切实履行相对集中行政处罚权，强化属地管理责任，规范行政执法行为，加强条块结合、协调作战，建立完善的综合执法机制。加强执法人员的教育培训，不断提高执法人员素质。坚持亲民爱民为民的执法理念，广泛开展"执法大延伸、城管进社区"活动，形成以综合执法为主、多部门联动、多单位人员参与的执法新格局。

（天津市市容和园林管理委员会）

4. 建筑业与城市建设

（1）城建立法建设

【**加强城建法规制度建设**】 颁布实施了《天津市供热用热条例》和《天津市建设工程招标投标监督管理规定》。《天津市建设工程质量管理条例》和《天津市建筑市场管理条例》2部地方性法规原则通过市政府常务会审议。继续实行规范性文件法制审核制度，2010年全年共审核《天津市建设工程造价管理办法》等16件规范性文件。认真做好规章和规范性文件清理工作，全年共清理市政府规章10件，市政府规范性文件54件，委发规范性文件177件。

【**提高行政审批服务效率**】 将企业资质审批、从业人员资格审批等4项审批事项的办结时限从10～15个工作日压缩到3～8个工作日。将70%的工程项目建设审批权下放区县管理。充分利用行政审批服务网等载体，增加网上办件量，为企业提供便捷、高效服务。

【**规范行政执法行为**】 继续实行行政处罚案件法制审核制度，2010年共审核行政处罚案件159件，纠正各类适用依据错误、证据不足以及事实不清等案件9件，案件一次性合格率达到95%。全年共集中组织6次执法人员公共法律、质量安全、建筑市场、供热和燃气等专业培训，培训人员约600人，大大提高了执法人员整体素质。

【**依法化解社会矛盾**】 2010年共受理行政复议案件6件，全部结案，4件行政诉讼案件无一败诉，充分发挥了行政复议和行政诉讼在化解社会矛盾中的作用。

（赵静）

（2）房地产业

【**概况**】 2010年，天津市房地产业累计完成投资867亿元，同比增长17.9%。累计施工面积7079万平方米，同比增长16.6%。房地产新开工面积2912万平方米，同比增长14%。房地产竣工面积2099万平方米，同比增长10.4%。新建商品房累计实现销售1565万平方米，与上年基本持平。房地产开发建设用地累计成交3197万平方米，同比增长37.2%。天津市房地产业发展主要呈现3个特点：保障性住房投资建设力度加大，全年保障性住房完成投资230.6亿元，同比增长41%。小城镇项目建设提速，全年小城镇建设实现投资227.2亿元，同比增长33.2%；小城镇项目累计施工面积2093万平方米，同比增长42.7%；其中当年新开工面积996万平方米，同比增长25.8%。商业地产发展速度加快，全年完成公建开发投资为270.4亿元，同比增长36.7%。全年公建新开工885万平方米，同比增长35.9%；累计在施2354万平方米，同比增长31.5%；竣工495万平方米，同比增长54.2%；公建用地成交面积774万平方米，同比增长77.7%。

【**房地产宏观调控**】 2010年，面对复杂多变的经济环境，天津市认真贯彻落实国家各项宏观调控政策，先后出台了《关于促进天津市房地产市场平稳健康发展的实施意见》（津政办发〔2010〕64号）、《关于进一步贯彻落实国务院房地产宏观调控精神促进天津市房地产市场持续健康发展的通知》（津政发〔2010〕38号）、《关于加强房地产项目开发监管八项措施的通知》（津政办发〔2010〕93号），积极采取有效措施引导调控房地产市场。严格落实国家差别化住房信贷政策，对贷款购买首套商品住房的，首付款比例调整到30%及以上；对贷款购买第二套住房的，严格执行首付款比例不低于50%、贷款利率不低于基准利率1.1倍的规定。进一步加大保障性住房建设力度，土地管理部门要优先安排保障性住房建设用地。落实国家房地产交易环节税收相关政策，加强税收稽查。商业银行要加强对房地产企业开发贷款的贷前审查和贷后管理。进一步加强新建商品房预售资金监管。

【**房地产开发企业管理**】 截至2010年底，天津市具有房地产开发资质的企业1442家，比上年增长17.1%。按资质等级分：一级企业20家，占1.5%；二级企业102家，占7.2%；三级企业150家，占10.1%；四级企业559家，占38.8%；暂定资质企业611家，占42.5%。按企业性质分：国有企业72家，占5.0%；有限责任公司1218家，占84.5%；外资企业121家，占8.4%；集体企业16家，占1.1%；股份制企业15家，占1.0%。房地产开发企业户均注册资金1.8亿元，同比提高52.8%。进津外埠企业341家，新增注册资金453.03亿元，新增注册资金总量比上年增长63.6%。外资企业共121家，比上年增加了6.1%。

（王春英）

(3) 城市建设

【城市道路建设】 2010年，城市道路建设重点工程项目110个子项进展顺利，达到了预期计划部位。中心城区快速路工程完成了天津大道、团泊快速工程建设任务，建成中心城区快速路128公里，道路面积780万平方米，桥梁41座，桥梁面积220万平方米。天津大道完成道路、桥梁及绿化全部工程，于国庆前建成通车；团泊快速完成津涞立交桥、团泊快速西青段、团泊大桥、团泊大道等7个子项的道路及桥梁主体工程，年内主线具备通车条件。港城大道全长约17.4公里，道路面积48万平方米。东金路完成道路工程8.7公里，道路工程面积38万平方米，桥梁工程面积2.1万平方米，排水工程1.8万米，绿化工程25万平方米。城市配套道路工程全面完工。完成了真理道、珠江道、长江道以及会展中心周边共计77条配套道路工程，提升了城市交通环境质量。

【地铁及枢纽工程建设】 截至2010年底，地铁二号线工程地下站围护结构、土方开挖、主体混凝土浇筑全部完成；18个盾构区间双线贯通14个，盾构掘进累计完成总量的94%，铺轨累计完成总量的64%。地铁三号线17座地下车站围护结构全部完成，主体结构完成15座，高架站结构完成88%，高架区间结构完成83%；19个盾构区间双线贯通10个，盾构累计完成总量的71%；铺轨累计完成总量的26%。文化中心枢纽工程正在实施4座地下车站、3.9公里的区间线路建设，同时建设地下商业配套工程，包括5.1万平方米的地下商场、机动车停车场和非机动车车库各1个。截至2010年底，该项目地连墙、抗拔桩、立柱桩全部完成，主体结构混凝土累计完成36%。天津站交通枢纽工程完成李公楼立交桥改建、海河东路地道及主副广场地下工程、五经路地道工程等，在建轨道换乘中心主体结构基本完成，枢纽控制中心地下三层和地上四层主体结构完成。西站交通枢纽配套市政公用工程包含南北广场地下工程、公交场站、景观工程、五条市政道路、枢纽管理控制中心、排水泵站等19个子项工程。截至2010年底，各子项工程正在进行结构施工。

【风景名胜区建设管理】 盘山是国家级风景名胜区、首批国家5A级景区。全年共接待游客75万人次，实现旅游收入4600万元，同比分别增长10%和23%。2010年，修编《盘山风景名胜区总体规划》(2010～2025年)，并经国家住房和城乡建设部组织召开的2010年国家级风景名胜区总体规划部际联席会议审查原则通过。依据总体规划，编制《盘山雕塑园修建性详细规划》、《盘山房车营地修建性详细规划》、《盘山数字化景区建设规划设计方案》等重点区域规划。开工建设华北地区车位最多、功能完善、具有明清风貌和皇家园林风范的盘山综合服务区项目。建设盘山雕塑园项目。完善盘山数字化景区建设，扩大景区的信号覆盖面和监控区域。改造景区2000米步游道，水泥路肩全部改为石质，使景区基础设施与景观更加协调。实施景区环境治理工程，维修和新建环保垃圾箱，增设星级厕所，改造景区临时停车场为生态停车场，拆除破旧广告牌，进行绿化美化，设置引导标识牌，改善了进入景区的道路环境。

【20项重大交通项目进展情况】 20项重大交通项目总投资806亿元，截至2010年底已累计完成投资464亿元，占总投资的57.6%，已竣工7项，其中2010年竣工4项，分别是天津港国际邮轮码头、天津港北港池杂货码头、天津港航道拓宽和东疆港区基础设施建设。

【20项重大市政项目进展情况】 20项重大市政项目合计总投资1867亿元，截至2010年底已累计完成投资1018亿元，占总投资的54.5%；已竣工8项，总投资520亿元。2010年竣工4项，分别是津港高速一期、天津大道、团泊快速路和污水处理厂新建及改造工程。

（田宇）

【高速公路建设】 2010年，高速公路在建项目为5项，分别是续建的国道112线、津港高速、津宁高速、塘承高速、蓟汕快速路下穿津山铁路节点，高速公路建设总长度233公里。津港高速起点位于天津市外环线与洞庭路交口，终点位于大港区板港路与胜利路交口，路线全长25.1公里，2010年12月15日全线建成通车。国道112线天津东段起点位于汉沽区大神堂，终点位于武清区石各庄镇，路线全长93.5公里，其中唐津高速至京沪高速段于2010年12月底建成通车。塘承高速公路一期起点位于塘沽区境内规划京港快速处，终点位于宝坻区京沈高速公路互通式立交桥，路线全长66.5公里。2010年路基填方完成71.4%，桥梁下部结构完成97.3%，上部结构完成94.1%。津宁高速公路起点位于北辰区志诚道快速路与天津市外环线互通立交终点，终点位于宁河县兰台村西北，与津芦公路相接，路线全长48公里。2010年路基填筑完成87%，桥梁下部结构完成92.5%，上部结构完成89.3%。蓟汕快速路下穿津山铁路节点工程位于东丽区，由东大桥村至津塘路，全长470米，分为封闭段顶进箱体和两侧敞开段整体U型槽结构两部分。2010年完成框架桥顶进施工。

【供热管理】 截至2010年底，天津市集中供热面积累计达到2.4亿平方米，全市集中供热普及率达到85.2%，中心城区住宅集中供热普及率达到95.5%。按供热面积计算，燃煤锅炉房供热比例下降到67.3%，热电联产供热比例提高到26.8%，地热、燃气、燃油等清洁和可再生能源供热比例上升到5.9%。全年完成10万平方米老住宅补建供热任务和300万平方米热计量示范项目（包括30万平方米大板楼节能和热计量改造工程），拆除燃煤供热小锅炉房8座（小锅炉12台），并网面积63万平方米。截至2010年底，天津市供热计量试验面积已扩大到3000万平方米以上，继续保持全国领先地位，在2010年9月召开的"全国北方采暖地区供热计量工作会议"上，天津市的经验和做法得到肯定。为进一步规范供热、用热行为，市第十五届人大常委会第十五次会议于2010年2月25日通过了《天津市供热用热条例》，自2010年6月1日起施行。《天津市供热采暖费退还管理规定》、《天津市集中供热暂停和恢复用热管理办法》等配套文件也已颁布实施。编制完成《天津市"十二五"供热规划（送审稿）》，为天津市供热事业的进一步发展打下了坚实基础。

【建交系统国有集团监管工作】 2010年，天房、住宅、市政建设、房信、燃气、公交、自来水和城投8家企业集团资产总额5350亿元，同比增长20%；所有者权益1516亿元，同比增长24%。全年完成增加值41亿元，可比价增长26%；从业人员劳动报酬总额17.8亿元，同比增长18.6%；新增就业岗位2797个；营业收入352亿元，同比增长53%；利润总额36亿元，同比增长46%。综合实力和核心竞争力显著增强，城投、住宅、燃气、自来水、市政建设5家集团入选天津市100强企业。涉及房地产业的天房、住宅、房信、市政建设4家集团全年房地产开发面积1104万平方米，同比增长95%。其中保障性住房开发529万平方米，占开发总量的48%，同比增长50%。完成建筑业总产值67.4亿元，同比增长76%。其中天房集团2010年新增建筑施工产值10亿元，住宅集团增长50%、燃气集团增长50%、自来水集团增长23%、房信集团增长160%。公用服务业形成以市区为中心，辐射滨海新区和区县的发展态势，自来水集团全年售水量3.5亿立方米，同比增长9%；燃气集团实现供气12.1亿立方米，供销差率7.6%，同比下降了4个百分点；公交集团实现公交客运量9.3亿人次，同比增长6.3%，票款收入增长3%。8家企业集团通过股权融资、发行债券、基金、信托等方式全年融资1092亿元。城投集团成功发行中期票据和短期融资券。天房集团募集保障性住房投资基金和城镇化建设基金。住宅集团成功发起设立住宅产业投资基金。

【再生水厂建设】 2010年完成东郊、咸阳路2座再生水厂改扩建工程，新开工纪庄子再生水厂改扩建工程。东郊再生水厂改扩建工程位于东郊污水处理厂内，厂区占地规模1.7万平方米，服务范围为北起新开河，南至程林庄路，东起外环线，西至海河，服务面积约为52.9平方公里，并包括东北郊热电厂，设计生产能力5万吨/日。咸阳路再生水厂改扩建工程位于咸阳路污水处理厂内，总占地面积1.9万平方米（不含远期占地）。设计生产能力5万吨/日。正在建设的纪庄子再生水厂改扩建工程位于纪庄子再生水厂内，拟新增处理能力2万吨/日。本次改扩建最大限度利用了原有设施及设备，对膜车间、滤站进行改造，新建臭氧接触池，新增或改造相应设备、管道。更换变压器进行电力增容，并对现有自控系统进行改造完善。至2010年底，该工程管线切改、桩基施工及检测、主体土建、总图管道、办公楼暖通改造及绿化施工已全部完成，设备已全部安装调试完成。

【三项工程获中国人居环境范例奖】 2010年，天津市大板楼节能改造工程、天津大道绿化工程、梅江风景区工程获中国人居环境范例奖。完成了30万平方米大板楼节能改造，既做到了节能保温提高了室内热舒适度，又减少了有害气体排放，每年冬季采暖期可节约标煤4100吨，减少二氧化碳排放8900吨，减少二氧化硫排放2400吨。冬季室内供热温度可提高3~5℃，夏季空调同条件运行停机后，保持凉爽延长1小时左右。天津大道绿化工程位于天津市东南部，起点为津南区大沽南路与外环线交口，终点为滨海新区中央大道，全长36.2公里，道路为双向八车道快速路，中心绿化带宽10米，两侧绿化带各宽30米，绿化总面积297万平方米，绿化工程总投资8.1亿元。据测算，天津大道绿化有效降低噪音10~15分贝，每年能吸收二氧化碳3570

吨，产生氧气 2558 吨。梅江风景区工程坐落于著名的大梅江区域内，占地面积为 150 万平方米，主要包括景观湖和湖岸景观两部分，整合利用及建成景观湖泊 41 万平方米，新建绿地 29 万平方米，工程总投资 1.6 亿元。

【民心工程建设】 2010 年 20 项民心工程涉及建交委的工作有 5 个大项、17 个子项。截至 12 月底，全部完成年内任务目标。完成大板楼居住建筑节能改造 30 万平方米，涉及市内 4 个区，6000 户群众受益。改善居民供热、供水、供气条件。完成老住宅供热补建 10 万平方米，2000 户群众受益；新增住宅供热计量 300 万平方米。更新改造老住宅居民户内自来水管道 6.2 万户；改造中心城区老旧高层居民二次供水设施 402 处；实施自来水入村入户工程，实现西青区自来水供给全覆盖，4 万户村民受益。改造燃气旧管网 200 公里；铺设大港、黄港、津沽等天然气输气干线 118 公里；向北辰、静海、武清、宝坻、蓟县、宁河、汉沽铺设燃气中低压管网 155 公里；在全市范围内新发展燃气用户 13.4 万户。进一步方便市民出行。完成了围堤道同望小学、京津公路朗园、天津图书馆等 10 座天桥的建设。利用立交桥下空地开辟停车场，新增固定停车泊位 2489 个；人民公园、华龙道、食品街 3 座停车设施已进行基础施工。开展渣土运输撒漏专项治理活动。出台了《关于加强天津市建设工程渣土装运监督管理的通知》，全年完成渣土车辆密闭改装 1240 辆。对全市 160 个出土工地实行全天候的渣土运输检查，对全市 36 个工地实施了停产整改，有力保证了环境整治成果。开展水环境专项治理。新建、改造污水处理厂 29 座，新建排水管道 200 公里。改造白堤路和西南楼积水点，三年水环境治理任务全部完成。

（汪四旺、严美玲、城投集团、刘藏、
孙家宝、田宇、向永忠）

（4）建筑业与工程建设

【概况】 2010 年，天津市建筑业总产值继续保持高速增长。全市建筑业总产值达 2400 亿元，同比增长 26%，连续第 5 年增速保持在 25% 以上；实现增加值 480 亿元，同比增长 18%，高于天津市同期 GDP 增速。市属建筑业企业实现产值 1800 亿元，占建筑业总产值的 75%，其中，建筑业年产值达 10 亿元以上的企业有 49 家，1 亿元以上的企业有 278 家。本市建筑业企业在全国 30 个省市承揽施工项目，外埠完成产值 800 亿元。建筑业利税总额达 140 亿元，签订合同额近 4500 亿元。建筑业企业规模和资质水平保持快速均衡发展。全年新增建筑业企业 350 家，新增注册资本金 10.5 亿元，升级企业 104 家，增项企业 178 家。全市建筑业企业已达 2491 家，注册资本金达 265 亿元。按资质划分，全市总承包企业 422 家，专业承包企业 1467 家，劳务分包企业 602 家。按等级划分（不含劳务企业），全市特级企业 7 家，一级企业 231 家，二级企业 484 家，三级企业 1098 家，不分等级企业 69 家。

开展了建筑中介咨询企业综合评定工作，清除一批不达标中介公司，进一步规范了建设工程中介服务市场秩序。全市建筑业中介机构 269 家，其中监理企业 69 家，招标代理机构 88 家，工程造价咨询机构 80 家，工程项目管理公司 32 家。4.9 万人具有建筑工程类执业资格，2.4 万人具有建造师执业资格，其中一级建造师注册 6647 人，二级建造师注册 1.7 万人，8377 人具有三级项目经理执业资格；1.4 万人具有建设工程造价执业资格，其中 1833 人具有国家注册造价工程师执业资格，1.2 万人具有国家注册造价员资格；3300 人具有建设工程监理执业资格，其中 2046 人具有国家注册监理工程师执业资格，市建设工程监理工程师 1050 人。

坚持开放市场，以引进优秀企业为原则，共有 1388 家外埠建筑业企业进津备案，同比增长 37.2%，其中特级企业 129 家，同比增长 16.2%；一级企业 284 家，同比增长 30.3%。外埠施工总承包企业 477 家，同比增长 25.9%；专业承包企业 618 家，同比增加 47.1%；劳务分包企业 269 家，同比增加 30.4%；中介企业 24 家，同比增长 14.3%。外埠管理人员进津备案 3.5 万人，同比增长 27.2%；外埠建造师进津备案 4133 人，同比减少 6.3%。

【有形建筑市场建设】 把运用先进科学技术建设透明、规范的交易场所作为重中之重，确保开标、评标、定标等工程交易环节的规范运作、公正透明。一是建立封闭评标区，有效防止招标投标人对评标的干扰。二是建立语音询标系统。专家可以通过询标系统就投标单位技术方案中的有关内容向投标人提出质询。三是建立计算机辅助评标系统。专家在封闭评标区利用计算机辅助评标系统查阅相关资料、了解开标现场情况、进行分析和打分。四是建立开评标过程监控系统。实现开评标场所声像全方位电子监控，对评标人员的评标行为做到实时监控，形成公开透明的竞争环境。五是建立评标专家随机抽取自动系统。为加强对评标专家的管理，天津市开发了专家库管理和使用系统，实现了专家的申请、审批、抽取、通知、应答、考核等一系列自动化管理措施，加强了专家库管理和使用的全过程动态管理。

【进一步加快建筑市场诚信体系建设】 出台《天津市建筑市场信用信息管理办法》、《天津建筑市场信用信息管理办法和归集标准》和《天津市建筑施工企业信用评价试行办法》,建立天津市建筑市场信用信息管理平台,对促进天津市建筑市场健康发展起到了积极作用。全市已归集各类信息5万余条,对人员信息、企业信息、获奖及处罚信息等进行分类;对12家企业进行违规曝光,39家企业被列入"黑名单"。落实《招投标违规曝光办法》,实行市场黑名单制度,建立和推行奖优罚劣制度,为加强建筑市场监管,营造诚信受益、失信受损的市场环境打下了良好基础。

【市场监管水平显著提高】 完成《天津市建筑市场管理条例》、《天津市建设工程招标投标管理规定》和《天津市建筑市场信用信息管理办法》、《天津市建设工程造价管理办法》、《天津市建筑业农民工实名制管理规定》等地方法规和规范性文件的修订工作,形成基本完善的法规制度体系。

【深化建筑业农民工实名制管理】 在全市在施建设项目中建立农民工专项管理机构,总包企业设农民工管理专员,劳务企业设农民工管理队长,经当地建设行政主管部门培训后持证上岗。建立农民工上岗实名台账制度,对农民工进、离场和流动情况进行记录,并通过网络上传管理信息,以备建设主管部门实时监控。全市在施工程建筑业农民工实名制台账建立率达到98%以上。

【全面推行农民工工资预储账户制度】 农民工工资预储账户的设立,从源头上为农民工提供了保障。对于建立预储账户工作标准规范的建设项目,给予表彰,对近三年来有拖欠农民工工资行为的企业按规定收缴农民工工资保证金,起到惩戒作用。

【健全农民工保证金制度】 保证金是继农民工工资预储账户之后的第二道防线,建设行政主管部门可根据施工企业拖欠情况动用保证金及时支付民工工资。2010年,实行了农民工工资保证金管理制度全覆盖,要求所有在津施工企业都缴纳农民工工资保证金。

【实行农民工工资月结算制度】 先后组织2次建筑业农民工工资支付专项检查,共涉及在施项目440个,涉及总包企业287家,发放整改通知单212份,各项制度落实率达到85%以上,推出农民工管理示范工地25家。

【建立全市建筑业劳务用工信用体系】 实行建筑业企业劳务用工行为与企业资质、信誉挂钩制度,并依据建筑市场诚信管理标准进行评分,纳入行业信用体系管理工作中。按照建筑市场黑名单制度,全年天津市共对46家存在劳务用工违规行为的企业进行了行政处罚,清出一批发生恶性集体讨薪和用工管理混乱的低素质企业。

【建立农民工突发事件应急机制】 通过全市农民工管理网络系统对全市在施项目农民工实施动态监控。坚持预防为主,不断强化各项预防措施,防患于未然。"建筑业农民工突发事件应急机制"在国庆、元旦和春节等重要节假日和重大活动期间发挥了重要作用。

【提升建筑业农民工整体素质】 从政府、企业、施现场三个层面加强农民工的技能和素质培训。一是筹建建筑业农民工学校,创建集劳动技能、法律、安全防护知识于一体的综合农民工培训基地。二是在施项目普遍建立了农民工业余学校,印发了建筑业农民工技能培训、法律常识等专用教材。坚持"按需培训、学用一致、讲求实效"的原则,采取施工现场培训、岗位学习、技术攻关等多种培训形式,提高农民工的劳动技能和整体素质。三是开展建筑业农民工职业技能鉴定。鼓励建筑业企业组织所属农民工参加职业技能培训。"十一五"期间,天津市建筑业农民工有1人获得全国精细木工状元,6人获得全国技术能手,11人获得天津市技术状元,30人获得天津市建筑业技术能手标兵称号,57人获得天津市技术能手称号。

【大力加强建筑业农民工精神文明建设】 以《天津市建筑业农民工丛书》为主要内容,加强建筑业农民工安全质量意识,普及生活常识,不断提高职业道德水平。设立法律咨询服务中心,邀请维权律师进驻工地免费为建筑业农民工讲解法律知识,举办维权知识讲座。组织开展丰富的文化体育活动,进一步提高农民工文化生活质量。

【工程安全管理】 2010年,天津市建筑业百亿元产值伤亡率控制在1.2以下,建设工程未发生较大以上安全事故。颁布实施《建筑工程模板支撑系统安全技术规程》和《天津市市政工程施工现场安全管理标准》,出台了《天津市建设施工机械监督管理规定》、《天津市建设工程深基坑质量安全风险保证金实施办法》。实行地下超深基坑工程第三方检测管理办法及降水管理办法,实施建筑起重机械使用登记报件人注册制度和建筑工程建设、施工、监理单位安全责任书制度。推动组建区、县质安监管支队工作,13个区、县完成组建。成立建筑施工企业质量安全督查队,以及由180名抢险队员和3个专家组组成的应急抢险大队。成立市建设工程应急指挥中心,建立工程信息查询（GIS）系统，探索起重机械安全监控系统和远程网络安全监控管理模式。组织开展社会保障房、建筑节能、超高和深基坑工程、高大模板支撑系统、起重机械设备等16次专项检查和3个百日综合大检查，确保建设工程安全生产处于受控状态。

【工程质量管理】 2010年，建设工程质量管理工作着力于整合建设质量监管资源，统一执法程序和标准，坚持以信息化管理推动监管手段上水平，加强法规建设，修订质量法规和有关技术标准规定，开展多种形式的监督执法检查，打击违规行为，确保建设质量始终处于受控状态。通过开展监督执法检查，落实企业自控责任，共进行了16次专项大检查和3个百日综合大检查，主要参建单位签订《建设工程三方主体单位质量责任书》，强化质量意识。连续20个月组织11次200家特级、一级施工单位和各区、县每月观摩10个样板工地。对施工企业一线工人进行全员培训，培训率达到80%以上。对约2万施工企业管理人员进行强制性技术标准培训。对参与-14米以下深基坑和地铁隧道施工企业的一级项目经理进行专项培训。通过规范监管工作程序，从三个方面提高了监管水平：一是规范监督检查程序，统一执法检查内容和标准，确保监督工作不缺位、无漏失。二是规范行政处罚工作程序，明确行政处罚案卷的证据要件，增强执法的权威性、公正性和震慑力。三是规范事故调查工作程序，明确事故报告的时限和处理事项，确保事故调查处理工作科学、及时，促进监管工作水平的提升。

【工程质量检测管理】 2010年，天津市工程质量检测管理体系进一步完善，质量检测装备、环境条件、检测综合能力、检测工作质量和管理水平均有明显提高。拥有检测门类较多、基本能够满足建设工程发展需要的检测机构60余家，20余家检测机构共投入5000余万元进行了检测环境和检测仪器设备的更新改造。以检测机构资质、业务范围与出具检测数据相关性管理为重点，开展了建筑结构用试块与试件的力学性能与化学分析、建筑工程的节能保温检验、建筑结构与使用功能现场检测和市政工程压实度等参数检测数据真实性的专项检查，开展多项涉及结构质量和使用功能等重要参数检测能力的验证。通过专项检查和验证，检测合格率由原来的78.1%提高到92.6%。出台了《天津市防火界面层复合保温板水平阻燃性能试验导则》、《天津市建设工程质量检测项目分类技术规定》，编写了《建设工程质量检测见证与取样人员手册》、《建设工程质量检测机构信用手册》和《天津市建设工程质量检测人员培训教材》。

【文明施工管理】 2010年，天津市建设工程文明施工管理工作得到进一步深化，全市共评选出200个市级文明工地，其中100个获示范样板工地称号。每月开展安全文明施工标准化示范企业、示范工地和先进个人评选活动，组织特级、一级施工单位、区县建委及功能区建设局进行样板工地观摩。成立渣土运输和围挡提升专项检查治理小组，设计《围挡标准图集》，与市交管局、综合执法局等部门联合执法，集中治理工程渣土运输撒漏。组建渣土管理站，建立信息化监管平台，实行远程监控工地出入口、企业化市场准入、车辆密闭改装等规范渣土运输管理。出台《建设工程绿色施工导则》，制定8项措施治理施工扬尘污染。制定《天津市地下管线安全管理暂行办法》，下发《天津市地下管线信息管理技术规程》、《关于进一步加强建设工程施工现场地下管线安全保护工作的紧急通知》，采取7项举措确保地下管线安全运行。开展夜间施工扰民专项治理活动，对469个项目进行了1449项次的检查，对65个项目下达停工整改通知单100份，对12个项目下达责令整改通知单，对13家违反文明施工管理规定的企业给予行政处罚，解决施工扰民问题。

【优质工程】 2010年，天津三建建筑工程有限公司承建的大港区文化艺术中心工程、天津建工工程总承包有限公司承建的上海烟草（集团）公司天津卷烟厂"十一五"技术改造项目联合工房工程、天津天一建设集团有限公司承建的天津市中心妇产科医院迁址新建工程门急诊住院综合楼、中铁六局集团有限公司和天津市第六市政公路工程有限公司承建的天津市快速路南仓道铁东路立交桥4项工程荣获2010年度中国建设工程鲁班奖。天津三建建筑工程有限公司承建的天津市安定医院迁址新建工程等10项工程获国家优质工程奖。全市161项工程获海河杯优质工程奖，139项工程获海河杯优秀勘察设计奖，200个工地被评为市级文明工地。

【工程勘察设计】 截至2010年底，全市勘察设计单位共278家，其中甲级和乙级272家，按行业划分建筑76家，市政17家，勘察25家，专项设计108家，其他行业（石化、机械、纺织、建材、铁路、水运、冶金等）52家。全市共有勘察设计从业人员3.5万人。其中高级职称9603人，占34.66%；注册人员2476人。全行业实现营业收入315亿元，完成房屋建筑施工图设计9053万平方米。全年科技活动费用投入12亿，比上年增长45%。营业税金8.1亿元，比上年增加14%。

2010年评选出天津市"海河杯"优秀勘察设计奖139项,其中天津市建筑设计院完成的天津金融城津湾广场一期工程等4个项目荣获设计类特等奖;天津市勘察院完成的月东油田开发项目平台安装与海底管线铺设地球物理勘察与工程地质勘察等5个项目荣获勘察类一等奖;天津市市政工程设计研究院完成的西安浐灞河生态区2号桥工程等21个项目荣获市政公用类一等奖。2010年天津市勘察设计单位荣获部级优秀勘察设计奖44项,其中天津市勘察院完成的陈塘庄热电厂三期扩建工程荣获勘察类一等奖;天津市建筑设计院完成的中新天津生态城服务中心、天津城建设计院有限公司完成的天津市富民桥工程等7个项目荣获设计类一等奖。

【招投标监管形成招投标监管长效机制】 出台并全面实施《天津市建设工程招标投标监督管理规定》(市政府30号令)。重点突出国有投资项目,进一步规范招标投标行为,建立科学、严格的监管体系,较好地解决了原有规定法律调整范围过窄、招标规模与范围规定不适应天津市形势发展需要、对投资主体多元化支持不够、对违规情形处罚的规定不够细致和对评标专家、代理机构管理乏力等问题。

【建立责任明确、顺畅有效的监管体制】 落实市委、市政府"两级政府、三级管理"要求,建立以区管为主,市管重点和督查的招投标管理体系。在市政府批准的建设交通委管理机构"三定"方案中,明确了招投标投监管内容,成立专门的监管机构——招标投标管理处,招标投标监管力度和监管水平得到明显提高。创新的招投标监管机制受到市纪委和中央检查组肯定。

【建立更加透明阳光的交易平台】 制订《天津市工程交易中心建设标准》,对全市有形建筑市场进行了全面改造升级。所有评标场所都实行开标区与评标区、建设单位评委与专家评委、评标人员与招标代理人员分离的"三分离"评标方式和全方位、全过程的音像监控,有效防止了业主评委和招标代理人员左右评标专家意见、评标专家泄露评标情况等问题的发生。

【建立网络监管系统】 建成并不断完善网络化、数字化、信息化的网上有形建筑市场,即"天津市建筑市场监管信息平台",从发布公告、投标报名、招标文件到中标结果备案全部进行网络动态监管,有效防止了暗箱操作和人为因素干扰投标,实现了建设行政主管部门、纪检监察部门对建设项目的"一控四监督",即建筑市场动态网络平台监控,对建设工程交易监督、对企业信用信息监督、对企业及从业人员监督、对企业动态信息监督。

【积极改进招标投标监管方式】 实行业务监督与纪检检查联动。与纪检监察部门建立联席会议制度、联合检查制度、案件查处移送制度,将行政效能网络监督系统引入建筑市场管理。针对工程建设廉政风险防范,对招标投标管理的14个环节梳理了30个廉政风险防控点,明确了39项防控措施。实行市、区两级监督机构联动。通过明确市区两级建设行政主管部门责任分工,建立违法违规招投标案件统计制度、分析报告制度、投诉处理解决制度等,形成市、区两级管理部门对招投标违法案件分工协作、综合解决机制。加大有关规定制度的落实力度。开展以查违章、堵隐患、打击转包挂靠为内容的综合检查和招投标专项检查4次,查处市场违规问题47起,罚款71.6万元。

【加强对工程招投标的前期服务】 对重点工程早介入、早计划、早协调。从工程立项开始就主动服务、全过程服务。组成调研组,下基层调研管理工作。对区县招投标监督管理工作难点、热点问题进行调研分析,有针对性地制定解决措施,统筹解决管理过程中出现的问题。抽调业务骨干成立"重点工程前期服务组",变坐等式办公为专门人员、专门时间上门服务。搞好计划和准备,做到掌握项目计划和安排、掌握上级意图、掌握环节难点。深入梳理,提出招投标建议预案;理清难点。抓好协调落实。2010年走访服务了30多个大建设单位,涉及下属相关单位100余家,子工程113个。先后对西站、地铁、津湾广场、于家堡金融区、文化中心、海河教育园、泰安道改造工程等53个重点建设项目和民心工程进行现场指导服务260余次,受到投资单位和基层施工企业的一致好评。2010年全市共完成施工招标1525项,中标规模5457.9万平方米,中标价801.1亿元。其中公开招标1255项,中标规模4681.7万平方米,中标价632.4亿元,占全部中标价的85.8%;邀请招标270项,中标规模776.2万平方米,中标价168.7亿元,占全部中标价的14.2%。

【重点工程完成情况】 2010年,全市施工面积9080万平方米,同比增长16.7%;竣工面积3160万平方米,同比增长34.5%;全市新开工面积3650万平方米,同比减少17%。市政府确定的80项市重点工程中,77项进入实施阶段,施工面积1510万平方米,竣工495万平方米。其中天津临港造修船基地等7个项目进行基础施工,太重临港重型装备制造基地项目等21个项目进行主体施工,长城汽车及零部件生产项目天津分公司年产5万辆乘用车生产基地建设项目等19个项目进行装修或设备安装，天铁产品结构调整项目优质线材和棒材生产线工程等30项或部分子项竣工，天津南疆热电厂一期工程、天津北塘热电厂一期工程、京津城际引入机场线工程3项处于前期准备阶段。

（陈璟滨、王赤贞、杨林、高科义、仝广元、倪树华、苏磊、吕继东、秦臻）

（5）建设科技与节能

【概况】 组织完成部级课题27项、委级课题23项。其中4项研究成果达到国际先进水平，16项研究成果达到国内领先水平，6项研究成果达到国内先进水平。

【钢结构设计施工与混凝土浇筑技术居国内领先水平】 津塔工程施工通过采用国际先进的施工定位测量、远距离钢管混凝土泵送顶升和混凝土配合比控制等综合技术，实现了4米厚基础底板、2万立方米大体积混凝土连续浇筑，开创了天津市建筑高度超过300米的施工先河。

【地下工程施工技术水平明显提高，施工技术取得突破性进展】 天津站交通枢纽工程地连墙施工达到66米，基坑开挖深度达到32米，最大基坑开挖面积达12万立方米，是国内交通枢纽中最大的基坑，标志着天津市地下工程施工技术正在不断成熟。

【盾构掘进成套技术更加成熟，施工水平显著提升】 在地铁建设中，针对地下管线多、道路两侧建筑物保护性建筑多、盾构穿越风险及社会影响极大等问题，为确保安全穿越，通过组织科技攻关，在施工中采取了匀速连续施工减少土体扰动、信息化施工、纠偏控制、盾尾防漏、土体改良、二次注浆与跟踪注浆等一系列综合技术措施，实现了成功穿越，保证了地铁施工的质量和安全。

【建筑平移顶升技术居国内领先水平】 具有百年历史的西站主站楼平移顶升施工工程采用具有自主知识产权的大型同步顶升移位装备和先进的磁位移传感器监测实时技术，实现了安全、平稳、准确平移到位，创造了单体建筑物（自重6000吨）顶升距离175米的全国之最。

【环境治理重大科研专项进展顺利】 国家重大科研专项《水环境综合治理技术集成与示范》和国家重大科技支撑项目《滨海盐碱地绿化关键技术研究与集成示范》，以及天津市长科技创新基金项目《大沽排污河改造技术研究与示范》、《天津滨海盐碱地绿化技术集成示范》、《中新生态城污水库治理关键技术研究与工程示范》等项研究进展顺利。其中大沽排污河底泥的处理与综合利用的研究已取得阶段性科研成果，并已将成果应用于污泥筑路工程中；在水资源综合利用方面，梅江华夏津典居住区雨水收集和再生水利用示范项目采用国内领先的过滤除藻技术研究，使人工湖水质处理工艺取得突破性进展。

【绿色公交取得重大科技突破】 《混合动力电动车公交示范工程》研究取得重大成果，样车的各项技术指标均检测合格，首批20部混合动力电动车已投入生产；公交集团和燃气集团联合组织开展公交车改用天然气系统工程技术攻关取得重大成功，其尾气排放达到欧Ⅲ标准，目前已经有9条线路、219部天然气环保公交车投入运营。

【建筑节能和资源节约利用】 2010年，天津市坚持可持续发展的原则，积极应对日趋加强的资源环境约束，树立绿色、低碳发展理念，加大建筑节能和资源节约利用工作的力度。完成《天津市建筑节能管理条例》报审稿，并列入市人大2010年立法预备项目。组织编制建筑节能、墙体材料和散装水泥、可再生能源、城市供热等4项"十二五"发展专项规划。严格执行住宅三步节能标准，累计建成节能住宅7200万平方米，节约标准煤283万吨。实施十项管理制度，依托建设工程质量安全监督管理总队加强建筑节能执法检查工作。加强外保温安全防火监管，实施外墙保温工程六项安全防火管理强制性措施。编制并印发《天津市建筑节能技术和产品推广、限制、禁止使用目录》。累计建成100项可再生能源和绿色建筑示范项目，其中14个项目和4个示范县(区)被列入国家可再生能源应用示范项目。完成30万平方米大板楼节能改造，累计完成既有建筑节能改造1380万平方米，超额完成建设部下达的任务。建成三步节能住宅1600万平方米。2010年完成165栋公共建筑能耗数据上传，累计实现数据上传的公共建筑有249栋。积极开展公共建筑节能改造试点工作。2010年7月开展了全市商场、酒店、办公建筑夏季空调温度检查，取得较好效果。全市新型墙体材料年生产量达64.5亿块标砖，占全市墙体材料应用率的79%。全市散装水泥使用量达1600万吨，水泥散装率达到95%以上。综合利用固体废弃物595万吨。拥有新型门窗生产线600多条，年生产能力3000万平方米。2010年2月9日进行了我国第一笔基于国家强制性能效标准的能效产品交易。成立天津市民用建筑能效交易专业委员会，逐步完善相关程序，初步形成民用建筑能效交易运行模式。

（姚晓光、支家强）
（天津城乡建设和交通委员会 李菁）

河 北 省

1. 政策法规

【《河北省城乡规划条例》立法取得进展】 9月29日，河北省政府常务会议通过了《条例（草案）》并提交省人大审议。11月25日，河北省十一届人大常委会第二十次会议进行了第一次审议。《条例（草案）》在贯彻落实《城乡规划法》的基础上，结合河北省实际开拓创新，巩固了房地产和固定资产投资行政审批制度改革、规划设计体制改革成果，将多年行之有效的一系列工作经验上升为法规规定，具有较强的针对性、可操作性。

【法规规章清理成果显著】 围绕2010年建立比较完善的中国特色社会主义法律体系这一总体要求，按照河北省人大、省政府统一部署，对河北省住房城乡建设厅起草的11部地方法规、17部政府规章、61件省政府及办公厅颁发的规范性文件和1092件厅颁发的规范性文件进行了全面清理。对地方法规建议保留3部、修改4部、列入立法计划修改4部，并提出了37条具体修改意见。对政府规章建议保留12部、修改2部、列入立法计划修改2部、废止1部，并提出了20条具体修改意见。对省政府及办公厅文件建议保留27件、废止30件、宣布失效4件。对厅发规范性文件保留289件、废止200件、宣布失效32件，经研究甄别不属于本次清理范围的603件。此次清理共涉及1181个文本、350多万字，时间跨度达60年。

【扎实推进机关行政审批制度改革】 规范许可申请材料。对住房城乡建设厅实施的21项行政许可事项、需提交的594项材料进行清理规范，对原规定中12项不必要的申请材料予以删减；对原规定未要求提交的6项必备材料依法要求提交；对原规定过于笼统、原则的10项申请材料，按照便民的要求予以细化；对原规定含混不清的8项申请材料予以明确。精简许可事项，拟将3项行政许可事项的子项，委托设区市及重点发展地区县（市）建设部门实施。推进规范许可自由裁量权。对所实施许可事项的2543项许可条件进行梳理，提出参考裁量细化点117个，明确裁量细化点72个。制定《关于加强行政审批制度改革长效机制建设的实施意见》，完善审批制度，建立长效机制。

【强化行政执法监督检查】 组织河北省房地产市场执法大检查，随机抽取44个在建房地产开发项目、37个房屋拆迁许可案卷、29个拆迁裁决案卷、33个商品房预售许可案卷、22个房地产处罚案卷、17个部门的行政执法原始记录，对行政执法情况进行全面监督检查。针对发现存在的10类问题，提出系统的改进工作的意见和建议，并将检查情况向全省通报。对住房和城乡建设厅实施的113件行政处罚案件依法进行审查，对21家企业实施或建议暂扣或吊销安全生产许可证，26名个人暂扣或收回资格证书，对96家单位实施罚款327.5万余元。

【全面完成"五·五"普法工作】 按照住房和城乡建设部、省普法办的总体部署和要求，紧密结合河北省和系统实际，以"弘扬法治精神，共建和谐行业"为主题，在全系统开展具有行业特色的"法律八进"活动，按计划、按步骤、按要求开展"五五"普法工作，收到良好效果。2010年7月份，组织对11个设区市52个局、36个二级单位、69个场所和11个县的26个场所，进行了全面检查。"五五"普法工作也顺利通过住房和城乡建设部、省普法办验收，认为河北住房城乡建设系统"五五"普法"方法措施有力，宣传形式多样，效果明显"。

2. 建设教育培训

【政策文件】 为加快推进河北省城镇化进程和"三年大变样"工作，努力打造一支高素质城乡规划和勘察设计人才队伍，经河北省委、省政府领导同意，河北省委办公厅、省政府办公厅印发了《关于加强全省城乡规划和勘察设计人才队伍建设的实施意见》（冀办发〔2010〕6号）。

【干部培训】 组织举办《河北省领导干部上海世博园考察培训班》（一期）、《河北省加快推进城镇化建设县（市）领导干部专题培训班》（三期），河北省各设区市市长、主管市长、建设规划局长、省直部门负责人以及各县（市、区）长、主管城建的副县（市、区）长，共336人参加培训。委托河北农业大学、天津城建学院举办两期以加快城镇规划、推进新民居建设为主题的《全省城镇化与小城镇规划建设管理以及新农村建设专题培训班》，省、市培育的省级重点镇镇长及部分建制镇镇长120人参加培训，对河北省全力抓好省确定的农村新民居示范村的规划建设工作将起到积极的推动作用。组织举办"周末大讲堂"活动和"建筑创作高端论坛（系列）"11期（内容包括：城镇规划、建筑创作、绿色建筑、造价管理、工程管理、新型建材等），厅机关、厅属单位干部及有关市、单位工程技术人员共计1750人次参加听课。讲堂（论坛）邀请国内外知名的规划建筑设计大师及专家学者主讲，通过对每期讲座的满意度调查，综合显示收到了好的效果。

【执业注册】 河北省建设类执业资格注册包括城市规划师、建筑师、勘察设计注册工程师、造价工程师、监理工程师、建造师、物业管理师、房地产估价师以及房地产经纪人等共九大类25个专业。截止到2010年12月各专业已注册总人数为56307人。2010年执业注册人员参加继续教育16241人。

【三类人员安全考核】 河北省工程建设"三类人员"安全生产考核，内容包括安全知识和管理能力两个方面，其中安全生产知识考核通过计算机考试，实行计算机随机抽题、考生使用计算机答题；管理能力考核结果根据建设工程安监机构的监督结果和其安全生产业绩进行打分。全省2010年共培训考核企业主要负责人、项目负责人、专职安全管理人员（三类人员）3.5万人。

【行业专业技术管理人员培训】 为提高建筑工程企业干部职工队伍素质和工作能力，对建筑施工企业基层专业技术管理人员实施培训，并实行统一考试，考试的岗位包括：土建施工员、电气施工员、水暖施工员、土建施工预算、安装施工预算员、资料员、材料员、测量员等8个。2010年培训考试专业技术管理人员1.85万人。

【职业技能培训鉴定】 积极开展建筑劳务人员职业技能培训与鉴定，大规模开展就业岗前技能培训和在岗技能提升培训，大力实施建筑劳务人员上岗培训制度和职业资格证书制度。按照职业技能标准以及培训内容，充分发挥建筑工地农民工业余学校和当地培训机构进行培训，2010年全省培训建筑劳务人员6.12万人。

【建设职业技能大赛】 为进一步推进河北省建设行业高技能人才队伍建设，按照河北省"2010职业技能竞赛年"活动安排，组织开展河北省建设职业技能大赛活动，竞赛工种为：建筑模板工、镶贴工、测量放线工。全省10个设区市、4个厅驻外建管处及4所高职院校共推选出70位选手参加了全省比赛，对获名次选手，按有关规定授予了荣誉称号及资格证书。

【村镇建筑工匠培训】 按照河北省人力资源和社会保障厅等六部门《关于做好2010年农村劳动力转移培训阳光工程实施工作的通知》要求，在全省实施"阳光工程村镇建筑工匠培训"项目。对农村劳动力进行职业教育和就业能力培训，培育一批掌握一定技能的村镇建筑工匠，为农房建设和农村危房改造提供合格技术人员。2010年完成阳光工程村镇建筑工匠培训8400人。

3. 城市建设与市政公用事业

【概况】 采取开会动员、现场检查、约谈通报等多种方式，加大市政公用各行业及园林绿化、市容环卫等行业的监管和督导力度，指导各市按计划、分步骤实施各项年度计划，以提高城市承载能力、改善城市人居环境、提升城市管理水平为重点，不断强化党风廉政建设，圆满完成了质量责任目标和各项工作，污水垃圾处理设施建设、数字化城管平台建设、供热计量改革等工作在全国走在前列。

【城市建设发展规划和技术标准】 研究制定《河北省城市建设"十二五"发展规划》，并已上报；完成《河北省城市发展方式转型研究报告》，已上报省政府；省住房和城乡建设厅与省发改委、省环保厅一起，完成《河北省城镇污水处理设施建设"十二五"规划》和《河北省城镇生活垃圾无害化处理设施建设"十二五"规划》；制定《河北省城市容貌整治导则》、《河北省城市园林绿地养护与水体景观管理技术导则》、《河北省城市绿地设计导则》、《河北省城市园林植物应用导则》、《河北省城市户外广告设置导则》、《河北省城市照明设施整治技术导则》和《河北省城市道路桥梁整治技术导则》。

【污水和垃圾处理设施建设】 抓项目调度，实行月通报制度，召开2次工作调度会。紧抓资金落实，核查申请"以奖代补"资金项目，经省政府同意下拨建设资金近2亿元。紧抓运行管理，规范设施运行管理工作，对污水垃圾信息上报系统进行培训。狠抓督导验收，对建设项目开展2次现场逐项核查。全面完成142个污水处理项目、123个垃圾处理项目建设任务。

【供热计量改革】 制定相关政策。河北省人民政府办公厅印发落实国家供热计量改革工作意见文件。开展调研培训。开展供热计量政策与技术培训，完成既有建筑供热计量改造技术路线研究报告。加强督导落实。建立供热计量改革月报制度，召开供热计量改革工作会议。全省既有居住建筑热计量改造完成3230万平方米，收费面积达5100多万平方米。

【环境容貌综合整治】 制定政策导则。编制完成7项技术导则，指导市容卫生、城区水系等六方面的专项整治建设工程。开展鲶鱼行动。经省政府同意，启动了"鲶鱼行动"专项督导检查工作。暗访巡查4次、普查2次，发现问题1871个，整改完成率达到98%。督导工作进度。对容貌整治和百项重点工程中的滨水环境景观建设项目，实施月报制度。推进民生工程。完成支路背街小巷改造411条，建设综合性公园35个。强化技术支撑。在全国率先实现所有设区市形成以市级为主导、区级为主体、街道为基础的新型网格式数字化城市管理模式。

【绿化和园林城市创建】 加强城市绿化。完成植树1140万株、新增游园102个、片林106个、审查命名省级园林式单位、小区、街道346个，新增园林绿地面积5300公顷。评选十佳公园。经省政府同意，命名全省首批"十佳公园"。创建园林城市。创建完成29个省级园林城市、县城、城镇，省政府全部命名。组织首届园博会。研究制定首届园博会总体方案，召开招展部署会议，督导开工建设园博园。

【宜居城市环境建设】 设立人居环境奖。印发《河北省人居环境奖评选暂行办法》，报省政府命名了10个"河北人居环境范例奖"，1个项目荣获中国人居环境奖。启动风景名胜区申报。对22个申报省级风景名胜区进行审查，提请省政府命名17个。

4. 村镇建设

【部署农村新民居规划建设工作】 印发《河北省镇、乡和村庄规划编制导则》（冀建村〔2010〕130号），进一步明确了镇、乡、村庄的规划编制内容深度。印发《关于加强农村新民居示范村规划建设指导工作的通知》（冀建村〔2010〕269号）、《关于公布农村新民居建设示范村联系点和污水集中处理试点村镇的通知》（冀建村〔2010〕248号）；为部署全年的镇乡村规划工作，还报请省政府同意，印发《关于做好2010年全省镇乡村规划编制工作的指导意见》（冀建村〔2010〕271号），这些文件对县（市）域镇村体系规划修订完善、2000个农村新民居示范村规划编制以及农村新民居设计、施工指导、推动示范村基础设施和环境设施建设等工作做出具体安排。

【成立新民居规划建设指导机构】 为加强对新民居规划建设指导，成立农村新民居规划建设领导小组，统筹负责全省农村新民居规划建设领导工作；成立农村新民居规划建设专家咨询服务小组，负责对农村新民居规划、建设的技术指导和服务，解决规划设计和施工等方面的问题。设立省住房和城乡建设厅新民居建设联系点。在石家庄市选择3个、在其他各市选择1个新民居建设示范村，作为直接联系点，组织规划、建设等方面专家，指导全省新民居规划建设，打造新民居建设示范样板。

【编制新民居图集】 委托清华大学、河北农业大学分别对冀东、冀南和冀北、冀中地区进行民居特色研究，制定分地域民居方案式样。组织村镇规划设计评优，筛选优秀方案印发图集，编辑完成《河北省农村新民居示范图集100例》、《河北省村镇优秀规划设计成果选编》。组织召开《河北省农村新民居示范图集100例》、《河北省村镇优秀规划设计成果选编》新闻发布会，图集赠阅省领导，免费发放市、县规划设计单位5000余册，不断提高农民建房质量。

【开展实施农村危房改造】 完成2010年农村危房改造任务的分解工作。在2009年农村危房改造试点基础上，将试点范围扩大到40个国家扶贫开发工作重点县。有关市已将危房改造责任目标，按照上年度任务完成情况、危房底数、年度改造申请数量和适度平衡等因素分解到各试点县。为推进工作顺利开展，多次与省发改委、财政厅沟通协商，印发《关于做好2010年扩大农村危房改造试点工作的通知》（冀建村〔2010〕298号）文件，明确目标任务和工作措施。

【召开全省农村危房改造试点调度会】 将农村危房改造任务逐级分解落实到乡镇、村组或改造农户。为推进工作，实行月通报制度，各有关市、县明确专人负责收集、汇总上报当月危房改造进度情况数据，并作为工作考核依据。不定期召开10余次农村危房工作调度会议，利用农村危房改造管理信息系，组织具有专业技术、施工经验的人员，对农村危房改造、建筑节能示范等进行技术指导，引导改造农户按标准建设舒适够用或可扩建式的住房，同时开展房屋质量安全检查，确保房屋施工质量。

【推进农村危房改造管理信息系统改造工作】 利用新版"全国扩大农村危房改造试点农户档案管理信息系统"管理平台，充实整理危改农户档案资料并及时录入，把好信息录入质量关，同时发挥其进度查询、数据检查等项功能，及时监控工作进展情况。为进一步强化各地对农村危房工作的监管力度。2010年，河北省政府确定改造5万户的任务目标，并与各设区市签订了目标责任状，实际完成5.07万户。据信息系统显示和住房城乡建设部检查，河北省在危房改造工作进度、档案管理、信息系统应用等方面的工作比较靠前。

【推进村镇污水处理和城乡一体化垃圾处理工作】组织召开城乡一体化垃圾集中处理、污水处理试点座谈会，对村镇污水和城乡一体化垃圾处理试点工作进行调度。印发《关于推进城乡一体化垃圾处理的指导意见》（冀建村〔2010〕482号）。有关试点县、村镇制定了实施方案。

【配合有关部门开展农村环境综合整治】根据河北省委省政府关于全省村庄环境综合整治的实施意见，完成对沧州、衡水两市18个村庄环境综合整治的明查、暗访，完成唐山、秦皇岛两市19个村的环境综合整治检查工作，撰写调研报告。会同或配合有关处室进行了村镇工程质量安全管理体制调研，加强相关工作。农村新民居的工程质量安全工作由县级建设部门直接监管。

【积极推动偏桥村规划建设】为贯彻落实温总理视察滦平县偏桥村的指示精神和河北省委、省政府帮扶工作部署，派员赴滦平县偏桥村进行帮扶，多次到偏桥村调研视察，协调规划编制及帮扶工作。河北省住房和城乡建设厅直接援建的综合服务楼已竣工。指导偏桥村学校、幼儿园等公共设施和基础设施建设。

5. 建筑节能与建设科技

【概况】2010年，河北省城镇竣工节能建筑2604.1万平方米，累计竣工节能建筑1.98亿平方米，约占河北省城镇建筑面积的20%以上；新建建筑施工图设计阶段节能标准执行率达100%，竣工验收阶段达99.1%；累计完成既有居住建筑供热计量及节能改造项目3230万平方米；可再生能源在建筑中一体化应用建筑面积937.5万平方米，占竣工面积的36%（太阳能光热应用建筑面积622.4万平方米，浅层地能315.1万平方米）。建设科技工作取得新成绩。2011年，53项科技项目被列为省指令性计划，75项作为指导性计划下达。列入住房和城乡建设部计划6项、科技示范工程项目6项。加强对科研项目的督导工作。组织对52项科研成果进行鉴定，其中"碳纤维电热板采暖系统应用研究"等5项达到国际先进水平，"河北省历史文化村镇保护发展研究"等27项达到国内领先水平。

【开展建筑节能与科技工作对标活动】制定了对标工作方案，从国内先进省市、周边省（区）、各大区域代表省份和直辖市中，选择天津、江苏、山东、内蒙古、山西、福建、青海、河南等8个省（市、区），开展建筑节能和建设科技工作对标。通过对标分析，找差距，定措施，以进一步推进全省建筑节能和科技工作。

【推动绿色建筑示范小区建设】起草《关于推进河北省绿色建筑示范小区建设工作的指导意见》及建设导则。印发《河北省"十佳建筑节能示范小区"评选办法》，组织开展了全省十佳建筑节能示范小区评选工作。

【既有居住建筑供热计量及节能改造强力推进】2010年完成既有居住建筑供热计量及节能改造项目1685万平方米，是上年的2.8倍。全省累计完成3230万平方米，分别超额115.3%和61.6%完成国家和省下达的1500万平方米和2000万平方米的目标任务。石家庄、邯郸等市推进工作的力度大，进度快，效果好。石家庄市实现了跨越式发展。

【推进可再生能源在建筑中一体化应用】2010年完成可再生能源建筑应用814.22万平方米，可再生能源建筑应用率为36%。积极争取国家可再生能源应用资金补助项目，承德市和大名、迁安、南宫列入国家可再生能源建筑应用示范城市和示范县。灵寿县中学太阳能光电项目等6个项目，列入国家2010年太阳能光电建筑应用示范项目。年度示范项目个数和争取的奖励补助资金，均创历史最好水平。

【机关办公建筑和大型公共建筑能耗监测工作】建立全省机关办公建筑和大型公共建筑能耗监测平台，并已投入试运行。河北建设服务中心办公楼、省建筑科学研究院办公楼等已实现动态监测。石家庄、唐山两个国家示范城市均已启动此项工作。开展节约型校园示范建设活动，河北医科大学、石家庄市铁道大学列为国家节约型校园示范建设单位，填补节约型校园示范建设的空白。

【重大课题研究进一步加强】组织开展《河北省绿色建筑发展政策及应用技术研究》、《可再生能源（太阳能、浅层地能）应用前景及对策研究》和《曹妃甸生态新城建设集成技术研究》等重大课题研究，为相关工作推进奠定了基础。

【科技成果推广工作取得新成绩】下达河北省第十六批建筑业新技术应用示范工程计划项目75项。对29项建筑业新技术应用示范工程进行验收，这些工程均达到国内先进以上水平，共节资降耗

3200多万元，各项工程节资额约占工程总造价的3.1%，社会效益显著。河北建设集团、河北建工集团分别承建的2项国家建筑业新技术示范工程中南大学湘雅医院医疗大楼、南昌新洪州商业区工程通过住房和城乡建设部组织的专家验收，其推广应用新技术分别达到国内领先水平和国内先进水平。完成"2010中国城市发展论坛暨第二届河北省城市规划建设博览会"新技术、新材料、新产品展览相关工作。委托河北省土木建筑学会组织省级工法申报、评审，审定省级工程建设工法79项。

【重大建筑节能项目的实施情况】 河北省列入国家可再生能源建筑应用示范项目20项，国家太阳能光电建筑应用示范项目9项，唐山市、承德市及辛集市、宁晋县、大名县、迁安市、南宫市被列入国家可再生能源建筑应用示范城市和示范县，下达省建筑节能示范项目53项，已完成验收国家示范项目11项，唐山、辛集、宁晋等示范城市、县建设完成50%以上。

6. 建筑业与工程建设

【概况】 河北省通过支持资质增项、减轻企业负担、搭建银企平台等一系列措施，培育一批龙头骨干企业，全省产值超百亿元的企业达到4家、50亿元以上的企业达到6家，产业集中度日益提高。全社会建筑业总产值达到3640多亿元，完成增加值约1125亿元，同比均增长15%以上，支柱产业地位进一步巩固。邢台实施建筑劳务实名制一卡通管理，破解农民工工资拖欠难题。外埠市场开拓取得新进展，与江苏省签订合作协议，在内蒙古、四川、重庆设立建筑队伍管理处，输出建筑劳务80万人次，省外施工产值完成约775亿元，增长12%以上。国际市场保持良好势头，对外承包工程合同额完成26亿美元。在工程项目数量大幅增加、监管强度成倍增长的情况下，工程质量安全继续保持稳定态势，河北省新增鲁班奖工程4项，全年未发生重特大安全生产事故，事故起数和死亡人数同比分别下降42.9%和32%。

【建筑市场监管制度逐步完善】 印发《工程建设项目招标代理机构管理办法》和《建筑工程虚假招投标和串通投标认定标准》，以工程建设领域突出问题专项治理为抓手，扎实推进建筑市场诚信体系建设，印发《关于试行建筑业企业信用综合评价的通知》，其中明确建筑业企业信用综合评价内容和计分标准目录。进一步调整规范农民工工资保证金制度，减轻资金企业负担。加大违规处罚力度，南通苏中建设有限公司等9家省外建筑企业被清除出河北省市场，撤销1家因非法转包导致拖欠的施工企业的资质，将6家拖欠企业列入黑名单。为规范工程建设领域劳动用工管理，有效防范拖欠农民工工资，全面维护农民工合法权益，会同中国工商银行河北省分行印发《河北省推广建筑劳务实名制及"一卡通"实施方案》。

【进一步规范建筑市场】 2010年，河北省共完成房屋和市政工程项目招标投标5660项。其中，公开招标4200项，邀请招标1394项，直接发包66项。严格按照施工许可条件颁发施工许可证，为进一步加强施工许可管理工作，规范开工审批，完善相关配套法规，对全省施工许可管理情况进行全面梳理和总结。政府投资项目大力推行资格后审，限制资格预审。研究制定资格预审内部审批程序和方法，印制《资格预审文件标准文本》。同时下发《关于对政府投资项目实行资格预审文件网上下载的通知》。保障潜在投标人参与权，促进公平竞争。强化合同管理管理，严格实行《河北省建设工程施工合同跟踪管理手册》制度，做好对项目合同履约跟踪管理和项目经理（注册建造师）锁定工作。强化交易中心建设和管理，指导各市建立统一交易大市场、引导和促进专业工程进场交易。

【完善准入和清出制度】 印发《关于建筑业企业三级资质审批有关问题的通知》，组织开展监督检查，依法收回资质证书30家，核查企业358家。完善行政许可办理，全年受理企业申请925项，许可669项，不予许可256项，其中，建筑业企业689项、工程监理企业121项、招标代理机构105项、省管项目施工许可31项、设计施工一体化10项。

【加强和完善工程监理和招标代理行业统计】 河北省工程监理企业共计541家，从业人员26015人。甲级82家、乙级150家、丙级82家。营业收入201907.06万元，其中境外营业收入3627.15万元；工程建设招标代理机构共有278家，其中，甲级42家、乙级131家、暂定级105家。

7. 住房公积金

【概况】 河北省住房公积金系统广大干部职工围绕"夯实基础、规范管理、强化归集、稳定个贷、防范风险、提高效益"的工作思路，积极落实国家房贷和信贷调整政策，深入研究、创新举措，住房公积金缴存总额突破1000亿元，为7.8万户家庭提供住房贷款150亿元，并支持廉租住房建设3.3亿元。

【住房公积金缴存】 截至2010年12月,河北省住房公积金制度覆盖率为92.1%,覆盖率位列全国第4位;累计缴存总额1049.96亿元,缴存总额位列全国第10位;缴存余额651.49亿元。2010年缴存额219.74亿元。

【住房公积金提取】 截至2010年12月,河北省职工因购、建、大修住房和退休已累计提取住房公积金398.48亿元。2010年,提取住房公积金94.47亿元。

【住房公积金个人贷款】 截至2010年12月,河北省累计向34.42万户职工发放住房公积金个人贷款501.08亿元,个贷余额为370.2亿元,位列全国第10位。2010年,发放住房公积金个人贷款150.25亿元。河北省个人贷款逾期笔数为139笔,逾期贷款额为267.6万元,全省平均逾期率为0.01%。资产质量总体保持良好。

【住房公积金增值收益】 2010年,河北省实现住房公积金可供分配增值收益9.98亿元。全年上缴同级财政部门的城市廉租住房建设补充资金3.02亿元。

【住房公积金体制建设】 根据国务院《住房公积金管理条例》对省级住房公积金行政主管部门的职责要求和设置规定,河北省住房公积金监督管理办公室具体承担河北省住房公积金的监督管理工作。各市设立住房公积金管理委员会,负责制定和调整住房公积金政策,审议、审批住房公积金有关计划、方案和公报等。管委会办公室设在市政府办公室(厅),负责管理委员会的会议筹办、决策事项督办等工作。各市按照"统一决策、统一管理、统一制度、统一核算"的管理体制,成立住房公积金管理中心,为直接隶属于市政府的具有公共管理职能的事业单位。同时,公积金管理中心、分中心接受河北省财政厅、河北省审计厅的监督。

【完善住房公积金政策和监管制度进展情况】 2010年,河北省住房和城乡建设厅印发了《河北省住房公积金政策和管理重要事项备案或报告的规定》、《河北省住房公积金业务档案管理暂行规定》等制度文件。《河北省住房公积金归集提取管理办法》、《河北省住房公积金贷款管理办法》、《河北省住房公积金数据安全管理办法》已向全省征求意见。

【住房公积金支持保障性住房建设贷款工作】 唐山市被列为全国住房公积金支持保障性住房建设试点城市。住房和城乡建设部等六部门印发通知批准唐山市申报的拟发放住房公积金贷款13亿元,用于危改安置住房、配建经济适用住房等5个保障性住房项目建设。截至2010年12月,共发放项目贷款资金2.3亿元。

8. 房地产市场

【概况】 2010年,河北省深入开展房地产市场专项治理,规范开发、引导消费,重点对商品住房预售情况进行全面排查,查处违法违规项目387个、开发企业310家。1~11月份房地产开发产销两旺,竣工商品住房1769.7万平方米、同比增长65.2%,销售3433.3万平方米、同比增长62.2%,市场供应比较充足,均价3373元/平方米,房价整体平稳,但首都周边县市上涨相对明显。中小套型商品住房所占比例比上年提高74%,住房供应结构进一步优化。推广邢台经验,全省大力推行房屋产权登记"立等可取",设区市市区全部实现即来即办、立等取证,是全国率先在所有设区市市区实现"立等可取"的省份。

【城中村改造】 截至11月底,河北省设区市建成区范围内360个城中村累计启动339个,改造完成289个,启动率为94%,三年任务完成率为100.3%。石家庄、唐山、邢台等7城市启动率达到100%,承德、沧州等4城市突破85%;全省城中村改造拆迁面积3227万平方米,完成拆迁任务的80%,累计腾出土地4770公顷,收储土地4619公顷。

【旧住宅小区改善】 河北省三年(2008~2010年)计划改善旧住宅小区1240万平方米,至11月底,三年累计完成旧住宅小区改善项目406个,改善面积1634.88万平方米,占三年任务的131.84%,累计受益居民22.37万户,石家庄市和邯郸市累计完成改善面积均超过了200万平方米。其中,2010年,完成改善项目90个,完成改善面积533万平方米,受益居民6.87万户。河北省共创建旧住宅小区改善示范项目24个。

【政策措施】 印发《河北省住房和城乡建设厅关于创建精品全面完成旧住宅小区改善任务的通知》、《河北省住房和城乡建设厅关于印发〈河北省旧住宅小区改善示范项目考核标准(试行)〉的通知》,以及《关于加快城中村改造进度确保完成三年任务目标的通知》。

【房地产市场运行情况】 2010年,河北省房地产市场总体呈现投资增速较快、市场供应比较充足、房价没有大起大落,比较平稳,健康稳定发展的态势。房地产开发投资增速较快。2010年,河北省房地产开发投资完成2264.8亿元,比上年同期增长

49%；其中，商品住房完成投资1785.6亿元，同比增长46.5%。房地产市场供应充足。2010年，河北省商品房新开工面积9636.3万平方米，同比增长42%；其中，商品住房新开工面积7857.5万平方米，同比增长36.1%。全省商品房竣工面积3028.6万平方米，同比增长36.9%；其中，商品住房竣工面积2651万平方米，同比增长36.7%。房地产销售增长较快。2010年，河北省商品房销售面积4533万平方米，同比增长52.8%；其中商品住房销售面积4213.1万平方米，同比增长49.4%。商品房价格平稳。2010年，河北省商品房平均销售价格为3543元/平方米，同比增长8.6%；其中商品住房平均价格3450元/平方米，同比增长7.5%。

【落实国家调控政策】 认真贯彻落实国家调控政策，抑制房价过快上涨，印发了《关于促进全省房地产市场平稳健康成发展的通知》（冀政〔2010〕46号），结合河北省实际情况就增加普通商品住房有效供给、加快推进保障性安居工程建设、认真贯彻落实国家各项房地产税收和金融政策、加强房地产市场监管、优化投资发展环境等五个方面提出政策措施；严格差别化的住房税收和信贷政策，严格执行国家有关购买普通住房与非普通住房、家庭惟一住房与非惟一住房的差别化税收信贷政策，抑制投资投机性购房需求。会同河北省财政厅、省地税局印发了《转发财政部、国家税务总局、住房城乡建设部关于调整房地产交易环节契税个人所得税优惠政策的通知》，会同河北省国土资源厅、省监察厅转发了《住房城乡建设部、国土资源部、监察部关于进一步贯彻落实国发〔2010〕10号文件的通知》；三是增加普通商品住房供给，确保中小套型普通商品住房落实用地计划，落实地块。督促房地产开发企业加快项目建设和销售，对已批未建、已建未售的普通商品住房项目，促使其开工建设、上市销售。会同河北省国土资源厅印发了《关于开展房地产用地和建设管理调控情况检查的通知》，对全省房地产用地和建设管理调控情况进行了检查，有关情况已报住房和城乡建设部。

【加大房地产市场监管力度】 按照国发〔2010〕10号文件要求，会同河北省监察厅等10部门印发了《关于对全省房地产开发企业经营行为进行检查的通知》，组织了房地产开发企业经营行为检查，河北省共检查房地产开发项目1291个，检查房地产开发企业1260家，共查处涉及违法违规的房地产开发项目387个、房地产开发企业310家。加大了税收追缴力度，共查补税款总额2870万元。及时纠正和处理违法违规行为，有效维护了河北省房地产开发的经营秩序，检查处理情况已提请省政府上报国务院，国务院联合督查组对河北省的检查工作给予了充分肯定。印发《转发住房和城乡建设部关于进一步加强房地产市场监管完善商品住房预售制度有关问题的通知》，对河北省所有在建的商品住房项目进行一次清理和整治，对已取得预售许可的商品住房项目逐一排查，并将清理情况向社会公开。加强房地产市场监测分析。按月对房地产形势进行分析并上报河北省政府；督导各市定期向社会公布房地产市场信息，引导合理的房地产投资和住房消费。坚持正确的舆论导向，稳定市场信心和预期。加强商品住房预售监管，加大房地产开发监管力度，建立三级以上房地产开发企业违法违规行为查处的季报制度。针对环首都经济圈热点地区房价问题开展专题调研，并提请河北省政府将调研报告报国务院。

【加强城市房屋拆迁安全管理】 在城市房屋拆迁工作中坚持依法拆迁、合理补偿的原则，通过健全管理制度，完善补偿政策，规范拆迁行为，促进了拆迁改造工作的顺利实施。贯彻《国务院办公厅关于进一步严格征地拆迁管理工作切实维护群众合法权益的紧急通知》（国办发明电〔2010〕15号），保护群众在拆迁中的合法利益，会同河北省国土资源厅提请省政府印发了《河北省人民政府办公厅关于进一步加强征地拆迁管理切实维护群众合法权益的通知》（冀政办〔2010〕18号）；印发《关于开展城市房屋拆迁项目排查清理工作的通知》，共排查清理拆迁项目553个，被拆迁房屋建筑面积3314.3万平方米，对排查中发现的123个项目拆迁手续不完善、49个项目补偿不到位，全部要求进行了整改，并提请河北省政府将落实国办发明电〔2010〕15号和拆迁项目全面排查清理情况上报国务院；针对补偿安置办法不完善和个别地方未取得房屋拆迁许可擅自拆迁的问题，制定《河北省城市房屋征收拆迁区域房地产市场价格评估指导意见》（已报厅法规处审查）、印发《关于加强城市房屋拆迁管理严格落实拆迁行政许可制度的通知》；继续加强拆迁队伍建设，举办各种形式的拆迁人员培训班2期，300余人次，努力提高拆迁人员的业务水平；积极开展拆迁信访积案排查化解工作，及时化解矛盾和纠纷。2010年共接待上访91批次，132人次，均得到妥善处理；加强工作调度，多次召开全省城市房屋拆迁工作座谈会，分析拆迁工作中遇到的问题，研究解决措施；加强城市房屋拆迁中拆除安全管理，房屋拆迁全年未发生拆除施工重大安全事故。

【强力推行房屋登记管理】 印发《关于提高房屋登记办证效能推行"立等可取"做法的通知》，制定强力推进房屋登记办证"立等可取"的9项措施，河北省设区市市区房产交易登记机构全部登记办证业务的办理时间由原来的10余个工作日，缩短到即来即办、立等取证，实现"极效服务"，河北省是全国率先在所有省辖市市区实现"立等可取"的省份。中央和省级媒体均进行大量的报道。加快推进个人住房信息系统建设，组织开展河北省省、县（市）房地产管理信息化调查，制定完善系统建设方案，督促各设区市研究制定市级系统建设方案。继续推进房地产交易与登记规范化管理工作，邢台市申报"全国房地产交易与登记规范化管理先进单位"，并且通过住房和城乡建设部组织的现场实地验收。完成"房屋登记官"的审核备案工作，按照住房和城乡建设部要求，完成河北省房屋登记审核人员的审核上报工作，共有705名房屋登记审核人员通过部里备案确认。

【推动物业管理工作】 继续培育和规范物业管理市场，规范物业服务企业服务行为，促进物业服务质量和水平的进一步提高。规范业主大会和业主委员会的行为，转发《住房和城乡建设部关于印发〈业主大会和业主委员会指导规则〉的通知》，并结合河北省实际提出具体要求；加大对住宅专项维修资金管理，组织对河北省物业管理企业、实行物业管理的住宅小区、住宅小区业主委员会、全省住宅维修资金筹集及使用情况等进行了全面调查。进一步调研修改完善了《河北省住宅专项维修资金管理实施细则》（送审稿）；强力推进物业服务企业创优活动，9个物业管理项目通过全国物业服务示范项目考核，河北省此项工作进入全国先进省份行列；强化舆论引导。运用各种宣传媒介，宣传《物权法》、《物业管理条例》等法律法规，强化舆论引导，引导广大市民树立正确的物业消费理念，积极做好调解工作，引导业主、业主委员会、物业企业共同做好社区的物业管理；加强房屋安全管理。指导和督促房屋所有人和使用人加强房屋安全管理。

9. 住房保障

【概况】 2010年，河北省坚持国计与民生的有机统一，大力推进保障性住房建设，加快旧城改造步伐，使广大群众得到看得见、摸得着的实惠。全面启动公共租赁住房建设，将中等偏下收入群体纳入保障范围，住房保障体系不断健全。完善工作推进机制，调查核实住房困难家庭基本情况，建立"一户一表"信息库，工作基础进一步夯实。2010年，河北省保障性住房、棚户区改造住房分别开工5.4万套、10.8万套，超额完成国家下达任务。

【制定完善相关政策】 提请河北省政府出台《关于进一步推进全省保障性安居工程建设有关问题的通知》、《关于加快发展公共租赁住房的实施意见（试行）》等重要文件，并制定加强保障性安居工程建设和管理的十几个配套文件，进一步加大保障性安居工程建设的领导和政策支持力度。

【提升住房保障能力】 明确工作任务，2月，提请河北省政府对各市下达2010年住房保障责任目标，6月份根据住房城乡建设部与河北省政府签订的责任书，对责任目标及时进行了调整；推进项目建设，建立保障性住房和棚户区改造项目库，对800多个在建项目实施动态监管，及时解决存在的问题，加快建设进度；加强支持政策的督导检查，促进各项政策落到实处；指导各地成立保障性住房投融资公司，拓宽资金渠道和建设方式；会同有关部门积极争取中央资金支持，2010年，河北省争取中央保障性住房和棚户区改造补助资金共13.5亿元，比2009年大幅度提高，有效促进项目建设实施。

【加大工作推动力度】 提请河北省政府召开了全省保障性安居工程工作会议、全省推进公共租赁住房暨加快保障性安居工程工作电视电话会议，及时对有关工作进行部署；坚持密集调度、每月通报制度和督办、约谈制度，2010年，先后召开13次调度会，组织或参加对各地的督导督查10次；向各市政府下发督办、约谈20多件次；根据河北省城镇面貌三年大变样考核办法及考核细则，本着客观、公平、公正的原则，对住房保障和棚户区改造进行专项考核和综合考核；组织编写政策问答并开展培训，整理编印保障性安居工程政策汇编、政策问答等文件资料，开展不同层次的培训5次，培训各类人员1000多人次，提高基层住房保障管理人员的政策水平和业务素质。

10. 城市规划

【概况】 突出"健全规划体系、严格规划执法、增强规划执行力"主题，开展第三个"城乡规划年"活动。围绕河北省城镇化战略的布局调整，启动环首都经济圈和沿海地区等一批重点区域规划，全面完成城市总体规划修编和重点专项规划，基本实现规划建设用地范围内控详规全覆盖，规划体系更加健全。廊坊市总体规划提升方案，突出"生态、智能、休闲、商务"理念。河北省政府与京津两市分别签署备忘录,召开环京津城市集群发展座谈会,规划的区域协调机制初步建立。强化规划实施监督,维护规划权威。大力实施"零违"行动,拆除违章建筑和超期临建437万平方米。加大规划执法检查力度,专项治理违规变更规划、调整容积率问题,处理各类案件724件。在10个设区市派驻了规划督察员,查办案件47件。河北省88个市、县(市)建成(含租用)规划展馆。成功举办首届河北国际城市雕塑论坛,石家庄、唐山、邯郸开展雕塑创作营活动,有力推动了雕塑景观艺术水平的提升。《河北省城乡规划条例(草案)》通过省人大第一次审议。

【7大开创性探索】 围绕加快推进城市化,配合有关方面研究起草《河北省人民政府关于加快城市化进程的实施意见》,并由河北省政府印发,成为未来一个时期河北省城市化发展的纲领性文件;围绕河北省委、省政府加快建设环首都经济圈的战略部署,印发《河北省环首都经济圈规划编制工作方案》,召开环首都经济圈规划编制座谈会、调度会及规划局长座谈会,全面启动环首都经济圈各项规划;围绕加快河北沿海地区发展,组织开展河北省沿海城市带规划及沿海地区总体规划,邀请国内知名专家在廊坊市组织召开高规格的专家论证会,并召开沿海地区规划编制会议,全面部署规划编制任务;围绕全面对接和融入京津,筹备召开河北环京津城市集群发展座谈会,主动与北京市规划委员会沟通,搭建对接平台,与京津两市分别签署合作备忘录,有力推动京津冀规划对接与合作;围绕推进城市发展方式转型和提升品质,配合有关方面起草完善《关于推进河北省生态示范城市建设 促进城镇化健康发展的合作备忘录》,由住房城乡建设部、河北省政府正式签署,组织石家庄、唐山、秦皇岛、沧州等市编制生态示范城市(新区)规划,制订了生态城市(新区)规划建设指标体系;组织制定了《河北省中小城市基础设施"十二五"规划》;围绕人才家园建设,制定出台了《河北京津人才家园规划工作的指导意见》。

【高标准开展规划工作】 召开河北省城镇面貌三年大变样城乡规划工作电视电话会议,对2010年城乡规划工作进行了安排部署;成功举办首届中国·河北国际城市雕塑创作营启动仪式暨城市雕塑建设论坛,指导石家庄、唐山、邯郸等市开展雕塑营活动,得到了全国城雕委的肯定和表扬,并在全国做了经验介绍,与河北省文化厅、保定市政府一道,成功举办了第五届中国曲阳雕刻艺术节;加强三年大变样重点工作调度,建立专人负责和月报制度,定期对各市重点功能片区建设进展情况和市、县重点规划编制情况进行督导调度。会同河北省建设监察办,对各市违法建筑和超期临建拆除情况进行督导检查,加大了对违法建设的查处力度。在上海举办了三期300多人参加的"上海世博"城乡规划研讨班,系统学习了上海市规划管理的先进经验和做法,开阔了眼界,拓宽了思路。在全国《城乡规划法》实施情况经验交流会上,总结汇报了河北省住房和城乡建设厅城乡规划法执行情况,获得了部领导好评。组织参加"新中国城市雕塑建设成就展"。石家庄的"走向胜利"雕塑、唐山的"李大钊"雕塑分别获得建国60周年成就奖和优秀奖。新批、升级14家和申报甲级2家规划设计单位,组织参加全国优秀规划设计评选,获得全国优秀奖4项,灾后重建优秀奖7项。

【建立健全规划体系】 积极协调住房和城乡建设部,加快城市总体规划报批进度。国务院近期将批准唐山市总体规划,石家庄、邯郸、保定三市总体规划按照部际联席会议意见完善后上报待批;张家口总体规划修改已经住房和城乡建设部审查同意;秦皇岛总体规划已完成成果备案;加快控详规编制、审批。设区市、县规划建设用地实现了控详规全覆盖,组织专家对11个设区市城市控详规成果进行了备案审查;指导做好有关重点规划。督导设区市、县编制重点专项规划和城市设计以及2010~2012年住房建设规划,协助组织审查了大西柏坡、邯郸新区、蔚县历史文化保护、第二批开发区(园区)等一批重点规划;全面启动使用数字规划系统。制定标准,组织完成"打捆"招标和业务培训,并进行了专项验收;健全完善规划法规、规章制度。修改制定了包括《河北省城乡规划条例(草案)》在内的一大批制度文件,增强了规划管理的规范性;会同有关单位,对环京津地区进行了深入调研,起草了《环京津城市集群发展调研报告》;配合河北省政府研究室,开展了河北省城市集群发展课题研究,撰写了调研报告,配合有关方面就城市建设发展转型、城市文化研究等开展调研。

11. "十一五"成就盘点

【政策法规建设】 完善监督制度,规范执法行为。进一步规范行政处罚自由裁量权。对行政处罚工作中常用的10类行政处罚自由裁量权的幅度进行了细化,制定《河北省住房和城乡建设厅职责范围内行政处罚自由裁量权执行标准(第一部分)》。举办123名行政执法骨干参加的全系统行政执法自由裁量权培训班。推行行政处罚案件回访制度。对责令限期改正的处罚案件实施现场回访,对逾期未纠正的违法行为进行再处置;明确回访范围、重点、时限,全面征询办案机构人员遵法守纪情况;实行罚访分离和异体监督,征询当事人对办案机构及人员执法作风、执法工作的意见和建议;强化法制宣传,警示违法行为复发。河北省建设领域地方法规、规章体系进一步完善,各建设行业与法律法规配套的规范性文件科学合理;建设行政监督制度和机制基本完善,行政监督效能显著提高;依法行政的自觉性明显提高,依法行政能力明显增强。

【建设教育】 "十一五"期间,河北省住房和城乡建设教育培训工作,按照省委、省政府的工作部署,结合河北省城乡建设实际,依据建设人才发展规划,出台一些具体的政策措施,人才工作取得显著成绩。人才资源总量有所增长,人才素质显著提高,人才结构趋向合理,人才资源效益有所提高,专门技术人才培养、使用、引进、评价、激励机制正在形成,人才成长发展环境进一步改善。

【城市基础设施】 截至2010年底,河北省设市城市设施水平为:供水普及率99.98%;污水处理率88%,较"十五"末提高34个百分点;燃气普及率97.96%,提高3.76个百分点;人均道路面积15.32,增加3.15平方米;人均公共绿地面积、建成区绿地率、绿化覆盖率分别达到11.3平方米、35%、40%,分别增加和提高3.6平方米、5.31个百分点和4.98个百分点;生活垃圾无害化处理率80%,提高28.22个百分点。

【两厂(场)建设】 截至2010年底,河北省新增污水日处理能力578万立方米,是"十五"末的2.53倍;新增垃圾日处理能力1.56万吨,是"十五"末的1.6倍。共建成污水处理厂175个,污水处理能力为882.3万立方米/日,各类生活垃圾处理场151座,垃圾无害化处理能力为2.49万吨/日。

【供热计量改造】 截至2010年底,各设区市均按照国家和河北省要求,停止了福利用热制度,建立并完善"谁用热、谁缴费"的供热收费制度,逐步实现了用热商品化和货币化。11个设区市全部出台两部制热价及收费办法,全部开展供热计量收费工作,供热计量收费面积达到1674万平方米,既有居住建筑供热计量既节能改造完成2291万平方米。

【城市管理】 河北省政府出台《关于进一步深化城市管理体制改革的意见》,进一步理顺管理体制,明确管理职责和管理权限;各设区市均已建成了数字化城市管理信息平台,"12319"热线实现覆盖全市区范围。城建各行业服务队伍的反应能力进一步提升,构建全方位的网上公共服务咨询、投诉、交费、报修、查询系统。

【城市建设法规政策】 2007年,河北省政府印发《关于进一步加强城市污水和垃圾处理工作的实施意见》,2008年又出台《关于加快城市污水和垃圾处理设施建设的实施意见》;省住房城乡建设厅会同省财政厅出台《河北省城市污水和垃圾处理设施建设省级专项资金使用管理办法》;会同省物价局制定《城市污水处理费收费管理办法》、《城市生活垃圾处理费收费管理办法》。2008年11月28日,《河北省城市市容和环境卫生条例》经河北省人民代表大会常务委员会第六次会议批准通过,并于2009年1月1日起实施。

【城市人居环境】 "十一五"期间,河北省共创建成国家园林城市8个、国家级园林县城2个、国家级园林城镇1个;省级园林城市达到13个,省级园林县城达到16个;建成省级园林式单位678个,园林小区492个,园林街道265个;大力开展人居环境评选活动,五年来共有10个项目获河北省人居环境奖项目,4个获国家人居奖项目。

【村镇规划工作】 为科学指导村镇建设和发展,2006年,以《河北省政府办公厅转发省建设厅〈关于加强社会主义新农村建设村庄规划工作的指导意见〉的通知》(办字〔2006〕86号)的形式全面部署"十一五"全省村镇规划工作。在完善县城总体规划和省级重点镇规划修编的基础上,积极开展建建制镇总体规划编制,全面启动县(市)域空间布局规划、新农村规划、镇村体系规划编制工作,逐步形成以城市总体规划、县(市)域镇村体系规划、乡镇总体规划、村庄规划为主要内容的村镇规划体系。2010年,为进一步加强镇乡村规划作,报请河北省政府同意,印发《关于做好2010年全省镇乡村规划编制工作的指导意见》(冀建村〔2010〕271号)。通过近年来各项工作的推进,村镇规划编制步伐加快,河北省150个省级重点镇总体规划、农村新民居示范村规划全部完成,150个县(市)域镇村体系规划、镇乡规划至2020年的新一轮总体规划于年底基本完成。

【农村新民居建设】 2009年河北省确定1000个村、2010年确定2000个村开展农村新民居示范建设。为加强对农村新民居规划建设的指导,河北省住房和城乡建设厅先后印发《关于2009年农村新民居建设示范村规划建设指导意见》(冀建村〔2009〕269号),《河北省农村新民居规划建设指导意见》

(冀建村〔2009〕341号)、《关于在农村新民居建设中推广应用建筑节能新技术新产品的通知》等文件,对示范村规划、新民居设计施工、村庄基础设施和环境建设等工作做出了安排部署。针对各地农村的实际情况和不同特点,对新民居建设进行分类指导,启动新一轮农村新民居巡回展,发放图集近万套,供广大农民群众建房时参考借鉴。定期对新民居示范村规划建设情况进行统计汇总,掌握一手情况和基础数据。围绕《城乡规划法》《村庄整治技术规范》、《河北省农村民居设计导则》、《河北省新农村建设村庄规划编制导则》等法律和规范,举办多期学习培训,共培训相关管理、技术人员近3000人次。

【村庄人居环境治理】 结合新农村建设和文明生态村创建,开展以"三清三化"为主题的村庄治理工作。指导村庄清理村内外积存垃圾,清理街道乱搭乱建和残垣断壁,清理庭院杂物乱堆乱放;硬化主要街道和巷道,安装照明设施;绿化庭院、街道及村庄周围环境;净化村内主要街道、活动场所及农户庭院,实现人畜分离。配合河北省发改委进一步制定村庄建设与人居环境治理指导目录。会同河北省环保厅开展了环境优美乡镇创建活动,会同河北省委农工部开展了全省村庄环境综合整治,推动长效机制建立,有效改善村庄环境。

【探索农村垃圾、污水集中处理方式】 推行城乡一体化管理体制,2008年在鹿泉市、迁安市、武安市率先开展垃圾集中处理试点工作,推广建立"村收集、乡镇运、县(市)处理"的垃圾处理模式,2009年、2010年分别建立11个、20城乡一体化垃圾处理试点,2010年建立村镇污水集中处理试点11个。试点县及村镇认真制定工作方案,成立领导小组,召开座谈会,现场指导调度,积极推进工作,通过吸纳社会资金以及采用BOT、BT等方式参与建设,探索市场化、社会化筹资的新路子,完善垃圾、污水处理设施,建立长效机制,努力改善农村人居环境。

【开展"送图送技术下乡"活动】 结合河北省委、省政府"深入农村、服务农民"活动,河北省住房和城乡建设厅研究制定《河北省新农村规划建设标准》,引导村庄各项建设的科学布局、有序发展。积极组织动员43个房地产、建筑龙头企业,与11个村庄建立帮扶对子,协助农民群众建设好自己的家园。按照"三下乡、五服务"的要求,免费印制发放《河北省文明生态村规划建设技术指导》、《河北省村镇民居建筑设计方案图集》、《河北省新农村公共建筑设计方案图集》等图书近50多册,与河北省文明办联合开展新农村民居建筑设计大赛,编印《燕赵新民居—河北省农村民居建筑设计大赛获奖作品集》,从499件参赛作品中评选出100件优秀作品,并将将集印成册免费发放到全省5万个行政村。协助央视开展全国农宅设计大赛活动,并在保定冉庄村实地建设一幢民居免费赠送给农户李红旗。

【推进农村危房改造试点工作】 2009年4月,河北省住房和城乡建设厅印发《关于开展农村危房调查摸底工作的通知》(冀建村〔2009〕196号),依据住房和城乡建设部《农村危险房屋鉴定技术导则(试行)》,在河北省39个国家扶贫开发工作重点县展开农村危房调查摸底工作,基本摸清农村危房底数(67.4万户)。报请河北省政府同意,印发《河北省2009年开展农村危房改造试点的实施意见》,明确农村危房改造工作的指导思想、基本原则、目标任务、补助对象、改造标准、改造方式、实施步骤,召开河北省农村危房改造试点工作动员培训会,先期在20个国家级扶贫开发重点县开展农村危房改造工作。2010年,住房和城乡建设部、国家发展和改革委员会、财政部《关于做好2010年扩大农村危房改造试点工作的通知》(建村〔2010〕63号)文件下发后,河北省结合本地实际,认真总结经验,完善相关制度,全面展开农村危房改造试点,即2010年在全部40个国家扶贫开发工作重点县(区),完成3.9万户国家下达的农村危房改造任务,其中包括1500户建筑节能示范。

【建筑节能与减排】 河北省城镇累计竣工节能建筑1.98亿平方米,约占河北省城镇建筑面积的20%以上;新建建筑施工图设计阶段节能标准执行率达100%,竣工验收阶段达99.1%;累计完成既有居住建筑供热计量及节能改造项目3230万平方米;可再生能源在建筑中一体化应用建筑面积937.5万平方米。其中,太阳能光热应用建筑面积622.4万平方米,浅层地能315.1万平方米。全省共建成196个污水处理项目、151个垃圾处理项目。河北省县级以上城市、县城全部(除个别市县共建共享外)建成污水处理厂和垃圾处理场。196座污水集中处理厂共形成污水处理能力882.3万立方米/日,COD削减能力100余万吨,2010年河北省城市(含县城)污水处理率达80%以上,年削减COD60多万吨(占全省COD削减总量的70%以上);151座垃圾无害化处理场共形成垃圾处理能力24856吨/日,垃圾无害化处理率达78.7%以上。

【建筑业与工程建设】 "十一五"期间,河北省建筑业发展坚持实施"提质增效"、"科技兴业"和"走出去"三大战略，五年来保持了良好的发展态势。(1)建筑业连续保持较快发展。2010年，河北省建筑业完成产值3211亿元，与2005年相比增长150%；实现增加值1151.7亿元，与2005年相比增长103%。建筑业企业数量为7762家，与五年前相比增加2930家，增长61%；全社会从业人员340万人，比5年前增加37万人。(2)产业结构调整基本趋于合理。经过多年坚持不懈推进改革，专业结构日趋完整。产业集中度不断提高。高度重视大企业和优势企业的核心支撑作用，特级企业由原来的3家增加到6家，一级承包企业由原来的158家增加到302家，产值过亿元企业由231家增加到430家。(3)产业综合竞争能力增强。实施全员培训计划，从业人员素质不断提高。先进的管理制度和高新技术广泛应用。全行业推广质量、安全和环境三项ISO9000系列国际管理标准。企业自主创新的大口径桩施工、大口径管道地下穿越、变径灌注桩成桩、高科技电子安装等技术，已达到国际或国内领先水平。(4)省外市场开拓成效显著。大力实施"走出去"战略，已在全国30个省、市、区开拓市场，出省施工企业达1000余家，完成产值775亿元，带动劳务输出达80万人次。(5)产业发展环境不断改善。2006年，河北省出台《关于加快建筑业发展的意见》（冀政办〔2006〕146号)和《关于促进建筑业发展的实施意见》，在支持企业做大做强、深化改革、加强创新、市场开拓和减轻负担等方面出台了许多具有突破意义的优惠政策。有10个设区市也先后出台了支持性政策。与民生银行、交通银行联合出台了《施工企业融资贷款操作规程》，解决了企业承接工程资金难题。

【住房公积金制度发展】 "十一五"期间，河北省公积金累计缴存总额由288.58亿元增长到1049.96亿元，增长了761.37亿元，缴存余额由的203.84亿元增加到651.49亿元，个人贷款总额从59.89亿元增至501.08亿元，个人贷款余额由42.83亿元，增至370.2亿元，缴存覆盖率由67.03%提高到92.1%。

【房地产市场平稳健康发展】 2006至2010上半年，河北省房地产开发完成投资4764.54亿元(2001~2005年，河北省房地产开发完成投资1279亿元)，较十五期间增加272.52%，占全社会固定资产投资比重为11.7%。加强和改善房地产市场宏观调控，增加普通商品住房有效供给，实施差别化的住房税收信贷政策，加强房地产市场监测监管，河北省房地产市场呈现投资增速较快、市场供应充足、房价比较平稳的健康稳定发展态势。2010年上半年，河北省商品房平均销售价格为3401元/平方米，较"十五"末增长82.65%。

【城镇居民住房条件明显改善】 一大批规划设计好、功能质量优、环境景观美的居住小区相继建成并投入使用，居民住房质量品位明显提高。"十一五"期间，截至2010上半年，河北省竣工商品住房5762.22万平方米，2010年上半年河北省城镇人均住房建筑面积达到28平方米。同时，老旧住宅小区环境得到改善，河北省共改善旧住宅小区1180万平方米，16.5万户居民受益。

【物业管理取得成效】 物业管理日益得到社会认可，市场不断发展，河北省物业管理项目4060个，物业管理面积1.8亿平方米。150个物业管理项目被评为河北省优秀物业管理项目，21个物业管理项目被住房和城乡建设部评为全国物业管理示范项目。

【推进信息系统建设】 初步实现房地产交易、权属登记、房产测绘管理等环节的信息化管理，设区城市全部建立了新建商品房网上备案系统。石家庄、唐山、秦皇岛三个城市通过住房和城乡建设部房地产信息系统建设验收，列入国家重点监测的90个城市。

【开发投资发展环境得到优化】 大力推进房地产开发项目行政审批和收费制度改革，简化房地产开发项目行政审批流程，建立五项制度，优化投资发展环境，提高为房地产开发企业服务的水平；推行房屋登记办证"立等可取"，方便百姓办证。

【住宅功能品质不断完善】 "十一五"期间，截至2010年8月，河北省通过示范、试点工程引路，共有8个住宅小区开发项目列为国家康居示范工程实施项目、5个住宅小区开发项目列入住房和城乡建设部住宅性能认定实施项目、72个住宅小区开发项目被评为河北省优秀房地产开发项目。太阳能与住宅项目一体化、中水回用、地源热泵、外墙外保温等节能环保技术与产品在住宅建设中得到广泛应用，住宅规划设计水平、科技含量有了明显提高。

【住房保障】 认真落实国家一系列加快保障性安居工程建设的政策文件精神，河北省政府相继出台《关于完善和落实城市住房保障制度切实解决低收入家庭住房问题的若干意见》、《关于促进全省房地产市场健康稳定发展的若干意见》、《关于加快全省保障性安居工程建设的意见》、《关于进一步推进全省保障性安居工程建设有关问题的通知》、《关于省属国有煤矿（工矿）棚户区改造工作的意见》、《关于加快发展公共租赁住房的实施意见》（试行）等政策文件，为推进河北省住房保障工作奠定了坚实的政策基础、制度基础。加大工作推动力度，河北省政府每年向各市政府下达住房保障责任目标，明确年度任务、考核内容，与工作实绩综合考评挂钩。以廉租房、公租房、经适房、限价房等为主体的保障性住房建设、棚户区改造、租赁补贴等组成了形式多样的住房保障体系，基本实现对城市低收入住房困难家庭的应保尽保。十一五期间，河北省累计解决42.95万户困难群众的住房问题（城市低收入住房困难家庭29.31万户），其中，廉租住房保障13.04万户，经济适用住房解决7.79万户，城市棚户区改造解决22.12万户（含8.48万户城市低收入家庭）。

【城市规划】 连续三年在全省开展"城乡规划年"活动，初步建立比较完善的城乡规划体系，规划法规和制度体系得到健全，规划实施管理进一步加强。开展城市规划设计集中攻坚行动，全面完成新一轮城市总体规划修编，在国内同行业居领先地位。完成372项专项规划、130余项城市设计和修建性详细规划、140项景观整治规划设计和1700余平方公里的控制性详细规划。大力推进规划体制机制创新，出台《河北省城市控制性详细规划管理办法》、《河北省城市控制性详细规划编制导则》等规章和技术规定。规范规划管理，出台《河北省城市总体规划审查工作规则》、《河北省城市总体规划修编调整和审查办法》等规范性文件。在中心城市统筹管理区域内，实行规划集中统一管理，理顺规划管理体制。出台《关于进一步强化城市规划执法责任的意见》，建立根治违法建设长效机制，违法建设行为得到有效遏制。加强规划监督，建立省向设区市派驻城乡规划督察员制度，开展"阳光规划"行动和规划效能监察，推进规划行政权力公开透明运行，提高管理效能。提高规划管理技术水平，积极推进数字规划建设，省、市两级初步建立起"数字规划"平台，设区市数字规划正式启动运行，提高规划决策的科学性。河北省政府与住房和城乡建设部就推进河北省生态示范城市建设促进城镇化健康发展签订合作备忘录，为推进河北省生态示范城市建设奠定了良好基础。

大事记

1月

19日，河北省住房和城乡建设厅召开全省保障性安居工程建设座谈会。来自住房和城乡建设部、河北省社科院及河北经贸大学的专家、学者，以及河北省有关部门的负责人，围绕研究解决住房保障工作中存在的实际问题，加快住房保障工作进度积极建言献策。副省长宋恩华主持座谈会，朱正举、副厅长曲俊义参加会议。

19日，河北省住房和城乡建设厅关于印发《加强建设工程质量检测管理工作》的通知（冀建质〔2010〕40号）

20日，河北省委常委、宣传部长聂辰席带领省惩防体系检查组到河北省住房和城乡建设厅检查工作。厅长朱正举主持召开厅惩防体系建设汇报及民主测评大会，并代表厅领导班子进行专题汇报以及个人情况汇报，其他班子成员依次进行汇报。

22日，河北省住房和城乡建设工作会议在石家庄召开。会议认真贯彻落实河北省"两会"、全省经济工作会议和全国住房和城乡建设工作会议精神，总结交流了2009年住房和城乡建设工作，对2010年工作任务进行了安排部署。河北省住房和城乡建设厅厅长朱正举作重要讲话。副厅长曲俊义主持会议。巡视员边春友，纪检组长、监察专员冯玉库，副厅长苏蕴山、梁军，总规划师桑卫京，副巡视员李贤明出席会议。

17～27日，由河北省委督察室、省政府督察室、省住房和城乡建设厅牵头，省环保厅、省发展改革委、省财政厅、省国土资源厅为成员单位，联合组成四个评估组，分别对11个设区市城镇面貌三年大变样重点工作进展情况进行评估。河北省人大、省政协有关机构负责同志作为观察员参加了评估。

26日，中共河北省委办公厅、河北省人民政府办公厅印发《关于2010年加快推进农村新民居建设的工作意见》（冀办发〔2010〕4号），明确了农村新民居建设工作目标、工作思路、政策措施等。

2月

3日，河北省城镇面貌三年大变样城乡规划工作电视电话会议召开。副省长宋恩华出席会议并讲话。河北省住房和城乡建设厅厅长朱正举就2010年"城乡规划年"活动实施方案进行说明，苏蕴山、梁军，总规划师桑卫京出席会议。

3日，河北省住房和城乡建设厅印发《加快建筑业企业改组改造工作指导意见》（冀建市〔2010〕61号）

26日，河北省城镇面貌三年大变样暨保障性安居工程建设工作会议召开。河北省委副书记、省长陈全国，副省长宋恩华，住房和城乡建设部副部长齐骥出席会议并讲话，宋恩华与设区市市长代表签订2010年度各设区市保障性安居工程建设目标责任状。省住房和城乡建设厅厅长朱正举对全省保障性安居工程情况进行通报，对有关政策进行说明。曲俊义、苏蕴山、桑卫京，副巡视员李贤明参加会议。

3月

3日，河北省住房和城乡建设系统安全生产电视电话工作会议召开。河北省住房和城乡建设厅副厅长梁军出席会议并讲话。

9日，河南省住房和城乡建设厅副厅长陈海勤及该省有关部门一行11人到河北省住房和城乡建设厅调研考察城市和国有工矿棚户区改造情况。曲俊义以及厅办公室、住房保障处有关负责人陪同调研，并与考察团进行了座谈交流。

11日，经河北省住房和城乡建设厅组织、有关单位申请，河北省科技厅组织专家评审并经省政府批准，河北省住房和城乡建设厅组织申报的科技奖励项目，有9项被评为2009年度河北省科技进步奖。其中，一等奖1项，二等奖2项，三等奖6项，在获奖数量和等次方面，均创历史新高。

13日，2010年中国当代建筑创作论坛暨河北省建筑创作高端论坛在省住房和城乡建设厅举办。本次论坛主题是《地域性与时代性——当代人居环境建设的求索》，九位全国及河北知名专家出席论坛并作了精彩演讲。副厅长梁军出席论坛并致辞。

17日，新疆维吾尔自治区住房和城乡建设厅副厅长李礼平一行9人来到河北省住房和城乡建设厅，就住房保障、城镇化等工作进行考察。曲俊义及城镇化处、住房保障处、房产处有关负责人与其进行了座谈交流。

17日，河北省住房和城乡建设厅出台《河北省镇、乡和村庄规划编制导则（试行）》（冀建村〔2010〕130号）

19日，河北省住房和城乡建设厅召开全省建筑市场与工程建设管理工作会议。厅长朱正举出席会议并讲话，纪检组长、监察专员冯玉库就工程建设领域突出问题专项治理和行风工作做出部署，梁军作工作报告。会上还举行了首批河北省优秀勘察设计大师和河北重点支持的建筑业企业授牌仪式。

19日，河北省住房和城乡建设厅召开全省城中村改造暨回迁安置房建设座谈会。副厅长曲俊义出席会议并讲话。

24日，河北省住房和城乡建设厅召开全省建设工程材料设备工作座谈会。

29日，中共河北省委办公厅、河北省人民政府办公厅印发《关于加强城市容貌整治与景观建设的意见》（冀办字〔2010〕21号）。提出治理城市污染、整治市容卫生、改善城市交通等十项工作任务。

31日，河北省城市容貌整治与景观建设攻坚行动动员暨邯郸现场会召开。会议传达了省委书记张云川、省长陈全国就邯郸市"三年大变样、推进城镇化"工作所作的重要批示，副省长宋恩华出席会议并讲话。

31日，河北省数字规划建设协调会议在邯郸召开。会议审议并原则通过了《河北省数字规划建设协调领导小组工作规程》，听取了各设区市数字规划建设进展情况汇报，对有关工作进行了安排部署。

31日，河北省住房和城乡建设厅关于印发《河北省建筑施工企业安全生产许可证管理实施细则》（冀建法〔2010〕93号）和《河北省建筑施工企业主要负责人项目负责人专职安全生产管理人员考核管理实施细则》（冀建法〔2010〕94号）。

31日，河北省住房和城乡建设厅印发《关于开展全省保障性住房方案设计竞赛的通知》（冀建质〔2010〕98号）

4月

8日，围绕落实2010年省政府责任目标，做好项目储备积极争取中央投资补助，朱正举对衡水市住房保障建设项目进行了实地督导。在听取衡水市住房保障项目进展情况汇报后，朱正举就项目进展中存在的困难和问题与衡水市副市长戴国华交换了意见，并对进一步抓好项目建设提出了具体要求。

9日，河北省人民政府办公厅印发《关于印发河北省城市总体规划修改规则的通知》（冀政办〔2010〕12号），规范了城市总体规划修改原因、程序等内容。

13日，河北省住房和城乡建设厅、江苏省住房和城乡建设厅在河北签署加强两省建筑业合作框架协议，旨在进一步加强河北和江苏两省建筑业已建立的良好合作关系。河北省住房和城乡建设厅副厅长梁军，江苏省住房和城乡建设厅副厅长、省建筑工程管理局局长徐学军分别在合作框架协议文本上签字。

13日，在参加完全国住房和城乡建设系统贯彻国办发4号文件加快保障性住房建设、促进房地产市场健康发展电视电话会议后，河北省住房和城乡建设厅立即召开全省住房和城乡建设系统电视电话会议。朱正举就住房保障、房地产市场监管等工作作重要讲话，曲俊义主持会议。

15日，河北省农村新民居暨村镇规划建设工作座谈会召开。会议围绕实施"222工程"，即两个规划（编制县域镇村体系规划、村庄建设规划），两个建设(推进农村新民居建设、农村危房改造建设),两个试点(搞好城乡一体化垃圾处理试点、村镇污水处理试点),着重于五个方面,坚持统筹创新,走新型村庄规划建设之路。

15日,河北省农村新民居暨村镇规划建设工作座谈会在河南新乡召开。河北省住房和城乡建设厅厅长朱正举强调,要坚持统筹创新,走新型村庄规划建设之路。总规划师桑卫京传达了河北省住房和城乡建设工作会、城镇面貌三年大变样暨保障性安居工程工作会议精神。

24日,河北省城市科学研究会绿色建筑与低碳生态城市研究委员会(以下简称河北省绿建委)成立大会暨第一届全体委员会议在石家庄召开。这一学术团体的成立标志着河北省绿色建筑与低碳生态城市研究工作正式拉开序幕。

27日,河北省政府在石家庄召开全省城镇面貌三年大变样重点工作调度暨环京津城市集群发展座谈会,调度全省城镇面貌三年大变样重点工作,研究推进促京津冀一体化、加快环京津城市带发展。陈全国,宋恩华出席会议并讲话。

27日,河北省城镇面貌三年大变样重点工作调度暨环京津城市集群发展座谈会在省会召开。朱正举通报了城镇面貌三年大变样重点工作进度。其中,百项重大建设项目中已有73个开工,各市、县目前已基本编制完成县域村庄空间布局规划。

28日,河北省城市污水和垃圾处理工作会召开。会议提出,要充分认识污水和垃圾处理工作的重要性和紧迫性,总结经验、改革创新,推进全省污水和垃圾处理工作再上新水平。

28日,河北省召开廉租住房建设工作调度会议,对各设区市廉租住房建设情况进行通报、调度。

28日,河北省住房和城乡建设厅在邢台召开房屋登记办证"立等可取"推进会议,在全省推广邢台房屋登记办证"立等可取"模式。会上,邢台市住房保障和房产管理局介绍了"立等可取"的经验,各市就"立等可取"工作进展情况进行了汇报交流,曲俊义出席会议并对下一步工作进行部署。

5月

14日,全国住房城乡建部门行政应诉和行政复议统计制度专题座谈会在石家庄召开。住房和城乡建设部法规司监督处处长刘昕、调研员程国顺出席会议,桑卫京致辞并介绍近年来河北省城镇化进程基本情况以及城乡建设法制工作发展概况。全国各省(市)住房和城乡建设法规工作部门代表参加座谈会。

27日,河北省召开城镇面貌三年大变样重点工作调度会,朱正举通报了全省城镇面貌三年大变样重点工作进展情况。

29日,中共河北省委办公厅、河北省人民政府办公厅印发《关于深入推进城镇面貌三年大变样工作的通知》(冀办发〔2010〕27号)。要求坚定不移地推进城镇化又好又快发展,高标准高质量地完成各项重点工作任务。

6月

22日,主题为"绿色、生态和数字化:中国城市的发展模式转型"的2010城市发展与规划国际大会在这里隆重开幕。此届大会由秦皇岛市政府、中国城市科学研究会与河北省住房和城乡建设厅联合主办。

24日,全省园林城市创建现场会在唐山召开。朱正举、李贤明,唐山市市委常委、副市长陈学军出席会议并讲话。十一个设区市以及部分县(市)园林工作代表参加会议。

30日,河北省住房和城乡建设厅召开全省保障性住房建设调度会,专题调度保障性住房建设进展情况。曲俊义出席会议并讲话。

7月

1日,河北省数字化城管系统建设调度会议举行,李贤明出席会议并讲话,要进一步统一思想认识,推进和完善数字化城管系统建设,提高城市管理效率和服务水平。

1日,河北省支援新疆建设试点项目之一的巴州和静生态移民项目——河北新村正式奠基开工。

2日,河北省住房和城乡建设厅农村新民居建设示范村联系点——邢台市任县永福庄乡十村联建新民居福鑫天成社区项目奠基。李贤明在奠基仪式上强调,要努力把十村联建项目建成邢台市具有代表性、标志性建筑群体,建成设施配套、功能完善、安全舒适、特色明显的现代化新民居。

2日,河北省住房和城乡建设厅召开城中村改造工作(南片)调度会,专题调度城中村改造工作进展情况。

5日,河北省第一届园林博览会参展工作部署会议举行。

5日,住房城乡和建设部住房保障司副司长张学勤一行7人先后来到石家庄、邯郸,就河北省保障性安居工程建设和房地产开发企业经营行为检查情况进行督查,并实地查看石家庄、邯郸两市保障性安居工程项目建设进展。

6日,河北省城镇面貌三年大变样重点工作暨城市容貌整治与景观建设攻坚行动调度会在石家庄召开。

8日，河北省住房和城乡建设厅组织召开全省北片城市城中村改造工作调度会议，听取河北省张家口、承德、唐山、秦皇岛、廊坊五市城中村改造工作进展情况，部署下一步工作。

26日，河北省住房和城乡建设厅召开2010年上半年工作总结暨下半年工作部署会议。会议强调，下半年要进一步优化工作布局，凝神聚力抓落实，统筹兼顾促发展，抓好十方面重点工作，确保圆满完成全年各项目标任务。

31日，华北、东北八省市区住房城乡建设厅长（主任）研讨会在河北省保定市召开。住房和城乡建设部副部长齐骥、河北省人民政府副省长宋恩华出席会议并致辞，北京市住房和城乡建设委员会、天津市城乡建设和交通委员会主任、办公室主任；黑龙江、吉林、辽宁、山西、山东省、内蒙古自治区、广西壮族自治区住房和城乡建设厅厅长、办公室主任等50余人围绕城市规划和旧城改造等议题进行了研讨。

8月

4日，河北省住房和城乡建设厅在石家庄召开农村危房改造试点工作调度会。总规划师桑卫京出席会议并强调，农村危房改造是一项惠及农村千家万户的民生工程。

4日，为做好对口支援新疆工作，经河北省住房和城乡建设厅党组研究决定，成立河北省住房和城乡建设厅对口支援新疆工作领导小组及其办公室。

5日，河北省中小城市发展暨县（市、区）城镇面貌三年大变样重点工作调度会在张北县召开，对张北县在全省县级城市建设中脱颖而出、率先崛起给予了充分肯定。

12日，第十五届中国国际生态建筑建材及城市建设博览会暨第三届河北省城市规划建设博览会（以下简称城博会）筹备工作调度会在石家庄召开。会议听取了主办城市廊坊筹办工作组第三届城博会筹备工作进展情况、各设区市筹备工作进展情况。河北省住房和城乡建设厅副厅长曲俊义出席会议并对下一步工作提出要求。

20日，京津冀建材装备管理工作座谈会在河北省承德市召开，标志着京津冀建材装备行业一体化工作正式启动。

26日，河北省城镇面貌三年大变样重点工作暨保障性住房建设（棚户区改造）调度会在省住房和城乡建设厅召开。朱正举、曲俊义出席并讲话。苏蕴山主持会议并通报各市保障性住房建设工作进展情况。

26日，全省燃气安全工作会议上在秦皇岛召开。河北省住房和城乡建设厅副巡视员李贤明强调，要认真落实党中央、国务院关于安全生产的一系列决策部署和省委、省政府领导的重要指示精神，牢固树立"安全第一，预防为主"的思想，以强烈的使命感和高度的责任感，把燃气安全工作抓好。

9月

2日，第十五届中国国际生态建筑建材城市建设博览会暨第三届河北省城市规划建设博览会（以下简称城博会）在廊坊会展中心隆重开幕。

4日，参加城博会的省建设集团、华北建设集团、鹏达建设集团等10家大型建筑企业共同签署建筑业企业发展绿色建筑协议，倡议全省大型建筑业企业开发的项目都要按照《绿色建筑评价标准》设计和建设，实现绿色建筑覆盖率100%。

4日，第三届城博会全省城乡规划建设项目发布会在廊坊国际会展中心举办。发布会分北片城市和南片城市同时进行，全省11个设区市总共发布554个项目，需求投资总额达8600多亿元。曲俊义、梁军主持发布会。

5日，第十五届中国生态建筑建材及城市建设博览会暨第三届河北省城市规划建设博览会组委会在廊坊会展中心举行颁奖仪式，为廊坊市、邯郸市等22个优秀组织奖获奖单位，唐山市、保定市等7个优秀展览奖获奖单位颁奖鼓励。组委会还评出特殊贡献奖8个、技术创新奖5个。曲俊义等为获奖单位颁奖。

7日，河北省政府新闻办、统计局、住房和城乡建设厅联合举行新闻发布会，公布2009年河北省城镇化发展统计监测数据。数据表明，2009年全省城镇人口达3076.9万人，城镇化率达43.74%，比上年提高1.84个百分点，提高幅度超过上年0.19个百分点。

7日，中共河北省委办公厅、河北省人民政府印发《关于印发〈河北省城镇面貌三年大变样工作考核办法〉的通知》（冀办发〔2010〕26号）。

8日，河北省召开推进公共租赁住房暨加快保障性安居工程建设工作电视电话会议。

12日，河北省住房和城乡建设厅在石家庄市召开创建园林城市工作调度会，专题调度创建园林城市工作进展情况。各设区市园林、城管（建设）局负责人，17个创建省级园林城市（县城）重点县主管副县长、主管局局长参加会议。会议就《国家园林城市申报与评审办法》、《国家园林城标准》进行了宣贯培训，解读创建要求和各项指标，启动了创建国家生态园林城市工作。

25日，河北省加强工程质量安全监督管理工作电视电话会议召开。会议总结通报了前3季度河北省保障性住房工程质量检查情况、施工安全生产情况，并发布了开展结构创优活动的通知。

27日，河北省创建结构优质工程宣贯会暨现场观摩会在秦皇岛召开。河北省住房和城乡建设厅副厅长梁军强调，要以"创建结构优质工程，建设全国质量强省"为己任。

28日，河北省建筑工程安全生产文明施工管理标准化现场会在廊坊召开。河北省住房和城乡建设厅副厅长梁军强调，安全生产线是科学发展的保障线，各级主管部门要突出重点、狠抓落实，确保全年安全生产工作目标圆满完成。

30日，河北省住房和城乡建设厅关于印发《关于开展"十佳公共建筑"评选》的通知（冀建质〔2010〕504号）

30日，河北省住房和城乡建设厅关于印发《关于进一步加强施工现场建筑钢筋质量管理》的紧急通知（冀建传真〔2010〕11号）

10月

9日，为适应工作，经河北省编办批复，河北省粉煤灰综合利用墙材革新和建筑节能小组办公室更名为省墙材革新和建筑节能管理办公室。主要职责和人员编制，经费形式等维持不变。

9日，根据《公务员法》及有关规定，经河北省政府批准，省人力资源和社会保障厅、省公务员局印发通知，将省城市燃气热力管理中心列入参照公务员法管理范围。列入参照管理后，按照公务员法及各项配套政策法规实施各项管理制度。

13日，河北省政府与住房和城乡建设部在石家庄签署了《推进河北省生态示范城市建设促进城镇化健康发展合作备忘录》。

15日，河北省对口援建四川平武、总投资28亿元的108个援建项目"金钥匙"整体交接仪式，在南坝镇江油关广场隆重举行，河北圆满实现了"三年任务两年完成"的援建目标。

18日，河北省住房和城乡建设厅关于印发《加强城市房屋拆迁管理严格落实拆迁行政许可制度》的通知（冀建房〔2010〕566号）

27日，河北省人民政府办公厅印发《关于加快城市化进程的实施意见》（冀政〔2010〕124号），要求以产业和人口聚集为主题，以城市发展方式转型为导向，以提高城市综合承载能力为支撑，以体制机制创新为保障，构建以京津冀都市圈为核心的新型城市群，加快推进新型城市化进程，促进河北省经济社会跨越式发展。

28日，河北省住房和城乡建设厅在石家庄市召开全省保障性住房建设工作调度会。会议听取了各设区市保障性住房建设（各类棚户区改造）及省国资委、林业局工作情况汇报，对各设区市、省国资委、省林业局责任目标完成情况进行了逐项调度，座谈交流了推进保障性安居工程建设、加快"十二五"住房保障规划编制以及积极争取中央投资补助等问题。

29日，河北省召开专题调度会，要求各地对照责任目标，认真梳理，采取有效措施，加快建设进度，确保年度建设目标的顺利完成。曲俊义出席会议。

29日，河北省委、省政府召开全省加快推进城市化进程工作会议。

30日，河北省住房和城乡建设厅在石家庄市召开全省污水和垃圾处理设施建设调度会，各设区市两厂（场）建设办主任、各主管局局长和科（处）长参加会议。会议听取了各市两厂（场）建设进展情况，部署了年底考核工作和下一步重点工作。

11月

5日，由河北省住房和城乡建设厅、省人力资源和社会保障厅主办，省建设教育培训中心、河北工业职业技术学院承办的全省建设职业技能大赛在河北工业职业技术学院举行。

9日，河北省设区市数字化城市管理系统正式运行启动仪式在邯郸举行，至此，河北省11个设区市均已建成数字化城管系统，成为全国首个设区市数字化城管系统全覆盖省份。朱正举、李贤明出席启动仪式并讲话。

12日，河北省住房和城乡建设厅关于印发《河北省建设工程材料设备推广限制使用和淘汰产品目录（2010年版）》的通知（冀建材〔2010〕631号）

12日，河北省住房和城乡建设厅召开的推进房屋登记办证"立等可取"工作新闻发布会。河北省设区市市区均实现了房屋登记办证受理后"立等可取"（大宗件、疑难件除外），是全国率先在所有省辖市市区范围内实现"立等可取"的省份。

20日，河北省住房和建设厅组织开展了全省首届"十佳公共建筑"评选，副厅长梁军出席并讲话。

23日，河北省住房和城乡建设厅关于试行《建筑业企业信用综合评价》的通知（冀建市〔2010〕

641号）

26日，环首都经济圈规划编制工作调度会暨全省规划局长座谈会在石家庄召开。会议听取了各设区市规划局和正定新区、曹妃甸国际生态城、渤海新区、北戴河新区管委会规划编制工作组织开展情况，对河北省规划编制工作进行了专项调度。

30日，河北省工程建设标准化工作管理座谈会在石家庄召开，省住房和城乡建设厅副厅长梁军到会讲话并强调，要从"公益性、先进性、系统性、服务性"四方面入手，进一步完善工程建设标准化体系。

12月

7日，河北省城镇面貌三年大变样工作座谈会召开，15名省内著名的规划设计专家、科研院所学者和新闻单位代表，围绕全省城镇化进程中存在的问题、差距和需要改进的工作，以及如何推动城市建设"三年上水平"积极建言献策。

8日，河北省工程建设造价管理总站组织全省十一设区市、华北石油工程建设造价管理站站长齐聚石家庄，共同讨论谋划新一轮工程建设计价依据编制工作，并对2011年《河北省古建（明清）修缮工程消耗量定额》进行审查。

8日，河北省住房和城乡建设厅组织召开了三河市、霸州市域镇村体系规划审查会，参加会议的有省委农工部、省发改委、国土厅、民政厅、交通厅、水利厅、工信厅、环保厅以及有关专家，会议由桑卫京主持。

9日，河北省住房和城乡建设厅关于印发《河北省推广建筑劳务实名制及一卡通实施方案》的通知（冀建市〔2010〕681号）

12日，河北省住房和城乡建设厅关于印发《公布保留和废止规范性文件的》通知（冀建法〔2010〕687号）

17日，河北省住房和城乡建设厅会同省文物局组织召开了胜芳镇、赤岸村、岭底村、王金庄历史文化名镇名村保护规划审查会，会议由桑卫京主持。

23日，河北省住房和城乡建设厅举行《河北省村镇规划优秀成果选编》、《河北新民居示范图集》首发仪式，并为滦平县偏桥村、宽城县新北庄村、山海关区望峪村等新民居示范村优秀规划项目颁奖。朱正举、曲俊义、李贤明、省委农工部副部长赵金平出席仪式，桑卫京主持仪式。

23日，河北省住房和城乡建设厅关于印发《关于推进全省住宅产业化工作的意见》的通知（冀建房〔2010〕723号）

24日，中共河北省委办公厅、河北省人民政府印发《关于开展城镇建设三年上水平工作的实施意见》（冀办发〔2010〕36号）。从2010年起，在全省开展城镇建设三年上水平工作，着力推动城市的环境质量、聚集能力、承载功能、居住条件、风貌特色、管理服务六个方面上水平。

29日，河北省推进城镇建设三年上水平暨全省住房和城乡建设工作会议在石家庄召开，副省长宋恩华出席会议并讲话，省政府副秘书长曹汝涛主持会议，朱正举陈述工作报告，巡视员边春友宣读表彰决定。会议公布了2010年度"河北省人居环境范例奖"名单、省级园林城市（县城、城镇）名单及首批十佳公园、十佳建筑节能示范小区、十佳公共建筑名单，通报了全省污水和垃圾处理工作目标责任制考核情况、2010年全省住房保障工作目标责任制考核情况。

（河北省住房和城乡建设厅）

山 西 省

1. 政策法规

【建设立法】 不断加快建设立法步伐，山西省住房城乡建设厅起草的《山西省建设工程质量和安全生产管理条例》通过山西省人大常务委员会一审。根据《山西省人民政府办公厅关于政府规章和规范性文件清理工作有关问题的通知》要求，对全省住房城乡建设类地方政府规章和规范性文件进行了清理，共清理地方政府规章8件，规范性文件196件。

【建设普法】 顺利通过山西省"五五"普法工作检查组的检查验收。根据山西省委依法治省领导组要求，山西省住房城乡建设厅组织全厅135名公职人员参加了"五五"普法总结验收考试，全部合格。组织《山西省城乡规划条例》宣贯培训班，全省住房城乡建设系统城乡规划专业相关执法人员380多人参加了培训，在行政决策层面普及了这部新颁布的建设类地方性法规。

【建设执法】 山西省住房城乡建设厅在全省住房城乡建设系统开展《行政复议法》、《行政诉讼法》、《行政处罚法》执法情况专项检查，对《山西省建设执法文书格式》进行全面修订，印发全省住房城乡建设系统实施。结合中央和山西省工程建设领域突出问题专项治理工作，集中组织开展一系列执法检查活动，妥善处理一批举报案件，全年共下达行政处罚告知书66份，执法建议书12份，责令改正通知书23份，处罚决定书46份。

【建设行政复议和行政诉讼】 山西省住房城乡建设厅全年共收到行政复议申请12件，接待申请人43人次。经审查后不予受理的1件，建议到有受理权限的行政主管部门申请复议的1件，因原具体行政行为主体不合法予以撤销的3件，终止的3件，维持的2件，采取调解等其他方式处理的2件。复议后未引发行政诉讼案件，真正做到"定纷止争，案结了事"。

2. 房地产业

【房地产开发】 山西省住房城乡建设厅报请山西省政府印发《关于促进房地产市场平稳健康发展的通知》等规范性文件，与山西省国土、监察、税务等部门联合下发《关于进一步加强房地产市场宏观调控促进住房保障与房地产市场健康发展的通知》，有力地促进了房地产业平稳健康发展，商品住房供应结构日趋合理，销售价格保持基本稳定。全省完成房地产开发投资603亿元，同比增长26.3%。房地产开发投资占全省城镇固定资产投资的比重达到10.4%；占全国房地产开发投资的比重达到1.4%，比2009年提高了0.1个百分点。完成城镇住宅投资730亿元，同比增长19.4%。城镇人均住房建筑面积达到30.25平方米，同比增加0.52平方米。农村人均住宅面积达到26.82平方米，同比增加0.35平方米。全省商品住房平均销售价格为3326元/平方米，比全国平均价格低1398元/平方米，在全国排第20位。

【房地产市场监管】 山西省住房城乡建设厅指导各市不断加强房地产交易与权属登记管理，依法简化房地产交易与权属登记程序，提高办事效率，推行房地产交易与权属登记一体化管理。太原、大同等9个城市建成房地产市场信息系统，实现商品房交易网上备案。加强房地产统计工作，提高房地产市场监测分析水平。建立存量房屋交易和房地产开发月报、分析制度，逐月对存量房屋交易、房地产开发情况进行统计分析。组织开展房地产市场秩序整治、房地产开发企业经营行为大检查、商品房销（预）售检查和整治"楼霸"等一系列专项活动，对916家房地产企业、1182个房地产项目进行检查，对存在违规经营行为的253家企业、236个项目进行查处，对存在非法吊装、搬运和买卖装潢材料的22个住宅小区进行整治，城市房屋拆迁上访量逐年下降，房地产市场秩序日趋规范。

【物业管理】 积极开展国家康居示范工程创建活动，大同凯德世家和阳泉山水林语2个项目通过住房和城乡建设部住宅产业化促进中心组织的国家康居示范工程规划设计方案和可行性研究报告评审，列入国家康居示范工程项目。组织开展物业服务创优年系列活动，全省物业管理覆盖率达到46%，比2009年提高1个百分点。晋中田森佳苑住宅小区等4个项目被评为全国物业管理示范项目，太原新领地住宅小区等19个项目被评为全省物业管理示范项目。

3. 住房保障

【住房保障】 山西省委、省政府高度重视住房保障工作，2010年继续将保障性住房列为省级重点工程加以推进。各级住房城乡建设部门将这项民生工程作为首要任务紧紧抓在手上。一方面不断加大政策支持力度，山西省政府出台《关于加快保障性住房建设的若干意见》《山西省公共租赁住房管理暂行办法》等规范性文件，山西省住房城乡建设厅印发《关于加强廉租住房建设管理的通知》等规范性文件，提出并实施推进保障性住房建设的一系列政策措施，有效指导和推动保障性住房建设；另一方面加大资金支持力度，共争取到国家各类保障性住房和棚户区改造补助资金38.23亿元，山西省财政配套补助3.745亿元，为保障性住房建设提供资金保障。全省保障性住房新开工建设29.2万套，为年度计划21.93万套的133.1%；完成投资290.9亿元，为年度计划200.8亿元的144.9%；通过实物配租和货币化补贴两种方式，对符合廉租住房保障条件的申请家庭实现了应保尽保。截至2010年底，全省累计开工建设国有重点煤矿棚户区改造安置住房12.25万套，超额完成山西省"十一五"计划提出的国有重点煤矿棚户区改造的目标任务，实现在2010年山西省政府工作报告中提出的"到2010年底基本完成国有重点煤矿棚户区改造任务"的承诺。

2010年山西省各类保障性住房和棚户区改造完成情况表　　　　表4-1

住房类型	年初计划(套)	实际完成(套)	完成比例	与国家签订责任目标(套)	实际完成(套)	完成比例
廉租住房	70000	80860	115.5%	78800	80860	102.6%
经济适用住房	40000	40882	102.2%	40000	40882	102.2%
公共租赁住房	—	13391			13391	—
城市棚户区改造	66000	67365	102.1%	76500	80762	105.6%
国有工矿棚户区改造	400	24504	6126.0%	8000	11107	138.8%
国有重点煤矿棚户区改造	27900	36316	130.2%		36316	
林区棚户区改造		585		4000	585	14.6%
农村危房改造	15000	28000	186.7%	28000	28000	100.0%
合计	219300	291903	133.1%	235300	291903	124.1%

4. 公积金管理

【概况】 全省住房公积金新增归集额达到129.24亿元，同比增长21.94%，完成年度目标任务的140.02%。发放公积金个人贷款2.72万笔，共计33.96亿元，贷款额同比增长52.10%，完成年度目标任务的181.12%。清理回收逾期项目贷款和挤占挪用资金本金232.1万元。实现住房公积金增值收益4.08亿元。山西省住房城乡建设厅指导运城市利用5亿元住房公积金建设经济适用住房试点工作，发放保障性住房建设贷款1亿元。

5. 城乡规划

【城镇化与规划编制】 山西省住房城乡建设厅牵头会同省直30多个部门和单位组成联合调研组，赴省内外就城镇化工作进行专题调研，顺利完成由山西省省委书记袁纯清亲自领导和主持的"山西城镇化推进战略研究"课题，形成"山西城镇化推进战略研究"主报告、综合报告和20个专题报告，提出的"一核一圈三群"（"一核"即太原都市区、"一圈"即太原都市圈，"三群"即晋北、晋南、晋东南城镇群）城镇空间体系，得到全省的认可，并被山西省委、省政府确定为全省城镇化发展的战略目标，纳入"十二五"规划。先后编制完成了《太原经济圈规划》、《介孝汾城镇组群规划纲要》。全省22个设市城市和84个县城到2020年的总体规划全部完成，控规覆盖率达到70%以上；53个县编制完成县域村镇体系规划，占应编总数的62%；646个小城镇编制完成总体规划，占应编总数的54%；9098个村编制完成村庄规划，占应编总数的32%，为城镇化健康快速推进提供了保障。

【高校新校区规划编制】 制定《晋中高教园区工作方案》，成立"山西省高校新校区规划设计领导组"，山西省住房城乡建设厅会同山西省教育厅等单位对上海松江大学城、南昌大学城、广州大学城进行考察调研，委托华南理工大学、山西省城乡规划设计研究院共同承担山西省高校新校区的总体规划编制任务。

【规划实施管理和监督检查】 山西省住房城乡建设厅配合山西省人大常委会开展城乡规划执法检查，重点对晋城、运城、吕梁三市进行检查；会同山西省监察厅组织开展以"完善容积率管理的政策、制度，加强对控制性详细规划修改特别是建设用地容积率管理情况的监督检查和严肃查处违纪违法案件"为重点的房地产开发中违规变更规划调整容积率问题专项治理工作，对2007年1月1日至2009年3月31日期间领取规划许可的所有房地产项目进行了清理。据统计，全省各地共自查项目3505个，自查用地面积14063.44万平方米，其中，调整容积率项目123个，补交规费收入8075.92万元，罚款4658.42万元。在此基础上，研究起草了《山西省违反城乡规划行政处分暂行办法》和《山西省城乡规划公开暂行规定》。

【历史文化遗产保护】 认真贯彻实施《历史文化名城名镇名村保护条例》，不断加强城镇历史文化遗产保护工作，山西省政府公布太谷、孝义、介休、左云等4个山西省历史文化名城（第二批），太原市南华门历史文化街区、曲沃县西城巷历史文化街区、翼城县南十字街历史文化街区、柳林县明清街历史文化街区等14个山西省历史文化街区（第一批）。阳城县润城镇、天镇县新平堡镇、太原市晋源区晋源镇店头村等30个村镇被命名为中国历史文化名镇名村，灵石县静升镇、五台县台怀镇、永济市蒲州镇等6个村镇被命名为国家特色景观旅游名镇名村。山西省住房城乡建设厅指导太原市制作国家历史文化名城申报材料上报住房和城乡建设部。7月份，住房城乡建设部和国家文物局组织有关领导和专家对太原申报国家历史文化名城的情况进行考察。

6. 城市建设

【基础设施建设】 全省完成城镇市政公用设施建设投资302亿元，同比增长5.96%。建成污水处理厂28座，全省城镇污水处理厂达到132座，超过"十一五"规划7座，实现县县建成污水处理厂并投入运营的目标。建成垃圾处理厂20座，全省垃圾无害化处理厂达到49座，比"十五"末增加45座。

【生活COD减排】 山西省政府给各市下达2010年城镇污水处理厂新增生活COD减排指标任务，出台对在运行污水处理厂实施以奖代补资金等政策，全力推进生活COD减排，取得显著成效。经国家环保部污染减排核查组核定，2010年全省完成新增生活COD减排量1.885万吨。扣除因人口增长因素增加的新增生活COD排放量0.968万吨，完成生活COD净减排量0.917万吨，超出国家下达山西省全部目标任务(0.84万吨)0.077万吨。

【宜居城市创建】 山西省住房城乡建设厅组织专家对《山西省创建宜居城市考核评比标准(试行)》进行修订，进一步完善创建工作的考核体系。孝义市、侯马市的"环境友好型"和"功能完善型"两个单项宜居城市创建成果顺利通过专家组考核验收。大同市富乔焚烧发电和临汾市城市公厕项目获"中国人居环境范例奖"，晋城市煤层气综合利用项目获"迪拜国际改善居住环境最佳范例奖"全球百佳范例。

【城市绿化】 深入开展"园林城市"创建活动，城市生态和人居环境质量持续明显改善。全省11个设区城市新增绿地面积549.25公顷，建成区绿化覆盖率同比提高0.86个百分点，超过年度目标0.03个百分点，达到37.29%。山西省住房城乡建设厅修订印发《山西省园林城市(县城)申报与评审办法》，委托山西省遥感中心对申报城市进行遥感测试，为创建评审工作提供科学依据。太原市、侯马市、潞城市、武乡县、怀仁县五个市、县被住房和城乡建设部授予国家园林城市(县城)称号。指导长治市、晋城市向住房和城乡建设部正式申报创建国家生态园林城市，朔州、阳泉、孝义、介休、襄垣、屯留、平顺和长子8个市、县申报国家园林城市(县城)。大同、晋中、灵石、黎城、阳城、沁源、洪洞、阳曲、沁县和高平10个市、县的省级园林城市(县城)创建工作取得阶段性成果。制定《山西省城市(县城)星级公园申报与考核办法》《山西省城市园林单位、园林社区和园林道路申报与考核办法》，进一步完善城市园林绿化工作的指标体系，组织对太原、大同、晋中、长治、晋城、运城等城市申报的一批星级公园、城市园林单位、园林社区、园林道路进行考核初审。

【城市供水与节水】 山西省住房城乡建设厅对全省城市的供水水质和公共供水应急预案编制、落实情况进行了督查，组织完成了国家水质抽查、自查查验、消毒剂检查和供水监测能力调研的有关工作；按照《山西省城市公共供水企业(单位)运行考核暂行标准》，对全省86个城市公共供水企业的运行情况进行年度考核，对现场检查发现的问题及时要求整改，有力保障了供水安全。下发《关于进一步搞好城市供水应急管理确保供水安全的通知》，切实强化了城市供水应急管理工作。印发《山西省城市节水型企业(单位、校园、小区)考核管理办法》，在全省组织开展了国家、省级节水型城市的创建工作。大同市创建国家节水型城市通过了省级初审。太原市评选产生首批20家节水型企业(单位、校园)，并进行授牌。加强洗浴行业节约用水，在全省开展洗浴行业用水、节水专项整治活动。

【城市供气】 山西省住房城乡建设厅研究制定《山西省城镇燃气管网安全评估报告编制提纲》，组织召开全省燃气管网安全评估工作专题会议，城镇燃气管网安全评估工作全面启动，并纳入评选园林城市、宜居城市的考核体系。

【城市供热】 山西省住房城乡建设厅报请山西省政府下发《关于全面推进供热计量改革工作的意见》，明确工作任务，提出改革措施，为加快和推进全省供热计量改革提供有力的政策支持和组织保障。11个设区城市全部出台"两部制热价"收费办法及标准，全省新增供热计量收费面积1833.323万平方米。

【城市污水和垃圾处理】 对全省已投入运行的79座污水处理厂、18座生活垃圾无害化处理场进行运营考核，不断加大污水、垃圾处理设施关键岗位的培训工作力度，逐步完善技术人才储备，累计培训技术人员1000余人。山西省住房城乡建设厅会同山西省财政厅下发《关于建立城镇污水处理费和垃圾处理费征收台账的通知》、《关于省财政对县城镇污水处理运行实行以奖代补政策的通知》，下达年度污水处理以奖代补资金951万元。会同山西省发改委、经信委、物价局共同出台《关于进一步加快推进城镇污水再生利用工作的通知》，对城镇污水再生利用的规划建设、推进措施、价格机制、优惠政策提出具体要求。全省共有太原北郊、大同西郊等32座城镇污水处理厂实现中水回用，实际回用能力达28.2万吨/日。加强城市排水许可工作，下发《关于进一步搞好城市排水许可工作的通知》，就建立完善城市排水许可制度，推进城市排水许可工作，保障污水处理设施安全稳定运行提出具体要求。

【城市照明节能】 山西省住房城乡建设厅制定出台《山西省城市照明节能工作考评标准（试行）》，对设区城市进行专项检查，对《城市照明管理规定》的有关内容进行了宣贯，进一步提高各地城市照明主管部门对节能工作的认识和管理水平。全省11个设区城市中，城市照明专项规划编制率达到45%，道路照明低效照明产品淘汰率达到64%，景观照明大功率灯具淘汰率达到45%。

【数字化城市管理】 太原市、大同市的数字化城管项目投入正常运行；晋城市完成项目建设投入试运行，并向国家申请验收。山西省住房城乡建设厅组织各市参加了住房和城乡建设部举办的数字化城管标准规范宣贯培训。

【市政公用行业信息监管系统】 山西省全国污水、垃圾处理信息系统填报工作取得较大进展，上报率分别达到96.79%和95%，分列全国第13位和第3位。全省城市供水、环境卫生、园林绿化、城市供热、燃气系统5个系统全部投入使用；城市照明、城市道桥、风景名胜3个信息系统的开发工作有序开展。

【市政设施运营安全】 山西省住房城乡建设厅制定市政公用设施安全运营专项整治方案，组织开展了专项整治工作。对全省11个设区城市的市政公用企业进行实地检查，有效改善了全行业安全生产运营状况。下发《关于加强市政公用行业安全工作的紧急通知》等一系列文件，对加强全省市政公用行业的安全生产工作进行了安排部署和指导，确保了市政公用行业安全稳定运营。指导各地科学建立应急抢险体系，完善法人安全生产承诺制制度，强化应急抢险队伍建设。全省11个设区市全部成立应急抢险专家库，并建立应急抢险专业队伍，总计1344人。全省已有782家市政公用企业（单位）的法人代表与当地政府签订《安全生产承诺书》，使法人的安全生产职责明晰化、公开化，进一步强化法人安全生产责任制的落实。加强城市防汛工作，制定完善了城市防汛抢险预案和度汛措施，组织各市开展市政公用行业的汛前自查和整改工作，组织开展清淤疏浚、物资储备、抢险排涝等各项基础工作，确保了城市安全度汛。

【风景名胜区管理】 山西省住房城乡建设厅承办"联合国教科文组织《世界遗产公约》实施情况第二轮定期报告亚太地区研讨会"、"中国世界遗产保护管理研讨会"，举办"山西省遗产资源保护专题发布会"、全省风景名胜工作座谈会等各类专项会议，为推动山西省世界遗产保护和风景名胜区工作起到积极的作用。认真落实《山西省风景名胜区体系规划》，完成了全省风景名胜资源价值评价。

7. 建筑业与工程建设

【建筑业发展】 坚持以市场需求为导向，积极构建大、中、小等级合理，总承包、专业承包、劳务分包专业配套，以施工为主体，勘察设计、监理、招标代理等中介咨询为辅助的建筑业结构体系。山西省住房城乡建设厅依法核准升级、增项、延续、换证的建设类企业545家，其中，施工企业132家，勘察设计企业297家，监理企业60家，招标代理机构47家，设计与施工一体化9家。向住房城乡建设部申报升级、延续企业118家，专业涵盖房屋建筑、市政、公路、铁路、钢结构等方面。对全省378家二级以上建筑施工企业、444家勘察设计、130家监理、133家招标代理、31家设计施工企业进行动态考核。全省共有建筑业资质企业2791家，其中总承包企业986家，专业承包企业1614家，劳务分包企业191家。工程勘察设计企业444家，工程监理企业230家，工程招标代理机构146家。据初步统计，全省完成建筑业产值2083亿元，同比增长14.1%，实现增加值574.8亿元，同比增长22%，占全省GDP的6.3%。从业人员82万人，劳动生产率24.9万元/人。

【建筑市场管理】 山西省政府起草《关于加快建筑业发展的意见》，下发《关于继续实行建设监理服务收费专户管理的指导意见》，山西住房城乡建设厅会同山西省财政厅、工商局、地税局联合下发《关于加强省外入晋建筑业企业备案管理工作的通知》。完成对《山西省房屋建筑和市政基础设施工程施工招标投标管理实施细则（试行）》、《山西省建设工程量清单招标评标办法（试行）》两个文件的修订，进一步完善建筑市场监管机制。开展山西省建筑工程实施和质量安全大检查，对在检查中发现的工程建设实施过程中挂靠资质、违法分包、施工现场管理人员同投标承诺严重不符等市场不规范的河南红旗渠建设集团有限公司等6家单位和8名个人实施行政处罚并记不良行为记录；对市场行为不规范的长治市诚联建设监理有限公司等10家单位和1名个人记不良行为记录。

【市场监管信息系统建设】 制定工程项目管理信息系统建设工作方案，成立山西省建筑市场监管信息系统建设管理委员会，完成建设类企业、执(从)业人员、项目管理三个基础数据库的开发建设，并已与晋中市联网运行。

【重点工程建设】 认真贯彻落实省委、省政府关于2009~2010年两年投资6500亿元、带动全社会投资1万亿元的决策部署，切实加强协调服务和监督管理，采取集中审批、强化督查、考核排名、工作约谈等措施，有力地推动工程建设。2010年共确定保障性安居工程、农业水利基础设施、铁路、高速公路、医疗卫生文化教育、节能减排和生态建设、产业结构调整、煤炭、电力、省城十大建筑10大类省级重点工程项目175项，开工建设171项，开工率达到97.7%。轩岗电厂、太中银铁路、忻州至五台山高速公路等27个重点工程项目已竣工投产，另有4个项目基本建成，实现年初计划投产投运31项重点工程的目标任务。全年省市两级重点工程完成投资5067.35亿元，同比增长26.6%，占全社会固定资产投资6352.6亿元的79.7%。其中，省级重点工程完成投资2142.36亿元，比2010年增加608.68亿元，同比增长39.7%。完成投资为年度投资计划的106.9%，投资完成率比上年增加4.5个百分点。累计到位资金1893.76亿元，为年度计划的94.5%。

【建筑安全生产】 山西省住房城乡建设厅报请山西省人大启动《山西省建设工程质量和安全生产管理条例》修订工作，报请山西省政府印发《关于加强建筑工程及市政运营安全生产工作的若干规定》，起草《房屋建筑工程和市政工程施工现场生产安全事故及重大隐患处理规定》，启动《建筑工程安全技术资料管理标准》、《建筑安全标准化工地管理规定》的编制工作，组织对《建筑工程安全防护、文明施工措施费用管理规定》进行修订。

印发《山西省住房和城乡建设系统2010年"安全生产月"活动方案》，开展安全宣传咨询日、应急演练周和宣传教育行动等各项活动。在山西大医院项目工地组织开展了省城建筑工地应急演练观摩会，对火灾事故救护、高空坠落事故救护、触电事故救护等三项内容进行了演练。

大力开展安全生产专项整治和大检查，在全省范围内共开展春节和两会期间安全生产大检查、全省住房城乡建设系统安全生产隐患排查治理专项行动和安全生产大检查、全省建筑工程质量安全大检查等大范围的检查，累计排查安全隐患13533项，下达执法建议书18份，责令整改通知书6份，对15个项目33家企业和单位进行通报和处罚，暂扣9家施工企业的安全生产许可证，向事发外省企业注册地的省住房城乡建设部门发函建议暂扣8家外省施工企业的安全生产许可证，并记入企业不良行为记录。全年共发生建筑生产安全事故16起，死亡23人，同比减少6起11人。

【工程质量监管】 继续深入推行工程质量巡查制度，共查出违反强制性条文10万余条次，全省建筑工程质量监督覆盖率达到100%，竣工验收合格率达到100%，起草《评价标准实施办法》。全省共有35项工程被评为省优良工程。

【施工图审查】 山西省住房城乡建设厅组织开展全省施工图审查工作质量检查，全省上网审查合格的项目9743项。其中，房屋建筑工程9419项，建筑面积5524万平方米，市政工程324项。纠正违反强制性条文22479条次，消除安全隐患5563条次。

【抗震防灾】 山西省住房城乡建设厅印发《关于进一步做好全省城市房屋抗震减灾工作的通知》，指导各市编制城市房屋抗震加固总体规划和分年度计划。对212所中小学校舍和25项超限高层进行了抗震设防专项审查，印发《关于进一步配合教育部门做好中小学校舍安全工程相关工作的通知》、《关于进一步做好中小学校舍安全工程的通知》，指导各市做好中小学校舍安全工程的监督检查、技术指导和支持工作。

【工程招投标管理】 全省全年房屋建筑和市政基础设施工程招标2519项，中标金额838亿元，投资额大幅增加，单个工程投资额呈上升趋势。据统计，应公开招标项目的公开招标率达到100%，通过招标的项目节资率超过2%。山西省住房城乡建设厅整合全省11个市评标专家库，形成了全省统一的房屋建筑和市政基础设施工程评标专家库。同时对库内专家进行调整与补充，建立了包括7大类、66个专业，共3100名专家的房屋建筑和市政工程评标专家库，专家数量和质量不断提高。

【建设工程劳保担保】 全省共收缴劳保基金10.84亿元，同比增长102%。山西省住房城乡建设厅向全省施工企业拨付劳保基金6.66亿元，同比提高106%；向全省近二百家特困施工企业补贴劳保基金8250万元，同比提高74%。全年承担担保项目979项，担保总额达到11.45亿元。其中，投标担保项目 706 个,担保额 66936.4 万元,业主支付担保项目 101 个,担保额为 18698.28 万元,合同履约担保项目 172 个,担保额为 28878.676 万元。

【工程建设标准、造价管理和无障碍城市创建】山西省住房城乡建设厅组织编制并审定发布山西省地方标准《建筑幕墙工程质量验收标准》和《预拌砂浆生产与应用技术规程》。承担《屋面工程质量验收规范》和《地下防水工程质量验收规范》两项国家标准的编制任务,并通过标准审查委员会的审查。制定并印发《山西省建设工程工程量清单计价实施细则》。山西省住房城乡建设厅牵头会同山西省民政厅、省残联和省老龄办及相关专家对太原、大同、长治、晋城和运城 5 个"全国无障碍建设城市"创建市进行全面验收前的初步审查,12 月份接受住房城乡建设部等四部委组成的考核验收组的考核验收。

8. 村镇建设

【村镇规划】 编制完成县域村镇体系规划 22 个,小城镇总体规划 65 个,村庄规划 2000 个。左云县县域村镇体系规划、阳城县北留镇控制性详细规划、沁水县窦庄历史文化名村保护规划 3 项村镇规划获全国优秀规划奖,获奖总数居全国第三位。太原、大同、朔州和阳泉 4 市全部完成所辖县域村镇体系规划,大同、太原全部完成建制镇总体规划。强化村镇规划实施监管,严格管理村镇范围内规划"一书一证"、"一书两证"发放,初步建立以规划研究为前瞻指引,以法定规划编制为落实平台,以县域重大产业项目选址为保障手段的村镇规划体系。创新编制理念,针对晋城等市发展速度较快的小城镇,提出"全域北留"、"全域马村"的镇域城乡统筹编制理念,取得较好效果。

【特色小城镇创建】 深入开展历史文化、园林、景观旅游等特色小城镇创建活动。切实加强历史文化资源的科学保护和永续利用,山西省住房城乡建设厅组织开展了全国第二批特色景观旅游名镇名村申报工作,对第一批特色景观旅游村镇进行现场考核和监督指导。对襄垣县下良镇、曲沃县曲村镇、稷山县翟店镇、柳林县孟门镇 4 个镇,安排了绿化工程专项资金,支持、奖励建制镇绿化工作。深入开展园林城镇创建活动,晋城市泽州县巴公镇、阳泉市平定县娘子关镇、运城市河津市樊村镇、运城市稷山县西社镇、吕梁市柳林县孟门镇、长治市壶关县百尺镇 6 个镇被省政府命名为"山西省园林城镇"。全省建制镇绿化覆盖率比 2009 年增加 1 个百分点,达到 22.9%。

【小城镇基础设施建设】 完成重点镇基础设施建设投资 85 亿元(含 43 个县城 62 亿元),人居环境不断改善。山西省住房城乡建设厅启动武乡县统筹城乡规划建设试点工作,指导、督促武乡县抓紧制定县域村镇规划体系,加快县城和重点镇建设,实施村镇道路、供水、垃圾治理、园林绿化等市政公用设施重点工程,建立城乡统筹的规划建设体系,为全省加快推进城镇化创造经验。

【古村镇保护】 山西省住房城乡建设厅编制完成历史文化名镇名村保护规划 12 个,为全省第三批历史文化名镇名村进行授牌。邀请国内知名古村镇保护专家举办古村镇保护利用讲座,提高管理人员和古村镇负责同志对推进古村镇保护利用工作的能力和水平。深入开展世行赠款古村镇减贫研究,完成《山西古村镇测绘图集》、《山西古村镇保护技术导则》、《山西古村镇非物质文化研究》、《山西古村镇发展现状、成因分析与减贫模式》等子项目初步研究成果。

9. 建筑节能与科技

【建筑节能】 山西省住房城乡建设厅组织开展新建建筑"双百工程",制定规划阶段建筑节能审查制度。全省设计阶段节能标准执行率基本达 100%,施工阶段节能标准执行率设区城市基本达 100%,县(市)达 96.1%。积极争取国家和省级既有居住建筑节能改造补贴资金,全年共争取到中央财政补助资金 13329 万元,省级财政配套资金 7557 万元。"太原理工大学长风小区"被住房城乡建设部列为中德合作改造示范项目;继续实施山西省直机关办公建筑和大型公共建筑节能改造工作。启动山西省委办公楼等 6 个改造项目,共计 10 余万平米。太原市被列为国家可再生能源建筑应用示范市,临猗县、平定县、侯马市被评为国家可再生能源建筑应用示范县(市);中北大学太阳能光电建筑应用示范项目和吕梁市柳林、方山太阳能光电建筑应用项目工程被评为 2010 年国家级太阳能光电建筑应用示范项目,太原经济技术开发区屋顶太阳能光电建筑应用项目、山西物流港、吕梁离石新区 3 个项目被评为国家用户测光伏发电集中连片示范项目。初步搭建起省级能效监管平台,确定能效监测试点建筑单位 14 家,并通过政府采购确定具体实施单位,能效试点监测工作已全面实施;确定山西省机关事务管理局和太原、长治、忻州四个单位(市)为试点,明确具体的实施机构。中北大学、山西财经大学申报国家节约型校园建设示范项目已获批准,补助资金 950 万已拨付到位。

【建筑科技】 山西省住房城乡建设厅组织专家对2009年240项工法进行评审，其中197项被评为省级工法，申报《在泡沫混凝土中加入保温颗粒等材料的研究》等9个科技计划项目，确定"山西交通政务大厅及数控中心"等48项工程为建筑业新技术应用示范工程立项项目。认定3批、共计393项建筑节能新技术（产品）。开展建筑节能专项检查，检查在建及竣工项目71个，下发责令整改通知书44份，并将检查结果在全省范围内进行了通报。

10. 建设教育

【全省城乡规划建设专题培训工作】 为全面推进全省城镇化进程，提高全省党政干部领导城乡规划建设、推进城镇化发展的能力与水平，山西省委组织部和山西省住房和城乡建设厅制定《2010～2012年山西省党政领导干部城乡规划建设专题培训工作规划》，并于2010年6月和7月，分别在上海同济大学和太原理工大学举办了四期全省党政领导干部城乡规划建设专题培训班，对省内部分市、县政府和开发区的主要领导以及部分市县规划局、建设局局长，乡镇党委书记、镇长共计500余人进行培训。

【专业人员培训与鉴定】 八类执业资格人员考试已全部开展，全省共有7636人通过考试取得一、二级国家执业资格证书，其注册人数5732人。从业资格培训共计1万余人，其中房地产物业管理员276人，造价员10840人。全省共完成职业技能培训12533人，技能鉴定9505人；重新认定30个培训点和29个鉴定站，各类培训鉴定机构共聘用考评员900余人。

【高级职称评定】 高级工程师评审工作在总结以往经验的基础上，顺利完成206名申报人员的材料审查和201人的论文答辩工作，经评审170名同志获高级工程师任职资格，评审通过率为84.6%。

【建设类高等教育】 山西省住房城乡建设厅指导所属山西省建筑职业技术学院初步建立起了良性运行机制，在专业建设、课程建设、教材建设等方面取得一批标志性成果。2010年11月，该院被教育部、财政部确定为国家示范性骨干高职院校（相当于本科211院校），并于2010年12月成功入驻山西省高校新校区。指导所属山西省城乡建设学校成功申报"国家级重点中等职业学校"和"建筑技术专业（楼宇智能化设备安装与运行）实训基地为省级实训基地"，协调省财政为实训基地投资100万元。2010年，共计招生1700余人，注册学生人数近4600人，毕业生就业率达到了98.4%。

11. "十一五"建设成就盘点

"十一五"时期是山西省发展史上极不平凡的五年，也是全省住房城乡建设事业快速发展和取得显著成绩的五年。五年来，面对国际金融危机的严重冲击，面对重点工程、保障性住房建设和城镇化推进的繁重任务，全省住房城乡建设系统认真贯彻执行山西省委、省政府决策部署，紧紧围绕全省经济社会发展大局，明确任务、突出重点、狠抓落实，圆满完成各项目标任务，为促进全省经济社会平稳较快发展做出了积极贡献。

【切实加大保障性住房建设力度，极大地改善了城乡困难群众的住房条件】 山西省委、省政府高度重视保障性安居工程建设，将其列入"五大惠民工程"和向全省人民承诺办好的实事，2009年以来，又纳入省重点工程加以推进，进一步加大建设力度，取得显著成绩。"十一五"期间，全省累计开工建设各类保障性住房88.32万套（5813.66万平方米），其中开工建设国有重点煤矿棚户区改造安置住房12.25万套，完成了"十一五"规划提出的国有重点煤矿棚户区改造任务。

【着力加强重点工程建设，有力促进了全省经济平稳较快发展】 "十一五"期间累计开工建设了258项省级重点工程项目，累计完成投资4681.15亿元，竣工投产了85个工程项目，为促进全省经济平稳较快发展做出重要贡献。

【城镇市政公用设施投资大幅增长】 大力实施了以污水、垃圾处理设施为重点的城镇市政公用设施建设，累计完成投资930亿元，比"十五"期间增长3.5倍。

【园林城市和宜居城市创建活动取得较大成绩】 全省共创建国家园林城市5个，国家园林县城3个，省级园林城市（县城）15个，阳城县北留镇被命名为国家园林城镇，灵石县静升镇等6个村镇被命名为国家特色景观旅游名镇名村，长治市黑水河综合治理、晋城市"东西两河"综合治理和东南出入口生态恢复工程、大同市富乔生活焚烧发电项目、临汾市城市公厕项目等一批精品工程荣获"中国人居环境范例奖"，晋城市煤层气综合利用项目获得"迪拜国际改善居住环境最佳范例奖"全球百佳范例。

【小城镇发展进一步加快】 全省小城镇基础设施和公共服务设施水平不断提高，供水普及率达到94.84%，燃气普及率达到9.74，生活垃圾简易处理率达到23.99%，绿化覆盖率达到22.9%，人均道路面积达到14.36平方米，分别比"十五"末提高了

5.1、6.3、10、5.7个百分点和3平方米。

【城市公共供水与节水水平进一步提高】 截至2010年底，全省城市公共供水系统供水能力达到每日355.77万立方米，供水管网总长度达到7244.05km，用水人口941.2万人，用水普及率达到95.5%，比"十五"末分别提高了9.76万立方米每日、1304.65km、128.44万人和3.27个百分点。全省22个城市节水总量达72688万吨，其中工业节水总量为53080万吨，工业用水重复利用率达90.02%。

【集中供热取得较大进展】 截至2010年底，全省城市集中供热面积达到28738.7万平方米，比"十五"末增加了16030.6万平方米，22个设市城市的供热普及率达到了81.8%，圆满完成了"十一五"规划目标任务。

【城市燃气取得新的成绩】 截至2010年底，全省人工煤气和天然气供气总量达到228055.79万立方米，液化石油气供气总量达到63330.8吨，用气人口达到了870.33万人，比"十五"末分别增加了134962.79万立方米、21326.8吨、255.79万人。22个设市城市的燃气普及率达到88%，比"十五"末提高了17.31%。

【风景名胜区事业健康快速发展】 截至2010年底，山西省已有国家级风景名胜区5个，省级风景名胜区16个。2009年，五台山以文化景观列入了《世界遗产名录》；壶口风景名胜区列入中国国家自然遗产预备名录；恒山风景名胜区和芦芽山风景名胜区列入国家自然与文化双遗产预备名录。

【建筑节能工作扎实推进，城镇减排任务圆满完成】 节能减排是国家和山西省政府下达的重要约束性考核指标，通过全省住房城乡建设系统的共同努力，圆满完成了"十一五"期间各项指标任务。建筑节能方面。截至2010年底，全省新建建筑节能标准执行率达到96%，比"十五"末提高了91个百分点；新建筑可再生能源应用比例达到26%，超过国家"十一五"指标任务1个百分点。太原市被列为国家可再生能源建筑应用示范市，临猗县、平定县、侯马市被评为国家可再生能源建筑应用示范县(市)，9个项目被列为国家可再生能源应用示范工程，6个项目被列为国家太阳能光电建筑应用示范工程。特别是集中力量推进既有建筑节能改造，"十一五"期间，共完成既有居住建筑节能改造467万平方米，超额完成国家下达山西省460万平方米的指标任务。城镇减排方面。截至2010年底，全省累计削减生活COD18.7万吨。太原、大同等市的32座城镇污水处理厂实现了中水回用，实际总回用能力达到28.2万吨/日。供热计量改革方面。11个设区城市全部出台了"两部制热价"收费办法及标准，全省供热计量收费面积达到1900.873万平方米。

【建筑业和房地产业持续健康发展】 建筑业方面。据不完全统计，全省累计完成建筑业产值7265.2亿元，实现增加值1949.4亿元。具有资质等级的建筑业企业累计实现利润总额119.8亿元，全省建筑业从业人员年平均人数达到70万人，劳动生产率平均保持在20.8万元/人。全省具有建筑业资质的企业达到2791家，其中总承包企业987家，专业承包企业1613家，劳务分包企业191家；工程勘察设计企业409家；工程监理企业218家；工程招标代理机构146家；设计与施工企业32家。房地产方面。全省累计完成房地产开发投资1865亿元，为"十五"末的3.5倍。2010年全省城镇居民人均住房建筑面积达到31.03平方米，比"十五"末增加6.24平方米。全省国家康居示范工程项目总数达到15个，位居全国第4。截至2010年底，全省物业管理覆盖率达到46%，比"十五"末提高4.9个百分点。晋中田森佳苑住宅小区等11个项目被评为全国物业管理示范项目，太原新领地住宅小区等68个项目被评为全省物业管理示范项目。

【住房改革发展与公积金监管不断深入】 截至2010年底，全省累计出售公房7867.42万平方米，公房出售率达到86%以上，略高于全国平均水平。全省共有36381名职工领取了住房补贴，发放住房货币化补贴总金额43543.84万元，位于全国中等水平。不断加强住房公积金监管工作，截至2010年底，全省累计归集住房公积金628.39亿元，归集余额为473.07亿元；累计发放个人住房贷款127.11亿元，贷款余额75.87亿元；共清理回收逾期项目贷款和挤占挪用资金本金10164.77万元。

【工程质量安全管理工作不断加强】 截至2010年底，全省建筑工程质量监督覆盖率达到100%，竣工验收合格率达到100%，竣工验收备案率达到95%，共有5项工程获国家"鲁班奖"，115项工程获山西省"汾水杯"质量奖，262项工程被评为山西省优良工程。出台《建筑工程施工安全管理标准》，大力开展建筑安全标准化工作，全省标准化工地比例达到60%，比"十五"末增长10个百分点。印发《应急避难场所建设标准》；组建省及各市震损房屋应急鉴定专家队伍12支，应急专家423人，市政抢险队伍76支。全省图审机构共审查勘察项目14486项，查出违反强条数15262条次；审查房屋建筑面积10382万平方米，查出违反强条数95373条次；审查市政工程489项，查出违反强条数363条次。

山 西 省

12. 建筑业企业、勘察设计企业、招标代理机构、监理企业营业收入前 20 名

山西省建筑业企业按总收入排名前 20 名、工程勘察设计企业按勘察设计收入排名前 20 名、工程招标代理机构按工程招标代理收入排名前 20 名、建设监理企业按监理收入排名前 20 名的情况如表 4-2 所示。

2010 年山西省建筑业企业、勘察设计企业、招标代理机构、监理企业营业收入前 20 名企业　　表 4-2

序号	建筑业企业 总收入前 20 名	工程勘察设计企业 勘察设计收入前 20 名	工程招标代理机构 工程招标代理收入前 20 名	建设监理企业 监理收入前 20 名
1	山西建筑工程（集团）总公司	赛鼎工程有限公司	山西省招标有限公司	山西省交通建设工程监理总公司
2	晋城宏圣建筑工程有限公司	山西约翰芬雷华能设计工程有限公司	山西和祥建通工程项目管理有限公司	山西省煤炭建设监理有限公司
3	山西四建集团有限公司	山西省电力勘测设计院	山西电能工程招标代理有限公司	山西诚正建设监理咨询有限公司
4	山西六建集团有限公司	中核新能核工业工程有限责任公司	山西省水利水电工程建设监理公司	山西协诚建设工程项目管理有限公司
5	山西省第五建筑工程公司	山西交科公路勘察设计院	中招康泰项目管理有限公司	山西和祥建通工程项目管理有限公司
6	山西省第一建筑工程公司	煤炭工业太原设计研究院	山西省国际招标有限公司	山西省建设监理有限公司
7	山西省第三建筑工程公司	山西华晋岩土工程勘察有限公司	山西协诚工程招标代理有限公司	山西锦通工程项目管理咨询有限公司
8	山西宏厦建筑工程第三有限公司	山西冶金岩土工程勘察总公司	山西华安建设项目管理有限公司	太原理工大学建设监理公司
9	山西省第二建筑工程公司	太原市建筑设计研究院	山西吉承招标代理有限公司	山西省水利水电工程建设监理公司
10	山西潞安工程有限公司	山西省建筑设计研究院	山西嘉盛招标代理有限公司	山西省公路工程监理技术咨询公司
11	山西西山金信建筑有限公司	山西通信通达微波技术有限公司	山西中招招标有限公司	山西煤炭建设监理咨询公司
12	山西汾西工程建设有限责任公司	山西省勘察设计研究院	山西路华通工程咨询有限公司	山西宇通建设工程项目管理有限公司
13	山西省工业设备安装公司	山西省交通规划勘察设计院	山西黄河万家寨工程咨询有限公司	山西黄河水利工程咨询有限公司
14	山西八建集团有限公司	山西省水利水电勘测设计研究院	阳泉市昌盛招标有限公司	山西神剑建设监理有限公司
15	山西省机械施工公司	山西省地质工程勘察院	山西康桥投资咨询有限公司	山西天地衡建设工程项目管理有限公司
16	太原路桥建设有限公司	山西信息规划设计院有限公司	山西国元工程造价咨询有限公司	临汾开天建设监理有限公司
17	大同煤矿集团宏远工程建设有限责任公司	山西润民环保工程设备有限公司	山西石涅招标代理有限责任公司	山西中太工程建设监理公司
18	朔州路桥建设有限责任公司	山西省第八地质工程勘察院	山西新星项目管理有限责任公司	大同煤炭建设监理有限公司
19	山西省地矿建设工程总公司	山西省第十地质工程勘察院	山西立创建设工程项目管理有限公司	晋中市正元建设监理有限公司
20	山西海达消防工程有限公司	阳泉新宇岩土工程有限责任公司	山西重力工程招标代理有限公司	核工业第七研究设计院建设监理公司

（填表人：赵志远）

大事记

1月

18日,山西省政府2009年度目标责任制考评组到山西省住房城乡建设厅检查。厅党组书记、厅长王国正主持召开2009年度工作目标责任制汇报会。

2月

26日,全省住房和城乡建设工作暨党风廉政精神文明建设工作会议在太原召开。山西省委常委、常务副省长李小鹏出席会议,代表山西省政府与各市政府签订2010年度住房城乡建设工作目标责任书,并作重要讲话。会议全面总结2009年全省住房城乡建设系统取得的成绩,部署2010年工作。

3月

26日,全省重点工程建设总结表彰暨动员大会在太原召开。会前,山西省省委书记、省人大常委会主任张宝顺,省委副书记、省长王君等领导接见了受表彰同志。王君出席大会并讲话,省委常委、省纪委书记金道铭出席会议,省委常委、副省长李小鹏主持会议,省人大常委会副主任、省总工会主席郭海亮,副省长牛仁亮,省政协副主席韩儒英等领导出席会议。

4月

19日,联合国教科文组织《世界遗产公约》实施情况第二轮定期报告会亚太地区研讨会在太原开幕。山西省住房城乡建设厅党组成员、副厅长闫晨曦向与会专家和代表介绍了山西省在世界遗产保护中的做法和取得的成绩。

19日,山西省遗产资源保护专题发布会在太原举行。中国联合国教科文组织全委会副秘书长杜越、山西省人大副主任谢克昌分别为山西省的国家遗产地和省级风景名胜区授牌。闫晨曦主持会议。

23日,由住房和城乡建设部主办,山西省住房和城乡建设厅承办的中国世界遗产保护管理研讨会在山西太原召开。来自中国联合国教科文组织、住房和城乡建设部、中国风景名胜区协会、山西、重庆、江苏、江西、贵州等省(市区)住房城乡建设(园林)行政主管部门、世界遗产地人民政府及相关世界遗产地管理机构的120多位代表参加了此次研讨会。

5月

22日,山西省住房城乡建设厅在太原召开世行《山西省古村镇保护利用与减贫方略研究》研讨培训会。山西省住房城乡建设厅党组成员、总规划师李锦生出席会议并讲话。

6月

2~3日,全省住房保障与房地产工作会议在大同市召开。山西省住房城乡建设厅党组成员、副厅长任在刚出席会议并讲话。

15日,来自山西、山东、河南、河北、北京、天津、内蒙古等七省市(区)的领导和代表出席了在太原召开的第十届建筑市场与招标投标联席会议。住房和城乡建设部建筑市场管理司为本次会议发来贺信。山西省住房城乡建设厅党组成员、副厅长张立光出席会议,并致欢迎辞。

7月

26日,太原市举行申报国家历史文化名城评估会。山西省省委常委、太原市委书记申维辰、住房和城乡建设部、国家文物局的有关领导及国内相关专家出席会议。山西省住房城乡建设厅党组书记、厅长王国正出席并主持会议。

28日,《山西城镇化推进战略研究》专家研讨会在太原召开。山西省省委书记袁纯清会见此次研讨会的专家并听取发言。国务院研究室、住房和城乡建设部、国家发改委、中国科学院等单位的专家出席会议,课题和各分课题牵头单位、配合单位领导及课题负责人、执笔人参加会议。

8月

12日,全省公共租赁住房工作电视电话会议在太原召开。李小鹏出席会议并作重要讲话。任在刚出席会议。

9月

15日,中国建筑业协会工程建设质量监督分会第四次会员代表大会在太原召开。住房和城乡建设部质量安全司副司长吴慧娟,王国正,张立光出席会议。

10月

16日,山西省高校新校区规划领导组召开第一次会议,会议由王国正主持,省住房城乡建设厅党组成员、总规划师、山西省高校新校区规划领导组副组长李锦生参加会议。

26日,山西省考核办调研组到山西省住房城乡建设厅调研,厅考核领导组副组长路长青、厅考核领导组办公室主任史红权就山西省住房城乡建设厅前三季度目标责任任务完成情况和考核工作进展情况分别向调研组进行了汇报。

11月

20日,山西省住房城乡建设厅召开2010年度党员领导干部民主生活会,山西省省委常委、省军区政治委员张少华出席会议。王国正主持会议。张立光、任在刚、闫晨曦、郝耀平、郝培亮、李锦生、赵友亭分别进行了发言。

30日，山西省住房城乡建设系统思想政治工作研究会成立暨第一次会员代表大会在太原召开。王国正、郝耀平、赵建宏参加了会议。

12月

14日，山西省省委常委、副省长高建民到省住房城乡建设厅调研，王国正作工作汇报。

21日，山西省召开《回眸"十一五"展望"十二五"》系列新闻发布会。任在刚就"十一五"期间山西省在保障性住房方面取得的成就及"十二五"期间进一步推进这项工作的设想和措施，进行介绍，并回答记者提问。

（山西省住房和城乡建设厅）

内蒙古自治区

2010年，在自治区党委、政府的正确领导下，在住房和城乡建设部的关怀和指导下，全区住房城乡建设系统坚持以科学发展观统领全局，认真贯彻落实中央和自治区的决策部署，拓宽思路、创新机制、统筹推进、真抓实干，圆满完成全年的各项任务，全区住房城乡建设事业取得了显著成绩，为促进全区经济平稳较快发展、社会和谐稳定做出了积极贡献。

1. 政策法规

2010年内蒙古住房和城乡建设工作地方规章、政策细则、规范性技术文件概要如下：

（1）2010年1月27日印发《内蒙古自治区住宅工程质量分户验收管理办法》（内建规工〔2010〕1号）；

（2）2010年3月11日印发《蒸压粉煤灰砖砌体结构设计与施工技术规程》（2010年5月1日实施）；

（3）2010年5月12日印发《内蒙古自治区预拌混凝土技术管理规定》（内建工〔2010〕197号）；

（4）2010年6月24日经自治区政府第六次常务会议审议通过，以自治区政府第173号令颁布《内蒙古自治区城乡建设档案管理办法》（2010年8月1日起实施）；

（5）2010年6月修订并颁布《内蒙古自治区住房和城乡建设系统破坏性地震应急预案》；

（6）2010年8月13日印发《CL结构构造图集》（2010年10月1日实施）；

（7）2010年9月25日印发《内蒙古自治区建筑门窗、玻璃幕墙节能性能标识工作管理办法》。

2. 房地产业

【房地产业发展】 截止到2010年底，自治区实有房屋建筑面积53391.89万平方米，成套住宅2871414套，人均住房建筑面积达30.5平方米。2010年全年完成房地产开发投资1120亿元，同比增长37.35%，全区商品房屋施工面积、销售面积分别为11517.78万平方米、3020.54万平方米，同比增长39.87%、22.64%。

【房地产市场监管】 认真贯彻落实中央、自治区的调控政策和措施，采取有效措施遏制部分城市房价过快上涨势头。加大市场监测监管力度，全年检查房地产企业789家，在建项目1046个，对存在的问题直接记入企业信用档案，并予以曝光。全面实施全区住宅与房地产业信息化管理和网络化服务，进一步加强商品住房预售许可管理，实施网上在线签订购房合同。组织开展了房地产开发中违规变更规划和调查容积率问题专项治理工作。

【住宅产业化】 充分利用媒体广泛传播住宅产业现代化的专业知识，加大住宅产业化政策的制定力度。住宅性能认定工作有序推进，全年共有5145万平方米住宅项目进行了性能认定。5月，自治区住房和城乡建设厅组织召开全区住宅全装修市场发展论坛与建筑节能新材料新技术推荐洽谈会议，引进住宅全装修的新理念和先进经验，为房地产开发企业和区内外大型装修企业搭建交流合作平台，促进住宅全装修和建筑节能新材料、新技术、新产品的广泛应用，积极引导房地产开发企业向社会销售全装修的商品房，逐步淘汰毛坯房，切实提高住房品质。

【物业管理】 按照《内蒙古自治区人民政府办公厅关于进一步加强物业管理工作的通知》，自治区住房和城乡建设厅加强了对物业管理工作的指导力度，积极扶持物业服务企业加快发展，全面推行物业管理招投标制度，不断完善物业服务收费机制；提出了城市旧住宅小区改造条件和要求，加大城市旧住宅小区整治改造力度，逐步提高全区物业服务的质量和水平。组织开展物业管理项目创优达标活动，发挥示范带动作用，自治区住房和城乡建设厅组织考评验收组对各盟市上报的创优达标项目实地验收。经过初审，向住房和城乡建设部申报了3家全国物业管理示范项目，年底完成了项目现场评审工作。

【房屋拆迁】 按照国务院办公厅《关于进一步严格征地拆迁管理工作切实维护群众合法权益的紧急通知》，专项部署城镇房屋拆迁项目全面排查清理工作。对排查清理中发现问题的企业限期整改，对有暴力拆迁行为的房屋拆迁企业，一律注销资质证书。积极配合自治区有关部门开展社会矛盾特别是拆迁纠纷引发的社会矛盾的化解工作。重点排查梳理拆迁信访案件，建立了房屋拆迁上访案件月报和周报制度和交办督办制度。采用逐一督办与重点督办相结合、领导亲自督办与管理部门督办相结合的方式，随时监控案件办理情况，努力落实"事要解决"的工作目标。2010年到自治区住房和城乡建设厅上访反映房屋拆迁问题的共18批次35人，其中集体访1批次7人，上访人数和集体访人数分别比2009年同期下降20.45%和65%。

3. 住房保障

【住房保障政策】 2010年5月自治区政府出台《内蒙古自治区人民政府政府关于进一步加强和改进城镇廉租住房保障工作的通知》（内政发〔2010〕40号）、《关于加快推进保障性安居工程建设的通知》（内政发〔2010〕43号），就加强和改进城镇廉租住房建设管理及认真落实保障性安居工程建设的各项优惠政策、推进规范化管理等工作做出进一步规定。

2010年7月，为了解决城市中等偏下收入家庭以及新就业职工和外来务工人员的住房困难问题，按照住房和城乡建设部等七部门《关于加快发展公共租赁住房的指导意见》（建保〔2010〕87号）的要求，在全区范围内开始组织公共租赁住房建设。

启动约谈问责和按月通报制度。9月，自治区保障性安居工程建设领导小组和自治区党委组织部联合下发《关于印发自治区保障性安居工程实施情况考核办法的通知》（内保建〔2010〕2号），明确提出保障性安居工程建设考核结果作为对各盟市领导班子和领导干部综合考核评价的重要依据，对考核不合格的地区采取问责制度。以内蒙古自治区保障性安居工程建设工作领导小组的名义印发《自治区保障性安居工程建设工作按月统计通报制度》，对各盟市进展情况加强了调度，要求各地每月按项目以数据和图片两种形式报送各地保障性安居工程建设项目进展情况，并按月发布综合通报对各盟市保障性安居工程进展情况进行排序，同时在自治区主流媒体上及时公布各地实施进度。会同自治区党委组织部，举办了保障性住房安居工程建设专题研讨班，各盟市分管盟市长及有关部门负责同志参加了学习培训。

【保障性住房建设】 2010年自治区各类保障性安居工程建设任务37.7万套，是2007~2009年三年总量的2.8倍，是2009年全区建设总量的3.4倍。2010年共争取中央各类补助资金37.7亿元，自治区本级财政安排配套资金14.65亿元，共计比2009年净增20.7亿元。截止到年底，全区各类保障性安居工程开工39.3万套，超计划任务1.55万套，完工或基本完工达到76.6%，超过国家要求60%的目标。其中，由住房和城乡建设部门牵头组织实施的各项工程开工28.8万套，超目标任务2万套，开工率超过100%。包括廉租住房开工建设52472套，超计划任务1873套；公共租赁住房开工建设7157套，超计划660套；城市棚户区改造开工建设13.4万套，超计划9554套。

4. 住房公积金管理

【公积金归集和使用】 截止到2010年12月底，全区住房公积金归集总额突破500亿元大关，达到516.8亿元，归集余额365.12亿元，个人提取总额151.68亿元，贷款总额367.4亿元，贷款余额220.97亿元，个贷率达到61%，比上年度提高近3%，已为45万多职工提供个人住房贷款。住房公积金增值收益为廉租住房建设提供的资金支持不断增加，到2010年底全区已经计提廉租住房建设补助资金1.82亿元。

【公积金监管】 认真贯彻实施自治区住房公积金归集、提取和贷款等管理办法，制定实施细则，调整管理机构，统一工作标准，规范业务操作，加强执法稽查，规避资金风险，积极开展专项治理工作。根据自治区住房公积金监督管理委员会《关于继续加强住房公积金管理专项治理工作的通知》要求，会同财政厅对全区住房公积金管理情况进行了联合督查。全区收回违规使用住房公积金1833.5万元，有10个盟市的违规资金和项目贷款已全部清理完毕；尚未清回的576万元均已明确回收方法和时限。

5. 城乡规划

【城市规划编制与实施工作进一步加强】 根据城市发展的需要和城市规划管理的要求，开展了城市、开发区总体规划修编及城市群规划的编制工作，对巴彦淖尔市、太仆寺旗宝昌镇、策克口岸等12个城镇、自治区级开发区总体规划进行评估论证。根据呼包鄂三市产业发展的新形势，对《呼包鄂城市群规划》的内容进行了补充完善，进一步明确呼（呼和浩特）包（包头）鄂（鄂尔多斯）城市群及三个城市的功能定位和发展方向。完成《乌海及周边地区城镇规划》的编制工作。全区村镇规划管理得到加强。制定印发《内蒙古自治区关于加强农村牧区住房建设优化村镇人居环境的指导意见》，对未来一个时期内蒙古自治区农村牧区住房和人居环境建设提出全面的指导性意见。

6. 城市建设

【概况】 2010年全区城镇市政公用基础设施固定资产投资达到400亿元，比2009年增长17.6%。以实施城市道路"畅通工程"工作为重点，进一步加大城市道路投入，街道改造取得明显成果。包头、赤峰、通辽、鄂尔多斯等城市的道路建设步伐加快，城市交通、市容市貌明显改善。落实防汛救灾责任制，切实加强城市防汛工作。推动"城中村"规划改造工作。全区园林绿化水平明显提高，乌海市、扎兰屯市分别通过验收获得自治区园林城市称号。加强城建档案管理工作，研究制定《内蒙古自治区城乡建设档案管理办法》，经自治区政府常务会议审议通过并以政府规章形式正式颁布。

【集中供热管理】 加大热网建设和老旧管网改造维护力度，全年新增集中供热面积1700多万平方米，全区城镇供热状况有较大改观。会同自治区有关部门出台《关于进一步推进全区供热计量改革工作的实施意见》，明确全区供热计量改革的总体目标和主要任务，并从供热计量和温控装置的安装、热价确定、热费收取等方面做出具体规定。

【城镇供排水和垃圾处理】 开展了全区供水水质普查工作，对全区所有设市城市和旗县所在地镇的供水水质和水质检测能力进行普查，进一步加强城市供水水质安全监管工作。积极申报城市供水水质保障和设施改造规范项目，改造供水水厂79个，改造管网项目88个，供水监测能力建设项目75个，新扩建供水项目82个。全年建成污水处理厂31座，形成污水设计处理能力45.8万吨/日，尚有15个城镇的15个污水处理厂正在加紧建设，将形成污水处理能力15.38万吨/日，超额完成国家核定内蒙古自治区的COD减排目标。全区有23个城镇建成生活垃圾无害化处理场27座，总处理能力9515吨/日；还有44个城镇的45座生活垃圾无害化处理场正在建设中，建设总规模达到6910吨/日，全区城镇人居环境进一步改观。

7. 建筑业与工程建设

【建筑企业发展】 加强宏观指导，继续扶持区内建筑企业发展。按照自治区党委、政府的决策部署，继续加大政策扶持力度，积极引导全方位开拓市场，鼓励全区建筑企业做大做强。全区一级以上资质企业增加到73家，二级资质企业增加到340家，建筑业企业总数上升到1700多家，资质等级和数量得到提升，极大地增强参与市场竞争的能力。全年全区建筑业实现增加值747亿元，同比增长15.1%。全年全区收缴建设工程社会保障费约15亿元，收缴率达到94%，基本实现一般民用建设项目收缴的全覆盖。2010年在工程设计、质量、安全等创优活动中，内蒙古有5项工程获得鲁班奖，创历史最好成绩。

【建筑安全生产】 根据国家和自治区要求，在全区住房和城乡建设系统持续开展以安全生产宣传教育、安全生产执法、安全生产治理"三项活动"和加强安全生产法制体制机制、安全生产能力、安全生产监管队伍"三项建设"为主线的"安全生产年"活动。先后召开建筑安全生产工作会、安全形势分析会和质量安全标准化工作现场会，签订责任状，开展"拉网式"的安全隐患排查、复查和重点地区的督查，淘汰一批不符合安全要求的起重设备，加强安全用品的普遍检测，组织企业负责人、项目负责人、专职安全管理人员"三类人员"的安全培训和考核发证工作，严格建筑企业安全生产许可证的动态监管，继续广泛开展创建文明工地活动，有效地保持全区建筑安全形势的总体稳定。

【工程建设管理】 开展工程建设领域突出问题专项治理，及时纠正违反强制性技术标准的工程。制定印发了《内蒙古自治区预拌混凝土技术管理规定》，为全区在预拌混凝土企业质量管理提供了技术依据和保障，使全区预拌混凝土质量管理步入标准化、统一化轨道。出台了《内蒙古自治区住宅工程质量分户验收管理办法》，促进了全区住宅建设工程质量的提高。编制了《内蒙古自治区城市道路维修养护定额》和《内蒙古自治区抗震加固工程预算定额》。完善了工程造价计价体系，填补了计价依据专业上的空白。

【招标投标管理】 继续贯彻执行评标专家随机抽取监督管理办法、专家评估管理办法，建立健全评标专家动态管理制度，加强对评标专家的培训、考核、评价和档案管理，完善办事公开、公示制度，规范了工程建设市场交易行为。2010年全区报建工程实行招标投标的建设工程5986项，工程中标价1047.5亿元，应招标工程招标率100%。其中国道110线旧路改扩建等74项公路工程项目进场招标试点。

【勘察设计】 继续推进以产权制度为核心的勘察设计企业的改革与发展，运用资质管理手段调整优化队伍结构，促进了企业资质上层次、设计质量上水平。2010年全区完成了施工图设计投资额823亿元，完成建筑面积3544万平方米，完成勘察设计收入44亿元，上交税金2.6亿元。发挥职能部门优势，积极推进中小学校舍安全工程，出台了一系列规范指导性文件，有力地支持了自治区校安工程的顺利实施。加强超限高层建筑工程抗震设防管理，组织对超限高层建筑工程项目进行抗震设防专项审查。修编了住房城乡建设系统破坏性地震应急预案。进一步加强工程建设地方标准的制订工作，编制出版了《蒸压粉煤灰砖砌体结构设计及施工验收规范》和《CL结构构造图集》。成功举办了全区第二届工程设计项目作品展览，展示了区内外具有创新性的工程设计作品，为引导提高工程设计水平起到了积极的促进作用。

8. 村镇建设

【加大村镇建设力度】 积极开展农村牧区危房改造试点工作，组织编制了《内蒙古地区农牧民住房节能改造技术方案（试行）》。继续加大对重点小城镇的扶持力度，以点带面推动全区小城镇建设的健康发展。配合有关部门实施游牧民定居工程，完成了中央下达的5000户建设任务。赤峰市巴林右旗索博日嘎镇申报成为全国特色景观旅游名镇。

9. 建筑节能与科技

【建筑节能】 既有居住建筑节能改造被列入自治区重点实施的十项民生工程，2010年向国家争取了100万平方米的改造任务，实际实施改造200万平方米。国家机关办公建筑和大型公用建筑节能监管体系建设成果显著，获得国家补助资金2032万元。"节约型校园"建设进展顺利，2010年内蒙古农业大学、内蒙古科技大学被列入国家"节约型校园"示范项目，争取国家补助资金950万元。自治区城镇新建建筑设计阶段和施工阶段执行节能强制性标的比例均达到100%，施工阶段执行节能强制性标准的比例为100%。2010年筹备成立了"内蒙古自治区绿色建筑委员会"，制定了全区绿色建筑发展规划，开展了节能、节水、节地、节材和室内外环境保护方面的研究工作，积极推动绿色建筑在内蒙古的发展。多个绿色生态建设项目正在鄂尔多斯市、呼和浩特市等地建设。

【建设科技】 新技术、新产品在自治区住宅建设中得到广泛应用，全年推广各类建设新技术415项。可再生能源建筑应用示范工作扎实有效。2010年克什克腾旗、阿拉善左旗、满洲里市、扎兰屯市被列为国家可再生能源建筑应用示范县，获得国家专项补助资金7200万元。太阳能光电建筑得到规模化应用，全区共有13个项目成为国家太阳能光电建筑应用示范项目，获得国家补助资金19853万元。

10. 建设教育

加强建设教育培训管理工作，积极开展各类人才的培训，全年完成建设企事业单位专业管理人员培训考核9000余人，完成专业技术人员继续教育500余人。进一步提高了全区住房城乡建设行业人才队伍的素质。加大农牧民工职业技能培训工作力度，推进农牧民工业余学校创建工作，组织农牧民工培训"示范工程"检查验收工作。全年完成农牧民工职业技能培训4.2万余人，职业技能鉴定2.5万余人。

11. "十一五"建设成就盘点

【推进城镇化进程方面】 "十一五"期间，初步形成了以呼和浩特市和包头市为龙头，以盟市所在地等区域中心城市为支柱，以旗县所在地及重点镇为支撑，大中小城市和小城镇协调发展的城镇体系，呼包鄂城市群初具规模，城镇化率由"十五"期末的47.2%提高到2010年底的55%，年均提高近1.6个百分点，新增城镇人口211万人，建成区面积扩大161平方公里，城镇化水平进一步提高。

【城市规划和市政基础设施建设方面】 大部分盟市完成了第四轮城镇体系规划和城市总体规划的修编工作。各盟市结合实际编制了中心城区城乡一体化规划，全区旗县所在地以上城镇详细规划覆盖率平均达到71%。"十一五"期间全区城镇市政公用基础设施建设累计完成投资1391亿元，是"十五"期间的2倍多。全区城镇用水普及率、污水集中处理率、燃气普及率等各项指标均比"十五"期末有了较大幅度提高。全区累计改造完成"城中村"130个，受益人口24万人。呼和浩特市创建成为国家环保模范城市，包头市顺利通过了国家园林城市复查，呼伦贝尔市弘扬民族文化塑造草原风景城市项目获得中国人居环境范例奖，鄂尔多斯东胜区被国家住房和城乡建设部授予数字化城市管理试点城区。

【住房工作方面】 初步形成市场加保障的城镇住房政策框架，居民住房条件得到很大改善，住房功能和配套设施更加完善。"十一五"期间，以商品住房为主的房地产市场长足发展，全区累计完成房地产开发投资3505.69亿元，是"十五"时期的6.98倍，人均住宅建筑面积由2005年的22.96平方米提高到2010年的30平方米左右。住房保障工作成效显著。从2007年开始起步，已建立起包含廉租住房、经济适用住房、公共租赁住房在内的保障性住房供应体系，启动了城市棚户区、国有工矿棚户区、国有林区棚户区（危改房）、国有垦区危旧房、中央下放煤矿棚户区以及农村牧区危房改造等多项保障性安居工程建设，保障范围逐步由城市低保住房困难家庭发展到包含中低收入在内的住房困难家庭。"十一五"期间，牵头组织实施的保障性安居工程累计完成投资620多亿元，为66万户城镇低收入家庭解决了住房困难问题。

【建筑业方面】 "十一五"期间，内蒙古自治区建筑业规模总量持续扩大，建筑业增加值年均增长15%，占GDP的比重年均达7.8%，支柱产业地位更加突出。企业资质等级显著提升，全区建筑业企业由1018家增加到1700余家，其中一级以上建筑业企业由38家增加到了73家，超额完成了"十一五"末达到50家的目标。全区建筑业总产值从381亿元增加到1098亿元，增长近2.3倍。产业集中度不断提高，全区年产值过10亿元的企业从无到有并增加到18家，其中2家突破了50亿元。产业结构渐趋合理，全区基本形成了总承包、专业承包、劳务分包三个层次的建筑业产业格局，市政、公路、水利等专业系列企业数量均有较大幅度提高，环保工程等高新技术领域企业实现了从无到有，各专业系列资质由29项增加到47项。一大批企业通过了国际通行的质量管理体系、环境管理体系和职业健康安全体系认证。

【工程建设管理方面】 "十一五"期间，累计评选新技术应用示范工程200余项，累计申报成功国家级工程3项，获准自治区级工程80项。建立了招投标信息公开、监察机关现场监察、专家评委随机抽取、中标企业备案等制度，取消了标底审查和中标审批，加强了招投标全过程的监管。工程造价计价体系进一步完善，工程量清单计价全面推行，编制完成涵盖建筑、安装、市政、园林绿化、抗震加固等七个专业共32册计价依据。工程质量水平不断提高，2006年以来共有11个建筑工程获得国家"鲁班奖"，17个项目获得"国家优质工程奖"。勘察设计行业科技创新，勘察设计体制、经营模式、运行机制等发生了重大转变，勘察设计质量水平明显提高。"十一五"期间，全区勘察设计企业共完成施工图投资额3792亿元，比"十五"期间翻了一番。

【建筑节能方面】 内蒙古自治区从2005年开始执行民用建筑节能50%设计标准，城镇新建居住建筑已全面执行节能65%的强制性标准。完成既有居住建筑供热计量及节能改造超过800万平方米，超额完成国家下达的600万平方米的改造任务。可再生能源建筑应用得到规模化推广，共有43个项目被列为国家示范项目，赤峰市和太仆寺旗等一市七旗（县）被列为示范市、县，全区建成可再生能源应用建筑550余万平方米。五年来，通过建筑节能工作的开展，全区建筑节能共节约标准煤300多万吨。

12. 建筑业企业、勘察设计企业、招标代理机构、监理企业营业收入前20名

内蒙古自治区建筑业企业按总收入排名前20名、工程勘察设计企业按勘察设计收入排名前20名、工程招标代理机构按工程招标代理收入排名前20名、建设监理企业按监理收入排名前20名的情况如表4-3所示。

2010年内蒙古自治区建筑业企业、勘察设计企业、招标代理机构、监理企业营业收入前20名企业　表4-3

序号	建筑业企业 总收入前20名	工程勘察设计企业 勘察设计收入前20名	工程招标代理机构 工程招标代理收入前20名	建设监理企业 监理收入前20名
1	内蒙古兴泰建筑有限责任公司	中冶东方工程技术有限公司	内蒙古招标有限责任公司	内蒙古沁原工程建设监理有限责任公司
2	中国二冶集团有限公司	内蒙古电力勘测设计院	内蒙古銮基工程建设招标代理有限公司	内蒙古康远工程建设监理有限责任公司

续表

序号	建筑业企业 总收入前 20 名	工程勘察设计企业 勘察设计收入前 20 名	工程招标代理机构 工程招标代理收入前 20 名	建设监理企业 监理收入前 20 名
3	鄂尔多斯市兴泰金属结构有限责任公司	内蒙古和信园蒙草抗旱绿化股份有限公司	内蒙古远思工程招标代理有限责任公司	神东监理有限责任公司
4	包头建工（集团）股份有限公司	内蒙古自治区水利水电勘测设计院	内蒙古益泰工程建设监理有限公司	包头北雷监理咨询有限公司
5	鄂尔多斯市东方路桥集团股份有限公司	内蒙古龙旺地质勘探有限责任公司	内蒙古中安招标有限责任公司	包头市诚信达工程咨询监理有限责任公司
6	中铁六局集团呼和浩特铁路建设有限公司	包钢集团设计研究院（有限公司）	鄂尔多斯市紫竹招标有限责任公司	内蒙古康沃工程建设监理有限责任公司
7	内蒙古自治区公路工程局	内蒙古交通设计研究院有限责任公司	内蒙古诚信招标代理有限责任公司	内蒙古金鹏建设监理有限公司
8	内蒙古包头兴业集团股份有限公司	内蒙古铁道勘察设计院有限公司	内蒙古桓镁招标代理有限公司	内蒙古蒙能建设工程监理有限责任公司
9	内蒙古送变电有限责任公司	内蒙古煤矿设计研究院有限公司	内蒙古海维建设工程项目管理有限公司	内蒙古华准工程监理有限公司
10	内蒙古东源水利市政有限责任公司	包钢勘察测绘研究院	内蒙古聚能招标有限责任公司	呼和浩特建设监理咨询有限责任公司
11	内蒙古新大地建设集团股份有限公司	内蒙古亨利新技术工程有限公司	内蒙古蒙能招标有限公司	内蒙古诚信建设监理有限责任公司
12	内蒙古第二建设股份有限公司	中城建北方建筑勘察设计研究院有限公司	内蒙古德昱工程项目管理有限公司	内蒙古若愚建设咨询有限公司
13	内蒙古第三建筑工程有限公司	内蒙古城市规划市政设计研究院有限公司	内蒙古正源信通工程招标代理有限公司	内蒙古华讯工程咨询监理有限责任公司
14	内蒙古广厦建安工程有限责任公司	呼伦贝尔市大雁勘测规划设计有限责任公司	内蒙古通泰建设工程项目管理有限公司	乌海市华信工程建设监理有限责任公司
15	鄂尔多斯市第三建筑有限责任公司	赤峰市中交公路勘察设计有限公司	内蒙古永泽建设工程项目管理有限公司	内蒙古益泰工程建设监理有限公司
16	内蒙古巨华集团大华建筑安装有限公司	通辽市建筑规划设计研究院	巴彦淖尔建科工程招标代理有限公司	包头三和建设监理有限公司
17	内蒙古蒙西建设集团有限公司	内蒙古新雅建筑设计有限责任公司	内蒙古君泰工程项目管理有限公司	包头市星元建设监理有限公司
18	赤峰宏基建筑（集团）有限公司	内蒙古博源工程有限公司	内蒙古华通招标代理有限公司	鄂尔多斯市筠泰建设监理有限责任公司
19	内蒙古第一电力建设工程有限责任公司	呼和浩特市公路勘察设计院有限公司	内蒙古存信招标有限公司	内蒙古金长城工程监理有限公司
20	内蒙古经纬建设有限公司	鄂尔多斯市神东工程设计有限公司	内蒙古正禹水利水电招标代理有限公司	鄂尔多斯市天宝建设监理有限责任公司

（填表人：闫保和 黄晓青 舒杨）

大事记

1月12日，建设厅向自治区人民政府法制办公室申请将《内蒙古自治区建设工程造价管理办法》列入自治区政府2010年立法计划。

28日，自治区人民政府在呼和浩特市召开全区建设工作会议。会议贯彻落实全国住房和城乡建设工作会议暨党风廉政建设、精神文明建设工作会议和全区经济工作会议，总结2009年全区建设工作，研究部署 2010 年全区建设工作。

2 月 9 日，建设厅通报表扬了呼和浩特市华仁世纪房地产开发有限责任公司等 23 家房地产企业项目手册填报规范的房地产企业。

3 月 23 日，建设厅同盟市建设行政主管部门签订 2010 年建筑施工安全管理目标责任状。

4 月 7 日，建设厅向自治区政府办公厅报告了全区城乡居民居住条件及住房保障有关情况。

4 月 9 日，建设厅印发《关于住房城乡建设系统继续深入开展"安全生产年"活动的实施意见》。

4 月 12 日，建设厅起草完成《2010 年一季度全区建设系统经济形势分析报告》并报送自治区政府办公厅。

4 月 20 日，建设厅下发《关于注销不参加 2008 年度资质年检的 20 家物业服务企业资质证书的通告》。

4 月 20 日，建设厅下发《关于注销不参加 2008 年度资质年检的 11 家房屋拆迁企业资质证书的通告》。

4 月 27 日，根据内蒙古自治区党委、政府《内蒙古自治区人民政府机构改革实施意见》组建住房和城乡建设厅，并启用"内蒙古自治区住房和城乡建设厅"印章。

4 月 29 日，住房和城乡建设厅通报了 2010 年季度建筑安全生产事故。一季度共发生两起建筑安全生产事故。

4 月 30 日，住房和城乡建设厅转发住房和城乡建设部《关于进一步加强房地产市场监督管理完善商品住房预售制度有关问题的通知》。

5 月 5 日，住房和城乡建设厅印发《内蒙古自治区建筑施工安全质量标准化工地评选办法》。

5 月 10 日，住房和城乡建设厅印发《关于进一步加强城镇污水处理设施建设运行管理的通知》。

5 月 17 日，住房和城乡建设厅转发住房和城乡建设部关于做好城市和国有工矿棚户区改造规划编制工作的通知。

6 月 4 日，住房和城乡建设厅以自治区政府名义在呼和浩特市召开全区保障性安居工程建设工作会议，会议主要任务是贯彻落实中央和自治区的决策部署，全面推进保障性安居工程建设。

6 月 10 日，住房和城乡建设厅会同自治区民政厅、财政厅联合转发住房和城乡建设部、民政部、财政部关于加强廉租住房管理有关问题的通知。

6 月 24 日，住房和城乡建设厅会同自治区财政厅下发关于自治区各盟市建设部门报送 2010～2011 年购买、改建、租赁、廉租住房规划的通知。

6 月 24 日，住房和城乡建设厅会同自治区发改委、财政厅、国土厅、农牧业厅、林业厅联合转发住房和城乡建设部等六部委局关于做好住房保障规划编制工作的通知。

6 月 29 日，住房和城乡建设厅会同自治区发改委、环保厅联合转发住房城乡建设部、国家发改委、环保部关于《生活垃圾处理技术指南》的通知。

6 月 29 日，住房和城乡建设厅会同自治区公安厅、发改委联合转发住房城乡建设部、公安部、国家发改委关于城市停车设施规划建设及管理的指导意见的通知。

7 月 8 日，住房和城乡建设厅会同自治区发改委、财政厅、国土厅、呼和浩特市中心支行、国税局、内蒙古银监局联合转发国家七部门《关于加快发展公共租赁住房的指导意见》的通知。

7 月 31 日，住房和城乡建设厅会同自治区财政厅、人民银行、内蒙古银监局联合转发国家有关部门关于《利用住房公积金支持保障性住房建设试点项目贷款管理办法》。

8 月 10 日，住房和城乡建设厅转发住房和城乡建设关于集中开展严厉打击建筑施工非法违法行政专项行动的通知。

8 月 31 日，住房和城乡建设厅按照《内蒙古自治区创建园林城市考评办法》和《自治区级园林城市标准》，经专家对扎兰屯市创建园林城市工作进行评审和现场考核，决定命名扎兰屯市为自治区级园林城市。

9 月 1 日，住房和城乡建设厅会同呼和浩特市中心支行、内蒙古银监局联合转发住房和城乡建设部、中国人民银行、中国银行业监督管理委员会《关于规范商业性个人住房贷款中第二套住房认定标准的通知》的通知。

9 月 1 日，住房和城乡建设厅会同监察厅联合对全区房地产市场秩序进行检查。

9 月 3 日，自治区保障性安居工程建设工作领导小组、自治区党委组织部联合印发自治区保障性安居工程实施情况考核办法的通知。

9 月 6 日，自治区人民政府在呼和浩特市召开全区加快保障性安居工程建设工作会议。

9 月 14 日，住房和城乡建设厅会同呼和浩特市人民政府向自治区党委办公厅、政府办公厅呈送《关于进一步促进和加强呼和浩特市城市规划建设管理工作的通知（代拟稿）》的报告。

9 月 17 日，住房和城乡建设厅下发关于开展中小城市基础设施完善"十二五"规划编制工作的通知。

10月25~31日，住房和城乡建设厅在内蒙古博物院举办全区第二届优秀规划、建筑设计作品展，邀请了国内外规划、建筑设计编制单位参展。

10月26日，住房和城乡建设厅转发住房和城乡建设部关于加强经济适用住房管理有关问题的通知。

11月2日，住房和城乡建设厅向自治区党委报告了《内蒙古自治区住房和城乡建设厅2011年重点工作安排》。

11月18日，住房和城乡建设厅向自治区党委政研策研究室报送《全区城镇化及保障性住房建设情况》。

11月19日，住房和城乡建设厅向国家住房和城乡建设部办公厅报送《内蒙古自治区住房和城乡建设厅2010年工作总结和2011年工作思路》报告

11月25日，住房和城乡建设厅批复了《阿拉善盟阿左旗巴彦浩特镇城市供热规划（2010~2020年）》。

11月29日，住房和城乡建设厅向自治区政府办公厅报送《内蒙古自治区住房和城乡建设事业"十一五"工作总结和"十二五"发展思路》的报告。

（内蒙古自治区住房和城乡建设厅 刘际涛）

辽 宁 省

2010年，辽宁省建设系统紧紧围绕省委、省政府的战略部署，充分发挥工作职能，各项任务指标均超额完成，全省固定资产投资的1/5、GDP的1/10、地税收入的1/3、财政收入的1/4都是建设系统提供的，为辽宁省深入实施三大区域发展战略、大力发展县域经济、加快城区经济和服务业发展、加快基础设施建设、狠抓生态环境建设、全力办好民生工程等方面做出了积极贡献。

1. 建设综述

【房地产业】 面对国家强化房地产市场调控的新形势，组织贯彻落实各项政策，并结合自身特点制定出台相关措施，做了大量艰苦细致的工作，辽宁省房地产业保持平稳健康发展。全省房地产开发投资3465.8亿元，同比增长31.3%；商品房销售面积6798.2万平方米，同比增长26.5%；销售额3059.9亿元，同比增长41.1%，截至2010年末，全省实有房屋建筑面积102130.16万平方米，已建成住宅8280997套，超额完成了年初省政府确定的工作目标。

【住房保障】 面对资金不足等重重困难，认真落实工作责任、编制保障规划、争取补助资金、规范工作程序、完善配套政策、加强督导检查、加大宣传力度，使住房保障工作得到扎实有效推进。全省共新增廉租住房实物配租5.4万户，发放租赁补贴2.4万户，新增经济适用房保障6万户，拆迁城市棚户区432.39万平方米、国有工矿棚户区177.1万平方米，圆满完成了省政府和建设部下达的任务，进一步改善了低收入家庭住房条件。

【公积金管理】 2010年，着重加强对全省住房公积金监督管理工作的监督指导，一是加快对住房公积金机构的调整，通过调整部分县市、邮政、移动行业和电力行业的住房公积金管理机构，使全省住房公积金管理实现了规范化运作。二是推进全省住房公积金缴存工作。召开了全省住房公积金归集及部分城市推进非公经济单位建立住房公积金制度工作座谈会，对全省县市及乡镇财政供养人员缴存住房公积金情况进行了调查摸底，掌握了大量的第一手资料，为下一步工作的科学进行提供了依据。三是对全省住房公积金缴存使用和管理情况进行了专项检查。通过检查调整，全省14个市中心、6个分中心达到了账账相符，确保了资金安全。四是进一步完善住房公积金异地贷款业务，全省14个市全部实现了公积金异地贷款，方便了人民群众。截至2010年底，全省共归集住房公积金334亿元，同比增长15%，发放住房公积金个人贷款188亿元，同比下降7%，住房公积金监管工作在实现安全平稳运行的基础上，使更多人得到了实惠，住房公积金进一步惠民。

【城乡规划】 组织编制了辽中城市群、沿海经济带、辽西城市群等重大区域规划，编制了全省重大基础设施空间布局和中小城市基础设施"十二五"规划等重大专项规划，为全省"三大战略"的顺利实施优化了空间布局，打下了坚实基础。推动各市科学修编总体规划，为经济社会发展提供了有力支持。

【城市建设】 大力开展冬季供暖、垃圾处理、城市环境综合治理、城市道路建设和城市绿化等工作,积极推进数字化城管。特别是对群众最关心、最敏感的冬季供暖问题,采取了抢先抓早,及早组织落实煤源,畅通运输渠道,抓好收费和设备"三修",抓好困难群体保障等措施,全省按时开栓供暖,确保了人民群众温暖过冬,供暖投诉率进一步下降。抓好城市人居环境改善。新建城市生活垃圾无害化处理场30座,拆除小锅炉1345台,新修城市道路1837公里,城市植树造林1146万株,新建和改造大批供水、排水、燃气和供热管网。

【建筑业与工程建设】 全力实施引进、重组、优化、走出去和人才五大战略,全省建筑业快速发展,各项指标取得了历史性突破。2010年,全省建筑业总产值由2008年的2509亿元增加到4693亿元,年均净增超千亿,两年时间实现倍增,在全国排位从第10位上升至第6位,发展的速度在全国处于领先水平。冬季施工全面开展,已形成良好机制,树立了辽宁人民冬季创业新形象。

【村镇建设】 在抓好城市建设的同时,切实抓好村镇规划建设管理。截至2010年底,乡镇规划编制覆盖面超过90%,村庄规划编制覆盖面达到45%;村镇自来水普及率达到48%;建制镇人均道路面积达到13.69平方米,建制镇绿化覆盖率9.89%,村容村貌明显改观。

【建筑节能与科技】 新建建筑节能继续保持全国领先水平。完成既有居住建筑供热计量和节能改造1393万平方米,地源热泵技术应用面积1171万平方米,太阳能光电光热技术建筑应用面积551万平方米,国家和辽宁省下达的年度任务全部超额完成。

【加强专业技术和管理人员培训】 组织完成注册建筑师和勘察设计注册结构工程师全国统一考试3500人,完成有关专业注册师的继续教育和考前培训7174人;完成施工员、材料员、测量员、档案员等岗位培训6836人;开展造价员网上继续教育33000人;开展建筑施工企业"三类人员"培训、考试20930人;开展桩基、室内环境、建材试验等11类工程质量检测人员培训2193人;质量检查员培训考试3891人;建筑节能专业技术人员培训1400人。

【加强生产操作人员职业技能培训】 全省建设行业培训机构49个,经劳动部门批准的职业技能鉴定站(所)27个。省厅与各市建委、职业技能鉴定机构紧密协作,共完成生产操作人员职业技能培训和鉴定50757人。通过组建农民工业余学校,培训农民工13800人次。认真落实安全生产责任制,不断加大质量和安全监管力度,工程质量通病得到有效治理,继续保持了建设系统安全生产总体稳定态势,事故数量和死亡人数都保持在较低水平。信访重点积案结案率达到100%,息访率80%,初访案件下降50%。

【援建玉树灾区】 青海玉树地震后,按照中央统一部署,辽宁省负责玉树县巴塘乡恢复重建工作。辽宁省第一个派员到灾区调查,第一个进驻玉树,第一个实现开工。克服海拔高、自然条件恶劣、原材料供应短缺等各种困难,胜利完成当年援建任务,共建成756套农牧民住房,各项工作在6家援建单位中处于前列。

2."十一五"建设成就盘点

【建设事业为全省经济发展提供了强劲动力】 "十一五"期间,房地产业和建筑业对全省经济的拉动作用显著增强。全省房地产开发投资累计达到10807亿元,是"十五"时期的3.9倍,年均增长32%;商品房销售面积累计达到23121.7万平方米,是"十五"时期的2.7倍,年均增长22.4%;销售额累计达到9031亿元,是"十五"时期的4.4倍,年均增长34.8%。建筑业做大做强成效显著。"十一五"期间,全省建筑业累计完成总产值14458亿元,比"十五"时期增长170.5%,年均增长27.5%;实现增加值4169亿元,比"十五"时期增长142.5%,年均增长21.2%;实现利税总额966亿元,比"十五"时期增长209.2%,年均增长23.9%。从2008年到2010年,全省建筑业总产值实现了两年倍增,在全国排位从第十跃居第六。

【保障性安居工程全面推进】 "十一五"期间,全省完成廉租住房保障28.32万户、经济适用住房保障29.32万户、城市和国有工矿棚户区改造36.22万户,累计改善93.86万户居民的住房条件,是"十五"期间的14.4倍,城镇受益人口达到290万人,超过全省城镇人口总数的10%。特别是从2005年开始,辽宁省在全国率先开展了大规模的棚户区改造,五年共改造棚户区1775.4万平方米,建设回迁楼2685.4万平方米。

【住房公积金进一步惠民】 "十一五"期间,全省公积金累计归集1198亿元,比"十五"期间增长209%;累计发放贷款617亿元,比"十五"期间增长134%。全省14个市全部实行了公积金异地贷款,方便了人民群众。住房公积金覆盖面基本扩展到县(市)及一半以上的乡镇,使更多人得到了实惠。

【城市建设和管理水平进一步提高】 "十一五"

期间，全省加大城市供水设施建设和改造力度，新增用水户113.2万户，用水普及率达到98%，比"十五"期末提高4.17个百分点；发展燃气用户157万户，燃气普及率达到93.8%，比"十五"期末提高5.69个百分点，有力地保障了城市生产生活正常运行。供暖水平明显提高。"十一五"期间，全省大力推行集中供热，拆除10吨以下小锅炉1345台，城市集中供热率达到87.7%，比"十五"期末提高17.4个百分点。进一步完善了供热保障体系，扩大了保障范围，困难群体采暖问题得到有效解决。

【拉动就业能力不断增强】"十一五"期间，建设事业为全省解决就业问题做出重要贡献。仅建筑业从业人员平均每年就超过120万人，每年使几十万个农村家庭受益，而且还带动了农村劳动力向城市转移，推进了辽宁省城镇化进程。

【城市面貌明显改观】"十一五"期间，全省开展了街路硬化、消除城区"摸黑路"、整治"小街小巷"、旧小区改造等以便民为目标的城市环境综合治理活动，人民群众的出行条件和居住环境得到很大改善。加强城市重点地区环境治理，铁路、公路沿线，校园周边和公共场所的环境状况大为改观。深入开展了清违治乱工作，清理违章建筑，规范广告牌匾，实施占道市场退路进厅，市容环境面貌焕然一新。全省共建成33座生活垃圾无害化处理场，新增生活垃圾处理能力12034吨/日，生活垃圾无害化处理率达到63%，比"十五"期末提高12.46个百分点，在落实减排任务的同时，极大地提升了城乡环境质量。

【城市绿化再创佳绩】"十一五"期末，全省人均公园绿地面积达到9.88平方米，比"十五"期末增加2.39平方米；建成区绿化覆盖率达到38.6%，比"十五"期末提高2.05个百分点，城市绿化水平和品位有了明显的提高。沈阳、大连、铁岭、葫芦岛、调兵山、开原6个市被建设部命名为"国家园林城市"，桓仁满族自治县被命名为国家园林县城；沈阳市浑河综合整治工程、凤城市大梨树村村庄改造项目、阜新细河和朝阳大凌河环境综合整治工程荣获建设部"中国人居环境范例奖"；阜新、朝阳市被授予"中国人居环境奖水环境治理优秀范例城市"；铁岭市莲花湖修复整治工程荣获联合国人居署授予的迪拜国际"优秀范例奖"。

【城市道路不断完善】"十一五"期间，全省累计新增城市道路2310公里，新建桥梁230座，人均道路面积达到10.5平方米，比"十五"期末增加2.55平方米，城市道路承载功能进一步增强。

【规划的综合调控作用充分发挥】"十一五"期间，编制辽中城市群、沿海经济带、辽西城市群等重大区域规划，编制了省重大基础设施空间布局和中小城市基础设施"十二五"规划等重大专项规划，为全省"三大战略"的顺利实施打下了坚实基础；建立了规划论坛，开展了发展战略研究，推动各市修编总体规划，为各市经济社会发展提供了有力支持；建立了全国领先的城乡规划动态监测系统，加大规划监察力度，进一步强化了规划的实施管理。

【村镇规划建设和管理水平全面提升】"十一五"期间，全省累计完成村镇建设投资870亿元，比"十五"期间增长92%；村镇人均住宅面积达到24.5平方米，比"十五"期末提高4平方米；村镇自来水普及率达到48%，比"十五"期末提高6.2个百分点；建制镇人均道路面积达到13.69平方米，比"十五"期末提高3.5平方米；建制镇绿化覆盖率9.89%，比"十五"期末提高1.69个百分点，村镇基础设施水平大幅提高。"十一五"期末，全省乡镇规划编制覆盖面超过90%，比"十五"期末提高30个百分点；全省村庄规划编制覆盖面达到45%，比"十五"期末提高10个百分点。完成村庄整治3500个，覆盖面达到行政村总数的30%，是"十五"期末的10倍，村容村貌明显改观。

【建筑节能深入推进】圆满完成"十一五"国家和省委、省政府下达的节能任务；招投标电子化管理全面展开，工程交易市场进一步规范；工程质量通病有效治理，安全生产形势稳定好转。推进依法行政，立法、执法和普法水平进一步提高；行风建设有力加强，民心网和服务热线的作用充分发挥；信访制度不断完善，有力地维护了人民群众合法利益和社会稳定。此外，国家和省委、省政府交办的对口援建四川地震灾区、支援西藏、新疆，建设省体育训练中心、省老年康复中心等艰巨任务也都胜利完成。

3. 建筑业企业、勘察设计企业、招标代理机构、监理企业营业收入前20名

辽宁省建筑业企业按总收入排名前20名、工程勘察设计企业按勘察设计收入排名前20名、工程招标代理机构按工程招标代理收入排名前20名、建设监理企业按监理收入排名前20名的情况如表4-4所示。

辽 宁 省

2010 年辽宁省建筑业企业、勘察设计企业、招标代理机构、监理企业营业收入前 20 名企业　　表 4-4

序号	建筑业企业 总收入前 20 名	工程勘察设计企业 勘察设计收入前 20 名	工程招标代理机构 工程招标代理收入前 20 名	建设监理企业 监理收入前 20 名
1	沈阳远大铝业工程有限公司	沈阳远大铝业工程有限公司	辽宁工程招标公司	东北电力建设监理有限公司
2	鞍钢集团建设总公司	中油辽河工程有限公司	沈阳晟昱咨询有限公司	沈阳铁路建设监理有限公司
3	大连金广建设集团有限公司	中冶焦耐工程技术有限公司	沈阳招标中心	大连泛华工程建设监理有限公司
4	大连阿尔滨集团有限公司	中石油东北炼化工程有限公司	大连理工招标代理有限公司	大连港口建设监理咨询有限公司
5	大连九洲建设集团有限公司	中铁九局集团第四工程有限公司	沈阳伊辉招标有限责任公司	辽宁驰通公路工程监理事务所
6	大连三川建设集团股份有限公司	中煤国际工程集团沈阳设计研究院	大连市机电设备招标中心	沈阳市建筑研究院工程师事务所
7	东北金城建设股份有限公司	中冶北方工程技术有限公司	辽宁经纬工程管理有限公司	沈阳市振东建设工程监理有限公司
8	中国大连国际经济技术合作集团有限公司	中冶沈勘工程技术有限公司	北方国际电力工业有限公司	沈阳方正建设监理有限公司
9	大连悦泰建设工程有限公司	中国建筑东北设计研究院有限公司	辽宁国华招标有限公司	沈阳市工程监理咨询有限公司
10	大连金湾建设集团有限公司	鞍钢集团工程技术有限公司	辽宁文星招投标代理有限公司	大连正信建设工程管理有限公司
11	沈阳市政集团有限公司	沈阳昂立信息技术有限公司	辽宁正泉工程造价咨询服务有限公司	沈阳电力建设监理有限公司
12	大连共益建设工程有限公司	沈阳天地建设发展有限公司	沈阳建设项目招投标中心	辽宁邮电建设监理有限责任公司
13	大连公路工程集团有限公司	沈阳沈飞集团铝业幕墙工程有限公司	辽宁咨发工程招标咨询服务有限公司	大连理工工程建设监理有限公司
14	沈阳双兴建设集团有限公司	鞍山东方钢结构有限公司	辽宁金标工程招投标代理有限公司	大连大开建设咨询监理有限公司
15	鞍钢房产建设有限公司	大连松下电工亿达装饰工程有限公司	沈阳志诚招投标有限公司	大连连信土木工程建设监理有限公司
16	盘锦市交通建设有限责任公司	辽宁铧峪铝业工程有限公司	辽宁轩宇工程招标投标有限公司	抚顺诚信石化工程项目管理有限公司
17	铁法煤业集团建设工程有限责任公司	澳连建筑装饰工程有限公司	信利达（大连）项目管理咨询有限公司	辽宁东油建设监理有限公司
18	大连宜华建设集团有限公司	辽宁电力勘测设计院	沈阳地铁工程咨询有限公司	辽宁诚信建设监理有限责任公司
19	营口市公路工程总公司	沈阳天久信息技术工程有限公司	辽宁仁合工程招标代理有限公司	沈阳市建都工程建设监理有限公司
20	日林建设集团有限公司	沈阳黎东幕墙装饰有限公司	辽宁启运招投标服务有限公司	营口经济技术开发区建设监理有限公司

（填表人：徐冰）

吉 林 省

1. 法制建设

【城乡建设法规】 地方法规《吉林省民用建筑节能与发展应用新型墙体材料条例》和政府规章《吉林省促进散装水泥和预拌混凝土、预拌砂浆发展办法》于9月1日颁布实施，吉林省住房城乡建设厅召开专题新闻发布会，并下发《关于做好〈吉林省民用建筑节能与发展应用新型墙体材料条例〉宣传贯彻工作的通知》（吉建办〔2010〕59号）、《关于开展宣传贯彻〈吉林省促进散装水泥和预拌混凝土、预拌砂浆发展办法〉工作的通知》（吉建办〔2010〕60号）。根据住房和城乡建设部的《工程建设行政处罚裁量基准》，省住房城乡建设厅制定《省住房城乡建设系统裁量标准试用规则》、《吉林省工程建设行政处罚裁量标准》。省住房城乡建设厅根据国家的要求和吉林省的实际情况，提出恢复"有形建筑市场"、"房屋拆迁资格审查及发证"、"房屋建筑和市政设施工程施工图设计文件审查机构认定"3个审批项目。住房和城乡建设部和省政府已同意恢复

【清理规范性文件】 按照省政府的要求，省住房城乡建设厅对厅发规范性文件实施清理，共12件，其中已废止的2件，已宣布失效本次申请废止的2件，继续有效的8件；清理其他规范性文件共190件，其中已废止的9件，已宣布失效的3件，继续有效的178件。

【行政执法】 省住房城乡建设厅对全省城乡规划、房地产业、建筑业、市政公用事业等管理部门及企业依法进行专项监督检查，发布执法《公告》和《行政执法委托书》报省政府备案。通过检查的有19个管理部门和63户企事业单位，促进了建设行业规范发展。省住房城乡建设厅对所实施的13项行政许可项目和11项非行政许可项目进行梳理，继续下放厅级审批权。

【行政复议】 省住房城乡建设厅办理行政复议案件37件，其中，维持30件；被依法撤销5件；对行政机关提出复议建议书2件。对群体性复议案件，采取听证会形式审理，充分听取行政复议双方在行政复议听证程序中的辩论、质证，保证公平、公正地做出行政复议决定，做到"案结事了"。完成立法协调件40件，对其行政执法责任制进行了及时的修改和完善。

2. 城乡规划

【省域城镇体系规划】 为贯彻落实国家长吉图开发开放先导区战略要求，吉林省委、省政府决定对省域城镇体系规划进行完善提高，并将其作为优化城镇空间布局、推进吉林省特色城镇化的重要依据。由省住房和城乡建设厅组织国内知名专家、精干技术人员组成的专项组两个月的时间完成了省域城镇体系规划成果的深化完善工作。其规划成果的主要内容已经纳入省委、省政府《关于统筹推进吉林特色城镇化若干意见》之中，得到住房和城乡建设部好评推荐，完善提高后的吉林省域城镇体系规划于6月28日通过了国务院部际联席会议的审查，由国务院批准实施。4月30日吉林省在北京组织召开了长吉一体化协调发展专家咨询会。省住房城乡建设厅委托省规划院编制完成了《长吉图城镇体系规划》，为长吉图开发开放先导区战略的实施提供空间指引。

【新一轮城市总体规划】 省住房城乡建设厅根据省委、省政府提出"2010年底以前，全部完成县级以上城市新一轮城市总体规划修编任务"的指示要求，启动了全省47个县级以上城市新一轮城市总体规划修编工作，制定下发了《关于做好城市总体规划修编完善工作的通知》，邀请省外、国外高水平的规划队伍参与吉林省的总体规划编制工作，不断完善省、市州两级联审机制，严格履行吉林省城乡规划委员会审查制度，认真快捷地进行规划成果审批工作。全省47个县级以上城市新一轮城市总体规划修编工作于12月28日全部完成。

【重点区域规划编制】 省住房城乡建设厅组织相关专家对辽源、九台、延吉、龙井、图们、舒兰、岔路河等重点区域和城市总体规划编制进行现地指导；依据吉林省委、省政府《关于统筹推进吉林特色城镇化若干意见》中明确的重要节点城市等级规模和城镇化战略要求，对九台、梅河口、敦化、珲

春等地人口和建设用地规模认真进行核定，对规划期末空间资源综合承载能力进行专题论证，对城市空间布局和重要基础设施安排进行科学论证。

【重点项目规划选址】 省住房城乡建设厅先后完成了吉林北大湖、蛟河市、敦化市、和龙市、农安县、安图县、大安市海坨、乾安县才字乡等风电项目，汪清县罗子沟油母页岩项目、公主岭市八屋镇至长春市输气管线项目、四平市昊华化工有限公司电厂项目、梨树县污水处理厂中水项目、松原市至陶赖昭镇铁路项目的规划选址工作。

3. 城市建设

【城市市政设施建设】 城市道路长度7489公里；城市道路面积12499万平方米，其中人行道2482万平方米；人均城市道路面积11.7平方米。城市桥梁626座，其中立交桥143座。城市道路照明灯437361盏，安装路灯的道路长度4894公里。城市防洪堤长度851公里。其中，百年一遇标准为228公里、五十年一遇为187公里。

【城市供水】 城市供水综合生产能力838.5万立方米，其中地下水90.3万立方米。供水管道长度10733公里。年供水总量130498万立方米。售水量95504万立方米。其中，生产运营用水37482万立方米；公共服务用水21571万立方米；居民家庭用水34446万立方米。用水人口1259万人。城市人均生活用水量122.6升，生活用水普及率100%。

【城市节约用水】 城市计划用水户实际用水360070万立方米，其中工业用水333507万立方米；新水取用量110144万立方米，其中工业用水85001万立方米；重复利用水量249926万立方米，其中工业用水量248506万立方米。节约用水量12908万立方米，其中工业节水量10878万立方米。节约用水重复利用率74.5%，其中工业用水重复利用率69.4%。

【城市燃气】 城市人工煤制气日生产能力90.0万立方米；形成储气能力32.6万立方米；煤气年自制气量28771万立方米，外购气量2411万立方米；供气管道长度1759公里。煤气年供气总量16728万立方米，其中销售气量15198万立方米。用气人口164.6万人。城市天然气储气能力85.2万立方米；供气管道长度4631公里。年销售气量61388万立方米，其中居民家庭用气19409万立方米。用气家庭111.8万户，用气人口355.7万人。城市液化石油气储气能力2.0万吨；供气管道长度87公里。年销售气量21.5万吨，其中居民家庭用气11.1万吨。居民家庭用气户数139.7万户，用气人口460.9万人。城市居民燃气普及率91.8%。

【城市集中供热】 城市集中供热蒸汽供热能力3951吨/小时。其中，热电厂供热能力2967吨/小时；锅炉房供热能力945吨/小时。年蒸汽供热总量2094万吉焦；管道长度237公里。集中供热热水供热能力29145兆瓦。其中，热电厂能力8730兆瓦；锅炉房能力19336兆瓦。年热水供热总量21162万吉焦；管道长度9894公里。城市集中供热总面积31718万平方米，其中住宅23774万平方米。

【城市排水和污水处理】 城市排水管道长度7773公里；年污水排放量75536万立方米；城市建成区排水管道密度8.8公里/平方公里。城市污水处理厂25座，污水处理能力216.8万立方米/日，其中二、三级处理能力181.2万立方米/日。污水处理量54436万立方米，其中二、三级污水处理厂处理量46987万立方米。污水管道长度2559公里。城市污水处理厂集中处理率72.1%。

【城市园林绿化】 城市绿化覆盖面积44805公顷，其中建成区绿化覆盖面积43203公顷。园林绿地面积38863公顷；公园绿地面积11197公顷。公园128个，公园面积4487公顷。城市建成区绿化覆盖率35.3%；建成区绿地率30.8%；城市人均公园绿地面积10.5平方米。

【城市市容环境卫生】 城市道路清扫保洁面积13037万平方米，其中机械化清扫2392万平方米。生活垃圾清运量499万吨，其中密闭车清运量339万吨。生活垃圾处理量457万吨。无害化处理能力0.7万吨/日，无害化处理量222万吨。粪便清运量76万吨，处理量48万吨。公共厕所4837座。市容卫生专用车辆2608辆。城市生活垃圾无害化处理率44.5%。

【风景名胜区】 国家级风景名胜区："八大部"——净月潭、吉林松花湖风景区、珲春市防川风景区和龙市仙景台风景区总面积为828平方公里，可供游览面积168平方公里。游人数量169万人次，其中境外游人5万人次。景区资金收入11903万元，其中经营收入11803万元（含门票收入1825万元）。景区建设、经营资金支出5280万元。其中，固定资产投资支出2600万元；经营性支出2680万元。省级风景名胜区：通化市白鸡峰森林、梅河口景区总面积27平方公里，可供游览面积10平方公里；游人量38万人次。景区资金收入1227万元。其中，国家拨付1100万元；经营收入127万元（含门票收入87万元）。景区资金支出943万元。其中，固定资产支出

910万元；经营性支出33万元。

【城市市政公用建设投资】 城市维护建设资金总支出948862万元。其中，供水28457万元；燃气8796万元；集中供热76334万元；轨道交通63912万元；道路桥梁382343万元；排水105414万元；污水处理71088万元；防洪3002万元；园林绿化97386万元；市容环境卫生82616万元；垃圾处理30915万元。

【城市建设新增生产能力】 全省城市新增供水综合生产能力4.6万立方米/日，供水管道289公里；人工煤气供气管道14公里，天然气储气能力52.8万立方米，天然气供气管道486公里，液化石油气储气能力130吨，液化石油气供气管道4公里；集中供热蒸汽能力463吨/小时，集中供热热水能力3861兆瓦，蒸汽供气管道9公里，热水供气管道507公里；城市轨道交通线路长度35公里；桥梁19座；道路新建与扩建长度401公里、面积1961万平方米；排水管道长度654公里；污水处理厂处理能力46.5万立方米/日；绿地面积1157公顷；生活垃圾无害化处理能力3470吨/日。

【城建档案管理】 全省城建档案管理机构45个，在职职工350人；馆藏档案80万卷，底图25万张，照片7万张，声像档案光盘1200盘。新增馆库面积8000平方米。由省发改委下发的城建档案服务性收费试行二年期满，经省物价局复核，2011年9月复函同意省住房和城乡建设厅正式执行收费标准。全省城建档案从业人员持证上岗人数已达250人。80人次参加住房和城乡建设部主办的城建档案各种交流学习培训。完成管线普查的通化、四平、松原、延吉和集安、敦化市、镇赉县建立动态管理信息系统，实现了动态管理，确保普查成果不断更新。长春市开始进行市政公用设施地下管线普查工作。

4. 县镇规划和建设

【县镇规划管理】 为贯彻落实国家城乡规划要求，推动镇控制性详细规划编制工作，省住房城乡建设厅制定了《吉林省建制镇控制性详细规划编制技术暂行规定》，并组织省内规划专家对18个重点镇总体规划进行评审把关。

【县城市政设施建设】 全省县城道路长度1102公里，道路面积1598万平方米，其中人行道406万平方米。永久性桥梁106座，其中立交桥7座。道路照明灯71345盏，安装路灯的道路长度581公里。防洪堤长度135公里。县城人均城市道路面积8.3平方米。

【县城供水】 县城供水综合生产能力33.5万立方米/日，其中地下水日供水能力8.9万立方米/日。供水管道长度1696公里。年供水总量7672万立方米，售水量5456万立方米，其中，生产运营用水894万立方米；居民家庭用水3313万立方米。用水人口116.7万人。县城人均日生活用水量103升，用水普及率67.7%。

【县城燃气】 县城燃气天然气储气能力13.4万立方米，供气管道长度301公里，年供气总量1739万立方米。销售气量1733万立方米，其中居民家庭用气811万立方米。用气人口18.3万人。液化石油气储气能力3128吨，供气管道长度35公里，年供气总量42417吨。销售气量42361吨，其中居民家庭用气34361吨。居民家庭用气户数26917万户，用气人口90.7万人。居民燃气普及率56.4%。

【县城集中供热】 县城集中供热热水（锅炉房）供热能力3912兆瓦，供热管道长度1745公里，年供热总量3625万吉焦。供热面积3987万平方米，其中住宅2960万平方米。

【县城排水和污水处理】 县城排水管道长度969公里，年污水排放量7100万立方米。县城污水处理厂11座，污水管道长125公里，污水处理能力18.4万立方米/日，其中二、三级处理能力1.5万立方米/日；年污水处理量2529万立方米，其中污水处理厂二、三级处理量399万立方米。县城建成区排水管道密度9.5公里/平方公里。

【县城园林绿化】 县城绿化覆盖面积6998公顷，其中建成区绿化覆盖面积4930公顷。园林绿地面积4931公顷，其中建成区3996公顷。公园绿地面积1509公顷。公园数量30个，公园面积638公顷。县城建成区绿化覆盖率26.1%，建成区绿地率21.1%，人均公园绿地面积7.8平方米。

【县城市容环境卫生】 县城道路清扫保洁面积2406万平方米，其中机械化清扫301万平方米。垃圾清运量142万吨，其中密闭车清运量80万吨。垃圾处理量107万吨，其中无害化处理量17万吨。公共厕所876座。市容环卫用车辆设备总数410辆。

【县城市政公用建设投资】 县城市政公用建设全年投资总额133660万元。其中，供水5985万元；燃气5250万元；集中供热17294万元；道路桥梁50215万元；排水37548万元；污水处理27547万元；园林绿化7546万元；市容环境卫生9792万元；垃圾处理7043万元。形成新增固定资产86615万元。

【县城建设新增生产能力】 全省县城新增供水综合生产能力12.2万立方米/日，供水管道长度93

公里；天然气储气能力 9.4 万立方米，供气管道长度 124 公里；液化石油气供气管道长度 5 公里；集中供热能力（热水）186 兆瓦，供热管道长度 73 公里；桥梁 2 座；道路新建、扩建长度 59 公里，道路面积 109 万平方米；排水管道长度 105 公里；污水处理厂处理能力 9.9 万立方米/日；绿地面积 61 公顷；生活垃圾处理能力 590 吨/日。

5. 村镇规划和建设

【村镇规划管理】 按照《村庄和集镇规划建设管理条例》执行情况调查的要求，组织了省内村镇规划建设管理方面的专家和具有丰富工作经验的人员进行了调研、座谈，按照国家住房和城乡建设部调研组要求填写了 50 份《〈村庄和集镇规划建设管理条例〉立法后评估问卷调查》，为国家立法工作提供了具体实践意见，国家调研组对吉林省村镇规划建设管理工作给予了较高的评价。

【优秀村庄规划评选】 省规划委员会为活跃村镇规划编制市场、提高村镇规划编制水平，委托省住房城乡建设厅组织开展规划评选，印发《关于开展 2010 年全省优秀村庄规划评选活动的通知》。全省共评选出 10 个优秀村庄规划。

【新农村规划编制】 为落实省政府关于新农村规划编制要求，省住房城乡建设厅印发《镇（乡）村仓储用地规划规范》、《关于编制"千村示范、万村提升"示范村村庄规划的通知》，指导新农村规划编制工作。印发了《关于开展"千村示范、万村提升"示范村村庄规划编制情况专项检查的通知》和《关于村庄规划编制情况检查的通知》，并派出检查组，保证新农村规划编制质量。省住房城乡建设厅组织召开各市州负责规划建设和新农村工作的领导参加的示范村规划工作会议，及时掌握规划编制情况、推进规划编制进程。10 月 18～20 日对辽源市下辖的两县两区示范村规划、建设情况进行督查指导，并形成《辽源地区 2010 年新农村建设工作督查情况报告》报省新农村领导小组。

【村镇建设管理】 按照《关于推进全省新农村建设示范村帮扶工作的意见》（吉新农村领导小组〔2010〕7 号）的要求，省住房城乡建设厅牵头负责规划蛟河市 4 个村的新农村帮扶工作。

【村镇危房改造】 省住房城乡建设厅继续开展农村危房改造，鼓励支持农民利用节能材料建造节能房屋，对所有试点县（市）均安排 100 户节能示范房建设。并制定了《吉林省农村危房改造试点建筑节能技术指导方案》和《吉林省农村建筑节能技术导则（试行）》。全省农村危房改造户数由 2009 年的 4900 户增加到 2010 年 14000 户，节能示范户也由 2009 年的 500 户增加到 2010 年 1500 户；改造资金由 2009 年的 4895 万元增加到 2010 年 10400 万元（其中省级配套资金 8400 万元），同时要求当地政府整合好各类配套资金，通过各种方式解决农民建房的资金问题。

【农村灾后重建工作】 按照省政府的指示，省住房城乡建设厅参加抗灾救灾和指导农民灾后重建工作。制定并印发了《吉林省农村住房灾后重建工作的指导意见》（吉建村〔2010〕28 号）和《吉林省农村住房灾后受损房屋修缮工作指导意见》（吉建村〔2010〕27 号），并参与《吉林省城乡水毁住房恢复重建工作的意见》（吉政办发〔2010〕26 号）的起草制定，组织专家编写了《吉林省农村住房灾后重建和修复指导手册》。召开农村危房改造进展情况调度会、农村危房改造档案管理工作座谈会，抗灾救灾进展情况报省政府和住房和城乡建设部。

【景观旅游名镇（村）示范申报工作】 根据住房和城乡建设部开展全国特色景观旅游名镇（村）示范申报工作要求，省住房城乡建设厅组织符合条件的相关镇村积极参与申报工作，会同省旅游局印发了《关于做好全国景观旅游名镇（村）示范申报工作的通知》，对符合申报条件的镇村组织有关部门和专家对申报材料进行指导把关、及时上报住房和城乡建设部与国家旅游局。

6. 建筑业与工程建设

【概况】 根据吉林省产业与资源优势，以及长吉图开发开放先导区的整体规划，明确了长吉图经济核心区（含四平、辽源市）、西部能源区（白城、松原两）和东部矿产资源区（通化、白山市）的建筑业发展产业格局。全省建筑业产业集中度提高，企业实现了转型升级，竞争能力增强，2010 年全年实现产业增加值 1402 亿元，比上年同期增长 20%。

【产业促进政策】 为落实省政府《关于加快建筑业发展的若干意见》，结合省情制定了一系列促进建筑业发展的政策措施。出台了金融扶持政策，与吉林银行联合颁布了《关于促进建筑业企业提高融资能力的扶持意见》（吉建管〔2010〕6 号）；工程担保制度，报送省政府《吉林省工程建设担保管理办法》；建立公开、透明的建筑业诚信体系，落实诚信奖励和失信惩戒制度、开通工程建设领域项目信息公开平台、制定《建筑业信用信息管理办法》和《建筑业企业行业信用评价办法》。

【建筑市场管理】 继续坚持施工现场和建筑市场"两场联动"。通过规范施工现场,达到规范建筑市场;通过发展建筑业企业,实现发展建筑产业。开展了全省建筑施工现场综合执法检查行动。重点查处不履行基本建设程序、工程造价低于安全质量成本、超资质经营、使用违规施工机械等各种违法行为。共抽查建设项目81个、下发执法告知书66份、对37项工程责令停工整改、29项工程责令限期整改。10月召开全省施工现场综合检查发布会,对存在严重违法行为的企业和人员进行了通报。给予11户企业和15名人员行政和经济处罚,罚单总额400万元,2户企业被清出建筑市场。有关违法违规的企业负责人和项目负责人集中办班培训。

按照省委省政府的统一部署,省住房城乡建设厅组织全系统开展对政府投资和使用国有资金项目的重点排查。共排查出问题273个,整改92个,罚没款项累计100.34万元。

省住房城乡建设厅建立建造师基础数据库,鼓励人才合理流动,落实《吉林省建造师注册管理实施细则》,实行建造师注册网络化管理,较好地完成了一、二级建造师注册变更工作。对在吉林省境内从事外墙保温、地源热泵等特种专业施工的企业及管理人员和技术工人进行专项培训。

【建设质量监督】 省住房城乡建设厅结合工程建设领域突出问题专项治理工作,制定与国家及省法律法规等相配套的《吉林省建设工程质量管理办法》、《吉林省建设工程质量保证金管理暂行办法》、《关于进一步加强吉林省市政道路和桥梁工程质量监督管理的通知》、《关于加强吉林省预拌混凝土和混凝土构配件生产企业试验室资质管理的通知》、《关于对全省建设工程实行检测合同备案管理的通知》、《关于进一步加强吉林省建设工程质量监督管理的实施意见》、《关于对全省建设工程质量检测机构实施检测数据上传的通知》、《关于加强吉林省水毁房屋重建工程质量管理的通知》、《关于进一步加强预拌混凝土生产企业管理的通知》、《关于吉林省预拌混凝土企业及混凝土预制构件生产企业建立企业信息管理数据库的通知》、《关于进一步加强建筑工程使用钢筋质量管理的通知》、《关于在全省实施工程勘察监理的通知》等规范性文件。

【工程监理企业资质管理】 省建筑工程质量监督总站(简称省质监站)根据《工程建设监理企业资质管理规定》,受理工程监理企业资质升级6户、增项5户、工程监理企业换发资质证书140户。同时加强工程监理企业资质动态管理工作,结合换发资质证书工作,对151户监理企业进行了资质动态检查,进一步规范监理市场。工程监理人员变更发证共受理监理工程师初始注册242人,延续注册650人,变更注册243人。检测机构资质受理延续96户,新设立检测机构27户。省质监站组织培训检测人员4000人、监理人员1500人、注册监理人员2200人、三员人员7000人。完成全省建筑工程质量监督机构监督员680人的培训、考核工作。

【建设工程合同备案制度】 对全省建设工程实行检测合同备案制度,建设工程质量检测机构力学设备检测数据实施数据即时上传。建立吉林省预拌混凝土企业及混凝土预制构件生产企业内部试验室信息管理数据库。预拌混凝土和混凝土构配件生产企业试验室实行资质管理。经省住房城乡建设厅、民政厅批准,成立"建设工程质量监督检测协会"。

【工程建设质量检查监督】 省质监站8月对全省"暖房子"工程进行质量检查,9个市州随机抽查了94项工程。对违反强制性标准,涉及质量隐患的工程,采取有效措施立即整改;对个别现场管理混乱、质量责任落实不到位、存在质量问题的工程项目和责任单位给予全省通报批评,记入不良信用记录,并按有关法律法规进行处罚。8月23日至9月4日对全省在建工程进行了工程质量检查。抽查8个地级城市及17个县(市、区)在建房屋建设工程72项,建筑面积102.97万平方米。对检查中发现的问题下发执法建议书督促各方主体整改。共发出执法建议书61份,提出整改意见412条,局部返工、停工整改17项(其中存在质量安全隐患停工整改的项目6项)。检查对违反强制性标准,涉及重大质量安全隐患的工程要求立即停止施工整改;存在严重质量问题的工程项目和责任单位给予全省通报批评,不良行为记录公示,并依法进行处罚。对延边等五个地区既有建筑外墙外保温工程质量进行了监督执法检查。共抽查34项工程,对存在问题的23项工程下发了执法建议书,局部或全部返工重做的12项。对在建73项工程中建筑节能工程施工质量进行检查,对检查存在质量问题的61项单位工程下发书面执法建议书,其中局部或全部返工重做的有21项。开展全省市政工程质量监督执法专项检查。检查覆盖长春、吉林、延边、四平、辽源、白山六个地区,共抽查29项市政工程项目。对参建各方执行工程建设法律法规、履行基本建设程序、质量行为、工程实体质量等情况检查,检查结果通报全省。

【建设招投标管理】 全省完成招标项目2314个,投资额192亿元,公开招标率94.27%。其中省管项目127个共计306个标段。省住房城乡建设厅与监察厅联合制定下发《吉林省建设工程招标投标管理若干意见》及其配套政策《吉林省房屋建筑和市政基础设施工程合同管理办法(试行)》和《加强经评审的最低投标价法招投标监管的若干意见》等规范性文件。省住房城乡建设厅2月对9个市、8个县的35个2008年以来公开招标的政府投资和使用国有资金工程的招投标程序进行专项抽查。3月,对全省各级监管机构、常年有建设任务的建设单位、一级以上施工总承包企业、工程建设项目招标代理企业的相关人员520人进行培训。学习《吉林省房屋建筑和市政基础设施工程合同管理办法(试行)》、《加强经评审的最低投标价法招投标监管的若干意见》、《吉林省标准施工招标文件》及开标评标程序、《吉林省建筑工程质量安全成本管理暂行办法》、《吉林省建筑工程安全保护、文明施工费用使用管理办法》等内容。省住房城乡建设厅依据住房和城乡建设部令《工程建设项目招标投标活动投诉处理办法》,对举报投诉的6起案件依法进行了处理。经省住房城乡建设厅与民政厅批准,成立"吉林省建设工程招标投标协会"。

【建设抗震防灾管理】 省住房城乡建设厅召开"全省中小学校舍安全工程抗震技术推广会",全省各市(州)建设、教育、勘察设计等方面410人参加会议。组织举办"全省中小学校舍安全工程抗震加固施工培训班",来自全省各行政主管部门、施工、监理等单位技术人员240人参加培训。开展全省中小学校舍安全工程抗震加固设计质量检查工作,共抽查29项工程,建筑面积1.5万平方米。吉林省用省财政抗震专项补助资金,在省直机关、大专院校、医院等部门、单位范围内分批开展房屋抗震性能检测(鉴定)工作。省住房城乡建设厅组织举办全省《建筑抗震设计规范》暨"中日建筑抗震技术"培训班,邀请《建筑抗震设计规范》主编和日本专家进行授课,全省共400人参加了培训。

对吉林省超限高层建筑工程抗震设防审查专家委员会进行调整,将年富力强、工作在一线的结构专业技术人员充实到专家委员会,使超限高层抗震设防审查力量得到加强。省住房城乡建设厅加强对超限建筑工程的管理工作,组织编制了吉林省工程建设地方标准《建设工程抗震超限界定标准(建筑工程部分)》(DB22/T 480—2010,以下简称《标准》)并于2010年4月26日起实施。对4项超限高层项目,10项超规范项目进行了审查。省住房城乡建设厅为加快农村抗震民居试点工程,指导农民建设具有抗震能力的房屋建筑,组织编写《吉林省村镇抗震民居建造指导图解》一书,印发20000册。省住房城乡建设厅要求各市州、县(市)结合新一轮城市总体规划的修编,对城市的抗震防灾规划同步进行修改、补充、完善。并在靖宇县开展城市抗震防灾数字化管理平台试点工作。

【建设安全管理】 省住房城乡建设厅为提高全省建设行业安全管理水平,制定地方标准《吉林省建设工程施工现场安全管理内业标准》(DB22/T 479—2010),对建设单位、施工单位、监理单位的现场管理工作进行了统一规范。为改善施工人员安全作业条件和良好环境,制定并下发了《吉林省建筑工程安全防护、文明施工措施费用使用管理办法》(吉建安〔2010〕3号)。制定出台《吉林省危险性较大的分部分项工程安全管理实施细则》(吉建安〔2010〕21号),对专项工程方案的审批和专家论证进行统一要求,成立"吉林省安全技术专家库"。省住房城乡建设厅办理安全生产许可证审核、延期、变更等615件,出省投标的安全审查86件。开展安全生产培训活动22次,"三类人员"培训1000人,特种作业人员培训2900人。

【安全事故应急管理】 省住房城乡建设厅为做好建筑工程重大生产安全事故应急处置工作,确保科学、及时、有效地组织应对事故,最大限度地减少人员伤亡、财产损失,维护经济社会正常秩序,3月,制定《吉林省建筑工程重大生产安全事故应急预案》(吉建安〔2010〕4号)。5月,又制定并下发《吉林省建设行业突发公共事件应急管理框架》(吉建安〔2010〕15号),初步形成快速上报、快速反应、快速决策、快速处理的较完整的应急管理系统。

【"安全生产月"活动】 省住房城乡建设厅下发《关于开展2010年全省住房城乡建设系统"安全生产月"活动的通知》(吉建安〔2010〕17号),在全系统开展以"安全发展、预防为主"为主题的"安全生产月"活动。活动共开展安全生产论坛(座谈)17场、知识竞赛5场、安全旗升旗仪式1场、专家论证18场、大型应急预案演练4场;展挂安全生产条幅2600条、宣传板1700块;出动宣传车15辆次,发放有关建设安全法律法规传单8000份;成立10个建筑施工安全生产检查组,对19个市、县(市)的41户建筑施工企业的施工现场进行了安全检查,排查隐患429项,7个施工工地被列为省级隐患挂牌项目。

【建筑安全专项治理】 省住房城乡建设厅对继续深入开展"安全生产年"和建筑安全专项治理工作做出部署。加大监督检查力度,加强对脚手架、深基坑、建筑起重机械、高大模板等危险性较大的分部分项工程的隐患排查治理。全年累计督促施工单位自查2389次，省级督查56次，检查2399个项目。检查出一般隐患7675处、重大隐患152处。累计落实隐患治理资金1200余万元。按照住房和城乡建设部及省安委会办公室的统一部署，开展严厉打击建筑施工非法违法行为专项行动。重点对"建设工程项目不办理施工许可、无安全监督手续擅自开工"等非法违法行为进行严厉打击。共查处无施工许可证或手续不全施工的26项、重大隐患隐瞒不报或未及时整改的8项、拒不执行监管指令抗拒安全执法的6项、未依法依规进行安全培训无证上岗的62项、谎报瞒报事故的1起、其他违法建设施工的1项。

【安全隐患排查】 为深刻吸取"11·05"吉林市商业大厦火灾事故，省住房城乡建设厅按照《吉林省人民政府关于印发全省集中开展安全隐患排查治理行动方案的紧急通知》（吉政明电〔2010〕24号）的要求，以房屋建筑工程和市政基础设施工程的冬季施工安全和消防安全以及供热和燃气的运行安全为重点，迅速开展隐患排查。企业自查1014处，省级督查6次，发现一般隐患1228个、重大隐患36个。

【建设工程造价管理】 省住房城乡建设厅从建筑工程成本管理规范建筑市场行为，制定了《吉林省建筑工程质量安全成本管理暂行办法》，分别于4月和7月发布上、下半年的建筑工程质量安全成本价格。规定建设工程项目招投标上报价一律不得低于建筑工程质量安全成本价格，控制低于成本价中标的现象。为推进工程造价咨询企业和造价从业人员的信用建设，增强执业透明度，编制了"工程造价诚信评分标准"，具备信用档案录入和信用查询。为确保全省"暖房子"工程和中小学校舍抗震加固工程的竣工决算及竣工验收交付使用，完成《吉林省房屋修缮及抗震加固工程计价定额》的编制及发布工作；为保证长春市地铁工程项目顺利实施，制定《吉林省轨道交通工程计价定额》；完成《吉林省仿古建筑和园林绿化工程计价定额》的编制工作。

【工程造价咨询企业管理】 完成对7家建设工程造价咨询企业晋升甲级资质的检查和初审、6家造价咨询企业乙级资质转正申请的检查和审批、5家甲级资质和20家乙级资质企业资质延续的检查和初审工作；办理93名造价工程师的初始注册、341名造价工程师的延续注册工作；完成2563名考试合格人员的执业注册、执业资格证书和印章的制作及发放工作。

【工程造价行业先进表彰】 省住房城乡建设厅表彰建设工程造价行业"十一五"期间，从事管理、咨询、研究等工作、活动中做出突出贡献的先进单位和先进个人。其中，5户工程造价管理机构和18户工程造价咨询企业先进单位；18名优秀注册造价工程师和76名工程造价专职专业先进个人；10名工程造价管理先进个人；7名长期从事工程造价工作及赴四川北川地震黑水灾区进行支援的技术人员给予特殊表扬。

【建设市场稽查管理】 省住房城乡建设厅1月6日印发《关于强化住房和城乡建设领域市场监督管理加大行政稽查执法力度的通知》。对全省建设稽查案件实行网上申报，对突出问题和问题多发地区进行针对性治理。

【建设勘察设计管理】 省住房城乡建设厅组织修订《吉林省工程建设勘察设计管理条例》；制定《外省勘察设计企业进入吉林省承接勘察设计业务备案管理办法》、《吉林省房屋建筑、市政工程勘察监理见证实施意见》、《吉林省建设工程优秀勘察设计评选办法》、《吉林省勘察设计大师评选办法》。按照部令331号文件规定要求，完成了设计企业资质重新核定和换发证书工作。全省369户设计企业启用国家新版工程设计资质证书。按照部令第134号文件要求，完成了全省房屋建筑和市政基础设施工程施工图设计文件审查机构的资质延续认定工作。新核定的16户审查机构的名单及审查业务范围在吉林省住房和城乡建设厅网站公布。

【勘察设计监督】 省住房城乡建设厅加大对工程勘察市场和勘察质量的监管力度，严格查处工程勘察中虚假钻探和试验、压价竞争、资质转包和挂靠等扰乱市场秩序，危害工程质量安全行为。从2010年开始实行岩土工程试验室认定制度，勘察技术岗位从业人员考核持证上岗制度。

【勘察设计企业管理】 省住房城乡建设厅进一步完善全省勘察设计单位、施工图审图机构信息管理系统建设工作。全省已有438户勘察设计企业、16户审图机构纳入管理信息系统。企业资质申报、出省证明、项目信息管理（质量检查抽取项目）、统计报表实现网上信息化办公。全省共有勘察设计企业448户，其中甲级勘察设计企业80户，乙级157户，丙级211户。从业人员总数达到26127人，其中专业技术人员20201人，各类执业注册人员（包括注册建筑师、结构工程师、岩土工程师）2963人。全省勘察设计行业完成合同额73.5亿元，施工图完成投资额970.0亿元；完成施工图建筑面积540276万平方米；营业收入60.8亿元，利润总额5.5亿元。

【勘察设计科技进步】 全省累计科技费用支付38258万元；企业获国家级和省部级奖208项；具有专有专利技术140项。省住房城乡建设厅发布《岩土工程勘察大纲及详勘报告编制标准》、《民用建筑外保温工程防火技术规程》、《静压预应力混凝土管桩基础技术规程》、《建设工程施工图设计文件审查文本编制标准》、《建筑外窗（三玻窗）标准图集》5项地方标准和标准图集，规范技术质量管理、保障消防安全和节能效果。根据住房和城乡建设部《工程建设标准复审管理办法》要求，省住房城乡建设厅组织省内相关专家对吉林省现行标龄超过5年的工程建设地方标准和标准设计进行了全面复审和清理。共废止工程建设地方标准18项，标准设计55项。

7. 房地产业

【房地产交易与登记规范化管理单位表彰】 经省住房城乡建设厅组织房地产交易与登记规范化管理考核验收，长春市房地产交易中心等34户单位为"2008~2010年全省房地产交易与登记规范化管理单位"，对在创建房地产交易与登记规范化活动中表现优异、成绩突出的吉林市住房保障和房地产管理局等16户单位授予"2008~2010年度全省房地产交易与登记规范化创建活动优胜单位"。

【下发《关于做好集体土地房屋登记工作的通知》】 省住房城乡建设厅制定下发《关于做好集体土地房屋登记工作的通知》，在全省开展集体建设用地上的房屋和宅基地上的房屋登记工作。认真做好房地产市场的统计分析工作，按月进行全省房地产市场形势分析。

【拆迁工作培训】 省住房城乡建设厅组织对全省1000名拆迁工作人员进行了培训，对现行的拆迁政策和全国拆迁形势进行了辅导，提高拆迁从业人员的业务能力。

【房地产市场管理】 全年共处理拆迁信访案件102人次，完成复查复核洮南市、延吉市几起重点拆迁信访案件的调查工作。全省共换发了490家房地产开发企业资质证书，换证工作完成。长春市实施的暖房子惠民改造工程竣工建筑面积5580万平方米。超额完成省政府下达的目标任务。

【物业管理】 省住房城乡建设厅对全省物业管理申报项目进行了考评验收。8个省物业管理项目授予省示范小区、20个物业管理项目授予省优秀小区、1个物业管理项目授予省物业管理优秀大厦的称号。《吉林省物业专项维修资金管理办法》公布执行。

【房地产市场信用体系建设】 省住房城乡建设厅加强房地产市场信用体系建设，对全省2063家房地产开发企业实行网上公示制度。对26家经查实的不良经营行为企业予以记录并网上曝光。

【"六路安居"工程】 吉林省实施城市棚户区、煤矿棚户区、林业棚户区、农村泥草房（危房）、廉租住房、公共租赁住房"六路安居"工程建设，省政府与国家签订保障性安居工程建设工作责任状。该工程计划建设和改造43.6万户，2905万平方米，计划总投资297.5亿元。实际开工建设46.2万户、2932万平方米，超计划户数5.9%、超计划面积0.9%，完成投资232亿元；在建18.1万户、899万平方米；竣工28.1万户、2033万平方米。其中，廉租住房开工建设6.5万户、300万平方米，开工率100%；租赁补贴完成35万户档案建立工作，11月底前补贴资金全部发放到位；公共租赁住房开工0.0614万套、2.4万平方米，开工率204.7%；城市棚户区（危旧房）改造签订拆迁协议10.4208万户、697.6万平方米，拆迁率113.04%；国有工矿棚户区改造开工1.2181万套、63.6万平方米，开工率100%；农村泥草房（危房）改造开工20.4万户、1475万平方米（其中，农村危房1.4万户、101.2万平方米），开工率100%；煤矿棚户区改造开工3.5万户、189.4万平方米，开工率100%；林业棚户区改造开工4.08万户、204万平方米，开工率100%。工程共争取到国家补助资金36.82亿元，落实省级补助资金23.47亿元，各级地方政府通过财政直接投入以及土地划拨、减免行政事业性收费等措施落实配套资金90.12亿元，其余通过市场化运作和引导社会资金投入等方式筹集。

【保障性安居工程】 省委、省政府多次召开专题会议研究部署，明确要求："让广大人民群众，特别是困难群众住有所居，居所温暖"。省安居办组织监督检查、验收，及时研究解决工作中遇到的突出问题，确保安居工程工作全面落实到位。制定出台《吉林省廉租住房配建实施办法》、《吉林省廉租住房使用管理暂行办法》、编制第三册住房保障文件汇编。为保证工程科学有须进行，省住房城乡建设厅提前编制修建性详细规划，优先安排保障性安居工程建设用地，实行一站式办公和"绿色通道"制度。各级政府坚持先安置后拆迁，加快拆迁进度；省住房保障部门采取监督检查和工作验收相结合的方式，加快推进项目进度，确保工程质量安全。

【住房公积金管理概况】 省累计归集住房公积金611亿元，归集余额达到372亿元，分别比2009年增长24%、20%；累计向24万户职工家庭发放住房贷款280亿元，贷款余额184亿元，分别比2009

年增长33%、31%。

【住房公积金审计】 按照国家"以地方审计部门审计为主，省办补充相关方面检查"的住房公积金监督检查工作新机制，省住房公积金管理办公室制定了"吉林省住房公积金行政监督检查实施规范"，对白山、松原、四平、辽源市住房公积金管理中心、长春市住房公积金管理中心、省直分中心、电力分中心开展了审计工作，对存在问题开展了现场督办整改，根据省审计厅出具的审计报告对各市州管理中心下达整改通知书，并将《行政监督检查综合意见》上网公布。

【住房公积金监管】 制定《吉林省住房公积金行政监管效能考核工作实施方案》，对全省各管理中心（分中心）实施年度监管工作落实情况进行考核，提出评价意见，考核结果上网公布并反馈设区城市住房公积金管理委员会。处理住房公积金行业遗留项目贷款、违规贷款工作取得成效，长春市全额收回国债本息2.3亿元，吉林市收回国债计入安全管理7000万元、市政府土地回购定期还款5000万元、各类欠款2500万元。

【住房公积金投入保障性住房试点】 长春市被国家正式批准为住房公积金投入保障性住房试点城市，投入保障性住房资金10.7亿元。

8. 建筑节能与科技

【概况】 2010年全省所有县（市）居住建筑全面执行节能65%设计标准，而且执行节能设计标准范围要扩展到建制镇。截至年底，已有203个镇执行节能50%或以上设计标准，占全省建制镇总数的60%。其中115个建制镇与县（市）同步执行节能65%设计标准。吉林省提前完成国家"十一五"既有建筑节能改造1100万平方米任务后，2010年又完成210万平方米既有居住建筑节能改造任务。累计完成1310万平方米。

【既有居住建筑节能改造项目检查验收】 为确保工程质量和节能效果，省住房城乡建设厅下发《关于组织开展既有居住建筑供热计量及节能改造项目面积核实与验收工作的通知》，按照国家《北方采暖地区既有居住建筑供热计量及节能改造项目验收办法》要求，联合省财政厅、能效测评机构和相关专家组成既有居住建筑供热计量及节能改造项目检查验收组开展验收工作，检查验收17个市、县。

【全国节能改造工作部署会】 5月，住房和城乡建设部在吉林省召开了"全国北方采暖地区既有居住建筑供热计量及节能改造工作部署暨通化县现场会"。会议贯彻了《国务院关于进一步加大工作力度确保实现"十一五"节能减排目标的通知》精神，介绍了通化县既有建筑节能改造的工作经验、做法，同时参观了长春市、通化县等地的节能改造项目。全国政协、住房和城乡建设部分别就吉林省"大力推进建筑节能"和"既有建筑节能改造"进行调研，通过听取汇报、实地考察、召开座谈会等形式，深入了解了吉林省城市及农村建筑节能改造完成情况，对其经验做法给予充分的肯定。

【吉林省"十二五"可再生能源建筑应用规划】 省住房城乡建设厅依托省土木建筑学会热能动力分会的技术优势，编制完成《吉林省"十二五"可再生能源建筑应用规划》。发展目标，可再生能源建筑规模化应用面积1700万平方米（按财政部奖励办法折算）。到2015年，太阳能光热建筑应用面积达到4000万平方米。其中当年新建民用建筑太阳能光热应用面积占其总面积60%以上；应用浅层地热能（地源热泵）建筑面积达到800万平方米。

【可再生能源建筑应用】 贯彻《吉林省建筑节能与发展新型墙体材料条例》首个批复同意松原市强制执行太阳能与建筑一体化及推进热泵技术等可再生能源建筑应用。在总结试点示范经验基础上，省住房城乡建设厅编制了《地源、再生水源热泵系统工程技术规程》、《民用建筑太阳能热水系统应用技术规程》和《太阳能热水系统安装与建筑构造》等地方标准，完善可再生能源建筑应用技术配套工作。

【可再生能源建筑应用农村地区县级示范】 省住房城乡建设厅组织推荐申报国家可再生能源建筑应用农村地区县级示范，其中蛟河市、通化县和集安市被列入2010年国家示范计划之中，获得财政补助资金5300万元。全省已累计有6个城市列入国家可再生能源建筑应用示范计划，示范项目871万平方米，获得国家奖励资金1.9亿元。

【国家机关办公建筑和大型公共建筑能耗统计工作】 全省开始启动国家机关办公建筑和大型公共建筑能耗统计工作，省住房城乡建设厅制定下发《吉林省国家机关办公建筑和大型公共建筑节能监管体系建筑工作方案》，明确工作目标与计划安排、落实了责任。初步建立了能耗信息统计报表、能源消耗调查、统计与分析制度，省墙材料革新与建筑节能办公室定为省级能耗监测平台建设单位，在长春市选择10个有代表性的国家机关办公建筑和大型公共建筑作为试点工程，对其用电进行分项计量器具安装、能耗动态监测。

（吉林省住房和城乡建设厅 杨福）

黑 龙 江 省

2010年,是"十一五"时期黑龙江省住房城乡建设投入最多、变化最大、发展最快的一年。城乡建设总投资完成1198亿元,同比增长25.4%。

1. 房地产业

【房地产市场运行平稳】 黑龙江省住房和城乡建设厅认真贯彻落实国家一系列宏观调控政策,2010年,房地产开发投资完成750亿元,同比增长33%,拉动建筑业等相关产业1100多亿元;房屋施工面积达到7543万平方米,新开工面积5018万平方米,竣工面积达到2166万平方米,建成住宅21.9万套,商品房销售面积2400万平方米,销售额近920亿元,实现税收90亿元。对新建商品住宅进行了性能认定和A级住宅评定,15个项目被评为国家A级住宅,2个项目被评为国家康居示范工程,3个项目被评为国家住宅"广厦奖"。

2. 住房保障

【概况】 "十一五"期间,全省棚户区改造累计完成投资1380亿元,拆迁面积达到7072万平方米,开工建设面积达到10050万平方米,改造108.82万户数;完成廉租住房保障57万户,其中:新建廉租住房完成投资72.72亿元,开工建设903万平方米、18万套,租赁补贴发放39万户;经济适用住房建设完成投资136亿元,开工建设1194.3万平方米、16万套;公共租赁住房完成投资1.69亿元,开工建设9.8万平方米、0.16万套。全省13个地市、64个县市均已建立了住房保障制度,对低保住房困难家庭实现了应保尽保。

【棚户区改造、保障性住房建设情况】 全省各类棚户区改造完成投资605.1亿元,开工面积5795.3万平方米,改造49.89万户,投资和改造户数是2008年两年的总和。其中,城市棚改18.3万户,煤矿棚改5.4万户,林区棚改13.4万户,垦区棚改12.33万户,国有工矿棚改0.46万户。全省保障性住房建设完成投资66.19亿元,开工建设19.02万套。其中:新建廉租住房完成投资28.2亿元,开复工13.38万套、650万平方米;经济适用住房建设完成投资36.3亿元,开工建设5.48万套;公共租赁住房建设完成投资1.69亿元,开工建设1673套;为39万户低收入住房困难家庭发放了廉租住房租赁补贴。

【组织保障有力】 健全领导机制,落实工作责任。黑龙江省建立了以省长为组长、以主管副省长为副组长,相关单位为成员的省住房保障工作领导小组,从上到下形成了完备的组织领导网络体系,健全了督察考核机制和目标管理责任制,落实考核制度。对达标或超标的先进单位进行表彰奖励并兑现省级配套资金或"以奖代补"资金,对不达标单位在全省通报批评、约谈和核减补助资金。先后对保障性住房建设和棚户区改造进行了十余次督导检查,对保障性住房建设推进缓慢的市县进行了4次约谈,核减了16个未按规定完成国家和省政府下达的保障性住房建设任务市县的补助资金。

【政策不断创新】 以省政府名义出台《关于城市棚户区改造的实施意见》、《廉租住房保障办法》等6个保障性住房建设扶持政策;出台了《廉租住房建设项目管理办法》、《棚户区改造考核办法》等12个规范性文件,制定和实施房屋拆迁安置方案没制定的不拆、补偿金不到位的不拆、特困户安置措施不落实的不拆的"三不拆"刚性管理措施,从源头上化解拆迁矛盾,实现了依法拆迁、和谐拆迁、阳光拆迁。

【筹资渠道广泛】 累计争取到中央投资共计137.8亿元;省级保障性住房建设补助资金累计42.8亿元、下拨专项工作经费3000万,为各地棚改争取开行贷款68.6亿元,到位44.53亿元。实行出售并举,向政策要资金。实施市场化运作整合社会力量千方百计筹措资金,将齐齐哈尔市总结探索的十二条筹措资金的措施和办法予以推广,有效缓解了建设资金压力。

【质量水平较高】 要求各地强化棚户区改造和保障性住房建设项目管理,严格履行基本建设程序。通过召开棚户区改造施工企业座谈会,要求建筑施工企业增强质量和服务意识。出台了《关于进一步加强棚户区改造建设管理的通知》,制定了《关于推进城市棚户区改造示范项目建设的指导意见(暂行)》,建成了如哈尔滨群力新苑、齐齐哈尔新合嘉园、牡丹江曙光新城等一批功能配套、环境优美、质量优良、风格各异的节能、环保、抗震、宜居的住宅新区。加大了示范项目推进力度,对15个示范项目进行了表彰奖励。通过实行棚户区改造示范项目建设,发挥出了示范项目的典型引路和带动作用,防止和杜绝了低水平的重复建设,全面提升了棚户区改造的整体水平。

【社会效益明显】 全省棚户区改造和保障性住房建设工作的大规模推进,改善城市低收入群体和困难群众的住房条件;增加居民财产性收入;加强基础设施建设,改善了城乡面貌;增加了固定资产投资和地方财税收入;拉动经济增长。2010年黑龙江省人大对省政府"三棚一草"改造工作进行了评议,认为这项工作亮点纷呈,硕果累累,真正使城乡人民群众得到实惠,是黑龙江省"十大工程"和"十项民生工程"战略实施的最大亮点。2010年6月21日人民日报在头版头条进行了全面报道;中央电视台也多次在不同栏目中宣传报道黑龙江省棚户区改造和保障性住房建设工作。一些做法在国家召开的保障性住房建设会议上做了经验介绍。

3. 公积金管理

【住房公积金缴存余额持续增长】 全省住房公积金实际缴存人数不断增加,缴存余额持续增长,缴存总额达到837.26亿元,同比增加155.84亿元,增幅为22.87%;缴存余额509.93亿元,同比增加84.19亿元,增幅为19.77%;住房公积金使用率达到71.2%,同比增加3.89个百分点;运用率达到52.72%,同比增加6.05个百分点。

【促进保障性住房建设作用明显】 为5.65万名职工发放个人住房贷款107.46亿元,占当年缴存额的68.96%;2010年从住房公积金增值收益中提取廉租住房补充资金2亿元,为促进保障性住房建设提供了有力支撑。

【住房公积金专项治理工作稳步推进】 完成对省直单位、农垦系统、电力系统和绥化市住房公积金专项治理联合检查。住房公积金历史遗留问题解决有了突破性进展:海伦市住房公积金历史遗留案件得到了彻底解决;鸡西等四矿区住房公积金机构归并工作正在有序推进;理顺了佳木斯、七台河市住房公积金管理机构;依法上收了勃利县住房公积金机构到七台河市住房公积金管理中心,海伦市住房公积金管理机构到绥化市住房公积金管理中心;住房公积金购买国债规模基本稳定,历史遗留项目贷款和挤占挪用资金不断减少,个人贷款逾期率持续下降,资金整体运营安全完整。大庆市2.5亿元证券风险按计划于2010年7月30日收回了1.25亿元,另有1.25亿元2012年底全部收回,收回历史遗留项目贷款2000余万元。

【哈尔滨试点城市的监管工作进一步加强】 认真贯彻落实住房和城乡建设部等七部委《关于印发利用住房公积金贷款支持保障性住房建设试点工作实施意见的通知》等文件精神,进一步强化对哈尔滨试点城市的监管。一是开展了对哈尔滨利用住房公积金贷款支持保障性住房建设项目贷款工作的检查,按照住建部等部门《关于印发利用住房公积金支持保障性住房建设项目贷款管理办法》等相关文件规定,完成了项目贷款相关材料的审核备案工作;二是顺利完成了国家七部委、住房城乡建设部住房公积金督察组对确立哈尔滨为试点城市的审查、项目贷款督察迎检工作;三是加强对哈尔滨试点项目工程进度情况报告的审核、备案工作,发现问题,及时跟踪问效。

【住房公积金法规体系建设日趋完善】 为使全省住房公积金管理更加规范有序,切实保护缴存人的利益,根据《住房公积金管理条例》,按照《2010年全省住房公积金工作要点》安排,加强了省住房公积金立法建设。深入开展《住房公积金管理条例》实施情况的调研,结合全省住房公积金管理实际,完成了《黑龙江省住房公积金管理办法》(草稿)起草工作;开展住房公积金提取、贷款等相关问题的研究,制定了黑龙江省住房公积金提取、贷款规定,以进一步规范各市(地)住房公积金从业人员服务行为,为《省住房公积金管理办法》出台做好了前期准备;推进各市(地)建立和完善住房公积金管理制度。结合国家住房贷款政策调整,与省财政厅、中国人民银行哈尔滨中心支行、省银监局联合转发文件,敦促各市(地)政府,结合实际研究制定具体实施意见,使国家政策在全省及时贯彻落实。

4. 城乡规划

【滨水城市规划建设工作目标全面完成】 2010年是黑龙江省滨水城市规划建设取得重大突破的一年,黑龙江省实施滨水城市规划建设项目153项,投资超过150亿元,全面完成了工作目标。黑龙江省住房和城乡建设厅组织编制了《全省滨水城市规划建设指引》,各地编制和完善了城市滨水区开发利用总体规划和年度滨水规划建设项目详细规划。黑龙江省政府与各市（地、总局）签订了滨水城市规划建设工作的年度责任目标；黑龙江省住建厅组织召开了"全省滨水城市规划建设工作座谈会"、"2010年滨水城市规划建设重点项目汇报审查会"，并组织了4个检查组深入全省各地，对滨水城市规划建设工作进行实地检查。各地也按照《2010年全省滨水城市规划建设工作计划》，大力推进滨水规划项目建设，取得了明显的阶段性成果。

【城乡规划统筹协调作用得到有效发挥】 黑龙江省城乡规划行业认真贯彻落实省委、省政府关于推进黑龙江省城乡经济社会一体化发展的部署，紧紧围绕"八大经济区"、"十大工程"及大项目建设等重点工作，充分发挥城乡规划的统筹协调作用，科学引导城镇化健康有序发展。黑龙江省住建厅按照"坚持走中国特色城镇化道路，促进大中小城市和小城镇协调发展，着力提高城镇综合承载能力，发挥城市对农村的辐射带动作用，促进城镇化和新农村建设良性互动"的总体要求，进一步完善了黑龙江省域城镇体系规划纲要。下发了《关于进一步规范城市总体规划修编工作的通知》，完成了《黑河市城市总体规划工业仓储用地调整规划》的审查和批复，协助建设部完成了《伊春市城市总体规划纲要》审查，参与了哈尔滨、佳木斯两市城市总体规划部际联席会议。批复同意七台河、绥化、宁安、同江、尚志等城市进行规划期至2030年的第四轮城市总体规划修编。完善了《关于核发大项目选址意见书的操作指南》，制定了大项目选址意见书核发制度，缩短选址意见书的审批时限，由原来20工作日缩短为15工作日。及时为哈尔滨至佳木斯铁路客运专线等6个项目核发了规划选址意见书。为孙吴县热电联产工程等7个项目出具了规划选址支持文件，完成了海林经济开发区、绥芬河保税区、尚志经济开发区等开发区总体规划的审查批复，审查望奎、讷河、牡丹江阳明工业示范基地和抚远中俄沿边开放示范区、黑河边境经济合作区等开发区享受省级开发区政策、扩区和调整区位、晋升国家级开发区等工作。编制了《黑龙江省"十二五"历史文化名城名镇保护设施建设规划》，申报"十二五"历史文化名城名镇保护设施建设规划项目，加强了中东铁路历史建筑保护工作。

【规划编制工作有序推进】 按照省委、省政府主要领导的指示精神，黑龙江省住房和城乡建设厅组织召开了"全省提高城乡规划建筑设计质量工作会议"，制定印发了全省最优最差城乡规划编制单位评比方案，评出了最优规划编制单位5个，最差规划编制单位5个。开展了省级城市规划优秀设计评选活动和规划成果审查，共评出省级优秀设计76项，不合格规划成果8项。组织各市（地）及省农垦、森工总局规划（建设）局领导和省内甲级规划院长赴上海学习考察，学习了上海市城乡规划的先进经验和好的做法。举办了全省规划局长、规划院长培训班，聘请省内外规划界知名学者和相关领导授课，为进一步提升全省城乡规划主管部门和规划编制单位领导的思想理念和业务水平搭建了交流学习平台。

【城乡规划管理水平明显提高】 2010年黑龙江省住房和城乡建设厅进一步加大了工作力度，把规划效能监察作为加强城乡规划管理，提高规划管理水平的重要手段。优化了城乡规划效能监察工作考评体系，把滨水城市规划建设和规划设计单位发展建设情况作为考评重要内容。继续加强城乡规划效能监察工作实地检查，收到了较好的效果。巩固了房地产开发领域违规变更规划、调整容积率问题专项治理所取得的阶段性成果；会同监察厅，按国家要求完成容积率治理各项工作；向国家上报了哈尔滨、牡丹江、齐齐哈尔3起督办案件初步处理意见。督促哈尔滨市和牡丹江市人民政府废止了与国家规定相抵触的《关于实施〈哈尔滨市建筑容积率及相关问题管理暂行规定〉的通告》（哈规联〔2007〕1号）和《关于对重点项目开辟审批绿色通道的意见》（牡办发〔2007〕21号）。各地充分发挥规划委员会的作用，城乡规划科学、民主决策进程进一步加快。

【城乡规划法规体系进一步完善】 黑龙江省各级规划主管部门从学习宣传入手，认真贯彻实施《城乡规划法》，进一步建立健全法规、规章和制度，依法行政水平不断提高。黑龙江省住房和城乡建设厅将《城乡规划法》作为规划局长培训班的一项重要内容，进一步深化《城乡规划法》的学习。组织编写了《黑龙江省城乡规划条例》初稿，征求了业内意见并进行了修改；修订了《黑龙江省城乡规划管理监察规定》、《黑龙江省城乡建设档案管理办法》、《黑龙江省城市总体规划管理办法》、《黑龙江省控制性详细规划管理办法》，出台了《关于进一步加强超限高层规划管理的通知》、《黑龙江省容积率计算规则（试行）》等规范性文件，省级城乡规划法规体系建设进一步加强。按照有关要求黑龙江省住建厅取消了外商投资企业从事城市规划服务资格证书核发、国家历史文化名城审核两项行政许可事项。

【城建档案工作稳步发展】 黑龙江省住房和城乡建设厅组织开展了向刘义权同志学习活动，并向建设部推荐了我省的先进典型，激发了全省城建档案工作者学知识、学业务技能的热情。结合规划效能监察绩效考核,从管理机构、经费、制度建设、档案等七个方面确定了考核量化指标,对全省城建档案工作进行了全面检查,对加强城建档案工作起到了促进作用。

【规划管理体制机制不断加强】 黑龙江省各级规划管理部门不断完善内部体制机制,加强规划管理和服务水平。省和多数市、县均建立了城乡规划委员会制度,完善重大规划事项决策机制。黑龙江省住建厅主动服务地方经济发展,为绥芬河综合保税区、海林经济开发区等省级以上开发区和省级工业示范基地提供技术支持和规划服务;快速核发涉及国计民生的省级以上重大建设项目规划选址意见书,为大项目落地创造条件。强化了城乡规划实施的监督检查。努力推进城乡规划效能监察和房地产领域违规变更规划调整容积率专项治理。行业队伍素质不断提高。

5. 城市建设

【城市园林绿化工作】 一是根据省委省政府关于加快全省造林绿化工作的决定以及省政府城市园林绿化近期建设规划目标任务,核定下发了全省城镇园林绿化2010年度建设规划指标,计划全省城镇建成区新增绿地面积9600公顷。全省城镇建成区新增绿地面积已达12600公顷、完成植树4200万株。二是组织召开了全省城市园林绿化工作七台河市现场会,全面总结推广七台河市创建国家园林城市、加快城市园林绿化建设的工作经验。按照全省经济工作会议精神,邀请省内外专家已经完成了七台河、佳木斯、海林三个城市申报国家园林城市的省级考核与推荐上报工作。三是组织国家城市湿地公园及人居环境范例奖申报考核工作。哈尔滨市群力新区湿地公园获得国家城市湿地公园命名;哈尔滨群力新区绿化与环境保护工程获得国家人居环境范例奖及联合国改善人居环境最佳范例(迪拜)奖(全球"一百佳")称号。

【城市污水与垃圾处理工作】 按照国家节能减排及松花江流域水污染防治规划,重点加强了对全省城市污水与垃圾处理项目的监管力度。一是加大了对全省已投入运行的城镇污水处理厂和生活垃圾无害化处理厂的日常运行监管力度。截至2010年12月,全省已有污水处理厂44座,污水处理能力254.1万吨/日。生活垃圾无害化处理场22座,生活垃圾无害化处理能力11503吨/日,污水集中处理与垃圾无害化处理率分别达到了39.51%和32.27%。

二是执行国家《城镇污水处理厂污染物排放标准》(GB 18918—2002),进一步加强了城镇污水和生活垃圾处理厂运营数据统计报告工作,对全省地市相关信息系统上报负责人、在建及已运营的污水处理厂行业管理及技术人员进行了集中培训。三是会同省环保厅、省发改委完成了《黑龙江省城镇污水处理及再生利用设施建设"十二五"规划》编制工作;对部分市县污水处理厂项目进行了监督检查,并在东宁县召开了现场会,推广先进污水处理工艺。

【城市供水工作】 进一步加强了城镇供水的水质管理。对全省市县的城镇共水水质和城市水质监测站进行了全面检查,对加强市县的供水企业管理和水质的提高起到了保证作用。对全省77个市县的城市供水项目进行了全面检查,加快了工程建设的整体推进速度。截至2010年12月,全省供水综合能力919.26万立方米/日,供水管道长度16044.78公里,供水总量177818.91万立方米,用水户数5292924户。

【城市供热工作】 一是会同省政府法制办、省人大相关专门委员会认真组织了《黑龙江省城市供热条例》修编工作,先后多次召开立法座谈会和省内、外多个城市、地区的调研和网上征集建议活动,广泛听取社会各界的意见和建议,增加了供热市场准入、市场退出、推进供热计量改革、强化政府监管等章节。二是与省财政厅、物价局、质监局联合下发了《关于转发国家四部委〈关于进一步推讲供热计量改革工作的意见〉进一步推进黑龙江省供热计量改革工作的通知》(黑建城〔2010〕38号)文件,为下步供热计量改革创造了条件。三是组织了全省13个地市2010年供热计量改革和建筑节能工作检查,推进新建建筑供热计量改革,查找各地现存的供热隐患问题,保障全省供热安全稳定运行。截至2010年12月,集中供热面积43322.9万平方米,集中住宅供热面积30173.7万平方米,全省集中供热热水管道长度15661公里,蒸汽管道长度503公里,已撤并小锅炉546处。

【城市燃气工作】 在齐齐哈尔市召开了2010年黑龙江省燃气安全管理座谈会,就行业发展、行业管理、安全形势、行业协会发展等诸多问题进行了探讨,提出了下一步工作思路。截至2010年12月,全省供气管道长度6626.19公里,天然气供气总量72496.73万立方米、人工煤气供气总量7587万立方米、液化石油气供气总量258524.56吨。

【城市路桥建设】 截至2010年12月,全省共完成路桥设施投资207亿元,新建道路面积1032.85万平方米，新建桥梁81座，安装城市路灯33304盏。哈尔滨市以实施"北跃、南拓、中兴、强县"发展战略为目标，全年实现基础设施建设投资179亿元，新建改造道路202条，建设松浦跨江大桥、文昌高架桥、征仪路跨线桥、香滨路立交桥等大型桥梁和街路配套桥涵57座，完成9座地铁车站的主体结构施工，完成区间隧道施工5600米，占隧道总长的41％，完成20个出入口和风亭的主体施工，完成车辆、牵引、信号等23项设备系统的招标工作。牡丹江市充分考虑色温与东北冬季环境和人群感受的关系，坚持以人为本的理念，采用高压钠灯加装节能器的设计，通过与15家国内外战略投资企业多方艰苦谈判，10月份实现开工建设，快速推进114条道路10138盏路灯的改造工程，实现了照明亮度提高1.5倍、节能40％的预期目标。

【数字化城市管理试点工作】 依据国家数字化城市管理工作相关标准和规范，黑龙江省住房和城乡建设厅认真指导哈尔滨市和大庆市全力做好全国第三批数字化城市管理试点及省级试点工作。两城市从解决城市管理中存在的突出问题入手，抓住涉及人民群众切身利益的城市市政公用设施运行、环境面貌监管等基础工作，采用"万米单元网格管理法"和"城市部件、事件管理法"，综合利用GIS(地理信息)、GPS(全球卫星定位)等多种技术和各类业务平台，建立了较为完整的、闭合的城市综合管理系统，改变了传统被动管理模式，初步探索出一条城市管理工作由粗放型到集约型、精确敏捷型转变的新途径。哈尔滨市对建成区293平方公里，七个主城区内的城市部件进行测绘定位，完成了七大类、91小类共240万个城市部件普查和数据库建设工作。根据实际需要，市、区中心完成了与市环保局、供排水集团等政府32个部门的网络运行测试和数据交换，实现了综合集成应用。

【创建"三优"文明城市工程】 集中力量开展"六个专项行动"，城市环境和面貌得到较大改善，新增城市绿地9760公顷，人均公园绿地面积达到11平方米，群力新区湿地公园获得国家城市湿地公园命名，绿化与环境保护工程获得联合国改善人居环境最佳范例奖。建立和完善了严格的责任体系，推广了黑河市的"五化"管理法、哈尔滨市的环卫保洁一体化等先进做法，实现了城市管理方式的转变。开展了以"三土"治理为主要内容的城市裸土硬化行动，综合改造街路126条，楼体建筑932栋，裸土地面硬化绿化1847万平方米，绿化超高土治理676.3万平方米，建筑工地达标率为95.3％。

6. 建筑业与工程建设

【概况】 2010年，黑龙江省建筑业完成产值1638亿元，增加值613亿元，同比分别增长20％和15％。在各项工程开工建设量大、建筑业产值大幅增长的情况下，建筑安全生产形势仍保持平稳态势；普及质量安全标准化工地成效显著，建筑工程质量稳步提高。

【建筑市场监管与服务】 组织开展全省建筑业重点工作督察。2010年总计抽调127人次，组成5个督察组，对全省13个地市和农垦、森工系统进行了4次重点工程督察。随机抽查385个在建项目，下达执法建议书58份，安全隐患整改通知书143份，停工整改通知书38份，安全处罚决定书52份，不良行为记录16项。使不履行法定建设程序问题得到了有效遏制，无证施工、超级施工，违法分包、转包和挂靠等违法违规行为明显减少，着力解决了群众反映最突出、最强烈、最集中的质量通病，提高了优良品率。标准化工地创建率大幅度提高，建筑安全生产事故死亡率下降。认真开展了工程建设领域突出问题专项治理工作。分别两次对在建和竣工的5000万元以上、政府投资项目和使用国有资金的房屋和市政基础设施项目逐一进行了重点排查，对17个地市负责排查3000～5000万元的工程项目进行了抽查。对排查抽查的问题进行了认真梳理，落实了整改责任，制定了整改措施。

【监理市场整顿工作】 制定下发《黑龙江省建设工程监理招标管理办法》、《黑龙江省建设工程施工阶段监理机构人员配备标准》，督导各地市开展监理企业动态监管，强化招投标管理，制定了监理取费专户存取办法，规范监理市场各方主体行为，监理市场秩序有了明显改观。

【推进建筑业产业升级】 积极构建高资质总承包企业为龙头，专业承包为主体劳务分包企业为依托，覆盖全行业科学合理的组织机构体系。扶持房屋建筑总承包企业向水利、公路、市政、环保领域拓展市场空间。扶持专业承包企业一业为主，扩展经营，向技术含量高经济效益好的钢结构、环保、幕墙、智能消防拓宽经营范围，实现了结构调整，增强了市场竞争能力。省建设集团及下属的龙建路桥集团，经过结构调整，优化资源配备，取得了8个一级资质，2010年建筑总产值达到180亿元，取得了历史性的突破。

【推行建筑业企业资质动态监管】 认真开展建筑企业行业信用评价工作。共有1312家二级以上建筑企业参加了2010度信用评价,其中优秀企业占5.7%,良好企业占24%,合格企业占66.2%,不合格企业占4.1%。通过信用评价实现优胜劣汰和差异化管理,对优良企业增项、升级采取扶持政策,对合格企业加强监管,夯实基础,对不合格企业取消投标资格,限制市场准入,直至降低或取消资质。对连续两年信用评价不合格的32家企业依法注销企业资质。

【推进企业技术进步与创新】 组织实施了建筑业十项新技术示范工程推广应用,经专家评审,27项工程获金牌,45项工程获银牌奖,省建工集团应用的数字化模板支撑技术,哈尔滨长城集团的长螺旋钻孔打压灌混凝土扩孔桩技术达到国内或省内领先水平。组织实施了企业工法编制与评审,有55个工法经专家评审认定为省级工法推广应用,有4项被评为国家级工法。积极构建以标准化、工业化和信息化为基础的产、学、研技术创新体系,加快发展低碳建筑工程技术。黑龙江省宇辉集团与哈尔滨工业大学研发的混凝土短肢剪力墙结构体系,省建工集团与哈尔滨工业大学研发的以"四节一环保"为核心的承重配筋砌块体系,均获得省科技进步一等奖,被建设部评为全国产业化推广应用基地。科技成果的推广应用取得了良好的经济和社会效益,在全省起到了绿色施工的示范带头作用。

【积极开拓国际市场】 巩固和扩大全省建筑业传统优势市场,不断开拓建筑业新的发展空间,积极为企业"走出去"拓展市场提供服务,搭建平台。鼓励有实力的建筑业企业跨地区、跨行业兼并或参股外地企业,扩展市场空间。积极构建与商务、公安、海关等部门对外工程承包工作协调机制。实施信用评价省外国外完成产值加分政策。积极与商务厅沟通协调为优势企业获取对外工程承包资格创造条件。开辟施工企业出省承包工程绿色通道,为企业"走出去"创造宽松发展环境。2010年,全省建筑业巩固开拓长三角、珠三角、环渤海湾建筑市场,积极开拓西部大开发,中部崛起等战略市场。积极开拓和巩固俄罗斯、埃塞俄比亚、阿尔及利亚等国际建筑市场,足迹遍布20多个省,十几个国家,省外建筑业总产值达到120亿元。国外产值达到45亿元。在金融危机的背景下均有提高,并创新了思路,积累了经验,扩大了市场份额,取得了较好的经济和社会效益。

7. 村镇建设

【概述】 按照省委"十大民生工程"建设的部署,以农村泥草房工程和百镇建设为重点,推进全省村镇建设工作,使全省村镇建设取得了明显成效,村镇建设整体水平有所提升。2010年全省组织召开了"农村泥草房改造座谈会"、"全省推进小城镇建设现场会"、"全省农村泥草房改造现场会"。省人大开展了对省政府泥草房改造的评议工作。制定印发了《黑龙江省农村泥草房改造实施方案》、《黑龙江省撤并自然屯规划纲要》、《黑龙江省百镇建设工程推进方案》、《重点旅游名镇示范导则及评定方法》。启动了第一批48个百镇建设试点,确定了137个整村改造泥草房试点,印发了《推进百村泥草房整村整屯改造试点的通知》。组织编制了88个小城镇总体规划和906个村庄建设规划。全省22万农户改造了泥草房,其中完成国家下达的农村危房改造2.2万户。全省村镇建设完成总投资301亿元。

【以"百镇"为重点的城镇化建设试点工程全面启动】 县城以外小城镇建设完成投资81亿元,同比增长53.4%。"百镇"建设试点开局良好,启动了第一批48个"百镇"建设试点,制定下发了《百镇建设工程推进方案》、《重点旅游名镇示范导则及评定方法》和《"百镇"及重点旅游名镇建设若干政策》,试点镇开工项目287项,完成投资39.9亿元。

【重点旅游名镇建设全面快速推进】 11个旅游名镇的总体规划编制完成,安排规划和项目启动专项资金5000万元,安排污水处理管网、垃圾处理设施和镜泊小镇公路建设等资金1.5亿元,已有32个旅游名镇建设项目竣工并投入使用。

【城乡一体化试点工作取得积极进展】 开展了区域、行业和场镇一体化试点,七台河市在户籍管理等8个方面基本实现城乡一体,北安市探索出的"双转双带"新模式,实现了农村人口向城镇的集聚,裴德镇与双峰农场、双山镇与鹤立农场场镇共建试点工作初见成效,全省有59个县市与71个农场建立了共建关系。坚持先易后难、梯次推进、集约建设的方法,撤并自然屯708个;大力开展第二批新农村"千村"建设试点,实现了城镇化与新农村建设的良性互动。

【村镇基础设施、公共设施建设发展较快】 全省村镇新铺装砂石以上道路2820公里,道路铺装率达69%;村镇新增自来水受益人口38.4万人,自来水普及率达58%;村镇地下自来水管网达到2059公里;村镇新建公共建筑、生产性建筑面积分别为160万平方米和190万平方米。

【村镇规划编制速度加快】 2006年开始全省组织编制了新一轮村镇规划编制工作。2010年编制了

88个小城镇总体规划和906个村庄建设规划，截至2010年底，完成小城镇建设总体规划760个，占小城镇总数的80.25%；完成了7468个村庄建设规划，占村庄总数的20.6%。

【农村住房建设健康发展】 全省农村泥草房改造列入了省委"十大民生工程"，加大泥草房改造的工作力度，省政府安排了1.2亿元泥草房改造补助资金。全省完成了22万户农村泥草房改造、1826万平方米。其中，完成国家下达的农村危房改造2.2万户。新建房中节能省地型住宅达19.74万户，占建房总户的89.7%。整村推进137个泥草房改造试点村，完成泥草房改造8753万户。全省村镇人均住房建筑面积达到20.86平方米，改善了农村居民的居住条件。

8. 建筑节能与科技

【建筑节能工程顺利实施】 严格执行节能建筑审查和审批制度，建筑节能标准执行率设计阶段达到100%，施工阶段达到98%。大力推进太阳能光电建筑等可再生能源建筑应用示范城市、示范项目以及节约型校园项目建设，完成国家检查验收项目8个。其获得国家奖励资金2.95亿元。

【建设领域节能减排任务目标全面落实】 国家下达的既有建筑供热计量及节能改造任务全面完成。墙改"禁实"目标全面落实，实现了黏土砖产量控制在65亿标砖以下目标，新型墙体材料生产比重达到47%，建筑应用比重达到50%。

9. 建设教育

黑龙江省住房和城乡建设厅以推行"三项制度"为契机，实施教育培训资源整合、规范岗位证书管理，推动职业教育和人才培训不断深入，使行业人才总量大幅增加，质量稳步提高，结构不断优化，基本上满足了行业发展对人才培训的需求。

【强化制度建设，规范证书管理】 2010年组织开展了建设企事业单位专业管理人员岗位证书换证工作。依据黑龙江省住房和城乡建设厅《关于开展全省建设企事业单位专业管理人员岗位证书换证工作的通知》（黑建人〔2009〕42号）精神，自1月份起，以市地为单位，按时间段，采取省、市建设行政主管部门联合办公的方式全面铺开换证工作。截至2010年12月底，全省建设企事业单位施工现场技术负责人、工长等16个关键岗位，共计61838名专业管理人员完成岗位正书换证。其中施工现场技术负责人2031人，技术人员6163人，工长12983人，安全员17419人，质检员12711人，材料员1075人，资料员3493人，工程检测员2260人，房地产助理估价师478人，房地产助理估价员90人，物业部门经理188人，物业管理人员1206人，房屋营销员1322，水质化验员83人。通过换证，统一了证书形式、证书编号、证书验印，实现了持证情况网上公示，网上查询，有效规范了证书管理。

【建立网络平台，创新工作方式】 建立"黑龙江省建设教育信息网"。完成"建设企事业单位专业管理人员岗位证书网络管理系统"。自2010年1月起，实行岗位培训网上申报、网上审批、网上管理。新办岗位证书启用企业管理锁、市地（培训机构）审核锁，省级业务主管部门审批锁，三把锁在网上运行。建设企业单位专业管理人员聘用企业变更、持证人员岗位证书丢失补办、岗位证书注销、企业名称变更均在网上进行。实现了教育培训工作方式、管理方式上突破性的转变。

【编写培训教材，加大岗位培训力度】 为提高培训质量，省住建厅与省建设教育协会组织专家、教授在2009年编印《建设企业施工现场技术负责人专业知识与管理实务》、《技术人员专业知识与管理实务》、《资料员专业知识与管理实务》、《见证员专业知识与管理实务》、《取样员专业知识与管理实务》五套教材的基础上，2010年又组织编写了《建设企业工长专业知识与管理实务》、《质检员专业知识与管理实务》、《安全员专业知识与管理实务》、《测量员专业知识与管理实务》四套培训教材，使岗位人员培训教育基本配套。2010年，全省共培训安全员、质检员、工长、技术负责人等14个关键岗位专业管理人员25000多人，成为历史上岗位人员培训最多的年份。

【实施目标责任制，推进生产一线操作人员职业技能培训与鉴定】 贯彻住房和城乡建设部与劳动和社会保障部《关于在建设行业生产操作人员中推行职业资格证书制度的通知》精神，继续采取目标责任制、下达任务书、定期检查考核的方式，组织开展大规模的生产一线操作人员职业技能培训。依托现场现场，简化工作流程，实行培训上门，现场鉴定，全年共完成建设职业技能岗位培训与鉴定35000人。

10. "十一五"建设成就盘点

"十一五"期间，在黑龙江省委省政府"八大经济区"、"十大工程"建设等重大战略部署的统领下，黑龙江省住房城乡建设系统协力同心，扎实苦干，全面完成了各项工作任务。

【全省住房保障体系建设明显加快】 "三棚一草"改造和保障性住房建设大面积推进，为近200万户城乡低收入和困难群体改善了住房条件。

【城市综合承载能力全面提升】 市政基础设施建设完成投资841亿元，新增城市日供水能力218万吨，集中供热面积20779万平方米，供气用户170万户，污水日处理能力210.3万吨，生活垃圾日处理能力6035吨。

【新农村村镇建设步伐加快】 村镇建设完成投资810亿元，以水、路、电、气、房为主要内容的基础设施建设全面推进，一大批村镇面貌焕然一新。

【城乡规划指导作用进一步凸显】 《哈尔滨大都市圈规划》、《黑龙江省老工业基地城市体系规划》和77个市（地）、县第三轮城市总体规划全部编制完成，科学指导了城乡建设。

【建筑节能取得新进展】 已建成节能建筑1.89亿平方米，完成既有建筑供热计量及节能改造1500万平方米，建设领域可持续发展能力大幅度提高。

【房地产业、建筑业健康快速发展】 房地产开发投资完成2449亿元，是"十五"时期的1.6倍；建筑业产值完成5594亿元，增加值1608亿元，分别是"十五"时期的1.4倍和2.2倍。

11. 建筑业企业、勘察设计企业、招标代理机构、监理企业营业收入前20名

黑龙江省建筑业企业按总收入排名前20名、工程勘察设计企业按勘察设计收入排名前20、工程招标代理机构按工程招标代理收入排名前20名、建设监理企业按监理收入排名前20的情况如表4-5所示。

2010年黑龙江省建筑业企业、勘察设计企业、招标代理机构、监理企业营业收入前20名企业　　　表4-5

序号	建筑业企业总收入前20名	工程勘察设计企业勘察设计收入前20名	工程招标代理机构工程招标代理收入前20名	建设监理企业建设监理收入前20名
1	黑龙江信恒建筑工程有限公司	大庆油田工程有限公司	中龙国标招标有限公司	黑龙江中铁建设监理有限责任公司
2	哈尔滨东安建筑工程有限公司	大庆石化工程有限公司	黑龙江省招标公司	大庆石油工程监理有限公司
3	黑龙江省八建建筑工程有限责任公司	哈工大建筑设计院	黑龙江大禹工程咨询有限责任公司	黑龙江电力建设监理有限责任公司
4	黑龙江宝宇建设工程有限公司	黑龙江省公路勘察设计院	黑龙江省信诚工程招标有限公司	东北林业大学工程监理部
5	黑龙江省建工集团有限责任公司（黑龙江省第一建筑工程公司）	黑龙江省电力勘察设计部	哈尔滨市建设工程招标设标代理有限公司	黑龙江百信建设工程监理有限公司
6	哈尔滨长城建筑集团股份有限公司	哈尔滨市市政工程设计院	黑龙江天恒招标咨询有限责任公司	黑龙江正信建设工程监理有限公司
7	哈尔滨市第四建筑工程公司	哈尔滨北方环保工程有限公司	黑龙江正信伟业招标有限公司	哈尔滨工大建设监理有限公司
8	黑龙江农垦建工集团有限公司	国脉通信规划设计有限公司	绥化远恒招投标代理有限公司	大庆市瑞兴工程建设监理有限公司
9	黑龙江省火电第一工程公司	哈尔滨市勘察测绘院	哈尔滨市忱义招投标代理有限责任公司	黑龙江省龙泉建筑工程监理有限公司
10	龙建路桥股份有限公司	哈尔滨市建筑设计院	黑龙江省国发招标有限公司	齐齐哈尔市鑫城建设工程监理有限公司
11	黑龙江省三建筑工程有限责任公司	黑龙江省水利水电勘测设计院	哈尔滨诚信建设工程招投标代理有限公司	伊春市恒安建设监理有限公司
12	中铁十三局集团第四工程有限公司	黑龙江省农垦勘测设计院	黑龙江省盛通建设工程项目管理有限公司	大庆开发区宏伟工程监理有限公司
13	哈尔滨市第三建筑工程公司	大庆开发区规划建筑设计院	伊春市建设工程招投标代理有限责任公司	黑龙江省城顺建设工程监理有限公司
14	哈尔滨市第一建筑工程公司	黑龙江省东煤建筑基础工程公司	黑龙江农垦海川招标咨询有限公司	哈尔滨飞达建设监理有限责任公司

续表

序号	建筑业企业总收入前20名	工程勘察设计企业勘察设计收入前20名	工程招标代理机构工程招标代理收入前20名	建设监理企业建设监理收入前20名
15	哈尔滨四通建设集团有限责任公司	黑龙江省建筑设计院	黑龙江天诚招标代理有限公司	黑龙江正昌工程监理有限公司
16	黑龙江东辉建筑工程有限公司	哈尔滨城林科技有限公司	哈尔滨市国咨招标有限公司	黑龙江百元工程管理咨询有限责任公司
17	哈尔滨大东集团股份有限公司	哈尔滨东宇农业工程机械有限公司	大庆石油建设工程项目招投标代理有限责任公司	大庆油田工程有限公司
18	金马建设开发集团股份有限公司	哈尔滨东轻幕墙装饰有限公司	齐齐哈尔市鑫城工程招标代理有限公司	哈尔滨五洲工程项目管理咨询有限公司
19	黑龙江省七建建筑工程有限责任公司	大庆市规划建筑设计院	黑龙江新概念企业管理咨询有限公司	大庆市兴工工程建设监理有限公司
20	黑龙江省建安建筑安装工程集团有限公司	哈尔滨长城新奥智能网络工程有限公司	牡丹江市志隆工程管理有限公司	黑龙江清宇建设工程监理有限责任公司

大事记

4月21日，黑龙江省住房和城乡建设工作会议在哈尔滨市和平邨宾馆召开。副省长于莎燕出席会议并作重要讲话。

6月8日，中央政治局常委李长春到黑龙江省视察"三棚一草"改造和小城镇建设情况，对黑龙江省给予高度评价。

6月12日，黑龙江省委省政府召开全省小城镇建设工作会议，省委省政府主要领导出席会议并作重要讲话。

6月30日，举行黑龙江省重点旅游名镇水务项目及污水处理厂污泥项目投资战略合作协议签约仪式。

7月12日，黑龙江省政府听取黑龙江省住房和城乡建设厅汇报全国公共租赁住房工作会议精神。

7月21日，黑龙江省住房和城乡建设系统开展以创建"五型机关"为主要内容的作风建设活动。

8月25日，黑龙江省政府召开全省推进农村泥草房改造工作会议，省政府主要领导出席会议并作重要讲话。

11月1日，黑龙江省住房和城乡建设厅召开机关作风建设活动汇报会。

上 海 市

1. 城乡建设与道路交通建设

(1) 概述

【城乡建设概况】 2010年，上海城乡建设管理围绕做好世博服务保障、"十一五"规划任务收尾及"十二五"发展谋划，各项工作取得较好成绩。全年完成城市基础设施建设投资1497.46亿元，比上年下降29.1%，占全社会固定资产投资总额的比重为28.2%。其中，完成电力建设投资148.50亿元、交通运输754.66亿元、邮电通信111.54亿元、公用事业86.58亿元、市政建设396.18亿元；同比分别下降41.4%、22.9%、9.1%、36.3%和36.4%。制定颁布了一批涉及城市管理的世博临时通告，研究制定了建筑立面整治设计导则等35个标准规范。"12319"城建服务热线全年接听市民来电67万多个，处理反馈率99%左右。全市保障性住房新开工建设1200平方米，全年拆除二级旧里以下房屋54.6万平方米，完成郊区农村低收入户危旧房改造3200多户、村庄综合改造4个、"村沟宅河"整治1000余公里、农村生活污水处理设施改造4万户。涉及城市建设管理工作的信访量同比下降20%，动拆迁7大类矛盾中的5大类已基本化解。在全市新建建筑全面执行国家建筑节能标准的同时，完成对既有建筑的节能改造100多万平方米。全年完成公交车更新2200余辆，投放各类新能源车辆近700辆。

【**中国2010年上海世博会各项服务保障工作**】 优质、高效完成直接服务世博的60项建设任务，确保世博工程建设和场馆装修布展的质量安全。完成迎世博600天整治任务，做好184天世博运行服务保障，市容市貌明显改观，城市管理整体水平得到提升。制定世博交通保障方案，发挥交通综合信息平台作用，倡导公交出行，经受了单日103万超大客流考验，90%游客通过集约交通方式入园。铁路、民航、海事、救助、打捞等部门圆满完成世博保障配合任务。硬件设施完好、市容环境整洁、交通组织有序、窗口服务优质，赢得世博会7300万中外游客好评，为成功举办世博会做出了贡献。45个单位、77名个人获国家、部市以上世博先进集体、世博先进个人荣誉。

【**重大工程建设有序推进**】 虹桥综合交通枢纽、外滩地区综合交通改造工程、铁路上海站北广场综合交通枢纽、龙耀路隧道、闵浦二桥等26个项目建成使用，与原有道路交通设施有机衔接，完善和基本形成市域快速路网，全市高速公路网通车里程达到775公里。沪宁城际铁路、沪杭客运专线建成通车。中国商用飞机公司能力建设项目等15个项目开工建设，国家项目崇启高速公路等工程实现进度目标。对口支援四川都江堰灾后恢复重建任务全面完成。

【**开展"十二五"规划研制**】 广泛征询社会各方意见建议，谋划发展思路，基本完成了重大基础设施建设、国际航运中心建设、综合交通、水务和海洋、绿化和市容、住宅建设和房地产市场发展、交通港航、城市道路、公路、燃气等20项综合规划及单项规划编制。其中城市管理、城市维护、郊区村镇建设等规划为首次编制。由此整合形成全市建设交通"十二五"发展规划纲要。同时根据市委、市政府和市人大要求，牵头开展建立世博后城市管理长效机制研究并形成工作方案。

(陈灵生)

(2) 市政基础设施

【**概况**】 2010年，上海市政基础设施建设主要围绕为举办世博会配套的工程为重点，节点上避开世博会期，集中于4月底前竣工及年末开工。全年投资建设396.18亿元，同比下降36.4%。世博配套市政工程全部竣工，主要包括浦东和浦西世博配套道路和中心城重点区域城市道路改扩建项目、越江隧道、对外交通及配套工程、轨道交通建设和公交枢纽建设等。相继完成原沪杭高速拓宽改造、申嘉湖高速新建、沪常高速新建等，上海市与江苏、浙江对接的高速公路总数达到8处48条车道。世博园区周边新增西藏路、打浦路（复线）、上中路、龙耀路等4条越江隧道，38条配套道路，路网容量提高30%。轨道交通2号线延伸、7号线、8号线二期、9号线二期、10号线、13号线世博段等项目建成通车。上海的轨道交通由1995年4月10日1号线开通试运营，短短15年间，增加至11条运营线路11条线路，运营里程420公里，车站数282座。建成外滩通道，虹桥枢纽配套快速路中的嘉闵高架、北翟高架和漕宝路地面道路，20个公交枢纽等项目。加快推进京沪高铁上海段、崇启通道等对外交通项目建设和11号线南段等轨道交通项目建设。启动绕城高速（G1501，原郊区环线）公路西段拓宽等一批高速公路、快速路的建设和拓宽以及"迪士尼"项目配套道路等大浦东路网建设。积极推进军工路、长江西路等越江工程及天然气管网二期工程。郊区新城基础设施配套重点加强新城与中心城区、与其他城镇的快速通道建设，以通往新城的轨道交通线路为轨道交通建设重点，开工建设9号线西延伸、虹梅南路、辰塔路等越江工程，推进林海公路、松卫公路等区域路网建设和奉贤南桥、金山新城等公交枢纽和公交保养场建设。

【**轨道交通2号线全线建成通车**】 年内2～4月，上海轨道交通2号线西延伸段和东延伸段一期、二期工程全部建成投入运营。至此，全长60公里、横贯上海东西向，连接浦东、虹桥两大国际机场线路的轨道交通2号线，全线建成通车。为做好2号线东延伸的地面公交衔接，浦东新区调整和增加了东延伸沿线的公交配套，对沿线29条公交线路进行调整，其中撤销1条、新开4条、调整24条，使沿线配套公交线路达到56条，沿线11座车站实现站站有公交。

【**轨道交通10号线建成通车**】 2010年4月10日，历时4年建设的轨道交通10号线一期工程基本建成。10号线一期工程由虹桥机场至新江湾城，线路全长36.2公里，可与轨道交通路网中13条线路实现换乘，并将新江湾城区域、江湾五角场城市副中心、黄浦区、卢湾区、徐汇区、长宁区及虹桥综合交通枢纽等上海城市重要区域连成一线。10号线为国内首条无人驾驶的全自动轨道交通线号线，线路采用全自动高度集中列车控制系统，具备列车自动唤醒启动和休眠、自动出入停车场、自动清洗、自动行驶、自动停车、自动开关车门、故障自动恢复等功能。

【**轨道交通11号线支线通车试运营**】 3月29

日，轨道交通11号线支线嘉定新城站至安亭站段顺利通车试运营。11号线是贯通上海市西北地区至东南区域的轨道交通主干线，规划全长120公里，设36座车站，途经嘉定、普陀、长宁、徐汇、浦东新区5个行政区。工程建设分为3段，即北段一期、二期以及南段。北段一期主线起自嘉定北站，至长宁区江苏路站；支线起自嘉定新城站，终点为安亭站。一期主线上年12月31日通车。

【轨道交通7号线北延伸段工程开通试运营】 12月28日，上海轨道交通7号线北延伸段工程开通试运营。7号线北延伸段工程线路呈南北走向，全部位于宝山区内，起自7号线祁华路站，向北穿越蕴藻浜、外环线，经陆翔路，穿越富锦路后沿沪太路，至终点站美兰湖站，串联了在建和规划的顾村"四高小区"及罗店新镇，是连接宝山顾村、罗店西部地区与中心城地区的快捷交通干线。北延伸段线路全长9.98公里，设顾村公园站、刘行站、潘广路站3座地下车站和罗南新村站、美兰湖站2座高架车站。此次先行开通顾村公园站、罗南新村站、美兰湖站，其余车站待周边配套设施完成后同步启用。7号线北延伸通车后，运营方在原有27列上线列车基础上，增投3列列车，使上线列车达到30列。7号线北延伸段的开通试运营，极大方便了宝山与市中心间的往返。

【沪常高速公路上海段正式通车】 3月13日，上海连接江苏省的第4条高速公路沪常高速(S26)公路上海段正式通车。沪常高速公路上海段位于青浦区境内，东接上海绕城高速(G1501)，西经市界淀山湖收费站，与已建成的苏沪高速(江苏S58)公路相连，全长7.8公里，设计车速100公里/小时，双向6车道，设置2座互通式立交和4处分离式立交。沪常高速公路上海段建成通车，有效分流了与其平行的京沪高速(G2)公路和曹安公路的交通流量，使苏州市南部地区新增一条直达上海市域的快道道路。至此，上海与江苏省联通的高速公路达到4条，即京沪高速(G2)、沈海高速(G15)、沪渝高速(G50)和沪常高速(S26)公路。

(廖天)

【嘉松公路(沈砖公路—思贤路)大修项目竣工】 2010年4月，嘉松公路(沈砖公路—思贤路)大修项目竣工。经大修改造后的嘉松公路道路机动车道由原先的双向4车道增加至双向6车道，道路平整度达到高速公路的标准。大修工程全长6.3公里，于4月12日起开始沥青摊铺，采用低频振碎工艺，将原有的水泥路面振碎后作路基，既节省投资成本，也加快了工程进度。嘉松公路由原来白色水泥路面变为黑色沥青路面后，使松江城区连接佘山国家旅游度假区的道路更加平整宽敞。

【打浦路隧道改建工程竣工交付使用】 2月11日，打浦路隧道改建工程竣工，重新投入使用。改建工程包括老隧道大修及新建复线。老隧道大修于上年7月11日起进行，主要实施隧道横断面的优化、结构防水与耐久性的处理、设备系统优化改进、隧道建筑装修和隧道路面整修，不涉及对老隧道出入口、主体结构的改建，以改善隧道内环境、改善设备系统及路面性能为目的，旨在提高隧道服务水平，满足再使用50年的要求。

【西藏南路越江隧道全线竣工】 4月14日，上海世博会惟一专用通道西藏南路越江隧道(西线)竣工。隧道首次采用多出入口隧道线形设计，在浦西西藏南路、浦东高科西路分别设有主进出口，在世博园区内分别设有上、下行匝道，在浦东建2条匝道、浦西建1条匝道，直接弯入世博园黄金地带，同时服务世博园区内部和外部交通。隧道设计融入世博建设元素，在浦西一侧28米高的风井，设计成"龙柱"，与原南市电厂烟囱改建而成的"世博塔"遥相呼应，并和周边原江南造船厂保留建筑风格协调。

【龙耀路越江隧道竣工投用】 4月15日，龙耀路越江隧道建成通车。龙耀路隧道于2008年3月10日开工，建设总工期25个月。隧道西起徐汇区石龙路龙吴路交叉路口，沿规划龙耀路向东穿越同步实施的云锦路、丰溪路、下穿黄浦江至浦东济阳路成山路，全长4.04公里，是目前上海最长的黄浦江越江隧道。本次建成通车的是一期工程，终点为济阳路。龙耀路隧道采取双管单层泥水平衡盾构施工，设置双向4车道，在浦西天钥桥路云锦路设一出口匝道，浦东济阳路西设一对出入口匝道。工程主线地面道路宽40~67.5米，布置7~8车道，在隧道敞开段两侧布置地面辅道，同时拓宽济阳路地面辅道。隧道内每80米设一安全通道，紧急情况打开通道保护盖即可顺滑梯滑入隧道底部安全通道，直接通向隧道外。江中段中间位置设置一"联络通道"，联通两线隧道。龙耀路隧道为上海西南地区连接浦东的东西向交通干道，开通后可有效承担上海南站、龙华地区与浦东三林地区的越江交通，发挥骨干路网交通疏导作用。

【闵浦二桥上层公路桥通车】 5月21日，经过3年多施工建设的闵浦二桥上层公路桥面正式通车。闵浦二桥是黄浦江上第9座越江大桥，为公路、轨道交通两用一体化双层独塔斜拉桥。上层为公路，下层预留轨道交通线位。闵浦二桥位于黄浦江上游闵行、奉贤境内，大桥主桥全长4.8公里，主跨251.4米。此次通车的公路层设双向四车道，设计车速60公里/小时，北起闵行区沪闵路剑川路口，向南跨越黄浦江后，至奉贤沪杭公路西闸路口南落地。

【闵浦大桥全面实现通车目标】 4月20日零时，黄浦江上的第8座越江大桥闵浦大桥正式开通下层桥面，全面实现通车目标。闵浦大桥的上层桥面已于2009年12月31日先期开通。闵浦大桥桥型为双塔、双层钢桁架斜拉公路桥，全长3982.7米，主塔为"H"形，塔座以上高210米。大桥下层桥面开通后，与之配套的闵行10路、11路同步通车。其中闵行10路连通轨道交通5号线北桥站至8号线航天公园站，跨江实现两条轨道交通线路间的换乘。

【松浦三桥建成通车】 2010年7月，连接松江、金山两区的重要交通枢纽松浦三桥新建工程正式建成通车。松浦三桥为松卫公路黄浦江越江工程，位于松江车墩、叶榭镇境内，全长1.65公里，其中桥梁部分长923.12米，宽26.5米，双向4车道，设计车速80公里/小时。路基部分长726.68米，宽28.5米，道路横断面近期设双向4快2慢车道。

【金高路桥杨高北路桥先后建成通车】 2010年1月，经过两年多拆旧建新施工的跨越赵家沟航道的金高路桥、杨高北路桥先后建成通车。赵家沟航道整治工程范围内的金高路桥，是本市第一座机动车通行的双塔自锚式悬索桥，主桥跨径115米，宽24米。

【中环线北翟路立交工程竣工通车】 3月16日，中环线北翟路立交工程竣工并正式通车。北翟路立交工程是虹桥枢纽交通通过北翟路连接中环线、连接市中心区域的重要交通转换节点。工程主线道路设双向8车道，设计车速达到60公里/小时，匝道为2车道，设计车速50公里/小时。工程建成后，原中环线过吴淞江地面通行功能(真北路过吴淞江)取消，货运车、摩托车等过吴淞江改走祁连山路桥及古北路桥、泸定路桥。

【外滩综合改造工程竣工】 3月28日，外滩地区综合改造工程竣工。此项工程于2007年8月18日开工，施工期33个月。工程北起吴淞路、海宁路，南至中山南路、东门路，通过实施外滩通道建设、滨水区改造、截渗墙改造、新延东排水系统改造、公交枢纽和地下共建开发等6大项目，对外滩实施一体化、全方位的系统改造。

【小陆家嘴区域地面骨干道路建成通车】 3月28日，位于小陆家嘴中心的浦东东西通道工程小陆家嘴区域地面骨干道路全面建成。工程涉及陆家嘴环岛、银城中路、陆家嘴东路、世纪大道部分路面。浦东东西通道是上海市中心核心区规划井字形快速通道的组成部分。工程沿世纪大道—陆家嘴东路—浦东大道走向，西起银城环路延安东路隧道出口，东至金桥路中环线，于2007年12月开工建设。东西通道工程小陆家嘴区域工程的建成通车，与新建路隧道和人民路隧道一起形成新的交通走廊。

【广中路地道(南侧)建成通车】 1月31日，广中路地道(南侧)建成通车。广中路地道工程为宝山路拓宽改建工程组成部分。西起水电路，东至欧阳路，分为南北两条独立地道，设双向4车道。南侧地道全长1095米，单向设2根车道，相继穿越内环高架路、中山北一路和轨道交通3号线，毗邻11、22万伏超高压电缆，紧贴多幢民居，其中3号线承台距离地道围护外边线最近只有3.89米，施工难度极大。施工采取隔离桩、加固等措施，保证3号线安全营运。广中路地道工程北侧地道东起东体育会路、西至广灵一路，全长500米，为单向2车道，于世博会后开工。

【卢浦大桥观光平台重新对游客开放】 11月16日，卢浦大桥拱顶观光平台世博会后重新对游客开放。卢浦大桥拱顶观光平台被誉为"世博最佳观景点"。但因桥面世博灯光系统改造和相关电力工程施工需要，卢浦大桥于年内3月22日起暂停接待游客。随着10月31日上海世博会落幕，世博园内的大部分场馆开始拆除工作。

(廖天)

(3) 公共设施建设

【概况】 2010年，上海重大工程完成投资1000余亿元。其中以改善民生为重点的重大社会事业和世博园区场馆项目建设，取得积极进展。能源保障设施项目建设加快推进。崇明北沿风电工程、石洞口燃气生产和能源储备项目、50万伏市西南工程等项目开工；国家重大天然气项目配套工程、上海临港燃气电厂一期工程、50万伏练塘输变电工程、22万伏输变电工程等项目施工进展良好；50万伏漕泾输变电工程、上海漕泾电厂新建工程建成投入使用。生态环境保护项目建设加快实施。青草沙水源地主体工程基本建成，部分地区开始供水。白龙港南干线完善工程和污水处理厂扩建二期工程、老港生活垃圾综合处置基地一期工程启动；竹园和白龙港污水处理厂污泥处理工程取得阶段性成果，西干线改造工程实现主线通水。东海大桥100兆瓦海上风电示范项目、吴泾热电老厂改造工程完成。文教卫生体育等设施项目加快建设。郊区三级医院等一批卫生设施项目全面推进。上海应用技术学院奉贤校区二期工程基本完成，上海电机学院临港校区一期工程、上海金融学院综合实验中心及后勤配套建设等一批教育设施项目建设加快。文化广场改造基本完成，上海东方体育中心、上海交响乐团迁建工程、上海自然博物馆等一批文化、体育设施项目建设进展顺利。400万平方米经济适用住房建设积极推进，大型居住区配套道路及公交枢纽开始建设。高新技术项目建设取得进展。中科院浦东科技园、中科院生命科学基础研究与应用研究平台及技术保障条件建设项目全面推进，中科院上海佘山天文台65米射电望远镜项目开工。上海汽车工程研究院自主品牌研发中心、上海汽车临港产业基地自主品牌新产品技术改造项目进展良好；中国商用飞机公司能力建设项目、中航商用飞机发动机研发中心、ARJ—21支线飞机批生产能力建设项目开工建设，逐步形成核心技术、自主品牌开发成果的产业链。中船长兴造船基地二期工程前期工作展开，清洁高效煤电成套设备国家工程研究中心、12英寸集成电路芯片项目、上海天马4.5代AMOLED中试线项目实施；宝钢浦钢搬迁工程第二步实施项目基本建成。迪士尼项目及外围配套基础设施工程启动，西郊国际农产品交易中心工程、上海中心大厦项目、上海国际航运服务中心项目、上海宝山邮轮停靠码头等工程进展良好。

【世博会核心建筑之一的中国馆竣工】 2月8日上午，上海世博会核心建筑之一的中国馆竣工。中国馆总建筑面积16.01万平方米，由中国国家馆、地区馆组成。

【世博轴工程获"全球生态建筑奖"】 2010年5月，上海世博会永久性地标建筑世博轴工程获新一届"全球生态建筑奖"殊荣。世博轴工程长1045米、宽100米，是世博会园区空间景观和人流交通的主轴线，为园内最大单体项目。其左、右侧分别连接中国馆、主题馆、世博中心和文化中心。世博轴阳光谷整个屋顶膜面长843米、最宽处97米，由69块巨大白色膜布拼装组成，是目前世界上最大的索膜结构建筑。世博轴工程于2006年12月开工，2010年1月22日竣工，总工期37个月。工程设计充分引入生态、环保和节能理念。通过6个阳光谷及两侧草坡，将绿色、新鲜空气和阳光引入各层空间。同时采用地源热泵、江水源热泵、雨水收集利用等环保节能新技术，体现"城市，让生活更美好"的上海世博会主题。阳光谷不规则的钢结构节点安装和超大面积索膜安装为国内外建筑界公认的建筑安装难题。

【虹桥国际机场扩建工程竣工】 2010年3月3日，虹桥国际机场扩建工程顺利通过中国民航局组织的行业验收，相关设施已完全具备民航机场运行条件。机场第二跑道于3月11日投入使用，2号航站楼于3月16日如期开航。

【虹桥综合交通枢纽正式启用】 3月16日，虹桥综合交通枢纽工程的机场扩建工程、2号航站楼正式启用，7月1日，沪宁城铁开通运营，其余部分按机场、世博会等的需要逐步到位。虹桥交通枢纽总建筑面积150万平方米，设计日均客流110万人次，集航空、高铁、城铁、高速公路、磁浮、地铁、公交等多种交通方式于一体，实现便捷舒适的换乘。虹桥综合交通枢纽工程于2006年年底陆续分期分批开工建设，主体工程于2009年年底基本建成。

【上海站北广场综合枢纽主体工程启用】 5月29日，铁路上海站北广场综合交通枢纽主体工程，经过两年多建设后正式竣工启用。新落成的北广场综合交通枢纽实现铁路、长途客运、轨道交通、公交、出租车的立体换乘，其主体工程上海站北站房面积1.6万平方米，包括3个候车厅、1个售票厅。首跨采用拱形钢结构柱结合张拉膜，展现白玉兰花海立面形象。功能上与南广场匹配形成整体。

【静安寺交通枢纽一期工程竣工】 5月29日，静安寺交通枢纽一期工程竣工并投入使用。工程于2009年6月开工，是上海"十一五规划"建设60座综合客运交通枢纽项目中首先要建成的17座枢纽之一。位于市中心常德路291号，东起常德路通道入口，西至枢纽站乘客区域，南至愚园路出口，北到赵家桥枢纽内墙，占地面积2万平方米，总建筑面积4100平方米，设计为具有交通换乘、停车、分散人流与车流、商业配套等功能的客运交通枢纽设施，用以缓解区域交通拥堵和机动车停车困难等。

【东海大桥风电场工程竣工】 7月6日，东海大桥风电场一期竣工并网发电，通过海底电缆输送至陆地。首批清洁电力优先供应世博园区。风电场一期工程位于东海大桥东侧1000～2200米，设计34台3兆瓦大型海上风机。风机塔筒高90米，叶片长45米，总装机容量10.2万千瓦，设计使用寿命25年。一期工程年上网电量2.67亿千瓦时，可满足20多万户居民的年用电需求。

【吴泾热电厂改造工程竣工】 2010年8月8日，吴泾热电厂改造工程9号机组锅炉点火冲管一次成功，于10月份正式投产发电。吴泾热电厂位于上海吴泾化工区南侧，紧邻黄浦江，是一座大型地区性燃煤热电厂，为吴泾化工区热网惟一的热源点，也是上海电网的主力电厂之一。吴泾热电厂在厂区原地改造，先拆后建，以大代小，建设两台310兆瓦等级供热机组，总投资30亿元。

【漕泾电厂百万千瓦机组投入运营】 1月12日，上海漕泾电厂一期两台百万千瓦机组工程1号机组完成168个小时满负荷试运行，正式投入商业运行。电厂脱硫脱硝环保装置同步投用。此是上海地区第三台百万千瓦超临界火力发电机组。工程设计、建设充分体现环保节能概念。厂区内耸立的国内首座异型烟囱，底部为圆形，向上呈不均等内缩，至50米高处形成椭圆形。比直筒形烟囱节约15%混凝土，还增加了结构美感，成为漕泾电厂标志性建筑。工程首次采用全封闭圆形储煤罐，与开放式长方形煤场比，煤尘和黑水污染明显减少。机组运行单位煤耗、热效率、发电机漏氢量等，均优于国家标准。工程于2007年12月18日开工，2009年12月27日并网成功，2010年1月5日试运行。

【长江口深水航道治理三期工程竣工】 2010年3月14日，上海长江口深水航道治理三期工程竣工，实现航道12.5米水深全线贯通。长江口深水航道治理三期工程于1998年1月27日至2000年3月实施完成一期工程，实现航道水深从7米增加至8.5米。2002年4月至2005年3月实施完成二期工程，实现10米水深北槽双向航道全面贯通，2010年3月14日前达到全槽贯通12.5米航道水深目标。三期工程是国家"十一五"重点工程。长江口深水航道治理整个工程历时12年、耗资150多亿元，从东海到上海外高桥码头，打造出一条水深12.5米、全长92.2公里、底宽350米～400米的双向"水上高速通道"，打通了长江口进出东海的咽喉要道。

【浦东图书馆正式开馆】 10月22日，浦东图书馆经过4个月试运行后正式对外开放。浦东图书馆位于前程路88号，坐落在浦东文化公园内。占地面积3万平方米，总建筑面积逾6万平方米，为地上6层，地下2层，藏书容量200万册，阅览座位3000个，设计日接待读者6000人次，是具有信息与知识咨询、社会教育、情报研究、文化交流、休闲娱乐等多功能的现代化社会公共文化服务设施。6层建筑典雅现代，格调明亮，呈全开放、大空间、无间隔特色，建筑设计传递知识殿堂人人自由理念。其中3、4两层借阅区大台阶、坡道、书架壁组成"书山"，连贯的高敞空间便于识别方位和寻找书籍，"山势"体现知识海洋浩渺感。中庭设两间"空中花园"和两座横跨南北大楼的栈桥，可供自由慢行。6层整体悬吊犹如"浮云"，整个大阅览空间宽敞明亮，富有动感。馆内除办公场所和设备机房外，读者行走自由方便。

【中国航海博物馆开馆】 7月5日，中国航海博物馆正式开馆。由国家交通运输部和上海市政府共同筹建的国家级中国航海博物馆，位于浦东新区临港新城滴水湖畔，占地面积24830平方米，建筑面积46434平方米，室内展示面积21000平方米，室外展示面积6000平方米。博物馆以"航海"为主线，"博物"为基础，分设航海历史、船舶、航海与港口、海事与海上安全、海员、军事航海等6大展馆，以及渔船与捕鱼、航海体育与休闲两个专题展区，并建有天象馆、4D影院、儿童活动中心。

【召稼楼古镇恢复整修工程完工】 5月28日，距世博园区最近的原生态古镇闵行区浦江镇召稼楼，经过3年恢复整修，以江南生态水乡、上海创意重镇的崭新形象开街迎客。召稼楼又称召楼，是元末明初号召农耕垦荒机构所在地，属古代上海农业文明开发区，堪称上海农耕文化发祥地。历经明、清、民国时代的发展演变，逐渐形成江南水乡集镇，至今保存着大量明清时期古建筑及相互关联的街巷、桥梁和水系，是上海32个重点历史文化保护区之一。

【和平饭店北楼整修工程竣工】 3月28日，享有"远东第一楼"美誉的和平饭店北楼整修工程竣工，于世博会前对外开放。和平饭店北楼建于1929年，属芝加哥学派哥特式建筑，主体高47米，至塔尖总高77米，其19米高的墨绿色金字塔形铜顶，是外滩建筑天际线显著的标志，也是外滩最高的建筑物。此次整修工程以"修旧如旧，以存其故"为原则，不仅保护优秀历史建筑本身，还要保证其与周围环境的协调。在修缮和保护前提下，展示优秀历史建筑潜在价值，恢复优秀历史建筑的使用功能。整修工程中，大楼从大理石地面到雕花屋顶，大厅中的古铜镂花吊灯等有"和平文化"的经典元素均被悉数保留，消防、空调、照明系统等则被更换"升级"。工程还新建了部分辅楼，新建辅楼紧靠北楼西墙，与原和平饭店北楼连通使用。

【首座超深装配式地下大型车库建成】 8月28日，上海首座装配式地下大型车库在华东医院建成投用。地下装配式车库采用先进的预制地下墙技术和逆做法施工工艺建设。四周的用预先制作的钢筋混凝土板插入地下已挖掘的深槽中拼装连接，在上方盖顶并预留施工天窗，再由机械将其内部泥土掏空，经过设备安装、内部装饰而成。华东医院地下车库建于医院北区地面以下10米深处，分上下二层，占地面积3300平方米，总建筑面积7000多平方米。

【防汛堤防物资仓库建成投用】 2010年7月，上海市防汛堤防物资仓库建成并投入使用。历时3年建设完成的物资仓库位于松江区，占地面积2.2万平方米，共设5个库区，总建筑面积3000平方米。前期入仓储备的物资包括730多万元的防汛设备、器材和物资。物资仓库建成后，落实管理单位、管理制度，安装了物资应急调度系统、明确物资调用流程。仓库的建成启用将为保障上海防汛安全发挥积极的作用。

【闵行体育公园农业示范园建成】 7月28日，体育公园百树林南侧新开辟的农业园正式竣工。农业园种植面积2000多平方米，设4个农业蔬菜大棚，其中太空农作物园展示的飞碟南瓜、非洲南瓜、特长丝瓜、盆景番茄等太空蔬菜。（简嘉）

（上海市建设交通委员会 陈灵生）

2. 规划和国土管理

2010年，规划国土资源系统全面完成年度工作计划和"十一五"规划确定的各项任务，为"十二五"开局起步奠定了扎实基础。

【加快郊区新城建设】 加快郊区新城建设是大力推进城乡一体化发展的重要举措，也是上海"十二五"发展的重中之重。至2010年底，南桥等新城的总体规划修编方案已由市规划委员会全体会议审议通过。金山新城总体规划修改工作正在有序推进，总体规划纲要已提交市规划委员会审议通过。松江新城、崇明城桥新城总体规划修编优化工作也正在积极推进。

【生态规划编制】 落实了市级土地利用总体规划确定的市域"环、廊、区、源"的城乡生态空间体系，中心城周边地区以市域绿环、生态间隔带为锚固，市域范围以生态廊道、生态保育区为基底的"环形放射状"的生态网络空间体系。

【大型居住社区是重要的民生工程】 2010年3月，基本确定上海市第二批大型居住社区选址方案，共计规划选址23个地块，建设用地面积约105平方公里，其中住宅用地面积约40平方公里，预计可建住宅建筑面积约8000万平方米，约120万套。

【详细规划工作】 详规工作按照2010年初提出的"五个一"目标稳步推进，形成了制度框架。"一份法定则"：通过优化完善控制图则，强化了公共设施、市政设施、控制线等刚性要素；增强控规的弹性，简化地块规划控制指标，强化土地用途的适应性。"一套制度"：研究制定了上海市控制性详细规划管理规定、成果规范和操作规程等制度。"一个全要素平台"：与局基础、建管、土地等信息库整合的透明、公开平台。"一个管理机构"：组建市规划编审中心，加强对编制质量的监管。"一张全覆盖网络"：稳步推进和完善控详规划编制工作，逐步实现控制性详细规划全覆盖。

2010年11月11日，市十三届人大常委会二十二次会议全票通过了《上海市城乡规划条例（草案）》，自2011年1月1日起正式实施。《条例》的核心是"两理顺，一加强"。"两理顺"：一是理顺了上海市的规划体系，分中心城与郊区区县两个方面，设置总体规划、分区规划、控制性编制单元规划、详细规划四个规划层次；二是理顺了本市规划管理体制，进一步明确了规划决策、执行、监督三分开和编制、审批、实施三分离的工作制度。"一加强"，加强了规划工作的监督机制建设，包括人大监督、行政监督和社会监督等，尤其在社会监督方面，突出了规划的专家论证和公众参与，强化了规划的信息公开，要求规划草案的公示时间不得少于30日。

【《上海市主要饮用水水源保护区边界划定和调整专项规划》】 为贯彻落实《中华人民共和国水污染防治法》关于建立饮用水源保护区制度的要求，配合《上海市饮用水水源保护条例》的实施，按照市政府相关工作部署，上海市规划和国土资源管理局与上海市环境保护局联合组织编制《上海市主要饮用水水源保护区边界划定和调整专项规划》，于2010年3月获市政府批复（沪府2010/0013）。

【《苏州河滨河地区控制性详细规划（内外环间）普陀段局部调整》】 该规划在2006年10月批准的《苏州河滨河地区控制性详细规划》的基础上，根据市、区相关重点项目落户长风地区的精神，同时结合近年来苏州河滨河地区内外环间普陀段的客观发展需求，于2008年年底启动控制性详细规划调整的编制工作，调整规划于2010年3月经上海市人民政府批复同意（沪府〔2010〕22号）。

【市政府批准《黄浦江两岸轮渡布局规划》】 轮渡设施是城市公共交通的组成部分，是行人和非机动车越江的重要设施。2010年，市规划和国土资源管理局、市浦江办、市交通港口局组织编制了《黄浦江两岸轮渡布局规划》，并经市政府批准。规划范围为黄浦江沿岸北至吴淞口，南至毛竹港，全长约82公里。规划根据两岸未来桥隧情况和地区功能布局，规划布局轮渡站 40 个，线路 20 条。保留 18 条线路，新增 2 条线路，取消 2 条线路。

【《虹桥商务区核心区控制性详细规划（2010 年）（核心区一期暨城市设计）》】 2009 年年初开始，从深化功能业态、建筑形态和有利实施的角度，根据市政府批准的《虹桥商务区控制性详细规划》，上海市规划规划国土资源局组织开展了核心区一期城市设计国际方案征集，在此基础上深化研究，形成《虹桥商务区核心区控制性详细规划（2010 年）核心区一期，暨城市设计》，作为指导商务区一期（1.4 平方公里）建设的规划依据。该规划重点是适应商务区建设发展需要和土地供应方式的转变，强化空间形态、功能业态的结合，强化对公共空间和建筑单体形态控制和建设标准的确定，探索土地供应中带方案出让的操作模式。

【《上海市南桥新城总体规划修编（2010～2020 年）》】 经上海市人民政府同意，上海市规划和国土资源管理局会同奉贤区人民政府联合组织编制了《上海市南桥新城总体规划修编（2010～2020 年）》，于 2010 年 7 月获市政府批复（沪府 2010/0051）。

【《黄浦江沿岸 E18 地块控制性详细规划 3、4 号街坊局部调整》】 2010 年 9 月 20 日，上海市政府原则批复同意《黄浦江沿岸 E18 地块控制性详细规划 3、4 号街坊局部调整》（沪府〔2010〕65 号）。黄浦江沿岸 E18 单元位于浦东滨江核心区中段（杨浦大桥—南浦大桥区段），距陆家嘴中央商务区 2 公里，是区段内商务功能向居住功能逐渐过渡的地带，以商业服务、文化娱乐和居住等为主要功能。

【加强城乡规划和国土资源法规建设】 2010 年，天津市规划和国土资源局法制工作紧紧围绕《中华人民共和国城乡规划法》和《中华人民共和国土地管理法》的贯彻落实，以制定《上海市城乡规划条例》和总结迎检住房城乡建设部和国土资源部"五五普法规划""依法行政五年规划"等工作为重点，以促进两规合一、推进行政审批制度改革为主要抓手，认真开展规划和国土资源系统法规体系梳理，进一步加强整个系统法制建设，规范依法行政行为，大力开展执法人员以及基层工作人员法律法规培训和法制宣传，着力提高规划国土资源管理部门行政执法水平。2010 年，《上海市城乡规划条例》经上海市人民代表大会常务委员会审议通过，自 2011 年 1 月 1 日起施行。此外，上海规划和国土资源局还参与了本市政府规章的制定和修订工作，2010 年发布规范性文件 11 件（其中：规划类 4 件、土地类 6 件、矿产资源类 1 件），制定内部工作规范 21 件（其中：规划类 4 件、土地类 13 件、地名类 1 件、综合类 3 件）。

【积极推进全市城市雕塑规划建设】 2010 年上海城市雕塑建设喜获丰收的一年，城市雕塑建设工作，全面贯彻落实上海市委、市政府以 2010 年上海世博会工作为中心的要求，全力推进了上海城雕建设工作，全市新建包括世博园区雕塑在内的城市雕塑 192 座(组)。2010 年上海世博园区雕塑项目经过近三年的策划建设，在世博会召开前全面建设完成。根据《中国 2010 上海世博会规划区总体规划》和《中国 2010 上海世博园区雕塑规划》以及《上海世博会园区雕塑项目实施方案》要求，市规划国土资源局会同世博局组织开展世博园区雕塑建设。经过全球征集建设方案、专家评选和市民评议、世博雕塑建设领导小组最终审核，确定将全球征集而来的优秀城雕作品选址和建设于世博轴雕塑艺术长廊、沿江景观带、主要入口广场和江南广场四大板块，同时，按照雕塑制作建造的各个环节，组织开展了高标准的全过程质量监督。2010 年 4 月举行了中国 2010 年世博会园区雕塑建设竣工典礼，圆满完成了 76 个座(组)雕塑的建设任务。世博园区雕塑的建设不仅美化了世博会园区环境、提升了园区文化内涵，并且对世博会主题的演绎、理念的推广起到巨大的推进作用。

【积极参与"新中国城市雕塑建设成就奖"】 市城雕办积极参与住房城乡建设部、文化部组织开展的"新中国城市雕塑建设成就奖"评选活动。经逐级推荐、评审在 660 个城市新中国成立以来建设的数万件城雕作品中评选出 60 个成就奖，40 个成就提名奖。其中，上海 7 个项目荣获"新中国城市雕塑建设成就奖"成就奖，1 个项目荣获"新中国城市雕塑建设成就奖提名奖"，获奖项目位列全国前三甲。

【积极推进中外文化交流】 4 月 16 日中美建交 30 周年"和平友好纪念雕塑"活动，美国雕塑大师约翰逊赠送中国的"和平友好"纪念雕塑《交流》在上海城雕艺术中心落成和举行赠送仪式；9 月 14 日墨西哥驻沪领馆引荐捐赠的墨西哥著名雕塑家何塞·萨卡尔《气球之心》雕塑在上海城雕艺术中心落成和举行捐赠仪式。

【配合世博会，展示宣传世博】 2010 年 8 月 18 日由上海世博局、上海市城雕办、黄浦区人民政府、四川省文联联合主办的"庆世博—上海第十届南京路雕塑邀请展暨世博会园区雕塑作品图片展、四川雕塑艺术展"在南京路世纪广场举行。展览用雕塑图片与实体雕塑相结合的展示方式，全方位的展示、宣传，引导市民群众去感悟、体验城市雕塑。2010

年8月31日,上海世博局、上海城雕办支持由静安区政府主办的"城市幻想—2010世博静安国际雕塑展"在静安雕塑公园隆重举行。展览展出了来自8个国家及港澳台地区31位艺术家的68件雕塑作品,用多彩的形式反映了对"城市·自然·人·环境"的诉求和想象,诠释了"城市未来"的文化特征。2010年9月21日由上海市城雕办、普陀区政府主办的"首届全国高等美术院校大学生研究生公共视觉优秀作品展"在长风生态商务区绿地上海长风视觉艺术馆隆重开幕。展览展出了37件想象丰富,形式各异制作精良的优秀作品,展览结束后这些作品将按照城雕规划,逐步设置在普陀区的公共空间。

【地名管理工作有序开展】 2010年市地名办认真履行职责,依法审批地名,一年中全市审批各类地名共691个,其中市政道路名称261个,高架道路名称4个,桥梁名称22个,立交桥名称1个,隧道名称1个,地道名称9个,轨道交通线路名称5个,长途汽车站名称1个,功能区域名称6个,公共绿地名称4个,公共广场名称1个,湖泊名称1个,居住区、建筑物名称381个。完成了地名行政审批制度梳理工作。地名处在完成局交给梳理任务的同时,帮助和指导各区(县)地名办顺利完成区(县)地名行政审批制度梳理工作。开展《上海市地名总体规划》编制工作。地名规划编制工作由地名处牵头,组织区(县)地名办同志共同撰写,2010年完成了第五轮修稿工作。2009年9月国务院部署开展第二次全国地名普查试点工作,2010年4月正式启动。为了实现地名工作融入规划编制、地名管理融入规划国土管理的目标,从2009年开始编制《上海市地名管理导则》(以下简称《导则》),2010年完成定稿,6月以市地名办名义印发实施。《导则》对现行有效的地名审批管理规范加以梳理,根据实际情况适当细化诠释,引导区(县)地名办解决地名审批中遇到的具体问题。在印发实施《导则》的同时向区(县)地名办发出《关于进一步明确地名申报和审批要求的通知》,进一步规范全市的地名审批管理。

【科技管理工作成绩突出】 2010年科研项目立项以市中心工作为主,坚持突出重点、聚焦难点、寻找亮点。上海市规划土地资源局在广泛听取各方面意见,综合各单位反馈的2010年度科研项目征询表的基础上,制定了《上海市规划和国土资源管理局2010年度科研项目计划》。全年局级科研项目立题46项。

【完成了多项课题的结题验收】 上海市地矿工程勘察院完成的《地源热泵系统应用对地质环境热影响研究》、《新型动力排水快速固结法地基处理机理及工程应用研究》等2项研究成果达到国际先进水平。在科技成果应用方面,上海市地质调查研究院"多参量地下管道轨迹探测仪"、上海市地矿工程勘察院完成的"一种浅层地热能综合测试装置"分别获国家知识产权局实用新型专利1项。

【强化标准规范编制】 完成上海市工程建设标准《土地开发整理工程建设标准》等规范标准的编制,加强了一系列标准出台后的推广应用;全年组织开展了多项标准和规范的申报,其中《地源热泵系统工程技术规程》、《地下管线探测技术规程》、《电力黄线规划编制技术规范》、《生态林工程建设标准》4项标准被列入上海市工程建设规范和标准设计编制计划,并顺利开展新研制工作,为上海市规划国土资源行业标准发展提供了支撑。

(上海市规划和国土资源局 徐明)

3. 绿化和市容

(1) 绿化和市容管理

【大力推进生态环境建设】 2010年,上海市城乡生态环境建设成效显著。新建各类绿地1223公顷,建成辰山植物园等一批大型公共绿地,城区绿化覆盖率提高到38.15%,人均公共绿地面积13平方米。积极推进屋顶绿化、垂直绿化、悬挂绿化和阳台绿化等立体绿化建设,新建屋顶绿化面积达到10.3万平方米。新增公路绿化251公里、河道绿化923公里、铁路沿线绿化46.6公里,基本完成沪宁城际铁路绿色廊道建设,启动沪杭城际铁路绿色廊道建设。推进沿海防护林、水源涵养林、通道防护林、防污染隔离林等生态公益林和经济果林建设,当年新增生态公益林及经济果林面积1349公顷,森林覆盖率提高到12.58%。

【凸显世博花卉景观亮点】 世博会开幕以来,上海市花卉景观围绕10个重点区域、11条花道和6条景观线路加大花卉布置力度,并及时做好花卉更换,呈现出点上花卉成景,线上花彩缤纷,面上花团锦簇的整体效果,5~9月全市花卉量保持在1850万盆。按照"布局不改、形式优化"的原则和"增加国庆元素,局部适当增加花卉布置"的原则,进一步突出庆世博、迎国庆的喜庆氛围,10月份全市花卉量达到2000万盆。如在人民广场、淮海路、浦东南路及部分地铁站点区域,布置2500余盆三角花;浦东在长清路世博7号门前增加《海洋世界》,徐汇区在滨江绿地增加《枫叶》、《立体海鸟》,杨浦在翔殷路、控江路、大连路增加《香茶溢香》等主题绿化景点；延安路沿线增加黄浦大世界、卢湾斯柯达汽售中心、长宁电力医院和嘉顿广场等建筑立体花卉布置，成为新的节日亮点。

【推进老公园品质提升】 老公园改造工作坚持以完善功能布局为主，适应免费开放；完善服务设施，扩大活动场地；注重节约理念，提升科技含量；增加文化内涵，凸显公园主题。公园厕所、道路、建筑小品、标识标牌、垃圾箱、园椅园凳等各类设施得到了明显改善，公园场地和活动设施功能明显提升，从较大程度上满足了市民游客需求。公园日常管养质量逐步提高，提升了公园园容园貌的质量。21座公园举办了主题活动，如滨江森林公园杜鹃花展、植物园春季花展、人民公园荷花展、共青森林公园百花展、杨浦公园图片展等，充分挖掘了公园文化内涵，为市民和游客提供丰富多彩的游园活动。

【逐步加强古树名木日常管理工作】 2010年各区、县古树管理部门共巡视古树5814株次，有异常情况的348株次，制定保护方案的315株次，对巡视中存有问题的单位发出保护函13次，要求及时制定保护方案整改，使古树保护工作真正落到实处。提前介入，落实建设时期古树名木保护。2010年上海全市涉及建设的古树有158株，分布于18个区(县)。如浦东济阳路0369古银杏、浦东高行0097古银杏、外滩源古树群、川沙古城墙1624朴树和1623丝棉木、嘉定核工业研究所古树群、嘉定工业区0345和0346古银杏、虹口北外滩0734广玉兰、杨浦五毛厂0727广玉兰、奉贤金汇0897国槐名木等古树点，通过技术措施的实施，都得到了有效的保护，形成了一批建设时期古树保护的亮点。积极挖掘古树资源，做好古树及后续资源申报工作，全市新确认香樟古树1株、古树后续资源枫杨1株。

【上海辰山植物园试开园】 上海辰山植物园试开园仪式4月26日在辰山植物园南入口广场举行。国家林业局副局长印红、上海市副市长沈骏为"上海辰山植物园"揭幕，中国科学院副院长江绵恒宣布上海辰山植物园开园。辰山植物园是上海"十一五"期间的重大生态工程，是上海市委、市政府贯彻落实科学发展观、坚持经济社会与环境协调发展、促进城市生态可持续发展、提升城市综合竞争力的重大战略举措，是上海市人民政府与中国科学院以及国家林业局、中国林业科学研究院合作共建项目。全园占地面积约207公顷，由中心展示区、植物保育区、五大洲植物区和外围缓冲区等四大功能区构成，园内建有26个植物专类园，已收集展示9000余种植物，是一座集科研、科普、观赏、游览于一体的综合性植物园。

【举办上海辰山国际植物园学术研讨会】 10月11～14日，全球植物园界首个"零排放"国际会议——上海辰山国际植物园学术研讨会成功举办。近300人出席了研讨会，其中邀请国内外著名植物园园长、植物界学者以及植物园保护国际组织的专家约90人，包括国外专家学者29人，国内60人。与会嘉宾来自英国丘园、美国密苏里植物园、耶鲁大学、加拿大皇家植物园、德国汉堡大学、法国波尔多植物园、澳大利亚墨尔本皇家植物园、肯尼亚国家标本馆、印尼亚茂植物园、美国长木公园等13个国家20多个著名植物园和科研机构，国内注册代表161人，以及全国29个省市自治区和直辖市65家单位。此次会议提高了辰山植物园在世界植物园界的知名度，为未来与国内外植物园的合作交流打下坚实基础。

【全力推进全民义务植树活动】 开展"共建绿色家园、同庆世博盛会"为主题的全民义务植树活动，联合各区和相关单位组织开展"绿化你我阳台、扮靓幸福家园"上海市市民窗阳台绿化大赛。结合植树月开展各种绿化宣传、植树、认建认养活动，结合世博会开幕前后的环境保障，推进各区广泛发动社会志愿者开展义务护绿巡查。全年共131万人次参与直接义务植树，设124个植树点，植树182.1万株；其他形式的尽责人次430.1万；546家单位，4171人参与树木认建认养，认建认养资金达137.5万元。全市义务植树尽责率达到85.47%。组织推进各区县积极开展绿化"进社区、进校园、进营区、进园区、进村宅、进楼宇"的宣传服务活动。为27所农民子弟学校开展绿化服务活动。全市举行面向广大市民的各类讲座、咨询、现场服务1403场次，直接受益人数近40万人次，市民绿化意识、生态环保意识得到提升。

【举办2010上海花展】 2010年4月2日至5月10日，以"世博'卉'，汇世界花卉"为主题的2010上海花展在上海植物园举行。本次花展展出一百多个本届世博参展国的国树国花或代表性植物，以及郁金香、樱花、牡丹、兰花等丰富多彩的花卉品种。花展分为"鲜花的魅力"、"历史的传承"、"植物的脉动"、"世博参展国巡礼"、"古典的韵味"等五大展区。并用"东方之冠"、"有'凤'来仪"两个景点来表达对2010年上海世博会的期盼和喜悦之情。本届上海花展，共展出76种国树国花，这也是本市首次集中展出国树国花。花展展出的花卉超过3000个品种，多达200万株。据统计"上海花展"吸引游客27.88万人次，门票收入达500余万元。

【圆满完成绿化市容世博会运行保障工作】 一是确保市容环境整洁、干净。世博园周边1000米区域以及90条主要道路、25个景观区域实施24小时保洁，各类废弃污染物停留时间控制在20分钟以内。延长世博园周边公厕开放时间，浦西区域实行通宵开放，浦东区域开放时间至晚上24时。建设以移动厕所和拉臂厕所为主的公厕应急系统，确保在世博会期间大客流量的用厕需求。以黄浦江世博园区水域为核心，加强保洁作业管理，确保世博会景观水域不受水生植物、漂浮废弃物的影响。二是确保城市景观美观、靓丽。全面完成世博11条主要通道花卉布置任务，全市共布置花卉花境约30公顷，累计用花量近5000万盆；道路灯杆挂花8400余组，容器摆花约2.26万组；制作主题绿化景点282个。运行期间景观灯光亮灯率、灯光完好率达98%以上，营造喜庆祥和的氛围。三是确保园区管理有序、高效。构建了区域差别化、精细化执法勤务机制，确保重点保障区域基本无乱设摊、违法搭建、非法小广告等违规现象，一般区域乱设摊等违规现象总体处于可控状态。加强对园内商家、展馆违规处置垃圾、非法兜售假冒世博会特许商品等行为的查处工作。共检查场馆1.8万个(次)，检查商业餐饮店1.9个(次)，督促违规参展方、商家落实整改2100次；查扣游商小贩兜售假冒海宝等世博会特许商品3.9万件；教育劝阻游商小贩2.1万人次，有力维护了园区的管理秩序和文明形象。

【市容环境建设全面提升】 市容环境三类区域建设任务基本完成，截至2010年底，全市共创建"市容环境示范区域"61个、"市容环境规范区域"71个、"市容环境达标区域"200个。组织开展了"街道(镇)落实市容环境卫生责任区管理达标"活动，逐步形成了条块联动、部门联手的工作格局，全市达标街道(镇)为136个。

【提高道路、广场等公共场所保洁水平】 提升道路保洁质量标准，以世博园区市容环卫的13项标准为核心，编制本市重点地区市容环卫标准体系，进一步完善各项作业规范，细化操作流程，增加作业频次，确保道路、广场等公共场所的保洁质量。完成道路保洁定额编制，会同市发改委、市财政局，力争纳入各区县2010年道路保洁作业经费预算，确保必要的作业经费投入。建设道路保洁全覆盖网络，道路普遍实施综合保洁，建立道路、绿化综合保洁模式。优化道路保洁作业工艺流程，提高全市道路机扫、冲洗率，全面推广"夜间作业、白天保洁"的道路保洁工作机制，实行收、拾、冲淋、磨扫、清、运、巡为主要措施的"组团式作业法"。加强道路洁净状况监管，建立健全市、区(县)市容环境质量监管体系，形成市、区(县)、街镇市容环境质量监测网络，加强发现、整改、反馈工作机制，提升城市保洁管理服务的整体水平。

【大力推进户外广告整治工作】 户外广告难点整治项目逐个突破，黄浦江两岸及越江隧桥广告全部拆除、人民日报阅报栏和新村指示牌全部调整。据统计，自迎世博户外广告整治工作启动，全市共拆除各类户外广告3.5万余块。其中，拆除屋顶墙面广告9000余块、地面道路广告2.4万余块、公路广告1600余块、高炮广告700余座。推进户外广告设施设置实施方案的编制工作，严格规范户外广告实施方案的编制和审批程序，完成了《关于本市户外广告设施设置阵地实施方案编制和审批工作的意见》的制定。

【积极推进黄浦江沿线及世博园区周边的景观灯光建设】 新建、改造1961幢楼宇灯光(其中天际线楼宇灯光190幢)，200余处绿地景观灯光工程，外滩8处动态灯光。外滩及世博园区周边景观灯光水平全面提升，其中黄浦江两岸景观灯光从原来的2.3公里拓展到近15公里，世博园区内外灯光交相辉映。高架道路灯光全部改建完成，延安高架全线、南北高架全线、内环线南半圈沿线灯光新建改建全部完成。完成了黄浦江及世博园区周边景观灯光的联网联控，协调世博会开幕式导演团队与黄浦、浦东新区、卢湾、徐汇的天际线灯光及卢浦、南浦两桥灯光的建设和调试工作，圆满完成了开幕式灯光烟火表演任务。

【深化综合治理无证设摊工作】 坚持堵疏结合，落实不同区域、不同设摊类型差别化管理措施。对于重点区域和主要交通干道，全面实行定人、定岗、定时、定量、定责的"五定"执法管理模式，乱设摊现象基本得到遏制，其他区域的乱设摊情况处于基本可控状态。全年中心城区无序设摊控制在8000个以内，跨门营业控制在3000个以内。探索推行"民意主导加行政执法"的新机制，充分挖掘中小道路、临时工地等资源，因地制宜推出一批设摊疏导点，既着力维护城市环境面貌和管理秩序，又努力促进民生改善和社会和谐。全年共查处乱设摊案件8.2万余起，设置设摊疏导点近320余个，疏导摊位1.3万余个。

【加大拆违工作力度】 认真贯彻落实新修订的《上海市拆除违法建筑若干规定》，组织召开了全市拆除违章工作推进大会，建立健全区县拆违工作机构，有效整合城管、房管、规划国土部门三方的管理力量，充分发挥街镇的综合协调优势，提高了拆违工作实效。加大源头发现、快速查处的力度，严厉打击违法搭建行为，逐步拆除历史存量，有效遏制增量。全年共受理违法建筑有效举报1.16万件，2小时内到场处理率为99%，拆除率为67%；全市共拆除违法建筑403万平方米，其中拆除新建违法建筑面积61万平方米，拆除历史存量违法建筑342万平方米，提前完成了年度300万平方米的拆违工作目标。

【生活垃圾管理基础进一步加强】 起草并报请市政府下发《上海市人民政府关于加强本市生活垃圾管理的若干意见》、《上海市人民政府办公厅关于推进本市生活垃圾分类促进源头减量的实施意见》等生活垃圾管理规范性文件，明确了生活垃圾管理的目标、任务和保障措施，为深入推进本市生活垃圾"减量化、资源化、无害化"管理奠定了基础。

【积极推进生活垃圾减量化、资源化、无害化】 2010年，上海市生活垃圾清运量为732万吨（20055吨/日），其中分流餐厨垃圾22.94万吨，大件垃圾13.33万吨，回收利用物资5.36万吨，生活垃圾无害化处理率达到84.9%。

【深入开展生活垃圾分类工作】 巩固生活垃圾分类工作，制定全市范围开展生活垃圾减量及分类街镇试点、示范居住区创建的指导意见，新推进居住区517个、企事业单位281家，并建立了"区级自查、市级抽查"的检查制度，规范全程分类，市级抽查合格率达74.3%。推进居住区日常生活垃圾分类试点工作，选取闵行区万科朗润园和松江区檀香花苑小区开展试点，细化分拣品种，试点厨余果皮就地处置，畅通玻璃、废旧衣物、利乐包等回收处置渠道，初步实现了近8%的减量成效。深化社区、学校"专项回收日"活动，覆盖静安、黄浦、宝山、闵行、青浦、崇明等15个区县86个街镇以及111所学校，全年无害化处置有害垃圾6872公斤，资源再利用饮料纸包装794.3吨、玻璃及易拉罐7810公斤、家庭电子废弃物6378公斤，2000张利乐包再生椅已进入世博园区。继续推进"易纸行动"，125家企业积极行动，资源回收再利用办公废弃纸张11吨。

【基本形成生活垃圾收运、处置监管体系】 中转监管关口前移，建立小压站、垃圾厢房、废物箱等"五小"设施信息库，完善区级自查自纠机制，逐步建立市、区（县）、街道三级监管网络。做实中转设施监控工作，配合中心城区生活垃圾由散装到集运的整体安排，及时调整中转码头监管项目，加强计量监管和现场监管，落实日报、月报制度，实施季度点评，确保上海市生活垃圾处置安全有序。有力实施处置设施监管，继续落实江桥入驻式监管与老港旁站式监管，实施月度点评，落实扣分扣款制度；开展区级生活垃圾处置设施运营监管培训，对全市生活垃圾处置设施定期开展环境指标检测，基本形成市区两级生活垃圾处置监管体系。

【加强餐厨垃圾分流管理】 源头管理不断加强，依托食品卫生许可信息，对大中型餐饮单位、单位食堂进行排查摸底，全年申报单位达9225家，申报数较上年增加12.4%；"绿色餐饮、源头减量"活动拓展至全市80余家大中型餐饮单位，并涌现出一批模范餐厅。收运规范得到强化，加强收运处置台账、处置联单、监管档案等制度的落实，对近700名收运从业人员开展岗位培训。全年共收运餐厨垃圾22.94万吨（其中厨余垃圾约21.96万吨、废弃食用油脂约0.97万吨），日均629吨。建设和完善厨余垃圾处置场所，年内新增3家厨余垃圾处置企业，全市处置企业达到8家，处置能力超过700吨/日，崇明、浦东（原南汇地区）、金山等区县处置设施正在积极筹建中，两家废弃食用油脂处置厂已正常运营。加强对废弃食用油脂处置企业的运营监管，试行废油脂价格形成机制、品质检测办法等，促进收运、处置企业合作，收运处置签约率超过90%；通过信息化远程监控、驻厂监管、合同监管等方式，督促企业规范处置。

【加强装修垃圾管理】 加强申报管理，把装修垃圾申报纳入建筑渣土信息化管理系统，2010年申报量为261万吨，同比增长21.4%；强化运输管理，对已入网车辆落实半年一次的定期检测制度，对申请入网车辆实施市、区两级检查制度；拓宽处置出路，在徐汇、杨浦、闵行等区设立了装修垃圾中转码头，拓展了处置出路，在普陀、杨浦、青浦、奉贤、金山等区设立了分拣处置场，实现了资源化利用。

【一次性塑料饭盒回收处置系统有序运转】 全年共回收处置一次性塑料饭盒1.56亿只，回收处置量较上年同期增长42%，再生造粒约509吨，视觉污染得到有效控制。

【全面推行建筑渣土管理新机制】 颁布《上海市建筑垃圾和工程渣土处置管理规定》（市府第50号令），有效固化了世博会期间渣土管理措施；严格执行渣土车辆"定车、定价、定点、定账户、定线路"制度。

【老港再生能源利用中心开工】 8月30日,上海老港再生能源利用中心开工仪式在上海老港固体废弃物综合利用基地举行。市委副书记、市长韩正宣布工程开工,副市长沈骏,市委副秘书长、浦东新区区委副书记、区长姜樑出席开工仪式。老港再生能源利用中心规划处理能力6000吨/日,分两期实施。其中一期工程设计处理能力3000吨/日,年处理生活垃圾100万吨,在国内已建及在建同类项目中规模最大。一期工程于2009年12月立项,选址于老港固体废弃物综合利用基地南侧,零号大堤西侧,占地约240亩,总投资13.5亿元,其中30%由市级财力安排资本金投入。通过国际招标,选用日立造船株式会社的炉排炉,设单炉规模为750吨的炉排炉4台。

(2) 绿化和市容管理"十一五"成就盘点

在市委、市政府的坚强领导下,绿化市容行业认真学习实践科学发展观,紧紧抓住世博机遇,积极发挥机构改革后的体制优势,在城乡环境建设、城市管理有序等方面取得了一定的成效。

【城乡生态环境建设成效显著】 生态和市容建设协调发展,城乡环境整体水平明显提升。新建绿地达到6600公顷,其中公共绿地3000公顷,绿化覆盖率从2005年的37%提高到38.15%,人均公共绿地面积从2005年的11.01平方米提高到13平方米,新建屋顶绿化60公顷。新增林地18万亩,森林覆盖率达到12.58%。市容景观建设加快推进。全市共创建了市容环境示范区域61个,规范区域71个,达标区域200个,本市市容环境整体水平不断提升。环境卫生管理逐步加强。全市道路清扫面积153平方公里,比2005年增长40%;对黄浦江、苏州河沿线169个支流河口和1036条段中小河道实施了保洁;积极推进生活垃圾分流、分类工作,每年废品回收系统回收的废纸、废塑料、废玻璃、废金属等约200余万吨。建成老港填埋场四期、崇明(长兴)填埋场、嘉定及青浦综合处理厂等生活垃圾处置设施,新增生活垃圾无害化处理能力6350吨/日,初步建成市区生活垃圾内河集装化转运系统,无害化处理率从2005年的38%提高到85%。更新改造垃圾箱房7000余个,新增小型压缩式收集站200余座,废物箱配置基本实现道路全覆盖,新增公厕614座,公厕布局日趋完善。

【市容环境整治有序推进】 开展市容环境整治,重点推进世博园区周边、黄浦江沿岸和铁路沿线、内环和南北高架两侧,以及重点区域的市容环境综合整治工作,消除"三乱"170万余处,旧居住区等围墙修复、立面粉刷660万余平方米,综合整治约110公里铁路沿线、1030公里国省道沿线,1174条中小道路、95公里黄浦江及50公里苏州河,以及82处公共交通枢纽的市容环境。推进城市管理难题顽症的治理。创新建筑渣土管理机制,初步遏制中心城区渣土偷乱倒、渣土车辆交通肇事易发多发现象,运输车辆车况不断改善。2007~2010年,全市共拆除违法建筑余1430万平方米。凸现城市景观新亮点。完成老公园改造68座,提升公园景点22个,绿地整治2829公顷,绿地调整改造823公顷,组合花卉约2万组,主体景点263个,行道树设施7万余套,112个轨道交通站点绿地恢复与站点启用同步。重点建设黄浦江两岸、世博会园区及周边地区的景观灯光,以及南浦和卢浦大桥等8处创意(动态)灯光。

【城市管理规范有序】 城管执法队伍建设不断加强。建立市、区(县)、街道(镇)三个层面城市管理工作格局,实现了区(县)层面城管执法工作的全覆盖。推进城管队伍实现"参照公务员法管理"管理,加强新招录人员的上岗培训、队员定期轮岗培训、执法技能培训,充实市、区两级城管执法部门的督察力量,建立健全督察工作制度,强化督察工作。城管执法勤务改革逐步深化。明确设摊严禁区、严控区和控制区等不同管控标准,采取差别化、精细化的执法勤务模式和工作措施,推行区域差别化执法管理模式。落实区际结合部的管辖责任,有效解决了执法管理"盲区",提升执法管理实效。充分依托新闻媒体、政风行风测评、城建热线等渠道,自觉接受社会各界和市民群众的监督,及时改进和完善执法管理的薄弱环节,不断提升依法行政、规范执法的水平。城管执法效能稳步提升。开展行政执法检查210万余次,出动执法人员500万余人次,巡查道路(河道)330万余次,巡查单位(区域)270万余次,依法查处各类违法违规案件58万余件,维护了城市的正常、有序运行。主动加强与相关部门的沟通协调,整合执法管理资源,牵头组织实施"整治主要道路、区域管理秩序"、"城中村综合整治"等平安建设实事项目,改善了市民居住环境,维护了城市管理秩序。

【法规体系不断完善】 先后完成了《上海市绿化条例》、《上海市市容环境卫生管理条例》的修订,制定、修改了有关本市森林管理、流动广告管理、建筑垃圾及工程渣土处置管理、生活垃圾收运处置管理等政府规章,制定了《关于加强本市户外广告设施管理的通告》等8件迎世博临时管理通告,积极开展城管执法地方性立法调研及公园管理法规修订专题研究,颁布了30多件配套规范性文件。标准规范逐步健全。组织编制了园林绿化、林业、市容环卫等标准体系,完成了《园林绿化养护技术等级标准》、《上海市环境卫生质量标准》、《上海绿地维护定额》、《道路及公厕保洁定额》、《上海市户外招牌设施技术规范(试行)》等20余项标准、规范的编制和修订工作,为推进绿化市容标准化建设奠定基础。

【科技创新能力持续提高】 积极推广具有自主知识产权的创新型清洗扫路车和应用降噪、除臭、密闭技术的吸粪车等车辆装备;开展行业科学研究和技术攻关项目244项,申请专利40项,获得专利授权28项,拥有发明专利7项,荣获上海市科技进步奖13项。行政审批改革深入推进。梳理简化审批事项,通过取消、整合、归并,对95项行政审批事项进行清理,精简为35项。建立和完善行政许可网上审批系统,统一市、区两级绿化市容审批平台,推进管理重心下移,下放审批事项7项。再造审批流程,推进行政审批行为规范化,强化批后监管,逐步解决以批代管、批后不管的问题,提高依法行政效能,方便市民群众。

(上海市绿化和市容管理局)

4. 住房保障和房屋管理

(1) 住宅建设

【节能省地型住宅建设和住宅产业现代化推进】 围绕住宅产业现代化,以"节能、节地、节水、节材和环保"为目标,各项工作得到有力、有序、有效推进。继续利用"建筑节能项目专项扶持资金"鼓励政策,共22个、约175万平方米住宅项目列入市建筑节能专项扶持范围。颁布《关于进一步完善基础台账加强全装修住宅建设过程管理的通知》和《关于进一步完善本市全装修住宅建设管理程序的通知》文件,全过程落实住宅全装修土建装修一体化要求。2011年新出让地块全装修住宅比例要求已提高到外环线以内60%,外环线以外30%。全年竣工全装修住宅207.4万平方米,在建552.6万平方米,完成确定全装修比例的新出让土地80块。组织编印《节能省地型住宅适用技术应用指南》,并通过多种形式开展培训宣传加强太阳能热水系统、空气源热泵等节能省地适用技术应用后评估工作。完成《全装修住宅(开发企业)组织管理导则》和《新建全装修住宅设计及分户验收技术规定的研究》课题。启动《上海市工业化商品住宅SI装修体系研究及试点示范》研究。拟订《关于加快推进本市住宅产业化的若干意见》和《关于本市鼓励装配整体式住宅项目建设的暂行办法》讨论稿,沈骏副市长召开市政府专题会议审议,为"十二五"上海住宅产业化工作的有序开展奠定良好的政策基础。围绕三林基地等保障性住房建设,加强技术支持和服务,组织印发了《上海市保障性住房建设导则》。加强保障性住房节能省地技术应用研究,启动《上海市大型居住社区节能省地环保关键技术研究与示范》课题工作。

【进一步落实"四高"优秀小区创建和住宅性能认定工作】 2010年,全年完成创建"四高"项目共计49个,超过年初确定的40个创建项目的目标,总建筑面积为869.32万平方米。其中,25个新建项目,通过了住房城乡建设部住宅性能认定专家预(终)评审;15个新建住宅项目,建筑节能达到65%的要求。住房城乡建设部首次将在上海浦东三林地区开发建设的7个保障性住房建设项目,作为开展1A级住宅性能认定的试点向全国推广。在49个创建项目中,聚焦"四新"成果的集成应用度,全装修建筑面积达146.71万平方米,共10993套;太阳能热水住宅应用、空气源热泵热水系统住宅应用、地源热泵空调系统住宅应用、雨水收集系统、河道水利用、外遮阳住宅应用、家用净水系统应用、管道分质供水应用和装配式工业化住宅建筑面积有了明显提高。

【动迁安置房建设】 2010年,上海市动迁安置房根据"服务旧区改造、服务重大工程、服务百姓安居"的原则,全年动迁安置房项目共认定地块75幅,规划用地面积892.08万平方米,规划建设面积1277.81万平方米;完成土地招标23幅,供应土地约167.25公顷;实现新开工面积约806万平方米(其中市属项目新开工约272万平方米、区属项目新开工约534万平方米),竣工约579万平方米;总计搭桥供应房源约814.17万平方米、100656套;完成投资约361.07亿元,顺利推进了轨道交通12、13号线、董家渡和平凉地区西块等市重大市政、重点旧改项目动迁。

【经济适用住房建设】 2010年,根据"政府主导、市场运作、市区联手、定向供应"的原则,上海市经济适用住房建设项目再次被列入市重大工程,并确定了开工建设400万平方米的目标任务,当年新开工项目主要分布在浦东、嘉定、闵行、青浦、松江、宝山等区。在市、区共同推进下,全年实现经济适用住房新开工403万平方米,历年累计新开工超过1000万平方米，顺利完成市重大工程建设目标。

【大型居住社区建设】 2010年，上海市对大型居住社区进行了新一轮共23块基地的规划选址工作，并进一步深化了"以区为主"的建设机制。5月20日，市政府与浦东等六个相关区签订了保障性住房建设目标责任书。市住房保障房屋管理局作为市大型居住社区推进办公室的主要牵头单位，按照"规划科学、配套健全、环境优美、工程优质"的目标要求积极推进。同时，市住房保障房屋管理局按照"同步规划、同步设计、同步建设、同步交付"的要求加快大型居住社区市政、公建配套设施的建设，并积极通过引进优质教育和医疗资源、引入大型商业配套设施等途径，满足入住居民的基本生活需要。截至2010年底，已经开办了刘行新华实验学校。华山医院、仁济医院、第六人民医院、长征医院以及瑞金医院等分别在宝山顾村、闵行浦江镇、南汇临港新城、浦东曹路镇以及嘉定新城，新开工5所大型三级甲等综合性医院。另外，市住房保障房屋管理局还与市建设交通委、市规划国土资源局联合下发了《上海市保障性住房建设导则》，努力提升上海市大型居住社区保障性住房建设水平。

（2）旧房改造

【旧住房综合整治及平改坡综合改造】 2010年，继续开展旧住房综合整治、平改坡综合改造等各类民生工程，下发了《关于在实施旧住房综合改造过程中切实做好群众工作的通知》，重点落实把群众观点贯穿于旧住房综合改造工作的始终、切实做好实施全过程的群众工作。在实施过程中，针对项目程序规范性、工程质量、文明施工、安全生产等进一步加强监管。另外鼓励各区根据自身情况拓展工作思路，创新改造方式，继续开展厨卫改造、清洁家园、六小工程等特色项目。根据各区上报统计，全年完成各类旧住房修缮改造715万平方米，居民受益约11万户。依托"十二五规划"编制工作，将旧住房综合改造内涵向纵深推进，开展了高层住宅老旧电梯更新改造、直管公房全项目大修、郊区老城镇旧住房改造等课题调研工作，初步形成调研成果，部分已经开始项目试点工作。

【旧住房成套改造】 继续推进旧住房成套改造工作，全年完成旧住房成套改造19万平方米，受益居民5451户。下达旧住房成套改造立项批复14个，共涉及改造面积9.8万平方米。

（3）房地产市场管理

【房地产市场调控】 2010年，上海市坚决贯彻国家加强房地产市场调控的各项政策措施，取得了一定效果，商品住房价格快速上涨势头初步得到遏制。4月17日，国务院下发《关于坚决遏制部分城市房价过快上涨的通知》（国发〔2010〕10号），上海市按照国务院和住房城乡建设部的要求，积极落实有关调控政策。转发了住房城乡建设部等三部门《关于规范商业性个人住房贷款中第二套住房认定标准的通知》，强调严格执行国家二套房贷认定标准，即"认房认贷认调查"；开展房地产开发企业经营行为检查，查处一批闲置用地、捂盘惜售、违规建设、违反税收管理规定等违法违规行为。10月7日，市政府批转了市住房保障房屋管理局等五部门《关于进一步加强本市房地产市场调控加快推进住房保障工作的若干意见》（沪府发〔2010〕34号），共十二条措施，进一步加强供应和需求双向调节，综合采取信贷、税收、土地、行政、法律等手段，既抑制投机性购房，坚决遏制地价、房价上涨势头；又满足合理住房需求，注重改善广大市民的居住条件。根据《若干意见》先后制订了限购、允许动迁安置房提前上市、提高商品房预售标准、加强境外机构和个人购房管理等操作办法，并对调控政策的贯彻实施情况开展了监督检查，对违规楼盘及时进行了查处，确保各项调控政策落实到位。

【房地产开发投资情况】 据市统计局统计，2010年1~12月完成房地产开发投资1981亿元，同比增长35.3%；其中住宅投资1230亿元，同比增长33.9%。房地产开发投资占全社会固定资产投资的37.2%。2010年1~12月全市新建住房新开工面积2111万平方米，同比上升22.7%；竣工面积1396万平方米，同比下降7.5%。

【商品房成交情况】 据市统计局统计，2010年1~12月新建商品房销售面积2056万平方米，同比下降39%，其中新建商品住房销售面积1685万平方米，同比下降42.4%。二手存量住房成交面积1522万平方米，同比下降39%。

【商品住房价格情况】 在国家和上海市的房地产市场调控政策作用下，上海市商品住房价格指数涨幅同比下降，据市统计局统计，从2010年5月份开始，上海市商品住房价格指数同比逐月下降，新建商品住房从5月份的11.5%降至12月份的1.3%，全年价格指数同比为7.6%；二手存量住房从5月份的11.5%降至12月份的3.3%，全年价格指数同比为7.8%。

【进一步加强房地产市场监管力度】 2010年9月2日，市住房保障房屋管理局制定下发了《关于进一步加强本市房地产市场监管规范商品住房预售行为的通知》(沪房管市〔2010〕246号),严格商品住房预售许可管理,重申"3万平方米以下楼盘必须一次性上市预售"规定;完善商品住房销售方案备案管理制度,实施"一房一价"申报、按申报价格销售制度;规范商品住房预订销售行为、加大违法违规行为查处力度、规范房地产经纪行为,进一步规范上海市商品住房销售行为,维护房地产交易秩序。自9月中旬起对高价位楼盘(内环以内住宅、单价3万元以上的高价位住宅以及花园住宅)暂实行市区两级房管局审核销售方案。

【规范房地产市场交易秩序】 2010年10月,市住房保障房屋管理局印发《关于开展房地产交易秩序专项检查的通知》(沪房管市〔2010〕377号),在全市范围开展房地产交易秩序专项检查,重点检查限购政策、"3万平方米以下楼盘必须一次性申请预售"规定、"一房一价"制度落实情况;重点查处无证预订、发放贵宾卡、捂盘惜售、虚拟交易、哄抬房价、不执行合同网上备案规定等违法违规行为;与工商部门建立协调机制,定期向其提供商品住房项目开盘信息,由工商部门对开盘周边房地产经纪机构门店予以重点监管检查,同时配合查处房地产经纪机构从事国家和上海市禁止流通的房地产转让业务,怂恿客户签订"阴阳合同"等违法违规行为。专项检查期间,会同相关区县房管部门已先后查处"乐莫苑四期"、"恒盛湖畔豪庭"、"万家新天地商都"项目未取得预售许可证以VIP卡方式变相收取定金违法违规行为,依法予以警告、限期整改以及罚款的行政处罚。

【加强房屋租赁管理】 2010年,市住房保障房屋管理局组织力量修订《上海市居住房屋租赁管理实施办法》,按照综合管理和属地化管理的原则,进一步强化居住房屋租赁管理,并配合公安、综合治理等部门,推进上海市社会治安防控体系建设,加强人口管理和治安防范;积极配合公安部门深入开展"两个实有"全覆盖工作,不断完善跨部门的信息共享机制,并制订下发了相关文件,加大对各区县房管部门居住房屋租赁管理工作的指导力度,确保世博期间上海市社会治安秩序持续稳定。

(4)拆迁管理

【全面推行房屋拆迁新机制,形成拆迁新机制配套措施】 在新开基地全面实行"数砖头加套型保底"政策和事前征询制;起草《关于调整完善本市城市居住房屋拆迁补偿安置暂行规定》(草案),并听取各级法院、各区县法制办、房管局、拆迁公司意见,以尽快形成正式的操作性文件。同时,全方位开展新政策培训工作,切实转变思想观念,为新政全面推行奠定思想基础。同时,完善配套措施,下发《关于房屋拆迁补偿安置结果公开的实施意见》、《上海市城市房屋拆迁单位管理实施办法》以及《上海市房屋拆迁工作人员管理办法》三个文件。进一步深化"阳光拆迁",联合监察部门开展结果公开的专项检查;并创设"计分制"管理方式,加强队伍建设,利用信息化平台,接受社会监督。

【规范房屋拆迁行政行为】 加强对区县的拆迁行政裁决行为的指导,并听取各方意见,完善强制执行工作规范。在拆迁中建立拆迁基地公信评议制度,积极引入第三方监督机制,在杨浦、闵行两区开展了律师参与房屋拆迁工作试点,在申请裁决和做出裁决时,引入律师意见,通过第三方监督,促使房屋拆迁行政行为更加规范有序。

【开展世博安保和消防大检查】 根据上海市委、市政府要求,为确保世博会期间房屋拆迁和拆除基地的安全稳定和环境整洁,印发《工作通知》,落实了安全反恐的各项工作措施,与拆房办组成联合检查组,对全市800余个房屋拆迁和拆除基地进行了安保抽查;为确保拆迁基地和拆除基地的消防安全,联合区县有关部门组成检查小组,对全市各基地进行了消防安全大检查,对发现的问题进行了及时整改。

(5)物业管理

【《上海市住宅物业管理规定》修订工作】 根据上位法和上海社会经济发展的实际,市住房保障房屋管理局积极配合市人大修订《上海市住宅物业管理规定》(以下简称《规定》),于2010年12月23日得到市人大常委会全体委员一致赞同表决通过,并将于2011年4月1日正式施行。新修订的《规定》共六章八十八条,在理顺监督管理体制、完善业主大会组建办法、优化业主自我管理模式、强化物业行业监管、规范物业的使用和维护等四个方面均有重大的调整和创新。主要修订内容包括理顺物业管理监管体制、完善业主委员会组建办法、加强业主委员会自身建设、加强物业服务行业管理、理顺物业服务收费机制、建立物业保修金制度、规范物业使用性质的改变、完善物业管理区域划分、完善住宅专项维修资金的补建、再次筹集和使用、规范物业紧急维修和强制维修、理顺供水供电等专门单位的维修养护责任等。

【规范商品住宅维修资金管理】 截至2010年底,全市商品住宅维修资金归集总额为313亿,其中，专户维修资金净额为162亿，开户维修资金净额为134亿，累计已使用金额为17亿，新增归集26亿，新增使用3.8亿，新增划转16.7亿。对维修资金续筹以及未成立业主大会小区维修资金使用进行调研工作并拟定操作流程，并通过《上海市住宅物业管理规定》的修订，明确了解决上海市住宅小区维修资金续筹难及业主大会成立前维修难等问题的途径与方式。进一步推进、完善"三审"制度，制定了业委会换届财务审计流程和《审计报告》、《商品住宅维修资金收支明细表》、《小区收益收支明细表》、《业主委员会换届财务审计相关事项告知书》等规范性文本，实现业委会换届财务审计工作的信息化管理。截至年底，全市累计受理审计项目406个，已出具审计报告的259个；受理审价项目1485个，出具审价报告的项目776个，核减工程费用1900万，核减率达到8%。

【试点建立物业管理矛盾纠纷化解机制】 充分依靠街道社区做群众工作的天然优势，搭建平台，充实专业人员，加快培育住宅小区物业管理矛盾纠纷调解的社会中介服务机构，创新住宅小区矛盾纠纷化解的社会化服务机制，并在各区试点取得初步成效。长宁新华街道培育小区物业管理矛盾调解的社会中介服务机构，指导业主委员会有效化解自身矛盾；闸北临汾街道组织业委会主任研讨会，建立业委会工作站，确保小区和谐；普陀曹杨街道搭建物业管理党建联建平台，协调推进小区建设；闵行古美街道从业委会切入，建起党群沟通、协商、合作的新机制；浦东花木街道联洋新社区组成业委会联谊会，提升业委会自我管理能力。

【强化物业行业监管】 紧紧围绕迎世博、办世博，进一步加强物业行业监管工作。一方面巩固做好住宅小区世博安保工作，开展住宅小区消防安全专项检查，确保住宅小区安全稳定；另一方面，积极研究制定物业服务企业资质管理、企业和从业人员诚信档案建设等行业管理制度，加大行政监管力度。同时，全力以赴做好夏令热线各项工作，开通962121物业服务热线查询系统，密切政府部门与市民群众的联系，主动接受市民监督。在市政府举行的夏令热线工作总结会议上，物业管理行业被第三方测评为"市民满意行业"。从市文明开展的2010年40个窗口行业社会公众满意的评价情况来看，居住物业管理得分为82.10分，位于第29位，比2009年提高0.72分，总体呈上升趋势。

【推进物业管理行风建设】 以迎世博、办世博为契机，深入开展物业行风建设工作，扎实推进住宅小区世博安保、防汛防台、夏令热线、消防安全等物业服务工作，不断提升物业行业整体水平。同时，局主要领导和分管领导一年三次参加"政风行风热线"直播节目，面对面地与广大市民进行交流沟通，直接受理了49件市民投诉。在各区县房管部门的努力下，49件投诉事事有落实，件件有回音，并及时向市纠风办和市人民广播电台反馈了处置情况。

【做好世博园区内场馆物业服务工作】 针对世博会场馆的大量物业服务保障需求，注重发挥市物业管理行业协会作用，牵头成立园区物业服务联盟，在行业协会的指导下，密切联系上海世博局，加强各参与企业间的沟通、协调和合作，配合有关部门对重大应急事件在统一指挥、共同应对、资源共享等方面进行统筹协调，形成有效的工作合力，确保了世博会平安顺利运行。世博会期间，共组织20家一级物业企业参与世博园区运行保障工作，其中，有1.3万名园区物业员工为世博会提供设施设备维护、秩序维护、出入口管理、客服和VIP贵宾接待，协同有关部门做好园区安保、清洁和绿化养护等服务工作中，发扬"敢于负责、敢挑重担、敢于攻坚、敢于创新、敢担风险"的五敢精神，历经前期进场、试运行、灾害性天气、超大客流等多次高压力、高强度的考验，交出了一份份让广大参观者满意的答卷。

【加强住宅小区世博安保工作】 根据市政府的有关要求，圆满完成了世博安保工作。一是落实住宅小区安全防范各项措施，督促全市物业服务企业统一按照标准和要求落实住宅小区世博安保工作。二是开展物业保安世博安保培训，编写《物业保安世博安保培训教程》，印刷10万份培训教材，刻制13000份教学光盘，对全市12000余名保安经理和近9万名一般物业保安人员进行全覆盖培训。三是落实安全防范督查工作机制，对上海市10000余个住宅小区实行全覆盖、不间断检查，共检查住宅小区44680个(次)，发出整改通知书6460份，小区安全防范存在问题得到有效整改。四是加大二次供水安全管理力度，共检查水箱、水池16万余只，改造加装锁具16000余个，落实水箱、水池双人双锁制度，建立日常巡查和检查登记制度，执行水箱、水池安全"零报告"制度，确保小区二次供水安全。五是落实防台防汛工作。由局领导带队，组织市局机关、事业单位80余人及区县房管部门对上海市8584个住宅小区地下停车库防汛防台措施、设施设备状况、应急预案建立、抢险物资准备、管理制度落实情况等进行全覆盖排查，对发现问题及时跟踪督促整改。六是开展住宅小区用电安全大检查，全市2400余家物业服务企业共检查配电房25000余个，临时用电设施666个，发出整改通知636份，存在用电安全隐患全部得到整改。

(6) 住房保障

【廉租住房工作】 2010年，廉租住房受益面不断扩大。制订下发《关于推进落实2010年本市廉租住房工作任务目标、加强廉租住房管理的通知》，对区县年度任务指标进行明确。同时，进一步将廉租住房申请家庭收入准入标准从人均月可支配收入960元以下放宽到1100元以下。通过不懈努力，全市全年共新增廉租受益家庭约0.9万户，累计廉租受益家庭达7.5万户，对符合条件的廉租申请家庭已基本实现"应保尽保"。进一步健全实物配租新机制的运行管理体制，制订下发《市公积金管理中心廉租房源套型选配上限和租金分担方法的暂行规定》，实物配租新机制在全市各区县实质性推行启动，累计近400户廉租家庭通过摇号方式选定并入住实物配租住房。会同市财政局制订实施《廉租实物配租房源筹措的市级补助资金试行办法》，加大对区县房源筹措工作的支持力度，第一批1.69亿元市级补助资金已拨付至相关区县。积极探索通过新建、配建、改建、代理经租、市场化收购等方式筹措适用适配的小户型实物配租房源。

【经济适用住房工作】 2010年，徐汇、闵行两区经济适用住房申请审核、销售供应试点工作基本结束。至12月底申请家庭购房签约截止日，两区合计受理申请2565户，经过审核公示、摇号排序等程序，2094户家庭参加选房，供应房源2157套，1939户申请家庭选定住房，1819户家庭完成签约购房，占选房户数的93.8%。试点工作检验了工作队伍，积累了实务操作经验，初步形成了一整套经济适用住房申请审核、轮候排序、销售供应等运行机制。根据试点经验，修订了申请审核实施细则、住房面积和经济状况核对办法等配套政策，完善了相关管理运行机制。为扩大政策覆盖面，2010年8月，经市政府批准在试点基础上放宽经济适用住房准入标准；主要为：家庭人均月可支配收入从2300元调整为2900元、家庭人均财产从7万元调整为9万元。2010年下半年起，在全市面上推开经济适用住房申请供应工作，确定10个中心城区和3个有条件的郊区（闵行、宝山、青浦）按批次参加全市面上推开工作。编印10万份经济适用住房政策《宣传手册》分发到各区县，各区县积极开展摸底调研、健全机构、安排房源、政策培训、制订房源供应和房屋销售定价方案等一系列前期工作，卢湾、黄浦、虹口、闸北等区陆续开展了经济适用住房政策咨询活动，启动申请供应工作。

【公共租赁住房工作进一步完善】 2010年9月，《发展公共租赁住房的实施意见》（以下简称《实施意见》）经市政府批准正式颁布。公共租赁住房制度将上海市住房保障覆盖面从户籍人口扩大到有基本稳定工作的上海市青年职工、引进人才和来沪务工人员等城市常住人口，形成上海市更加完整的分层次、多渠道、成系统的住房保障体系。《实施意见》颁布后，会同相关部门先后制定出台了《贯彻〈本市发展公共租赁住房的实施意见〉的若干规定》等近十项配套政策，逐步完善公共租赁住房制度体系。公共租赁住房房源建设筹措工作全面展开，全年建设筹措公共租赁住房（含单位租赁房）超过100万平方米、2万套。房源筹措渠道包括集中新建、旧厂房改建、经济适用住房转化、单位自建、利用产业园区工业用地和农村集体建设用地建造等多种不同类型。

(7) 住房和房屋管理"十一五"成就盘点

【住宅建设投资稳步增长】 自2008年起，全市住宅建设投资平均每年增加15%，住宅建设投资占全社会固定资产投资比例，继续保持在20%左右。"十一五"期间，全市住宅投资共完成4667亿元，比"十五"时期增长33%。

【住房供应结构明显优化】 一是中小套型住房成交比例明显提高。90平方米以下中小套型商品住房成交比例由2005年的10.3%提高至2009年的27.2%。加上保障性住房，"十一五"期末，90平方米以下中小套型住房的成交比例已达60%左右。二是保障性住房供应比例逐步加大。商品住房与保障性住房建设比例由2006年的7∶3调整为2010年的4∶6，供应比例由2006年的8∶2逐步调整到2010年的6∶4。

【居民居住条件不断提高】 "十一五"期间，新建商品住房（含动迁安置房）销售面积12474万平方米，存量住房成交面积8209万平方米，分别比"十五"时期增长5%和3%。居民居住条件继续改善，人均居住面积由2005年的15.5平方米，增加到2010年的17.5平方米左右；住房成套率由2005年的93%，提高到2010年的96%左右。

【廉租住房受益面不断扩大】 在住房困难面积准入标准不变的情况下，先后5次调整收入和财产准入标准，政策覆盖面逐步扩大，受益家庭户数大幅增加。至"十一五"期末，新增廉租受益家庭5.7万户，累计受益家庭达7.5万户，比"十五"期末增加4.8倍。同时，不断完善房源筹措机制，多渠道筹措廉租实物配租房源，新增实物配租家庭1.06万户。

【经济适用住房稳步启动】 一是从2007年下半年起着手研究经济适用住房政策，经广泛听取社会各方面意见，不断进行修改完善，于2009年6月颁布了《经济适用住房管理试行办法》。二是加快推进经济适用住房建设。到2010年底，本市开工建设经济适用住房超过1000万平方米，同时狠抓规划落地，确保完成2008～2012年开工建设2000万平方米、30万套经济适用房住房的规划目标。三是在总结徐汇、闵行两区试点的基础上，进一步放宽准入标准，完善运作机制，2010年8月已在市中心区和部分有条件的郊区全面推开。

【大力推进动迁安置房建设】 先后两批规划建设31个有一定规模、交通方便、配套良好、多类型住宅混合的大型居住社区，第一批以保障性住房为主的宝山顾村、闵行浦江、嘉定江桥、浦东三林和松江泗泾等8个基地已相继启动。结合大型居住社区建设，积极发挥市和区两方面积极性，加大动迁安置房建设和供应力度，全市动迁安置房开工建设3250万平方米，竣工2960万平方米，完成搭桥供应2985万平方米。

【积极探索公共租赁住房制度】 为有效缓解本市部分青年职工、引进人才和来沪务工人员等群体的阶段性居住困难，通过调研、积极探索、广泛征求各方面的意见分别于2009年8月和2010年9月，出台《关于单位租赁房建设和使用管理的试行意见》和《本市发展公共租赁住房实施意见》并已开始实质性启动。

【积极探索旧区改造新工作机制】 "十一五"期间，拆迁成片二级旧里以下房屋343万平方米，受益居民约12.5万户。并在创新机制、完善政策方面取得了新的突破：一是按照过程全透明、结果全公开的要求，分别建立"事前两次征询"、"数砖头"加套型保底、增加就近安置、律师等第三方提前介入等新机制。二是先后制订《关于贯彻国务院推进城市和国有工矿棚户区改造会议精神，加快本市旧区改造工作的意见》、《关于积极推进本市旧区改造工作的政策意见》、《关于开展旧区改造事前征询制度试点工作的意见》和《旧区改造专项基金管理办法》等配套文件，为加快推进旧区改造，改善居民居住条件提供政策和制度保障。

【不断加大旧住房综合整治力度】 "十一五"期间，共完成旧住房成套改造116万平方米，旧住房综合改造9710万平方米。其中，2006～2008年，完成旧住房综合改造2780万平方米；2008～2010年4月，结合"迎世博600天行动"建筑整治，旧住房综合改造力度进一步加大，期间共完成6210万平方米旧住房综合改造任务。

【加大新建住宅节能减排推进力度】 在新建住宅在全面实施50％节能标准的基础上，积极实施住宅节能65％标准（居住建筑节能设计标准DG/TJ08-205-2008）的试点。并通过实施新建住宅建筑节能公示制度和出具《新建住宅质量保证书》、《新建住宅使用说明书》等举措，进一步充实住宅建筑节能、性能认定和信息公示等内容，加大节能减排和新材料、新技术、新工艺的推进力度。

【建立住宅产业化推进和监管机制】 "十一五"期间，本市紧紧抓住土地出让源头，将住宅节能减排、全装修作为土地出让的条件，积极推进住宅产业化。全装修住宅约占新建商品住宅的20％，住宅整体质量明显提高。住宅产业现代化已从"点上示范"进入"面上推行"阶段。

【提高住宅建设配套质量】 "十一五"期间，居住区公建配套设施竣工面积达到同期住宅竣工面积的12％左右，为购房居民提供良好的配套服务设施。同时，还出台《关于推进本市大型居住社区市政公建配套设施建设和管理的若干意见》，针对居民的"开门七件事"，从创新建设和管理机制着手，明确了相关配套政策，积极推进大型居住社区市政、公建配套设施建设。

【物业管理机制日益完善】 "十一五"期间，研究制定《住宅小区综合管理三年行动计划（2007～2009年）》，明确了具体的工作目标、主要任务和措施，指导本市住宅物业管理工作取得新进展。

【建立住宅小区综合管理机制】 从健全物业管理法规建设入手，创新制度、运作机制。建立了市、区(县)、街道(乡镇)三级住宅小区综合管理联席会议制度，共同推进住宅小区综合管理工作。逐步加强制度建设，先后制订和建立了维修资金监管、物业行业"四查"和物业管理满意度测评等制度，着力提高住宅物业综合管理水平。

【加强指导，提高业主自我管理能力】 结合《物权法》实施，相继出台一系列配套性文件，明确业主委员会成立、维修资金使用、物业服务企业选聘等规则，并通过加强指导，业主委员会组建、换届和日常运作已逐步纳入正轨。"十一五"期间，共组建业主委员会7155个，占符合成立业主大会条件住宅小区的83.62%。

【转换管理模式，加大行业行政管理力度】 "十一五"期间，全市招投标项目789个，建筑面积达7006万平方米。创建962121物业服务平台，通过服务热线，全天候为居民提供服务，居民的满意度有了明显提高。同时，从标准化、制度化和信息化三个方面着手，积极推进基层建设，提高基层物业行政管理能力，更好地推进属地化管理体制和机制的转化。

"十一五"期间，上海市住房发展工作虽取得了明显成效，但依然面临着一些亟待解决的新问题、新情况。上海将进一步贯彻中央的决策部署，牢固树立"坚持以人为本、服务百姓安居"的住房发展理念，围绕上海经济社会发展的新形势、新目标和新要求，紧紧抓住发展机遇，积极应对发展挑战，进一步深化"以居住为主，以市民消费为主、以普通商品住房为主"的发展原则，进一步完善"分层次、多渠道、成系统"的住房保障体系和"健康、稳定、持续、有序"的住房市场体系，加快解决中低收入家庭的住房困难，全面提升市民的居住条件和居住水平，为开创上海社会、经济、环境和谐发展的新局面做出贡献。

(上海市住房保障和房屋管理局)

大事记

1月12日，全国直辖市和部分城市住房保障工作研讨会在上海召开，上海市住房保障和房屋管理局局长刘海生在会上作了专题汇报。

1月26、27日，国家部委联合督查组第二组在住房城乡建设部住房改革和发展司司长冯俊的带领下，对上海贯彻国办发〔2010〕4号文件情况进行督查。联合督查组听取了刘海生关于上海贯彻落实国家房地产市场调控政策、推进旧区改造有关情况的汇报，并视察了虹镇老街3号旧区改造地块和宝山顾村保障性住房建设基地，对上海旧区改造新举措和加大保障性住房建设力度表示肯定。

2月11日，市委副书记、市长韩正在局党组书记、局长马云安陪同下来到静安固体废弃物流中心，亲切看望慰问环卫职工，代表市委、市政府给广大环卫职工拜早年，对大家长期以来的辛勤付出表示崇高敬意。韩正还察看了固体废弃物流中心信息指挥系统，以及已投入使用的环卫清运、道路清扫新设备。

3月16日，住房城乡建设部部长姜伟新、副部长齐骥一行在上海市副市长沈骏的陪同下，视察松江泗泾经济适用住房基地。刘海生就上海经济适用住房建设总体情况和该基地的规划布局、房型设计、建造标准等作了介绍。住房城乡建设部办公厅主任王铁宏、住房保障司司长侯淅珉、房地产市场监管司司长沈建忠及市建设交通委主任黄融等陪同视察。

4月7日，中共中央政治局委员、上海市委书记俞正声实地察看浦东航头镇、闵行浦江镇保障性住房基地建设进展情况，并强调，必须按照预期目标和时间节点抓紧推进本市保障性住房建设，规划建设单位要心里装着老百姓，不仅要保质保量地完成建设任务，而且要充分考虑群众就医、就学、出行、购物等需求，把公建配套设施建设好。

4月26日，上海辰山植物园试开园仪式在辰山植物园南入口广场举行。中国科学院副院长江绵恒、国家林业局副局长印红、上海市副市长沈骏以及市、区、中科院、中国林科院等相关部门和单位的领导和专家，参与项目建设者代表以及动迁户的代表应邀参加。

4月29日，上海市召开推进创建节能省地型"四高"优秀小区暨第六届"上海市优秀住宅"评选工作总结表彰大会，"万源城"等14个楼盘获得"上海市优秀住宅金奖"；"世华锦城"等21个楼盘项目获得"上海市优秀保障性住房奖"。

5月20日，上海市政府召开大型居住社区建设推进大会。副市长沈骏出席会议并讲话，副秘书长尹弘主持会议。市大型居住社区建设推进办公室常务副主任、市住房保障房屋管理局局长刘海生介绍本市住房保障建设有关情况。市政府与浦东新区、松江区、青浦区、宝山区、闵行区、嘉定区六区政府签订保障性住房建设年度《目标责任书》，明确了"以区为主"的建设机制要求及2010年的具体目标任务。

5月26日，住房城乡建设部住宅产业化促进中心和住房保障司在上海召开保障性住房推进住宅性能认定试点工作座谈会。

6月4～13日，《本市发展公共租赁住房的实施意见(征求意见稿)》正式向社会公示，征求社会各界和广大市民意见。

6月9日，市长韩正、副市长沈骏、市政府秘书长姜平一行先后前往宝山顾村和嘉定江桥大型居住社区基地，察看保障性住房建设进展情况。

6月25日，中共中央政治局委员、上海市委书记俞正声，市委常委、市委秘书长丁薛祥等领导，前往嘉定江桥拓展基地、宝山顾村一号基地、杨浦江湾基地，实地察看经济适用住房建设情况。

8月1日，上海市再次放宽廉租住房准入标准，收入标准从人均月收入960元放宽到人均月收入1100元。

8月2日，上海市政府再次放宽经济适用住房准入标准，3人及以上家庭申请人均年可支配收入低于34800元、人均财产低于90000元。

8月3日，市政府召开上海市经济适用住房、公共租赁住房工作推进会，市委副书记、市长韩正出席会议并讲话，副市长沈骏主持会议，市委副秘书长、浦东新区区委副书记、区长姜樑，市政府秘书长姜平，市政府副秘书长尹弘出席会议。刘海生通报了本市经济适用住房、公共租赁住房工作推进情况。

8月30日，老港再生能源利用中心工程开工仪式在老港固体废弃物综合利用基地举行，市委副书记、市长韩正出席开工仪式。副市长沈骏出席开工仪式并讲话。

9月4日，《本市发展公共租赁住房的实施意见》经市政府颁布实施。

9月19日，全国人大常委会副委员长、全国妇联主席陈至立视察绿地集团上海绿地新江桥城建设工地。

10月7日，市政府批转市住房保障房屋管理局等五部门的《关于进一步加强本市房地产调控加快推进住房保障工作的若干意见》。

12月17日，俞正声到松江泗泾、徐汇华泾、浦东三林视察保障性住房建设情况，刘海生、顾弟根陪同视察。

12月24日，市绿化市容局牵头召开上海市推进生活垃圾分类，促进源头减量工作会议。市政府副市长沈骏、副秘书长尹弘、市人大、市政协、各委办局和各区县相关领导、各区县绿化市容部门和有关街道负责人、部分物业服务公司和环卫作业单位负责人出席会议。

（上海市住房保障和房屋管理局
上海市绿化和市容管理局）

江 苏 省

2010年，江苏省住房城乡建设系统认真贯彻落实省委省政府各项决策部署，坚持以科学发展观为指导，以省定城乡建设工作目标为重点，细化任务、落实责任、扎实措施、强化督查，全力推动各项工作顺利开展，全面完成年度各项目标任务，部分工作和指标提前超额完成，进一步巩固了全省住房城乡建设工作全国总体领先地位，在重点领域实现全国率先。

住房保障工作得到了中央领导同志和住房城乡建设部的充分肯定，率先在全国实现城市低保住房困难家庭、低收入住房困难家庭"应保尽保"全覆盖；认真落实国家房价调控政策出台了调控措施、实施细则等配套政策，房地产市场总体保持平稳健康发展；深入贯彻实施《江苏省城乡规划条例》，城乡规划编制和管理工作进一步加强；城乡基础设施建设和管理水平快速提升；大力推进建设领域节能减排，节能建筑和绿色建筑数量全国领先，可再生能源建筑一体化应用水平全国领先；节约型城乡建设全面推进，形成了丰硕的节约型城乡建设理论、政策、技术和实践成果；工程建设管理进一步加强；建筑业持续稳定发展；法制建设、人才队伍建设、党风廉政建设、精神文明建设扎实推进，机关作风和效能建设取得新成效。

1. 城乡规划

【规划编制】 指导扬州市、泰州市城市总体规划修编和南通市城市总体规划报批成果的修改完善，配合住房城乡建设部进行了以上城市总体规划成果的审查。指导宿迁、常熟、姜堰、江都、太仓、大丰、高淳等城市总体规划和黄桥、邵伯、甪直、木渎等历史文化名镇总体规划修编，并组织了姜堰、江都规划纲要和常熟、太仓、高淳、黄桥规划成果的技术审查。审查淮安市城市总体规划报批成果，审核连云港、启东、仪征、大丰市城市总体规划调整并向省政府提出办理意见。

【深入推进城乡规划专项治理】 配合省监察厅对工程领域专项治理省属重点项目进行抽查和复查，对工程建设领域突出问题专项治理省本级抽查中存在规划问题的项目督促整改。继续开展房地产开发项目违规变更规划调整容积率的专项治理，组织各地对2009年4月1日至2009年12月31日期间领取规划许可的房地产项目进行了排查，全省共排查2224个项目，对于其中4个违反规划擅自调整用地性质、变更容积率项目，依法进行处罚并追缴土地出让金和有关规费。

【积极做好重大项目规划选址的服务和管理】 省住房城乡建设厅核发苏中机场、连盐铁路、临海高等级公路、常溧高速公路、无锡轨道二号线、南京地铁三号线、十号线等重大项目选址意见书45份。对尚在进行前期研究工作的项目发放预选址意见9份，并加强了规划控制引导和协调工作。

【加强对各类开发区的规划审核】 以城市、县城总体规划为依据，办理了无锡高新区综合保税区、龙潭综合保税区，太仓港经济开发区、江阴高新技术产业开发区升级等23个各类开发区设立或升级的规划审核事项。参与昆山综合保税区、苏州高新区综合保税区等验收和全省南北挂钩开发区共建园区的验收审核。

【城镇布局】 完成《江苏省城镇体系规划》规划纲要阶段的工作。2010年6月和9月，省人民政府分别听取了省域城镇体系规划修编工作和规划方案的汇报，其后，省住房和城乡建设厅组织技术力量对规划进行了进一步的修改完善，并再一次广泛征求了有关专家、省各部门和省辖市人民政府的意见。修改完善后的规划纲要提交住房和城乡建设部审查。12月初，住房和城乡建设部在南京召开《江苏省城镇体系规划纲要》审查会。由国内著名规划专家和国家发改委、国土资源部代表组成的专家组，充分肯定了规划纲要阶段的工作和纲要的主要内容。本次修编《江苏省城镇体系规划》，是在巩固已经取得的成果基础上，结合长三角一体化发展、江苏沿海开发等新形势，顺应国际国内关于低碳、生态、环保、节约发展的新趋势和新要求，明确集约发展的城市化与城乡发展方针战略，引导全省城乡统筹和区域协调发展，构筑适应世界级城市群形成的全省城乡空间格局，提升城市化和城乡发展一体化水平，建设全国城乡发展一体化的综合示范区，为全省经济社会率先发展、科学发展、和谐发展提供有力支持。

【推进各类历史文化保护规划的制定】 组织审查宜兴、高淳、泰州历史文化名城保护规划，黄桥东片历史文化街区、南通寺街、西南营、唐闸历史文化街区、苏州桃花坞历史文化片区保护规划和窑湾历史文化名镇、苏州明月湾、陆巷历史文化名村等保护规划。批复了宜兴、泰州历史文化名城、汾湖历史文化名镇保护规划。指导海门余东、吴江震泽、江阴长泾等历史文化名镇保护规划、大丰草堰历史文化保护区龙溪历史地段保护规划编制。

【做好全省名城名镇保护的监督管理工作】 指导宜兴、泰州申报国家历史文化名城，配合住房和城乡建设部专家组对宜兴、泰州历史文化保护和名城申报工作进行现场考察评估。落实省领导批示精神，召开扬州历史文化名城和风景名胜区保护经验交流会，完成《关于扬州历史文化名城和风景名胜区保护经验的调研报告》。组织2010年度江苏省历史文化街区保护专项资金补助项目申报、审查工作；组织2010年度财政部国家历史文化名城补助项目、全国"十二五"历史文化名城名镇名村保护设施建设项目申报工作。

【城乡规划行业管理】 开展城乡规划设计评优活动。江苏省城乡规划设计作品在国家级优秀规划设计评选中屡获殊荣，在中国城市规划协会评出的2009年度全国优秀城乡规划设计奖中，江苏省规划编制单位为主编制的昆山市城市总体规划、拉萨主城控制性详细规划两个项目获得一等奖，其他12个项目分获二、三等奖，绵竹市城市总体规划等4个项目获得灾后重建规划奖项。组织专家进行2010年省建设系统城市规划项目评优工作，评选出43项省建设系统优秀城市规划项目和15项援助四川绵竹抗震救灾优秀规划项目。江苏省规划项目评优工作得到中国城市规划协会肯定，厅城乡规划处获得优秀组织奖。

2. 村镇建设

【概况】 2010年，全省有建制镇814个（不包括县城关镇和划入城市统计范围的镇，下同），乡集镇88个，行政村15075个，村庄152817个。村镇总人口5366.96万人，其中暂住人口551.57万人。建制镇建成区面积2594.56平方公里，平均每个建制镇3.19平方公里；集镇建成区面积100.87平方公里，平均每个集镇建成区面积1.15平方公里。

【农村房屋建设】 2010年，全省村镇住宅竣工面积3957.79万平方米，实有住宅总建筑面积19.49亿平方米，全省村镇人均住宅建筑面积36.31平方米（含暂住人口，下同）。全省村镇公共建筑建设总量比上年略增，竣工面积838.72万平方米，其中混合结构建筑面积808.68万平方米，占新建公共建筑总面积的96.42%。全省生产性建筑竣工面积达到3492.11万平方米，其中混合结构建筑面积3255.29万平方米，占新建生产建筑总面积的93.22%。

【村镇基础设施建设与园林绿化】 2010年,全省村镇市政公用设施建设继续保持稳步发展的势头,市政公用设施建设投资257.66亿元。全省乡镇年供水总量为13.60亿立方米,自来水受益人口1433.57万人,村庄用水普及率91.49%;乡镇排水管道长度1.79万公里,年污水处理总量3.94亿立方米。年底,全省乡镇实有铺装道路3.40万公里,小城镇镇区主街道基本达到硬化。全省乡镇拥有环卫机械数量9375辆,公共厕所1.20万座,村容镇貌进一步改观。建制镇绿地面积3.88万公顷,其中公园绿地面积7240.23公顷,人均公园绿地面积5.04平方米,绿化覆盖率为21.90%;集镇绿地面积1398.00公顷,其中公园绿地面积194.61公顷,绿化覆盖率为21.57%,人均公园绿地面积3.48平方米。

【村镇规划编制工作】 在指导各地启动小城镇特别是省级重点中心镇总体规划(规划期至2030年)修编的基础上,有序加快小城镇控制性详细规划编制。通过组织两轮技术指导和进度督查,全年省财政补助的30个省级重点中心镇近期建设用地范围控制性详细规划编制任务已完成,规划成果已通过省里组织的专家研讨咨询,各地根据专家意见修改完善,并按照法定程序组织论证和审批。

【村庄建设整治工作】 各地坚持重点突破与整体推进相结合,从农民最关心、最迫切需要解决的问题入手,环境卫生整治先行,完善配套村庄基础设施和公共服务设施,改善村庄人居环境,引导农民相对集中居住。为确保完成200个省级村庄环境整治试点任务,组织有关专家和市、县主管部门开展交流互查,结合月报制度及时督促各地工作进度;组织编制《村庄建设整治系列技术指导图集》,加强对村庄建设的技术指导;先后举办两期全省村庄环境整治专题培训班,对省辖市、县、乡镇各级村镇建设主管部门相关管理人员和2010年省级环境整治试点村负责人,约400人进行了技术培训。

在全省各级村镇建设、环卫主管部门的共同努力下,2010年共完成1000个村庄环境整治任务,其中省级试点200个,各市、县(市、区)同步完成800个,提前超额完成年度任务。200个省级村庄整治试点共投入建设改造资金约3个多亿,建设整治村内主次道路68公里,修建排水管道55公里,生活垃圾收运设施402套,新建公厕358座,增加公共绿地67万平方米,农民的人居环境得到明显改善。

【苏中苏北地区村镇生活污染治理】 根据省政府2010年农村六件实事工程工作部署,2010年完成苏中苏北地区150套农村生活污水适宜处理设施和151座乡镇垃圾中转站建设。通过多次现场指导和交流互查,各地进展良好,150套村庄生活污水处理设施已全部建成。按照属地管理的原则,各地普遍加大了垃圾收运处理体系建设的投入力度,苏中苏北地区实际完成168座乡镇垃圾中转站建设,超额完成17座,"组保洁、村收集、镇转运、县(市)集中处理"的垃圾收运处理体系正加快建立。

【太湖流域村镇生活污染治理】 根据太湖水污染防治目标责任状确定的年度目标,2010年计划和省农委共同督促指导各地完成687个村庄生活污水治理任务。通过加强与相关部门沟通,积极争取省级太湖水污染治理专项经费对村庄生活污水治理和乡镇垃圾收运体系项目支持,各地村镇建设部门2010年实际完成686个,超额完成年度目标。

3. 风景园林建设

【园林绿化概况】 2010年,全省新增绿地5300万公顷,城市建城区绿地率达38.01%,城市人均公园绿地面积为12.31平方米。

【园林城市创建】 2010年,完成了对淮安、南通、常州、江阴4个国家园林城市的现场复查及指导。2010年,对赣榆、泗阳等6个提出创建江苏省园林城市的城市进行调研和指导。截至2010年底,全省拥有国家园林城市19个,国家园林县城6个,国家园林城镇1个,省级园林城市12个,省级园林小城镇15个。

【园林式单位与园林式居住区创建】 为推动居住区绿化和单位绿化健康发展,2010年,采取城际互查的方式,开展江苏省园林式单位、居住区评选活动,共评出省级园林式单位214个,省级园林式居住区148个。

【规章和技术规范建设】 2010年,省住房和城乡建设厅下发《江苏省城市绿地系统规划编制纲要》,进一步提高全省城市绿地系统规划编制的科学性、前瞻性和可实施性。在广泛调查研究的基础上,先后制定出台了《江苏省城市绿线划定技术纲要(试行)》、《江苏省城市植物多样性保护规划编制规范》等文件,为推进节约型园林绿化建设、加强城市绿线划定、城市生物多样性保护专项规划的编制和实施发挥了重要作用。

【业务培训】 2010年6月和8月,省住房和城乡建设厅举办全省园林局长专题研讨班和全省风景名胜区管理干部研讨班,邀请有关资深专家授课,重点围绕节约型园林绿化建设、风景名胜资源保护与可持续发展主题,学习研讨风景园林绿化工作的方针政策、法律法规、专业理论和实践经验，并组织省外考察学习和借鉴兄弟省份的先进做法和成功经验，取得了明显效果。

【国家城市湿地公园创建】 根据《国家城市湿地公园管理办法（试行）》的规定，经高淳县人民政府申报，江苏省住房和城乡建设厅审查推荐，2010年12月，国家住房和城乡建设部批准江苏省南京市高淳县固城湖市城市湿地公园为国家城市湿地公园。

【风景名胜区规划】 2010年，先后召开了太湖和云台山风景名胜区总体规划（修编）论证会，完成修订、核对工作。完成马陵山、溱湖、虎丘等省级风景名胜区总体规划的修编。指导完成南通狼山、濠河风景名胜区核心景区划定和濠河风景名胜区详细规划编制工作。

【风景名胜区建设项目选址审批】 按照"科学规划、统一管理、严格保护、永续利用"的原则，依法加强对风景名胜区管理，严格风景名胜区建设项目选址审批制度，规范审批行为，提升风景资源品质与景区建设水平，引导景区资源保护、景点建设与生态修复等工作科学开展。2010年，完成了太湖、云台山、虎丘、云龙湖等景区建设项目的选址审批工作。

【江苏省第七届园艺博览会】 2010年1月，省园博会组委会办公室在南京召开博览园规划设计方案研讨会，与设计单位沟通理念思路，探讨设计方向。2010年3月，省园博会组委会办公室在宿迁召开博览园规划设计方案专家论证会，对规划设计方案进行会审。2010年7月，省园博会组委会办公室在宿迁召开江苏省第七届园艺博览会筹备工作预备会议，学习省委省政府领导重要指示精神，贯彻落实《第七届江苏省园艺博览会总体方案》，对各项筹备工作进行动员部署，明确各市参展任务。2010年9月、10月，省园博会组委会办公室组织专家对省内13个参展城市展园设计方案进行专家会审，使得各市展园设计不断完善，在符合总体规划的前提下更多体现特色与创新。博览园建设全面启动，截至2010年底，共调运土方120万方，整理地形50万方。已完成园内道路、管网、广场、停车场、桥梁、服务用房等工程量的45%，种植大规格树木3000余株。

【中国（济南）国际园林花卉博览会获殊荣】 第七届中国（济南）国际园林花卉博览会于5月8日在济南闭幕。江苏省南京、扬州、常州、苏州、南通等市参展。江苏省在本届园博会上获多项殊荣，获奖数量位居全国前列。南京园、常州园、扬州园获室外展园综合金奖，苏州园获室外展园综合银奖。南京园、常州园获室外展园设计大奖，扬州园获室外展园设计优秀奖。南京园、扬州园、苏州园获室外展园施工优秀奖。南京园、常州园获室外展园植物配置大奖。苏州园获室外展园建筑小品大奖，扬州、南京园、常州园获室外展园建筑小品优秀奖。江苏省共获得盆景、赏石、摄影、书法、绘画、插花专题展金奖6个，银奖6个，铜奖13个。南京、扬州、常州市获优秀组织奖，苏州市获组织奖。南京园林建设总公司、苏州市园林和绿化管理局、南通市建设（园林）局、扬州市城市绿化养护管理处、常州市园林绿化管理局获得先进集体。李浩年等20人获先进工作者。

【国际风景园林师联合会第47届世界大会】 2010年5月28日，由住房和城乡建设部、国际风景园林师联合会共同主办，中国风景园林学会、江苏省住房和城乡建设厅、苏州市人民政府、上海市绿化和市容管理局和北京林业大学承办，中国建筑文化中心协办的国际风景园林师联合会（IFLA）第47届世界大会在江苏省苏州市隆重召开。本届大会的主题为"和谐共荣—传统的集成与可持续发展"，旨在讨论在快速城镇化背景下，如何传承发展传统的风景园林文化艺术，兼顾保护和发展，实现人与自然和谐共处，促进城市健康可持续发展。大会期间还举行了2009年中国国家园林城市授牌仪式；组织与会代表考察苏州古典园林以及苏州周边地区的风景园林；举办多个关于自然遗产与文化遗产保护、风景园林规划与设计等方面的学术论坛。其中，周岚厅长在论坛上作题为《快速发展地区的政府在风景园林保护和拓展方面的作为——以中国江苏省人居环境改善为例》的发言，引起与会代表的广泛兴趣。

4. 住房保障

【概况】 2010年，全省住房保障工作紧紧围绕省政府确定的年度目标任务，按照实现"两个应保尽保"、扩大"两个保障范围"的要求，优化各类保障性住房建设项目选址，落实建设用地和保障资金，加强工程建设质量管理，有序推进保障性住房项目建设。全年共新增廉租住房1.77万套，新开工经济适用住房13.5万套，新增公共租赁住房10.2万间（套），发放廉租住房租赁补贴5.2万户，完成棚户区危旧房改造1097.7万平方米，各项指标均超额完成年度目标任务。

【组织召开全省保障性安居工程工作电视电话会议】 3月1日，省政府召开全省保障性安居工程工作电视电话会议，贯彻全国城市和国有工矿棚户区改造工作会议以及省"两会"精神，总结交流近年来保障性安居工程建设工作经验，部署2010年工作任务。省政府副秘书长张大强主持会议。南京、无锡、徐州、常州、盐城5市分管市长作了交流发言。何权副省长到会讲话。会议总结了近年来全省保障性住房建设情况，部署2010年全省住房保障工作的目标任务，要求从2011年起廉租住房实物配租要逐步由低保无房家庭扩大到低收入无房家庭，经济适用住房供应对象逐步由低收入住房困难家庭扩大到中低收入住房困难家庭。

【考核验收2009年住房保障目标任务完成情况】 会同省财政厅，考核验收全省2009年住房保障目标任务完成情况，检查财政转移支付市县2009年度廉租住房建设及资金投入情况，并对财政转移支付市县廉租住房专项补助资金进行了清算。在此基础上，会省发改委、统计局组织开展2009年度科学发展评价考核体系住房保障指标考核工作。

【分解下达2010年度全省住房保障目标任务】 在对全省住房保障三年（2008～2010年）行动计划前两年目标任务执行情况认真分析的基础上，结合省"两会"精神和省政府工作报告对住房保障工作的新要求，编制2010年度住房保障目标任务分解方案，与省发改委、财政厅、国土厅、民政厅会签后下发执行。省政府与各省辖市政府签订了2010年住房保障工作目标责任书，将年度目标任务完成情况纳入省政府对市县政府住房保障工作考核，要求各市政府加大资金投入，优先安排保障性住房建设项目用地，严格执行税费支持政策，规范分配和后续管理行为，健全住房保障管理机构和实施机构。

【组织参加全国公共租赁住房工作会议和全国保障性安居工程工作座谈会】 6月11～12日，国务院在北京召开全国公共租赁住房工作会议，中共中央政治局常委、国务院副总理李克强同志到会并作重要讲话。省政府何权副省长和建设、发改、财政、国土等部门领导参加会议。何权副省长和重庆、厦门、青岛市人民政府领导作交流发言，重点介绍江苏省在推进公共租赁住房的经验。8月20～21日，国务院在常州召开保障性安居工程建设工作座谈会，华东及沿海11个省、市分管领导和住房城乡建设厅长参加会议。

【组织召开全省公共租赁住房现场推进会】 7月26～27日，省政府在常州召开全省公共租赁住房现场推进会，各市县主要领导、分管领导和省、市相关部门负责同志参加会议。会上，常州、苏州、南通、昆山、江阴等市分管副市长介绍了公共租赁住房建设管理经验，省长罗志军、副省长何权到会并作重要讲话，就大力推动全省公共租赁住房建设提出明确要求。会前，根据国家七部委《关于加快发展公共租赁住房的指导意见》，会同省发展改革委、财政厅、国土资源厅、人行南京分行、地税局、银监局等部门起草了江苏省《关于大力发展公共租赁住房的指导意见》，由省政府办公厅转发。

【加强了年度目标任务的督查督办】 进一步创新工作方法，加强工作指导，坚持形势分析、情况通报、领导约谈、专题督查等多种工作制度，每季度召开一次形势分析会，每月通报一次全省住房保障情况，并开展现场督查督办。10月，组织保障性住房建设项目大检查，对13个省辖市和每个市辖的1个县在建项目情况进行检查。根据检查情况，对年度目标任务进度较慢的11个县（市、区）进行约谈，对15个达不到序时要求的县（市、区）下发了督查函。11月下旬，省政府再次组织5个督查组，对目标任务完成情况和约谈、下发督查函的县（市、区）整改情况进行检查。

【配合审计部门开展住房保障专项审计】 自4月起，国家审计署南京特派办对南京和盐城市、省审计厅对徐州等11个市2008年度廉租住房审计整改落实情况进行检查，并开展2009年度廉租住房建设审计。认真配合工作，积极提供相关文件资料，组织各市对审计中发现的问题进行整改，并及时督促整改落实情况。各市审计发现的问题均按照要求整改落实到位。

【迎接住房城乡建设部督查组对江苏省保障性安居工程建设情况的督查】 7月2～4日，住房城乡建设部房地产市场监督管理司姜万荣副司长一行6人到江苏省检查保障性安居工程建设情况，重点听取了江苏省2009年住房保障工作计划完成情况和2010年工作目标任务分解落实情况、资金下达、执行及工程进展情况、保障性安居工程优惠政策落实情况、工程项目管理和质量情况以及监督管理等情况，并对南京、常州市保障性安居工程建设情况进行了督查。督查组在听取全省情况汇报后，对江苏省保障性住房建设给予了充分肯定。

【组织开展"十二五"住房保障规划编制调查摸底工作】 为进一步扩大住房保障覆盖面，逐步解决全省城市中等偏下收入家庭和新就业人员、外来务工人员的住房困难，根据省政府领导同志要求，组织各地开展城市中等偏下收入住房困难家庭、新就业人员、外来务工人员住房状况调查摸底工作。至年底，各市、县（市、区）"十二五"住房保障规划已上报城市人民政府审批。全省"十二五"住房保障规划初稿已完成。

【迎接全国人大代表和省政府、人大、政协等领导对保障性住房建设的调研、视察工作】 根据十一届全国人大三次会议重点处理建议办理工作的安排，12月24~28日，提出"关于继续大规模实施保障性安居工程"重点处理建议的全国人大代表李大鹏（第十一届全国人大代表、中国工程院院士、浙江康莱特集团董事长）、王鹏杰（第十一届全国人大代表、全国侨联常委、河南省侨联副主席）赴江苏省调研住房保障工作，听取全省和南京、无锡两市的情况汇报，实地察看南京、无锡市的保障性住房建设，走访保障家庭。2位代表高度评价江苏省住房保障工，表示将联络部分人大代表提出人大建议，推广江苏省的经验和做法。2月9日，省长罗志军在厅长周岚、书记江里程和南京市有关领导陪同下，视察南京牛首山铁矿棚户区改造现场。

5. 城市建设

【城市基础设施建设】 2010年全省城市（县城）市政公用基础设施建设完成投资超过1400亿元。全省新增城市（县城）道路面积4000万平方米。全省新增供水能力130万吨/日，苏中、苏北地区新增区域供水通水乡镇150个。无锡、苏州、昆山等城市部分水厂完成深度处理工程建设并投入运行，全省有近300万立方米/日的水厂实现了深度处理。全省新建燃气管网3433.36公里，改造管网273公里，新增天然气用户72万户以上。江苏省第十一届人民代表大会常务委员会第十八次会议通过《江苏省城乡供水管理条例》，并从2011年3月1日起施行。省住房和城乡建设厅组织编制《江苏省市政管廊建设指南》，属国内第一部关于市政管廊建设方面的指导文件。省住房和城乡建设厅出台《江苏省燃气设施安全检查标准（试行）》、《江苏省城市桥梁养护管理情况评价标准》、《江苏省瓶装燃气送气服务管理规定》、《江苏省城市绿色照明评价标准（试行）》等标准规范。

【城乡污水和生活垃圾】 2010年全省新增城镇污水处理能力139万立方米/日，建成污水收集管网3500公里，全省城市污水处理率达到86%。其中，太湖流域新增城镇污水处理能力55万立方米/日，建成污水收集管网2200公里；淮河流域新增城镇污水处理能力68万立方米/日。全面推广无锡市控源截污工作经验，推动全省各地城镇污水收集管网建设工作。2010年全省新增垃圾无害化处理能力约6600吨/日，城市（县城）生活垃圾无害化处理率达到85%。2010年8月，省住房和城乡建设厅在扬州市组织召开全省环卫行业市场化工作现场会，总结推广扬州等城市的工作经验，部署推进全省环卫行业市场化运作工作。金湖县生活垃圾填埋场通过了省住房和城乡建设厅组织的无害化等级评定，达到Ⅰ级卫生填埋场标准要求。

【城市管理】 到2010年底，全省已有39个市、县开展"数字城管"工作，其中20个城市的数字城管系统投入运行。常州、扬州、泰州、张家港、昆山、海门6个城市被命名为"江苏省城市管理优秀城市"，徐州市淮海西路等17条道路被命名为"江苏省市容管理示范路"。2010年省公安厅联合省住房和城乡建设厅组织开展了全省渣土运输车辆百日集中整治行动，取得明显成效，全省共查处渣土运输车辆各类违法违规行为246524起，当年12月份发生涉及渣土运输车辆交通事故比9月份下降44%。

2010年，"常熟市沙家浜生态环境建设"项目获得联合国人居署"2010年迪拜国际改善居住环境最佳范例奖"全球百佳范例称号，吴江市、无锡市获得了国家住房和城乡建设部授予的"中国人居环境奖"称号。"江苏省住房保障三年行动计划及实施"等13个项目被授予2010年度"江苏人居环境范例奖"。镇江、江阴、太仓、苏州、常熟等5个城市创建国家节水型城市，通过了国家组织的现场考核，并进行了命名前的公示。2010年，全省共有220家企业、单位、小区被命名为省级节水型企业（单位）和节水型小区。"无锡市控源截污工程"等9个项目被评为全省首批"江苏城建示范工程"。

【城市轨道交通】 2010年，全省城市轨道交通建设总投资约130亿，共有南京、苏州、无锡、昆山等4个城市已拥有或在建轨道交通，常州市城市轨道交通建设规划已上报国务院审批，徐州、江阴等多个城市积极组织筹备实施工作。到2010年底，南京市已建成投运的城市轨道交通共2条线、约85公里，日客运量约100万人次；正在建设的城市轨道交通有5条线路，约150公里。2010年，南京、苏州两市还完成了对《城市轨道交通建设规划》调整和修编工作，并上报国家批准，为进一步加快推进建设步伐进行了积极准备。

【节约型城乡建设】 将"资源节约、环境友好、生态宜居"的理念从建筑拓展到城乡建设全领域，率先在全国推进节约型城乡建设，形成丰硕的节约型城乡建设理论、政策、技术和实践成果。在理论指导方面，完成《江苏 21 世纪人居家园战略规划研究》、《集约型发展：江苏城乡规划建设的新选择》和《低碳时代的生态城市规划与建设》等重点课题研究；在政策保障方面，提请省政府出台《关于在建设领域推进合同能源管理的实施意见》、《关于加快推进成品住房开发建设的实施意见》等一批政策支撑文件；在技术支持方面，制订《江苏省绿色照明评价标准》、《江苏省太湖流域城镇污水处理厂提标建设技术导则》等技术标准；在项目示范方面，注重省级示范引导和地方创新实践相结合，形成一大批节约型城乡建设示范项目，在此基础上汇编《节约型城乡规划》、《节约型村庄规划建设》等 14 个方面的实践案例集。节约型城乡建设已成为江苏省城乡建设发展模式转型升级的重要抓手，住房城乡建设部姜伟新部长给予高度评价，认为江苏省"在集约化发展的探索中迈出了十分可喜的一步"。

6. 建筑节能

【概况】 2010 年全省建筑节能工作继续保持良好发展势头。全年新增节能建筑 16755 万平方米，新增太阳能热水系统应用面积 3408 万平方米，地源、水源等浅层地能应用面积 281 万平方米，既有公共建筑节能改造示范面积 21 万平方米。新增节能量 145 万吨标准煤，减少二氧化碳排放 326 万吨。"十一五"全省建筑节能目标任务顺利完成，淮安、无锡、宿迁三市"十一五"节能目标超额完成率达 20% 以上。新建 8 个建筑节能与绿色建筑示范区，超额完成省政府确定的新建 3 个示范区目标任务。

【建筑节能管理】 2010 年是《江苏省建筑节能管理办法》颁布实施的第一年，省市住房城乡建设主管部门采取多种举措宣传《办法》、落实《办法》。一是统一组织《办法》宣贯培训活动。江苏省住房和城乡建设厅出版《江苏省建筑节能管理办法释义》、《江苏省建筑节能发展研究报告》等培训教材，在市县主管部门的支持下，全省超过 3000 名建筑节能管理、技术人员参加了《办法》宣贯培训。除了省辖市按省厅统一要求组织宣贯培训外，昆山市主动与省厅联系开展宣贯活动，参加培训人员超过 300 人。二是加快出台与《办法》配套的规定、政策。省住房城乡建设厅会省科技厅联合制定《江苏省建筑节能科技支撑行动方案》，会省水利厅出台《江苏省建筑应用地表水源热泵系统减免水资源费的规定》，经商多个部门制定《关于在建设领域加快推行合同能源管理的若干意见》，经省政府批准转发。各地也纷纷出台地方建筑节能管理办法，南京市人大通过《南京市民用建筑节能条例》，无锡市政府颁布实施《无锡市建筑节能管理办法》，南通、徐州、泰州、宿迁、连云港 5 个城市以市政府名义下发建筑节能规范性文件。这些法规和文件规定的出台，给建筑节能工作提供了良好的政策支持。三是强化建筑节能监管。重点针对设计方案节能审查和建筑节能专项施工、专项监理要求，采取有效措施确保《办法》要求严格执行。省厅出台《关于加强建筑设计方案节能审查工作的通知》文件，印发《建筑节能专项施工方案》、《建筑节能专项监理细则》标准化格式文本。南京、徐州、南通等 9 个城市在省厅出台具体规定之前，就制定相关意见落实设计方案节能审查工作，给省厅出台规定提供了经验。2010 年江苏省设计阶段建筑节能标准执行率继续保持 100%，施工阶段抽查合格率达到 98.4%，较 2009 年上升 6 个百分点。四是做好建筑节能考核评价和专项检查工作。2010 年省厅组织对省辖市主管部门推进建筑节能工作情况进行考核评价，并抽查 65 个工程项目。各省辖市均组织开展了覆盖全部区县的建筑节能专项检查。南京、徐州、南通、扬州、盐城等城市检查工作扎实有力，处罚一批违法违规项目单位，促进建筑节能工程实体质量的提高。五是做好建筑节能专项规划编制工作。编制专项规划是《办法》明确的任务，《江苏省建筑节能"十二五"规划》已经基本完成，南京、淮安等城市也编制了规划初稿。

【建筑节能示范】 以实施建筑节能和绿色建筑示范区为抓手，全方位推进建筑节能示范工作。一是推动建筑节能示范由单项工程示范向区域综合示范、由单项技术示范向技术集成应用示范发展。省厅修订了《江苏省省级节能减排（建筑节能）专项引导资金管理暂行办法》，增加了扶持"建筑节能和绿色建筑示范区"和"合同能源管理项目"等内容。二是新申报实施四大类 63 项示范项目。一类是财政部、住房城乡建设部可再生能源建筑应用示范城市、示范县项目，全省共有 7 个城市 8 个县申报，最终扬州市、海安县、涟水县榜上有名，获得国家补助资金 1.16 亿元，其他城市也为 2010 年再次申报打好了基础。第二类是财政部、住房城乡建设部太阳能光电建筑应用示范项目，全省共有 9 个项目获批，补助太阳能装机容量 7.5 兆瓦，获得国家补助资金 9716 万元。第三类是财政部、住房城乡建设部节约型校园建设项目，南京工业大学等 4 所高校被批准为节约型校园建设试点单位，获得国家补助资金 1600 万元。第四类是省级建筑节能专项引导资金项目。全省共确定了47项立项计划，补助资金15906万元。各市县能围绕当前重点工作，积极踊跃申报专项引导资金项目，南京、苏州、无锡、常州、泰州、淮安组织申报了"建筑节能和绿色建筑示范区"，宿迁市实施了"既有机关办公建筑既有改造项目"，盐城、无锡、南通、南京申报实施了"合同能源管理项目"。三是加大示范项目监管力度。全省实施了大批建筑节能示范项目，仅部省级示范项目就有425项。为确保示范项目取得预期效果，2010年国家和省相继出台了管理通知，强化示范项目监管。省厅还制定了《江苏省太阳能光伏与建筑一体化施工图设计文件编制深度规定》，提高示范项目设计质量。各地也采取了实地检查、进度月报等措施，督促承担单位按期完成示范项目。在各地住房城乡建设主管部门的配合下，2010年顺利完成了建筑节能示范项目中期检查和绩效评估。淮安"国信尚德"太阳能光电建筑应用项目率先通过验收，已经并网发电100万千瓦时，取得良好的示范效应。

【绿色建筑和发展节能服务市场】 推动绿色建筑评价标识工作，省厅制定《江苏省绿色建筑评价技术细则》，充实了江苏省绿色建筑标识评审专家库。各地积极组织人员参加国家绿标办、中国绿建委组织的绿色建筑专业人员业务培训，积极组织申报绿色建筑评价标识项目和绿色创新奖项目。2010年全省新获批20项绿色建筑星级标识项目，项目数量位居全国第一。苏州市获批项目占全省标识项目总数的90%以上，扬州、南京、苏州分别获得一项绿色建筑创新奖。推动合同能源管理模式应用，省厅开展了建设领域合同能源管理模式应用情况调研，制定了《关于在建设领域加快推行合同能源管理的若干意见》，经省政府批准转发。省建筑节能协会对15家建筑节能服务企业进行了评定推荐。常州、南京、苏州、无锡、盐城、扬州、如皋已经实施了合同能源管理示范项目。

【建筑节能监管体系建设】 省厅印发《关于执行民用建筑能耗和节能信息统计报表制度的通知》、《关于加强江苏省机关办公建筑和大型公共建筑能耗监测平台建设的通知》、《关于进一步加强江苏省机关办公建筑和大型公共建筑节能管理的通知》等规范性文件，新确立四个城市共80项建筑节能分项计量安装项目，在全省推开建筑节能监管体系建设工作。《江苏省公共建筑能耗监测平台建设规程》完成编制，省建筑节能技术中心等单位启动了建筑能耗定额方法研究工作。省级建筑能耗数据中心已基本建设完成，南京、常州、无锡三个分中心全面进入工程建设阶段，有110栋建筑实现能耗分项计量并上传数据。苏州市在未有资金补助、政策支持的情况下，主动开展监管体系建设工作，自筹资金实施了10余项建筑能耗分项计量安装项目。

【建筑节能技术进步】 建筑节能科技支撑水平稳步提升。一是组织实施各类建筑节能科技项目。多渠道筹措科研经费，通过建筑节能专项引导资金安排了《江苏省建筑节能和绿色建筑示范区评价指标体系研究》、《建设领域合同能源管理项目节能量评估认定方法研究》等五项科研课题，补助经费260万元；通过建筑节能科技支撑行动安排了15个科研课题，补助经费480万元；省厅直接下达10项科技项目，补助经费30万元。昆山、如东、海门、宜兴等市（县）直接参与并承担了省级建筑节能科技项目。二是建筑节能成果水平不断提升。南通市、江阴市的相关单位承担的9项建筑节能成果通过鉴定，《江苏省建筑节能适宜技术及工程示范案例分析研究》等课题获得省建设科技二等奖。三是加快完善建筑节能标准体系，2010年发布实施建筑节能标准及标准设计图集21项。四是注重研究解决外保温防火等热点问题。各地建设主管部门开展了外保温防火安全隐患排查工作，南通、盐城、徐州、张家港等地排查项目认真仔细，预防了火情发生。

7. 房地产业

【概况】 2010年，为遏制部分城市房价快速上涨的势头，促进房地产市场平稳健康发展，国家三次出台综合性调控政策，政策的密集度、调控的力度都是前所未有的。全省各地各部门认真贯彻落实国家对房地产市场调控的各项要求，以"防止房价过快上涨、防止房地产市场大起大落"为目标，按照"强化保障、稳定市场、控制房价、规范秩序、落实责任"的要求，制定和完善江苏省房地产市场调控的实施细则，综合运用各种经济杠杆和行政手段，确保各项年度目标任务顺利完成，房地产市场保持了基本平稳健康发展的态势，为全省经济社会发展作出了积极贡献。全省共实现房地产业增加值2280.57亿元，占全省地区生产总值的5.58%，占全省服务业增加值的比重为13.63%；完成房地产开发投资完成额为4301.85亿元，同比增长28.9%，占全省城镇固定资产投资的24.7%；全省房地产业地税收入完成657.60亿元，同比增长36.9%。全省房地产业税收占地税收入总量的比重为26.84%，较上年的24.93%提高了1.91个百分点。至2010年底，全省城镇人均住房建筑面积为33.4平方米。

江 苏 省

截至2010年底，全省城市实有房屋建筑面积为22.81亿平方米，其中：实有住宅建筑面积为12.76亿平方米，在住宅中，私有（自有）住宅的建筑面积为11.16亿平方米，住宅的私有化率达87%；成套住宅套数1125万套，住宅成套率为83.35%，成套住宅建筑面积10.64亿平方米，套均面积95平方米。2010年房屋减少面积为2678.71万平方米，其中住宅减少面积为1936.91万平方米。

【房地产开发投资】 2010年，全省房地产开发投资全年保持高位增长，共完成投资4301.85亿元，同比增长28.85%，占全国总量的8.9%，规模仍居全国首位。分别占全社会固定资产投资和城镇固定资产投资的18.55%、24.7%，分别比2009年占比上升了0.93个和1.3个百分点；投资增幅分别高于全社会固定资产投资和城镇固定资产投资增幅6.49个和6.76个百分点。其中商品住宅投资3159.94亿元，同比增长30.4%，占全国比重达9.3%。

【商品房新开工、施工和竣工面积】 2010年，全省商品房新开工面积为13729.61万平方米，其中商品住宅为10620.32万平方米，同比分别上升49.1%和49.6%。商品房施工面积为35063.76万平方米，其中商品住宅为26349.91万平方米，同比分别增长17.65%和16.30%。全省商品房竣工面积为8265.61万平方米，其中商品住宅6268.44万平方米，同比分别增长7.25%和0.67%。

【商品房供应】 2010年，全省省辖市市区商品房和商品住宅累计批准预售面积分别为5640.44万平方米和4377.39万平方米，同比分别增长22.65%和20.38%。分区域看，2010年，商品房和商品住宅批准预售面积苏南地区分别为3065.55万平方米和2397.62万平方米，同比分别增长5.85%和1.48%；苏中地区分别为948万平方米和733.17万平方米，同比分别大幅增长69.96%和62.50%；苏北地区分别为1626.89万平方米和1246.60万平方米，同比分别大幅增长42.09%和51.58%。三大区域中的苏中和苏北地区商品房和商品住宅新增供应增幅较大。

【商品房销售】 根据江苏省统计局统计，2010年，全省商品房和商品住宅累计销售面积分别为9377.74万平方米和8041.62万平方米，同比分别下降8.5%和11%。据各市网上房地产统计，全省省辖市市区商品房和商品住宅实际登记销售面积累计分别为4929.70万平方米和3983.09万平方米，同比分别下降23.90%和27.19%。分区域看，2010年，苏南地区商品房和商品住宅登记销售面积分别为2817.22万平方米和2265.37万平方米，同比分别下降32.64%和36.56%；苏中地区分别为830.07万平方米和697.20万平方米，同比分别增长2.18%和2.33%；苏北地区分别为1282.41万平方米和1020.52万平方米，同比分别下降13.54%和16.23%，苏南降幅较大，苏中不降反升。从市场新增供应结构看，90平方米以下户型占全部住宅供应量的19.01%，较上年下降了3.78个百分点；90～144平方米户型和144平方米以上户型占比分别为58.58%、22.41%，二者较上年分别提高了1.48和2.31个百分点。

【商品房成交价格】 2010年，全省省辖市市区商品房和商品住宅成交均价分别为7352元/平方米和7021元/平方米，同比分别增长23.27%和23.09%。在我国东部11个省市中，列北京、上海、浙江、海南、天津、广东和福建之后，排名第8位。从全年变化看，1月、4月国家综合性调控政策出台后，房价快速上涨的势头立刻改观。9月底与10月初国家和省政策分别出台后，商品住宅销售量价齐升的局面随之变化，10～12月房价处于盘整状态，总体上有所回落。江苏省的房价走势，反映出国家和省调控政策的积极影响。

【二手住房市场】 2010年，全省省辖市市区二手房和二手住宅累计成交面积分别为2044.32万平方米和1631.41万平方米，同比分别下降26.52%和30.75%。二手房和二手住宅累计成交均价分别为6161元/平方米6417元/平方米，同比分别增长12.67%和13.23%。

【房地产贷款】 12月末，全省房地产贷款余额为9631.42亿元，同比增长26.17%，占全部贷款余额的比例为22.9%；贷款余额比年初增加1997.91亿元。其中：地产开发贷款余额为837.9亿元，比年初增加61.66亿元，同比少增320.18亿元，余额增速达7.95%；房产开发贷款余额为3032.38亿元，比年初增加488.57亿元，同比少增138.43亿元，余额增速为19.21%；个人住房贷款余额为5913.8亿元，比年初增加1418.95亿元，同比少增363.74亿元，余额增速为31.57%。1～12月，全省向12.82万户职工家庭发放住房公积金贷款315.63亿元，同比下降33.37%。12月末个贷比率为86.94%。全省住房公积金资金结余为224.83亿元。

【城镇房屋拆迁】 2010年，全省共许可拆迁房屋项目986个，同比减少3.6%；许可拆迁房屋面积2377.11万平方米、164176户，分别较上年增加15%、22.74%；其中，许可拆迁住宅面积1746.22

万平方米、155882户，分别较上年增加15.22%、24.14%。实际完成（含往年结转）拆迁项目1130个，较上年减少12.4%；完成拆迁项目2082.70万平方米、130737户，分别较上年增长2.35%、2.51%；其中，住宅房屋1520.02万平方米、119517户，分别较上年增加5.12%、6.29%。全省共受理的4538宗拆迁行政裁决案件，较往年下降11.8个点。加上往年结转的1173宗裁决案件，共有5711宗裁决案件。通过裁决调解，结案1873宗，较往年下降27.88%。下达了3029份裁决决定，较往年增加3.03个百分点。全省共下达强制拆迁决定274件，对其中的230余户真正实施了强制拆迁。全省有12796户被拆迁住房困难户的住房条件，通过拆迁得到明显改善，其中7086户为低收入住房困难家庭。

8. 建筑业

【概况】 建筑业是江苏省传统的支柱产业、富民产业和优势产业。"十一五"期间，省政府立足江苏省建筑业发展实际，着力调整优化产业结构，加快建筑业转型升级，坚持把推进建筑业持续快速发展作为首要任务，着力完善政策措施，不断加大扶持和推进力度，建筑业先进技术研发和利用得到加强，先后取得435项具有自主知识产权的发明专利和国家级工法，是"十五"时期的2倍多。建筑业从业人员素质大幅度提升，全省一、二级注册建造师数量位居全国第一，关键岗位和主体工程持证上岗率分别提高到80%和70%；不断深化建筑业管理体制和企业产权制度改革，建筑企业股权有序流转、股东进退有序的体制机制逐步建立。经过全省建筑业广大干部职工的不懈努力，江苏省建筑业创造了超过预期的辉煌业绩，凝聚着全省建筑行业广大干部职工开拓进取、奋力拼搏的辛劳和汗水。

【建筑业发展】 2010年，江苏省建筑业继续保持平稳增长态势，建筑业总产值连续第二年破万亿，实现12930.15亿元，同比增长22.18%；企业营业额14281.72亿元，同比增长23.60%；年末从业人员572.50万人，同比增长3.80%；全行业实现利润507.52亿元，同比增长26.15%；技术装备率19315元/人，同比增长29.74%；劳动生产率突破20万元/人，达到212731万元/人，同比增长13.77%；人均劳动报酬38463.70元/人，同比增长12.80%。建筑业完成的产值总量，继续保持在全国同行业中的领先地位。从业人数和建筑业总产值、建筑企业总数、企业营业额、利税总额等主要经济指标在全国各省、市、区名列第一，全年荣获"鲁班奖"9项、国家级优质工程奖17项，获奖总数在全国名列前茅。建筑业对地方财政的贡献率连年增加，全省建筑企业上缴税金426.70亿元，同比增长28.30%；有66个县（市、区）建筑企业上缴税金超过1亿元，其中最多的超过10亿多元。建筑业已成为部分县（市、区）财政收入的重要支柱。全省建筑业吸纳城乡劳动力570余万人，其中80%以上来自农村，农民从建筑业获得的收入约占全省农民纯收入的28%，部分县（市、区）已超过35%。建筑业优势产业、支柱产业和富民产业的地位更加稳固。

【建筑市场】 2010年，江苏建筑企业在省内完成建筑业总产值7902.28亿元，比上年增长17.76%，市场占有率达2/3。与此同时，全省共有167万人出省施工，完成省外施工产值5027.87亿元，同比增长29.84%。年底在沈阳成功举办了企业合作推进会，为江苏建筑企业拓展东北市场奠定了基础。江苏建筑企业在北京、上海、天津、黑龙江、辽宁、四川、安徽、新疆等17个省、市、区的施工产值突破100亿元，其中，在上海施工产值突破400亿元；在河北、安徽、广东的施工产值突破300亿元，分别增长63.1%、37.0%和19.0%；2010年出省施工增长最快的是在宁夏，产值达51.5亿元，同比增长187.6%。境外市场开拓能力不断增强。全省一大批有实力的企业通过调整结构，完善功能，积极开展工程总承包业务，有效拓展了国际市场空间。2010年，全省境外新签承包工程、劳务合作、设计咨询合同额54.31亿美元，同比增长41.43%；完成营业额49.59亿美元，同比增长30.5%；新派6.3万人次，同比增长12.77%。2010年全省建筑企业在120多个国家和地区开展了业务，境外营业额超过1000万美元的企业有86家。

【建筑质量】 2010年，坚持"工程示范、现场管控、科技创新、管理突破"的工作思路，以落实质量责任为核心，加强工程现场质量管控，积极探索工程质量管理创新措施，通过开展质量创优评先活动和推广住宅工程质量分户验收管理的做法，全省建筑业质量取得新突破，住宅工程质量分户验收覆盖率和合格率达到100%，工程竣工合格率100%；江苏建筑企业承建的上海世博会英国馆、沙特馆获得世博会金奖。全年共获得鲁班奖9项，国优奖17项，全国建筑装饰优质工程奖18项；获得省优质工程"扬子杯"奖237项，省建筑装饰优质工程奖341项。全年共获国家级QC成果120项，省级QC成果211项。

【建筑安全生产】 通过构建全省施工现场安全

监督动态考核管理平台，不断加强安全监督队伍建设，建立建设工程安全监督档案，广泛深入开展建筑安全专项治理、创建"文明工地"和质量标准化等活动，强化了安全生产管理，全省建筑领域安全生产工作进一步走向规范化、制度化、长效化，建设工程安全生产形势保持稳定。与上年相比，在建筑经济总量增长22.18%的前提下，全年共发生建筑施工死亡事故64起，死亡72人，占全年控制目标数的80%，未发生一次死亡10人以上重、特大事故。

【建筑业结构】 2010年，全省新增建筑业企业1096家，总数达16225家。按资质等级分，特级企业32家，一级企业826家，同比增长7.97%，一级以上资质企业占全省资质企业总数的4%，但创造的产值占比达到了61.5%，产值集中度大幅提升。按照扶大扶强，扶专扶精的原则，不断加大了对能够进入基础设施领域和高端市场、产生高附加值的专业企业的扶持力度，企业综合实力得到了进一步增强，全省共15家企业营业额超过100亿元，比上年增加2家；有2家企业分别成为全国装饰、钢结构行业排头兵；有5家企业进入国际工程承包商225强、11家企业进入中国工程承包商60强；有4家企业进入中国企业500强、24家企业进入中国民营企业500强。2009年度评出的全省建筑业"百强企业"中综合实力50强、外经10强、钢结构10强和装饰10强企业进一步做大做强。全省施工产值超亿元的企业由2009年的1940家增加到2269家，5~10亿元的企业由上年的180家增加到211家，10亿元以上的企业由159家增加到207家。专业企业已占全省建筑企业总数的56.48%，产值占全行业产值的比重达到26.2%。制定《推动建筑业产业结构调整、加快转型升级的若干意见》，为全省建筑业结构调整和转型升级指明方向，一大批企业通过多种方式积极调整产业结构，取得良好业绩。2010年，建筑业工业化产值实现524亿元，同比增长50%，建筑业工业化道路已逐步拉开了序幕。全省有条件的企业围绕主业进行纵向延伸或横向拓展，广泛涉足房地产、建材生产、电力能源、教育、服务等多种领域，多元化营业额达到首次突破千亿元，实现1350亿元，同比增长38.89%。施工企业不断扩大向上下游产业拓展业务范围，建筑业与建材业、房地产业等相关产业良性发展的产业格局已基本形成。

【区域建筑经济】 2010年，全省区域建筑经济协调发展步伐进一步加快，各市、县善于扬己所长，勇于超越自我。苏中南通、扬州、泰州、苏州、南京五市优势地位明显，千亿方阵继续助推全省建筑业发展，五城市完成产值8662.02亿元，占全省建筑业总产值的67%，其中南通市产值2768.89亿元，同比增长25.8%。从区域情况来看，苏中南通、扬州、泰州3市完成的建筑业总产值达到5650.75亿元，占全省的43.7%；苏南建筑业在继续发挥资金密集、技术密集、人才密集的优势的基础上，进一步加大了专业企业创新优势，效益得到明显提升，苏州、无锡、常州、镇江、南京五市完成的产值4892.18亿元，占全省建筑业总产值的37.83%，实现的利润总额却占了全省的47.04%；省住房城乡建设厅《进一步加快苏北建筑业发展意见》的出台，从政策层面给予苏北建筑业发展有力的指导，南北挂钩区域战略合作、苏北企业家培训等活动的成功开展，为苏北注入了新的动力，苏北徐州、淮安、盐城、连云港、宿迁各市建筑业发挥后发优势，建筑业实现快速发展，总产值平均增长幅度达到26%以上，其中宿迁市比上年增长32.6%，淮安、徐州、连云港、盐城等市比上年增长均超过23%，其中徐州、盐城突破600亿元，连云港突破300亿元。苏北5市完成的建筑业总产值占全省18.57%。

【县级建筑经济继续保持平稳健康发展态势】 企业营业额超过100亿元的县（市、区）由2009年的29个增加到35个，超200亿元的由2009年的12个增加到18个，超过400亿元的达到5个，其中海门、如皋分别实现448.44亿元、446.72亿元；江都突破500亿元，达581.76亿元；海门、通州首次突破600亿元，分别达到699.56亿元、664.84亿元，继续保持全省县（市、区）前列。全省列入统计的68个县（市、区）建筑业利税总额超5亿元的达41个，比上年增加5个，超10亿元的达21个，比上年增加4个，超20亿元的4个，与2009年持平，其中通州突破40亿元，达41.59亿元，海门39.59亿元。

【建筑业科技】 2010年，着力推进建筑业技术创新、科技创新，进一步发挥科技创新和技术进步对行业发展的推动作用，建筑施工企业科技进步水平和科技创新能力逐步提高，形成了科技兴业、科技兴企的良好氛围。全省共有129项工程通过评审被授予"江苏省建筑业新技术应用示范工程"称号，135项工法被批准为江苏省工程建设施工工法。全省所有特级企业都建立了企业技术中心，并通过了省级企业技术中心认定。

【建筑业人才】 卓有成效地实施"六大人才高峰"建筑业项目和市场急需人才培训工作，认真落实企业、高校、科研机构联合实施计划，通过科技攻关带动人才培养，通过引进人才推动科技创新，共有12个项目获得省委组织部、省人社厅、省财政厅45万元资金资助，激发了行业人才的工作热情，加速了江苏省建筑六大高峰人才的形成。着力培养和造就一个高素质的企业家群体，一批业务精通、经验丰富的技术把关人才和精于管理、善于开拓的项目经营人才，一支技术精、能吃苦、守纪律的一线的操作工队伍。全年共受理建造师执业资格注册34596人，其中一级建造师3873人，二级建造师30723人，全省技经人员总数达95.46人，同比增长12.6%。全年培训考核施工员、机械员、资料员等各类岗位人员41031人，平均合格率达70%。继续采取送教上门、送考上门等多种形式，开展一线操作人员职业技能培训和考核，与北京、山东、天津等驻外办事处联合举办工人培训班，培训合格一线职工7420人。

【建筑业管理】 信用体系建设和市场监管力度不断加强。坚持以信用调控规范建筑市场秩序，推进建筑市场信用体系的不断完善，实现市场与现场"两场联动"，强化企业信用意识，促进企业信用管理，有效防范信用风险。进一步落实《加强建筑市场资质资格动态监管，完善企业和人员准入清出制度的工作方案》，加强了对企业资质的监督管理，全年共撤回2117家不符合资质条件的建筑业企业资质，注销4家企业资质，对1653家企业进行了责令整改；受理拖欠民工工资投诉2113起，解决拖欠工资4.15亿元，对拖欠行为较重的37家施工企业限制市场准入，维护了建筑市场秩序。

【建筑工程招投标】 在认真落实国家九部委有关加强工程建设招投标监管工作意见的基础上，与省监察厅联合下发了《关于推进江苏省建设工程远程异地评标实现"两个全覆盖"工作目标的意见》，规范了远程评标操作流程，明确适用范围，强化过程监管，全省异地评标地区覆盖面达到95%，完成远程异地评标项目3834项。2010年，全省有13360个建设工程项目实行了公开招标，通过招投标共节约投资278.46亿元，与工程合同估算价相比，平均节省率8.27%。

【建筑工程造价】 出台了《关于明确〈建设工程工程量清单计价规范〉执行中的有关问题的通知》，对建筑工程预算工资单价标准进行了调整，指导部分地区开展招标控制价和竣工结算网上备案管理；切实加强工程造价咨询市场的监管力度，对资质不符合条件的18家企业责令限期整改，撤回了4家企业资质，规范了工程造价咨询市场秩序；进一步完善了企业监管系统信用档案模块，简化了咨询项目登记和统计程序。

【建筑工程监理】 深入开展工程建设领域突出问题专项治理工作，对全省在建政府投资工程开展监理行为专项检查，发现存在问题3443个，整改问题2975个，有力保障了建设工程质量；研究出台监理工作评价标准，积极引导企业将省示范监理项目考核标准上升为项目部工作标准，促进了工程监理规范化、科学化和制度化。

9. 建筑业企业、勘察设计企业、招标代理机构、监理企业营业收入前20名

江苏省建筑业企业按总收入排名前20名、工程勘察设计企业按勘察设计收入排名前20名、工程招标代理机构按工程招标代理收入排名前20名、建设监理企业按监理收入排名前20名的情况如表4-6所示。

2010年江苏省建筑业企业、勘察设计企业、招标代理机构、监理企业营业收入前20名企业　　表4-6

序号	建筑业企业 总收入前20名	工程勘察设计企业 勘察设计收入前20名	工程招标代理机构 工程招标代理收入前20名	建设监理企业 监理收入前20名
1	江苏南通二建集团有限公司	江苏省交通规划设计院股份有限公司	江苏省设备成套有限公司	江苏建科建设监理有限公司
2	江苏省苏中建设集团股份有限公司	江苏省交通科学研究院股份有限公司	江苏兴源电力建设监理有限公司	江苏邮通建设监理有限公司
3	江苏南通三建集团有限公司	江苏省邮电规划设计院有限责任公司	江苏交通工程投资咨询有限公司	江苏兴源电力建设监理有限公司
4	南通四建集团有限公司	江苏省电力设计院	无锡市建汇建设工程咨询事务所有限公司	江苏省宏源电力建设监理有限公司
5	南通建筑工程总承包有限公司	东南大学建筑设计研究院	江苏建威工程咨询有限公司	江苏华宁工程咨询监理有限公司
6	江苏江都建设集团有限公司	江苏省地质工程勘察院	江苏省鸿源招标代理有限公司	江苏东南交通工程咨询监理有限公司

续表

序号	建筑业企业 总收入前20名	工程勘察设计企业 勘察设计收入前20名	工程招标代理机构 工程招标代理收入前20名	建设监理企业 监理收入前20名
7	通州建总集团有限公司	中国中材国际工程股份有限公司	苏州市中诚工程建设造价事务所有限公司	江苏赛华建设监理有限公司
8	江苏省第一建筑安装有限公司	常州电力设计研究院有限公司	南京银佳建设监理有限公司	南京工大建设监理咨询有限公司
9	江苏省金陵建工集团有限公司	江苏省建筑设计研究院有限公司	南京建宁工程造价咨询事务所	南京扬子石化工程监理有限责任公司
10	正太集团有限公司	中煤国际工程集团南京设计研究院	江苏省建信招投标有限公司	苏州工业园区建设监理有限责任公司
11	江苏省建筑工程集团有限公司	苏州市市政工程设计院有限责任公司	江苏建科建设监理有限公司	常州市交通建设监理咨询有限公司
12	江苏南通六建建设集团有限公司	南京长江都市建筑设计股份有限公司	蓝星招标(江苏)有限公司	江苏省华厦工程项目管理有限公司
13	苏州金螳螂建筑装饰股份有限公司	苏州市建筑设计研究院有限责任公司	苏州云天建设工程项目管理有限公司	江苏建发建设项目咨询有限公司
14	中建工业设备安装有限公司	无锡市政设计研究院有限公司	江苏大成工程咨询有限公司	南京工苑建设监理有限责任公司
15	中国江苏国际经济技术合作公司	苏州市规划设计研究院有限责任公司	无锡中天造价师事务所有限公司	镇江方圆建设监理咨询有限公司
16	中国核工业华兴建设有限公司	南京市建筑设计研究院有限责任公司	苏州正信工程造价咨询事务所有限责任公司	无锡建设监理咨询有限公司
17	南通建工集团股份有限公司	盐城电力设计院有限公司	江苏捷宏工程咨询有限责任公司	江苏东方建设项目管理咨询有限公司
18	江苏中兴建设有限公司	苏州工业园区设计研究院有限公司	江苏茂盛工程咨询监理有限公司	苏州市路达工程监理咨询有限公司
19	江苏省华建建设股份有限公司	镇江市规划设计研究院	南京天得建设工程咨询有限公司	无锡市园林建设监理有限公司
20	江苏江中集团有限公司	江阴市建筑设计研究院有限公司	苏州新一造价师价格事务所有限公司	南通通明建设监理有限公司

(填表人:陈莹)

大事记

1月

11日,江苏省工程建设中介服务行业协会党委首次全委会在省住房和城乡建设厅召开。

12日,省住房和城乡建设厅组织全省市政行业主管部门、管理单位和养护施工骨干企业负责人在南京召开现场会,专题研究落实推广应用工作。

21日,省住房和城乡建设厅在南京召开《江苏省城乡供水管理条例(送审稿)》征求意见座谈会。全省部分城市的建设、市政、水务等主管部门的相关人员在会上就该条例的适用范围、供水主管部门的职责、设施建设和改造的资金投入、保护城市供水企业的合法权益、规范城市供水企业的生产和管理等问题,进行了广泛的交流和讨论。

21日,全省住房和城乡建设工作暨党风廉政精神文明建设工作会议在南京召开。会议回顾2009年全省住房和城乡建设工作,党风廉政建设及精神文明建设工作,交流经验,表彰先进,部署2010年主要工作任务。

23日,省住房和城乡建设厅在南京组织召开《沪宁铁路江苏段沿线环境整治方案》汇报会,对该方案进行评审。省住房和城乡建设厅在组织各市对《沪宁铁路江苏段沿线环境整治方案》进行完善后,各市即将付诸实施,这标志着沪宁铁路江苏段沿线环境整治工作即将进入实施阶段。

30日,省常州建设高等职业技术学校易地扩建新校区奠基典礼在常州市举行。

2月

1日,中共江苏省工程建设中介服务行业协会委员会成立大会在省住房城乡建设厅举行。

2日，省住房城乡建设厅、省总工会、省人力资源和社会保障厅在南京联合召开第二届全省建设系统百万农民工职业技能竞赛活动总结表彰大会。

2日，省住房城乡建设厅召开拉萨市城市总体规划授奖大会，江苏省援助拉萨城市规划项目《拉萨市城市总体规划（2009～2020）》，于2009年3月经国务院正式批准实施。规划紧紧围绕建设"生态拉萨、人文拉萨、特色拉萨、现代拉萨"的目标，结合拉萨实际，在生态约束、交通结构、停车政策、城市特色、经济测算等方面进行了积极的探索和创新。

3日，省住房和城乡建设厅在连云港市召开苏北（五市）建筑业发展调研座谈会。

7日，省政府召开全省农民工工资清欠电视电话会议。根据省政府会议精神，省住房和城乡建设厅对2010年春节前农民工工资清欠工作进行具体部署。

9日，江苏省省长罗志军视察牛首山铁矿家属区危旧房改造项目，该项目是南京市首批启动的危旧房改造项目。

20日，省住房和城乡建设厅召开厅系统干部大会，传达学习省委常委会关于中央贯彻落实科学发展观、加快经济发展方式转变专题研讨班精神，简要回顾2009年机关内部建设和作风建设情况，专题部署新一年加强机关作风建设工作。

23日，江苏省住房和城乡建设厅副厅长张泉应邀在中共江苏省委巡视干部学习培训班作《城乡建设与规划》专题讲座。

24日，省太湖水污染防治委员会在南京召开第四次全体（扩大）会议。

26日，省依法行政工作考核小组赴省住房和城乡建设厅检查考核依法行政工作。

3月

1日，省政府在南京召开全省保障性安居工程建设工作电视电话会议，会议要求，要扎实抓好5项工作，包括调整完善住房保障年度计划、增加廉租住房和经济适用住房供给、推进公共租赁住房建设、加大危旧房（棚户区）改造、组织新一轮住房保障规划编制等。

3～4日，省住房和城乡建设厅在无锡召开全省城市建设与管理工作会议，会议回顾总结了2009年全省城市建设与管理工作成绩，并对2010年工作进行部署。

10日，2009年度江苏进沪施工总结表彰暨迎世博动员大会在上海召开。江苏省住房和城乡建设厅副厅长徐学军出席会议并讲话。会议回顾总结了2009年江苏省进沪施工企业在服务上海城市建设、积极参与世博工程建设等方面的情况，并对2010年工作进行部署，对圆满完成世博会场馆建设作总动员。

16日，省住房和城乡建设厅在南京召开2010年全省村镇规划建设工作座谈会，会议要求，村镇工作要坚持城乡统筹、区域统筹、节约型建设、保护农民合法权益的原则，在镇村布局规划合理调整、制定加快重点中心镇发展的意见、抓好试点示范、加大人才培养等四方面作重点推进。

16日，全省建筑行业协会2010年会员大会在南京召开，会议肯定了省建筑行业协会在联系政府和建筑企业方面发挥的桥梁纽带作用，并对协会的进一步发展提出明确要求。

17日，省住房和城乡建设厅在泰州召开全省数字化城市管理工作座谈会，会议就各地数字化城市管理工作进展情况、取得的成效、存在的主要问题和下一步设想进行了交流。

18～20日，罗志军在徐州调研考察，江苏省住房和城乡建设厅厅长周岚陪同。调研组实地考察了新沂市马陵山中心镇新型生态示范小城镇、徐矿集团棚户区改造工程等住房保障和城乡建设项目。

25日，省住房和城乡建设厅在宜兴召开建筑强市、建筑强县（市、区）建设（管）局长座谈会，会议就贯彻落实全省建设工作会议精神，实施南北挂钩、推动全省建筑业区域协调发展和进一步加快产业结构调整，推进产业转型升级等工作进行了座谈。

25日，住房和城乡建设部在北京召开全国城乡规划督察工作专题会议。会议交流了城乡规划督察员工作经验，研究加强城乡规划层级监督的措施，部署城乡规划督察工作。

26日，《江苏省城乡规划条例》经江苏省十一届人大常委会第十四次会议审议通过。《条例》将于2010年7月1日起施行。

26日，省政府在南京召开全省主要污染物总量减排工作电视电话会议。

28日，环境保护部、水利部、住房和城乡建设部联合组成国家考核组赴江苏省考核评估重点流域水污染防治专项规划2009年度实施情况。

29日，省住房和城乡建设厅在南京召开太湖风景名胜区总体规划（修编）论证会。

31日，罗志军赴苏南地区实地考察了苏南地区统筹城乡发展、推进城镇化工作情况。

31日，省住房和城乡建设厅在南京召开全省建设工程质量检测工作会议。徐学军出席会议并讲话。

会议回顾总结了2009年工程质量检测工作，全面分析了质量检测工作面临的新形势、新问题，对2010年工作进行研究部署。

4月

1日，省住房和城乡建设厅在南京召开确保上海世博会期间全省建筑施工安全生产稳定工作会议。会议对世博期间全省建筑施工安全生产和江苏省进沪施工企业安全生产及稳定工作进行部署。

7~8日，省住房和城乡建设厅在南通召开全省城管行政执法队伍规范化建设现场会。会议对前一阶段江苏省城管行政执法队伍规范化建设工作进行了总结，并对深入推进城管行政执法队伍规范化建设星级单位创建进行了再动员、再部署。

12~13日，省委省政府在无锡召开全省加快转变经济发展方式工作会议。根据会议精神，省住房和城乡建设厅将从全面加快节约型城乡建设，稳步推进江苏新型城市化，深入推进建筑节能、城镇生活污水治理、施工工地扬尘治理，加大住房保障工作力度等方面，做好贯彻落实工作。

12~13日，副厅长徐学军带队赴河北省调研建筑业，并与河北省建设厅签订《关于加强两省建筑业合作的框架协议》，进一步加强苏冀两省建筑业合作。

15日，省住房和城乡建设厅在南京召开《江苏沿海地区城镇供水安全设施规划》论证会。王翔副厅长出席论证会并讲话，会议要求沿海各地城市供水主管部门要加快实施《江苏沿海城镇安全供水设施规划》，并对下一步全省城市供水安全工作进行部署。

16日，省住房城乡建设厅下发了《关于加快保障性安居工程建设，促进房地产市场平稳健康发展的通知》，提出了11条措施。

19~20日，省住房和城乡建设厅在金湖县召开苏中苏北地区垃圾无害化处理设施建设工作推进会。副厅长王翔出席会议并讲话。会议要求苏中苏北地区对照"十一五"环境基础设施建设目标任务，加快推进垃圾无害化处理设施建设和改造步伐；合理选择本地区垃圾处理技术路线；严格执行技术标准，规范环境卫生基础设施建设；坚持基本建设程序，保障工程建设质量；加强环境卫生专业规划编制工作，切实做好垃圾处理城乡统筹工作。

21~23日，华东六省一市住房建设厅厅长（建交委主任会议）暨上海世博会预演活动在上海举行。周岚参加会议并出席预演活动。

22日，江苏省建筑业南北挂钩战略合作洽谈会暨签约仪式在淮安举行。徐学军和淮安市副市长刘友超等领导出席。12家来自昆山、启东两市和部分省部属特级、一级资质优势企业与淮安市11家骨干企业结成帮扶对子，签订了战略合作协议。

22~23日，全国住房城乡建设系统政研会秘书长工作会议在常州召开。会议传达贯彻中国思想政治工作研究会第九次会员代表大会和中国建设职工思想政治工作研究会第六次会员代表暨第十次年会精神，研究讨论如何进一步加强和创新思想政治工作。

26~27日，省住房和城乡建设厅在南京召开全省城市饮用水安全保障工作会议，会议部署了应对淮河流域初汛污染和太湖安全度夏应急防控各项工作，要求从加快应急水源建设、深度处理工艺改造、水质等级化验室建设、输配水系统改造、实施区域供水规划、完善城市供水应急技术、加强供水设施安保工作7个方面，加强城市饮用水安全供应工作。

29日，省政府在南京召开省房地产工作座谈会。会议就贯彻国家和省关于遏制部分城市房价过快上涨的部署，通报住房保障和房地产工作督查情况，分析房地产市场形势，研究部署下一阶段促进房地产市场平稳健康发展任务。

5月

4日，省住房和城乡建设厅召开2010年住房城乡建设工作一季度形势分析会。厅局领导班子成员出席会议，机关各处室、直属单位主要负责人等60余人参会。会议传达学习了全省经济工作会议、省政府全体（扩大）会议等有关会议精神，总结交流一季度住房城乡建设工作情况，分析住房城乡建设工作面临的形势，研究部署工作措施。

8日，扬州市商品房展示服务中心暨绿色低碳房产开展仪式举行。

12日，省政府在盐城召开江苏省淮河流域暨通榆河水污染防治工作会议，会议要求省住房和城乡建设厅切实加强指导，督促各地以污水处理厂为重点，抓好治污工程建设。为贯彻落实会议精神，17日，王翔率队赴连云港等地，督查列入国家淮河流域水污染防治"十一五"规划的城镇污水处理工程建设工作。

14~15日，省住房和城乡建设厅在南京举行《江苏省城乡规划条例》专题培训。培训班邀请《条例》的主要制定人员解读了《条例》的立法背景、指导原则、主要内容和贯彻实施要点，副厅长张泉就城乡规划制定、实施等重要问题等进行现场解答。

15~21日，江苏省暨南京市"全国城市节约用水宣传周"启动仪式在南京举行。副厅长王翔出席启动仪式并讲话。这是第19个"全国城市节约用水宣传周",主题是"节水全民行动,共建生态家园"。

19日,住房城乡建设部代表保障性安居工程协调小组,在北京与江苏省政府签订2010年住房保障工作目标责任书。责任书明确了2010年江苏省住房保障工作目标任务以及保障措施,责任书目标完成情况将纳入住房城乡建设部、监察部对省级人民政府住房保障工作的考核问责。

21日,省住房和城乡建设厅在南京召开《公共建筑节能设计标准》新闻发布会,该《标准》是江苏省工程建设强制性地方标准,是全省建筑节能标准体系的重要补充,于2010年3月23日批准发布,6月1日在全省实施。

21日,省政府在苏州召开全省中小学校舍安全工程工作推进会。

21~23日,全国政协委员赴川视察灾后重建。视察团走访北川、德阳、绵竹、什邡、汶川5个县市。其中,绵竹市为江苏省对口援建城市,援建工作走在全国前列。

23~28日,国家安委会第八督察组对江苏省开展安全生产大检查工作情况进行督导检查。28日,省政府在南京召开全省安全生产工作情况汇报会,省住房和城乡建设厅作情况汇报。

25~26日,省政府在无锡召开全省防震减灾工作会议,会议贯彻落实全国防震减灾工作会议精神,总结交流近年来全省防震减灾工作情况,研究部署下一阶段工作任务。通报全省地震应急避难场所建设情况。

28~30日,国际风景园林师联合会(IFLA)第47届世界大会在江苏省苏州市召开。本届大会由住房和城乡建设部、国际风景园林师联合会共同主办,江苏省住房和城乡建设厅等承办。周岚、王翔出席开幕式。

31日,厅长周岚陪同副省长何权赴常州调研公共租赁住房工作。

6月

4日,省长罗志军赴无锡考察太湖安全度夏应急工作,江里程陪同。检查组一行先后考察了太湖蓝藻治理科技馆和江苏省水利物联网示范应用基地、太湖应急监测船、无锡中桥水厂等。

5日,副省长史和平率队检查沪宁城际铁路沿线绿化整治成效,王翔陪同。

8日,省住房和城乡建设厅在南京召开《江苏省城市设计编制导则》课题研究成果鉴定会,张泉副厅长出席会议。

9日,何权赴常州视察公共租赁住房保障工作,江里程陪同。一行听取了常州市公共租赁住房保障工作情况汇报,现场视察了有关保障性住房项目。

10日,省政府在无锡召开太湖治理工作推进会,会议全面分析了当前太湖水环境形势,要求进一步落实责任,强化防控措施。

11日,全省施工许可管理工作会议在宜兴市召开,会议深入贯彻落实全省工程建设领域突出问题专项治理工作部署,深刻剖析了当前施工许可管理工作面临的形势和任务,研究部署了加强施工许可管理工作措施。

17日,副省长何权听取《江苏省城镇体系规划》修编工作情况汇报,厅长周岚作情况汇报。

18日,省住房和城乡建设厅和中国建筑学会在南京举办中国建筑领域能源规划暨热泵技术发展研讨会,顾小平出席会议并介绍江苏省建筑节能工作情况。会议重点研究了建筑区域能源规划暨热泵技术在建筑中推广应用与发展等问题。

22日,省住房和城乡建设厅在南京召开城市市政基础设施建设管理类建议提案办理工作座谈会,王翔副厅长出席会议并作建议提案办理工作情况介绍。

23日,省住房和城乡建设厅在南京召开《住宅工程质量分户验收规程》新闻发布会,该《规程》为江苏省住宅工程质量分户验收强制性地方标准,于2010年5月14日批准发布,7月1日起在全省实施。

23~24日,江里程、王翔率队赴苏中苏北地区调研城市建设与管理工作。调研组先后视察了淮安、南通、启东等市污水处理、垃圾处理、区域供水、园林绿化和数字化城管工作。

29日,省住房和城乡建设厅在扬州召开全省房产系统纪检监察工作座谈会,张宁宁出席会议并讲话。会议期间,与会人员实地参观了扬州市房产交易大厅、经济适用房小区和建筑节能示范小区项目。

7月

2日,省住房和城乡建设厅、统计局、商务厅在南京联合举办2009年度全省建筑业"百强企业"总结表彰大会暨建筑企业发展高层论坛。会议充分肯定2009年全省建筑业发展取得的丰硕成果,并要求龙头骨干企业积极发挥引领示范作用,积极顺应低碳绿色趋势,加快自主创新,提升发展质态,带动全行业尽快完成转型升级。

3日,中国瑞典两国政府间合作示范项目"无锡中瑞低碳生态城"正式在无锡签约启建动工。

3～4日，住房和城乡建设部房地产市场监督司副司长姜万荣率国家保障性安居工程建设和房地产开发企业经营行为督查组赴江苏省督查。

7日，省住房和城乡建设厅在南京召开《江苏省控制性详细规划编制导则》实施工作座谈会，会议对当前全省各地在控制性详细规划编制和实施管理中存在的矛盾和问题进行了深入讨论和交流。

13日，省住房和城乡建设厅在南京召开13个省辖市规划局长座谈会，会议对当前全省规划管理工作中出现的新情况、新问题进行了总结交流，对推进城乡规划依法行政和规范管理作深入讨论。

16日，省住房和城乡建设厅在南京召开住房城乡建设工作半年形势分析会，会议总结交流了上半年工作情况，对照省政府"五十项"重点工作和厅年初确定的目标任务，分析各项工作完成情况，研究部署下半年工作任务。

20日，江苏省人大常委会与省政府在南京联合召开《江苏省城乡规划条例》座谈会。张泉简要介绍了《条例》颁布以来全省住房城乡建设系统学习、培训和宣传等工作情况，并就下一步贯彻实施《条例》作表态发言。

21日，省住房和城乡建设厅在南京召开《成品住房装修技术标准》贯彻实施会议。顾小平出席会议并讲话。该《标准》于2010年6月1日起正式实施，填补了国家标准体系中成品住房装修标准的空白。

22日，省住房和城乡建设厅在南京召开太湖流域水污染治理工作推进会，会议通报了上半年太湖治理目标责任书项目完成情况，听取了南京、苏州、无锡、常州、镇江等市上半年各项目标任务完成情况、存在问题和下一步工作打算汇报。

27～28日，全省公共租赁住房工作现场推进会在常州召开，江里程书记就《关于大力发展公共租赁住房指导意见》作政策解读。

29～30日，省园博会组委会办公室在宿迁市组织召开"江苏省第七届园艺博览会"首次筹备工作会议。王翔出席会议并讲话。

29～30日，住房和城乡建设部在泰州组织召开《泰州市城市总体规划（2009～2020）》部、省联合审查会。张泉出席审查。

8月

5日，全省全面深入开展安全生产大检查电视电话会议在南京召开。会议传达学习了各市主要负责同志会议精神，对全省安全生产大检查作动员部署。

会后，省住房和城乡建设厅随即召开全省建设系统安全生产专项整治工作电视电话会议，江里程主持会议，徐学军作情况通报，并对开展建设领域安全生产专项整治作具体安排。

5～6日，省住房和城乡建设厅在扬州召开扬州历史文化名城和风景名胜区保护经验交流现场会，张泉出席会议并讲话。会议传达学习了书记梁保华关于扬州市历史文化和风景名胜区保护的指示精神，交流了扬州历史文化名城、风景名胜区保护经验。

5～7日，省住房和城乡建设厅在内蒙古呼和浩特市召开建筑业外埠市场形势分析会，徐学军出席会议并讲话。会议总结交流了省外建筑市场发展情况，分析了江苏建筑企业开拓外埠市场过程中遇到的问题，并对下一步工作开展作部署。

7日，王翔赴无锡市现场指导太湖地区饮用水安全度夏工作。王翔一行先后察看了无锡锡东水厂水源地、南泉原水厂和中桥水厂，听取了无锡市自来水总公司对长江、太湖双水源运行调度和饮用水安全度夏的工作汇报，并就扎实做好饮用水安全保障工作提出具体要求。

9～11日，宋如亚带队赴扬州、无锡调研餐厨废弃物管理办法立法工作。调研组广泛听取了城市管理、质监、卫生、环保等部门以及餐厨垃圾处置企业的意见，深入了解当前餐厨废弃物管理工作现状、所遇到的困难和问题。

12日，省治理"小金库"领导小组办公室主任徐阳升一行赴省住房和城乡建设厅调研督查"小金库"专项治理工作，张宁宁出席座谈并作情况介绍。

16～18日，宋如亚带队赴金坛、海门等市调研数字化城管工作。调研组听取了两地数字化城管工作汇报，并组织召开了《金坛市数字化城市管理项目建设方案》评审会。

18日，省住房和城乡建设厅在南京召开太湖地区城市供水主管部门负责人、城市供水企业负责人会议，会议传达学习了省政府关于太湖地区饮用水安全保障专题会议精神，并就确保太湖地区城乡饮用水安全度夏作再部署。

18～19日，省住房和城乡建设厅在扬州召开全省环卫行业市场化运作现场会，会议总结交流了近年来各地环卫行业市场化运作取得的成效和经验，针对环卫行业发展不足，对下一步工作措施作研究探讨。

20～21日，全国加快保障性安居工程建设工作座谈会在常州召开。国务院副总理李克强出席会议并讲话，住房和城乡建设部部长姜伟新介绍了全国保障性安居工程建设情况和下一步工作安排；梁保华书记作会议致辞，罗志军作会议发言。会议期间，与会人员实地视察了常州公共租赁住房等工程项目，周岚、江里程陪同视察。

23～29日，根据省委省政府安排，省委组织部副部长盛克勤、省住房和城乡建设厅副厅长徐学军带队赴连云港、盐城开展"三项排查"督导工作。督导组听取了两市政府情况汇报，查看了安监、建设等部门安全生产大检查台账资料。

24～25日，王翔带队赴常州专题调研城市公园免费开放与引入市场化机制工作。

30日～9月1日，何权带队赴苏州、无锡调研节约型城乡建设工作，周岚、顾小平陪同调研。调研组在两市视察了"绿色施工管理、住宅全装修、综合管廊建设、城市绿色照明、城市垃圾资源化利用"等节约型城乡建设重点工作的代表性工程的建设和运行情况，并听取两市重点项目情况汇报。

31日～9月1日，根据省政府部署，王翔带队赴南京、苏州调研城市防汛排涝工作。

9月

1日，罗志军、何权专题听取省住房和城乡建设厅关于《江苏省城镇体系规划》修编工作和规划方案汇报。周岚作规划构思汇报，张泉作《江苏省城镇体系规划》方案汇报。

1日，省住房和城乡建设厅"行政权力网上公开透明运行"企业资质申报审批系统全部投入运行，由省住房和城乡建设厅核准和初审的城市规划编制、工程设计、工程勘察、工程监理、造价咨询、招标代理、工程质量检测、城市园林绿化、房地产开发、物业服务、房地产估价、房屋拆迁、建筑施工、设计与施工一体化、建筑施工安全许可证等15类企业资质（资格）从企业申报到各级管理部门的审核，均在该系统操作完成。

6日，省住房和城乡建设厅召开江苏建筑业"十二五"规划编制工作座谈会。周岚、徐学军出席会议。"十一五"期间，江苏建筑业成就卓越，亮点纷呈。提前并超额完成了"十一五"规划的各项任务，成为全国第一个建筑业总产值突破万亿元的省份，占全国建安总产值的七分之一，累计获鲁班奖64项、国优奖42项，总数列全国各省市区第一位。

10日，省政府在南京召开全省大气污染防治工作暨省大气污染防治联席会议第一次会议，徐学军副厅长参加会议并作"建筑施工扬尘防治"专题汇报。

20日，江苏省首例污水处理特许经营项目中期评估评审会在淮安召开。

21日，省住房和城乡建设厅在南京举办"江苏省公共租赁住房设计方案展"开展仪式。何权出席仪式并剪彩，周岚出席仪式并致辞，江里程主持仪式，顾小平出席仪式。

26～27日，全省城管局长座谈会暨省城管研究会2010年会长例会在南京召开。会议对各地积极创新管理体制，逐步实现由被动管理向主动管理、由各部门分散管理向集中管理、由传统经验管理向动态科学管理、由粗放管理向精细管理、由突击管理向常态管理、由小城管向大城管等"六大转变"表示肯定，并结合当前城管工作中的"热点"、"难点"问题作深入讨论。

29日，省住房和城乡建设厅与国家开发银行江苏分行举行银政合作座谈会暨合作协议签字仪式。周岚出席签字仪式并签署合作协议，王翔主持签字仪式。根据协议，"十二五"期间，双方将从城乡统筹发展规划和保障性住房发展规划合作入手，进一步加大对城乡基础设施、保障性住房等民生工程、建设领域合作能源管理等节约型城乡建设工作重点项目的资金扶持力度，进一步推进江苏省城市化进程、提高住房保障和城乡建设节约化水平。

10月

7日，省住房和城乡建设厅召开驻外办事处主要负责人会议，徐学军出席会议并讲话。会议听取了各驻外办事处关于各地市场的情况汇报，并围绕"十二五"规划、市场开拓和抓好出省队伍管理、工程质量监管、教育培训等内容进行了讨论。

10日，省住房和城乡建设厅在苏州主持召开《桃花坞历史文化片区综合整治保护利用规划》论证会，张泉参加现场踏勘。《规划》研究确定了片区的功能定位和人口控制、用地功能调整、交通组织、基础设施、综合防灾等规划对策，提出了具体保护措施。

12～13日，全国校安办副主任、住房和城乡建设部工程质量安全监管司曲琦率队赴江苏省督查校舍安全工程实施情况，顾小平出席汇报会并陪同督查。

13～14日，徐学军率队赴浙江省考察建筑业工作。考察组从税收政策、企业融资、转型发展等方面，重点学习考察了浙江省促进建筑业发展的各项措施及成效。

15日，江苏省出省建筑业企业党建工作推进会暨江苏省出省建筑业企业西北地区党委成立大会在西安召开，张宁宁出席会议并讲话。

18日,省住房和城乡建设厅联合省政府法制办在南京召开《江苏省建设工程造价管理办法》新闻发布会,该《办法》是江苏省工程造价领域第一部政府规章,经省政府第51次常务会议审议通过,于2010年11月1日起施行。

18日,省住房和城乡建设厅行政权力网上公开透明运行工作顺利通过省联合考核验收组验收。

18~20日,住房和城乡建设部总规划师唐凯来江苏省调研规划工作,张泉陪同调研。唐凯参加了《太仓市城市总体规划(2010~2030年)》成果论证会,并实地踏勘了太仓、宜兴城市规划建设和历史文化保护工作。

19~20日,省住房和城乡建设厅在南通召开前三季度全省建筑业形势分析会,会议总结了2010年以来全省建筑业各项工作完成情况,并就四季度建筑业工作及全省建筑业改革发展工作会议筹备工作做部署。

26日,省纪委、省监察厅在省住房和城乡建设厅组织召开远程异地评标工作现场会,会议听取了全省建设工程领域推行远程异地评标工作情况的汇报;通过远程视频监控系统察看了各省辖市建设工程交易中心评标现场。

27日,省住房和城乡建设厅在溧阳市召开全省建筑安全监督管理费征收管理工作座谈会,会议听取各地关于建筑安全监督管理费征收管理工作的情况汇报,并就做好管理费征收使用工作作部署。

27日,省政府在常州召开全省城市道路交通管理工作会议,会议回顾总结了近年来全省城市道路交通管理工作情况,就进一步加强城市道路交通管理工作作部署。

27~28日,省住房和城乡建设厅在南京召开全省住房建设规划编制推进会,周乃翔书记出席会议并讲话。会议部署了全省2010~2012年住房城乡建设规划和2010年计划编制督查事项并审定规划(计划)审核要点。

28日,省住房和城乡建设厅在宿迁召开苏北建筑业企业发展研讨会,徐学军出席会议并作专题辅导。

11月

1~3日,第五届中国城镇水务发展国际研讨会与技术设备博览会暨中国城镇供水排水协会2010年年会在无锡召开。来自德国、美国、日本、新加坡、港澳地区及国内城镇水务工作者约2000人参会。

3日,全省施工图审查工作会议暨施工图审查工作十周年总结大会在南京召开。住房和城乡建设部工程质量安全监管司司长吴慧娟出席会议并讲话,顾小平做主题报告。江苏省始终坚持施工图审查工作的公益性,不搞审查工作的市场竞争,对审查实施严格的政府监管和强有力的业务指导,实施审查机构的动态考核,保证了审查把关的权威、公正和高质量。

5日,全省工程建设领域突出问题专项治理工作电视电话会议在南京召开。全省工程建设领域突出问题专项治理工作开展以来,省住房和城乡建设厅认真落实中央和省各项工作部署,坚持以市场监管为重点,以制度建设为保障,着力解决在城乡规划管理、工程建设实施和工程质量管理、招投标管理等方面存在的突出问题,专项治理工作取得了初步成效。

15日,省住房和城乡建设厅在南京举办《建筑抗震设计规范》(GB 50011—2010)宣贯培训班。该标准是工程抗震技术标准体系中最重要、应用面最广的国家标准,将于2010年12月1日开始实施。

16~17日,全国住房公积金年度报告制度研讨会在江苏省召开。会议明确,成立全国住房公积金年报制度课题组,相关工作由江苏省住房和城乡建设厅牵头。会上省住房和城乡建设厅就住房公积金信息公开工作,以及住房公积金年度报告制度初步研究成果作情况汇报。

17日,国土资源部、住房和城乡建设部联合检查组赴江苏省检查房地产用地和建设管理调控工作。

18日,中瑞环保和建筑节能技术推介会在南京举行。推介会由江苏省与友好省瑞典东约特兰省共同举办。本次推介会增进两省在建筑节能、环保领域的交流与合作,推动两省的建筑节能、环保事业发展。

22~23日,省政府在淮安召开全省中小学校舍安全工程现场推进会。张宁宁参加会议并发言。全省校安工程开展以来,省住房和城乡建设厅根据工作安排,组织专业部门对全省8370所中小学校舍进行了排查鉴定,确定需加固和重建校舍面积占排查鉴定总面积的71.69%,圆满完成排查鉴定任务。

24日,住房和城乡建房部办公厅副主任张志新赴南京市调研城建档案工作,调研组充分肯定南京市城建档案馆馆藏丰富,管理有序,为南京城市规划、建设和管理做出了积极贡献;同时肯定南京市城建档案信息化管理工作走在全国前列,对推动全国城建档案工作发挥了示范作用。

25日,全国建设工程监理会议在南京召开。会议回顾总结了近5年全国建设工程监理工作情况,对工程监理市场和行业发展存在的问题进行了深入分析,对监理工作改革创新和发展方向进行了研讨。

26日,全省住房和城乡建设系统思想政治工作会议暨建设政研会第八次年会在南京召开。交流展示了全系统思想政治工作先进经验和成果，通过了《江苏省住房城乡建设系统思想政治工作研究会章程》修改草案。

12月

1日，罗志军、何权专题听取全省住房保障工作情况汇报和村庄规划建设情况汇报，周岚厅长、周乃翔书记、张泉副厅长参加汇报会。

1日，省委、省政府在南京召开江苏省对口支援四川省绵竹市地震灾后恢复重建总结表彰大会，周乃翔书记参加会议。

7～10日，"江苏·东北建设合作推进会"在沈阳市召开。江苏10家企业代表作交流发言、45家企业代表作诚信宣言。

9日，省住房和城乡建设厅在淮安市召开村庄规划建设工作座谈会，张泉出席会议并讲话。会议就贯彻落实罗志军、何权关于进一步加大全省村庄规划实施推进力度的指示，围绕推进村庄规划实施、改善农村人居环境进行了深入座谈与讨论。

9日，全省建设系统工会劳动保护工作会议在南京召开，会议全面分析了当前建设系统工会劳动保护工作面临的新形势和新任务，对提高劳动保护等工作做出部署。

9～15日，省住房和城乡建设厅分别在淮安、南通、丹阳召开全省住房和城乡建设系统"五五"普法工作集中汇报会，会议全面总结了"五五"普法工作，对"六五"普法规划作研究谋划。

20～22日，省政府组织部分省人大代表、省政协委员、省政府参事赴淮安、徐州视察省政府年度重点工作，视察组先后视察了淮安富士康公共租赁住房、徐州市新城区污水处理厂等城建项目。

22～23日，省住房和城乡建设厅在南京召开《江苏省城镇燃气安全检查标准》宣贯会，会议对燃气安全检查标准内容进行学习宣贯，并就燃气安全检查和今冬明春燃气工作进行部署。

22～24日，张泉和省综改办主任、省财政厅副厅长江建平等一行，对江苏省村庄规划建设工作开展调研。调研组实地考察了盱眙、泗洪、兴化等县（市）12个村庄的建设整治工作。

24日，省住房和城乡建设厅在南通市召开全省城市房屋拆迁工作座谈会，会议总结交流了2010年城市房屋拆迁工作，并对2011年工作作研究部署。

28～29日，省住房和城乡建设厅在南京召开连云港云台山风景名胜区总体规划（修编）评审会。

30日，省住房和城乡建设厅在南京召开全省《施工总承包企业特级资质标准实施办法》宣贯会，会议传达了全国建筑市场动态监管工作会议精神，对全省特级企业资质就位工作进行部署。

30日，省住房和城乡建设厅召开中国工程院院士学术报告会，周丰峻院士、邹德慈院士应邀，分别作《大跨度洞室与大跨度网架结构以及地铁公共安全技术发展》和《路网、交通与城市规划》学术报告。

31日，省住房和城乡建设厅科学技术委员会在南京召开第五次全体会议，会议听取了厅科技委2010年工作开展情况汇报，并就江苏城市空间特色塑造、江苏城市建筑文化和江苏城市园林艺术水平提升等专题进行座谈讨论。

浙 江 省

2010年，全省住房和城乡建设系统深入贯彻落实科学发展观，坚决贯彻落实中央和省委、省政府的各项决策部署，紧紧围绕"创业富民、创新强省"总战略，以新型城市化为引领，着力推动住房城乡建设事业科学发展，各项工作取得新成绩。根据第六次人口普查结果，全省城市化水平已达61.6%。

1. 住房和城乡建设综合工作

【调研督查工作】 浙江省住房和城乡建设厅分解、交办、督查、落实好省委、省政府交办的各项重点工作，协调组织厅领导及各有关处室负责人赴全省开展住房城乡建设事业年度重点工作进展情况调研督查，协调组织厅领导及各有关处室负责人赴各地区学习考察。积极开展住房城乡建设领域调研，组织集结《关于实施公共租赁住房制度的政策研究》等12篇成果收入《2010年度浙江省住房和城乡建设厅调研成果文集》。

【信访维稳工作】 厅本级收来信996件，接来访

315批、856人次；办理复查复核等38件，同比下降23%；通过省监督投诉、省长信箱、厅监督投诉、厅长信箱等网上渠道接收办理1323件，同比下降13%。

【提案建议办理工作】 省"两会"交浙江省住房和城乡建设厅办理的建议提案共137件，其中66件为主办件。民进省委会、致公党省委会提出的《加强规划科学性，进一步推进新农村建设》（第5号提案）、《大力支持欠发达地区农村住房改造建设，促进浙江省新农村建设全面发展》（第44号提案）均被确定为省重点办理件。办公室在规定时间内牵头协调完成所有提案建议的办理工作。10月，在全省政协提案工作会议上，副厅长吴雪桦受厅长谈月明委托，代表省建设厅作了大会交流发言。

【政府信息公开工作】 按照厅政府信息公开目录和公开指南，着力规范主动公开政府信息工作流程、依申请公开工作流程、保密审查、更新维护等相关工作流程和配套制度。通过厅门户网站主动公开政府信息累计185460条，借助《浙江日报》、《中国建设报》、浙江在线、浙江电视台等各类媒体、刊物，主动公开各类住房城乡建设系统政务信息逾400条，受理并办理政府信息依申请公开件8件。10月，做好全国住房城乡建设系统政府信息公开培训班有关承办工作。

【建设档案工作】 经浙江省住房和城乡建设厅和省档案局组织目标管理认定考核和复查，全省共有12家档案馆（室）进入升级行列，其中省一级6家，省二级3家、省三级3家。此外，4家档案馆（室）分别通过了省一级和省二级的复评验收。完成1991～2009年浙江省住房和城乡建设厅文书档案信息化工作，并整理电子档案交省档案局备份。至年底，全省基本建立省、市、县（市、区）三级建设档案行政管理体制以及市城建档案馆、房产档案馆和县（市、区）城建档案馆（室）、房产档案馆（室）两级建设档案实体管理的城乡建设档案工作体系。

【结对帮扶工作】 被省委、省政府授予2009年度"低收入农户奔小康工程"结对帮扶工作先进单位。2010年，根据省委、省政府提出的实施"低收入农户奔小康工程"的目标任务，继续实施"低收入农户奔小康工程"。全年补助资金341.72万元用于贵岙乡、小舟山乡6个村的基础设施建设、困难群众危房改造和村镇规划编制，提高农村人居环境和农村住房抗灾避灾能力，结对帮扶工作取得明显成效。

2. 法规政策文件

【做好法规规章制定工作】 配合省人大常委会做好《浙江省城乡规划条例》草案审议的各项准备工作，赴省内外广泛调研，多次召开专题座谈会和论证会，对草案进行数十次修改完善。5月28日，《浙江省城乡规划条例》经省人大常委会十一届十八次会议审议，以高票通过(51票赞成、1票弃权)。组织起草《浙江省风景名胜区管理条例》（修订）、《浙江省建设工程造价计价管理办法》（修订），赴杭州、宁波、温州等地开展调研，多次讨论修改，完成修订草案征求意见稿，发省级有关单位和各地征求意见。

【做好立法建议及研究工作】 积极提出立法建议，《浙江省风景名胜区管理条例》（修订）、《浙江省建设工程造价计价管理办法》（修订）分别列为地方性法规和政府规章一类立法项目。认真研究、答复立法征求意见，积极参加立法协调，收到并处理省人大、省法制办等单位发来的法律、法规、规章草案征求意见和协调会议通知165件次。协助住房和城乡建设部开展立法调研，承办住房和城乡建设部在杭州召开的《村庄和集镇规划建设管理条例》（修订）、《建筑市场管理条例》等立法调研会议。

【会同有关部门完成重要文件起草工作】 会同有关部门制定《关于加快发展公共租赁住房的实施意见》，由省政府予以转发。为省政府起草《关于进一步加强城市住房保障促进房地产业平稳健康发展的若干意见》、《关于坚决遏制部分城市房价过快上涨促进房地产市场平稳健康发展的实施意见》，会同有关部门制定《浙江省商品房预售资金监管暂行办法》，在全国率先出台。加强研究，完成省政府服务业专项规划中的《浙江省城镇住房保障与房地产发展"十二五"规划》。会同省国土资源厅下发《关于完善县(市)域总体规划和土地利用总体规划衔接工作的通知》。会同省农办、省国土资源厅下发《关于加强和改进中心镇中心村规划编制工作的通知》。推进城市群规划编制和研究。4月，《浙中城市群规划(2008～2020年)》通过省政府组织的专家评审。制定《关于切实加强建设工程领域安全生产工作的意见》，由省政府予以转发。

【做好规范性文件制定工作】 研究制定《浙江省物业项目服务退出管理办法（试行）》、《浙江省城市园林绿化企业资质管理实施办法》、《浙江省商品房预售资金监管暂行办法》、《浙江省住房城乡建设系统规范行政处罚裁量权实施办法（试行）》等8个规范性文件，并按要求报省政府备案审查。

【规章和规范性文件清理工作】 按照省政府统一部署，对涉及浙江省住房和城乡建设厅职责的政府规章和规范性文件进行全面、集中清理。向省法制办提出废止1件、修改4件、保留7件政府规章的建议,修改后的《浙江省城镇廉租住房保障办法》、《浙江省经济适用住房管理办法》经省政府常务会议审议通过。向省法制办提出废止16件、继续有效101件省政府规范性文件的清理建议,公布废止28件、继续有效127件厅规范性文件的清理结果。

(吴毅峰)

3. 房地产业

【规范房地产市场秩序】 突出预售监管,要求各地切实加强商品房预售监管,严格执行预售方案制度,严格最小预售单元批准预售,严格实行明码标价并一次性公开销售,严格预售资金监管和合同管理。

【抑制不合理住房需求】 突出政策刚性,严格执行国家差别化住房信贷税收各项政策措施,明确住房公积金贷款购房首付款比例按照商业银行贷款首付款比例要求执行,落实以满足当地居民家庭自住型首次购买普通住房需要为主的临时性限购多套住房政策,清理调整和停止执行与中央调控方针政策不相符的政策。

【增加土地有效供给】 突出土地调控,按照《2010~2012年住房建设规划》和住房用地供地计划,切实保障70%以上居住用地用于保障性住房、城市危旧房与"城中村"改造和中小套型普通商品房建设,切实保障70%供地结构要求和保障性住房用地分解落实到具体地块。

【落实责任确保调控取得实效】 建立健全各级各部门住房保障和房地产市场监管目标责任考核体系,通过纪检监察、督查约谈以及开展专项检查等方式,强化对各地制定落实政策、规范用地管理、预销售监管和保障性住房建设管理清理检查,确保各项调控政策措施落实到位,取得实效。各地先后出台加强房地产市场调控、加快保障性住房建设的具体实施意见。

【房地产开发建设投资】 全省房地产开发完成投资3030.04亿元,比上年增长34.4%;房地产增加值达到1519.94亿元,比上年增长16.5%,占全省生产总值的5.6%;房地产税收收入468.02亿元,比上年增长41.4%,占全省地税收入的23.8%;商品房施工面积23824.53万平方米,比上年增长19.5%,其中新开工面积7890.63万平方米,增长40.7%;房屋竣工面积4049.47万平方米,比上年增长5.4%,除房屋竣工面积外,各项开发建设指标均处在较快增长区间。

【房地产市场成交量有所下降】 1~12月,全省商品房销售面积4809.96万平方米,比上年减少13.1%,其中商品住宅销售面积减少19.5%;商品房销售额4448.70亿元,比上年增长2.6%,其中商品住宅销售额减少4.9%;从月度销售量变化来看,5、6月份较快下降后,三季度反弹明显,10月份开始有所回落。11个设区市二手住房成交面积920.73万平方米,比上年减少42%。

【房价过快上涨势头得到初步遏制】 从房价来看,全年全省房屋销售价格同比上涨11.1%。其中,12月份全省房屋销售价格同比上涨4.6%,环比上涨0.5%;新建普通商品住房价格同比上涨5.4%,环比上涨0.6%。总体上,月度价格同比延续4月以来涨幅逐步回落趋势,环比价格在正负区间小幅波动,部分城市房价过快上涨势头得到初步遏制。

【建立商品房预售资金监管机制】 为进一步规范商品房预售资金监督管理,确保商品房预售资金用于相关工程建设,防止商品房交易风险,保障预售商品房当事人的合法权益,维护房地产市场正常秩序,根据有关法律法规规定和国发〔2010〕10号、浙政发〔2010〕23号文件精神,会同人民银行、银监部门在全国省域范围内率先出台《浙江省商品房预售资金监管暂行办法》和《浙江省商品房预售资金监管协议书(示范文本)》,明确监管范围和对象,明确各方主体和责任,明确监管程序和重点,明确监管协议主要内容,11月1日开始全面实行商品房预售资金监管机制。

【房地产监管分析平台建设】 加快前期准备工作。在对各地房地产信息系统建设情况调查摸底的基础上,根据浙政发〔2010〕23号文件提出的加快全省统一的房地产信息平台和信用制度建设要求,制定全省房地产监管分析平台建设初步工作方案,明确提出将房地产市场信息系统、预警预报体系和个人住房信息系统建设结合起来,在满足全国个人住房信息联网要求,更好地为全省房地产调控决策、住房保障监管、住房公积金管理服务。

【全面开展房地产市场清理检查】 6月中、下旬,省政府派出6个检查组分赴全省11个设区市及部分所辖县(市、区),围绕各地制定落实政策、规范用地管理、预销售监管、房地产市场清理检查,督促各地依法查处房地产开发经营中的各种违法违规行为。国土资源、物价部门开展房地产用地和商品住房销售明码标价专项整治活动。各地通过多种方式,做好本地区房地产市场清理检查各项工作。杭州、舟山、衢州等城市强化商品住房市场违法违规行为执法检查,重点查处捂盘惜售、违规中介等行为；宁波市在集中检查市本级基础上，按一定比例抽查县（市、区）房地产市场检查情况；温州市对2008年以来发放施工许可证的在建商品住房项目进行集中清理整治；嘉兴市在检查过程中通过报纸、网站等，公布投诉举报电话，接受社会监督；湖州、绍兴等城市通过企业自查、联合检查、专项督查等多种形式实施交叉式检查。据统计，各地共检查房地产开发企业1873家，检查房地产开发项目2100个、建设面积13628.64万平方米；清理闲置房地产用地项目99宗；清理已批准预售项目1493个、建筑面积7490.17万平方米；受理开发经营违法违规行为投诉举报44件，查处开发经营违法违规行为40起。

【严格城镇房屋拆迁管理】 根据各地实际，下达当年城镇房屋拆迁计划。5月28日，浙江省住房和城乡建设厅会同省发改委、省监察厅印发《加强浙江省城市房屋拆迁监管专项工作方案》（建房发〔2010〕143号），对完善政策措施、加强行政监管、加强实施监管、信访办理监督等提出具体要求。6月25日，省政府办公厅下发《关于贯彻落实国办发明电〔2010〕15号文件精神的通知》，明确要求各级城市房屋拆迁管理部门认真按照通知要求，进一步规范房屋拆迁许可程序，严格控制拆迁裁决，加强对房屋拆迁违法违规行为监管，对2009年1月1日以来核发房屋拆迁许可证的434个项目进行排查清理。其中77个拆迁项目实施完毕，涉及被拆迁人4595户；选择货币补偿的1832户，补偿金额35.57亿元，全额支付到位；选择实物安置的2412户，平均每户安置面积比原面积增长36.1%，按协议交付房屋2305户，按期履约率达95.6%。经排查，推迟实施拆迁项目49个、39.3万平方米。

【推进住宅产业化工作】 进一步加大国家康居示范工程建设和A级住宅性能认定工作，积极创建全国住宅产业化基地，杭萧钢构集团被住房和城乡建设部批准为全国首个钢结构住宅产业化基地。慈溪康鑫梵石花园通过住房城乡建设部省地节能环保型住宅国家康居示范工程终审验收，衢州金都·西江月等4个住宅小区项目通过国家2A住宅性能认定。

【组织编制城市住房"十二五"规划】 全省城镇住房保障与房地产业发展"十二五"规划是省级"十二五"专项规划和省服务业十个重点专项规划之一。根据省政府统一部署和全省服务业发展专项规划编制会议精神，编制完成《浙江省城镇住房保障与房地产业发展"十二五"规划》。规划提出"十二五"时期全省房地产业工作主要目标是：到2015年房地产开发投资约3300亿元（年均增长7%），增加值约2000亿元，增加值占生产总值比重为5.3%；房地产服务业从业人员达100万人以上，物业服务业营业收入占全省生产总值比重达到2.5%。其中主要任务：一是促进房地产市场平稳健康发展。二是加快推进产业转型升级。围绕建筑节能，大力实施建筑工业化、部品产业化，加快实现房地产业从半手工半机械化向现代工业化模式转变。三是加快房地产服务业发展。积极拓展新型服务领域，加快构建和完善包含物业服务、房地产经纪、评估、咨询、产权产籍管理、房产测绘、房屋拆迁、白蚁防治等在内的服务体系。

（叶登）

4. 住房保障

【城镇住房保障体系】 加快保障性住房房源建设，稳步扩大住房保障受益覆盖面，基本实现人均可支配收入60%以下的城镇住房困难家庭廉租住房"应保尽保"；基本满足人均可支配收入80%以下的城镇住房困难家庭购租经济适用住房需要；基本满足城镇中等偏下收入住房困难家庭租住公共租赁住房等需要。努力探索和实现三个转变：保障方式由以廉租住房、经济适用住房为主向以公共租赁住房为主转变；建设管理模式由政府统包向政府主导和社会参与相结合转变；工作重心由注重住房建设向建设和规范管理并重转变。

【城镇住房保障制度不断完善】 保障水平明显提升，先后出台实施《浙江省城镇廉租住房保障办法》、《浙江省经济适用住房管理办法》、《关于进一步加强城镇住房保障体系建设的若干意见》、《关于加快解决城市低收入家庭住房困难的实施意见》、《关于加强城镇住房保障促进房地产市场稳定健康发展的实施意见》等一系列法规文件，不断完善城镇住房保障政策体系，创新保障方式，落实保障要素，强化保障责任，为扎实推进城镇住房保障工作奠定基础。

【落实目标责任】 1月21日，在全省城市住房工作会议上，省政府和各设区市政府签订目标责任书，将全省实施"1313"保障性安居工程目标任务分解至各设区市。厅也将城镇住房保障建设任务列入对各市住房城乡建设部门一类考核目标。4月底前各设区市将目标任务分解至辖区内各县（市、区）和市级有关部门，层层分解落实责任。

【突出住房保障建设】 进一步强调加快发展公共租赁住房。将住房保障的工作重点逐步转向解决城市中等偏下收入家庭的住房困难问题，重点加快发展包括人才公寓和农民工公寓在内的公共租赁住房。2010年全省开工建设公共租赁住房137.9万平方米，完成年度目标任务的159.0%。

【保障性住房建设要素保障】 年初，浙江省住房和城乡建设厅会同省国土资源厅制定年度住房建设用地计划，优先保证保障性住房建设用地，并单列下达。至年底，全省供应保障性安居工程用地2550公顷，做到保障性安居工程用地"应供尽供"。各地多渠道筹集廉租住房建设资金，除按规定计提土地出让金、住房公积金增值收益外，还通过财政预算安排2.6亿元。争取中央财政和国家发改委预算内投资补助合计1.6亿元，重点用于发展公共租赁住房；省级财政转移支付3 659万元，支持欠发达地区做好廉租住房保障工作；会同省财政厅制定浙江省中央补助城市棚户区改造、公共租赁住房资金管理实施细则。杭州、宁波作为全国利用住房公积金贷款支持保障性住房建设试点城市，分别计划安排公积金贷款11亿元和5亿元支持保障性住房项目建设。

【加强规范管理】 配合省政府法制办完成《浙江省城镇廉租住房保障办法》、《浙江省经济适用住房管理办法》修订工作，转发《关于加强经济适用住房管理有关问题的通知》、《关于加强廉租住房管理有关问题的通知》、《关于进一步强化住宅工程质量管理和责任的通知》。各地在实践中也不断探索创新，维护保障对象的知情权、参与权和监督权。杭州市建立经济适用住房"房等人"机制，通过电脑摇号、电视直播等方式进一步增强经济适用住房分配的公开、公平和公正性，通过短信群发平台，在摇号、选房等重要公告发布前一日群发短信告知相关申请家庭，选房弃选率明显下降。湖州市将廉租住房保障由往年集中时间申请、集中时间受理调整为常年申请、常年受理、常年保障，做到申请一户受理一户、合格一户保障一户。丽水市青田县在经济适用房项目建设中开展"阳光验收"试点，竣工验收前，公告竣工验收信息、重要功能性试验和分户验收等情况，特邀部分购房代表作为义务监督员，参与竣工验收，受到购房户的普遍欢迎。

【全年住房保障任务超额完成】 全省新增廉租住房受益家庭1.42万户，全面实现低保标准2倍以下城市低收入住房困难家庭廉租住房"应保尽保"；新开工建设保障性住房411.5万平方米，基本满足城镇居民人均可支配收入60%以下的城市住房困难家庭购租经济适用住房需要；新开工公共租赁住房137.9万平方米；新开工限价商品房574.0万平方米；完成旧住宅区和危旧房改造472.9万平方米。全省合计新开工保障性安居工程1 596.3万平方米，完成年度目标任务152.3%。

【组织编制城市住房"十二五"规划】 全省城镇住房保障与房地产业发展"十二五"规划是省级"十二五"专项规划和省服务业十个重点专项规划之一。根据省政府统一部署和全省服务业发展专项规划编制会议精神，编制完成《浙江省城镇住房保障与房地产业发展"十二五"规划》。规划提出"十二五"时期浙江省城市住房工作主要目标是：通过廉租住房、经济适用住房、公共租赁住房、城市旧住宅区(危旧房)改造新增解决约40万户城镇中等偏下收入住房困难家庭的住房问题，另外通过限价商品房等方式解决约18万户其他住房困难家庭的住房问题，累计保障覆盖面提高到城镇家庭总户数的20%。

(郑勇)

5. 公积金管理

【住房公积金制度覆盖面扩大】 到2010年底，全省实缴住房公积金职工360万人，比上年净增30万人。

【住房公积金缴存额】 全省住房公积金年缴存额为426亿元，到年底累计缴存额2285亿元，比上年新增缴存余额约180亿元。到2010年底，全省住房公积金年缴存余额为1100亿元。

【个人住房贷款规模扩大】 全年发放个人住房公积金贷款7万笔、余额250亿元。到年底，全省累计发放85.5万笔、贷款金额1610亿元。贷款余额890亿元，其中2010年新增贷款余额110亿元。贷款率(贷款余额占缴存余额的比率)约81%，列各省、区、市前茅。贷款逾期率万分之0.37，为各省、区、市最低。

【职工住房保障发挥作用】 通过发放住房公积金贷款，全省帮助约85万余户(次)职工家庭改善居住条件。通过增值收益累计提取廉租住房建设补充资金17.7亿元，使用8.7亿元，帮助约2万多户低收入住房困难家庭享受廉租房制度。杭州、宁波市已经开展利用住房公积金支持保障性住房建设的试点工作。

【住房制度改革继续完善】 全年向约10万名职工发放住房补贴20亿元，到2010年底，全省有3/4的市、县建立住房补贴制度，累计向125万名职工发放住房补贴约250亿元，在各省、区、市名列前茅。全年全省出售公房约1万套、50万平方米，回收房款约3亿元。房改以来累计出售公房146万套、8950万平方米，回收房款约264亿元。全省公房平均租金，从房改前每平方米0.1元，提高到现在的2.50元。

【全面完成确定的工作目标】 全省实缴住房公积金职工人数，包括当年净增人数均创历史新高，贷款率81%，列各省、区、市前茅，贷款逾期率约为0.37‰，为各省、区、市最低；全年没有发生违规挪用住房公积金情况。较好完成省政府确定的2010年工作目标：稳步扩大住房公积金制度覆盖面，有效防范资金风险。

（杜康生）

6. 城乡规划

【推进跨区域空间规划研究制定工作】《浙江省省域城镇体系规划（2008～2020年）》上报国务院审批，配合住房和城乡建设部做好规划的审查鉴定工作。4月6日，《浙中城市群规划（2008～2020年）》通过省政府召开的专家评审会评审，与会的国内专家对该规划予以高度的肯定，认为通过浙中城市群规划的编制和实施能引导浙中城市群内形成更为合理的城镇网络，提升该区域一体化发展水平，进一步发挥其对浙西南地区的辐射带动作用，从而推动全省沿海和内陆地区的统筹发展。浙江省住房和城乡建设厅牵头会同台州、宁波有关市县启动《三门湾空间规划》的编制工作。

【完成《浙江省城乡规划条例》立法工作】 配合省人大法工委开展《浙江省城乡规划条例》的专题调研和修改完善工作。5月28日，《浙江省城乡规划条例》经省十一届人大常委会第十八次会议审议通过，于10月1日正式实施。该条例的出台对于进一步健全城乡覆盖的城乡规划编制体系、严格规范的城乡规划实施管理体系和民主公开的城乡规划监管体系具有重大意义。条例出台后，7月7日召开全省《浙江省城乡规划条例》宣传贯彻工作会议，7月7日召开全省《浙江省城乡规划条例》宣传贯彻工作会议；开展条例培训工作和条例释义的起草工作；9月中旬到10月中旬集中开展条例宣传月活动，专门印制宣传海报免费发放各地；着手进行条例贯彻实施相关配套政策制定工作。

【推进县（市）域总体规划编制和实施】 为进一步协调推进"两规"衔接工作，浙江省住房和城乡建设厅与省国土资源厅研究起草，经省政府同意下发《关于完善县（市）域总体规划和土地利用总体规划衔接工作的通知》。在《通知》中进一步明确要在"两规"用地规模一致、控制边界协调和规划实施衔接。至年底，全省有县（市）域总体规划编制任务的57个县（市）全面完成编制工作；其中15个县（市）域总体规划经批准实施。

【抓好重大项目规划选址工作】 完成京杭运河整治工程、九溪水电站、义乌机场国际航站楼、信安-兰溪500kV高压廊道、望东垟高山湿地保护与恢复工程、浙江影视后期制作中心一期、仙居风景名胜区神仙居索道等项目的规划选址工作。全年核发规划选址意见书251件，项目类型涉及交通、水利、能源、大型公建等，以及风景名胜等特殊保护区域内的重点项目，其中风景区名胜内的建设项目基本上都组织专家进行论证或现场踏勘。

【推进风景名胜区保护工作】 8月2日上午5点，在巴西举行的第34届世界遗产大会上，包括浙江省江郎山在内的中国丹霞入选世界遗产名录。通过四年多的努力，江郎山成为本省首个世界自然遗产地，实现世界遗产零的突破。为进一步规范和强化省风景名胜区保护和管理工作，开展《浙江省风景名胜区管理条例》修订工作，列入2011年一类立法计划。督促指导雁荡山、方岩、溪口-雪窦山等国家级风景名胜区总体规划的修改工作。组织开展国家级风景名胜区申报工作，新昌天姥山被批准为国家级风景名胜区，武义大红岩上报申请国家级风景名胜区。

【加快历史文化资源保护】 嘉兴市被国务院公布为国家历史文化名城，海盐等2个镇、屿北等9个村被住房城乡建设部和国家文物局公布为中国历史文化名镇名村。海宁市北省政府公布为省级历史文化名城。开展第四批省级历史文化名镇名村的申报审查工作，进一步完善省由"文物保护单位-省级历史文化街区、村镇-国家和省级历史文化名城"三个层次组织的历史文化遗产保护体系。开展《历史文化名城保护规划编制要求与审批办法》的修订工作，从技术层面对历史文化名城、名镇、名村保护规划的编制提出明确的要求，加快第三批省级历史文化街区和村镇保护规划的编制进度。

【加强城乡规划队伍建设】 与省委组织部、省政府办公厅联合举办现代城市管理专题研讨班，举办《浙江省城乡规划条例》贯彻学习培训班、历史文化名城保护培训班等，组织注册规划师继续教育，在职教育深入开展。

（赵栋）

7. 城市建设

【完成镇级污水设施建设任务】 全面完成2010年省政府要求必须建成的100个镇污水处理设施建设任务。基本完成列入"811"环境保护新三年行动计划的288个镇的污水处理设施建设任务，除个别镇因规划调整，土地政策未得到及时落实等原因未能建成外，其余基本建成。2008～2010年，全省有361个镇新建污水处理设施，总投资61亿元以上，新增污水处理厂（站）污水处理能力127.15万吨/日，新增污水管网4000公里以上。其中，列入"811"环境保护新三年行动计划的288个镇的污水处理设施建设项目全部开工建设，有278个镇建成污水处理设施。到2010年年末，全省累计有467个建制镇（含24个城关镇）已建成了污水处理设施，新增污水处理能力223.22万吨/日。还剩下281个建制镇尚未建设污水处理设施。

【超额完成COD污染减排任务】 1~12月，全省运行中的147座主要城镇污水处理厂，建成设计能力823.88万吨/日，平均运行负荷率达到83.91%，污水处理总量24.68亿吨，COD去除量124.58万吨，占年度计划的110.32%，超额完成年度目标任务。预计污水处理厂的COD减排贡献率仍将在70%以上。据统计，全年全省县以上城市污水处理率达到78%以上，比2007年提高9.8个百分点。其中，设区市城市污水处理率达80%以上。全省新建成城镇污水处理厂污泥处置设施9座，新增能力2996吨/日。截至年底，全省已建成较为规范的焚烧发电、脱水干化、建材利用等污泥处理处置设施17座，日处置能力达到5626吨。宁波等城市已全面实现了污泥处置无害化目标。生活垃圾无害化处置能力不断提高，全省实际运行的生活垃圾处理设施达到89座，日处理生活垃圾能力达4.2万吨，设市城市生活垃圾无害化处理率达到97%。

【"数字城管"工作】 全省有66个市、县（市、区）开展"数字城管"工作，提前完成省政府下达的要求2010年55个市、县（市、区）开展"数字城管"的工作目标。其中，所有设区市已全部开展"数字城管"工作。

【完成城乡供水一体化建设目标】 全年全省完成铺设各类供水管道2000公里，改造各类旧管网1000公里，完成投资10.7亿元，实施供水技术改造项目43个，新增农村受益人口131万，超额完成省政府下达的新增城镇集中供水覆盖农村人口100万人目标。

【完成"小液化气"整规工作】 通过近3年时间的整规工作，全省各类小液化气供应站从2008年年底的9829家，到整治规范后为2735家，其中规范2684家，取缔、关停、合并7094家。全省"小液化气"整规覆盖率达到100%，规范率达到99.5%，实现预期目标（整规率达到98%以上），"十小"行业中第一个完成整规验收的行业。

【城乡"创建"工作】 嘉兴、舟山两市创建国家级"节水型城市"已通过省级验收，报国家发改委和住房城乡建设部审定。丽水、永康、宁海、东阳4个城市成功创建省级"园林城市"。衢州、上虞、义乌通过国家"园林城市"复查。杭州市和绍兴市通过国家人居环境奖复查。推荐杭州市长桥溪公园、奉化滕头村新农村建设、宁波鄞州生活垃圾卫生填埋场和余姚城市管理机制创新4个项目申报中国人居环境范例奖，其中杭州市长桥溪公园、奉化滕头村新农村建设被住房城乡建设部命名为2010年度"中国人居环境范例奖"。2008年至2010年底，全省获得国家园林城市、县城、城镇称号的有11个，获得省级园林城市的有8个市、县。全省累计获得国家园林城市、县城、城镇21个，省级园林城市32个，获得省级以上的园林城市称号市县占全省69个市县总数的46%。

【市容环卫工作】 全年全省新增生活垃圾日处理能力776吨。全省实际运行的生活垃圾处理设施89座，日处理生活垃圾能力4.2万吨，设市城市生活垃圾无害化处理率达98%以上。开展生活垃圾分类和餐厨垃圾资源化利用试点工作，其中嘉兴市被列为全国城市餐厨废弃物资源化利用和无害化处理试点。完成《浙江省生活垃圾分类收运处置对策研究》。

【城市园林绿化工作】 进一步规范本省城市园林绿化工程的施工、养护质量和造价管理，促进行业发展更加健康有序，编制出台《浙江省园林绿化工程施工质量验收规范》（J11603—2010），抓紧编制《浙江省园林绿地养护验收标准及定额》（暂名）等规范标准。

【城市供水安全保障】 组织开展全省城市供水水质专项检查，积极探讨研究水质安全保障机制，继续实施城市供水水质月度公报制度，每月中旬在浙江日报上刊登浙江省城市供水水质公报，接受社会监督。加大城市供水管网改造力度，降低管网漏损率。嘉兴和温州积极开展水环境改善和饮用水安全保障工作，2010年被国家列入第一批示范城市。

【倡导低碳生活】 组织17个城市开展以"绿色交通，低碳生活"为主题的2010年中国城市无车日活动，进一步促进城市交通可持续发展，推动城市交通领域节能减排工作。组织开展全省城市照明节能检查工作，淘汰低效照明产品，改造超亮度、超规模景观照明项目。倡导绿色出行，指导杭州市申报步行和自行车交通系统国家示范项目，指导做好相关工作。

【市政公用行业防汛防台工作】 组织各地住房和城乡建设系统，结合行业特点，以防汛重点环节和部位隐患排查、防汛物资设备储备及各项防汛应急预案的落实情况为重点，开展本系统的汛前防汛工作检查，对发现的问题及时进行整改；对各地的防汛工作进行实地督查和指导。

【市政公用行业世博安保工作】 会同厅办公室、省建筑业管理局制定《省住房和城乡建设厅上海世博"环沪护城河"安保工作方案》等一系列世博安保工作文件,指导安保具体工作;与各责任单位签订《上海世博会"环沪护城河"安保工作责任状》进一步落实安保责任;组织开展安保工作实地检查,加大对各地安保工作的督查指导力度。

【教育培训工作】 举办城镇污水处理厂建设运行管理、城市桥梁管理、城市污水处理厂污泥处置管理、城市供水管网运行管理等6个培训班,对各地市政行业管理部门及运营企业相关人员1000余人次,进行业务培训,提高人员素质。

(管建平)

8. 建筑业与工程建设

【概况】 2010年,浙江建筑业按照省委、省政府"创业富民、创新强省"总战略要求,坚持调结构促转型求发展,坚持抓安全重民生保稳定,加快推进建筑业"走出去"发展,加强建筑市场和质量安全监管与服务,深入开展工程建设领域突出问题和质量安全专项治理,实现了建筑业科学发展、安全发展、持续发展。全年建筑业总产值突破10000亿元大关,达到11860亿元,比上年增长23.7%;建筑业增加值1630亿元,占全省GDP的6%;上缴税金385元,比上年增长31.4%,实现利润总额355亿元,比上年增长29.4%,主要经济指标继续保持全国前列。全年签订的合同额20338.42亿元,比上年增长25.6%。其中:上年结转合同额7264.6亿元,本年新签合同额13073.77亿元。全年房屋建筑施工面积123838.6万平方米,比上年增长17.3%。全年平均从业人数553.44万人,比上年净增加就业岗位70万个左右。建筑业继续为全省经济社会发展做出积极贡献。

【设区市建筑业】 全省11个设区市进一步推进建筑业发展,不断规范建筑市场秩序,积极营造良好发展氛围。绍兴市全年完成建筑业产值3243.2亿元,比上年增长17.9%,继续位居全省前列;杭州市完成2581.1亿元,比上年增长22.3%;金华市完成1562.7亿元,比上年增长30.5%;宁波市完成1425.1亿元,比上年增长32.2%;台州市完成1031.6亿元,比上年增长21%;温州市完成603.5亿元,比上年增长11.6%;嘉兴市完成581元,比上年增长42.7%;湖州市完成345.5亿元,比上年增长21.9%;衢州市完成217.7亿元,比上年增长32.3%;丽水市完成139.7亿元,比上年增长39.1%;舟山市完成129亿元,比上年增长24.4%。从产值增幅看,嘉兴、丽水、衢州、宁波、金华等5市增幅都在30%以上。

【12个建筑之乡】 全省12个"建筑之乡"区域集群效应不断加强,继续在建筑业发展中发挥龙头带动作用。"建筑之乡"完成产值5790.48亿元,占全省总数的48.8%。其中,出省施工产值3754.11亿元,占全省总数的65.62%,主要指标继续保持在全省50%左右的比重。产值超过500亿元的"建筑之乡"有6个,依次是:东阳市1017.97亿元,绍兴县840.43亿元,上虞市827.99亿元,诸暨市808.92亿元,萧山区801.73亿元,象山县516.52亿元。东阳市成为全省第一个产值超千亿的县级市。外向度在70%以上的有5个,分别是:诸暨市、嵊州市、上虞市、东阳市、温岭市。

【行业规划与发展】 2010年初,制订《2010年全省建筑业工作要点》,提出"四个调整"、"五项重点"和"四项保障"的工作重点。组织开展《浙江省建筑业"十二五"发展规划》的编制。全年制订了推进建筑业发展的若干政策文件,不断完善监管体系。1月15日,省政府召开浙江省建筑业"走出去"发展天津现场会,副省长陈加元出席会议并讲话。省政府副秘书长施利民、省建设厅厅长张苗根、副厅长樊剑平出席会议。副省长陈加元再次对全省建筑业"走出去"发展工作提出要求。会上表彰了建筑业"走出去"发展工作先进单位和专业施工先进单位,绍兴市政府、长业建设集团、广厦建设集团、宏润建设集团作了交流发言。1月28日,省建设厅和省政府驻沪办召开2009年度浙江省进沪施工总结表彰暨上海市场持续发展专题会,省政府副秘书长施利民出席会议并讲话。3月23日,全省建筑业暨建筑施工安全生产工作会议在杭州召开,副厅长樊剑平出席会议并讲话,省建管局局长张奕作工作报告。会上表彰年度建筑业各类先进单位和个人,省建管局与各市签订2010年安全生产考核责任书。4月份和7月份,2010年浙江省进鄂、进赣施工工作会议分别在湖北武汉和江西南昌召开,副厅长樊剑平出席会议并讲话。4月份,省政府副秘书长施利民带队赴省外开展建筑业工作调研。省建设厅、省建筑业管理局对建筑业税收、境外承包工程担保等工作进行专题调研,帮助企业排忧解难。

【建筑业企业和建造师】 全省积极优化和调整产业结构,不断提高企业整体竞争力。截至年底,全省有等级资质建筑业企业6998家,其中:特级企业40家,一级企业655家,特、一级企业数量保持全国前列。2010年，年产值超30亿元企业达到70家，合计完成产值4320亿元，占全省总数的36.42%；产值超50亿元的企业有36家，超80亿元的有13家。其中：中天建设集团、中成建工集团、宝业建设集团、龙元建设集团、省建工集团、八达建设集团产值超过100亿元。品牌建设不断加强，广厦建设集团、省建设投资集团等12家建筑业企业跻身"2010年中国承包商60强"，有21家建筑业企业跻身"2010年浙江省百强企业"。做好建造师执业资格注册工作。截至年底，全省有一级注册建造师24711人，二级注册建造师59810人。组织开展2010年度二级建造师执业资格考试。

【建筑市场管理】 组织开展工程建设领域突出问题专项治理，做好自查、排查和督查整改工作。进一步推进建筑市场信用体系建设，组织开展"全省建筑市场监督管理信息系统"的试点工作，积极构建省市县三级联网、信息共享的信用管理网，完善信用信息与行政许可、招标投标联动机制。不断加强民工学校建设，提高从业人员技能和素质，积极维护民工合法权益。狠抓招投标源头监管，规范招标代理机构及其从业人员、评标专家行为，规范招标投标活动。全省建设工程应招标工程招标率和应公开招标工程公开招标率都达到100%。截至本年底，全省有甲级招标代理机构95家，乙级168家，暂定级204家。

【质量安全管理】 组织召开全省建筑业暨建筑施工安全生产工作会议，层层落实安全生产责任，强化质量安全管理。认真学习贯彻省委、省政府《关于进一步加强安全生产工作的意见》，组织制订《关于切实加强建设工程领域安全生产工作的意见》。配合省政府"质量强省"战略，专题开展"工程质量"子课题的调研。省政府召开首届政府质量奖表彰大会，中天建设集团成为荣获"浙江省政府质量奖"的5家企业之一。组织召开质量安全标准化现场会，继续推进住宅工程分户验收和质量安全标准化制度，不断推进建筑工程质量稳步提升。继续深入开展"安全生产年"活动，有计划、按步骤地开展隐患排查治理工作，并得到省政府的肯定。组织开展"安全生产月"和"质量月"活动，举办"建筑安全论坛"，营造良好的质量安全发展氛围。同时，进一步加强安全生产两项许可工作，及时查处事故责任单位和责任人，全力做好上海世博会"环沪护城河"安保工作。全年全省建筑施工安全生产各项指标较好地控制在省政府下达的责任目标内。

【科技进步和工程创优】 进一步加强建筑业科技进步与创新。继续开展建筑业企业省级企业技术中心认定工作，第四批认定华升建设集团等10家企业技术中心为省级企业技术中心，全省建筑业省级企业技术中心达到48家。组织开展省级工法、国家级工法的评审和申报工作。组织开展2010年度省建设工程钱江杯奖（优质工程）评选，有132项工程评为"钱江杯"（其中：四川援建工程有16项）。2010年，创出中国建设工程鲁班奖（国家优质工程）17项，其中主承建9项，参建8项。此外还创出上海市"白玉兰"奖、湖北省楚天杯奖、江西省杜鹃花奖等一大批省级优质工程。

【市场开拓与对外承包】 深入实施"走出去"发展战略，积极打造"三个浙江建筑业"。全省出省施工总产值达到5721.08亿元，比上年增长29.5%，占到全省总量的48.24%，比上年提高2.1个百分点；区域市场建设不断加强，产值超20亿元的区域市场达到29个。其中，江苏、上海、安徽、山东、江西、湖北、广东、陕西、天津等9个地区产值超过200亿元。区域市场完成产值前三位的是：江苏824.87亿元，上海824.79亿元，安徽607.02亿元；区域市场完成产值增幅超过100%的有西藏、海南、吉林、黑龙江；产值同比下降的地区只有福建。全年境外承包工程、劳务合作营业额达到30亿美元，增长30%。

(叶斌)

9. 村镇建设

【村镇规划编制】 为进一步加强和改进村镇规划编制工作，在充分调研的基础上，厅联合省农办、省国土资源厅出台《关于加强和改进中心镇中心村规划编制工作的通知》（建村发〔2010〕126号）。要求各地从当前镇村经济活动联系紧密、城乡结构变动较快的实际出发，创新规划编制理念，改进中心镇和中心村编制方式，规范编制要求，提升编制水平。为加强村镇规划和新一轮土地利用总体规划无缝对接，经省委、省政府同意，浙江省住房和城乡建设厅联合省农办、省国土资源厅在德清召开全省村镇规划工作现场会，统一思想认识，以中心镇中心村规划为重点，进一步加强和改进村镇规划工作。各市基本完成县市域总体规划确定的中心村规划编制，湖州、台州、嘉兴、桐庐等市县实现村庄规划全覆盖。全省新编制或修编完成村庄规划2200个，其中中心村规划编制完成1200个，村庄规划编制率75%以上。抓标准规范，组织开展《浙江省镇域总体规划编制导则》、《浙江省中心镇与中心村规划标准研究》和《浙江省农村新型社区建设技术研究》

等课题研究，为各地完善村镇规划编制、提升规划编制水平提供依据。

【资金分配上有所突破】 抓资金补助，注重凸显中心镇、中心村在城乡居民点体系和统筹城乡发展中的地位和作用，规划编制补助资金注重对部分发达地区(如杭州、嘉兴、金华等)的中心镇、中心村和特色村的规划编制补助，提高省级补助资金的绩效。

【抓规划设计示范推广】 组织编印第四届"千村示范、万村整治"工程村庄规划评优活动获奖方案图册，免费发放到全省规划编制单位和各级规划建设管理部门，指导各地开展村庄整治。开展第五届"千村示范、万村整治"工程村庄规划评优活动和全省农村住房优秀设计方案评选活动，获奖成果将汇编成册免费发放给各地使用。

【明确农房改造建设方向】 为贯彻落实省委十二届七次全会《关于推进生态文明建设的决定》精神，8月省委、省政府在宁波召开全省"千村示范万村整治"工程暨农村住房改造建设工作现场会，省委书记赵洪祝、省长吕祖善、副书记夏宝龙、副省长葛慧君、陈加元等领导出席会议并作重要讲话。会议明确要围绕培育建设中心镇中心村、加快建设美丽乡村的目标，进一步提升农村住房改造建设水平。

【促进农民有序集中居住】 按照有利于中心镇、中心村培育发展的要求，加大镇域、中心村域农村住房改造建设统筹力度，积极引导农民向城镇和中心村集中居住。紧密结合农村土地综合整治，按照"做大中心村、合并小型村、缩减自然村、拆除空心村、搬迁高山村"的要求，有序引导农民到中心村建房落户。同时，按照加快建设美丽乡村的要求，配合省农办等部门加大串点成线、连线成片的村庄综合整治力度，提高整乡整镇的整治比例，着力打造一批各具特色的美丽乡村风景线。

【建设要素保障】 为缓解部分地方推进农村住房改造建设中存在的启动资金短缺问题，上半年，浙江省住房和城乡建设厅与中国工商银行浙江省分行签署《2010～2012年推进新农村建设战略合作协议》，为全省农村住房改造建设项目提供不少于300亿元的金融贷款支持。与省农发行积极沟通协调，近期签订金融合作协议，未来五年内为全省中心镇建设和农村住房改造建设提供不少于500亿元的金融支持。

【创新体制机制】 起草《关于开展集体土地范围内房屋登记工作的指导意见》报省政府，为下一步开展农村住房产权登记工作打下基础。基本完成农村困难群众住房救助管理信息系统。对《农村住房改造建设工作考核办法》进行修改补充，强化政策措施保障，明确并细化加分项目内容，进一步发挥考核工作的激励作用。会同省城乡住房工作协调委员会有关成员单位开展农村住房改造建设2009年度工作考核，考核结果由省委办公厅、省政府办公厅通报。

【加强培训服务指导】 组织开展农村住房改造建设专题培训，有两期400人参加培训。组织培训污水处理设施建设运行的技术和管理人员，提高镇级污水处理设施运行管理水平。

【完成镇级生活污水处理设施建设】 加快省镇级污水处理设施建设和改造，联合省财政厅下达2010年度镇级污水处理设施建设省级"以奖代补"专项资金1.2亿元。至年底，基本建成钱塘江流域、中心镇等106个镇的污水处理设施，超额完成100个镇的年度目标。列入"811"环境保护新三年行动计划的288个镇级污水处理设施建设项目，269个镇已建成，其余19个镇正抓紧建设。

【农村集中供水和污水治理覆盖面】 通过供水管网延伸和新建、改造镇级水厂生产工艺等途径，城镇集中供水新增农村受益人口131万人，至年底城镇集中供水覆盖农村人口累计超过1 464万人。推广农村生活污水适用技术，因地制宜开展村庄生活污水就地处理。全年完成3000个待整治村污水治理项目指导工作。

【提高生活垃圾无害化处理能力】 继续在平原、经济发达的农村地区推行"户集、村收、镇(乡)运、县处理"的生活垃圾收集处理模式；在经济欠发达地区、海岛和山区，推广"统一收集、就地分拣、综合利用、无害化处理"的生活垃圾处理模式。全年全省新建改扩建淳安、文成等垃圾无害化处理设施，新增处理能力700吨/日以上。全省实施生活垃圾处理的村庄覆盖率达85%。

（何青峰）

10. 建筑节能与科技

【实施建筑节能设计标准】 省政府依法制定《浙江省建筑节能管理办法》，建立民用建筑建造全过程的建筑节能监管机制，全面实施施工图审查建筑节能"一票否决"制；研究制定《居住建筑节能设计标准》和《公共建筑节能设计标准》等一批地方标准，健全建筑节能标准体系；加强建筑节能工作的监督检查，确保新建民用建筑全面执行节能设计标准。至年底，全省建成节能建筑总面积已由

2005年的76万平方米增长到1.3亿平方米。加上可再生能源建筑应用的推广，全省形成年约节约标准煤374万吨、减排二氧化碳935万吨的潜力。

【实施可再生能源建筑应用】 积极申报实施国家可再生能源示范项目。2007年和2008年向住房城乡建设部、财政部组织申报成功9项，争取中央财政补助经费4806万元，其中通过国家验收的4个项目经国家能效测评机构测定每年可替代标准煤2540吨；积极实施国家可再生能源建筑应用城市示范和农村示范。2009和2010年组织申报，获批准宁波市和嘉善、建德、海盐、嵊州、安吉、宁海6县（市）列入国家可再生能源建筑应用示范市、示范县，共争取中央补助资金1.685亿元。在示范项目的带动下，全省城乡可再生能源特别是太阳能光热建筑应用，累计实施太阳能热水器集热面积960万平方米，覆盖4.75亿平方米建筑、380万户城乡居民；推进地源热泵空调建筑应用省级示范项目76万平方米和低能耗照明道路46条；推进国家太阳能光电建筑应用示范项目。2009年和2010年组织申报并获批准实施国家太阳能光电建筑应用示范项目20项，总装机容量18.7兆瓦，约占国家该项目总装机容量的9%，争取中央补助资金2.6亿元，并网发电2项。累计争取中央可再生能源建筑应用等专项补助资金5.1亿元，为补助额度最高的省份之一。

【用能监测推动既有建筑节能改造】 完成6150幢建筑能耗统计工作，开展公共建筑用电分项计量和能源审计试点工作；初步建成三个国家机关办公建筑和大型公共建筑用能监管试验平台，实现66幢公共建筑用能实时监控；在用能监测的基础上，积极推进老旧办公建筑、宾馆等既有建筑节能改造试点示范，指导各地结合旧区改善工程分步推进既有建筑节能改造，如杭州市政府综合办公楼通过节能改造，2010年建筑电耗和水耗与2005年相比分别降低20.5%和35.8%。推进绿色建筑示范工作，有20个项目获得国家星级绿色建筑标识，其中杭州市政府综合办公楼节能改造工程等3个项目荣获国家绿色建筑创新奖，占全部获奖项目总数的15.6%。

【信息化管理推进节约型校园建设】 申报实施校园建筑节能信息化示范工程，浙江大学、宁波大学、温州医学院和浙江工商大学申报成功全面实施，其中浙江大学通过国家验收，实现该校校园50%以上建筑面积的实时监控，引领校园建筑节能改造。"十一五"期间，浙江大学建筑面积增长23.3%，用能人数增长5%，年用水量却从810万吨降至430万吨，五年累计节水1500余万吨，学校每万元科研产值耗电量下降49.8%。

【建设科技研究工作】 全省建设科技攻克一批制约发展的热点、难点问题，一大批科研成果达到国内领先水平或国际先进水平。全省建设系统获国家科技进步二等奖2项，省科学技术奖一、二、三等奖共80余项。开展建设领域重点技术研究，完成《推动建筑节能与建筑新材料应用》省长重点专项研究；开展国家重大科技重点之一，水专项研究和《建筑一体化太阳能光伏发电系统应用研究》等有关建筑节能、可再生能源建筑应用的技术类科研项目的研究工作。

【科技引领建设行业发展工作】 会同省经信委组织认定建筑业企业省级企业技术中心48家，促进企业科技投入5亿元。在科技的引领下，全省建筑企业市场竞争力明显增强，如建设广泛运用海水防腐、超大构件运输安装的杭州湾跨海大桥，参与建成包括"鸟巢"在内的5座奥运场馆等重大项目。积极推动科技成果产业化，年产值达到400亿元的国家钢结构制造产业化基地和混凝土外加剂产业化基地在本省落户，推动钢结构制造、化学建材的产业化发展。

【勘察设计市场拓展】 "十一五"期间，全省勘察设计企业实施"走出去"战略，在稳固省内市场的基础上，拓展省外市场、国际市场，取得一定成效。勘察设计企业市场范围遍及长三角、珠三角、东北、西部、京津冀等国内热点区域及日本、泰国、马来西亚、印度尼西亚、伊朗、乍得、苏丹等海外市场。特别是一些大型设计企业还拓展新业务领域，发展工程项目管理总承包，打造工程建设全过程服务链，提升综合竞争力。截至2010年底，全行业总收入从2005年109亿元，发展到2010年的330亿元，增长202.7%。其中，勘察设计营业收入从2005年68亿元，发展到2010年的148亿元，增长117.6%。

【勘察设计队伍壮大】 "十一五"期间，各级政府和有关部门高度重视人才队伍建设，搭建平台和开展各项技术培训、学术交流等活动，为人才脱颖而出创造条件。企业在用人机制、激励机制、企业文化建设等方面努力创新，为人才发展创造良好的环境。截至2010年底，全省勘察设计咨询业从业人员从2005年的4.3万人，发展到2010年的6.1万人，增长41.8%。其中，注册执业人员由2005年的4096人增长到2010年的7346人，增长79.3%；全省各类勘察设计资质企业由2005年的606家增加到920家，增长51.8%，其中具有甲级资质（含专项）

的企业数量由169家增加到308家，增长82.2%，形成层次较为明晰、门类较为齐全的勘察设计企业队伍。

【勘察设计市场管理】 "十一五"期间，根据市场规范化管理的需要，修订《浙江省建设工程勘察设计管理条例》，出台《浙江省建设工程勘察设计资质管理规定》和《浙江省房屋建筑与市政基础设施施工图审查实施细则》等法规和规范性文件，优化市场准入与清出机制。加强监督检查力度，先后开展强制性标准实施情况专项检查、工程勘察专项检查和施工图审查专项检查等活动，有效地规范勘察设计市场。

【勘察设计带动减排与抗震救灾工作】 全省勘察设计单位认真执行国家节能减排政策和相关设计标准，积极主动开展节能减排新技术、新产品、新设备、新工艺等研究工作，通过工程设计将科技成果转化为现实生产力，有力地推动经济的转型升级。"5·12"汶川大地震，全省各地勘察设计人员积极投身抗震救灾，积极参加灾区过渡安置房建设。在灾后重建过程中，充分发挥勘察设计技术优势，组织编制《援建地震灾区过渡安置房设计方案图例》、《浙江省援建青川县灾后重建房屋建筑施工图设计结构专业设计技术指导意见》，会同四川省建设厅调研制定《灾后重建房屋抗震设防标准》。

【勘察设计农村服务工作】 根据省委、省政府统筹城乡发展的要求，制定下发《关于推进全省建筑工程设计服务农村住房改造建设的意见》，推动全省各有关建筑设计单位服务下乡，服务全省农村住房改造建设；组织编制《浙江省农村避灾场所建设技术规程》、《浙江省农村住房设计方案图集（2009年）》和《浙江省农村住房建筑及结构构造详图》；协助教育部门开展全省中小学校舍建筑安全排查，为排查鉴定工作提供技术支持。

【工程建设标准化建设】 一是工程建设地方标准体系进一步完善。"十一五"期间，开展浙江省工程建设地方标准体系研究，在此研究的基础上编制完成浙江省工程建设地方标准50项，完成国家标准或行业标准9项，完成工程建设企业标准备案686项。二是工程建设标准执行力度加大。加强工程建设强制性标准执行情况的监督检查，作为国家首批三个工程建设强制性标准执行试点省之一，接受住房和城乡建设部工程建设强制性标准执行情况检查，得到充分肯定。深入贯彻落实《建设工程质量管理条例》、《实施工程建设强制性标准监督规定》和《关于加强工程勘察质量管理工作的若干意见》，组织开展工程建设强制性标准执行情况专项检查，切实加大工程建设强制性标准实施的监管力度。

【推进城市无障碍建设】 组织召开全省城市无障碍建设工作交流会，现场参观杭州市无障碍设施建设，部署下一步工作要求。组织编制《浙江省城市无障碍建设发展规划》，会同有关部门下发《转发住房和城乡建设部等四部委关于开展创建全国无障碍建设城市中期检查工作的通知》和《关于进一步加强城市无障碍建设的通知》等文件，积极推动全国无障碍建设城市创建工作，杭州市顺利通过国家验收。做好第八届全国残运会有关筹备工作。

（王伟军）

11. 建设教育

【专业技术资格评审工作】 保障机制按照建设人才要求，扎实推进职称评审工作，积极引进急需人才。根据《浙江省专业技术资格评审工作实施细则（试行）》及《浙江省人事厅关于印发2010年度高级专业技术资格评审计划的通知》，及时下发2010年度建筑工程专业初、中、高级职称评审文件，部署职称评审工作。通过评审，共有59人取得中级专业技术资格，4人取得初级专业技术资格。对厅直单位符合职称初定规定和条件的100名人员，下发初定文件。受省人力社保厅委托，率先开展全省建设工程专业中高级专业技术资格评价条件修订工作。

【实施省"新世纪151人才工程"】 一是做好2010年度第二层次培养人选的选拔推荐工作，继续选拔推荐2010年度享受政府特殊津贴人选。经厅直单位推荐，厅党组研究，推荐10人作为"新世纪151人才工程"第二层次培养人选，推荐1人为2010年度享受政府特殊津贴人选。二是指导厅直单位做好专业技术人员引进工作。根据省关于事业单位公开招聘工作人员工作的规定，浙江建设职业技术学院、厅干校和省建筑设计研究院通过公开招聘、考核录用等形式分别聘用人员3人、2人和32人。

【《浙江省建设系统"十二五"人才发展规划》编制】 为完成该规划编制任务，和浙江建院组成调研组，先后赴金华、东阳、萧山等地，就本省建设人才现状、存在的问题等开展调研。7月又在嘉兴组织召开全省住房和城乡建设系统人事教育工作座谈会，会议总结"十一五"期间全省建设人才和人事教育工作，征求《浙江省建设系统"十二五"人才发展规划提纲》意见，提出"十二五"期间建设人才人事工作意见。该规划编制完成。

【建设教育培训工作】 加强建设系统教育培训

和考试管理工作,规范培训和考试行为。组织起草《浙江省住房和城乡建设厅教育培训和考试管理办法》,按照教育培训工作"统一计划"原则,编制制订年度建设教育培训和考试计划,指导行业人才培训和管理工作。全年编制完成各类教育培训和考试计划71项,计划将行政内容与厅直属单位和社团的内容进行分离,突出计划的指导性,便于基层操作。

【现场管理岗位人员培训考试和继续教育管理】 一是明确培训单位条件,对符合培训条件的杭州市城建培训中心等44家单位实施备案和信息公开,使培训单位阳光化,有利于市场选择,杜绝一些不法单位通过挂靠、转包、压低价格等手段来进行不良竞争、扰乱培训市场、直接损害企业和考生的利益。二是加强与各市、新设立考点的县(市)建设主管部门沟通联系,指导帮助其明确责任,做好考试的具体组织实施和管理工作,严肃考风考纪,确保考试公平公正,及时处理各市、县(市)考试组织工作中遇到的新情况、新问题。完成7月和12月两次全省49个考点,96387人次的工程建设现场管理岗位人员统一考试任务。三是创新考试管理模式,指导杭州市城建培训中心开展建设专业管理岗位专业知识计算机智能化考试试点工作,明确组织实施方案、具体分工及工作流程,不断完善计算机智能化考试管理系统。全年机考达到58批次以上,未发生任何责任性事故。四是对部分培训教材内容滞后、个别教材基础理论知识偏难等问题,先后多次与厅干校、省市政行业协会、省安装行业协会、省建设监理协会和省风景园林协会等有关教材编写单位沟通协调,组织召开教材修编会议,统一思想认识,明确编写标准和分工,对教材修编工作进行布置。五是拟订下发《关于开展2010年度施工员等工程建设现场专业管理岗位人员继续教育和登记工作的通知》(建人教发〔2010〕169号),对持有2006年核发的《浙江省建设专业管理岗位资格证书》的有关人员组织开展继续教育工作,明确由各市负责抓好本辖区培训点设立及相应培训考核等工作。六是方便基层和规范证书办理,开发建设专业管理岗位资格证书管理系统,对建设专业管理岗位资格证书核发管理工作进行相应调整,办理证书勘误、遗失补发等事项由原来必须到省里来两次减少为一次。

【技能人才的培训和鉴定工作】 一是指导各市开展建设行业职业技能鉴定工作,重点抓好省级鉴定所的技能鉴定组织实施工作,先后组织开展木工、砌筑工、防水工、钢筋工等12个工种的初、中、高级工的培训和鉴定工作。至年底,通过鉴定并获得职业资格证书有8186人,其中获得高级工证书1520人。二是组织开展建设行业特有工种职业资格鉴定所(站)的质量检查工作,通过检查摸清各鉴定所的底数和存在的问题及不足,指导对问题及时进行整改,提高职业技能鉴定质量。三是组织开展2009年度建设职业技能培训与鉴定工作调查,摸清各市建设行业生产操作人员队伍的素质情况和存在的问题及建设职业技能培训与鉴定工作任务完成情况,为制定全省年度培训与鉴定计划提供依据。

(王战)

12."十一五"建设成就盘点

【房地产业发展】 五年全省房地产开发投资额10 703亿元,年均增速为15.8%,占全社会固定资产投资比重22%;房地产业增加值从808亿元上升到1 150亿元,年均增速为16.6%,占全省生产总值比重5.3%,占第三产业增加值的比重保持在13%;房地产业税收从205亿元增加到468亿元,年均增速为22.3%,占全省地税总收入比重21.7%。房地产业有效带动建筑业、建材等关联产业的发展。绿城集团、广厦控股、新湖中宝、宁波银亿、杭州滨江等15家企业入围中国房地产企业百强,地产浙商群体渐成规模。城镇居民人均住房面积由26.1平方米提高到35.3平方米,建成一大批环境优美、配套完善、管理规范、服务优质的住宅小区,为改善人居环境,提升城市品质,推进新型城市化进程做出了贡献。

【住宅产业化步伐加快】 五年来,加快推动产业转型升级。通过积极推进国家康居示范工程、住宅小区智能化系统示范工程建设和住宅性能认定等工作,在住宅设计、施工和综合配套上充分考虑生活因素和环境因素,使住宅的科技含量逐步提高,节能、节水、节材、节地、安全、健康、环保等技术在住宅建设中得到广泛应用,整体厨卫技术、全装修住房建设等得到较好推广,住宅的工程质量、使用功能、居住环境和配套服务水平显著提升,加快住宅产业化进程。至年底,全省有台州香樟湖畔等18个住宅小区被住房城乡建设部批准列入省地节能环保型住宅国家康居住宅示范工程,建筑面积达400万平方米,其中16个住宅小区通过终审验收。23个住宅小区通过住房城乡建设部A级住宅性能认定,建筑面积达420万平方米,其中3A级住宅小区6个,占全国的1/3。温州正泰电器、绍兴宝业集团、杭州杭萧钢构等被批准为国家级住宅产业化基地,占全国的1/6,有力地促进发展方式转变。

【房地产服务业快速发展壮大】 "十一五"时

期，物业、评估、经纪、咨询等房地产服务业快速发展。全省有物业服务企业3285家，从业人员约40万人；在管物业建筑面积达27.7亿平方米；37个住宅小区（大厦）被评为全国物业管理示范单位；2010年物业服务企业主营业务年收入达90.6亿元，物业服务覆盖不动产管理的所有领域。房地产价格评估业务量明显增加，2009年实现营业收入3.8亿元，比上年增长15%，处理银行抵押贷款评估业务约10000亿元。房地产服务业的快速发展吸纳大量的机关企事业单位分流人员、大中专毕业生、部队复转军人、下岗待业人员和农民工，对减轻就业压力、促进社会和谐与稳定发挥重要作用。

【房屋交易与登记进一步规范】 五年来，基础信息不断健全。根据《房屋登记办法》，制定《浙江省建筑面积测绘实施细则》，出台《浙江省国有土地范围内房屋登记实施细则》，进一步规范房屋交易与登记行为。根据住房和城乡建设部《房地产交易与权属登记规范化管理考核标准》和《房地产交易与权属登记规范化管理考核办法》，宁波房地产交易和权属管理中心等12个房地产管理部门获得全国房地产交易和权属登记规范化管理先进单位称号。全省大多数市、县实现网上透明售房，房屋登记系统、二手房交易系统、地理信息系统得到广泛应用，房屋交易与登记管理不断规范。"十一五"时期全省累计登记房屋总建筑面积达30余万平方米，受理登记900余万件。

【保障住房建设】 全省新增廉租住房保障对象5.23万户，新建廉租住房131.63万平方米、2.58万套；新建经济适用住房1864.9万平方米、23.9万套；新建公共租赁住房（含农民工公寓、人才公寓）418.72万平方米、7.14万套；新建限价商品房1094万平方米、12.2万套；完成城市旧住宅区（危旧房）改造2403.6万平方米、26.7万套。"十一五"全省通过实施保障性安居工程合计新建各类保障性、政策性住房5912.9万平方米、72.52万套，解决59.23万户城市中低收入家庭的住房困难，实现城镇低保标准两倍以下城市低收入住房困难家庭廉租住房"应保尽保"，基本满足城镇人均可支配收入60%以下住房困难家庭购租经济适用住房需要。

【城市建设】 "十一五"期间，全省设市城市和县城累计完成市政公用设施建设的固定资产投资2334.48亿元。供水综合生产能力增加262.2万立方米/日，累计达到1759.8万立方米/日，用水普及率由"十五"期末的99.1%提升到99.7%。新建、扩建城市道路4441.9公里，人均城市道路面积由10.94平方米增加到16.73平方米。新增污水处理厂处理能力313.5万立方米/日，累计处理能力达到743万立方米/日，污水处理率达到78%。新增污水管道长度6637公里，累计达到15374公里。新增生活垃圾无害化处理厂28座，累计达到90座，新增垃圾无害化处理能力1.8万吨/日，累计达到4.3万吨/日，生活垃圾无害化处理率由81.5提升到96%。新增公园绿地面积8845.09公顷，累计达到24044公顷，人均公园绿地面积由6.96平方米增加到10.87平方米。全省创建国家级园林城市18个，累计21个；省级园林城市21个，累计36个。荣获联合国人居奖城市1个，改善居住环境最佳范例奖项目1个；中国人居环境奖城市2个、人居环境范例奖项目8个；创建国家级节水型城市3个。

（浙江省住房和城乡建设厅 刘叶冲）

安　徽　省

1. 城市规划

【概况】 2010年，安徽省城市规划行业坚持以科学发展观为指导，树立科学、健康、可持续发展的大局观，立足全省，围绕城镇化这一主线，勇于创新，不断深化和完善城市规划管理，健全规划法规体系，强化规划实施和监督，全省城市规划事业取得新进展，城镇化稳步推进，城镇化率达43.2%。

【城镇体系规划制定】 省域城镇体系规划是《城乡规划法》明确的法定规划，是省政府综合协调全省城镇发展和空间资源配置的依据和手段。现行省域城镇体系规划（1995～2010年）于2000年7月经国务院同意，由住房城乡建设部批复实施。在调整完善后，住房城乡建设部于2005年12月对调整完善的规划进行批复同意。2010年7月，省政府正式启动新一轮省域城镇体系规划编制工作，由省住房和城乡建设厅负责组织编制，中国城市规划设计研究院承担具体编制任务。规划明确全省城乡统筹发展的总体要求、资源利用与资源生态环境保护的目标要求与措施、省域城乡空间和规模控制要求、与城乡空间布局相协调的区域综合交通体系、城乡基础设施支撑体系、空间开发管制要求，并对下层次城乡规划编制及规划实施政策措施等内容做出规定。至2010年12月，已完成规划编制的现场调研和资料收集工作，进入28个专题研究和方案制定阶段。

【皖江城市带承接产业转移示范区城镇体系规划制定】 皖江城市带承接产业转移示范区是国家确定的唯一以承接产业转移为主题的战略发展区域，具有鲜明的创新性和示范作用。2010年2月，根据省委、省政府要求，开展《皖江城市带承接产业转移示范区城镇体系规划》编制工作，委托安徽省城乡规划设计研究院承担具体编制任务。编制皖江示范区城镇体系规划，对于落实《皖江城市带承接产业转移示范区规划》，优化示范区城镇体系，统筹示范区空间利用，促进示范区工业化、城镇化互动发展，具有十分重要的意义。出台《关于支持加快皖江城市带承接产业转移示范区建设的意见》，解决了集中区和各市承接产业转移建设的发展空间，确保了示范区建设符合"依法合规、先行先试"的要求。

【城市总体规划修编】 2010年，继续科学推进有关城市总体规划编制、审查和报批。淮南城市总体规划获得国务院批复，六安、黄山两市城市总体规划获省政府批复实施，马鞍山等8市城市总体规划修编工作有序进行。其中，马鞍山市城市总体规划通过住房城乡建设部组织的专家评审，巢湖、亳州两市城市总体规划已通过省住房和城乡建设厅组织的专家评审，池州、安庆两市城市总体规划纲要通过审查，芜湖、铜陵、宿州三市城市总体规划通过规模认定。同时，加强了凤台、无为、南陵、利辛等县县城总体规划修编工作的指导。

【城镇化专题研究】 为探索安徽特色的新型城镇化道路，开展城镇化专题研究工作。2010年7月，赴山东省和省内一些县城、小城镇进行专题调研，重点了解山东省在城镇化发展战略安排、机制建设、城乡统筹以及政策研究等方面的主要做法和取得的成功经验，并选取济南、青岛、潍坊、寿光4个城市，针对异地城镇化、现代产业发展、城市建设、城中村改造、综合环境治理等进行了实地考察，为确立符合安徽省实际的城镇化发展模式，实现城镇化发展的弯道超越提供了宝贵的经验借鉴，形成《推进城镇化，促进安徽经济社会发展》、《皖北地区"十二五"城镇化发展规划》等调研成果，完善推进安徽省城镇化发展的一些思路和对策，并向省委专题汇报安徽省的城镇化工作情况，为召开全省城镇化工作座谈会及省委省政府出台推进安徽省城镇化政策做好基础准备工作。

【法规体系建设】 在2009年立法工作的基础上，积极推进《安徽省城乡规划条例》的出台。2010年12月18日，省十一届人大常委会第二十二次会议审议通过了《安徽省城乡规划条例》（以下简称《条例》），并于2011年3月1日起施行。《条例》主要对城乡规划的编制修改、城乡规划管理以及监督检查等方面进行了深化、细化。重点建立了城乡规划公示制度、城乡规划许可制度、城乡规划修改认定制度、城乡规划督察员制度以及城乡统一的规划管理等制，并在项目独立选址、皖江城市带示范区规划建设等方面进行了突破。2010年8月，省住房和城乡建设厅配合省人大在全省范围内开展了《城乡规划法》执法检查。8月下旬至9月初，执法检查组分7个小组，先后赴合肥、安庆、池州、铜陵、亳州、马鞍山、淮南7市进行检查。执法检查以城乡规划的制定审批修改情况、城乡规划的实施管理和监督情况、城乡规划政务公开情况为重点，每组检查"一市一县一镇一村"，采取城乡结合、点面结合、定点检查与随机抽查结合、听取汇报与检查档案资料结合的方法，实地察看了各地城镇建设的面貌，共检查81个开发园区和工业、房地产开发建设项目，查阅了相关文件和45卷档案资料。通过检查法律的贯彻实施情况，总结了近年来全省城乡规划工作取得的成绩与经验，分析了《城乡规划法》实施过程中存在的困难和问题，进一步强化城乡规划在城乡经济和社会发展中的先导和统筹作用，为安徽省加快发展方式转变，推动城乡统筹和城镇化健康发展提供法治保障。

【重大项目与开发园区选址】 按照进一步提高行政效能，缩短办事时限的要求，积极做好重大项目与开发园区规划选址工作，切实加快区域性重大项目，尤其是"861"重点项目的开工建设进程。2010年，共办结重大项目42件，项目总投资约1376.6亿元，建设用地规模3144.8公顷。其中"861"项目33件，急办件加班加点，平均时间16天办结；完成芜湖孙村经济开发区、宿松县临江产业园等34个省级开发区的规划审查工作。

【历史文化名城名镇名村保护】 2010年，安徽省黟县关麓村、休宁县黄村获批中国历史文化名村；全省有7个镇、14个村被省政府授予省级历史文化名镇和省级历史文化名村称号。至2010年，全省已有世界文化遗产2处，国家历史文化名城5座，中国历史文化名镇5个，中国历史文化名村12个；省级历史文化名城9座，省级历史文化名镇15个，省级历史文化名村29个，省级历史文化街区6个。编制《安徽省历史文化名城名镇名村"十二五"规划》，积极争取国家专项资金支持，组织国家"十二五"历史文化名城名镇名村保护设施建设项目申报，经过初审筛选，全省18个项目申报国家"十二五"历史文化名城名镇名村保护设施建设项目，申请专项资金约3.8亿。

【城建档案管理】 2010年3月，召开厅机构改革城建档案职能调整后的第一次全省城建档案座谈会议，会议总结、交流2009年全省各地城建档案工作经验，分析了当前城建档案工作面临的形势与任务，对全年城建档案工作进行了部署。2010年，是安徽省城建档案事业大发展的一年，安徽省第一次将城建档案工作纳入省住房和城乡建设（规划）事业发展"十二五"规划中，精心组织编制了安徽省城乡建设档案事业"十二五"发展专项规划，明确"十二五"城建档案发展目标任务，为未来五年安徽省城建档案事业的发展指明了方向，为更好地服务安徽省城乡建设提供了保证。

【城市雕塑】 2010年，组织有关市城市雕塑项目参加全国2009年度优秀城市雕塑建设项目评选活动，经择优推荐，马鞍山市"双拥群雕"项目被全国城市雕塑建设指导委员会授予"2009年度优秀城市雕塑建设项目优秀奖"，安徽省住房和城乡建设厅城市规划处获得优秀组织奖。

（江莹）

2. 城市建设

【概况】 紧扣"治污、减排、节能，改善人居生态环境"和"以人为本，提高城建行业服务水平"两条工作主线，深入开展各项重点工作，加大城市基础设施和人居环境设施建设，扎实推进效能建设。

【城市基础设施建设】 2010年，全省完成城市基础设施投资总额600亿元，增幅28%以上，投资继续保持快速增长。全省城镇污水处理设施获得中央扩大内需资金和中央财政污水管网以奖代补资金合计10.65亿元。其中：垃圾处理设施建设项目（包括新建、配套完善）获得中央预算内资金2.27亿元。全省58个城镇供水项目争取中央预算内资金2.736亿元。总计15.66亿元。2010年，全省城市污水处理率85%，生活垃圾处理率70%，新增天然气居民用户15万户，新增城市供水能力20万吨/日。人均城市道路面积15.5平方米，建成区绿地率33.8%，绿化覆盖率37.5%，人均公园绿地10.6平方米。新增污水管网900公里，新增城市污水处理能力45.5万吨/日，全年将集中处理污水11.12亿立方米，削减COD排放量21.5万吨，比上年增长了30%。完成COD减排量占全省总减排量的75.14%。新建成城市生活垃圾处理厂（场）15座，完成技改扩能1座，新增城市生活垃圾处理能力3253吨/日。

【城市人居环境】 新增省级园林城市4个（滁州、蚌埠、阜阳、亳州），省级园林县城1个（泗县）。安徽省国家园林城市8个，国家园林县城2个，国家园林城镇1个，省级园林城市9个，省级园林县城10个。芜湖市保兴垾城市排涝及周边环境综合治理、阜阳市城市中心区生态环境建设获得中国人居环境范例奖。马鞍山市城市街头游园建设工程等8个项目荣获省人居环境范例奖。2010年底，全省累计建成污水处理厂108座，处理能力达468万吨/日，建成污水管网6580公里。设市城市污水处理率达到85%，县城污水处理率达到70%。全面、超额完成"十一五"规划目标任务。全省动工新建和改造的垃圾处理设施项目共计41个（26个县区、14个市），已基本建成15座无害化垃圾处理场，2010年全省城市生活垃圾无害化处理率达73%。积极拓展"西气东输"天然气利用工程，全省17个地级市全部供应天然气，新增天然气居民用户15万户。大力推广和普及天然气在空调、公共汽车等领域的应用，全省70%的城市公交车、出租汽车使用压缩天然气作为汽车燃料。

【城市管理】 2010年，数字化城管建设取得阶段性成效；芜湖市数字城管系统建设和工作取得多项突破，并于12月上旬通过国家住房和城乡建设部专家组验收。六安、淮南市数字城管系统建设一期工程已通过验收实行运行。铜陵、淮北、黄山等城市的数字化城管平台建立并运行，部分县城已启动数字城管系统建设工作。为科学指导"十二五"全省城市市政基础设施建设和管理工作，从2010年6月开始，相继委托省规划院、省勘查院、省煤炭设计院，分别编制开展各行业"十二五"建设规划编制工作。至2010年底，全部完成相关规划的初稿。开展全省城市供水、供气、供热、桥梁、公共交通等市政公用基础设施安全隐患排查治理工作，开展城市供水的水质安全调查工作，扎实做好市政公用设施安全生产、稳定运行的各项工作。城镇道路桥梁、城镇供水、污水处理、垃圾处理、供气和公共交通等基础设施经受住了各种考验。继续组织开展城市节水宣传周活动，提高全社会节水意识，促进全民节约用水。提高企业节水管理水平，推动企业节水技术进步，大力促进企业节约用水。为贯彻落实节能减排工作，推进工业节水工作，联合省经信委组织开展创建节水型企业活动，评选出马鞍山钢铁股份有限公司等11家节水型企业。

（赵新泽）

3. 村镇规划与建设

【概况】 2010年，村镇规划与建设处以村镇规划为龙头，以农村清洁工程和农村危房改造为抓手，以改善农村人居环境为突破口，创新工作思路，扎实开展工作，全省村镇规划与建设工作取得了积极成效。全年村镇建设完成投入530亿元，提前一年完成省政府下达的划定区域内村庄规划编制工作，农村危房改造和清洁工程目标如期实现，村庄整治试点工作取得积极进展，村镇规划与建设步入健康快速发展轨道。

【村庄规划编制工作圆满完成】 根据省政府办公厅《关于切实做好全省划定规划区域内村庄规划编制工作的通知》要求，各地加大了村庄规划编制力度，村庄规划编制工作取得重大突破，全省划定区域内的18000多个村庄规划全部完成，提前一年完成省政府确定的目标任务。全省小城镇总体规划编制和修编工作得到加强，小城镇总体规划编制完成率达97%；重点小城镇和皖江城市带承接产业转移示范区小城镇的控制性详细规划启动；小城镇规划建设管理水平明显提升。村镇规划的科学性和适用性进一步增强，在村镇规划引导下，村镇建设工作已经开始步入健康有序发展之路。

【农村清洁工程开局良好】 为切实改善农村人居环境，在2009年农村清洁工程试点的基础上，2010年，省委省政府将农村清洁工程列入新增5项民生工程之一，以垃圾转运站建设为重点，以村容镇貌整洁为目标，总投入15亿，用5年时间覆盖全省所有乡镇。首批实施乡镇245个，总投入32927万元，共建设垃圾转运站241座，其中，压缩式垃圾转运站234座，焚烧炉17座，垃圾运输车369辆，配备保洁人员5002人，配备垃圾箱3.05万余个，建成垃圾池7616个，圆满完成全年目标任务。

【农村危房改造工作成效突出】 在积极争取下，国家补助安徽省农村危房改造资金2.58亿元，省财政安排配套资金8600万元。3.44亿元政府资金支持，带动13.6亿元的投入，完成了4.47万户农村危房改造工作，比国家下达的4.3万户任务高出四个百分点，泾县、石台两县率先完成县域农村危房改造工作。

【村庄整治试点工作取得初见成效】 为探索安徽省村庄整治经验，在学习考察贵州村镇建设经验的基础上，结合安徽省实际，重点在岳西、青阳、潜山、霍山、泾县等31个县（区），选取了70个村庄，结合农村危房改造和农村清洁工程等项目，开展村庄整治试点工作，整体改善农村环境面貌，取得了初步成效。

【村镇基础设施逐步完善】 2010年底，全省小城镇自来水普及率达72%，比上年增长10%，行政村用水普及率达21%，比上年增长28%，人均道路面积9.8平方米。

【中心镇建设速度加快】 全省212个中心镇建成区面积776平方公里，平均建成区面积是一般镇的2.4倍，建成区自来水普及率达83%，高出全省小城镇11个百分点，中心镇镇区绿化覆盖率达25.8%，高出其他小城镇4个百分点。涌现出天长市秦栏镇、无为县高沟镇、当涂县博望镇、潜山县源潭镇等一批专业镇、特色镇。

【村镇居住条件明显改善】 2010年年底，农村人均住房面积达31.5平方米，小城镇人均居住面积31平方米。

（宋直刚、卢立新）

4. 建筑业

【概况】 2010年，全省建筑行业继续保持了良好的发展势头。全省等级以上建筑业企业累计完成总产值3136.44亿元，比上年增长31.35%。实现增加值1026.6亿元，占全省GDP的8.37%。蚌埠市建筑业总产值首次突破100亿元，达130亿元。亳州、池州、蚌埠、淮北、铜陵、芜湖、马鞍山、阜阳和宿州等9个市建筑业总产值增速高于全省。全年实现地税收入103.39亿元，占全省地税总收入的16.5%，建筑业从业人数保持了占全省从业人数10%以上的比例。全省监理企业实现营业收入45亿元，其中工程监理收入14.4亿元，分别比上年增长22.6%和29.4%。

至2010年底，全省等级以上建筑业企业4907家，其中特级资质企业4家，一级总承包企业115家；二级689家；一级专业承包企业75家，二级434家。拥有建设工程监理企业210家，其中综合资质企业3家，甲级资质45家，乙级资质73家。全省建筑业从业人员202.1万人，监理行业从业人员

2.26万人，分别比上年增长11.66%和11.7%。全省拥有注册建造师39231人，其中一级建造师6745人，二级建造师32486人，分别比2009年增长30.26%和21.45%；拥有注册监理工程师2593人，比2009年减少了14%。

地方优势企业和龙头骨干企业逐渐形成。全省建筑业总产值亿元及以上的企业552家，比上年同期增加131家。共完成建筑业总产值2410.3亿元，占全省建筑业总产值76.8%。其中：100亿元及以上企业1家，50亿元及以上企业6家，10亿元及以上企业50家，20亿元及以上的企业23家。安徽省建设监理有限公司、安徽省电力工程有限公司和合肥工大建设监理有限公司三家监理企业进入全国监理百强企业，安徽省建设监理有限公司监理收入首次突破亿元。

【建筑业企业实力得到增强】 2010年，围绕以资质结构调整为重心，加大重点企业扶持力度。全年获得住房城乡建设部审批的各类资质50家，其中建筑施工企业一级资质24家，建设工程监理企业综合资质1家，甲级资质5家。获得安徽省住房城乡建设厅审批建筑业企业资质348家，工程监理企业资质39家，其中建筑施工企业二级资质273家，建设工程监理企业乙级资质22家。全年共审核审批建设工程类执业人员注册申请12428人次，其中：注册建造师7504人次，注册监理工程师3268人次。

【举办安徽省第四届"徽匠"建筑技能大赛】 为进一步弘扬"徽匠"精神，打造"皖军"品牌，成功举办了第四届"徽匠"建筑技能大赛。大赛历时近半年，先后从17个市及省建工集团层层选拔出600多名技术能手，代表全省近400万建设大军参加10个工种的比赛。经过4个赛区的激烈角逐，产生了10名"徽匠状元"、20名"徽匠标兵"和30名"徽匠技术能手"。

【开展行业评先评优活动】 共评出"安徽省优秀建筑业企业"106家、"安徽省建筑工程装饰奖"31项、"安徽省先进监理企业"33家，评选出"安徽省建筑业企业优秀项目经理"111名、"安徽省优秀总监理工程师"61人、"优秀外向型总监理工程师"19人。安徽省建设监理有限公司等5家企业获得"全国先进监理企业"称号，陈永新等5人获得"全国优秀总监理工程师"称号。

【推进建筑市场管理信息化建设】 为实现建筑市场的有效监管，从建设工程企业资质、注册执业人员监管入手，2010年重点研究并开发建设工程企业资质申报、管理系统，建设工程注册人员管理信息系统，建筑企业统计年报报送系统等建筑市场信息系统，初步建立了统一的信息管理平台，以满足建筑市场动态监管的需要。

【强化建筑企业动态监管】 改变建筑业行业重准入、轻监管的管理方式，将建筑业企业资质监督检查作为年度建筑市场监管的一项重要内容。2010年印发了《关于开展建筑业企业资质监督检查工作的通知》，以企业自查、市间互查、省级抽查的方式，对2006年1月1日后新设立或改制设立的施工总承包、专业承包和劳务分包企业开展了监督检查，全省17个市共抽查企业341家，其中合格企业330家，基本合格企业4家，对7家不合格企业责令整改。

【规范外省进皖企业备案管理】 加强对省外进皖建设工程企业备案管理，针对省外进皖企业备案工作下放市级建设主管部门后，各市备案标准、条件不统一，不利于建立全省规范、统一、开放的建筑市场，通过认真研究外省的做法，印发了《安徽省外省进皖建设工程企业备案管理办法》（实行）。该办法对进皖企业的资质标准、在皖技术人员要求、备案程序、定期考核、信息上报等进行了明确的规定。将外省进皖建设工程企业业绩与市场行为挂钩，发放企业和专业技术人员业绩信用手册。2010年共办理外省进皖建筑业企业业绩信用登记56家，注册建造师业绩信用登记302人；进皖工程监理企业业绩信用登记22家，监理专业技术人员业绩信用登记126人；进皖勘察、设计单位定期备案16家。

【开展各类专业人员培训】 2010年，依托行业协会开展了相关专业人员培训工作。一是为确保安徽省建筑业企业项目经理资质管理制度向建造师执业资格制度平稳过渡，妥善解决尚未取得建造师执业资格的持有一、二级项目经理资质证书人员的实际问题，积极落实有关文件精神，通过培训、考试，积极组织申报二级建造师临时资格，全省共有二级以上临时建造师16922人，有效缓解了安徽省建造师不足的问题。二是根据2009年省级监理师考核认定工作的部署，经过专家集中审查、原件核验并网上查询、审核、审批等程序，共有620人通过资格审查，556人参加了省建设监理协会组织的岗前业务培训和考试。对符合条件的478人发放省级监理师岗位证书。

（戴伟力）

5. 房地产业

【概况】 2010年，全省住房和城乡建设系统坚持科学发展，紧紧围绕省委省政府一系列决策部署，认真贯彻落实国家房地产市场宏观调控政策措施，通过"促供给、控需求、稳价格、强监管"，住房市场供需矛盾得到缓解，房地产市场秩序逐步规范，全省房地产市场总体保持了相对平稳发展的态势。

【落实房地产市场调控政策】 为认真贯彻落实《国务院关于坚决遏制部分城市房价过快上涨的通知》（国发〔2010〕10号），加快推进保障性住房建设，促进安徽省房地产市场平稳健康发展，7月23日，省人民政府印发了《关于加快保障性住房建设促进房地产市场平稳健康发展的通知》（皖政〔2010〕60号）。省住房城乡建设厅及时贯彻落实国家有关部委最新举措，会同省有关部门分别下发了差别化的住房信贷政策、调整住房交易环节的契税和个人所得税优惠政策、房地产用地调控政策、商业性个人住房贷款中第二套住房认定标准、规范境外机构和个人购房管理等文件。

【房地产开发投资】 2010年，全省完成房地产开发投资2251.8亿元，同比增长34.9%，其中住宅投资1595.2亿，增长35.3%。房地产开发投资增幅比2009年高出12.4个百分点，高出同期全国1.7个百分点、中部分地区2.5个百分点，安徽省房地产开发投资总量仍位居全国第8位，中部第1位。

【商品房销售】 2010年，全省销售商品房面积4113.9万平方米，商品住房面积3604.9万平方米，同比商品房仅增长1.5%、商品住房为负增长1.1%，比2009年增幅分别下降44个百分点和45.4个百分点。商品住房销售面积增幅低于同期全国9.1个百分点、中部地区19.8个百分点，增幅为中部地区末位。安徽省商品住房销售总量在全国为第11位，中部第3位。同时，二手住房成交也进一步收缩。2010年全省17个省辖市市区二手住房成交面积858.1万平方米，同比下降16.8%。

【商品房价格】 2010年，全省商品房销售均价4211.7元/平方米，商品住房销售均价3907元/平方米，同比分别增长23.9%、20.8%，涨幅比2009年分别高出8.6个百分点和6.3个百分点。商品住房销售均价涨幅高出同期全国15.2个百分点、中部地区5.3个百分点（全国商品住房销售均价4723.5元/平方米、中部地区商品住房销售均价3274.7元/平方米，同比分别涨幅5.6%、15.5%）。二手住房成交均价2930.8元/平方米，同比增长13.2%。

【商品房施工面积】 2010年，全省在建商品房施工面积17541.9万平方米，同比增长23.8%，住宅施工面积13770.2万平方米，同比增长21.4%。新开工商品房面积7317.6万平方米，商品住房5770.5万平方米，同比分别增长38.4%、37.7%。竣工商品房面积3020.6万平方米、商品住房2402.4万平方米，同比分别增长5.6%、2.1%。全年批准预售商品住房面积4006.8万平方米，同比下降18.5%。

【开发企业土地购置】 2010年，全省开发企业购置土地面积2611.1万平方米，同比增长36.1%，增幅比2009年增加50.8个百分点。全年完成土地开发面积813.1万平方米，同比负增长5.1%。待开发土地面积1709.1万平方米，同比减少6.5%。

【对地方财税贡献】 2010年，全省房地产业交纳地税161.1亿元（不含契税、耕地占用税等财政部门征收的相关税），占全省地税收入的25.8%，同比增长56.1%。房地产开发实现土地成交价款361.1亿元，同比增长53.3%，比2009年增幅增加43.5个百分点。

【房地产开发监管】 省住房城乡建设厅及时转发住房和城乡建设部下发了《关于进一步加强房地产市场监管完善商品住房预售制度的通知》（建房〔2010〕53号），积极采取措施，加强房地产市场监管，完善商品住房预售制度。

按照国务院的部署和住房和城乡建设部的要求，省住房城乡建设厅组织各地对所有在建的商品住房项目进行了一次清理和整治，准确掌握了已预售的商品住房数量、正在预售的商品住房数量和尚未开盘的商品住房数量等情况，并将清理情况向社会公开。

6月份，省政府在全省组织开展了对房地产开发企业经营行为专项检查工作。全省累计检查房地产开发企业1647家、房地产开发项目1483个。从各市检查的情况看，安徽省绝大多数房地产开发企业均能按照规划要求和土地出让合同进行房地产项目开发，做到建设规范，信贷诚实，照章纳税，依法销售，房地产市场秩序总体良好。同时，通过检查也发现少数房地产开发企业存在着违法违规行为，有关部门立即督促企业及时整改，并进行了严肃处理。

【城市房屋拆迁】 2010年全省城市房屋拆迁建筑面积1701.4万平方米，涉及12.21万户。省住房城乡建设厅进一步规范拆迁行为，维护群众的合法权益。5月，省住房城乡建设厅下发了《关于进一步加强城市房屋拆迁管理工作的通知》（建房〔2010〕85号），要求加强审查，严把房屋拆迁许可关，规范运作，强化城市房屋拆迁管理，认真做好房屋拆迁信访工作，维护社会稳定。6月1~4日，省住房城乡建设厅与省国土资源厅会同省公安厅、省政府法制办、省信访局组成两个督察组，分赴6个市，对国务院办公厅国办发明电〔2010〕15号文、省政府办公厅皖政办明电〔2010〕26号文贯彻落实情况进行督察。10月，省住房城乡建设厅制定并印发了《安徽省城市房屋拆迁维稳风险评估实施意见》。

【住宅产业化】 全省第一家国家级住宅产业现代化试验区设立。住房城乡建设部向省政府致函《关于支持加快皖江城市带承接产业转移示范区建设的意见》（建规函〔2010〕115号），同意将示范区作为国家级住宅产业现代化试验区等，并大力支持示范区推行住宅全装修与产业化。根据省江北产业集中区管委会《关于申报国家级住宅产业现代化试验区的报告》，12月2日，省住房城乡建设厅下发了《关于同意省江北产业集中区列为国家级住宅产业现代化试验区的批复》（建房函〔2010〕1061号）。10月9日，省住房城乡建设厅会同省发改委、省经信委公布了第五批省"省地节能环保型"住宅和公共建筑试点，全省共有37个住宅建设项目和1个公共建筑项目列为全省试点。

【古建筑白蚁防治】 为加强安徽省文物古建筑保护工作，省住房城乡建设厅积极采取措施，认真抓好文物古建筑的蚁害治理，保障文物古建筑的安全。利用省财政设立的100万元文物古建筑白蚁防治专项经费，完成了全省范围内文物古建筑白蚁危害状况的全面调查，建立了文物古建筑蚁害档案，制定了蚁害科学治理方案，并选择确定了绩溪县龙川胡氏宗祠等9个国保、省保项目开展蚁害治理试点，为全面有效推进全省文物古建筑的蚁害专项治理工作提供重要保证。同时，按照省行的工作要求，完成了"中国白蚁防治氯丹灭蚁灵替代示范项目"年度工作目标计划。

【房地产管理考核】 为进一步推动全省房地产行业创先争优工作，加快房地产管理规范化、标准化、制度化进程，提高行政效能建设水平，9月，省住房城乡厅制定了城市房屋拆迁管理、房地产开发管理、房地产交易与权属登记管理和物业管理考核标准，并印发各市住房和城乡建委、房地产管理局实施。

（严春）

6. 住房保障

【概况】 2010年，在省委、省政府的高度重视和相关部门的通力协作下，安徽省把加快保障性安居工程建设作为推动民生改善、转变发展方式、调整经济结构、稳定住房价格的重要举措来抓，紧紧围绕实现"住有所居"民生目标，大力实施廉租住房、公共租赁住房等保障性住房建设，着力推进城市和国有工矿棚户区改造，完善政策措施，健全工作机制，加快解决城镇居民住房困难问题，初步建立起多层次、宽覆盖的住房保障体系。

【保障性安居工程建设规模创历年之最】 2010年全省共实施保障性安居工程37.48万套，超额完成国家下达的安徽省年度目标任务，总体完成率116%。一是保障性住房建设取得重要进展。廉租住房建设继续保持较大规模，全省新安排的185个廉租住房项目全部开工建设，累计完成建设投资68亿元，在建廉租住房458.67万平方米、9.3万套。全年新开工公共租赁住房1万套、经济适用住房1.29万套。二是棚户区改造加快推进。各地在做好规划编制基础上，积极探索创新，扎实有序向前推进。全年共实施各类棚户区改造24.65万户（套），其中城市棚户区改造完成20.37万户，国有工矿棚户区改造2.26万套，林业危旧房改造0.34万套，煤矿棚户区改造1.68万套。

【住房保障体系初步建立】 全省廉租住房保障进一步提标扩面，在对人均住房建筑面积低于10平方米的城市低保家庭做到应保尽保的基础上，保障范围逐步扩大到更多的低收入住房困难家庭，廉租住房保障面积标准平均达14平方米。截至2010年底，全省累计实施廉租住房保障22.6万户，正在实施保障20.9万户，其中租赁补贴方式16.1万户，实物配租等方式4.8万户。同时，面向低收入住房困难家庭销售的经济适用住房继续实施，面向中等偏下收入家庭的公共租赁住房全面启动，并结合棚户区改造加快解决中低收入家庭住房困难。全省已初步形成了廉租住房、经济适用住房、公共租赁住房等保障性住房和发放租赁补贴相结合的住房保障体系。

【资金争取历年最多】 在省财政厅、省发改委等相关部门的大力支持和密切配合下，全年共争取中央各类保障性住房和棚户区改造补助资金41.13亿元，是2009年的2.5倍，占当年中央安排资金总额的5%。省政府也加大了对保障性安居工程建设的财政支持力度，全年共安排省级配套资金7.93亿元。

【政策规划逐步健全】 省政府先后出台了《加快实施廉租住房保障制度的通知》、《关于推进城市和国有工矿棚户区改造工作的实施意见》、《关于加快保障性住房建设促进房地产市场平稳健康发展的通知》等政策文件，明确目标任务，完善政策措施，有力地推进了全省保障性安居工程建设。为落实"十二五"住房保障目标任务，先后编制了全省2010~2012年保障性住房建设规划、"十二五"住房保障规划、城市和国有工矿棚户区改造规划等多项规划。

【工作举措不断创新】 积极采取多项在全国有一定影响力的措施，探索创新住房保障新模式，破解工作难题。争取住房城乡建设部批复安徽省在皖江城市群承接产业转移示范区开展公共租赁住房和农民工公寓试点；省保障性安居工程领导小组批准在铜陵、芜湖、蚌埠、淮南、宣城五市开展保障性安居工程建设试点；组织开展首届保障性住房优秀设计方案竞赛活动、廉租住房廉价不廉质质量提升行动；加大调查研究力度，完成了《安徽省城市住房供应体系研究》、《安徽省夹心层住房问题研究》两项课题研究。

【管理机制逐步完善】 一是抓好建设质量。为加强对保障性安居工程质量管理，下发了《关于进一步强化管理全面提高全省城镇保障性安居工程质量的通知》，加强对保障性安居工程规划、设计、工程及后期管理工作，强化了建设单位法定代表人责任制、落实工程质量终身责任制。二是维护群众利益。在棚户区改造中充分听取拆迁群众意见，保护老百姓合法权益不受侵犯；严格执行补偿安置政策，做到补偿到位、安置合理，确保居民居住水平提高；严格执行法定程序，操作公开公正。三是加强后期管理。对已竣工并具备入住条件的廉租住房，按照"三审、二公示"的程序，公正、公平、公开配租给符合条件的保障对象；出台了《关于加强廉租住房后期管理指导意见》，健全保障制度，完善后期管理措施。四是全面推进信息化建设。全面实施"安徽省廉租住房保障管理系统"并投入运行，住房保障工作规范化、信息化进程取得标志性进展。

（徐春雨）

7. 住房公积金

【概况】 2010年全省住房公积金工作，在各级党委、政府领导下，有关部门积极支持配合下，认真贯彻落实省委、省政府和国家有关住房公积金方面的决策部署，着力推进住房公积金制度，积极发展业务，加强住房保障，支持缴存职工家庭基本住房需求，进一步完善管理制度，强化资金风险控制，提升服务管理水平，较好地完成年度工作任务。

【住房公积金业务继续保持快速发展】 主要表现如下：一是住房公积金受益职工人数不断增加。截至年底，全省实缴职工276万人，比上年末增加20万人，增幅为8.1%。二是住房公积金归集、提取快速增长。全年缴存231.6亿元，职工购房等提取使用137.2亿元，同比分别增长22.6%、25.7%。三是贷款业务继续快速发展。全年发放贷款131.1亿元，同比增长12.1%；新增贷款户7.4万户，同比增长5.4%。四是有效控制风险。住房公积金资产质量，继续保持良好状态。全省个人住房贷款逾期率为0.15‰，低于国家规定的1.5%考核控制指标。五是住房公积金得到有效使用。到年末住房公积金使用率、运用率、个贷率分别为83.1%、67.4%、66.2%，比上年末分别增长3.4%、4.3%、4.6%。六是增值收益大幅增长。全年实现住房公积金增值收益9.1亿元，同比增长24%，贷款风险准备金提取4.8亿元，同比增长41%。廉租房建设补充资金提取2.0亿元，同比增长11.1%，当年划转上缴财政部门廉租住房建设补充资金1.9亿元，同比增长49.1%。

【加强现场监管】 继续开展住房公积金管理专项治理，省住房城乡建设厅会同省政府纠风办等六部门制定了专项治理工作实施意见，要求各地结合实际，制订了实施方案，开展了自查自纠活动，维护群众合法利益，提高办事效率。并对部分城市进行督查，强化资金监管，全年清理回收历史遗留项目贷款409.7万元。通过专项治理，强化资金监管，促进管理规范，提高工作效能，达到预期目的。同时，开展住房公积金个人贷款业务专项检查，并由省住房城乡建设厅、财政厅、审计厅、人民银行、银监局等部门组成检查组，对芜湖等11个市个人住房贷款进行了检查，有效督促各地进一步完善住房公积金贷款制度，执行贷款政策，科学防范风险，保障资金安全有效运作。

【强化非现场监管】 强化住房公积金非现场监管。加强对住房公积金月报、季报、年报统计数据的监测和分析，掌握住房公积金运行和发展基本情况；组织实施住房公积金存贷款报备工作，掌握各市住房公积金存贷款开户、资金分布及大额资金流向等情况；省住房城乡建设厅会同财政厅根据管理要求，强化对各地住房公积金管理工作的考核工作，修改了住房公积金业务管理工作考核办法，把住房公积金业务管理工作年度考核，作为日常非现场监管的重要手段之一，督促住房公积金有效使用和安全管理，提高管理水平、工作绩效、风险控制和政策执行的能力。

【开展试点工作】 安徽省积极争取利用住房公

积金贷款支持保障性住房建设试点，按照国家七部门试点工作实施意见和省政府要求，省住房和城乡建设厅单位按规定，及时完成对申报试点城市的有关工作审议，指导淮南市申报试点城市。2010年7月，淮南市被国家确定为全国28个试点城市之一，批准贷款规模21.99亿元，支持保障性住房建设。

【规范贷款政策】 按照住房城乡建设部等四部门关于规范住房公积金个人住房贷款政策的要求，省相关部门结合实际进行认真研究，提出贯彻落实意见，要求城市政府结合当地实际，制定具体贯彻意见。各市按要求，相继出台实施意见，规范了住房公积金个人住房贷款政策，严格执行住房公积金个人住房贷款差别化利率政策，停止向购买第三套住房的缴存职工家庭发放住房公积金贷款。合理调整住房公积金使用政策，支持职工使用住房公积金个人贷款解决基本住房需求，重点支持购买中小套型的普通自住房。

【编制发展规划】 编制安徽省"十二五"住房公积金发展规划。在认真总结"十一五"期间，安徽省住房公积金制度发展的基础上，依据国家现有政策，结合住房公积金管理现状和面临的形势，以及有关工作要求，编制安徽省"十二五"住房公积金发展规划，拟订了"十二五"期间，住房公积金的发展目标、主要任务和政策措施，及主要业务发展指标，进一步推进和完善住房公积金制度实施，促进安徽省住房公积金事业持续健康稳定发展。

（刘家祥）

8. 建筑节能与科技

【概况】 2010年，在省委、省政府的正确领导下，在住房城乡建设部的大力支持和指导下，全省建设系统以科学发展观为指导，根据省委、省政府重点工作部署，紧紧围绕省政府节能重点工作安排，以切实转变住房和城乡建设发展方式为中心，大力宣传贯彻《民用建筑节能条例》，落实目标责任考核制，强化监督管理，取得了突破性进展。

【节能政策得到落实】 大力贯彻落实省政府《关于进一步强化措施确保实现"十一五"节能目标的通知》及《安徽省人民政府关于切实做好2010年淘汰落后产能工作的通知》文件精神，及时召开全省建筑节能工作会议，部署有关要求，明确工作重点。印发了《安徽省2010年建筑节能管理工作任务分解表》、《2010年安徽省建筑节能工作要点》，对全省建筑节能工作任务及职责进行了分解，明确了各市、各部门在2010年建筑节能工作中的任务和职责，并分阶段对完成情况进行检查和考核，为确保各项任务的落实提供组织保障。

【节能法规标准体系逐步完善】 为推动建筑节能工作的法制化、规范化、标准化，起草完成《安徽省民用建筑节能管理办法》，现已列入省政府实施类立法计划，将以政府令发布。2010年度标准体系建设成果显著，共有18项建筑节能地方标准、6项图集列入省级地方标准制订、修订项目计划，《安徽省公共建筑节能设计标准（修订）》、《安徽省居住建筑节能设计标准（夏热冬冷地区）（修订）》、《玻化微珠无机保温砂浆系统应用技术规程》、《挤塑聚苯板薄抹灰外墙外保温系统施工技术规程》等标准已编制完成送审稿，待发布实施。标准贯彻工作进展迅速，合肥、黄山、芜湖、铜陵、池州、淮南等多个市出台文件，强制实施《太阳能利用与建筑一体化技术标准》（DB 34/854—2008）。

【实现建筑节能标准实施全过程闭合管理】 严格执行新建建筑节能设计标准达到节能50%的要求。进一步加大《建筑节能工程施工质量验收规范》和《民用建筑能效测评标识管理暂行办法》执行力度。为督促各市建筑节能工作的全面开展，开展建筑节能专项检查，特别加大了对市辖县及建制镇建筑节能推进情况和施工环节建筑节能标准落实情况的检查力度。共抽查了106个项目，对13项严重违反建筑节能法规标准的项目，下发执法告知书，有力地促进了全省建筑节能工作的全面推进，形成节能标准实施的闭合管理。通过加强监管，50%节能标准执行率显著提高，设计执行率达到100%，施工执行率达到97.1%，超额完成96%的既定目标。

【建筑可再生能源规模化应用示范工作取得显著成效】 以加快皖江城市带承接产业转移示范区建设为重点，积极争取国家支持，芜湖市、黄山市、南陵县成功列入2010年全国可再生能源建筑应用示范市（县），争取补助资金1.58亿元，列全国第二。会同省财政厅联合下发了《关于推进国家可再生能源建筑应用示范城市示范县建设工作的实施意见》，明确示范建设目标，并制定保障措施。"国家建筑节能检测中心试验办公楼400千瓦太阳能并网电站项目"列入"太阳能屋顶计划"，争取资金补助640万元。2010年有38个项目列入第五批建设试点项目，并全部进入实施阶段。为调整建设行业用能结构，促进可再生能源新技术在建筑中规模化应用，出台《安徽省建设领域可再生能源新技术应用示范建设实施方案》，首次设立"以奖代补"专项资金，启动建设领域可再生能源新技术应用示范。

【机关办公建筑和大型公共建筑节能管理工作】 编制完成《安徽省国家机关办公建筑和大型公共建筑能耗监测平台建设实施方案》，以首批确立的试点示范城市合肥、铜陵、淮北、马鞍山为重点，选择重点用能单位，实施能耗统计、能源分项计量、能耗监测工作；开发了省级及各市（县）机关办公建筑和大型公共建筑监测及分析管理系统，搭建省级能耗监测数据中心，建立数据收集、分析处理平台，并为后期平台运行及数据分析处理提供有力技术支持。会同省教育厅继续开展节约型校园示范建设。在合肥工业大学节约型校园建设基础上，经积极争取，安徽建筑工业学院列入2010年全国高等院校节能监管体系建设示范。通过示范带动，进一步扩大示范范围，全省高等学校节能监管体系建设工作得到有力推动。

【既有建筑节能耗统计和节能改造试点工作】 组织开展《安徽省建筑能耗分析及节能措施研究》课题研究工作，在全省实施《民用建筑能耗和节能信息统计报表制度》。积极组织开展民用建筑能耗和节能信息统计工作，力求准确摸清全省建筑能耗现状，建立了具有可操作性的建筑能耗指标体系，为行政决策提供了有力的数据支持。

【科技推广】 为推广和普及具有节能、节地、节材、节水和环境保护效益的先进适用技术，以科技进步促进住房城乡建设发展方式转变和产业结构优化升级，出台了《关于大力推广"建设领域节能环保十大适用新技术"的实施意见》和《安徽省城乡建设领域节能环保"十大适用新技术"目录》。提出了太阳能与建筑一体化技术、墙体节能保温技术、地源热泵和空调技术、LED绿色照明技术、城市燃气调峰和应急技术、高性能混凝土应用技术、城市雨水收集利用技术、数字化城市管理技术、城镇生活垃圾处理技术、小城镇和农村污水处理技术等"十大适用新技术"，各级城乡建设主管部门及时开展新技术推广宣传培训，建立技术服务体系，出台推广激励政策，并在全省实施100个新技术示范工作。组织召开安徽省建设科技工作座谈会暨"创新发展促转变"论坛。"创新发展促转变"论坛是第一次全省范围的以建设行业科技创新为主题的会议。通过贯彻落实部、省级建设科技创新政策，促进节能环保"十大适用新技术"推广应用；进一步落实《关于加快推进全省建筑业节能降耗工作的实施意见》，推动建筑业节能降耗工作；总结建设行业各部门科技工作所取得的经验，研究推动全省建设科技创新工作的方法和措施。

【科技鉴定】 加强科技攻关力度，开展国家科技重大专项"巢湖流域城市水污染控制及水环境治理技术集成与综合示范项目"技术攻关，安徽省自主研发的"建筑保温耐候测试仪"荣获中国专利优秀奖。由安徽省建设工程勘察设计院申报的"大吨位桩基静载智能化试验系统研究与应用"获得2010年省科技进步一等奖。积极组织建设科技项目研究开发工作。组织有关专家对安徽省自主开发的"子母式充泥管袋封堵海堤深槽施工技术"、"大跨度预应力大直径钢管超厚空心板组合楼盖体系施工技术"、"建筑施工重大危险源安全评价和监控关键技术及应用"等20多项新技术新产品进行成果鉴定。组织"eGeo智能静载仪SLd-1"、"绿色建筑评估与安徽省建筑业技术创新"2个项目申报住房城乡建设部2011年华夏建设科学技术奖。推荐的"安徽沿淮河地区传统建筑信息化复原技术系统研究"、"保障性成品房建设体系的研究——基于P2P的技术标准与管理制度"、"创新型建筑业的发展战略研究"等20多个科研项目，被列为住房城乡建设部2011年科学技术项目计划。

(刘兰)

9. 勘察设计咨询业

【概况】 2010年，全省勘察设计咨询行业继续保持了稳步发展的良好势头，经营范围趋向多元化发展，队伍整体素质和水平得到有效提升。2010年，全省勘察设计行业营业收入达到181亿元，比上年增长了14%。其中工程设计收入增幅最大，比上年增长了45%，工程承包收入和技术成果转让、咨询服务等其他收入也有较大增幅，均比上年增长了21%。施工图投资额达到1184亿元，比上年增长了42%；初步设计投资额为600亿元，比上年增长了28%。截至2010年底，全省共拥有勘察设计企业402家，其中，甲级70家，乙级211家，丙级210家。设计施工一体化企业285家，其中，一级29家，二级171家，三级128家。勘察设计行业技术人员职称总数达到21687人，注册人员达到4365人，分别比上年有了明显的增长。其中中级职称为8674人，比上年增长了2%；初级职称为6384人，比上年增长了10%；注册执业人员为4365人，比上年增长了6%。地方优势企业和龙头骨干企业逐渐形成。合肥水泥研究设计院、中冶华天工程技术有限公司、东华工程科技股份有限公司跻身全国勘察设计行业百强，安徽省电力设计院、安徽省交通规划设计研究院等17家企业年营业收入超亿元。龙头企业涉及建筑、市政、建材、化工、冶金、机械、电力、交通、水利、电信、矿山、勘察12大行业。

【强化行业管理工作】 2010年，围绕以资质结构调整为重心，加大对综合型、科技型企业扶持力度，坚持"抓大不放小"原则，继续加强对县级勘察设计单位的扶持。坚持以"科学管理、依法行政、优质服务、廉洁高效"的十六字质量方针为指导，规范程序，提高效能，认真做好企业资质审批、执业注册核准工作。全年共受理、审批勘察设计单位和设计施工一体化企业资质申请711项，初审合格上报住房城乡建设部53项。于2010年4月30日全面完成安徽省工程设计单位资质换证工作，共换发证书402家，其中建设部发证81家。全年共受理、审核、许可勘察设计类执业注册申请1656人次，其中注册建筑师487人次，注册结构工程师507人次，注册岩土工程师116人次，注册公用设备工程师248人次，注册电气工程师210人次，注册化工工程师88人次。

【加强行业人才队伍建设】 组织完成第二批"安徽省工程勘察设计大师"评选工作。共评选出姚志钢等20名安徽省工程勘察设计大师。同时，积极组织全国第七届工程勘察设计大师推荐申报工作；筹备开展了安徽省较紧缺的给排水、暖通空调等专业的短期学历教育培训工作；组织部分设计单位和注册建筑师，以改善农民居住环境，推进新农村建设为目标，开展了农村农房建设与改造课题研究。共有17家工程设计单位和80名注册建筑师、注册结构工程师参与，形成研究报告及改造方案35份；组织注册建筑师、注册结构工程师继续教育。

【推进行业信息化建设】 全面推进安徽省勘察设计行业信息化体系建设，完善勘察设计人员信息库、勘察设计单位信息、勘察设计项目信息库和勘察设计专家信息库"四库"建设，形成一个整体。于年底前搭建了安徽省建设工程市场管理服务平台。组织开发了安徽省注册建筑师、勘察设计注册工程师执业注册管理系统，于2010年7月试运行。为实现行业动态监管提供技术保障。

（江冰）

10. 依法行政

【概况】 2010年，住房和城乡建设依法行政工作以党的十七届四中全会、省委八届十二次会议精神为指导，深入落实科学发展观，以服务安徽城镇化发展为目的，紧紧围绕省委、省政府重大战略部署，全面展开：推进依法科学民主决策，科学合理界定部门内部决策分工，加强立法工作、落实立法计划，开展决策评估活动；规范行政执法行为，建立健全依法行政评议考核机制，加强行政行为分析工作制度建设；强化对依法行政的监督，落实依法行政工作报告制度，推行政府信息公开工作，创新复议案件审理方式；加强依法行政学习宣传。

【依法决策】 印发《安徽省住房和城乡建设厅机关各处室和省建设稽查局工作职责》，对各职能处室和建设稽查局的工作职责进行了细化和界定。在立法、行政处罚、行政复议等方面，严格按照相关的内部工作程序制度执行。开展决策评估活动。组织有关建设稽查专家和规划督察员以及部分城市规划局负责同志，在全省范围内开展规划督察工作，就被督察地区规划工作是否合法、合规开展，提出督察意见和建议。坚持行政处罚案件合法性审查制度，不断强化对处罚行为的规范管理。2010年做出行政处罚决定57件，均在决定签发前由法制工作部门进行了合法性审查。

【立法】 《安徽省城乡规划条例》是2010年重点立法项目。2010年12月18日，该条例经省人大十一届常委会第二十二次会议表决通过，于2011年3月1日正式实施。《安徽省建设工程安全生产管理办法（修订）》和《安徽省城市供水和节约用水管理条例（草案）》的立法进程也进一步加快。继续规范厅发规范性文件制定工作，通过印发《关于进一步规范厅发规范性文件制定程序的通知》，明确规范性文件的概念定义和厅发规范性文件的制定程序，未履行制定程序不得发布施行。

【法规清理与汇编】 按照各级立法机关的工作部署，组织对建设类地方性法规、政府规章和规范性文件的清理。针对列入清理的地方性法规，多次与省人大法工委反馈和交换意见，力争意见能被采纳。对政府规章和规范性文件的清理已在充分收集各业务处室的意见的基础上完成，继续有效的规范性文件目录已在门户网站上公开。根据近两年的立法变化情况，在原建设法规汇编的基础上，将城乡建设、住宅与房地产、建设工程与建筑业和综合类建设方面的法律、法规及规章共154件，重新汇编成2010版《建设法律、法规、规章汇编》和《建设行政执法相关法规汇编》。

【规范文书】 开展全省建设系统执法文书的修订规范工作。为进一步推动住房和城乡建设系统行政许可、行政处罚法律文书及其办案规程的规范化、系统化，2010年依据行政许可法、行政处罚法等法律法规，对行政执法文书格式予以规范，起草了省住房和城乡建设系统行政处罚文书和行政许可文书（草案），通过厅网站在全系统范围内公开征求意见。

【行政行为分析】 为进一步规范和指导各地市依法开展各类行政执法行为，针对建设行政主管部门日常发生大量的行政行为的特点，加强行政行为分析工作制度建设。通过对具体行政行为的合法性情况、实施各阶段文书规范情况、监督检查和责任追究落实情况、案件查办情况等进行分析，可为合法、科学、民主地行使行政职权提供有力的参考依据。2010年下半年，将三项分析工作制度化，通过增加案件数据上报环节，提高分析报告的准确性和针对性，采取定性、定量相结合的方法，使执法监督从模糊定性状态走向客观、科学的定量评判。

【建立健全依法行政评议考核机制】 2010年，为建立起更完善的依法行政工作监督和指导体系，仿效省政府的依法行政目标考核模式并综合历年来建设法制工作考评积累的经验，制定《安徽省住房和城乡建设系统依法行政工作考核办法（征求意见稿）》，对考核机关和职责、考核内容和基本要求、考核方法及其结果应用均作了详细规定。

【资格认证】 执行行政执法人员资格制度，加强对行政执法人员的法制培训。出台《关于进一步加强建设行政执法资格认证工作的通知》，对各市建设主管部门加强建设行政执法人员资格认证工作提出了具体要求。2010年两次组织全系统行政执法人员，参加依法行政知识的培训，参训人员同时还可以同时参加执法资格认证考试。全省建设系统共有2260余名行政执法人员参加了依法行政培训和资格认证考试，考试合格率达到87%。

【推行政府信息公开工作】 通过加强行政权力行使过程的透明运行、大力加强电子政务建设、深化窗口首席代表制、积极推进公共企事业单位办事公开、加强机关内部事务公开等方式，深化政务公开内容。通过认真宣传贯彻《中华人民共和国政府信息公开条例》、编制政府信息公开目录和指南、切实做好政府信息主动公开和依申请公开工作、加强政府信息发布协调和保密审查等方法大力推行政府信息公开。通过加强政务公开制度建设、建立网上舆情处理反馈机制、强化政务公开督察，完善政务公开工作监督保障机制。

【行政复议】 面对城镇化快速发展大背景下城乡建设的新形势和人民群众的新诉求，省级建设行政机关的行政复议案件呈上升势态。开拓行政复议工作思路、创新行政复议案件办理方式、提高复议案件办理质量，在行政复议全过程中全面引入调解手段，力争化解矛盾。2010年全年，收到行政复议申请32件，办结案件中有40%经过调解由当事人撤回了申请。特别是其中的一些具有代表性的拆迁安置复议案件，调解成功一起，它的正面的积极作用能够影响很多人，能够防止多起连锁的复议案件发生，可以说是为基层解决了矛盾纠纷，维护了地方稳定。

【学法普法】 确定宣传重点，部署学法工作。印发"五五"普法及依法行政学习宣传工作计划，部署年度普法和学习宣传工作。积极迎接普法验收。2010年是"五五"普法收官年，7月初省依法治省领导小组"五五"普法检查验收组对"五五"普法工作进行检查并给予了充分肯定，认为"五五"普法期间，普法制度比较健全，普法形式比较丰富，普法工作亮点突出，领导重视、普法工作成效明显。

（齐悦）

11. 质量安全管理

【概况】 2010年，在省委、省政府的坚强领导下，全省各级住房城乡建设主管部门全面推进全省城乡大建设、大发展，以继续深入开展"安全生产年"活动为主线，以住宅工程、民生工程、市政基础设施的质量安全为重点，不断加大工程质量安全监督检查力度，扎实做好质量投诉处理工作，切实维护社会和谐稳定，积极推动全省施工现场建筑节能标准执行率的稳步提高，全年未发生较大以上工程质量事故，受理工程投诉1086起，同比下降29%，住宅工程质量稳中有升。坚持制度创新，先后推行了项目经理、项目总监考勤打卡制度、建筑施工现场重大危险源信息监控试点和自查、互查、暗访、重点督查相结合的安全检查方式等多项制度创新和举措，继续保持了事故起数、死亡人数双下降。全年共发生建筑安全事故30起，死亡40人，与上年相比，事故起数下降25%，死亡人数下降16.6%，预计百亿元建筑业产值死亡率1.42，比上年降低0.59，全省建筑安全事故死亡人数占省安委会下达2010年度控制指标的63.5%。全省建设工程质量安全形势总体平稳。

【制度建设】 积极协调有关法制部门开展《安徽省建设工程安全生产管理办法》（省政府第125号令）修订工作。出台了《安徽省住宅工程质量分户验收实施细则》，全面推行住宅工程质量分户验收制度，进一步保障住宅工程观感质量和使用功能。出台了《安徽省建筑工程施工现场关键岗位打卡制度》（试行），要求在重点工程、重要时段、关键环节或危险性较大分部分项工程施工时，项目经理、项目总监及相关人员必须在岗履责。对新型墙体材料使用可能造成的开裂、渗漏等质量通病防治内容进行专题研究，对试点情况进行了分析总结，补充完善了新型墙体材料、建筑节能等通病防治内容，完成了《住宅质量通病防治技术规程》送审稿的编制工作。

【推进安全监管前移】 芜湖"1·12"模板坍塌事故发生后，着力推进薄弱区域安全监管前移，变被动服务为主动作为。明确要求各地要守土有责，对于经济开发区、工业园区和重点工程项目，只要项目开工，必须纳入安全监管。通过持续不断地加大薄弱区域安全监管力度，促进了全省建筑安全形势的总体稳定好转。

【加强建筑施工现场重大危险源的监管】 组织开发了"安徽省建筑施工现场重大危险源监控平台"系统软件，将重大危险源监管以现场检查为主的工作模式转变为网络巡查和现场检查相结合，对危险性较大分部、分项工程进行重点监控，有效防范较大及以上建筑安全生产事故的发生。合肥、淮北、芜湖等9个城市先行开展试点取得经验后，在全省全面推广。各试点市建设主管部门全面建立了监控平台，已有979家建筑施工及监理企业建立了信息平台，重大危险源的200个项目上报了相关信息。自2010年7月份开始试点以来，9个试点城市没有发生一起危险性较大分部、分项工程建筑安全事故。

【改革检查方式】 推出自查、互查、暗访与重点督查等多种形式相结合的安全检查方式，力求各项检查取得实效。2010年，组织开展了5次全省建筑安全生产大检查，在各市自查的基础上，先后组织了3次暗访和3次互查、督查活动，均收到了预期效果。全省共检查工程项目17161个，查出一般隐患50502条，重大隐患216条，其中一般隐患已整改49437个，整改率达到97.89%，重大隐患已整改216个，整改率达到100%。查处建筑施工非法违法行为360项，其中，查处无施工许可证或手续不全施工的有90项，查处重大隐患隐瞒不报或未及时整改的有6项，查处拒不执行监管指令、抗拒安全执法的有3项，查处未依法依规进行安全培训、无证上岗的有224项，查处其他违法建设施工的有37项。全省共吊销建筑施工企业安全生产许可证2家，暂扣建筑施工企业安全生产许可证24家，向外省发出协助事故处理通报函3起，进一步强化了建筑安全生产相关责任主体的责任。上海"11·15"特大火灾事故发生后，迅速下发了《关于立即开展全省在建工程消防安全大检查的通知》（建质〔2010〕71号），召开了全省住房城乡建设系统消防安全工作电视电话会议，就深刻吸取事故教训、全力抓好当前建筑施工消防和安全生产工作进行动员、部署和落实。为检查各地消防安全大检查落实情况，派出两个暗访组，分别对合肥、芜湖、蚌埠和马鞍山4个城市15个在建工程的消防安全大检查工作开展情况进行了重点督查和暗访，并及时向全省发文通报督查结果。

【探索项目信息公开和诚信体系建设】 以建设工程项目建设为抓手，创新工作机制，整合现有信息资源，着力做好项目信息公开和诚信体系建设各方面工作，取得了阶段性成效。率先在厅门户网站上开辟全省住房和城乡建设系统工程建设领域项目信息公开专栏，并与其他网站链接。此项工作得到省治理工程建设领域突出问题工作领导小组的肯定和表扬。

【保持建筑工程质量安全形势持续稳定】 实施全省工程质量监督季度巡查，严肃查处违法违规行为。2010年，共组织实施四次全省工程质量监督巡查，巡查重点为建筑节能施工质量、住宅工程质量，共对4项市政工程、6项建筑工程、12项在建住宅工程进行了现场检查，抽查了8项竣工住宅工程的监督档案。对存在严重违法违规行为的3项工程，签发了执法建议书；对存在较严重质量问题的6项工程签发了巡查整改意见书；对存在的一般质量问题的4项工程签发了巡查意见书。同时，要求各市、县质量监督机构选派优秀监督力量，制定专项监督方案，对保障性安居工程实施重点监管，全面提高安徽省城镇保障性安居工程的质量。

【严格行政许可制度】 委托各省辖市建设行政主管部门办理建筑施工企业专职安全生产管理人员任职资格审批，5个月来实施情况良好，为企业和个人节约了宝贵时间和大量差旅费用。全年网上审批建筑施工企业安全生产许可证新申报616家，延期1300家，不予许可394家；办理建筑施工特种作业操作资格证书新申报28627个，延期3110个，换证2449个；组织专家对18家检测机构进行现场核查，办理检测机构资质申报、扩项、延期共44项；对10家施工图审查机构的换证工作进行审查认定；完成6个市及所属县（市）、区质监机构验证考核工作。同时，开展了合肥、黄山、淮北三市的创建全国无障碍建设城市的初审和迎接国家验收等工作。

【推进安全质量标准化工作】 结合"安徽省建筑施工现场重大危险源信息监控平台"试点，积极推行省级以上安全质量标准化示范工地实施远程视频监控，提高安全质量标准化示范工地科技含量和创建水平。全年共创建了省级安全质量标准化示范工地213个，示范小区22个。

(丁金颖)

12. 风景名胜事业

【概况】 安徽省共有黄山、九华山、齐云山、天柱山、琅琊山、采石、巢湖、花山谜窟－浙江、太极洞、花亭湖10个国家级风景名胜区和28个省级风景名胜区，各级各类风景名胜区面积占全省总面积的2.35%，是风景名胜资源大省、强省。2010年，安徽省认真贯彻执行国家有关政策法规，遵循"科学规划、统一管理、严格保护、永续利用"方针，强化风景名胜区的规划、建设、保护和管理工作，风景名胜事业得以持续、健康发展，风景名胜区的基础设施水平、旅游环境质量和管理服务水平逐步提升。

【总体规划】 安徽省把各国家级风景名胜区总体规划编制作为工作的最重要内容紧抓不放，以充分发挥总体规划对风景名胜区建设、保护、开发、管理的指导作用。黄山、九华山、天柱山、琅琊山、齐云山、采石、花山谜窟－浙江、太极洞等8个风景名胜区总体规划已经国务院批准实施；巢湖、花亭湖风景名胜区总体规划已按照国家有关部委的意见修改完善并报国务院待批。龙子湖、颍州西湖风景名胜区总体规划修编方案经省政府审批实施。

【景区、地段、节点详细规划】 2010年，积极组织各风景名胜区编制景区和重要节点、地段详规。批复了黄山西海饭店环境整治方案、九华山风景区白云地段修建性详细规划，九华河景观整治和保护规划等。审查了花山谜窟西入口地段设计方案。安徽省国家级风景名胜区必要的基础设施建设，其规划选址、方案设计等严格遵循《风景名胜区条例》，按规定程序履行报批手续。安徽省风景名胜区未出现违法建设、开发现象，规划的严肃性得到充分体现。

【风景名胜区项目建设】 2010年，重点推进风景名胜区项目建设，争取住房城乡建设部核准天柱山风景名胜区大龙窝索道建设项目选址。审查批复了黄山风景区钓桥景区地轨缆车站房建筑设计方案、天台索道改建站房设计方案、九华山新罗酒店设计方案。加快黄山钓桥景区建设和西大门（焦村）开发，实施北海、西海地段环境综合整治；九华山露天铜像工程建设稳步推进。完善琅琊山醉翁亭景区、齐云山月华街景区、采石风景区锁溪河环境综合整治。深化巢湖、太极洞、花山谜窟－浙江、花亭湖等风景名胜区核心景区环境整治。推进风景名胜区生活污水处理、垃圾处理设施建设。

【风景名胜区机构建设】 安徽省委、省政府对全省风景名胜区工作高度重视，成立黄山规划委员会和安徽世界遗产地保护委员会，办公室均设在省建设厅，省政府设立专项资金用于黄山等遗产地的保护管理工作。省编委批准设立安徽省风景名胜区管理办公室，行使行业管理职能，使省级管理机构得到强化。安徽省10个国家级风景名胜区均设立了风景名胜区管理机构。其中：黄山、九华山、天柱山、琅琊山、齐云山、花山谜窟－浙江、巢湖、太极洞、花亭湖9个国家级风景名胜区成立了景区管理委员会，采石国家级风景名胜区成立了管理处。

【风景名胜区监管信息系统建设】 组织10处国家级风景名胜区参加住房城乡建设部在北京专题召开的风景名胜区监管信息系统及网络平台研讨会。就风景名胜区监管信息系统、数字景区建设、风景名胜区规划实施和资源保护状况年度报告等方面的内容进行了培训。黄山、九华山等风景区作为国家级风景名胜区数字化建设试点单位，从编制专项规划入手，扎实推进监管信息系统建设，取得阶段性成果，在全国24个试点数字景区中名列前茅。安徽省省级风景名胜区的监管信息系统建设也在推进之中。

【社会与经济效益】 2010年底，安徽省10处国家级风景名胜区接待将超过900万人次，同比增长近20%，门票收入将超过7亿元，同比增长15%以上，分别占全省53个重点监测旅游景区（点）的25%和50%。

(赵新泽)

大 事 记

1月

1日，《安徽省物业管理条例》正式施行。

17日，合肥市重点局发布，合肥金寨路高架桥工程经国家工程建设质量奖审定委员会考核审定，被授予2009年度"国家优质工程奖"。市政工程获此质量大奖，在安徽省尚属首次。

23~24日，安徽省首届保障性住房优秀设计方案竞赛评审会在合肥举行，省住房和城乡建设厅组织专家对省内外设计单位报送的116个参赛设计方案作品（其中廉租房方案50个，经济适用房方案55个，廉租房和经济适用房兼有方案11个）进行了评审，共评出21个获奖作品。

28日，为突出以规划先行为指导，促进全省城镇化建设和城乡统筹发展，省住房和城乡建设厅与国家开发银行安徽省分行规划合作座谈会暨协议签字仪式在国家开发银行安徽省分行举行。

2月

8日，《安徽省农村清洁工程实施办法》颁布实施。

10日，安徽省首届保障性住房优秀设计方案竞赛获奖项目公布。共有21项目获奖，其中廉租住房项目8个、经济适用住房项目13个。

25日，省政府在合肥市召开全省城市和国有工矿棚户区改造暨住房和城乡建设工作会议。省长王三运、住房和城乡建设部副部长齐骥出席会议并作重要讲话，副省长倪发科主持会议。

3月

19日，与各市签订2010年全省住房和城乡建设行业安全生产目标管理责任书。

截至31日，会同省发改委、财政厅、开行省分行等有关部门单位积极争取和落实城市污水处理项目打捆申请开行贷款工作进展顺利，已有41个城市污水处理项目同开行正式签约，落实贷款金额12.5亿。

5月

6日，《安徽省保障性住房优秀设计方案图集》由安徽人民出版社正式出版发行。

19日，倪发科副省长赴住房城乡建设部签订2010年住房保障工作目标责任书，安徽省住房和城乡建设厅厅长倪虹携住房保障处主要负责同志随同参加。

6月

1日，省政府在合肥召开全省推进保障性安居工程建设暨加强村镇建设管理工作会议，安徽省副省长倪发科代表省政府与各市政府签订2010年住房保障工作目标责任书并讲话，倪虹就推进全省保障性安居工程建设和加强村镇建设管理等有关情况作了发言。

1~25日，财政部、住房城乡建设部下达安徽省2010年中央廉租住房保障专项补助资金66336万元，及时分解下达至各市、县。

11日，倪虹随副省长唐承沛到北京市参加国务院召开的全国公共租赁住房工作会议。

11日，印发《关于进一步提升全省保障性住房工程质量的通知》。

20日，倪虹主持召开徽商大会省住房城乡建设系统代表对接皖江城市带承接转移示范区建设座谈会。巡视员李玉华及办公室、住房改革与发展处、城市规划处、房地产市场监管处、建筑节能与科技处、省住宅产业化促进中心负责同志参加座谈会。

26~27日，省十一届人大常委会第十九次会议第一次审议《安徽省城乡规划条例（草案）》，倪虹厅长向大会作了说明，会议原则通过本条例。

7月

4日，住房城乡建设部、监察部等国家九部委保障性安居工程建设和房地产开发企业经营行为检查情况督查组到合肥、蚌埠市督查。

5日，国家发展改革委、住房城乡建设部下达国有工矿棚户区改造2010年第一批中央预算内投资计划，安徽省获得中央投资补助19174万元，位居全国第二，并会同省财政厅分解下达。

21日，财政部、国家发改委、住房城乡建设部下达安徽省2010年中央补助公共租赁住房专项资金2363万元。

8月

6日，倪虹率高冰松副总工、厅住房改革与发展处、人事教育处、村镇规划与建设处、城市规划处、省城乡规划设计研究院负责同志及省委政研室有关同志到五河县专题调研城镇化工作。

9月

2日，印发《关于在全省住房和城乡建设系统开展创建优质服务窗口、优良示范工程、优秀共产党员先锋岗活动的通知》。

7日，印发《城乡建设领域节能环保"十大适用新技术"目录》。

11日，倪虹携住房改革与发展处负责同志赴省政府就《安徽省人民政府关于有关媒体报道合肥市多个楼盘施工使用"竹签垫块"问题调查情况的报告》进行讨论。

30日，皖江城市带承接产业转移示范区江南集中区控制性详细规划通过专家评审，批准后的控制性详细规划将成为集中区建设的法定依据。

10月

12日，《亳州市城市总体规划（2010~2030年）》通过专家评审。10月中旬，省政府发文部署《安徽省城镇体系规划（2010~2030年）》编制现场调研工作，安徽省新一轮省域城镇体系规划编制工作启动。

12月

2日，住房和城乡建设部建筑节能与科技司司长陈宜明带队来合肥对"国家水体污染治理重大科技专项"进行调研。

3日，省住房城乡建设厅党组《关于开展向方宗炳同志学习活动的通知》。

19日，《皖江城市带承接产业转移示范区城镇体系规划》在北京通过专家评审。

（安徽省住房和城乡建设厅）

福 建 省

1. 概述

2010年，福建省保障性住房建设与房地产市场调控、城乡规划和建设、节能减排、建筑业改革发展、工程质量安全、抗灾救灾、灾后重建、援川援疆等重点工作取得成效，完成年度工作目标任务。

【推进保障性住房建设，落实房地产市场调控政策】 省政府出台一系列政策措施，推进保障性住房建设和棚户区改造。国家与福建省签订的各类保障性住房建设和棚户区改造责任目标分别是6.38万套、4.84万户，开工建设各类保障性住房76180套，开工率119.44%；竣工40321套，竣工率63.22%；改造各类棚户区58517户，签约率120.79%，超额完成目标任务。厦门、漳州、三明、莆田等市进展较快。永安等县（市）率先推行廉租房可租可售，逐步把外来务工人员纳入公租房保障范畴。国务院督查组对福建省住房保障工作给予肯定。中央电视台新闻联播节目对福建省住房保障的做法与经验予以报道。各地按照省政府部署，结合实际，围绕"促投资、增供给、抑房价、稳市场"，制定落实措施，加强市场监管，抑制投资、投机性购房，有效遏制房价上涨势头，房地产市场运行总体平稳，没有出现大起大落。全年完成投资1818亿元，同比增长60%；商品房销售2748万平方米，存量房交易1704万平方米，房地产交易总金额2261亿元；缴纳税收317亿元。完善商品房预售制度，规范销售信息公示，强化批后监管，推行预订协议网上备案，开展房地产开发、经营行为检查，查处134家违法违规企业。加强市场运行分析，实现各设区市房地产市场信息系统联网，漳州市所辖县（市）信息系统全覆盖。修订物业服务收费管理办法，开展全省住宅专项维修资金检查，新增一批国家级、省级物业管理示范小区。健全住房公积金制度，省政府办公厅出台《扩大住房公积金制度覆盖面的意见》，引导非公单位建立住房公积金制度。全年新增缴存人数26.7万人，缴存178亿元，同比增长18.7%。福州、厦门、泉州三市开展住房公积金支持保障性住房项目贷款和低收入家庭贷款贴息试点。启动全省住房公积金数据备份与应用中心建设。

【实施小城镇改革发展战役，推进22个试点小城镇规划建设】 省政府办公厅出台试点小城镇规划建设管理和房地产发展配套政策，编制规划《导则》，举办试点镇书记、镇长培训班，组织规划技术评审。19个试点镇总体规划获设区市政府批准，主要专项规划和控制性规划编制基本完成，16个试点镇建成规划展示厅。试点镇启动784个项目，完成投资308亿元。角美、水头、金井、龙门、古田、小陶等试点镇规划和项目建设走在前头。220项村镇规划编制成果经评审验收。新增一批省级试点村镇住宅小区和优秀小区。晋江、永春、光泽、长汀等市县开展农村危房改造试点。各地结合灾后重建和新村建设，推进农村危房改造，完成改造面积390万平方米。有4镇、7村获得第五批中国历史文化名镇名村称号。173个乡镇开展"绿色乡镇"创建活动，其中145个达标，新增乡镇建成区绿化面积1391公顷、公园190座，公园绿地面积538公顷。农村"家园清洁行动"深入开展，有131个乡镇、2085个建制村垃圾治理通过省级验收，超额完成省委省政府办实事任务。推进农村环境连片整治"家园清洁"示范项目建设。莆田涵江等地注重建立长效管理机制，巩固提高农村垃圾治理成果。永泰县、厦门海沧区和集美区、莆田荔城区和湄洲岛旅游度假区、石狮市列为全国首批村镇垃圾治理全覆盖县（市、区）。

【规范建筑市场，建筑市场秩序逐步好转】 推进工程建设领域突出问题专项治理工作，加大制度建设和监管力度。完善承包商预选和招标代理比选制度，省住房城乡建设厅会同省发展改革委、省财政厅出台《市政基础设施工程施工总承包预选承包商名录评分办法》，公布2010年省级房建和市政施工预选承包商、政府投资项目代建单位、招标代理机构比选名录，全年有 2237 个项目实行承包商预选，1919 个项目实行招标代理比选。开发并推行施工项目网上远程评标系统，实现省市联网评标。扩大随机抽取范围，全省 3256 个施工项目通过随机抽取确定中标人，占公开招标项目总数的 63%。规范工程勘察招投标管理，出台《福建省建筑工程勘察招标投标管理若干规定（试行）》和《福建省建筑工程勘察招标文件示范文本》。加强工程造价管理，调整施工安全文明措施费和预算人工单价，制定城市轨道交通建设工程费用标准。加强企业资质动态监管，开展检查核查，注销施工、造价咨询等企业资质 158 家，省住房城乡建设厅资质管理经验在住房城乡建设部召开的全国会议上作典型交流。建筑业全年完成总产值 2852 亿元，同比增长 32%，上缴税收 121.6 亿元，同比增长 34.6%。产业集中度提升，总承包和专业承包二级以上企业数量占 49%，完成产值占 89%，其中特、一级总承包企业占 52%，福州、厦门、泉州完成产值占 71%，8 个"建筑之乡"完成产值占 25%。省住房城乡建设厅驻外机构服务企业拓展省外市场，效果明显，省外产值完成 1153 亿元，同比增长 40%，福建建工集团开拓非洲等国际市场，完成境外产值 14 亿元。

【工程质量安全生产形势总体平稳】 实施《福建省建设工程质量安全动态管理办法（试行）》，对履职不到位的一批施工项目负责人和总监理工程师及时予以教育与处罚，促进现场管理人员到位履职。推广《福建省建筑施工安全文明标准示范图集》，推行建筑施工安全文明标准化，厦门市措施有力，成效明显。制定出台建筑边坡及深基坑施工、大型起重机械管理规定，完善省市县三级重大危险源报告和巡查制度。开展建筑安全专项治理、"打非治违"专项行动和市政基础设施工程、校安工程、结构工程、检测机构、预拌混凝土和预制构件企业等专项检查。有 2 个工程入选中国建设工程鲁班奖，105 个工程获"闽江杯"优质工程奖，有一批工地评为"省级文明工地"。安全生产事故起数和死亡人数，同比下降 29.4%。加强质量安全动态监管，与强化监理人员履职的经验，分别在全国住房城乡建设工作会议和全国监理工作会议上交流。

【投入抗灾救灾、灾后重建和对口支援工作】 6 月中旬闽西北遭受特大暴雨洪灾，调集技术专家、施工企业及机械设备，参与抢险救灾；及时研究起草灾后重建政策措施；组织省建筑设计院等单位技术人员加班加点编制灾后重建 7 种户型建筑方案图集和施工图集，向灾区免费发放；选择 15 个灾后重建示范点，给予重点指导和资金支持；派出工作组进驻南平、三明、龙岩，指导选址、规划、设计，开展质量安全巡查，协调福州—三明、厦门—南平行业对口支援工作。南平、三明、龙岩等受灾市、县和福州、厦门参与对口支援的系统干部职工共同努力，建成 258 个安置点，实现春节前灾民搬入新居的目标。完成援川援疆工作任务。响应省委省政府支援四川彭州灾后重建、新疆昌吉回族自治州建设的部署，派出得力干部和优秀企业参与援建工作。高质量完成援建四川彭州的 115 个"交钥匙"项目，实现国务院要求的三年援建两年完成的目标，17 个符合四川省"天府杯"优质工程评奖规模的项目全部获奖，其中金奖 10 个、银奖 7 个。组织技术骨干多次赴新疆开展规划、勘察设计、现场指导等工作。

【推进依法行政并取得新进展】 《福建省无障碍设施建设和使用管理办法》颁布实施；《城乡规划法》实施办法已经省人大常委会二次审议；《福建省风景名胜区条例（草案）》经补充完善，再次上报省政府；《福建省建设工程抗震管理条例》立法前期工作进展顺利。工程建设领域规范性文件清理基本完成。推进执法信息化建设，加强行政复议、行政应诉工作。规范行政权力运行工作由试点向全系统延伸，设区市建设局、规划局有 17 个单位完成行政自由裁量权标准制定工作，15 个单位完成权力运行流程图绘制。开展行政执法人员、企业法定代表人和注册执业人员等重点对象法律知识教育培训，进行行业"五五"普法总结验收。制定城市棚户区（危房）改造拆迁补偿安置政策，规范城市房屋拆迁许可和强制拆迁，总结推广晋江梅岭组团"和谐拆迁"经验。执行信访路线图，规范信访办理程序，领导带案下访，加强要案督办，推动信访积案化解，拆迁信访总量下降，上访批次同比下降 35%，人数下降 25%。完善拖欠工程款与农民工工资长效机制，实施农民工工资保证金制度，对拖欠农民工工资的建筑企业，采取约谈、通报批评等措施，督促其按时足额支付工资；推行工程担保制度，全省有一批新开工房地产项目和其他工程项目，实施业主工程款支付担保和承包商履约担保。注重制度建设、源头预防，进一步完善招投标、房地产市场、城乡规划等监管制度，制定出台 42 个规范性文件，在敏感部位、关键环节堵塞可能发生腐败问题的漏洞。以自来水、环卫、燃气、风景园林等行业为重点，深入开展文明行业创建活动，树立行业良好形象。新增省建设执业资格注册管理中心等 3 个省级"青年文明号"，全系统国家级、省级"青年文明号"累计达72个。举办环卫清扫、风景名胜区导游等岗位技能竞赛，举行第十五届省环卫工人节活动，省政府办公厅出台《进一步改善城镇环卫工人工作生活条件促进环卫事业健康持续发展的意见》，20位环卫工人荣获省"五一劳动奖章"。

2. 法制建设

【法规规章颁布实施】 2010年，《福建省无障碍设施建设和使用管理办法》（省人民政府令第109号）经省政府第53次常务会议通过，自9月16日正式施行，明确无障碍设施建设及改造的职责分工，规定县级以上人民政府对本行政区域内无障碍设施建设、改造和使用管理实行统一领导。对新建、改建、扩建项目，该办法明确应当按照有关规范、标准和规定，配套建设无障碍设施，并与主体工程同步设计、施工和交付使用。《福建省实施〈城乡规划法〉办法》经省人大常委会二次审议；《福建省风景名胜区条例（草案）》补充后上报省政府；《福建省建设工程抗震管理条例》立法前期工作进展顺利；组织完成由省住房城乡建设厅起草的五项省政府规章清理工作，开展1979年以来由厅负责实施并以省政府名义发布的规范性文件清理工作。

【加强和改进行政执法】 根据行政执法新形势和新要求，12月28日，在泉州组织召开全系统加强和改进行政执法工作会议，对行政执法工作进行总结部署。全年开展各类专项检查和整治行动，依法对6个违法单位和个人做出行政处罚。先后组织开展建筑施工安全、市政基础设施工程、校安工程、结构工程和检测机构、预拌混凝土与预制构件企业、城市污水垃圾项目、防火安全等专项督查以及建筑安全专项治理、"打非治违"等专项行动，共抽查151个项目，发出停工或整改通知书92份，并责成当地主管部门对违法主体立案查处，开展全省房地产开发经营行为检查、房地产经纪市场专项检查和商品房销售市场秩序专项治理，查处违法违规企业134家。组织外系统调入本系统执法人员的专业法律知识考试，提高行政执法人员水平。

【规范行政权力运行】 召开设区市建设局、规划局法制科（处）长座谈会，交流各地规范行政权力运行工作，并着手对厅机关制定的裁量标准进行修订完善；根据全省规范行政权力运行工作会议精神和系统规范行政权力运行工作会议要求，督促设区市建设局、规划局绘制权力运行流程图和制定裁量标准，使这项工作从试点向系统延伸，设区市建设局、规划局有17个单位完成行政自由裁量权标准的制定工作。

【重点对象法制宣传教育】 组织开展"五五"普法总结验收工作，印发《全省住房城乡建设系统"五五"普法检查验收工作方案》，在泉州召开"五五"普法总结验收工作座谈会，交流各地普法工作经验，并对系统开展"六五"普法工作提出工作思路和要求。在福州、漳州和泉州举办行政执法人员法律知识教育工作，共有2500多人参加学习；在漳州地区组织开展建设类企业法定代表人法律法规的集中学习，约600多人参加，通过法律知识教育，促进行政执法人员依法行政和企业法人依法经营。落实注册执业人员注册前法律知识集中教育制度，在全省范围举办多期建设类注册执业人员注册前法律法规知识集中学习，共有近4000人参加了学习。

【行政复议和执法监督】 全年组织办理行政复议案件55件。落实行政执法典型案例评析制度，在宁德市召开城乡规划行政执法和管理典型案例评析会，对各地规划部门在规划执法和管理中遇到的典型案例进行评析，交流经验和做法，提出加强和改进城乡规划行政执法和管理意见。推广使用行政执法信息系统，下发《关于全面推广使用福建省建设行业行政执法信息系统》通知，完善系统模块设置，对数据采集和动态输入提出具体要求。

3. 住房保障

【概况】 2010年是福建省保障性住房建设规模最大、建设进度最快的一年。省委、省政府把保障性住房建设作为"民生工程战役"的重要内容，列入为民办实事项目。4月、5月和9月召开全省城市和国有工矿棚屋区（危房）改造工作会议、全省住房保障工作座谈会和加快保障性安居工程建设暨公共租赁住房建设电视电话会议进行部署。省政府先后出台《关于推进城市和国有工矿棚户区（危房）改造的实施意见》（闽政文〔2010〕106号）、《关于编制2010～2012年保障性住房建设规划的通知》（闽政文〔2010〕146号）、《关于加快建设公共租赁住房的实施意见》（闽政办〔2010〕242号）等系列文件。

【实行保障性安居工程目标责任管理】 5月24日，省政府举行全省住房保障工作目标责任书签字仪式，由省住房和城乡建设厅代表省保障性安居工程协调小组与各设区市人民政府和省政府机关事务管理局签订2010年住房保障工作目标责任书。

【扩大保障范围】 坚持适度保障，适当降低门槛。福建省规定原则上将人均收入在当地城市低保标准3倍以内、人均住房建筑面积13平方米左右的家庭，纳入廉租住房保障范围。福州、厦门、泉州、莆田、龙岩等地保障标准均超过省里标准，最高的已将保障范围扩大到人均收入在低保标准的5倍、人均住房建筑面积20平方米。各设区市均制订了保障性住房管理办法，明确保障性住房供应对象、建设标准、户型结构、价格与租金控制、配租配售、上市交易、准入退出等政策。规范实施流程，重点规定申请、审核、办理、公示、复核、回购办法。配租配售过程请购房（配租）对象、人大政协委员、纪检监察部门现场监管，接受社会监督。

【推进各类棚户区改造】 2010年起，以集中成片棚户区（危房）改造为重点，全面启动城市棚户区、国有工矿棚户区、林区棚户区改造。在棚户区改造中，实行实物安置和货币补偿相结合，由被拆迁人自愿选择，实行实物安置的，安置房优先建设、优先安置。安置住房实行就地、就近和异地建设相结合，以就地就近安置为主。实行货币补偿的，补偿金额根据被拆迁房屋区位、用途、建筑面积等因素，以房地产市场评估价格确定。在具体实施过程中，把棚户区改造与住房保障有机衔接，健全对特殊困难家庭的保障制度。

【年度任务完成情况】 2010年国家实行保障性安居工程目标责任管理，下达福建省住房保障目标任务：建设各类保障性住房6.38万套，各类棚户区改造4.84万户，新增廉租住房租赁补贴1万户。至12月底，全省各类保障性住房新开工76180套，开工率119.44%；竣工32111套，竣工率50.34%；基本建成12102套，占18.97%。各类棚户区改造签订拆迁安置补偿协议户数57447户，签约率118.69%。开工建设安置房28493套，其中竣工8431套。全面超额完成国家下达的保障性住房年度责任目标。

【资金安排】 争取国家对福建省保障性住房建设的资金支持，2010年中央安排福建省各类保障性住房建设补助资金7.78亿元。其中，中央预算内投资新建廉租住房补助2.03亿元，中央廉租住房保障补助资金4.6亿元，公共租赁住房建设5839万元，各类棚户区改造5605万元。省级财政从福建省实际出发，建立省级廉租住房保障专项补助资金、公共租赁住房专项补助资金和城市棚户区（危房）改造专项补助资金。各级地方政府筹措地方配套资金，基本满足全省保障性安居工程建设需要。

4. 房地产市场监管

【贯彻落实国家调控政策工作取得成效】 2010年，国家对房地产市场先后实施三轮宏观调控。福建省结合实际，因地制宜、分类指导国家房地产调控政策的贯彻落实，房地产市场运行总体保持平稳，投资投机购房得到抑制，部分城市房价过快上涨的势头得到初步遏制。省住房和城乡建设厅牵头会同省直有关部门提出贯彻《国务院办公厅关于促进房地产市场平稳健康发展的通知》（国办发〔2010〕4号）、《国务院关于坚决遏制部分城市房价过快上涨的通知》（国发〔2010〕10号）的实施意见，以闽政办〔2010〕7号文、闽政文〔2010〕203号印发各地执行；制定规范第二套住房认定标准、加强房地产用地调控、调整交易环节税费等政策措施，采取有针对性措施，遏制部分城市房价过快上涨。全年累计出台有关房地产调控政策文件15件，其中省政府1件、省政府办公厅1件、部门13件。全年完成房地产投资1818.86亿元，同比增长60.1%；土地供应量加大，住宅用地供应2277.8公顷，同比增长51.1%，其中商品住房开发用地供应1897.06公顷，同比增长61.6%；完成房地产交易4450万平方米，实现交易总金额2261亿元；缴纳税收316.95亿元，同比增长42.1%。房地产业持续较快发展，为全省经济发展、改善民生做出新贡献。

【规范房地产市场秩序】 完善商品住房预售制度，规范预售行为。下大力气抓商品住房预售制度建设，先后下发了《关于进一步加强商品房预售管理的通知》等五个文件，加强市场监管。加强检查，加大违法违规行为查处力度。组织开展房地产开发经营行为检查，全省共检查开发企业976家、1610个开发项目，查处134家开发企业违法违规行为，并依法进行处理。开展全省商品房销售市场秩序专项检查，房地产经纪市场专项检查，开发企业资质检查，组织各市、县对2009年1月1日以来批准预售的所有商品房项目进行清理，摸清可售房源情况，并将清理结果向社会公布。房地产交易与权属登记规范化管理，贯彻房屋登记官制度，推荐全省388名被住房城乡建设部评定为房屋登记官，积极推进房地产交易与权属登记规范化管理，提高办事效能，服务发展。继续开展集体土地范围内房屋登记试点工作，指导漳州、石狮、永安等3个试点城市在研究解决农房所有权初始登记基础上，积极探索开展农房抵押登记工作。

【房屋拆迁管理】 稳妥推进城市房屋拆迁工作，全省共搬迁35380户，拆迁房屋面积724万平方米，拆迁信访形势总体平稳。上访批次下降35.1%、人数下降25%。制定《关于进一步严格城市房屋拆迁管理工作的指导意见》，严格规范拆迁许可和强制拆迁等行为；在晋江市召开全省和谐拆迁工作经验交流会，推广晋江、漳浦拆迁工作的经验。

【物业管理制度建设】 修订《福建省物业服务收费管理实施办法》，《物业服务合同》和《前期物业服务合同》示范文本，进一步明确物业服务企业和业主等各方主体责权利。住宅专项维修资金管理，组织对福州、厦门、南平等六市县抽查，并将情况予以通报。规范提升物业服务，下发《关于进一步提高物业管理服务水平的通知》，加强行业监管，提高物业服务企业保安、保洁、保绿、保修水平；出台《城市既有住宅增设电梯的指导意见》，对满足城市规划、建筑结构和消防安全等方面要求的城市既有住宅，通过增设电梯，完善住宅使用功能，提升居住品质。

【物业管理示范项目建设】 全省新增3个全国物业管理示范住宅小区，22个省级物业管理示范项目，全省累计有国家级67个、省级238个物业管理示范小区。

5. 住房公积金监管

【概况】 2010年福建省新增实缴职工26.8万人，住房公积金177.6亿元，同比增长19.2%；新增提取101.2亿元，同比增长7.3%；向4.5万户职工发放住房公积金贷款108.8亿元，同比下降13%。至2010年底，全省住房公积金缴存总额达到972.2亿元，缴存余额491.4亿元；实缴职工数206.7万人，平均覆盖率45.9%，较上年末提高6.7个百分点；累计发放个人住房公积金贷款46.5万户、599.1亿元，余额338亿元，平均个贷使用率为68.8%；国债余额35亿元，占缴存余额的比例为7.1%，全省资金运用率75.9%；累计提取住房公积金贷款风险准备金19.3亿元，廉租住房补充资金11.3亿元。

【管理机构建设】 2010年福建省住房和城乡建设厅实行机构改革，单独设立住房公积金监管处，负责全省住房公积金监督管理工作，拟订全省住房公积金发展规划和政策并指导实施，制定住房公积金缴存、使用、管理和监督制度，监督全省住房公积金的管理、使用和安全，负责住房公积金业务处理信息系统的运行管理和组织协调。全省共成立9个设区市住房公积金管理委员会，负责设区市住房公积金的决策、监督，共有成员236人，其中政府部门128人，专家学者19人，单位代表48人，职工代表41人。全省共设9个管理中心，省直、铁路、能源集团3个分中心，68个管理部，其中厦门、泉州、宁德市为参公管理事业单位，其余均为一般事业单位。全省住房公积金管理机构共有编制546人，实际人数585人。2010年11月，省政府召开保障性住房和扩大住房公积金制度覆盖面工作专题会议后，允许业务量大、人员明显不足的住房公积金管理机构适当增加聘用人员。

【住房公积金监督与管理】 2010年，福建省通过加大宣传力度，开展摸底调查，制定扩面目标计划，出台政策规定，规范缴存业务管理，采取针对措施，因地制宜开展监督与管理工作，扩大住房公积金制度覆盖面和影响力，确保资金安全和有效使用，发挥住房公积金在"住有所居"方面的作用。12月24日，省政府办公厅出台《关于扩大住房公积金制度覆盖面的意见》（闽政办〔2010〕23号），分类推进住房公积金扩面工作，实现各级党政机关、事业单位和社会团体的全员覆盖，国有企业基本覆盖，上市公司重点推进，循序渐进引导非公有制单位建立住房公积金制度，确定厦门同安区、福州福清市和泉州晋江市为非公有制扩面试点。推进全省统一的住房公积金业务处理信息系统升级优化工作，全面完成信息系统三期优化上线工作。筹建福建省住房公积金数据备份与应用中心，省住房城乡建设厅着手研究住房公积金数据的集中备份与应用问题，会同福建省建设信息中心拟定《福建省住房公积金数据备份与应用中心（一期）》项目建设方案，经省政府专题会议研究议定后，按程序向省数字办提出项目立项申请，省发展改革委正式批复建设项目建设方案，项目建设工作按照建设方案有序展开。经住房城乡建设部等国家有关部委批准，福州、厦门市成为全国利用住房公积金贷款发放保障性住房建设试点城市。福州对列入试点项目东山新苑二期经济适用房项目发放1.1亿元贷款，厦门对列入试点项目高林居住区和虎仔山庄拟发放4.6亿元贷款。此外，省住房城乡建设厅联合相关部门于5月下发《关于开展住房公积金贷款贴息工作的指导意见》，确定福州、厦门、泉州为住房公积金贷款贴息工作试点城市。泉州市全省率先出台《关于城市低收入家庭职工住房公积金贷款贴息的试行意见》，并从9月起开始受理发放住房公积金贷款贴息。

【建立健全监管制度】 2010年初，省住房城乡建设厅出台《关于对职工购房申请使用住房公积金时加强个人房产登记信息核查工作的实施意见》，加强职工个人房产登记信息核查工作，利用房地产交易登记信息核实职工购房行为真实性，防范住房公积金骗取、骗贷行为；下发《关于加强住房公积金信息安全管理工作的通知》，督促各地加强住房公积金信息安全管理,落实数据库每日备份、异地存放工作;转发住房和城乡建设部等四部委《关于规范住房公积金个人住房贷款政策有关问题的通知》,实行住房公积金个人贷款差别化政策,严格住房公积金贷款审批管理;联合省档案局印发《福建省住房公积金档案管理暂行规定》,规范住房公积金档案管理,促进档案合理利用。建立健全各项住房公积金监督管理制度,进一步规范全省住房公积金监督与管理行为,确保资金安全完整。

6. 城市建设与市政公用事业

【概况】 实施城市建设战役,并取得阶段性成效。9个设区城市和平潭综合实验区实施战役项目701个,150天计划投资195亿元,实际完成投资252亿元。各地开展一批城市重要节点景观规划设计,改造重要街道建筑立面,拆除一批违章建筑和广告招牌。福州、厦门、泉州主城区主次干道和其他6个设区市主干道缆线下地基本完成,打通一批市区断头路,实施主干道沥青化。更新公交车2600辆,新增公交场站9.8万平方米。新增城市公厕550座。设区城市规划展示馆、数字城市管理系统、城市保洁等工作有序推进。城市实施"四绿"工程,开展"城市绿化年活动",拆违建绿、拆墙透绿、见缝插绿。全省城市绿化总投资达42亿元,新增城市建成区绿地面积2620公顷、公园22座。

【完善管理规章制度体系】 2010年出台《福建省城市供水企业安全运行管理标准》,重新修订地方标准《福建省城镇污水处理厂运行管理标准》和《福建省生活垃圾焚烧厂运行维护、检测监管及考核评价标准》。

【污水垃圾处理项目建设】 进一步完善污水管网,组织运行评估,加强培训,提高污水处理厂负荷率,市县污水处理率、垃圾无害化处理率分别达77%、82%,超额完成"十一五"规划目标。2010年,共建成21座城市污水处理厂、15座城市垃圾无害化处理厂。配合省发展改革委争取国家2批预算内投资资金4.99亿元,配合省财政厅争取中央"以奖代补"资金31496万元和省级资金4522万元,举办2次城市污水处理关键岗位人员和2次环卫作业企业负责人培训职业资格培训,730人取得相应资格。继续开展环卫企业资信等级评定,核定甲级环卫作业企业11家。

【城市建设战役】 下发《关于打好城市建设战役的通知》,制订实施方案,项目清单和进度计划;出台《城市建设战役实施考核办法》,落实旬报、月考核制度。全省计划安排城市建设战役项目701个,投资195.71亿元。至年底完工项目515个,在建项目157个,完成投资252亿元,超计划129%。实施"公厕革命",2个月内建成550座公厕。通过实施城建战役,解决房屋拆迁、拆违(违章建设)建绿、拆墙透绿、拆除广告牌和防盗网、平改坡、电线下地等一批城市建设管理中的疑难问题;提前动工建设一批"十二五"城建项目,形成一批城市景观综合整治典型示范工程,实现道路沥青化,街巷铺装化,打通断头路、路网通畅化,招牌规范化,空调外挂隐蔽化,屋顶坡化、绿化,能绿则绿,架空线路下地,广告牌、防盗网拆除等目标,全面提高城市建设管理水平。

【LNG建设拓展城市用气】 加快福州、厦门等5个城市天然气利用工程扫尾,基本建成福清门站,城市燃气用气量发展迅猛。修编《福建省天然气汽车加气发展规划》,评审通过地方标准《福建省天然气汽车加气站设计与施工规范》。福州建成3座LNG公交加气科技示范站,厦门、莆田抓紧CNG加气站建设,全省投用400部天然气公交车,抓紧高速公路加气站一期工程朴里、赤港服务区加气站施工。

【城市路网建设】 优化道路等级配置比例,提高道路完好率。福州市建成鼓山大桥、林浦路等主干道路,加快建设三环路、机场高速公路二期、绕城高速公路等一批快速路和东部新城道路网络;厦门市建成翔安隧道,加快岛外路网系统建设;泉州市加快东海隧道建设,稳步实施市区15条主干道沥青化和9条主要人行道整修。加强既有城市桥梁运行管理,开展城市桥梁拉索检测,指导三明、南平、龙岩等地加强因灾受损城市桥梁安全隐患处置;推进城市桥梁管理信息系统建设,福州市的系统投用。统筹建设城市地下管线,减少重复开挖;督促和指导福州、厦门、泉州等城市加快大运量快速交通发展,福州市轨道交通1号线全面动工建设;厦门市继续建设BRT工程,同安延伸段建成通车;泉州市制定泉州轻轨建设一期方案。

7. 城乡规划

【城乡规划制度建设】 起草《福建省〈城乡规划法〉实施办法》。制定下发《关于进一步加强城市规划监督管理的通知》,强化城乡规划对城乡建设的引导和调控作用,建立健全城市规划监督管理制度和规划违法违规行为责任追究制度,推进《城乡规划法》全面贯彻实施。建立城市规划督察员制度,制定并下发城市规划督察员试点工作方案,在泉州、漳州、莆田市开展城市规划督察员试点工作，同时配合住房城乡建设部派驻福州、厦门两地督察员，加强对福州、厦门城市规划编制、实施的监督管理。指导各地完善城乡规划法配套制度建设和政策制定，厦门市制定出本岛滨海岸线景观建设城市设计导则；莆田市出台《城市色彩及建筑风格导则》、《关于进一步规范规划管理有关事项的通知》、《关于进一步规范行政服务有关事项的通知》；漳州市出台《漳州市中心城区建设项目容积率规划管理规定》、《漳州市建设工程竣工规划条件核实管理规定》。

【城市总体规划报批情况与监督实施】 进一步完善《海峡西岸城市群发展规划》。对照《国务院关于支持福建省加快建设海峡西岸经济区的若干意见》，修改完善《海峡西岸城市群发展规划》，7月经省人大常委会审议，12月13日省政府正式印发实施。指导督促各地开展新一轮城市总体规划编制，按照《海峡西岸城市群发展规划》要求，督促和指导福州、泉州、莆田、龙岩、三明及永安、建阳等城市开展新一轮城市总体规划编制，漳州、三明市开展城市总体规划实施评估工作，开展前期研究工作。泉州市城市总体规划于3月获省政府批准实施，莆田市城市总体规划于11月获省政府批准实施。福州市城市总体规划成果报送省政府审查。龙岩、南平及永安、建阳城市总体规划纲要或规划成果通过省住房城乡建设厅组织的技术审查，省政府同意三明、漳州市开展新一轮城市总体规划编制工作。

【《福建省域城镇体系规划》修编】 继续加快省域城镇体系规划编制进度，多次邀请不同领域专家座谈，对规划内容给予把关指导。5月底，编制完成《福建省域城镇体系规划纲要》初步成果，以书面形式向17个省直相关部门和9个设区市人民政府及平潭综合改革实验区管委会组织征求意见，并完成修改。7月初，就规划修编工作进展情况、规划纲要成果和工作计划向分管副省长作专题汇报，并多次与住房城乡建设部沟通协调，听取指导。9月上旬，住房城乡建设部在福州组织召开《福建省域城镇体系规划纲要》成果专家技术审查会，原则通过纲要阶段性成果。

【城市规划编制单位资质管理】 福建省建筑设计研究院、漳州市城市规划设计院升级为甲级规划编制资质。截至2010年底，全省共有6家甲级资质规划编制单位，8家乙级资质规划编制单位，24家丙级资质规划编制单位。

【城市联盟工作进展】 在漳州组织召开厦门、泉州、漳州、龙岩城市联盟第八次市长联席会议暨第四届执行主席交接仪式，对2009~2010年度城市联盟工作进行总结，对未来两年城市联盟工作进行了部署。多次召开"厦泉漳龙"城市联盟秘书处工作会议，具体部署2010年度工作计划和任务。组织开展厦门漳州两市党政领导城市联盟交流和2010年海峡西岸城市高峰论坛活动，推动漳州碧湖生态园等重要人居环境建设工作。组织开展厦泉漳龙城市联盟城际轨道系统研究，供水、污水和垃圾协调发展研究，流域生态环境保护对策建议和旅游资源整合研究4个专项研究的报批工作。召开闽东北一翼城市联盟工作会议，推动福州、宁德两市城市联盟活动的开展。继续指导泉州市域内和三明－永安－沙县的城市联盟工作。

【历史文化名城保护与管理】 根据财政部下发的《国家风景名胜区和历史文化名城保护补助资金使用管理办法》，组织开展2010年历史文化名城保护补助资金申报工作。开展历史文化名城和历史文化街区保护规划调研，加强对建瓯、武夷山等省级历史文化名城保护工作的指导，安排专项资金用于支持历史文化名城、历史文化街区保护规划编制工作。继续跟踪福州市"三坊七巷"历史文化街区的保护修复工作，加强对保护修复工作的指导，详细了解保护修复工作开展情况。继续跟踪落实2010年历史文化名城名镇名村保护设施建设国债投资资金，指导已获资金补助项目的落实。

【城市雕塑工作】 组织参与全国城市雕塑委员会组织的2010年度全国优秀城雕建设项目评选活动，在2009年度全国优秀城雕建设项目评选活动中获"优秀组织奖"。组织参加"5·18"首届海峡版权（创意）精品产业博览交易会，承担城雕展区展品组织和布展、展示工作，在一个月时间里共组织全省30多位雕塑家各类雕塑作品80件参展，反映了福建省雕塑领域总体水平。

【村镇规划编制】 有序推进村镇规划修编，发挥省级村镇规划事业费"以奖代补"资金的效用，调动各地规划编制积极性。组织开展全省村镇规划编制成果验收评比，对各地上报的236项村镇规划编制成果，其中镇（乡）83项，村庄153项，进行考核验收，共评审合格村镇规划编制成果220项，其中镇（乡）78项，村庄142项，合格率达93.2%。从验收评审情况看，2010年村镇规划项目成果质量有较大提高，承担规划编制任务的单位具有乙级以上资质的比例达59%。

8. 村镇建设

【概况】 2010年，福建省村镇建设工作以科学发展观为统领，围绕城乡统筹发展、加快海峡西岸社会主义新农村建设的总要求，加快村镇规划修编，发挥村镇试点示范项目作用，引导广大农民科学建房，逐步改善全省农村人居环境，提高全省村镇规划建设管理水平。2010年，全省共有593个建制镇，336个乡，14415个村庄（行政村）；总人口2468.59万人，其中建制镇527.74万人，乡96万人，镇乡级特殊区域1.18万人，村庄1843.67万人；年末实有房屋建筑面积11.73亿平方米，人均住宅建筑面积36.78平方米。建制镇人均道路面积14.57平方米，人均公园绿地面积5.58平方米，用水普及率85.37%，燃气普及率77.4%。

【农村住房建设】 加强农村住房灾后重建指导服务，设计宅基地面积分别为70平方米三种户型、80平方米四种户型的建筑方案集、施工图册，以及农村公寓式住宅方案、《农村房屋灾后重建技术指导重点》及配套光盘等技术资料，免费发放到受灾地区，指导协调灾后重建选址和规划设计，保障项目建设进度，确保工程质量安全，提高重建工程建设水平。推进农村危房改造试点工作，省住房城乡建设厅、省发展改革委、省财政厅联合下发《关于农村危房改造试点工作指导方案》，督促指导晋江、永春、光泽、长汀等4个试点县市制定农村危房改造方案，开展农村危房改造试点工作。

【村镇建设试点】 开展小城镇综合改革建设试点，上杭县古田镇等22个镇被确定为全省综合改革建设试点小城镇，省政府出台《关于开展小城镇综合改革建设试点的实施意见》、《关于加强综合改革试点小城镇规划建设管理工作的意见》等文件，要求把试点镇建设成为"规划先行、功能齐备、设施完善、生活便利、环境优美、保障一体"的宜居城市综合体，实施小城镇战役，省政府召开全省试点工作会议、现场会推进试点建设。继续抓好村镇住宅小区建设试点。结合农村住房灾后重建，引导受灾农民以村镇住宅小区的形式重建农民住房。经过各地申报、逐级推荐、实地考察，并组织专家评审，福清市三山镇安前村厚林小区等20个小区被确定为第十二批省级村镇住宅小区建设试点，邵武市晒口街道办同青小区等9个小区被授予第七批省级村镇住宅优秀小区称号。全省累计确定12批238个省级村镇住宅小区建设试点，涌现出龙岩市新罗区龙门镇洋畲村等7批49个省级村镇住宅优秀小区。通过持续推进村镇住宅小区建设试点，引导农民转变建房观念，提高农村建房水平。

9. 建筑市场管理

【概况】 2010年，福建省建筑行业围绕海峡西岸经济区建设，响应福建省委、省政府"大干150天，打好五大战役"号召，着力提升行业发展质量，落实年度目标任务，维护行业和谐稳定，建筑业呈现持续较快发展态势。全省完成建筑行业总产值3351亿元，同比增长32.9%。其中总承包和专业承包企业完成建筑业总产值2936亿元，同比增长33.2%。实现增加值1123亿元，同比增长19.1%，占全省GDP的7.8%；上缴税收122亿元，同比增长34.6%，占全省税收总收入15.9%，其中营业税76亿元，占全省营业税23.8%，企业所得税23亿元，占全省企业所得税21.7%。全省房屋建筑施工面积28407万平方米，同比增长31.0%；其中新开工面积14349万平方米，同比增长47.9%。新签工程施工合同额3594亿元，同比增长44.0%；施工合同额累计5365亿元，同比增长35.3%。产业集中度、外向度提高，福州、厦门、泉州等3个设区市完成产值2105亿元，占全省建筑业总产值的71.7%。产值10亿元以上的企业68家，比上年增加17家，占全省建筑业总产值46.0%。施工企业在全国各省份均有承接业务，完成省外产值1193亿元，同比增长41.6%；8个"建筑之乡"县市完成省外产值468亿元，同比增长36.8%，占全省省外产值39.2%。对外工程承包企业完成营业额2.35亿美元，同比增长34.6%；全年新签合同21项，合同额8607万美元。

【建筑市场管理】 加大建筑市场监管力度，强化市场清出机制，开展建筑业企业资质检查，对不符合资质条件的企业撤回并注销相应资质资格，注销155家不符合资质条件的建筑业企业。开展建筑业企业网上管理信息系统从业人员清理整顿，针对注册人员投诉企业未经个人允许，企业擅自注册等问题根据情况进行依法处理。加强个人注册资格与企业资质的联动监管，对注册人数不满足资质标准的企业，发放《责令整改通知书》45份。为规范和加强对外承包工程管理，促进对外承包工程健康发展，制定《福建省对外承包工程资格管理办法实施细则》。落实完善招投标制度，颁布《福建省市政基础设施工程施工总承包预选承包商名录评分办法》，修订《福建省房屋建筑和市政基础设施工程建设项目招标代理机构比选办法》，公布2010年省级84家房建工程、50家市政工程施工总承包预选承包商、20家招标代理机构名录。推进招投标信息化建设，组织开发网上远程评标系统，开展省管施工项目本地电子评标和异地远程评标试运行工作，已有34个省管项目采用电子评标，其中2个项目实施远程评标。福州、厦门、泉州建立电子招投标平台并实施电子化招投标。全省房建和市政工程施工与货物招标项目5202项，中标价合计790亿元，较预算价下降9.8%。全省招标文件备案数7418项，招标文件纠正数4579条；受理并办结投诉217起。全省共有3239个工程施工项目采用合理造价随机抽取中标人办法，占施工招投标项目总数64%，中标价181亿元，基本没有投诉。2130个项目实施承包商预选制度，1979个项目实施招标代理比选制度。开展拖欠农民工工资专项督查，督促做好解决企业工资拖欠，清欠工作总体平稳。各地建立建设领域农民工工资保证金制度，有效遏制企业恶意欠薪。开展工程担保制度试点，357项新开工单项施工合同价1000万元以上房地产项目实施业主工程款支付担保和承包商履约担保，586项其他项目实施支付和履约担保。厦门、泉州大范围实施工程担保制度，三明、南平、龙岩等地逐步开展工程担保试点。推进建立建筑劳务分包制度，全年共有4464个新开工项目实行劳务分包。福州、厦门、漳州、宁德全面实施劳务分包制度，泉州、龙岩、莆田市逐步开展劳务分包。

【资质管理】 福建省建筑业在2010年进一步调整产业结构。全省完成改制的建筑业企业8家，非公有制企业比例由"十五"末88%上升至95%。政府引导扶持重点骨干企业调增资质、晋升等级，拓宽业务范围，参与国家增投项目建设，全年新增一级总承包企业36家，一级专业承包企业12家。至年底，全省建筑业企业共3402家，二级以上(含二级)总承包和专业承包企业数量占49.5%，施工专业范围延伸到66个门类。其中，总承包1237家，占36.3%；专业承包企业1479家，占43.5%；劳务分包企业523家，占15.4%；施工设计一体化163家，占4.8%。开展建筑业企业综合实力评比，打造企业品牌。构建企业诚信体系，组织开展并公布建筑业企业、招标代理机构、造价咨询企业信用等级评定结果，111家建筑业企业、31家造价咨询企业、49家招标代理机构获得AAA级，并将评定结果应用于预选承包商、招标代理比选制度方面，促进企业诚信经营。推进企业信息化建设，全省共有64家总承包企业建立企业办公管理系统和项目管理系统，适应现代建筑业企业发展需要，其中泉州市企业信息化建设成效明显。

【工程造价管理】 福建省住房城乡建设厅会同省发展改革委、财政厅调整建设工程人工预算单价，并于2011年1月1日起实施。依据住房城乡建设部《建设工程设备材料划分标准》，适时调整福建省建设工程设备计价规定，科学划分设备与材料，对房屋建筑工程设备计取税金，合理确定工程造价，并印发《关于建设工程设备计价有关问题的通知》，规范建设工程设备取费。按照住房城乡建设部城市轨道工程定额，结合实际合理确定地铁工程造价，发布《城市轨道交通工程费用取费标准(试行)》，明确人、材、机价格确定方法，合理确定工程计价。根据《安全文明施工标准示范图集》，调整建筑工程安全文明施工费率。根据新颁《建设工程劳动定额》，对影响工程质量安全的模板工程、节能工程、装修工程的定额项目进行调整或补充。根据省住房城乡建设厅赋予造价总站省管项目施工招投标监管职责，成立省管项目招标监管科，配备相关人员，制定相应工作制度。做好招标文件备案审查和投诉处理。按照《推行网上远程评标实施工作方案》，配合开发标书制作系统、网上评标系统，制定工程造价软件数据接口标准。对遭受2010年特大水灾影响的龙岩、三明、南平等市灾区主要建筑材料市场价格加强监测；应对下半年水泥价格异常上涨，制定出台《关于妥善处理水泥等建筑材料价格异常波动确保工程质量的通知》，防范工程价款结算纠纷。集中组织测算公共租赁住房和闽北灾区恢复重建住房造价，为政府决策提供参考。

【工程建设质量安全管理】 以落实工程建设各方主体安全生产责任为核心，以遏制建筑施工生产群死群伤事故为主线，坚持目标管理，完善制度建设，实施质量安全动态监管，强化重大危险源防控，推进建筑施工安全文明标准化，在建筑业持续快速发展中，全省工程质量安全形势总体平稳。2010年全省有2项工程获中国建设工程鲁班奖，105项工程获"闽江杯"优质工程奖，167个建筑工地被评为"省级文明工地"。全年共发生建筑施工安全事故16起，死亡17人，与上年比分别下降20.0%和15.0%，未发生较大及以上安全生产事故。2010年全省各级监管部门共发出责令改正通知单8095份，对履职不到位的1254个施工项目负责人、899个总监理工程师分别计14225、11400分，消除质量安全隐患13772条，有效确保工程质量安全。

【工程质量安全管理制度建设】 制定行业安全生产控制指标和《2010年福建省建设工程质量安全工作要点》，并在全省建设工作会议上与9个设区市建设局签订目标管理责任状，各地层层落实。印发《关于施工现场推行建筑施工安全文明标准化的通知》，在全省施工现场有计划、有步骤地推行建筑施工安全文明标准化。编制《福建省建筑施工安全文明标准示范图集》，并印发推广使用。根据《福建省建设工程质量安全动态管理办法（试行）》，实行工程项目责任人和责任单位质量安全动态考核管理制度；开发"建设工程质量安全监管动态信息系统"，实时掌握施工现场质量安全动态，对违规的责任主体以记分形式实行动态考核管理，对违规记分达到一定分值的责任人和责任主体采取集中教育培训、约谈、通报批评和行政处罚等处理措施，促进企业和现场管理人员落实责任。修订并从9月1日起施行《福建省建筑边坡与深基坑工程管理暂行规定》，出台《关于进一步加强建筑起重机械现场检测管理的若干意见》，制定印发《福建省建筑起重机械设备租赁合同》和《福建省建筑起重机械安装拆卸合同》示范文本；根据《福建省建设工程安全专项施工方案论证专家库管理办法》，对超过一定规模的危险性较大的分部分项工程的专项施工方案实行专家论证制度，组织开发并启用"福建省建设工程安全专项施工方案论证专家库"信息系统，公布覆盖深基坑、高边坡、模板工程等13个专业358位安全专项施工方案论证专家名单；印发《关于切实做好建筑施工现场防火安全管理工作的通知》，出台《关于加强既有建筑外墙改造工程管理工作的意见》，编制安全监督手册、建筑施工企业事故案例汇编和建筑工程文明施工安全设施标准化图集。

【**建筑安全生产活动**】 组织"安全生产月"宣传教育活动，经培训考核合格的安全生产管理"三类人员"共9358人，颁发特种作业操作证书9003本。12月组织召开全省重大危险源防控暨建筑施工安全文明标准化现场观摩交流会，推动建筑施工安全文明标准化工作。

【**工程质量安全专项督查和治理**】 抽查151个项目，发出督促全面停工改正通知书7份，督促局部停工改正通知书10份，督促改正通知书75份，督查情况向全省通报，对发生事故的相关责任人（25位项目负责人和20位项目总监）予以一年内不得承担新的项目负责人、项目总监任务的处理。办理工程质量、施工安全、工程监理、工程违法违规等方面的信访投诉件134件。

【**工程建设监理**】 全省共有工程监理企业159家，其中甲级74家，乙级55家，丙级30家；共有全国注册监理工程师2936人。扩大监理招标投标随机抽取法适用范围，监理收费120万元以下的工程监理项目评标应采用随机抽取法；监理收费120万元以上（包含120万元）的工程监理项目评标可根据需要选择采用综合评标法或随机抽取法。扩大随机抽取法适用范围后，更大程度地解决公正、公平问题，也大大减少招投标投诉问题，节约成本，提高效率。制定《福建省工程监理企业信用等级评定办法（试行）》，开展信用等级评价，加强监理行业自律。颁布实施福建省"先进工程监理企业"和"优秀总监理工程师"、"优秀监理工程师"评选办法，组织开展福建省工程监理企业综合实力评比活动，促进监理企业提升综合实力，发展壮大福建省监理行业。

10. 建筑节能与科技

【**概况**】 2010年全省建筑节能和科技创新取得新进展。第四届海峡绿色建筑与建筑节能博览会及论坛，突出低碳、生态新理念，对接项目214项、总投资34.45亿元，参展企业数、参观人数、展示的产品技术、专业范围等为历届之最。争取中央财政补助7240万元，用于可再生能源和建筑节能示范项目。建筑节能监督检查从市区延伸到县域，福州、厦门、莆田、泉州等市率先完成能耗统计任务。行业科技创新成效显著，21项科技成果获部、省级科技奖，6个部科技示范工程通过验收，其中3项达到国内领先水平。主编国家和行业工程建设标准5部，发布地方标准18部及标准设计图集6部。

【**建筑节能政策和发展规划制定与实施**】 实现全省新建建筑全面执行节能标准，设计和竣工验收执行率100%。编制发布相关地方标准、图集和工法149项。建立国家和省建筑节能示范工程85个，可再生能源建筑应用示范城市1个、示范县3个，节约型示范高校3所，获得中央和省级财政补助共计2.36亿元。完成全省国家机关办公建筑和大型公共建筑能耗和节能信息统计工作。发布推广项目380项，建筑节能材料和产品备案项目152项。举办"海峡绿色建筑与建筑节能博览会"4届和建筑节能专题培训班52期，展示和宣传节能减排新技术新产品1168项，培训专业技术人员近2万人次。制定福建省建筑节能"十二五"专项规划，主要目标是实现节约标准煤400万吨，其中新建建筑360万吨、推广使用可再生能源和绿色照明40万吨。主要任务是强化节能监管和制度建设，推进新建筑强制实施建筑节能标准。加大可再生能源在建筑领域的规模化应用，推进绿色建筑星级评价。推广节能减排新技术、新材料和新产品，鼓励先进成熟的节能减排技术、工艺、工法和产品向工程建设标准转化，以科技进步引领行业发展。

【**重大建筑节能项目实施与重大科技项目研究开发情况**】 建立各类建筑节能示范项目6个，包括福州大学和厦门大学节约型高校示范，南安光电基地和福建连城光电建筑应用示范，永安市和华安县可再生能源示范县，获中央财政补助资金7615万元；建立"福建省可再生能源建筑一体化监测平台建设"等13个省级建筑节能示范项目，获省级财政奖励资金375万元。通过示范项目，促进可再生能源利用、节能监管体系建设、绿色建筑、节能改造、照明节能等建筑节能行业发展。组织重大科技专项《建筑节能关键技术研究与应用示范》研究，获省科技厅700万元补助资金。此外，还开展节能建筑围护结构关键技术应用、可再生能源在建筑上的应用，以及既有公共建筑和政府办公建筑节能改造成套技术研究。

【科技成果转化推广】 结合省级重大专项研究成果，主编《建筑遮阳对室内环境热舒适与视觉舒适性能的影响及其检测方法》、《自保温混凝土复合砌块墙体应用技术规程》、《自保温混凝土复合砌块》三部行业标准，《太阳能光伏系统设计、安装与验收技术规程》、《轻型种植屋面工程技术规程》（DBJ/T 13-122-2010）、《地源热泵系统工程技术规程》、《既有居住建筑节能改造技术规程》和《居住建筑节能检测技术规程》五部地方标准，及《太阳能与建筑一体化构造标准设计图集》、《福建省农村家用太阳能热水器设计与安装图集》（闽2010-J-36）和《轻型种植屋面建筑构造》（闽2010-J-32）三部建筑标准设计图集。这些标准及其配套图集的编制，促进科研成果在工程建设领域的转化应用，并为建筑节能工作提供保障。推广应用"建筑业10项新技术"、"四节一环保"和"信息化"等建设领域新技术，全省有"福建电力调度通信中心大楼"等3项全国建筑业10项新技术应用示范工程及"漳州市城市地理信息平台"等3项部级科技项目通过住房城乡建设部验收，其中3项成果达国内领先水平。另有"厦门地产大厦工程"等3项省级建筑业10项新技术工程通过验收，应用新技术水平均达国内先进水平，通过示范作用，带动行业科技水平和竞争力的提升。

11. 人事教育

【专业技术人员情况】 到2010年底，福建省建设类专业技术人才总数27万多人，其中教授级高级工程师121人，高级工程师6997人。完成建设行业生产操作人员职业技能鉴定21万人，其中，初级5.5万人，中级12万人，高级3.5万人，技师136人，特种作业人员培训考核2万人。全省建筑施工企业安全生产管理人员总人数10万人，其中，企业负责人1.2万人，项目负责人5.2万人，专职安全生产管理人员4.6万人，新增安全管理人员近6万人。全省关键岗位（持有施工员、质检员、材料员、试验员、检测员等建设关键岗位证书）人才队伍拥有9.3万人，新增3.2万人。全省物业从业持证人员1.9万人，新增0.93万人；房地产经纪资格持证人员近0.6万人，新增1150人；产权产籍持证管理人员1700多人，新增1300多名；拆迁持证管理人员2600多人，新增2370名。

【执业资格考试与注册管理】 通过完善新增考试工作协作机制，吸引更多优秀人才报考，2010年总报考人数79131人次，较上年度增加22615人次，增长40.02%。2010年新增房地产经纪人协理、物业管理师资格考试，其中房地产经纪人协理报考4675人，物业管理师报考907人。"十一五"期间，建设类执业资格考试人数逐年攀升，累计参加考试达22.5万多人次，其中一级注册结构工程师7134人次，二级注册结构工程师1067人次，注册土木工程师（岩土）2165人次，注册电气工程师2470人次，注册公用设备工程师2964人次，注册化工工程师147人次，注册土木工程师（港口与航道工程）151人次，全国监理工程师7317人次，造价工程师14176人次，一级注册建筑师3375人次，二级注册建筑师1711人次，注册城市规划师1606人次，一级建造师41781人次，二级建造师126725人次，房地产估价师2514人次，房地产经纪人1324人次，注册土木工程师700人次，注册环保工程师1553人次，物业管理师907人次，房地产经纪人协理4675人次。至2010年底，全省注册建设执业师累计达76746名，其中二级建造师53879名，比2005年底累计量增加64284名，增长515.84%。

【建设制度与规范管理】 先后出台《注册中心信访工作实施办法》、《注册中心绩效管理实施办法》、《注册中心效能管理规定》与《社会监督员制度》等规章制度，形成较为全面规范的管理机制。利用互联网、新闻媒体、告知单、注册指南等形式，向社会公开机构职能、办事事项、办理流程、时限及重大决策、法规文件等政务信息，使办事人员能够方便快捷地获取和使用中心信息资源。中心开设网站，设有考试报名、执业注册、在线咨询、招聘、主任信箱、投诉举报等模块。

12. "十一五"建设成就

【概况】 福建省住房城乡建设"十一五"规划目标任务全面实现。期间初步形成市场加保障的城镇住房政策框架，居民住房条件改善，住房功能和配套设施完善。累计建设各类保障性住房17.35万套，缴存住房公积金总额970亿元，比"十五"期末增加655亿元，缴存人数突破200万人，个贷使用率由58.6%提高到70%，为46万户居民购买住房提供公积金贷款。以商品住房为主的房地产市场快速发展，累计完成开发投资5989亿元，是"十五"的3.23倍，商品房销售和存量房交易18710万平方米，是"十五"的1.9倍，实现房地产税1000亿元。累计完成建筑行业总产值10849亿元，年均增长25%，比"十五"翻了两番，累计上缴税收418.4亿元，吸纳160万农村劳动力就业，为增加农民收入，促进小康建设，作出了贡献。建筑施工百亿元产值死亡率逐年下降，有9个工程获中国建筑工程"鲁班奖"，460个工程获"闽江杯"优质工程奖。节能减排，每县均建成一座以上污水处理厂，厦门、漳州、泉州、三明、莆田、龙岩等市每县均建成一座以上垃圾处理场，市县污水处理率、垃圾处理率分别比"十五"期末提高28和35个百分点，759个乡镇、10048个建制村垃圾治理通过省级验收。省部连续联办四届"绿博会"，扩大影响，经济和社会效果明显，建立国家、省级建筑节能示范项目85项，发布建筑节能推广项目380项，建筑节能工作名列全国前茅。

【法制建设成就】 "十一五"期间，福建省住房城乡建设各级行政主管部门根据国家和本省关于加快职能转变推进依法行政要求，在行业法制建设、转变职能、全面推进依法行政方面开展工作，推动全省建设事业健康有序发展。立法工作，《福建省物业管理条例》、《福建省燃气管理条例（修订）》、《福建省建设工程安全生产管理办法》、《福建省建筑装饰装修管理办法》、《福建省无障碍设施建设管理办法》5个地方性法规规章先后发布实施。《福建省实施〈城乡规划法〉办法》、《福建省风景名胜区管理条例》、《福建省建设工程抗震管理条例》列入省人大和省政府立法计划。福州、厦门两市出台多部建设类法规规章。此外，制定《关于贯彻实施〈物权法〉若干问题的指导意见》、《关于贯彻实施〈中华人民共和国城乡规划法〉的若干意见》等多个规范性文件，全系统法律、法规及配套规范性文件体系进一步健全。

行政执法，各级建设行政主管部门按照中央和省、部部署，结合行业监管职责，加强城乡规划监督管理，整顿规范建筑市场、房地产市场秩序，将建筑市场、房地产市场、勘察设计市场秩序、风景名胜区、燃气安全、建设执业资格等作为执法检查重点，加大违法案件查处力度。依法查处一批城乡规划、工程质量安全、招投标等领域违法行为，做出行政处罚决定46起，罚款总额达1285.9万元。各设区市住房城乡建设主管部门做出行政处罚17835起，处罚金额1.15亿元，采取其他行政执法措施17595起。

完善行政执法制度建设，建立健全行政执法案卷评查制度和典型案例评析制度；出台《关于完善重大案件处理机制的若干规定》，对重大案件的立案、调查、处理规定进行完善。还出台关于住房城乡建设行业信用等级评定、守信激励和失信惩戒、建设市场法人和自然人违法违规档案制度、建设市场不良行为记录和信息公布办法等文件。全省房地产、建筑业企业和住房城乡建设行业中介机构信用档案初步建立，通过披露企业不良信用记录，有效地促进行业监管。

【普法工作】 "五五"普法工作，突出行业特点，结合工作实际，有组织、有重点、分步骤地开展。制定《关于领导干部学法用法的实施意见》，明确学习对象为厅机关和直属事业单位干部职工，重点是处级以上领导干部；结合《物权法》、《城乡规划法》等行业重要法律法规出台，举办全系统局长学习研讨班，对全省建设行政主管部门领导全部轮训一遍。重点加强行政执法人员普法教育，编印《建设系统行政执法手册》7000册，作为行政执法人员的工具书和执法培训教材，方便人员学习。各地也采取多种形式，加强对行政执法人员普法教育，莆田、漳州等市建设局结合行政执法人员资格确认、换证工作，对本地区建设系统行政执法人员进行专业法律法规轮训。推动企业法制宣传教育，陆续举办企业法定代表人、注册类执业人员法律知识培训，强化企业法制观念，促进企业提高依法经营水平。据统计，"十一五"期间，省住房城乡建设厅共组织6964人次行政执法人员法律知识教育和5000余人次注册执业人员法律知识教育。

【依法行政水平提高】 "十一五"期间，福建省住房城乡建设主管部门依法行政观念逐步形成，依法行政自觉性和水平有一定程度提高。一是注重法制机构建设。各地各部门紧抓机构改革契机，建立健全法制工作部门，配备专业法律工作人员，绝大多数设区市建设行政主管部门都设置法制工作机构，少数因编制限制没有专设法制工作机构的，也确定负责法制工作的部门和人员，一些县级主管部门设立法制工作机构，一大批具有法律专业知识的年轻同志充实到法制工作部门，提升了全系统依法行政整体水平。二是加强依法决策。一些建设行政主管部门在重大问题决策时，听取法制机构的意见，自觉以法律法规规定作为决策依据，保证决策合法性。三是开展规范权力运行和行政自由裁量权的试点工作。省住房城乡建设厅绘制行政权力运行流程图，对厅里行政许可职权及招标代理机构比选、承包商预选以及代建单位名录确定等活动进行流程再造；公布127项《行政处罚自由裁量标准（试行）》，并配套制定《行政处罚自由裁量权标准实施办法（试行）》；制定出台《全省建设系统规范行政权力运行和行政处罚自由裁量权的实施意见》，指导全系统更好地开展试点工作。

【住房保障成就】 "十一五"期间，福建省保障性住房建设全面启动，大规模建设。2006年，在全国率先提出"社会保障性住房"建设。2008年起，省委、省政府将住房保障工作列入每年为民办实事项目。2010年，省委、省政府实施事关福建经济社会发展大局的"五大战役"，将它作为民生工程战役的重要组成部分，纳入省政府对市、县政府的目标责任管理。2009~2010年，省政府先后召开保障性安居工程建设、城市和国有工矿棚户区改造、公共租赁住房建设等9次全省性会议，出台解决城市低收入家庭住房困难、加快廉租住房建设、推进城市和国有工矿棚户区（危房）改造、加快公共租赁住房建设等15个政策性文件。制定解决城市低收入家庭住房困难、廉租住房保障、城市和国有工矿棚户区改造三年规划。

坚持因地制宜、区别对待、分类指导、加快推进的原则，初步形成多层次的住房保障体系，即面向城市低收入住房困难家庭的廉租住房制度与经济适用住房制度；面向城市中低收入住房困难家庭的经济租赁住房和限价商品住房制度。五年累计建设保障性住房17.35万套。国家住房和城乡建设部先后在福建召开现场会、座谈会，推广福建省的做法，中央电视台、《人民日报》等中央新闻媒体做了宣传报道。

进一步推进廉租住房制度建设，以城市低收入住房困难家庭为对象的廉租住房与经济适用住房建设取得新进展。2008~2010年，全省所有市县均建立廉租住房制度，保障范围从低保住房困难家庭扩大到低收入住房困难家庭，城市住房困难低保家庭实现应保尽保。期间，全省累计建设廉租住房6.56万套。至2010年底，全省累计享受廉租保障的有5.5万户。

进一步改进和规范经济适用住房，供应对象从中低收入住房困难家庭调整为低收入住房困难家庭，全省共建设经济适用住房4.63万套。

以城市中等偏下收入住房困难家庭为对象的公共租赁住房和限价商品房建设全面启动。公共租赁住房从2006年起在福州、厦门两市率先开展，"十一五"期间全省已建设公共租赁住房1.5套。限价商品住房从福州、泉州起步，全省累计建设限价商品住房4.66万套。此外，福州市福清、闽侯，龙岩市永定、长汀，泉州市南安、晋江等县（市）也开展限价商品住房建设。

【房地产业成就】 "十一五"期间，福建省房地产开发投资年均增长27.5%，五年累计完成投资5989.28亿元，是"十五"期间完成投资总量的3.23倍，是"十一五"规划计划投资总量的2倍。投资量占全省同期城镇固定资产投资总量的24.5%。其中住宅累计完成投资3754.87亿元，占房地产开发投资的62.7%。完成房地产交易面积18708.6万平方米，交易总金额8005.22亿元，分别是"十五"期间交易总量的1.91倍、4.19倍。

【住房公积金发展成就】 "十一五"期间，福建省住房公积金归集力度加大，缴存面扩大，实行"限高保低"政策，体现社会公平；支持保障性住房建设贷款，开展公积金贷款贴息试点工作；建立健全管理制度，规范监督管理行为；严格使用管理，解决住房公积金逾期项目贷款清收问题，打击防范住房公积金骗取、骗贷行为，确保资金安全；优化业务处理信息系统，筹建省级住房公积金数据备份与应用中心，推动住房公积金信息化建设工作，强化信息安全管理；开展年度考核和文明行业创建活动，促进住房公积金管理规范化，提高服务水平；连续三年开展住房公积金管理专项治理工作，采取针对性措施，促进住房公积金健康快速发展。全省新增住房公积金657亿元，新增实缴职工51万人；新增提取367亿元，发放住房公积金贷款22万户、417亿元；实现增值收益27.66亿元，其中提取住房公积金风险准备金14.29亿元，提取廉租住房补充资金9.59亿元。至"十一五"期末，全省住房公积金缴存总额972亿元，缴存余额491亿元，实缴职工207万人，平均覆盖率46%；累计向47万户职工发放个人住房公积金贷款599亿元，余额338亿元；全省平均个贷使用率68.8%，较"十五"期末提高10.2个百分点。

【城市建设成就】 "十一五"期间，福建省重点加快城市过境快速干道、城市进出口通道、市区骨干道路、桥梁、交叉口等工程建设，供水、供气等建设项目适度超前，优先发展城市公共交通，加快污水垃圾处理等基础设施和公用事业建设。城市建设进入快速发展时期，基础设施投入加大，建设水平稳步提高，规划中的城市建设各项指标全部完成；城市整体功能增强，人居环境逐渐改善，集聚效应日趋扩大，有效地促进经济繁荣和社会发展。城市供水、供气等公用设施建设适度超前，满足社会生产生活需要，为城市正常运转和经济发展提供基础性保障。至2010年底，城市日供水能力850万吨，用水普及率99%，供水人口从2005年的863万人增至1308万人。全省液化气储灌站230座，储气能力达16.26万立方米，城市燃气普及率96.71%。福州、莆田、泉州、厦门、漳州等5个设区市及福清、晋江和惠安等3个县市转换使用天然气；建成LNG气化站（卫星站）21座，在建LNG气化站14座。过境快速干道、城市进出口通道、市区骨干道路、桥梁、交叉口等工程的建设或改造加快，城市道路网络骨架得以完善。城市道路长度、城市道路面积，分别从2005年的6804公里增至9145公里、10047万平方米增至16171万平方米。城市人均道路面积12.14平方米，其中23个城市城区人均城市道路面积12.97平方米，县城人均城市道路面积9.94平方米。新建污水处理厂66座，日污水处理能力达348万立方米，市县污水处理率从2005年的48.76%提高到77%；新建垃圾无害化处理场48座，日垃圾无害化处理能力达2.1万吨，市县垃圾无害化处理率从2005年的48%提高到83%。全省拥有公共汽车1.28万辆，运营线路网长度3907公里；厦门BRT一期投入使用，福州轨道交通开工建设。城市建设尤其是福州、厦门和泉州等中心城市建设，向注重环境质量和提高总体水平方面发展，突出缺项和弱项建设，力求形成完整的功能系统和服务网络；污水处理、垃圾处理、环境治理列为优先发展项目；精品工程逐渐增多，如福州南江滨公园、厦门翔安隧道、泉州大坪山隧道等成为城市亮丽风景线。城市建设投资体制逐步向多元化转变，从单纯依赖政府投入逐步发展到政府、银行、企业、债券、外资等多渠道投资。全省城市市政公用基础设施投入达1363亿元，是"十五"期间350亿元的3.9倍。

【城乡规划成就】 "十一五"期间，福建省城镇化进程加快，城镇化带动作用明显，国民经济和社会发展取得成就。据初步统计，至2010年底，福建省城镇人口1922万人，城镇化率52.6%，与2005年比，新增城镇人口262万人，城镇化率提高5.6个百分点，年均增长1个百分点以上；城市建成区面积918.6平方公里，比2005年增长29.2%，城镇人口向沿海地区特别是沿海发达地区集聚特征显现，沿海地区成为福建省城镇化主要空间载体。

【村镇建设成就】 引导农民按规划逐步实现相对集中建设，改善农村居住条件和居住环境。"十一五"期间，全省农村居民新增住房面积2531万平方米，新增试点小区71个，优秀小区18个。2009年全省确定4个县市开展农村危房改造试点，同时带动其他县市开展改造工作，共改造农村危房面积约390万平方米。农村人居环境建设。在全省农村开展以垃圾治理为主要内容的"农村家园清洁行动"，分期分批对村镇环境实施整治，到2010年，全省累计通过验收合格乡镇758个，建制村10048个，占全省乡镇总数的81%和建制村总数的69%。全省累计投入经费20.57亿元，建成乡镇垃圾处理场（站）817座，配备"保洁"车2.4万辆，聘请村镇保洁员4.32万人，日处理村镇垃圾约1.18万吨。按照福建省委省政府要求，结合村镇住宅小区建设试点以及农村住房建设，推进农村改厕工作，至2010年底完成农村改厕任务8万多户，提前超额完成省政府下达的目标任务。

【历史文化名镇名村保护】 "十一五"期间，全省有18个镇村（其中镇5个，村13个）获国家级名镇名村称号，26个镇村（其中镇8个，村18个）获省级名镇名村称号。至2010年底全省有60个镇村（其中镇21个，村39个）获国家、省历史文化名镇名村称号，其中23个镇村（7个镇、16个村）获国家级历史文化名镇名村称号，初步形成历史文化名镇名村体系。34个村镇完成保护规划编制。遴选莆田市湄洲镇、武夷山下梅村等20个各具特色的旅游村镇参加全国特色景观旅游名镇（村）综合考核，莆田市湄洲镇、永定县湖坑镇2个镇获首批全国特色景观旅游名镇称号。小城镇综合改革建设试点，2010年在全省展开。确定22个省级试点镇，通过规划先行、政策扶持，推进项目建设。至2010年底，22个试点镇除新调整的仙阳、徐墩、流水3个试点镇外，19个试点镇总体规划经福建省住房和城乡建设厅组织专家评审论证后，由设区市政府审批，近期建设用地控制性详细规划、主要专项规划编制基本完成。各试点镇在建项目729个，总投资1387.11亿元，2010年计划投资244.99亿元，完成投资293.72亿元，试点成效逐步显现。

【建筑业成就】 "十一五"期间，福建省建筑业产业规模达到历史最高水平，建筑行业产值累计11130亿元，年均增长26.3%。2010年完成建筑行业产值3351亿元，是2005年的3.4倍；实现建筑业增加值1123亿元，是2005年的3倍，占全省GDP的7.8%，建筑业成为名副其实的支柱产业。建筑业企业上缴税款122亿元，占全省税收收入15.9%，居各行业税收收入第二位，是2005的2.9倍。建筑业还带动相关产业，包括钢铁、水泥、机械设备、家具、电气、石材及各类新型产业的发展。

建筑业从业人员从2005年的80万人，发展到2010年180多万人，占全省社会劳动力的7.3%，位列19个行业第二名，其中80%以上来自农村，约140万农民工。通过产业结构调整，非公有制企业比例由2005年88%上升至95%，拥有建筑业企业3402家，其中特级企业3家、一级企业310家，其中，新增特级企业1家、一级企业140家，二级及以上建筑业企业占企业总数比例从"十五"末的48%提高到49.5%。较"十五"末增加1097家，施工总承包企业占36.4%，专业承包企业占43.5%，劳务分包企业占15.4%。勘察设计单位704家的资质范围涵盖建筑、市政公用等10多个行业，基本具备承接各类省重点工程、大型工程勘察设计的能力和水平。

工程监理企业159家、招标代理机构129家，工程造价咨询单位111家、工程检测单位141家。全省600多家建筑业企业分布30个省、市、自治区，2010年完成省外产值1193亿元，占全省产值41.6%，比2005年底翻了两番，省外产值超10亿元的企业有33家，形成了以珠三角、长三角、华中、西南地区为重点的区域市场，打造了隧道工程、设备安装、建筑幕墙、园林古建筑、防腐保温等在全国拥有较高知名度的特色专业，呈现良好发展势头。以"中国武夷"为龙头的施工企业主要在非洲、东南亚地区承接项目，并在房建、市政、水利、交通等工程项目上取得进展和突破。全省对外工程承包企业累计完成营业额13.2亿美元，其中2010年完成营业额2.4亿美元。全省共有9项工程获中国建筑工程"鲁班奖"，10项获国家优秀勘察设计奖、71项获建设部级优秀工程勘察设计奖。安全生产工作总体平稳有序，建筑施工百亿元产值死亡率从"十一五"末的5.7‰逐年下降至1.14‰。全省建筑业拥有专业技术人员27万人，其中教授级高工121人，高级工程师5113人；各类执业注册人员7.5万人，其中建造师6万多人。完成职业技能鉴定21万人，9.3万人取得施工员、质检员、材料员等关键岗位证书，1.1万人取得试验、检测岗位证书。完成省部级科技计划项目117项，其中52项获省部级科技进步奖；主编7部国家、行业标准，发布72部工程建设地方标准、20项标准设计图集、148部省级施工工法，其中升为国家级工法12部。8项工程被授予全国科技示范工程，并有5项全国建筑业十项新技术通过验收。新建建筑设计和竣工验收阶段节能标准执行率达100%。

【建筑节能减排成就】 "十一五"期间，福建省建筑节能减排成就主要体现在体制建设日臻完善，研发推广取得成效，标准体系基本建立，示范工程有所突破，意识增强，理念提升。在制度建设上，成立福建省建设领域资源节约领导小组和办公室，统筹部署和协调建筑节能工作，形成由省住房城乡建设厅建筑节能与科技处牵头，各相关职能部门共同推进的建筑节能管理体系。建立专项检查制度，每年检查各地建筑节能工作完成情况和工程实体执行强制性标准情况，通过检查促使各地建筑节能水平逐年提高，规划、设计、图审、施工、监理、竣工验收备案等依法监管制度基本建立，新建建筑设计和竣工验收阶段节能标准执行率100%。

建立省政府办公建筑和大型公共建筑能耗统计与能源审计制度、建筑节能材料和产品备案制度、建筑节能示范项目制度等，全面推进建筑节能工作。在研发推广方面，《福建省住宅建筑节能成套技术的研究和开发》等4项科研成果获省、部级科学技术奖。《福建省建筑节能关键技术研究与应用示范》、《LED路灯的应用及芯片研发》等7项节能减排课题列入省科技计划，获财政补助资金1150万元。加气混凝土等一批保温节能墙体材料发展，五年间产品生产企业从11家增加到50家，产能从93万立方米增加到738万立方米，年递增51%。

标准体系基本建立，编制发布建筑节能、可再生能源、绿色建筑和节能新技术、新产品推广应用等地方标准、图集和工法共149部，出台居住建筑节能设计使用手册、中小学教学楼建筑节能设计指导意见和建筑节能设计说明、施工专项方案和监理细则示范文本等配套技术资料，为全省建筑节能工作提供标准保障。示范工程有突破，建立国家和省各类建筑节能示范项目85项，其中部级18项，国家可再生能源示范城市1个（福州市）、农村示范县3个（武平县、永安市和华安县）。示范区域覆盖全省9个设区市，内容包括可再生能源建筑应用示范、新建筑节能示范、绿色建筑、城市照明、屋顶绿化、既有建筑节能改造和合同能源管理等。建立国家机关办公建筑和大型公共建筑节能监管体系建设试点城市2个（福州、厦门）、示范高校3所（福建农林大学、福州大学和厦门大学）。

通过"绿博会"、"展示会"和建筑节能宣传培训和宣传工作，增强社会公众和行业人员节能意识，提升各方节能理念。举办《民用建筑节能条例》、《福建省居住建筑节能设计标准实施细则》、《公共建筑节能设计标准》、《建筑节能工程施工质量验收规范》等专题培训52期，累计培训设计、施工、监理和质量监督等相关技术人员近2万人次。每年组织科技、科普宣传周等多种形式的建筑节能宣传活动。连续四年举办"海峡绿色建筑与建筑节能博览会"，共展示节能减排新技术、新产品1168项，举办绿色建筑论坛，开展与港、澳、台绿色建筑技术交流；厦门市举办7届"人居环境展示会"和3届"建筑节能博览会"。

【人事教育成就】 "十一五"期间，全省各类建设执业资格人才大幅增长，累计共有43429人次取得各类执业资格，与2005年底累计数同比增长199.47%（具体数据见表4-7）。2010年新增省监理工程师考核认定工作，有5170人报名参加考核认定。"十一五"期间，还开展二级建造师考核认定工作，有9779人取得执业资格。2010年受理注册25331人次，较上年度增加2948人，增长13%。"十一五"期间，共受理注册建设执业师16.13万人次，较2005年底累计数（4.86万人次）同比增长331.87%（具体数据见表4-8）。

福建省各类执业资格取得人数 表4-7

序号	类别	截至2005年底总数	至2010年底总数	增长数	增长率
1	造价工程师	2902	3354	452	15.60%
2	房地产估价师	1394	1595	201	14.42%
3	房地产经纪人	780	922	142	18.21%
4	城市规划师	346	410	64	18.50%
5	全国监理工程师	3741	5382	1641	43.87%
6	一级注册建筑师	578	865	287	49.65%
7	一级注册结构工程师	847	1028	181	21.37%
8	二级注册建筑师	1665	1742	77	4.62%
9	二级注册结构工程师	333	380	47	14.11%
10	注册土木工程师（岩土）	218	312	94	43.12%
11	注册电气工程师	223	358	135	60.54%
12	注册公用设备工程师	307	433	126	41.04%
13	注册化工工程师	26	37	11	42.31%
14	建造师	8411	48383	39973	475.25%
15	总人数	21772	65201	43429	199.47%

福建省"十一五"各类执业资格受理人数 表4-8

序号	类别	2006年	2007年	2008年	2009年	2010年	"十一五"总数
1	造价工程师	1726	835	649	1787	1867	6864
2	房地产估价师	327	440	529	345	478	2119
3	城市规划师	14	0	21	199	28	262
4	全国监理工程师	2199	3085	1426	1150	2944	10804
5	省级监理工程师	2936	2037	2144	1703	1896	10716
6	一级建筑师	86	150	305	304	276	1121
7	一级结构工程师	125	157	261	346	429	1318
8	二级建筑师	633	120	455	372	295	1875
9	二级结构工程师	170	40	54	72	175	511
10	岩土工程师	202	46	36	177	74	535
11	电气工程师	未开始注册	未开始注册	未开始注册	未开始注册	184	184
12	公用设备工程师	未开始注册	未开始注册	未开始注册	未开始注册	195	195
13	化工工程师	未开始注册	未开始注册	未开始注册	未开始注册	10	10
14	项目经理	32265	10160	该制度取消	该制度取消	该制度取消	42425
15	一级建造师	未开始注册	2200	1822	868	1712	6602
16	一级临时建造师	未开始注册	未开始注册	2142	42	208	2392
17	二级建造师	未开始注册	8300	8151	11518	10901	38870
18	二级临时建造师	未开始注册	未开始注册	28857	3500	2147	34504
19	合计	40683	27570	46852	22383	23819	161307

13. 建筑业企业、招标代理机构、监理企业营业收入前20名

福建省建筑业企业按总收入排名前20名、工程招标代理机构按工程招标代理收入排名前20名、建设监理企业按监理收入排名前20名的情况如表4-9所示。

2010年福建省建筑业企业、招标代理机构、监理企业营业收入前20名企业　　表4-9

序号	建筑业企业总收入前20名	工程招标代理机构工程招标代理收入前20名	建设监理企业监理收入前20名
1	福建省闽南建筑工程有限公司	厦门高诚信建设监理有限公司	厦门市路桥咨询监理有限公司
2	福建六建集团有限公司	厦门港湾咨询监理有限公司	厦门港湾咨询监理有限公司
3	福建省九龙建设集团有限公司	厦门象屿工程咨询管理有限公司	厦门高诚信建设监理有限公司
4	福建省八方建筑工程有限公司	福建闽华洋建设监理有限公司	厦门兴海湾监理咨询有限公司
5	福建省第五建筑工程公司	福建联审工程管理咨询有限公司	厦门勤奋建设工程监理有限公司
6	福建省惠五建设工程有限公司	厦门长实工程监理有限公司	厦门象屿工程咨询有限公司
7	福建建工集团总公司	福建省兴闽咨询有限公司	福建中交工程监理咨询有限公司
8	福建二建建设集团公司	厦门协诚工程建设监理有限公司	福建闽华洋建设监理有限公司
9	福建宏盛建设集团有限公司	福州市建设工程监理有限公司	厦门瑞骏电力监理咨询有限公司
10	福建省永泰建筑工程公司	福建省中福工程建设监理有限公司	厦门协诚建设工程监理有限公司
11	福建省隆盛建设工程有限公司	福州成建工程监理有限公司	厦门长实工程监理有限公司
12	福建成森建设集团有限公司	福建建龙工程咨询有限公司	福州成建工程监理有限公司
13	福建省惠东建筑工程有限公司	厦门市筼筜新市区工程监理有限公司	厦门中平监理咨询有限公司
14	恒晟集团有限公司	福建华夏工程造价咨询有限公司	厦门纵横建设监理有限公司
15	福建省海坛隧道工程有限公司	厦门诚实工程咨询有限公司	福建闽能咨询有限公司
16	福建三建工程有限公司	厦门中建东北监理有限公司	福建省中福工程建设监理有限公司
17	福建省隧道工程有限公司	福州闽教建设监理有限公司	福州市建设工程监理有限公司
18	中国武夷实业股份有限公司	福建安华发展有限公司	泉州市工程建设监理事务所
19	福建璟榕工程建设发展有限公司	厦门银盛建筑经济咨询有限公司	厦门市筼筜新市区工程监理有限公司
20	福建发展集团有限公司	福建互华土木工程管理有限公司	厦门海投建设监理咨询有限公司

（填表人：潘昕，黄群妹）

大 事 记

1月

5日，福建省住房和城乡建设厅组织福清、晋江、南安、永安和邵武5个县级市开展公交精品示范线路创建活动。

15日，城市联盟第七次市长联席会议在漳州举行。会议总结工作情况并提出工作计划，要求2010年城市联盟工作要从规划、项目和机制入手，着力于持续推动，拓展合作领域和项目落实。

2月

23日，福建省政府出台《关于开展小城镇综合改革建设试点的实施意见》，确定在上杭县古田镇、闽侯县青口镇和福鼎县秦屿镇等21个小城镇开展综合改革建设试点，着力打造"规划先行、功能齐备、设施完善、生活便利、环境优美、保障一体"的宜居城市综合体。

25日，福建省住房和城乡建设厅被省政府评为2009年度完成安全生产目标管理责任制目标先进单位，获表彰。在上年度，省住房和城乡建设厅全面落实"安全生产年"和"责任落实年"部署，全面落实安全生产"一岗双责"和企业主体责任，实现安全生产管理责任制目标。这次受到表彰的，在省单列考核单位中，共有6个先进单位，10个优良工作奖单位和9个达标单位。

3月

19日，以"美化城市、绿化海西"为主题的"城市绿化年"义务植树活动，在全省住房和城乡建设系统展开。共有3000多人参加这项活动，义务植树5000多棵。

4月

3日，"新中国城市雕塑建设成就奖"颁奖典礼

在中国美术馆举行，全国共有60件作品获奖，其中福建省有2件，即福州林则徐雕塑和厦门郑成功雕塑。

5月

19日，国家与福建省签订各类保障性住房建设和棚户区改造目标责任书，当年福建省要建设各类保障性住房6.38万套，新增发放廉租住房补贴1万户，改造各类棚户区4.84万户。

24日，省政府举行全省住房保障目标责任书签字仪式，由省住房和城乡建设厅代表省住房保障性安居工程协调小组与各设区市人民政府和省政府机关事务管理局签订2010年住房保障工作目标责任书。

6月

18～20日，第四届海峡绿色建筑与建筑节能博览会及"可持续城市形态：绿色建筑与低碳城市"论坛在福州举行。福建省委书记孙春兰、省长黄小晶、副省长苏增添、洪捷序、住房和城乡建设部副部长齐骥、香港特区政府发展局局长林郑月娥等参观"绿博会"。

6月，福建省城市规划督察员制度试点正式开展，向泉州、漳州、莆田三市派出第一批规划督察员，加强规划层级监督。

7月

22日，由住房和城乡建设部、国家文物局联合组织的第五批中国历史文化名镇名村评选结果揭晓，福建省又有4个镇7个村入选国家级历史文化名镇名村，分别为宁德蕉城区霍童镇、平和县九峰镇、武夷山市五夫镇、顺昌县元坑镇、长汀县三洲村、龙岩新罗区适中镇中心村、屏南县棠口乡漈头村、连城县庙前镇芷溪村、长乐市航城街道琴江村、泰宁县新桥乡大源村和马尾区亭江镇闽安村。至此，福建省共有23个镇村（7个镇16个村）获国家级名镇名村称号。

26日，福建省住房和城乡建设厅下发《关于打好城市建设战役的通知》（闽建城〔2010〕22号），对打好城市建设战役工作做出部署。

30日，福建省政府第五十三次常务会议审议通过《福建省无障碍设施建设和使用管理办法》，自9月16日施行。

8月

2日，在巴西首都巴西利亚举行的第34届世界遗产大会上，"中国丹霞"世界自然遗产申报项目正式通过审议，被列入《世界遗产名录》，成为我国第8个世界自然遗产、第40个世界遗产和全国拥有世界三大遗产体系的两个省份之一。其中，福建泰宁国家级风景名胜区作为"中国丹霞"项目（还包括广东丹霞山、湖南崀山、江西龙虎山、浙江江郎山等风景名胜区）的牵头单位之一，成为福建第一个世界自然遗产，继武夷山世界文化与自然遗产、福建土楼世界文化遗产之后的第三个世界遗产。

9～12日，住房和城乡建设部、监察部、发展改革委等九部委组成联合督查组，对福建省保障性安居工程建设情况进行督查。

8月，福建省住房和城乡建设厅、省人力资源和社会保障厅、省总工会在厦门联合举办全省环卫行业道路清扫工岗位技能竞赛。

9月

9月上旬，《福建省域城镇体系规划》纲要成果通过住房和城乡建设部组织规划纲要成果专家技术审查，并原则予以通过。

15日，福建省重点建设项目、首座钢管混凝土异型拱桥——漳州九龙江大桥及接线工程正式开工。

19日，福建省政府召开全省加快保障性安居工程暨公共租赁住房建设工作电视电话会议。副省长洪捷序到会讲话，林坚飞解读了省政府出台的《关于加快发展公共租赁住房的实施意见》（闽政办〔2010〕146号）。

9月，平潭综合实验区管委会公布《平潭综合实验区总体规划（2010～2030年）》方案。

10月

1日，孙春兰、黄小晶在国庆节视察福州市东山新苑保障性住房项目，强调：推动跨越发展必须坚持民生优先，这是各项工作的出发点和落脚点。

11月

9日，福建省政府召开全省城市公厕建设工作会议，副省长张志南在会上做出部署。

26日，全省治理工程建设领域突出问题工作领导小组（扩大）会议在福州召开。

28日，福建省6个县（市、区）被住房和城乡建设部确定为首批村镇垃圾治理全覆盖县（市、区），分别为永泰县、海沧区、集美区、荔城区、湄洲岛旅游度假区和石狮市，数量列居全国各省区市前茅。

11月，由福建省住房和城乡建设厅与各设区市人民政府联合主办的第四届福建省菊花展览分别在各设区市同时展出。全省参展作品100多万盆，参展面、参展数量、菊花品种和接待游人均超过历届。

12月

15日，《海峡西岸城市群发展规划》经福建省人大常委会审议后，省政府印发实施。

17日，福建省两项工程入选年度中国建设工程鲁班奖（国家优质工程）第一批入选工程名单。这两项工程分别是福建省第五建筑工程公司承建的厦门地产大厦和福建四海建设有限公司承建的建发五缘湾营运中心写字楼。

24日，《福建省人民政府办公厅关于扩大住房公积金制度覆盖面的意见》（闽政办〔2010〕307号）出台，将进一步推动全省住房公积金扩面工作，使更多职工享受住房公积金优惠政策。

31日，福建省住房和城乡建设厅和省公务员局、省人力资源开发办公室联合发文表彰全省住房和城乡建设系统2007～2010年度先进集体、劳动模范和先进工作者。其中，劳动模范6名，先进集体50个，先进工作者125名。

12月，福建省住房和城乡建设厅首次组织"福建建设科学技术奖"（福建省建设行业最高科学技术奖）评选活动，共评出13项科技成果。

12月，福建省3个物业管理项目被评为"2010年度全国物业管理示范项目"，分别是融信物业管理有限公司服务的"融信·西班牙"项目，福建亿力电力物业管理有限公司服务的福建电力调度通信中心大楼和厦门康乐物业发展有限公司漳州分公司服务的"特房·锦绣一方"（一期）项目。

（福建省住房和城乡建设厅　施德善）

江 西 省

1. 综述

2010年，江西省住房城乡建设系统以科学发展观为指导，坚决贯彻省委、省政府的决策部署，团结奋斗、开拓进取，全面超额完成"十一五"规划目标，全省住房城乡建设事业实现又好又快发展。

城镇化水平快速提升，全省城镇化率达到44.8%，年均提高1.54个百分点；

住房保障实现历史性突破，从2007年开始，四年全省累积解决64万余户城镇中低收入家庭住房困难，惠及人口近200万；

城镇减排实现历史性跨越，全省城市生活垃圾处理率达到85.1%，城镇生活污水处理设施实现市、县全覆盖，污水处理率达67.8%；

城乡规划管理取得突破，基本建立了城乡一体的空间规划制度；

建筑业持续升级壮大，全省有资质建筑施工企业累计完成总产值5280亿元，是"十五"时期的3倍，房屋和市政工程质量安全呈平稳态势。

【高位推进新型城镇化】 1月，省委专门召开江西省有史以来，规格最高、规模最大、时间最长的全省推进新型城镇化和城市建设工作现场会，此次会议成为江西省新型城镇化历史进程的重要里程碑。

【建立推进新型城镇化的新机制】 吴新雄省长亲自担任省推进新型城镇化工作领导小组组长，各市县均成立高规格的领导和工作机构。

【完善推进城镇化政策措施和地方法规】 省委、省政府出台加快推进新型城镇化的若干意见、加快示范镇建设的意见，印发现场督查和考核评价实施方案及考核评价指标体系，为全省加快推进新型城镇化提供了系统全面的行动指南。

【城镇化和城市建设投入大】 据初步统计，2010年，全省设区市中心城区新（续）建项目1230个，总投资2568亿元。

【保障性安居工程相关政策措施和制度】 江西省政府出台加快发展公共租赁住房建设和加快城市棚户区改造的实施意见；制定2010年保障性住房建设及城市和国有工矿棚户区、农村危房改造试点实施方案、农村危房改造建设规划；编制2010～2012年保障性住房建设和"十二五"住房保障规划。坚持了保障性住房建设目标责任考核制度和定期督查制度，实行每周报告、每月调度、每季督查、年终考评机制。

【保障性安居工程资金投入加大】 全年中央下达江西省保障性安居工程补助资金超过30亿元；省政府单独安排保障性住房专项用地，并落实配套资金，各地用于保障性住房建设资金达到423.6亿元。实施了住房公积金向中低收入家庭倾斜政策。

【超额完成保障性安居工程任务】 截至年底，各类保障性住房开工率101%，完成投资占计划的86.47%；城市棚户区改造签约15.5万户，占目标的100.6%，完成投资占计划的79%；农村危房3.1

万户改造任务全部完成，2011年春节前全部搬进新居。

【城乡规划管理法规建设进程加快】 省人大常委会通过江西省地方性城乡规划管理的最高法规《江西省城乡规划条例》，省住房城乡建设厅制定了城乡规划行政责任追究、规划条件管理、城乡规划备案审查等5个规范性文件。

【城乡规划基本实现全覆盖】 《江西省城镇体系规划》已完成规划纲要方案，编制完成鄱阳湖生态经济区规划专项规划之九——《新型城镇化专项规划》。省政府议通过赣州等10个城市的总体规划和赣州市历史文化名城保护规划的修编。全省市县新一轮总体规划基本修编完毕，设区市控制性详细规划覆盖率达90%以上，县城覆盖率达60%以上；乡镇总体规划和行政村规划覆盖率分别为93%和87%。

【树立城乡规划管理的权威性】 深入开展房地产开发中违规变更规划、调整容积率专项治理，全省共查处违规变更规划、调整容积率项目378个，共补收土地出让金24532万元，违规项目罚款1778万元。

【出台一系列房地产市场宏观调控措施】 转发了国务院促进房地产市场平稳健康发展和坚决遏制部分城市房价过快上涨的通知，先后出台了江西省房地产市场调控17条和10条贯彻落实措施。

【开展整顿和规范房地产市场秩序的治理活动】 省住房城乡建设厅、省监察厅，对房地产开发企业经营行为、商品住房成本公示情况进行检查；开展全省房地产开发企业房地产估价机构物业服务企业的监督检查，对捂盘惜售、囤积房源、哄抬房价、扰乱市场秩序等违法违规行为加大查处力度，注销85家房地产经纪机构备案证书。

【强化房地产市场的监测分析】 在59个县(市)建立商品房预销售合同网上即时备案系统。省住房城乡建设厅会同新华社江西分社共同打造"江西省房地产信息网"。建立全省房地产市场情况分析月报制度。

【建筑业产值跃上新台阶】 2010年全省全社会建筑业增加值首次突破800亿元。全省有资质的建筑业企业完成建筑业总产值突破1500亿元，实现利税100亿元，分别较上年增长20%、10%以上。

【深入开展工程领域突出问题专项治理】 全面部署开展住房城乡建设系统的自查自纠、建筑工程和市政工程施工许可管理专项检查、保障性住房质量管理大检查、外省进赣施工和监理企业专项检查等活动，加强建筑市场动态监管。认真开展农民工工资清欠工作，维护建设领域农民工合法权益。

【建筑质量安全监管不断加强】 开展全系统市政、房屋建筑安全生产大检查和建筑安全生产专项整治，加强建筑市场资质资格动态监管，建立施工许可监管信息系统。强化超限高层建筑工程抗震设防监管。建筑施工百亿元产值死亡率呈逐年下降趋势。

【推进生态园林城市创建工作】 在全国率先启动省域范围生态园林城市创建工作，对新余、赣州、宜春、景德镇等市和吉安县创建生态园林城市工作进行了帮扶指导。开展城市绿化遥感测定工作。

【园林城市和绿化建设取得新成绩】 住房城乡建设部命名萍乡市、吉安市为"国家园林城市"，吉安县为"国家园林县城"；江西省政府命名抚州、鹰潭、德兴、丰城等4市为"江西省园林城市"，婺源、浮梁、吉水、莲花、泰和、安福、上饶、金溪、于都、上犹等10县为"江西省园林县城"。

【市容环境整治取得明显成效】 组织开展城市市容环境综合整治，集中治理交通秩序和违章建筑，重点解决市容环境脏乱差等问题。推行数字化城市管理，制定《设区市中心城区旧城区环境综合整治考核评分标准》。

【建筑节能规划、规程初步构建】 编制完成"十二五"建筑节能规划、民用建筑太阳能光伏系统应用技术规范，颁布《居住建筑节能设计标准》、《民用建筑外墙外保温工程施工质量验收规程》等地方标准。

【可再生能源应用和大型公共建筑节能试点推进】 萍乡市、景德镇市列为可再生能源建筑应用示范市，新干县列为农村地区可再生能源建筑应用示范县，共获国家财政补助资金1.57亿元；5个项目列为全国太阳能光电建筑一体化示范项目。成功举办"江西省(第三届)绿色建筑、节能与可再生能源暨新技术与产品博览会"。

【污水管网设施建设全面启动】 截至2010年底，全省县(市)排水管网建设投资27.90亿元，新增排水管网1076公里，全省县(市)城镇排水管网总长度达到8010公里。配合申报2010年中央预算内投资城镇污水处理设施建设备选项目99个。加强城镇污水处理有关指标调查监测和污水处理厂运行监管。

【示范镇、重点镇建设快速推进】 省委、省政府确定28个建制镇为省级示范镇。安排示范镇新增建设用地计划指标5800亩、资金2600万。制定了省示范镇规划编制与审批指导意见、示范镇环境保护工作指南和帮扶方案、2010年度考核方案。

【乡镇垃圾无害化处理试点全面铺开】 各设区市所辖区域内1/3的集镇，试点展开垃圾无害化处理工作。制定乡镇垃圾处理试点实施方案，编辑乡镇垃圾处理技术指导文件汇编，指导帮助各地因地制宜开展乡村垃圾无害化处理。

【村镇建设管理水平不断提高】 全省各地加强了村镇管理机构建设，设立村镇规划建设管理所（站）1281个。全省有6个村镇获得国家历史文化名镇名村称号，6个村镇获得全国特色景观旅游名镇（村），全省有25个集镇建设和村庄整治项目获得江西人居环境范例奖。

【龙虎山和龟峰成功列入世界自然遗产】 全省共有世界遗产4处、国家遗产6处、国家级风景名胜区12处、省级风景名胜区24处。

【风景名胜区规划管理不断规范】 国家级风景名胜区总体规划全部完成报批。开展《风景名胜区条例》执行情况检查和风景名胜区建设项目违规变更规划、调整容积率专项整治活动。

【基础设施建设全力提速】 9个国家级风景名胜区建成游客中心，庐山、龙虎山等游客中心达到全国一流水平，一批旅游接待酒店陆续建成。庐山西海、上饶至三清山高速公路、瑶里至婺源等一批旅游公路开工。明月山、三清山机场开展规划设计。

【对口援建和抗灾工作取得成效】 在江西省对口支援四川省小金县灾后重建工作中，省住房城乡建设系统干部职工为主力军，通过两年多的艰苦努力，援建资金100%到位，"交钥匙工程"100%竣工验收。2010年6月2日，省委书记苏荣亲率江西省党政代表团赴小金县视察，并出席援建项目整体移交仪式，标志江西省提前四个月实现中央提出的"三年任务，两年基本完成"的目标，工作进度和质量位居全国各援建省市前列。

2. 法制建设

【加强行业立法工作】 《江西省城乡规划条例》2010年3月经省人大常委会审议通过并颁布实施。《江西省风景名胜区条例》、《江西省城市居住小区物业管理条例（修订）》、《江西省民用建筑节能管理条例》、《江西省井冈山风景名胜区条例》、《江西省城市排水和污水处理设施监管办法》5项地方性法规和省政府规章列入省政府立法计划。住房和城乡建设行业5部（项）地方性法规立法项目列入省人大立法项目库。

【法规规章清理】 根据省人大和省政府清理地方性法规和规章的通知精神，江西省住房和城乡建设厅认真组织开展了清理工作，制订方案，做到在行动迅速、认真审查、逐条对照、确保质量的前提下，对10件地方性法规进行了清理，提出修改5件、保留4件、废止1件的清理意见；对7件规章进行了清理，提出了保留6件，修改1件的清理意见。并将清理意见上报省人大、省政府。江西省住房和城乡建设行业法规体系建设不断充实和完善，做到立、改并举，行业立法工作得到加强，稳步推进。

【规范行政执法行为】 根据《全省行政执法机关开展规范行政执法行为活动实施方案》的要求，为进一步规范江西省住房和城乡建设厅各项行政执法行为，提高行政执法效能，制定了《开展规范行政执法行为活动实施方案》，《实施方案》将有关清理规范工作分解到各责任处（室）、单位。经清理、审核、汇总，向省政府法制办、省监察厅专题报送了《关于开展行政执法行为活动情况报告》。既规范了行政执法行为，又提高了效率，同时还提高了行政执法的能力和水平。

【强化行政复议调解功能】 全年共受理行政复议案件9件（次），涉及房屋拆迁和产权纠纷等问题。每件行政复议案件都必须经过受理、审查、决定等环节，对情况复杂的案件深入当地调查，共调解行政复议案件6起。

【落实"五五"普法规划】 为贯彻落实《关于在建设系统开展法制宣传教育的第五个五年规划》和省委、省政府转发的《省委宣传部、司法厅关于在全省公民中开展法制宣传教育的第五个五年规划》精神，江西省住房和城乡建设厅制定了《关于在全省建设系统开展法制宣传教育的第五个五年规划》。2010年是五五普法工作的验收之年，根据全省住房和城乡建设系统"五五"普法规划和检查验收的通知，要求各设区市住房和城乡建设行政主管部门加大普法工作力度，开展自查自纠，切实做好迎接检查的各项准备工作。同时，通过自查和检查发现的先进典型及时进行了推广，"五五"普法规划全面得到落实，全系统领导干部和执法人员意识得到了增强，依法行政意识和能力得到提高。

3. 建筑业与工程建设

【概况】 2010年，江西省全社会建筑业增加值835.5亿元，占GDP的8.86%，比全国平均水平高2.2个百分点。2010年全省建筑业地方税收109.27亿元，占地税总收入的25.12%。全省有资质的建筑业企业完成建筑业总产值1677.02亿元，比上年增长26.7%；按建筑业总产值计算，全员劳动生产率人均19.0万元，比上年增长14.1%。全省建筑业企业施工面积达13438.89万平方米，比上年增长11.8%，其中新开工房屋施工面积7474.59万平方米，增长17.6%。2010年底，全省共有建筑施工企业3002家，其中总承包特级企业1家，总承包及专业承包一级企业188家、二级企业761家、三级企业1800家，不分等级企业31家，劳务企业221家。

【推动建筑业企业改制】 为加快江西建筑业改革和发展，全面提高江西建筑业的整体素质和综合竞争力，多次组织人员对全省的建筑业企业改革进行专题调研，深入了解企业在改制过程中遇到的问题和困难，切实加以解决。对已完成改制的省建工集团及其所属企业进行上门服务，开通了企业资质变更"绿色通道"，帮助企业顺利解决改制后新牌子进入市场招投标及原有业绩认可问题。组织南昌县的一、二级建筑业企业进行座谈，确定南昌县为江西省住房城乡建设厅推进建筑业企业改制试点县；举办南昌地区建筑企业改制公开课，请专家、学者讲授企业改制相关专业知识；组织各地建管局长、科长及部分企业管理人员到全国建筑业强省学习调研先进建筑管理经验。

【促进建筑业科技进步，推动企业"走出去"】 鼓励建筑企业提高自主创新能力，发展自己的专有技术和工法，提高企业核心竞争力。经专家评审并公示，批准中天拱顶管桁架高空对接安装施工工法等37项施工工法为省级建设工法。4月和10月分别公布了江西2009～2010年度第一、二批省级建筑业新技术应用示范工程，多次在工地召开标准化示范工地观摩会和建筑业新技术应用示范工程现场会。进一步提高农民工技能水平，会同江西省人力资源和社会保障厅举办江西省首届农民工职业技能大赛。组织协调建筑企业开展对外承包和劳务合作，共初审同意7家建筑业企业取得对外承包工程资格转商务厅。在5月组织部分对外工程承包企业召开座谈会，进一步推动建筑企业"走出去"工作。

【开展工程建设领域突出问题专项治理工作】 按照中央和省委、省政府的部署，将专项治理各阶段工作任务落实到位。制定《江西省住房和城乡建设厅工程建设领域突出问题专项治理工作方案》，分头落实各项牵头任务，全面部署开展自查自纠；开展了建筑工程和市政工程施工许可管理专项检查、严厉打击建筑施工非法违法行为专项行动、保障性住房质量管理大检查、外省进赣施工监理企业专项检查、建筑安全生产专项治理行动等活动，着重解决工程建设领域突出的质量和安全问题。进行工程建设领域规范性文件清理工作，逐步建立健全制度体系，完善管理机制，规范市场秩序。

【完善建筑市场监管长效机制】 以完成《江西省建筑业"十二五"发展规划》编制为契机，围绕进一步促进建筑业发展，指导建筑业发展方式转变和结构调整，促进建筑业健康发展，组织开展调查研究。拟定了规划纲要，明确行业发展目标、主要任务。着手建筑业企业诚信平台的建设，起草了《江西省建筑市场资质资格动态监管办法》初稿。为进一步加强进赣施工企业、监理企业管理，10月份开始对外省进赣施工、监理企业进行办公场所和市场行为检查，拟在此基础上出台一个关于加强外省进赣施工、监理企业管理的文件。配合江西省政府法制办对工程建设领域现行的57个规范性文件进行清理，提出废止、（拟）修改、保留等意见，着手《江西省建筑管理条例》修改工作。

【开展农民工资清欠工作】 2月25日～3月3日，江西省住房城乡建设厅与人力资源社会保障厅、司法厅联合开展了以"维护农民工合法权益，构建社会主义和谐劳动关系"为主题的2010年全省农民工维权宣传周活动。认真做好建设领域清理拖欠工程款和农民工工资工作，对于建设领域拖欠农民工工资问题信访案件，做到事事有着落，件件有回音。江西省住房城乡建设厅清欠办共处理拖欠工程款和农民工工资案件34件，接待民工200余人，解决拖欠工程款1570万元，农民工工资1599.15万元。以开展"三民服务月"活动为契机，下基层和工地，询问农民工工资发放和安全教育等情况。

4. 城乡规划

【概况】 截至2010年底，江西省城镇化水平达到44.8%，比上年提高个1.6百分点。11个设区市均成立了城市规划委员会，由市委书记或市长亲自担任主任，具体研究解决城市规划发展和建设的重大问题。各地普遍实行了城市规划专家技术审查制度，对事关城市规划、建设和发展的重大问题，广泛听取专家和社会各界的意见，科学决策、民主决策的意识进一步加强。南昌、景德镇、鹰潭、萍乡、上饶、新余、抚州、贵溪、乐平、南康、井冈山11市设立了一级规划局，赣州、宜春、吉安、九江4市设立了一级规划建设局，九江、德兴、瑞昌3市设立了二级规划局，吉安市设立了规划管理处，宜春市设立了规划管理办，寻乌、修水、武宁、上饶县、玉山、广丰、鄱阳、婺源、万年、余干、横峰、弋阳、铅山、奉新14县设立规划局，丰城、樟树、瑞金、南昌县、新建、进贤、安义、湖口、都昌、上栗、全南、定南、于都、吉安县、新干、吉水、永丰、泰和、上高等20县设立了规划建设局，全省市县共设立城市规划行政机构52个。江西省现有南昌、景德镇、赣州市3个国家历史文化名城，吉安、井冈山、瑞金、九江市4个省级历史文化名城。

【全力以赴做好推进新型城镇化相关工作】 1月11～13日，江西省委、省政府组织召开全省推进新型城镇化和城市建设工作现场会，省委书记苏荣、省长吴新雄出席会议并作重要讲话，对全省推进新型城镇化工作进行了再动员、再部署。4月22日，江西省政府成立了省推进新型城镇化工作领导小组，省长吴新雄亲自担任组长，常务副省长凌成兴、副省长史文清担任副组长。领导小组办公室设在江西省住房城乡建设厅，全力以赴参与完成了一系列推进新型城镇化的相关工作。5月13日，全省推进新型城镇化领导小组召开第一次全体会议。《中共江西省委江西省政府关于加快推进新型城镇化的若干意见》于6月印发。共组织五次全省推进新型城镇化现场督查工作，有效地推进了江西各地加快推进新型城镇化工作的开展。

【推进《江西省城镇体系规划》调整修编工作】 3月，江西省住房城乡建设厅就江西城镇体系规划修编纲要工作向部规划司领导汇报与沟通。部领导对江西城镇体系规划修编工作及规划纲要方案的完善提出了指导性意见，并表示对报批工作给予支持。3月底，纲要方案征求省城镇体系规划调整修编联席会议各成员单位的意见，对《规划纲要》进行了相应的修改完善。6月再次将《规划纲要》分送规划调整修编工作联席会议各成员单位、各有关单位征求意见。8月31日，副省长史文清主持召开了《江西省城镇体系规划》调整修编工作联席会议第二次全体会议，原则通过了该《规划纲要》方案。

【全力推进《江西省城乡规划条例》的贯彻实施】 3月31日，《江西省城乡规划条例》在江西省第十一届人民代表大会常务委员会第十五次会议审议通过，8月1日正式实施。积极开展形式多样的《条例》宣贯活动。一是7月底协助省人大组织召开《江西省城乡规划条例》新闻发布会；二是拟定并印发《关于印发〈江西省城乡规划条例〉宣传培训工作方案的通知》，组织全省开展《江西省城乡规划条例》宣传贯彻工作，编印了近万份《条例》小册子，免费分送全省各市县学习；三是组织举办三期《江西省城乡规划条例》宣传贯彻专题培训班。全省各市、县规划（建设）局、城管局、房管局、风景名胜区、规划编制单位的负责人和业务骨干近1000人参加。

【大力开展城镇化研究】 为更好地推进全省新型城镇化和城市建设工作，找准问题，提出对策措施，江西省住房城乡建设厅不断加强推进城镇化工作的调研工作。5月25～31日，由省政府发展研究中心、南昌大学、江西师大的专家参加的调研组对各设区市推进新型城镇化和城市建设情况进行专题调查研究，并形成四个专题调研报告。江西省住房城乡建设厅积极做好调研前期准备，组织协调沟通工作并派员参加了调研活动。

【城乡规划编制步伐进一步加快】 在江西各地的共同努力下，全省新一轮城市总体规划修编工作基本完成。江西城市控制性详细规划覆盖率显著提高，全省设区市近期建设用地控规覆盖率达到90%以上，部分城市实现全覆盖，县城覆盖率将达到60%以上。组织江西各中小城市认真编制《中小城市基础设施完善"十二五"规划》，组织编制完成《江西省中小城市基础设施完善"十二五"规划》。督促指导各地完成了2010～2012年度住房建设规划编制工作，督促各地政府批复并上网公布《2010～2012年度住房建设规划》，为贯彻落实国家的住房政策，维护房地产业的健康发展提供规划指引。积极做好有关专项规划的指导与论证工作。完成南昌市历史文化名城保护规划、萍乡市城市综合交通规划等规划的评审。

【开展对房地产开发中违规变更规划调整容积率问题专项治理】 2～3月，江西省专治办组织调查组对由省里直接查处的37个项目进行了逐一复核，8～10月，省专治办组成两个调查组分别对南昌、抚州、上饶、吉安、赣州等地房地产开发中违规变更规划调整容积率问题专项治理第二阶段工作情况进行了检查。对抚州市书香门第、融旺国际、信丰县龙泉宫邸、南昌市梅苑住宅大楼等信访件进行了现场调查核实，对信访件进行了处理与回复。对经调查核实的问题进行了纠正和处理。通过开展专项治理工作，各地政府及其城乡规划主管部门对专项治理工作的重要性和变更规划调整容积率问题严肃性的认识明显提高，更加注重从源头上抓起，做到程序合法，手续完善，进一步规范了规划设计条件和附图的出具。有效避免了暗箱操作、不规范运作和以权谋私、权钱交易等行为，同时也增强了项目中的各相关违法违规主体遵守法律法规意识。全省城乡规划依法行政能力得到明显增强。

【开展重大产业建设项目选址工作】 积极配合重大产业项目招商引资中,完成泉州至南宁高速公路吉安至莲花段工程、厦蓉线隘岭(赣闽界)至瑞金段高速公路、上高500kV输变电工程、赣州至砻岩铁路扩能改造工程、九景衢铁路(江西段)建设项目选址和江西联威新能源有限公司建设项目选址专家咨询论证工作。

5. 勘察设计与建筑节能

【概况】 江西省工程勘察设计单位共379家,其中,甲级企业66家;从业人员24459人,其中技术人员18362人(高级职称人员4757人、中级职称人员7503人、初级职称人员5250人);注册执业人员3410人,其中注册建筑师745人(一级246人,二级499人),注册结构工程师560人(一级376人,二级184人),注册土木工程师(岩土)121人,其他注册工程师1968人。2010年全省勘察设计企业完成勘察设计技术管理服务合同额138.98亿元,其中,工程勘察合同额74383万元,比上年增长5.08%,完成工程设计合同额1247848万元,比上年增长80.68%,完成工程技术管理服务合同额67561万元,比上年增长25.73%。2010年,江西省建设科技取得了较好的成绩,为满足建筑市场需要,依据《推广应用新技术管理实施细则(试行)》,积极组织技术成熟、可靠的建筑节能新产品、新技术在全省推广应用,收到了明显的节能效果,共推广15项节能新技术、新产品,内容涵盖防水材料、墙体材料、节能环保材料等多方面。

【规范勘察设计市场】 组织专家对各设区市进行房屋建筑工程勘察设计检查,进一步规范江西省勘察设计市场,提高工程建设管理和服务水平;进一步提高勘察设计质量。积极做好施工图设计文件审查备案工作,全年共完成96个单位工程的施工图设计文件审查备案工作,严把施工图审查质量关,对不符合规范要求的设计文件及时提出整改意见,并督促其整改后予以备案,提高了为企业服务的意识。

【繁荣建筑创作】 鼓励勘察设计企业树立精品意识,质量是企业的生命,品牌是企业水平的体现。江西开展了第十四次全省"四优"评选活动,各勘察设计企业积极参与设计评优活动,近200个项目申报了此次评选。

【做好"创建全国无障碍建设城市"管理工作】 江西的南昌市、九江市列入"创建全国无障碍建设城市"计划,对照《创建全国无障碍建设城市工作标准》,完成了"城市道路、公共建筑物、居住小区无障碍设施",两个城市通过了住房城乡建设部、民政部、残联、老龄委四家单位组成的"创建全国无障碍建设城市"检查验收。

【开展全省建筑设计行业诚信评估】 江西省中国瑞林工程技术有限公司、江西省建筑设计研究总院等9家通过全省建筑设计行业诚信评估,推进建筑设计领域诚信服务开展。

【积极推进太阳能光电建筑应用】 2010年江西省向国家申报太阳能光电建筑一体化示范项目18项,获批5项,总装机容量达4.75兆瓦。萍乡市和景德镇市向国家申报可再生能源建筑应用示范城市(县),获批,获得国家财政补助7000万和8000万;示范县1个为新干县,获国家财政补助700万;节约型示范校园1个为华东交大,获国家财政补助400万。为江西可再生能源建筑的应用奠定了经济基础,使建筑节能技术实现多层次、全方位的发展。

【加快大型公共机构节能监管体系的建设】 初步建立了机关办公建筑和大型公共建筑节能监管体系,对建筑能耗情况进行动态监测。省级节能监测中心监测软件、数据库软件及相关硬件设备均已经安装完毕,试点单位江西省建筑设计研究总院节能改造已经完成并开始传输数据,江西省建设职业技术学院节能改造方案已经编制完成,处于具体安装实施阶段。

【加强建筑节能宣传】 江西省住房城乡建设厅组织参与"节能攻坚,全民行动"为主题的2010江西省节能宣传周活动。举办"江西省(第三届)绿色建筑、节能与可再生能源暨新技术与产品博览会",展示国内外先进、成熟、适用、覆盖面广、有导向作用、能形成规模效益的科技成果、节能新技术和新产品。通过广泛宣传,进一步提高社会各界的建筑节能意识,提高建筑节能知识在全社会的普及程度。

【大力发展绿色建筑】 为进一步健全江西绿色建筑的发展,成立了江西省绿色建筑评价标识专家委员会和江西省绿色建筑评价标识管理办公室。住房城乡建设部批准《江西省绿色建筑评价标准》,并正式批复开展一、二星级绿色建筑评价标识认定工作。

6. 村镇建设

【概况】 2010年,全省村镇建设总投资256.32亿元,农民建房164624户,村镇住宅竣工建筑面积2619.5万平方米,人均住宅建筑面积36.75平方米。

村镇公用设施逐步完善，共有607个建制镇、489个集镇、31个农场建有集中供水设施，日供水156.93万吨，覆盖用水人口440.08万人，普及率达61.6%。建制镇绿化覆盖率达9.38%，集镇绿化覆盖率达9.68%。乡镇镇区共有公共厕所3778座，环卫车辆1877辆。

【村镇规划工作水平提升】 制定了《江西省示范镇规划编制与审批指导意见》，从法规、制度和政策层面进一步完善和规范全省村镇规划建设工作。截至年底，江西省1224个乡镇编制了总体规划，规划编制覆盖率达93%，14938个行政村编制了村庄建设规划，规划覆盖率达87%，91141个自然村完成村庄规划编制，规划编制覆盖率达57%，江西镇村规划编制覆盖率在全国居于前列。同时，各地对已过期限的规划或发展条件发生重大变化的乡镇总体规划进行修编，并做好详细规划的编制，强化规划对农村基础设施布局和建设的指导调控作用。

【示范镇建设扎实推进】 江西省委、省政府出台《关于加快示范镇建设的意见》，确定了进贤县李渡镇等28个省级示范镇，在土地、财税、管理权限等方面给予政策支持。江西省住房城乡建设厅作为牵头单位积极发挥协调作用，主动衔接结对帮扶单位在各方面为示范镇提供支持外，还组织江西省城乡规划设计院为各示范镇编制镇域总体规划进行技术把关。在各级各部门的共同努力下，示范镇依托重点项目建设，不断完善集镇基础设施和公共服务设施的配套建设，形成道路通畅、环境优美、功能齐全的新面貌，不仅建设品位较高，而且带动产业结构优化升级、成效明显。全省28个示范镇国内生产总值总额近180亿元，重点建设项目达264个，总投资72.9亿多元。其中李渡镇、新港镇、安源镇、罗坊镇、八景镇等5个镇的国内生产总值突破10亿元。

【农村危房改造成果扩大】 江西省农村危房改造试点扩大至41个西部开发政策延伸县（市），需完成3.1万户农村危房改造任务。中央和省财政合计安排资金3.41亿元补助困难农户改造危房。另外，各试点县（市）整合农村危房改造资金7100万元，农户自筹资金7.44亿元，累计完成危房改造投资11.56亿元。江西省住房城乡建设厅充分发挥组织协调作用，召开农村危房改造的危险房屋鉴定工作会、档案管理工作会、工作调度会及验收工作会，及时调度部署各个阶段的工作；选编了一套农村危房改造优秀方案图集，免费发放到全部乡镇，引导危房改造农户科学建房；多次安排人员到30多个试点县（市）督导当地农村危房改造工作。农村危房改造任务顺利完成，帮助3.1万户困难农户解决安居问题。

【名镇名村申报和保护取得突破】 4月，婺源县江湾镇、浮梁县瑶里镇、横峰县葛源镇、铜鼓县大塅镇、高安市新街镇贾家村、吉水县金滩镇燕坊村等6个村镇被住房城乡建设部和国家旅游局授予全国首批特色景观旅游名镇名村。7月，吉安市青原区富田镇、龙南县关西镇关西村、婺源县浙源乡虹关村、金溪县双塘镇竹桥村、浮梁县勒功乡沧溪村、吉安市吉州区兴桥镇钓源村等6个村镇获第5批中国历史文化名镇名村。截至2010年底，全省国家级历史文化名镇名村总数达到21个，省级历史文化名镇名村67个，处于全国领先水平。省住房和城乡建设厅全力指导各地加强历史文化名镇名村保护规划的编制工作，投入规划编制补助经费200多万元，争取到国家历史文化名镇专项基础设施建设补助资金1200万元。

【推进村庄整治和垃圾处理】 江西省住房城乡建设厅深入开展乡镇垃圾无害化处理工作调研，并起草《全省乡镇垃圾处理试点实施方案》，要求各设区市选择三分之一的集镇作为全省集镇垃圾处理试点，安排专项资金，指导、支持和帮助地方进行乡镇垃圾处理设施建设。向100余个乡镇下拨500万元自来水改造经费，帮助完成供水设施建设。并引导各地深入开展"五整治、三建设"活动，加大新农村建设力度，切实改善村庄人居环境。同时，鼓励全省集镇建设和村庄整治项目参加申报"江西人居环境奖"评选活动，评选新农村建设中的优秀典型。已有25个村镇建设项目获江西人居环境范例奖，建设宜居村镇的观念在全省蔚然成风。

7. 房地产业

【概况】 2010年，江西省坚决贯彻落实国家房地产市场宏观调控政策，积极推进城市棚户区（危旧住宅区）改造工作，加强房地产市场监管，强化对房地产市场的引导和监测，江西省房地产业呈现出持续、稳定、健康发展态势，房地产市场调控取得初步成效。一是房地产开发完成投资和商品房竣工面积增长。全年全省房地产开发完成投资706.82亿元，同比增长11.39%，全省商品房竣工面积1822.20万平方米，同比增长10.65%。二是房地产销售量和商品房销售金额增长。全年商品住宅销售套数202744套，同比增长10.49%。全省二手房销售套数102875套，同比增加20.87%。全省商品房销售面积2469.67万平方米，同比增8.28%。商品房销售金额776.4亿元，同比增长28.8%。三是房地产税收贡献增长。江西省房地产业地方税收同比增长38.6%，占全省地税收入23.14%，房地产市场为促进全省经济平稳较快发展发挥重要作用。四是房地产市场价格保持稳定。全年房地产市场虽呈现波动局面，但总体价格保持平稳，2010年全省商品房综合销售价格3144元/平方米，同比上升18.95%；商品住宅综合销售价格2959元/平方米，同比上升17.56%。均低于全国和中部平均水平。

【贯彻落实国家房地产市场调控政策】 江西省住房城乡建设厅认真贯彻落实国发4号文、10号文等一系列文件，出台完善江西房地产市场调控政策。由江西省住房城乡建设厅起草并呈报省政府，先后出台了3个文件：省政府办公厅《学习贯彻国发〔2010〕10号文件专题会议纪要的通知》（十七条）、省政府办公厅《关于深入贯彻落实国发〔2010〕10号文件促进全省房地产市场平稳健康有序发展的通知》（十条）、《江西省人民政府转发国务院关于坚决遏制部分城市房价过快上涨的通知》。

【房地产开发经营行为检查】 江西省政府专门召开会议，对全省房地产开发企业经营行为检查工作进行专门部署。江西省住房城乡建设厅会同省监察厅下发了《关于开展房地产开发经营行为检查的通知》，并组成4个联合检查组对各地房地产开发企业进行了检查。检查组通过听汇报、查资料、看现场等方式，对各设区市已取得预售许可证的在售和未开盘的商品住房项目进行了重点检查，并向省政府报送了检查报告。

【房地产市场信息系统建设和房地产市场监测分析】 江西省确定了59个县（市）为全省第二批房地产市场信息系统建设重点城市。组织督查组对各设区市房地产市场信息系统建设情况进行了督促、指导。江西11个设区市基本实现房地产信息化管理和权属档案电子化管理。78个市、县全面建成和使用新建商品房网上备案子系统，与省房地产市场信息监测系统实现互联互通。建立了全省房地产市场情况分析月报制度，每月向省政府报送市场形势分析报告和房地产开发有关数据。

【商品房成本公示】 江西省住房城乡建设厅会同省监察厅下发了《关于印发〈房地产开发项目成本公示指南〉的通知》，规范商品房成本公示行为，为商品房成本公示工作提供技术帮助。开展商品房成本公示情况调研，摸清各地成本公示基本情况。配合省监察厅做好中纪委惩防体系建设检查中商品房成本公示项目检查工作。

8. 建设教育

【概况】 江西省建设系统共有21个培训中心，28个培训点，培训点以及相关企业、院校组成教育培训网络覆盖全省，可用教室面积达4100平方米。全年完成建设行业各类岗位培训7万人次，发放各类岗位证书6.5万余人次。进一步拓宽培训范围，将资料员纳入了关键岗位培训管理范畴。

【领导干部教育培训】 组织好江西建设行业领导干部的专题培训。在北京与全国市长研修学院联合举办两期全省市县建设、规划局长关于城市规划建设专题研究班，共有110名市（县、区）建设、规划局长参加培训。加强江西省住房城乡建设厅机关干部的在职学习。2名处级干部完成研究生在职学习分别获得了博士和硕士学位，1名干部报考研究生在职学习，厅机关干部文化结构与文化程度进一步改善。完成厅直单位领导班子及厅机关处级干部的调学工作。

【援疆教育培训任务】 根据江西省委组织部《关于安排新疆克州部分城镇规划干部到省住房和城乡建设厅进行培训的函》的要求，江西省住房城乡建设厅接受并圆满完成了新疆克州18名城镇规划干部的培训任务。

【建设工程高（中）级专业技术资格评审工作】 组织完成江西省建设工程高、中级专业技术资格评审工作，全省共有140人和90人分别获得高级工程师和工程师专业技术资格。

9. 住房保障

【概况】 2010年，江西省保障性安居工程全面推进，国家下达江西保障性安居工程目标任务为31.3715万套（户），其中，新增廉租住房5.9万套，新增发放廉租住房租赁补贴2.4万户；新建经济适用住房0.5万套、公共租赁住房0.82万套；改造城市棚户区15.4万户、国有工矿棚户区0.3915万户、林业棚户区（危旧房）1万户、农村危旧房3.1万户、煤矿棚户区1.86万户。按照国家年底前100%开工、基本建成60%以上的要求，全省廉租住房、公共租赁住房、经济适用住房、城市棚户区改造、国有工矿棚户区改造、林业棚户区（危旧房）改造、煤矿棚户区改造项目均已开工建设，完成投资90%；发放廉租住房租赁补贴16.2万户；农村危旧房改造任务全面完成。全省均提前超额完成国家下达的年度计划。

【完善目标责任机制】 江西省政府把住房保障工作纳入重要民生工程，建立省级负总责，市、县抓落实的工作目标责任制，市、县长是保障性住房建设的第一责任人。并将住房保障工作写进《政府工作报告》，纳入省政府对市县政府年度考核评价体系和推进新型城镇化考核范围。省政府已连续四年与设区市政府签订目标责任书。同时，明确了各级房管、建设、国土等部门的职责，形成了保障性住房建设的强大合力。

【完善相关政策措施和制度】 江西省政府出台加快发展公共租赁住房建设和加快城市棚户区改造的实施意见；制定2010年保障性住房建设及城市和国有工矿棚户区工作方案、农村危房改造试点实施方案、农村危房改造建设规划；编制2010～2012年保障性住房建设和"十二五"住房保障规划。坚持了保障性住房建设目标责任考核制度和定期督查制度，实行每周报告、每月调度、每季督查、年终考评机制。

【省政府支持力度和规模加大】 全年中央下达江西保障性安居工程补助资金31.6亿元；省、市、县按照国家有关政策足额配套，省政府将中央代发行的地方政府债券资金总额的29.1%，共计18.9亿元用于保障性住房建设和城市棚户区改造。各市、县按照规定从土地出让净收益中提取10%，并从住房公积金增值净收益以及政府其他收益中安排资金支持保障性住房建设和城市棚户区改造，全年用于保障性住房建设的住房公积金达到5.2亿元。全省下达保障性住房专项用地指标5847万亩。

【严格督导考核】 坚持保障性住房建设目标责任考核制度和定期督查制度，实行周报告、月调度、季督查、年考核机制。定期通报各地保障性住房建设进度及排名情况。省政府主要领导和分管领导主持召开13次保障性住房建设专题调度会，推进保障性住房建设。先后20余次深入基层，重点对工程进展情况、建设项目前期办证情况及落实优惠政策执行情况等进行现场督查、复核；3次组织24个检查组，对在建的600余个保障性住房工程质量安全进行检查与抽查。对年度保障性住房建设任务完成情况和廉租住房租赁补贴发放情况进行考核验收，并根据考核结果兑现奖惩。共安排专项奖励资金0.8亿元，奖励目标任务完成较好的市、县。

10. 城市建设

【概况】 城市供水：江西城市供水日综合生产能力720.61万立方米，供水总量13.9亿立方米；设市城市用水普及率97.43%，县城用水普及率91.96%；设市城市人均日生活用水量184.35升，县城人均日用水量119.67升。

城市燃气：江西燃气用户417.8万户，用气人口1322.9万；液化石油气供气总量35.6万吨，用气人口995.3万人；人工煤气供气总量5.8亿立方米，用气人口149.8万人，天然气供气总量1.5亿立方米，用气人口177.8万人；设市城市燃气普及率92.36%，县城燃气普及率77.08%。

市政工程：江西城市道路11378.3公里，面积2.10亿平方米，排水管道13506公里，城市路灯88.8万盏；设市城市人均道路面积13.77平方米，县城人均道路面积13.28平方米。

园林绿化：江西城市绿化覆盖面积91072公顷，园林绿地面积73120公顷，公园绿地面积20012公顷，公园526个；设市城市建成区绿化覆盖率46.42%，绿地率43.20%，人均公园绿地面积13.04平方米；县城建成区绿化覆盖率39.07%，绿地率34.68%，人均公园绿地面积12.71平方米。

城建管理执法队伍：江西各市、县均组建了城建监察（城管执法）支（大）队。11个设区市，除景德镇市未设立城市管理局外；南昌市设立城市管理委员会（保留城市管理行政执法局的牌子）；宜春、吉安、上饶、鹰潭等4个城市设立了城市管理局；赣州、九江、新余、抚州、萍乡等5个城市设立了城市管理行政执法局，其中赣州、新余、抚州、萍乡市增挂城市管理局的牌子。80个县（市）中，有53个设有城市管理局，没有设城市管理局的县（市）在建设局下设城建监察（城管监察）大队，部分经济开发区设有城市管理局。江西有城建监察队员5800人，监察车辆2200辆（含摩托车等）。市容环卫：江西城市环卫行业清扫保洁面积16942万平方米，年清运垃圾596.57万吨，无害化垃圾填埋场15座，建有公共厕所3115座，其中三级以上公厕1981座；设市城市生活垃圾无害化处理率85.89%，县城生活垃圾无害化处理率20.20%。污水处理：江西11个设区市15座污水处理厂运行正常，85座县（市）污水处理厂相继投入试运行。设市城市污水处理率80.83%，污水集中处理率76.86%，县城污水处理率65.32%，污水集中处理率62.29%。

【推进省级生态园林城市创建工作】 4月，经江西省政府同意，会同省环保厅、省林业厅印发了《江西省生态园林城市评选办法（试行）》，江西生态园林城市工作全面启动，是全国第一个开展创建省级生态园林城市的省份。为推动全省生态园林城市创建，组织专家对申报市、县创建生态园林城市工作进行指导和指标测评。会同省林业厅、省环保厅对宜春、新余、赣州和景德镇市创建生态园林城市开展了验收核查工作。

【认真做好园林城市复查工作】 为巩固园林城市创建成果，组织专家对2007年获得国家园林城市的南昌市、新余市、赣州市进行了复查工作，并获得住房和城乡建设部的通过。按照省政府办公厅《关于印发江西省园林城市（县）评选办法和标准的通知》要求，组织专家对2007年以前获得省园林城市的25个市（县）进行了复查，并及时下发了复查意见，对部分指标未达到省级园林县城标准的县下发了整改通知。

【积极推广数字化城管新模式】 组织召开全省数字化城管现场会，推广南昌市数字化城市管理的做法和经验，提出江西数字化城市管理工作的总体要求和目标任务，全面推动全省数字化城管建设。南昌、景德镇市数字化城管系统已正式投入运行，南昌市的建设标准在全国处于先进行列。

【加快推进县（市）排水管网设施建设】 启动了江西省县（市）排水管网建设工作，省政府在安义县召开全省加快推进县（市）排水管网建设工作现场会，省政府办公厅印发《关于加快推进县（市）排水管网建设实施方案》，对全省县（市）排水管网建设提出了明确的任务和目标要求。江西省住房城乡建设厅会同省发改委、省财政厅、省环保厅编制的《全省县（市）排水管网建设规划（2010~2020）》已下发各地遵照执行。截至年底，江西省县（市）排水管网建设投资27.90亿元，新增排水管网1076公里，全省县（市）城镇排水管网总长度达到8010公里。

【强化市容环境综合整治工作】 对全省11个设区市的城市管理工作进行暗访，下发《关于全省设区市中心城区城市建设和管理暗访情况的通报》，把存在的问题制作成光碟下发到各设区市政府，要求限期整改。通过暗访，对促进各地城市管理长效机制起到了积极的推动作用。印发了《关于开展城市市容环境综合整治工作的通知》，按照省政府办公厅《关于印发全省推进新型城镇化城市建设现场督查考核评价实施方案和考核评价指标体系的通知》要求，制定了《江西省设区市中心城区旧城区环境综合整治考核评分标准》。通过开展城市市容环境综合整治活动，促进了各地市容环境卫生改善，全面提升了城市整体形象。

11. 住房公积金管理

【概况】 截至年底，江西省拥有住房公积金管理中心11个，分别为直属各设区市人民政府的副县级事业单位；直属于各设区市住房公积金管理中心的办事处（管理部）共88个，省直、铁路分中心2个，从业人员779人。全省有11个住房公积金管理委员会，履行当地住房公积金的决策职能，管委会成员266名，来自于建设、财政、人民银行、有关专家、工会、缴存单位及部分职工代表，管委会主任均由市政府分管领导担任。截至2010年底，江西省缴存住房公积金的在职职工人数为176万人，住房公积金归集覆盖面为65.19%；全省累计归集住房公积金总额416.41亿元，归集余额293.93亿元；全省累计为29.16万余户职工家庭发放个人住房贷款300.92亿元，累计提取廉租住房补充资金约7.26亿元，累计提取风险准备金总额4.59亿元；全省住房公积金使用率71.89%，个贷率56.95%，贷款逾期率0.398‰。2010年，江西省归集住房公积金总额88.87亿元，比上年同期增长18.94%；提取住房公积金35.31亿元，比上年同期增长20.90%；发放个人住房公积金贷款56.84亿元，比上年同期增长5.34%；共支持31005户职工家庭利用住房公积金贷款购建住房，改善了居住条件。

江西省住房公积金全面实现了"十一五"规划目标。"十一五"期间归集住房公积金311.53亿元，完成规划的120%；因住房消费等提取公积金103.88亿，完成规划的115%；五年为17.1万户职工家庭发放个人住房贷款229亿，完成规划的115%；提供廉租住房建设资金6.82亿，完成规划的227%。

【落实住房公积金信贷新政】 11月，住房城乡建设部、财政部、人民银行、银监会联合印发《关于规范住房公积金个人住房贷款政策有关问题的通知》，江西省住房和城乡建设厅联合其他有关部门及时转发，并督导各地切实贯彻落实。

【规范住房公积金提取行为】 积极开展专题调研，组织专家座谈，征询意见，协调有关部门的支持配合，会同省纠风办、省监察厅、人民银行南昌中心支行出台了《关于加强住房公积金提取管理有关问题的通知》，对遏制骗提和套取住房公积金起到了积极作用，也得到了各地的好评。

【抓行业文明，促服务质量提升】 在全省开展了住房公积金文明行业创建活动，要求各地以创建"青年文明号"、"巾帼文明岗"、"服务标兵"等为载体，开展全行业的文明创建活动，提高管理中心服务水平。10月在赣州召开了全省住房公积金文明行业创建工作座谈会。组织参与全省建设系统百名创业文明服务标兵评选活动，全省住房公积金行业共评选出13名服务标兵候选人。

【开展住房公积金形势与风险分析】 为预测和防范可能出现的风险，4月下旬在九江市召开2010年一季度住房公积金形势分析会，重点研究了全省住房公积金的风险因素。将季度业务发展情况分析以表格的方式汇总分析，通报全省各设区市住房公积金管理委员会和管理中心、办事处，省直有关部门。

【制定"十二五"发展规划】 对住房公积金"十一五"规划目标完成情况进行了认真总结；指导设区市住房公积金管理中心做好本地区的行业发展"十二五"规划，抚州、萍乡等均制定出台了本地住房公积金发展"十二五"规划；充分考虑未来住房公积金发展的有利条件和制约因素，拟定了全省住房公积金"十二五"发展规划文本。未来五年，江西省住房公积金将新增缴存额600亿元，缴存规模突破1000亿元的大关；新增贷款440亿元，总量超过700亿元，为各级政府提供保障性住房建设资金累计11亿元。

大 事 记

1月

11～13日，省委、省政府在抚州、九江、吉安市召开全省推进新型城镇化和城市建设工作现场会，与会代表分别考察三市中心城区部分城市重点建设项目。

13日，江西省委书记苏荣、江西省长吴新雄出席了在吉安市举行的全省城市和国有企业棚户区改造工作会议暨2010年保障性住房安居工程责任书签约仪式，并作重要讲话。会议由常务副省长凌成兴主持。副省长史文清传达了全国城市和国有工矿棚户区改造工作会议情况。

2月

4日，史文清在南昌主持召开了赣州、抚州、吉安、萍乡、宜春、瑞金、瑞昌、贵溪市八个城市总体规划以及赣州市历史文化名城保护规划审批协调会议。厅长陈俊卿出席了会议并提出了对9个规划的审查意见。

8日，全省住房和城乡建设工作会议在南昌召开，史文清出席会议并作重要讲话，省政府副秘书长蔡玉峰主持会议，陈俊卿作了工作报告。

9日上午，省政府召开第31次常务会议，审议通过了八个城市总体规划和赣州历史文化名城保护规划，陈俊卿对9个规划的主要内容和特点作了汇报。

3月

5日，省纪委书记尚勇专门听取住房城乡建设厅开展工程建设领域专项治理工作情况汇报，厅长陈俊卿、邹明泉纪检组长参加。

23日，省政府命名抚州、鹰潭、德兴、丰城4城市为"江西省园林城市"；命名婺源、浮梁、吉水、莲花、泰和、安福、上饶、金溪、于都、上犹等10县城为"江西省园林县城"。

30日，省长吴新雄主持召开省政府第33次常务会，原则通过了住房城乡建设厅起草的《关于加快城市棚户区（危旧住宅区）改造的实施意见》。陈俊卿、副厅长高浪参加会议，并汇报了《实施意见》起草情况。

31日，省十一届人大常委会第十五次会议正式通过《江西省城乡规划条例》，于2010年8月1日起施行。

4月

7日，省政府在南昌召开全省推进新型城镇化和"三房一改"工作调度会，省长吴新雄到会讲话，省政府秘书长谭晓林主持会议，设区市政府分管副市长及建设、规划、房管局局长，省发改、财政、国土等部门领导出席了会议。陈俊卿全面汇报江西省推进新型城镇化和"三房一改"工作落实情况，副厅长欧阳泉华、高浪、副巡视员曾绍平及有关处室负责人参加了会议。

15～20日，组织开展2010年首次推进新型城镇化和城市建设现场督查。厅领导陈俊卿、王建平、曾绍平带队对上饶、景德镇、九江、南昌4个设区市和弋阳县、万年县、乐平市、德安县、永修县、南昌县、新建县7个县（市）工作情况进行现场督导检查。

5月

4日，吴新雄主持召开省政府专题会议，学习贯彻《国务院关于坚决遏制部分城市房价过快上涨的通知》（国发〔2010〕10号）精神，研究遏制部分城市房价过快增长，加快保障性住房建设和城市棚户区改造等问题。史文清、副秘书长蔡玉峰、陈俊卿、高浪以及部分省直厅局、南昌市政府领导、厅房地产市场监管处、住房保障处有关同志出席了会议。

5日，省委书记苏荣赴南昌市，专题调研城市建设及旧城区、棚户区改造工作，明确指出：中央高度重视城市危旧房和棚户区改造，特别关心解决低收入群众保障性住房问题。

19日，史文清代表省人民政府与住房和城乡建设部签订了江西省2010年住房保障工作目标责任书，陈俊卿、欧阳泉华、高浪陪同参加。

6月

21日，陈俊卿主持召开厅灾后重建工作指挥部会议，传达中央和省委、省政府、省防总的抗洪救灾精神，安排部署全系统的抗洪救灾、灾后重建工作。并成立了以厅党组书记、厅长为指挥长，其他所有厅领导为副指挥长、有关处室和厅属单位负责同志为成员的江西省住房和城乡建设厅灾后重建工作指挥部。

7月

20日，全国青少年井冈山革命传统教育基地开工典礼在井冈山举行，吴新雄省长出席并宣布开工会，省委副书记王宪魁出席并作重要讲话。常务副省长凌成兴主持开工仪式。团中央书记处周长奎书记、延安井冈山浦东干部学院理事会副秘书长董万章出席并讲话。陈俊卿代表工程建设领导小组办公室作了项目基本情况的发言。

21日午，省人大财经委、省人大法制委、省人大法工委、省政府法制办、省住房和城乡建设厅联合召开贯彻实施《江西省城乡规划条例》新闻发布会。会议由省人大常委会副主任陈安众主持，省人大常委会副主任朱秉发、省政府副省长史文清发表讲话，陈俊卿厅长介绍情况。厅副巡视员曾绍平、省直有关部门、厅机关和厅直单位、南昌市规划局、省有关新闻单位共100余人参加了会议。

8月

12~18日，住房和城乡建设部副部长陈大卫率国家保障性安居工程督查组一行，督查指导江西省保障性安居工程建设工作。先后查看了瑞金、赣州、井冈山、吉安、南昌和景德镇的保障性安居工程建设项目，并听取当地政府的情况汇报。

16日，省政府召开江西省保障性安居工程建设情况汇报会，史文清主持并代表省政府作了汇报，陈俊卿作了补充汇报。

17日，督查组召开反馈会，陈大卫代表督查组充分肯定了江西保障性安居工程建设工作取得的良好成效，并对下步工作提出了具体要求。

19日，省政府召开全省保障性安居工程建设专题调度会，贯彻落实国家保障性安居工程建设督查组的反馈意见，对2010年保障性住房未开工和开工不足的市、县，查找原因，确保完成全省2010年保障性安居工程建设目标任务。史文清出席并讲话，蔡玉峰副秘书长主持，高浪副厅长参加会议并通报全省保障性住房有关情况。

22日，王宪魁视察全国青少年井冈山革命传统教育基地工程建设情况，总工程师章雪儿陪同参加。

9月

1日，省政府在南昌召开全省农村危房改造试点工作会议。省农村危房改造工作领导小组组长、省政府副省长史文清出席并作重要讲话，省农村危房改造工作领导小组副组长、省政府办公厅副秘书长蔡玉峰主持会议。会议表彰了14个农村危房改造工作先进单位、10个省直部门农村危房改造挂点工作先进单位、110名农村危房改造工作先进个人。

6日，省政府在鹰潭龙虎山隆重举行龙虎山（龟峰）"申遗"成功总结表彰大会，史文清出席大会并作重要讲话，蔡玉峰主持大会并宣读江西省人民政府《关于表彰龙虎山和龟峰申报世界自然遗产工作先进单位和记功人员的决定》。大会授予江西省住房城乡建设厅等13个单位为"龙虎山和龟峰申报世界自然遗产工作先进单位"，欧阳泉华、曾绍平出席大会。

8日，省政府在安义县召开全省推进县（市）排水管网建设现场会议。吴新雄、史文清出席会议并作重要讲话，蔡玉峰主持会议。

30日，史文清、蔡玉峰一行深入江西省住房城乡建设厅，就贯彻落实国家新出台的房地产市场调控政策进行专题调研。

10月

10~15日，省政府组织开展全省2010年第三次推进新型城镇化和城市建设督查。副省长史文清率各设区市政府分管领导和省直有关部门负责人，对吉安、新余、宜春、萍乡和九江5个设区市中心城区和9个县进行现场督查。

13~16日，省政协傅克诚主席带队，由省政协副主席汤建人、副主席刘小庄、部分常委、委员和特邀代表组成的省政协视察团，视察了萍乡中心城区、莲花县、芦溪县推进新型城镇化建设工作情况，听取了萍乡市委市政府的工作汇报，与市直有关部门和县区的领导进行了座谈。

15日，省政府在九江市召开"全省推进新型城镇化和城市建设督查第一次现场会"，史文清出席并作重要讲话，蔡玉峰主持会议。欧阳泉华、曾绍平全程参加。

11月

12日，以"专业交流、合作共赢"为主题的2010年江西省第三届绿色建筑、节能与可再生能源暨新技术与产品博览会在江西省展览中心隆重开幕。

欧阳泉华宣布第三届博览会开幕，章雪儿主持开幕典礼，厅机关和厅直单位主要负责同志及各设区市建设主管部门的领导和嘉宾出席了博览会。

14日，博览会圆满落幕。此次展会邀请国内外建设、设计、节能、环保、智能、建材等领域的科研机构及知名企业200余家共500多种各类节能环保产品参展。

24日，召开全省住房和城乡建设系统"访民情解民忧、保民安服务月"活动电视电话会议，欧阳泉华传达省委书记苏荣重要批示并作动员讲话，邹明泉主持会议并就贯彻落实会议精神提出要求。

12月

1日～7日，江西省副省长朱虹各设区市政府的分管领导和省直有关部门的负责同志，对赣州、抚州、南昌、景德镇、鹰潭、上饶6个设区市中心城区和所属10个县（市）推进新型城镇化和城市建设工作进行现场督查，并于12月7日在上饶召开了全省新型城镇化和城市建设第二次现场会。欧阳泉华、曾绍平参加。

6日，省政府在上饶市召开全省保障性安居工程建设调度会，朱虹出席会议并讲话。

(夏萍)

山 东 省

【住房和城乡建设概况】 2010年底，全省设市城市共48个，其中，副省级城市2个，地级市15个，县级市31个；县城60个。全省设市城市城区和县城城区总人口3451.08万人，暂住人口210.63万人；城区面积27874.48平方公里，建成区面积4835.07平方公里，比2009年增加272.44平方公里。全省设市城市和县城城建维护资金（财政性资金）总收入1198.84亿元，同比增长47.6%。

城建资金总支出704.76亿元，同比增长20.8%。其中，固定资产投资支出525.33亿元，同比增长23.7%；维护支出99.62亿元，同比减少5.0%；其他支出79.81亿元，同比增长48.2%。2010年全省设市城市和县城城建固定资产投资完成945亿元，同比增长14.8%。

全省设市城市和县城公共供水生产能力1342.63万立方米/日，供水总量37.16亿立方米，城区人口用水普及率为98.09%，人均日生活用水量为127.29升。

全省有97个城市和县城有集中供热设施，供热能力：蒸汽36125吨/小时，热水40277兆瓦，供热面积60725.6万平方米，其中住宅供热面积48617.3万平方米。

全省所有城市和县城都有管道燃气。人工煤气生产能力98.46万立方米/日，储气能力56.60万立方米，年供气总量为3.74亿立方米；天然气储气能力1884.58万立方米，年供气总量37.67亿立方米；液化石油气储气能力11.04万吨，供气总量96.53万吨；城区用气人口3507.11万人，燃气普及率达到95.78%。

全省设市城市和县城实有道路长度41058.2公里，面积77266.0万平方米，城区人口人均道路面积21.10平方米，实有桥梁5733座，其中，立交桥297座，路灯169.22万盏，排水管道长度42352公里，年污水排放量31.26亿立方米，污水处理厂集中处理率为87.85%，比上年提高了4.41个百分点。

全省设市城市和县城绿地面积19.71万公顷。全年设市城市和县城实际清扫面积6.21亿平方米，清运生活垃圾1337.28万吨，有生活垃圾无害化处理厂72座，日处理能力49717吨，生活垃圾无害化处理量1065.10万吨，无害化处理率为79.65%，粪便清运量为159.70万吨，处理量为109.19万吨，处理率为68.4%，有公共厕所6972座。

1. 建设法制建设

【立法工作】 结合全省建设工作实际，进行了《山东省建设工程勘察设计管理条例（修订）》的调研、起草、论证、会签、修改工作，于9月29日经省十一届人大常委会第十九次会议审议通过，自2010年12月1日起施行，山东省建设工程勘察设计管理步入法制化、规范化发展的新时期。修改《山东省城市建设管理条例》、《山东省建筑市场管理条例》、《山东省城市房地产交易管理条例》3部地方性法规。对《山东省城市临时建设、临时用地规划管理办法》、《山东省开发区规划管理办法》和《山东省城市控制性详细规划管理办法》进行了修订，于

11月29日以山东省人民政府令第228号公布施行。对《山东省城市湿地公园管理办法(试行)》、《山东省建筑能源审计管理暂行办法》、《山东省住房城乡建设科技计划项目管理办法》等36件部门规范性文件进行审核修订,提出修改意见100多条。

【行政执法工作】 确定将建筑节能、勘察设计市场秩序、招标代理机构、城建档案等作为执法检查的重点,开展了全省勘察设计市场专项检查、全省建筑节能专项检查、全省风景名胜区管理调研督查、全省住房和城乡建设领域统计执法检查、全省建设系统城建档案执法检查以及执业资格注册中心相关执法工作。根据建设行政执法责任制考核办法,对全省县区市建设行政主管部门进行考核。根据省行政许可事项清理领导小组要求,对省住房城乡建设厅所有行政许可事项进行了清理,保留了25项行政审批事项。

【普法宣传】 通过组织新闻发布会、召开座谈会、开展"宣传月"活动等形式宣传《山东省建设工程勘察设计条例》、《山东省城镇容貌和环境卫生管理办法》。编审、发行了《山东省物业管理条例释义》、《山东省建设工程勘察设计条例释义》,共计60多万字,对普及、运用《条例》起到了积极推动作用。重新修编了执法人员培训教材和建设法规汇编,举办执法骨干培训、建设法规培训多期,并派员到全省各地进行普法宣讲,全年参训人数达5000余人次。

【现行住房城乡规划和建设管理方面的政府规章】 11月24日省政府规章清理结果经山东省政府第85次常务会议讨论通过,并以省政府令的形式向社会公布实施。涉及省住房城乡建设厅的省政府规章共20件,其中,确定继续有效15件:《山东省城市雕塑管理试行办法》(鲁政发〔1985〕41号)、《人防建设和城市建设相结合实施办法》(〔1989〕济字第86号)、《山东省工程建设监理管理办法》(鲁政发〔1995〕106号)、《山东省实施〈村庄和集镇规划建设管理条例〉办法》(66号令)、《山东省城市绿化管理办法》(104号令)、《山东省建筑安全生产管理规定》(132号令)、《山东省基本建设项目登记备案办法》(146号令)、《山东省节约用水办法》(160号令)、《山东省建筑装饰装修工程消防安全管理办法》(170号令)、《山东省新型墙体材料发展应用与建筑节能管理规定》(181号令)、《山东省经济适用住房管理办法》(192号令)、《山东省供热管理办法》(199号令)、《泰山风景名胜区服务项目经营管理办法》(205号令)、《山东省建筑装饰装修管理办法》(208号令)和《山东省城镇容貌和环境卫生管理办法》(218号令)。修改后继续有效的3件:《山东省城镇临时建设、临时用地规划管理办法》(鲁政发〔1994〕115号),《山东省开发区规划管理办法》(鲁政发〔1996〕77号),《山东省城镇控制性详细规划管理办法》(144号令)。废止的两件是《山东省城市住宅小区物业管理办法》(86号令)和《山东省建设工程消防监督管理办法》(111号令)。

2. 房地产业

【房地产市场监管工作】 全省认真执行国家房地产市场调控政策,落实国发10号和国办发4号文件要求,提请省政府出台《关于保持房地产市场平稳健康发展的意见》(鲁政发〔2010〕57号)。建立了连接省和设区城市的同步数字体系(SDH,Synchronous Digital Hierarchy)专网,房地产市场信息系统实现全省联网。住房城乡建设部在青岛召开全国加快推进全国个人住房信息系统建设工作现场会议,推广山东省的经验。在烟台召开全省房地产市场信息系统座谈会,对11个设区城市的房地产市场信息系统进行了验收。组织开展房地产市场检查,覆盖了85%的在建和在售商品住房项目,查处381起违法违规违约房地产经营行为,退还违规收取资金3135万元,强制公开被捂盘房源4223套、52万平方米。年内全省完成房地产开发投资3252亿元,商品房销售额3666亿元,全年商品房平均售价每平方米3946元,低于全国均价,房地产市场保持平稳健康发展。

【物业管理工作】 认真贯彻《山东省物业管理条例》,编写出版了条例释义,制定实施了《山东省物业质量保修金管理办法(试行)》和《山东省住宅专项维修资金管理办法》。山东省住房城乡建设厅会同省物价局起草了《山东省物业服务收费管理办法》,会同省质监局起草了《山东省物业管理服务规范系列标准》。至2010年底,全省共有物业管理企业3500余家,物业管理面积超过6亿平方米,新建商品住宅小区物业服务覆盖面达到95%,从业人员超过30万,筹集专项维修资金60亿元,11个项目获得2009年度国家物业管理示范项目称号。

【住宅产业现代化】 烟台万华集团成为山东省第三个国家住宅产业化基地,该基地的批准是住房城乡建设部推动聚氨酯建筑节能和人造秸秆板材两大产业发展的重要战略部署。滕州、寿光成功申报国家性能认定试点城市,4个项目通过国家康居示范工程达标验收,10个项目通过A级住宅性能认定终审。全省通过国家康居示范工程和性能认定预审的项目分别达到28个、100个,总建筑面积超过2800万平方米,位居全国前列。

3. 住房保障

【廉租住房建设】 2010年,全省各级共筹集廉租住房保障资金22.68亿元。全省投资19.74亿元,新建(包括购、改、租)廉租住房20477套,完成国家下达年度任务的150.6%,竣工20377套。青岛、济宁、德州3市新建廉租住房均超过2000套。截至2010年底,全省廉租住房累计保障户数达到127625户。全省增加廉租住房租赁补贴22196户,扣除当年退出租赁补贴7729户及转入其他保障方式4299户后,实际新增10168户,完成国家下达年度任务的127.1%。

【经济适用住房建设】 2010年,全省经济适用住房(含纳入经济适用住房管理的困难企业集资合作建房)建设完成投资75.22亿元,新建经济适用住房56826套,完成国家下达年度任务的142.1%,竣工46798套。临沂市新建经济适用住房1万套,青岛、烟台新建经济适用住房均超过5000套。

【公共租赁住房建设试点】 省政府批转省住房城乡建设厅、发展改革委、财政厅、国土资源厅等7部门制定的《关于加快发展公共租赁住房的实施办法》,按照"政府组织、社会参与、因地制宜、分类指导、积极试点、稳妥推进、统筹规划、分步实施"的原则,加快发展公共租赁住房,妥善解决中等偏下收入家庭及新就业职工等特殊群体的住房困难。各设区城市落实省统一部署,研究制定实施细则,全面启动了公共租赁住房试点工作。2010年,全省投资11.99亿元,新建公共租赁住房25595万套,完成国家下达年度任务的248.5%,竣工16260万套。济南、青岛、东营、潍坊、滨州、菏泽6市新建公共租赁住房均超过2000套。

【城市和国有工矿棚户区改造】 省政府办公厅印发《关于进一步加快城市和国有工矿棚户区改造的通知》,要求用3年时间基本完成全省城市和国有工矿棚户区改造任务。在排查摸底的基础上,省住房城乡建设厅、发展改革委、财政厅、国土资源厅编制印发了城市和国有工矿棚户区改造三年规划及年度计划,积极推进棚户区改造。2010年,全省投资153.4亿元,签订城市棚户区改造协议7.84万户,启动国有工矿棚户区改造0.74万户、林区棚户区改造0.16万户,分别完成年度任务的223.9%、106%、40.6%,竣工棚户区改造安置住房2.77万套。

4. 公积金管理

【住房公积金归集额和资金使用情况】 截至2010年底,实际缴存职工人数591.5万人,较上年度增加13.3万人;住房公积金累计缴存总额1802.8亿元,较上年度增长22.7%,2010年新增缴存额333.9亿元,同比增加43.9亿元;缴存余额1064.6亿元,较上年度增长20.2%;本年发放个人住房公积金贷款256.3亿元,同比增加32.9亿元,增幅为14.7%,个人住房公积金贷款余额占缴存余额的比例(个贷率)为59.1%,比上年提高7.1个百分点;住房公积金使用率(个人提取总额、个人贷款余额与购买国债余额之和占缴存总额的比例)为76.1%,较上年增长4.5个百分点;住房公积金运用率(个人贷款余额与购买国债余额之和占缴存总额的比例)为59.6%,较上年度增长6.8个百分点;年末风险准备金余额8.92亿元,累计提取廉租住房补充资金总额30.8亿元,为住房保障工作做出重要贡献。

【引导居民住房消费和支持保障性住房建设】 启动利用住房公积金贷款支持保障性住房建设试点工作。经过初审,济南市、青岛市参加试点,并得到了国家有关部门的审核批复。试点项目包括济南市中大南片区棚改安置房建设项目,青岛市李沧区南岭片区和郑庄片区两个经济适用住房建设项目,两市计划动用住房公积金贷款各10亿元。省住房城乡建设厅联合财政厅、国家发改委等部门印发《关于做好利用住房公积金贷款支持保障性住房建设试点工作的通知》,先后两次配合住房城乡建设部对试点项目进行了实地调整和监督检查。进一步规范住房公积金个人住房贷款政策。认真贯彻执行住房城乡建设部等四部门《关于规范住房公积金个人住房贷款政策有关问题的通知》,与省财政厅、人民银行济南分行和山东银监局印发了《关于贯彻建金〔2010〕179号做好规范住房公积金个人住房贷款政策有关问题的通知》,提出了具体贯彻意见、操作原则和时间要求。全省各地积极调整贷款政策,合理引导居民住房消费,抑制不合理的住房需求,对于保持全省房地产市场稳定健康发展,充分发挥了住房公积金制度的政策调控作用。三是增强缴存职工住房消费资金积累。严格执行"控高保低"政策,鼓励有条件的城市逐步提高缴存比例,增强缴存职工住房消费资金积累,提高职工购房能力。2010年,经省政府批准,对济南、枣庄、泰安3个城市住房公积金缴存比例进行了调整。

【住房公积金行政监管】 一是完善行政监管制

度。在全省建立并实行关于住房公积金的《行政监督决定书》、《行政监督建议书》和《行政监督督办函》等监管制度、住房公积金决策和管理重要事项备案制度、省住房城乡建设厅列席各市住房公积金管理委员会会议制度等监管制度。二是进一步规范住房公积金管理机构设置。针对在机构调整过程中存在的问题,向潍坊市、德州市、日照市人民政府下达了《行政监督决定书》,商请省政府督查部门对此项工作进行了督办。三是做好年度业务考核工作。组织省联席会议成员单位对各市2010年度住房公积金业务管理工作进行了全面检查考核,指导督促各地健全管理制度,规范管理流程,提高管理水平,确保住房公积金安全完整和保值增值。经严格考核,济南、青岛等城市被评为先进单位。四是省住房城乡建设厅会同省财政厅建立了考核激励机制,制定了《山东省住房公积金管理中心业务管理工作考核办法》(试行),并协调省财政设立考核奖励专项资金,将奖励资金纳入省级财政年度预算,统筹安排用于业务考核工作的奖励。

【住房公积金专项治理工作】 按照国家统一部署,山东省在切实纠正和查处各类违纪违法行为的基础上,重点完善内部管理制度,改善服务措施,提高工作效率和服务质量。在治理期间,沂南、郯城县坚决纠正违规违纪问题,全部归还了过去年度挪用的住房公积金;德州市切实维护职工合法权益,在全市建立住房公积金制度取得新突破;菏泽市大力支持居民住房消费,重新启动了住房公积金个人贷款业务。10月,国家专项治理工作领导小组对山东省专项治理工作进行了重点检查。

5.城乡规划

【和谐城乡建设行动】 和谐城乡建设行动正式启动。认真贯彻2009年召开的全省城镇化工作会议和省委21号文件精神,提请省政府下发了和谐城乡建设行动实施方案,制定了考核办法。省住房城乡建设厅会同省民政厅等,在潍坊市开展了强镇扩权试点。青岛市组织开展了小城镇建设考核,拿出1000万元专项资金进行表彰奖励。

【区域发展的"临沂模式"】 后发地区跨越式发展"临沂模式"受到极大关注。临沂市坚持把城镇化作为经济社会发展的主导战略,着力做大做强中心城市,提升新城和中心城镇承载力,加快推进城乡一体化发展,取得了较好成效。至2009年底,全市城镇化率已经由2000年的30%提升到46.4%,连续7年实现年均增长2个百分点,生产总值连续5年年均增长16.5%,地方财政收入连续5年年均增长24.9%。临沂市坚持城乡结合,坚持政府推动和市场化运作相结合,坚持城镇建设与经济社会发展相结合,在实践中逐渐形成了具有临沂特色的城镇化发展道路,形成了后发地区跨越式发展的"临沂模式"。

【城镇体系规划和区域性规划编制】 启动了《山东省城镇体系规划(2011~2020年)》编制,省政府组织评审了《黄河三角洲城镇体系规划》和《鲁南城镇带规划》,调整完善了《山东半岛蓝色经济区城镇体系规划》,完成了《山东省"十二五"城镇体系建设规划》。

【城乡规划全覆盖】 城市总体规划审批进程加快,济南、临沂市总体规划通过部际审查,泰安市总体规划已报国务院待批,日照、滨州、平度市总体规划已报省政府待批,完成了枣庄市总体规划省级行政审查和德州市总体规划纲要评审。加强村镇规划修编,组织开展了灾后重建项目2009年度全省优秀村镇规划设计评选,编制了《新型农村社区建设技术导则》。

【加强规划管理和提高设计水平】 为了提高省域城镇体系规划编制的科学性,规范规划编制和审批工作,省住房城乡建设厅发布《省域城镇体系规划编制审批办法》,7月1日起施行。加强规划督查,省住房城乡建设厅会同省监察厅开展了容积率专项治理活动。修订了《山东省开发区规划管理办法》、《山东省城市临时建设临时用地规划管理办法》、《山东省城市控制性详细规划管理办法》3项政府规章,以第228号省政府令公布实施,形成《山东省城乡规划条例》草案。对195家城乡规划编制资质进行审核换证,新增3家甲级规划编制资质单位,总数达到16家。

6.城市建设与管理

【城市基础设施建设】 各地以城市道桥、供排水设施建设和旧城改造、水系整治等为重点,大规模进行城市基础设施建设,济南小清河治理、青岛地铁和环湾大道改造、泰安环山带、聊城古城保护与改造等一批重点工程相继实施。积极推进无障碍城市创建,济南、青岛、东营、烟台、临沂、邹城6城市通过国家总体验收,被列入全国100个无障碍建设示范城市。全省完成城建投资900亿元,同比增长9.2%。山东省淄博市周村古商城历史文化遗产保护项目获得中国人居环境范例奖励,中国(济南)国际园博园等17个项目"山东人居环境范例奖"。

【园林绿化和历史文化遗产保护】 全省新增5个国家园林城市、3个国家园林县城、1个国家园林城镇，总数分别达到20个、5个、2个，国家园林城市数量居全国第一。全省79%的设市城市、68%的县级市、25%的县城是国家级或省级园林城市(县城)，形成设区城市全覆盖、市县镇三级完整的园林城市体系。济南、青岛分别成功举办了第七届中国园博会、第三届省园博会。召开全省城乡历史文化遗产保护与利用工作现场会，推广枣庄市台儿庄古城重建的经验。

【城市管理水平】 行业法规建设不断加强，省政府于1月8日下发《山东省城镇容貌和环境卫生管理办法》（第218号令），3月1日正式实施。该《办法》共6章56条，对城镇道路、临街建筑物、施工现场、户外广告、城镇照明等城镇容貌管理和环卫设施建设、垃圾管理等方面管理进行了系统规范，规定城镇容貌和环境卫生责任区制度，创新和探索了城镇容貌管理疏导工作，强调人性化执法。积极推行城市管理执法与服务有机合一的工作模式，10个设区城市成立了独立的城管局。继续推广数字化城市管理，烟台、青岛、临沂3市通过国家验收，济南、莱芜、寿光建成数字化城管系统。17个设区市和滕州等县市开通了12319热线，青岛率先实现全市12319热线全覆盖。

【市政公用设施运营】 突出抓好城市防汛工作，建立了信息报告制度和短信平台，两次召开会议进行部署，组织开展了防汛工作检查和汛期安全教育。抓好城市供水安全，积极推进水专项研究，"济南市保障全运饮用水水质预警监控网络化系统"被国家水专项办确定为饮用水主题重要创新性研究成果并向国务院汇报。制定《山东省超限建筑工程抗震设防专项审查实施细则》，组织各市开始编制新一轮城市抗震防灾规划。针对可能发生的强降雪及低温异常天气，积极争取落实天然气气源，新增管道天然气用户80万户，指导督促供热单位做好热煤储备，加强运行情况调度，健全安全应急预警机制，确保了用气安全和冬季供热稳定。

【全省城市污水处理情况】 到2010年底，全省累计投资165亿元，建成城市污水处理厂203座，形成污水处理能力980万立方米/日。其中，2010年新建成污水处理厂37座，新增污水处理能力120万立方米/日。全省城市和县城污水处理能力居全国各省前列，污水处理工作处于领先水平。正常运行的污水处理厂中，运转负荷率达到75%及以上的有157座，占建成运行总数的82%；运转负荷率达到60%~75%的污水处理厂有21座；达到60%以下的污水处理厂有15座。全省17个设区城市中有15个污水集中处理率都达到了80%以上，有1个达到了70%以上，有1个达到了60%以上；91个县(市)中有86个污水集中处理率达到80%以上，有5个达到了70%以上。2010年1~12月，全省城市污水处理厂共处理城市污水29.04亿吨，削减COD96.9万吨，分别比上年增长17.1%和10%，全年城市和县城污水集中处理率达到87.85%，居全国各省前列。全省所有设区城市和县(市)都已将污水处理费提高到了省政府规定的0.8元/立方米的最低限价水平，17个设区城市已将污水处理费提高到了平均1元/立方米的保本微利水平。有113座污水处理厂采用了BOT、TOT、合资合作方式进行运作，占到项目总量的51%。

【全省垃圾无害化处理场建设运行情况】 到2010年底，全省累计完成投资70亿元，建成生活垃圾无害化处理场72座，处理能力达到3.2万吨/日；正在建设33座，处理能力达到1.4万吨/日。全省城市和县城生活垃圾清运量达到1194万吨，处理垃圾928万吨，生活垃圾无害化处理率达到79.65%。全省有青岛、淄博、枣庄、烟台、泰安、日照、聊城、菏泽等66个城市和县城已经开征垃圾处理费，收费标准一般为家庭按每月每户5~10元收取，单位生活垃圾处理费按每人每月2~4元收取。有11座垃圾处理场采用了BOT、合资合作方式进行运作。

7. 建筑业与工程建设管理

【做大做强建筑业】 全年完成全社会建筑业总产值8500亿元，比上年增长25.1%；增加值达到2000亿元，增长23.8%；实现建筑业税收160亿元，增长25%；房屋建筑施工面积4.6亿平方米，增长17.9%；竣工面积2.1亿平方米，增长16.7%。培育大企业和品牌企业有了突破性进展。全省年产值过百亿的企业2家，过20亿的28家，纳税过亿元的企业19家，3家企业进入中国最大承包商60强；装饰装修业发展迅速，2010年全省1700余家装饰装修企业共完成总产值980亿元，16家装饰企业年产值过亿元，过5亿元的6家，过10亿元的4家，12家装饰企业进入中国建筑装饰行业百强。县域建筑业迅速崛起，桓台、肥城、胶州、滕州四县建筑业产值均超百亿元。

【建筑业产业管理】 强化建筑业发展规划和指导，围绕行业重点、热点问题开展调查研究，开展了"转方式、调结构"、做大做强建筑业和房地产业调研活动，编制完成了全省建筑业"十二五"规划，为建筑业健康有序发展提供了有力指导；加强建筑业发展预测和调控，定期召开统计分析会议，对产业经济运行情况进行分类指导，保证了产业发展和宏观指导规范化、科学化；出台了《山东省建筑节能外墙外保温工程专业承包企业资质等级标准（试行）》，填补了山东省节能专业企业资质等级标准的空白；健全完善了企业资质动态监管、市场准入清出制度，加强了市场诚信体系建设，开展了全省建筑企业资质考核和省外进鲁施工备案管理工作，有效加强了队伍管理，营造了产业发展的良好环境。劳保金管理工作取得新业绩，全年共收缴建筑企业劳保金41亿元，有力促进了产业发展和行业稳定。

【建筑市场开拓】 大力实施"走出去"战略，加大出省出国施工的指导和服务力度，制定了具体的扶持政策和保障措施，为企业外出施工开辟绿色通道，出省施工规模和范围不断拓展，对外工程承包业绩大幅增长。2010年，全省建筑业外出施工人数达到55万人，完成出省出国施工产值980亿元，同比增长24.9%。一批外出骨干企业依托国家援外项目，与国际承包商展开合作，开辟了新市场，取得了新业绩。威海国际经济技术合作公司在刚果（布）承揽了玛雅国际机场项目，工程承包额达到1.7亿美元；山东电力基本建设总公司与印度GMR公司签订了卡玛朗加电厂扩建工程总承包合同，合同金额达到2.6亿美元；滕州雄狮集团在上海承揽了东方体育中心装饰工程，工程总造价达到1.2亿元，实现了山东省装饰企业外出施工的新突破。

【建筑工程质量管理】 深入开展了住宅工程质量通病专项治理活动，对当前影响住宅主要使用功能的渗漏、裂缝、电气、水暖4类12项突出的住宅工程质量通病进行专项治理，编印下发了10万份《治理质量通病手册》。开展了春季在建工程质量大检查，对消除质量隐患、提高工程质量水平起到了积极的推动作用。进一步加强工程质量检测管理工作，出台了《山东省建设工程质量检测机构备案暂行办法》，开展了检测机构资质审批工作。开展了全省工程质量检测机构大检查，对扰乱检测市场、出具虚假检测报告等不良行为进行了行政处罚，并在全省通报。组织实施精品工程战略，开展了创建施工现场综合管理样板工程活动，创出一批优质精品工程，共获得鲁班奖11项、国优工程奖19项、国家装饰奖31项、"泰山杯"奖139项、装饰"泰山杯"奖65项，创优工作取得明显成效。

【工程建设管理】 积极开展工程招投标领域突出问题专项治理，受理的8起招投标举报全部办结，全省应招标工程实际招标率、应公开招标工程实际公开招标率均达到99%。为规范评标活动，营造公开、公平、公正的招标投标环境，8月2日，省住房城乡建设厅制定出台了《山东省房屋建筑和市政基础设施工程施工招标投标暂行办法》，公开招标工程进场交易率达到100%。加快工程建设标准化进程，组织编制了1项国家标准和3项国家行业标准，发布了11项省地方标准，其中《山东省建设工程概算定额》填补了山东省的一项空白。加快工程建设计价方式改革，制定了《山东省工程建设工程量清单计价规则》，各市国有投资或以国有投资为主的建设工程普遍实行了工程量清单计价。普遍建立了招标控制价、合同价和竣工结算价备案管理制度。加强建筑企业养老保障金管理，劳保金增收11亿元，增幅达到174%。积极维护建筑务工人员合法权益，省清欠办累计受理群众投诉175件，涉及农民工4073人、涉及拖欠工资4518万元，案件起数和拖欠工资金额同比分别下降64%和31%。

【工程建设领域突出问题专项治理】 认真贯彻中央专项治理领导小组《进一步加强工程建设实施和工程质量管理的意见》，对8个市32个项目进行重点抽查，全系统累计排查1937个政府投资项目，发现问题527项，罚没、补交各类款项620万元。对12个市深基坑工程进行了国家强制性标准执行情况检查。将省领导小组转交的问题分解下达各市并积极督促落实整改，累计整改问题861项，涉及项目503个，补办建设手续287项，补缴各类规费1306万元，对52家单位进行通报批评或行政处罚，经济处罚95万元。

【勘察设计和建设机械行业】 省人大发布了《山东省建设工程勘察设计管理条例》，已于12月1日起施行。开展勘察设计市场监督检查，共检查省内外勘察设计单位337家，243家省内单位被吊销或注销资质，73家予以不良行为记录，14家省外进鲁单位受到警告，10家被逐出山东市场、2年内不予备案。至年底，全省有1130家勘察设计企业，工程勘察和工程设计合同额分别完成11亿元、85亿元，同比增长5%、8%，企业营业收入323亿元，同比增长10%。繁荣创作，评选出10名"山东省工程勘察设计大师"，开展了第二届山东省城市设计精品工程评选活动，在2009年度全国工程勘察设计行业优秀工程勘察设计行业奖评选中获奖20项，5个QC小组获得全国工程建设优秀质量管理小组称号。提高绿色建筑设计水平，组织山东省绿色建筑设计方案竞赛，举办了第四届全国建筑设计创新高峰论坛暨第二届山东省绿色建筑设计高峰论坛。推进建机强省建设，大力扶持骨干企业发展，108家企业入选行业百强。共有1749家建机企业纳入备案管理，全年完成产值500亿，同比增长11%。举办了2010中国（潍坊）门窗幕墙展览会，展出面积2万平方米，参展企业150余家。

【建设安全管理】 深入开展"安全生产基层基础年"活动，严厉查处违法违规建设和非法生产运营等问题，全面治理违章指挥、违规作业、违反劳动纪律等行为，全省累计检查在建工程1.6万个，发现各类隐患7万多条，下达隐患整改通知书4000多份，责令318个存在重大隐患的工程停工整改。2010年全省房屋建筑市政工程施工领域累计发生死亡事故17起、死亡28人，与上年同期相比事故起数下降1起、死亡人数增加3人，其他领域未发生死亡事故。合理确定城镇房屋拆迁规模，加强拆迁管理，切实维护群众合法权益，全省受理拆迁裁决申请379件、行政强迁8户，同比分别下降7%、90%，110件拆迁信访积案已化解72件，15件复查复核申请已结案12件。

【城建档案管理】 组织召开了全省住房城乡建设档案工作会议，会议传达了住房城乡建设部办公厅的贺信，表彰了全省城乡建设档案工作先进集体、专项工作先进单位和先进工作者，莱芜市住房和城乡建设委员会等8个单位做典型发言。会议印发《关于切实做好住房城乡建设档案工作的意见》，提出了未来一个时期全省住房城乡建设档案工作的指导思想和应突出抓好六个方面的重点工作。

【组织开展城乡建设档案执法检查】 在各市自查的基础上，省住房城乡建设厅组成4个检查组，到各市和部分县市区开展城建档案执法检查。检查组听取了各市城建档案主管和相关部门的汇报，查验了"两书一证"制度执行情况、施工技术资料收集整理情况、管线工程档案管理情况、馆库建设和档案保管安全情况、档案信息化工作情况，对全省城建档案执法情况进行了全面了解，并将有关情况通报全省。

【强化工作措施】 组织召开了全省建设工程和地下管线档案归集管理工作会议。会上省建管局副局长高建中通报了全省城建档案执法检查情况，济宁市住房城乡建委等6个单位作了典型发言，省住房城乡建设厅副厅长张俊乾作了重要讲话。印发了《关于全省城建档案执法检查情况的通报》（鲁建办字〔2010〕32号）、《关于进一步加强建设工程档案归集管理的通知》（鲁建发〔2010〕24号）、《关于做好建筑节能工程档案收集整理工作的通知》（鲁建节科字〔2010〕41号）。从2011年1月1日起，在全省实行统一格式的《建设工程档案移交合同书（责任书）》、《建设工程档案预验收意见书》、《山东省建设工程档案合格证》等"两书一证"制度。

8. 村镇建设

【农房建设与危房改造】 4月份省政府在济宁市召开农村住房建设与危房改造工作现场会，会议深入贯彻落实中央1号文件和全国"两会"精神，研究部署下一段工作任务。省委副书记、省长姜大明出席会议并做重要讲话。随后，有针对性地召开了4个片会，全省形成了新一轮农房建设热潮，圆满完成全省120万户农房建设任务。2010年，全省农房整治建设项目4503个，涉及村庄8382个，在建和完工133.3万户，比年初确定的120.6万户任务数超额完成10%，总投资1685亿元；改造危房27万户，比年初确定的22万户任务数超额完成功22.7%，完成投资161亿元。

【分类指导小城镇建设】 坚持分类指导，充分考虑各地的经济水平、地理条件、区位特点、资源状况以及发展潜力，强调资源和环境的可协调，避免盲目和低水平的扩张，着力促进小城镇从数量型向质量型、效益型转变。科学编制实施中心镇规划，突出中心镇在县、市域总体规划中的地位，进一步做好中心镇总体规划的调整完善和实施工作，编制好重大基础设施和公共服务设施建设专项规划。对96个国家重点镇和252个省级中心镇实施扩权强镇，使其尽快发展成为经济强镇和县域经济次中心。突出中心镇区位优势、产业优势、规模优势、资源优势，切实增强小城镇发展活力。

【全国"建材下乡"试点】 全国建材下乡试点启动，6月份国家六部委在山东临沂市召开全国建材下乡现场会，推广了山东省的经验做法，制定了建材下乡工作试点方案，计划在半岛蓝色经济区7市各选2个县市区作为试点，对城市规划区外2011年新开工的农村集中改造建设村庄农户进行支持。

【村镇环境建设】 省住房城乡建设厅组织开展特色景观旅游名镇（村）评选，择优推荐16个镇和村参加全国特色景观旅游名镇（村）评选。省财政从村镇规划建设资金中拿出3900万元，支持36个县（市）建设170余个农村新型社区小型污水处理设施，提高新型农村社区建设档次和水平。

【特色镇建设】 为积极发展村镇旅游，保护和利用村镇特色景观资源，推进社会主义新农村建设，按照住房城乡建设部和国家旅游局的统一安排，山东省滕州市滨湖镇、长岛县南长山镇、阳谷县阿城镇闫庄村被评为全国特色景观旅游名镇(村)示范名单(第一批)。2010年6月，省住房城乡建设厅和省旅游局联合启动了山东省特色景观旅游名镇(村)评选工作，经评选初步评选，公布38个镇山东省特色景观旅游名镇(村)，并择优推荐16个镇(村)参加全国特色景观旅游名镇(村)评选。积极拓展历史文化名镇名村保护利用的途径，本着"谁投资、谁保护、谁开发、谁利用、谁受益"的原则，建立多渠道的历史文化名镇名村保护社会投资机制。建立起历史文化遗产和风景名胜资源动态监测机制，加大镇(村)历史文化遗产抢救性保护工作力度。2010年12月，山东省淄博桓台李家疃村被评为国家历史文化名村(第五批)。

9. 建筑节能与科技教育

【既有居住建筑供热计量及节能改造】 省财政设立2400万元奖补资金，用来支持节能改造工作。组织编制改造项目验收范本，举办了验收培训班，对部分完工项目进行了预验收。成立了专家督导组，对2010年开工的所有改造项目进行了拉网式现场检查，对工作进度较慢的市、县进行了重点督察和约谈。继续实行节能改造月调度、月通报制度，开展了既有民用建筑基本情况摸底调查。至年底，全省17个设区城市有11个市已完成改造项目初步验收，全省累计完成改造面积2120.77万平方米，超额完成国家下达的1900万平方米改造任务。

【可再生能源建筑应用】 山东省又增加青岛、烟台2市和即墨、兖州、垦利、巨野4市县成为国家可再生能源建筑应用示范市、县，获得中央财政补助资金2.32亿元，居全国前列。出台了《山东省可再生能源建筑应用城市示范和农村地区县级示范管理办法(暂行)》，先后两次召开了示范市、县管理工作座谈会，组织对4个示范县(市)进行工作督导，示范市、县建设在规范中稳步推进。太阳能光电建筑应用示范工作范围进一步扩大，全年有13个项目列为国家示范项目，装机容量12兆瓦，获得中央财政补贴1.2亿元，德州开发区15兆瓦用户侧并网太阳能光伏项目、滕州大宗集团3兆瓦用户侧光伏发电项目入选国家"金太阳"示范。组织召开太阳能光电建筑应用示范项目管理工作座谈会，运行管理机制更加规范，项目建设进度加快。34个国家可再生能源建筑应用示范项目中，12个项目已通过验收，19个建成或基本完工。出台《可再生建筑应用技术产品认定实施细则》，将太阳能热水系统、地源热泵系统等纳入认定管理。

【太阳能光热建筑一体化应用】 根据《山东省人民政府办公厅转发省经济和信息化委等部门关于加快太阳能光热系统推广应用的实施意见的通知》(鲁政办发〔2009〕119号)精神，组织制定了《山东省住房城乡建设厅太阳能光热建筑应用重点工作及分工》，确定了建设系统承担的20项工作任务，明确了责任处室、单位。全省17个设区市均出台政策，建立工程项目规划、设计、施工图审查、施工许可、施工过程、竣工验收等环节层层把关的监管机制，确保应当使用太阳能光热系统的建筑全部按照建筑一体化标准进行设计和施工。组织开展了太阳能建筑应用发展机制与关键技术研究，确定了8个子课题，明确了研究方向、重点、关键技术与拟取得的成果。会同省政府节能办分解了1200万平方米太阳能建筑一体化应用任务，并将其纳入了省政府对各市的节能考核指标体系。2010年，全省共开工太阳能光热建筑一体化应用项目736个，建筑面积3131.16万平方米，年底完工1800万平方米。

【新建建筑节能与墙材革新】 继续推行建筑节能全过程闭合管理模式，切实加强对县(市)新建工程节能标准执行情况的监督检查。出台《山东省建筑节能外墙外保温工程专业承包企业资质等级标准》，建立了外保温工程从业人员岗位资格培训制度，先后举办了23期外保温施工培训班，6000余人参训，有力促进了节能标准执行率和工程质量的提高。全省共建成节能建筑6000万平方米，新建建筑施工阶段节能强制性标准执行率达到96.6%，比上年提高近两个百分点。制定印发《山东省一二星级绿色建筑评价标识管理办法(试行)》，组织开展了绿色建筑评价标识技术体系、绿色建筑发展机制等研究，在全国第二个获得批准开展一二星级绿色建筑评价标识工作，4个项目获得省级绿色建筑示范工程立项，2个项目申报山东省二星级设计标识。根据《山东省新型墙材建筑节能技术产品认定现场考察标准》，对1220家获得省认定证书的新型墙材企业进行了拉网式检查。成立了节能与结构一体化技术专家课题组，启动了8类一体化系统技术规程的编制工作。全省所有设市城市、县城和部分建制镇已基本实现"禁实"目标，近50个市县已经禁止使用黏土制品，全省新型墙材产量达到340亿块标准砖，县城以上规划区工程应用量达到220亿块标准砖，生产和工程应用比例分别达到84%、97.5%。新型墙材专项基金入库5.58亿元,下拨1700万元扶持科研开发项目36个。

【机关办公建筑和大型公共建筑节能监管】 积极争取省财政支持,在省建筑节能专项资金中列支600万元,重点支持机关办公和大型公共建筑节能监管体系建设。制定《山东省建筑能源审计管理暂行办法》,编制发布《山东省建筑能源审计导则》和《公共建筑节能监测系统技术规范》,举办了能源审计技术培训班。完成2300余栋机关办公和大型公共建筑、5100多栋居住建筑和中小型公共建筑的能耗调查统计,建立能源监测平台50个,完成节能改造140万平方米,对450余栋、820万平方米重点建筑进行了能源审计,确定了首批17家省级建筑能源审计机构。联合省财政厅、省教育厅,召开了全省试点示范高等学校建筑节能监管体系建设工作座谈会,共有5所高校被列为国家节约型校园建设示范单位。

【2010中国·青岛国际新能源论坛】 4月29日,由省政府和国家发改委等八部委联合主办的"2010中国青岛国际新能源论坛"在青岛隆重举行,山东省委书记姜异康、省长姜大明、德国前总理施罗德、德国巴伐利亚州州长泽霍夫等出席开幕式及主论坛活动。会议从不同的视角,介绍了建筑节能、可再生能源建筑应用、绿色建筑建设、办公建筑与公共建筑能效管理等方面的技术、政策与成功案例。10家中外企业介绍了本公司先进节能技术、产品或新能源利用工程项目,展示了在建筑节能与新能源利用方面的先进成果。

【建设科技创新与教育培训】 组织召开全省建设科技工作会议,全面总结"十一五"以来的工作情况,提出了山东省建设科技工作的目标任务和措施,确定组织实施山东建设科技"12223工程"。制定出台《关于进一步加强山东省建设科技事业发展的意见》和《山东省住房城乡建设科技计划项目管理办法》,编制《山东省建设科技事业发展规划纲要(2010~2015年)》和《山东省建设行业推广使用和限制、禁止使用技术产品目录(第一批)》,调整充实了厅科教工作领导小组和专家委员会,组建了厅科技委员会。全省建设系统有64个项目列入住房城乡建设部科技计划项目,2个项目列入省科技计划,2个项目列入省软科学研究计划,获省科技进步奖一等奖两项、二等奖5项、三等奖9项,获得华夏建设科技1等奖1项、3等奖3项。利用新墙材专项基金支持36个新墙材建筑节能技术产品科研开发,组织科技成果鉴定36项,推广建设新技术53项,办理工业产品备案686项,验收建设部科技计划项目25项,发布科技成果推广技术导则2部。开展了2010年度"山东建设技术创新奖"评选活动,评出一等奖9项、二等奖17项、三等奖29项。培训外保温施工企业从业人员6690人,完成各类资格性岗位培训5.2万人(含建筑业),完成执业注册师继续教育培训3.9万人,开展各类新技术、新标准宣贯培训3.5万人次,培训鉴定生产一线操作工人7.1万人,新增行业技师2200人,培训农民工36万人次,与省委党校联合举办的干部学历教育班次毕业本、专科学员1368名。

10."十一五"建设成就盘点

【城镇化进程扎实推进】 省委、省政府召开高规格的全省城镇化工作会议,出台了推进新型城镇化的意见,各市相继召开会议、制定政策,加快推进新型城镇化上升到全局和战略层面,在全省上下形成浓厚氛围。"十一五"期间,全省城镇化水平年均提高0.8个百分点,2010年达到49%左右,发展质量明显提高,初步形成了以山东半岛城市群、济南都市圈、黄河三角洲城镇培育区、鲁南城镇带为主体,以济南和青岛为核心、大中城市为中坚、小城市和小城镇为基础的城镇体系。

【住房保障工作成效显著】 五年间投入住房保障资金800多亿元,基本建立起多层次、广覆盖的住房保障体系,解决了52.5万户城镇低收入家庭的住房困难。廉租住房制度全面建立,为10万户提供了廉租住房保障,符合条件、提出申请的低保家庭实现应保尽保;新建经济适用住房25万套,改造城市和国有工矿棚户区1450万平方米、15.8万户;17市全面启动公共租赁住房试点,新建1.7万套。住房公积金缴存人数达600万人,缴存总额1219亿元,提取廉租住房建设补充资金32亿元。

【城乡规划的调控指导作用增强】 山东半岛城市群、半岛蓝色经济区、山东省海岸带、黄河三角洲和鲁南城镇带等城市群规划的编制实施,对于优化城镇空间布局、促进区域经济发展发挥了重要作用。108个市县全部编制完成了新一轮城市总体规划,75个已批准实施,有力推动了城市空间科学拓展和城镇化有序推进。17市县编制了城乡统筹规划,35个市县实现城市规划建成区控规全覆盖,县域村镇体系规划、农房建设与危房改造3年规划全面完成。城市规划委员会和"阳光规划"制度进一步完善,规划工作的政务公开和民主决策水平进一步提高。

【城市环境面貌发生巨大变化】 五年间,全省设市城市和县城累计完成城建投资3330亿元,2010年底污水集中处理率85%、生活垃圾无害化处理率80%、集中供热普及率45%,城市人均道路20.5平方米、公园绿地15平方米,国家园林城市和节水型城市数量均居全国第一。扎实开展迎奥运、迎全运环境整治,城市面貌特别是旧城区、近郊区形象大为改观,打造了一批新亮点。城市管理规范化、精细化、人性化、数字化步伐加快,在全国率先建立了城市地下管线安全管理机制,城市管理效能和水平明显提高。新建了一大批文化设施和体育场馆,历史文化名城、名镇、名村和风景名胜区保护与管理工作进一步加强,为文化产业和旅游业发展提供了良好载体。

【农村生产生活条件明显改善】 全省村镇建设完成投资4102亿元,是"十五"时期的2.2倍,村镇自来水普及率83%,小城镇污水处理率14.9%、垃圾处理率69.4%。"百镇千村"建设示范活动深入开展,新增21个省级中心镇。村庄和省际边界地区环境整治扎实推进,4000多个村庄面貌发生较大变化。2009年在全国率先开展政府主导下的农村住房建设与危房改造,两年间整体改造7800多个村庄,完成农房建设投资2700亿元,230万农户的居住条件得到彻底改善,有力推动了城乡一体化发展。

【工程建设管理日趋规范】 工程建设程序和标准管理进一步加强,招标投标、施工图审查、施工许可、质量安全监督、竣工验收及备案、建设工业产品备案、建设执业注册、工程档案归集等制度逐步完善,防止拖欠工程款和农民工工资的长效机制基本形成,建筑市场规范化程度显著提高。勘察设计责任保险制度全面推行,繁荣建筑设计创作成效明显。招标代理、造价咨询、建设监理和项目管理行业发展加快,服务水平进一步提高。下大力气抓安全生产,安全事故和伤亡人数逐年下降。深入开展工程质量通病治理和创"质量诚信、用户满意"工程活动,工程质量稳步提高,获"鲁班奖"41项、国家优质工程奖62项、全国建筑工程装饰奖88项,创优总量居全国前列。

【房地产业稳定健康发展】 房地产开发投资年均递增23%,累计超过1万亿元,住房供应结构不断优化,住房二级市场日趋活跃,人均住房建筑面积达到31.8平方米。在全国率先推行房地产开发项目建设条件意见书制度,率先完成房地产市场信息系统省级联网,对于提高开发项目综合品质、调控房地产市场发挥了重要作用。在全国率先大幅度提高拆迁补偿标准,率先实行住宅小区内公用设施投资和维护费用由专营单位承担,有力维护了群众切身利益。住宅产业化走在全国前列,3家企业被命名为国家住宅产业化基地,实施国家康居示范工程24个。住房品质稳步提升,24个项目获"广厦奖"。物业管理行业发展迅速,实行物业管理的面积比"十五"末增加近1倍。

【建筑业发展再上新台阶】 做大做强建筑业成效突出,支柱产业地位进一步强化。培育大企业、品牌企业取得突破性进展,2家企业年产值过百亿,5家企业过50亿,17家企业过20亿,特级企业数量达到13家,产业集中度和市场竞争力大幅提高。开拓外埠建筑市场创出佳绩,出省出国施工人数累计突破150万人,完成施工产值2200亿元,比"十五"期间翻了一番。五年完成全社会建筑业总产值29000亿元,稳居全国第三;实现增加值8165亿元,约占全省GDP的7%;年均从业人数322万人,每年吸纳250多万农民工就业,为缓解就业压力、促进农民增收做出了重要贡献。

【建筑节能和科技创新卓有成效】 在全国率先全面推行建筑节能新标准,建立建筑节能闭合管理机制,建成节能建筑2.2亿平方米,超额完成国家下达的1900万平方米既有居住建筑节能改造任务。集中供热系统节能技改全面展开,供热计量改革取得阶段性成果。所有设市城市、县城和部分建制镇已禁用实心黏土砖,新型墙材生产和应用比例分别达到84%、97.5%。可再生能源建筑应用规模迅速扩大,4市5县被列为国家示范城市和示范县。扶持开发新技术、新产品300余项,2项获国家科技进步二等奖,20项获省科技进步一、二等奖。各类建设执业注册师达到14.5万人,培训各类管理和专业技术人员20万人,资格性岗位和职业技能培训70万人,培训建筑农民工150万人次。

【建设领域改革开放不断深化】 全省规划建设管理行政机构改革已基本到位,各地城市管理执法体制进一步理顺。城建投融资体制改革迈出新步伐,30多个设市城市成立了城建投融资机构,在筹集城建资金方面发挥了重要作用。市政公用事业改革进一步深化,运营和服务效率明显提高。建设领域对外开放水平不断提高,五年累计吸引外商直接投资项目463个,实际利用外资达到41亿美元,利用世行、亚行贷款的项目进展顺利;新签对外工程承包和劳务合作合同额147亿美元,施工地点涉及二十多个国家和地区。

【党风廉政、依法行政、精神文明和行业作风建设水平明显提高】 深入开展了学习实践科学发展观活动,党员干部的理论素养和行政能力进一步提高。深入落实党风廉政建设责任制,努力从源头上治理腐败现象,党员干部廉洁自律意识不断增强。提请省人大、省政府制定和修订了8件地方性法规和省政府规章,出台了57件部门规范性文件,颁布了80项工程建设标准,建设法规体系进一步完善。全面实行建设行政执法责任制,深入开展各类执法检查,查处了一批违法违规行为。"四五"依法行政工作成效显著,省厅在2009年底的全国建设会上介绍了经验。拆迁管理和信访工作得到加强,进京到省上访案件进一步减少。各类精神文明创建活动、重点工程立功和"安康杯"竞赛深入开展,创建了一大批文明工地、文明小区、文明村镇、文明服务窗口。

【抗震救灾和恢复重建贡献突出】 汶川地震后,按照中央和省委、省政府的部署,全省建设系统勇挑重担,先后组织8000多人奔赴灾区,建成过渡性安置房3.3万套,提前超额完成国家下达的任务。全系统积极参与北川灾后恢复重建,编制了北川县城乡住房建设规划和17个乡镇重建规划,200余名干部、300多家企业、3.5万名职工奋战在一线,在新县城建设中发挥了主力军作用,涌现出崔学选等一批英模人物,为实现"三年援建任务两年基本完成"做出了突出贡献。

(山东省住房和城乡建设厅 于秀敏)

河 南 省

1. 政策法规建设

【法制建设】 一是在深入调查研究、广泛征求意见、反复修改完善的基础上,通过河南省人大常委会出台了《河南省实施〈城乡规划法〉办法》,于2010年12月1日起正式实施。《河南省建设工程安全生产管理条例》、《河南省建设工程造价管理办法》等地方性法规、规章草案也已报河南省政府法制办广泛征求意见,取得了新进展。二是认真做好相关法律、法规、规章征求意见工作,全年共办理各类法律、法规、规章草案征求意见稿48项。三是配合河南省人大常委会、河南省政府做好地方性法规、规章清理工作,对直接涉及省住房城乡建设厅的9部地方性法规、15部政府规章提出了清理意见。四是积极开展规范性文件备案审查。从2010年开始河南省政府法制办实行规范性文件网上备案,省住房城乡建设厅明确专人负责此项工作,在明确各处室的规范性文件制定印发后及时将电子文本报省住房城乡建设厅法规处外,法规处还派人定期到办公室查阅各处发文信息,确保规范性文件都能及时报备。全年共有27个规范性文件报河南省政府备案审查,合法率100%。五是认真做好规范性文件清理工作,共清理规范性文件611件,清理后保留397件,废止或宣布失效214件。

【规范行政处罚裁量权,强化行政执法监督】 开展全系统规范行政处罚裁量权监督检查。按照省"两转两提"办公室、省政府法制办的安排部署,组成9个检查组,对全系统行政执法单位规范行政处罚自由裁量权工作进行全方位的监督检查,检查范围包括所有省辖市和1/3县(市、区)的住房城乡建设主管部门,共检查110家单位、1316个案卷,其中执行行政处罚裁量标准的1080个、占总数82%。从检查情况看,全系统规范和推行行政处罚自由裁量权工作进展顺利、成效较好。

【认真办理行政复议案件,妥善处理行政争议】 2010年,共接到行政复议申请19件。经审查,立案15件,有4件不属于立案范围不予受理。立案的15件中,涉及城乡规划8件,房屋拆迁4件,房屋登记2件,行政征收1件。经审理,申请人主动撤回行政复议申请5起,责令行政机关作出具体行政行为1起,中止2起,维持7起。从2010年受理的行政复议案件看,因不服涉及城乡规划方面的案件较多,复议行政不作为的案件也有上升趋势。在行政复议工作中,畅通渠道、改进服务,充分运用和解、协调机制化解行政争议,没有发生一起因行政复议引起的行政诉讼案件。

【规范行政执法程序】 建立行政处罚案件集体决策制度。制定印发《河南省住房和城乡建设厅案件审查委员会案件审查制度》,对行政处罚案件的调查、处理、集体研究讨论等程序进行了详细的规定。并加强对相关人员的法制知识培训,进一步提高法律素质和依法行政、依法办事能力。

【深入开展全系统行政执法队伍规范化建设管理】 在总结成绩，分析形势任务及存在问题的基础上，深入开展全系统行政执法队伍"规范执法年"活动。制定印发《河南省住房和城乡建设行政执法队伍"规范执法年"活动方案》及《河南省住房和城乡建设行政执法队伍"规范执法年"活动考核实施细则》，通过采取加压驱动、重点培育和重点督导等措施，确保活动取得实效。

2. 房地产业

【房地产开发投资继续保持快速增长】 2010年，全省房地产开发完成投资2114.08亿元，居全国第10位，居中部第2位。同比增长36.1%，全国居第12位，中部居第1位。增速分别比2009年同期加快7.3个百分点。在房地产开发投资中，住宅投资1685.21亿元，同比增长36.4%。

【商品房销售增速回升】 2010年，全省商品房销售面积为5452.23万平方米，居全国第6位，同比增长25.8%。其中，商品住宅销售面积为5092.49万平方米，增长26.8%。

【房屋施工面积不断扩大】 新开工面积增速趋缓，竣工面积快速增长。2010年，全省房屋施工面积20394.18万平方米，比2009年同期增长26.9%。全省房屋新开工面积8610.57万平方米，增长21.3%。住宅新开工面积7299.94万平方米，增长18.4%。全省房屋竣工面积4427.14万平方米，增长30.2%。

【房价平稳上调】 2010年，全省商品房销售均价为3042元/平方米，同比上涨14.1%。同2009年相比上涨376元/平方米。房价居全国第28位，高于甘肃、青海、西藏。较全国商品房平均价格低1987元/平方米。

【土地购置面积有所增长、完成土地开发面积减少】 2010年，全省房地产开发企业土地购置面积2864.32万平方米，同比增长6.0%，土地成交价款同比增长50.7%，土地价格增长42.17%。全年完成土地开发面积1184.18万平方米，比2009年同期下降12.4%。

3. 住房保障

【概况】 2010年，全省认真贯彻落实廉租住房保障政策，加大保障性安居工程建设力度。通过完善政策、多渠道筹措资金、分解目标任务、建立工作台账、强化月报制度、开展督办查办、实行定期通报、加强资金监督等措施，加大廉租住房建设，扩大租赁补贴发放范围和力度，强力推进住房保障工作，解决城市低收入困难家庭的住房问题。省辖市和部分县（市）已将住房保障对象从城市低保住房困难家庭扩大到低收入住房困难家庭。申请廉租住房租赁补贴的最低收入家庭基本做到了应保尽保。

【完善住房保障管理制度】 根据《国务院关于促进房地产市场持续健康发展的通知》和《国务院关于解决城市低收入家庭住房困难的若干意见》的要求，认真总结有关城市廉租住房共有产权制度经验，2010年省住房城乡建设厅会同省发改委、财政厅、国土资源厅出台了《关于印发加强廉租住房管理和规范产权处置的指导意见（试行）的通知》。同时，为加强对全省铁路系统棚户区改造工作的管理和指导，更好地推进全省铁路系统棚户区改造工作，河南省还成立了由张庆义副秘书长为组长、省住房和城乡建设厅牵头、省直7部门参加的《河南省人民政府办公厅关于成立河南省铁路系统棚户区改造工作领导小组的通知》。

【推出了切实有力的具体措施】 首先，各级党委、政府高度重视。省委、省政府召开三次由省政府领导参加的全省住房保障工作会议，统筹部署全省保障性安居工程建设工作。卢展工书记亲自到市、县开展保障性安居工程建设的专项调研；郭庚茂省长召开省长办公会，专题研究推进保障性安居工程建设。其次，坚持"省级政府负总责，市县政府抓落实"的原则，由省政府与省辖市政府签订目标责任书，明确各省辖市政府主要负责同志为保障性安居工程工作第一责任人，做到责任明确。同时，结合全省城镇化进程的加快和产业集聚区建设，明确提出要大力加快公租房建设，做到突出重点。第三，省委、省政府组成联合督查组，分阶段对各地保障性安居工程建设工作进行督查，并对工作开展不力的省辖市主要领导进行工作约谈，做到强力推进。

【加大以廉租住房为主的各类保障性住房建设力度】 共投入建设资金230亿元，开工各类保障性住房2087万平方米、28万套，完成了全年工作目标的118%。实施廉租住房保障近30.1万户，其中：发放租赁补贴近28万户，发放补助资金109963.39万元；通过购、改、租筹集房源2万套；用于公共租赁住房支出3566.00万元；棚户区改造完成拆迁面积761万平方米，比目标任务的698万平方米超额完成63万平方米；公共租赁住房建设18465套，超额完成了责任目标15365套。至12月底，全省发放廉租住房租赁补贴28.4万户，完成责任目标的111.24%；新开工建设廉租住房438万平方米、

8.85万套，完成全年计划的102%，竣工廉租住房401.9万套，完成责任目标的118.5%；开工经济适用住房687万平方米，竣工456万平方米、5.1万套，开、竣工面积分别完成计划的196%和121%；实施棚户区改造拆迁面积921.6万平方米，完成改造310万平方米，分别完成计划的125%和127%。

【住房保障规范化管理工作落实情况】 为贯彻落实全国保障性住房管理工作座谈会、棚户区改造工作会议、公共租赁住房工作会议。河南省人民政府先后三次召开全省住房保障会议，专题部署保障性安居工程工作。1月12日，省政府召开全省保障性安居工程工作座谈会，4月15日，省政府在鹤壁市召开全省保障性住房建设暨棚户区改造工作会议，明确2010年全省住房保障各项目标任务，并与各省辖市人民政府签订了2010年保障性安居工程工作目标责任书。7月27日，省政府召开全省公共租赁住房工作会议，安排部署加快发展公共租赁住房工作，要求各地进一步加大公共租赁住房建设力度，重新调整了公共租赁住房建设计划，将2010年公共租赁住房建设计划由0.31万套调整到3万套。印发《转发住房和城乡建设部关于加强经济适用住房管理有关问题的通知》，要求各地认真组织经济适用住房使用情况自查工作，对检查中发现未取得完全产权违规出租、出借、闲置经济适用住房的，要求限期予以纠正，并按照有关规定严肃处理。同时，要求各地严格按照有关规定，及时修改完善现行经济适用住房管理办法，严格建设和准入管理，完善经济适用住房上市交易管理，并强化对使用情况的监督。根据住房城乡建设部印发的《关于加强廉租住房管理有关问题的通知》要求，督促各地及时出台管理办法，加强对廉租住房建设和准入管理，严格控制建设标准和准入条件，严格执行"三级审核两级公示"制度，进一步强化配租管理和租后服务，切实落实各级保障部门的监管责任。

【分解下达2010年保障性安居工程工作目标】 按照省委、省政府"十项民生工程"工作目标和省政府与国家签订的目标责任，将各项任务指标分解下达到省辖市政府，并由省辖市政府签署目标责任书，呈报省政府。同时，印发《关于印发加强廉租住房管理和规范产权处置的指导意见（试行）的通知》。为切实落实住房保障资金，全省各地均按照要求将保障性住房建设资金纳入年度预算安排，并按规定要求提取住房公积金增值净收益和土地出让净收益。各级财政部门对住房保障补助资金实行专户管理，及时拨付，做到专款专用。市、县政府增加资金投入，确保满足项目建设配套需要。同时，认真落实保障性住房土地供应、税费优惠等政策，对列入计划的廉租住房、经济适用住房等保障性住房建设项目用地全部实行行政划拨供应，并在年度用地计划中优先保证。

【认真落实住房保障管理机构和实施机构】 各市、县均按照要求明确住房保障管理部门，在机构改革中进一步充实了工作力量。郑州、安阳、商丘等部分市和县（区）成立了财政供给的住房保障实施机构。全省设立住房保障管理机构和实施机构共231个，其中自收自支机构和临时机构共157个；住房保障从业人员1776人，其中财政供给人员766人，保证了工作的需要。全省初步建立了市、县（区）两级廉租住房管理体制，初步形成了居委会、街道办事处、县（区）廉租住房主管部门、市级廉租住房管理部门四级联动，齐抓共管的工作机制。

【严格规范审核程序】 各省辖市、县（市、区）在出台的廉租住房管理办法中，都明确规定申请、审核、公示、轮候等程序。廉租住房实行统一的补贴标准、统一的发放时间、统一的程序，统一的申请、审核、公示等表格，实践操作可行性强，办理手续健全规范。

【严格执行公示制度】 在廉租住房的申请过程中，严格按照《办法》规定的内容、时限、程序对保障对象全部通过新闻媒体向社会公示，确保了住房保障工作公开、公平、公正进行，将政府的住房保障政策切实落实到低收入家庭。

【严格实施年度复核制度】 按照住房保障工作的要求，各县（市、区）每年均对申请住房保障的家庭状况进行复核。各地进一步完善规范现有的经济适用住房审批程序和操作规程，使之更加合理、合法、高效。

4. 建筑业与工程建设

【概况】 2010年，河南省建筑业发展较快，建筑业增加值达到1275.51亿元，同比增长14.88%，占全省GDP的5.6%；建筑业企业完成总产值达4399.80亿元，产业规模创历史最高点。在全国和中部六省的位次从2007年起已连续4年位列全国第7位和第1位。完成利税总额292.62亿元，同比增长18.1%。

【建筑业竞争力逐步提升】 建筑行业全面落实中央宏观调控措施，以发展为主题，以结构调整为主线，以改革为动力，以服务社会为己任，积极开拓国内外市场，大力推进企业制度创新、技术创新、管理创新和文化创新，实现经营机制和经济增长方式的根本性转变，已形成了围绕工程建设活动的勘察设计、招标代理、建筑施工、工程监理、工程造价咨询等完整的建筑业体系，保证行业的持续、快速、健康发展。建筑施工企业已形成房建、公路、水利、电力、矿山、装饰、古建园林等几十个专业配套、门类齐全的企业资质结构，基本满足了河南经济社会发展的需要。到2010年底全省建筑业企业8240家，其中：按资质类别分类共有总承包企业2441家，专业承包企业3913家，劳务分包企业1886家，企业类型构成比例达到1∶2∶1。按资质级别分类（不含劳务企业）共有特级17家、一级380家，二级1912家，三级4045家。企业竞争力有明显提升。2010年完成建筑业总产值亿元以上的企业752家，建筑业总产值为3536.54亿元，占全部的80.4%，企业个数占16.7%。其中，超过10亿元的企业达到59家，建筑业总产值为1865.65亿元，占全部的42.4%，企业个数占到13.3%。全省17家特级建筑企业完成建筑业总产值975.75亿元，占全部的22.2%，企业个数仅占0.4%。全省拥有资产超过亿元的企业达到349家，超过10亿元的达到29家。实现工程结算收入超过亿元的企业达到531家，超过10亿元的达到48家。

【建筑业机械生产力提高】 全省建筑业生产力得到了迅速发展，大型、特大型施工机械设备的更新加快，建造能力不断提高。到2010年底，全省具有资质等级的建筑业企业拥有各类施工机械设备65.03万台，机械设备总功率1204.55亿千瓦，机械设备净值达到2180.87万元，分别比"十五"期末增长45.17%、91.5%和19.45%；技术装备率为10173元/人，动力装备率5.40千瓦/人，分别比"十五"期末增长19.25%和7.29%。

【对外承包工程和劳务合作不断扩大】 全省积极实施"走出去"战略，对外投资合作取得跨越式发展。外部市场开拓力度加大，市场占有率逐步提高。全国各地均有河南省建筑业企业的身影。全省对外承包行业从单一涉足基础设施建设项目，发展到现在的工业建筑、民用建筑、公路桥梁、水利水电、石油化工、地铁隧道等多行业、多层次。2010年在外省共完成建筑业总产值1114.83亿元，向省外有组织输出人数达到了120万人，劳务收入达到了120亿元。对外承包工程开始从数量规模型向质量效益型转变。对外承包项目涉及亚洲、非洲、欧洲、拉美等80多个国家和地区，外派劳务市场情况好转，高级技术劳务派遣比例增大，对外承包工程企业国际竞争力大大增强。对外承包工程和劳务合作签订的合同金额以及完成营业额都在逐年增加。

【省直管工程部分】 2010年，省直管工程以规范监督为重点，以适度从严控制进入条件为切入点，结合工程建设领域突出问题专项治理，对原有工程进行了分类摸底与整理，进一步完善相关手续，规范招投标行为及中标通知书文本格式，强化新报建工程项目条件审查，进一步做好过程监督与管理。全年新报建项目14项，总建筑面积206.2万平方米，总造价约52.68亿元；办理施工许可10项，总建筑面积19.2万平方米，总造价约9.8亿元；办理竣工验收备案21项，总建筑面积58.3万平方米，总造价1.32亿元。

【建设监理】 2010年度，全省建设监理队伍进一步壮大。全省工程监理企业达331家，其中综合资质企业4家，占企业总数的1.21%；甲级以上企业87家，占企业总数的26.28%；工程监理从业人员超过4万人，其中注册监理工程师已达5378人。全省监理企业产业集中度进一步提升，同时具有招标代理或造价咨询、设计和工程咨询等多项资质的工程监理企业已达140家，占全省工程监理企业的42.3%。

据统计，全年实现营业收入超8000万元的监理企业有3家，超3000万元以上的有15家。中兴监理企业、河南立新监理、中原铁道监理等全国百强骨干企业得到进一步加强。特别是中兴监理公司全年共承揽合同额超2亿元，实现营业收入超1.3亿元，全国营业收入排名第33位。呈现出大企业在做大做强，中小企业逐步做精做专做强的良好趋势。全年全省建设监理企业共实现营业收入979984万元，比2009年增长18%；实现工程监理收入163905万元，比2009年增长27%；承揽监理合同额249474万元，比2009年增长33%。

为转变市场秩序，促进建设监理行业发展，采取大力开展信用体系建设、强化资质动态考核、加大清出力度等措施，不断加大监管力度。全年有12家监理企业被记入不良记录，14家企业被要求延期整改，对经核查认定已不符合资质标准的32家工程监理企业作出了撤回资质处理决定。

【规范建筑市场秩序】 2010年，河南省大力调整产业结构，不断强化行业指导，狠抓市场现场监管，推进行业规范有序发展。一是加强法制建设，完善相关政策。深入调研，为《河南省建设工程安全生产管理条例》、《河南省建设工程质量管理条例》（修订稿）、《河南省建筑装修装饰管理办法实施细则》等法规性政策出台奠定基础。二是组织专门力量，在深入研究分析的基础上，形成年度行业发展研究报告，研判行业发展形势，剖析行业发展问题，提出应对措施。三是完善落实全省建筑业月督查、季分析制度，跟踪全年责任目标的落实和行业发展动态。四是继续对骨干企业尤其是特级企业资质就位进行专门指导。联合科技处、设计处、省辖市建委，深入骨干企业现场办公，在企业技术中心创建、申报国家级工法和专利、信息平台建设、银行授信、企业业绩、设计能力等方面提供咨询和指导帮助。五是引导骨干企业调整专业结构。按照投资结构的变化，及时引导企业调整专业结构，拓展专业领域，抢占更大的市场。如引导省五建、郑州一建等企业主动参与郑州市地铁工程联合施工，在设备、技术、人才等方面加大投入，协助这两家企业申报轨道交通资质。六是组成调研组深入基层、深入企业开展调研活动，深入了解掌握阻碍建筑业发展的深层次因素，通过与建筑业强省对比、查找差距、分析原因，制定有针对性的工作措施，指导行业发展。

【规范企业资质审批】 印发《关于规范建筑工程类企业有关资质管理工作的通知》，对施工、监理、招标代理、检测、设计施工一体化等企业资质和安全生产许可的审批与管理工作进行了全面规范。实行质量安全事故在资质审批中的一票否决权，打击资质申报中的造假行为，对认定的造假行为予以公示，对经检查发现通过中介机构整理编造资料的企业一律不予批准，并将其列入黑名单作为重点检查对象。对虽经批准但事后举报查实的企业予以收回资质并进行公示。

【认真实施年度动态考核】 及时掌握企业注册人员、经营规模、市场行为等变化情况。在2009年动态考核中，共有371家施工企业被定为不合格，对经核查认定已不符合资质标准的32家工程监理企业和29家工程招标代理机构作出了撤回资质处理决定。

【建立完善企业人员数据库】 继续完善全省建筑工程类企业证书和注册人员证书的认证查询系统，企业和人员证书信息全部进入数据库，数据每日进行更新，并向社会公示，有力打击了造假和挂靠行为。规范外省进豫队伍管理。要求外省企业进入河南进行告知性备案，对告知的相关信息进行网上公示，重点对企业、人员的真伪进行审核，事前遏制冒用、挂靠、假借资质和围标行为。

【强化招投标监管】 全省监管国有投资项目1635个，投资额182.63亿元，通过招投标节约资金10.4亿元；受理招投标投诉案件19起，结案17起。一是着力完善招投标的技术平台，重点指导洛阳、濮阳进行电子招投标和计算机辅助评标研究并试点。两地电子评标的施行，有效提高了招投标工作效率，降低了人为因素的影响，增加了透明度，进一步增强了公平性和公正性，为河南省招投标监管进行了有益探索，《河南日报》等主要媒体进行了报道；二是加强评标专家管理，完善教育、培训、考核、评价、准入、清出等六项制度，成立评价委员会，制定评价标准，对评标专家实行动态管理，全省先后有70余名评标专家因严重违规违纪被清出评标专家队伍，其中17名专家被取消专家资格；三是加强招标代理机构管理，重点是规范外省进豫招标代理机构和河南省招标代理机构跨地区经营行为，组织开展了招标代理机构和建筑业企业在建项目标后履约专项检查。

【深入开展工程建设领域突出问题专项治理】 针对工程建设中存在的规避招标、虚假招标、围标串标等主要问题，组织相关专家先后拟定了《河南省建设工程招标投标串（围）标违规行为认定标准》和《关于进一步规范房屋建筑和市政基础设施工程项目招标工作的若干意见》。配合省"治工办"组织开展了全省工程治理重点督查，发现七大类728个问题，要求各地和相关单位对已排查出来的问题依照法律、法规，分门别类地进行处理。

【深化工程建设信用体系建设】 继续加强实施河南省建筑市场信用信息记录和公示管理办法，逐步完善信用征集、信用评价、信用自律、失信惩戒为主要内容的企业信用系统。建立完善各地信息员制度，及时录入各类信息。已记录各类不良记录312条。继续在全省推广工程担保制度。全省推广面已达到60%，新乡、焦作、开封和安阳等地逐步开始实施。备案工程担保机构达12家，市场竞争态势已基本形成。全省在保工程1200多项，在保金额达15.69亿元。

【提高服务水平】 按照全省开展"企业服务年"的工作要求，将"增强服务意识、提升服务能力、提高服务质量、提速服务效率"作为服务企业的主要内容。一是进一步提高行政审批效率。按照《关于规范建筑工程类企业有关资质管理的通知》，坚持跟踪检查下放三级资质审批权限落实情况，进一步缩短审批时限，减少审批程序，减轻企业负担；二是重点扶持100家骨干企业。对100家骨干企业加强业务指导，继续落实一级资质管理、增项不受限制、评优评先倾斜等扶持政策；三是为中小企业开辟绿色通道，引导中小企业向技术公司、专业公司转变；四是推动全省建筑企业及劳务出省出境。组织专门力量对劳务基地开展调研活动，指导劳务基地建设。赴山东、新疆、山西等省开展市场调研，帮助出省企业解决实际困难和问题。在出省施工企业中评选"河南外出文明诚信企业"和"豫籍优秀外出务工创业人员"。赴省外开展技术人才教育培训。继续强化与江苏、青岛等省市的建筑劳务战略合作伙伴关系，加强合作交流，帮助河南省建筑劳务出省出境承接业务。

【清理拖欠工程款和农民工工资】 2010年以"完善落实长效机制，解决信访突出问题，确保社会稳定"为重点，加大清理拖欠工程款和农民工工资的工作力度，成效显著。实行"约谈"制度。对拖欠问题较为突出的县、区，采取约谈主管领导，督促其提高认识，加大对拖欠案件的协调督办力度；对不积极处理工资拖欠问题，导致民工集体或越级上访的单位，下发拟处罚告知单，要求限期解决；媒体曝光与信用体系建设相结合，建立拖欠工程款和农民工工资公示系统，将不及时解决拖欠问题的建设单位、施工企业、劳务作业队负责人的名字等情况定期记录，并进行公示，约束企业拖欠行为的发生。

【建筑施工安全生产管理】 2010年，全省建筑施工安全生产以提高安全管理水平，遏制和减少重特大生产安全事故为目标，紧紧围绕"三个突出，三个加强"，不断强化建筑施工安全生产各项工作，全省建筑安全生产形势保持了总体稳定、持续好转的发展趋势。印发《2010年全省建设安全工作要点》及《继续开展"安全生产年"活动实施意见》，对全省建筑安全生产工作提出了明确要求。4月组织召开全省建设工程质量安全工作会议，各省辖市、各扩权县建委（住建局）一把手以及有关机构负责人和全省100家骨干施工企业、监理企业的一把手等近300人参加了会议。会议对建筑安全生产工作进行了全面部署和安排。各省辖市建委（住建局）递交了《2010年建筑安全生产承诺书》。2010年，全省共发生建筑施工生产安全事故7起，死亡8人。与2009年相比，事故起数减少4起，下降36.36%；死亡人数减少7人，下降46.67%，实现了事故起数和死亡人数"双下降"。

【深入开展施工安全隐患排查治理工作】 为推动安全隐患排查治理工作的有效开展，印发《河南省2010年建筑施工安全专项治理工作方案》，建立企业自查、地市复查、省住房城乡建设厅抽查的工作机制，逐级逐层开展安全生产检查。各地建设主管部门按照工作部署，认真制订工作方案，深入开展隐患排查治理，对危险部位、危险环节、危险设备、危险场所实施重点排查和重点监控，对深基坑、高支模、脚手架、建筑起重设备和施工临时用电开展专项治理活动，并着重从责任分工及责任落实上、制度建立及落实上、管理方式方法上查找问题。对发现的隐患和问题，明确整改责任，限定整改时期，跟踪督促督办，认真落实整改。据统计，全年各施工企业开展安全自查27443次；各级建设行政主管部门排查建筑施工企业4128家，工程项目16166项，排查一般隐患52911项，其中已整改52005项，整改率为98.29%；排查治理重大事故隐患976项，已整改973项，整改率为99.69%。

【进一步强化安全检查督查】 组织开展全省建筑施工安全生产大检查、建筑工程和市政工程施工许可管理专项检查、市政公用工程质量安全检查、装修装饰工程质量安全大检查及建筑施工消防和冬季施工安全生产大检查等，并3次组织检查组对18个省辖市安全生产工作开展情况进行了督查，共检查在建项目89个，查出不安全问题事故隐患558条（项），下发整改通知书69份，停工整改通知书11份。

【不断提高安全规范化管理水平】 积极配合河南省人大常委会组织开展《河南省建设工程安全生产管理条例》立法调研，颁布实施了《建设工程施工现场管理标准》（地方标准），修订了《河南省建设工程安全监理导则》，出台《河南省建筑边坡与深基坑工程管理规定》等制度，进一步完善了全省建设工程安全管理法规制度体系。认真贯彻《国务院关于进一步加强企业安全生产工作的通知》精神，把落实企业安全生产主体责任、强化企业安全基础工作作为安全生产工作重点。

【推进安全质量标准化工作】 颁布《河南省建筑施工安全质量标准化实施指南》，组织召开了建筑施工安全标准化观摩会，通过树立典型、示范引导，强力推动施工现场安全文明施工标准化水平的提高。有10个工程项目获得全国"AAA级安全文明标准化诚信工地"，119个工程项目获得"省安全文明工地"称号，46个工程项目获得"中州平安杯"。四是加强联动，形成工作合力。积极建立完善市场现场安全监管联动机制，严格市场准入和清出，强化"源头"管理和过程控制，严格资质、招投标、施工许可、合同管理、质量安全监管、执法监察等各环节的监督把关，确保真正符合安全生产条件的企业才能进入市场，真正具备安全生产条件的项目才能开工建设，营造安全生产的良好环境，促进工程建设的顺利实施。

【工程质量监督管理】 2010年，全省建设工程质量监督管理严格依据相关的法律法规，坚持依法行政，通过规范各方责任主体的质量行为，严格贯彻工程建设强制性条文，使工程质量得到有效控制。全省新开工工程5897项，建筑面积5838.96万平方米，在建工程12524项，建筑面积10068.24万平方米，竣工工程4523项，建筑面积4236.75万平方米。竣工验收合格率100%，主体结构合格率100%。2010年新办理监督登记工程8项，建筑面积19.26万平方米，造价6.82亿元；监督在建工程83项，建筑面积176.88万平方米，工程造价27.82亿元；已竣工工程107项，建筑面积234.88万平方米，工程造价46.41亿元。全年对在监工程召开施工现场检查讲评会246次，监督交底会13次，下发整改通知书216份，提出质量问题2889条，工程局部停工通知3份，发出工程监督方案13份，出具监督报告19份，受理申报结构中州杯8项，已通过结构中州杯11项，正在评审4项，有7项工程荣获中州杯奖。从全省监督的工程情况来看，工程质量基本上处于受控状态，工程建设强制性条文得到了较好执行，工程项目参建各方的内部质量保障体系日益健全，全省工程质量行为进一步规范，尤其是住宅工程（含保障性住房）质量进一步提高，全省整体建设工程质量水平较为稳定。

【加强省直管工程质量监管】 加强对参建各方质量行为的监督，在监管过程中，严格按照《建设工程质量管理条例》、《建设工程质量监督工作导则》的要求，以工程建设相关法律法规为准绳，以工程建设强制性标准为依据，对工程实行抽查与巡要查。从强化工程参建各方的质量意识入手，规范参建各方的质量行为。在每个工程的监督交底会上，明确参建各方的质量责任，使各方主体牢固树立"百年大计、质量第一"的工程质量观念，认真宣传工程建设法律法规，做好和建设单位的沟通工作。对参建单位质量行为违反国家及河南省有关规定的及时下发整改通知书、督办通知书和不良行为告知书，并建立了约谈机制，有效地规范了参建各方的质量行为，推动了省管工程建设整体工程质量水平的提高。

【工程建设标准化工作】 全省共转发国家标准41项，行业标准112项。这些标准的转发传达，为全省各级建筑相关企业和从业人员，提供经济及技术法规依据，同时还按照住房城乡建设部要求，完成多项建设部新编标准征求意见工作，在上情下达的基础上，做到下情上报，及时反馈相关意见，为国标编制提供参考，同时，参与相关国家标准和行业标准的编制任务。河南省主持编制的国家标准《建筑工程室内环境污染控制规范》修订全面完成，修订版于2010年8月正式批准发布，经修订后的国标更能适应当前形势，指导工程建设室内环境污染控制全过程；河南省主持编制的国家行业标准《建筑钢结构防腐蚀技术规程》专家委员会给予了国家先进水平的高度评价，并顺利通过专家评审，于12月报住房城乡建设部批准发布。

【全省共编制完成工程建设地方标准9项】 涉及"环保节能"的有：《自保温加气混凝土砌块墙体技术规程》、《河南省附属绿化规划设计规范》、《河南省地源热泵建筑应用示范项目评价标准》、《干挂法施工保温装饰板外墙外保温技术规程》、《河南省民用建筑太阳能热水系统应用技术规程》、《河南省绿色施工技术规程》7项，并结合社会普遍关注的公共安全和公共服务热点，完成了《河南省中小学校校舍安全工程技术导则》、《河南省城镇供水行业服务规范》等与百姓生活密切相关的规范规程，从建筑管理理念方面向公共服务的指导思想进一步转变，同时扩大了工程建设的地方标准的影响力。

【工程造价管理水平进一步提高】 一是为深入贯彻《建设工程工程量清单计价规范》，合理确定工程造价，制定发布了《河南省建设工程工程量清单招标控制价管理规定》。为规范全省建设工程施工招标、投标活动，加强招标、投标活动监督，建立招标、投标活动的公平竞争机制所实施的重要举措，填补了河南省的空白。二是为更好地配合郑州市城市轨道交通工程建设，满足工程造价实际需要，组织郑州市有关部门和专业人员按照国家的有关规定在多次调研的基础上编制完成了《河南省轨道交通工程单位估价表》，该定额已通过工程实例测评，并反复征求了相关方面意见，即将颁发执行。该定额的颁发填补了河南省城市轨道交通定额的空白，为合理确定轨道交通工程造价发挥了重要作用。三是完成2010年度河南省建筑工程各项造价指数指标的发布工作。为适应全省工程造价计价改革和工程量清单计价的需求，按照部标准定额司的要求，深入市场调查，开展了一系列的关于城市住宅建筑工程造价数据测算和建筑工种人工成本信息的调研工作。编制完成了2010年每个季度的《河南省建设工程造价指数》，及时发布了2010年河南省建筑工程人工费价格信息。

【工程造价信息服务水平进一步提高】 随着经济建设的快速发展，工程造价信息在工程建设中的作用越显重要，建设各方对造价信息发布质量也提出了新的要求。一是加大了对建设工程造价信息服务的工作力度，制定发布了《关于加强全省建设工程造价信息网络建设的通知》，要求全省标准定额管理机构从完善信息采编机制、拓宽信息服务范围、提高信息服务水平等方面入手，进一步加强信息队伍建设，健全信息发布网络，搞好信息发布质量跟踪，使工程造价信息的准确性和时效性有了明显提高。全省已有2/3的省辖市建立开通了标准定额或工程造价信息网，培养了一大批信息员队伍。二是通过网站和信息期刊发布材料价格信息12万多条，各种政策信息、公告、招标信息800多条；开通了网上对工程造价员信息管理和网络继续教育培训系统，进一步完善了网络服务功能，提高了网络的使用率，加强了省、市标准定额信息的合作，实现了工程造价信息资源共享。

【造价工程师培训管理】 按照《注册造价工程师管理办法》组织完成全省4287名注册造价工程师继续教育和执业宣贯培训，按时完成了190名造价工程师初始注册，838名造价工程师变更注册，1348名造价工程师延续注册，组织完成了造价工程师《案例分析》试卷的评判，全省注册造价工程师的管理进一步规范。并组织完成了2010年全省工程造价员资格考试工作，全省15699人参加了考试，有7514人成绩合格，取得了工程造价员资格证书。

【勘察设计行业管理】 2010年，全省勘察设计加强管理，勘察设计单位经营能力、设计质量和服务水平大幅度提升。通过完善准入清出机制，勘察设计市场监管力度进一步加大。一是加强勘察设计企业资质管理，于2010年3月31日前按时完成了全省537家工程勘察设计企业新版资质证书换证工作并在2010年4月1日起正式启用。二是加强勘察设计市场管理，修订并印发了《河南省省外勘察设计企业进豫承接业务登记管理办法》，按照省外勘察设计企业进豫登记条件要求认真审查，严格把关，对进一步规范河南省勘察设计市场秩序，杜绝或减少部分省外勘察设计企业在河南省私拉乱雇、出卖图签、私自挂靠等行为起到了有效的遏制作用。

【建筑抗震管理】 2010年，全省进一步加强建筑工程抗震管理工作，提升建筑工程质量。一是认真贯彻落实《国务院关于进一步加强防震减灾工作的意见》（国发〔2010〕18号）精神，并邀请国家规范组专家对国家新版《建筑抗震设计规范》（GB 50011—2010)进行了培训，全省共270名注册结构工程师参加了培训。按照国家对超限高层建筑工程抗震设防管理规定的要求，完成郑州市综合交通枢纽公路客运站、河南省旅游服务中心等7项工程进行了超限审查。完成45家，142项复合地基专项审查，为全省高层建筑工程设计的可靠性和安全性打下了良好的基础。

【建筑劳务输出成效显著】 2010年，全省建筑劳务抢抓机遇，奋力拼搏，转变发展方式，推动建设劳务更好更快发展。各出省企业、广大外出劳务工作者面对复杂多变的经济形势和诸多挑战，坚持以科学发展观为统领，积极组织建筑劳务输出，较好地完成了各项工作任务，全年出省施工人数125万人，创劳务收入135亿元，分别比2009年增加7万人和19亿元，同比分别增长6%和16.3%。

【开展工程建设领域突出问题专项治理】 2010年，根据中共中央办公厅、国务院办公厅《关于开展工程建设领域突出问题专项治理工作的意见》，按照河南省"治工办"的安排部署，印发《关于开展工程建设领域突出问题专项治理工作方案》。

5. 建筑节能与科技

【建筑节能法规体系进一步完善】 9月3日，河南省人民政府印发了《河南省人民政府关于加强建筑节能工作的通知》，对建筑节能的主要内容及目标任务进行了明确规定。安阳市、许昌市人民政府出台《关于加强建筑节能工作的通知》，信阳市人民政府出台《信阳市建筑节能与发展应用新型墙体材料管理规定》，南阳市人民政府出台《南阳市机关办公建筑和大型公共建筑节能监管体系工作方案》，焦作市人民政府办公室印发《关于印发加强节能工作实施方案的通知》，济源市人民政府办公室印发《关于加强建筑节能工作的通知》，郑州市人民政府也转发了《通知》文件。这些规范性文件的出台，进一步补充完善了全省建筑节能的法规体系，提高了建筑节能工作的地位与作用，促进了建筑节能工作快速发展。

【新建建筑节能标准实施率进一步提高】 根据各省辖市统计上报数据，2010年各省辖市、县（市）分别完成施工图审查项目4553、项5434万平方米和2750项、1963万平方米，全部通过节能审查，民用建筑节能标准执行率均达到100%；全省共完成节能建筑3736万平方米，其中省辖市市区完成的2663万平方米新建建筑中，节能建筑2658万平方米，节能标准的实施率达 99.8%。各县(市)共计完成 1073 万平方米的节能建筑，实施率达到 85% 以上，全省平均实施率达到 97%，超过河南省政府、住房和城乡建设部年初确定的 95% 目标 2 个百分点。

【可再生能源建筑应用取得新的进展】 由财政部、住房城乡建设部批准的 20 个可再生能源项目，经过建设，有 8 个项目通过验收，10 个项目进入检测验收阶段，其他项目进展顺利；年内积极争取国家级光电建筑应用示范项目 7 项 10.39 兆瓦，资金规模 1.2 亿多元，到位资金 8739 万元；新增鲁山、西平 2 个可再生能源建筑应用示范县，到位资金 3450 万元；通过向省政府汇报、与省财政厅沟通，争取到光电建筑应用省级配套奖励资金 2200 多万元。洛阳、鹤壁 2 个示范市以及宝丰、内乡、太康 3 个示范县完成示范项目 180 多万平方米。通过国家带动、地方推动，2010 年全省新增可再生能源建筑应用 1200 多万平方米，全省可再生能源在建筑中应用突破 4000 万平方米。

【加大了科技成果的推广应用】 组织对 91 家企业的 207 个建筑节能材料、产品进行了产品认证，对 39 项新技术、新产品进行了评审或鉴定，组织优选了 46 项建设行业科技成果推广项目。加快新型建筑节能技术体系等重点技术的推广应用。在广泛调研的基础上，将 CL 建筑体系列为全省重点推广应用的新型建筑节能技术体系，另外有 17 家企业的 29 个外保温技术体系通过了省住房城乡建设厅组织的重点推广体系审核。

【河南省建设科技进步奖】 组织了 2010 年河南省建设科技进步奖的评审工作。共评出获奖项目 38 项，其中一等奖 15 项，二等奖 17 项，三等奖 6 项。积极组织建设科技工程示范。全年有 8 个项目，共 35 万平方米，列入省建设科技示范计划；安阳中国文字博物馆、洛阳博物馆新馆等 9 项示范工程顺利通过验收。

6."十一五"建设成就盘点

2006 年以来，全省住房保障紧紧围绕保增长、保民生、保稳定的中心任务，科学部署、强化管理、落实责任、完善机制、强力推进住房保障工作。到"十一五"期末，全省廉租住房保障范围已基本实现对符合条件的城镇最低收入住房困难家庭应保尽保，大部分省辖市将保障范围从低保住房困难家庭逐步向低收入家庭的覆盖，廉租住房建设规模不断扩大；经济适用住房准入、退出等管理进一步规范，并逐步实现与廉租住房政策相衔接；省属国有煤炭企业棚户区改造工作基本完成，省辖市城市和国有工矿企业棚户区改造工作全面铺开，相关政策措施日臻完善；积极研究并试点实施政府公共租赁住房和农民工集体宿舍、外来务工人员公寓等住房政策，住房保障工作取得了明显成效。

【廉租住房保障工作完成情况】 "十一五"期间，全省累计实施廉租住房保障 29.4 万户，其中发放廉租住房租赁补贴 27.1 万户，实物配租和租金核减 2.3 万户，累计筹集廉租住房租赁补贴资金 24 亿元，完成发放租赁补贴资金 8.6 亿元，购买、改建、租赁廉租住房支出 4.5 亿元。廉租住房保障惠及城市低收入住房困难群众 84.8 万人。全省新开工建设廉租住房 992.9 万平方米、20.05 万套，其中中央投资补助项目 965 万平方米、19.45 万套。累计竣工 296.7 万平方米、6.1 万套，供应廉租住房建设用地 677.8 万平方米。落实廉租住房建设资金 94.75 亿元，其中中央投资补助 36.03 亿元，省级配套补助 7.52 亿元，地方落实资金 51.2 亿元，完成建设投资 52.4 亿元。

【经济适用住房建设情况】 "十一五"期间，全省累计新开工经济适用住房 2235 万平方米，23.5 万套，累计完成经济适用住房建设投资 235 亿元。经济适用住房政策惠及城市低收入人数达 75.2 万人。

【棚户区改造工作开展情况】 全省城市和国有工矿棚户区改造项目已完成改造面积 1004.3 万平方米、13.49 万套。其中煤炭棚户区 594.7 万平方米、7.46 万套，城市和国有工矿棚户区 409.6 万平方米、6.03 万套。

【加强保障性住房质量管理】 根据住房城乡建设部文件精神，印发了《关于加强廉租住房质量管理的通知》，对廉租住房建设项目实施法人责任制、招投标制、合同管理制、工程监理制等提出了明确要求。要求各市、县中央投资补助租房项目均纳入当地的有形建筑市场管理，并严格执行项目招投标、施工图审查、合同备案、工程监理、质量监督等各项管理制度。在审查各地廉租住房申报项目时，坚持"四证"齐全，并查看原件、严格把关，确保项目质量。

【加强保障性住房规范化管理】 要求各级住房保障部门要认真履行职责，切实加强保障性住房管理。一是严格建设标准。廉租住房套型标准要控制的 50 平方米以下，经济适用住房套型原则上控制的 60 平方米左右，城市和国有工矿棚户区改造要以建设中小套型住房为主、面积控制在 50~80 平方米，政府公共租赁住房原则上以单身宿舍、集体宿舍、一室和两室户型为主,面积标准可控制在20～60平方米之间。二是加强准入管理,完善退出机制。进一步规范保障性住房供应政策,严格执行申请、审核、批准、公示等程序,确保过程公开透明、分配结果公平公正。同时要进一步完善退出机制,廉租住房实物配租对象要实行年审制度,家庭收入、住房等条件发生变化,不再符合保障条件的,要及时退出。改进经济适用住房管理,严格上市交易管理,具备条件的地区实行政府优先回购。三是强化日常监管工作。要求市、县政府健全住房保障机构设置,落实人员和工作经费。加强保障性住房质量管理,定期核查保障性住房的使用情况,发现问题要及时纠正处理。

【建筑业发展】 "十一五"期间,建筑业以全省经济社会发展为契机,积极调整产业结构,努力规范市场秩序,不断提高发展质量和效益,建筑业主要指标大幅增长,各项经济技术指标快速提高,建筑业保持快速健康持续发展。"十一五"时期,完成全社会建筑业增加值4785.99亿元,占GDP的比重达到5.5%,按可比价格计算年均增长10.6%。建筑业作为河南省国民经济的支柱产业的地位更加巩固,支撑了国民经济的稳定、快速发展,为改善城乡面貌、统筹城乡发展做出了积极贡献。提前完成了"十一五"规划制定的"建筑业总产值、增加值、利税总额保持年均增长10%以上,从业人员占全社会就业人员的8%左右"目标。"十一五"期间累计完成建筑业总产值14503.83亿元,是"十五"时期的3.14倍,年均增长32.8%,比"十五"时期高8.4个百分点。建筑业企业完成总产值逐年实现新的目标,由2006年的1530.93亿元,到2010年的4400.61亿元,比2006年增长了2.87倍,产业规模不断创造历史高点。总量在全国和中部六省的位次,由2005年的第12位和第3位逐年提高,位次从2007年起已连续4年位列全国第7位和第1位。"十一五"期间,全省建筑业企业完成的房屋建筑施工面积累计达到10.87亿平方米,是"十五"时期的1.6倍,年均增长21.5%,比"十五"时期高6.2个百分点。竣工房屋建筑面积累计达到5.11亿平方米,是"十五"时期的1.7倍,年均增长22.4%,比"十五"时期快9.7个百分点。竣工住宅建筑面积累计达到3.31亿平方米,是"十五"时期的1.9倍,年均增长24.3%,比"十五"时期高12.6个百分点。"十一五"时期,全省建筑业企业累计实现利润467.77亿元,是"十五"时期的5.9倍,年均增长44.6%;实现利税982.96亿元,是"十五"时期的4.3倍,年均增长38.9%,比"十五"时期高5.6个百分点。2010年全员劳动生产率(按总产值计算)达到18.36万元/人,比2005年增长1.2倍,年均增长17.1%,比"十五"时期提高4.1个百分点。

【建筑市场监管进一步加强】 "十一五"期间,采取多种措施努力为企业创造良好发展环境。2006年,河南省政府出台了《关于加快建筑业发展的意见》,河南省政府办公厅下发了《关于进一步加快建筑业发展的实施意见》,为全省建筑业特别是骨干企业的发展提供了政策支持。为深化落实扶持政策,2007年,建设、发改、财政、人事、科技、商务、税务、银监分局等7部门印发了《关于支持建筑业骨干企业加快发展的意见》,确定100家骨干企业,部门联动加大对建筑业骨干企业的政策支持力度。各省辖市也积极推动政府出台了相应的实施意见,深入落实河南省政府加快建筑业发展意见。同时积极进行行政审批制度改革,下放审批权限,减少审批程序,缩短审批时间,提高行政效率。

【工程质量安全监管方式发生转变】 为保证全省建筑业健康快速发展,确保工程建设质量安全,全省各级质量安全部门切实逐步完善工程建设管理体制机制和监督体系,不断加大质量安全监管力度和监督执法力度,努力创新工程质量安全管理措施,积极实施"三个转变":一是从被动性检查向主动检查转变;二是从监管资源平均分配向突出重点、差异化管理转变;三是从以工程实体为检查重点,向检查参建各方质量安全责任制落实情况,以及法律法规和强制性标准贯彻执行情况转变,把监管工作向关键环节和薄弱环节侧重。通过强化层级监管,实施质量安全约谈,建立建筑市场信用体系,加强安全目标管理,严格市场准入,完善动态考核,全面推进安全质量标准化,大大促进了质量安全工作的有效开展。同时,积极推行住宅工程质量分户验收,有效开展结构安全、使用功能缺陷及住宅工程质量通病的专项治理,并将建筑节能验收纳入建筑工程质量监督检查和竣工验收之中,实现了建筑节能全过程管理,工程品质不断提高。大力推进建筑施工安全质量标准化工作,促进企业自我查找管理缺陷、堵塞管理漏洞、完善管理制度、细化工作标准、提高管理档次,施工现场安全文明施工状况有了明显提高。

【质量安全文明施工水平有新的提高】 "十一五"期间,全省房屋建筑工程在监管范围内共有新开工工程约23297项,建筑面积26619.96万平方米,在建工程 12524 项，建筑面积 10068.24 万平方米。竣工工程约 21711 项，建筑面积 19695.75 万平方米。竣工验收合格率 100%，主体结构合格率 100%。受监工程主体结构合格率、竣工验收工程合格率、工程质量备案率、新开工工程节能标准执行率均达到 100%。安全事故总量明显下降。2010 年全省共发生建筑施工生产安全事故 7 起，比 2005 年减少 18 起，下降 72%；事故死亡人数由 2005 年的 34 人，下降到 2010 年的 8 人，年平均均下降 25.1%。建筑业百亿元增加值死亡人数保持较低水平。其中 2009 年建筑业百亿元增加值死亡人数为 1.35 人，低于全国百亿元建筑业增加值死亡人数 3.58 人；2010 年为 0.63 人，约为全国平均水平的 1/5。"十一五"期间，全省共获得鲁班奖 18 项，其中：2010 年鲁班奖获奖创造了全省建筑史上两个第一：第一次 5 项工程同获得鲁班奖；第一次民营企业获得鲁班奖。承建中国文字博物馆的泰宏建设发展有限公司，成为河南省首次获此殊荣的民营建筑企业。全省有 232 个工程获"中州平安杯"，1219 个工程获"省安全文明工地"，10 个工程项目获得全国"AAA 级安全文明标准化诚信工地"，有 3 个省辖市建设主管部门、4 个工程项目和 4 名安全监督人员分别获得全国建筑施工安全质量标准化工作先进集体、示范工地和先进个人称号。

【勘察设计成就综述】 "十一五"期间，全省勘察设计咨询业按照住房和城乡建设部提出的"建立法规、完善制度、规范市场、强化管理、推进改革"的总体思路，抓住机遇，深化改革，转换机制，加强管理，完成全省固定资产投资的勘察设计和工程咨询任务。至 2010 年，全省已初步形成了一支门类齐全、技术密集、专业配套、人才汇聚的勘察设计队伍，其队伍区域分布比较合理，大中小结构匹配适当，能满足建筑、市政、电力、交通、铁路、水利、化工、石化、纺织、煤炭、邮电、电子及核工业、有色冶金等各个行业的科研、勘察、设计、工程咨询的需要。到 2010 年底，全省勘察设计企业总数达 626 家，其中甲级 117 家（含国家综合甲级 2 家），占总数的 18.69%；乙级 295 家，占总数 47.12%；丙级 204 家，占总数的 32.59%；其他 10 家企业，占总数的 1.6%。总数比 2006 年增加了 46 家，增长 7.67%。从业人员达 4.9 万人，由于一些部属设计单位进入国家企业集团，资质和统计渠道变化，同比人数略有下降；其中工程技术人员 3.6 万人，占职工总数的 73.47%；各类注册人员 5580 人，其中，国家注册建筑师 2023 人、注册结构工程师 1779 人、注册土木工程师（岩土）331 人、注册公用设备工程师 314 人，注册电气工程师 322 人，注册化工工程师 91 人，其他尚未启动的注册水利水电、环保、机械、冶金、采矿/矿物、石油天然气、道路工程师 720 人，注册师占职工总数的 14.31%；全行业拥有 20 位国家勘察设计大师和 3 位国家工程院院士，是全省经济建设战线上一支科技生力军。全省勘察设计企业 2010 年完成勘察设计营业收入达到 204 亿元，与 2006 年的 79.45 亿相比，同比增长 156.8%，5 年来年均增长 31.36%，高于同期全社会固定资产投资总额增长速度。勘察设计行业人均收入由 2006 年的 15.7 万元，提高到 2010 年的 41.5 万元，增长了 2.64 倍，实现了人均收入翻番，先后有 6 家单位进入全国勘察设计百强行业。

【完成建筑节能目标】 新建建筑节能标准执行率从"十一五"初期的 50% 提高到了 100%，标准实施率也由 30% 逐步提高到了 97% 以上，均超过建设部确定的年度指标 2 个百分点。其中省辖市区实施率已达 98% 以上，县（市）实施率达 80% 以上；五年来，已累计建成节能建筑 1.4 亿多平方米，可再生能源建筑应用面积达 4000 多万平方米，鹤壁、洛阳、内乡、宝丰、太康、西平、鲁山等 2 市 5 县被国家批准为可再生能源建筑应用城市级示范和农村级示范，21 个可再生能源建筑应用项目和 17 个光电建筑应用项目获国家财政资金支持；既有建筑供热计量和节能改造 380 多万平方米，超额完成国家下达河南省 360 万平方米的任务；初步建立了全省机关办公建筑和大型公共建筑节能监管体系。省本级与 3 个市级监测平台联网运行。全省建筑节能累计节约标准煤 700 多万吨。帮助企业和有关市、县争取国家财政在建筑节能方面的专项资助。共争取国家建筑节能专项资金 8.43 亿元，有效推动了全省建筑节能的快速发展。

【标准体系完善】 针对河南省气候特点及建筑节能工作的进展，先后编制了《河南省居住建筑节能设计标准（寒冷地区）》、《河南省居住建筑节能设计标准（夏热冬冷地区）》（65% 节能）和《河南省公共建筑节能设计标准实施细则》（50% 节能）两类三本地方标准，以及《河南省民用建筑节能检测及验收技术规程》，是全国最早出全出齐地方标准的省份。配套了技术规程，完善了标准图集，基本形成了以国家和地方标准为主，以规程、图集和规范性文件为补充，涉及设计、施工、监理、检测、验收、认定和节能材料质量控制等各个方面的技术标准框架体系，为全省建筑节能工作的开展提供了良好的技术保障。

【建筑节能闭合管理加强】 印发《河南省建筑节能闭合式监督管理办法》、《关于认真落实省政府建筑节能责任目标任务的通知》，将新建建筑节能工作纳入基本建设程序的各个环节，强化了参建各方建筑节能工作的责任和义务，加强了对建设工程项目的立项、规划审批、设计审查、施工许可、建设监理、工程检测、质量监督、竣工验收备案，房屋销售许可、房产证办理等各环节的建筑节能监管工作。并在建设领域各项评比活动和示范项目中，实行建筑节能"一票否决"等制度。全省设计单位能够按照民用建筑节能设计的强制性标准进行设计；施工图审查机构严格审查，做到了未经节能审查合格的施工图设计文件不得使用；各级工程质量监督机构加强了建筑节能的日常监督，并将建筑节能验收纳入到建筑工程质量竣工验收中。确保全省新建居住建筑全面执行节能65%的设计标准，新建公共建筑全面执行节能50%的设计标准，标准实施率明显提高。

【建筑节能产业发展迅速】 一是通过加大民用建筑节能技术、产品、工艺推广限制力度，定期发布技术公告或推广目录，开展建筑节能材料产品的认证和推广工作。5年来，共有300多家节能材料生产企业的500多个产品获得认证。二是做好建筑材料产品的推广应用工作。每年优选省内外重点推广项目30余项，召开建筑节能材料产品博览会、推介会、现场会，组织省内知名企业参加建设部组织的智能绿色建筑博览会，为建筑节能新材料、新产品的研发、应用搭建了良好的平台。三是通过积极开展可再生能源建筑应用、光电建筑应用，带动了一大批地源热泵、太阳能热水器、太阳能光电板生产企业在全省发展壮大。据不完全统计，与建筑节能相关的生产厂家已达600多家，生产总值超过800多亿元，产品基本满足全省建筑节能工作的需要。

【建筑节能专项示范工程效应明显】 "十一五"期间共组织省级建筑节能专项示范工程88个，共364万平方米；验收33项，共248万平方米；全省18个省辖市全部都有科技示范项目，覆盖面达100%。7个低能耗、绿色建筑示范项目报建设部获批，上报河南省循环经济试点示范居住小区1个。河南省会展中心、安阳市中国文字博物馆、洛阳市博物馆新馆、开封九鼎颂园18号楼低能耗示范等重大工程项目顺利通过验收，有效地带动了全省建筑节能工作健康顺利的开展。

【宣传培训落实】 充分利用报纸、网络、电视、电台等各种媒体和"条例宣传月"、"节能宣传周"、"无车日"等时机，采取专题节目、知识竞赛、设置专栏以及宣贯会、推介会、发放宣传册（单）、悬挂条幅等方式，广泛宣传建筑节能的重要意义、相关政策、管理措施。通过多渠道、多途径的持久宣传，社会各界对建筑节能的意识明显增强。"十一五"期间省、市共培训人员4万余人次，从业人员执行建筑节能标准的水平明显提高。

7. 建筑业企业、勘察设计企业、招标代理机构、监理企业营业收入前20名

河南省建筑业企业按总收入排名前20名、工程勘察设计企业按勘察设计收入排名前20名、工程招标代理机构按工程招标代理收入排名前20名、建设监理企业按监理收入排名前20名的情况如表4-10所示。

2010年河南省建筑业企业、勘察设计企业、招标代理机构、监理企业营业收入前20名企业　　表4-10

序号	建筑业企业 总收入前20名	工程勘察设计企业 勘察设计收入前20名	工程招标代理机构 工程招标代理收入前20名	建设监理企业 监理收入前20名
1	中铁隧道集团有限公司	中国石化集团洛阳石油化工工程公司	河南豫信招标有限责任公司	郑州中兴工程监理有限公司
2	中铁十五局集团有限公司	机械工业第四设计研究院	河南省机电设备招标股份有限公司	郑州中原铁道建设工程监理有限公司
3	中铁七局集团有限公司	中色科技股份有限公司（原洛阳有色院）	河南中建工程管理有限公司	河南卓越工程管理有限公司
4	中国建筑第七工程局有限公司	机械工业第六设计研究院	河南电力物资公司	河南立新监理咨询有限公司
5	中铁隧道股份有限公司	河南省电力勘测设计院	河南卓越工程管理有限公司	煤炭工业郑州设计研究院有限公司
6	中建二局第二建筑工程有限公司	黄河勘测规划设计有限公司	河南兴达工程咨询有限公司	河南海华工程建设监理公司
7	中国石油天然气第一建设公司	中国石化集团中原石油勘探局勘察设计研究院	河南立新监理咨询有限公司	河南省豫建工程管理有限公司

续表

序号	建筑业企业 总收入前20名	工程勘察设计企业 勘察设计收入前20名	工程招标代理机构 工程招标代理收入前20名	建设监理企业 监理收入前20名
8	中国水利水电第十一工程局有限公司	河南中建七局建筑装饰工程有限公司	河南省国贸招标有限公司	河南兴平工程管理有限公司
9	中铁七局集团郑州工程有限公司	河南杭萧钢构有限公司	河南省河川工程监理有限公司	濮阳中油工程管理有限公司
10	中铁十五局集团第五工程有限公司	河南省交通规划勘察设计院有限责任公司	河南省伟信招标管理咨询有限公司	黄河工程咨询监理有限责任公司
11	新蒲建设集团有限公司	煤炭工业郑州设计研究院有限公司	河南宏业建设管理有限公司	河南工程咨询监理有限公司
12	中铁大桥局集团第一工程有限公司	河南省水利勘测设计研究有限公司	河南智远工程管理有限公司	河南建达工程建设监理公司
13	中交二公局第四工程有限公司	凯迈"洛阳"置业包装有限公司	南阳建设工程招标代理中心	河南新恒丰建设监理有限公司
14	中铁电气化局集团第三工程有限公司	河南豫中地质勘察工程公司	河南兴建建设管理有限公司	河南省华兴建设监理有限公司
15	中铁十五局集团第六工程有限公司	河南省地矿建设工程(集团)有限公司	河南省城建招标代理有限公司	黄河勘测规划设计有限公司
16	中平能化建工集团有限公司	郑州康利达装饰工程有限公司	河南省机电设备国际招标有限公司	洛阳炼化工程建设监理有限责任公司
17	泰宏建设发展有限公司	中机新能源开发有限公司	河南科光工程建设监理有限公司	河南创达建设工程管理有限公司
18	郑州市第一建筑工程集团有限公司	河南省建筑设计研究院有限公司	河南省兴豫建设管理有限公司	河南省中大工程监理有限公司
19	河南国基建设集团有限公司	河南省有色工程勘察有限公司	河南省鑫诚工程管理有限公司	河南宏业建设管理有限公司
20	河南省第五建筑安装工程(集团)有限公司	平煤建工集团有限公司	河南省建设工程咨询公司	河南正博建设监理有限公司

大 事 记

2月6日，郑州至西安高速铁路正式投入运营。

2月10日，省住房城乡建设厅公布河南省农产品质量安全综合检测中心等168项工程荣获2009年上半年"河南省安全文明工地称号"。

2月11日，省住房城乡建设厅印发《河南省省外勘察设计企业进豫承接业务登记管理办法》，《办法》共14条。

2月25日，省住房城乡建设厅、国家发改委、财政厅、国土资源厅印发了《关于印发加强廉租住房管理和规范产权处置的指导意见(试行)的通知》，《意见》对指导思想及原则、管理机构和职责范围、出售及上市管理、售房资金和物业管理、监督管理提出了明确规定。

3月1日，省住房城乡建设厅印发了《河南省建筑边坡与深基坑工程管理规定》(试行)，《规定》分为总则、建设单位、工程勘察、工程设计、工程施工、工程监理与监(检)测、监督管理等7章42条。

3月11日，省住房城乡建设厅发布由平顶山市园林绿化管理处主编的《河南省附属绿地绿化规划设计规划》(DBJ41/T099-2010)，经评审批准为河南省工程建设地方标准，自2010年5月1日起在全省施行。

3月30日，省住房城乡建设厅公布河南立新监理咨询有限公司等20家监理企业为全省工程监理企业20强。

4月15日，郑州市开始实施《郑州市经济适用住房管理办法》，新办法对经济适用房的建设标准、申请条件、申购程序、销售方式、产权性质、上市交易、违规处罚、执行时间等进行了修订。

4月18日，中共河南省委、河南省人民政府在上海世博会中国馆举行河南馆竣工仪式，正式揭开了河南馆面纱。河南省委副书记、省长郭庚茂，上海市委副书记、市长韩正出席仪式并共同启动河南馆竣工按钮。

4月22日，省住房城乡建设厅印发《河南省建筑边坡与深基坑工程设计方案评审办法》，《办法》共22条。

4月24日，住房城乡建设部住房公积金个人住房贷款政策座谈会在郑州召开。此次会议主要探讨符合当前形势的住房公积金个人住房贷款政策。住房城乡建设部公积金监管司司长张其光、副司长杜久才，北京、上海、河南、江苏、浙江、四川等17个省市住房公积金管理部门相关负责人参加了会议。

4月27日，在完成了对河南省"扩内需促增长"政策落实和工程建设领域突出问题专项治理情况的检查后，中央第一检查组组长王庭大代表检查组向河南省反馈意见。充分肯定了河南省所作的努力和取得的成绩。对河南采取完善项目推进机制，强化配套资金落实，明确项目责任，加速项目检查等一系列措施给予肯定，并就下一步工作开展提出了意见和建议。检查组到焦作、平顶山、信阳、驻马店和南阳5市督导检查。

4月28日，全省建设工程质量安全管理工作会议在郑州召开，共282人参会。省住房城乡建设厅厅长刘洪涛作了重要讲话。与会代表参观了省艺术中心、会展宾馆、美景鸿城建筑工地。

4月28日，郑州铁路集装箱中心站投入试运行。该站总投资4.8亿元，占地2146亩。作为全国18个铁路大型集装箱物流中心站之一。

4月30日，郑州市人民政府公布《郑州市建设工程造价管理规定》（市政府第190号令），自2010年6月1日起施行。该《规定》分为：总则、计价依据、造价编制、执业从业管理、法律责任、附则共6章8条。同时废止1999年1月1日起实施的《郑州市建设工程造价管理规定》（市政府令第70号）。

5月7日，省住房和城乡建设厅主办的"2010年中原绿色住宅建设暨建筑节能产品博览会"在郑州会展中心举行。本次博览会以"新河南、新家园、新形象"为主题，以"展示、交流、创新、发展"为宗旨，以推广绿色住宅建设和环保装饰材料先进技术及产品为目的，致力于推动建筑产业向节能、环保、绿色、智能化方向发展。

5月10日，平顶山市规模最大、档次最高的保障性住房项目——蓝欣家园项目开工建设。

5月11日，中国首批社会福利事业社会办的示范工程、河南省文化产业示范工程河南嵩山夕阳红文化产业园正式开工建设。

5月11日，省住房城乡建设厅发布《河南省建设工程工程量清单招标控制价管理规定》，《规定》共12条，自2010年7月1日起施行。

5月16日，郑州至卢氏高速公路洛阳至洛宁段在洛阳举行工程建设的开工仪式。该项目是河南省2010年首批公布的重点建设项目，其开工建设，将从根本上改变豫西山区交通状况。

5月20日，新郑市河南鸽瑞复合材料有限公司，总投资4.2亿元的50万吨扩建项目正式开工建设。

5月21日，总投资5亿元的河南恒丰10万吨预应力钢绞线项目，总投资5.5亿元的河南光华年产15万吨铸件与锻件项目和总投资3亿元的河南义鑫威100兆瓦晶体硅太阳能电池片项目同时在巩义市开工建设。

5月25日，河南省南水北调中线工程建设管理局召开动员大会，决定开展以工程质量、安全、进度和文明施工为主要内容的建功立业劳动竞赛活动。副省长刘满仓参加动员大会。此次建功立业劳动竞赛活动时间为2010年5~12月。河南省境内委托项目所有施工、监理以标段为单位参赛，年底将对在竞赛活动中表现突出的单位和个人进行表彰奖励。

5月29日，郑州市金水区黑朱庄城中村改造开工建设，黑朱庄改造建城市综合体。项目占地362亩，规划总建筑面积135万平方米，项目集商业、酒店、商务办公、住宅为一体，为一大型城市综合体和区域性地标建筑群。

6月20日，国际汽车后市场产业园在中牟开工建设。中国（郑州）国际汽车后市场产业园内设生产加工区、仓储物流区、中央商务区、科研区、生活配套区，共分两期投资建设，一期规划投资48亿元，2012年建成，二期2015年建成。届时，园区将引进各类汽车后市场规模企业300家以上，形成年产值800亿元、税收100亿元的汽车后市场研发、生产基地。

6月20日，中国（洛阳）再生资源产业示范基地一期工程竣工投产暨二期工程启动仪式在孟津县举行。该项目全面投产后，可年处理加工废旧钢铁30万吨，拆解废旧家电90万台，加工废纸50万吨，加工废塑料8万吨，拆解报废汽车1.4万台，交易各类废旧物资80万吨，无害化处理各种有害物质10万吨。

6月29日，济宁至祁门高速公路永城段开工建设，将于2012年底建成通车。

7月6日，省住房城乡建设厅公布河南信息工程学校综合实验楼等141项工程获2010年度下半年"结构中州杯"奖。

7月9日，三门峡电动汽车充电设施建设项目正式启动，第一批电动汽车充电设施，将分别在该市区黄河路、崤山路的4个地点建设16个充电桩，建成后，可满足该市首批电动汽车投运后的充电需求。

7月12日，省住房城乡建设厅公布郑州市市政工程总公司承建的郑州市马头岗污水处理厂厂外配套干管工程（Ⅲ标段）等36项工程为2010年河南省建筑业新技术应用示范工程(第一批)。

7月12日,省住房城乡建设厅、省统计局公布中铁隧道集团有限公司等50家企业为2009年河南省建筑施工企业综合实力50强。

7月19日,省住房城乡建设厅公布由河南省建筑科学研究院主编的《自保温加气混凝土砌块墙体技术规程》(DBJ41/T100-2010),经评审批准为河南工程建设地方标准,自2010年10月1日起在全省施行。

7月19日,根据《河南省工程建设工法管理实施细则》,组织有关专家对申报的工法进行了评审,省住房城乡建设厅公布《钢构架仿古建筑屋面施工工法》等7项工法为2010年度河南省第一批省级工法。

7月20日,省住房城乡建设厅发布由河南省建筑科学研究院有限公司主编的《JMZ系列防水材料建筑构造》(10YJ4-1,DBJT19-36-2010)图集,经审查,批准为河南省工程建设标准设计图集,自2010年8月1日起在全省施行。

7月,杜甫故里景区正式对外开放,该景区整修工程总投资1.2亿元,规划总占地面积372亩。景区古建筑修复、配套设施升级改造工程。

8月1日,在巴西巴西利亚第34届世界遗产大会上,中国登封"天地之中"历史建筑群经联合国教科文组织世界遗产委员会批准,被正式列入《世界遗产名录》。此次申遗的内容共有8处11项,周公测景台和观星台、中岳庙、汉三阙(太室阙、启母阙、少室阙)、会善寺、嵩阳书院、嵩岳寺塔、少林寺(常住院、塔林、初祖庵)等。

8月3日,大连万达集团投资50亿元建设的郑州中原万达广场正式开工建设,该项目作为河南省引进的一个大型商业地产项目,集品牌商业、办公、餐饮、娱乐等为一体,将成为郑州市又一个地标性建筑群和商业聚集区。

8月10日,省住房城乡建设厅公布郑州国家干线公路物流港综合服务楼等119项工程获2009年下半年"河南省安全文明工地"称号。

8月10日,根据《河南省建设工程"中州平安杯"奖评审管理办法》,经过评审,省住房城乡建设厅公布威尼斯水城A7号、A11号住宅楼等46项工程获2009年度河南省建设工程"中州平安杯"奖。

8月12~20日,省住房城乡建设厅分3个检查组,对洛阳、新乡、濮阳、三门峡、许昌、漯河、南阳、商丘、周口9个省辖市及所辖18个县(市)进行了建筑节能专项检查。9个省辖市承担全省既有居住建筑供热计量及节能改造184.37万平方米,占全省的47.6%,已经完工59.39万平方米,占任务量的32.2%,其他124.98万平方米正在组织施工。

8月16日,省住房城乡建设厅公布中国文字博物馆主体馆等95项工程获2010年度河南省建设工程"中州杯"奖(省优质工程)。

8月16日,省住房城乡建设厅公布新乡市隆基心连心居住小区15号楼等7项工程获2010年度河南省建设工程"中州杯"银奖(用户满意工程)。

8月16日,省住房城乡建设厅公布2010年河南省建设科技进步奖获奖项目名单,经省住房城乡建设厅科技进步奖评审委员会评审,共评出获奖项目38项,其中,一等奖15项、二等奖17项、三等奖6项。

8月23日,省住房城乡建设厅公布洛阳龙瑞新型建材有限公司等50家企业为全省第一批新型墙材骨干生产企业。

8月25日,根据《河南省建设工程"中州杯"奖(省优质工程)评审标准》、《河南省建设工程"中州杯"奖(省优质工程)评审管理办法》,经评审,省住房城乡建设厅公布郑州诚信集团多功能厅装修工程等16项工程获2010年度河南省建设工程"中州杯"奖(省优装饰工程)公共建筑装饰类,固始县行政服务中心大楼外墙装饰工程等4项工程获2010年度河南省建设工程"中州杯"奖(省优装饰工程)公共建筑幕墙类,意大利国际大厦7号楼17层装饰工程等6项工程获2010年度河南省建设工程"中州杯"奖(省优装饰工程)公共建筑装饰设计类奖。

8月30日,为规范绿色建筑评价标识工作,提高评价标识评审质量,省住房城乡建设厅成立河南省绿色建筑评价标识专家委员会,专家委员会成员共21人。

9月2日,省住房城乡建设厅发布由河南省第一建筑工程集团有限责任公司主编的《干挂法施工保温装饰板外墙外保温技术规程》(DBJ41/T103-2010),经评审批准为河南省工程建设地方标准,自2010年11月1日起在全省施行。

9月7日,郑州市建委决定,从即日起在全市范围开展塔吊等建筑起重机械设备大检查。

9月10日,省住房城乡建设厅发布由河南省建筑科学研究院主编的《河南省地源热泵系统建筑应用示范项目评价标准》(DBJ41/T102-2010),经评审批准为河南省工程建设地方标准,自2010年10月1日起在全省施行。

9月10日,省住房城乡建设厅发布由河南省建筑科学研究院主编的《河南省太阳能光热建筑应用示范项目评价标准》(DBJ41/T101-2010),经评审批准为河南省工程建设地方标准,自2010年10月1日起在全省施行。

9月26日,第二届中国绿化博览会在郑州隆重开幕,博览会主会场占地近3000亩,拥有各种植物1000多种、63.6万株。园内景观为"一湖、二轴、三环、八区、十六景"。

9月26~30日,省住房城乡建设厅抽调15名专家组成5个检查组,对郑州、洛阳、三门峡、安阳、漯河、许昌、济源、周口、焦作、新乡10个省辖市,22家建筑施工企业,26家监理企业(监理部),26项在建工程项目,查出不安全问题及事故隐患255项(条),下达隐患整改通知书38份,停工整改通知书4份,并责令有关责任单位限期整改。

10月8日,郑州市政府印发《郑州市政府投资项目工程质量永久公示牌规定(暂行)》,《规定》要求国家、河南省和郑州市本级政府财政性资金所进行的固定资产投资建设项目,均要设立工程质量永久公示牌。

10月26日,省住房城乡建设厅公布周爱国等91人符合评标专家条件,授予评标专家资格。

10月28日,洛阳市住房公积金支持保障性住房建设——"中电·阳光新城"项目首期贷款签约仪式在洛阳市友谊大酒店举行。该项目是全国康居示范工程,是经住房城乡建设部批准的利用住房公积金贷款支持保障性住房建设试点项目,位于洛阳市北拓的核心区,建成后,能提供经济适用住房和廉租住房5700余套。

10月29日,河南省自主研发的首条一体化设计的纯电动汽车生产线——新乡新能电动车项目,在新乡市高新技术开发区开工建设。该项目建设总投资50亿元,规划产能50万辆。

10月29日,省住房城乡建设厅发布由河南省建筑科学研究院主编的《河南省民用建筑太阳能热水系统应用技术规程》(DBJ41/T104-2010),经评审批准为河南省工程建设地方标准,自2011年1月1日起在全省施行。

10月29日,省住房城乡建设厅发布由河南省城镇供水协会主编的《河南省城镇公共供水行业服务规范》(DBJ41/T105-2010),经评审批准为河南省工程建设地方标准,自2011年1月1日起在全省施行。

12月2日,财政部、科技部、住房城乡建设部、国家能源局四部门联合在北京召开会议,对金太阳示范工程和太阳能光电建筑应用示范工程的组织和实施进行动员部署。

12月7日,连霍高速公路洛阳至三门峡段改扩建工程开工建设。该段全长195公里,投资125亿元,工期3年。是河南省一次性开工建设的里程最长、投资规模最大、地形最复杂、技术难度最大的山区高速公路改扩建项目。

12月8日,河南保税物流中心在郑州揭牌。

12月8日,河南济源至山西运城高速公路全线建成通车,该路段全长144公里,成为河南省通往山西的第三条高速通道。

12月15日,省住房城乡建设厅公布交通银行河南省分行办公楼附楼等183项工程获2010年度河南省下半年"结构中州杯"奖。

12月16日,省住房城乡建设厅公布中牟金欣建材厂等67个企业的70个产品为2010年新型墙体材料确认企业及产品名单。

12月17日,省住房城乡建设厅与工商银行河南省分行、建设银行河南省分行、国家开发银行河南省分行在郑州签订协议,"十二五"期间,三家银行将向省城乡建设领域提供1830亿元的资金支持。全省住房城乡建设系统共整理项目1111个,总投资5831.75亿元,拟签约项目258个,贷款金额857.38亿元。这些项目种类多,投资金额大,包括城市供水、供热、供气、排水管网、污水垃圾处理等基础设施建设、城中村和水系整治等方面。

12月17日,中信重工与河南投资集团下属洛阳黄河同力水泥公司在郑州签署协议,将共同建设国内首个"利用水泥回转窑消纳城市生活垃圾项目"示范工程项目。

12月23日,省住房城乡建设厅公布中国农业科学院郑州果树研究所综合实验室工程等119项工程获2010年上半年"河南省安全文明工地"称号。

12月27日,省住房城乡建设厅公布《大面积钢纤维混凝土硒钛合金金属骨料耐磨地面施工工法》等98项工法为2010年度河南省第二批省级工法。

12月28日,郑州市轨道交通2号线一期工程正式开工建设,这是郑州市形成"十"字形轨道交通架构的开始。

12月28日,中国最高双塔式建筑——绿地中央广场项目在郑州郑东新区开工建设。

12月29日,焦作国际太极拳文化交流中心暨全民健身中心开工建设。该项目规划总建筑面积16.49万平方米,主要建设内容为:太极体育场、太极体育馆、太极游泳馆、全民健身中心、后勤服务中心及室外体育设施等,将于2013年底前竣工。

12月29日,中粮郑州产业园在郑州开工建设,主要建设项目有小麦加工、仓储物流、面条等项目,建筑面积2.03万平方米,前期投资30亿元。

(河南省住房和城乡建设厅 刘江明、秦华、王放、李育军、王巍)

湖 北 省

1. 城乡规划

【全省新型城镇化会议召开】 2010年初，省委省政府主要领导深入住房城乡建设厅专题调研，明确思路，提出要求。11月组织召开全省新型城镇化工作会议，制定出台《关于加快推进新型城镇化的意见》，明确了"十二五"期间湖北省城镇化发展的主要目标、基本措施和政策保障，为湖北省未来推进新型城镇化工作指明方向。

【《湖北省城镇化与城镇发展战略规划》编制】 按照省政府主要领导提出的"编制一流的规划"的要求，全力做好《湖北省城镇化与城镇发展战略规划》编制工作。邀请四家国内一流的规划研究机构开展湖北城镇化发展战略研究，形成了丰富的成果。邀请国内外专家举办"城镇化与城镇发展战略"系列讲座和"推进湖北城镇化高峰论坛"，增强了各级各部门特别是领导干部对城镇化的理解，形成了加快推进新型城镇化的共识。通过各种渠道广泛征集省内各级各部门和广大人民群众对城镇化发展的建议，提高了规划研究与编制的公众参与度，《规划》编制各项工作进展顺利。

【区域规划与"十二五"专项规划编制与研究】 围绕省委省政府"一带两圈、双轮驱动"的区域发展战略的实施，6月，积极配合省政协就长江经济带城镇发展问题，赴宜昌、荆州调研，准备的有关汇报材料及政策建议得到了省政协领导的肯定。编制完成《湖北省城镇化"十二五"规划》和《湖北省"十二五"历史文化名城名镇名村保护设施建设规划》两个专项规划。完成《湖北省中小城市基础设施完善"十二五"规划》。

【城市总体规划编制】 依法开展城市总体规划修改工作。2010年，完成宜昌市、老河口市、钟祥市等城市总体规划修改专家论证，恩施市、枝江市、赤壁市、咸宁市城市总体规划成果审查，鄂州市、随州市、利川市、松滋市城市总体规划成果报批，以及竹溪、南漳、郧西、随县等县城规模论证。积极与住房城乡建设部沟通联系，顺利推进黄石市城市总体规划修改评估工作。9月15日，国务院15个相关部委集聚黄石，就黄石市城市总体规划修改工作召开专题审查会，原则通过黄石市启动新一轮城市总体规划修改工作。

【《湖北省实施〈城乡规划法〉办法》立法】 2010年初，在2009年多次组织专家讨论、多次征求市州和厅内相关处室意见的基础上，组织人员进行了反复修改，完善后形成《湖北省实施〈城乡规划法〉办法(送审稿)》，将城乡统筹、机制创新、程序管理、监督检查等方面作为立法重要内容，并重点在深化法律要求和授权地方规定细节方面进行完善细化，尽可能不重复原有法律条款。4月初向省政府提交了"关于报送并提请对《湖北省实施〈中华人民共和国城乡规划法〉办法(草案)》审议的请示"，并将"关于《湖北省实施〈中华人民共和国城乡规划法〉办法》起草说明"和《湖北省实施〈城乡规划法〉办法(送审稿)》一并报送省政府。

【建设用地容积率专项检查及工程建设领域专项排查】 为了巩固2009年房地产开发中违规变更规划调整容积率专项治理工作的成果，对2009年4月1日至2009年12月31日期间领取规划许可的房地产项目进行第二阶段清理检查。对第二阶段的清理数据进行了认真扎实的清理登记、复查复核，共自查项目912项，自查项目用地面积3304.88公顷，其中调整项目145项，涉及违规调整70项，违规面积84.01公顷。

【全国优秀城乡规划评奖】 按照中国城市规划协会的评选要求，积极组织各市州规划主管部门积极参与2009年度全国优秀城乡规划设计评选范围，共收到上报城镇体系、总体规划、控制性详细规划、修建性详细规划、专项规划、近期建设规划、城市设计及各类规划项目104项。经专家组评审后，将其中26个项目报送中国城市规划协会参加评选活动，有16个项目获得国家奖项。其中获得1项"一等奖"、6项"二等奖"、7项"三等奖"、2项"表扬奖"，在抗震救灾规划项目评选中，湖北省有4个项目获得表彰。获奖项目中有《武汉城市总体规划》等城市总体规划项目，更多的是湖北省近年来高度重视和倡导的生态保护、交通等基础设施建设规划项目,体现湖北省在脆弱资源保护等方面规划走在全国的前列。

【举办全省县(市)规划局长培训班】 6月7~9日在武汉举办全省县(市)规划局长培训班。邀请高校教授及地方规划工作经验丰富的规划局领导,采取专家讲课与研讨、案例教学与专家点评、学员交流等方式进行。各县(市)规划局长或建设局分管局长通过3天紧张的学习,增长了专业知识。

2. 保障性住房建设与房地产业

【全面完成保障性安居工程任务】 2010年,全省新建廉租住房目标任务3.95万套,实际完成4.42万套,占比112%,完成投资14.4亿元;新增廉租住房4.42万套,新增发放租赁住房补贴10.9万户;新建经济适用住房目标任务3.51万套,实际完成3.52万套,占比100.3%,完成投资9.83亿元;新建公共租赁住房目标任务1万套,实际完成1.08万套,占比108%,完成投资2.3亿元;城市棚户区改造7.12万户,实际完成7.34万户,占比103%,完成投资33.64亿元;国有工矿棚户区改造目标任务5.84万户,实际完成5.88万户,占比101%,完成投资14.66亿元;国有林区棚户区改造目标任务0.85万,完成0.85万户,占比100%,完成投资1.49亿元;国有垦区危房改造目标任务0.40万户,实际完成0.45万户,占比113%,完成投资1.4亿元;农村危房改造目标任务6万户,实际完成6.07万户,占比101.2%,完成投资3.6亿元。全面超额完成年度目标任务,基本实现了城镇低收入家庭住房应保尽保。襄阳市廉租住房建设实现了三年目标两年完成的承诺;黄石市推进公租房试点的做法,受到住房城乡建设部和省委省政府领导的充分肯定。

【保障性住房建设重要活动】 6月,省委书记李鸿忠专题听取了全省住房保障工作情况汇报,7月,省政府召开全省住房保障工作会议,省政府与各地签订住房保障工作目标责任书。11月,李鸿忠又专题听取了关于加快发展公共租赁住房有关情况的汇报,12月,省政府又召集襄阳、宜昌、黄石、十堰等四城市政府分管领导和房产局长召开公共租赁住房建设工作座谈会,听取公共租赁住房建设工作汇报和发展设想。7月和11月,组织督查组对全省的保障性安居工程工作情况进行了全面督促检查。

【住房制度改革政策研究】 组织省内有关专家和科研单位,承担住房和城乡建设部《廉租住房保障家庭腾退住房运作机制研究》、《中国住房保障体系建设研究》和《完善住房供应体系,促进经济平稳较快发展》课题。三项课题共形成了80万字的专项研究报告书,对我国保障性住房运作机制的建立和完善具有参考价值。同时,为配合住房城乡建设部将湖北省黄石市列为全国公共租赁住房制度建设试点城市,开展了《公共租赁住房运营的体系设计》,《中国保障性住房投融资方式创新研究》专项课题研究。从理论到实践进行系统研究,形成了20万字的研究报告书,于12月22日经专家评审验收,并报住房和城乡建设部住房保障司备案。

【省级财政加大对保障性住房的支持】 对廉租住房房源中享受西部政策的37个县(市、区)新建廉租住房,采取以奖代补方式每平方米补助200元。省财政每年预算安排廉租住房专项补助资金3000万元。建立保障性住房金融支持平台,住房城乡建设厅与国家开发银行签署协议,给予200亿元的信用额度。土地供应优先保证,保障性安居工程建设的税费政策给予优惠等,极大地支持了保障性安居工程建设。

【住房公积金监管工作不断加强】 2010年全省实现新增开户数11万户,新增归集住房公积金200.89亿元,比上年增加33.68亿元,增幅为20%;新增贷款110亿元,从公积金增值收益中上交廉租住房补充资金3亿元。继续深化专项治理,着力解决历史遗留问题。武汉市利用住房公积金贷款支持保障性住房建设试点顺利进行。组织开展"让理想在住房公积金事业中闪光"的主题演讲活动,促进了住房公积金管理系统文明创建和队伍建设。

【房地产市场平稳发展】 认真贯彻落实国家一系列房地产市场宏观调控政策,报请省政府办公厅印发了《关于进一步加强房地产市场调控防止房价过快上涨的通知》,严格执行差别化信贷和税收政策,完善商品住房预售制度。严厉查处房地产市场各类违法违规行为,全面清理在建在售商品住房项目,维护正常的市场秩序。2010年以来,全省房地产市场运行比较理性,呈现出三个阶段的不同特征:第一季度市场继续2009年下半年的发展态势,成交量同比上升,部分城市城区房价较快上涨;第二季度在国发10号文等一系列宏观调控政策的引导下,市场呈现逐月量减价滞的发展态势;第三季度和第四季度,商品房销售量逐渐回升,房价保持稳定。

【房地产开发投资持续增长,开工和建设进度加快】 2010年,全省房地产开发投资1618亿元,在中部六省中次于安徽省和河南省,位居第三,同比增长34.8%,增幅比上年提高0.3个百分点。其中,第一季度完成投资245亿元,第二季度完成投资415

亿元，环比增长69%，第三季度完成投资433亿元，环比增长4.3%，第四季度完成投资524亿元，环比增长21%。

【商品房屋销售量波动中增长，商品住房供求结构有所改善】 2010年，全省新建商品房屋销售3514万平方米，同比增长29.3%，其中新建商品住房销售3242万平方米，同比增长25.8%。新建商品住房销售量在宏观调控政策的引导下出现了一些波动，第一季度新建商品住房销售470万平方米；第二季度新建商品住房销售812万平方米，环比增长72.8%；第三季度新建商品住房销售674万平方米，环比下降17%；第四季度新建商品住房销售1425万平方米，环比增长111%。

【房价基本稳定，部分城市房价有所下降】 第一季度末全省商品住房平均销售价格为3664元/平方米，同比增长13%，比2009年年底上涨了9.3%，创历史最高水平，部分城市城区房价持续上涨，武汉、黄石、宜昌、襄樊、荆州、咸宁、仙桃、潜江、天门9个城市同比增幅超过了20%。4月份以来，在宏观调控政策的引导下房价上涨趋于滞缓，第二季度末全省商品住房平均销售价格为3583元/平方米，比第一季度下滑2.2%，黄石、宜昌、襄樊、咸宁、恩施、仙桃、潜江、天门8个市州环比下降；第三季度末全省商品住房平均销售价格为3629元/平方米，比第二季度增长1.3%，十堰、襄樊、黄冈、咸宁4个城市环比下降；第四季度末全省商品住房平均销售价格为3500元/平方米，比第三季度下滑3.6%，黄石、十堰、宜昌、鄂州、随州、恩施、仙桃7个城市环比下降。

【城镇房屋拆迁管理】 为从源头上预防和减少社会不稳定因素，省住房城乡建设厅出台《湖北省城镇房屋拆迁社会稳定风险评估办法》，8月对部分城市贯彻落实《国务院办公厅关于进一步严格征地拆迁管理工作切实维护群众合法权益的紧急通知》的进展情况进行检查，指导各地下大力做好拆迁矛盾纠纷排查化解工作，并代省政府拟定了《关于进一步加强城镇房屋拆迁管理工作，切实维护群众合法权益的通知》。认真做好世博会、亚运会期间拆迁信访接待和矛盾纠纷排查化解工作，全年共接待拆迁上访群众115批次，316人次。调查处理复核信访事项12件。全年没有因拆迁问题引发恶性案件和大规模群体性事件以及全国舆论热点问题。各地合理控制拆迁规模，全年实际完成拆迁面积约730万平方米，其中武汉市约360万平方米，比上年同期有一定幅度增加。

【物业服务】 随着《物权法》和《物业管理条例》的深入贯彻落实，加强了全省物业管理行业的法制建设，各地先后组织对两部司法解释进行了学习和交流，全省二级以上资质的物业企业，80%以上聘请了法律顾问。按照部要求取消物业服务企业资质年检制度后，各地房产主管部门加强对企业的动态管理和物业管理市场的监管，及时查处和纠正违规行为。按照省委领导关于"物业管理全覆盖"的指示精神，进一步推进既有住宅小区的物业管理，并选择武汉、宜昌、鄂州作为试点城市，有序展开，扎实推进。

【房地产交易与权属登记规范化管理】 对2009年申报规范化管理的6家单位进行了验收，同时认真做好2010年规范化管理单位与先进单位的创建申报工作。黄石、宜昌等市的房地产市场与产权登记受理中心已通过初审并分别向部申报2010年度房地产交易与登记规范化管理先进单位的验收和复核。在广泛征求意见的基础上，下发《关于进一步推进全省房地产交易与权属规范化管理考核达标工作的通知》，力争全省在三年内全面达到规范化建设标准的要求。组织开展全省县市房管局长培训，提高了基层的政策理论水平和业务工作能力。

【房地产市场信息系统建设】 在广泛开展全省房地产市场信息系统调研的基础上，起草完成了《湖北省房地产市场信息系统建设方案》和《关于进一步推进湖北省房地产市场信息系统建设的通知》及相关配套文件。通过建设湖北省房地产市场信息系统，实现全省房地产市场管理的业务流程标准化、业务数据信息化、档案资料数字化、行政办公网络化，全面提升房地产行业管理部门的市场监管和社会服务效能。

【提升商品房品质】 以"广厦奖"和住宅性能认定为载体，着力转变房地产业发展方式、提升商品房品质。积极申报国家"广厦奖"，不断提升小区环境。全年有3个项目获得了"广厦奖"称号，其中百步亭花园悦秀苑和景兰苑等保障性住房项目通过住宅性能认定A级评审；孝昌·全洲桃源一期商品住房项目通过住宅性能认定2A级评审，成为全省县城中首个通过住宅性能认定的项目；汉口北国际商品交易中心成为湖北省第一个申报并获得"广厦奖"的商业地产类项目。省厅还被住房城乡建设部和中房协评为"广厦奖"先进组织机构，湖北省的住宅产业化工作也在全国会议上做了重点交流。

3. 城市管理与执法

【城市生活垃圾无害化处理】 全省建成并通过

省（国家）无害化等级评定的市县垃圾处理场由2009年的26个提升到46个，城市生活垃圾无害化处理能力达到606.95万吨/年。城市生活垃圾无害化处理率从2009年的41.2%提升到66.4%，其中设市城市由2009年的47.3%提升到2010年的73.8%、县城由2009年的15.5%提升到2010年的39.3%。圆满完成国家三部委部署的到"十一五"末，城市生活垃圾无害化处理率达到60%、其中设市城市达到72%、县城达到30%的工作目标。

【提升建成设施无害化处理能力】 2010年1月，组织11个市县到北京洲际环发再生资源技术开发有限公司西安阎良分公司进行了短期考察学习并形成调研报告；3月对2个垃圾处理场（长阳县、竹山县）下发了限期整改书面通知；根据国家审计署专项审计调查报告和省政府要求，及时责成武汉、安陆、鄂州等城市抓好垃圾处理场环评、渗沥液处理设施建设等问题整改；邀请部分专家，对武穴市拟采用华新水泥新型干法窑协同处理生活垃圾技术进行了专题研讨；组织专家编写了《湖北省城市生活垃圾卫生填埋场运行管理指南（试行）》并组织了集中培训学习。同时，为督办新建成垃圾处理场早日形成无害化处理能力，印发文件通知各地及时组织无害化处理等级评审检查，组织专家对荆州、襄阳、十堰、孝感、黄冈、咸宁、随州辖区的城市生活垃圾卫生填埋场进行了省级无害化处理等级评定。

【垃圾处理信息报送工作】 为加强湖北省城镇生活垃圾处理设施建设、运行的管理和监督，湖北省于2009年4月建立健全了省、市、县城镇生活垃圾信息报告网络，在全省施行了月、季、年报制度。通过反复督办和努力整改，湖北省"四率"等信息报送工作排名已由2009年的全国第13位跃居至2010年全国第1位，受到住房城乡建设部的通报表扬。

【建筑节能快速发展】 建筑节能的全过程闭合管理进一步完善，城镇新建建筑设计阶段节能标准执行率达100%，竣工验收阶段执行率达96.5%。可再生能源建筑应用面不断扩大，2009年列入国家示范的4个市县，已开工120个示范项目，总建筑面积650万平方米；2009年新增4个国家级示范市县。武汉市颁布了绿色建筑管理办法，确定首批绿色建筑示范项目30个，启动了王家墩中央商务区、武汉汉阳新区、花山生态新城等3个绿色建筑集中示范区建设。严格"禁实"，促进新型墙材发展，全省县以上城区已全部实现"禁实"目标，新型墙材产能达358亿标砖，新型墙材应用率达82%。散装水泥供应率达到46%，市州城区已实现预拌混凝土供应全覆盖。

【城管执法】 城市管理处组建之后，充分发挥职能作用，以规范队伍建设为着力点，努力推进全省城管执法工作，改变了湖北省各地城管执法部门各自为政、缺乏统一管理和协调的局面。全省已有34个地区（含3个火车站管理办公室）开展了相对集中行政处罚权工作，在2010年市县机构改革中，有7个市城管执法局成为政府的工作部门。咸宁、荆门、黄冈市新成立了城管执法局。城管执法机构的地位得到加强。

【积极争取省政府政策支持】 省政府办公厅出台《关于加强和改进城市管理执法工作的意见》（鄂政办发〔2010〕102号）。这是省政府出台的第一个有关城管执法工作的规范性文件。《意见》出台后，又迅速以省厅名义下发贯彻意见的通知，对贯彻落实省政府《意见》工作进行了安排部署；积极筹备组织于11月26日在宜昌召开了全省城市管理（执法）局长座谈会，总结推广了先进城管工作经验。

【开展文明执法宣传教育活动】 在全省城管执法系统部署开展了以"牢记执法宗旨，树立良好形象"为主题的文明执法宣传教育活动。印发了活动方案，跟踪活动进展，先后转发了仙桃、黄石、咸宁、襄阳、宜昌等地好的经验做法。同时，在厅网站开设活动专栏，供各地城管执法部门相互交流。4月中旬至5月上旬，对各地开展文明执法宣传教育活动情况进行了检查督办。在查找问题阶段，采取自己查、群众评的方法，认真剖析了单位和个人在执法理念、执法作风、执法行为等方面存在的主要问题；在组织整改阶段，对查找出来的问题，认真进行了梳理归类，个人制定了整改措施，单位制定了整改计划。通过学习教育，查找问题，加强整改，进一步强化了城管执法队伍"为民执法"的理念，提高了执法水平，改进了执法作风。2010年全省未发生一起影响恶劣的野蛮执法事件，并涌现出武汉"最美城管队员"杨维勋，襄樊"人民满意城管队员"高勇等先进典型。

【推行网格化城市管理新模式】 根据现代化城市需要"全天候、全时段、全覆盖"的精细化管理的实际，总结襄阳城市网格化管理经验，编制《城市网格化培训教程》，下发了推行网格化管理工作的通知，在全省范围内推广网格化管理新模式。10月在襄阳组织了为期3天的全省网格化管理培训班，邀请住房城乡建设部、先进地区等方面的专家领导授课，全省各地、市、州、县140多名代表参加培训。城市网格化管理模式已经在全省大部分地区推广，并取得了较为明显的成效。

【稽查执法工作】 研究出台《湖北省住房城乡建设领域稽查执法工作管理办法（试行）》。《办法》以住房城乡建设部《建设领域违法违规行为稽查工作管理办法》和《关于加强稽查执法工作的若干意见》为依据，充分借鉴了部稽查办和外省开展稽查执法工作的经验做法，统一了全省稽查执法工作的职责、任务、执法程序及要求，明确了对上、对下和厅机关处室间协调配合的关系，为稽查执法工作发挥重要的指导作用。

【组织查处一批违法违规事件】 共受理并组织调查违法违规举报线索17件，其中受理部稽查办转办、督办案件线索9件，受理厅领导交办案件线索7件，受理省纪委联合办案线索1件。从事件的分类情况看，投诉举报问题主要集中反映在违反规划建设、不按规定调整容积率和违法拆迁三个方面。在相关处室和有关单位的大力支持配合下，通过协调处理，已结案17件，结案率为100%。未发生一起因调查处理结论不妥而引起纠纷，部稽查办、省纪委、省行风热线等有关部门对事案件的稽查工作给予充分肯定。

4. 城市建设

【污水处理】 截至2010年底，全省已建成投运污水处理厂102座，设计处理能力520.89万吨/日。其中2010年新建成污水处理厂30座，新增污水处理能力106.2万吨/日。基本实现"全省县县建成污水处理厂"目标。全年新（改、扩）建排水管道530公里。全年累计处理污水135748.21万吨。全省城市（县城）污水处理率预计可达75%，其中，设市城市污水处理率80.69%。2010年湖北省以消灭污水处理设施"空白县"重点，采取了一系列措施，及时召开会议进行动员部署，强化督办，创新思路破解难题，加强协调争取资金，加强监督保证质量，健全制度和强化指导。

【污水处理厂运行监管得到强化】 制定《湖北省城镇污水处理工作考核暂行办法》和《湖北省污水处理厂运行考核实施细则》，为建立健全污水处理考核评价体系奠定了基础。全面启动污泥处理处置工作，会同省环保厅、省发改委联合下发《关于加强全省城镇污水处理厂污泥处理处置工作的意见》，提出了污泥处理处置工作目标及要求。组织专家对华新、荆门、襄樊等地污泥处理处置工作进行了实地调研，召开了"华新水泥公司利用水泥窑进行市政污泥协同处理技术座谈会"。并于12月16日，联合省环保厅在宜都召开了"全省城市污水处理厂污泥处理处置工作会"，组织进行了技术和工作交流，组织参观了华新水泥窑协同处理污泥项目现场。

【城市供水】 2010年全省77个县市城市供水综合能力1696.04万立方米/日。全年新（改、扩）建供水管网315公里，全省供水管网累计总长达到26570.14公里，全年供水总量287118万立方米/日，供水普及率设市城市97.59%，县城88.75%。

【编制供水规划】 按照住房和城乡建设部的统一部署，2010年4月，启动《湖北省城市供水安全"十二五"规划》编制工作，规划已初步完成。规划覆盖了全省77个城市（县城），以提升供水水质、提高用水效率、保障供水安全为目标，规划涵盖了需水量预测，水厂技术改造，水质检测能力建设，水质安全监督管理，应急能力建设等方面，为全省城市供水行业"十二五"发展指明方向，提供依据。

【加强水质监管】 2010年，全省水质检测能力得到增强，省水质监测网得到了扩充，监测网成员单位增加至17家，检测队伍进一步扩大，监测技术进一步提升。为摸清全省供水水质状况，并为全面实施新的《生活饮用水卫生标准》提供参考依据，首次组织开展了覆盖全省范围的供水水质实地监督检查，对全省76个城市的102个自来水厂的出厂水和原水水质按新标准的106项指标进行了检测，检测覆盖面位居全国前列。同时，启动了《生活饮用水卫生标准》实施工作，要求湖北省武汉市等12个省辖市、仙桃市等3个直管市最迟应于2010年12月31日起实施，大冶市等62个县（市）和神农架林区最迟应于2011年12月31日起实施。坚持每季度定期将全省16个省辖市、州、直管市水质监测结果在公众媒体上发布公告，接受社会监督。

【推进城市节水】 指导各地组织开展2010年节水周（第19个）宣传活动，在《湖北日报》利用专版开展节水宣传，宣传节约用水的重要意义，普及节约用水相关知识，并以武汉市和黄石市作为先进典型，宣传报道了两城市节水工作取得的成效。进一步提高广大群众对水资源的忧患意识、节约意识，推动了节水工作的普及。同时，按照国家节水型城市创建标准，指导和帮助黄石市完成了国家级节水型城市申报和现场考核工作。

【城市供气】 2010年，全年天然气供气总量为156698万立方米。全省共有天然气汽车加气站77座。

【燃气设施建设】 2010年，全省燃气设施建设固定资产投资166252万元，新（改、扩）建燃气管道330公里，管网总长达到12643公里。历时7年、总投资16亿元、全长140公里的武汉天然气供气管网主体工程竣工。两江三镇全长140公里气管互相贯通，结成环网，将全市的天然气调峰能力可提高至81万立方米，较以前调配能力增长40%，可实现三镇天然气合理调配，避免某一地区气源不足或气压过高。西气东输二线（东段）十堰支干线项目开工，该项目是经过国家批准的国家级天然气管道建设项目，由十堰中石油昆仑燃气有限公司承担十堰城区及十堰所属各县市的城市燃气管网建设、天然气供应的任务。建成后将解决湖北省十堰市没有天然气的问题，至此，湖北省所有市州均用上了天然气。咸宁市咸安区马桥镇的枫丹公交枢纽总站内的CNG燃气加气站建成。这是咸宁市第一座使用天然气作为车用燃料的加气站，随之，咸宁市首批32台CNG天然气公交将正式投入运营。

【强化燃气安全】 为加强供气管理，保障供气安全，印发《湖北省城市供气系统重大事故应急预案》和《湖北省燃气场站安全检查导则》，启动了《湖北省燃气场站安全检查导则》转化地方标准工作，并纳入2011年湖北省地方标准制订计划。印发了《关于对湖北省燃气行业安全检查的通知》，组织开展了全省燃气行业安全大检查，检查覆盖了17个市、州、直管市、神农架林区和11个县（市）燃气主管部门及87家燃气企业。检查内容涵盖了安全管理、安全生产、安全运营等情况，查找并及时清除一批安全隐患，印发了检查情况通报。组织武汉燃气、水务集团参加了全省事故应急救援队伍拉动演练。

【市政设施】 全省全年完成城市道路桥梁建设固定资产投资2627024万元；城市排水建设固定资产投资316642万元，其中污水处理设施建设固定资产投资138907万元；城市供水设施建设固定资产投资73005万元；城市轨道交通建设固定资产投资1014400万元，其中武汉市1012900万元。全省城市道路达16974公里，面积30159万平方米，人均道路面积设市城市14.08平方米，县城12.21平方米；桥梁2098座（其中立交桥88座）；供水管道26570公里；排水管道20032公里（其中污水管道4591公里），建成区排水管道密度设市城市10.06公里/平方公里，县城6.65公里/平方公里。

【城市基础设施监督管理】 组织开展了全省《城市桥梁检测和养护维修管理办法》（以下简称《办法》）执行情况大检查，开展了城市桥梁、排水设施、重大项目情况摸底调研，初步建立了重大市政基础设施项目数据库和城市桥梁管理数据库。配合公安厅开展了全省各市、州道路畅通工程检查考核。受住房城乡建设部委托，组织开展了《武汉市城市快速轨道交通建设规划（2010～2017年）》评审，指导武汉市地铁集团修改完善了相关报批资料，并积极帮助其顺利通过住房城乡建设部审批。指导各地组织开展城市无车日活动。

【园林绿化】 新增城市绿地723公顷，较2009年增长15%；城市绿地率、绿化覆盖率、人均公园绿地面积分别达到32.85%、38.01%和9.64平方米，其中，县城绿地率、绿化覆盖率、人均公园绿地面积，分别较2009年分别增长1个百分点和0.5平方米，达到年度目标要求。随州市"白云湖两岸生态环境建设项目"荣获中国人居环境范例奖；荆门市荣获"全国绿化模范城市"称号。

【创新制度，提高创园水平】 建立并实施园林城市预申报制度，即将当年申报当年考核改为提前一年预申报和次年考核，促进了创园工作标准化、制度化、常态化。印发了《关于推荐2011年国家级、省级园林城市（县城）候选城市的通知》，修订下发了《湖北省园林城市（县城）申报与评审办法》、《湖北省园林城市（县城）标准》及《湖北省省级园林式单位评选办法》，进一步规范和完善了创建工作，极大地调动了地方创园工作积极性。全年共有咸宁市、京山县等10个城市（县城）申报创建国家园林城市，黄冈市、公安县等14个城市（县城）申报创建省级园林城市，是历年来申报数最多的一年。

【加强指导，提升创园质量】 编发《园林城市创建指南》，邀请住房城乡建设部领导和专家就园林城市创建及园林绿化专业知识进行培训指导。召开了预申报城市技术辅导会，同时组织专家对24个预申报城市进行了2轮实地检查指导，组织开展了国家和省级园林城市复查。组织部分市县建委和园林部门负责同志赴山东进行了为期7天的学习和考察，并撰写了《考察报告》。指导完成了4个国家园林城市（县城）、3个中国人居环境范例奖和2个国家重点公园申报工作。指导黄石市完成了国家园林城市创建复查工作。

【加强绿地规划和湿地保护工作】 积极推进城市绿地系统规划编制工作，下发了《关于进一步做好全省城市绿地系统规划编制工作的通知》，开展了全省城市湿地资源及保护现状调研。全省已有85%的城市完成了绿地系统规划的编制，有5个城市启动了国家湿地公园的申报工作。

【风景名胜】 以风景名胜区综合整治工作为重点，着力推进和完善景区管理工作。以2009年综合整治工作中基本合格和不合格的15个省级风景名胜区为重点，组织专家开展了综合整治检查验收工作，并组织召开了检查验收情况通报会，进一步加强督办指导。积极开展立法工作研究，完成了《湖北省风景名胜区条例》（代拟稿）的起草，并列入2011年省人大立法计划，现已报送省政府法制办。深入推进风景区规划编制，指导黄山头、桃花山、五祖寺、东湖风景区等景区完成了14个规划项目的编制和修编。召开长江三峡风景名胜区总体规划编制协调会议，促进了鄂渝三峡风景名胜区总体规划的启动。东湖、武当山总规（修编）已通过八部委联席会议评审。

【"楚天杯"创建】 围绕推进创建工作常态化，进一步深化"楚天杯"创建工作。年初，根据《湖北省城镇规划建设管理"楚天杯"创建考核办法》，组织对全省除武汉市外的所有设市城市、林区和县城2009年创建工作按照《湖北省城镇规划建设管理"楚天杯"（城市类）创建年度考核表》规定的八项内容进行了年度考核。年度考核使创建工作步入常态，推动了城市规划建设管理工作稳步前进。3月组织召开了全省楚天杯创建工作会议，总结了2009年以来的创建工作成效，交流推广了襄樊、十堰、黄石、荆门等地的创建工作经验。研究部署了2010年的创建工作重点、目标和任务，要求进一步完善体制机制，强化各项措施，深入推进"楚天杯"创建活动，确保全省城市基础设施建设任务的完成。9月在黄石召开全省市政基础设施建设现场交流会，总结推广黄石等五个城市在项目规划、项目储备、精细化施工、融资方式以及旧城改造等方面的典型经验。

5. 村镇建设

【一镇两村被命名为中国历史文化名镇名村】 根据《住房和城乡建设部、国家文物局关于公布第五批中国历史文化名镇（村）的通知》（建规〔2010〕150号），湖北省的潜江市熊口镇、赤壁市赵李桥镇羊楼洞村、宣恩县椒园镇庆阳坝村等一镇两村被命名为中国历史文化名镇名村，至此，湖北省的中国历史文化名镇名村达到了14个。

【村镇规划编制】 截至2010年底，全省119个省定重点镇总体规划全部实现省级备案核准，镇区控制性详细规划基本实现全覆盖；全省建制镇、乡均已编制总体规划，小城镇规划覆盖率达到100%；全省应编制村庄规划的建制村有2.35万个，已完成1.9万个，村庄规划覆盖率达到80.9%，圆满完成"十一五"确定的村镇规划编制任务。

【宜居村镇建设】 积极创新小城镇发展理念，提出按小城市规模建设重点中心镇的新思路，并率先在仙洪试验区峰口、张沟、白螺三个镇开展试点。小城镇建设投融资体制创新取得积极进展，三个试点中心镇基础设施建设项目得到省开发银行大力支持。探索出了适合小城镇实际的污水处理工艺和运行模式，试验区5个乡镇小城镇污水处理试点项目全部建成。以宜居村庄建设为目标，以改善农民居住环境为主要内容的村庄环境整治向纵深发展。全年完成2096个村的村庄整治任务，村庄环境面貌明显改善。仙洪试验区试点中心镇建设进一步加快，鄂州城乡一体化农村新社区建设不断深入，脱贫奔小康试点县市村庄环境整治整体推进效果明显，新农村试点乡镇率先探索宜居村庄建设模式，整县整镇推进村庄环境整治试点圆满完成三年试点任务。

【农村危房改造】 农村危房改造纳入省级目标考核体系。在省政府出台的《关于进一步加强住房保障工作的意见》（鄂政发〔2010〕30号）中，明确各有关部门组织实施的农村危房改造投放区域范围，并首次将农村危房改造工作纳入住房保障工作目标考核体系，由省政府与各市州人民政府签订工作目标责任书，确保每个市州都有农村危房改造计划。

【农村危房改造范围进一步扩大】 2010年，湖北省实施农村危房改造的区域，在2009年的25个国家扶贫开发工作重点县基础上，新增了12个国务院确定享受西部大开发政策的县，使湖北省纳入国家农村危房改造试点的区域扩大到37个县市。

【农村危房改造计划和补助资金有了较大幅度增长】 2010年国家下达湖北省的农村危房改造任务数由2009年的2.36万户增加到4万户，按照每户补助6000元的标准，2010年国家下达湖北省的农村危房补助资金将从2009年的1.18亿元增加到2.4亿元。

【环"一江两山"交通沿线特色民居改造】 2010年，继续实施环"一江两山"交通沿线特色民居改造项目，重点抓好房县、夷陵区两个示范路段和26个特色村落的民居特色改造，计划改造总户数4411户，实际完成4736户，为计划的107%。特色民居改造中，省级财政支持2355.5万元，实际完成投资9448万元，省级财政支持资金实现了4倍的放大效应。

6. 建筑施工

【建筑业实现了跨越式发展】 2010年突破4000亿元大关，达到4231.69亿元，同比增长24%；合同额首次突破1万亿元，同比增长53%；实现增加值1030亿元，占全省GDP的6%；实现利税225亿，同比增长44%，建筑业各项指标在中部地区继续保持领先优势。除武汉市以外，襄阳、宜昌、黄冈、十堰、黄石等地建筑业产值也超过了100亿，其中襄阳完成建筑业产值313亿元，同比增长154%。

建筑业从业人员达到215万人，年实现利税上升到200多亿元，增加值占全省GDP的比重稳定保持在6%，成为名副其实的支柱产业。全省一级以上施工企业从2005年的151家增加到351家，年完成产值超过10亿元以上的50多家。中建三局、中交二航局、葛洲坝集团等大企业积极抢占高端市场，质量效益、品牌效应迅速倍增。新八、山河、新七等本地民营企业市场开拓成效明显。湖北省企业省外完成建筑业产值占到总产值的1/3，孝感建筑劳务已成为湖北省十大劳务品牌之一。湖北建筑业提前一年圆满完成汉源援建任务，实施重建项目116个，其中14个项目获四川省结构优质工程奖，4个项目获四川省优质工程"天府杯"奖，3个项目获"天府杯"金奖，工程获奖比例位居援建省市前列，未发生一起安全事故。

【市场监管】 2010年，提请省政府办公厅出台《关于进一步加强建设工程管理工作的若干意见》，省人大常委会修订《湖北省建筑市场管理条例》，全行业制定和完善市场管理地方性法规和规范性文件上百件。创新监管方式，严格市场准入清出制度，实施资质资格动态管理，淘汰了500多家不合格企业。积极推进诚信建设，公示不良行为300多起。预防和治理工程建设领域商业贿赂，专项整治工程建设领域突出问题，集中清理工程款和农民工工资拖欠，建筑市场各类主体的市场行为逐步规范。深入贯彻《行政许可法》，积极开展"优化建筑业发展环境年"活动，下放审批权限，加大政务公开力度，服务效能明显提升。

积极推进工程建设领域突出问题专项治理，建立施工许可现场踏勘制度，严格建筑工程标后履约监管，法规制度不断完善。首次组织开展全省范围的市场行为专项检查，检查项目3553个，涉及建筑面积3160万平方米，其中直接查处项目51个，罚款92.66万元，立案调查382个，已结案221个，56家单位被公示不良行为。针对省外进鄂施工企业数量多、等级高但缺乏监管，出借出卖资质、参与围标串标和挂靠现象比较突出的问题，全省依法加强省外企业入鄂备案管理，实行进鄂企业法人约谈等制度，加大对企业诚信行为的核查，16家省外企业被清出湖北建筑市场，有效遏制了挂靠省外企业承揽工程、组织围标串标等现象。加强对招标代理机构的管理，全面推行《招标代理机构执业手册》，建立招投标代理从业人员继续教育机制。严格资质审批标准，实行企业业绩、注册人员的核查制度，坚决打击弄虚作假行为，全年网上通报弄虚作假企业30家。实施动态管理，开展了企业资质监督检查。对2009年度资质监督检查不合格的201家企业，进行了降级或撤回资质。2010年全省资质监督检查不合格的1000多家，经整改仍然达不到资质标准的企业也将被降级或撤回企业资质许可。高度重视行业的和谐稳定，深入开展建设领域"双清"工作。全省共受理投诉769件，解决750件，结案率98%；涉及工程款60550万元，追回58121万元，清欠率97%；涉及农民工工资6530万元，追回6467万元，清欠率98%，惠及10189名农民工。积极开展农民工业余学校建设，全省共创建农民工业余学校741所，培训农民工40多万人次，68所学校被评为"全省优秀农民工业余学校"。省厅还被评为"湖北省集中清理执行积案活动先进集体"、"农民工工作先进单位"。

【全行业切实加强工程质量管理】 工程监督覆盖率达到99.94%，工程竣工验收合格率为100%，工程竣工验收备案率达到93%以上。实施"精品工程"战略，创中国建筑工程鲁班奖15项，国家优质工程奖12项，全国建筑工程装饰奖36项；725项建筑工程、344项装饰工程获评"楚天杯"。科技创新能力进一步增强，59项工程项目通过省建筑业新技术应用示范工程验收，评定省级工法417项、国家级建设工法15项。为扎实推进建筑工程质量创优工作，积极争取省政府从2008年起坚持对获得"鲁班奖"的企业一次性奖励100万元，已对获得"鲁班奖"的5家企业实施奖励，在全国开创优质重奖的先河。

【各地积极保障工程质量】 2010年，全省各级建管部门持续开展创建无质量通病住宅工程活动，加大对政府投资工程、保障性住房、住宅工程的监管和服务力度。武汉市实施分类和差别化监管，将优质监督资源向桥梁、隧道、地铁等重点工程倾斜；天门、潜江、仙桃全力抓好移民工程监管；黄石、荆门、随州、潜江加强了重大节会、庆典活动重点工程的监管。组织开展经常性的工程质量执法检查，全省集中检查工程2284项，面积2400万平方米，查处各类问题2860多起，下发整改通知书875份。加强检测市场管理，对54家省直检测机构、86家地方检测机构和54家商品混凝土试验室进行了监督检查，对27家检测机构下达了责令整改通知书，12家下达了停业整改通知书。持续开展工程质量创精品活动，取得了明显成效，全省140项工程获省建筑优质工程(楚天杯)，2项工程获"鲁班奖"；62项工程获省优质建筑装饰工程(装饰楚天杯)，9项工程获全国建筑工程装饰奖；积极推进科技进步，124项工法获省级工法称号，16项工程被授予省级建筑业新技术应用示范工程，湖北省肿瘤医院新建住院大楼等2项工程获得"全国建筑业新技术应用示范工程"称号。加强对全省中小学校舍安全工程的技术指导，发布了《湖北省中小学校舍抗震鉴定与加固技术细则》。圆满完成四川汉源灾后援建和智力技术支援工作。

【安全生产】 各级建管部门严格落实安全生产目标责任制，扎实推进安全生产"三项行动"(安全生产执法行动、安全生产治理行动、安全生产宣传教育行动)和"三项建设"(安全生产法制体制机制建设、保障能力建设、监管队伍建设)，落实安全生产目标责任制，保持了全省建设工程安全生产的平稳态势。"十一五"期间，全省共有834个施工现场被评为省级安全文明施工现场，40项工程获全国"AAA"级安全标准化现场。

【专项整治活动取得成效】 2010年，认真组织开展"安全生产年"活动，深入开展以防范深基坑、高支模、脚手架和建筑起重机械为重点的专项整治工作。扎实开展严厉打击建筑施工非法违法行为专项行动，组织联合督查组对各类开发区、边远城区、城乡结合部、县(市)建筑施工非法违法行为的查处。累计排查各类建筑施工安全生产隐患8600多处，下达限期整改通知书521份，停工整改通知书52份，执法建议书22份，对86个工地实施了行政处罚，对37家问题严重的单位实施了不良行为记录和公布，立案查处违法行为242件，结案238件，对发生事故的29家施工企业暂扣了安全生产许可证。大力推进安全标准化施工，开展施工现场环境综合整治，广泛开展安全生产教育活动，287个施工现场被评为省级安全文明施工现场。武汉、十堰、宜昌集中开展文明施工专项整治行动，建立日查夜巡机制，努力提升不文明施工行为的发现率和及时处置率，建设工地外部形象和内部管理明显改善。2010年全省建筑施工安全事故27起、死亡34人，省政府下达的安全生产责任目标顺利实现。黄冈、黄石、鄂州、咸宁、潜江、天门、神农架等7个地区全年未发生死亡事故，武汉、恩施、荆门等9个地区考核90分以上，省厅被省政府评为全省安全生产工作责任目标考核优秀单位。

【扶优扶强】 全省共同扶持优势企业快速成长，调整确定125家地方建筑业企业、8家注册地在湖北的中央企业作为全省重点培育和指导对象。支持企业转变发展方式，走高质量、高效益、集约化、节约型的新型建筑之路，与交通、电力、水利、通讯、铁路、桥梁等专业公司兼并联合，与大型企业集团优势互补等方式，鼓励参与高技术、高附加值的工程项目建设。武汉、孝感、黄石等地积极为大企业提供直通车服务。襄阳、宜昌、荆州、荆门等地积极扶持优势企业申报高等级资质。2010年全省获部批资质36项，其中29家企业取得30项总承包一级资质。一批建筑业中小企业快速成长，专业企业承接大型专业工程的能力明显增强。54家企业年产值超过10亿元，18家建筑业企业入选湖北企业百强，入选企业数量居各行业第三位。新八建设集团有限公司等20家企业被评为全省建筑业企业综合实力20强企业，湖北高艺装饰工程有限公司等10家企业被评为全省建筑装修装饰10强企业。

【先进建筑企业】 在国内外建筑市场，湖北省企业凭借着技术和管理优势从激烈的竞争中脱颖而出。中建三局进入"中国建筑排头兵"名单；中交二航局一跃成为"中国造桥梦之队"；有着"建筑之乡"美誉的新洲、黄冈、孝感演绎着一个个传奇；以武船重工为龙头的67家钢结构企业奠定了武汉钢构产业的基石，团风钢构、孝感钢构等成了经济增长的新引擎。此外，以华窑中洲等为龙头的黄冈窑炉产业、以殷祖古建、大冶景苑为代表的大冶园林古建产业、以武汉爆破公司等为龙头的爆破与拆除产业、以凌云装饰公司等为首的建筑幕墙产业、以石首、广水民间工匠为代表的建筑防水产业等都是湖北省享誉国内外的优势建筑产业，许多关键性施工技术处于全国领先地位。

【加强交流合作】 为了加强同省外建管部门的交流与合作，支持本省企业开拓省外市场，先后组织召开"在京湖北建筑施工企业表彰会"、"进疆企业座谈会"。2010年全省办理出省施工备案手续1298家次，新出省施工人数20余万人，完成省外施工产值1461.8亿元。孝感建筑业企业在省外完成建安产值接近全市建筑业总产值的一半；黄冈积极帮助近300家企业在市外开拓市场，外埠市场完成产值占全市建筑业总产值的85%以上；十几家新洲龙头企业抱团出击，以诚信品质和过硬的技术实力，在河北、河南等地建筑市场上合力唱响了"新洲品牌"。全省境外工程承包再上新台阶。2010年湖北省10家施工企业新取得对外工程承包资格，全省完成对外承包工程和劳务产值32.7亿美元，同比增长42%；新签合同77.7亿美元，创历史新高。"外向度"排名全国第5位。

湖 南 省

1. 综述

2010年是实施"十一五"规划的最后一年，也是国内外经济发展环境极为复杂的一年。一年来，在湖南省委、省政府的坚强领导下，全省住房和城乡建设系统深入贯彻落实科学发展观，积极应对复杂多变的宏观环境，紧紧围绕大力推进新型城镇化这个主题，努力做好转方式、调结构、惠民生的各项工作，全面完成年初确定的目标任务，实现"十一五"圆满收官，为"十二五"发展奠定了坚实基础。

【重点建设迈上新台阶】 组织实施重点项目175个，完成投资1505亿元，为年计划的115.8%。其中基础设施建设完成投资801.2亿元，一批能源、产业、水利、农业、信息等重大项目加快建设。在重点建设过程中，着力突出项目管理、协调和服务。建立部门联动机制，加快了桃花江核电工程等9个项目的前期审批进度；开展"重点建设服务年"活动，增强工作的主动性和创造性，促成了长株高速、株洲南500kV变电工程等项目建成投产；出台了有关铁路、高速公路临时用地，道路水系恢复，矿权补偿等方面的意见，为协调处理类似问题提供了政策依据；高度重视项目质量和施工安全，加强日常督查和重点监管，重点工程平均优良率达80%以上。

【保障性安居工程建设】 2010年是国家下达湖南省保障性安居工程建设任务最重的一年。为确保任务完成，省委省政府高度重视，继续将其列入为民办实事工程，并与各市州政府签订了目标管理责任书，强化责任落实。省保障性安居工程建设领导小组各成员单位，按照职责分工，协调配合，奋力推进。省发改委、省财政厅会同湖南住房城乡建设厅及时下拨了中央和省补助资金；省国土资源厅督促各地优先安排用地。湖南住房城乡建设厅会同相关部门先后多次对全省保障性安居工程建设情况进行督查。各级政府和有关部门克服困难，尽力配套，加快推进。衡阳、邵阳、株洲、娄底、湘西5市州及33个县市区积极开展廉租住房共有产权试点；长沙、株洲、湘潭3市大力推行保障性安居工程示范创建，探索政策扶持、资金支持、制度建设等方面的经验；怀化、永州等地严格监管，狠抓保障性住房质量安全。在各方面的共同努力下，2010年共争取中央补助资金50.32亿元，各类保障性住房竣工15.07万套，超国家下达任务2.45万套。其中：新增廉租住房11.33万套、经济适用住房2.51万套、公共租赁住房1.23万套。改造城市和国有工矿棚户区10.55万户，改造农村危房4.44万户。

【"三年行动计划"完成】 2010年是实施城镇污水处理设施建设三年行动计划的收官之年。三年来，在省委省政府的领导下，省领导亲自部署、亲自督办；省直相关部门精诚合作、齐抓共促；各市州、县市狠抓落实，强力推进，全省上下形成了统一领导、职责明确、协调配合的工作机制，推动了"三年行动计划"胜利完成。规划新建的119个项目全部建成，共投资165.9亿元，新增日处理能力393.7万吨，新增COD年削减能力28.8万吨，占全省减排任务的65%。全省新建污水处理项目个数、新铺管网长度、新增处理能力均排全国第一，被住房和城乡建设部誉为"湖南模式"在全国推介。2010年财政部奖补湖南省资金9.86亿元，列全国第一位。湖南省共建成集中污水处理厂133座，实现了全省县城以上城镇污水处理设施全覆盖，城镇污水处理率达72%。

【城镇生活垃圾无害化处理设施建设】 通过签订目标管理责任书，完善支持政策，加强技术指导，落实建设资金，垃圾处理设施建设力度和规模均创历史最好水平。全省规划建设102个项目，已累计到位资金29.75亿元，共建成20个项目，有57个项目在建，25个项目正在进行前期工作。全省县城以上共有生活垃圾无害化处理场28座，处理率达50.66%。

【建筑节能】 全省设区城市新建建筑设计阶段节能强制性标准执行率达99%，施工阶段达95%以上。长沙市、怀化市、津市市、石门县、炎陵县新获批国家级可再生能源示范城市，并获中央财政补助资金1.71亿元。株洲南车时代光伏建筑应用等3个项目列入国家级太阳能光电建筑应用示范项目。

【"中国丹霞"申遗成功】 通过历时4年多的努力，由湖南省牵头，联合广东丹霞山、福建泰宁、江西龙虎山、浙江江郎山、贵州赤水共同申报的"中国丹霞"世界自然遗产取得圆满成功，在国内外产生强烈反响，得到了国家有关部委和六省政府及遗产地的高度评价。崀山通过申遗，从一个基础设施条件差、养在深闺人未识的农民公园，发展成为基础设施基本完善、声名显赫的世界遗产地，它是湖南省继张家界之后又一世界遗产，不仅有效促进了景区环境保护和品质提升，而且将有力带动湖南省旅游业的发展。与此同时，湖南省风景名胜事业加快发展。2010年，国务院批准万佛山、虎形山-花瑶、东江湖、苏仙岭-万华岩、南山为国家级风景名胜区；省政府批准蔡伦竹海为省级风景名胜区。至此，湖南省共拥有风景名胜区54处，其中国家级16处，全国排名第三，已成为名副其实的风景名胜资源大省。

【城乡规划和城市建设管理取得重大进展】 完善规划制度体系，出台《湖南省建设项目选址规划管理办法》等管理制度。高起点编制重大规划，《湖南省城镇体系规划（2009～2020年）》获国务院批准实施，《湖南省环长株潭城市群城镇体系规划》和《长株潭城市群核心区域建设管治规划》通过省政府联席会议审查。积极开展城市总体规划修改工作，湘潭市城市总体规划修改已获国务院批准，岳阳市规划获省政府批准。加快推进城乡规划一体化，选定望城县在全省率先试点，推介其建立乡镇规划管理机构和加强乡镇规划管理工作的做法。积极引导企业资本参与城镇化建设，大力推荐"大汉模式"。会同旅游部门开展第二批特色景观旅游名镇（村）示范工作；注重历史文化资源保护，新获批6个国家级历史文化名镇（村）。完成国家和省57个重大建设项目规划选址审查工作。

【加大城镇基础设施建设】 抓住国家扩大内需和湖南省推进新型城镇化的机遇，各地均加大了城镇基础设施建设力度。长沙地铁、过江隧道、长株潭城际铁路相继开工，芙蓉大道、衡州大道等一些城际或城市主干线正在建设或建成，城镇给排水、燃气和园林绿化等工作都有了新的进展。全省共完成市政公用基础设施固定资产投资660亿元，同比增长28.7%。创新城市管理理念，推动城市管理向数字化、标准化、精细化转变。株洲数字化城管通过了住房和城乡建设部验收，长沙市城市地下管线管理经验在全国推广。常德、娄底、郴州等地积极创建人居环境范例奖和园林城市。常德市积极申报国家级节水型城市。长沙市、株洲市、常德市荣获"全国畅通工程模范管理城市"称号。长沙、常德通过了国家无障碍建设城市创建工作验收，有望成为全国无障碍建设城市。省厅组织了城市供气事故应急演练和城市照明行业职工技能竞赛。

【着力推进长株潭三市房地产市场一体化】 与省国土资源厅一起报请省政府出台了《关于推进长株潭房地产市场一体化的意见》，打破地区和政策壁垒，三市在市场准入、市场监管、登记体系、诚信体系建设等方面实现了基本统一。

【强化市场监管】 加强房地产市场形势分析、监测。根据湖南省实际，协调金融、税收等部门，针对不同阶段的不同情况，适时采取相应措施，防止了市场大起大落。开展房地产市场突出问题专项治理，全省检查房地产企业3200余家，收取各类违约金和罚款1.1亿元。特别是对"凯富漫城"事件中违规操作的长沙凯富房地产开发公司依法依规处理，维护了市场秩序。全省物业服务水平明显提升，城市房屋拆迁大局稳定。

【促进房地产业发展方式转变】 鼓励发展低碳环保型住宅，探索开发旅游休闲地产，倡导供应成品房，住宅产业化稳步推进。全年共完成房地产开发投资1469.3亿元，同比增长35.5%，占全社会固定资产投资的14.96%；完成税收269.42亿元，占全省地方财政收入的25.27%。商品住房销售面积4473万平方米，销售额1406.5亿元，同比分别增长27.3%和49.4%。商品住房价格稳中有升，商品住宅均价3012元/平方米，其中长沙市内五区5230元/平方米，同比分别上涨10.7%和9.6%。

【住房公积金事业进一步发展】 全年共归集住房公积金160.74亿元，同比增长25.21%；新增缴存职工30.27万人，全省缴存账户人数达到362.77万人，覆盖率为86%。全面推行内部授权管理，全方位加强资金监控，资产质量稳步提高，住房公积金个贷逾期率进一步下降。充分发挥公积金在促进住房消费方面的积极作用，全年共发放个人住房贷款131.72亿元，购建房提取51.59亿元，加上个人首付款54.99亿元，三项合计住房公积金形成住房消费238.3亿元，占全省住房消费的18.3%；全省各地累计提取廉租住房建设补助资金12.8亿元；长沙市启动住房公积金支持保障性安居工程建设试点。

【勘察设计业和建筑业加速发展】 积极发挥勘察设计在"两型社会"建设中的基础作用，大力倡导和推进节能、低碳、绿色、环保的设计理念，严格执行国家和省节能环保政策及设计标准，推进建立健全内部质保体系，强化勘察设计招投标监管，加强勘察设计队伍建设，初步构建了施工图设计文件全过程闭合监管链，勘察设计质量进一步提升，经济效益稳定发展。全年勘察设计收入超过150亿元，占全省生产性服务业增加值的5.4%。

【建筑业支柱产业地位进一步巩固】 省委、省政府高度重视建筑业发展，出台《关于进一步促进建筑业改革和发展的意见》，发展环境更加优化。全年完成建筑业总产值3135亿元，增加值首次突破"千亿"大关，达1038亿元，成为湖南省又一个增加值过千亿元产业。全行业上缴税金143亿元，吸纳农村劳动力270万人，实现劳务收入240亿元，分别占全省劳务总量和总收入的18%和20%。建筑业在结构调整、转型升级、市场开拓、质量安全等方面取得明显成效。特别是安全生产，全面推行标准化、规范化、信息化和差别化管理，加强监管和行政处罚，事故起数和人数同比分别下降51.3%和55.8%，百亿元产值死亡率低于1人，其中郴州、张家界、湘西土家族苗族自治州、娄底、怀化为零死亡事故。湖南省在省安委组织的省直单位年度安全生产目标考核中排名第一。7项工程获鲁班奖、102项工程获芙蓉奖、181项工程获省优质工程奖，年度鲁班奖获奖数量为历年之最。大力推动农民工培训，新建农民工学校790余所，培训6.4万人，完成职业技能培训鉴定5万人，为建筑业持续发展提供了智力支持。全面规范建设工程招投标市场，先后出台"两个规定三个办法"，有效遏制围标、串标等行为。进一步加强工程造价管理，颁布实施了《湖南省建设工程工程量清单计价办法》。加强劳保基金监管，全年劳保基金收入15.1亿元，创历史新高。

【廉政建设、法制建设和精神文明建设全面推进】 坚持把党风廉政建设摆在十分突出的位置，深入开展工程建设领域突出问题专项治理，加强对城乡规划、工程建设、住房公积金、招标投标等重要领域和关键环节的监管，建立健全惩防体系，规范权力运行和从政行为。进一步加强法制建设。继续贯彻实施行政程序规定，全面开展规范行政裁量权、行政审批清理、规范性文件清理和重大行政决策听证等工作；切实加强和规范行政执法行为，严格按照法定职责和程序办事；依法公正办理行政复议案件，机关干部依法行政能力不断增强。积极推进精神文明建设，创建了一批省级文明单位、省文明窗口单位和省级青年文明号；深入开展创先争优活动，公众满意度进一步提升，机关和行业形象进一步好转。

2. 法规工作

【规范行政裁量权】 全面完成行政处罚裁量权基准制定工作，分建筑节能与科技、建筑管理、勘察设计、城乡规划、城市建设管理、住宅与房地产、世界遗产和风景名胜7大类，共23章、55节，处罚项目180项，已报送省政府法制办统一登记、编号并正式对外公布。进一步明确规范性文件制定程序，确定以厅名义制定的规范性文件一律经厅办公室（政策法规处）进行合法性审查并签署审查意见，集中研究通过后方可报送省政府法制办登记备案。严格落实"三统一"制度，对相关处室起草的23件厅规范性文件进行了严格的合法性审查。

【规范性文件定期清理】 对由厅起草或执行的28件省政府及省政府办公厅规范性文件进行清理，向省政府法制办报送了废止4件、失效3件、重新公布5件、修改2件、继续有效14件的清理建议。同时，对168件厅规范性文件进行全面清理，废止18件、失效11件、重新公布54件、修改2件、继续有效83件，并经省政府法制办统一登记编号，向社会公布了清理结果。

【完善行政决策程序】 以规范权力运行制度建设为契机，进一步对《湖南省住房和城乡建设厅工作规则》进行修订，完善行政决策程序。要求重大行政决策都要根据决策事项涉及的内容，采取召开座谈会、论证会、听证会、问卷调查等形式，听取专家和有关部门、单位及管理相对人的意见，积极推进民主决策、科学决策。

【经济社会事项清理】 对厅职责范围内的经济社会管理事项进行全面清理。经清理，厅职责范围内的全部经济社会管理事项41项。其中行政许可22项（即省政府令第235号明确湖南住房城乡建设厅保留的22项行政许可事项），非审批行政许可9项，其他管理事项10项。清理后15项可取消市级部门审核，取消市级审核率39.5%。继续开展行政审批清理。结合国务院第五批行政审批清理情况，按照切实转变政府职能，优化经济社会发展环境的总体要求，进一步对现有厅本级22项行政许可和2项非许可审批项目进行认真清理。清理后，向省审改办报送了下放1项、取消1项、合并4项的清理意见。

【建议提案办理】 2010年，湖南住房城乡建设厅共办理建议提案110件，其中建议57件（4件为参阅件）、提案53件。办理过程中，湖南住房城乡建设厅注重工作实效，办理工作全部按时完成，实现了批办率、代表委员沟通率、按时办结率、代表委员满意率"四个100%"的目标。

3. 房地产业

【房地产投资】 2010年，全省完成房地产开发投资1469.3亿元，同比增长35.5%，增速提高22个百分点。投资额在全国排第15位，中部地区排第4位；增速在全国排第14位，中部地区排第3位。投资额占全省固定资产的比重为15%，同比提高0.9个百分点。

【房地产开发】 全省商品房施工面积16800万平方米，同比增长22.5%，其中商品住宅施工面积13800万平方米，同比增长22%。商品房新开工面积6460.9万平方米，同比增长21.6%，其中商品住宅新开工面积5383.3万平方米，同比增长22.0%。商品房竣工面积3350.5万平方米，同比增长13%，其中，商品住宅竣工面积2831.4万平方米，同比增长13.2%。

【住房消费】 全省商品房销售面积4473万平方米，同比增长27.3%，其中商品住宅销售面积4143.1万平方米，同比增长27%。受调控政策影响，4、7、9月份销售萎缩，12月份受契税上调额度传闻影响，销售猛增915.7万平方米，环比增长125.5%。全省商品住宅销售均价为3012元/平方米，同比上涨10.7%，环比下跌3.9%。

【房地产用地】 全省房地产用地供应总量为5141.6公顷，同比增长77.8%，其中住宅用地3890.2公顷，同比增长77.6%，占总量的75.6%；商服用地1251.4公顷，同比增长78.3%，占总量的24.3%。房地产用地出让单价为881.2元/平方米（合58.7万元/亩），同比上涨20.9%。地价上涨的原因主要是商品房销售较好，开发企业积极入市拿地。同时，2009年供地萎缩5.1%，对比基数较小。

【房地产信贷】 截至2010年底，全省房地产贷款余额2137.6亿元，同比增长39%。其中，开发企业贷款余额、个人购房贷款余额、政策性购房贷款余额分别为550.7亿元、1280.8亿元、306.1亿元。2010年全省新增房地产贷款600.1亿元，同比增长39.2%，占全省新增贷款的29.9%。

【房地产市场秩序】 为规范长株潭房地产市场一体化，联合长沙、株洲、湘潭三市人民政府举办长株潭房地产交易博览会，省人民政府办公厅下发湘政办发〔2010〕48号文件《关于推进长株潭房地产市场一体化的意见》要求实现长株潭三市市场准入、市场监管、登记体系、诚信体系四大方面的统一。组织开展休闲地产和推动全装修税收调研，为转变房地产发展方式探路。对房地产开发企业、物业管理企业、房地产中介企业资质审批等行政审批事项进行改革。会同省物价局下发《湖南省物业服务收费管理办法》，起草《房地产不良行为登记制度》、《全装修房验收标准》、《房屋测量技术规程》。编制完成湖南房地产业"十二五"发展规划。拟定下发《湖南省房地产行业信用管理办法（征求意见稿）》。全省各市州开展了房地产突出问题专项行动。检查房地产开发企业3200余家，发出整改意见书218份，收取违约金和罚款1.1亿元，其中查处违规变更规划调整容积率的行为10起，查处房地产企业违规预售行为45起，先后直接查处房地产开发、物业管理、城市房屋拆迁等相关案件20余起，有效维护了房地产市场秩序，取得了良好的社会效果。

4. 住房保障

【概况】 2010年是国务院与省人民政府签订保障性安居工程目标责任书、实行目标责任考核的第一年，也是湖南省保障性安居工程建设力度最大、投入最多的一年。省委、省政府高度重视，连续7年将住房保障工作纳入为民办实事工程。全省加大保障性住房建设力度，创新保障方式，多渠道解决城市低收入家庭住房困难，住房保障工作取得了较好成效。

【完成目标任务】 2010年，湖南省保障性安居工程目标任务是建设筹集各类保障性住房和各类棚户区改造住房26.27万户、新增发放租赁补贴2.5万户。截至12月底，全省开工建设保障性住房和棚户区改造住房26.91万套，基本建成19.96万套，全面完成国家下达湖南省的目标任务。其中：全省各类保障性住房新开工15.93万套，竣工15.07万套。具体是：廉租住房新开工12.56万套，竣工筹集11.33万套，完成年度计划的114.47%；经济适用住房新开工2.16万套，竣工2.51万套，完成年度计划的145.92%；公共租赁住房新开工1.21万套，竣工筹集1.23万套，完成年度计划的123%。改造城市和国有工矿棚户区10.55万户，超过年度计划9.8万户任务。各类棚户区改造安置住房建设开工10.98万套，基本建成4.89万套。其中，城市棚户区签订拆迁安置补偿协议8.55万户，安置住房竣工3.72万套；国有工矿棚户区新开工1.54万套，竣工1.05万套；林区（场）棚户区（危旧房）新开工0.72万套，竣工0.13万套；中央下放地方煤矿棚户区新开工0.17万套。

【加强政策支持】 2010年省政府下发《关于推进城市和国有工矿棚户区改造工作的实施意见》等政策文件，加大政策支持力度。开展廉租住房共有产权试点工作，召开全省廉租住房共有产权试点工作现场会，并下发了《湖南省推进廉租住房共有产权试点工作方案》。全省共有5个市州、33个县市区开展试点工作。

【筹措资金】 积极争取中央和省级财政支持力度。2010年，湖南省争取中央保障性安居工程补助资金50.32亿元。各地按规定的渠道和标准落实配套资金，并积极推行廉租住房租售并举、共有产权试点，积极发挥各级政府融资平台的作用，引导金融资本和民间资本投资保障性安居工程建设。同时争取国家将长沙市列为住房公积金贷款支持保障性住房建设试点城市，确定5个建设项目为住房公积金贷款支持的项目。

【监督检查】 建立年度目标责任制，年初省政府与各市州、县市区政府签订目标管理责任书，纳入经济社会发展考核范围，建立任务层层分解落实、一级抓一级的工作机制。建立了保障性住房统计报表制度，每月调度汇总情况并予以通报。加大督查调度力度，坚持月调度、月统计、月督查制度，对各市州保障性安居工程建设情况按月排位并予以通报。

【质量安全】 将廉租住房建设工程的质量安全纳入每月住房保障工作督查的重要内容，将廉租住房建设项目纳入每季度全省建设工程质量安全检查的必须检查项目，加强督促检查。下发《关于加强保障性住房质量安全监管的通知》，进一步明确各部门、各责任主体单位在保障性住房建设质量和安全方面的责任和义务。针对检查中发现的廉租住房建设质量安全问题，专函要求当地住房保障部门整改，杜绝类似事件的发生，并依法对相关责任单位和责任人进行处理。

5. 城乡规划

【概况】 2010年底，全省城镇化水平为44.4%，比上年提高1.2百分点，与全国城镇化平均水平的差距缩小到3.1个百分点。全省有100万人以上的特大城市1个，50万～100万人的大城市8个，20万～50万人的中等城市8个，20万人口以下的小城市12个；共有小城镇1057个，其中县城72个，县以下建制镇984个。

【推进城乡规划管理一体化工作】 根据城乡规划法及湖南省城乡规划法实施办法和省委省政府关于统筹城乡发展、推进城乡一体化战略部署，重点加强城乡规划建设管理一体化工作，选取长沙望城县率先在全省进行试点。8月27日，在望城组织召开了全省推进城乡规划建设一体化座谈会。会议推介了长沙市规划管理一体化和望城县规划管理局、韶山市建设局试点经验，邀请了住房城乡建设部村镇司原司长李兵弟、省政协常委戴晓凤等专家进行讲座，省委政研室领导到会指导。湖南经视、湖南卫视、中国建设报、湖南日报、中国新闻网、湖南在线等二十多家新闻媒体进行了宣传报道。长沙市实现了城乡规划管理、规划编制、技术标准管理制度、规划人才、规划信息等五个一体化。望城县全部乡镇建立了规划建设管理机构，落实了人员编制和经费。通过以点带面，全省城乡规划建设管理一体化工作取得初步成效，不仅建立健全了规划建设管理机构，而且开展了不同形式的城乡规划一体化工作探索尝试。

【积极引导企业资本参与城镇化建设】 为解决县域城镇化建设资金瓶颈问题，深入湖南省信誉好、实力强、知名度高的企业进行实地考察，确定大汉集团作为参与城镇化建设示范企业，并在第4期"建设情况通报"上专门介绍"大汉模式"，给各市县学习借鉴。召开了有银行、企业、县市区领导参加的城镇化座谈会，向省银监局发出《关于请求加大对县城和中心镇建设贷款支持力度的函》，得到省银监局高度重视，专门研究部署，协调银行向示范企业发放贷款，仅向大汉集团授信达35亿元，用于城镇建设。在各方的支持下，大汉集团与全省20余个市、县、镇洽谈合作意向，与自治州永顺、益阳桃江、岳阳云溪、长沙望城等单位成功签订了100余亿元的开发建设合同。

【组织编制《湖南省新型城镇化"十二五"发展规划》】 根据省政府的统一部署，组织省城市规划研究设计院等单位成立了专门的课题组，进行广泛的调查研究，开展规划起草制定工作，对"十一五"时期的城镇化发展进行了全面系统的回顾，分析"十二五"时期新型城镇化面临的机遇和挑战，明确"十二五"新型城镇化的发展目标和主要任务，提出了保障措施，并召开各种形式的座谈论证会，广泛征求专家和相关职能部门意见,完成了《湖南省新型城镇化"十二五"发展规划》成果送审稿。另外,组织完成2010年《湖南省新型城镇化发展评估报告》,对全省2009年城镇化发展综合质量进行了分析评价。

【积极组织开展新型城镇化调研】 按照省政府关于开展"转变经济发展方式"专题调研活动的统一部署,承担了加快推进新型城镇化专题调研任务,赴常德、澧县、津市以及汨罗、耒阳、双峰、望城县丁字镇等地进行调研座谈,形成了"提高城镇化建设水平,促进城乡统筹发展"调研报告。对当前城镇化中存在的主要问题进行了详尽分析剖析,就下一步湖南省推进新型城镇化建设的战略重点提出了意见和建议。在省委政研室指导下,9月份以来,先后到山东、重庆、四川等地进行学习调研,会同厅办公室代省委、省政府起草了《关于推进新型城镇化加快推进城乡一体化建设的意见》。

【开展重大规划编制】 按照国务院办公厅和住房城乡建设部的意见及有关要求,进一步修改完成《湖南省城镇体系规划(2009~2020年)》,已由国务院正式批准同意。编制完成《湖南省"3+5"城市群(环长株潭城市群)城镇体系规划》、《长株潭城市群核心区建设管治规划》。

【督促指导各地规划编制】 协调督促长沙、株洲、湘潭、益阳、岳阳、常德、衡阳、娄底8市开展现行城市总体规划实施评估,进行系统的充实、调整和提升。湘潭市城市总体规划已经国务院批准实施;岳阳市城市总体规划经省政府批准实施;长沙市、株洲市城市总体规划已经国务院同意,住房和城乡建设部函复同意进行修改;常德市城市总体规划已通过湖南住房城乡建设厅组织的专家部门联席审查会议。积极指导全省启动新一轮城镇总体规划编制工作,并逐步向乡村延伸,已组织完成近20个城镇的规划审查。专门组织编制了《湘乡市月山镇龙冲村社会主义新农村建设规划》,指导社会主义新农村建设。

【规范了城镇总体规划的修改工作】 根据《中华人民共和国城乡规划法》、《湖南省实施〈中华人民共和国城乡规划法〉办法》和《国务院办公厅印发城市总体规划修改工作规则的通知》,以省政府的名义制定颁发了《湖南省城市总体规划修改工作规则》。明确了规划修改程序,要求城市总体规划修改,要继承和维护现行总体规划的正确内容,根据城市发展需要,突出重点,有针对性地组织修改,不得将现行规划推倒重来、重新编制,不能变更现行总体规划的期限。

【贯彻落实城乡规划法规】 2010年是《湖南省实施〈中华人民共和国城乡规划法〉办法》正式施行的第一年,通过积极采取举办培训班、下发辅导资料、利用媒体平台、开展知识竞赛等多种形式,大力宣传贯彻规划法规,努力增强各级领导规划意识。6月,住房和城乡建设部指定湖南省作为全国四个典型代表之一,在全国《城乡规划法》贯彻实施经验交流会上作了经验介绍。湖北、山东、青海等兄弟省市还专程来湖南省学习取经。

【修订出台城乡规划管理相关法律法规】 组织对现行涉及规划编制、审批、实施全过程的管理规定进行了清理,从制度创新和管理创新的角度出发,组织制定了《湖南省建设项目选址规划管理办法》、《湖南省建设用地规划许可管理办法》、《湖南省建设工程规划许可管理办法》、《湖南省乡村建设规划许可管理办法》等"一书三证"管理制度。

【继续巩固"房地产开发中违规变更规划、调整容积率问题"专项治理成果】 3月,组织开展了容积率专项治理工作"回头看",同时继续对相关规范性文件进行了清理,制定了控制性详细规划编制、修改管理程序,完善了规划编制、修改、审批、公示和征求公众意见等制度。会同省监察厅组织开展了专项督察,重点检查了"零问题"、"零案件"和群众投诉较多的市县,对典型案例进行了通报。

【严格建设项目规划选址】 完成了国家和省管57个建设项目规划选址。其中,为了加速湖南省高速公路建设进度,与省政府签订了责任状,在省政府规定的工作时间内完成了8条高速公路选址工作,确保了重大建设项目顺利进行。

【开展特色景观旅游名镇(村)示范工作】 会同省旅游局在全省范围内开展了第二批特色景观旅游名镇(村)示范工作。对全省申报的36个镇(村)组织了评审,经审定共有6个镇、2个村被评为省级特色景观旅游名镇(村),同时推荐2个镇、1个村参加全国特色景观旅游名镇(村)评选。

【抓好第二轮示范镇(村)和重点镇考核验收】 根据省政府《关于开展第二轮示范镇(村)和重点镇建设工作的通知》要求,10月下旬至11月上旬,会同有关部门,分三个组对示范镇(村)进行了正式验收,对重点镇进行了抽查。同时,在认真总结省第二轮示范建设经验教训的基础上,研究制定了省第三轮示范建设工作方案,并报省政府审批后实施。

【积极配合做好农村危房改造工作】 积极协调住房城乡建设部增加湖南省农村危房改造任务计划,

2010年国家下达给湖南省的危房改造任务4.2万户，比上年增加2.02万户，试点范围在20个国扶县基础上，扩大到享受西部大开发优惠政策的28个县市，共计48个县市，全省农村危房改造竣工44386户，以105.7%的高水准超额完成了国家下达给湖南省的任务。此外，建立了工作进度半月报制度以掌握各地工作进展情况，加强工作进度调度。

【开展历史文化名镇名村申报评定工作】 一方面积极组织向国家申报工作，获批国家级历史文化名镇（村）6个。另一方面会同省文物局组织开展了全省第三批历史文化名镇名村申报评定工作，努力将具有较高历史、文化、艺术和科学价值的古村镇纳入省级保护体系，已报省政府公布第三批共26个湖南历史文化名镇名村。

【加强历史文化资源保护督察工作】 7月份，会同省文物局组织专家对洪江古商城、凤凰古城和永州古城，以及永州市江永县上甘棠村、零陵区干岩头村等历史文化名城名村的保护情况进行了重点督察，在实地调研的基础上撰写了调查报告，及时上报了住房城乡建设部城乡规划司。

【全面启动保护规划编制工作】 将历史文化资源保护规划列为年度规划编制工作重点，安排200万元专项资金帮助国家级、省级历史文化名城（镇、村）编制保护规划，划定保护范围，明确保护措施和控制要求。组织召开了泸溪县浦市镇和汝城县两个保护规划的审查会，上报省人民政府待批。积极指导督促其他历史文化名城名镇名村展开了保护规划的编制审批工作。

6. 城市建设

【概况】 2010年，全省有设市城市29个（其中：地级市13个，县级市16个），县城（区）75个（县级区：南岳区、洪江区、大通湖区）。市县城区人口1865.83万人、暂住人口177.15万人；城区面积6342.89平方公里，其中建成区面积2144.87平方公里；全年共完成市政公用基础设施固定资产投资645.13亿元，同比增长25.8%，分别占同期全省GDP、全社会固定资产投资的4.05%和6.57%。

【城市供水】 2010年，全省市县完成供水设施建设投入16.9亿元。全社会供水综合生产能力（含部分自建供水）为1342.73万立方米/日，年供水总量25.62亿立方米，用水普及率91.62%，人均日生活用水量195.52升。继续加强省级节水型城市创建活动，转发了住房和城乡建设部办公厅《关于做好2010年"全国城市节约用水宣传周"工作的通知》（建办城函〔2010〕198号），对各市州城市节水宣传周及节水管理工作进行了部署。核定省级节水型企业（单位）近50家，常德市成为全省第一个"国家节水型城市"。推进阶梯式水价改革，2010年2月，湖南住房城乡建设厅与省物价局印发了《湖南省城市供水价格管理实施办法》，规定城市居民生活用水可实行阶梯式计量水价，使阶梯式水价的实施有法可依。切实应对长株潭枯水期水位持续下降情况，调度并保障了枯水期供水安全，并于9～10月对部分城市公共水厂消毒设施运行情况和设市城市备用水源开展督查。

【市政工程建设】 2010年底，全省市县城区道路总长13831公里，道路面积25616万平方米，人均城市道路面积12.54平方米，桥梁1098座，路灯62.2万盏，完成道路桥梁固定资产投资402亿元。加强城市道路桥梁设施运行维护管理，下发《关于对全省城市桥梁安全运行管理进行督察的通知》（湘建办函〔2010〕70号），要求各市州对所辖城市桥梁积极组织自查。积极开展城市地下管网综合规划工作。积极推进城市绿色照明，起草了《湖南省城市照明管理办法（试行）》。

【城市综合交通】 与省文明办、省公安厅等单位共同下发《关于印发湖南省文明交通行动计划实施方案的通知》，与省公安厅开展"畅通工程"创建活动，继续推进无车日活动，株洲市、常德市、长沙市成功创建国家交通模范城市。长沙、株洲、湘潭、岳阳、常德成功开展城市无车日活动。转发了住房城乡建设部《关于印发城市综合交通体系规划编制办法的通知》、《关于印发城市综合交通体系规划编制导则的通知》、《关于停车设施规划建设及管理的指导意见的通知》，部署全省城市综合交通规划和停车场规划编制工作，完成对张家界市城市综合交通体系规划技术审查工作。

【城市燃气】 2010年，全省人工煤气、天然气、液化石油气供应总量分别为0.3亿立方米、12.09亿立方米、37.44万吨，燃气普及率78.65%。

【切实推进规范管理】 下发《关于进一步加强燃气热水器安装使用安全管理的通知》（湘建城〔2010〕80号）、《关于进一步做好管道燃气燃烧器具气源适配性目录申报管理工作的通知》，认真部署全省燃气热水器安装使用安全管理和管道燃气燃烧器具气源适配性目录申报管理工作。开展燃气行业法规政策清理。组织召开全省燃气行业管理工作会议，会议进一步明确："严格实施燃气市场准入清出制度，规范行业管理，加大执法力度，严厉打击非法经营、非法倒灌液化气等违法违规行为"。

【加强行业安全监管】 下发《关于对娄底市城西液化气销售有限公司"9.4"液化气爆炸事故的通报》(湘建明电〔2010〕34号)、《关于对部分城市燃气安全生产工作进行检查调研的通知》(湘建办〔2010〕67号),对全省10个省辖市、14个县市的燃气管理工作及其12个天然气企业(门站或储配站)、6个CNG加气站、25个液化气企业(充装站或配送站)进行了安全抽查并下发通报,行业安全监管得到有效加强。燃气应急管理工作卓有成效,牵头组织建设系统开展《湖南省实施〈中华人民共和国突发事件应对法〉办法》宣传周活动,提高了燃气行业应急管理意识;组织召开"2010年湖南省城市供气事故应急演练",分管副省长韩永文同志亲自担任指挥长,全省燃气系统负责同志观摩了演练。成立省燃气职业技能鉴定站,并拟定《关于在全省开展燃气行业职业技能岗位培训及鉴定工作的通知》,计划用三年时间逐步实现燃气行业生产一线操作人员持《湖南省燃气行业职业技能岗位证书》上岗。

【城市园林绿化】 2010年底,全省建成区绿化覆盖面积6.91万公顷、园林绿地面积6.09万公顷,建成绿化覆盖率和绿地率分别为32.24%和28.40%,人均公园绿地面积7.88平方米。成功组织全省第9个"城市绿化周"活动,共有576.64万人参加了城市绿化活动,完成义务工807.82万个,植树2291.4万株,种木本花655.07万株,建公园11个总面积85.8公顷,建小游园57个总面积42.62公顷,建大环境绿地1256.7公顷。继续做好"人居环境奖"、"园林城市(县城)"创建工作,举办《中国人居环境奖评价指标体系》、《城市园林绿化评价标准》、《国家园林城市标准》宣贯培训工作会议,城市园林绿化企业资质新标准贯彻学习班;指导常德、长沙、邵阳、郴州、娄底、醴陵、临武等市县人居环境奖、园林城市(县城)创建。加强园林绿化企业资质管理,按照住房和城乡建设部新修订的"园林绿化企业资质等级标准"和"园林绿化企业一级资质申报管理工作规程",获住房城乡建设部批准延续城市园林绿化国家一级资质企业1家、新核准3家,组织评审核准城市园林绿化国家二级资质企业10家。

【市容环境卫生】 2010年,全省城区道路清扫面积19402万平方米,生活垃圾年清运量889.85万吨,生活垃圾无害化处理场30座,无害化处理率50.63%,市容环卫专用车辆3042台,公共厕所4251座。全省102个项目累计到位资金29.75亿元,占批复总投资的39.35%;累计完成投资42.5亿元,占批复总投资的56.2%。其中投入试运营项目20个,新增日处理能力5333吨,开工在建项目57个,正在开展前期工作的项目25个。全省1~12月生活垃圾无害化处理量447.8万吨,县城以上城镇生活垃圾无害化处理50.7%,超出年度目标2.7个百分点。县城以上城镇共有生活垃圾无害化处理场28座,设计日处理能力1.4万吨。

【污水处理】 截至2010年底,全省共建成污水处理厂133座,日处理能力525.5万立方米,累计处理污水12.4亿立方米,县城以上城市污水处理率72%,超过年初"为民办实事"目标7个百分点。全省实施城镇污水处理设施建设三年行动计划圆满完成2008~2010年全省新建、扩建污水处理项目119个,铺设管网5500余公里,完成投资158.8亿元,实现全省市县污水处理设施全覆盖。城镇污水处理率由2007年36.7%上升到2010年的72%,提高了35.3个百分点;2010年污水集中处理削减化学需氧量是2007年的4.6倍,为全省的节能减排和环境保护工作出了重要贡献。

7. 建筑业

【概况】 湖南省建筑业持续快速发展,产业地位进一步提升。省政府高度重视建筑业发展,出台《湖南省人民政府关于进一步促进建筑业改革和发展的意见》。2010年完成建筑业总产值3135亿元,同比增长25.1%,其中完成外拓产值819亿元,同比增长26.5%,对外工程营业额达10.9亿美元,同比增长99%;全年新签合同额3630亿元,同比增长18%,对外工程承包业务新签合同额突破14亿美元,同比增长122%;实现增加值1038亿元,同比增长19.6%,占全省GDP比重达6.7%;实现利税总额215亿元,上缴税金143亿元,同比分别增长19%和20%。7项工程获鲁班奖(其中省内工程3项,湖南省企业在外省工程4项),创历年之最;102项工程获省芙蓉奖,181项工程获省优质工程奖;工程质量一次竣工验收合格率达98.7%。共创建269个安全文明示范工程,305个在建项目被评为安全文明示范工地。

【质量安全监管】 2010年,湖南省百亿元产值死亡率低于1人,14个市州中有5个市州为零死亡事故。湖南住房城乡建设厅在省安委组织完成的省直单位年度安全生产目标考核中排名第一,被评为全省安全生产工作先进单位。

【重点推进"三化"工作】 出台《湖南省建设工程施工项目部和现场监理部关键岗位人员配备标

准与管理办法（试行）》、《关于进一步加强湖南省建筑工程安全防护文明施工措施费使用管理的通知》，联合中国人民银行长沙支行、湖南银监局等单位下发《关于建立湖南省建筑工程安全防护文明施工措施费使用监督管理制度的通知》、《湖南省涉及公共安全重大工程项目报告管理规定》等规范性文件。出台《湖南省建筑施工安全质量标准化示范工程管理办法》、《湖南省建筑施工企业安全质量标准化认证实施办法（试行）》和《湖南省建筑施工现场安全质量标准化达标验收实施办法（试行）》等安全认证工作管理文件，大力推进安全质量标准化；制定下发《关于进一步推进湖南省建设工程质量安全监督规范化工作的通知》，进一步推动监督规范化的深入开展，切实推进监督工作规范化；进一步完善"湖南省建设工程项目监管信息平台"和"工程建设企业及执（从）业人员资信平台"。建立涉及公共安全重大工程项目报告制度，出台了《湖南省涉及公共安全重大工程项目报告管理规定》，着力推进监管信息化。

【扎实开展隐患排查和专项整治工作】 湖南住房城乡建设厅下发了《关于集中开展严厉打击建筑施工非法违法行为专项行动的通知》，在专项行动中，全省共检查在建工程项目1282个，施工企业513家，下发隐患整改通知293份，工程项目停工整改通知41份，发现各类安全隐患和安全问题4340项（已整改4206项）。湖南住房城乡建设厅与省安监局、省质检局、省工商局联合下发了《关于开展建筑施工用钢管、扣件专项整治的通知》，加大了对劣质钢管、扣件的整治力度；全省4403台各类建筑起重机械设备完成了备案。

【安全生产差别化管理与层级监督考核联动】 5个市州、25家建筑企业列入差别化管理名单，进行重点监管，使监督工作更具针对性，切实提高了监管效能。按照《湖南省建筑市场监督执法工作考核办法》和《关于2010年全省建筑工程安全生产目标管理考核工作的通知》，与各市州建设行政主管部门签订了安全生产责任状，开展了半年一次的层级监督执法考核。湖南住房城乡建设厅派出四个督察组对14个市州共计19个单位进行了监督执法工作考核，对19个单位在工程招投标、施工许可、质量安全、行政许可审批等六个大项54个方面的监管职责情况进行了考核评分，有效地促进了市州建筑市场监管效能的提高。建立资质动态核查制度。出台了《湖南省建筑施工企业资质动态考核暂行办法》，2010年，湖南住房城乡建设厅已将注册建造师数量不达标的184家一二级企业纳入了动态考核范围，向其发出限期整改通知书。根据整改情况，对96家企业进行了处理，其中65家停业整顿3个月，31家吊销企业资质证书和安全生产许可证。规范外省企业入湘管理。为加强省外入湘建筑业企业市场行为的监督管理，出台《湖南省入湘建筑业企业监督管理办法》。建立了省外建筑业企业入湘施工基本情况登记和承诺制度。加大监督执法力度。全年共核发省直管工程项目施工许可证（含临时）85份，合同价格达27.78亿元，建筑面积85.35万平方，对未取得施工许可证擅自开工建设和未竣工验收备案交付使用的11项目进行了行政处罚，全年共暂扣37家施工企业的安全生产许可证，收回了45名责任人员的安全生产考核合格证；全年公布了385家企业及286名责任人员记录了建筑市场不良行为。

【招投标监管】 2010年，共办理省管项目报建261个，与2009年同期相比增加了10%，完成了对167个项目的资格预审和94个项目的资格后审，其中公开招标229个，邀请招标32个，总招标金额约66亿元。

【完善招投标临管制度】 根据中央《关于开展工程建设领域突出问题专项治理工作的意见》，先后出台了《关于印发进一步规范房屋建筑和市政基础设施工程招标投标活动相关规定和办法的通知》、《关于进一步规范中标通知书格式的通知》、《关于印发进一步规范房屋建筑和市政基础设施工程招标投标活动相关规定和办法的通知》等文件。

【深入推进监管方式改革】 2010年出台《关于进一步加强工程建设项目招标相关文件备案管理和检查评审的通知》，制定并完善了《备案流程》、《资格预审公告和资格预审文件备案要求》、《招标公告和招标文件备案要求》、《行为准则》、《备案的法律法规依据》等文件，实现了招标相关文件备案从分散管理向集中备案审查的转变，进一步增强了备案过程的透明度。重新修改完善了《湖南省房屋建筑和市政基础设施工程施工招标投标人资格审查办法》和《湖南省房屋建筑和市政基础设施工程施工招标评标活动管理规定》等规范性文件，从源头上遏制了围标串标行为。

【着力完善常态化监管模式】 组织专家对45家招标代理机构资质定级申报材料分9批次进行了初审和复审，实现了监管面的"全覆盖"；受理和检查了77家招标代理机构518名从业人员申报专职人员证的资料；对两家企业分别做出了取消招标代理资格和降级处理；组织了2次招标代理机构人员专业能力考试。

【**大力推进数字化平台建设**】 起草了《湖南省建设工程交易中心考核评分细则》、《关于进一步规范中标通知书格式的通知》，大力推进电子招投标工作。

【**建筑劳务经济和外埠市场**】 截至2010年底，全省设立劳务企业962家，比2009年增加了102家；吸纳农村富余劳动力270万人，创建筑劳务收入240亿元，分别占全省劳务总量和总收入的18%和20%。全省建筑业外拓力度进一步加大，省外完成外拓产值820亿，同比增长26.5%，省外区域市场进一步得到巩固和发展，形成泛珠三角区域、长三角区域、环渤海区域和西南区域市场。境外市场方面，随着世界经济渐渐复苏，全省对外工程承包业务新签合同额预计突破12亿美元，同比增长90%；完成对外工程营业额将突破9亿美元，同比增长65%。会同省商务厅在北京成功举办了"湘企与央企对外承包工程、外派劳务对接会"，为湖南省建筑企业"走出去"牵线搭桥。全省规模以上工程项目均已设立农民工学校，总数达2700余地所，共培训农民工34万余人；严厉查处拖欠行为，对11家建筑业企业拖欠和克扣农民工工资的建筑业企业予以全省通报批评，对2家外省建筑业企业做出清出湖南省建筑市场的决定。全省98%的项目已为农民工购买了意外伤害险。

【**工程造价与劳保统筹管理**】 工程造价管理方面，2010年组织编制《湖南省建设工工程量清单计价办法》并组织召开四期培训班，参加培训人员800余人；完善《长株潭城市轨道交通工程估价表》颁发后的意见收集整理解释，为长株潭地区轨道交通建设提供服务；审批乙级工程造价咨询企业8家，乙级（暂定期一年）3家，注销乙级资质3家，整改15家，延续48家，变更7家，办理14家乙级咨询企业申报甲级资质资料初审及现场考察工作；办理全国注册造价工程师、省造价师、全国建设工程造价员变更注册705人（次），初始注册226人（次），延续注册2016人（次）；强化备案核准，发挥监督功能。施工合同备案项目86个，工程造价总金额264173.5万元；监理合同备案38个项目，造价总金额达52985.1万元；农民工工资保障金核准75个项目，工程总造价达271435.6万元，核准农民工工资保障金金额17023.9万元；劳保基金统筹管理方面，全省劳务基金收入达14.13亿元，同比增加3.13亿元，增长29%，再创历史新高。省本级基金收取工作也取得新突破，收缴金额1.56亿元，增加4000万元，同比增长34%。劳保基金追收工作成为2010年工作亮点，全省追收以往拖欠资金2.4亿元，占全省总收入的18%，省本级追收6400万元，占省本级的41%。全年拨付劳保基金8.11亿元，同比增长49.6%；省本级拨付8100万元，同比增长10%。在拨付资金的支持下，全省1191家企业参加社会基本养老保险，30多万元建筑从业人员参加社会基本养老保险，建立了个人养老保险账户。

8. 建筑节能与科技

【**概况**】 2010年，建筑节能与科技及标准化工作紧扣全省新型城镇化战略，服务"两型"社会建设大局，坚持有所为、有所不为、重点突破的原则，以宣贯《湖南省民用建筑节能条例》为契机，以建筑节能与绿色建筑工作为主线，以制度建设、项目示范、技术研发和宣传教育为抓手，继续实施"一年打基础、二年谋发展、三年争领先"的三步走发展战略，大力发展建筑节能，推广绿色建筑，在着力健全政策法规体系，优化管理工作平台，提升技术支撑能力，强化重点项目和示范工程组织管理等方面，狠抓落实，进一步创新模式、深化改革，深入推进建筑节能、建设科技计划管理、工程建设地方标准化、无障碍建设和建筑业企业技术创新工作科学发展。2010年，全省设区城市建成区新建建筑节能强制性标准执行率设计阶段和施工阶段分别达到99%和95%以上，县（市）城区新建建筑节能监管明显加强，国家机关办公建筑和大型公共建筑节能监管体系建设稳步推进，可再生能源建筑应用规模和质量得到全面提升，行业创新能力得到显著提升，工程建设标准的技术政策引导和支撑作用得到进一步发挥，无障碍建设城市创建取得新的进展。

【**完善法规政策体系**】 组织召开《湖南省民用建筑节能条例》的新闻发布会议，全省各市州开展了学习建筑节能法律法规的宣传活动。针对"提升建筑业企业技术创新能力政策措施"等最现实、最直接、最突出的重大问题，组织开展了调查研究。委托部科技发展促进中心、湖南大学、中南勘测设计研究院等单位开展了湖南省建筑节能、太阳能建筑应用、地源热泵建筑应用"十二五"发展战略研究。草拟了《湖南省民用建筑工程项目建筑节能管理工作规则》、《湖南省建筑节能工作表彰奖励办法》、《湖南省绿色建筑评价标识管理办法》、《湖南省建设科技计划管理办法》、《湖南省可再生能源建筑应用示范城市和示范县管理办法》、《湖南省可再生能源建筑应用财政资金管理办法》。制定并印发了

《湖南省工程建设地方标准化工作管理办法》，组织有关单位开展了湖南省房屋建筑工程建设标准体系和湖南省建筑节能标准体系研究。

【开展建筑节能专项检查考核】 对发现存在严重违法违规问题下发了执法告知书。充分发挥专家技术咨询作用，组织建立了建筑节能与绿色建筑、无障碍建设、建筑业企业技术创新等专家委员会和专家库，并在项目申报立项、中期调度和结题验收的审查中开展专家咨询。加快开展国家机关和大型公共建筑节能监管体系建设。委托住房和城乡建设部科技发展促进中心和相关审计机构，对监管体系建设前期工作进行了工作评估和资金审计。

【加强建筑节能与绿色建筑服务体系建设】 积极推行合同能源管理，逐步培育湖南省建筑节能和绿色建筑设计、咨询、评估、检测、运行管理等服务企业。成立了湖南省绿色建筑评价标识工作办公室，并获得了住房和城乡建设部关于开展一、二星级绿色建筑评价标识评定工作的授权。

【积极组织申报国家级和省级重大项目】 "建筑节能与绿色建筑关键技术研究"被列为国家和省级科技重大专项，株洲市成功获批国家"十二五"科技支撑计划"城市水环境改善和饮用水安全保障"示范城市，共争取国家科技资金近3000万元。

【加强无障碍建设城市创建工作的指导】 成立了无障碍建设工作领导小组和专家委员会。组织省内外专家对创建城市进行了验收初审，并接受了国家专家组的验收检查。

【搭建产学研结合技术创新平台】 根据省产学研结合工作的总体要求，采取合作共建的方式，组织大型建筑业企业、大专院校、研究机构，积极筹建建筑节能围护结构、绿色建筑两个省级产学研结合创新平台。加强项目申报和评审，鼓励建筑业企业技术创新。共受理省级工法申报132项，其中91项通过关键技术审查；受理省级新技术示范工程申报32项，另有8项示范工程通过省级验收。

【建立项目研发体系】 加强了适宜湖南地区的建筑节能技术路径的研究，重点对建筑通风、遮阳、屋顶绿化、墙体自保温、建筑节能现场检测、太阳能、地源热泵应用、绿色建筑评价等关键瓶颈技术组织研究和攻关，加强了项目立项审查和调度，对项目研发给予政策和资金倾斜。加强建筑节能与绿色建筑培训。9月份成功举办了绿色建筑与建筑节能实践与发展研讨会，邀请了住房和城乡建设部有关领导、业内知名专家和学者，就建筑节能与绿色建筑的政策、法规、标准和项目案例进行了专题授课。全省各市州建设主管部门相关负责人以及大专院校、建设、设计、施工单位约300余人参加了会议。

【项目监管逐步进入规范化轨道】 加强来对株洲市圣马可地源热泵建筑应用、湘潭城市中心区水源热泵供热等国家可再生能源建筑应用示范工作的指导。2010年国家级项目立项和资金支持力度较往年加大。继株洲市、衡东县获批2009年度国家级可再生能源示范市县，湖南省长沙市、怀化市、津市、石门县、炎陵县获批2010年度国家级示范市县。同时株洲南车时代光伏建筑应用等三个项目也获批国家级太阳能光电建筑应用示范。2010年，湖南省共争取可再生能源建筑应用城市示范、农村县级示范和工程示范财政补助资金1.8亿元。

9. 勘察设计

【概况】 2010年，全省勘察设计行业进一步深入贯彻落实科学发展观，紧紧围绕省委、省政府保增长、扩内需、调结构、促就业、强基础的工作总方针，一手抓服务，一手抓监管，队伍建设不断加强，市场不断规范，质量稳步提升。经过设计资质换证以后，全省共有勘察设计和设计施工一体化企业465家，从业人员37355人，队伍得到精简整合，从业人员保持稳定，而各项经济技术指标稳步提高。完成初步设计投资额1295.8亿元、建筑面积8905.5万平方米，同比分别增长9.7%、23.5%；完成施工图设计投资额1767.4亿元、建筑面积12691.2万m^2，同比分别增长26.1%、26.2%。科技活动费用支出6亿元，同比增长53.8%；科技成果转让收入3.1亿元，下降15.4%；企业累计拥有专利699项，增加417项。完成营业收入174.3亿元，同比增长26.9%；人均营业收入46.67万元，同比增长29%；营业税及附加5.6亿元，同比增长3.7%；利润总额14.3亿元，同比减少7.7%。

【加快资质换证管理，优化队伍结构】 通过资质审批，积极引导行业转型，推进工程总承包和"走出去"战略；支持企业申报节能、环保和市政资质，服务于"四化两型"建设。针对湖南省勘察设计监管力量严重不足，县、乡以下勘察设计监管缺位，与湖南省转变经济发展方式、推进"四化两型"建设要求不相适应的现状，印发了《关于切实加强勘察设计管理力量，提升县域城镇品质》的函，督促各县(市)人民政府高度重视，根据实际情况，采取有效措施，切实加强勘察设计管理力量，积极推进勘察设计管理向基层延伸。《中国建设报》10月30日以《湖南省增强勘察设计管理力量—服务"四化两型"建设》为题，对湖南省这一举措给予了充分肯定。

【发挥施工图审查机构的质量抓手作用】 全省各施工图审查机构共审查539家勘察设计企业承担的3526项房屋建筑和市政基础设计工程施工图设计文件，全省通报了第一次审查合格率低于50%且存在违反工程建设强制性条文的20家设计企业，第一次审查合格率达到73.96%。工程勘察现场见证率超过了90%。省管项目施工图审查备案68项。

【加强施工图审查机构自身建设】 根据全省施工图审查机构布局和审图业务量，对全省施工图审查机构进行了适当调整，将长沙市所属的2家机构合并为1家，长沙地区的审图机构还将进一步加大整合力度，以有效杜绝无序压价竞争以及不认真履行审图机构责任和义务的现象。根据各市州经济发展及建设规模状况，积极支持3家审图机构由二级升级为一级。在支持发展的基础上，毫不放松质量关，组织对全省29家审图机构进行了全面检查，并抽调图纸，组织专家进行重审，对检查和重审当中发现的问题，进行了全省通报。

【推进勘察设计企业建立健全内部质保体系】 进一步推进工程建设勘察、设计企业质量管理规范的落实，加强规范的宣贯，督促各勘察设计企业切实加强内部质量管理制度建设。通过施工图审查中发现的问题，对症下药，督促整改，及时堵塞质量管理漏洞。

【加强质量技术培训】 分别组织了新《建筑抗震设计规范》宣贯、建筑工程建筑设计常见问题培训、建筑工程结构设计常见问题培训等各类学习培训，全年共组织15期3000多人次。

【强化工程勘察设计招投标监管】 按照国家和省有关勘察设计招投标项目管理规定，对省管勘察设计招标项目业主单位事先发出服务告知书，并在初步设计审批阶段严格把关，有效提高了勘察设计招标率。通过对招标公告和招标文件备案、开标评标全程监督以及中标备案制度，积极引导业主单位和招标代理机构规范招标程序和招标行为。在招标文件和评标办法中增加诚信单位加分和设计费补偿的内容，有效促进了投标方案整体水平的提高；严格执行开标前1小时抽取评标专家制度，并派专人监督开标、评标全过程，确保评标的公平、公正。中标单位既有省内的也有外省的，为优秀设计成果脱颖而出创造了良好的市场氛围。对两家自行组织招标，未接受湖南住房城乡建设厅监管的建设单位，依法依规进行了处罚，省管项目监管到位率100%，有效地维护了公平有序的勘察设计市场竞争环境。《中国建设报》11月6日以"为工程建设保驾护航"为题，对湖南省勘察设计招投标监管工作一些好的做法，进行了报导。

【初步构建了施工图设计文件的全过程闭合监管链】 针对施工现场所使用的施工图未加盖施工图审查机构专用章以及建设单位擅自进行重大设计变更等突出问题，进行了专项整治，并出台了《关于切实加强施工图设计文件管理有关问题的通知》，对施工图设计文件全过程(包括勘察、施工及竣工验收阶段)进行管理与控制，并制定了相关控制措施，强化了对施工图设计文件在施工和竣工验收阶段这两个薄弱环节的监管，有效控制了施工图设计文件管理的违法违规行为。

【加强资质动态监管】 进一步建立健全资质网上申报系统，提高审查和监管效率，强化了准入和清出制度，对1家不符合资质的设计事务所以及310名重复申报人员，及时进行了处理，规范了勘察设计市场。

【加强注册人员实时监管】 初步建立全省勘察设计注册执业人员数据库，加强对注册变更及注册人员执业情况的监管，对1例注册申报过程中的违规行为进行了严肃查处并通报全省。

【加大现场检查和处罚力度】 相关处室共同组织开展全省建筑市场监督执法考核暨建筑质量安全工作督查，对存在问题的勘察设计单位及施工图审查机构分别进行了约谈。

【支持工程建设领域突出问题专项治理】 对湘江航电枢纽群联合调度中心及住宅小区项目违规设计招标进行查处；参与了长沙营盘路年嘉湖隧道、江南国际数码城、长沙黄花国际机场新航站楼等违法违规案件的查处。

【开展诚信企业评估，推进行业诚信体系建设】 在全省建筑设计企业中开展诚信评估活动，按照国家有关诚信评估办法，经组织专家评审，推荐18家设计单位为湖南省"全国建筑设计行业诚信单位"。

【行政审批】 积极推进政务公开，进一步规范省管工程建设项目勘察设计招标投标监管、初步设计审批、施工图审查备案、勘察设计资质审批、注册管理审批、超限高层审查6项制度，明确人员职责，强化依法行政，促进工作作风转变，提高办事效率。2010年共监管勘察设计招标投标20项，审查超限高层项目6项，初步设计审批项目70个。审查勘察及设计施工一体化设计资质392项，核准资质298项，其中新审核通过企业17家，增项28项，升级32项。完成甲级设计资质换证27家、乙级和丙级设计资质换证194家。备案企业384家。

【民用建筑节能设计跨上新台阶】 积极践行科学发展观,大力倡导节能、低碳、绿色、环保的设计理念,严格执行国家有关节能环保的政策和设计标准,通过勘察设计招投标监管、初步设计审查、施工图审查以及勘察设计评优等各个环节严把节能环保关。特别是通过加强初步设计审查和施工图审查备案,从源头上进行把关。组织骨干勘察设计企业技术负责人,参加绿色建筑推广和生态城市建设湖南行活动,引导广大业主和勘察设计企业践行科学发展观,大力推进"两型社会"建设,积极服务于新型城镇化、住房保障工作和城镇污水三年行动计划。初步设计审批项目,均严格执行《公共建筑节能设计标准》和《湖南省居住建筑节能设计标准》,民用建筑节能设计率达到100%。

【校安工程】 充分发挥人才和技术优势,服务中小学校舍安全工程。省建设厅与省校安办联合下发《湖南省中小学校舍安全工程项目管理办法》和《湖南省校舍安全工程考核办法》;派员参加全省校舍安全工程质量、进度督查;配合省校安办组织召开了全省中小学校舍安全工程现场推进会,得到教育部和省政府领导的高度评价。督促相关单位严格履行基本建设程序,各级建设主管部门加强技术指导和质量安全监管,确保全省校安工程建设进度和质量安全。2010年全省中小学校舍安全工程开工面积666万平方米,竣工面积375万平方米,位居全国前列。《中国建设报》9月11日对湖南住房城乡建设厅充分发挥人才和技术优势,稳步推进中小学校舍安全工程进行了报导。

【执业注册】 2010年启动注册公用设备、电气、化工工程师的注册工作,共完成542人注册申报材料初审,报住房和城乡建设部注册执业中心一次性通过率100%。办理注册建筑师、注册结构工程师、注册岩土工程师首次注册147人、延续注册1096人、变更注册209人。组织了2期530人次的注册建筑师继续教育培训、1期200多人次的注册结构工程师继续教育培训。截至2010年底,勘察设计行业共有各类注册执业人员共计4054人。其中,一级注册建筑师498人,二级注册建筑师1182人;一级注册结构工程师1072人,二级注册结构工程师333人,注册岩土工程师314人,注册电气工程师263人(发输变电78人,供配电185人),注册化工工程师107人,注册公用设备师(给排水)95人,注册公用设备师(暖通空调)149人,注册公用设备师(动力)41人,注册岩土工程师314人。

【勘察设计评优】 从2010年开始,勘察设计项目评优由原来的每两年一评固定为每年一评。2010年共评选出一等奖17项、二等奖41项、三等奖54项、表扬奖11项。在评优过程中,严格执行国家有关节能环保政策、设计标准以及勘察设计规定,倡导节能、低碳、绿色、环保设计理念,大大激发了广大勘察设计人员创作设计精品的热情和积极性。开展第三届湖南省优秀勘察设计院院长、优秀勘察设计师评选,评选出优秀勘察设计院院长20名、优秀勘察设计师50名,通过评优,营造了湖南省勘察设计行业大师级人才成长的良好氛围,促进了人才培养、选拔、任用良性机制的形成,增强了行业的生机和活力。积极支持勘察设计企业申报国家勘察设计大师,扶持、打造湖南省勘察设计行业领军人物,向住房和城乡建设部推荐5名国家勘察设计大师候选人,其中1人进入提名公示。

10. 建设教育

【概况】 2010年,湖南省建设人才工作以提高人才队伍整体素质为目标,建队伍、揽人才、抓提升,着力加强厅机关公务员、专业技术人才、生产操作人员等队伍建设,成效明显。组织推荐的湖南省建筑工程集团总公司,成为住房城乡建设系统唯一被人力资源和社会保障部表彰的"第十届国家技能人才培育突出贡献奖"获奖单位,2人分获全国、全省技术能手称号。

【专业技术人才队伍建设】 完善土建工程初、中级专业技术职称"以考代评"、高级职称"考评结合"制度,修订印发《湖南省土建工程专业高级专业技术职务任职资格评审办法》,进一步健全了人才选拔机制。全年共组织16462人土建工程专业技术资格考试和904人的高级专业技术职称评审,新增专业技术人员5524人。2010年是建筑企业专业技术管理人员岗位资格考试重新单独组考的第一年,共14016人参加考试,7728人考试合格取得岗位资格证书。强化安全生产考试管理,促进了考风和培训质量的提高,17670人通过安全生产培训考试。

【培训鉴定】 全省下达4万人的建设职业技能鉴定年度目标任务,修订印发《湖南省建筑工地农民工学校管理办法》、《湖南省建设职业技能岗位资格鉴定施工现场技能考核实施办法》。举办"怎样给农民工上好一堂课"为主题的骨干师资培训班,编写《建筑业农民工模板工技能培训教材》和施工作业班组长、作业队长培训教材,并免费发放。全年共创建农民工学校792所,完成职业技能培训64385人;完成职业技能鉴定51513人,为年度目标任务的128.8%;开展建筑施工作业队长、班组长等骨干培训11712人;完成建筑起重机械特种作业人员培训考核4559人。落实"阳光工程"培训任务,印发《关于认真落实湖南省农村劳动力转移培训阳光工程实施方案的通知》,完成了6000名建筑工匠的培训任务。

【创新专业人才培养模式】 先后成功举办第四届土木建筑类大学生结构模型竞赛(竞赛规模创历届之最)、第二届建设职业院校校长论坛、首届建设类高等院校校长论坛、全省建筑企业人力资源开发与管理高峰论坛、公用事业单位人力资源开发管理专题讲座。组织有关院校参加全国职业院校技能大赛,湖南省选派的6位同学全部获奖;明确规定土建类高职、大专及以上应届毕业生可参加岗位资格考试,考试合格后发给见习资格证,在岗工作一年后核发相应岗位资格证书。2010年参加岗位资格考试的应届毕业生1715人,占考试总人数的12.2%。

11."十一五"建设成就盘点

【概况】 "十一五"时期是湖南省发展历程中极不平凡的五年,也是住房和城乡建设系统应对重大挑战、经受重大考验、取得重大成就的五年。回顾五年来的发展,成绩鼓舞人心,经验弥足珍贵。

2008年省委省政府做出了推进新型城镇化的重大部署,把推进新型城镇化提到了战略性和全局性高度,各地城镇发展步伐加快,投入猛增,发展理念和发展方式都有了新的转变,更加注重以人为本和宜业宜居,更加注重资源节约和环境友好,更加注重提升综合承载能力和辐射带动能力,更加注重城市文化内涵和文脉传承。城镇化水平快速提升,城镇功能日趋完善。2010年全省城镇化率达到44.4%,较2005年提高7.4个百分点,年均增长1.48个百分点,高于"十五"平均增速。全省共有人口100万以上的特大城市1个,50～100万人口的大城市由2005年的6个增至8个,20～50万人口的中等城市由6个增至9个。

重点建设突飞猛进,五年累计完成投资5002亿元,占全社会固定资产投资的15.3%,对全省经济增长贡献率超过10%;建筑业、房地产业和市政基础设施建设快速发展,为财政增收、就业增加等做出了重要贡献,建筑业支柱产业地位更加凸显;住房保障体系初步建立,实现了人均10平方米以下住房困难家庭应保尽保,居民居住条件有所改善;节能减排卓有成效,县以上城镇污水处理率和生活垃圾无害化处理率分别比2005年提高37.57个和25.94个百分点。另外,全系统在抗冰救灾、抗震救灾、理县灾后重建等方面都做出了突出贡献。

贯彻科学发展理念,承担组织实施全省推动新型城镇化的重任,建设系统职能不断充实完善,工作地位得到提高。住房保障上升为主要使命,节能减排承担了重要任务,市场监管责任大大强化,规划、建设、管理工作由城市向农村延伸。

进一步完善建设领域法律法规和工程建设标准,培养了一大批高素质专业技术人才和管理人才,增强了依法行政能力。

【各项主要经济指标持续增长】 通过五年的奋力拼搏,全省住房与建设事业发展取得历史性成就。"十一五"期间主要指标完成情况见表4-11。

"十一五"期间湖南省住房与建设事业主要指标完成情况表　表4-11

指标名称	2010年实现值	"十五"期末	"十一五"发展情况
城镇化率(%)	44.40	37	提高个7.4百分点
城镇化率增长率(%)	1.48	1.45	提高0.3个百分点
廉租房累计筹集到位资金(亿元)	894.33		
经济适用房完成投资额	20.38		
棚户区改造(万户)	7.79		
住房公积金五年累计归集额(亿元)	540.9		年均增长19.7%
住房公积金五年累计贷款(亿元)	393		年均增长39.3%
房地产累计完成开发投资额(亿元)	4650	1281	年均增长23.7%
房地产累计实现税收(亿元)	950		年均增长26.5%
城市居民人均住房建筑面积(平方米)	31.2	27.5	
农村居民人均住房建筑面积(平方米)	42.2	39.28	
全省重点建设五年累计完成投资额(亿元)	5000	1818	增长2.7倍
全省市政公用基础设施固定资产累计完成投资额(亿元)	2089	803	年均增长24%
城镇污水处理率(%)	70	34.6	增长35.4%
生活垃圾无害化处理率(%)	48		
全省建筑业累计完成总产值(亿元)	11155	40412	年均增长19.8%
全省建筑业实现利税总额(亿元)			增长3.22倍

【新型城镇化建设成效显著】 "十一五"期间,

湖南省城镇化水平从2005年的37.00%增长至2010年的44.40%。"十一五"期间城镇化水平提高7.4个百分点，年均增长1.48%，高于全国的0.9%与"十五"期间的1.45%，城镇化水平继续保持了较大幅度的提高。

【城市群核心作用加强】 "十一五"期间，长株潭地区作为全省经济的心脏，各项指标均位于全省前列，城镇化水平、人均GDP、城镇人均可支配收入、农村居民人均纯收入都远远高于全省平均水平和其他相关区域。环长株潭城市群（"3+5"城市群）明显高于全省平均水平。城市群在全省城镇化发展的核心作用已较为明显。

【城镇体系不断完善】 2010年全省100万人以上的特大城市1个，50～100万人的大城市由2005年的6个增加至8个，20～50万人的中等城市由2005年的6个增加为9个，20万人口以下的小城市由2005年的16个减少为11个，大部分县市面貌得到明显改观。初步形成了大、中、小城市协调发展的局面，城镇体系得到进一步的完善。

【城镇设施水平和人居环境不断改善】 "十一五"期间，湖南省城镇资金投入和建设力度不断加大，城镇经济和各项基础设施公共服务设施逐步配套完善，初步满足了城镇居民的生活和文化需求，提高了城镇居民的生活质量。2009年，全省29个设市城市、72个县城完成市政基础设施投资分别为331.44亿元和74.18亿元，年均增长10.22%和13.43%。

【城镇建设的资源利用水平不断提高】 "十一五"期间，湖南省单位建设用地产出从2005年的2.54亿元/平方千米增长至2009年的3.36亿元/平方千米，年时间共增长0.82亿元/平方千米，年均增长6.7%。湖南省城镇建设的资源利用水平不断提高，城镇的集约化程度不断上升。

【重点建设迈上新台阶】 "十一五"时期全省重点建设实现了快速提升、科学跨越。5年来，全省重点建设共完成投资超过5000亿元，是"十五"期间的2.75倍，占全省同期全社会固定资产投资的15%，对全省经济增长的贡献率超过10%。

【基础设施投入大幅提升】 "十一五"期间，湖南省紧紧抓住国家扩大内需的重大机遇，全省重点建设完成基础设施投资3085亿元，交通、能源、水利、通信等领域一大批基础设施项目开工建设和投产使用，实现了基础设施新跨越，创造了良好经济效益和社会效益，提升了湖南省可持续发展的承载力。

【铁路建设迎来"高速"时代】 武广高铁湖南段建成通车，新开工杭长客运专线等6个铁路项目，铁路建设迎来"高速"发展。湖南省正在形成以京广、沪昆线构成的"十字"型主骨架，以焦柳、洛湛、湘桂为主干线的"三纵二横"铁路运输网，营运里程达3647公里（其中高速客运专线518公里），占全国的4.2%，较"十五"末提高0.4个百分点。

【公路建设进入"高网"时代】 "十一五"期间，湖南省迎来了高速公路建设的大发展时期，五年新增通车里程1130公里，总里程达到2393公里。到2010底，湖南省在建和通车高速公路接近6000公里，跃居到中部第2位，在建里程居全国第1位。高速公路网超越了原"五纵七横"规划，正在按新的"七纵九横"规划进行路网建设。五年完成国省干线公路改造2893公里。

【其他设施驶入"快车"进程】 机场、水利、能源、通讯等其他基础设施建设驶入快车道，实现科学跨越。

【工业结构调整加速升级】 "十一五"期间，全省重点建设共完成产业项目投资1021亿元，现代工业体系进一步完善，对全省经济社会发展的支撑能力明显提升。

【升级传统产业】 启动了一批投资规模大、技术含量高、市场前景好的重点技改项目。

【做大做强优势产业】 装备制造等湖南省优势支柱产业已经具备较强的自主创新能力，工程机械、轨道交通装备、电力装备等支柱产业，正在加快形成产业集群化优势。

【有效承接汽车产业】 长丰集团成功引进广汽集团，广汽菲亚特轿车总部落户湖南，比亚迪年产20万辆汽车及零部件基地开工建设，众泰汽车、吉利汽车、陕汽重卡长沙基地、北汽株洲基地建成投产。比亚迪纯电动客车在长沙下线，湖南省在新能源汽车的产业化方面走在了全国前列。

【加大培育新兴产业】 重点扶持了一批电子信息、新材料、新能源、生物医药等新兴产业，金天钛业、晟通科技、神州光电、华磊光电、中电科技48所、科霸动力、湘电风能、长沙生物产业基地等项目开工建设或建成投产。全国首台5兆瓦永磁直驱海上风力发电机在湘电集团成功下线，标志着我国大型风电装备国产化取得重大突破，湖南省风电装备产业也从追赶者变成领跑者。

【民生项目建设全面推进】 "十一五"时期，湖南省新农村、社会发展和节能环保项目等重点建设加快实施，五年完成重点建设投资897亿元。农村公路、饮水、通信等项目进展顺利。

【新农村建设】 五年新改建农村公路13.8万公里，解决了986.7万农村人口的安全饮水问题，农村通信实现5172个自然村信号覆盖，极大地改善了农村的基础设施条件和生活条件，为全省新农村建设做出显著成绩。

【教育工程】 中南大学、湘潭大学、南华大学、湖南第一师范学院、中南林业科技大学等高校进行扩建和新校区建设，改善了湖南省高校的办学条件，提升了办学质量。

【医疗卫生保障】 湘雅医院、湘雅附二、湘雅附三、省人民医院、省肿瘤医院等医院相继进行了扩建工程，进一步改善湖南省医疗基础设施滞后现状，缓解了老百姓看病难问题。

【城镇保障性住房建设】 新建廉租住房进展顺利，改善了部分困难群众的居住条件。

【污水垃圾处理】 污水处理三年行动计划累计完成投资150亿元，建成114个污水处理项目，实现了全省县城以上城镇污水处理设施"全覆盖"；生活垃圾处理设施建设项目、长沙饮水及水质环境工程、大唐耒阳电厂烟气脱硫工程等项目快速推进。

【住房保障体系建设卓有成效】 全省人均住房建筑面积10平方米以下城市低收入住房困难家庭实现应保尽保，全新的住房保障体系初步建立。

【住房保障工作成效显著】 廉租住房保障覆盖面迅速扩大，经济适用房保障稳步扩大，公共租赁住房和各类棚户区改造积极稳步推进。五年来各类保障性住房和棚户区改造完成投资由2006年的14.70亿元增加到2010年的251.67亿元，增长17.12倍；竣工套数由2006年的15349套增加到2010年的199890套，增长13倍；竣工面积由2006年128.58万平方米，增加到2010年的1193.4万平方米，增长9.28倍。全省廉租住房、经济适用住房、公共租赁住房和各类棚户区改造工作2006～2010年发展状况详见图4-1和图4-2。

【保障方式日益多样】 已灵活采用实物配租、货币补贴、产权共有、租售并举、实物配售、限价销售、安置住房建设等多种保障形式，并按照保障对象的收入水平和经济支付能力，对不同家庭、不同人群实行不同的住房供应政策。

【保障政策不断完善】 在认真贯彻落实国发〔2007〕24号文件精神的基础上，出台《湖南省人民政府关于解决城市低收入家庭住房困难的实施意见》（湘政〔2007〕30号）、《湖南经济适用住房管理办法》（试行）（湘建房〔2008〕460号）、《湖南省廉租住房保障办法》（试行）（湘建房〔2008〕461号）等一系列文件政策，为住房保障工作的持续开展提供了政策基础。

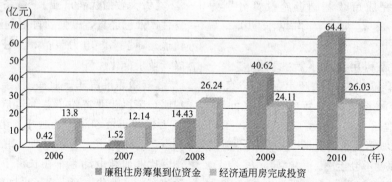

图4-1 全省廉租住房、经济适用住房改造2006～2010年投资状况

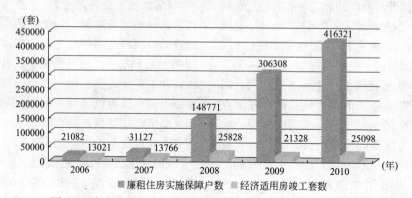

图4-2 全省廉租住房、经济适用住房2006～2010年发展状况

【城市建设管理取得重大进展】 全省城市建设固定资产"十一五"期间完成投资2089亿元,为"十五"时期的2.6倍,固定资产投资年均增长24%,城镇基础设施水平大幅提高,城镇功能逐步完善。

【给水能力迅速增强】 截至2010年末,湖南省城市供水普及率93.22%,人均供水量336L/d,供水总量23.35亿立方米,管网漏损率25%。

【"污水处理设施建设三年行动计划"胜利完成】 县城及以上城市污水处理设施实现全覆盖,污水处理能力由2005年的92万立方米/天增加到2010年的525万立方米/天,拥有污水管网长度1.25万千米,污水管网覆盖率达到56%,污水处理率由2005年的40.4%提高到2010年的72%。并且,该"三年行动计划"被住房和城乡建设部誉为"湖南模式"在全国推介。

【城市燃气(特别是管道燃气)高速发展】 全省设市城市燃气普及率由2005年底的75.4%,提高到2009年底的85.6%。县城城市燃气普及率由2005年底的60.9%,提高到2009年底的65.2%。

【市容环卫事业进展顺利】 全省城镇清扫道路面积有1.81万平方米,比2005年增加38.65%;公共厕所达到4150座,比2005年增加9.54%;城镇生活垃圾无害化处理率达到48%,无害化日处理能力1.4万吨。

【园林绿化事业快速发展】 截至2010年末,已有16个县市达到国家确定的城市绿地率指标,9个县市达到园林城市绿化覆盖率,15个县市达到中国人居奖绿地指标。

【城市综合交通持续发展】 全省城市人均道路面积达到12.5平方米,且顺利实现全省公共交通运输行业管理职能的移交。

【市政基础设施水平不断提高】 截至2010年末,全省城市道路长度达到1.3万公里,道路面积2.4亿平方米,桥梁1065座,道路照明灯593千盏,安装路灯的道路长度8476公里。

【城市管理能力明显提升】 城市管理理念不断创新,城市管理逐渐向数字化、标准化、精细化转变。株洲数字化城管通过验收,长沙市城市地下管理管理经验在全国推广。

【中国丹霞·崀山申遗成功】 2010年8月2日,联合国世界遗产委员会(WHC)在第34届世界遗产大会上一致通过"中国丹霞"为世界自然遗产,作为"中国丹霞"六大景区之一的湖南崀山从此进入世界自然遗产名录,成为我国第40个世界遗产地。

【风景名胜区规模不断壮大】 "十一五"期间湖南省积极组织申报世界遗产与国家级、省级风景名胜区,其中由国家级风景名胜区升级为世界遗产的1处,由省级风景名胜区升级为国家级风景名胜区的7处,新建的省级风景名胜区9处。风景名胜区数量达到54处,总面积达到6299平方公里,占全省国土面积的3%。

【风景区品质稳步提升】 湖南省风景名胜区通过近几年的综合整治,管理体制进一步完善,管理水平进一步提高,景容景貌、景区设施及服务质量明显改善,景区资源得到了有效保护,基本实现了风景名胜区资源保护与合理利用的协调发展,逐步形成拉动地域经济社会发展的有效平台。

【管理制度逐步完善】 在已批的16个国家级风景名胜区中,已有岳麓山、武陵源、崀山、南岳衡山、紫鹊界-梅山龙宫、猛洞河等6个风景名胜区完成了相关保护条例的制定,韶山、万佛山-侗寨、德夯等3个风景名胜区启动保护条例的编制;大部分风景名胜区完成了总体规划的编制,湖南省风景名胜区开始步入有法可依、有规可循的规范化管理轨道。

【风景名胜区环境综合整治工作取得明显成效】 "十一五"期间,湖南省按照住房和城乡建设部关于开展国家级风景名胜区环境综合整治的通知精神,针对风景名胜区的机构设置、规划编制、违规查处、监督信息系统建设,标识标牌设置、管理规章制度建设等六个方面作为整治要点,全面展开了湖南省风景名胜区环境综合整治工作。通过五年的积极努力,湖南省16处国家级风景名胜区全部通过验收。全省风景名胜区综合整治取得很好的成效。

【旅游经济明显增强】 随着湖南省世界遗产和风景名胜事业的不断发展,"十一五"期间湖南省旅游经济明显增强。武陵源、衡山、韶山、岳麓山、凤凰、岳阳楼等风景名胜区已成为海内外旅游热点。崀山申遗成功后游客量大幅增长。风景名胜区门票收入达90亿元,带动其他行业收入540亿元,风景名胜区旅游业已成为拉动湖南省经济快速发展的支柱产业。

【城乡规划和村镇建设成效显著】 "十一五"期间,湖南省全面贯彻落实大力推进城镇化战略,城镇化发展速度明显加快,湖南省城乡规划和城镇建设高效发展。

【进行了城市群区域规划编制工作】 为推进以长株潭为中心的"3+5"城市群建设和进一步保护长株潭城市群核心区域的生态资源和环境,组织编制了《湖南省"3+5"城市群城镇体系规划》和《长株潭城市群核心区建设管治规划》，加强规划对区域统筹协调发展的宏观引导，加速构建新型城镇体系。

【科学引导城市化健康有序发展】 "十一五"期间完成了《湖南省新型城市化建设目标指标体系》、《湖南省城镇化发展报告（2006、2007、2008、2009）》、《长株潭"3+5"城市群空间发展战略研究》、《国内外城市化及城市群规划的理念及实践》等相关研究。

【提高了规划的可操作性】 "十一五"期间完成了郴州、岳阳、常德、张家界等市的总体规划的修改与编制，保障了城市建设依法进行。各地在城镇总体规划的指导下，相继编制了城镇道路网、城镇绿地系统、城镇环卫、城镇燃气、城镇消防、城镇公交、城镇人防、城镇商业网点、城镇停车设施、城镇排水等专项规划和近期建设规划及控制性详细规划。

【加强了历史文化名镇、名村的保护规划】 "十一五"期间，编制了8个历史文化保护规划，主要包括永州历史文化名城保护规划、郴州历史文化名城保护规划、汝城县历史文化名城保护规划、浦市历史文化名镇保护规划等。

【乡村规划的力度不断加大】 到2009年全省已经编制规划的乡有581个，占全部乡的57.58%，投入乡规划编制经费为4586.20万元，比上年增加53%。

【规划的程序不断完善】 "十一五"期间，按城乡规划法的要求，制定《湖南省城市总体规划修改工作规则》，严格城市规划编制程序、规划评审和审批程序，建立了规划专家预审制度，同时加强了批前公示制度的完善，加大了公共参与的程序，严把规划审查关，促进了规划编制质量大为提高。

【城乡规划的权威性持续提高】 为了加强规划管理，湖南省采取各种形式加大了对《中华人民共和国城乡规划法》宣传，先后制定《湖南省实施〈中华人民共和国城乡规划法〉办法》、《湖南省城乡规划督察员制度（试行）》和《关于加强建设用地容积率监管推进城乡规划廉政建设的通知》等相关文件，进一步规范了城乡规划管理工作，维护了城乡规划的严肃性和权威性。

【小城镇综合承载能力不断提高】 2009年底全省小城镇用水普及率达到65.57%，比"十五"末提高6.1个百分点；燃气普及率为31.24%，比"十五"末提高5.63个百分点；人均道路面积8.41平方米，比"十五"末增加0.21平方米。人均公园绿地为1.24平方米，变化不大。全省城镇基础设施建设中道路、用水普及、绿化及燃气设施建设速度都高于城镇人口的增长速度，设施水平均有较大提高。

【新农村面貌改变较快】 到2009年，全省改造县乡公路2639平方千米，新建乡镇到村水泥（沥青）路19653平方千米。建设农村清洁工程示范村100个，新建农村沼气池17.41万口。解决了316.39万人的饮水困难及饮水不安全问题。新增通电话自然村1834个；新建农村综合信息服务示范点854个，实现互联网宽带上网行政村2057个。全省农村外出务工人员（不含本乡镇）1210万人，实现在外务工收入670亿元。农村的基础设施与公共服务设施逐步完善，农村的面貌有一定程度的改善。

【房地产市场稳定发展】 "十一五"期间，湖南省房地产业围绕"十一五"规划目标，在住宅计划竣工总面积、商品房结构比例、住房保障比例、房屋装修率、建筑节能、建筑省地等指标方面都较好地完成了既定任务，保持了房地产业的稳定发展。

【支柱产业地位日益凸显】 "十一五"期间，湖南省房地产市场在调控中日趋成熟，房地产业已经成为国民经济重要的支柱产业，对拉动经济增长、推进城市化进程以及改善人居环境起到了十分重要的积极作用。2006~2009年，全省房地产投资对GDP贡献率由6.9%增加到8.4%，与此同时，房地产开发投资占全社会固定资产投资比重从17.1%下降到14.1%。另外，同期全省城镇人均居住面积由27.5平方米增加到30.2平方米，平均增幅3.2%；农村人均居住面积由39.28平方米增加到41.69平方米，平均增幅2.0%；全省商品房销售额由389.9亿元增长到941.6亿元。2006~2009年全省房地产累计实现税收722.6亿元，年均增长26.2%。

【房地产开发规模明显上涨】 2006~2009年，全省房地产开发企业个数从3673家增加到4022家，全省房地产开发完成投资额从556.06亿元增长到1084.7亿元，全省商品房施工面积从6341万平方米增加到13700万平方米，全省商品房新开工面积从2845.7万平方米增加到5312.8万平方米，全省商品房竣工面积从1706.3万平方米增加到2965.2万平方米。

【房地产市场交易活跃】 2006~2009年，全省房地产土地供应量从1872.61公顷增长到2660.5公顷，全省商品房销售面积从2021.6万平方米增长到3513.7万平方米，全省商品房均价从1928元/平方米增加到2679元/平方米，价格增长较为平稳。

【住房公积金事业良好发展】 截至2010年末,湖南省缴存账户人数达到362.77万人,覆盖率为86%。公积金缴存总额从2006年的299.25亿元,增长到2010年的778.89亿元,增长2.6倍;公积金缴存余额从2006年的210.70亿元,增长到2010年的486.89亿元,增长2.31倍;公积金个贷总额从2006年的135.13亿元,增长到2010年的491.15亿元,增长3.63倍;公积金个贷余额从2006年的87亿元,增长到2010年的319.88亿元,增长6.68倍。

【资金使用安全高效】 机构调整前发放的项目贷款和挤占挪用资金基本收回,国债投资中形成的风险资金也已全部妥善处置,公积金银行账户管理有了较大改善。个人住房贷款逾期率已下降到0.05%,远低于商业银行的不良资产率。

【监管体系日益健全】 已建立省级监督部门定期会商通报、联合执法检查和重大事项报告等多项监督制度,同时,还初步建立了一个以行政监督、部门监督、社会监督三位一体的监督体系和同级监督机制。

【建筑业加速发展】 湖南省建筑业主要经济指标提前1~3年超额完成,建筑业支柱产业地位进一步巩固:2006~2010年,累计完成总产值突破11000亿元,是"十五"时期的2.66倍,年均增长20.6%。2006~2009年,累计完成增加值1592.1亿元,年均增长18.73%;累计实现利润总额288.89亿元,年均增长达30.9%。吸纳农民工就业由2005年的146.3万人,增加到2010年的267万人,占全省劳务人数的18%;实现劳务收入由2005年的70.2亿元,增加到2010年的210亿元,占全省劳务收入的20%。为推动国民经济增长和社会全面发展发挥了重要作用。

【建筑业结构逐步优化】 截至2010年6月,建筑业总承包、专业承包、劳务分包等三类企业比例由2005年的49.4∶39.9∶10.7调整为39.2∶37.5∶23.3。同时,"十一五"湖南建筑业企业规模有了较大的提升,2008年,全省有2家建筑企业产值突破100亿元大关。

【外埠市场开拓形势喜人】 2009年,全省建筑业省外完成产值达647.92亿元,是2005年的2.04倍,见图4-3。国内市场方面,在泛珠三角区域、长三角区域和环渤海区域三大既有优势市场继续稳步发展的基础上,又开拓了包括重庆、四川、云南、贵州四省的西南市场。海外市场方面,逐渐从传统的非洲、亚洲市场拓展到南美、大洋洲及欧洲市场。

【质量安全水平逐步提高】 "十一五"期间,全省共有15项工程荣获鲁班奖,190项工程获芙蓉奖,822项工程获省优质工程奖,工程质量水平跻身全国前列。百亿元产值死亡人数由2005年7.57人,下降到2010年的1人以下。

【行政管理能力逐步增强】 先后出台了"两个规定三个办法",全面规范建设工程招投标市场。同时,进一步加强了工程造价管理和劳保基金监管。

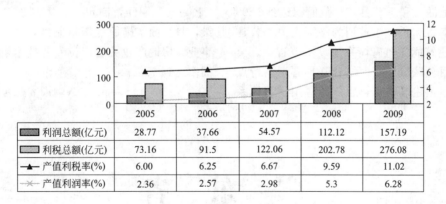

图4-3 湖南省建筑业行业效益情况(2005~2009年)

【勘察设计业快速发展】 湖南省勘察设计行业综合实力显著增强,产业规模不断扩大。"十一五"期间,湖南省勘察设计行业初步设计累计完成投资额4550亿元,比"十五"增长41.45,累计完成建筑面积24093万平方米,比"十五"期间增长93.9%;施工图设计完成投资额6083亿元,比"十五"期间增长144.8%,累计完成建筑面积41408万平方米,比"十五"期间增长177.7%;营业收入累计完成504.1亿元,比"十五"期间增长337.6%;上缴营业税及附加累计19.93亿元,比"十五"期间增长162.9%。

【服务"两型社会"建设的基础作用日渐明显】 全

省勘察设计企业通过"两型"社会创建活动，每年可节约投资近100亿元，而且大大节约了后续运营成本，保护了环境。

【技术创新层出不穷】 在全国率先建立工程勘察现场见证制度，建设部对该做法给予了高度评价。截至2010年末，全行业累计拥有专利282项、专有技术424项，获国家和省部级奖513项，连续5年科技成果转让费名列全国前10名。

【勘察设计质量稳步提升】 通过强化施工图审查的质量抓手作用，"十一五"期间，湖南省勘察设计项目第一次审查合格率由期初的低于50%提高到期末的70%以上，且没有发生重大勘察设计质量事故。民用建筑节能设计率达到100%。

【建筑节能和科技技术支撑能力不断提升】 全省已有数十项技术科研成果先后获得国家级和省部级奖励。其中，2009年株洲市成功获批国家"十二五"科技支撑计划"城市水环境改善和饮用水安全保障"示范城市，获批科研经费2000万元。2009年全省批准成立12家省级企业技术中心，全省11家特级建筑业企业全部成立了省级企业技术中心；向住房和城乡建设部推荐申报国家级工法评审40项，其中14项被评为国家级工法，通过率为35%，远高于全国平均水平。

【节能示范体系逐步形成】 "十一五"期间，全省共8个项目获批国家级可再生能源建筑应用示范项目和太阳能光电示范项目；两个项目获批国家级绿色建筑示范项目；长沙、株洲、怀化以及衡东、津市、石门、炎陵共3市4县被列入国家可再生能源建筑应用示范城市和示范县，示范面积达到1200万平方米；湖南省和长沙市被列为国家机关办公建筑和大型公共建筑能耗监管体系建设示范省市。至此，一个由项目到区域、点面结合并具有湖南特点的建筑节能、绿色建筑和可再生能源应用示范体系已初步形成。

【监督管理水平不断提高】 新建建筑各阶段的节能标准执行率逐年提高，其中设计阶段节能标准执行率由2006年的40%，提高到2010年的100%；施工阶段节能标准执行率由2006年的8%，提高到2010年的95%以上。

【宣传培训工作积极开展】 利用多渠道组织开展建筑节能主题宣传活动，增进群众对建筑节能的了解，提高社会大众的节能意识。同时，每年开展10余次培训活动加强从业人员建筑节能法规政策和专业技术知识。

【建设人才培育稳步推进】 湖南省住房和城乡建设行业人才工作稳步推进，取得明显成效。截至2010年末，湖南省建设行业人才总量达到89.7万人，与"十一五"期末（2004年底）相比，净增长4.5万人，人才总量占从业人员的比率由18%上升到24%。组织全省专业技术人员、基层技术管理人员、生产操作人员参加各类培训达70余万人次；培训一线生产操作人员73万人次，培训劳务企业经营管理人员、施工作业队长、班组长2.5万余人次；1.26万人通过考核获得《建筑施工特种作业操作资格证书》；创建农民工学校2700余所。2006年，在全国建筑业技能大赛中，湖南省"建筑湘军"取得获奖总数、一等奖总数和选手获奖率"三个全国第一"的骄人成绩；2008年，湖南省建设厅人教处作为全国建设系统唯一代表，被国务院农民工工作联席会议授予"全国农民工工作先进集体"荣誉称号。"十一五"期间，制定了一系列促进人才发展的政策，且全面实施职业资格制度，全省建筑业、公用事业、房地产业关键岗位专业技术管理人员持证上岗率达到95%。

（湖南省住房和城乡建设厅）

广 东 省

1. 住房城乡建设地方法规、政策、文件概要

【广东省住房城乡建设领域制度建设成效显著】 2010年，《广东省燃气管理条例》和《深圳市保障性住房条例》获省人大通过、批准，并颁布实施。《广东省民用建筑节能条例》经省人大二审，《广东省促进散装水泥发展和应用规定》经省法制办审查，并提请省政府常务会议审议。《广东省城镇住房保障条例》列入2011年省人大立法计划。广东省住房和城乡建设厅出台《广东省创建宜居城乡工作绩效考核办法》、《广东省宜居城镇、宜居村庄、宜居社区考核指导指标(2010～2012年)(试行)》、《广东省宜居环境范例奖申报和评审办法(试行)》、《珠三角区域绿道网规划设计指引(试行)》、《转发国务院关于坚决遏制部分城市房价过快上涨的通知》、《关于加快发展公共租赁住房的实施意见》、《广东省城市和国有工矿棚户区改造规划(2010～2012年)》、《广东省建设工程计价依据》、《取得内地一级注册结构工程师资格的香港居民在粤注册执业管理办法》、《关于对既有住宅增设电梯允许申请提取住房公积金的意见》、《广东省房屋建筑工程质量样板引路工作指引(试行)》、《广东省住房和城乡建设厅关于房屋建筑工程质量投诉的处理办法》等文件。

【颁布广东省燃气管理条例】 2010年6月2日，《广东省燃气管理条例》修订草案经广东省十一届人大常委会第十九次会议审议通过，自2010年9月1日起施行。修订后的《广东省燃气管理条例》明确规定燃气发展规划编制、燃气储备、设施配套建设及其用地保障等制度，并从保障燃气供应安全和社会公共安全的角度，完善燃气经营许可和燃气设施改动许可制度，加强对燃气市场经营秩序和企业经营行为的监管，明确燃气经营企业、燃气器具安装维修企业及燃气用户分别应当承担的燃气经营、服务、使用等安全责任和义务。

【转发国务院关于坚决遏制部分城市房价过快上涨的通知】 2010年6月8日，广东省政府下发《转发国务院关于坚决遏制部分城市房价过快上涨的通知》(粤府〔2010〕70号)，提出严格执行差别化住房信贷政策、加强房地产税收管理、增加居住用地和住房供应、加快保障性安居工程建设、加强商品房预售监督管理等措施稳定房地产市场。

【出台加快发展公共租赁住房实施意见】 2010年12月6日，广东省人民政府办公厅印发《关于加快发展公共租赁住房的实施意见》(粤府办〔2010〕65号)，加快推进全省公共租赁住房建设，着力解决城市中等偏下收入家庭、新就业职工和外来务工人员的住房困难问题。

【出台广东省创建宜居城乡工作绩效考核办法】 2010年2月，经广东省人民政府同意，省住房和城乡建设厅印发《广东省创建宜居城乡工作绩效考核办法(试行)》，自发布之日起施行。《考核办法》作为广东省开展创建宜居城乡工作绩效考核的依据。《考核办法》对考核的目的、内容、程序作明确要求。考核内容包括创建实绩、组织保障、公众和专家满意度等三大部分。考核按照材料上报、材料审核、材料评分、实地考察、综合排名、公布结果等六个步骤进行。每两年开展一次考核排名。

【印发开展2010年度创建宜居城乡工作绩效考核的通知】 2010年5月10日，广东省住房和城乡建设厅向各地级以上市人民政府及有关省直部门发出《关于开展2010年度创建宜居城乡工作绩效考核的通知》(粤建办〔2010〕25号)，正式启动全省21个地级以上市创建宜居城乡工作绩效考核工作。《通知》指出考核目的，明确考核内容按《广东省创建宜居城乡工作绩效考核办法(试行)》进行，确定考核程序，并对考核工作提出相关工作要求。

【印发珠江三角洲绿道网总体规划纲要】 2010年2月，由广东省住房和城乡建设厅负责组织编制的《珠江三角洲绿道网总体规划纲要》通过广东省政府批准实施。《规划纲要》在系统分析自然、人文、社会经济等本地和区域及城乡规划政策要素、各城市发展意愿等影响因素的基础上，通过省市互动、城市联动的方式，遵循生态化、本土化、多样化、人性化原则，综合优化形成珠三角绿道网总体布局，并提出"一年基本建成，两年全部到位，三年成熟完善"的目标任务。

【印发广东省住房城乡建设系统全面推进工程建设领域项目信息公开和诚信体系建设工作实施方案的通知】 2010年10月27日，广东省住房和城乡建设厅印发《广东省住房和城乡建设系统全面推进工程建设领域项目信息公开和诚信体系建设工作实施方案》的通知(粤建市函〔2010〕550号)，在全省范围内全面推进工程建设领域项目信息公开和诚信体系建设工作。《实施方案》确立各阶段的工作目标，明确珠三角地区、粤东西北地区推进工程建设领域项目信息公开和诚信体系建设工作的具体任务和时限要求，并将广东省住房和城乡建设系统工程建设领域项目信息公开目录、信用信息目录(试行)提供给各地级市行政主管部门，使全省各地级以上市进一步明确数据采取的范围和要求。

【出台《取得内地一级注册结构工程师资格的香港居民在粤注册执业管理办法》】 2010年12月31日，广东省住房和城乡建设厅印发《取得内地一级注册结构工程师资格的香港居民在粤注册执业管理办法》(以下简称《管理办法》)，从2011年1月起正式接受取得互认资格的香港结构师在粤注册执业。《管理办法》主要包括申报注册条件、申报注册程序、申报注册期限要求、申报注册应提交的材料、申报时间、注册费用、执业、继续教育等8部分内容。

（周娟）

2. 房地产业

【**房地产市场运行情况**】 2010年，广东省房地产开发投资3659.69亿元，比上年增长23.58%，占全省固定资产投资比重22.71%，为全省固定资产投资增长20.7%做出贡献。广东省商品房销售面积7322.01万平方米，同比增长45.84%。商品房销售额4585.93亿元，增长4.07%。其中，商品住房销售面积6553.40万平方米，与上年持平，商品住房销售额5476.48亿元，同比增长19.42%。房地产税收收入716.2亿元，同比增长27.80%，占全省地税税收22.00%，增幅占全省地税税收增幅的27.86%。房地产贷款余额14301.26亿元，同比增长20.18%，房地产贷款余额占人民币本外币贷款余额的27.16%。广东省人均住宅建筑面积32.13平方米，比2005年提高近6平方米。

【**房地产市场调控政策**】 2010年2月，广东省政府办公厅下发《转发国务院办公厅关于促进房地产市场平稳健康发展的通知》（粤府办〔2010〕7号），提出增加保障性住房和普通商品住房有效供给、实施差别化的金融税收政策抑制投资投机性购房需求、加强房地产市场秩序的监督规范、加强房地产市场监控健全信息披露制度稳定市场预期等措施。6月，广东省政府下发《转发国务院关于坚决遏制部分城市房价过快上涨的通知》（粤府〔2010〕70号），提出严格执行差别化住房信贷政策、加强房地产税收管理、增加居住用地和住房供应、加快保障性安居工程建设、加强商品房预售监督管理等措施。11月，广东省住房和城乡建设厅会同省国土资源厅、监察厅转发《住房和城乡建设部、国土资源部、监察部关于进一步贯彻落实国发〔2010〕10号文件的通知》，提出"认真贯彻国家各项房地产调控政策，严格实现问责制"、"进一步落实加强房地产信贷和税收政策"、"切实增加居住用地供应，加快保障性住房建设"、"加强商品房预售和闲置土地监督管理"、"加快信息化建设，注重舆论正面引导"等措施，巩固房地产市场调控成果。11月，广东省住房和城乡建设厅会同省财政厅、省地税局制定《转发财政部、国家税务总局、住房城乡建设部关于调整房地产交易环节契税个人所得税优惠政策的通知》。广东省住房和城乡建设厅会同省国土资源厅下发《转发国土资源部、住房和城乡建设部关于进一步加强房地产用地和建设管理调控的通知》和《转发国土资源部办公厅、住房和城乡建设部办公厅关于开展房地产用地和建设管理调控情况检查的通知》。12月，广东省住房和城乡建设厅会同国家外汇管理局广东省分局下发《转发住房和城乡建设部、国家外汇管理局关于进一步规范境外机构和个人购房管理的通知》。

【**中心城市出台房地产市场调控政策**】 5月5日，深圳市出台《关于印发深圳市贯彻落实国务院文件精神坚决遏制房价过快上涨的意见的通知》，提出5方面13条调控措施。5月18日，广州市印发《关于贯彻落实国务院关于坚决遏制部分城市房价过快上涨的通知精神努力实现住有所居的意见》，提出8方面24条调控措施。9月30日和10月15日，深圳和广州出台住房限购政策，其中深圳市在全国20余个住房限购城市中住房限购政策最为严厉：本市户籍居民家庭限购2套住房；对于能够提供在本市1年以上纳税证明或社会保险缴纳证明的非本市户籍居民家庭，限购1套住房；暂停在本市拥有2套以上（含2套）住房的本市户籍居民家庭、拥有1套以上（含1套）住房的非本市户籍居民家庭、无法提供在本市1年以上纳税证明或社会保险缴纳证明的非本市户籍居民在本市购房。

【**房地产市场专项检查**】 2010年6月，经广东省政府同意，广东省住房和城乡建设厅印发《关于印发广东省房地产开发企业经营行为专项检查方案的通知》，要求全省各地针对房地产开发建设交易的各个环节，对所有在建和进入预售的房地产开发项目进行全面清理，对有群众投诉或举报的商品房项目进行重点检查。此次专项检查共检查房地产开发项目11255个、涉及房地产开发企业1384家，查处一批典型违法违规案例。

【**物业管理**】 2010年，广东省住房和城乡建设厅会同省物价局制订《物业服务收费管理办法》，规范物业服务企业收费行为。制订物业服务企业人员的岗位证书执行标准，明确和规范物业服务企业资质申报条件。制订《前期物业管理合同》、《临时管理规约》、《业主大会规则》等3个规范文本。在上海11.15火灾后，及时印发《关于加强物业管理区域消防安全工作的紧急通知》。开展物业管理示范项目评比工作，评出57个省物业管理示范项目，10个国家物业管理示范项目。在全国人口普查、广州亚运会、亚残运会期间，要求各地物业服务企业提供相应的服务支持，协助住宅小区的入户调查和安全保卫。

【**房地产产权登记**】 2010年，广州市海珠区、荔湾区房地产登记交易中心基本通过国家规范化管理验收。惠州市房地产交易所、河源市房地产交易所、广州市白云区房地产登记交易中心被评为"广东省房地产权属规范化管理单位"。广东省住房和城乡建设厅启动省级个人住房信息系统建设，制订个人住房信息系统建设项目可靠性研究报告和实施方案，并向省经济和信息化委员会提出项目立项申请。组织修订《广东省城镇房地产权属登记条例》，核准全省358名房地产登记人员资格。

【住宅产业化】 广东省房地产企业开发建设的深圳万科城四期（46～50号楼）等三个项目荣获2010年度"广厦奖"。至此，广东省有11个项目获此殊荣。广州万科城·新里程（一、二期）通过住房和城乡建设部住宅产业化促进中心2A级商品住宅性能认定。珠海格力广场一期A区等三个项目获2010年中国土木工程詹天佑优秀住宅小区金奖，广州万科云山花园获2010年中国土木工程詹天佑住宅小区优秀环境奖。珠海格力广场（一期A区）等18个项目通过2010年"广东省绿色住区"认定。截至2010年底，通过省级"绿色住区"认定的项目有145个，分布在全省18个地级市。

（张志军）

3. 住房保障

【住房保障政策措施】 2010年1月，广东省委、省政府做出《关于实施扩大内需战略的决定》，明确要求加快廉租房、经济适用房和公共租赁住房建设，把加快保障性住房建设作为扩大内需的一项重要措施来抓。2月份广东省政府办公厅转发《国务院办公厅关于促进房地产市场平稳健康发展的通知》，6月份广东省政府转发《国务院关于坚决遏制部分城市房价过快上涨的通知》，强调要增加保障性住房的有效供应，加快保障性安居工程建设，加快发展公共租赁住房，全面启动城市和国有工矿棚户区改造工作。7月，经广东省政府同意，广东省住房和城乡建设厅转发《住房城乡建设部等五部委关于推进城市和国有工矿棚户区改造工作的指导意见》。12月，广东省政府办公厅印发《关于加快发展公共租赁住房的实施意见》。《广东省城镇住房保障条例》列入2011年省人大立法计划。广州市出台《广州市保障性住房土地储备办法》、《广州市保障性住房小区管理扣分办法》、《广州市住房保障工作接受社会监督办法（试行）》等规范性文件，深圳市颁布《深圳市保障性住房条例》，东莞市实行住房保障城乡一体化。

【保障性安居工程年度计划】 2010年5月19日，广东省副省长林木声代表省政府与住房和城乡建设部签订住房保障工作目标责任书，明确2010年广东省的主要任务是：新增廉租住房2.73万套，新增发放租赁补贴0.5万户，分别新建经济适用住房、公共租赁住房、限价商品房1.61万套、0.32万套、0.50万套，林业棚户区改造0.85万户，国有工矿棚户区改造0.15万户。

【保障性安居工程规划编制】 2010年，广东省完成2010～2012年保障性住房建设规划的编制，并形成"十二五"住房保障规划初稿。广东省住房和城乡建设厅专题开展棚户区改造规划编制工作。11月，经广东省人民政府同意，广东省住房和城乡建设厅印发《广东省城市和国有工矿棚户区改造规划（2010～2012年）》。

【保障性住房建设资金】 2010年下半年，中央开始对广东省的各类棚户区改造和公共租赁住房建设给予资金补助，其中国有工矿棚户区改造补助1500万元、林区棚户区补助8527万元、公共租赁住房和城市棚户区改造补助2109万元。广东省财政逐步加大对保障性住房建设的支持力度，拨付2亿元专项资金用于广东省东西两翼和粤北山区的廉租住房保障资金补助，并给予林区棚户区改造配套资金补助8527万元。各地政府通过财政预算、住房公积金增值收益、土地出让金净收益等渠道，多渠道落实保障性住房建设资金。2010年全省廉租住房建设资金投入31.9亿元，经济适用住房建设资金投入24.9亿元，公共租赁住房建设资金投入20.9亿元，限价商品房建设资金投入4.7亿元，全面完成目标任务。各级政府还调动社会各方面力量，通过多种方式引导社会资金参与保障性住房建设。全省各类保障性安居工程累计完成投资89.9亿元。

【保障性安居工程建设成效】 2010年，广东省保障性安居工程新开工各类住房12.5万套（其中：全年新增开工建设廉租住房3.28万套、经济适用住房2.47万套、公共租赁住房3.5万套、限价商品房5698套；林区棚户区危房改造开工1050套，农垦棚户区开工2.56万套、城市棚户区开工383套），竣工6.1万套（其中：廉租住房1.27万套、经济适用住房1.54万套、公共租赁住房964套、限价商品房438套、垦区棚户区改造3.2万套）。2010年度新增廉租住房保障2.1万户，其中实物配租1.4万户；经济适用住房供应1.2万户。2010年，是广东省历年保障性住房项目开工最多、种类最齐全、投资最大和解决低收入家庭住房困难户最多的一年。

（卓云峰）

4. 住房公积金

【住房公积金业务健康发展】 2010年，广东省住房公积金实际缴存人数为78.9万人，同比增长141.6%。缴存额为609.9亿元，同比增长27%。提取额为378.8亿元，同比增长15.9%。发放个人贷款222.7亿元，6.5万笔，同比下降17%和31.6%。增值收益为18.98亿元，划转廉租房补充资金13.08亿元。

【住房公积金管理政策】 针对广东省珠海市破获的一起不法分子利用虚假材料、虚假购房合同等方式骗取住房公积金的案件，广东省住房和城乡建设厅印发《关于加强广东省住房公积金提取管理有关问题的通知》（粤建金函〔2010〕311号），提出与房地产主管部门共同防范不法分子使用虚假购房合同骗取公积金的行为，加大对骗取住房公积金违法行为的处罚力度等要求。针对广东省政协重点提案《关于试点推进城市老楼加装电梯的惠民工程的建议》（20100855号）中提出的问题，广东省住房和城乡建设厅会同省财政厅联合印发《关于对既有住宅增设电梯允许申请提取住房公积金的意见》（粤建金函〔2010〕428号），同意业主本人若是住房公积金缴存人，即可申请提取本人住房公积金用于在既有住宅中安装电梯。提取的具体办法由各市管理中心制定后，报所在市住房公积金管理委员会审议批准执行。

（张文宇）

5. 城乡规划

【珠三角绿道网基本建成】 2010年2月，广东省政府批准实施《珠江三角洲绿道网总体规划纲要》，明确要求规划建设总里程为1690公里的6条珠三角省立绿道。截至2010年12月底，珠三角绿道网"一年基本建成"的目标任务胜利完成：九市累计建设完成省立绿道2372公里，其中利用原有路面改建530.5公里，新建1841.5公里；18个市与市之间的城际交界面全部实现互联互通；省立绿道沿线共新增绿化1572公里；绿道网全线启用全省统一的简洁鲜明的标识系统；建成171个驿站和休息点，并初步配建停车场、自行车租赁、餐饮、卫生、安保等服务设施；珠三角九市结合本地绿道特点，挖掘绿道网的功能和内涵，开展丰富多彩的活动。不少城市除完成省立绿道建设任务外，还规划建设城市绿道和社区绿道，并与省立绿道网相连通。

【重大规划编制与研究】 2010年，广东省住房和城乡建设厅牵头编制完成《珠三角地区城乡规划一体化规划》，并于7月30日经省政府办公厅印发。该规划提出的重点行动计划纳入省政府批准实施的《实施〈珠三角地区改革发展规划纲要（2008～2020年）实现"四年大发展"工作方案〉》以及《实施〈珠三角地区改革发展规划纲要（2008～2020年）实现"四年大发展"十项重点工程〉》中。联合港澳编制"共建优质生活圈专项规划"和"环珠江口宜居湾区建设重点行动计划"，共同打造"亚太地区最具活力和国际竞争力的全球城市区域"。组织编制《粤东城镇群协调发展规划》、《粤西城镇群协调发展规划》，规划的纲要成果分别于2010年5月和11月通过专家评审。

【城乡规划立法】 2010年，广东省推进《广东省城乡规划条例》立法工作，完成草案初稿，城乡规划编制审批程序、规划许可制度、监督制约机制等核心内容初步确立。广东省住房和城乡建设厅拟订《广东省城乡规划信息公开办法》、《广东省城乡规划公众参与手册》、《广东省城市控制性详细规划备案审查办法》、《广东省一书三证核发工作规程》等文件。

【城乡规划管理】 2010年，广州、云浮、河源等试点市进行"三规合一"（城乡规划、土地利用总体规划、国民经济社会发展规划的三规合一）探索。广东省住房和城乡建设厅跟踪指导《广州市城市总体发展战略规划》、《河源市域城乡总体规划》编制工作，云浮市成功申报省"三规合一"试点市。开展《广东省构建"三规融合"城乡规划平台的工作指引》研究，探索解决城乡规划编制、审批和实施过程中与其他规划的协调问题。完成《茂名市城市总体规划（2008～2020年）》等8项城市总体规划纲要和成果，《东莞市域城镇体系规划（2008～2020年）》等2项城镇体系规划成果，《珠海市城市总体规划（2001～2020年）实施评估报告》等4项评估成果的审查。其中，《肇庆市城市总体规划（2010～2020年）》、《东莞市域城镇体系规划（2008～2020年）》和《揭阳市城镇体系规划（2008～2030年）》获得广东省政府批复。继续加强历史文化遗产保护工作，指导中山市申报国家历史文化名城。广东省住房和城乡建设厅联合省国土资源厅对20市共123个"三旧"（旧城镇、旧村庄、旧厂房）改造规划的备案成果进行技术审查，占应报备案总数的94%。参与省产业转移工业园认定的审查工作和"双转移"有关配套政策的制定和"双转移"目标责任考核评价工作，支持符合条件的省产业转移工业园申报和扩建。实施《广东省产业园区规划制定的指导意见（试行）》。做好重大建设项目的选址意见书核发工作，确保10个工作日内为国家和省重点项目核发选址意见书。2010年共依法核发51个建设项目规划选址意见书。

【新型城镇化发展道路探索】 2010年，广东省住房和城乡建设厅编制完成《广东省城镇化发展"十二五"规划》（征求意见稿）以及《广东省提高城镇化发展质量专题研究报告》、《广东省城镇化发展"十一五"规划实施评估报告》、《广东省"十二五"城镇化发展重大问题研究报告》等多项研究成果。开展《广东省提高城镇化发展水平的宜居建设指南》、《广东省城市开发边界界定及城际关系协调研究》、《广东省智慧城市建设管理》、《广东省城乡建设工作实施过程控制的机制研究》等一系列研究工作。组织研究区域大运量公交导向（TOD）开发模式，开展珠三角城际轨道沿线土地综合开发的现状普查。选取佛山东平新城、东莞虎门商贸城、惠州云山西路3个条件较为成熟、开发潜力较大的站点，就其周边一定范围率先开展土地综合利用详细规划研究，推进TOD模式的实质性建设。全省"三旧"改造顺利推进，全面启动100个城中村改造。以佛山为试点结合旧城镇改造，推进岭南特色老街区复兴。

（唐卉）

6. 城市建设

【城市建设取得新进展】 2010年，广东省城市建设完成固定资产投资900亿元。城市燃气普及率100%，自来水普及率98.37%，污水集中处理率73.12%，市县城区生活垃圾无害化处理率72.12%，人均公共道路面积12.69平方米，全省城市人均公园绿地面积约13.29平方米，建成区绿地率约36.68%，建成区绿化覆盖率约41.31%。

【丹霞山成为广东首个自然遗产】 2010年8月2日，在第34届世界遗产大会上，广东丹霞山等6个提名地以"中国丹霞"项目联合申报世界自然遗产获得表决通过，成功列入世界遗产名录，成为我国第8个世界自然遗产、广东省首个世界自然遗产。

【园林城市、城镇创建】 广东省住房和城乡建设厅继续指导各城市开展创建国家、省园林城市工作，并将创建工作成效纳入市厅级党政领导班子落实科学发展观考核评价。阳江市被命名为"广东省园林城市"，东莞市沙田镇、石碣镇、寮步镇被命名为"广东省园林城镇"。清远市提出创建国家园林城市，东莞市长安镇提出创建国家园林城镇。至2010年底，广东省共有16个"国家园林城市"，2个"广东省园林城市"，2个"国家园林城镇"，3个"广东省园林城镇"。

【广州亚运园林绿化升级改造工程】 广州市以承办第16届亚运会为契机，推进迎亚运绿化美化工程等建设工作。截至亚运会开幕，广州市12个区（县）共计新增绿化面积868.16公顷，建成绿道898公里，新增公园19个，新种植大树30996株。广州市亚运园林绿化升级改造工程包括"四位一体"道路绿化改造、城市出入口景观改造、亚运花卉布置、天桥高架桥绿化装饰、迎亚运查漏补缺项目，以及二沙岛、珠江新城、公园拆围透绿等绿化项目，完成投资12亿元。

【风景名胜区管理】 截至2010年底，广东省共有国家级风景名胜区8个，省级风景名胜区18个，世界自然遗产1处。丹霞山、罗浮山、惠州西湖、湖光岩总体规划上报国务院审批。梅县阴那山、平远五指石、封开龙山省级风景名胜区总体规划上报省政府审批。11月，广东省住房和城乡建设厅对为期2年的省级风景名胜区综合整治工作进行检查验收，14个景区通过验收，4个景区没有通过验收需要整改。同时，对国家级风景名胜区执行条例情况的情况进行检查。

【中国人居环境奖和中国人居范例奖】 2010年2月23日，梅州市龙丰垃圾填埋场CDM综合治理项目、肇庆市星湖湿地生态保护与环境整治项目、惠州市两江四岸人文与生态环境建设项目等三个项目被住房和城乡建设部授予"2009年中国人居环境范例奖"。12月23日，梅州市龙丰垃圾填埋场CDM综合治理项目获联合国人居署颁发2010年"迪拜国际改善居住环境最佳范例奖"全球百佳范例称号。

【城市轨道交通建设】 截至2010年12月，广东省已开通城市轨道交通线路13条，总长300.56公里。其中，广州开通8条，总长222公里；深圳开通4条，总长63.86公里；广佛线（佛山段）开通总长14.7公里。全省在建城市轨道线路13条，总长147.58公里。

【城市道路桥梁建设】 2010年1月，广东省住房和城乡建设厅组织开展全省城市桥梁检查，其中，20个地级以上市按照《城市桥梁养护技术规范》"一桥一档"建立桥梁技术档案；12个城市建立城市桥梁信息管理系统；18个地级以上市编制城市桥梁养护维修年度计划；20个城市指定城市桥梁重大事故应急预案；各城市基本按照规定设置限载、限高、限速的标识标牌。截至2010年底，广东省累计建成城市道路总长度为40847.3公里、道路总面积55868.8万平方米,其中人行道路总面积12741万平方米,城市人均道路面积12.69平方米。全省建成城市桥梁共5611座,其中立交桥324座。2010年,广东省新增城市道路面积1059万平方米,其中人行道路新增面积605万平方米,广东省城市人均道路面积增加0.06平方米,新建城市桥梁149座。

【城市供水】 2010年6月,广东省住房和城乡建设厅组织开展全省城市供水水质专项调查,全面抽测全省县城以上共202家水厂的水质。9~10月,广东省住房和城乡建设厅组织力量赶赴茂名市协助处理9.21茂名特大洪灾水质安全相关事宜。10月,召开亚运会承办城市和协办城市供水安全保障工作会议,针对性地布置亚运会期间城市供水安全保障工作。截至2010年底,广东省城市供水综合生产能力3497.41万立方米/日,城市用水人口约7000万人,自来水普及率98.37%,人均日生活用水量249.96升。全省自来水综合生产能力100万立方米/日以上的城市有7座。

【城市污水处理】 广东省住房和城乡建设厅继续组织广州、深圳、东莞、中山等城市实施国家"水体污染控制与治理"科技重大专项。广东省再生水利用试点城市深圳市推进城市污水再生利用、雨水综合利用,出台《关于加强雨水和再生水资源开发利用工作的意见》。2010年,深圳市再生水利用量为4.4亿立方米,全市再生水利用率达到35.9%。截至2010年底,广东省共建成污水处理厂304座,日处理能力1703.51万立方米,污水集中处理率达73.12%,日处理能力继续居全国首位。2010年比2009年新增污水处理厂66座,新增日处理能力384.4万立方米。连续3年新增污水日处理能力超过200万吨。广东省67个县城污水处理设施全部建成并通过环保验收,珠江三角洲73个中心镇中的62个已建成污水处理设施。广东省列入污水处理设施建设责任书的192座污水处理设施已建成配套管网4170.7公里。

【城市生活垃圾处理】 广东省编制《广东省生活垃圾无害化处理设施建设"十二五"规划》。确定从化、增城、兴宁、鹤山、新兴、乳源等6个县(市)为县域垃圾无害化处理设施建设试点。印发《关于运用价格杠杆促进生活垃圾焚烧发电产业化发展的意见》(粤价〔2010〕195号)。2010年,广东省地级以上市城区均开征垃圾处理费,23个县级市城区开征生活垃圾处理费的有16个,开征率为69%;44个县的县城开征生活垃圾处理费的有9个,开征率为21%。争取中央垃圾处理设施投资补助14950万元和省财政治污保洁专项资金6000万元。2010年,广东省市县城区生活垃圾收集量约5.99万吨/日,无害化处理量4.21万吨/日,垃圾无害化处理设施共42座,其中填埋场24座,焚烧厂18座,县城区生活垃圾无害化处理率72.12%。与2009年相比,新增垃圾无害化处理设施4座,无害化处理量增加0.5万吨/日,无害化处理率增加5个百分点。广东省21个地级以上市有19个实现生活垃圾无害化处理,汕尾、茂名市未建成垃圾无害化处理场,采用简易处理。全省67个县(市)有11个实现无害化处理,其中从化、南澳、新丰、兴宁、鹤山5个县(市)已分别建成一座无害化处理场,高要、揭东、阳东、清新、云安、梅县等6个县(市)的生活垃圾运往所在地级市进行无害化处理,其他56个县(市)仍为简易处理。

【市容环境卫生管理】 全省各城市普遍设立环卫行政主管部门、专业服务队伍和保洁队伍。道路清扫、公厕保洁、垃圾粪便清运工作推行管理与养护分离制度,实行环境卫生有偿社会服务,促进环卫作业市场化和专业化发展。各地加强城市水面环境卫生管理,成立水上保洁队伍,制定水上保洁工作任务分工。

(王务)

7. 建筑业与工程建设

【概况】 2010年,广东省建筑业地区生产总值1543亿元,比上年增长11.3%。获"中国建设工程鲁班奖"8项,"国家建设工程项目AAA级安全文明标准化诚信工地"18项,"省建设工程金匠奖"40项,"省优良样板工程"93项,"省建筑工程安全生产文明施工优良样板工地"227项;国家级工法18项;省建筑业新技术示范工程99项。广东省建筑施工企业约有6800家(取得安全生产许可证的建筑业企业,含劳务企业,共计5059家),其中特级企业8家,一级企业520家。2010年,全省共完成建安总产值4000亿元,同比增长10.5%;实现利税355亿元,同比增加10%。全省设有形建筑市场95个。2010年,全省实行招标工程14906项,工程造价3265亿元。其中公开招标工程12579项,工程造价2596亿元。全省工程监理企业有470多家,甲级企业196家,乙级企业108家,执业注册监理工程师执业资格的人员10300多名。监理营业收入128.4692亿元,占全国工程监理营业总收入15%,排全国同行业第一位。全省勘察设计单位1135家,其中甲级资质企业443家,乙级495家,丙级194家,丁级3家。施工图审查机构80家,其中一类52家,二类

37家；建筑类51家，市政类2家，建筑、市政综合类27家。施工图审查人员工1994人。全年全省勘察设计企业共完成工程勘察设计合同额254.99亿元，其中：工程勘察合同额36.17亿元，工程设计合同额218.82亿元。全省建设行业注册执业人数达86044人，其中一级建造师19300人，约占全国一级建造师总人数241042人的8%；二级建造师32814人，约占全国二级建造师总人数342945人的9.6%；一级建筑师1568人；二级建筑师2314人；一级结构工程师2507人；二级结构工程师750人；监理工程师10131人；造价工程师9343人。2010年全省经审核通过的各专业注册申请的数量达37260人次，比2009年增加24%。其中初始注册15199人次，变更注册7929人次，延续注册14132人次（上述一、二级建筑师、结构工程师数据均不含深圳市）。

【工程建设领域突出问题专项治理】 2010年，广东省住房和城乡建设厅印发《广东省贯彻落实〈规范城乡规划管理工作指导意见〉的实施方案》、《广东省贯彻落实〈加强工程建设实施和工程质量管理工作指导意见〉的实施方案》以及《2010年广东省住房和城乡建设厅工程建设领域突出问题专项治理工作要点》等规定，指导全省开展专项治理工作。全省住房和城乡建设系统共排查5573个项目，排查发现存在2521个问题，排查期间纠正1384个问题。其中投资规模5000万元以上的政府投资和使用国有资金的项目1380个，排查发现问题1347个，纠正问题798个；投资规模3000万元至5000万元的政府投资和使用国有资金的项目593个，排查发现问题240个，纠正问题91个；投资规模500万元至3000万元的政府投资和使用国有资金的项目1656个，排查发现问题499个，纠正问题248个；投资规模3000以上的其他投资项目1944个，排查发现问题435个，纠正问题247个。

【招投标管理】 2010年，全省实行招标工程14906项，工程造价3265亿元。其中公开招标工程12579项，工程造价2596亿元。全省实施《广东省房屋建筑和市政基础设施工程施工评标办法》，该办法按照工程规模、技术参数分别制定最低投标价法、经评审的最低投标价法、平均值法、综合评估法四种评标办法供招标人选择，细化现行法规的施工评标办法并弥补其不足。实施修订《广东省建设工程项目招标中标后监督检查办法》。

【信息公开和诚信体系建设】 2010年，广东省住房和城乡建设厅出台《广东省住房和城乡建设系统全面推进工程建设领域项目信息公开和诚信体系建设工作实施方案》、《广东省住房和城乡建设系统工程建设领域项目信息公开目录（试行）》和《广东省住房和城乡建设系统工程建设领域信用信息目录（试行）》，在门户网站"广东建设信息网"开辟"工程建设领域项目信息公开专栏"，实时公布各种信用行为信息。至2010年底，广东省住房和城乡建设厅工程建设领域项目信息公开专栏收录372952条信息，其中项目建设管理公开51条，工程初步设计方案批复结果145条，工程规划选址意见批复结果49条，从业单位信用信息2511条，从业人员信用信息249059条，企业不良行为记录信息423条，从业人员不良行为记录信息89条，企业获奖信息6100条，三类人员证书信息43283条，特种作业人员信息70689条。逐步建立健全全省建筑市场主体信息库和项目管理信息库，逐步完善全省工程建设领域诚信信息体系建设。

【市场动态监管】 2010年9月，广东省住房和城乡建设厅印发《建筑业企业（单位）资质许可后核查工作实施方案》，开始对广东省建筑施工企业、建设工程勘察设计企业、工程建设监理企业、工程造价咨询企业、工程建设项目招标代理机构、建设工程质量检测机构、房屋建筑和市政基础设施工程施工图设计文件审查机构等资质进行许可后核查。全年广东省住房和城乡建设厅直接核查企业143家，其中合格99家，需整改38家，不合格6家。广东省住房和城乡建设厅于11月至12月对全省472家工程造价咨询机构取得资质后的情况进行核查，核查评价为合格的355家，需整改117家，其中省本级抽查107家，合格的76家，整改的31家。

【小型工程项目管理】 2010年，广东省住房和城乡建设厅印发《关于加强广东省小型工程项目施工管理及明确小型工程项目负责人任职条件条件的通知》，明确全省有关小型工程项目管理问题及小型工程项目负责人任职条件和要求。将小型工程项目负责人专业技术教育培训及其考核工作委托省建筑业协会牵头会各地建筑业协会开展。

【新技术应用示范工程和工法】 2010年，广东省住房和城乡建设厅委托省建筑业协会组织专家评审新技术应用示范工程和施工工法，评审出2009～2010年新技术应用示范工程99项，省级工法158项，其中被住房和城乡建设部列为全国（第六批）新技术应用示范工程3项，国家级工法18项。

【建筑工程抗震设防】 2010年7月14日，广东省超限高层建筑工程抗震设防审查专家委员会完成换届工作，成立由45专家组成的第三届专家委员会。广东省住房和城乡建设厅向省财政厅申请128万元抗震加固补助经费，补助梅州、汕尾、潮州等3个地级市的11个学校、医院等抗震加固项目。

【校舍安全工程】 2010年，广东省住房和城乡建设厅配合省教育厅做好全省中小学校舍安全工程工作。转发住房和城乡建设部工程质量安全监管司《关于进一步做好全国中小学校舍安全工程有关工作的通知》，印发《关于切实做好全省中小学校舍安全工程有关工作的通知》。

【粤港澳设计合作】 2010年12月31日，广东省住房和城乡建设厅印发《取得内地一级注册建筑师互认资格的香港居民在广东省注册执业管理办法》和《取得内地一级注册结构工程师互认资格的香港居民在广东省注册执业管理办法》两个管理办法。

【建设工程质量】 2010年，全省纳入质量安全监管的房屋建筑和市政基础设施工程36120项，其中建筑工程总建筑面积4.03亿平方米，市政工程总长度222.35万延米；新纳入监管工程共19570项，竣工验收合格工程共14411项，合格率100%，一次通过验收合格率为98.1%，已办理备案工程共11000项；全省工程质量监督机构在本年度共发出整改通知书共22410份，局部停工令共1351份，受委托对责任主体在质量方面的违法行为实施行政处罚共9宗。全省受监工程未发生质量事故。

【工程质量检测信息化管理】 2010年，广东省住房和城乡建设厅印发《关于推进广东省工程质量检测信息化管理的指导意见》、《关于加快推进珠三角地区工程质量检测信息化管理有关问题的通知》等文件。至年底，广东省住房和城乡建设厅建立工程质量检测信息化管理省级监管平台，广州、东莞、江门3个城市也建立工程质量检测信息化管理的市级监管平台。

【住宅工程质量分户验收】 2010年，广东省住房和城乡建设厅印发《关于全面推行住宅工程质量分户验收工作的通知》，要求尚未开展住宅工程质量分户验收的市，于年内启动分户验收工作，覆盖全部保障性住房工程，并于2011年1月1日起，在全省范围内全面推行住宅工程质量分户验收工作。

【房屋建筑和市政基础设施工程质量监督执法检查】 2010年，广东省住房和城乡建设厅印发《关于组织开展全省房屋建筑和市政基础设施工程质量监督执法检查的通知》，于10月下旬至12月上旬在全省范围内开展工程质量执法检查。据统计，全省各地级以上市住房城乡建设行政主管部门共抽查在建工程1083项，发出质量整改通知书382份，停工通知书23份。广东省住房和城乡建设厅于11月29日至12月3日，对深圳、珠海、韶关、清远、湛江、阳江、中山、江门、汕头、潮州10市进行督查，抽查30项在建工程。其中，住宅工程15项、公共建筑工程11项、市政桥梁工程4项，发出执法建议书4份，责令4个工地停工整改。

【"质量月"活动】 广东省住房和城乡建设厅印发《关于在2010年"质量月"活动期间组织开展四项活动的通知》，在9月先后组织召开"2010年全省工程质量创优观摩交流会"、"全省工程质量样板引路工作现场会暨住宅工程质量分户验收工作经验交流会"，并对其组织拍摄的房屋建筑工程施工工艺系列片——《蒸压加气混凝土砌块墙体施工工艺》进行宣传。

【施工安全生产】 2010年，广东省住房城乡建设系统发生建筑施工生产安全责任事故32起，死亡45人，其中，较大事故2起，死亡13人；事故起数和死亡人数比2009年分别下降23.8%和15.1%，全省建筑施工生产安全责任事故死亡人数仅占广东省政府下达的安全生产控制指标的61.6%。广州亚运会、亚残运会期间纳入监管的房屋建筑和市政基础设施工程未发生施工安全事故。2010年，广东省住房和城乡建设厅共组织开展全省建筑施工安全生产大检查或专项检查11次。分别在4、5月和9、10月中分两阶段组织开展全省建筑施工安全人检查，全省各级住房城乡建设行政主管部门共抽查在建工程8830项，检查发现安全隐患共4074个，发出隐患整改通知书3604份，局部停工（包括设备停用）通知470份，查处非法违法行为105宗，并对相关责任单位和责任人做出动态扣分记录2511条。全省各地做出施工安全动态扣分记录共16043条。

【安全生产许可制度】 2010年，广东省有719家建筑施工企业新申领安全生产许可证或办理安全生产许可证的延期手续，近4万名施工企业的安全生产管理人员取得安全生产考核合格证或办理证书延期手续。为核查企业提供的申请材料的真实性，共对135家新申请安全生产许可证的建筑施工企业进行实地核查。对2010年以来发生生产安全责任事故或严重降低安全生产条件的29家本省施工企业依法做出暂扣安全生产许可证30～60天的行政处罚，暂停65名项目负责人、专职安全员上岗执业，并对发生生产安全事故或严重降低安全生产条件的20家省外施工企业，提请其发证机关依法暂扣安全生产许可证。

【"安全生产月"活动】 2010年6月，广东省住房和城乡建设系统开展以"安全发展，预防为主"为主题的"安全生产月"活动的宣传工作。6月13

日,在广州市英雄广场举行的"安全生产宣传服务咨询日暨南粤行启动仪式",当天各地级以上市都设立建筑施工安全咨询点。6月24～25日,在佛山市岭南天地工程召开全省建筑工程安全生产文明施工现场会。6月29～30日,广东省住房和城乡建设厅派出3个宣讲组,分别到珠海、东莞等6个市,对《危险性较大分部分项工程安全管理办法》等规范性文件进行宣讲,并对近两年在广东省发生的建筑施工较大事故进行案例分析,共有1700人参加宣讲活动。

【建筑起重机械和特种作业人员管理】 2010年1月15日至3月31日,广东省住房和城乡建设厅在全省范围内组织开展建筑起重机械安全专项整治,全省各级住房城乡建设行政主管部门共抽6095台建筑起重机械,检查发现安全隐患1241项,发出隐患整改通知书1174份,局部停工(设备停用)通知67份,强制拆除6台建筑起重机械;并组织各地对广东省46家起重设备安装工程专业承包企业进行资质条件核查。广东省住房和城乡建设厅对广州、深圳、珠海、佛山、中山、东莞、惠州、江门、清远、茂名等10市进行督查,随机抽查30项在建工程,实地检查21台塔吊、11台施工外用电梯和13台物料提升机的安全使用状况和安全管理资料,对16项工程存在较大安全隐患的建筑起重机械提出暂时停止使用并限期整改的要求,对相关责任单位和责任人全省通报批评。继续开展对建筑施工特种作业人员的考核发证工作并严格实施持证上岗,2010年培训建筑施工特种作业人员41124人,核发操作资格证书36872人。全省取得建筑施工特种作业人员操作资格证书的人员累计数量达到71846人。

【建筑施工防火专项检查】 2010年,广东省住房和城乡建设厅印发《关于加强建筑工地消防安全管理的紧急通知》、《关于迅速开展全省建筑施工防火专项检查的紧急通知》,11月22日至12月3日,在全省开展建筑施工防火专项检查。11月29日至12月3日,广东省住房和城乡建设厅和省公安消防总队组成5个联合检查组,对深圳、珠海等10个市的工地消防安全进行抽查。

(孙宝国、何志坚、许欣毅、赵航)

8. 村镇建设

【村镇规划和建设】 2010年,四会市江谷镇、佛山市三水区乐平镇列为住房城乡建设部镇域规划试点。广东省财政安排1280万元省级村庄规划专项资金。广东省住房和城乡建设厅组织开展村庄规划实施机制研究。村庄规划覆盖率超过40%,比2005年提高近15个百分点;中心镇实现总体规划全覆盖;建制镇总体规划覆盖率达82%,控制性详细规划的编制稳步推进。广东省住房和城乡建设厅编辑印刷《岭南新民居——广东省社会主义新农村住宅设计图集》,并联合省文明办在珠海、湛江、肇庆、惠州、潮州等地确定推广使用示范点。

【村庄整治】 2010年,广东省住房和城乡建设厅以生活污水处理、垃圾治理为重点,部署村镇开展有针对性的整治工作。编制《广东省"万村百镇"整治技术指引》、《广东省农村生活垃圾处理技术指引》,指导农村人居环境整治。在2010年住房和城乡建设部公布的全国村镇垃圾治理全覆盖第一批28个县(市、区)名单中,广东省有珠海市香洲区、高栏港经济区、横琴新区、高新区,惠州市惠城区、惠阳区,中山市等1市6区实现垃圾治理全覆盖,占全国第一批名单中的1/4。

【中心镇建设】 2010年,广东省新核定增加东莞市凤岗、厚街、石碣、桥头、寮步镇和河源市东源县船塘镇等6个中心镇,全省中心镇达到277个。全省确定东莞市石龙镇、塘厦镇和中山市三乡镇三个中心镇作为简政强镇试点镇。2010年,全省中心镇国内生产总值约6800亿元,比2009年提高9.8%,比2005年提高83%。

【历史文化名镇、名村】 2010年,广东省梅州市大埔县百侯镇等2个镇、佛山市南海区西樵镇松塘村等4个村被评为第五批中国历史文化名镇、名村。至年底,广东省共有10个中国历史文化名镇、15个中国历史文化名村,在全国位居前列。广东省住房和城乡建设厅联合省文化厅评选出两批10个广东省历史文化名镇、20个广东省历史文化名村。

【特色景观旅游名镇】 2010年,广东省惠州市惠东县巽寮镇、珠海市金湾区平沙镇、中山市三乡镇、东莞市虎门镇4个镇被评为全国第一批特色景观旅游名镇。

【村镇规划建设管理人员培训】 2010年,广东省住房和城乡建设厅先后在湛江、梅州、韶关、汕头等地举办10期村镇规划建设管理人员培训班,共培训1300余人。

(李玉泉)

9. 建筑节能与科技

【建筑节能】 2010年底,《广东省民用建筑节能条例(草案)》通过省人大常委会的二审。国家财政部、住房城乡建设部安排给广东省的建筑节能经费4308万元(不含深圳市),比上年增加2322万元;广东省财政厅、经济和信息化委员会安排用于建筑节能的经费达1060万元，比上年增加797万元。全省各地财政全年投入约8000多万元。广东省住房和城乡建设厅颁布实施《广东省建筑反射隔热涂料应用技术规程》，组织编制《建筑工程绿色施工评价标准》等6项建筑节能地方标准。编制《广东省2010年国家机关办公建筑和大型公共建筑节能监管体系建设实施方案》，指导广州、佛山等市开展能源审计和监管平台试点建设。全省共完成2487栋国家机关办公建筑和公共建筑的能耗统计。广州、深圳等7个城市已完成49栋建筑的能源审计工作，在开展能源审计的有41栋；有16个地市按要求公示963栋建筑的能效。华南理工大学能耗监测平台通过国家的验收。深圳星海名城七期、清远翡翠绿洲被评为2010年第三批绿色建筑设计评价标识三星项目。广东省住房和城乡建设厅联合省财政厅审核申报15项国家2010年太阳能光电建筑应用示范项目，其中有5项获住房城乡建设部批准，装机容量达4363.05千瓦，共获得财政部、住房城乡建设部补贴3908万元；审核推荐广州新电视塔等3个绿色建筑示范工程和广州市珠江城等2个低能耗建筑示范工程申报国家级示范工程，并全部获得住房城乡建设部批准。12月，全国住房城乡建设领域节能减排专项监督检查组对广东省广州、深圳、中山3个城市和佛山顺德区进行专项监督检查。广东省住房和城乡建设厅发布《广东省建筑节能技术产品推荐目录（第一批）》。全省建筑节能设计标准的执行率在设计阶段达到100％，施工阶段达到96％左右，实现国务院提出的建筑节能年度目标。全省21个地级以上城市有19个城市100％完成"禁实"（禁止使用实心黏土砖）任务，全省新型墙材企业已达572家，新墙材年应用量达到130多亿标准砖，新型墙材应用比例达到93.86％。广东省住房和城乡建设厅启动省绿色建筑一、二星标识的准备工作。立项并组织编制《建筑工程绿色施工评价标准》、《广东省绿色住区评价标准》等标准，完成省绿色建筑评价标识专家委员会的筹备工作。

【建设科技】 2010年，广东省住房和城乡建设厅完成各类建设科技成果鉴定216项。完成住房和城乡建设部、省科技厅委托科技计划项目验收5项。审核推荐住房和城乡建设部科技计划项目74项，全省共有68个项目被批准列入计划。审核推荐省科技计划项目7项，其中有1项获得批准并列入计划。审核推荐省科学技术奖项目4项，全省建设系统共有7项成果获2010年广东省科学技术奖（其中二等奖5项，三等奖2项）。审核推荐华夏科技奖项目17项，其中有9项获奖（一等奖1项、二等奖3项、三等奖5项）。发布推广12项广东省建设行业技术成果推广项目（第一批）。对广州、深圳、珠海、汕头、中山、佛山六个创建全国无障碍建设城市开展初审工作。

【建设工程标准】 2010年，广东省共发布《城市地下空间开发利用检测监控技术标准》、《应用冲击压实技术处理旧水泥混凝土路面施工规程》、《建筑塔式起重机安装检验评定规程》、《预拌混凝土生产质量管理技术规程》、《广东省建筑反射隔热涂料应用技术规程》、《玻璃钢内衬混凝土组合管应用技术规程》、《电气火灾监控系统设计、施工及验收规范》等7项广东省工程建设地方标准。《建筑工程施工质量检测与试验规范》等13项工程建设地方标准立项。

（王礼贵）

10. 建设教育

【建设教育培训工作深入开展】 2010年，广东省住房和城乡建设厅联合省委组织部等单位在上海举办以"城市化与城市现代化"为主题的第十二期市长（书记）城建专题研究班。继续开展专业技术人员的继续教育培训工作，在茂名、惠州、广州、佛山等四个片区举办10期高新技术研修班，共培训2975人。组织开展职业技能鉴定工作，全年通过培训取得《职业资格证书》的人员有14763人（广州、深圳除外），其中初级工4426人、中级工8081人、高级工2256人。

【规范职称评审工作】 2010年，广东省在全国率先增设建筑工程（防护、防化）专业职称评审。运用现代网络先进技术对申报者提交的外语成绩证书和计算机模块考试合格证书进行电子核验。实行分时段按地区受理申报。增加粤东、粤西、粤北地区专家人数112名。2010年共受理申报建筑建材专业各级技术资格评审材料2179份，其中教授级109份、高级1770份、中级277份、初级23份。10月19～22日、11月15～28日和12月17～20日，分别在从化市、清远市和肇庆市召开建筑建材专业教授级、高级、中级（初级）职称评审会议，共有1444人通过专业组评审，其中教授级专业组初审通过55人，通过率为50.1％；高级评审通过1161人，通过率为65.59％；中级评审通过212人，通过率为77.9％；初级评审通过25人，通过率85.35％。

（席让平）

11. "十一五"住房城乡建设成就盘点

【宜居城乡建设取得新进展】 2009年，广东省人民政府办公厅印发《中共广东省委办公厅、广东省人民政府办公厅关于建设宜居城乡的实施意见》。2010年，经广东省人民政府同意，广东省住房和城乡建设厅印发《广东省创建宜居城乡工作绩效考核办法（试行）》及宜居城镇、宜居社区、宜居村庄和宜居环境范例奖评选的标准和指标体系，并牵头组织省直有关部门对全省21个地级以上市进行创建宜居城乡工作绩效考核。2010年底经广东省政府同意，向各市政府反馈考核结果，肯定各市宜居城乡建设的成效，指出各市需要改进的薄弱环节。全省评选出展省级宜居社区344个，省宜居环境范例奖14个。选取10个镇、21个村作为省级宜居城镇、宜居村庄创建指导点，湛江、中山等10个市共公布54个市级宜居城镇、376个宜居村庄名单和试点。在宜居城乡绩效考核推动下，全省各地宜居城乡建设取得新进展。广东省城镇化率达64%，高于全国平均水平17个百分点，居全国前列，比2005年提高了3.3%。广东省住房和城乡建设厅牵头组织编制《珠三角地区城乡规划一体化规划》，指导和推动广佛肇、深莞惠、珠中江经济圈有关城市签订合作共建框架协议；联合港澳编制《共建优质生活圈专项规划》、《环珠江口宜居湾区建设重点行动计划》，共同打造"亚太地区最具活力和国际竞争力的全球城市区域"；以广州、河源、云浮等市为试点，开展国民经济社会发展规划、城乡规划、土地利用规划"三规融合"的探索。"十一五"期末，广东省建制镇总体规划覆盖率达82%；中心镇实现总体规划全覆盖；村庄规划覆盖率超过40%，比2005年提高近15个百分点，扭转"十五"期间停滞不前的局面。城市人均公园绿化面积12.5平方米，建成区绿化覆盖率41%，建成区绿地率37%，分别比2005年增加1.5平方米，提高7.5和7.1个百分点。累计建成污水处理设施305座，配套主管网5300多公里，日处理能力达1739万吨，占全国的1/8，是2005年的2.7倍；城镇污水处理率达65%，比2005年提高20个百分点。累计建成生活垃圾无害化处理设施42座，处理量达4.2万吨/日；市县城区生活垃圾无害化处理率达70%，比2005年提高20个百分点。新建建筑节能标准执行率在施工阶段达96%。共有60个市（含县级市）完成了国家规定的"禁实"任务；有新型墙材企业572家；新墙材应用量达到155.4亿标准砖，应用比例达到78.04%。"十一五"期间，广东省既有建筑节能改造面积达到532万平方米，新增太阳能光热应用面积达到1271.66万平方米，新增浅层地能建筑应用面积为191.32万平方米。广东省住房和城乡建设厅依托珠三角城际轨道开展区域大运量公交导向（TOD）开发模式的探索，已完成对珠三角城际轨道交通（主骨架网）沿线土地利用现状的普查。全面启动100个城中村改造，至"十一五"期末，共计43个项目完成前期准备工作进入开工建设阶段或者已经实施拆迁。

【率先开展珠三角绿道网建设】 2009年，广东省住房和城乡建设厅与省委政研室联合向省委、省政府报送《关于借鉴国外经验率先建设珠三角绿道网的建议》，在国内率先提出建设绿道的设想，得到省领导的重视。广东省委十届六次全会决定，从2010年起用3年左右时间，按照"一年基本建成，两年全部到位，三年成熟完善"的目标，在珠三角规划建设6条总长2200多公里的省立绿道，串联起郊野公园、自然保护区、风景名胜区、历史文化景观和居民点等，深入到广大城乡地区，并与城市绿道和社区绿道串联成网。广东省住房和城乡建设厅将2010年确定为"绿道建设年"，集中全厅及珠三角各市住房城乡建设系统的力量投入到绿道建设中。

【推进住房保障工作得到新成效】 "十一五"期间，广东省将住房保障作为改善民生的重要工作之一，制订出台《关于切实解决城镇低收入家庭住房困难的实施意见》（粤府〔2008〕3号）、《印发关于加快发展公共租赁住房实施意见的通知》（粤府办〔2010〕65号）等一系列重大政策文件，建立目标责任机制、督查工作机制、定期通报制度、联席会议制度，推动各地住房保障扎实开展。组织制定"十二五"住房保障规划、城市和国有工矿棚户区改造规划，科学统筹保障性安居工程建设。以韶关市原曲仁煤矿棚户区改造为试点，启动城市和国有工矿棚户区改造。"十一五"期间，广东省保障性安居工程新开工各类住房23万套，其中：新增开工建设廉租住房4.5万套、经济适用住房6.4万套、公共租赁住房4万套、限价商品房1.7万套、林区棚户区危房改造开工0.5万套、农垦棚户区开工6万套、城市棚户区开工1385套。竣工13.5万套，其中：廉租住房竣工3.2万套、经济适用住房竣工4.6万套、公共租赁住房竣工0.6万套、垦区棚户区改造竣工4.4万套、限价商品房0.7万套。

大 事 记

1月

3日，中共广东省委办公厅、广东省人民政府办公厅向珠三角各市市委书记、市长发出《关于开展珠三角绿道网规划建设的工作意见》，提出要在珠三角率先建设绿道网的工作要求。

4日，广东省住房和城乡建设厅会同广东省物价局制订《物业服务收费管理办法》，规范物业服务企业收费行为。

7日，中共广东省委十届六次全会播放绿道建设专题片：《绿道——建设广东宜居城乡的希望之路》，中共中央政治局委员、广东省委书记汪洋在总结讲话时做出动员部署，提出要引领生态文明建设风气之先，将珠三角绿道网打造成为落实科学发展观、建设宜居城乡、惠及广大百姓的标志性工程。

20日，广东省住房和城乡建设厅制定《广东省对外承包工程企业资格审查运作办法》，开始办理对外承包工程企业资格审查工作。

25日，是日至29日，广东省住房和城乡建设厅组成7个检查小组，开展全省城市桥梁专项检查并对检查情况进行通报。

30日，广东省住房和城乡建设厅印发《广东省宜居城镇、宜居村庄、宜居社区考核指导指标（2009～2012年）（试行）》和《广东省宜居环境范例奖申报和评审办法I（试行）》（粤建办函〔2010〕36号）

2月

3日，广东省住房和城乡建设厅印发《广东省创建宜居城乡工作绩效考核办法（试行）》（粤建规〔2010〕11号）。

5日，广东省住房和城乡建设工作会议在广州召开。会议总结全省住房城乡建设系统2009年工作，部署2010年工作。广东省副省长林木声作重要讲话并与全省各地级以上市分管副市长签订《广东省2010年度解决城镇低收入家庭住房困难目标责任书》。广东省住房和城乡建设厅党组书记、厅长房庆方作工作报告并与各地级以上市建设局（建委）局长（主任）签订《2010年度建筑施工安全管理目标责任书》。

9日，广东省监察厅、广东省住房和城乡建设厅联合发文，同意广东省政府采购中心代理的工程项目进广州建设工程交易中心交易，并授权广州市建设工程招标管理办公室对其招投标活动进行监管。

11日，《珠江三角洲绿道网总体规划纲要》经广东省人民政府批准实施。

21日，广东省人民政府办公厅印发《转发国务院办公厅关于促进房地产市场平稳健康发展的通知》，提出增加保障性住房和普通商品住房有效供给、实施差别化金融税收政策抑制投资投机性购房需求、加强房地产市场秩序监督规范、加强房地产市场监控健全信息披露制度稳定市场预期等措施。

23日，住房和城乡建设部授予广东省梅州市龙丰垃圾填埋场CDM综合治理项目、肇庆市星湖湿地生态保护与环境整治项目、惠州市两江四岸人文与生态环境建设项目等三个项目"2009年中国人居环境范例奖"。

26日，广东省住房和城乡建设厅印发《广东省建设工程计价依据》，该计价依据包括《广东省建设工程计价通则》、《广东省建筑与装饰工程综合定额》、《广东省安装工程综合定额》、《广东省市政工程综合定额》和《广东省园林绿化工程综合定额》。

3月

3日，广东省住房和城乡建设厅将房地产评估机构资质核准事项纳入"三库一平台"（企业信息库、人才信息库、法规标准信息库和行政服务平台系统）管理信息服务系统。

10日，住房和城乡建设部、国家旅游局公布第一批全国特色景观旅游名镇（村）示范名单，广东省惠州市惠东县巽寮镇、珠海市金湾区平沙镇、中山市三乡镇、东莞市虎门镇被评为全国特色景观旅游名镇。

15～30日，广东省住房和城乡建设厅牵头组成七个考核小组对各地级以上市完成2009年解决城镇低收入家庭住房困难目标责任情况进行考核。

16日，广东省住房城乡建设系统"三库一平台"管理服务信息系统开通网上"在线咨询"功能。

22日，珠三角绿道网建设启动仪式在广州亚运城举行。中共中央政治局委员、广东省委书记汪洋出席并宣布珠三角绿道网建设正式启动，广东省省长黄华华致词，并和广东省人大常委会主任欧广源、广东省政协主席黄龙云共同推杆为"绿道网建设启动纪念基石"揭幕。

23日，是日至31日，广东省住房和城乡建设厅组织5个督查组，对广州、深圳等10市开展建筑起重机械安全专项整治工作进行督查。

24日，广东省住房和城乡建设厅制定《关于落实2010年党风廉政建设和反腐败工作部署分工的意见》，对涉及广东省住房和城乡建设厅履行行政职能各项工作的廉政建设要求进行分工，明确工作任务、工作要求和具体职责。

4月

1日，广东省住房和城乡建设厅对外办事窗口实现咨询电话转接，通过语音提示将具体业务内容分流到各相关处室，有效提高咨询答复准确度和回复率。

9日，广东省住房和城乡建设厅印发《关于开展注册公用设备工程师、注册电气工程师、注册化工工程师初始注册工作的通知》，正式开始启动广东省注册公用设备工程师、注册电气工程师、注册化工工程师的注册工作。

15日，广东省住房和城乡建设厅在鹤山市召开推进县域垃圾处理设施建设工作现场会，总结推广县域垃圾处理设施建设经验，安排部署垃圾处理设施建设管理工作。

20～21日，广东省住房和城乡建设厅与广东省安监局、广州市城乡建委组成联合督查组，对广州亚运会场馆建设工程施工安全管理进行督查。

27日，广东省住房和城乡建设厅会同广东省民政厅印发《关于开展"2010年广东省宜居社区"考核评选工作的通知》，制订《广东省宜居社区考核评选方案》（试行），要求全省开展宜居社区考核评选工作。

30日，广东省住房和城乡建设厅印发《广东省住房和城乡建设厅项目信息公开和诚信体系建设试点工作方案》《广东省住房和城乡建设厅工程建设领域项目信息公开目录（试行）》和《广东省住房和城乡建设厅工程建设领域信用信息目录（试行）》。

5月

1日，广东省住房城乡建设系统地级以上市行政服务平台通用版正式上线运行。

10日，广东省住房和城乡建设厅向各地级以上市人民民政府及有关省直部门发出《关于开展2010年度创建宜居城乡工作绩效考核的通知》（粤建办〔2010〕25号），正式启动全省21个地级以上市创建宜居城乡工作绩效考核工作。

11日，广东省住房和城乡建设厅与新疆喀什地区农三师图木舒克市对口援建工作交接洽谈会在广州召开。

13日，广东省住房和城乡建设厅组织召开珠三角绿道网标识系统发布会，正式发布并要求全面启用统一的珠三角绿道网标识系统。

17日，广东省住房和城乡建设厅公布99项2009年度广东省建筑业新技术应用示范工程、159项2009年度省级工法。

19日，广东省副省长林木声代表广东省人民政府与国家保障性安居工程协调小组签订广东省2010年住房保障工作目标责任书。

26日，广东省"三规合一"试点工作专题研讨会在深圳市召开。广州及深圳、河源、云浮等"三规合一"试点城市城乡规划主管部门负责同志与国内在"三规合一"研究及实践方面有较高造诣的知名专家学者参加研讨。

28日，广东省住房和城乡建设厅转发广东省治理工程建设领域突出问题工作领导小组办公室《关于开展工程建设领域突出问题专项治理排查工作"回头看"检查的通知》，在全省范围内开展工程建设领域突出问题专项治理排查工作"回头看"检查。

6月

2日，《广东省燃气管理条例》经广东省第十一届人民代表大会常务委员会第十九次会议修订通过，于2010年9月1日起施行。

11日，第四期省委常委集中学习讨论会召开，就走广东特色城镇化道路，促进扩大内需、加快转变经济发展方式开展专题学习讨论。住房和城乡建设部副部长仇保兴、华南农业大学经济管理学院院长罗必良在会上作辅导报告。中共中央政治局委员、广东省委书记汪洋同志做《走广东特色的新型城镇化道路》专题讲话。

21日，广东省住房和城乡建设厅和国家开发银行广东省分行在广州召开村镇建设（开发性金融）合作会议并签署合作协议。

广东省住房和城乡建设厅组织召开珠三角各市绿道网总体规划审查会，对各市绿道建设规划进行技术审查。

广东省住房和城乡建设厅印发《关于严格按照绿道内涵和功能推进绿道建设的工作意见》。

25日，广东省住房和城乡建设厅会同广东省财政厅组成六个考核小组，对全省各地级以上市住房公积金管理中心（除深圳外）2009年度管理工作情况进行考核并对考核情况进行通报。

28日，在北京召开的城市规划部际联席会议第四十一次会议上，广东省上报的《广东省城镇体系规划（2010～2020年）》原则通过。

30日，广东省总工会印发《关于授予在2009年度劳动竞赛中涌现的先进集体和个人广东省五一劳动奖状、奖章和广东省工人先锋号的决定》，广东省建设信息中心"三库一平台"管理信息服务系统开发项目组荣获"广东省工人先锋号"称号。

7月

6日，广东省住房和城乡建设厅召开珠三角住房城乡建设系统项目信息公开和诚信体系建设工作座谈会，督促指导试点工作的深入开展。

19日，经广东省人民政府同意，明确广东省住房和城乡建设厅为广东省石油化工建设工程质量监督行政主管部门。

20日，广东省委常委、省常务副省长朱小丹主持召开《关于加快推进珠三角城际轨道交通项目沿线土地综合开发》工作会议，研究部署加快推进珠三角城际轨道交通项目沿线土地综合开发工作。

21日，《肇庆市城市总体规划（2010～2020年）》获广东省人民政府批复实施。

28日，广东省文明办、广东省住房和城乡建设厅在广州市珠岛宾馆举行《岭南新民居——广东省社会主义新农村住宅设计图集》首发式，发布全省社会主义新农村住宅设计竞赛获奖作品，部署开展岭南新民居试点工作。

30日，广东省人民政府办公厅印发《珠三角地区城乡规划一体化规划》。

8月

2日，在第34届世界遗产大会上，广东丹霞山等6个提名地以"中国丹霞"项目联合申报世界自然遗产获得表决通过，列入世界遗产名录，成为中国第8个、广东省首个世界自然遗产。

9日，广东省住房和城乡建设厅印发《关于完善房地产交易与登记规范化管理单位及先进单位申报工作的通知》，以创建房地产权属规范化管理单位、规范化管理先进单位促进广东省房地产权属登记工作规范化、制度化，解决房地产权"办证难"问题。

13~18日，由住房和城乡建设部姜伟新部长带队，住房和城乡建设部、国家发展改革委等部委组成的保障性安居工程建设情况督查组一行10人对广东省2010年《住房保障工作目标责任书》确定的工作任务进展情况进行督查。

16日，广东省住房和城乡建设厅印发《关于全面推行住宅工程质量分户验收工作的通知》（粤建质函〔2010〕402号），确定自2011年起，在全省范围内全面实施住宅工程质量分户验收制度，将分户验收作为住宅工程竣工验收必备条件。

23日，广东省住房和城乡建设厅印发《关于规范施工图设计文件审查资料归档管理的通知》，加强对施工图审查相关资料的管理。

9月

2日，由广东省住房和城乡建设厅、深圳市住房和建设局、中国建筑学会主办，中建国际（深圳）设计顾问有限公司（CCDI）和深圳市勘察设计行业协会联合承办的"建设城市美好生活"大型公共建筑与城市发展论坛在深圳举办。

6日，广东省住房和城乡建设厅印发《建筑业企业（单位）资质许可后核查工作实施方案》，开始对全省建筑施工企业、建设工程勘察设计企业、工程建设监理企业、工程造价咨询企业、工程建设项目招标代理机构、建设工程质量检测机构、房屋建筑和市政基础设施工程施工图设计文件审查机构等资质进行许可后核查。

10日，广东省人民政府批复同意编制《高州市城市总体规划（2011~2020年）》。

19日，广东省住房和城乡建设厅印发《广东省房屋建筑工程质量样板引路工作指引（试行）的通知》（粤建质函〔2010〕485号）。

20日，广东省住房和城乡建设厅新聘第二批机关作风监督员并召开座谈会。会上为32名新聘监督员颁发聘书。

25日，广东省住房保障信息管理系统正式开通，并举行全省信息系统培训班。

10月

1日，广东省住房和城乡建设厅对外办事窗口开设重点企业直通车业务。

8日，《揭阳市城镇体系规划（2008~2030年）》获广东省人民政府批复实施。

9日，广东省住房和城乡建设厅在广州组织《广东省对口援疆城乡建设专项规划（2011~2020年）》专家评审会。

13日，广东省住房和城乡建设厅确定肇庆市为广东省"建设工程项目管理信息系统"试点，委托广东省建设信息中心负责该项目的研发工作。

19日，广东省建筑专业教授级高级工程师职称专业组评审会议在从化市召开。申报人数109人，通过人数55人，通过率50.1%。

20日，广东省住房和城乡建设厅召开亚运供水安全保障会议，部署亚运期间供水安全保障工作。

25~29日，广东省住房和城乡建设厅组织七个建筑节能专项检查小组，从政策、设计和施工三方面对全省21个地级以上市建筑节能工作开展情况以及工程项目执行建筑节能标准情况进行专项检查。

26日，广东省住房和城乡建设厅成立厅对口支援新疆广州领导小组，由厅长房庆方任组长，副厅长蔡瀛和正厅级干部张少康任副组长，领导小组下设办公室。

29日，广东省住房和城乡建设厅制定《广东省住房和城乡建设系统项目信息公开和诚信体系建设试点工作方案》、《广东省住房和城乡建设系统工程建设领域项目信息公开目录（试行）》和《广东省住房和城乡建设系统工程建设领域信用信息目录（试行）》。

11月

15日，国务院总理温家宝在视察珠三角省立绿道1号线珠海段时，称赞建设珠三角绿道网"这件事情办得好"。

15~28日，广东省建筑专业高级工程师职称评审会议在清远市召开。申报人数1770人，通过人数1161人，通过率为65.59%。

由广东省住房和城乡建设厅主办的对外公开出版官方刊物《广东建设年鉴》（2009）荣获中国地方

志指导小组办公室和中国地方志协会主办的全国地方志系统第二届年鉴评比一等奖。

17日,广东省住房和城乡建设厅制订印发《前期物业管理合同》、《临时管理规约》、《业主大会规则》3个规范文本。

22日,广东省住房和城乡建设厅印发《关于加强物业管理区域消防安全工作的紧急通知》,要求全省各地级以上城市房地产主管部门、各物业管理行业协会、物业服务企业吸取上海"11.15"火灾教训,做好物业管理消防安全工作。

23日,广东省直行评领导小组、省直行评团、省直行评办一行13人在省直工委副书记、省直纪工委书记、省直行评领导小组副组长翁汉涛带领下来到广东省住房和城乡建设厅对其政风行风"回头查"工作进行检查验收。

28日,广东省珠海高栏港经济区、横琴新区、高新区,惠州市惠城区、惠阳区,中山市被住房和城乡建设部公布为全国第一批村镇垃圾治理全覆盖县(市、区)。

29日,经广东省人民政府同意,广东住房和城乡建设厅颁布《广东省城市和国有工矿棚户区改造规划(2010~2012年)》。

30日,广东省住房和城乡建设厅印发《广东省住房和城乡建设厅关于房屋建筑工程质量投诉的处理办法》(粤建质函〔2010〕643号),于2011年1月1日起施行。

12月

1日,广东省住房和城乡建设厅委托地级市审批事项全部实现网上审批。

6日,广东省人民政府办公厅颁布《印发关于加快发展公共租赁住房实施意见的通知》(粤府办〔2010〕65号)。

7日,广东省人民政府地方志办公室印发《关于印发广东省第一届年鉴编纂质量奖获奖单位名单的通知》,《广东建设年鉴》(2009)荣获广东省第一届年鉴编纂质量评比一等奖。

13日,住房和城乡建设部会同国家文物局在北京举行第五批全国历史文化名镇(村)授牌仪式,广东省梅州市百侯镇、中山市黄圃镇、韶关市仁化县石塘镇石塘村、梅州市梅县水车镇茶山村、清远市佛冈县龙山镇上岳古围村、佛山市南海区西樵镇松塘村等2镇4村被评为第五批中国历史文化名镇(村)。

16日,广东省住房和城乡建设厅印发《关于推进全省既有住宅增设电梯的补充指导意见》(粤建市函〔2010〕678号)。

17日,广东省建筑专业工程师职称评审会议在肇庆市召开。申报人数272人,通过人数212人,通过率77.9%。

18日,广东省住房和城乡建设厅组织对亚运会闭幕场馆奥体中心的施工安全检查。

20~24日,全国住房城乡建设领域节能减排专项监督检查组对广东省广州、深圳、中山3个城市和佛山顺德区的建筑节能工作、城市污水处理以及垃圾处理等情况进行专项监督检查,检查组肯定广东省建设领域节能减排工作取得的成绩。

23日,梅州市龙丰垃圾填埋场CDM综合治理项目荣获联合国人居署颁布2010年"迪拜国际改善居住环境最佳范例奖"。

24日,广东省住房和城乡建设系统精神文明建设工作会议暨省建设系统政研会第14次年会在韶关市召开。

26日,广东省人民政府在丹霞山举行丹霞山成功申报世界自然遗产总结表彰大会。会议对在申遗过程中做出突出的先进单位和个人进行表彰。

30日,经广东省人民政府同意,广东省住房和城乡建设厅将创建宜居城乡工作绩效考核结果向各市作反馈,充分肯定各市宜居城乡建设的成效,并指出各市需要改进的薄弱环节。

31日,广东省人民政府批复同意编制《雷州市城市总体规划(2010~2020年)》。

广西壮族自治区

2010年,广西住房和城乡建设系统认真贯彻落实中央和自治区各项决策部署,强化城乡规划建设管理，加强保障和改善民生，采取非常措施和办法，创新思路，狠抓落实，扎实推进各项住房和城乡建设工作，取得了显著的成绩。

1. 城乡规划与建设

【城乡规划调控】 广西城镇体系规划获国务院批复，该规划作为指导广西城镇体系建设的纲领性文件，为广西城镇发展提供了法制依据。《广西壮族自治区实施〈中华人民共和国城乡规划法〉办法》颁布实施，城乡规划建设管理工作进一步加强。城市规划编制与审批加快推进。广西北部湾经济区城市规划获广西壮族自治区人民政府批复；南宁市城市总体规划完成修编，通过联席审查会议审查。南宁国际物流基地、南宁铁路枢纽东站和轨道交通、钦州保税港区、北海铁山港工业区、防城港企沙工业区、凭祥综合保税区、铁山港（龙潭）工业组团等依法纳入相关城市总体规划，各专项规划工作加快推进，为广西北部湾经济区开放开发奠定了良好的规划基础。柳州市城市总体规划获国务院批复实施，市区控制性详细规划覆盖面达到100%。玉林、贵港、贺州市城市总体规划已获广西壮族自治区人民政府批复。村镇规划编制加快。广西年内编制完成乡镇规划修编60个，编制村庄规划380个。

【城镇化建设】 广西壮族自治区党委、政府召开了全区加快城镇化、服务业和民营经济发展工作会议，以及全区城镇化专项工作会议，颁发了《关于加快推进区城镇化跨越发展的决定》及20个配套文件，标志着广西城镇化进程进入了新的发展时期。2010年，广西城镇人口2075万人，城镇化率达到40.6%，同比提高1.4个百分点。城乡特色塑造、历史文化保护进一步加强。南宁"中国绿城"形象享誉全国、"中国水城"建设初具规模；桂林"两江四湖"和柳州"百里柳江"生态休闲景观带建设进一步完善，柳州市获得国家园林城市称号，同时围绕打造现代宜居城市，大力实施城建二次创业，取得显著效果；北海市、南宁扬美古镇分获国家历史文化名城、名镇称号；昭平县黄姚古镇、兴安县兴安镇、龙胜县龙脊村获首批全国特色景观旅游名镇（村）称号；灵川县大圩镇等5个镇、玉区区高山村等12个村获广西第一批历史文化名镇名村称号。贺州市加快推进"一江两岸三新区"、"贺八平钟一体化"建设；北海市投资4481万元进行绿化建设，新增绿地67公顷，改造绿地约53公顷；河池市全力实施"市政基础工程、畅通工程、景观工程、生态工程和城乡清洁工程"等五大工程。广西城乡建设质量提高，宜居环境日益彰显，城镇发展质量提升。

【城乡基础设施建设】 2010年，广西以扩大城镇规模、健全城市功能、增强城镇竞争力和承载力为重点，狠抓城镇道路、供水排水、燃气、污水和垃圾处理、园林绿化等基础设施建设。初步统计，城市（含县城，下同）市政公用设施建设完成投资850亿元，同比增长12.5%；城市建成区面积达到1464.47平方公里，人均城市道路面积达13.15平方米，用水普及率达90.8%，燃气普及率达84.77%，污水处理厂集中处理率达60.6%，垃圾无害化处理率达61%，建成区绿地率达25.5%，建成区绿化覆盖率达30%，人均公园绿地面积达9平方米。城镇无障碍设施建设和改造积极推进，南宁、桂林、北海三市圆满完成创建全国无障碍建设城市工作，南宁、桂林获国家检查验收组好评。广西城镇市政基础设施投资和房地产开发投资两项占城镇固定资产投资的25%以上，是广西城建史上规模最大、力度最强的一年，成为广西保增长、扩内需的重要力量。村镇建设力度加大，村镇农房建设和公共基础设施投资预计完成190亿元。

2. 保障性住房建设

【概况】 广西各地把住房保障纳入政府重要职责。广西壮族自治区人民政府与各市政府签订了住房保障工作目标责任状，2010年，先后8次召开全区保障性安居工程工作会议，部署和研究全区住房保障工作。加强住房保障制度建设，出台《广西壮族自治区关于加快推进保障性安居工程的实施意见》和《广西壮族自治区关于加快城市和国有工矿棚户区改造工作的实施意见》，强化政府的主导作用，突出工作重点，抓好关键环节，加强督促检查。编制2010～2012年保障性住房建设规划和"十二五"住房保障规划，加强住房保障规范化管理，严格安全管理和工程质量，加快推进保障性住房建设。

【廉租住房保障工作】 2010年内，广西落实廉租住房保障资金14.12亿元，完成投资18.6亿元，累计实施廉租住房保障16.34万户，其中实物配租2.59万户，发放租赁补贴13.75万户，新增中央预算内投资廉租住房建设项目62项全部开工，共建设（含配建）1.98万套、98万平方米；新增廉租住房2.23万套，完成国家下达新增廉租住房2万套任务的112%。广西新增发放廉租住房租赁补贴4.04万户，完成国家下达新增廉租住房租赁补贴2.27万户任务的178%。

【经济适用住房等政策性住房建设】 2010年，

广西新开工经济适用住房3.3万套、264万平方米，竣工25265套、274.5万平方米，完成投资44.9亿元；开工建设公共租赁住房2870套、15.64万平方米，竣工1202套、8.51万平方米；新开工限价住房9028套、81.26万平方米，竣工1604套、17.44万平方米；城市和国有工矿棚户区改造竣工1662套。城镇危旧住房改造深入开展，广西共审批了127个城镇危旧房改住房改造项目，完成改造投资18.49亿元。

【农村危房改造】 2010年，国家安排广西11.5万户的农村危房改造任务，占全国同期农村危房改造总量的9.6%，中央财政补助资金7.12亿元。广西加快各项前期工作，落实配套资金共17.73亿元，完善工作机制和制度建设，加大指导、督查和协调解决问题的力度。通过农村危房改造，广西边境地区群众生产生活条件明显改善，居住在最危险房屋、最贫困农民的基本居住安全问题得到缓解。广西农村危房改造任务全面完成，竣工11.54万户，竣工率100.34%。

【少数民族村寨防火改造】 2010年，是广西少数民族村寨防火改造的攻坚之年，柳州、桂林、百色、河池以及三江、融水、龙胜等4市15县（区）全力以赴，克难攻坚，大力组织实施以"电改、灶改、水改、寨改"等四改工程为主要内容的村寨防火改造。截至12月底，广西1156个村寨的防火改造工程全面竣工，累计完成投资8.28亿元，惠及13.4万户59万人。2010年，防火改造涉及的村寨没有发生50户以上的火灾事故；10户以上的火灾共发生11起，受灾262户，火灾发生率下降了50%，有效遏制了重特大火灾事故的发生，改善了少数民族群众的生产生活条件。

3. 住房公积金管理

【住房公积金监管】 2010年，广西全面实施《广西住房公积金业务管理规范》，建立住房公积金管理审计制度，开展住房公积金管理专项治理，规范住房公积金管理。住房公积金缴存和使用稳定增长，覆盖面扩大。参加住房公积金缴存的职工达196.16万人，实际缴存职工覆盖率75.6%。广西2010年归集住房公积金145亿元，同比增长16%，累计归集住房公积金685亿元；提取住房公积金75亿元，占当年归集的52%，同比增长10%；发放住房公积金个人住房委托贷款65亿元，累计发放312亿元。

4. 城乡环境整治

【城乡风貌改造二期工程】 2010年，组织实施的城乡风貌二期工程，涉及广西14市61县（市、区）、840个自然村、6.9万户房屋外立面改造和160个村屯的综合整治。各地高效整合资源，积极筹集资金，落实工作责任，创新工作模式，加强协调配合，开展结对帮建，彰显风格特色，加强指导服务，完善政策支撑，大力推进"六大工程"项目建设，突出综合整治村屯示范带动，"十大标准件"建设以及民族特色村寨、科技示范户、科技服务中心、农村饮水安全工程、小型农田水利工程、村级沼气服务网点、户用沼气池、小型污水处理试点等30多个项目全面竣工，完成投资12.35亿元，占计划总投资8.53亿元的144.8%。二期工程的实施，有效地改善了城乡风貌，促进了农村产业发展、基层民主和村民自治，构建了城镇化、工业化和农业现代化同步推进的重要平台，探索了村镇规划建设管理的长效机制。

【城乡清洁工程】 2010年，结合开展第七届"南珠杯"竞赛活动，广西"城乡清洁工程"稳步推进，加强对"五乱"的督察，加大城乡环境综合整治工作力度，重点整治城乡结合部、城中村、小街小巷、公共场所周边等的环境卫生，为第七届中国—东盟博览会、中国—东盟商务与投资峰会等"两会一节"活动创造良好环境，取得显著成效。

5. 节能减排工作

【建筑节能】 截至2010年，广西50栋建筑能源审计、30栋建筑能效公示完成。全面推广可再生能源建筑规模化应用，南宁市、柳州市和岑溪市、灵川县分获2010年国家可再生能源建筑应用示范城市和农村地区示范县称号，共获国家1.96亿元资金扶持。广西锦虹太阳能光伏发电项目列入国家2010年金太阳集中应用示范项目。组织实施了6个太阳能应用示范村，推广应用太阳能热水和路灯。柳州·世纪广场、广西李宁体育馆工程、梧州西堤路泡沫环保生态厕所被评为住房和城乡建设部科学项目计划示范工程。绿色建筑开局良好，组织申报2010年广西绿色建筑试点示范项目12个，其中，南宁"裕丰·英伦"和北海"止泊园"获得二星级绿色建筑设计标识。

【墙改节能减排】 截至2010年，广西完成淘汰落后砖瓦产能企业481家，淘汰落后砖瓦产能44.5亿块标砖，超额11%完成广西壮族自治区下达的淘汰落后产能目标任务。结合农村危房改造，投入3000万元补助2万户农民使用新型墙材建房，并配套补助500万元，共20条新型墙体材料设备生产线，新型墙体材料向农村推广初见成效。开展砖瓦窑炉建设市场清理专项整顿，加强窑炉能耗检测，规范和建立墙材生产和建设领域节能准入机制。

6. 房地产业

【房地产业持续健康稳定发展】 2010年，广西认真贯彻落实国家一系列房地产宏观调控政策措施，下发《转发国务院关于坚决遏制部分城市房价过快上涨的通知》，加强房地产交易秩序监管，开展全区房地产市场专项检查。以柳州为试点大力推进房地产交易与权属登记规范化管理工作，推进房地产信息系统建设。加强物业管理，规范房地产中介服务机构；严格城市房屋拆迁管理。国家宏观调控政策初显成效，广西房价平稳，房地产投资稳步增长，房地产业持续健康稳定发展。截至2010年11月，广西房地产开发投资1066.17亿元，完成年度房地产投资任务的96.9%，同比增长51.8%；房地产开发投资总量在全国排名第17位，在西部排名第4位。广西商品房销售面积2264.1万平方米，同比增长15.8%；商品房平均售价3595元/平方米，同比增长10.3%，增幅下降3个百分点。住宅品质和物业服务水平不继提升。2010年，贵港盛世名门花园项目获全国房地产开发项目综合类大奖——"广厦奖"；保利凤翔花园等4个小区（大厦）获全国城市物业管理示范住宅小区（大厦）称号。盛天茗城等18个小区（大厦）获自治区城市物业管理优秀小区（大厦）称号。

7. 建筑业

【概况】 2010年，广西重点扶持建筑业企业做大做强，提高企业资质等级，提升企业竞争能力，全年广西有27家二级资质、90家三级资质的建筑业企业分别晋升为一级资质和二级资质。广西建工集团年产值突破200亿。预计广西建筑业总产值达1260亿元，建筑业增加值580亿元，比2009年有较大幅度增长，从业人员接近百万人，迈入广西千亿元产业行列，支柱产业地位更加突显。强化建安劳保费管理，收缴建安劳保费12.8亿元，同比增长49.53%；调剂2009年度建安劳保费2.5亿元，惠及企业202家、17.59万人次。

【建筑市场监管】 2010年，将督查扩大内需项目和专项治理工程建设领域突出问题相结合，进一步加强招投标监管机制，全年开展了4次整顿建筑市场大检查，对29家违规施工企业和19家工程质量检测机构进行处罚，暂停参加投标或承揽新工程的资格。进一步做好清理拖欠工程款和农民工工资工作，预防新的拖欠发生，维护了社会和谐稳定。强化工程建设标准定额管理，完善工程质量安全保证体系，落实工程质量安全生产责任制；加强对勘察设计单位和施工图审查机构质量监管，严肃查处各种违法违规行为；抓好超限高层建筑工程防震设防工作，全年共进行抗震设防专项审查14次。重点加强保障性住房、市政工程、校安工程等重大民生工程监管，工程质量稳步提升。2010年获得鲁班奖1个，全国建筑装饰工程奖7个，自治区优质工程奖62个，自治区级建设工法83项。全区工程竣工验收合格率保持100%。安全生产形势稳定，全区受监督工程发生施工安全死亡事故起数和死亡人数与上年基本持平。

8. 重大项目建设

【上海世博会广西馆建设工作】 上海世博会广西展示馆经过两年多建设，于2010年4月全面建成运行，充分展示了广西民族特色和发展生机，彰显了壮族儿女的精神风貌，得到了上海世博会组委会的充分肯定。在上海世博会举办的半年中，广西馆以良好的形象、热情的服务，成为人气最旺、吸引力最强、最具特色的场馆之一，累计接待游客超过1000万人次，是省区市联合馆中最受游客欢迎的展馆之一。

【广西重大项目建设】 2010年，广西加强重大项目建设的协调、服务和管理，创新规划建设管理机制，在重大项目选址、规划许可、初步设计、方案比选、施工图审查、工程质量监管等方面提供一流服务；加强重大项目规划选址管理，积极推进重大项目选址规划论证、规划修改，确保重大项目规划许可在规定期限内得到批复，大批重大项目依托城市规划如期落地。组织自治区统筹推进的在建重点项目协调会58次，重点协调解决了广西高速公路、铁路和电网建设过程中遇到的征地拆迁等方面的问题，有力推动了项目建设。会同广西壮族自治区总工会开展的重点工程建设项目劳动竞赛取得预期效果。由广西住房城乡建设系统牵头负责的广西行政中心和广西城市规划建设展示馆、美术馆、铜鼓博物馆项目建设的选址、规划及立项等前期工作，在南宁市、广西城建集团等的密切配合下进展顺利，项目建设各方通力合作，全力推进项目建设，广西城市规划建设展示馆主体工程建设完成，北海冠岭项目一期工程基本建成。

9. 人才教育、法制工作

【加快推进住房城乡建设系统机构改革】 广西壮族自治区政府批复了广西住房和城乡建设厅新"三定"方案，进一步理顺了工作职能；及时完成新内设机构人员的调整。加大竞争上岗选拔干部力度，各地住房和城乡建设部门拿出一批职位，参加全区面向全国公开选拔、竞争上岗，收效较好。规范和强化岗位培训、考试工作，完善持证上岗制度，关键岗位、执业资格注册人员继续教育培训达49314人，专业管理人员关键岗位参考人员达17072人。加大干部培训力度，举办了城市规划建设管理专题培训班，干部队伍整体素质进一步提高。开展建设职业技能岗位培训和再就业技能培训，完成建筑企业农民工及各类生产操作人员培训近5万人。加强对建设类行业院校的指导和建设。认真做好2010年度绩效考评工作，确保各项任务按时完成。

【建设行业法制工作】《广西壮族自治区实施〈城乡规划法〉办法》颁布实施，组织《中华人民共和国城乡规划法》宣传月活动，推动城乡规划依法实施。建设行政执法的监督指导、执法人员资格管理工作加强。行政行为不断规范，清理和调整了一批行政审批项目，政务服务水平进一步提高。大力化解行政争议，行政应诉零败诉。组建稽查执法局，建立健全稽查执法制度，理顺住房和城乡建设系统行政执法体制，加强住房和城乡建设领域市场监管，依法治理环境进一步改善。

10. 党风廉政、精神文明建设

【党风廉政建设】 加强党风廉政建设，认真贯彻落实领导干部廉洁自律各项规定，落实党风廉政建设责任制，做到"一岗双责"，把反腐倡廉工作纳入重要议事日程，同业务工作一起研究、一起部署、一起落实，真正做到"两手抓，两手都要硬"，促进领导干部廉洁从政。全力确保中央和广西壮族自治区党委、政府政令畅通，监督检查职能进一步得到强化；加强住房公积金监管，深入开展工程建设领域突出问题专项治理，群众反映强烈的突出问题进一步得到解决；加强政风行风建设，行业形象进一步得到提升；加大信访案件查处力度，惩治腐败的高压态势进一步保持。

【精神文明建设】 大力推进企业文化、行业文化建设，以举办上海世博会和广州亚运会为契机，组织开展了"迎世博讲文明树新风"和"迎亚运讲文明树新风"活动。创建精神文明建设活动载体，成立了广西建设职工文化艺术工作研究会，弘扬时代主旋律，宣传广西住房城乡建设系统的工作成就、廉政文化建设和先进典型。积极开展"党组织建设年"、"结对共建、先锋同行"和"创先争优"活动，为群众办好实事，2010年度对天峨县等投入各类定点扶贫资金275万元，定点扶贫村屯生产生活条件明显改善。

11. "十一五"建设成就盘点

【概况】"十一五"期间，广西住房和城乡建设系统坚决贯彻广西壮族自治区党委、政府的决策部署，贯彻落实科学发展观，着力加强城乡规划建设管理，着力推进建设经济快速发展，基本完成了"十一五"规划的各项目标任务。

【城镇化建设】"十一五"期间，广西城镇化水平从2005年的33.62%提高到2010年的40.6%，年均增加1.4个百分点，与全国城镇化水平的差距进一步缩小；城镇体系逐步完善，"四群四带"城镇空间格局已经形成，城镇化进入快速增长期。

【建设经济】 2010年，广西房地产、市政公用设施建设、村镇建设等"三项投资"实现2140亿元，是2005年的1.3倍；房地产业和建筑业实现增加值980亿元，是2005年的2.4倍；房地产业和建筑业增加值占全区GDP的比重，由2005年的10%，增加到2010年的11.2%，支柱产业地位不断加强，对全区经济发展的贡献稳步提高。

【住房建设】"十一五"期间，广西城乡居民住房条件明显改善。2010年城镇人均住房居住面积达30平方米，农村居民人均生活用房面积达34.5平方米，分别比2005年提高19%和20%。覆盖全社会的住房保障体系初步建立，解决了32.39万户城镇低收入家庭住房困难问题。

【城乡环境整治】"十一五"期间，广西"城乡清洁工程"深化拓展，城乡风貌改造全面展开，城乡特色凸显、品位提升，人居生态环境明显改善。全区城镇污水集中处理率和生活垃圾无害化处理率分别超过"十一五"规划目标。以"双百授权、审管分离、阳光操作、限时办结"为主要内容的行政审批制度改革和管理模式创新，加强机关作风效能建设，行政效能得到大幅提高。市政公用事业改革加快，勘察设计单位体制改革全面展开，城市规划督察员制度初步建立。

【城镇污水生活垃圾处理设施建设】 2010年，按照国家节能减排的总体要求，广西大力推进城镇污水生活垃圾处理设施建设，城镇污水处理能力快速提高，污水收集管网建设不断完善，城镇污水处理率不断提高。2010年内，广西累计建成污水处理设施109项，比2007年新增99项，实现了县县建成有污水处理厂的目标，成为全国第9个、西部第2个实现县县建成有污水处理设施的省区，以及全国城镇污水处理设施建设发展速度最快的省区之一。广西城镇污水处理能力累计达336.05万吨/日，比2007年增加258.55万吨/日，增长了4.34倍。建成生活污水收集配套管网2984.8公里，比2007年增加2161.8公里，增长了3.63倍。城镇污水收集量不断增加，污水处理效能不断提高，全面实现全区城镇污水集中处理率超过60%的预期目标，比2005年的8.86%增加51.74个百分点。污水处理厂成为削减化学需氧量（COD）最主要的手段，为全面完成"十一五"广西主要污染物减排任务做出重大贡献。

【生活垃圾无害化处理】 扎实推进生活垃圾处理设施建设，不断加强生活垃圾村级收集点、镇级转运站和县级无害化集中处理设施建设，全面提高生活垃圾收集、运输、处理、处置水平。2010年内，广西投入41.98亿元，新建生活垃圾处理设施71项，累计形成无害化处理能力10412吨/日，比2007年增加处理能力5051吨/日，增长了1.94倍，全面完成广西生活垃圾无害化处理率超过60%的目标任务，比2005年增加28.1个百分点，环境卫生得到有效改观，环境质量持续改善。

【节能减排】 加强新建建筑节能监管，以及国家机关办公建筑与大型公共建筑的能耗监管建设，新建建筑在设计阶段节能强制性标准的执行率为100%，施工阶段执行率为95.2%。截至2010年9月底，广西累计完成建筑节能145.6万吨标准煤，占"十一五"目标任务的102.5%。圆满完成国家下达的"禁实"任务，广西21个市规划区内全面禁止使用实心黏土砖，全区新型墙体材料产量突破140亿块标砖，为"十五"时期末的2.5倍，新型墙体材料应用比例达50%以上。

大 事 记

1月

1日，《广西住房公积金业务管理规范》（试行）正式实行。

5日，广西住房和城乡建设厅召开会议，总结上年工作，研究分析2010年的各项工作，并部署具体工作。

6～8日，2009年广西保障性住房设计方案竞赛评审会在南宁举行，来自区内外的12名专家对全区14个地级市设计院、科研院、院校及社会各界的132件设计方案参赛作品（廉租住房项目设计方案69件，经济适用住房项目设计方案63件）进行评审，评出24件获奖作品，廉租住房项目、经济适用住房项目各评出一等奖2名，二等奖4名，三等奖6名。

13日，自治区少数民族村寨防火改造工程领导小组办公室在柳州市召开少数民族村寨防火改造工作座谈会。

14日，自治区重大公益性项目和北海冠岭项目建设领导小组召开会议，审议广西城市规划建设展示馆、广西美术馆、广西铜鼓博物馆等自治区重大公益性项目和北海冠岭项目5个单体项目建筑设计方案招投标情况汇报，以及项目建设前期工作实施方案。

15日，由广西旅游局、百色市人民政府、广西住房和城乡建设厅主办的"2010广西乡村旅游"启动仪式在田东县百谷红军村举行

16日，在2010年上海世博会倒计时105天之际，2010年上海世博会广西参展工作领导小组在上海举行工作会，听取各成员单位筹备工作进展汇报。

23日，2010年全区住房和城乡建设工作暨党风廉政建设工作会议在南宁召开。会议回顾了2009年全区住房和城乡建设工作，部署了2010年住房和城乡建设工作任务。

2月

2日，自治区副主席高雄到恭城瑶族自治县和桂林市临桂新区考察调研城乡风貌改造、污水垃圾建设和廉租住房建设工作。

5日，广西住房和城乡建设厅召开《城乡道路客运成品油价格补助专项资金管理暂行办法》宣贯会暨城乡道路客运燃油消耗信息申报系统培训会。

8日，自治区重大公益性项目广西城市规划建设展示馆、广西美术馆、广西铜鼓博物馆和北海冠岭项目五星级酒店、会议中心五个单体项目的设计方案通过了第三轮评审。

9日，2010年广西第一次重大项目前期工作联合审批活动在自治区政务服务中心举行。

21日，自治区重大公益性项目和北海冠岭项目等5个建筑单体设计方案优化设计工作汇报会在广西住房和城乡建设厅召开。

25日，广西住房和城乡建设厅领导与百色市四家班子领导在南宁进行座谈，共同研究推进百色市住房城乡建设事业发展的措施。

广西住房和城乡建设厅会同广西文化厅在南宁

组织召开会议，审查并原则通过了北海市政府组织编制的《北海历史文化名城保护规划》。

广西住房和城乡建设厅在南宁组织召开厅际联席审查会，对贺州市政府组织编制的《贺州市城市总体规划（2009～2030年）》进行审查。

3月

2日，广西住房和城乡建设厅召开会议。厅党组书记宋继东传达了中共中央政治局常委、国务院总理温家宝，中共中央政治局常委、全国政协主席贾庆林，国务委员、公安部部长孟建柱等视察广西重要指示精神。厅党组副书记、厅长严世明部署了2010年重点工作。

2日，广西住房和城乡建设厅党组召开扩大会议暨中心组学习会，传达学习《中共中央关于印发〈中国共产党党员干部廉洁从政若干准则〉的通知》，研究制定贯彻落实措施。

3日，自治区副主席高雄带队赴上海，现场检查世博会广西馆布展工作，听取广西驻上海世博园区办公室工作汇报，并对广西参与世博会的各项运营方案进行讨论修改。

4日，2009年全区建安劳保费管理工作年终座谈会在象州县召开，会议总结和交流了2009年度劳保费管理工作情况，分析了当前面临的新形势，提出了2010年度工作计划。

12日，广西住房和城乡建设厅在桂林召开2010年全区住房城乡建设工程管理工作会议。会议认真学习和贯彻落实全区住房和城乡建设工作会议和全国建筑施工安全电视电话会议精神，总结回顾2009年我区建设工程管理工作，研究部署2010年建设工程管理工作任务。

17日，广西昭平县黄姚古镇、兴安县兴安镇、龙胜各族自治县和平乡龙脊村获第一批"全国特色景观旅游名镇（村）"殊荣。

自治区城乡风貌改造工作领导小组召开2010年第一次成员会议，研究城乡风貌改造二期工程有关事项。

18日，自治区城乡风貌改造二期工程启动仪式在来宾市兴宾区凤凰镇龙旺村举行，这标志着自治区城乡风貌改造二期工程将在14个设区城市范围内启动开工。此次改造范围将惠及168个镇840个村屯。

22日，广西住房和城乡建设厅在南宁组织召开2010年全区建设科技工作会议。

24日，自治区副主席杨道喜前往上海世博园区中国馆，对即将完工的广西馆进行视察。

4月

2日，自治区副主席高雄在广西住房和城乡建设厅听取了广西城市规划建设展示馆、广西美术馆、广西铜鼓博物馆，北海冠岭项目五星级酒店、会议中心5个建筑单体的设计优化方案的汇报。

20日，全区住房保障工作会议在南宁召开。高雄代表自治区政府与各市签订了2010年住房保障目标责任状。

23日，广西住房和城乡建设厅举行向青海玉树地震灾区捐款活动仪式。

27日，广西木论国家级自然保护区申报"中国南方喀斯特"世界自然遗产动员大会在环江县举行。

28日，全区第二次项目前期工作联合审批活动现场会在南宁召开。自治区主席马飚出席会议并作重要讲话。

30日，上海世博会广西馆正式开馆。

5月

6日，以自治区总工会副主席梁建强为组长的调研组一行5人来到广西住房和城乡建设厅，就全区住房和城乡建设系统工会维权、职工权益等方面的内容进行调研。

7日，全区城乡建设档案工作座谈会在桂林市召开。

10日，各设区市全面推进城镇污水生活垃圾处理设施建设工作领导小组办公室常务负责人会议在南宁召开。

12日，广西住房和城乡建设厅召开2010年全区住房和城乡建设领域投资形势分析会，听取各市落实2010年住房和城乡建设领域投资工作目标的进展情况汇报，研究部署下一阶段投资工作。

19日，东盟十国国家馆的馆长应邀参观上海世博会广西馆并留下对广西的美好祝福。

23日，广西住房和城乡建设系统精神文明建设工作会议在南宁召开。

24日，广西住房和城乡建设厅召开深入开展创先争优活动动员部署大会，标志着该厅深化"科学发展先锋行"、深入开展创先争优活动正式启动。

6月

1日，《广西壮族自治区实施〈城乡规划法〉办法》开始施行。

10日，西部地区第六届房地产业协会联席会议在南宁召开。

18日，2010年全国"安全生产万里行"出发仪式在南宁举行。

7月

1日，广西住房和城乡建设厅举行纪念中国共产党诞辰89周年党课教育活动。

4日，全区住房保障规划编制工作座谈会召开，对相关工作进行部署。

6日，住房和城乡建设部在广西住房和城乡建设厅召开文明行业创建工作调研座谈会。

13日，全区住房保障建设工作推进会在南宁召开。

19～20日，全区城乡风貌改造二期工程中期工作推进会在阳朔召开。

21日，自治区十一届人民政府第62次常务会议上审议通过《2010年广西农村危房改造工程试点实施方案》。

23日，自治区副主席高雄率队到宜州市屏南乡合寨村，就举办"中国第一个村民委员会——合寨村村民委员会"成立30周年纪念活动筹备工作开展调研。

26日，广西住房和城乡建设厅与住房和城乡建设部科技发展促进中心在南宁联合举办了2010年广西一二星级绿色建筑评价标识培训班，启动了广西一二星级绿色建筑评价标识工作。

27日，广西住房和城乡建设厅召开庆祝八一建军节83周年座谈会。

28日，广西迎接国家创建全国无障碍建设城市验收工作汇报会在南宁召开。

29日，全区农村危房改造工作会议在南宁召开。

8月

2日，2010年上海世博会广西活动周拉开帷幕。

16日，全区可再生能源建筑应用示范城市及农村地区示范县工作会召开。

17日，2010年全区城市园林绿化工作会议在柳州召开。

19日，以自治区统计局纪检组副组长王修刚为组长的自治区工作落实年区直机关督查工作组第三组成员一行5人，到广西住房和城乡建设厅督查"工作落实年"活动开展情况。

20日，广西市长协会第六届分管城建副市长工作会议在百色召开。

23日，以自治区法制办纪检组长韦能雄为组长的自治区检查验收团第八检查组一行6人到广西住房和城乡建设厅检查验收"五五"普法工作。

24日，自治区政府在南宁召开加快推进城镇污水生活垃圾处理设施建设运行工作会议。

9月

2日，全区建设工程质量安全工作年中分析会在南宁召开。

3～8日，全国建设纪检监察干部学术理论交流研讨会(含培训)在青海西宁举行。

10日，国务院原副总理曾培炎在上海市常务副市长杨雄、自治区政府副主席林念修及上海世博会广西馆馆长宋继东等领导的陪同下视察广西馆。

13日，2010年全区农村危房改造推广应用新型墙体材料试点工程工作会议在南宁召开。

14日，自治区副主席、自治区城乡风貌改造工作领导小组组长高雄到扶绥县考察调研城乡风貌改造工作进展情况。

17～20日，以住房和城乡建设部工程质量安全监管司副司长王树平为组长的督查组第一组一行6人对广西建筑施工安全工作进行了专项督查。

29日，2010年广西住房和城乡建设系统教育与人才工作会议在南宁召开。

10月

12日，全国部分省(区、市)住房和城乡建设系统信息化建设工作交流会暨第六届建设行业信息中心主任联席会在南宁召开。

13日，自治区副主席高雄在自治区政府副秘书长张振东的陪同下，来到广西住房和城乡建设厅，就广西铜鼓博物馆、广西城市规划建设展示馆和广西美术馆的设计听取了工作汇报。

15日，自治区政府在南宁召开全区加快保障性安居工程建设座谈会。

26日，自治区政协重点提案协商办理座谈会在广西住房和城乡建设厅召开。

29日，广西住房和城乡建设厅党组书记宋继东率厅建管处、重点处负责人，到南宁市五象新区广西城市规划建设展示馆项目建设工地考察指导工作。

11月

1日，中国共产党广西壮族自治区第九届委员会第十三次全体会议通过《中共广西壮族自治区委员会关于制定国民经济和社会发展第十二个五年规划建议》。

2日，全区城乡风貌改造工作座谈会在南宁召开。

10日，全区城乡风貌改造工作汇报会在南宁召开。

18日，广西住房和城乡建设厅召开讨论会，对《广西住房城乡建设事业"十二五"规划纲要(征求意见稿)》再次征求意见。

22日，广西住房和城乡建设厅召开全区住房城乡建设领域固定资产投资工作紧急会议。

27日，住房和城乡建设部中等职业教育专业指导委员会换届工作会议在广西召开。

28日，2010年住房和城乡建设系统世界艾滋病日宣教活动在广西南宁举办。国艾办、住房和城乡建设部人事司、住房和城乡建设部人力资源开发中心、广西住房和城乡建设厅、中国建设教育协会、南宁市城乡建设委员会的有关领导及500多名建筑业务工人员参加了宣教活动。

12月

1日，广西住房和城乡建设厅、广西建设思想政治研究会举办了全区住房城乡建设系统党务干部培训班。

7日，全区城市规划暨新区规划建设工作会议在柳州举行。

16日，自治区副主席林念修在南宁会见了前来广西调研住房保障立法工作的住房城乡建设部副部长陈大卫一行。

20日，广西城市规划建设展示馆召开有关方案成果评审会。

14~18日，以住房和城乡建设部稽查办主任王早生为组长的住房和城乡建设领域节能减排专项监督检查第九组一行15人到广西督查节能减排工作。

21~31日，以广西住房和城乡建设厅党组书记、厅长严世明为团长，副厅长金昌宁、韦力平、唐标文，驻厅纪检组组长朱家枢为副团长的全区第七届城市市容环境综合治理"南珠杯"竞赛检查考评团分为4个检查考评分团，对梧州、贵港、北海、百色等20个参赛市县进行了检查、评比。

23日，全区经济工作会议在南宁召开。在涉及住房和城乡建设系统方面，会议提出，要突出加快城镇化步伐，增强城镇综合经济实力。

24日，自治区人民政府召开全区城镇化专项工作会议。

28日，创建全国无障碍建设城市国家检查组到南宁检查验收。

（广西壮族自治区住房和城乡建设厅）

海 南 省

2010年高标准、高质量地完成省委省政府的重点工作：超额完成保障性住房建设任务，大大改善城乡居民的居住条件；房地产业和建筑业产值实现大幅增长，其相关税收收入合计占全省地税总额的59.8%；按照国际旅游岛建设要求，完成了大量的规划修编和编制任务；环境综合整治取得前所未有的成效，垃圾处理设施建设全部完成年度计划目标，海南省城镇生活垃圾无害化处理率达到全国先进水平，出色完成旅游公厕建设和改造升级任务，为海南省举办一系列重大国内国际会议和赛事活动创造了优美的城乡环境；建筑节能和新材料应用加速推进，全面完成建筑节能减排目标；积极主动，为抗洪救灾和灾后重建做出积极贡献。

1. 住房保障与住房公积金管理

【围绕省委省政府的重点民生工程狠抓落实】
2010年全省城镇保障性住房计划建设10.09万套、729.54万平方米，占全国城镇保障性住房总套数的1.74%，建设强度超全国平均水平2倍以上。编制完成《海南省人民政府加快发展保障性住房的意见》、《海南省保障性住房管理暂行办法》等"一个意见"和"三个管理办法"。通过不懈努力，2010年全省城镇保障性住房建设取得超前突破，2010年全年完成投资51.08亿元；实际开工11.86万套、975.22万平方米，占计划套数的117.5%；占全国城镇保障性住房总套数的2.04%；竣工6.08万套、454.73万平方米。

【保障性住房建设】 2010年，海南省结合国际旅游岛建设的实际，把保障性住房建设列为全省一号民生工程，着力解决广大人民群众特别是困难群众住房问题，取得了明显成效。2010年，海南省保障性住房已由廉租住房、经济适用住房扩大到公共租赁住房、限价商品住房、城市和国有工矿棚户区改造、国有林场危旧房改造、垦区危房改造、农村危房改造"八房"并举，初步形成多层次的保障性住房建设体系。2011年，全省城乡新开工建设各类保障性住房12.63万套、1057.19万平方米。按建设规模和人口总量比较，保障性住房建设强度超过全国平均水平的两倍。为完善住房保障体系，实现住有所居目标，结合国家现行住房政策和省情，海南省历时7个月，制定、出台了《海南省人民政府加快发展保障性住房的意见》及《海南省保障性住房管理暂行办法》、《海南省经济适用住房管理实施办法》、《海南省廉租住房实物配租管理暂行办法》、《海南省限价商品住房管理办法（试行）》、《海南省公共租赁住房管理办法（试行）》，形成了全省保障性住房建设、管理的法规政策体系，使保障性住房建设、分配、运营和监督管理有章可循。根据建设任务和时限要求，海南省将保障性住房建设纳入省政府对地方政府经济社会年度考核指标体系。省住房城乡建设厅抓计划，促开工，保质量，探索出一系列加速推进保障性住房建设的成功经验。一是明确"三到"，即任务到项目、责任到单位、落实到人头，并采取现场检查、发文督办等方式对各地进展情况进行督查和指导；二是做到"三定"，即定建设要求、定完成时限、定质量安全标准，组织技术力量每月对开工项目进行巡查，对存在问题的施工、监理企业予以通报，确保工程进度和工程质量。每月向全省通报保障性住房建设供地、资金落实和开工建设情况。

【实施住房公积金"扩面增存"专项工作】 出台住房公积金支持保障性住房建设的优惠政策，放宽中低收入家庭公积金提取、贷款条件，大幅提高住房公积金使用效率。2010年，全省住房公积金贷款逾期率为0.5‰，低于国家1.5‰的要求；缴存覆盖率为65.81%，同比增长17.97%；缴存额27.67亿元，同比增长28.33%；缴存总额132.57亿元，同比增长26.38%；提取总额49.95亿元，同比增长28.89%；贷款总额32.41亿元，同比增长45.02%；个贷率为52%，使用率为69%。积极指导儋州市利用4.98亿元住房公积金支持保障性住房建设试点，多次得到中央联合检查组的充分肯定，试点项目获得住房和城乡建设部批准。

（史贵友、吴婷婷、卜凡中）

2. 房地产业

【商品房建设】 2010年，全省房地产开发投资完成467.87亿元，同比增长62.5%。其中住宅投资417.11亿元，占房地产开发投资总额的89.2%；办公楼投资6.68亿元，占1.4%，商业营业用房投资20.9亿元，占4.5%，其他投资23.18亿元，占4.9%。全省商品房施工面积2704.16万平方米，同比增长35.9%，其中新开工面积1141.32万平方米，同比增长41.4%；商品房竣工面积451.08万平方米，同比增长4.5%，其中商品住宅竣工面积385.67万平方米，同比下降3.9%。

【商品房销售】 2010年，全省商品房销售面积854.73万平方米，同比增长52.3%，销售金额746.61亿元，同比增长112.4%。其中，商品住宅销售面积834.19万平方米，同比52.8%，销售金额734.1亿元，同比增长113.7%。继续做好商品房岛内外促销工作，多次组织房地产企业到内蒙古、山西、上海等地区举办推介宣传促销活动。

【房地产市场管理】 为贯彻落实国家宏观调控政策，省政府下发《海南省人民政府办公厅贯彻国务院办公厅关于促进房地产市场平稳健康发展通知的实施意见》、《海南省人民政府贯彻国务院关于坚决遏制部分城市房价过快上涨通知的意见》，有效遏制了年初海南省房地产市场过热势头，促进市场平稳健康发展。2010年10月28日，省城乡规划委员会评审并通过了《海南省房地产业发展战略与中长期规划（2010~2020年）》。2010年初，为有效解决购房纠纷问题，省住房和城乡建设厅会同省监察厅、省国家税务局、省地方税务局、省工商行政管理局、省物价局联合印发了《海南省2010年房地产市场稽查执法工作方案》，进一步加强市场管理，化解矛盾纠纷，维护群众合法权益。2010年4月，省住房和城乡建设厅下发了《关于规范商品房买卖合同备案注销变更工作的通知》，明确了可办理合同备案注销、变更手续的情形，并提出了办理手续的相关要求，对规范商品房买卖合同备案注销变更工作、遏制变相投机炒作商品房、维护房地产市场秩序提供支撑。

【城镇房屋拆迁管理】 2010年7月，省政府办公厅下发《贯彻国务院办公厅关于进一步严格征地拆迁管理工作切实维护群众合法权益紧急通知的实施意见》，切实保护被拆迁群众的根本利益。同时，省住房和城乡建设厅会同省监察厅、省委维稳办共同印发了《关于城镇房屋拆迁社会稳定风险评估工作的指导意见》，要求在城市规划区内国有土地上实施房屋拆迁前，必须开展社会稳定风险评估工作，确保拆迁工作顺利开展，维护群众根本利益，促进社会和谐发展。

【《海南经济特区物业管理条例》颁布】 2010年7月31日，海南省第四届人民代表大会常务委员会第十六次会议审议通过《海南经济特区物业管理条例》，自2011年1月1日起施行。根据《住房城乡建设部修改关于全国物业管理示范住宅小区（大厦、工业区）标准及有关考评验收工作的通知》规定，组织市县开展物业管理"示范、优秀"住宅小区考评验收工作，其中，三亚鸿洲时代物业管理住宅小区获评"全国物业管理示范住宅小区"，海口市绿色佳园

·天上人间、海南电网滨海住宅小区、三亚市鸿洲·佳园、三亚·山水国际、文昌市中南·森海湾海景花园5个物业管理住宅项目获评省"物业管理优秀住宅小区"。全年物业服务企业管理人员及一线从业人员参加岗位、技能、法律培训408人次。至2010年底,全省物业服务企业778家,从业人员6.7万人,物业管理项目1680个,物业管理建筑面积6413万平方米。全年物业服务主营业收入10亿元,增加值8.6亿元。物业服务的类型除住宅外已拓展到写字楼、酒店、商厦、学校、医院、工厂、机场等多种类型,物业管理区域已由海口、三亚迅速发展到琼海、文昌、澄迈、儋州、洋浦、定安、保亭、陵水、万宁、五指山10个市县。

(毕华、金淑丽、邓洲华、符策栋、聂荣波)

3. 城镇规划建设

【城乡规划编制】 2010年,重点抓好省域规划、有关市县城市总体规划和开发区规划的编制工作。《海南省城乡经济社会发展一体化总体规划》通过专家评审会评审。编制完成《海南省主题公园建设规划》、《海南省中小城市基础设施完善"十二五"发展规划》《东方工业园区总体规划》,《洋浦经济开发区总体规划》、《临高马袅湾旅游总体规划》、《乐东龙沐湾旅游度假区控制性详细规划(修改)》。2010年全省市县城区控制性详细规划覆盖率达到80%以上,其中海口市中心城区控制性详细规划覆盖率达到100%,三亚市主城区控规覆盖率已达到95%以上。三亚市崖城镇、儋州市中和镇、文昌市铺前镇、定安县定城镇等中国历史文化名镇保护规划和三亚市保平村、定安县高林村、文昌市十八行村等中国历史文化名村保护规划基本编制完成。

【城乡规划管理】 分别于2010年5月和10月召开海南省城乡规划委员会第十次、第十一次会议。审议通过了《五指山风景名胜区总体规划》、《海口历史文化名城保护规划》、《三亚市城市总体规划》、《万宁兴隆旅游度假区总体规划》、《海南省房地产发展战略及中长期规划》等规划。确定三亚市为海南省城市雕塑建设推进试点城市,筹备成立海南省城市雕塑建设指导委员会,负责全省城市雕塑的规划、建设、指导工作,以加强对城市雕塑的管理。2010年完成五指山市和儋州市的城乡规划督察工作,开展文昌市的城乡规划督察工作。继续开展容积率专项治理工作,全省共清查2007年1月1日至2009年12月31日期间房地产项目769宗,其中变更规划、调整容积率的162宗,占自查项目总数的21%;存在违规变更规划的70宗,占自查项目总数的9%,占变更规划、调整容积率项目数的43%;通过自查自纠共补交规费18138.05万元,罚款821.6万元。同时,积极配合两部调查海口美源湾、宜欣商业广场、天邑大厦等项目调整用地性质、容积率等事项,并督促海口市进行整改。颁布实施《海南省进一步提高建设项目行政审批效能试行办法》,简化建设项目审批流程、缩短建设项目审批时间、提高行政效能的目的。做好西环快速铁路、海南LNG项目、洋浦神头港填海工程、海南电网改造等重大基础设施项目的服务工作。

【海南省规划展览馆建成并对外开放】 根据海南省政府专题会议纪要要求,海南省规划展览馆于2010年1月中旬开始施工,5月底开放。7月,海南省机构编制委员会同意设立海南省规划展览馆,为隶属海南省住房和城乡建设厅的正处级事业单位。

(陈天平)

【园林绿化建设】 2010年,海南省城市(县城)建成区绿地面积10409公顷,建成区绿化覆盖面积11922公顷,公园绿地面积3013公顷,全省城市(县城)建成区绿地率为34.04%,城市(县城)建成区绿化覆盖率39%,人均公园绿地为9.69平方米。制定《海南岛四季花园建设实施方案》,编写了《城镇园林职工职业技能必备知识读本》,出台了《海南省城镇建设项目配套绿地面积计算规定》,进一步明确立体绿化具体折算办法,规定达到标准的屋顶绿化和树荫式停车场,均可按其面积获得50%的绿地面积奖励。修改后的《海口市城镇园林绿化条例》于2010年3月1日起施行。

【垃圾处理】 2010年,全省21个垃圾处理设施项目中,已有19个项目完工并投入试运行(其中,14个垃圾填埋场、1个垃圾焚烧厂和4个垃圾转运站项目),2个项目在建。全省新增无害化处理设施能力2089吨/日,日无害化处理垃圾2800吨,全省城乡生活垃圾无害化处理率达78%,超额完成全省垃圾无害化处理率达到70%的工作任务。全省21个垃圾处理设施建设项目审批建设总投资为14.62亿元(其中除海口市垃圾焚烧BOT项目4.66亿元及文昌市垃圾焚烧半BOT项目0.5亿元外,一期政府投资8.88亿元),一期总投资14.04亿元。累计完成建设投资11.81万元(其中政府投资8.99万元),占一期总投资的84.1%。已完成的政府投资占一期政府投资的101.2%。制定了《海南省生活垃圾处理设施工程竣工验收工作规定》,对垃圾处理项目验收程序、验收标准、参建各方责任等进行明确要求。《海南省生活垃圾收运体系规划》于2010年12月通过专家评审。规划要求各市县要从全省平衡、核定年度投资总额，编制年度建设计划，各市县在具体实施过程中，可根据当地实际做适当调整；尽快完成本辖区环卫专项规划；各市县应从全市（县）层面统筹规划行政区域内收运设施建设，综合考虑乡镇、村庄分布、垃圾处理设施的服务范围等，合理进行收运设施的布局，提高设施的利用率；对农村生活垃圾，采取灵活有效的收集方式，不能完全照搬城市的全量收集模式。

【城市道桥建设】 2010年全省城市新建桥梁10座，市政道路786万平方米，总投资182302万元。人均城市道路面积15.14平方米，比2009年增加了1.83平方米。针对全省城镇存在的交通拥堵、停车难等问题，及时转发住房城乡建设部、公安部和国家发改委等三部委《关于城市停车设施规划建设及管理的指导意见》到各市县，指导市县对城镇及景区停车场专项规划的编制。组织有关专家对三亚、万宁、琼海市桥梁安全运行进行抽查，对发现存在安全隐患问题的桥梁，及时要求有关部门进行限期整改。城市桥梁安全运行稳定，全年未发生引起人员伤亡的桥梁运行安全事故。

【公共厕所建设】 2010年对全省公共厕所进行排查，编制《海南省公共厕所专项规划方案》，明确2010~2012年全省公厕的建设任务：新（改）建公厕总量为1368座，其中新建700座、重建116座、改造552座，投资估算19104万元（不含土地费、搬迁和绿化环境费用）。2010年全省建设公厕共计702座，其中竣工504座，在建198座，总体上已基本完成全年建设任务。同时编印《海南省公共洗手间导识系统设计方案》、《海南国际旅游岛公共厕所建筑设计方案图集》，出台《海南省公共厕所管理及保洁服务标准》、《海南省公共场所和社会服务单位公厕对外开放规定》和《海南省公共厕所建设财政奖励专项资金管理办法》；省发改委向国家争取到1000万中央预算内公厕专项资金，用于对经济欠发达的中西部10个市县和公厕建设任务特别繁重的城市给予适当补助。

【城镇环境综合整治】 2010年是海南国际旅游岛建设环境整治年。制定《海南国际旅游岛建设卫生环境综合整治工作方案》和《海南国际旅游岛建设卫生环境整治实施细则》，组织编制了《海南省城乡环境卫生质量标准》、《海南省城乡容貌标准》和《海南省城镇沿街建（构）筑物立面景观改造规划编制导则》、《海南省城镇排水规划编制导则》、《海南省城镇户外广告规划编制导则》、《海南省城镇绿地系统规划编制导则》和《海南省城市公共照明规划编制导则》5项规划编制导则。海南省人民政府网设立"卫生环境综合整治"专题，及时将全省卫生环境综合整治工作的有关情况予以公布。2010年共发出《督查事项通知单》58份，督查通报12份，编印工作简报17期。全省拆除违章建筑160.9万平方米，特别是海口和三亚两地，集中力量对违章建筑进行整治，仅海口就拆除违章建筑114.37万平方米。

【燃气工程建设】 至2010年底，全省城镇燃气普及率87.96%。全省有管道燃气用户约31万户，年供气量约1.4亿立方米，日均供气量约39万立方米，其中居民用户用气量占19%，工商用户用气量占81%。全省液化石油气供应量约12万吨，汽车加气供气量约12000万立方米。全年新建城市天然气管道1482.62公里，其中，干、线管道754.62公里，庭院管道728公路。全年新建燃气项目投资9787万元，改造项目投资约1422万元。为促进海南省管道燃气行业健康有序发展，省住房和城乡建设厅决定对管道燃气气质实行备案管理，实行半年报备制。

【公共照明建设】 2010年全省里共投入1200多万元补助资金用于示范项目建设，并对绿色照明试点工程进行跟踪观测评价。出台相关政策，鼓励市县采用合同能源管理模式推动照明新光源、新材料的应用。乐东、琼海与海南世银能源科技有限公司签订能源管理合同，计划完成9000盏路灯改造，总投资约1600多万。海口市、三亚市、儋州市等市县积极开展风光互补、LED、陶瓷金卤灯、无极灯路灯试点项目，待观测评价合格后，积极推广。

（成建、黄珍）

4. 村镇建设

【概况】 2010年完成农村危房改造各项资金投资7.4亿元，改造危房1.5473万户，改造面积约96.4万平方米。其中茅草房9296户和大广坝库区移民危房5397户。大广坝水库移民村庄改造试点东方报白村按社会主义新农村的标准建成，获得中央和省领导高度肯定。大广坝其余村庄以报白村为样板，相继建成搬迁入住。

【村庄建设规划设计】 省住房城乡建设厅编印出版《海南省大广坝水库移民危房改造建设规划设计图集》，为海南省大中型水库危房改造村庄规划建设提供借鉴；出台《海南省农村（水库移民）危房改造工程管理办法》，对危房改造的规划设计、工程质量及工程进度管理作了明确规定；组织危房改造工作人员培训班2次，参加人数近400人，提高危房改造鉴定技术业务水平、档案管理水平；组织开展海南省首届黎族苗族建筑设计方案竞赛，评选出31个获奖方案，并将所有获奖方案在海南日报公示，取得较大的社会反响，并编印《海南省黎族苗族建筑设计方案图集》，为乡村旅游和农村危房改造提供建筑设计选型；完成因2010年10月上旬持续降雨而水毁的文城镇江村、东里村和会文镇伟昌村共3个村庄的重建工作；编印《海南省农村灾后重建房屋设计方案》，为农村灾后重建房屋提供设计方案选型；安排专项资金40万元，完成定安县龙河镇绿林村和文昌市翁天镇大贺村农村垃圾无害化处理试点工作方案。

【小城镇建设】 2010年安排省级财政专项资金1500万，市县配套5000万元，筹集社会资金近1亿元用于支持重点小城镇的基础设施建设、规划编制和环境综合整治工作。2010年海南省小城镇基础设施建设步伐加快，城镇面貌有较明显改观。着手编制《海南国际旅游岛特色旅游镇(村)发展规划》，为海南省特色旅游镇、村建设提供科学依据；抓好白沙县邦溪镇、澄迈福山镇、三亚海棠湾镇、五指山水满乡等旅游风情小镇建设试点。

2010年完成《白沙县邦溪镇风情小镇控规修编》、《五指山市水满乡风情小镇概念性规划》《文昌市谭牛镇天赐村、五指山水满乡秀苗村特色村庄规划》等编制工作；选送了一批资源优势突出、地方风情浓郁、环境优美、发展基础较好的小镇参与省政府2010年7月12～15日在香港举办的"2010年海南(香港)现代服务业投资推广活动"，进行融资融智。省政府出台《关于加强村镇规划建设管理的通知》、《关于强化村镇规划建设管理坚决遏制违章建筑的通知》、《海南省乡村规划许可证管理办法》等多个规章制度和管理办法，遏制乱圈地、乱建设，规范农村建筑市场。

(苏乾)

5. 建筑业

【建筑施工企业】 2010年全省有建筑施工企业341家，其中施工总承包企业139家(一级企业19家，二级企业68家，三级企业52家)，专业承包企业170家(一级企业29家，二级企业73家，三级企业61家，无等级企业7家)，劳务分包企业32家。全年完成建筑业总产值198.44亿元。

【建筑市场管理】 2010年，为全面提升海南省建筑业竞争力，实现建筑业跨越式发展，促进建筑业科学技术进步，在认真调研的基础上起草完成了《海南省人民政府关于加快建筑业发展的意见》，现已报送省政府审批。联合省监察厅、省检察院颁布实施了《海南省建筑市场廉政准入规定(试行)》，通过对建筑市场实施廉政准入管理，对行贿企业采取降低资质等级、停业整顿、限制投标资格等处罚措施，达到净化建筑市场的目的。省住房城乡建设厅联合省监察厅、省人民检察院发布了《第一批建筑市场严重违规违法企业名单公告》，公告涉及违法违规企业8家，其中3家企业被处以禁止两年内参加海南省政府投资或使用国有资金项目的招标投标活动。出台了《省外建筑业企业进海南省开展业务备案管理办法(试行)》，起草了《海南省住房和城乡建设厅关于加强制度建设切实做好房屋建筑和市政基础设施工程招标投标监督管理工作的若干意见》(征求意见稿)。开展工程招标投标检查，依法查处招标投标违法违规行为。对2009年以来各市县应招标的政府投资房屋建筑和市政工程招标投标备案、招标后跟踪监督管理、受理和处理工程招标投标投诉举报以及查处工程招标投标违法违规行为等情况进行检查。检查工程招标投标备案档案123份，检查工程现场32个。通过检查，对24项存在问题的工程进行曝光，并依法对超越资格许可范围承担工作招标代理业务的两家公司做出行政处罚决定，对违规的6家招标人、8家工程招标代理机构、8家投标人进行了通报批评、责令改正。

【工程质量管理】 2010年全省建筑工程竣工验收合格率100%，工程未发生重大质量事故。进一步完善工程质量法规体系建设。开展省外监理企业专项检查，共检查了55家省外监理企业的63项在建工程，其中房屋建筑工程52项，建筑面积约139.6万平方米，市政公用基础设施工程11项，检查通报批评38家监理企业，暂停其中14家省外监理企业在海南省承接新的监理业务资格。开展打击建筑施工非法违法行为的专项行动，共检查了琼海、儋州等9个市县的20个在建项目，建筑面积60余万平方米。开展建设领域突出问题专项治理督察工作，着重解决工程建设实施和工程质量管理存在的问题。积极打造质量精品工程，有30项工程被评为2010年度海南省建筑工程"绿岛杯"奖(省优质工程)。

【施工安全】 2010年，全省建筑施工安全生产总体态势基本平稳。全年发生10起一般建筑施工生产安全事故，死亡10人，事故起数和死亡人数比上年有所减少。落实隐患排查治理措施，深化专项整治工作，全省共检查在建项目805项，建筑面积1183.19万平方米，下发整改通知426份，停工通知

15份，提出整改意见1052条。积极推进建筑施工安全质量标准化工作，推广《海南省建设工程安全文明施工示范图集》的使用，各市县及洋浦经济开发区已召开了现场观摩会。在海口鑫生棕榈国际公馆项目举行了高处坠落应急救援演习观摩会，建立健全对安全生产事故有效的应急体系。加强对建筑施工企业安全生产许可证动态监管，对发生安全事故的4家省内建筑施工企业分别暂扣安全生产许可证2个月，6家省外建筑施工企业分别暂停在海南省招投标2个月的处罚。开展汛后建筑工程质量安全检查工作，共抽查了33个在建项目，总建筑面积近百万平方米，针对检查所发现的问题，下发8份停工整改通知单和22份整改通知单。集中开展严厉打击建筑施工非法违法行为，共检查在建项目973项，建筑面积1780万余平方米。

【勘察设计质量管理】 2010年，继续加强勘察设计质量管理，开展工程勘察设计质量抽查。全省共抽查了工程勘察设计项目66项，其中建筑工程项目38项，勘察项目17项，市政项目11项，涉及勘察设计单位71家。重点从工程抗震设计质量、建筑节能设计质量、无障碍设计等进行专项审查，抽查合格率为98%。

（冯昌明、林晨）

6. 建筑节能与科技

【建筑节能工作】 2010年，配合省政府率先在全国出台《海南省太阳能热水系统建筑应用管理办法》，明确海南省有热水需求的公共建筑及12层以下（含12层）住宅建筑中应统一配建太阳能热水系统，并给予一定的建筑面积补偿或财政补助扶持。起草印发《海南省民用建筑应用太阳能热水系统补偿建筑面积管理暂行办法》、《海南省可再生能源建筑应用专项资金管理暂行办法》、《海南省太阳能热水系统建筑应用财政补助资金管理暂行办法》等管理办法。在征求各市县有关部门意见的基础上，对2010年全省600万平方米的太阳能热水系统建筑应用任务进行了分解，配合起草《海南省人民政府办公厅关于下达2010年海南省太阳能热水系统建筑应用面积任务的通知》，并印发给各市县政府贯彻执行。2010年全省新增太阳能热水系统建筑应用面积610万平方米。全省既有太阳能热水系统建筑应用面积约1100万平方米，太阳能集热器面积约38万平方米，达到年节约标准煤3.8万吨，年约节电1.2亿度，减排二氧化碳12万吨，对海南省节能减排有着重要作用。

【太阳能热水系统建筑应用示范工程建设】 2010年，三亚市、儋州市分别被批准为财政部、住房城乡建设部国家可再生能源建筑应用示范城市和县，共获得中央财政6200万元支持，太阳能热水系统示范应用建筑面积488万平方米。2010年，省政府给予2000万元专项资金用于支持海南省太阳能热水系统建筑应用示范项目建设，与财政厅联合印发通知共同组织评审了4批示范项目，共39个示范项目获得省级财政补助2640.94万元，示范建筑应用面积146万平方米。根据财政部、住房城乡建设部《关于加快开展可再生能源建筑应用示范项目验收评估工作的通知》、《关于加强可再生能源建筑应用示范后续工作及预算执行管理的通知》、《关于加强可再生能源建筑应用城市示范和农村地区县级示范管理的通知》等文件精神，继续督促跟进已有的5个国家可再生能源建筑应用示范项目的验收评估管理及文昌、陵水、三亚、儋州4个示范城市（县）的推进工作。组织召开了《海南省太阳能建筑应用发展规划》（2010~2015年）评审会，经专家组评定，该规划基本可行，给予修改后通过的结论。

【民用建筑能耗调查】 根据住房城乡建设部的统一部署，2010年完成2009年度民用建筑统计调查工作，主要对象为国家机关办公建筑和大型公共建筑以及通过抽样确定的街道（镇）范围内的各项建筑，共统计了1012栋建筑用能情况，形成《海南省民用建筑能耗统计报告》（2009年度）。同时，开展国家机关办公建筑和大型公共建筑的能源审计及能效公示工作，完成67栋建筑的能源审计，并在《海南日报》上进行了公示。开展了海南省公共建筑能耗定额及超定额加价政策研究，组织编制《海南省政府办公建筑和大型公共建筑用能定额研究报告》，并进行了专家评审。2010年，共获得国家机关办公建筑和大型公共建筑节能监管体系建设中央财政补助资金400万元，用于海口经济学院的能耗统计、审计以及监测平台建设工作。根据《海南省固定资产投资项目节能评估和审查管理暂行办法》及《海南省民用建筑项目节能评估和审查管理暂行办法》，为规范海南省民用建筑项目节能评估文件的编制，从源头把好建筑节能关，起草印发了《关于海南省民用建筑项目节能评估审查文件编制要求的通知》，对项目的审查权限和立项备案、规划报建阶段的节能评估文件编制提出具体要求，便于实施操作，2010年，及时办理节能评估审查项目180余个。

【加大新建建筑施工验收阶段的节能管理】 起草印发《海南省住房和城乡建设厅关于加强建筑节能工程施工质量验收管理的通知》，确保各项建筑节能制度在施工验收阶段的落实。组织编制了《海南省建筑节能"十二五"规划》。

【节能管理对外合作】 2010年7月与美国能源基金会在海口签署《美国能源基金会与海南省住房和城乡建设厅关于建设绿色建筑示范省合作备忘录》，全力打造海南绿色建筑示范省，组织编制了《海南省绿色建筑评价标准》，起草印发了《海南省建设科学技术委员会绿色建筑委员会专家名单的通知》，成立了由60人组成的海南省建设科学技术委员会绿色建筑专家委员会，为促进海南省生态城市与绿色建筑的发展，优化服务国际旅游岛的建设提供技术支持。

【建设科技推广】 于2010年11月4～5日在海口举办了以"节能、绿色、低碳"为主题的"海南省2010年绿色建筑与建筑节能新技术与产品博览会"，参展省内外企业近200家，展位近300个，参展节能、绿色产品项目近1500个，签约项目120余个，涉及金额近3.5亿元。对提高社会各界对建筑节能的认识，推动节能的发展搭建了交流与合作的平台。

【水浸区域房屋排查及加固重建指导】 印发《海南省住房和城乡建设厅关于开展汛期水浸区域房屋安全隐患排查工作的通知》及《海南省汛期水浸区域房屋安全隐患排查指导意见》、《海南省住房和城乡建设厅关于水浸区域房屋回迁使用注意事项的通知》、《海南省住房和城乡建设厅关于汛期水浸区域损坏房屋加固重建指导意见的通知》，部署全省各市县开展排查工作。省住房城乡建设厅组织37个工作组近120人，直接深入到13个受灾市县的房屋现场进行逐间排查。排查对象主要为汛期水浸区域受损但未倒塌的学校、医院建筑及相关民宅等房屋建筑工程，通过房屋历史现状调查询问、建筑环境查看、建筑物外观、连接构造和受力体系的目测，配以简单的尺量、吊线、小锤和局部剥开粉刷层检查，对房屋现状的安全隐患进行排查。本次组织的排查组共实地排查了受损学校144所，医院21所、村镇民宅9606户，合计9766栋（户）。其中属于评价为危房为：学校26所、医院11所、民宅3618户，合计3655栋（户），危房约占全部排查总量的37%，危房基本为农村民宅。

【工程建设工法】 根据《海南省工程建设工法评选办法》的规定，省住房和城乡建设厅委托省建筑业协会组织专家对2010年度申报省级工程建设工法进行了评审，共评出省级工法26项，并予以公布。省住房和城乡建设厅以此要求各市县、各单位要高度重视建设工法管理工作，积极采用新技术、新工艺并及时总结施工经验，注重以工法开发来提高企业自主创新能力，不断提高海南省建设工程施工技术水平。

【与中国建筑科学研究院签署战略合作协议】 2010年5月6日，海南省住房和城乡建设厅与中国建筑科学研究院携手，在海口签署《战略合作协议》。根据协议，中国建筑科学研究院将协助省住房城乡建设厅开展以下方面工作：编制海南省地方相关工程建设行业的技术政策、发展规划和标准规范；不定期开展各种形式讲座、培训活动；推动海南低碳生态城区建设和绿色建筑发展，提供咨询、规划、设计等方面技术服务；建立建筑节能及可再生能源建筑应用方面相关的政策制度、技术标准、检测认证体系以及工程示范、评奖申报等相关工作。

（林燕）

7. 勘察设计

【工程抗震】 2010年，继续严格执行超限高层建筑工程抗震设防专项审查制度，保证超限高层建筑抗震能力。2010年共组织完成了"海南大厦"等8个项目的超限高层抗震设防专项审查。做好第四阶段建设工程抗震安全隐患排查工作，全省共排查了公共建筑4184栋，总建筑面积约1172.2万平方米，其中符合抗震设防要求3095栋，面积935.2万平方米；不符合抗震设防要求，建议加固维修的875栋，面积210.9万平方米；建议拆除的214栋，面积26.1万平方米。继续配合做好中小学校舍安全工程实施工作，组织专家参与"校安工程"等级核查和"D"级危房核查工作；出台了《关于海南省校舍安全工程加固指导造价指标的函》；配合组织参加洋浦现场推进会；组织专家参加"校安工程"督察指导工作。做好新抗震设计规范宣贯工作，邀请了中国工程院士、中国工程设计大师容柏生来海口主讲"我国近期超高层建筑结构概况"，同时举办新《建筑抗震设计规范》宣贯班。全省勘察、设计、施工和监理单位近600人参加。

【无障碍设施建设】 至2010年底，海口市政府共投入5750万元对全市的城市道路、公共建筑、公共交通设施、特殊设施、居住小区、居住建筑及信息交流设施进行无障碍改造。共铺设盲道289.4公里，人行横道过街音响信号装置125套，购置无障碍出租车2辆，改造中小学校12所、居住小区2387个、10层以上居住建筑126幢，并建成残疾人专用网站1个。公共建筑无障碍改造率达80%，特殊设施无障碍改造率达100%。三亚市铺设盲道77.5公里，设置过街音响装置 7 处，购置无障碍出租车 2 辆。投资 988 万元在天涯镇修建一所特殊学校，投资 1200 万元兴建残联综合服务中心。两市新建、改建、扩建项目无障碍设施设置率达 100%。

【抗洪救灾】 2011 年国庆长假期间，海南省遭遇超强降雨，给全省人民群众的生命财产安全带来了巨大损失。期间，全省受淹农户 11.18 万户，受淹建筑面积 1028.3 万平方米，倒塌房屋 4480 间（户），农村受淹泡变形及不同程度受损的危房 4.24 万户，危房建筑面积 397.5 万平方米；全省共 12 个市县保障性住房项目受灾，直接经济损失 9742.11 万元；因房屋倒塌等需要追加城市棚户区改造计划 365 套；道路冲毁或受损 1228 条，桥梁冲毁或受损 311 座；路灯受损 17988 盏、城市树木受损 20636 株、城市绿地受损 297564 平方米；垃圾处理场进场道路受损 6 条、填埋库区坍塌面积 500 平方米、排水沟损坏 1500 米、垃圾桶损毁 1500 个、垃圾屋受损 125 座、环卫车辆受损 62 台。

（吴婷婷、冯昌明、黄珍）

8. 建设政策法规

【建设系统政府规章制定】 2010 年起草了两件政府规章，即《海南省太阳能热水系统建筑应用管理办法》和《海南省建设工程造价管理办法》，均已通过省政府常务会审议并开始实施。

【建设系统规范性文件备案审查】 2010 年省住房和城乡建设厅发布的《海南省城乡容貌标准》、《海南省城市园林绿化企业二级、三级资质申报管理工作规程》、《省外建筑企业进海南省开展业务备案管理办法（试行）》、《海南省建筑和房地产市场不良行为记录和公布办法（试行）》、《关于印发〈海南省城镇沿街建（构）筑物立面景观规划编制导则〉等的通知》5 件规范性文件，均严格依照法定程序向省政府申请规范性文件备案登记，获得备案号后印发实施。

【建设系统行政复议工作】 2010 年，省住房和城乡建设厅按照《中华人民共和国行政复议法》和《中华人民共和国行政复议法实施条例》的规定。全年共受理行政复议申请 9 件，已审结的案件 9 件，内容涉及城乡规划、房地产、房屋拆迁、城市建设等方面，截至 2010 年底，未发生复议后应诉案件。

【建设系统规章及规范性文件清理】 2010 年依照国务院、省政府要求，开展对政府规章、规范性文件的清理工作。第一阶段完成 9 件政府规章的清理，并将清理结果报省政府审核，2010 年 8 月 29 日经海南省政府令第 231 号《海南省人民政府关于废止〈海南省收缴建设标准定额经费若干规定〉等 18 件规章的决定》公布废止《海南省收缴建设标准定额经费若干规定》、《海南省加强城市规划管理的若干规定》、《海南省实施〈城市房屋拆迁管理条例〉细则》3 件规章。第二阶段完成建省以来以省政府、省政府办公厅名义发布的规范性文件的清理，共计清理省住房和城乡建设厅以省政府、省政府办公厅名义制发规范性文件共 114 件并将清理结果报送省政府审核。第三阶段完成了以省住房和城乡建设厅名义发布的规范性文件，共清理 278 件并清理结果报送省政府审核。

【建设系统"五五"普法工作】 2010 年，是"五五"普法工作的最后一年，全省进一步提高建设系统工作人员法律意识和法律素质，进一步增强社会主义法治理念，不断提高建设系统依法行政能力和服务社会的水平。通过五年来的不断努力，完成了"五五"普法规划确定的各项工作目标，于 2010 年下半年通过了省法制宣传办公室的检查验收。

（金淑丽）

9. 建设系统教育培训

【住房和城乡建设系统干部培训】 2010 年，赴珠海联合北京师范大学珠海分校不动产学院共同举办全省房管局长和业务骨干培训班 1 期，共 46 人参加培训，培训采取专家授课、实地考察、分组讨论等形式，学习内容包括城乡规划、房地产经营管理、城市建设与管理等课程。全年共组织建设系统专业技术骨干培训班 11 期，参训 1240 人次，涉及建设工程抗震排查、太阳能热水系统设计、垃圾处理设施建设施工管理等方面业务。厅机关干部参加省以上各级选调培训班 18 期，培训 20 人次。参加省委组织部举办的各类领导干部培训班、中青干部培训班等各类培训班 10 期，培训人数 13 人。参加省人社厅举办的处级公务员任职培训班、初任培训等各类培训班 5 期，培训人数 5 人。组织厅机关公务员各类培训、讲座 9 期，参训 310 人次。

【建设行业人才培养和引进】 全年组织初、中、高级专业技术资格评审 2 次，共有 102 人晋升高级职称，267 人晋升中职称，957 人晋升初级职称，提高专业技术人员资格和水平。组织全省专业技术论文评审 1 次，共有 801 篇论文参加了评审。开展职称审核注册工作，2010 年共对 2800 人的专业技术资格证书进行了审核，并办理了注册证书，其中外省引进人员 1000 人，有效缓解了专业技术人员供需矛盾。

【建设行业继续教育和岗位培训】 2010 年全年

培训专业技术人员1.2万人次；建设企事业单位管理岗位人员考试实行全省统一考试制度，统一考试时间、统一命题、统一改卷。全年共有8102人报名参加了施工员、造价员等11个管理岗位资格考试，4428人取得了各专业岗位证书。

【建设行业职业技能队伍建设】 2010年共组织职业技能培训与鉴定34期，共培训、鉴定3005人，其中特种作业人员1095人，技能工1910人，加强了职业技能培训和鉴定工作，一线生产操作人员技能素质得到了提高。申请成立阳光工程培训基地1家，首次将建设行业培训基地纳入阳光工程培训基地行列，全年共计培训500名农民工匠，推动了农村危房改造和村镇基础设施建设工作。

(柳济杰)

10. 建设系统行政审批

【概况】 2010年省住房和城乡建设厅行政审批办公室本着依法审批、高效便民、务实创新、优质服务的宗旨，创新服务模式，提高审批效率，全年共受理各项建设行政许可审批4342项，办结4205项。审批办件的按时办结率100.0%，提前办结率100%，审批办件平均承诺天数18天，实际审批平均天数5天。优质服务水平和提前办结受到企业和群众好评，收到企业送来锦旗19面。行政审批办公室被省政府办公厅授予2010年度行政审批优质服务单位、行政审批办公室首席代表童立人被表彰为"优秀审批办公室主任"、多名同志被评为优秀服务标兵。行政审批办公室设立行政审批"快捷流转通道"，服务重点项目建设的举措被《海南日报》和海南省人民政府网、《中国建设报》刊登。12月4日，中共中央政治局常委、中纪委书记贺国强同志视察政务中心时，亲自听取了行政审批办公室"三集中"审批的汇报，并给予了高度肯定。

【建设行业行政审批流程优化创新】 2010年，将"资质证书变更"审批事项的审批流程由"三级审批"压缩为"两级审批"。窗口受理后，后台主办审核办结，不再经过核准环节。行政审批办公室设立了行政审批"快捷流转通道"，对资质延期或省重点建设项目的实施企业，在专业技术资格证书正在办理换证等四类原因无法提供原件核对的，在签署补正材料承诺书后，就可进入正常的行政许可审批程序。

【建设行业行政管理事权取消和下放】 对持有法定发证机关颁发有效资质证书的省内建设工程企业赴外省从事建筑工程活动，取消建设主管部门开具出省介绍信，方便本省企业开拓省外市场。下放建筑面积在2万平方米以下的公共建筑等3类情形的节能审批到市县建设主管部门。2010年11月，出台了《省外建筑业企业进海南省开展业务备案管理办法》，启动将建筑工程项目备案下放到市县建设主管部门。

【建设行业行政许可审批调查】 2010年11月25日至12月3日，省住房和城乡建设厅对各市县建设主管部门开展下放建设行政管理事权审批工作调查。对海口、三亚、儋州、文昌、保亭、万宁、陵水等7个市县建筑业企业三级资质、物业服务企业三级资质、城市园林绿化企业三级资质的行政许可审批工作开展情况。

【建设行业行政许可标准化模板建设】 在资质审批过程中严格审批标准，制定《岗位审批意见标准模板》、《专家评审意见标准模板》、《证书打印标准模板》。

(赵小亮)

(海南省住房和城乡建设厅)

重 庆 市

1. 住房保障与房地产

(1) 住宅与房地产业

【房地产投入强劲增长】 四大房地产发展前置指标高位运行。一是房地产投资保持较高增速。重庆市共完成房地产开发投资1620.26亿元，同比增长30.8%，高于固定资产投资增长0.4个百分点。其中，主城区完成房地产开发投资1111.49亿元，同比增长19.6%。二是在建工程量较大。全市房屋施工面积达17138.50万平方米，同比增长31.3%，增速比上年高19.2个百分点。其中，主城区房屋施工面积为10281.95万平方米，同比增长27.9%。三是房屋新开工面积大幅增长。全市房屋新开工面积为6312.64万平方米，同比增长65.5%，增速比上年高56.8个百分点。其中，主城区房屋新开工面积为3348.93万平方米，同比增长64.5%。四是土地市场保持活跃。全市出让经营性用地2775.75公顷，同比增长44.5%，其中主城区出让房地产开发用地1105.09公顷，同比增长30.5%。

【商品住房市场总体平稳】 全市新批准上市预售商品住房3039.10万平方米，同比增长24.2%。其中，主城区新批准上市预售商品住房1822.46万平方米，同比增长17.7%。在国家宏观调控的压力之下，全市仍成交商品住房3214.41万平方米，与2009年高基数相比，下降4.7%；其中，主城区成交商品住房1783.28万平方米，同比下降13.5%。全市商品住房成交均价4410元/平方米，同比增长30.0%；其中，主城区商品住房成交均价5762元/平方米，同比增长37.9%。

【房地产企业运转较好】 2010年新成立房地产开发企业450家，全市房地产企业增至2981家。市外来渝房地产开发企业386家，占企业总数的12.95%。中国500强企业在渝设立23家房地产开发企业，世界500强企业在渝设立3家房地产开发企业。重庆"五十强"房地产开发企业完成投资278.68亿元，占全市的17.2%；竣工面积325.7万平方米，占全市的12.4%；新开工面积530.26万平方米，占全市的8.4%，销售面积660.1万平方米，占全市的15.3%。房地产企业资金状况良好，全市房地产开发资金达3439.37亿元，同比增长56.1%，其中，本年到位资金2859.53亿元，同比增长54.7%。虽然宏观调控收紧了个人住房贷款，但开发贷款仍适度宽松，截至2010年12月末，全市金融机构房地产开发贷款余额达951.65元，同比增长25.04%，为2006年以来的同期最高增速，比年初增加200.12亿元，同比多增79.36亿元。商品房稳定销售保证了企业资金快速回笼，全年全市商品房成交金额达1596.73亿元，同比增长24.79%，其中主城区达1177.02亿元，同比增长20.05%。企业引资能力提高，全市利用外资同比增长126.7%，其中外商直接投资同比增长132.7%。

【商品住房价格出现结构性上涨】 一直以来，重庆市商品住房价格在大中型城市排名中都比较靠后。2010年仍然大幅低于北京、上海、深圳、广州等一线城市，低于天津、武汉等发展较活跃城市，在西部地区也仅高于贵阳。但值得注意的是，房价虽然横向比较低，但纵向比上涨较快。2010年房价上涨除有全国大势推动和重庆市经济高速发展两大因素外，高档住房引起的结构性上涨也比较明显。在主城区普通商品住房成交面积同比下降的情况下，高档住房（包括别墅、花园洋房）成交面积同比增长35.5%，占住房销售的比重达到16.37%，比2009年同期提高5.91个百分点。高档住房销售均价8563元/平方米，同比上涨26.0%，对均价的影响力增强，也引导了市场价格走向。

【区县居民成为主城区住房消费的主体】 2010年，在主城区住房消费人群中，区县居民已经取代主城区居民成为了主要购买人群，购房面积占总销售面积的45.28%，高于主城区居民2.64个百分点。且从单月数据看，全年共有7个月，区县居民在主城区购房面积比例超过主城区居民，并在10月达到50.43%的最高峰。

（2）住房保障与改革情况

【大规模建设公共租赁住房】 重庆市规划从2010年起三年内建设4000万平方米公租房，建成后可解决约200万"夹心层"群众的住房困难问题，加上各类保障性住房和保障性安置房，力争在"十二五"期末，实现占城镇人口30%以上的中低收入群众住房由政府实施保障的目标。

【确定公租房项目选址】 按照"均衡布局、公交便捷、配套完善、环境宜居、生活方便、利于就业"的原则，在主城区21个大型聚居区选址建设公租房，有相对成熟的产业和轨道交通支撑，城市配套设施完善，与周边商品房实行无差别"混建"，避免了社会阶层隔离形成"贫民窟"。

【推进工程建设】 全年开工建设公租房1300万平方米，分布在主城区鸳鸯、大竹林等七个片区以及远郊万州、涪陵、黔江等13个区县，超额完成市委、市政府年初下达的1000万平方米建设任务。全年共竣工50万平方米。

【落实公租房建设资金】 全年筹集建设资金120亿元。其中：争取中央资金27亿元、市级资金5亿元，重庆市作为全国公积金支持保障性住房建设的首批试点城市争取到30亿元公积金贷款专项用于公租房建设，商业银行贷款到位58亿元。另有八家银行提供意向性贷款160亿元。同时，积极与保险机构、房地产信托投资机构联系和接洽，争取社会资本参与公租房建设。

【制定公租房管理政策】 先后制定《重庆市公共租赁住房管理暂行办法》和《重庆市公共租赁住房管理实施细则》，对公租房的行政管理、规划建设、资金管理和政策支持、准入、配租、租赁、退出、出售及监督管理等进行了明确规定和细化，为公租房建设、分配和监管提供了强有力的政策保障。

【成立公租房管理机构】 7月29日，重庆市成立全国首个"公共租赁住房管理局"，具体负责全市公共租赁住房的日常管理工作，履行规划、资金筹措、房源储备、审核配租和监督管理等职责。

【加强公租房分配管理】 完成了"公租房管理信息系统"建设，实现了房管、公安、民政、社保、工商等多部门信息共享，做到从申请受理到住用监管的全流程信息化管理；开通了"公租房信息网"，市民可网上浏览公租房信息，还可网上申请公租房，查询审核、公示、摇号及分配结果；完成了主城区31个申请点的设置工作，市民可就近咨询和申请公租房。

【下达廉租房项目投资计划】 会同重庆市发改委下达了2010年新建廉租住房项目中央预算内投资及地方配套投资计划，按项目将投资计划下达到全市31个区县及市级投资集团，并督促区县政府和相关部门认真组织实施。

【加快推进廉租房项目建设】 全年计划新开工廉租房298万平方米，竣工220万平方米，实际新开工316万平方米，完成年度计划任务的106%，实际竣工229万平方米，完成年度计划任务的104%。全年廉租房建设完成投资33.96亿元。

【严格执行廉租房保障标准】 按照《关于将城市廉租住房保障范围扩大到城市低收入住房困难家庭的通知》要求，渝中区等11个区人均月收入低于450元、万州区等13个区县人均月收入低于400元、南川区等16个区县人均月收入低于350元且人均住房使用面积低于10平方米的家庭纳入保障，主城区和远郊区县租金补贴标准分别按使用面积15元至20元/平方米、6元至10元/平方米执行。

【严格加强经济适用住房管理】 严把经济适用住房审批，根据市政府统一安排，不再新审批对外销售的经济适用住房项目，只对享受经济适用住房优惠政策的各类安置房项目进行审批。同时，加强项目全程监管，及时调查处理项目建设、已批项目销售过程中出现的问题。全年经济适用住房（安置房）完成投资96亿元，完成年度计划的227%；新开工面积537万平方米，完成年度计划的314%；竣工面积363万平方米，完成年度计划的242%。

【住房制度改革情况】 认真执行国家和市政府关于住房制度改革的有关政策规定，稳步开展公有住房出售、货币化分配、直管公房管理等各项工作。全市单位出售公有住房2651套，建筑面积11.6万平方米，其中成套住房2484套，建筑面积11.2万平方米。按照政策宣传、个人申请、调查审核、张榜公示、市级部门会审的程序，规范实施市级机关事业单位的住房补贴工作，全年办理财政拨款的机关事业单位26个、涉及1470人，发放住房补贴1980.73万元；加强对自筹资金单位住房补贴工作的指导、宣传，帮助单位及时启动住房补贴工作，全年办理32个单位、涉及6975人，发放住房补贴7416.59万元。继续做好集资合作建房管理工作，为重庆建工集团有限公司、重庆望江工业有限公司等22家企业严格按政策规定办理了竣工备案、产权完善等手续。认真落实《重庆市人民政府关于将现有市直管公房房产划转区政府的通知》（渝府〔2008〕115号）文件精神，加快划转前期准备工作，及时对市直管公房划转协议条款、数据、房屋明细表等内容进行补充完善，加强与审计机构的沟通、协调，就市直管公房审计涉及的问题认真提出处理建议。

（3）公积金管理情况

【住房公积金归集】 截至2010年底，重庆市共有2.1万家单位近180万职工建立了公积金制度，覆盖率为75.84%（主城区在87.69%），公积金制度惠及的人群不断扩大。2010年全市新增1333家缴存单位，15.03万名缴存职工，分别同比增长6.76%和9.21%，2010年实现缴存额85.02亿元。

【住房公积金使用】 截至2010年底，重庆市使用410亿元，使用率达到94%，其中，发放贷款174.27亿元，提取使用223.83亿元。2010年全年提取和发放个贷75.89亿元，占同期归集额的89.26%。其中，提取使用49.63亿元，用于购建房和偿还贷款的提取额占提取总额的79.73%；发放个贷26.26亿元，其中80%以上的个贷发放于4500元/平方米以下的中低价位的商品房。2010年获准向主城区内6个公租房项目共计发放30亿元的公积金贷款，公积金的住房保障作用得到进一步发挥。

【住房公积金决策体系建设】 重庆市于2003年3月组建了公积金管委会（以下简称"管委会"），管委会实行委员任期制，由市政府聘任。委员严格按照政府和有关部门负责人及有关专家占1/3、工会代表和职工代表占1/3、单位代表占1/3的原则构成。主任委员由分管副市长担任，副主任委员由市政府联系副秘书长、市国土房管局和市财政局领导担任。为加强对公积金工作的领导，重庆市调整充实了委员队伍，增加了铁路、煤炭、石油行业和区县代表，委员由最初的16名扩大到37名。管委会成立7年以来，制定了管委会章程，规范了工作程序及会议制度，逐步建立并完善决策机制，通过不定期召开全体委员会、主任委员会议，及时决策公积金重大事项，较好地履行了《住房公积金管理条例》赋予的职责，实现了依法决策、科学决策、民主决策；为提高决策水平，委员们还注重加强自身学习，积极探索决策监督的有效途径和办法，深入基层实践，了解社情民意，使管委会的决策更加贴近公积金缴存人意愿。

【住房公积金管理体制】 按照国家机构调整要求，重庆市进一步调整和完善了管理体制，改变了2002年以前市、县两级管理状况，实现了全市的一体化管理。全市设立了一个市级中心，具体负责主城区公积金的管理，在30个区县设立了直属于市级中心的分支机构，具体管理辖区内的住房公积金，全市初步实现了"统一决策、统一制度、统一核算、统一管理"的四统一管理目标。随着管理信息化系统的进一步建设，全市还将利用网络技术实现资金的集中管理和统一调度，实现全市资金的规模化运作管理。从具体管理方式来看，全市公积金金融业务严格按国家规定委托工、建、农、交四家银行办理（公积金信贷业务委托16家中资银行办理），管理中心分别在四家银行开设公积金专户，并利用银行点多面广的优势，依托银行网点设立公积金对外服务平台。但为体现管理中心管理的主动权，实现管理的"权责一致"，管理中心通过统一使用公积金信息管理局域网系统与银行网点相连，实现公积金管理的封闭运作和核算到职工个人，掌握了资金的核算权，银行办理的每一笔业务都纳入管理中心的监控。

【住房公积金监督体系】 为管好、用好住房资金，保障住房资金的安全，防患于未然，重庆市建立了一套多层次比较严密的监督机制，并在几年的实践中日趋完善。

接受国家部委的监督。住房城乡建设部通过监督管理信息系统的数据监控实现实时监督；国家多个部委通过审计、专项检查方式进行监督。按照七部委的要求，重庆市开展了公积金的专项治理，以"落实审计整改、强化内部管理、完善体制建设、防范资金风险、查处违规事件"为重点，查处堵塞风险问题，规避风险隐患。

实行市级部门的监督。市政府将公积金监管纳入市领导和市级部门党风廉政建设和反腐败分工责任制范畴，分解落实责任到具体部门。财政监督，市财政局的监督贯穿于住房公积金管理工作的事前、事中、事后全过程，为住房公积金的资金安全性和专项使用性提供了有力的保障。审计监督，市审计局对住房公积金管理工作纳入日常审计范畴，并定期和不定期对公积金管理情况进行审计，履行其经济执法职能。人民银行监督，人民银行重庆营管部对市中心开展的各项业务进行金融政策指导和监管。对市中心委托商业银行办理住房公积金金融业务和其他住房资金金融业务及各项资金的存贷款利率进行监督。

接受社会监督。为增强住房资金管理的透明度，重庆市在开通磁卡查询、电话语音查询、"公积金网站"查询基础上，又开通了"客户服务中心"，进一步公开政策和管理情况，接受职工、社会单位的监督，"客服中心"自2006年建立以来接待群众来信来访咨询达到13万多次。

【完善住房公积金政策】 完善住房公积金政策方面重庆市推出多种措施支持职工购房，较好地发挥了政策性金融对市场的补充作用。公积金提取方面，重庆市职工除购买、建造、翻建、大修自住住房，偿还购房贷款本息夫妻双方均可申请提取公积金，重大疾病及家庭生活严重困难家庭也可申请提取公积金。公积金贷款方面，再造流程，优化贷款程序，为缩短贷款办理时间，推出"银行先审先贷，公积金中心事后审核"的贷款审核模式，按此模式，公积金贷款办理时间达到与商业性贷款办理时间一致的效果，缩短了办理时限；优化项目申报流程，推出提前进行个贷项目审批的立项模式，即商品房项目在取得《商品房预售许可证》之前，便可向公积金中心申报公积金个贷项目额度，立项后可先期受理个人申请并办理前期手续，待《商品房预售许可证》取得后补齐相关资料，达到在最短时间内发放公积金贷款；丰富贷款品种，为充分发挥公积金贷款支持职工购，先后推出了公积金直客式贷款、置换式贷款、直系亲属参贷和提高二手房贷款额度和期限等个贷新政策，公积金个贷优势凸显；延长贷款期限，贷款期限由原来的退休后5年延长至退休后10年，男同志70岁，女同志65岁；提高个贷限额。适时根据房地产市场发展情况，适时提高贷款限额，重庆市贷款最高限额由原15万元提高到40万元（参贷后不超过个人公积金贷款最高限额的两倍）；降低首付款，提高贷款成数，为进一步加大公积金贷款对职工购房支持力度，将公积金贷款最高成数房屋成交价的70%提高到80%，首付款降至20%。

【住房公积金支持保障性住房试点工作进展情况】 2009年，国家正式批准重庆市为利用公积金贷款支持公租房建设试点城市,并同时批准了主城区内6个公租房项目共计30亿元的公积金贷款计划,为公积金在重庆市更好地发挥住房保障作用拓展了途径。2009年10月,国家六部委督察组对试点进展情况进行了专题督察,充分肯定了重庆市的试点工作。逐步发放贷款资金。

(4)"十一五"期间建设成就

【房地产投资逐年提升】 2006～2010年,全市房地产开发投资分别完成629.63亿元、849.9亿元、991亿元、1238.91亿元和1620.26亿元,年均增长24.38%,但房地产投资占全社会固定资产投资比重保持在25%左右的合理比例。房屋建设同步推进,2010年全市房地产施工、新开工、竣工面积分别为17138.50万平方米、6312.64万平方米,分别为2006年的1.93倍、2.33倍,较好地适应了经济增长,满足了市场消费需求。

【市场销量较快增长】 2010年全市共销售商品住房3214.41万平方米,其中,主城区销售商品住房1738.28万平方米,分别为2006年的1.78倍和1.44倍,且商品住房销量一直保持在全国40个大中城市的前列,市场销售表现出较为稳定的增长性。

【房价增长较为合理】 住房价格合理增长,2006～2010年,重庆市房价年均增长与收入增长基本持平,房价收入比控制在6.5以内,保证了中等收入群体对房价的承受力。

【房地产市场结构较为稳定】 随着城市地位的提升,重庆市外来购房显著增加。2010年,市外人员在主城区购房达到217.27万平方米,为2005年的2倍,但比重一直保持在11%左右,外来投资炒房的情况较少,市场结构表现出较好稳定性。

【房地产业拓展趋势明显】 2010年,主城区外区县房地产投资达到508.77亿元,同比增长64.5%;商品住房供应量达到1216.64万平方米,同比增长35.36%;商品住房销售量达到1431.13万平方米,同比增长9.16%,区县房地产市场发展开始提速。

【保障性工作情况】 重庆市于2003年启动住房保障工作,截至2010年底,通过廉租住房、经济适用住房以及棚户区、危旧房和城中村改造等方式累计保障了83.15万户中低收入住房困难家庭,城镇住房保障覆盖面达16%。其中,廉租住房保障22.24万户,对"双困家庭"实现了全覆盖,保障范围已扩大到低收入住房困难家庭;经济适用住房保障20.4万户,对人均住房面积低于全市城镇人均住房面积的60%、人均可支配收入低于全市城镇人均可支配收入标准的城镇居民家庭实施了保障;通过各类棚户区、危旧房和城中村改造解决了40.51万户。另在园区和开发区建设了160万平方米的农民工公寓。

【公积金制度覆盖面不断扩大】 "十一五"期间缴存总额达312.82亿元,比"十五"期间增长215.81亿元;全市建立公积金制度的单位净增8546个,年平均增长率为10.97%;缴存职工人数净增68.07万人,年平均增长率为10.1%;2010年覆盖率达到75.84%,比2005年增长了42.96%。

【公积金使用效率不断提高】 "十一五"期间,全市公积金使用总额达到328.93亿元,是"十五"期间总额的5倍。其中,职工提取使用181亿元,较"十五"增长了138.74亿元;为11.74万户职工家庭发放147.93亿元公积金个人住房贷款。分别比"十五"增长了7.86万户和123.90亿元,截至2010年底,全市公积金个贷余额为109.40亿元;个贷比率比2005年末增长28个百分点,增幅为116.67%;贷款逾期率为0.11‰,比2005年的0.78‰降低了85.89%;"十一五"期间全市增值收益总额比"十五"期间增长9.88亿元,增幅为457.41%;其中,分中心增值收益增幅明显,增长额达到4.71亿元,增幅826.32%。

【信息技术管理水平大幅提升】 "十一五"期间,市公积金管理中心加大科技投入,结合全市一体化管理需要,通过自主研发和技术引进,开发建设"业务管理系统"、"办公自动化系统"、"档案管理系统"等一系列管理信息系统,业务系统涵盖归集、贷款、提取、封存、转移、销户等各项业务环节,并提供综合统计分析和辅助决策功能,科技工作得到较好发展,公积金业务发展迅猛,提高了管理技术含量和运作效率,管理水平大幅提升。

【公积金资金风险控制良好】 2006～2010年,重庆分别接受国家财政部、审计署检查,住房城乡建设部、监察部等6部委的专项治理联合检查,以及市财政局和市审计局的多次专项检查,都获得了较好评价,认为重庆市加大了公积金归集、提取、使用的管理力度,公积金覆盖面、缴存率、个贷发放率均有较大幅度的增长,400多亿公积金没有发生大的资金风险,为推进住房制度改革和构建和谐社会发挥了积极作用。

【公积金社会经济效益有效发挥】 "十一五"期间,全市建立贷款风险准备金5.9亿元,比"十五"增长4.89亿元,增幅为484.16%;筹措廉租住房补充资金1.58亿元,比"十五"增长1.31亿元,增幅为485.19%；通过公积金提取、个贷政策的创新研究和流程再造，大力推行提取接件、审件分离和限时办理制度；调整个贷限额，创新贷款品种及参贷方式，加大了贷款力度；开展了公积金贷款支持公租房建设试点工作，拓宽了资金使用渠道；通过不断简化手续、提高办事效率，提取和贷款规模飞速发展，公积金帮助中低收入职工解决住房问题的作用得到进一步发挥。

(重庆市国土房管局房地产发展处)

2. 城乡建设工作综述

(1) 城乡建设法制工作

【立法工作】 重庆市城乡建设2010年共确定立法项目9项，审议项目4项，预备项目1项，调研项目4项。其中《重庆市城乡建设档案管理办法》已出台，《重庆市轨道交通管理条例》通过市人大一审，《重庆市城市建设配套费征收管理办法》已上报市政府，《重庆市城市房地产开发经营管理条例》等项目也有序推进。共申报2011年立法建议项目10项，其中地方性法规4项，政府规章6项。对重庆市政府规范性文件提出失效18件、修订3件，保留53件的建议；发布了《关于行政立法有效期制度建立后废止和失效第二批规范性文件的通告》，废止重庆市城乡建委规范性文件10件，失效4件。完成《重庆市建筑节能技术备案与性能认定管理办法》、《重庆市建设工程安全生产文明施工措施费用计取及使用管理规定》等重庆市城乡建委规范性文件的备案审查工作。

【行政执法工作】 2010年建立执法人员和证件数据库，组织了执法人员参加培训和考核，共分十六期组织重庆市城乡建委系统162名执法人员参加市级行政执法人员综合法律知识培训考核。正式启动了细化建设行政执法自由裁量工作。成立了规范行政处罚自由裁量权工作领导小组，明确了动员部署、建章立制、实施完善、总结验收四个工作阶段。2010年已经在全面清理执法依据的基础上制定了建设行政处罚自由裁量基准，对勘察设计、招标投标、质量安全、建筑节能、轨道交通、城建档案管理等方面的行政处罚条款一一细化。共受理行政复议申请1件，驳回申请人请求；组织参与行政诉讼4件，全部审结；核审行政处罚5件，举行听证4次。

【基层实地调研工作】 2010年组织调研组分赴主城区、渝西、渝东南、渝东北十余个区县开展了依法行政工作调研，督促检查行政执法责任制落实，对下放区县的16项行政管理权限实施情况及存在问题有针对性地给予指导。重点对重庆市开县村镇建设管理模式进行专题调研，总结其成功经验，适时推广。加强对行政执法责任制部重点联系单位重庆市长寿区建委的指导。2010年4月邀请住房城乡建设部领导赴长寿区检查指导工作，充分发挥部重点联系单位的示范作用，推动重庆市城乡建委行政执法责任制工作的开展。

【行政审批制度改革工作】 2010年严格按照重庆市政府统一建立的行政审批项目库实施行政审批。对现有25项行政审批项目的设定依据、实施主体、申请材料、办理时间等进行了全面清理，及时更新内容；对前置性审批进行清理；对现有管理权限进行梳理，对拟进一步下放区县的行政权限认真研究，提出意见。同时，积极配合重庆市建设系统行政审批电子监察系统建设。

(2) 城市建设

【城市基础设施建设】 全市共完成投资785.05亿元，同比增长45.9%，占全社会固定资产投资6934.80亿元的11.3%。园林绿化完成投资90.84亿元，同比增长45.34%，占已完成投资总额的11.57%；轨道交通完成投资120.43亿元，同比增长79.91%，占已完成投资总额的15.33%；污水处理完成投资18.03亿元，同比下降21.02%；市政公用设施建设完成投资477.82亿元，同比增长39.60%；市容环卫完成投资20.16亿元，同比增长302.40%；自来水的生产和供应完成投资17.19亿元，同比增长0.70%；热力燃气生产和供应完成投资38.41亿元，同比增长125.15%；公共电汽车出租车客运完成投资2.17亿元，同比下降51.56%。

【城镇化建设】 1～12月，全市城镇化率比上年提高1.41个百分点，达到53%。截至2010年12月，全市31个远郊区县利用"3000万元专项资金"24.8亿元，共实施项目154个，项目总投资110.6亿元，累计完成投资85.8亿元，占总投资的77.5%；已完工项目100个，占项目总数的64.9%。其中，2010年项目建设完成投资33亿元，占总投资的29.8%，占年度计划投资的103%，完工项目53个。

【主城区危旧房改造】 全年主城区危旧房改造共完成主体量267.16万平方米、44066户，比2010年计划改造量156万平方米的目标多完成71.26%，超额完成了年度工作计划；完成捎带量169.89万平方米、13101户，拆迁总量为437.05万平方米、57167户。主城各区购置安置房共计106.28万平方米、13391套；从2008年以来，各区新建安置房项目共启动67个，建设规模为701.82万平方米、90709套。共筹集资金226.15亿元，其中银行贷款90.78亿元，招商资金20.2亿元，各区财政安排资金66.46亿元，信托融资4.05亿元，其他资金44.66亿元。各区建成的集中绿地152块、182.52公顷，正在实施建设的集中绿地63块、74.65公顷。

【煤矿棚户区改造】 煤矿棚户区改造签订拆迁协议70.10万平方米、13380户，为全年目标任务的100.14%。其中，九龙坡5.1万平方米，綦江25.0万平方米，荣昌8.0万平方米，永川9.0万平方米，合川5.0万平方米，北碚区18.0万平方米。截至12月底，煤矿棚户区安置房开工建设74.51万平方米；其中綦江县35.66万平方米、4076套；合川区5.0万平方米、1134套；荣昌县4.15万平方米、628套；万盛区29.7万平方米、5781套。截至12月底，煤矿棚户区改造累计筹集到位资金24.03亿元，其中2010年筹集到位11.04亿元；累计完成投资24.88亿元，其中2010年完成投资11.58亿元。

(3) 建筑业与工程建设

【建筑业发展概况】 1～12月，全市完成建筑业总产值2498.39亿元，同比增长30.4%。全市实现建筑业增加值658.58亿元，同比增长21.4%，对地区生产总值(GDP)的贡献率为9.5%，拉动经济增长1.6个百分点。"一小时经济圈"共完成建筑业总产值1972.36亿元，同比增长27.3%，占全市建筑业总产值的78.94%；"渝东北翼"完成建筑业总产值464.63亿元，同比增长44.3%，增速高于全市平均水平13.9个百分点；"渝东南翼"完成建筑业总产值61.40亿元，同比增长39.5%。

【工程建设项目】 全市发包工程4919个，同比增加0.45%，工程造价964.55亿元，同比增加36.34%。招标的工程3373个，占发包工程总数的68.57%，同比增加7.69%，其中，公开招标2706个，占招标工程的80.23%，同比增加11.91%；邀请招标667个，占招标工程总数的19.77%，同比降低6.58%；直接发包工程1546个，占发包工程总数的31.43%，同比降低12.41%。

【建筑市场运行】 市建设工程交易中心累计交易项目1540个，交易额666.03亿元，连续突破500亿元和600亿元两道关口，交易个数同比增长7.2%，交易额同比净增213.95亿元，增长47.3%。全市新开工项目4275个，同比增加122个，增幅2.94%；新开工面积7966.03万平方米，同比增加1465.65万平方米，增幅22.55%；建安造价939.50亿元，同比增加255.55亿元，增幅37.36%。从主城区看，市管工程216个，造价131.75亿元，区管工程1359个，造价439.33亿元，市管工程个数和造价占比分别为13.71%和23.07%。

【建筑企业发展】 新增建筑业企业537家，其中：新增总承包55家，专业承包163家，劳务分包企业320家；全市建筑业企业总数为6276家，其中：施工总承包企业1755家(特级企业2家、一级企业163家、二级企业697家、三级企业893家)，专业承包企业2769家(一级企业124家、二级企业491家、三级企业2091家、不分等级63家)，劳务分包企业1752家(一级企业1454家、二级企业126家、不分等级172家)；另有225家企业因未参加基本信息核对，未统计在总数中。全年市内建筑企业外出1136家(次)，中标工程890个，中标工程总造价198亿元；全市建筑业输出劳动力150万人，其中有66万人输出到市外。共381家市外建筑企业进入重庆承接工程687个，合同总造价298亿元，同比分别增长2.4%、9.9%和75.5%。

【建筑安全生产】 全市房屋建筑和市政基础设施工程发生安全责任事故17起、死亡20人，杜绝了较大及以上安全生产事故，事故数与上年持平，死亡人数少1人，下降4.8%。从事故类型看，以"高处坠落"和"坍塌"为主，分别占事故总数的70.6%和17.6%，占死亡总数的65%和25%。

(4) 村镇建设

【村镇建设上升为市级战略】 2010年重庆市政府出台了《关于加快推进全市农民新村建设和农村危旧房改造的意见》(渝府发〔2010〕89号)、《关于加快中心镇建设的意见》(渝府发〔2010〕90号)两个纲领性文件，将村镇建设上升为市级战略，列入本届党委、政府"十大民生工程"。

【农房建设改造成效明显】 2010年，全市开工建设巴渝新居57629户，竣工巴渝新居53170户，分别占年度计划的115.26%、106.34%；启动改造农村危旧房121683户，完成改造农村危旧房119134户，分别占年度计划的121.68%、119.13%；开工农民新村523个，竣工513个，分别占年度计划的104.39%、102.39%，全面超额完成市政府下达目标任务。经过三年的努力，现已改造农村危房16余万户；新建巴渝新居10万余户，建成农民新村1728个。

【中心镇辐射带动能力大幅提升】 2010年，全市中心镇常住人口达492万人，城镇人口达289万人，城镇化率48.6%。许多中心镇已具备或达到了中小城市的规模，成为名副其实的区域中心和重要

"增长极"，带动了周边乡镇和农村的快速发展。全年中心镇经济总量（GDP）达1003.5亿元，占全市GDP总量的12.7%；城镇居民家庭人均可支配收入达11580元，农村居民家庭人均收入达5663元，城乡居民收入比为2∶1，城乡差距进一步缩小。

【村镇配套设施日趋完善】 2010年，全市中心镇固定资产投资总额达585亿元。各中心镇按照"缺什么建什么"的原则，重点推进中心镇基础设施"561工程"项目建设，已建成综合性市民广场81个、绕城公路（过境道路改道）53条、水质达标的自来水厂（站）105个、简易污水处理厂49个、垃圾收运处理系统69个；加快中心镇公共服务设施"六个有"建设，已建成完善的镇级卫生服务体系109个、公共文化活动中心98个、福利院或敬老院99所、品牌连锁超市89个、农产品交易市场92个、汽车客运站75个；实施主街道综合整治16条。此外，对全年新建的513个农民新村都配套了"六通"、"六有"，形成了各具特色、焕然一新的农民新村。

【名镇保护建设开创新局面】 江津白沙镇、荣昌路孔镇、巫溪宁厂镇进入第五批中国历史文化名镇，北碚静观镇、荣昌路孔镇、奉节兴隆镇列入首批全国特色景观旅游名镇，重庆市23个镇列为"中国特色镇旅游新干线示范镇"试点镇。将现有13个中国历史文化名镇、3个全国特色景观名镇纳入"市级中心镇"体系，享受中心镇每年300万专项补助、200亩土地指标等相关扶持政策，历史文化名镇保护和建设迎来了崭新的阶段。

(5) 建筑节能与科技

【建筑节能】 2010年，重庆市建筑节能初步设计审查通过1555个项目，建筑面积6917.52万平方米，其中执行节能50%标准的公共建筑704个，建筑面积1050.84万平方米；执行节能50%标准的居住建筑600个，建筑面积3193.54万平方米，执行节能65%标准的居住建筑251个，建筑面积2673.14万平方米。全市能效测评项目共2472栋，建筑面积2156.20万平方米，其中达到Ⅲ级能效测评的居住建筑1370栋，建筑面积1054.44万平方米，公共建筑365栋，建筑面积359.64万平方米，达到Ⅱ级能效测评的居住建筑共737栋，建筑面积742.11万平方米。

【建筑节能材料使用管理】 建立建筑节能材料和产品的使用管理制度，纳入建筑节能技术备案管理220项，认定建筑节能技术（产品）40项，认定绿色建材32项，加强对建筑节能材料和产品使用环节的监管。

【建筑能耗监测】 组织对13145栋民用建筑进行了能耗统计，并对361栋国家机关办公建筑和大型公共建筑进行了能源审计，对179栋公共建筑进行了能效公示，确定公共建筑重点用能单位75家。组织开展了53个项目的分项计量装置安装，完成了全市大型公共建筑能耗监测平台一期工程建设。

【绿色生态住宅】 绿色生态住宅小区通过预评审项目13个，同比增长118.18%，预评审建筑面积443.33万平方米，同比增长了220.27%；通过终审项目9个，终审建筑面积152.36万平方米。

【可再生能源建筑示范城市建设】 积极推进全国可再生能源建筑应用示范城市建设，全市申报可再生能源建筑应用示范项目13个，同比增长117%，示范面积263万平方米，同比增长203%。协助完成重庆大剧院、开县人民医院国家验收工作，指导巫溪县、云阳县成功申报全国可再生能源建筑应用示范县建设。

【建筑科技创新】 下达建设科技计划项目158项，投入建设科研资金800万元，带动社会科研资金1.5亿元，完成建设科技成果76项，4项科技成果获重庆市科技进步二奖；成功申报住房和城乡建设部科技计划项目10项。三个国家"十一五"科技支撑项目和一个市级科技重大专项推进有序，并取得阶段性成果。

【工程建设标准】 成功申报2项国家标准，主编、参编国家标准15项。下达工程建设地方标准制订、修订计划项目47项，组织制订、修订地方标准近100项，完成20项地方标准的编制，发布地方标准15项。

【新技术推广】 推广应用建设领域新技术19项，淘汰、限制使用落后技术15项。

【住宅性能认定】 住宅性能星级认定（四星级）2项，建筑面积36万平方米。

(6) 建设教育

【教育培训】 完成农民技能培训4.5万余人，其中，实现免费农民工培训2.2万余人，占年度计划的110%，90%以上培训合格后已转移建设行业就业。全年开展专业技术管理人员岗位培训4.4万人次，核发证书4.21万个，继续教育培训2.2万人次；培训农民工4.5万人次，考核鉴定合格4.4万人次，组织培训建筑劳务经理（务工带头人）305人。

(7) "十一五"建设成就盘点

"十一五"期间，在重庆市委、市政府和市城乡建委党组的正确领导下，重庆市建筑业认真贯彻落实科学发展观，抓住机遇乘势而上，不断进取图变图强，以深化改革、谋划发展、强化转变的坚定决心，提出并实施了事关当前和长远的重大改革举措，产业发展取得新突破、跃上新台阶。

【**城镇化进程全面提速**】 城镇化率提高7.8个百分点，达到53%。建成区增加456.7平方公里，其中主城区增加261.7平方公里，远郊区县增加195平方公里。

【**人居环境显著提升**】 圆满完成危旧房改造三年拆迁任务；全面启动主干道环境综合改造，完工26段47公里，群众居住条件和城市环境形象显著改善；广场建设两年完成四年规划任务；改造农村危旧房15万户，建设巴渝新居9万户。

【**交通条件明显改善**】 轨道交通二号线正式开通运营，一、三号线成功试车；主城区城市道路总里程突破3000公里，路网密度由5.3公里/平方公里提高到6.4公里/平方公里。

【**重点建设投资成倍增长**】 完成重点项目建设1241个，投资6231亿元，同比增长2.5倍。

【**建设行业发展壮大**】 住房建设"双轨制"初步形成，公租房开工建设1300万平方米；房地产开发投资年均增速达27%；建筑业总产值和增加值年均增速达20%以上；设计业营业收入增长6倍，人均营业收入跃居西部首位。

【**行业结构调整不断深化**】 产业集中度显著提高，总承包和专业承包一级资质以上企业由"十五"末的129家增加到289家，三级资质总承包企业减少13%，亿元产值以上企业完成总产值占比超过80%。

【**质量安全形势持续好转**】 杜绝重大及以上质量安全事故，工程实体质量受控，工程交工水平提高，住宅质量通病减少，工程质量投诉下降，创"鲁班奖"8个，"詹天佑大奖"6个，"巴渝杯"262个，"三峡杯"531个。建筑安全生产主体责任逐步落实，保障能力显著增强，死亡人数由"十五"年均50人左右下降到"十一五"年均20人左右。创建市级安全文明工地637个，扬尘控制率由20%提高到95%。

【**建筑业改革快速推进**】 以市政府加快建筑业改革与发展的意见为新起点，紧紧抓住工程建设领域突出问题专项治理契机，打造"诚信建筑"，实施建筑施工企业诚信综合评价。整合现有资源，组建市级统一的工程建设招投标交易中心。通过改革，形成建筑市场与施工现场联动新机制，搭建规范市场秩序新平台，产业发展环境进一步改善。

【**建筑科技水平显著进步**】 完成建筑科技创新365项，创国家级工法9项、市级工法63项，主编国家标准18部，颁布地方标准71部，限制或禁止使用落后技术94项。建筑业信息化管理系统不断完善，建立覆盖所有区县的城乡建设网站群，有效整合"网上建管"MIS系统和GIS系统。

【**重大建设取得辉煌成就**】 朝天门大桥、嘉华大桥、菜园坝大桥、机场T2航站楼、重庆大剧院、重庆科技馆等一大批基础设施及公共服务项目顺利竣工，为"五个重庆"建设锦上添花。圆满完成汶川特大地震抗震救灾、板房修建和崇州医院项目援建任务，展现了重庆建筑业风采，赢得普遍赞誉。

（重庆市城乡建设委员会 邹隆军）

3. 城乡规划

【**国家中心城市规划**】 全力推进重庆市城乡总体规划修改工作，完成修改方案并上报国务院。深化主城区"二环时代"大型聚居区规划，规划21个大型聚居区，并完成了其中11个片区国际方案征集和深化设计工作。加快城市开发开放新区规划，编制形成两江新区总体规划及龙盛、水土片区总体规划方案，完成新区内汽车城、果园港等120平方公里控规编制。完成西永综合保税区及配套区控规编制，顺利通过国家验收并按期投入使用。深化两路寸滩保税区规划，优化保税港区空间布局，完成空港保税区配套区、水港拓展区控规编制。完成体制调整后高新区、经开区规划范围的划定工作。

【**区域协调规划**】 编制完成《成渝城镇群协调发展规划》并于2010年底前正式获住房城乡建设部、四川省和重庆市三方联合批复。指导开展"万开云"城镇群规划研究，支持区域性中心城市做大做强。推动万州开展城市空间发展规划研究和总体规划修编、综合交通规划、重要地区详细城市设计等工作。编制完成《重庆市中小城市基础设施完善"十二五"规划》，推广镇总体规划试点。万州分水、黔江濯水、九龙坡白市驿、大足龙水等四个全国城乡统筹示范镇规划编制取得重要成果，完成重庆市乡村风貌总体规划编制。

【**统筹城乡规划**】 全面完成历时五年的28个区县56个重点地区城市设计工作。编制完成《大仙女山旅游景区建设专项规划》，指导做好16个区县五星级饭店等重点项目方案优化，推出一批区县建筑项目设计"精品"。开展区县广场、绿地规划设计试点及推广，指导开县月潭公园、綦江营盘山广场等广场绿地的规划设计工作。帮助做好远郊区县公租房规划设计,加强对区县居住项目的规划指导,完成黄水土家族民居建筑风貌研究和云阳干道立面整治专项规划。

【"畅通重庆"规划】 强化区域性重大交通规划布局,做好万利高速、渝黔铁路新线、兰渝铁路等重大基础设施规划,指导完成黔江舟白机场等规划实施。完成空港T3航站楼、铁路西客站等方案,推进菜园坝、沙坪坝铁路客运站综合开发规划工作,深化港口规划调整方案,完成空港保税区铁路线路规划。编制完成内环快速路、观音桥商圈等地区的交通改善规划,以及沙坪坝三角碑等重点堵点、路段的缓堵规划。夯实畅通城市基础,优化主城区综合交通规划,推出轨道线网调整规划、机场枢纽规划等10余个专题交通规划,形成主城区路网密度研究、小户型停车配建指标等一批研究成果。开展渝中区步行系统、北部新区步行和自行车交通系统示范项目,促成重庆市被纳入全国低碳出行示范项目试点城市。

【"宜居重庆"规划】 大力推进主城区危旧房改造规划实施,保障落实新规划片区综合绿地率达到50%。完成主城区城中村改造总体规划,形成61个城中村(社)共22个片区规划。积极开展主城区广场绿地规划及实施推进工作,完成5个大型广场规划和中央森林公园规划。深入研究重庆建筑风格的内涵和标准,出台城市风貌特色规划设计的有关规定。进一步加强城市风貌特色管理,修订出台提高建设工程设计水平的相关规定,对重点地区项目设计提出新要求。加大重庆建筑风格的推广力度。组织全国建筑学专家研讨会,提出并推进形成"重庆风格"的基本内涵和具体标准,将吊脚楼、川东民居、开埠时期建筑、陪都时期建筑为基础的建筑风格和特征进行发扬,形成独特的重庆风格建筑文化。制定街道环境整治规划设计导则,加强重大市政基础设施规划设计引导,启动规划跨江桥梁的建筑方案创作设计工作。

【城市特色风貌塑造】 深化两江四岸城市设计控规整合,将控制要素纳入城市规划管理。策划形成两江四岸项目库,2010年开展两江四岸15个沿江招商引资整体开发地块以及80余个公共环境项目的研究和论证工作。按照功能特别重要、投资额度较大、标志性和影响力特别强的标准,确定主城区新增17项重大功能性建筑,推动"请大师、做大规划"开展规划方案国际征集。完成群众艺术馆、巾帼园等重大社会文化设施方案征集,江北城中央商务区项目建筑群、瑞安嘉陵帆影超高层等一批重要建筑的规划工作加快推进。

【历史文化名城规划】 以三洞桥、弹子石老街等12个老街和北部新区礼嘉、南岸纳溪沟等4片传统风貌区设计为重点,推动历史文化传承与保护,2010年成功申报3个国家级历史文化名镇。公布了第二批市级历史文化名镇,组织完成第一批20个历史文化名镇保存与保护实施情况评估。指导酉阳后溪古镇、黔江濯水古镇、奉节竹园镇等保护规划的编制及实施。开展历史文化名城名镇名村规划管理办法立法调研工作,形成了优秀近现代建筑规划导则、规划保护指导意见等规范性文件。细化形成抗战遗址保护利用总体规划、百年教堂千年寺庙修缮保护成果,重钢等工业遗产保护与利用规划有序推进。

【村镇规划】 加快推进乡村规划工作,快速编制完成潼南县高石、林湾、双林、菜湾等4个村规划。完成梁平寒岭村和垫江李白村的灾后重建村规划。启动巴南区干湾村、秀山县大寨村乡村规划建设基本信息调研试点工作,形成分类指导村规划编制的基本原则。积极做好九龙坡海龙村、南岸花红村、涪陵外坝村等20余个村的规划指导工作。编制完成全市乡村风貌总体规划,制定出台交通沿线乡村风貌整治规划指导意见、农村村民住宅建设规划管理暂行办法等。

【规划科学决策】 完善市规委会及其专委会制度,充实专家库,丰富咨询内容和形式,进一步发挥专家作用。2010年组织市规委会专家咨询会40余次,咨询审议重点项目75个。推进技术标准建设,制定城乡规划和测绘标准化建设"十二五"规划。大力开展规划研究,接受国家自然科学基金委员会、中国科协等国家级委托项目10余项。加强科研人才阵地建设,依托重庆市规划院博士后科研工作站和重庆市地理信息中心博士后科研流动站,推进人才培养与技术孵化,搭建了全市规划与地理信息科研和人才集聚平台。

【规划依法行政】 深入开展《重庆市城市规划技术管理规定》修订,形成初步文本成果,组织完成控规一般技术性内容修改立法调研工作。出台建筑工程规划核实工作规程、临时建设工程规划管理办法等一批规范性文件。完成《住宅项目配建体育设施规划管理暂行规定》等规范性文件的备案。稳步推进规划政务公开,依法组织240余次城乡规划公示、公告和听证。

【规划监察执法】 以《重庆市城乡规划条例》实施为契机,明确违法建设日常查处工作范围与职责。恢复设立主城区违法建设专项整治工作机构，明确落实市级部门、各区政府职能职责，建立起市、区、镇街、村社四级纵向监管和工商、房管、水电气职能部门横向联合执法体系。出台《关于进一步加强主城区违法建筑整治工作的通知》。开展无违法建筑居住示范小区、社区创建活动，全年创建无违小区、社区1700万平方米。大力规范违法建设工程造价和违法收入咨询评估，严肃处理了一批测绘违法案件。

【优化规划服务】 做好市级245个重大项目跟踪服务。完善重大项目规划"绿色通道"审批机制，完善规划管理部门与区县党委、政府的定期会议制度。成功举办"规划师区县行"活动，全年组织117名规划师，深入31个远郊区县，围绕区县重要规划设计与规划实施进行咨询和点评，提高区县规划水平。成功举办第五期区县党政领导赴美国规划专题培训班。帮助13个区县建立规划电子政务平台，实现区县规划局与市规划局互联互通。

【规划对外开放与合作】 2010年，成功举办中国城市规划年会，来自全国的近3000名城市规划专家、学者、管理和研究人员出席年会，重点围绕两江新区规划、低碳规划和交通规划、公众参与等展开研讨，实现了高水平、有特色的办会目标，在国内外产生强烈反响。先后与美国、法国、澳大利亚等国设计机构及规划协会开展研讨和交流，并重点就城市慢行系统规划、公租房规划等领域开展合作。成功举办城市规划高端论坛，先后与英国、新加坡规划机构和行业联合主办"重庆—英国城市规划与设计合作论坛"、"中新绿色建筑与可持续性城市规划研讨会"等。加强与香港规划机构的合作，成功举办渝港规划工作交流会。先后承办"中国城市规划学会城市生态规划建设学术委员会2010年会"、"经济与生态建设一体化建设高端论坛"，加强了规划工作与国内学术科研机构的交流合作。

【基础测绘】 2010年，全市加快建设现代测绘基准体系，新建22座GPS基准站，建成重庆市GPS综合服务系统，形成全市统一的动态测绘平面基准。完成主城区4204公里地下管线普查，启动主城区地下空间普查工程。组织完成云阳、秀山和城口县少数民族、边远地区财政部和国家测绘局大比例尺基础测绘项目，完成云阳县新农村建设测绘保障服务试点项目。主城1∶500地形图更新306平方公里，1∶2000地形图新增1000平方公里，1∶1万地形图实现市域全覆盖。编制完成五个区域性中心城市和主城九区275个镇（乡）的"一镇一图"。

【测绘行政管理】 推进各区县建立健全测绘行政管理机构，强化全市测绘行政管理效能。编制完成全市测绘事业暨地理信息基础设施建设"十二五"规划。组织开展全市测绘成果保密检查，确保测绘成果应用安全。强化全市地理信息公共服务管理，在全国率先开展《重庆市地理信息公共服务管理办法》立法工作。修订完善测绘成果质量、报建地形图要求等规范性文件，促进测绘依法行政能力提升。全面加强测绘与地理信息成果宣传，重庆测绘宣传网站成为全国测绘十佳网站，形式多样地开展"8·29"测绘法宣传日活动。参与9个国家行业标准建设，《重庆市地理空间信息内容及要素代码标准》地方标准颁布实施；初步编制完成全市建设用地遥感解译分类准则、遥感地理信息更新维护技术规程等标准。抓好测绘产品质量监督管理，认真开展全市测绘和地理信息技能技术培训。

【测绘公共服务】 建成国家公共服务平台重庆试点工程。快速推进"数字城市"地理空间框架建设，基本完成"数字永川"、"数字长寿"试点项目。在全国率先成立重庆市应急救援地理信息服务队，引进应急无人机体系。加强测绘成果提供服务，全面推动地图社会化服务，整合各类地图资源，构建社会化地图服务资源体系，《机场赠阅图》实现每月更新，编制了《重庆市地图册》、《重庆交通旅游地图》、《世博会—重庆招商图》等200余种专用地图和公开地图。

【党风政风行风建设】 抓好中共中央十七届五中全会和重庆市委三届八次全委会精神在规划系统的贯彻落实，深入推进学习型党组织建设，巩固"创先争优"活动成果。优化内部运行机制，提高规划服务效率。积极推进党务公开专项工作。强化"以人为本、执政为民"意识，抓好党风廉政建设。完善"一岗双责"工作机制，加强对权力运行的制约监督，从源头上预防腐败。认真落实党风廉政建设各项制度和规定，开展廉政警示教育，建立反腐倡廉长效机制。完善"三项制度"，深入开展"三项活动"，增强干部职工反腐倡廉意识。

(重庆市规划局 岳雷)

四 川 省

1. 住房保障

【灾后城镇住房重建】 按照中央和省委省政府提出的"三年任务两年基本完成"的总体要求，全力推进灾区城镇住房重建，并指导各地做好分配安置入住工作。报请省政府出台了《四川省人民政府办公厅关于做好汶川地震城镇居民住房重建有关工作的通知》和《四川省人民政府办公厅关于切实做好汶川地震灾区城镇住房分配安置工作的通知》，于2010年5月底提前四个月实现了"三年任务两年基本完成"的总体要求。截至2010年12月31日，全省需重建的25.91万套城镇住房全部开工，已建成25.57万套、建成率98.7%，已交付23.5万套、交付率90.75%，入住21.4万户、入住率82.45%。受重建规划调整、建设用地不足需腾挪活动板房及"8.13"特大山洪泥石流地质灾害影响，广元市青川县2343套、绵阳市北川县885套、德阳市绵竹市191套共3419套需延期完成。

【保障规划】 在健全廉租住房制度、规范经济适用住房制度的基础上，研究起草了公共租赁住房、城市和国有工矿棚户区改造等方面的政策措施，并报请省政府出台《四川省人民政府关于加快发展公共租赁住房的通知》，报请省政府同意会同相关部门印发《关于推进全省城市和国有工矿棚户区改造工作的实施意见的通知》等规范性文件，指导各地出台相关实施细则，推动建立分层次、多形式的住房保障政策体系。2010年，公共租赁住房制度在四川省正式建立，各类棚户区改造全面启动实施。根据中央精神和四川省实际，深入分析保障形势，加强规划编制，指引工作实施。报请省政府同意会同相关部门印发了《四川省2009~2011年廉租住房保障规划》、《四川省2010~2012年保障性住房建设规划》，正在编制《四川省"十二五"住房保障规划》。

【安居工程建设】 通过发文、座谈会、深入现场等方式，加强对市县的督导，重点监控进度较慢的地区，推动各地不断加快建设进度。纳入省政府民生工程管理的各项目标任务全面完成。全年共筹集解决低收入家庭住房困难的房源13.55万套，占计划的107.5%，发放租赁补贴23万户，占计划的106.5%，实施城市棚户区居民住房改造12.19万户，占计划的121.9%。国家下达计划的保障性住房建设、棚户区改造和农村危房改造等保障性安居工程建设项目共开工34.3万套，超出国家下达计划的25%，完成23.8万套，完成率87.4%，总体进度排名居全国前列，提前完成国家要求的"全面开工，完成60%"的目标任务。

【住房体系构建】 2010年，省厅贯彻落实中央精神和省委、省政府部署安排，促进全省构建包括廉租住房、经济适用住房、公共租赁住房、限价商品住房的分层次、多形式、梯度化的保障性住房供应体系保障性住房供应体系，在解决低收入家庭住房困难的基础上，进一步将城市中偏下收入家庭、新就业职工、外来务工人员等"夹心层"群体的基本住房问题纳入保障范围。通过加快保障性住房建设和实施各类棚户区改造，使困难群众的住房条件得到明显改善。

【信息化建设】 规范完善四川省住房保障工作统计信息报送制度，并将每个保障性住房建设和棚户区改造项目纳入项目库管理实行动态监管。积极推进住房保障信息系统的建设和完善工作，指导各地建立健全了住房保障档案管理制度，完善了纸质档案和电子档案的收集、整理、归档、保管和利用，并根据保障对象家庭收入变动情况，及时变更住房档案，初步实现了住房保障档案的动态管理。

2. 住房公积金管理

【贯彻落实中央宏观调控政策】 四川省3.1万名职工因灾后自建住房或加固维修提取公积金5.4亿元，累计47.5万余户职工使用公积金个人住房贷款改善了住房条件、其中1.9万户职工使用公积金个人住房贷款18.7亿元购买保障性住房，393人提取公积金312万元交房租，从本年度公积金增值收益中提取廉租住房建设补充资金4.0亿元，资金使用率同比提高3个百分点。

【规范公积金贷款政策】 结合四川省实际制定贯彻落实意见，报经省政府同意后及时向各市州政府转发了四部门通知，并即组织贯彻落实。

【加强指导和监督】 省厅有针对性的指导各市、州落实公积金差别化的信贷政策、及时了解执行情况、解决执行中的问题。加强了督促检查，将中央决策部署落到实处。年内，各市州都已出台了贯彻落实的具体措施，有5个市州向省政府报告了贯彻落实情况。

【公积金试点工作】 四川省攀枝花市作为住房公积金贷款支持保障性住房建设的试点城市，试点中着重加强组织、指导和监督工作。精心组织实施，省厅多次召集省级相关部门联席会议，通报试点进程，研究协调试点工作，多次到攀枝花市组织试点工作，并及时向部、省报告试点情况。加强政策指导，积极做好中央与地方的政策协调工作，派员列席试点城市的相关决策会议，参加试点项目的选择，指导规范工作程序，审查把关重要贷款文书，督促落实各项安全措施。加强检查监督，虽然试点城市贷款运行平台和监管系统直接与建设部联网运行，但省厅并未放弃监管职责。试点城市的每一阶段工作及每一步骤操作都及时向省厅报告，省厅对全过程进行了严格把关。

【公积金管理】 组织风险资金排查，完善监管信息系统，与相关部门协调合作，加强了监管。年内三次召开公积金管理中心负责人座谈会，研究新情况新问题，贯彻落实法规制度。省厅和成都公积金中心分别承担建设部赋予的多个法规起草、课题研究和实验运行等项目，促进了全省制度建设。借鉴试点工作经验，严格内部管理，规范操作流程，加强教育培训，提高职业操守和专业技能，主动接受外部和社会监督，保证资金安全和高效运作。全省公积金新增缴存280.6亿元，同比增长29%、缴存总额达1245.4亿元，新增贷款153.1亿元，同比增长34%、贷款总额达602.9亿元。积极减免地震灾区公积金不良贷款，落实灾区安置购房的优惠政策。绵阳、德阳、广元等市近3000万元不良贷款已进入核销审查程序，灾区继续发放优惠利率个人住房贷款201笔、共1365万元。指导监督公积金管委会严格决策制度，防范决策风险。各市州住房公积金管委会都召开了会议，履行了职责，在调整政策、规范管理方面发挥了重要作用。

【公积金专项治理】 总结专项治理经验，出台《四川省住房公积金决策和管理重要事项备案及报告的规定》等一批规范性文件，规范管理。针对专项治理反映的薄弱环节和管理漏洞，各地公积金管理机构加强了制度建设，促进管理的制度化、规范化。加大了处置风险资金的力度，新收回资金4117万元。研究加强公积金执法问题，运用专项治理成果扩大公积金制度覆盖面，新增缴存职工22万人。加大了公积金支持保障性住房建设的力度，提高了资金使用效率。继续解决专项治理期间未彻底解决的问题，保证公积金安全完整。组织了业务培训，提高管理队伍素质，建立预防在先、防范在前的工作机制。对公积金管理机构进行了行风测评，开展了创建文明行业活动，有6个公积金中心新建成省级或市级文明单位、全国或市的"巾帼文明岗"，一大批干部职工受到各级表彰。正在逐步实施公积金督察制度、责任追究办法、年度绩效考核等激励约束措施，全省公积金系统连续5年未发生违法犯罪和重大违纪案件。

3. 城乡规划

【灾后恢复重建城乡规划实施】 组织完成极重灾县城、建制镇重建规划的审查报批工作，为推进城镇科学重建提供了规划指导和建设依据，并着力做好极重灾区城镇规划实施的指导工作，下发了《关于进一步做好灾后恢复重建城乡规划实施工作的通知》。"8·12"山洪泥石流灾害发生后，开展了规划选址安全性评估工作。

【完善城乡规划体系】 指导各地开展总体规划实施情况评估工作和总体规划审查报批工作，2010年已正式批准富顺、安岳、资中、古蔺、威远、石棉、康定、苍溪、乐山市金口河区、壤塘、剑阁、荣县等共12个城市开展规划修编工作；组织完成彭山县、南部县、西昌市(纲要)、邻水、康定、南充、资阳(纲要)、古蔺、大竹、眉山、三台11个市、县总体规划成果及纲要的审查工作，并组织了攀枝花市、崇州市城市风貌规划审查和绵阳市、绵竹市历史文化名城规划审查工作；正式批复德阳、广元、德昌、宝兴、泸定、松潘、彭山、平武、南部、木里、平昌11个市、县的总体规划。结合四川省经济社会发展的实际情况，配合住房城乡建设部开展《成渝城镇群协调发展规划》的审查、修改完善和审批工作，2010年，该规划已经正式批复。在规划选址方面，完成了40个省以上重大建设项目规划选址。

4. 勘察设计

【勘察设计市场监管】 2010年，组织专家赴巴中、达州市开展省工程建设领域突出问题的排查。召开专题会议，现场排查28个项目的相关资料，对相关问题进行了质询答疑，赴3个施工现场进行了核查，形成情况汇报，对发现的问题提出限期整改要求。

【勘察设计行业市场秩序监督检查】 对省外入川的78家企业进行了实地检查。发现了存在的突出问题，对严重违规的企业分别提出了自行整改和限期整改的处理意见。与质监站、建设监察总队联合，组织开展了全省建设工程勘察设计质量及建筑节能实施情况联合执法检查。按照每个地区抽查市级公建一个、居住建筑一个和县级公建或居住建筑一个的原则，赴16个市（州）抽查随机检查项目48个。建立健全动态的、更加符合市场需求的勘察设计市场和质量监管体制机制。对10家设计单位提出了停业整顿的要求；对成都大陆建筑设计研究咨询事务所在工程设计中弄虚作假行为进行了通报处理。为进一步规范、加强新时期施工图审查工作，组织召开全省施工图审查监管工作座谈会，总结、交流施工图审查工作，征求对《四川省住房和城乡建设厅关于加强全省施工图设计文件审查工作的通知》（征求意见稿）的意见；研讨未来相关工作。

【新农村建设设计工作】 根据省政府要求，组织全省范围内的农房设计方案竞赛活动。选择110个方案编制成《四川省新农村建设农房设计方案图集》，分川西、川中南、川东北风格三个分册，共出版15000册。参与实施"四川省新农村建设规划设计暨城镇风貌塑造优秀成果展"布展的各项工作，负责解说词的整理和解说员的培训。从征集到的100多个方案中选择了30个方案，完成《四川省彝区新农村建设农房设计方案图集》，并组织专家赴乐山市、西昌市进行彝区新农村建筑设计方案的讲评工作。基本完成牧民定居帐篷新生活设施建设及新帐篷标识设计工作。

【贯彻执行新抗震设计规范】 制定《关于执行〈建筑抗震设计规范〉有关事宜的通知》。委托协会组织进行了规范的培训，培训650人。制定了《关于对建筑工程抗震设防有关问题的复函》对城镇所在地、汶川地震灾区乡镇、跨烈度线的乡镇的抗震设防参数确定做出了具体规定。

【执业注册及行业创先评优】 按期审核、报送、办理了各类注册事项，启动注册公用设备、电气、化工工程师等专业的注册工作。根据厅内部机构改革及工作调整，调整了省注册建筑师管委会和省勘察设计注册工程师管委会人员组成。完成了全省注册结构工程师第五注册期继续教育培训，培训1844人；注册建筑师第七注册期继续教育培训，培训1869人。召开"2009年度四川省工程勘察设计'四优'评选通报表彰与城镇保障性住房设计方案竞赛表彰大会"，为获奖单位和个人颁发奖牌，并邀请专家对各专业奖项分别进行了讲评，提高了企业和从业人员争创优秀的积极性，推动了行业技术水平的进步。

【组织完成第三批四川工程勘察设计大师评选】 起草并下发了《四川省住房和城乡建设厅转发住房和城乡建设部〈关于开展第七批全国工程勘察设计大师评选工作的通知〉的通知》、《四川省住房和城乡建设厅关于开展第三批四川工程勘察设计大师评选工作的通知》，确定评选专家组名单并制定第三批勘察设计大评选方案，从申报的47名中共评选出大师提名名单27人。

【标准设计】 指导编制并发布《建筑（保温）复合装饰板构造》等以节能保温为主的四川省建筑标准设计图集6本。

5. 城市建设

【"五乱"治理】 坚持把治理"五乱"作为城乡环境综合治理的基本要求，从解决与群众生活息息相关的环境卫生问题入手，加强垃圾乱扔、广告乱贴、摊位乱摆、车辆乱停、工地乱象等全面治理，扎实开展城乡结合部公路铁路沿线、河道、农贸市场、建（构）筑物、废旧物资回收站点环境专项治理行动，重点治理垃圾乱倒、摊位乱摆、违章搭建、废旧物资堆放无序等突出问题，并着力推进治理工作从繁华街市向背街小巷延伸，从中心城区向乡镇村庄延伸，从治标起步向标本兼治延伸，有效改变了城乡环境"脏乱差"现象。各地针对城镇基础设施和市政设施薄弱的难题，抢抓机遇，加大投入，加快推进城乡环卫基础设施建设，增添环卫设备，初步构建了基本适应群众生产生活需求的城乡环境基础设施和公共服务网络。全省人居环境明显改善。据统计，2010年，全省累计投入4.76亿元，组织动员了2170万人次参与"五乱"治理；累计投入576.18亿元，新建、改建、扩建10417个垃圾处理场、1827个污水处理厂等环卫设施，城乡环境综合治理的硬件基础得到夯实。成都市把中小街道规范保洁覆盖率维持在98%以上，有效破解了城乡结合部"脏、乱、差"顽疾。德阳市引进专业停车场管理公司规范化管理车辆停放，实行"白黄红三牌"制度，较好地保障了门前交通秩序管理责任的落实。南充市高坪区在全省首创建筑工地24小时远程视频监控，实现了建筑工地管理标准化。

【风貌塑造】 推进城乡建筑立面清理和风貌塑造，着力提升城镇形象和品位，体现山水田园风光，打造了一大批具有浓郁民族地域特色的城市、县城、镇乡和村庄，推动风貌建设再上新台阶。各地注重把推进"五十百千示范工程"建设作为提升城乡品牌形象和发展实力的重要抓手，大力完善规划体系，加快设施建设，改善环境面貌，提升城乡形象，稳步提高城乡居民素质，打造了一批示范效应强、带动作用大的示范城市、县城、镇乡和村庄争创典型，在全省初步形成了"比、学、赶、超"创先争优的生动局面，进一步优化了发展环境，提升了区域发展的竞争力。据统计，全年全省各地累计投入154.5亿元，在18个城市、292个县城、1347个镇乡、2458个村庄，实施了10393条特色街道、130万户特色农房的风貌塑造；累计投入574.48亿元，实施了以新建沼气池，改厨、改厕、改圈、改危房，通水、通电、通路、通电话、通电视为主要内容的农村"两建四改五通"工程。广安市切实加强风貌管理，规定新开张店铺在办理工商税务登记前，必须通过城管执法部门对店招店牌设计制作和门市外装饰审查，保持风格统一。攀枝花市按照"城中有花、花中有城、四季有花、处处见花"城市风貌定位，倾力打造"阳光花城"，初步显现了"花是一座城、城是一朵花"的鲜明特色。绵阳市大力推进"五十百千示范工程"建设，2010年完成投资23.7亿元，实现了道路系统、城市家具、市政功能、绿化景观、市政服务"五大提升"。遂宁市结合城乡环境综合治理，在全省率先制定了《绿色生活计划》和《绿色建筑管理办法》，努力探索生态、循环、低碳、高效的绿色经济发展新路子，绿色经济指数居中国300个城市第16位、四川省第1位，并于2010年11月被联合国组织在世界范围内首次授予"绿色经济示范城市"称号。同时，由联合国工发组织国际环境资源监督管理机构主导的企业、金融机构共计10个、总投资26亿元的项目也落户遂宁，进一步促进了遂宁的环境建设和经济发展。

【城乡环境治理制度建设】 省十一届人大常委会第十七次会议做出《关于加强城乡环境综合治理的决议》，把治理工作纳入了人大的工作监督和法律监督，使城乡环境综合治理实现了从行政管理到依法管理的转变，用法律来保障管理的有效性，为全省治理工作创造了更加有利的法制环境。各地各部门在既着力解决好当前存在的突出问题的同时，又注重长远地把体制机制建设贯穿于环境治理全过程，普遍制定和完善了城乡环境综合治理工作的组织领导领导、工作运行、责任追究、经费保障、队伍建设等长效机制，并密切联系工作实际，依据相关法律法规，制定相应的规章和规范性文件，固化治理工作的相关政策，初步形成了较为完善的制度体系，切实做到了有法可依，有章可循，有力地保障了环境治理向常态推进。

【城镇供排水民生工程建设督查】 为落实《2010年民生工程实施方案》生态环境工程中"建设污水处理厂39座"的工作目标，两次参加了省环境保护厅组织的污水处理厂建设督查工作，经督查，全省39座列入2010年度民生工程目标的在建城市污水处理厂，至年底建成或试运行18座。

【供水排水企(事)业运行考核评价和换证】 为继续加强城镇供水排水企(事)业单位运行考核评估的审核评定工作，省住房城乡建设厅、发展改革委、卫生厅、环境保护厅、工商局、爱委会共同下发《四川省城镇供水排水运营单位运行监管办法》，为执行这项决定省厅对原获得"运行合格证"单位进行换证，对申报的单位进行审查。发放"运行合格证"。至年底，更换"供水运行合格证"59个，"污水处理厂运行合格证"46个。

【城镇防洪排涝调研】 组织专家和相关人员分成3个调研组，于8月3~8日分赴泸州、绵阳、广元、南充、宜宾、广安、达州等沿长江、涪江、嘉陵江、岷江、沱江、渠江、大渡河、青衣江流域易发生洪涝的城市，进行城市防洪排涝工作检查和调研。调研小组通过检查和调研，摸清了城市防洪排涝的基本情况，并向省政府上报了防洪排涝调研报告，在8月10日由住房城乡建设部和中国水协召开的调研会上，调研小组反映了四川城市防洪排涝调研基本情况。

【饮用水源的环境保护监督】 根据住房和城乡建设部和国家水质监测网的要求，城市供水水质在2012年应达到国家《生活饮用水卫生标准》(GB 5749—2006)所规定的106项检测指标，为了合理安排水质规划，根据全省的实际情况，实施《生活饮用水卫生标准》，由省住房城乡建设厅和卫生厅联合下发《关于全省实施〈生活饮用水卫生标准〉水质常规和非常规指标检测项目的通知》。起草《关于加强饮用水源环境保护的通知》，强调各供水单位要切实加强城市集中式饮用水源的环境保护工作，确保城市饮用水安全，建立城市集中式饮用水源的一级保护区内监督巡查制度。

【专业技术管理人员培训】 在2009年第七届三次理事昆明会议上，审议通过关于2010年与重庆大学城建学院联合举办污水处理厂"运行技术管理"短期培训班的议案,根据议案与重庆大学反复磋商,发出了举办给排水专业培训班的通知,同时委托重庆大学城环学院编写授课教材,培训班于11月15日在重庆大学城环学院正式开课,培训结业的学员将充实四川省各县级城市排水企业,提高污水处理技术管理水平。

【水质监督检查】 根据《关于开展2010年城市供水水质监督检查工作的通知》要求,组织国家水质检测网成都监测站,对在近两年水质监督检查中发现水质异常和未检查的地级城市的水质常规指标、水质全分析指标、水厂自检水质情况进行了为期两个月的监督检查,同时对云南省部分供水企业的城市供水水质进行监督检查。对在2009年水质督察中消毒指标存在问题的各市(县)级以上城镇公共水厂的消毒设施的建设、消毒设施的运行状况、水质消毒指标达标情况进行检查。提高水质监测能力,开展供排水行业检测机构调查研究。

【城市园林绿化】 完成乐山、成都、广安、南充、遂宁创建为国家园林城市的申报工作;金堂县创建为国家园林县城的申报工作;安仁镇创建为国家园林城镇的申报工作,泸州、华蓥山、自贡、达州创建四川省园林城市的申报工作;丹棱、岳池、长宁、射洪、武胜、大邑创建为四川省园林县城、新津、德昌创建四川省园林县城的申报工作;双流黄龙溪镇、雅安上里镇、自贡沿滩镇、大邑安仁镇、新津花源镇、郫县安德镇和友爱镇、广安协兴镇和前锋镇、宜宾市李庄镇、大邑县花水湾等城镇的"四川省园林城镇"的考核验收和命名工作;眉山市丹棱县兴隆村、梅湾村、龙滩村和广元市苍溪县将军村、狮岭村等四川首批"四川省园林村庄"的评定考核工作。全省已有省级以上的园林城市、县城29个,其中国家级园林城市、县城、城镇共10个,四川省园林城市、县城19个;已经命名的四川省园林城镇11个、园林村庄5个,还有很多城市和县城提出了申报目标,正在积极创建准备之中。

【园林城市建设】 配合住房和城乡建设部完成成都市、广安市、都江堰市、南充市的国家园林城市复查工作;完成了乐山市、峨眉山市、绵阳市国家园林城市复查工作;完成了攀枝花市、眉山市、德阳市、遂宁市、广元市、崇州市以及丹棱县、双流县、金堂县、长宁县、岳池县、射洪县、武胜县、大邑县等14个城市(或县城)的四川省园林城市(或园林县城)的复查工作。完成了全省130家"省级园林式单位"和64家"省级园林式居住小区"的评选命名,完成了60家"省级园林式单位"和4家"省级园林式居住小区"的复查工作,加强了园林城市的细胞工程建设。

【完善城市园林绿化法规体系】 按照国务院《风景名胜区条例》的相关规定,结合四川省实际,配合有关部门,完成了《四川省风景名胜区管理条例》的修订工作。新的《四川省风景名胜区条例》已于2010年5月28日经四川省人大常委会审议通过,于2010年8月1日施行。

【风景名胜区规划和重点项目建设的监督管理】 青城山—都江堰风景区、西岭雪山风景区、青城山—都江堰风景区灵岩山片区重点地段、乾元山风景名胜区白龙宫景点灾后重建规划的编制与评审工作;完成了西岭雪山、广德灵泉、朝阳湖、贡嘎山风景名胜区总体规划以及西昌市邛海西岸、蜀南竹海迎风湾景区、峨眉山黄湾接待服务区、青城山—都江堰景区中兴镇片区、鸡冠山—九龙沟风景区白果坪片区中心区详细规划的编制(修编)与评审工作;先后完成了《四姑娘山双桥沟服务中心建筑设计方案》、《青城山古建筑群恢复及重建设计方案》、《青城山养身国医馆、传世青城项目规划设计方案》、《都江堰青城山风景区灵岩山片区重点地段灾后重建接待服务管理设施建筑及配套工程设计方案》、《达古冰川游客快餐中心设计方案》、《九寨沟休息亭及环保厕所改造设计方案》、《卧龙自然保护区都江堰大熊猫救护与疾病防控中心项目规划设计方案》、《都江堰景区灌区文化陈列馆设计方案》、《西昌邛海麓镇酒店项目建筑设计方案》、《新建成都第二绕城高速公路对龙泉花果山景区影响专题论证报告》、《卧龙自然保护区都江堰大熊猫救护与疾病防控中心建设项目对都江堰青城山风景区影响专题论证报告》、《剑门关索道恢复重建工程对景区影响专题论证报告》、《乡城洞松经云南东旺至得荣古学公路穿越太阳谷风景名胜区影响评估论证报告》、《川黄公路雪山梁隧道穿越黄龙风景区影响评估论证报告》、《成绵乐铁路客运专线对峨眉山风景区、自然文化遗产及峨眉山城市影响专题论证报告》、《都江堰市西街历史文化街区水文化景观取水引水工程对青城山—都江堰风景名胜区及世界遗产影响专题论证报告》等多项方案的审查、审批工作。

【省级风景名胜区综合整治工作】 2010年共确定了16处省级风景名胜区为首批试点单位,在综合整治工作试点所取得成效的基础上,各试点景区以实现四川省风景名胜区科技和管理水平的整体提高、改善风景名胜区环境面貌为目标,认真组织部署综

6. 村镇建设

【灾后农房恢复重建】 在2009年基本完成灾后农房重建目标任务的基础上（完成了约141.4万户，是重建任务的97%），2010年抓紧推进了45253户灾后农房重建的收尾工作。截至5月底，全省145.91万户灾后农房重建任务已全面完成，提前实现了"三年重建任务，两年完成"的目标。

【重点城镇恢复重建】 各地在总体规划的指导下，为加快推进重点城镇灾后恢复重建进程，推广灾后重建的好经验好做法，确保9月底前形成基本框架、基本功能、基本形象的重建总体目标，打好灾后恢复重建攻坚决胜之战。35个重点城镇需重建的基础设施和城镇住房已完成重建任务95%以上的实物工程量，基本完成了灾后重建的主体任务。

【遂宁"1·31"磨溪地震、"4·14"玉树地震四川灾区灾后重建】 2010年，遂宁磨溪和甘孜石渠等地相继发生地震后，灾区各地运用汶川地震灾后农房重建规划、建设指导和服务经验，有力有序有效地组织完成好了灾后农房恢复重建工作，确保了6月底前，遂宁261户重建任务全部完成，玉树地震四川省灾区石渠县的1492户重建农房全部完工。

【"8·13"特大山泥石流灾后恢复重建】 针对四川省7月特大暴雨洪涝灾害和8月特大山洪泥石流灾害给受灾群众造成的重大损失，省厅积极配合相关部门，组织专家对绵竹市清平乡、都江堰市虹口、龙池的灾后恢复重建选址工作进行了综合性评估。并结合农村危房改造，对51个重灾县(市)区的40500户农房给予了重建资金补助。灾区各地建设部门按照省委、省政府的决策部署，迅速启动了重建工作，至年底需恢复重建的农房已全部开工，完工35445户，完工率为88%。

【牧民定居行动计划】 2010年，全省牧民定居行动规划建设任务为43912户，其中，甘孜州18000户、阿坝州25700户、木里县212户。按照《藏区牧区牧民定居点规划设计质量管理办法》、《藏区牧民定居点建设省级专家巡回指导工作制度》和《藏区牧民定居点规划设计对口支援工作管理办法》。各对口支援市按照职责，组织技术力量，筹措帮扶资金，分赴一线开展规划设计和定居点建设等对口支援工作，为牧民定居点做出了较大贡献。为提高牧民定居点规划建设水平，省厅多次组织工作组和专家深入牧区开展技术指导工作。2010年年底，全省藏区共开工建设定居房46988户，开工率107%，比省下达的建设任务超出3076户；已完成46347户，完成率105.55%，比省下达的建设任务超额完成2435户。甘孜州为落实牧民定居点建设的抗震设防和工程质量措施，制定出《牧民定居住房建设抗震构造基本要求》《牧民定居点配套基础设施建设技术要点》、《牧民定居点居住建筑验收规程》、《牧民定居建筑工程结算办理意见》，全力抓好牧民定居点工程质量，推进了定居点建设工作的顺利实施。

【农村危房改造】 2010年，国家下达四川省扩大农村危房改造试点补助资金4.2亿元，用于完成7万户农村危房改造任务。截至12月底，全省农村危房改造已开工109.5%，完工86.9%，总投入资金近32亿元，由于巴中市的农村危房改造工作中准备早、启动早、投入大，使全省开工总进度超额完成了省委、省政府下达的目标任务，基本实现了四川省2010年农村危房改造任务。眉山市洪雅县和简阳市注重整合资源，将项目资金打捆到农村危房改造中，加大农村危房的改造力度。泸州市拟定了《泸州市2010年扩大农村危房改造试点工程实施方案》，迅速启动，确保了农村危房改造试点工程的顺利实施，受到了全国农村危房改造交叉验收检查组的好评。

【职能作用】 各级建设部门积极主动与相关部门协调配合，按照工作职责切实加强规划选址把关，加强建设质量安全监管和技术服务指导，推进了"百姓安居工程"的实施。省厅还结合农村危房改造、新村建设等工作，派出人员分赴全省各地，对规划实施、农房建筑质量安全等进行督查指导。各级建设部门积极采取多种措施，深入到第一线加强检查、督导、报告、分析、整改和跟踪问效、问责，确保了"百姓安居工程"目标任务的完成。

【塑造农房特色风貌】 组织全省设计单位广大设计人员，深入实际，在新推出的500个农房设计方案中组织专家审查筛选出110个优秀方案，汇编成川西、川中南、川东北三个不同区域地方风格的农房图集，下发后受到各地好评。巴中市平昌县结合秦巴山区地域建筑特点，精心设计并免费下发了《新农村农房建设与改造方案图集》6000余册，并组建了一支经培训合格的农村建筑工匠为"农房建筑服务队"，投入到农房建设和风貌改造工作中。资阳市指导各县(市、区)完成了县域城乡环境风貌整治规划的编制工作，并启动了全市各镇乡风貌整治专项规划的编制工作。雅安市投入7000多万元，把村镇环境综合整治活动与发展经济结合起来，创建环境幽雅、风情浓郁的乡村旅游线。阿坝州努力体现民族特色、提升建筑水平，将藏羌民俗风情融入城乡建设中，全州计划投资8.62亿元，在100个乡镇开工建设项目1227个，打造富有阿坝特色的魅力乡镇。

【镇乡环境治理】 6月省城乡环境综合治理工作领导小组在德阳广汉市金鱼镇凉水村、旌阳区孝泉镇涌泉村、罗江县白马关镇松林口村开展了全省打破"夹皮沟"试点工作，采取了打破空间节点、亮山亮水、拔拆建筑口子、透绿开敞、立面改造和栽植树木、塑造风貌景观等改造措施，打破了沿街（道）房屋一条线、一层皮、一般高的"夹皮沟"空间布局，提高了村庄的整体风貌水平，取得了良好的典型示范效果。宜宾市加快推进"千村春风工程"，抓好新农村"村落式"农房建设典型示范。南充市南部县按照"花园式、景点式"的设计标准，完成了13个新村聚居点建设，入住农户400余户。

【加强农村垃圾污水处理】 为深入推进城乡环境综合整治，6月初，住房城乡建设厅主管领导率厅相关处室和地方人员，赴江西省对镇（乡）垃圾处理模式及村庄、农户的农村垃圾处理模式进行了实地考察，并探索出了四川省开展村镇垃圾处理工作的思路。开展了《农村生活污水（废水）处理实用技术的课题研究》，年内，该课题已经专家审查，待修改完善后形成正式成果。成都市下拨1亿元资金，支持农民集中居住区完善公共服务基础设施。广元市组织编制下发了《广元市城乡生活垃圾站（台）设计方案图集》，各县（区）统一规范建设了生活垃圾站。南充市集中开展了两次乡镇容貌整治和村庄庭院美化专项行动，清除卫生死角3815处，在高坪区新建了压缩式垃圾中转站22个，垃圾池370个，新增环卫机动车22辆、公厕13座。巴中市通江县出动车辆4万多台次，清运垃圾150万吨，清理边沟9500米，植树240万株，创建诺水河旅游风景线文明村镇示范带。自贡市荣县双石镇在新农村综合体建设中，开展排污处理系统建设：即新修一个污水处理厂、四个垃圾收集库和两个沼气池，为发展循环农业提供有机肥，解决了居民日常排污、垃圾收集、综合体环境净化等问题。

【农村规划建设】 开展县域内推进新村（聚居点）规划建设研究工作，下发《关于加快推进新村（聚居点）建设工作的意见》。为了加快推进新村（聚居点）规划建设，成功举办了全省新农村建设优秀规划展览，省领导及全省各市州领导、各级规划建设管理干部和工程技术人员、镇乡基层干部及社会各界参观了展览，同时，把近年来灾后重建、牧民定居点、彝区"三房"改造等工作中涌现的一批优秀规划方案汇编成册，作为四川省首次编印的优秀村庄规划图集下发各地为了加强对新农村示范片规划建设技术指导，组织专家开展专题研究，下发了《示范片村落民居建设规划编制技术办法》，指导全省示范片村落民居规划编制，组织专家技术队伍开展各示范片村落民居建设专项规划成果技术审查。通过这些工作，为提高全省新村规划编制水平起到了十分重要的促进作用。广元市全年完成县域体系规划2个，新农村建设总体规划2个、镇乡总体规划62个、省级新农村建设示范片2个和市级新农村建设示范片详细规划1个、现代农业产业园区规划12个和212个生态小康新村规划编制工作。自贡市荣县结合新农村建设成片推进，探索出了"4571"的新村综合体体系。绵阳市通过抓示范村样板规划编制，指导并带动县（市、区）开展规划编制工作，使全市的村庄编制覆盖率达到37%。成都市投入3788万元编制场镇改造规划，完成了50个一般场镇改造规划的评审，并按照田园城市建设的发展要求，以"连线成片，聚点成群"的思路，完成全市林盘保护利用规划的优化调整，优化川西林盘保护点布局，通过完善林盘配套设施和环境整治、农房改造，改善了林盘人居环境，传承和突出了川西民居特色。

【法律法规建设和基层队伍建设】 为加快推进村镇建设相关法规的制定和完善，配合省人大开展了《四川省〈城乡规划〉实施办法》的立法工作，按照住房城乡建设部要求，开展了《村庄和集镇规划建设管理条例（征求意见稿）》的修改调研；结合四川省实际，开展了《四川省村镇建设管理条例》的修改调研。组织省村镇建设协会对《四川省农村建筑工匠资格认证管理办法》进行了调研，在此基础上形成了该管理办法的征求意见稿。眉山市积极探索基层村镇建设机构改革，指导各区县在乡镇设置了国土和规划建设所，行使村镇国土管理、规划建设和新农村农房建设管理职能，到年底，全市各乡镇均设立了"国土和规划建设管理所"。

【历史文化名镇（村）保护】 为充分发挥重点镇集聚辐射带动作用，全省各地加大重点镇的规划建设力度。广安市邻水县丰禾镇通过积极培植轻工产业园特色产业，入驻企业6户，形成产业优势，实现产值2亿元，解决就业1800人，提升了小城镇竞争力。德阳市在12个区域重点镇规划了工业集中发展区，并投入资金3亿元，加强了工业集中发展区的道路、供电、供水、供气等基础设施建设，全年引入企业36个，集聚了一批国内外著名品牌企业，成为了全市承接产业转移的重要基地。

7. 建筑业与工程建设

【加大灾后恢复重建服务力度】 深入灾区，及时了解和解决重建项目施工过程中的困难和问题。针对映秀镇重建项目进度迟缓问题，组织在映秀镇召开了有业主、监理、项目管理负责人参加的座谈会，协调解决重建过程中的问题，推动重建进度。

【加大灾后恢复重建监管力度】 恢复重建工程大多进入收尾阶段，竣工验收集中，工程投资、参建主体多元化，使得收尾阶段建设管理难度加大。下发了《关于进一步加强灾后恢复重建项目建设管理工作的通知》和《关于切实加强港澳特区援助项目项目建设管理工作的通知》，要求各地进一步强化监管，严格查处各类违法违规行为，保质保量地按期完成恢复重建任务。

【加强重灾区公共设施管理】 下发了《关于加强地震重灾区重建公共设施管理工作的通知》，要求各地积极配合相关部门开办现代设施设备使用培训和专题讲座，教育和培训使用单位和职工正确使用建筑物和相关设施设备，管好用好各类公共设施，使公共设施设备发挥应有的功能和效益。

【工程建设领域突出问题专项治理】 组织9个排查工作组，分赴全省21个市、州对759个投资规模在5000万元以上的项目逐个进行排查，全面完成了排查目标任务。对涉及规划管理、工程建设实施和质量管理环节问题的620个项目进行了督促整改，已整改375项，占60.48%，有209项正在积极整改中。大力推进工程建设领域建设项目信息公开，进一步深化诚信体系建设工作，制定下发了《推进工程建设领域项目信息公开和诚信体系建设工作方案》，全面推进了住房城乡建设建设项目信息公开和诚信体系建设工作。针对专项治理工作发现的突出问题，分析查找存在问题的原因，剖析制度和机制方面存在的漏洞和不足，制定了《四川省建筑业企业信用评定暂行办法》等规章制度，建立和完善了专项治理长效机制。

【打击违法犯罪专项行动】 联合下发《关于开展整治非法用工打击违法犯罪专项行动的通知》，从6～8月，集中时间和人力认真开展了以整治建设领域非法用工打击违法犯罪专项行动，重点开展了查处在建工地存在非法用工、强迫劳动、限制自由、故意伤害以及克扣和拖欠农民工工资等违法犯罪行为。2010年全省共受理工程款和农民工工资投诉276件，解决拖欠工程款1.52亿元，解决拖欠农民工工资8300余万元。

【产业结构调整】 继续围绕提高企业市场竞争力，积极调整建筑业产业结构，引导和扶持企业在现有人力、资源等生产要素整合的基础上，抓住灾后恢复重建和扩大内需的重大机遇，更为广泛地介入铁路、公路、机场、电力、通信等基础设施领域，创造出更多的产业附加值。同时引导企业积极转变经济增长方式，改变粗放管理，促进项目精细化、标准化管理，向管理要效益，以管理提升效益。全省土木建筑新签订合同增长率远远高于房屋建筑工程新签订合同的增长率。

【建筑市场监管】 对全省取得资质的建筑业企业进行全面清理核查，将上年度存在市场违法违规行为的四川华州装饰工程有限责任公司等454家建筑企业列为2010年度重点监督复查企业；对四川逸之美建筑装修工程有限公司等701家严重不符合资质条件的企业责令限期整改；对北京矿建建筑安装有限责任公司等21家存在工程款和农民工工资拖欠的单位给予了全省通报，并对其中的5家省外企业做出了禁入四川建筑市场一年的处罚。为进一步强化行业管理，与省统计局联合下发了《关于进一步加强全省建筑业统计工作的通知》，印发了《四川省二级注册建造师继续教育管理暂行办法》等文件。根据国务院《安全生产许可条例》，严格推行建设领域准入和清除制度精神，为保证施工现场施工安全，3月和11月两批次共清理并核销了323家因企业安全许可证失效的建筑施工企业资质证书。

【诚信体系建设】 制定了《四川省建筑业企业信用评定暂行办法》，在全省建筑业企业中推行《建筑业企业信用手册》，把企业的基本情况、企业的良好行为和不良行为用《手册》形式记录，并根据企业的市场行为、经营能力、财务能力、质量安全管理以及社会信誉等状况对企业每年评定信用等级，促进建筑企业诚信经营，实现对建筑企业资质的动态管理和差异化管理。对成都金控信用担保有限公司等6家专业担保公司进行了备案，进一步培育了担保市场，规范了担保人的市场行为。

【省外入川企业管理】 加强对入川企业的管理服务工作。全年共完成了1884家省外入川企业的发证工作，其中建筑施工企业1691家，监理企业131家，设计施工一体化企业10家，招标18家，造价16家，其他18家。对37家省外入川企业进行了重点监督复查，其中13家复查不合格，对5家存在拖欠农民工工资的企业做出禁入四川建筑市场一年的处罚。

8. 建设工程招标投标管理

【建设工程招投标电子招投标】 全省招标备案

管理平台已正式投入使用。市州一级使用省招投标总站编写的备案管理系统备案的项目已达456个。全省共有5078个项目的评标结果在省招投标总站的网上公示，逐步营造起一个公开、公平、公正的招标投标市场平台。全省各市、州建设行政主管部门也加快了推行电子招标步伐，电子招投标工作的努力推进进一步推动了四川省招投标市场的健康发展。

【招标投标监管】 省招投标站新增加报建项目159个（其中市州级项目138个，省直属项目21个），新增加招标文件备案项目标段数761个。新增加中标备案项目标段数648个，其中施工229个标段，中标金额79.3亿元，与控制价相比，平均下浮12%。

【招投标法治建设】 年内，起草、补充、修改和制定出台了《四川省住房和城乡建设厅关于进一步加强房屋和市政工程项目招投标活动监督的通知》、《四川省住房和城乡建设厅 四川省发展和改革委员会关于贯彻实施〈房屋建筑和市政工程标准施工招标文件〉（2010年版）的意见》、《四川省住房和城乡建设厅关于进一步规范省外企业入川从事工程建设项目招标代理活动的通知》等一批整治和规范全省建设工程招投标市场的配套法规、政策和文件。

【对招标代理机构的补检和复查工作】 省招投标总站在2009年开展的招标代理机构全面专项检查基础上，又组织部分人员分赴全省各市州，对在2009年未接受检查和检查存在问题的80余家招标代理机构全面完成了拉网式补检和复查。通过2009年开展的专项检查和2010年的补检、复查工作，摸清了招标代理市场的基本情况。8月26日，省厅印发了《关于工程招标代理机构专项检查情况的通报》（第93号），对专项检查不合格的47家招标代理机构，做出了责令限期整改，整改期为三个月的处理决定。

【加大招标代理培训工作力度】 2010年，省招投标总站共举办了5期招标代理机构从业人员培训班，对招标代理从业人员进行相关法律、法规和职业道德的培训与考核。全省共有1950人（次）参加了培训，其中1226人考试合格并取得了从业证书。11月中旬，省招投标总站还在全省市、州开展招标从业人员的继续教育培训，重点是网络化备案管理方面的技能培训。

【加强行业评标专家管理，规范行业评标专家行为】 2010年，省招投标总站共举办了3期评标专家培训班，1070名评标专家参加了培训，其中636人考试合格并取得资格证书。

【完善了招标代理机构信用档案系统并注重日常管理和维护】 按照四川省建设厅《关于印发〈四川省工程建设项目招标从业人员管理办法〉的通知》要求，年内，省招投标总站对全省招标代理从业人员共计6000余人统一发放了磁卡胸牌。

【招投标执法稽查】 结合全省工程建设领域突出问题专项治理活动，省招投标总站接受房屋建筑和市政基础设施招投标工作电话咨询186人次，共接到各类书面投诉59起，查实办结18起；对人大、政协两起提案分别进行了回复；对存在出借招标代理资格、提供虚假资料参与比选以及通过其他不正当竞争手段承揽工程建设招标代理业务等严重违纪、违规行为的省内6家招标代理机构进行了通报，并对其信用档案做出了扣分处理。

【极重灾区灾后重建工程质量管理】 2010年，加强灾区恢复重建和港澳援建工程的质量监督管理，选派了来自成都等12个市共100余名质量监督人员人对各重灾区进行支援，从13个非极重灾区抽派了13人支援北川新县城建设；对地震灾区灾后恢复重建、援建工程质量安全进行了全面检查，对发现的问题提出了切实可行整改措施，并限期进行彻底整改，确保灾后恢复重建工程的质量和安全。

【工程质量管理】 截至2010年12月底，援建省（市）施工企业申报近400个"四川省结构优质工程"。第一批207个工程通过专家评审被评为"四川省结构优质工程"，第二批近100个申报工程已组织复查小组进行了复查。为积极应对2010年暴雨频发防止雨季自然灾害，减小对建设工程施工的不利影响，防止发生质量安全事故，发出了《关于切实加强雨季施工现场质量安全监管的紧急通知》，要求各地对所监督的在建工程进行一次全面排查，确保在建工程质量。组织了对全省21个市、州及扩权试点县（市）在建的房屋建筑和市政基础设施工程，重点是住宅工程和大型公共建筑及重要市政基础设施工程进行质量大检查。总体实体质量较好。完成了对全省21个市州建设工程质量监督人员共228人的资格培训。

【工程质量监督管理】 2010年在省质监总站监督的单位工程共计9个，建筑面积5.1万平方米，工程造价1.2亿元。竣工验收单位工程共计11个，建筑面积约17万平方米，工程造价3.5亿元。

【工程质量事故鉴定和质量投诉】 2010年，收到的建设工程质量投诉信件共5起，处置率100%。直接接待、处理建设工程质量投诉12起，处理率100%。交由各市、州建设工程质量监督站处理的建设工程质量投诉5起，已处理并回复4起。

【施工安全生产检查】 2010年，分时段在全省范围内组织开展了多次安全生产大检查工作。据统计，各级住房城乡建设主管部门共计检查建筑施工企业6400余家，在建工程项目12300余个，查出各类隐患2700余处，对360余个在建工程项目发出了整改通知书，对100余个项目进行了经济处罚，淘汰了不符合要求的机械设备。直接组织督查11次，督查组共抽查了376个在建工程项目，查出安全隐患140余处，下发整改通知书64份，停工整改通知书35份，查出的各类隐患均已整改完毕。

【灾后重建项目安全生产管理】 2010年大量灾后重建工程进入收尾阶段，各地切实抓好灾后重建项目安全生产工作，加强安全生产许可证的动态监管，特别是外地入川企业的监管，对发现在建工程项目存在严重安全事故隐患的，或已取证的施工单位降低安全生产条件的，及时进行责令整改，消除隐患。灾后重建工作开展以来，未发生一般及以上生产安全事故。

【建筑施工企业安全生产许可证动态监管】 充分利用建筑施工企业安全生产许可证的审查发放和延期工作这一有效手段，加强动态监管，对于存在严重安全生产隐患和违法违规行为，达不到安全生产条件的建筑施工企业进行严肃处理，2010年取消了1109家企业资质。

【地铁工程施工安全管理】 高度重视地铁工程施工安全生产工作，认真吸取外省地铁事故教训，督促相关企业加强地铁工程勘察设计、工程施工组织和安全生产管理工作，切实加大安全监管力度，及时排除安全隐患，确保地铁施工安全。先后多次开展了地铁安全生产专项督查，及时排除隐患，保证了成都地铁施工安全形势稳定。

【起重机械监督管理】 结合起重机械管理过程中存在的突出问题，按照有关规定，全面实施建筑起重机械产权备案、安装（拆卸）告知和使用登记制度，开发了网络备案登记系统，督促各方主体落实安全生产责任，组织开展了以起重机械为重点的专项整治活动，严格审查各项条件，坚决淘汰了不符合要求的机械设备740余台，有效净化市场，全面杜绝了建筑起重机械重大生产安全事故。

【"规范建筑工地管理"专项治理行动】 结合城乡环境综合治理和安全质量标准化工作，全面动员开展"规范建筑工地管理"专项治理活动，研究制定了《建筑工地综合治理标准》、《四川省"规范建筑工地管理"专项治理考核办法》等多个文件，此项工作取得了明显成效。2010年，共有219个工程项目申报"省级安全生产文明施工标准化工地"，160个工程已通过现场评审，表彰已竣工项目142个，13个工程项目通过了全国建设工程项目AAA级安全文明标准工地评审，4个工地获得了全国建筑施工安全质量标准化示范工地称号。为进一步提高建筑施工安全质量标准化水平，全面开展节能环保工地创建工作，10月28日在成都召开了全省建筑施工节能环保暨安全质量标准化工地现场会。

【开展监理行业发展调研】 为更好地了解四川省工程监理行业发展现状，及时发现存在的突出问题，开展了到企业进行实地调研的活动，共走访30余家企业，并组织了成都本地发展一般的8家企业进行座谈，倾听监理企业的心声和对市场监管工作的意见、建议，对下一步更有针对性地出台相关政策，促进监理行业的健康、科学发展，起到了良好的作用。

【开展监理市场差异化管理】 根据《四川省建设工程项目监理工作差异化管理暂行办法》要求，在2009年各监理企业自我评定和各市、州住房和城乡建设行政主管部门初审的基础上，对2010年各企业类别进行了认定并进行了公示公告。

【开展项目监理工作考评】 制定了"2010年四川省建设工程项目监理工作质量督查方案"，对成都等16个市州项目监理工作情况督察。共抽查企业56家，项目63个，对18个项目进行通报批评并限期整改，对13个项目除进行通报批评限期整改外，还扣除其企业诚信分值，省外监理企业一年内不予以办理入川备案，并通报企业所在地的建设行政主管部门。

【开展监理企业动态管理】 为进一步强化对监理企业资质和从业人员证后联动管理，从源头上遏制监理从业人员非常态流动，出台了《四川省工程监理企业动态监督管理暂行办法》。根据管理办法规定，对全省328家工程监理企业的资质和注册监理工程师进行了核验检查，并将不满足资质要求的52家工程监理企业名单进行了公示。

【监理从业人员管理】 与厅信息中心就建立和完善四川省监理企业人员信息库进行了多次沟通，建成了信息库雏形，全省监理从业人员资料已上传数据库，将全面向企业及各市州主管部门开放监理从业人员信息化管理平台，人员库将和项目库联动，这必将对四川省监理市场的诚信体系建设和项目监理工作质量的进一步提升带来积极影响。

【对监理从业人员严格管理】 全年初始注册工作已申报完成了21批1380人；变更注册20批992

人次；注销注册 37 人次；遗失补办 11 人次；延续注册 20 批，3029 人。根据《四川省监理从业人员管理办法》，全年共办理四川省监理从业人员变更注册 1762 人，清理和注销不符合条件的监理从业人员 3757 人。

【加强对监理从业人员的准入培训和继续教育】 为了解决四川省监理市场监理从业人员不足的问题，2010 年四川省委托行业协会组织了四川省监理工程师、项目监理员、实习监理员、项目总监执业培训及考试。其中省监理工程师 2940 人，省监理员 2594 人，省实习监理员 1097 人培训考试合格并领取证书，省项目总监 1210 人已经完成报名工作。2010 年开展了对四川省的全国注册监理工程师的继续教育工作，共有 678 人参加了继续教育培训。全省全国注册监理工程师共有 5639 人，四川省总监理工程师 5780 人，四川省监理工程师 11471 人，四川省监理员 8020 人，实习监理员 1097 人。

【工程质量检测监管信息化、规范化管理】 省质监总站和建科院共同自主开发《四川省建设工程质量检测信息监管系统》，利用计算机网络信息技术，实现收样、检测、结果评定三个阶段数据适时上传，实现了全过程检测监管。48 家市（州）级建设工程及材料类检测机构 2010 年 7 月 1 日实现了检测数据的自动采集和实时上传，30 家县级检测机构 12 月 10 日实现了检测数据的自动采集和实时上传。该监管系统投入使用后，有效地杜绝和减少了虚假报告和数据的产生，规范了检测机构和人员质量行为，确保了检测数据的公正性、准确性和科学性。

【进场材料取样检测】 为确保建筑物使用功能，杜绝不合格的安装材料（如：开关、插座、电线电缆、管材管件等）用于工程中，全年全省推行了涉及建筑物重要使用功能建材产品检测制度，要求自 2010 年 9 月 1 日起对安装材料进行复检。至年底，有成都 3 家、德阳 1 家、绵阳 1 家、泸州 1 家、南充 1 家、广元 1 家，共 8 家检测机构建立了安装材料检测技术能力。绵阳、德阳、泸州、南充等地强制要求对安装材料进行复检，确保了建筑物正常使用功能。

【检测人员技能培训】 为提高检测人员技术能力水平，3～4 月，举办了各类检测人员继续教育培训和新上岗检测人员的资格考试工作。其中继续教育共培训 2888 人次，新上岗人员共有 1172 人次参加培训考试，其中建筑地基基础和民用建筑室内环境污染控制考试分为理论考试和实际操作考试，本次新人员资格考试建设工程及材料合格 421 人、建筑地基基础考试合格 157 人，民用建筑室内环境污染控制考试合格 68 名、建筑节能合格 155 人，合格率 68.3%。

【修订《建设工程工程量清单计价规范》】 省造价总站积极协调各参编单位，搞好计价规范附录部分的修订工作。同时还具体承担了《建设工程工程量清单计价规范》附录房屋建筑与装饰工程和静置设备与工艺金属结构制作安装工程的修订。年底前完成了该计价规范附录修订的报批稿。

【《四川省城市轨道交通工程计价定额》的编制】 组织该项定额的编制工作，主要是搜集编制资料，进行调查研究，完成编制软件、确定材料、机械及混凝土配合比价格，为编制工作打下基础。

【造价信息工作】 出版发行《四川工程造价信息》12 期，共发行 14.9 万份，通过造价信息网发布材料价格信息 50.1 万条，实物工程量人工成本信息 1.62 万条，市场劳务价格信息 0.75 万条，机械台班租赁价格信息 1.24 万条，周转材料租赁价格信息 0.43 万条。

【工程造价人员管理】 对取得造价师（员）资格的人员 3 万余人进行了继续教育培训。2009 年年底，出台了《四川省房屋建筑及市政工程工程量清单招标投标报价评审办法》，印发《四川省房屋建筑及市政工程工程量清单招标控制价投诉处理暂行办法》，印发《四川省〈建设工程工程量清单计价规范〉实施办法》，为了使全省的造价人员更好地掌握和理解上述三个文件的精神，2010 年的继续教育主要结合这三个文件和国家标准《建设工程工程量清单计价规范》（GB50500-2008）进行讲解。对已通过全国造价师考试合格的 255 名造价人员注册资格进行了严格初审，并上报，对取得全国造价员资格的 6000 人进行了初始注册。对申请变更注册的造价人员，按照造价人员管理办法的规定，认真核实后进行了变更，并发放新资格证、章。其中全国造价工程师 2563 人。对全国造价员执业专用章在 2010 年 12 月底到期的 4107 人换发了执业专用章。

【规费取费证的申报及管理】 2010 年共有 2927 家企业规费取费证进行了年检，有 1307 家企业新办了规费取费证。

【工程造价咨询单位资质管理】 截至年底，69 家需整改的省内工程造价咨询企业有 68 家企业整改已符合《工程造价咨询企业管理办法》（建设部令第 149 号）相应资质标准，3 家需整改的省外入川工程造价咨询企业有 2 家整改达标。

【散装水泥发展】 2010 年，四川省水泥产量达

13227.54万吨，较2009年增加4348.54万吨，散装水泥推广量5291.75万吨，与上年同期相比增加1837.29万吨，增长率53.19%，排在全国第五位；水泥散装率达到40.01%，全国排名第20位。成都市的水泥散装率达到70%以上，内江、德阳、眉山、成都、乐山、达州、广安、广元、绵阳9个城市的散装水泥供应量同比增长超过一倍，走在了全省的前列。

9. 房地产市场监管

【概况】 2010年，全年完成房地产开发投资超过2100亿元，比上年增长38%以上。全省房屋施工面积为1.96亿平方米，增长16.5%。其中，新开工面积为6600万平方米，增长50.7%。商品房销售面积6237.3万平方米，增长3%。

【城市商品房价格涨幅监控】 2010年，全省商品房价格涨幅呈平开低走走势，2月份，全国房屋销售价格指数同比上涨10.7%，四川省成都、泸州、南充价格指数同比分别上涨5.8、4.9和4.6个百分点，低于全国平均水平。到年底，全国房屋销售价格指数同比上涨7.7%，比2月份下降3个百分点。成都、泸州、南充价格指数同比分别上涨2.4、3.2和2个百分点，比2月份分别下降3.4、1.7和2.6个百分点，继续大幅低于全国平均水平。积极组织各地认真贯彻落实国家文件精神。先后制定出台《关于坚决贯彻〈国务院关于坚决遏制部分城市房价过快上涨的通知〉的实施意见》和《四川省人民政府关于进一步贯彻落实房地产市场调控政策的通知》。

【市场监管】 在全省房地产开发企业自查的基础上，各级住房城乡建设系统重点检查了1663家有项目的开发企业，查处了其中111家企业在房地产开发经营中的挪用房地产贷款、假按揭骗贷、挪用预售资金、捂盘惜售、囤积房源、哄抬房价等违法违规行为。2010年，注销了199家超过规定时限仍未换证的房地产开发企业资质，有效防止了"空壳公司"现象。

【住房信息系统建设和房地产市场监测】 为加快四川省个人住房信息系统建设，8月，在乐山召开了全省个人住房信息系统建设工作会议，提出全省个人住房信息系统建设规划，明确了工作要求。针对房地产市场变化较快的情况，坚持对市场运行情况进行跟踪监测分析，实行月月有简报、季季有分析，及时向省委、省政府上报，提出对策建议。

【行业规划】 编制完成《四川省房地产业"十二五"发展规划》，在充分调研论证的基础上，根据国家和四川省国民经济和社会发展"十二五"规划总体要求，结合全省房地产业发展现状，提出"十二五"期间推进四川省房地产业持续稳定健康发展的战略目标和任务。

【监管制度建设】 2010年，省政府下发《四川省人民政府办公厅关于进一步严格征地拆迁管理工作切实维护群众合法权益的通知》，进一步规范城镇房屋拆迁工作。会同四川省测绘局完成《四川省房产测绘实施细则》的修订工作，制订下发《关于加强商品房预售制度监管工作的通知》等文件，会同省高院下发《关于加强拆迁安置纠纷司法调解与行政调解衔接配合工作的指导意见》，健全了相关制度。

【行业管理和系统建设】 2010年，成都市城乡房产管理局获得住房城乡建设部颁发的"产权产籍规范化管理全国先进单位"，使全省获得全国先进单位城市达到10个。阆中市房地产管理处、马边县房地产管理所通过了"产权产籍规范化管理"省级验收，通过规范化管理省级验收的城市达到54个。顺利完成首批房屋产权登记官确认，全省共确认登记官675人，总人数列全国第3位。2010年，成都、宜宾两市的"宜都 莱茵河畔"等6个物业管理项目通过了住房城乡建设部组织的专家考评，获得"物业管理全国示范小区（大厦）"称号。2010年，组织了全省3098人参加的全国第一次物业管理师统一考试，参考人数名列全国前茅。

10. 建设节能与科技

【建筑节能】 贯彻落实《中华人民共和国节约能源法》、《民用建筑节能条例》和《四川省建筑节能管理办法》，积极落实国家有关建筑节能的方针、政策。12月16~20日，住房城乡建设部节能减排监督检查第二小组对四川省的建筑节能、城市照明节能、生活垃圾处理等情况进行了检查，检查总体评价为：四川省在"5·12"地震灾后重建过程中，省委、省政府以及援建地区的各级党委和政府深入贯彻落实科学发展观，把国务院明确的节能减排工作融入到灾后重建项目的规划、设计、施工等过程中，完成了国务院在建设领域节能减排工作中所安排的重点任务。落实建筑节能标准和各项规章制度。执行国家建筑节能各项方针政策和技术标准。围绕节能中心工作，把建筑节能工作纳入工程设计、施工图审查、施工许可、施工监理、工程质量监督、竣工验收、房屋销售等各个环节进行管理。

【引导和规范民用建筑节能工作的健康发展】
2010年11月,抽调相关处室人员组成检查组,分4个组对全省16个市、州建设工程建筑节能情况进行了专项督查。积极申报可再生能源应用示范项目,加强可再生能源项目的审核和监管,推动可再生能源在全省建设领域的应用。康定县已获得财政部、建设部2009年可再生能源应用示范县,并获得财政部1800万元专项补助资金。年内成都市和攀枝花盐边县成功申报为可再生能源建筑应用示范城市和农村示范项目,获得国家财政补贴可再生能源项目经费5400万元。

【建设科技】 抓好"四川省科技进步奖"申报和初评工作,2010年组织申报40个项目申报"四川省科技进步奖",成功举办住房和城乡建设科技博览会。成功召开"2010城市建设科技博览会",由建设厅主办、科技中心承办的城市建设科技博览会,已成为四川和西南地区建设系统的新产品、新技术、新设备的展示平台。

(四川省住房和城乡建设厅)

贵 州 省

1. 城乡规划

【概况】 开阳等17个县(特区)政府所在地城镇总体规划由省政府审批,《贵州省城市和镇总体规划修改工作规则》出台。遵义市、安顺市、铜仁市等7个市县总体规划及黎平县德凤镇、西秀区旧州镇、印江县木黄镇等历史文化名城(名镇)保护规划批复实施。三都县怎雷村、西秀区鲍屯村、雷山县上郎德村、务川县龙潭村4个村列入中国第五批历史文化名村。设市城市建设地区控制性详细规划和综合交通体系规划编制推进。编制完成70余个村镇规划。

【城乡规划实施监管加强】 贵州省级核发选址意见书52件。房地产开发领域违规变更规划、开展调整容积率问题专项治理,对2009年4~12月领取规划许可证的379个房地产项目进行清理,存在违规调整用地性质2个、违规调整容积率16个,指导各地做出整改。贵州省城市规划督察员办公室组建完成。历史文化名城(名镇、名村、街区)保护整治工作深入推进。

2. 城市建设与市政公用事业

【概况】 县城以上城镇污水处理项目6月底前全部建成,提前完成"十一五"建设任务;累计完成管网建设2125公里,2010年新增665公里,全年处理污水量32137.46万立方米,累计消减COD4.59万吨。建成26个垃圾无害化处理设施。供水水质公示指标达到生活饮用水水质标准,燃气普及率逐步提高,贵阳市通过国家级园林城市复查,铜仁市被命名为贵州省级园林城市。

【风景名胜区建设】 斗篷山等5个国家级风景名胜区总体规划报国务院。评审通过荔波樟江等国家级风景名胜区内详细规划7个、梵净山-太平河等省级风景名胜区内详细规划3个。完成36个重大建设项目选址、选线。完成上海世博会贵州馆建设移交,鼓楼、风雨桥和银冠列入上海世博会博物馆永久收藏。《荔波世界自然遗产地人口外迁方案》、《荔波世界自然遗产地保护项目专项规划》经省政府批准实施。第二批"中国南方喀斯特"拓展项目启动。

【赤水丹霞作为"中国丹霞"捆绑项目之一列入《世界遗产名录》】 8月2日,联合国世界遗产委员会(WHC)在第34届世界遗产大会上一致同意贵州赤水、湖南崀山、广东丹霞山、福建泰宁、江西龙虎山、浙江江郎山"中国丹霞"项目列入《世界遗产名录》,赤水成为贵州省继荔波"中国南方喀斯特"之后的第二个世界自然遗产地。

3. 小城镇建设与村庄整治

【概况】 贵州省级支持小城镇基础设施建设项目118个,建成小城镇道路172公里。全国重点镇、省重点镇等小城镇基础设施和社会服务设施不断完善,小城镇人口承载能力不断提升,村庄整治和农村危房改造大力推进。

【村庄整治示范带动效应不断增强】 将村庄整治与农村危房改造、发展乡村旅游等结合,注重民族特色和地方特点,贵遵高速公路、贵毕高等级公路及铜仁地区主要旅游公路沿线村庄整治成效显著,村庄整治不断向纵深推进。

【农村危房改造取得显著成效】《贵州省农村危房改造工程总体规划修改方案(2009～2014年)》出台。2010年下达农村危房改造任务32.49万户(含2010年25万户,预安排2011年7.49万户),实际改造完成30.46万户(含全省所有茅草房18.69万户和剩余五保户一级危房0.95万户),超过国家下达的18万户的改造任务指标。

4. 建筑业

【概况】《贵州省中小学校舍安全工程技术指南》等出台,抗震设防重点县中小学校舍安全工程技术指导更加科学,中小学校、幼儿园安保设施设计加强。建筑市场行为监督检查和企业资质、个人执业资格动态核查扎实开展。招投标交易各方监管力度加大。建筑业劳务分包制度不断落实,办结拖欠工程款38件。各地上缴贵州省级建安劳保费5000余万元,调剂下拨2050万元补助困难企业和职工。工程建设领域突出问题专项治理深入开展,各地排查2008年以来政府投资和使用国有资金建设项目973个,存在问题或隐患227个,督促各地整改完毕186个。

【科技标准工作扎实推进】 1个示范工程、2个软科学研究课题列入住房城乡建设部科技计划。"贵州省建筑节能关键技术研究"列入科技部计划,新增新技术推广项目8项。地方标准《喀斯特地区灌木护坡施工技术规范》发布。

【墙体材料革新和建筑节能监管加强】 新型墙材应用达180亿块标砖,占全省墙材总产能的60%,吃渣利废1300万吨,节约土地30万亩。实现新建建筑全程节能监管。对205栋国家机关办公和大型公共建筑展开能耗统计、审计和公示,贵州省列为国家机关办公和大型公共建筑节能监管体系建设示范省份。国家机关既有办公建筑和大型既有公共建筑改造实施意见出台,贵州中建建筑科研设计院实验楼节能改造通过验收。可再生能源建筑应用专项规划及实施方案施行,金阳景怡苑住宅小区可再生能源(热泵)技术应用国家级示范项目验收,贵阳列为国家可再生能源建筑应用示范城市。长顺县城路灯照明节能试点取得成效。全省新增建筑节能11万吨标准煤节煤能力。

5. 工程质量与安全

【概况】 建设工程领域(含交通、水利、电力、房屋建筑和市政工程等)发生62起安全事故,死亡90人,与控制考核指标持平,含较大事故3起,未超过控制考核指标(控制考核指标为90人,较大事故3起)。未发生重大、特别重大安全事故。与2009年相比,事故起数减少28起,下降31.1%,死亡人数持平。其中,房屋建筑和市政工程发生安全事故26起,死亡38人,与控制考核指标持平,含较大安全事故2起,死亡12人。

【安全生产预防得到强化】 印发《关于加强节后建筑施工安全生产工作和危险性较大分部分项工程安全监管的通知》(黔建建通〔2010〕54号)、《关于做好冬季极端气候以及"两节"期间安全生产和应急管理工作的通知》、《关于加强汛期安全生产管理的紧急通知》(黔建建电〔2010〕13号)等文件,重大节假日、重要会议、特殊季节恶劣天气到来和施工高峰期到来前安全生产预警加强。将各地、各单位开展应急演练工作作为考核目标,贵州建集团第一建筑工程有限责任公司6月29日在乌当区东风镇食品药品工业园区工地开展消防演练。下发《贵州省2010年建筑安全专项治理工作方案》(黔建建通〔2010〕169号),将危险性较大分部分项工程和法律、法规落实情况作为专项治理的重点内容。针对金阳"3.14"事故,下发《关于加强建筑施工安全生产的紧急通知》(黔建建电〔2010〕7号),重点对正在施工的高大模板工程、深基坑工程等危险性较大的分部分项工程进行安全隐患排查。针对贵阳市"12.15"事故,下发《关于加强全省建筑起重机械安全生产监督管理的紧急通知》(黔建建通〔2010〕18号),在全省范围内开展建筑工地起重机械安全隐患专项治理行动。下发《关于加强市政基础设施和保障性住房工程质量安全监管的通知》(黔建建通〔2010〕30号)、《关于对全省廉租住房工程加强质量安全监管的通知》(黔建建通〔2010〕122号),《关于加强贵州省中小学校舍质量安全监督工作的通知》(黔建建通〔2010〕459号),加强贵州省市政基础设施和保障性住房工程、廉租住房工程以及中小学校舍工程安全监督管理。

【安全生产监管不断加强】 组织开展4次全省建筑工程安全生产督查和执法行动,检查在建项目53个,检查出安全隐患572条,对7个在建项目予以停工整改,责令当地住房城乡建设主管部门查处。对3家省外建筑施工、监理单位做出限制入黔开展相关业务的处罚,对26家企业和45人作安全生产不良行为记录;通报批评建设、勘察、设计、施工、监理等责任主体5家。新颁发建筑施工企业安全生产许可证132家,办理安全生产许可证延期110家,核发"三类人员"安全生产考核合格证 6777 人。全省三类人员持证率 95% 以上。完成省外入黔分支机构备案登记 212 家；省外入黔企业资质核验 92 家，省外入黔企业单项项目备案登记 156 项，对外省入黔企业的"三类人员"2994 人进行安全生产继续教育培训，持证率 90% 以上。办理 543 台建筑起重机械备案手续。

【安全生产责任继续落实】 核查事故企业 27 家，立案调查的 3 家，对 7 家发生事故的省外企业通报其安全生产许可证管理部门，对 1 家事故施工企业暂扣安全生产许可证 30 日。下发《关于加强建筑市场资质资格动态监管的通知》(黔建建通〔2010〕466 号)和《关于印发贵州省建筑市场资质资格动态核查方案的通知》(黔建建通〔2010〕465 号)，将 2009 年以来发生生产安全事故或在监督检查中发现存在重大安全隐患的企业作为重点核查对象，逐步建立现场安全监管与企业资质监管的联动机制。对全省 40 家建筑施工企业，23 家工程监理单位，9 家工程招标代理机构，22 家勘察设计企业，5 家工程质量检测以及 29 家省外入黔企业进行资质资格核查。

【贵州省政协和民主党派活动中心大楼项目获鲁班奖】 由贵州建工集团承建的贵州省政协和民主党派活动中心大楼项目，荣获 2010 年度鲁班奖。该项目建筑面积 34240 平方米，建筑高度 99.3 米，框架剪力墙结构，共 26 层，是一栋集智能化、节能化、环保型、科技含量高的综合办公楼。工程在施工过程中应用了钢丝绳排绳器、钢丝绳断绳保护器、大模板的连接与支撑等住房城乡建设部 10 项新技术和 3 项自主创新专利，新型闪光对焊箍筋、有黏结和无黏结预应力整体施工等 7 项国家级和省级工法，达到国内先进水平。

【十九个工地获贵州省建筑安全文明施工样板工地】 华颐蓝天商住组团三标段、金阳五星级酒店、贵阳职业技术学院新建(搬迁)工程施工第二标段、开阳县中西医结合医院扩建工程、凯里一中开怀新校区三标段、贵阳市市民健身中心、贵阳市奥林匹克中心主体育场工程、毕节卷烟厂技术改造项目联合工房、贵州省高级人民法院法庭项目、遵义市烟草公司卷烟物流配送中心工程、荔波县官塘大桥工程(市政工程)、遵义市万里路改造海丰路还房小区二标段、黔南州中医院住院综合大楼、六盘水市龙城广场、蒙特卡尼—水映山城 D 区、"山语城"F 组团 1~10 号楼、遵义市中医院住院楼扩建工程、利海·米兰春天一期 A 区工程、贵州瀑布冷饮食品 15000 吨大型冷库生产基地 19 个工地被评选为贵州省建筑安全文明施工样板工地。遵义医学院附属医院门诊综合大楼、保利国际广场三号楼、贵州省公安厅民警警务训练大楼工程、贵州民族学院实验楼 1 号楼工程、毕节试验区科技文化中心图书馆、博物馆、科技馆、兴义富康国际 6 个工地获通报表扬。

6. 房地产业和住房保障

【概况】 《贵州省人民政府关于进一步稳定住房价格促进房地产市场平稳健康发展的通知》(黔府发〔2010〕7 号)出台。房地产市场秩序专项整顿和房地产开发企业经营行为检查深入开展，查处违法违规企业 34 家。城镇房屋拆迁、房地产交易与登记、房地产权属档案管理进一步规范。全省完成房地产开发投资 556.69 亿元，同比增长 49.9%，占城镇固定资产投资的 20.62%；商品住房完成投资 328.63 亿元，同比增长 31.7%，占房地产开发投资 58.2%；房地产业增加值 142.01 亿元，占全省 GDP 的 3.1%。

【城镇住房保障成效明显】 新增廉租住房租赁补贴 30985 户，新开工廉租住房 81582 套，2010 年度竣工 56512 套。经济适用住房开工 18045 套，竣工 13189 套；公共租赁住房开工 1000 套；城市棚户区改造 8647 户，其中货币补偿 1110 户，实物安置 7537 套(全部开工)；国有工矿棚户区改造实物安置 1839 套(全部开工)；林场棚户区改造开工 2009 套，竣工 1282 套。

【住房公积金监管不断加强】 公积金缴存职工人数达 154.68 万人，覆盖率 74.53%；累计归集 323.21 亿元，较上年同期增长 33.67%，其中，当年归集 77.74 亿元，归集余额 213.17 亿元；累计向 19.61 万户职工家庭发放贷款 222.24 亿元，其中，当年发放 3.68 万户 57.70 亿元，贷款余额 163.33 亿元，较上年同期增长 30.61%，个贷率达 76.62%，居全国领先水平；逾期率 0.156‰，远低于控制标准。

7. 依法行政与人才工作

【概况】 出台《贵州省物业管理条例》、《贵州省城乡建设档案管理办法》，废止《贵州省临时建设临时用地规划管理暂行办法》等 5 项规章，保留《贵州省城市基础设施配套费征收使用管理办法》等 4 项规章。对 1979 年以来的厅发规范性文件进行清理，废止 39 件，修订 14 件。住房城乡建设系统分阶段推进依法行政工作实施方案制定。梳理厅行政许可 32 项，非行政许可审批 11 项，行政处罚 124 项，取消行政许可 3 项，下放行政许可 6 项。行政执法案卷评查推进，重大行政许可、行政处罚、行政复议决定备案制度不断健全。运用和解、调解方式化解行政争议 15 起，按程序办结行政复议案件 7 件。直接稽查在建项目及市场主体 203 个，纠正重大违法违规行为 14 起，约谈案件当事人 30 余次，依法查处贵州运丰建筑设备安装有限公司未取得安全生产许可证擅自进行"山海·观天下 A 栋"工程项目外架施工等违法违规案件。"送法进基层、送法进企业、送法进工地"活动积极开展，企业学法用法档案和稽查档案建立。举办专业法培训班 10 余期，与省政府法制办联合举办行政执法培训班 4 期。建筑工程类高级职称报评工作推进，初、中级专业技术职务任职资格"以考代评"完成，中级合格 596 人，初级合格 1194 人。完成建设行业专业管理人员岗位培训 12987 人次，继续教育 7600 人次。

【资质资格管理加强】 建设行业 13 类企业资质的受理和审核，均采用电子监察系统和行政审批系统。全年受理勘察、设计、招标代理、城市规划、园林绿化、设计施工一体化、建筑业、工程监理、工程造价、房地产开发、物业管理、房地产经纪、房地产估价、房地产拆迁等 13 类企业资质核准、初审和企业资质变更 2450 件。建设行业 16 类 26 个专业均采用网上报名系统，全年完成网上报名、资格审查、安排考场、试卷预订、组织考试等工作，报考人数达 19155 人；组织省内专家批改阅卷各类资格考试卷共 7109 份。办理相关执业资格人员的初始注册、变更注册和续期注册 4494 人。其中：一级建筑师 82 人；二级建筑师 114 人；一级结构师 215 人；二级结构师 34 人；注册监理工程师 1354 人；注册造价工程师 287 人；一级建造师 554 人；二级建造师 1491 人；城市规划师 12 人；岩土工程师 22 人；估价师 140 人；经纪人注册共 18 人；电气工程师 73 人；公用设备工程师 85 人；化工工程师 13 人，颁发注册证书 1948 本及印章 2436 件（枚）。

8."十一五"建设成就盘点

【城乡规划管理不断完善】 11 个设市城市、45 个县总体规划修改完成；976 个乡镇编制总体规划，2117 个行政村编制村庄整治规划；16 个历史文化名城（名镇、名村、街区）编制保护规划；8 个国家级、26 个贵州省级风景名胜区总体规划批复实施。贵州省城规委派驻规划督察员由聘任制向专任制、由不定期巡察向驻察与巡察相结合方式转变。

【城镇污水垃圾处理设施建设成效显著】 污水处理设施建设"湄潭模式"成功推广，所有县城以上城镇建成污水处理厂。全省污水处理设施个数、设计处理能力、污水处理率分别由 2005 年底的 9 个、44.5 万吨/日、21.1％增加到 2010 年底的 99 个、173.6 万吨/日和 66.81％；垃圾无害化处理设施个数、设计处理能力、垃圾无害化处理率分别由 2005 年底的 3 个、2400 吨/日、26.7％增加到 2010 年底的 26 个、7055 吨/日和 44.66％。

【建筑节能进展明显】 新型墙材应用和工业固体废弃物利用比例大幅提高。建筑节能形成 55 万吨标煤节煤能力，完成建筑节能面积 4000 万平方米，新建建筑节能标准执行率达 95.8％，国家机关办公和大型公共建筑节能监管体系建设、可再生能源建筑规模化应用、节约型校园建设和绿色建筑示范等重点节能工程取得较大进展。

【大力建设保障住房】 在全国率先推行廉租住房"租售并举"，出售廉租住房 12984 套，回笼资金 4.55 亿元。筹集廉租住房资金 83.64 亿元，为 13.99 万户城镇低收入家庭提供住房保障。全省房地产开发投资 1670.94 亿元，竣工 3554.29 万平方米（含经济适用住房 765.91 万平方米，廉租住房 318.19 万平方米）。住房公积金专项治理深入开展，追回被挤占挪用的住房公积金 1.48 亿元，纠正违规资金近 4000 万元。全社会投入资金约 190 亿元改造完成 60.17 万户农村危房。

【法制建设】 出台或修订贵州省《建筑市场管理条例》、《风景名胜区条例》、《市政公用事业特许经营管理条例》、《城镇房地产开发经营管理条例》、《城乡规划条例》、《物业管理条例》6 部地方性法规，《城市基础设施配套费征收使用管理办法》、《城市规划设计管理办法》、《城镇垃圾管理暂行办法》、《城市绿化管理办法》、《省级城市维护建设资金管理办法》、《建筑工程招标投标实施办法》、《城乡建设档案管理办法》7 部政府规章。

9. 建筑业企业、勘察设计企业、招标代理机构、监理企业营业收入前 20 名

贵州省建筑业企业按总收入排名前 20 名、工程勘察设计企业按勘察设计收入排名前 20 名、工程招标代理机构按工程招标代理收入排名前 20 名、建设监理企业按监理收入排名前 20 名的情况如表 4-12 所示。

2010年贵州省建筑业企业、勘察设计企业、招标代理机构、监理企业营业收入前20名企业　　　表4-12

序号	建筑业企业 总收入前20名	工程勘察设计企业 勘察设计收入前20名	工程招标代理机构 工程招标代理收入前20名	建设监理企业 监理收入前20名
1	中铁五局(集团)有限公司	中国水利水电第九工程局有限公司	贵州省招标有限公司	贵州三维工程建设监理咨询有限公司
2	贵州桥梁建设集团公司	贵州送变电工程公司	贵州公明建设投资咨询有限公司	贵州电力工程建设监理公司
3	中铁二局第一工程有限公司	中国水电顾问集团贵阳勘测设计研究院	贵州环水工程招标造价咨询有限公司	中国水电顾问集团贵阳勘测设计研究院
4	中建四局第一建筑工程有限公司	贵州省交通规划勘察设计研究院	贵州普诚正华工程造价事务所有限公司	贵州建工监理咨询有限公司
5	七冶建设有限责任公司	贵州电力设计研究院	贵州电力设计研究院	贵阳新宇建设监理有限公司
6	贵州建工集团总公司	贵州省水利水电勘测设计研究院	贵州聚龙项目投资咨询有限公司	贵州正业工程技术投资有限公司
7	中铁五局集团建筑工程有限责任公司	贵州中水建设项目管理有限公司	贵州实创建设工程咨询有限公司	贵州众益
8	贵州路桥集团有限公司	贵阳市建筑设计院有限公司	贵州智聚招标造价咨询有限公司	贵州化兴建设监理有限公司
9	贵州送变电工程公司	贵州省建筑设计研究院	贵州三维工程建设监理咨询有限公司	贵州深龙港工程项目管理有限公司
10	中国水利水电第九工程局有限公司	贵阳铝镁设计研究院	贵州省毕节地区宏禹工程咨询有限公司	贵州省建筑设计研究院
11	贵州建工集团第一建筑工程有限责任公司	中铁五局集团建筑工程有限责任公司	贵州百胜工程建设咨询有限公司	贵州省煤矿设计研究院
12	贵州建工集团第四建筑工程有限责任公司	贵州省煤矿设计研究院	贵州欣盛建设工程咨询有限公司	贵州电力设计研究院监理分院
13	中建四局安装工程有限公司	贵州鼎盛岩土工程有限公司	贵州昱龙招标有限公司	贵州国龙项目管理咨询有限公司
14	贵州电力建设第二工程公司	贵州省邮电科研规划设计院	黔东南州建设工程监理有限责任公司	贵州富友建设咨询有限责任公司
15	贵州电力建设第一工程公司	贵阳建筑勘察设计有限公司	贵州弘典工程建设咨询有限公司	遵义市建工监理有限公司
16	贵州建工集团第六建筑工程有限责任公司	贵州正业工程技术投资有限公司	贵州东正投资咨询有限公司	贵州百盛监理有限公司
17	贵州建工集团第二建筑工程有限责任公司	贵州通信服务公司	遵义三新建设工程招标代理机构有限责任公司	黔东南州建设工程监理有限责任公司
18	贵州建工集团第七建筑工程有限责任公司	贵州中建建筑科研设计院有限公司	贵阳汇丰工程建设中介服务有限公司	黔南州工程建设监理有限责任公司
19	贵州建工集团第五建筑工程有限责任公司	贵州省第一测绘院	贵州泰禾招标造价咨询有限公司	贵州三力建设监理有限责任公司
20	贵州建工集团第八建筑工程有限责任公司	黔东南开源电力设计咨询有限公司	贵州百利工程建设咨询有限公司	贵州黔水工程监理有限责任公司

（填表人：贺明卫，李程远）

（贵州省住房和城乡建设厅）

云 南 省

1. 城乡规划

【概况】 2010年，省住房和城乡建设厅以坚持科学发展观、构建和谐社会为目标，全面贯彻落实《城乡规划法》，着力强化城市规划宏观指导和调控作用，扎实开展城乡规划效能监察工作。帮助指导基层规划部门开展工作，不断提高城乡规划工作质量。

【区域规划工作】 完成《云南省城镇体系规划修编》（大纲）编制，征求了相关部门和州市意见，并通过了住房和城乡建设部组织的专家论证，进入按审查组意见进行修改、调整和完善阶段。《滇中城市群规划》向社会公告工作全部完成，修改完善后的最终成果上报省政府请求批准实施。完成《滇西城镇群规划研究》、《滇东北城镇群规划研究》及《云南省历史文化名城名镇名村名街保护体系规划》方案。

【规划指导服务工作深入开展】 进一步加大对全省城乡规划工作的指导和服务力度，深入开展主动服务、上门服务"两服务"活动，派出工作人员到临沧市、瑞丽市、双江县、宣威市、河口县、泸水县等地对城乡规划编制及管理工作给予指导；到会泽县、通海县、巍山县、香格里拉县、永平县、建水县对国家历史文化名城申报及保护管理工作给予指导；积极帮助临沧市委、市政府联系邀请北京、上海、深圳、重庆、浙江、江苏等地的国内知名城市规划方面专家对临沧城市规划编制及临沧市发展战略与目标、产业定位、空间布局、城市建设与旧城改造等重大问题把脉建言。

【完成《云南省城乡规划条例》】 经省外、省内调研及多次论证，完成《云南省城乡规划条例》的初稿，并由省政府法制办组织召开了部门座谈会，积极按省政府法制办的安排开展其他立法程序。

【城市规划报批工作稳步推进】 完成《普洱市域城镇体系规划》、《安宁市城市总体规划》、《昆明空港经济区总体规划》的报批成果和昭通市、玉溪市、建水县、镇沅县、西盟县等15个市、县的城市总体规划纲要及发展规模的审查工作；完成文山壮族苗族自治州域体系规划及泸水县、香格里拉县、景洪市城市总体规划修改的审查及批复工作；按照有关规定和要求，办理了涉及铁路、航运码头、高速公路、输变电设施等43项区域重大基础设施建设项目选址和3个城乡规划编制单位资质的行政许可工作。

【历史文化名镇名村工作取得进展】 完成彝良县牛街镇、永平县曲硐村、宣威市可渡村、云龙县宝丰乡及诺邓村、祥云历史文化街区等历史文化名城、名镇、名村、名街保护规划及保护详细规划的审查工作；开展了永平县杉阳镇、宾川县平川镇、鹤庆县松桂镇、永平县曲硐村、香格里拉县尼汝村、红河县城迤萨镇历史文化街区等18个镇村街区申报省级历史文化名镇名村名街审查及报批工作。2010年年底，蒙自县新安所镇、宾川县州城镇、洱源县凤羽镇、祥云县云南驿镇云南驿村4个镇村成功申报为国家历史文化名镇、名村，新批准公布省级历史文化名镇名村8个，全省历史文化名城名镇名村名街总数已达到60个，国家级历史文化名镇名村总数已达到12个。

【全省村庄规划工作会议在昆明召开】 10月11日，云南省人民政府在昆明市召开全省村庄规划工作会议，传达省委书记白恩培关于村庄规划工作的批示，印发《关于加快推进村庄规划工作的意见》（云政发〔2010〕143号），省政府副省长刘平出席会议并在讲话中安排部署全省用三年（2010～2012年）时间完成全部村庄规划编制任务，实现村村有规划的目标。

【全省城镇特色规划研讨会在武定召开】 根据《关于进一步加强城镇特色规划编制工作的通知》对城镇特色规划的编制提出的要求，10月在武定召开了全省城镇特色规划研讨会，对全省城镇特色规划工作进行了安排部署，对全省城镇特色规划编制工作进行总结；开展了《云南省城镇特色规划编制暂行办法》的制定工作，作为省住房和城乡建设厅规范性文件出台。

【村镇规划编制工作有序推进】 2010年村庄规划编制工作纳入各级政府工作的议事日程。省政府安排部署三年（2010～2012年）完成全部村庄规划编制任务。2010年底，1151个乡、镇总体规划和小城镇近期建设规划编制完成率分别为65%和14%；行政村总体规划和自然村建设规划完成率分别为27%和15.5%。加强村镇规划实施管理，进一步规范规划许可制度，对村镇集体土地上的建设项目核发乡村建设规划许可证，全省发放许可证的县有74个。云南省村镇步入了先规划、后建设的发展轨道。

2. 城乡建设

【概况】 2010年，全省住房城乡建设工作坚决贯彻落实中央应对国际金融危机的一系列政策措施，根据"做强大城市、做优中小城市、做特乡镇、做美农村"和"坚持规划、突出特色、保证质量"的要求，紧紧围绕省委、省政府的中心工作，化危为机、勇抓机遇，坚定信心保增长、坚持不懈保民生、坚定不移保稳定，突出推进保障性住房建设，积极推动城乡统筹发展，努力加大生态文明建设力度，全省城镇化水平达到36%。全省住房城乡建设事业取得了显著的成绩，为促进全省经济平稳较快发展和社会和谐稳定做出了突出的贡献。

【全省住房和城乡建设工作会议在昆明召开】 2月5日，省人民政府在昆明召开全省住房和城乡建设工作会议。省政府副省长刘平出席会议并作题为《开拓进取，扎实工作，促进全省住房和城乡建设事业又好又快发展》的讲话。省人大常委会副主任杨保建、省政协副主席倪慧芳等省领导出席会议。省住房城乡建设厅厅长罗应光作云南省住房和城乡建设工作报告。16个州市政府分管领导、建设（规划）局长及省级有关部门领导等400余名代表参加会议。

【云南省领导干部城镇化专题培训班在昆明举办】 9月12～14日，省委组织部牵头，会同省住房城乡建设厅在昆明举办云南省领导干部城镇化专题培训班。住房和城乡建设部副部长仇保兴、中国城市科学研究会副理事长李兵弟、省住房和城乡建设厅党组书记叶建成等领导，专家分别从城乡规划建设管理相关知识、国内外城镇化建设先进理念、云南城镇化建设新思路新举措等方面为学员授课。各州（市）、县（市、区）政府分管领导、建设局长（规划局长、房管局长），省国土厅、省交通运输厅、省环保厅、省人防办分管领导、省住房和城乡建设厅处以上干部，共370名学员参加培训。

【市政基础设施日趋完善】 全省城市道路系统不断完善，人均道路面积达10.29平方米，较"十五"增加了2.26平方米。城市道路长度达到7132公里，较"十五"增加了2125公里。城市道路照明路灯共计近500000盏，较"十五"增加了1倍。燃气普及率达到61.66%，较"十五"增加了5个百分点。开展了昆明市二环快速系统改造，开始建设昆明市轨道交通工程，各州、市中心城市进一步完善城市主干道路建设和改造，丽江、楚雄、玉溪、文山、潞西等城市开始城市管道燃气工程建设。全省县以上城市供水总规模达到450万吨/日。人均日生活用水量达128.56升，供水普及率达到92.27%。在此期间，开展了昆明市掌鸠河引水供水、清水海引水供水、全省城市供水管网改造和缺水县城供水设施建设等97项重点工程的建设，极大地促进了全省城市供水基础设施的建设。全省各地加大了城镇排水设施建设力度，城市排涝能力大幅提高，建成排水管渠约5734公里，较"十五"增加约1000公里。公共汽车运营数据达11000标台，比"十五末"增加5000标台。新建城市公交专用道路535公里，全省城市公共交通网络得到进一步完善，昆明基本形成了公共交通快速道路系统。

【城市园林绿化工作成效显著】 积极开展园林城市创建工作，到2010年底，全省共有18个市（县）创建为云南省园林城市（县城）、6个国家园林城市（县城）和2个国家园林城镇。开展城市绿地系统规划技术审核工作，指导城镇完成绿地系统规划的编制（修编），2006～2010年，全省共有20个市（县）通过"云南省城市基础设施建设专家委员会"组织的绿地系统规划编制（修编）技术审核，保障专业规划的科学性和可操作性。成立以推动云南"绿化苗木产业化、滇派园林品牌化"为内容的"两化"工作组，完成《云南省园林苗木产业发展规划》的编制工作。2010年年末全省具有城市园林绿化资质的企业共有463家，其中，一级资质企业5家，二级资质企业86家，三级资质企业133家，四级资质企业239家。在一系列工作的推动下，极大改善了云南省人居环境质量，带动了绿化产业的发展，取得了可观的成就。

【城镇污水生活垃圾处理设施建设取得突破性进展】 2008～2010年全省开展每县都建成污水生活垃圾处理设施建设工作，规划实施治污项目建设248个，投资约213亿元。其中，污水项目143个，投资约170亿元，预计新增污水处理能力240万吨/日，管网6800公里；垃圾项目105个，投资43亿元，新增垃圾处理能力约13000吨/日。2010年年底已开工建设199个，其中在建138个，进入试运营阶段61个（包括25个污水处理项目和36个生活垃圾处理项目)超额完成了"十一五"建设任务。出台了城镇污水生活垃圾处理设施建设的建设质量管理办法、竣工验收管理办法、运营监管办法等,进一步规范了行业管理。

【城市管理取得新突破】 信息数字技术在城市管理得到广泛应用,昆明、安宁、曲靖等成功实现了数字化城市管理,城市管理迈上了新的台阶。城建监察队伍的人数和人员素质有了大幅提高。城建监察从业4700人,已进行培训700人员;城市供水从业10700人;城市燃气从业14030人;市政设施从业5984人;园林绿化从业人员有15万,经过专业培训的有3190人;市容环境卫生从业人员25450人。

【住房城乡建设法规工作稳步推进】 圆满完成了人大代表建议、政协委员提案办理工作,共办理省人大建议25件、省政协委员提案69件,办理工作得到了人大代表、政协委员的肯定和好评。积极推进《云南省城市规划管理条例》、《云南省风景名胜区管理条例》两件法规的修订工作。完成80件相关的法律、法规征求意见稿的修改工作。开展了由云南省住房城乡建设厅起草的政府规章、规范性文件的集中清理工作,共清理规章13件,规范性文件7件。废止1件规章、2件规范性文件的清理意见。2010年共制定实施了4件规范性文件,包括《云南省建筑和市政工程勘察招标投标管理办法》(公告第26号)、《云南省农村住房通用图制定和推广使用管理办法》(公告第27号)、《云南省建设工程安全防护、文明施工措施费用管理暂行办法》(公告第28号)、《云南省农村住房建设管理办法》(公告第29号)。

【建设科技与建筑节能工作成效显著】 全省新开工房屋建筑工程按照国家建筑节能强制性标准完成建筑节能设计和建筑节能施工图审查执行率为95%,竣工验收阶段执行建筑节能设计标准比例达到90%。已完成太阳能热利用与建筑一体化使用面积34.6万平方米。云南省商品房有7个可再生能源建筑应用项目列入国家示范,示范建筑面积达69.1万平方米,示范太阳能板面积为1.5万平方米,全省有26个商品房项目列入城市生态示范小区。云南省丽江、昆明市可再生能源建筑应用列入国家示范城市,宣威市列入国家可再生能源建筑应用示范县,总共获得国家补助资金1.72亿元。云南师范大学太阳能热水器检测中心列入国家级检测中心。启动太阳能光伏发电与建筑应用项目,2009～2010年云南省太阳能光电建筑应用示范5个项目得到审批,补助总额8170万元。启动机关办公建筑与大型公共建筑的节能监管,获得国家补助资金582万元。启动以太阳能为主的绿色照明工作,加强半导体照明产品在城市路灯的应用示范。推广建筑节能新技术、新材料、新工艺(如500MPa热轧带肋钢筋,废止砖砌检查井等),取得良好节能效益。

【住房城乡建设执法稽查工作日趋规范】 起草《云南省城乡建设执法稽查办法》《云南省住房和城乡建设厅关于进一步统一和规范违法建设行政处罚有关事项的通知》等规范性文件。梳理出厅行政执法依据目录130件,厅行政处罚事项目录共405项。2010年,直接立案查处违法违规案件共38件,对37件做出了行政处罚,且无一提出行政复议和行政诉讼。

【风景名胜区规划管理快速推进】 加强风景名胜区保护和管理,石林风景名胜区成功申报为世界自然遗产,"云南三江并流保护区"世界自然遗产边界细化方案工作顺利完成并通过联合国教科文组织第34届世界遗产大会表决通过。

【云南参与上海世博会工作取得圆满成功】 在省委、省人民政府的高度重视下,省住房城乡建设厅加强与有关部门的协调配合,按照"突出主题、全面参与、主动对接、打造特色、拓展商机、提升形象"的工作思路,紧扣"七彩云南,和谐城乡"的参展主题,本着"务实、节俭、高效"的原则,周密部署、精心组织,云南参展工作实现了省委、省政府提出的"云南馆、云南活动周、云南参与中华美食街三项活动办成全国最好之一"的目标,接待游客突破了1200万人(次),云南馆荣获"十大地方馆"殊荣。省住房城乡建设厅上海世博会办公室被党中央、国务院表彰为"上海世博会先进集体",3名同志分别被党中央、国务院、中央组织部表彰为先进个人和优秀共产党员。

【云南旅游小镇建设稳步发展】 2010年,优化确定60个省级旅游小镇,并公布16个旅游名镇。各旅游小镇按法定程序推进总体规划、集镇建设规划、历史文化名城(镇、村)保护规划、旅游小镇保护与开发利用规划、旅游规划和旅游小镇战略性规划编制工作。截至2010年底,全省旅游小镇建设已下达省级补助资金1000万元,共计完成投资25.5亿元,50余家企业进入全省60个旅游小镇中45个旅游小镇开发建设。

3. 保障性住房建设

【概况】 2010年,省住房和城乡建设厅认真贯彻中央和省委、省政府的重大决策和部署,牵头会同有关部门加强指导,完善政策,注重落实。各地开拓创新,克难攻坚,克服财政困难和百年不遇旱灾的影响,严格落实目标责任制管理,强化项目管理,充分调动各方的积极性,快速推进全省城镇保障性住房建设和农村保障性安居工程建设。全省保障性住房建设总体布局已全面展开,整体推进工作体系已逐步建立,政策措施日益完善,从根本上有效解决城乡困难群众住房问题的基础更加坚实。

【全省保障性住房工作会议在临沧召开】 6月21日,云南省人民政府在临沧市召开全省保障性住房工作会议。省委副书记、省长秦光荣出席会议并作题为《加快保障性住房建设,改善城乡住房条件,努力实现全省人民住有所居和目标》的讲话。省政府副省长孔垂柱、刘平分别就落实农村保障性安居工程建设任务和抓好城镇保障性住房建设工作进行了部署。省政府秘书长丁绍祥主持会议。16个州(市)政府主要领导、建设(规划)局长及省级有关部门领导等250余名代表参加会议。会上,省政府表彰了2009年度全省保障性住房建设工作先进单位和先进个人。

【全省保障性住房建设工作会议在昆明召开】 10月11日,云南省人民政府在昆明召开全省保障性住房建设工作会议。传达省委副书记、省长秦光荣关于进一步做好保障性住房建设工作的批示。省政府副省长刘平出席会议并要求突出"廉租保底、公租解困、农村解危、抗震安居"四大工作重点,加快推进项目建设,确保按质按量完成全年目标任务。省政府副秘书长王俊强主持会议。各州、市人民政府分管领导、各州市建设(规划)局长,省级各有关部门领导等150名代表参加会议。

【全省城乡保障性住房建设快速推进】 2010年底,全省2010年各类城镇保障性住房累计完成建设投资79.276亿元,竣工41532套。其中,新建的87749套廉租住房全部开工建设,完成投资45.416亿元;建成廉租住房58686套(其中2010项目竣工16660套),大部分建成的房屋都及时分配给了保障对象入住;争取廉租住房租赁补贴资金6.6127亿元,截至2010年底,已为122260户低收入住房困难家庭发放租赁补贴2.263亿元;剩余租赁补贴资金按照国家要求用于购买5751套廉租住房。在国家建设投资计划和资金下达晚的情况下,云南省多方筹集,建设的8100套公共租赁住房已竣工3900套,完成投资4.85亿元。16500户城镇棚户区全部开工,竣工11553户,完成投资16.33亿元。5513户国有工矿企业棚户区改造全部开工,完成投资2.74亿元。8000户国有林区(场)棚户区(危旧房)改造全部开工,竣工1200户,完成投资1.12亿元,占总投资的22.86%。23900户国有垦区危旧房改造项目已开工23462户,竣工2468户,完成投资4.47亿元,占总投资的22.27%。2010年分两批下达了11.5万户的农村危房改造,下达中央补助资金78400万元、省级补助资金36600万元,截至2010年底,全省农村危房改造工程开工率为100%,竣工102350户。

【组织领导得到加强】 为确保目标任务的完成,全省16个州(市)政府都成立了以州(市)长任组长,分管副州(市)长为副组长,建设、发改、财政、国土、民政等部门主要领导为成员的保障性住房建设领导小组,并在住房和城乡建设部门设立了办公室,具体负责协调处理保障性住房建设工作,为推进保障性住房建设提供了组织保障。各级政府都将保障性住房建设工作纳入政府年度重点事项,签订了目标责任书,建立了考核奖惩制度,实行了领导分包联系制,并定期召开专题会议,研究解决实施过程中遇到的难点、疑点问题。同时,进一步分解任务、细化项目、落实责任,加强督促检查,做到组织有力、目标明确、措施到位、责任到人。

【资金投入配套力度不断加大】 2010年,在省委、省政府的高度重视和各部门的支持配合下,全省共争取到国家补助城镇保障性住房建设资金36.74亿元,其中廉租住房建设补助资金22.0273亿元,租赁补贴资金6.6127亿元,公共租赁住房补助资金4.0421亿元,城镇棚户区改造补助资金0.1451亿元,国有工矿棚户区改造补助资金0.7167亿元,林区棚户区改造补助资金1.05亿元,垦区危房改造补助资金2.151亿元。仅廉租住房、公共租赁住房中央补助资金就达33.5644亿元,比上年增加12.5644亿元。同时,省政府克服困难,及时安排省级配套资金20.4亿元(含地方债券转贷资金13.5亿元)。2010年年末,云南省已将争取到中央补助资金、省级配套资金和地方债券转贷资金如实下达到各地;各州(市)、县(市、区)的配套资金也逐步落到到位。绝大部分地区都按照扩大内需项目资金管理要求,对项目建设资金实行专户管理或专账核算,有的采取单位报账和国库直接支付的方式管理资金,防止了截留、挪用以及虚报冒领、铺张浪费等问题的发生。各地还组织财政、审计、监察等部门对项目资金使用情况不定期开展监督检查,确保了资金规范运行。

【住房保障制度不断健全完善】 各地根据国家和省有关文件及会议精神,结合当地实际,先后制定、出台了解决城市低收入家庭住房困难问题、完善住房保障体系的政策措施。如，昆明市下发了关于推进保障性安居工程建设的实施意见；大理白族自治州各县均制定了《廉租住房管理办法》、《廉租住房保障资金转账管理制度》；保山市隆阳区制定下发了《隆阳区城镇最低收入家庭廉租住房管理办法》；昆钢集团公司制定了《昆钢廉租住房建设管理规定》。

【制度建设和管理工作不断加强】 各地严格执行国家和省有关政策规定，对住房保障工作实施了系统化、规范化的管理。进一步完善保障性住房申请、审核、公示、轮候、复核、退出等制度和社区居委会、乡镇（街道办事处）和县（市、区）建设、民政、财政联合审查的三级审核制度，对低收入住房困难家庭资格、租房补贴协议等进行严格审查，确保符合条件的保障对象按政策得到保障。采取多种形式公开相关政策标准、申请条件和办理程序等内容，进一步规范了工作程序和提高了办事效率。认真执行档案管理制度和统计报表制度，保障性住房建设管理水平逐步提高。

【超前谋划住房保障工作】 各州市按照国家和省的要求，结合实际，科学编制了2010～2012年保障性住房建设规划和"十二五"城镇保障性安居工程建设规划及年度计划，为推进保障性安居工程提供了科学指导依据。为加快推进当地保障性住房建设，各地提前谋划，统筹协调，认真搞好项目储备，提前做好前期工作。西双版纳、迪庆藏族自治州不仅提前完成2010年的廉租住房建设任务，而且还提前开工建设2011年的1100余套廉租住房。

4. 住宅与房地产业

【概况】 2010年，面对复杂多变的国内外经济环境，省住房和城乡建设厅在省委、省政府的高度重视和正确领导下，以科学发展观为统领，牵头会同有关部门认真贯彻落实国务院和省政府的一系列房地产调控政策，切实做好稳定房价的相关工作，坚持不懈地抓好增加住房供应，促进房地产开发投资增长的工作，促进了云南省房地产市场的持续健康发展，为云南省全面完成好"十一五"经济社会的发展目标做出了积极贡献。

【贯彻国家房地产调控政策意见研究提出】 国务院及有关部门先后三轮出台房地产调控政策，云南省住房城乡建设厅均在第一时间抓紧调研，及时提出云南省的贯彻意见。关于贯彻国办〔2010〕4号和国发〔2010〕10号两个文件的意见，报省政府常务会议研究后分别以云政发〔2010〕18号和云政发〔2010〕84号文件印发实施；关于贯彻住房和城乡建设部等三部门深化国发〔2010〕10号文件调控政策的意见，以云建房〔2010〕624号文件印发实施。会同人行昆明中支和省银监局印发了《关于转发规范商业性个人住房贷款中第二套住房认定标准文件的通知》（云建房〔2010〕367号）；配合省财政厅、省地税局印发了《转发财政部国家税务总局和住房城乡建设部关于调整房地产交易环节契税个人所得税优惠政策的通知》（云财税〔2010〕89号）等文件，结合云南省实际，认真贯彻落实差别化的信贷和税收政策。

【房地产市场调控协调机制进一步完善】 按照云政发〔2010〕84号文件和刘平副省长要求，积极协调有关部门，落实领导小组成员名单，明确成员单位具体职责，及时上报省政府批准成立了省房地产市场监测调控协调领导小组。并由副省长刘平亲自主持召开了第一次会议，形成了专题会议纪要，进一步加强对全省房地产调控工作的协调和指导。领导协调机构和工作机制的建立健全为做好全省房地产调控工作提供了坚强有力的组织保证。

【房地产市场分类指导工作得到加强】 根据在房地产市场监测和经济运行分析中发现的昆明市房地产市场运行中存在的房地产开发投资增速大幅下滑、供求存在失衡风险、房价面临反弹压力的问题，积极向省政府提出调控工作建议，及时协调昆明市有关部门全力做好遏制房价上涨的工作。按照省房地产市场监测调控协调领导小组第一次会议、省政府关于昆明市房地产开发用地及房地产市场调控专题会议精神以及省政府督查室要求，加强了对各地房地产调控工作的监测和指导，重点督导昆明市完成好省政府提出的商品住房供给、房地产开发投资、和住房建设用地供给量等三个方面指标同比增长3个"15％"以上的目标要求。

【房地产市场监管力度进一步加大】 按照国务院及住房和城乡建设部的部署，开展预售项目专项检查，出台加强预售管理的政策规定，督导各城市建立健全商品房预售制度，严格预售条件，强化预售资金监管，对获得预售许可的项目实行一次性公开全部房源并明码标价对外销售，提高预售透明度。清理整治市场秩序，严厉查处捂盘、囤积房源和哄抬房价等违规行为。加强工程质量监管，维护消费者合法权益和社会稳定。全面开展房地产开发企业经营行为的专项检查，并按时将各州市检查结果汇总报省人民政府后，上报至国务院。

【省级重大房地产开发项目跟踪服务工作扎实开展】 在强化对全省房地产开发企业服务、扶持的同时,重点帮助省级重大房地产开发项目协调解决开发投资和经营过程中遇到的问题,促进房地产开发项目顺利推进,加快形成投资量和供应量,发挥出重大房地产开发项目促进投资和稳定市场预期的作用。

【房地产营销指导继续加强】 配合云南日报报业集团成功举办2010年云南省地产文化节暨春季房交会,指导昆明市举办较具影响力的昆明秋季房交会,指导其他州市筹办好本地区房地产交易展览展示会,有力促进了商品房的营销。

【房地产开发投资又一次实现跨越式增长】 2010年云南省在房地产开发投资促进工作中,加强分类指导,突出重点,抓住关键,着力解决好制约全省房地产平稳较快增长的突出问题。特别是下半年以来,高度重视昆明市房地产开发投资增速一度大幅回落影响全省房地产开发投资平稳较快增长的关键问题,多方采取有力措施,督导昆明市促进房地产开发投资恢复性增长。最终房地产开发投资扭转了下滑的局面,实现了较快增长。2010年,全省完成房地产开发投资900.44亿元,超过省政府下达的投资目标任务100.44亿元。同比增长22.1%。投资规模较上年净增长162.98亿元,直接跨过800亿元的台阶,突破900亿元大关。投资规模占全省城镇固定资产投资的比例达到17.8%,增速接近城镇固定资产投资22.7%的增长水平,有力促进了全省经济社会的又好又快发展。"十一五"期间,全省累计完成房地产开发投资2950.50亿元,是"十五"期间的4.1倍。

【房地产投资增速下降】 从房地产开发投资的构成来看,全年土地开发投资52.29亿元,同比增长4.3%。土地购置费121.27亿元,同比下降8.5%。2010年云南省房地产开发投资增长主要靠商品房的建设投资拉动。与全国的情况进行对比,云南省房地产开发投资规模占全国总投资的比重为1.9%,在全国31个省、区、市中排第20位,排位与上年同期相同。房地产开发投资增速低于全国平均增速11.1个百分点,在全国排第27位,较上年下降20位。

【住宅开发投资比重下降】 从房地产开发投资的用途来看,随着对商品住宅市场调控力度的加大,住宅开发投资占房地产开发投资的比重(以下简称占比)略有下降;其他类型房地产开发投资增速加快,占比提高。具体为:住宅开发投资654.67亿元,同比增长18.4%,占比为72.7%,较上年同期下降2.3个百分点。其中90平方米以下住宅开发投资127.07亿元,同比增长30.4%。办公楼开发投资22.21亿元,同比增长17.5%。商业营业用房开发投资97.88亿元,同比增长10.9%。其他类型开发投资125.67亿元,同比增长47.7%。

【主要城市房价调控成效明显】 根据国家发展改革委和统计局发布的2010年全国70个大中城市房屋销售价格指数显示:2010年2月以来昆明市和大理市新建住房价格均低于全国平均涨幅。在上半年省房地产经济运行分析联席会上,结合市场供求的形势,对昆明市6月新建商品房环比涨幅高于全国平均涨幅、房价上涨压力加大的情况及早做出预警。此后,对7月、9月、10月昆明市,8月、10月大理市新建住房价格高于全国平均涨幅、排名靠前的情况予以了充分关注和高度的重视,及时提出了应对的具体措施和建议上报省政府决策,并通报昆明市和大理市政府与相关部门。经过各级政府和相关部门采取一系列切实稳定住房价格的有力措施后,年末最后两个月昆明市和大理市新建住房价格环比涨幅明显回落,房价调控工作取得明显成效。2010年12月,昆明市和大理市新建住房价格分别同比上涨4.5%和2.9%,均明显低于全国70个大中城市6.4%的平均涨幅;分别环比上涨0.4%和无明显增长,与全国70个大中城市相比分别高0.1个百分点和低0.4个百分点,较10月份的高位明显回落。

【商品房供求同比较快增长】 2010年,全省商品房施工面积8784.97万平方米,同比增长28.5%;新开工面积3702.76万平方米,同比增长31.3%。其中商品住房施工面积7046.37万平方米,同比增长27.3%;新开工面积2960.81万平方米,同比增长32.7%。全省商品房销售面积2859.43万平方米,同比增长32.7%;全省商品房销售额934.60亿元,同比增长43.0%。其中商品住房销售面积2658.99万平方米,同比增长30.3%;全省商品住房销售额769.32亿元,同比增长38.5%。与市场的供求关系相对应,商品房待售面积同比增长,商品住房待售面积同比下降。2010年全省商品房待售面积219.43万平方米,同比增长10.0%。全省商品住房待售面积112.89万平方米,同比下降10.4%。

【房地产信贷保持同比增长】 2010年,全省房地产信贷余额1533.86亿元,同比增长22.4%。全年新增房地产贷款280.84亿元。由于银行信贷发放的规律和房地产调控政策的实施,信贷支持的力度在上半年体现较为集中,上半年新增额分别为

154.17亿元、89.57亿元。全省房地产开发贷款余额370.20亿元，同比增长6.7%。全省个人购房贷款余额1161.30亿元，同比增长28.5%。全省住房公积金个人住房贷款292.27亿元，同比增长32.1%。充分发挥出政策性金融业务对职工购房的支持作用。

【房地产税占地方税收收入比重进一步提高】2010年，云南省各级税务部门认真贯彻落实差别化税收政策，加强税收征管。全省共完成房地产税收入189.88亿元，同比增长47.1%。占全省地税部门组织地方税收收入的29.2%，较上年提高3个百分点。在地税收入中的支柱作用进一步增强。

【住房公积金事业持续稳定发展】截至2010年底，全省缴存住房公积金185万人，累计归集住房公积金768亿元，归集率为82%；住房公积金累计缴存余额达440亿元；为55万人提供住房公积金贷款，个人住房公积金贷款总额达到495亿元，贷款余额270亿元；个人住房公积金贷款逾期率降至0.05%，个贷率达到62%，资金使用率实现80%；累计提取贷款风险准备金6.5亿元，提取廉租住房补充资金总额6.9亿元。

【住房公积金管理体制运转正常】各州（市）都成立了"住房公积金管理委员会"，管委会明确了议事规则和决策程序，审议并通过了管委会章程，拟定了缴存比例，确定了个贷额度，审议、审批了各年度住房公积金归集、使用计划和计划执行情况及财务执行情况。根据《条例》的要求，住房公积金管理中心是直属于州（市）人民政府的独立事业单位，不能挂靠其他单位，中心主任不能兼任其他单位领导职务，各州（市）人民政府对此高度重视，采取有力措施，稳步积极推进机构调整工作。挂靠建设局的迪庆、大理中心已经和建设局脱钩，副处级红河、曲靖、临沧中心已经升格为直属州（市）人民政府的正处级事业单位。

【住房公积金监管体系互动协调】深入贯彻落实《住房公积金行政监督办法》，在全国率先实现各州（市）住房公积金管理中心与省住房城乡建设厅、住房城乡建设部住房公积金信息系统联网，健全纵向行政监管。云南省住房公积金管理中心主动接受财政、审计、人民银行、银监等部门的横向监督。住房公积金年度预、决算及中心管理费用，均根据财政部门的审核意见报请管委会批准后执行；接受各级审计部门的定期和专项审计，保证资金规范管理和安全运作。大部分州（市）住房公积金管理中心向职工发放了存储卡，可以通过网络、银行查询个人账户信息，并将上一年度住房公积金财务报表向社会公告，接受新闻媒体及社会全方位监督。

【住房公积金内部管理规范严谨】会同相关厅局制定完善云南省住房公积金监督、管理、使用等各项制度，向各州（市）中心先后印发了《云南省住房公积金管理中心工作考核办法》、《云南省住房公积金个人贷款管理办法》、《关于开展云南省住房公积金异地贷款业务的指导意见》等一系列政策性文件。各州（市）中心根据国家和省的相关法规政策，制定了住房公积金各项业务管理制度和业务操作流程；建立了住房公积金总账、单位账和个人明细账三级账目；部分中心还开通了住房公积金电话语音查询和网络查询，基本实现住房公积金规范管理。各州（市）中心对各管理部实行"统一管理、统一制度、统一核算"，定期对管理部履行职责、执行政策、资金使用、办理业务等情况进行业务稽核，加强对各管理部业务开展情况的实时监控。

【住房公积金资金有序运行】住房公积金覆盖面已由建立之初的56%提高到82%，从原来的以城区机关事业单位为主，逐步扩展到乡镇机关、企事业单位，并开始向非公有制经济组织发展。住房公积金缴存比例由建立之初的5%调整为5%～12%，"十一五"期间住房公积金归集额年均增长25%。严格按照《条例》规定，发放住房公积金个人住房贷款，同时加大对逾期贷款的清理和催收工作，建立逾期贷款的预警和催收机制，提高住房公积金资产质量。2010年底，逾期率控制在0.05%以内，使用率达80%，经过各方努力，截至2010年末，云南省未归还单位项目贷款已由2006年末的2.38亿元降至0.2亿元。

5. 建筑业与工程建设

【概况】2010年，全省建筑市场监督管理工作紧紧围绕全省建筑业发展大会精神，以科学发展观为指导，以改革创新为动力，努力为建筑业改革发展构建公开、公平、公正的竞争平台，高效、廉洁的服务平台，强化建筑市场监督管理。

【建筑业对社会经济贡献稳步增强】随着云南省固定资产投资项目稳步增加，固定资产投资平稳增长，全省建筑业发展态势良好。2010年，全省建筑业完成总产值1496.98亿元（全国完成96205.62亿元），比上年增长25.1%；增加值617.89亿元，比上年增长25%，占GDP比重的8.8%（高于全国6.56%的1.24个百分点），拉动GDP的增长率2个百分点。

【建筑业"十二五"发展规划拟定】 在总结云南省建筑业"十一五"成果的同时，客观分析云南省建筑业发展的现状，拟定云南省"十二五"发展规划。针对云南省"十二五"期间经济社会发展面临的形势，明确建筑业发展的指导思想、发展目标和任务。通过发展规划的指导，推动云南省建筑业转变发展方式，加快转型升级，加强技术创新，进一步增强核心竞争力，实现云南省建筑业又好又快发展。

【建筑市场秩序进一步规范】 2010年，针对建筑市场存在的违法分包、转包等现象，在全省范围内开展了一次建筑市场专项检查。按照《国务院关于进一步加强企业安全生产工作的通知》（国发〔2010〕23号）和住房和城乡建设部《关于集中开展严厉打击建筑施工非法违法行为专项行动的通知》（建办质电〔2010〕37号）要求，发布了《云南省住房和城乡建设厅关于集中开展严厉打击建筑施工非法违法行为专项行动的通知》（云建〔2010〕491号），制定了切实有效的实施方案，组织开展了关于严厉打击建筑施工各类非法违法行为的专项行动，对所查项目中存在的违法、违规的责任主体进行了严肃处理，对规范建筑市场秩序取得了一定成效。

【建筑企业综合实力进一步增强】 2011年，共有6家施工企业通过住房和城乡建设部审批，升级为总承包一级企业，另有20家企业升级为专业承包一级企业。全省共有建筑施工企业3238家（总承包企业1566家，专业承包企业1482家，劳务分包企业178家），其中特级资质企业2家，一级资质企业140家，二级资质企业974家三级资质企业1957家，不分等级企业37家。监理企业87家，其中综合资质1家，甲级资质21家，乙级资质35家，丙级资质29家，事务所1家。检测企业共计212家。

【建筑业执业人员管理进一步强化】 加强执业资格注册管理，全面开展二级建造师的7种所有注册类别的业务。全年共办理各类注册6156人次，其中建造师初始注册和变更注册共计5299人次（一级建造师初始注册609人次，二级建造师初始注册接件3791人次）；监理工程师初始注册、延续注册、变更注册857人次。清理规范建筑业从业人员资格类别，按照《职业大典》及住房城乡建设部相关规定，把云南省原有的500余种类别，清理合并为80余种。针对云南省建筑业企业中传统优势专业承包类别的园林古建首次增加了9种资格类别，为传承云南省民族建筑文化培养古建传统工艺传承人才奠定了基础。

【落实扶持政策工作稳步推进】 按照云南省财政厅、云南省住房和城乡建设厅《关于印发云南省促进建筑业发展奖励扶持暂行办法的通知》（云财建〔2010〕51号）要求，2010年下半年开展了奖励扶持资金的申报、报审及奖金兑现工作，截至2010年12月31日，已顺利完成了首批2000万元建筑业奖励扶持资金的兑现工作。拟定贯彻落实《云南省人民政府关于加快建筑业改革与发展的意见》和秦光荣省长在云南省建筑业发展大会的重要讲话精神的政策措施，2010完成了《关于建筑类企业资质管理实施意见》的起草，并经厅务工作会议研究通过。

【勘察设计行业快速发展】 开展全省工程勘察、设计企业资质年度检查；完成了工程设计新资质证书的换证工作，通过加强对企业的管理，提高全省勘察设计质量。组织完成了全省3847名注册建筑师及各类工程师的执业资格考试工作；组织了注册师考前免费培训和注册师继续教育工作；建立了勘察设计单位信息员制度，从人员上提高全省勘察设计队伍从业素质。出台了《工程勘察前置审查实施细则》、颁发了《云南省工程建设标准设计图集统一编号规则（试行）》；组织对《云南省建设工程勘察设计管理条例》、新《建筑抗震设计规范》进行宣贯，从政策法规角度进一步规范了云南省勘察设计行业。全省541家勘察设计企业上报的营业收入合计共136亿元，工程勘察完成合同额合计13.83亿元，工程设计完成合同额合计39.42亿元。

【标准定额工程建设标准化持续推进】 创新引入专家评审制度，审定下达2010年度工程建设地方标准编制计划共计20项。督促指导编制单位完成《塑料排水检查井应用技术规程》、《建筑工程应用500MPa热轧带肋钢筋技术规程》等6项工程建设地方标准编制任务。配合昆明市城市轨道交通工程建设，组织编制《云南省城市轨道交通工程造价计价依据》。顺利完成全省9000多名考生参考的造价员考试工作。完成"云南省工程造价咨询企业管理系统"，建立工程造价咨询企业资质身份信息及业绩成果信息统计上报制度。组织参与省级67个项目投资约200亿元的初步设计概算评审。牵头省残联、省民政厅、省老龄办指导昆明市、玉溪市成功创建为"全国无障碍示范城市"。

【建筑安全事故得到有效控制】 2010年，完成年度各项工作目标任务，在建筑业产值两位数增长的情况下，全省建筑安全生产形势继续保持了总体稳定的态势。全年共发生建筑安全事故27起，死亡35人，同比分别下降30.8%和10.3%，死亡人数较省安委会下达年度控制考核指标的60人下降25人。省住房城乡建设厅2010年度安全生产责任状考核为优秀。

【工程质量水平稳步提高】 2010年，全省共监督工程项目11165项，建筑面积1.1062亿平方米，较2009年增长34.2%，其中，受理新报监工程7051项，面积7601万平方米，较2009年增长60.1%，全年竣工验收4979项，面积2950万平方米；全年办理工程竣工验收备案工程3834项，建筑面积2397万平方米。全省累计获建筑工程鲁班奖9项，国优工程25项，有308项工程获"省优质工程奖"，并获得建设部全国绿色建筑创新奖2项、全国建设行业华夏建设科学奖1项、云南省科学技术奖6项。

【招投标市场进一步规范】 按照招投标法律法规，从规范招投标和有形市场，维护招投标双方的根本利益出发，认真做好监督、指导和查处工作，并针对云南省招投标市场中出现的问题，多次到州（市）进行调研。截至2010年年底，全省依法应招标工程的招标率达100%，应公开招标工程的公开招标率达100%。为进一步健全法规制度，组织起草了相关办法、规定。严格按照四项制度规定，认真组织省管项目施工许可和招标代理机构资格的审批。2010年共完成省属项目招投标备案和监管687项，处理举报或投诉3件，审查发放施工许可证77件，办理招标代理机构资格新申请、升级、延续42家。

（云南省住房和城乡建设厅）

西藏自治区

"十一五"期间，西藏各级住房城乡建设部门紧紧围绕西藏自治区"十一五"规划制定的目标任务和工作重点，齐心协力、共同奋斗，城镇基础设施不断完善，综合服务功能不断提升；城乡面貌不断改善，城乡居民的生活质量不断提高；建筑产业不断壮大，支柱产业地位不断巩固；房地产业稳步发展，带动作用不断增强，取得了良好的成绩，为全区"十一五"目标任务的圆满完成发挥了积极的作用，做出了重要的贡献。

1. 以改善民生为出发点，住房保障工作取得显著成效

五年来，西藏各级住房城乡建设部门把住房保障工作作为顺民意、扩内需、促发展、调结构的重大民生工程，加快推进保障性住房建设，不断完善政策措施，切实改善低收入困难群众及干部职工的住房条件，住房保障工作取得显著成效。

【保障性住房建设和管理工作不断加强】 "十一五"时期，西藏安排建设廉租房10800套，总投资超过11亿元，总建筑面积72万平方米。通过廉租住房实物配租的方式解决了城镇低收入住房困难家庭10000多户、4万多人的住房问题，通过发放租赁住房补贴的方式解决了城镇低收入家庭9049户、1.35万人的住房问题。以实物配租为主、租赁住房补贴为辅的廉租住房制度保障范围已经覆盖到西藏7地市、74个县（市、区）城镇。安排投资31亿多元，本着优先向基层倾斜的原则，在全区建设周转房26582套，总建筑面积194万平方米。周转住房制度覆盖到西藏所有乡镇，周转房建设力度的不断加大，极大地缓解了干部职工住房紧张的状况。积极开展城镇和国有工矿棚户区改造、公共租赁房等保障性住房基本情况的调查、梳理和核实工作，完成"十二五"保障性住房建设各专项规划编制工作。截至2010年底，西藏初步建立了以"四房两改"为重点、"两补一金"为基础的住房保障体系（"四房两改"即廉租房、公共租赁住房、干部职工周转房、经济适用住房，棚户区改造和农村危房改造；"两补一金"即廉租住房租赁补贴、干部职工住房补贴，住房公积金）。

【住房公积金监督管理工作深入推进】 "十一五"以来，西藏坚持每年组织开展住房公积金专项整治活动，完善住房公积金管理有关政策措施；完成全区住房公积金网络管理系统建设，实现全区住房公积金数据库、应用软件、操作流程、查询号码的统一，使西藏成为全国率先实现全区公积金管理机构业务系统联网的省区之一，住房公积金归集、使用管理得到进一步加强。截至"十一五"末，全区建立住房公积金账户人数达到13万人，累计归集住房公积金80.9亿元，累计发放住房公积金贷款30.4亿元，分别比"十五"末增加了2倍和4.6倍；住房公积金使用率达到62%，比"十五"末提高约17个百分点。机关事业单位住房公积金覆盖率达到100%，国有企业住房公积金覆盖率从"十五"末的60%提高到80%以上，其中拉萨、山南、昌都等地市国有企业实现住房公积金制度全覆盖。

2. 以城乡统筹为着力点，城镇规划建设和管理水平迈上新台阶

五年来，全区各级住房城乡建设部门全面贯彻科学发展观，以统筹城乡发展为着力点，提高规划编制水平，完善规划管理制度，发挥规划的"龙头"作用，城镇建设和管理水平不断提高。

【规划编制工作步伐加快】 "十一五"期间，西藏各级住房城乡建设部门对规划编制工作高度重视，通过多种渠道积极筹措资金，编制完成大量各层次的城乡规划，使城乡发展的基础更加扎实。编制完成《西藏自治区城镇体系规划》（2009～2020年）；《拉萨市城市总体规划》（2009～2020年）已获国务院批准实施，其他6地区所在地城镇总体规划新一轮修编工作全面完成；除昌都镇、狮泉河镇外，其他5地市所在地城镇控制性详细规划已编制完成；71个县人民政府所在城镇总体规划编制任务全面落实，其中11个县城所在地城镇已完成城镇总体规划修编；完成29个建制镇的总体规划编制工作。完成了西藏自治区城镇建设用地、城镇饮用水供水设施改造和建设、城镇基础设施近期建设、城镇垃圾无害化处理、环境卫生、污水行业发展等多个自治区层面的专项规划编制工作，部分地市也积极开展专项规划的编制工作。通过五年的积极努力，使规划编制工作不断得到深入，规划体系逐步健全。

【规划监督管理进一步增强】 为改进规划管理方式，增强管理力度，维护规划的严肃性和权威性，发挥规划在城镇建设和管理中的调控作用，西藏自治区人民政府出台《关于进一步加强城镇规划工作的通知》，并于2007年召开了全区城乡规划管理工作会议。各地市认真贯彻落实《通知》和会议精神，加强对规划管理工作的领导，加强对规划执行过程的指导和监督，加强在建工程执行规划的检查力度和巡查覆盖面，严厉查处违法违规行为，使规划的执行力和管理水平有了较大提高。同时，加快立法进程，为规划监管工作提供法律依据。拉萨市制定了《拉萨市城市规划条例》和《拉萨市城市规划条例实施细则》，自治区制定了《"一书三证"管理办法》。

【城镇基础设施日益完善】 "十一五"时期，国家、各援藏省市、中央企业对西藏城镇基础设施建设的投资力度不断加大，一大批城镇道路（桥梁）、供排水、垃圾处理、污水处理等基础设施和公用设施的建成并投入使用，使城镇的整体功能得到进一步完善和提升。全区新增城镇桥梁4.5公里，新增和改造市政道路85公里，那曲镇基础设施建设工程的各项前期工作按时完成；拉萨东郊水厂、泽当水厂、昌都水厂、狮泉河南区水厂和71个县城供水设施建成投入使用，新增供水能力12万吨/天，配套建设供水管网687公里；建成拉萨市、日喀则和50个县城排水管网666公里。在城镇体系规划的科学指导下，以拉萨市为中心，各地区和县城所在地为区域中心的城镇空间格局正在加快形成，城镇化进程不断加快。全区城镇化率预计达到25%，比"十五"末提高5.2个百分点。城镇的综合服务功能日益增强，聚集、辐射和带动作用日益凸显，有力地促进了城乡经济的发展。

【城镇管理水平明显提高】 一是以拉萨市开展"六城同创"为标志，各地市积极探索城镇管理的新模式。以园林城镇、卫生城镇、文明城镇创建为载体，以治理城镇"脏、乱、差"为突破口，加快城镇绿化、美化、亮化、硬化工程建设，改善城镇面貌，树立城镇良好形象。拉萨市、林芝地区八一镇先后被评为自治区级园林城市，同时林芝地区八一镇还获得国家园林绿化先进单位称号。日喀则市喜格孜步行街、昌都地区昌都镇昌庆街被授予人居环境范例奖。二是各地市积极开展市政公用事业特许经营试点。在城镇绿化养护、城镇垃圾清运、户外广告等经营权转让方面做了一些探索，取得了一些宝贵经验。三是不断加大对历史文化名城名镇名村和风景名胜资源的保护力度。各地市积极筹措资金，科学合理编制相关保护、建设规划，加大配套基础设施建设力度。"十一五"期间，新增萨迦镇1座国家历史文化名镇，新增纳木错—念青唐古拉山、唐古拉山—怒江源2处国家级风景名胜区，格拉丹东—长江源、纳木错、土林—古格被列入国家自然遗产备选名录库。

3. 以促进产业发展为载体，建筑业和房地产业对国民经济的促进作用进一步凸显

五年来，西藏各级住房城乡建设部门对建筑业和房地产业精心培育、合理引导、加强管理，建筑业和房地产业在规范中快速发展，已成为全区国民经济的重要产业，在扩大内需、吸引投资中发挥了重要作用。

【建筑业企业规模不断扩大】 积极推进建筑业企业结构调整和优化，提出了"培育一级企业、发展二级企业、规范三级企业，扶持以农牧民工为主体的县乡劳务施工组织"的建筑业发展思路，建筑市场规模不断扩大，建筑业整体素质逐步提高，全区建设工程企业发展到1012家。

【建筑业增加值逐年增加】 建筑业增加值超过127亿元，继续保持了年均20%的增长速度，占第二产业的70%以上。同时也带动了建材业、运输业等相关产业的发展，建筑业在国民经济中的支柱产业地位进一步巩固。

【建筑市场秩序进一步规范】 各地市通过开展建筑市场综合执法检查、强化招投标市场监管、完善不良行为公示制度、严肃查处违法违规行为等一系列措施，建筑市场秩序得到进一步好转。

【房地产业稳步发展】 "十一五"期间，西藏自治区房地产业得到较快发展。一是房地产行业队伍不断壮大。全区共有房地产开发企业56家，房屋拆迁企业9家，房地产评估企业6家，物业服务企业31家。二是房地产业发展势头良好，规模效益初步显现。"十一五"期间，完成房地产投资57.1亿元，是"十五"期间的3.2倍；房地产土地开发面积228.2万平方米，是"十五"期间的3.2倍；销售总额67.3亿元，是"十五"期间的5.2倍。三是对房地产市场宏观调控进一步加强。

4. 以建设资源节约型、环境友好型社会为目标，节能减排工作扎实开展

五年来，西藏各级住房城乡建设部门把建筑节能作为推进资源节约型、环境友好型社会建设的重要内容，不断加大污水、垃圾处理设施建设力度，加快推进节能减排工作，为全区的生态环境保护做出了积极贡献。

【垃圾、污水处理设施建设进展顺利】 "十一五"期间，狮泉河、那曲、昌都、墨竹工卡等22个城镇垃圾填埋场完工，新增垃圾处理能力470吨/天。南木林等16个县城垃圾填埋场和3个地区医疗废弃物处理场正在建设中。日喀则、八一镇、泽当镇、樟木、亚东、狮泉河等6个污水处理厂正在加快推进前期工作。昌都地区昌都镇污水处理厂已投入使用。

【建筑节能工作有序进行】 制定建筑节能标准，包括《居住建筑节能设计标准》、《民用建筑采暖设计标准》两个地方标准和《西藏自治区居住建筑节能设计构造图集》，推动了建筑节能工作的有序开展。建立了建筑节能材料和产品的登记备案制度，加快推进墙体材料革新和推广建筑节能材料。各地市在规划、设计中，根据当地气候条件，加大太阳能应用，推进太阳能光电建筑应用和页岩烧结砖、加气混凝土等墙体材料，特别是在保障性住房建设中，强制推广使用建筑节能技术，使建筑节能工作扎实开展。各地市以申报国家可再生能源示范项目为突破口，推动建筑节能与可再生能源在建筑中的应用。日喀则地区、那曲地区、拉萨市成功组织申报了一批可再生能源示范项目，对推动西藏自治区可再生能源应用起到了积极地示范与促进作用。

5. 以提高农牧民增收致富能力为抓手，深入推进社会主义新农村建设

五年来，西藏各级住房城乡建设部门紧紧围绕服务"三农"的工作要求，充分发挥人才、技术优势，在农牧民工职业技能培训、农房改造、抗震加固等方面做了大量艰苦细致的工作，促进了全区新农村建设的深入开展。

【农牧民工技能培训工作有效开展】 "十一五"期间，各地市紧紧围绕促进农牧民增收、提高农牧民进入施工领域的组织化程度这一重点，把培训与上岗就业结合起来，进一步加大农牧民工建筑技能培训工作，对16000余名农牧民进行了砌筑工、钢筋工、木工、藏式建筑绘画等十余个工种的实用技能培训。经过建筑技能培训，拥有一技之长的农牧民工，进城下乡，活跃在城乡建设的各个领域，不但转移了劳动力，增加了收入，改善了生活，也为城镇化建设和社会主义新农村建设发挥了作用，成为促进城乡建设发展的一支生力军。

【职业技能鉴定工作从无到有】 2008年，成立了国家职业技能鉴定九所，从2009年开始开展职业技能鉴定工作。各地市积极组织农牧民工进行职业技能鉴定，共对1385名农牧民工进行了建筑职业技能鉴定，鉴定合格农牧民工762人，并颁发了职业资格证书，为他们进入施工领域提供了"通行证"，也使其劳动报酬有了大幅提升。

【以农牧民为主体的县乡劳务施工组织得到发展】 在积极试点组建以农牧民为主体的县乡劳务施工组织的基础上，制定政策措施，加大扶持力度。各地市在确保质量安全的前提下将有关工程项目交由农牧民施工队伍承建，带动农牧民增收。全区组建以农牧民为主体的县乡劳务施工组织253家，建筑业中农牧民从业人员10余万人,为农牧民增收致富发挥了重要作用。

【为新农村建设提供技术和人才支持】 "十一五"时期,各地市住房城乡建设部门抽调专业技术人员充实到各级农牧民安居工作部门,根据《西藏农牧民安居工程设计方案图集》、《西藏农牧民住房设计通用图集》、《西藏自治区村庄规划建设指导性意见》、《西藏自治区村庄综合整治技术导则》等技术标准,结合各自实际,细化工作方案,深入建设一线,对农牧民安居工程建设进行规划、施工指导,为全区顺利推进农牧民安居工程建设发挥了重要作用,确保了西藏自治区各地市提前完成"十一五"安全工程建设任务。深入开展扩大农村危房改造试点工作,对全区4.92万户农牧民房屋进行了危房改造和建筑节能改造。从2008年起对农牧民安居工程开展抗震加固,完成了10多万户农牧民安居工程抗震加固任务。积极配合有关部门进行了全区农村人居环境建设和环境综合整治试点工作。

【地震灾后恢复重建工作圆满完成】 2008年10月6日当雄县发生6.6级地震,波及拉萨市、日喀则、山南等地市多个县乡。地震发生后,按照自治区党委、政府的紧急部署,住房城乡建设部门迅速行动,组织工程技术人员在第一时间深入灾区,对农牧民房屋受损情况开展排查和安全鉴定工作,对涉及公共安全的建筑、场所进行了专项检查,收集了大量基础数据资料,编制了灾后重建、抗震加固等设计图集和施工方法,组织技术培训,为自治区党委、政府决策提供了科学依据,为灾后重建做了大量卓有成效的工作,取得了较好的成绩。同时,积极做好全区中小学校舍安全排查鉴定工作。各地市住房城乡建设部门按照相关要求,对全区建筑面积361万平方米、占地面积2274万平方米的951所学校进行了排查鉴定,为全区中小学校舍安全工程顺利开展打下了良好基础。

6. 以维护稳定促进安全为基础,行业形象进一步提升

五年来,西藏各级住房城乡建设部门始终高举维护稳定的旗帜,扎实做好反对分裂、维护稳定各项工作。加大"双清欠"工作力度。深入开展建设领域专项治理活动。切实做好工程质量和安全生产管理工作,为全区的长治久安做出了积极贡献。

【制定出台民工工资保证金制度】 建立从源头预防和解决拖欠民工工资纠纷发生的长效机制。"十一五"期间,全区各级住房城乡建设部门共接待来访民工近600批次11000余人次,协调解决被拖欠的民工工资7600余万元,化解了大量拖欠纠纷。三是深入开展工程建设领域专项治理活动。各级住房城乡建设部门按照自治区的统一部署,认真排查,对于存在的问题,落实责任,及时整改,专项治理活动取得了较好的效果。

【安全生产和工程质量管理不断加强】 审查发放建筑施工企业安全生产许可证272份,核发安全生产管理及安全生产从业人员证书3600余人次。施工图审查机构从1家发展到4家,进一步扩大了施工图审查覆盖面,对违反质量安全及设计规范的现象提出审查意见,确保了设计质量。同时,新的施工工艺、施工方法、新的建材产品等在西藏自治区得到推广应用。实现城镇新建工程项目质量监督、监理的全覆盖,确保了工程质量安全。"十一五"期间建筑工程质量稳步提升,全区建筑工程一次性验收合格率保持在98%以上。三是进一步加强施工现场监管。各地市定期不定期对建筑施工工地进行检查、巡查、专项检查,不断规范施工现场安全防范措施管理,完善对建筑塔吊等特种设备的监管,有效消除建筑施工安全隐患,确保了建筑安全生产事故及死亡人数控制在指标范围以内,全区未发生重特大建筑安全生产事故。

7. 以反腐倡廉和人才队伍建设为重点,自我发展的基础更加牢固

五年来,西藏各级住房城乡建设部门不断完善党风廉政、法制、人才工作机制,调整优化机构职能,破解发展难题,增强发展活力,自我发展的基础进一步夯实。

【党风廉政建设和精神文明建设不断深入】 "十一五"时期,全区住房城乡建设系统深入开展了学习实践科学发展观、爱国主义教育、效能建设、创先争优等各类主题教育活动。以教育、制度、监督为核心,强化纪律教育和监督工作,惩治和预防腐败体系进一步建立健全。西藏自治区住房城乡建设系统先后涌现了一大批先进集体及先进个人,为推动全区住房城乡建设系统精神文明建设发挥了重要作用。

【机构职能进一步优化】 西藏各级住房城乡建设部门机构改革已基本结束,74个县(市、区)都成立了住房和城乡建设局,基层住房城乡建设工作得到进一步加强。拉萨市、林芝地区等地市还结合实际,成立了市政市容、园林绿化、规划等部门,明确了职责,充实了人员。进一步强化了住房保障、质量安全监管、市场监管等职能,全区住房城乡建设系统职能进一步加强,职责关系更为明确,办事效率进一步提高。

【人才培训扎实有效】 各地市通过援藏等途径,与内地有关省市住房城乡建设部门、高校、科研院所等建立了长期稳固的合作关系,通过请进来、送出去等方式,不断加大行政管理干部队伍、专业人才队伍建设,形成了干部挂职、培训、交流的长效机制。"十一五"期间,西藏自治区通过考试取得二级建造师执业资格1467人,全区施工、造价、监理等企业注册各类执业资格人员达2333人。完成监理员、安全员、施工员等关键岗位人员培训10214人,人才队伍初具规模,专业层次越来越合理。

【依法行政成效明显】 全区住房城乡建设系统认真开展了行政审批项目的清理工作,减少了行政审批项目,完善了行政审批的配套制度,规范了行政审批的规程。从与人民群众关系密切的重大问题和热点问题入手,制定出台了建筑市场监管、保障性住房建设管理、安全管理等方面的40余件规范性文件,使工作有章可循。通过举办各类普法学习班、讲座等形式,切实提高了住房城乡建设领域的执法水平,依法行政能力进一步提高,"五五"普法各项目标任务圆满完成。

2010年大事记

1月1日,西藏自治区已初步建立以实物配租为主、租赁补贴为辅的廉租住房制度。

1月4～6日,西藏自治区住房和城乡建设工作会议在拉萨召开,区住房城乡建设厅党组副书记、厅长陈锦作了工作报告,全面总结2009年全区住房城乡建设工作,安排部署做好2010年住房城乡建设工作。自治区副主席孟德利出席会议并作重要讲话,要求各级住房城乡建设部门要切实履行职责,突出重点抓好工作落实,确保住房和城乡建设工作取得优异成绩。

1月5日,西藏自治区住房城乡建设工作会议明确2010年西藏自治区将进一步加大保障性住房建设力度,将在全区建设廉租房2000套、周转房5500套,并利用3～5年时间开展城镇和国有工矿棚户区改造工作。

1月6日,西藏自治区住房城乡建设系统党风廉政建设工作会议在拉萨召开,区住房城乡建设厅党组书记、副厅长王亚蔺作了重要讲话,区住房城乡建设厅党组成员、驻厅纪检组组长王瑞田作了工作报告,全面总结2009年全区住房城乡建设系统党风廉政建设工作,部署做好2010年工作。

1月6日,自治区两房办与各地市分管专员(市长)签订廉租房和周转房建设目标管理责任书。

1月19日,拉萨市召开全市住房城乡建设工作会议,王亚蔺出席并作重要讲话。

1月19日,中央第五次西藏工作座谈会在北京召开,陈锦随同西藏自治区代表团参加会议。

1月21日,自治区副主席孟德利视察北京中路地下人行通道工程建设,要求全力加快工程进度,确保工期、质量和安全。陈锦陪同视察。

1月28日,自治区住房城乡建设厅召集区财政厅、区国税局、拉萨市政府、拉萨市住房城乡建设局、拉萨市财政局、拉萨市国土资源规划局等单位,召开拉萨市首期经济适用住房试点建设工作推进会,协调要求进一步加快工作进度,确保试点工作全面圆满完成。

2月2日,自治区住房城乡建设厅会同区发展改革委、区财政厅下达2010年全区周转房建设任务。2010年西藏将按照"统一规划、统一建设、统一分配、统一管理"和整县推进的原则,在全区再建设5500套周转房,建筑面积402140平方米。

2月6日,区住房城乡建设厅启动全区住房城乡建设事业"十二五"规划编制工作,要求切实做好"一个综合规划、九个专项规划"编制工作(一个综合规划是西藏自治区住房城乡建设事业"十二五"发展规划,九个专项规划包括城镇基础设施建设专项规划、保障性住房建设专项规划、建筑节能和科技专项规划、农村危房改造专项规划、历史文化名城名镇名村保护专项规划、风景名胜区专项规划、建筑业发展专项规划、城镇防灾减灾专项规划、城镇规划编制专项规划)。

2月8日,区住房城乡建设厅组织对全区城乡规划编制情况进行统计,力争全面摸清全区所有建制镇的城镇各项规划编制情况。

2月9日,经申请、审核、公示等环节后,全区再安排符合条件的1850户城镇低收入家庭入住廉租住房。

2月10日,自治区党委常委、自治区常务副主席吴英杰赴自治区住房城乡建设厅调研,听取区住房城乡建设厅工作情况汇报,与厅领导、厅机关各处室和厅属各部门主要负责人座谈。

2月10日,自治区党委常委、自治区常务副主席吴英杰视察北京中路地下人行通道工程建设,要求有关各方要以高度的政治责任感和使命感,加快施工进度,保质保量按期完成地下人行通道工程建设,为广大市民和游客创造良好的交通环境。区政府副秘书长格桑和陈锦陪同视察。

2月18日,自治区党委书记张庆黎、自治区主席白玛赤林、区党委常委、自治区常务副主席吴英杰视察北京中路地下人行通道工程建设,看望慰问春节期间坚守岗位的建设工人,发放了慰问品,并要求精心施工、科学管理,切实把北京中路地下人行通道工程建设成为精品工程、示范工程。陈锦陪同视察。

3月9日,区住房城乡建设厅部署在厅系统组织开展效能建设年活动。

3月9日,区住房城乡建设厅组织召开进一步加强安全生产工作电视电话会议,要求在各工程项目开复工之际,全面部署和加强建筑业安全生产工作。

3月10日,区住房城乡建设厅部署各地市、各有关部门加强城镇户外广告牌安全管理工作,要求落实属地管理责任,加强安全隐患排查,避免城镇户外广告牌发生安全事故造成人民生命财产损失。

3月12日,区住房城乡建设厅、人力资源社会保障厅、区发展改革委、区财政厅、区监察厅、人行拉萨中心支行联合印发《关于在西藏自治区建设领域建立民工工资保证金制度的通知》,要求各类建设工程、线路管道和设备安装工程、室内外装饰装修工程必须建立民工工资保证金制度,施工企业中标后、办理施工许可证前必须缴纳一定比例的保证金(房屋市政工程民工工资保证金比例为5%~10%)。标志着西藏自治区正式在西藏自治区建设领域建立和推行从源头预防民工工资拖欠纠纷发生的长效机制。

3月20日,王亚蔺带队对拉萨市经济适用住房试点建设工作进展情况进行督查,要求进一步加快工作进度。

3月23日,山南地区住房城乡建设工作会议在泽当召开,部署做好全地区住房城乡建设工作。山南地区行署副专员桑布出席会议并讲话。

4月1日,区住房城乡建设厅邀请西藏自治区人大代表、政协委员观摩指导区建设工程交易中心招投标工作。

4月1日,西藏自治区建筑市场综合管理平台"建筑施工企业备案管理"网上申报系统正式启用运行,区内外建筑施工企业、工程勘察设计企业、园林绿化企业等各类建筑业企业资质申报、资质年检、备案管理、企业档案管理、数据直报等工作可通过该系统网上申报完成,极大方便了服务对象。

4月1日,《西藏自治区城镇体系规划(2009~2020年)》经自治区九届人大常委会第十五次会议审议通过,要求进一步修改完善后以政府名义报国务院审批。

4月2日,全区建筑安全生产电视电话会议召开,区住房城乡建设厅党组副书记、厅长陈锦全面总结2009年全区建筑业安全生产工作,分析西藏自治区建筑安全生产面临的形势,研究部署2010年安全生产工作。

4月2日,日喀则地区召开住房城乡建设工作会议,总结部署该地区住房城乡建设工作。

4月9日,区住房城乡建设厅会同人力资源社会保障厅要求全区所有施工工地必须强制设立劳动者维权公示牌,切实从源头预防和减少拖欠民工工资纠纷。

4月10日,总投资9713万元的山南地区泽当镇水厂项目建设全面启动,该工程为山南地区现有最大的市政设施项目之一。

4月12日,以自治区交通运输厅副厅长扎西江措为组长的自治区安全生产百日大检查第四督导组到区住房城乡建设厅检查指导工作,听取区住房城乡建设厅安全生产工作情况汇报。区住房城乡建设厅党组副书记、厅长陈锦和区住房城乡建设厅副厅长岗杰出席会议。

4月14日,王亚蔺赴自治区住房资金管理中心调研,要求自治区住房资金管理中心进一步强化服务、规范管理,切实确保住房公积金安全高效运作。

4月16日,区住房城乡建设厅向青海省住房城乡建设厅发出慰问电,通过青海省住房城乡建设厅向青海玉树"4·14"7.1级地震受灾群众表示慰问,并表示将在力所能及地给予地震救灾和重建等工作提供帮助和服务。

4月20日,区住房城乡建设厅组织西安建筑科技大学和西藏自治区建筑勘察设计院共同编制的《西藏居住建筑节能设计构造图集》向全区发放。

4月20日,区住房城乡建设厅组织对全区29个房地产开发项目中违规变更规划、调整容积率情况进行全面自查和检查,所检查的29个项目均不存在变更规划、调整容积率问题。

5月7日、5月10日,区住房城乡建设厅副厅长梅高原带领有关人员,赴西藏圣吉高争新型建材有限公司、西藏红墙烧结砖有限公司、拉萨青达建材有限公司调研新型墙体材料革新与推广建筑节能工作,研究提出西藏自治区推进建筑节能工作相关措施。

5月10日,区住房城乡建设厅会同区财政厅、国资委、人力资源社会保障厅、工商局、税务局、总工会联合下发通知,要求进一步加强西藏自治区国有企业住房公积金归集管理工作。

5月11日，北京中路地下人行通道工程建设竣工交付，科学分流布达拉宫东西侧过街人流车流，对疏导交通、确保安全起到重要作用。

5月11日，《江孜县城镇总体规划》通过专家评审。

5月12日，王亚蔺赴拉萨市市政市容管委会进行调研，听取拉萨市市政市容管委会工作情况汇报，座谈讨论市政市容工作当前和长远发展重大问题，部署做好当前各项工作。

5月14日，《西藏自治区党政机关事业单位周转房建设管理暂行办法》经自治区政府审定出台实施，该办法总结了西藏自治区周转房管理经验，吸取管理中的教训和不足，针对周转房建设管理工作中存在的问题，做出了严格详细的规定，加大对违反规定行为的处理力度。

5月16日，陈锦带领有关技术人员，深入当雄县格达乡检查2010年5月14日4.7级地震对民房质量安全影响情况。

5月19日至20日，区住房城乡建设厅调研组赴拉萨市各县区检查督导廉租房和周转房项目建设进展及已建廉租房的入住情况，要求拉萨市切实做到建管并重，推进项目建设，提高廉租房入住率。

5月19日，自治区副主席德吉代表自治区人民政府与国务院保障性安居工程协调领导小组签订西藏自治区2010年住房保障工作目标责任书。

5月20日，区住房城乡建设厅、区民政厅、区财政厅联合下发通知，要求各地市、县加快新建廉租住房项目建设进度和已建成廉租房的入住工作。

5月26日，西藏自治区风景名胜区第一届评审委员会暨全区第一批自治区级风景名胜区申报材料评审会在拉萨召开，标志着西藏自治区风景名胜区第一届评审委员会正式成立，自治区级风景名胜区申报评审工作正式启动。会议由区住房城乡建设厅副厅长卢英方主持，区住房城乡建设厅党组副书记、厅长、自治区级风景名胜区评审委员会主任委员陈锦同志出席会议。

5月28日，《西藏自治区城镇污水行业发展规划》通过专家评审。

6月3日，住房城乡建设部援藏项目、由中国城市规划设计研究院组织编制的《昌都城市总体规划（2008~2020年）》通过自治区城乡规划评审委员会评审，要求尽快修改后报请自治区政府批准后实施。

6月20日，区住房城乡建设厅深入开展密切联系群众活动，积极为定点联系村娘热乡吉苏村群众排忧解难。

6月25日，拉萨市住房城乡建设局组织对当雄县纳木湖乡农牧民代表、农牧民施工队40余人进行"打包带"抗震加固技术培训。

7月12日，自治区副主席多吉泽仁对区住房城乡建设厅系统进行调研，听取陈锦关于近年住房城乡建设工作情况汇报，要求区住房城乡建设厅广大干部职工要抓住机遇、突出重点，全力促进西藏自治区住房城乡建设事业更好发展、更快发展、更大发展。区政府副秘书长王维杰和王亚蔺等陪同调研。

7月14日，西藏自治区区直机关行政事业单位周转房一期工程开工建设。区党委副书记、自治区常务副主席郝鹏出席开工奠基仪式并宣布工程开工，区人大副主任宋善礼、自治区副主席多吉泽仁、自治区政协副主席白玛朗杰出席开工奠基仪式并为工程奠基，仪式由王亚蔺主持，陈锦出席仪式并介绍工程概况。

7月20日，区住房资金管理中心向全区干部职工免费发放《住房公积金知识宣传手册》。

7月25日，区住房城乡建设厅召集自治区房地产协会、拉萨市住房城乡建设局、拉萨市房产管理局及15家房地产企业负责人，深入研究分析西藏自治区房地产业发展形势，提出进一步规范发展房地产业的意见建议。

8月10~13日，自治区房地产业协会承办2010西藏拉萨"雪顿节"房产展销会，23家房地产企业参展。

8月10日，王亚蔺主持召开专题会议，征求建筑施工企业、房地产开发企业等服务对象关于改善发展软环境的意见建议。

9月3日，自治区人大财经委员会副主任顾茂芝带领自治区人大常委会执法检查组对区住房城乡建设厅开展《中华人民共和国招投标法》执法检查，重点听取贯彻执行《中华人民共和国招投标法》情况汇报，实地视察了区建设工程交易中心。

9月10日，全国住房城乡建设系统对口支援西藏工作座谈会在拉萨召开，全面总结2010年全国住房城乡建设系统援藏工作经验成效，深入贯彻落实中央第五次西藏工作座谈会精神，部署进一步加大对口支援西藏工作。

9月10日，住房城乡建设部与自治区人民政府在拉萨签订了《关于进一步推进西藏住房城乡建设发展的框架协议》，确定在当前和今后一个时期，住房城乡建设部将从完善城乡规划、因地制宜推进城镇化进程，推进住房保障、努力促进"住有所居"，加强历史文化和风景名胜资源保护、增强可持续发展能力，促进产业发展、推动节能减排、加强队伍建设、增强自我发展能力五个方面给予西藏大力支持和帮助。

9月30日，自治区组织召开全区加快推进保障性住房建设工作电视电话会议。

10月15日，自治区级风景名胜区评审委员会召开评审会，西藏自治区卡久、纳如沟、勒布沟、梅里雪山北坡、三色胡等13个景区通过专家评审，将报自治区政府审定。评审会由陈锦主持。

10月27日，梅高原带领有关处室负责人，参加由自治区纠风办和西藏人民广播电台联合开办的政风行风热线藏语节目，与听众互动交流，介绍西藏自治区住房城乡建设工作情况，回答听众疑惑。

10月28日，西藏风景名胜区与内地景区缔结友好景区座谈会在江苏南京召开，西藏雅砻河、纳木错-念青唐古拉山、唐古拉山-怒江源三个国家级风景名胜区与北京八达岭-十三陵、南京中山陵、杭州西湖、辽宁千山等4个国家级风景名胜区缔结为友好景区。

10月30日，区住房城乡建设厅印发《西藏自治区城乡规划"一书三证"管理办法（试行）》，对"一书三证"的管理、核发、变更、撤销及监管等提出明确要求，切实规范西藏自治区城乡规划行政许可程序。

10月30日，西藏自治区国家职业技能鉴定九所对1085名农牧民工进行建筑技能鉴定，向612名鉴定合格的农牧民工颁发国家职业资格证书，提前2个月完成年度鉴定任务。

10月30日，由陈锦带队，赴日喀则地区、阿里地区就保障性住房建设管理工作进行调研和督查，通过实地检查、个别走访住户、查阅资料等方式，全面了解两地区保障性住房建设管理情况，摸清存在的问题，提出整改和加强的措施和办法。

10月30日，西藏圣城建设集团房地产开发公司开发的"圣城丽都苑"、西藏天海房地产开发公司开发的"天海德康名居"获评"广厦奖"。

11月1日，阿里地区住房城乡建设局正式挂牌。陈锦和阿里地委委员、组织部长李文革及阿里地区行署副专员洛桑出席挂牌仪式。

11月4日，梅高原带领有关处室负责人，参加由自治区纠风办和西藏人民广播电台联合开办的政风行风热线汉语节目，与听众互动交流，介绍西藏自治区保障性住房建设管理、城乡建设成就等工作情况，回答听众提出的问题。

11月5日，全区住房公积金电话查询系统通过测试正式开通，6829730、6829731、6829732、6829733四部查询电话提供24小时查询服务，用户拨打查询电话输入个人身份证号码及密码，即可查询个人住房公积金账户余额和贷款余额。

11月6~7日，区住房城乡建设厅与中国建筑科学院在拉萨联合举办建筑抗震设计规范培训班，对西藏自治区78名专业技术人员进行培训。陈锦出席开班仪式。

11月17日，区住房城乡建设厅通过自治区"五五"普法验收。

11月20日，经2010年度统一考试合格的西藏自治区新一批二级建造师执业注册工作基本结束，西藏316人获得二级建造师执业资格。

11月20日，自治区人民政府印发《关于加快发展西藏自治区公共租赁住房的实施意见》，提出"以居住为主、以中等偏下收入家庭为主、以小户型住房为主"的公共租赁住房发展原则。

11月30日，自治区住房城乡建设厅会同区发展改革委、财政厅、国土资源厅、监察厅等部门联合开展的为期近两个月的保障性住房建设管理专项督查工作结束，三个检查工作组分赴西藏自治区七地市、27个县（市、区）、49个乡镇开展了保障性住房建设管理专项检查。

12月5日，区住房城乡建设厅组织在全区开展建筑施工火灾隐患排查工作。

12月5日，区住房城乡建设厅从各地市抽调人员、落实办公场地，着手做好全区公有房屋普查前期工作。

12月6~15日，陈锦带领有关处室负责人对四川汶川大地震灾后重建工作和四川省城乡环境综合整治、保障性安居工程建设等工作进行考察学习。

12月18日，自治区人民政府第15次常务会议研究确定，从2011年1月1日起，西藏自治区机关事业单位住房公积金缴存比例由干部职工工资总额的8%提高到10%。

12月19日，《狮泉河镇消防专项规划（2010~2020年）》通过自治区城镇规划评审委员会评审。

12月20日，区住房城乡建设厅在全国范围内征集自治区级风景名胜区徽标。

12月20日，区住房城乡建设厅印发《西藏自治区住房城乡建设厅行政执法责任制实施办法（试行）》，明确住房城乡建设行政执法程序、规范执法人员行为、加强行政执法监督，推动执法能力建设。

12月20日，区住房城乡建设厅印发《西藏自治区房屋建筑和市政工程施工现场管理（暂行）规定》，进一步加强西藏自治区建筑施工工地管理,推进文明工地创建。

12月20日,住房城乡建设部批准将西藏自治区73个县(市、区)人民政府作为房屋登记机关,并确认房屋权属登记机关注册号。

12月28日,全国住房城乡建设工作会议暨党风廉政建设工作会议在北京召开,陈锦和自治区住房城乡建设厅党组成员、纪检组长王瑞田参加会议。

12月30日,党政机关事业单位住房公积金归集覆盖面达100%,国有企业归集覆盖面由年初的65%提高到83%。

(西藏自治区住房和城乡建设厅)

陕 西 省

2010年,陕西省住房城乡建设系统立足服务经济建设,保障和改善民生,突出"加快保障性住房建设、推进城镇化发展、做大做强建筑业、抓好建筑节能"工作重点,创新思路,多措并举,各项工作稳步推进取得新成果。2010年底,陕西省住房和城乡建设厅被陕西省人民政府表彰为"2010年度保障性安居工程建设工作先进单位"、"2010年度安全生产先进单位"、"2010年度全省政务督查工作先进单位"、"2009~2010年度应急管理先进单位"、"抗洪救灾及灾后重建先进集体"、"第十四届中国东西部合作与投资贸易洽谈会先进单位"、"第十七届农高会优秀组织奖与优秀展示奖"、"十一五"渭河流域水污染防治工作先进单位和"十一五"全省节能减排工作先进单位等。

1. 法规建设

【概况】 2010年,大力推进依法行政,努力建设法治政府。出台实施建设类地方性法规1部,对两部建设类政府规章立法后进行调研与评估。完善行政许可程序,设立行政许可服务中心窗口,实行行政许可送达与审核、将个人资格与企业资质相分离。全面清理行政执法主体、行政执法依据和行政执法职权,全面完成"五五"普法检查验收工作,开展全省建设系统行政处罚案卷评查活动。省住房和城乡建设厅被省政府法制办评为全省行政处罚案卷优秀单位。

【颁发《陕西省城镇绿化条例》】 2010年,配合省人大在充分调研论证的基础上制定《陕西省城镇绿化条例》。11月25日,《陕西省城镇绿化条例》获得陕西省十一届人大常委会第十九次会议表决通过,2011年1月1日正式实施。《陕西省城镇绿化条例》共5章46条,针对城镇绿化管理工作中存在的实际问题做了一系列规定,特别在以下几方面予以加强和明确:强化各级政府的职责,明确规定绿化经费纳入财政预算,解决城镇绿化建设和养护经费不足的问题;强化绿地系统规划编制和实施的监督,解决有些地方城镇绿化缺乏规划和布局不合理的问题;明确规定新建项目的绿地率指标,其中居住区绿地率不得低于30%,城镇主干道绿地率不得低于20%,并通过加强对绿化工程的规划审批、设计施工和竣工验收管理,切实保证建设项目附属绿化落到实处;明确各类绿地的建设和管理主体,充分调动社会各方面的积极性;明确了城镇绿线及其变更的法定程序,改变绿地性质和临时占用绿地的条件、审批程序,以有效保护城镇绿化成果不被随意侵占;细化了树木移植和砍伐等行政许可的条件、期限和程序,以切实解决随意移植、擅自砍伐树木的问题。

【开展政府规章立法后评估】 2010年,配合省法制办,对省政府出台的《陕西省建筑业劳动保险费用行业统筹管理办法》(试行)和以陕西省人民政府令第59号颁发的《陕西省墙体材料革新与节能建筑管理办法》两部省政府规章进行立法后评估,及时跟踪法规实施效果,并依据客观变化重新修订上述两部政府规章。其中《陕西省发展新型墙体材料条例》立法调研工作情况在省人大财经委工作会上进行专题汇报,并被列入下一年度全省立法计划。同时,对行政执法主体、行政执法依据、行政执法职权进行了全面清理和梳理,分解行政执法依据与职权139项,并将清理结果予以公开,以供社会公众查询。

【出台规范性文件】 2010年,出台《关于加大力度推进有条件的农村居民进城落户的意见》和

《住宅工程质量分户验收管理办法》等10余份规范性文件，其中陕西省委、省政府下发的《关于加大力度推进有条件的农村居民进城落户的意见》（陕政发〔2010〕26号），启动了全省农村居民进城落户的步伐。

2. 住房与房地产业

【概况】 2010年，全年房地产开发投资1160.23亿元，比上年增长23.2%，其中住宅建设投资926.90亿元，占房地产开发投资的80.60%。商品房销售建筑面积2590.18万平方米，增长24.1%；商品房屋销售额973.44亿元，增长44.7%。城镇居民人均住房建筑面积28平方米，增长0.4%。农村竣工住宅面积2155.2万平方米，增长14.6%。农民人均住房建筑面积31.7平方米，增长4.2%。2010年末，陕西有5个项目被评为2010年全国物业管理示范住宅小区和全国物业管理示范大厦，铜川市房屋产权市场管理处被评为2010年度全国房地产交易与权属登记规范化管理先进单位。

【市场宏观调控】 2010年，省政府下发《关于促进房地产市场平稳健康发展的意见》（陕政办发〔2010〕29号）对促进陕西房地产市场平稳健康发展开出"处方"有效遏制了个别城市、部分区域房价过快上涨势头。下发《陕西省人民政府转发国务院关于坚决遏制部分城市房价过快上涨的通知》（陕政发〔2010〕16号），认真落实中央确定的房地产市场调控政策，促进民生改善和经济发展。组织有关人员对全省10个设区市和杨凌示范区贯彻落实国务院、省政府关于促进房地产发展和房地产市场监管等情况进行专项检查，对38家违法违规企业进行通报处理。转发住房和城乡建设部国家外汇管理局《关于进一步规范境外机构和个人购房管理的通知》（陕建发〔2010〕686号），严格规范境外机构和个人购房管理。加快个人住房信息系统建设，西安、宝鸡、铜川、安康、榆林、咸阳、汉中、延安、杨凌、渭南10个城市实现商品房买卖网上签约和销售合同联机备案。促进县域房地产发展。在西安举办第九届陕西住宅产业博览会暨县域城镇房地产投资洽谈会，组织155个房地产等开发招商项目，主要包括旧城改造、城中村改造、市政基础设施建设、企业改制、房地产开发等，总投资873亿元，现场签约达126.3亿元。规范物业服务行为，组织开展物业管理服务提升年活动，创建全国和省级物业管理示范项目。陕西省西安市紫薇臻品、西安曲江公馆两个项目被评为2010年全国物业管理示范住宅小区；中共陕西省委机关西院办公楼、陕西省人大常委会办公楼、西安市秦电国际大厦3个项目被评为2010年全国物业管理示范大厦。

【保障性安全工程建设】 全省加大保障性安居工程建设政策支持力度，将保障性安居工程纳入重点推进的民生工程。制定《关于加快保障性住房建设的意见》，从加快廉租住房建设、加大公共租赁住房建设规模、规范经济适用住房建设等12个方面对全省保障性住房建设提出新要求。召开全省保障性住房建设工作会议，省委副书记、代省长赵正永出席会议并作重要讲话，省委常委、副省长洪峰代表省政府与各市政府签订了《2010～2012年保障性住房目标责任书》。省保障性安居工程协调小组各成员单位，按照职责分工，加强了协调配合，会同省发改委、财政厅等部门及时下拨中央下达全省各类保障性住房补助资金20.46亿元，农村危房改造资金3.66亿元；下达了省级保障性安居工程配套资金9.56亿元，农村危房改造1.615亿元；制定公共租赁住房、棚户区改造专项补助资金管理办法。国土资源厅采取有力措施，督促各市优先安排保障性住房建设用地。派出专项督察组，对全省保障性安居工程项目进展情况和质量安全进行督察检查，下发整改意见37份，全省保障性安居工程进展顺利，施工质量总体良好。目标任务全面超额完成。各设区市，采取各种措施加快推进保障性安居工程建设。西安、汉中、安康等地在经济适用房项目中配建廉租住房进展顺利，西安、商洛、杨凌等地公共租赁房建设步伐较快，宝鸡、咸阳、延安、安康等地限价商品房开始启动，西安、铜川棚户区改造进程较快，走在全省前列。全年建设廉租住房5.53万套，完成任务的106.3%。经济适用住房6.65万套，完成任务的114.7%。公共租赁住房3030套，完成任务的112.2%。城市棚户区改造7.24万户，完成任务的150.8%。工矿棚户区改造4482户，完成任务的100%。全年保障性安居工程完成投资194.46亿元。

【公积金管理】 全省住房公积金缴存余额突破663亿元，覆盖面达到86.4%。公积金个人住房贷款实现了全省通贷，利用住房公积金贷款支持保障性住房建设试点启动。到年底，获批的7个试点项目中已有5个开工建设，完成投资13.9亿元，占总投资的27%。向西安"圣合家园三期"、"雁鸿小区"和"蔚蓝小城"等经济适用房项目发放住房公积金贷款9.9亿元。加大对试点工作的监管力度，会同省财政厅、人民银行等部门下发《关于做好利用住房公积金贷款支持保障性住房建设试点工作的意见》，定期抽查项目进展情况和资金拨付情况，推进试点工作有序进行。住房和城乡建设部检查组来陕进行检查，对陕西利用住房公积金贷款试点工作给予高度评价。

3. 城乡规划

【概况】 2010年，陕西省进一步完善西安国际化大都市城市建设规划，指导区域中心城市加快建设，加快83个县城发展，继续着力抓好107个重点镇建设，多举措推动城镇化建设。《西咸新区总体规划》经省政府常务会议审议原则通过，《汉中市城市总体规划》、《宝鸡市城市总体规划》获省政府批复实施，《延安市统筹城乡发展规划》开始编制，34个县(市)城乡一体化建设规划编制完成，镇(乡)总体规划覆盖率达到88%，行政村规划覆盖率达到54%以上，对132个重大建设项目进行规划选址。

【修改完善《西安国际化大都市城市发展战略规划》】 国务院批准实施《关中-天水经济区发展规划》后，省住房和城乡建设厅组织编制《西安国际化大都市城市发展战略规划》(2009~2020年)，并经省政府第26次常务会议审议通过。3月23日，省政府专题会议再次研究修改《西安国际化大都市城市发展战略规划》。按照省政府专题会议的要求，5月24日，形成《陕西省住房和城乡建设厅关于汇报〈西安国际化大都市城市发展战略规划〉的函》(陕建函[2010]269号)，并于6月初向国家住房和城乡建设部规划司进行了专题汇报。随后正式形成《陕西省住房和城乡建设厅关于报请批复〈西安国际化大都市城市发展战略规划〉的请示》(陕建字[2010]37号)上报省政府。

【《西咸新区总体规划》出台】 2月21日，陕西省推进西咸新区建设工作委员会办公室暨西安沣渭新区、咸阳泾渭新区管委会挂牌成立，标志着西咸新区建设正式启动。12月，《国家主体功能区规划》明确西咸新区为国家重点开发区之一，西咸新区建设自此上升至国家战略层面。为贯彻实施《关中—天水经济区发展规划》、《全国主体功能区规划》，陕西省委省政府决定组建西咸新区，并在前期工作的基础上，按照规划先行和规划立区的原则，编制并颁布了《西咸新区总体规划(2010~2020年)》。

【区域中心城市总体规划修编】 2010年，宝鸡、汉中市新一轮城市总体规划修编完成并经省政府批复实施；安康、渭南和杨凌示范区总体规划上报省政府待批；咸阳、商洛、延安总体规划经省城乡规划委员会审议通过。

【县域城乡一体化建设规划编制】 2010年，继续做好县域城乡一体化建设规划编制工作，加强规划的技术指导。组织省城乡规划委员会专家组专家分别对宜川、白水、宜君等县城乡一体化建设规划进行技术审查。本年度有34个县完成了城乡一体化建设规划编制工作，加上2009年已完成的29个县，累计有63个县已完成城乡一体化建设规划编制工作，占全省83个县城的75.9%。

【控制性详细规划】 2010年，全省各城市不断深化各类专项规划，协调和衔接分区规划，细化各项控制性详细规划，10市1区控制性详细规划覆盖率不断提高。西安市结合区域经济发展实际，完成城市9个功能区分区规划。组织编制了纺织城地区振兴规划、大明宫地区改造规划、唐皇城复兴规划、汉唐新城规划、航空航天基地规划；完成了东大街、解放路等地区改造规划等一些控制性详细规划，控制性详细规划实现了规划区全覆盖。咸阳市按照"规划一张图，城乡全覆盖"的要求，编制完成95平方公里的控制性详细规划，中心城区控规覆盖率达到100%。为优化城市生态环境，展现城市文化特色，开展环境景观规划编制，启动万亩水面、万亩绿林、万亩花卉的"三万工程"规划。宝鸡市开展了城市综合交通专项规划编制工作，着力构建安全、畅通、高效、便捷的城市立体交通网络，强化宝鸡西部交通枢纽地位。延安市组织编制了西北川、东川新区、南川、杜甫川、河庄坪、碾庄沟、川口沟等片区的控制性详细规划。渭南市控规覆盖率达95%以上。铜川市编制完成了老城区、新区和耀州区控制性详细规划。安康、汉中市中心城区详细规划的覆盖率已经达到90%以上。

【做好城乡规划宣传展览工作】 在第十四届中国东西部合作与投资贸易洽谈会召开期间，举办"推进城镇化进程，促进县域经济发展"城镇建设投资洽谈活动，签约122.95亿元。促成省部共签《关于落实〈关中—天水经济区发展规划〉促进陕西住房和城乡建设事业协调快速发展合作备忘录》。

【规范项目选址审批】 完善规划项目选址专家审查制度，加强省级专家库的建设，提高规划设计质量及建设项目选址的科学性；规范建设项目规划选址论证报告的编制，对选址成果的格式、内容、图纸等提出统一要求；制定《建设项目选址论证报告导则》，加强建设项目选址意见书的管理。全年核发重大建设项目选址意见书132份，涉及煤炭、电力、化工、铁路、高速公路、管线等行业。

【加强规划实施监管】 依法加强对规划实施的监督管理。宝鸡延安等市在政府机构改革中,成立正县级规划监察支队,以保障城乡规划的顺利实施。加强省市规划督查工作的协调和沟通,各市区确定1~2名规划督查联络员,积极开展规划建设行政执法工作,全年督促地方规划部门办理各项案件20余起;配合工程建设领域突出问题专项治理工作,做好违规调整容积率的专项治理。成立省、市房地产开发违规变更规划调整容积率问题专项治理领导小组及其办公室,下发《建设用地容积率管理规定(试行)》,联合省监察厅在全省范围内开展房地产领域违规变更规划、调整容积率专项检查。抽查工程项目60个,发现问题并责令纠正19起。

【强化规划资质管理】 按照建设部184号令要求,做好城乡规划编制单位甲级初审工作和乙、丙级资质核定。定期开展全省城乡规划编制单位动态考核,规范规划编制单位行为,强化编制单位责任意识。开展规划人员培训学习,鼓励符合条件的专业技术人员积极参加注册城市规划师考试,做好登记注册资格初审工作。到年底,全省共有72家城乡规划编制单位,其中甲级资质7家,乙级资质42家,丙级资质23家;注册城市规划师213人。

【支援玉树抗震救灾】 4月14日7时49分,青海玉树发生7.1级地震。地震发生后第一时间,陕西省住房和城乡建设厅立即启动《建设系统破坏性地震应急预案》,主动与青海省建设厅就援建工作进行对接,先后组织200多人奔赴灾区,支援各类机械设备131台,组织捐款18万元。

4. 城市建设

【概况】 2010年,全省设西安、铜川、宝鸡、咸阳、渭南、延安、汉中、榆林、安康、商洛10个省辖市,1个杨凌农业高新技术产业示范区和兴平、华阴、韩城3个县级市(不包括市辖区)。城区(县城)面积1430.6平方公里,城区(县城)人口754.86万人,城区(县城)暂住人口32.84万人,建成区面积758.48平方公里。人均日生活用水量166.24升、用水普及率99.39%,燃气普及率90.39%,建成区供水管道密度6.46公里/平方公里,人均城市道路面积13.38平方米,建成区排水管道密度7.47公里/平方公里,人均公园绿地面积10.67平方米,建成区绿化覆盖率38.29%,建成区绿地率31.84%。

【城市市政公用基础设施建设】 2010年,全省以交通运输、仓储业、邮政业、信息传输服务业、电网、水利和城市公共设施管理业为主的基础设施投资2054.38亿元,其中城市市政公用基础设施投资540亿元,同比增长30%以上。西安市被国家住房和城乡建设部授予"国家园林城市"称号,西安地铁完成投资42.8亿元,2号线已进入安装调试阶段,西安北客站开通运营使陕西乃至西部全面步入高铁时代;宝鸡加力提速大城市建设,人居环境更加优越,南客站片区和秦岭北麓生态新城区开发加快推进,老城区集中供热改造加快建设,新增供热面积167.57万平方米;延安市深入推进城市环境综合整治,提升城市净化、亮化、绿化、美化水平;宝鸡至汉中天然气输气长输管线和西安至商洛天然气管道建成,对加快实施"气化陕西"工程起到了积极的促进作用;榆林市市政公用基础设施建设投资36.45亿元。

【城镇污水处理设施建设】 全省建成污水处理厂73座,其中正式纳入全国污水处理信息系统已建成运营污水处理厂59座,试运行14座(设计规模38.1万立方米/日)。全省污水处理能力达到223.65万立方米/日,城镇污水排放量99765万立方米,处理量达到53341万立方米,污水处理率达到60.4%。关中地区所有市县都已建成污水处理设施;陕北地区除黄龙县外,9个县2个开发区的污水处理厂已建成正式运营,4个县的污水处理厂已建成试运行,其余县污水处理厂的主体工程完工,基本实现了"十一五"末污水处理设施在关中和陕北县以上城市全面覆盖的目标;陕南地区3个设区市建成污水处理设施,9个县开工建设,其余各县完成项目前期工作,具备开工条件。

【城镇垃圾无害化处理设施建设】 下发《关于做好2010年全省生活垃圾无害化处理场建设和管理工作的通知》(陕建发〔2010〕53号)等文件,进一步加强垃圾处理设施建设及运营管理。下发关于印发《城镇生活垃圾处理场运行管理考核办法》(试行)的通知(陕建发〔2010〕246号),加强全省城镇生活垃圾处理场运行监督管理。全年完成垃圾处理设施投资12亿元,同比增长22%。建成垃圾填埋场24座,完成33座垃圾场的设施配套,新增垃圾无害化处理能力3400吨/日,新增无害化处理量186万吨/年,无害化处理率提高22个百分点。到年底,全省累计建成垃圾无害化处理场75座(城市17座,县城58座),其中69座为卫生填埋,6座为综合处理。全省垃圾无害化处理能力达到17300吨/日,无害化处理量达到488万吨/年,无害化处理率达到70%(设市城市83%,县城62%)。

【园林绿化管理】 2010年,省住房和城乡建设厅及时修订和下发省级园林式单位和园林式居住区标准，组织开展全省第6批园林式单位和居住区申报，积极做好住房和城乡建设部《城市园林绿化评价标准》宣传贯彻培训工作。配合省人大在充分调研论证的基础上制定《陕西省城镇绿化条例》。全年建成省级园林城市17座（含县城、城镇），园林城市（县城）覆盖率40%。安康市被全国绿化委员会授予"全国绿化模范城市"称号；陕西财经职业技术学院、宝鸡石油钢管有限责任公司、西部机场集团安康机场有限公司、榆林学院、镇安中学、汉中市林业科学研究所、西安曲江文化旅游（集团）有限公司大唐芙蓉园景区管理分公司7个单位被授予为"全国绿化模范单位"称号。年底，陕西省人民政府命名渭南市、咸阳市为"省级园林城市"，各奖励20万元；西乡县、商南县、靖边县、合阳县、神木县、志丹县、子长县、黄陵县、岐山县、眉县、城固县、勉县、石泉县为"省级园林县城"，各奖励10万元；千阳县张家塬镇、宝鸡市陈仓区周原镇为"省级园林城镇"，各奖励5万元。住房和城乡建设部以建城〔2010〕16号文件下发《关于命名国家园林城市、县城和城镇的通报》，西安市被命名为国家园林城市，凤翔县、千阳县、麟游县被命名为国家园林县城；以建城〔2010〕209号文件下发《关于命名国家园林城市和县城的通报》，宝鸡市凤县被命名为国家园林县城称号；以建城〔2010〕204号文件下发《关于公布国家重点公园的通知》，批准宝鸡市炎帝园为国家重点公园。

【风景名胜区管理】 2010年，按照住房和城乡建设部统一部署与安排，组织完成上年度国家级风景名胜区规划实施和资源保护状况的报告。会同省发改委编制完成了"十二五"国家级风景名胜区基础设施建设项目规划，积极争取国家支持。在全省国家级风景名胜区建立监管信息系统，实现了资源保护由被动应对向主动监管的转变。编制实施风景名胜区规划，全省国家级风景名胜区总体规划已全部编制完成，5处已经国务院批准实施，29处省级风景名胜区中有15处总体规划已经省政府批准。在国家级风景名胜区中，华山风景名胜区第二轮总体规划已上报国务院待批，骊山风景名胜区第二轮总体规划正在编制，黄河壶口瀑布风景名胜区编制完成"七点一线"详细规划，洽川风景名胜区编制完成了3处重点地段详细规划。

【城镇供热计量改革】 下发《关于做好既有居住建筑供热计量及节能改造工作的通知》（陕建发〔2010〕63号）、《关于加快既有居住建筑供热计量及节能改造的通知》（陕建发〔2010〕91号）和《关于加强全省供热计量改革工作的通知》（陕建发〔2010〕103号），进一步推进全省城镇供热计量改革工作。陕西省人民政府办公厅转发《省住房城乡建设厅等部门关于全面推进供热计量改革促进建筑节能工作的意见的通知》（陕政办发〔2010〕77号），认真贯彻落实《住房和城乡建设部国家发展和改革委员会财政部国家质量监督检验检疫总局关于进一步推进供热计量改革工作的意见》（城建〔2010〕14号），要求年底前完成国家下达的200万平方米既有居住建筑供热计量及节能改造任务。到年底，全省除榆林市以外，地级以上城市全部出台两部制热价标准，全省新建建筑和完成供热计量改造的既有建筑已基本实现按用热量计价收费。实施采暖分户计量产品备案，全年有15家企业进行备案登记。

【城市供水水质安全】 下发《关于公布陕西省用水器材确认登记产品的通知》（陕建发〔2010〕42号），对办理的用水器材确认登记和年检的产品名单予以公布并附陕西省用水器材确认登记产品目录，共办理用水器材确认登记产品企业200家。下发《关于做好2010年"全国城市节约用水宣传周"工作的通知》（陕建发〔2010〕98号）要求各城市要加大节水宣传力度，积极推进"节水型城市"创建工作。下发关于开展《陕西省城市供水"十二五"规划》编制工作基础数据的调查通知（陕建发〔2010〕143号），组织开展全省城市供水基础数据调查工作，起草和完成全省城镇供水企业和人员现状及定员的调研报告。转发《住房和城乡建设部关于应对暴雨洪涝灾害加强城市供水安全保障工作的紧急通知》（陕建发〔2010〕170号），要求各地配合做好城市供水水源地水质保护，确保城市供水安全。针对陕南暴雨洪涝灾害导致汉中、安康、商洛3市425处供水工程受损，影响供水人口58.96万人问题，省政府紧急下拨800万元应急供水资金，抢修恢复供水设施，解决灾区群众吃水问题。到年底，全省累计投入资金41亿元，建成城市供水水质监测站8个，其中西安市为国家级水质监测站，可监测106项指标；建立县级农村饮水安全水质监测中心101处，建设各类农村饮水工程1.4万处，解决了900多万人的饮水不安全问题。

5. 建筑业与工程建设

【概况】 2010年，陕西省完成建筑业总产值3308亿元（不含勘察设计），同比增长23.9%，继续保持全国第13位排序；实现建筑业增加值1120亿元，同比增长12.2%，占全省生产总值（GDP）10021.53亿元的11.2%；建筑业劳动生产率26.3万元/人，继续保持全国第4位排序。建筑业从业人员190.3万人，其中农民工占80%以上。全省具有总承包和专业承包资质的建筑业企业达5200多家，各类工程监理、工程造价、招标代理等中介机构750家。全年获中国建筑工程"鲁班奖"（国家优质工程奖）5项，荣获国家优质工程银质奖6项，荣获全国建筑工程装饰奖5项，荣获第十届中国土木工程詹天佑奖1项；评选省建设工程长安杯奖（省优质工程）60项，命名省级文明工地184项。年终，陕西省住房和城乡建设厅、陕西省建工集团总公司等城乡建设系统6个单位被陕西省人民政府表彰为2010年度安全生产先进单位。陕西建工集团总公司董事长黄怀宝等城乡建设系统7名同志被评为2010年全国劳动模范。

【资质资格管理】 2010年，进一步加强和规范建筑业企业资质审批程序，各类企业资质申报材料统一由陕西建设行政许可服务窗口受理，组织专家按照建设部相关资质管理规定封闭式审查，处务会讨论汇总结果后报厅务会审批。全年新审批建筑业总承包及专业承包一级企业资质74家，二级企业资质369家；新审批中介机构甲级企业资质26家，乙级企业资质112家。到年底，全省累计建筑业总承包和专业承包企业5294家。鼓励建筑业企业开展对外承包，开拓境外市场。配合省商务厅对陕西化建工程有限责任公司、陕西中基监理公司等4家对外承包工程资格给予审查批复；对开展境外业务的11家建筑企业进行调研，帮助企业解决境外施工发展存在的问题。下发《陕西省建设厅关于开展2010年度建筑业企业动态考核的通知》（陕建发〔2010〕243号），对全省建筑企业实施动态考核，规范行业运行与市场监管。全省1377家企业通过2010年度建筑业企业动态考核，263家企业尚未通过审查。下发《关于开展陕西省优秀建筑业企业评选活动的通知》（陕建发〔2010〕244号），注册地在陕西的建筑业企业均可参加评选活动。年底，陕西省住房和城乡建设厅授予陕西建工集团总公司等20家建筑业企业为"陕西省优秀建筑业企业"称号。加强对建设工程类注册人员的管理与监督。配合省人事厅下发《关于做好二级建造师执业资格考试有关问题的通知》，16780人参加了2010年度二级建造师考试；做好初始注册初审与变更注册工作，全年新增一级注册建造师363人，二级初始注册建造师2048人，注册监理工程师428人，注册造价工程师147人。变更建造师注册3097人次。

【建筑业强县试点】 下发《陕西省住房和城乡建设厅关于扩大建筑业强县试点工作的通知》（陕建发〔2010〕235号），在2008年确定的阎良区等10个试点县（区）的基础上，又新增长安区等10个试点县（区），使全省建筑业强县试点县（区）增至为20个。下发《关于考核建筑业试点县的通知》（陕建发〔2010〕229号），组织3个考核组对2008年确定的10个建筑业强县试点工作进行考核；下发《关于对建筑业试点强县考核工作情况的通报》（陕建发〔2010〕270号），对全省10个建筑业试点强县考核情况进行通报。到年底，全省10个建筑业试点强县共有建筑业企业242家，新增企业23家，从业人员18万人，完成建筑业总产值149亿元，建筑业增加值45亿元，实现利税8.2亿元，建筑业增加值占当地GDP的7.94%，建筑业从业人员占当地就业人数的24%，实现利税占当地财政收入的11%，建筑业农民工收入占农民纯收入的26.5%，建筑业增加值同比增长26%。

【规范进陕建筑业企业行为】 年初，制定外省进陕建筑业企业备案规定，进一步完善进陕建筑业企业准入制度。全年办理外省进陕建筑业企业备案67家，同比减少43家，完成建筑业产值271亿元。9月中旬，召开江苏、四川、山东、河南等省住房和城乡建设厅驻陕办事处工作座谈会，研究与解决进陕建筑业企业市场管理问题，并达成共识。下发《关于对省外进陕建筑业企业进行2010年度延期审核的通知》（陕建发〔2010〕226号），从质量安全、市场行为等方面对进陕建筑业企业进行考核，共延期审核进陕建筑业企业411家。

【工程招标投标管理】 2010年，配合省发改委等9部门颁布实施《陕西省工程建设项目招标实施方案核准办法》、《陕西省招标投标活动违法行为记录公告暂行办法》和制定《陕西省房屋建筑和市政基础设施工程招标代理机构管理细则》等4个规范性文件。下发《关于进一步加快推进建设工程网上招投工作的通知》，加快推进建设工程招标投标信息化建设。各设区市制定出台有关工程招标投标市场管理规定，严格按照法定程序进行监管。组织开展省、市（区）、县专项治理检查活动，对2008年以来进入有形建筑市场招标发包的房建和市政工程逐项进行排查。推行电子招标投标标准化，初步建立起具有一定电子化招标投标功能的管理信息系统。全年进入有形建筑市场公开招标的房建和市政工程项目4645个、建筑面积3877.9万平方米、中标金额678.95亿万,节约资金20.28亿万,平均节资率2.9%。年终,西安市临潼区建设工程招标办公室等10个单位被评为2010年度全省建设工程招标投标监督管理机构规范化管理工作先进单位、朱隽等32名同志被评为全省建设工程招标投标监督管理机构规范化管理工作先进个人;宝鸡市建设工程交易中心等10个单位被评为2010年度全省建设工程发包承包交易中心规范化服务工作先进单位荣誉称号、石秀芬等21名同志被评为全省建设工程发包承包交易中心规范化服务工作先进个人。

【工程造价管理】 2010年,陕西省具有工程造价咨询、招标代理资质的企业175家,从业人员5000多人。宣传和贯彻新的陕西省建设工程工程量清单计价依据,由专家解读新的计价依据内容,听宣讲1.6万人次。与省招标办一起对全省11个设区市、40个工程项目执行新计价规则情况进行调研,联合陕西省建设工程造价协会编写印制《陕西省建设工程工程量清单计价规则(2009)辅导资料》2万余份。在开展调查研究的基础上,制定和下发《关于陕西省加快工程造价咨询行业发展的通知》(陕建发〔2010〕218号),进一步促进全省造价咨询行业健康发展。加强注册造价工程师继续教育,组织初级造价员的培训学习,开辟培训点10个,培训造价员20000余人。及时收发信息,搞好工程造价信息服务,全年出版《工程造价管理信息》杂志4期,《工程造价管理信息》(材料信息价)6期,工程造价信息网年访问量达30万人次。坚持工程计价咨询服务,调解计价过程纠纷,全年接待专业咨询、纠纷调解1896件次。年终,西安市建筑定额管理办公室、咸阳市建设工程造价管理站、安康市建设工程造价管理站3个单位,侯新春等17名个人被分别评为全省工程造价管理先进集体和先进工作者。

【劳保统筹管理】 2010年,全省建筑行业劳保费收缴拨付实现历史性突破,共计收缴劳保费6.81亿元,同比增长8%;向建筑企业拨付劳保费5.37亿元,同比增长7%;支付企业离休职工离休金7500多万元,保障了离休职工的基本生活稳定。不断扩大企业参保覆盖面,保障全省907家参加劳保统筹企业的在职职工缴纳养老保险费的资金来源问题,帮助全省5.98万名在管理和技术骨干岗位上工作的农民工建立养老保险。年终,西安高新区劳保统筹代办站等19个单位为被评为全省建筑行业劳保费统筹管理先进集体,西安市建筑业劳动保险基金管理中心等99个单位被评为市、县劳保费"双百万"荣誉单位,谢红卫等26人被评为建筑行业统筹管理省级先进工作者。

【建设监理】 2010年,陕西省共有监理企业244家,其中甲级58家、乙级153家、丙级33家,实现监理营业收入244173万元。整理全省建设监理行业5年改革发展及监理企业经验交流材料8份,调研报告1份。组织有关专家对住房和城乡建设部下发的《建设工程监理规范》和《建设工程监理合同示范文本》(修订征求意见稿)进行研究修改。抓好监理从业人员教育培训,全年通过全国注册监理工程师资格考试合格人员298人;举办全国注册监理工程师继续教育培训班2期,参加培训400余人,累计举办全国注册监理工程师继续教育培训班10期,培训注册监理工程师1759人,培训率达78%;举办省级监理工程师继续教育培训班4期,参加培训2578人,培训率达72%;开展省级监理工程师资格培训、考试、认证工作,举办培训教育班5期,参训人员5000余名。全年表彰全省先进工程监理企业37家、优秀总监及监理工程师121人,其中受全国表彰的先进工程监理企业5家、优秀总监及监理工程师10人、协会优秀工作者2人。

【建筑装饰】 2010年,组织开展全省建筑装饰室内照明设计大赛。收到参赛的设计作品50余幅,经过对参赛作品进行公平、公正的评审,共评选出一等奖1名,二等奖2名,三等奖4名,优胜奖30名。组织全省优秀建筑装饰企业、优秀企业家、优秀会员单位的评选。共评选出2010年度陕西省优秀建筑装饰企业23家;优秀企业家13人;优秀会员单位38家。积极做好全国建筑工程装饰奖的申报和复查工作。

【对外承包工程与劳务合作】 2010年,全省对外承包工程新签合同额8.88亿美元,实现营业额8.1亿美元,分别比上年增长1.34倍和30.8%。对外劳务合作新签合同额3951万美元,实现营业额2741万美元,分别增长1.42倍和92.6%。外派各类劳务人员7638人,同比增长227.11%;期末在外8553人,同比增长30.20%。华山国际工程公司是陕西外经单位的龙头企业,先后被评为"中国企业500强"、"中国承包商60强"、"中国对外承包工程商会AA级信用企业",连续10年荣获"陕西省外经企业先进单位"。2001年取得对外经援项目经营权,全年完成新签合同额3亿美元;完成营业额1.8亿美元。

【宣传贯彻质量安全生产管理条例】 2010年,陕西省认真宣传和贯彻落实省人大颁布的《陕西省建设工程质量和安全生产管理条例》，进一步强化责任主体质量安全责任。下发《关于开展宣传贯彻〈陕西省建设工程质量和安全生产管理条例〉活动的通知》（陕建发〔2010〕47号），确定2010年为《陕西省建设工程质量和安全生产管理条例》的宣传贯彻年，并以此为主线推动全省建设工程质量安全监管工作。召开全省建设系统宣传贯彻大会，聘请省人大常委会法制工作委员会赵建刚副主任宣讲《条例》精神。

【开展"安全生产年"活动】 2010年，陕西省继续深入开展"安全生产年"活动。下发《关于继续深入开展"安全生产年"活动的通知》（陕建发〔2010〕58号），要求全省建筑企业紧紧围绕"安全发展、预防为主"的活动主题，突出落实责任，加强安全基础工作。下发《关于开展建筑安全生产专项治理的通知》（陕建发〔2010〕101号），在全省开展以深基坑、高支模、脚手架和建筑起重机械设备为重点的建筑施工安全专项治理工作，并把这项工作为"安全生产年"活动的重要内容。全年共排查治理隐患企业单位1821家，排查一般隐患3490项，其中已整改3392项，整改率97.2%，排查重大隐患86项。下发《关于切实加强建筑施工火灾防控管理工作的紧急通知》（陕建发〔2010〕247号），转发住房和城乡建设部《关于进一步加强建筑施工消防安全工作的通知》（陕建发〔2010〕248号），切实加强建筑施工消防安全工作，进一步制定完善各项建筑施工消防安全管理制度。

【工程质量安全执法检查】 2010年，陕西省把建筑施工质量安全监督执法检查作为重点工作来抓。下发《关于开展春季建筑施工质量安全监督执法检查的通知》（陕建发〔2010〕59号），组成3个督查组分赴全省11个地市对全省春季建筑施工质量和安全生产工作进行了督查。共检查在建工程项目76个，建筑面积1,786,005.61平方米，涉及施工企业68家，监理单位62家。下发各类质量安全问题整改通知单44份，其中责令停止施工通知单6份，责令暂时停止施工通知单15份，纠正违法行为通知单10份，责令排除重大隐患通知单13份。下发《关于对2010年全省春季建筑施工质量安全监督执法检查结果的通报》（陕建发〔2010〕131号），对在本次检查中发现的建筑施工安全生产严重不达标工程项目的施工单位、监理单位在全省予以通报批评；对重庆庆华建设工程有限公司、广州市住宅建设发展有限公司、厦门市第二建筑工程有限公司3个安全生产严重不达标工程项目的外埠施工单位，取消在陕投标资格，在完成已承接项目后清除陕西建筑市场。转发住房和城乡建设部《关于集中开展严厉打击建筑施工非法违法行为专项行动的通知》（陕建函〔2010〕404号）和转发陕西省安委会《关于继续深入开展严厉打击非法违法生产经营建设行为专项行动的紧急通知》（陕建发〔2010〕232号），结合建筑施工安全专项治理和秋季安全生产巡查，严厉打击建筑施工各类非法违法行为。通过4个月的专项行动，各地普遍强化了工程质量安全监管力度。榆林市共检查工程686个，下发整改通知单365份，停工通知单57份，纠正违法行为19起。安康市开展执法行动148起，查处未办理建设工程施工许可证擅自开工的5起，无证上岗10起。

【创建文明工地】 2010年，全省创建文明工地活动进入第14个年头。4月29日，陕西省住房和城乡建设厅下发《关于进一步深化创建文明工地活动的通知》（陕建发〔2010〕105号），对《省级文明工地验评标准》进行修订，将创建文明工地活动与质量安全标准化工作紧密结合起来，突出节能环保低碳、信息化管理和新技术应用，全面提升全省文明工地创建水平。10月21日，召开全省建设文明施工暨第14次创建文明工地现场会，全省500余名主管部门及企业代表参加了会议。会议围绕"创建资源节约型、环境友好型、科技创新型文明工地"的活动主题，通过领导讲话、经验介绍和现场参观等形式进一步统一思想，以发展低碳经济为切入点、以质量为核心、以安全为重点、以科技创新为动力，深入持续开展文明工地创建活动。全年命名省级文明工地184个。

【工程质量检测管理】 2010年，陕西省加强对建设工程质量检测的管理。全年新增建设工程质量检测单位18家，累计全省具有建设工程质量检测资质单位176家，从业人员6734人。对21家地基基础检测单位的28个检测现场进行了抽查，其中责令整改的单位9个，占抽查工地的32.1%；下发责令纠正违法行为通知书4家。开展地基与基础检测报告备案工作，全年受理检测报告备案7988份，同比增长12.4%。对全省新增监测人员进行"主体结构"和"土建原材料"的资格考核，共计考核435人，其中考核合格265人。

【建筑安全培训教育】 2010年，陕西省继续加强建筑施工企业安全证和"三类人员"（企业负责人、项目负责人、安全员）安全知识考核工作。全年延期考核建筑施工企业安全证合格企业391家，新申请建筑施工企业安全证合格企业621家；延期考核建筑施工企业"三类人员"安全知识合格人员7184人，新申请建筑施工企业"三类人员"合格人员9780人。进一步加强对建筑施工特种作业人员的安全生产教育培训和考核。5月26日，下发《关于进一步加强建筑施工特种作业人员考核工作的通知》（陕建发〔2010〕115号），对建筑施工特种作业人员的考核管理重新进行了规范，严格考核程序，强调考核内容，减少特种设备事故多发现象。全年培训特种作业合格人员2384人。

【勘察设计】 2010年，陕西省勘察设计行业完成产值350亿元，同比增长25%，位居西部第一。11家勘察设计企业进入全国勘察设计行业工程项目管理和工程总承包营业额百名排序行列，2名设计师获得第七批全国工程勘察设计大师提名公示，张锦秋荣获何梁何利基金科学与技术成就奖和陕西省科技最高成就奖，林在贯获得2010年度联合国教科文组织国际滑坡协会最高奖项——伐内思奖。授予冉理等40名同志"第三届陕西省优秀勘察设计师"称号。评选省级优秀工程设计（工业类）一等奖31项、二等奖34项、三等奖32项、表扬奖19项；省级优秀标准设计一等奖1项、二等奖1项、三等奖2项；省级优秀软件一等奖2项、二等奖6项、三等奖3项。立项编制《陕西省居住建筑节能设计标准》、《住宅建筑门窗应用技术规范》、《城市道路交通管理设施设置技术规范》3项工程建设地方标准和《砖渣混凝土空心砌块墙体建筑构造图集》、《居住建筑外墙保温构造图集》、《公共建筑外墙保温构造图集》3项设计标准。组织审定并批准发布陕西省工程建设地方标准《建筑场地墓坑探查与处理技术规程》、《民用建筑有线电视系统工程技术规程》、《施工现场临时性建筑物应用技术规范》、《西安市公共建筑节能设计标准》，其中编制的《民用建筑有线电视系统工程技术规程》是国内第一部全面规范有线电视系统设计、施工安装和验收的标准，达到国内领先水平。

6. 村镇建设

【概况】 2010年，陕西省村镇总人口2794.9万人，建制镇916个，乡647个，村民委员会27461个，自然村72445个。本年度全省村镇建设的重点是统筹实施农民安居工程和农村危房改造，继续开展"千村百镇"建设整治活动，加快关中地区村庄道路建设，改善农村人居环境。全年农村危房改造开工67109户，竣工62538户，完成任务的111.8%，关中百镇和陕南陕北各50个镇完成项目239个，投资11.48亿元，全面完成建设任务。107个省级重点镇开工项目477个，完成投资30.43亿元。关中村庄道路建设实施项目343个，建成道路450.1公里，村内干道硬化率达到77.1%；千村百镇建设整治工作扎实推进，全省160个镇、1143个村庄面貌得到较大改善。

【农村危房改造】 2010年，统筹实施农民安居工程和危房改造。组织召开2010年农村危房改造和农民安居工程座谈会，分解6.95万户农民安居工程任务，其中：农村危房改造4.13万户，易地移民搬迁1.25万户，扶贫移民搬迁1.57万户。积极争取国家将全省农村危房改造建设项目实施范围由上一年的国贫县向全省所有县（区）覆盖，并给予更大的支持。根据国家住房和城乡建设部、国家发改委、财政部《关于做好2010年扩大农村危房改造试点工作的通知》要求，会同省发改委、省财政厅下发《陕西省2010年农村危房改造实施方案》，分别于当年4月和7月两批下达了农村危房改造项目计划，组织对全省农村危房改造项目进行中期检查，通报进展情况。委托省建设信息中心开发设计全省农村危房改造信息系统，培训操作人员，一户一档，规范管理。按照建设部《农村危房鉴定技术导则（试行）》，完成农村危房改造数据录入及普查工作，建立农村危房改造数据库，共录入农户档案62.84万户。全年完成农村危房改造6.7万户，完成目标任务的111.8%。其中建筑节能示范户开工建设3010户，完成目标任务的100.3%，完成投资30.11亿元，省级配套资金1.615亿元足额下达。

【关中百镇建设】 2008年，省政府决定用3年时间，每年选择100个基础较好的建制镇投入1亿元资金（每镇约100万元），加快全省小城镇建设，推进城镇化进程，启动了关中百镇建设工作。2010年，集中做好关中百镇建设项目收尾工作。组织力量对百镇建设情况进行督查，督查结果通报全省，并会同省财政厅对百镇建设项目进行绩效评估。到本年底，全省百镇建设共完成投资额11.48亿元，建设项目239个，全面完成建设任务。镇区以道路为主的基础设施落后面貌得以改善，共建成道路工程473公里，排水工程517公里，新增绿化面积71.7万平方米，栽植行道树2.2万株，人行道铺装工程223万平方米，安装道路照明灯11415盏。渭南市实施关中百镇建设和省级重点镇建设工作以来，华县瓜坡镇、澄城县韦庄镇、韩城市龙门镇、富平庄里镇、大荔许庄镇、白水临皋镇等小城镇基本形成城镇框架，基本显露各具特色的工矿、商贸、旅游特点。

小城镇基础设施项目建设加快了城镇建设步伐，增加了城镇人口聚集，活跃了城镇经济，提高了城镇居民和农民纯收入。到年底，全市2008年27个、2009年21个关中百镇项目已全部完成，13个重点镇完成投资52330万元。

【重点镇规划建设】 2010年，编制重点镇建设白皮书，将每个重点镇的地理位置、现状概况、镇总体规划的近期建设和远期规划汇编成册；召开重点镇建设工作座谈会，加快县域城镇化建设步伐；确定重点镇建设项目库，按照重点镇建设的有关要求，在上年审查重点镇建设项目的基础上，进一步核定各市上报的建设项目，最终确定1132项基础设施建设项目入库；加强建设项目监管，与省财政厅联合下发《关于加强陕西省重点镇建设项目管理的通知》（陕建发〔2010〕83号），规范项目资金使用以及项目的实施、监督、检查等工作；对重点镇建设情况定期进行通报，下发《关于全省重点镇建设项目进展情况的通报》（陕建发〔2010〕155号）对上半年重点镇建设项目进展情况进行了通报。下发《关于开展建制镇基本情况调查的通知》（陕建函〔2010〕612号），对建制镇规划编制、机构设置、市政基础设施、公共服务设施、人居环境等方面的基本情况进行调研。下发《关于印发〈陕西省重点镇建设标准（试行）〉的通知》（陕建发〔2011〕42号），加快推进重点镇标准化建设。到年底，107个省级重点镇的基础设施取得了明显改善，累计完成投资额30.43亿元，新建改造道路131.6公里、新建供水管道49.6公里、新建排水排污管道90.5公里、铺设人行道9.39万平方米、新增绿化面积18.09万平方米、栽植人行道树9179株、安装路灯1113盏、新建垃圾填埋场2座。

【村庄整治建设】 2010年，按照"规划先行、分类指导、试点示范、基础突破"的工作思路，深入开展"千村百镇"建设整治活动。年初，省住房和城乡建设厅与十市一区建设行政主管部门签订年度"千村百镇"建设整治目标任务书，对160个镇、1143个村进行建设整治，并安排村庄整治项目补助资金2209万元，极大地调动了农村基层干部群众的积极性。组织第十七届杨凌农高会"城镇化与新农村专题展览"，获得"优秀组织奖"和"优秀展示奖"。根据各市（区）上报计划，编制下发《关于下达2010年农村村庄道路专项资金的通知》，全年完成村庄道路450.1公里，占年计划的112.5%，村内干道硬化率达到77.1%；完成投资1.33亿元，占年计划的109.9%。年终，蓝田县汤峪镇、宁强县青木川镇、礼泉县烟霞镇袁家村被住房和城乡建设部、国家旅游局公布为全国第一批特色景观旅游名镇（村）；袁家村被农业部公布为中国最有魅力休闲乡村；宁强县青川镇、柞水县凤凰镇被住房和城乡建设部和国家文物局公布为国家历史文化名镇。省政府决定命名西安市阎良区凤凰路街道办事处等43个乡（镇、街道办事处）被省政府为省级生态乡镇、阎良区新兴街道办事处井家村等25个村被省政府命名为省级生态村。西安市城乡建设委员会、宝鸡市城乡建设规划局、安康市住房和城乡建设局、榆林市城乡建设规划局4单位获2010年度全省"千村百镇"建设整治活动先进单位称号，受到省住房和城乡建设厅的表彰。

【灾后恢复重建】 2008年5月12日发生的汶川特大地震，造成陕西汉中、宝鸡、安康、咸阳、西安5市的城乡住房严重损毁。全省城镇居民住房因倒塌或严重受损需重建10910户（倒塌房屋457户，严重受损房屋10453户），中度受损需加固30995套199万平方米。地震发生后，在省委、省政府的坚强领导下，及时制定下发《汶川地震灾后陕西城乡住房建设规划》，会同省发改委、省国土资源厅下达汶川地震灾后重建项目中经济适用房项目30个、55.11万平方米、9108套；廉租住房项目25个、44.11万平方米、8870套。争取灾后重建城镇居民住房中央补助资金3.5亿元。到2010年9月底，全省城镇及农村房屋灾后重建任务全面完成。城镇居民住房重建10910套、59.68万平方米，占重建任务的100%；危房加固维修33822套、252.19万平方米，占总危房加固套数的128%。农房重建12.14万户，维修加固24.12万户。全省列入国家规划的宁强、略阳、勉县、陈仓区四个重灾县区共完成重建项目3964个、投资295.86亿元，均超过规划的95%，天津市对口援建的295个项目全部建成投用，36个一般受灾县建成项目1112个、完成投资47.31亿元，分别占规划的97%和95.4%。

【陕南抗洪救灾恢复重建】 2010年，7月18日和7月23日陕南特大暴雨洪涝灾害发生后，陕西省人民政府及时印发《"7·18"和"7·23"特大暴雨洪涝灾害损毁农村民房恢复重建实施方案的通知》（陕政发〔2010〕31号），陕西省住房和城乡建设厅下发《陕南救灾及灾后重建工作领导小组关于做好"7.18"、"7.23"特大暴雨洪涝灾害受灾农房恢复重建工作的指导意见》（陕重建电〔2010〕1号），积极协调做好灾后恢复重建工作。省住房和城乡建设厅领导带队，赶往一线查看灾情，组织抗洪救灾，调运5500平方米活动板房支援商洛安康灾区。到年底，全省农房倒塌重建开工7.34万户，占倒塌房屋户数的99%，竣工4.87万户，竣工率66%；损坏房屋已修复16.94万户，修复率98%，受灾群众居住条件得到稳妥改善。

7. 建设节能与科技

【概况】 2010年，陕西省加快建筑节能技术、绿色建筑技术和太阳能屋顶光伏发电、光电建筑一体化及光热的推广与应用。年底，各设区城市新建建筑节能标准达到96%以上，县(区)达到65%以上，高于全国平均水平。48项工程被确定为省级太阳能光热、光电建筑应用示范项目，2项工程被确定为国家太阳能光电建筑应用示范项目。颁布陕西省建设领域推广应用和限制、禁止使用技术154项，评审省级工程建设工法83项；评审陕西省建设新技术示范工程项目151项，其中8项获住房和城乡建设部第六批"全国建筑业新技术应用示范工程"。

【建筑节能】 2010年，强化新建工程建筑节能督查。将强制性设计条文执行情况以及商品房项目节能公示制度、《建筑节能工程施工质量验收规程》落实情况等作为督查重点，注重了县域建筑节能的管理。在规划、设计、施工、监理、运行管理等各环节，形成建筑节能全过程的监管。使市县建筑节能设计合格率达到100%；施工阶段建筑节能设计标准执行率市一级达到96%以上，县(区)一级达到65%以上。转发住房和城乡建设部《关于印发民用建筑能耗和节能信息统计报表制度的通知》，在10个设区城市及杨凌示范区均开展民用建筑能耗统计，并确定西安市、咸阳市、宝鸡市3城市为民用建筑能耗和节能信息统计报表制度实施城市。下发《关于做好既有居住建筑供热计量及节能改造工作的通知》(陕建发〔2010〕63号)、《关于加快既有居住建筑供热计量及节能改造的通知》(〔2010〕91号)，指导和督促各城市落实全省既有居住建筑供热计量及节能改造任务。全省完成既有居住建筑供热计量及节能改造项目71万平方米。以公共建筑节能改造为主实施组织开展省级建筑节能改造示范工作，全年实施改造项目62个，建筑面积54.98万平方米，占年度目标任务的176.5%；会同省机关事务管理局等部门开展了建筑能源审计工作，对56栋机关办公建筑和大型公共建筑能效进行公示，其中省级国家机关办公建筑22栋，高校公建24栋，医院公建10栋。组织实施农村建筑节能示范项目6个、699户、12.5万平方米，组织建设农村危房改造建筑节能示范户3000户。

【可再生能源建筑应用】 2010年，编制《陕西省太阳能建筑发展规划》并报省政府，可再生能源建筑应用示范项目建设向规模化推进，建设国家可再生能源建筑应用示范县2个。被列入第一批国家太阳能光电建筑应用示范项目的2个工程，已完成建设进度的80%。被列入第二批国家太阳能光电建筑应用示范项目的2个工程，业已开工建设。启动第二批省级太阳能光热光电一体化应用示范工作，25个项目开工建设。

【科技推广应用】 2010年，编制发布太阳能热水系统选用与安装图集(陕2009TS001)，编制发布《陕西省推广应用建设新技术和限制、禁止使用技术与产品公告(建筑节能与新型墙体材料部分154项)》其中推广应用技术110项，限制使用技术23项，禁止使用技术21项。发展和推广高孔洞率黏土多孔砖、粉煤灰砖、加气混凝土砌块等新型墙体材料，组织实施新型墙材生产示范项目17个，落实专项基金补足121万元。制定下发《陕西省新型墙体材料专项基金征收使用管理实施细则》，90%以上县区完成了"禁实"工作，10个设区城市与杨凌示范区和3个县级市已全面禁止使用实心黏土砖。坚持以新型墙体材料推广、秸秆等生物质能应用为突破口，推进农村地区节能住宅建设及新能源应用。全年评审省级工程建设工法83项；评审陕西省建设新技术示范工程项目151项，其中省内领先24项，省内先进63项，通过评审64项。8项工程被住房和城乡建设部公布为第六批"全国建筑业新技术应用示范工程"，其中获国际先进1项(法门寺合十舍利塔)、国内领先7项。长安大学完成的钢管混凝土结构性能研究项目获2010年度陕西省科学技术一等奖；西安建筑科技大学、中国电力工程顾问集团西北电力设计院等单位主要完成的富煤缺水区火电厂直接空冷钢—混凝土混合结构体系关键技术研究与国产化项目获"2010年'中国建研院CABR杯'华夏建设科学技术"二等奖；陕西省西北综合勘察设计研究院等8家单位共同编写的《建筑变形测量规范》(JGJ8-2007)获得二等奖，西综勘院原顾问副总工张肇基、院副总工刘广盈获得个人二等奖。

【绿色建筑】 2010年，建立健全绿色建筑评价标识管理体系，成立"陕西省绿色建筑评价标专家委员会"，确定建筑节能与墙体材料改革办公室为陕西省绿色建筑评价标识工作的日常管理机构，西北综合勘查院、中联西北工程设计研究院、陕西省建筑科学研究院、西安建筑科技大学为绿色建筑评价标识工作的技术依托单位。编制颁布《陕西省绿色建筑评价标准实施细则（试行）》，指导全省搞好绿色建筑规划、设计、建设与管理。与住房和城乡建设部科技促进中心联合举办陕西省绿色建筑评价标识培训班，对建设（开发）单位、设计单位、有关管理人员120余人进行培训。引导和组织绿色建筑建设工作。"十天"高速公路项目（汉中段）西乡服务区综合楼、管理所综合楼和西乡管理所宿舍楼3项工程通过"二星级绿色建筑设计评价标识"评审。

8. 建设教育

【概况】 2010年，陕西省出台新的城乡建设行业教育培训管理办法，调整培训机构，加强干部教育，开展建设职业技能培训与鉴定，促进全省建设教育培训工作规范化、制度化和信息化建设。全年建立培训基地及鉴定机构27个，组织各类建设职业技能培训55867人次、技能鉴定10226人。创建建筑工地农民工业余学校112所，培训农民工45389人次。

【召开建设教育培训会议】 11月29日，陕西省住房和城乡建设厅组织召开2010年全省建设教育培训工作会议，这是新的《教育培训管理办法》颁布以来建设类岗位培训机构的第一次会议，旨在促进教育培训工作规范化、制度化、信息化建设，全面提高陕西省建设行业专业技术人员水平。省住房和城乡建设厅党组成员、副厅长许龙发出席会议并讲话。张伟成处长做工作总结并部署了下一年度的教育培训工作，陕西省建设信息中心介绍了开展网络远程教育的方法和体会，西安市城乡建设基建干校介绍关于农民工培训的情况，长安大学总结开展继续教育的有关经验。

【干部培训教育】 制定《陕西省建设系统2010年度干部培训计划》，建立干部培训信息管理数据库。全年3名厅级领导干部出国培训，2名厅级领导赴中央党校、中国浦东干部学院学习，1名厅级干部、3名处级干部参加了高校基地培训学习，其他干部参加了自主选学91人次。分3批组织机关干部赴上海市学习考察，主要参观世博园，考察上海城市建设和小城镇建设。统筹推进建设人才队伍建设，印发全省建设行业"十二五"人才队伍建设发展规划。

【职业技能培训与鉴定】 2010年，组织开展全省建设职业技能培训与鉴定。全年建立培训基地及鉴定结构27个；组织职业技能培训55867人次，其中普工45389人次、初级工4855人次、中级工3865人次、高级工1532人次、高级技师226人次。组织职业技能鉴定10226人，其中初级工4855人、中级工3861人、高级工1332人、高级技师226人。

9. "十一五"建设成就

"十一五"以来，全省住房城乡建设事业呈现出全面、协调和可持续发展的良好局面，实现"十一五"规划确定的主要发展目标。

【住房建设】 全省建设廉租住房15万套，发放租赁补贴30.2万户；建设经济适用房24.2万套，解决了40万户城市低收入家庭住房困难问题；完成棚户区改造17.9万户，农村危房改造9.3万户。初步形成由廉租房、经济适用房、公租房、限价商品房4类保障性住房和商品房组成的"4+1"住房供应体系，覆盖了不同收入群体的住房需求。住房公积金为22.97万名职工发放贷款211.1亿元。房地产开发投资3783.34亿元，比"十五"时期942.04亿元增长3.02倍，占全社会固定资产投资稳定在15%；商品房销售建筑面积8669.04万平方米，商品房屋销售额，2742.04亿元。城镇居民人均住房建筑面积由"十五"末的24.49平方米增长到的"十一五"末28.90平方米，增加了4.4平方米。农村人均住房建筑面积由"十五"末的19.37平方米增长到"十一五"末的31.7平方米，增加了12.33平方米。

【城镇化建设】 《陕西省城镇体系（2006～2020年）》得到国务院批复实施；《关中城市群建设规划》、《陕北能源化工基地城镇体系规划》、《陕南地区城镇体系规划》三大区域规划经省政府批复实施；《西咸新区总体规划（2010～2020年）》经省政府和省委常委会原则通过。通过开展"百镇建设"、"重点镇建设"，制约全省城镇化发展的县域城镇化有了实质性突破。到2010年底，全省城镇化水平达到46.5%，较"十五"末的37.23%提高了9.3个百分点，年平均增幅高于全国水平。

【城市建设】 "十一五"期间，全省市政公用设施投资完成1639亿元，是"十五"期间的3.75倍。城市绿地率、人均公园绿地面积等各项指标均有大幅度提升，并建成国家级园林城市2座、国家级园林县城3座。各地建成了一批园林绿化精品工程，城市生态环境和城市面貌发生了很大变化。与2005年相比，2010年全省城市污水处理率由31.94%提高到60.4%，城市生活垃圾无害化处理率由39.78%提高到70%，集中供热面积由3317.9万平方米提高到8719万平方米，人均绿地面积由5.11平方米提高到10.67平方米。

【村镇建设】 "十一五"期间,重点加强小城镇基础设施建设,连续开展"千村百镇"建设整治活动。关中百镇建设完成投资11.48亿元,完成239个建设项目。建成道路工程473公里、排水工程517公里、新增绿化面积71.7万平方米、栽植行道树22105株、人行道铺装223万平方米、安装道路照明灯11415盏。千村百镇建设整治工作扎实推进,全省160个镇、1143个村庄面貌得到较大改善。农村公路建设五年累计投资338.8亿元,新改建农村公路11万公里,基本实现100%的建制村通公路。

【建筑业与工程建设】 "十一五期间",全省建筑业成为继能源化工之后的第二大支柱产业。五年全省建筑企业完成总产值10999亿元。总规模在全国的位次由"十五"末的18位前移到13位,居西部第二。有23项工程获得国家优质工程"鲁班奖",居西部省份第一位。勘察设计业持续快速发展,共完成总产值1103亿元。加快技术创新和科研成果转化步伐,科技活动支出额10.6亿元,科技成果转让额1.28亿元,完成专利和专有技术475项,参加编制标准和标准图集197个。全省在高速铁路、高原冻土、湿陷性黄土、超高压变电、新能源发电、汉唐风格建筑等领域的勘察设计技术处于同期国内和国际领先水平。获国家级科技进步奖和勘察设计奖90项,获省级科技进步奖和勘察设计奖332项,4项工程入选"新中国成立60周年百项经典暨精品工程"。

【建筑节能与科技】 "十一五期间",颁布《陕西省建筑节能条例》,发布《西安市居住建筑节能设计标准》、《陕西省建筑节能工程质量验收规范》等标准和《关于加强建筑节能管理》规范性文件。组织实施改造项目49个207万平方米,争取中央财政资金4475万元,省级财政配套资金652万元,完成国家下达的改造任务;组织实施省级既有建筑节能改造示范项目,累计完成改造项目212个,改造面积169万平方米,超额完成目标任务。组织实施国家级可再生能源建筑应用示范项目15个,争取国家财政补贴资金1.82亿元。组织实施建设省级太阳能光伏应用示范项目12个,省级太阳能光热建筑一体化应用示范项目20个,建筑面积达到108万平方米。开发建设陕西省建筑能耗监测信息系统,完成3栋建筑的能耗分类计量监测系统安装工作;省本级和西安市实施机关办公建筑和大型公共建筑的能耗统计、能源审计与公示工作的建筑规模达197.6万平方米,独立办公的38家省级机关已完成建筑能源分类分项计量工作水、电、气表的改造。全省获陕西省科学技术奖5项;评审省级工法267项,其中获国家级工法18项;评审陕西省建设科技新技术应用示范工程225项,其中获全国建筑业新技术应用示范工程8项。

大事记

1月

6日,陕西省政府下发《陕西省人民政府关于表彰陕西省先进建筑企业的通报》(陕政函〔2010〕4号)。表彰陕西建工集团总公司等20家建筑企业为陕西省先进企业。

19日,省人力资源和社会保障厅、省住房和城乡建设厅以陕人社发〔2010〕31号文件下发《关于表彰陕西省第三届优秀勘察设计师的通报》。省人力资源和社会保障厅、省住房和城乡建设厅授予冉理等40名同志"陕西省优秀勘察设计师"称号。

22~23日,省政府召开全省安全生产工作会议。省住房和城乡建设厅被授予2009年度"安全生产先进单位"荣誉称号。

24~26日,中共中央总书记、国家主席、中央军委主席胡锦涛到陕西考察工作。在汉中胡锦涛深入宁强县汉源镇亢家洞村五里坡安置点等地,看望地震受灾干部群众。在西安特地前往西安市碑林区东窑坊棚户区等地考察,了解调研棚户区房屋改造和城乡建设情况。

27日,住房和城乡建设部以建房〔2010〕10号文件下发《关于公布2009年度全国物业管理示范住宅小区(大厦、工业区)评验结果的通报》。陕西省4个住宅小区和2个大厦分别被评为2009年度全国物业管理示范住宅小区与全国物业管理示范大厦。

28日,省住房和城乡建设厅以陕建发〔2010〕23号文件下发《关于启用陕西建设行政许可服务窗口的通知》。自2010年2月1日起启用陕西省住房和城乡建设厅行政许可服务窗口,同时,在陕西建设网上开通行政许可事项网上申报窗口。

2月

4日,国家民政部以民发〔2010〕16号文件发出《民政部关于表彰全国先进社会组织的决定》。陕西省建设监理协会等13个全省社会组织获得"全国先进社会组织"称号。

同日,住房和城乡建设部以建城〔2010〕16号文件下发《关于命名2009年国家园林城市、县城和城镇的通报》。陕西省西安市被命名为国家园林城市,陕西省凤翔县、千阳县、麟游县被命名为国家园林县城。

23日，住房和城乡建设部以建城〔2010〕24号文件下发《关于2009年中国人居环境奖获奖名单的通报》。陕西省西安市曲江新区人居环境建设项目获得"2009年中国人居环境范例奖"。

26日，省委、省政府在西安召开2009年度全省目标责任考核总结表彰大会。省住房和城乡建设厅获得良好等次单位。

3月

10日，国家住房和城乡建设部、旅游局以建村〔2010〕36号文件下发《关于公布全国特色景观旅游名镇（村）示范名单（第一批）的通知》。陕西省蓝田县汤峪镇、宁强县青木川镇、礼泉县烟霞镇袁家村在第一批公布105个"全国特色景观旅游名镇（村）示范名单"之列。

18日，省住房和城乡建设厅在西安绿地笔克国际会展中心举办第九届陕西住宅产业博览会暨县域城镇房地产、城建项目投资洽谈会。对达成投资协议126.3亿元的21个县域房地产、城市基础设施项目举行集中签约。

29日，省住房和城乡建设厅召开2009年度目标责任考核总结表彰大会。通报2009年度目标责任年终考核工作及2010年度目标任务制定情况，表彰4个优秀机关处室、6个厅直单位和4个优秀等次个人。

31日，全国造林绿化表彰动员大会在北京人民大会堂举行。陕西省7个单位被授予"全国绿化模范单位"称号，安康市被授予"全国绿化模范城市"称号。

4月

1日，省住房和城乡建设厅，省财政厅以陕建发〔2010〕83号文件下发陕建发〔2010〕83号《关于加强陕西省重点镇建设项目管理的通知》。规范重点镇建设项目资金使用及项目实施、监督、检查工作。

9日，住房和城乡建设部与陕西省人民政府共同签署《关于落实〈关中—天水经济区发展规划〉促进陕西住房和城乡建设事业协调快速发展合作备忘录》。住房和城乡建设部党组成员、副部长齐骥，省委常委、副省长洪峰出席签字仪式并分别致辞。住房和城乡建设部还重点支持西安市地铁1号、2号、3号线建设和华山风景名胜区申报世界遗产工作。

14日，青海省玉树县发生7.1级地震后，省住房和城乡建设厅按照《建设系统破坏性地震应急预案》启动一级响应，调动8台挖掘机、6台吊车、15台装载机、50台切割机、2台拖车、30台自卸车、20台其他设备共131台机械设备等候待命。抽调25名技术骨干组成专家鉴定团，分两批赴玉树灾区与宗教寺庙开展危房鉴定工作。

28日，陕西省人民政府以陕政发〔2010〕15号文件下发《关于奖励全省2010年全国劳动模范和先进工作者的决定》。对75名全国劳动模范和先进工作者每人给予10000元奖励。陕西建工集团总公司董事长黄怀宝受到表彰奖励。

29日，省住房和城乡建设厅以陕建发〔2010〕106号文件下发《关于授予2010年度陕西省建设工程特别长安杯(省优质工程)的通知》。陕西省六项工程为2010年度建设工程特别长安杯奖(省优质工程)。

5月

7日，住房和城乡建设部以建城〔2010〕66号文件下发《关于第七届中国国际园林花卉博览会先进城市、单位和个人的通报》，西安市古建园林设计研究院被评为第七届中国国际园林花卉博览会先进集体，5人被评为第七届中国国际园林花卉博览会先进工作者。

11日，西安市高陵县防震减灾科普馆举行开馆仪式。高陵科普馆是全省首个以农村民居抗震设防知识为主要宣传内容的场馆，填补陕西在农村防震减灾宣传教育上没有专门场馆的空白。

18日，省委办公厅、省政府办公厅进行通报表彰《2009年度全省党政领导干部优秀调研成果获奖名单》。省住房和城乡建设厅厅长李子青、总工程师张孝成撰写《关于加快全省城乡居民住房和基础设施建设扩大内需的调研与思考》获2009年度全省党政领导干部优秀调研成果二等奖。

19日，第四届西安国际建筑节能与新型建材博览会在曲江国际展览中心开幕。西安国际散装水泥、预拌砂浆技术与设备和西安国际太阳能等国家建筑节能新产品、新技术亮相展博会。

6月

22日，省住房和城乡建设厅举办农村危房改造信息管理系统应用与实际操作培训班。关中地区各市、县与陕南陕北建设行政主管部门160名相关责任人首批接受农村危房改造信息管理系统应用和操作方法培训。

7月

9日，省住房和城乡建设厅以陕建发〔2010〕138号文件下发《关于对西安海荣房地产集团有限公司等38家房地产开发企业违法违规行为的通报》。38家房地产开发企业违法违规行为记入全省企业不良信用档案，2年内资质不予升级。

13日，省住房和城乡建设厅以陕建发〔2010〕140号文件下发《关于公布2010年度陕西省建设工程长安杯奖（省优质工程）评选结果的通知》。授予西安飞机工业（集团）有限公司369号飞机总装厂房等54项工程为2010年度陕西省建设工程长安杯奖（省优质工程）称号。

15日，陕西省委、省政府以陕办发〔2010〕11号文件下发《中共陕西省委办公厅 陕西省人民政府办公厅关于加快保障性住房建设的意见》。要求全省各地市严格执行《陕西省2009～2011年廉租住房保障规划》，2011年底前完成26万户现有城镇低收入住房困难家庭实物配租房源目标。

16日，省住房和城乡建设厅以陕建发〔2010〕140号文件下发《关于对陕西敬业和浙江昆仑在开发敬业大厦工程项目招投标过程中违规行为的通报》。陕西敬业大厦与浙江昆仑建筑企业签订施工合同违反《中华人民共和国招标投标法》有关条款，决定敬业大厦工程施工招标中标无效，责成双方写出书面检查。

29日，住房和城乡建设部政策法规司司长徐宗威（检查组组长）到陕西省住房和城乡建设厅检查验收省建设系统"五五"普法依法治理工作。省住房和城乡建设厅副厅长张阳汇报全省建设系统"五五"普法依法治理工作情况。检查组认为省建设系统"五五"普法依法治理工作组织周密、细致有成效。

30日，省住房和城乡建设厅以陕建发〔2010〕167号文件下发《关于命名2010年度第一批省级文明工地的通知》，陕西建工集团总公司综合楼等108个工地为2010年度第一批省级文明工地称号。

8月

10日，省政府在西安召开全省保障性住房工作会议，贯彻落实国务院有关保障性住房部署，安排加快保障性住房建设工作。省委副书记、代省长赵正永出席会议作重要讲话，省委常委、副省长洪峰代表省政府与各市（区）政府和省林业厅签订《2010～2012年保障性住房建设目标责任书》。

27日，省住房和城乡建设厅以陕建发〔2010〕182号文件发出《关于进一步加强建筑工程使用钢筋质量管理工作的紧急通知》。要求加强建筑工程使用钢筋质量管理工作，刹住部分建筑施工工地违规使用钢筋歪风，确保工程质量。

同日，省住房和城乡建设厅以陕建发〔2010〕181号文件下发《关于印发〈陕西省进城落户农村居民保障性住房申请、审核程序暂行办法〉的通知》，贯彻落实《陕西省人民政府关于加大力度推进有条件的农村居民进城落户的意见》（陕政发〔2010〕26号）。推进全省城镇落户农村居民申请保障性住房工作。

31日，省住房和城乡建设厅以陕建发〔2010〕185号文件下发《关于对延川县"8.28"高边坡垮塌事故的通报》。通报延川县和平大厦施工现场发生一起高边坡垮塌，造成6人死亡的较大事故，施工现场无有资质的施工企业和监理企业。通报要求加大对违法违规行为的查处力度，严厉打击建筑施工非法违法行为，防止类似事故再次发生。

9月

4日，中国企业联合会、中国企业家协会评选2010中国企业500强在安徽省合肥市发布。陕西建工集团总公司以年营业收入1685627万元、同比增长29.31%的骄人业绩位列第350名，名列第80位，比上年度前移63位，是陕西连续9年上榜8家企业之一。

9日，省住房和城乡建设厅以陕建发〔2010〕196号文件下发《关于公布2010年度省级工法的通知》。省住房和城乡建设厅根据建设部《工程建设工法管理办法》开展2010年度省级工程建设工法评定工作。《刚性混凝土系杆拱桥支架拼装施工工法》等26项土木工程类工法、《CCCW干粉撒覆防水施工工法》39项房屋建筑工程类工法、《长输管道下向焊施工工法》等18项安装工程类工法共83项工法评为2010年度省级工程建设工法，有效期6年。

10日，全省33个保障性住房建设项目集中开工典礼在西安三桥举行。省委常委、副省长洪峰出席典礼宣布开工令。省住房和城乡建设厅厅长李子青介绍全省保障性住房建设情况，西安市政府副市长钱引安和施工单位代表在典礼上发言。

15日，省住房和城乡建设厅、省质量技术监督局、省工商行政管理局联合以陕建发〔2010〕201号文件下发《关于开展建筑工程使用钢筋专项治理工作的通知》。针对近期在西安市发现有非法钢筋加工厂违法违规加工钢筋流向建筑工地现象，决定在全省立即开展建筑工程使用钢筋专项治理工作。

25日，全省农村民房灾后重建开工仪式在陕南安康、汉中、商洛三市同时举行。省委副书记、代省长赵正永，副省长姚引良深入安康市紫阳县和汉滨区检查指导灾后恢复重建工作，出席汉滨区大竹园镇七堰社区集中安置点开工仪式。

30日，西安大明宫国家遗址公园开园仪式在新落成的遗址公园丹凤门广场隆重举行。全国人大常委会原副委员长蒋正华、国家文物局局长单霁翔、联合国助理秘书长沃伦·萨奇及陕西省、西安市等领导和来自国内外的专家学者出席开园仪式。

10月

9日，西安市住房公积金管理中心向圣合家园三期发放首批5000万元贷款。这是国家住房和城乡建设部等六部委正式批准利用住房公积金贷款支持保障性住房建设，全国28个试点城市通过住房和城乡建设部项目贷款业务运行平台、运行监管系统审核通过的第一笔项目贷款。

19日，省委常委、副省长洪峰主持召开省城乡规划委员会全体会议，审议渭南市城市总体规划。

21日，全省建设工程文明施工现场会在西安止园饭店召开。现场会表彰2010年度全国"鲁班奖"和"长安杯奖"获奖单位，参观六处获奖工程。

11月

16日，全省农村民居建设抗震设防示范现场会在咸阳召开。省住房和城乡建设厅副总工程师、省抗震办主任茹广生作题为《积极开展农村民居抗震设防工作，促进农村经济社会可持续发展》工作报告。并给各市赠送《村镇建设抗震设防技术要点》及农村民居设计图集。

12月

10日，住房和城乡建设部以建城〔2010〕209号文件下发《关于命名国家园林城市和县城的通报》。陕西省宝鸡市凤县被命名为国家园林县城。

13日，住房和城乡建设部与国家文物局在京公布第五批中国历史文化名镇名村名单。陕西省商洛市柞水县凤凰镇在名镇之列。

15日，国家工程建设质量奖审定委员会以工质字〔2010〕10号文件下发《关于表彰2010年度国家优质工程的决定》。陕西省有10项工程获得2010年度国家优质工程银质奖。

16日，中国建设工程鲁班奖（国家优质工程）第一批入选工程名单公布。陕西省有5项工程获得国家优质工程鲁班奖。

17日，住房和城乡建设部以建城〔2010〕204号文件下发《关于公布国家重点公园的通知》。陕西省宝鸡市炎帝园为国家7个重点公园之一。

27日，省住房和城乡建设厅出台《住宅工程质量分户验收管理办法》。全省住宅工程质量实行分户验收，自2010年12月27日开始实施。

同日，华夏建设科学技术奖励委员会以（2010）华夏奖字第010号文件公告"2010年'中国建研院CABR杯'华夏建设科学技术奖"获奖项目。中国电力工程顾问集团公司、西安建筑科技大学、中国电力工程顾问集团西北电力设计院等单位主要完成的富煤缺水区火电厂直接空冷钢—混凝土混合结构体系关键技术研究与国产化项目获二等奖。

28日，包头至西安铁路通道（陕西段）正式开通运营。包西铁路自2007年11月25日开工建设，于2010年6月29日建成投入运营。

甘 肃 省

1. 法制建设

【法规案例制订】 2010年，制定《甘肃省建筑市场管理条例》、《甘肃省无障碍建设条例》、《甘肃省物业管理办法》，修订《甘肃省建设项目（工程）竣工验收办法》，清理省地方性法规5件、省政府规章5件、省政府规范性文件190件以及省住房和城乡建设厅2000年以后发布的规范性文件。提出《甘肃省住房和城乡建设厅落实依法行政第二个五年规划的实施措施》，完成《行政处罚裁量标准》的制定。

【清理行政许可审批事项】 对行政许可审批事项进行了再次清理，保留行政许可28项、非行政许可审批7项、备案制管理1项。依法受理并妥善处理行政复议案件，积极化解矛盾，维护社会稳定。办理省人大代表建议和省政协委员提案83件，其中，主办69件，配合办理14件。

【普法工作】 以"五五"普法依法治理检查验收为契机，调整普法依法治理组织机构，印发考核验收方案和工作标准，总结五年来的普法工作，制定和完善措施。制定了领导干部学法用法制度，提出了公务员学法用法培训实施意见，编印了法律法规规范性文件资料，安排了行政复议工作培训。

2. 住房保障

【保障性住房建设】 2010年全省保障性住房新开工建设17.09万套、1250万平方米，完成投资111.72亿元，完成国家下达住房保障工作任务16.7万户的102.34%，超额完成2.34%。廉租住房保障16.29万户、47.12万人，其中，租赁补贴14.93万户、实物配租9228户、租金核减2916户、其他方式保障1427户。"五一二"灾后城镇重建住房开工建设20610套、133.883万平方米，开工率为102%，已竣工19349套、125.654万平方米，竣工率为95.7%，其中，廉租房建设已全部竣工。完成受损房屋加固63388套、474.434万平方米，竣工率为100%。争取国家保障住房补助资金25.45亿元，其中，中央财政廉租住房租赁补贴资金6.2亿元、中央预算内投资廉租住房建设项目补助资金13.3646亿元、公共租赁住房补贴资金1720万元、城市棚户区改造资金6287万元、国有工矿棚户区改造资金1.2416亿元、中央追加保障性住房建设资金3.8384亿元。

【建立和完善住房保障体系】 2010年，甘肃省在现有廉租住房和经济适用房建设的基础上，推出了以解决城市中低收入家庭住房问题的公共租赁住房和限价商品住房，全面启动了城市和国有工矿棚户区改造，初步建立了以廉租住房、经济适用住房、公共租赁房、限价商品房等为主要内容的住房保障体系。为加快推进全省住房保障工作，住房和城乡建设厅先后起草了《甘肃省公共租赁住房管理办法》、《甘肃省城市和国有工矿棚户区改造工作的实施意见》、《甘肃省住房和城乡建设厅关于全省城市和国有工矿棚户区改造项目空间规划编制和建筑设计工作指导意见》、《甘肃省住房和城乡建设厅关于城市和国有工矿棚户区改造住宅拆迁补偿与住宅拆迁保障工作的指导意见》、《甘肃省住房保障工作考核问责暂行办法》、《甘肃省实施廉租住房共有产权管理办法(试行)》。

【政策措施落实住房保障责任】 2010年6月25日，省政府与市州政府签订了保障性住房建设责任书，落实了目标责任。11月10日，省政府召开了全省保障性住房建设工作现场会，白银市、武威市、定西市、积石山县政府和白银公司分别介绍了加快保障性住房建设经验。住房和城乡建设厅起草了《关于切实加快保障性住房建设的通知》，从五个方面深化和强化了政策措施：落实土地出让收入配套用于廉租住房建设的资金；落实住房公积金增值收益配套用于廉租住房建设资金；落实保障性住房建设用地；增加保障性住房建设资金供应量；建立完善会商、通报制度，及时研究解决重大问题。

【探索融资方式，拓宽筹资渠道】 坚持"以政府投资为引导、项目资金相配套、群众合理承担为辅助"的筹资原则，积极争取中央资金支持、加大财政预算安排、落实土地出让收益和住房公积金增值收益用于廉租住房建设资金、应用金融平台融资、实施共有产权管理等多渠道筹措保障性住房建设资金。

【加强调查研究，提升住房保障工作管理水平】 学习借鉴沈阳、抚顺、重庆、上海等地先进做法，改进甘肃省棚户区改造和公共租赁房工作的管理水平。参加了省政府对陇南灾后重建工作专题调研，以白银市为重点，推动全省棚户区改造。

【认真落实保障性住房整改工作】 配合国家审计署完成了对甘肃省2007～2009年度政府投资保障性住房项目专项审计工作；配合省审计厅对全省扩大内需廉租住房项目进行审计；配合财政部甘肃专员对甘肃省2009年廉租住房保障资金的专项检查工作；配合中央扩大内需促进经济增长政策落实暨治理工程建设领域突出问题第十九检查组对甘肃省廉租住房项目的检查；配合住房城乡建设部、经济发展改革研究会对甘肃省住房保障公众评价"软指标"和指导改进住房保障政策、管理服务工作的调查研究。参加了省监察厅、省发改委、财政部驻甘专员办组成的联合调查组，对武威市2010年市本级实施的廉租住房项目实施中的有关问题进行了核查。对全省近三年住房保障工作进展情况向省政协作了专题报告。

【组织全省保障性住房建设和住房公积金监管年中考核】 2010年8月24日至9月12日，由省住房和城乡建设厅、省发改委、财政厅等七家单位组成的省政府保障性住房保障工作考核组，对全省13个市州、51个县市区和13个住房公积金管理中心及51个管理部进行了考核，考核结果向省政府做了专题汇报。

【住房公积金管理】 截至2010年底，全省住房公积金归集总额和余额分别为443.2亿元、301.4亿元，同比增加91.94亿元、60.88亿元，增长率为26.17%、25.31%。全省实缴职工人数为156.9万人，占应缴职工人数181万人的86.75%。个人贷款余额102.7亿元，同比增加31.17亿元，增长率为45.61%，个贷率为34.08%，同比提高4.76%。全省累计向31.4万户职工发放了182.3亿元个人贷款，个人贷款逾期额为 445.21 万元，平均逾期率为 0.4‰。

3. 房地产业

2010 年，全省房地产业全年完成投资 266.41 亿元、施工面积 3130.4 万平方米、竣工面积 598.66 万平方米，其中商品住宅投资 187.93 亿元、竣工面积 501.05 万平方米。商品房空置面积 150.48 万平方米，其中，住宅空置面积 93.56 万平方米。

【市场监管】 为认真贯彻落实国务院和省政府关于促进全省房地产市场平稳健康发展的通知精神，坚决遏制个别城市房价过快上涨，稳定城市拆迁管理，按照省政府批示精神，住房和城乡建设厅在认真学习领会国务院和国务院办公厅下发的关于房地产市场宏观调控政策规定的基础上，代省政府起草了《甘肃省人民政府关于促进房地产市场平稳健康发展的通知》、《甘肃省人民政府关于坚决遏制部分城市房价过快上涨的实施意见》、《甘肃省人民政府办公厅关于进一步加强征地拆迁管理工作切实维护群众合法权益的通知》。为规范商品房预售制度，住房和城乡建设厅起草了《关于进一步加强房地产市场监管完善商品住房预售制度有关问题的通知》，对商品房预售问题从 19 个方面进行了全面规范，对预售条件进行了严格限制。结合全省房地产市场情况，严格按照省政府文件精神，起草下发了《关于抓紧对房地产开发经营行为进行检查的通知》，从十个方面要求全省上下同步开展房地产市场专项整治，遏制违规开发建设行为，规范房地产市场秩序。对整顿情况起草了《关于贯彻落实国务院宏观调控政策、规范房地产开发企业经营行为情况的报告》上报国务院。加大对各市州房地产市场调研力度，摸清了市场基本情况，为省政府出台相关政策提供了第一手资料。

【房屋拆迁管理】 为认真抓好《甘肃省人民政府办公厅关于进一步加强征地拆迁管理工作切实维护群众合法权益的通知》精神，2010 年住房和城乡建设厅在全省共排查拆迁项目 188 项，拆迁建筑面积 233.19 万平方米，涉及拆迁户数 23974 户。

【物业管理】 为进一步加强物业服务工作，切实解决物业管理中存在的问题，甘肃省结合国务院修订的《物业管理条例》，在认真调查研究的基础上，借鉴外省经验，对《甘肃省物业管理办法》进行了修改完善，经省政府常委会讨论通过并颁布实施。住房和城乡建设厅下发了《关于深入开展全省物业管理工作检查的通知》，要求各市州分阶段、分层次进行自查，住房和城乡建设厅适时进行抽查检查。截至 2010 年底，全省物业服务企业达 1006 家，服务项目达 4166 个，管理面积达 9799.70 万平方米。其中，住宅项目 2736 个、管理面积 6486.83 万平方米（5 万平方米以上的住宅小区 745 个，管理面积 4135.69 万平方米），办公楼项目 903 个、管理面积 2022.99 万平方米，商品营业用房项目 393 个、管理面积 868.81 万平方米，工业仓储用房项目 107 个、管理面积 189.3 万平方米，其他项目 11 个、管理面积 231.07 万平方米。

4. 城乡规划

【城乡规划】 2010 年，住房和城乡建设厅拟定《甘肃省"十二五"城镇化发展专项规划》，指导兰州市完成了第四版城市总体规划《纲要》的修编工作。组织有关部门及专家对庆阳市人民政府和省城乡规划设计研究院编制的《庆阳市城市总体规划（2009~2025 年）》进行了技术审查、评议审查和复审，对西安建筑科技大学城市规划设计研究院编制的《临夏市城市总体规划纲要（2009~2025 年）》和四川省城乡规划设计研究院编制的《合作市城市总体规划大纲》进行了技术审查。7 月，组织全省建设系统主管部门负责同志和专家，在天水市召开了"甘肃省城市规划行业交流会及甘肃城市科学研究会筹备会议"，与会专家、部门就全省规划发展存在的问题进行了交流，分析全省城市规划工作的现状，针对存在的问题提出建议和意见。完成了甘肃西南地区供气管道工程、兰州至海口国家高速公路林涛至渭源段项目、敦煌至格尔木铁路项目甘肃段、庆阳石化成品油外输管道工程、750 千伏兰州东—天水—宝鸡输变电工程、330 千伏良平输变电工程等 18 个重大建设项目的选址工作。

【规划管理】 为进一步规范甘肃省城乡规划制定工作，根据《中华人民共和国城乡规划法》和《甘肃省城乡规划条例》，省住房和城乡建设厅制定下发了《甘肃省城乡规划制定管理办法》。为深入开展违规变更规划调整容积率问题专项整治工作，省住房和城乡建设厅组织省监察厅、省政府法制办和甘肃省城市规划督察员成立检查组，对兰州市、兰州高新技术产业开发区、兰州经济技术开发区等地进行了实地检查，并向住房和城乡建设部、监察部专项治理工作领导小组办公室上报了工作情况，向兰州市下发了《关于兰州市房地产开发领域违规变更规划调整容积率问题专项整治的意见》，提出了兰州市在规划管理上存在的问题和整改建议。配合省

5. 建筑业和工程建设

【建筑企业管理】 2010年停止审批新设立企业资质，鼓励企业合并重组，提升整体素质，调整队伍结构。2010年，住房和城乡建设厅共办理企业资质升级65家，获批准一级资质6项；审批二级建筑业企业资质60家，变更97项。报部审批通过监理甲级资质6项，审批乙级监理资质12家。2010年全省共有建筑业企业2393家，其中特级企业1家，一级企业305家，二级企业807家，三级企业1280家。按承包序列划分，总承包企业857家，专业承包企业1237家，劳务企业299家；按企业性质划分，国有独资企业108家，占企业总数的4.51%，国有控股企业165家，占企业总数的6.9%，非国有企业2120家，占企业总数的88.59%。共有建造师25796人，一级建造师2217人，其中一级注册建造师1220人，一级临时建造师997人；二级建造师13303人，其中二级注册建造师6059人，二级临时建造师6521人；三级建造师10276人。共有劳务企业299家，其中一级85家，二级90家，无级124家，在册劳务人员6万余人，有4327名通过培训持证上岗。共有625家(次)省外建筑业企业来甘肃省办理参加投标登记备案，其中有53家(次)在甘肃中标，工程造价达198845.44万元。全省有405家(次)建筑业企业到全国16个省、市、自治区参与工程投标，其中中标36家(次)，工程造价达165276.4万元。

【修订完善了《甘肃省建筑市场管理条例》】 针对原《甘肃省建筑市场管理条例》对行业发展和建筑市场监管的不适应性问题，省住房和城乡建设厅在充分落实国家对建筑市场相关宏观调控措施和规范整顿治理措施办法的基础上，借鉴外省建筑市场监管的经验做法，吸收甘肃省近年来出台的关于建设领域的相关法规政策和规定办法，结合建筑市场现状，从明确建设单位责任、加强合同、项目组织实施、施工现场管理、省外进省队伍登记、注册执业和持证上岗人员的监管、劳务分包与劳务用工规范、中介服务行为规范、强制检测和项目代建制度推行、建立健全建筑市场诚信体系等方面起草修订了新的《甘肃省建筑市场管理条例》。2010年11月26日由省十一届人大常委会第十八次会议通过并公告发布，自2011年1月1日起施行。为配合建筑市场管理条例的修订，先后起草了《甘肃省省外建筑业企业进甘登记管理办法》、《甘肃省工程项目施工现场管理人员配备规定》、《关于加强建筑工地食堂食品安全工作的通知》、《甘肃省建筑施工现场流动人口管理办法》、《甘肃省有形建筑市场管理规定》、《甘肃省房屋和市州基础设施工程施工招标投标资格审查管理办法》、《甘肃省房屋和市政基础设施工程工程量清单招标投标综合记分评标定标办法》。

【加强建筑市场管理】 2010年在全省建设领域开展建筑市场专项整治工作，下发了《关于开展2010年建筑市场专项整治工作的通知》。第三季度对各市州专项整治工作进行了调研，对全省灾后重建、扩大内需、保障性住房、公共设施等工程项目进行了抽查。针对全省建筑市场存在施工现场项目部管理机构人员配备不齐和职责不清、随意更换中标文件中承诺的项目经理及管理人员、私招乱雇外单位人员、管理人员无证上岗等问题，制定了《甘肃省工程项目施工现场管理人员配备规定》。为加强预拌商品混凝土的管理，规范预拌商品混凝土企业质量行为，确保实体工程质量，下发《关于加强预拌商品混凝土管理工作的通知》。要求各市州建设局根据当地社会经济发展状况，研究制定本地区商品混凝土发展的专项规划，进一步加强对商品混凝土企业的动态监管，要求预拌商品混凝土企业完善企业质量保证体系，各级质量监督机构将商品混凝土质量监督纳入动态监管范围。

【工程招标投标管理】 2010年，全省共有招标代理机构85家，其中甲级4家，乙级56家，暂定级25家。共办理招标工程687个，中标总价111.62亿元，工程个数比2009年的594个增长了15.65%，中标总价比2009年的86.30亿元增长29.34%。其中依法公开招标616项，中标价97.91亿元，依法邀请招标71项，中标价13.71亿元，公开招标率和邀请招标率均为100%。中标总价与招标控制价相比，节约投资3.57亿元，节约率为3.2%。招标工程合同备案687份，备案率100%。

【规范招标投标市场秩序】 起草下发《关于进一步推进房屋建筑和市政基础设施工程招标投标突出问题专项治理的通知》、《甘肃省房屋建筑和市政基础设施工程标准施工招标文件》、《工程量清单评标办法》，起草了《甘肃省房屋建筑和市政基础设施工程建设监理招标投标办法》（征求意见稿）、《甘肃省房屋建筑和市政基础设施工程建设设计方案招标投标评标办法》（征求意见稿）、《甘肃省房屋建筑和市政基础设施工程投标保证金专户银行集中缴纳管理办法》（征求意见稿）、《甘肃省建设工程招标代理机构诚信评价暂行办法》（征求意见稿）、《甘肃省建设工程招标代理机构行业诚信自律公约》（征求意见稿）。为规范招标投标市场秩序，提高招投标工作效率，降低招标投标成本，在全省除张掖、庆阳、陇南、天水、临夏外全面实施电子招标文件。对23家资质到期的招标代理机构进行了资格延续审核，其中3家上报住房城乡建设部申请甲级资格、3家审核未通过、3家资质由乙级降为暂定级、5家受到限期一年整改处罚。

【工程安全质量监管】 2010年共监督工程6901项，建筑面积5202.9万平方米，工程造价872.96亿元，监督覆盖率98.8%。承担重点（重大）项目工程的安全质量监督管理58项，其中民用建筑39项，电力工程19项，总投资278.18亿元，发出工程质量监督报告25份。各市州自查在建工程项目6174个，查处各类违法违规行为76项，排查出一般隐患5656项整改5595项，排查出重大隐患130项全部整改，累计落实隐患治理资金129.6万元。全年共发生一般生产安全事故16起，死亡16人，同比上升2起2人，上升率14.29%。

【完善监管体系】 完善了建设工程质量安全监督管理工作思路和模式的三个改变：逐步改变工程质量监管工作中参建各方责任平行的监管体系，形成以工程质量监督机构为质量监督层，施工图审查机构、工程质量检测机构、监理单位为质量控制层，建设、勘察、设计、施工、材料供应等单位为质量保证层的三层立体管理体系，同时建立层级间的联系机制，保障协调有序运行；逐步改变建筑施工安全生产工作中指标控制为主的监管思路，向长效机制建设并重的监管思路以及逐步向长效机制建设为主的思路转变；逐步完善了施工现场和建筑市场联动的思路。

【关键工程监管】 根据住房城乡建设部《关于做好住宅工程质量分户验收工作的通知》精神，督促和指导各地开展分户验收工作，验收覆盖率达到100%。以《民用建筑节能工程质量监督工作导则》（建质〔2008〕19号）为依据，以节能专项备案为切入点，指导全省工程质量监督工作。参加了灾后重建质量检查、省治理工程建设领域突出问题工作领导小组组织的全省工程建设领域突出问题检查、省校安办组织的中小学校工程质量安全督查、省安委会组织的各项专项检查。推行分类监督或差别化监督，确保政府监控手段落到实处，试行工程质量监督和验收分离的工作方法。研发了《甘肃省建设工程质量检测机构资质延期申报系统》和《甘肃省建设工程质量检测监督管理信息系统》，推进检测机构信息化管理。以贯彻《房屋建筑和市政基础设施工程质量监督管理规定》为契机，制定了宣贯培训计划，编制了教材。

【安全生产】 按照《关于住房和城乡建设系统继续深入开展"安全生产年"活动的实施意见》和全省安全生产工作会议部署，制定了《全省住房和城乡建设系统继续开展"安全生产年"活动实施方案》（甘建工〔2010〕154号），为做好全省建筑安全生产工作提出目标任务和方法措施。为贯彻落实《全省安全生产整治行动督查方案》，制定印发了《2010年全省建筑安全专项治理工作方案》（甘建工〔2010〕192号），对建筑安全生产领域存在的突出问题进行专项治理。依法办理安全生产两项许可，严格市场准入，对符合条件的79家建筑施工企业颁发了安全生产许可证，对142家建筑施工企业安全生产许可证给予了延期，对符合条件的3123人颁发了安全生产考核合格证书，对1639人的安全生产考核合格证书给予了延期。严格按照《行政处罚办法》，对2家施工企业给予吊销安全生产许可证的处罚，对8家施工企业给予暂扣安全生产许可证的处罚，对27名"三类"人员给予吊销安全生产考核合格证书的处罚，对2家监理企业给予停业整顿的处罚，对4名总监理工程师给予停止执业的处罚。

【工程造价监管】 甘肃省现有工程造价咨询企业115家，其中甲级资质企业9家、乙级资质企业84家、乙级暂定资质企业2家、暂定级资质企业20家。工程造价专业人员7793人，其中全国注册造价工程师1263人，省内造价工程师1400人，造价员5130人。

【工程造价制度建设】 2010年，以《甘肃省建设工程造价管理条例》为核心，完成了甘肃省工程造价管理法规制度的三年规划，出台了《甘肃省工程造价专业人员执业资格管理办法》、《甘肃省工程造价成果文件编制和审核执业管理办法》等18个配套办法。针对甘肃省定额人工单价偏低的实际情况，对人工单价进行了调整。编制了《甘肃省建筑抗震加固工程预算定额》等有关定额和与之配套的地区基价，为陇南、舟曲灾后抗震加固和房屋维修工计价提供了依据。5月份对全省建筑安装工程费用定额执行情况进行了书面调查，为促进建筑企业的健康可持续发展提供了政策支持。通过赴平凉、陇南、庆阳等9个市州及河北、辽宁两省深入调研，汇总整理439个建设项目，测算对比3150个定额项目，编制完成了《关于甘肃省2004版现行消耗量定额执行情况的调研报告》，提出了甘肃省现行建筑工程、安装工程、装饰工程消耗量定额的修编方案。根据《建设工程工程量清单计价规范》，起草了《甘肃省建设工程工程量清单招标控制价管理办法》，使工程量清单计价的相关规定和计价依据得到了进一步完善。5月份下发了《关于开展全省工程造价咨询企业专项检查工作的通知》，对全省49家咨询企业进行了抽查，并根据抽查情况起草了《甘肃省工程造价执业行为诚信档案管理办法》。自行研发了甘肃省建筑工程指标指数测算和查询系统、工程造价管理系统、工程造价人员网上继续教育管理系统、建筑工程消耗量定额和地区基价编制系统，完善了甘肃工程造价信息网。

【工程建设管理】 2010年，共审批新开工项目施工许可116个，新开工面积346.38万平方米，累计总投资336.87亿元，完成竣工验收备案项目40个，竣工面积137.3万平方米。制定下发了兰渝铁路兰州枢纽工程城关区境内房屋和构筑物拆迁补偿标准，批复了兰渝铁路涉及安宁区境内部分社区征地拆迁补偿标准参照城中村改造政策、兰渝铁路建设需要整体搬迁渭源县北寨镇麻地湾小学的方案，完成了兰渝铁路兰州市和陇南市30家企业拆迁评估工作。制定下发了兰新铁路第二双线工程张掖市、永靖县、酒泉市、嘉峪关市、红古区境内建筑物及构筑物拆迁补偿标准，完成了兰新铁路第二双线工程张掖市、酒泉市、嘉峪关市企业拆迁评估工作。制定下发了宝兰客专建筑物及构筑物拆迁补偿标准。在全省集中开展了工程建设领域突出问题专项治理大检查、严厉打击全省非法违法建设行为专项行动和建设领域综合执法检查，抽查在建工程153项，发出《建设行政执法建议书》20份。

【省级政府投资项目代建】 2010年，根据省政府投资项目代建制管理职能划分，省住房和城乡建设厅完成省代建办公室机构组建，拟定了《甘肃省省级政府投资项目代建制管理办法（试行）》，于12月7日由省政府办公厅发布实行。代建了省委机关办公楼重建项目、舟曲灾后恢复重建省住房和城乡建设厅援建项目、全省中小学校舍安全工程建设项目。按照省政府要求，拟定了《甘肃省中小学校舍安全工程实施代建制方案》，提出通过省政府授权由各市州建设局成立专门的代建机构并增加编制和人员，依法组织和实施中小学校舍安全工程代建工作的管理模式。

【勘察设计】 2010年，全省共有勘察设计单位267家，其中甲级单位35个，乙级单位73个，丙级单位94个，专项设计单位65个。勘察设计从业人员总数16908人，其中高级技术职称3752人，中级技术职称5801人，初级技术职称3519人，技术人员总数为13240人。为贯彻落实甘肃省项目带动战略以及关于行政审批改革的工作要求，进一步理顺和简化审批工作程序，明确审批管理责任，印发了《关于调整房屋建筑和市政基础设施工程初步设计审批暨施工图审查备案管理权限的通知》，明确了省、市两级建设行政主管部门在初步设计审批暨施工图审查备案管理方面的事权划分和工作责任，下放了部分建设项目的管理权限，简化了小型建设项目初步设计管理程序。不断完善施工图审查制度，制定了2010版《甘肃省建设工程施工图设计文件审查报告书》、《甘肃省建设工程施工图设计文件审查报告书》、《甘肃省建筑工程施工图设计文件节能审查意见书》、《民用建筑方案阶段建筑节能征求意见表》、《甘肃省民用建筑节能质量监督表》。7月下旬，组织召开了全省勘察设计工作会议，着重讨论了"十二五"行业发展规划和勘察设计质量与市场管理办法和"全省勘察设计行业发展'十二五'规划（征求意见稿）"。为进一步做好全省建设工程防震减灾工作，下发了《关于开展重要公共建（构）筑物抗震设防普查鉴定工作的通知》，组织编制了《甘肃省建筑抗震设计规程》、《甘肃省住宅设计规程》，对全省勘察设计技术骨干和工程抗震管理人员进行了技术辅导，完成了省政协十届三次会议《关于加强建筑安全预防地震灾害的提案》和《关于甘肃省灾后重建及防震减灾工作几点建议的提案》的答复。2010年评选省优秀工程勘察设计奖44项（一等奖4项、二等奖18项、三等奖22项），组织了夏河拉卜楞寺大经堂维修技术支持、定西市新城区建设项目支持。

【舟曲抢险救灾及灾后重建】 2010年8月8日舟曲突发特大泥石流灾害后，省住房和城乡建设厅紧急启动应急预案，成立了"舟曲应急救灾和灾后重建领导小组"，下设八个专项工作组和办公室负责舟曲应急救灾和灾后重建重大事项的决策、组织和协调。启动了救灾应急联动机制，从全省建筑企业调集人员200余人次、大型救灾机械设备70台参加抢险救灾；协调兰州、天水、定西等城市供水企业派出应急抢修技术人员 80 余人赶赴灾区，制作安装过渡性供水设施，排查抢修供水管网；向建设部请派移动公厕 46 座、净水设备 4 台、供水消毒设备 6 台。截至 8 月 14 日，省住房和城乡建设厅共向舟曲灾区捐款 27.7 万余元，派驻人员 300 余人次，全面开展供水、受损建筑物鉴定、材料价格等信息的采集、县城重建规划编制、垃圾堆放点及临时安置点建设等工作。制定了《舟曲特大山洪泥石流灾害受损建筑物安全性应急鉴定技术导则》、《舟曲县城给水排水恢复重建质量监督工作方案》。

【灾后重建规划编制】 住房和城乡建设部成立了由中国城市规划设计研究院、重庆大学规划设计院和甘肃省规划设计研究院组成的舟曲灾后重建城镇规划工作组，开展灾后重建城镇规划的编制工作。根据住房和城乡建设部和省灾后重建领导小组办公室的安排，省住房和城乡建设厅组织、委托相关单位先后完成了舟曲灾后重建城镇规划、舟曲灾后重建城乡居民住房规划的编制和《舟曲灾后重建峰迭新区详细规划》、《舟曲灾后重建老城区详细规划》、《秦王川转移安置区详细规划》研究等工作。

【甘肃省对口援建项目】 根据省委、省政府的要求，省住房和城乡建设厅承担的舟曲对口援建项目包括县城水浸公共建筑维修加固工程、供水工程、城市道路工程、桥梁工程、县城生活垃圾处理工程、城区生活污水处理工程、城镇规划统筹及城乡住房维修加固方案设计工作、舟曲特大山洪泥石流地质灾害纪念公园工程。9 月 5 日完成了灾区永久性供水工程的设计，11 月 29 日完成了灾区恢复重建城乡居民住房维修加固项目的设计，11 月 30 日完成了特大山洪泥石流灾害纪念园（追思园）项目施工图设计，截至 12 月 31 日已开工建设 4 个项目。

6. 城市建设

【基础设施建设】 2010 年，全省以城市污水、垃圾处理设施为重点的基础设施建设步伐进一步加快。全年完成城市污水处理、垃圾处理、道路、集中供热等城市基础设施项目投资 123.54 亿元，比 2009 年的 96.73 亿元增加 26.87 亿元，同比增长 27.7%。2 月份，向国家申报了城市基础设施建设项目计划，申请列入中央财政预算内投资的城市基础设施项目有城镇污水处理工程 26 项、城市生活垃圾无害化处理工程 23 项、城市供水管网改造工程 106 项、贫困县及缺水县城供水工程 10 项、城市供热设施工程 24 项、城市供气设施工程 6 项，项目预算总投资 61 亿元，国家批准总投资 14.59 亿元，争取国家资金 5.63 亿元。全省有酒泉、民勤、永昌等 3 个城市污水处理项目和定西市安定区、白银市平川区、渭源、通渭、陇西、临洮、会宁、景泰等城市垃圾无害化处理项目以及武威市供热项目建成投产。兰州市城区污水全收集管网工程全年计划投资 3.05 亿元，完成管网敷设 150 公里。

【继续推进城市园林和生态建设】 全省设市城市人均公园绿地面积 8.12 平方米，建成区绿地率 23.14%，基本达到全省建设事业"十一五"规划目标要求。为进一步指导全省创建园林城市活动的深入开展，住房和城乡建设厅对 2004 年制定的甘肃园林城市试行标准进行了修订，已印发各市、州建设行政主管部门实施。组织开展了第四批甘肃省园林城市申报评选活动，命名金昌市、玉门市为甘肃省园林城市，命名静宁县为甘肃省园林县城。加强园林绿化企业资质管理，批准晋升二级资质企业 12 家。

【深化城市管理】 指导兰州、酒泉、天水、金昌、武威、平凉等城市建设数字化城市管理信息系统。根据强对流天气增多的情况，起草下发了加强城市防汛排涝工作通知，指导各城市建设行政主管部门及时落实汛期防汛责任制及应急预案，以确保各城市汛期安全度汛。会同省财政厅在省级城市维护费计划中安排了城市路灯维护管理车辆采购资金，通过政府统一采购，为各设市城市采购了这批专用车辆。完成了城市市政设施安全运行培训教材编写初稿。审核汇总了 2009 年全省城市建设年度年报并复印成册。

【稳步推进城市市政公用事业改革】 为继续推进城镇供热体制改革，要求各城市供热计量改革做到三个同步：新建建筑工程与供热计量设施安装同步、既有建筑供热计量改造与节能改造同步、供热计量设施安装与供热计量收费同步，各市州已将热计量改革目标任务层层分解并落实。继续开放市政公用事业市场，引导符合条件的国内外各种所有制形式的企业参与城市市政公用事业的投资和经营。

7. 村镇建设

【概况】 2010 年，全省有建制镇 379 个，集镇 766 个，行政村 15696 个。村镇住宅建筑面积 50400 万平方米，生产性建筑 4449.96 万平方米。村镇供水设施 744 个，供水综合能力 52.73 万吨/日。排水管道总长度 953.09 公里，村镇道路总长度 5722.67 公里。

【村镇规划编制】 2010 年，住房和城乡建设厅组织开展了全省村镇规划编制及村镇建设管理机构情况调查,建立全省镇、乡、村规划编制动态信息库。全年共编制5个县城镇村体系规划,编制总体规划46个镇、61个乡、810个行政村。制定了《关于进一步推进村镇规划编制的通知》,对规划编制的政策、方法和技术要求提出指导性意见。组织专家制定了《甘肃省村庄建设规划编制说明》,推荐省内28家规划编制和8家地形图测绘单位为全省村镇规划编制的定点单位。鼓励规划设计单位与县市区采取整体打包和招标方式开展规划编制对口协作,降低编制成本。编制完成了《甘肃省村镇建设第十二个五年规划纲要》,提出了"十二五"时期全省重点镇市政基础设施建设项目计划。邀请省委研究室、省政府研究室、省委农办、省发改委、兰州大学及省开发银行的领导和专家对《甘肃省村镇建设第十二个五年规划纲要》进行了论证,省开发银行将此规划编制作为与省住房和城乡建设厅的合作项目,除提供规划编制经费,还对"十二五"期间支持重点镇项目融资提出合作意向。积极向住房和城乡建设部申报甘肃省重点镇基础设施建设项目计划,组织各市州编制"十二五"省级重点镇市政基础设施项目规划,建立项目储备库。共汇总13个市州74个镇421个项目,总投资76.22亿元,申报国家补助46.31亿元。

【村镇建设管理】 省住房和城乡建设厅与省委农办联合下发《关于在全省开展村庄整治工作的指导意见》,配合完成城乡一体化试点考核指标体系的预测和确认工作。完成了住房和城乡建设部对农村公共环境现状、生活垃圾、生活污水设施现状等摸底调查。完成了住房和城乡建设部委托的《村庄和集镇规划建设管理条例》立法后评估检查工作。组织申报2010年全国特色旅游景观名镇,榆中县青城镇被命名为全国特色旅游景观名镇。组织申报全国优秀村镇规划设计,天祝县天堂镇区详细规划被评为全国优秀村镇规划设计三等奖。组织专家对宕昌哈达铺镇、岷县西寨镇、积石山大河家镇、崇信新窑镇、凉州区丰乐镇等总体规划进行了技术评审。参与了省政府落实第五次援藏工作座谈会精神,赴甘南、天祝联合调研以及新农村建设和城乡一体化建设调研。会同省公安厅消防局对临夏、甘南和陇南新农村建设消防工作进行了检查验收。完成了对国道212沿线岷县至宕昌两河口段农宅集中建设点防洪和地质灾害隐患排查情况的调查。

【农村危旧房改造】 2010年甘肃省争取到中央危房改造计划7.4万户、危房改造节能示范户3500户、边境县危房改造计划500户,共争取到中央财政补助资金4.52亿元,户数比2009年增长1倍以上、资金增长1.5倍,甘肃省争取计划规模排全国第四位。11月底,全省危旧房改造及中央扩大农村危房改造任务按期全面完成,实际完成改造209005户,占全年计划数的104.5%,其中新建户数占93.3%,维修加固占6.7%。完成建筑面积1672.04万平方米,完成总投资150.48亿元。

【政策扶持和技术指导】 为解决农村最困难家庭无力建房的问题,制定《关于2010年全省农村危旧房改造补助资金使用意见的通知》,按照农户贫困程度分类制定了危旧房改造差异化补助的指导性标准。加强对节能示范户节能技术指导,甘肃省危旧房改造节能示范工作作为节能示范案例编入住房和城乡建设部节能推广宣传册。

8. 建筑节能与科技

【节能减排】 2010年,为确保"十一五"既有居住建筑供热计量及节能改造任务的完成,省住房和城乡建设厅在4月和9月分别组织全省既有居住建筑供热计量及节能改造工作的督察。组织上报了可再生能源建筑应用示范城市(县),张掖市临泽县、兰州市榆中县被批准为国家可再生能源建筑应用示范县。组织对2009年确定的农宅节能试点进行了效果对比和能效检测,以保证试点项目的顺利完成。6月12日,在兰州市中央广场举办了全国节能宣传周活动,积极向社会宣传建筑节能知识。9月5日,举行了"第二届甘肃环保与节能技术设备博览会"。10月12日,组织召开了可再生能源建筑应用示范项目、示范县工作会议。组织编写了《甘肃省建筑节能十二五规划》。根据省政府办公厅《关于开展国家机关办公建筑和大型公共建筑能耗统计、能源审计的通知》(甘政办发[2010]83号),在兰州市举办了甘肃省国家机关办公建筑及大型公共建筑能耗统计培训班,编写了《甘肃省建筑能耗统计工作手册》,对国家政策和统计方法、工作安排进行了培训。根据部《关于印发民用建筑能耗和节能信息统计报表制度的通知》(建科[2010]31号)的工作部署,启动了全省民用建筑能耗和节能信息统计工作,对全省3000平方米以上的国家机关办公建筑和大型公共建筑能耗进行统计,部分试点市州按10%的比例抽样进行城镇居民建筑能耗统计。9月份举办了全省县级统计人员培训,编写印发了《建筑节能文件汇编》。2010年,全省共统计各类建筑5493栋,总建筑面积2549.99万平方米,累计统计建筑面积

3000平方米以上的国家机关办公建筑和大型公共建筑1007栋，总建筑面积766.91万平方米，其中，国家机关办公建筑924栋，建筑面积455.52万平方米，全年单位面积平均能耗34.4千克标准煤/平方米；大型公共建筑83栋，总建筑面积311.39万平方米，全年单位面积平均能耗49.2千克标准煤/平方米。

【建设科技】 组织编写《甘肃省建设科技十二五规划》，修订了《甘肃省建设科学技术进步奖励暂行办法》（1998）。完成2010年度全省建设科技攻关项目和建设科技示范项目的申报、评审，全年评审通过科技攻关项目80项，科技示范项目36项，加上2009年转接项目，共191项列入2010年度甘肃省建设科技项目计划。组织完成了2010年全省建设科技进步奖的申报、评审，共有44个项目获奖，其中12个项目申报了甘肃省科技进步奖，2项获得二等奖，3项获得三等奖。组织对"高空大跨度横梁整体吊装施工技术"、"绿色景观中水系统关键技术研究与应用"等36项建设工程施工技术和研究课题的科研成果进行技术鉴定。组织专家对10项正在实施的省建设科技示范项目进行了考察、指导和监督，对已竣工完成的5个科技攻关项目进行了评审和验收。3月20日成立了"甘肃省建设科技与建筑节能协会"，搭建了一个在建设科技与建筑节能领域政府与企业和建筑市场的平台。对甘肃省建设工程与建筑节能新技术、新产品实行备案和技术目录管理及评审组织工作，全年组织评审通过备案项目20项。创办了《建设科技与建筑节能》刊物，报道和反映建设科技与建筑节能的前沿技术和技术动态。与省科学院等单位联办了舟曲特大山洪泥石流灾害暨甘肃南部滑坡泥石流灾害防治学术研讨会。

【教育培训】 按照《甘肃省建设系统职工培训管理暂行规定》（甘建科〔2002〕138号）组织行业培训。全年共安排7类项目、42310人培训，其中施工企业专业管理培训13900人、质量管理培训6718人、物业管理及房地产培训478人、特种设备操作培训4673人、业务培训1300人、职业技能培训5419人、安全教育培训9822人。根据住房城乡建设部《关于印发建筑施工特种作业人员管理规定的通知》，研究制定了配套政策，规范了全省建设行业特种作业人员持证上岗工作。

9."十一五"建设成就盘点

"十一五"期间，甘肃省住房和城乡建设系统积极应对国际金融危机的冲击和重大自然灾害的挑战，认真贯彻落实国家各项宏观调控政策，大力加强城乡规划、建设、管理及工程建设管理，全面启动保障性安居工程工作，不断整顿和规范建筑市场及房地产市场，推进住房和城乡建设领域的各项改革，加快实施灾后恢复重建，各项事业都取得了显著成绩，促进了全省住房和城乡建设事业的健康、稳定、协调发展。

【城镇化进程稳步推进】 全省城镇化水平从2005年末的30.02%提高到2010年底的36.12%。初步形成了以兰州为核心，以天水、酒泉、嘉峪关为区域中心，以白银、武威、金昌、张掖、平凉、庆阳、合作、临夏、敦煌为节点，其他小城市和县城为骨干，沿西陇海-兰新线轴向分布的城镇体系框架。

【加强城市规划管理，规划调控指导作用日益增强】 "十一五"期间，省政府成立了"甘肃省城市规划委员会"，进一步加强了对全省城市规划的宏观指导和监督。全省14个市州中有13个市州成立了专门的规划管理局，一些县也成立了规划局、规划办。平凉、天水等地各县独立设置规划管理部门后，有效地加强了当地规划管理力量。

【城市基础设施显著改善，综合服务能力明显增强】 "十一五"期间，全省城市基础设施建设预计完成固定资产投资总额470亿元，是"十五"期间投资总额的2.6倍。到2010年底，全省城市人均道路面积12.2平方米、用水普及率91.57%、污水处理率62.59%、生活垃圾无害化垃圾处理率37.95%、燃气普及率74.29%。兰州、酒泉、天水、金昌、武威、平凉等城市启动建设数字化城市管理信息系统，城市管理工作进一步加强。

【村镇规划建设管理工作进一步加强，农民住房条件得到有效改善】 到2010年底，全省累计有28个县（市）编制了县域村镇体系规划，占应编制县市的40%。累计有334个建制镇和353个集镇编制了总体规划，分别占建制镇和集镇总数的88%和46%。累计有3844个行政村编制了建设规划，占行政村总数的24.5%。"十一五"期间，全省村镇建设累计完成投资总额710.27亿元，是计划目标300亿元的236.7%，比"十五"期间实际完成数增长272.8%。2009年和2010年国家和省级财政共投入18.88亿元，在全省共实施农村危旧房改造41.3万户。到2010年，全省农村砖木和砖混结构住房比例占68%，比"十五"末增长14个百分点。农村人均住宅建筑面积达到28.05平方米。"十一五"期间，甘肃省共有7个镇被国家建设部和国家文物局批准命名为"中国历史文化名镇"，1个镇被国家建设部和国家旅游局命名为"全国特色旅游景观名镇"。

【**不断整顿和规范房地产市场，房地产业保持了平稳发展**】"十一五"期间，全面落实国家宏观调控政策，全省房地产市场总体上保持了平稳运行和健康发展，房地产业对全省国民经济的贡献率不断提高，支柱作用明显。全省房地产开发完成投资873亿元，房地产开发竣工面积完成2266.8万平方米，商品房销售面积完成3031.8万平方米。到"十一五"末，城镇人均住宅建筑面积达到27平方米，城镇居民住房条件显著改善。全省物业服务业快速发展，服务范围涉及房屋及相关设施设备维修养护、小区安保、环境保洁、绿化养护等多方面。

【**大力推进廉租住房建设，建立了基本住房保障制度**】全面推进保障性安居工程，实施各类保障性住房40.53万户，完成保障性住房建设8.29万套，累计发放廉租住房租赁补贴38.22万户/次、111.16万人/次。累计建设经济适用住房872.62万平方米，10.75万户中低收入住房困难家庭从根本上改善了住房条件。全面启动城市和工矿棚户区改造，覆盖城镇低收入家庭和部分中低收入群体的城镇住房保障体系初步建立。

【**住房公积金稳步发展，作用逐步得到有效发挥**】全省14市州均设立了管理中心，成立了管理委员会。各中心与分中心及所属的管理基本实现了"统一决策、统一管理、统一制度、统一核算"。全省住房公积金覆盖面稳中有升，缴存额持续快速增长，风险防范能力进一步增强，资金使用效率明显提高。对于加快城镇住房制度改革、完善住房供应体系和改善中低收入家庭居住条件都发挥了重要作用。

【**规范建筑市场秩序，全省建筑业保持了稳定发展**】"十一五"时期，全省建筑业总产值累计完成5860亿元，是"十五"期间的2.72倍。全省建筑业总产值从2006年完成630亿元，增加到2010年完成1960亿元，建筑业增加值完成382.1亿元，占全省完成GDP的9.29%，建筑业在全省国民经济中的支柱产业作用更加突出。建筑业产业组织结构日趋合理，技术、人才及装备实力及施工技术总体水平有较大提高，软弱地基处理、深基础施工、工程爆破、高强高性能混凝土、大型设备和结构安装等技术已达到国内先进水平。建筑企业技术装备实力逐步增强，机械化施工能力不断提高。行业从业人员中，获得职业资格、注册执业资格的数量和比例显著增长，已形成一批具有较高素质的工程技术和管理人才队伍。

【**全面推行建筑节能新标准，建筑节能工作进展良好**】"十一五"期间，组织编制了建筑节能设计、施工和检测配套技术规程，兰州市在全国率先执行居住建筑节能65%的设计标准，全省建筑节能设计实施率达到100%，建筑节能施工实施率达到95%。完成既有居住建筑供热计量及节能改造350万平方米。积极争取国家财政资金扶持，争得国家实施可再生能源示范项目5个，示范县3个。

【**积极应对自然灾害，灾后重建进展顺利**】2008年"5·12"汶川特大地震发生后，省住房和城乡建设厅组织动员全省建设系统，全面投入抗震救灾和灾后恢复重建。先后完成了受灾房屋建筑应急鉴定及安全评估工作；协调各援建省市并组织本省建设过渡安置房共4.9万套、98万平方米；编制完成灾后重建城镇体系规划、农村建设规划和城乡住房建设规划，编制抗震农宅设计图集并印制3000册无偿赠送灾区。城镇居民住房灾后重建完成19349套、125.65万平方米，维修加固63388户、474.43万平方米。

（甘肃住房和城乡建设厅 彭强）

10. 建筑业企业、勘察设计企业、招标代理机构、监理企业营业收入前20名

甘肃省建筑业企业按总收入排名前20名、工程勘察设计企业按勘察设计收入排名前20名、工程招标代理机构按工程招标代理收入排名前20名、建设监理企业按监理收入排名前20名的情况如表4-13所示。

2010年甘肃省建筑业企业、勘察设计企业、招标代理机构、监理企业营业收入前20名企业 表4-13

序号	建筑业企业 总收入前20名	工程勘察设计企业 勘察设计收入前20名	工程招标代理机构 工程招标代理收入前20名	建设监理企业 监理收入前20名
1	八冶建设集团有限公司	中国市政工程西北设计研究院有限公司	甘肃电力工程技术公司	甘肃铁一院工程监理有限责任公司
2	金川集团工程建设有限公司	甘肃铁道综合工程勘察院有限公司	甘肃华研水电咨询有限公司	甘肃铁科建设工程咨询有限公司
3	甘肃路桥建设集团有限公司	甘肃省交通规划勘察设计院有限责任公司	中海建国际招标有限责任公司	甘肃光明电力工程咨询监理有限责任公司

续表

序号	建筑业企业 总收入前20名	工程勘察设计企业 勘察设计收入前20名	工程招标代理机构 工程招标代理收入前20名	建设监理企业 监理收入前20名
4	甘肃省建设投资(控股)集团总公司	甘肃省建筑设计研究院	甘肃三轮建设项目管理有限公司	兰州交大工程咨询有限责任公司
5	甘肃第六建筑工程股份有限公司	兰州铁道设计院有限公司	甘肃中东工程招标咨询有限公司	甘肃信达铁路工程监理咨询有限责任公司
6	甘肃第一建设集团有限责任公司	甘肃省水利水电勘测设计研究院	甘肃商建工程招标咨询有限公司	甘肃蓝野建设监理有限公司
7	兰州二建集团有限公司	甘肃省电力设计院	庆阳恒鉴工程建设咨询有限责任公司	甘肃省通信产业工程监理有限公司
8	甘肃第四建设集团有限责任公司	兰州有色冶金设计研究院有限公司	甘肃金沙建设工程造价咨询有限公司	甘肃省建设监理公司
9	甘肃第七建设集团股份有限公司	甘肃省城乡规划设计研究院	甘肃博昱工程建设咨询有限公司	甘肃兴陇交通工程监理有限责任公司
10	二十一冶建设有限公司	兰州倚能电力设计咨询有限公司	甘肃蓝野建设监理有限公司	甘肃省交通工程建设监理公司
11	甘肃机械化建设工程有限公司	甘肃省通信产业咨询设计有限公司	陇南博通建筑勘察设计咨询有限公司	甘肃工程建设监理公司
12	兰州市第一建筑工程公司	天华化工机械及自动化研究设计院	甘肃陇南市昌信建设监理咨询有限公司	兰州寰球工程公司
13	兰州市政建设集团有限责任公司	兰州寰球工程公司	甘南州建南招标代理有限责任公司	甘肃西北信诚工程建设监理公司
14	甘肃省长城建筑工程总公司	兰州市城市建设设计院	甘肃方正建设咨询有限公司	甘肃三轮建设项目管理有限公司
15	甘肃省第三建筑工程公司	金川镍钴研究设计院	甘肃光明电力工程咨询监理有限责任公司	甘肃华研水电咨询有限公司
16	甘肃省第五建筑工程公司	甘肃科林电力设计有限责任公司	兰州鸿志工程经济咨询有限公司	甘肃经纬建设监理咨询有限责任公司
17	甘肃安居建设工程集团有限公司	兰州煤矿设计研究院	甘肃大地工程咨询有限公司	甘肃陇南市昌信建设监理咨询有限公司
18	甘肃煤炭第一工程有限责任公司	甘肃水文地质工程地质勘察院	甘肃经纬建设监理咨询有限公司	甘肃方圆工程监理有限公司
19	甘肃五环公路工程有限公司	中铁西北科学研究院有限公司	甘肃西北信诚建设监理公司	甘肃星驰建设监理有限责任公司
20	临洮县建筑工程总公司直属公司	天水市建筑勘察设计院	兰州西部投资咨询有限公司	甘肃省教育工程建设监理公司

(填表人：段文中，雷永勤，姚兆坤，滕兆琴)

大事记

1月15日，全省住房城乡建设工作暨住房城乡建设系统党风廉政建设工作会议在兰州召开。会上确定了2010年全省住房和城乡建设工作五大目标和九项工作。

3月12日，甘肃省委书记、省人大常委会主任陆浩，省委副书记、省长徐守盛在北京会见了住房和城乡建设部党组书记、部长姜伟新，省住房和城乡建设厅厅长李慧、副厅长周应军参加了会见。就廉租住房建设、农村危旧房改造、棚户区改造、建筑节能、城市污水管网建设等方面的工作交换了意见。

3月20日，甘肃省建设科技与建筑节能协会成立大会暨第一次会员代表大会在兰州举行。

4月1日，全国城市雕塑建设工作会议在北京召开。甘肃省雕塑家何鄂女士的作品《黄河母亲》荣获新中国城市雕塑建设成就奖。

6月26日，省政府召开了全省保障性安居工程工作电视电话会议，传达了国家关于公共租赁住房工作会议的精神，回顾总结了2009年全省关于廉租住房及住房公积金管理工作情况和保障性安居工程建设工作情况，安排部署国家下达甘肃省的2010年保障性安居工程建设责任目标任务。

7月2日，全省房管、建设局长会议在兰州召开。会议学习了国家有关部委、省政府和省住房和城乡建设厅有关文件，并就"十二五"住房保障规划和2010~2012年保障性住房规划进行了研讨。

7月10日，甘肃省城市规划行业交流会在天水召开。

7月23日，全省勘察设计工作会议在兰州召开。省住房和城乡建设厅党组书记、厅长李慧出席会议并讲话。会议议题是深入学习实践科学发展观，进一步提高全省建设工程勘察设计质量，提高勘察设计行业对全省经济社会发展和城乡建设的技术服务水平，持续推进全省勘察设计行业又好又快发展。

8月9日，甘肃省住房和城乡建设厅制定建设系统舟曲抢险应急工作计划，厅灾后重建规划小组到达现场。

8月14日，姜伟新率部有关同志到甘南舟曲灾区察看灾情，并亲切慰问住房和城乡建设系统参与抢险救灾的同志。陆浩和省委副书记、代省长刘伟平与姜伟新一起察看灾情，共同就舟曲灾后重建规划和受损房屋评估鉴定工作进行了研究部署。

8月18日，李慧主持召开会议，专题研究安排舟曲灾后重建及规划编制和县城给排水恢复重建工作。

9月13日，甘肃省全省民用建筑能耗及节能信息统计培训班在兰州举行，来自14个市州、87个县（区）的130多名学员参加培训。

9月28日，为了贯彻国务院保障性安居工程建设座谈会议精神，加快全省保障性住房建设，全面落实国家下达甘肃省的保障性住房建设责任目标，推进住房保障工作保基本、公平化、可持续发展，甘肃省政府在兰州召开了全省保障性住房建设汇报会。

9月29日，由甘肃省住房和城乡建设厅负责和指挥的舟曲灾区抢险救灾应急建设项目全部完工。

11月10日，全省保障性住房建设工作现场会在白银召开。李慧受省政府保障性安居工程领导小组委托，对全省1~10月保障性住房建设进展情况进行了通报。

12月7日，省政府办公厅发布了《甘肃省省级政府投资项目代建管理办法》，省住房和城乡建设厅成立甘肃省政府投资项目管理办公室，作为全省政府投资项目代建制管理机构，全面负责代建项目的管理和实施工作。

12月28日，省住房和城乡建设厅在兰州隆重举行了全省建设系统舟曲抢险救灾及灾后重建表彰大会。大会表彰了全省建设系统在舟曲特大山洪泥石流灾害抢险救灾及灾后恢复重建中涌现出的省城乡规划设计研究院、厅城建处等29个先进集体和卢海涛、胡松涛等69位先进个人。

12月29日，全国住房和城乡建设工作会议暨党风廉政、精神文明建设工作会议在北京召开。李慧在大会上作了题为《珍惜历史机遇 加大资金投入 全力推进农村危旧房改造》的发言。

青 海 省

1. 住房保障

【保障性安居工程建设成效】 2010年，全省住房城乡建设行业把保障性安居工程建设作为拉动经济之需、改善民生之要、政府应尽之责，扎实推进保障性安居工程建设。全省城乡保障性住房完成投资92.5亿元。建设城镇保障性住房8.7万套，发放租赁补贴4.18万户，建设农村奖励性住房5万套，游牧民定居3.46万户，农村危旧房改造3.77万户。

【保障性住房规划】 坚持规划先行，强化政策支持。省保障性安居工程领导小组各成员单位先后编制和实施了《青海省2010~2012年城镇和国有工矿棚户区改造规划》、《青海省2010~2012年城镇保障性住房建设规划》等。同时，印发了《关于加快推进城镇和国有工矿棚户区改造指导意见》、《青海省国有林场危旧房改造工作指导意见》等政策性文件，为确保城镇保障性住房建设顺利实施奠定了基础。

【落实保障性住房建设资金】 积极争取中央支持，落实补助资金。全年落实了中央预算内投资共26.92亿元，其中：新建廉租住房12.86亿元，城市棚户区改造1876万元，国有工矿棚户区改造1.74亿元，公共租赁住房4737万元，林场危旧房改造2700万元。另外，财政部、住房城乡建设部还给青海省解决了廉租住房租赁补助资金3.8亿元。10月，再次追加青海省保障性安居工程建设中央补助资金24167万元。

【落实目标责任，加强监督检查】 采取有效措施，抓开工、促进度，狠抓年度目标任务的落实。经省政府领导同意，于7月26日，召开了全省保障性安居工程工作会议。会上，省保障性安居工程建设领导小组与各州、地、市签订了目标责任书，进一步明确了目标任务；各州、地、市、县也层层签订了目标责任书，明确了责任单位和责任人，形成了省级指导、州地负责、市县组织实施的工作机制，把工作落到了实处。加大对各地工作的督促检查力度。8月，会同省直八个部门组成六个督查组对全省六州一地保障性安居工程项目建设情况进行了全面督查，西宁市进行了自检自查。9月，配合省委、省政府督查室组成两个督查组对各地区保障性安居工程建设进度、项目管理等进行了重点督查，对西宁市利用住房公积金贷款支持保障性住房建设的3个项目进行了专项检查。11月至12月，会同省直有关部门对全省城乡保障性安居工程实施情况进行了年终考核，确保了目标任务的完成。

【创新工作思路，确保工作实效】 从满足不同群体住房需求入手，把廉租住房、经济适用住房、棚户区改造紧密结合起来，将项目适当统筹、资源适当整合，有力推动了项目的实施。针对廉租住房建设中配套资金不足、而群众又有获得房屋产权的愿望，制定下发了《廉租住房共有产权管理指导意见》，拓宽了资金筹集渠道，调动了群众参与的积极性；各地在项目建设中亦积极落实土地、税费等各项支持政策。特别是在省委、省政府的安排部署下，针对消费不足、拉力较弱的问题，把住房建设作为拉动消费的重点，在全面推进城乡保障性住房工程的同时，创造性地出台了支持5万户农民新建或改造住房的奖励补助政策，据测算，政府投资与农民投入资金比达到1：12.5，带动了城乡消费大幅增长。

【住房公积金贷款支持保障性住房建设试点】 试点启动西宁市利用住房公积金贷款支持保障性住房建设工作，落实0.8亿元贷款支持3个建设项目。全省住房公积金缴存5.64亿元，完成全年责任目标的101%；个人住房贷款4.1亿元，完成全年责任目标的226%。

2. 住宅与房地产业

【房地产业取得新突破】 全年完成房地产开发投资108.2亿元，为年度任务的127.3%。住房供应结构不断优化，二级市场日趋活跃，城镇和农村人均住房建筑面积分别达到27平方米和22平方米。

【加强对行业的形式分析调研工作】 开展全省在建、新建开发项目摸底调查工作，多次组织各州、地、市房地产主管部门认真分析房地产形势，并向省委、省政府提供了房地产发展形势分析报告。

【落实住宅及房地产开发目标】 狠抓全年目标任务完成情况。根据省政府关于加大实物投资量的精神要求，落实住宅及房地产开发目标任务，并与各地签订了目标责任书，将房地产年度任务目标层层予以落实。

【房地产业宏观调控政策】 出台房地产行业宏观调控的相关政策。在开展深入调研、多次征求省相关部门意见的基础上，制定《关于坚决遏制房价过快上涨促进房地产市场平稳健康发展的实施意见》和《加强宏观调控，促进房地产市场平稳健康发展的实施意见》上报省政府。

【房地产及物业服务行业的监管整治】 开展房地产及物业服务行业的监管整治工作。在企业自查的基础上，10月份联合有关部门对全省房地产企业开发经营行为开展专项整治和检查，并将检查报告以省政府的名义上报国务院。开展物业服务小区安全检查，并会同省消防主管部门对西宁市高层住宅小区进行了拉网式检查，发现和整改了部分存在的问题，对安全检查工作进行了通报，为营造安全、和谐的居住环境创造了良好的条件。

3. 城镇规划

【城乡规划管理】 加强城乡规划管理制度建设。制定并印发了《青海城市、镇总体规划实施评估办法》和《青海省城市、镇总体规划修改工作规则》等制度。

【监督规划实施】 开展规划实施的监督检查工作。结合西宁市城市总体规划的修编，开展城乡总体规划实施评价工作，加强了对各地规划实施工作的监督检查。特别是深入开展了房地产开发领域违规变更规划调整容积率问题专项治理工作，重点对西宁市、海东地区进行抽查，此项工作仍在深入开展中。

【提高规划编制质量】 采取措施进一步提高了规划编制的质量水平，特别是在玉树灾后重建中，高水平、高质量地编制玉树地震灾后重建各类规划，使全省城乡规划队伍得到锻炼，城乡规划观念得以更新，城乡规划意识普遍提高，城乡规划工作的地位和龙头作用得到全面加强。

【加强了对城镇化问题的研究工作】 围绕加快推进城镇化的工作重点，以优化城市布局为出发点，注重加强对以西宁为中心的东部城市群和以格尔木、德令哈为重点的海西城乡一体化建设的研究，并形成有关工作思路上报省委、省政府。

【城乡一体化发展规划】 全力编制城乡一体化发展规划。根据省政府要求，组织编制《青海省城乡一体化发展规划》，3月在北京组织召开了规划研讨会，7月在西宁组织审查论证了规划草案；在多次研讨、论证的基础上，规划于9月份顺利通过省政府的规划成果评审会。

【新农村建设】 积极推进新农村建设村级规划、村庄环境整治工作。加大力度实施"以奖代补"政策，提高奖补标准，规划编制和村庄整治工作进一步推进。年度安排的300个村新农村建设村级规划编制已全面完成，100个整治示范村建设进展顺利，农村居民生活环境质量明显改善。

【历史文化名村名镇建设】 加大历史文化名村名镇建设力度。积极申报循化县清水乡大庄村为国家历史文化名村。

4. 城市建设

【城镇发展水平提高】 全省城镇化水平达到44％，比上年提高2.1个百分点。完成乐都县等七个县城总体规划的修编和玉树县城等26平方公里的控制性详细规划编制工作，设市城市控制性详细规划覆盖率达86％；县城所在地城镇控制性详细规划覆盖率42％以上。落实小城镇建设项目14项，涉及10个重点城镇，项目总投资1.1亿元。会同相关部门争取落实总投资7.4亿元的17个城镇污水和垃圾处理设施及污水管网工程项目。

【全省小城镇规划建设专项资金项目】 为进一步加大市政公用基础设施的投入和建设力度，安排和实施了全省小城镇规划建设专项资金项目工作。会同省发展改革部门分两次向14个小城镇建设项目下达省级预算内投资1亿元，并于11月份会同省相关部门对第一批项目实施进展情况进行督查。

【加大项目资金争取力度】 会同省有关部门进行了城镇污水垃圾处理设施建设备选项目的组织、协调、落实等工作，并向国家有关部委争取落实城镇污水和垃圾处理设施及污水管网工程项目资金。

【生活垃圾无害化处理和污水处理】 结合青海省实际，加大对生活垃圾无害化处理和污水处理的督查工作。印发《青海省城镇生活垃圾无害化处理考核细则(试行)》，对部分县级生活垃圾填埋场进行省级无害化评定工作，加大了对已运行污水处理厂的监管力度。

【推广小城镇建设先进经验】 注重推广总结小城镇建设先进经验。8月在祁连县城召开全省小城镇建设现场会，总结和交流各地"十一五"以来全省小城镇建设经验和特点，组织观摩学习了祁连县小城镇建设取得的成效，分析发展中面临的新形势、新问题，为青海省"十二五"期间小城镇建设明确了发展方向和目标任务。

【供热计量改革】 积极推进供热计量改革工作，在西宁组织召开了全省城镇供热计量改革工作会议，对全省推进城镇供热计量改革工作进行了安排部署；会同相关部门向各地政府印发《关于推进青海省供热计量改革工作指导意见的函》，对各地供热计量改造工作量等方面提出了明确要求。

【城镇园林管理】 启动全省城镇园林绿化资质管理工作，规范了园林绿化市场，组织开展了对西宁市国家园林城市的复查工作；授予乐都县城"省级园林县城"称号，强化了城镇园林管理工作。

5. 建筑业与工程建设

【建筑业取得新突破】 2010年，围绕重点工作，着力改善建筑市场秩序，进一步规范建筑市场行为。全省完成建筑业增加值131亿元，超额完成全年目标任务的15％。

【建筑业市场管理】 进一步加强市场整治力度，促进市场的有序化。开展了建设领域突出问题专项治理工作检查和工程质量安全监督执法检查，全省各级住房城乡建设行政主管部门累计检查2928项工程，建筑面积2536.7万平方米。加强建筑市场信用体系建设，完善市场诚信标准，制定建筑市场主体行为诚信标准，重点评价从事建筑活动的企业和执业人员的诚信行为。进一步加强了招投标管理。为规范招标工程计价行为和加强工程招标代理机构及其从业人员的管理，制定印发了《关于进一步加强青海省房屋建筑和市政工程招标控制价管理工作的若干意见》、《青海省工程建设项目招标代理机构业绩考核办法》，并对全省26家招标代理机构进行了全面考核；建立了全省房屋建筑和市政工程评标专家库，使评标专家从条件的认定、培训考核、动态管理等方面得到了进一步充实和加强；对政府投资的项目全部实行工程量清单招标，将过去保密的招标标底作为招标控制价公开，有效地提高了工程招投标活动的透明度，维护了公平竞争的市场环境。对省内外60家工程监理企业进行了专项检查，并对其中4家监理企业进行了通报批评。

【工程质量监管】 加强重点领域工程质量监管，促进工程质量稳步提升。坚持强化对住房特别是保障性住房以及重要市政基础设施的工程质量监管，重点开展了保障性住房质量的监督检查，在保障性住房中全面推行分户验收制度。深入贯彻落实《关于开展工程建设领域突出问题专项治理工作的意见》，认真组织开展了工程质量管理突出问题专项治理工作。创新质量监管方式方法，完善质量巡查和差别化监管制度。

【建筑安全管理】 深入开展建筑安全专项治理，加大安全督查和事故查处力度。继续开展了"安全生产年"工作，深入开展以深基坑、高支模、脚手架和建筑起重机械设备为重点的建筑安全专项治理工作。组织开展了全省建筑安全生产检查，在各地自查的基础上，重点加强了对建筑安全生产形势严峻地区的督查，积极防范和遏制建筑生产安全事故。建立了建筑生产安全事故处理统计通报制度。

【开展工程创优活动】 在全省开展省级优质工程"江河源"杯、省级"安全标准化示范工地"及国家装饰优质工程的评比工作。经严格评选，12项工程获得省级优质工程"江河源"杯奖，42项工程获得省级"安全标准化示范工地"奖，1项工程获得国家装饰优质工程奖。

【重点项目管理服务】 围绕重点项目和国家投融资项目建设，认真开展跟踪协调、服务工作。全年共审查建设项目初步设计278项(其中复审13项)，总建筑面积366.4万平方米，城镇道路70.4公里，街道整治27万平方米，雨污水管网262公里，供热面积1663.3万平方米，垃圾填埋场库容189.7万平方米，工程总概算为355.3亿元；同时，编制完成了《青海省农村奖励性住房建设设计方案推荐图集》等设计成果。

【市场秩序维护】 组织开展拖欠工程款和农民工工资清欠工作。从9月份开始，组织开展清理和整顿拖欠工程款和农民工工资问题行动，使拖欠工程款和农民工工资问题得到了有效遏制，相关举报、投诉信访案件明显减少，有力地维护了广大农民工的合法权益，保障了社会稳定。2010年，清欠农民工工资约3000余万元，相当于2009年同期清欠额的60%。

【玉树抗震救灾和灾后重建工作取得阶段性成效】 在第一时间组建建设系统抗震救灾工程救援队，赶赴灾区配合专业救援队伍进行生命搜救、危楼拆除等工作。协调住房城乡建设部调派应急供水、垃圾清运车、移动厕所等设备支援灾区。完成了玉树灾区党政机关、部分学校等板房建设任务。累计清理废墟约310万立方米。完成结古镇等9个受灾乡镇425万平方米的房屋安全鉴定及84座寺院房屋鉴定工作。开展灾后重建各类规划的编制工作，编制了6个城市(县)总体规划、22个乡镇建设规划、133个村庄建设规划编制。组织完成了总面积约16平方公里玉树灾后重建区域的工程地质初步勘察工作。编制完成了玉树地震灾后恢复重建民居建筑、村级组织活动场所等建筑方案图集工作。协调推进灾区住房重建工作，农村住房和城市住房分别完成2010年计划的98.9%和102.4%，全面完成城乡居民住房维修加固任务，50座寺院的僧舍和公建设施已开工建设。

6. 建筑节能与科技

【建筑技术标准】 加强技术标准体系的编制工作，先后编制了《青海省低层居住建筑节能设计标准》等7个地方标准。

【可再生能源建筑应用示范】 继续推进可再生能源建筑应用示范工作。加强对西宁市、尖扎县国家级可再生能源建筑应用示范市(县)实施工作的指导力度，玉树、泽库县和共和县被列为2010年度国家级可再生能源建筑示范城市和示范县，并争取到国家补助资金7800万元，其中5400万元已下达。

【既有建筑节能改造】 实施既有建筑节能改造工作。会同有关部门积极争取国家既有建筑节能改造计划任务，指导西宁市实施20万平方米的既有建筑节能改造工作，实际完成约23万平方米。

【建筑节能监管】 启动实施建筑节能监管体系建设工作。争取国家机关办公建筑和大型公共建筑节能监管体系建设补助资金1057万元，专项用于对青海省国家机关办公建筑、节约性校园、大型公共建筑能耗统计、能源审计工作。

【大力发展散装水泥】 制定出台了发展散装水泥的一系列政策措施，不断提高预拌混凝土和预拌砂浆的生产、使用及物流装备水平，逐步建立了农村推广散装水泥运行模式及工作机制。全年完成散装水泥专项资金预征收额 740 万元，缴付财政专户 535 万元，较往年分别增长 12.29％和 57.82％；完成散装水泥生产供应量 249 万吨，超额完成 160 万吨的目标任务；散装水泥使用量达到 260 万吨，比上年增长 92.88％。

7. 行业建设

深入开展创先争优活动，党员干部的理论素养和执政能力进一步提高。严格落实党风廉政建设责任制，努力从源头上预防和治理腐败，党员干部廉洁自律意识不断增强。建设法规体系进一步完善。全面实行建设行政执法责任制，深入开展各类执法检查，查处了一批违法违规行为。认真开展政府规章规范性文件清理工作，清理政府规章和规范性文件 143 件。精神文明创建活动深入开展，创建了一批文明工地、物业管理优秀小区等服务窗口。开展大规模的教育培训工作，完成岗位职业培训、专业人员继续教育培训、农民工职业技能培训近 1.7 万人次。认真开展矛盾纠纷排查化解工作，做好群众来信来访受理工作，重点解决了涉及城镇房屋拆迁、工程质量安全、建筑领域拖欠农民工工资等影响社会和谐稳定的突出问题。

（青海省住房和城乡建设厅）

宁夏回族自治区

2010 年，在宁夏回族自治区党委、政府的坚强领导下，全区住房和城乡建设系统深入贯彻落实科学发展观，抢抓中央深入实施西部大开发战略的机遇，坚持高标准规划，高品位建设，高水平管理，高效益经营，奋力拼搏，开拓进取，真抓实干，超额完成了自治区党委、政府年初下达的各项目标任务，住房和城乡建设工作取得显著成效。

1. 政策法规

【颁布物业管理条例】 2010 年 12 月 3 日，宁夏回族自治区十届人大常委会第 21 次会议审议通过《宁夏回族自治区物业管理条例》，2011 年 2 月 1 日正式施行。《条例》对前期物业管理，业主、业主大会与业主委员会，物业服务，物业的使用与维护，管理措施，法律责任等相关内容做出了明确规定，重点突出了对物业服务管理各方合法权益的保护。明确规定街道办事处、乡镇人民政府具体负责组织、指导业主大会成立和业主委员会换届工作，对业主大会、业主委员会的成立条件、程序和工作职责做了细化规定。规定了物业管理区域的划分办法，特别是对新建住宅中物业服务用房的配建标准提出明确要求，规定物业服务用房属于全体业主共有，任何单位和个人不得转让、抵押或者改变其用途。为有效解决物业管理资料不全影响物业服务质量问题，对前期物业承接验收、业主大会选聘物业服务企业、物业服务合同终止等环节的物业服务管理资料交接做了具体规定。

【出台城镇规划区临时建设和临时用地规划管理办法】 2010 年 7 月 1 日，宁夏回族自治区人民政府第 69 次常务会议研究通过《宁夏回族自治区城镇规划区临时建设和临时用地规划管理办法》，8 月 1 日起正式施行。《办法》对临时建设和临时用地的范围进行了界定，明确了市、县城乡规划主管部门的监管职责，详细规定了临时建设和临时用地规划许可的申请、受理、审查及批准的条件和程序，确定了临时建设、临时用地的使用期限、建设要求、使用期满后的处置办法以及监督检查和法律责任。

【出台加快推进城乡统筹的实施意见】 宁夏回族自治区人民政府印发《关于加快推进城乡统筹的实施意见》，明确提出到 2015 年，全区城镇化率达到 55％左右，人均 GDP 达到 40000 元左右，农民人均纯收入达到 8000 元左右。加快推进全区城乡统筹发展的重点任务和主要工作是：一是统筹城乡空间布局，加快城乡统筹发展总体规划以及各专项规划的编制工作，建立完善的城乡规划体系；二是统筹城乡产业发展，完善城乡产业布局，推进三次产业联动发展；三是统筹城乡基础设施建设，着力改变农村基础设施建设滞后的状况；四是统筹城乡市场体系，重点建设贯通城乡的农产品流通体系；五是统筹城乡公共服务，初步建立起城乡一体的教育卫生、公共文化、社会保障、生态环境服务体系，实现城乡公共服务均等化；六是统筹城乡就业，加快各类创业园建设，完善和强化城乡人力资源市场的公共就业服务能力；七是统筹城乡生态建设，大力发展生态经济，促进人与自然和谐发展。《实施意见》还提出了六大推进措施：一是加快推进产业升级，推进产业发展方式转变；二是深化城乡配套改革，消除城乡二元分割的政策壁垒；三是大力推进城镇化，提升城镇体系的综合服务功能和承载力。四是加快转移农村劳动力，破除制约农村劳动力转移的障碍；五是加快农村新社区建设，努力建成一批规划科学、经济繁荣、环境优美、管理民主、生活富裕、社会和谐的农村新社区；六是加大城乡统筹发展的投入，建立政府主导、社会参与的多元化投融资机制。

【出台加快发展公共租赁住房的实施意见】 宁夏回族自治区人民政府印发《关于加快发展公共租赁住房的实施意见》，加快推进全区公共租赁住房建设，着力解决城市中等偏下收入家庭、新就业职工和外来务工人员的住房困难问题。《意见》明确提出，公共租赁住房主要由市、县（区）人民政府组织筹集；房源通过新建、改建、收购、在市场上长期租赁住房和接受捐赠等方式多渠道筹集；按照"政府主导、市场运作"的原则进行建设和管理；实行"谁投资，谁所有"，政府在土地供应、减免税费、便利融资等方面提供政策支持，引导和鼓励国有企业、集体经济组织、民营企业、公益基金等机构参与公共租赁住房建设，力争到2015年，全区建设公共租赁住房2万套、120万平方米。公共租赁住房单套建筑面积最大不超过60平方米。租金定价"保本微利"，标准低于同等地段的市场租金，并控制在各类供应对象可承受范围内。

【出台加快建筑业产业结构调整促进建筑业持续健康发展的意见】 宁夏回族自治区人民政府批转了自治区住房和城乡建设厅等八部门《关于加快建筑业产业结构调整促进建筑业持续健康发展的意见》，从"推进建筑产业结构调整，加快科技创新和技术进步，完善建筑市场监管体系、健全工程质量安全保证机制，加强人才队伍建设、加大政策扶持力度"等方面采取有力措施，加快推进宁夏建筑产业结构调整，转变发展方式，提高发展质量，提升核心竞争力，促进建筑业持续健康发展。

【出台稳定住房价格促进房地产市场平稳健康发展的意见】 宁夏回族自治区人民政府印发了《关于稳定住房价格促进房地产市场平稳健康发展的意见》。《意见》明确提出进一步加快保障性住房建设，力争到2012年底，通过廉租住房和经济适用住房保障等方式，解决全区15万户城市低收入家庭的住房困难。加快建设公共租赁住房，重点解决城市中等偏下收入住房困难家庭、新增就业人员和农民工等群体的住房困难。优化住房供应结构，增加廉租住房、经济适用住房、公共租赁住房、限价商品住房和普通商品住房有效供给，原则上套型建筑面积60平方米以下的住房控制在新建住房总量的20%左右，用于解决低收入家庭的住房问题；套型建筑面积60～90平方米的住房控制在新建住房总量的50%左右，用于解决中等收入家庭的住房问题；套型建筑面积90～140平方米的住房控制在新建住房总量的15%左右，用于解决较高收入家庭的住房问题；套型建筑面积140平方米以上的住房控制在新建住房总量的15%左右，用于满足高收入家庭的住房需求。

【出台宁夏回族自治区民用建筑节能办法】 2010年6月28日，宁夏回族自治区人民政府第22号令发布了《宁夏回族自治区民用建筑节能办法》，2010年8月1日起施行。《办法》规定新建民用建筑应当符合节能强制性标准。

2. 房地产业

【房地产业平稳快速发展】 宁夏回族自治区住房和城乡建设厅认真贯彻落实国家房地产宏观调控政策，提请自治区人民政府印发了《关于稳定住房价格促进房地产市场平稳健康发展的意见》，加强房地产市场宏观调控，整顿规范市场秩序，促进房地产市场平稳健康发展。编制了2010～2012年住房建设规划和年度工作计划，加快保障性住房、中低价位、中小套型普通商品住房建设，增加有效供给，调整住房供应结构，逐步解决不同收入群体的住房困难。严格执行《商品房销售管理暂行办法》，加强房地产销售管理和价格备案，严肃查处恶意炒作、捂盘惜售、囤积房源、随意涨价等违规行为，严厉打击投资投机性购房，稳定住房价格。深入开展了房地产企业清理整顿和信用等级评定活动，评选出AA级企业63家，注销了19家资金实力弱、管理水平低、市场信誉差的企业资质，进一步优化了房地产企业结构。2010年全区房地产开发完成投资254.37亿元，比上年同期增长56.3%，增幅比上年同期高17.9个百分点，增速位于全国第三，西部十二省区第一。全区商品房施工面积为2940.53万平方米，为历年来最高水平，同比增长50.6%，增幅全国居第四位、西部第二位。全区商品房竣工面积为936.86万平方米，同比增长26.4%，其中，商品住宅竣工面积为746.32万平方米，同比增长23.7%，占商品房竣工面积的79.7%。商品住宅竣工面积的较快增长，对稳定住房价格、稳定市场预期发挥了重要作用。全区商品住宅销售价格呈前高后低态势，5月份为涨幅最高点，从6月份开始连续7个月涨幅环比回落。全区新建商品住宅销售价格同比涨幅由1月份的14.2%回落到12月份的7.6%，回落了6.6个百分点。房价过快上涨势头得到遏制，房地产市场调控取得了阶段性成果。

【加快推进住宅产业化】 加快推进住宅产业化，完成住宅性能认定项目25个，宁夏新材房地产开发公司开发的"紫云华庭"（一期）、宁夏房地产开发集团开发的"湖畔嘉苑"（一期）、宁夏民生房地产开发公司开发的"民生·艾依水郡"（一、二、三期）3个项目获得"广厦奖"。截至2010年底，宁夏共有9个房地产项目获得国家"广厦奖"，获奖数量位居西北省区前列。

【开展房地产市场大检查活动】 宁夏住房和城乡建设厅会同自治区有关部门，先后下发了《关于开展全区房地产开发市场检查的通知》、《关于开展房地产用地专项整治联合检查的通知》和《关于开展2010年税收专项检查工作的通知》，组织开展了全区房地产市场大检查活动。全区各级房管、国土、税务、物价、银监等相关部门对249家开发企业在建和在售的317个开发项目的土地、资金、建设、销售、税收等各个环节进行了拉网式的全面检查。共查处违法违规行为39件，下发限期整改通知书32份，罚款62万元，查补税款、罚款、滞纳金145.12万元，收回闲置土地11.9亩，住房和城乡建设厅向有关市县下达《建设行政执法建议书》7份，督办查处重点违法违规案件，全区房地产市场秩序明显好转，促进了房地产业健康发展。

【加强商品房销售管理】 宁夏住房和城乡建设厅根据住房和城乡建设部《城市商品房预售管理办法》、《商品房销售管理办法》和《宁夏回族自治区商品房销售管理暂行办法》等规定，印发了《关于加强商品房销售场所管理的通知》，切实加强商品房销售场所管理。要求各房地产开发企业在销售商品房时，必须在商品房销售场所显著位置明示企业法人营业执照、资质证书、《宁夏回族自治区商品房销售管理暂行办法》、《商品房预售许可证》、商品房销售方案、商品房明码标价公示表、商品房销售进度表、《前期物业服务委托合同》、《业主临时公约》和土地、在建商品房是否有他项权利或者权利受限制情况等有关资料，必须在醒目位置提供商品房所在地房地产管理部门投诉、举报电话。对房地产开发企业委托中介服务机构代理销售商品房的，要在销售场所显著位置明示中介服务机构《企业法人营业执照》、中介服务机构在商品房所在地房地产管理部门备案的证书、代理销售委托书等资料。

【举办房地产高峰论坛】 5月31日，2010年中国西部（银川）第二届房车文化节房地产高峰论坛在宁夏银川市隆重举行。自治区有关部门、各市县房地产管理部门和全区房地产开发企业负责人500多人参加了论坛会。高峰论坛为贯彻落实好国务院房地产市场宏观调控政策，坚决遏制房价过快上涨，稳定住房价格，加大开发投资，引导住房合理消费，促进全区房地产市场平稳健康发展奠定了良好基础，对房地产业的发展产生了重大影响。

【加快全区住房信息系统建设】 印发《宁夏回族自治区住房信息系统建设工作方案》，成立了全区住房信息系统建设工作领导小组，加快推进全区住房信息系统建设工作。明确提出了宁夏住房信息系统建设工作目标和任务。

【开展物业服务"扩面提质规范"活动】 宁夏住房和城乡建设厅组织各市县房地产管理部门在物业服务领域开展了"扩大覆盖面、提高服务质量、规范企业行为"的主题活动，努力改善住宅小区环境，进一步提升居住质量，全区物业服务水平明显提升。截至2010年底，全区物业服务覆盖率平均为63%，其中五个地级城市的物业服务覆盖率达到72%，分别比年初确定的目标提高了13个百分点和12个百分点。全区所有新建住宅小区全部推行了规范化的物业服务。

3. 住房保障

【住房保障工作成效】 宁夏住房和城乡建设厅对全区城市低收入家庭住房困难情况进行了全面普查，修订完善了住房保障三年建设规划，进一步完善住房保障政策体系，加大廉租房、经济适用房建设力度，大力发展公共租赁房、进城务工人员周转房和新市民公寓，解决不同群体的住房困难。制定出台了《廉租住房实物配租管理办法》，严格准入审查和管理，确保让真正困难的家庭住上保障房。强化工程质量监管，严格执行强制性技术标准和抗震设防标准，确保了保障性住房建设质量。全年共开工建设廉租房14070套，建设经济适用房153.5万平方米，已竣工94.6万平方米，公共租赁房2447套，限价商品房1032套，改造城市和国有工矿棚户区9170户，对人均住房面积不足13平方米的46958户城市低收入家庭实施了住房保障，超额完成了国家下达的住房保障任务。宁夏保障性住房建设的资金配套标准、责任考核机制、年度目标任务完成进度等都走在了全国的前列。

【颁布城市和国有工矿棚户区改造规划】 宁夏回族自治区人民政府颁布《宁夏回族自治区2010～2013年城市和国有工矿棚户区改造规划》，计划2010～2013年，对国有土地上集中连片，建筑面积在2000平方米以上的4.1万户城市和国有工矿棚户区进行改造，其中改造城市棚户区2.96万户、190万平方米，投资约35亿元；改造国有工矿棚户区1.16万户、79万平方米，投资约15.8亿元。要求各市县人民政府积极落实国家、自治区有关政策，把棚户区改造工作纳入城市建设总体规划，落实改造资金，加强对棚户区改造全过程监管，制定详细的建设、安置补偿计划，实施分级负责制度，建立健全目标管理责任制，各司其职，密切配合，全力做好各项工作。

【国务院督查组督查指导保障性安居工程建设】 8月11～13日，住房和城乡建设部副部长齐骥带领国务院保障性安居工程建设督查组对宁夏保障性安居工程建设工作进行了检查和指导。8月11日下午，齐骥一行听取宁夏保障性安居工程建设情况汇报。

4. 住房公积金管理

【全区住房公积金持续健康发展】 宁夏住房和城乡建设厅强化措施，进一步扩大制度覆盖面，加强住房公积金提取、使用监管，深入开展加强住房公积金管理专项治理工作，保证了住房公积金资金安全、管理规范。截至2010年12月底，全区实缴住房公积金职工人数44.6万人，同比增长8.4%；住房公积金归集总额184.18亿元，同比增长25.2%；个人住房贷款总额106.3亿元，同比增长33.7%；个贷余额占缴存余额的比例达到52.5%，个贷逾期率0.07%。累计发放贷款11.68万笔，同比增长13.7%。全年划拨廉租住房建设补充资金9439.9万元，为解决广大中低收入职工住房困难、促进房地产业平稳健康发展发挥了重要作用。

【住房公积金贷款支持保障性住房建设试点工作】 住房和城乡建设部等六部委下发了《关于做好利用住房公积金贷款支持保障性住房建设试点工作的通知》，批准银川市为住房公积金贷款支持保障性住房建设试点城市，确定高桥、上前城、盈北、花畔里4个经济适用住房建设项目为利用住房公积金贷款支持的保障性住房建设项目。4个项目总建筑面积为34.8万平方米，投资规模7.89亿元，计划使用住房公积金项目贷款4.44亿元。项目建成后，可为银川市城市低收入家庭提供约5000套经济适用住房。

5. 城乡规划

【加快城乡规划编制】 宁夏住房和城乡建设厅严格执行《城乡规划法》，坚持先规划、后建设的原则，深入开展城镇体系规划、城市规划、镇（乡）规划、村庄规划和各专项规划编制工作，强化规划编制管理，推动城乡规划以城市为主向城乡一体转变。指导沿黄各市县按照《沿黄城市带发展规划》要求对各城市总体规划进行了修编，完成了银川市、石嘴山市、吴忠市、中卫市、平罗县、灵武市6个城市总体规划修编。银川市城市总体规划通过国家部际联席会议审查，隆德县县城总体规划通过自治区技术评审。编制了沿黄城市带12个专项规划。完成了沿黄城市带发展战略提升策划、黄河文化展示园、中阿经贸论坛永久性会址、华夏石刻艺术展示园等标志性工程的概念性规划设计。制定了"十二五"城镇化发展、城镇基础设施建设、建筑节能和绿色建筑等专项规划，修订了保障性安居工程建设规划、农村住房建设三年规划、城市和国有工矿棚户区改造规划。编制了30多个小城镇建设改造规划和一批沿黄滨河新村建设规划，为城乡统筹发展提供了科学依据。

【加强城乡规划编制实施管理】 宁夏住房和城乡建设厅严格审查各城市调整或修编总体规划，强化规划实施监管，严格执行规划，加强控制性详细规划编制管理，加大城乡规划效能监察，有效促进了规划依法实施。截至2010年底，全区五个地级市城区控制性详细规划覆盖率达到75%以上。

6. 城市建设

【实施中心城市带动战略】 宁夏以提高城市的综合承载能力和竞争力为着力点，大力实施中心城市带动战略，明确城市定位，突出发展特色，完善城市功能，坚持走大中小城市和小城镇协调发展的新型城镇化道路，集中力量做大做强银川市，积极发展石嘴山、吴忠、中卫、固原4个区域性中等城市，加快县级城市和重点城镇基础设施建设，基本构建了以大城市为中心，中小城市为骨干，小城镇为基础的多层次城镇体系，中心城市的带动能力明显增强，推进了产业聚集、人口集中、城乡互动。截至2010年底，全区城镇化率达到了48%。

【沿黄城市带（群）建设取得阶段性成效】 宁夏各有关部门和沿黄各市县按照自治区党委、政府的统一部署，加快沿黄城市带建设步伐，取得了十分明显的成效。全年共开工建设重点工程260项，完成投资241亿。402公里黄河标准化堤防全面竣工，508公里滨河大道全线通车，两岸新增耕地4.7万亩，湿地11万亩，生态绿地65万亩。全区住房公积金异地购房贷款全面推行，开通了城市公交一卡通、城际公交线路等，同城化建设加快推进，以银川为中心的"一小时经济圈"和以4个地级市为次中心的"半小时通勤圈"正在形成。建立了沿黄城市带建设考核机制，加强监督检查，严格规划管理，确保沿黄城市带建设有序高效推进。沿黄城市带已经成为宁夏加快推进城镇化，市县经济社会跨越式发展的重要引擎和平台，得到了国家领导人的高度赞扬和充分肯定。

【加强城市建设管理】 2010年宁夏完成城市市政基础设施投资51亿多元，新建和改造了一大批道路、供排水、供暖、污水治理、垃圾处理等基础设施，城市综合服务功能有了新提升。新建了8个污水处理厂，3个垃圾处理场投入使用，新建公厕343座。在银川市启动数字化城市管理系统建设，实现动态管理，进一步提高城市管理水平和运行效率。深入开展了国家级、自治区级园林城市（县城、镇）、中国人居环境奖创建、"明珠杯"竞赛、特色街区改造年和城乡环境综合整治活动，人居环境显著改善。银川市荣获中国人居环境奖，中卫市开发保护黄河湿地资源项目荣获了2010年"迪拜国际改善居住环境最佳范例奖"全球百佳范例称号，中卫市沙坡头大道景观水系建设项目获得中国人居环境范例奖；泾源县和贺兰县金贵镇、石嘴山市惠农区红果子镇、青铜峡市瞿靖镇分别获得自治区园林县城（镇）称号。全区城市建成区绿化覆盖率、绿地率和人均公共绿地面积分别达到38.3%、35.2%和15.4平方米。

【推进城市供热计量改革】 宁夏回族自治区人民政府办公厅下发《关于加快推进供热计量改革的意见》，自治区住房和城乡建设厅会同自治区物价局印发了《关于实施供热计量收费的指导意见》加快推进供热计量改革工作。从2010~2011年采暖期开始，全区新竣工建筑、实施供热计量和节能改造的既有居住建筑、公共建筑和国家机关办公建筑取消以建筑面积计价收费方式，实行按用热量计价收费方式。2010年全区共完成供热计量装置安装面积829.1万平方米，占全区民用建筑总量的8%。2010年新建建筑安装供热计量装置面积534.5万平方米，占新建建筑总面积的39%。

7. 建筑业与工程建设

【建筑质量安全水平提高】 宁夏回族自治区人民政府转发《关于加快全区建筑业产业结构调整促进建筑业持续健康发展的若干意见》，大力调整建筑业产业结构，加快培育龙头骨干企业，做大做强总承包企业，扶持发展专业承包企业，大力发展劳务分包企业，推进建筑业优化升级。强化工程招标投标监管，建立了宁夏建筑业信用体系平台，实行了工程量清单计价招标、计算机辅助评标、网上报名、语音抽取评委等制度，进一步健全完善了工程招投标制度和机制，建设工程进场交易率达到了99%。深入开展建筑领域突出问题专项治理，严厉打击非法分包、转包、资质挂靠等违法违规行为，将违法违规的16家企业清理出了宁夏建筑市场，进一步规范了建筑市场秩序。严格执行基本建设程序，加强建筑工程质量监管，加大自治区重点工程项目、民生工程和教育工程质量巡检、抽查力度，工程验收合格率达到了100%。宁夏博物馆工程荣获"鲁班奖"。强化建筑施工安全监管，严格落实安全生产责任制，组织实施农民工岗位安全生产教育培训，取得了连续3年无重大事故发生的好成绩。2010年完成建筑业总产值342.7亿元。

【开展建筑质量和施工安全检查】 宁夏住房和城乡建设厅按照住房城乡建设部和自治区安委会开展安全生产月活动的统一部署，围绕"安全发展、预防为主"的主题，六月份在全区住房城乡建设系统开展了"安全生产月"活动，紧密联系建筑安全生产实际，采取一系列有效措施，扎实开展安全生产宣传教育，切实加强建筑安全生产监管，加大安全生产执法检查和隐患排查治理力度，强化安全生产责任落实，有效防范和遏制建筑安全生产事故的发生，确保全区建筑安全生产形势稳定好转。开展了建筑质量和施工安全检查，全区各地市、县共检查2105项在建工程，建筑面积1843.5万平方米，其中住宅1421项（保障性住宅96项），教育项目120项，公共建筑项目564项。对存在质量问题的工程和相关责任主体，下达整改通知书239份，停工通知书40份。自治区住房和城乡建设厅对全区5个地级市、22个县（市、区）的2153项在建工程项目进行了督查，共抽查在建工程126项（施工面积356万平方米），抽查覆盖率达到了30%以上。下发安全隐患整改通知书16份，下发停工整改通知书35份，下发执法建议书39份，并全部督办落实到位。对不合格的安全防护用品予以集中销毁；对25家未开展自查的施工企业召开了约谈会。严厉打击各类建筑安全非法违法行为，全区共注销安全生产许可证109家，对抽查发现未办理施工许可证擅自开工的26项工程项目限期整改，违法违规结案率100%。

【施工安全质量标准化】 积极开展自治区建筑施工安全质量标准化工地评审工作，截至2010年底，安全质量标准化工地达标率，一级企业100%、二级企业85%、三级企业65%，促进了全区建筑安全生产管理水平的提高。宁夏住房和城乡建设厅被国务院安全生产委员会评为全国安全生产月活动优秀单位。

【调整建设工程定额人工费】 宁夏住房和城乡建设厅、发展改革委、财政厅在对全区建筑市场各个工种的计件工资、产量、工作强度、工作时间、工作条件进行充分调查测算的基础上，下发文件，对宁夏建设工程计价定额人工单价予以调整，调整标准为执行宁夏现行建筑、装饰装修、安装、市政、园林绿化计价定额以及房屋修缮、机械台班定额中的综合工日单价由每工日34元调整为45元，上调幅度为32.4%，同西北及周边其他省区相比基本处于同等水平，符合宁夏建筑劳务市场行情，适应建筑劳务用工的发展需求，对保障建筑施工企业和农民工的合法权益，有效化解劳资纠纷，提高建筑业用工工资支付发挥积极的促进作用。

8. 村镇建设

【农村住房建设】 宁夏住房和城乡建设厅把"塞上农民新居"建设和农村危房改造两大工程作为改善民生、建设新农村、统筹城乡发展的重要抓手，以政府为主导，以农民为主体，以规划为龙头，以特色为灵魂，把新农村建设与旧村综合整治相结合，坚持由分散向集中转变，自然村适度向大村庄集中，边远村庄向小城镇集中，城郊村向沿黄城市带集中，把危房改造与生态移民、产业发展相结合，同步配套水、电、路、气、太阳能等基础设施，示范推广抗震节能新农宅，农村住房建设取得了显著成效。宁夏被确定为2010年全国建材（水泥）下乡两个试点省（区）之一，争取到国家危房改造补助资金1.66亿元。开展"村校合作"、"村企结对"等活动，选拔40多名大学生志愿者为农民提供技术服务和质量监督，动员12家房地产开发企业捐助资金360多万元支持两大工程建设。全年共建成新村40个，综合整治旧村433个，改造农村危房3.38万户，新建轻钢抗震节能体系农宅1000多套，全部超额完成了国家和自治区下达的计划任务。对同心县、原州区、海原县地震防御区、洪水受灾区6千多户困难群众的危房提前实施搬迁改造，已建成2717户，部分群众已入住。

【特色小城镇建设】 宁夏住房和城乡建设厅组织各市县和自治区农垦局高标准、高起点编制完成了小城镇总体规划、重点地段详细规划，制定2~3年具体建设方案，会同自治区财政厅拟定了资金补助计划，并上报自治区人民政府批准，全力推进小城镇建设。截至2010年年底，完成投资3.9亿元，开工建设了中宁县石空镇、吴忠市金积镇、青铜峡市叶盛镇等12个沿黄特色小城镇和同心县下马关镇、泾源县泾河镇、彭阳县古城镇等15个南部山区重点小城镇，加强基础设施建设，同步规划布局产业，建设了一批体现自然特色、地域特点和文化品位，同生态环境协调一致的商贸大镇、产业强镇、旅游名镇，进一步增强城镇辐射带动能力，促进了农村人口和产业向城镇加速集聚。

9. 建筑节能与科技

【建筑节能新进展】 宁夏住房和城乡建设厅认真贯彻国家和自治区关于建筑节能减排各项要求，加强建筑节能监管，大力推进既有建筑节能、供热计量改造和可再生能源建筑一体化应用，积极开展绿色建筑评价标识工作，大力发展低碳节能绿色环保建筑，全区新建节能建筑1400万平方米，节能达标率达到98%以上，完成既有建筑供热计量和节能改造面积48万平方米，可再生能源建筑一体化示范应用面积达275万平方米。银川市列为国家级可再生能源示范城市、海原县列为国家级可再生能源示范县城，有3个项目列入国家太阳能光伏发电建筑一体化应用示范项目，隆德县成为全国第二个对既有建筑进行全面改造的县区。积极开发推广节能环保新材料，全年生产新型墙体材料19.2亿块标砖，实现节能26.3万吨标煤。

【颁布可再生能源建筑应用发展规划】 宁夏回族自治区人民政府颁布《宁夏回族自治区可再生能源建筑应用发展规划（2010~2020年）》，提出宁夏未来十年可再生能源建筑应用发展方向、目标、基本原则和重要任务。规划到2020年底，全区新增太阳能热水系统建筑应用面积达到5430万平方米，新增太阳能屋顶光伏发电装机容量62.5兆瓦,新增应用可再生能源建筑面积将达6165万平方米,建成之后每年可节约标准煤38.4万吨。

【开展建筑节能专项检查】 宁夏住房和城乡建设厅组织对银川市、石嘴山市、吴忠市、固原市、中卫市五个地级市,永宁县、贺兰县、平罗县、惠农区、青铜峡市、盐池县、西吉县、隆德县、海原县等9个县、市(区)2010年1月1日以后在建和竣工验收的居住、公共建筑工程以及2008~2009年既有居住建筑节能改造工程进行了检查。检查组通过听取汇报、查阅资料、查看节能工程实体等方式,对随机抽查的51项工程各方责任主体(建设、房地产开发、设计、施工、监理单位以及施工图审查机构)贯彻落实国家和自治区建筑节能法律法规、工程项目设计和施工阶段执行建筑节能强制性标准、新建建筑同步安装热计量装置、既有居住建筑供热计量与节能改造工作进展、新建民用建筑太阳能光热建筑一体化应用及节能专项设计审查验收备案登记工作的开展等情况进行了重点检查。从检查情况看,全区各市、县执行建筑节能50%或65%的标准严格,新建建筑设计和施工阶段节能标准执行率达到100%。对检查中发现的部分建筑节能工程设计、施工图审查和施工质量方面执行建筑节能标准不到位的问题,现场下发整改通知书20份,要求有关市、县严格执行建筑节能强制性标准,采取改进措施,限期进行整改。

【推广建筑节能新技术】 宁夏住房和城乡建设厅紧紧围绕民用建筑节能、可再生能源应用、供热计量、新型墙材生产应用及农村节能抗震房屋建设等重点,大力推广建筑节能新技术、新材料和新型结构体系,建筑科技成果转化和新型结构体系试点示范工程建设取得明显成效。截至2010年底,在全区推广了轻型钢结构ASA板建筑体系、轻型结构建筑体系(CL建筑体系)、复合型混凝土自保温多孔砖体系。完成"十一五"国家科技支撑计划项目宁夏清水湾太阳能集成技术应用课题研究,顺利通过国家结题验收,并得到验收专家组的高度评价。吴忠阳光骄子(C、D)住宅小区列入2010年度建筑节能示范工程。

【全区抗震安全排查工作取得阶段性成果】 宁夏住房和城乡建设厅完成全区5个地级市、27个县(区、市)、12个农场、191乡镇、2308个行政村、7.69万农户住宅和6.94万栋城镇建筑的抗震安全排查,排查面积达1.79亿平方米,收集汇总分析排查数据信息2641.64万条,普查成果数据库为宁夏城乡建筑进行抗震加固提供了全方位的基础数据支持。

10. 建设教育

【开展农民工培训】 宁夏住房城乡建设厅认真开展农民工和特种作业人员教育培训活动,全年创办农民工业校80所,培训教育农民工2.6万余人。对1573名三类人员和2634名特种作业人员进行了培训考核,对发生安全事故或有不良行为的40多名"三类人员"强制进行安全生产培训考核,进一步提供建筑从业人员的业务技能和安全防范意识。

11. "十一五"住房城乡建设成就盘点

【黄河金岸建设取得初步成效】 编制《宁夏沿黄城市带发展规划》,完成沿黄城市带12个专项规划和沿黄城市带发展战略提升策划、黄河文化展示园、中阿经贸论坛永久性会址、华夏石刻艺术展示园等标志性工程的概念性规划设计。全区住房公积金异地购房贷款、银川城市公交"一卡通"、城际公交线路等同城化启动实施,六个一体化、同城化有序高效推进,以银川为中心的"一小时经济圈"和以四个地级市为次中心的"半小时通勤圈"正在形成。沿黄城市带已经成为宁夏加快推进城镇化、实现经济跨越式发展的重要引擎和平台。

【城乡规划编制管理水平显著提升】 宁夏深入开展城镇体系规划、城市规划、镇(乡)规划、村庄规划和各专项规划编制工作,强化规划编制管理,城乡规划以城市为主向城乡一体转变。开展了新一轮城市总体规划修编工作,银川市总体规划通过国务院部际联席会议审查,完成6个沿黄城市总体规划修编,全区5个地级市城区控制性详细规划覆盖率达到75%以上。完成了188个小城镇总体规划修编。编制了4700多个村庄建设规划,实现了村庄规划全覆盖,形成了较为完善的城乡规划编制体系。

【城镇化进程加快推进】 "十一五"期间,宁夏大力实施中心城市带动战略和沿黄城市带发展战略,全区城市化进程快速推进,城市的服务功能不断完善,综合实力明显增强。城镇建成区面积达到532平方公里,比2005年增加了107平方公里。截至2010年,全区城镇化率达到48%,比2005年提高了5.75个百分点,居西部地区第三。基本形成了以银川、石嘴山、吴忠、固原、中卫5个地级市为核心,12个县城为骨干,76个小城镇为节点的城镇体系结构,初步走上了一条大中小城市和小城镇协调发展的新型城镇化道路。

【城市人居和生态环境明显改善】 "十一五"期

间，宁夏共完成城市基础设施建设投资188.33亿元，年均增长8.28%，占全社会固定资产投资4.17%。城市建成区面积从2005年底的296.79平方公里增加到2010年底的409.02平方公里。银川市、青铜峡市、贺兰县、彭阳县获得国家园林城市（县城）称号，银川市获得中国人居环境奖、国家节水型城市称号，6个项目获中国人居环境范例奖，中卫市开发保护黄河湿地资源项目获得"迪拜国际改善居住环境最佳范例奖"全球百佳范例称号。6个设市城市、4个县城、2个城区、3个镇获得自治区园林城市（县城、城区、镇）称号。新建和改造一大批道路、给排水、供暖、燃气、污水处理、垃圾无害化处理、园林绿化等城镇基础设施，城市基础设施不断完善，实现了全区每个市县都有污水处理厂、垃圾处理场的目标。新增污水处理厂17座，垃圾无害化处理场9座，城市污水处理率和生活垃圾无害化处理率均达到70%。大力实施绿化、美化、亮化、净化和特色化"五化"工程，建成一大批水系、湖泊湿地、生态防护林、景观设施等城市生态环境项目，提升了城市品位。城市建成区绿化覆盖率、绿地率和人均公园绿地面积分别达到38.33%、35.2%和15.37平方米。

【住房保障工作成效显著】宁夏健全完善住房保障制度体系，加强廉租住房和经济适用住房建设管理，大力发展公共租赁房、进城务工人员周转房和新市民公寓。"十一五"期间，全区共筹集建设各类保障性住房12.8745万套。通过租赁补贴、实物配租、租金核减等方式，解决了38.6万户城镇低收入家庭的住房困难问题。全区住房公积金缴存总额184亿元，累计发放个人住房贷款11.68万户，贷款总额106.3亿元，分别是2005年底的3.38倍、2.2倍和4.5倍。提取住房公积金增值收益2.38亿元用于补充廉租住房建设资金，有力地支持了保障性住房建设。

【村镇建设成果丰硕】"十一五"期间，宁夏大力实施"塞上农民新居"建设和农村危房危窑改造两大工程，农村住房质量有了新提高，基础设施建设得到加强，人居环境有了新改善，村容村貌焕然一新，成为宁夏社会主义新农村建设的一大亮点，有力地促进农村经济社会发展。截至2010年底，全区累计建成新村269个，综合整治旧村1200个，改造农村危房14.73万户，受益群众达140多万人。改造建成53个小城镇，配套完善基础设施，同步规划产业布局，提升城镇综合功能，促进了农村人口和产业向城镇加速集聚，吸引了近20万农业人口到小城镇就业落户。创造出了农房建设和改造的"宁夏模式"，得到了国务院和住房城乡建设部的充分肯定，被列为全国农村住房建设示范地区、农村危房改造试点省区和建材下乡试点省区。

【房地产业平稳健康发展】宁夏深化城镇住房建设投资体制改革，加强房地产市场宏观调控、整顿规范市场秩序，房地产业得到快速发展，建立了统一的房地产市场体系，形成了从投资、交易、中介服务到物业管理协同发展的产业链。"十一五"期间，全区共完成房地产开发投资704.56亿元，是"十五"期间开发投资总和的2.84倍，带动建筑、建材、冶金、纺织、化工、机械、仪表、金融、旅游、服务业等50多个相关行业实现2800余亿元的总产出，为全区经济持续稳定健康发展发挥了重要作用。2009年底，全区城镇实有房屋建筑面积11066.09万平方米，其中，实有住宅建筑面积7164.07万平方米，住房成套率89.1%，自有率96.2%，人均住房建筑面积29.26平方米。全区住宅小区物业管理覆盖率达到63%。住宅综合品质全面提高。全区共有13家房地产开发企业开发的17个住宅项目计175.7万平方米住宅通过了国家2A级住宅性能认定终审；有9个项目获得了国家"广厦奖"，住宅产业化工作取得积极进展，新建住宅的综合质量全面提高。

【建筑业规模快速提升】"十一五"期间，全区累计完成建筑业总产值885.87亿元，年均增长22.3%，是"十五"期间总产值的1.82倍。建筑业从业人员20多万人，比2005年增加了13万人。截至2010年12月底，全区共有建筑施工企业960家，其中建筑施工总承包企业327家（其中房屋建筑总承包企业222家），专业承包企业417家，劳务分包企业216家，初步构建起以大型骨干企业为龙头、特色专业分包企业为支撑、劳务企业为基础的建筑业新格局。强化建设工程招投标管理，建设工程进场交易率达到99%以上。工程建设质量显著提高，工程验收合格率达到了100%，全区共有35项工程获得"西夏杯"金奖，72项工程获得"西夏杯"优质奖。宁夏博物馆工程荣获2010～2011年度我国建筑行业工程质量最高荣誉奖——"鲁班奖"，实现了宁夏近20年来建筑史上"鲁班奖"零的突破。建筑安全连续10年未发生重大安全事故，被国务院安委会授予"全国安全生产月先进单位"。

【建筑节能取得新进展】"十一五"期间，宁夏共建成节能建筑4414万平方米，是"十五"的4.99倍。截至2010年底，全区新建建筑设计阶段执行节能强制性标准的比例达到100%，施工阶段执行节能强制性标准的比例达到98%以上。完成既有居住建筑供热计量和节能改造208万平方米，超额完成了"十一五"期间国家下达的改造任务。可再生能源建筑应用规模不断扩大。实施可再生能源建筑应用国家级示范工程11个，自治区级示范项目8个，银川市和海原县分别被列入国家可再生能源建筑应用示范城市和示范县，建立了7个可再生能源产业基地，可再生能源建筑应用面积达到300多万平方米。全区新型墙体材料总产量达到76亿块标砖，利用工业废渣870万吨，节能土地1.26万亩，节约标煤47.1万吨，全区5个地级城市城区全部实现"禁实"目标。全区建筑节能和新型墙体材料实现节能112万吨标煤，超计划12万吨，对全区节能减排的贡献率达16.6%。

【住房城乡建设法制和标准体系建设进一步完善】 "十一五"期间，宁夏先后出台《宁夏回族自治区物业管理条例》、《宁夏回族自治区建设工程造价管理条例》、《宁夏回族自治区城市房地产经营管理条例》（修订）、《宁夏回族自治区民用建筑节能办法》、《宁夏回族自治区临时规划和临时建设用地管理办法》、《宁夏回族自治区房屋建筑抗震设防管理办法》、《宁夏回族自治区廉租房和经济适用住房管理办法》3部行政法规和4件政府规章，初步形成了由法律、行政法规、地方性法规、部门规章和地方政府规章以及配套规范性文件组成的多层次住房城乡建设法规体系。行政执法行为不断规范，执法力度不断加大，严厉查处各类违规违法案件283起。2006~2010年，共完成了19项地方标准、9项地方标准设计的编制、审定、批准、发布和培训工作，完成了25项建设领域企业标准的备案管理工作。工程建设标准基本覆盖了工程建设的各个领域，发挥了重要的技术引导和基础保障作用。

12. 建设监理企业营业收入前20名

宁夏建设监理企业按监理收入排名前20名的情况如表4-14所示。

2010年宁夏建设监理企业营业收入前20名企业　　　　表4-14

序号	建设监理企业监理收入前20名
1	宁夏恒安建设监理咨询有限公司
2	宁夏灵州工程监理咨询公司
3	宁夏五环建设咨询监理有限公司
4	银川方圆工程监理咨询有限公司

续表

序号	建设监理企业监理收入前20名
5	宁夏兴电工程监理有限责任公司
6	宁夏恒建监理有限公司
7	银川市鸿利建设工程咨询有限公司
8	宁夏现代建设监理有限公司
9	宁夏重信建设工程监理有限公司
10	宁夏固原六盘山建设工程监理有限公司
11	宁夏回族自治区发展工程咨询有限公司
12	宁夏建筑设计研究院工程监理有限公司
13	宁夏城乡工程监理咨询有限公司
14	宁夏正源建设监理有限公司
15	宁夏房安建设工程监理有限公司
16	宁夏建业工程监理有限公司
17	宁夏华磊建设监理有限公司
18	宁夏信立监理咨询有限公司
19	石嘴山市鸿建建设监理有限公司
20	宁夏环宇建设监理有限公司

（宁夏回族自治区住房和城乡建设厅　刘兵）

大事记

1月

26日，宁夏回族自治区党委、政府召开2009年度效能目标管理考核总结表彰大会，宁夏住房和城乡建设厅荣获自治区效能目标管理考核优秀等次一等奖。

27日，宁夏住房和城乡建设工作会议在银川召开。会议传达学习全国住房和城乡建设工作会议精神，总结2009年住房和城乡建设工作，安排部署2010年工作任务，表彰了2009年度住房和城乡建设先进集体和先进个人。会议提出，2010年全区住房和城乡建设工作要围绕一条主线，强化三个理念，突出八个重点，实现五个突破。

2月

4日，国家住房和城乡建设部通报命名2009年国家园林城市、县城和城镇，宁夏青铜峡市、彭阳县获得国家园林城市（县城）称号。

3月

15日，宁夏回族自治区人民政府办公厅印发《关于加快推进供热计量改革意见的通知》，提出2010年1月1日以后竣工的新建建筑和完成供热计量、节能改造的既有建筑，实行按用热量计价收费；计划用2年时间，完成政府办公建筑和大型公共建筑的供热计量改造，实行按用热计价收费。

27日，宁夏住房和城乡建设厅在银川召开2010年全区建筑管理工作会议。会议通报2009年整顿和规范建筑市场检查情况和2009年建筑安全生产事故及处理情况，对2009年度"西夏杯"优质工程获奖单位和2009年度建筑管理工作先进单位、先进个人进行了表彰，并与五个地级市建设局签订了2010年安全生产目标责任书。

4月

13日，宁夏黄河金岸项目建设大会战动员会在平罗天河湾湿地公园举行，会议安排部署沿黄城市带建设工作任务。

23日，宁夏防震减灾工作会议在银川召开，宁夏住房和城乡建设厅被自治区人民政府评为防震减灾先进单位。

26日，宁夏2010年农村危房改造暨城乡环境综合整治动员会议在隆德县召开。会议对农村危房改造暨城乡环境工作进行了安排部署，自治区副主席李锐出席会议并做了重要讲话。

5月

12日，出台《宁夏回族自治区房屋建筑和市政基础设施工程项目货物招标投标评标（试行）办法》，把建设工程有关的重要设备及材料纳入招投标监管范围，全面开展工程建设项目货物招标投标。

6月

28日，宁夏回族自治区人民政府令第22号发布《宁夏回族自治区民用建筑节能办法》，2010年8月1日起施行。

28日，宁夏回族自治区人民政府印发《关于稳定住房价格促进房地产市场平稳健康发展的意见》。

28日，全国政协原副主席、宋庆龄基金会主席、中国福利会主席胡启立对宁夏轻钢结构抗震节能体系农宅进行了考察。

7月

1日，宁夏回族自治区人民政府第69次常务会议审议通过《宁夏回族自治区临时建设和临时用地管理办法》，2010年8月1日起施行。

13日，宁夏2010年城市低收入家庭住房保障工作会议在银川召开。会议安排部署住房保障工作，宁夏回族自治区人民政府与五个地级市政府签下2010年度住房保障工作目标责任书。

27日，宁夏回族自治区人民政府批准由住房和城乡建设厅等六部门编制的《宁夏回族自治区保障性住房建设规划（2010～2012年）》，计划三年建设保障性住房12.16万套，改造各类棚户区8.73万户。

8月

6日，自治区住房和城乡建设厅在青铜峡市召开2010年上半年全区安全质量标准化工地表彰会，对获得全国4家"AAA级安全文明标准化诚信工地"和64家获得自治区级安全质量标准化工地的工程项目进行表彰，并现场观摩学习青铜峡市安全质量标准化工作。

11、12日，国家住房和城乡建设部副部长齐骥带领国务院保障性安居工程建设督查组，在宁夏回族自治区副主席李锐，住房和城乡建设厅厅长刘慧芳及相关部门负责人的陪同下，对宁夏保障性安居工程建设工作进行了检查和指导。

18日，宁夏回族自治区人民政府成立了自治区办公建筑和大型公共建筑节能监管体系建设领导小组，住房和城乡建设厅印发《宁夏国家机关办公建筑和大型公共建筑节能监管体系建设工作方案》，宁夏国家机关办公建筑和大型公共建筑节能监管体系建设工作正式启动。

25日，宁夏回族自治区住房和城乡建设厅印发《宁夏新建住宅全装修试点工作的实施意见》，在全国率先实行容积率奖励优惠政策，全力推进住宅全装修，力争到"十二五"期末全区新建住宅实行全装修的面积达到年度竣工面积的50%。

26日，宁夏回族自治区主席王正伟主持召开政府第74次常务会议，审议通过《关于加快推进城乡统筹发展的实施意见》。

9月

19～21日，自治区住房和城乡建设厅组织各市县城建、城管、园林、房管等部门的负责人召开了城市建设管理工作现场观摩会。参会人员观摩石嘴山市、平罗县、贺兰县、银川市、吴忠市、青铜峡市、中卫市、海原县新县城、彭阳县、固原市城市园林绿化、城市基础设施运营、特色街区改造、城乡环境综合治理工作。

21日，在固原市召开经验交流会，五个地级市介绍城市建设成果和经验。住房和城乡建设厅副厅长张吉胜讲话。

29日，国家住房和城乡建设部等八部委印发《关于开展推动建材下乡试点的通知》，宁夏被列为2010年全国建材（水泥）下乡两个试点省（区）之一。

29日，《银川市城市总体规划（2008～2020年）》通过国务院部际联席会议审查。

10月

11日，宁夏召开沿黄城市带建设工作现场观摩督查会，实地观摩督查2010年沿黄城市带建设情况。

18日，驻宁全国政协委员在宁夏回族自治区政协主席项宗西的带领下，视察宁夏沿黄城市带建设情况，驻宁全国政协委员充分肯定了宁夏沿黄城市带建设取得的成效。

18日，国务院安全生产委员会表彰2010年全国安全生产月活动优秀单位和先进组织单位，宁夏住房和城乡建设厅被评为全国安全生产月活动优秀单位。

21日，宁夏回族自治区人民政府第78次常务会议研究通过《关于加快发展公共租赁住房的实施意见》，2010年12月20日印发执行。

24日，国家人民防空办公室表彰全国人民防空先进单位和先进个人，宁夏住房和城乡建设厅被评为全国人民防空先进单位。

30日，在全国"广厦奖"颁奖大会上，宁夏"紫云华庭"、"民生艾伊水郡1-3期"和"湖畔嘉苑1期"3个项目获"广厦奖"。

11月

5日，"十一五"国家科技支撑计划项目—宁夏清水湾住宅区一期可再生能源与建筑集成示范工程通过国家住房和城乡建设部验收。

12月

3日，《宁夏回族自治区物业管理条例》通过会议审议，2011年2月1日正式施行。

13日，中国房地产研究会住房保障委员会《住房保障工作通讯》2010年第12期刊载"关于加快推进城市和国有工矿棚户区改造实施意见"、"关于加快发展公共租赁住房的实施意见"和"廉租住房实物配租管理办法"，推广宁夏住房保障工作的做法。

14日，宁夏博物馆获得2010～2011年度国家建筑行业工程质量最高荣誉奖—鲁班奖。

23日，宁夏中卫市开发保护黄河湿地资源项目荣获2010年"迪拜国际改善居住环境最佳范例奖"全球百佳范例称号。

27日，中共中央办公厅第58期《工作情况交流》刊载了题为"围绕住有所居目标，大力推进保障性住房建设"的文章，介绍了宁夏住房保障工作经验。

28日，宁夏科学技术进步表彰大会在银川召开，宁夏住房和城乡建设厅组织编制的《轻钢结构抗震节能体系关键技术及其在"塞上农民新居"中的应用研究》荣获2009年度自治区科学技术进步一等奖。

31日，宁夏泾源县获自治区园林县城称号，石嘴山市红果子镇、青铜峡市瞿靖镇和贺兰县金贵镇获自治区园林镇称号。

新疆维吾尔自治区

1. 城市规划

【规划编制】 2010年，哈密市城市总体规划、博乐市城市总体规划、乌鲁木齐市甘泉堡工业园总体规划、阿勒泰地区红山嘴口岸和福海新区总体规划、阜康重化工业园区总体规划、阿克苏纺织工业城总体规划、阿拉山口口岸总体规划经自治区人民政府正式批准。自治区人民政府批准呼图壁工业园区为自治区级园区，同意撤销乌鲁木齐市米东区高新技术产业园设立甘泉堡工业区，批准设立和田县经济新区、沙雅县循环经济工业园区、福海工业园区、玛纳斯工业园区。同意奎屯—独山子石化工业园与奎屯经济技术开发区合并和库尔勒经济技术开发区扩区及调整库尔勒市30号小区部分绿地。截至年底，《新疆沿边境城镇发展带战略规划》、《南疆铁路沿线暨南疆石化产业带城镇发展规划》、《乌鲁木齐都市圈规划》和《新疆风景名胜区体系规划》4个规划通过专家评审。86个市、县和自治区本级完成《中小城市基础设施完善规划（2010～2015年）》。全区城镇化率41.33%。克拉玛依、库尔勒、石河子、伊宁、喀什、阿克苏、哈密等区域中心城市快速发展、辐射带动作用明显增强。

【历史文化名城保护规划】 2010年，自治区人民政府批准实施吐鲁番市、伊宁市和库车县历史文化名城保护规划。核定伊宁市六星街、前进街、伊犁街、阿依墩街4个街区，库车县城热斯坦、萨克萨克、实验城、萨依博依、欧尔巴格达科克奇买里5个街区为历史文化街区，保护和控制范围在伊宁市和库车县的文化名城保护规划中具体划定。

【城乡规划专项治理】 2010年3月15日~4月20日，自治区住房和城乡建设厅、监察厅组成3个检查组和自治区城乡规划督察员组成的3个检查组检查9个地州、15个市、4个县规划专项治理工作开展情况。了解规划变更容积率调整的执行情况，重点抽查各市（县）2007~2009年领取规划许可的房地产项目。检查涉及市、县2007~2009年1593个房地产项目，抽查房地产项目1093个，占项目总数的68%。实地查看131个建设项目，约占抽查项目总数的12%。检查中发现有问题的项目170个，占抽查项目总数的20%。对部分市、县不按法定程序违规变更规划，控制性详细规划覆盖率低，出具的容积率提出无法定依据，部分市县房地产项目实际批准的建设方案容积率超过土地出让容积率等问题进行全区通报，要求整改。

2. 城市建设

【城建固定资产投资】 2010年，新疆21个设市城市、66个县城市政公用设施建设完成固定资产投资1318119万元，比上年增长2.12%，其中设市城市完成995143万元。按投资行业分：供水完成75474万元，集中供热196319万元，燃气80001万元，道路桥梁536367万元，排水145481万元，园林绿化131659万元，环境卫生54921万元，其他97897万元。2010年新增固定资产920941万元。

【数字化城市管理】 2010年7月1~2日，自治区住房和城乡建设厅在布尔津县召开自治区数字化城市管理工作经验交流会。会议总结交流自治区试点城市（县城）数字化城市管理经验，部署下一阶段数字化城市管理工作任务。各地州市县建设局（建委）、相关市县人民政府的领导，进行大会经验交流的数字化试点城市监管中心负责人参加会议。2010年11月，布尔津县成为西部地区首个县级数字化城市管理系统通过国家住房和城乡建设部验收的县。乌鲁木齐市、克拉玛依市通过国家第三批数字化试点城市验收。昌吉市、库尔勒市全面启动数字化城市管理系统建设项目。

【无障碍城市建设】 2010年6月12日，自治区住房和城乡建设厅、民政厅、残疾人联合会、老龄工作委员会办公室联合发出"关于做好迎接创建全国无障碍建设城市验收工作的通知"加强和规范无障碍设施建设，提高无障碍设施管理水平。9月1~7日，自治区住房和城乡建设厅、民政厅、残疾人联合会、老龄委员会办公室联合对乌鲁木齐、克拉玛依、石河子3个城市开展创建全国无障碍建设城市情况进行初验。12月1~5日，国家无障碍建设城市检查组检查验收乌鲁木齐、克拉玛依2个受检无障碍创建城市。

【城市供水】 2010年，新疆设市城市、县城新增自来水供水能力7.4万立方米/日，新增自来水管道481.27千米。综合生产能力478.14万立方米/日，供水管道总长11017.16千米，年供水总量94157.34万立方米，用水人口891.92万人，用水普及率96.06%，人均日生活用水136.43升。其中设市城市综合生产能力373.11万立方米/日，供水管道长6507.14千米，年供水总量77263.08万立方米，用水人口625.67万人，用水普及率99.17%，人均日生活用水150.79升。县城综合生产能力105.03万立方米/日，供水管道4510.02千米，年供水总量16894.26万立方米，用水人口266.25万人，用水普及率89.47%，人均日生活用水102.69升。

【城市节水】 2010年5月15~21日，新疆维吾尔自治区住房和城乡建设厅在所有城市开展以"节水全民行动，共建生态家园"为主题的全国城市节约用水宣传周活动，广泛开展节水宣传活动，提高全民节水意识。5月28~29日，自治区住房和城乡建设厅会同自治区发改委组织有关专家，考核验收乌鲁木齐市申报创建自治区节水型企业（单位）。将新疆大学、新疆乌苏啤酒有限责任公司等27家企业（单位）列为第一批自治区节水型企业（单位）。8月27日，自治区住房和城乡建设厅、发展和改革委员会决定命名乌鲁木齐市为自治区节水型城市，成为新疆首个自治区级节水型城市。

【城市集中供热】 2010年，新疆设市城市、县城新增集中供热能力蒸汽127吨/小时、热水1501兆瓦。累计供热能力蒸汽1390吨/小时、热水23914兆瓦，集中供热管道8070千米。年供热总量蒸汽1250万吉焦，热水20930万吉焦。集中供热面积23214.7万平方米，其中住宅15907.9万平方米。设市城市累计供热能力蒸汽1376吨/小时，热水18897兆瓦，年供热总量蒸汽1242万吉焦，热水16866万吉焦，集中供热管道6119千米，集中供热面积19162.3万平方米，其中住宅13297.9万平方米。全区县城供热能力蒸汽14吨/小时，热水5017兆瓦，年供热总量蒸汽8万吉焦，热水4064万吉焦，集中供热管道1951千米，集中供热面积4052.4万平方米，其中住宅2610万平方米。

【供热计量改革】 2010年10月29日，自治区人民政府在乌鲁木齐市召开供热计量改革工作电视电话会议。会议要求，全区新竣工建筑及完成供热计量改造的既有居住建筑，取消按面积收费，全部实行按用热量计价收费。2010年，自治区住房和城乡建设厅印发《关于进一步推进自治区供热计量改革工作的通知》，与自治区发展和改革委员会、财政厅、质量技术监督局对喀什、阿克苏、库尔勒、昌吉、克拉玛依、吐鲁番、哈密、乌鲁木齐等城市供热计量改革进展情况进行督察指导，抽查项目56个，对吐鲁番、库尔勒、克拉玛依、昌吉、乌鲁木齐、奎屯等城市供热计量收费及热计量装置运行管理进行专项检查，对发现个别不执行国家规范标准的行为要求整改。年底再次对21个设市城市供热计量改革工作进行督察指导，确保各项工作落到实处。

【城市燃气】 2010年，新疆设市城市、县城新增天然气管道1045.05千米，新增天然气储气能力104.59万立方米。全区累计天然气管道8881.22千米，年天然气供气总量155972.91万立方米，用气人口534.91万人。人工煤气管道71.3千米，人工煤气生产能力49万立方米/日，储气能力2万立方米，年供气总量1752.00万立方米，用气人口8.75万人。液化石油气储气能力16953.7吨，供气管道82.12千米，年供气总量108869.32吨，用气人口268.01万人。全区燃气普及率87.42%。拥有天然气汽车加气站149座、液化气汽车加气站62座。其中设市城市天然气储气能力193.75万立方米，供气管道7145.42千米，供气总量134710.8万立方米，用气人口444.98万人；人工煤气生产供应全在设市城市内，液化石油气储气能力8950吨，供气管道81.81千米，年供气总量79616.79吨，用气人口150.64万人，设市城市燃气普及率95.8%。县城天然气供气管道1735.8千米，天然气储气242.32万立方米，供气总量21262.11万立方米，用气人口89.93万人；液化石油气储气能力8003.7吨，年供气总量29252.53吨，用气人口117.37万人，燃气普及率69.66%。

【城市道路桥梁】 2010年，新疆设市城市、县城新建扩建道路394.48千米，新建扩建道路面积497.86万平方米，新增桥梁11座。全区累计道路长7914.9千米，道路面积12961.6万平方米，人均拥有道路面积13.96平方米；拥有桥梁770座，其中立交桥45座，路灯567413盏。其中设市城市道路5177.8千米，道路面积8322.6万平方米，人均拥有道路面积13.19平方米，桥梁384座，其中立交桥40座，路灯400139盏。县城道路2737.1千米，道路面积4639万平方米，人均拥有道路面积15.59平方米，桥梁386座，路灯167274盏。

【城市排水及防洪】 2010年，新疆设市城市、县城新增排水管道499.04千米，新增污水处理能力6.02万立方米/日，污水排放量56317万立方米，有排水管道6765千米，排水管道密度5.05千米/平方千米。有污水处理厂58座，达到二、三级处理的48座，污水处理能力213.7万立方米/日，年污水处理总量40252万立方米，污水处理率71.47%。防洪堤517千米，达到百年一遇标准的48千米，达到50年一遇标准的203千米。其中设市城市污水排放量46396万立方米，有排水管道4372千米，排水管道密度5.22千米/平方千米；有污水处理厂30座，达到二、三级处理的27座，总污水处理能力169.7万立方米/日，年污水处理总量34583万立方米，污水处理率74.54%，防洪堤262千米。县城污水排放量9921万立方米，有排水管道2393千米，排水管道密度4.78千米/平方千米；有污水处理厂28座，达到二、三级处理的21座，总污水处理能力44万立方米/日，年污水处理总量5669万立方米，污水处理率57.14%。

【城市污水供暖制冷】 2010年5月19日，乌鲁木齐市盈科广场污水源热泵项目实现用污水供暖制冷。在冬季，这套污水源热泵系统热泵机组从污水源中提取低品位热能，通过电能驱动的水源中央空调主机"泵"送到高温热源，满足用户供热需求。夏季，热泵机组将用户室内的热量通过水源中央空调主机转移到水源中，以满足用户制冷需求。城市污水实现供热制冷后，仅盈科广场一栋楼每年就可节省采暖费100多万元，减少排放二氧化碳2920吨、二氧化硫23.6吨、煤渣226.9吨，环境效益十分明显。

【城市排水与污水处理监督管理】 2010年11月8～30日，住房和城乡建设厅组织专业技术人员，检查乌鲁木齐、克拉玛依、石河子、吐鲁番、哈密、阜康、乌苏、昌吉、伊宁、博乐、塔城、阿勒泰、喀什、阿图什、阿克苏、库尔勒16个城市和巴里坤县县城的排水管网系统及污水处理设施和各市县专项规划的编制、污水费用的征收以及排水许可制度执行等情况。对存在城市污水处理设施负荷率普遍偏低、城市污水回用设施配套短缺、执行排水许可制度不力等问题分析原因，提出措施及建议。

【污泥无害化处置项目】 2010年8月8日，新疆天物科技发展有限公司、中国农业大学、机械科学研究总院、机械工业第六设计研究院共同完成的"污泥无害化处置及资源化利用建设项目"一期工程在乌鲁木齐高新技术产业开发区北区工业园开始建设。该项目具备工艺技术稳定、自动化智能化程度高的特点，无恶臭、废水等二次环境污染问题。项目总投资9086.96万元，占地3公顷。建成后，可节约3780万元的传统污泥处理费用，实现年销售收入3500万元。为新疆首个污泥无害化处置项目。

【城市园林绿化】 2010年，新疆设市城市、县城新增园林绿地面积1448.23公顷。设市城市、县城绿化覆盖面积59800公顷，建成区绿化覆盖面积44963公顷；绿地面积51690公顷，建成区绿地面积40157公顷；公园绿地面积8262公顷；拥有公园226个，公园面积4476公顷，人均公园绿地8.9平方米，比上年增长2.18％；建成区绿化覆盖率33.57％，建成区绿地率29.98％。其中设市城市建成区绿化覆盖面积43671公顷，建成区绿化覆盖面积30530公顷，绿地面积37686公顷，建成区绿地面积27773公顷；公园绿地面积5430公顷；拥有公园131个，公园面积3156公顷，人均公园绿地8.61平方米；建成区绿化覆盖率36.42％，建成区绿地率33.13％。县城绿化覆盖面积16129公顷，建成区绿化覆盖面积14433公顷；绿地面积14004公顷，建成区绿地面积12384公顷；公园绿地面积2832公顷，拥有公园95个，公园面积1320公顷，人均公园绿地9.52平方米；建成区绿化覆盖率28.8％，建成区绿地率24.71％。

【国家园林城市和园林县城】 2010年2月4日，国家住房和城乡建设部命名41个城市为国家园林城市，新疆哈密市和伊宁市名列其中。命名31个县城为国家园林县城，新疆的新源县、沙湾县和哈巴河县榜上有名。

【沙湾县获中国人居环境范例奖】 2010年，中国人居环境奖办公室组织专家考察评审和社会公示，并报中国人居环境奖工作领导小组批准，决定授予34个项目为2009年中国人居环境范例奖，其中新疆沙湾县的绿化建设项目榜上有名。

【获中国人居典范奖情况】 2010年12月20日，经中国民族建筑研究院、中国人居典范方案竞赛组委会审核，新疆印象建设规划设计研究院的阜康市瑶池园设计方案获2010年第七届中国人居典范最佳景观设计方案金奖；新疆印象建设规划设计研究院和新疆一方天房地产开发有限公司的新疆沙湾大盘美食文化城设计方案获2010年第七届中国人居典范最佳建筑设计规划金奖。

【城市雕塑作品获奖】 2010年1月6日，乌鲁木齐市的《庆丰收》城市雕塑项目获新中国城市雕塑建设成就提名奖。

【自治区级风景名胜区】 2010年5月2日，新疆维吾尔自治区人民政府审定，授予伊犁哈萨克自治州的喀拉峻草原和科桑溶洞为第四批自治区级风景名胜区。截至年底，新疆有国家级风景名胜区4处、自治区级风景名胜区13处。

【城市环境卫生】 2010年，新疆设市城市、县城道路清扫保洁面积12172万平方米，市容环卫专用车辆设备总数2255辆，实现机械化道路清扫保洁面积3897万平方米，机械清扫率32％；生活垃圾年清运量527.53万吨，生活垃圾处理量436.79万吨，处理率82.8％；拥有无害化垃圾处理厂17座，无害化处理能力6295吨/日，无害化处理总量214.04万吨；粪便清运量10.26万吨，处理量7.61万吨，处理率74.17％；有公共厕所3244座，达到三级以上1773座。

【生活垃圾卫生填埋处理场复核】 2010年11月8~30日，新疆维吾尔自治区住房和城乡建设厅组成两个专家小组复核乌鲁木齐、克拉玛依、哈密、喀什等全疆17个市县城市生活垃圾卫生填埋处理场的建设、运营情况，以及整改情况。对部分城市存在生活垃圾填埋处理场的工程建设和运营管理资料不完善、生活垃圾填埋处理场部分配套设施建设仍然不健全、生活垃圾填埋不及时、覆土厚度不达标、压实方式不合理等主要问题，提出书面改进措施和建议。截至年底，全区城市生活垃圾卫生填埋处理场25座，投入运行的垃圾场19座。其中乌鲁木齐、昌吉、库尔勒、奎屯、克拉玛依市克拉玛依区和独山子区的6座城市生活垃圾卫生填埋处理场达到国家二级以上处理标准。全区设市城市的生活垃圾无害化处理率60％以上，城镇生活垃圾无害化处理率37％以上。

3. 村镇建设

【村镇规划】 截至2010年底，新疆有县城（区）以外的独立建制镇162个、乡（乡政府所在地）590个。行政村8727个，村庄13294个（自然村），乡镇级特殊区域76个。全区村镇总人口1256.09万人，其中独立建制镇人口78.98万人；乡人口137.94万人；村庄人口1029.07万人，镇乡特殊区域人口10.1万人。建制镇建成区面积25082.72公顷，乡建成区面积47235.16公顷，村庄现状用地面积337252.88公顷，镇乡级特殊区域建成区面积3560.91公顷。全区累计编制建制镇总体规划151个，编制乡（集镇）总体规划446个，编制行政村村庄规划3322个。已开展村庄政治的行政村1173个，编制镇乡特殊区总体规划39个，全区乡镇建立村镇建设管理机构532个，配备村镇建设管理人员1431人，其中专职管理人员786人。

【村镇建设投资】 2010年，新疆村镇建设投资总额127.16亿元。其中，住宅建设投资82.98亿元，公共建筑投资11.83亿元，生产性建筑投资8.63亿元，市政公用设施投资23.72亿元。在市政公用设施投资中，供水投资5.34亿元，道路桥梁投资10.77亿元。

【村镇房屋建设】 2010年，新疆村镇竣工住宅建筑面积1202.33万平方米，其中混合结构以上的住宅建筑面积736.85万平方米。年末实有村镇住宅总建筑面积26670.5万平方米，其中混合结构以上的8719.81万平方米。全年竣工公共建筑面积115.71万平方米，其中混合结构以上的89.82万平方米。年末实有公共建筑面积3802.43平方米，其中混合结构以上的1806.43万平方米。全年竣工生产性建筑面积70.38万平方米，其中混合结构以上的47.61万平方米。年末实有生产性建筑面积2208.93万平方米，其中混合结构以上的1178.33万平方米。建制镇、集镇、村庄和镇乡特殊区域人均住宅建筑面积22.03平方米。

【村镇市政公用设施】 截至2010年底，新疆村镇有公共供水设施1026个，其中建制镇231个、乡（集镇）728个、镇乡特殊区域67个；独立建制镇、集镇、镇乡特殊区域和村庄用水普及率分别为81.81%、72.65%、72.78%和70.63%。全区新增铺装道路长度2007.01千米，其中建制镇新增道路长度127千米，乡新增道路长度193.25千米，镇乡级特殊区域新增道路长度21.04千米，村庄内新增道路长度1665.72千米。全区独立建制镇绿化覆盖面积3406公顷，绿地面积2420公顷，其中公园绿地面积192公顷。全区独立建制镇有污水处理厂9个，排水管道长度321.23千米，年污水处理总量78.98万立方米/日，集镇（乡）排水管道长度71.94千米，年污水处理总量48.43万立方米/日。独立建制镇有环卫专用车辆159辆，年清运垃圾12.47万吨，有公共厕所627座；乡有环卫专用车辆211辆，年清运垃圾37.29万吨，有公共厕所1136座；集中供水的行政村6256个，占全部行政村比例71.69%；有生活垃圾收集点的行政村1744个，对生活垃圾进行处理的行政村968个。

【首个小城镇生活污水处理厂竣工】 2010年9月14日，乌鲁木齐县水西沟镇闸滩村小城镇分散型污水处理厂竣工。该项目每日可处理污水300吨，满足4200多人的生活污水排放，填补了新疆农村污水处理的空白。

【安居富民工程】 2010年，新疆投入建设资金71亿元，拆除农村危旧住房31.2万户，新建农村住房19.1万户，完成年度计划任务的121.7%。其中南疆三地州新建抗震安居房10万户，其余12个地州市完成农村危房改造5.7万户、自然灾害倒损农房恢复重建3.4万户，安居富民工程竣工率100%。

4. 房地产业

【城镇房屋建设】 2010年，新疆城镇实有房屋建筑面积35490.75万平方米，比上年增加2501.28万平方米。其中住宅建筑面积22091.11万平方米，增加1851.35万平方米，非住宅建筑面积13399.64万平方米，增加649.93万平方米。成套住宅建筑面积18191.09万平方米，成套率82.35%。人均住宅建筑面积25.18平方米，增加0.56平方米。2010年，新疆城镇房屋中，钢结构908.89万平方米，钢混结构6115.8万平方米，混合结构8548.81万平方米，砖混合结构16387.5万平方米，砖木结构1972.2万平方米，土木结构1557.55万平方米；单层房屋8503.3万平方米，多层房屋22857.5万平方米，高层4129.95万平方米。

【城市保障性住房建设】 2010年，中央下达新疆城市保障性住房建设任务：新增廉租住房8.5万套（含购买、改建）、425万平方米；新建经济适用住房2万套、120万平方米，公共租赁住房1.2万套、61.6万平方米；开工改造城市棚户区5.5万套、595万平方米，国有工矿棚户区1.5万套、143万平方米。截至年底，开工新建廉租住房8.5万套、455万平方米，完成投资35.7亿元；开工改造城市和国有工矿棚户区7万户，完成投资77亿元。其中城市棚户区5.66万户，542.6万平方米，完成投资73亿元；国有工矿棚户区1.34万户，113万平方米，完成投资4亿元。6.5万套廉租住房建设项目获得中央预算内投资补助23.68亿元，比上年增加14.48亿元。廉租住房建设补助标准由2009年的每平方米400元提高到500元（南疆三地州及边境、贫困等50县市每平方米800元）。

【房地产市场交易整治】 2010年4月29日，自治区住房和城乡建设厅发出通知，整顿和规范自治区房地产市场秩序，切实纠正商品房销（预）售过程中侵害群众利益的问题，促进房地产市场持续健康发展。4月30日至8月20日，自治区住房和城乡建设厅开始房地产市场交易秩序专项整治工作，重点治理房地产市场交易秩序。以房地产交易中容易发生违法违规问题的商品房预售、中介服务、预售资金监管、商品房交付使用等关键环节为重点,对取得预售许可证、正在销售的商品住房项目逐一排查,查处有投诉举报的项目,遏制无证预售、捂盘惜售、哄抬房价等房地产交易环节的违法违规行为。期间,自治区住房和城乡建设厅检查组抽查各地州的1～2个县市。全年各地检查房地产企业674家,其中房地产开发企业624家、房地产中介机构50家。检查在建项目和批准预售项目1134个,查处违法违规案件19件,查处中介服务机构违规案件11件。清查35宗房地产用地存在囤地、闲置情况,总面积84.33公顷。对检查发现的违法违规行为将记入企业不良业绩档案。

【房地产开发经营】 2010年,新疆列入统计部门统计范围的房地产开发企业1233家,商品房屋开发投资完成347.72亿元,比上年增加111.84亿元。商品房屋施工面积3980.8万平方米,增加916.39万平方米,其中新开工面积2177.24万平方米,增加459.07万平方米。商品房屋竣工面积1012.9万平方米,减少19.82万平方米,其中住宅竣工面积859.92万平方米,减少40.95万平方米。实现商品房屋销售面积1564.9万平方米,增加158.35万平方米,其中销售住宅面积1450.02万平方米,增加123.35万平方米。截至年底,全区商品房屋空置面积348.98万平方米,减少70.85万平方米,其中住宅空置面积195.47万平方米,减少58.89万平方米。

【城镇房屋拆迁】 2010年,新疆城镇实际拆迁房屋面积589.84万平方米,比上年增加231.49万平方米,其中住宅498.63万平方米,增加270.42万平方米,行政裁决拆迁93件(行政裁决面积1.83万平方米),行政裁决拆迁减少27件(行政裁决面积减少0.71万平方米),强制拆迁面积4.23万平方米。

【住房公积金管理】 2010年,新疆归集住房公积金121.94亿元,累计归集总额598.72亿元,比年初增长25.58%%。累计为职工购建房等原因支取住房公积金238.64亿元,住房公积金归集余额360.08亿元,比年初增加65亿元。全区累计为33.38万户职工发放个人住房公积金贷款280.72亿元,比年初增加77.83亿元;个人住房公积金贷款余额176.32亿元,个人贷款余额占缴存余额的比例48.97%。截至年底,累计提取廉租住房建设补充资金5.86亿元,已上缴交财政部3.88亿元。累计归集住房资金54.31亿元,其中住房资金51.25亿元、住房维修基金3.06亿元。审批使用住房资金33.58亿元(新建住房22.12亿元,住房维修2亿元,退房9.46亿元)。至年底,住房资金余额20.72亿元(维修资金1.62亿元,售房及集资款19.1亿元)。

【城镇房屋权属登记管理】 2010年,新疆城镇房屋权属登记总建筑面积32770.3万平方米,比上年增加1317.7万平方米,其中住宅登记面积20383.91万平方米,住宅登记率92.27%;非住宅登记面积12386.39万平方米,非住宅登记率92.44%。国有土地上登记总建筑面积7948.13万平方米,其中所有权登记4808万平方米,初始登记1742.6万平方米,转移登记1825.85万平方米,变更登记347.23万平方米,注销登记892.32万平方米(含拆除登记267.69万平方米),抵押权登记2510.61万平方米,预告登记496.34万平方米,其他登记131.46万平方米。全年国有土地上登记总件数529518件,其中所有权登记296395件,初始登记38058件,转移登记180299件,变更登记12342件,注销登记65696件(含拆除登记11408件),抵押权登记175650件,预告登记48007件,其他登记9267件。

【物业管理】 2010年,新疆有物业服务企业888家,比上年增加155家,从事物业服务人员4.99万人,增加0.33万人。接受委托物业服务项目7981个,比上年增加2485个,物业管理房屋总建筑面积15433.33万平方米,增加1801.65万平方米,占房屋总建筑面积的43.49%。物业管理住宅总建筑面积12920.72万平方米,比上年增加1519.27万平方米,占住宅建筑面积58.49%,比上年增长2.1%。物业服务企业营业总收195567.4万元,增加70096.03万元,物业服务营业成本190733.11万元,增加70773.44万元,营业税金及附加8877.35万元,增加338.54万元,营业利润亏损－3956.94万元,增加亏损929.83万元。全区成立业主大会和业主委员会并备案有602个,增加74个,占住宅项目的14.53%。

【住宅专项维修资金】 2010年,新疆城镇房屋(住宅)累计归集住宅专项维修资金311960.41万元,比上年增加56648.5万元,其中累计申请使用22336.07万元,增加9885.17万元,住宅专项维修资金余额289624.34万元,增加46763.33万元。

5. 建筑业

【建筑企业经营概况】 2010年,新疆列入统计部门统计范围的1004家等级建筑施工企业完成建筑业总产值969.47亿元,完成建筑业增加值205.36亿元。全年房屋建筑施工面积6620.14万平方米，其中新开工面积4449.76万平方米。房屋建筑竣工面积2891.44万平方米，其中住宅1856万平方米、厂房247.05万平方米、办公用房227.89万平方米、商业居民服务业用房92.05万平方米、文化教育业用房282.02万平方米、医疗用房73.65平方米、科研用房3.47万平方米、其他109.31万平方米。企业期末从业人数56.48万人，计算劳动生产率的平均人数54.96万人，按建筑业总产值和建筑业增加值计算的劳动生产率分别为176404元/人和37366元/人。2010年，建筑企业总收入984.96亿元，其中工程结算收入961亿元，实现利税总额53.62亿元（其中利润总额20.84亿元）。有亏损企业281家，亏损额24197万元。

【建设工程质量监督】 2010年1～5月，新疆维吾尔自治区建设工程质量监督总站举办两期690多人的建设工程质量监督员继续教育培训班。举办三期1070人的见证人员岗位培训班。对5000多人建筑工程资料员进行备案管理培训。10月，住房城乡建设部建设工程质量检查组对乌鲁木齐市、克拉玛依市的工程进行检查后认为，2个城市实体工程质量符合设计和国家建设强制性条文标准要求。11月，对10个地、州、市开展执法检查。检查73项工程（建筑面积92.38万平方米）、65家施工企业、55家监理单位。检查中对问题比较严重的29项工程（占检查数量的39%）下发建设工程质量违规整改通知书。新疆各级质量监督站监督房屋及市政基础设施工程11190项（不含生产建设兵团），比上年增加173项，监督总面积7427.29万平方米，增加2339.78万平方米。竣工验收合格工程3269项，建筑面积1803.92万平方米，竣工验收备案工程2883项，建筑面积2570.78万平方米，备案率88.2%。签发整改通知书6909份（其中局部停工整改通知书1419份），行政处罚41项。全年受理建设工程质量投诉案件574起，比上年减少185起，处理完毕566起，结案率98.6%。各级质监站对工程质量不良行为责任主体和有关机构发出通报98起，减少144起，其中总站发出通报33起、各地州市站发出通报65起。建设工程各方质量责任主体行政处罚49起，增加41起，处罚金额78.8万元，增加69.3万元。全区发生未执行建设工程强制性标准条文的行为18起，减少53起。

【建设工程招标投标】 2010年，自治区建设工程招标投标监督管理办公室制定《新疆维吾尔自治区房屋建筑和市政基础设施工程施工监理招标投标若干规定》，修订《自治区建筑工程和市政设施评标规则》，下发《自治区房屋建筑和市政基础设施工程施工监理招标投标若干规定》、《自治区建筑工程和市政设施评标规则》。网上报名及电子评标系统研发对接工作进入实施阶段。规范专家管理工作，对专家库700多名专家进行继续教育，清理179名不符合标准的评标专家。全年交易中心完成进场交易项目318项，进场交易总额81.74亿元。其中施工公开招标项目190项，交易额77.55亿元；施工邀请招标项目146项，交易额40.25亿元；监理项目118项；中标造价1.38亿元，亚行项目10项，中标总造价2.81亿元。所有公开招标工程全部进入交易中心进行公开招标，公开招标率100%。

【昆仑监理公司获中国建筑业监理百强企业称号】 2010年11月6日，2010中国建筑业发展年会暨2010中国建筑监理100强排行榜成果发布会在北京召开，新疆昆仑工程监理有限责任公司榜上有名。

【建筑施工安全生产检查】 2010年4月14～30日，自治区住房和城乡建设厅组成两个检查组检查南、北疆建筑施工安全生产情况。重点抽查巴音郭楞、克孜勒苏、阿克苏、和田、喀什和克拉玛依、博尔塔拉、昌吉及石河子等地州市的20个县市37家施工企业、49个施工现场，总建筑面积约80.6万平方米。各地对656项在建工程开展隐患排查专项治理检查，下发一般隐患整改通知书321份、重大隐患停工整改通知书65份，消除了建筑施工现场的事故隐患。下发建设工程重大安全隐患巡查督办通知书13份、建设工程重大安全隐患停工整改通知书3份、建筑施工企业安全生产许可巡查督办通知书1份；责令6个存在较大安全隐患的施工现场，限期整改，对1个不符合安全生产条件已复工的施工现场，立即停工整改。对存在一般隐患的3个施工现场，责成当地建设行政主管部门立即下发整改通知书。8月25日至9月15日，自治区住房和城乡建设厅与生产建设兵团建设局组成3个检查组，对15个地、州、市及生产建设兵团14个师的建筑起重机械安全、建筑施工非法违法行为和在建工程中安全生产情况进行督察。督察的重点是建筑起重机械产权备案和准入制度的执行情况，建筑起重机械使用、租赁、装拆、维护保养的管理情况和建筑起重机械安装、顶升、拆卸等作业行为的过程监管等情况。106个在建工程，各类在用建筑起重机械125台，其中塔吊103台、施工升降机14台、物料提升机8台。涉及使用单位106家、安装单位37家、出租单位8家。对乌鲁木齐市、生产建设兵团农七师及新疆三联建设有限责任公司、兵团建工集团一建、中建新疆建工集团四建、新疆五建设备管理公司、库尔勒宏基建筑设备租赁公司、奎屯顺安设备租赁公司给予通报表扬。对在建工程存在设备带病运行、建筑起重机械的维护保养不规范等安全隐患企业下发停工整改和限期整改通知单75份，其中：对乌恰县帕米尔建筑有限公司、乌恰县天源市政工程有限公司、拜城日新建筑安装有限公司、石河子北泉建筑安装公司、轮台县兴光建筑安装有限公司、石河子天筑建设集团公司、石河子天龙建设工程有限公司、新疆隆泉建筑安装公司、伊犁宏远建设有限公司、新疆宏泰建工集团公司、伊犁同盛建筑工程有限公司等11个在建工程存在严重安全隐患的企业做出暂扣安全生产许可证的处罚并在全区通报批评。

【安全生产】 2010年，新疆发生一般建筑施工伤亡事故16起，死亡17人，事故起数比上年上升23.08%，死亡人数上升21.43%。建筑施工伤亡事故类别主要是高处坠落、起重伤害、触电、机械伤害、物体打击、坍塌。其中：高处坠落事故6起，死亡6人；起重伤害2起，死亡2人；触电事故2起，死亡2人；机械伤害1起，死亡1人；物体打击事故1起，死亡1人；坍塌事故4起，死亡5人。

【新疆建筑工程天山奖】 2010年，经新疆建筑工程天山奖评审委员会审定，新疆建工集团第一建筑工程有限责任公司承建的乌鲁木齐国际机场游客过夜用房、乌鲁木齐市机关事务管理局头屯河区公安分局业务办公楼，新疆建工集团四建承建的空管综合业务楼、新疆师范大学综合服务楼，新疆维吾尔自治区冶金建设公司承建的核工业新疆科技研发培训中心（一期），新疆兵团建工集团一建承建的中国移动通信集团新疆有限公司应急通信指挥调度中心综合办公楼、乌鲁木齐市广播电视技术中心，新疆天一建工投资集团有限责任公司承建的乌鲁木齐市养老福利院公费老人病房楼、乌鲁木齐市第六十中学教学楼，新疆城建（集团）股份有限公司承建的乌鲁木齐市光明路道路改建工程第二标段，乌鲁木齐市建工（集团）有限责任公司承建的武警新疆消防总队消防训练大队综合办公楼，通州建总集团有限公司新疆分公司承建的欧景名苑60号高层住宅楼，江苏南通二建集团有限公司承建的新疆公安厅警卫局营房及备勤用房，永升建设集团有限公司承建的克拉玛依烟草专卖分局（公司）办公楼、独山子区西宁路街道办事处，新疆石河子天筑建设（集团）有限责任公司承建的石河子大学东校区宿舍楼，新疆石河子天筑建设（集团）有限公司和新疆生产建设兵团第六建筑安装工程公司承建的石河子大学公共教学楼，新疆永昌建设工程有限公司承建的奎屯市文体局图书馆，奎屯先河建设工程有限公司承建的奎屯市老干部老年人活动中心，新疆三星建设工程有限公司承建的奎屯市文体局文化馆，新疆苏通工程建设有限公司承建的布尔津县苏通假日酒店，新疆昌吉建设（集团）有限责任公司承建的昌吉州人民医院门诊内科综合病房楼，新疆九洲建设集团有限公司承建的尉犁县一小教学楼，新疆巴音工程建设（集团）有限公司承建的龙兴苑小区1号高层住宅楼，新疆环宇建设工程（集团）有限责任公司承建的巴音郭楞州人民医院高层住宅楼，新疆昆龙建筑安装有限公司承建的且末县农村信用合作联社综合楼，喀什市新隆建设（集团）有限责任公司承建的新疆下坂地建管局职工集体宿舍楼，新疆和田东山建筑工程有限责任公司承建的和田地区公安局指挥中心等项工程获2010年度新疆建筑工程天山奖。

【国家优秀项目管理奖获奖情况】 2010年8月11～13日，中国建筑业协会在北京召开2009年度（第五届）全国建设工程优秀项目管理成果现场发布会，对180多个成果进行现场发布与评价。新疆石油工程建设有限责任公司的克拉美丽气田地面建设工程项目、克拉玛依市石化工业园区东三街道路及系统配套工程项目、风城1号特稠油联合处理站工程项目、吉拉克凝析气田地面建设工程集中处理站工程项目、克浅10稠油污水处理及回用锅炉改造工程项目、采气一厂稀油污水处理新建工程项目等工程获全国建设工程优秀项目管理成果奖。

【建设系统应急管理】 2010年，新疆维吾尔自治区住房和城乡建设厅编制完成全区住房城乡建设系统应急预案目录和《自治区住房城乡建设系统突发重大事故应急预案（总体预案）》、《自治区建设工程突发重大事故应急预案》、《自治区城市供热系统突发重大事故应急预案》、《自治区城市供气系统突发重大事故应急预案》、《自治区城市供水系统突发重大事故应急预案》等6个专项应急预案。编制《自治区住房城乡建设系统应急百事通》。8月26～27日，自治区住房和城乡建设系统重大危险源普查登记暨基础地理信息数据普查登记学习班举办，培训各地、州、市住房城乡建设行政主管部门的54人。7月20日，自治区城市供水突发事故应急演练现场会在昌吉供水有限公司第二水厂召开。采集住房城乡建设系统重大危险源普查登记隐患排查和应急平台体系基础地理信息平台项目数据。建立重大危险源定期排查、动态监控、限期整改机制，对自治区住房城乡建设系统重大危险源进行普查登记,及时掌握重大危险源、危险区域、危险因素的数量、分布及其状况,开展重大危险源安全评估。排查整顿存在缺陷和事故隐患的重大危险源,督促生产经营单位加大投入,采取有效措施,消除事故隐患。

【建筑行业劳保统筹】 2010年,自治区建筑业劳保统筹总站组织3个检查组检查全区31个劳保统筹站,抽查24个县级代办机构及48家大中型骨干企业。2010年,自治区住房和城乡建设厅向新疆建筑施工企业拨付劳保费8.54亿元,拨付外省建筑企业0.12亿元,拨付给生产建设兵团和专业厅局企业1.12亿元。安排122家缴纳基本养老保险费困难的建筑企业补贴资金4013万元,受益43867人。发放20世纪60年代精简下放人员发放生活补助费79万元。安排资金131.7万元慰问施工企业困难职工3665户,为163户退休职工遗孀困难户解决冬季取暖用煤200多吨。安排431万元,帮助额敏县、民丰县、阿合奇县、福海县等建筑企业456名职工补缴社会保险费。

【大型立体停车库主体工程完工】 2010年10月1日,乌鲁木齐市首座机械化立体停车库主体工程在乌鲁木齐市文化北路封顶,车库建筑总面积17588平方米,计划投资7985万元,地下5层、11497平方米,地上5层、6091平方米,局部塔库9层,是西北地区最大的机械化立体停车库。

【首座立体停车库投入使用】 2010年9月29日,乌鲁木齐首座立体停车库在乌鲁木齐市红旗路建成投入使用。停车库地上5层、地下2层,每层高2米,每层有两排8个车位,总投资近200万元,占地面积近130平方米,可以停放48辆车。

【城乡重要建(构)筑物抗震防灾工程建设】 2010年,新疆加大抗震加固改造技术培训力度,举办16期抗震技术培训班,培养5000多名工程设计和技术管理骨干。自治区下拨地方债券资金8.14亿元,各地自筹资金11.57亿元,开工项目2831个,面积339.54万平方米,开工率61%,竣工2280个,面积270.88万平方米,竣工率49%。其中中小学开工项目2584个,面积298.35万平方米,开工率59%,竣工2122个,面积243.03万平方米,竣工率48%。医院开工项目247个,面积41.19万平方米,开工率85%,竣工158个,面积27.85万平方米,竣工率57%。乌鲁木齐、克拉玛依、和田、哈密、博尔塔拉、巴音郭楞、昌吉等地州市抗震加固改造工程全面开工建设。

【住房保障和城乡重要建(构)筑物抗震防灾工程工作会议】 2010年1月17日,自治区住房保障和城乡重要建(构)筑物抗震防灾工程工作会议在乌鲁木齐市召开,会议通报2009年自治区住房保障和城乡重要建(构)筑物抗震防灾工程工作的实施情况,分析存在的问题,同时安排部署2010年主要工作任务。发布《关于表彰2009年度自治区住房保障工作先进单位的决定》和《关于表彰2009年度自治区城乡重要建(构)筑物抗震防灾工程先进单位和先进个人的决定》。

6. 勘察设计

【勘察设计】 2010年,新疆有257家勘察设计单位,其中甲级56家、乙级132家、丙级63家、丁级6家,纳入统计报表报送范围的206家。在所统计的206家勘察设计企业中,国有企业82家、集体企业2家、股份合作企业1家、有限责任公司101家、私营企业14家、股份有限公司12家、其他企业1家。全区勘察设计企业从业人员18057人。其中,具有高级职称4671人、中级5830人,具有各类注册执业资格的人员2135人。全区勘察设计企业营业收入61.63亿元,比上年增长35%,其中工程勘察收入8.06亿元,增长23%,工程设计收入24.74亿元,增长30%。营业成本49.2亿元,增长44%。2010年,新疆维吾尔自治区住房和城乡建设厅受理90家勘察设计企业的资质申报,其中上报住房城乡建设部审批的15家,自治区建设厅审批的71家,不予行政许可4家。受理243家外省区进疆勘察设计企业的登记备案,开具投标证明103份。完成128家企业420项资质换证审查工作,其中报住房城乡建设部审批97项、自治区审批323项。受理一、二级注册建筑师、结构师延续、变更、初始注册323人。完成乌鲁木齐有色冶金设计研究院体制改革工作。

7. 建设科技

【建设科技成果推广】 2010年,经新疆建设科学技术专家委员会优选论证,自治区住房和城乡建设厅公布58个技术依托单位55种技术为新疆建设行业2010年科技成果推广项目。

【建筑业新技术应用示范工程】 2010年11月24日,国家住房和城乡建设部公布第六批124项全国建筑业新技术应用示范工程。乌鲁木齐保安押运公司综合楼和新疆玛纳斯电厂三期机组扩建工程名列其中。乌鲁木齐保安押运公司综合楼的10项新技术应用水平达到国内先进水平。2010年,自治区住房和城乡建设厅建立3类10项示范项目。其中绿色建筑示范项目 1 项、可再生能源建筑应用示范项目 4 项、可再生能源建筑应用示范县 2 个、既有建筑节能改造示范项目 3 项，上述示范项目中，3 项被列为国家级示范项目。

【可再生能源建筑应用示范】 2010 年，经国家批准立项可再生能源建筑应用县级示范城市 2 个，经自治区批准立项示范项目 4 个，争取到奖励资金 4290 万元，已建成的国家示范项目有 4 个通过验收。截至年底，新疆已建立 600 万平方米可再生能源建筑应用项目，每年形成节约标准煤 15.64 万吨、减排烟尘 0.036 万吨、二氧化碳 40.6 万吨、二氧化硫 2.2 万吨的能力。其中，经国家批准立项的示范项目 11 项，建筑面积 150 万平方米，示范城市 4 个，建筑面积 290 万平方米，争取国家补助资金 2.126 亿元。可再生能源建筑应用具有很好的节能环保效果，特别是在东疆和南疆地区有极好的推广条件和推广价值。

【建筑节能】 2010 年，新疆新建成节能建筑 2414 万平方米，每年可形成节约标准煤 44.9 万吨，减排烟尘 1.58 万吨、二氧化碳 119.71 万吨、二氧化硫 0.89 万吨的能力，每吨标煤按 300 元（含运费）估算，每年形成经济效益约 1.29 亿元。巴音郭楞州、吐鲁番新区和布尔津县实施节能 65％设计标准，全区建成节能 65％居住建筑约 1243 万平方米。2010 年，完成既有居住建筑建筑供热计量及节能改造 400 万平方米。建立自治区既有建筑节能改造示范项目 4 个，建筑面积 4.655 万平方米，争取到自治区补助资金 410 万元。

【中央奖励建筑节能改造资金】 2010 年，国家下拨给新疆既有居住建筑供热计量及节能改造奖励资金 2.89 亿元，自治区住房和城乡建设厅把奖励资金分配落实到每个具体项目中。乌鲁木齐、巴音郭楞、昌吉等地政府在国家给予一定补助资金的情况下，当地配套一定比例的资金，用于既有居住建筑的节能改造和供热计量表的安装。

【新产品鉴定】 2010 年，自治区住房和城乡建设厅对新疆格瑞工业科技发展有限公司生产的玻璃纤维增强聚丙烯 FRPP 模压排水管进行新产品鉴定。

【建设职工教育培训】 2010 年，新疆完成建设职工教育培训 76188 人。其中专业技术人员和管理人员岗位培训 16775 人。岗位继续教育培训 8305 人。建设职业技能培训 16110 余人，（建筑类 15385 人，占培训人数的 96.16％，考核 8949 人，考核人数中初级工 2401 人、中级工 6050 人、高级工 481 人、技师 17 人。城建类举办园林绿化花卉高级工、技师培训班，725 名学员通过培训考核，取得高级工、技师证书。）完成农村劳动力转移培训 13051 人。举办五期全区建设行业专业技术人员继续教育培训班，1157 人参加培训（高级专业技术职务 625 人，占专业技术人员培训人数的 54％，中级专业技术职务 228 人，占专业技术人员培训人数 20％，初级专业技术人员职务 304 人，占专业技术人员培训人数 26％。）举办各类试验检测人员上岗培训 2330 人。与新疆职业技术学院、新疆工业高等专科学校、昌吉职业学院、昌吉农业学校、新疆农业大学、奎屯师范学院、新疆轻工学院、乌鲁木齐职业大学等院校采取联合办学，培训各类大中专应届毕业生 4939 人为企业培训专业技术人才。完成施工企业"三类人员"安全生产考核，2882 人参加考核（企业法定代表人 287 人，施工企业项目负责人 1135 人，施工企业专职安全员 1460 人）。举办七期全疆建造员执业资格培训，1989 人参加培训。举办《全国造价员执业资格培训考试》，1381 人参加培训。举办六期水质化验、园林绿化项目经理、物业管理、预算员培训班，1932 人参加培训。举办工程建设资料员培训班，5337 人参加培训。

（新疆住房和城乡建设厅　陆青峰）

新疆生产建设兵团

1. 城镇规划与建设

【城镇管理办法】 出台《关于进一步加快城镇化发展的意见》、《关于加快石河子等四个城市发展的实施意见》、《兵团农牧团场城镇总体规划编制深度规定》和《兵团农牧团场连队居民点建设规划编制导则》等规范性文件。逐步转变城镇管理方式，健全团场城镇管理机构，运用市场、经济、规章等手段管理城镇，推进市政公用行业市场化改革。开展了城镇建设管理"昆仑杯"竞赛活动。配合中国城市规划设计研究院完成《兵团城镇体系规划》修编。

【推进北屯设市】 起草《关于北屯设市工作进展情况的调研报告》，《关于四师可可达拉设市工作的调研报告》，《关于推进十四师跨越式发展和长治久安的调研报告》。

【规划编制】 组织编制《兵团城镇化建设与发展"十二五"规划》及城镇住房保障、农村危房改造、建筑节能、城镇供水与水质保障、城镇污水处理及再生利用设施建设与发展、城镇生活垃圾处理设施建设与发展、城镇道路建设与发展、城镇集中供热建设、城镇燃气设施建设与发展、建筑业发展、城乡建设防灾减灾等11个专项规划，并组织专项规划的研究论证，完成规划初稿。开展居住区控制性详细规划的编制和审查工作，完成兵团148个团场城镇和厂矿单位居住小区规划291个，规划户数182573户，规划建设用地1726万平方米，建筑规模1453万平方米。开展兵团保障性住房住宅小区优秀规划设计评选活动，并表彰奖励。

【城镇建设】 根据兵团城镇基础设施规划，对一批规划内建设项目进行前期论证，协同兵团财务局争取以奖代补奖励资金10610万元。出台城镇园林绿化、道路照明、集中供热及计量改造等制度规定。继续开展2010年兵团城镇建设"昆仑杯"管理年活动。

【村镇建设】 完成中央扩大农村危房改造试点15000户任务，中央财政户均补贴6000元，其中1500户建筑节能示范和4000户边境一线贫困家庭户均再增加2000元补助，中央财政下达专项补助资金共计10100万元，政策惠及兵团13个农业师及兵团直属83个农牧团场。结合"百连示范、千连整治"活动开展，推动中心连队实施水、电、路、林、渠等基础设施一体化推进，到2010年底兵团自来水普及率达到97%，污水处理率近40%，集中供热普及率接近50%，城镇道路硬化铺装率达到48%，城镇绿化覆盖率达到32%以上，城市垃圾无害化处理开始起步，重大工程项目地震安全评价逐步开展。

（杜志坚、李林毓）

2. 住房保障与房地产业

【住房保障】 "十一五"期间，兵团累计建设各类住房33.75万套，争取中央支持各类住房补助资金40.37亿元，完成总投资348亿元，较"十五"期间翻了两番。其中：商品房6.5万套，经济适用住房6.67万套，廉租住房和公共租赁住房14.7万套，解危解困工程和农房改造5.88万套，近百万职工群众的住房条件得到明显改善。2010年建设保障性住房8.2万户，建筑面积582万平方米，完成投资86亿元，超额完成了兵团与国家签订的住房保障工作目标。与全国10个援建兵团省市在支持保障性住房建设方面进行对接。组织灾民安置工作，顺利完成了4000户安置住房建设任务。抓好兵团直属单位低保低收入家庭住房租赁补贴发放工作，按照租赁补贴标准每户每年4800元标准，共发放377户家庭住房租赁补贴资金180.96万元。

【房地产开发建设】 2010年完成总投资31.81亿元，施工面积204.53万平方米，开发各类房屋1607.76万平方米、累计完成投资170多亿元。2010年，共有141家房地产开发企业进入兵团市场，其中兵团各级控股和参股33家，暂定资质39家，四级资质50家，三级资质40家，二级资质11家，一级资质1家。

【房屋拆迁】 2010年兵团各级建设（房产）部门严格执行《物权法》、《城市房屋拆迁管理条例》等法律法规，认真贯彻落实《关于进一步严格征地拆迁管理工作切实维护群众合法权益的紧急通知》等文件精神，加强房屋拆迁管理工作，严格控制拆迁规模。在拆迁管理工作中，加强对损害群众利益问题重点案件的督查力度，依法严肃查处房屋拆迁中的违法违规行为，切实维护群众利益。2010年实际拆迁134万平方米，在控制规模以内。

【房地产产权产籍管理】 2010年开展职工住房清查工作，截至2009年，全兵团清查范围内住宅总套数80.61万套（居住家庭85.31万户、236.52万人）、5814.4万平方米、人均住宅面积24.58平方米。其中土木结构16.86万套、砖木结构23.45万套、砖混结构40.11万套；建成于1999年以前的38.55万套、建成于1999～2007年的28.39万套、建成于2008～2009年的13.57万套；人均住房面积13平方米以下的家庭9.1万户；城镇28.55万套、团部24.4万套、连队31.65万套。

【经济适用住房建设】 2010年兵团经济适用住房开发建设（含单位职工集资建房和统建住房）开工27152套，完成建筑面积280.28万平方米，完成总投资38.9亿元。截至2010年底，经济适用住房开发建设（含单位职工集资建房）累计完成建筑面积近1350余万平方米，完成总投资127多亿元，竣工住房16.4万套。

（芦伟、牛立新）

3. 建筑业与工程建设

【概况】 2010年，全社会完成建筑业产值298.47亿元，同比增长34.1%；完成建筑业增加值75.98亿元，同比增长28.4%；承揽任务488.54亿元，同比增长38%；房屋建筑施工面积2059.97万平方米，同比增长36.7%；本年新开工面积1496.29万平方米，同比增长36.5%；房屋建筑竣工面积1115.28万平方米，同比增长47.9%；资质等级以上总承包和专业承包建筑企业实现利润3.83亿元，同比增长27.7%。

【产业升级调整】 建筑业围绕提高核心竞争力实施的产业升级、专业结构调整、产业链延伸等一系列措施取得成效。二师天宇、五师博乐赛里木公司2010年升级为房屋建筑施工总承包一级资质，兵团建筑总承包一级企业增加到14家。七师北方集团重组合并奎河、广厦公司；北新建设工程（集团）有限责任公司以2.37亿美元的国际营业额位列2010年"ENR国际承包商225强"的第169位，比2009年提升22位。兵团建筑业总承包、专业承包、劳务分包的组织结构进一步优化，对外承包工程经营方式已从最初的劳务分包、土建分包、施工总承包向工程总承包以及BT等方式转变，一批具有市场竞争力的优势企业集团正在形成。

【"走出去"战略】 兵团建工集团、各师建筑企业承揽了一大批国内外、自治区重大工程项目，专业类别涉及房屋建筑、公路、铁路、水利等方面。一师塔里木建筑公司、新城建筑公司先后在四川成都、遂宁、青岛设立分公司，进行房地产项目合作开发。北新路桥公司中标重庆合川BT项目，兵团建工集团承揽吉尔吉斯公路工程、巴基斯坦贝布托国际机场工程、安哥拉房建工程等项目。建工集团首个海外项目巴基斯坦马凯得—Ⅲ水电站项目获得业主最终竣工证书。其余各师也纷纷开拓外部市场，外部市场份额不同程度增加，逐渐减少了对内部市场的依赖，"走出去"战略在建筑行业全面推进。

【建筑节能与科技】 组织编制《兵团"十二五"建筑节能专项规划》和《兵团"十二五"可再生能源建筑应用专项规划》。2010年，全兵团完成45.66万平方米既有居住建筑节能改造任务，城镇新建建筑50%节能标准设计阶段执行率100%、施工阶段执行率超过98%。

【工程建设领域突出问题专项治理】 配合中央治理工程建设领域突出问题第21检查组和兵团治理工程建设领域突出问题办公室开展工程建设领域突出问题专项治理重点排查工作，重点排查2008年以来2000万以上投资的房屋建筑和市政基础设施工程项目共276项，共发现68个问题。截至2010年底，68个问题基本得到解决和纠正，未发现严重违法违纪问题，中央治理工程建设领域突出问题第21检查组检查通报的6个问题已完成整改。通过对自查排查中的问题分析，逐条梳理查找规章制度方面的漏洞，先后制定了《新疆生产建设兵团廉租住房验收管理办法（试行）》、《关于加强兵团保障性住房建设程序管理的通知》、《关于进一步做好保障性住房建设质量安全工作的通知》、《关于加强兵团职工住宅设计工作的意见》、《关于加强兵团保障性住房建筑节能工作意见》和《严格控制建设工程造价的措施》等文件。

【建筑市场管理】 2010年，兵团加强对驻乌鲁木齐地区建设工程招投标文件审查、日常监督和备案管理。组织对一、三、六、七、八、建工、十二师和供销社、石河子大学两个兵团直属单位共22个2000万以上使用国有资金和政府性投资的房屋建筑及市政基础设施建设项目的重点排查工作。针对第二阶段自查发现的问题，制定《兵团建设局工程建设领域突出问题整改工作实施方案》，部署了第三阶段整改工作。

【工程监理】 2010年，兵团认真贯彻执行建设工程监理规范，监理人员持证上岗，严格实行旁站监理、关键部位和关键工序现场跟踪监理制度，监理项目管理人员实行备案登记制度，监理企业对总监履行职责及巡视检查记录情况进行考核，对不称职的监理人员随时撤换。2010年，促成昆仑监理拓展海外市场，取得了对外监理资格，并荣获2010年"全国监理企业一百强"荣誉和监理行业最高资质"工程建设监理综合资质"（西北地区唯一获得这项资质的监理企业），成为新疆监理行业规模最大的品牌企业。

【工程标准定额管理】 2010年继续开展建筑节能标准培训，利用各类媒体开展建筑节能标准贯彻执行宣传活动。把好施工图审查关、施工及监理管理关、工程竣工验收关。协调山东工商学院等单位参与标准课题研究，推动《工程建设标准实施现状及政策建议研究》课题研究工作开展。完成住房城乡建设部下达的"试点监督"任务，并超标准定额司组织的重点检查。

【安全生产年活动】 2010年开展执法行动265次，查处工程项目未办理施工许可和安全报批手续的46起，建筑施工企业"三类人员"及特种作业人员无证上岗219起，并处罚5家存在重大隐患和发生安全事故的施工企业，排查治理隐患企业483家，排查出安全隐患7600条，完成整改7270条，整改率96%。在专项治理行动中，检查兵团十四个师的70余家建筑施工、监理单位150余项工程的安全工作情况，共查出300余个安全问题，其中，重大安全隐患44个，下发停工整改通知44份，整改通知50份，并进行跟踪督查。组织各建设单位开展安全教育活动，全年共悬挂安全生产宣传横幅2500条，张贴宣传标语20000多条，出板报、墙报1860块，散发宣传单60000余张，张贴宣传画500余幅，开展专项安全教育活动520余次，受教育者达到四万人次，兵团各师局相关部门领导、相关单位负责人和安全管理人员近万人参加了咨询日活动。

【文明工地活动】 以创建"文明工地"为载体，开展国家"AAA级安全文明标准化诚信工地"和兵团"文明工地"的创建、申报活动，推动施工企业加强安全管理，促进企业整体管理水平的提高。2010年，兵团有五项工程荣获2009年度国家"AAA级安全文明标准化诚信工地"荣誉称号。2010年申报的115项文明工地的现场检查和评审工作已基本完成。

【质量安全监管】 建立以团场基建科为载体的代监机制，制定代监员工作程序及考核办法，全面实行质量安全代监员制度，逐步建立和完善兵、师、团三级监督机制，工程监督覆盖率100%。

【安全培训】 2010年，针对事故单位和安全管理水平较差单位举办安全知识强化培训班、施工企业管理人员安全再教育班和安全员取证培训班等，继续推动"农民工夜校"工作在施工现场的全面深入开展，解决农民工初次上岗教育培训和日常安全教育培训等难题，促进建筑工人自觉遵章守法，提高自我保护能力，提高建筑工人整体素质，增强安全生产意识，努力将素质较低的农民工逐步转变成真正掌握安全知识、具备较强自我保护能力的建筑业产业工人。

【校舍安全工程建设】 完成排查鉴定"回头看"工作检查，配合教育部门对农一师、农九师实施校安工程违反排查鉴定程序的问题进行了调查；与兵团发改、财务、教育合作理顺了校舍安全工程实施过程中履行程序方面遇到的问题，协调完成了兵团直属学校抗震加固设计方案的评审；配合教育局组织开展了校安工程建设工程质量和施工安全大检查，并在八师组织召开了校安工程建设现场会。组织开展兵团直属中小学校舍安全排查、鉴定和检测工作。会同教育、发改、财务等部门对兵团直属7所学校共17项校舍抗震加固工程设计方案进行评审、审批。组织各师建设部门开展中小学校舍安全工程抗震加固设计方案审批，指导、监督各师中小学校舍安全工程抗震加固实施工作。

【保障性住房质量监管】 2010年兵团开工建设各类保障性住房8.2万户，其中新建廉租住房6.5万户，建设经济适用住房1万户，公共租赁住房0.55万户。建筑面积582万平方米，建设工程质量监督覆盖率100%。2010年建筑施工未发生较大及其以上质量事故。

【兵团住房公积金管理】 2010年，住房公积金账户数达到23万户，与上年同期相比增长3.6%；全兵团累计归集住房公积金43.9亿元，归集余额29.1亿元，当年归集9亿元；完成年计划115.4%；累计支取住房公积金14.8亿元，当年支取3.41亿元，完成年计划的126.3%；累计发放个人住房公积金贷款14.9亿元，贷款余额8.4亿元，当年发放个人住房公积金贷款4.4亿元，完成年计划的151.7%；年末实现增值收益2230.1万元，与上年同期相比增长11.4%。"十一五"期间，全兵团归集住房公积金28.7亿元，支取10.8亿元，贷款10.9亿元，户数1.1万户，实现增值收益6428万元，廉租房补充资金716万元。

【防震减灾】 2010年，组织开展部分新建城市及所辖团场的地震参数和抗震设防烈度复核、重要建(构)筑物抗震防灾能力和工程质量排查，推进现有房屋建筑工程，尤其是学校、医院等人员密集场所和地震重点监视防御区内的建设工程的抗震鉴定和抗震加固工作。按照国家《破坏性地震应急条例》、《国家地震应急预案》的要求，严格执行地震应急工作规程，指导处于震区的各级建设部门开展有关灾害调查、评估，及时做好震情跟踪和通报，对地震的影响和异常情况进行及时核实和上报。组织开展"5.12"全国防灾减灾日防震减灾科普知识宣传周活动，开展一系列宣传教育活动，增强广大干部职工的防震减灾法制观念，提高职工群众对地震灾害的忧患和防御意识，取得了良好的宣传效果和社会效应。

【建设项目管理】 2010年，按照中央新疆工作座谈会和国家对口支援兵团有关精神，帮助项目单位解决在项目申报审批过程中存在的诸如重大建设规模调整、工艺设备、环保治理措施、节能和安全生产设立审查等方面的问题。按照建设项目分级管理的原则，2010年组织审查、审批52项建设项目，批复总投资53.5亿元。2010年，制定加强中央对口支援项目管理的工作目标和工作职责，落实建设项目管理工作措施，具体分解和细化工作目标，明确对口支援项目的工作方向。积极配合兵团扩大内需政策落实和治理工程建设领域突出问题排查工作，及时掌握项目的实施情况和建设动态，对项目建设存在主要问题提出整改意见，坚决杜绝违规建设的情况，促进了建设项目的顺利实施。

【工程建设领域突出环境问题专项治理】 2010年，组织对各师2008年以来立项、在建和竣工的建设项目环境保护执行情况以及环境保护资金分配与使用情况进行全面排查，共清理总投资额500万元以上的建设项目789项，排查出违法违规项目146项。配合监察局对重点项目、重点环节、重点师进行了抽查，对查找出来的"未批先建"、"久拖不验"等问题提出了整改要求。截至2010年底，兵团环保系统完成整改项目109项。

【工业建设项目"三同时"验收】 严格按照环保部《建设项目竣工验收管理条例》，加强工业建设项目竣工环境保护验收管理，认真执行验收程序，根据监测或调查结果，完成新疆天业等16个重点建设项目的环境保护竣工验收工作。

（郭劲松、赵洁、魏海忠、许锋、
旦云超、张宏震、刘华）

4. 环境建设

【污染减排】 2010年，兵团加大对违法排污企业的关停、取缔、淘汰力度，突出减排重点，加大资金投入，落实各方责任，强化环境监管，严格按照"减排目标不变、减排监管力度不减、减排技术要求不降"的要求，强化重点企业的污染治理工作，对减排滞后的重点企业和师师领导进行约谈，对严重滞后的个别重点企业下达停产整治处罚和限期治理，采取"区域限批"等强有力措施，2010年兵团工业COD排放量1.5270万吨，工业二氧化硫排放量1.9079万吨，顺利完成国家下达"十一五"减排工作目标。

【污染防治】 2010年，确定兵团废水源24家、废气18家、污水处理厂2家。把重点监控企业作为监督性监测的重点、执法监督的重点、环境统计的重点、污染治理的重点和污染源建档和信息公开的重点，做好国家重点监控企业污染源自动监测设备考核合格标志的核发工作。

（郭劲松）

5. 建筑业企业、勘察设计企业、招标代理机构、监理企业营业收入前20名

新疆生产建设兵团建筑业企业按总收入排名前20名、工程勘察设计企业按勘察设计收入排名前20名、工程招标代理机构按工程招标代理收入排名前20名、建设监理企业按监理收入排名前20名的情况如表4-15所示。

2010年新疆生产建设兵团建筑业企业、勘察设计企业、招标代理机构、监理企业营业收入前20名企业

表4-15

序号	建筑业企业 总收入前20名	工程勘察设计企业 勘察设计收入前20名	工程招标代理机构 工程招标代理收入前20名	建设监理企业 监理收入前20名
1	新疆兵团北新路桥建设股份有限公司	兵团勘测规划设计院	阿拉尔市正新招标有限公司	农一师工程建设建立站
2	新疆兵团建工程八建筑安装工程有限责任公司	农一师勘测设计院	农四师工程建设监理站	阿克苏长城建设监理公司
3	新疆兵团农七师北方建设集团公司	喀什农三师勘测设计研究院	伊犁双信招投标代理有限责任公司	新疆蓝天工程监理咨询有限公司
4	石河子市天筑建设（集团）有限责任公司	奎屯农七师勘测设计研究院（有限公司）	博乐务实工程建设招标代理有限公司	五师工程监理所
5	新疆兵团建工集团一建安装工程有限责任公司	农二师设计院有限责任公司	新疆宏宇建设工程项目管理有限公司	新疆蓝天工程监理咨询有限公司
6	新疆兵团第四建筑安装工程公司	五家渠农六师勘测设计研究有限责任公司	新疆华新工程造价咨询有限公司	新疆银通建设监理有限公司
7	新疆兵团第五建筑安装工程公司	博乐农五师全新勘测设计有限公司	石河子天一工程建设服务有限公司	新疆华新工程造价咨询有限公司
8	新疆兵团第六建筑安装工程公司	伊犁花城勘测设计研究有限责任公司	石河子天正工程造价咨询有限公司	石河子天一工程建设服务有限公司
9	石河子市泰安建筑工程有限公司	石河子建筑规划设计研究院（有限公司）	新疆中咨建设项目管理有限公司	石河子天正工程造价咨询有限公司

续表

序号	建筑业企业 总收入前 20 名	工程勘察设计企业 勘察设计收入前 20 名	工程招标代理机构 工程招标代理收入前 20 名	建设监理企业 监理收入前 20 名
10	新疆伊犁宏远建设有限责任公司	新疆生产建设兵团建工设计研究院（有限责任公司）	石河子正利工程监理有限公司	新疆中咨建设项目管理有限公司
11	新疆兵团农二师环宇建设工程有限责任公司	农十三师设计院	新疆昆仑工程监理有限责任公司	石河子正利工程监理有限公司
12	石河子天龙建设工程有限责任公司	农十师勘测设计院	十三师工程建设监理公司	新疆兵团农九师工程建设监理公司
13	新疆兵团道路桥梁工程总公司	新疆兵团农九师勘测设计院	—	新疆华瑞工程管理咨询公司
14	新疆阿拉尔新城建筑有限责任公司	石河子中勘勘察设计院（有限公司）	—	新疆昊业工程监理有限责任公司
15	喀什前海建筑安装工程有限责任公司	石河子天富电力设计有限公司	—	十三师工程建设监理公司
16	新疆兵团农二师天宇建设工程有限责任公司	石河子天兴水利勘察设计研究院（有限责任公司）	—	—
17	新疆兵团农十三师建筑安装总公司	石河子石大勘察设计有限公司	—	—
18	新疆兵团西源建筑安装有限责任公司	石河子天汇园林规划设计有限公司	—	—
19	新疆兵团建设工程集团有限责任公司	石河子博力工程管理有限公司	—	—
20	新疆兵团农五师工程团	—	—	—

（填表人：罗红）

（新疆生产建设兵团）

大 连 市

1. 城市建设

【概况】 2010 年，大连市安排城市基础设施建设项目 157 个，总投资 1024.2 亿元，当年完成投资 452.1 亿元、比上年增长 1.6 倍，占全市固定资产投资规模的 8.9%，大项目建设数量和投资额再创历史新高。

【道路交通重点项目建设】 地铁 1、2 号线 26 个土建工程施工标段全部进入地下施工阶段，旅顺南路快轨 17 个标段全部开工，金州至普湾新区城际铁路工程开工建设，丹大快铁征地动迁资金全部落实。长兴岛南疏港高速公路建成通车，大连湾疏港高速公路和皮口至炮台高速公路路基、桥梁主体工程基本完工，庄盖高速公路路基基本完工，其中桥梁完成 80%，隧道完成 50%。长山大桥工程开工，征地动迁基本完成，施工栈桥和引线施工稳步推进。后盐出口改造工程交付使用。体育新城路网工程前期工作基本完成，机场快速路开工建设。新火车站建设完成土石方 11.3 万立方米，南北站房、高架候车厅桩基础完成总量的 74.8%，南北站房柱、墙建设全部完成，其他工程按计划推进。机场三期扩建飞行区工程和 VOR 导航台搬迁工程、航站楼主体工程地下管网迁移工程、主体工程的桩基础、高架桥的桩基础和地下排水暗渠工程全部完工，主体工程和高架桥工程正在施工，航站楼主体完成工程量的 90%。

【城市道路建设】 西部通道南段立交桥建设、联合路和解放路南段拓宽改造、东北路南段立交桥加宽改造、香炉礁立交桥大修工程完成。拓宽改造胜利路东段道路。华东路和五一路人行天桥建成使用。20处中心城区道路拥堵点改造、15处港湾式停车站建设和200条背街小巷维修完成。全年维修城市道路200条45万平方米，新增道路面积31.5万平方米，中心城区交通拥堵得到较大缓解。

【文化体育设施建设】 国际会议中心项目主体钢结构封顶，累计完成混凝土浇筑11万立方米，钢结构吊装焊接3.5万吨，进入内装饰、机电、外幕墙安装、给排水施工阶段。体育中心项目完成体育馆主体工程，进入玻璃幕墙及屋面装饰施工阶段。体育场、游泳馆、运动员训练基地项目正在进行主体工程施工，网球场、棒球场、媒体中心项目正在进行施工招标。人民剧场保护性改建工程竣工。

【生态宜居城市建设】 全年城市空气质量优级天数达到135天，比上年增加20天。饮用水源符合国家标准，海域海水水质符合相应功能区标准。城市环境综合整治定量考核继续在省内排名第一。及时清除"7·16"事故原油污染，实现"决不让油污进入公海、进入渤海"和不发生二次污染的目标要求。实行排污权有偿使用，完成环境统计、排污申报登记和污染源普查动态更新调查。市政府出台《大气环境整治非电燃煤锅炉烟气脱硫设施建设奖励措施》，加强对机动车尾气污染防治，实施扬尘收费制度、机动车"黄绿标"管理制度，完成11家企业清洁生产强制审核。推进水污染防治，完成15个超标入海排污口的治理工作，封堵废弃排污口35个。完成《大连市2009年度环保模范城市可持续改进工作报告》并上报环境保护部。开展环保专项行动、环保后督察、环境安全隐患和企业环境风险排查等一系列专项整治工作，加强辐射环境和危险废物监管，扎实推进搬迁企业场地土壤污染修复工作，保证环境安全。

【城市绿化】 全年主城区新栽植各种树木35.6万株、花卉400万株，新增绿地153万平方米、公共绿地186万平方米。城市绿化覆盖率增至45%，人均公共绿地增至13平方米。完成傅家庄公园升级改造，建成集防火通道、观赏自然风光等多种功能于一体的市民健身路径10条、休闲公园3处。虎滩湾环境改造工程开工。获辽宁省城镇"绿叶杯"竞赛活动城市绿化优胜市称号。

【城市管理】 将城市管理考核工作的范围由中心城区扩展到乡镇村屯，修订考核方案和考核内容，制定涉农街道、乡镇村屯容貌及环境卫生管理考核标准。加强市容环境综合治理，开展市容环境综合整治和水平提升行动，占道经营、占道摆摊、乱堆乱放、野广告等影响城市形象的"顽疾"逐步得到治理。开展建设工地及散流体物料运输、干扰公交营运秩序行为为专项整治，查获违法、违章经营行为1.3万次。集约使用土地和矿产资源，以供地结构引导产业结构调整，全市供应建设用地2950公顷，盘活利用存量闲置土地800公顷，单位GDP增长消耗新增建设用地量低于上年水平。

【城市地铁建设】 2010年，大连市城市地铁建设项目顺利推进。1号线竖井挖掘726米，横通道及风道挖掘1087.8米，区间正线挖掘3333.5米，车站主体暗挖土石方量3万立方米；明挖车站土石方量171.27万立方米，钢筋完成7003吨，混凝土完成2.8万立方米；明挖区间挖掘2215米，主体结构完成650米，钢筋完成3340吨，混凝土完成2.2万立方米。2号线完成竖井挖掘1036米，斜井及横通道挖掘2116米，区间正线挖掘3285米，车站主体暗挖土石方量4.9万立方米；明挖车站土石方量94.9万立方米，钢筋完成2469吨，混凝土完成2.1万立方米。地铁1、2号线28座明挖车站开工22座，开工率79%；20座暗挖车站开工19座，开工率95%。1号线10座明挖车站和10座暗挖车站全部开工，开工率100%。2号线18座明挖车站开工12座，开工率67%；10座暗挖车站开工9座，开工率90%。全线49个区间施工段中，5个明挖区间开工4个，开工率80%；37个暗挖区间全部开工，开工率100%。大连地铁全线2个车辆段、1个停车场及2处出入段线，其中河口车辆段正在进行土石方挖掘及暗渠改道工作，张前路停车场及出入段线正在进行管棚、洞口及明洞土石方挖掘，南关岭出入段线和车辆段待征地动迁。大连市地铁工程线路总长度67.62公里，计划设车站49座，经论证减为48座。其中，地铁1号线25.06公里，设车站20座；地铁2号线42.56公里，设车站28座，工程估算总投资287.38亿元，每公里控制造价4亿元。地铁1、2号线于2009年7月25日开工建设，计划2012年底实现通车。

【地铁安全质量管理】 2010年，大连市地铁指挥部先后制定各项质量安全管理规章30项。同时，在地铁施工中引进第三方安全监管体系，即通过招标确定第三方安全管理单位、第三方监测单位、爆破震动监测和安全风险管理信息中心等单位，对地铁施工实施全方位、多层次的安全管理与服务。开展地铁施工风险源辨识和评估工作，组织专家对高风险施工方案进行安全专项评审，累计评审安全专项施工方案236个。推进"数字化工地"建设，建立地铁安全管理远程监控平台，实现地铁工程指挥部监控中心与各施工工点的视频传输、信息采集、动态分析和远程监控功能。加强日常施工管理，向38家存在安全隐患的施工和监理单位下发整改通知书，向12家单位下发处罚通知，并全线通报批评。针对地铁工程建设各个阶段存在的风险，进一步完善地铁施工应急预案，并纳入大连市突发公共事件应急预案体系。

【民生工程建设】 保障性住房建设水平进一步提高，为市内四区3898户家庭发放廉租补贴1697.83万元，实现应保尽保。采取货币补贴方式安排经济适用住房8000户，福佳新城一期提供经济适用房3292套，在建的福佳新城二期和前关经济适用住房项目提供经济适用房8700套。房屋管理进一步完善。在全国率先出台《大连市弃管房产管理办法（试行）》，计划在3年内，将全市300多栋无主弃管房产全部维修完毕。开展房屋搬迁立项社会稳定风险评估工作，完善搬迁安置政策，实行以实物安置为主的搬迁安置方式，减少因搬迁补偿引发的上访问题。住房公积金保障能力进一步增强。全年归集房改资金104.76亿元，比上年增长18.7%。

【"五个一"、"三个一"工程】 2010年，大连市实施的101个项目城市建设"五个一"、"三个一"工程全部完成，总投资49.48亿元。其中，"五个一"工程项目70个。新建停车场27处，泊位6163个；新建市民健身场所10处，总面积59.4万平方米；改造集贸市场11个，总面积6.3万平方米，摊位2973个；改造路街9条，总长度32公里；开发改造旧城区13个，拆除旧区建筑面积64万平方米，拆迁2651户。完成"三个一"工程项目31个。开发改造旧城区项目21个，拆除旧区建筑面积19.8万平方米，拆迁2519户；改造集贸市场5个，总面积2.5万平方米，摊位1330个；改造路街5条，总长度6.5公里。至年末，城市建设"五个一"、"三个一"工程自2009年实施以来，累计完成投资80.69亿元，完成工程项目178个，其中新建停车场58处，泊位12507个；新建市民健身场所22处，总面积122.4万平方米；改造集贸市场32个，总面积21万平方米，摊位9337个；改造路街32条，总长度81.4公里。

【村镇基础设施建设】 2010年，大连市城乡建设委员会编制完成《大连市小城镇建设发展"十二五"规划》，确定瓦房店市复洲城镇、普兰店市莲山镇、长海县黑岛镇等63个乡镇的基本功能和5年规划指标，以及保障体系和建设计划。组织各县市区规划建设局印刷第5套新农村住宅建筑图集，完成电子版图集编排并发放至各县市区规划建设局村镇建设管理机构。对全市36个乡镇、74项基础设施建设项目进行补助，下达小城镇建设补助资金1200万元，拉动乡镇基础设施投资8418.8万元。

【公用事业联合收费】 2010年，大连市公用事业联合收费处代收水费用户80.3万户，比上年增加2.3万户；代收电费用户88.7万户，比上年增加2.7万户；代收燃气费（含煤气费和管道液化气费）用户54万户，与上年基本持平；代收物业费用户3.9万户，与上年持平；代收采暖费用户31.9万户，比上年增加5.9万户。全年代收费总金额18亿元，比上年增加2.63亿元。其中，代收水费1.33亿元，增加1300万元；代收电费7.8亿元，增加9800万元；代收燃气费2.2亿元，增加680万元；代收物业费1100万元，增加360万元；代收采暖费6亿元，增加1.63亿元；其他费用（含房租）5600万元。至年末，大连市市内四区、高新技术产业园区共有联合收费点48个。联合收费渠道进一步拓宽，市公用事业联合收费处与建设银行、中信银行、浦东银行、民生银行、中国银行、工商银行、兴业银行、华夏银行、大连银行等银行先后开通电子化收缴水电煤气费业务。

【大连北站开工建设】 2010年4月1日，大连北站工程项目正式开工。大连北站位于南关岭的华北路北侧、南关岭路东侧，距离大连火车站约18公里，是哈大和丹大高速铁路的重要枢纽，为国家铁道部和大连市人民政府共同投资建设的重点项目。大连北站站房工程设计10台20线，由南、北站房和跨线高架候车室组成，采用南、北地上进站、高架候车、地下出站的功能格局。站房建筑面积6.9万平方米，风雨棚面积7.4万平方米，站台面积6.3万平方米，最高集聚人数7500人。工程总投资约15.4亿元，计划2011年12月30日竣工投用。

【南部滨海大道奠基】 2010年11月12日，南部滨海大道工程奠基仪式在滨海路银沙滩举行。南部滨海大道是大连市城市道路交通系统网络"七纵七横"的重要"一横"，是大连未来"外环"道路的重要组成部分。该大道由陆上部分和海上部分组成，西起高新园区河口，连接建设中的高新园区滨海道路，在凌河街向东跨越南部海域后，在金沙滩东侧登陆，经隧道穿越森林动物园向北连接东北路和规划中的南部快速路，全长13526米。其中，陆上部分西段5562米、东段2978米；海上部分由主桥、引桥及匝道组成，主桥长1486米，引桥及匝道长3500米。整个项目计划投资31亿元，其中海上项目25亿元。工程计划于2012年底建成通车。南部滨海大道项目建成后，主城区内中山路、五四路、高尔基路、胜利路、南快路、八一路、仲夏路、东北路等道路均可以通过南部滨海大道与高新园区和旅顺口区相连，从而极大地缓解中山西路的交通压力，使大连市内的交通路网体系更加科学合理。

【城建档案管理】 2010年，大连市城市建设档案馆先后与建设单位签订建设工程档案责任书58个，为556个单位工程核发初验合格证；指导检查、验收工程项目135个；进馆工程项目124个，570个单位工程。完成工程竣工档案审核、接收215个工程、723个单体工程，完成档案卷宗接受、鉴定、统计、整理22884卷。市政项目和重点工程档案资料服务，重点指导东部港区改造项目、大连地铁、202轨道延伸工程等项目，做好工程档案指导检查、审查、验收、接收工作。多次与地铁指挥部和建设施工方沟通，完成地铁版电子档案编制软件的开发及操作培训工作，解决建筑工程和地铁电子档案软件在应用中遇到的问题。电子档案推广使用，办理电子档案编制软件注册579个单位工程，制作项目锁1053个，制作签名锁1511个，《大连市建设工程电子档案编制软件》和《大连市建设工程电子档案编制软件(地铁版)》在城市建设项目管理中得到普遍应用。城建档案查询保障有力，接待查档人员约3000余人次，调卷5000余卷，复印文字1.3万张，图纸2119张，地下管线查询服务累计出图160张，用户满意度100%。建设项目实时监控机制基本形成，收集建设项目规划公告115项，定位97项；收集建设项目安全监督695项，定位78项；收集建设项目施工许可107项，定位56项；定位建设项目招投标61项；全市纳入动态管理项目总数达524项；完成新进馆工程档案的扫描定位项目96个，包含单体项目703个，修改道路230条；完成小区综合地下管线图数字化近130公里。

2. 建筑业与工程建设

【概况】 2010年，大连市建筑业有资质企业1958家，其中特级企业5家、一级企业85家、二级企业319家、三级企业1146家。建筑业企业注册的一级建造师2310人、二级建造师4670人，建造师数量约占全省总数的25%，居全省首位。全市资质以上建筑企业完成总产值1324.7亿元，比上年增长37.6%，其中一级以上企业完成产值598.2亿元，占总产值的45.3%。产值超20亿元的企业8家，其中大连金广建设集团有限公司产值突破30亿元。全年建筑业缴纳地税40.72亿元，占全市地税收入的10.4%，比上年增长17.4%；建筑业吸纳就业人员77.8万人。全市房屋建筑施工面积8664.6万平方米，比上年增长35.7%。其中新开工面积5791.6万平方米，增长60.9%。实行投标承包的房屋建筑施工面积7538.5万平方米，占全部施工面积的87%，增长30.8%。大连市被辽宁省人民政府授予建筑强市称号，且是全省唯一一个获此称号的城市。

【建筑业品牌建设取得成果】 全年一批新的建设项目在国内、省内获奖，大连阿尔滨集团有限公司负责承建的长兴岛兴港大厦获国家优质工程银质奖，大连悦达建设工程集团有限公司承建的大连中海华庭项目B1号楼、大连金广建设集团有限公司承建的大连晟辉大厦2号楼、大连阿尔滨集团有限公司承建的大连万科魅力之城A1—1号楼等27个项目获2010年度辽宁省建设工程"世纪杯"(省优质工程)。

【建筑业区域发展势头强劲】 全市建筑业产值超50亿元的区市县8个，其中甘井子区、沙河口区、金州新区、普湾新区和庄河市建筑业产值过百亿元。建筑业缴纳地税占当地地税收入40%左右，成为当地财政的支柱性财源。金州区、庄河市被辽宁省人民政府授予建筑强县(区)称号。

【行业管理法制化规范化建设】 2010年，大连市人民政府先后出台《大连市工程造价标准管理规定》、《大连市房屋建筑工程竣工验收备案管理暂行办法》等建筑业行业管理法规性文件，以加强建筑行业管理法制化规范化建设。大连市城乡建设委员会进一步完善招投标市场制度和建筑市场信用体系管理信息系统，建立并启动大连房地产市场信息网和大连市建筑市场信用监管网。全年"两网"注册企业用户2510家，有2415家领取加密锁，有1935家企业领取IC卡。对"两网"系统人员用户，明确从业人员的身份和从业范围，累计核准工程技术人员和建筑行业专业注册人员29775人，其中各级注册建造师、项目经理8486人，注册监理师1659人，注册造价师527人，注册建筑师147人，注册工程师413人，档案员6673人，招标代理员31人，施工五大员(预算员、质检员、材料员、施工员、安全员)2327人，其他类(特殊工种等)人员9512人。依据年度建筑施工企业安全生产考核情况，对347家存在安全问题的建筑企业进行区分处理，其中对已纳入

"两网"数据库的33家企业作暂停在信用监管网中投标报名资格、锁定IC卡及账户的处理，对其他企业作暂停纳入数据库资格处理；对38个企业的不良行为在大连房地产市场信息网和大连市建筑市场信用监管网进行公示；对3家在招投标过程中有违法违规行为的企业作取消招标资格的处理；对4家在招投标过程有严重违法违规行为的企业作停止其在大连市辖区内一年投标资格的处理，并没收投标保证金。

【建设工程招标管理】 2010年，大连市城乡建设委员会招投标管理处完成建设工程招标3074项，比上年增长35%；完成建设工程招标总额686.91亿元，比上年增长87.7%。大连市建设工程交易中心完成入场交易项目1055项，实现建设工程招投标入场交易额270亿元，分别比上年增长33%和23%。至年末，全市建设工程项目总中标价比预算控制价低10.8亿元。

【完善市建设工程招投标网上办公系统】 全年完成网上备案项目383项，发布招标公告3210条，招标文件备案885项，中标公示1507条，项目负责人网上锁定3343人次，中标结果备案1118项，核发中标通知书987项。至年末，全市建设工程招投标主要业务全部实现网上办理，招投标工作流程得到进一步规范和优化。

【规范招标代理机构管理】 全年完成18家招标代理机构的资格延续工作，吊销3家招标代理机构的代理资质。至年末，全市有招标代理机构66家，其中甲级12家、乙级28家、暂定级26家，其中年内新增甲级招标代理机构1家、乙级1家、暂定级7家。全市招标代理机构中的各类注册人员及中级以上工程技术人员900余人。

【加强评标专家管理】 全市评标专家库有专业67类，评标专家3127名。全年累计抽取市内四区各类评标专家1012项4960人次，抽取区市县各类评标专家1046项4398人次。大连市建设工程招投标协会免费为区市县提供远程抽取评标专家服务，抽取262项1012人次。市建委招投标管理处全年处理评标专家27人次，其中作暂停评标资格3个月至2年处理的23人，清除出评标专家库的4人。

【建筑勘察设计行业管理】 2010年，大连市有建筑勘察设计单位180家。按类别分，设计单位（含专项设计）147家、勘察单位26家、勘察设计双资质单位7家；按级别分，甲级资质单位73家、乙级资质99家、丙级资质7家、劳务资质1家。全市有施工图审查机构13家，其中一类审查机构6家，二类审查机构7家。全年全市勘察设计行业实现营业额35.6亿元，比上年增长26.3%。2010年办理外埠勘察设计单位入连备案手续213项；办理本地勘察设计单位出连承揽项目手续118项，合同额1.63亿元，建筑面积708.8万平方米；完成工程初步设计审批103项，施工图审查备案772项，备案建筑面积2189.9万平方米。开展2010年度市优秀工程勘察设计师评选工作，董瑞符、邹永发、文元等11人获大连市优秀工程勘察设计师称号。开展大连市优秀工程勘察设计项目评选活动，沈阳军区兴城疗养院等19个项目获一等奖，大连海事大学西山工科组团等34个项目获二等奖，大连市委党校综合楼等29个项目获三等奖。组织参加第二届辽宁省工程勘察设计大师评选活动，大连建筑设计研究院有限公司设计师崔岩获辽宁省勘察设计大师称号。

【建设工程质量监督管理】 2010年，大连市建设工程质量监督站监督在建单位工程10168项，建筑面积6456.34万平方米，其中新受理监督单位工程4335项，建筑面积2860.12万平方米。组织全市进行冬期施工工程质量、结构安全质量、钢结构工程质量、住宅工程质量通病防治、幕墙工程质量等专项检查。冬期施工工程质量专项检查中检查工程452项，建筑面积541.5万平方米，下发责令改正通知书82份；结构安全质量专项检查中检查单位工程2026项，建筑面积1571.98万平方米，下发责令改正通知书193份；钢结构工程质量专项检查中检查工程76项（107个单位工程），下达改正通知书39份；住宅工程质量通病防治专项检查中检查在建住宅单位工程1526项，建筑面积938.78万平方米，下发责令改正通知书93份，其中责令停工改正通知书16份；幕墙工程质量专项检查中检查工程63项（107个单位工程），下发责令改正通知书50份，对21项工程责令停工改正。

【分阶段开展全市建设工程执法检查】 第一阶段检查市内四区和高新技术产业园区在建工程567项，建筑面积2460万平方米，下达责令限期改正通知书529份，违章停工通知书113份，对21项工程进行行政处罚，处罚金额220.5万元；第二阶段抽查各区市县在建工程41项，建筑面积147.7万平方米，下达责令限期改正通知书13份、违章停工通知书5份，对4项工程予以查封停工处理。

【加强对重点工程质量的监督管理】 成立重点项目监督科，选配业务骨干参与大连国际会议中心、机场扩建、地铁、体育中心等重点工程建设。加强对钢筋和混凝土两种主要建筑材料的监督管理。市建设工程质量监督站制定下发《加强施工现场外加工钢筋进场管理的通知》，对施工用钢筋的加工制作、验收等进行规范，明确施工、监理等人员的责任，全年施工现场抽查钢筋280批，合格272批，合格率为97.1%，监督清退不合格钢筋121吨；对施工现场预拌混凝土进行监督抽查，抽查混凝土出厂质量215次，合格率100%。加强住宅工程分户验收工作的监督管理。全年对83项住宅工程分户验收进行监督抽查，针对工程中违反强制性标准、影响使用功能等质量问题，责令相关单位进行彻底改正。全年对1819名新申报的工程质量检查员进行理论培训和实际操作技能考核，全市有1201人通过省住房和城乡建设厅的考试，其中土建专业663人、给排水与暖通专业235人、电气专业303人。至年末，全市取得工程质量检查员岗位证书的4070人，其中土建专业2449人、给排水与暖通专业702人、电气专业834人、其他专业85人。

【建设工程质量提高】 2010年，大连市建设工程质量监督站完成住宅工程分户验收1.81万户，一次合格率96.8%；抽查工程检测报告4488份，合格率100%；抽查预拌混凝土出厂质量215次，合格率100%。全市在建工程的地基基础、主体结构质量合格率100%，新投入使用的住宅工程97.5%未出现渗漏、透寒现象，应监理工程监理覆盖率100%，工程竣工验收备案率98.1%。全年受理工程质量投诉93件，其中透寒19件、渗漏49件、回填土下沉6件、使用功能19件，比上年下降19.1%；办结92件，办结率98.9%；群众满意率99%。

【房屋建筑工程竣工验收备案管理】 2010年6月，大连市城乡建设委员会下发《关于启用新〈工程竣工验收报告〉等文本的通知》，对工程竣工验收报告、工程竣工报告、工程质量评估报告、勘察文件质量检查报告、设计文件质量检查报告、房屋建筑工程质量保修书等文本进行重新编制，简化填写内容，从7月1日开始实施。11月，大连市人民政府发布实施《大连市房屋建筑工程竣工验收备案管理暂行办法》。该《办法》6章35条，明确了《办法》制定的依据、适用范围和基础设施及公共服务设施定义，房屋建筑工程竣工验收主管部门及相关部门的责任，竣工验收、配套设施移交、竣工验收备案、办理房屋所有权证的实施程序和前提条件。该《办法》的发布实施，从源头上堵住了管理漏洞，理顺了管理机制，有利于有关行政管理部门和专业部门各司其职、明确分工，解决与房屋建筑工程配套的基础设施和公共服务设施建设不落实、不到位、不全面、不达标问题。2010年，市建委完成监督竣工验收单位工程1918项，建筑面积1198.7万平方米；完成竣工验收备案单位工程1732项，建筑面积1166万平方米。

【建设工程监理行业管理】 2010年，大连市有建设工程监理企业54家，其中甲级24家、乙级21家、丙级9家，在监理企业注册的监理工程师1230人。大连市城乡建设委员会全年初审上报辽宁省住房和城乡建设厅21家(次)28项监理企业资质申请，办理监理企业15家30项监理企业资质证书变更，办理817名注册监理工程师的初始、变更、延续注册；办理外埠监理企业招标前入辽备案96项、中标后入连备案31项，办理本市监理企业出省、出市承揽业务证明62项，办理外埠施工企业入连手续133项。年内，开展大连市监理工程师信誉榜评选活动，首次评选出优秀监理工程师56名，并在大连建设监理网站上公布。大连经济技术开发区兴城工程建设监理有限公司和大连天佑工程建设监理公司被注销建设工程监理资质。组织5名监理工程师参加赴川援建工作。

【建设工程检测管理】 2010年，大连市有建设工程检测机构30家，拥有检测资质64个，其中建筑工程材料检测资质25个、市政工程材料检测资质5个、地基基础工程检测资质5个、主体结构工程现场检测资质5个、建筑幕墙工程检测资质1个、钢结构工程检测资质3个、建筑工程可靠性鉴定资质1个、建筑节能工程检测资质5个、室内环境检测资质8个、建筑智能工程检测资质6个。全市有78家预拌混凝土(预制混凝土构件)企业取得79个混凝土试验室资质，其中预拌混凝土试验室资质75个、预制混凝土构件试验室资质4个。全市建设工程检测合同备案1541项。市建设工程质量监督站完成对全市市政工程材料检测原始记录和报告的规范和统一工作；对10家检测机构在建筑材料见证取样试验方面的执行标准、试验结论、试验依据等内容进行监督抽查；对预拌混凝土企业试验室加强管理，在预拌混凝土的水泥、砂、石子、外加剂等原料进场和混凝土配方方面实施有效控制；对具有主体结构检测资质的检测行为进行监督抽查，抽查主体结构检测工程30项，建筑面积25.3万平方米，下发责令改正通知书2份；对预拌混凝土生产中留置的混凝土标准养护试块实行抗压强度数据自动采集和联网管理，杜绝试验过程中的造假问题，保证试验数据的真实可靠。

【建设施工安全管理】 2010年，大连市建设安全管理规章制度建设进一步规范、责任更加明确、管理更加严格，建设工程安全得到保证。大连市城乡建设委员会先后下发建筑安全生产管理文件42个，其中安全管理指导性文件17个。2010年初，市建委及所属建筑工程安全管理站分别与各区市县建设行政主管部门和应急抢险救援单位签订《2010年大连市建筑行业安全生产目标管理责任书》和《应急抢险救援协议》。

【建筑安全专项整治】 开展建筑施工安全专项整治行动和专项安全大检查，对发现的问题限期整改。加强建设工程现场远程监管网络体系建设，逐步建立全面覆盖、实时监控、运行高效、方便快捷的安全生产信息管理平台，实现工程安全监督网络化、智能化、信息化。至年末，大连市建筑安全远程监控系统主控中心、分控中心及高新园区、普兰店市、金州区、中山区的远程视频监控系统已经建成，开发区、旅顺口区的系统建设正在进行中，全市有5个建筑施工现场远程监控系统投入使用。推进安全质量标准化"示范工地"创建工作，大连市安全质量标准化"示范工地"创建工作的经验，在辽宁省建设系统"安全生产月"宣传活动暨安全质量标准化现场观摩会上推广。

【建筑安全人员管理】 加强建筑施工企业、"三类人员"（企业负责人、项目负责人、专职安全管理员）、特种作业人员管理。全市149家建筑施工企业新办理《安全生产许可证》，49家建筑施工企业通过辽宁省住房和城乡建设厅的延期审核，重新核发企业《安全生产许可证》；全市13078人初次取得"三类人员"安全生产考核证书，3265人取得"三类人员"延期安全生产考核证书，2877人取得特种作业人员操作资格证书。

【工程建设造价管理】 2010年，大连市城乡建设委员会加强工程建设造价管理法规建设，以政府令的形式出台《大连市建设工程造价计价监督规定》，同时制定下发《〈大连市建设工程造价计价监督规定〉实施意见》、《〈大连市建设工程造价计价监督规定〉实施办法》。全年完成建设工程施工合同备案1570项，工程合同价款287亿元，其中工程合同担保464项，合同价款223.7亿元。受理工程造价行政调解36项，办理施工合同备案项目按合同约定采用仲裁方式解决争议的89项，涉及合同价款122亿元。接待咨询案件26件，标的额9151万元，比上年增长3.5倍，为建设双方节省仲裁费用约25万元。其中，经咨询撤案的6件，标的额为110万元，为双方节省仲裁费用约1.6万元；提交大连仲裁委员会立案裁决处理的10件，标的额3841万元。全年全市工程造价咨询企业营业收入573.4万元，比上年增长17%；承揽的工程项目投资总额193亿元。大连市建设合同经济纠纷仲裁中心仲裁协调工作成效明显，行业认知度不断提高。全年建设项目各方主体自主选择由大连仲裁委员会解决的建设合同经济纠纷89项，比上年增长1倍；仲裁解决合同纠纷总额122亿元，比上年增长2.5倍。

【重点投资工程项目造价编审】 2010年，大连市工程预算管理处完成大连市人民政府交办的重点投资工程造价编审任务178项，编审工程总造价174.65亿元，审减29.77亿元，平均审减率16.1%。其中，编制大连市体育中心体育馆、大连市民健身中心工程投资概算2项，编制工程总造价19.09亿元；审核大连"蜂腰部"区域内市政公用设施迁建工程、大连市光明路（中华路至振连路）工程、大连市西部通道南段高架桥工程等投资估（概）算27项，审定工程造价117.43亿元，审减27.59亿元，平均审减率19%；审核2009年夏季达沃斯会议会场搭建及设施保障工程、2009～2010年度星海广场光明工程、大连中心裕景项目红线外市政设施配套工程等预（结、决）算9项，审定工程造价5700万元，审减800万元，平均审减率12.2%；审核大连国际会议中心工程、大连市体育中心工程、大连周水子国际机场航站区扩建工程、胜利路扩宽改造工程、大连市技师学院迁建工程、大连市民健身中心工程、大连市南部滨海大道工程等招标文件及预算控制价140项，审定预算控制价37.55亿元，审减2.1亿元，平均审减率5.3%。

【施工许可管理】 2010年，大连市城乡建设委员会对全市自2008年1月1日至2010年4月发放的施工许可情况进行全面检查，共检查1386个项目6189个单位工程。开展跟踪"扩内需项目"工程建设抽查问题整改工作，跟踪检查10个项目，其中重点城市基础设施工程6项、房地产开发项目4项。对未办理施工许可的大连悦泰集团大连老街、大连市香炉礁物流运输中心有限公司物流中心、大连益嘉房地产开发有限公司益嘉广场项目下达整改通知，监督整改。开展全市建筑工程和市政工程施工许可管理专项检查，对2009年10月以来市内四区批准开工的66项在建、已建的建筑工程和市政工程项目进行全面检查，所检查的项目手续齐全。组织各区市县施工许可管理机构，对2009年10月以来建筑工程和市政工程施工许可进行专项检查，已经批准开工的347项在建、已建项目无违法违规。至年末，市内四区发放施工许可177份，共105个项目1006项单位工程，建筑总规模678万平方米，总投资86亿元。

【建设工程劳动保费管理】 2010年，大连市建设工程劳动保险费用管理办公室收缴建设工程劳动保险费10.42亿元，比上年增长70.8%。全年拨付劳动保险费2.63亿元，其中基本部分拨付1.57亿元，调剂拨付1.06亿元。调剂拨付的1.06亿元中，农民工工伤和基本医疗保险补助1881万元，实现补助46万人次，180多家建筑业企业及11万名农民工受益；拨付2007年度和2008年度调剂金8705万元。全年使用建筑业农民工风险积累金200.4万元，为5780名建筑业农民工提供免费职业技能培训与鉴定。年内新增办理劳保费管理手册建筑业企业170家，其中本市42家，外埠128家。至年末，全市有776家建筑业企业办理劳保费管理手册，参保人数达15万人。全年收缴建筑业农民工工资保证金1.66亿元，累计收缴保证金4.9亿元。全年追回补足农民工工资保证金672万元，返还农民工工资保证金1109万元。

【上浮式马镫筋施工技术在全省推广】 2010年6月12日，辽宁省工程质量和新技术应用现场观摩会在大连万达中心酒店工程施工现场召开，会议重点推广专利技术——上浮式马镫筋施工技术。该技术由大连市建设工程质量监督站和大连阿尔滨集团有限公司共同研发，具有减轻施工过程中对负弯矩钢筋产生的踩踏变形、可重复使用、对钢筋保护层厚度控制精确等优势。该技术在万达中心酒店工程施工中进行了应用，经对已完成的混凝土结构楼板负弯矩钢筋保护层检测，全部符合国家施工质量验收规范要求，且工程造价成本每平方米节约近2元。

3. 城市供气

【概况】 2010年，大连市煤气供应总量2.47亿立方米，比上年减少765万立方米，下降3%；日最大供气量113.4万立方米，比上年增加8万立方米；日均供应量67.6万立方米，比上年减少2.2万立方米；人工煤气用户总数74.8万户，比上年增加2.2万户；地下煤气管网总长1825公里，比上年增加109公里；人工煤气普及率91.1%。全年管道液化石油气供气总量15.57万吨，比上年增长0.6%；日均供气量750立方米，比上年增长0.5%；管道液化石油气用户总数26万户，比上年增加0.5万户；罐装液化石油气用户45万户；管道液化石油气管线总长382.5公里。全市取得燃气（管道液化石油气）经营资格企业223家。全市煤气热值合格率100%，煤气四项杂质含量合格率99.8%，主要设备完好率98.8%，灶前压力合格率95%，维修及时率100%，市民信访办复率100%。

2010年，新建煤气管网109公里，改造地下旧煤气管网150公里、进户支线3756个、室内煤气设施4049户；实施地铁28个车站涉及的煤气管线迁移和哈大线丹大线、南关岭火车站建设涉及的煤气管线改线项目；完成煤气管网设施改造涉及的全市10余万用户停气和恢复供气工作。企业、社区、用户"三位一体"安全用气管理模式取得新成效，大连燃气集团有限公司全年入户安全用气检查49.26万户，入户率70.6%，比上年提高7.7个百分点。积极应对几十年一遇的冬季持续低温恶劣天气给煤气管网安全运行带来的困难，全年处理管网漏点642件，比上年增加315件。进一步提高燃气事故应急救援能力，全市32家燃气生产经营单位共组织开展专项预案演练87场次。不断增强燃气行业从业人员业务能力，分2批对全市570名液化石油气厂（站）长及充装、泵房操作人员进行持证上岗培训。

【燃气工程管理】 2010年，大连市燃气管理处建立燃气工程设计、施工、监理企业和材料供应厂商考核备案准入制度，与109家企业签订《燃气工程质量保证责任状》，其中设计企业5家、施工企业32家、监理企业18家、材料供应厂商54家。加强燃气器具产品的备案管理，编制2010年度《大连市燃气器具气源适配性检验合格目录》，发放贴置燃气器具产品合格标志6.3万个。召开由各区市县燃气管理部门，各燃气设计、施工、监理单位，部分房屋开发单位等90余个部门和单位参加的燃气工程管理工作会议，通报本市近年来在工程建设中存在的设计、施工、监理、材料的使用、工程转包等问题。

4. 城市供热

【概况】 2010年，大连市市内四区及高新技术产业园区有专业供热单位135家，供热总建筑面积12852万平方米，其中住宅供热面积9163万平方米，非住宅供热面积3689万平方米。在供热总建筑面积中，城市集中供热面积11832万平方米，其中热电联产供热面积3808万平方米，区域锅炉房供热面积8024万平方米，分散锅炉房供热面积1020万平方米。全市有供热厂（站）834座，其中热电厂8座（企业自备热电厂2座），区域锅炉房138座，分散锅炉房222座，二次换热站466座；供热主次管网总长度4068公里。城市集中供热普及率91.2%，城市住宅供热普及率99.8%。2009～2010年采暖期计划用煤356万吨，实际用煤269万吨；应收采暖费33亿元，实收31.7亿元，收费率96%。市集中供热办公室受理群众信访206件、电话投诉3652人次、网上投诉及咨询638件、群众咨询及投诉处理答复率100%，群众满意率98%以上。

新增供热面积485万平方米。解决旧城区住宅无暖气设施住宅楼125栋、1970户，实现供热面积10万平方米。完成旧管网改造236公里。完成区域锅炉房扩容改造9座，新增锅炉9台，容量306.8兆瓦，新增供热面积400万平方米。拆除大小锅炉房53座，锅炉86台，实现集中供热面积206.55万平方米。城市供热新能源、新技术推广成效明显，完成既有居住建筑供热计量改造373万平方米，完成可再生能源示范面积79.8万平方米。全市投入供热设施维修、更新、改造资金3.12亿元。本年度供热期未发生重大事故、故障，供热质量进一步提升，市民投诉量比上个供热期下降30%。

【城区居民住宅供暖价格调整】 2010年7月21日，大连市人民政府出台《关于调整城区供暖价格的通知》。根据《通知》，居民住宅供暖价格由现行的每平方米（建筑面积）23元调整为28元；非居民住宅供暖价格继续按每平方米33元执行。《通知》指出，供暖期由现行的每年11月15日起至次年3月31日止，调整为每年的11月5日起至次年的4月5日止。供暖期内室温不得低于18℃。《通知》要求，供暖费缴费期限自每年5月15日起至11月4日止。

【供热住宅室温检测与停暖管理规定公布实施】 2010年9月16日，大连市人民政府公布《大连市供热住宅室温检测管理暂行规定》和《大连市采暖用户停止用热管理暂行规定》。2005年出台的《大连市住宅室温达标检测规定》、《大连市采暖用户停止用热暂行规定》即时废止。《大连市供热住宅室温检测管理暂行规定》对住宅室温测温范围、测温条件、出测温申请及受理、居室温度不达标处理作了详细的规定。《大连市采暖用户停止用热管理暂行规定》对采暖用户暂停用热的申请与办理以及恢复用热做出相应的规定。

【供热投诉受理更加快捷】 2010～2011年度供热期，大连市城乡建设委员会通过新闻媒体向社会公布市、区集中供热办公室投诉电话，以及全市各供热企业、供热站点、锅炉房负责人和值班热线电话，积极接受市民投诉监督。市集中供热办公室升级和完善市民供热投诉服务中心的受理程序，供热运行期间每天安排18人分三班受理市民投诉，安排专人每天将市民投诉情况通过供热信息交流平台及时转到相关单位处理。市供热办工作人员电话回访投诉用户，了解供热单位对用户投诉的办理质量。对市民投诉量较多、问题集中的单位，召开专题会议，并安排专人到现场督促解决问题。对上级和辽宁省民心网市民投诉转办件，以督办件下发供热单位，要求限时以书面文字形式上报办理结果。市、区供热办加强检查力度，对各供热企业的供热质量进行有效监督。市建委制订应急预案，组织建立应急抢修队伍6支，保证一般故障在8小时内、较大故障在24小时内恢复供热。

5. 建筑节能与科技

【建筑科技推广应用】 2010年，大连市城乡建设委员以绿色建筑依托，加强绿色建筑技术，成品住宅技术，智能建筑技术推广应用。万科魅力之城二期15万平方米二星级绿色建筑、绿城深蓝中心12万平方米三星级绿色建筑，完成绿色建筑技术的筛选与设计，获建设部建设科技发展中心评价标识。开展建筑科技项目评审工作，全市科研院所、科技企业申报建筑科研项目51项，其中太阳能发电技术在节能环保型住宅的应用、工业化生产和混凝土建筑构件的研究、BF低发泡高强度塑料建筑模板生产技术等15个项目通过评审，列入大连市2010年度科技补助发展资金项目计划。大连期货大厦、大连时代广场等8项工程通过辽宁省建筑业新技术应用示范工程评审，占全省18项工程的44.4%，列全省第一。开展城市道路建设的生态学途径与指标体系研究验收鉴定工作，环保型含氟石材防护剂的制备技术、环保多功能金属耐污防腐涂料等5个项目通过验收。大连建筑安全监督站与大连理工大学机械工程学院合作研发的"塔式起重机智能预警系统"被辽宁省中小企业厅评审合格，合作研发的起重机械安全作业电子监控系统及网络化被辽宁省中小企业厅评为2010年"专精特新"产品。加强建设科技领域的调查研究，编制完成《大连市建设系统应对气候变暖的调研报告》、《大连市城市化与生态文明建设同步发展的调研报告》和《大连市绿色建筑基本情况的调研报告》。

【全面推进新技术推广应用】 在全市建筑行业组织召开新型排水管道、建筑智能化、绿色建筑等技术推广和交流会议6次。长兴岛国家级经济技术开发区、花园口经济区等新建区域使用新型排水管材，应用率达90%。

【建筑节能示范工程建设】 2010年，大连市建筑节能示范工程建设取得新成果，全年完成各类节能示范工程35项，建筑（应用）面积448万平方米。其中，完成成品住宅示范工程18项，建筑面积154万平方米，建成成品住宅1.4万套；完成住宅智能化示范项目13项，建筑面积165万平方米；完成太阳能光伏应用示范工程4项，太阳能热水器应用面积129万平方米。另外，完成商品砂浆应用示范工程2项，即机场三期扩建工程和深蓝中心项目。年内，大连万科地产有限公司建设的"万科溪之谷"、大连亿达集团有限公司建设的"唯美品格"等6个项目通过住房和城乡建设部商品住宅节能性能认定。

【建筑节能管理】 2010年，大连市城乡建设委员会编制完成《大连市建筑节能"十二五"规划》、《大连市墙体材料革新"十二五"规划》、《大连市住宅产业化"十二五"规划》、《大连市粉煤灰综合利用"十二五"规划》和《大连市发展散装水泥"十二五"规划》。全市新建居住建筑全部执行建筑节能65%的标准，公共建筑全部执行建筑节能50%标准。市建委全年完成建筑节能设计备案109项，节能保温材料备案34项。开展公共机关建筑和大型公共建筑能耗统计、审计、公示工作，完成100栋建筑的能耗统计和40栋建筑的能耗审计。建立公共机关建筑和大型公共建筑能耗监测平台，完成20栋建筑的能耗在线监测工作。以混凝土空心砌块为代表的新型墙体材料在建设工程中使用率达100%，全市混凝土空心砌块年产量31.66亿标块，占新型墙体材料总量的94.2%。至年末，全市应淘汰的97家黏土砖企业关闭或转产81家，占总数的83.5%。全市电厂粉煤灰排放量约210万吨，利用量178.5万吨，综合利用率84%。全市全年发展散装水泥650吨，散装率达到71%。

6."十一五"建筑业发展成就

【建筑业产值增长】 "十一五"期间，大连建筑业产值稳居东北三省各市之首，建筑业支柱产业地位巩固。2010年，全市建筑业总产值1324.7亿元，比上年增长37.6%，比"十五"期末2005年增长2倍。全年建筑业缴纳地税40.72亿元；吸纳就业人员77.8万人，比"十五"期末2005年增加40.2万人，2005~2010年，年均增长15.7%。自2002年，建筑业总产值年均增速持续高于地区生产总值增速，每年缴纳税收占地方税收10%左右，持续保持大连市缴纳税收第三大产业地位，年均吸纳就业人员30万人以上。建筑业品牌形象站稳市场。

【工程质量提高，多项工程获"鲁班奖"等奖项】 "十一五"期间，大连市有10项工程获国家建筑工程最高奖——"鲁班奖"，其中大连阿尔滨集团有限公司承建的工程6项获"鲁班奖"；8项工程获国家优质工程奖；大连金广建设集团有限公司承建的大连医科大学新校区图书馆暨现代教育技术中心等35项工程获辽宁省建设工程"世纪杯"，获奖数量占全省的28.6%，居全省首位。以大连阿尔滨集团有限公司、大连金广建设集团有限公司、大连悦达建设工程集团有限公司、大连九洲建设集团有限公司、大连三川建设集团股份有限公司等5家特级建筑企业为代表的大连建筑业已经在东三省树立起品牌形象。

（大连市城乡建设委员会　杨晓军）

青 岛 市

1. 房地产业

【房地产市场运行情况】 2010年青岛市房地产投资、建设、销售等各项指标均延续了2009年的良好发展势头再创新高，全年房地产业完成投资602.4亿元，同比增长31.1%；全市房屋施工面积5058.4万平方米，同比增长17.4%；新开工面积1712.4万平方米，同比增长28.8%；竣工面积1020.5万平方米，同比增长25.3%；销售面积1360.7万平方米，销售额895.3亿元，同比分别增长7.8%和27.2%。房地产业累计实现地税收入72.9亿元，同比上升29.5%，占全市地税收入的24.3%。根据国家发展和改革委员会、国家统计局数据，12月全国70个大中城市新建住宅价格指数同比上涨7.6%，环比上涨0.3%；青岛市同比上涨6.2%，环比上涨0.4%。同比涨幅在70个大中城市中位于34位，环比涨幅排名位于30位，同比排名比上月下降3位，低于北京、大连等城市。

【宏观调控政策情况】 2010年，房地产市场经历了史上最严厉、最密集的调控，国十一条、国十条和国五条相继发布，调控政策涵盖土地、信贷、税收、保障房等与房地产相关的方方面面，青岛市在2010年4月23日以政府办公厅的名义下发了《关于促进房地产市场平稳健康发展 进一步加快住房建设的意见》，从增加供应、优化结构、组合调控、落实责任方面着手，采取一系列措施遏制房价过快上涨。2011年1月27日，国务院办公厅又下发了《关于进一步做好房地产市场调控工作有关问题的通知》，对2011年的市场调控提出了更高的要求。1月28日，青岛市以政府办公厅的名义下发了《关于进一步做好房地产市场调控工作 促进房地产市场平稳健康发展的意见》，结合青岛市实际情况，从限定购房套数、增加有效供应、加强市场监管、落实政府责任等方面，进一步贯彻落实了国家对房地产市场的调控部署。

2. 城市建设

【基础设施建设】 环湾大道拓宽改造工程主线通车；隧道接线工程全线打通；大桥接线、快速路三期工程桥梁部分均已完成三分之一；相关区政府完成新疆路快速路工程拆迁工作的70%；10条未贯通道路年底前将打通；重庆路快速路项目、福州路打通工程项目前期全面推进；铁路北站市政配套设施投资划分、技术对接工作完成；开工建设浮山新区内劲松三路等6条道路，全面建成第二实验初级中学。

【民生住房建设】 2010年15个计划开工项目全部开工，拆迁居民1.3万户；计划回迁的12个"两改"项目，全部到达回迁条件。"两改"项目中同时配建1436套廉租住房和经济适用住房；河马石租赁住房已交付12栋、2285套，居民已入住；完成广饶路等3个旧住宅区整治，受益居民6760户。全市共启动村庄改造92个、农民经济适用房项目28个，新建农村住房6万户，危房改造8125户。

【建筑节能】 新建成节能建筑960万平方米，比例达到100%，房屋建筑的使用功能和舒适度逐步改善；既有居住建筑节能改造累计完成302万平方米；新开工可再生能源建筑应用项目120万平方米，青岛市成为全国唯一获得市、县两级可再生能源建筑应用示范荣誉的城市；农村建筑节能、城市建筑废弃物利用工作实现突破，组织在胶南市大村镇建成"青岛市偏远贫困地区居住建筑节能及新材料、新能源利用示范工程"，创新开展城市建筑废弃物资源化再生利用工作，全年综合处置建筑废弃物100万吨，生产再生砂石、砖骨料80万吨；全年实现节能54.9万吨标准煤，减少废气排放142.7万吨。

3. 建筑业与工程建设

【建筑业】 2010年，全市累计完成建筑业总产值705.5亿元，同比增长14.6%；实现增加值246.8亿元，同比增长11%；实缴税金33.4亿元，同比增长36.4%，占地税收入的11.1%。建筑业外埠市场实现新签合同额382亿元，同比增长9.1%；总产值303亿元，同比增长15.4%，占全市建筑业总产值的42.95%。全市完成招标投标项目3126个，同比增长3%，工程造价653.8亿元，同比增长45%。其中公开招标项目2114个，同比下降1%，工程造价418.2亿元，同比增长45%；邀请招标项目1012个，同比增长12%，工程造价235.6亿元，同比增长46%。

【建筑业企业管理】 2010年全年共扶持37家企业资质晋升。全市共有建筑业企业1194家，其中总承包企业359家，占30.1%；专业承包企业423家，占35.4%；劳务企业412家，占34.5%，初步形成了以总承包企业为龙头、以专业承包企业为骨干、以劳务企业为依托的建筑业行业组织结构。建筑施工企业资质等级情况和区域分布情况详见表4-16和表4-17。

青岛市建筑施工企业资质等级情况（截至2010年底） 表4-16

企业级别	总承包				专业承包			劳务分包
	特级	一级	二级	三级	一级	二级	三级	不分级
数量	4	48	145	162	35	146	242	412
合计	359				423			412

青岛市建筑施工企业区域分布情况（截至2010年底） 表4-17

区域	市内四区				三区			五市				
	市南	市北	四方	李沧	崂山	黄岛	城阳	即墨	胶州	胶南	平度	莱西
数量	177	97	74	67	103	127	108	81	142	102	65	51

【建筑工程质量】 2010年，多项工程荣获全国、全省工程质量奖项。青岛市体育中心游泳跳水馆工程、信息大厦工程、青岛市中级人民法院审判综合楼工程、青岛国际商务港等4项工程获国家优质工程奖；青岛市行政审批服务大厦、青岛麦岛居住区改造（B区）中组团西段装饰工程、胶济铁路青岛客站改造装饰装修工程、青岛市中级人民法院审判综合楼、青岛黄海饭店会议中心改造工程、中信银行青岛分行装修改造工程等6项工程获国家装饰奖；获省质量泰山杯17项；获省装饰泰山杯16项。全年共收到市民房屋质量投诉263起，同比下降10%。

【施工安全生产】 2010年，在全市全面推行安全监管"模式化"管理，实现了安全生产监管规范化、精细化、程序化。在全市建筑工地推广安装塔机防倾翻装置，对违规作业行为及时实施预警和自动断电保护，实现塔机安全运行能力全面升级。全面提升施工企业安全生产基础能力、保障能力和运行能力，全市建筑企业安全生产动态监管综合考核优良率达到70%以上。施工现场综合管理水平进一步提高，全年共创建标准化示范工地265个，同比增长19.3%。2010年全市建筑业没有发生较大及以上安全事故，百亿元产值死亡率降为0.57的历史新低，远远低于"十一五"期间全国平均百亿元产值死亡率2.29。

【建筑市场管理】 强化工程评标专家管理，实现了计算机自动抽取专家、自动语音通知专家、专家名单密封输出的闭合管理，确保评标公正；加强管理软件研发，实现了电子清标、商务标电子打分、技术标电子汇总等功能；开发完善了投标文件自动翻页功能，评标结果自动汇总计算，电子输出评标过程中的各种报表、信息，提高了评标工作效率，降低了人为误差对评标结果的影响；面向社会公开聘请社会监督评议员，对大型重点项目评标过程中的市场主体行为、专家评标行为、主管部门监督行为进行监督评议，进一步拓展了监督渠道，保障了评标行为的公开公正。2010年住房城乡建设部在青岛市召开了现场会，向全国推广了青岛市工程招投标监管工作经验。出台《青岛市建筑工程管理办法》，把违反基本建设程序和违法分包行为作为重点治理对象，组织专项检查严格治理违法违规工程，全年共立案800起，罚款1627万元。其中，市内四区立案490起，罚款730万元；五市三区立案310起，罚款897万元。

【勘察设计业】 2010年，青岛市勘察设计单位共完成合同额459315万元，同比增长33.3%，其中工程勘察完成合同额29800万元，同比增长11.8%，工程设计项目完成合同额192955万元，同比增长116.8%，其他项目（包括工程总承包、项目管理等）完成合同额236560万元，同比增长3.4%；勘察设计单位实交税额20754万元，同比增长85.2%。现有勘察设计单位158家，其中甲级资质单位41家，乙级资质单位49家，丙级资质单位18家，专项资质单位37家，设计施工一体化资质单位13家。勘察设计从业人员12941人，其中各类注册人员1485人次，勘察设计人员素质总体水平较高。

【援川建设】 全面完成对口支援曲山镇、陈家坝乡和北川新县城恢复重建工作，青岛市驻北川工作指挥部荣获"全国五一劳动奖状"。共援建23个建设项目，总投资6.35亿元，所有项目均荣获四川省质量最高奖"天府杯"以及"四川省安全文明工地"和"山东省安全文明工地"称号，其中援建曲山镇、陈家坝乡共17个项目，总投资1.27亿元，建筑面积2.71万平方米；援建北川新县城安居房、永昌河景观建设、禹王桥、体育中心、青少年活动中心、抗震纪念园等6个项目，总投资5.08亿元。禹王桥、体育中心、抗震纪念园、永昌河已成为北川新县城标志性景观和建筑。通过工业园区建设和人力智力支持，积极帮助北川提升产业发展水平，共有益群漆业、清源建材、聚隆包装等3家青岛企业入驻北川工业园，投资2.08亿元，投资建设4个项目。

4. 城市管理

【城市管理综合执法】 创城迎检测评工作全力解决市容环境卫生、非法小广告、人行道违法停车、校园周边环境脏乱等问题，所承担的创城测评目标均达到A级标准。清理乱贴乱画小广告55万余处；指导各区（市）施划人行道停车泊位，增加临时车位1200余个。全市城管执法部门共查处各类违法行为3.6万余起。

【数字化城管建设】 市南、市北、四方、李沧区数字化平台顺畅运行，崂山区已初步完成数字化城管系统建设。印发了《数字化城管绩效考核办法》、《数字化城管指挥手册》。市区两级平台共受理案件21.2万件，立案17.2万件，已结案15.2万件，结案率为88%。数字化城管成为提高城市管理信息化水平的有力助推器。

【铁路沿线景观建设】 制定《铁路沿线景观建设和常态管理考核办法》，以日常管护为重点，建立了巡查、通报及督导落实等制度。铁路沿线共植树绿化11.2万平方米，整修道路13.5万平方米，粉刷墙体1.7万平方米，河道清淤5.1万立方米，清运各类垃圾4.1万吨。

【散流物体运输撒漏查处】 开展为期四个半月的集中整治行动，严厉打击违反规定堆放、处置、运输建筑垃圾行为。共检查工地369处、车辆460余辆，查处车辆撒漏和污染道路行为269处次。按照市政府《环胶州湾流域污染综合整治工作方案》要求，完成了李村河、楼山河、张村河流域63处污染点源的整治工作。

【园林绿化执法】 印发了《关于进一步加强城区改造和企业搬迁改造范围内树木绿地保护的通告》。建立了树木保护基础档案；建立了审批告知、案件协查机制；加大执法巡查力度，市、区两级城管执法部门依法查处各类毁树毁绿案件60余起。

5. 园林绿化

【绿色青岛建设】 新建绿地302公顷、改建绿地191公顷，完成大树栽植15689株，完成行道树栽植（补植）22012株，完成立体绿化144处，实施庭院改造127个，完成山头公园改造5个，新创建青岛市园林绿化精品工程28个。全市义务植树12.7万株，完成年度工作计划的104%，成活率达到98%以上，义务植树尽责率达到90%。

【"一展一会"工作】 第九届中国赏石展和第三届山东省城市园林绿化博览会在青岛市如期举办。全国32个城市和地区组团参加了赏石展，展出各种奇石作品2000余个；省内外90余家园林绿化企业展出了城市园林绿化的新材料、新装备、新技术等；全省31个城市（县）参加了室内节约型园林绿化成果成就展；全省17个设区城市和青岛市12区市共建设室外园艺景观小品29个。"青岛园"及市北区、黄岛开发区等区市景观小品获得省室外展园综合大奖。

【浮山保护建设】 开展了"保护母亲山——浮山"主题行动，强力推进以拆违为重点的综合整治工作，拆除违法建筑1万余平方米，坚决遏制了新违法建筑的产生。果艺生态园建设于2010年年底正式启动，浮山保护和建设工作得到了突破性进展。

【城市园林绿化管理】 编制完成了《青岛市"十二五"城市园林绿化发展规划》；完成青岛市第二批"绿线"划定工作，七区二批绿线划定绿地455处，面积2201.94公顷。建立园林绿化养护管理"行业监管、专业指导、执法联动、社会监督"机制，组织专家团进行检查，充分发挥监督考核的调度评优、奖惩激励作用，加大公园的巡查和日常考核力度；组织了对枯枝死树清理、行道树综合治理等专项活动；按照属地化管理的原则，解决市内四区139处未交接绿化工程的管理问题；完善了临占绿地、树木迁移等报批办法，建立了树木迁移公示制度。广泛开展了树木修剪、树干涂白、行道树补植、病虫害防治工作，集中对区域内山头公园枯树杂草进行清理，消除了山火隐患。通过扩大防火队伍、增加消防设备、加强日常预演、突出重点、死看死守等，提高了应急防火的能力，有效处置火情7起，火灾、火情分别比2009年下降70%。

6. "十一五"建设成就盘点

"十一五"时期，青岛市城乡建设委认真贯彻落实市委、市政府的各项决策部署，团结奋斗，开拓创新，城市建设有了跨越式的发展，建设行业实现税收占地方财政一般预算收入的比重年均达到25.2%；房地产业完成投资1974亿元，年均递增19.7%。青岛市特级资质建筑企业由1家增加到4家；建筑业埠外产值占总产值的比例由9%增加到42.4%；8项工程获鲁班奖；40个建设科技项目获得国家级科技计划立项。无论是城市基础建设、住房建设还是生态环境改善，都走在全国前列。杭鞍快速路、环湾大道拓宽改造等一批道路基础设施工程建成投入使用，海湾大桥、海底隧道接线等工程开工建设。到2010年底，市区人均道路面积21.33平方米，列副省级以上城市第一位。累计建设农村住房15.1万套，改造农村危房1.67万户。2010年全市城镇化率66%，比"十五"时期提高7.5个百分点。启动"两改"（旧城区和城中村改造）项目77个、拆迁居民6.3万户，规划建筑面积2281万平方米，已回迁44片、3.6万户。建成全国第一个集中建设的租赁住房建设项目3000套。新建民用建筑中节能建筑所占比例由66%提高到接近100%，累计开工建设可再生能源建筑应用项目近100个，面积1200万平方米，其中18个项目列入国家示范，位居同类城市第一，被列为国家可再生能源建筑应用示范城市、首批能效测评试点城市。人均公园绿地面积14.5平方米，建成区绿化覆盖率43.48%，均位居副省级城市前三名。建立完善了"两级政府，三级管理，四级网络"条块结合、以块为主、责权统一的城市管理模式，城市管理数字化监管体系运行良好，城市管理综合考核体系在全国率先建立，基本实现了城市管理的网格化、精细化、信息化，为奥帆赛、全运会、海军节等重大活动提供了保障。

7. 建筑业企业、勘察设计企业、招标代理机构、监理企业营业收入前 20 名

青岛市建筑业企业按总收入排名前 20 名、工程勘察设计企业按勘察设计收入排名前 20 名、工程招标代理机构按工程招标代理收入排名前 20 名、建设监理企业按监理收入排名前 20 名的情况如表 4-18 所示。

2010 年青岛市建筑业企业、勘察设计企业、招标代理机构、监理企业营业收入前 20 名企业　　表 4-18

序号	建筑业企业 总收入前 20 名	工程勘察设计企业 勘察设计收入前 20 名	工程招标代理机构 工程招标代理收入前 20 名	建设监理企业 监理收入前 20 名
1	青建集团股份公司	中国石油天然气华东勘察设计研究院	山东新昌隆建设咨询有限公司	青岛市工程建设监理有限责任公司
2	中交一航局第二工程有限公司	青岛海尔家居集成股份有限公司	青岛信达工程管理有限公司	青岛华鹏工程咨询集团有限公司
3	中国石油天然气第七建设公司	青岛德才装饰安装工程有限公司	山东中钢招标有限公司	青岛建通工程管理有限公司
4	中铁二十局集团第四工程有限公司	山东杭萧钢构有限公司	青岛建设监理研究有限公司	山东新昌隆建设咨询有限公司
5	中启胶建集团有限公司	青岛海信网络科技股份有限公司	山东世元工程管理有限公司	青岛市政监理咨询有限公司
6	山东兴华建设集团有限公司	青岛东亚建筑装饰有限公司	青岛建惠工程咨询有限公司	青岛高园建设咨询管理有限公司
7	莱西市建筑总公司	青岛东方铁塔工程有限公司	山东润德工程项目管理有限公司	青岛华油工程建设监理有限公司
8	青岛海川建设集团有限公司	海工英派尔工程有限公司	青岛习远工程造价咨询有限公司	青岛越洋工程咨询有限公司
9	通广建工集团有限公司	青岛港(集团)港安建设有限公司	山东东成建设咨询有限公司	青岛信达工程管理有限公司
10	青岛一建集团有限公司	青岛市勘察测绘研究院	青岛佳恒工程造价咨询有限公司	青岛东方监理有限公司
11	青岛建安建设集团有限公司	青岛中建联合建设工程有限公司	青岛市政建设发展有限公司	青岛理工大学建设工程监理咨询公司
12	中建八局第四建设有限公司	青岛地矿岩土工程有限公司	青岛建合建设项目管理有限公司	青岛建设监理有限公司
13	青岛德才装饰安装工程有限公司	青岛腾远设计事务所有限公司	青岛利业建设事务有限公司	青岛市水利建设监理有限公司
14	青岛胶城建设集团有限公司	青岛银河环保股份有限公司	青岛泰鼎工程管理有限公司	青岛嘉诚电力工程监理有限公司
15	青岛土木建工集团有限公司	青岛天人环境股份有限公司	青岛金诺工程咨询有限责任公司	青岛明珠建设监理有限公司
16	青岛博海建设集团有限公司	青建集团股份公司	青岛青咨工程咨询有限公司	青岛方圆建设监理有限公司
17	青岛海尔家居集团集成股份有限公司	青岛建安建设集团有限公司	青岛凯信工程咨询事务所有限公司	青岛万通建设监理有限责任公司
18	青岛新华友建工集团股份有限公司	青岛金楷装饰工程有限公司	山东大信工程造价咨询有限公司	青岛商业建设监理有限公司
19	青岛亿联集团股份有限公司	青岛恒华机房设备工程有限公司	青岛国信工程咨询有限公司	青岛恩地建设工程咨询有限公司
20	青岛温泉建设集团有限公司	青岛市建筑设计研究院集团股份有限公司	青岛市昊金海建设项目管理有限公司	青岛雍达建设监理有限公司

大 事 记

1月

22日，青岛市城乡建设管理工作会议在市政府会议中心三楼礼堂召开。会议的主要任务是：贯彻落实全国和全省住房城乡建设工作会议精神，对城乡规划、建设、管理和环保、人防等方面2009年工作情况进行总结，对2010年工作进行全面部署。

2月

8日，青岛市住房建设工作会议在市级机关会议中心召开。会议对70个住房建设先进单位和113名住房建设工作先进个人予以通报表彰，总结了2007~2009年住房建设工作，对2010年青岛市住房建设任务进行了部署。

3月

12日，山东省委常委、市委书记阎启俊等市领导与驻青领导一起来到李沧区白果山参加义务植树活动。

4月

28~30日，"2010中国·青岛国际新能源论坛暨中德企业合作发展峰会"在青岛市举办。

青岛市被列为国家可再生能源建筑应用城市示范，获得补贴资金8000万元。

6月

市长办公会研究确定立即启动新疆路快速路工程项目拆迁工作，确认住宅、非住宅和兼用房屋总拆迁费用（不含部队、铁路等）为18亿元，新疆路高架快速路工程加快推进。

30日，全国房屋建筑和市政工程招投标监管暨专项治理工作会议在青岛市召开，将青岛市"考核联动、闭合管理"的招投标管理经验推向全国。

7月

住房城乡建设部批复同意青岛市在本市范围内开展一、二星级绿色建筑评价标识工作。

19日，第六届中国（青岛）国际建筑材料及装饰材料博览会、第四届中国（青岛）国际建筑节能和可再生能源建筑应用博览会在青岛市国际会展中心开幕，本届博览会历时3天，博览会展出面积20000平方米，来自海内外的参展企业近200家。世界五百强企业和国内一流建筑节能企业汇集于此，对外墙保温及干混砂浆、太阳能建筑一体化、可再生能源建筑应用、节能门窗、节水节电节地技术等国际最先进的绿色建筑相关产品进行了更加集中和完整的展示。

8月

4日，市政府印发《青岛市城乡建设委员会主要职责内设机构和人员编制规定》和《青岛市城市管理行政执法局主要职责内设机构和人员编制规定》（青政办字〔2010〕124号）。

9月

29日，省委常委、市委书记阎启俊在副市长王建祥、市建委主任汤吉庆、市园林局局长杨湧陪同下，参观了正在举办的第九届中国赏石展暨第三届山东省园博会，阎书记对园林工作所取得的成绩给予了肯定。

30日，环湾大道改造工程主线通车。

10月

19日，住房城乡建设部副部长陈大卫带领调研组到青岛市行政审批服务大厅视察，对市城乡建设委驻大厅窗口进行了工作调研，省住房和城乡建设厅厅长杨焕彩、市审批资源交易管理办等有关部门负责人陪同调研。

11月

23日，中央联席会议督导组来青督导调研信访工作情况，市城乡建设委在汇报会上对建设信访工作进行了重点汇报，工作情况得到了督导组的高度认可。

12月

重庆路快速路工程可行性研究报告通过专家评审，标志着重庆路快速路工程建设正式启动。

青岛市通过国家四部委组织的创建全国无障碍建设城市验收。

8日，青岛市建设委员会政务办理服务中心通过了专家委员会的复审，被山东省名牌战略推进委员会、山东省质量技术监督局等再次授予"山东省服务名牌"。

（青岛市城乡建设委员会　徐伟勤）

宁 波 市

2010年，浙江省宁波市完成城市市政公用设施建设固定资产投资196亿元，其中，中心城区完成

150.3亿元，分别比上年增长18.7%和21%。中心城区"五路四桥"、绕城高速连接线、机场快速干道等重大项目快速推进。"五路四桥"项目完成年度投资19.73亿元，除明州大桥外全部建成通车。11条绕城高速连接线中6条建成通车，完成年度投资2.08亿元。机场快速干道完成年度投资8.58亿元，箱梁浇筑基本完成。此外，丽园南路、沧海路、气象路二期、顺德路二期等主次干道相继建成通车，丽江东路、中医院北侧道路、海曙实验学校北侧道路等区块周边配套道路全面完工，中心城区新建道路面积64万平方米；老实弄、苍水街等13条支路和环城西路沿线等26个卡口改造完成，月湖盛园停车场、冷静街一号地块停车场等7个公共停车场建成投用，共建成泊位763个。

1. 基础设施建设

【概况】 2010年，宁波城市基础设施建设投资力度稳步加大，城市建设对经济社会发展的服务和推动能力不断提升。全市共完成城市基础设施年度投资145亿元，中心城区投资总额106亿元。以道路桥梁为主体的重大项目建设加快推进，"五路四桥"除明州大桥外全部建成通车。机场快速干道箱梁浇筑基本完成。

【生态基础设施建设稳步推进】 宁波南区污水处理厂二期工程正式开工，江南污水处理厂全面建成，9月份实现正式通水，相关配套管网建设稳步推进。中心站污水处理设施建设进度加快，余姚小曹娥城市污水处理厂完成二期扩建，陆埠工业废水处理厂实现试运行，再生水厂主体工程基本完工。慈溪市完成西周污水处理厂一期土建主体和设备安装工程基本完成，铺设城镇污水管网100公里。宁海长街污水处理厂土建主体工程完成70%，西店污水处理厂、奉化莼湖污水处理厂主体结构基本完成。象山污水处理二期厂区工程建成运行；鄞州区集士港、咸祥、姜山正在加快污水管网建设。

【"两横两纵"街景整治全面启动】 2010年整治内容主要包括百丈路—联丰、通途路、人民路—灵桥路、环城西路"两横两纵"四条道路，按照初步设计方案，东起中兴路、西至机场路，全长约7000米的百丈路—药行街—柳汀路—联丰路，将结合现有功能和区域环境打造成为城市核心区主要交通景观路、时尚商业一条街；通途路东起中兴路、西至环城西路路段，全长约7000米，将打造成为城市快速景观通道；南起三支街、北至环城北路的人民路—灵桥路，全长5400米，定位为特色休闲景观一条街；环城西路南起段塘立交、北至环城北路，全长约7100米，将打造成为景观形象与商业服务于一体的迎宾大道。

【南北环快速路前期工作加快推进】 2010年初环城南路、北环快速路项目正式启动，6月3日项目正式立项，6月底完成勘察设计招标，8月初进行初步设计会审，并召开信访风险评估会议，8月27日完成施工资格预审，10月上旬完成规划选址，11月中旬完成环境影响评估，12月份完成初步设计批复。环城南路、北环快速路总长约25.7公里，均采用"高架主线＋地面辅道"方案，高架主线按城市快速路标准设计，地面辅道按城市主干道标准设计，项目总投资约82亿元。其中，环城南路快速路西起机场快速干道，东至东苑立交，全长约9.7千米，项目涉及鄞州、海曙、江东等三个区，总投资约27.3亿元；北环快速路西起前洋收费站，东至世纪大道立交，全长约16千米，项目涉及江北、镇海等两个区，总投资54.7亿元。

2. 住房保障

【概况】 2010年，住房保障工作制定出台公共租赁住房管理暂行办法，进一步完善了住房保障体系，形成了以公共租赁住房为主，廉租住房、经济适用住房、限价房等保障方式为辅的住房保障新格局。全市开展了新一轮住房保障扩面工作，将保障范围进一步扩大到人均可支配收入60%以下且人均住房建筑面积低于18平方米（或户36平方米）的家庭，并实现应保尽保。截至年底，廉租房累计保障户数15674户，在保户数10169户，其中2010年新增2473户（其中实物配租766户）。新开工建设各类保障性房源108.4万平方米，首次突破百万大关。其中，廉租住房6.7万平方米、经济适用住房40.2万平方米、限价房26.6万平方米、公共租赁住房14.9万平方米、农民工公寓15.2万平方米、人才公寓4.8万平方米。中心城区完成44个老小区、333万平方米整治任务，启动非成套房改造14.3万平方米。全市住房公积金归集72.36亿元，实现增值收益2.69亿元，发放贷款30.41亿元，为9298户城镇居民购房提供资金支持。

【制定出台公共租赁房政策】 2010年9月，宁波市制定出台了《宁波市公共租赁住房管理暂行办法》（甬政办发〔2010〕219号），办法规定，公共租赁房房源以政府投资建设为主，以园区建设和社会投资建设为补充，实行统一规划、合理布局、综合开发、配套建设。单套面积以30~60平方米为主，可以是成套住宅，也可以是集体宿舍，实行基本装修，并同步配套相应的生活、服务和管理设施。按照"保障基本、只租不售"的原则实施保障，实行物业管理。

【首个市级公共租赁住房项目开工】 11月24日，宁波首个市级公共租赁房项目——洪塘公共租赁住房项目正式开工，该项目位于江北区洪塘街道，总用地面积约7公顷，设计总建筑面积约14.5万平方米，由16幢高层住宅组成，可建设公共租赁房2104套。户型设计上分40平方米的一室户和60平方米的两室户两种，同步实施简单装修，达到可直接入住的基本条件。

【首批公积金贷款支持保障房建设试点项目开工】 11月24日上午，宁波市首批公积金贷款支持保障房建设试点项目——蒲家一期、江东区陈婆渡一期保障性住房项目开工。其中，海曙区蒲家一期位于鄞州区高桥镇蒲家村，总用地面积为5.18万平方米，总建筑面积为12.6万平方米，总投资约5.9亿元，设计总户数为1199户。江东区陈婆渡一期位于鄞州区陈婆渡，总用地面积约5.67万平方米，其中建设用地约4.92万平方米，由14幢住宅组成，总投资约5.15亿元，设计总户数为1248户。

【旧住宅区改造整治扎实推进】 就非成套房改造而言，2010年宁波市城区进一步启动改造海曙区月湖西区二期、尚书街、孝闻巷、南永宁巷及江北区大庆新村等非成套房改造地块。至此，市中心城区已累计完成非成套房改造约203万平方米，占需要改造总量的95%，惠及家庭约4.23万户。旧住宅区整治方面，2010年，市中心城区两级政府共投资13412万元，完成整治老小区44个，面积333万平方米，涉及居民余20672户。

【存量房交易资金托管服务正式启动】 5月17日，根据市建委和人行宁波中心支行联合下发《关于开展存量房交易资金托管服务的通知》，市房管中心正式启动存量房交易资金托管服务，市中心城区已有11家银行和近200家房地产中介门店向社会提供了存量房资金托管服务，截至12月底共办理资金托管147笔，托管资金9747万元，有力促进了存量房交易市场秩序的进一步规范，切实保护了当事人的合法权益以及保障存量房交易资金的安全。

【房地产中介从业人员管理】 9月9日，宁波市建委出台《关于印发宁波市房地产中介从业人员服务卡管理暂行办法的通知》（甬建发〔2010〕197号），规定由市房地产业协会向房地产中介从业人员发放服务卡，并实行"执卡上岗"。服务卡包含持卡人信用情况、执业记录、培训教育等信息，公众可通过相关网站查询相关信息。截至12月底，海曙、江东、江北区已全面启动房地产中介从业人员服务卡的申请受理工作，初步建成涵盖全市的房地产中介行业信息管理平台。

【住房信息化建设扎实推进】 《宁波市个人住房信息系统基础数据标准（试行）》制定出台，数字房产（一期）顺利通过验收，中心城区房产数据逐步由各房管处分散管理向市房产交易中心产权数据库中集中，数字房产二期建设方案通过评审。个人住房信息系统全市大联网工作全面启动，截至12月底，保税区、高新区、鄞州区、镇海区数据与市房管中心实现联网，运行状况良好。

【住房公积金贷款政策调整】 住房公积金管理委员会下发《关于调整宁波市个人住房公积金贷款政策的通知》，对个人住房公积金贷款政策进行调整，一是提高第二套房公积金贷款首付比例，即由原来的30%（二手房为40%）提高至50%。二是暂停发放第三套房公积金贷款，并实行"认房又认贷"政策。两项调整措施有效抑制了利用公积金投资购房行为，有力地支持了房地产市场调控工作的深入开展。

【公积金运行继续保持良好态势】 2010年，全市全年发放公积金贷款户数9298户，发放金额30.41亿元。各年累计发放贷款235.70亿元，累计发放贷款户数127153户，贷款余额118.84亿元，贷款逾期率仅为0.0011%。

【公有住房出售量继续保持高位】 2010年，随着海曙、江北两区拆迁力度的加大，市区公有住房出售量继续保持高位，其他县（市、区）基本无公房出售。全市全年共审批公有住房出售2308套，面积108216平方米，金额3962万元；房改以来，累计审批公有住房出售149888套，审批面积8951827平方米，金额30.05亿元。

【推进住房分配货币化】 各县市住房分配货币化扎实开展，奉化市、宁海县、象山县行政机关退休职工的住房补贴发放工作已全部完成，截至2010年底，全市累计发放老年职工住房补贴119378人，共计补贴金额44.24亿元；累计发放新职工住房公积金补贴30350人，共计金额3.46亿元。根据省房改办深化住房分配货币化改革指导意见，北仑区在2009年试点的基础上，扩大了试点范围，自2010年10月开始，新老职工均按8%的比例实施住房公积金补贴。

【利用住房公积金贷款支持保障房建设】 在国

家发布的《关于利用住房公积金贷款支持保障性住房建设试点工作的实施意见》中，宁波等28个城市被列为首批利用住房公积金贷款支持保障性住房建设试点城市。根据试点工作要求，宁波市住房公积金管理中心制定了《宁波市住房公积金支持保障性住房建设贷款实施细则》，将贷款5亿元支持海曙区蒲家经济适用房一期和陈婆渡保障性住房二大经济适用住房项目建设。

3. 城市建设

【概况】 2010年，按照宁波市委市政府"保增长、调结构、扩内需、惠民生、保稳定"的总体部署和"快重准实"工作要求，"中提升"战略十大区块开发进度明显加快，全年共完成投资287多亿元，完成拆迁建筑面积140万平方米。东部新城宁波文化广场Ⅲ、Ⅳ标段，国际航运中心三期等18个项目建成投用。截至2010年底，"中提升"战略已有100多个重大项目陆续开工建设，70多个重大项目先后建成投用，累计完成投资超过2000亿元。

4. 建筑业

【概况】 2010年全市建筑业企业共完成建筑业总产值1425.1亿元，比上年增长32.2%；其中，完成省外产值498亿元，同比增长40.7%；实现利税总额106.7亿元，同比增长53.3%；房屋建筑施工面积达到14567万平方米，同比增长31.2%。全市共办理招标及交易项目2937项，工程造价674亿元。全市应招标项目的招标率100%，应公开招标项目的招标率100%。全市共有建筑业企业1137家。其中，特级6家，一级111家；招标代理机构共60家，其中，甲级11家，乙级17家；勘察设计企业共111家，其中，甲级43家，乙级57家；工程监理企业共56家，其中，甲级27家，乙级20家；工程质量检测机构40家；施工图审查机构5家。2010年，全市19项工程获国家级和省部级工程质量奖，其中国家优质工程金奖1项，国家优质工程银奖2项，浙江省钱江杯（优质工程）奖16项，64个建筑工地被评为宁波市建筑安全文明施工标准化工地，25个建筑工地被评为省建筑安全文明施工标准化工地。

【出台《宁波市建筑节能管理办法》】 6月2日市人民政府第81次常务会议审议通过了《宁波市建筑节能管理办法》并于8月1日起正式实行。该办法适用范围包括民用建筑新建、改建、扩建、既有民用建筑的节能改造，建筑物用能系统运行等活动以及对民用建筑节能的监督管理。

【建筑节能相关技术规范体系日益完善】 《宁波市民用建筑太阳能热水系统与建筑一体化设计、安装及验收实施细则》（试行）、《宁波市地源热泵系统建筑应用技术导则》（试行）、《宁波市居住建筑节能设计技术要则》等配套技术细则陆续出台。并印发了《关于进一步加强民用建筑节能设计技术管理的通知》、《宁波市建筑节能施工图设计文件编制暂行规定》，极大地促进了宁波市可再生能源建筑应用的发展。

【全国可再生能源建筑应用示范城市建设深入推进】 2010年，市政府颁发了《宁波市可再生能源建筑应用示范城市建设实施意见》，市建委、市财政局联合印发《宁波市可再生能源建筑应用示范项目申报评审与资金管理暂行办法》和《宁波市可再生能源建筑应用示范项目以奖代补管理暂行办法》。首批21个、第二批30个可再生能源建筑应用示范项目全部下达，可再生能源应用面积达227万平方米。

【慈溪南部新城低碳生活示范区规划设计指导性意见通过专家评审】 慈溪南部新城低碳生活示范区位于慈溪市城南，包括东至新城大道，南至南三环线，西至浒溪线，北至前应路的所有未改造地块，改造面积3151亩，规划可建面积352.59万平方米，其中，住宅261.14万平方米，商业建筑42.2万平方米，办公建筑45.18万平方米，学校建筑4.07万平方米，总户数17409户。示范区建成后其节能效果将达65%，预计每年每平方米减碳20公斤，约占慈溪市减排目标的3%。

【宁波首个既有建筑节能改造示范项目获专项补贴】 市建委培训中心节能改造工程作为宁波市首个既有建筑节能改造示范工程，在通过省（市）建筑节能专家组的相继验收后，获得市建委和市财政局的建筑节能示范工程专项补助。该工程总建筑面积4760余平方米，外墙采用无机轻集料保温砂浆外墙保温系统，外窗采用断热铝合金型材低辐射中空玻璃窗，屋面采用挤塑聚苯板保温系统，生活卫生热水采用太阳能—空气热源泵热水系统，局部照明用电采用独立太阳能光伏发电系统，并对建筑用能实施分项计量及动态监测，总体水平居国内领先地位。

【建设培训硕果累累】 2010年，市建委培训中心共举办各类培训班150余期，培训15882人次。其中国家二建造师考前辅导培训115人；施工现场管理人员培训4036人（其中县（市）区1208人）；培训工人初、中、高级职业资格培训9个工种1014人；工程技术人员继续教育培训1198人次；"三类人员"延期和考前培训6541人；晋升建工、城建系列初、中级专业技术职务任职资格考前培训903人；其他培训2263人次。建设职业技能鉴定站共开展现场鉴定41场次，鉴定初、中、高级工近4788人次，鉴定人数比2009年同期增长了84.2%。

【行政审批效能明显提升】 2010年，建委行政审批各窗口共受理各类行政审批事项328116件，办结329307件，退还件272件，提前办结率达100%。《城建便民服务手册》编制完成，市建委行政审批与电子监察系统正式启动并与市行政服务中心系统实现联网对接，基本实现行政审批"一站式"服务。审批事项办理时限得到大幅度压缩，所有事项的承诺办结时限成功压缩到法定办理时限的50%以内，平均每个事项的承诺办结时限压缩了5.5个工作日。

【建议提案工作实现新的突破】 以建议提案办理为突破口，切实解决社会关注、群众关心的突出问题，2010年办理建议提案主办件98件，协办件74件，建委领导面商率达到100%，并取得了办理工作满意率、办理结果满意率"两个100%"的好成绩。

【接访调处工作不断强化】 2010年，全市共受理信访事项1644件，其中集体访51批812人次，市本级754件，集体访21批572人次，信访总量与集体访批次均较上年有所回落。

【扶持建筑业发展配套政策体系不断完善】 8月23日，市建委出台了《关于建立宁波市建筑业企业拓展市场服务工作机制的意见》，鼓励和引导建筑业企业积极实施"走出去"战略，努力拓展市场。同日，市建委、市财政局、市人事局联合下发了《关于宁波市建筑业人才培育经费补贴的实施意见（试行）》，建筑业人才培育扶持力度进一步加大。

【建筑业人才建设力度加大】 2010年市建委分别与市委组织部、浙大宁波理工学院以及宁波大学共同组织了2期建筑业企业总裁研修班和1期建筑业高层管理人员培训班，对宁波市近300名建筑业企业主要负责人进行了集中培训。同时，组织建筑业企业赴成都、武汉、杭州等地招聘建筑业专业人才，举办了"才富•宁波"首届建筑类中高级人才专场洽谈会，共引进各类建筑业专业人才300余名。制定了建筑业外经人才培育"三步走"规划，与宁波大学共同举办建筑业外向型经济贸易人才培训班，解决建筑业企业外向型经贸人才缺乏的难题。此外，组织了2009年度建筑业人才培育经费补贴申报工作，对宁波市80家建筑业企业381名符合条件的优秀人才给予了一次性补贴，共计537000元。

【建筑市场信用体系建设全面启动】 2010年，市建委完成宁波市建筑市场信用信息管理系统开发，实现了企业信用网上动态监管。出台《关于全面实施宁波市建筑市场信用证管理制度通知》，规定未取得"信用证"的建筑业企业不得在宁波市行政区域内从事建设工程施工活动。此外，通过出台《宁波市建筑市场信用信息管理试行办法》、《宁波市建筑市场信用评价管理试行办法》、《宁波市建筑施工、工程监理企业和招标代理机构信用评价标准（试行）》等文件，进一步规范建筑业信用信息管理活动。

【建筑企业信用管理】 2010年，89家信誉较好的建筑业企业项目履约保函额度下调至5%，6家信誉较差的建筑业企业的履约保函额度上调至10%；85家管理规范的企业人工工资支付担保额度下调至规定额度的50%，12家民工工资投诉较多、管理不规范的企业人工工资支付担保额度比规定额度基础上浮50%。

【建筑业企业资质晋升创历史新高】 进一步加大晋升资质帮扶力度，鼓励企业申报隧道、桥梁、钢结构等新兴领域资质。2010年全市共42家建筑业企业晋升一级资质49项，115家企业晋升二级资质136项，一级以上企业总数从2009年的86家增加到了111家，二级企业总数从2009年的282家增加到了320家。

【标后评估全面实施】 在总结以往成功经验的基础上，制定《宁波市建设工程标后评估项目招标投标活动责任追究暂行规定》等一系列制度，强化标后评估专家的动态管理，建立了由171名责任意识强、专业水平高、有丰富评标工作经验的专家组成的标后评估专家库，进一步提高评标质量。2010年市区共对27个工程项目进行标后评估，涉及项目中标金额17.87亿元。评估结论为"不通过"4个，"基本通过"5个，"通过"18个。同时对这27个项目的149名评标专家进行了后评估，评估结论为"不通过"42个。

【建设系统"文明施工"主题活动深入开展】 3月~12月，市建委以"迎世博，争创文明城市三连冠"为主题开展了"文明施工"主题活动，其中包括职工文明素质提升行动、施工工地环境整治行动、平安优质工程创建行动、文明和谐关系促进行动、文明施工"优胜杯"争创行动等五大行动，实现了建筑施工工地"文明施工"全覆盖，全市100个工地被评为文明施工主题活动"优胜杯"竞赛先进集体。

【宁波市建筑施工现场扬尘控制管理规定正式施行】 11月1日市政府出台《宁波市建筑施工现场扬尘控制管理（暂行）规定》，对建筑施工现场扬尘控制各项工作职责及工作要求做出了明确规定，进一步加强建筑工程施工工地文明施工监督管理力度，着力提升企业文明施工水平。

5. 房地产业

【概况】 2010年，宁波房地产市场总体保持平稳健康发展态势，房价涨幅明显回落并趋向平稳。全市房地产开发共完成投资557.3亿元，同比增长48.8%，其中住宅投资323.1亿元，同比增长36%，在全省11个地区中，宁波市房地产开发投资额度和增幅均居第二位。全市商品房新开工1406万平方米，同比增长73.1%，其中住宅777万平方米，同比增长54.7%。全市商品房竣工面积634.3万平方米，同比下降4.6%，其中住宅371.1万平方米，同比下降12.2%。截至2010年12月底，全市商品房施工面积3820.7万平方米，同比增长23.1%，其中住宅2235.8万平方米，同比增长17%。2010年宁波市区商品房成交43209件、341.8万平方米、492亿元，同比分别下降24.5%、36.3%和12.0%，其中住宅成交15427件、200.4万平方米、321亿元，同比分别下降56.4%、50.6%和25.3%。二手房成交27344件、320.4万平方米、247亿元，同比分别下降43.1%、34.8%和26.8%，其中住宅成交21148件、176万平方米、186亿元，同比分别下降48.5%、51.3%和34%。宁波房价同比涨幅逐月回落，从1月份8%回落到12月份0.8%，12月份综合房价同比涨幅低于全国平均水平5.6个百分点，在全国35个大中城市中排第33位，在70个城市中排第67位。从全年月度走势看，1~4月份宁波房价较快上扬，综合房价环比涨幅由1月份0.2%上升到4月份0.9%；随着4月份国发〔2010〕10号出台和实施，房价上涨势头得到有效遏制并出现回落，5、6月份综合房价环比涨幅分别为-0.5%和-0.6%；7、8、9月份房价又略有回升，9月份综合房价环比涨幅恢复到0.5%；9月下旬新一轮调控政策出台后和市场中可销售房源的有效增加，房价上涨势头得到进一步遏制，住房价格趋向平稳；10、11、12月份宁波市综合房价环比涨幅分别为-0.2%、-0.1%和0%。

【中央房地产市场调控政策得到全面落实】 根据中央调控精神，宁波制定出台了《关于进一步加强城乡住房保障促进房地产业平稳健康发展的若干意见》（甬政发〔2010〕14号）、《关于坚决遏制房价过快上涨促进房地产市场平稳健康发展的实施意见甬政发》（甬政发〔2010〕57号）和《关于进一步贯彻落实国务院坚决遏制房价过快上涨文件精神的通知》（甬政办发〔2010〕230号）等文件，全面贯彻落实国家宏观调控政策，坚决抑制房价过快上涨。其中，甬政发〔2010〕57号提出的严格落实差别化住房信贷政策和甬政办发〔2010〕230号提出的住房限购政策，在遏制投资投机性购房需求方面发挥了重要作用。

【出台房产限购令】 10月9日，宁波市政府办公厅下发《关于进一步贯彻落实国务院坚决遏制房价过快上涨文件精神的通知》，根据规定，宁波将全面实行住房限购，并暂停发放第三套房贷，其中，本市户籍居民家庭（含部分家庭成员为本市户籍居民的家庭）在本市只能新购1套住房；能提供在本市1年以上纳税证明或社会保险缴纳证明的非本市户籍居民家庭在本市只能新购1套住房。无法提供在宁波市1年以上纳税证明或社会保险缴纳证明的非本市户籍居民暂停在本市购房。

【五部门联手开展房地产市场秩序专项检查】 4月底，市监察局、建委、国土局、规划局、银监局五部门对截至2010年4月17日，宁波辖区内已取得土地使用权尚未竣工的房地产住宅项目进行专项检查。重点查处捂盘惜售、囤积房源、囤积土地、哄抬房价等违法违规行为。全市共检查房地产开发企业255家、房地产住宅项目（土地）333个。

【新开楼盘商品房预售资金监管正式启动】 宁波市建委、人民银行宁波市中心支行、宁波银监局联合下发通知，规定从11月1日期全面贯彻执行《浙江省商品房预售资金监管暂行办法》，新领取商品房预售许可证的开发商需先签订商品房预售资金监管协议书，购房者支付的所有房款需进入监管账户，开发商不能随意动用，只能根据开发进度在银行监管下分阶段支取，用于项目的工程建设。

【物业管理配套政策体系进一步完善】 2月5日印发《关于印发宁波市业主大会议事规则（示范文本）》、《宁波市住宅小区业主管理规约（示范文本）》；3月5日印发《前期物业服务合同（示范文本）》和《临时管理规约（示范文本）》；3月11日印发《宁波市业主、业主大会和业主委员会指导规则》；3月15日印发《宁波市前期物业管理招投标实施办法》；3月31日与市中级人民法院、市司法局联合制定《宁波市物业服务纠纷快速处理机制的指导意见》；7月23日印发《宁波市物业项目服务退出管理暂行办法》和《宁波市前期物业服务费管理办法》。6月12日，经市政府第81次常务会议通过，《宁波市住宅小区物业管理条例实施意见》正式实施。

【二手房交易过户前物业费结清制度正式实施】 从12月1日起，住宅小区房屋过户时，双方当事人应对物业服务费的结算情况需作明确约定。在办理产权过户时，房屋出售人应填写"物业服务费用结算清单"，并与办理房屋过户相关资料一并提交，若出售人没有结清所欠物业费，该住宅将不能过户。

【出台《宁波市物业专项维修资金管理办法》】 12月17日市政府第92次常务会议审议通过《宁波市物业专项维修资金管理办法》，并于12月23日以市政府令182号形式下发，2011年4月1日起正式施行。该办法的出台标志着宁波市房屋共用部位、共用设施设备维修资金全面进入有序交存和使用阶段。

【物业管理规模进一步扩大】 截至2010年底，宁波市拥有物业服务企业276家，其中一级资质企业20家，二级资质企业21家，行业从业人员3.96万余人管理物业项目（住宅小区、大楼、别墅区）多达1778个，管理面积近10916万平方米。经考评，航运中心等20个小区（大厦）获得2010年度宁波市物业管理示范小区（大厦）称号，18个获得宁波市物业管理优秀小区称号。绿城·绿园、航运中心、恒富大厦、北岸财富中心、广博大厦获浙江省物业管理示范小区称号。

【第十五届住博会顺利举办】 2010年10月29日至11月1日，第十五届中国宁波国际住宅产品博览会在宁波国际会展中心举行。本届展会以"低碳宜居"为主题，共设房产、金融、家装、家具、建筑节能、太阳能产品、新型建材等13大展区，总展出面积5.6万平方米，展位3400余个，近千家企业参展，37.5万客商和市民进场参观。期间举办了宁波市建筑节能再生能源利用成果展、住宅开发项目人居环境奖评选、2010宁波市城市金融展、中小企业融资洽谈会、首届二手房交易会、房地产和建筑节能两个高峰论坛等20余项活动。

【一、二级房地产开发企业达到58家】 截至12月，全市共有一级资质房地产开发企业17家、二级资质房地产开发企业41家。

【9个新竣工住宅项目获2010年度人居环境奖】 经房地产开发企业申报，各县（市）区建设行政主管部门推荐，结合小区档次、环境景观、新工艺新材料运用、节能、综合质量、开发规模以及开发企业业绩、不良行为记录等因素综合考评后，全市新竣工的住宅项目中有9个项目获得2010年度宁波市住宅开发项目"人居环境奖"，分别是：宁波新奉房地产开发有限公司开发建设的"汇豪天下4号地块"；宁波迪赛置业有限公司开发建设的"奥林花园一期"；宁波华丰建设房产有限责任公司开发建设的"紫郡小区三期"；宁波宁兴房地产开发集团有限公司开发建设的"城市花园"；宁波永元置业有限公司开发建设的"荣安花园"；雅戈尔置业控股有限公司开发建设的"香颂湾"；宁波兆隆置业有限公司开发建设的"壹品苑"；宁波舜大房地产开发有限公司开发建设的"春江花月公寓"；余姚百隆房地产有限公司开发建设的"诺丁山郡"。

大事记

1月

4日，2009年度宁波市三区经济适用房申购受理登记阶段工作结束，市三区房管部门共登记购房申请7222户，其中：海曙区3270户，江东区2428户，江北区1524户。

12日，市建委主任郑世海一行先后赴江北区海顿公寓、宁波市第一医院及北仑区、镇海区部分建筑工地督查建筑业企业民工工资支付清欠工作。

13日，宁波市区建筑施工企业安全生产工作会议召开，全市73家施工企业的安全生产负责人参加会议。

20日，2009年度市三区经济适用房申购核查工作结束，共计查出有房记录999人，其中海曙465人、江东366人、江北168人。

21日，市政协副主席常敏毅带领部分政协委员到市房产交易与权籍管理中心视察数字房产项目建设，市建委副主任诸国平陪同并介绍宁波数字房产工作情况。

22日，宁波市房改和住房公积金管理工作会议在慈溪召开，市建委副主任诸国平出席会议并讲话。

29日，市建委邀请部分民主党派市级人大代表和政协委员参加全市住房和城乡建设工作恳谈会，会议由市委统战部常务副部长杨志强主持，市建委领导班子成员、委机关相关处室负责人参加会议。

29日，市建委在海宁海州大饭店召开宁波市太阳能热水系统与建筑一体化应用座谈会，全市40多家建筑设计单位相关负责人和技术骨干参加了会议。

31日，市三区经济适用房申购家庭审核工作结束，共核准申购家庭6652户，其中海曙3024户，江东区2238户，江北区1390户。

2月

1日，全市城建系统联席会议在建委培训中心召开，苏利冕副市长出席会议并作重要讲话，市建委、规划局、城管局、环保局、人防办等单位负责人参加会议，市纪委、市财政局等单位领导应邀出席会议。

2日，市建委召开信访与维稳工作会议，副主任方锡彪代表建委与委属15家事业单位签订《2010年度宁波市建设系统综治维稳和信访工作目标管理责任书》。

3日，市政府印发《关于进一步加强城乡住房保障促进房地产业平稳健康发展的若干意见》（甬政发〔2010〕14号）。

23日，市三区经济适用房申购准购证正式发放。

3月

3日，全市住房和城乡建设暨反腐倡廉工作会议召开，郑世海作年度工作报告，纪检组组长张建平作反腐倡廉建设工作报告，苏利冕副市长出席会议并讲话，会议由党工委副书记屠爱康主持。

10日，市法制办召集部分人大代表、政协委员征求《物业维修资金管理办法》修改意见。

12日，和市委常委、市委秘书长王剑波，市委常委、宣传部部长宋伟，副市长苏利冕等一行，赴市中心城区专题调研检查迎世博环境整治及"中提升"重点项目建设。

12日，陈婆渡保障性住房建设项目完成勘查设计招标工作，宁波市房屋建筑设计研究院中标。

16日，宁波市房屋使用安全管理和物业管理工作会议召开，市建委副主任陆东晓出席会议并讲话。

23日，全市建委系统"文明施工"主题活动动员大会暨迎世博"环沪护城河"安保维稳工作会议召开，市建委党工委委员、总工程师倪炜出席会议并代表市建委与各县（市）区建设行政主管部门、市安质总站和市建管处签订责任状。

24日，2010年住房委员会和住房公积金管理委员会会议在市联谊宾馆召开。会议审议通过了《关于宁波市住房公积金2009年归集使用计划执行情况和2010年归集使用计划安排的报告》和《宁波市住房公积金资金流动性管理暂行规定》。

25日，市房产交易与权籍管理中心申报的宁波数字房产综合服务平台项目通过住房和城乡建设部专家委员会现场答辩与评审，正式列为住房和城乡建设部信息化示范项目。

25日，宁波市物业管理协会2009年年会召开，陆东晓出席会议并讲话。

3月30日～4月16日，市建委通过听取汇报、查阅档案、现场实地检查等方式对全市16个县（市、区）建筑施工现场"环沪护城河"安保工作和"文明施工"主题活动开展情况进行专项督查。

4月

2日，2009年度市三区经济适用房首轮选购工作结束，4938户准购家庭中，351户放弃选购，约占总数的7%，其中海曙区155户，江东区114户，江北区82户。

2日，首届中国低碳建筑国际研讨会在宁波诺丁汉大学召开，市建委副主任方锡标出席。

7日，2009年度市三区经济适用房余房补选阶段工作正式启动。

8～9日，住房和城乡建设部、监察部、人民银行等部门检查宁波利用住房公积金贷款支持保障性住房建设试点准备工作进展情况，并召开检查情况汇报会。

9日，宁波市"文明施工"主题活动第一次联席会议召开，会议由市建委党工委副书记屠爱康主持会议，市发改委、市交通局、市城管局、市公安局、市安监局、市总工会、轨道交通指挥部等各成员单位负责人和联络员参加了会议。

13日，住房和城乡建设部就加快保障性住房建设、遏制部分城市房价过快上涨专门召开电视电话会议，郑世海在宁波分会场参加会议。

14～16日，市建委副主任诸国平率团赴南京、郑州等地考察房地产预售资金管理办法。

19日，市政府召开专题会议，研究贯彻落实国务院关于解决城镇居民住房问题、促进房地产市场平稳健康发展一系列决策部署，并就加快经济租赁房建设，开展房地产业专项督查等作了进一步强调。

23日，第一季度宁波市建设局长例会在宁海召开。市建委主任郑世海，副主任方锡彪、陆东晓、诸国平，纪检组组长张建平，总工程师倪炜等委领导及相关处室负责人，各县（市、区）、国家高新区、东钱湖旅游度假区建设局局长和海曙区房管处处长等参加了会议。

27日，全市建筑施工安全生产工作暨"文明施工"主题活动推进会召开，市建委倪炜总工程师出席会议并讲话。

5月

6日，2010年宁波市老小区整治工作会议召开。

7日，2009年度市三区经济适用房销售工作全部结束，共计推出经适房房源4938套，销售4857套，其中市级房源2502套、海曙区自建房源936套、江东区自建房源706套、江北区自建房源713套。

8日，宁波书城举行落成典礼。

15日，市建委组织宁波住宅建设集团股份有限公司、浙江银晨集团有限公司等19家建筑业企业赴武汉招聘建筑、工程类专业人才。

17日，市房产交易中心全面启动存量房交易资金托管服务。

19日，庆丰桥及江北连接线工程通过综合验收。

20日，市三区房产电子产权数据整理工作结束，完成电子产权数据91.7万条。

6月

30日，江南污水处理厂试通水成功。

7月

6日，市政府出台《宁波市人民政府关于坚决遏制房价过快上涨促进房地产市场平稳健康发展的实施意见》（甬政发〔2010〕57号）。

8日，建委培训中心节能改造工程获市建筑节能示范工程专项补助，该工程为宁波市首个既有建筑节能改造示范工程。

8月

4日，环城南路快速路（机场路—东苑立交）工程通过初步设计审查。该项目位于宁波中心城区中南部地区，西起机场路，东至东苑立交，全长约9720米工程项目估算投资近25亿元，是宁波城市快速路网的重要组成部分。

5日，住房城乡建设部公布首批利用住房公积金贷款支持保障性住房建设试点城市，宁波等28个城市名列其中。

6日，洪塘经济适用房7号地块公共租赁房项目完成规划和初步设计会审，该项目为宁波市首个公共租赁房项目，建成后可供房源2100余套。

7日，宁波大学节约型校园建筑节能监管平台建设方案通过评审，市建委副主任方锡彪出席评审会。

8~10日，副市长苏利冕一行赴重庆考察公共租赁房建设，市建委主任郑世海、副主任诸国平随团考察。

10日，宁波国家高新区首个老小区改造项目——老庙新村改造正式完工。

25日，"天水家园"小区新物业公司选聘工作结束，该小区成为《宁波市物业管理条例实施意见》实施以来首例业主票选物业公司的小区。

25~26日，全省"千村示范、万村整治"工程暨农村住房改造建设现场会在宁波举行，省委书记、省人大常委会主任赵洪祝出席会议并作重要讲话，市建委副主任诸国平参加会议。

9月

13日，正式印发市政府常务会议审议通过的《宁波市公共租赁住房管理暂行办法》。

17日，2010年度宁波市住宅开发项目"人居环境奖"评选活动结束，汇豪天下4号地块、奥林花园一期、城市花园等9个住宅小区获"人居环境奖"称号。

20日，市建委印发《房屋过户物业服务费用结算清单（试行样表）的通知》（甬建发〔2010〕218号），规定从2010年12月1日起住宅小区房屋过户时，双方当事人对物业服务费的结算情况需作明确约定。

10月

9日，全市卫星城市开发建设体制创新现场会在江北区召开，市政府领导毛光烈、王勇、成岳冲、陈炳水、苏利冕等出席会议，市建委主任郑世海参加会议。

10日，市政府办公厅下发《关于进一步贯彻落实国务院坚决遏制房价过快上涨文件精神的通知》（甬政办发〔2010〕230号），出台住房限购、土地增值税预征率调整等9条措施，坚决巩固房地产市场调控成果，促进房地产市场平稳健康发展。

13日，宁波建工援建施工的青川县文化中心、青川县小坝安居小区工程荣获2010年度四川省灾后援建项目"天府杯奖"（省优质工程）金奖，青川县乔庄高中工程获银奖。

29日，第十五届中国宁波国际住宅产品博览会开幕，住房城乡建设部总经济师李秉仁、住房城乡建设部住宅产业促进中心主任刘灿、全国工商联房地长商会会长聂梅生、市人大副主任施孝国、副市长苏利冕、市政协副主席常敏毅、市建委主任郑世海等出席开幕式。

11月

2日，宁波市"文明施工"主题活动第四次联席会议召开，市发改委、市交通局、市城管局、市公安局、市安监局、市总工会、轨道交通指挥部等各成员单位负责人和联络员参加了会议，会议由市建委党工委副书记屠爱康同志主持。

5日，宁波市拆迁评估专家委员会工作会议召开，市拆迁评估专家委员会徐伟主任、戚征宇副主任和23名专家委员参加会议。

17日，全省城镇住房保障工作座谈会在宁波市召开，市建委副主任诸国平等全省11个市住房保障部门负责人参加座谈，省建设厅住房保障处谢永明处长主持会议。

23日，市建委总工程师倪炜会同相关部门开展高层建筑消防安全大检查。

24日，宁波市首个市级公共租赁房项目——洪塘公共租赁房项目正式开工，市委副书记唐一军致辞，省委常委、市委书记王辉忠宣布开工。

24日，宁波市首批住房公积金贷款支持保障性住房建设项目——江东区陈婆渡保障性住房、海曙区蒲家经济适用房一期正式开工，市委副书记陈新致辞，市委副书记、市长毛光烈宣布开工。

12月

1日，房屋过户物业服务费用结算制度正式施行。

3日，全市2010年度老小区物业管理综合考评工作顺利结束。

6～7日，中共中央政治局常委、国务院副总理李克强在宁波市考察保障性住房建设，省委书记赵洪祝，省委常委、市委书记王辉忠等领导陪同。

8日，新中国城市雕塑成就展暨宁波市优秀城市雕塑作品展、2010中国城市雕塑宁波论坛举行。

17日，市政府第92次常务会议审议通过《宁波市物业专项维修资金管理办法》，将于2011年4月1日正式实施。

24日，2010年度实施"中提升"战略和住房保障工作联评会议召开，市建委主任郑世海，副主任诸国平出席会议。

（宁波市住房和城乡建设委员会）

厦 门 市

1. 法制建设

【建设系统法规建设】 2010年，福建省厦门市建设与管理局建立行政权力网上运行平台作为规范行政权力运行的重要方式，稳妥推进行政处罚网上运行试点工作。深化推进电子政务，将行政机关对内对外的权力运行过程和结果程序化、公开化、职责化，有效规范行政权力运行和推行行政执法责任制。完成了未办理施工许可证和偷工减料两类违法行为作为行政处罚的网上运行，并进一步明确行政职权：包括行政许可7项、行政处罚217项、行政监督检查18项、行政事业性收费3项、其他行政职权39项，并完成了所有权力运行流程图。《厦门市物业管理若干规定》、《厦门市建设工程材料管理办法》、《厦门市建设工程抗震设防管理条例》、《厦门市机动车停车场规划建设管理条例》等法规的起草报批工作顺利推进。

【法规规章及规范性文件清理工作】 2010年厦门市建设与管理局按照《厦门市人民政府办公厅转发国务院办公厅关于做好规章清理工作有关问题的通知》（厦府办〔2010〕114号）文的要求，对以该局为主实施的《厦门市建筑废土管理办法》、《厦门市建设工程设计招标投标管理办法》、《厦门建设工程监理管理办法》、《厦门市地下管线工程档案管理办法》、《厦门市机动车停车场管理办法》、《厦门市建设项目行政审批集中办理办法》、《厦门市建设工程抗震设防管理办法》、《厦门市建设工程造价管理规定》、《厦门市建筑外墙装饰管理暂行规定》、《厦门市建设工程质量监督管理规定》、《厦门市建筑市场管理若干暂行规定》十一部规章进行了清理。

【多项政策促进土地利用管理精细化】 厦门市国土资源与房产管理局针对土地利用管理中出现的新情况新问题，制定或修订出台《厦门市建设用地增容审批及地价征收管理办法》、《关于划拨工业用地补办土地出让地价问题的处理意见》、《关于进一步完善公开出让国有建设用地使用权受让人变更的意见》、《关于鼓励企业利用自有工业用地变更为高端服务业用地的意见》等政策性文件。出台四项用地政策，支持现代物流业发展。深入研究建筑物临时改变功能土地年租金征收、招拍挂商品房项目中幼儿园的土地成本认定、经营性土地分割办证、商品房用地会所土地用途认定、出让用地地下空间开发利用涉及补交地价等问题，提出处理意见。优化工业用地公开出让方案，改"串联"为"并联"，进一步简化了流程。

2. 房地产业

【房地产市场运行情况】 截至2010年底，厦门市房地产企业225家，其中，内资167家，同比减少7.22%；外资58家，同比减少7.94%。按资质等级划分：一级11家，二级13家，三级40家、四级104家、暂定资质57家。全年全市房地产开发完成总投资396.38亿元，其中：国内企业完成投资325.74亿元占总投资的82.18%，外资企业完成投资70.64亿元占总投资的17.82%。商品房建设投资额117.85亿元，占总投资的29.73%；土地购置费251.93亿元，占总投资的63.56%。

全市商品房在建面积2508.29万平方米，与上年同期相比增长5.47%。其中：商品房住宅在建面积1482.80万平方米，比上年增加1.24%，占总在建面积的59.12%；商品房办公楼264.94万平方米，比上年增加43.81%，占总在建面积的10.56%；商品房商业营业用房190.63万平方米，比上年增加20.72%，占总在建面积的7.60%；其他用房569.92万平方米，同比减少0.27%，占总在建面积的22.72%。

全市商品房新开工面积808.76万平方米，比上年增加220.09%。其中：商品房住宅新开工面积440.28万平方米，比上年增加196.42%，占总新开工面积的54.44%；商品房办公楼121.67万平方米，比上年增加231.26%，占总新开工面积的15.04%；商品房商业营业用房57.64万平方米，比上年增加98.83%，占总新开工面积的7.13%；其他用房189.17万平方米，比上年增加392.37%，占总新开工面积的23.39%。

全市商品房竣工面积706.03万平方米，同比减少1.37%。其中，商品房住宅竣工面积448.23万平方米，同比减少6.45%，占总竣工面积的63.49%；商品房办公楼竣工面积24.51万平方米，同比减少3.43%，占总竣工面积的3.47%；商品房商业营业用房竣工面积32.93万平方米，同比减少19.31%，占总竣工面积的4.66%；其他用房200.36万平方米，比上年增加17.52%，占总竣工面积的28.38%。

2010年内，厦门市建设与管理局积极做好房地产宏观调控，完成"厦门市在房地产开发中所引发的三个不稳定问题及对策"课题，推动商品房住宅项目尽早开工；研究制定厦门市商品房装修一次到位的相关工作流程，以及相关部门的实施细则；起草制定《厦门市房地产行业信用管理办法》以及《厦门市房地产行业信用记分标准》；启动2010~2011年度"房地产奥斯卡项目年度评奖活动"。

【房屋市场交易情况】 全市商品房销售479.20万平方米，同比下降14.53%，其中商品住宅销量为247.13万平方米，同比下降36.93%；二手房交易量为375.46万平方米，同比下降了9.01%，其中二手居住用房交易量为266.62万平方米，同比下降了16.38%。厦门市商品房平均价格为8163元/平方米，同比上升9.46%。商品居住用房平均价格为10954元/平方米，同比上升24.49%，其中，岛内商品居住用房均价为15841元/平方米，岛外商品居住用房均价为8045元/平方米。推进了产权产籍管理工作。

【房屋权属管理情况】 厦门市国土资源与房产管理局组织对非通用厂房、自用写字楼、酒店（包括别墅式度假酒店）和综合体建筑分割办证、抵押问题，以及大宗土地分宗登记及抵押问题、会所登记办证问题进行了调研，并提出了相关意见。修订并颁布了《厦门市房产面积测算细则（2010版）》，全面完成农村土地房屋测绘和验收工作。开展了全市农用地分等更新及产能核算工作。进一步规范了"村改居"地区居民土地房屋权属登记相关业务管理。组织开展了城镇权属登记发证、农村土地房屋成片测绘发证、房产测绘审批情况专项检查。有序开展了军用土地登记发证工作。全市完成城镇土地房屋权属登记130088件、农村土地房屋权属登记2097件。

【城市房屋拆迁情况】 2010年，厦门市采取多项措施保障征地拆迁工作有效推进。注重研究征地拆迁工作中的新情况新问题，适时提出政策建议，为推进征地拆迁工作提供政策法规支撑。2月，厦门市调整了征地拆迁有关政策，拓展了安置空间，提高了补偿安置标准，节约了土地成本，提高了安置效率。11月出台文件对城镇房屋拆迁社会稳定风险评估等作了具体规定，解决了影响征地拆迁工作的困惑问题。市国土资源与房产管理局进一步强化职能定位，经常组织人员深入现场，指导解决征地拆迁疑难问题。12月，解决了困扰同安区、翔安区遇拆迁批宅基地自建的问题，推动两区征地拆迁工作的开展。开辟"绿色通道"，加快征地拆迁行政许可，为岛外新城建设、岛内旧村改造项目及省、市重点项目提供了快捷服务。加强征地拆迁数据的收集、统计和分析，全面掌握并及时向各级通报重点项目征地拆迁动态信息，为各级决策提供参考。全市发布征地预告、公告162个，完成征地面积1388.32公顷（含收回国有土地）；发布房屋拆迁通告68个，拆迁房屋建筑面积486.04万平方米，完成安置建筑面积58.51万平方米。

3. 住房保障

【住房保障政策体系不断完善】 完成《厦门市社会保障性住房管理条例》释义的起草工作，对法规进行规范、系统、全面的解答。深入开展《条例》的培训和政策解答工作，多次组织对区、街道（镇政府）、社区等一线工作人员的培训，提高基层办事人员的政策掌握能力，力求做到执行《条例》标准不走样。对接做好《厦门市社会保障性住房管理条例》的执法检查工作。探索建立符合厦门实际的公共租赁住房政策体系，在现有住房保障政策的基础上进一步提高住房保障水平,切实有效地解决新就业职工、外来务工人员等住房"夹心层"群体的住房困难问题。研究探讨限价商品住房政策,通过调整部分存量政策性住房和新出让土地两种方式建设限价商品住房,增加商品住房市场中低价位、中小户型普通商品住房的有效供给,保持房地产市场健康平稳发展。着手编制《厦门市2010~2015年住房建设规划》、《厦门市2010~2012年保障性住房建设规划》、《厦门市"十二五"住房保障发展规划》、《厦门市公共租赁住房发展规划》。

【保障性安居工程实施情况】 2010年厦门市保障性住房竣工11315套,全年累计完成投资额6.7亿元。全市在建的25536套保障性住房已有23252套竣工或基本竣工。高林居住区3号地块、湖边花园B区、前埔BRT、杏北锦园新城、集美滨水小区、华铃花园、翔安东方新城、同安城北小区等项目基本竣工,虎仔山庄一期实现封顶。高林居住区剩余13幢住宅以及1号地块生鲜超市、3号地块配套幼儿园、社区中心等项目的征地拆迁工作启动。

【公积金管理】 2010年,厦门市充分发挥住房制度改革和住房公积金服务民生的作用,启动利用住房公积金贷款支持保障性住房建设试点工作,调整住房公积金贷款首付款比例、实施住房公积金差别化住房信贷、设定住房公积金缴存上下限标准等政策。进一步加强已售公有住房住宅专项维修资金管理。开展住房公积金、房改房维修资金、住房货币化补贴发放管理系统升级改造。继续完善住房信息管理系统,协助查询职工住房情况15230人次。全市归集住房公积金44.33亿元,同比增长9.75%,归集余额103.15亿元;为5229户家庭发放住房公积金个人贷款19.05亿元,同比下降39.10%,个贷余额70.84亿元;住房公积金个贷使用率达68.68%;逾期贷款余额91.1万元,贷款逾期率0.0129%,远低于国家标准值(1.5%);发放住房货币化补贴3.56亿元。

4. 城乡规划

【概况】 2010年,厦门市规划部门共编制规划项目302项,立项合同3600万元。共办理"一书两证"4025件,其中,建设项目选址意见书855件,建设用地规划许可证1140件,建设工程规划许可证578件,建设工程设计方案821件,建设工程市政方案369件,建设项目市政工程证262件。共检查岛内一书两证的有效期385件,督促建设单位设立在建建设项目规划公示牌48块,办理岛内建设项目放样检查376件,建设工程竣工规划条件核实415件,对违法建设性质的规划认定18件,配合市城市管理行政执法局查处违法建设案件25起,行政诉讼应诉3件,召开听证会1次,配合法院处理拟拍卖房产9件。共办理市人大建议、政协提案64件;市委、市政府督办件259件;群众来信来访514件,办结率均为100%。

【规划编制】 2010年,厦门市规划部门先后完成以下各类规划:完成厦门市城市总体规划修编(2010~2020年)、鼓浪屿—万石山风景名胜区总体规划等4个总体规划;完成厦门市筼筜东片区(03-02)用地整合规划、厦门市湖光片区(03-04)用地整合规划、厦门市嘉莲片区(03-05)用地整合规划等25个控制性详细规划;完成轨道1号线富山节点街坊综合改造规划、同安滨海新城核心区总平咨询、厦大海滨1-18号楼教工宿舍区改造总平规划咨询等20个修建性详细规划;完成厦门市对台特别政策地区规划研究、厦门市"空心村"治理规划政策研究等29个研究规划;完成集美新城规划建设项目策划、同安滨海新城规划建设项目策划、翔安南部新城规划建设项目策划、厦门中城(会展片区)建设行动规划等64个行动规划;完成厦泉漳龙城市联盟城际轨道系统规划、厦门市重点片区无线通信专项规划、厦门市住房建设规划(2010~2015)、厦门市历史风貌建筑保护规划修订、厦门市建筑废土消纳场所及中转站布局规划等39个专项规划;完成汀溪镇总体规划、新圩镇总体规划等12个村镇规划;完成厦门站片区旧城改造城市设计、西亭中心区滨水地块城市设计导则、翔安大道操作性城市设计等28个城市设计。

【编制试点小城镇系列规划】 按照省、市有关小城镇试点建设要求,2010年厦门市将同安汀溪镇和翔安新圩镇作为两个试点镇,并完成两个试点镇的总体规划、专项规划和控制性规划任务,规划成果通过了评审。汀溪镇的试点规划,主要针对水资源丰富(有水库四座,年均蓄水量1.07亿立方米),森林覆盖率高(达65.7%)、温泉资源优质、丰富等特点,结合自然山形、水系以及规划路网,将其规划为滨水新住区、休闲度假区、温泉养生区、山地休闲区、旧镇整治区和扶农转非区六个功能片区,设法将汀溪镇打造成厦门北部重要的以温泉为特色的休闲旅游目的地、重要的水源保护区和生态产业基地。

5. 城市建设

【岛外新城市政设施规划建设加快推进】 厦门

市完成集美新城区的地下共同管沟建设规划，修编适合集美、翔安、海沧和同安新城等岛外新城特点的市政道路、给水、排水、供气、污水处理、垃圾处理、公交场站、园林绿化等各项专项规划。确保在规划上高起点、高标准、高层次、高水平，促进城乡基础设施一体化建设。抓好岛外新城的水、气、环卫设施、公交场站设施的配套建设，完成明达玻璃等大中型工业企业燃气配套管网建设并供气，落实友达光电等重要项目的供水、供气配套设施建设。

【水务建设取得新成效】 长泰枋洋水利枢纽工程经过厦漳两市多年的共同努力，各项协议妥善解决，取得突破性进展，项目建议书已报国家发改委审批并通过水利部审查，项目可研等前期各项工作已陆续展开。九龙江北溪引水左干渠改造二期工程进展顺利，已开凿隧洞达总长度的75%。石兜水库除险加固工程已完成水库大坝、隧洞的施工招投标工作。石兜水库输水工程完成地勘报告和初步设计审查，正进行施工图设计，其中滨水小区段已进场施工。厦门岛与翔安供水干管互通工程的隧洞及两端连接线已完成预验收等工作，岛内段（环岛北路、环岛干道等）正加快推进工程进度。集杏海堤原水管迁改工程建成。翔安欧厝社区农村自来水管网改造工程已基本完成，其他21个社区正进行施工、监理招投标工作。坂头水库水源地整治取得较好成果，水质明显变好，7月份已投入正常使用。石渭头污水处理厂改扩建主体工程、同安污水处理厂扩建工程和天地湖污水截流工程顺利完工。西柯污水处理厂污泥处置项目和前埔、象屿污水泵站工程已基本完工。中洲和西炉泵站已开工建设。环岛路直排海域的污水截流工作及排海管的拆除和改造工作已全面启动。

【燃气建设发展进入提升服务管理新阶段】 厦门市重点加快天然气使用拓展步伐，扩大供气规模，改变能源结构。依据《厦门市燃气专项规划（调整）》，对厦门天然气门站进行扩容、对各区燃气系统、设施布局等进行建设和完善，解决天然气主干管道进入各城区路径问题。细化天然气管网，推进天然气汽车加气站建设，吕岭路天然气加气站、会展北天然气加气站、灌口天然气加气站相继建成并投入使用，较好地保障天然气公交车的加气。湖滨中路天然气加气站开工建设。同安区完成燃气管道定向穿越东西溪工程，较好地配合道路管网建设。进一步完善嘉禾路旧管线改造方案。全市新铺设中压管66.8公里，低压管66.5公里。

【公交场站建设扎实推进】 完成龙山西路公交首末站建设和寨上公交枢纽站验收并投入使用。接收古楼、观音山公寓公交场站。厦大翔安新校区配套公交场站建设项目完成调查研究，提出公交场站选址及建设方案。完成文曾路旅游线路首末站站务楼全部建设前期手续，着手对高林、枋湖、中埔、新阳西、集美理工学院、同安梧梧、翔安文教园七个已规划作为公交场站用地的项目进行前期调查摸底，完成初步设计方案。对轮渡地上社会停车场、海沧镇首末站及白城枢纽站进行维修改造。抢修轮渡地下车库排水系统。配合梧村汽车站及火车站片区改造、火车站集美北站启用、中山路东段步行街改造及公交票改、公交线路优化，配套建设相应的公共停靠站设施，新设置公交站点21个，新建候车亭68座；新建、补建站名牌133个；维修站名牌34座。BRT快速公交场站建设继续推进和完善，新开通同安区BRT线路，BRT2号线终点从西柯延伸到同安。前埔BRT枢纽站建成投入使用。

【城市绿化美化水平较大提升】 全年完成义务植树240万株，新增园林绿地706公顷。完成了人民会堂、会展中心等重要节点的彩化树补植和湖滨北路、莲前东西路、吕岭路等5条道路的绿化改造工作。创建"绿色军营"15个，"绿色校园"28个，"绿色开发区"4个。完成护坡挡墙的垂直绿化40处，高架桥墩绿化572处，人行天桥绿美化8座。高铁沿线绿化岛内段已完成，岛外的集美和同安段正在施工；云顶北路绿化景观建设基本完成并取得了较好的效果。岛内4.5公里老铁路景观改造建设已经完成方案的论证和设计，进入施工阶段。在公园建设方面，共完成公园绿地建设191公顷。金尚公园等7个岛内社区公园基本建成。一批公园陆续开始建设。集美区时代广场、海沧区海沧湾公园等相继建成，岛外公园建设取得了突破性的进展。植物园完成沙生植物区、北门入口改造等一批绿化景观提升工程。园博苑已初步开发"水上游园博"项目，完成上海世博会厦门案例馆落户厦门园。忠仑公园征地拆迁、安置补偿工作继续推进，东芳山山地花园建设如期完成。组织参加济南第七届园博会、新加坡花园节等重大展会活动，均取得较好成绩。

【城市管理与执法概况】 2010年，市级"数字城管"指挥中心累计受理各类来电来访60005件，案件41793件，除即时办理5023件外，派转案件36770件，反馈率100%。办结36214件，办结率98.49%。厦门市城市管理执法局累计做出责令拆除违法建设决定18件，责令拆除违建面积7244平方米，实际拆除违法建设23处，拆除违建面积6330平方米；做出责令改正决定3件，责令恢复原使用性质建筑物面积14492平方米；做出罚款决定8件，罚款总额168万元，实际罚款执行到位20笔，总额106.9万元（其中土地房产方面罚款9笔金额8.3万元）。受理工地不文明施工投诉1136件，处罚金额374500元，巡查工地2785家次，指导改进施工方案270家次，清洗受污染路面39239平方米，处置破损宣传广告19880平方米，签订文明施工责任书18家，协调安装噪声和视频监控10台，配合厦门市建设与管理局查处建筑市场方面的违法行为，罚款222.445万元，没收违法所得207.12万元。完成1916部零星土头运输车辆的资质审核、造册入档，办理建筑废土处置核准手续87件，调剂建筑废土10066213立方米，推广安装GPS监控设施28家车队54台车，中转建筑废土约9000立方米，处罚违章案件248起，处罚金11.66万元。累计开展市政园林执法专项整治9次，其中燃气经营站点违法行为及"黑气"经营4次，汽车美容店违法排放污水2次，占压占用市区主干道行道树绿化带行为2次，破路施工1次，查处案件20起，简易处罚3起，立案处罚17起。开展整治活动55次，纠正各类违法行为1157次，收缴船只8艘、渔网689件、轮胎36个。

6. 村镇建设

【概况】 2010年，厦门市村镇建设工作主要围绕15个重点村的旧村改造和新村建设、30个重点村的家园清洁行动及小城镇建设三大项目中心任务开展工作，截至年底，全市各重点村的建设改造任务进展顺利，旧村改造和新村建设专项资金补助落实到位，家园清洁行动建设项目全面实施，项目建设和设施采购有序进行，小城镇建设积极推进，村镇建设管理水平得到进一步提高。市财政安排专项规划经费300万元，对15个行政村进行村庄建设规划修编。市建设与管理局组织专家和教授深入岛外十二个乡镇、几十个村庄，认真开展调研，广泛听取各区、镇、村的意见和建议，完成厦门市村镇"十二五"建设发展规划。年内，市建设与管理局积极配合推进小城镇综合改革建设试点工作，做好项目前期工作。开展挂钩帮扶，促进汀溪小城镇建设和乌山村三农发展再上新台阶。从城市维护费中列支70万元用于编制汀溪镇的坤泽阳、洪坑两个保留村庄整治规划。从村镇建设结余资金中安排27.2万元为乌山村完成了村庄整治发展规划编制，从城市维护费中安排资金50万元帮助解决乌山村村庄池塘安全隐患问题，为村民生产生活促进和谐社会创造良好的环境。

【旧村改造和新村建设】 厦门市建设与管理局继续推进旧村改造和新村建设，引导村民自主投工投劳，改善生产、生活环境。在完成85个村庄整治建设任务的基础上，新增15个重点村的整治，安排市、区两级财政补助共计7918.29万元，用于村庄建设规划、村内道路建设、排水排污沟（管）、垃圾收集点等十个项目建设。截至2010年底，15个重点村的村庄建设规划编制到位，第一批补助资金下达，重点开展村内道路建设、排水排污沟（管）、垃圾收集点等项目建设，包括15个重点村的村内道路100.192公里、排水排污沟（管）130.602公里、砌筑挡土墙53.514立方米、路灯1500盏、垃圾收集点252个、垃圾转运车辆147辆、篮球场45个、健身器材53套、修缮改造文化活动室117个，并对村庄实施环境整治、房前屋后硬化、绿化、美化。2010年建设道路3.01公里、管沟4.02公里、完成挡土墙建设5.03立方米，环境整治、绿化、美化等项目建设同步推进。

【农村家园清洁行动】 2010年，厦门市确定30个重点村开展农村家园清洁行动，结合新村建设和旧村改造、老区山区建设发展项目的开展，安排市区两级财政补助资金1965.87万元（其中，市级政补助资金999.93万元），安排项目8项，包括建设清洁楼10座，临时垃圾转运站9座，垃圾收集点37个，安排村庄卫生整治费用80万元，购置人力保洁车297辆，专业垃圾运输车14辆，垃圾容器1494个，安排农村环境卫生考评专项经费25万元。

【农村住房建设、农村住房安全和危房改造】 2010年，厦门市在地质灾害防治和危房治理改造方面开展了多项工作。编制了市、区两级2010年地质灾害防治方案，做到未雨绸缪。组织开展了汛期地质隐患再排查，查明了隐患，落实了防范措施和责任。进一步加强村（居）群测群防建设工作，提升群测群防规范化水平。加强突发地质灾害应急处置工作，成立了地质灾害应急救援队。将防范强降雨引发地质灾害作为防灾工作的重点，积极开展地质灾害防治宣传、培训、演练，450多人参加了培训，300多人参与了应急转移演练。深入开展了地质灾害安全检查，组织换发了地质灾害点的"防灾明白卡"和"避险明白卡"。指导集美区、海沧区基本完成地质灾害群测群防"十有县"达标建设。全市对21处地质灾害险、灾点实施排险或治理，投入资金约572万元。派出援助工作组，支援南平灾后重建项目的地质灾害危险性评估工作。全市核发危改资金200

多万元。组织各区开展危旧房排查,加大危房治理力度,跟踪巡查重点危房1105幢(次)、建筑面积29.2万平方米,及时排除房屋险情389幢(宗)、建筑面积8.17万平方米。向市领导提出了将全市预制板房及旧城区成片危旧房纳入棚户区(危房)改造规划的建议,着手解决危旧房和预制板房的使用安全问题。

7. 建筑业与工程建设

【建筑市场管理情况】 2010年,厦门市619家建筑业企业完成建筑业总产值610.36亿元(含本市企业在外地完成产值309.64亿元)。其中,本市建筑业企业325家,完成建筑业产值453.92亿元(含本市建筑业企业在外地完成的产值309.64亿元),占建筑业总产值75.48%;非本市注册建筑业企业294家(其中省外建筑业企业131家),完成产值147.44亿元,占建筑业总产值24.52%。有76家企业到省外拓展业务,省外产值138.90亿元。全年房屋建筑施工面积4982.12万平方米,各类房屋新开工面积1624.47万平方米,房屋建筑竣工面积1095.98万平方米。2010年,全市新设立建筑业企业15家,其中,专业承包5家,劳务分包5家,设计施工一体化5家。资质升级17家,三级升二级的15家,二级升一级的2家。共有建筑业企业551家,其中施工总承包144家,专业承包255家,设计施工一体化38家,劳务分包114家。非本市注册在厦备案的企业有321家,其中总承包260家,专业承包58家,设计施工一体化3家。

【建设管理服务】 建设管理服务中心全年收件19621件,办结19119件,提前办结率59%,实现零逾期;跟踪、代办320个建设项目的800多项审批事项。行政许可办理窗口全年收件5227件,办结4856件(提前办结率85%,比上年度高了1个百分点),补退件率12%(比上年度低了8个百分点),接受各类咨询2.5万人次(比上年度同期咨询量2.4万人次高4%)。建设管理服务中心为主动适应城市发展的新需要和人民群众的新期待,进一步改造服务流程,简化程序,提出"十大举措"加快岛外新城建设;研讨制定审批服务尤其是简化程序、提高效率的具体措施,服务"五大战役"项目建设。

【建筑工程质量安全监督工作】 全市全年建设工程质量和施工安全生产形势处于受控状态,全年未发生较大等级及以上安全事故和质量事故,省、市下达的质量安全责任制目标得到较好实现。建设项目创优取得较大成效,优质工程创历史新高,厦门地产大厦和建发五缘湾营运中心写字楼获得2010年度中国建设工程鲁班奖(国家优质工程),福建省2010年仅有2个鲁班奖工程均由厦门市获得,有60项工程被评为"闽江杯"省优质工程,占全省近半;文明施工标准化工作得到深入推进,有4个项目被评为全国"AAA级安全文明标准化诚信工地",67个项目被评为"省级文明工地",占全省40%。积极开展多场次的质量安全生产大检查和工地文明施工标准化建设与整治,质量安全隐患得到有效消除,文明施工水平得到有效提升。出台《厦门市建设工程市级文明工地创建、评选与管理暂行规定》,明确了文明工地创建与评选要求、程序,出台《厦门市建设工程施工现场防火安全管理暂行规定》,明确建设单位、施工单位、监理单位的防火安全管理职责,细化不同建筑高度的临时消防给水系统设置等要求,解决高层防火难问题。实施动态考核促进相关责任人认真履责,加强监督检测管理严把材料关,组织编制住宅工程质量通病防治技术措施治理质量通病,围绕主题,精心组织开展质量安全月活动。开设安全生产电子书、建筑特种作业人员查询系统,拍摄高大模板、加气混凝土砌块应用质量安全控制宣教片,提高质量安全教育实效。全面实行监理企业资质备案管理,编制《安全监理手册》,维护和规范本市建设工程监理市场秩序。

【建筑工程招投标的管理】 2010年全年累计有146个项目采用先评后抽的经评审最低投标价中标办法,总预算价84.66亿元,总控制价79.20亿元,总中标价72.31亿元,造价降低率8.70%,累计发生一般性投诉13件,投诉率比以前下降90%。完成厦门市网上远程评标硬件系统和网络系统的建设工作,网上远程评标室、讨论室、远程评标内网等建设安装到位,具备了与福建省其他地市开展网上远程评标的条件。加强工程招标截标前的监管,采取了三项措施,一是严格项目报建审查,审查立项批文、土地出让合同及附件等报建资料的完整性并严格核定招标方式等;二是严格招标公告审查,即审查招标方式和组织方式,设置的投标人条件和招标活动组织的合法性等;三是严格招标文件审查,即审查招标文件内容的合法性和评标办法的合理性及可操作性,及时发现并纠正排斥潜在投标人的不合理条款。通过上述措施,将防范关口前移,把大量潜在矛盾和问题排除在开标前,增强了监管效果,较好维护了建设工程招投标的公平、公正,大大减少了投诉,一月、二月、六月3个月为零投诉。加强对招标人(招标代理机构)进场交易行为的管理。对进场交易工作人员实行备案管理，规范评标区人员进出、评标秩序、设备与评标资料的管理。对招标人（招标代理机构）是否在规定的时间进驻市工程交易中心发售招标文件进行检查，进一步规范了招标人（招标代理机构）进场交易的秩序和行为。加大工程交易场所硬件建设力度。市交易中心在环东海域分中心原有场所和设施的基础上，更新网络系统等硬件设备，改善专家休息室，为评标专家的过夜休息提供更加舒适的环境，为大型复杂工程项目跨天评标提供场所。进一步做好建设工程评标专家的管理和工程造价咨询单位及招标代理机构专项检查。

【加强对建筑业企业的管理和服务】 开展了年度建筑业企业资质检查工作，重点对许可企业的资质情况进行了检查，对存在问题的企业要求限期整改，对整改后仍不满足资质条件或拒绝整改的企业依法上报省厅注销其资质，2010年注销已不符合资质标准要求的建筑业企业23家。在非本市企业的资质备案管理方面，厦门市加大现场核查和市场清出的力度，实地核查企业办公场所、办公条件、备案人员状况，共清理出36家管理不到位、使用伪造证件等问题的企业，在厦门市建设与管理局备案的非本市企业从年初的357家，减少到年末的321家。3月建立了非本市企业备案前法定代表人约谈制度，对于减少挂靠、规范企业投标和施工活动起到了积极的作用。8月，厦门市建设与管理局组织开展在厦建筑业企业备案信息系统人员信息清理整改工作，共计清理删除人员信息2006人，清理删除部分岗位信息的人员110人，清理出有在建工程但需要变更或整改的人员440人。这项工作进一步加强对建筑业企业资质和人员备案的动态监管，确保在厦建筑业企业备案信息系统信息内容的真实性。年内，共有9家三级企业升为二级（共有15项三级资质升为二级），3家二级企业升为一级（其中设计与施工一体化企业1家）。引导企业提高经营管理水平，福建九龙、厦门建安、厦门华远、中铁二十二局三公司、福建成信机电等5家特、一级施工总承包企业建立了企业办公管理系统和项目管理系统。积极帮助指导集体企业厦门市第一建筑工程公司的改制工作，该公司于6月24日通过产权交易中心顺利转让。

【建筑市场信用体系建设】 按时发布2009年度建筑业企业信用评价结果，共有459家施工总承包企业和375家专业承包企业参与评价，有32家施工总承包企业和5家专业承包企业被评为A级以上信用等级。

【工程担保监督管理工作】 2010年，厦门市通过"建设工程担保管理系统"对各类工程担保保函进行有效地集中管理，累计受理保管各类工程保函801件，合同总额133亿元，累计担保金额24.79亿元。其中，专业担保公司出具的担保书545件，担保金额11.91亿元，银行出具的保函256件，担保金额12.88亿元，取回各类工程保函843件。召集专业担保公司和商业银行召开4次的行业自律小组会议，传达全国建设工程担保试点工作座谈会会议精神，讨论如何解决工程担保续保难、市场过度竞争等问题。通过建立行业自律机制来规范和约束专业担保公司的市场行为，有效维护工程担保市场的秩序。年内，厦门市建设与管理局组织部分专业担保公司共同研究制定《厦门市建设工程担保业务操作规程（试行）》，并在专业担保公司中开展试行。

【建筑劳务管理】 每月定期开展在建工程施工合同履约检查，检查建筑农民工劳动合同签订情况及建筑用人单位工资支付情况。全年共检查了222个在建工程劳动用工情况，共向建设单位、施工单位及劳务分包单位发出检查监督意见书41份。开展建筑业企业劳动用工及农民工工资支付情况专项检查和全市各在建工地和建筑企业执法检查，检查内容包括用工单位与工人签订建筑劳动合同情况、工资支付情况、劳务公司所在分包项目是否派出劳务队长、企业和项目计生工作情况等。大多数受检项目能够按照规定要求办理工程款支付担保、履约担保，并且担保均在有效期内，基本按照合同约定条件支付工程进度款，大部分项目基本上能够按规定签订劳务分包合同、及时足额支付工人工资。通过检查，市建设管理局及时发现部分存在问题的项目，并发出检查监督意见书，限期责令整改。有记录不良行为记录的企业被列入合同履行重点监督对象。2010年厦门市召开多场建筑劳务企业座谈会，研讨如何进一步完善建筑劳务分包制度，形成《厦门市建筑劳务分包企业综合考核评价评分办法（草稿）》。

【工地文明施工标准化建设与整治】 出台《厦门市建设工程市级文明工地创建、评选与管理暂行规定》，明确创建市级文明工地适用的范围、创建程序和要求、申报、评选条件和要求等内容；举办建筑施工安全质量标准化现场会，加大创建文明工地引导和培育力度，鼓励企业争创文明工地；大力推广标准施工图集，实施建筑现场安全文明施工标准化工作情况日常动态监管，在实施过程中组织学习、观摩、交流，不断丰富和完善图集内涵和实战经验，推进全市建筑现场安全文明施工标准化、定型化、工具化,并持续提升管理工作水平;以主干道沿线、火车站、码头、车站、机场、会展中心宾馆建筑周边工程为重点,开展文明施工专项督查。截至2010年底,排查工程项目158个,对多责任主体的工程项目采取协调落实责任,发出《暂停或局部暂停施工整改通知书》8份、《责令整改通知单》82份,并督促其限期整改。督查52个在建工地,开出建筑工地文明施工标准化建设与整治工作督查通知44份。

【工程质量安全动态管理】 为加强建设工程质量安全监管,促进施工、监理单位及其项目责任人认真履行职责,防止工程事故发生,厦门市建设与管理局从年初开始贯彻实施工程质量安全动态管理办法。该办法建立健全动态管理有关制度,对全市在建工程项目有关责任人实施动态考核管理,准确掌握施工现场动态信息,对责任人在质量安全管理过程中的违规行为,采取记分、行政处理和行政处罚相结合的方式进行监管。并在动态信息系统中进行记录。组织被记分的建造师、总监集中教育培训,以强化责任意识,增强业务素质,提高履职能力。

【编制《厦门市住宅工程质量通病防治若干技术措施》】 住宅工程质量通病防治工作是提高住宅工程质量的有效途径,为进一步满足人们对住宅工程的质量要求,规范住宅工程质量通病防治工作,年内,厦门市建设与管理局组织市建设工程质量安全监督站、市建设工程施工审图所和建设、勘察设计、监理、施工等几十位各领域的各方面专家,编制《厦门市住宅工程质量通病防治若干技术措施》。

8. 建筑节能与科技

【新建建筑节能】 厦门市建设与管理局强化新建建筑执行节能强制性标准的监督管理,把好施工图审查、施工许可、工程质量监管及竣工验收等环节标准执行关,对达不到标准的建筑,不办理开工和竣工验收备案手续,不得销售使用。2010年,办理公共建筑项目464项,面积387.44万平方米;居住建筑项目394个,建筑面积498.19万平方米;完成民用建筑节能专项验收备案453项,备案节能建筑面积597万平方米,并加强建筑节能工程质量的监督检查。

【全国建设领域首个CDM机制示范城市在厦门启动】 该项目以"中国新建建筑领域的碳金融机制研究"为主体,开展规划方案下的清洁发展机制、新行业减排机制研究,建立一个国内碳交易平台,为我国新建建筑领域评估提供新的碳金融工具。2010年8月,完成第一阶段工作:一是完成了用于建筑领域的规划活动认可的CDM(清洁发展机制)基线值和监测方法研究;二是完成全市6类节能建筑共3000多个项目建筑能耗的采集工作,并基本确定了基准能耗参考值;三是选择最具备条件的集美新城西亭中心区作为首批低碳示范区。

【推进绿色建筑工作】 "厦门市绿色建筑与节能委员会"于2009年成立,通过不断完善机构的制度建设,制定《厦门市绿色建筑评价标识管理办法》和《厦门市绿色建筑专家委员会专家组工作准则(试行)》,成立厦门市绿色建筑评价专家委员会(委员会按照专业分成8个小组,共81人)。编制福建省工程建设地方标准《绿色建筑评价标准》,作为厦门市开展一、二星级绿色建筑评审的依据,于1月13日发布,3月1日开始执行。1月,市建设与管理局向建设部提交关于开展一、二星级绿色建筑评价工作资格的申请,并获得批准。随后筹备和组织开展本市绿色建筑评价标识工作,并进行宣传、咨询和指导工作。编印出版《绿色建筑评价标识资料汇编》;制定一系列评价、评审表格,以方便申报、评审和管理;完成蓝湾国际一星级绿色建筑住宅项目的评价和评审,并进行项目公示。年内,恒兴财富中心项目获得美国LEED预认证证书。会展三期、金帝中州滨海城、福建中烟技术中心、建发海西首座、海尚国际进行了绿色建筑的设计。围绕厦门市政府关于岛内外一体化建设的战略部署,市建设与管理局完成编制《厦门市绿色建筑发展和可再生能源应用专项规划》;参加建设部绿色建筑有关工作会议,召开绿色建筑与节能高级论坛,邀请国内专家作专题报告,学习和交流先进的绿色建筑相关技术和经验;完成住房城乡建设部下达的任务《绿色建筑2010》中地方机构部分的编写工作,参与起草国家标准《建筑节能术语标准》,参与住房城乡建设部《不同气候区绿色建筑评价标识一星、二星评价标准研究》工作。

9. 建设教育

【职称、注册执业资格管理工作成效显著】 做好建设人才教育培训,积极服务于厦门市的新一轮跨越式发展。一是组织开展职称评审和不具备规定学历工程技术人员评审工作。2010年组织开展第十三届全市土木建筑企业中级职称评审工作,经过初审、预审,有713名符合参评中级技术人员资格评审,经专家评审获通过有586人,有74人参加不具备规定学历工程技术人员评审,经考核评审74人通过。二是组织开展各种建设执业资格考试报名,执业资格证书、考试报名发票、执业资格注册证书发放等工作。2010年申报全国一、二级建筑师考试报名411人，全国一、二级结构工程师考试报名518人，全国监理工程师考试报名405人，全国电气工程师考试报名175人，全国公用设备工程师考试报名80人，全国港口与航道工程师考试报名1人，全国造价工程师考试报名720人，全国一级建造工程师考试报名4050人，全国二级建造工程师考试报名8941人，全国土木（岩土）工程师考试报名106人，全国水利水电工程师考试报名8人，全国环保工程师考试报名85人。发放各类执业资格考试合格证书2520本、考试报名费发票15230人次、有关执业资格注册证书1460本。三是做好建设培训中心工作，组织实施执业资格、各类岗位培训及继续教育，协助福建省建设干部培训中心举办2010年度全国二级建造师继续教育8期共1600人，三类人员取证培训652人，办理土建五大员岗位证956人，办理装饰五大员岗位证320人，继续教育480人，职业技能鉴定381人，办理见证、取样员培训254人、园林"五大员"培训234人，继续教育322人次。四是做好2010年度全国二级建造师执业资格考试考务工作，二级建造师原定于2010年6月20、21日举行，由于南平地区发大洪水，使二级建造师考试延期，2010年参加二级建造师考试共有8941人，设五个考场分别为集美大学新校区、集美大学财经学院、厦门理工学院、厦门电大思明工作站、湖里中学，顺利完成二级建造师考试任务。

10. "十一五"建设成就盘点

【市政道路建设】 "十一五"期间完成工程项目80项以上，完成投资130亿元，完成重点项目15项，建成道路桥梁长度超过100公里，建成各种桥梁、地下通道隧道等50条座，有效地改善了城市交通环境。

【水务行业建设】 供水方面，管辖的泵站已达11座，中型水库一座，管渠总长近180公里，泵站最高日抽水量达150万吨，实现了西水东调，新建水厂新增供水能力达每日20万吨，现有水资源量为156万吨/日，自来水厂处理能力115.5万吨/日。保证了城市发展的用水需要。污水处理方面，已建成投入使用6座污水处理厂和3座污水处理站，污水处理能力达到83.34万吨/日，城市污水集中处理率达86.45%，污水处理厂的负荷率达73.6%。

【环卫设施建设】 全市共有清洁楼175座，公厕218座，垃圾运输车297部，洒水车53部，吸粪车7部，扫路车34部，工程机械车40部，环卫码头2座，垃圾处理场4处。城市垃圾收集率达95%以上，无害化处理率达96.6%。

【燃气工程建设】 全面完成了厦门市天然气一期工程建设任务，包括门站2座，高中压调压站5座，高压管道27.78公里，中压管道12.22公里。天然气过海管工程完工并开始向本岛供应天然气，本岛天然气置换完成。管道燃气用户达27.04万户，燃气管道安装总长度达1411公里，实际运行长度为998公里；瓶装液化石油气用户达25.05万户。

【公交场站和轨道交通建设】 新建、改建了一批公交停车场项目，建设完成了会展中心场站、杏林仰后公交枢纽站等8个场站项目，总用地面积约5.4万平方米，共投资约3000万元；公交候车廊建设基本完成预期目标，增设五缘湾商业街等站点47个，重建、新建候车亭79座；岛外增设站点97个，改造、新建候车廊154座。

【园林绿化建设】 建成区园林绿地总面积快速增加。"十一五"前四年新增园林绿地2620公顷，其中建成公园绿地14处，新建广场绿地和街头绿地及滨海岸线绿化带，完成了环湖边水库、环杏林湾、环五缘湾、环东海域海岸、湖岸景观绿化带建设，完成岛外四区市政道路等的配套绿地建设，新增单位附属绿地570公顷，居住区绿地208公顷。注重大环境绿化，生态环境持续改善。加大岛内外山体林相改造及生态风景林建设力度，进一步提升了岛内外山林绿地的旅游休闲服务功能；积极推进绿色通道工程建设，筼筜湖治理取得重大进展。

【教育卫生基础设施建设】 "十一五"期间，一系列重大教育专项工程顺利实施，改扩新建项目442个，新增建筑面积311.7万平方米，投资56.6亿元。校安工程进展顺利，全市各级各类教育总体规模达66.9万人，3~5岁学前三年毛入园率150.46%，小学毛入学率106.11%，初中毛入学率112.40%；高中阶段毛入学率134.42%，高等教育毛入学率87.4%（与发达国家美国相当），各级教育办学条件得到不同程度改善。厦门市率先在全省成为全面实现"双高普九"的设区市，进城务工子女在公办学校就学率达到67%。"十一五"期间，卫生基本建设投入增幅明显，卫生资源配置趋于合理。卫生系统完成基建投资29.52亿元，竣工建筑面积49.19万平方米，厦门市医疗床位增加了3000张。其中，与台资合建长庚医院一期，首期500张床位投入使用。通过卫生资源布局的调整与整合，优质医疗资源延伸到岛外和新区，从根本上改变了岛内外卫生资源分布不均，岛内东北部地区和岛外医疗资源匮乏的局面。

【建设事业健康发展】"十一五"期间，厦门市建筑业健康发展。2006~2009年，建筑业总产值分别为184.97亿元、247.02亿元、296.61亿元、350.29亿元，年均增长17.31%；房屋施工面积分别为3606.43万平方米、4994.48万平方米、5378.18万平方米、5580.27万平方米，年均增长11.55%。截至2009年底，取得资质的建筑业企业总数达到556家，其中施工总承包特级企业1家，施工总承包、专业承包、劳务分包企业分别占建筑业企业总数的25.72%、54.68%、19.60%，产业组织结构日趋合理，初步形成了层次较为明晰、门类较为齐全的产业队伍。建筑企业技术装备实力逐步增强，机械化施工能力不断提高，已形成一批具有较高素质的工程技术和管理人才队伍，施工技术总体上达到全省领先水平。"十一五"期间，厦门市积极推进招投标制度改革，完善配套措施。2009年7月份实施经评审最低投标价中标办法的改革方案，取得了明显成效。同时，加强建筑市场信用体系的建设和建筑业企业的资质管理，并开展建筑市场中介机构清理整顿工作。通过以上一系列措施，厦门市建筑市场环境进一步完善。

【房地产业增长较快】"十一五"期间，厦门市房地产开发规模进一步加大，土地和房屋开发规模较"十五"时期有较大增长，房地产档次也进一步提高。房地产企业进一步发展壮大，一些规模大、资金雄厚、信誉度高的总部位于厦门的房地产企业，如建发房地产集团有限公司、明发集团有限公司、禹州集团地产投资有限公司已经向上海市、南京市、合肥市等地投资。截至2010年4月，厦门市企业在全国其他城市进行房地产开发的已超过20家。由于厦门岛内可供开发的土地已十分有限，以及厦门市城乡一体化和岛内外一体化进程的加快，城市建设重心向岛外转移，岛外片区的商住供地规模加大，岛外日益成为厦门市房地产消费主体。"十一五"期间，岛内外商品住宅成交面积长期维持在4∶6的比例上，岛外渐成为厦门住宅市场的主导方向。

【城镇建设与管理水平显著提高】"十一五"期间，围绕全面建设海峡西岸经济区重点中心城市、海湾型港口风景城市的定位以及"岛内外一体化"战略，按照"中心城市、次中心城市、中心镇、一般村镇"四个层次，不断加大城镇建设力度，先后确立了两个省级综合改革试点镇（新圩镇、汀溪镇）和1个市级试点镇（汀溪镇），并出台一系列鼓励和扶持小城镇发展的优惠政策，厦门市城镇建设与管理取得了巨大的成就，城镇化水平显著提高，城乡面貌大为改观。在全面建设小康社会、小城镇建设改革试点和岛内外一体化战略推动下，积极推进城乡一体化建设，扩大了财政对农村的覆盖，农村基础设施建设预算快速增加，实施了一批新城建设、旧城改造、新村建设和村镇综合整治项目。截至2009年底，厦门市建制镇由2005年的15个减少为12个；镇域面积为824.81k平方米，建成区面积由17.88k平方米增加到78.22k平方米；镇域人口达69.62万，镇区人口由13.1万人增加到32.26万人（含暂住人口13.08万人），城市化水平由68%提升到70.6%。

【绿色建筑有所发展】"十一五"期间，绿色建筑在厦门处于起步阶段。第一，初步建立了厦门市绿色建筑发展相关法规和标准。2008年，厦门市发布了《厦门市节能条例》，厦门市建筑节能减排的政策法规日趋完善。2009年由厦门市建设与管理局组织参与编制了地方标准《福建省绿色建筑评价标准》，该标准由福建省住房和城乡建设厅审定、批准和发布，于2010年3月1日起执行。2009年制定了《厦门市绿色建筑评价标识管理办法》，用于厦门市住宅与公共建筑一、二星级绿色建筑评价标识的组织管理和实施。第二，2009年组织成立了厦门市绿色建筑与节能专业委员会及厦门市绿色建筑专家委员会，作为厦门市绿色建筑发展专门机构，制定了《厦门市绿色建筑专家委员会管理办法》，开始积极推广绿色建筑。第三，开展了绿色建筑相关技术与科研研究。厦门市建设与管理局列出专项经费，用于扶持绿色建筑相关新技术、新产品的研究与开发，并完成了与绿色建筑有关的科研成果。

【可再生能源建筑应用取得较大成效】"十一五"期间，厦门市可再生能源建筑应用取得了较大成效。**第一，有序推进可再生能源建筑应用项目与技术。**积极组织申报全国可再生能源建筑应用示范项目，2007年和2008年共有4个项目批准为全国可再生能源建筑应用示范项目，获得国家财政补助资金共计2588万元。积极参选国家太阳能光电建筑一体化应用示范项目，获得国家财政补助资金650万元。通过示范项目的带动，在全市逐步推广可再生能源在建筑中的应用，应用面积已超过100万平方米。**第二，有效开展农村地区可再生能源建筑应用工作。**为推动可再生能源在农村的应用，改善农村的基础设施，亮化村庄道路，2008年结合新农村建设，选取新圩镇的乌山村、金柄村、灌口镇的田头村3个村作为试点示范，实施太阳能路灯示范项目。

第三，不断健全可再生能源建筑应用政策体系。《厦门市节约能源条例》于2009年1月1日正式实施，条例明文规定鼓励用能单位和个人使用太阳能、地源能、风能、海洋能、生物质能等新能源、清洁能源和可再生能源。

【**建筑领域低碳城市建设走在全国前列**】厦门市作为全国经济发展领先的城市之一，在发展低碳城市方面，已走在国内其他城市的前面。在2010年国家发改委（发改气候〔2010〕1587号）下达的全国五省八市试点低碳城市中，厦门为试点城市之一。《厦门市低碳城市总体规划纲要》于2010年3月编制完成。低碳建筑是建筑节能的延伸，发展低碳建筑必须严格实施建筑节能。自2007年厦门成为国家机关办公建筑和大型公共建筑节能监管体系建设项目的试点城市以来，厦门市根据住房城乡建设部、厦门市政府的要求，开展了节能监管体系建设工作，相继制定了能耗统计、能源审计、能效公示和能耗监测各阶段的管理办法和实施细则。厦门市新建建筑已经制定了从设计、施工、监测到验收等环节的全过程监管制度。至2009年，厦门市已经全面执行节能率50%的民用建筑国家标准，竣工节能建筑1046.8万平方米，实现二氧化碳减排量11.79万吨。

【**节水型城市建设成效显著**】厦门市是一个淡水资源十分匮乏的海岛型城市，2008年年底厦门市提前完成节约用水规划（2005～2020年）目标，节水型社会建设取得显著成效。2009年年初，根据《中华人民共和国住房和城乡建设部、国家发展和改革委员会关于表彰第四批"全国节水型城市"的通报》（建城〔2009〕45号）文，厦门市获得"全国节水型城市"荣誉称号。"全国节水型城市"每两年评选一次，在本次全国获此殊荣的11个城市中厦门市排名第一。厦门市成功建立起了福建省第一个全国节水型城市，也成为南方城市节水的典范。

【**质量与安全生产水平不断提高**】"十一五"期间，厦门市认真贯彻落实《建筑法》、《建设工程质量管理条例》、《建设工程安全生产管理条例》、《建设工程勘察设计管理条例》等法律、法规和规章，以科学发展观为指导，不断健全管理体系，创新监管机制，强化服务意识，积极开展多形式的工程质量安全检查、巡查和抽查，建设工程质量安全生产管理工作取得了较好成效，参建各方主体基本都能认真贯彻有关工程质量安全法律法规和工程建设强制性技术标准，遵守基建程序规定。建设工程质量总体处于受控状态，建设品质不断提高，创建了一批优质工程，2007年以来，未发生较大及以上质量事故，有3个工程获得"鲁班奖"，有109个工程被评为"闽江杯"省优，629个工程被评为"市优工程"；建筑施工安全生产态势持续平稳，2007年以来，未发生较大及以上生产安全事故；文明施工工作得到进一步推进，有7个项目获国家级AAA安全文明工地，173个项目获省级文明工地，613个项目获市级文明工地，获得的省级文明工地总数占据全省总数的一半。厦门市建设与管理局还连续三年获得福建省建设系统工程质量安全生产目标管理先进单位。

【**抗震减灾工作上新台阶**】"十一五"期间厦门市抗震防灾总体工作上了一个新台阶，房屋、市政工程抗震设防管理工作进一步加强。全面开展房屋、市政工程施工图设计文件抗震审查工作，保障新建工程的抗震设防能力；参加了省建设厅组织的28项超限工程抗震设防专项审查，通过对超限高层建筑抗震设防进行监管，有力地保证了超限高层工程抗震设防的质量；组织完成全市中小学校舍建筑抗震性能普查、检测鉴定工作，并逐步对存在抗震安全隐患校舍建筑进行拆除或加固改造；完成了《厦门市城市建设综合防灾规划》及其实施规划的编制工作。

【**民生问题大幅改善**】住房问题是重要的民生问题。厦门市委市政府高度重视解决城市居民住房问题，始终把改善群众居住条件作为城市住房制度改革和房地产业发展的根本目的。从2006年以来，在住房城乡建设部和福建省委、省政府的关心支持下，厦门市积极推进社会保障性住房工作，社会保障性住房政策体系已经基本建立，工程建设按进度全面推进，申请受理审核工作有序开展，社会各界和群众对厦门市建设社会保障性住房这项惠民政策给予了较高评价和充分肯定。自2006年厦门市保障房政策出台后，已规划选址建设社会保障性住房项目20个，用地面积约155万平方米，总建筑面积约425万平方米，住宅4.5万套。2010年底，厦门市在建项目16个，用地面积约130万平方米，总建筑面积180万平方米，住宅2.55万套，其中已竣工1.3万套。

"十一五"期间，厦门市以创建全国无障碍城市为契机，以《厦门市创建全国无障碍建设城市实施方案》为指导，在城市道路交通、公共建筑、信息交流、舆论宣传诸多方面取得了长足进步，大大提升了厦门市无障碍设施建设水平。2007年11月，国家建设部、民政部、中国残疾人联合会、全国老龄工作委员会联合下发了《关于开展创建全国无障碍建设城市工作的通知》（建标〔2007〕261号），将厦门市列为全国100个创建全国无障碍建设城市之一。

11. 建筑业企业、招标代理机构、监理企业营业收入前20名

厦门市建筑业企业按总收入排名前20名、工程招标代理机构按工程招标代理收入排名前20名、建设监理企业按监理收入排名前20名的情况如表4-19所示。

2010年厦门市建筑业企业、招标代理机构、监理企业营业收入前20名企业　　　表4-19

序号	建筑业企业 总收入前20名	工程招标代理机构 工程招标代理收入前20名	建设监理企业 监理收入前20名
1	中交一公局厦门工程有限公司	厦门兴海湾监理咨询有限公司	厦门市路桥咨询监理有限公司
2	中铁十七局集团第六工程有限公司	福建卓知项目投资顾问有限公司	厦门高诚信建设监理有限公司
3	福建省九龙建设集团有限公司（原福建省九龙建设集团公司）	厦门银盛建筑经济咨询有限公司	厦门港湾咨询监理有限公司
4	中铁二十二局集团第三工程有限公司（原名：厦门中铁建设有限公司；厦门中铁建设公司）	厦门勤奋建设工程监理有限公司	厦门象屿工程咨询管理有限公司
5	恒晟集团有限公司（原福建恒盛建筑集团有限公司）	厦门天和项目管理投资咨询有限公司	厦门勤奋建设工程监理有限公司
6	福建三建工程有限公司	厦门港湾咨询监理有限公司	厦门兴海湾监理咨询有限公司
7	大成工程股份有限公司	厦门象屿工程咨询管理有限公司	厦门长实工程监理有限公司
8	厦门源昌城建集团有限公司（福建省源昌工程建设有限公司）	厦门高诚信建设监理有限公司	厦门协诚工程建设监理有限公司
9	福建鑫泰建筑集团有限公司	厦门协诚工程建设监理有限公司	厦门市筼筜新市区工程监理有限公司
10	厦门电力工程集团有限公司	厦门市丰信采购招标有限公司	厦门中建东北监理咨询有限公司
11	厦门思总建设有限公司（原厦门市思明区建筑工程总公司）	厦门诚实工程咨询有限公司	厦门海投建设监理有限公司
12	厦门华丽新工程发展有限公司	厦门基业衡信咨询有限公司	厦门合诚水运工程监理有限公司
13	厦门市建安集团有限公司	厦门长实工程监理有限公司	厦门基业衡信咨询有限公司
14	厦门安能建设有限公司	厦门至信工程咨询有限公司	杏林建发
15	厦门市吉兴集团建设有限公司	厦门银家园地产投资顾问有限公司	厦门市东区建设监理有限公司
16	厦门辉煌装修工程有限公司	厦门市筼筜新市区监理有限公司	厦门协建工程咨询有限公司
17	福建四海建设有限公司（由中国四海工程有限公司福建分公司分立）	厦门中利工程咨询有限公司	国设监理
18	福建联美建设集团有限公司（原福建联美工程建设有限公司）	福建东霖伟达工程咨询有限公司	厦门住总建设监理有限公司
19	厦门市中林建设工程有限公司	厦门中建东北监理咨询有限公司	厦门住总建设监理有限公司
20	厦门特房建设工程集团有限公司（福建省四建建筑工程有限公司）	厦门天亚工程项目管理有限公司	厦门兴信实投资顾问有限公司

大事记

1月

27日，住房和城乡建设部批准厦门市建设与管理局在本市范围内开展一、二星级绿色建筑评价标识工作。评审结果报送住房城乡建设部审定、公示和公布，并由住房城乡建设部统一颁发证书和标志。

2月

9日，厦门市启动民用建筑设计方案节能审查工作。依法对民用建筑设计方案是否符合建筑节能强制性标准进行审查。

3月

16日，厦门市建设与管理局小城镇综合改革建设试点工作领导小组成立。

29日，厦门市建设与管理局主编的《建设工程文明施工与安全防护图集(安全防护)》正式出版。

4月

14日，厦门市被确定为中央电视台《绿色空间》栏目专题片《节水与城市》拍摄城市之一。

5月

13日，厦门市建设与管理局编制避震疏散规划向市民明示避震疏散场所和疏散安全通道。

28~30日，第七届厦门人居环境展示会暨第五届中国(厦门)国际建筑节能博览会在厦门国际会展中心举行。本届人居展的主题是"和谐海西、魅力人居"。

6月

7日，厦门市湖边水库片区建设工程质量安全监督管理办公室成立。

10日，厦门市60个单位工程通过《闽江杯》省优质工程评审核验。

30日，厦门市建设工程电子招投标交易管理平台正式运行使用。

7月

5日，厦门市建设与管理局派遣7名专家赶赴南平顺昌帮助受损房屋进行危房鉴定、并制定房屋加固补强措施。

18日，厦门市建设与管理局第二批赴南平灾后评估专家出色完成任务，完成延平区五个街道和四个企业厂房和宿舍区的受灾房屋评估，总共254幢、总建筑面积达84500平方米，提供200多份精确的评估报告，并对下一步的灾后重建提出了建议。

19日，厦门市建设系统六项安全生产竞赛活动取得圆满成功。

21日，厦门市建设与管理局援建南平招投标工作小组赶赴南平，了解当地建材价格信息和建筑市场情况，指导代建单位做好建设工程招投标前的各项准备工作。

27日，厦门市建设与管理局机关召开"创先争优"活动动员会，布置了建设系统开展"创先争优"活动四个阶段重点工作。

8月

6日，厦门市成为全国建设领域首个CDM机制示范城市。

9日，厦门火车站南广场、前场铁路大型货场两大铁路项目开工。

20日，厦门市援疆项目-吉木萨尔县庆阳湖乡卫生院顺利封顶。

31日，厦门市建设系统启动"质量月"活动着重开展住宅工程质量通病防治。颁布《厦门市住宅工程质量通病防治若干技术措施》。

9月

27日，厦门市建设工程质量管理岗位技能竞赛开赛，活动面向施工、监理企业的高级技术人员和各级质量监督站的监督员。进一步引导技术人员立足岗位学技术，增强质量意识。

10月

9~13日，厦门市建设与管理局工程建设管理处、造价管理站等单位组成的专项综合检查组，赶赴南平灾区检查督导首批援建项目。

13日，厦门市建设与管理局公布全市沙石、水泥、砖等主要地材供应价格信息作为采购参考，更好地服务于小区业主的家庭装修活动，让业主能够充分了解价格信息，避免受侵害。

26日，厦门市首家节能降耗试点大西洋天虹商场启动节能改造。

11月

12日，厦门市第二批保障性商品房顺利完成。该批安排137户选房，实际选房105户，有7户轮侯，25户缺席。103户签订购房合同。

23日，厦门市第十六届职工技术比赛"中建三局杯"钢筋工比赛在中建三局建发国际大厦工地举行。来自全市15家建筑施工企业的48名选手展开了梁结构钢筋制作和绑扎比赛。

12月

2日，《厦门市物业管理若干规定》经厦门市第十三届人民代表大会常务委员会第二十五次会议通过。

23日，厦门市创建全国无障碍建设城市工作接受国检并获得好评。

24日，厦门市第三、四批经济适用房选房配售工作顺利完成。该批安排313户选房，实际选房272户，有26户轮侯，15户放弃。265户签订购房合同。

28日，厦门市与深圳市积极推动两地建筑工程设计招投标异地网上远程评标工作。

(厦门市建设与管理局)

深 圳 市

1. 住房和城乡建设

2010年,广东省深圳市住房和建设局按照"学习年"总体思路,迎难而上,开拓创新,工程质量安全总体可控,住房保障体系不断完善,建筑市场秩序更加规范,产业结构不断优化,科技创新力度进一步加强,节能减排保持全国领先,社区物业管理覆盖面积实现新突破,行业和谐稳定局面继续巩固,依法行政水平日益提高,队伍作风和精神面貌明显提升,为全市经济社会发展提供了良好服务和有力保障。

(1) 法制建设和依法行政工作

【法制建设】 2010年,深圳市加快住房和建设行业立法进程。《深圳市保障性住房条例》于7月1日正式实施。加快推进《人才安居工程管理暂行办法》、《安居型商品房建设管理办法》等相关配套制度。出台《深圳市住房公积金管理暂行办法》、《深圳市住房公积金缴存管理暂行规定》,起草《深圳市住房公积金提取管理暂行规定》等配套办法。推进《深圳市房屋安全管理条例》、《深圳市工程造价管理规定》、《深圳市工程质量检测管理办法》等法规、规章及规范性文件的出台。

【行政审批事项和行政服务事项清理】 率先在市直部门中实现行政审批法治化、行政服务法治化。2010年,深圳市住房和建设局共依法实施行政审批事项21项,其中行政许可事项8项,非行政许可审批和登记事项10项,省政府下放和委托实施事项3项。清理上报51项行政服务事项,拟保留42项。

【推进行政处罚标准化工作】 做出处罚决定书94份,共罚款人民币244万元,对31家企业和33名个人做出不准在本市承接工程或执业的处罚,对22家企业、73名个人给予红色警示、停标或停止执业3个月的处理。组织应对行政复议案件3宗、行政诉讼3宗,已结案件全部胜诉。加快推进深圳市建筑市场主体信用监管体系建设,出台《建筑市场主体信用管理办法》。

(2) 住房保障与公积金管理

【概况】 保障性住房建设纳入纪念特区成立三十周年的十大民生工程,市住房和建设局把住房保障工作放在十分突出的位置来谋划和推进,圆满完成"安排建设5万套,新开工5万套"的工作目标,以实际行动兑现了对深圳民生事业的庄严承诺。全年共安排建设保障性住房5.11万套,新开工5万套,完成1万套住房建设,启动人才安居"十百千万"计划。

【构建住房保障政策体系】 市人大出台《深圳市保障性住房条例》,以立法的形式,明确将中低收入人群和人才纳入住房保障的范围。市委市政府发布《关于实施人才安居工程的决定》,进一步把人才作为住房保障的重点。住房公积金中心正式成立,并于年底前开始试运行。推进人才安居"十百千万"计划,开展人才住房基础数据的统计与调研,研究起草《人才安居工程管理暂行办法》等相关配套制度和措施。

【加大保障性住房建设力度】 通过新增用地、单位利用自有用地建设、城市更新配建、征地拆迁统建上楼、用地功能变更及回收、回购等方式,筹建保障性住房5.11万套,完成年度计划目标的102%;新开工保障性住房达5.22万套,完成计划目标的105%;完成福保110、112等项目1万套保障性住房建设,5千户货币补贴也已准备就绪,第二批保障性住房申请完成终审。

【创新保障性住房建设管理模式】 龙华保障性住房项目实行代建总承包模式,并采用联合体投标方式,一次招标即确定最优的代建总承包、勘察、设计和施工企业组合,项目进度明显加快。深云村经济适用房交付过程中,采用业主自主查验的方式,受到了广大业主的欢迎,交付过程平稳有序。完善租售管理制度,加强政策性、保障性住宅小区的维护与美化,积极推进12个小区外立面刷新工作。

【公积金制度建设】 在住房公积金制度建设当中贯彻高起点、高标准、高质量的原则,全力以赴推进深圳市住房公积金制度建设、系统开发、政策宣传、归集扩面、内控管理等各项工作。夯实基础,制度建设,为住房公积金业务平稳运作提供支撑。在充分借鉴其他城市公积金管理运作模式有益经验的基础上,对"大委托"、"小委托"两种业务模式进行了对比分析，建立了有深圳特色的"公积金中心主导、银行代办"业务模式，选定住房公积金归集专户银行，拟订《深圳市住房公积金管理暂行办法》、《深圳市住房公积金缴存管理暂行规定》及业务规程等。

【公积金管理技术创新、队伍建设】 为住房公积金业务运行提供发展载体，在住房公积金信息系统应用软件开发单位、总集成、监理单位齐力协助下，深圳市住房公积金信息系统完成了一期建设，即：基本建立住房公积金核心业务信息管理系统，主要包括住房公积金归集管理子系统、住房公积金财务核算子系统等。住房公积金信息系统一期、门户网站和网上业务大厅已投入使用。

【公积金管理业务培训】 为住房公积金业务运行提供基础条件，成功举行深圳市住房公积金管理中心（以下简称公积金中心）揭牌暨与归集专户银行签约仪式，会同三家归集专户银行有针对性地开展了住房公积金政策宣传工作，试运行了住房公积金服务热线和公积金中心门户网站，通过报刊、广播专栏等形式宣传了深圳市住房公积金政策，完成社保存量住房公积金数据和资金移交工作，开展住房公积金培训工作。

【试运行深圳市住房公积金缴存业务】 试行深圳市住房公积金缴存具体实施政策，正式运行住房公积金业务办理网点，推进住房公积金缴存业务试运行工作。

（3）城市建设

【概况】 2010年是大运工程的攻坚年，项目多、投资大、分布广、工期紧。全社会固定资产投资1931亿元，增长13%，创历史最高水平；全市新开工建设项目1808项，总造价617.35亿元，同比分别增长3.9%和11.82%，竣工项目840项，总造价为395.33亿元，同比增长25%。深圳市住房和建设局强化监管与统筹，确保建设工程质量、安全和进度全面受控。全年新增管道天然气用户8万户，总数达到103万户；建设高压天然气管道53公里，中压450公里，管网总长度近3000公里。

【加强勘察设计管理】 机构改革以后，立即着手规范勘察设计市场，开展超限高层抗震设计专项审查、勘察现场飞行检查和室内试验核查，对存在的突出问题进行专项治理。组建施工图审图专家库，建立勘察设计企业及人员备案系统。组织学术交流、成果展示、大型论坛，开展勘察设计评优，繁荣建筑设计创作。开展勘察设计从业人员继续教育，建立工程勘察劳务人员培训制度。

【加强质量安全监管】 出台质量安全主任、施工许可动态管理、工程样板引路、施工现场总分包公示、质量检测文件备案等制度，实行红黄色警示、远程移动执法、跨区域交叉监督执法、安全质量标准化等一系列措施。开展为期一年的安全质量专项治理行动，采取最严格、最严厉的惩治措施，确保质量安全形势明显好转。开展质量通病专项整治、检测机构专项检查、建材产品打假整治等专项检查行动，推进学校及周边建筑安全隐患排查整治。加强安全教育培训，全年有23万多人通过"平安卡"培训，轨道交通项目"平安卡"持证率达90%以上，同时培训特种作业人员9102人。

【加强重大项目统筹协调】 地铁5号线BT模式建设，完成年度投资计划112.9%，率先实现"洞通"，进入铺轨及安装装修阶段。5号线BT模式相关经验和成效得到全国BT模式研讨会领导专家高度评价。起草《深圳市重大项目BT模式建设管理办法》，设立轨道交通三期BT建设办公室。成立南科大项目管理办公室，推动南科大项目顺利开工。

【深化物业管理进社区工作】 开展物业管理进社区考核验收工作，截至2010年底，全市已引入物业管理的住宅区1234个，建筑面积1亿平方米。收缴物业专项维修基金10.1亿元。出台《物业专项维修资金管理规定》，逐步首期归集和日常收取"两金合一"。

（4）建筑业与工程建设

【概况】 2010年，全市建筑市场继续保持快速增长态势。完成建筑业总产值1397.63亿元，同比增长18.3%。建筑业增加值207.28亿元，按可比价计算增长23.1%，同比增长9.1个百分点，占全市GDP3.1%，同比增长0.5个百分点。全员人均劳动生产率32.35万元，同比增长7.5%，人均增长0.68万元。前十名企业占市场份额的28%。全市共有施工发包工程3257项，总造价879.85亿元，同比分别增长25.08%和5.57%。监理招标项目460项，同比增加38.14%，货物采购项目352项，同比增加11.75%，勘察设计招标705项，同比增加32.27%。2010年引入物业管理住宅区49个，建筑面积560万平方米，受惠人口25万，全市引入物业管理住宅区累计达1234个，建筑面积近1亿平方米。共有3个工程获鲁班奖；69项工程获省双优工地称号；深圳市企业开发的工法有7项获国家级工法，26项获省级工法，36项获市级工法。

【完善招标投标机制】 进一步完善优质优价的竞争机制，中标价平均下浮率为12.22%，同比提升

1.59个百分点,市场竞争日趋理性;制定和完善勘察、设计、货物、代建制等招标投标管理办法,促进有形建筑市场"三统一"。推广电子评标、网上招投标,逐步实现远程评标。认真执行重大工程招标投标优惠政策,简化服务采购招标投标程序和方式,招标投标效率明显提高,施工招标周期在30天左右,缩短了50%以上。

【建立市场诚信体系】 开发建筑企业诚信信息系统,构建企业信用统一采集方式、统一管理平台、统一评价标准的市场诚信管理体系。整合企业基本信息、良好信息、不良信息、履约评价等各种信用信息,并将其与招标投标、现场监管、市场准入等工作紧密挂钩,建立联动机制。

【开展突出问题专项治理】 按照中央的统一部署,深入开展为期两年的工程建设领域突出问题专项治理活动。对招标投标、勘察设施和质量安全等环节九大突出问题,开展解剖式调研并形成7份调研报告,完成中央、省专项办委托两个课题调研。开展4次专项检查,出台实施应急、保密、抢险救灾等特殊工程发包管理办法。

【加强全过程造价管理】 发布建筑、市政和城市轨道交通工程概算编制规程,开展工程合同备案和建设工程变更备案,全年共受理工程变更备案68宗,办理各类合同备案1296份,涉及合同价款436亿元。严格执行工程结算审查制度,强化工程造价成果文件抽查监管,全年共完成各类造价审查项目62项,涉及工程造价43.74亿元,严防国有资产流失。

(5)建筑节能与科技

【概况】 通过推广节能措施、节能改造、太阳能利用,全年建筑节能量达85.8万吨标准煤,同比增长47.8%,相当于减少二氧化碳排放216.5万吨。通过推广散装水泥、预拌混凝土、预拌砂浆和新型墙材,节省木材2.76万立方米、水100万立方米、水泥21万吨,节地302亩,利用工业废料27万吨,减少粉尘排放2万吨。

【大力发展绿色建筑】 完善方案设计节能审查制定和节能质量验收规范,确保新建建筑100%符合节能标准。全力推进大型公建节能监管平台二期建设,积极推进36个大运场馆、全市150万平方米中小学校安全加固改造等工程的节能改造。推进国家可再生能源示范城市建设,落实太阳能建筑应用面积250万平方米。在政府投资工程中率先使用绿色再生建材产品。继续推进墙体材料改革,大力发展散装水泥,推广应用预拌混凝土和预拌砂浆。开展绿色建筑认证,在全国率先建立包括绿色勘察、绿色设计、绿色施工、绿色评价、绿色运营和绿色物业管理等全寿命周期的绿色建筑标准体系。

【推进建设科技创新】 以保障性住房为突破口,推进建筑工业化试点,制定完善建筑工业化相关技术标准体系。创新技术标准执行工作模式,推进国家建设标准化试点。全面启动"金建工程",提高住房和建设管理信息化水平。

【推进产业结构转型】 出台工程总承包商名录受理办法,鼓励建筑企业与勘察设计企业融合渗透。鼓励勘察设计、造价咨询、工程监理等企业扩大经营范围,发展高端建筑服务业。充分利用市政府发展总部经济和扶持中小企业发展系列优惠政策,实行高端项目市属企业联合体投标等方式,扶持钢结构、智能化、节能环保等新兴产业发展。加快推进深港、深惠莞合作,提高全市产业辐射力。

(6)"十一五"建设成就盘点

【发挥重大项目投资拉动效应,保障经济平稳较快增长】 "十一五"期间,深圳市新一轮大规模城市建设全面启动。面对固定资产投资、基本建设投资持续两位数增长,工程量和工程难度翻倍上升的态势,深圳市住房和建设局创新管理理念,完善管理机制,突出一个"干"字,全力保障项目顺利推进。一是抓质量安全监管。出台关于提升工程质量安全的指导意见,实行优质工程奖励制度,充分发挥建设主体的原动力,成功举办三届中国建设工程质量论坛,共有12项工程获得鲁班奖,同比增加33.3%;率先推行并发放"平安卡"50多万张,落实轨道交通工程等重点难点项目安全质量措施,确保无重特大安全事故发生。二是抓市场秩序规范。建立市场、现场、考场"三场联动"机制,积极构建市场诚信体系。开展建设领域突出问题专项治理,严厉打击围标、串标等违法违规行为。深入推进招标投标制度改革,促进有形建筑市场"三统一",实现招标投标"三公"、择优与高效。推行电子评标、网上投标,其中电子评标系统作为科技反腐先进手段,入选建国60周年成就展。坚持合理低价中标,节省政府投资425.87亿元,严格实行标底抽查、结算审定,核减造价6.08亿元。三是抓服务窗口建设。对重大项目开足绿色通道,连续35个月在全市重大投资项目绩效测评排名第一,驻政务大厅窗口连续16个季度被评为优秀,连续5年获得先进窗口单位综合奖。四是抓项目统筹协调。颁布施工工期标准,在保障质量安全的基础上,好中求快、稳中求进,确保每年超额完成固定资产投资计划,共完成建筑业总产值5069.36亿元,发包工程12923项,总造价3334.24亿元，深港西部通道、广东大鹏LNG一期工程等项目顺利完工，地铁二期工程、大运工程等项目基本建成。

【推进节能减排，实现建设发展模式由高耗粗放型向绿色宜居型转变】 做到7个率先，6个试点，5个领先。7个率先，即率先出台全国首部建筑节能条例，率先开展建筑废弃物减排与利用立法，率先推行新建建筑节能专项验收，率先实行12层以下住宅强制安装太阳能集热装置，率先开展可再生能源建筑应用示范，率先建成全国首个绿色建筑示范项目，率先成立全国首个绿色建筑协会。6个试点：即国家机关办公建筑和大型公共建筑节能监管试点城市、光明新区绿色建筑示范区、国家可再生能源建筑应用示范市、建筑工业化试点城市、建筑标准化试点城市以及与美国能源基金会共建的绿色建筑示范市。5个领先，即新建建筑节能达标率全国领先，达到100%，绿色建筑项目建设全国领先，共有76个绿色建筑项目，总建筑面积近1000万平方米，建筑废弃物减排与利用全国领先，全市有4家建筑废弃物综合利用企业，每年消除可再生利用类建筑废弃物约120万立方米，绿色建筑技术研发及推广应用全国领先，共组织编制绿色建筑相关标准28部，连续5年组成最大规模代表团参加国际绿色建筑大会，绿色建筑产业发展全国领先，深圳市成为世界重要的太阳能光电产业聚集地，LED照明、节能服务等新兴产业在全国居于领先地位。自2006年以来，全市建筑节能总量累计203.7万吨标准煤，相当于节省用电63.6亿度，减排二氧化碳534.8万吨，涌现了包括泰格公寓、建科大楼、南海意库、万科中心等在国内外具有重要影响的绿色建筑项目，"绿色建筑之都"已初见雏形。

【积极推进自主创新，促进建设生产方式由要素驱动型向创新驱动型转变】 大力推进建设科技创新，首次编制建设科技五年规划，确立需要重点推进的九大建科领域。以建筑工业化、信息化、标准化为导向，提升建设生产效率。开展万科建筑工业化试点，推进金建工程建设，推行数字工地、数字燃气，组织编制标准规范59部。大力推进项目管理模式创新，通过招标等市场机制选择代建企业，提高项目管理专业化水平。引入BT、BOT、EPC等模式，通过集约化管理，实现节约成本、缩短工期、提高质量的目标。其中地铁5号线，通过引入BT模式，在短短27个月内实现全线洞通，比传统模式建设的其他地铁项目节省工期半年以上，在保证质量安全可控和完成120亿元项目融资的情况下，实现造价与其他线路基本持平，缓解了财政短期压力，创造了良好的经济和社会效益。

【加快产业结构调整步伐，做强做大做精做专建筑类产业】 着重实施"五大战略"，即实施强企战略，着力提高产业集中度，培育龙头企业，洪涛装饰实现成功上市；实施总部经济战略，引进中建钢构等高端建筑类企业在深圳设立企业总部或区域企业总部；实施品牌战略，鼓励企业走高、精、专、特、优发展之路，全国建筑装饰百强中，深圳市企业占了33家，其中前十强企业6家，深圳市具有一级资质物业服务企业91家，占全国同类企业20%；实施"走出去"战略，鼓励企业加快开拓国内外市场。

【统筹区域协调发展，进一步拓展发展空间】 着重做到五个推进：一是以落实珠三角规划纲要和CEPA先行先试政策为契机，推进深港建筑市场一体化综合改革。二是建立深莞惠三地建设行政主管部门联席会议，推进珠江口东岸城市建设领域合作。三是推进跨境基础设施建设，开展深港跨境基础设施、珠三角城际轨道交通、西气东输等工程项目跨境合作。四是推进市区协调发展，如以光明新区为示范，探索绿色建筑城区发展新模式；以福田、罗湖为试点，研究旧城区改造新途径；以宝安区为试点，探索建设领域社会建设新方法；以龙岗区为试点，总结推广项目管理模式改革新经验。五是推进跨地区合作交流，在援建四川、甘肃地震灾区期间，通过跨区域、跨部门紧急调动资源，第一时间赶赴灾区，第一时间完成工程交付，建设队伍经受了考验，并形成一套科学有效的援建工作模式。

【强化政府住房保障责任，逐步实现住房保障由生存型保障向发展型保障转变】 适应形势发展的需要，进一步加快改革步伐，不断完善政策法规体系，逐步扩大住房保障范围，形成以户籍低收入家庭为基础、以人才为重点，包括廉租房、经济适用房、公共租赁房、安居型商品房在内的多层次、广覆盖的住房保障体系。根据住房的实际需求状况，不断加码保障性住房建设力度。"十一五"期间，安排建设保障性住房16.9万套，比计划增加了20.7%。面向社会低收入家庭提供了8209套保障性住房，基本解决了2005年以前符合本市户籍低收入家庭的住房困难问题。已登记在册、符合条件的4575户低保家庭，均已享受了廉租住房保障，做到了"应保尽保"，廉租住房保障覆盖率达到100%。

【着力提升政府公共服务水平，促进社会和谐稳定】 投入2.8亿元用于全市居民天然气转换，提前顺利完成管道天然气转换任务，居民用户气费同比下降幅度超过30%，市民整体满意率达到97.1%。出台《深圳市经济特区物业管理条例》，建立物业管理三级监管、业必归会模式。全面推进物业管理进社区，实现原特区内住宅区物业管理全覆盖，原特区外农村社区物业管理覆盖率达到90%。共有92个物业管理项目获得省优，29个项目获得国优。探索建立既有建筑全寿命周期管理制度，开展校园危房和海砂楼整治，建立物业养老金制度，累计收缴专项维修基金53.2亿元。加强行业文化建设，培育"和谐、务实、创新"的建设文化。大力开展"清欠"工作，共清理拖欠工程款41.7亿元，清理拖欠工人工资2.7亿元。推进建设工地"五个一工程"，创建和谐工地。扎实做好信访维稳综治工作，确保行业和谐稳定。认真办理人大、政协提案和建议，回复满意率达到100%。

(7) 建筑业企业、勘察设计企业、招标代理机构、监理企业营业收入前20名

深圳市建筑业企业按总收入排名前20名、工程勘察设计企业按勘察设计收入排名前20名、工程招标代理机构按工程招标代理收入排名前20名、建设监理企业按监理收入排名前20名的情况如表4-20所示。

2010年深圳市建筑业企业、勘察设计企业、招标代理机构、监理企业营业收入前20名企业　　表4-20

序号	建筑业企业 总收入前20名	工程勘察设计企业 勘察设计收入前20名	工程招标代理机构 工程招标代理收入前20名	建设监理企业 监理收入前20名
1	深圳市中邦(集团)建设总承包有限公司	深圳市中金岭南有色金属股份有限公司	深圳市威彦达电力工程监理有限公司	深圳市中海建设监理有限公司
2	深圳广田装饰集团股份有限公司	深圳市科源建设集团有限公司	深圳市国际招标有限公司	深圳市都信建设监理有限公司
3	深圳市建工集团股份有限公司	深圳广田装饰集团股份有限公司	深圳市施友建设监理有限公司	深圳市恒浩建设工程项目管理有限公司
4	深圳市银广厦建筑工程有限公司	中建三局装饰有限公司	深圳高速工程顾问有限公司	深圳市威彦达电力工程监理有限公司
5	深圳市建筑工程股份有限公司	深圳中广核工程设计有限公司	深圳市深水水务咨询有限公司	深圳市深水水务咨询有限公司
6	深圳市市政工程总公司	深圳市博大装饰工程有限公司	深圳市综合交通设计研究院	深圳市中行建设监理有限公司
7	深圳远鹏装饰设计工程有限公司	深圳市三鑫幕墙工程有限公司	深圳市建星项目管理顾问有限公司	深圳市九州建设监理有限公司
8	深圳市罗湖建筑安装工程有限公司	深圳市安星装饰设计工程有限公司	深圳京圳建设监理公司	深圳现代建设监理有限公司
9	深圳市深装总装饰工程工业有限公司	深圳市文业装饰设计工程有限公司	深圳市建森工程造价咨询有限公司	深圳市国银建设工程项目管理有限公司
10	深圳市冠泰装饰集团有限公司	深圳市华剑装饰设计工程有限公司	深圳市诚信行工程咨询有限公司	深圳市宝安区建设工程监理有限公司
11	深圳中铁二局工程有限公司	深圳市维业装饰集团股份有限公司	深圳市合创建设工程顾问有限公司	深圳京圳建设监理公司
12	深圳市洪涛装饰股份有限公司	深圳市宝鹰建设集团股份有限公司	深圳市建衡达工程造价咨询有限公司	深圳市燃气工程监理有限公司
13	深圳市博大装饰工程有限公司	深圳市特艺达装饰设计工程有限公司	深圳中邦国际工程科技顾问有限公司	深圳市合创建设工程顾问有限公司
14	深圳市三鑫幕墙工程有限公司	深圳市建筑装饰(集团)有限公司	深圳市佳安特建设监理有限公司	深圳市首嘉工程顾问有限公司
15	深圳市鹏城建筑集团有限公司	深圳海外装饰工程有限公司	深圳市宝安区建设工程监理有限公司	深圳市甘泉建设监理有限公司
16	深圳市文业装饰设计工程有限公司	深圳市晶宫设计装饰工程有限公司	深圳市海德伦工程咨询有限公司	深圳海勤工程管理有限公司

续表

序号	建筑业企业 总收入前20名	工程勘察设计企业 勘察设计收入前20名	工程招标代理机构 工程招标代理收入前20名	建设监理企业 监理收入前20名
17	深圳市金世纪工程实业有限公司	深圳市建装业集团股份有限公司	深圳市粤鹏建设监理有限公司	深圳市华西建设监理有限公司
18	深圳市华剑装饰设计工程有限公司	深圳山东核电工程有限责任公司	深圳市天创健建设监理咨询有限公司	深圳高速工程顾问有限公司
19	深圳市第一建筑工程有限公司	中建国际（深圳）设计顾问有限公司	深圳市首嘉工程顾问有限公司	深圳市鲁班建设监理有限公司
20	深圳市维业装饰集团股份有限公司	深圳市亚泰装饰设计工程有限公司	深圳市深龙港建设监理有限公司	深圳市深龙港建设监理有限公司

（填表人：周柳斌，夏宁君）

（深圳市住房和建设局）

2. 房地产业与城市规划

（1）房地产业

2010年，国家出台一系列房地产调控政策，从抑制需求、增加供给到加强监管等方面对中国房地产市场进行了全方位的调控，深圳市房地产市场出现积极变化，房价过快上涨势头得到初步遏制，全市新建商品住宅和二手住宅成交量明显下降。全年新建商品住宅销售同比下降46.22%，二手住宅成交同比下降21.5%。

【房地产开发】 2010年，深圳市房地产开发规模比上年小幅增加。年内，全市房地产开发投资仍以住宅为主，所占份额略高于上年水平。90平方米以下住宅投资额所占比例比上年明显增加；办公楼和商业用房比例有所攀升；其他类商品房份额略有下降。年内，全市共完成房地产开发投资458.47亿元，比上年增加4.8%。从用途结构来看，住宅完成投资304.89亿元，增加5.2%。其中，90平方米以下投资179.17亿元，增加18.4%；别墅投资8.87亿元；办公楼投资37.9亿元，增加7.2%；商业用房投资59.36亿元，增加11.5%；其他商品房投资56.33亿元，比上年下降4.7%。从投资方向来看，商品房建设投资370.88亿元，占投资总额的80.9%，比上年下降2.4%；土地购置费、土地开发投资和配套工程投资分别为60.99亿元、5.96亿元和15.75亿元。年内，全市商品房开发资金来源合计为1044.72亿元，比上年下降0.89%，其中：上年结余271.63亿元，占26%；当年新增资金的773.09亿元，占74%。在新增资金中，国内贷款199.89亿元，比上年下降年22.77%，占新增资金的25.86%；利用外资10.33亿元，增加8.95亿元；其他资金来源358.9亿元，减少90.69亿元；自筹资金203.97亿元，减少30.02亿元。全市商品房施工面积2939.94万平方米，比上年下降5.5%。从用途来看，住宅22025.14万平方米，下降3%；其中90平方米以下住宅1199.64万平方米，增加5%；办公楼182.36万平方米，下降3.6%；商业用房298.62万平方米，下降9%；其他用房433.82万平方米，下降14.5%。年内，全市商品房新开工面积470.96万平方米，下降3.7%。按用途分，住宅355.17万平方米，增加8.3%，其中90平方米以下住宅242.62，增加15.6%；办公楼15.26万平方米，下降48.8%；商业用房38.69万平方米，下降36.3%；其他用房61.85万平方米，下降12.4%。年内，全市商品房竣工面积344.43万平方米，下降14.3%。按用途分，住宅251.11万平方米，下降6.8%，其中90平方米以下148.16万平方米，增加14%；办公楼32.05万平方米，增加28%；商业用房25.27万平方米，下降21.5%；其他用房36.01万平方米，下降52.1%。

【房地产一级市场管理】 2010年，深圳市继续加强房地产一级市场即土地市场管理。深圳市土地招拍挂出让总面积476.47公顷，比2009年增加55.24%，占土地供应总量的45.99%；协议出让总面积为559.50公顷，增加101.51%，占供应总量的54.01%。全市房地产开发用地供应总量为231.15公顷，比2009年增加318.37%，占全市建设用地供应总量的22.31%；深圳市全年房地产开发用地重点为住宅用地，占房地产开发用地的63.07%，住宅用地比2009年增加200.21%，商服用地面积为85.37公顷，同比大幅增长。年内，深圳市保障性住房用地供应量为29.71公顷，占住宅用地供应总量的20.38%。

【房地产二级市场管理】 2010年，深圳市进一步加强房地产二级市场管理。根据《广东省房地产开发企业经营行为专项检查工作方案》要求，按照深圳市房地产市场秩序专项整治工作方案的部署，通过企业自查、收集整理群众投诉以及组织检查的方式，对深圳市所有在建和进入预售的房地产开发项目以及中介机构进行全面检查。开展了为期半年的市场秩序专项整治工作。一是对未取得预售许可证开展"内部认购"、违规收取定金（诚意金、意向金）、售楼现场不按规定公示规定事项等违法违规行为加大查处力度；二是加大对违法广告、合同欺诈等侵害消费者合法权益的问题的查处力度；三是严格落实房地产交易价格明码标价制度，实现新建商品住房交易全部明码标价；四是查处外商投资设立房地产企业、外商投资房地产企业的股权转让，及境外投资者并购境内房地产企业等行为中的违法违规问题。整治期末，深圳市已对176个在售楼盘、128家经纪机构及其分支机构483个进行了检查，超过300家经纪机构和分支机构申请补办备案。9月1日，深圳市发布实施《深圳市房地产市场监管办法》，建立了规范开发企业、经纪机构和估价机构经营行为的管理机制，建立规范市场运行的长效机制。年内，深圳市规划国土资源委员会采用房地产市场综合指数系统、房地产市场预警系统和房地产政策试验仿真系统，每月、每季度将全市商品房成交数据形成市场分析报告，为进一步加强房地产行业管理提供有价值的信息。年内，全市商品房批准预售面积482.03万平方米，比上年下降15.8%。其中住宅393.42万平方米，下降16.6%；办公楼15.73万平方米，下降64.1%；商业用房47.96万平方米，增加5.3%；其他用房24.93万平方米，增加130.2%。年内，全市商品房成交473.21万平方米，下降46.22%。其中，期房成交362.66万平方米，下降49.1%；住宅313.15万平方米，下降52.57%；办公楼18.34万平方米，下降17.41%；商业用房15.34万平方米，增加7.04%；其他15.84万平方米，增长0.41%。现房成交110.55万平方米，下降33.98%；住宅71.29万平方米，下降46.64%；办公楼3.33万平方米，增长20.77%；商业用房25.84万平方米，增长27.45%。

【房地产三级市场管理】 2010年，深圳市继续加强房地产三级市场管理。年内，全市房地产三级市场交易12.37万宗，比上年下降21.5%；面积1119.4万平方米，下降20.4%。其中，住宅923.4万平方米，下降24.8%；办公楼35.03万平方米，增长19.7%；商业用房68.21万平方米，增长28.1%；其他用房92.76万平方米，下降3.5%。从住宅区域结构来看，罗湖区2.13万宗、面积151.45万平方米，分别下降33.8%、32.8%；福田区2.27万宗、面积186.07万平方米，分别下降31.5%、33.6%；南山区1.9万宗、面积166.92万平方米，分别下降20%、23.8%；盐田区0.29万宗、面积21.7万平方米，分别下降14.6%、18.2%；宝安区2.18万宗、面积195.06万平方米，分别下降15.1%、18.1%；龙岗区2.34万宗、面积202.2万平方米，分别下降15.7%、15.2%。

【市场调控】 2010年，深圳市积极落实国家宏观调控政策，加强市场调控和管理的有关工作。5月，深圳市规划和国土资源委员会贯彻落实国发〔2010〕10号文精神，发布《关于印发深圳市贯彻落实国务院文件精神坚决遏制房价过快上涨的意见的通知》，一是认真落实用地供应计划，加快推进城市更新，确保各类住房供应；积极落实《深圳市住房建设规划2010年度实施计划》，加大用地选址工作的力度，优先确保保障性住房用地供应，已完成"十二五"住房建设规划初稿编制和专家意见咨询工作，下一步拟征求市相关部门和公众的意见；二是落实金融税收调控政策，抑制不合理购房需求；贯彻落实国务院10号文对购买不同套数住房家庭（包括借款人、配偶及未成年子女）的差别化信贷政策，严格执行国家有关个人销售住房的税收政策；三是完善相关制度，实施人才安居工程，加强住房保障工作，深圳市颁布实施了《深圳市保障性住房条例》，从立法层面规范了深圳市住房保障工作，扩大了住房保障范围；深圳市发布了《关于实施人才安居工程的决定》，明确了实施人才安居工程的主要原则、各类人才的认定及住房保障标准，加强人才的住房保障工作力度。

（张琰）

（2）2010年深圳市城乡规划

2010年，深圳市规划国土工作围绕城市发展主线，发挥空间统筹、资源保障和综合服务作用，实现服务发展能力提升和城市功能提升的"双提升"，全力推进规划制定工作，谋划城市未来发展，提升城市品位与空间质量，积极推进经济增长方式转变，加快特区一体化进程，全力构筑优质城市。同时，推动住房与城乡建设部与深圳市签署共建国家低碳生态示范市的合作框架协议，完成示范市的规划纲要及工作方案，启动深圳市南山、光明、坪山等地区的试点项目。

【2040城市发展策略研究】 2010年，在改革开

放30周年、深圳处于转型的关键时期,深圳市规划和国土资源委员会(以下简称"规划国土委")启动了深圳2040城市发展策略研究,探索未来30年深圳的国家使命:包括研究可持续发展的新模式;谋划世界先进城市的新内涵;搭建实现现代化国际化的新途径和寻求建设民生幸福城市的新举措;制定未来30年深圳发展的纲领性指导意见。2010年8月9日召开了深圳2040城市发展策略启动仪式;开展了2040城市发展策略综合研究和四个专题研究;举办了以"畅想2040"为主题的首场公众论坛和2场专家研讨会;在网站上设立2040专门网页收集公众意见,计划在2011年底前完成综合研究初步成果。

【区域规划合作】 2010年,深圳市规划国土委牵头组织深圳有关部门推进落马洲河套地区规划综合研究,与香港协调推进A区规划研究;完成了河套落马洲地区(A区)初步发展大纲图及深圳邻近地区(C区)的概念规划,2010年11月27日组织召开了落马洲河套地区综合规划研究公众论坛。在深圳市、东莞市和惠州市城市(乡)规划部门紧密合作下,《深莞惠边界地区规划协调试点研究》已完成项目计划书编制。2010年启动了深莞惠规划合作机制研究及推进深莞惠一体化拓展深圳发展空间规划,同时推动三市城市规划信息共享平台建设工作,为深莞惠一体化建设拓展深圳发展空间,从合作机制、空间布局、基础设施建设等方面提出对策建议。

【《深圳市城市总体规划》获批】 《深圳市城市总体规划(2010~2020年)》于2010年8月16日获国务院正式批复,成为指导新时期深圳城市发展的纲领性文件。本次规划是以《深圳市2030城市发展策略》为指导,在开展20个专题研究的基础上制定的。规划确立了"经济特区、全国性经济中心城市和国际化城市"的新的城市性质和定位;提出了深港合作共建国际都会、打造世界级都市区的发展目标,并上升为国家发展战略;制订了引导城市转型的发展目标指标体系和路径。

【《深圳市近期建设与土地利用规划》初步成果】 《深圳市近期建设与土地利用规划(2011~2015年)》于2010年1月开始编制,2010年底已形成初步成果,计划于2011年4月完成编制。规划在对过去五年城市发展与建设进行全面检讨分析的基础上,确定了近期城市发展的目标:在城市发展总目标的指引下,按照城市总体规划所确定的分目标,制订各项指标作为引导城市发展的目标指标体系。

【城市设计】 按照"用地集约化、科学合理化"思路,高要求推动光明、坪山、龙华、大运四大新城规划实施力度;高起点规划前海、后海及湾区等总部功能区及航空港地区城市设计;高水平引导福田中心区、轨道站点上盖及周边地区规划建设。重点完成及推进项目包括:全市大运项目统筹协调、华强北立体街道城市设计、水晶岛规划设计方案国际咨询、后海中心区城市设计、前海中心区城市设计国际咨询、深圳北站及周边地区城市设计、深圳当代艺术馆和城市规划展览馆设计深化、沙井填海区规划设计研究、中国资本市场学院用地周边规划研究、软件产业基地、大学城片区规划整合、南方科技大学拆迁安置用地规划、超级计算深圳中心项目研究、华大基因项目研究、中心区重点建设工程项目等。积极开展了前海地区概念规划国际咨询工作,集思广益,以国际性视野、前瞻性的发展理念确定前海地区的空间发展结构。

【市政专项规划】 加快推动市政基础设施的建设,开展了全市变电站、加油加气站、消防站和电动汽车社会公用充电站等市政基础设施的提前核发选址研究工作,核发了大量市政基础设施的规划选址。完成了《深圳黄线规划》、《深圳蓝线规划》、《深圳橙线规划》、《深圳市雨洪利用系统布局规划》、《深圳市消防发展规划暨消防设施系统布局规划》、《深圳市危险废物处理处置专项规划》、《坪山环境园详细规划》、《深圳市公众移动基站规划专项规划》、《深圳市瓶装燃气供应站系统布局规划及选址研究》、《光明吊神山成品油仓储区周边道路及市政管网配套设施专项规划》、《观澜樟坑径液化石油气仓储区周边道路及市政配套设施专项规划》、《坪地红花岭其他危险化学品仓储区周边道路及管网配套设施专项规划》、《深圳市天然气冷热电三联供规划研究》等规划的编制。

【低碳生态城市建设】 2010年1月,住房和城乡建设部与深圳市人民政府签订了《关于共建国家低碳生态示范市合作框架协议》,根据深圳市政府部署,深圳市规划国土委组织编制了《国家住房和城乡建设部与深圳市人民政府共建国家低碳生态示范市工作方案》。2010年9月,许勤市长主持召开市政府五届十三次常务会议,审议并原则通过了深圳市与国家住房和城乡建设部建设国家低碳生态示范市工作方案的总体思路,明确了深圳市创建工作的方向要求和重点领域、主要任务。2010年开展相关试点项目研究工作。以光明新区、坪山新区等地区为试点,深圳规划国土委已开展的规划编制项目包括:《深圳市低碳生态城市指标研究》、《广深港光明站门户区低碳生态及低冲击开发启动示范区详细规划及实施方案》、《坪山新区低冲击开发试点规划研究及实施方案》、《南山商业中心区低碳生态试点规划研究及实施方案》、《深圳市低碳生态居住小区试点规划研究及实施方案》等。在低碳生态指标体系、编制方法研究方面，开展的具体项目包括：《深圳市低碳生态城市指标研究》、《深圳市居住建筑日照标准研究》、《深圳市绿色城市规划导则》、《落实低碳生态目标法定图则及城市更新单元规划编制技术指引》等，并结合《深圳市城市规划标准与准则》修订予以全面落实。

【城市更新】 2010年完成了《深圳市城市更新项目保障性住房配建比例暂行规定》、《城市更新单元规划审批操作规则(试行)》、《拆除重建类城市更新项目操作基本程序(试行)》、《拆除重建类城市更新项目房地产证注销操作规则(试行)》、《深圳市宝安区、龙岗区、光明新区及坪山新区拆除重建类城市更新单元旧屋村范围认定办法(试行)》等城市更新系列配套政策、技术文件的制定和发布施行。

(深圳市规划和国土资源委员会 蔡淑敏)

第五篇

法规政策文件

一、国务院及有关部门文件

国务院关于落实《政府工作报告》重点工作部门分工的意见

国发〔2010〕8号

国务院各部委、各直属机构：

根据党中央关于2010年工作部署和十一届全国人大三次会议通过的《政府工作报告》，今年国务院工作总的要求是：以邓小平理论和"三个代表"重要思想为指导，深入贯彻落实科学发展观，着力搞好宏观调控和保持经济平稳较快发展，着力加快经济发展方式转变和经济结构调整，着力推进改革开放和自主创新，着力改善民生和促进社会和谐稳定，全面推进社会主义经济建设、政治建设、文化建设、社会建设以及生态文明建设，加快全面建设小康社会进程，努力实现经济社会又好又快发展。为做好今年的政府工作，实现国民经济和社会发展的预期目标，现就《政府工作报告》明确的重点工作提出部门分工意见如下：

一、提高宏观调控水平，保持经济平稳较快发展

（一）积极做好宏观调控工作。继续实施积极的财政政策和适度宽松的货币政策，保持政策的连续性和稳定性，根据新形势新情况不断提高政策的针对性和灵活性，把握好政策实施的力度、节奏和重点，处理好保持经济平稳较快发展、调整经济结构和管理通胀预期的关系，稳定物价总水平。（发展改革委牵头。明确一个部门牵头的，有关部门配合，但不一一列出。下同）

（二）继续实施积极的财政政策。保持适度的财政赤字和国债规模，安排中央财政赤字8500亿元，继续代发地方债2000亿元。继续实施结构性减税政策。优化财政支出结构，继续向"三农"、民生、社会事业等领域倾斜，支持节能环保、自主创新和欠发达地区的建设。严格控制一般性支出，大力压缩公用经费。切实加强政府性债务管理，增强内外部约束力，有效防范和化解潜在财政风险。依法加强税收征管和非税收入管理，严厉打击偷骗税行为，做到应收尽收。（财政部、发展改革委、税务总局负责。列第一位者为牵头部门或单位，其他部门按职责分工负责。下同）

（三）继续实施适度宽松的货币政策。保持货币信贷合理充裕。优化信贷结构，落实有保有控的信贷政策，加强对重点领域和薄弱环节的支持，有效缓解农户和小企业融资难问题，严格控制对"两高"行业和产能过剩行业的贷款。强化贷后管理，确保信贷资金支持实体经济。积极扩大直接融资，完善多层次资本市场体系，扩大股权和债券融资规模，更好地满足多样化投融资需求。加强风险管理，提高金融监管有效性，探索建立宏观审慎管理制度，强化对跨境资本流动的有效监控，防范各类金融风险。继续完善人民币汇率形成机制，保持人民币汇率在合理、均衡水平上的基本稳定。（人民银行、金融监管机构、发展改革委等负责）

（四）积极扩大居民消费需求。继续提高农民收入、企业退休人员基本养老金、部分优抚对象待遇和城乡居民最低生活保障水平，增强居民特别是中低收入者消费能力。巩固扩大传统消费，积极培育信息、旅游、文化、健身、培训、养老、家庭服务等消费热点，促进消费结构优化升级。扩大消费信贷。加强商贸流通体系等基础设施建设，积极发展电子商务。整顿和规范市场秩序，努力营造便利、安全、放心的消费环境。继续实施和完善鼓励消费的各项政策措施。大幅提高家电下乡产品最高限价，增加品种和型号，扩大补贴范围，完善补贴标准和办法，加强对中标企业的管理和考核，提高产品质量和服务水平；完善家电、汽车以旧换新和汽车、摩托车下乡政策，小排量汽车购置税按7.5%征收。（发展改革委、工业和信息化部、财政部、商务部、人力资源社会保障部、民政部、人民银行、税务总局、旅游局等负责）

（五）着力优化投资结构。各级政府投资要集中力量保重点。严格控制新开工项目，资金安排主要用于项目续建和收尾，切实防止出现"半拉子"工程。扎实推进地震灾区恢复重建，保质保量完成任务。鼓励扩大民间投资，完善和落实促进民间投资的相关政策。加强和改进投资管理，严格执行用地、节能、环保、安全等市场准入标准和产业政策，切实防止重复建设。对有财政资金投入的建设项目，要加强全程监督，坚决避免以扩大内需为名，搞劳民伤财的形象工程和政绩工程。坚持科学民主决策，确保公共投资真正用于推进经济社会发展和改善人民生活。（发展改革委、财政部、工业和信息化部、监察部、国土资源部、环境保护部、住房城乡建设部、安全监管总局、审计署等负责）

二、加快转变经济发展方式，调整优化经济结构

（六）继续推进重点产业调整振兴。加大技术改造力度，用好技改专项资金，引导企业开发新产品和节能降耗。打破行业垄断和地区封锁，推动优势企业兼并困难企业，促进企业兼并重组。认真落实《国务院关于进一步加强淘汰落后产能工作的通知》（国发〔2010〕7号），加快淘汰落后产能。全面提升产品质量，引导企业以品牌、标准、服务和效益为重点，健全质量管理体系，强化社会责任，切实加强市场监管和诚信体系建设。（发展改革委、工业和信息化部、财政部、商务部、国资委、工商总局、质检总局、证监会、电监会、能源局负责）

（七）大力培育战略性新兴产业。大力发展新能源、新材料、节能环保、生物医药、信息网络和高端制造产业。积极推进新能源汽车研发和推广应用，推动"三网"融合取得实质性进展，加快物联网的研发应用。加大对战略性新兴产业的投入和政策支持。（发展改革委、工业和信息化部、科技部、财政部、商务部、证监会、广电总局、能源局等负责）

（八）进一步促进中小企业发展。认真落实《国务院关于进一步促进中小企业发展的若干意见》（国发〔2009〕36号）。建立和完善中小企业服务体系，抓紧修订中小企业划分标准，加快中小企业公共服务平台、信息服务网络和小企业创业基地建设，进一步减少、简化行政审批，坚决清理和取消不合理收费。继续落实财政对中小企业支持政策，对部分小型微利企业实行所得税优惠政策，中央财政预算内技术改造专项投资覆盖中小企业，中央财政扶持中小企业发展专项资金安排106亿元，地方政府也要加大投入。加强对中小企业的金融支持，完善小企业信贷考核体系，鼓励建立小企业贷款风险补偿基金，中小企业贷款税前全额拨备损失准备金。发展多层次中小企业信用担保体系，落实好对符合条件的中小企业信用担保机构免征营业税、准备金提取和代偿损失在税前扣除的政策。拓宽中小企业融资渠道，切实解决中小企业特别是小企业融资难问题。（工业和信息化部、财政部、发展改革委、人民银行、科技部、税务总局、银监会、证监会、统计局、监察部等负责）

（九）加快发展服务业。进一步提高服务业发展水平和在国民经济中的比重。大力发展金融、物流、信息、研发、工业设计、商务、节能环保服务等面向生产的服务业，促进服务业与现代制造业有机融合。大力发展市政公用事业、房地产和物业服务、社区服务等面向民生的服务业，加快发展旅游业，积极拓展新兴服务业领域。加快构建和完善以生产销售、科技信息和金融服务为主体的农村生产生活服务体系。加快建立公开平等规范的服务业准入制度，鼓励社会资本进入。进一步完善促进服务业发展的政策，逐步实现国家鼓励类服务业用电、用水、用气、用热与工业基本同价。（发展改革委牵头）

（十）打好节能减排攻坚战和持久战。以工业、交通、建筑为重点，大力推进节能，提高能源效率。扎实推进十大重点节能工程、千家企业节能行动和节能产品惠民工程，今年新增8000万吨标准煤的节能能力。所有燃煤机组都要加快建设并运行烟气脱硫设施。加强环境保护，积极推进重点流域区域环境治理及城镇污水垃圾处理、农业面源污染治理、重金属污染综合整治等工作，新增城镇污水日处理能力1500万立方米、垃圾日处理能力6万吨。积极发展循环经济和节能环保产业。支持循环经济技术研发、示范推广和能力建设。抓好节能、节水、节地、节材工作。推进矿产资源综合利用、工业废物回收利用、余热余压发电和生活垃圾资源化利用。合理开发利用和保护海洋资源。积极应对气候变化，加强适应和减缓气候变化的能力建设，大力开发低碳技术，推广高效节能技术，积极发展新能源和可再生能源，加强智能电网建设。加快国土绿化进程，增加森林碳汇，新增造林面积不低于592万公顷。努

力建设以低碳排放为特征的产业体系和消费模式。积极参与应对气候变化国际合作,推动全球应对气候变化取得新进展。(发展改革委、环境保护部、科技部、财政部、工业和信息化部、国土资源部、住房城乡建设部、交通运输部、铁道部、水利部、农业部、林业局、气象局、能源局、电监会、海洋局等负责)

(十一)推进区域经济协调发展。继续深入推进西部大开发,全面振兴东北地区等老工业基地,大力促进中部地区崛起,积极支持东部地区率先发展。认真落实促进区域经济社会发展的各项规划和政策。加快推进主体功能区建设。加强对革命老区、民族地区、边疆地区和贫困地区的支持。重点抓好西藏和四省藏区、新疆经济社会发展政策的制定和实施工作。(发展改革委、财政部、扶贫办、工业和信息化部、国家民委等负责)

三、加大统筹城乡发展力度,强化农业农村发展基础

(十二)促进农业稳定发展和农民持续增收。稳定粮食生产,扩大油料种植面积,增加重要紧缺农产品供应,大规模开展粮棉油糖高产创建,大规模开展园艺产品生产和畜牧水产养殖标准化创建,保障"米袋子"、"菜篮子"安全。继续实施对种粮农民直接补贴,增加农资综合补贴、良种补贴、农机具购置补贴,中央财政安排补贴资金1335亿元。进一步提高粮食最低收购价,早籼稻、中晚籼稻、粳稻每50公斤分别提高3元、5元和10元,小麦每50公斤提高3元。继续实施重要农产品临时收储政策。加强对产粮大县、养猪大县、养牛大县的财政扶持。大力发展农产品加工业,加快发展农业机械化,推进农业产业化经营,支持批发市场和农贸市场升级改造,促进农民就业创业,多渠道增加农民收入。进一步加大扶贫开发力度。(农业部、财政部、发展改革委、商务部、扶贫办、粮食局、科技部等负责)

(十三)加强农业基础设施建设。坚持财政支出优先支持农业农村发展,预算内固定资产投资优先投向农业基础设施和农村民生工程,土地出让收益优先用于农业土地开发和农村基础设施建设。中央财政安排"三农"投入8183亿元,地方各级财政也要增加投入。以主产区为重点,全面实施全国新增千亿斤粮食生产能力建设规划。以农田水利为重点,加强农业基础设施建设,加快大中型灌区的配套改造,扩大节水灌溉面积,建设高标准农田,完成大中型和重点小型病险水库除险加固任务。以良种培育为重点,加快农业科技创新和推广,实施好转基因生物新品种培育科技重大专项。积极推进现代农业示范区建设。加快建设乡镇和区域性农技推广、动植物疫病防控、农产品质量监管等公共服务机构。(发展改革委、财政部、国土资源部、水利部、农业部、科技部、质检总局、林业局等负责)

(十四)深化农村改革。毫不动摇地坚持农村基本经营制度,加快完善有关法律法规和政策,现有土地承包关系要保持稳定并长久不变。加强土地承包经营权流转管理和服务,在依法自愿有偿流转的基础上发展多种形式规模经营。继续推进农村综合改革。完善集体林权制度改革配套政策。启动国有林场改革。深化农垦体制改革。继续推进草原基本经营制度改革。发展农民专业合作社,提高农业组织化程度。加快培育小型农村金融机构,积极推广农村小额信用贷款,切实改善农村金融服务。深入推进乡镇机构改革。(农业部、法制办、林业局、人民银行、国务院农村综合改革工作小组、国土资源部、银监会、保监会、中央编办等负责)

(十五)统筹推进城镇化和新农村建设。坚持走中国特色城镇化道路,促进大中小城市和小城镇协调发展,着力提高城镇综合承载能力,发挥城市对农村的辐射带动作用,促进城镇化和新农村建设良性互动。壮大县域经济,大力加强县城和中心镇基础设施和环境建设,引导非农产业和农村人口有序向小城镇集聚,鼓励返乡农民工就地创业。城乡建设坚持最严格的耕地保护制度和最严格的节约用地制度,切实保护农民合法权益。推进户籍制度改革,放宽中小城市和小城镇落户条件。有计划有步骤地解决好农民工在城镇的就业和生活问题,逐步实现农民工在劳动报酬、子女就学、公共卫生、住房租购以及社会保障方面与城镇居民享有同等待遇。进一步增加农村生产生活设施建设投入,启动新一轮农村电网改造,扩大农村沼气建设规模,今年再解决6000万农村人口的安全饮水问题,实施农村清洁工程,改善农村生产生活条件。(发展改革委、住房城乡建设部、人力资源社会保障部、国土资源部、财政部、公安部、农业部、水利部、教育部、科技部、能源局等负责)

四、全面实施科教兴国战略和人才强国战略

(十六)推进教育改革。抓紧启动实施国家中长期教育改革和发展规划纲要。对办学体制、教学内容、教育方法、评价制度等进行系统改革。坚持育人为本,大力推进素质教育。探索适应不同类型教育和人才成长的学校管理体制和办学模式,提高办

学和人才培养水平。鼓励社会力量兴办教育，满足群众多样化的教育需求。（教育部、发展改革委、财政部负责）

（十七）促进义务教育均衡发展。在合理布局的基础上，加快推进中西部地区初中校舍改造和全国中小学校舍安全工程，尽快使所有学校的校舍、设备和师资达到规定标准。为农村中小学班级配备多媒体远程教学设备，让广大农村和偏远地区的孩子共享优质教育资源。加强学前教育和特殊教育学校建设。加大对少数民族和民族地区教育的支持。（教育部、发展改革委、财政部、住房城乡建设部、国家民委负责）

（十八）继续加强职业教育。以就业为目标，整合教育资源，改进教学方式，着力培养学生的就业创业能力。（教育部、发展改革委、财政部、人力资源社会保障部、国资委负责）

（十九）推进高等学校管理体制和招生制度改革。进一步落实高等学校办学自主权，鼓励高等学校适应就业和经济社会发展需要，调整专业和课程设置，推动高等学校人才培养、科技创新和学术发展紧密结合，激励教师专注于教育，努力建设有特色、高水平大学。创建若干一流大学，培养杰出人才。中央财政加大对中西部高等教育发展的支持。（教育部、发展改革委、财政部负责）

（二十）加强教师队伍建设。从多方面采取措施，吸引优秀人才投身教育事业，鼓励他们终身从教。重点加强农村义务教育学校教师和校长培训，鼓励优秀教师到农村贫困地区从教。加强师德教育，增强教师的责任感和使命感。（教育部、财政部、人力资源社会保障部负责）

（二十一）加快实施科技重大专项。认真贯彻自主创新的方针，全面推进创新型国家建设，着力突破带动技术革命、促进产业振兴的关键科技问题，突破提高健康水平、保障改善民生的重大公益性科技问题，突破增强国际竞争力、维护国家安全的战略高技术问题。前瞻部署生物、纳米、量子调控、信息网络、气候变化、空天海洋等领域基础研究和前沿技术研究。（科技部、发展改革委、财政部、工业和信息化部、教育部、能源局负责）

（二十二）深化科技体制改革。着力解决科技与经济脱节的问题，推动以企业为主体、市场为导向、产学研相结合的技术创新体系建设，促进科技资源优化配置、开放共享和高效利用。大力实施知识产权战略，加强知识产权创造、应用和保护。进一步激发广大科技工作者和全社会的创新活力。（科技部、知识产权局、财政部、工商总局负责）

（二十三）加快人才资源开发。统筹推进各类人才队伍建设，突出培养创新型科技人才、经济社会发展重点领域专门人才和高技能人才，积极引进海外高层次人才。建立健全政府、社会、用人单位和个人等多元化的人才培养投入机制，充分发挥市场配置人才资源的基础性作用，努力营造人才辈出、人尽其才的制度环境，建设人力资源强国。（人力资源社会保障部、发展改革委、教育部、科技部、财政部等负责）

五、大力加强文化建设

（二十四）大力发展文化、体育事业。完善公共文化服务体系，保障人民群众的基本需求和权益。文化基础设施建设和公共文化资源配置向基层特别是农村和中西部地区倾斜，推进美术馆、图书馆、文化馆、博物馆免费开放。继续推进文化体制改革，扶持公益性文化事业，发展文化产业，鼓励文化创新，培育骨干文化企业，生产更多健康向上的文化产品，满足人民群众多样化的文化需求。促进哲学社会科学、广播影视、新闻出版、档案事业发展，繁荣文学艺术创作，加强文物和非物质文化遗产保护。积极开展对外文化交流，增强中华文化国际影响力。大力发展公共体育事业，广泛开展全民健身运动，提高人民的身体素质。办好广州亚运会、亚残运会。（文化部、发展改革委、财政部、广电总局、新闻出版总署、体育总局、社科院、档案局、文物局、教育部、中国残联、侨办负责）

六、着力保障和改善民生，促进社会和谐进步

（二十五）千方百计扩大就业。继续实施积极的就业政策，中央财政投入433亿元用于促进就业。重点做好高校毕业生、农民工、就业困难人员就业和退伍转业军人就业安置工作。继续实行"五缓四减三补贴"就业扶持政策。加强政策支持和就业指导，鼓励高校毕业生到城乡基层、中西部地区和中小企业就业；拓宽就业、择业、创业渠道，鼓励自主创业、自谋职业等多种形式的灵活就业，以创业带动就业。建立健全公共投资带动就业的机制。落实《国务院办公厅关于进一步做好农民工培训工作的指导意见》（国办发〔2010〕11号），继续加强职业技能培训，重点提高农民工和城乡新增劳动力的就业能力。完善就业服务体系，健全劳动力输出输入地区协调协作机制，引导劳动力特别是农民工有序流动。加快建立统一规范的人力资源市场。维护劳动者合法权

益,构建和谐的劳动关系。(人力资源社会保障部、民政部、财政部、教育部、农业部等负责)

(二十六)加快完善覆盖城乡居民的社会保障体系。组织实施《国务院关于开展新型农村社会养老保险试点的指导意见》(国发〔2009〕32号),扎实推进新型农村社会养老保险试点,试点范围扩大到23%的县。加快解决未参保集体企业退休人员基本养老保障等遗留问题。将全国130万"老工伤"人员全部纳入工伤保险范围。积极推进农民工参加社会保险。企业退休人员基本养老金今年再提高10%。进一步增加各级政府对社会保障的投入,中央财政安排3185亿元。多渠道增加全国社会保障基金,加强监管,实现保值增值。(人力资源社会保障部、民政部、财政部等负责)

(二十七)进一步健全社会救助体系。健全城乡低保制度,逐步提高保障水平,做到动态管理、应保尽保。完善孤儿救助制度。加强残疾人社会保障和服务体系建设,进一步落实好扶残助残的各项政策。(民政部、财政部、中国残联负责)

(二十八)改革收入分配制度。抓紧制定调整国民收入分配格局的政策措施,逐步提高居民收入在国民收入分配中的比重,提高劳动报酬在初次分配中的比重。加大财政、税收在收入初次分配和再分配中的调节作用。创造条件让更多群众拥有财产性收入。深化垄断行业收入分配制度改革。完善对垄断行业工资总额和工资水平的双重调控政策。严格规范国有企业、金融机构经营管理人员特别是高管的收入,完善监管办法。进一步规范收入分配秩序。保护合法收入,调节过高收入,取缔非法收入,逐步形成公开透明、公正合理的收入分配秩序,坚决扭转收入差距扩大趋势。(发展改革委、财政部、人力资源社会保障部、人民银行、国资委、税务总局、金融监管机构等负责)

(二十九)促进房地产市场平稳健康发展。认真落实《国务院办公厅关于促进房地产市场平稳健康发展的通知》(国办发〔2010〕4号)。坚决遏制部分城市房价过快上涨势头,满足人民群众的基本住房需求。继续大规模实施保障性安居工程,中央财政安排保障性住房专项补助资金632亿元。建设保障性住房300万套,各类棚户区改造住房280万套,扩大农村危房改造试点范围。各级政府要切实负起责任,严格执行年度建设计划,确保土地、资金和优惠政策落实到位。继续支持居民自住性住房消费,增加中低价位、中小套型普通商品房用地供应,加快普通商品房项目审批和建设进度,规范发展二手房市场,倡导住房租赁消费,盘活住房租赁市场。抑制投机性购房,加大差别化信贷、税收政策执行力度,完善商品房预售制度。大力整顿规范房地产市场秩序,完善土地收入管理使用办法,抑制土地价格过快上涨。加大对圈地不建、捂盘惜售、哄抬房价等违法违规行为的查处力度。(住房城乡建设部、发展改革委、财政部、国土资源部、人民银行、税务总局、工商总局、银监会、证监会等负责)

(三十)进一步提高基本医疗保障水平。继续扩大基本医疗保障覆盖面。把城镇居民基本医保和新农合的财政补助标准提高到每人120元,并适当提高个人缴费标准。开展农村儿童白血病、先天性心脏病医疗保障试点,尽力为这些不幸的儿童和家庭提供更多帮助。(人力资源社会保障部、卫生部、民政部、发展改革委、财政部负责)

(三十一)推进实施国家基本药物制度。在60%政府举办的基层医疗卫生机构实施基本药物制度,其他医疗机构也要优先选用基本药物。推进基本药物集中采购和统一配送。(发展改革委、卫生部、人力资源社会保障部、财政部、工业和信息化部、商务部负责)

(三十二)健全基层医疗卫生服务体系。基本完成城乡基层医疗卫生机构建设规划,大规模开展适宜人才培养和培训。进一步完善支持村卫生室建设和乡村医生发展的政策措施。完善基层医疗卫生机构补偿机制,落实岗位绩效工资。开展社区首诊试点,推动形成基层医疗卫生机构和医院功能区分合理、协作配合、互相转诊的服务体系。(发展改革委、卫生部、财政部、人力资源社会保障部负责)

(三十三)加强基本公共卫生服务。切实加强甲型H1N1流感等重大传染病防控和慢性病、职业病、地方病防治,提高突发公共卫生事件应急处置能力。(卫生部牵头)

(三十四)开展公立医院改革试点。坚持基本医疗的公益性方向,创新体制机制,充分调动医务人员积极性,提高服务质量,控制医疗费用,改善医患关系。大力支持社会资本兴办医疗卫生机构,在服务准入、医保定点等方面一视同仁。扶持和促进中医药(包括民族医药)事业发展。(卫生部、发展改革委、财政部、人力资源社会保障部、中央编办负责)

(三十五)做好人口和计划生育工作。继续稳定低生育水平。做好流动人口计划生育服务工作。落实好农村妇女妇科疾病定期检查和住院分娩补助政策。加强出生缺陷干预,开展免费孕前优生健康检查试点,做好孕产妇和婴幼儿保健工作。继续实施农村部分计划生育家庭奖励扶助制度和西部地区少生快富工程。切实保护好妇女和未成年人权益。加强应对人口老龄化战略研究，加快建立健全养老社会服务体系。（人口计生委、卫生部、发展改革委、财政部、民政部、公安部、中国残联、全国老龄工作委员会负责）

（三十六）进一步做好民族和宗教工作。认真落实中央支持少数民族和民族地区发展的政策措施，优先支持边疆民族地区加快发展。加快完成边境一线地区危旧房改造，实施游牧民定居工程。新型农村社会养老保险优先在边境县、民族地区贫困县试点。加大扶持人口较少民族发展力度。继续推进兴边富民行动。重视保护少数民族文化遗产和民族地区生态环境。切实做好少数民族流动人口公共服务、就业和管理工作。加强国家意识、公民意识教育。旗帜鲜明地反对民族分裂，维护祖国统一。全面贯彻党的宗教工作基本方针，依法管理宗教事务。发挥宗教界人士和信教群众在促进经济发展和社会和谐中的积极作用。（国家民委、财政部、宗教局负责）

七、坚定不移推进改革，进一步扩大开放

（三十七）继续推进国有经济布局和结构战略性调整。加快大型国有企业特别是中央企业母公司的公司制改革，实现产权多元化，完善法人治理结构。加快推进垄断性行业改革，推进公用事业改革，切实放宽市场准入，积极引入竞争机制。着力营造多种所有制经济公平竞争的市场环境，更好地促进非公有制经济发展。（国资委、发展改革委、工业和信息化部、住房城乡建设部、铁道部、电监会等负责）

（三十八）深化资源性产品价格和环保收费改革。扩大用电大户与发电企业直接交易试点，推行居民用电用水阶梯价格制度，健全可再生能源发电定价和费用分摊机制。完善农业用水价格政策。改革污水处理、垃圾处理收费制度。扩大排污权交易试点。（发展改革委、环境保护部、财政部、水利部、电监会、能源局等负责）

（三十九）继续推进财税体制改革。健全公共财政体系。完善财政转移支付制度，加大一般性转移支付，增强地方政府提供基本公共服务的能力。健全省以下财政管理体制，完善县级基本财力保障机制，推进省直管县财政管理方式改革。全面编制中央和地方政府性基金预算，试编社会保险基金预算，完善国有资本经营预算制度。增强财政预算的透明度。继续做好增值税转型工作。推进资源税改革。统一内外资企业和个人城建税、教育费附加制度。（财政部牵头）

（四十）健全金融体系。继续完善国有控股金融机构公司治理，改善经营管理机制，提高风险管控能力。继续推动政策性金融机构改革。稳步推进资产管理公司转型。深化农村信用社改革。推动中小金融机构规范发展。大力发展金融市场，鼓励金融创新。推进跨境贸易人民币结算试点，逐步发展境外及跨境人民币金融业务。推进存款保险制度建设。加快发展农业保险。（人民银行、金融监管机构、财政部负责）

（四十一）分类推进事业单位改革。按照政事分开、事企分开和管办分离的要求，在科学分类的基础上，积极稳妥推进事业单位改革。（中央编办牵头）

（四十二）加强社会主义民主法制建设。发展社会主义民主，切实保障人民当家做主的民主权利，特别是选举权、知情权、参与权、表达权和监督权。进一步扩大基层民主，健全基层自治组织和民主管理制度，拓宽群众参与管理基层公共事务的渠道和形式。依法治国，健全法制，重视规范和监督权力运行的法律制度建设。创新政府立法工作的方法和机制，扩大立法工作的公众参与。（民政部、法制办负责）

（四十三）稳定发展对外贸易。坚持实施市场多元化战略和以质取胜战略，巩固传统市场，大力开拓新兴市场。落实和完善出口退税、出口信贷、出口信用保险等各项政策措施，继续改善海关、质检、外汇等方面的服务。优化出口产品结构，稳定劳动密集型产品出口，扩大机电产品和高新技术产品出口，大力发展服务贸易和服务外包，努力培育出口品牌和营销网络，继续严格控制"两高一资"产品出口。积极推进加工贸易转型升级。促进进出口平衡发展，重点扩大先进技术装备、关键零部件和国内紧缺物资进口，稳定各项进口促进政策和便利化措施，积极推动发达国家放宽高新技术产品出口限制。（商务部、财政部、发展改革委、工业和信息化部、海关总署、税务总局、质检总局、外汇局等负责）

（四十四）推动利用外资和对外投资协调发展。优化利用外资结构，鼓励外资投向高端制造业、高新技术产业、现代服务业、新能源和节能环保产业，鼓励跨国公司在华设立地区总部等各类功能性机构，鼓励中外企业加强研发合作。鼓励外资参与国内企业改组改造和兼并重组，加快建立外资并购安全审查制度。促进"引资"与"引智"相结合。引导外资向中西部地区转移和增加投资。加快实施"走出去"战略，鼓励符合国外市场需求的行业有序向境外转移产能，支持有条件的企业开展海外并购，深

化境外资源互利合作，提高对外承包工程和劳务合作的质量。进一步简化各类审批手续，落实企业境外投资自主权。"走出去"的企业要依法经营，规避风险，防止恶性竞争，维护国家整体利益和良好形象。（商务部、发展改革委、工业和信息化部等负责）

（四十五）深化多边双边经贸合作。加强和改善与发达国家的经贸关系，深化与发展中国家的互利合作，认真落实中非务实合作八项新举措。发挥经济高层对话和双边经贸联委会作用。加快自由贸易区建设步伐。积极参与世界贸易组织多哈回合谈判，推动早日达成更加合理、平衡的谈判结果。反对各种形式的保护主义，妥善处理贸易摩擦。（商务部、外交部、财政部、发展改革委会同有关部门负责）

（四十六）做好上海世博会筹办举办工作。把上海世博会办成一届成功、精彩、难忘的盛会。（上海世博会组委会、执委会等负责）

八、努力建设人民满意的服务型政府

（四十七）大力推进服务型政府建设。以转变职能为核心，深化行政管理体制改革，大力推进服务型政府建设。全面正确履行政府职能，更加重视公共服务和社会管理。加快健全覆盖全民的公共服务体系，全面增强基本公共服务能力。加强防灾减灾能力建设。加强食品药品质量监管，做好安全生产工作，遏制重特大事故发生。（中央编办、监察部、发展改革委、财政部、民政部、水利部、住房城乡建设部、食品安全办、卫生部、农业部、质检总局、工商总局、食品药品监管局、安全监管总局等负责）

（四十八）健全重大突发事件应急处理机制。修订国家总体应急预案，开展"十二五"期间全国应急体系建设规划编制工作。完善统一指挥、反应灵敏、协调有序、运转高效的应急处置与救援机制。建立健全目标考核、督导检查、责任追究制度，提高重大突发事件应急处置能力。（国务院办公厅牵头）

（四十九）完善社会管理，维护社会稳定。推进社会管理体制改革和创新，合理调节社会利益关系。认真解决企业改制、征地拆迁、环境保护、劳动争议、涉法涉诉等领域损害群众利益的突出问题，保障人民群众的合法权益。加强和改进信访工作。改善流动人口管理和服务。加强社会治安综合治理，着力解决突出治安问题，防范和依法严厉打击各类违法犯罪活动，维护国家安全和社会稳定。（公安部、发展改革委、安全部、信访局、司法部、国家民委、宗教局负责）

（五十）努力提高执行力和公信力。坚持决策的科学化、民主化，使各项政策更加符合实际、经得起检验。加强对政策执行情况的检查监督，做到令行禁止。强化行政问责，对失职渎职、不作为和乱作为的，严肃追究责任。切实改进行政执法工作，努力做到规范执法、公正执法、文明执法。加快建立健全决策、执行、监督相互制约又相互协调的行政运行机制。（监察部、审计署、法制办负责）

（五十一）加强反腐倡廉建设。坚决执行中央关于各级领导干部特别是高级干部报告个人经济和财产，包括收入、住房、投资，以及配偶子女从业等重大事项的规定。把查处违法违纪大案要案，作为反腐败的重要任务。充分发挥监察、审计部门的作用，加强对行政权力运行的监督。建立健全惩治和预防腐败体系的各项制度，特别要健全公共资源配置、公共资产交易、公共产品生产等领域的管理制度，增强制度约束力。坚持勤俭行政，反对铺张浪费，不断降低行政成本。严格控制楼堂馆所建设，禁止高档装修办公楼，加快公务接待、公车使用等制度改革，从严控制公费出国出境。切实精简会议和文件，特别要减少形式重于内容的会议、庆典和论坛。深入推进政务公开，完善各类公开办事制度和行政复议制度，创造条件让人民批评政府、监督政府，同时充分发挥新闻舆论的监督作用。（监察部、审计署、发展改革委、财政部、外交部、国管局、法制办等负责）

九、加强国防、港澳台侨、外交工作

（五十二）积极支持国防和军队建设。加强国防科研和武器装备建设。全面加快现代军队后勤建设。加强武警部队全面建设，增强执勤、处置突发事件、反恐、维稳能力。加强国防动员和后备力量建设。巩固和发展军政军民团结。（发展改革委、工业和信息化部、民政部、公安部、财政部、国家国防动员委员会负责）

（五十三）全力支持香港、澳门保持长期繁荣稳定。支持香港巩固并提升国际金融、贸易、航运中心地位，发展优势产业，培育新的经济增长点。支持澳门发展旅游休闲产业，促进经济适度多元化。认真实施珠江三角洲地区改革发展规划纲要，积极推进港珠澳大桥等大型跨境基础设施建设和珠海横琴岛开发，深化粤港澳合作，密切内地与港澳的经济联系。（港澳办、发展改革委、财政部、商务部、人民银行等负责）

（五十四）不断开创两岸关系和平发展新局面。密切两岸经贸金融交往，深化产业合作，支持在大陆的台资企业发展，维护台胞合法权益。鼓励有条件的大陆企业赴台投资。支持海峡西岸经济区在两岸交流合作中发挥先行先试作用。建立具有两岸特色的经济合作机制。拓展文化教育交流，加强两岸民众和社会各界交流。（台办牵头）

（五十五）进一步做好侨务工作。认真贯彻党的侨务政策。维护海外侨胞、归侨侨眷的合法权益，支持他们传承中华文化，参与祖国现代化建设和促进和平统一大业。（侨办、外交部负责）

（五十六）继续推进全方位外交。积极参与国际体系变革进程，维护发展中国家利益。统筹协调好双边外交与多边外交、国别区域外交与各领域外交工作，推动我国与各大国、周边国家和发展中国家的关系全面深入发展。抓住中国—东盟自贸区全面建成、上海合作组织召开峰会等契机，积极推进区域合作。进一步做好应对气候变化、能源资源合作等方面的对外工作，在妥善解决热点问题和全球性问题中发挥建设性作用。（外交部会同有关部门负责）

各部门和各单位要认真履行职责，充分发挥主动性、积极性和创造性，抓紧制定本部门、本单位落实重点工作的实施方案，并在落实过程中进一步细化、实化；要加强相互配合，及时做好沟通和协调，牵头部门应主动会同有关部门，有关部门应予积极配合；要加强督促检查，对各项工作要明确责任、周密部署，做到有布置、有督促、有检查，不折不扣地把各项政策措施落到实处；要根据形势的变化和督查中发现的问题，不断完善有关政策措施，促进经济平稳较快发展。

国务院
二〇一〇年三月二十一日

国务院关于坚决遏制部分城市房价过快上涨的通知

国发〔2010〕10号

各省、自治区、直辖市人民政府，国务院各部委、各直属机构：

《国务院办公厅关于促进房地产市场平稳健康发展的通知》（国办发〔2010〕4号）印发后，全国房地产市场整体上出现了一些积极变化。但近期部分城市房价、地价又出现过快上涨势头，投机性购房再度活跃，需要引起高度重视。为进一步落实各地区、各有关部门的责任，坚决遏制部分城市房价过快上涨，切实解决城镇居民住房问题，现就有关问题通知如下：

一、各地区、各有关部门要切实履行稳定房价和住房保障职责

（一）统一思想，提高认识。住房问题关系国计民生，既是经济问题，更是影响社会稳定的重要民生问题。房价过高、上涨过快，加大了居民通过市场解决住房问题的难度，增加了金融风险，不利于经济社会协调发展。各地区、各有关部门必须充分认识房价过快上涨的危害性，认真落实中央确定的房地产市场调控政策，采取坚决的措施，遏制房价过快上涨，促进民生改善和经济发展。

（二）建立考核问责机制。稳定房价和住房保障工作实行省级人民政府负总责、城市人民政府抓落实的工作责任制。住房城乡建设部、监察部等部门要对省级人民政府的相关工作进行考核，加强监督检查，建立约谈、巡查和问责制度。对稳定房价、推进保障性住房建设工作不力，影响社会发展和稳定的，要追究责任。

二、坚决抑制不合理住房需求

（三）实行更为严格的差别化住房信贷政策。对购买首套自住房且套型建筑面积在90平方米以上的家庭（包括借款人、配偶及未成年子女，下同），贷款首付款比例不得低于30%；对贷款购买第二套住房的家庭，贷款首付款比例不得低于50%，贷款利率不得低于基准利率的1.1倍；对贷款购买第三套及以上住房的，贷款首付款比例和贷款利率应大幅度提高，具体由商业银行根据风险管理原则自主确定。人民银行、银监会要指导和监督商业银行严格住房消费贷款管理。住房城乡建设部要会同人民银行、银监会抓紧制定第二套住房的认定标准。

要严格限制各种名目的炒房和投机性购房。商品住房价格过高、上涨过快、供应紧张的地区，商业银行可根据风险状况，暂停发放购买第三套及以上住房贷款；对不能提供1年以上当地纳税证明或社会保险缴纳证明的非本地居民暂停发放购买住房贷款。地方人民政府可根据实际情况，采取临时性措施，在一定时期内限定购房套数。

对境外机构和个人购房，严格按有关政策执行。

（四）发挥税收政策对住房消费和房地产收益的调节作用。财政部、税务总局要加快研究制定引导个人合理住房消费和调节个人房产收益的税收政策。税务部门要严格按照税法和有关政策规定，认真做好土地增值税的征收管理工作，对定价过高、涨幅过快的房地产开发项目进行重点清算和稽查。

三、增加住房有效供给

（五）增加居住用地有效供应。国土资源部要指导督促各地及时制定并公布以住房为主的房地产供地计划，并切实予以落实。房价上涨过快的城市，要增加居住用地的供应总量。要依法加快处置闲置房地产用地，对收回的闲置土地，要优先安排用于普通住房建设。在坚持和完善土地招拍挂制度的同时，探索"综合评标"、"一次竞价"、"双向竞价"等出让方式，抑制居住用地出让价格非理性上涨。

（六）调整住房供应结构。各地要尽快编制和公布住房建设规划，明确保障性住房、中小套型普通商品住房的建设数量和比例。住房城乡建设部门要加快对普通商品住房的规划、开工建设和预销售审批，尽快形成有效供应。保障性住房、棚户区改造和中小套型普通商品住房用地不低于住房建设用地供应总量的70%，并优先保证供应。城乡规划、房地产主管部门要积极配合国土资源部门，将住房销售价位、套数、套型面积、保障性住房配建比例以及开竣工时间、违约处罚条款等纳入土地出让合同，确保中小套型住房供应结构比例严格按照有关规定落实到位。房价过高、上涨过快的地区，要大幅度增加公共租赁住房、经济适用住房和限价商品住房供应。

四、加快保障性安居工程建设

（七）确保完成2010年建设保障性住房300万套、各类棚户区改造住房280万套的工作任务。住房城乡建设部、发展改革委、财政部等有关部门要尽快下达年度计划及中央补助资金。住房城乡建设部要与各省级人民政府签订住房保障工作目标责任书，落实工作责任。地方人民政府要切实落实土地供应、资金投入和税费优惠等政策，确保完成计划任务。按照政府组织、社会参与的原则，加快发展公共租赁住房，地方各级人民政府要加大投入，中央以适当方式给予资金支持。国有房地产企业应积极参与保障性住房建设和棚户区改造。住房城乡建设部要会同有关部门抓紧制定2010—2012年保障性住房建设规划（包括各类棚户区建设、政策性住房建设），并在2010年7月底前向全社会公布。

五、加强市场监管

（八）加强对房地产开发企业购地和融资的监管。国土资源部门要加大专项整治和清理力度，严格依法查处土地闲置及炒地行为，并限制有违法违规行为的企业新购置土地。房地产开发企业在参与土地竞拍和开发建设过程中，其股东不得违规对其提供借款、转贷、担保或其他相关融资便利。严禁非房地产主业的国有及国有控股企业参与商业性土地开发和房地产经营业务。国有资产和金融监管部门要加大查处力度。商业银行要加强对房地产企业开发贷款的贷前审查和贷后管理。对存在土地闲置及炒地行为的房地产开发企业，商业银行不得发放新开发项目贷款，证监部门暂停批准其上市、再融资和重大资产重组。

（九）加大交易秩序监管力度。对取得预售许可或者办理现房销售备案的房地产开发项目，要在规定时间内一次性公开全部销售房源，并严格按照申报价格明码标价对外销售。住房城乡建设部门要对已发放预售许可证的商品住房项目进行清理，对存在捂盘惜售、囤积房源、哄抬房价等行为的房地产开发企业，要加大曝光和处罚力度，问题严重的要取消经营资格，对存在违法违规行为的要追究相关人员的责任。住房城乡建设部门要会同有关部门抓紧制定房屋租赁管理办法，规范发展租赁市场。

各省（区、市）人民政府要对本地区房地产开发企业经营行为进行一次检查，及时纠正和严肃处理违法违规行为，检查处理结果要于2010年6月底之前报国务院。住房城乡建设部要会同有关部门组织抽查，确保检查工作取得实效。

（十）完善房地产市场信息披露制度。各地要及时向社会公布住房建设计划和住房用地年度供应计划。住房城乡建设部要加快个人住房信息系统的建设。统计部门要研究发布能够反映不同区位、不同类型住房价格变动的信息。

国务院各有关部门要根据本通知精神，加快制定、调整和完善相关的政策措施，各司其职、分工协作，加强对各地的指导和监督检查。各地区、各有关部门要积极做好房地产市场调控政策的解读工作。新闻媒体要加强正面引导，大力宣传国家房地产市场调控政策和保障性住房建设成果，引导居民住房理性消费，形成有利于房地产市场平稳健康发展的舆论氛围。

国务院
二〇一〇年四月十七日

国务院办公厅关于促进房地产市场平稳健康发展的通知

各省、自治区、直辖市人民政府，国务院各部委、各直属机构：

2008年四季度以来，各地区、各有关部门认真贯彻落实国务院关于促进房地产市场健康发展的一系列政策措施，取得了积极成效，新建商品住房成交面积大幅度增加，保障性安居工程建设进度进一步加快，这对于提振信心、活跃市场、解决低收入家庭住房困难问题、促进住房消费和投资，实现保增长、扩内需、惠民生的目标，发挥了重要作用。但是，随着房地产市场的回升，近期部分城市出现了房价上涨过快等问题，需要引起高度重视。为进一步加强和改善房地产市场调控，稳定市场预期，促进房地产市场平稳健康发展，经国务院同意，现就有关问题通知如下：

一、增加保障性住房和普通商品住房有效供给

（一）加快中低价位、中小套型普通商品住房建设。对已批未建、已建未售的普通商品住房项目，要采取促开工、促上市措施，督促房地产开发企业加快项目建设和销售。要适当加大经济适用住房建设力度，扩大经济适用住房供应范围。商品住房价格过高、上涨过快的城市，要切实增加限价商品住房、经济适用住房、公共租赁住房供应。

（二）增加住房建设用地有效供应，提高土地供应和开发利用效率。各地要根据房地产市场运行情况，把握好土地供应的总量、结构和时序。城市人民政府要在城市总体规划和土地利用总体规划确定的城市建设用地规模内，抓紧编制2010—2012年住房建设规划，重点明确中低价位、中小套型普通商品住房和限价商品住房、公共租赁住房、经济适用住房、廉租住房的建设规模，并分解到住房用地年度供应计划，落实到地块，明确各地块住房套型结构比例等控制性指标要求。房价过高、上涨过快、住房有效供应不足的城市，要切实扩大上述五类住房的建设用地供应量和比例。要加强商品住房项目的规划管理，提高规划审批效率。要及时向社会公布住房用地年度供应计划，对需要办理农用地征转用手续的，要加快审批工作，确保供地计划落到实处。

二、合理引导住房消费抑制投资投机性购房需求

（三）加大差别化信贷政策执行力度。金融机构在继续支持居民首次贷款购买普通自住房的同时，要严格二套住房购房贷款管理，合理引导住房消费，抑制投资投机性购房需求。对已利用贷款购买住房、又申请购买第二套（含）以上住房的家庭（包括借款人、配偶及未成年子女），贷款首付款比例不得低于40%，贷款利率严格按照风险定价。

（四）继续实施差别化的住房税收政策。要严格执行国家有关个人购买普通住房与非普通住房、首次购房与非首次购房的差别化税收政策。对不符合规定条件的，一律不得给予相关税收优惠。同时，要加快研究完善住房税收政策，引导居民树立合理、节约的住房消费观念。

三、加强风险防范和市场监管

（五）加强房地产信贷风险管理。金融机构要进一步完善房地产信贷风险管理制度，坚持公平、有序竞争，严格执行信贷标准。要严格执行房地产项目资本金要求，严禁对不符合信贷政策规定的房地产开发企业或开发项目发放房地产开发贷款。人民银行、银监会要加大对金融机构房地产贷款业务的监督管理和窗口指导。有关部门要加强对信贷资金流向和跨境投融资活动的监控，防范信贷资金违规进入房地产市场，防止境外"热钱"冲击我国市场。

（六）继续整顿房地产市场秩序。住房城乡建设部门要会同有关部门，加大对捂盘惜售、囤积房源、散布虚假信息、扰乱市场秩序等违法违规行为的查处力度，加强对住房特别是保障性住房的工程质量

安全监管。国土资源部门要严格土地出让价款的收缴，深化合同执行监管，加强对闲置土地的调查处理，严厉查处违法违规用地和囤地、炒地行为。价格等有关部门要强化商品住房价格监管，依法查处在房地产开发、销售和中介服务中的价格欺诈、哄抬房价以及违反明码标价规定等行为。税务部门要进一步加大对房地产开发企业偷漏税行为的查处力度。国有资产监管部门要进一步规范国有大企业的房地产投资行为。

（七）进一步加强土地供应管理和商品房销售管理。各地要综合考虑土地价格、价款缴纳、合同约定开发时限及企业闲置地情况等因素，合理确定土地供应方式和内容，探索土地出让综合评标方法。对拖欠土地价款、违反合同约定的单位和个人，要限制其参与土地出让活动。从严控制商品住房项目单宗土地出让面积。要结合当地实际，合理确定商品住房项目预售许可的最低规模，不得分层、分单元办理预售许可。已取得预售许可的房地产开发企业，要在规定时间内一次性公开全部房源，严格按照申报价格，明码标价对外销售。进一步建立健全新建商品房、存量房交易合同网上备案制度，加大交易资金监管力度。

（八）加强市场监测。地方人民政府要继续加强房地产市场统计、分析和监测，及时针对新情况、新问题提出解决措施和办法。有关部门要及时发布市场调控和相关统计信息，稳定市场预期。

四、加快推进保障性安居工程建设

（九）力争到 2012 年末，基本解决 1540 万户低收入住房困难家庭的住房问题。各地要通过城市棚户区改造和新建、改建、政府购置等方式增加廉租住房及经济适用住房房源，着力解决城市低收入家庭的住房困难。要加快建设限价商品住房、公共租赁住房，解决中等偏下收入家庭的住房困难。全面启动城市和国有工矿棚户区改造工作，继续推进林区、垦区棚户区改造。同时，加大农村危房改造力度，适当增加试点户数。

（十）中央将加大对保障性安居工程建设的支持力度，适当提高对中西部地区廉租住房建设的补助标准，改进和完善中央补助资金的下达方式，调动地方积极性，确保资金使用效果。各地区、各有关部门要加强监督检查，确保保障性安居工程建设用地和资金的落实。同时，鼓励金融机构向符合条件的城市和国有工矿棚户区改造项目提供贷款。保障性安居工程的建设计划、建设进度和资金使用等情况，要及时向社会公示。

五、落实地方各级人民政府责任

（十一）进一步健全和落实稳定房地产市场、解决低收入家庭住房困难问题由省级人民政府负总责，市、县人民政府抓落实的工作责任制。各地要结合本地区房地产市场情况，认真落实差别化的土地、金融、税收等政策，抓紧清理和纠正地方出台的越权减免税以及其他与中央调控要求不相符合的规定。对于境外机构和个人在境内投资购买房地产的，要严格按照现行政策执行。要按照支持居民合理住房消费、抑制投资投机性购房、增加有效供给、完善相关政策的原则，加大工作力度，促进房地产市场健康发展。

国务院有关部门要加强对各地贯彻落实房地产市场调控政策情况的检查和指导，对房价上涨过快的地区和城市要进行重点督查。各省、自治区、直辖市也要加大对市、县工作的指导力度，加强监督检查，确保各项工作措施落到实处。

国务院办公厅
二〇一〇年一月七日

国务院办公厅关于进一步做好农民工培训工作的指导意见

国办发〔2010〕11 号

近年来，各地区、各部门认真贯彻落实《国务院关于解决农民工问题的若干意见》（国发〔2006〕5 号）和《国务院办公厅转发农业部等部门 2003—2010 年全国农民工培训规划的通知》（国办发

〔2003〕79号），农民工培训工作取得显著成效，政策措施逐步完善，培训力度不断加大，农民工职业技能明显提高。但也应当看到，农民工培训工作仍然存在着培训项目缺乏统筹规划、资金使用效益和培训质量不高、监督制约机制不够完善等问题。为提高农民工技能水平和就业能力，促进农村劳动力向非农产业和城镇转移，推进城乡经济社会发展一体化进程，经国务院同意，现就进一步做好农民工培训工作提出如下指导意见：

一、基本原则和主要目标

（一）基本原则。

1. 统筹规划、分工负责。把农民工培训工作纳入国民经济和社会发展规划，按照地方政府分级管理，职能部门各负其责，农民工工作协调机制统筹协调的原则，建立相互配合、有序运行的工作机制。

2. 整合资源、提高效益。根据企业和农民工的实际培训需要，整合培训资源、统筹安排、集中使用农民工培训资金。按照同一地区、同一工种补贴标准统一的原则，科学制定培训补贴基本标准，规范培训项目管理，严格监管培训资金使用。

3. 政府支持、市场运作。加大政府培训投入，增强培训能力，加强规范引导。发挥市场机制在资金筹措、培训机构建设、生源组织、过程监管、效果评价等方面的积极作用，鼓励行业、企业、院校和社会力量加强农民工培训。

4. 突出重点、讲求实效。重点发挥企业和院校产学结合的作用，加强农民工职业技能培训、在岗技能提升培训、创业培训和农村实用技术培训。着力提升培训质量，使经过培训的农民工都能掌握一项实用技能，提高培训后的就业率。

（二）主要目标。按照培养合格技能型劳动者的要求，逐步建立统一的农民工培训项目和资金统筹管理体制，使培训总量、培训结构与经济社会发展和农村劳动力转移就业相适应；到2015年，力争使有培训需求的农民工都得到一次以上的技能培训，掌握一项适应就业需要的实用技能。

二、搞好培训工作统筹规划

（三）制定实施新一轮培训规划，抓好培训项目的组织实施。按照我国经济发展、经济结构调整、产业布局和农业农村经济发展人才需求，科学统筹和把握农村劳动力转移就业的力度和节奏，制定新一轮全国农民工培训规划，纳入国民经济和社会发展中长期规划。各省（区、市）以及相关部门要根据国家农民工培训规划并结合实际，编制本地区、本行业的农民工培训规划和年度计划，明确农民工培训的规模和重点，科学规划培训机构的类型、数量和布局，认真抓好组织实施。

（四）明确培训重点，实施分类培训。根据农民工的不同需求，进一步规范培训的形式和内容，提高培训质量和效果。外出就业技能培训主要对拟转移到非农产业务工经商的农村劳动者开展专项技能或初级技能培训。技能提升培训主要对与企业签订一定期限劳动合同的在岗农民工进行提高技能水平的培训。劳动预备制培训主要对农村未能继续升学并准备进入非农产业就业或进城务工的应届初高中毕业生、农村籍退役士兵进行储备性专业技能培训。创业培训主要对有创业意愿并具备一定创业条件的农村劳动者和返乡农民工进行提升创业能力的培训。农村劳动者就地就近转移培训主要面向县域经济发展，重点围绕县域内农产品加工、中小企业以及农村妇女手工编织业等传统手工艺开展培训。

（五）以市场需求为导向，增强培训针对性。建立培训与就业紧密衔接的机制，适应经济结构调整和企业岗位需求，及时调整培训课程和内容。重点加强建筑业、制造业、服务业等吸纳就业能力强、市场容量大的行业的农民工培训。做好水库移民中的农民工培训工作。以实现就业为目标，根据产业发展和企业用工情况，组织开展灵活多样的订单式培训、定向培训，增强培训的针对性和有效性。根据县域经济发展人才需求，开展实用技能培训，促进农村劳动力就地就近转移就业；结合劳务输出开展专项培训，培育和扶持具有本地特色的劳务品牌，促进有组织的劳务输出。

（六）创新农民工培训机制。国务院农民工工作联席会议要组织协调有关部门建立培训项目管理制度，完善政府购买培训成果的机制，保证承担培训任务的院校、具备条件的企业培训机构及其他各类培训机构平等参与招投标，提高培训质量。鼓励有条件的地区探索推行培训券（卡）等有利于农民工灵活选择培训项目、培训方式和培训地点的办法。充分发挥社会各方面参与培训的积极性，建立促进农民工培训的多元投入机制。落实好中等职业教育国家助学金和免学费政策，力争使符合条件的农村劳动力尤其是未能继续升学的初、高中毕业生都能接受中等职业教育。逐步实施农村新成长劳动力免费劳动预备制培训。

三、建立规范的培训资金管理制度

（七）以省级统筹为重点，集中使用培训资金。

各省(区、市)要将农民工培训资金列入财政预算,进一步加大农民工培训资金投入,并按照统筹规划、集中使用、提高效益的要求,将中央和省级财政安排的各项农民工培训资金统筹使用,各部门根据职责和任务,做好相关培训工作,改变资金分散安排、分散下达、效益不高的状况。国家有关部门要依据新一轮全国农民工培训规划和年度计划,统筹安排农民工培训资金,对地方予以适当补助。

(八)制定农民工培训补贴基本标准。各省(区、市)要进一步完善农民工培训补贴政策,按照农民工所学技能的难易程度、时间长短和培训成本,以通用型工种为主,科学合理地确定培训补贴基本标准,并根据实际情况定期予以调整,以使农民工能够掌握一门实用技能。各中心城市或县(市)要按照同一工种补贴标准相同的原则,确定具体的补贴标准。优先对未享受过政府培训补贴的农民工进行职业技能培训,避免多部门重复培训。

(九)对培训资金实行全过程监管。各地要加强对农民工培训资金的管理,明确申领程序,严格补贴对象审核、资金拨付和内外部监管。建立健全财务制度,强化财务管理和审计监督。以完善培训补贴资金审批为重点,进一步加强基础工作。建立享受培训补贴政策人员、单位的基础信息数据库,有效甄别培训补贴申请材料的真实性,防止出现冒领行为。财政扶贫培训资金只能用于贫困家庭劳动力的培训补贴。

(十)按照谁审批谁负责的原则,严肃查处违规违纪行为。要按照政府信息公开的有关规定向社会公开培训资金使用管理情况,接受监察、审计部门和社会的监督。健全培训补贴资金与培训成本、培训质量、就业效果挂钩的绩效评估机制,严肃查处套取培训资金的行为。对有虚报、套取、私分、截留、挪用培训补贴资金等行为的单位和个人,要根据有关规定严肃查处,并按照谁审批谁负责的原则,追究相关单位和人员的责任。涉嫌犯罪的,要依法移送司法部门处理。

四、充分发挥企业培训促进就业的作用

(十一)加强产学结合的企业培训。完善企业与院校联合开展培训的政府激励机制,各级政府和有关部门要积极支持企业开展农民工培训,鼓励企业特别是劳动密集的大型企业与院校联合举办产学结合的农民工培训基地,鼓励中小企业依托职业学校、职业培训机构培训在岗农民工,鼓励有条件的企业为职业学校和培训机构提供实习场所和设备,鼓励有一定规模的企业举办农民工业余学校。

(十二)强化企业培训责任。企业要把农民工纳入职工教育培训计划,确保农民工享受和其他在岗职工同等的培训待遇,并根据企业发展和用工情况,重点加强农民工岗前培训、在岗技能提升培训和转岗培训。鼓励企业依托所属培训机构或委托所在地定点培训机构,结合岗位要求和工作需要,组织农民工参加技能提升培训。鼓励企业选送农民工参加脱产、半脱产的技能培训和职业教育,推动技术工人特别是高级技工的技能提升培训。鼓励企业组织农民工参加职业技能竞赛。

(十三)发挥行业的指导作用。行业主管部门要对本行业依托企业开展的农民工培训进行协调和指导,充分发挥行业管理优势,在培训标准、培训内容和专业师资队伍建设等方面,加强对农民工培训的监督检查。要结合行业特点和企业用工需求,办好职业学校和培训基地。各级行业组织要积极发挥作用,优化培训资源配置,做好行业人力资源预测,为企业提供培训信息等中介服务,重点抓好校企合作,形成一批具有一定规模、富有特色的农民工培训项目。

(十四)落实企业培训资金。积极探索培训资金直补用人单位的办法。对用人单位吸纳农民工并与其签订6个月以上期限劳动合同,在劳动合同签订之日起6个月内由用人单位组织到职业培训机构进行培训的,按照有关规定对用人单位给予职业培训补贴。企业要按照规定足额提取职工教育经费,在岗农民工教育和培训所需费用从职工教育培训经费中列支。职工教育培训经费要按规定使用,不得挪作他用,使用情况要向职工代表大会或员工大会报告。鼓励行业、企业建立农民工培训奖励基金,扶持农民工参加学习与培训。

五、努力提高培训质量

(十五)加大培训组织工作力度。逐步建立和完善农民工培训的政策法规,通过多种渠道大力宣传有关政策,督促指导行业、企业、基层劳动保障工作站点和培训机构做好各类培训的组织工作,广泛动员农民工参加培训。充分发挥人力资源市场、群团组织以及互联网、新闻媒体的作用,及时发布培训项目、培训机构、教学师资、实训设备等方面的信息,为农民工自主选择培训机构和培训项目提供便利条件。积极引导和规范培训机构组织生源的行为。

(十六)规范培训管理,加强绩效评估。各地区和有关部门要建立农村劳动力培训台账和转移就业台账，对培训对象实行实名制管理。制定农民工培训质量效益评估指标体系，统一培训考核指标、考核程序和考核办法。积极探索第三方监督机制，委托有资质的社会中介组织对培训机构的培训质量及资金使用情况进行评估。规范培训工作管理流程，加强对培训工作全程的监管考评，做到培训信息公开、审核结果公示、培训过程透明、社会参与监管。

（十七）严格培训结业考核和发证制度。对于培训机构承担的财政补贴培训项目，要建立统一规范的结业考核程序，加强对考核过程、考核结果和证书发放的监督检查。农民工参加职业技能培训，按规定程序和要求考核合格后，颁发培训合格证书、职业能力证书或职业资格证书。鼓励农民工参加职业技能鉴定，职业技能鉴定机构要积极支持企业开展培训考核和技能鉴定工作。对经鉴定合格并获得职业资格证书的农民工，要按照规定给予一次性职业技能鉴定补贴。要加强对从事高危行业和特种作业农民工的专门培训，按照有关规定持证上岗。

六、强化培训能力建设

（十八）加强培训基地建设，增强实训能力。要按照农民工培训总体规划和布局，在全国主要劳动力输出和输入地区，依托现有培训资源提升改造农民工培训示范基地。承担培训任务的机构要有符合规定条件的教学设施和实训设备，保证参加培训的农民工得到足够的实训时间，达到上岗实际操作的要求。充分利用和优化配置现有教育培训资源，共建共享共用，提高培训资源利用效率。依托农村党员干部远程教育网、农村中小学远程教育网等资源，推广农民工网络培训、广播电视教育和电化教育。新增农民工培训资源要符合区域发展规划，重点投向欠发达地区和薄弱环节。

（十九）规范农民工培训机构管理。各地农民工工作协调机制要组织有关部门制定农民工培训机构资质规范，明确培训机构在资金、师资、设备、场地等方面的必备条件。按照公开、公平、公正的原则，根据规定的条件和程序，通过招投标方式，面向全社会选择农民工培训机构，确定其承担的培训项目和工种，并向社会公开发布。建立培训机构动态管理和退出机制，对不合格的农民工培训机构定期进行清理整顿。承担农民工培训任务的院校、具备条件的企业培训机构和其他各类培训机构要发挥优势，起到农民工培训主阵地的作用，其他农民工培训机构要加强基础建设，提高培训能力和办学水平。

（二十）加强培训基础工作。加强农民工培训专兼职师资队伍建设，鼓励高校毕业生和各类优秀人才到基层农民工培训机构服务。根据农民工培训工作的实际需要，抓好培训教材规划编写和审定工作。有关部门要切实做好农民工培训统计工作，准确统计参加培训项目的实际人数。充分利用和整合现有资源，加强公共就业服务信息网络建设，建立培训资源数据库，提供统一高效、互联互通的农民工培训信息，提高农民工培训教学和管理的信息化水平。发挥基层劳动保障工作平台的作用，及时掌握用人单位和农民工的培训需求，为农民工培训管理和服务提供准确、及时的信息。

七、加强组织领导

（二十一）完善统筹协调机制。国务院农民工工作联席会议负责全国农民工培训的统筹规划、综合协调和考核评估，联席会议成员单位按照相关政策规定和各自职责，根据统一规划和年度计划，指导各地具体组织实施农民工培训工作。各地要进一步完善农民工工作协调机制，充分发挥人力资源社会保障、发展改革、教育、科技、财政、住房城乡建设、农业、扶贫等有关部门和工会、共青团、妇联等组织的作用，相互协作，共同做好农民工培训工作。人力资源社会保障部门主要负责向城市非农产业转移的农村劳动者技能培训的政策制定和组织实施；农业部门主要负责就地就近就业培训的政策制定和组织实施；教育部门主要负责农村初、高中毕业生通过接受中等职业教育实现带技能转移的政策制定和组织实施。

（二十二）强化地方政府责任。做好农民工培训工作的主要责任在地方。地方各级政府要把农民工培训工作列入议事日程，按照分级管理的原则，建立领导责任制和目标考核制，对本地区农民工培训进行统一管理和监督检查，要充实必要的工作力量，努力建设一支高素质的农民工培训工作队伍，对在农民工培训工作中做出突出成绩的单位和个人要给予奖励。

（二十三）开展先进经验交流。要探索农民工培训的客观规律，加强对中长期农民工培训发展规划以及政策的分析研究，及时总结推广农民工培训工作的新鲜经验。要注意学习借鉴国外农村劳动力转移就业培训和移民培训的有益经验，开展农民工培训工作领域的国际合作与交流。

各省(区、市)和国务院有关部门要根据本指导意见制定具体实施办法,确保各项政策措施落到实处,及时将贯彻落实本指导意见的办法和实施情况报告国务院农民工工作联席会议办公室。

国务院办公厅
二〇一〇年一月二十一日

国务院办公厅转发发展改革委等部门关于加快推行合同能源管理促进节能服务产业发展意见的通知

国办发〔2010〕25号

各省、自治区、直辖市人民政府,国务院各部委、各直属机构:

发展改革委、财政部、人民银行、税务总局《关于加快推行合同能源管理促进节能服务产业发展的意见》已经国务院同意,现转发给你们,请认真贯彻执行。

国务院办公厅
二〇一〇年四月二日

关于加快推行合同能源管理促进节能服务产业发展的意见

发展改革委　财政部　人民银行　税务总局

根据《中华人民共和国节约能源法》和《国务院关于加强节能工作的决定》(国发〔2006〕28号)、《国务院关于印发节能减排综合性工作方案的通知》(国发〔2007〕15号)等文件精神,为加快推行合同能源管理,促进节能服务产业发展,现提出以下意见:

一、充分认识推行合同能源管理、发展节能服务产业的重要意义

合同能源管理是发达国家普遍推行的、运用市场手段促进节能的服务机制。节能服务公司与用户签订能源管理合同,为用户提供节能诊断、融资、改造等服务,并以节能效益分享方式回收投资和获得合理利润,可以大大降低用能单位节能改造的资金和技术风险,充分调动用能单位节能改造的积极性,是行之有效的节能措施。我国20世纪90年代末引进合同能源管理机制以来,通过示范、引导和推广,节能服务产业迅速发展,专业化的节能服务公司不断增多,服务范围已扩展到工业、建筑、交通、公共机构等多个领域。2009年,全国节能服务公司达502家,完成总产值580多亿元,形成年节能能力1350万吨标准煤,对推动节能改造、减少能源消耗、增加社会就业发挥了积极作用。但也要看到,我国合同能源管理还没有得到足够的重视,节能服务产业还存在财税扶持政策少、融资困难以及规模偏小、发展不规范等突出问题,难以适应节能工作形势发展的需要。加快推行合同能源管理,积极发展节能服务产业,是利用市场机制促进节能减排、减缓温室气体排放的有力措施,是培育战略性新兴产业、形成新的经济增长点的迫切要求,是建设资源节约型和环境友好型社会的客观需要。各地区、各部门要充分认识推行合同能源管理、发展节能服务产业的重要意义,采取切实有效措施,努力创造良好的政策环境,促进节能服务产业加快发展。

二、指导思想、基本原则和发展目标

(一)指导思想。

高举中国特色社会主义伟大旗帜,以邓小平理论和"三个代表"重要思想为指导,深入贯彻落实科学发展观，充分发挥市场机制作用，加强政策扶持和引导，积极推行合同能源管理，加快节能新技术、新产品的推广应用，促进节能服务产业发展，不断提高能源利用效率。

（二）基本原则。

一是坚持发挥市场机制作用。充分发挥市场配置资源的基础性作用，以分享节能效益为基础，建立市场化的节能服务机制，促进节能服务公司加强科技创新和服务创新，提高服务能力，改善服务质量。

二是加强政策支持引导。通过制定完善激励政策，加强行业监管，强化行业自律，营造有利于节能服务产业发展的政策环境和市场环境，引导节能服务产业健康发展。

（三）发展目标。

到2012年，扶持培育一批专业化节能服务公司，发展壮大一批综合性大型节能服务公司，建立充满活力、特色鲜明、规范有序的节能服务市场。到2015年，建立比较完善的节能服务体系，专业化节能服务公司进一步壮大，服务能力进一步增强，服务领域进一步拓宽，合同能源管理成为用能单位实施节能改造的主要方式之一。

三、完善促进节能服务产业发展的政策措施

（一）加大资金支持力度。

将合同能源管理项目纳入中央预算内投资和中央财政节能减排专项资金支持范围，对节能服务公司采用合同能源管理方式实施的节能改造项目，符合相关规定的，给予资金补助或奖励。有条件的地方也要安排一定资金，支持和引导节能服务产业发展。

（二）实行税收扶持政策。

在加强税收征管的前提下，对节能服务产业采取适当的税收扶持政策。

一是对节能服务公司实施合同能源管理项目，取得的营业税应税收入，暂免征收营业税，对其无偿转让给用能单位的因实施合同能源管理项目形成的资产，免征增值税。

二是节能服务公司实施合同能源管理项目，符合税法有关规定的，自项目取得第一笔生产经营收入所属纳税年度起，第一年至第三年免征企业所得税，第四年至第六年减半征收企业所得税。

三是用能企业按照能源管理合同实际支付给节能服务公司的合理支出，均可以在计算当期应纳税所得额时扣除，不再区分服务费用和资产价款进行税务处理。

四是能源管理合同期满后，节能服务公司转让给用能企业的因实施合同能源管理项目形成的资产，按折旧或摊销期满的资产进行税务处理。节能服务公司与用能企业办理上述资产的权属转移时，也不再另行计入节能服务公司的收入。

上述税收政策的具体实施办法由财政部、税务总局会同发展改革委等部门另行制定。

（三）完善相关会计制度。

各级政府机构采用合同能源管理方式实施节能改造，按照合同支付给节能服务公司的支出视同能源费用进行列支。事业单位采用合同能源管理方式实施节能改造，按照合同支付给节能服务公司的支出计入相关支出。企业采用合同能源管理方式实施节能改造，如购建资产和接受服务能够合理区分且单独计量的，应当分别予以核算，按照国家统一的会计准则制度处理；如不能合理区分或虽能区分但不能单独计量的，企业实际支付给节能服务公司的支出作为费用列支，能源管理合同期满，用能单位取得相关资产作为接受捐赠处理，节能服务公司作为赠与处理。

（四）进一步改善金融服务。

鼓励银行等金融机构根据节能服务公司的融资需求特点，创新信贷产品，拓宽担保品范围，简化申请和审批手续，为节能服务公司提供项目融资、保理等金融服务。节能服务公司实施合同能源管理项目投入的固定资产可按有关规定向银行申请抵押贷款。积极利用国外的优惠贷款和赠款加大对合同能源管理项目的支持。

四、加强对节能服务产业发展的指导和服务

（一）鼓励支持节能服务公司做大做强。

节能服务公司要加强服务创新，加强人才培养，加强技术研发，加强品牌建设，不断提高综合实力和市场竞争力。鼓励节能服务公司通过兼并、联合、重组等方式，实行规模化、品牌化、网络化经营，形成一批拥有知名品牌，具有较强竞争力的大型服务企业。鼓励大型重点用能单位利用自己的技术优势和管理经验，组建专业化节能服务公司，为本行业其他用能单位提供节能服务。

（二）发挥行业组织的服务和自律作用。

节能服务行业组织要充分发挥职能作用，大力开展业务培训，加快建设信息交流平台，及时总结推广业绩突出的节能服务公司的成功经验，积极开展节能咨询服务。要制定节能服务行业公约，建立

健全行业自律机制,提高行业整体素质。

(三)营造节能服务产业发展的良好环境。

地方各级人民政府要将推行合同能源管理、发展节能服务产业纳入重要议事日程,加强领导,精心组织,务求取得实效。政府机构要带头采用合同能源管理方式实施节能改造,发挥模范表率作用。各级节能主管部门要采取多种形式,广泛宣传推行合同能源管理的重要意义和明显成效,提高全社会对合同能源管理的认知度和认同感,营造推行合同能源管理的有利氛围。要加强用能计量管理,督促用能单位按规定配备能源计量器具,为节能服务公司实施合同能源管理项目提供基础条件。要组织实施合同能源管理示范项目,发挥引导和带动作用。要加强对节能服务产业发展规律的研究,积极借鉴国外的先进经验和有益做法,协调解决产业发展中的困难和问题,推进产业持续健康发展。

二、部　令

省域城镇体系规划编制审批办法

中华人民共和国住房和城乡建设部令第3号

《省域城镇体系规划编制审批办法》已经第55次部常务会议审议通过,现予发布,自2010年7月1日起施行。

住房和城乡建设部部长　姜伟新
二〇一〇年四月二十五日

省域城镇体系规划编制审批办法

第一章　总　则

第一条　为了规范省域城镇体系规划编制和审批工作,提高规划的科学性,根据《中华人民共和国城乡规划法》,制定本办法。

第二条　省域城镇体系规划的编制和审批,适用本办法。

第三条　省域城镇体系规划是省、自治区人民政府实施城乡规划管理,合理配置省域空间资源,优化城乡空间布局,统筹基础设施和公共设施建设的基本依据,是落实全国城镇体系规划,引导本省、自治区城镇化和城镇发展,指导下层次规划编制的公共政策。

第四条　编制省域城镇体系规划,应当以科学发展观为指导,坚持城乡统筹规划,促进区域协调发展;坚持因地制宜,分类指导;坚持走有中国特色的城镇化道路,节约集约利用资源、能源,保护自然人文资源和生态环境。

第五条　编制省域城镇体系规划,应当遵守国家有关法律、行政法规,并与有关规划相协调。

第六条　省域城镇体系规划的编制和管理经费应当纳入省级财政预算。

第七条　经依法批准的省域城镇体系规划应当及时向社会公布,但法律、行政法规规定不得公开的内容除外。

第二章　省域城镇体系规划的制定和修改

第八条　省、自治区人民政府负责组织编制省域城镇体系规划。省、自治区人民政府城乡规划主管部门负责省域城镇体系规划组织编制的具体工作。

第九条　省、自治区人民政府城乡规划主管部门应当委托具有城乡规划甲级资质证书的单位承担省域城镇体系规划的具体编制工作。

第十条 省域城镇体系规划编制工作一般分为编制省域城镇体系规划纲要（以下简称规划纲要）和编制省域城镇体系规划成果（以下简称规划成果）两个阶段。

第十一条 编制规划纲要的目的是综合评价省、自治区城镇化发展条件及对城乡空间布局的基本要求，分析研究省域相关规划和重大项目布局对城乡空间的影响，明确规划编制的原则和重点，研究提出城镇化目标和拟采取的对策和措施，为编制规划成果提供基础。

编制规划纲要时，应当对影响本省、自治区镇化和城镇发展的重大问题进行专题研究。

第十二条 省、自治区人民政府城乡规划主管部门应当对规划纲要和规划成果进行充分论证，并征求同级人民政府有关部门和下一级人民政府的意见。

第十三条 国务院城乡规划主管部门应当加强对省域城镇体系规划编制工作的指导。

在规划纲要编制和规划成果编制阶段，国务院城乡规划主管部门应当分别组织对规划纲要和规划成果进行审查，并出具审查意见。

第十四条 省、自治区人民政府城乡规划主管部门向国务院城乡规划主管部门提交审查规划纲要和规划成果时，应当附专题研究报告、规划协调论证的说明和对各方面意见的采纳情况。

第十五条 省域城镇体系规划由省、自治区人民政府报国务院审批。

第十六条 省域城镇体系规划报送审批前，省、自治区人民政府应当将规划成果予以公告，并征求专家和公众的意见。公告时间不得少于三十日。

第十七条 省、自治区人民政府在省域城镇体系规划报国务院审批前，应当将规划成果提请省、自治区人民代表大会常务委员会审议。

第十八条 上报国务院的规划成果应当附具省域城镇体系规划说明书、规划编制工作的说明、征求意见和意见采纳的情况、人大常务委员会组成人员的审议意见和根据审议意见修改规划的情况等。

第十九条 省域城镇体系规划成果应当包括规划文本、图纸，以书面和电子文件两种形式表达。

规划成果的表达应当清晰、规范，符合城乡规划有关的技术标准和技术规范。

第二十条 修改省域城镇体系规划，应当符合《中华人民共和国城乡规划法》的相关规定。

修改省域城镇体系规划向国务院报告前，省、自治区人民政府城乡规划主管部门应当结合对省域城镇体系规划实施情况的评估，提出规划修改的必要性、修改规划的基本思路和重点，经省、自治区人民政府同意后，向国务院城乡规划主管部门报告。

第二十一条 修改省域城镇体系规划，应当符合本办法规定的省域城镇体系规划的编制审批程序。

第二十二条 根据实施省域城镇体系规划的需要，省、自治区人民政府城乡规划主管部门可以依据经批准的省域城镇体系规划，会同有关部门组织编制省域范围内的区域性专项规划和跨下一级行政单元的规划，落实省域城镇体系规划的要求。

第二十三条 省域范围内的区域性专项规划和跨下一级行政单元的规划，报省、自治区人民政府审批。

第三章 省域城镇体系规划的内容和成果要求

第二十四条 规划纲要应当包括下列内容：

（一）分析评价现行省域城镇体系规划实施情况，明确规划编制原则、重点和应当解决的主要问题。

（二）按照全国城镇体系规划的要求，提出本省、自治区在国家城镇化与区域协调发展中的地位和作用。

（三）综合评价土地资源、水资源、能源、生态环境承载能力等城镇发展支撑条件和制约因素，提出城镇化进程中重要资源、能源合理利用与保护、生态环境保护和防灾减灾的要求。

（四）综合分析经济社会发展目标和产业发展趋势、城乡人口流动和人口分布趋势、省域内城镇化和城镇发展的区域差异等影响本省、自治区城镇发展的主要因素，提出城镇化的目标、任务及要求。

（五）按照城乡区域全面协调可持续发展的要求，综合考虑经济社会发展与人口资源环境条件，提出优化城乡空间格局的规划要求，包括省域城乡空间布局，城乡居民点体系和优化农村居民点布局的要求；提出省域综合交通和重大市政基础设施、公共设施布局的建议；提出需要从省域层面重点协调、引导的地区，以及需要与相邻省（自治区、直辖市）共同协调解决的重大基础设施布局等相关问题。

（六）按照保护资源、生态环境和优化省域城乡空间布局的综合要求，研究提出适宜建设区、限制建设区、禁止建设区的划定原则和划定依据，明确限制建设区、禁止建设区的基本类型。

第二十五条 规划成果应当包括下列内容：

（一）明确全省、自治区城乡统筹发展的总体要求。包括城镇化目标和战略，城镇化发展质量目标及相关指标，城镇化途径和相应的城镇协调发展政策和策略；城乡统筹发展目标、城乡结构变化趋势和规划策略；根据省、自治区内的区域差异提出分类指导的城镇化政策。

（二）明确资源利用与资源生态环境保护的目标、要求和措施。包括土地资源、水资源、能源等的合理利用与保护，历史文化遗产的保护，地域传统文化特色的体现，生态环境保护。

（三）明确省域城乡空间和规模控制要求。包括中心城市等级体系和空间布局；需要从省域层面重点协调、引导地区的定位及协调、引导措施；优化农村居民点布局的目标、原则和规划要求。

（四）明确与城乡空间布局相协调的区域综合交通体系。包括省域综合交通发展目标、策略及综合交通设施与城乡空间布局协调的原则，省域综合交通网络和重要交通设施布局，综合交通枢纽城市及其规划要求。

（五）明确城乡基础设施支撑体系。包括统筹城乡的区域重大基础设施和公共设施布局原则和规划要求，中心镇基础设施和基本公共设施的配置要求；农村居民点建设和环境综合整治的总体要求；综合防灾与重大公共安全保障体系的规划要求等。

（六）明确空间开发管制要求。包括限制建设区、禁止建设区的区位和范围，提出管制要求和实现空间管制的措施，为省域内各市（县）在城市总体规划中划定"四线"等规划控制线提供依据。

（七）明确对下层次城乡规划编制的要求。结合本省、自治区的实际情况，综合提出对各地区在城镇协调发展、城乡空间布局、资源生态环境保护、交通和基础设施布局、空间开发管制等方面的规划要求。

（八）明确规划实施的政策措施。包括城乡统筹和城镇协调发展的政策；需要进一步深化落实的规划内容；规划实施的制度保障，规划实施的方法。

省、自治区人民政府城乡规划主管部门根据本省、自治区实际，可以在省域城镇体系规划中提出与相邻省、自治区、直辖市的协调事项，近期行动计划等规划内容。必要时可以将本省、自治区分成若干区，深化和细化规划要求。

第二十六条 限制建设区、禁止建设区的管制要求，重要资源和生态环境保护目标，省域内区域性重大基础设施布局等，应当作为省域城镇体系规划的强制性内容。

第二十七条 省域城镇体系规划的规划期限一般为二十年，还可以对资源生态环境保护和城乡空间布局等重大问题作出更长远的预测性安排。

第四章 附 则

第二十八条 省域范围内的区域性专项规划和跨下一级行政单元规划内容和编制审批的具体要求，由各地参照本办法确定。

第二十九条 本办法自2010年7月1日起施行。1994年8月15日建设部发布的《城镇体系规划编制审批办法》（建设部令第36号）同时废止。

城市照明管理规定

中华人民共和国住房和城乡建设部令第4号

《城市照明管理规定》已经第55次部常务会议审议通过，现予发布，自2010年7月1日起施行。

住房和城乡建设部部长 姜伟新
二〇一〇年五月二十七日

城市照明管理规定

第一章 总 则

第一条 为了加强城市照明管理，促进能源节约，改善城市照明环境，制定本规定。

第二条 城市照明的规划、建设、维护和监督管理，适用本规定。

第三条 城市照明工作应当遵循以人为本、经济适用、节能环保、美化环境的原则，严格控制公用设施和大型建筑物装饰性景观照明能耗。

第四条 国务院住房和城乡建设主管部门指导全国的城市照明工作。

省、自治区人民政府住房和城乡建设主管部门对本行政区域内城市照明实施监督管理。

城市人民政府确定的城市照明主管部门负责本行政区域内城市照明管理的具体工作。

第五条 城市照明主管部门应当对在城市照明节能工作中做出显著成绩的单位和个人给予表彰或者奖励。

第二章 规划和建设

第六条 城市照明主管部门应当会同有关部门，依据城市总体规划，组织编制城市照明专项规划，报本级人民政府批准后组织实施。

第七条 城市照明主管部门应当委托具备相应资质的单位承担城市照明专项规划的编制工作。

编制城市照明专项规划，应当根据城市经济社会发展水平，结合城市自然地理环境、人文条件，按照城市总体规划确定的城市功能分区，对不同区域的照明效果提出要求。

第八条 从事城市照明工程勘察、设计、施工、监理的单位应当具备相应的资质；相关专业技术人员应当依法取得相应的执业资格。

第九条 城市照明主管部门应当依据城市照明专项规划，组织制定城市照明设施建设年度计划，报同级人民政府批准后实施。

第十条 新建、改建城市照明设施，应当根据城市照明专项规划确定各类区域照明的亮度、能耗标准，并符合国家有关标准规范。

第十一条 政府投资的城市照明设施的建设经费，应当纳入城市建设资金计划。

国家鼓励社会资金用于城市照明设施的建设和维护。

第十二条 新建、改建城市道路项目的功能照明装灯率应当达到100%。

与城市道路、住宅区及重要建(构)筑物配套的城市照明设施，应当按照城市照明规划建设，与主体工程同步设计、施工、验收和使用。

第十三条 对符合城市照明设施安装条件的建(构)筑物和支撑物，可以在不影响其功能和周边环境的前提下，安装照明设施。

第三章 节约能源

第十四条 国家支持城市照明科学技术研究，推广使用节能、环保的照明新技术、新产品，开展绿色照明活动，提高城市照明的科学技术水平。

第十五条 国家鼓励在城市照明设施建设和改造中安装和使用太阳能等可再生能源利用系统。

第十六条 城市照明主管部门应当依据城市照明规划，制定城市照明节能计划和节能技术措施，优先发展和建设功能照明，严格控制景观照明的范围、亮度和能耗密度，并依据国家有关规定，限时全部淘汰低效照明产品。

第十七条 城市照明主管部门应当定期开展节能教育和岗位节能培训，提高城市照明维护单位的节能水平。

第十八条 城市照明主管部门应当建立城市照明能耗考核制度，定期对城市景观照明能耗等情况进行检查。

第十九条 城市照明维护单位应当建立和完善分区、分时、分级的照明节能控制措施，严禁使用高耗能灯具，积极采用高效的光源和照明灯具、节能型的镇流器和控制电器以及先进的灯控方式，优先选择通过认证的高效节能产品。

任何单位不得在城市景观照明中有过度照明等超能耗标准的行为。

第二十条 城市照明可以采取合同能源管理的方式，选择专业性能源管理公司管理城市照明设施。

第四章 管理和维护

第二十一条 城市照明主管部门应当建立健全各项规章制度，加强对城市照明设施的监管，保证城市照明设施的完好和正常运行。

第二十二条 城市照明设施的管理和维护，应当符合有关标准规范。

第二十三条 城市照明主管部门可以采取招标投标的方式确定城市照明设施维护单位，具体负责政府投资的城市照明设施的维护工作。

第二十四条 非政府投资建设的城市照明设施由建设单位负责维护；符合下列条件的，办理资产移交手续后，可以移交城市照明主管部门管理：

(一)符合城市照明专项规划及有关标准；

(二)提供必要的维护、运行条件；

(三)提供完整的竣工验收资料；

(四)城市人民政府规定的其他条件和范围。

第二十五条 政府预算安排的城市照明设施运

行维护费用应当专款专用，保证城市照明设施的正常运行。

第二十六条 城市照明设施维护单位应当定期对照明灯具进行清扫，改善照明效果，并可以采取精确等量分时照明等节能措施。

第二十七条 因自然生长而不符合安全距离标准的树木，由城市照明主管部门通知有关单位及时修剪；因不可抗力致使树木严重危及城市照明设施安全运行的，城市照明维护单位可以采取紧急措施进行修剪，并及时报告城市园林绿化主管部门。

第二十八条 任何单位和个人都应当保护城市照明设施，不得实施下列行为：

（一）在城市照明设施上刻划、涂污；

（二）在城市照明设施安全距离内，擅自植树、挖坑取土或者设置其他物体，或者倾倒含酸、碱、盐等腐蚀物或者具有腐蚀性的废渣、废液；

（三）擅自在城市照明设施上张贴、悬挂、设置宣传品、广告；

（四）擅自在城市照明设施上架设线缆、安置其他设施或者接用电源；

（五）擅自迁移、拆除、利用城市照明设施；

（六）其他可能影响城市照明设施正常运行的行为。

第二十九条 损坏城市照明设施的单位和个人，应当立即保护事故现场，防止事故扩大，并通知市照明主管部门。

第五章 法律责任

第三十条 不具备相应资质的单位和不具备相应执业资格证书的专业技术人员从事城市照明工程勘察、设计、施工、监理的，依照有关法律、法规和规章予以处罚。

第三十一条 违反本规定，在城市景观照明中有过度照明等超能耗标准行为的，由城市照明主管部门责令限期改正；逾期未改正的，处以1000元以上3万元以下的罚款。

第三十二条 违反本规定，有第二十八条规定行为之一的，由城市照明主管部门责令限期改正，对个人处以200元以上1000元以下的罚款；对单位处以1000元以上3万元以下的罚款；造成损失的，依法赔偿损失。

第三十三条 城市照明主管部门工作人员玩忽职守、滥用职权、徇私舞弊的，依法给予行政处分；构成犯罪的，依法追究刑事责任。

第六章 附 则

第三十四条 本规定下列用语的含义是：

（一）城市照明是指在城市规划区内城市道路、隧道、广场、公园、公共绿地、名胜古迹以及其他建（构）筑物的功能照明或者景观照明。

（二）功能照明是指通过人工光以保障人们出行和户外活动安全为目的的照明。

（三）景观照明是指在户外通过人工光以装饰和造景为目的的照明。

（四）城市照明设施是指用于城市照明的照明器具以及配电、监控、节能等系统的设备和附属设施等。

第三十五条 镇、乡和未设镇建制工矿区的照明管理，可以参照本规定执行。

各地可以根据本规定制定实施细则。

第三十六条 本规定自2010年7月1日起施行，《城市道路照明设施管理规定》（建设部令第21号）、《建设部关于修改〈城市道路照明设施管理规定〉的决定》（建设部令第104号）同时废止。

房屋建筑和市政基础设施工程质量监督管理规定

中华人民共和国住房和城乡建设部令第5号

《房屋建筑和市政基础设施工程质量监督管理规定》已经第58次部常务会议审议通过，现予发布，自2010年9月1日起施行。

住房和城乡建设部部长　姜伟新
二〇一〇年八月一日

房屋建筑和市政基础设施工程质量监督管理规定

第一条 为了加强房屋建筑和市政基础设施工程质量的监督，保护人民生命和财产安全，规范住房和城乡建设主管部门及工程质量监督机构（以下简称主管部门）的质量监督行为，根据《中华人民共和国建筑法》、《建设工程质量管理条例》等有关法律、行政法规，制定本规定。

第二条 在中华人民共和国境内主管部门实施对新建、扩建、改建房屋建筑和市政基础设施工程质量监督管理的，适用本规定。

第三条 国务院住房和城乡建设主管部门负责全国房屋建筑和市政基础设施工程（以下简称工程）质量监督管理工作。

县级以上地方人民政府建设主管部门负责本行政区域内工程质量监督管理工作。

工程质量监督管理的具体工作可以由县级以上地方人民政府建设主管部门委托所属的工程质量监督机构（以下简称监督机构）实施。

第四条 本规定所称工程质量监督管理，是指主管部门依据有关法律法规和工程建设强制性标准，对工程实体质量和工程建设、勘察、设计、施工、监理单位（以下简称工程质量责任主体）和质量检测等单位的工程质量行为实施监督。

本规定所称工程实体质量监督，是指主管部门对涉及工程主体结构安全、主要使用功能的工程实体质量情况实施监督。

本规定所称工程质量行为监督，是指主管部门对工程质量责任主体和质量检测等单位履行法定质量责任和义务的情况实施监督。

第五条 工程质量监督管理应当包括下列内容：

（一）执行法律法规和工程建设强制性标准的情况；

（二）抽查涉及工程主体结构安全和主要使用功能的工程实体质量；

（三）抽查工程质量责任主体和质量检测等单位的工程质量行为；

（四）抽查主要建筑材料、建筑构配件的质量；

（五）对工程竣工验收进行监督；

（六）组织或者参与工程质量事故的调查处理；

（七）定期对本地区工程质量状况进行统计分析；

（八）依法对违法违规行为实施处罚。

第六条 对工程项目实施质量监督，应当依照下列程序进行：

（一）受理建设单位办理质量监督手续；

（二）制订工作计划并组织实施；

（三）对工程实体质量、工程质量责任主体和质量检测等单位的工程质量行为进行抽查、抽测；

（四）监督工程竣工验收，重点对验收的组织形式、程序等是否符合有关规定进行监督；

（五）形成工程质量监督报告；

（六）建立工程质量监督档案。

第七条 工程竣工验收合格后，建设单位应当在建筑物明显部位设置永久性标牌，载明建设、勘察、设计、施工、监理单位等工程质量责任主体的名称和主要责任人姓名。

第八条 主管部门实施监督检查时，有权采取下列措施：

（一）要求被检查单位提供有关工程质量的文件和资料；

（二）进入被检查单位的施工现场进行检查；

（三）发现有影响工程质量的问题时，责令改正。

第九条 县级以上地方人民政府建设主管部门应当根据本地区的工程质量状况，逐步建立工程质量信用档案。

第十条 县级以上地方人民政府建设主管部门应当将工程质量监督中发现的涉及主体结构安全和主要使用功能的工程质量问题及整改情况，及时向社会公布。

第十一条 省、自治区、直辖市人民政府建设主管部门应当按照国家有关规定，对本行政区域内监督机构每三年进行一次考核。

监督机构经考核合格后，方可依法对工程实施质量监督，并对工程质量监督承担监督责任。

第十二条 监督机构应当具备下列条件：

（一）具有符合本规定第十三条规定的监督人员。人员数量由县级以上地方人民政府建设主管部门根据实际需要确定。监督人员应当占监督机构总人数的75%以上；

（二）有固定的工作场所和满足工程质量监督检查工作需要的仪器、设备和工具等；

（三）有健全的质量监督工作制度，具备与质量监督工作相适应的信息化管理条件。

第十三条 监督人员应当具备下列条件：

（一）具有工程类专业大学专科以上学历或者工

程类执业注册资格；

（二）具有三年以上工程质量管理或者设计、施工、监理等工作经历；

（三）熟悉掌握相关法律法规和工程建设强制性标准；

（四）具有一定的组织协调能力和良好职业道德。

监督人员符合上述条件经考核合格后，方可从事工程质量监督工作。

第十四条 监督机构可以聘请中级职称以上的工程类专业技术人员协助实施工程质量监督。

第十五条 省、自治区、直辖市人民政府建设主管部门应当每两年对监督人员进行一次岗位考核，每年进行一次法律法规、业务知识培训，并适时组织开展继续教育培训。

第十六条 国务院住房和城乡建设主管部门对监督机构和监督人员的考核情况进行监督抽查。

第十七条 主管部门工作人员玩忽职守、滥用职权、徇私舞弊，构成犯罪的，依法追究刑事责任；尚不构成犯罪的，依法给予行政处分。

第十八条 抢险救灾工程、临时性房屋建筑工程和农民自建低层住宅工程，不适用本规定。

第十九条 省、自治区、直辖市人民政府建设主管部门可以根据本规定制定具体实施办法。

第二十条 本规定自2010年9月1日起施行。

商品房屋租赁管理办法

中华人民共和国住房和城乡建设部令第6号

《商品房屋租赁管理办法》已经第12次部常务会议审议通过，现予发布，自2011年2月1日起施行。

住房和城乡建设部部长　姜伟新
二〇一〇年十二月一日

商品房屋租赁管理办法

第一条 为加强商品房屋租赁管理，规范商品房屋租赁行为，维护商品房屋租赁双方当事人的合法权益，根据《中华人民共和国城市房地产管理法》等有关法律、法规，制定本办法。

第二条 城市规划区内国有土地上的商品房屋租赁（以下简称房屋租赁）及其监督管理，适用本办法。

第三条 房屋租赁应当遵循平等、自愿、合法和诚实信用原则。

第四条 国务院住房和城乡建设主管部门负责全国房屋租赁的指导和监督工作。

县级以上地方人民政府建设（房地产）主管部门负责本行政区域内房屋租赁的监督管理。

第五条 直辖市、市、县人民政府建设（房地产）主管部门应当加强房屋租赁管理规定和房屋使用安全知识的宣传，定期分区域公布不同类型房屋的市场租金水平等信息。

第六条 有下列情形之一的房屋不得出租：

（一）属于违法建筑的；

（二）不符合安全、防灾等工程建设强制性标准的；

（三）违反规定改变房屋使用性质的；

（四）法律、法规规定禁止出租的其他情形。

第七条 房屋租赁当事人应当依法订立租赁合同。房屋租赁合同的内容由当事人双方约定，一般应当包括以下内容：

（一）房屋租赁当事人的姓名（名称）和住所；

（二）房屋的坐落、面积、结构、附属设施，家具和家电等室内设施状况；

（三）租金和押金数额、支付方式；

（四）租赁用途和房屋使用要求；

（五）房屋和室内设施的安全性能；

（六）租赁期限；

（七）房屋维修责任；

（八）物业服务、水、电、燃气等相关费用的缴纳；

（九）争议解决办法和违约责任；

（十）其他约定。

房屋租赁当事人应当在房屋租赁合同中约定房屋被征收或者拆迁时的处理办法。

建设（房地产）管理部门可以会同工商行政管理部门制定房屋租赁合同示范文本，供当事人选用。

第八条 出租住房的，应当以原设计的房间为最小出租单位，人均租住建筑面积不得低于当地人民政府规定的最低标准。

厨房、卫生间、阳台和地下储藏室不得出租供人员居住。

第九条 出租人应当按照合同约定履行房屋的维修义务并确保房屋和室内设施安全。未及时修复损坏的房屋，影响承租人正常使用的，应当按照约定承担赔偿责任或者减少租金。

房屋租赁合同期内，出租人不得单方面随意提高租金水平。

第十条 承租人应当按照合同约定的租赁用途和使用要求合理使用房屋，不得擅自改动房屋承重结构和拆改室内设施，不得损害其他业主和使用人的合法权益。

承租人因使用不当等原因造成承租房屋和设施损坏的，承租人应当负责修复或者承担赔偿责任。

第十一条 承租人转租房屋的，应当经出租人书面同意。

承租人未经出租人书面同意转租的，出租人可以解除租赁合同，收回房屋并要求承租人赔偿损失。

第十二条 房屋租赁期间内，因赠与、析产、继承或者买卖转让房屋的，原房屋租赁合同继续有效。

承租人在房屋租赁期间死亡的，与其生前共同居住的人可以按照原租赁合同租赁该房屋。

第十三条 房屋租赁期间出租人出售租赁房屋的，应当在出售前合理期限内通知承租人，承租人在同等条件下有优先购买权。

第十四条 房屋租赁合同订立后三十日内，房屋租赁当事人应当到租赁房屋所在地直辖市、市、县人民政府建设（房地产）主管部门办理房屋租赁登记备案。

房屋租赁当事人可以书面委托他人办理房屋租赁登记备案。

第十五条 办理房屋租赁登记备案，房屋租赁当事人应当提交下列材料：

（一）房屋租赁合同；

（二）房屋租赁当事人身份证明；

（三）房屋所有权证书或者其他合法权属证明；

（四）直辖市、市、县人民政府建设（房地产）主管部门规定的其他材料。

房屋租赁当事人提交的材料应当真实、合法、有效，不得隐瞒真实情况或者提供虚假材料。

第十六条 对符合下列要求的，直辖市、市、县人民政府建设（房地产）主管部门应当在三个工作日内办理房屋租赁登记备案，向租赁当事人开具房屋租赁登记备案证明：

（一）申请人提交的申请材料齐全并且符合法定形式；

（二）出租人与房屋所有权证书或者其他合法权属证明记载的主体一致；

（三）不属于本办法第六条规定不得出租的房屋。

申请人提交的申请材料不齐全或者不符合法定形式的，直辖市、市、县人民政府建设（房地产）主管部门应当告知房屋租赁当事人需要补正的内容。

第十七条 房屋租赁登记备案证明应当载明出租人的姓名或者名称，承租人的姓名或者名称、有效身份证件种类和号码，出租房屋的坐落、租赁用途、租金数额、租赁期限等。

第十八条 房屋租赁登记备案证明遗失的，应当向原登记备案的部门补领。

第十九条 房屋租赁登记备案内容发生变化、续租或者租赁终止的，当事人应当在三十日内，到原租赁登记备案的部门办理房屋租赁登记备案的变更、延续或者注销手续。

第二十条 直辖市、市、县建设（房地产）主管部门应当建立房屋租赁登记备案信息系统，逐步实行房屋租赁合同网上登记备案，并纳入房地产市场信息系统。

房屋租赁登记备案记载的信息应当包含以下内容：

（一）出租人的姓名（名称）、住所；

（二）承租人的姓名（名称）、身份证件种类和号码；

（三）出租房屋的坐落、租赁用途、租金数额、租赁期限；

（四）其他需要记载的内容。

第二十一条 违反本办法第六条规定的，由直辖市、市、县人民政府建设（房地产）主管部门责令限期改正，对没有违法所得的，可处以五千元以下罚款；对有违法所得的，可以处以违法所得一倍以上三倍以下，但不超过三万元的罚款。

第二十二条 违反本办法第八条规定的,由直辖市、市、县人民政府建设(房地产)主管部门责令限期改正,逾期不改正的,可处以五千元以上三万元以下罚款。

第二十三条 违反本办法第十四条第一款、第十九条规定的,由直辖市、市、县人民政府建设(房地产)主管部门责令限期改正;个人逾期不改正的,处以一千元以下罚款;单位逾期不改正的,处以一千元以上一万元以下罚款。

第二十四条 直辖市、市、县人民政府建设(房地产)主管部门对符合本办法规定的房屋租赁登记备案申请不予办理、对不符合本办法规定的房屋租赁登记备案申请予以办理,或者对房屋租赁登记备案信息管理不当,给租赁当事人造成损失的,对直接负责的主管人员和其他直接责任人员依法给予处分;构成犯罪的,依法追究刑事责任。

第二十五条 保障性住房租赁按照国家有关规定执行。

第二十六条 城市规划区外国有土地上的房屋租赁和监督管理,参照本办法执行。

第二十七条 省、自治区、直辖市人民政府住房和城乡建设主管部门可以依据本办法制定实施细则。

第二十八条 本办法自2011年2月1日起施行,建设部1995年5月9日发布的《城市房屋租赁管理办法》(建设部令第42号)同时废止。

城市、镇控制性详细规划编制审批办法

中华人民共和国住房和城乡建设部令第7号

《城市、镇控制性详细规划编制审批办法》已经第64次部常务会议审议通过,现予发布,自2011年1月1日起施行。

住房和城乡建设部部长　姜伟新
二〇一〇年十二月一日

城市、镇控制性详细规划编制审批办法

第一章 总 则

第一条 为了规范城市、镇控制性详细规划编制和审批工作,根据《中华人民共和国城乡规划法》,制定本办法。

第二条 控制性详细规划的编制和审批,适用本办法。

第三条 控制性详细规划是城乡规划主管部门作出规划行政许可、实施规划管理的依据。

国有土地使用权的划拨、出让应当符合控制性详细规划。

第四条 控制性详细规划的编制和管理经费应当按照《城乡规划法》第六条的规定执行。

第五条 任何单位和个人都应当遵守经依法批准并公布的控制性详细规划,服从规划管理,并有权就涉及其利害关系的建设活动是否符合控制性详细规划的要求向城乡规划主管部门查询。

任何单位和个人都有权向城乡规划主管部门或者其他有关部门举报或者控告违反控制性详细规划的行为。

第二章 城市、镇控制性详细规划的编制

第六条 城市、县人民政府城乡规划主管部门组织编制城市、县人民政府所在地镇的控制性详细规划;其他镇的控制性详细规划由镇人民政府组织编制。

第七条 城市、县人民政府城乡规划主管部门、镇人民政府(以下统称控制性详细规划组织编制机关)应当委托具备相应资质等级的规划编制单位承担控制性详细规划的具体编制工作。

第八条 编制控制性详细规划,应当综合考虑当地资源条件、环境状况、历史文化遗产、公共安

全以及土地权属等因素，满足城市地下空间利用的需要，妥善处理近期与长远、局部与整体、发展与保护的关系。

第九条 编制控制性详细规划，应当依据经批准的城市、镇总体规划，遵守国家有关标准和技术规范，采用符合国家有关规定的基础资料。

第十条 控制性详细规划应当包括下列基本内容：

（一）土地使用性质及其兼容性等用地功能控制要求；

（二）容积率、建筑高度、建筑密度、绿地率等用地指标；

（三）基础设施、公共服务设施、公共安全设施的用地规模、范围及具体控制要求，地下管线控制要求；

（四）基础设施用地的控制界线（黄线）、各类绿地范围的控制线（绿线）、历史文化街区和历史建筑的保护范围界线（紫线）、地表水体保护和控制的地域界线（蓝线）等"四线"及控制要求。

第十一条 编制大城市和特大城市的控制性详细规划，可以根据本地实际情况，结合城市空间布局、规划管理要求，以及社区边界、城乡建设要求等，将建设地区划分为若干规划控制单元，组织编制单元规划。

镇控制性详细规划可以根据实际情况，适当调整或者减少控制要求和指标。规模较小的建制镇的控制性详细规划，可以与镇总体规划编制相结合，提出规划控制要求和指标。

第十二条 控制性详细规划草案编制完成后，控制性详细规划组织编制机关应当依法将控制性详细规划草案予以公告，并采取论证会、听证会或者其他方式征求专家和公众的意见。

公告的时间不得少于 30 日。公告的时间、地点及公众提交意见的期限、方式，应当在政府信息网站以及当地主要新闻媒体上公布。

第十三条 控制性详细规划组织编制机关应当制订控制性详细规划编制工作计划，分期、分批地编制控制性详细规划。

中心区、旧城改造地区、近期建设地区，以及拟进行土地储备或者土地出让的地区，应当优先编制控制性详细规划。

第十四条 控制性详细规划编制成果由文本、图表、说明书以及各种必要的技术研究资料构成。文本和图表的内容应当一致，并作为规划管理的法定依据。

第三章 城市、镇控制性详细规划的审批

第十五条 城市的控制性详细规划经本级人民政府批准后，报本级人民代表大会常务委员会和上一级人民政府备案。

县人民政府所在地镇的控制性详细规划，经县人民政府批准后，报本级人民代表大会常务委员会和上一级人民政府备案。其他镇的控制性详细规划由镇人民政府报上一级人民政府审批。

城市的控制性详细规划成果应当采用纸质及电子文档形式备案。

第十六条 控制性详细规划组织编制机关应当组织召开由有关部门和专家参加的审查会。审查通过后，组织编制机关应当将控制性详细规划草案、审查意见、公众意见及处理结果报审批机关。

第十七条 控制性详细规划应当自批准之日起20 个工作日内，通过政府信息网站以及当地主要新闻媒体等便于公众知晓的方式公布。

第十八条 控制性详细规划组织编制机关应当建立控制性详细规划档案管理制度，逐步建立控制性详细规划数字化信息管理平台。

第十九条 控制性详细规划组织编制机关应当建立规划动态维护制度，有计划、有组织地对控制性详细规划进行评估和维护。

第二十条 经批准后的控制性详细规划具有法定效力，任何单位和个人不得随意修改；确需修改的，应当按照下列程序进行：

（一）控制性详细规划组织编制机关应当组织对控制性详细规划修改的必要性进行专题论证；

（二）控制性详细规划组织编制机关应当采用多种方式征求规划地段内利害关系人的意见，必要时应当组织听证；

（三）控制性详细规划组织编制机关提出修改控制性详细规划的建议，并向原审批机关提出专题报告，经原审批机关同意后，方可组织编制修改方案；

（四）修改后应当按法定程序审查报批。报批材料中应当附具规划地段内利害关系人意见及处理结果。

控制性详细规划修改涉及城市总体规划、镇总体规划强制性内容的，应当先修改总体规划。

第四章 附　则

第二十一条 各地可以根据本办法制定实施细则和编制技术规定。

第二十二条 本办法自 2011 年 1 月 1 日起施行。

三、综 合 类

2010年住房和城乡建设部政府信息公开工作报告

建办厅函〔2011〕181号

部机关各单位，部直属有关单位：

2010年，我部贯彻落实《政府信息公开条例》（以下简称《条例》），按照国务院办公厅和全国政务公开领导小组办公室有关工作要求，采取多种措施，积极推进政府信息公开工作，保障公民、法人和其他组织依法获取住房城乡建设信息的权利。

一、概述

2010年，我部着力夯实政府信息公开基础性工作，在加强组织领导、完善配套制度、拓宽公开内容、加强业务指导等方面取得新进展。

（一）加强组织领导。我部党组高度重视政府信息公开工作。3月份，分管副部长主持召开了部政务公开领导小组第二次全体会议，总结分析2009年政府信息公开工作，研究部署2010年工作，并就进一步加强对政府信息公开工作的组织领导，全面贯彻落实相关法规政策，提高政府信息公开工作水平和效率等提出了要求。

（二）完善配套制度。为深入推进政府信息公开，我部在抓好《条例》等法规规章贯彻落实的同时，进一步加强有关配套制度建设。一是完善新闻发布制度，建立健全出席国务院新闻办公室新闻发布会、部新闻发布会、新闻通气会、新闻采访等多种新闻发布机制。二是建立健全政府信息主动公开机制和催办制度，每月提醒和督促部有关单位做好政府信息主动公开审核工作，确保应主动公开的信息及时公开。三是建立了政府信息主动公开通报制度，定期对部机关主动公开政府信息情况进行统计分析，并在机关内部通报。

（三）拓宽公开内容。一是做好中央重大决策部署落实情况的公开工作，积极推进有关保障性住房建设、农村危房改造、建筑节能等政策措施落实情况的公开。二是推进财政预算公开透明。按照财政部《关于进一步做好预算信息公开工作的指导意见》的要求，及时公开预算内容，逐步扩大公开范围。三是积极推进行政审批公开透明，通过网上公布行政审批事项，公开审批的标准、程序、结果，既方便主管部门、行政许可申请人查询相关政策和审批情况，又提高了行政效能、降低了行政成本。

（四）加强业务指导。一是指导各地推进供水、供气、供热等公共企事业单位信息公开工作，指导和监督公共企事业单位丰富公开内容，拓展公开渠道，不断提高信息公开工作水平。二是召开住房城乡建设系统政府信息公开工作座谈会，交流经验，分析问题，研究加强和改进本系统政府信息公开工作的措施。

二、主动公开政府信息情况

我部将部门户网站作为政府信息公开的主渠道，在网站开通了信息公开专栏，专门登载主动公开的政府信息和与政府信息公开工作相关的法规政策及工作制度，并提供多种检索方式，便利公民、法人和其他组织查询我部政府信息公开内容。同时，还通过住房和城乡建设部文告、中国建设报、广播电视、公告栏及正式出版物等多种方式，向社会及时、准确公布政府信息。

2010年我部在政府门户网站上主动公开政府信息760件，发布其他类信息2100余条，基本做到了应公开的政府信息均及时准确公开。此外，编辑出版《住房和城乡建设部文告》12期，组织召开新闻发布会10次，组织媒体参加我部有关会议并作宣传报道28

次、主动、及时地向社会公众介绍了我部有关工作。

三、依申请公开政府信息情况

2010年，我部共收到政府信息公开申请228件，均在规定的时限内予以答复。其中，依申请公开40件，占17.54%；依法不属于公开范围的110件，占48.25%；不属于我部掌握范围的66件，占28.95%；信息不存在的12件，占5.26%。

四、行政复议和诉讼情况

2010年，我部共发生政府信息公开行政复议46起，对涉及的具体行政行为行政复议机关均依照《中华人民共和国行政复议法》予以维持；发生政府信息公开行政诉讼1起，以原告自行撤诉告结。

五、收费情况

我部政府信息公开工作暂未收取任何收费。

六、下一步工作重点

总体上看，我部政府信息公开工作正在有序、规范地推进，有效保障了公民依法获取政府信息的权利，促进了依法行政，发挥了政府信息在促进经济发展、维护社会稳定等方面的积极作用。下一步，我部将以深入贯彻落实《条例》为主线，进一步抓好政府信息公开工作。一是积极依法推进政府信息公开，进一步加强政府信息公开相关法规政策的学习培训和贯彻落实。二是围绕政府信息公开工作的新情况、新问题，认真开展调查研究，不断提高工作水平。三是指导地方进一步推进公共企事业单位信息公开，提高服务水平。四是以服务群众、服务社会为重点，进一步加强我部政府信息公开各项基础性工作。

中华人民共和国住房和城乡建设部
办公厅
二〇一一年三月二十九日

关于印发《住房和城乡建设部科学技术计划项目管理办法》的通知

建科〔2009〕290号

各省、自治区住房和城乡建设厅，直辖市建委及有关部门，新疆生产建设兵团建设局，部直属单位，部管有关社团，国资委管理的有关企业：

为规范和加强住房城乡建设部科学技术计划项目的管理，我部制定了《住房和城乡建设部科学技术计划项目管理办法》，现印发你们，请认真做好科技计划项目的管理工作。

管理办法中涉及的科技项目申报书、验收申请表、验收证书、科技成果登记表请从住房城乡建设部网站下载（网址：http://www.mohurd.gov.cn）。

中华人民共和国住房和城乡建设部
二〇〇九年十二月二十二日

住房和城乡建设部科学技术计划项目管理办法

第一章 总　则

第一条 为规范和加强住房城乡建设部科学技术计划项目（以下简称"科技项目"）的管理，根据《中华人民共和国科学技术进步法》和国家科技管理有关规定，以及《建设领域推广应用新技术管理规定》，制定本办法。

第二条 本办法适用于科技项目的申报、审批、组织实施和验收管理。

第三条 科技项目包括软科学研究、科研开发、科技示范工程和国际科技合作等。住房城乡建设部科学技术计划每年编制一次。

第四条 住房城乡建设部建筑节能与科技司负责统一归口管理科技项目。

第二章 申 报

第五条 申报的科技项目应符合住房城乡建设科技发展重点技术领域，创新性强，技术水平达到国内领先或更高，且具有较强的推广和应用价值，对促进产业结构调整和优化升级有积极作用。

第六条 软科学研究优先支持与住房城乡建设领域技术政策、产业政策、发展战略与规划等重大问题密切相关，为管理决策提供科学依据的战略性、前瞻性、政策性科技项目。

第七条 科研开发优先支持解决行业共性关键问题，形成新型技术体系，促进产品设备技术升级，对整体技术进步有较大的带动作用，并具有一定的前期研究开发基础，有较好的推广应用前景和显著的经济、社会、环境效益的科技项目。

第八条 科技示范工程优先支持选用住房城乡建设重点推广技术领域和技术公告中推广技术的工程项目；各省级住房城乡建设主管部门及相关部门确定的示范工程项目。

第九条 科技示范工程选用的技术应优于现行的技术标准，或满足现行技术标准但采用的技术具有国内领先水平；选用的技术与产品应通过有关部门的论证并符合国家或行业标准，没有国家或行业标准的技术与产品，应由具有相应资质的检测机构出具检测报告，并通过省级以上有关部门组织的专家审定。

第十条 科技示范工程实行属地化管理，由工程所在地省级住房城乡建设行政主管部门组织推荐。

第十一条 申报单位应是在国内注册的独立法人，且具有较强的研究开发实力和组织协调能力。

第十二条 鼓励实行以企业为主体、产学研相结合，跨地区跨行业的方式；以开展国际科技合作，拓展合作领域、创新合作等方式联合申报。

第十三条 多个单位联合申报科技项目时，应事先以文字形式约定各方对科技成果所拥有的权利和义务。

第十四条 国际科技合作项目要有与国外合作机构的合作协议，且协议双方应为独立法人。申报国际科技合作的项目，不再单独申报软科学研究、科研开发、科技示范工程等项目。

第十五条 申报单位按照住房城乡建设部发布的申报科技项目的通知及申报要求，客观准确地填写相应的申报书中的目标、研究（示范）内容、考核指标等，连同相关的申报材料一并提交有关管理部门。

第十六条 科技示范工程项目一般应由建设或开发单位申报，或由建设、开发、施工总承包、施工、设计、示范技术的技术依托单位等联合申报；也可经建设或开发单位同意后，由设计、施工总承包单位等联合或其中一家单位申报。

第十七条 科技示范工程项目的申报单位，应先履行工程建设立项审批程序，具备工程建设条件后再申请科技示范项目。

第十八条 科技项目所需的研究和示范经费以自筹为主。

第十九条 省级住房城乡建设主管部门及相关部门负责组织本地区申报的科技项目的审查和推荐工作。住房城乡建设部直属事业单位、部管行业学（协）会和国务院国有资产监督管理委员会（以下简称"国资委"）管理的有关企业可直接申报。

第三章 审 批

第二十条 住房城乡建设部建筑节能与科技司组织专家成立专家组按申报的科技项目类型，分专业进行评审。专家组的专家从住房城乡建设部专家委员会中遴选。

第二十一条 每一类专业的科技项目评审专家组由5名以上专家组成。参加评审的专家应具有高级专业技术职称，且掌握本专业技术发展现状和趋势。

第二十二条 科技项目的评审，通过评审专家审阅申报材料的方式作出评审结论，必要时，可由申报单位或有关管理人员到评审现场申述或答辩，向评审专家说明情况。

第二十三条 科技项目的专家评审采取实名制。参加评审的专家按照评审工作要求，认真审阅申报材料，作出客观公正的评价，独立填写评审表格，并表明是否同意通过评审的结论性意见。

第二十四条 参加评审的专家和相关工作人员应遵守评审工作纪律，不得收受申报单位等赠送的礼品和礼金。

第二十五条 参加评审的专家及工作人员应对评审结果保密，科技项目在住房城乡建设部公布之前，不得向申报单位及有关方面透露评审结果。

第二十六条 住房城乡建设部建筑节能与科技司对通过评审的科技项目申报书盖章后，送省级住房城乡建设主管部门及有关部门和承担单位存档，并作为科技项目的实施、管理和验收考核依据。

第四章 管 理

第二十七条 住房城乡建设部建筑节能与科技司负责组织科技项目执行情况的监督检查。

第二十八条 省级住房城乡建设主管部门、部直属事业单位、部管行业学（协）会和国资委管理的有关企业负责对本地区、本单位的科技项目进行日常管理，督促检查执行情况，协调、解决实施中的问题。

第二十九条 根据工作需要，住房城乡建设部委托相关机构负责有关类别项目的日常联系和实施监督工作。受委托的机构按照要求每年年底前总结科技项目当年的执行情况，提交年度报告，分析存在的问题并提出建议。

第三十条 科技项目承担单位要按照印发的住房城乡建设部科学技术计划和科技项目申报书的内容和要求，按计划进度认真组织实施。实施过程中，因特殊情况需调整计划的，应及时提出申请，明确调整的内容和时间，逐级上报批准后，按调整后的计划进度实施。

第三十一条 科技项目执行过程中，出现下列情况之一予以撤销：

（一）实践证明所选技术路线不合理，研究内容失去实用价值，在实施过程中发现为低水平重复的；

（二）依托的工程建设、技术改造、技术引进和国外合作项目未能落实的；

（三）骨干技术人员发生重大变化，致使技术研究开发、技术示范无法进行的；

（四）组织管理不力致使研究示范无法进行的；

（五）发生重大质量安全事故或严重污染环境的；

（六）未按有关管理规定执行的。

第五章 验 收

第三十二条 科技项目应在规定的研究期限结束后3个月内，由第一承担单位提交书面验收申请，由住房城乡建设部建筑节能与科技司组织验收。

第三十三条 申请验收应提交验收申请书、研究报告、科技成果登记表等相关验收文件，经所在省级住房城乡建设主管部门、受委托的机构初审后报住房城乡建设部建筑节能与科技司。住房城乡建设部直属事业单位、部管行业学（协）会和国资委管理的有关企业可直接将申请验收材料报送住房城乡建设部建筑节能与科技司。

第三十四条 科技示范工程项目应在通过工程竣工验收后申请科技示范工程项目验收。

第三十五条 住房城乡建设部建筑节能与科技司对申请验收材料进行形式审查，通过审查的将组织专家或委托省级住房城乡建设主管部门及相应的受委托的机构组织验收。

第三十六条 验收分为会议评审和函审两种形式。验收委员会一般由7～13名专家组成，验收专家应具有较高的理论水平和较为丰富的实践经验，且具备高级以上技术职称。

第三十七条 验收依据为住房城乡建设部科学技术计划和经盖章确认的申报书，以及执行期间下达的有关文件。

第三十八条 验收结论分为通过验收和不通过验收。凡有下列情况之一的，不予通过验收：

（一）未完成目标任务的；

（二）提供的验收文件、资料、数据不真实，弄虚作假的；

（三）未经申请或批准，承担单位、负责人、考核目标、研究内容、技术路线等发生重大变更的；

（四）剽窃、抄袭他人科技成果，违反科技活动道德或有知识产权争议的。

第三十九条 验收通过的科技项目，颁发验收证书。第一承担单位应在一个月内办理验收证书，并按照国家科技成果管理规定填写《科技成果登记表》。

第四十条 未通过验收的科技项目应及时进行整改，整改后仍不能满足验收要求的取消科技项目资格。

第四十一条 如因特殊原因不能如期验收的科技项目，承担单位应在规定的研究期限期满前一个月内以书面形式提出延期验收的申请，并经所在省级住房城乡建设主管部门审核后报住房城乡建设部建筑节能与科技司，经批准后按调整后的时间办理验收手续。

第四十二条 逾期一年以上未提出验收申请，并未对延期说明理由的，取消科技项目资格，且承担单位三年内不得申报科技项目。

第四十三条 未经验收和验收不合格的科技项目，承担单位不得以科技项目的名义进行与事实不符的宣传。

第六章 附 则

第四十四条 涉及国家秘密的科技成果，有关单位和人员要遵照《中华人民共和国保守国家秘密法》、《科学技术保密规定》及相关法规的规定，切实做好保密工作。

第四十五条 住房城乡建设部建筑节能与科技

司可依据本办法制定管理细则。

第四十六条 本办法由住房城乡建设部建筑节能与科技司负责解释。

第四十七条 本办法自发布之日起施行。

关于进一步加大工作力度确保完成"十一五"建筑节能任务的通知

建科〔2010〕73号

为贯彻落实《国务院关于进一步加大工作力度确保实现"十一五"节能减排目标的通知》（国发〔2010〕12号）和国务院节能减排工作电视电话会议精神，进一步加大工作力度，确保完成建筑节能任务，现就有关事项通知如下：

一、进一步加强新建建筑节能监管，确保到2010年底，全国城镇新建建筑执行节能强制性标准的比例达到95%以上。各地住房城乡建设主管部门要严格执行新建建筑市场准入制度，重点抓好《建筑节能施工质量验收规范》的实施。切实把住规划许可、施工图审查、竣工验收备案关键环节，凡达不到节能强制性标准的建筑，不得开工建设，不得竣工验收，不得销售，不得投入使用。各省级住房城乡建设主管部门要加大新建建筑执行节能强制性标准的监督检查力度，今年9月底前要组织两次新建建筑执行节能强制性标准的专项检查，重点要对小城市、县城和建制镇新建建筑工程进行检查，对违反强制性标准的工程项目，依法严肃查处，限期整改。今年四季度我部将组织建筑节能专项检查，对各地新建建筑执行节能强制性标准的情况进行监督检查，凡执行比例低于95%的，通报批评并追究责任。

二、进一步加大工作力度，确保2010年完成北方采暖地区既有居住建筑供热计量及节能改造5000万平方米，"十一五"期间完成1.5亿平方米改造任务。各省级住房城乡建设主管部门要按照《关于推进北方采暖地区既有居住建筑供热计量及节能改造工作的实施意见》（建科〔2008〕95号）确定的改造任务，抓紧组织实施。尚未完成任务的，要尽快安排改造计划及改造项目。各地住房城乡建设主管部门要加强改造项目的质量监管，对不符合《供热计量技术规程》，不能满足分户计量、不实行按用热量计费的改造项目，要限期整改。要按照《北方采暖地区既有居住建筑供热计量及节能改造项目验收办法》（建科〔2009〕261号）要求，做好已完成改造项目的验收评估工作。

三、开展酒店、商场、办公楼等公共场所空调温度检查，夏季空调温度设置不低于26摄氏度。各地住房城乡建设主管部门要加强对新建公共建筑空调系统设计、施工的监督管理，对公共建筑室内空调温度监测和控制系统的设计进行专项审查，确保使用具有温度设定及调节功能的空调制冷设备。要加强对公共建筑空调系统的运行管理，在今年空调系统正常运行期间，抽取一定数量的酒店、商场、办公楼等公共建筑，对空调温度设置及系统运行情况进行检查，并公布检查结果。

四、推进国家机关办公建筑和大型公共建筑节能监管体系建设和节约型示范高校建设。各省级住房城乡建设主管部门要按照《民用建筑节能条例》的规定，组织做好国家机关办公建筑和大型公共建筑能耗统计、能源审计和能效公示工作。要积极推行利用合同能源管理方式实施节能运行与改造。重庆、内蒙古、江苏要做好省级动态能耗监测平台建设试点工作。有条件地区要研究制定公共建筑能耗限额标准。各省级住房城乡建设主管部门要会同教育主管部门做好节约型高等学校建设试点，抓好高等学校节能节水工作。

五、进一步加大建筑节能宣传力度。各级住房城乡建设主管部门要把建筑节能纳入"节能宣传周"、"节能减排全民行动"等重大主题宣传活动，广泛深入持久进行宣传。要制定建筑节能宣传方案，在有关新闻媒体重要栏目、重要时段、重要版面宣传报道建筑节能重要意义、重点工作、典型经验等，努力营造良好的舆论氛围。各省级住房城乡建设主管部门要及时对本地区推进建筑节能工作的情况和典型经验、做法以信息专报形式上报我部建筑节能与科技司。

六、进一步明确建筑节能目标责任。各地住房城乡建设主管部门要按照建筑节能目标责任制的要求,一级抓一级,层层抓落实,组织开展本地区建筑节能目标责任评价考核工作。省级住房城乡建设主管部门对本地区建筑节能负总责,部门主要领导是第一责任人。今年第四季度住房和城乡建设部将组织开展对省级住房城乡建设部门建筑节能任务完成情况进行评价考核,对未完成目标的地区要追究责任。各省级住房城乡建设主管部门要在5月底前,将本地区2010年建筑节能实施方案报我部。

中华人民共和国住房和城乡建设部
二〇一〇年五月十四日

关于加大工作力度确保完成北方采暖地区既有居住建筑供热计量及节能改造工作任务的通知

建科〔2010〕84号

北京市住房和城乡建委、市政管委、财政局,天津市城乡建设交通委、财政局,河北省、山西省、内蒙古自治区、辽宁省、吉林省、黑龙江省、山东省、河南省、陕西省、甘肃省、青海省、宁夏自治区、新疆自治区住房和城乡建设厅、财政厅,新疆生产建设兵团建设局、财政局:

为贯彻落实《国务院关于进一步加大工作力度确保实现"十一五"节能减排目标的通知》(国发〔2010〕12号)提出的"完成北方采暖地区居住建筑供热计量及节能改造5000万平方米,确保完成'十一五'期间1.5亿平方米的改造任务"要求,现就有关事项通知如下:

一、进一步加大工作力度,确保完成工作任务。2010年是"十一五"最后一年,是完成国务院明确的北方采暖地区既有居住建筑供热计量及节能改造任务的关键一年。各地住房城乡建设、财政主管部门要高度重视这项工作,加强组织管理,完善配套措施,确保完成改造任务(各省、区、市任务见附表)。要加快工作进度,对照改造任务和中央财政已奖励的改造面积,尽快安排剩余改造任务的实施计划,落实改造项目,抓紧组织实施。

二、进一步加大供热计量改革推进力度。各地要按照《关于进一步推进供热计量改革工作的意见》(建城〔2010〕14号)要求,全面推进供热计量改革,对已完成改造的项目,同步实施按用热量计价收费。2010年新开工的改造项目必须按照《供热计量技术规程》要求,实施供热计量及室内温度调控改造。对在2009年财政部组织的核查中确定为不满足分户计量要求的改造项目,要在今年采暖期前全部整改完毕。

三、进一步加强监管,确保改造工程质量。各地住房城乡建设主管部门要切实加强改造项目的质量监督管理,应组织对改造项目的技术方案进行评审把关,并加强改造工程的过程管理,确保改造项目严格按照住房城乡建设部、财政部确定的改造内容及技术要求组织实施。对建筑主体结构实施节能改造,应纳入基本建设程序进行管理。供热计量改造时,建设质量监管部门应会同供热管理部门对施工过程进行全方面监管,确保改造工程的质量。

四、进一步加快组织改造项目验收工作。改造项目所在城市(区)级住房城乡建设主管部门要会同财政部门按照《北方采暖地区既有居住建筑供热计量及节能改造项目验收办法》(建科〔2009〕261号)要求,抓紧组织对已完成改造项目的验收工作,并将项目验收资料报送省级住房城乡建设、财政主管部门审查。省级住房城乡建设、财政主管部门组织对项目进行抽样复验,并对本地区通过验收的项目进行汇总,将有关材料及时上报住房城乡建设部、财政部。

五、进一步总结改造模式,扩大改造范围。各地要认真总结本地区改造在组织协调、投融资、技术支撑及工程管理等方面的成功经验,积极完善配套政策,健全技术标准,创新投入机制,加强宣传推广,充分发挥"十一五"期间本地区既有居住建筑供热计量及节能改造的示范效应,带动既有建筑供热计量及节能改造工作在"十二五"期间实现突破性进展。

请各省级住房城乡建设、财政主管部门于2010年6月30日和9月30日前将本地区改造工作进展情况报住房和城乡建设部、财政部。

附件：北方采暖地区既有居住建筑供热计量及节能改造任务分配表（略）

中华人民共和国住房和城乡建设部
中华人民共和国财政部
二〇一〇年六月一日

关于切实加强政府办公和大型公共建筑节能管理工作的通知

建科〔2010〕90号

各省、自治区住房和城乡建设厅、直辖市、计划单列市建委及有关部门，新疆生产建设兵团建设局：

为贯彻落实《国务院关于进一步加大工作力度确保实现"十一五"节能减排目标的通知》（国办发〔2010〕12号）要求，切实加强公共建筑节能管理，确保完成公共建筑"十一五"节能减排任务，现通知如下：

各地住房城乡建设行政主管部门要严格按照《国务院关于印发节能减排综合性工作方案的通知》（国发〔2007〕15号）、《国务院办公厅关于严格执行公共建筑空调温度控制标准的通知》（国办发〔2007〕42号）要求，依据《民用建筑节能条例》、《公共建筑空调温度控制管理办法》和《关于加强国家机关办公建筑和大型公共建筑节能管理工作的实施意见》的规定，会同有关部门切实做好公共建筑的节能管理工作。

一、明确目标，落实责任

（一）各地住房城乡建设行政主管部门必须将公共建筑节能管理工作和2010年公共机构能源消耗指标在去年基础上降低5%的目标，纳入本部门"十一五"节能减排工作目标；

（二）明确责任，层层分解，落实分工，并建立问责制，把公共建筑节能工作做为主要领导干部评价考核指标。

二、突出重点，狠抓落实

（三）要结合本地区的实际情况，深入推进国家机关办公建筑和大型公共建筑能耗监测体系建设，抓紧建立健全政府办公建筑和公共建筑室温监控及空调系统节能运行管理体系，积极探索建立公共建筑节能运行管理激励制度。

（四）各地住房城乡建设主管部门应会同有关部门，加强对辖区内政府办公建筑和公共建筑空调温度控制执行情况的管理，督促建筑所有权人或使用人，严格执行空调温度控制规定，合理设置空调温度，建立相应的工作制度并切实实行。

（五）要继续深入做好国家机关办公建筑和大型公共建筑能耗统计、能源审计及能效公示等工作，并在此基础上选择重点建筑安装用能分项计量装置，推进能耗监测平台建设，为既有建筑节能改造，建立能耗定额和超定额加价制度奠定基础。

（六）北京、天津、深圳等第一批国家机关办公建筑和大型公共建筑能耗监测平台建设试点城市，要进一步完善监测平台功能，在现有基础上，扩大监测范围，增加动态监测建筑数量。其中北京、天津、深圳今年分别新增动态监测315栋、165栋和250栋国家机关办公建筑和大型公共建筑。

（七）江苏、重庆、内蒙古等第二批国家机关办公建筑和大型公共建筑能耗监测平台建设试点城市，2010年内应完成监测平台的建设，并通过验收。第三批试点城市要深化实施方案，尽快组织落实，启动平台建设。

三、采取有效措施，加强监督检查

（八）各地住房城乡建设主管部门要加强对新建公共建筑空调系统设计、施工、验收、审查等阶段的监督检查。在今年空调系统正常运行期间，市县一级住房城乡建设主管部门要采用随机抽查和重点督查相结合的方式，对辖区内的政府办公建筑和公共建筑执行空调温度控制情况至少进行一次专项检查，对不符合《公共建筑节能设计标准》（GB

50189—2005)和《公共建筑空调温度控制管理办法》规定的要责令其整改，并向社会公布检查结果。省住房城乡建设主管部门要加强对所辖市县执行情况的监督检查，并于今年10月底前，将本年度本省（自治区、直辖市）公共建筑空调温度控制情况进行总结报我部。

（九）在建筑节能专项检查工作中，要把国家机关办公建筑和大型公共建筑能耗分项计量装置的安装、监测平台建设和功能定位作为重点内容，检查当地推进国家机关办公建筑和大型公共建筑节能监管体系建设的目标、任务是否明确。

四、加强制度建设，创新机制

（十）北京、天津、深圳以及江苏、重庆、内蒙古等第一批和第二批国家机关办公建筑和大型公共建筑能耗监测平台建设试点省市，应综合分析能耗监测平台数据，提出公共建筑年度能耗分析报告。

（十一）要根据关于加快推行合同能源管理促进节能服务产业发展的有关规定，积极探索合同能源管理等节能服务机制，并开展试点，推进公共建筑节能改造。北京、天津、深圳等第一批国家机关办公建筑和大型公共建筑能耗监测平台建设试点城市，应研究提出推动合同能源管理的实施方案，明确合同能源管理在建筑节能领域的模式、内容。

（十二）在能耗动态监测的基础上，各地要结合本地实际，研究制定当地国家机关办公建筑和大型公共建筑的用能标准、能耗定额，逐步建立超定额加价制度。

五、加强能力建设，树立节能意识

（十三）要定期开展节能运行管理技术培训，加强能力建设，提高国家机关办公建筑和大型公共建筑的节能运行管理能力和技术水平。

（十四）深入开展公共建筑节能运行宣传，树立节能意识，营造良好的社会氛围，促进全社会的节能行动健康有序发展。

各地要把公共建筑节能管理工作中的有关情况及时报告我部。

中华人民共和国住房和城乡建设部
二〇一〇年六月十日

关于进一步加强建筑门窗节能性能标识工作的通知

建科〔2010〕93号

各省、自治区住房和城乡建设厅，直辖市、计划单列市建委及有关部门，新疆生产建设兵团建设局：

《建筑门窗节能性能标识试点工作管理办法》（建科〔2006〕319号）印发后，各地住房城乡建设主管部门和有关企业高度重视，认真组织落实，门窗节能性能标识（以下简称"门窗标识"）试点工作取得了初步成效。为进一步加强门窗标识工作，促进门窗行业技术进步，确保建筑节能取得实效，现就有关工作通知如下：

一、充分认识门窗标识工作的地位和作用。我国每年建筑门窗生产应用量大，门窗能耗约占建筑围护结构能耗的50%，建筑总能耗的25%。提高门窗的节能性能是降低建筑物能耗的有效措施之一，是确保建筑节能取得实效的重要手段。门窗标识明示门窗的节能性能指标，反映门窗节能性能的优劣，是建筑能效标识的重要组成部分。门窗标识制度可为建筑节能设计、工程质量监督、引导消费提供可靠依据，对促进节能门窗开发应用，提高门窗节能性能，推动门窗行业技术进步起到积极的促进作用。

二、明确工作目标。要利用3年左右时间，对全国规模以上门窗企业的主要产品进行节能标识，努力提高当前主要门窗产品的节能性能，使获得标识的门窗广泛应用于新建建筑和既有建筑节能改造。

三、加强门窗标识队伍建设。加强对门窗标识实验室从业人员的培训和业务指导，继续推进对门窗标识实验室的确定和考核工作，实现门窗标识实验室在全国范围内的合理布局。提高门窗标识测评能力，开展门窗标识实验室之间的测评能力比对，确保测评结果的准确性和可复验性。抓紧编制《建筑门窗标识测评技术导则》，进一步完善建筑玻璃数据库,积极开发并推行具有自主知识产权的标识测评模拟计算软件。

四、完善政策措施,加强管理。要抓紧研究制定促进和规范门窗标识市场发展的政策措施,结合建筑节能监管体系建设制定门窗标识管理办法,建立健全相关的协同推进机制和门窗标识管理机制,加快门窗标识测评和证书发放工作。

五、加大门窗标识推广力度。财政投资建设的办公建筑和大型公共建筑、保障性住房等项目,应优先采用获得节能标识的门窗产品;建筑节能示范工程、绿色建筑示范工程、可再生能源建筑应用示范工程,应采用获得节能标识的门窗产品;在建筑能效测评、工程招标过程中,对门窗的节能性能指标要求应当采信门窗标识的信息。

六、开展门窗标识制度宣传培训。要充分发挥网络、电视、报刊等媒体的作用,加大门窗标识工作的宣传,使更多的企业、工程建设各方主体和社会公众充分了解门窗标识制度、正确使用门窗标识。

七、加强门窗标识全过程监督。要按照《建筑门窗节能性能标识试点工作管理办法》(建科〔2006〕319号)的要求,对获得节能标识的门窗及其生产企业、门窗标识实验室和节能标识门窗的应用工程进行监督检查,并将门窗标识工作列为建筑节能专项检查的内容,切实查处违反有关规定的行为。

各省级住房城乡建设主管部门要及时将本地区门窗标识工作的实施情况、问题和建议报我部。

中华人民共和国住房和城乡建设部
二〇一〇年六月十八日

关于印发《全国绿色建筑创新奖实施细则》和《全国绿色建筑创新奖评审标准》的通知

建科〔2010〕216号

各省、自治区住房城乡建设厅,直辖市、计划单列市建委(建设局),新疆生产建设兵团建设局:

为做好全国绿色建筑创新奖的管理及评审工作,引导我国绿色建筑健康发展,根据《全国绿色建筑创新奖管理办法》(建科函〔2004〕183号),我部重新制定了《全国绿色建筑创新奖实施细则》和《全国绿色建筑创新奖评审标准》。现印发你们,请遵照执行。

附件:1. 全国绿色建筑创新奖实施细则
2. 全国绿色建筑创新奖评审标准

中华人民共和国住房和城乡建设部
二〇一〇年十二月二十三日

全国绿色建筑创新奖实施细则

第一章 总 则

第一条 为做好全国绿色建筑创新奖(以下简称"创新奖")的管理,根据《全国绿色建筑创新奖管理办法》制定本细则。

第二条 本细则适用于创新奖评审的组织管理。

第三条 创新奖设一等奖、二等奖、三等奖三个等级,每两年评选一次。

第四条 创新奖的奖励对象为,在住房城乡建设领域节约资源、保护环境,推进绿色建筑发展具有创新性和明显示范作用的工程项目,以及在绿色建筑技术研究开发和推广应用方面做出重要贡献的单位和个人。

第五条 推动绿色建筑发展的创新性包括,符合气候地域特征的先进适用的技术集成和创新、建筑艺术与绿色建筑技术的有机结合、采用绿色施工与运行管理保障措施的实施效果。

第六条 住房城乡建设部归口管理创新奖。住房城乡建设部建筑节能与科技司负责创新奖的日常管理。

各省、自治区、直辖市、计划单列市住房城乡建设行政主管部门负责组织本地区创新奖的申报、初审和推荐上报。

第二章 申报条件

第七条 申报创新奖的项目应符合以下基本条件：

（一）在保护自然资源和生态环境、节地、节能、节水、节材、减少环境污染等方面，综合效果显著的公共建筑和住宅建筑等工程项目。

（二）符合国家基本建设程序和管理规定，以及有关的技术标准规范。

（三）因地制宜地采用适宜的绿色建筑技术、工艺与产品，运营管理水平较高，实现社会、环境、经济效益的统一。

（四）取得绿色建筑评价标识。

（五）项目无工程质量安全事故和隐患。

第八条 创新奖申报单位原则上由工程项目建设、规划设计、施工总承包、技术咨询等主要参建单位联合申报；也可经建设单位同意后，由设计、施工总承包单位联合申报或其中一家单独申报。其他参建单位可随主要参建单位申报。

第三章 申报资料及申报程序

第九条 申报单位应提交《全国绿色建筑创新奖申报书》和工程总结报告。

（一）《申报书》纸质文件一式10份、电子版1份；

（二）工程项目总结报告包括，工程项目概况、工程项目创新性说明、取得的绿色建筑评价标识证书及工程项目总结报告。纸质文件一式2份、电子版1份。具体内容和要求如下：

1. 工程项目概况。

2. 工程项目创新性说明。对照《全国绿色建筑创新奖评审标准》，在绿色建筑评价标识申报材料的基础上，按节地与室外环境、节能与能源利用、节水与水资源利用和保护、节材与材料资源、室内环境质量和运营管理六类指标归纳和总结，重点对具有创新性和示范推广价值，以及技术措施的实施情况和效益等内容进行总结说明。

3. 相关证明资料，如：设计文件、图纸、过程控制资料、运行报告及相关数据等。如在取得绿色建筑标识后，发生重大的技术变更，还应提交相关变更资料，包括设计说明、图纸、计算书、设计变更等。

4. 绿色建筑标识证书复印件和评价报告。

第十条 申报程序

（一）申报单位向省、自治区、直辖市、计划单列市住房城乡建设行政主管部门提交申报资料，并对申报材料的真实性负责；

（二）省、自治区、直辖市、计划单列市住房城乡建设行政主管部门，对申报材料进行初审，对初审合格的项目签署推荐意见并盖章后报送住房城乡建设部建筑节能与科技司；

（三）住房城乡建设部建筑节能与科技司负责对申报资料进行形式审查。

第四章 评 审

第十一条 住房城乡建设部建筑节能与科技司负责组织创新奖的评审工作。评审专家委员会由部绿色建筑评价标识专家委员会成员组成。

第十二条 评审专家委员会依据《全国绿色建筑创新奖评审标准》，审查申报材料，通过质询、讨论和评议，进行评审，确定拟获奖项目及等级。

第十三条 住房城乡建设部建筑节能与科技司根据具体情况可组织核查小组对需要实地核查的申报项目进行现场核查。核查小组由4-7名专家组成，被核查项目所在省、自治区、直辖市、计划单列市住房城乡建设行政主管部门应派人参与核查工作。核查的内容和要求如下：

（一）听取申报单位对项目规划、设计、施工及运行情况的介绍；

（二）实地查验工程系统功能及运行情况。凡核查小组要求查看的工程内容和文件资料，申报单位应积极配合，不得以任何理由回避或拒绝；

（三）听取业主及监理单位对项目的评价意见。核查小组向业主及监理单位咨询情况时，申报单位的有关人员应当回避；

（四）查阅工程的有关文件与技术、质量以及管理资料等；

（五）核查小组应向评审专家委员会提交书面核查报告。

第五章 公示与公布

第十四条 住房城乡建设部建筑节能与科技司对通过专家评审的项目在住房城乡建设部网站上（网址：www.mohurd.gov.cn）公示，公示期30天。

第十五条 任何单位或个人对公示的项目持有异议，均可在公示期内以署实名的书面形式提出异议，并提供必要的证明材料。

第十六条 异议分为技术性异议和非技术性异议。凡对公示项目的创新性、先进性、实用性，以及申报资料的真实性提出的异议为技术性异议；对公示项目单位的有关情况及人员排序的异议为非技术性异议。审定等级不在异议范围内。

第十七条 技术性异议由住房城乡建设部建筑节能与科技司负责协调解决，必要时可组织评审委员进行调查，提出处理意见。非技术性异议由项目所在省、自治区、直辖市、计划单列市建设行政主管部门负责协调解决，并将结果报住房城乡建设部建筑节能与科技司。

第十八条 无异议或有异议已妥善解决的公示项目经审定后公布。

第六章 纪 律

第十九条 申报创新奖的单位不得弄虚作假，违者将取消申报或获奖资格。

第二十条 评审委员必须参加评审会议，不得委派代表出席或写出书面意见委托他人到评审会上代读。

第二十一条 评审委员和现场核查小组人员必须秉公办事，廉洁自律。违者将视情节轻重给予批评教育直至取消评审或核查资格，情节严重的，取消部专家委员会专家资格，并将违纪行为通知本人所在单位。

第七章 奖 励

第二十二条 创新奖每个获奖项目授奖单位和个人数量不应超过以下规定：一等奖授奖单位8个、个人20个；二等奖授奖单位6个、个人15个；三等奖授奖单位4个、个人10人。

第二十三条 住房城乡建设部向获得创新奖的项目、单位和个人颁发证书和证牌。

第二十四条 有关部门、地区和获奖单位可根据本部门、本地区和本单位的实际情况，对获奖单位和人员给予奖励。

第八章 附 则

第二十五条 本细则自发布之日起施行。

第二十六条 本细则由住房城乡建设部负责解释。

全国绿色建筑创新奖评审标准

第一条 为贯彻落实科学发展观，加快推进绿色建筑，引导绿色建筑健康发展，促进实现住房城乡建设领域节约资源、保护环境的目标，特制定本标准。

第二条 本标准适用于指导全国绿色建筑创新奖的申报和评审。

第三条 申报全国绿色建筑创新奖的项目应在建筑全寿命周期内，在节能、节地、节水、节材、减少环境污染等方面符合绿色建筑相关标准的要求，并取得绿色建筑评价标识。

第四条 申报绿色建筑创新奖的项目应在设计、技术和施工及运营管理等方面具有突出的创新性。包括：

（一）绿色建筑的技术选择和采取的措施具有创新性，有利于解决绿色建筑发展中的热点、难点和关键问题。

（二）绿色建筑不同技术之间有很好的协调和衔接，综合效果和总体技术水平、技术经济指标达到领先水平。

（三）对推动绿色建筑技术进步，引导绿色建筑健康发展具有较强的示范作用和推广应用价值。

（四）建筑艺术与节能、节水、通风设计、生态环境等绿色建筑技术能很好地结合，具有良好的建筑艺术形式，能够推动绿色建筑在艺术形式上的创新发展。

（五）具有较好的经济效益、社会效益和环境效益。

第五条 全国绿色建筑创新奖按照绿色建筑相关评价标准确定的评价指标体系，从节地与室外环境、节能与能源利用、节水与水资源利用、节材与材料资源利用、室内环境质量、运营管理六个方面进行评审。

第六条 全国绿色建筑创新奖的评审专家根据申报项目提交的包括工程项目总结、绿色建筑技术措施和申报书等，按照第四条规定的内容进行评审。

第七条 评审采取实名独立打分和投票制。按照节地与室外环境、节能与能源利用、节水与水资源利用、节材与材料资源利用、室内环境质量、运营管理六类指标，根据各指标的创新性要求逐项评分，每类指标满分为100分。

第八条 为体现不同类型建筑六类指标之间的相对重要性，住宅建筑和办公建筑分别设置权值。

第九条 绿色建筑创新奖总得分满分为100分。

总得分＝∑指标得分×相应指标的权值

第十条 节地与室外环境评审。

（一）场地的规划设计。应合理保护、利用与修复原有场地的生态资源；在绿地规划、景观设计、雨水利用等方面提高场地对周边环境改善的贡献率，使场地的生态效益最大化；保护周边人文环境、培养社区和谐氛围、塑造良好公共空间。

（二）建筑外部环境。在建筑布局与形体设计中采用被动式设计及其他相应的新技术措施，改善外部声环境、光环境、风环境、热环境等质量。

（三）节地与空间高效利用。通过采取各类设施共享、完善建筑设计、注重地下空间利用等措施，采用废弃地利用、旧建筑改造等新技术，提高空间利用效率。

（四）建筑设计。高效利用建筑空间，使建筑的平面与空间体量体现紧凑和集约的理念。

（五）其他节约或提高土地使用效率、改善室外环境质量，实现生态效应的创新技术或设计理念。

（六）建筑技术与建筑艺术达到完美结合。

第十一条 节能与能源利用评审。

（一）被动式节能技术应用。建筑平面、空间布局与当地的气候特征相适应，采取被动式太阳能技术，采用因地制宜的保温隔热方式，充分利用自然通风、自然采光、地道风等，通过外遮阳及建筑一体化等措施提高采光、遮阳效果。

（二）适合气候特点的保温及结构一体化技术体系。

（三）节能空调形式选择。采用适合当地气候、灵活可控的采暖空调系统、采用温湿度独立控制的空调系统等。

（四）可再生能源利用。采用高效的与建筑一体化的太阳能热水系统、太阳能光电系统等，以及其他高效的可再生能源技术等。

（五）分类分项计量。合理安装分项计量装置，并根据能源利用特点满足分类分区监测、控制要求。

（六）合理采用高效创新的绿色照明、电梯等设备的节能技术。

（七）其他创新技术、措施和设计理念。

第十二条 节水与水资源利用和保护评审。

（一）统筹综合利用各种水资源。结合地域特点合理使用市政再生水、建筑中水、雨水、海水等。

（二）采用节水器具、设备和系统。采用节水效果更优的卫生器具、节水绿化灌溉系统、节水冷却系统。

（三）其他能有效减少用水量、提高用水效率的创新技术措施和设计理念。

第十三条 节材与材料资源利用评审。

（一）高效利用材料资源。高效合理利用已有建筑物、构筑物；在保证安全的前提下，优化设计，使得主要材料用量指标低于当地同类建筑；采用资源消耗少的建筑结构体系。

（二）废弃物再生利用。合理使用可再循环利用的材料；选用资源消耗少的非结构构件；使用以废弃物为原料生产的建筑材料。

（三）采用能耗低的建筑材料。

（四）其他节材和高效利用材料资源的创新技术、措施和设计理念。

第十四条 室内环境质量评审。

（一）声环境改善。合理采取创新措施，优化空间平面布置，改善室内声环境。

（二）光环境改善。采用遮光、反光、控制眩光的材料、技术或措施。

（三）热环境改善。采用可有效改善太阳辐射、长波辐射的围护结构技术措施；空调系统采用合理的气流组织形式，改善室内热舒适性的创新设计措施；合理区分不同功能空间的室内热环境设计标准，如适宜的温度设计条件及新风标准等。

（四）空气品质改善。创新的新风系统设计、室内空气品质监测措施；创新的材料产品、装修污染预评估及辅助优化设计等。

（五）其他改善室内环境质量的创新技术措施和设计理念。

第十五条 运行管理评审。

（一）运行管理制度的制定与实施。采用建筑全寿命周期的理论及分析方法，制定绿色建筑运营管理策略与目标，在规划设计阶段考虑并制定运行管理方案等；制定并实施节能、节水、节材、保护环境的管理和激励制度；实施垃圾减量化、资源化管理，分类收集、处理与利用生活垃圾；运用网络化管理平台实施运营管理；通过技术与管理创新，提升物业管理效率与水平；利用分项计量系统，实现节约管理。

（二）智能化系统建设及运行。智能化系统完善、定位合理，能实时监控设备设施的运行状况；技术先进实用，能采集和分析资源消耗数据，为管理的不断改进提供支持；应用系统集成技术，有效提高管理和服务效率。

（三）其他节约资源、降低成本、营造和谐环境、提高管理效率、改善物业服务质量的创新技术措施和设计理念。

关于 2009 年全国建设职业技能培训与鉴定工作情况通报和 2010 年工作安排的通知

建办人函〔2010〕600 号

各省、自治区住房和城乡建设厅，直辖市建委（建委交通委），北京市市政市容委、重庆市市政管委，新疆生产建设兵团建设局：

2009 年，各省（区、市）住房和城乡建设行政主管部门积极拓展培训方式，主动做好鉴定工作，全国建设职业技能培训与鉴定工作取得新进展。全年共培训 1337496 人，其中培训普工 290023 人，占培训总人数的 21.68%；初级工 491304 人，占 36.73%；中级工 473419 人，占 35.40%；高级工 76259 人，占 5.70%；技师和高级技师 6491 人，占 0.49%。全年共鉴定 888692 人，其中鉴定初级工 382620 人，占鉴定总人数的 43.05%；中级工 437958 人，占 49.28%；高级工 62545 人，占 7.04%；技师和高级技师 5569 人，占 0.63%（详见附件 1）。北京（不含市政）、天津、河北、山西、内蒙古、辽宁、浙江、安徽、江西、山东、河南、湖南、广西、海南、重庆（不含市政）、四川、贵州、陕西、甘肃、青海、宁夏、新疆等 22 个省（区、市）超额完成或完成年度培训任务。同时，四川、湖南、天津、陕西、安徽、上海、江苏、山东、河南、江西、内蒙古、河北、浙江、重庆（不含市政）等 14 个省（自治区、直辖市）培训总量均超过 5 万人，成效显著，予以表扬。

根据各省（区、市）住房和城乡建设部门上报的 2010 年计划，结合 2009 年任务完成情况，我们研究制定了 2010 年全国建设职业技能培训与鉴定工作任务。现将《2010 年全国建设职业技能培训与鉴定任务分解表》（见附件 2）印送你们，请结合实际抓好落实。

2010 年是落实《建设事业人才队伍建设"十一五"规划》的最后一年，各地要抓住我国经济企稳向好的时机，继续大力开展职业技能培训与鉴定工作，巩固和促进住房和城乡建设行业稳定就业形势。要加强组织领导，加大与人力资源社会保障、农业、教育等部门的协调力度，积极利用建筑业农民工技能培训示范工程等专项就业培训和阳光工程村镇建筑工匠培训项目的经费，创新培训方式，充分发挥建设类中等职业学校、岗位培训中心、建筑工地农民工业余学校的作用，扩大培训规模、提高培训质量，确保完成工作任务。

附件：1. 2009 年全国建设职业技能培训与鉴定情况汇总表

2. 2010 年全国建设职业技能培训与鉴定任务分解表

中华人民共和国住房和城乡建设部
办公厅
二〇一〇年七月三十日

关于印发《建设领域违法违规行为稽查工作管理办法》的通知

建稽〔2010〕4 号

各省、自治区住房和城乡建设厅，直辖市建委及有关部门，新疆生产建设兵团建设局：

现将《建设领域违法违规行为稽查工作管理办法》印发给你们，自印发之日起施行。

中华人民共和国住房和城乡建设部
二〇一〇年一月七日

建设领域违法违规行为稽查工作管理办法

第一条 为加强对建设领域的法律、法规和规章等执行情况的监督检查，有效查处违法违规行为，规范住房和城乡建设部稽查工作，制定本办法。

第二条 本办法所称稽查工作，是指对住房保障、城乡规划、标准定额、房地产市场、建筑市场、城市建设、村镇建设、工程质量安全、建筑节能、住房公积金、历史文化名城和风景名胜区等方面的违法违规行为进行立案、调查、取证，核实情况并提出处理建议的活动。

第三条 住房和城乡建设部稽查办公室（以下简称部稽查办）负责建设领域违法违规行为的稽查工作。

第四条 稽查工作应坚持以事实为依据，以法律为准绳、客观公正以及重大案件集体研判的原则。

第五条 部稽查办在稽查工作中，应履行下列职责：

（一）受理公民、法人或其他组织对违法违规行为的举报；

（二）按照规定权限对建设活动进行检查，依法制止违法违规行为；

（三）查清违法违规事实、分析原因、及时报告稽查情况，提出处理意见、建议；

（四）督促省级住房和城乡建设主管部门落实转发的稽查报告提出的处理意见；

（五）及时制止稽查工作中发现的有可能危及公共安全等违法违规行为，并责成当地住房和城乡建设主管部门处理；

（六）接受省级住房和城乡建设主管部门申请，对其交送的重要违法违规线索直接进行稽查；

（七）依法或根据授权履行的其他职责。

第六条 稽查人员依法履行职责受法律保护。任何单位和个人不得阻挠和干涉。

稽查人员执行公务应遵守回避原则。

第七条 稽查工作一般应按照立案前研究分析、立案、稽查、撰写稽查报告、督办、结案和归档等程序开展。

第八条 部稽查办可通过受理公民、法人或其他组织的举报、直接检查、部有关业务司局以及相关单位移送等途径，发现违法违规线索，认为有必要查处的，报经部领导批准后，开展稽查工作。

对部领导的批办件应直接稽查，或转省级住房和城乡建设主管部门稽查，部稽查办跟踪督办。

第九条 开展稽查工作前，应分析案情，并与部有关单位沟通情况，制定工作方案，明确稽查重点、时间、地点、方式和程序等。

对于案情复杂，涉及其他相关部门的，应主动与其沟通协调。也可根据需要确定是否商请有关部门参加或邀请相关专家参与稽查工作，建立联合查处机制。

第十条 开展稽查工作应当全面调查并收集有关证据等，客观、公正地反映案件情况，分析问题，提出处理意见。

第十一条 稽查人员在稽查工作中，有权采取下列方式或措施：

（一）约谈被稽查对象，召开与稽查有关的会议，参加被稽查单位与稽查事项有关的会议；向被稽查单位及有关人员调查询问有关情况，并制作调查笔录；

（二）查阅、复制和摄录与案件有关的资料，要求被稽查单位提供与稽查有关的资料并做出说明；

（三）踏勘现场，调查、核实情况；

（四）依法责令违法当事人停止违法行为，对施工现场的建筑材料抽样检查等；

（五）依法先行登记保存证据；

（六）法律、法规和规章规定的其他措施。

第十二条 稽查人员依法履行稽查职责，有关单位和个人应当予以配合，如实反映情况，提供与稽查事项有关的文件、合同、协议、报表等资料。不得拒绝、隐匿和伪报。

第十三条 被稽查单位有下列行为之一的，稽查人员应当及时报告，并提出处理建议：

（一）阻挠稽查人员依法履行职责的；

（二）拒绝或拖延向稽查人员提供与稽查工作有关情况和资料的；

（三）销毁、隐匿、涂改有关文件、资料或提供虚假资料的；

（四）阻碍稽查人员进入现场调查取证、封存有关证据、物件的；

（五）其他妨碍稽查人员依法履行职责的行为。

第十四条 稽查工作结束后，一般应在10个工作日内完成稽查报告（附必要的稽查取证材料）。稽查报告一般包括案件基本情况、调查核实情况（包括存在问题和发现的其他情况）、调查结论和处理建议以及其他需要说明的问题等方面内容。

第十五条　重大案件的稽查报告应集体研判。

第十六条　稽查报告以部办公厅函转发给省级住房和城乡建设主管部门。

第十七条　稽查报告转发给省级住房和城乡建设主管部门后，部稽查办应要求其做好处理意见的落实工作，按照规定的时间回复处理结果。

第十八条　部稽查办转由省级住房和城乡建设主管部门查办的案件，原则上要求在收到转办函之日起30个工作日内，回复调查处理意见。特殊情况可提前或适当延长。

第十九条　对于稽查报告中有明确处理意见的案件，应将督办情况和处理意见落实情况报部领导批准后，方可结案。

第二十条　结案后，稽查人员应将稽查的线索、立案材料、取证材料、凭证、稽查报告、督办结果等材料，根据档案管理规定，分类整理、立卷、归档和保存。

第二十一条　对被稽查对象的处罚和处分，实行分工负责制度和处罚结果报告制度。

法律、法规规定由住房和城乡建设部做出行政处罚和行政处分决定的，由住房和城乡建设部实施。

法律、法规规定由地方人民政府住房和城乡建设主管部门及其有关部门做出行政处罚和行政处分决定的，由地方人民政府住房和城乡建设主管部门及其有关部门实施，并将处理结果报告上级住房和城乡建设主管部门。

涉及国务院其他有关部门和地方人民政府职责的问题，移交国务院有关部门和地方人民政府处理。

第二十二条　稽查人员有下列行为之一的，视其情节轻重，给予批评或行政处分；构成犯罪的，移交司法机关处理：

（一）对被稽查单位的重大违法违规问题隐匿不报的；

（二）与被稽查单位串通编造虚假稽查报告的；

（三）违法干预被稽查单位日常业务活动和经营管理活动，致使其合法权益受到损害的；

（四）其他影响稽查工作和公正执法的行为。

第二十三条　稽查人员在履行职责中，有其他违反法律、法规和规章行为，应当承担纪律责任的，依照《行政机关公务员处分条例》处理。

第二十四条　省、自治区、直辖市人民政府住房和城乡建设主管部门可结合本地区实际，参照本办法制定稽查工作管理办法。

第二十五条　本办法由住房和城乡建设部负责解释。

第二十六条　本办法自发布之日起施行。本办法施行前建设部发布的有关文件与本办法规定不一致的，以本办法为准。

关于印发《部分地区治理商业贿赂工作督查情况通报》的通知

建治贿办函〔2010〕02号

各省、自治区住房城乡建设厅、直辖市建委及有关部门，新疆生产建设兵团建设局，部机关各单位、部直属各单位，部管社团：

为贯彻落实国务院第三次廉政工作会议和中央治理商业贿赂领导小组第七次会议精神，深入推进住房城乡建设领域治理商业贿赂工作，根据中央治理商业贿赂领导小组《2010年治理商业贿赂工作要点》的要求，按照我部《关于开展住房城乡建设领域治理商业贿赂督查工作的通知》的部署，6月7日至13日，部治贿办组织督查组，对北京、天津、河北、辽宁、山东、江苏、福建、河南、湖北、湖南、广东、广西、海南、陕西等14个省、自治区、直辖市治理商业贿赂工作进行了督查。

现将《部分地区治理商业贿赂工作督查情况通报》印发给你们，供各地在治理商业贿赂工作中参考。

中华人民共和国住房和城乡建设部
治理商业贿赂领导小组办公室
二〇一〇年七月十四日

部分地区治理商业贿赂工作督查情况通报

(二〇一〇年七月十二日)

为贯彻落实国务院第三次廉政工作会议和中央治理商业贿赂领导小组第七次会议精神,根据中央治理商业贿赂领导小组《2010年治理商业贿赂工作要点》的要求,按照《关于开展住房城乡建设领域治理商业贿赂督查工作的通知》的部署,6月7日至13日,部治贿办组织督查组,对北京、天津、河北、辽宁、山东、江苏、福建、河南、湖北、湖南、广东、广西、海南、陕西等14个省、自治区、直辖市的住房城乡建设主管部门,以及省会城市的规划、建设、房管、公积金等主管部门治理商业贿赂工作进行督查。督查的主要内容是长效机制建设、查办商业贿赂案件和突出问题整改情况三方面。督查情况通报如下:

一、建立防治商业贿赂长效机制,规范行政权力运行

各地本着预防为主、防治结合的原则,不断加强长效机制建设,对行政机关及其工作人员的行政权力运行进行规范,简化行政审批,推行阳光操作,防止公共权力的滥用和诚信的缺失,预防商业贿赂的滋生。仅2009年以来14个受检地区就制定了53项法规制度。

(一)完善法规制度,规范行政行为

一是规范审批、执法行为。绝大多数受检地区出台了关于建设用地容积率规划管理和控制性详细规划管理的规定,对城市规划的制定和调整等进行规范。《城乡规划法》颁布后,济南市出台了《济南市城乡规划条例》,制定了《城市规划区村庄建设规划编制审批规定》、《规划批后管理规定》、《程序性违规建设规划处理意见》等文件,并建立建设项目规划审批复核制度,明确相应责任,形成了有效的行政行为监督、约束机制。二是规范自由裁量权。河北、江苏等地出台了规范行政自由裁量行为的文件,减少或取消经办人员行政自由裁量权,规范行政许可、处罚中的工作事项、程序、标准和幅度,从制度上防止权力寻租。三是实行责任追究制度。天津市规划局制定了《行政效能监察实施细则》、《行政许可责任追究制度》等十几项制度,初步形成了预防商业贿赂的制度体系框架。武汉市制定出台了《武汉市建设工程监管人员行为准则》,对建设系统监管人员履职行为——界定,并在建管部门推广主办人廉政回访单制度,认真落实"三不准"的监督机制,即:不准利用职务之便办个人私事,不准变相收礼品礼金,不准向服务对象乱收费、乱摊派、乱罚款。

(二)简化办事程序,裁减行政审批权

一是简化办事程序,实行行政许可"一个窗口对外、一站式服务"机制。各地认真贯彻《行政许可法》,把审批项目归口服务大厅,杜绝申办人员和承办人员直接接触,防止私下交易或暗箱操作,简化了审批程序,提高了行政效率。其中,广西住房城乡建设厅政务服务中心2009年共受理和申办各类行政审批1.3万项,占自治区政务中心受理量的1/10,无一超时办结,群众满意率为100%,连续三年在自治区政务中心行政审批群众满意度排名第一。二是清理裁减行政审批权,避免权力集中产生商业贿赂。河北、辽宁、湖北、福建、广东五省按照"减量、增效、便民"的原则,共取消、下放了404项行政审批事项。

(三)实施廉政风险防范机制,推行阳光操作

一是实施廉政风险防范管理机制,查找行政权力运行过程中的风险点。河北省围绕具有审批权、行政执法权和处罚权的部门和岗位,确定具有廉政风险的部门和岗位,明确风险点和防范措施,出台了《行政权力廉政风险监控工作暂行办法》、《领导干部行使行政权力廉政规则》等文件,建立了行政职权目录和行政权力廉政风险等级目录,针对各个岗位、各项权力的运行实施全过程监控。二是在行政审批中推行阳光操作。北京市规委大力实施"阳光规划",通过建立内网、外网和政务专网电子信息网络,形成了委机关与

区县分局的信息通道和"一网"办公,实现了全市范围内所有建设项目办理过程的可视化,使规划审批成为阳光作业,使规划调整规范、透明和公开。

二、加大案件查处力度,有效打击商业贿赂

各地积极完善投诉举报、部门联动等机制,与执纪执法部门积极配合,形成住房城乡建设领域商业贿赂行为惩防结合的新机制,有效打击了商业贿赂行为。

(一)完善投诉举报机制,强化社会监督

各级住房城乡建设主管部门通过设立举报电话和举报电子信箱,畅通投诉举报渠道,及时受理群众举报和投诉。湖南省制定了《关于印发湖南省工程建设违法违规行为社会监督管理办法(试行)的通知》,鼓励和推行单位、个人举报反映工程建设违法违规行为,并向社会公开监督举报电话、举报信箱和举报奖励标准。山东省实行举报奖励制度,动员企业内部人员和同类企业举报投诉,注重在各种执法检查发现的违法违规问题中排查商业贿赂案件线索,并对发现的每条线索都建立台账记录。北京市建委实行网上受理投诉与现场执法相结合,完善"四位一体"的房屋交易网上投诉平台,办结率比2008年提高了16%。

(二)建立部门协作机制,加大案件查处力度

各地住房城乡建设主管部门加强与有关行政机关和法院、检察院等司法机关的联动,积极排查案源线索,形成全方位、多手段严查商业贿赂案件的高压态势。江苏、陕西等地建设、检察部门联合下发建立健全案件线索移送和加强协作配合制度的通知,建立了沟通机制,定期交流通报情况,完善落实信息通报、线索移送、案件协查和联合查办制度,形成打击商业贿赂的合力。北京、天津、湖北等地住房城乡建设主管部门协同纪检监察、司法、工商等执纪执法部门,联合采取纪律处分、行政处罚、司法处理、媒体曝光等多种手段,对商业贿赂行为予以惩处。

(三)加强联合防控,预防职务犯罪

江苏、广东等地住房城乡建设主管部门积极会同纪检监察机关、检察院等部门联合下发预防职务犯罪的意见或工作指引,发挥各自职能优势和联动综合效能,从内、外两条线形成有效监督,努力构建预防职务犯罪工作新机制。湖南省住房城乡建设厅会同省监察厅等8个厅局联合下发《关于防止和遏制领导干部违反规定插手干预工程项目建设的暂行规定》,整治领导干部插手、干预工程建设问题。广州市要求在建的重点工程项目领导小组均与检察院签订《预防重点工程职务犯罪意见书》,2009年召开全市检察机关、园林部门惩治与预防渎职等职务犯罪联席会议,提出和完善从源头上预防和治理渎职等职务犯罪的措施和对策。

三、采取多种措施,解决突出问题

(一)开展专项治理,整改违法违规问题

2009年以来,各地把治理商业贿赂工作和开展工程建设领域突出问题专项治理、房地产开发领域违规变更规划调整容积率问题专项治理等行业重点专项治理活动有机结合,认真查处违法违规问题,对于发现的问题,下大力气进行整改。山东省结合治理商业贿赂工作开展工程建设领域突出问题专项治理,以政府投资和使用国有资金的项目为重点,突出城乡规划管理、招标投标管理、工程建设实施和工程质量安全管理三个方面42个关键环节,对2008年以来立项、在建和竣工的房屋建筑和市政工程进行了全面排查,共排查投资额500万元以上政府投资项目1937个,发现问题527个。对于排查发现的问题,按照定整改责任人、定整改措施、定整改时间的"三定原则"跟踪督促整改,目前已累计纠正排查发现的问题348个,罚没、补交各类款项620余万元,该追究责任的全部追究了责任。河北省共检查4535家建筑企业,333家监理企业,252家招标代理机构,注销了147家企业;共检查房地产开发项目1025个、房地产开发企业2625家、中介企业791家,注销115家企业资质,降低82家企业资质等级,233家企业限期整改。陕西省在工程建设领域突出问题专项治理中共排查出各类问题1376项,纠正问题1242项,处罚金额136.59万元。广东省住房城乡建设厅与监察厅联合开展房地产开发领域违规变更规划调整容积率问题专项治理工作以来,排查出2007年以来涉及违规变更规划调整容积率的项目239项,已全部进行整治。

(二)规范招投标行为,解决商业贿赂多发问题

针对在工程建设招标投标环节易发商业贿赂的问题,各地健全管理制度,强化监督管理,颁布了一批规范性文件,引导企业公平竞争。江苏省下发了《关于对我省政府投资建设工程项目招投标实行网上远程评标的通知》,对以综合评估法进行施工

组织设计或者施工方案评分的项目，采用远程评标方式对技术标部分进行评标。同时规定评标委员会成员人数为不少于7人的单数，有关技术专家必须通过江苏省远程评标专家语音通知系统，从省建设行政主管部门建立的资深专家库中抽取，评标委员会负责人也须由资深专家担任，有效避免暗箱操作、评标不公。天津市建设交通委把政府投资和使用国有资金投资项目作为招标监管的重点，实行了工程信息、招标条件、评标办法、中标结果和投诉电话等"五公开"和统一监管平台，统一招标备案，统一信息发布，统一专家抽取，统一规范程序，统一执法监督行为的"六统一"制度。

四、推进市场诚信体系建设，规范市场行为

14个受检地区积极推进市场诚信体系建设，实行信用信息归集、公开制度，基本建立了统一开放的建筑市场信用信息平台，加快建设房地产市场诚信信息平台，实行失信惩戒机制和守信褒扬机制，规范了市场行为。

（一）加强市场诚信体系建设，规范企业行为

广州市制定企业诚信评价标准，规定诚信评价权重，推行施工企业诚信综合评价体系。企业诚信体系评价包括市场评价、质量评价、安全评价、履约评价和社会评价五个方面，评价权重分别占10%至30%。企业诚信综合评价体系实现了每日一评，每日在网上公布诚信得分和排名，激励企业诚信守法。目前诚信评价体系已在全市施工、监理、招标代理企业推广应用。天津市建设交通委狠抓建筑市场信用体系及相关制度的完善，把信用信息的收集与备案开标紧密结合，做好信用信息的归集和甄别收录。截至目前，已归集企业基本信息5344条，个人基本信息43118条，企业和个人良好信息4205条，不良信息619条，工程业绩信息2149条。石家庄市建立了房地产行业诚信体系，涉及房地产开发企业诚信档案1012份，信息18万多条，个人档案1660份，建设、规划、房管、城管、土地、工商、税务、银行等相关部门建立横向沟通制度，把诚信档案作为企业参与用地规划、工程开工、商品房预售许可、资质升级、项目考评创优的基础条件。南宁市建立了建筑企业诚信电子管理系统，2009年8月以来，共录入企业不良行为34条。

（二）坚持守信褒扬失信惩戒，激励企业参与诚信建设

一是建立守信褒扬机制。河南省在全省勘察设计行业开展了诚信评估活动，全省有167家勘察设计单位被评为省级AAA级、92家企业被评为AA级诚信单位，有力地促进建筑市场信用体系建设。济南市组织全市建筑业"综合实力二十强"的企业签署了"反商业贿赂承诺书"，向全市1200余家建筑类企业发出抵制贿赂、公平竞争的倡议。二是发挥信用档案惩戒作用。武汉市建委会同市检察院、监察局、工商局，制定了《武汉市建筑市场不良行为记录与公布办法（试行）》，要求各级检察、监察和工商机关在案件查处结束后，对案件中涉及的应当向社会公布的建筑市场不良行为情况，及时向同级建设行政主管部门提供。对不良行为具体内容、违反的法规条款及其制裁情况，在网上不良行为公示台公布。该制度实施以来，全市共有166起建筑市场不良行为被查处、记录和公布，起到了很好的震慑效果。

各地住房城乡建设主管部门开展治理商业贿赂工作以来，取得了明显成效，但也存在着一些不足：一是治理商业贿赂工作的层级指导不够，交流不多。二是部分地区认识不足，工作开展不平衡。三是有关法规制度的建设和执行有待进一步加强。四是查处商业贿赂力度不够。

下一步，各地要针对存在的问题，认真开展以下四个方面的工作：一是加强监督指导。充分发挥各地治理商业贿赂领导小组作用，加强对下级治理商业贿赂工作的层级指导和监督检查，保持治理商业贿赂工作的持续性。二是加强经验交流。治理商业贿赂工作开展以来，许多地方通过不断实践，积累了大量宝贵经验。各地可以通过召开经验交流会、座谈会、报告会等形式，加大经验交流力度，相互借鉴，共同提高。三是推进市场诚信体系建设。进一步推进建筑市场、房地产市场信用体系建设，加大对失信行为的惩戒力度。结合本系统实际，不断建立和完善相关法律法规，加大执行力度，促进治理商业贿赂工作的深入开展。四是积极探索新思路和新方法。治理商业贿赂是一项长期的工作，各地要结合不同时期商业贿赂的特点，进一步研究和探索治理商业贿赂的有效措施和办法，认真查找薄弱环节和漏洞，不断创新开展治理商业贿赂工作。

关于试行住房公积金督察员制度的意见

建稽〔2010〕102号

有关省、自治区、直辖市住房城乡建设厅(建委、房地局)、财政厅(局)、发展改革委,中国人民银行有关分行、营业管理部、省会(首府)城市中心支行、副省级城市中心支行,有关省、自治区、直辖市审计厅(局)、银监局,直辖市住房公积金管理委员会、住房公积金管理中心:

为加强住房公积金监管,确保资金安全和有效使用,根据《住房公积金管理条例》,住房城乡建设部、财政部、发展改革委、人民银行、审计署、银监会决定试行住房公积金督察员(以下简称督察员)制度,现提出如下意见。

一、充分认识试行督察员制度的重要意义

(一)试行督察员制度是加强住房公积金监管的必要手段。住房公积金制度是解决城镇居民基本住房问题的重要制度之一。近年来,住房城乡建设部会同有关部门和单位加强住房公积金监管,在改善职工住房条件、促进房地产市场健康发展等方面发挥了重要作用。但是,一些地区违反住房公积金法规和政策、挤占挪用和骗提骗贷等问题时有发生,损害了缴存职工的合法权益,必须充实监管力量,强化监管措施,加强监管工作。试行督察员制度十分必要。

(二)试行督察员制度是加强住房公积金行政监督的重要内容。督察员承担住房公积金督察任务,依据相关法律法规和政策规定,对住房公积金决策、管理、运作、监管活动进行过程监督,及时发现和依法制止违法违规问题,不干预省级住房公积金监管部门的日常监管工作,不干预有关设区城市住房公积金决策、管理和运作活动。

(三)试行督察员制度是实现住房公积金全过程监管的有效保障。试行督察员制度,有利于形成决策科学、执行顺畅、监督有力的管理和监督体制,确保法规政策落到实处;有利于加强事前和事中监督,实现全过程监管,减少违法违规问题带来的损失;有利于保障资金安全和有效使用,维护职工合法权益;有利于强化对权力的制约和监督,维护社会和谐稳定,促进实现"住有所居"目标。

二、试行督察员制度的主要内容

(四)试行范围。督察员由住房城乡建设部商财政部、发展改革委、人民银行、审计署、银监会后聘任。试行期间,督察员在利用住房公积金贷款支持保障性住房建设试点城市(以下简称试点城市)进行督察。

(五)工作任务。督察员主要围绕住房公积金政策执行和资金安全情况,按照统一部署开展督察工作。督察员主要对下列内容进行督察:

1. 住房公积金制度建立情况;
2. 住房公积金管理委员会决策情况;
3. 住房公积金管理中心运行管理情况;
4. 挤占挪用和骗提骗贷等违法违规苗头和行为;
5. 利用住房公积金贷款支持保障性住房建设试点情况;
6. 法律法规规定和领导交办的其他方面。

(六)工作原则。督察员应坚持客观公正、实事求是、廉洁高效的原则,依法依规开展督察工作。督察员开展工作必须同时两人以上。实行回避制度,不派往原工作单位所在城市开展督察工作。

(七)工作方式。督察员不派驻试点城市,根据试点工作需要,按照统一部署,采用巡查方式,通过列席会议、查阅有关文件和财务报表、召开专题会议、调查访谈等形式开展工作。督察员应及时了解住房公积金决策、管理、运作、监管以及试点工作等情况,发现违法违规问题应及时依法制止,报告住房城乡建设部,并按规定程序提出督察意见和建议。

(八)聘任管理。住房公积金督察工作政策性强,涉及住房保障、金融、财务、项目开发建设等多个领域。督察员应具备履行职责所需要的政策理论水平，熟悉住房公积金有关法律法规和政策制度，具有较强的原则性、组织性和纪律性。督察员管理办法和工作规程由住房城乡建设部制定。

三、保障督察员制度有效试行

（九）相关部门和单位要积极配合督察员开展工作。试点城市所在省（自治区）住房城乡建设、财政、发展改革、人民银行、审计、银监等部门和单位，以及试点城市人民政府及相关主管部门和单位，应为督察员开展工作创造条件。对督察员提出的督察意见，相关部门或单位应认真研究，按要求向督察员反馈整改情况。

（十）切实加强对督察员的管理和指导。住房城乡建设部、财政部、发展改革委、人民银行、审计署、银监会要加强对督察员的管理和指导，确保督察员制度顺利试行，保障住房公积金安全和有效使用。

中华人民共和国住房和城乡建设部
中华人民共和国财政部
中华人民共和国国家发展和改革委员会
中国人民银行
中华人民共和国审计署
中国银行业监督管理委员会
二〇一〇年六月二十八日

关于开展2010年派驻城乡规划督察员工作的通知

建稽〔2010〕138号

各省、自治区住房和城乡建设厅，直辖市规划局（规委）：

为更好地贯彻落实《城乡规划法》，加强对经国务院审批的城市总体规划实施工作等的监督管理，决定在前四批对51个城市派驻城乡规划督察员（以下简称"督察员"）工作的基础上，开展第五批派驻督察员工作，向唐山、秦皇岛、包头、丹东、牡丹江、南通、扬州、镇江、泰州、嘉兴、绍兴、马鞍山、东营、新乡、焦作、南阳、黄石、佛山、东莞19个城市派驻督察员。同时，根据需要对前四批派驻督察员进行调整及续聘。现将有关事项通知如下：

一、督察员的工作职责

督察员受住房和城乡建设部委派，负责监督派驻城市的城市总体规划、国家级风景名胜区总体规划以及国家历史文化名城保护规划的执行情况。

督察员重点监督：城市总体规划、国家级风景名胜区总体规划和国家历史文化名城保护规划的编制、报批和调整是否符合法定权限和程序；城市总体规划的编制是否符合省域城镇体系规划的要求，是否落实省域城镇体系规划对有关城市发展和控制的要求；近期建设规划、详细规划、专项规划等的编制、审批和实施，以及重点建设项目和公共财政投资项目的行政许可，是否符合法定程序、城市总体规划强制性内容、国家级风景名胜区总体规划和国家历史文化名城保护规划；《城市规划编制办法》、《城市绿线管理办法》、《城市紫线管理办法》、《城市黄线管理办法》、《城市蓝线管理办法》等法规的执行情况；国家级风景名胜区总体规划和历史文化名城保护规划的执行情况；影响城市总体规划、国家级风景名胜区总体规划和历史文化名城保护规划实施的其他重要事项。

二、督察员的工作方式

根据《住房和城乡建设部城乡规划督察员工作规程》（建稽〔2009〕86号）的规定，督察员遵循以事实为依据、以法律法规及法定规划为准绳的原则，通过列席会议、调阅或复制文件和资料、听取有关单位和人员对督察事项问题的说明、进入涉及督察事项的现场了解情况、利用当地城乡规划行政主管部门的信息系统搜集督察信息、巡察督察范围内的国家级风景名胜区和历史文化名城、接收对城乡规划问题的举报等方式开展工作。

督察员发现涉及督察事项的违规问题时，向有关城市人民政府发出《住房和城乡建设部城乡规划督察员督察建议书》或《住房和城乡建设部城乡规划督察组督察意见书》。

三、请各派驻城市做好有关配合工作

(一) 做好工作配合

1. 请及时通知督察员列席以下会议：城乡规划委员会会议，城市人民政府召开的各类涉及城乡规划、风景名胜区规划、历史文化名城保护规划内容的会议，以及城乡规划行政主管部门相关业务会议等。

2. 向督察员开放规划资料，包括城市总体规划、风景名胜区总体规划、历史文化名城保护规划、近期建设规划、控制性详细规划、项目审批和许可资料、群众投诉举报资料等，并向督察员开放浏览规划管理信息系统的权限。

3. 确保督察员能够进入涉及督察事项的现场了解情况。

4. 及时对《督察建议书》或《督察意见书》做出答复。

(二) 协助做好后勤保障工作

督察员工作经费由我部负担。请有关城市在落实督察员工作、生活条件方面给予支持和配合，并指定专人负责与督察员的日常联络工作。

四、派驻督察员工作安排

第五批督察员将于2010年10月中下旬派驻有关城市，请有关省、自治区住房城乡建设厅协助做好有关工作。

中华人民共和国住房和城乡建设部
二〇一〇年九月七日

四、建筑市场监管类

关于进一步强化住宅工程质量管理和责任的通知

建市〔2010〕68号

各省、自治区住房和城乡建设厅，直辖市建委(建设交通委)，北京市规划委，总后基建营房工程局：

住宅工程质量，关系到人民群众的切身利益和生命财产安全，关系到住有所居、安居乐业政策的有效落实。近几年来，住宅工程质量总体上是好的，但在一些住宅工程中，违反建设程序、降低质量标准、违规违章操作、执法监督不力等现象依然存在，重大质量事故仍有发生。为进一步加强质量管理，强化质量责任，切实保证住宅工程质量，现将有关问题通知如下：

一、强化住宅工程质量责任，规范建设各方主体行为

(一) 建设单位的责任。建设单位要严格履行项目用地许可、规划许可、招投标、施工图审查、施工许可、委托监理、质量安全监督、工程竣工验收、工程技术档案移交、工程质量保修等法定职责，依法承担住宅工程质量的全面管理责任。建设单位要落实项目法人责任制，设立质量管理机构并配备专职人员，高度重视项目前期的技术论证，及时提供住宅工程所需的基础资料，统一协调安排住宅工程建设各相关方的工作；要加强对勘察、设计、采购和施工质量的过程控制和验收管理，不得将住宅工程发包给不具有相应资质等级的勘察、设计、施工、监理等单位，不得将住宅工程肢解发包，不得违规指定分包单位，不得以任何明示或暗示的方式要求勘察、设计、施工、监理等单位违反法律、法规、工程建设标准和任意更改相关工作的成果及结论；要严格按照基本建设程序进行住宅工程建设，不得以任何名义不履行法定建设程序或擅自简化建设程序；要保证合理的工期和造价，严格执行有关工程建设标准，确保住宅工程质量。

(二) 勘察单位的责任。勘察单位要严格按照法

律、法规、工程建设标准进行勘察，对住宅工程的勘察质量依法承担责任。勘察单位要建立健全质量管理体系，全面加强对现场踏勘、勘察纲要编制、现场作业、土水试验和成果资料审核等关键环节的管理，确保勘察工作内容满足国家法律、法规、工程建设标准和工程设计与施工的需要；要强化质量责任制，落实注册土木工程师（岩土）执业制度，加强对钻探描述（记录）员、机长、观测员、试验员等作业人员的岗位培训；要增强勘察从业人员的质量责任意识，及时整理、核对勘察过程中的各类原始记录，不得虚假勘察，不得离开现场进行追记、补记和修改记录，保证地质、测量、水文等勘察成果资料的真实性和准确性。

（三）设计单位的责任。设计单位要严格按照法律、法规、工程建设标准、规划许可条件和勘察成果文件进行设计，对住宅工程的设计质量依法承担责任。设计单位要建立健全质量管理体系，加强设计过程的质量控制，保证设计质量符合工程建设标准和设计深度的要求；要依法设计、精心设计，坚持以人为本，对容易产生质量通病的部位和环节，实施优化及细化设计；要配备足够数量和符合资格的设计人员做好住宅工程设计和现场服务工作，严禁采用未按规定审定的可能影响住宅工程质量和安全的技术和材料；要进一步强化注册建筑师、勘察设计注册工程师等执业人员的责任意识，加强文件审查，对不符合要求的设计文件不得签字认可，确保所签章的设计文件能够满足住宅工程对安全、抗震、节能、防火、环保、无障碍设计、公共卫生和居住方便等结构安全和使用功能的需要，并在设计使用年限内有足够的可靠性。

（四）施工单位的责任。施工单位要严格按照经审查合格的施工图设计文件和施工技术标准进行施工，对住宅工程的施工质量依法承担责任。施工单位要建立健全质量管理体系，强化质量责任制，确定符合规定并满足施工需要的项目管理机构和项目经理、技术负责人等主要管理人员，不得转包和违法分包，不得擅自修改设计文件，不得偷工减料；要建立健全教育培训制度，所有施工管理和作业人员必须经过教育培训且考核合格后方可上岗；要按照工程设计要求、施工技术标准和合同约定，对建筑材料、建筑构配件、设备和商品混凝土进行检验，未经检验或者检验不合格的，不得使用；要健全施工过程的质量检验检测制度，做好工程重要结构部位和隐蔽工程的质量检查和记录，隐蔽工程在隐蔽前，要按规定通知有关单位验收；要对施工或者竣工验收中出现质量问题的住宅工程负责返修，对已竣工验收合格并交付使用的住宅工程要按规定承担保修责任。

（五）监理单位的责任。监理单位要严格依照法律、法规以及有关技术标准、设计文件和建设工程承包合同进行监理，对住宅工程的施工质量依法承担监理责任。监理单位因不按照监理合同约定履行监理职责，给建设单位造成损失的，要承担违约赔偿责任；因监理单位弄虚作假，降低工程质量标准，造成工程质量事故的，要依法承担相应法律责任。监理单位要建立健全质量管理体系，落实项目总监负责制，建立适宜的组织机构，配备足够的、专业配套的合格监理人员，严格按照监理规划和规定的监理程序开展监理工作，不得转让工程监理业务，不得与被监理的住宅工程的施工单位以及建筑材料、建筑构配件和设备供应单位有隶属关系或其他利害关系。监理人员要按规定采取旁站、巡视、平行检验等多种形式，及时到位进行监督检查，对达不到规定要求的材料、设备、工程以及不符合要求的施工组织设计、施工方案不得签字放行，并按规定及时向建设单位和有关部门报告，确保监理工作质量。

（六）有关专业机构的责任。工程质量检测机构依法对其检测数据和检测报告的真实性和准确性负责，因违反国家有关规定给他人造成损失的，要依法承担相应赔偿责任及其他法律责任。工程质量检测机构要建立健全质量管理体系，严格依据法律、法规、工程建设标准和批准的资质范围实施质量检测，不得转包检测业务，不得与承接工程项目建设的各方有隶属关系或其他利害关系；要加强检测工程的质量监控，保证检测报告真实有效、结论明确，并要将检测过程中发现的建设、监理、施工等单位违反国家有关规定以及涉及结构安全检测结果的不合格情况，及时按规定向有关部门报告。施工图审查机构要依法对施工图设计文件（含勘察文件，下同）质量承担审查责任。施工图设计文件经审查合格后，仍有违反法律、法规和工程建设强制性标准的问题，给建设单位造成损失的，要依法承担相应赔偿责任。施工图审查机构要建立健全内部质量管理制度，配备合格、专业配套的审查人员，严格按照国家有关规定和认定范围进行审查，不得降低标准或虚假审查，并要按规定将审查过程中发现的建设、勘察、设计单位和注册执业人员的违法违规行为向有关部门报告。

二、加强住宅工程质量管理，严格执行法定基本制度

（七）加强市场准入清出管理。住宅工程要严格执行房地产开发、招标代理、勘察、设计、施工、监理等企业资质管理制度，严禁企业无资质或超越资质等级和业务范围承揽业务。要健全关键岗位个人注册执业签章制度，严禁执业人员出租、出借执业证书和印章，从事非法执业活动。对不满足资质标准、存在违法违规行为，以及出租、出借、重复注册、不履行执业责任等行为的企业和执业人员，要依法进行处罚。对发生重大质量事故的，要依法降低资质等级、吊销资质证书、吊销执业资格并追究其他法律责任。

（八）加强工程招标投标管理。住宅工程要依法执行招标投标制度。严禁围标、串标，严禁招标代理机构串通招标人或投标人操纵招标投标。要加强评标专家管理，建立培训、考核、评价制度，规范评标专家行为，健全评标专家退出机制；要完善评标方法和标准，坚决制止不经评审的最低价中标的做法。对存在围标、串标的企业以及不正确履行职责的招标代理机构、评标专家要依法进行处罚；对情节严重的，要依法降低资质等级、吊销资质证书、取消评标专家资格并追究其他法律责任。

（九）加强合同管理。住宅工程的工程总承包、施工总承包、专业承包、劳务分包以及勘察、设计、施工、监理、项目管理等都要依法订立书面合同。各类合同都应有明确的承包范围、质量要求以及违约责任等内容。对于违反合同的单位，要依法追究违约责任。发生合同争议时，合同各方应积极协商解决，协商不成的，要及时通过仲裁或诉讼妥善解决，维护合法权益。各地要加强合同备案管理制度，及时掌握合同履约情况，减少合同争议的发生。对因合同争议而引发群体性事件或突发性事件，损害房屋所有人、使用人以及施工作业人员合法权益，以及存在转包、挂靠、违法分包、签订阴阳合同等违法违规行为的单位，要依法进行处罚，并追究单位法定代表人的责任。

（十）加强施工许可管理。住宅工程要严格执行施工许可制度。依法必须申请领取施工许可证的住宅工程未取得施工许可手续的，不得擅自开工建设。任何单位和个人不得将应该申请领取施工许可证的工程项目分解为若干限额以下的工程项目，规避申请领取施工许可证。各地要切实加强施工许可证的发放管理，严格依法审查住宅工程用地、规划、设计等前置条件，不符合法定条件的不得颁发施工许可证。对存在违法开工行为的单位和个人，要依法进行处罚，并追究建设单位和施工单位法定代表人的责任。对于不按规定颁发施工许可证的有关部门和个人，要依法追究法律责任。

（十一）加强施工图审查管理。建设单位要严格执行施工图设计文件审查制度，及时将住宅工程施工图设计文件报有关机构审查；要先行将勘察文件报审，不得将勘察文件和设计文件同时报审，未经审查合格的勘察文件不得作为设计依据。施工图审查机构要重点对住宅工程的地基基础和主体结构的安全性，防火、抗震、节能、环保以及厨房、卫生间等关键场所的设计质量是否符合工程建设强制性标准进行审查，任何单位和个人不得擅自修改已审查合格的施工图设计文件。确需修改的，建设单位要按有关规定将修改后的施工图设计文件送原审查机构审查。凡出具虚假审查合格书或未尽审查职责的审查机构和审查人员要依法承担相应责任。

（十二）加强总承包责任管理。住宅工程实行总承包的要严格执行国家有关法律、法规，总承包单位分包工程要取得建设单位书面认可。严禁总承包单位将承接工程转包或将其主体工程分包，严禁分包单位将分包工程再分包。对转包和违法分包的单位，要依法停业整顿，降低资质等级，情节严重的要依法吊销资质证书。要认真落实总承包单位负责制，总承包单位要按照合同约定加强对分包单位的组织协调和管理，并对所承接工程质量负总责。对因分包单位责任导致工程质量事故的，总承包单位要承担连带责任。

（十三）加强建筑节能管理。建设单位要严格遵守国家建筑节能的有关法律法规，按照相应的建筑节能标准和技术要求委托住宅工程项目的规划设计、开工建设、组织竣工验收，不得以任何理由要求设计、施工等单位擅自修改经审查合格的节能设计文件，降低建筑节能标准。勘察、设计、施工、监理单位及其注册执业人员，要严格按照建筑节能强制性标准开展工作，加强节能管理，提高能源利用效率和可再生能源利用水平，保证住宅工程建筑节能质量。对违反国家有关节能规定，降低建设节能标准的有关单位和个人，要依法追究法律责任。

（十四）加强工期和造价管理。合理工期和造价是保证住宅工程质量的重要前提。建设单位要从保证住宅工程安全和质量的角度出发，科学确定住宅工程合理工期以及勘察、设计和施工等各阶段的合理时间；要在住宅工程合同中明确合理工期要求，

并严格约定工期调整的前提和条件。建设、勘察、设计和施工等单位要严格执行住宅工程合同,任何单位和个人不得任意压缩合理工期,不得不顾客观规律随意调整工期。建设单位要严格执行国家有关工程造价计价办法和计价标准,不得任意降低住宅工程质量标准,不得要求承包方以低于成本的价格竞标。勘察、设计、施工和监理等单位要严格执行国家有关收费标准,坚持质量第一,严禁恶意压价竞争。对违反国家有关规定,任意压缩合理工期或降低工程造价造成工程质量事故的有关单位和个人,要依法追究法律责任。

(十五) 加强施工现场组织管理。施工单位要建立施工现场管理责任制,全面负责施工过程中的现场管理。住宅工程实行总承包的,由总包方负责施工现场的统一管理,分包方在总包方的统一管理下,在其分包范围内实施施工现场管理。施工单位要按规定编制施工组织设计和专项施工方案并组织实施。任何单位和个人不得擅自修改已批准的施工组织设计和施工方案。建设单位要指定施工现场总代表人,全面负责协调施工现场的组织管理。建设单位要根据事先确定的设计、施工方案,定期对住宅工程项目实施情况进行检查,督促施工现场的设计、施工、监理等单位加强现场管理,并及时处理和解决有关问题,切实保证住宅工程建设及原有地下管线、地下建筑和周边建筑、构筑物的质量安全。设计单位要加强住宅工程项目实施过程中的驻场设计服务,及时解决与设计有关的各种问题。要加强与建设、施工单位的沟通,不断优化设计方案,保证工程质量。监理单位要加强对施工现场的巡查,认真履行对重大质量问题和事故的督促整改和报告的责任。对于因建设、设计、施工和监理单位未正确履行现场组织管理职责,造成工程质量事故的,要依法进行处罚,并追究单位法定代表人的责任。

(十六) 加强竣工验收管理。住宅工程建成后,建设单位要组织勘察、设计、施工、监理等有关单位严格按照规定的组织形式、验收程序和验收标准进行竣工验收,并及时将有关验收文件报有关住房和城乡建设主管部门备案。各地要加强对住宅工程竣工验收备案的管理,将竣工验收备案情况及时向社会公布。未经验收或验收不合格的住宅工程不得交付使用。住宅工程经竣工验收备案后,方可办理房屋所有权证。对发现建设单位在竣工验收过程中有违反国家有关建设工程质量管理规定以及建筑节能强制性标准行为的,或采用虚假证明文件办理工程竣工验收备案的住宅工程项目,要限期整改,重新组织竣工验收,并依法追究建设单位及其法定代表人的责任。

有条件的地区,在住宅工程竣工验收前,要积极推行由建设单位组织实施的分户验收。若住房地基基础和主体结构质量经法定检测不符合验收质量标准或全装修住房的装饰装修标准不符合合同约定的,购房人有权按照合同约定向建设单位索赔。

(十七) 加强工程质量保修管理。建设单位要按照国家有关工程质量保修规定和住宅质量保证书承诺的内容承担相应法律责任。施工单位要按照国家有关工程质量保修规定和工程质量保修书的要求,对住宅工程竣工验收后在保修期限内出现的质量缺陷予以修复。在保修期内,因住宅工程质量缺陷造成房屋所有人、使用人或者第三方人身、财产损害的,房屋所有人、使用人或者第三方可以向建设单位提出赔偿要求,建设单位可以向造成房屋建筑工程质量缺陷的责任方追偿。对因不履行保修义务或保修不及时、不到位,造成工程质量事故的建设单位和施工单位,要依法追究法律责任。建设单位要逐步推进质量安全保险机制,在住宅工程项目中实行工程质量保险,为用户在工程竣工一定时期内出现的质量缺陷提供保险。

(十八) 加强工程质量报告工作。各地要建立住宅工程质量报告制度。建设单位要按工程进度及时向工程项目所在地住房和城乡建设主管部门报送工程质量报告。质量报告要如实反映工程质量情况,工程质量负责人和监理负责人要对填报的内容签字负责。住宅工程发生重大质量事故,事故发生单位要依法向工程项目所在地住房和城乡建设主管部门及有关部门报告。对弄虚作假和隐瞒不报的,要依法追究有关单位责任人和建设单位法定代表人的责任。

(十九) 加强城市建设档案管理。住宅工程要按照《城市建设档案管理规定》有关要求,建立健全项目档案管理制度。建设单位要组织勘察、设计、施工、监理等有关单位严格按照规定收集、整理、归档从项目决策立项到工程竣工验收各环节的全部文件资料及竣工图,并在规定时限内向城市建设档案管理机构报送。城市建设档案管理机构和档案管理人员要严格履行职责,认真做好档案的登记、验收、保管和保护工作。对未按照规定移交建设工程档案的建设单位以及在档案管理中失职的有关单位和人员,要依法严肃处理。

(二十) 加强应急救援管理。建设单位要建立健全应急抢险组织,充分考虑住宅工程施工过程中可能出现的紧急情况,制定施工应急救援预案,并开展应急救援预案的演练。施工单位要根据住宅工程施工特点制定切实可行的应急救援预案,配备相应装备和人员,并按有关规定进行演练。监理单位要审查应急救援预案并督促落实各项应急准备措施。住宅工程施工现场各有关单位要重视应急救援管理,共同建立起与政府应急体系的联动机制,确保应急救援反应灵敏、行动迅速、处置得力。

三、强化工程质量负责制,落实住宅工程质量责任

(二十一)强化建设单位法定代表人责任制。建设单位是住宅工程的主要质量责任主体,要依法对所建设的商品住房、保障性安居工程等住宅工程在设计使用年限内的质量负全面责任。建设单位的法定代表人要对所建设的住宅工程质量负主要领导责任。住宅工程发生工程质量事故的,除依法追究建设单位及有关责任人的法律责任以外,还要追究建设单位法定代表人的领导责任。对政府部门作为建设单位直接负责组织建设的保障性安居工程发生工程质量事故的,除依法追究有关责任人外,还要追究政府部门相关负责人的领导责任。

(二十二)强化参建单位法定代表人责任制。勘察、设计、施工、监理等单位按照法律规定和合同约定对所承接的住宅工程承担相应法律责任。勘察、设计、施工、监理等单位的法定代表人,对所承接的住宅工程项目的工程质量负领导责任。因参建单位责任导致工程质量事故的,除追究直接责任人的责任外,还要追究参建单位法定代表人的领导责任。

(二十三)强化关键岗位执业人员负责制。住宅工程项目要严格执行国家规定的注册执业管理制度。注册建筑师、勘察设计注册工程师、注册监理工程师、注册建造师等注册执业人员应对其法定义务内的工作和签章文件负责。因注册执业人员的过错造成工程质量事故的,要依法追究注册执业人员的责任。

(二十四)强化工程质量终身负责制。住宅工程的建设、勘察、设计、施工、监理等单位的法定代表人、工程项目负责人、工程技术负责人、注册执业人员要按各自职责对所承担的住宅工程项目在设计使用年限内的质量负终身责任。违反国家有关建设工程质量管理规定,造成重大工程质量事故的,无论其在何职何岗,身居何处,都要依法追究相应责任。

四、加强政府监管和社会监督,健全住宅工程质量监督体系

(二十五)加强政府监管。各级住房城乡建设主管部门要加强对建设、勘察、设计、施工、监理以及质量检测、施工图审查等有关单位执行建设工程质量管理规定和工程建设标准情况的监督检查。要加大对住宅工程质量的监管力度,特别要加大对保障性安居工程质量的监管力度。要充分发挥工程质量监督机构的作用,严格按照工程建设标准,依法对住宅工程实行强制性工程质量监督检查,对在监督检查中发现的问题,各有关单位要及时处理和整改。对检查中发现问题较多的住宅工程,要加大检查频次,并将其列入企业的不良记录。对检查中发现有重大工程质量问题的项目,要及时发出整改通知,限期进行整改,对违法违规行为要依法予以查处。要加强质量监管队伍建设,充实监管人员,提供必要的工作条件和经费;要严格质量监督机构和人员的考核,进一步加强监管人员培训教育,提高监管机构和监管人员执法能力,保障住宅工程质量监管水平。

地方政府要切实负起农房建设质量安全的监管责任,采取多种形式加强对农房建设质量安全的监督管理工作,加大对农民自建低层住宅的技术服务和指导。实施统建的,要参照本文件进行管理,并严格执行有关质量管理规定。

(二十六)加强社会监督。建设单位要在住宅工程施工现场的显著部位,将建设、勘察、设计、施工、监理等单位的名称、联系电话、主要责任人姓名和工程基本情况挂牌公示。住宅工程建成后,建设单位须在每栋建筑物明显部位永久标注建设、勘察、设计、施工、监理单位的名称及主要责任人的姓名,接受社会监督。各地和有关单位要公布质量举报电话,建立质量投诉渠道,完善投诉处理制度。要进一步加强信息公开制度,及时向社会公布住宅建筑工程质量的相关信息,切实发挥媒体与公众的监督作用。所有单位、个人和新闻媒体都有权举报和揭发工程质量问题。各有关单位要及时处理在社会监督中发现的问题,对于不能及时处理有关问题的单位和个人,要依法进行处罚。

(二十七)加强组织领导。各地要高度重视,加强领导,认真贯彻"百年大计,质量第一"的方针,充分认识保证住宅工程质量的重要性,要把强化质量责任,保证住宅工程质量摆在重要位置。要认真贯彻中共中央办公厅、国务院办公厅《关于实行党政领导干部问责的暂行规定》,严格落实党政领导干部问责制,对发生住宅工程质量事故的,除按有关法律法规追究有关单位和个人

的责任外，还要严格按照规定的问责内容、问责程序，对有关党政领导干部进行问责。各地要结合本地区住宅工程质量实际情况，切实采取有效措施，进一步做好宣传和教育工作，增强各单位及从业人员的责任意识，切实将住宅工程质量责任落实到位，真正确保住宅工程质量。

中华人民共和国住房和城乡建设部
二〇一〇年五月四日

关于取得建筑行业及建筑工程专业设计资质企业申请建筑装饰工程等六类专项资质有关问题的通知

建市资函〔2010〕56号

各省、自治区住房和城乡建设厅，直辖市住建委，北京市规委，总后营房部工程局，有关中央企业：

根据《建设工程勘察设计资质管理规定实施意见》（建市〔2007〕202号）第四条规定："具备建筑工程行业或专业设计资质的企业，可承担相应范围相应等级的建筑装饰工程设计、建筑幕墙工程设计、轻型钢结构工程设计、建筑智能化系统设计、照明工程设计、消防设施工程设计等专项工程设计业务，不需单独申请以上专项工程设计资质"。为进一步落实上述规定，支持建筑工程设计企业积极开展资质所涵盖的相应专项工程设计业务，现将有关问题通知如下：

一、发证机关须在新核发的建筑行业或建筑工程专业资质证书业务范围中明确取得该资质企业可从事相应等级和范围的建筑装饰工程设计、建筑幕墙工程设计、轻型钢结构工程设计、建筑智能化系统设计、照明工程设计、消防设施工程设计等六类专项工程设计业务。

二、已核发建筑行业或建筑工程专业资质证书的企业，可在其资质证书有效期届满前按照《关于建设部批准的建设工程企业办理资质证书变更和增补有关事项的通知》（建市〔2005〕375号）有关规定办理变更，或在其资质延续审核通过后，由发证机关在其新核发的资质证书中明确。

三、我部不再受理取得建筑行业或建筑工程专业设计资质的企业对该资质所涵盖相应范围和等级的六类专项资质的升级、增项申请。

四、本通知自下发之日起执行。

中华人民共和国住房和城乡建设部
建筑市场监管司
二〇一〇年五月二十七日

关于印发《关于加强建筑市场资质资格动态监管完善企业和人员准入清出制度的指导意见》的通知

建市〔2010〕128号

各省、自治区住房和城乡建设厅，直辖市建委（建交委），北京市规委，国务院有关部门建设司（局），总后营房部工程管理局，有关中央企业：

为贯彻落实住房城乡建设系统开展建设领域突出问题专项治理工作要求，引导、规范、监督建筑市场主体行为，建立和维护公平竞争、规范有序的建筑市场秩序，我部制定了《关于加强建筑市场资质资格动态监管完善企业和人员准入清出制度的指导意见》。现印发给你们，请遵照执行。

附件：关于加强建筑市场资质资格动态监管完善企业和人员准入清出制度的指导意见

中华人民共和国住房和城乡建设部

二〇一〇年八月十三日

关于加强建筑市场资质资格动态监管完善企业和人员准入清出制度的指导意见

进入新世纪以来，我国建筑市场开放程度不断提高，推动了建筑业持续发展，为促进国民经济发展发挥了重要作用。据统计，2009年我国全社会固定资产投资224846亿元，建筑业总产值75864亿元，占固定资产投资的33.7%；建筑业增加值22333亿元，比上年增长18.2%。目前，全国建筑业企业及其分支机构总量已达到23万家，从业人员约3400万人；工程勘察、工程设计、工程监理、工程招标代理等工程咨询服务企业近3万家，从业人员已超过200万人。

但是，当前建筑市场仍存在一些不容忽视的问题：建筑业企业数量过多，建筑业产业结构不尽合理，特别是房屋建筑和市政基础设施工程类企业"供大于求"矛盾比较突出；各类注册人员分布不均衡，部分地区注册人员与企业数量、建设规模不匹配；工程转包、违法分包、工程结算纠纷、拖欠农民工工资以及质量安全事故等问题屡有发生；建筑市场监管体系不健全，市场清出机制不完善，"重准入、轻监管"的现象依然存在。这些问题严重影响了建筑市场秩序和建筑业的健康发展，必须下大力气认真解决。

为解决建筑市场中存在的问题，以开展工程建设领域突出问题专项治理为契机，加快完善我国建筑市场监管体系；严格市场准入，着力解决企业、从业人员市场清出机制不健全的问题；实行市场准入清出与工程质量安全、诚信体系建设相结合，形成各部门监管合力；实现资质资格许可、动态监管、信用管理等各环节的联动；保障建设工程质量安全，维护统一、规范、公开、有序的建筑市场秩序，促进建筑业健康协调可持续发展，特制定本指导意见。

一、强化质量安全事故"一票否决制"

各级住房城乡建设主管部门应当依据《建设工程质量管理条例》、《建设工程安全生产管理条例》等法规规定，将工程质量安全作为建筑市场资质资格动态监管的重要内容，认真落实质量安全事故"一票否决制"。

质量安全事故发生后，在依法进行事故报告和调查处理的同时，事故发生地县级以上住房城乡建设主管部门应当在事故发生之日起3个工作日内将事故情况、与事故有关的企业以及注册人员简要情况上报省级住房城乡建设主管部门；对非本省市的企业和注册人员，事故发生地省级住房城乡建设主管部门接到报告后，应当在3个工作日内通报其注册所在地省级住房城乡建设主管部门。企业和注册人员注册所在地省级住房城乡建设主管部门，应当在接到报告或通报之日起3个工作日内，做出在事故调查处理期间暂停其资质升级、增项，资格认定、注册等事项的处理。

属于住房城乡建设部审批资质资格的企业和注册人员，其注册所在地省级住房城乡建设主管部门应当在接到事故调查报告或批复后7个工作日内，将事故调查报告或批复以及处理建议上报住房城乡建设部。

根据事故调查报告或批复，应当降低或吊销有关责任企业和注册人员资质资格的，原发证机关应当在做出行政处罚决定后7个工作日内，将其证书注销，并向社会公布。同时在15个工作日内监督企业或注册人员将资质、资格证书交回。住房城乡建设部负责审批的企业和注册人员资质、资格证书，由其注册所在地省级住房城乡建设主管部门负责在规定时间内监督企业或注册人员交回，并及时将资质、资格证书交住房城乡建设部。

对事故负有责任但未给予降低或吊销资质处罚的企业，一年内不得申请资质升级、增项。

事故调查报告或者负责组织事故调查的人民政府对事故调查报告的批复认定与事故有关的企业和注册人员无过错责任的，其注册所在地省级住房城乡建设主管部门应当在接到事故调查报告或批复后3个工作日内恢复其资质升级、增项、资格认定、注册等事项。

住房城乡建设部将抓紧开展规范工程建设领域行政处罚自由裁量权的相关工作，依法研究制定规范工程建设行政处罚自由裁量权实施办法和裁量基准。

二、加大对资质资格申报弄虚作假查处力度

住房城乡建设部将制定《建设工程企业资质弄虚作假处理办法》，明确资质核查及处理的主体、程序、具体措施以及责任追究等制度。各资质审查部门应实行申报企业注册人员、工程业绩等公示制度。对于申报材料有弄虚作假嫌疑或被举报的企业和个人，要及时开展核查。经核查确实存在弄虚作假行为的，对其申请事项不给予行政许可，在一年内不受理其资质升级和增项申请，在住房城乡建设主管部门网站和各级有形建筑市场予以通报，并记入企业和个人信用档案；对于存在伪造印章等严重违法行为的，移交公安或司法部门处理。

需要核查非本省市工程业绩的，由受理申请的省级住房城乡建设主管部门商请工程所在地省级住房城乡建设主管部门协助核查。工程所在地省级住房城乡建设主管部门应当给予配合，在接到协助核查函后7个工作日内书面反馈核查情况。

各级住房城乡建设主管部门应当加强对下级资质、资格审批情况的监督管理。我部将定期对省级资质、资格审批情况进行抽查并向全国通报抽查结果。省级住房城乡建设主管部门要对所属设区市住房城乡建设主管部门资质、资格审批情况开展检查、抽查。严禁违规下放审批权限，对违规下放审批权限的，要责令限期收回，撤销行政许可，并给予通报批评。

三、加强建筑市场动态监管

住房城乡建设部将尽快出台《企业资质和注册人员动态核查办法》。各级住房城乡建设主管部门应当充分利用信息化等手段，对企业取得资质后是否继续符合资质标准进行动态核查。一是核查企业的工程业绩和主要技术指标情况；二是核查企业的主要管理和技术、经济注册人员变动情况；三是核查包括企业资本金在内的有关财务指标变动等情况；四是重点核查企业工程质量和安全生产管理的各项制度、措施落实情况，是否发生工程质量、安全生产事故，或者存在质量安全隐患；五是核查企业是否存在其他违法违规行为。

在核查企业时，要对注册在该企业的人员一并进行核查。重点核查其注册和在岗情况，以及是否存在出租、出借、倒卖或以其他形式非法转让执业资格证书、注册证书和执业印章，不履行执业责任，超越执业范围执业等违法违规行为。

省级住房城乡建设主管部门每年动态核查的比例应不低于在本地区注册企业总数的5%。对经核查认定已不符合相应资质标准的企业，应当撤回其资质；对存在违法违规行为的注册人员，应当给予相应的行政处罚。

省级住房城乡建设主管部门应当对在本地区从事经营活动的企业和注册人员招标投标、合同订立及履约、质量安全管理、劳务管理等市场行为实施动态监管，建立和完善动态监管制度，加大对依法诚信经营企业和注册人员的表彰宣传力度，可采取在有关管理事项中给予绿色通道服务等措施，发挥动态监管的激励作用。

对问题比较突出的企业和注册人员，可以采用预警提示或约谈等措施，督促其限期改正。逾期不改的，要采取进一步措施予以处理。其企业资质或个人执业资格由省级以下住房城乡建设主管部门负责审批的，省级以上住房城乡建设主管部门应当对其资质或执业资格条件进行核查，经核查已不符合相应资质、执业资格标准的，应当撤回其资质、资格许可。对外省市企业和注册人员，应当通报其注册所在地省级住房城乡建设主管部门进行核查、处理。其注册所在地省级住房城乡建设主管部门应当及时将核查、处理结果反馈工程所在地省级住房城乡建设主管部门。企业资质或执业资格由住房城乡建设部负责审批的，其注册所在地省级住房城乡建设主管部门核查后，应当将处理建议报住房城乡建设部。

省级住房城乡建设主管部门应当规范和完善外省市企业和注册人员进入本地区的告知性备案管理制度。不得擅自设立审批性备案和借用备案等名义违法、违规收取费用，不得强行要求企业和注册人员注册所在地省级住房城乡建设行政主管部门或其上级集团公司出具证明其资质、资格、诚信行为、合同履约、质量安全等情况的文件。企业和注册人员办理备案后，省级住房城乡建设主管部门应当将备案信息及时通报本地区各级住房城乡建设主管部门。企业或注册人员在备案时提供虚假资料的，省

级住房城乡建设主管部门不予备案,并作为不良行为记录向社会公布。除省级住房城乡建设主管部门外,设区市和县(市)级住房城乡建设主管部门均不得设置外省市企业和注册人员进入本地区的备案管理制度。

四、加快建立完善基础数据库

加快建立和完善建设工程企业、注册人员、工程项目和质量安全事故基础数据库。最大程度利用各地现有信息化建设成果,健全数据采集、报送、发布制度,统一数据标准,实现注册人员、企业、工程项目和质量安全事故数据库之间的动态关联,实行住房城乡建设部数据库与省级住房城乡建设主管部门数据库数据信息的同步共享。要为监管机构对建设工程企业、注册人员市场准入和清出提供全面、准确、动态的基础数据;为政府部门制定政策提供科学、客观的依据;为社会公众提供真实、便捷的信息查询服务。

住房城乡建设部负责建立注册人员、企业和工程项目的中央数据库,制定统一的数据标准、数据交换标准,统一数据信息采集、报送标准,制定数据库运行、维护的相关管理制度,建立相关管理程序。

省级住房城乡建设主管部门应当建立和完善本地区统一的注册人员、企业、工程项目和质量安全事故数据库,按照住房城乡建设部的工作部署和要求,采集、报送各类数据信息,实现与全国中央数据库对接,及省际数据库之间互通共享。

人员数据库

2011年6月前,住房城乡建设部负责制定统一的注册人员数据标准,完善现有的一级注册建筑师、勘察设计注册工程师(二级注册结构工程师除外)、注册监理工程师、一级注册建造师、注册造价工程师等相关注册人员数据库,建立全国注册人员中央数据库,公布与各地的接口标准;省级住房城乡建设主管部门负责按照统一的数据标准,完善本地区二级注册建筑师、二级注册结构工程师和二级注册建造师数据库,实现与全国注册人员中央数据库对接,实时上传数据。

2012年6月前,在部分有条件的省市开展将企业主要技术人员和管理人员纳入人员数据库的试点工作。

从2010年起开展农民工实名制管理试点工作,加强农民工输出地和输入地之间的联动管理,逐步建立包括农民工基本信息、技能培训、工作简历等基本数据系统和制发实名电子信息卡。通过农民工实名制管理,保护农民工合法权益,开展农民工基本技能培训,提高建设工程质量,促进城乡一体化的发展。

企业数据库

住房城乡建设部负责制定统一的企业数据标准,以2007年启用的资质证书管理信息系统为基础,完善现有工程招标代理机构、工程设计企业、工程监理企业数据库,尽快整合工程勘察企业、建筑业企业数据库,建立全国建设工程企业中央数据库。

2010年前,完成各地资质证书管理系统使用情况检查,并向全国通报。督促未将本地管理系统与全国建设工程企业数据库对接的省市尽快对接,实现企业数据实时共享。

《工程勘察资质标准》和《建筑业企业资质等级标准》修订颁布后,住房城乡建设部将启动工程勘察和建筑业企业资质证书管理系统。2011年底前建立实时联网共享的全国建设工程企业中央数据库。

2011年6月前,实现全国建设工程企业数据库与注册人员数据库的互联互通,实时监控企业中的注册人员是否能够满足企业资质条件。

强化企业资质证书管理,企业资质证书必须通过证书管理系统订购,对证书使用量与证书订购量有明显偏差的地区,要求其说明情况后,再予以批准发放。

工程项目数据库

2012年6月底前,住房城乡建设部充分依托各地已有工程项目数据资源和信息系统,研究制定统一的工程项目数据标准、数据交换标准,明确信息采集、数据上报的管理模式,构建覆盖工程项目招标投标、合同备案、施工图审查、施工许可、质量监督、安全生产监督、竣工验收备案各主要环节,包括工程规模、工程造价、参建企业以及与项目有关的主要管理、技术人员等信息的全国工程项目中央数据库。

2012年底前,各省级住房城乡建设主管部门负责建立本地区工程项目数据库,并根据统一的数据标准和数据交换标准实现与全国工程项目中央数据库对接。

2013年6月底前,建立建筑市场监管的指标数据库、信息发布与共享数据库和数据分析及应用模型,实现基础数据库的整合、统计、分析、评价及发布,做到建筑市场的立法与执法并重、市场准入管理与清出管理并重、资质资格审批管理与后续动态管理并重，为建筑市场与工程质量安全监管工作提供系统、科学的技术支撑与保障。

五、加强建筑市场诚信体系建设

在建立健全全国建筑市场诚信平台以及注册人员、企业、工程项目和质量安全事故数据库的基础上，完善各类企业和注册人员诚信行为标准，健全诚信信息采集、报送制度，实现各地诚信信息互通、互用和互认，建立有效的诚信激励和失信惩戒机制。

各级住房城乡建设主管部门应当按照规定做好企业和注册人员诚信信息的采集、发布和报送工作。住房城乡建设部将定期统计、公布各地报送情况，对存在不按期报送、瞒报等问题的地区通报批评。

省级住房城乡建设主管部门应当在开展资质、资格动态监管的基础上，及时将企业和注册人员在合同履约、招标投标、工程质量管理、安全生产管理等方面的良好行为信息和不良行为信息记入诚信档案，可以通过有形建筑市场、新闻媒体公布信誉良好的企业和注册人员，引导市场各方主体依法诚信经营；将发生不良行为较多的企业和注册人员列为重点监管对象，加强动态监管。

省级住房城乡建设主管部门应当建立和完善本地区建筑市场诚信行为公示制度，对发生较大及以上质量安全事故、拖欠劳务费或农民工工资、以讨要工资为名扰乱正常生产生活秩序、转包工程、违法分包工程等违法违规行为的企业和注册人员要及时向社会公布，引导市场各方主体重视诚信记录，选择守法诚信的合作者，同时加强与有关部门的信息互通，加大对违法失信企业和注册人员的信用惩戒。

2011年底前，住房城乡建设部出台工程建设领域不良信息分级发布标准，建立部、省两级分级发布的信息平台。

六、加强与有关部门的联动

加强与铁道、交通、水利、工业与信息化等部门的配合，加快建立与工商等部门的工作协调机制，完善沟通渠道，健全信息共享、联动执法等制度，形成建筑市场监管合力。尽快实现与工商部门信息共享，对企业虚报、抽逃注册资本金等行为进行治理；将被吊销或伪造资质、资格证书，以及发生严重违法违规行为的企业和注册人员名单提供给工商部门。以此为基础，逐步与相关部门开展联动，及时准确的了解企业营业状况和纳税、社会保险缴纳等情况，以便更好的实施动态监管；对发生重大违法行为或拒不执行法院判决的企业和注册人员纳入重点监管范围，并作为不良行为记入诚信档案，对其实施资质、资格条件核查、信用惩戒等动态监管。

关于对注册有效期满的一级建造师延续注册有关问题的通知

建市施函〔2010〕80号

各省、自治区住房和城乡建设厅，直辖市住房和城乡建设委员会，国务院各有关部门建设司，总后基建营房部：

一级建造师注册工作于2007年启动，建造师注册证书和执业印章的有效期为3年，初始注册人员的注册证书和印章将陆续到期。鉴于继续教育工作尚未开展，本着简化、高效的原则，从方便个人、企业和基层考虑，经研究，决定暂不开展延续注册工作，原注册证书和印章继续有效，待继续教育工作实施后再行规定有关事宜。

各省级建设行政主管部门要自即日起至2010年10月底开展一级建造师执业情况检查工作。建造师注册企业要将本企业一级注册建造师有关情况报省级建设行政主管部门（格式见附表），各省级建设行政主管部门汇总一级建造师执业情况，与工程建设监督管理过程中查处的违法违规行为进行比对，发现有以下行为的，要依法进行处理，直至吊销注册证书和印章：

（一）担任项目经理期间，所负责项目发生过重大质量和安全事故的；

（二）有违法违规行为，受到刑事处罚的；

（三）在执业过程中，索贿、受贿或者谋取合同约定费用外的其他利益的或实施商业贿赂的；

（四）同时在两个或以上单位受聘的；

（五）允许他人以自己的名义从事执业活动或涂改、倒卖、出租、出借等形式非法转让注册证书和印章的；

（六）超出执业范围和聘用单位业务范围内从事执业活动的；

（七）年龄超过65周岁的，要注销其注册证书和印章。

各省级建设行政主管部门要立即布置该项工作，并于2010年10月31日前将及时将汇总情况的书面文件和电子表格，以及处理的一级注册建造师情况报我司，记入建筑市场诚信信息平台。我司将对有关工作进行抽查。

中华人民共和国住房和城乡建设部
建筑市场监管司
二〇一〇年八月十二日

关于印发《注册建造师继续教育管理暂行办法》的通知

建市〔2010〕192号

各省、自治区住房城乡建设厅，直辖市建委（建设交通委），国务院有关部门建设司，总后基建营房部：

为进一步提高注册建造师职业素质，根据《注册建造师管理规定》（建设部令第153号），我们组织制定了《注册建造师继续教育管理暂行办法》。现印发给你们，请遵照执行。

中华人民共和国住房和城乡建设部
二〇一〇年十一月十五日

注册建造师继续教育管理暂行办法

第一章 总 则

第一条 为进一步提高注册建造师职业素质，提高建设工程项目管理水平，保证工程质量安全，促进建筑行业发展，根据《注册建造师管理规定》制定本办法。

第二条 注册建造师应通过继续教育，掌握工程建设有关法律法规、标准规范，增强职业道德和诚信守法意识，熟悉工程建设项目管理新方法、新技术，总结工作中的经验教训，不断提高综合素质和执业能力。

第三条 注册建造师按规定参加继续教育，是申请初始注册、延续注册、增项注册和重新注册（以下统称注册）的必要条件。

第二章 继续教育的组织管理

第四条 国务院住房城乡建设主管部门对全国注册建造师的继续教育工作实施统一监督管理，国务院有关部门负责本专业注册建造师继续教育工作的监督管理，省级住房城乡建设主管部门负责本地区注册建造师继续教育工作的监督管理。

第五条 注册建造师参加继续教育的组织工作采取分级与分专业相结合的原则。国务院住房城乡建设、铁路、交通、水利、工业信息化、民航等部门或其委托的行业协会（以下统称为专业牵头部门），组织本专业一级注册建造师参加继续教育，各省级住房城乡建设主管部门组织二级注册建造师参加继续教育。

第六条 各专业牵头部门按要求推荐一级注册建造师继续教育培训单位并报国务院住房城乡建设主管部门审核，各省级住房城乡建设主管部门审核二级注册建造师继续教育培训单位，并报国务院住房城乡建设主管部门备案。培训单位的培训规模与该年度应参加继续教育的建造师数量应基本平衡。

第七条 各专业牵头部门负责一级注册建造师继续教育培训单位专职授课教师的培训,各省级住房城乡建设主管部门负责二级注册建造师继续教育培训单位专职授课教师的培训,培训合格的教师可按规定从事注册建造师继续教育的授课工作。

第八条 国务院住房城乡建设主管部门在中国建造师网(网址:www.coc.gov.cn)上公布培训单位名单。

第三章 继续教育的教学体系

第九条 国务院住房城乡建设主管部门会同国务院有关部门组织制定注册建造师继续教育教学大纲,并组织必修课教材的编写。

第十条 各专业牵头部门负责本专业一级建造师选修课教材的编写,各省级住房城乡建设主管部门负责二级建造师选修课教材的编写。

第十一条 必修课包括以下内容:

(一)工程建设相关的法律法规和有关政策。

(二)注册建造师职业道德和诚信制度。

(三)建设工程项目管理的新理论、新方法、新技术和新工艺。

(四)建设工程项目管理案例分析。

选修课内容为:各专业牵头部门认为一级建造师需要补充的与建设工程项目管理有关的知识;各省级住房城乡建设主管部门认为二级建造师需要补充的与建设工程项目管理有关的知识。

第十二条 国务院住房城乡建设主管部门负责一级建造师继续教育必修课课程安排的编制,各专业牵头部门负责本专业一级注册建造师继续教育选修课课程安排的编制并报国务院住房城乡建设主管部门汇总,各省级住房城乡建设主管部门负责本行政区域内的二级建造师继续教育课程安排的编制并报国务院住房城乡建设主管部门备案。课程安排由国务院住房城乡建设主管部门在中国建造师网上公布。

第四章 培训单位的职责

第十三条 培训单位应当具有职业教育经验或大学专科以上专业教育经验,且具有办学许可证、收费许可证,有固定教学场所,专职授课教师不少于5人。

第十四条 专职授课教师应满足以下条件:

(一)大学及以上学历,从事建筑行业相关工作5年以上。

(二)从事建筑行业培训工作2年以上。

(三)具有丰富的实践经验或较高的理论水平。

(四)近5年没有违法违规行为和不良信用记录。

(五)经专业牵头部门或省级住房城乡建设主管部门培训合格。

第十五条 培训单位对培训质量负直接责任。培训单位应当遵照国务院住房城乡建设主管部门公布的继续教育课程安排,使用规定的教材,按照国家有关规定收取费用,不得乱收费或变相摊派。培训单位必须确保教学质量,并负责记录学习情况,对学习情况进行测试。测试可采取考试、考核、案例分析、撰写论文、提交报告或参加实际操作等方式。

第十六条 对于完成规定学时并测试合格的,培训单位报各专业牵头部门或各省级住房城乡建设主管部门确认后,发放统一式样的《注册建造师继续教育证书》,加盖培训单位印章。

第十七条 培训单位应及时将注册建造师继续教育培训学员名单、培训内容、学时、测试成绩等情况以书面和电子信息管理系统的形式,报各专业牵头部门或各省级住房城乡建设主管部门。各专业牵头部门或各省级住房城乡建设主管部门确认后送国务院住房城乡建设主管部门备案。

第五章 继续教育的方式

第十八条 注册建造师应在企业注册所在地选择中国建造师网公布的培训单位接受继续教育。在企业注册所在地外担任项目负责人的一级注册建造师,报专业牵头部门备案后可在工程所在地接受继续教育。个别专业的一级注册建造师可在专业牵头部门的统一安排下,跨地区参加继续教育。注册建造师在每一注册有效期内可根据工作需要集中或分年度安排继续教育的学时。

第十九条 注册一个专业的建造师在每一注册有效期内应参加继续教育不少于120学时,其中必修课60学时,选修课60学时。注册两个及以上专业的,每增加一个专业还应参加所增加专业60学时的继续教育,其中必修课30学时,选修课30学时。

第二十条 注册建造师在每一注册有效期内从事以下工作并取得相应证明的,可充抵继续教育选修课部分学时。每一注册有效期内,充抵继续教育选修课学时累计不得超过60学时。

(一)参加全国建造师执业资格考试大纲编写及命题工作,每次计20学时。

(二)从事注册建造师继续教育教材编写工作,每次计20学时。

（三）在公开发行的省部级期刊上发表有关建设工程项目管理的学术论文的，第一作者每篇计10学时；公开出版5万字以上专著、教材的，第一、二作者每人计20学时。

（四）参加建造师继续教育授课工作的按授课学时计算。

一级注册建造师继续教育学时的充抵认定，由各专业牵头部门负责；二级注册建造师继续教育学时的充抵认定，由各省级住房城乡建设主管部门负责。

第二十一条 注册建造师继续教育以集中面授为主。同时探索网络教育方式，拟采取网络教育的专业牵头部门或省级住房城乡建设主管部门，应将管理办法和工作方案报国务院住房城乡建设主管部门审核，并对网络教育的培训质量负责。

第二十二条 完成规定学时并测试合格后取得的《注册建造师继续教育证书》是建造师申请注册的重要依据。

第六章 监督管理和法律责任

第二十三条 各专业牵头部门、省级住房城乡建设主管部门对培训单位实行动态监督管理，包括对培训单位的投诉举报情况进行调查处理，并对培训单位的培训质量负监管责任。

第二十四条 各专业牵头部门、省级住房城乡建设主管部门应对培训单位进行定期和不定期的检查，并于每年年底将检查情况书面报送国务院住房城乡建设主管部门备案。国务院住房城乡建设主管部门对培训单位的培训情况进行抽查。

第二十五条 培训单位有以下行为之一的，由各专业牵头部门、省级住房城乡建设主管部门提出警告直至取消培训资格，并报国务院住房城乡建设主管部门统一公布。取消培训资格的，在五年内不允许其开展注册建造师继续教育工作。

（一）未严格执行注册建造师继续教育培训有关制度。

（二）未使用统一编写的培训教材，课程内容的设置、培训时间的安排等不符合相关规定。

（三）不具备独立培训能力，无法承担正常培训任务。

（四）组织管理混乱，培训质量难以保证。

（五）无办学许可证或收费许可证。

（六）无固定的教学场所。

（七）专职授课教师或师资数量、水平不符合要求。

（八）无正常财务管理制度，乱收费或变相摊派。

（九）出卖、出租、出借或以其他形式非法转让培训资格。

（十）通过弄虚作假、伪造欺骗、营私舞弊等不法手段开具《注册建造师继续教育证书》或修改培训信息。

（十一）不及时上报继续教育培训学员名单、培训内容、学时、测试成绩等情况。

（十二）其他不宜开展继续教育活动的情形。

第二十六条 注册建造师应按规定参加继续教育，接受培训测试，不参加继续教育或继续教育不合格的不予注册。

第二十七条 对于采取弄虚作假等手段取得《注册建造师继续教育证书》的，一经发现，立即取消其继续教育记录，并记入不良信用记录，对社会公布。

第二十八条 各专业牵头部门、省级住房城乡建设主管部门及其工作人员，在注册建造师继续教育管理工作中，有下列情形之一的，由其上级机关或者监察机关责令改正，对直接负责的主管人员和其他直接责任人员依法给予处分；构成犯罪的，依法追究刑事责任：

（一）同意不符合培训条件的单位开展继续教育培训工作的。

（二）不履行应承担的工作，造成继续教育工作开展不力的。

（三）利用职务上的便利，收受他人财物或者其他好处的。

（四）不履行监督管理职责或者监督不力，造成严重后果的。

第七章 附 则

第二十九条 注册建造师在参加继续教育期间享有国家规定的工资、保险、福利待遇。建筑业企业及勘察、设计、监理、招标代理、造价咨询等用人单位应重视注册建造师继续教育工作，督促其按期接受继续教育。其中建筑业企业应为从事在建工程项目管理工作的注册建造师提供经费和时间支持。

第三十条 各专业牵头部门、省级住房城乡建设主管部门可依据本办法，细化本专业一级建造师、本行政区域内二级建造师继续教育管理的具体事项，包括培训单位推荐程序、编写选修课教材、编制课程安排、认定学时充抵、培训专职授课教师、确认合格人员名单、实行动态监管等内容。

第三十一条 本办法由国务院住房城乡建设主管部门负责解释。

第三十二条 本办法自发布之日施行。

五、工程质量安全监管类

关于印发《城市轨道交通工程安全质量管理暂行办法》的通知

建质〔2010〕5号

各省、自治区住房城乡建设厅,直辖市建委(建设交通委),新疆生产建设兵团建设局:

现将《城市轨道交通工程安全质量管理暂行办法》印发给你们,请结合本地区实际,认真贯彻执行。贯彻执行中的有关问题和情况及时反馈住房和城乡建设部。

中华人民共和国住房和城乡建设部
二〇一〇年一月八日

城市轨道交通工程安全质量管理暂行办法

第一章 总 则

第一条 为了加强城市轨道交通工程安全质量管理,保障人民群众生命财产安全,制定本办法。

第二条 在中华人民共和国境内从事城市轨道交通新建、扩建、改建等有关活动及实施对城市轨道工程安全质量的监督管理,必须遵守本办法。

第三条 从事城市轨道交通工程建设活动必须坚持先勘察、后设计、再施工的原则,严格执行基本建设程序,保证各阶段合理的工期和造价,加强全过程安全质量风险管理。

第四条 国务院住房和城乡建设主管部门负责全国城市轨道交通工程安全质量的监督管理。

县级以上地方人民政府承担城市轨道交通工程安全质量监督管理职责的主管部门(以下称建设主管部门)负责本行政区域内城市轨道交通工程安全质量的监督管理。

第二章 建设单位安全质量责任

第五条 建设单位对工程项目管理负总责。

建设单位必须建立健全安全质量责任制和管理制度,设置安全质量管理机构,配备与建设规模相适应的安全质量管理人员,对勘察、设计、施工、监理、监测等单位进行安全质量履约管理。

第六条 建设单位应当在初步设计阶段组织开展城市轨道交通工程安全质量风险评估(含建设工期、造价对工程安全质量影响性评估)并组织专家论证,同时按照有关规定组织专家进行抗震、抗风等专项论证。

建设单位在报送初步设计文件审查时,应当提交经专家论证的安全质量风险评估报告。

第七条 建设单位应当向设计、施工、监理、监测等单位提供气象水文和地形地貌资料,工程地质和水文地质资料,施工现场及毗邻区域内的建筑物和构筑物、地下管线、桥梁、隧道、道路、轨道交通设施等(以下简称工程周边环境)资料。

建设单位因工程需要,组织调查前款相关资料时,有关部门或单位应当支持配合。

第八条 工程周边环境严重影响工程实施或因工程施工可能造成其严重损害的,建设单位应当在确定线路规划方案时尽可能予以避让。无法避让且因条件所限不能进行拆除、迁移的，建设单位应当根据设计要求和工程实际，组织开展现状评估，并将现状评估报告提供给设计、施工、监理、监测等单位。

第九条 建设单位应当依法将施工图设计文件（含勘察文件）报送经认定具有资格的施工图审查机构进行审查。

施工图设计文件未经审查或审查不合格的，不得使用。

第十条 建设单位应当按规定办理安全、质量监督手续。

第十一条 建设单位应当及时组织勘察单位向设计单位进行勘察文件交底，在施工前组织勘察、设计单位向施工、监理、监测等单位进行勘察、设计文件交底。

勘察、设计文件交底应当重点说明勘察、设计文件中涉及工程安全质量的内容，并形成文字记录，由各方签字并盖章。

第十二条 建设单位应当委托工程监测单位和质量检测单位进行第三方监测和质量检测。

第十三条 建设单位在编制工程概算时，应当包括安全质量风险评估费、工程监测费、工程周边环境调查费及现状评估费等保障工程安全质量所需的费用。

第十四条 建设单位在施工招标前，应当组织专家对施工工期和造价进行论证，论证时应充分考虑工程的复杂程度及其周边环境拆除、迁移等对施工工期和造价的影响。

专家论证报告作为招标文件编制的依据。

第十五条 建设单位应当依法执行国家有关勘察设计费、监理费等管理规定，不得明示或暗示勘察、设计、施工、监理、监测等单位以低于成本的价格或政府指导价竞标。

建设单位应当科学确定勘察、设计、施工等各阶段工期，不得任意压缩合同约定的工期。

迫使承包方以低于成本的价格或政府指导价竞标，或任意压缩合同约定工期导致发生安全质量事故的，建设单位应当承担相应责任。

第十六条 建设单位在编制工程量清单时，应当将安全措施费用单列，施工单位竞标时不得删减。

建设单位与施工单位应当在施工合同中明确安全措施费用，以及费用预付、支付计划、使用要求及调整方式等条款。

建设单位应当按合同约定及时将安全措施费用拨付给施工单位。

第十七条 建设单位应当在施工前组织地下管线产权单位或管理单位向施工单位进行现场交底，并形成文字记录，由各方签字并盖章。

第十八条 建设单位应当在工程完工后组织不载客试运行调试，试运行调试三个月后，方可按有关规定进行工程竣工验收并办理工程竣工验收备案手续。

第三章 勘察、设计单位安全质量责任

第十九条 勘察、设计单位从事城市轨道交通工程勘察、设计业务，必须具有相应资质，不得转包或者违法分包所承揽的工程勘察、设计业务。

第二十条 勘察、设计单位对工程项目的安全质量承担勘察、设计责任。

勘察、设计单位的主要负责人对本单位勘察、设计安全质量工作全面负责。

项目负责人应当具有相应执业资格和城市轨道交通工程勘察、设计工作经验。项目负责人对所承担工程项目的勘察、设计安全质量负责。

从事工程勘察、设计的执业人员应当对其签字的勘察、设计文件负责。

第二十一条 勘察、设计单位必须建立健全安全质量责任制和管理制度，设置或明确安全质量管理机构，对工程勘察、设计的安全质量实施管理。

勘察外业工作应当严格执行勘察方案、操作规程和安全生产有关规定，并采取措施保护勘察作业范围内的地下管线和地下构筑物等，保证外业安全质量。

勘探孔应当按规定及时回填，避免对工程施工等造成影响。

第二十二条 勘察单位进行勘察时，对尚不具备现场勘察条件的，应当书面通知建设单位，并在勘察文件中说明情况，提出合理建议。在具备现场勘察条件后，应当及时进行勘察。

工程设计、施工条件发生变化的，建设单位应当及时委托勘察单位进行补充勘察。

第二十三条 勘察单位提交的勘察文件应当真实、准确、可靠，符合国家规定的勘察深度要求，满足设计、施工的需要，并结合工程特点明确说明地质条件可能造成的工程风险，必要时针对特殊地质条件提出专项勘察建议。

第二十四条 设计单位提交的设计文件应当符合国家规定的设计深度要求，并应根据工程周边环境的现状评估报告提出设计处理措施，必要时进行

专项设计。

设计文件中应当注明涉及工程安全质量的重点部位和环节，并提出保障工程安全质量的设计处理措施。

施工图设计应当包括工程及其周边环境的监测要求和监测控制标准等内容。

第二十五条 设计单位应当对安全质量风险评估确定的高风险工程的设计方案、工程周边环境的监测控制标准等组织专家论证。

第二十六条 工程设计条件发生变化的，设计单位应当及时变更施工图设计。施工图设计发生重大变更的，应当按有关规定重新报审。

第二十七条 勘察、设计单位应当将勘察、设计文件和原始资料归档保存。

第二十八条 勘察、设计单位应当委派专业技术人员配合施工单位及时解决与勘察、设计工作有关的问题。

第四章 施工单位安全质量责任

第二十九条 施工单位从事城市轨道交通工程施工活动，必须具备相应资质，依法取得安全生产许可证，不得转包或者违法分包。

第三十条 施工单位对工程项目的施工安全质量负责。

施工单位主要负责人对本单位施工安全质量工作全面负责，项目负责人对所承担工程项目的施工安全质量负责。

施工单位主要负责人、项目负责人和专职安全生产管理人员应当依法取得安全生产考核合格证书。项目负责人应当具有相应执业资格和城市轨道交通工程施工管理工作经验。建筑施工特种作业人员应当持证上岗。

第三十一条 施工单位必须建立健全安全质量责任制和管理制度，加强对施工现场项目管理机构的管理。

项目安全质量管理人员专业、数量应当符合相关规定，并满足项目管理需要。

第三十二条 施工单位项目负责人原则上在一个工程项目任职，如确需在其他项目兼任的，应当征得建设单位书面同意。

第三十三条 施工总承包单位对施工现场安全生产负总责。

总承包单位依法将工程分包给专业分包单位的，专业分包合同应当明确各自的安全责任。总承包单位和专业分包单位对专业分包工程的安全生产承担连带责任。

总承包单位和专业分包单位依法进行劳务分包的，总承包单位和专业分包单位应当对劳务作业进行管理。

第三十四条 施工单位应当按照合同约定的工期要求编制合理的施工进度计划，不得盲目抢进度、赶工期。

施工单位不得以低于成本的价格竞标。

第三十五条 施工单位应将安全措施费用用于施工安全防护用具及设施的采购和更新、安全施工措施的落实、安全生产条件的改善等，不得挪作他用。

第三十六条 施工单位应当对工程周边环境进行核查。工程周边环境现状与建设单位提供的资料不一致的，建设单位应当组织有关单位及时补充完善。

第三十七条 施工单位应当按照有关规定对危险性较大分部分项工程（含可能对工程周边环境造成严重损害的分部分项工程，下同）编制专项施工方案。对超过一定规模的危险性较大分部分项工程专项施工方案应当组织专家论证。

专项施工方案应当根据设计处理措施、专项设计和工程实际情况编制，并经施工单位技术负责人和总监理工程师签字后实施，不得随意变更。

第三十八条 工程施工前，施工单位项目技术人员应当就有关施工安全质量的技术要求向施工作业班组、作业人员作详细说明，并由双方签字确认。

第三十九条 施工单位应当指定专人保护施工现场地下管线及地下构筑物等，在施工前将地下管线、地下构筑物等基本情况、相应保护及应急措施等向施工作业班组和作业人员作详细说明，并在现场设置明显标识。

第四十条 施工单位应当对工程支护结构、围岩以及工程周边环境等进行施工监测、安全巡视和综合分析，及时向设计、监理单位反馈监测数据和巡视信息。发现异常时，及时通知建设、设计、监理等单位，并采取应对措施。

施工单位应当按照设计要求和工程实际编制施工监测方案，并经监理单位审查后实施。

第四十一条 施工单位应当按照施工图设计文件和施工技术标准施工，落实设计文件中提出的保障工程安全质量的设计处理措施，不得擅自修改工程设计，不得偷工减料。

施工单位应当按照规定和合同约定对建筑材料、建筑构配件、设备等进行检验。未经检验或检验不合格的，不得使用。

对涉及结构安全的试块、试件及有关材料，施工单位应当在监理单位见证下，按规定进行现场取样，并送有相应资质的质量检测单位进行质量检测。

第四十二条 建筑起重机械安装完成后，施工单位应当委托具有相应资质的检测检验机构进行检验，经检验合格并经验收合格后方可使用。

施工单位应当按规定向工程所在地建设主管部门办理建筑起重机械使用登记手续。

第四十三条 施工单位应当按照有关规定对管理人员和作业人员进行安全质量教育培训，教育培训情况记入个人工作档案。教育培训考核不合格的人员，不得上岗。

第四十四条 施工单位应当按规定做好安全质量资料的收集、整理和归档，保证安全质量文件真实、完整。

第四十五条 施工单位在提交工程竣工验收报告时，应当向建设单位出具质量保修书，明确保修范围、保修期限和保修责任等。保修范围、保修期限应当符合国家有关规定。

第五章 监理单位安全质量责任

第四十六条 监理单位从事城市轨道交通工程监理业务，必须具备相应资质，不得转让所承担的工程监理业务。

监理单位不得与被监理工程的施工单位以及建筑材料、建筑构配件和设备供应单位有隶属关系或者其他利害关系。

第四十七条 监理单位对工程项目的安全质量承担监理责任。监理单位主要负责人对本单位监理工作全面负责。项目总监理工程师对所承担工程项目的安全质量监理工作负责。

项目总监理工程师应当具有相应专业的注册监理工程师执业资格和城市轨道交通工程监理工作经验。

第四十八条 监理单位必须建立健全安全质量责任制和管理制度，加强对施工现场项目监理机构的管理。

项目监理人员专业、数量应当满足监理工作的需要。

第四十九条 项目总监理工程师原则上在一个工程项目任职，如确需在其他项目兼任的，应当征得建设单位书面同意。

第五十条 监理单位应当编制包括工程安全质量监理内容的项目监理规划，对超过一定规模的危险性较大工程编制专项安全生产监理实施细则。

第五十一条 监理单位应当审查施工组织设计中安全技术措施、专项施工方案及施工监测方案是否符合工程建设强制性标准和设计文件要求。

第五十二条 建筑材料、建筑构配件和设备未经注册监理工程师签字，不得在工程上使用或安装，施工单位不得进行下一道工序的施工。

第五十三条 监理单位应当会同有关单位按照施工技术标准规范和有关规定进行隐蔽工程和分部分项工程验收，并对工程重要部位和环节进行施工前条件验收。

第五十四条 监理单位应当检查施工监测点的布置和保护情况，比对、分析施工监测和第三方监测数据及巡视信息。发现异常时，及时向建设、施工单位反馈，并督促施工单位采取应对措施。

第五十五条 监理单位在实施监理过程中，发现施工单位有下列情况之一的，应当要求施工单位立即整改。情况严重的，应当要求施工单位暂时停止施工，并及时报告建设单位。

（一）工程施工不符合工程设计和标准规范要求的；

（二）不按批准的施工组织设计、专项施工方案或施工监测方案组织施工或监测的；

（三）未落实安全措施费用的；

（四）施工现场存在安全质量隐患的；

（五）项目主要管理人员不到位或资格、数量不符合要求的；

（六）其他违法违规行为。

施工单位拒不整改或者不停止施工的，监理单位应当及时向建设单位报告，建设单位应当责令施工单位整改或停止施工，施工单位仍不整改或不停止施工的，建设单位应当向工程所在地建设主管部门报告。

第五十六条 监理单位应当按规定对监理人员进行安全质量培训。

第五十七条 监理单位应当按照规定将工程监理资料立卷归档。

第六章 工程监测、质量检测单位安全质量责任

第五十八条 从事城市轨道交通工程第三方监测业务的工程监测单位（以下简称监测单位），应当具有相应工程勘察资质，并向工程所在地建设主管部门办理备案手续。

监测单位不得转包监测业务，不得与所监测工程的施工单位有隶属关系或者其他利害关系。

第五十九条 从事城市轨道交通工程质量检测业务的质量检测单位，应当具备相应资质。

质量检测单位不得转包检测业务，不得与所检测工程项目相关的设计单位、施工单位、监理单位有隶属关系或者其他利害关系。

第六十条 监测单位对工程项目的安全质量承担监测责任。监测单位主要负责人应当对本单位监测工作全面负责。项目监测负责人对所承担工程项目的安全质量监测工作负责。

项目监测负责人应当具有相应执业资格和城市轨道交通工程监测工作经验。

第六十一条 监测单位必须建立健全安全质量责任制和管理制度，加强对施工现场项目监测机构的管理。

项目监测人员专业、数量应当满足监测工作的需要。

第六十二条 监测单位应当根据勘察设计文件、安全质量风险评估报告、监测合同及有关资料编制第三方监测方案，经专家论证并经监测单位主要负责人签字后实施。

监测单位应当按照第三方监测方案开展监测和巡视工作，及时向建设、监理、设计单位提供监测报告。发现异常时，立即向建设单位反馈。

第六十三条 质量检测机构应当按照工程建设标准和国家有关规定进行质量检测。在检测过程中发现有结构安全检测结果不合格、严重影响使用功能等情况，应当及时向建设、监理单位反馈。

第六十四条 监测、质量检测单位出具的监测、检测报告应当经监测、检测人员签字，监测、质量检测单位法定代表人或其授权签字人签署，并加盖公章后方可生效。质量检测单位出具的见证取样检测报告中应当注明见证人单位及姓名。

监测、质量检测单位应当对监测、检测报告的真实性和准确性负责。

第六十五条 监测、质量检测单位应当按规定对监测、检测人员进行安全质量培训，培训考核合格后方可上岗。

第六十六条 监测、质量检测单位应当按照规定将工程监测、质量检测资料立卷归档。

第七章　安全质量事故应急处置

第六十七条 城市轨道交通工程所在地县级以上地方人民政府建设主管部门、建设单位、施工单位应当编制城市轨道交通工程安全质量事故应急预案，建立健全安全生产预警和应急协调保障机制。

建设单位、施工单位应当将编制的应急预案报工程所在地建设主管部门备案，并组织定期演练。

第六十八条 城市轨道交通工程安全质量事故发生后，施工单位应当立即采取防止事故危害扩大的必要措施，并按有关规定向工程所在地建设主管部门报告。工程所在地建设主管部门接到报告后，应当按照规定逐级上报上级建设主管部门。

工程所在地建设主管部门应当在当地人民政府的统一领导下，针对事故危害程度，启动相应应急预案，可以采取以下应急处置措施：

（一）组织制定抢险救援方案；

（二）组织应急抢险队伍参加抢险救援工作；

（三）拆除、迁移妨碍应急处置和抢险救援的设施、设备或者其他障碍物等；

（四）采取防止发生次生、衍生灾害的其他必要措施。

第六十九条 应急抢险结束后，建设单位应当组织设计、施工等单位制定工程恢复方案，必要时经专家论证后实施。

第七十条 鼓励建设、施工等单位参加工程保险，采用现代化信息技术加强施工现场监控管理，提高风险防范能力。

第八章　监督管理

第七十一条 城市轨道交通工程所在地县级以上地方人民政府建设主管部门应当对城市轨道交通工程安全质量相关法律、法规以及强制性标准的执行情况实施监督检查。

第七十二条 城市轨道交通工程所在地县级以上地方人民政府建设主管部门可以委托建设工程安全质量监督机构（以下简称监督机构）具体实施对城市轨道交通工程安全质量的监督检查。

监督机构应当根据城市轨道交通工程规模，配备城市轨道交通工程相关专业监督人员。

第七十三条 城市轨道交通工程所在地县级以上地方人民政府建设主管部门或其委托的监督机构履行监督检查职责时，有权采取下列措施：

（一）要求被检查单位提供工程安全质量的文件和资料；

（二）进入被检查单位的施工现场或工作场所进行检查；

（三）对检查中发现的安全质量隐患，责令立即整改；对于重大安全质量隐患，责令暂时停止施工。

第七十四条 城市轨道交通工程所在地县级以上人民政府建设主管部门应当建立、公布并及时更新城市轨道交通工程专家库,并制定相应管理制度。

第七十五条 城市轨道交通工程安全质量情况实行逐级报送制度。城市轨道交通工程所在地县级以上地方人民政府建设主管部门应当每季度向上级建设主管部门上报上季度本行政区域内城市轨道交通工程安全质量情况。发生安全质量事故的,应当及时报送事故调查处理情况。

城市轨道交通工程所在地县级以上地方人民政府建设主管部门应当定期公布建设、勘察、设计、施工、监理、监测、质量检测等单位安全质量信息。

第七十六条 建设、勘察、设计、施工、监理、监测、质量检测等单位有违反建设法律法规规章行为的,由县级以上人民政府建设主管部门按照管理权限依法予以罚款、停业整顿、降低资质等级、吊销资质证书等行政处罚;构成犯罪的,依法追究刑事责任。

第九章 附 则

第七十七条 本办法由国务院住房和城乡建设主管部门负责解释。

第七十八条 本办法自公布之日起施行。

关于印发《市政公用设施抗震设防专项论证技术要点(室外给水、排水、燃气、热力和生活垃圾处理工程篇)》的通知

建质〔2010〕70号

各省、自治区住房和城乡建设厅,直辖市建委及有关部门,新疆生产建设兵团建设局:

根据《市政公用设施抗灾设防管理规定》(住房和城乡建设部令第1号),我部组织编制了《市政公用设施抗震设防专项论证技术要点(室外给水、排水、燃气、热力和生活垃圾处理工程篇)》,现印发给你们,供在有关专项论证工作中使用。各地住房和城乡建设主管部门要加强监管,确保市政公用设施抗震设防专项论证制度的落实。

各地在论证和管理工作中发现的有关问题,请告我部工程质量安全监管司。

中华人民共和国住房和城乡建设部
二〇一〇年四月二十一日

市政公用设施抗震设防专项论证技术要点
(室外给水、排水、燃气、热力和生活垃圾处理工程篇)

第一章 总 则

第一条 根据《市政公用设施抗灾设防管理规定》(住房和城乡建设部令第1号),为做好全国城镇市政公用设施新建、扩建、改建工程初步设计阶段的抗震设防专项论证工作,制定本技术要点。

第二条 本技术要点适用于抗震设防区的下列工程:

(一) 20万人口以上的城镇或7度及以上的县及县级市,其主要取水设施和输配水管线,管网中的加压或提升泵房,水质净化处理厂的主要水处理建(构)筑物、配水井、送水泵房、中控室、化验室等;

(二) 20万人口以上的城镇或7度及以上的县及县级市,其污水干管(含合流),管网中的加压或提升泵房,主要污水处理厂的主要水处理建(构)筑物、进水泵房、中控室、化验室,以及城市排涝泵站、城镇主干道立交处的雨水泵房;

(三) 20万人口以上的城镇和所有县及县级市,其主要燃气厂的主厂房、贮气罐、加压泵房和压缩间、调度楼及相应的超高和高压调压间、高压和次

高压输配气管道等主要设施；

（四）50万人口以上的城镇的主要热力厂主厂房、调度楼、中继泵站及相应的主要设施用房，热力管网的主干线。

（五）易产生严重次生灾害的生活垃圾处理设施；

（六）超出现行工程建设标准适用范围的给水、排水、燃气、热力和生活垃圾处理工程。

第三条 依据本技术要点论证后，应达到以下抗震设防目标：当遭受低于本地区抗震设防烈度的多遇地震（50年超越概率约为63%）影响时，工程设施不致损坏或不需修理便可继续使用；当遭受相当于本地区抗震设防烈度的设防地震（50年超越概率约为10%）影响时，建（构）筑物不需修理或经一般修理后即可继续使用，管网震害可控制在局部范围内，不致引发次生灾害；当遭受高于本地区抗震设防烈度的罕遇地震（50年超越概率2%~3%）影响时，建（构）筑物不致发生危及生命或导致重大经济损失的严重损坏，管网震害不致引发严重次生灾害，并便于抢修、迅速恢复使用。

第二章 专项论证的技术资料

第四条 项目建设单位组织抗震设防专项论证时，应提供以下技术资料，并提前至少三天送交参加论证的专家：

（一）建设项目基本情况（略）；

（二）建设项目的可行性研究报告及项目核准文件；

（三）建设项目的岩土工程勘察报告；

（四）建设项目的初步设计文件（含工艺、设备和建筑、结构及其主要施工工法）；

（五）结构设计的初步设计计算书；

（六）当参考或引用国外有关抗震设计标准、工程实例、震害资料和计算机设计软件时，应提供相应的说明与论证。

第五条 抗震设防专项论证的技术资料应符合下列具体要求：

（一）建设项目的可行性研究报告，应论证其选址、布局等符合城镇总体规划和抗震防灾专项规划的要求，并说明其与已建、续建同类工程的关系。

（二）岩土工程勘察报告，应包括岩土特性参数、地基承载力特征值、场地类别、液化评价、剪切波速测试结果、地基及基础设施建设方案。对测定土层剪切波速的钻孔数量，应符合《室外给水排水和燃气热力工程抗震设计规范》GB 50032的要求。

当处于抗震不利地段时，应有相应的岩土地震稳定性（如滑坡、崩塌、液化和震陷特性等）评价，以及地形及断裂影响等抗震性能评价内容。

（三）结构设计的计算书，应包括燃气、热力、给水工程的水质净化处理、排水工程的污水处理、生活垃圾处理厂站内各种功能的主要建筑物、构筑物和管网结构的抗震计算。

建筑物的结构抗震设计，应符合《建筑抗震设计规范》GB 50011的规定；构筑物和管道结构的抗震设计应符合《室外给水排水和燃气热力工程抗震设计规范》GB 50032的规定。对超越规范适用范围的结构，应说明其抗震设计依据，并论证相应抗震措施的可靠性。

当采用软件分析时，应提供软件名称、原始设计参数，并对计算结果作分析论证。

（四）要求工艺和设备满足的抗震措施。

（五）除本条要求外，初步设计文件的深度应符合《市政公用工程设计文件编制深度规定》的要求。

第三章 专项论证的内容

第六条 给水、排水、燃气、热力和生活垃圾处理工程设施的布局应符合下列要求：

（一）给水水源、燃气气源、热力供暖热源不宜少于两个，并尽可能布局在城镇的不同方位。

（二）取地表水为水源的城镇，宜配置适量的提取水质合格的地下水的水源井，以备应急用水。

（三）给水、燃气管网的干线应环状布置；热力管网的主干线应联网运行。

（四）燃气气源的布局应充分考虑气源的热值与组分，具备互换性。

（五）城镇内的排水系统宜分区布局，就近处理，分散排放。

（六）城镇生活垃圾处理设施的布局应符合当地有关规划的要求，并应避开发震断裂影响、滑坡、泥石流、沼泽地段。

第七条 岩土工程勘察成果应符合下列要求：

（一）波速测试孔数数量和布置应符合规范要求；测量数据的数量应符合规定。

（二）建设场地的类别划分、液化判别和液化等级评定、不利和危险地段的判断（含对存在断裂评价）应准确、可靠。

（三）对河、湖、塘等处的岩土边坡稳定性，应提供抗震性能评估。

第八条 抗震设防依据的采用应符合下列要求：

（一）应正确无误地应用岩土工程勘察成果；

（二）应正确无误地采用设计地震动参数；

（三）对建筑物的结构抗震计算和采用的抗震措施，应符合国家标准《建筑抗震设计规范》GB 50011的规定；对构筑物和管网结构的抗震计算、抗震措施，应符合国家标准《室外给水排水和燃气热力工程抗震设计规范》GB 50032的规定。

（四）根据《防震减灾法》、《地震安全性评价管理条例》等法律法规应做地震安全性评价的给水、排水、燃气、热力、生活垃圾集中处理工程，符合相关技术标准的地震安全性评价报告提出的评价结论，可作为工程抗震设防的基础性依据。

第九条 给水、排水工程的构筑物和管网的抗震设防，应符合下列要求：

（一）对厂站的厂址和管网的线路，应由工程设计的工艺专业会同结构专业通过可行性研究或初步设计论证确定。首先应依据岩土工程勘察报告做好场地的选择，尽量避开不利地段，选择有利地段，不应在危险地段建设。

（二）当管道、厂站内构筑物不能避免在液化地段建造时，应对液化土层进行抗震处理。液化土层的抗震处理，应根据构筑物、管道的使用功能和土层液化等级，按国家标准《室外给水排水和燃气热力工程抗震设计规范》GB 50032 的规定，区别对待提供处理措施。

（三）当管道线路不可避免需要靠近或通过发震断裂建造时（指已评价为不可忽视的必震断裂影响），应符合下列要求：

1. 当靠近发震断裂建造时，应避开一定的距离；避开的最小距离，不应小于规范规定的要求；

2. 当管道不可避免通过发震断裂时，应尽量与断裂带正交；管道应采用钢管或聚乙烯（PE）管（无压、中低压管道）；管道应敷设在套管内，周围填充砂料；断裂带两侧的管道上应设置紧急关断阀（宜采用振动控制的速闭阀门），以及时控制震害。

（四）当管道和厂站内构筑物靠近河、湖、塘边坡建造时，如地基内存在液化土或软土时，应通过对边坡的抗震滑动稳定验算，做好边坡加固处理。

（五）对管网应根据其运行功能，分区、分段设置阀门，以便按需切断，控制震害；阀门处应设置阀门井。

（六）对于中、小城镇由于条件限制，仅具备一个水源时，应适当增加净水厂中清水池的有效容积；增加容量不少于最高日运行量的10%。

（七）管网中管道结构的抗震设防，应符合下列要求：

1. 采用承插连接的圆形管道，其接口内应为柔性连接构造；当采用刚性接口圆形管道或钢筋混凝土矩形管道（含共同沟）时，应按国家标准《室外给水排水和燃气热力工程抗震设计规范》GB 50032 的规定作抗震计算，依据计算结果配置必要的柔性接口或变形缝；

2. 采用钢管时，应具备可靠的管内、外及管件的防腐措施；

3. 采用 PE 管时，应根据 PE 管不同结构形式的特点按规范规定进行抗震计算，同时在计算中不宜计入管土共同作用（即位移传递系数取 1.0）；

4. 采用钢管或刚性连接口管道时，在与设备连接处应设置可靠的抗震措施，防止在地震行波作用下管道呈现拉、压（瞬时交替作用）导致损坏设备。

（八）盛水构筑物的抗震设防应符合下列要求：

1. 盛水构筑物一般不宜采用普通砌体结构；当设防烈度为 8 度、9 度时，不应采用普通砌体结构。

2. 矩形水池的角隅处属抗震的薄弱部位，应通过抗震设计加强该处截面的配筋量。

3. 对采用板柱（无梁）结构的盛水构筑物、顶板与周壁间应牢靠连接，保证周壁起到抗震墙作用。

4. 对有盖的盛水构筑物，当设防烈度为 8 度且场地为Ⅲ、Ⅳ类时，池壁应留有足够的干弦（余高），以免在长周期地震波作用下水面涌起波浪，对顶板产生负压。

5. 对盛水构筑物进行抗震计算时，应区分地面式和地下式；对所有大型分体式敞口式水池，其内部结构单元及池体内部的墙体构件应按地面水池对待；对其他池高一半以上埋于地下的构筑物，可按地下式水池计算。

第十条 取水构筑物和泵房的抗震设防应符合下列要求：

（一）取地下水的水源井：

1. 井管应采用钢管；当地基内存在液化土层时，井管内径与泵体外径间的空隙不宜少于 50mm；

2. 水泵的出水管应设置良好的柔性连接；

3. 对运转中可能出砂的管井，应设置补充滤料设施。

（二）取地表水的进水泵房，当靠近河、湖边坡设置时，应对边坡进行抗震分析，以确保边坡的抗震稳定。

（三）泵房与配电室、控制室等毗连建造时，当两者的竖向高程、平面布置相差较大，应对整体结构作空间抗震分析，在连接部位加强抗震措施，或设置防震缝加以分割；如同时考虑兼作沉降缝时，则应贯通基础。

(四)泵房的地面以上结构的抗震设防,应符合国家标准《建筑抗震设计规范》GB 50011的规定;地下部分结构的抗震设防,应符合国家标准《室外给水排水和燃气热力工程抗震设计规范》GB 50032的规定。

第十一条 燃气、热力工程设施的抗震设防应符合下列要求:

(一)关于建设场地选择、液化地段和管道靠近或通过发震断裂带等抗震设防要求,同第九条(一)至(四)款。

(二)燃气厂、门站、储配站、气化站、减压站、混气站、输气管道的首、末站、分输站和气源接收站的进出口,均应设置紧急切断阀。

在中压及以上压力级燃气干管上,应设置分段阀门,并应在阀门两侧设置放散管;在燃气支管的起点处、燃气管道穿越或跨越河道的两岸,均应设置阀门。

(三)热力工程中每台锅炉的供油(气)干管上,应设置快速切断阀;回油(气)干管上应设置止回阀。贮气罐承受的地震作用,应按国家标准《室外给水排水和燃气热力工程抗震设计规范》GB 50032的规定计算确定。

(四)球形贮气罐在地震力作用下,主要应核算其支承结构。支承结构的基础,当设防烈度为7度且场地Ⅰ、Ⅱ时可采用独立墩式基础,当场地为Ⅲ、Ⅳ类或设防烈度为8度、9度时应采用环形基础,使基础连成整体。

卧罐应设置鞍型支座、支座与支墩间应采用螺栓连接。

水槽式螺旋轨贮气罐每组导轮的轴座,应具有良好的整体性;当罐容量大于或等于5000m³时,贮气各塔的导轮不宜采用小于24kg/m的钢轨。

与贮气罐相连的液相、气相管、进出燃气管,均应设置补偿器、金属软管或其他可绕性连接措施。

(五)对现行抗震设计标准中未涵盖的设施,应提供抗震设防依据及相应抗震措施的可靠性,供论证分析。

第十二条 生活垃圾处理工程的抗震设防,应符合下列要求:

(一)垃圾焚烧厂内的主要设施:进料车间、焚烧厂房、发电机房、变配电间、烟气处理车间、控制室等,应符合国家标准《建筑抗震设计规范》GB 50011的规定;锅炉房、油库等应符合国家标准《构筑物抗震设计规范》GB 50192的规定;污水处理站的构筑物应符合国家标准《室外给水排水和燃气热力工程抗震设计规范》GB 50032的规定。

(二)垃圾卫生填埋场内的主要设施:污水调节池、污水处理站等应符合国家标准《室外给水排水和燃气热力工程抗震设计规范》GB 50032的规定;垃圾填埋库区及运输道路的边坡抗震稳定、垃圾坝的抗震设计及抗震措施,应符合《水工建筑物抗震设计规范》SDJ10的规定(应注意荷载、工况等不同条件)。

(三)垃圾堆肥厂的主要设施:进料车间、分拣车间、堆肥车间、变配电间、污水处理站等、抗震设防要求同本条第(一)款。

第十三条 城镇中给水、排水、燃气、热力工程的重要厂站和交通主干道处的排水泵站,应配置自备应急电源。

第十四条 对新建、改建和扩建的给水、排水、燃气、热力工程设施中有特殊要求时应设置的安全监测系统、健康监测系统,应论证其装置布局是否合理、适用;装置设备是否可靠;并列入建设项目预算,与主体工程同时设计、同时施工、同时投入使用。

第四章 专项论证意见

第十五条 抗震设防专项论证意见主要包括下列内容:

(一)总体评价。对建设项目的抗震设防标准、工程的总体布局、场地评价、建(构)筑物的体型规则性、结构体系及分析模型,管网管材的选用、工艺及结构构造措施,抗震计算的正确性等,作出简要评定。

(二)存在问题。对影响抗震安全的问题,应在论证意见中提出,并明确处理意见。

(三)结论。结论可分为"可行"、"修改"、"不可行"三种:

1. 符合抗震设防要求的工程项目列为"可行"。勘察设计单位对论证提出的重要意见的执行情况,由施工图审查机构在施工图审查时进行检查。

2. 对抗震设计、工艺和结构抗震措施不尽合理,抗震设防存在缺陷的工程,应列为"修改"。由设计单位补充修改后提出局部修改报告,经原专项论证组确认通过后,建设单位按有关规定存档,并由施工图审查机构在施工图审查时检查其执行情况。

3. 对存在严重抗震安全问题的项目(工程布局和管网管材的选用不符合抗震设防要求、工艺抗震措施缺失、勘察设计结论或结构抗震计算有误等),应列为"不可行"。勘察设计单位应重新进行勘察或初步设计，由建设单位重新组织专项论证。

第五章 附 则

第十六条 本技术要点所称抗震设防区，是指地震基本烈度六度及六度以上地区（地震动峰值加速度≥0.05g的地区）。

第十七条 本技术要点由住房和城乡建设部工程质量安全监管司负责解释。

关于进一步加强汶川地震灾后恢复重建工程质量管理的通知

建质〔2010〕85号

各有关省住房城乡建设厅，直辖市建委（建设交通委）：

今年3月至4月，我部对四川、甘肃、陕西三省汶川地震灾区恢复重建工程质量进行了督查。从督查的工程情况看，恢复重建工作进展顺利，灾区省和援建省市住房城乡建设主管部门及广大建设者全力以赴，认真组织，精心建设，严格管理，工程质量总体情况良好，但也存在一些质量通病和建设程序等方面的问题。目前，恢复重建工作已进入"三年目标任务两年基本完成"的关键时期。为确保工程质量，圆满完成恢复重建任务，现就进一步加强恢复重建工程质量管理工作通知如下：

一、充分认识恢复重建工程收尾工作的重要性

灾后恢复重建工程事关受灾群众切身利益及灾区长远发展。目前恢复重建工程大多进入了收尾阶段。因时间较紧，项目数多，工程量大，竣工验收集中，工程投资、参建等主体多元化，使得收尾阶段工程质量管理工作难度加大，任务更加艰巨。百年大计，质量第一。灾区省、援建省市各级住房城乡建设主管部门和工程参建各方一定要以对国家、对人民、对子孙后代负责的态度，高度重视并扎实做好恢复重建工程竣工收尾工作，切实采取有效措施，加强工程质量管理，保质保量地按期完成恢复重建任务。

二、严格执行法定程序和工程建设标准

恢复重建工程的建设、勘察、设计、施工、监理等各方责任主体和工程质量检测等有关机构要严格执行各项法定程序和工程建设标准。所有恢复重建工程，无论其资金来源方式如何，无论其建设管理方式如何，均应按规定办理相关基本建设手续。要严格防止因赶工期、抢进度而产生质量通病和质量隐患。各级住房城乡建设主管部门要加大监督执法力度，对违反法定程序和工程建设强制性标准的，要责令限期改正，并依法严肃处理。

三、狠抓工程质量责任落实

恢复重建工程各参建单位、专业机构和有关人员要按照法律规定和合同约定，对工程质量承担相应责任。要进一步严格落实建设、勘察、设计、施工、监理单位法定代表人责任制、关键岗位执业人员负责制和工程质量终身负责制等制度。工程竣工后，建设单位要在每栋建筑物明显部位永久标注建设、勘察、设计、施工、监理单位的名称及主要责任人的姓名，接受社会监督。各级住房城乡建设主管部门要进一步加大监督检查力度，督促有关单位及时处理新闻媒体曝光和社会公众发现的质量问题，对于违法违规行为，要依法追究有关单位和责任人的法律责任。

四、强化工程竣工验收监管

各级住房城乡建设主管部门要切实加强对恢复重建工程竣工验收各个环节的监管，监督建设单位严格按照有关法律法规、工程建设强制性标准和验收程序的要求组织工程竣工验收，住宅工程还应做好分户验收。未经竣工验收或验收不合格的工程，不得投入使用。建设单位应按规定及时办理工程竣工验收备案。住房城乡建设主管部门发现建设单位在竣工验收过程中有违反国家有关建设工程质量管理规定行为的，责令停止使用，重新组织竣工验收。

五、加强建设工程档案管理

各级住房城乡建设主管部门要加强对建设工程

档案管理的监督和指导。建设单位要严格按照有关档案管理的规定，组织勘察、设计、施工、监理等有关单位及时收集、整理从项目决策立项到工程竣工验收各环节的全部文件资料及竣工图，健全建设项目档案，并在工程竣工验收后，及时报送城市建设档案管理机构，确保档案的完整、准确、系统和有效利用。

六、完善工程质量保修制度

恢复重建工程施工单位应按规定向建设单位出具工程质量保修书，明确工程保修范围、保修期限和保修责任等内容，切实履行工程质量保修责任。对于住宅工程，建设单位应向用户出具住宅质量保证书。灾区省住房城乡建设主管部门要在征求对口援建省市意见的基础上，抓紧研究制订恢复重建工程质量保修的具体措施，针对援建工程的特殊性，妥善处理好援建工程的质量保修问题，确保每一项恢复重建工程的质量保修责任落实到位。

中华人民共和国住房和城乡建设部
二〇一〇年六月三日

六、城乡规划与村镇建设类

关于深入推进房地产开发领域违规变更规划调整容积率问题专项治理工作情况的通报

建规〔2010〕57号

各省、自治区住房和城乡建设厅、监察厅，直辖市规划委员会（局）、监察局：

2009年4月，住房和城乡建设部、监察部下发了《关于对房地产开发中违规变更规划、调整容积率问题开展专项治理的通知》（建规〔2009〕53号），组织开展房地产开发领域违规变更规划、调整容积率问题专项治理（以下简称容积率专项治理）。2009年7月，中央部署开展工程建设领域突出问题专项治理后，两部及时把容积率问题的治理纳入工程建设领域突出问题专项治理中，进一步作出安排。各级城乡规划主管部门和监察机关认真履行职责，深入推进容积率专项治理工作，取得了阶段性成果。现将有关情况通报如下：

一、前一阶段专项治理的开展情况

中央纪委、监察部和住房城乡建设部领导对抓好容积率专项治理工作非常重视。中央政治局常委、中央纪委书记贺国强就此作出了重要批示。为加强对专项治理工作的组织领导和综合指导，住房城乡建设部、监察部成立了专项治理工作领导小组及办公室。2009年4月，两部召开全国电视电话会议，动员部署专项治理工作；5月，组织5个调研组分别赴北京、安徽、福建、海南等省（市），对专项治理开展情况进行了调研督导；6月，分三个片区召开了由各省（区、市）、省会城市、计划单列市城乡规划主管部门和监察机关的有关同志参加的专项治理工作座谈会，采取以会代训的形式，对各地工作骨干进行了培训；9月，召开了容积率问题专项治理自查情况交流会；11月，下发了《关于深入推进房地产开发领域违规变更规划调整容积率问题专项治理的通知》，组织各地开展专项治理"回头看"，重点对自查自纠不深不细、整改不到位、案件查处不力等问题进行认真复查整改。地方各级党委、政府及城乡规划主管部门、监察机关行动迅速，周密部署，扎实推进，专项治理工作健康、有序开展。

（一）深入开展自查自纠，依法处理了一批违法违规问题。从2009年5月起，各地开始组织自查自纠，对2007年1月1日至2009年3月31日期间领取规划许可的房地产开发项目进行梳理清查，对发现的违法违规问题及时依法处理。截至2009年12月

31日,除西藏外,全国30个省(区、市)共自查房地产项目73139个(用地面积447557公顷),其中存在变更规划、调整容积率项目8235个,占自查项目总数的11.26%;发现违规变更规划、调整容积率项目1988个(用地面积5474公顷),占自查项目总数的2.72%,占变更规划、调整容积率项目数的24.14%;通过自查自纠共补交土地出让金等124.06亿元,罚款6.51亿元,撤销规划许可57项。从两部专项治理办公室掌握的情况看,北京、辽宁、江苏、浙江、安徽、江西、山东、湖北、湖南、广东、广西、四川、贵州、云南、陕西、青海等省(区、市)行动迅速,基础性工作相对扎实,情况上报及时、详细。

(二)加大查办力度,严肃查处了一批违纪违法案件。各地注意加大办案力度,认真调查核实群众举报的问题和线索,严肃查处了一批违纪违法案件。截至2009年12月31日,各省(区、市)容积率问题专项治理工作机构共受理群众举报888件,查实241件,给予党政纪处分178人,其中县处级干部45人,地厅级干部9人;移送司法机关69人,其中县处级干部19人,地厅级干部3人。从各地案件查办情况看,目前以下四类问题比较突出:一是公职人员利用规划审批权,搞权钱交易,索贿受贿;二是地方政府和城乡规划主管部门从地方、部门利益出发,违反法定权限和程序,擅自批准变更规划、调整容积率,随意减免土地出让金及配套规费;三是房地产开发商未经批准,擅自违反规划许可进行开发建设,政府主管部门失职渎职,监管不力甚至放弃监管;四是房地产开发商利用伪造公文、私刻公章等不法手段,骗取变更规划、调整容积率的规划许可。各地严肃查处了一批典型案件,发挥了查案的震慑和教育作用。湖北省查处了麻城市房地产开发领域腐败窝案,麻城市原市委书记邓新生、原主管城建的副市长徐圣贤、建设局原局长夏桂松等公职人员在土地出让、规划审批、规费减免过程中收受房地产商贿赂。浙江省查处了平阳县房地产领域腐败窝案,原平阳县委副书记、县长黄安波,原平阳县委常委、常务副县长徐定锦等4名县处级干部,利用职务之便,为有关企业在增加容积率、免交土地出让金等方面谋取利益,非法收取他人财物。海南省查处了三亚市政府原市长助理曾清泉违纪违法案,曾清泉在担任三亚市规划局局长和市长助理期间,利用职务之便,在规划审批、调整容积率等方面,为他人谋取利益,索取、收受他人巨额财物。

(三)注重长效机制建设,建立健全了一批法规制度。一些地方通过专项治理查找问题,有力推进了城乡规划工作的制度建设。目前,各地相继制定出台了一批政策性文件。北京、河北、安徽、福建、江西、山东、陕西等省、市对建设用地容积率调整的条件和程序作出了明确规定。北京市规划委、市监察局共同制定了《关于落实住房和城乡建设部、监察部〈关于加强建设用地容积率管理和监督检查的通知〉的意见》,将建设用地容积率指标的调整程序具体细化为书面申请、集体研究、技术论证、部门联审、专家评议、公众参与、请示上报、人大备案等八大环节。河北省以省人民政府令形式下发了《河北省城市控制性详细规划管理办法(试行)》,对修改控详规以及变更建筑容积率、建筑密度等开发强度控制性内容的程序作了限制性规范,并设定了法律责任。长春市以清查项目、查处案件为切入点相继出台了《长春市经营性用地容积率指标调整办法》、《长春市建设项目容积率计算原则》、《长春市关于违规调整建设用地容积率的责任追究办法》等一系列政策性文件。各地还就推进城乡规划工作政务公开进行了积极探索,普遍建立起了规划批前和批后公示、近期建设项目公示、建设项目批前和批后公示、违法查处公示,以及社会监督员等制度。

二、专项治理工作中存在的主要问题

总的看,专项治理工作进展顺利,取得了阶段性成果,但还存在着一些不容忽视的问题,需要在下一步的工作中认真加以整改。主要有:

(一)一些地方自查自纠不够深入。少数地方对容积率专项治理工作的重要性认识不够,仍然处于被动应付状态,工作进展缓慢,工作成效不大。有的自查自纠不深入不扎实,基础性工作薄弱,从各地上报的情况看,还存在着"零问题"、"零案件"的情况;有的上报情况不及时,数据不完整,存在缺项、漏项的情况。另外,一些地方对清理相关地方性法规和规范性文件重视不够,一些明显与《城乡规划法》规定不一致的规范性文件没有得到及时清理纠正。

(二)查办案件工作力度还需进一步加大。当前,群众投诉反映违规变更规划、调整容积率问题的举报量依然居高不下,但一些地方开展监督检查的措施不够有力,查办案件的力量投入不足,部门间协调机制不健全。少数省(区、市)对两部转办案件不够重视、不够严肃,有的对两部要结果的案件不予回复或回复时间超期过长;有的对转办案件不直接进行调查处理,转交投诉涉及的地市城乡规划部门调查处理，甚至回函直接转呈下级报告，对需核实的问题，不下判断、结论，不提整改意见措施。2009年，两部专项治理办公室共向各地专项治理办公室发转办函83件，其中要求按期回复结果的有51件；截至2010年2月12日，已收到回复42件，9件尚未回复。

（三）各地规划变更、容积率调整程序有待进一步规范。目前，各地对于变更规划、调整容积率的做法和程序有不同规定，少数地区存在以政府会议纪要等形式决定规划设计条件调整的现象，需要按照《城乡规划法》，对相关地方性规章制度进行梳理，进一步规范规划变更和容积率调整的具体条件和操作程序。另外，一些城市控规覆盖面小，土地出让、规划审批缺乏控规依据，规划条件审批随意性大。

三、2010年专项治理工作安排

2010年3月4日，中央治理工程建设领域突出问题工作领导小组召开第二次会议，对今年专项治理工作进行了研究部署。会上，中央书记处书记、中央纪委副书记何勇作了重要讲话，对深入开展房地产开发领域违规变更规划、调整容积率问题专项治理提出了更高的要求。各地区和有关部门要认真学习领会何勇同志的重要讲话精神，进一步提高思想认识，按照中央专项治理工作领导小组的部署要求，切实把容积率专项治理作为工程建设领域突出问题专项治理的重要任务，加强组织领导，明确工作责任，加大治理力度，以求真务实的工作作风深入推进容积率专项治理工作，不断取得新的成效。

经住房城乡建设部、监察部研究，2010年，容积率问题专项治理要结合工程建设领域突出问题专项治理规范城乡规划管理工作，重点抓好以下几项工作：

（一）对调整容积率指标、改变土地用途的房地产开发项目进行清理检查。重点对2009年4月1日至12月31日领取规划许可的房地产项目进行清理检查。对检查发现的违法违规问题，要依法处理到位。

（二）严肃查处违纪违法案件。进一步完善部门间沟通协调机制，拓宽案件线索来源渠道，加大案件查办力度，严肃查处国家机关工作人员在建设用地规划变更、容积率调整等城乡规划工作中玩忽职守、权钱交易等违纪违法行为，严肃查处城乡规划管理中损害群众合法权益的问题。住房城乡建设部、监察部将对重点案件进行挂牌督办，适时向社会通报一批查结的典型案件。

（三）完善城乡规划管理及监督检查制度。一是继续组织各地对相关规范性文件进行清理。二是制定完善控制性详细规划编制、修改管理制度，修订出台《违反城乡规划规定行为处分办法》等制度规定。三是完善规划编制、修改、审批公开、公示和征求公众意见等制度。

（四）加强综合指导和监督检查。各省（区、市）容积率问题专项治理工作机构要加强监督检查，督促各级抓好工作落实。第二季度，住房城乡建设部、监察部组织对部分地区专项治理工作开展以来的情况进行抽查，重点检查"零问题"、"零案件"的地区和群众投诉举报较多的地区，督促整改到位、处理到位。第三季度，两部将总结通报各地专项治理工作开展情况。

中华人民共和国住房和城乡建设部
中华人民共和国监察部
二〇一〇年四月十四日

关于开展中小城市基础设施完善"十二五"规划编制工作的通知

建办规函〔2010〕235号

各省、自治区住房和城乡建设厅，直辖市规划局（委），新疆生产建设兵团建设局：

为贯彻落实2010年中央经济工作会议精神，进一步完善中小城市基础设施建设，提高中小城市承载能力，推动我国城镇化持续稳定发展，我部决定组织开展《中小城市基础设施完善"十二五"规划（2011—2015年）》（以下简称《规划》）编制工作，针对我国中小城市基础设施发展中存在的主要问题，提出完善中小城市基础设施建设的发展目标、项目计划和资金需求，提高中小城市的综合承载能力，促进我国中小城市快速健康有序发展。

为做好《规划》的编制工作，各省、自治区、直辖市城乡规划建设主管部门根据我部统一部署，要同步组织开展本地中小城市基础设施完善"十二五"规划的编制工作，为《规划》确定分地区的中小城市基础设施发展政策、项目建设计划和相关资金安排提供依据。有关规划编制要求附后。

按照我部关于"十二五"规划编制工作的统一部署和要求，《规划》编制工作一般应于2010年12月前定稿。请你单位指定专人负责，务必于2010年7月31日前完成本地规划的编制工作并报我部，以便将有关需求及时纳入《规划》进行统筹安排。

请将你单位负责此项工作的同志、联系人和联系方式于2010年4月10日前传真至我部城乡规划司和城乡规划管理中心。

联系人：城乡规划司城市规划处 王晓东 张晓军
联系电话：010-58934243，58933443（传真）
城乡规划管理中心 邢海峰 刘晓丽
联系电话：010-58933418，58933673（传真）
附：中小城市基础设施完善"十二五"规划编制要求

中华人民共和国住房和城乡建设部
办公厅
二〇一〇年三月二十日

中小城市基础设施完善"十二五"规划编制要求

一、规划名称

＊＊省（自治区、直辖市）中小城市基础设施完善"十二五"规划

二、规划期限

2011～2015年。

三、规划范围

中小城市包括：到2009年底，本地所辖的城区户籍人口50万以下的设市城市，全部的县城。

基础设施包括：交通、供水、污水处理、垃圾处理、供气、供热、园林绿化等设施。

四、编制原则

要按照中央经济工作会议提出的"把重点放在加强中小城市和小城镇发展上，加强市政基础设施建设，完善城市管理，全方位提高城镇化发展水平"的总体目标要求，认真评估本地区中小城市基础设施发展情况，针对"十二五"期间面临的形势，分析目前存在的问题和不足，明确建设需求和重点任务，为科学、合理制定"十二五"规划提供基础。

要坚持因地制宜，量力而行，节约高效的原则。根据所在地区经济发展水平，结合当地资源环境状况，科学合理制定基础设施完善的目标、规模、标准、投资需求和实施计划，加强对建设条件、必要性、可行性和投资估算的审核。基础设施的完善要充分考虑城市规模、已有基础设施服务能力、城镇化水平和发展趋势等因素，坚持中小城市基础设施建设与城镇发展同步规划、配套建设、协调发展。要根据所在地区经济、社会、资源环境状况，科学合理制定基础设施完善的目标和重点任务，合理确定建设规模，避免盲目追求高标准和过度超前。

五、编制组织

各省（自治区、直辖市）城乡规划建设主管部门负责本省（自治区、直辖市）规划的编制工作，专人负责，组织专门技术力量，严格按规定时限完成并上报。同时，应要求各相关的中小城市（县城）的城乡规划建设主管部门做好本地规划的编制工作，为省级规划的编制提供依据。

六、编制内容

（一）总则

结合本地中小城市经济社会发展实际和未来发展需求，分析完善中小城市基础设施对推进本地城镇化、促进经济社会平稳较快增长的意义和作用，深入剖析基础设施对中小城市发展存在的制约，提出本地中小城市基础设施完善"十二五"规划的指导思想和原则。

（二）现状与问题

分析本地中小城市基础设施总体发展状况，各专项基础设施现状建设、投资情况和发展水平，总结经验教训，归纳存在问题，综合分析制约中小城市基础设施建设的原因。

（三）需求预测

从实施城镇化战略，促进中小城市发展，优化中小城市生产生活环境，提高对人口的综合承载能

力角度，分析预测基础设施完善的需求。

（四）任务与目标

根据本地区中小城市基础设施完善存在的问题和面临形势与需求，明确本地区"十二五"重点任务，提出中小城市基础设施完善的总体目标和分行业建设目标。

（五）项目规划

根据任务和目标，确定本地区"十二五"中小城市基础设施建设规划方案，明确"十二五"期间的总体建设投资计划和分行业建设投资计划，编制本省（区、市）中小城市基础设施"十二五"规划汇总表和重点行业项目建设规划表（见附表1、2），确定建设和投资时序。

（六）实施保障

从体制、机制、政策、投融资等方面，提出保障本地区中小城市基础设施完善"十二五"规划的保障措施和建议。

七、进度要求

2010年4月上旬：部署各省、自治区、直辖市组织编制本地的中小城市基础设施完善"十二五"规划编制工作；

4月至7月31日：各省、自治区、直辖市完成省级规划编制工作并上报（包括书面和电子版的规划成果）。住房和城乡建设部规划编制组分东、中、西部地区开展典型中小城市基础设施规划编制工作调研，与省、市相关部门座谈；

8月～9月：住房和城乡建设部规划编制组汇总、对接各省、自治区、直辖市规划，编制完成全国中小城市基础设施完善"十二五"规划草案，召开项目和投资计划对接会；

10月：组织召开专家咨询会，修改完善全国中小城市基础设施完善"十二五"规划草案；

11月：将全国《中小城市基础设施完善"十二五"规划》送各地征求意见；

12月：会同国家发展改革委、财政部等相关部门，组织召开项目审查会，完成全国中小城市基础设施完善"十二五"规划编制工作；

2011年1月：将全国中小城市基础设施完善"十二五"规划报送国家发展改革委。

关于做好2010年扩大农村危房改造试点工作的通知

建村〔2010〕63号

各有关省、自治区、直辖市住房城乡建设厅（建委）、发展改革委、财政厅（局），新疆生产建设兵团建设局、发展改革委、财务局：

为贯彻落实党中央、国务院关于加快农村危房改造和扩大试点的要求，切实做好2010年扩大农村危房改造试点工作，现就有关事项通知如下：

一、明确试点范围与目标任务

2010年中央扩大农村危房改造试点实施范围是全国陆地边境县、西部地区县、国家扶贫开发工作重点县、国务院确定享受西部大开发政策的县和新疆生产建设兵团团场。任务是支持完成120万农村（含新疆生产建设兵团团场连队）贫困户危房改造，其中：优先完成陆地边境县（团场）边境一线12万贫困农户危房改造，支持东北、西北、华北等"三北"地区和西藏自治区试点范围内3万农户结合危房改造开展建筑节能示范。各地区危房改造任务由住房城乡建设部会同国家发展改革委、财政部确定。

二、合理确定补助对象与标准

中央扩大农村危房改造试点补助对象重点是居住在危房中的农村分散供养五保户、低保户、贫困残疾人家庭和其他贫困户。各地要按照优先帮助住房最危险、经济最贫困农户解决最基本安全住房的要求，合理确定补助对象。要坚持公开、公平、公正原则，规范补助对象的审核、审批程序，实行农户自愿申请、村民会议或村民代表会议民主评议、乡（镇）审核、县级审批。同时，要建立健全公示制度，补助对象基本信息和各审查环节的结果要在村务公开栏公示。县级政府要组织做好与经批准的危房改造农户签订合同或协议工作。

2010年中央补助标准为每户平均6000元，在此基础上对陆地边境县（团场）边境一线贫困农户、建筑节能示范户每户再增加2000元补助。各地要在确保完成危房改造任务的前提下，依据农村危房改造方式、建设标准、成本需求和补助对象自筹资金能力等不同情况，合理确定不同地区、不同类型、不同档次的省级分类补助标准。

三、加强资金筹集和使用管理

2010年中央安排扩大农村危房改造试点补助资金（含中央预算内投资）75亿元，并将根据试点地区农户数、危房数、地区财力差别、上年地方补助资金落实情况以及试点工作绩效等因素进行分配，由财政部会同国家发展改革委、住房城乡建设部联合下达。各地要采取积极措施，整合相关项目和资金，将抗震安居、游牧民定居、自然灾害倒损农房恢复重建、贫困残疾人危房改造、扶贫安居等与农村危房改造有机衔接，通过政府补助、银行信贷、社会捐助、农民自筹等多渠道筹措扩大农村危房改造试点资金。地方各级财政要将扩大农村危房改造试点地方补助资金和项目管理等工作经费纳入财政预算，省级财政要切实加大资金投入力度。

各地要按照有关规定加强扩大农村危房改造试点补助资金的使用管理。补助资金要实行专项管理、分账核算、专款专用，并按有关资金管理制度的规定严格使用，健全内控制度，执行规定标准，严禁截留、挤占和挪用。各级财政部门要会同发展改革、住房城乡建设部门加强资金的监督管理，并积极配合有关部门做好审计、稽查等工作。要定期对资金的管理和使用情况进行监督检查，发现问题，及时纠正，严肃处理。问题严重的要公开曝光，并追究有关责任人员的责任，涉嫌犯罪的，移交司法机关处理。财政部驻各地财政监察专员办事处将对各地扩大农村危房改造试点资金使用管理等情况不定期进行抽查。

四、科学制定试点实施方案

各省级住房城乡建设、发展改革、财政等部门要认真组织编制2010年扩大农村危房改造试点实施方案，在综合考虑实际需求、管理能力、用工量、建材供应与运输等因素的基础上，将改造任务合理细化分解落实到各试点县（团场），并于2010年6月1日前报住房城乡建设部、国家发展改革委、财政部备案。各试点县（团场）也要将任务合理细化分解落实到乡（镇）、村（连队），陆地边境县（团场）要优先支持与边境直接毗邻村寨的贫困农户。

五、落实危房改造建设基本要求

拟改造农村危房属整栋危房（D级）的应拆除重建，属局部危险（C级）的应修缮加固。重建房屋原则上以农户自建为主，农户自建确有困难且有统建意愿的，地方政府要发挥组织、协调作用，帮助农户选择有资质的施工队伍统建。坚持以分散分户改造为主，在同等条件下，优先安排危房集中村庄（连队）的危房改造，积极编制村庄规划，统筹协调道路、供水、沼气、环保等设施建设，整体改善村庄人居环境。陆地边境一线农村危房改造重建以原址翻建为主，确需异址新建的，应靠紧边境、不得后移。

要严格控制危房改造建筑面积和总造价。翻建新建或修缮加固住房建筑面积原则上控制在40至60平方米以内。农房设计建设要符合农民生产生活习惯、体现民族和地方建筑风格、传承和改进传统建造工法，推进农房建设技术进步。各地要组织技术力量编制可分步建设的农房设计方案并出台相关配套措施，引导农户先建40到60平方米的基本安全房，同时又便于农民富裕后向两边扩建或者向上加盖。地方政府要积极引导，防止出现群众盲目攀比超标准建房的问题。各地要加强地方建筑材料利用研究，探索符合标准的就地取材建房技术方案。要结合建材下乡，组织协调主要建筑材料的生产、采购与运输，并免费为农民提供建筑材料质量检测服务。

六、强化工程质量安全管理

各地要建立农村危房改造质量安全管理制度，确保危房改造的工程质量。地震设防地区要严格执行抗震设防标准与要求。地方各级尤其是县级住房城乡建设部门要组织技术力量，对危房改造施工现场开展质量安全巡查与指导监督；加强农村危房改造竣工质量安全检查，对检查不合格的限期整改；要开设危房改造咨询窗口，面向农民提供危房改造技术服务和工程纠纷调解服务。完善和加强乡镇建设管理机构，强化农村建筑工匠培训，提高服务和管理农村危房改造的能力。

七、完善农户档案管理

各地要按照《关于建设全国扩大农村危房改造试点农户档案管理信息系统的通知》（建村函〔2009〕

168号)要求,完善危房改造农户纸质档案,实行一户一档,批准一户、建档一户,规范有关信息管理。农户纸质档案必须包括档案表、农户申请、审核审批、公示、协议等材料,其中档案表必须按照信息系统公布的最新样表制作。在此基础上,建立健全农户纸质档案表信息化录入制度,确保农户档案及时、全面、真实、完整、准确录入系统。今后各地工程进度等情况将以录入信息系统中的数据为准。改造后农户住房产权归农户所有,并根据实际做好产权登记。

八、推进建筑节能示范

"三北"地区和西藏自治区农村危房改造试点要点面结合,同步推进建筑节能示范。每个试点县(团场)至少要安排两个相对集中的示范点(村、连队),有条件的县(团场)每个乡镇安排一个示范点(村、连队)。建筑节能示范要严格执行《严寒和寒冷地区农村住房节能技术导则(试行)》,加强专家组对口指导,实行逐户验收。建筑节能示范户录入信息系统的"改造中照片"必须反映主要建筑节能措施施工现场。要组织农村建筑工匠和农民学习节能技术和建造管理,做好宣传推广。

九、建立健全信息报告和监督检查制度

省级住房城乡建设部门要会同省级发展改革、财政部门于今年7月初将改造计划、改造进度、竣工情况、资金安排,以及于明年1月初将年度总结报告报住房城乡建设部、国家发展改革委和财政部。各地要组织编印农村危房改造工作信息,将建设成效、存在问题和有关建议等以简报、通报等形式,定期或不定期报送三部委。年度计划完成后,省级住房城乡建设部门要及时牵头组织对改造实施情况进行检查,并在一个月内提交检查报告报住房城乡建设部、国家发展改革委和财政部备案。地方各级发展改革部门要按照有关要求落实"旬报"制度,及时汇总工程进展情况并向上级发展改革部门汇报。

十、加强组织领导与部门协作

各地要加强对扩大农村危房改造试点工作的领导,建立健全协调机制,明确分工,密切配合。各地住房城乡建设、发展改革和财政部门要在当地政府领导下,会同民政、民族事务、环保、交通运输、水利、农业、卫生、扶贫、残联、国土资源、监察、审计等有关部门,共同推进扩大农村危房改造试点工作,做好与其他有关规划的衔接。

中华人民共和国住房和城乡建设部
中华人民共和国国家发展和改革委员会
中华人民共和国财政部
二○一○年四月二十二日

七、城市建设类

关于做好城建行业应对冰雪寒潮灾害天气保障城市安全运行的紧急通知

建城综函〔2010〕1号

各省、自治区住房和城乡建设厅,北京市市政市容委、交通委、水务局、园林绿化局,上海市建设交通委,天津市建委、市容委,重庆市建委、市政管委、交通委,新疆生产建设兵团建设局:

入冬以来,我国华北地区出现了强降温降雪天气,给广大人民群众的正常生产生活带来了严重影响。根据天气预报,未来大风、寒潮、暴雪等极端恶劣天气仍有可能出现。国务院领导对此高度重视,

指示要全力做好灾害防范和应急响应工作,确保城市运行等正常秩序。为进一步做好城建行业应对大范围冰雪寒潮灾害天气的有关工作,现紧急通知如下:

一、切实加强组织领导。各地城建主管部门要高度重视大范围冰雪寒潮灾害天气的应对工作,认真贯彻落实国务院领导指示精神,结合各行业实际情况,加强组织领导,采取有效措施,强化责任落实,加强协调配合,把灾害的影响减少到最低限度,确保供水、供气、供热安全,确保城市道路畅通,确保城市运行正常和社会和谐稳定,让广大群众过上一个欢乐祥和的春节。

二、全力做好供气、供热保障工作。各地要针对当前大范围冰雪寒潮灾害天气的实际情况,抓紧组织力量,对供气、供热等基础设施进行维护检修,防止出现大面积、长时间停供现象。各城市供热主管部门要加强对供热用煤储备情况的指导和监测,积极协调有关部门采取有效措施,切实做好采暖用煤供应工作。建立和完善应急预案,保障城镇居民冬季正常采暖。各地供气主管部门要认真做好燃气供需平衡工作,积极协调有关部门,启动应急方案,加大燃气供应,保障液化石油气的运输畅通,优先保证居民生活用气。冬季是燃气事故多发期,要加强燃气管网等设施的巡检,及时消除隐患,防止事故发生。

三、加大供水和污水处理安全保障力度。各地城镇供水主管部门和供水企业要高度重视极端低温天气下的安全供水工作,加强供水设施和管道的防冻措施,防止出现重大冻裂和爆管事故。要落实城镇供水应急预案,组织好应急抢修队伍,储备必要的物资和器材,提高应急反应能力和效率。要认真汲取2008年南方部分地区雨雪冰冻灾害的教训,全面检查并落实供水户线、水表和屋顶水箱的防冻保温措施,并加强对居民用户的防冻宣传工作。城镇排水主管部门和单位要加强排水管线的巡查,强化协调和监督,防止大量冰雪直接进入下水道,导致堵塞和冻裂。各污水处理单位要做好处理设施的防冻工作,同时针对进水水温的变化,及时调整并优化处理工艺,确保污水处理安全运行和达标排放。

四、全力做好清雪作业和垃圾清运工作。各地环卫主管部门和作业单位要加大财力、人力、物力保障,全力做好清雪作业和垃圾清运工作。合理安排作业计划,及时清扫和处置城市道路桥梁上的积雪和履冰,防止冰雪堆积对道路交通造成影响。合理控制融雪剂的撒布时间和撒布量,含有融雪剂的积雪要及时清运到指定地点,严禁堆放在花坛、树池或绿化带内。加强对垃圾收运设施的保护,及时清扫通向垃圾收集设施的作业道路,保障垃圾顺利清运。垃圾填埋场要加强安全检查,防止因降雪冰冻融化引发坍塌等安全事故,发现安全隐患要及时设置警示标志,防范发生次生灾害。要加强渗沥液储存管理,防止渗沥液外溢渗漏造成水体污染。

五、加强城市交通设施的安全维护,保障出行安全。各地主管部门要对人行道、自行车道、公交场站、轨道交通车站出入口、过街天桥、地下通道等人流密集区的交通设施进行重点维护,设置安全警示标志,做好突发事件处置方案,确保出行安全。

六、进一步加强道桥检测维护工作。要及时对道路、桥梁进行修补和加固,对被融雪剂融化的水侵蚀过的钢结构要进行清洗,凡生锈的构件要除锈,重做防腐处理。钢筋混凝土结构渗漏水部分的裂缝,要先对钢筋做防腐处理后再封闭裂缝,对损害严重的道路特别是桥梁要进行安全评估,确保出行安全。

七、加强公园、景区管理,保障游客人身安全。各地风景名胜区、公园主管部门和管理机构要加强对景区、园区基础设施的维修管理,组织专门力量对缆车、索道、险要道路及游乐设施进行安全检查,设置安全警示标志,加强人员执勤,重点做好人员密集地区安全维护工作。要根据天气变化情况,及时做好信息公布和客流量疏导,必要时暂停部分险要景点开放,确保游客人身安全。

八、加强监督检查和应急值班工作。各地要及时掌握极端天气信息,加强对各项具体措施落实情况的监督检查,确保各项措施落实到位。同时要进一步加强值班工作,落实24小时值班和领导带班制度,值班人员要坚守岗位,确保通信联络畅通。一旦出现灾情,要立即向当地人民政府和上级建设主管部门报告。

九、加强后勤保障,保证作业人员人身安全。各单位要保障一线作业人员的防寒衣物及装备,加强职工培训,强化安全防范意识,对车流量较大的主干道杜绝人工清扫,保障一线作业人员人身安全。

中华人民共和国住房和城乡建设部
城市建设司
二〇一〇年一月六日

关于印发《城市综合交通体系规划编制办法》的通知

建城〔2010〕13号

各省、自治区住房和城乡建设厅，北京市交通委员会、规划委员会，天津、上海市城乡建设和交通委员会，重庆市城乡建设委员会、市政管理委员会、规划局：

为了规范城市综合交通体系规划编制工作，根据《中华人民共和国城乡规划法》等法律法规，我部组织制定了《城市综合交通体系规划编制办法》。现印发给你们，请遵照执行。

中华人民共和国住房和城乡建设部
二〇一〇年二月二日

城市综合交通体系规划编制办法

第一条 为了规范城市综合交通体系规划编制工作，根据《中华人民共和国城乡规划法》等法律法规，制定本办法。

第二条 按照国家行政建制设立的市，应当组织编制城市综合交通体系规划并遵守本办法。

第三条 城市综合交通体系规划是城市总体规划的重要组成部分，是政府实施城市综合交通体系建设，调控交通资源，倡导绿色交通、引导区域交通、城市对外交通、市区交通协调发展，统筹城市交通各子系统关系，支撑城市经济与社会发展的战略性专项规划，是编制城市交通设施单项规划、客货运系统组织规划、近期交通规划、局部地区交通改善规划等专业规划的依据。

第四条 国务院住房和城乡建设主管部门指导和监督全国城市综合交通体系规划编制工作。

省、自治区住房和城乡建设主管部门负责本行政区域内城市综合交通体系规划编制工作的监督管理。

直辖市、市人民政府建设（城乡规划）主管部门负责本行政辖区内城市综合交通体系规划编制的管理。

第五条 城市综合交通体系规划应当与城市总体规划同步编制，相互反馈与协调。

第六条 城市综合交通体系规划应当与区域规划、土地利用总体规划、重大交通基础设施规划等相衔接。

第七条 编制城市综合交通体系规划，应当遵循国家有关法律、法规和技术规范。

第八条 编制城市综合交通体系规划，应当以建设集约化城市和节约型社会为目标，遵循资源节约、环境友好、社会公平、城乡协调发展的原则，贯彻优先发展城市公共交通战略，优化交通模式与土地使用的关系，保护自然与文化资源，考虑城市应急交通建设需要，处理好长远发展与近期建设的关系，保障各种交通运输方式协调发展。

第九条 编制城市综合交通体系规划的规划期限，应当与城市总体规划相一致。

第十条 编制城市综合交通体系规划的地域范围，应当与城市总体规划确定的规划编制范围相一致。

第十一条 城市综合交通体系规划应当包括下列主要内容：

（一）调查分析：以调查为依据，评估城市交通现状，分析交通存在的问题，构建交通战略分析模型。

（二）发展战略：根据城市发展目标等，确定交通发展与土地使用的关系，预测城市综合交通体系发展趋势与需求，确定综合交通体系发展目标及预期的交通方式结构。提出交通发展战略和政策。确定交通资源分配利用的原则，确定各种交通方式的发展要求和目标。

（三）交通系统功能组织：确定交通系统功能组织的原则和策略。论证客运交通走廊，确定大运量公共客运系统的组成和总体布局。论证货运交通走廊，确定货运通道布局要求。

（四）交通场站：提出各类交通场站设施规划建

设原则和要求。论证城市交通与对外交通的衔接关系，确定各类综合交通枢纽的总体规划布局、功能等级、用地规模和配套设施；确定城市公共交通场站规划建设指标、布局和用地规模；确定城市物流设施用地、布局和规模。

（五）道路系统：确定城市各级道路规划指标和建设标准；确定城市主要道路网络布局和主要道路交叉口的基本形式和建设要求，确定自行车与步行交通系统网络布局和设施规划指标，确定自行车与行人过街的基本形式和总体布局要求；提出公共交通专用道设置原则。

（六）停车系统：论证城市各类停车需求，提出城市不同区位的分区停车政策，确定各类停车设施规划建设基本原则和要求。

（七）近期建设：制定近期交通发展策略，提出近期重大交通基础设施安排和实施措施。

（八）保障措施：提出规划的实施策略和措施，评价规划方案的预期效果。

第十二条 城市综合交通体系规划的成果应当包括规划文本、规划说明书、规划图纸及基础资料汇编。

（一）规划文本应当以条文方式表述规划结论，内容明确简练，具有指导性和可操作性。

（二）规划说明书应当与规划文本的条文相对应，并对规划文本条文做出详细论述。交通调查分析、交通模型等技术性分析文件以及主要专题研究成果应当作为规划说明书的附录。

（三）规划图纸所表达的内容应当清晰、准确，与规划文本内容相符。现状图、规划图和分析图应当分别表示，图例应当一致。

（四）基础资料汇编应当包括规划编制中涉及的相关基础资料、参考资料及文件。

第十三条 城市综合交通体系规划编制完成后，应当组织技术审查。规划成果在技术审查前，应当采取多种形式征求社会公众和相关部门意见。

第十四条 直辖市的城市综合交通体系规划编制完成后，报送国务院住房城乡建设主管部门，由住房城乡建设部城市综合交通体系规划专家委员会进行技术审查。其他城市的城市综合交通体系规划，由省、自治区住房城乡建设主管部门进行技术审查。

第十五条 经技术审查后的城市综合交通体系规划成果，应纳入城市总体规划进行审批。

第十六条 本办法自发布之日起施行。

关于进一步推进供热计量改革工作的意见

建城〔2010〕14 号

北京市、天津市、河北省、山西省、内蒙古自治区、辽宁省、吉林省、黑龙江省、山东省、河南省、陕西省、甘肃省、青海省、宁夏回族自治区、新疆维吾尔自治区及新疆生产建设兵团住房和城乡建设厅（建委、市政市容委、建设局、规划局、房地局）、发展改革委、财政厅（局）、质量技术监督局：

我国北方地区冬季供热采暖每年消耗煤炭1.5亿多吨标煤，占北方地区建筑能耗50%以上，大大高于同等气候条件下发达国家水平，浪费严重。为贯彻执行《节约能源法》和《民用建筑节能条例》，进一步深化城镇供热体制改革，推进供热计量改革，促进建筑节能，现提出如下意见：

一、基本原则

推进供热计量改革要遵循以下原则：

坚持政府主导的原则。各地应将供热计量改革作为推进本地区节能减排的重点工作，明确各部门的责任和工作目标，落实具体任务和实施计划，纳入政府年度绩效考核。

坚持供热单位实施主体的原则。供热单位必须按照法律法规的规定和地方政府确定的目标任务，积极实施供热计量收费工作。

坚持同步推进的原则。新建建筑工程建设与供热计量装置安装同步，既有居住建筑供热分户计量改造与节能改造同步，供热计量装置安装与供热计量收费同步。

二、工作任务

（一）大力推行按用热量计价收费。从 2010 年开始，北方采暖地区新竣工建筑及完成供热计量改造的既有居住建筑，取消以面积计价收费方式，实行按用热量计价收费方式。用两年时间，既有大型公共建筑全部完成供热计量改造并实行按用热量计价收费。"十二五"期间北方采暖地区地级以上城市达到节能50％强制性标准的既有建筑基本完成供热计量改造，实现按用热量计价收费。各地价格主管部门要依据《城市供热价格管理暂行办法》，按照供热计量工作实施进度同步出台供热计量价格，出台的供热价格政策要有利于鼓励和促进按用热量计价收费。为调动用户行为节能的积极性，可将两部制热价中按面积收取的基本热价比例暂按30％执行。

（二）完善新建建筑供热计量的监管机制。切实加强新建建筑工程规划、设计、施工图审查、施工、监理、验收和销售等环节落实建筑节能标准和供热计量装置安装的监管，保证新建建筑达到建筑节能标准和分户计量收费的要求。

（三）保质保量完成既有居住建筑供热计量及节能改造工作。要将既有居住建筑供热计量及节能改造与老旧小区环境改造通盘考虑，进行综合改造。对已完成既有居住建筑供热计量及节能改造的项目要及时组织验收。发挥国家奖励资金的引导作用，制定地方激励政策，调动供热单位、产权单位、居民个人以及其他投资主体的积极性，鼓励采用合同能源管理模式，创新资金投入方式，精心组织实施，保质保量完成《国务院关于印发节能减排综合性工作方案的通知》（国发〔2007〕15号）中规定的1.5亿平方米既有居住建筑供热计量及节能改造工作。

（四）强化供热单位计量收费实施主体责任。严格执行《民用建筑供热计量管理办法》，制定供热单位选购、购置、维护管理供热计量器具的实施细则。符合供热计量条件的建筑，供热单位必须实行供热计量收费，并负责供热计量器具的日常维护。

（五）建立健全供热计量技术体系。依据《建筑节能工程施工质量验收规范》、《供热计量技术规程》等国家现行标准，因地制宜地选择供热计量方式，制定相应的实施细则和供热计量材料设备技术要求，建立完善的地方供热计量设计、施工质量、验收、供热计量器具维护管理等技术标准体系。

（六）加强供热计量器具产品质量监督管理。各地质量技术监督部门要加强对本辖区内的供热计量器具生产企业的计量监督检查，建立企业监管档案，依法强化供热计量器具型式批准和制造许可监管，严厉查处无证生产、不按产品标准和已批准的型式进行生产以及将不合格产品出厂销售的行为。各地质量技术监督部门要依法组织开展供热计量器具产品质量监督抽查，抽查结果要向社会公布，对产品质量不合格的企业要依法进行处理。质量技术监督部门要加快完善供热计量器具检定装置建设，住房城乡建设等部门要做好支持和配合工作。计量检定机构要依法做好供热计量器具首次及后续检定工作，严禁不具备供热计量器具检定资格的机构从事供热计量器具检定工作。对于具备条件的地区，居民用供热计量器具的检定费用由同级财政保障，暂不具备条件的地区，收费标准从低核定。不得向居民用户收取供热计量器具的检定费用。供热计量器具生产单位及使用单位要依法履行相关义务。

（七）进一步加大供热系统节能管理。各地要支持供热管网、热源节能改造，降低能耗，实行供热系统计量管理。各地住房城乡建设部门要依据《节约能源法》、《民用建筑节能条例》，制定供热系统能耗考评指标体系和考评办法，建立节能监督机制，强化供热系统节能管理。在具备条件的城市开展供热系统和建筑能耗统计试点工作。

三、工作要求

（一）切实加强组织领导。各地政府要充分发挥推进供热计量改革的主导作用，建立健全推进供热计量改革工作机制，统一协调住房城乡建设、发展改革、财政、质量技术监督等部门的工作，明确分工，落实责任。各地要依据《节约能源法》、《民用建筑节能条例》、《公共机构节能条例》等法律法规，制定供热计量工作实施细则或管理办法，编制供热计量工作规划和年度计划，制定供热计量工作实施方案。没有完成采暖费补贴"暗补"变"明补"改革工作的，要尽快完成，并与建立个人热费账户相结合，实行用户信息化管理。

（二）完善工作考核制度。城市政府要将供热计量改革工作纳入领导干部综合考评体系，住房城乡建设部门主要领导是供热计量改革第一责任人。各地住房城乡建设部门应建立供热计量目标责任制和问责制，将供热计量改革目标完成情况作为对住房城乡建设部门及负责人考核评价内容，并作为对供热单位负责人业绩考核的最主要的内容。住房城乡建设部会同有关部门对各地供热计量工程质量实施专项检查，并将供热计量改革工作情况纳入全国建设领域节能减排专项检查的重点，检查结果抄报各省(自治区、直辖市)人民政府和组织人事部门。

(三)进一步明确奖惩制度。对不符合民用建筑节能强制性标准的新建建筑,不得出具竣工合格验收报告,不得销售或者使用。国家对既有居住建筑供热计量及节能改造奖励资金向供热计量改造倾斜。既有居住建筑节能改造不同步实施供热分户计量改造的,不得通过验收,不得拨付中央财政既有居住建筑供热计量及节能改造奖励资金。

凡是住宅供热计量收费面积占集中供热总面积的比例低于25%的城市,不受理其申报中国人居环境奖、国家园林城市等;达不到上述标准的城市申报全国文明城市等称号,住房城乡建设部将提出否定的意见。对已获中国人居环境奖、国家园林城市称号的城市应限期达标,住房城乡建设部将进行督办。凡是不按照法律法规和标准的规定安装用热计量装置、室内温度调控装置和供热系统调控装置的民用建筑工程项目,不得受理其参加"鲁班奖"等奖项的评选。

(四)切实做好供热保障工作。各地要加强舆论引导,正确处理好供热计量改革与供热保障的关系,争取广大群众对供热计量改革工作的理解和支持,及时稳妥地解决供热计量改革过程中出现的问题和矛盾,要特别重视人民群众的举报和投诉,各有关部门要及时处理并反馈结果。要特别关心解决好城镇低收入困难家庭冬季采暖问题,使人民群众享受到供热计量改革的成果。

中华人民共和国住房和城乡建设部
中华人民共和国国家发展和改革委员会
中华人民共和国财政部
中华人民共和国国家质量监督检验检疫总局
二○一○年二月二日

关于配合发展改革部门做好 2010 年中央预算内投资城镇污水垃圾处理设施建设备选项目审核工作的通知

建办城函〔2010〕147 号

各省、自治区住房和城乡建设厅,北京市市政市容管理委员会,天津市市容和园林管理委员会,上海市绿化和市容管理局,重庆市市政管理委员会,海南省水务厅,北京市、天津市、上海市水务局,新疆生产建设兵团建设局:

为充分发挥中央预算内投资的带动作用,加快推进城镇污水垃圾处理设施建设,日前国家发展改革委办公厅和住房城乡建设部办公厅联合下发了《关于组织申报 2010 年中央预算内投资城镇污水垃圾处理设施建设备选项目的通知》(发改办环资〔2010〕416 号),进一步明确了住房城乡建设部门在加强备选项目审核等方面的责任。为切实做好这项工作,现将项目审核的有关要求通知如下:

一、加强领导,落实责任

各省级主管部门要尽快组织专家队伍,对备选项目进行技术论证,及时提出审核意见,并指导做好相关的修改完善工作。强化项目设计的责任制,提供项目有关技术文件的设计单位,要确保文件内容的真实、准确,坚决杜绝弄虚作假行为。要按照有关规定遴选审核专家,严格执行工作纪律,确保项目审核的科学性和公正性。

二、坚持原则,明确要求

(一)总体要求

1. 坚持实事求是、因地制宜、客观公正的原则,依据国家标准规范、技术政策、城市总体规划和相关专业规划等,对备选项目严格审核把关,确保项目投资切实发挥效益。

2. 贯彻节能、节地、节材、节水的原则,按照基础设施建设百年大计的要求,选择成熟先进、经济适用的工艺技术,确保项目运行可靠稳定达标。落实减量化、资源化、无害化的要求,着力推进污水处理再生利用和垃圾的资源化利用,有效防止二次污染。严格控制项目的占地面积,严格控制综合楼、办公楼等辅助设施的建设标准。

3. 确保项目调查研究充分,基础数据真实可靠。对污水水量、水质、泥质和垃圾组分、热值等进行过一定周期的监测分析。对排放标准为一级A，且进水水质较复杂的污水处理项目，应进行必要的现场试验。

（二）污水处理项目的具体要求

1. 合理确定规模。根据现状污水排放量及近年变化规律、管网收集系统情况等，合理确定近期设计规模，确保污水厂处理水量一年内不低于设计规模的60%，三年内不低于75%；远期预测水量较大的，可通过规划用地的控制，留有扩建余地；城市面源污染严重的，以及排水规划确定的合流制区域，可适当考虑初期雨水的处理能力，或预留建设条件；要进一步强化设计规模的论证，防止出现规模过大、能力闲置、投资浪费等问题。

2. 强化管网配套。要把管网配套建设放在更加突出的位置，优化管网布局，优先保障投资。要结合道路建设和旧城区改造，加快推进雨污分流系统建设，提高污水处理污染物去除效率。36个大中城市要着力落实城区内污水"全收集、全处理"的要求，尽快杜绝污水未经处理直接排放现象。要加强对管材、管道(涵)接口形式和基础等技术审核，严格把关，有效防范管道(涵)渗漏等通病。

3. 重视污泥处置。要按照国家技术政策的规定，结合无害化、资源化和节能减碳的要求，根据当地污泥处置的最终出路，合理确定污泥处理处置的技术路线。污泥处置的出路必须落实，二次污染应有效防范，处置费用应有所保障。

（三）垃圾处理项目的具体要求

1. 切实核定规模。按照"区域统筹、合理布局、适度超前"的原则，切实核算服务范围内的人口和人均垃圾产生量，合理确定垃圾处理设施建设规模。

2. 优选技术路线。坚持"因地制宜、技术可行、综合整治"的原则，合理选择工艺技术路线，优先选择成熟可靠的卫生填埋和焚烧作为主要处理方式，鼓励结合垃圾的成分特点和产生量，对多种技术进行组合，在确保无害化处理的同时，实现垃圾的资源化利用。

3. 加强收运体系建设。进一步完善垃圾中转和收运设施的建设，支持一批分类收集和分类处置相结合的示范项目。

三、加强配合，提高效率

各地行业主管部门要加强与发展改革部门配合，按照统一的程序和时间安排，抓紧开展工作，提高工作效率，及时提供审核意见，确保按时办结。考虑到工作时限较紧，部分项目难以按要求完成数据监测和试验，但建设必要性充分、主要设计结论合理的，可在上报后补充完成监测和试验工作，并在初步设计过程中进一步完善。

要加强"全国城镇污水处理信息系统"和"全国城镇垃圾处理信息系统"的管理，与发展改革、环保等部门实现数据共享，及时把握项目建设运行状况，有针对性地开展指导和监督，提高管理效率和水平。

中华人民共和国住房和城乡建设部
办公厅
二〇一〇年三月四日

关于印发《生活垃圾处理技术指南》的通知

建城〔2010〕61号

各省、自治区、直辖市、计划单列市住房和城乡建设厅(建委、建设局)、发展改革委、环境保护厅(局)，北京市市政市容委，上海市绿化和市容管理局，天津市市容园林委，重庆市市政管委，新疆生产建设兵团建设局、发展改革委、环境保护局：

为进一步提高我国生活垃圾无害化处理的能力和水平，指导各地选择适宜的生活垃圾处理技术路线，有序开展生活垃圾处理设施规划、建设、运行和监管工作，住房城乡建设部、国家发展改革委、环境保护部共同组织编写了《生活垃圾处理技术指南》，现印发给你们，请结合本地区实际情况参照执行。

中华人民共和国住房和城乡建设部
中华人民共和国国家发展和改革委员会
中华人民共和国环境保护部
二〇一〇年四月二十二日

生活垃圾处理技术指南

生活垃圾处理是城市管理和公共服务的重要组成部分，是建设资源节约型和环境友好型社会，实施治污减排，确保城市公共卫生安全，提高人居环境质量和生态文明水平，实现城市科学发展的一项重要工作。

我国已颁布的《城市生活垃圾处理及污染防治技术政策》与我国经济发展水平相适应，符合国际生活垃圾处理技术发展方向，在其指导下，我国生活垃圾处理设施建设与处理水平有了较大提高。但是，随着我国经济社会的快速发展和城镇化进程的加快，城市人口不断增加，生活垃圾产生量持续上升同处理能力不足间的矛盾日益凸显，生活垃圾处理与管理工作面临严峻挑战。

为保障我国生活垃圾无害化处理能力的不断增强、无害化处理水平不断提高，指导各地选择适宜的生活垃圾处理技术路线，有序开展生活垃圾处理设施规划、建设、运行和监管，根据《中华人民共和国固体废物污染环境防治法》等相关法律法规、标准规范和技术政策，制定本指南。

1. 总则

1.1 基本要求

1.1.1 生活垃圾处理应以保障公共环境卫生和人体健康、防止环境污染为宗旨，遵循"减量化、资源化、无害化"原则。

1.1.2 应尽可能从源头避免和减少生活垃圾产生，对产生的生活垃圾应尽可能分类回收，实现源头减量。分类回收的垃圾应实施分类运输和分类资源化处理。通过不断提高生活垃圾处理水平，确保生活垃圾得到无害化处理和处置。

1.1.3 生活垃圾处理应统筹考虑生活垃圾分类收集、生活垃圾转运、生活垃圾处理设施建设、运行监管等重点环节，落实生活垃圾收运和处理过程中的污染控制，着力构建"城乡统筹、技术合理、能力充足、环保达标"的生活垃圾处理体系。

1.1.4 生活垃圾处理工作应纳入国民经济和社会发展计划，采取有利于环境保护和综合利用的经济、技术政策和措施，促进生活垃圾处理的产业化发展。

1.2 生活垃圾分类与减量

1.2.1 应通过加大宣传，提高公众的认识水平和参与积极性，扩大生活垃圾分类工作的范围和城市数量，大力推广生活垃圾源头分类。

1.2.2 将废纸、废金属、废玻璃、废塑料的回收利用纳入生活垃圾分类收集范畴，建立具有我国特色的生活垃圾资源再生模式，有效推进生活垃圾资源再生和源头减量。

1.2.3 鼓励商品生产厂家按国家有关清洁生产的规定设计、制造产品包装物，生产易回收利用、易处置或者在环境中可降解的包装物，限制过度包装，合理构建产品包装物回收体系，减少一次性消费产生的生活垃圾对环境的污染。

1.2.4 鼓励净菜上市、家庭厨余生活垃圾分类回收和餐厨生活垃圾单独收集处理，加强可降解有机垃圾资源化利用和无害化处理。

1.2.5 通过改变城市燃料结构，提高燃气普及率和集中供热率，减少煤灰垃圾产生量。

1.2.6 根据当地的生活垃圾处理技术路线，制定适合本地区的生活垃圾分类收集模式。生活垃圾分类收集应该遵循有利资源再生、有利防止二次污染和有利生活垃圾处理技术实施的原则。

1.3 生活垃圾收集与运输

1.3.1 加快建设与生活垃圾源头分类和后续处理相配套的分类收集和分类运输体系，推进生活垃圾收集和运输的数字化管理工作。

1.3.2 应实现密闭化生活垃圾收集和运输，防止生活垃圾暴露和散落，防止垃圾渗滤液滴漏，淘汰敞开式收集方式。

1.3.3 应逐步提高生活垃圾机械化收运水平，鼓励采用压缩式方式收集和运输生活垃圾。

1.3.4 应加强生活垃圾收运设施建设，重点是区域性大中型转运站建设。

1.3.5 拓展生活垃圾收运服务范围，加强县城和村镇生活垃圾的收集。

1.4 生活垃圾处理与处置

1.4.1 应结合当地的人口聚集程度、土地资源状况、经济发展水平、生活垃圾成分和性质等情况，因地制宜地选择生活垃圾处理技术路线，并应满足选址合理、规模适度、技术可行、设备可靠和可持续发展等方面的要求。

1.4.2 应在保证生活垃圾无害化处理的基础上，加强生活垃圾的分类处理和资源回收利用。单独收集的危险废物或处理过程中产生的危险废物应按国家有关规定处理。具备条件的城市可采用对多种处理技术集成进行生活垃圾综合处理，实现各种处理技术优势互补。规划和建设生活垃圾综合处理园区是节约土地资源、加强生活垃圾处理设施污染控制、全面提升生活垃圾处理水平的有效途径。

1.4.3 应依法对新建生活垃圾处理和处置的项目进行环境影响评价，符合国家规定的环境保护和环境卫生标准，从生活垃圾中回收的物质必须按照国家规定的用途或者标准使用。

1.4.4 应保障生活垃圾处理设施运行水平，确保污染物达标排放。运行单位应编制生产作业规程及运行管理手册并严格执行，按要求进行环境监测，做好安全生产工作。

1.4.5 加强设施运行监管，实现政府监管与社会监管相结合，技术监管与市场监管相结合，运行过程监管和污染排放监管相结合。

2. 生活垃圾处理技术的适用性

2.1 卫生填埋

2.1.1 卫生填埋技术成熟，作业相对简单，对处理对象的要求较低，在不考虑土地成本和后期维护的前提下，建设投资和运行成本相对较低。

2.1.2 卫生填埋占用土地较多，臭气不容易控制，渗滤液处理难度较高，生活垃圾稳定化周期较长，生活垃圾处理可持续性较差，环境风险影响时间长。卫生填埋场填满封场后需进行长期维护，以及重新选址和占用新的土地。

2.1.3 对于拥有相应土地资源且具有较好的污染控制条件的地区，可采用卫生填埋方式实现生活垃圾无害化处理。

2.1.4 采用卫生填埋技术，应通过生活垃圾分类回收、资源化处理、焚烧减量等多种手段，逐步减少进入卫生填埋场的生活垃圾量，特别是有机物数量。

2.2 焚烧处理

2.2.1 焚烧处理设施占地较省，稳定化迅速，减量效果明显，生活垃圾臭味控制相对容易，焚烧余热可以利用。

2.2.2 焚烧处理技术较复杂，对运行操作人员素质和运行监管水平要求较高，建设投资和运行成本较高。

2.2.3 对于土地资源紧张、生活垃圾热值满足要求的地区，可采用焚烧处理技术。

2.2.4 采用焚烧处理技术，应严格按照国家和地方相关标准处理焚烧烟气，并妥善处置焚烧炉渣和飞灰。

2.3 其他技术

2.3.1 其他技术主要包括生物处理、水泥窑协同处置等技术。

2.3.2 生物处理适用于处理可降解有机垃圾，如分类收集的家庭厨余垃圾、单独收集的餐厨垃圾、单独收集的园林垃圾等。对于进行分类回收可降解有机垃圾的地区，可采用适宜的生物处理技术。对于生活垃圾混合收集的地区，应审慎采用生物处理技术。

2.3.3 采用生物处理技术，应严格控制生物处理过程中产生的臭气，并妥善处置生物处理产生的污水和残渣。

2.3.4 经过分类的生活垃圾，可作为替代燃料进入城市附近大型水泥厂的新型干法水泥窑处理。

2.3.5 水泥窑协同处置要符合国家产业政策和准入条件，并按照相关标准严格控制污染物的产生和排放。

3. 生活垃圾处理设施建设技术要求

3.1 卫生填埋场

3.1.1 卫生填埋场的选址应符合国家和行业相关标准的要求。

3.1.2 卫生填埋场设计和建设应满足《生活垃圾卫生填埋技术规范 CJJ17》、《生活垃圾卫生填埋处理工程项目建设标准》和《生活垃圾填埋场污染控制标准 GB 16889》等相关标准的要求。

3.1.3 卫生填埋场的总库容应满足其使用寿命10年以上。

3.1.4 卫生填埋场必须进行防渗处理，防止对地下水和地表水造成污染，同时应防止地下水进入填埋区。鼓励采用厚度不小于1.5毫米的高密度聚乙烯膜作为主防渗材料。

3.1.5 填埋区防渗层应铺设渗滤液收集导排系统。卫生填埋场应设置渗滤液调节池和污水处理装置，渗滤液经处理达标后方可排放到环境中。调节池宜采取封闭等措施防止恶臭物质污染大气。

3.1.6 垃圾渗滤液处理宜采用"预处理—生物处理—深度处理和后处理"的组合工艺。在满足国家和地方排放标准的前提下，经充分的技术可靠性和经济合理性论证后也可采用其他工艺。

3.1.7 生活垃圾卫生填埋场应实行雨污分流并设置雨水集排水系统，以收集、排出汇水区内可能流向填埋区的雨水、上游雨水以及未填埋区域内未与生活垃圾接触的雨水。雨水集排水系统收集的雨水不得与渗滤液混排。

3.1.8 卫生填埋场必须设置有效的填埋气体导排设施，应对填埋气体进行回收和利用，严防填埋气体自然聚集、迁移引起的火灾和爆炸。卫生填埋场不具备填埋气体利用条件时，应导出进行集中燃烧处理。未达到安全稳定的旧卫生填埋场应完善有效的填埋气体导排和处理设施。

3.1.9 应确保生活垃圾填埋场工程建设质量。

选择有相应资质的施工队伍和质量保证的施工材料，制定合理可靠的施工计划和施工质量控制措施，避免和减少由于施工造成的防渗系统的破损和失效。填埋场施工结束后，应在验收时对防渗系统进行完整检测，以发现破损并及时进行修补。

3.2 焚烧厂

3.2.1 生活垃圾焚烧厂选址应符合国家和行业相关标准的要求。

3.2.2 生活垃圾焚烧厂设计和建设应满足《生活垃圾焚烧处理工程技术规范 CJJ90》、《生活垃圾焚烧处理工程项目建设标准》和《生活垃圾焚烧污染控制标准 GB 18485》等相关标准以及各地地方标准的要求。

3.2.3 生活垃圾焚烧厂年工作日应为 365 日，每条生产线的年运行时间应在 8000 小时以上。生活垃圾焚烧系统设计服务期限不应低于 20 年。

3.2.4 生活垃圾池有效容积宜按 5～7 天额定生活垃圾焚烧量确定。生活垃圾池应设置垃圾渗滤液收集设施。生活垃圾池内壁和池底的饰面材料应满足耐腐蚀、耐冲击负荷、防渗水等要求，外壁及池底应作防水处理。

3.2.5 生活垃圾在焚烧炉内得到充分燃烧，二次燃烧室内的烟气在不低于 850℃的条件下滞留时间不小于 2 秒，焚烧炉渣热灼减率应控制在 5%以内。

3.2.6 烟气净化系统必须设置袋式除尘器，去除焚烧烟气中的粉尘污染物。酸性污染物包括氯化氢、氟化氢、硫氧化物、氮氧化物等，应选用干法、半干法、湿法或其组合处理工艺对其进行去除。应优先考虑通过生活垃圾焚烧过程的燃烧控制，抑制氮氧化物的产生，并宜设置脱氮氧化物系统或预留该系统安装位置。

3.2.7 生活垃圾焚烧过程应采取有效措施控制烟气中二噁英的排放，具体措施包括：严格控制燃烧室内焚烧烟气的温度、停留时间与气流扰动工况；减少烟气在 200～500℃温度区的滞留时间；设置活性炭粉等吸附剂喷入装置，去除烟气中的二噁英和重金属。

3.2.8 规模为 300 吨/日及以上的焚烧炉烟囱高度不得小于 60 米，烟囱周围半径 200 米距离内有建筑物时，烟囱应高出最高建筑物 3 米以上。

3.2.9 生活垃圾焚烧厂的建筑风格、整体色调应与周围环境相协调。厂房的建筑造型应简洁大方，经济实用。厂房的平面布置和空间布局应满足工艺及配套设备的安装、拆换与维修的要求。

4. 生活垃圾处理设施运行监管要求

4.1 卫生填埋场

4.1.1 填埋生活垃圾前应制订填埋作业计划和年、月、周填埋作业方案，实行分区域单元逐层填埋作业，控制填埋作业面积，实施雨污分流。合理控制生活垃圾摊铺厚度，准确记录作业机具工作时间或发动机工作小时数，填埋作业完毕后应及时覆盖，覆盖层应压实平整。运行、监测等各项记录及时归档。

4.1.2 加强对进场生活垃圾的检查，对进场生活垃圾应登记其来源、性质、重量、车号、运输单位等情况，防止不符合规定的废物进场。

4.1.3 卫生填埋场运行应有灭蝇、灭鼠、防尘和除臭措施，并在卫生填埋场周围合理设置防飞散网。

4.1.4 产生的垃圾渗滤液应及时收集、处理，并达标排放，渗滤液处理设施应配备在线监测控制设备。

4.1.5 应保证填埋气体收集井内管道连接顺畅，填埋作业过程应注意保护气体收集系统。填埋气体及时导排、收集和处理，运行记录完整；填埋气体集中收集系统应配备在线监测控制设备。

4.1.6 填埋终止后，要进行封场处理和生态环境恢复，要继续导排和处理垃圾渗滤液和填埋气体。

4.1.7 卫生填埋场稳定以前，应对地下水、地表水、大气进行定期监测。对排水井的水质监测频率应不少于每周一次，对污染扩散井和污染监视井的水质监测频率应不少于每 2 周一次，对本底井的水质监测频率应不少于每月一次；每天进行一次卫生填埋场区和填埋气体排放口的甲烷浓度监测；根据具体情况适时进行场界恶臭污染物监测。

4.1.8 卫生填埋场稳定后，经监测、论证和有关部门审定后，确定是否可以对土地进行适宜的开发利用。

4.1.9 卫生填埋场运行和监管应符合《城市生活垃圾卫生填埋场运行维护技术规程 CJJ 93》、《生活垃圾填埋场污染控制标准 GB 16889》等相关标准的要求。

4.2 焚烧厂

4.2.1 卸料区严禁堆放生活垃圾和其他杂物，并应保持清洁。

4.2.2 应监控生活垃圾贮坑中的生活垃圾贮存量，并采取有效措施导排生活垃圾贮坑中的渗滤液。渗滤液应经处理后达标排放，或可回喷进焚烧炉焚烧。

4.2.3 应实现焚烧炉运行状况在线监测，监测项目至少包括焚烧炉燃烧温度、炉膛压力、烟气出口氧气含量和一氧化碳含量，应在显著位置设立标牌，自动显示焚烧炉运行工况的主要参数和烟气主要污染物的在线监测数据。当生活垃圾燃烧工况不稳定、生活垃圾焚烧锅炉炉膛温度无法保持在850℃以上时，应使用助燃器助燃。相关部门要组织对焚烧厂二噁英排放定期检测和不定期抽检工作。

4.2.4 生活垃圾焚烧炉应定时吹灰、清灰、除焦；余热锅炉应进行连续排污与定时排污。

4.2.5 焚烧产生的炉渣和飞灰应按照规定进行分别妥善处理或处置。经常巡视、检查炉渣收运设备和飞灰收集与贮存设备，并应做好出厂炉渣量、车辆信息的记录、存档工作。飞灰输送管道和容器应保持密闭，防止飞灰吸潮堵管。

4.2.6 对焚烧炉渣热灼减率至少每周检测一次，并作相应记录。焚烧飞灰属于危险废物，应密闭收集、运输并按照危险废物进行处置。经处理满足《生活垃圾填埋场污染控制标准 GB 16889》要求的焚烧飞灰，可以进入生活垃圾填埋场处置。

4.2.7 烟气脱酸系统运行时应防止石灰堵管和喷嘴堵塞。袋式除尘器运行时应保持排灰正常，防止灰搭桥、挂壁、粘袋；停止运行前去除滤袋表面的飞灰。活性炭喷入系统运行时应严格控制活性炭品质及当量用量，并防止活性炭仓高温。

4.2.8 处理能力在 600 吨/日以上的焚烧厂应实现烟气自动连续在线监测，监测项目至少应包括氯化氢、一氧化碳、烟尘、二氧化硫、氮氧化物等项目，并与当地环卫和环保主管部门联网，实现数据的实时传输。

4.2.9 应对沼气易聚集场所如料仓、污水及渗滤液收集池、地下建筑物内、生产控制室等处进行沼气日常监测，并做好记录；空气中沼气浓度大于1.25%时应进行强制通风。

4.2.10 各工艺环节采取臭气控制措施，厂区无明显臭味；按要求使用除臭系统，并按要求及时维护。

4.2.11 应对焚烧厂主要辅助材料（如辅助燃料、石灰、活性炭等）消耗量进行准确计量。

4.2.12 应定期检查烟囱和烟囱管，防止腐蚀和泄漏。

4.2.13 生活垃圾焚烧厂运行和监管应符合《生活垃圾焚烧厂运行维护与安全技术规程 CJJ 128》、《生活垃圾焚烧污染控制标准 GB 18485》等相关标准的要求。

关于城市停车设施规划建设及管理的指导意见

建城〔2010〕74号

各省、自治区、直辖市、计划单列市住房和城乡建设厅、建委，公安厅、局，发展改革委、物价局，北京市交通委员会，重庆市市政管理委员会，新疆生产建设兵团建设局、公安局、发展改革委：

在当前我国城市经济社会发展进程中，城市停车供需矛盾日益突出，特别是在我国城市土地资源高度紧缺和汽车拥有量快速增长背景下，由于停车设施总量严重不足、配置不合理、利用效率低和停车管理不到位而导致了严重的停车难、交通拥堵等问题，影响了城市居民生活质量，严重制约了城市可持续发展。为了贯彻落实国务院《汽车产业调整和振兴规划》，改善城市交通环境，构建现代化城市综合交通体系，引导城市停车设施发展，加强城市停车管理，规范停车收费，缓解城市停车难和交通拥堵矛盾，促进城市全面协调发展，现就城市停车设施规划建设及管理提出如下意见：

一、充分认识城市停车设施规划建设及管理的重要性

城市停车设施是城市综合交通体系的重要组成部分，与人民群众的生产生活息息相关。切实加强城市停车设施规划建设及管理，不仅是改善城市停车状况、缓解城市停车难和交通拥堵的客观需要，更是贯彻落实科学发展观、实施节能减排战略、合理配置城市土地资源、科学引导汽车发展、促进城市可持续发展的必然要求。要坚持以人为本的理念，把加强城市停车设施规划建设及管理工作，与落实公交优先政策、实施畅通工程、创建绿色交通示范城市等工作紧密结合起来，切实抓紧抓好，全面促进城市交通与城市经济社会的协调发展。

二、城市停车设施规划建设及管理工作的原则与目标

各地要按照政府主导、因地制宜、统筹规划、

协调发展的要求，以保障交通畅通有序、资源优化配置、群众出行方便为目的，认真解决城市停车设施规划建设及管理中存在的问题。坚持节约利用资源原则，在规划的指导下，综合利用城市土地资源，鼓励开发利用地下空间建设停车设施；坚持符合道路交通安全、畅通的原则，规划、设计、建设停车设施，应当有利于缓解交通拥堵，减少交通安全隐患；坚持设施差别供给原则，按照城市中不同区域的功能要求和城市综合交通发展策略，合理确定停车设施规模和管理政策；坚持停车需求调控管理原则，运用政策法规和停车价格调控，降低城市中心区停车需求压力；坚持高新技术引领原则，推广应用城市停车领域的新设备、新技术和新方法，以及适应电动汽车发展的停车场附属充电设施。

各地要根据城市经济社会的发展需求，近期着力解决停车设施供应不足、挪用停车设施和停车管理滞后的问题。争取用2～3年时间，进一步明确政府有关部门职责，形成高效协调的停车设施规划建设及管理机制；完善法规体系，编制完成城市停车设施专项规划，制订相应的地方技术标准和管理规定；充分利用地下空间资源，推动立体化停车设施的建设和管理；完善停车价格形成机制，理顺路内停车与路外停车、室外停车与室内停车之间的价格关系；建立完善科学的停车需求管理体系，充分运用行政、经济与市场等手段，严格控制占道停车位的数量，逐步形成配建停车为主、路外停车为辅、占道停车为补充的城市停车格局，在城市中心区外围大力发展停车换乘系统；推广普及信息化、智能化停车设备和停车诱导指示系统；基本建立依法管理、规范服务的停车管理体系。

三、加强城市停车设施专项规划编制工作

城市停车设施专项规划要依据城市总体规划、城市综合交通体系规划确定的城市交通发展战略和目标进行制定。在摸清停车矛盾现状、科学预测停车需求的基础上，按照差别设施供给和停车需求调控管理的原则，研究确定城市停车总体发展策略、停车设施供给体系及引导政策、社会公共停车设施布局和规模，明确建设时序和对策。要充分考虑城市停车设施系统与城市交通枢纽、城市轨道交通换乘站紧密衔接，大、中以上城市应规划建设城市停车换乘体系，引导人们转变出行方式，缓解城市中心区交通拥堵。

100万城市人口及以上城市应在2010年底前编制完成城市停车设施专项规划，100万城市人口以下城市应在2011年年底前编制完成城市停车设施专项规划。

四、加快制订建设项目停车设施配建标准

从源头上加强城市停车设施配置。结合城市自身的发展条件和趋势，兼顾当前、立足长远、因地制宜地组织研究制订地方性城市建设项目停车设施配建标准。根据各类建设项目的性质和停车需求，以及城市停车总体发展策略，合理确定停车设施配建指标。各地要根据城市发展和城市交通变化情况，对停车设施配建标准适时进行调整。

五、科学合理建设城市停车设施

城市规划管理部门在开展建设项目的规划审批管理时，加强新建大型建设项目交通影响评价，防止出现新的交通拥堵节点。按照停车配建标准合理配置停车设施，鼓励建设项目利用地下空间配建停车设施，按配建标准建设的地下停车场面积，不纳入容积率计算范围。加强对建设项目配建停车设施建设使用情况的监督检查，禁止配建停车设施挪作他用。

城市停车设施建设要加强与园林绿化、城市景观等人居环境的协调，不能占用城市绿化用地。对既有小区要采取有效措施，在城市园林绿化主管部门的指导下，优化小区绿化模式，推广应用绿化与停车相兼容的方法和技术。

城市公共停车设施是城市市政公用基础设施，要完善公共停车设施规划建设的用地供给、资金支持和政策扶持等保障机制及措施，其建设应列入政府年度计划。各地要加大路外公共停车设施建设力度，积极推动地下停车场建设，以及立体停车和机械式停车设施建设。各地应采取优惠政策，鼓励社会投资建设各种类型的路外公共停车场，实现投资主体多元化。

各城市应结合公共交通系统建设，在城市中心区外围规划建设与公共交通枢纽相匹配的停车设施，形成完善的停车换乘系统，引导驾车者换乘公共交通进入城市中心区，减少城市中心区道路交通压力。鼓励社会单位开放内部停车场，实行错时停车，为周边居民提供停车服务。在规划和建设停车设施时，要充分考虑电动汽车等新能源汽车普及和推广的需要，建设、改造或预留充电等相关配套设施，以适应新能源汽车发展要求。

六、切实加强占用道路停车管理

为缓解停车设施不足的矛盾，在统筹考虑城市道路等级及功能、地上杆线及地下管线、车辆及行人交通流量组织疏导能力等情况下，可适当设置限

时停车、夜间停车等分时段临时占用道路的停车位。在路外停车位比较充裕的区域，不得占用道路设置路内停车位。

要依法加强对占用道路停车位设置和使用情况的监督检查，运用法律、行政和经济手段严格管理，充分发挥现有道路设施功能，提高道路服务水平，保障道路安全和畅通。

七、完善公共停车场停车价格形成机制

各地要按照科学配置资源、合理调控需求、规范管理收益的总体要求，在综合考虑资源占用成本、交通结构调控成本、设施建设成本和经营管理成本等因素基础上，完善公共停车场价格形成机制，制定停车价格定价和调整办法，严格规范停车收费管理。

鼓励采取差别花费率调控停车需求和停车资源，实行从城市中心区向城市外围由高到低的停车级差价格，强化停车需求调控管理；对于同一地区公共停车设施，停车价格采取路内高于路外、地上高于地下、室外高于室内的定价原则，同时建立不同类型停车场收入调节机制，引导停车资源合理使用；应根据占用停车资源的差别，合理确定不同车型、不同停放时间的停车费率。

八、规范城市停车行业管理

各地要对城市专业停车服务经营单位实行特许经营管理制度，制定市场准入和退出标准，公开、公平、公正地择优选择停车服务经营单位。要引导建立行业协会，建立行业服务评价制度，加强行业自律，采取多种方式加大对停车服务经营单位的监管力度。采取优惠政策，促进停车产业化发展。

城市停车服务经营单位要严格遵守有关法律、法规和规章，建立健全内部经营管理制度、收费制度和服务规范。要加强对停车服务人员的职业道德教育和服务技能培训，不断提高停车服务水平。所经营的停车场应具有完备的停车设施，配置完善的安全监控设施，设置符合国家相关标准规范的标志、标线。

九、大力推动停车设施新技术应用

要积极依靠科技进步，结合实际需求推广占地少、成本低、见效快的机械式停车设施建设，加大停车新技术的推广应用，提高土地使用效率。按照方便使用、注重引导、人性化服务的要求，加快建设完善的城市停车设施标识系统。

要充分利用现有资源，结合数字化城管系统、城市交通信息系统建设，积极建设城市停车信息服务平台，整合停车资源。大力建设城市停车信息诱导系统，鼓励采用现代信息技术、通信技术等为公众提供停车信息服务，推广停车预约服务和电子缴费技术，提高停车设施的利用率。

十、加强依法管理和监督检查

根据《坡乡规划法》、《道路交通安全法》及相关法律法规规定，有关部门要加强对城市停车设施规划、建设及管理工作实行监督检查。对违反规定的，坚决予以纠正，并根据有关规定给予处罚；对发现已经投入使用的停车场存在交通安全隐患或者影响交通的，应当及时向当地人民政府报告，并提出防范交通事故、消除隐患和撤销、改建停车场的建议。

要从促进城市科学发展、促进社会和谐发展的高度，切实加强对城市停车设施规划建设及管理工作的指导。各地要从深化改革、扩大内需、调整产业结构的高度，认真贯彻落实本指导意见提出的各项政策措施，及时妥善处理好遇到的各种问题，确保城市停车设施规划建设及管理工作顺利开展。

中华人民共和国住房和城乡建设部
中华人民共和国公安部
中华人民共和国国家发展和改革委员会
二〇一〇年五月十九日

关于切实加强城市照明节能管理严格控制景观照明的通知

建城〔2010〕92号

各省、自治区住房城乡建设厅、发展改革委、经贸委（经委、经信委），北京市市政市容委、发展改革

委,天津市市容委、发展改革委、经信委,上海市城乡建设交通委、发展改革委,重庆市市政管委、发展改革委、经信委,新疆生产建设兵团建设局、发展改革委:

为落实《国务院关于进一步加大工作力度确保实现"十一五"节能减排目标的通知》(国发〔2010〕12号)中关于城市照明节能管理的要求,确保完成城市照明"十一五"节能减排任务,现将有关要求通知如下:

一、提高认识,切实加强城市照明节能管理

(一)"十一五"期间,我国城市照明发展很快,对完善城市功能、改善城市环境、提高人民生活水平的作用显著。但是,城市照明,特别是景观照明的过快发展,加大了能源的需求,一些城市建设超标准、超豪华的景观照明工程,使用低效照明产品,浪费严重,造成供用电紧张。各地住房城乡建设(城市照明)主管部门要充分认识城市照明节能面临的严峻形势和艰巨任务,增强紧迫感,积极会同节能主管部门切实加强对城市照明节能工作的管理。当前,各地要严格控制公用设施和大型建筑物等景观照明能耗,严格控制景观照明建设规模,坚决淘汰低效照明产品;落实工作责任,果断采取强有力、见效快的措施,确保完成"十一五"城市照明节能减排任务。

二、加大力度,确保主要工作任务按时完成

(二)各地要依据城市照明专项规划,严格控制景观照明范围和规模。按照《城市夜景照明设计规范》(JGJ/T 163—2008)的规定,严格控制公用设施和大型建筑等景观照明能耗,严禁建设亮度、能耗超标的景观照明工程,严禁在景观照明中使用强力探照灯、大功率泛光灯、大面积霓虹灯等高亮度、高能耗灯具。严格执行《城市道路照明设计标准》(CJJ 45—2006)的规定,停止在城区干道上大范围建设多光源装饰性灯具和无控光器灯具的照明设施。

(三)加快淘汰低效照明产品。东中部地区和有条件的西部地区,要严格按照国发〔2010〕12号文件的要求,全部淘汰城市道路照明使用的白炽灯、高压汞灯、能效指标未达到国家标准的高压钠灯、金属卤化物灯等光源产品和镇流器产品。

三、建立健全城市照明节能管理的长效管理机制

(四)各地住房城乡建设(城市照明)主管部门要依据《城市照明管理规定》和相关法律法规,结合本地区、本城市的实际情况,抓紧制定和完善配套的办法,建立和完善城市照明管理体系。加强城市照明节能管理,建立城市照明节电目标责任制,制定并落实节能计划和节能技术措施,降低能源消耗。

(五)加强城市照明专项规划管理。各地要按照当前节能减排的要求,修订完善城市照明专项规划。进一步核查城市照明专项规划中有关照明节能的要求和措施,对不符合节能要求的城市照明专项规划,要抓紧修改。要加强规划管理,从源头上把好节能关。

(六)加强城市照明工程建设监管。城市照明工程建设的立项、设计、施工、监理、验收等环节,要认真落实《城市夜景照明设计规范》(JGJ/T 163—2008)和《城市道路照明设计标准》(CJJ 45—2006)的相关规定,保证现有节能标准的执行。

(七)加强城市照明设施节能的运行管理。各地要制定城市照明设施节能管理规定,采取节能计量考核措施;实施城市照明集中管理、集中控制和分时控制模式,科学合理安排照明开关时间;在用电紧张时要确保城市道路、广场等功能照明的正常运行,严格控制景观照明。要积极推广合同能源管理方式,选择合适的区域、路段对城市照明节能改造项目进行合同能源管理试点。

(八)各地要采取积极措施,深入开展城市照明节电宣传,树立照明节能意识,普及相关知识。积极推广使用照明节能新产品、新技术,在条件适合的地区鼓励使用可再生能源技术,全面推动城市照明节能改造工作。

四、加大监督检查力度

(九)各地城市住房城乡建设(城市照明)主管部门要会同同级节能主管部门,依照本通知要求,从2010年7月开始,对城市景观照明已建、在建和待建项目和城市道路照明中使用的低效照明产品情况进行专项检查,对不符合城市照明专项规划要求,景观照明能耗、亮度超标的项目,限期采取措施进行整改;抓紧完成"十一五"期间全部淘汰城市道路照明低效照明产品任务的计划,下更大决心,花更大力气,稳步实施。

(十)省级住房城乡建设主管部门要会同同级节能主管部门对本地区城市照明节能任务落实情况进行监督检查。各地要依照《城市道路照明设计标准》(CJJ 45—2006)和《城市夜景照明设计规范》(JGJ/T 163—2008)和国家有关城市照明节能的要求,对城市

景观过度照明情况进行检查,对超标准、超能耗的景观照明坚决予以制止,并通报批评。各地要在10月底之前将检查结果上报住房城乡建设部和国家发展改革委。今年底前我们将对直辖市、计划单列市、省会城市的景观照明进行专项检查。

中华人民共和国住房和城乡建设部
中华人民共和国国家发展和改革委员会
二〇一〇年六月十七日

关于加强城市轨道交通安防设施建设工作的指导意见

建城〔2010〕94号

各省、自治区住房和城乡建设厅,北京市住房和城乡建设委员会、规划委员会、交通委员会,天津市、上海市城乡建设和交通委员会,重庆市城乡建设委员会、交通委员会、规划局:

当前,我国正处于城市轨道交通快速发展时期,为提高城市轨道交通应对突发事件的能力,确保城市轨道交通持续、稳定和健康发展,现就加强城市轨道交通安防设施建设工作提出以下意见:

一、充分认识加强城市轨道交通安防设施建设工作的重要性

城市轨道交通安防设施是城市轨道交通工程的重要组成部分,是城市轨道交通安全运营的重要保障之一。城市轨道交通,特别是地下线路,环境相对封闭、人员密集、流量大,人员疏散受到很大限制,抗风险能力较弱,安防工作难度较大,一旦发生突发事件,可能造成重大人员伤亡和财产损失,产生不良的社会影响,必须予以高度重视。各地要充分认识城市轨道交通安防工作的重要性、特殊性和复杂性,把安防工作作为一项长期工作任务,从城市轨道交通规划、设计、施工的各个阶段重视安防体系构建,全面提高城市轨道交通从业人员和广大乘客的安全意识,防范城市轨道交通事故的发生,确保人民生命财产安全。

二、注重规划,提升城市轨道交通网络整体安防水平

拟建城市轨道交通的城市,必须依据城市总体规划和城市综合交通体系规划编制城市轨道交通线网规划,科学合理的选择轨道交通模式,搞好城市轨道交通的用地控制,确保城市轨道交通运营有安全便捷的换乘条件和足够的疏散能力。在线路选线过程中注重结合城市空间布局,合理选择系统模式和建设方式,处理好与城市重点建筑、桥梁、江河等环境的关系,处理好与综合交通枢纽以及人流密集场所的关系,注重线路的衔接配合,把城市轨道交通安防体系纳入城市整体安防体系,统筹规划、统筹安排。要做好突发事件对城市轨道交通网络运营可靠性的影响或损害程度评估,进而优化线网结构和安防体系,提高城市轨道交通网络的安全防范能力,确保城市轨道交通安防体系完整、有效。要从整个城市交通的角度,统筹城市轨道交通与其他交通方式的关系,增强其他交通方式对轨道交通的应急救援能力。

三、优化设计,全面提升城市轨道交通设施安防水平

在城市轨道交通可行性研究、初步设计、施工图设计等各个环节,要根据国家有关法规和标准要求,优化安防设施的设计,预留安全检查设备的接口,合理设置监控系统、危险品处置设施、安防办公用房等安防设施。要结合城市轨道交通客流特征,合理设置车站出入口,科学设计乘客流线,尽可能避免人流过度集中或交叉。在地下线路隧道区间,合理设置联络通道或疏散通道、紧急疏散导向标志。在车站内外和通风设施的布设选址方面,要结合周边建筑情况,合理设计,确保周边空气流通良好。

初步设计是落实城市轨道交通工程建设项目安防要求的重要环节。初步设计文件应当包括安防设施设计的内容,并设置安防设计专篇。各级城市轨道交通规划建设主管部门要会同有关部门加强对初步设计中安防设施设计的审查和指导工作。施工图设计必须按照批准的初步设计进行,对于涉及安防设施的重大设计变更,建设单位应报原初步设计审批部门批准。

四、落实资金，确保安防设施与轨道交通设施同步建设、同步使用

城市轨道交通安防设施建设所需资金，要纳入城市轨道交通建设项目投资概预算，确保资金投入。在城市轨道交通建设过程中，要严格按照国家有关标准，同步建设有关安防设施。对安防设施未与城市轨道交通工程同步设计、同步建设或不符合有关法律法规和强制性标准规定的城市轨道交通建设项目，不予验收。

各地要确保已投入运营的城市轨道交通工程安防设施改建资金的落实，按照相关标准要求，逐步改建安防设施。

五、建立和完善安防标准体系，加大科技投入，提升城市轨道交通安防设施规划建设水平

各地要加强交流，总结经验，进一步建立和完善城市轨道交通相关安防设施规划建设标准体系，使城市轨道交通安防设施规划建设工作规范化、制度化。同时，注重加大科技投入，建立安全可靠的信息系统，研发适用、经济、高效的安防设施及相应的装备、技术，提高安防设施的科技水平。

六、加强领导，落实责任

城市轨道交通建设、设计、施工等单位要明确职责，加强领导、各司其职、各负其责、协调配合，切实落实安防设施规划建设责任。各级城市轨道交通规划建设主管部门要恪尽职守，健全制度，加强对城市轨道交通安防设施规划建设的监督检查，确保城市轨道交通安防设施规划建设工作落到实处，促进城市轨道交通健康发展。

中华人民共和国住房和城乡建设部
二〇一〇年六月二十八日

关于做好应对高温暴雨极端恶劣天气保障城市市政公用设施安全运行的紧急通知

建城综函〔2010〕101号

各省、自治区住房和城乡建设厅，北京市市政市容委、交通委、水务局、园林绿化局，上海市建设交通委、绿化市容局、水务局，天津市建设交通委、市容园林委，重庆市城乡建设委、市政管委、交通委，新疆生产建设兵团建设局：

入夏以来，我国出现了高温、暴雨等极端恶劣天气，严重影响到正常的生产生活，预计这类天气仍将持续。为做好城建行业应对高温、暴雨等极端恶劣天气工作，确保城市运行安全，现紧急通知如下：

一、切实加强组织领导。各级城建主管部门要高度重视应对工作，结合供排水、供气、环卫、风景园林等各行业实际情况，加强组织领导，深入生产、生活一线，了解实际情况，采取有效措施，强化责任落实，加强协调配合，把恶劣天气的影响减少到最低限度，确保城市市政公用设施安全运行和社会和谐稳定。

二、切实提高排涝能力，确保城市安全度汛。加强城市排水系统维护，及时清淤管渠，检修维护泵站，确保设施完好，排水排涝通畅；做好重点部位的排查，特别是城市立交桥下、地下构筑物、城乡结合部的棚户区、危旧房等重点区域的设施检查和维护，若有隐患要及时采取措施；完善应急预案，强化应急措施，坚持24小时值班制度，做到及时快速响应。

三、加强供水水质安全监测。增加对水源、出厂水的水质监测项目和频率，根据原水水质变化及时调整药剂投加量，严格防范急性传染性疾病发生。做好供水机电设备运行维护，确保高温条件下设备运行正常。落实应急预案，做好应急水源调配、备用电力设备储备工作，切实保障城市用水安全。

四、加强供气安全检查。加强对各类供气设施的安全巡查，特别是消防水池、消防泵、喷淋管线的使用状况和安全阀、放散管、压力表的工作情况，高温天气下要根据设施情况增加喷淋次数。要重点检查清理供气管道占压、供气管线被暴雨侵蚀等情

况，防范因高温暴雨恶劣天气导致的燃气安全事故。严禁销售使用充装超期未检、过量充装等不合格的液化石油气钢瓶。

五、加强对污水和垃圾处理设施的检查。要及时清掏污水处理厂进水格栅，避免由于暴雨冲刷夹带的垃圾杂物堵塞管道、阀门和水泵等；加强污水处理厂进水量及各处理构筑物的液位与水质监控；加大高温天气下重点设施安全生产监控，确保污泥消化池避雷措施有效，严防发生爆炸事故。生活垃圾收集、转运和处理设施的油泵房、油库、油箱、垃圾坑等要做好防爆、防高温、防火措施。加强垃圾填埋场安全检查，确保坝体安全，防止因暴雨引起坍塌事故，防范渗沥液外溢渗透引发水体污染事故。

六、加强道桥和公交场站建设维护。要加强对城市道路、桥梁等设施的巡查和检修，及时排除故障和隐患，确保道路安全畅通。在公交车站建设候车亭，并加强现有候车亭的维护，发挥其防晒防雨功能。协调道路绿化与公交车站建设，发挥行道树的遮阳降温作用。重点做好公共交通场站、轨道交通车站出入口、地下通道等部位应对暴雨水淹的处置方案和应急物资储备。

七、加强公园、景区管理，保障游客人身安全。公园、景区要设置防暑降温服务站，做好高温防暑提示警示，并加强医疗、应急救援服务。山岳型景区要防范暴雨引发山体滑坡、滚石和泥石流对游人安全造成影响。夏季公园要适当延长开放时间，为居民提供消暑纳凉服务。动物园要做好高温天气下动物防暑降温工作，密切观察动物异常情况，一旦发现，及时救治。

八、加强后勤保障，保证作业人员人身安全。各单位要合理安排作业计划，适当调整作业时间，按时发放劳保用品和高温补贴，加强防暑降温后勤保障工作，切实保障环卫工人等一线工作人员安全健康。

中华人民共和国住房和城乡建设部
城市建设司
二〇一〇年七月十三日

关于国家级风景名胜区数字化景区建设工作的指导意见

建城函〔2010〕226号

各省、自治区住房和城乡建设厅，直辖市建委（园林局），各国家级风景名胜区管理机构：

为积极推进风景名胜区信息化建设，稳步开展国家级风景名胜区（以下简称"风景名胜区"）数字化景区建设工作，提高风景名胜区现代化、信息化管理水平，实现风景名胜区事业又好又快发展，结合五年来风景名胜区数字化景区建设试点经验，现就做好风景名胜区数字化景区建设工作，提出以下指导意见。

一、指导思想和基本原则

（一）指导思想

风景名胜区数字化景区建设是风景名胜区在总结监管信息系统建设经验基础上开展的一项信息化建设工作。建设风景名胜区数字化景区，要综合运用现代信息技术，以信息化基础设施为支撑，以业务应用系统为纽带，以数据中心和指挥调度中心为核心，整合景区管理资源，实现信息共享，推进风景名胜区信息化建设。通过数字化景区建设，提高风景名胜区在资源环境保护、规划建设管理、游览组织管理与公共服务、游客安全保障、防灾减灾、应对突发事件等方面的管理和服务能力，改进管理方法，降低管理成本，提高管理效率。

（二）基本原则

1. 需求主导，突出重点。风景名胜区要结合自身条件和管理需要，按照数字化景区建设的特点和要求，积极组织开展数字化景区建设工作。工作中要量力而行，突出重点，以需求为导向，以管理应用和优化服务为重点，优先建设景区资源保护、规划、利用和管理需求迫切的项目。

2. 因地制宜，分类指导。风景名胜区的类型不同，数字化景区建设的需求和管理模式存在差异。要根据景区的类型和特点，实行分类指导，因地制宜建立符合风景名胜区特点的数字化管理模式。

3. 总体规划，分步实施。风景名胜区要深入研究数字化景区建设的具体需要，统筹兼顾，科学论证，编制数字化景区建设规划，合理确定规划目标、建设内容和实施步骤，分步实施建设规划。

4. 实用节约，安全高效。风景名胜区要在满足数字化景区建设功能要求的前提下，增强成本效益意识，合理控制建设运行成本，优先选择业务流程稳定、管理效益明显、信息密集、实时性强、实用节约的项目，应用技术做到适度先进。要构筑完善的信息化安全防范体系，做到效率与安全并重。

二、主要任务

（一）编制数字化景区建设规划。数字化景区建设规划是开展信息化建设的基本依据。风景名胜区要按照国家以及住房城乡建设领域信息化建设的有关要求和技术规范，结合自身实际，以实际需求为导向，编制数字化景区建设规划，明确数字化建设的基本思路、总体目标、总体框架、建设内容、重点任务和实施方案等，确定分期建设目标和实施保障措施，经过专家论证通过，有计划有步骤地实施。

（二）建立健全数字化基础设施。基础设施是信息化建设的基础和前提。风景名胜区要按照数字化景区建设要求，逐步配备和完善计算机设备、网络设备、服务器设备、数据存储设备、安全设备、机房及配套等设施，构建结构合理、覆盖面广、容量充足、性能稳定的基础网络体系，为数字化建设提供保障。

（三）建立统一的数据中心。基础数据库和共享机制建设是信息化建设的关键。风景名胜区要以信息资源共享为突破口，提高基础数据的质量，统一数据标准，整合信息资源，建设统一的数据中心，从技术上和管理上建立一套有效的共享机制，为实现地理信息、规划建设、资源环境本底、遥感监测等基础数据与业务数据的互联共享以及不同系统互通互联、数据共享和系统集成奠定基础，实现信息资源集中、高效、便捷的管理和应用。

（四）建设统一高效的综合指挥调度中心。要通过建立风景名胜区综合指挥调度中心，改进传统管理模式，改善管理部门之间信息不畅、调度不良的问题。通过采用功能集成、网络集成、软件界面集成等多种集成技术，实现互通互联和交互操作，充分发挥集成应用的协同效应，实现对各个集成设备和系统的集中高效应用和对相关管理部门的统一协调和组织，构建统一指挥、快速反应的管理体系。

（五）加强应用系统建设。风景名胜区数字化景区建设，除风景名胜区监管信息系统等必备应用系统外，可以根据业务工作信息化管理的需要，全部或者有选择地建设视频监控（含森林防火）、应急救援、车辆运行监控调度、人员巡检监控调度、资源环境监测、规划建设管理、景区门禁票务、电子政务、电子商务、多媒体展示等应用系统，也可以自行开发建设其他应用系统，提高信息化管理水平。

（六）构筑安全防范体系。风景名胜区要按照国家信息安全有关要求，加强信息安全管理，采取技术与管理相结合的综合性保障措施，建立包括物理安全、网络安全、数据安全、系统安全、应用安全等内容的安全保障体系，制定并严格执行安全管理制度，确保设备和系统有效安全运行。

三、工作要求

（一）加强组织领导。各级风景名胜区管理部门要加强领导，积极稳步推进风景名胜区数字化景区建设。住房城乡建设部负责全国风景名胜区数字化景区建设的总体指导和监督实施，制订有关技术标准规范，并成立专家小组提供技术指导和服务。省级住房城乡建设（或风景名胜区）主管部门负责本辖区风景名胜区数字化景区建设的指导协调和监督实施。风景名胜区管理机构要设立专门工作机构，落实专业技术人员，稳步扎实推进数字化景区建设的各项工作。

（二）规范有序建设。风景名胜区数字化景区建设要遵循国家和住房城乡建设领域信息化建设的有关要求和技术规范，做到标准统一、网络互连、数据共享，推进信息资源共享，提高信息资源效益。要充分利用和整合现有基础设施、应用系统和信息资源，避免自成体系、重复建设等问题，促进景区内部以及景区与外部业务系统的互通互联。

（三）加强制度建设。风景名胜区要建立健全数字化景区建设的规章制度，制定包括规划立项、招标采购、设计施工、调试运行、项目验收、业务操作、日常运行、管理维护、文档管理、安全管理、应急管理、部门协作、绩效评估以及硬件、软件、人员、信息、数据等各方面的程序规范与管理制度，推进风景名胜区数字化建设与管理的规范化、制度化。

（四）搞好人才培养。风景名胜区要加强数字化景区人才队伍建设，在积极引进专业人才和技术支持协作单位同时，加大对现有干部职工的培训力度，积极开展信息化建设有关政策法规、技术规范、专业知识的培训辅导，努力提高现有管理人员专业技术能力，适应数字化景区建设的需要。

(五)加大资金投入。风景名胜区数字化景区建设需要一定的资金投入和保障。要积极拓宽融资渠道,加大资金支持力度,在充分利用自有资金的同时,积极争取财政资金、科研立项、银行贷款、社会投资等多方面的资金支持,为数字化景区建设提供可靠稳定的资金保障。

各地在实际工作中遇到的具体问题,请及时与我部风景名胜区管理办公室联系。

中华人民共和国住房和城乡建设部
二〇一〇年八月二十五日

关于进一步加强世界遗产保护管理工作的通知

建城函〔2010〕240号

各省、自治区住房和城乡建设厅,北京市园林绿化局,天津市城乡建设和交通委员会,重庆市园林事业管理局:

自1985年我国政府加入《保护世界文化和自然遗产公约》以来,在党中央、国务院的正确领导下,我国世界遗产保护管理工作取得了显著成绩,有效保护了世界遗产资源,提高了遗产地的知名度,带动了遗产所在地经济发展。但在世界遗产保护管理工作中也出现一些问题,有的地方不切实际,缺乏研究,存在"申遗"过热的倾向;有的地方"重申报、轻管理","重开发、轻保护"的现象也很突出。为进一步加强世界自然遗产、自然与文化双遗产等相关世界遗产保护管理工作,现通知如下:

一、深刻认识保护世界遗产的重要意义。我国现有各类世界遗产40处,位列全世界第三,已成为世界遗产大国。世界遗产是不可再生的珍贵资源,既代表一个国家的荣誉,更体现一个国家的责任。设立世界遗产的目的,就是为了保护和传承全人类共同的自然与文化遗产,促进世界遗产的永续利用,为人类社会的可持续发展做出贡献。目前,全球范围内世界遗产保护的压力越来越大,其保护状况将越来越受到更广泛的关注。要深入学习《保护世界文化和自然遗产公约》的精神,深刻领会保护世界遗产的重要意义,始终把世界遗产保护放在首位。要用科学和理性的态度,从全局出发,提高认识,端正目的,进一步增强世界遗产保护的责任感和使命感,加强世界遗产的科学保护。

二、科学推进申报工作。目前,我国正处于旅游经济快速发展时期,一些地方对世界遗产申报工作热情空前高涨。与此同时,世界遗产评选标准更趋严格,审议程序更为规范,批准通过的项目比例逐年降低,世界遗产申报工作难度也越来越大。因此,要深入了解世界遗产申报工作面临的新形势,认真学习有关世界遗产规则和国际惯例,加强与有关国际组织在世界遗产法规、信息、技术等方面的沟通和交流,参与有关世界遗产的国际交流活动,形成良性互动、协调推进的工作局面。要进一步加强世界遗产申报管理,有序开展世界遗产申报工作,实事求是,量力而行,科学推进,防止作为政绩工程一哄而上。

三、依法开展保护工作。要认真贯彻落实《城乡规划法》、《风景名胜区条例》、《城市绿化条例》等法律法规以及国家关于风景名胜区、历史文化名城(名镇、名村)和城市园林的有关保护管理规定,通过法制、行政和技术等多种手段,加大对世界遗产保护监管的力度,增强履约意识,提高履约能力,切实维护世界遗产的真实性和完整性。要探索完善世界遗产保护管理体制机制,依法制定和落实各项保护措施,严格规划建设管理,加强生物多样性、生态环境和文化景观的保护。要注意保护遗产地居民和其他利益相关者的合法权益。要结合世界遗产地定期报告工作的开展,提升世界遗产保护管理水平,实现世界遗产资源严格保护和可持续利用。

四、加大宣传力度。要正确引导新闻媒体对世界遗产保护管理工作的有关报道,积极宣传世界遗产保护管理工作的成果。世界遗产的宣传报道要做到客观公正,对恶意炒作、虚假报道的,要采取有力措施,坚决予以纠正。要积极宣传和倡导正确的世界遗产保护理念,引导全社会理性认识世界遗产,动员群众积极参与世界遗产保护管理,形成有利于世界遗产保护管理工作的良好舆论氛围。

五、加强能力建设。各级主管部门和遗产地管理机构要认真履行工作职责,加强机构建设,完善各项规章制度,规范门票管理,多渠道争取世界遗产保护资金,加大有关世界遗产科学研究、科普教育和培训工作,提高管理人员工作水平和素质,全面改进世界遗产保护管理工作,推进我国世界遗产保护事业健康发展。

中华人民共和国住房和城乡建设部
二〇一〇年九月七日

关于进一步加强动物园管理的意见

建城〔2010〕172号

各省、自治区住房和城乡建设厅,北京市园林绿化局,上海市绿化和市容管理局,天津市市容和园林管理委员会,重庆市园林事业管理局,新疆生产建设兵团建设局:

为全面落实科学发展观,规范动物园管理,促进动物园(包括设动物展区的公园)健康、可持续发展,现就进一步加强动物园的管理提出以下意见:

一、正确认识动物园的性质、作用和任务

动物园作为城市绿地系统中开展野生动物综合保护的专类公园,是保护生物多样性的示范场所,是社会公益事业的重要组成部分,是精神文明和生态文明建设的重要载体,其中心任务是开展野生动物综合保护和科学研究,并对公众进行科普教育和环境保护宣传。要从建设和谐社会和生态文明的高度,重视动物园的发展,切实抓好动物园的规划、建设和管理工作。

改革开放以来,我国动物园行业得到了较快的发展,在丰富群众生活、保护野生动物物种及自然资源等方面发挥了积极作用。但是随着社会经济的发展,一些地方政府和动物园片面追求经济效益,偏离了动物园的公益性发展方向,出现了把动物园变成营利性机构、利用野生动物进行表演、违规经营野生动物产品等情况,导致动物保护和动物园管理水平下降,动物非正常死亡、伤人等事件时有发生,给野生动物保护和社会公共安全带来了隐患,造成了不良的社会影响。这些与动物园的公益性质和中心任务相悖的行为必须坚决禁止和取缔。

二、切实加强动物园管理

(一)加大投入,保障动物园可持续发展

各级城市人民政府要在资金、机构、政策等方面给予充分保障,以保证动物园具备正常运营和持续发展所需要的动物资源、笼舍、饲料、医疗等物质条件和兽医等专业技术与管理人员。要设立动物园建设管理专项资金,不能将动物园视为"财政包袱",推向市场进行商业化经营。公益性动物园的所有权和经营权不得转让。要积极引导社会各界通过捐赠、认养等形式支持动物园的发展。

(二)严格管理动物园选址和搬迁,确保动物园的公益性质

新建和搬迁动物园,要按照动物园的公益性原则进行可行性论证,严格把关。论证要广泛征求公众意见,结果要通过两种以上的公共媒体向社会公示。最终论证结果要经省级建设(园林绿化)主管部门报住房城乡建设部备案。确需搬迁的,搬迁后不得改变动物园的公益性质,不得改变动物园原址的公园绿地性质。

(三)加强安全管理,保证动物园安全运营

各地建设(园林绿化)主管部门要加强对动物园日常运行管理中各个环节的监管,定期组织安全检查,及时发现问题、消除隐患。

动物园要制定日常安全管理工作制度,完善安全警示标识等设置,及时检查维护园内设备设施,确保动物和人的安全。要制定动物逃逸、伤人等突发事故及重大动物疫情等突发事件的应急预案,定期组织模拟演练。

(四)切实保障动物福利,保证动物健康

动物园要保质保量供应适合动物食性的饲料;建设适合动物生活习性、安全卫生、利于操作管理的笼舍,配备必要的防暑御寒设施;加强兽医院建设,采取必要的疾病预防和救治措施,为动物提供必要的医疗保障;妥善处理死亡动物的尸体;不得进行动物表演;避免让动物受到惊扰和刺激。

不能提供上述基本福利保障的公园不得设立动物展区。

(五)健全档案管理,科学规划发展

动物园要建立健全园内动物饲养、管理档案;设立动物谱系员专门负责登记、整理动物谱系资料,依据动物园行业的种群发展规划,制定本单位的动物种群发展计划。

(六)完善法规、标准体系,规范行业管理

要充分调动行业协会、科研院所的力量,在行业现状调研的基础上,针对当前动物园管理存在的突出问题,进一步完善动物园建设、管理配套法规,明确法律责任和惩戒措施,使动物园行业管理有法可依、有章可循。

(七)加大宣传,提高全社会动物保护意识

园林绿化主管部门要加大对动物园的宣传力度,提高全社会对动物园在野生动物保护、科学普及教育、环境保护等方面所发挥重要作用的认识,使动物园成为向公众传递关爱自然、保护动物等良好信息的窗口。对于公众和媒体关注的问题,要积极响应、妥善解决。

三、开展专项检查,着力解决当前动物园行业存在的突出问题

(一)全面清理各类动物表演项目

各地动物园和其他公园要立即进行各类动物表演项目的清理整顿工作,自本意见发布之日起3个月内,停止所有动物表演项目。

(二)严格禁止违规经营野生动物产品等不当行为

动物园和其他公园内严禁开设野味餐厅,禁止食用野生动物及其产品,禁止非法销售野生动物产品。存在上述问题的动物园、公园要在本意见发布之日起3个月内清理完毕。

(三)坚决纠正对动物园进行租赁、承包等违规经营

禁止将动物园、公园动物展区、动物场馆场地或园内动物以租赁、承包、买断等形式转交给营利性组织或个人经营。存在上述问题的动物园、公园要限期整改,尽早恢复动物园的公益性质。

(四)严肃处理侵占动物园等公园绿地的事件

严禁借改造、搬迁动物园,变相侵占公园绿地;对侵占动物园用地进行商业开发的,要限期整改,并恢复用地的公园绿地性质。

各地要对照本意见各项内容,全面开展动物园管理专项检查。各动物园应在本通知发布之日起1个月内完成自查自纠工作,并将自查结果报所在城市园林绿化主管部门。各省级建设(园林绿化)主管部门要在本通知发布之日起3个月内完成本行政区域内动物园的普查工作,并将普查结果报住房城乡建设部。

我部将根据各地开展专项检查的实际情况进行重点抽查,并把动物园规划、建设、管理情况纳入国家园林城市考核和复查内容。对经检查发现存在问题的动物园,将责令其限期整改;对不配合检查、不进行整改或在限定期限内整改不合格的动物园,将予以停业整顿,并通报批评。

中华人民共和国住房和城乡建设部
二〇一〇年十月十八日

八、住宅与房地产类

关于推进城市和国有工矿棚户区改造工作的指导意见

建保〔2009〕295号

各省、自治区、直辖市人民政府,国务院有关部门:

为认真贯彻《国务院关于解决城市低收入家庭住房困难的若干意见》(国发〔2007〕24号)和《国务院办公厅关于促进房地产市场健康发展的若干意

见》(国办发〔2008〕131号)精神,全面落实全国保障性安居工程工作会议、推进城市和国有工矿棚户区改造工作座谈会的部署,扎实推进城市和国有工矿棚户区改造,经国务院同意,提出以下意见:

一、充分认识城市和国有工矿棚户区改造的重要意义

(一)城市和国有工矿棚户区改造是改善民生的重大举措。城市和国有工矿棚户区居民中低收入家庭比例高,特别是下岗失业、退休职工比较集中,群众要求改造的呼声强烈。实施棚户区改造,有利于加快解决中低收入群众的住房困难,提高生活质量,改善生活环境,共享改革发展成果,提高党和政府的威信,增强人民群众的向心力和凝聚力。

(二)城市和国有工矿棚户区改造是完善城市功能的客观要求。城市和国有工矿棚户区安全隐患突出,严重影响群众生命财产安全,与城市现代化建设很不协调。实施棚户区改造,完善配套市政设施和公共服务设施,有利于改善城市环境,集约利用土地,推进城镇化健康发展。

(三)城市和国有工矿棚户区改造是促进经济社会协调发展的有效途径。实施棚户区改造,既可以带动社会投资,促进居民消费,扩大社会就业,又可以发展社区公共服务,加强社会管理,推进平安社区建设,是扩内需、惠民生、保稳定的重要结合点。

二、总体要求和基本原则

(四)总体要求。以邓小平理论和"三个代表"重要思想为指导,深入贯彻落实科学发展观,把改善群众的居住条件作为城市和国有工矿棚户区改造的根本目的,力争从2009年开始,结合开展保障性住房建设,用5年左右时间基本完成集中成片城市和国有工矿棚户区改造,有条件的地区争取用3年时间基本完成,特别应加快国有工矿棚户区改造,使棚户区群众的居住条件得到明显改善。

(五)基本原则。

1. 以人为本,依法拆迁。城市和国有工矿棚户区改造项目的确定和安置补偿方案的制订,要充分尊重群众意愿,采取多种方式征询群众意见,在得到绝大多数群众支持的基础上组织实施,做到公开、公平、公正。严格执行城市房屋拆迁等有关法律法规的规定,维护群众的合法权益,切实让群众得到实惠。

2. 科学规划,分步实施。要根据当地经济社会发展水平和政府财政能力,结合城市规划、土地利用规划和保障性住房建设规划,合理确定城市和国有工矿棚户区改造的目标任务,区分轻重缓急,优先安排连片规模较大、住房条件困难、安全隐患严重、群众要求迫切的项目,有计划有步骤地组织实施。

3. 政府主导,市场运作。城市和国有工矿棚户区改造政策性、公益性强,必须发挥政府的组织引导作用,在政策和资金等方面给予必要支持,注重发挥市场机制的作用,充分调动企业和棚户区居民的积极性,动员社会力量广泛参与。

4. 因地制宜,区别对待。坚持整治、保护与改造相结合,严格界定改造范围。对可整治的旧住宅区和规划保留的建筑,主要进行房屋维修、配套设施和无障碍设施完善、环境整治和建筑节能改造。要重视维护城市传统风貌特色,切实保护历史文化街区和历史建筑,严禁大拆大建。

5. 统筹兼顾,配套建设。坚持全面规划、合理布局、节约用地、综合开发,组织好新建安置小区的供水、供电、供气、供热、通讯、污水与垃圾处理等市政设施和商业、教育、医疗卫生、无障碍设施等配套公共服务设施的建设,促进以改善民生为重点的社会建设。

三、政策措施

(六)多渠道筹措资金。采取财政补助、银行贷款、企业支持、群众自筹、市场开发等办法多渠道筹集资金。

1. 中央采取适当方式,对城市和国有工矿棚户区改造给予资金支持。省级人民政府可采取以奖代补方式,对本地区城市和国有工矿棚户区改造给予资金支持。市、县人民政府应切实加大棚户区改造的资金投入,可以从城市维护建设税、城镇公用事业附加、城市基础设施配套费、土地出让收入中,按规定安排资金用于符合条件的棚户区改造支出项目。有条件的地区可对城市和国有工矿棚户区改造项目给予贷款贴息。城市和国有工矿棚户区改造项目执行廉租住房建设项目资本金占20%的规定。

2. 鼓励金融机构向符合贷款条件的城市和国有工矿棚户区改造项目提供贷款,创新金融产品,改善金融服务。根据改造项目特点合理确定信贷条件,对符合信贷条件的项目要在信贷资金规模上给予保障。有条件的地区可建立城市和国有工矿棚户区改造贷款担保机制,引导信贷资金投入。

3. 鼓励采取共建的方式改造国有工矿棚户区。

涉及棚户区改造的国有工矿企业要积极筹集资金。棚户区居民应合理承担安置住房建设资金。积极引导社会资金投入城市和国有工矿棚户区改造，支持有实力、信誉好的房地产开发企业参与棚户区改造。

（七）加大税费政策支持力度。对城市和国有工矿棚户区改造项目，免征城市基础设施配套费等各种行政事业性收费和政府性基金。城市和国有工矿棚户区改造安置住房建设和通过收购筹集安置房源的，执行经济适用住房的税收优惠政策。电力、通讯、市政公用事业等企业要对城市和国有工矿棚户区改造给予支持，新建安置小区有线电视和供水、供电、供气、供热、排水、通讯、道路等市政公用设施，由各相关单位出资配套建设，并适当减免入网、管网增容等经营性收费。

（八）落实土地供应政策。城市和国有工矿棚户区改造安置住房用地纳入当地土地供应计划优先安排，并简化行政审批流程，提高审批效率。安置住房中涉及的经济适用住房和廉租住房建设项目可以划拨方式供地，应在《国有建设用地划拨决定书》中明确约定住房套型建筑面积、项目开竣工时间等土地使用条件。对于配套建设的商业、服务业等经营性设施用地，必须以招标拍卖挂牌出让方式供地。严禁将已供应的经济适用住房、廉租住房用地改变用途用于商品住房等开发建设。安置住房实行原地和异地建设相结合，以就近安置为主；对异地建设的，应选择交通便利、基础设施齐全的区域。

（九）完善安置补偿政策。城市和国有工矿棚户区改造实行实物安置和货币补偿相结合，由被拆迁人自愿选择。符合当地政府规定的住房保障条件的被拆迁人，通过相应保障方式优先安排。各地在保护被拆迁人利益的前提下，按国家有关规定制定具体安置补偿办法。

四、组织实施

（十）落实工作责任。地方各级人民政府要把城市和国有工矿棚户区改造工作摆上重要议事日程，加强组织领导。省级人民政府对本地区城市和国有工矿棚户区改造工作负总责，对市、县人民政府实行目标责任制管理，并负责监督考核。市、县人民政府是城市和国有工矿棚户区改造工作的责任主体，要明确部门责任、具体措施，切实做到规划到位、资金到位、供地到位、政策到位、监管到位和分配公平，确保城市和国有工矿棚户区改造工作顺利实施。有棚户区改造任务的国有工矿企业要切实加强项目的组织实施，认真做好依法落实建设用地和筹集资金等相关工作。

（十一）健全工作机制。保障性安居工程协调小组负责协调解决城市和国有工矿棚户区改造中的重要问题，各有关部门根据部门职责，完善配套政策，加强工作指导。财政部会同有关部门制定城市和国有工矿棚户区改造的税收支持政策；国土资源部负责完善土地供应政策；人民银行、银监会会同住房城乡建设部、财政部指导督促金融机构做好金融服务工作。地方各级人民政府要健全部门协作机制，各有关部门要密切配合，形成合力，各司其职，各负其责。地方各级保障性安居工程领导小组和有关部门要加强组织领导，落实好各项政策措施。

（十二）编制规划计划。地方各级人民政府要把城市和国有工矿棚户区改造与廉租住房、经济适用住房建设结合起来，纳入保障性住房建设规划。市、县人民政府要编制城市和国有工矿棚户区改造规划和年度工作计划，因地制宜地制定项目实施方案，报省级人民政府批准后实施。省级人民政府要抓紧编制本地区城市和国有工矿棚户区改造规划和年度工作计划，报住房城乡建设部、发展改革委、财政部、国土资源部备案。住房城乡建设部要把城市和国有工矿棚户区改造规划和年度工作计划纳入保障性安居工程规划。

（十三）确保工程质量。要严格执行法定建设程序和技术标准规范，加强施工管理，确保工程质量。要优化新建安置住房的规划设计，在较小户型内实现基本的使用功能，满足基本居住需要。要按照节能省地环保要求，推广新技术、新工艺、新材料和新设备。有关住房质量、建筑节能和使用功能等方面的要求，应在建设合同中予以明确。

（十四）强化监督检查。市、县人民政府要加强监督检查，实施全方位监管，及时发现并解决各种问题，坚决制止棚户区改造中损害居民合法权益的行为。省级住房城乡建设部门会同相关部门负责本地区工作的监督检查，并分别于每年7月31日和次年1月31日前，将城市和国有工矿棚户区改造半年工作进展情况、年度计划完成情况及土地供应开发情况报住房城乡建设部、发展改革委、财政部、国土资源部。各级监察部门要会同有关部门加强对城市和国有工矿棚户区改造情况的监督检查，认真查处违法违纪行为。各级审计部门要加强对资金有效使用和安全等各环节的监督。各级国土资源管理部门要加强对城市和国有工矿棚户区改造用地的管理和监督检查。住房城乡建设部会同有关部门负责本意见执行情况的监督检查，对工作不落实、措施不到位的地区，要通报批评，限期整改。

（十五）加强宣传引导。要采取多种形式，广泛宣传棚户区改造的重要意义，准确解读政策措施，及时反映工作进展情况，取得城市和国有工矿棚户区居民的理解和支持，为城市和国有工矿棚户区改造工作营造良好的舆论氛围。

正在实施的国有林区、垦区和中央下放地方煤矿棚户区改造，按现有政策继续推进。

中华人民共和国住房和城乡建设部
中华人民共和国国家发展和改革委员会
中华人民共和国财政部
中华人民共和国国土资源部
中国人民银行
二〇〇九年十二月二十四日

关于住房保障规范化管理检查情况的通报

建办保〔2010〕3号

各省、自治区住房城乡建设厅，北京市住房城乡建设委，天津市、重庆市国土房管局，上海市住房保障房屋管理局，新疆生产建设兵团建设局：

根据《关于对保障性住房规范化管理工作进行检查的通知》（建办保函〔2009〕811号），除浙江、新疆2个省（区）和新疆生产建设兵团外，其他各省（区、市）认真组织开展了自查和检查工作，并上报了检查情况。在此基础上，我部对北京、天津、上海、重庆四个直辖市进行了实地检查。从检查情况看，各地高度重视住房保障规范化管理工作，把规范管理作为推动事业发展、促进工作进步、检验工作成效的重要抓手，完善政策、优化机制、加强监管，努力建设科学有序、办事高效、规范透明、公平公正的管理体制。现将检查情况通报如下：

一、基本情况

（一）制度建设。各省（区、市）结合实际制定了廉租住房、经济适用住房管理办法，各市县基本建立了廉租住房、经济适用住房制度，基本实现对申请廉租住房租赁补贴的城市低保家庭应保尽保，并逐步将保障范围扩大到低收入住房困难家庭。绝大多数市县编制了廉租住房保障规划和年度计划，加大了财政投入，建立了责任考核制度，加强了业务培训、档案管理、监督检查，住房保障工作逐步走上规范化、制度化的轨道。天津、上海、黑龙江、广东、广西、甘肃、宁夏等省（区、市）分别制定了住房保障工作考核办法，明确了考核内容、标准等具体考核措施。北京、天津、内蒙古、福建、山东、河南、湖北、湖南、广西、甘肃等省（区、市）将住房保障工作纳入省（区、市）政府为民办实事范围。厦门、深圳两市加快住房保障立法工作，《厦门市社会住房保障管理条例》作为第一个住房保障地方性法规已经实施，《深圳市保障性住房条例》已经提交当地人大审议。

（二）管理服务。各省（区、市）基本明确了住房保障工作机构和职能，部分市县建立了住房保障管理机构及具体实施机构，设立了对外服务的办事窗口，人员配备得到充实，工作机制逐步建立。北京、天津、上海市在市、区两级分别成立了住房保障事务管理中心，作为住房保障实施机构；在街道（乡镇）设立了住房保障或社会保障科，建立了受理服务窗口。河北省所有地级城市、海南省所有市县组建了住房保障和房产管理局，并设立了廉租住房与经济适用住房管理中心。长沙、银川、青岛、广州等城市成立了专门的住房保障局（办公室）。北京、重庆、广州等城市加强了保障性住房入住后的管理工作，注重社区建设，促进社会和谐。

（三）实施程序。各市县均建立了住房保障准入审核制度，形成了较为完备的申请、受理、审核、公示、复核程序，加强了准入审核。北京、天津、上海、重庆市实行了三级审核、两级公示制度。上海市成立了居民经济状况核对中心，通过政府相关部门信息比对，核实申请家庭的收入、财产状况，提高了审核效率和准确性；重庆市在住房保障初审阶段，由社区居委会组织对申请家庭收入状况进行评议和听证；深圳市建立了九查九核机制，通过民政、公安、房产、金融、保险、证券等相关部门，对申请家庭的收入、财产进行全面核查。部分城市建立了事前咨询制度，通过办事窗口、电话、网络等接受群众咨询，扩大了政策宣传覆盖面，减轻了后期审核压力。

（四）动态管理。各省（区、市）建立了低收入家庭住房保障统计报表制度，完善了住房保障档案的归集、整理、保管、使用制度，部分地区研究开发了住房保障管理信息系统。北京、天津、山西、内蒙古、上海、江苏、安徽、河南、湖北、湖南、重庆、贵州等省（区、市）建立了统一的住房保障管理信息系统，实现了住房保障管理工作网上办公。北京、上海市实行了住房保障管理系统市、区县、街道三级联网。天津市通过住房保障管理系统，实现了与住房产权产籍、住房公积金、社会保险等专业数据库的系统链接，适时对申请家庭收入、财产状况进行核查。

当前，住房保障规范化管理工作仍存在一些问题。主要是：一是住房保障申请审核程序有待规范。各地审核流程、审核形式及审核标准各有差异，收入、财产核查相对困难，核查的信息化程度不高，全面的信息比对机制没有完全建立。二是住房保障信息化建设有待加强。住房保障管理信息系统不够健全，住房保障电子档案没有完全建立，没有实现与住房保障管理信息系统的优化整合。三是住房保障机构有待健全。不少市县没有设立专门的住房保障管理和实施机构，街道、居委会等基层工作力量薄弱，人员多为兼职，经费无法保障，不能适应住房保障工作需要。

二、下步工作要求

2008年四季度以来，保障性住房建设规模不断加大，后期管理任务日渐繁重。规范化管理作为基础工作，关系分配结果能否公平公正，关系住房保障工作能否可持续发展。各地要结合这次检查中发现的问题，采取针对性措施，提升住房保障规范化管理水平，尚未达标的地级以上城市要在2010年底前达标，其他城市（含县城）要在2011年底前全部达标。今年底，我部将组织开展达标验收工作。

（一）加强制度建设，完善政策措施。要不断健全符合当地实际的住房保障体系，探索解决城市居民住房困难的多种途径，进一步落实资金、土地、税费优惠等政策措施。

（二）完善工作机制，规范审核程序。要根据《廉租住房保障办法》、《城市低收入家庭认定办法》等规定，完善住房保障申请审核程序，明确审核内容，增强审核效力；建立住房保障申请家庭信息比对机制，畅通信息采集渠道，实现信息共享，方便收入、财产核查。

（三）加快信息化建设，实行动态管理。要研究建立适应审核程序要求的住房保障管理信息系统，不断增强系统的便捷性、可操作性，实现与其他信息系统的联动，满足电子政务要求。建立符合规定的电子档案，并及时更新，实行住房保障工作动态化管理。

（四）健全工作机构，提高队伍素质。要按照《国务院关于解决城市低收入家庭住房困难的若干意见》等要求，建立相应的管理工作机构和具体实施机构，充实基层人员力量，落实工作经费。通过专题培训、以查代训等形式，加强住房保障培训，不断提高工作人员业务素质。

（五）强化检查考核，确保政策落实。要根据住房保障规范化管理考核相关规定，定期开展检查考核，发现问题及时整改，并探索建立与资金补助相挂钩的奖惩机制，促进住房保障规范化管理水平不断提高，确保各项政策措施落到实处。

中华人民共和国住房和城乡建设部
办公厅
二〇一〇年一月二十日

关于做好城市和国有工矿棚户区改造规划编制工作的通知

建保〔2010〕58号

各省、自治区住房城乡建设厅，北京市住房城乡建设委，天津市国土房管局，上海市建设交通委、住房保障房屋管理局，重庆市城乡建设委，新疆生产建设兵团建设局：

根据全国城市和国有工矿棚户区改造工作会议精神，以及《国务院办公厅关于促进房地产市场平稳健康发展的通知》（国办发〔2010〕4号）、《住房城乡建设部、国家发展改革委、财政部、国土资源部、中国人民银行关于推进城市和国有工矿棚户区改造工作的指导意见》（建保〔2009〕295号，以下简称《意见》）要求，为规范城市和国有工矿棚户区改造规划编制工作，经商国家发展改革委、财政部、国土资源部同意，现就有关事项通知如下：

一、指导思想和基本原则

（一）指导思想

以邓小平理论和"三个代表"重要思想为指导，深入贯彻落实科学发展观，把改善群众的居住条件作为城市和国有工矿棚户区改造的根本目的，充分认识推进城市和国有工矿棚户区改造工作的重要意义，认真做好规划编制工作，加快棚户区改造，使棚户区群众的居住条件尽快得到改善。

（二）基本原则

1. 科学规划，分步实施。综合考虑经济社会发展水平，结合国民经济和社会发展规划、土地利用总体规划、城市规划、保障性住房建设规划，科学确定城市和国有工矿棚户区改造的目标任务，优先安排连片规模大、住房条件困难、安全隐患严重、群众要求迫切的项目，有计划有步骤地组织实施。

2. 因地制宜，区别对待。坚持整治、保护与改造相结合，严格界定改造范围，注重保护历史文化街区和历史建筑，严禁大拆大建。对纳入改造范围的棚户区，区别不同情况，分别采取政府主导或市场运作等不同改造模式。

3. 统筹兼顾，配套建设。坚持全面规划、合理布局、综合开发，兼顾保障性住房、普通商品住房建设，组织好新建安置小区的供水、供电、供气、供热、通讯、污水与垃圾处理等市政设施和商业、教育、医疗卫生、无障碍设施等配套公共服务设施的建设。

二、主要内容

（一）棚户区改造的范围规模标准

按照《意见》要求，城市和国有工矿棚户区是指国有土地上集中连片简易结构房屋较多、建筑密度较大、基础设施简陋、房屋建成年限较长、使用功能不全、安全隐患突出的居住区域。城市棚户区为城市规划区内的棚户区，国有工矿棚户区为城市规划区外的独立工矿棚户区。省级人民政府应结合实际情况，区分轻重缓急，合理确定城市和国有工矿棚户区改造范围、规模和标准等，以便于规划编制和实施。

（二）规划期限

根据《意见》规定，明确规划期限即棚户区改造起止时间。

（三）总体目标

以2009年报送住房城乡建设部的棚户区相关数据为基础，综合考虑当地经济社会发展水平，分别确定规划期内城市棚户区、国有工矿棚户区改造目标任务，主要包括改造面积、投资规模、套型标准、安置户数等。

（四）年度任务

根据总体目标和规划期限，合理确定城市棚户区、国有工矿棚户区年度改造任务。

（五）政策措施

1. 省级人民政府要明确对城市和国有工矿棚户区改造的资金等支持政策。

2. 市、县人民政府要落实棚户区改造的资金来源、税费优惠等政策，制定具体安置补偿办法。要按照批准的年度改造建设任务，及早科学编制棚户区改造的保障性住房（含廉租住房、经济适用住房）和中低价位、中小套型普通商品住房用地计划，优先落实保障性住房用地地块，严禁建设大户型高档住房，确保用地计划落实。原则上应实行原址改造，盘活存量土地，优化用地结构，完善服务功能，节约集约用地。

三、编制要求

（一）严格编制程序

编制工作按照前期调研、专题研究、文本编制、征求意见、规划出台五个阶段进行，通过前期调研掌握城市和国有工矿棚户区相关基础数据，专题研究具体内容，科学编制规划文本，并广泛征求社会各方意见，履行审批程序，落实实施条件，由省级、市、县人民政府分别组织实施。

（二）内容全面准确、可操作性强

规划内容要全面，能够涵盖本通知要求的主要内容，目标任务、相关数据等指标要准确，政策措施要切实可行，客观反映本地实际情况，具有较强的可操作性，确保规划得到执行。

（三）分级负责，切实做好编制工作

1. 省级人民政府要在汇总市、县规划基础上，编制本地区城市和国有工矿棚户区改造规划，并将规划任务分解到年度和市、县，分别编制下达年度工作计划。省级住房城乡建设部门要会同相关部门，将省级人民政府批准的全省（区、市）城市和国有工矿棚户区改造规划，于2010年7月底前报住房城乡建设部、国家发展改革委、财政部、国土资源部备案。

2. 市、县人民政府要认真做好规划编制工作，并结合规划编制，制定城市和国有工矿棚户区改造年度实施方案，明确年度棚户区改造的具体项目、规模、改造方式等，及时报省级人民政府批准后实施。

四、组织实施

（一）加强组织领导

地方各级政府要加强对规划编制工作的领导和组织协调，明确牵头部门及参加部门，各司其职，密切配合，全力做好规划编制工作。

（二）落实工作责任

省级人民政府对本地区城市和国有工矿棚户区改造工作负总责，要明确市、县人民政府棚户区改造工作的年度目标责任。市、县人民政府要进一步明确具体措施，健全工作机构，切实做到规划到位、资金到位、政策到位、监管到位，确保改造工作顺利推进，所需工作经费由同级财政预算安排解决。

（三）强化监督检查

省级住房城乡建设部门会同相关部门负责本地区工作的监督检查。市、县人民政府要实施全方位监管，及时发现并解决各种问题，确保规划顺利实施。

中华人民共和国住房和城乡建设部
二○一○年四月十六日

关于加强经济适用住房管理有关问题的通知

建保〔2010〕59号

各省、自治区住房城乡建设厅，直辖市建委（住房保障和房屋管理局、房地局），新疆生产建设兵团建设局：

根据《国务院关于解决城市低收入家庭住房困难的若干意见》（国发〔2007〕24号）、《国务院办公厅关于促进房地产市场平稳健康发展的通知》（国办发〔2010〕4号）、《国务院关于坚决遏制部分城市房价过快上涨的通知》（国发〔2010〕10号）和《经济适用住房管理办法》（建住房〔2007〕258号）的有关规定，为加强经济适用住房管理，现就有关问题通知如下：

一、严格建设管理

（一）经济适用住房建设项目必须严格按照有关规划建设管理的规定程序报批、建设，不得变更批准的项目规模、套型结构和用途。要严格执行施工图审查、工程招标、施工许可、质量监督、工程监理、竣工验收备案等建设程序，严格执行国家有关保障性住房建设的技术标准和强制性条文。

（二）严格执行经济适用住房单套建筑面积标准控制在60平方米左右的要求。住房供需矛盾突出的城市，可适当减小套型建筑面积，以增加供应套数。委托房地产开发企业建设的经济适用住房项目，住房保障部门要明确套型面积等控制性要求，作为项目法人招标的前置条件。

（三）各地可结合当地居民收入、住房状况等实际情况，自行确定经济适用住房的建设规模。商品住房价格过高、上涨过快的城市，要大幅度增加经济适用住房供应。

二、规范准入审核

（四）经济适用住房供应对象为城市低收入住房困难家庭。商品住房价格较高的城市，可以适当扩大经济适用住房的供应范围。

（五）经济适用住房申请人应当如实申报家庭收入、财产和住房状况，并对申报信息的真实性负责。

（六）市、县住房保障部门要会同有关部门建立健全经济适用住房申请、审核、公示、轮候制度和工作机制，认真履行审核责任，确保配售过程公开透明，配售结果公平公正，主动接受社会监督。严禁委托开发企业、中介机构和其他组织、个人代理购房资格审核和房源分配等政府职责。

三、强化使用监督

（七）市、县住房保障部门应当定期或不定期对经济适用住房使用情况（包括自住、闲置、出租、出借、出售以及住房用途等）进行检查，也可委托经济适用住房管理单位定期对上述情况进行调查。新建经济适用住房小区（包括配建经济适用住房）进行前期物业管理招投标时，可以将相关委托内容作为招标条件，并在临时管理规约和前期物业服务合同中明示。

（八）在取得完全产权前，经济适用住房购房人只能用于自住，不得出售、出租、闲置、出借，也不得擅自改变住房用途。

（九）在取得完全产权前，经济适用住房购房人有与其申报收入明显不符的高消费行为时，应当主动向住房保障部门作出说明，并配合对其资产进行核查、公示。

（十）已购买经济适用住房的家庭，再购买其他住房的，必须办理经济适用住房退出手续，或者通过补交土地收益等价款取得已购经济适用住房的完全产权。

四、加强交易管理

（十一）经济适用住房上市交易，必须符合有关政策规定并取得完全产权。住房保障部门应当对个人是否已缴纳相应土地收益等价款取得完全产权、成交价格是否符合正常交易、政府是否行使优先购买权等情况出具书面意见。

房屋登记、租赁管理机构办理房屋权属登记、租赁备案登记时，要比对住房保障部门提供的有关信息。对已购经济适用住房的家庭，不能提供住房保障部门出具的书面意见的，任何中介机构不得代理买卖、出租其经济适用住房；房屋租赁备案管理机构应当暂停办理其经济适用住房的租赁备案，房屋登记机构应当暂停办理该家庭购买其他房屋的权属登记，并及时通报住房保障部门。

（十二）住房保障部门应当会同有关部门结合各地段普通商品住房交易指导价格，定期制订经济适用住房上市补交土地收益等价款的标准，报经市、县人民政府同意后公布实施。

经济适用住房交易价格低于政府公布的同地段、同类普通商品住房交易指导价格的，依指导价格缴纳相应的土地收益等价款。

（十三）各地要结合实际情况完善经济适用住房上市交易分配机制，健全上市交易管理办法。要按照配售经济适用住房时承购人与政府的出资比例，确定上市所得价款的分配比例、政府优先购买权等管理事项。其中，政府出资额为土地出让金减让、税费减免等政策优惠额之和。

五、完善监督机制

（十四）市、县住房保障部门要依法履行监督管理职责，建立经济适用住房管理信息系统，积极推动建立住房保障、房地产、民政、公安、金融等部门的信息共享机制，增强审核工作的准确性，提高监管工作效率。同时，要设立并公布举报电话、信箱、电子邮箱等，采取多种方式接受群众举报、投诉，加强社会监督。

（十五）经济适用住房管理的相关内容纳入住房保障规范化管理考核范围。省级住房城乡建设部门要督促各市、县完善经济适用住房管理制度，健全住房保障实施机构，配备专门力量负责经济适用住房使用情况的监督检查，并对市、县经济适用住房管理情况进行定期检查。

（十六）购房人违反本通知第（五）条规定，以虚假资料骗购经济适用住房的，一经查实，立即责令退还；违反本通知第（八）条规定，违规出售、出租、闲置、出借经济适用住房，或者擅自改变住房用途且拒不整改的，按照有关规定或者合同约定收回；违反本通知第（九）条规定，对其高消费行为不作出说明，不配合资产核查、公示，或不能作出合理解释的，视同以虚假资料骗购经济适用住房。

对有上述情形的购房人，取消其在5年内再次申请购买或租赁各类政策性、保障性住房的资格。

（十七）经济适用住房建设单位、中介机构和其他组织、个人有违法违规行为的，要依法依规予以处理，并记入诚信档案。

国家机关工作人员在经济适用住房建设、管理过程中滥用职权、玩忽职守、徇私舞弊的，依法依纪追究责任；涉嫌犯罪的，移送司法机关处理。

（十八）各地要根据本通知要求，完善经济适用住房管理办法，并制订经济适用住房配售合同示范文本。

（十九）本通知自印发之日起施行。

中华人民共和国住房和城乡建设部

二○一○年四月二十二日

关于加强廉租住房管理有关问题的通知

建保〔2010〕62号

各省、自治区住房和城乡建设厅、民政厅、财政厅，直辖市建委（房地局、住房保障房屋管理局）、民政局、财政局，新疆生产建设兵团建设局、民政局、财务局：

为加强廉租住房管理，确保廉租住房公平配租和有效使用，根据《国务院关于解决城镇低收入家庭住房困难的若干意见》（国发〔2007〕24号）和住房城乡建设部等九部委《廉租住房保障办法》（建设部令第162号）等有关规定，现就有关问题通知如下：

一、严格建设和准入管理

（一）各地区要通过新建、改建、购置、租赁等方式多渠道筹集廉租住房房源。新建廉租住房坚持集中建设和在经济适用住房、商品住房、棚户区改造项目中配建相结合，以配建为主。新建廉租住房项目要尽可能安排在交通便利、公共设施较为齐全的区域，同步做好小区内外市政配套设施建设，方便低收入家庭生活、就业、就医和子女入学。

（二）严格执行廉租住房单套建筑面积控制在50平方米以内的规定。要根据低收入家庭人口结构情况，合理安排不同套型面积住房的比例。对房地产开发企业承建的配建廉租住房，住房保障部门要提出套型面积等控制要求，作为项目法人招标的前置条件。

（三）优化廉租住房户型设计，加大建筑节能技术的推广应用，力求在较小的户型内满足基本居住需要，努力做到功能齐全、布局合理、节能环保和经济适用。

（四）各市、县人民政府要落实经国务院同意印发的《城市低收入家庭认定办法》（民发〔2008〕156号）的有关规定，明确廉租住房保障申请人的收入和资产申报义务，抓紧建立住房保障、公安（车辆和户籍管理）、人力资源和社会保障（社会保险）、房地产、金融、工商、税务、住房公积金等部门和机构的信息共享机制，着力提高廉租住房保障资格审核工作的准确性。

（五）各市、县住房保障部门要会同有关部门完善廉租住房申请、审核、公示、轮候、配租程序，确保廉租住房配租过程公开透明，配租结果公平公正。

二、强化租赁管理和服务

（六）各市、县住房保障部门要切实履行廉租住房产权人的权利和义务，加强廉租住房合同管理，明确承租对象的权利和义务，载明租金水平、租赁期限、转借或转租的处罚以及其他违反使用规定的责任等事项。

（七）集中建设的廉租住房小区的管理和服务，可由租户自我管理、自我服务，也可以选择专业化的物业服务企业或原公有住房管理机构承担。在其他项目中配建的廉租住房管理和服务，要纳入项目统一的物业管理。

（八）强化廉租住房租金管理，提高廉租住房租金和服务收费的缴交率。对不按合同约定缴纳租金并经催交无效的，可以通报承租人所在单位并从承租人工资收入中直接划扣。

（九）廉租住房租金要严格执行"收支两条线"管理，全额用于廉租住房及配套设施的维修养护和管理，不足部分由市、县财政预算安排。按规定落实对低保家庭的供暖费补贴、水电气开户费减免政策。

（十）完善廉租住房租赁补贴发放和管理制度，确保补贴资金专款用于改善居住条件。

（十一）正在享受实物配租廉租住房或领取廉租住房租赁补贴的家庭，再购买其他住房的，应当办理廉租住房保障退出手续。

（十二）房屋登记机构办理房屋权属登记时，应根据住房保障部门提供的信息，比对申请登记人家庭成员是否正在享受廉租住房保障的信息。

三、切实落实监管责任

（十三）解决城市低收入家庭住房困难是政府公共服务的重要职责，市、县人民政府住房保障部门是廉租住房管理的责任主体。要健全管理机制和实施机构，充实人员，落实工作经费，切实履行政府资产管理和对低收入家庭公共服务的职责。

（十四）市、县住房保障部门要通过定期入户调查等方式，及时了解保障对象家庭成员变动情况及廉租住房使用情况。住房保障部门可以通过政府购买服务的方式，委托廉租住房物业服务企业承担廉租住房使用情况的检查等工作。

（十五）对骗取廉租住房保障、恶意欠租、无正当理由长期闲置，违规转租、出借、调换和转让廉租住房等行为，市、县住房保障部门要按照有关规定或合同约定责令限期退回；逾期未退回的，可以按照合同约定，采取调整租金等方式处理，直至收回廉租住房，并取消该家庭再次申请廉租住房保障的资格；对拒不执行处理决定的，市、县住房保障部门可向当地人民法院申请强制执行。

（十六）充分发挥社会监督作用，畅通投诉举报渠道。通过各种形式主动接受媒体和公众的监督。对社会各界举报投诉的骗取廉租住房保障及违规使用廉租住房的行为，要及时处理，并公布结果。

（十七）国家机关工作人员在廉租住房建设、管理过程中滥用职权、玩忽职守、徇私舞弊的，依法依纪追究责任；涉嫌犯罪的，移送司法机关处理。

（十八）本通知自印发之日起施行。

中华人民共和国住房和城乡建设部
中华人民共和国民政部
中华人民共和国财政部
二〇一〇年四月二十三日

关于中央投资支持国有工矿棚户区改造有关问题的通知

建保〔2010〕56号

各省（自治区、直辖市）住房城乡建设厅（建委、住房保障和房屋管理局、房地局）、发展改革委，新疆生产建设兵团建设局、发展改革委：

为加快推进国有工矿棚户区改造，根据《关于推进城市和国有工矿棚户区改造工作的指导意见》（建保〔2009〕295号）（以下简称《指导意见》），现将中央投资支持国有工矿棚户区改造的有关问题通知如下：

一、请你们按照《指导意见》的有关规定，加快编制国有工矿棚户区改造规划及年度计划，抓紧做好项目前期工作，落实建设资金、土地、拆迁安置补偿等建设条件，按固定资产投资项目有关规定履行相关程序。

二、中央投资补助范围为城市规划区外、不能通过商业开发解决的国有工矿棚户区改造工程，包括在建项目和当年具备开工条件的项目。中央补助投资按照项目批准文件和有效拆迁许可证确定的拆迁改造户数为依据进行安排，用于为国有工矿棚户区改造工程直接配套的基础设施建设。具体补助标准另行研究确定。

三、省级住房城乡建设部门会同省级发展改革委对申报项目进行审查，认真核实年度拆迁改造任务和安置方案。申请中央投资补助项目，必须具备以下条件：

1. 符合省级人民政府批准的棚户区改造规划；

2. 市、县人民政府对年度拆迁补偿安置方案已完成审定，并已正式核发拆迁许可证；

3. 建设程序到位，建设用地和资金已落实，具备当年开工条件。

四、省级发展改革委会同住房城乡建设部门向住房城乡建设部、国家发展改革委提出国有工矿棚户区改造中央投资补助建议计划，并附以下文件：

1. 经省级人民政府批准的全省（区、市）棚户区改造规划；

2. 项目单位的基本情况；

3. 省级发展改革委批复的项目可行性研究报告、初步设计文件；

4. 项目资金落实文件；

5. 市、县人民政府有关部门核发的拆迁许可证，年度拟拆迁改造计划；

6. 土地部门出具的建设用地批准文件；规划部门出具的建设工程规划许可证；

7. 项目单位对所报内容和附属文件真实性负责的声明以及其他需提交的文件。

中央所属工矿企业的棚户区改造项目按照属地原则，由所在地负责统筹规划和申报。

五、已纳入中央下放地方煤矿棚户区改造和其他棚户区（危旧房）改造规划，享受中央投资补助的建设项目，按原渠道安排，不得重复申请中央投资补助。

六、住房城乡建设部会同国家发展改革委对各省上报的年度计划拆迁改造户数进行审核，国家发展改革委会同住房城乡建设部根据核定的拆迁改造户数和补助标准下达年度投资计划。

七、省级人民政府对本地区国有工矿棚户区（包括中央所属工矿企业棚户区）改造负总责，省级政府要安排资金，支持国有工矿棚户区改造。市、县人民政府是国有工矿棚户区改造的责任主体，要加大资金投入，落实税费、土地供应等相关政策；有关企业要积极筹集建设资金，承担相应责任。

八、各地要按照中央投资项目管理的有关要求，加强对安排中央补助投资的棚户区改造项目的监管，严格执行有关法律、法规，落实相关单位责任，强化项目建设管理，杜绝安全隐患，确保工程质量。要加强项目建设资金管理，如出现虚报瞒报、挪用资金、擅自改变建设内容等违法违规行为，按有关规定追究相关部门和责任人的责任。

中华人民共和国住房和城乡建设部
中华人民共和国国家发展和改革委员会
二〇一〇年四月十三日

关于加快发展公共租赁住房的指导意见

建保〔2010〕87号

各省、自治区、直辖市人民政府，国务院各有关部门：

根据《国务院关于坚决遏制部分城市房价过快上涨的通知》（国发〔2010〕10号）和《国务院办公厅关于促进房地产市场平稳健康发展的通知》（国办发〔2010〕4号）精神，为加快发展公共租赁住房，经国务院同意，现提出以下意见：

一、加快发展公共租赁住房的重要意义

近年来，随着廉租住房、经济适用住房建设和棚户区改造力度的逐步加大，城市低收入家庭的住房条件得到较大改善。但是，由于有的地区住房保障政策覆盖范围比较小，部分大中城市商品住房价格较高、上涨过快、可供出租的小户型住房供应不足等原因，一些中等偏下收入住房困难家庭无力通过市场租赁或购买住房的问题比较突出。同时，随着城镇化快速推进，新职工的阶段性住房支付能力不足矛盾日益显现，外来务工人员居住条件也亟需改善。大力发展公共租赁住房，是完善住房供应体系，培育住房租赁市场，满足城市中等偏下收入家庭基本住房需求的重要举措，是引导城镇居民合理住房消费，调整房地产市场供应结构的必然要求。各地区、各部门要统一思想，提高认识，精心组织，加大投入，积极稳妥地推进公共租赁住房建设。

二、基本原则

（一）政府组织，社会参与。各地区在加大政府对公共租赁住房投入的同时，要切实采取土地、财税、金融等支持政策，充分调动各类企业和其他机构投资和经营公共租赁住房的积极性。

（二）因地制宜，分别决策。各地区要根据当地经济发展水平和市场小户型租赁住房供需情况等因素，合理确定公共租赁住房的供应规模和供应对象。商品住房价格较高、小户型租赁住房供应紧张的城市，应加大公共租赁住房建设力度。

（三）统筹规划，分步实施。各地区要制订公共租赁住房发展规划和年度计划，并纳入2010—2012年保障性住房建设规划和"十二五"住房保障规划，分年度组织实施。

三、租赁管理

（一）公共租赁住房供应对象主要是城市中等偏下收入住房困难家庭。有条件的地区，可以将新就业职工和有稳定职业并在城市居住一定年限的外来务工人员纳入供应范围。公共租赁住房的供应范围和供应对象的收入线标准、住房困难条件，由市、县人民政府确定。已享受廉租住房实物配租和经济适用住房政策的家庭，不得承租公共租赁住房。

（二）公共租赁住房租金水平，由市、县人民政府统筹考虑住房市场租金水平和供应对象的支付能力等因素合理确定，并按年度实行动态调整。符合廉租住房保障条件的家庭承租公共租赁住房的，可以申请廉租住房租赁补贴。

（三）公共租赁住房出租人与承租人应当签订书面租赁合同。公共租赁住房租赁合同期限一般为3至5年，合同示范文本由省、自治区、直辖市住房城乡建设（住房保障）部门制订。承租人应当按照合同约定合理使用住房，及时缴纳租金和其他费用。租赁合同期满后承租人仍符合规定条件的，可以申请续租。

（四）公共租赁住房只能用于承租人自住，不得出借、转租或闲置，也不得用于从事其他经营活动。承租人违反规定使用公共租赁住房的，应当责令退出。承租人购买、受赠、继承或者租赁其他住房的，应当退出。对承租人拖欠租金和其他费用的，可以通报其所在单位，从其工资收入中直接划扣。

四、房源筹集

（一）公共租赁住房房源通过新建、改建、收购、在市场上长期租赁住房等方式多渠道筹集。新建公共租赁住房以配建为主，也可以相对集中建设。要科学规划，合理布局，尽可能安排在交通便利、公共设施较为齐全的区域，同步做好小区内外市政配套设施建设。

（二）在外来务工人员集中的开发区和工业园区，市、县人民政府应当按照集约用地的原则，统筹规划，引导各类投资主体建设公共租赁住房，面向用工单位或园区就业人员出租。

（三）新建公共租赁住房主要满足基本居住需求，应符合安全卫生标准和节能环保要求，确保工程质量安全。成套建设的公共租赁住房，单套建筑面积要严格控制在60平方米以下。以集体宿舍形式建设的公共租赁住房，应认真落实宿舍建筑设计规范的有关规定。

五、政策支持

（一）各地要把公共租赁住房建设用地纳入年度土地供应计划，予以重点保障。面向经济适用住房对象供应的公共租赁住房，建设用地实行划拨供应。其他方式投资的公共租赁住房，建设用地可以采用出让、租赁或作价入股等方式有偿使用，并将所建公共租赁住房的租金水平、套型结构、建设标准和设施条件等作为土地供应的前置条件，所建住房只能租赁，不得出售。

（二）市、县人民政府要通过直接投资、资本金注入、投资补助、贷款贴息等方式，加大对公共租赁住房建设和运营的投入。省、自治区人民政府要给予资金支持。中央以适当方式给予资金补助。

（三）对公共租赁住房的建设和运营给予税收优惠，具体办法由财政部、税务总局制订。公共租赁住房建设涉及的行政事业性收费和政府性基金，按照经济适用住房的相关政策执行。

（四）鼓励金融机构发放公共租赁住房中长期贷款，具体办法由人民银行、银监会制订。支持符合条件的企业通过发行中长期债券等方式筹集资金，专项用于公共租赁住房建设和运营。探索运用保险资金、信托资金和房地产信托投资基金拓展公共租赁住房融资渠道。政府投资建设的公共租赁住房，纳入住房公积金贷款支持保障性住房建设试点范围。

（五）公共租赁住房建设实行"谁投资、谁所有"，投资者权益可依法转让。

六、监督管理

（一）发展公共租赁住房实行省级人民政府负总责、市县人民政府抓落实的责任制。各级住房城乡建设（住房保障）部门负责公共租赁住房的行政管理工作，发展改革、监察、财政、国土资源、规划等有关部门按照各自职责负责相关工作。地方各级人民政府要加强组织领导，明确工作责任，健全住房保障管理机制和工作机构，落实人员和经费，确保公共租赁住房工作顺利实施。

（二）市、县人民政府要建立健全公共租赁住房申请、审核、公示、轮候、配租和租后管理制度。住房保障部门要按照规定的程序严格准入审批，加强对公共租赁住房运营的监督管理，做到配租过程公开透明、配租结果公平公正。对存在滥用职权、玩忽职守、徇私舞弊等违法违规行为的，要依法依纪严肃追究相关单位和人员的责任。

（三）政府投资建设公共租赁住房的租金收入，应按照政府非税收入管理的规定缴入同级国库，实行"收支两条线"管理。租金收入专项用于偿还公共租赁住房贷款，以及公共租赁住房的维护、管理和投资补助。

（四）各地可根据本意见，制订具体实施办法。各地已经出台的政策性租赁住房、租赁型经济适用住房、经济租赁住房、农民工公寓（集体宿舍）等政策，统一按本意见规定进行调整。

中华人民共和国住房和城乡建设部
中华人民共和国国家发展和改革委员会
中华人民共和国财政部
中华人民共和国国土资源部
中国人民银行
国家税务总局
中国银行业监督管理委员会
二〇一〇年六月八日

关于做好住房保障规划编制工作的通知

建保〔2010〕91号

各省、自治区、直辖市住房城乡建设厅（城乡建设委、住房保障房屋管理局、国土资源房管局）、发展改革委、财政厅、国土资源厅、农垦总局（局、办、内蒙古海拉尔农场管理局、大兴安岭农场管理局）、林业厅（局，内蒙古、龙江、大兴安岭森工集团公司）、新疆生产建设兵团建设局、发展改革委、财务局、国土资源局、农业局、林业局：

为贯彻落实《国务院关于坚决遏制部分城市房价过快上涨的通知》（国发〔2010〕10号）、《国务院办公厅关于促进房地产市场平稳健康发展的通知》（国办发〔2010〕4号）精神，指导各地做好2010—2012年保障性住房建设规划和"十二五"住房保障规划编制工作，现就有关事项通知如下：

一、指导思想和基本原则

（一）指导思想

以邓小平理论和"三个代表"重要思想为指导，深入贯彻落实科学发展观，以全面建设小康社会、实现全体人民"住有所居"为宗旨，适应国民经济和社会发展的客观需要，加快解决快速城镇化带来的住房新问题，建立健全基本住房保障制度，逐步扩大保障范围，加快保障性住房建设，积极推进棚户区改造，切实解决中低收入家庭住房困难，逐步改善城镇居民基本居住条件。

（二）基本原则

1. 目标合理，标准适度。各地要坚持以满足基本住房需要为原则，统筹考虑社会经济发展水平、城镇化进程、家庭人口结构、住房支付能力以及土地资源禀赋等约束条件，综合平衡政府财力和各项公共支出，尽力而为，量力而行，科学制定住房保障目标，合理确定住房保障方式和保障标准。

2. 因地制宜，统筹协调。要统筹兼顾城乡差别，区别对待区域差异，着力解决住房方面的突出矛盾和问题。要针对不同收入群体，采取不同措施，实行分层次住房保障。要注意做好同住房建设规划等相关规划的衔接协调，统筹考虑各类保障性住房、各类保障群体之间的关系，做好目标任务、投资安排和政策手段的有机衔接，充分体现规划的可操作性。

3. 突出重点，分步实施。要统筹考虑改善危旧住房群众的居住条件和解决新增家庭的住房困难，加快各类棚户区改造，积极发展公共租赁住房。常住人口住房问题突出的，要结合实际，有重点地加以解决。要区分轻重缓急，区别建设和发展时序，优先安排群众需求迫切的项目，优先解决群众反映强烈的问题，有计划有步骤地组织实施。

4. 政府主导，创新机制。要着眼于体制和机制创新，落实好土地、金融与财税等支持政策，加强住房保障组织机构、技术支撑体系建设。要充分发挥政府支持和引导作用，建立以政府为主导、社会力量广泛参与的长效机制。

二、规划重点和基本目标

（一）着力解决低收入家庭住房困难问题。规划期内，各地要通过城市棚户区改造和新建、改建、政府购置、租赁等方式增加廉租住房和经济适用住房房源，加大租赁住房补贴力度，着力解决城市低收入家庭的住房困难。力争到2012年末，基本解决1540万户低收入住房困难家庭的住房问题，2013—2015年各地要结合实际，稳步扩大制度覆盖面，适当提高保障标准，力争到规划期末，人均住房建筑面积13平方米以下低收入住房困难家庭基本得到保障。

（二）努力解决中等偏下收入家庭住房困难。规划期内，要加快建设公共租赁住房、限价商品住房，解决中等偏下收入家庭的住房困难。各级政府要加大政策支持力度，加快发展公共租赁住房，解决城市中等偏下收入包括符合条件的新就业职工、进城务工人员的住房问题。商品住房价格过高、上涨过快的城市，要大幅度增加公共租赁住房、经济适用住房和限价商品住房的供应。

（三）推进各类棚户区改造和旧住宅区综合整治。

全面启动城市和国有工矿棚户区改造工作，继续推进中央下放地方煤矿棚户区改造、国有林区棚户区和国有林场危旧房改造、国有垦区危房改造。到2013年末，基本完成集中成片城市和国有工矿棚户区改造；有条件的地区争取到2011年末基本完成。2014～2015年，稳步推进非成片棚户区和零星危旧房改造，稳步推进旧住宅区综合整治，完善基础设施配套，改善居住环境；有条件的地区2012年开始加快改造、整治。

（四）建立和完善住房保障政策、技术支撑体系。要加快住房保障立法，依法强化各级政府的住房保障责任，健全组织机构、政策、技术支撑体系，实施住房保障关键技术研究及应用示范，加快推进信息化建设。力争到2012年末，所有县、市健全住房保障管理机构和具体实施机构，实现住房保障业务系统全国互联互通，到2015年末，基本建立全国住房保障基础信息管理平台。

三、规划编制的主要内容

（一）规划编制期限

保障性住房建设规划（包括各类棚户区改造、政策性住房建设）的规划期限为2010—2012年，基期年为2009年。"十二五"住房保障规划的规划期限为2011—2015年，基期年为2010年，可展望到2020年。两个规划要保持有机衔接。

（二）规划组成、层级、编制单位和范围

1. 规划组成。本次规划除廉租住房、经济适用住房保障规划外，还包括公共租赁住房、限价商品住房、城市和国有工矿棚户区改造、国有林区棚户区和国有林场危旧房改造、国有垦区危房改造、中央下放地方煤矿棚户区改造（只包括东北三省、中西部地区中央下放地方煤矿棚户区，含河北、新疆生产建设兵团和江苏徐矿集团）等内容。各级规划编制单位可根据实际需要，确定专项规划编制内容。

2. 规划层级。规划分国家、省、市（地、州、盟）、县四级，逐级汇总编制。

3. 编制单位。省级以下（含省级）住房保障部门会同有关部门编制廉租住房保障、经济适用住房、公共租赁住房、限价商品住房、城市和国有工矿棚户区改造等方面的规划。省级以下（含省级）发展改革、农垦、林业部门分别会同有关部门编制中央下放地方煤矿棚户区、国有垦区危房、国有林区棚户区和国有林场危旧房改造规划，送同级住房保障部门汇总。

4. 编制范围。各级规划的编制范围按行政区划确定。

（三）重点指标和规划文本

规划重点指标（见附件）作为规划文本的附件。规划重点指标有规划期目标指标和辅助指标。辅助指标主要用于评估规划期目标指标的实施效果。各种渠道解决低收入和中偏下收入家庭住房困难户数、保障性（政策性）住房建设和各类棚户区改造的套数（户数）为约束性指标。文本应包括三部分：

第一部分：规划正文。主要包括：

1. 规划编制依据、范围和期限。
2. 总体目标和年度目标。分年度明确各类项目保障户数，以及各类建设项目计划投资、土地需求、开工和竣工等数量。
3. 空间布局指引。按照行政区划分年度明确区域各类住房规划建设数量，依据城市总体规划、土地利用总体规划、住房建设规划要求，结合城市基础设施配套状况和发展趋势，做好各类保障性住房项目的空间布局。
4. 配套政策措施。要落实规定的资金渠道和税费政策，确保各项资金落实到位；落实土地供应计划，依法保障项目及时落地；强化工程质量监管，规范住房保障管理，提高管理服务水平；健全管理机构和实施机构，落实工作经费。
5. 规划组织实施。明确部门职责分工，建立健全推进实施机制，保证规划实施。

第二部分：规划主要指标（见附件）和相关图件。主要指标要体现在2005～2009年住房保障情况、2010～2015年住房保障目标任务和2010～2015年住房保障规划实施预测。

第三部分：规划编制说明。主要包括：

1. "十一五"期间住房保障情况。总结、评估"十一五"住房保障工作，查找突出问题和主要矛盾。
2. 规划期内住房保障面临的基本形势。依据住房状况调查和相关统计资料，做好各类住房保障对象数量和状况分析、政府保障能力分析，明确规划定位，提出解决思路、指导思想和基本原则。
3. 规划实施预测。依据规划期间住宅供应数量和空间布局，对住房保障规划实施效果进行分析、预测，稳定居民住房消费预期。

四、规划编制的基本要求

（一）深入调查研究，广泛征求意见。各市（地、州、盟）、县规划编制单位要会同有关部门采取抽样调查、普查等方式摸清当地住房现状、住房保障对象底数和各类棚户区改造对象底数。要围绕居民住房方面存在的突出问题,开展全局性、战略性重大问题研究,对规划重点内容和关键指标,进行专题研究。要从实际出发,采取实地调研、部门访谈、专家座谈等方式,广泛征求社会各界的意见,增强工作透明度和公众参与度。各级住房保障规划一经批准即向社会公布,接受公众监督。

(二)规范编制程序,明确时限要求。编制工作按照前期调研、专题研究、文本编制、论证与征求意见、成果形成五个阶段进行。实行规划逐级上报、逐级审查制度,上级规划编制部门要会同有关部门对下级规划进行审查,加强对规划编制工作的监督指导。省级2010~2012年保障性住房建设规划要确保于2010年6月30日前上报住房城乡建设部、国家发展改革委、财政部、国土资源部、农业部、国家林业局,住房城乡建设部会同有关部门于2010年7月15前完成审查。县、市(地、州、盟)级规划上报、审查时限由各省(自治区、直辖市)确定。各级2010~2012年保障性住房建设规划要确保于2010年7月底前向社会公布。各级"十二五"住房保障规划要确保于2010年9月底前编制完成。为提高效率,便于各级规划数据汇总和报备,住房城乡建设部负责建立住房保障规划数据汇总系统。各级规划编制单位要会同有关部门,加大督促检查力度,定期通报进展情况。

(三)加强组织领导,做好协调配合。住房保障规划是各地国民经济和社会发展规划的重要内容,是指导规划期内住房保障事业改革和发展的重要文件。各级各部门要充分认识编制规划的重要意义,统一思想,提高认识,加强领导,落实责任,各司其职,密切配合,把规划编制工作纳入重要议事日程。要尽量吸收各地区、各部门已有的工作成果和各类统计数据,实现资源共享,加快规划编制。各级规划编制所需工作经费由同级财政预算安排。

附表(略):1. 2005~2009年廉租住房和经济适用住房保障条件和保障标准情况表

2. 2005~2009年住房保障户数情况表

3. 2005~2009年住房保障各类住房建设情况表

4. 2010~2015年廉租住房和经济适用住房保障条件和保障标准规划表

5. 2010~2015年住房保障户数规划表

6. 2010~2015年住房保障各类住房建设规划表

7. 2005~2015年人口、收入、投资等住房保障规划辅助指标情况表

8. 2008年底各类棚户区、城中村、旧住宅小区现状调查表(参考)

9. 2010~2015年住房保障需求现状调查预测表(参考)

10. 2010~2015年住房保障各类住房建设项目储备表(参考)

中华人民共和国住房和城乡建设部
中华人民共和国国家发展和改革委员会
中华人民共和国财政部
中华人民共和国国土资源部
中华人民共和国农业部
国家林业局

二〇一〇年六月十一日
(附表略)

关于进一步加强房地产市场监管完善商品住房预售制度有关问题的通知

建房〔2010〕53号

各省、自治区住房和城乡建设厅,直辖市建委(房地局),新疆生产建设兵团建设局:

为贯彻落实《国务院办公厅关于促进房地产市场平稳健康发展的通知》(国办发〔2010〕4号)要求,进一步加强房地产市场监管,完善商品住房预售制度,整顿和规范房地产市场秩序,维护住房消费者合法权益,现就有关问题通知如下:

一、进一步加强房地产市场监管

(一)加强商品住房预售行为监管。未取得预售许可的商品住房项目,房地产开发企业不得进行预售,不得以认购、预订、排号、发放VIP卡等方式

向买受人收取或变相收取定金、预定款等性质的费用,不得参加任何展销活动。取得预售许可的商品住房项目,房地产开发企业要在10日内一次性公开全部准售房源及每套房屋价格,并严格按照申报价格,明码标价对外销售。房地产开发企业不得将企业自留房屋在房屋所有权初始登记前对外销售,不得采取返本销售、售后包租的方式预售商品住房,不得进行虚假交易。

(二)严肃查处捂盘惜售等违法违规行为。各地要加大对捂盘惜售、哄抬房价等违法违规行为的查处力度。对已经取得预售许可,但未在规定时间内对外公开销售或未将全部准售房源对外公开销售,以及故意采取畸高价格销售或通过签订虚假商品住房买卖合同等方式人为制造房源紧张的行为,要严肃查处。

(三)加强房地产销售代理和房地产经纪监管。实行代理销售商品住房的,应当委托在房地产主管部门备案的房地产经纪机构代理。房地产经纪机构应当将经纪服务项目、服务内容和收费标准在显著位置公示;额外提供的延伸服务项目,需事先向当事人说明,并在委托合同中明确约定,不得分解收费项目和强制收取代书费、银行按揭服务费等费用。房地产经纪机构和执业人员不得炒卖房号,不得在代理过程中赚取差价,不得通过签订"阴阳合同"违规交易,不得发布虚假信息和未经核实的信息,不得采取内部认购、雇人排队等手段制造销售旺盛的虚假氛围。

(四)加强商品住房买卖合同管理。各地要完善商品住房买卖合同示范文本,积极推行商品住房买卖合同网上签订和备案制度。商品住房买卖合同示范文本应对商品住房质量性能、物业会所、车位等设施归属,交付使用条件及其违约责任做出明确约定,并将《住宅质量保证书》、《住宅使用说明书》作为合同附件。房地产开发企业应当将商品住房买卖合同在合同订立前向购房人明示。

(五)健全房地产信息公开机制。各地要加强和完善房地产市场信息系统建设,及时准确地向社会公布市场信息。市、县房地产主管部门要及时将批准的预售信息、可售楼盘及房源信息、违法违规行为查处情况等向社会公开。房地产开发企业应将预售许可情况、商品住房预售方案、开发建设单位资质、代理销售的房地产经纪机构备案情况等信息,在销售现场清晰明示。

(六)鼓励推行商品住房现售试点。各地可结合当地实际,制定商品住房现售管理办法,鼓励和引导房地产开发企业现售商品住房。实行现售的商品住房,应符合《商品房销售管理办法》规定的现售条件;在商品住房现售前,房地产开发企业应当将符合现售条件的有关证明文件和房地产开发项目手册报送房地产开发主管部门备案。

二、完善商品住房预售制度

(七)严格商品住房预售许可管理。各地要结合当地实际,合理确定商品住房项目预售许可的最低规模和工程形象进度要求,预售许可的最低规模不得小于栋,不得分层、分单元办理预售许可。住房供应不足的地区,要建立商品住房预售许可绿色通道,提高行政办事效率,支持具备预售条件的商品住房项目尽快办理预售许可。

(八)强化商品住房预售方案管理。房地产开发企业应当按照商品住房预售方案销售商品住房。预售方案应当包括项目基本情况、建设进度安排、预售房屋套数、面积预测及分摊情况、公共部位和公共设施的具体范围、预售价格及变动幅度、预售资金监管落实情况、住房质量责任承担主体和承担方式、住房能源消耗指标和节能措施等。预售方案中主要内容发生变更的,应当报主管部门备案并公示。

(九)完善预售资金监管机制。各地要加快完善商品住房预售资金监管制度。尚未建立监管制度的地方,要加快制定本地区商品住房预售资金监管办法。商品住房预售资金要全部纳入监管账户,由监管机构负责监管,确保预售资金用于商品住房项目工程建设;预售资金可按建设进度进行核拨,但必须留有足够的资金保证建设工程竣工交付。

(十)严格预售商品住房退房管理。商品住房严格实行购房实名制,认购后不得擅自更改购房者姓名。各地要规范商品住房预订行为,对可售房源预订次数做出限制规定。购房人预订商品住房后,未在规定时间内签订预售合同的,预订应予以解除,解除的房源应当公开销售。已签订商品住房买卖合同并网上备案、经双方协商一致需解除合同的,双方应递交申请并说明理由,所退房源应当公开销售。

三、加强预售商品住房交付和质量管理

(十一)明确商品住房交付使用条件。各地要依据法律法规及有关建设标准,制定本地商品住房交付使用条件。商品住房交付使用条件应包括工程经竣工验收合格并在当地主管部门备案、配套基础设施和公共设施已建成并满足使用要求、北方地区住宅分户热计量装置安装符合设计要求、住宅质量保证书和住宅使用说明书制度已落实、商品住房质量责任承担主体已明确、前期物业管理已落实。房地产开发企业在商品住房交付使用时，应当向购房人出示上述相关证明资料。

（十二）完善商品住房交付使用制度。各地要建立健全商品住房交付使用管理制度，确保商品住房项目单体工程质量、节能环保性能、配套基础设施和公共设施符合交付使用的基本要求。有条件的地方可借鉴上海、山东等地经验，通过地方立法，完善新建商品住房交付使用制度。各地要加强商品住房竣工验收管理，积极推行商品住房工程质量分户验收制度。北方地区要加强商品住房分户热计量装置安装的验收管理。

（十三）落实预售商品住房质量责任。房地产开发企业应当对其开发建设的商品住房质量承担首要责任，勘察、设计、施工、监理等单位应当依据有关法律、法规的规定或者合同的约定承担相应责任。房地产开发企业、勘察、设计、施工、监理等单位的法定代表人、工程项目负责人、工程技术负责人、注册执业人员按各自职责承担相应责任。预售商品住房存在质量问题的，购房人有权依照法律、法规及合同约定要求房地产开发企业承担责任并赔偿相应损失。房地产开发企业承担责任后，有权向造成质量问题的相关单位和个人追责。

（十四）强化预售商品住房质量保证机制。暂定资质的房地产开发企业在申请商品住房预售许可时提交的预售方案，应当明确企业破产、解散等清算情况发生后的商品住房质量责任承担主体，由质量责任承担主体提供担保函。质量责任承担主体必须具备独立的法人资格和相应的赔偿能力。各地要将房地产开发企业是否建立商品住房质量保证制度作为企业资质管理的重要内容。各地要鼓励推行预售商品住房质量保证金制度，研究建立专业化维修制度。

四、健全房地产市场监督管理机制

（十五）全面开展预售商品住房项目清理。各地近期要对所有在建的商品住房项目进行一次清理和整治。对已取得预售许可的商品住房项目逐一排查，准确掌握已预售的商品住房数量、正在预售的商品住房数量和尚未开盘的商品住房数量等情况，并将清理情况向社会公开；对尚未开盘的商品住房项目，要责成房地产开发企业限期公开销售。直辖市、省会城市（自治区首府城市）、计划单列市要将清理结果于今年6月底前报住房城乡建设部。

（十六）加大对违法违规行为的查处力度。各地要通过房地产信息网络公开、设立举报投诉电话、现场巡查等措施，加强房地产市场行为监管，加大对违法违规行为的查处力度。对退房率高、价格异常以及消费者投诉集中的项目，要重点核查。对存在违法违规行为的，要责令限期整改，记入房地产信用档案，并可暂停商品住房网上签约；对拒不整改的，要依法从严查处，直至取消其开发企业资质，并将有关信息通报土地、税收、金融、工商等相关部门，限制其参加土地购置、金融信贷等活动。

（十七）加强房地产信用管理。各地要积极拓展房地产信用档案功能和覆盖面，发挥信用档案作用，将销售行为、住房质量、交付使用、信息公开等方面内容纳入房地产信用体系，信用档案应当作为考核企业资质的依据。对违法违规销售、存在较为严重的质量问题、将不符合交付条件的住房交付使用、信息公开不及时不准确等行为，应当记入房地产开发企业信用档案，公开予以曝光。

（十八）严格相关人员责任追究制度。各地要加强对违法违规企业相关责任人的责任追究。对造成重大工程质量事故的房地产开发企业法定代表人、负责人，无论其在何职何岗，身居何处，都要依法追究相应责任。对在预售商品住房管理中工作不力、失职渎职的有关工作人员，要依法追究行政责任；对以权谋私、玩忽职守的，依法依规追究有关责任人的行政和法律责任。

（十九）落实监督检查责任制度。各地要强化房地产主管部门管理职能，加强房地产市场执法队伍建设。省级住房和城乡建设主管部门要加强对市、县（区）房地产市场监管工作的指导和检查。市、县（区）房地产主管部门要建立商品住房市场动态监管制度，加强销售现场巡查；建设、规划等部门要按照各自职责加强监管。各部门要加强协作、沟通和配合，建立健全信息共享、情况通报以及违法违规行为的联合查处机制。各地要畅通举报投诉渠道，重视和支持舆论监督，积极妥善处理矛盾纠纷，并及时公布处理结果。

其他商品房的市场监管参照本通知执行。

中华人民共和国住房和城乡建设部
二〇一〇年四月十三日

关于规范商业性个人住房贷款中第二套住房认定标准的通知

建房〔2010〕83号

各省、自治区、直辖市、计划单列市和省会(首府)城市住房城乡建设厅(建委、房地局),人民银行上海总部,各分行、营业管理部、省会(首府)城市中心支行、副省级城市中心支行,各银监局,各国有商业银行、股份制商业银行,中国邮政储蓄银行:

为贯彻落实《国务院关于坚决遏制部分城市房价过快上涨的通知》(国发〔2010〕10号),规范商业性个人住房贷款中贷款申请人(以下简称借款人)第二套住房认定标准,现就有关事项通知如下:

一、商业性个人住房贷款中居民家庭住房套数,应依据拟购房家庭(包括借款人、配偶及未成年子女,下同)成员名下实际拥有的成套住房数量进行认定。

二、应借款人的申请或授权,直辖市、计划单列市、省会(首府)城市及其他具备查询条件的城市房地产主管部门应通过房屋登记信息系统进行借款人家庭住房登记记录查询,并出具书面查询结果。

如因当地暂不具备查询条件而不能提供家庭住房登记查询结果的,借款人应向贷款人提交家庭住房实有套数书面诚信保证。贷款人查实诚信保证不实的,应将其记作不良记录。

三、有下列情形之一的,贷款人应对借款人执行第二套(及以上)差别化住房信贷政策:

(一)借款人首次申请利用贷款购买住房,如在拟购房所在地房屋登记信息系统(含预售合同登记备案系统,下同)中其家庭已登记有一套(及以上)成套住房的;

(二)借款人已利用贷款购买过一套(及以上)住房,又申请贷款购买住房的;

(三)贷款人通过查询征信记录、面测、面谈(必要时居访)等形式的尽责调查,确信借款人家庭已有一套(及以上)住房的。

四、对能提供1年以上当地纳税证明或社会保险缴纳证明的非本地居民申请住房贷款的,贷款人按本通知第三条执行差别化住房信贷政策。

对不能提供1年以上当地纳税证明或社会保险缴纳证明的非本地居民申请住房贷款的,贷款人按第二套(及以上)的差别化住房信贷政策执行;商品住房价格过高、上涨过快、供应紧张的地区,商业银行可根据风险状况和地方政府有关政策规定,对其暂停发放住房贷款。

五、各地要把城市房屋登记信息系统建设作为落实国发〔2010〕10号文件的一项重要工作抓紧抓好。数据不完备的城市,要进一步完善系统;尚未建立房屋登记系统的城市,要加快建设。2010年年底前各设区城市要基本建立房屋登记信息系统。

要加强住房信息查询管理工作。房地产主管部门应严格按照《房屋权属登记信息查询暂行办法》(建住房〔2006〕244号)及《房屋登记簿管理试行办法》(建住房〔2008〕84号)进行查询,并出具书面查询结果。对提供虚假查询信息的,按有关规定严肃处理。

中华人民共和国住房和城乡建设部
中国人民银行
中国银行业监督管理委员会
二〇一〇年五月二十六日

关于进一步加强房地产用地和建设管理调控的通知

国土资发〔2010〕151号

各省、自治区、直辖市国土资源厅(国土环境资源厅、国土资源局、国土资源和房屋管理局、规划和国土资源管理局)、住房城乡建设厅(建委、房地局、规划局),副省级城市国土资源行政主管部门、住房城乡建设(房地产、规划)行政主管部门,新疆生产建设兵团国土资源局、建设局,各派驻地方的国家土地督察局:

为贯彻落实《国务院关于坚决遏制部分城市房价过快上涨的通知》(国发〔2010〕10号,以下简称"国发10号文件")确定的工作任务,进一步加强房地产用地和建设的管理调控,积极促进房地产市场继续向好发展,现就有关工作通知如下:

一、统一思想,加强部门协调配合

地方各级国土资源、住房城乡建设(房地产、规划、住房保障)主管部门要深入学习领会国发10号文件的指导思想、任务要求和政策规定,充分认识进一步加强房地产用地和建设的管理调控,是坚决贯彻落实国发10号文件政策、继续抑制房价上涨、促进房价地价合理调整的重要任务,是增加群众住房有效供给、维护群众切身利益的迫切需要,是促进城市建设节约用地、科学发展的重要举措。各级国土资源、住房城乡建设(房地产、规划、住房保障)主管部门要统一思想认识,明确工作职责和任务,在政府统一领导下,加强协作、形成合力,从当地房地产市场实际出发,在严格执行法规政策、加强管理监督、认真查处违法违规行为等各项工作中主动协调配合,落实各部门责任,努力开展工作,促进房地产市场持续向好发展。

二、强化住房用地和住房建设的年度计划管理

地方各级住房城乡建设(房地产、规划、住房保障)、国土资源主管部门要按照住房建设规划和编制计划的要求,共同商定城市住房供地和建设的年度计划,并根据年度计划实行宗地供应预安排,共同商定将确定的保障性住房、棚户区改造住房、公共租赁住房和中小套型普通商品住房年度建设任务落实到地块。省级市和市县国土资源主管部门应及时向社会公布供地计划、供地时序、宗地情况和供地条件,接受社会公众监督,正确引导市场预期。要根据住房建设计划落实情况,及时合理调整供地计划。要在确保保障性住房、棚户区改造住房和中小套型普通商品住房用地不低于住房用地供应总量70%的基础上,结合各地实际,选择地块,探索以划拨和出让方式加大公共租赁住房供地建房、逐步与廉租住房并轨、简化并实施租赁住房分类保障的途径。在房价高的地区,应增加中小套型限价住房建设供地数量。要在盘活利用存量土地的同时,对依法收回的闲置土地和具备"净地"供应的储备土地以及农转用计划指标,应优先确保以保障性住房为主的上述各类住房用地的供应。没有完成上述住房供地计划的地方,不得向大户型高档住房建设供地。

三、加快推进住房用地供应和建设项目的审批

(一)加强保障性住房用地监管。省级住房城乡建设主管部门要监督市、县按确定的保障性住房、政策性住房的建设任务,尽快编制建设项目、落实资金。省级国土资源主管部门要督促市、县依据项目确定和资金落实情况,及时办理供地手续。对已供应的保障性住房建设用地,市、县住房城乡建设(房地产、规划、住房保障)等部门要督促建设单位抓紧做好开工前期工作,促其按期开工建设。要加强对保障性住房项目建筑设计方案的审查,严格落实国家关于保障性住房的建筑面积控制标准,严格按照规划要求同步建设公共配套设施。

对已供应的各类保障性住房用地,不得改变土地性质和土地用途,不得提高建设标准、增加套型面积。对改变上述内容的保障性住房建设项目,有关主管部门不得办理相关手续,已作为商品住房销售的,要依法没收违法所得并处以罚款。

(二)加快住房建设项目的行政审批。市、县国土资源、住房城乡建设(房地产、规划)主管部门要共同建立保障性住房、棚户区改造住房、公共租赁住房、中小套型普通商品住房建设项目行政审批快速通道,规划主管部门要在受理后10天内核发建设用地规划许可证,国土资源主管部门要在受理后10天内核发国有土地使用证,规划主管部门要在受理后60天内核发建设工程规划许可证,建设主管部门应当要求限时进行施工图审查和核发施工许可证,房地产主管部门要严格按规定及时核发商品房预售许可证。各部门要及时互通办理结果,主动衔接,提高行政办事效率,加快住房项目的供地、建设和上市,尽快形成住房的有效供应。

四、严格住房建设用地出让管理

(一)规范编制拟供地块出让方案。市、县国土资源主管部门要会同住房城乡建设(房地产、规划、住房保障)主管部门,依据土地利用规划和城镇控制性详细规划协调拟定住房用地出让方案。对具备供地条件的地块,规划、房地产主管部门要在接到国土资源主管部门书面函件后30日内分别提出规划和

建设条件。拟出让宗地规划条件出具的时间逾期一年的，国土资源主管部门应当重新征求相关部门意见，并完善出让方案。

土地出让必须以宗地为单位提供规划条件、建设条件和土地使用标准，严格执行商品住房用地单宗出让面积规定，不得将两宗以上地块捆绑出让，不得"毛地"出让。拟出让地块要依法进行土地调查和确权登记，确保地类清楚、面积准确、权属合法，没有纠纷。

（二）严格制定土地出让的规划和建设条件。市、县规划主管部门应当会同国土资源主管部门，严格依据经批准的控制性详细规划和节约集约用地要求，确定拟出让地块的位置、使用性质、开发强度、住宅建筑套数、套型建筑面积等套型结构比例条件，作为土地出让的规划条件，列入出让合同。对于中小套型普通商品住房建设项目，要明确提出平均套型建筑面积的控制标准，并制定相应的套型结构比例条件。要严格限制低密度大户型住宅项目的开发建设，住宅用地的容积率指标必须大于1。

市、县住房城乡建设（房地产、住房保障）主管部门要提出限价商品住房的控制性销售价位，商品住房建设项目中保障性住房的配建比例、配建套数、套型面积、设施条件和项目开竣工时间及建设周期等建设条件，作为土地出让的依据，并纳入出让合同。

土地出让后，任何单位和个人无权擅自更改规划和建设条件。因非企业原因确需调整的，必须依据《城乡规划法》规定的公开程序进行。由开发建设单位提出申请调整规划建设条件而不按期开工的，必须收回土地使用权，重新按招标拍卖挂牌方式出让土地。

（三）严格土地竞买人资格审查。国土资源主管部门对竞买人参加招拍挂出让土地时，除应要求提供有效身份证明文件、缴纳竞买（投标）保证金外，还应提交竞买（投标）保证金不属于银行贷款、股东借款、转贷和募集资金的承诺书及商业金融机构的资信证明。

根据国发10号文件规定，对发现并核实竞买人存在下列违法违规违约行为的，在结案和问题查处整改到位前，国土资源主管部门必须禁止竞买人及其控股股东参加土地竞买活动：

1. 存在伪造公文骗取用地和非法倒卖土地等犯罪行为的；
2. 存在非法转让土地使用权等违法行为的；
3. 因企业原因造成土地闲置一年以上的；
4. 开发建设企业违背出让合同约定条件开发利用土地的。

各级国土资源主管部门必须严格执行国发10号文件有关规定和上述规定，要及时将发现并核实有违法违规违约企业的名单、问题和查处结果入网上传到国土资源部门户网站的中国土地市场网页，不执行或弄虚作假的，按有关法规纪律规定严肃追究有关人员责任。

（四）严格划拨决定书和出让合同管理。各类住房建设项目应当在划拨决定书和出让合同中约定土地交付之日起一年内开工建设，自开工之日起三年内竣工。综合用地的，必须在合同中分别载明商业、住房等规划、建设及各相关条件。市、县国土资源主管部门要会同住房城乡建设（房地产、规划、住房保障）主管部门，研究制定违反土地划拨决定书和出让合同应约定的条件、规定和要求的违约责任及处罚条款，连同土地受让人对上述内容的承诺一并写入土地划拨决定书和出让合同，确保以保障性为重点的各类住房用地、建设和销售等按照国家政策落实到位。

五、加强对住房用地供地和建设的监管

（一）加强房地产用地供应监管。各省（区、市）国土资源主管部门要加强对住房用地出让公告和合同约定内容的适时监管，对市、县发布的公告中存在捆绑出让、超用地规模、"毛地"出让、超三年开发周期出让土地的，要责令立即撤销公告，调整出让方案重新出让。土地出让成交后，要协商规范合同约定内容，统一电子配号后方可签定合同。市、县国土资源主管部门要严格执行房地产用地开竣工申报制度，依托土地市场动态监测和监管系统，及时清理开工、竣工的房地产项目，定期对已供房地产用地的开竣工、开发建设条件执行等情况进行实地巡查，发现有违法违规问题的，必须依法依纪追究责任。

（二）加强住房建设项目开发过程的动态监管。市、县国土资源、住房城乡建设（房地产、规划、住房保障）主管部门要加强对房地产开发企业在土地开发利用、住房建设和销售的全程动态监管。应按照各自职责，认真审核审批，发现有违法违规违约行为的，必须终止企业相关行为、停办相关手续，及时通告并由业务主管部门负责，共同依法依规查处。房地产开发项目竣工验收时，住房城乡建设主管部门要会同国土资源主管部门对开发企业及建设项目履行用地合同约定的各类条件及承诺情况进行核查。

市、县住房城乡建设主管部门要全面加强对住宅工程、特别是保障性安居工程的质量监管，重点对勘察、设计、施工、监理等参建单位执行工程建设强制性标准的情况进行监督检查，强化住宅工程质量责任落实。在工程质量监管中发现的问题，要及时查处，并告知国土资源主管部门。

六、加大违法违规行为清理查处力度

（一）严格查处囤地炒地闲置土地行为。省级国土资源主管部门要采取得力措施，督促市、县国土资源主管部门加快查清处理闲置土地。对企业自身原因造成土地闲置的，必须依法坚决查处。对政府及部门原因造成土地闲置的，住房城乡建设部门要积极配合国土资源主管部门，联合限期查办。对未达到法律法规规定的土地转让条件转让房地产用地等囤地炒地的行为，要及时依法依规严肃查处，应当依法没收违法所得，并处罚款。对违规违法办理相关用地手续的部门和人员，省级国土资源主管部门要按有关规定追究责任人责任。

（二）严格查处擅自调整容积率行为。市、县规划主管部门应会同国土资源主管部门，严格按照已确定的容积率指标对开发宗地进行规划许可和建设项目竣工核验。对已供土地分期开发的建设项目，应统一规划设计，各期建设工程规划许可确定的建筑面积的总和，必须符合容积率指标要求。坚决制止擅自调整容积率等问题，严肃查处国家机关工作人员在建设用地规划变更、容积率调整中玩忽职守、权钱交易等违纪违法行为。

（三）严格查处商品住房建设和销售的违法违规行为。市、县住房城乡建设（房地产、规划、住房保障）主管部门要依据法律法规，对房地产开发企业擅自突破住房套型结构比例、不按要求配建保障性住房、无故拖延开竣工时间、违反预售时限和方式要求等行为进行处罚，并及时向国土资源、价格、金融等主管部门通报违法违约企业名单。房地产主管部门要会同有关部门建立市场动态监管制度，开展商品住房销售现场的日常巡查和实地检查，在商品住房预售环节及时发现并严肃查处捂盘惜售、囤积房源、虚假宣传、哄抬房价等违法违约行为。

市、县国土资源主管部门要联合住房城乡建设主管等部门，及时查处违反规定向别墅项目供地和未经批准改变项目规划建设条件建设别墅的行为。

（四）加大违法违规房地产用地信息公开。省（区、市）国土资源主管部门要按季度将发现和查处违法违规房地产用地的情况，在当地媒体和国土资源部门户网站的中国土地市场网页上向社会公布，接受公众监督，同时将有违法违规行为的房地产企业名单，及时抄送住房城乡建设、国有资产、工商、金融及监管、证券等部门，配合相关部门认真落实国发10号文件有关规定。每季度末，各省（区、市）国土资源主管部门要将有关情况报国土资源部，由国土资源部统一向社会通报。

国土资源部、住房和城乡建设部将按照国发10号文件的要求，对本通知贯彻落实情况进行指导监督和检查。

中华人民共和国国土资源部
中华人民共和国住房和城乡建设部
二〇一〇年九月二十一日

关于进一步贯彻落实国发〔2010〕10号文件的通知

建房〔2010〕155号

各省、自治区、直辖市住房城乡建设厅（建委、房地局）、国土资源厅（国土资源环境厅、国土资源局）、监察厅（局）：

《国务院关于坚决遏制部分城市房价过快上涨的通知》（国发〔2010〕10号，以下简称"10号文件"）印发后，房地产市场出现了积极的变化。为巩固房地产市场调控成果，促进房地产市场健康发展，现就进一步深入贯彻落实10号文件的有关问题通知如下：

一、加大各项政策措施的落实力度，严格实行问责制

各地要结合本地区房地产市场实际，立即研究制定贯彻落实国发〔2010〕10号文件的实施细则，加大各项政策措施的落实力度。已印发实施细则的地区，要根据最近国家有关部委出台的政策措施进行调整和完善。房价过高、上涨过快、供应紧张的城市，要在一定时间内限定居民家庭购房套数。住房城乡建设部、监察部等部门将对省级人民政府稳定房价和住房保障工作进行考核与问责。对政策落实不到位、工作不得力的，要进行约谈，直至追究责任。

二、完善房地产税收政策，加强税收征管

加强对土地增值税征管情况的监督和检查，重点对定价明显超过周边房价水平的房地产开发项目进行土地增值税的清算和稽查。利用房地产价格评估等手段强化税收征管，加强对二手房交易中订立"阴阳合同"等偷逃税款行为的查处。加快推进房产税改革试点工作，并逐步扩大到全国。

三、切实增加住房有效供给，全力加快保障性安居工程建设

严格住房用地供应和住房建设年度计划的管理，加大对各地2010年住房建设计划和用地供应计划实际完成情况的督查考核力度，切实落实中小套型普通商品住房和保障性住房建设计划和供地计划。房价上涨过快的城市，要增加居住用地的供应总量。各地要全面落实保障性安居工程建设资金，加快建设进度，强化工程质量和施工安全管理，全面完成保障性安居工程建设任务。认真落实支持公共租赁住房建设的税收优惠政策。

四、进一步加强市场监管，严肃查处违法违规行为

加大住房交易市场检查力度，依法查处经纪机构炒买炒卖、哄抬房价、怂恿客户签订"阴阳合同"等行为。对房地产开发企业土地闲置、改变土地用途和性质、拖延开竣工时间、捂盘惜售等违法违规行为，要继续加大曝光和处罚力度。对有上述违法违规记录的房地产开发企业，要暂停其发行股票、公司债券和新购置土地。

五、加快信息系统建设，加强舆论正面引导

各地要加快房地产市场和个人住房信息系统建设，为群众住房消费和加强房地产市场管理提供全面、及时、准确的信息。要积极引导新闻媒体加强对房地产市场调控政策、保障性住房建设、符合国情的住房消费观念和打击违法投机等方面的宣传报道，合理引导市场预期。

中华人民共和国住房和城乡建设部
中华人民共和国国土资源部
中华人民共和国监察部
二〇一〇年九月三十日

关于印发《物业承接查验办法》的通知

建房〔2010〕165号

各省、自治区住房和城乡建设厅，直辖市房地局(建委)，新疆生产建设兵团建设局：

为了规范物业承接查验行为，加强前期物业管理活动的指导和监督，维护业主的合法权益，根据《中华人民共和国物权法》、《中华人民共和国合同法》和《物业管理条例》等法律法规的规定，我部制定了《物业承接查验办法》，现印发给你们，请贯彻执行。执行中的情况，请及时告知我部房地产市场监管司。

中华人民共和国住房和城乡建设部
二〇一〇年十月十四日

物业承接查验办法

第一条 为了规范物业承接查验行为，加强前期物业管理活动的指导和监督，维护业主的合法权益，根据《中华人民共和国物权法》、《中华人民共和国合同法》和《物业管理条例》等法律法规的规定，制定本办法。

第二条 本办法所称物业承接查验，是指承接

新建物业前，物业服务企业和建设单位按照国家有关规定和前期物业服务合同的约定，共同对物业共用部位、共用设施设备进行检查和验收的活动。

第三条　物业承接查验应当遵循诚实信用、客观公正、权责分明以及保护业主共有财产的原则。

第四条　鼓励物业服务企业通过参与建设工程的设计、施工、分户验收和竣工验收等活动，向建设单位提供有关物业管理的建议，为实施物业承接查验创造有利条件。

第五条　国务院住房和城乡建设主管部门负责全国物业承接查验活动的指导和监督工作。

县级以上地方人民政府房地产行政主管部门负责本行政区域内物业承接查验活动的指导和监督工作。

第六条　建设单位与物业买受人签订的物业买卖合同，应当约定其所交付物业的共用部位、共用设施设备的配置和建设标准。

第七条　建设单位制定的临时管理规约，应当对全体业主同意授权物业服务企业代为查验物业共用部位、共用设施设备的事项作出约定。

第八条　建设单位与物业服务企业签订的前期物业服务合同，应当包含物业承接查验的内容。

前期物业服务合同就物业承接查验的内容没有约定或者约定不明确的，建设单位与物业服务企业可以协议补充。

不能达成补充协议的，按照国家标准、行业标准履行；没有国家标准、行业标准的，按照通常标准或者符合合同目的的特定标准履行。

第九条　建设单位应当按照国家有关规定和物业买卖合同的约定，移交权属明确、资料完整、质量合格、功能完备、配套齐全的物业。

第十条　建设单位应当在物业交付使用15日前，与选聘的物业服务企业完成物业共用部位、共用设施设备的承接查验工作。

第十一条　实施承接查验的物业，应当具备以下条件：

（一）建设工程竣工验收合格，取得规划、消防、环保等主管部门出具的认可或者准许使用文件，并经建设行政主管部门备案；

（二）供水、排水、供电、供气、供热、通信、公共照明、有线电视等市政公用设施设备按规划设计要求建成，供水、供电、供气、供热已安装独立计量表具；

（三）教育、邮政、医疗卫生、文化体育、环卫、社区服务等公共服务设施已按规划设计要求建成；

（四）道路、绿地和物业服务用房等公共配套设施按规划设计要求建成，并满足使用功能要求；

（五）电梯、二次供水、高压供电、消防设施、压力容器、电子监控系统等共用设施设备取得使用合格证书；

（六）物业使用、维护和管理的相关技术资料完整齐全；

（七）法律、法规规定的其他条件。

第十二条　实施物业承接查验，主要依据下列文件：

（一）物业买卖合同；

（二）临时管理规约；

（三）前期物业服务合同；

（四）物业规划设计方案；

（五）建设单位移交的图纸资料；

（六）建设工程质量法规、政策、标准和规范。

第十三条　物业承接查验按照下列程序进行：

（一）确定物业承接查验方案；

（二）移交有关图纸资料；

（三）查验共用部位、共用设施设备；

（四）解决查验发现的问题；

（五）确认现场查验结果；

（六）签订物业承接查验协议；

（七）办理物业交接手续。

第十四条　现场查验20日前，建设单位应当向物业服务企业移交下列资料：

（一）竣工总平面图，单体建筑、结构、设备竣工图，配套设施、地下管网工程竣工图等竣工验收资料；

（二）共用设施设备清单及其安装、使用和维护保养等技术资料；

（三）供水、供电、供气、供热、通信、有线电视等准许使用文件；

（四）物业质量保修文件和物业使用说明文件；

（五）承接查验所必需的其他资料。

未能全部移交前款所列资料的，建设单位应当列出未移交资料的详细清单并书面承诺补交的具体时限。

第十五条　物业服务企业应当对建设单位移交的资料进行清点和核查，重点核查共用设施设备出厂、安装、试验和运行的合格证明文件。

第十六条　物业服务企业应当对下列物业共用部位、共用设施设备进行现场检查和验收：

（一）共用部位：一般包括建筑物的基础、承重墙体、柱、梁、楼板、屋顶以及外墙、门厅、楼梯间、走廊、楼道、扶手、护栏、电梯井道、架空层及设备间等；

（二）共用设备：一般包括电梯、水泵、水箱、避雷设施、消防设备、楼道灯、电视天线、发电机、变配电设备、给排水管线、电线、供暖及空调设备等；

（三）共用设施：一般包括道路、绿地、人造景观、围墙、大门、信报箱、宣传栏、路灯、排水沟、渠、池、污水井、化粪池、垃圾容器、污水处理设施、机动车(非机动车)停车设施、休闲娱乐设施、消防设施、安防监控设施、人防设施、垃圾转运设施以及物业服务用房等。

第十七条　建设单位应当依法移交有关单位的供水、供电、供气、供热、通信和有线电视等共用设施设备，不作为物业服务企业现场检查和验收的内容。

第十八条　现场查验应当综合运用核对、观察、使用、检测和试验等方法，重点查验物业共用部位、共用设施设备的配置标准、外观质量和使用功能。

第十九条　现场查验应当形成书面记录。查验记录应当包括查验时间、项目名称、查验范围、查验方法、存在问题、修复情况以及查验结论等内容，查验记录应当由建设单位和物业服务企业参加查验的人员签字确认。

第二十条　现场查验中，物业服务企业应当将物业共用部位、共用设施设备的数量和质量不符合约定或者规定的情形，书面通知建设单位，建设单位应当及时解决并组织物业服务企业复验。

第二十一条　建设单位应当委派专业人员参与现场查验，与物业服务企业共同确认现场查验的结果，签订物业承接查验协议。

第二十二条　物业承接查验协议应当对物业承接查验基本情况、存在问题、解决方法及其时限、双方权利义务、违约责任等事项作出明确约定。

第二十三条　物业承接查验协议作为前期物业服务合同的补充协议，与前期物业服务合同具有同等法律效力。

第二十四条　建设单位应当在物业承接查验协议签订后10日内办理物业交接手续，向物业服务企业移交物业服务用房以及其他物业共用部位、共用设施设备。

第二十五条　物业承接查验协议生效后，当事人一方不履行协议约定的交接义务，导致前期物业服务合同无法履行的，应当承担违约责任。

第二十六条　交接工作应当形成书面记录。交接记录应当包括移交资料明细、物业共用部位、共用设施设备明细、交接时间、交接方式等内容。交接记录应当由建设单位和物业服务企业共同签章确认。

第二十七条　分期开发建设的物业项目，可以根据开发进度，对符合交付使用条件的物业分期承接查验。建设单位与物业服务企业应当在承接最后一期物业时，办理物业项目整体交接手续。

第二十八条　物业承接查验费用的承担，由建设单位和物业服务企业在前期物业服务合同中约定。没有约定或者约定不明确的，由建设单位承担。

第二十九条　物业服务企业应当自物业交接后30日内，持下列文件向物业所在地的区、县(市)房地产行政主管部门办理备案手续：

（一）前期物业服务合同；

（二）临时管理规约；

（三）物业承接查验协议；

（四）建设单位移交资料清单；

（五）查验记录；

（六）交接记录；

（七）其他承接查验有关的文件。

第三十条　建设单位和物业服务企业应当将物业承接查验备案情况书面告知业主。

第三十一条　物业承接查验可以邀请业主代表以及物业所在地房地产行政主管部门参加，可以聘请相关专业机构协助进行，物业承接查验的过程和结果可以公证。

第三十二条　物业交接后，建设单位未能按照物业承接查验协议的约定，及时解决物业共用部位、共用设施设备存在的问题，导致业主人身、财产安全受到损害的，应当依法承担相应的法律责任。

第三十三条　物业交接后，发现隐蔽工程质量问题，影响房屋结构安全和正常使用的，建设单位应当负责修复；给业主造成经济损失的，建设单位应当依法承担赔偿责任。

第三十四条　自物业交接之日起，物业服务企业应当全面履行前期物业服务合同约定的、法律法规规定的以及行业规范确定的维修、养护和管理义务，承担因管理服务不当致使物业共用部位、共用设施设备毁损或者灭失的责任。

第三十五条　物业服务企业应当将承接查验有关的文件、资料和记录建立档案并妥善保管。

物业承接查验档案属于全体业主所有。前期物业服务合同终止，业主大会选聘新的物业服务企业的，原物业服务企业应当在前期物业服务合同终止之日起10日内，向业主委员会移交物业承接查验档案。

第三十六条 建设单位应当按照国家规定的保修期限和保修范围，承担物业共用部位、共用设施设备的保修责任。

建设单位可以委托物业服务企业提供物业共用部位、共用设施设备的保修服务，服务内容和费用由双方约定。

第三十七条 建设单位不得凭借关联关系滥用股东权利，在物业承接查验中免除自身责任，加重物业服务企业的责任，损害物业买受人的权益。

第三十八条 建设单位不得以物业交付期限届满为由，要求物业服务企业承接不符合交用条件或者未经查验的物业。

第三十九条 物业服务企业擅自承接未经查验的物业，因物业共用部位、共用设施设备缺陷给业主造成损害的，物业服务企业应当承担相应的赔偿责任。

第四十条 建设单位与物业服务企业恶意串通、弄虚作假，在物业承接查验活动中共同侵害业主利益的，双方应当共同承担赔偿责任。

第四十一条 物业承接查验活动，业主享有知情权和监督权。物业所在地房地产行政主管部门应当及时处理业主对建设单位和物业服务企业承接查验行为的投诉。

第四十二条 建设单位、物业服务企业未按本办法履行承接查验义务的，由物业所在地房地产行政主管部门责令限期改正；逾期仍不改正的，作为不良经营行为记入企业信用档案，并予以通报。

第四十三条 建设单位不移交有关承接查验资料的，由物业所在地房地产行政主管部门责令限期改正；逾期仍不移交的，对建设单位予以通报，并按照《物业管理条例》第五十九条的规定处罚。

第四十四条 物业承接查验中发生的争议，可以申请物业所在地房地产行政主管部门调解，也可以委托有关行业协会调解。

第四十五条 前期物业服务合同终止后，业主委员会与业主大会选聘的物业服务企业之间的承接查验活动，可以参照执行本办法。

第四十六条 省、自治区、直辖市人民政府住房和城乡建设主管部门可以依据本办法，制定实施细则。

第四十七条 本办法由国务院住房和城乡建设主管部门负责解释。

第四十八条 本办法自2011年1月1日起施行。

关于进一步规范境外机构和个人购房管理的通知

建房〔2010〕186号

各省、自治区住房和城乡建设厅、直辖市建委（房地局）；国家外汇管理局各省、自治区、直辖市分局，外汇管理部，深圳、大连、青岛、厦门、宁波市分局；各中资外汇指定银行总行：

为落实国务院《关于坚决遏制部分城市房价过快上涨的通知》（国发〔2010〕10号），现就加强《关于规范房地产市场外资准入和管理的意见》（建住房〔2006〕171号）的实施监管，进一步规范境外机构和个人购房管理通知如下：

一、境外个人在境内只能购买一套用于自住的住房。在境内设立分支、代表机构的境外机构只能在注册城市购买办公所需的非住宅房屋。法律法规另有规定的除外。

二、各地房地产主管部门在办理境外个人的商品房预售合同备案和房屋产权登记时，除应当查验《城市商品房预售管理办法》、《房屋登记办法》规定的材料及验证购房人持有房屋情况外，还应当查验：

1. 有关部门出具的境外个人（不含港澳台居民和华侨）在境内工作超过一年的证明；港澳台居民和华侨在境内工作、学习和居留的证明。

2. 境外个人名下在境内无其他住房的书面承诺。

三、各地房地产主管部门在办理境外机构的商品房预售合同备案和房屋产权登记时，除应当查验《城市商品房预售管理办法》、《房屋登记办法》规定的材料及验证购房人持有房屋情况外，还应当查验：

1. 有关部门出具的在境内设立分支、代表机构的批准文件和注册证明。

2. 境外机构所购房屋是实际办公所需的书面承诺。

四、境外机构和个人申请购房结汇，应当严格按照《关于规范房地产市场外汇管理有关问题的通知》（汇发〔2006〕47号）办理。

外汇指定银行在为申请人办理购房结汇时，应当严格审核境外机构和个人提交的申请材料，对于符合规定的，外汇指定银行在为申请人办理购房结汇手续后，应当严格按照相关规定，在外汇局直接投资外汇管理信息系统办理即时备案登记。

五、各地房地产主管部门、外汇管理部门应当加强相关法律、法规和政策宣传，督促房地产销售机构、房地产经纪机构和人员对购房的境外机构、个人做好法律、法规和政策的告知，并做必要风险提示。

六、各省、自治区住房和城乡建设厅、直辖市建委（房地局）、国家外汇管理局各分局、外汇管理部、各外汇指定银行收到本通知后，应尽快转发，并指导监督落实。各地房地产主管部门、外汇管理部门应当加强协调配合，及时交换境外机构和个人购房、结汇等方面的信息，形成监管合力，进一步严格和规范境外机构和个人购房管理。

中华人民共和国住房和城乡建设部
国家外汇管理局
二○一○年十一月四日

关于规范住房公积金个人住房贷款政策有关问题的通知

建金〔2010〕179号

各省、自治区、直辖市人民政府，国务院各有关部门，新疆生产建设兵团：

为规范住房公积金个人住房贷款政策，根据《住房公积金管理条例》和《国务院关于坚决遏制部分城市房价过快上涨的通知》（国发〔2010〕10号）的有关规定，经国务院同意，现就有关问题通知如下：

一、住房公积金个人住房贷款只能用于缴存职工购买、建造、翻建、大修普通自住房，以支持基本住房需求。严禁使用住房公积金个人住房贷款进行投机性购房。

二、保持缴存职工家庭（包括借款人、配偶及未成年子女，下同）使用住房公积金个人住房贷款购买首套普通自住房政策的连续性和稳定性。使用住房公积金个人住房贷款购买首套普通自住房，套型建筑面积在90平方米（含）以下的，贷款首付款比例不得低于20%；套型建筑面积在90平方米以上的，贷款首付款比例不得低于30%。

三、第二套住房公积金个人住房贷款的发放对象，仅限于现有人均住房建筑面积低于当地平均水平的缴存职工家庭，且贷款用途仅限于购买改善居住条件的普通自住房。第二套住房公积金个人住房贷款首付款比例不得低于50%，贷款利率不得低于同期首套住房公积金个人住房贷款利率的1.1倍。

四、停止向购买第三套及以上住房的缴存职工家庭发放住房公积金个人住房贷款。

五、城市住房公积金管理委员会要根据当地住房价格、人均住房建筑面积和住房公积金业务发展状况，以支持缴存职工购买普通自住房的贷款需求为原则，合理确定住房公积金个人住房贷款最高额度，并报省级住房城乡建设、财政、人民银行、银监部门备案。直辖市、新疆生产建设兵团住房公积金个人住房贷款最高额度报住房城乡建设部、财政部、人民银行和银监会备案。

六、城市住房公积金管理中心和受委托银行要采取有效措施，加强住房公积金个人住房贷款的调查、审核、抵押、发放、回收等工作，切实加强贷款风险管理，保障资金安全。住房公积金管理中心要会同有关主管部门，抓紧建立信息共享机制，防范骗取住房公积金个人住房贷款等行为。同时，要简化办理手续，提高服务水平。

城市人民政府要结合当地实际，抓紧制定落实本通知精神的具体措施，积极做好政策解释工作。各省、自治区、直辖市人民政府和新疆生产建设兵团有关部门要加强工作指导，加大监督检查力度。政策执行中有关问题，及时报住房城乡建设部、财政部、人民银行和银监会。

中华人民共和国住房和城乡建设部
中华人民共和国财政部
中国人民银行
中国银行业监督管理委员会
二○一○年十一月二日

九、2010年住房和城乡建设部公告目录

住房和城乡建设部关于发布国家标准《维纶工厂设计规范》的公告
　　（第374号）
住房和城乡建设部关于发布国家标准《烧结砖瓦工厂节能设计规范》的公告
　　（第375号）
住房和城乡建设部关于发布国家标准《平板玻璃工厂节能设计规范》的公告
　　（第379号）
住房和城乡建设部关于发布国家标准《煤矿综采采区设计规范》的公告
　　（第382号）
住房和城乡建设部关于发布国家标准《煤炭工业矿区机电设备修理设施设计规范》的公告
　　（第383号）
住房和城乡建设部关于发布国家标准《煤矿井下辅助运输设计规范》的公告
　　（第384号）
住房和城乡建设部关于发布国家标准《煤矿采区车场和硐室设计规范》的公告
　　（第385号）
住房和城乡建设部关于发布国家标准《煤矿井底车场设计规范》的公告
　　（第386号）
住房和城乡建设部关于发布国家标准《建设工程计价设备材料划分标准》的公告
　　（第387号）
住房和城乡建设部关于发布国家标准《非织造布工厂设计规范》的公告
　　（第388号）
住房和城乡建设部关于发布行业标准《液压升降整体脚手架安全技术规程》的公告
　　（第390号）
住房和城乡建设部关于发布行业标准《粪便处理厂运行维护及安全技术规程》的公告
　　（第391号）
住房和城乡建设部关于发布行业标准《粪便处理厂设计规范》的公告
　　（第392号）
住房和城乡建设部关于乙级工程造价咨询企业晋升甲级资质的公告
　　（第393号）
住房和城乡建设部关于发布行业产品标准《建筑幕墙用高压热固化木纤维板》的公告
　　（第394号）
住房和城乡建设部关于发布行业产品标准《钢网架焊接空心球节点》的公告
　　（第395号）
住房和城乡建设部关于发布行业产品标准《钢网架螺栓球节点》的公告
　　（第396号）
住房和城乡建设部关于发布行业产品标准《未增塑聚氯乙烯塑料栅栏》的公告
　　（第397号）
住房和城乡建设部关于发布行业产品标准《医用推拉式自动门》的公告
　　（第398号）

住房和城乡建设部关于发布《建筑抗震设计规范》等12项工程建设标准(英文版)的公告
（第399号）

住房和城乡建设部关于2009年度第一批绿色建筑评价标识项目名单的公告
（第402号）

住房和城乡建设部关于发布行业产品标准《混凝土氯离子扩散系数测定仪》的公告
（第403号）

住房和城乡建设部关于发布行业产品标准《城镇供水服务》的公告
（第404号）

住房和城乡建设部关于发布行业产品标准《射流诱导机组》的公告
（第405号）

住房和城乡建设部关于发布行业产品标准《混凝土氯离子电通量测定仪》的公告
（第406号）

住房和城乡建设部关于发布行业产品标准《住宅远传抄表系统》的公告
（第407号）

住房和城乡建设部关于发布行业标准《城镇排水管道维护安全技术规程》的公告
（第408号）

住房和城乡建设部关于发布国家标准《建筑给水排水设计规范》局部修订的公告
（第409号）

住房和城乡建设部关于发布行业产品标准《非金属及复合风管》的公告
（第410号）

住房和城乡建设部关于杭州市发展绿城·翡翠城凌霄苑等住宅小区通过A级住宅性能认定的公告
（第412号）

住房和城乡建设部关于发布行业标准《建筑工程资料管理规程》的公告
（第419号）

住房和城乡建设部关于发布行业标准《施工现场临时建筑物技术规范》的公告
（第420号）

住房和城乡建设部关于发布行业标准《塔式起重机混凝土基础工程技术规程》的公告
（第421号）

住房和城乡建设部关于发布行业标准《逆作复合桩基技术规程》的公告
（第422号）

住房和城乡建设部关于2009年度第一批绿色建筑设计评价标识项目名单的公告
（第423号）

住房和城乡建设部关于发布行业标准《生活垃圾填埋场填埋气体收集处理及利用工程技术规范》的公告
（第426号）

住房和城乡建设部关于发布行业标准《建筑垃圾处理技术规范》的公告
（第427号）

住房和城乡建设部关于发布行业标准《钢管满堂支架预压技术规程》的公告
（第428号）

住房和城乡建设部关于发布行业标准《混凝土耐久性检验评定标准》的公告
（第430号）

住房和城乡建设部关于发布行业标准《锚杆锚固质量无损检测技术规程》的公告
（第431号）

住房和城乡建设部关于发布国家标准《烟花爆竹工程设计安全规范》的公告
（第433号）

住房和城乡建设部关于发布国家标准《有色金属企业总图运输设计规范》的公告
  （第434号）
住房和城乡建设部关于发布国家标准《建筑卫生陶瓷工厂节能设计规范》的公告
  （第435号）
住房和城乡建设部关于发布国家标准《钢铁企业原料场工艺设计规范》的公告
  （第436号）
住房和城乡建设部关于发布国家标准《供配电系统设计规范》的公告
  （第437号）
住房和城乡建设部关于发布国家标准《石油化工厂区管线综合技术规范》的公告
  （第438号）
住房和城乡建设部关于发布行业标准《建筑施工作业劳动防护用品配备及使用标准》的公告
  （第439号）
住房和城乡建设部关于发布行业标准《透水水泥混凝土路面技术规程》的公告
  （第440号）
住房和城乡建设部关于发布行业标准《建筑材料术语标准》的公告
  （第443号）
住房和城乡建设部关于发布行业标准《城镇供水厂运行、维护及安全技术规程》的公告
  （第444号）
住房和城乡建设部关于发布行业标准《房屋建筑与市政基础设施工程检测分类标准》的公告
  （第445号）
住房和城乡建设部关于发布行业标准《建筑起重机械安全评估技术规程》的公告
  （第446号）
住房和城乡建设部关于发布国家标准《石油天然气站内工艺管道工程施工规范》的公告
  （第447号）
住房和城乡建设部关于发布国家标准《油气输送管道工程测量规范》的公告
  （第448号）
住房和城乡建设部关于发布国家标准《工业电视系统工程设计规范》的公告
  （第449号）
住房和城乡建设部关于发布国家标准《油气田工程测量规范》的公告
  （第450号）
住房和城乡建设部关于发布国家标准《核工业铀矿冶工程设计规范》的公告
  （第451号）
住房和城乡建设部关于发布国家标准《核工业铀水冶厂尾矿库、尾渣库安全设计规范》的公告
  （第452号）
住房和城乡建设部关于发布国家标准《核电厂建设工程监理规范》的公告
  （第453号）
住房和城乡建设部关于发布国家标准《普通混凝土长期性能和耐久性能试验方法标准》的公告
  （第454号）
住房和城乡建设部关于发布国家标准《城市轨道交通线网规划编制标准》的公告
  （第455号）
住房和城乡建设部关于发布行业标准《公共建筑节能检测标准》的公告
  （第460号）
住房和城乡建设部关于发布行业标准《居住建筑节能检测标准》的公告
  （第461号）
住房和城乡建设部关于发布行业产品标准《超高分子聚乙烯复合管材》的公告

(第462号)

住房和城乡建设部关于发布行业产品标准《太阳能热水系统用耐热聚乙烯管材》的公告
（第463号）

住房和城乡建设部关于发布行业产品标准《地源热泵系统用聚乙烯管材及管件》的公告
（第464号）

住房和城乡建设部关于2009年度第二批三星级绿色建筑设计评价标识项目名单的公告
（第465号）

住房和城乡建设部关于废止城镇建设和建筑工业产品行业标准的公告
（第467号）

住房和城乡建设部关于发布《石油建设项目经济评价方法与参数》的公告
（第474号）

住房和城乡建设部关于发布行业标准《城市桥梁桥面防水工程技术规程》的公告
（第476号）

住房和城乡建设部关于发布行业标准《建筑工程检测试验技术管理规范》的公告
（第477号）

住房和城乡建设部关于发布行业标准《建筑施工企业管理基础数据标准》的公告
（第478号）

住房和城乡建设部关于发布行业标准《建筑施工塔式起重机安装、使用、拆卸安全技术规程》的公告
（第479号）

住房和城乡建设部关于城市规划编制单位资质认定的公告
（第480号）

住房和城乡建设部关于发布行业产品标准《超高分子聚乙烯钢骨架复合管材》的公告
（第482号）

住房和城乡建设部关于发布行业产品标准《铝合金衬塑复合管材与管件》的公告
（第483号）

住房和城乡建设部关于发布行业产品标准《水处理用臭氧发生器》的公告
（第484号）

住房和城乡建设部关于发布行业产品标准《脚踏阀门》的公告
（第485号）

住房和城乡建设部关于发布行业产品标准《双止回阀倒流防止器》的公告
（第486号）

住房和城乡建设部关于发布国家标准《工业安装工程施工质量验收统一标准》的公告
（第488号）

住房和城乡建设部关于发布国家标准《冷库设计规范》的公告
（第489号）

住房和城乡建设部关于发布国家标准《110kV～750kV架空输电线路设计规范》的公告
（第490号）

住房和城乡建设部关于发布国家标准《氧化铝厂工艺设计规范》的公告
（第491号）

住房和城乡建设部关于发布国家标准《66kV及以下架空电力线路设计规范》的公告
（第492号）

住房和城乡建设部关于发布国家标准《尾矿堆积坝岩土工程技术规范》的公告
（第496号）

住房和城乡建设部关于2009年度第三批三星级绿色建筑设计评价标识项目的公告
（第499号）

九、2010年住房和城乡建设部公告目录

住房和城乡建设部关于发布行业标准《钢筋机械连接技术规程》的公告
（第 503 号）
住房和城乡建设部关于发布行业标准《液压爬升模板工程技术规程》的公告
（第 504 号）
住房和城乡建设部关于发布行业产品标准《喷涂聚脲防水工程技术规程》的公告
（第 505 号）
住房和城乡建设部关于发布行业产品标准《球墨铸铁复合树脂水箅》的公告
（第 507 号）
住房和城乡建设部关于发布行业产品标准《球墨铸铁复合树脂检查井盖》的公告
（第 508 号）
住房和城乡建设部关于发布行业产品标准《给水用丙烯酸共聚聚氯乙烯管材及管件》的公告
（第 509 号）
住房和城乡建设部关于发布行业产品标准《埋地双平壁钢塑复合缠绕排水管》的公告
（第 510 号）
住房和城乡建设部关于发布行业产品标准《冷拔低碳钢丝应用技术规程》的公告
（第 511 号）
住房和城乡建设部关于发布行业产品标准《卫星定位城市测量技术规范》的公告
（第 512 号）
住房和城乡建设部关于发布行业产品标准《施工企业工程建设技术标准化管理规范》的公告
（第 513 号）
住房和城乡建设部关于发布行业产品标准《型钢水泥土搅拌墙技术规程》的公告
（第 514 号）
住房和城乡建设部关于发布行业产品标准《市政排水用塑料检查井》的公告
（第 515 号）
住房和城乡建设部关于发布行业产品标准《真空破坏器》的公告
（第 516 号）
住房和城乡建设部关于发布行业产品标准《薄壁不锈钢卡压式和沟槽式管件》的公告
（第 520 号）
住房和城乡建设部关于发布行业标准《严寒和寒冷地区居住建筑节能设计标准》的公告
（第 522 号）
住房和城乡建设部关于发布行业标准《建设项目交通影响评价技术标准》的公告
（第 530 号）
住房和城乡建设部关于发布行业标准《建筑施工工具式脚手架安全技术规范》的公告
（第 531 号）
住房和城乡建设部关于发布行业标准《快速公共汽车交通系统设计规范》的公告
（第 532 号）
住房和城乡建设部关于发布行业标准《多联机空调系统工程技术规程》的公告
（第 533 号）
住房和城乡建设部关于城市规划编制单位资质认定的公告
（第 536 号）
住房和城乡建设部关于 2010 年第一批甲级工程造价咨询企业资质延续的公告
（第 525 号）
住房和城乡建设部关于发布行业标准《生活垃圾焚烧厂评价标准》的公告
（第 539 号）
住房和城乡建设部关于发布行业标准《石膏砌块砌体技术规程》的公告

（第540号）

住房和城乡建设部关于发布行业标准《建筑工程水泥—水玻璃双液注浆技术规程》的公告
（第541号）

住房和城乡建设部关于发布行业标准《刚—柔性桩复合地基技术规程》的公告
（第542号）

住房和城乡建设部关于发布行业产品标准《建筑陶瓷砖模数》的公告
（第543号）

住房和城乡建设部关于发布行业产品标准《建筑红外热像检测要求》的公告
（第544号）

住房和城乡建设部关于发布行业产品标准《建筑玻璃点支承装置》的公告
（第545号）

住房和城乡建设部关于发布行业产品标准《工业构筑物水泥基耐磨材料》的公告
（第546号）

住房和城乡建设部关于发布《铁路线路设计规范》等两项工程建设标准英文版的公告
（第547号）

住房和城乡建设部关于西北区国家级民用建筑能效测评机构的公告
（第548号）

住房和城乡建设部关于发布行业标准《预应力筋用锚具、夹具和连接器应用技术规程》的公告
（第549号）

住房和城乡建设部关于发布行业标准《后锚固法检测混凝土抗压强度技术规程》的公告
（第550号）

住房和城乡建设部关于发布行业标准《装配箱混凝土空心楼盖结构技术规程》的公告
（第551号）

住房和城乡建设部关于发布行业标准《轻型钢结构住宅技术规程》的公告
（第552号）

住房和城乡建设部关于发布行业标准《城镇地热供热工程技术规程》的公告
（第553号）

住房和城乡建设部关于发布行业标准《二次供水工程技术规程》的公告
（第554号）

住房和城乡建设部关于发布行业产品标准《城市公用事业互联互通卡密钥及安全技术要求》的公告
（第555号）

住房和城乡建设部关于发布行业产品标准《城市公用事业互联互通卡清分清算技术要求》的公告
（第556号）

住房和城乡建设部关于发布行业产品标准《城市公用事业互联互通卡通用技术要求》的公告
（第557号）

住房和城乡建设部关于发布行业产品标准《电子标签通用技术要求》的公告
（第558号）

住房和城乡建设部关于发布国家标准《二氧化碳灭火系统设计规范》局部修订的公告
（第559号）

住房和城乡建设部关于发布《建材工业建设项目经济评价方法与参数》的公告
（第564号）

住房和城乡建设部关于2009年度第四批和2010年度第一批三星级绿色建筑设计评价标识项目的公告
（第565号）

住房和城乡建设部关于发布行业标准《埋地塑料排水管道工程技术规程》的公告
（第569号）

九、2010年住房和城乡建设部公告目录

住房和城乡建设部关于发布行业产品标准《预制高强混凝土薄壁钢管桩》的公告
（第570号）
住房和城乡建设部关于发布行业产品标准《生活垃圾转运站压缩机》的公告
（第571号）
住房和城乡建设部关于发布行业产品标准《冷凝式家用燃气快速热水器》的公告
（第572号）
住房和城乡建设部关于发布行业产品标准《燃气用具连接用不锈钢波纹软管》的公告
（第573号）
住房和城乡建设部关于发布行业产品标准《集成电路（IC）卡燃气流量计》的公告
（第574号）
住房和城乡建设部关于发布行业标准《施工企业安全生产评价标准》的公告
（第575号）
住房和城乡建设部关于发布行业标准《城市地理空间信息共享与服务元数据标准》的公告
（第576号）
住房和城乡建设部关于发布行业标准《建筑施工门式钢透脚手架安全技术规范》的公告
（第577号）
住房和城乡建设部关于发布行业标准《海砂混凝土应用技术规范》的公告
（第578号）
住房和城乡建设部关于发布国家标准《电厂标识系统编码标准》的公告
（第579号）
住房和城乡建设部关于发布国家标准《玻璃工厂环境保护设计规范》的公告
（第580号）
住房和城乡建设部关于发布国家标准《建材工业设备安装工程施工及验收规范》的公告
（第581号）
住房和城乡建设部关于发布国家标准《港口工程结构可靠性设计统一标准》的公告
（第582号）
住房和城乡建设部关于发布国家标准《铁路罐车清洗设施设计规范》的公告
（第583号）
住房和城乡建设部关于发布国家标准《破碎、粉磨设备安装工程施工及验收规范》的公告
（第584号）
住房和城乡建设部关于发布国家标准《岩土工程勘察安全规范》的公告
（第585号）
住房和城乡建设部关于发布国家标准《煤气余压发电装置技术规范》的公告
（第586号）
住房和城乡建设部关于发布国家标准《航空工业理化测试中心设计规范》的公告
（第587号）
住房和城乡建设部关于发布国家标准《城市轨道交通信号工程施工质量验收规范》的公告
（第588号）
住房和城乡建设部关于发布国家标准《铝合金结构工程施工质量验收规范》的公告
（第589号）
住房和城乡建设部关于发布国家标准《连泥工厂职业安全卫生设计规范》的公告
（第590号）
住房和城乡建设部关于发布国家标准《连铸工程设计规范》的公告
（第591号）
住房和城乡建设部关于发布国家标准《煤矿井巷工程质量验收规范》的公告

（第592号）

住房和城乡建设部关于发布国家标准《1kV及以下配线工程施工与验收规范》的公告
（第593号）

住房和城乡建设部关于发布国家标准《混凝土强度检验评定标准》的公告
（第594号）

住房和城乡建设部关于发布国家标准《水泥工厂环境保护设计规范》的公告
（第595号）

住房和城乡建设部关于发布国家标准《煤炭工业矿井工程建设项目设计文件编制标准》的公告
（第596号）

住房和城乡建设部关于发布国家标准《煤炭工业露天矿工程建设项目设计文件编制标准》的公告
（第597号）

住房和城乡建设部关于发布国家标准《民用建筑节水设计标准》的公告
（第598号）

住房和城乡建设部关于发布国家标准《工业设备及管道绝热工程施工质量验收规范》的公告
（第599号）

住房和城乡建设部关于发布国家标准《城市轨道交通自动售检票系统工程质量验收规范》的公告
（第600号）

住房和城乡建设部关于发布国家标准《煤炭工业选煤厂工程建设项目设计文件编制标准》的公告
（第601号）

住房和城乡建设部关于发布国家标准《球团机械设备安装工程质量验收规范》的公告
（第602号）

住房和城乡建设部关于发布国家标准《矿井通风安全装备标准》的公告
（第603号）

住房和城乡建设部关于发布国家标准《石油化工金属管道工程施工质量验收规范》的公告
（第604号）

住房和城乡建设部关于发布国家标准《涤纶工石设计规范》的公告
（第605号）

住房和城乡建设部关于发布国家标准《钢铁企业热力设施设计规范》的公告
（第606号）

住房和城乡建设部关于发布国家标准《建筑地面工程施工质量验收规范》的公告
（第607号）

住房和城乡建设部关于发布国家标准《公共广播系统工程技术规范》的公告
（第608号）

住房和城乡建设部关于发布国家标准《建设抗震设计规范》的公告
（第609号）

住房和城乡建设部关于发布国家标准《冶金除尘设备工程安装与质量验收规范》的公告
（第610号）

住房和城乡建设部关于发布国家标准《海上风力发电工程施工规范》的公告
（第611号）

住房和城乡建设部关于发布国家标准《油气田及管道岩土工程勘察规范》的公告
（第612号）

住房和城乡建设部关于发布国家标准《导（防）静电地面设计规范》的公告
（第613号）

住房和城乡建设部关于发布国家标准《双曲线冷却塔施工与质量验收规范》的公告
（第614号）

九、2010年住房和城乡建设部公告目录

住房和城乡建设部关于发布国家标准《纺织工程设计防火规范》的公告
　（第615号）
住房和城乡建设部关于发布国家标准《核电厂工程地震调查与评价规范》的公告
　（第616号）
住房和城乡建设部关于发布国家标准《炼铁工艺炉壳体结构技术规范》的公告
　（第617号）
住房和城乡建设部关于发布国家标准《金属非金属矿山采矿制图标准》的公告
　（第618号）
住房和城乡建设部关于发布国家标准《城市园林绿化评价标准》的公告
　（第619号）
住房和城乡建设部关于发布国家标准《给水排水工程基本术语标准》的公告
　（第620号）
住房和城乡建设部关于发布国家标准《起重设备安装工程施工及验收规范》的公告
　（第621号）
住房和城乡建设部关于发布国家标准《煤炭矿井工程基本术语标准》的公告
　（第622号）
住房和城乡建设产关于发布国家标准《输送设备安装工程施工及验收规范》的公告
　（第623号）
住房和城乡建设部关于发布国家标准《乙烯基酯树脂防腐蚀工程技术规范》的公告
　（第624号）
住房和城乡建设部关于发布国家标准《铝母线焊接工程施工及验收规范》的公告
　（第625号）
住房和城乡建设部关于发布国家标准《室外作业场地照明设计标准》的公告
　（第626号）
住房和城乡建设部关于发布国家标准《环氧树脂自流平地面工程技术规范》的公告
　（第627号）
住房和城乡建设部关于发布国家标准《选煤厂建筑结构设计规范》的公告
　（第628号）
住房和城乡建设部关于发布国家标准《电气装置安装工程电力变压器、油浸电抗器、互感器施工及验收规范》
　的公告
　（第629号）
住房和城乡建设部关于发布国家标准《电气装置安装工程高压电器施工及验收规范》的公告
　（第630号）
住房和城乡建设部关于发布国家标准《重晶石防辐射混凝土应用技术规范》的公告
　（第631号）
住房和城乡建设部关于发布国家标准《工业企业电气设备抗震设计规范》的公告
　（第632号）
住房和城乡建设部关于发布国家标准《330kV～750kV架空输电线路勘测规范》的公告
　（第633号）
住房和城乡建设部关于发布国家标准《建设卫生陶瓷工厂设计规范》的公告
　（第634号）
住房和城乡建设部关于发布国家标准《红外线同声传译系统工程技术规范》的公告
　（第635号）
住房和城乡建设部关于发布国家标准《视频显示系统工程测量规范》的公告
　（第636号）

住房和城乡建设部关于发布国家标准《电子工业职业安全卫生设计规范》的公告
  (第 637 号)
住房和城乡建设部关于发布国家标准《水泥工厂余热发电设计规范》的公告
  (第 638 号)
住房和城乡建设部关于发布国家标准《煤炭工业矿井监测监控系统装备配置标准》的公告
  (第 639 号)
住房和城乡建设部关于发布国家标准《水库调度设计规范》的公告
  (第 640 号)
住房和城乡建设部关于发布国家标准《水位观测标准》的公告
  (第 641 号)
住房和城乡建设部关于发布国家标准《加氢站技术规范》的公告
  (第 642 号)
住房和城乡建设部关于 2010 年度第一批民用建筑能效测评标识项目的公告
  (第 647 号)
住房和城乡建设部关于乙级工程造价咨询企业晋升甲级资质的公告
  (第 649 号)
住房和城乡建设部关于发布行业标准《建筑施工升降机安装、使用、拆卸安全技术规程》的公告
  (第 651 号)
住房和城乡建设部关于 2010 年第一批城市园林绿化企业一级资质审查结果的公告
  (第 653 号)
住房和城乡建设部关于 2010 年度第二批绿色建筑评价标识、绿色建筑设计评价标识项目的公告
  (第 657 号)
住房和城乡建设部关于发布国家标准《纺织工程常用术语、计量单位及符号标准》的公告
  (第 659 号)
住房和城乡建设部关于发布国家标准《风机、压缩机、泵安装工程施工及验收规范》的公告
  (第 660 号)
住房和城乡建设部关于发布国家标准《冶金矿山选矿厂工艺设计规范》的公告
  (第 661 号)
住房和城乡建设部关于发布国家标准《建筑防腐蚀工程施工质量验收规范》的公告
  (第 662 号)
住房和城乡建设部关于发布国家标准《高炉喷吹煤粉工程设计规范》的公告
  (第 663 号)
住房和城乡建设部关于发布国家标准《建筑物防雷工程施工与质量验收规范》的公告
  (第 664 号)
住房和城乡建设部关于发布国家标准《住宅区和住宅建筑内通信设施工程设计规范》的公告
  (第 665 号)
住房和城乡建设部关于发布国家标准《渠道防渗工程技术规范》的公告
  (第 666 号)
住房和城乡建设部关于发布国家标准《煤炭井巷工程施工规范》的公告
  (第 667 号)
住房和城乡建设部关于发布国家标准《智能建筑工程施工规范》的公告
  (第 668 号)
住房和城乡建设部关于发布国家标准《城市配电网规划设计规范》的公告
  (第 669 号)
住房和城乡建设部关于发布国家标准《灌区改造技术规范》的公告

（第 670 号）

住房和城乡建设部关于发布国家标准《制冷设备、空气分离设备安装工程施工及验收规范》的公告
（第 671 号）

住房和城乡建设部关于发布国家标准《电子工程防静电设计规范》的公告
（第 672 号）

住房和城乡建设部关于发布国家标准《泵站设计规范》的公告
（第 673 号）

住房和城乡建设部关于发布国家标准《球形储罐γ射线全景曝光现场检测标准》的公告
（第 674 号）

住房和城乡建设部关于发布国家标准《钢铁企业总图运输设计规范》的公告
（第 675 号）

住房和城乡建设部关于发布国家标准《有色金属矿山节能设计规范》的公告
（第 676 号）

住房和城乡建设部关于发布国家标准《煤炭矿井制图标准》的公告
（第 677 号）

住房和城乡建设部关于发布国家标准《水泥原料矿山工程设计规范》的公告
（第 678 号）

住房和城乡建设部关于发布国家标准《铸造设备安装工程施工及验收规范》的公告
（第 679 号）

住房和城乡建设部关于发布国家标准《煤矿矿井建筑结构设计规范》的公告
（第 680 号）

住房和城乡建设部关于发布国家标准《洁净室施工及验收规范》的公告
（第 681 号）

住房和城乡建设部关于发布国家标准《雨水集蓄利用工程技术规范》的公告
（第 682 号）

住房和城乡建设部关于发布国家标准《建筑结构加固工程施工质量验收规范》的公告
（第 683 号）

住房和城乡建设部关于发布国家标准《住房公积金支持保障性住房建设项目贷款业务规范》的公告
（第 684 号）

住房和城乡建设部关于发布行业产品标准《建筑遮阳通用要求》的公告
（第 687 号）

住房和城乡建设部关于发布行业产品标准《建筑遮阳产品误操作试验方法》的公告
（第 688 号）

住房和城乡建设部关于发布行业产品标准《建筑遮阳热舒适、视觉舒适性能与分级》的公告
（第 689 号）

住房和城乡建设部关于发布行业产品标准《建筑遮阳产品用电机》的公告
（第 690 号）

住房和城乡建设部关于发布行业产品标准《建筑遮阳产品电力驱动装置技术要求》的公告
（第 691 号）

住房和城乡建设部关于发布行业产品标准《建筑遮阳产品遮光性能试验方法》的公告
（第 692 号）

住房和城乡建设部关于发布行业产品标准《建筑遮阳产品隔热性能试验方法》的公告
（第 693 号）

住房和城乡建设部关于发布行业产品标准《遮阳百叶窗气密性试验方法》的公告
（第 694 号）

住房和城乡建设部关于发布行业产品标准《建筑遮阳产品声学性能测量》的公告
（第 695 号）
住房和城乡建设部关于发布行业标准《铝合金门窗工程技术规范》的公告
（第 696 号）
住房和城乡建设部关于发布行业标准《城市房外广告设施技术规范》的公告
（第 697 号）
住房和城乡建设部关于发布行业标准《城市市政综合监管信息系统技术规范》的公告
（第 698 号）
住房和城乡建设部关于发布行业标准《铝合金结构工程施工规程》的公告
（第 699 号）
住房和城乡建设部关于发布行业标准《空间网格结构技术规程》的公告
（第 700 号）
住房和城乡建设部关于发布行业标准《城镇燃气管道非开挖修复更新工程技术规程》的公告
（第 701 号）
住房和城乡建设部关于发布行业标准《生活垃圾渗沥液处理技术规范》的公告
（第 702 号）
住房和城乡建设部关于发布行业标准《城镇供热管网设计规范》的公告
（第 703 号）
住房和城乡建设部关于发布行业标准《现浇混凝土大直径管桩复合地基技术规程》的公告
（第 704 号）
住房和城乡建设部关于发布行业标准《抹灰砂浆技术规程》的公告
（第 705 号）
住房和城乡建设部关于发布行业标准《纤维混凝土应用技术规程》的公告
（第 706 号）
住房和城乡建设部关于发布行业产品标准《混空轻烃燃气》的公告
（第 711 号）
住房和城乡建设部关于发布行业产品标准《快速公共汽车交通（BRT）站台屏蔽门》的公告
（第 712 号）
住房和城乡建设部关于发布行业产品标准《污水排入城镇下水道水质标准》的公告
（第 713 号）
住房和城乡建设部关于发布行业产品标准《膨胀玻化微珠轻质砂浆》的公告
（第 714 号）
住房和城乡建设部关于发布行业产品标准《结构加固修复用玻璃纤维布》的公告
（第 715 号）
住房和城乡建设部关于发布行业产品标准《坐便洁身器》的公告
（第 716 号）
住房和城乡建设部关于发布行业产品标准《低温辐射电热膜》的公告
（第 717 号）
住房和城乡建设部关于发布行业产品标准《中间腔空气隔断型倒流防止器》的公告
（第 719 号）
住房和城乡建设部关于发布行业产品标准《家用燃气报警器及传感器》的公告
（第 720 号）
住房和城乡建设部关于发布行业产品标准《家用燃具自动截止阀》的公告
（第 721 号）
住房和城乡建设部关于发布行业产品标准《城镇燃气切断阀和放散阀》的公告

（第722号）
住房和城乡建设部关于发布行业标准《档案馆建筑设计规范》的公告
（第723号）
住房和城乡建设部关于发布行业标准《龙门架及井架物料提升机安全技术规范》的公告
（第724号）
住房和城乡建设部关于发布行业标准《展览建筑设计规范》的公告
（第725号）
住房和城乡建设部关于发布行业标准《混凝土预制拼装塔机基础技术规程》的公告
（第726号）
住房和城乡建设部关于发布行业标准《预拌砂浆应用技术规程》的公告
（第727号）
住房和城乡建设部关于发布行业标准《地下工程渗漏治理技术规程》的公告
（第728号）
住房和城乡建设部关于城市规划编制单位资质认定的公告
（第729号）
住房和城乡建设部关于发布国家标准《火力发电厂海水淡化工程设计规范》的公告
（第731号）
住房和城乡建设部关于发布国家标准《粘胶纤维工厂设计规范》的公告
（第732号）
住房和城乡建设部关于发布国家标准《墙体材料应用统一技术规范》的公告
（第733号）
住房和城乡建设部关于发布国家标准《民用建筑太阳能热水系统评价标准》的公告
（第734号）
住房和城乡建设部关于发布国家标准《纤维增强复合材料建设工程应用技术规范》的公告
（第735号）
住房和城乡建设部关于发布国家标准《工业金属管道工程施工规范》的公告
（第736号）
住房和城乡建设部关于发布国家标准《泡沫灭火系统设计规范》的公告
（第737号）
住房和城乡建设部关于发布国家标准《钢结构现场检测技术标准》的公告
（第738号）
住房和城乡建设部关于发布国家标准《机井技术规范》的公告
（第739号）
住房和城乡建设部关于发布国家标准《球形储罐施工规范》的公告
（第740号）
住房和城乡建设部关于发布国家标准《用户电话交换系统工程设计规范》的公告
（第741号）
住房和城乡建设部关于发布国家标准《用户电话交换系统工程设计规范》的公告
（第742号）
住房和城乡建设部关于发布国家标准《混凝土结构设计规范》的公告
（第743号）
住房和城乡建设部关于发布国家标准《民用建筑隔声设计规范》的公告
（第744号）
住房和城乡建设部关于发布国家标准《暖通空调制图标准》的公告
（第745号）

住房和城乡建设部关于发布国家标准《建筑给水排水制图标准》的公告
(第 746 号)

住房和城乡建设部关于发布国家标准《建筑制图标准》的公告
(第 747 号)

住房和城乡建设部关于发布国家标准《农村防火规范》的公告
(第 748 号)

住房和城乡建设部关于发布国家标准《总图制图标准》的公告
(第 749 号)

住房和城乡建设部关于发布国家标准《房屋建筑制图统一标准》的公告
(第 750 号)

住房和城乡建设部关于发布国家标准《建筑结构制图标准》的公告
(第 751 号)

住房和城乡建设部关于发布国家标准《跨座式单轨交通施工及验收规范》的公告
(第 752 号)

住房和城乡建设部关于发布国家标准《建筑电气照明装置施工与验收规范》的公告
(第 753 号)

住房和城乡建设部关于发布国家标准《铜冶炼厂工艺设计规范》的公告
(第 754 号)

住房和城乡建设部关于发布国家标准《冶金工业水文地质勘察规范》的公告
(第 755 号)

住房和城乡建设部关于发布国家标准《民用建筑工程室内环境污染控制规范》的公告
(第 756 号)

住房和城乡建设部关于发布行业标准《燃气冷热电三联供工程技术规程》的公告
(第 757 号)

住房和城乡建设部关于发布行业标准《城市道路交叉口设计规程》的公告
(第 758 号)

住房和城乡建设部关于 2010 年度第三批绿色建筑设计评价标识项目的公告
(第 763 号)

住房和城乡建设部关于 2010 年度第四批绿色建筑设计评价标识项目的公告
(第 764 号)

住房和城乡建设部关于乙级工程造价咨询企业晋升甲级资质的公告
(第 765 号)

住房和城乡建设部关于 2010 年第三批甲级工程造价咨询企业资质延续审核结果的公告
(第 767 号)

住房和城乡建设部关于 2010 年第二批城市园林绿化企业一级资质审查结果的公告
(第 769 号)

住房和城乡建设部关于发布行业产品标准《生活饮用水净水厂用煤质活性炭》的公告
(第 777 号)

住房和城乡建设部关于发布行业产品标准《数字社区管理与服务 分类与代码》的公告
(第 778 号)

住房和城乡建设部关于发布行业产品标准《数字社区管理与服务 网格划分与编码规则》的公告
(第 779 号)

第六篇

专题与行业报告

一、专题

1. 青海玉树地震抗震救灾

青海省玉树藏族自治州玉树县发生7.1级地震

4月14日，青海省玉树藏族自治州玉树县发生7.1级地震，造成重大人员伤亡。

4月14日青海玉树地震发生后，按照《建设系统破坏性地震应急预案》，住房和城乡建设部立即启动1级响应，及时开展抗震救灾有关工作。

14日下午，马凯国务委员主持召开会议，研究青海地震有关问题。会后，住房和城乡建设部副部长仇保兴立即主持召开住房和城乡建设部抗震救灾指挥部全体会议，传达马凯讲话精神，对住房城乡建设系统抗震救灾工作作出部署。就抗震救灾工作，他提出了三点要求：一是与前方工作同志保持密切联系，及时了解灾情；二是严格执行24小时值班制度，坚守岗位；三是根据救灾需求，及时对供水等生命线工程的抢险抢修、人员临时避震场所的搭建和管理等提出建议，派出相关专家和队伍。

会议同时对住房和城乡建设部参加国务院抗震救灾指挥部群众生活组和基础设施保障组具体工作作出了安排。

（摘自《中国建设报》 2010年4月16日 记者 李兆汝）

住房和城乡建设部副部长、抗震救灾指挥部指挥长郭允冲随国务院领导同志赶赴灾区

4月14日下午，住房和城乡建设部副部长、抗震救灾指挥部指挥长郭允冲随国务院领导同志赶赴灾区。

郭允冲到达灾区后，立即深入受灾现场，察看房屋和市政基础设施受损情况，指导抢险救援。4月15日，郭允冲代表住房和城乡建设部对在灾区实施抢险救援的建筑施工队伍进行了慰问，对他们不分昼夜的辛勤工作表示感谢，要求进一步发扬艰苦奋斗的精神，不惜一切代价抢救人员生命，切实落实胡锦涛总书记、温家宝总理关于全力抢险救援的要求。他同时要求，当地住房城乡建设部门要配合有关部门做好受灾群众的生活安置，积极开展房屋建筑应急评估，防止发生次生灾害，并为下一步灾后重建做好准备。

住房和城乡建设部工程质量安全监管司派员带队，由中国建筑科学研究院、清华大学有关专家组成的第一批专家工作组一行9人已抵达灾区，与当地专家共同对灾区房屋建筑开展应急评估，第二批专家工作组已经待命。

（摘自《中国建设报》 2010年4月16日 记者 李兆汝、张巍）

住房和城乡建设部积极开展抢险救灾工作

当前,住房和城乡建设部积极组织开展对青海玉树抢险救灾工作。13人专家组已赴灾区开展工作;就近调集629台机械设备、2000余人待命,随时调往灾区。

目前,住房和城乡建设部与青海省住房和城乡建设厅专家工作组共13人,已开始对学校、医院、银行邮局生命线工程、政府办公楼等四类建筑进行应急评估。截至4月15日20时,住房和城乡建设部已组织陕西、甘肃、四川、重庆四省(市)住房城乡建设主管部门及有关中央企业,就近调集抢险救灾急需的机械设备629台和人员2224名待命,可根据需要随时调往灾区。

据悉,青海省住房城乡建设系统工程救援队已于15日下午4时抵达灾区,并立即投入抢险救灾。工程救援队目前人员有200多人,机械设备48台套。

(摘自《中国建设报》 2010年4月17日 建文)

玉树灾区过渡房建设将抓紧完成

在全方位调研基础上,青海省住房城乡建设厅会同省发展改革委、国土厅、水利厅,对玉树灾后过渡房集中安置点进行了选址,并了解了结古镇十几个社区的受损情况,编制了玉树灾区过渡房建设方案草稿,初步明确了下一步过渡房的建设原则、建设规模和建设标准。

据悉,玉树灾区过渡房建设将坚持以人为本,通过政府组织、群众自救、社会援助,抓紧开展灾区群众平稳过渡安置工作,尽快恢复灾区群众正常的生产生活秩序。力争在短期内尽快有计划、有步骤地完成灾区活动板房建设任务,切实解决玉树地震灾区受灾群众的临时住房问题。目前,省住房城乡建设厅在前期调研摸底工作的基础上,已拟定了两套工作方案。方案提出,过渡性安置地点将配套建设水、电、道路等基础设施,并按比例配备学校、医疗点、集中供水点、垃圾收集点等配套公共服务设施,确保受灾群众的基本生活需要。

(摘自《青海日报》 2010年4月20日 记者 张利锋)

玉树灾后重建规划已启动

玉树地震后,住房城乡建设部根据玉树灾区重建规划编制需要技术指导的实际情况,立即协调曾参加四川省汶川地区灾后重建规划编制工作的专家于16日赶赴灾区。

规划专家组到灾区后立即投入到工作中,在进行调研和相关资料收集取证基础上返回西宁后,开始编制灾后重建规划。同时,省住房城乡建设厅积极协调四川省、陕西省住房城乡建设厅支持我省编制灾区重建规划及工作方案,来自四川省规划设计研究院、陕西省住房城乡建设厅8名经验丰富的规划设计人员于4月18日抵达西宁,帮助开展玉树灾后重建规划编制工作。

(中华人民共和国住房和城乡建设部 2010年4月26日)

玉树震区灾后重建将充分利用建筑废材
降低重建成本　减轻群众负担

根据住房和城乡建设部玉树灾区住房重建政策调研小组专家建议，青海省玉树抗震救灾指挥部日前发出通知，要求玉树州和青海住房和城乡建设部门尽快采取措施，对倒塌建筑废弃材料进行清理和存放，以备用于玉树震区灾后重建。

玉树是国家三江源生态保护的核心区，当地可用建材资源极度匮乏。玉树城镇以及农村建筑材料基本由外地输入，建筑成本很高。

青海省玉树抗震救灾指挥部在通知中指出，玉树震区即将开展的大规模重建工作，面临着环境与资源保护、运输供给、建筑垃圾处理等多方面、前所未有的挑战。因此，充分利用倒塌建筑废材，既可以大大减少废墟垃圾运输、处理费用，又可以有效降低恢复重建社会成本，减轻受灾群众经济负担。

青海省玉树抗震救灾指挥部要求玉树州和青海住房和城乡部门尽快编制废弃材料再利用方案，动员救灾队伍对震区倒塌房屋建筑废材进行分类整理与临时存放，并研究制定玉树地震灾区建筑废材再利用的有关政策。

青海省玉树抗震救灾指挥部同时号召玉树地震灾区城镇、农村受灾群众自己动手，尽快分类整理、存放自家可利用的建筑材料。

（摘自《中国建设报》 2010年5月4日　马勇）

玉树灾区过渡安置活动板房建设技术管理标准明确

为满足玉树地震灾区救灾应急和过渡安置需求，确保过渡安置房质量，规范过渡安置房建设，4月22日，省住房城乡建设厅印发了《青海玉树地震灾区过渡安置活动板房建设技术管理暂行规定》。

该《规定》明确，过渡安置活动板房要做到避险防灾、及时疏散，避开地震断裂带、滑坡、崩塌、泥石流、河洪、山洪等自然灾害及次生灾害影响的地段，避开水源保护区、水库泄洪区，选择向阳、通风良好的开阔地带，优先选用现有的广场、操场、空地和公园等，按照过渡安置规划要求布置过渡安置小区，建设过渡安置活动板房；过渡性安置房建设应满足受灾群众临时居住的基本使用功能，并办理建设手续，纳入质量安全监督范围。活动板房建成后，由项目实施单位牵头会同质量安全监督机构以及设计、安装等相关单位，按有关规范标准进行验收，合格后方可交付使用。验收合格的资料须报质量安全监督机构备案。

（摘自《青海日报》 2010年4月26日　记者　张利锋）

玉树震后房屋应急评估工作基本结束

玉树地震后，省住房城乡建设厅立即组织专家奔赴玉树灾区开展震后房屋应急评估，经过8天多

一、专　题

时间连续工作，到4月23日，此项工作基本完成。

几天来，专家组对灾区医院、学校、银行、水厂、电厂、机场、政府办公楼等重要建筑和生命线工程及商铺、各类住宅建筑进行了应急评估。同时，集中对玉树县城7个乡镇大面积倒塌和未倒塌但严重破坏的房屋进行了调查统计，调查收集了玉树藏族自治州称多县、杂多县、治多县、囊谦县、曲麻莱县的房屋损坏情况。在震后房屋应急评估中，省住房城乡建设厅印制了3000张警示标志。对被评为3级的房屋建筑，由应急评估专业人员在建筑物的醒目位置张贴"危险"标志，提示群众不要靠近和进入。

(摘自《青海日报》 2010年4月25日
记者　张利锋　通讯员　斗拉)

住房和城乡建设部抗震救灾指挥部召开第16次会议姜伟新要求扎扎实实做好救灾重建各项工作

5月6日，住房和城乡建设部抗震救灾指挥部召开第16次会议。住房和城乡建设部党组书记、部长姜伟新主持会议并对抗震救灾和灾后重建相关工作提出了要求。总经济师李秉仁出席会议。工程质量安全监管司、城市建设司、村镇建设司、办公厅、建筑节能与科技司、计划财务与外事司、中国城市规划设计研究院负责同志分别就救灾重建等工作的最新进展情况作了汇报。

姜伟新指出，住房和城乡建设部要按照国务院抗震救灾总指挥部的要求，进一步配合青海玉树灾区扎扎实实做好抗震救灾重建规划编制等各项工作。住房和城乡建设各部门对青海省住房和城乡建设厅的救灾重建工作要积极配合，全力给予技术等方面的支持。

姜伟新向克服重重困难、深入地震灾区一线调研和工作的住房和城乡建设系统的工作人员表示慰问和感谢。

(摘自《中国建设报》 2010年5月7日　记者　汪汀)

玉树灾区过渡房搭建已完成9000平方米

截至5月6日，由省住房城乡建设厅负责建设的玉树灾区党政机关办公用房已搭建9000平方米，完成任务的62%。

记者在玉树县格萨尔广场看到，几日前空旷的广场，转瞬间布满了一排排整齐的过渡房。

据现场施工的省建设工程监督管理总站综合管理室的王楠主任介绍，玉树灾区过渡房，从4月21日开始施工建设以来，施工人员克服重重困难全力以赴、夜以继日赶抢工期，截至5月6日，总共搭建的14000平方米已完成9000多平方米活动板房搭建工作，为任务量的62%。其中州委、州政府5642平方米活动板房全部搭建完毕，为州委、州政府全力指挥恢复重建创造了办公条件。玉树县委、县政府2000平方米和结古镇政府374平方米的搭建任务也已完成。

据了解，省住房城乡建设厅在全力抓好党政机关活动板房建设的同时，正抓紧筹备玉树县安冲乡等七所乡镇学校、上拉秀乡等八个乡镇机关、卫生实验室等10000多平方米活动板房建设工作。

为满足玉树地震灾区救灾应急和过渡安置需求，确保过渡安置房质量，规范过渡安置房建设，4月22日，省住房城乡建设厅印发了《青海玉树地震灾区过渡安置活动板房建设技术管理暂行规定》。活动板房建成后，由项目实施单位牵头会同质量安全监督机构以及设计、安装等相关单位，按有关规范标准进行验收，合格后方可交付使用。

(摘自《青海日报》2010年5月7日
记者　寇俊山　通讯员　薛长福)

玉树地震灾区危房拆除工作启动 已拆除危房 1 万余平方米

危房拆除工作关系灾区恢复重建进度，按照省玉树抗震救灾指挥部《地震灾区危房拆除及建筑垃圾清理工作方案》要求，玉树藏族自治州人民政府从 5 月 6 日起，展开了结古镇地震危房拆除。目前，已调集部分专业拆除队伍及 30 多台挖掘机、装载机、运渣自卸车等机械设备投入危房拆除和垃圾清运工作。

玉树地震给当地人民群众生命财产造成巨大损失，大量房屋及市政基础设施严重损毁。玉树县结古镇城区面积 12.13 平方公里内，受损各类房屋面积约 610 万平方米，受损房屋占各类房屋总量的 90% 以上，预计产生建筑垃圾总量约 670 多万吨，折合约 400 多万立方米。省玉树抗震救灾指挥部要求，5 月 15 日前完成党政机关、学校、医院等公共设施废墟清理工作；6 月 30 日前全面完成废墟清理工作。

危房拆除和建筑垃圾清理、处置，是灾后重建的重要基础性工作，也是一项迫在眉睫、事关恢复重建全局的重要工作，直接关系到灾区群众根本利益和恢复重建工作有效推进。为及时妥善拆除危房和清理、处置建筑垃圾，尽快组织开展灾后恢复重建工作，玉树州人民政府和省有关部门以科学、依法、统筹，有力、有序、有效的原则，制定了危房拆除和垃圾清运的工作方案。

按照省指挥部关于"突出重点，逐步推进，首先从主街道两侧、学校、医院、党政机关等公共建筑和急需开工建设的重点项目实施推进，带动居住建筑和周边地区的危房拆除、垃圾清理"的指示精神，对玉树州委、国税局、财政局、农行、医院、武警玉树州支队、玉树县政协、畜牧兽医站、一完小、中心血站等单位的危楼拆除正在实施，已完成危楼拆除 1 万余平方米，清运建筑垃圾 2 万多立方米，在危房拆除中，由州建设局派人对危房拆除前的基础性工作限期督办；施工人员采取以点带面，分块推进的方式；每日晚上召开一次碰头会，汇总统计危房拆除面积、垃圾清运量，并根据拆除企业的技术能力和机械设备情况下达拆除任务；建立了现场督办制度，每天在施工现场督办施工进度、安全生产等工作。

为了加快施工进度，施工人员一方面督促房屋产权所有人及时搬出危房内的物品；一方面帮助相关单位清理文件资料、贵重物品等。同时尽量克服运输道路堵塞等困难，加班加点赶工期。针对拆除临街危房时路人穿行，造成安全隐患等问题，施工人员在现场设置了警示牌，围拉了警示带，保障行人的安全。

（摘自《青海日报》 2010 年 5 月 9 日 薛长福）

青海玉树灾后重建取得重大阶段性成效

今年以来，青海省按照党中央、国务院的总体部署，紧急动员，全力以赴，在时间紧、任务重、困难多、要求高的情况下，始终坚持科学重建、开放重建、务实重建、和谐重建的原则，科学统一、有力有序地开展灾后重建工作，圆满地完成了今年的灾后重建任务，向党中央、国务院和省委、省政府，向灾区人民交上了一份合格的答卷。

城乡居民住房建设目标任务全面完成。玉树地区 6 县 19 个乡镇共开工建设农牧民住房 11655 户，占今年计划的 98.9%，占 3 年重建计划的 69.7%。其中，示范村禅古、甘达及安冲、仲达、巴塘等乡镇部分农牧民已经喜迁新居。共开工城镇居民住房重建项目 13667 户，占今年计划的 102.4%，占 3 年城镇居民住房重建任务的 72%。完成 9509 户城乡居民住房维修加固任务。50 座寺院的僧舍和公建设施开工建设。

事关民生的一大批项目快速实施。学校、医院等公共服务设施重建取得了积极成果，玉树县第一民族中学、第三完全小学、州红旗小学等 13 所学校以及玉树州公共卫生服务中心、藏医院等一批项目主体工程已封顶，明年下半年即可投入使用。

市政公共和基础设施建设取得了重要突破。结古镇城区沟道排洪除险加固工程通过验收，扎西科路（西同路）、红旗路等 6 条市政道路正在建设中，结古至巴塘机场公路单幅加宽工程、国道 214 线 450 公里病害整治、省道 308 线单幅加宽工程全面完成，西杭燃油发电机组、LNG 加气站竣工投产。

为明年开展灾后重建大会创造了有利条件。一大批明年后续项目的规划设计已经提出，并正在不断完善和优化提升；灾后重建所有项目的规划设计已经委托，将利用今冬明春全面完成。共完成废墟清理 370 万立方米，占总清墟量的 81%，为明年开展灾后重建大会战腾出了空间，赢得了时间，争取了主动。

（摘自《中国建设报》 2010 年 11 月 23 日 记者 薛长福）

玉树灾区冬季施工严把质量关

进入冬季，平均海拔近 4000 米的青海玉树地震灾区已是滴水成冰。玉树地震灾区重建现场指挥部采取细化方案等措施，严把施工质量关；一些援建单位则积极破解多项技术难题，加紧施工。

为了保证玉树灾区冬季施工工程质量，玉树地震灾区重建现场指挥部及时下发了《关于加强玉树灾后恢复重建工程冬季施工质量安全管理工作的通知》，并召开城乡住房建设质量安全管理工作会，全面安排部署。同时，下发了《关于玉树地震灾后城乡住房冬季施工方案的紧急通知》、《关于做好冬季建筑施工安全生产工作的紧急通知》，进一步明确了冬季施工质量安全防护措施和安全生产管理要求。按照相关要求，从 10 月 31 日起，玉树援建各施工企业都须严格按照冬季施工标准进行各项施工。

据中国铁建玉树地震灾后援建指挥部有关负责人介绍，进入冬季以来，施工人员在混凝土的浇筑过程中掺加了防冻剂、早强剂，从源头上增加了混凝土的抗冻性；在施工的工艺上采取了暖棚里面生火炉措施，保证了工程场地在 5 摄氏度以上，使混凝土以及所有的工序都能够满足质量要求。

在玉树下拉秀乡牧民住房建设施工现场，中铁二局四公司玉树灾后重建项目部项目经理邱康敏介绍说："在接到下拉秀乡农牧民住房建设的任务后，我们立即对现场进行考察，新的施工项目有些地方道路都没有，气候恶劣、材料、砖、沙石缺乏，要从玉树州拉运。工地没有信号，我们通过卫星电话进行对外联系；没有电，我们自己发电。"邱康敏说，高原冬季施工还需克服多项难题。为此，各建设部门已经做了充分的准备。他表示，虽然施工成本很大，但是为了保障农牧民今年冬天能够入住新房，施工部门会继续加大建设力度。

据了解，为确保质量，各施工企业首先严把材料关，完善材料自检、报检和专业抽检制度。所有施工企业在冬季施工中都有针对性地采取了外加添加剂法、原材料加热法、负温养护法、暖棚法、综合蓄热法等措施；在混凝土中添加防冻剂，对砌体、混凝土等带水作业构件用草袋、棉被、塑料布裹覆；对砂浆、混凝土等搅拌站及拌和场搭建暖棚、生火炉保温；对混凝土采取温水搅拌。

在冬季施工期间，一些援建单位还指定专人掌握气温变化情况，及时传达气象信息，并随时做好气象记录，做好针对气温骤降采取的技术措施和物资准备。所有工程项目实行旁站、巡视和平行监理等，以确保冬季施工质量安全。

（摘自《中国建设报》2010 年 12 月 2 日 姜辰蓉、顾玲）

玉树灾后重建项目规划设计会战启幕

日前,青海玉树地震灾后重建项目规划设计工作会议召开,正式拉开了今冬明春灾后重建项目规划设计大会战的序幕。320个大项的项目规划设计任务将在明年3月底前全部完成,确保4月玉树灾后重建展开大会战、拉开大战场、形成大高潮。

明年是玉树灾后重建关键年,对于全面完成3年重建目标至关重要。为做好项目规划设计这一重要的基础性工作,今年11月11日,青海省玉树地震灾后重建现场指挥部召开会议,专题安排部署今冬明春灾后重建项目规划设计工作,提出开展灾后重建项目规划设计大会战。大会战具体时间节点为:今年12月底提交各项目规划设计方案;明年1月上旬征求州县基层意见;1月中下旬修改优化规划设计方案;2月中旬审查规划设计方案;3月底前完成施工图。

根据安排,320个大项中,包括结古镇137项,涉及住房、公共服务设施、文化、体育、社会管理、基础设施及生态环境、特色产业和服务业、和谐家园及其他项目;还包括结古镇以外183项,主要为各县的文化、社会管理、和谐家园建设项目。目前,绝大部分项目都已明确了设计单位和规划要求,项目所在县、设计单位、援建单位正在不断加强衔接,进一步明确与落实项目规划设计责任,一些设计单位已经组织人员展开了项目现场踏勘和调研。

(摘自《中国建设报》 2010年12月14日
记者　薛长福)

2. 保障性住房建设

住房城乡建设部加大保障房建设力度 2010年开工套数增1/3

住房和城乡建设部部长姜伟新在北京提出,要通过棚户区改造和新建、改扩建或购置廉租住房和经济适用住房等方式,进一步加大保障性住房建设,其开工建设的套数比去年增加1/3,以加快解决中低收入住房困难家庭的住房问题。另外,安排建设的限价房、公共租赁住房和安置住房规模将比去年增加一倍,以逐步解决中等偏下收入家庭住房困难问题。国家将适当提高对中西部廉租住房建设的补贴标准。

住房和城乡建设部五日发布了姜伟新日前召开的全国住房城乡建设工作会议上所作工作报告内容。

姜伟新表示,2010年要进一步加强住房工作,重点是加快保障性住房建设和遏制部分城市商品房价格过高过快上涨,促进民众住有所居。在商品住房价格过高、上涨过快的城市,可以扩大经济适用住房的供应范围,由低收入家庭向中等偏下收入家庭逐步扩大。争取用三年左右的时间,基本解决城镇1540万户低收入住房困难家庭的住房问题。

姜伟新要求,各地特别是各城市要进一步加强对经济适用住房和廉租住房的管理,严把准入关,强化使用监管。同时,各地要强化对保障性住房建设的质量监管,在保障性住房中全面推行分户验收制度。严肃查处工程质量安全事故。将建筑节能列入工程质量监管范围,严格执行。确保农村房屋建设质量安全。

姜伟新说，当前廉租住房仍然以实物保障形式为主，新建廉租住房单套面积控制在五十平方米以内。经济适用住房单套建筑面积控制在六十平方米左右。全国2008年已建设和2009年开工的保障性住房为三百八十多万套。

（摘自 中国新闻网 2010年1月5日 记者 阮煜琳）

国办：中央将适当提高对中西部地区廉租住房建设的补助标准

国办近日发出的《关于促进房地产市场平稳健康发展的通知》指出，中央将加大对保障性安居工程建设的支持力度，适当提高对中西部地区廉租住房建设的补助标准，改进和完善中央补助资金的下达方式，调动地方积极性，确保资金使用效果。

通知说，各地区、各有关部门要加强监督检查，确保保障性安居工程建设用地和资金的落实。同时，鼓励金融机构向符合条件的城市和国有工矿棚户区改造项目提供贷款。

通知要求，保障性安居工程的建设计划、建设进度和资金使用等情况，要及时向社会公示。

（摘自 新华网 2010年1月10日 杜宇、何宗渝）

甘肃省省长徐守盛强调：要把棚户区改造作为当前最大的民生工程民心工程

日前，甘肃省省长徐守盛在出席白银市棚户区改造项目开工仪式时强调，要把棚户区改造作为当前最大的民生工程、民心工程，按照布局合理、节能环保、功能齐全、设施配套、环境宜居的原则，把棚户区改造与推进城市转型结合起来、与完善城市功能结合起来、与加快城镇化进程结合起来，认真抓紧抓好，确保工程质量，使棚户区改造工程尽早惠及广大人民群众。

据了解，白银市棚户区改造工程计划用3年时间，基本完成249.15万平方米城市及国有工矿棚户区改造任务，建成住房65792套、建筑面积474.57万平方米，使棚户区25万人的住房条件和居住环境得到明显改善。白银市棚户区改造项目的开工建设，标志着该省棚户区改造工程的全面启动。

徐守盛指出，棚户区改造是各级党委政府着力保障和改善民生、努力构建和谐社会的重大举措，也是深入学习实践科学发展观活动的重大成果。棚户区改造不仅对改善困难群众居住条件、提高生活水平具有重要意义，而且对扩大城市规模、提升城市品位、加快城镇化进程都有着深远的影响。党中央、国务院十分重视棚户区改造，特别是白银市的棚户区改造工作得到了国家领导人的重要批示。这充分体现了党中央、国务院的深切关怀，也饱含了对甘肃人民的真情和厚爱，为全省加快棚户区改造，推进各项社会事业全面发展起到了积极的推动作用。近年来，甘肃省委、省政府高度重视棚户区改造工作，多方争取政策支持，抢抓机遇，科学规划，统筹协调，全力推进，为广大居民早日搬入新居打下了良好的基础。

徐守盛强调，各级党委政府要把棚户区改造作为当前最大的民生工程、民心工程，认真贯彻落实党和国家领导人的重要批示精神，按照布局合理、节能环保、功能齐全、设施配套、环境宜居的原则，把棚户区改造与推进城市转型结合起来、与完善城市功能结合起来、与加快城镇化进程结合起来，努力促进可持续发展。要认真细致地抓好宣传引导、征地拆迁、规划设计、资金筹措、施工建设、工程监理等各项工作，真正把棚户区改造这件惠民的实事办实办好。设计、施工、监理单位要精心组织，严格管理，确保工程质量能够经得起历史的检验、经得起人民群众的检验。省直有关部门要通力协作，全力以赴简化行政审批，开辟绿色通道，为棚户区改造营造良好的建设环境，使棚户区改造工程尽早惠及广大人民群众。

（摘自《中国建设报》 2010年4月6日　赵亚平）

山东棚户区改造拟3年完成　重点抓好6方面工作

近日，山东省政府召开了全省棚户区改造暨住房保障工作会议。会议确定，用3年时间完成全省棚户区改造任务。

山东省棚户区改造今后将按照"政府主导、市场运作、群众参与"的思路，重点抓好6个方面的工作：

一是科学制定规划，认真组织实施。各市按照3年完成改造任务的要求，抓紧组织编制本地棚户区改造规划和年度计划，把目标任务落实到责任单位，具体到每个项目或片区。

二是加大资金投入，落实优惠政策。各级政府要认真落实国家五部委和省政府制定出台的棚改优惠政策，结合各自实际制定切实可行的政策措施，以优惠的政策引导各企业、居民支持棚户区改造。

三是精心统筹谋划，创新棚改方式。应采取将城市棚户区、危旧房和城中村就近整合、项目捆绑的办法，与农房建设和危房改造结合起来，进行统一规划、连片开发、配套建设、系统改造。

四是加强监督管理，确保棚改质量。对棚改项目要加强监管，严格履行工程建设程序。

五是严格规范运作，真正安民惠民。把保障和改善民生放在首位，最大限度地让利于民，全过程阳光操作，在制定棚改方案特别是拆迁安置方案前，要事前征询并充分尊重群众意愿。

六是积极开展整治，改善群众生活。对1990年以前建成的旧居住区主要采取综合整治的办法，不要千篇一律地划为棚户区拆除重建。

山东省政府要求，把住房保障工作纳入对各级党委政府科学发展综合考核内容，执行目标管理。推进棚户区改造，所在市县政府是责任主体，有关国有工矿企业、农场、林场是实施主体，市长、县（市、区）长是第一责任人。

（摘自《中国建设报》 2010年4月9日
记者　耿庆海　通讯员　花景新、潘岚君）

西宁加快棚户区改造建设　2010年将实施住宅改造6000套

日前，在喜庆的鞭炮声中，青海省西宁市今年第一个棚户区改造项目——原青海省七建棚户区改造工程开工建设。

记者从有关部门了解到，西宁市委、市政府

把实施棚户区改造作为保障和改善民生的重要举措,采取强有力的措施,改善国有工矿棚户区低收入家庭居住环境和生活条件。原青海省七建公司棚户区改造项目是西宁市省属破产企业生活区重点改造片区,这里的房屋建于20世纪60年代。由于建造年代久远,大部分房屋年久失修、墙体开裂、基础下沉,居住环境较差。这里危陋的住房条件深深牵动着省、市领导的心。省、西宁市领导想方设法改善低收入困难职工居住条件,多次深入现场,了解社情民意,征求改造意见,将这一棚户区改造列入重要议事日程。该项目总投资3300万元,规划总建筑面积2.2万平方米,规划建设多层住宅楼6栋,工程完工后将解决252户困难职工群众的住房。项目建成后,不仅能解决片区内职工的居住困难,而且将为改善城北区城区面貌起到积极作用。

据西宁市住房保障和房产管理局负责人介绍,实施棚户区改造是一项顺民意、惠民生的实事工程,未来3年至5年,棚户区改造作为西宁市保障性住房建设的重点将全面实施。根据《西宁市棚户区综合整治改造实施意见》确定的每年全市改造棚户区不少于30万平方米的目标,西宁今年将实施棚户区住宅改造6000套。

(摘自《中国建设报》 2010年4月9日 记者 薛长福)

河南省副省长张大伟在全省保障性住房建设棚户区改造工作会议上强调 要加快推进全省保障性住房建设

近日,河南省保障性住房建设棚户区改造工作会议在鹤壁市召开。河南省副省长张大伟在会上指出,要加快推进全省保障性住房建设,全面启动城市和工矿棚户区改造工作,明确各城市政府住房保障任务,确保省委、省政府今年"十大民生工程"确定的住房保障目标任务的全面落实。

张大伟强调,实施保障性安居工程任务艰巨,涉及面广。各市、县政府要明确1位主管领导负责,统一领导协调保障性住房建设和棚户区改造工作,把住房保障各项工作纳入政府目标管理并加强监督考核。要加强相关政策的研究,推动制度创新,不断丰富完善全省住房保障政策体系,推动住房保障制度的健康发展。

张大伟同时提出五项要求:一是要全力抓好廉租住房保障工作。今年全省要完成新增廉租住房房源10.45万套的任务。其中,新建廉租住房8.65万套,其他方式落实廉租住房房源1.8万套。完成发放廉租住房租赁补贴25.5万户以上。

二是继续加大经济适用住房建设。今年全省计划新开工经济适用住房面积350万平方米、竣工320万平方米以上,为城市低收入家庭提供4.2万套经济适用住房房源。

三是全面启动城市和国有工矿棚户区改造。今年全省要完成棚户区拆迁面积735.37万平方米,完成改造面积244万平方米。其中,铁路系统棚户区拆迁面积46.5万平方米,完成改造面积71万平方米;完成林区危旧住房改造面积25.8万平方米。

四是多层次、多渠道解决低收入群体住房困难。鼓励各地政府、企业和其他经济组织参与公共租赁住房建设,解决好进城务工人员及农民工住房困难问题。

五是加强房地产市场调控。严格控制商业模式开发的城市棚户区改造项目中建设高档写字楼和豪华住宅,引导房地产开发企业扩大中小户型、中低价位普通商品住房开发建设。

(摘自《中国建设报》 2010年4月23日 记者 刘强 通讯员 阳光、王田)

住房和城乡建设部与宁夏回族自治区领导举行工作会谈
姜伟新 陈建国 王正伟 齐骥 李锐参加

住房和城乡建设部党组书记、部长姜伟新3日在京与宁夏回族自治区党委书记陈建国、政府主席王正伟就住房和城乡建设部对宁夏回族自治区在经济社会发展及保障性住房建设、棚户区改造、农村危房改造、城市基础设施建设和建筑节能等方面的支持深入交换了意见。住房和城乡建设部党组成员、副部长齐骥，宁夏回族自治区政府副主席李锐参加了会谈。

住房和城乡建设部办公厅、住房保障司、城乡规划司、村镇建设司、建筑节能与科技司和宁夏回族自治区党委、政府办公厅，住房和城乡建设厅负责人也参加了工作会谈。

（摘自《中国建设报》 2010年3月4日 记者 钱厚琦）

财政部下发通知落实相关财政政策 积极推进城市和国有工矿棚户区改造

各级财政部门要按照规定的资金来源渠道，积极筹措和落实棚户区改造资金。省级财政部门采取以奖代补方式推进棚户区改造工作。市、县可以利用廉租住房建设资金支持棚户区改造工作。中央将采取适当方式鼓励和支持各地做好棚户区改造工作。

从财政部获悉：财政部于近日下发了关于切实落实相关财政政策积极推进城市和国有工矿棚户区改造工作的通知，推进城市和国有工矿棚户区改造工作。

财政部表示，城市和国有工矿棚户区改造是保障性安居工程的重要组成部分，党中央、国务院对此高度重视。各级财政部门要站在保持国家长治久安的角度，从社会主义和谐社会建设的高度，认识棚户区改造的重要意义，要以高度的政治责任感和历史使命感，积极参与推进棚户区改造工作，确保各项财政政策落实到位。

通知指出，各级财政部门要积极主动参与制定本地区棚户区改造规划、年度计划、项目实施方案、拆迁补偿安置方案等相关配套措施。要按照5年左右时间完成改造任务的要求，合理制定本地区棚户区改造规划和年度计划。有条件的地区争取用3年时间基本完成棚户区改造任务。棚户区改造规划和年度计划确定后，必须抓紧制定棚户区改造项目实施方案，确保规划和年度计划的顺利实施。要积极配合有关部门，按照国家有关规定制定棚户区改造拆迁安置补偿方案，依法保护被拆迁居民的合法权益，使拆迁安置工作得以顺利进行，使棚户区改造工作得到顺利实施，使这项工程真正做到顺民意、得民心、惠民生。

同时，各级财政部门要根据同级人民政府批准的棚户区改造年度计划，按照规定的资金来源渠道，积极筹措和落实棚户区改造资金。省级财政部门采取以奖代补方式推进棚户区改造工作。市、县可以利用廉租住房建设资金支持棚户区改造工作。中央将采取适当方式鼓励和支持各地做好棚户区改造工作。

通知强调，各级财政部门要根据相关规定，认真贯彻执行，确保各项支持棚户区改造的税费优惠政策落实到位。市、县财政部门应统筹安排，加强各项资金的使用管理和监督,确保棚户区改造资金专项用于棚户区改造工作,提高棚户区改造资金使用效益。

财政部表示,各级财政部门要充分发挥公共财政职能作用,积极配合有关部门抓紧抓实各项工作。

(摘自《经济日报》 2010年2月27日 记者 孙勇)

国土资源部要求 保障房用地不低于供应总量的70%

为贯彻落实《国务院办公厅关于促进房地产市场平稳健康发展的通知》,国土资源部制定了《关于加强房地产用地供应和监管有关问题的通知》。今天,国土资源部召开新闻通气会,通报有关重要措施。

首先是加快住房建设用地供应计划编制。要求各地确保保障性住房用地供应,保障性住房、棚户改造和自住性中小套型商品房建房用地不低于住房建设用地供应总量的70%,严格控制大套型住房建设用地,严禁供地建别墅。

二是促进住房建设用地有效供应。要严格规范商品房用地出让行为,土地出让最低价不得低于出让地块所在地级别基准地价的70%,竞买保证金不得低于出让最低价的20%。土地出让成交后,必须在10个工作日内签订出让合同;合同签订后1个月内必须缴纳出让价款50%首付款,余款要按合同约定及时缴纳,最迟付款时间不得超过一年,逾期不签订合同的,终止供地、不得退还定金;已签合同不缴纳出让价款的,必须收回土地。

国土资源部土地利用管理司司长廖永林还介绍了切实加强房地产用地监管、建立健全信息公开制度等措施。

今年3月至7月,国土资源部将在全国开展对房地产用地突出问题的专项检查。检查重点是房地产用地特别是保障性住房用地未经批准擅自改变用途,违规供应土地建设别墅,违反法律法规闲置土地、囤地炒地等。

(摘自《光明日报》2010年3月12日 记者 林英)

北京市2010年住房保障工作六大任务

3月19日,北京市住房保障工作会议召开,住房和城乡建设部党组书记、部长姜伟新出席并讲话。会议提出了今年北京市住房保障的工作目标,确定了住房保障工作的六大任务。北京市市长郭金龙、住房和城乡建设部副部长齐骥、北京市副市长陈刚出席会议并讲话。

近年来,北京市住房保障工作成效显著。为加大保障性住房建设力度,北京市确定了今年住房保障工作的六大任务:一是统筹协调,加快推进,确保政策性住房建设用地占全市住宅供地的50%以上、新开工建设收购各类政策性住房占全市新开工套数的50%以上"两个50%"的目标实现;为了确保"两个50%"目标的实现,北京市提出要做到"四个优先":优先供应建设用地,优先搞好规划设计,优先保障建设资金,优先办理审批手续。二是全面推进棚户区改造工作,争取三年内完成城市和国有工矿棚户区改造任务;进一步加快"三区三片"棚户区改造,确保今明两年全面完成改造任务,落实国务院棚户区改造工作会议精神,扩大全市棚户区改造范围,落实各项优惠政策,切实抓好组织实施。三是加大旧城人口疏解力度,全面提升历史文化风貌保护和修缮工作水平。四是大力发展公共租赁住房,进一步推动住房保障向租售并举转变;多种方式增加建设收购规模,今年要确保完成建设收购公共租赁房1万套以上,满足目前已申请家庭的租房需求。在此基础上,要进一步拓宽建设渠道,鼓励国有企业、产业园区和社会单位利用自用土地建设公共租赁房,解决本单位职工和引进人才住房需求。在今天的会议上,姜伟新部长和郭金龙市长为北京市和各区县公共租赁住房发展中心揭牌,宣告北京市和各区县公共租赁住房发展中心正式成立。这是北京市进一步加强公共租赁房建设管理工作的重大举措。北京市区两级公共租赁住房发展中心接下来要进一步充实人员,完善管理制度,切实抓好建设、收购、融资以及资格准入、配租、退出等后期运营管理工作,推动公共租赁房可持续发展。五是切实抓好定向安置房建设管理工作,为首都城乡建设发展提供有力保障。六是继续推进农村抗震节能住宅改造工程,提高新农村建设管理水平。同时,确定了"以区为主、全市统筹"的建设管理体制,建立和完善住房保障工作责任体系。

会议强调,住房保障是各级政府义不容辞的责任,是政府公共服务的重要组成部分。要坚持建设和管理并重,完善体制机制,切实把保障性住房建设好、分配好、管理好。要创新建设模式,完善各项政策和管理制度,建立健全住房保障长效工作机制。在全面落实住房保障各项工作任务的同时,要坚决贯彻落实中央决策部署,进一步抓好房地产市场调控,遏制房价过快上涨,保持房地产市场稳定健康发展,并抓好落实工作。

(摘自《中国建设报》 2010年3月20日 建文)

国土资源部要求 确保300万套保障性住房用地抑制房价地价过快上涨

北京3月22日电 国土资源部今天召开全系统视频会议,部署加强房地产用地供应和监管工作。要求各地把握时序做好以住房为主的房地产供地计划,确保保障性住房用地供应,对改变保障性住房用地性质的违规行为要加大查处力度,发现一起、查处一起,落实责任,查处到位。

国土资源部要求各地国土部门,要有侧重地优化调整结构,把政府工作报告中确定的今年300万套保障性住房、280万套棚户区改造任务,按照有关部门分解数量在各地供地计划中落实。房价上涨过快、过高和商品住房空置率高的城市,要严格控制向大套型住房建设供地。各地务必把保障性住房、棚户改造和自住性中小套型商品房建房用地不得低于住房建设用地供应总量70%的供地要求,分解落实到拟供宗地。各地在今年住房和保障性住房用地供应计划编制没有公布前,不得出让住房用地。要在划拨决定书中严格限定保障房套数和套型面积,严格规定开竣工时间和违约处罚条款,确保按时交房。要在土地供应环节进一步加强配建保障性住房的管理,要确保商品房建设项目中配建保障性住房的相关政策不被挪用走偏。国土资源部将于4月上旬向社会公布各地住房及保障性住房用地供应计划,各地要对改变保障性住房用地性质的违规行为加大查处力度,发现一起、查处一起,落实责任,坚决查处到位。各派驻地方的国家土地督察局将加大计划落实情况的检查监管力度。

会上还就开展房地产用地专项整治工作进行了部署。国土资源部要求各地从今年3月开始到7月底,用5个月时间,全面开展严格依法清理查处房地产开发中闲置土地、囤地炒地、向别墅供地等违法违规用地的专项整治行动,促进住房建设用地有效供给,抑制地价上涨,维护和规范房地产市场运行秩序。国土资源部将分批对部分省(区、市)进行督促检查,对清理工作不彻底、整改查处纠正不到位的,要实施重点检查,跟踪督促落实。

(摘自《光明日报》 2010年3月23日 记者 林英)

住房和城乡建设部召开电视电话会议要求
加快保障性住房建设 遏制部分城市房价过快上涨

4月13日，住房和城乡建设部召开了电视电话会议，就加快保障性住房建设、遏制部分城市房价过快上涨作出部署。住房和城乡建设部部长姜伟新主持会议并讲话，住房和城乡建设部副部长齐骥对今年工作作了全面部署。

姜伟新指出，党中央、国务院高度重视保障性安居工程建设和房地产市场调控工作，要求各地和各级住房城乡建设部门认真学习贯彻落实《政府工作报告》和《国务院办公厅关于促进房地产市场平稳健康发展的通知》（国办发〔2010〕4号）的有关精神，把思想和行动统一到中央决策部署上来，切实加强领导，落实责任，确保实现2010年保障性住房建设和各类棚户区改造工作目标，采取有效措施，坚决遏制部分城市房价过快上涨。

齐骥指出，2010年保障性安居工程建设目标是：建设保障性住房300万套，各类棚户区改造住房280万套，扩大农村危房改造试点范围。各地要采取综合措施，全面落实对廉租住房、经济适用住房、城市和国有工矿棚户区改造以及国有林区、垦区和农村危房改造的各项支持政策，优先供应土地，增加政府投入，实行税费减免，加大信贷支持，确保实现2010年保障性安居工程的工作目标。齐骥强调，各地要积极发展公共租赁住房和限价商品住房，加快解决中等偏下收入群体住房困难。特别是，公共租赁住房建设是下一阶段工作的重点，今年供应要比去年明显增加。要加强保障性住房管理和服务，严格建设标准，加强准入管理，强化管理服务，落实监管责任。同时要抓紧编制今后几年保障性住房建设规划，并向社会公布。

齐骥要求，要坚决遏制部分城市房价过快上涨。当前，要在努力增加普通商品住房供应的同时，着重加强需求管理，实行更为严格的差别化信贷和税收政策，抑制投资投机性购房，进一步加强市场监管。房价过高、上涨过快和住房供应不足的城市，要限制购置多套房或大批量购置住房的炒房行为。对捂盘惜售、囤积房源、哄抬房价等违法违规行为，要公开曝光，严肃处理。

参加电视电话会议的有各省、自治区住房城乡建设厅主要负责同志、分管负责同志，直辖市、地级以上城市住房城乡建设部门主要负责同志、分管负责同志，也邀请地级以上城市人民政府分管住房城乡建设工作的负责同志在当地分会场参加了会议。

（摘自《中国建设报》 2010年4月14日
记者 童亦弟）

住房和城乡建设部多项措施加强经济适用型住房管理

住房和城乡建设部昨天对外公布《关于加强经济适用住房管理有关问题的通知》，针对部分地方经济适用住房存在的准入退出管理机制不完善、日常监管和服务不到位等问题，做出了有关规定。通知规定，对违规出售、出租、闲置、出借经济适用住房，或者擅自改变住房用途且拒不整改的，将按照有关规定或者合同约定收回，并取消其在5年内再次申请购买或租赁各类政策性、保障性住房的资格。

《通知》要求，经济适用住房申请人应当如实申报家庭收入、财产和住房状况，并对申报信息的真实性负责。购买经济适用住房后，如有与其申报收入明显不符的高消费行为时，应当主动向住房保障部门作出说明，并配合对其资产进行核查、公示。对以虚假资料骗购经济适用住房的，一经查实，立即责令退还，对不作出说明或不配合资产核查、公示，或不能作出合理解释的，视同以虚假资料骗购经济适用住房。

据了解，目前经适房出租现象非常普遍，但至今基本没有因出售、出租、闲置、出借经济适用住房被收回的案例。

（摘自 中国广播网 2010年4月27日）

2010年城镇住房保障领导干部培训班结业齐骥出席结业典礼并讲话

日前，住房和城乡建设部2010年城镇住房保障领导干部培训班在京结业，住房和城乡建设部副部长齐骥出席结业典礼并讲话。齐骥重点强调了住房保障工作的重要性，全面系统地阐述了我国住房保障政策体系，并对廉租住房、经济适用住房、公共租赁住房、限价房政策等进行了深入讲解。

齐骥指出，居住是群众基本生活需要。住房保障是政府公共服务职责的重要组成部分，是各级政府的一项长期任务。保障性安居工程是一项重大民生工程，事关政府形象与信用。党中央、国务院对此高度重视，今年温家宝总理在《政府工作报告》中对加快保障性安居工程提出了明确要求。各地要认真贯彻党中央、国务院的决策部署，切实把思想和行动统一到中央的要求上来，增强责任感和使命感，不断完善政策，健全制度，加大投入，落实责任，确保完成300万套保障性住房和280万套各类棚户区改造的建设任务。

本次培训班由住房和城乡建设部住房保障司与人事司共同主办，部干部学院承办。其间，300多名来自地级以上城市的住房保障工作相关负责人参加了历时5天的培训；北京、上海、天津、重庆等10个城市就保障性住房建设和旧城改造工作作了经验介绍。

据了解，按照住房和城乡建设部要求，今年保障性安居工程项目必须在7月底前开工建设。目前，保障性安居工程目标已经明确，各省任务基本下达到各市县，中央补助资金正陆续下达。

（摘自《中国建设报》2010年5月4日 记者 童亦弟）

中央文明办"志愿基金"捐建农民工廉租房小区

9日，中央文明办志愿服务基金会成立以来捐建的首个廉租房项目在湖南省长沙县正式开工。这个被命名为"幸福村"的农民工廉租房小区，建筑面积达50000平方米，建成后配套服务大大优于现有的"农民工宿舍"。

长沙县城星沙镇与长沙主城区基本融为一体，房地产项目、汽车工业和机械制造产业等众多，吸纳了大量外来劳动力。9日开工的"幸福村"位于长沙县城东郊，位于城市主干道一侧，小区规划数十幢多层住宅楼。

据悉，这个项目由中央文明办志愿服务基金会"张青志愿服务专项基金"捐建，长沙县为项目提供了100亩土地，并负责征地、拆迁和配套设施的建设。建成后，长沙县政府还将安排给农民工居住。

长沙县委宣传部副部长陈卫球说，"幸福村"与一般概念的"农民工宿舍"有很大区别，其建成后将是一个成熟的小区，小区内既有一定数量可供农民工安家的成套住宅，也有单身务工人员的单间公寓、公共食堂、职工之家、幼儿园、体育场、娱乐室、购物中心、卫生所等配套设施，还将逐步完善公共交通服务。为此，长沙县政府提供的配套资金也将达到1亿元左右。

（摘自 新华网 2010年5月10日 苏晓洲）

住房和城乡建设部与各地方政府签订2010年住房保障工作目标责任书

住房城乡建设部19日与各省、自治区、直辖市人民政府以及新疆生产建设兵团签订2010年住房保障工作目标责任书，要求确保完成2010年工作任务。

住房城乡建设部部长姜伟新在此间举行的签字仪式上说，各省、自治区、直辖市要认真落实党中央、国务院关于加快保障性安居工程建设的决策部署，把落实责任书明确的保障性安居工程任务列入政府重要的工作日程，加强对各市县的监督检查，切实落实资金、土地、税费政策，抓紧项目开工建设，保证工程进度和工程质量，确保完成目标责任书确定的2010年工作任务。

据姜伟新介绍，保障性安居工程协调小组将适时对各地落实责任书的情况进行督促检查，年底将组织验收住房保障工作目标责任书的完成情况，纳入住房城乡建设部、监察部对各省、自治区、直辖市住房保障工作的考核和问责内容。

按照要求，2010年全国共建设各类保障性住房和棚户区改造住房580万套，改造农村危房120万户，均比去年有较大幅度增加。

（摘自 新华网 2010年5月19日 记者 杜宇）

国家六部门联合部署住房保障规划编制

为贯彻落实《国务院关于坚决遏制部分城市房价过快上涨的通知》（国发〔2010〕10号）精神，加快保障性安居工程建设，2010年6月11日住房城乡建设部、国家发展改革委、财政部、国土资源部、农业部、国家林业局联合印发《关于做好住房保障规划编制的通知》，部署2010~2012年保障性住房建设规划和"十二五"住房保障规划编制工作。

《通知》要求，规划编制要坚持目标合理、标准适度、因地制宜、统筹协调、突出重点、分步实施、政府主导、创新机制的基本原则。

《通知》明确了规划编制的重点。一是着力解决低收入家庭住房困难问题。力争到2012年末，基本解决1540万户低收入住房困难家庭的住房问题，力争到"十二五"期末，人均住房建筑面积13平方米以下低收入住房困难家庭基本得到保障。二是努力解决中等偏下收入家庭住房困难。要加快建设公共租赁住房、限价商品住房，着力解决新就业职工、进城务工人员等中等偏下收入家庭的住房困难。三是积极推进各类棚户区改造和旧住宅区综合整治。

全面启动城市和国有工矿棚户区改造工作,继续推进中央下放地方煤矿棚户区改造、国有林区棚户区和国有林场危旧房改造、国有垦区危房改造。到2013年末,基本完成集中成片城市和国有工矿棚户区改造。四是建立和完善住房保障政策、技术支撑体系。加快住房保障立法,依法强化各级政府的住房保障责任,健全组织机构、政策、技术支撑体系,加快推进信息化建设。

《通知》明确了规划组成、编制期限、编制单位、编制范围,对规划文本和重点指标做出了规定。要求规划分国家、省、市(地、州、盟)、县四级,逐级汇总编制。

《通知》要求,实行规划逐级上报、逐级审查制度,上级规划编制部门要会同有关部门对下级规划进行审查。省级2010~2012年保障性住房建设规划要确保于2010年6月30日前上报住房城乡建设部等部门。各级2010~2012年保障性住房建设规划要确保于2010年7月底前向全社会公布。各级"十二五"住房保障规划要确保于2010年9月底前编制完成。

住房和城乡建设部召开保障性住房管理工作座谈会齐骥强调 建管并重 全面提高住房保障工作水平

7月15日,住房和城乡建设部在广州市召开了保障性住房管理工作座谈会,贯彻国务院关于加强保障性住房管理的指示精神,落实住房城乡建设部等部门关于加强廉租住房、经济适用住房以及公共租赁住房管理的有关规定,交流经验并部署下一步工作。住房和城乡建设部副部长齐骥、中纪委驻部纪检组组长杜鹃出席会议并讲话,广州市市委常委、常务副市长苏泽群致辞。监察部、民政部、财政部、人民银行、审计署有关人员应邀出席会议。

齐骥表示,保障性住房管理是解决好低收入家庭住房困难的关键环节。保障性住房的管理工作取得了初步成效,管理制度逐步完善,管理机制初步建立,信息管理加快推进,监督管理不断加强,社会服务开始起步。但同时,保障性住房管理工作仍然存在认识不到位、各地区管理工作不平衡、使用和交易环节日常管理问题突出等问题。

齐骥要求,各地要结合当前住房保障管理工作中存在的问题,重点抓好三个方面的工作,努力提高保障性住房管理水平。一是加强准入审核管理。要合理确定准入条件,规范审核流程,创新审核手段,公开分配过程。二是强化使用过程管理。要完善合同管理,实行动态管理,强化日常服务,健全退出机制。三是建立健全监管机制。要加强内部监督,实行办事公开,强化社会监督,建立诚信档案。

齐骥强调,住房保障工作关系群众切身利益,政策性强、涉及面广、管理难度大,各地必须加强组织领导,落实工作责任;完善政策措施,健全制度体系;加强队伍建设,提高职工素质;强化管理创新,推进规范化管理,努力促进住房保障工作持续健康发展。

齐骥还就近期住房保障重点工作进行了强调。一是抓好今年保障性安居工程的开工建设,确保全年工作任务顺利完成。二是加快保障性住房建设规划编制工作。三是抓紧制定公共租赁住房政策措施。四是强化保障性住房工程质量监管。五是组织开展对保障性住房准入对象和入住之后使用情况的核查。

座谈会上,杜鹃就纪检监察机构如何加强监督、为住房保障工作提供保证作了讲话。杜鹃强调,纪检监察机构要与住房保障部门密切配合,从三个方面共同推进住房保障工作目标任务的顺利实施。一是加强项目建设监督检查,确保目标任务的完成。要建立责任考核机制,落实目标责任;严格资金管理,保障资金安全;强化建设项目监督,确保工程顺利实施。二是加强分配使用管理监督,发挥保障性住房的应有作用。要明确监督重点,针对各类保障性住房的特点,抓住重点环节加强监督;注重廉政风险防范,协助住房保障部门排查保障性住房分配使用管理过程中的廉政风险点,从源头上预防腐败问题的发生;切实纠正损害群众利益的行为,严格执行纪律,严肃查处违纪违法案件。三是加强政风行风建设,促进住房保障事业健康发展。要抓好党风廉政责任制的落实;坚持执政为民,加强作风建设;推行政务公开,开展行风评议。

广州、重庆、青岛、成都、盐城、郴州等6个城市的代表作了会议发言。各省、自治区住房城乡建设厅,北京市住房城乡建设委,上海市住房保障房屋管理局,天津市、重庆市国土房屋管理局,新疆生产建设兵团建设局以及各省会城市、计划单列市、部分地级市住房保障部门的代表出席了会议。座谈会期间,还举行了广州市2010年第一批经济适用住房销售评分排序仪式。

(摘自《中国建设报》2010年7月16日 记者 张际达)

各地采取措施加快保障性安居工程建设

记者从21日在江苏常州召开的"加快保障性安居工程建设工作座谈会"上了解到,全国各地纷纷采取措施,加快保障性安居工程建设,切实解决低收入家庭"住房难"。

今年初,北京市明确提出保障性住房建设用地占全市住宅供地的50%以上,新开工建设和收购保障性住房占全市新开工住宅套数50%以上的工作目标。截至目前,保障性住房开发投资214亿元,完成全年投资计划53%以上,供应土地1123公顷,完成全年任务90%,新开工11.6万套,完成全年任务的85%,竣工2.3万套,完成全年任务的50%。中低价位、中小套型住房的土地供应达1202公顷,占住宅土地供应总量的83%。

天津市今年保障性住房建设和棚户区改造计划投资总额332亿元,已完成投资201亿元,完成率达60.5%。目前,市政府制定了城中村改造三年规划,计划从今年起用三年时间基本完成600万平方米、11万户的改造任务,相关区政府已向市政府递交了目标责任书。天津还实行街、区、市"三级审核,层层公示"制度,确保住房保障政策公开、公平、公正实施,运用网络手段即时核对申请家庭的收入、住房情况,逐月、逐季度动态核查保障家庭,对不符合条件的家庭及时清退,目前已对500余户违规领取补贴和违规购房的家庭进行了查处。

上海市坚持居住为主、本地市民为主、普通商品房为主的"三个为主",加快完善房地产市场体系和住房保障体系"两个体系",多种方式解决城市中低收入居民的住房困难。今年,市级财政将专项安排补助资金14亿元支持各区县筹措廉租住房房源,新选址23幅,实施土地储备,用于以保障性住房为主的大型居住社区建设。

近年来,福建省把保障性住房建设列为省委、省政府为民办实事项目,纳入对市县政府的目标责任制管理,初步构建起多层次的住房保障体系,累计建成各类保障性住房20多万套,解决一大批城市低收入家庭的住房困难。今年将依托责任落实、工作措施、土地供应、资金配套、监督管理等"五到位",确保全面完成住房保障工作目标。截至8月10日,共建成保障性住房25828套,开工率占年度目标的68%,完成投资39.5亿元,占年度计划投资的42.2%。

(摘自 新华网 2010年8月22日 记者 王骏勇、谢登科)

全国保障性安居工程稳步推进

记者今天从住房和城乡建设部了解到,今年国家确定建设保障性住房和各类棚户区改造住房580万套、改造农村危房120万户,是历年来力度最大的一年。各地区、各有关部门把加快保障性安居工程建设作为推动民生改善、转变发展方式、调整经济结构、稳定住房价格的重要举措，加大投入力度，加快建设进度，保障性安居工程建设取得积极进展。截至8月末，保障性住房已开工220万套，占全年计划的75%；各类棚户区改造开工190万套，占全年计划的65%。其中，廉租住房开工率75%、公共租赁住房开工率85%、城市棚户区改造开工率70%。今年以来，保障性安居工程已完成投资4700亿元。

保障性安居工程建设对于加快解决群众住房困难，稳定居民住房消费预期，调整住房供应结构，促进房地产市场平稳健康发展起到了重要的促进作用。住房城乡建设部表示，将会同有关部门督促地方进一步加快建设进度，加强工程质量管理，确保完成今年的目标任务。

（摘自 中央电视台-新闻联播 2010年9月18日）

为了实现"住有所居"的庄严承诺
——"十一五"期间我国大力推进保障性住房建设综述

目前，以廉租房、经济适用房、公共租赁房为主要形式，"低端有保障，中端有支持"的住房保障政策框架日趋清晰。住房城乡建设部部长姜伟新表示，2011年将重点发展公共租赁住房，加快解决低收入和中等偏下收入群体、新就业职工和外来务工人员住房问题。

这是制度建设的突破。

2006年全国尚有70个地级城市未建立廉租房住房制度，如今，以廉租住房、经济适用住房、公共租赁住房为主要形式的住房保障制度初步形成。

这是财政投入的跨越。

截至2005年底，全国累计用于最低收入家庭住房保障的资金为47.4亿元；"十一五"期间，中央安排保障性安居工程专项补助资金为1336亿元。

这是惠及民生的体现。

截至2005年底，全国仅有32.9万户最低收入家庭被纳入廉租住房保障范围，如今，通过各类保障性住房建设，全国1500万户城镇中低收入家庭住房困难问题得到解决。

"十一五"期间，党中央、国务院高度重视保障性住房建设工作，建设工程呈现"加速跑"的趋势，越来越多住房困难群众的安居愿望得以实现。

描绘政策蓝图：住房保障框架日趋清晰

有这样一份标志性文件，注定要镌刻在中国住房保障历史上。

2007年8月，国务院出台《关于解决城市低收入家庭住房困难的若干意见》，强调把解决城市低收入家庭住房困难作为政府公共服务的一项重要职责，同时，进一步明确住房保障范围、保障标准。

住房城乡建设部有关负责人表示："这份文件的最大特点在于，将解决城市低收入家庭住房困难列为政府公共服务的一项重要职责，这无疑为解决'住有所居'这一重大民生问题提供了强有力的制度保证。"

文件背后是令人忧心的数据，到2006年底，全国城市低收入家庭中，人均住房面积不足10平方米的还有1000万户，约占城市居民家庭总数的5.5%。

解决群众住房问题是政府义不容辞的责任，必须强化政府在住房保障中的主导与核心作用。

自这份具有里程碑意义的文件出台后，我国住房保障制度建设开始进入建立、完善和有序发展的阶段。

一系列配套政策相继出台，涉及廉租住房保障资金管理、改善农民工居住条件、推进城市和国有工矿棚户区改造以及廉租住房保障规划等多个方面，为城市低收入家庭编织了一张住房保障网。

随着廉租住房、经济适用住房建设和棚户区改造力度的逐步加大，城市低收入家庭的住房条件得到较大改善。但是，"夹心层"住房问题日渐凸显。

由于有的地区住房保障政策覆盖范围比较小，部分大中城市商品住房价格较高、上涨过快、可供出租的小户型住房供应不足等原因，一些中等偏下收入住房困难家庭无力通过市场租赁或购买住房的问题比较突出。同时，随着城镇化快速推进，新职工的阶段性住房支付能力不足矛盾日益显现，外来务工人员居住条件也亟须改善。

2010年6月,住房城乡建设部等七部门联合出台《关于加快发展公共租赁住房的指导意见》,弥补了长期以来"夹心层"住房政策缺位。

住房城乡建设部部长姜伟新表示,2011年将重点发展公共租赁住房,加快解决低收入和中等偏下收入群体、新就业职工和外来务工人员住房问题。

目前,以廉租房、经济适用房、公共租赁房为主要形式,"低端有保障,中端有支持"的住房保障政策框架日趋清晰。

在这张政策蓝图的指引下,"十一五"期间,全国1140万户城镇低收入家庭和360万户中等偏下收入家庭住房困难问题得到解决。

履行公共职责:财政投入不断加大扶持政策频频出台。

"尽管今年我省洪涝灾害严重,财政压力陡然增加,但省政府还是进一步加大资金支持力度,落实保障性住房补助资金超过23亿元。"吉林省副省长王祖继说。

吉林省加大住房保障资金投入力度是"十一五"期间我国各级政府加大资金投入的一个缩影。

2007年全国安排廉租住房资金77亿元,超过历年累计安排资金的总和。

2008年,廉租住房保障资金首次写入政府工作报告,当年中央财政安排保障性安居工程支出181.9亿元。

2009年保障性住房支出达到550.56亿元,这一年,中央加大对财政困难地区廉租住房保障补助力度:西部地区400元/平方米,中部地区300元/平方米,辽宁、山东、福建省的财政困难地区200元/平方米。

2010年中央安排保障性安居工程专项补助资金达802亿元。来自住房城乡建设部的最新数据显示,"十一五"期间,中央累计安排保障性安居工程专项补助资金高达1336亿元。

与此同时,一系列涉及金融、土地方面的扶持政策相继出台,为保障性住房建设可持续发展提供源源动力。

中央政府的投入无疑起到风向标作用,各级政府也纷纷加大资金投入、土地供应。

重庆:截至2010年10月底,全市开工建设1300万平方米公共租赁住房,超额完成了全年1000万平方米的开工计划。北京:截至2010年11月底,政策性住房用地供应1332公顷,完成计划的107%。黑龙江:2010年安排省级补助资金19.1亿元,比去年增加2.09亿元。

思想高度决定工作力度。广州市常务副市长苏泽群说:"再富裕的地方钱也不够用,关键是城市政府的责任心问题,认识问题。如果认识到位,再难的问题也会想办法解决的。"

据姜伟新介绍,2010年保障性安居工程建设规模创历年之最,全国各类保障性住房和棚户区改造住房开工590万套,基本建成370万套,超额完成年初国务院部署的任务。

实现庄严承诺:让越来越多的住房困难家庭"住有所居"

这是廉租房住户的满足。

江西九江市东部的螺蛳山小区,属于九江集中建设的保障性住房小区。60多岁的陈三里就居住在这里,她告诉记者:"每月只用付27元租金,就住上这么好的房子啦。"

这是棚户区居民的喜悦。

吉林市"筑石?居易"小区居民张永昶说:"我在棚户区30多平方米的平房中住了40多年,现在按照政府的政策,没花一分钱就住进了这套45平方米的楼房,我已经拿到房产证了。"

这是"夹心层"的心声。

在苏州工业园区,30岁的徐科和妻子刚刚从家乡张家港市来到苏州,吸引他的不仅是事业上的发展,还有眼前这套拎包就可以入住的公租房。他说:"不需要我费精力到外面去找房子,而且比较有保障。房租还可以直接从公积金里扣除。"

随着我国保障性住房的大规模建设,住房保障范围从城市低收入住房困难群体,到林区、垦区、煤矿等棚户区居民,再到中等偏下收入群体,越来越多的群众开始享受住房保障政策的阳光。

不仅要有房住,还要住得好。5年来,各级政府不断提高管理效率和服务水平,努力为群众营造一个舒心的家。

在江西九江,一些新建的保障性住房因为远离现在居住地,导致一些保障对象不愿意搬到新居住。

针对低收入家庭对住房的选择性需求,九江市在全省率先创建廉租住房网上换房平台,为廉租住房家庭提供互换服务。同时对一些有"老、病、残"成员的家庭,专门设立一楼摇号组,确保这些家庭在自愿申请的前提下分到一楼房屋。

为了探索创建文明、卫生、安全、和谐的保障性住房小区居住环境,广州市借鉴香港经验,推出了《保障性住房小区管理扣分办法》,采取包括发放奖金、颁发荣誉证书、奖状和张榜公告表扬等形式,对实施扣分办法取得良好成效的小区、集体以及家庭(个人)分别给予奖励。

为了提高棚户区居民的居住水平和生活质量,吉林市对回迁房建设标准有如下规定,进户门为防盗门,室内房门为实木门;楼梯扶手为白钢扶手,窗户为单框双玻塑钢窗,卫生间设置水龙头、洗手盆、坐便器;厨房设置洗菜盆、水龙头等。

为了让更多保障房小区居民住得稳、住得好,部分省市注重配套设施建设,兴建劳动密集型企业、创业市场、农贸市场等,安排低收入居民就业再就业。

在辽宁本溪市明山区穆家街53A号楼对面,一家"工会惠民超市"显得格外醒目。收银员刘中秋告诉记者:"我原来住在溪湖区那边的棚户区,搬到这个新小区已经2年多了。这个工作就是社区给联系的,一个月500元,上半天班,离家也近。虽然挣钱不算多,但我觉得比以前舒心了。"

"安得广厦千万家,大庇天下寒士俱欢颜。"古往今来,住房始终倾注着人们许多的希冀与梦想,"十二五"规划建议提出,强化各级政府职责,加大保障性安居工程建设力度,加快棚户区改造,发展公共租赁住房,增加中低收入居民住房供给。权威部门也表示2011年将大幅度增加各类保障性住房建设,人们有理由期待,"住有所居"的目标将一步步变为现实。

(摘自《新华每日电讯》 2011年1月7日

记者 杜宇)

六部门联合举办热点问题形势报告会 姜伟新就城镇住房问题作报告

2月28日,中宣部、中央直属机关工委、中央国家机关工委、教育部、解放军总政治部、中共北京市委6部门在北京举办热点问题形势报告会,住房和城乡建设部部长姜伟新作了题为《关于城镇住房问题》的报告。姜伟新指出,"十二五"时期,我国将进一步加大保障性住房建设力度,争取到"十二五"末,基本解决城镇低收入家庭的住房困难问题,改善部分中等偏下收入家庭的住房条件。姜伟新同时指出,部分城市房价过快上涨是当前房地产市场的突出问题,要认真贯彻落实中央的房地产调控政策,采取坚决措施抑制房价过高过快上涨。

姜伟新介绍了我国城镇住房基本政策。他说,按照我国实行社会主义市场经济体制的总体要求,从我国所处的历史发展阶段、城镇化快速发展和人多地少的基本国情出发,为了实现"住有所居"的目标,我国城镇住房实行市场供给与政府保障相结合、以市场供给为主的政策,强调满足基本住房需求、购置与租赁相结合,鼓励自住型、节能省地环保型和小户型住房。这是30多年改革实践的结果。

随着城镇住房制度的改革,我国城镇住房随之快速发展。1978年到2010年,城镇人均住房建筑面积从6.7平方米提高到30平方米以上。同时,新建住房质量提高,住房功能更加完善,居住环境明显改善。经过努力,"十一五"期间,解决了1500万户低收入和中等偏下收入家庭住房困难问题(其中用租金补贴方式解决了400万户)。

(摘自《中国建设报》 2011年3月1日

记者 张际达)

全国主要省市地区保障性住房2010年建设完成情况

【北京市】 截至年底,廉租住房累计开复工99.3万平方米,提供约1.8万套房源,本年度在施项目59个,实现新开工7.2万平方米、1725套,竣工13.9万平方米、3088套;公共租赁住房累计开复工178.7万平方米，可提供约2.5万套房源，本年度在施项目27个，实现新开工122.5万平方米、约1.7万套，竣工15.8万平方米、2044套；经济适用住房累计开复工933万平方米，可提供约11万套房源，本年度在施项目58个，新开工225万平方米、约3.4万套，竣工175万平方米、2.03万套；限价商品住房累计开复工1575万平方米，可提供约14.4万套房源，本年度在施项目100个，实现新开工225万平方米、约3.18万套，竣工261万平方米、2.6万套；定向安置住房在施项目58个、1413.4万平方米，全部为本年度新开工项目，可提供约14万套房源。

【河北省】 全面启动公共租赁住房建设，将中等偏下收入群体纳入保障范围，住房保障体系不断健全。完善工作推进机制，调查核实住房困难家庭基本情况，建立"一户一表"信息库，工作基础进一步夯实。2010年，河北省保障性住房、棚户区改造住房分别开工5.4万套、10.8万套，超额完成国家下达任务。

【山西省】 加大资金支持力度，共争取到国家各类保障性住房和棚户区改造补助资金38.23亿元，山西省财政配套补助3.745亿元，为保障性住房建设提供了资金保障。全省保障性住房新开工建设29.2万套，为年度计划21.93万套的133.1%；完成投资290.9亿元，为年度计划200.8亿元的144.9%；通过实物配租和货币化补贴两种方式，对符合廉租住房保障条件的申请家庭实现了应保尽保。2010年山西省实际完成廉租住房80860套、经济适用住房40882套、公共租赁住房13391套、城市棚户区改造67365套、国有工矿棚户区改造24504套、国有重点煤矿棚户区改造36316套、林区棚户区改造585套、农村危房改造28000套。

【内蒙古自治区】 2010年共争取中央各类补助资金37.7亿元，自治区本级财政安排配套资金14.65亿元，共计比2009年净增20.7亿元。全区各类保障性安居工程开工39.3万套，超计划任务1.55万套，完工或基本完工达到76.6%，超过国家要求60%的目标。其中，由住房和城乡建设部门牵头组织实施的各项工程开工28.8万套，超目标任务2万套，开工率超过100%。包括廉租住房开工建设52472套，超计划任务1873套；公共租赁住房开工建设7157套，超计划660套；城市棚户区改造开工建设13.4万套，超计划9554套。

【辽宁省】 全省共新增廉租住房实物配租5.4万户，发放租赁补贴2.4万户，新增经济适用房保障6万户，拆迁城市棚户区432.39万平方米、国有工矿棚户区177.1万平方米，圆满完成了省政府和建设部下达的任务，进一步改善了低收入家庭住房条件。

【吉林省】 吉林省实施城市棚户区、煤矿棚户区、林业棚户区、农村泥草房（危房）、廉租住房、公共租赁住房"六路安居"工程建设，省政府与国家签订保障性安居工程建设工作责任状。该工程计划建设和改造43.6万户，2905万平方米，计划总投资297.5亿元。实际开工建设46.2万户、2932万平方米，超计划户数5.9%、超计划面积0.9%，完成投资232亿元；在建18.1万户、899万平方米；竣工28.1万户、2033万平方米。其中，廉租住房开工建设6.5万户、300万平方米，开工率100%；租赁补贴完成35万户档案建立工作，11月底前补贴资金全部发放到位；公共租赁住房开工0.0614万套、2.4万平方米，开工率204.7%；城市棚户区（危旧房）改造签订拆迁协议10.4208万户、697.6万平方米，拆迁率113.04%；国有工矿棚户区改造开工1.2181万套、63.6万平方米，开工率100%；农村泥草房（危房）改造开工20.4万户、1475万平方米（其中，农村危房1.4万户、101.2万平方米），开工率100%；煤矿棚户区改造开工3.5万户、189.4万平方米，开工率100%；林业棚户区改造开工4.08万户、204万平方米，开工率100%。

【上海市】 上海市经济适用住房建设项目再次被列入市重大工程，并确定了开工建设400万平方米的目标任务，当年新开工项目主要分布在浦东、嘉定、闵行、青浦、松江、宝山等区。在市、区共同推进下，全年实现经济适用住房新开工403万平方米，历年累计新开工超过1000万平方米，顺利完成市重大工程建设目标。

【江苏省】 全年共新增廉租住房1.77万套，新开工经济适用住房13.5万套，新增公共租赁住房10.2万间（套），发放廉租住房租赁补贴5.2万户，完成棚户区危旧房改造1097.7万平方米，各项指标均超额完成年度目标任务。

【浙江省】 2010年全省开工建设公共租赁住房137.9万平方米，完成年度目标任务的159.0%。全省新增廉租住房受益家庭1.42万户，全面实现低保标准2倍以下城市低收入住房困难家庭廉租住房"应保尽保"；新开工建设保障性住房411.5万平方米，基本满足城镇居民人均可支配收入60%以下的城市住房困难家庭购、租经济适用住房需要；新开工公共租赁住房137.9万平方米；新开工限价商品房574.0万平方米；完成旧住宅区和危旧房改造472.9万平方米。全省合计新开工保障性安居工程1596.3万平方米，完成年度目标任务152.3%。

【安徽省】 2010年全省共实施保障性安居工程37.48万套，超额完成国家下达的安徽省年度目标任务，总体完成率116%。一是保障性住房建设取得重要进展。廉租住房建设继续保持较大规模，全省新安排的185个廉租住房项目全部开工建设，累计完成建设投资68亿元，在建廉租住房458.67万平方米、9.3万套。全年新开工公共租赁住房1万套、经济适用住房1.29万套。二是棚户区改造加快推进。各地在做好规划编制基础上，积极探索创新，扎实有序向前推进。全年共实施各类棚户区改造24.65万户(套)，其中城市棚户区改造完成20.37万户，国有工矿棚户区改造2.26万套，林业危旧房改造0.34万套，煤矿棚户区改造1.68万套。

【福建省】 全省各类保障性住房新开工76180套，开工率119.44%；竣工32111套，竣工率50.34%；基本建成12102套，占18.97%。各类棚户区改造签订拆迁安置补偿协议户数57447户，签约率118.69%。开工建设安置房28493套，其中竣工8431套。全面超额完成国家下达的保障性住房年度责任目标。

【江西省】 2010年，江西省保障性安居工程全面推进，国家下达江西保障性安居工程目标任务为31.3715万套(户)，其中，新增廉租住房5.9万套，新增发放廉租住房租赁补贴2.4万户；新建经济适用住房0.5万套、公共租赁住房0.82万套；改造城市棚户15.4万户、国有工矿棚户区0.3915万户、林业棚户区(危旧房)1万户、农村危旧房3.1万户、煤矿棚户区1.86万户。按照国家年底前100%开工、基本建成60%以上的要求，全省廉租住房、公共租赁住房、经济适用住房、城市棚户区改造、国有工矿棚户区改造、林业棚户区(危旧房)改造、煤矿棚户区改造项目均已开工建设，完成投资90%；发放廉租住房租赁补贴16.2万户；农村危旧房改造任务全面完成。全省均提前超额完成国家下达的年度计划。

【山东省】 2010年，全省各级共筹集廉租住房保障资金22.68亿元。全省投资19.74亿元，新建(包括购、改、租)廉租住房20477套，完成国家下达年度任务的150.6%，竣工20377套。青岛、济宁、德州3市新建廉租住房均超过2000套。截至2010年底，全省廉租住房累计保障户数达到127625户。全省增加廉租住房租赁补贴22196户，扣除当年退出租赁补贴7729户及转入其他保障方式4299户后，实际新增10168户，完成国家下达年度任务的127.1%。经济适用住房(含纳入经济适用住房管理的困难企业集资合作建房)建设完成投资75.22亿元，新建经济适用住房56826套，完成国家下达年度任务的142.1%，竣工46798套。临沂市新建经济适用住房1万套，青岛、烟台新建经济适用住房均超过5000套。新建公共租赁住房25595万套，完成国家下达年度任务的248.5%，竣工16260万套。签订城市棚户区改造协议7.84万户，启动国有工矿棚户区改造0.74万户、林区棚户区改造0.16万户，分别完成年度任务的223.9%、106%、40.6%，竣工棚户区改造安置住房2.77万套。

【河南省】 共投入建设资金230亿元，开工各类保障性住房2087万平方米、28万套，完成了全年工作目标的118%。实施廉租住房保障近30.1万户，其中：发放租赁补贴近28万户，发放补助资金109963.39万元；通过购、改、租筹集房源2万套；用于公共租赁住房支出3566.00万元；棚户区改造完成拆迁面积761万平方米，比目标任务的698万平方米超额完成63万平方米；公共租赁住房建设18465套，超额完成了责任目标15365套。至12月底，全省发放廉租住房租赁补贴28.4万户，完成责任目标的111.24%；新开工建设廉租住房438万平方米、8.85万套，完成全年计划的102%，竣工廉租住房401.9万套，完成责任目标的118.5%；开工经济适用住房687万平方米，竣工456万平方米、5.1万套，开、竣工面积分别完成计划的196%和121%；实施棚户改造拆迁面积921.6万平方米，完成改造310万平方米，分别完成计划的125%和127%。

【湖北省】 2010年，全省新建廉租住房目标任务3.95万套，实际完成4.42万套，占比112%，完成投资14.4亿元；新增廉租住房4.42万套，新增发放租赁住房补贴10.9万户；新建经济适用住房目标任务3.51万套，实际完成3.52万套，占比100.3%，完成投资9.83亿元；新建公共租赁住房目标任务1万套，实际完成1.08万套，占比108%，完成投资2.3亿元；城市棚户区改造7.12万户，实际完成7.34万户，占比103%，完成投资33.64亿元；国有工矿棚户区改造目标任务5.84万户，实际完成5.88万户，占比101%，完成投资14.66亿元；国有林区棚户区改造目标任务0.85万，完成0.85万户，占比100%，完成投资1.49亿元；国有垦区危房改造目标任务0.40万户，实际完成0.45万户，占比113％，完成投资1.4亿元；农村危房改造目标任务6万户，实际完成6.07万户，占比101.2％，完成投资3.6亿元。

【湖南省】 2010年，湖南省保障性安居工程目标任务是建设筹集各类保障性住房和各类棚户区改造住房26.27万户、新增发放租赁补贴2.5万户。截至12月底，全省开工建设保障性住房和棚户区改造住房26.91万套，基本建成19.96万套，全面完成国家下达湖南省的目标任务。其中：全省各类保障性住房新开工15.93万套，竣工15.07万套。具体是：廉租住房新开工12.56万套，竣工筹集11.33万套，完成年度计划的114.47％；经济适用住房新开工2.16万套，竣工2.51万套，完成年度计划的145.92％；公共租赁住房新开工1.21万套，竣工筹集1.23万套，完成年度计划的123％。改造城市和国有工矿棚户区10.55万户，超过年度计划9.8万户任务。各类棚户区改造安置住房建设开工10.98万套，基本建成4.89万套。其中，城市棚户区签订拆迁安置补偿协议8.55万户，安置住房竣工3.72万套；国有工矿棚户区新开工1.54万套，竣工1.05万套；林区（场）棚户区（危旧房）新开工0.72万套，竣工0.13万套；中央下放地方煤矿棚户区新开工0.17万套。

【广东省】 2010年，广东省保障性安居工程新开工各类住房12.5万套（其中：全年新增开工建设廉租住房3.28万套、经济适用住房2.47万套、公共租赁住房3.5万套、限价商品房5698套；林区棚户区危房改造开工1050套，农垦棚户区开工2.56万套、城市棚户区开工383套），竣工6.1万套（其中：廉租住房1.27万套、经济适用住房1.54万套、公共租赁住房964套、限价商品房438套、垦区棚户区改造3.2万套）。2010年度新增廉租住房保障2.1万户，其中实物配租1.4万户；经济适用住房供应1.2万户。

【广西壮族自治区】 2010年内，广西落实廉租住房保障资金14.12亿元，完成投资18.6亿元，累计实施廉租住房保障16.34万户，其中实物配租2.59万户，发放租赁补贴13.75万户，新增中央预算内投资廉租住房建设项目62项全部开工，共建设（含配建）1.98万套、98万平方米；新增廉租住房2.23万套，完成国家下达新增廉租住房2万套任务的112％。广西新增发放廉租住房租赁补贴4.04万户，完成国家下达新增廉租住房租赁补贴2.27万户任务的178％。新开工经济适用住房3.3万套、264万平方米，竣工25265套、274.5万平方米，完成投资44.9亿元；开工建设公共租赁住房2870套、15.64万平方米，竣工1202套、8.51万平方米；新开工限价住房9028套、81.26万平方米，竣工1604套、17.44万平方米；城市和国有工矿棚户区改造竣工1662套。城镇危旧住房改造深入开展，广西共审批了127个城镇危旧房改住房改造项目，完成改造投资18.49亿元。2010年，国家安排广西11.5万户的农村危房改造任务，占全国同期农村危房改造总量的9.6％，中央财政补助资金7.12亿元。

【云南省】 2010年底，全省2010年各类城镇保障性住房累计完成建设投资79.276亿元，竣工41532套。其中，新建的87749套廉租住房全部开工建设，完成投资45.416亿元；建成廉租住房58686套（其中2010项目竣工16660套），大部分建成的房屋都及时分配给了保障对象入住；争取廉租住房租赁补贴资金6.6127亿元，截至2010年底，已为122260户低收入住房困难家庭发放租赁补贴2.263亿元；剩余租赁补贴资金按照国家要求用于购买5751套廉租住房。在国家建设投资计划和资金下达晚的情况下，云南省多方筹集，建设的8100套公共租赁住房已竣工3900套，完成投资4.85亿元。16500户城镇棚户区全部开工，竣工11553户，完成投资16.33亿元。5513户国有工矿企业棚户区改造全部开工，完成投资2.74亿元。8000户国有林区（场）棚户区（危旧房）改造全部开工，竣工1200户，完成投资1.12亿元，占总投资的22.86％。23900户国有垦区危旧房改造项目已开工23462户，竣工2468户，完成投资4.47亿元，占总投资的22.27％。2010年分两批下达了11.5万户的农村危房改造，下达中央补助资金78400万元、省级补助资金36600万元，截至2010年底，全省农村危房改造工程开工率为100％，竣工102350户。

【海南省】 2010年全年完成投资51.08亿元；实际开工11.86万套、975.22万平方米，占计划套数的117.5％；占全国城镇保障性住房总套数的2.04％；竣工6.08万套、454.73万平方米。全省城乡新开工建设各类保障性住房12.63万套、1057.19万平方米。

【重庆市】 全年开工建设公租房1300万平方米，分布在主城区鸳鸯、大竹林等七个片区以及远郊万州、涪陵、黔江等13个区县，超额完成市委、市政府年初下达的1000万平方米建设任务，全年共竣工50万平方米。全年筹集建设资金120亿元。其中：争取中央资金27亿元、市级资金5亿元，重庆市作为全国公积金支持保障性住房建设的首批试点城市争取到 30 亿元公积金贷款专项用于公租房建设，商业银行贷款到位 58 亿元。另有八家银行提供意向性贷款 160 亿元。

【四川省】 截至 2010 年 12 月 31 日，全省需重建的 25.91 万套城镇住房全部开工，已建成 25.57 万套、建成率 98.7%，已交付 23.5 万套、交付率 90.75%，入住 21.4 万户、入住率 82.45%。全年共筹集解决低收入家庭住房困难的房源 13.55 万套，占计划的 107.5%，发放租赁补贴 23 万户，占计划的 106.5%，实施城市棚户区居民住房改造 12.19 万户，占计划的 121.9%。

【贵州省】 全省完成房地产开发投资 556.69 亿元，同比增长 49.9%，占城镇固定资产投资的 20.62%；商品住房完成投资 328.63 亿元，同比增长 31.7%，占房地产开发投资 58.2%；房地产业增加值 142.01 亿元，占全省 GDP 的 3.1%。新增廉租住房租赁补贴 30985 户，新开工廉租住房 81582 套，2010 年度竣工 56512 套。经济适用住房开工 18045 套，竣工 13189 套；公共租赁住房开工 1000 套；城市棚户区改造 8647 户，其中货币补偿 1110 户，实物安置 7537 套（全部开工）；国有工矿棚户区改造实物安置 1839 套（全部开工）；林场棚户区改造开工 2009 套，竣工 1282 套。

【西藏自治区】 "十一五"时期，西藏安排建设廉租房 10800 套，总投资超过 11 亿元，总建筑面积 72 万平方米。通过廉租住房实物配租的方式解决了城镇低收入住房困难家庭 10000 多户、4 万多人的住房问题，通过发放租赁住房补贴的方式解决了城镇低收入家庭 9049 户、1.35 万人的住房问题。以实物配租为主、租赁住房补贴为辅的廉租住房制度保障范围已经覆盖到西藏 7 地市、74 个县（市、区）城镇。安排投资 31 亿多元，本着优先向基层倾斜的原则，在全区建设周转房 26582 套，总建筑面积 194 万平方米。

【陕西省】 2010 年，全年房地产开发投资 1160.23 亿元，比上年增长 23.2%，其中住宅建设投资 926.90 亿元，占房地产开发投资的 80.60%。商品房销售建筑面积 2590.18 万平方米，增长 24.1%；商品房屋销售额 973.44 亿元，增长 44.7%。城镇居民人均住房建筑面积 28 平方米，增长 0.4%。农村竣工住宅面积 2155.2 万平方米，增长 14.6%。农民人均住房建筑面积 31.7 平方米，增长 4.2%。

【甘肃省】 2010 年全省保障性住房新开工建设 17.09 万套、1250 万平方米，完成投资 111.72 亿元，完成国家下达住房保障工作任务 16.7 万户的 102.34%，超额完成 2.34%。廉租住房保障 16.29 万户、47.12 万人，其中，租赁补贴 14.93 万户、实物配租 9228 户、租金核减 2916 户、其他方式保障 1427 户。"五一二"灾后城镇重建住房开工建设 20610 套、133.883 万平方米，开工率为 102%，已竣工 19349 套、125.654 万平方米，竣工率为 95.7%，其中，廉租房建设已全部竣工。完成受损房屋加固 63388 套、474.434 万平方米，竣工率为 100%。争取国家保障住房补助资金 25.45 亿元，其中，中央财政廉租住房租赁补贴资金 6.2 亿元、中央预算内投资廉租住房建设项目补助资金 13.3646 亿元、公共租赁住房补贴资金 1720 万元、城市棚户区改造资金 6287 万元、国有工矿棚户区改造资金 1.2416 亿元、中央追加保障性住房建设资金 3.8384 亿元。

【青海省】 2010 年，全省住房城乡建设行业把保障性安居工程建设作为拉动经济之需、改善民生之要、政府应尽之责，扎实推进保障性安居工程建设。全省城乡保障性住房完成投资 92.5 亿元。建设城镇保障性住房 8.7 万套，发放租赁补贴 4.18 万户，建设农村奖励性住房 5 万套，游牧民定居 3.46 万户，农村危旧房改造 3.77 万户。

【宁夏回族自治区】 全年共开工建设廉租房 14070 套，建设经济适用房 153.5 万平方米，已竣工 94.6 万平方米，公共租赁房 2447 套，限价商品房 1032 套，改造城市和国有工矿棚户区 9170 户，对人均住房面积不足 13 平方米的 46958 户城市低收入家庭实施了住房保障，超额完成了国家下达的住房保障任务。全年共改造城市棚户区 2.96 万户、190 万平方米，投资约 35 亿元；改造国有工矿棚户区 1.16 万户、79 万平方米，投资约 15.8 亿元。

【新疆维吾尔自治区】 2010 年，中央下达新疆城市保障性住房建设任务：新增廉租住房 8.5 万套（含购买、改建）、425 万平方米；新建经济适用住房 2 万套、120 万平方米，公共租赁住房 1.2 万套、61.6 万平方米；开工改造城市棚户区 5.5 万套、595 万平方米，国有工矿棚户区 1.5 万套、143 万平方米。截至 2010 年底，开工新建廉租住房 8.5 万套、455 万平方米，完成投资 35.7 亿元；开工改造城市和国有工矿棚户区 7 万户，完成投资 77 亿元。其中城市棚户区 5.66 万户、542.6 万平方米，完成投资 73 亿元；国有工矿棚户区 1.34 万户、113 万平方米，完成投资 4 亿元。6.5 万套廉租住房建设项目获得中央预算内投资补助 23.68 亿元，比 2009 年增加 14.48 亿元。廉租住房建设补助标准由 2009 年的每平方米 400 元提高到 500 元（南疆三地州及边境、贫困等 50 县市每平方米 800 元）。

【新疆生产建设兵团】 2010 年兵团经济适用住房开发建设（含单位职工集资建房和统建住房）开工 27152 套，完成建筑面积 280.28 万平方米，完成总投资 38.9 亿元。截至 2010 年底，经济适用住房开发建设（含单位职工集资建房）累计完成建筑面积近 1350 余万平方米，完成总投资 127 多亿元，竣工住房 16.4 万套。

【大连市】 为市内四区 3898 户家庭发放廉租补贴 1697.83 万元，实现应保尽保。采取货币补贴方式安排经济适用住房 8000 户，福佳新城一期提供经济适用房 3292 套，在建的福佳新城二期和前关经济适用住房项目提供经济适用房 8700 套。

【青岛市】 2010 年 15 个计划开工项目全部开工，拆迁居民 1.3 万户；计划回迁的 12 个"两改"项目，全部到达回迁条件。"两改"项目中同时配建 1436 套廉租住房和经济适用住房；河马石租赁住房已交付 12 栋、2285 套，居民已入住；完成广饶路等 3 个旧住宅区整治，受益居民 6760 户。全市共启动村庄改造 92 个、农民经济适用房项目 28 个，新建农村住房 6 万户，危房改造 8125 户。

【宁波市】 租房累计保障户数 15674 户，在保户数 10169 户，其中 2010 年新增 2473 户（其中实物配租 766 户）。新开工建设各类保障性房源 108.4 万平方米，首次突破百万大关。其中，廉租住房 6.7 万平方米、经济适用住房 40.2 万平方米、限价房 26.6 万平方米、公共租赁住房 14.9 万平方米、农民工公寓 15.2 万平方米、人才公寓 4.8 万平方米。中心城区完成 44 个老小区、333 万平方米整治任务，启动非成套房改造 14.3 万平方米。全市住房公积金归集 72.36 亿元，实现增值收益 2.69 亿元，发放贷款 30.41 亿元，为 9298 户城镇居民购房提供资金支持。

【厦门市】 2010 年厦门市保障性住房竣工 11315 套，全年累计完成投资额 6.7 亿元。全市在建的 25536 套保障性住房已有 23252 套竣工或基本竣工。高林居住区 3 号地块、湖边花园 B 区、前埔 BRT、杏北锦园新城、集美滨水小区、华铃花园、翔安东方新城、同安城北小区等项目基本竣工，虎仔山庄一期实现封顶。高林居住区剩余 13 幢住宅以及 1 号地块生鲜超市、3 号地块配套幼儿园、社区中心等项目的征地拆迁工作启动。

【深圳市】 全年共安排建设保障性住房 5.11 万套，新开工 5 万套，完成 1 万套住房建设，启动人才安居"十百千万"计划。通过新增用地、单位利用自有用地建设、城市更新配建、征地拆迁统建上楼、用地功能变更及回收、回购等方式，筹建保障性住房 5.11 万套，完成年度计划目标的 102%；新开工保障性住房达 5.22 万套，完成计划目标的 105%；完成福保 110、112 等项目 1 万套保障性住房建设，5 千户货币补贴也已准备就绪，第二批保障性住房申请完成终审。

二、行业报告

2010 年全国住房城乡建设领域节能减排专项监督检查建筑节能检查情况

中华人民共和国住房和城乡建设部办公厅

为贯彻落实《节约能源法》、《民用建筑节能条例》和《国务院关于印发节能减排综合性工作方案的通知》（国发〔2007〕15 号）、《国务院关于进一步加大工作力度确保实现"十一五"节能减排目标的通知》（国发〔2010〕12 号）要求，进一步推进住房城乡建设领域节能减排工作，2010 年 12 月 12 日至 28 日，住房和城乡建设部组织对全国建筑节能工作进行了检查。检查范围涵盖了全国除江苏、浙江、甘肃、青海及西藏外的22个省、自治区、4个直辖市，共对5个计划单列市、22个省会（自治区首府）城市、22个地级城市以及22个县（县级市）进行了检查，抽查了385个工程建设项目的施工图设计文件和391个在建工程施工现场。对检查中发现的问题，下发了63个执法建议书。现将检查主要情况通报如下。

一、建筑节能主要成效

2010年是完成"十一五"节能规划目标的收官之年。各地围绕国务院明确的工作目标和重点，进一步加大工作力度，加强监督管理，强化体制机制创新，建筑节能各项工作取得明显成效。

（一）新建建筑执行节能强制性标准成效显著。根据各地上报的数据汇总，到2010年底，全国城镇新建建筑设计阶段执行节能强制性标准的比例为99.5%，施工阶段执行节能强制性标准的比例为95.4%，分别比2005年提高了42个百分点和71个百分点，完成了国务院提出的"新建建筑施工阶段执行节能强制性标准的比例达到95%以上"的工作目标。2010年新增节能建筑面积12.2亿平方米，可形成1150万吨标准煤的节能能力。"十一五"期间累计建成节能建筑面积48.57亿平方米，共形成4600万吨标准煤的节能能力。全国城镇节能建筑占既有建筑面积的比例为23.1%，比例超过30%的省市有北京、天津、上海、重庆、河北、吉林、辽宁、江苏、宁夏、青海、新疆等省（区、市）。

（二）北方采暖地区既有居住建筑供热计量及节能改造任务超额完成。截至2010年底，北方采暖地区15省市共完成改造面积1.82亿平方米，其中2010年完成改造面积8623万平方米，超额完成了国务院确定的1.5亿平方米改造任务。河北、吉林、山东、内蒙古、新疆、新疆兵团、北京等省（区、市）超额完成任务10%以上。据测算，完成节能改造的项目可形成年节约200万吨标准煤的能力，减排二氧化碳520万吨，减排二氧化硫40万吨。改造后同步实行按用热量计量收费，平均节省采暖费用10%以上，室内热舒适度明显提高，并有效解决老旧房屋渗水、噪音等问题。部分地区将节能改造与保障性住房建设、旧城区综合整治等民生工程统筹进行，综合效益突出。

（三）国家机关办公建筑和大型公共建筑节能监管体系建设继续深入。能耗统计、能源审计、能效公示工作全面开展，截至2010年底，全国共完成国家机关办公建筑和大型公共建筑能耗统计33000栋，完成能源审计4850栋，公示了近6000栋建筑的能耗状况，已对1500余栋建筑的能耗进行了动态监测。在北京、天津、深圳、江苏、重庆、内蒙古、上海、浙江、贵州等9省市开展能耗动态监测平台建设试点工作。共启动了72所节约型校园建设试点。通过节能监管体系建设，全面掌握了公共建筑的能耗水平及耗能特点，带动了节能运行与改造的积极性，有力地促进了节能潜力向现实节能的转化。

（四）可再生能源建筑应用呈现快速发展的良好态势。截至2010年底，财政部会同住房城乡建设部共实施了371个可再生能源建筑应用示范项目、210个太阳能光电建筑应用示范项目、47个可再生能源建筑应用城市、98个示范县。山东、江苏、海南等省已经开始强制推广太阳能热水系统。全国太阳能光热应用面积14.8亿平方米，浅层地能应用面积2.27亿平方米，分别比2009年增长25.5%、63.3%，光电建筑应用已建成及正在建设的装机容量达850.6兆瓦，实现突破性增长，形成年替代传统能源2000万吨标准煤能力。

（五）绿色建筑与绿色生态城区建设稳步推进。各地把推广绿色建筑、推进绿色生态城区建设作为促进城乡建设模式转变的重要抓手，加大绿色建筑示范工程和绿色建筑评价标识推进力度，截至2010年底，全国有112个项目获得了绿色建筑评价标识，建筑面积超过1300万平方米，上海、苏州、深圳、杭州、北京、天津等市获得标识项目较多。全国实施了217个绿色建筑示范工程，建筑面积超过4000万平方米。天津市滨海新区、深圳市光明新区、河北省唐山市曹妃甸新区、江苏省苏州市工业园区、A湖南长株谭和湖北武汉资源节约环境友好配套改革试验区等正在进行绿色生态城区建设实践，对引导我国城市建设走绿色生态可持续方向发展道路，具有重要意义。

（六）农村建筑节能工作有所突破。部分省市对农村地区建筑节能工作进行了探索，北京市在"十一五"期间组织农民新建抗震节能住宅13829户，实施既有住宅节能改造39900户，建成400余座农村太阳能集中浴室，实现节能10万吨以上，显著改善农村居住和生活条件。哈尔滨市结合农村泥草房改造，引导农民采用新墙材建造节能房。陕西、甘肃等省以新型墙体材料推广、秸秆等生物质能应用为突破口，对农村地区节能住宅建设及农村地区新能源应用进行了有益探索。

（七）墙体材料革新工作取得积极成效。据不完全统计，2010年全国新型墙体材料产量超过4000亿块标砖,占墙体材料总产量的60%左右,新型墙体材料应用量3500亿块标砖,占墙体材料总应用量的70%左右,全面完成国务院确定的墙材革新发展目标。各地根据自身气候条件及资源特点,不断推动新型墙体材料技术与产业升级转型,丰富产品形式,提高产品质量安全性能,保温结构一体化新型建筑节能体系、轻型结构建筑体系等一批建筑节能新材料、产品得到推广。

"十一五"期间,天津、北京、山东、吉林、山西、内蒙古、宁夏、黑龙江、青海、河北、河南、上海、重庆、江苏、浙江、安徽、湖北、四川、广西、福建、海南等省(区、市),以及深圳、青岛、宁波、厦门、太原、哈尔滨、银川、沈阳、乌鲁木齐、石家庄、西宁、南京、武汉、合肥、成都、长沙、南宁、广州等城市建筑节能目标明确,责任落实,政策完善,管理到位,工作成效比较突出,给予表扬。

二、主要做法和经验

(一)加强领导,健全机构,增强建筑节能管理能力。一是加强建筑节能组织领导,各省(区、市)住房城乡建设主管部门均成立了主要领导或分管领导任组长的建筑节能领导小组,北京、天津、上海、山西、内蒙古、黑龙江、吉林、江苏、浙江、广东、广西等省(区、市)成立了政府分管领导任组长,相关部门参加的建筑节能工作领导小组,形成了各部门联动、齐抓共管的局面。二是建筑节能管理机构能力进一步加强。部分省市住房城乡建设部门借机构改革契机,设置建筑节能专门处室,加强了职能,充实了管理力量。山西省省、市两级都建立了建筑节能监管机构,专职管理人员146人。全国有20个省(区,市)墙体材料革新工作和建筑节能工作统一由住房城乡建设主管部门负责,以墙改为抓手推进建筑节能,效果明显。

(二)完善法规,强化激励,建立建筑节能规范与引导机制。一是法律法规方面。各地积极制定本地区的节能行政法规,河北、陕西、山西、湖北、湖南、上海、重庆、青岛、深圳、武汉、乌鲁木齐等地出台了建筑节能条例。有15个省(区、市)出台了资源节约及墙体材料革新等相关法规,24个省(区、市)出台了相关政府令,建筑节能法律体系初步建立。二是经济政策方面。"十一五"期间,中央财政共计安排资金152亿元,用于支持北方采暖地区既有居住建筑供热计量及节能改造、可再生能源建筑应用、国家机关办公建筑和大型公共建筑节能监管体系建设等方面。北京、上海、内蒙古、山西、江苏、深圳等地对建筑节能的财政支持力度较大,安排了专项资金。据不完全统计,"十一五"期间,省级财政共安排69亿元建筑节能专项资金,地级及以上城市市级财政安排65亿元建筑节能专项资金工作,为建筑节能提供了良好的政策环境和财力保障。

(三)健全标准,科技支撑,提升建筑节能技术水平。一是在技术标准方面,建筑节能标准体系不断完善,基本涵盖了设计、施工、验收、运行管理等各个环节。各地结合地区实际,对国家标准进行了细化,部分地区执行了更高水平的标准。及时把先进成熟的技术产品编入工程技术标准和标准图,通过标准引导技术进步。上海、天津、重庆、广西、深圳等地制定了绿色生态示范城区及绿色建筑等具有前瞻性的评价标准,发挥了标准的引导和规范作用。二是在科研开发方面,"十一五"期间,国家科技支撑计划把建筑节能、绿色建筑、可再生能源建筑应用等作为重大项目,对一批共性关键技术进行研究攻关,取得了明显成效。各地围绕建筑节能工作发展需要,结合地区实际,积极筹措资金,安排科研项目,为建筑节能深入发展做好科技储备。三是在示范推广方面,各地以建筑节能示范工程为载体,一方面积极申报国家级的示范项目,另一方面结合本地实际,不断丰富示范类型,提高示范水平。通过示范既推广了建筑节能技术和产品,又引导地区建筑节能的发展方向。

(四)加强监管,强化考核,落实建筑节能各项目标任务。一是质量监管方面,各地充分利用现有法律法规确定的许可和制度,建立建筑节能专项设计审查、节能工程施工质量监督、建筑节能专项验收、建筑能效测评标识、建筑节能信息公示等制度,实现了从设计、施工图审查、施工、竣工验收备案到销售和使用的全过程监管机制,效果明显。各省市都组织开展了建筑节能专项检查,对违反建筑节能有关法律法规及强制性标准的行为进行了处罚。二是目标考核方面,各省市强化建筑节能目标责任考核,对新建建筑执行建筑节能标准、既有建筑节能改造、可再生能源建筑推广等工作,采取签订目标协议等方式,逐级进行分解,按年度进行考核,确保建筑节能各项目标得到落实。

(五)广泛宣传,深入培训,提高建筑节能意识及执行能力。各地以宣传贯彻《节约能源法》、《民用建筑节能条例》为契机,以节能宣传周、无车日、节能减排全民行动、绿色建筑国际博览会等活动为载体,利用各种媒体,采取组织专题节目、设置专栏以及宣贯会、推介会、现场展示、发放宣传册等方式，广泛宣传建筑节能的重要意义和推进建筑节能的相关政策、管理措施等，提高了全社会的节能意识。各级住房城乡建设主管部门不断加大建筑节能培训力度，组织相关单位的管理和技术人员，对建筑节能相关法律法规、技术标准进行培训，有效提升了建筑节能管理、设计、施工、科研等相关人员对建筑节能的理解和执行能力。

三、存在的问题

（一）部分地方政府对建筑节能工作的认识不到位。一是对建筑节能的考核没有纳入政府层面，部分省（区、市）对建筑节能的考核评价仍局限在住房城乡建设系统内部，没有纳入本地区单位 GDP 能耗下降目标考核体系，使相关部门难以形成合力，相应的政策、资金难以落实。二是对建筑节能能力建设重视不够，部分省级住房城乡建设主管部门建筑节能管理人员只有 1～2 人，没有专门的管理和执行机构，各项政策制度的落实大打折扣。

（二）建筑节能法规与经济支持政策仍需完善。一是落实《节约能源法》、《民用建筑节能管理条例》各项法律制度所需的部门规章、地方行政法规的制定工作仍然滞后。二是各地对建筑节能的经济支持力度远远不够，尤其是中央财政大力投入的北方采暖地区既有居住建筑供热计量及节能改造、可再生能源建筑应用、公共建筑节能监管体系建设等方面，大部分地区没有落实配套资金，影响了中央财政支持政策的落实效果。

（三）新建建筑执行节能标准水平仍不平衡。总的来说，执行建筑节能标准，施工阶段比设计阶段差，中小城市比大城市差，经济欠发达地区比经济发达地区差。建筑节能工程施工过程中，外墙、门窗等保温工程施工工艺不过关，管理不规范，存在质量与火险隐患。各地尤其是地级以下城市普遍缺乏建筑节能材料、产品、部品的节能性能检测能力，造成政府监管缺位。

（四）北方地区既有建筑节能改造工作任重道远。一是改造任务重。2000 年以前我国建成的建筑大多为非节能建筑，占城镇建筑面积的 80%，民用建筑外墙平均保温水平仅为欧洲同纬度发达国家的 1/3，建筑能耗高出 2～3 倍，北方地区有超过 20 亿平方米的既有建筑急需节能改造。二是改造资金筹措压力大。节能改造成本在 200 元/平方米以上，再考虑热源改造，资金投入需求更大。但北方多数地区经济欠发达，地方政府财力投入有限，市场融资能力较弱。三是供热计量改革滞后。热计量收费是运用市场机制促进行为节能最有效手段，但这项改革一直进展缓慢，目前北方地区 130 多个地级市，出台供热计量收费办法地级市仅有 40 余个，制约了节能效果与企业居民投资改造的积极性。

（五）可再生能源建筑应用推广任务依然繁重。我国在建筑领域推广应用可再生能源总体上仍处于起步阶段，据测算，目前可再生能源消费占建筑用能比重在 2% 左右，这与我国丰富的资源禀赋相比、与快速增长的建筑用能需求相比、与调整用能结构的迫切要求相比都有很大的差距。可再生能源建筑应用相关技术标准体系还不完善，产业支撑能力不足，核心技术仍不掌握，系统集成、工程咨询、运行管理等配套产业能力不强。

（六）农村建筑节能工作尚未正式启动。目前，我国广大农村地区的建筑节能工作尚未开展。随着农村生活水平的不断改善，使用商品能源和用能水平将不断提高，需采取措施，引导其科学发展。

四、下一步工作思路

（一）加强建筑节能体制机制建设。一是继续完善建筑节能法规体系。落实《节约能源法》、《民用建筑节能条例》确定的基本法律制度，研究制定配套的部门规章和政策措施。二是制定建筑节能"十二五"专项规划，明确建筑节能工作目标、思路、重点工作任务及保障措施。指导各地编制本地区建筑节能"十二五"专项规划。三是继续完善建筑节能标准体系。指导有条件地区制定并实施绿色建筑强制性标准。四是研究完善经济制度，在发展绿色建筑、既有建筑节能改造、可再生能源建筑应用等方面，制定出台财税政策。五是继续推动建筑节能科技进步，以国家科技支撑计划项目为依托，努力实现建筑节能关键技术的突破，并通过发布技术、产品推广限制禁止目录等方式，加快科技成果转化。

（二）继续抓好新建建筑节能。继续强化新建建筑执行节能标准的监管力度，着力抓好施工阶段等薄弱环节以及中小城市等薄弱地区执行标准的监管力度，做好北方采暖地区以及夏热冬冷地区新颁布建筑节能标准的贯彻实施工作。全面推行民用建筑能效测评标识、绿色建筑评价标识、民用建筑节能信息公示等制度。进一步加强建筑节能材料、产品、设备在生产、流通和使用环节的质量监管，严格工程准入。

（三）大力推动绿色建筑发展。制定绿色建筑发展专项规划。继续完善绿色建筑标准体系，加大绿色建筑评价标识实施力度。推动有条件地区开展强制性推广绿色建筑试点。加快绿色建筑相关共性关键技术研究开发及推广力度。研究支持绿色建筑发展的财税政策。启动绿色建筑区域推广示范。

（四）加大北方采暖地区既有居住建筑供热计量及节能改造力度。贯彻落实《关于进一步深入开展北方采暖地区既有居住建筑供热计量及节能改造工作的通知》（财建[2011]12号），尽快与各地签订"十二五"既有居住建筑供热计量及节能改造协议，明确改造目标。在重点市县推动实施"节能暖房工程"。总结天津、吉林、内蒙古、唐山等地的改造经验，指导各地因地制宜确定改造模式，多渠道筹措改造资金，全面推进供热计量改革，力争2015年北方地区完成具备改造价值的老旧住宅的供热计量及节能改造面积的35%以上。做好"十一五"改造工作收尾工作，指导各地按照《北方采暖地区既有居住建筑供热计量及节能改造项目验收办法》，对已完成的改造项目进行验收，确保改造项目实现预期的节能环保效果。

（五）加强国家机关办公建筑和大型公共建筑节能管理。深入开展针对公共建筑，特别是国家机关办公建筑及大型公共建筑的能耗统计、能源审计及能效公示工作，进一步扩大能耗动态监测平台试点范围，力争将所有重点建筑纳入监测范围，基本建成部、省、市三级构架的能耗传输及分析平台。在公共建筑节能监管体系已经建立、具备节能量核查手段的城市，开展公共建筑节能改造示范。指导各地制定本地区公共建筑能耗限额标准，引导和约束用能单位的用能行为。继续抓好"节约型高等学校"建设工作。

（六）抓好可再生能源建筑一体化成规模应用。一是推进可再生能源建筑应用示范深入发展，继续组织可再生能源建筑应用城市示范和农村地区县级示范，实施"太阳能屋顶计划"。二是适时开展新建建筑强制性应用可再生能源试点，在可再生能源资源条件好、技术成熟度和社会接受程度比较高、法规政策比较配套的地区，开展强制性应用可再生能源试点。三是进一步完善修订现有标准，同时加快研究制定不同类型可再生能源建筑应用技术在设计、施工、能效检测等各环节的国家和地方标准规范。四是加大对太阳能采暖制冷、太阳能与浅层地能耦合利用、城镇生活垃圾、污泥沼气利用技术、工业余热、污水热泵技术、深层地热能梯级利用等新技术的推广力度，拓展应用领域。五是支持可再生能源建筑应用产品、设备性能检测机构、建筑应用效果检测评估机构等公共服务平台建设。

（七）促进建筑节能相关产业发展。一是做好新型建筑节能材料的推广应用。编制新型建筑节能技术、材料、产品推广目录，引导产业发展。支持建筑垃圾等建筑废弃物的再生利用。推广高强钢和高性能混凝土等高性能、低材耗建筑材料的利用。二是大力培育建筑节能服务产业，在北方地区既有居住建筑供热计量及节能改造、公共建筑节能改造、可再生能源建筑应用等工作中，鼓励采用合同能源管理、能效交易、建设运行一体化、区域能源系统特许经营等市场化推进方式。大力培育与建筑节能直接相关的专业设计施工、工程咨询、系统集成、节能评估等配套产业，切实增强产业支撑能力。

（八）建立健全建筑节能统计、监测及考核评价体系。一是切实履行在建筑节能领域政府的公共管理职责，促成各地人民政府把建筑节能纳入本地单位GDP能耗下降的总体目标，明确任务，建立目标责任制，完善配套措施，落实经济激励政策，进行考核评价。二是各级住房城乡建设主管部门要按照相关的法律制度和强制性节能标准，组织开展建筑节能检查，对节能目标落实情况、贯彻管理制度和执行节能强制性标准等，进行考核评价，落实节能目标责任制和问责制。

（资料来源：中华人民共和国住房和城乡建设部 www.mohurd.gov.cn 2011年4月21日）

2010年城市照明节能工作专项监督检查情况

中华人民共和国住房和城乡建设部办公厅

国家发展和改革委员会办公厅

按照《国务院关于进一步加大工作力度确保实现"十一五"节能减排目标的通知》（国发[2010]12号）的要求，2010年12月，住房城乡建设部、国家发展改革委联合对全国30个直辖市、省会城市、计划单列市和 20 个其他城市的城市照明节能工作进行了专项监督检查。现通报如下：

一、检查的基本情况

本次检查中，实地抽检了 50 个城市 280 个照明项目（道路照明项目 146 个，景观照明项目 134 个），对其中 27 个道路照明项目和 32 个景观照明项目进行了现场检测。总体上看，城市照明超标准、高能耗的现象得到了有效控制，基本完成了"十一五"节能减排目标确定的东中部地区和有条件的西部地区城市道路照明淘汰低效照明产品的任务。

（一）城市道路照明节电取得了明显效果

根据受检城市对 2005 年至 2010 年的装灯量、用电量和装灯总功率进行的统计，城市道路照明单位功率耗电量逐年下降，"十一五"期间，年均下降 3%，累计节电 14.6%。受检城市"十一五"期间累计节电 25% 的城市有：日照市、柳州市、遵义市、本溪市和长春市。

（二）支路以上城市道路照明基本淘汰了低效照明产品

城市支路以上道路照明已基本淘汰了低效照明产品。基本实现了"十一五"期间节能减排下达的目标任务。

（三）城市照明设施节能的运行管理水平不断提高

大多数城市能按照《城市道路照明设计标准》规定和适用节约的原则，运用路灯监控系统采取"半夜灯"模式等，通过分时分级控制实现节能。昆明和济南市进行了路灯单灯控制系统的改造，天津市、昆明市、青岛市、三亚市、武汉市、南昌市、合肥市还建立了城市景观照明的集中控制系统。

二、检查发现的问题

（一）城市照明专项规划工作有待加强

检查中发现，乌鲁木齐、哈尔滨、长春、沈阳、呼和浩特、南昌、郑州等 7 个省会城市和佳木斯、本溪、乌兰察布、长治、萍乡、十堰、新乡等 7 个其他城市没有编制城市照明专项规划；济南市、通化市和日照市的城市照明专项规划中缺少照明节能的要求和措施。

（二）高能耗照明设施仍然存在

检查中发现，三亚市、哈尔滨市、广州市的景观照明中还在使用强力探照灯和大功率投光灯。天津、石家庄、大连、沈阳、长春、哈尔滨、呼和浩特、福州、贵阳、银川、遵义、通化、佳木斯、乌兰察布、宝鸡、新乡等 16 个城市在城区机动车道上，未淘汰大面积多光源无控光器的低效照明灯具。上海市支路以上城市道路照明存在 6000 多盏低效照明产品汞灯，中山市支路以下道路照明中仍存在 60 多盏低效照明产品汞灯，佳木斯市支路以下道路照明中仍存在白炽灯。

（三）城市照明工程建设缺乏有效监管

检查中发现，部分城市的城市照明工程项目设计方案未进行专业论证，把关不严；有些项目在施工阶段随意变更设计，影响了节能标准的执行；部分城市对照明工程不按规定进行专门验收即交付管理部门运行管理，部分项目需要进行二次改造才能达到照明节能的要求，造成了浪费。有些城市监管不力，照明项目的亮度（照度）值或单位面积上的照明安装功率不符合现有标准规范的规定，如：西安市北大街道路照明项目、鼓楼景观照明项目和三亚市临春桥道路照明项目等。

各地要按照国家节能减排的总体部署，切实履行责任，加强城市照明节能的管理工作。省级住房城乡建设行政主管部门要对检查中通报的问题，会同同级节能行政主管部门提出整改意见，督促有关城市限期整改，并按照《城市照明管理规定》等有关规定予以处理。住房城乡建设部将在 2011 年住房城乡建设领域节能减排专项监督检查中进行复查。

表 6-1 为 30 个直辖市、省会城市、计划单列市 2010 年城市照明节能工作检查结果；表 6-2 是 20 个其他城市 2010 年城市照明节能工作检查结果。

表 6-1 30 个直辖市、省会城市、计划单列市 2010 年城市照明节能工作检查结果

序号	城市名称	考核分数	序号	城市名称	考核分数
1	成都市	96	16	沈阳市	89
2	重庆市	95	17	厦门市	89
3	武汉市	95	18	南宁市	89
4	银川市	95	19	石家庄市	88
5	深圳市	94	20	济南市	88
6	大连市	94	21	天津市	87
7	长沙市	94	22	广州市	87
8	北京市	92	23	哈尔滨市	86
9	合肥市	92	24	福州市	86
10	太原市	91	25	昆明市	83
11	南昌市	91	26	青岛市	79
12	贵阳市	91	27	郑州市	78
13	呼和浩特市	90	28	西安市	76
14	长春市	90	29	乌鲁木齐市	71
15	海口市	90	30	上海市	63

20个其他城市2010年城市照明节能工作检查结果　　表6-2

序号	城市名称	考核分数	序号	城市名称	考核分数
1	中山市	95	6	长治市	87
2	楚雄市	89	7	乌兰察布市	87
3	通化市	89	8	宁德市	87
4	萍乡市	89	9	柳州市	87
5	固原市	88	10	遵义市	86
11	邢台市	85	16	日照市	79
12	淮南市	85	17	新乡市	77
13	佳木斯市	82	18	衡阳市	76
14	宝鸡市	82	19	十堰市	74
15	本溪市	81	20	三亚市	72

（资料来源：中华人民共和国住房和城乡建设部 www.mohurd.gov.cn 2011年4月14日）

提高城市综合防灾减灾能力的若干思考

住房和城乡建设部政策研究中心课题组

城市人口集中，经济密集度高，在国家的政治、经济、社会、教育、科学研究等各个领域的作用与功能越来越重要，城市一旦受灾，很容易出现连锁灾害或次生灾害，将涉及千百万民众的生命财产安全。灾害在任何地方任何时间都可能发生，但在城市地区发生对人类造成的后果最严重，同时城市变得越来越脆弱，在城市发展过程中，城市的规模越来越大，功能越来越复杂，可能出现问题的地方就越多，如交通运输事故、建设工程、公共场所、企事业单位发生的安全事故、传染病疫情、食物和职业中毒等。各种灾害威胁着我国大多数城市，包括洪水、地震、地质、海洋等传统自然灾害，以及火灾、爆炸、暴雨、冰冻、恐怖袭击、城市拥挤、温室效应、环境污染、传染病等非传统灾害。2005年哈尔滨市的水污染事件，2006年重庆的高温干旱，2007年大雨造成不少城市的人员伤亡，2008年南方雪灾使不少现代化城市瘫痪等事例表明，我国城市脆弱，难以安全、有效地应对各种严重灾害的袭击，急需提高城市防灾减灾能力。

1. 建设应急避难场所是城市防灾的有效办法

首先，应急避难所形式多样。应急避难场所是国际社会应对突发公共事件的一项灾民安置措施，也是现代化大城市用于民众躲避地震、火灾、爆炸、洪水、疫情等重大突发公共事件的安全避难场所。应急避难场所分为临时应急避难场所和长期应急避难场所两种。临时应急避难场所主要指发生灾害时受影响建筑物附近的小面积空地，包括小花园、小型文化体育广场、小绿地以及抗震能力非常强的人防设施，要求步行10分钟左右到达，这些用地和设施需要配备自来水管、地下电线等基本设施，一般只能够用于短时期内的临时避难。而长期应急避难场所又叫做功能应急避难场所。它一般指容量较大的公园绿地、各类体育场、中小学操场等，要求步行1小时内到达，这类场所除了水电管线外，还需要配备公用电话、消防器材、厕所等设施，同时还要预留救灾指挥部门、卫生急救站及食品等物资储备库等用地，它们平时是休闲娱乐场所，灾害发生时就可以为人们提供长期的生存保障。

其次，我国应急避难所的建设逐步得到重视。我国在《"十一五"期间国家突发公共事件应急体系建设规划》中明确提出，"省会城市和百万人口以上城市按照有关规划和标准，加快应急避难场所建设工作。"目前，北京、上海及大部分省会城市已经建立并完善了应急避难场所。如北京城八区有千余处小面积空地作为临时应急避难场所。可改建为长期应急避难场所的开阔地带面积有5300多公顷。元大都城垣遗址公园应急避难场所是第一个经过系统规划建造的应急避难场所，也是全国第一个悬挂指示牌的应急避难场所，它属于长期应急避难场所。从2003年起至今，北京已经建立或改造成了28个长期应急避难场所，在城八区内均衡铺开，这些场所包括朝阳区的朝阳公园、东城区的皇城根遗址公园、崇文区的明城墙遗址公园、海淀的海淀公园、东北旺中心小学、东单体育场等,以备在发生地震、火灾、爆炸等灾难时供人们避难使用。2007年,天津市应急委员会办公室在认真调研、充发论证的基础上,在全市确定了第一批25个应急避难场所。2008年,成都市人民政府批准26个首批应急避难场所。应急避难场所的修建,说明政府管理中科学、透明的灾害处理方式和城市危机管理的意识正在形成。

第三,应急避难所体系需要进一步完善。目前我国城市绿地系统规划往往滞后于城市规划,致使城市绿地建设总是被动地去适应城市规划所形成的空间布局,造成城市绿地的分布不均衡,老城区绿地严重不足,新建绿地多数分布在城市的周围或局部地段的状况,城市绿地与城市人口分布规律背道而驰,不利于形成有效的防灾绿地系统,难以起到全方位防御灾害的作用。很多城市绿地还远未达标,这就使得城市特别是中心区人均避灾绿地面积严重不足。同时对城市绿地避灾功能的研究基本上仅限于介绍日本的防灾绿地规划经验和措施,现行的避灾绿地体系由一级避灾据点、二级避灾据点、避灾通道和救灾通道组成,但对各要素的选址、规模、规划设计和设备配置要求均无准确依据和定量要求,造成避灾规划成果比较粗略。应急避难场所的规划建设是一个系统工程,各地需根据实际情况,积极、慎重、稳妥地进行建设,按照因地制宜、平灾结合、均衡布局、安全快速的原则进行规划设计。

2. 专业救援设备与队伍是城市防灾救灾的必需力量

首先,城市需要有足够专业救援设备。城市是科技进步的诞生地,也是科技转化的试验场。汶川地震时储备的帐篷不足,更没有大运力的直升机,没有具有技术含量的搜救设备,更没有高技术搜救设备,而这些都是突发事件中可能挽回损失的关键物资。在城市抗震救灾中,由于倒塌的楼房预制板、钢筋都扭在一块,在没有机械设备条件下很难扒挖,因此配备和携带有效和救灾工具非常重要。救灾工具既包括吊车等起重设备,气割机、凿岩机、挖土机、混凝土切割设备等大型器械,也包括锹镐、撬棍、千斤顶、锤子、钢钎、绳子等小型工具。因为一些地方大型机械无法施工,而救人到达最后关头,则要小心翼翼,全凭救援人员用双手来完成。另外,一些大型设备要靠柴油、汽油才能启动,必须保证充足的油料供应。地震灾区往往断电,与外界联系中断,救灾要携带照明及通信设备。现有救火式的应急储备不能满足要求,需要从公共安全的高度认识城市应急储备的重要性。

其次,地震灾害紧急救援队伍建设渐受重视。2001年,唐山大地震25年后,党中央、国务院决定组建一支由地震技术专家、急救医疗专家和警犬搜索专家等组成的国家地震灾害紧急救援队。现在越来越多的地方政府建立了地震灾害紧急救援队伍,除了国家地震灾害紧急救援队之外,还有28个省建立了32支地震灾害紧急救援队,这些专业的救援队伍可以在大的地震发生后发挥专业救援队伍的攻坚作用,在现代化的建筑物倒塌后造成被埋压人员很难施救的情况下,发挥攻坚作用。在2008年都江堰灾区现场,有国家地震灾害紧急救援队员参与救灾,他们配备了先进的救灾、救人装备和仪器。消防特警官兵是另一支专业队伍,他们有着丰富的城市抢险救灾经验,有他们参与,大大提高抗震救灾效率。通行的城市搜索与救援队伍所采取的救援手段是,确定埋压人员的位置是通过搜索犬、生命探测仪等专业设备和技术手段来实施,开展打通被埋压人员位置的工作,是采用一系列的顶升、破拆等专业救援装备来完成,最后是用紧急医疗装备来解决被救出幸存者的紧急救护的问题。

第三,救灾队伍专业化水平仍需提高。美国有国土安全部操作的专业救灾队伍,但我国安全科技在中国尚未成为生产力,缺少防灾储备技术与资金,无论在人为灾害,还是自然灾害防御上,与发达国家相差甚远,救灾技术落后,人员专业基本素质差,人多却效率低下,救灾基础装备缺乏,各专业救援队伍的装备整体水平比较落后等。汶川地震发生时,远地调动了14万毫无救灾经验及相关专业救灾设备的解放军战士,玉树地震时虽没有大量军队朝玉树调动拥挤,但专业队伍贮备建设问题仍非常突出。抗灾救灾,不是临时性,而是永恒性,必须建立抗灾救灾的专业队伍,这支队伍应当具备一定编制的规模、全面专业的技能,能够在灾难发生第一时间迅速启动,并保证抗灾机制完整、快速运转,甚至可以在灾难现场快速培训别人如何参与专业救援,没有专业的工作人员,再英明的决策也无法快速、全面、完美地执行,损失也当然无法减免。

第四,加强平战结合的应急队伍建设。一是充分发挥公安、武警、预备役民兵以及解放军的骨干作用,骨干队伍的沟通和协调,加强磨合,共同完成好各项应急任务,二是抓好专业队伍建设,按照一队多用和一专多能的原则,做好人力资源的统筹规则,加强队伍的培养和训练。以公安消防、煤矿、安全等骨干队伍为主体,逐步整合现有各类专业救援力量，形成统一高效的专业应急救援体系。三是推进矿山、危险化学品、水运、电力和电信等企事业单位应急队伍建设，按有关标准和规范配备专业及兼职救援人员和应急技术装备，提高现场先期快速处置能力。四是开展专家信息收集、分类、建档工作，建立相应数据库，逐步完善专家信息共享机制，形成分级分类、覆盖全面的应急专家资源信息网络，进一步加强应急专家队伍建设。五是根据行业特性和区域特点，组织开展应急救援志愿者队伍的人员招募、培训和演练，确保他们在应急处置中真正发挥作用。

3. 统一迅速应急救灾是减少灾害损失的有力保证

首先，逐步完善的应急机制在救灾中发挥了重要作用。在一场大的灾难面前，不仅仅是一个系统或一个部门的事情。面对灾害，城市政府必须有超前意识、提前谋划、早作准备，完善可以随时启动的、有效的应急保障机制，最大限度地将国家机器和社会各界快速动员起来，政府资源和社会力量优势互补、协同配合的抗灾救灾格局，具有突出优势。《中华人民共和国突发事件应对法》已于2007年11月1日起施行，该法明确规定国务院和县级以上地方各级政府为突发事件应对工作的行政领导机关，同时，法律赋予了各级政府在应急处置工作中采取必要强制性措施的权力，增强了政府应对突发事件的能力，增强了社会公众的危机意识、自我保护、自救与互救的能力，确保应对突发事件工作的有序、及时。比较完善的全国突发公共事件应急预案体系和应急管理体系已经建立，在雨雪冰冻灾害、抗震救灾中经受了实践检验，救援体系设置清晰，协调统一，救援效率大大提高。

其次，志愿者队伍是专业救灾力量的补充。与官方的专业救援队相比，志愿者队伍具有数量、行动时间及对环境的熟悉等方面的明显优势。由于熟悉当地情况且具备一定的自救互救知识，在危急时刻常常成为震区紧急救援的骨干、生力军，组织群众迅速开展有限的救援活动，挽救在死亡线上的人员生命，减少财产损失，组织人员紧急疏导，维护震区社会秩序，防止灾害扩大，有利于最大限度地发挥减灾救灾能力。修订后的《中华人民共和国防震减灾法》已于2009年5月1日起施行，新规定了国家鼓励、引导志愿者参加防震减灾活动。目前陕西省、湖北省和成都市等成立了应急志愿者服务队，定期进行灾害救援业务知识培训和演练。将参与各类灾难救援中的现场援救，包括伤员转运、现场调度、医疗辅助等，并将参与特大交通事故、集体中毒、自然灾害等突发事件的救援。

第三，完备的城市综合减灾管理体系尚待建立。我国目前基本上实行的是分灾类、分部门、分地区单一减灾管理模式。因综合协调不利而导致政策不一，步调不齐，甚至出现部门之间互相推诿或重复撞车。同时，在信息和减灾成果共享与行为配合等方面存在缺陷，造成整体资源配置缺乏系统的计划和科学的研究总结。调控手段单一，低效运行，导致城市灾害应急管理中资源整合的低效运行，如利益关系不畅，缺乏动力机制。城市的应急管理体系是由机构（官方及民间应急管理机构）、设施（应急管理的基础设施、技术支撑、物资设备）和组织（协调、预警、演练、培训）等要素组成的有机系统。为此必须建立统一的指挥控制中心、建立严格的信息报告制度、建立公开预警的标准等级、建立城市安全防灾文化教育及演练制度等。

4. 增强生命线系统防灾能力是城市防灾减灾的重要环节

首先，城市生命线系统本身具有脆弱性。城市生命线系统是维系城市功能的基础性工程设施，公众日常生活必不可少交通、通讯、供电、供水、供气等系统工程。它由各种建筑物、构筑物、管路等组成，还包括容易引起次生灾害的易燃、易爆、有放射性或有毒的工程设施等。完善的城市生命线系统是城市安全的标志，平时它必须满足城市气、热、水、电、信息、交通的充足供给，灾时它应成为保障城市防灾减灾及恢复的备用系统。城市生命线系统或在草坪下，但更多的穿越楼宇、桥梁、地铁等设施，城市生命线以网络方式构成，是城市灾害重要的承载体之一，具有灾时破坏严重、波及的范围广、社会影响大、次生灾害严重等特点，基础设施功能在任何环节上滞后或失效，一次寻常的灾害，都可能导致城市遭受巨大灾难。一旦在大规模灾害袭击下被破坏，将导致城市的瘫痪。国内外城市诸多事故与灾害表明，城市生命线系统现状总是脆弱的。

其次，城市基础设施是建设中的薄弱环节。城市基础设施由于资金有限，城市政府通常采取了重地上、轻地下的资源配置顺序，地下管网等基础设施连通性差、设施陈旧、质量低下、缺乏维护的状况改善很少，其能力普遍处于满负荷的临界点，甚至长期超负荷运行。应对突发事件的能力极其脆弱。现代化发展的需求，有的城市人口密度已高达每平方公里十几万人，如此密集的生存环境、如此大规模的经济需求，给供水、排水、供电、供油、供气、救护等增加了巨大压力，又由于历史欠账，资金缺口大，城市设施大大滞后于经济社会的发展需要，暴露出诸多矛盾，城市在正常情况下的运行都面临困难，更何况突发事件下的应对能力了，再好的预案，再恰当的防灾规划，由于缺少了安全储备容量，由于各个系统及环节都是饱和的，灾害来临时，只能给城市招致更大的损失及打击。

第三，提高城市生命线系统安全需要科学规划与管理。城市基础设施分为六大系统：城市能源动力系统、城市水资源及供水排水系统、城市道路交通系统、城市邮电通信系统、城市生态环境系统和城市防灾系统等，各系统交织在一起，相互影响，如地下管道的维修会对地面交通的运行带来影响。交通作为城市重要的基础设施，是显化的生命线，保证城市的正常运行起着重要的作用。在城市交通运转中，可能发生的突发事件有交通运输事故，恐怖袭击等。交通应急规划体系的目的和作用是在城市遭遇较大灾害的情况，确保城市生命线的畅通。因此，在进行交通基础设施建设时要充分地考虑灾后急的需要，特别是要加强机场、城市出入口、医院、立桥等重点地区抗震系数。隐藏的生命线包括水电气热等地下或管道系统，其中，城市燃气管道缺乏足够的维护不仅直接影响着居民的日常生活，易燃易爆的燃气从老化失修的管道泄露出来还极易发火灾、爆炸等突发事件。城市垃圾如果无法及时清理，堆积起来可能引发疫情等突发公共卫生事件。城市防灾基础设施功能不仅体现在具备抵御突发灾害的能力，而且在全寿命周期内，具有满足城市经济社会发展的动态需求，保障城市系统正常运转和促进城市持续发展的能力。城市防灾基础设施主要包括城市抗震防震设施、城市防洪排涝等防汛设施、城市消防设施、城市人防战备设施和城市救灾生命线工程等，是一个多要素、多层次的大系统。

（执笔人：袁利平）

引导农民工定居城镇的住房政策探索

住房和城乡建设部政策研究中心课题组

农民工是我国社会中的一个特殊群体。他们的社会身份（户口）是农民，但主要从事的工作是非农生产活动；他们大部分在城市就业，但其固定住所在农村；他们为城市创造财富，但却无法享受城市的住房、教育、医疗和社会保障等政策。自1984年开始允许农民自带口粮进城经商务工以来，我国的农民工现象已有近三十年的历史。目前，全国农民工的总数达到2亿多人，其中，异地流动的农民工为1.49亿人，他们已经成为我国工业化进程中一支不可或缺的新型劳动大军。这些农民工能否在城镇长期有序定居，事关我国社会经济稳定发展和全面建设小康社会的大局。

1. 农民工定居城镇符合国家城镇化战略

城镇化是我国经济发展的引擎之一，也是解决"三农"问题的根本出路，顺利推进城镇化是我国的一项重要国家战略。去年末的中央经济会再次强调了推进城镇化的重要任务和作用，提出"要把解决符合条件的农业转移人口逐步在城镇就业和落户作为推进城镇化的重要任务"，"要把推进城镇化作为保持经济平稳较快发展的持久动力"，非常明确地把推进城镇化作为实施城乡统筹的重要举措。城镇化是我国经济增长的内生动力，与经济发展形成了良性互动的关系，最直观的表现是，改革开放以来，我国经济增长出现的地区差异与城镇化水平的差异高度一致。2008年，我国的城镇化率只有45.7%，与第二产业增加值占GDP比重的50%相比仍然较低，与达到城镇化率70%~80%的高级阶段相比，增长空间仍然较大。顺应工业化、城镇化的客观规律，引导农村富余劳动力向非农产业和城镇有序转移，继续推进城镇化，是今后一个时期促进我国经济发展的重要战略选择。

由于受户籍和土地制度的影响，我国城镇化的关键问题是农民进城如何落户和定居的问题。应当看到，虽然改革开放以来，我国城镇化速度非常快，但是目前的城镇化却存在着不稳定的因素。2008年我国的城镇人口达到6.07亿人，但其中包含了约1.5亿异地流动的农民工，由于存在着户籍、土地、保障、住房等方面的原因，他们难以真正在城市稳定居住，随时有可能回流到农村，如果扣除这部分没有扎根在城镇里的农民工，那么我国的城镇化率有可能比统计数据低十个百分点左右。所以，中国的城镇化，长期性的关键问题是农民进城落户定居问题。农民工只有实现了定居城镇，才能真正实现农业劳动力的职业转换和身份转换的统一。如果农民工不能定居城镇，始终处于游离状态，我们的城镇化就是有水分的城镇化、不稳定的城镇化、有假象的城镇化。目前，农民工已广泛分布在国民经济各个行业，在加工制造业、建筑业、采掘业及环卫、家政、餐饮等服务业中已占从业人员的半数以上。如果不稳定的城镇化长久存在，一方面，对经济持续发展、社会稳定、城市运行、居民生活水平提高、农民致富都将造成极大的威胁。另一方面，外出务工经商的农民工多数为中青年，如果在有就业能力的中青年时期不能在城市落户定居，老年后再进城定居的动力和机会将大大减少，到那时，城镇化进程事必将面临严重困境，所以，在我国老龄化来临之前，把具备条件的农业人口通过稳定居住转为城镇人口，实现城镇化的实质性推动，是重要的历史机遇。

2. 目前农民工定居城镇的条件正在形成中

改革开放30年，我们经历了城镇化的快速增长和城市大规模的扩张时期。2008年与1978年相比，我国的城镇人口增长了4.4亿人，建筑连接成片、基础设施配套齐全的城市建成区面积扩大了4倍。这一时期的快速城镇化，有补历史欠账的因素，有行政区划调整的因素，有政府行政力推动的城市结构调整的因素，靠城市规模的扩张，许多农民被动变成了市民。今后，城镇发展不可能再持续这样粗放的模式，城镇化的顺利推进必须要依靠城镇集约式地发展，靠农民的主动性因素。在农民主动进入城镇过程中，农民工是最有条件率先变成市民的。经过长期的积累，我们可喜地看到，农民工变市民的条件正初步具备。

首先，农民工在城镇经商务工出现了长期化、家庭化和年轻化的趋势，致使定居城镇的意愿增强。农民工在经历了对其限制流动、控制流动、引导流动、鼓励流动等一系列政策变化之后，目前，不但农民工的数量已经非常庞大，而且农民工进城务工的实际状况也发生了很大的变化。一是长期化趋势增强。由于农民工外出务工的收入明显高于务农收入，农民工外出打工成为农民家庭脱贫致富的重要途径，所以，在外务工的年限逐年加长。根据2007年对北京市城八区的一项调查表明，有10%的农民工外出年限在16年以上，平均外出年限为8年；农民工在外打工时间每增加1年，愿意返回老家的概率将会减少0.5%，而愿意成为城市居民的概率会增加0.6%（李强，2009）。二是家庭化趋势显现。目前已经有一定数量的农民工不再是单身一人在外打工，而是倾向于举家移居，农民工流动已呈现家庭化的趋势。根据有关学者的研究，有家庭人口随迁的农民工比重从1995年的29.5%，增长到2000年的37.5%，再增长到2007年的54.7%，2007年比1995年几乎增加了一倍；3人家庭的比重从1995年的6.2%，增加到2008年的21.2%，增长了15个百分点；有子女跟随打工的比重从1995年的9.7%，增长到2008年的28%，增长了2倍（朱明芬，2009）。农民工家庭化流动，成为定居城镇的重要动力。三是年轻化趋势明显。随着我国开放程度的不断加大和农业剩余劳动力面临的持续压力，农民工外出打工的年龄程度越来越低，目前新生代农民工逐渐成为我国农民工群体的主体。一项教育部2006年关于"农村劳动力转移就业的社会政策研究"表明，年龄在45岁以下的农民工占到90%以上，其中16~25岁的占42.1%。这几年比重更有所提高。其他多项研究也都证实这个结论。这些年轻的新一代农民工，特别是那些出生在城市里的农民工，文化综合素质普遍提高，乡土依恋情结逐渐淡化，城市归属感不断增强，物质要求和价值追求提升，融入城市社区的进程加快，定居城镇的意愿明显提高。

其次，农民工收入的提高，为进城定居奠定了物质基础。尽管总体上看，农民工的收入与城镇职工有很大差距，但与自身相比，已经有了明显的提高。根据国家统计局农调总队等的调查，2004年农民工外出务工的月平均收入为780元；2006年为966元，其中男性达到1068元；2007年上半年为1109元，其中男性达到1182元。特别是，高技能熟练工的月收入相对较高，2007年达到1500~3000元，北京和广州等特大城市的农民工月均工资也相对较高，2007年分别平均达到1200元和1400元左右。由此表明，农民工的工资水平近年来有了一定幅度的明显提升。农民工收入的提高除了正常增长外，与政府的政策干预密不可分，其中，加大力度解决农民工工资拖欠问题、依法保障签约农民工收入、建立农民工工资保障金制度、落实农民工最低工资标准等工作取得了显著成效。

第三，社会保障制度全面推行，将加速推进农民工进城定居。根据民政部的报告，目前农村社会保障体系初步形成，主要包括了农村最低生活保障制度、新型农村合作医疗制度、农村医疗救助制度、农村五保供养制度、自然灾害生活救助制度等主要内容。到2020年，农村社会保障工作基本可以做到有法可依、有章可循。可以预见，随着城乡一体的社会保障逐步实施，城乡基础设施、就业、教育等一体化进程的大大加快，将极大地解除农民工的后顾之忧，进城定居的愿望将会更加迫切。

3. 农民工定居城镇需要住房政策引导

我国城市化不仅仅是经济、社会和环境变化的自然产物，更是受到公共政策的显著影响，在农民工进城定居的条件已经初步具备之时，加强政策引导正当其时。居住是农民工融入城市社会，完成农民向市民转化的关键一环，是农民工市民化的基础。安居才能乐业，如果居住问题不能很好地解决，其他问题如成家的问题、子女教育的问题、社会保障问题、业余精神文化生活问题等也无从谈起。所以农民工定居城镇首先要解决住的问题，这已经成为新时期我国各个城市政府面临的挑战。把这个问题解决好，不仅有利于改善农民工在城市的待遇和生活质量，解除农民工的后顾之忧，有利于促进农民工在城市永久定居，而且也有利于农民工与城市市民之间的社会融合，防止某些发展中国家城市化过程中曾出现过的"贫民窟"现象。

解决农民工的居住问题，须关注农民工住房的状况和尊重农民意愿。综合多项研究，目前农民工的住房有以下方面的特点：

第一，农民工的住房状况普遍较差，对住房的满意程度较低。根据我们的调查，建筑业和制造业吸纳了进城务工人员总数的半数左右，他们主要居住在工地的工棚和集体宿舍中；城乡结合部、城中村、居民楼地下室、经营场所是农民工自己租房的主要居住地，只有极少部分农民工购买或租住了条件良好的城镇住房；在农民工自租的住房中，80%以上居住的是临建房或简易房，这些房子位置偏远、建筑密度大、安全隐患高；农民工人均住房面积低（建设部调查，2006），居住集体宿舍的平均只有5平方米，集中居住在建筑业单位提供的宿舍的平均甚至不足3平方米，三人以上合住一间住房的占半数以上；农民工的居住环境恶劣，多数房屋缺少阳光、通风、集中取暖、独立卫生间等条件，阴暗、潮湿，卫生条件差；绝大多数农民工的住房的支出并没有随收入提高而增加，他们倾向于与同乡扎堆居住，融入城市的程度很低，健康的文体休闲娱乐等精神需求无法满足。农民工的整体居住状况需要政府高度关注，监督管理好农民工最基本的居住安全和质量问题，防止出现贫民窟和安全事故，是政府的一项重要的公共职能。

第二，随着越来越多的农民工家庭流入城市，对出租房的需求愿望大大增加。2008年对杭州农民工的一项研究表明（朱明芬，2009），农民工及其家庭租住城郊农民房屋的比重由1995年9.7%猛增到2008年的37.6%。同期，农民工租住城市居民房屋的比重也从2.2%大幅度上升到7.2%。在我们调查的农民工中，也有超过44%的农民工更倾向于在其务工的城市租房居住。这虽然可能隐含着农民工及其家庭在城市居住成本的提高，但也意味着农民工及其家庭在城市有了自己相对独立和安定的"家"，可以享受相对隐私而温暖的家庭生活。尽管农民工自己独立租房的愿望增强，但大城市住房的市场租金相对农民工的收入来讲仍然较高。据相关统计，我国目前有超过60%的农民工在长三角、珠三角等大城市和本省的省会城市就业，即使农民工家庭月收入达到3000元，租赁住房仍然困难。所以，政府应关注如何增加大城市中适合农民工租赁的住房供应，政策引导十分重要。

第三，受收入较低而房价较高的影响，农民工在大城市购房能力普遍较弱，在中小城镇购房的意愿较强。一是，农民工的收入虽然有了一定的增加，但平均收入仍大大低于城市居民收入，而且与大城市的房价相比支付能力很弱，他们基本不具备在大城市购房的条件，如2008年在杭州的农民工居住在自购住房的比重仅有2.4%（朱明芬，2009）。但与进城定居意愿相吻合的是，愿意回到家乡附近中小城镇购房定居的比重不低。2006年一项对上海、广州、武汉、成都和阜阳等地农民工住房问题研究表明（上海市房屋土地资源管理局，2006）农民工愿意留在打工地居住的仅占30%，有35%的农民工有意回家乡附近的中小城镇买房定居，另有35%的农民工打算回乡建房。二是，对于在大城市购房，不仅积累足够的资金支付首付款对农民工来讲相当困难，而且由于缺乏工作保障，获得贷款的可能性也很低。三是，农民工群体就业的不稳定性和高流动性对农民工在城市购房决策也有重要影响。所有这些因素决定了，农民工在大城市购房难度很大，租房是最好的选择，相对而言，中小城市和小城镇、大城市周边的卫星城镇更有条件满足农民工的购房愿望和能力。

第四，农民工在城里的购房愿望主要出自对子女教育的长远考虑。我们对北京农民工的调查发现，也有33%的农民工倾向于在城市买房，其中60%的是为子女今后的教育和生活考虑。2008年洛阳市统计局也曾就"进城农民的心愿"作过一次调查，32%的进城农民最关心子女教育问题，77.3%父母希望子女跟随到市区上学，97.6%的进城务工农民希望子女接受高等教育。所以，政策引导农民工在城市落户和居住时，应充分考虑教育资源的开放。

4. 解决农民工住房问题的政策建议

满足不断扩张过程中的农民工住房需求，坚持走有中国特色的城镇化道路，体现在住房问题上，就是要实现城乡利益关系的协调发展，要找到使迁徙城镇的农村人口在城市定居下来的适当解决方式。既不能让农民工完全自发解决，任其长期在低劣的环境中居住，将矛盾、风险和问题集中；也不能由政府完全包办，忽略企业和农民工自身的积极性和主动性。政策思路是，针对农民工就业特点、居住意愿和承受能力，政策重点应在中小城市、小城镇和大城市各有侧重。

（1）中小城市和小城镇的农民工住房政策重点配置在购房定居上。中小城市和小城镇是大部分农民工经商务工的第一站，也是许多农民工回乡创业的重点地区；大城市周边的中小城市和小城镇是多数务工农民工的暂住地，也是农民工最熟悉、最容易融合的地方。在中小城市和小城镇，把农民工的住房政策重点配置到引导农民工定居符合农民工的愿望和实际能力，还可以最大限度地减少农民工的盲目流动。2009年底中央经济工作会议提出的"促进大中小城市和小城镇协调发展"，"要把重点放在加强中小城市和小城镇发展上"，"放宽中小城市和城镇户籍限制"等一系列政策，将为农民工定居中小城市和小城镇创造最为有利的条件。具体建议包括：

第一，廉租住房和经济适用住房等城镇住房保障政策应在中小城市和小城镇对农民工全面开放。地方政府应将农民工的住房需求纳入中小城市和城镇的住房保障规划，中央和省级的住房保障补助资金相应配套支持。

第二，设立专项启动资金，实施农民工宅基地与商品房的互换。农民工宅基地和商品房的互换可由农民工输出地的中小城市和城镇的政府组织实施，形成城乡住房资源的联动机制。政府可以将农民退出的宅基地复垦或纳入建设用地指标转让，所得资金用于补偿退出宅基地的农民，即，凡在城镇定居购房的农民工均可退出宅基地并得到补偿。把农民工在中小城市和小城镇购房与农村住房退出和盘活相衔接，可以促进农村住房和宅基地资源的合理流动和充分利用，减少宅基地的闲置和浪费，实现农民工宅基地的财产功能，放大农民工在城市购房的支付能力，促进农民工在城镇永久定居。退出宅基地的农民工仍可自愿保留农民户口和农业承包地，保证不降低农民工已有的保障水平。

第三，教育资源应在中小城市和小城镇对农民工无条件开放。将农民工子女义务教育纳入当地教育发展规划，列入教育经费预算，保障农民工子女平等接受义务教育。满足农民工对子女教育的需求，激发和带动农民工家庭在城镇创业和定居。

（2）大城市的农民工住房政策重点应针对薄弱环节，集中资源应对风险集中易爆发的潜在危机。大城市人口多、房价贵、生活成本高，受收入的限制，农民工在大城市购房难度很大，改善居住条件、便宜租房是他们的最大愿望。在大城市，农民工数量较多，形成了大分散、小集中的居住形态，虽然农民工遍及城市的各个角落，但又相对集中居住在工地工棚、集体宿舍、城乡结合部和城中村地区，大城市政府的政策应重点保障这些区域农民工的居住安全，帮助他们改善居住环境，避免贫民窟现象和公共危机的出现。具体建议是：

第一，大城市的公共租赁住房向农民工开放。租房是农民工在大城市最可行的居住方式。由于大城市本身的住房保障压力很大，廉租房和经济适用房的保障性资源在满足本地常住居民的前提下，可对居住满一定年限的农民工提供。公共租赁住房介于保障房与市场商品房之间，政府的财政支持有限，更多地是调动租房者自身的能力，公共租赁住房应完全向有支付条件的农民工开放。

第二，针对农民工租住公共租赁住房，可以制定专门的"先租后买"的住房政策。政府和租房的农民工持有共有产权，锁定房价上涨风险，农民工先期可以租房，按能力逐步购回全部产权，以此激发农民工在城镇购房定居的积极性，鼓励有条件的农民工在城镇长期定居。

第三，从政策上鼓励大企业建设符合卫生安全标准的农民工宿舍。大城市的大型建筑业企业和制造业企业较多，吸纳了大量的农民工就业，政府要加强监管，保证农民工居住场所符合基本的卫生和安全条件。城市政府可通过土地、税收等政策鼓励用工量大的企业和其他企业，在符合规划的前提下，为农民工建集体宿舍。在强化企业责任调动企业积极性的同时，政府还要负责制定规则和监督实施。包括制定集体宿舍的最低建设标准，加强建设和使用监管，确保农民工居住安全。

第四，加强对城乡结合部和城中村农民工聚居地区的规划、建设和管理，提高公共基础设施保障能力。加大力度推动公共交通和轨道交通向城外延伸，增加商业配套设施，为农民工的出行和生活提供便利。

第五，有条件的城市和单位将农民工纳入住房公积金体系，允许住房公积金用于农民工购买或租赁自住住房。

（执笔人：秦虹）

创新城中村改造模式，增加城市低端租赁住房供给

住房和城乡建设部政策研究中心课题组

"城中村"问题是我国城镇化快速发展过程中因"征地不征村"而形成的一种特殊现象，随着经济的发展和城市建设的推进，"城中村"问题已成为无法回避、必须加以解决的问题。城中村普遍存在着居住环境差、影响城市景观、土地利用效率低等问题，但同时，城中村在城市有机体中也发挥着吸纳低收入人口、降低整体社会成本的积极作用。部分地区在城中村改造过程中探索了多种成功的改造模式，应在此基础上，进一步创新城中村改造模式，在房价上涨过快、政府公共住房供应压力大的城市，可对城乡结合部产业功能聚集区周边的城中村，实施以提升居住功能和居住环境、提高土地利用效率、增加低端租赁住房供给为主的城中村改造。

1. 部分城中村改造应和完善城市住房供应体系相结合

一方面，随着经济的发展，城中村中居住安全、环境污染、土地利用低效等问题日益突显，必须尽快加以解决；另一方面，城市住房供应体系亟待完善，特别是在房价上涨过快的大城市，低收入群体的租赁住房供给难以满足需求。部分符合条件的城中村的改造应和完善城市住房供应体系相结合，通过城中村改造，增加城市低端租赁住房供给。

1.1 "城中村"问题是我国城镇化过程中必须破解的一道难题

随着我国城市建设的快速扩张，很多城市都出现了大量的"城中村"，也就是在城市规划区内，被城市建设用地包围、在土地权属、户籍和行政管理体制上仍保留农村模式的农村居民点。城中村是我国城镇化过程中一种特有的现象，在城镇化初期，为节省建设成本，在城市空间拓展的过程中往往采取只征用农用地，绕过农村居民点的"征地不征村"模式，直接导致了城中村的大量形成。

推进城中村改造一直是政府在城市发展上面临的重要任务。城中村主要存在如下问题：一是人居环境劣。城中村的基础设施当初仅是用来满足农村低密度的建筑和人口需求的，但随着大量外来人口的不断涌入，供水、排水、垃圾、电力、道路等基础设施无法承载大量的需求，同时，多数的城中村游离于城市管理之外或城市管理薄弱，从而导致垃圾遍地、污水横流、道路狭窄等问题，与相邻的"城市地带"形成鲜明的对比，人居环境恶劣。二是建筑质量差。城中村的住房多是村民利用自家宅基地自行建设用于出租，政府的城市建设工程监管程序无法对城中村农村集体土地上建房行为进行约束，导致了城中村中普遍存在建筑密度大，质量安全隐患多等问题。三是土地利用效率低。城中村尽管是建筑密度较大，但就土地利用效率而言却大大低于城市的水平，从容积率看，城中村的容积率多数低于1.0，土地利用效率相对较低。

1.2 住房供应体系存在低端租赁住房供给缺口较大的问题

虽然住房保障制度建设在不断完善，但长期以来，由于住房供应体系中的保障供应和市场供应未能实现无缝衔接，特别是在房价过快上涨的城市，"夹心层"问题突出。同时，我国处于快速城镇化进程中，大量农村人口涌入城市，中小城市人口向大城市迁移，城镇化和经济发展客观上形成了这样的人口迁移，由此对城市住房产生了大量的需求。在现有的住房供应体系中，满足低端租赁需求的住房供给缺口较大，"蚁族"问题社会热议。

1.3 部分城中村具备了以提供低端租赁住房为主要功能的改造条件

从我国的实际情况看，应将部分城中村改造与完善城市住房体系结合起来。从长远看，城中村改造是我国城市化过程中不能回避的问题，部分城中村在现实中的低端租赁住房供给上发挥着重要的作用，简单以拆除的方式来解决，并不能彻底消除城中村，将可能使这些低端住房需求转而向另一个村聚集，并再次成为城中村问题。由于目前的城中村存在卫生条件差、配套设施不足、存在诸多安全隐患等问题，从完善城市住房体系的角度看，也应对城中村进行相应地改造。城中村在为城市提供低端租赁住房上具备了先天条件：一是很多城市都存在一定数量的城中村。特别是外来人口多的东南沿海发达城市和省会城市，在城市快速扩张的同时形成了大量的城中村，部分特大城市的城中村面积占到了城市建成区总面积的10%左右。二是现有城中村实际上承载着低收入外来人口租赁住房供给的功能。城中村由于其低廉的住房租金，吸引了大量的低收入外来人口。据相关统计，进入城镇的1.2~1.4亿外来务工人员中约一半以上居住在城中村。城中村集中了城市大部分低收入的外来人口，在解决低端人口住房问题方面发挥着实际的作用，是自发形成的低收入外来人口聚集地，是城市经济的一个重要组成部分。三是城中村的位置也适合作为低收入群体租赁住房的选址。目前各城市的城中村绝大部分处在城乡结合部地带，从城市空间功能配置和土地利用的角度看，也适合作为低收入群体租赁住房的选址。如果低端租赁住房的选址再向城市外围圈层配置的话，增加了公共交通配套的压力，也不利于城市合理的功能布局。

2. 部分城中村改造宜保留租赁住房供给功能，实现趋利避害

城中村存在居住环境差、土地利用效率低，影响城市景观等问题，被冠以"城市疮疤"。但是，不可忽略的是城中村在目前城市有机体中也发挥着一些积极作用，是城市和农村两种系统碰撞的缓冲地带，起到了比较重要的社会稳定作用：一是为低收入外来人口提供住房。低收入外来人口在城中村通过市场租赁其可负担的住房，解决了基本居住和简单生活配套需求，减轻了政府为低端人口提供公共住房的压力；二是房租收入成为城中村农民的主要收入来源。城中村是因"征地不征村"的方式形成的，失去耕地的农民由"种地"转为"种房"，在自有宅基地加盖住房向低收入外来人口出租，依靠其宅基地资产获取的房租收入成为城中村农民的主要收入来源。三是城中村的存在降低了整体社会成本。城市的发展离不开低收入的外来人口，城中村在很大程度上降低了低收入流动人口进城的生存成本，为城市经济发展提供了廉价的劳动力，从而降低了社会的人力成本。

对部分在产业功能区周边的城中村改造，政府应综合分析评估城中村的负面问题和积极作用。在改造中要对现有城中村的功能"趋利避害"，使改造后的城中村继续发挥现有的积极作用，即为低收入外来人口提供租赁住房、确保农民的收入来源；从维护城中村居住者利益的角度看，应确保建筑质量安全，改善居住环境；从维护社会公共利益的角度看，应提高城中村土地利用效率，改善城中村环境，优化城市面貌。

在城中村改造中要平衡发展问题、公共利益问题和对低收入群体的保障问题，实现多赢局面。对于以实现提供低端租赁住房为主的城中村改造，应把握以下原则：承认现有功能，实施改造整治，提高土地效率，保障农民利益。

2.1 承认现有功能——保留租赁住房供给功能

城市活力的一个重要方面体现在能够吸纳外来人口进入城市就业。外来人口有一个合理的结构比例才能维持城市的正常运转，不能忽视低收入外来人口在城市发展中的重要作用，其对维持城市的正常运转起到了必不可少的作用。城市政府要正视这一客观需求，在城市空间布局上要合理配置低端居住需求。城中村改造以拆为主的思路应该反思，简单的一拆了之可能会造成新的问题。因此，在房价过快上涨、低端租赁住房供求矛盾比较突出的城市，特别是对城乡结合部产业聚集区附近的城中村，这些城中村往往自发形成了与产业功能区配套的低端租赁住房供应，在这些城中村改造过程中，首要的功能定位应考虑保留低端租赁住房供给的功能，在保留功能定位的前提下，实施优化改造。

2.2 实施改造整治——改善居住质量和环境

解决城中村的居住安全问题、提高公共设施设施承载力和优化居住环境是城中村改造要解决的重要问题。一方面，从城中村居住者利益的角度看，居住安全是最基本的要求，因此要对城中村中的高密度危险建筑尽快进行改造或拆除重建。城中村公共配套设施的健全和居住环境的改善依赖于城市公共设施和公共服务向城中村的延伸，实现城市公共服务向城中村所在区域的覆盖，也是政府的职责所

在；另一方面，从城市公共利益的角度看，城中村环境的改善也是优化城市景观的重要一环，是城中村实施改造的重要外在动力。

2.3 提高土地效率——提高容积率降低建筑密度

现有城中村的容积率多数低于1.0，改造的目标容积率应提高至与城市一般水平基本持平，提高土地利用效率，降低建筑密度，适当增加公共绿地等。通过提高容积率，增加租赁住房供给数量，使城中村在解决低收入人口的住房问题上发挥更大的作用。同时，容积率的提高也能为城中村增加基础设施、公共设施、配套商业设施提供一定的空间。

2.4 保障农民利益——保持现有利益格局

农民是城中村的原住民，在城中村改造过程中应充分保证农民的利益不受损害，并且原村民应该成为城中村改造的受益者。在改造过程中要解决好农民的生存和发展问题，应通过城中村改造，改善农民的居住条件，妥善解决农民持续稳定获取收入来源的问题。保留城中村农村集体经济组织对集体建设用地的所有权，维护其集体土地所有权权益，仍然保留房租收入作为农民主要经济收入的形式，在实施上可采取村集体统一经营住房租赁的方式。

3. 以提升低端租赁住房供给功能为核心，创新城中村改造模式

目前城中村改造模式主要包括政府主导型和开发企业主导型。在房价上涨过快、政府公共住房供应压力大的城市，可创新城中村改造模式，选择城乡结合部产业功能聚集区周边的城中村实施以提升低端租赁住房供给功能为核心的城中村改造，采取政府提供政策支持、农村集体经济组织为改造主体的方式实施改造。

3.1 改造以农村集体经济组织为主体

从一些国家的发展经验看，政府无力全部承担所需公共住房的供给。部分发展中国家曾经仿效英国的贫民窟清除政策，由政府提供针对这部分群体的公共住房，但在实施过程中，发现在快速的城市化进程中，政府难以全部承担起这部分群体所需的公共住房，转而采取了帮助其改造居住环境的政策，在一定程度上缓解了政府公共住房支出的压力，同时也解决了部分低收入群体的住房问题。

在以提升低端租赁住房供给功能为核心的城中村改造过程中，应将发挥农民积极性和尊重农民利益结合起来，由农民继续持有和经营租赁住房，取得租金收入。但应从以前租房的小农经济转向租房的现代化经营，即租赁住房不再是以农户为单位的经营，而是以公司持有和经营的现代化经营管理方式。撤销原城中村村委会，将原集体经济组织转制为由集体法人股东和个人股东持股的股份制公司，主要经营住房租赁。原村民是持股的个人股东，获取相应的收益，同时，可自愿到新组建的公司从事租赁事务管理工作和物业服务工作，实现就业。

3.2 政府为城中村改造提供相关政策扶持

政府应在符合城市规划的前提下，对城中村改造方案进行审定，确保在按照一定的标准建设满足村民自住的住房、必要的公共配套设施和商业设施外，其余的建设用地应主要用于建设低端租赁住房，由村集体持有，不能用于出售。如开发建设资金不足，政府可将城中村的部分地块公开出让，所得土地收入应完全用于弥补该城中村的建设改造资金缺口。

3.3 改造后的城中村租赁住房应纳入城市公共租赁住房体系管理

改造后的城中村租赁住房由村集体成立的、原村民持股的股份公司持有；由租赁住房资产持有公司或由原城中村村民组成的管理公司或委托其他机构进行日常的运营管理。但通过城中村改造建设的面向低收入群体的租赁住房，由于享受了政府的优惠政策，因而不同于一般的商业性的租赁住房，应纳入政府的公共租赁住房体系，丰富政府公共租赁住房的房源供给。纳入政府公共租赁住房体系管理具体体现为以下两点：一是住房租金应根据政府公共住房租金指导价而定，不能采取自行定价；二是承租人应符合政府对公共租赁住房承租对象的要求。

3.4 改造纳入城市相关管理程序，增加公共设施投入

以提升低端租赁住房供给功能为核心的城中村改造，虽然实施主体是农村集体经济组织，但前提是要纳入统一的城市规划、城市管理和城市公共服务体系。一是科学规划。城中村的改造要纳入城市规划，进行科学合理的规划，改造后的城中村要符合城市功能区定位的要求，适当提高容积率，限定各类用地的使用要求。二是纳入城市住房建设的管理程序。城中村改造建房要纳入政府的住房建设监管环节，严格保证房屋安全质量。三是政府制定公共租赁住房标准。政府要根据公共租赁住房面向的低收入群体，制定符合其承受力和需求的租赁住房标准，具体包括面积标准、功能标准、配套设施标准和公共设施标准，指导城中村改造过程中租赁住房建设。标准的制定并执行是确保租赁住房真正提

供给低收入者使用的一个必要措施。四是政府提供的公共服务要向城中村延伸。完善基础设施和公共设施，对城中村的电力设施、上下水设施等要进行改造，配套建设必要的公共设施和商业设施，为城中村的居民生活提供便利。

（执笔人：浦湛）

发展绿色建筑存在的问题及对策建议

住房和城乡建设部政策研究中心课题组

全球气候变化和环境恶化深刻影响着人类的生存和发展，发展低碳经济、建设低碳社会已成为全球共识。建筑物在建造和运行过程中需要消耗大量的自然资源和能源，是温室气体排放的主要来源之一，人类越来越认识到建筑及其运行对气候和环境的巨大影响，由此掀起了世界范围内发展绿色建筑的高潮。

我国2006年发布的《绿色建筑评价标准》对绿色建筑作出了如下定义：在建筑的全寿命周期内，最大限度地节约资源（节能、节地、节水、节材）、保护环境和减少污染，为人们提供健康、适用和高效的使用空间，与自然和谐共生的建筑。从概念上来讲，绿色建筑主要包含了三点，一是节能，这个节能是广义上的，包含了上面所提到的"四节"，主要是强调减少各种资源的浪费；二是保护环境，强调的是减少环境污染，减少二氧化碳排放；三是满足人们使用上的要求，为人们提供"健康"、"适用"和"高效"的使用空间。

1. 发展绿色建筑意义重大

1.1 建设资源节约型社会的必然选择

近年来，随着经济的快速发展，资源消耗多、能源短缺问题已经成为我国经济社会持续发展的最大制约，成为危及我国现代化建设进程和国家安全的战略问题。目前，我国正处于城镇化加快发展阶段，城乡建设速度空前、规模空前，伴随而来的是严峻的能源资源问题和生态环境问题。我国拥有世界上最大的建筑市场，每年新增建筑面积高达18～20亿平方米，建筑能耗约占全社会总能耗的三分之一，单位建筑面积能耗是发达国家的二至三倍，同时建筑还消耗大量的水资源、原材料等，无论是能源、物质消耗，还是污染的产生，建筑都是问题的关键所在。绿色建筑在建筑活动及建筑物全生命周期实现节能、节地、节水、节材，高效地利用资源，最低限度地影响环境，因此，发展绿色建筑是我国建设资源节约型和环境友好型社会的必然选择。

1.2 应对全球气候变化的重要措施

气候变化是全球关注的问题，应对气候变化事关人类生存、各国发展，是全世界面临的共同挑战。我国高度重视应对气候变化工作，2009年12月，在举世关注的哥本哈根联合国气候变化大会上郑重承诺，到2020年，我国单位GDP二氧化碳排放将比2005年下降40%～45%。建筑是温室气体排放的主要来源之一，对气候变化有着重要的影响，绿色建筑符合低能源消耗、低温室气体排放为特点的低碳时代的要求，切合节能减排应对全球气候变化的主题。《中国应对气候变化的政策与行动》第四部分"减缓气候变化的政策与行动"中提出："积极推广节能省地环保型建筑和绿色建筑，新建建筑严格执行强制性节能标准，加快既有建筑节能改造。"推进绿色建筑发展，不但对于实现2020年绿色经济减排目标具有关键性作用，而且对全球应对气候变化也将起到重要影响。

1.3 实现建筑业可持续发展的有效途径

建筑业是国民经济的支柱产业，绿色建筑是引领建筑技术发展的重要载体，绿色建筑的发展将改变我国建筑业缺乏技术含量、产品质量不高、品质低的现象，转变建筑业粗放式发展模式，引领建筑业摆脱传统落后的局面，使建筑业向注重科技含量、注重循环经济、重视质量和效益、健康协调的方向发展。

2. 绿色建筑活动不断推进

我国绿色建筑战略的推进是在国家战略发展的背景下逐步进行的。在可持续发展战略、科学发展观、建设资源节约型和环境友好型社会、建设生态文明等国家相关战略发展的背景下，相关法律法规逐步完善，随着政府推动力度的加强，以及绿色建筑这一概念为更多的人认识和了解，依据绿色建筑理念进行的建设实践大量展开。

2.1 列入国家科技发展规划

2005年，国务院颁布的《国家中长期科学和技术发展规划纲要》（2006～2020）将"城镇化与城市发展"作为11个重点领域之一，在"城镇化与城市发展"中，"建筑节能与绿色建筑"是五个优先发展主题之一。

2.2 初步确立法规标准体系

《中华人民共和国节约能源法》、《民用建筑节能条例》、《公共机构节能条例》等法律法规的相继出台和实施为绿色建筑的发展提供了法律保障。同时，绿色建筑标准体系初步建立，《绿色建筑技术导则》、《建筑节能工程施工质量验收规范》、《绿色建筑评价标准》、《绿色建筑评价标识管理办法》、《绿色建筑评价技术细则》、《绿色建筑评价技术细则补充说明（规划设计部分）》及《绿色建筑评价技术细则补充说明(运行使用部分)》等技术标准与技术规范相继发布，建立了绿色建筑评价标识制度，正式启动绿色建筑评价工作，结束了我国依赖国外标准进行绿色建筑评价的历史。

2.3 搭建绿色建筑交流平台

2005年起，住房和城乡建设部联合有关部委每年召开"国际绿色建筑与建筑节能大会暨新技术与产品博览会"。大会主要交流、展示国内外绿色建筑与建筑节能的最新成果、发展趋势和成功案例，研讨绿色建筑与建筑节能技术标准、政策措施、评价体系和检测标识，分享国际国内发展绿色建筑与建筑节能工作的新经验，促进我国绿色建筑与建筑节能的深入开展。大会已成为推进绿色建筑发展，传播交流新技术、新产品、新经验，加强国际合作的宣传、交流和示范平台。

2.4 创新绿色建筑技术研究

2004年，原建设部设立了"全国绿色建筑创新奖"，绿色建筑创新奖分为工程类项目奖和技术与产品类项目奖，为推进我国绿色建筑及其技术的健康发展起到了积极的促进作用。2007年7月，"百项绿色建筑与百项低能耗建筑示范工程项目"启动，旨在通过这项工程的建设，形成一批以科技为先导、节能减排为重点、功能完善、特色鲜明、具有辐射带动作用的绿色建筑示范工程和低能耗建筑示范工程。

近年来，绿色建筑和建筑节能有了长足的发展。到2009年底，绿色建筑面积累计达到2000多万平方米，全国城镇新建建筑设计阶段执行节能强制性标准的比例为99%，施工阶段执行节能强制性标准的比例为90%。北方采暖地区完成既有建筑节能改造共计10949万平方米，可形成年节约75万吨标准煤的能力，减排二氧化碳200万吨。

3. 发展绿色建筑存在的问题

与发达国家相比，我国的绿色建筑发展起步较晚，无论是理念还是技术实践与国际标准还有很大差距。虽然目前发展势头良好，在政策制度、评价标准、创新技术研究上都取得了一定的成果，各地也出现了一批示范项目，但我国绿色建筑发展总体上仍处于起步阶段，地区发展不平衡、总量规模比较小，现有的绿色建筑项目主要集中在沿海地区、经济发达地区以及大城市。尽管推动建筑节能、发展绿色建筑已成为社会共识，但绿色建筑的推广仍存在障碍和困难。

3.1 认识理念仍有局限

一是不少地方尚未将发展绿色建筑放到保证国家能源安全、实施可持续发展的战略高度来认识，缺乏紧迫感，缺乏主动性，相关工作得不到开展。二是由于发展起步较晚，各界对绿色建筑理解上的差异和相当的误解仍然存在，对绿色建筑还缺乏真正的认识和了解，简单片面地理解绿色建筑的含义。如认为绿色建筑需要大幅度增加投资，是高科技、高成本建筑，我国现阶段难以推广应用等等。关于绿色建筑真正内涵的普及工作仍然艰巨。

3.2 法规标准有待完善

绿色建筑在我国处于起步阶段，相应的政策法规和评价体系还需进一步完善。国家对绿色建筑没有法律层面的要求，缺乏强制各方利益主体必须积极参与节能、节地、节水、节材和保护环境的法律法规，缺乏可操作的奖惩办法规范和制约各方主体。

绿色建筑与区域气候、经济条件密切相关，我国各个地区气候环境、经济发展差异较大，目前的绿色建筑标准体系没有充分考虑各地区的差异，不同地区差别化的标准规范有待制定，结合各地的气候、资源、经济及文化等特点建立针对性强、可行性高的绿色建筑标准体系和实施细则是当务之急。

3.3 激励政策相对滞后

相对于各种法规、标准和规范的不断出台，激励优惠政策配套相对滞后。尽管目前已经实行可再生能源在建筑中规模化应用的财政补贴政策，但支持建筑节能和绿色建筑发展的财政税收长效机制尚未建立，对绿色建筑缺乏诸如补贴或税收减免等有效的激励政策进行引导和扶持，从而很难激励企业开发绿色建筑的积极性，制度与市场机制的结合度有待提高。

对于企业来说，虽然绿色建筑更加节能与环保，从长远来说更加经济，但绿色建筑的设计与建造本身可能会增加一定的成本，加上目前消费者偏重商品房的价格、位置与安全，对于绿色建筑所体现的节能、环保、健康价值认知不够，尽管政府不断加大绿色建筑的推广力度，但企业在法律不强制、政策不优惠、受众没要求的客观环境下，限于急功近利的心态和责任意识的不足，同时考虑绿色建筑所带来的初期投资增加，多数没有自觉开发绿色建筑的动力。对于消费者来说，由于绿色建筑的建造成本通常高于普通建筑，这部分附加成本往往会转化成用户的负担，在相关税收优惠不足以抵消购房成本的增加额时，绿色建筑难以赢得绝大多数市场。因此，在绿色建筑发展初期，政府如何通过制度建设，运用有效的激励机制，充分调动各方的积极性，是目前面临的一大挑战。

3.4 技术选择存在误区

在绿色建筑的技术选择上还存在误区，认为绿色建筑需要将所有的高精尖技术与产品集中应用在建筑中，总想将所有绿色节能的新技术不加区分地堆积在一个建筑里。一些项目为绿色而绿色，堆砌一些并无实用价值的新技术，过分依赖设备与技术系统来保证生活的舒适性和高水准，建筑设计中忽视自然通风、自然采光等措施，从而直接导致建筑成本上升，造成推广上的困难。

4. 国外发展绿色建筑的启示

国外对绿色建筑的研究与实践开始得较早，发展绿色建筑是从建筑节能起步的，在建筑节能取得进展的同时，伴随着可持续发展理念的产生和健康住宅概念的提出，又将其扩展到建筑全过程的资源节约、提高居住舒适度等领域，将原有节能建筑改造成绿色建筑的活动越来越广泛。绿色建筑由理念到实践，在发达国家逐步完善，渐成体系，成为世界建筑发展的方向，成为建筑领域的国际潮流。

发达国家法律法规体系健全，市场经济体制完善，主要通过法律和经济作为调控手段推动绿色建筑的发展。政府通过制定和实施环境保护、建筑节能等方面的法律法规为绿色建筑的发展提供法律保障，并通过提供财政支持和税收优惠、奖励、免税、快速审批、特别规划许可等措施大力推动和扶持绿色建筑的发展，促使绿色建筑被社会广泛关注和认可。

推行绿色建筑较为成功的美国、英国、日本等发达国家都有一套科学、完备、适合本国的绿色建筑评价体系，以规范管理和指导绿色建筑的发展。如美国的绿色建筑评价体系——《能源与环境设计导则》，政府通过一系列的制度强制和引导发展商申请绿色建筑认证。一些州与地方政府采取命令的方式要求政府投资以及超过一定面积的新建筑（包括私人建筑与政府投资建筑）符合绿色建筑标识。一些州与地方政府对绿色建筑设计、建造者以及业主减免或者扣除税收义务，对获得绿色建筑评价标识的新建筑给予快速审批并降低审批费，还根据建筑获得评价标识的级别给予不同程度的奖励。

5. 发展绿色建筑的对策建议

5.1 理念先行引领绿色建筑发展

绿色建筑代表了世界建筑未来的发展方向，推广和发展绿色建筑有赖于绿色理念深入人心，需要全社会观念与意识的提高，要向全社会宣传普及绿色建筑的理念和基本知识，提高民众的接受度。绿色建筑不等同于高科技、高成本建筑，不是高技术的堆砌物，因地制宜地选择适用的技术和产品，通过合理的规划布局和建筑设计，并不需要增加过多的成本。

5.2 完善法规保障绿色建筑发展

推广绿色建筑需要政策法规的引导和制约，应完善相关法律法规，体现大力发展绿色建筑的内容，对建筑节能、节地、节水、节材及环境保护做出补充要求，增加奖惩条文。要加大强制执行新建筑节能标准的力度。还可强制符合一定条件的政府投资建筑符合绿色建筑评价标准，发挥政府示范作用，增强绿色建筑的社会影响，以起到更好的引领作用。

我国幅员辽阔，各地的气候条件、地理环境、自然资源、经济发展、生活水平与社会习俗都有巨大的差异，作为未来建筑发展方向的绿色建筑与区域气候、经济条件等密切相关，要加快绿色建筑标准的编制，使标准能够覆盖不同的气候区及不同类型的建筑。完善绿色建筑地方标准体系，建立适合各地特点的标准。

5.3 激励政策促进绿色建筑发展

促进绿色建筑的发展，建立有效的激励政策是其中重要的一环。目前，完善各种财政税收刺激政策已刻不容缓。借鉴国外经验，政府应制定一系列符合国情的激励政策，建立有效利用市场机制和财政鼓励相结合的激励机制，提高相关行业、企业和消费者的积极性。对符合绿色建筑标准的建筑投资者、消费者实行一定的政策优惠，采取经济补贴、低息贷款、税收减免等激励政策推动绿色建筑的发展。

5.4 适用技术推动绿色建筑发展

在绿色建筑的技术策略上要因地制宜。绿色建筑技术研究在国外开展得较早，已有大批的成熟技术，在积极引进、消化、吸收国外先进适用绿色建筑技术的基础上，更重要的是选择与创造适宜本土的绿色建筑技术，走本土化绿色之路。大量建筑在建造过程中要结合本地实际情况，有选择地采用最适用的技术与产品，把适用技术合理地集成在建筑上，尤其是自然通风和天然照明技术要得到强化应用。可以推广且成本不高的技术与产品才是绿色建筑技术与产品的重点。

面对全球能源危机和日趋严重的环境污染，在发展低碳经济、力推建筑节能的大背景下，绿色建筑将成为未来建筑的趋势和目标，具有广阔的发展前景。

（执笔人：许瑞娟）

关于建筑市场不规范行为和资质管理问题的调研报告

中国建筑业协会

中国建筑业协会秘书处从2010年5月开始，针对建筑市场不规范行为和建筑业企业资质管理存在的问题，先后到山东、上海、浙江、辽宁、江苏进行调研，召开了有66家企业参加的座谈会，并走访了烟台建设集团、沈阳金城建设集团、大连金广建设集团等特级建筑业企业。鉴于建筑市场不规范行为涉及各方主体和有关中介机构，本调研报告从行业自律角度，侧重分析建筑业企业的不规范行为，并如实反映同业企业对现行资质管理的有关意见。

1 第一部分

1.1 建筑市场不规范行为的主要表现

据所到地区建筑业协会和建筑业企业反映，当前建筑行业建筑市场不规范行为，集中表现为低价竞争、围标串标、转包与违法分包、挂靠经营。这些现象的多发领域是技术含量较低、施工质量要求不高的房地产项目，以及政府和国有投资项目。盲目扩张的大型建筑业企业的经营方式，对建筑行业的不规范行为蔓延具有导向作用，资质虚假企业和不法"包工头"等非法人实体，是建筑市场违法违规行为的主要载体。

1.1.1 低价竞争

实行招标投标制度以后，建筑市场逐步成为买方市场。业主普遍利用强势地位，不切实际地压低工程价格。同时，由于行业自律机制缺失，一些建筑业企业不顾自身实力低价竞争，甚至以低于成本价格恶性竞争。一些地区的政府工程采取最低价中标成为惯例。据浙江省建筑业行业协会调查，当地工程项目中标价格往往是投标人公布最高限价（一般低于预算价的5%~10%）的80%。低于成本价中标的现象时有发生。如义乌、东阳公开招标项目下浮率达到清单计价的30%。

1.1.2 围标串标

围标串标大致有三种情况。一是利益相关的投标企业为了中标或避免业主压低价格，相互串通进行投标，以控制中标价格和中标结果。事后由中标企业给予相关企业一定的经济补偿；二是业主或招标代理机构与有关系的企业串通，泄露标底等有关情况，明招暗定，私下交易；三是一些非法人实体或不具备相应资质的企业，使用多家企业的证照进行投标。中标后以挂靠中标企业的方式承包工程。据企业反映，第三种情况最为普遍。

1.1.3 转包与违法分包

转包与违法分包大致有三种情况。一是由于业主普遍超越项目施工的需要，要求高资质企业承包工程，同时压低取费等级，一些中标企业将承包工程的全部或部分转包给低资质企业，收取管理费用，以避免工程项目亏损；二是由于现行法律禁止将工程主体分包和再次分包，一些企业利用"扩大的劳务分包"等方式，以实物工程量包干的方式，除控制主要材料采购外,将工程的施工整体分包给实力较强的劳务分包企业(往往是与具有总承包资质企业有资产关系的企业)或较低资质的企业。或者在业主不知情的情况下,将部分工程私下分包给其他企业;三是一些资质虚假的企业将承包工程转包或违法分包,谋取非法利益。

1.1.4 挂靠经营

很多具有一定经营资金和管理人员的非法人实体(俗称"包工头"),或低等级企业,以挂靠经营方式,长期以其他企业名义承揽工程。按挂靠人的经营活动,具体有三种情况:一是长期挂靠一家企业,以该企业的分公司、项目经理部的名义从事挂靠经营;二是以多家企业名义游离于建筑市场,违法承揽工程;三是一些管理失控的企业,对项目经理部实行经济承包,使其拥有独立的经营资金、机械设备和管理人员。有些项目经理部既以本企业的名义承包工程,又挂靠其他企业承揽工程,甚至将承包工程转包或违法分包。

以上四种行为之间具有极强的相关性。低价竞争很大程度上是挂靠经营者以无意竞标企业名义投标,以项目成本与其他企业争夺工程项目,从而加剧了市场供求失衡,导致建筑市场恶性竞争;围标串标通常是挂靠经营者使用多家企业资质,利用行贿手段非法获取工程。相对于正规企业来说,其竞争行为更为便捷、高效;有的挂靠经营者也会将承揽的工程转包或违法分包。因此挂靠经营的弊端更为明显,危害更为严重。

1.2 建筑市场不规范行为存在的因素

建筑市场不规范行为屡禁不止、长期存在,原因是多方面的。既有建筑市场各方主体及中介组织缺乏行业自律,企业发展方式没有转变的原因,也有法律法规不健全、行政监管不到位的问题。归纳有关行业协会、有关企业的看法,大致有以下五个方面。

1.2.1 业主行为不规范

一是工程压价与拖欠工程款。目前,业主不切实际地压低工程价格和取费等级,要求建筑业企业垫款施工,不按工程进度支付工程款,工程竣工后以各种理由拖延工程结算、拖欠工程款的现象依然存在。这不但直接引发建筑业企业低价竞争,而且很容易导致一些建筑业企业,在业主不知情的情况下,将所包工程转包或违法分包,以转嫁工程承包风险,缓解资金短缺。

二是放任挂靠行为与指定分包。一些业主从节省投资或徇私舞弊出发,与"包工头"等形式的非法人实体,或不具有相应资质的企业私下交易,指使其以具有相应资质企业的名义投标、承包工程。与工程转包和违法分包不同,多数业主对其发包工程由挂靠人实施的现象是知情的。一些业主将工程项目中的部分工程肢解,另行发包给其他人,却要总承包企业承担管理责任,甚至将肢解的工程纳入工程承包合同,以规避市场监管。这使得总承包方综合施工管理能力难以发挥,并为"包工头"等非法人实体、低素质企业从事工程项目施工创造了条件。此外,由于总承包企业对业主指定的分包人缺乏了解,容易导致分包环节的转包与挂靠行为。

三是过高的资质要求。由于业主不能根据工程规模和技术要求合理遴选施工企业,普遍要求一级以上资质企业承包工程。低资质等级企业市场空间狭小,挂靠经营、接受转包和违法分包的工程,成为其主要的市场选择。高资质等级企业承包规模小、造价低的工程项目并无成本优势,往往转包工程、非法分包,扩大经营规模,谋求经济效益。更有一些资质虚假的高资质等级企业,以转包工程、接受挂靠赖以生存。形成高资质等级企业中标、低资质等级企业施工的局面。

此外,据企业反映,目前招投标代理、工程监理、造价咨询等建筑市场中介发展尚不成熟。一些中介机构技术素质和职业操守较差,难以公平、公正地履行监督和服务的职责,甚至与不良企业相互串通,助长了建筑市场不规范行为的泛滥和蔓延。如有些招标代理机构编制的招标文件错项、漏项严重,按照业主的不合理要求压低造价、压缩工期,提出过高的质量要求,设置高额罚款条件,甚至按照业主意向的中标人的情况设定招标条件,为明招暗定、挂靠承包提供便利。

1.2.2 建筑业的增长方式没有转变

目前,国有资产管理部门将营业额作为重要的考核指标,鼓励企业做大做强。一些建筑业发达地区,也通过下达指标的方式,要求已改制为民营的建筑业企业扩大经营规模,为当地增加经济总量和财政收入多做贡献。导致很多大型企业低成本扩张,靠规模求发展、增效益。一些企业超越自身管理能力承包工程,转包或违法分包所承包工程。同时接受挂靠增加产值,收取管理费增加利润。有的尚未改制的地方国有和城镇集体企业,难以破产又无力发展,基本靠接受挂靠维持生计。

1.2.3 行业自律机制缺失

很多企业对建筑市场不规范行为给行业整体利益、长远发展造成的危害和影响缺乏认识。同时,建筑业只有市场准入的标准，而没有行业行为准则的要求。同业企业数量很大而不能像工业企业那样，按照产品进行细分。素质参差不齐，价值取向不同，难以形成行业统一意志，规范竞争行为，维护市场秩序。有些行业协会虽然制定了行规、行约和从业人员的职业守则，但没有必要的管理手段，无法对违规企业予以惩戒，更难以引导同业企业共同抵御对行业合法利益的侵害，维护行业的健康发展。

1.2.4 法律法规不健全

现行的建筑法规已明显不能适应市场的变化，影响到行业发展。一是对项目融资建设等新型建造方式没有做出规定，不利于营造差别化的建筑市场竞争环境，缓解同质、过度竞争；二是对业主拖延工程结算、恶意拖欠工程款等不良行为，缺乏有效的约束性规定。对于阴阳合同、转包挂靠等不规范行为没有明确界定或有力的禁止措施，可操作性差，不利于规范市场秩序；三是有些规定与建筑业企业的资源配置状况存在尖锐的矛盾，如对工程主体分包、工程再次分包的禁止，以及对联合承包等有关规定，不符合工程建设的规律，脱离建筑市场的实际情况，不利于建筑业产业结构的调整和企业市场化配置资源。

1.2.5 信用体系不健全，政府行政监管缺位

原建设部曾相继颁发了《关于加快建立建筑市场有关企业和专业技术人员信用档案的通知》和《建筑市场诚信行为信息管理办法》。但据企业反映，建筑市场各方主体、中介机构信用缺失问题并未解决。相关企业不良行为信息采集与市场运行状况反差强烈。评价标准不统一，信息的公开性差。活跃于建筑市场的具有执业资格人员、企业分支机构负责人等关键人群的信用信息不健全。不良信息的披露往往只是发生安全、质量事故或因拖欠农民工工资引发社会问题，以及弄虚作假骗取资质而被处罚的事件。单纯的转包、挂靠等不良行为鲜见曝光。政府行政监管的一个重要途径是有形建筑市场和工程招标。但由于建筑市场违规行为隐蔽性很强，当事人办理了要求的手续，场外运作、场内交易的现象极为普遍，合法的程序会产生非法的结果。围标串标等违法违规行为往往是因当事人"分赃不均"导致的内讧而被发现、处罚。市场交易以后，施工过程的"标后监管"环节更为薄弱。阴阳合同、转包挂靠等行为通常是因造成严重后果或产生经济纠纷向监管部门投诉而被查处。违法违规行为得不到及时披露和应有的惩处，违约失信成本低廉，是建筑市场不规范行为长期存在、愈演愈烈的重要原因。

此外，由于近些年来固定资产投资规模持续快速增长，房地产投资过热，工程项目集中开工建设，工期普遍缩短，建筑业企业原有的资源配置和资金状况难以适应形势的变化，也为非法组织以挂靠经营的方式进入建筑市场提供了条件。

1.3 建筑市场不规范行为的危害

鉴于这次调查的企业，多是具有较好市场信誉、产权关系明晰的民营建筑业企业，对建筑市场不良行为的危害有着切身的体会，有的企业曾为此蒙受惨痛的经济损失。他们认为，建筑市场不规范行为，扰乱了市场秩序，损害了社会公众利益，制约了行业的健康发展，造成了不良的社会影响，亟待加以治理。

1.3.1 扰乱了市场秩序

由于挂靠人一般没有企业经营管理的经验，管理成本很低。他们无序流动，以行贿为手段，与业主或招标代理机构私下交易，使用他人甚至多家企业的资质围标、串标，恶意压低工程报价或哄抬价格，造成恶性竞争，严重扰乱了建筑市场秩序。

1.3.2 危害工程质量和施工安全

由于挂靠、转包均属于使用他人资质施工的行为，一般来说，挂靠人或承揽转包工程的施工者，其经济实力、技术水平和管理能力与正规的承包企业有很大差距。在建筑业微利经营的情况下，承包企业收取管理费，会造成施工过程资金短缺，容易出现以偷工减料、减少安全施工设施来降低工程成本，甚至以再次转包工程来转嫁工程亏损风险的问题。这势必给工程质量和施工安全带来极大的隐患。很多质量安全事故与承包企业存在转包、挂靠问题直接相关。

1.3.3 工程合同纠纷激增

很多合同纠纷是由于低价竞争和转包挂靠引起的。低价竞争的结果并不一定最终能够降低工程造价。一些业主与承包企业私下交易，使其以最低价格中标，排挤其他潜在中标人。工程施工后通过修改合同或签订补充协议调整结算价格。一些承包企业则寄希望利用合同缺陷，要求追加工程费用，或以降低工程质量，减少工程成本。这使得工程建造从一开始就出现扯皮现象，导致工程合同纠纷。在工程存在转包挂靠情况下，这一问题更加突出。很多挂靠人和接受转包者，属于不愿承担社会责任的非法人实体或低素质企业，承担风险能力很差。一旦出现问题，就会将责任甩给被挂靠企业。据所到行业协会和企业反映，目前由于工程转包挂靠导致的合同纠纷激增。挂靠人拖欠材料货款、劳务费的

现象时有发生。据了解，浙江、江苏省高级法院正在针对转包挂靠产生的"实际施工人"所带来的问题，研究制定审理工程施工合同纠纷的有关意见。

1.3.4 影响行业的健康发展

一是经济效益低迷。低价竞争导致建筑业企业压低取费和施工利润承包工程。近年来，固定资产规模持续大幅度增长，但建筑施工却长期处于微利经营的状态。据《中国统计年鉴》，全国具有承包资质的建筑业企业，2005 至 2009 年的产值利润率一直维持在 3% 左右，大大低于全国规模以上工业企业 6% 左右的水平。

二是整体素质难以提高。在转包挂靠的情况下，工程项目由"实际施工人"掌控，承包企业难以按照本企业各项规章制度、质量安全体系、技术管理要求约束其行为，容易导致项目管理失控，弱化自身施工管理能力，损害企业商誉。本应由企业获取的施工经营收益大部分落入个人手中，企业难以增强经济实力。企业以接受挂靠、转包工程实现低成本扩张，不但不能推进技术创新，增强核心竞争力，而且严重损害了中小企业的利益，使其市场环境更加恶化，难以生存、发展。

三是加剧工程风险和过度竞争。企业接受挂靠、转包工程，收取了少量管理费，却面临长期、巨大的经济风险。不但要为质量保修以至建筑产品合理寿命的全过程承担责任。还要为发生质量安全事故，拖欠材料货款、分包工程款、农民工工资承担赔偿责任；众多非法人组织利用企业资质从事工程施工，成为隐形的市场主体，势必加剧建筑市场竞争，造成恶性循环。

四是损害了行业的社会形象。建筑市场私下交易、违法经营，非法谋利，质量安全事故频发，经济纠纷激增，以及因拖欠农民工工资导致社会突发事件，造成了不良社会影响，严重损害了建筑业的社会形象。

2 第二部分

所到地区行业协会和建筑业企业认为，资质管理制度对于加强建筑市场管理，调节市场竞争，引导产业结构调整具有重要作用。建筑市场的不规范行为往往与资质的使用与转让有关，但这些行为与资质管理制度没有必然的因果关系。例如转包挂靠问题，在实行资质管理制度以前就已存在。在建筑市场主体信用缺失的情况下，即使没有资质管理制度，也会产生弱势企业挂靠强势企业，以及转包工程等违法经营、非法谋利的行为。因此，应当通过不断完善资质管理制度，规范市场行为，促进建筑业的健康发展。调研中大家反映资质管理存在的问题主要有以下五个方面。

2.1 审批不严格，资质虚假企业多

据浙江、江苏的一些企业反映，以前二级企业往往需要通过 10 年以上的发展，才能满足一级企业的资质条件。而现在很多低等级企业和"包工头"，采取拼凑虚假业绩、临时借用其他单位执业资格人员证书，或招募无项目管理经验而考取执业资格者注册等方式，在很短时间内就能骗取高等级资质。这些企业缺乏必要的管理人员，执业资格人员并未到位。有的则是没有企业经营经历的"包工头"联合体，没有形成法人治理结构和基本的管理制度。有些企业以资质为盈利工具和挂靠平台，谋取非法利益。这是造成建筑市场混乱，承包企业与"实际施工人"分离、执业资格人员"人证分离"现象的重要原因。

2.2 动态管理不力，市场清出机制缺失

现行资质标准已施行 9 年。期间建筑业的经营状况发生了很大变化，企业的发展也很不平衡。2003 年取消了资质年检制度，削弱了资质动态管理工作。按照 2007 年 159 号部令发布的《建筑业企业资质管理规定》，资质证书的有效期为 5 年，逾期企业应申请延续。但这一规定至今未见实施。一些因专业技术人员大量流失或经营管理不善，已不符合相应的资质条件的企业，并未降级或退出建筑市场；在市场监管过程中，往往是因发生质量、安全事故，或造成严重社会影响受到查处的企业，被降低或取消资质等级。而大量资质虚假、违法违规而未被查处的企业，极少受到资质处罚。劣质生产力难以清出市场，势必影响到建筑业整体素质的提高，不利于规范市场秩序，缓解无序、过度竞争的现状。

2.3 承包工程范围无"下限"，低等级企业竞争不利

按照现行资质管理规定，高等级企业可以承担各种规模的工程。业主普遍提出过高的资质要求，低等级企业"入围"困难，很难与高等级企业在同类工程中平等竞争，按照其具有资质的承包范围承包工程。使得很多低等级企业主要以挂靠或接受转包、违法分包的工程维持生存。

2.4 民营企业难以进入工业和大型基础设施施工领域

地方民营企业大多具有房建、市政方面建筑资质，从事相应工程领域施工。由于铁路、公路、水利等方面的资质，以及工程建设由政府有关部门管

理，这些企业因缺少工程业绩等原因，难以取得相关资质。而具有铁路、水利、冶炼、电力等资质的企业，却容易以其资质相关的承包工程业绩，申请房建或市政方面资质。这使得房建、市政建筑市场比其他工程建设领域竞争更为激烈。

2.5 专业承包资质标准设置与市场需求脱节

具有专业承包资质的企业，其市场定位应当是承包或分包专业工程。但有些专业承包资质规定的承包工程项目，实际上必须由具有总承包资质的企业承包。按照现行法律规定，工程主体不得分包，致使有些只是具有专业承包资质的企业"有行无市"，专业资质成为总承包企业的增项资质。同时，总承包企业的专业承包资质增项有数量限制，而业主招标时，往往要求总承包企业同时具有与工程内容相关的专业承包资质，一些大型企业不得不另行设立专业承包企业。这是市场上具有资产关系或隶属关系的企业相互整体发包、分包工程，总承包企业数量居高不下、专业承包企业发育不足的重要原因。

3 第三部分

建筑市场不规范行为，是经济领域低成本扩张的发展方式、社会信用体系缺失，在工程建设领域的具体表现。一些行为已经不同程度地成为众多企业的市场竞争手段和经营方式，应重在引导、综合治理。综合有关行业协会和企业的意见，提出以下建议。

3.1 完善法律法规，规范建筑市场秩序

一是根据形势的发展，对项目融资建设、建设项目管理，以及建筑业企业从事工程设计等新型工程建设方式作出规定，促进工程建设管理体制的改革，营造差异化的建筑市场竞争环境，缓解同质、过度竞争；二是补充对建筑市场各方主体及市场中介不规范行为的禁止性规定，并明确其法律责任；三是根据建筑市场的实际情况，修改有关规定，按照工程建设的规律，引导和规范工程分包行为，杜绝以私下交易方式，转包挂靠、违法分包。此外，近年来一些具有较强经济实力的建筑业企业，为了规避垫资施工和工程压价，从事房地产开发。也有一些房地产开发企业成立建筑业企业，自营项目施工。据大连等地企业反映，这种情况已相当普遍。我们认为，建筑业与房地产业相互融合，有利于发挥支柱产业的作用。开发与建造责任与利益相统一，也有利于提高房屋建筑的质量。应探索建立开发施工一体化建设方式，培育一批新型的发展商，解决有关企业为了应对建筑市场的规定和程序，另行成立法人公司，邀请同类企业陪标、自行施工的问题。

3.2 健全建筑市场信用体系，改进行政监管

加强建设项目全过程的监管，强化建筑市场不良行为信息的采集、披露，力求统一、公开、公平，及时惩处各方市场主体的违法违规行为。改变以发生质量、安全事故和造成社会突发事件为线索，查处违法违法行为、披露不良行为信息的做法。鉴于建筑市场不规范行为导致经济纠纷频发，建议加强与工商、司法、金融等部门的沟通，解决企业因违法违规行为受到有关部门查处或法律诉讼，而逃避建筑市场监管处罚的问题；加强对企业分支机构、经济承包性质的项目经理部，以及执业资格人员的监管。承包企业的不规范行为多发生在挂靠或实行经济承包的项目。挂靠人通常是以企业分公司负责人、项目经理身份，游离于建筑市场围标串标。因此，有必要对这些目标人群进行实名化管理，纳入建筑市场信用系统。对于经常改变隶属企业，或使用多家企业资质从事建筑活动的分支机构负责人、项目经理，以及频繁变更注册单位的执业资格人员，应披露其不良行为，逐出建筑市场，或取消执业资格。这样可能难以改变其挂靠性质，但可以有效限制其无序流动，大大减轻对市场秩序的危害。

3.3 改进资质管理，健全市场准入清出机制

一是严格资质审查，加强动态管理。对严重不符合相应资质条件的企业应及时调整或取消资质等级。特别是要将以欺瞒手段骗取资质、以违法违规行为赖以生存的企业清出市场。有些行业协会和企业建议恢复资质年检制度，至少应当启动资质延续的申请、审查工作；二是根据建筑市场的实际情况，调整有关规定。建议设立高等级总承包企业承包工程的"下限"，或者在招标投标环节，要求招标人以工程的规模合理确定"入围"条件，禁止用过高的资质要求，排斥低等级企业的行为，以扶持中小企业的生存和发展。鉴于低等级总承包企业难以承担相应的工程，可考虑取消总承包序列的三级资质标准。以推行劳务分包制度为契机，引导建筑劳务企业从事相关的工程业务，培育一批具有稳定从业人员、施工操作技术、施工机具设备、加工制作能力的新型专业分包企业，促进产业结构的调整。放宽总承包企业专业资质增项的限制，或者制定不同类别总承包企业可承担相应专业工程施工范围的规定，总承包企业不再申请专业承包资质，以解决因业主过多的资质要求，导致企业频繁申请专业承包资质，而又要受到资质管理规定数量限制的问题；三是与政府有关部门协商，侧重施工能力考核，放宽工程业绩要求，扶持民营

企业进入大型基础设施和工业建设领域。

3.4 推进行业自律机制，引导建筑业健康发展

在目前建筑业行业管理体制下，应考虑组织行业协会参与行业管理工作，或委托行业协会承担一些具体事务，以增强其履行责任、发挥作用的能力。行业协会应当注重自身建设，健全民主管理。通过加强同业企业交流和法律法规宣传，引导企业认识到建筑市场不规范行为的危害，自觉抵御侵害行业合法权益的行为，规范市场竞争行为。将违法违规行为作为评奖、评优的否定条件，以弘扬行业正气，树立良好的社会形象，促进建筑业持续健康发展。

此外，一些行业协会和企业对地方政府有关部门的管理工作提出了改进建议，主要有以下两点：

一是对外地企业进入本地建筑市场的限制。一些地方要求外地企业的投标必须由法定代表人到场，甚至要求外地企业在工程所在地设立法人企业。这些规定可能是出于防止转包、挂靠，以及拖欠农民工工资导致社会问题的目的，但增加了企业管理成本和税费负担，难以起到治本作用。建议通过完善信用管理和加强行政监管，改进管理办法。

二是以收取保证金作为管理手段。据浙江省建筑业行业协会调查，目前涉及建筑施工的保证金名目繁多，主要有投标保证金、农民工工资保证金、履约保证金、质量保证金、诚信保证金、安全生产保证金，个别地方还收取廉政保证金。各地收取保证金的政策各异、标准不同，有的地方按照工程项目重复收取。有些大型企业在建工程的各种保证金数以千万，给企业的流动资金带来很大压力。企业希望改变这种以收取保证金代替行政监管的做法。建议根据企业建筑市场信用情况，对无市场不良行为的企业减免保证金。或者以保函替代现金支付。

（执笔人：中国建筑业协会研发部 李燕鹏）

加大政策研究力度，全面推进建筑节能发展

住房和城乡建设部政策研究中心课题组

党中央提出要把我国建设成为节约型社会，胡锦涛总书记、温家宝总理相继提出要建成节能型住宅和公用建筑，这是根据我国资源紧张、能源不足、浪费较大和结构不合理而提出来的。我国是资源能源短缺的国家，资源、能源的有效利用是保持经济可持续发展的关键。我国人口多，人均资源相对贫乏，煤炭、石油、天然气、可耕地、水资源和森林资源的人均拥有量仅为世界平均值的1/2、1/9、1/23、1/3、1/4和1/6左右。我们国家经济正处在快速发展时期，在建设过程中需要大量的资源、能源，如果我们不转变经济发展方式、不调整结构、不实施节能战略目标，不仅会给我国资源、能源和环境带来压力，还很难保持经济可持续发展。

我国既有建筑面积约400亿平方米，需要占有大量的土地和水资源，在建造和使用过程中直接消耗大量的资源和能源。所以说，建筑节能工作非常重要，他是关系到建设节能型社会的全局问题。到2020年，全国需要新增约300亿平方米房屋建筑面积中（城市新增130亿平方米），如果这些建筑全部在现有基础上实现50%的节能，则每年大约可节省1.6亿吨标准煤。以25公斤标准煤/平方米计，如果在现有基础上实现50%的节省，则每年大约可节省5000万吨煤。从现在起，如果新建建筑全部推行新的节能标准，既有的建筑有步骤进行节能改造，到2020年，我国建筑能耗可减少3.5亿吨标准煤，空调高峰负荷可减少约8000万千瓦。

我国建筑不仅能耗高，而且能源利用效率低，单位建筑能耗比同等气候条件下的国家高出2～3倍。以建筑保暖为例，北京市在执行建筑节能标准前，一个采暖期的平均能耗为30.1瓦/平方米，执行节能标准后，一个采暖期的平均能耗为20.6瓦/平方米。而相同气候条件的瑞典、丹麦、芬兰等国家的一个采暖期的平均能耗仅为11瓦/平方米。因建筑能耗高，仅我国北方采暖地区每年就多耗标准煤1800万吨，直接经济损失70亿元。

我国"十一五"规划确定的单位GDP能耗指标是降低20%。前四年，虽然单位GDP能耗指标已经降低了14.38%，但距离20%的目标还有较大的差距。特别是今年以来，能耗不降反升，上半年单位GDP能耗上升到3.35%，比一季度增加了1.5个百分点。在此严峻的形势下，为了完成"十一五"规划确定的单位GDP能耗指标，4月28日，国务院召

开常务会议，专题研究节能减排工作；5月4日，国务院印发《关于进一步加大工作力度确保实现"十一五"节能减排目标的通知》（国发〔2010〕12号）；5月5日，国务院召开节能减排工作电视电话会议，温家宝总理作了动员和部署，对建筑节能提出了更为明确的要求：一要加强对新建建筑节能监管，到2010年底，全国城镇新建建筑执行节能强制性标准的比例要达到95%以上；二要完成北方采暖地区居住建筑供热计量及节能改造5000万平方米，确保完成"十一五"期间1.5亿平方米的改造任务；三要推广节能灯1.5亿只以上，城市道路照明、公共场所、公共机构全部淘汰低效照明产品。今年是实施"十一五"规划的最后一年，也是最关键的一年，要全面落实建筑节能的要求，需要法规配套、政策支持、标准跟进、全面落实，各行业、部门、企业共同努力。

鉴于建筑节能任务的长期性、复杂性和艰巨性，又由于我国建筑节能政策法规、标准滞后，工作难度会很大，需要解决的问题会很多，需要从法制入手、标准开道，完善各种政策法规，突出解决矛盾和问题。存在的主要问题有：政策法规不配套、不完善，建筑节能规划、计划落实难、推行难；缺少强制性标准，新技术、新材料、新产品市场推广难，65%节能指标完成难；建筑节能标准不配套，建筑能效标识不建立，节能指标完成情况监督、检查难；没有国家的政策支持、税收支持和财政支持，既有建筑节能改造难；地方政府和行业部门缺少任务指标和责任追究，建筑节能全面推广难；建材市场管理不规范，限制合格产品进入市场难等等，都应当是当前关注和研究的重点。下面是根据国家节能减排的目标和任务，综合我们多年研究的成果，提出以下建议。

1. 加强建筑节能政策研究，加大扶持力度

为贯彻落实党中央、国务院提出建设节能型社会的要求，完成建筑节能任务和目标，需要加大政策法规的研究力度，为建筑节能推广工作奠定扎实的基础，我们认为需要开展以下几个方面的研究：一是加快推进建筑节能的立法研究。没有法律作保障、作支撑，建筑节能工作难以推进，国家要尽快研究制定"建筑节能法"，要从法律上解决任务、目标、方向、责任和相关支持政策等方面的问题。二是积极推进区域性重大基础设施的统筹规划和共建共享，提高基础设施的使用效率，减少重复建设带来的巨大浪费。三是严格执行并不断完善建筑节能标准和规范，增加强制性标准范围，加强和监督建筑标准、规范的执行效果。四是加快科技创新，鼓励研究开发节能、节水、节材的新技术、新工艺、新产品，在税收、贷款政策上要给予明确支持，并在市场上加以推广，并广泛得到应用。五是研究制定经济激励政策措施，对既有建筑进行节能改造要给予适当的补贴或税收优惠政策，对示范项目给予贴息优惠政策。

要研究制定对经认证合格的节能产品、节能材料，减收产品增值税的相关政策，鼓励生产、采用节能产品和节能材料；制定鼓励生产和使用建筑节能器具的经济激励机制；鼓励社会资金和外资参与既有建筑节能和改造，对通过节能改造、电费降低而产生的收益，实行按比例分成；改革有关建筑奖项的评审办法，把是否执行建筑节能标准作为重要评审内容。

2. 进一步完善建筑节能标准体系

建筑节能标准是开展建筑节能工作的关键环节，没有建筑节能标准，就无法对工程项目实施监督检查；没有建筑节能标准，新工艺、新技术、新产品就无法在市场上得到推广和应用；没有建筑节能标准，节能任务和目标就无法完成。要尽快建立和完善建筑节能标准体系，体系主要包括：基础标准、技术标准、产品标准、工程标准、管理标准以及各类建筑节能设计标准、运行标准、监测标准、能耗统计与审计标准、新能源利用标准等等。要使建筑节能工作按照法制化管理方式发展，使节能标准在推进建筑节能工作中发挥更大的作用。

3. 加强对建设工程立项审批中的节能和设计文件审查力度

新建民用建筑工程项目的可行性研究报告或者设计任务书，应当包括合理用能的专题论证，要严格执行《关于固定资产投资工程项目可行性研究报告"节能篇（章）"编制与评估的规定》（计交能［1997］2542号）。主管审批的部门要依照国家的有关规定，对工程项目可行性研究报告或者设计任务书组织节能论证和评估，审查建筑能源利用和节约内容，不符合国家建筑节能强制性标准的项目，不予批准建设。

规划行政部门编编城市规划详细蓝图，确定建筑物布局、形状和朝向时，要充分考虑建筑节能的要求；规划行政部门在进行工程项目设计方案审批时，对建筑节能要进行专题审查。

民用建筑工程项目建筑节能审查是提高新建建筑节能标准执行率的重要保障。相关部门要将建筑节能审查切实作为建筑工程施工图设计文件审查的重要内容，严格执行节能标准的强制性条文。建设行政主管部门对施工图设计文件进行建筑节能抽查，发现不符合建筑节能强制性标准和技术规范的，不得颁发施工许可证。

4. 加强节能材料、设备和产品的市场准入管理

在建筑节能工作中，要制定节能产品推广以及限制或者禁止目录，具有重要的示范与引导作用。根据建筑节能工作的需要发布推广、限制或者禁止使用的技术、工艺、设备、材料和产品目录。政府投资的建设项目在遵循经济合理原则的前提下，应当优先选用建筑节能推广目录中的技术、工艺、设备、材料的产品。建筑物围护结构和用能系统使用标准和技术规范中未涵盖的节能新技术、新工艺、新设备、新材料、新产品的，建设单位、设计单位或者施工单位应当向地方主管部门申请评估。未申请评估或者经评估未予通过的，不得作为节能技术、工艺、设备、材料和产品使用。

5. 加强施工监管力度，建立建筑节能专项验收制度，确保工程建筑节能质量

严格实施有关建筑节能工程施工质量验收规程，加强对建筑节能有关规定、设计标准和施工质量验收规程执行情况的检查，加强对建筑建造过程中施工节能方案和落实情况的检查，对违法违规行为及时处理；建筑节能作为工程质量监督的专项内容进行检查；加强节能设计实施情况的核查。

实行建筑节能专项验收制度是加强建筑节能施工环节质量控制有效的途径。民用建筑工程竣工后，建设单位应当向建设行政主管部门申请建筑节能专项验收，通过验收的，建设行政主管部门发给专项验收合格报告。建筑节能专项验收不合格的，建设单位应当进行整改，并重新申请专项验收，否则，建设行政主管部门不予办理建设工程竣工验收备案。

6. 推行建筑能效标识制度，实行房屋销售节能明示制度

建筑物能效标识制度是针对新建建筑实施的制度，通过标注建筑物的能效指标的方法，确定建筑物的能耗水平，界定节能建筑的节能效果，通过市场机制的引导，推动节能建筑的发展。结合目前建筑节能工作的实际情况，对于低能耗、超低能耗建筑，绿色建筑及相关部品的认证，采用的是自愿性认证制度。而对于节能达标的居住建筑、公共建筑，将逐步实行强制性的能效标识制度。实施对建筑物的能源利用效率进行等级评定。

推行房屋销售节能明示制度的目的是为了让广大消费者了解房屋的节能情况，也便于对房屋节能情况进行监督。所以要求房屋销售单位要公示所销售房屋的建筑节能标准执行情况，在《房屋使用说明书》、《房屋质量保证书》中向消费者承诺建筑节能工程质量和说明建筑节能设计和节能建筑使用方法及保护要求，使开发商处于购房者和社会的监督之下。加强对房屋销售单位是否进行节能公示及购房合同条款是否符合要求的监督管理。

7. 加快推进建筑垃圾的综合利用

建筑使用资源、材料消耗巨大，建筑废弃物的可再生利用空间更大。必须充分利用好废弃的、再生的或可以再生的资源。如工业废弃物的粉煤灰、尾矿、炉渣、煤矸石、灰渣等；旧建筑拆除和新建筑装修产生大量的建筑垃圾，如钢材、木材、砖石、玻璃、塑料、纸板等。这些垃圾的搬运、处理和堆积都需要消耗大量的能源、资源和占有大量的土地，经过长期的日晒、雨淋、风吹，会污染浅层地表水、土地和周围的环境。仅上海市每年因为拆除旧建筑和新建筑装修而产生的建筑垃圾就达2000万吨之多。有些工业废弃物、建筑废弃物可以再生成为建筑材料，可以将废变宝，应当得到重视。由于建筑废气物需要一定的技术支撑，应当加大这方面的技术研究，选择具备条件、有积极性的城市做些试点，在总结经验的基础上进行推广。

建筑垃圾综合利用是发展循环经济的一个重要方面，国家要尽快制定《建筑垃圾综合回收利用管理办法》，加大对建筑垃圾综合利用的扶持和技术开发力度，积极开展建筑垃圾综合利用试点，大力在市场中推广使用。借鉴美国等先进国家的经验，实行"三级利用，四化管理"，从设计源头优化方案，加强施工过程监管，削减废弃物产生量，降低建筑材料消耗量，最大限度提高废弃物资源的利用率。

8. 大力推广住宅精装修

现在市场上提供的住宅大部分都是毛坯房，业主拿到房屋钥匙后，需要进行装修，我们把他称为二次装修。在业主进行二次装修过程中，开发商提供的简易装修、简易设备，如便盆、暖气、门窗等许多器具都会被扔掉，造成极大的浪费。如果在二次装修过程中施工不当，还会损害建筑，甚至影响整个建筑的质量。

改革开放以来，我国在住宅二次装修中的浪费是很惊人的，每年住宅装修造成的浪费高达300多亿人民币,预计总计已达 3000 多亿元人民币,相当于三个三峡电站的总投资。北京市每年的二次装修造成的浪费就达到 15 亿人民币之多。目前全国一步到位的精装修住宅占年住宅开发总量还不到 10%,而发达国家精装修住宅一般占住宅开发量的 80% 以上。

建立节约型社会,开展节能型建筑,应当大力提倡精装修住宅,减少二次装修比例。具体办法:一是要优先发展绿色建筑,倡导精装修和节能物业管理一步到位。绿色建筑是指建筑全过程的资源都能得到有效利用,最大程度地使用可再生的材料,实现建筑材料循环使用的建筑。因此,绿色建筑必须是精装修建筑,不能搞二次装修,否则会破坏建筑的"四节二环保"的性能。二是鼓励开发商推行多种可以选择的精装修样板房间,以满足不同消费者的需要。三是加快推进住宅精装修试点,选择不同区域、不同城市作为全面推行的住宅精装修试点,鼓励企业开发精装修住宅产品,有计划、有步骤推进住宅精装修工作。

9. 大力开发和利用新能源

传统能源是指技术上比较成熟且已被大规模利用的能源。煤、石油、天然气以及大中型水电等,又都被看作是常规能源;新能源是指尚未大规模利用、正在积极研究开发的能源,它的各种形式都是直接或者间接地来自于太阳或地球内部伸出所产生的热能。风能、太阳能、水能、生物质能、地热能、海洋能以及核能、氢能等非化石能源,统称新能源,又是可再生能源。

为了促进可再生能源的开发利用,增加能源供应,改善能源结构,保障能源安全、保护环境,实现经济社会的可持续发展,国家提出了一系列支持和鼓励可再生能源发展的政策。国家财政设立可再生能源发展专项资金,用于支持以下活动:可再生能源开发利用的科学技术研究、标准制定和示范工程;农村、牧区生活用能的可再生能源利用项目;偏远地区和海岛可再生能源独立电力系统建设;可再生能源的资源勘查、评价和相关信息系统建设;促进可再生能源开发利用设备的本地化生产。

随着能源危机日益临近,新能源已经成为今后世界上的主要能源之一,其中太阳能已经逐渐走入我们寻常的生活中。因我国地理环境差异很大,有的地区新能源开发条件比较好,有的地区新能源开发条件比较单一,所以各地要根据自然环境、地理条件等实际情况,选择成本低、能效高、可利用范围大的自然和再生能源进行开发,如太阳能、地热、地道风、沼气等,在重视新能源开发的同时,还应当回收应用废热余热,提高能源的利用率。

10. 加强示范工程建设,促进节能建筑产品的推广和应用

选择有一定影响力的、上规模的工程,建设一批能提高居住质量、改善居室热环境的节能建筑试点示范工程。示范工程应按照建筑节能的要求进行规划和设计,并严格跟踪其节能技术、节能材料的选择、施工和质量验收,在保证工程质量的前提下达到节能设计标准的要求。

通过试点示范工程的建设,研究适合地方特点的节能材料、设备和技术,测试节能建筑的节能效果,以获得节能建筑的经济技术指标,总结规划、设计、材料选择和施工应用等方面的经验。同时,以试点工程为载体,综合推广应用节能新技术、新材料,展示节能成果,扩大建筑节能的社会影响,让试点示范工程真正起到以点带面的示范、宣传和推广作用。

建筑节能是一项非常重要的工作,也是比较系统的管理工作,只要以政策法规和标准为基础,形成科学的管理机制和运作模式,才能快速推进;只有不断地实践、开拓和创新,才会真正取得实效。

(执笔人:王珏林)

"十二五"小城镇发展应重视从量到质的转变

住房和城乡建设部政策研究中心课题组

改革开放以来,随着国民经济的快速增长和农村改革的不断深化,我国小城镇快速发展,取得了令世人瞩目的成绩。到 2008 年底,我国有小城镇 34301 个,其中建制镇由 1978 年的 2173 个增加到现在的 19234 个;小城镇建成区人口 1.72 亿,占村镇总人口 18.2%。小城镇在促进产业结构调整、增加

农民收入和吸纳农村剩余劳动力等方面发挥着越来越重要的作用。

但总的来看，我国小城镇数量多、规模小，30年来的发展主要表现为量的扩张。与城市由于规划不当、盲目扩张带来的"城市病"相比，小城镇存在的一些问题，如规模普遍较小，环境污染严重，"千镇一面"，基础设施和公共设施不配套等问题，显得更为突出。

推进城镇化是我国迈进21世纪的一项重大战略任务，而即将到来的"十二五"是我国城镇化发展和全面建设小康社会的一个关键时期。如何发挥小城镇在城镇化和城乡统筹发展中的重要作用，把小城镇大战略真正落到实处，推进我国城镇化在"十二五"期间健康有序发展，都迫切需要关注现阶段小城镇建设与发展中存在的主要问题，并着力推动小城镇发展方式实现从量到质的转变。

1. 发展小城镇经济，壮大重点镇规模

规模普遍偏小、对周边农村辐射带动能力不强，是目前我国小城镇发展的最主要问题。要从根本上改变小城镇规模普遍偏小的现状，"十二五"期间，当务之急还是发展小城镇经济，积极培育特色鲜明的主导产业，加快产业集聚，壮大经济规模。对工业基础较好的小城镇应切实做好工业园区规划，抓好工业园区建设，突出主导产业，大力发展城镇工业和服务业，多引进发展潜力大、污染小的劳动密集型企业。对农业主导型小城镇，应提高农业发展的科技含量，积极发展包容性大、产业链长的现代农业。

其次，积极实施重点镇培育工程。小城镇发展不能一哄而起，而是要突出重点。通过综合考虑小城镇的区位优势、产业基础等因素，选择部分条件优越、发展潜力大、发展基础好的中心镇进行重点培育，将其发展成为区域经济中心、城乡基本公共服务平台。对这部分重点镇，政府除加大投入外，还要尽快出台有针对性且行之有效的全方位的鼓励扶持政策，以建立职能明确、结构合理、精干高效的镇政府为目标，扩大小城镇的管理权限；采取税费优惠政策，改善小城镇投资环境，促进小城镇经济发展；对小城镇的建设用地指标，土地管理部门应适度倾斜并优先安排。

再者，各级政府必须深化对小城镇发展的认识。盲目的撤乡并镇、镇镇合并也许是短时间内"做大做强"小城镇的一条"捷径"，但绝对不是通向伟大目标的光明大道。撤乡并镇必须慎重，必须综合考虑小城镇方方面面的因素，尊重广大农民和基层干部的意愿，不能拍脑袋决策，或简单的行政命令从事。

此外，在有条件的小城镇，应尽快开展"两分两换"试点工作，加快农村新社区建设。在农村劳动力大部分已转移到二、三产业的经济较发达地区，开展"两分两换"试点工作，对改善农民居住条件，推动农村人口向重点镇集聚，促进农村节约集约用地，转变农业发展方式，有着十分重要的意义。

2. 切实加强小城镇规划工作

小城镇规划不仅是小城镇基础设施等空间要素合理布局的主要依据，而且是统筹协调经济、社会、环境发展的主要手段。近年来，小城镇规划工作逐渐受到重视，大部分小城镇编制了总体规划。但从质量上看，相当一部分水平不高，科学性不强，突出表现在规划脱离小城镇实际，忽视小城镇特色，追逐所谓"现代化"风格。鉴于此，必须加强小城镇的规划工作：一方面，要转变规划编制理念，从小城镇实际出发，高水平编制规划，防止小城镇规划手法简单复制城市的错误倾向；另一方面，积极开展规划的执法检查，确立小城镇规划的权威性。

目前，建制镇总体规划已基本普及。在进一步提高总体规划质量的同时，建制镇规划还应向两头发展。一是向薄弱的城镇体系规划发展，编制县(市)域城镇体系规划。二是向详细规划发展。重点镇的总体规划直接指导小城镇建设的历史应该结束。另外，建议各级政府和建设行政主管部门在各自的权限内，建立面向村镇的规划援助中心，通过这一形式，整合地区分布严重不均的规划人才资源。这样，既克服一些规划设计单位因生产任务不足而造成的资源浪费现象，又可弥补村镇对规划人才的迫切需求，从而达到为小城镇规划服务的目的。

3. 加大政府投入，改变小城镇基础设施和公共设施短缺状况

基础设施和公共服务设施作为小城镇发展的硬件支撑系统，不仅关系到小城镇的运行效率，而且对小城镇规模经济效益有着重要影响。尽管经过多年的建设和发展，我国小城镇基础设施和公共设施得到明显改善，但设施短缺、落后仍然是制约小城镇发展的瓶颈。究其原因，公共财政长期忽视对小城镇的投入是造成设施短缺的最主要因素。2008年全国城市市政公用设施投资总额为7368亿元，单位城市建成区面积的平均投资密度为2254万元/平方公里，而建制镇则为726亿元，平均投资密度为240万元/平方公

里，不足城市的 1/9；乡为 99.5 亿元，平均投资密度为 123 万元/平方公里，仅是城市的 1/18。

资金渠道单一、投融资体制不健全是造成小城镇基础设施和公共服务设施短缺的又一要因。在很多地方，政府投入仍然是基础设施和公共服务设施建设的唯一资金渠道。小城镇缺乏吸引社会资本、调动社会闲散资金投入小城镇建设的有效机制。

财政分配体制不合理是造成小城镇基础设施和公共服务设施短缺的制度缺陷。大多数小城镇政府无独立财权，为增加财政收入，倾向于通过拍卖土地来获得建设资金。中西部地区小城镇，由于自筹资金的渠道缺失，同时预算内的"吃饭财政"还会挤占建设资金，使得小城镇建设资金短缺的状况进一步加剧。

"十二五"期间，各级政府必须改变重城轻镇的传统观念，以实现城乡基本公共服务均等化为统筹城乡发展的首要目标，切实加大对小城镇，特别是潜力大、基础好、区位优势突出的重点镇基础设施和公共服务设施的投入。要改革现行的不合理的财政分配体制，按照责、权、利统一的原则，给予小城镇政府更大的财政自主权。要建立多元化的投融资体制，加大金融对小城镇基础设施建设的支持力度。要坚持市场化方向，对小城镇供水、燃气等一定程度具备自负盈亏条件的建设项目，根据"谁投资、谁所有、谁受益"的原则，鼓励社会资金投入，支持企业和个人参与建设、经营和管理。对区位优势明显、土地升值潜力较大的小城镇，可以将土地使用权与具体基础设施建设项目捆绑筹集建设资金。

4. 开展小城镇环境整治，改善小城镇人居环境

历史上，因为环境恶化而导致一个城市甚至一片城镇灭亡的，屡见不鲜。今天，随着小城镇经济和建设的不可持续的发展，小城镇环境污染问题日趋突出。可以说，小城镇的环境污染举目皆是，"屋内现代化，屋外脏乱差"的现象非常普遍。在社会主义新农村建设过程中，一些村庄经过整治，村容村貌发生很大变化，反观一些小城镇，还不及一些村庄干净、整洁，形成"城市村庄建设两头热、小城镇整治中间冷"的独特现象。

"十二五"期间，在汲取村庄整治经验的基础上，政府应及时开展和加大小城镇整治工作的力度，把小城镇的环境治理摆在应有的高度，切实加强对小城镇环境基础设施这一最薄弱环节的投入。凡具备纳入中心城区污水管网体系的小城镇，应充分依托城区，纳入城区基础设施建设规划一并解决。一定区域内分布较为密集的小城镇，应以重点镇为中心，积极协调共建、共享环境基础设施。小城镇垃圾应逐步按照"户集、村收、镇运、市（县）处理"的方式集中处理。

5. 创新小城镇管理体制，提高小城镇管理水平

目前小城镇管理水平不高，对小城镇发展有严重的负面影响。造成小城镇管理水平低的原因主要有以下几个方面：一是管理体制不顺。长期以来，小城镇政府的管理职能受到"条条"的控制，缺乏应有的自主权和管理权。二是管理基础薄弱。小城镇普遍面临管理人员缺乏、管理经费不足、管理水平不高甚至部分管理机构缺失等问题。三是政出多门。有的政策之间还存在抵触，更使得小城镇政府无所适从。四是相关法律法规不完善。

小城镇政府对小城镇建设与发展负有直接的组织和管理责任。"十二五"期间，要从根本上提高小城镇管理水平，首先必须遵照市场经济的原则，创新小城镇管理体制，让小城镇政府拥有与它的责任相匹配的自主权。其次，在《城乡规划法》相关条文的基础上，尽早修订出台《村庄和集镇规划建设管理条例》，建立以"一法一条例"为基础的村镇建设管理法规体系。第三，加强对小城镇政府领导和相关管理人员的培训。为把培训工作经常化、制度化，建议成立中国镇长协会，借鉴中国市长协会的经验，中国镇长协会专门面向小城镇镇长，提供多种形式的系统化的培训服务。此外，通过编辑会刊和有关资料，为小城镇提供多种信息服务，沟通小城镇之间、小城镇与各有关部门之间的关系，适当开展同国外小城镇及相关研究机构的交流和合作，全面推进小城镇的改革开放。

江西省赣州市在村庄整治过程中创新成立农民理事会的经验值得注意。农民理事会通常以自然村为单元，由村民民主选举办事公道、热心公益事业的"五老"人员（老党员、老干部、老模范、老工人和老教师）组成，负责村庄基础设施项目的决策、资金的筹集管理、工程的组织实施、工程质量的监督、农民纠纷的协调等具体事务。实践证明，这种以民选、民办、民管、无偿为主要特征的农民理事会在新农村建设中发挥了独特而重要的作用，大大激发了农民主体的创造性和积极性。如果在小城镇镇区，建立面向全体居民的类似农民理事会的组织，相信对促进小城镇发展的民主决策、化解不同利益群体的矛盾、改变小城镇管理基础十分薄弱的现状都有极大的帮助。

（执笔人：刘波）

第七篇

数据统计与分析

一、2010年城镇建设统计分析

(一) 2010年城市建设统计概述

【概况】 2010年末,全国设市城市共657个,比上年增加3个,其中直辖市4个,数量与上年相同;地级城市共283个,与上年数量相同;县级城市370个,比上年增加3个。年末城市城区人口3.54亿人,比上年增加0.13亿人;年末城区暂住人口0.41亿人,比上年增加0.05亿人。年末建成区面积40058平方公里(未包括北京市),比上年增加1951平方公里。

【城市维护建设资金收入与支出】 2010年全国城市维护建设资金收入8570.50亿元,比上年增加1842.81亿元。收入的具体分布情况如图7-1所示。2010年全国城市维护建设资金(财政性资金)支出7508.08亿元,比上年增加1581.01亿元。按用途分类的支出分布情况如图7-2所示,按行业分类的支出情况如图7-3所示。

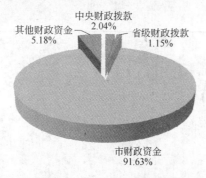

图7-1 2010年全国城市维护建设资金收入的分布情况

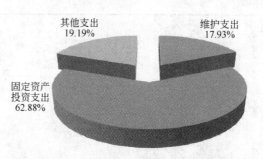

图7-2 2010年全国城市维护建设资金支出按用途分类的分布情况

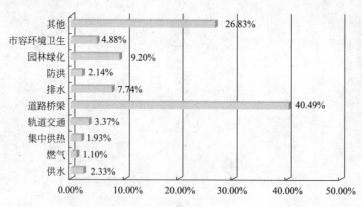

图7-3 2010年全国城市维护建设资金支出按行业分类的分布情况

【城市市政公用设施固定资产投资】 2010年城市市政公用设施固定资产完成投资14305.87亿元,比上年增加3664.4亿元。城市市政公用设施固定资产完成投资总额占同期全社会固定资产投资总额的5.1%,占同期城镇固定资产投资总额的5.9%。全国城市市政公用设施建设固定资产投资的行业分布如图7-4所示,其中,道路桥梁、园林绿化、轨道交通分列前三位,分别占城市市政公用设施固定资产投资的46.80%、16.06%和12.67%。

2010年按资金来源分城市市政公用设施建设固定资产投资合计14293.6亿元,比上年增加3355.5亿元。其中,本年度资金13634.3亿元,上年末结余资金659.3亿元。2010年度资金来源的具体构成,如图7-5所示。

一、2010年城镇建设统计分析

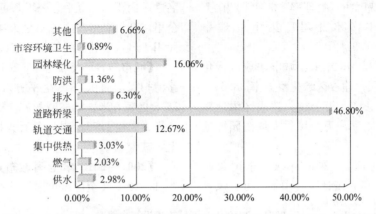

图 7-4 2010 年全国城市市政公用设施建设固定资产投资的行业分布情况

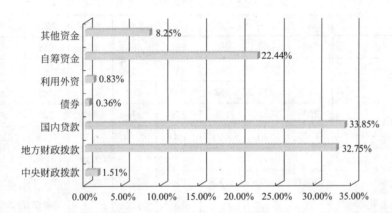

图 7-5 2010 年全国城市市政公用设施建设固定资产投资本年度资金来源的分布情况

全国城市市政公用设施投资新增固定资产8814.7亿元，固定资产投资交付使用率61.6%。主要新增生产能力（或效益）是：供水日综合生产能力4230万立方米，天然气储气能力1481万立方米，集中供热蒸汽能力2972吨/小时，热水能力2.1万兆瓦，道路长度1.3万公里，排水管道长度1.58万公里，城市污水处理厂日处理能力726万立方米，城市生活垃圾无害化日处理能力2.4万吨。

【城市供水和节水】 2010年，全国城市供水综合生产能力为27601.5万立方米/日，供水管道长度491779公里，供水总量507.9亿立方米，其中，生产运营用水167.8亿立方米，公共服务用水66.3亿立方米，居民家庭用水170.8亿立方米，用水人口3.8亿人，用水普及率96.7%，人均日生活用水量171.43升。2010年，城市节约用水40.7亿立方米，节水措施总投资17.3亿元。

【城市燃气和集中供热】 2010年，全国城市人工煤气供应总量279.9亿立方米，天然气供气总量487.6亿立方米，液化石油气供气总量12680万吨。用气人口3.63亿人，燃气普及率92.0%，比上年增长0.59%。2010年末，全国城市蒸汽供热能力10.5万吨/小时，热水供热能力31.6万兆瓦，集中供热面积43.6亿平方米，比上年增长14.74%。

【城市轨道交通】 2010年末，全国有12个城市已建成轨道交通线路长度1428.87公里，其中，地铁1131.63公里、轻轨259.54公里、有轨7.8公里、磁浮29.90公里；车站数931个，其中换乘站194个，配置车辆数7635辆。设有轨道交通的城市分别是：北京、天津、沈阳、大连、长春、上海、南京、武汉、广州、深圳、佛山、重庆。全国在建轨道交通线路长度1741公里，车站数1155个，其中换乘站287个。

【城市道路桥梁】 2010年末，全国城市道路长度29.4万公里，道路面积52.1亿平方米，其中人行道面积11.5亿平方米，人均城市道路面积13.21平方米，比上年增长0.42平方米。全国城市共有桥梁52548座，其中立交桥3698座。全国城市防洪堤长度36153公里，其中百年一遇6447公里、五十年一遇11494公里。

【城市排水与污水处理】 2010年末，全国城市共有污水处理厂1444座，日处理能力10436万立方米，排水管道长度37.0万公里。城市年污水处理总量311.7亿立方米，城市污水处理率82.31%，比上年增长7.06%；其中污水处理厂集中处理率73.76%，比上年增长7.97%。

【城市园林绿化】 2010年末，城市建成区绿化覆盖面积161.2万公顷，建成区绿化覆盖率38.6%；建成区园林绿地面积144.4万公顷，建成区绿地率34.5%；公园绿地面积44.1万公顷，人均公园绿地面积11.2平方米。

【国家级风景名胜区】 2010年末，全国共有208处国家级风景名胜区，统计了其中201处，风景名胜区面积8.3万平方公里，可游览面积3.4万平方公里，全年接待游人5.0亿人次。国家投入47.4亿元用于风景名胜区的维护和建设。

【城市市容环境卫生】 2010年末，全国城市道路清扫保洁面积48.5亿平方米，其中机械清扫面积16.5亿平方米，机械清扫率34.0%。全年清运生活垃圾、粪便1.78亿吨。每万人拥有公厕3.02座，比上年减少0.13座。

【2001～2010年全国城市建设的基本情况】
2001～2010年全国城市建设基本情况见表7-1。

2001～2010年全国城市建设基本情况　　　　　表7-1

指标	年份									
	2001	2002	2003	2004	2005	2006	2007	2008	2009	2010
年末城市数(个)	662	660	660	661	661	656	655	655	654	657
直辖市(个)	4	4	4	4	4	4	4	4	4	4
地级市(个)	265	275	282	283	283	283	283	283	283	283
县级市(个)	393	381	374	374	374	369	368	368	367	370
年末城区人口(亿人)	3.57	3.52	3.38	3.41	3.59	3.33	3.36	3.35	3.41	3.54
年末城区暂住人口(亿人)						0.40	0.35	0.35	0.36	0.41
年末建成区面积(平方公里)	24027	25973	28308	30406	32521	33660	35470	36295	38107	40058
城市建设用地面积(平方公里)							36352	39140	38727	39758
城市人口密度(人/平方公里)	588	754	847	865	870	2238	2104	2080	2147	2209
市政公用设施固定资产年投资总额(亿元)	2351.9	3123.2	4462.4	4762.2	5602.2	5765.1	6418.9	7368.2	10641.5	14305.9
年末供水综合生产能力(万立方米/日)	22900	23546	23967.1	24753.0	24719.8	26961.6	25708.4	26604.1	27046.8	27601.5
年末供水管道长度(公里)	289338	312605	333289	358411	379332	430397	447229	480084	510399	539778
年供水总量(亿立方米)	466.1	466.5	475.3	490.3	502.1	540.5	501.9	500.1	496.7	507.9
生活用水量(亿立方米)	203.6	213.2	224.7	233.5	243.7	222.0	226.9	227.4	233.4	238.8
人均生活用水(吨)	78.8	77.8	77.1	76.9	74.5	68.7	65.1	65.0	64.5	62.6
用水普及率(%)	72.30	77.9	86.15	88.85	91.09	86.67	93.83	94.73	96.12	96.68
人工煤气年供应量(亿立方米)	136.9	198.9	202.1	213.7	255.5	296.5	322.4	355.8	361.6	279.5
家庭用量(亿立方米)	49.4	49.0	58.4	51.2	45.9	38.2	37.4	35.3	30.7	26.9
天然气年供应量(亿立方米)	99.5	125.9	141.6	169.4	210.5	244.8	308.6	368.0	405.1	487.6
家庭用量(亿立方米)	24.8	35.0	37.5	45.4	52.1	57.3	66.2	78.0	91.3	117.2
液化石油气年供应量(万吨)	981.8	1136.4	1126.4	1126.7	1222.0	1263.7	1466.8	1329.1	1340.0	1268.0
家庭用量(万吨)	558.3	656.2	781.7	704.1	706.5	693.7	728.0	629.3	688.8	633.9
年末供气管道长度(万公里)	10.0	11.4	13.0	14.8	16.2	18.9	22.1	25.8	27.3	30.9
燃气普及率(%)	60.40	67.2	76.74	81.53	82.08	79.11	87.40	89.55	91.41	92.04
年末集中供热面积(亿立方米)	14.6	15.6	18.9	21.6	25.2	26.6	30.1	34.9	38.0	43.6
年末公共交通运营车数(辆)	230844	246129	264338	281516	313296	315576	347969	371882	370640	383161
公共汽、电车	229945	245012	262425	279620	310932	312812	344489	367292	365161	374876

一、2010年城镇建设统计分析

续表

指标	年份									
	2001	2002	2003	2004	2005	2006	2007	2008	2009	2010
轨道交通	899	983	1913	1896	2364	2764	3480	4530	5479	8285
运营线路总长度(公里)						125857	140801	147349	209249	490283
公共汽、电车						125236	140038	146514	208250	488812
轨道交通						621	763	835	999	1428.9
公共交通客运总量(万人次)	3506814	3728026	3813505	4272898	4836930	4659247	5546439	7029996	6767589	6867497
公共汽、电车	3429704	3753089	3713145	4140077	4671881	4477648	5325857	6692606	6401819	6310720
轨道交通	77110	83055	100360	132821	165049	181599	220582	337390	365770	556777
每万人拥有公交车辆(标台)	6.10	6.70	7.66	8.41	8.62	9.05	10.23	11.13	11.12	9.70
年末出租车数量(辆)	870023	884195	903381	903734	936973	928647	959668	968811	971579	986190
年末道路长度(万公里)	17.6	19.1	20.8	22.3	24.7	24.1	24.6	26.0	26.9	29.4
每万人拥有道路长度(公里)	8.2	5.4	6.2	6.5	6.9	6.5	6.6	7.0	7.1	7.5
年末道路面积(亿平方米)	24.9	27.7	31.6	35.3	39.2	41.1	42.4	45.2	48.2	52.1
人均道路面积(平方米)	7.0	7.9	9.34	10.34	10.92	11.04	11.43	12.21	12.79	13.21
城市桥梁(座)	38911	47341	50732	51092	52123	54643	48100	49840	51068	52548
污水年排放量(亿立方米)	328.6	337.6	349.2	356.5	359.5	362.5	361.0	364.9	371.2	378.7
城市污水日处理能力(万立方米)	6215	6153	6626.4	7387.2	7989.7	9734.0	10336.5	11172.5	12183.9	13392.9
污水处理率(%)	36.43	39.97	42.39	45.67	51.95	55.67	62.87	70.66	75.25	82.31
年末排水管道长度(万公里)	15.8	17.3	19.9	21.9	24.1	26.1	29.2	31.5	34.4	37.0
城市排水管道密度(公里/平方公里)		6.7	7.0	7.2	7.4	7.8	8.2	8.7	9.0	9.0
年末建成区绿化覆盖面积(万公顷)	68.2	77.3	88.2	96.3	105.8	118.2	125.2	135.6	149.4	161.2
年末建成区绿地面积(万公顷)	58.3	67.0	77.2	84.3	92.7	104.1	111.0	120.8	133.8	144.4
建成区绿化覆盖率(%)	28.4	29.8	31.2	31.7	32.5	35.1	35.3	37.4	38.2	38.6
建成区绿地率(%)	24.3	25.8	27.3	27.7	28.5	30.9	31.3	33.3	34.4	34.5
人均公园绿地面积(平方米)	4.60	5.4	6.49	7.39	7.89	8.30	8.98	9.71	10.66	11.18
公园个数(个)	4850	5178	5832	6427	7077	6908	7913	8557	9050	9955
公园面积(万公顷)	9.1	10.0	1103	13.4	15.8	20.8	20.2	21.8	23.6	25.8
年末国家级风景名胜区个数(个)	119	151	151	177	187	187	187	187	208	208
清扫保洁面积(万平方米)	184142	213623	247880	275973	310836	324768	379355	468545	447265	485033
生活垃圾年清运量(万吨)	13470	13650	14857	15509	15577	14841	15215	15438	15734	15805
粪便年清运量(万吨)	2990	3160	3475	3576	3805	2131	2506	2331	2141	1951
每万人拥有公厕(座)	3.01	3.15	3.19	3.21	3.20	2.88	3.04	3.11	3.15	3.02

注：1. 自2006年起，人均指标与普及率指标按城区人口和暂住人口合计为分母计算，以公安部门数据为准。
2. "年末城区人口"指标2005年及以前年份为"年末城市人口"。
3. "人均公园绿地面积"指标2005年及以前年为"人均公共绿地面积"。
4. 公共交通客运管理职能划归交通运输部，自2009年起住房和城乡建设部不再统计相关内容。

【2010年全国各地区城市设施水平的比较】
2010年全国各地区城市设施水平见表7-2。由表7-2可以得到全国各地区城市设施水平6项指标的排序，具体结果见表7-3。

2010年全国各地区城市设施水平

表 7-2

地区	城市用水普及率（%）	城市燃气普及率（%）	每万人拥有公共交通车辆（标台）	人均城市道路面积（平方米）	人均公园绿地面积（平方米）	每万人拥有公共厕所（座）
全 国	96.68	92.04	9.71	13.21	11.18	3.02
北 京	100.00	100.00	14.24	5.57	11.28	3.54
天 津	100.00	100.00	12.05	14.89	8.56	2.01
河 北	99.97	99.07	9.53	17.35	14.23	4.22
山 西	97.26	89.94	6.83	10.66	9.36	3.32
内蒙古	87.97	79.26	6.89	14.89	12.36	4.73
辽 宁	97.44	94.19	9.35	11.19	10.21	2.99
吉 林	89.60	85.64	9.75	12.39	10.27	4.53
黑龙江	88.43	84.67	10.00	10.00	11.27	6.56
上 海	100.00	100.00	8.82	4.04	6.97	2.62
江 苏	99.56	99.12	10.91	21.26	13.29	3.75
浙 江	99.79	99.07	11.87	16.70	11.05	4.01
安 徽	96.06	90.52	7.73	16.01	10.95	2.55
福 建	99.50	98.92	10.32	12.58	10.99	2.64
江 西	97.43	92.36	7.61	13.77	13.04	2.17
山 东	99.57	99.30	10.18	22.23	15.84	2.05
河 南	91.03	73.43	7.58	10.25	8.65	3.32
湖 北	97.59	91.75	9.47	14.08	9.62	2.91
湖 南	95.17	86.50	10.01	12.95	8.89	2.35
广 东	98.37	95.75	9.53	12.69	13.29	2.06
广 西	94.65	92.35	8.07	14.31	9.83	1.76
海 南	89.43	82.44	8.61	13.81	11.22	1.73
重 庆	94.05	92.02	7.23	9.37	13.24	1.55
四 川	90.80	84.39	9.65	11.84	10.19	2.93
贵 州	94.10	69.72	8.46	6.65	7.33	2.21
云 南	96.50	76.40	9.74	10.90	9.30	2.26
西 藏	97.42	79.83	20.91	13.25	5.78	4.16
陕 西	99.39	90.39	12.64	13.38	10.67	3.13
甘 肃	91.57	74.29	8.10	12.20	8.12	2.17
青 海	99.87	90.79	18.30	11.42	8.53	4.65
宁 夏	98.23	88.01	10.63	17.35	16.18	4.18
新 疆	99.17	95.80	11.66	13.19	8.61	3.23

2010年全国各地区城市设施水平排序

表 7-3

地区	城市用水普及率	城市燃气普及率	每万人拥有公共交通车辆	人均城市道路面积	人均公园绿地面积	每万人拥有公共厕所
北 京	1	1	3	30	9	10
天 津	1	1	5	7	26	28
河 北	4	5	17	3	3	5

一、2010年城镇建设统计分析

续表

地区	城市用水普及率	城市燃气普及率	每万人拥有公共交通车辆	人均城市道路面积	人均公园绿地面积	每万人拥有公共厕所
山　西	18	19	31	25	21	11
内蒙古	31	27	30	7	8	2
辽　宁	15	11	20	23	17	15
吉　林	28	22	14	19	16	4
黑龙江	30	23	13	27	10	1
上　海	1	1	21	31	30	19
江　苏	8	5	8	2	4	9
浙　江	6	7	6	5	12	8
安　徽	20	17	26	6	14	20
福　建	9	8	10	18	13	18
江　西	16	12	27	12	7	24
山　东	7	4	11	1	2	27
河　南	26	30	28	26	24	12
湖　北	14	15	19	10	20	17
湖　南	21	21	12	16	23	21
广　东	12	10	18	17	4	26
广　西	22	13	25	9	19	29
海　南	29	25	22	11	11	30
重　庆	24	14	29	28	6	31
四　川	27	24	16	21	18	16
贵　州	23	31	23	29	29	23
云　南	19	28	15	24	22	22
西　藏	17	26	1	14	31	7
陕　西	10	18	4	13	15	14
甘　肃	25	29	24	20	28	25
青　海	5	16	2	22	27	3
宁　夏	13	20	9	3	1	6
新　疆	11	9	7	15	25	13

（住房和城乡建设部计划财务与外事司　哈尔滨工业大学）

（二）2010年县城建设统计概述

【概况】 2010年末，全国有县城1633个，据其中1613个县、10个特殊区域及148个新疆生产建设兵团师团部驻地统计汇总，县城人口1.26亿人，暂住人口1236万人，建成区面积1.67万平方公里。

【县城维护建设资金收入与支出】 2010年全国县城维护建设资金收入2058.20亿元，比上年增加676.18亿元。收入的具体分布情况如图7-6所示。2010年全国县城维护建设资金支出2045.11亿元，比上年增加726.82亿元。按用途分类的支出分布情况如图7-7所示，按行业分类的支出情况如图7-8所示。

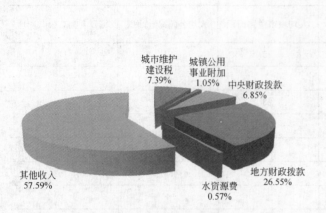

图 7-6　2010 年全国县城维护建设资金收入的分布情况

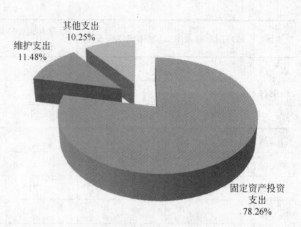

图 7-7　2010 年全国县城维护建设资金支出按用途分类的分布情况

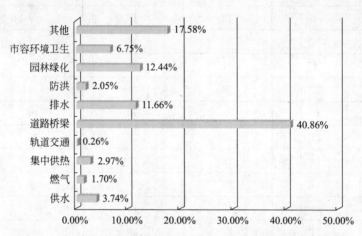

图 7-8　2010 年全国县城维护建设资金支出按行业分类的分布情况

【县城市政公用设施固定资产投资】 2010 年，县城市政公用设施固定资产完成投资 2569.8 亿元，比上年增加 888.4 亿元。全国县城市政公用设施建设固定资产投资的行业分布如图 7-9 所示，其中，道路桥梁、园林绿化、排水分列前三位，分别占县城市政公用设施固定资产投资的 44.05%、14.54% 和 10.55%。

2010 年按资金来源分县城市政公用设施建设固定资产投资合计 2559.8 亿元，比上年增加 876.9 亿元。其中，本年度资金来源 2525.5 亿元，上年末结余资金 34.3 亿元。本年度资金来源的具体构成，如图 7-10 所示。

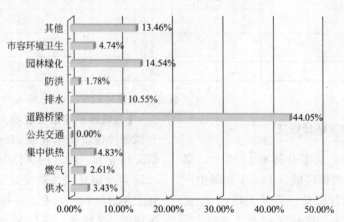

图 7-9　2010 年全国县城市政公用设施建设固定资产投资的行业分布

一、2010年城镇建设统计分析

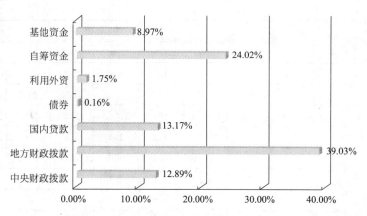

图 7-10 2010年全国县城市政公用设施建设固定资产投资本年度资金来源的分布

全国县城市政公用设施投资新增固定资产1988.6亿元，固定资产投资交付使用率77.4%。主要新增生产能力（或效益）是：供水日综合生产能力345万立方米，天然气储气能力347万立方米，集中供热蒸汽能力2972吨/小时，热水能力8109兆瓦，道路长度5957公里，排水管道长度9488公里，污水处理厂日处理能力428万立方米，生活垃圾无害化日处理能力2.4万吨。

【县城供水和节水】 2010年，全国县城全年供水总量95.6亿立方米，其中生产运营用水27.3亿立方米，公共服务用水10.1亿立方米，居民家庭用水40.8亿立方米。用水人口1.18亿人，用水普及率85.1%，人均日生活用水量118.9升。2010年，县城节约用水3.6亿立方米，节水措施总投资4.7亿元。

【县城燃气和集中供热】 2010年，全国县城人工煤气供应总量4.1亿立方米，天然气供气总量40.0亿立方米，液化石油气供气总量218.5万吨。用气人口0.9亿人，燃气普及率64.9%。2010年末，蒸气供热能力1.5万吨/小时，热水供热能力6.9万兆瓦，集中供热面积6.1亿平方米。

【县城道路桥梁】 2010年末，全国县城道路长度10.6万公里，道路面积17.6亿平方米，其中人行道面积4.3亿平方米，人均城市道路面积12.7平方米。

【县城排水与污水处理】 2010年末，全国县城共有污水处理厂1052座，污水处理厂日处理能力2040万立方米，排水管道长度10.9万公里。县城全年污水处理总量43.3亿立方米，污水处理率60.1%，其中污水处理厂集中处理率54.2%。

【县城园林绿化】 2010年末，全国县城建成区绿化覆盖面积41.3万公顷，建成区绿化覆盖率24.9%；建成区园林绿地面积33.0万公顷，建成区绿地率19.9%；公园绿地面积10.7万公顷，人均公园绿地面积7.7平方米。

【县城市容环境卫生】 2010年末，全国县城道路清扫保洁面积14.1亿平方米，其中机械清扫面积2.6亿平方米，机械清扫率18.4%。全年清运生活垃圾、粪便0.71亿吨。

【2001~2010年全国县城建设基本情况】 2001~2010年全国县城建设基本情况见表7-4。

2001~2010年全国县城建设基本情况 表7-4

指标	年份									
	2001	2002	2003	2004	2005	2006	2007	2008	2009	2010
年末县个数（个）	1660	1649	1642	1636	1636	1635	1635	1635	1636	1633
年末县城人口（亿人）	0.90	0.89	0.92	0.96	1.00	1.10	1.16	1.19	1.23	1.26
年末县城暂住人口（亿人）					0.09	0.10	0.11	0.11	0.12	
年末建成区面积（平方公里）	10427	10496	11115	11774	12383	13229	14260	14776	15558	16585
市政公用设施固定资产年投资总额（亿元）	337	412	556	657	719	731	812	1146	1681	2570
年供水总量（亿立方米）	57.8	56.8	60.6	65.4	67.7	74.7	79.5	82.6	85.6	92.6
生活用水量	32.7	33.9	36.3	39.5	40.9	40.7	44.9	46.0	48.5	51.3
用水普及率（%）	76.5	80.5	81.6	82.3	83.2	76.4	81.2	81.6	83.7	85.1

续表

指标	年份									
	2001	2002	2003	2004	2005	2006	2007	2008	2009	2010
人工煤气年供气量(亿立方米)	2.1	1.2	0.7	1.8	3.0	1.3	1.4	1.5	1.8	4.1
天然气年供气量(亿立方米)	4.4	6.4	7.7	11.0	18.1	16.5	24.5	23.3	32.2	40.0
液化石油气年供气量(万吨)	127.6	142.4	174.5	188.9	185.9	195.0	203.2	202.1	212.6	218.5
年末供气管道长度(万公里)	0.7	0.9	1.0	1.2	1.5	2.0	2.5	3.1	3.9	4.7
燃气普及率(%)	44.6	49.7	53.3	56.9	57.8	52.5	57.3	59.1	61.7	64.9
年末集中供热面积(亿平方米)	0.9	1.5	1.7	1.7	2.1	2.4	3.2	3.7	4.8	6.1
年末公共交通运营车数(万辆)	2.6	3.4	3.3	3.8	4.0	3.9	4.6	4.7		
每万人拥有公交车辆(标台)	1.9	2.5	2.5	2.8	2.9	2.6	3.1	3.0		
年末出租汽车数量(万辆)	8.8	11.1	12.4	16.1	16.1	16.9	18.7	20.2		
年末道路长度(万公里)	5.1	5.3	5.8	6.2	6.7	7.4	8.4	8.9	9.5	10.6
年末道路面积(亿平方米)	7.7	8.3	9.1	9.9	10.8	12.3	13.4	14.6	16.0	17.6
人均道路面积(平方米)	8.5	9.4	9.8	10.3	10.8	10.3	10.7	11.2	12.0	12.7
污水年排放量(亿立方米)	40.1	43.6	41.9	46.3	47.4	54.6	60.1	60.2	65.7	72.0
污水处理率(%)	8.2	11.0	9.9	11.2	14.2	13.6	23.4	31.6	41.6	60.1
年末排水管道长度(万公里)	4.4	4.4	5.3	6.0	6.0	6.9	7.7	8.4	9.6	10.9
年末建成区绿化覆盖面积(万公顷)	13.8	14.8	17.0	19.3	21.0	24.7	28.8	31.8	36.5	41.3
年末建成区园林绿地面积(万公顷)	9.5	10.3	12.0	13.7	15.2	18.5	22.0	25.0	28.6	33.0
建成区绿化覆盖率(%)	13.3	14.1	15.3	16.4	17.0	18.7	20.2	21.5	23.5	24.9
建成区绿地率(%)	9.1	9.8	10.8	11.7	12.3	14.0	15.4	16.9	18.4	19.9
人均公园绿地面积(平方米)	3.9	4.3	4.8	5.3	5.7	5.0	5.6	6.1	6.9	7.7
生活垃圾年清运量(万吨)	7851	6503	7819	8182	9535	6266	7110	6794	8085	6317
粪便年清运量(万吨)	1709	1659	1699	1256	1312	710	2507	1151	759	811
每万人拥有公厕(座)	3.54	3.53	3.59	3.54	3.46	2.91	2.90	2.90	2.96	2.94

注:1. 自2006年起,人均指标与普及率指标按城区人口计算,按照公安部门的户籍统计和暂住人口统计计算。

2. "人均公园绿地面积"指标2005年及以前年份为"人均公共绿地面积"。

(住房和城乡建设部计划财务与外事司 哈尔滨工业大学)

(三) 2010年村镇建设统计概述

【概况】 2010年末,全国共有建制镇19410个,乡(苏木、民族乡、民族苏木)14571个。据16774个建制镇、13735个乡(苏木、民族乡、民族苏木)、721个镇乡级特殊区域和272.98万个自然村(其中村民委员会所在地56.35万个)统计汇总,村镇户籍总人口9.44亿。其中,建制镇建成区1.39亿,占村镇总人口的14.7%;乡建成区0.324亿,占村镇总人口的3.4%;镇乡级特殊区域建成区0.037亿,占村镇总人口的0.4%;村庄7.688亿,占村镇总人口的81.4%。

2010年末,全国建制镇建成区面积317.9万公顷,平均每个建制镇建成区占地190公顷,人口密度5215人/平方公里(含暂住人口);乡建成区75.1万公顷,平均每个乡建成区占地55公顷,人口密度4645人/平方公里(含暂住人口);镇乡级特殊区域建成区10.4万公顷,平均每个镇乡级特殊区域建成区占地145公顷,人口密度4059人/平方公里(含暂住人口)。

【规划管理】 2010年末,全国有总体规划的建制镇14676个,占所统计建制镇总数的87.5%,其中本年编制1788个;有总体规划的乡8448个,占所统计乡总数的61.5%,其中本年编制1254个;有总体规划的镇乡级特殊区域466个,占所统计镇乡级特殊区域总数的64.6%,其中本年编制76个;有规划的行政村269849个,占所统计行政村总数的47.88%,其中本年编制40986个。2010年全国村镇规划编制投入达34.16亿元。

【建设投入】 2010年，全国村镇建设总投入10808亿元。按地域分，建制镇建成区4356亿元，乡建成区558亿元，镇乡级特殊区域建成区201亿元，村庄5692亿元，分别占总投入的40.3%、5.2%、1.9%和52.7%。按用途分，房屋建设投入8496亿元，市政公用设施建设投入2312亿元，分别占总投入的78.6%和21.4%。

在房屋建设投入中，住宅建设投入5612亿元，公共建筑投入962亿元，生产性建筑投入1921亿元，分别占房屋建设投入的66.1%、11.3%和22.6%。

在市政公用设施建设投入中，供水336亿元，道路桥梁987亿元，分别占市政公用设施建设总投入的14.5%和42.7%。

【房屋建设】 2010年，全国村镇房屋竣工建筑面积9.74亿平方米，其中住宅6.71亿平方米，公共建筑0.95亿平方米，生产性建筑2.08亿平方米。2010年末，全国村镇实有房屋建筑面积355.5亿平方米，其中住宅298.5亿平方米，公共建筑23.4亿平方米，生产性建筑33.7亿平方米，分别占83.9%、6.6%、9.5%。

2010年末，全国村镇人均住宅建筑面积31.62平方米。其中，建制镇建成区人均住宅建筑面积32.46平方米，乡建成区人均住宅建筑面积29.93平方米，镇乡级特殊区域建成区人均住宅建筑面积29.15平方米，村庄人均住宅建筑面积31.55平方米。

【公用设施建设】 在建制镇、乡和镇乡级特殊区域建成区内，年末实有供水管道长度43.79万公里，排水管道长度13.24万公里，排水暗渠长度6.4万公里，铺装道路长度33.19万公里，铺装道路面积23.38亿平方米，公共厕所13.2万座。2010年末，建制镇建成区用水普及率79.56%，人均日生活用水量99.3升，燃气普及率45.05%，人均道路面积11.4平方米，排水管道暗渠密度5.29公里/平方公里，人均公园绿地面积2.03平方米。乡建成区用水普及率65.64%，人均日生活用水量81.4升，燃气普及率18.98%，人均道路面积11.24平方米，排水管道暗渠密度3.12公里/平方公里，人均公园绿地面积0.88平方米。镇乡级特殊区域建成区用水普及率85.02%，人均日生活用水量86.65升，燃气普及率45.66%，人均道路面积13.25平方米，排水管道暗渠密度4.59公里/平方公里，人均公园绿地面积2.58平方米。

2010年末，全国52.3%的行政村有集中供水，6%的行政村对生活污水进行了处理，37.6%的行政村有生活垃圾收集点，20.8%的行政村对生活垃圾进行处理。

【2001～2010年全国村镇建设基本情况】 2001～2010年全国村镇建设基本情况见表7-5、表7-6和表7-7。

2001～2010年全国建制镇建设基本情况　　表7-5

指标	2001	2002	2003	2004	2005	2006	2007	2008	2009	2010
年末建制镇个数(万个)	2.04	2.06	2.02	2.00	1.95	1.94	1.92	1.92	1.93	1.94
年末统计建制镇个数(万个)	1.81	1.84		1.78	1.77	1.77	1.67	1.70	1.69	1.68
年末镇建成区面积(万公顷)	197.2	203.2		223.6	236.9	312.0	284.3	301.6	313.1	317.9
年末实有住宅建筑面积(亿平方米)	28.6	30.7		33.7	36.8	39.1	38.9	41.5	44.2	45.1
人均住宅建筑面积(平方米)	22.7	23.2		24.1	25.7	27.9	29.7	30.1	32.1	32.5
年供水总量(亿立方米)	91.4	97.3		110.7	136.5	131.0	112.0	129.0	114.6	113.5
生活用水(亿立方米)	39.6	42.3		49.0	54.2	44.7	42.1	45.0	46.1	47.8
用水普及率(%)	80.3	80.4		83.6	84.7	83.8	76.6	77.8	78.3	79.6
人均日常生活用水量(升)	104.0	105.4		112.1	118.4	104.2	97.1	97.1	98.9	99.3
年末实有道路长度(万公里)	22.8	24.3		27.5	30.1	26.0	21.6	23.4	24.5	25.8
年末排水管道长度(万公里)	11.9	13.0		15.7	17.1	11.9	8.8	9.9	10.7	11.5
年末公园绿地面积(万公顷)	4.39	4.84		6.01	6.81	3.3	2.72	3.09	3.14	3.36
年末人均公园绿地面积(平方米)	3.4	3.5		4.2	4.6	2.4	1.8	1.9	1.9	2
年末公共厕所(万座)	10.7	11.2		11.8	12.4	9.4	9.0	12.1	11.6	9.84

注：1. 2003年无全国汇总数据。
   2. 2006年执行新的报表制度，数据与以往年度不可对比。

2001~2010 年全国乡建设基本情况　　　　　表 7-6

指标	年份									
	2001	2002	2003	2004	2005	2006	2007	2008	2009	2010
年末乡个数(万个)	1.93	1.86	1.81	1.75	1.60	1.53	1.51	1.51	1.48	1.46
年末统计乡个数(万个)	2.35	2.26		2.18	2.07	1.46	1.42	1.41	1.39	1.37
年末乡建成区面积(万公顷)	79.7	79.1		78.1	77.8	92.8	75.9	81.2	75.8	75.1
年末实有住宅建筑面积(亿平方米)	12.0	12.0		12.5	12.8	9.1	9.1	9.2	9.4	9.7
人均住宅建筑面积(平方米)	23.0	23.6		24.9	25.5	25.9	27.1	27.2	28.8	29.9
年供水总量(亿立方米)	15.7	16.4		17.4	17.5	25.8	11.9	11.9	11.4	11.8
生活用水(亿立方米)	8.2	8.4		9.5	9.6	6.3	6.0	6.3	6.5	6.8
用水普及率(%)	61.0	62.1		65.8	67.2	63.4	59.1	62.6	63.5	65.6
人均日生活用水量(升)	69.3	71.9		74.8	75.6	78	76.1	75.5	79.3	81.4
年末实有道路长度(万公里)	12.1	12.2		12.6	12.4	7.0	6.2	6.4	6.3	6.6
年末排水管道长度(万公里)	3.1	3.6		4.3	4.3	1.9	1.1	1.2	1.4	1.4
年末公园绿地面积(万公顷)	1.36	1.31		1.41	1.37	0.29	0.24	0.26	0.30	0.31
年末人均公园绿地面积(平方米)	2.56	2.54		2.57	2.65	0.85	0.66	0.72	0.84	0.88
年末公共厕所(万座)	5.03	5.05		4.58	4.57	2.92	2.76	3.34	2.96	2.75

注：1. 2003 年无全国汇总数据。
2. 2006 年执行新的报表制度，数据与以往年度不可对比。

2001~2010 年全国村庄建设基本情况　　　　　表 7-7

指标	年份									
	2001	2002	2003	2004	2005	2006	2007	2008	2009	2010
年末行政村个数(万个)	70.0	68.1	66.4	64.4	62.9	62.4	61.3	60.4	59.9	59.5
年末统计村庄个数(万个)	345.9	339.6		320.7	313.7	270.9	264.7	266.6	271.4	273.0
行政村个数(万个)							57.2	56.9	56.8	56.4
村庄现状用地面积(万公顷)	1396.1	1388.8		1362.7	1404.2		1389.9	1311.7	1362.8	1399.2
年末实有住宅建筑面积(亿平方米)	199.1	202.5		205.0	208.0	202.9	222.7	227.2	237.0	242.6
人均住宅建筑面积(平方米)	25.0	25.5		26.5	26.9	28.4	29.2	29.4	30.8	31.6
年末有建设规划的行政村个数(万个)							19.6	21.9	26.0	27.0
年末有集中供水的行政村个数(万个)							24.7	26.6	28.3	29.5
年末通公交车或客运班车的行政村个数(万个)								28.0	29.6	
年末主要道路硬化的行政村个数(万个)								32.6	35.0	
年末对生活污水进行处理的行政村个数(万个)							1.5	1.9	2.8	3.4
年末有生活垃圾收集点的行政村个数(万个)							15.3	17.6	19.9	11.7

注：1. 2003 年无全国汇总数据。
2. 2006 年执行新的报表制度，数据与以往年度不可对比。

(住房和城乡建设部计划财务与外事司　哈尔滨工业大学)

(四) 2010 年城市化水平分析

【我国城市化进程】 随着经济持续平稳较快的增长，我国城市化进程加快，城市化率(即城市人口占总人口比重)不断提高，根据《中国统计年鉴 2011》的统计数据，我国的城市化率已从 2000 年的 36.2% 提高到 2010 年的 49.95%，处在世界中等收入国家的水平。图 7-11 给出了我国新中国成立以来的城市化率变化曲线。

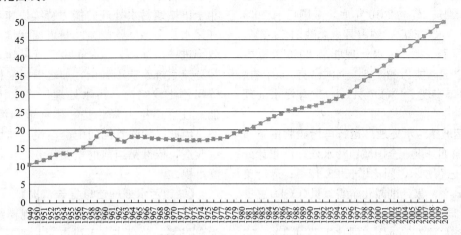

图 7-11　全国城市化率变化情况

【我国各地区的城市化率】 根据 2010 年第六次全国人口普查主要数据，2010 年我国各地区的城市化率如表 7-8 所示。从表 7-8 可以看出，有 15 个省、自治区、直辖市的城市化率高于全国平均水平，有 16 个省、自治区、直辖市的城市化率在全国平均水平以下。

2010 年我国各地区的城市化率（%）　　表 7-8

排序	地区	城镇人口占总人口的比重（%）	排序	地区	城镇人口占总人口的比重（%）	排序	地区	城镇人口占总人口的比重（%）	排序	地区	城镇人口占总人口的比重（%）
1	上海	89.30	9	黑龙江	55.56	17	宁夏	47.90	25	四川	40.18
2	北京	85.96	10	内蒙古	55.50	18	陕西	45.76	26	广西	40.00
3	天津	79.55	11	吉林	53.35	19	青海	44.72	27	河南	38.50
4	广东	66.18	12	重庆	53.02	20	江西	44.06	28	甘肃	35.97
5	辽宁	62.10	13	海南	49.80	21	河北	43.94	29	云南	34.70
6	浙江	61.62	14	山东	49.70	22	湖南	43.30	30	贵州	33.81
7	江苏	60.22	15	湖北	49.70	23	安徽	43.01	31	西藏	22.67
8	福建	57.09	16	山西	48.05	24	新疆	43.01		全国	49.68

数据来源：2010 年第六次全国人口普查主要数据

【城市化率的区域分布】 我国东部地区的城市化率最高。东部 11 省、自治区、直辖市中，上海、北京、天津、广东、辽宁、浙江、江苏、福建的城市化率分别列在前 8 位；海南、山东分别列在 13 和 14 位；只有河北略低，列在第 21 位。我国中部地区的城市化率居中。中部 8 省中，城市化率较高的黑龙江在全国列第 9 位、吉林列第 11 位；湖北、山西列在第 15、16 位，江西、湖南、安徽分别列在第 20、22 和 23 位；河南最低，列在第 27 位。我国西部地区的城市化率最低。西部 12 省、自治区、直辖市中，城市化率较高的内蒙古在全国列第 10 位、重庆列第 12 位；宁夏、陕西、青海列在第 17 至 19 位，新疆、四川、广西列在第 24 至 26 位；甘肃、云南、贵州、西藏分别列在后 4 位。

（哈尔滨工业大学）

（五）2010 年全国城镇污水处理设施建设和运行统计概述

【城镇污水处理设施建设情况】 截至 2010 年底，全国设市城市、县累计建成城镇污水处理厂 2832 座，污水处理能力达到 1.25 亿立方米/日，较 2009 年底增加处理能力约 1900 万立方米/日，超额完成国务院部署的"2010 年新增污水处理能力 1500 万立方米/日"的目标。2010 年底，全国正在建设的城镇污水处理项目达 1600 个，总设计能力约 3900 万立方米/日。在设市城市中，已有 607 个城市建有污水处理厂。2010 年全国设市城市新增污水处理厂 337 座，新增污水处理能力 1384 万立方米/日；累计建成污水处理厂 1688 座，形成污水处理能力 1.067 亿立方米/日。36 个大中城市（直辖市、省会城市和计划单列市)建有污水处理厂388座,处理能力达4428万立方米/日。截至2010年底,全国已有1034个县城建成了污水处理厂,约占县城总数的63.2%,较2009年底翻了一番;污水处理能力2066万立方米/日,约占全国总能力的1/6。全国已有16个省、自治区、直辖市实现了"每个县(市)建有污水处理厂"的目标。

【建成投运城镇污水处理厂运行与污染物削减情况】 2010年第四季度,全国城镇污水处理厂累计处理污水91.18亿立方米,同比增长23.12%;运行负荷率达到78.18%。累计削减化学需氧量(COD)总量237.19万吨,同比增长18.6%;平均削减化学需氧量(COD)浓度达到259mg/L,同比下降4.4%。36个大中城市城镇污水处理厂本季度累计处理污水量34.71亿立方米,运行负荷率为85.46%,高于全国平均水平7个百分点;全年累计处理污水132.41亿立方米,累计削减化学需氧量(COD)总量384.92万吨。本季度尚有276座投入运行1年以上的城镇污水处理厂平均运行负荷率不足60%,没有达到国家有关要求,占全国污水处理厂总数的9.7%。部分污水处理厂污染物削减效率偏低,本季度有190座城镇污水处理厂平均削减化学需氧量(COD)浓度不足100mg/L。2010年全年累计处理污水343.33亿立方米,同比增加63.81亿立方米,增长22.83%;平均运行负荷率达到78.95%,同比提高2.3个百分点;全年累计削减化学需氧量(COD)总量920.38万吨,同比增加147.1万吨,增长19.02%。总体上,2010年全国城镇污水处理的能力持续快速增长,实际处理污水量和污染物削减总量大幅度增加,设施利用效率进一步提高。但是,由于管网建设,尤其是雨污分流系统改造不到位,加之雨污混接和管网渗漏等问题比较突出,污水处理厂进水污染物浓度偏低,且呈逐年下降趋势,严重影响污染物去除效率。因此,加强管网的配套建设,加快雨污分流系统改造,依然是当前的重要任务之一,必须引起高度重视。

【城镇污水处理信息报告情况】 2010年,运营项目信息上报情况整体较好。按规模统计的上报率为99.3%,北京市、天津市、上海市、山东省和海南省运营项目上报率为100%。本季度运营项目信息上报情况最差的为广东省、湖南省和内蒙古自治区。2010年在建项目上报情况仍不理想,上报率为89%;仅有天津市、上海市和海南省上报率为100%。本季度在建项目信息上报情况最差的为广东省、四川省和内蒙古自治区。

【城镇污水处理工作考核情况】 按照《城镇污水处理工作考核暂行办法》(建城函[2010]166号)的要求,根据"全国城镇污水处理管理信息系统"统计数据,住房和城乡建设部对各省区和36个大中城市(直辖市、省会城市、计划单列市)2010年度的城镇污水处理工作情况进行了考核、排序,见表7-9和表7-10所示。

全国城镇污水处理设施建设运行情况表 表7-9

序号	名称	建成率(%,以设市城市计)	运营总数(个)	处理能力(万立方米/日)	本季处理水量(万立方米)	运行负荷率(%)	单位COD削减量(mg/L)
	全国	92.81	2832	12535.56	911803.02	78.18	259
1	北京	100.00	26	330.40	26976.97	88.75	398
2	天津	100.00	23	201.25	13357.87	72.15	352
3	河北	100.00	187	796.95	51660.52	70.26	332
4	山西	100.00	131	274.34	16939.23	62.97	294
5	内蒙古	85.00	53	181.40	9434.54	55.31	359
6	辽宁	96.77	104	567.70	39356.77	75.44	233
7	吉林	57.14	31	188.90	13511.96	75.35	259
8	黑龙江	53.33	33	160.80	10552.03	69.18	286
9	上海	100.00	47	658.05	55251.23	91.28	260
10	江苏	100.00	323	1028.57	72334.25	76.16	267
11	浙江	100.00	132	807.36	62299.60	83.56	458
12	安徽	100.00	98	422.74	29003.80	73.82	196
13	福建	100.00	93	311.25	23627.79	79.77	190

一、2010年城镇建设统计分析

续表

序号	名称	建成率 (%，以设市城市计)	运营总数 (个)	处理能力 (万立方米/日)	本季处理水量 (万立方米)	运行负荷率 (%)	单位COD削减量 (mg/L)
14	江西	100.00	100	280.95	19829.90	76.47	150
15	山东	100.00	195	935.95	75846.18	87.63	321
16	河南	100.00	146	643.55	47486.42	80.08	283
17	湖北	94.44	102	510.09	36197.77	76.56	153
18	湖南	100.00	133	517.50	32441.50	67.23	173
19	广东	79.55	267	1772.15	144963.02	87.33	150
20	广西	100.00	108	316.20	19458.29	63.86	144
21	海南	100.00	25	91.90	6572.85	76.09	184
22	重庆	100.00	56	231.26	17820.59	82.62	297
23	四川	96.88	90	385.11	27974.36	78.65	192
24	贵州	100.00	99	166.05	11310.25	72.00	143
25	云南	94.12	37	156.30	13113.46	91.19	230
26	陕西	100.00	59	205.85	15017.43	76.49	407
27	甘肃	100.00	21	97.65	4175.68	46.48	474
28	青海	66.67	5	20.00	1177.96	63.39	256
29	宁夏	100.00	12	64.00	3822.49	64.92	336
30	新疆	100.00	65	189.61	9608.40	54.89	406
31	新疆兵团	75.00	31	21.73	679.91	34.01	492

注：西藏自治区城镇污水处理设施正在建设之中，未纳入统计。

36个大中城市污水处理设施运行情况表　　　　　　表7-10

序号	名称	运营总数 (个)	设计规模 (万立方米/日)	本季处理水量 (万立方米)	运行负荷率 (%)	单位削减COD量 (mg/L)
	合计	388	4428.15	347084.71	85.46	279
1	北京市	24	322.9	26553.37	89.38	399
2	天津市	19	193.35	13063.41	73.44	357
3	石家庄市	7	112.6	8671.04	83.70	339
4	太原市	9	55.44	4452.27	87.29	274
5	呼和浩特市	3	21	1629.13	84.32	321
6	沈阳市	14	137.5	10637.92	84.09	275
7	大连市	20	93.6	7449.86	86.51	241
8	长春市	5	73.5	5160.54	76.32	314
9	哈尔滨市	4	52.5	4414.56	91.40	279
10	上海市	44	652.75	54848.88	91.33	260
11	南京市	6	117	10316.13	95.84	173
12	杭州市	8	175	13893.61	86.30	431
13	宁波市	8	60	5404.7	97.91	197
14	合肥市	7	74	5893.93	86.57	251
15	福州市	7	49	4285.86	95.72	162
16	厦门市	7	68	4881.72	78.03	262

续表

序号	名称	运营总数（个）	设计规模（万立方米/日）	本季处理水量（万立方米）	运行负荷率（%）	单位削减COD量（mg/L）
17	南昌市	5	95	6641.01	75.98	158
18	济南市	6	64	5482.95	93.12	306
19	青岛市	11	89.5	6335.07	76.94	478
20	郑州市	5	93.5	8594.45	99.91	364
21	武汉市	17	198.5	14771.01	80.88	122
22	长沙市	10	136	9314.86	74.45	183
23	广州市	38	409.23	29864.61	79.98	176
24	深圳市	18	267	22253.52	90.59	304
25	南宁市	3	44	3275.81	80.92	133
26	海口市	4	54	4359.49	87.75	203
27	重庆市	27	183.8	14336.64	84.78	301
28	成都市	16	161.98	12286.53	82.45	188
29	贵阳市	7	58	4813.7	90.21	143
30	昆明市	6	80.5	7529.77	101.67	288
31	拉萨市	拉萨市污水处理设施正在建设之中，未统计。				
32	西安市	8	97	6526.67	81.59	498
33	兰州市	2	36	2161.15	65.25	589
34	西宁市	3	15	803.97	58.26	300
35	银川市	4	30	2531.7	91.73	389
36	乌鲁木齐市	6	57	3644.87	69.51	511

（住房和城乡建设部建筑市场监管司）

二、2010年建筑业发展统计分析

(一) 2010年建筑业基本情况

2010年是"十一五"收官之年，在党中央、国务院有效应对国际金融危机、加快转变经济发展方式、调整经济结构及促进经济平稳较快发展等一系列政策作用下，全社会固定资产投资保持较快增长，建筑业在大规模投资拉动下，呈现平稳增长的态势。全国建筑业企业（指具有资质等级的总承包和专业承包建筑业企业，不含劳务分包建筑业企业，下同）完成建筑业总产值95206亿元，比上年增加18398亿元，增长24%；完成竣工产值52981亿元，比上年增加5715亿元，增长12.1%；房屋建筑施工面积70.06亿平方米，比上年增加11.2亿平方米，增长19%；签订合同总额169074亿元，比上年增加35545亿元，增长26.6%；实现利润3422亿元，同比增长25.9%。到2010年底，共有建筑业企业70061个，比2009年减少1.1%；从业人数为4043.37万人，同比增长10.1%；按建筑业总产值计算的劳动生产率为205883元/人，比2009年同期增长11.2%。

【建筑业的支柱产业地位日益显著，对国民经济增长贡献突出】 2010年国内生产总值（GDP）397983亿元，比上年增长10.3%。全年全社会建筑业实现增加值26451亿元，比上年增长12.6%（见图7-12），建筑业增加值占GDP比重高达6.6%。改革开放三

二、2010年建筑业发展统计分析

十多年来,建筑业增加值在GDP中的比重总体呈上升态势,由1980年的4.3%上升至近两年的6.6%。这一比重,30年间呈现波浪起伏、平缓下滑和持续上升三个阶段(见图7-13)。1993年曾出现波峰,建筑业增加值占GDP比重为6.4%;之后一路缓慢下滑,至2001年出现拐点后一路上升,直至2009年再创新高,达到6.6%;2010年继续保持6.6%的高贡献率,支柱产业地位日益显著。建筑业的发展,不但大大改善了城乡面貌和人民居住环境,加快了城镇化进程,而且带动了相关产业发展。

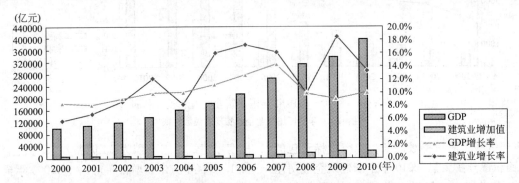

图7-12 2000～2010年GDP、建筑业增加值及增长速度

数据来源:2000～2009年数据来源于《中国统计年鉴2010》,2010年数据来源于国家统计局《2010年统计公报》

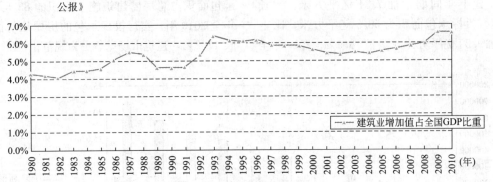

图7-13 1980～2010年建筑业增加值占全国GDP比重

【建筑业产业规模不断扩大,运行质量、效益稳步提高,总体实力不断增强】 "十五"和"十一五"期间,即2000～2010年,我国建筑业总产值保持快速增长态势,年平均增长率为22.5%(见图7-14)。2010年全国建筑业企业完成建筑业总产值95206亿元,是2000年建筑业总产值的7.6倍。2010年全社会建筑业实现增加值26451亿元,是2000年全社会建筑业增加值的4.8倍。2010年,全国建筑业企业按建筑业总产值计算的劳动生产率为205883元/人,比上年增长11.2%,分别是2000年、2005年的3.46倍、1.75倍,建筑业产业规模持续扩大。2010年全国建筑业企业实现利润3422亿元,比上年增长25.9%,产值利润率达到3.6%,与"九五"期末(2000年)产值利润率1.5%和"十五"期末(2005年)产值利润率2.6%相比,效益水平稳步提高,建筑行业总体运行质量不断提升(见图7-15)。

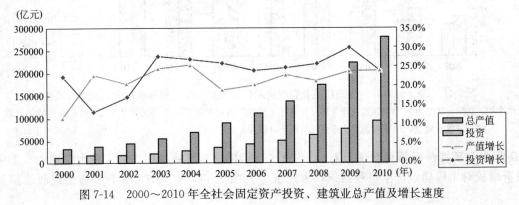

图7-14 2000～2010年全社会固定资产投资、建筑业总产值及增长速度

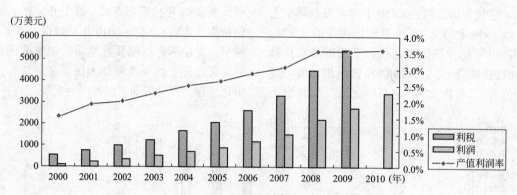

图 7-15　2000～2010 年全国建筑业企业利税、利润

注：2010 年全国建筑业企业实现利税数暂缺

【房屋建筑施工面积持续增长，实行投标承包的房屋建筑面积逐年扩大】　2010 年全国建筑企业房屋建筑施工面积为 70.06 亿平方米，比上年同期增加 11.2 亿平方米，增长 19%。其中：新开工面积 37.43 亿平方米，比上年同期增加 7.34 亿平方米，增长 24.4%；实行投标承包面积为 58.5 亿平方米，比上年同期增加 9.29 亿平方米，增长 18.9%。2010 年全国房屋建筑竣工面积为 26 亿平方米，比上年同期增加 1.46 亿平方米，增长 5.9%。从 2000 年至 2010 年，全国房屋建筑施工面积持续增长（见图 7-16），实行投标承包的房屋建筑面积逐年扩大。2010 年，实行投标承包面积占总房屋建筑施工面积的 83.5%。从 2003 年至 2010 年，实行投标承包的房屋建筑面积年均增长 17.2%，建筑市场竞争更为规范化（见图 7-17）。

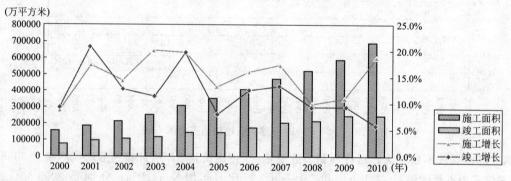

图 7-16　2000～2010 年全国建筑业企业房屋建筑面积、竣工面积及增长速度

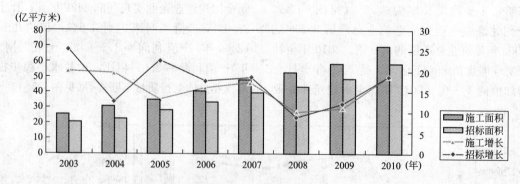

图 7-17　2003～2010 年全国建筑业企业房屋建筑面积、实行招标承包面积及增长速度

数据来源：2003～2009 年"全国建筑业企业房屋建筑施工面积"数据来源于《中国统计年鉴 2010》，其他数据来源于国家统计局《2010 年建筑业企业生产情况统计快报》

【建筑业企业新签合同额稳步增长】　近年来，大规模投资增长对工程建设产生强劲需求，为建筑业的快速平稳发展提供了强大驱动力。为应对世界金融危机，中央政府实行积极的财政政策和适度宽

二、2010年建筑业发展统计分析

松的货币政策以及一揽子经济刺激计划，投资40000亿元加快基础设施、民生工程建设，较快扭转了经济增速下滑的局面。在2009年全社会固定资产投资大幅增长30%的基础上，2010年全社会固定资产投资继续增长23.8%，重点领域、重点区域投资继续增加，投资拉动建筑业市场规模持续扩大。2010年，建筑业企业新签合同额107683.95亿元，比上年同期增加22435.49亿元，增长26.3%。从2004年到2010年，建筑业企业新签合同额逐年增长，平均年增长率达到23.6%（见图7-18），2010年建筑业企业新签合同额增幅继续加大，高于年平均增长率2.7个百分点。

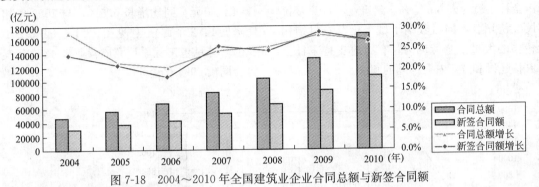

图7-18　2004～2010年全国建筑业企业合同总额与新签合同额

【建筑业企业数量减少，从业人数增加】到2010年底，全国建筑业企业为70061个，比上年同期减少756个。从2009年起，连续两年建筑业企业数量小幅回落（见图7-19）。虽然建筑业企业数量减少，但总产值、增加值逐年稳步增长，产业集中度有所提高。全国建筑业企业中，国有及国有控股建筑业企业数量为6939个，比2009年减少127个。国有及国有控股建筑业企业数量占全国建筑业企业总数的比重自1997年以来呈逐年减少的趋势，2007年为13.3%、2008年为12.3%、2009年为9.98%、2010年为9.9%。

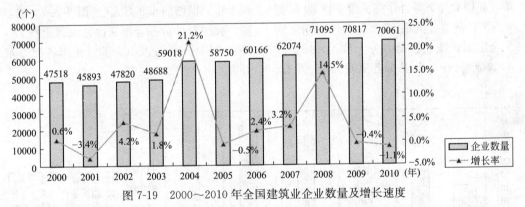

图7-19　2000～2010年全国建筑业企业数量及增长速度

全国建筑业企业从业人数连续多年稳定增长。2010年从业人数为4043.37万人，其中，国有及国有控股企业从业人数为895.9万人，占全部从业人数的22.2%。"十一五"期间，各年从业人数增长率分别为6.6%、8.9%、5.8%、10.8%、10.1%，年平均增长8.4%（见图7-20）。

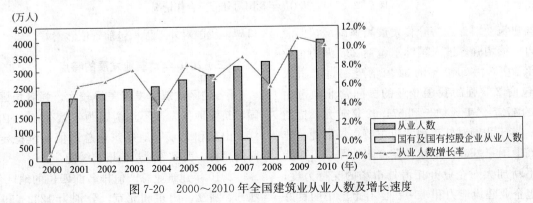

图7-20　2000～2010年全国建筑业从业人数及增长速度

改革开放三十多年来，随着国家大规模基础设施建设和近期城乡一体化进程的加快，建筑业吸纳了大量劳动力，从业人数稳步增加，建筑业从业人数占全社会就业人数的比重也逐年递增。1980年建筑业从业人数648万人，约占全社会就业人数的1.5%；到2010年，建筑业从业人数达到4043.37万人，约占全社会就业人数的5%。建筑业不仅直接拉动了国民经济增长，同时吸纳了城市化及农村结构调整所转移的大量富余劳动力，有力地支持了社会主义新农村建设和"三农"问题的解决。

【受国际金融危机影响，我国建筑业对外发展增速减缓，但竞争力增强】 受国际金融危机影响，我国建筑业对外经济合作发展增速减缓。据商务部统计，2010年，我国对外承包工程业务（包括咨询设计）完成营业额922亿美元，同比增长18.7%，与2009年相比，增速降低18.6个百分点；新签合同额1344亿美元，同比增长6.5%，与2009年相比，增速降低14.2个百分点（见图7-21）。截至2010年底，我国对外承包工程累计完成营业额4356亿美元，签订合同额6994亿美元。

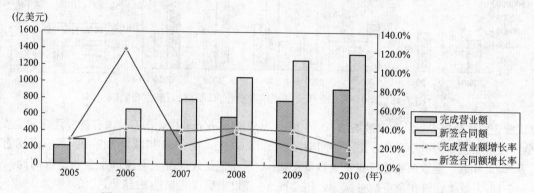

图7-21 2005~2010年我国对外承包工程情况（含设计咨询业务）

2010年，我国对外劳务合作完成营业额89亿美元，与上年持平；新签合同额87.2亿美元，同比增长16.8%。全年累计派出各类劳务人员41.1万人，同比增长4%，年末在外各类劳务人员84.7万人，较上年同期增加6.9万人（见图7-22）。截至2010年底，我国对外劳务合作累计完成营业额736亿美元，签订合同额760亿美元，累计派出各类劳务人员543万人。

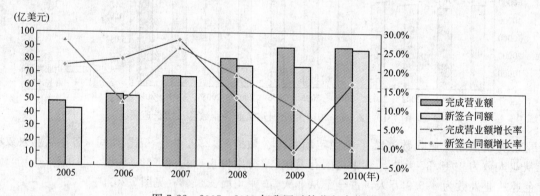

图7-22 2005~2010年我国对外劳务合作情况

我国建筑业对外经济合作发展增速减缓，但总体竞争力持续增强。进入国际承包商225强的企业数量逐年增多，由2000年的34家增至51家；进入国际承包商225强的我国企业的国际营业额也由2000年的47.7亿美元增长到571.62亿美元，提高10.9倍。鉴于我国对外工程承包主要市场的亚、非洲等发展中国家基础设施建设存在刚性需求，而我国政府不断加大对企业开拓海外市场的支持力度，我国承包企业建设能力和水平在已有市场中的良好口碑，我国对外工程承包前景依然看好。

（二）2010年建筑业发展的特点

【各地区建筑业发展差异较大，强者恒强】 我国建筑业地区发展不均衡问题依然存在，江苏、浙江、山东和北京等地建筑业总产值持续稳定增长，而内蒙古、西藏等地产值增长缓慢。

2010年建筑业总产值排名前四位的地区仍然是江苏、浙江、山东和北京，分别为12323.59亿元、

11859.99亿元、5495.11亿元和5196.02亿元（见图7-23）。这四个省市建筑业总产值占全国建筑业总产值的36.6%。其中，江苏省总产值连续两年突破10000亿元大关，浙江省2010年首次突破10000亿元大关，两省建筑业总产值占全国建筑业总产值的25.4%，即全国建筑业四分之一的产值由这两个建筑强省完成（见图7-24），而且这一状况保持多年，体现了建筑市场竞争中强者恒强的特点。排名第三、第四的山东省和北京市总产值相差不大，但与排前两位的江浙两省差距较大，均达不到前两位产值的一半。

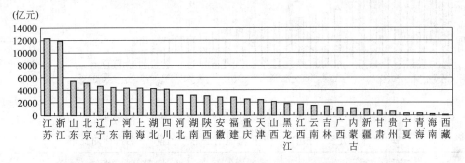

图7-23 2010年各地区建筑业总产值排序

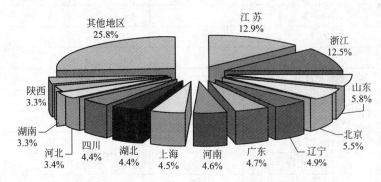

图7-24 2010年建筑业总产值地区结构图

2010年建筑业总产值变化较大的是上海市和辽宁省，上海由2009年排名第五变为第八，这与2010年世博工程完工，世博会期间本市建设工程基本停工有关；辽宁省由排名第九跃变为第五，总产值大幅增长38.7%，这与辽宁省沿海经济带开发，大连长兴岛临港工业区、营口沿海产业基地、辽西锦州湾经济区、丹东产业园区和大连花园口工业园区建设息息相关。

建筑业总产值超过4000亿元的省还有广东、河南、湖北和四川4省，紧随上述十省市的是河北、湖南和陕西三省，它们的总产值均超过3000亿元。以上13省市（也是2009年建筑业总产值的前13位）的建筑业总产值约占全国建筑业总产值的四分之三，同样显示出强者恒强的特点。

为提高产业整体规模经济水平，解决地区发展不均衡问题，一方面应加强政策引导，打破地区分割，充分引入竞争机制，鼓励兼并和跨地区跨行业多方式联合经营，共同发展；另一方面要积极协助中西部地区发挥地方优势产业，培育建筑市场，完善机制。在整体规模扩大的同时，注意调整产业结构，实现各地区均衡发展。

【受国家整体战略规划和投资影响，建筑市场分布相对集中】 2010年1～12月，全社会固定资产投资278140亿元，比上年增长23.8%。其中，城镇固定资产投资241415亿元，比上年增长24.5%。2010年固定资产投资中，东部地区投资129041.54亿元，比上年增长22.6%；中部地区投资74671.66亿元，比上年增长27.4%；西部地区投资59864.35亿元，比上年增长26%，但投资增速都有所回落，中部和西部地区回落幅度较大。参见图7-25。

受固定资产投资地区分布影响，建筑市场分布也相对集中。2010年全国固定资产投资前10位的省市中，除河北和安徽外，其他8省市建筑业总产值均排名在前10位（见表7-11）。其中固定资产投资排名第一和第二的是江苏、山东（固定资产投资分别达到22809.04亿元和22585.11亿元），两省建筑业产值分列第一和第三。

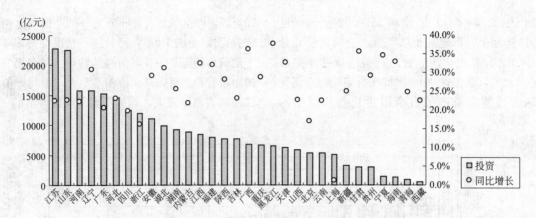

图 7-25　2010 年各地区固定资产投资额和增长速度

2010 年固定资产投资前 10 名与建筑业总产值前 10 名排序对比表　　　　表 7-11

地区	固定资产投资（亿元）	投资名次	建筑业总产值（亿元）	产值名次
江苏	22809.04	1	12323.59	1
山东	22585.11	2	5495.11	3
河南	15799.22	3	4399.8	7
辽宁	15793.64	4	4693.28	5
广东	15270.71	5	4500.59	6
河北	14621.72	6	3210.77	11
四川	12552.58	7	4147.68	10
浙江	11980.32	8	11859.99	2
安徽	11104.35	9	2871.12	14
湖北	9959.91	10	4231.69	9
北京	5350.84	22	5196.02	4
上海	5106.86	24	4298.12	8

特别值得关注的是，北京、上海固定资产投资虽然不高，分别位列全国的第 22 位和第 24 位，但建筑业总产值排名在第 4 位和第 8 位，说明这两市建筑业综合竞争力较强，完成的总产值中有相当大的一部分是在外省市完成的，企业对外拓展能力较强。河北、安徽等省虽然固定资产投资规模较大，分别位列全国的第 6 位和第 9 位，但本省建筑业总产值并不高，分列全国的第 11 位和第 14 位，说明该省区开放度较高，外省市施工队伍进入较多。

【建筑业发达地区建筑市场竞争更为激烈】2010 年，全国建筑业新签合同总额为 107683.95 亿元。有 10 个地区新签合同额超过 4000 亿元，这 10 个地区是浙江、江苏、北京、广东、湖北、山东、辽宁、上海、河南和四川，这 10 个地区新签合同额占到全国的 64%。新签合同额排名前两位的仍然是江浙两大建筑强省。浙江省新签合同额达到 13073.77 亿元，居全国首位。紧随其后的江苏省新签合同额为 12130.29 亿元。与 2009 年相比，两省新签合同额差距逐渐拉大。建筑业发达地区建筑市场竞争更为激烈，激烈的市场竞争促进建筑企业不断增强市场开拓能力，提高发展潜力。

值得关注的是，辽宁省建筑业发展势头强劲，新签合同额由 2009 年的第十位上升到 2010 年的第 7 位。

2010 年各地区建筑业新签合同额排序和地区构成比例图，分别见图 7-26 和图 7-27。

【传统建筑业发达地区，建筑业劳动生产率有待提高】2010 年，全国建筑业从业人员超过百万人的省份共 14 个，比上年增加 1 个，这 14 个省份建筑业从业人员占全国建筑业从业人员总数的 81.3%。其中有五个省建筑业从业人员超过 200 万人，分别是：江苏 576.81 万人、浙江 548.84 万人、山东 305.09 万人、四川 298.15 万人、河南 221.28 万人（见图 7-28），都是传统建筑业发达地区。

二、2010年建筑业发展统计分析

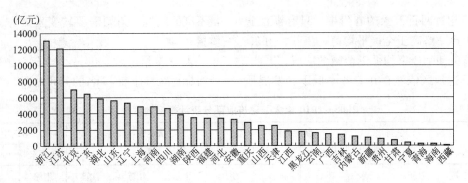

图 7-26　2010年各地区建筑业新签合同额排序

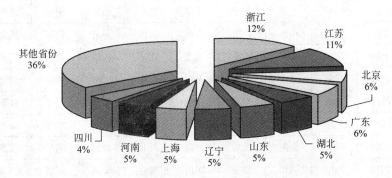

图 7-27　2010年全国建筑业新签合同额地区构成图

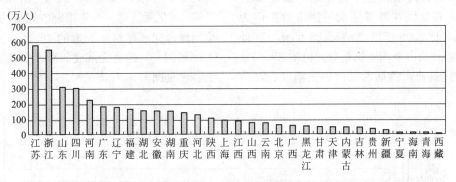

图 7-28　2010年各地区建筑业从业人员数量排序

2010年各地区建筑业劳动生产率均有不同程度的提高，按建筑业总产值计算的劳动生产率全国平均为205883元/人，比上年提高11.2%。劳动生产率最高的地区是天津，其次是上海和湖北，分别为368151元/人、346105元/人和268778元/人。陕西、北京和广东分列第四、第五和第六，分别为263028元/人、254765元/人和245702元/人（见图7-29）。

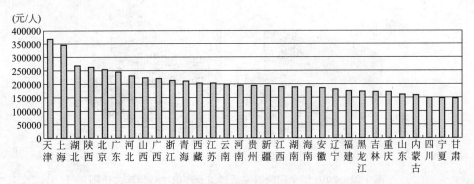

图 7-29　2010年各地区建筑业劳动生产率排序

从业人员超过两百万人的省份中，只有浙江省建筑业劳动生产率略高于全国平均值，江苏、山东、四川和河南省劳动生产率均低于全国平均值。因此，传统建筑业发达地区依然存在着效率低下、发展质量不高的问题，迫切需要转变发展方式，提高发展质量。

表7-12给出了2008～2010年全国建筑业部分统计指标地区排序前10名的分布情况。

2008～2010年全国建筑业部分统计指标地区排序　　　　表7-12

名次	建筑业总产值排序			新签合同额排序			从业人员排序			劳动生产率排序		
	2008年	2009年	2010年	2008年	2009年	2010年	2008年	2009年	2010年	2008年	2009年	2010年
1	江苏	江苏	江苏	浙江	浙江	浙江	江苏	江苏	江苏	上海	天津	天津
2	浙江	浙江	浙江	江苏	江苏	江苏	浙江	浙江	浙江	天津	上海	上海
3	山东	山东	山东	上海	北京	北京	山东	山东	山东	北京	北京	湖北
4	广东	北京	北京	广东	广东	广东	河南	河南	四川	湖北	陕西	陕西
5	上海	上海	辽宁	山东	山东	湖北	四川	四川	河南	广东	湖北	北京
6	北京	广东	广东	北京	上海	山东	广东	广东	广东	浙江	广东	广东
7	河南	河南	河南	湖北	湖北	辽宁	安徽	福建	辽宁	江苏	山西	河北
8	湖北	湖北	上海	河南	河南	上海	湖南	湖南	福建	山西	浙江	山西
9	四川	辽宁	湖北	湖南	四川	河南	湖北	湖北	湖北	陕西	河北	广西
10	辽宁	四川	四川	四川	辽宁	四川	福建	安徽	安徽	广西	江苏	浙江

【建筑市场更为开放，在外省完成产值逐年提高】 2010年，各地区在外省完成的建筑业产值为29225.23亿元，比2009年增加6755.29亿元，在外省完成的建筑业产值占全国建筑业总产值的30.7%。在外省完成的建筑业产值居前三位的是浙江、江苏和北京，分别达到5721.08亿元、4472.83亿元和3265.34亿元。这三个省市跨省完成的建筑业产值占全国跨省完成建筑业产值的46.1%。紧随其后的是上海和湖北，跨省完成建筑业产值均在1400亿元以上。详见图7-30和图7-31。

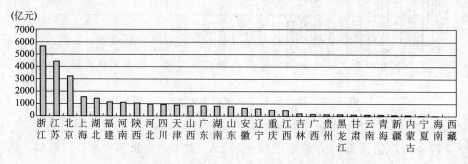

图7-30　2010年各地区跨省完成的建筑业产值排序

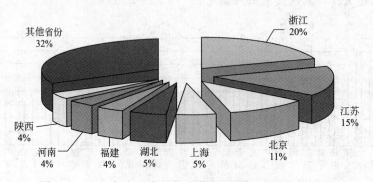

图7-31　2010年全国跨省完成建筑业产值中各地区占比图

2001~2010年，我国建筑业跨省完成的产值占建筑业总产值的比例呈逐年上升状态，建筑市场日趋开放，但各地区建筑业外向流动性却有很大差别。2010年"外向度"（在外省、市完成的产值占本省、市建筑业总产值的比例）排名前五位的地区是北京、浙江、福建、山西和天津，分别达到62.84%、48.24%、40.43%、39.89%和36.68%，对外拓展业务力度较大。各地区建筑业外向度排序见图7-32。与2009年相比，外向度提高幅度较大的有：上海、北京和广西；外向度有不同程度降低的是：吉林、山西、宁夏、黑龙江、贵州、辽宁、内蒙古、陕西和广东，需要进一步提高对外拓展能力。

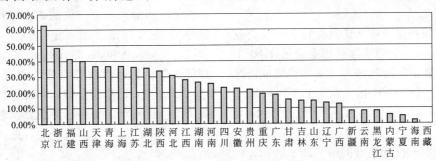

图7-32　2010年各地区建筑业外向度排序

【对外承包工程业务主要集中在沿海省份的建筑业企业】 2010年，各省、自治区、直辖市共完成对外承包工程营业额574.86亿美元，完成营业额排名前五位的是广东、上海、山东、江苏和四川（见图7-33）。这五个省份对外承包工程完成营业额占全国各地区对外承包工程全部营业额的51.3%。与2009年相比，2010年完成对外承包工程营业额提高幅度较大的有重庆和湖南；有不同程度降低的是：海南、山西、贵州、甘肃、辽宁和河北。

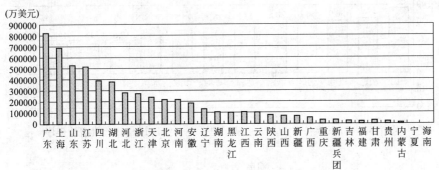

图7-33　2010年各地区对外承包工程完成营业额排序

2010年，各省、自治区、直辖市新签订对外承包工程合同额730.20亿美元。新签合同额排名前五位的是上海、山东、广东、湖北和四川（见图7-34），其签订对外承包工程合同额占全国的61.02%。与2009年相比，2010年新签订对外承包工程合同额提高幅度较大的有陕西、吉林和四川等地；有不同程度降低的是：上海、北京和辽宁等省市。

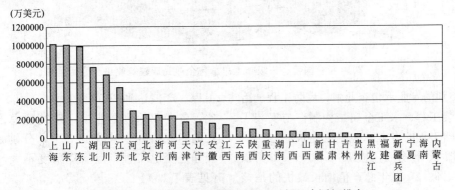

图7-34　2010年各地区对外承包工程新签合同额排序

统计数据显示,对外承包工程业务主要集中在东南沿海省份的建筑业企业,四川、湖北等省对外开拓能力在逐步加强。

(住房和城乡建设部计划财务和外事司)

(三) 2010年建筑业特、一级资质企业基本情况分析

根据住房和城乡建设部《建筑业特、一级企业快速调查统计快报》,全国实际报送报表的4583个特、一级资质建筑业企业2010年主要指标完成情况如下:建筑业总产值46961亿元,比上年同期增加9908亿元,增长26.7%;房屋建筑施工面积为349110万平方米,比上年同期增加60002万平方米,增长20.8%;新签工程承包合同额59869亿元,比上年同期增加14667亿元,增长32.4%;企业总收入为45058亿元,比上年同期增加9345亿元,增长26.2%;企业实现利润总额1286亿元,比上年同期增加361亿元,增长39.1%;应收工程款为7462亿元,比上年同期增加1640亿元,增长28.2%。

按专业类别分析

【多数特、一级施工总承包企业建筑业总产值平稳增长,少数专业施工总承包企业总产值出现下滑】

2010年,建筑业特、一级企业的建筑业总产值增长26.7%。各类特、一级施工总承包企业中建筑业总产值增幅最大的前三位是矿山工程、公路工程和机电安装工程施工总承包企业,增长率分别为38.6%、32.3%和30.9%(见图7-35)。房屋建筑工程施工总承包企业建筑业总产值增长率高于上年,达到27.8%,比建筑业特、一级企业的平均增长率高1.1个百分点,发展趋势良好。总产值出现下滑的是电力工程施工总承包企业,总产值比上年同期降低13.4%。

在各类特、一级施工总承包企业中,建筑业总产值排在前4位的是房屋建筑工程、铁路工程、公路工程和市政公用工程,分别达到26041.2亿元、4510.1亿元、3835.1亿元和2503.2亿元(见图7-36)。

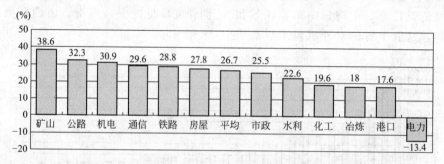

图7-35 2010年各类特、一级施工总承包企业建筑业总产值增长排序

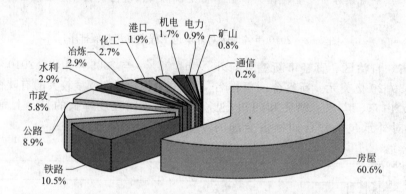

图7-36 2010年全国特、一级施工总承包企业完成建筑业总产值比例图

在60个类别的专业承包企业中,堤防工程、冶炼机电设备安装工程、水工金属结构制作与安装工程、地基与基础工程的专业承包企业建筑业总产值增长较快,增长率分别达到74.5%、71.3%、63.8%和51.8%。2010年总产值增长最快的是核工程,产值达到2009年的10.8倍。与2009年相比,各专业承包企业中,建筑业总产值出现负增长的专业由8个减少到2个,分别是海洋石油工程和送变电工程,但下降幅度不大,均小于10%(见表7-13)。

二、2010年建筑业发展统计分析

按专业类别分类的一级专业承包企业总产值对比表　　表7-13

专业分类		指标	建筑业总产值（万元）		
			2010年	2009年	同比增长（%）
60个专业类别合计			39926444	31786061	25.6
其中：增长较快的专业类别		核工程	10909	924	1080.6
		堤防工程	220882	126571	74.5
		冶炼机电设备安装工程	302268	176440	71.3
		水工金属结构制作与安装工程	4646	2837	63.8
		地基与基础工程	4094805	2697323	51.8
其中：负增长的专业类别		海洋石油工程	102216	107825	-5.2
		送变电工程	509664	521586	-2.3

【冶炼、机电安装、矿山和房屋建设等特、一级企业新签工程承包合同额增幅较大，部分专业总承包企业新签合同额出现负增长】　2010年，各类别特、一级建筑业企业新签合同额增长32.4%。在施工总承包企业中，冶炼工程施工总承包企业新签合同额增长最快，增长幅度为57.3%；其次是机电安装工程和矿山工程施工总承包企业，增长幅度分别为47.8%和45.3%，房屋建筑工程增长幅度也高达40.6%（见图7-37）。预计2011年在上述领域的建筑业产值仍将以较高速度增长。2010年部分专业总承包企业新签合同额出现负增长，分别是化工石油工程和电力工程，分别下降0.1%和34.4%。

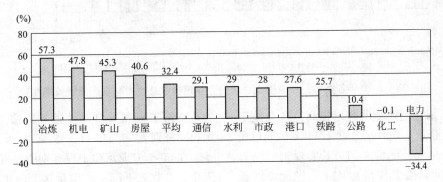

图7-37　2010年各类特、一级施工总承包企业新签合同额增长排序（单位：%）

在专业承包企业中，新签合同额增长的专业类别有32个，其中，增幅较高的是机场场道工程、机场空管及航站楼弱电系统工程、公路路基工程、炉窑工程、铁路电务工程专业承包企业，增长率分别为262.0%、195.5%、146.7%、72.5%和64.3%。新签合同额有13个专业类别出现负增长。其中，隧道工程新签合同额下降幅度最大，由2009年的460073万元降为2010年的147281万元，降幅高达68%。核工程、水利水电机电设备安装工程、建筑防水工程等12个专业新签合同额也存在不同幅度下降（见表7-14）。

按专业类别分类的一级专业承包企业新签合同额对比表　　表7-14

专业分类		指标	新签工程承包合同额（万元）		
			2010年	2009年	同比增长（%）
60个专业类别合计			42889373	33636936	27.5
其中：增长较快的专业类别		机场场道工程	71011	19619	262.0
		机场空管及航站楼弱电系统工程	4955	1677	195.5
		公路路基工程	283016	114710	146.7
		炉窑工程	81906	47480	72.5
		铁路电务工程	1019755	620800	64.3

续表

专业分类	指标	新签工程承包合同额(万元)		
		2010年	2009年	同比增长(%)
其中：负增长的专业类别	隧道工程	147281	460073	-68.0
	核工程	9082	20287	-55.2
	水利水电机电设备安装工程	32367	58787	-44.9
	建筑防水工程	150234	212587	-29.3

【各类特、一级施工总承包企业建筑业总收入大幅增长，企业效益有所提高】 2010年建筑业特、一级企业的建筑业总收入增长26.2%。各类施工总承包企业建筑业总收入都实现正增长，增长最快的是矿山工程施工企业，增长率为39.5%；其次是铁路工程施工总承包企业，增长率为36.5%。增幅最小的是电力工程施工总承包企业，为2.9%（见图7-38）。

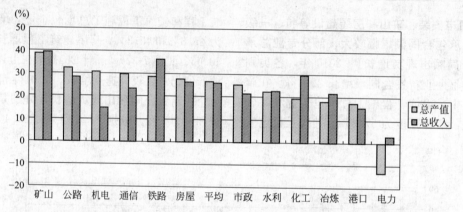

图7-38 2010年各类特、一级施工总承包企业建筑业总收入与总产值增长率比较

各类施工总承包企业效益普遍提高。各类施工总承包特、一级企业实现利润总额1286.2亿元，比上年增加361.4亿元，增长39.1%；实现工程结算利润2149.6亿元，比上年增加464.9亿元，增长27.6%。各类施工总承包企业中，利润总额增长最快的是公路工程和电力工程施工总承包企业，增长率分别为84.9%和62.4%；工程结算利润增长最快的是公路工程和港口与航道工程施工总承包企业，增长率分别为50%和41.2%。

在60个专业承包工程类别中仅有2个专业的施工企业总收入下降，分别是送变电工程、城市及道路照明工程，分别下降0.1%和6.1%。下降的专业类别比2009年减少3个，下降幅度也比2009年小，总体向好（见表7-15）。

按专业类别分类的一级专业承包企业总收入对比表　　表7-15

专业分类	指标	企业总收入(万元)		
		2010年	2009年	同比增长(%)
	60个专业类别合计	40965941	33140064	23.6
其中：增长较快的专业类别	堤防工程	220882	126571	74.5
	起重设备安装工程	285197	178889	59.4
	冶炼机电设备安装工程	303342	193983	56.4
	管道工程	162390	107000	51.8
	铁路铺轨架梁工程	431000	303679	41.9
其中：负增长的专业类别	城市及道路照明工程	34433	36675	-6.1
	送变电工程	508553	509031	-0.1

二、2010年建筑业发展统计分析

【企业应收工程款大幅度增长，应引起有关方面的重视】 2010年，建筑业特、一级企业应收工程款增长28.2%，超过建筑业总产值增长率1.5个百分点。冶炼工程、化工石油工程和公路工程总承包企业应收工程款增长率较高，分别为57.8%、46.4%和43.8%。铁路、矿山、水利水电工程总承包企业应收工程款增长相对缓慢。电力工程总承包企业应收工程款与总产值一同减少（见图7-39）。2010年，建筑业特、一级企业应收工程款增长水平高于2009年，应加强市场监管，防止应收工程款大幅度增长。

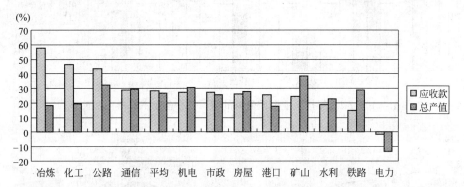

图7-39 2010年各类特、一级施工总承包企业应收工程款与建筑业总产值增长比较

在专业承包企业中，有36类企业应收工程款增长，其中增幅最大的是河湖整治工程、航道工程、水利水电机电设备安装工程、堤防工程和爆破与拆除工程专业承包企业，应收工程款分别增长617.2%、279.0%、141.8%、125.6%和98.7%。有8类专业承包企业的应收工程款下降，其中下降幅度较大的有：公路路基工程专业、水工金属结构制作与安装工程专业和港口与海岸工程专业，分别下降45.0%、42.2%和25.3%（见表7-16）。

按专业类别分类的一级专业承包企业应收工程款对比表　　表7-16

专业分类		指标	应收工程款（万元）		
			2010年	2009年	同比增长（%）
60个专业类别合计			7446811	5652425	31.7
其中：增长较快的专业类别		河湖整治工程	10708	1493	617.2
		航道工程	126772	33447	279.0
		水利水电机电设备安装工程	18705	7735	141.8
		堤防工程	29404	13035	125.6
		爆破与拆除工程	31582	15896	98.7
其中：下降的专业类别		公路路基工程	21383	38880	−45.0
		水工金属结构制作与安装工程	233	403	−42.2
		港口与海岸工程	68286	91380	−25.3

【按企业资质等级分析】 根据已上报的4583家特、一级企业的有关数据来看，施工总承包特级企业总体运行质量、效益俱佳，其建筑业总产值、企业总收入、利润总额都有较大幅度增长，增幅分别为27.7%、31.1%和43.2%。新签工程承包合同额大幅增长的同时应收工程款涨幅最小，企业良性发展势头强劲，是名副其实的行业龙头企业。施工总承包一级企业房屋建筑施工面积增长最快，建筑业总产值、新签工程承包合同额及利润总额也有较快增长，企业发展状况良好。专业承包一级企业新签工程承包合同额、总产值、总收入和利润总额增幅均低于施工总承包特级企业和施工总承包一级企业，企业应收工程款涨幅却最大，达到31.9%，企业经营风险加大。专业承包一级企业产值利润率最高，为4.8%，分别比施工总承包特级和施工总承包一级高出2.3和2.2个百分点。

2010年，按企业资质等级分类的特、一级企业主要指标增长情况和产值、利润、新签合同额情况，分别见图7-40至图7-43。

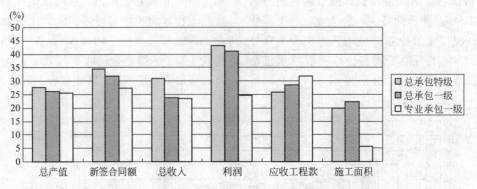

图 7-40　2010 年按企业资质分类的特、一级企业主要指标增长率

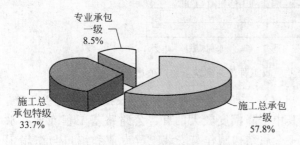

图 7-41　2010 年特、一级企业建筑业总产值结构图

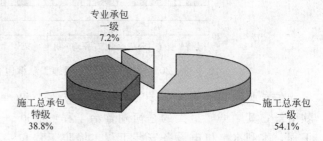

图 7-43　2010 年特、一级企业新签合同额结构图

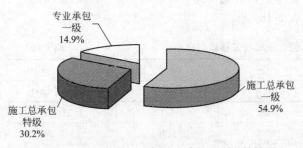

图 7-42　2010 年特、一级企业建筑业利润结构图

【按企业注册地区分析】　由于全国 61.1% 的特、一级企业集中在东部地区，所以东部地区特、一级企业建筑业总产值、新签工程承包合同额总量最大，分别达到 31068 亿元和 37309 亿元，占全国特、一级企业建筑业总产值、新签工程承包合同额的 66.2% 和 62.3%；企业利润总额也居三地之首，达到 910 亿元，占全国特、一级企业利润总额的 70.8%（见图 7-44 至图 7-47）。

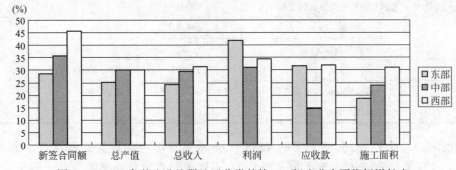

图 7-44　2010 年按企业注册地区分类的特、一级企业主要指标增长率

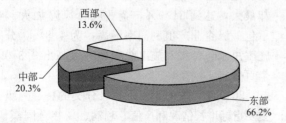

图 7-45　2010 年各地区特、一级企业建筑业总产值比例

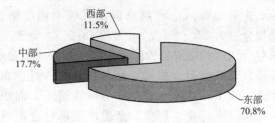

图 7-46　2010 年各地区特、一级企业利润比例

二、2010年建筑业发展统计分析

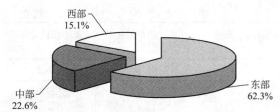

图 7-47 2010年各地区特、一级企业新签合同额比例

全国17.4%的特、一级企业注册在西部，西部地区特、一级企业建筑业总产值、新签工程承包合同额最少，分别为6378亿元和9059亿元，企业利润也最低，为148亿元。西部地区特、一级企业尽管数量较少，基础薄弱，但发展速度很快，新签工程承包合同额、建筑业总产值、房屋建筑施工面积和企业总收入的增长速度居三地之首，分别达到45.7%、30.1%、31.0%和31.4%。但西部地区应收工程款增长率也高于东、中部地区，达到32.0%，需要注意防范经营风险。

中部地区特、一级企业建筑业总产值为9515亿元，增长30.1%，与西部地区产值增长速度相同，新签工程承包合同额、房屋建筑施工面积、企业总收入增长速度居中，但中部地区应收工程款增长率最低，为14.5%，企业发展状况良好。

【29个地区特、一级企业新签工程承包合同额稳定增长】2010年，各地区特、一级企业新签工程承包合同额比上年增长32.4%。其中，中、西部地区增长率高于平均水平，分别达到35.8%和45.7%。新签工程承包合同额增长率排在前三位的是贵州、重庆和湖北，分别达到113.8%、56.0%和51.5%，贵州特、一级企业连续两年新签工程承包合同额增长率排在全国首位，发展潜力较大。新签工程承包合同额下降的有黑龙江和内蒙古，但降幅均小于10%。

【全国特、一级企业建筑业总产值和总收入普遍增长】2010年，各地区特、一级企业总产值比上年增长26.7%。中、西部地区总产值增长率高于平均水平，达到30.1%。各地区总产值增长比较均衡，增长较快的是青海、海南和陕西的特、一级企业，分别增长49.2%、37.8%和37.4%。

2010年，各地区特、一级企业总收入比上年增长26.2%。西部地区总收入增长率最高，为31.4%；中部地区增长率为29.5%；东部地区增长率最低，为24.1%。总收入增幅较大的是黑龙江、贵州和天津的特、一级企业，分别达到49.6%、44.2%和43.0%。

【全国各地区特、一级企业利润水平差距较大】2010年，各地区特、一级企业利润总额比上年增长39.1%。利润总额增幅较大的是新疆、黑龙江、吉林和贵州的特、一级企业，分别增长163倍、5.2倍、3.5倍和1.5倍。利润总额降低的只有青海的特、一级企业，降低53.8%。

【按企业登记注册类型分析】2010年全国特、一级建筑企业总体经营状况良好，利润总额增长39.1%，达到1286亿元；建筑业总产值和新签合同额分别增长26.7%和32.4%，达到46961亿元和59869亿元。其中，有限责任类特、一级企业数量最多，占全部特、一级企业数量的77.3%，建筑业总产值和新签合同额总量最大，为34196.5亿元和41663.2亿元，分别占总量的72.8%和69.6%。企业利润总额也最高，达到913.7亿元，占总量的71%。

2010年国有特、一级企业建筑业总产值、新签合同额和利润总额稳步增长，分别为11234.2亿元、16268.9亿元和1286.2亿元，占总量的23.9%、27.2%和13.7%；利润增长率达到43.9%，居各注册类型之首，发展状况良好。

集体所有制特、一级企业的企业总产值和新签合同额、总收入及利润增长幅度不大，但应收工程款增幅最高，达到102.7%，应加强风险防范。

2010年，私营建筑业特、一级企业发展迅猛，建筑业总产值和新签合同额都大幅度增长，增幅居各注册类型之首，分别达到52.9%和102.2%，其施工面积和利润总额增长幅度也较大，其业务拓展势头良好。

紧随其后的是外商投资特、一级企业，建筑业总产值和新签合同额增幅分别达到34.9%和97.7%，其总收入增长较快，增幅达到36%，居各类注册类型之首，发展势头也很好。

2010年，按登记注册类型分类的特、一级企业主要指标见表7-17，主要指标增长率和产值、利润情况见图7-48至图7-51。

按登记注册类型统计的特、一级建筑业企业主要指标　　　表7-17

企业所有制类别	总产值增长率（%）	合同额增长率（%）	总收入增长率（%）	利润增长率（%）	应收工程款增长率（%）	施工面积增长率（%）
国有	27.4	34.7	28.4	43.9	32.7	31.6
集体	19.6	21.4	17.7	27.2	102.7	10.8
私营	52.9	102.2	8.9	73.8	27.7	71.7

续表

企业所有制类别	总产值增长率(%)	合同额增长率(%)	总收入增长率(%)	利润增长率(%)	应收工程款增长率(%)	施工面积增长率(%)
有限公司	26.6	31	25.3	37.8	24.8	18.7
外商	34.9	97.7	36	42.5	31.1	16.7
港澳台	22.7	19.1	29.1	34.4	19.7	6.6
其他	5.9	50.8	13.4	−24.8	−17.4	3.7

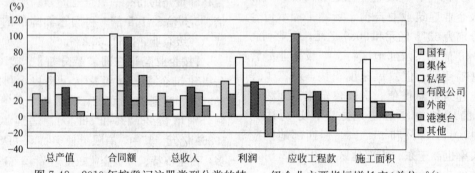

图 7-48　2010 年按登记注册类型分类的特、一级企业主要指标增长率（单位：%）

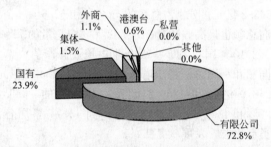

图 7-49　2010 年各类特、一级企业建筑业总产值比例

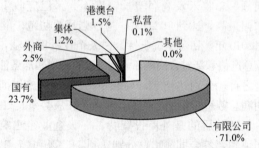

图 7-50　2010 年各类特、一级企业利润比例

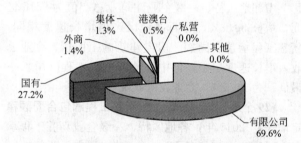

图 7-51　2010 年各类特、一级企业新签合同额比例

（四）2010 年建设工程监理行业基本情况

【**企业的分布情况**】　2010 年全国共有 6106 个建设工程监理企业参加了统计，与上年相比增长 11.53%。其中，综合资质企业 57 个，增长 16.33%；甲级资质企业 2148 个，增长 12.05%；乙级资质企业 2272 个，增长 13.66%；丙级资质企业 1605 个，增长 7.29%；事务所资质企业 24 个，增长 71.43%。具体分布见表 7-18～表 7-20。

2010 年全国建设工程监理企业地区分布情况　　　表 7-18

地区名称	北京	天津	河北	山西	内蒙古	辽宁	吉林	黑龙江
企业个数（个）	246	68	315	215	125	291	174	199
地区名称	上海	江苏	浙江	安徽	福建	江西	山东	河南
企业个数（个）	189	567	322	210	159	137	476	282
地区名称	湖北	湖南	广东	广西	海南	重庆	四川	贵州
企业个数（个）	234	163	399	145	38	76	253	59
地区名称	云南	西藏	陕西	甘肃	青海	宁夏	新疆	其他
企业个数（个）	168	24	230	124	51	52	85	30

二、2010年建筑业发展统计分析

全国建设工程监理企业按工商登记类型分布情况　　　　　表 7-19

工商登记类型	国有企业	集体企业	股份合作	有限责任	股份有限	私营企业	其他类型
企业个数(个)	589	50	47	3407	583	1338	92

全国建设工程监理企业按专业工程类别分布情况　　　　　表 7-20

资质类别	企业个数(个)	资质类别	企业个数(个)
综合资质	57	铁路工程	54
房屋建筑工程	5112	公路工程	24
冶炼工程	51	港口与航道工程	9
矿山工程	28	航天航空工程	5
化工石油工程	132	通信工程	13
水利水电工程	63	市政公用工程	341
电力工程	170	机电安装工程	3
农林工程	20	事务所资质	24

注：本统计涉及专业资质工程类别的统计数据，均按主营业务划分。

【从业人员情况】 2010年年末工程监理企业从业人员675397人，与上年相比增长16.05%。其中，正式聘用人员526295人，占年末从业人员总数的77.92%；临时聘用人员149102人，占年末从业人员总数的22.08%；工程监理从业人员为521396人，占年末从业总数的77.2%。

2010年年末工程监理企业专业技术人员603695人，与上年相比增长14.77%。其中，高级职称人员97122人，中级职称人员275729人，初级职称人员156675人，其他人员74169人。专业技术人员占年末从业人员总数的89.38%。

2010年年末工程监理企业注册执业人员为141433人，与上年相比增长8.63%。其中，注册监理工程师为99073人，与上年相比增长1.7%，占总注册人数的70.05%；其他注册执业人员为42360人，占总注册人数的29.95%。

【业务承揽情况】 2010年工程监理企业承揽合同额1164亿元，与上年相比增长28.37%。其中工程监理合同额744.19亿元，与上年相比增长24.96%；工程项目管理与咨询服务、工程招标代理、工程造价咨询及其他业务合同额419.81亿元，与上年相比增长34.9%。工程监理合同额占总业务量的63.93%。

【财务收入情况】 2010年工程监理企业全年营业收入1196.14亿元，与上年相比增长39.97%。其中工程监理收入528.36亿元，与上年相比增长30.73%；工程项目管理与咨询服务、工程招标代理、工程造价咨询及其他收入667.78亿元，与上年相比增长48.27%。工程监理收入占总营业收入的44.17%。其中1个企业工程监理收入突破3亿元，8个企业工程监理收入超过2亿元，55个企业工程监理收入超过1亿元，工程监理收入过亿元的企业个数与上年相比，增长83.33%。

【监理收入前100名】 2010年工程监理企业全年工程监理收入前100名如表7-21所列。

2010年工程监理企业工程监理收入前100名　　　　　表 7-21

序号	企业名称	地区	主营业务	资质等级	工程监理收入(万元)
1	华铁工程咨询有限责任公司	北京市	铁路工程	综合资质	32647
2	上海建科建设监理咨询有限公司	上海市	房屋建筑工程	综合资质	29003
3	北京铁研建设监理有限责任公司	北京市	铁路工程	甲级	26128
4	北京铁城建设监理有限责任公司	北京市	铁路工程	甲级	26121
5	中咨工程建设监理公司	北京市	房屋建筑工程	综合资质	24032
6	铁科院(北京)工程咨询有限公司	北京市	铁路工程	甲级	23770
7	铁四院(湖北)工程监理咨询有限公司	湖北省	铁路工程	甲级	21612
8	浙江江南工程管理股份有限公司	浙江省	房屋建筑工程	甲级	20180
9	北京兴油工程项目管理有限公司	北京市	化工石油工程	综合资质	19903

续表

序号	企业名称	地区	主营业务	资质等级	工程监理收入(万元)
10	北京赛瑞斯国际工程咨询有限公司	北京市	房屋建筑工程	综合资质	18235
11	中国水利水电建设工程咨询西北公司	陕西省	水利水电工程	甲级	18136
12	中铁二院(成都)咨询监理有限责任公司	四川省	铁路工程	甲级	18049
13	上海天佑工程咨询有限公司	上海市	房屋建筑工程	综合资质	17522
14	浙江五洲工程项目管理有限公司	浙江省	房屋建筑工程	甲级	17116
15	西安铁一院工程咨询监理有限责任公司	陕西省	铁路工程	甲级	16080
16	广东达安工程项目管理有限公司	广东省	房屋建筑工程	甲级	15910
17	北京中铁诚业工程建设监理有限公司	北京市	铁路工程	甲级	14731
18	上海市建设工程监理有限公司	上海市	房屋建筑工程	综合资质	14301
19	上海同济工程项目管理咨询有限公司	上海市	房屋建筑工程	甲级	14258
20	四川二滩国际工程咨询有限责任公司	四川省	水利水电工程	综合资质	14157
21	深圳市中海建设监理有限公司	广东省	房屋建筑工程	甲级	13808
22	江苏建科建设监理有限公司	江苏省	房屋建筑工程	甲级	13738
23	天津新亚太工程建设监理有限公司	天津市	铁路工程	甲级	13517
24	四川铁科建设监理有限公司	四川省	铁路工程	甲级	13198
25	江苏邮通建设监理有限公司	江苏省	通信工程	甲级	12889
26	郑州中兴工程监理有限公司	河南省	房屋建筑工程	综合资质	12885
27	东北电力建设监理有限公司	辽宁省	电力工程	甲级	12674
28	英泰克工程顾问(上海)有限公司	上海市	房屋建筑工程	综合资质	12516
29	北京铁建工程监理有限公司	北京市	铁路工程	甲级	12442
30	上海市工程建设咨询监理有限公司	上海市	房屋建筑工程	甲级	12440
31	黑龙江中铁建设监理有限责任公司	黑龙江省	铁路工程	甲级	12344
32	山西省交通建设工程监理总公司	山西省	公路工程	甲级	12052
33	甘肃铁一院工程监理有限公司	甘肃省	铁路工程	甲级	12032
34	重庆联盛建设项目管理有限公司	重庆市	房屋建筑工程	综合资质	11796
35	广州建筑工程监理有限公司	广东省	房屋建筑工程	综合资质	11769
36	安徽省建设监理有限公司	安徽省	房屋建筑工程	综合资质	11680
37	四川电力工程建设监理有限责任公司	四川省	电力工程	甲级	11653
38	广州珠江工程建设监理有限公司	广东省	房屋建筑工程	甲级	11420
39	上海建通工程建设有限公司	上海市	房屋建筑工程	甲级	11385
40	厦门市路桥咨询监理有限公司	福建省	市政公用工程	甲级	11254
41	中国建筑技术集团有限公司	北京市	房屋建筑工程	甲级	11252
42	北京帕克国际工程咨询有限公司	北京市	房屋建筑工程	综合资质	11215
43	四川康立项目管理有限责任公司	四川省	房屋建筑工程	综合资质	11087
44	上海宝钢建设监理有限公司	上海市	冶炼工程	综合资质	11045
45	昆明建设咨询监理公司	云南省	房屋建筑工程	综合资质	10876
46	北京建工京精大房工程建设监理公司	北京市	房屋建筑工程	综合资质	10777
47	上海三维工程建设咨询有限公司	上海市	市政公用工程	甲级	10518
48	北京双圆工程咨询监理有限公司	北京市	房屋建筑工程	甲级	10486
49	湖南电力建设监理咨询有限责任公司	湖南省	电力工程	甲级	10446

二、2010年建筑业发展统计分析

续表

序号	企业名称	地区	主营业务	资质等级	工程监理收入（万元）
50	浙江电力建设监理有限公司	浙江省	电力工程	甲级	10370
51	山东诚信工程建设监理有限公司	山东省	电力工程	甲级	10341
52	华南铁路建设监理公司	广东省	铁路工程	甲级	10280
53	中国水利水电建设工程咨询中南公司	湖南省	水利水电工程	甲级	10211
54	重庆建新建设工程监理咨询有限公司	重庆市	房屋建筑工程	甲级	10052
55	廊坊中油朗威工程项目管理有限公司	河北省	化工石油工程	综合资质	10047
56	广州电力工程监理有限公司	广东省	电力工程	甲级	9878
57	成都大西南铁路监理有限公司	四川省	铁路工程	甲级	9848
58	重庆渝电工程监理咨询有限公司	重庆市	电力工程	甲级	9791
59	吉林梦溪工程管理有限公司	吉林省	化工石油工程	甲级	9680
60	湖南省交通建设工程监理有限公司	湖南省	公路工程	甲级	9642
61	山东恒建工程监理咨询有限公司	山东省	公路工程	甲级	9588
62	江苏兴源电力建设监理有限公司	江苏省	电力工程	甲级	9555
63	建研凯勃建设工程咨询有限公司	北京市	房屋建筑工程	甲级	9554
64	成都衡泰工程管理有限责任公司	四川省	房屋建筑工程	综合资质	9314
65	中国华西工程设计建设有限公司	四川省	市政公用工程	综合资质	9255
66	江苏省宏源电力建设监理有限公司	江苏省	电力工程	甲级	9210
67	北京煜金桥通信建设监理咨询有限责任公司	北京市	通信工程	甲级	9187
68	重庆赛迪工程咨询有限公司	重庆市	房屋建筑工程	综合资质	9164
69	广州市市政工程监理有限公司	广东省	市政公用工程	综合资质	9125
70	深圳市都信建设监理有限公司	广东省	房屋建筑工程	甲级	9016
71	乌鲁木齐铁建工程咨询有限公司	新疆区	铁路工程	甲级	9003
72	大庆石油工程监理有限公司	黑龙江省	化工石油工程	综合资质	8901
73	合肥工大建设监理有限责任公司	安徽省	房屋建筑工程	甲级	8711
74	沈阳铁路建设监理有限公司	辽宁省	铁路工程	甲级	8692
75	西安长庆工程建设监理有限公司	陕西省	化工石油工程	甲级	8635
76	郑州中原铁道建设工程监理有限公司	河南省	铁路工程	甲级	8627
77	北京华联电力工程监理公司	北京市	电力工程	甲级	8613
78	新疆昆仑工程监理有限责任公司	新疆区	房屋建筑工程	甲级	8502
79	浙江华东工程咨询有限公司	浙江省	水利水电工程	综合资质	8489
80	黑龙江电力建设监理有限责任公司	黑龙江省	电力工程	甲级	8451
81	河南卓越工程管理有限公司	河南省	房屋建筑工程	甲级	8427
82	甘肃铁科建设工程咨询有限公司	甘肃省	铁路工程	甲级	8399
83	上海宏波工程咨询管理有限公司	上海市	水利水电工程	综合资质	8394
84	河北电力建设监理有限责任公司	河北省	电力工程	甲级	8340
85	河南立新监理咨询有限公司	河南省	电力工程	综合资质	8311
86	安徽电力工程监理有限公司	安徽省	电力工程	甲级	8194
87	广东天安工程监理有限公司	广东省	电力工程	甲级	8106
88	上海浦惠建设管理有限公司	上海市	房屋建筑工程	甲级	8100
89	上海海龙工程技术发展有限公司	上海市	房屋建筑工程	甲级	7981

续表

序号	企业名称	地区	主营业务	资质等级	工程监理收入（万元）
90	浙江工程建设监理公司	浙江省	房屋建筑工程	甲级	7940
91	广东重工建设监理有限公司	广东省	房屋建筑工程	综合资质	7899
92	新疆石油工程建设监理有限责任公司	新疆区	化工石油工程	甲级	7853
93	北京中景恒基工程管理有限公司	北京市	房屋建筑工程	甲级	7800
94	天津电力工程监理有限公司	天津市	电力工程	甲级	7704
95	广东海外建设监理有限公司	广东省	房屋建筑工程	甲级	7692
96	中铁武汉大桥工程咨询监理有限公司	湖北省	市政公用工程	甲级	7671
97	天津市路安电气化监理有限公司	天津市	铁路工程	甲级	7631
98	四川二滩建设咨询有限公司	四川省	水利水电工程	甲级	7605
99	北京致远工程建设监理有限责任公司	北京市	市政公用工程	甲级	7600
100	广东工程建设监理有限公司	广东省	房屋建筑工程	综合资质	7535

（五）2010年工程建设项目招标代理机构基本情况

【规模分析】 2010年，工程招标代理机构的营业收入总额为1267.30亿元，比上年增加31.62%。其中，工程招标代理收入140.85亿元，工程监理收入168.35亿元，工程造价咨询收入95.12亿元，工程项目管理与咨询服务收入78.4亿元，其他收入785.02亿元。

2010年，工程招标代理机构工程招标代理中标金额49505.3亿元，比上年增加51.8%。其中，房屋建筑和市政基础设施工程招标代理中标金额40441.79亿元，占工程招标代理中标金额的81.69%；招标人为政府和国有企事业单位工程招标代理中标金额35118.39亿元，占工程招标代理中标金额的70.94%。

2010年，工程招标代理机构承揽合同约定酬金合计893.53亿元，比上年增长50.58%。其中，工程招标代理承揽合同约定酬金为256.27亿元，占总承揽合同约定酬金的28.68%；工程监理承揽合同约定酬金为216.63亿元；工程造价咨询承揽合同约定酬金为135.15亿元；项目管理与咨询服务承揽合同约定酬金为58.8亿元；其他业务承揽合同约定酬金为226.67亿元。

【业务结构】 2010年，在工程招标代理机构的营业收入中，工程招标代理收入占11.03%，工程监理收入占13%，工程造价咨询收入占8%，工程项目管理与咨询服务收入占6%，其他收入占62%。

【企业结构】 2010年，参加统计的全国工程招标代理机构共4799个。

按照资格等级划分，甲级机构1116个，乙级机构2317个，暂定级机构1366个。

按照企业登记注册类型划分，国有企业和国有独资公司共198个，股份有限公司和其他有限责任公司共2537个，私营企业1936个，港澳台投资企业7个，外商投资企业3个，其他企业118个。

【人员结构】 2010年，工程招标代理机构从业人员合计328168人，比上年增长3.17%。其中，正式聘用人员291308人，占年末从业人员总数的88.77%；临时工作人员36860人，占年末从业人员总数的11.23%。

工程招标代理机构正式聘用人员中专业技术人员合计260356人，比上年增长4.43%。其中，高级职称人员46732人，中级职称123435人，初级职称60037人，其他人员30152人。专业技术人员占年末正式聘用人员总数的89.37%。

工程招标代理机构正式聘用人员中注册执业人员合计66350人，与上年相比增长0.51%。其中，注册造价工程师34160人，占总注册人数的51.48%；注册建筑师692人，占1.04%；注册工程师1780人，占2.68%；注册建造师6079人，占9.16%；注册监理工程师22564人，占34%；其他注册执业人员1075人，占1.62%。

（住房和城乡建设部建筑市场监管司）

（六）2010年工程勘察设计企业基本情况

【概况】 根据2010年全国工程勘察设计企业年报数据统计，全国共有勘察设计企业14622个，与上年14264个相比，增加了358个，增长2.5%。2010年各地工程勘察设计企业数量情况见图7-52，最近10年工程勘察设计企业数量发展见图7-53。

二、2010年建筑业发展统计分析

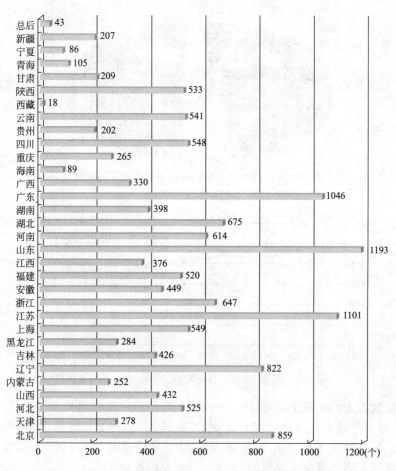

图7-52　2010年各地工程勘察设计企业数量情况

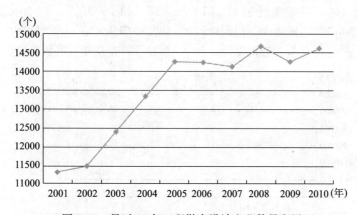

图7-53　最近10年工程勘察设计企业数量发展

【企业资质情况】　持有行业资质、专业资质企业情况：甲级企业3147个，为2009年的105%，与上年2986个相比，增加161个；乙级企业4133个，为2009年的103%，与上年4016个相比，增加117个；丙级企业3321个，为2009年的93%，与上年3571个相比，减少250个。

持有专项资质企业情况：持有专项证书的企业3081个，为2009年的98%，与上年3152个相比，减少71个。

持有设计施工一体化资质企业情况：持有设计施工一体化证书的企业750个，为2009年的265%，与上年283个相比，增加467个。

2010年工程勘察设计企业资质等级构成见图7-54，最近10年工程勘察设计企业资质等级发展见图7-55。

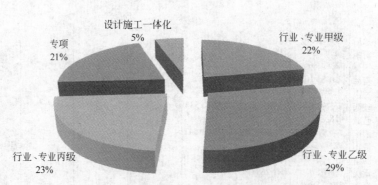

图7-54 2010年工程勘察设计企业资质等级构成

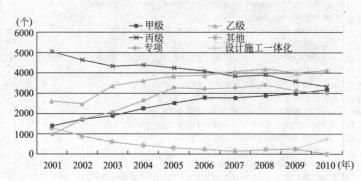

图7-55 最近10年工程勘察设计企业资质等级发展

【企业经济类型状况】 内资企业14394个，占企业总数98%，与上年持平。其中：国有企业4008个，占内资企业总数的28%，比上年减少4%；私营企业1846个，占内资企业总数的13%，比上年增加1%；集体企业330个，占内资企业总数的2%，比上年减少1%；有限责任公司6818个，占内资企业总数的47%，比上年增加4%；股份有限公司955个，占内资企业总数的7%，与上年持平；其他类型企业437个，占内资企业总数的3%，与上年持平。港、澳台商投资企业101个，占企业总数的1%。外商投资企业127个，占企业总数1%。

【企业人员状况】 2010勘察设计行业年末从业人员142.30万人，为2009年的112%，与上年127.30万人相比，增加15万人。最近10年工程勘察设计行业从业人员数量发展见图7-56。

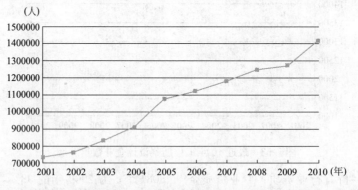

图7-56 最近10年工程勘察设计行业从业人员数量发展

2010年勘察设计行业专业技术人员92.60万人，占年末从业人员总数的65.08%。其中，具有高级职称25.53万人，占年末从业人员总数的17.94%；具有中级职称36.34万人，占年末从业人员总数的25.54%。

2010年勘察设计行业取得注册执业资格共174111人次，占从业人员总数的12.24%，与上年151106人次相比，增加23005人次，增加了15.22%。最近5年全国工程勘察设计行业技术人员职称及执业资格情况发展见图7-57。

二、2010年建筑业发展统计分析

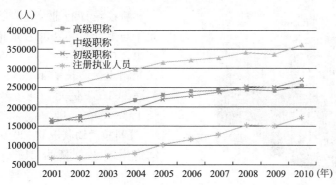

图 7-57 最近 10 年全国工程勘察设计行业技术人员职称及执业资格情况发展

【业务完成情况】 工程勘察完成合同额合计 478.75 亿元，与上年 404.08 亿元相比，增加 74.66 亿元，增长了 18%；工程设计完成合同额合计 2389.99 亿元，与上年 1881.61 亿元相比，增加 508.38 亿元，增长了 27.02%。施工图完成投资额为 66801.32 亿元，与上年 58832.59 亿元相比，增加 7968.74 亿元，增长了 13.54%；施工图完成建筑面积 48.04 亿平方米，与上年 38.15 亿平方米相比，增加 9.90 亿平方米，增长了 25.94%；工程技术管理服务完成合同额合计 319.22 亿元，与上年 249.97 亿元相比，增加 69.25 亿元，增加了 27.70%；其中工程咨询完成合同额 127.59 亿元，与上年 105.93 亿元相比，增加 21.66 亿元，增长了 20.45%；工程承包完成合同额合计 5357.61 亿元，与上年 3694.88 亿元相比，增加 1662.74 亿元，增长了 45.00%；境外工程完成合同额合计 649.24 亿元，与上年 520.98 亿元相比，增加 128.26 亿元，增长了 24.62%。2010 年工程勘察设计行业完成各类合同额构成见图 7-58。

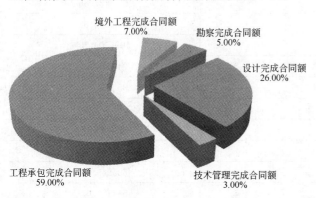

图 7-58 2010 年工程勘察设计行业完成各类合同额构成

【财务状况】 2010 年全国勘察设计企业全年营业收入总计 9546.76 亿元，是上年的 139.31%。最近 10 年工程勘察设计行业全年营业收入发展情况见图 7-59。其中：工程勘察收入 530.34 亿元，占营业收入的 6%，与上年 409.21 亿元相比，增长了 29.60%。其中，境外工程勘察收入为 11.77 亿元，占工程勘察收入的 2.22%；工程设计收入 2151.43 亿元，占营业收入的 23%，与上年 1655.24 亿元相比，增长了 29.98%。其中，境外工程设计收入为 61.61 亿元，占工程设计收入的 2.86%；工程技术管理服务收入 226.94 亿元，占营业收入的 2%，与上年 186.30 亿元相比，增长了 21.82%。其中，境外工程技术管理服务收入 5.23 亿元，占工程技术管理服务收入的 2.31%；工程承包收入 5634.02 亿元，占营业收入的 58%，与上年 3883.28 亿元相比，增长了 45.08%。其中，境外工程承包收入 406.35 亿元，占工程承包收入的 7.21%。最近 10 年工程勘察设计行业境内营业收入分类发展情况见图 7-60，2010 年工程勘察设计行业营业收入分布见图 7-61。

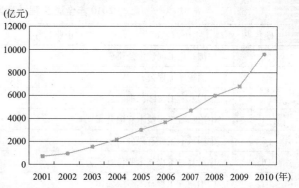

图 7-59 最近 10 年工程勘察设计行业全年营业收入发展情况

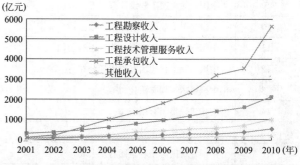

图 7-60 最近 10 年勘察设计行业境内营业收入分类发展情况

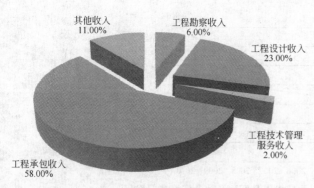

图 7-61 2010 年勘察设计行业营业收入分布

2010年勘察设计行业人均营业收入67.09万元，与上年53.84万元相比，增长24.61%。最近10年工程勘察设计行业人均营业收入发展情况见图7-62。

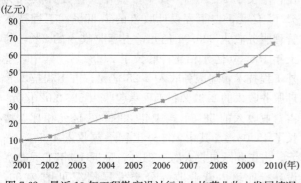

图 7-62 最近10年工程勘察设计行业人均营业收入发展情况

勘察设计行业2010全年利润总额556.80亿元，与上年556.80亿元相比，增长了39.23%；其中，应交所得税145.05亿元，与上年106.78亿元相比，增长了35.84%。勘察设计行业企业净利润631.81亿元，与上年455.22亿元相比，增长了38.79%。

【科技活动状况】 2010年勘察设计行业科技活动费用支出总额为218.94亿元，占营业收入的2.29%；与上年支出总额144.52亿元相比，增加74.42亿元，增长了51.50%。

企业累计拥有专利24476项，与上年17315项相比，增加7161项，增长了41.36%；企业累计拥有专有技术15036项，与上年10994项相比，增加4042项，增长了36.77%。

综上所述，2010年全国工程勘察设计企业数量基本保持稳定，高级别资质企业数量所占企业总数比例有所提高；行业从业人员数量平稳增长，注册执业人员数量不断增加。企业营业收入和利润增幅显著，企业境外营业收入持续增加；企业科技投入明显提高，企业拥有专利和专有技术数量持续增长。

【2010年全国工程勘察设计企业营业收入前100名】 2010年全国工程勘察设计企业营业收入前100名如表7-22所列。

2010年全国工程勘察设计企业营业收入前100名　　　　表7-22

排名	企业名称	全年营业收入合计(万元)
1	中国石化工程建设公司	1552026.00
2	中国寰球工程公司	1537127.86
3	中国水电工程顾问集团公司	1289293.82
4	中冶京诚工程技术有限公司	1098809.70
5	中国核电工程有限公司	948216.83
6	中冶赛迪工程技术股份有限公司	853534.51
7	中冶南方工程技术有限公司	688814.00
8	中铝国际工程有限责任公司	670140.47
9	中国石油集团工程设计有限责任公司	621562.00
10	天津水泥工业设计研究院有限公司	605565.00
11	中国石化集团洛阳石油化工工程公司	584135.00
12	中铁二院工程集团有限责任公司	579647.00
13	中国成达工程有限公司	546955.00
14	泛华建设集团有限公司	502890.57
15	合肥水泥研究设计院	481582.00
16	中国建材国际工程集团有限公司	461369.00
17	中国中建设计集团有限公司	456916.83

续表

排名	企业名称	全年营业收入合计(万元)
18	中国华电工程(集团)有限公司	452753.00
19	中国恩菲工程技术有限公司	439385.00
20	惠生工程(中国)有限公司	435435.37
21	中铁第四勘察设计院集团有限公司	434465.00
22	中国昆仑工程公司	422442.00
23	中国联合工程公司	416820.00
24	烟建集团有限公司	414712.00
25	长江勘测规划设计研究有限责任公司	403671.61
26	铁道第三勘察设计院集团有限公司	388229.00
27	中国京冶工程技术有限公司	382443.40
28	中油辽河工程有限公司	374615.00
29	中国航天建筑设计研究院(集团)	367357.73
30	北京首钢国际工程技术有限公司	351260.00
31	中国电力工程顾问集团西北电力设计院	340127.26
32	中国石油天然气管道工程有限公司	332609.00
33	中铁第一勘察设计院集团有限公司	315362.00
34	中冶华天工程技术有限公司	307576.00
35	中国电力工程顾问集团华北电力设计院工程有限公司	299863.00
36	中冶焦耐工程技术有限公司	298069.30
37	信息产业电子第十一设计研究院科技工程股份有限公司	296332.00
38	中国建筑设计研究院	291002.00
39	中国天辰化学工程公司	276222.00
40	国核电力规划设计研究院	275652.90
41	中国石油天然气华东勘察设计研究院	272087.00
42	中国五环工程有限公司	265794.00
43	中冶长天国际工程有限责任公司	252847.00
44	机械工业第四设计研究院	250923.00
45	上海现代建筑设计(集团)有限公司	250218.23
46	中国中元国际工程公司	247351.22
47	中国航空规划建设发展有限公司	246140.00
48	中国水电顾问集团成都勘测设计研究院	237267.00
49	山东电力工程咨询院有限公司	234707.00
50	中国石化集团上海工程有限公司	231201.63
51	中国石化集团宁波工程有限公司	222798.76
52	中国公路工程咨询集团有限公司	220788.18
53	赛鼎工程有限公司	215975.00
54	北京全路通信信号研究设计院	215566.00
55	北京矿冶研究总院	213829.00
56	中国核动力研究设计院	208340.00
57	中国建筑技术集团有限公司	207014.00

续表

排名	企业名称	全年营业收入合计(万元)
58	广东省电力设计研究院	206057.00
59	上海市政工程设计研究总院(集团)有限公司	205558.94
60	中船第九设计研究院工程有限公司	204417.90
61	中国移动通信集团设计院有限公司	202520.00
62	中国水电顾问集团西北勘测设计研究院	201407.00
63	中铁工程设计咨询集团有限公司	198318.00
64	山东省冶金设计院股份有限公司	197188.00
65	中石油东北炼化工程有限公司	189501.00
66	东华工程科技股份有限公司	183584.00
67	中国水电顾问集团华东勘测设计研究院	181215.32
68	五洲工程设计研究院(中国兵器工业第五设计研究院)	180322.69
69	中国纺织工业设计院	178155.00
70	中国水电顾问集团中南勘测设计研究院	176906.65
71	同济大学建筑设计研究院(集团)有限公司	165329.00
72	中国电子工程设计院	163456.00
73	中国水电顾问集团昆明勘测设计研究院	162666.96
74	中国电力工程顾问集团中南电力设计院	161740.30
75	华陆工程科技有限责任公司	161356.00
76	东风设计研究院有限公司	161304.61
77	武汉凯迪电力工程有限公司	160400.00
78	深圳中广核工程设计有限公司	160216.00
79	胜利油田胜利勘察设计研究院有限公司	151063.00
80	上海市机电设计研究院有限公司	149911.00
81	中冶连铸技术工程股份有限公司	140777.00
82	招商局重庆交通科研设计院有限公司	139487.00
83	中色科技股份有限公司(原洛阳有色院)	138984.00
84	成都建筑材料工业设计研究院有限公司	135325.44
85	中国原子能科学研究院	135230.00
86	中国电力建设工程咨询公司	134174.00
87	中交公路规划设计院有限公司	130747.06
88	中冶东方工程技术有限公司	130393.00
89	大庆油田工程有限公司	128753.00
90	中国建筑西南设计研究院有限公司	128700.00
91	中国瑞林工程技术有限公司	128000.00
92	中交第一航务工程勘察设计院有限公司	124747.59
93	中煤国际工程集团沈阳设计研究院	124596.39
94	河北建设勘察研究院有限公司	124432.70
95	大地工程开发(集团)有限公司	124020.00
96	机械工业第六设计研究院	122276.00
97	中交第一公路勘察设计研究院有限公司	120850.00

续表

排名	企业名称	全年营业收入合计(万元)
98	中铁上海设计院集团有限公司	120719.54
99	北方设计研究院(中国兵器工业第六设计研究院)	118431.00
100	南京凯盛国际工程有限公司	115683.33

(住房和城乡建设部建筑市场监管司)

(七) 2010年房屋市政工程生产安全事故情况

【总体情况】 2010年,全国共发生房屋市政工程生产安全事故627起、死亡772人,比去年同期事故起数减少57起、死亡人数减少30人,同比分别下降8.33%和3.74%。

2010年,全国有31个地区发生房屋市政工程生产安全事故,其中青海(9起、9人)、河南(6起、7人)、宁夏(5起、7人)、新疆建设兵团(2起、2人)等地区事故起数和死亡人数较少,江苏(49起、63人)、浙江(45起、45人)、上海(44起、45人)、广东(30起、43人)等地区事故起数和死亡人数较多。2008~2010年事故起数和事故死亡人数情况见图7-63和图7-64。

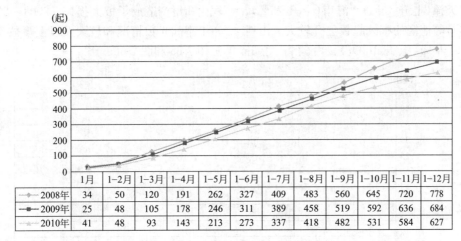

图 7-63　2008～2010年事故起数情况

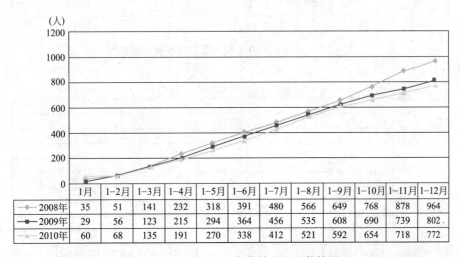

图 7-64　2008～2010年事故死亡人数情况

2010年,全国有12个地区的事故起数和死亡人数同比下降,其中宁夏(起数下降50%、人数下降30%)、河南(起数下降45%、人数下降53%)、湖南(起数下降42%、人数下降49%)、安徽(起数下降34%、人数下降23%)等地区事故起数和死亡人数下降较大。有11个地区的事故起数和死亡人数同比上升，其中天津（起数上升56%、人数上升60%）、内蒙古（起数上升50%、人数上升75%）、黑龙江（起数上升44%、人数上升50%）、陕西（起数上升33%、人数上升36%）等地区事故起数和死亡人数上升较大。

"十一五"时期，全国房屋市政工程安全生产形势持续稳定好转。与2005年相比，2010年事故起数减少388起，死亡人数减少421人，分别下降38.23%和35.29%。多数地区安全生产状况好转，其中北京、河北、辽宁、黑龙江、福建、河南、广东、贵州、甘肃9个地区的事故起数下降50%以上，北京、河北、辽宁、黑龙江、河南、四川、甘肃7个地区的死亡人数下降50%以上；但仍有些地区安全生产状况不容乐观，如山西（上升225%）、内蒙古（上升71%）、天津（上升40%）、海南（上升25%）、吉林（上升22%）等地区的事故起数上升较大，山西（上升260%）、吉林（上升100%）、内蒙古（上升56%）、海南（上升25%）、江西（上升12%）等地区的死亡人数上升较大。

【较大及以上事故情况】 2010年，全国共发生房屋市政工程生产安全较大及以上事故29起、死亡125人，比去年同期事故起数增加8起、死亡人数增加34人，同比分别上升38.10%和37.36%。

2010年，全国有15个地区发生房屋市政工程生产安全较大及以上事故，其中江苏、四川各发生4起，辽宁发生3起，北京、河北、内蒙古、吉林、广东、贵州各发生2起，安徽、江西、湖北、湖南、云南、陕西各发生1起。尤其是吉林梅河口"8.16"事故、广东深圳"3.13"事故、贵州贵阳"3.14"事故、安徽芜湖"1.12"事故、云南昆明"1.3"事故、江苏南京"11.26"事故的死亡人数较多，给人民生命财产造成了极大损失。2008~2010年较大及以上事故起数情况和较大及以上事故死亡人数情况见图7-65和图7-66。

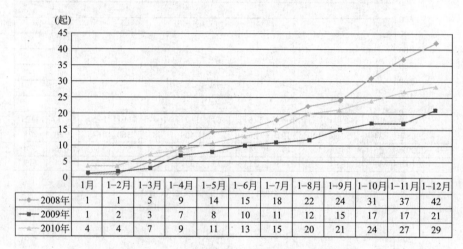

图7-65　2008~2010年较大及以上事故起数情况

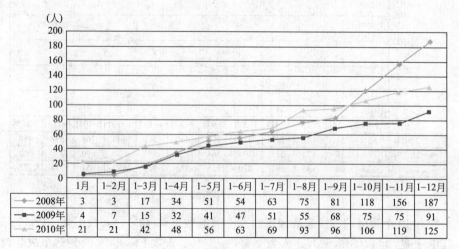

图7-66　2008~2010年较大及以上事故死亡人数情况

"十一五"时期,房屋市政工程生产安全较大及以上事故得到较好控制。与2005年相比,2010年事故起数减少14起,死亡人数减少45人,分别下降32.56%和26.47%。"十一五"期间共发生6起重大事故,分别是2008年杭州地铁"11.15"事故(死亡21人)、2008年湖南长沙"12.27"事故(死亡18人)、2008年福建霞浦"10.30"事故(死亡12人)、2007年江苏无锡"11.14"事故(死亡11人)、2010年吉林梅河口"8.16"事故(死亡11人)、2007年辽宁本溪"6.21"事故(死亡10人)。"十一五"期间没有发生特大事故。

【事故类型和部位情况】 2010年,房屋市政工程生产安全事故按照类型划分,高处坠落事故297起,占总数的47.37%;物体打击事故105起,占总数的16.75%;坍塌事故93起,占总数的14.83%;起重伤害事故44起,占总数的7.02%;机具伤害事故37起,占总数的5.90%;其他事故51起,占总数的8.13%,2010年事故按类型划分情况见图7-67。

2010年,房屋市政工程生产安全事故按照部位划分,洞口和临边事故128起,占总数的20.41%;脚手架事故78起,占总数的12.44%;塔吊事故59起,占总数的9.41%;基坑事故53起,占总数的8.45%;模板事故47起,占总数的7.50%;其他事故262起,占总数的41.79%,2010年事故按部位划分情况见图7-68。

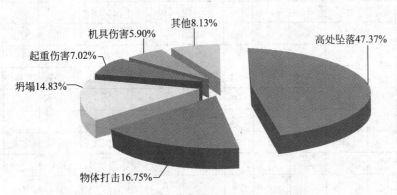

图7-67 2010年事故按类型划分情况

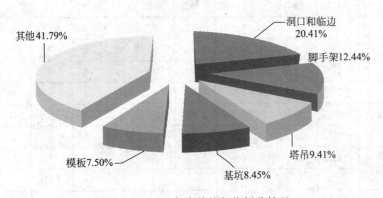

图7-68 2010年事故按部位划分情况

【形势综述】 2010年,全国房屋市政工程安全生产形势总体稳定,事故起数和死亡人数比去年同期有所下降;有12个地区的事故起数和死亡人数同比下降;有16个地区没有发生较大及以上事故。但当前的安全生产形势依然严峻,事故起数和死亡人数仍然比较大;较大及以上事故起数和死亡人数出现反弹;部分地区的事故起数和死亡人数同比上升。另外,建筑市场活动中的各类不规范行为,以及生产安全事故查处不到位的情况,也给安全生产带来了极大挑战,使安全生产形势不容乐观。各地住房城乡建设部门要根据本地安全生产状况,认真反思、认真研究,对存在的问题采取切实有效的措施,把安全生产工作抓实抓好。特别是工作落后的地区,要尽快扭转被动的局面。

【2010年房屋市政工程生产安全事故情况】 2010年房屋市政工程生产安全事故情况如表7-23所列。

2010年房屋市政工程生产安全事故情况

表 7-23

地区	全部事故							较大事故						
	事故起数(起)			死亡人数(人)			事故起数(起)			死亡人数(人)		
	2010年	2009年	同期比		2010年	2009年	同期比		2010年	2009年	同期比		2010年	2009年	同期比
合计	627	684	-57	-8.33%	772	802	-30	-3.74%	29	21	8	38.10%	125	91	34	37.36%
北京市	28	26	2	8%	34	29	5	17%	2	0	2	—	6	0	6	—
天津市	14	9	5	56%	16	10	6	60%	0	0	0	—	0	0	0	—
河北省	14	21	-7	-33%	20	25	-5	-20%	2	1	1	100%	6	4	2	50%
山西省	13	13	0	0%	18	25	-7	-28%	0	4	-4	-100%	0	15	-15	-100%
内蒙古区	24	16	8	50%	28	16	12	75%	2	0	2	—	6	0	6	—
辽宁省	15	18	-3	-17%	24	19	5	26%	3	0	3	—	11	0	11	—
吉林省	22	18	4	22%	36	22	14	64%	2	1	1	100%	15	3	12	400%
黑龙江省	23	16	7	44%	24	16	8	50%	0	0	0	—	0	0	0	—
上海市	44	45	-1	-2%	45	48	-3	-6%	0	1	-1	-100%	0	4	-4	-100%
江苏省	49	45	4	9%	63	57	6	11%	4	3	1	33%	16	11	5	45%
安徽省	27	41	-14	-34%	37	48	-11	-23%	1	2	-1	-50%	8	7	1	14%
浙江省	45	51	-6	-12%	45	62	-17	-27%	0	2	-2	-100%	0	10	-10	-100%
福建省	16	20	-4	-20%	17	20	-3	-15%	0	0	0	—	0	0	0	—
江西省	14	16	-2	-13%	19	19	0	0%	1	0	1	—	3	0	3	—
山东省	19	18	1	6%	23	25	-2	-8%	0	1	-1	-100%	0	5	-5	-100%
河南省	6	11	-5	-45%	7	15	-8	-53%	0	1	-1	-100%	0	3	-3	-100%
湖北省	26	23	3	13%	33	27	6	22%	1	0	1	—	3	0	3	—
湖南省	19	33	-14	-42%	23	45	-22	-49%	1	1	0	0%	3	9	-6	-67%
广东省	30	42	-12	-29%	43	53	-10	-19%	2	2	0	0%	13	9	4	44%
广西区	19	15	4	27%	19	16	3	19%	0	0	0	—	0	0	0	—
海南省	10	12	-2	-17%	10	12	-2	-17%	0	0	0	—	0	0	0	—
四川省	26	32	-6	-19%	36	34	2	6%	4	0	4	—	13	0	13	—
重庆市	17	17	0	0%	20	21	-1	-5%	0	1	-1	-100%	0	3	-3	-100%
云南省	27	39	-12	-31%	35	39	-4	-10%	1	0	1	—	7	0	7	—
贵州省	16	27	-11	-41%	27	29	-2	-7%	0	0	0	—	0	12	0	12	—
西藏区	—	—	—	—	—	—	—	—	—	—	—	—	—	—	—	—
陕西省	16	12	4	33%	19	14	5	36%	1	0	1	—	3	0	3	—
甘肃省	16	14	2	14%	16	14	2	14%	0	0	0	—	0	0	0	—
青海省	9	9	0	0%	9	16	-7	-44%	0	1	-1	-100%	0	8	-8	-100%
宁夏区	5	10	-5	-50%	7	10	-3	-30%	0	0	0	—	0	0	0	—
新疆区	16	13	3	23%	17	14	3	21%	0	0	0	—	0	0	0	—
新疆建设兵团	2	2	0	0%	2	2	0	0%	0	0	0	—	0	0	0	—

(数据来源：住房和城乡建设部网站)

【2010年房屋市政工程生产安全较大及以上事故情况】 2010年房屋市政工程生产安全较大及以上事故情况如表7-24所列。

二、2010年建筑业发展统计分析

2010年房屋市政工程生产安全较大及以上事故情况　　　　　表7-24

序号	工程名称	事故地点	事故时间	死亡人数	建设单位	施工单位	法人代表	项目经理	监理单位	法人代表	项目总监
1	爱民医院住院部综合楼工程	吉林梅河口	2010.08.16	11	梅河口市爱民医院	东北金城建设股份有限公司	王秀斌	姜贵金	白山市建设工程监理中心	崔维汉	纪仁忠
2	汉京峰景苑工程	广东深圳	2010.03.13	9	深圳市西格实业发展有限公司	中建二局第三建筑工程有限公司	陈学然	邵德军	深圳市招诚建设监理有限公司	李建生	于广源
3	贵阳国际会议展览中心工程	贵州贵阳	2010.03.14	9	中天城投集团贵阳会展中心有限公司	中建四局第二建筑工程公司	邵智慧	赵明双	贵州三维工程建设监理咨询有限公司	付涛	聂明
4	华强文化科技产业园配送中心工程	安徽芜湖	2010.01.12	8	芜湖华强文化科技产业有限公司	芜湖恒达建筑安装有限公司	李义龙	李义虎	芜湖市建筑设计研究院	周晓	张旭彤
5	昆明新机场配套引桥工程	云南昆明	2010.01.03	7	云南省昆明新机场建设指挥部	云南建工市政建设有限公司	邓志宽	徐德能	云南城市建设监理有限公司	杨家骏	秦云
6	南京城市快速内环西线南延工程	江苏南京	2010.11.26	7	南京建设工程项目有限公司	中铁二十四局集团江苏工程有限公司	李小林	姚敏荣	南京诚明建设咨询有限公司	张吕林	佟艳臣
7	花花世界中心广场二期工程	广东广州	2010.05.08	4	广州市天河区东圃镇黄村村民委员会	广州市建筑集团有限公司	贺全龙	何子杰	广州联嘉建设监理有限公司	廖成彬	屈砚波
8	桓仁县人民医院异地新建工程	辽宁本溪	2010.05.09	4	桓仁满族自治县县人民医院	本溪光大建筑安装有限责任公司	姜广美	贾国忠	桓仁满族自治县工程建设监理公司	吕成	吕成
9	崇山华府3号楼工程	辽宁沈阳	2010.06.25	4	辽宁城开维港地产开发有限公司	金帝建工集团有限责任公司	张华民	李效华	沈阳中盛瑞科工程咨询有限公司	张晓东	高玉娟
10	中冶新奥蓝城3期工程	吉林长春	2010.08.31	4	中冶新奥长春房地产开发有限公司	长春建工集团吉泓建筑有限公司	葛春成	王忠金	吉林省建业建设监理有限公司	武国泰	王金都
11	筠连县丽都苑小区工程	四川宜宾	2010.10.23	4	四川世成房地产开发有限公司	四川省珙县蜀南建筑安装工程有限公司	肖明松	肖明松	四川铁兴建设监理有限公司	王晓华	沈跃洪
12	彩弘苑7号楼工程	江苏扬州	2010.01.09	3	扬州市金阳光房地产开发有限公司	南通华硕建筑发展有限公司	茅南华	张志飞	江苏润扬项目管理有限公司	曾冠中	王中杰
13	北城国际B-10号楼工程	河北石家庄	2010.01.03	3	石家庄盈佳房地产开发有限公司	江苏江中集团有限公司	沈良兵	沈良其	河北冀通工程建设监理有限公司	孙健(原)王冰(现)	容云路
14	四川农业大学温江校区学生宿舍楼工程	四川成都	2010.03.29	3	四川农业大学	中铁二局建设有限公司	郭定松	黎长贵	四川省城市建设工程监理有限公司	杨启厚	孙耀华
15	龙之梦亚太中心二期工程	辽宁沈阳	2010.04.06	3	沈阳长丰房地产开发有限公司	龙元建设集团	赖振元	顾振范	上海现代申都建筑监理咨询有限公司	朱琦	陈志伟
16	天堂岛海洋乐园工程	四川成都	2010.04.15	3	成都市世纪城新国际会展中心有限公司	四川省高标建筑工程有限公司	赵凯	邓国平	四川三信建设监理有限责任公司	李成州	李发扬

续表

序号	工程名称	事故地点	事故时间	死亡人数	建设单位	施工单位	法人代表	项目经理	监理单位	法人代表	项目总监
17	天来豪庭工程	四川南充	2010.06.21	3	四川天来房地产发展有限公司	四川化工建设总公司	耿武云	谢建华	重庆兴宇工程建设监理有限公司	唐银彬	周亮
18	商洛职业技术学院图书综合楼工程	陕西商洛	2010.07.03	3	商洛职业技术学院	陕西建工集团第五建筑工程有限公司	李忠坤	曹恒星	陕西商洛市建筑勘察设计院驻州监理所	赵绪春	赵书林
19	四王子旗乌兰花镇和平路道路拓宽改造工程	内蒙古乌兰察布	2010.07.05	3	四王子旗城市投资公司	山东荷建建筑公司	张广周	侯广栋	乌兰察布市集宁建设监理公司	高福	张世平
20	滨河休闲街A2号楼工程	湖北广水	2010.08.13	3	广水市兰信置业有限公司	随州沿河建筑工程有限公司	张明扬	左逸凡	湖北百顺监理公司	陈耀东	向阳
21	安化县东坪镇锦苑鑫城工程	湖南益阳	2010.08.23	3	鑫锦苑房地产开发有限公司	益阳市第一建筑工程股份有限公司	陈翔	陈鑫凝	湖南大地建设项目管理有限公司	赵步峰	李国兵
22	北塘文教中心工程	江苏无锡	2010.08.30	3	无锡市北塘区益民投资发展有限公司	华仁建设集团有限公司	裴仁年	钱建强	江苏建协建设管理有限公司	吴澄	李永丰
23	苏尼特右旗人民法院审判法庭工程	内蒙古锡林郭勒	2010.09.19	3	苏尼特右旗人民法院	苏尼特右旗永宏建筑安装有限责任公司	肖晋彪	肖晋彪	山西煤炭建设监理公司	苏锁成	白聪耀
24	围场广电中心工程	河北承德	2010.10.03	3	围城广电局	围场自治县天海通建安公司	尹淑侠	王玉山	围场自治县信诚监理公司	尉国成	尉国成
25	盛世江南1号楼工程	江西赣州	2010.10.20	3	赣州金茂房地产开发有限公司	福建省第一建筑工程公司	王辉	蔡振杰	江西省建设监理总公司	丁维克	曾胜华
26	雁栖镇中高路排水工程	北京怀柔	2010.11.04	3	北京市怀柔区工务局	北京市市政二建设工程有限责任公司	周正毅	窦桂明	北京中环工程建设监理有限责任公司	张建东	葛大利
27	浩邈汇丰医药科技有限公司生产楼工程	北京经济技术开发区	2010.11.12	3	北京浩邈汇丰医药科技有限公司	中国建筑技术集团有限公司	黄强	郝金刚	北京中城建监理公司	李耀刚	吴江虹
28	世纪夏都工程	贵州贵阳	2010.12.15	3	贵州宇虹房地产开发有限责任公司	贵州建工集团总公司	刘建忠	石福州	贵州三维工程建设监理咨询有限公司	付涛	张雨
29	北塘区刘潭拆迁安置房三期工程	江苏无锡	2010.12.26	3	无锡市北塘城市投资发展有限公司	无锡锡山建筑实业有限公司	王永良	丁美琴	无锡市天骄建设工程监理有限公司	华洁然	王主坤

(资料来源:住房和城乡建设部网站)

(八)入选国际承包商225强的中国内地企业

美国《工程新闻记录》(ENR, Engineering News-Record),是全球工程建设领域最权威的学术杂志,隶属于美国麦格劳-希尔公司,提供工程建设业界的新闻、分析、评论以及数据,帮助工程建设专业人士更加有效的工作。ENR每年对全球范围内的建筑业界权威企业进行排名,其中"国际承包商225强"和"全球承包商225强"排名榜单在全球建筑行业内最有影响力,其中年度国际承包商225强排名的依据是企业在除本国以外的国际市场上的上年营业收入,年度全球承包商225强排名的依据是企业上年在本国和国际市场上的所有营业收入。2011国际承包商225强的入选门槛为企业2010年国际市场营业收入15630万美元。

【入榜中国内地企业概况】 入选2011年度ENR国际承包商225强的中国内地企业共有51家,详见表7-25。入榜企业数比上年减少3家,新上榜的企业有4家。

二、2010年建筑业发展统计分析

入选国际承包商 225 强的中国承包企业 表 7-25

序号	公司名称	2011年度排名	2010年度排名	海外市场收入(万美元)
1	中国交通建设股份有限公司	11	13	713420
2	中国建筑工程总公司	20	22	487170
3	中国水利水电建设集团公司	24	41	401000
4	中国机械工业集团公司	26	26	352950
5	中国石油工程建设(集团)公司	27	46	347620
6	中国铁建股份有限公司	29	25	342400
7	中信建设有限责任公司	32	32	325290
8	中国中铁股份有限公司	33	53	315860
9	上海建工(集团)总公司	54	89	165410
10	山东电力建设第三工程公司	58	79	157990
11	中国冶金科工集团公司	61	31	151490
12	中国葛洲坝集团公司	71	84	126670
13	上海电气集团	78	78	117630
14	东方电气股份有限公司	80	80	114010
15	中国石化工程建设公司	83	69	104580
16	中国土木工程集团公司	86	86	102630
17	中国石油天然气管道局	89	76	97600
18	中国化学工程股份有限公司	92	124	96580
19	哈尔滨电站工程有限责任公司	95	108	89110
20	山东电力基本建设总公司	100	101	75060
21	中地海外建设集团有限公司	112	**	65040
22	北京建工集团	113	117	64530
23	中国水利电力对外公司	115	125	61030
24	中原石油勘探局工程建设总公司	118	123	60040
25	中国江苏国际经济技术合作公司	125	119	55330
26	青岛建设集团公司	127	133	54500
27	中国地质工程集团公司	129	106	52790
28	中国大连国际经济技术合作集团有限公司	145	141	41470
29	中国机械进出口(集团)有限公司	151	135	37080
30	中国河南国际合作集团有限公司	154	159	34230
31	安徽省外经建设(集团)有限公司	155	179	34050
32	中国寰球工程公司	158	151	32240
33	中国机械设备进出口总公司	162	160	31330
34	新疆北新建设工程(集团)有限责任公司	163	169	30870
35	沈阳远大铝业工程有限公司	168	**	28000
36	安徽建工集团	170	157	27760
37	中国万宝工程公司	176	140	26430
38	中国中原对外工程公司	177	186	26310
39	中国海外经济合作总公司	178	**	26180

续表

序号	公司名称	2011年度排名	2010年度排名	海外市场收入(万美元)
40	中国江西国际经济技术合作公司	183	185	25740
41	泛华建设集团有限公司	187	162	25320
42	合肥水泥研究设计院	191	137	23770
43	中国武夷实业股份有限公司	193	184	23060
44	南通建工集团股份有限公司	200	197	19420
45	江苏南通三建集团有限公司	202	200	18970
46	中国石油天然气管道工程有限公司	203	**	18900
47	上海城建集团	204	149	18890
48	中鼎国际工程有限责任公司	206	207	18580
49	浙江省建设投资集团公司	214	217	17790
50	云南建工集团有限公司	220	208	16460
51	中国成套设备进出口(集团)总公司	225	224	15630

**表示本年度未进入225强排行榜。

从表7-25可以看出，在51家中国企业中有20家中国企业位于前100名，比上一年度增加了3家。其中，有11家的排名位次比上一年度上升；上榜225强的中国内地企业之首仍是中国交通建设股份有限公司，排在第11位，比上一年度的第13位上升了2个位次，延续了2009年的升势。

2011年新上榜225强中国企业之首是中地海外建设集团有限公司，新上榜即排名第112位。位于第100~225名的中国企业，位次上升的有11家，下降的有16家，7家企业退出，充分反映了国际承包市场竞争的激烈程度。

2011年国际承包商225强中的51家中国内地企业的海外承包收入总额达到了571.62亿美元，比上年的505.91亿美元增长了65.71亿美元，增幅为12.99%；占2011年国际承包商225强海外市场收入总额的14.90%，比上年的13.18%增加了1.72个百分点。中国内地承包企业在国际承包市场上的影响力继续扩大，在与其他国家和地区的承包商的竞争中，逐渐成长和进步。

【业务领域排名】 2010年，中国内地承包商在海外承包市场的多个业务领域内有所建树。中国交通建设股份有限公司进入2011年国际10大交通运输承包商，位列第4；中国石油工程建设(集团)公司首次杀入2011年国际10大石油化工承包商，一上榜便位列第6；中国建筑工程总公司进入2011年最大的国际房屋承包商前10的行列，排位从2009年的第7上升至第4；中国水利水电建设集团公司、中国机械工业集团公司和山东电力建设第三工程公司分列2011年10大能源电力承包商的第3、第4和第6；中国冶金科工集团公司在工业承包商10大中排名第8；中国葛洲坝集团公司首次进入2011年10大排水/废弃物处理承包商，排名第7；在10大有害废物处理承包商中，中国交通建设股份有限公司和上海建工(集团)总公司首次进入前10名，并分列第2和第3，成绩不俗，但2011年在水利和制造业10大承包商榜单中未见中国企业的身影。

【区域市场分布】 2011年国际承包商225强中的中国内地企业占各主要国家和地区市场份额，如表7-26所示。

进入国际承包商225强的中国企业占各主要区域市场份额情况　　　表7-26

(单位:%)

年份	非洲	亚洲	中东	拉丁美洲/加勒比地区	欧洲	美国	加拿大
2010	38.7	22.7	13.8	9.8	2.6	1.2	0
2009	36.6	24.9	10.8	5.0	1.6	0.5	0.4
2008	42.4	20.0	6.5	4.4	1.3	0.8	0.1
2007	26.9	16.6	5.5	4.2	1.0	1.1	0.5

数据来源：ENR

二、2010年建筑业发展统计分析

根据 ENR 的统计，国际承包市场主要包括中东、亚洲、非洲、欧洲、美国、加拿大和拉丁美洲/加勒比地区七大市场区域。2010年，除加拿大市场外，中国大陆地区企业在其他六个市场所占份额都有提高，中国承包商的传统优势市场仍是亚洲、中东和非洲市场；欧美加市场的开拓虽有提高，但所占份额和影响力尚小，值得欣喜的是，中国承包商在拉丁美洲/加勒比地区市场上进步明显。

在亚洲市场份额排名前10名的企业中，中国交通建设股份有限公司排在第3位，中国建筑工程总公司排在第8位。

在非洲市场占有份额排在前10名的国际承包商中有3家中国内地企业，分别是升至第3位的中国交通建设股份有限公司、新上榜排名第6的中国建筑工程总公司以及排名第10的中国铁建股份有限公司；此外，中国中铁股份有限公司首次进入拉丁美洲/加勒比地区市场10强，排名第6。

（哈尔滨工业大学）

（九）入选全球承包商225强的中国内地企业

【入榜中国内地企业概况】 2011全球承包商225强的入选门槛为企业2010年营业收入68980万美元。2011年进入全球最大承包商225强的中国内地公司为39家，如表7-27所示。入榜企业的数量比上一年增加了2家。与上年相比，有26家公司的排列名次有所上升，占上榜公司总数的66.67%，其中，上升幅度最大的是中国寰球工程公司和江苏南通六建集团有限公司，分别比上年提升了35位；5家公司排名未发生变化，占上榜公司总数的12.82%；有4家公司的排列名次有所下降，占上榜公司总数的10.26%，其中，下降幅度最大的是中国地质工程集团公司，比上年下降了27位；沈阳远大铝业工程有限公司、哈尔滨电站工程有限责任公司、中国武夷实业股份有限公司、中地海外建设集团有限公司首次进入排行榜，新上榜公司占上榜公司总数的10.26%；上年入榜的北京建工集团有限公司和上海隧道工程股份有限公司2家公司本年度未入选。特别值得一提的是，上年进入前10的5家中国内地企业，2011年仍名列前10强，并且占据了前3名的位置。

入选全球承包商225强的中国内地企业　　　表7-27

企业名称	2011排名	2010排名	营业收入情况（亿美元）		2010年新增合同额（亿美元）
			合计	国际收入	
中国铁建股份有限公司	1	1	762.06	34.24	1108.76
中国中铁股份有限公司	2	2	730.12	31.59	1108.76
中国建筑工程总公司	3	6	488.68	48.72	1114.37
中国交通建设集团有限公司	5	5	404.19	71.34	1210.16
中国冶金科工集团公司	7	8	299.05	15.15	628.66
中国水利水电建设集团公司	15	26	158.83	40.10	597.91
上海建工（集团）总公司	20	27	130.05	16.54	206.68
中国东方电气集团公司	37	43	68.65	11.40	131.76
中国化学工程集团公司	42	55	59.54	9.66	85.81
中国石油工程建设（集团）公司	51	75	48.62	34.76	39.00
浙江省建设投资集团有限公司	52	53	48.49	1.78	55.83
中国葛洲坝集团有限公司	53	60	48.16	12.67	101.94
中国机械工业集团公司	54	54	47.16	35.30	213.73
中国石油天然气管道局	66	90	38.02	9.76	33.87
云南建工集团有限公司	68	93	36.47	1.65	43.36
青岛建设集团股份公司	74	101	33.51	5.45	33.34
中信建设有限责任公司	75	86	32.81	32.53	26.24
江苏南通三建集团有限公司	85	105	28.08	1.90	24.48
上海城建（集团）公司	86	81	27.98	1.89	24.78
山东电力基本建设总公司	88	98	27.66	7.51	30.05

续表

企业名称	2011 排名	2010 排名	营业收入情况（亿美元） 合计	营业收入情况（亿美元） 国际收入	2010 年新增合同额（亿美元）
中国寰球工程公司	90	125	27.07	3.22	35.90
安徽建工集团有限公司	94	123	25.53	2.78	29.38
中原石油勘探局	105	106	23.15	6.00	23.15
中国石化工程公司	109	109	21.15	10.46	6.32
大庆油田建设集团	118	111	19.15	0.30	19.93
江苏南通六建集团有限公司	123	158	17.79	1.28	15.88
山东电力建设第三工程公司	125	153	17.55	15.80	31.11
上海电气集团有限公司	130	136	17.06	11.76	64.91
南通建工集团股份有限公司	136	165	15.74	1.94	12.70
新疆北新建设工程(集团)有限公司	143	171	14.54	3.09	15.35
中国电力工程顾问集团公司	153	167	12.76	0.67	30.23
沈阳远大铝业工程有限公司	161	**	11.79	2.80	7.20
中国土木工程集团公司	170	162	10.77	10.26	18.52
中国江苏国际经济技术合作公司	177	203	10.22	5.53	11.79
哈尔滨电站工程有限责任公司	192	**	8.91	8.91	8.91
泛华建设集团有限公司	196	220	8.67	2.53	4.71
中国武夷实业股份有限公司	217	**	7.35	2.31	7.85
中地海外建设集团有限公司	219	**	7.21	6.50	10.05
中国地质工程集团公司	221	194	7.10	5.28	6.95

** 表示本年度未进入 225 强排行榜。

【成长性分析】 进入 2011 全球承包商 225 强的中国内地 39 家公司共实现营业收入 3801.63 亿美元，比上一年度（2915.50 亿美元）增加 30.39%；占全球承包商 225 强营业收入的 33.39%，比上一年度（27.12%）提高 6.27 个百分点。中国内地上榜公司的国际营业收入为 525.34 亿美元，比上一年度（450.409 亿美元）增加 16.64%；新增合同额为 6167.53 亿美元，比上一年度（4530.37 亿美元）增加了 36.14%，占全球承包商 225 强新增合同额的 41.78%。

【业务范围分析】 2011 年上榜全球承包商 225 强的中国内地公司的业务领域分布情况见表 7-28。其业务领域主要分布在交通基础设施建设、房屋建筑和石油化工/工业这三个方面，分别占营业收入的 45.65%、24.30% 和 10.22%。与 2011 年全球最大承包商 225 强比重最大的三个领域相同。

全球最大承包商 225 强中国内地公司业务分布情况　　　　表 7-28

业务领域	营业收入（亿美元）	占中国内地公司比重（%）	占 225 强比重（%）
房屋建筑	923.80	24.30	8.11
制造业	94.13	2.48	0.83
电力	333.00	8.76	2.93
水利	76.14	2.00	0.67
排水/废弃物	23.60	0.62	0.21
石油化工/工业	388.35	10.22	3.41
交通	1735.48	45.65	15.24
有害废物处理	1.17	0.03	0.01
电信	40.28	1.06	0.35

二、2010年建筑业发展统计分析

从主营业务来看，中国内地上榜公司有14家以房屋建筑为主营业务，有9家以电力为主营业务，以石油化工/工业和交通基础设施建设为主营业务的均为8家。

（哈尔滨工业大学）

（十）2010年我国对外承包工程业务统计分析

【2010年对外承包工程营业额排序（分省市）】

根据国家商务部的有关统计分析报告，2010年我国对外承包工程营业额排序（分省市）情况如表7-29所列。

2010年我国对外承包工程营业额排序（分省市）情况　　表7-29

（单位：万美元）

按完成营业额排序			按新签合同额排序		
序号	省市区名称	完成营业额	序号	省市区名称	新签合同额
	合计	5748560		合计	7302244
1	广东省	820815	1	上海市	1010276
	其中：深圳市	774356	2	山东省	1008411
2	上海市	689616		其中：青岛市	59538
3	山东省	523767	3	广东省	986740
	其中：青岛市	98272		其中：深圳市	924301
4	江苏省	516738	4	湖北省	765531
5	四川省	399299	5	四川省	684878
6	湖北省	381301	6	江苏省	544726
7	河北省	285351	7	河北省	294596
8	浙江省	275057	8	北京市	251114
	其中：宁波市	100022	9	浙江省	241543
9	天津市	245205		其中：宁波市	73368
10	北京市	222514	10	河南省	237489
11	河南省	207085	11	天津市	173753
12	安徽省	192729	12	辽宁省	172372
13	辽宁省	132250		其中：大连市	31585
	其中：大连市	61402	13	安徽省	151147
14	湖南省	109065	14	江西省	135697
15	黑龙江省	105093	15	云南省	106102
16	江西省	104334	16	陕西省	88786
17	云南省	99194	17	重庆市	79035
18	陕西省	81022	18	湖南省	62645
19	山西省	71999	19	广西壮族自治区	61019
20	新疆维吾尔自治区	62945	20	山西省	47517
21	广西壮族自治区	56429	21	新疆维吾尔自治区	46948
22	重庆市	35987	22	甘肃省	41084
23	新疆生产建设兵团	30769	23	吉林省	38178
24	吉林省	26364	24	贵州省	32431
25	福建省	23531	25	黑龙江省	17601
	其中：厦门市	70	26	福建省	8607
26	甘肃省	22403		其中：厦门市	0
27	贵州省	22003	27	新疆生产建设兵团	8418
28	内蒙古自治区	3159	28	宁夏回族自治区	3003
29	宁夏回族自治区	1711	29	海南省	1916
30	海南省	825	30	内蒙古自治区	681

数据来源：商务部对外投资和经济合作司《2010年我国对外承包工程完成营业额按省市区排名》，表中未列省区暂无此项业务。

从表7-29中可以看出，完成营业额排名前5位的是广东、上海、山东、江苏和四川，这5个省市对外承包工程完成营业额占全国各地区对外承包工程全部营业额的51.32%。新签合同额排名前5位的是上海、山东、广东、湖北和四川，其签订对外承包工程合同额占全国的61.02%。

统计数据显示，对外承包工程业务主要集中在东南沿海省份的建筑业企业，四川、湖北、河北、北京及河南等省市对外开拓能力在逐步加强。

【2010年我国对外承包工程业务完成营业额前50名】 根据国家商务部的有关统计分析报告，2010年我国对外承包工程业务完成营业额前50名如表7-30所列。

2010年我国对外承包工程业务完成营业额前50名 表7-30

（单位：万美元）

序号	企业名称	完成营业额
1	华为技术有限公司	692316
2	中国建筑工程总公司	487172
3	中国水利水电建设集团公司	401685
4	中国石油工程建设(集团)公司	329606
5	中信建设有限责任公司	325287
6	中国电工设备总公司	215421
7	中国港湾工程有限责任公司	210020
8	上海振华重工(集团)股份有限公司	161561
9	上海建工(集团)总公司	161179
10	山东电力建设第三工程公司	157988
11	中国机械设备进出口总公司	149722
12	中国中铁股份有限公司	123051
13	中国葛洲坝集团股份有限公司	120410
14	上海贝尔股份有限公司	118919
15	中国路桥工程有限责任公司	117860
16	中石油集团长城钻探工程有限公司	117354
17	东方地球物理勘探有限责任公司	107494
18	上海电气集团股份有限公司	104234
19	国家电网公司	103500
20	中国石化工程建设公司	101809
21	中国土木工程集团公司	98686
22	哈尔滨电站工程有限责任公司	88609
23	中兴通信股份有限公司	82040
24	中国中材国际工程股份有限公司	81580
25	中国石油天然气管道局	78691
26	山东电力基本建设总公司	74406

续表

序号	企业名称	完成营业额
27	东方电气股份有限公司	71681
28	中铁十八局集团有限公司	71378
29	中地海外建设集团有限公司	65039
30	中国石油集团川庆钻探工程有限公司	61600
31	中国水利电力对外公司	61026
32	中铁四局集团有限公司	60356
33	中国石化集团中原石油勘探局	60042
34	中国海外工程有限责任公司	59275
35	北京建工集团有限责任公司	58347
36	天津水泥工业设计研究院有限公司	55658
37	中国地质工程集团公司	55477
38	青建集团股份公司	54515
39	中工国际工程股份有限公司	50626
40	中材建设有限公司	42461
41	中国江苏国际经济技术合作公司	42268
42	中国大连国际经济技术合作集团有限公司	41472
43	中国十五冶金建设有限公司	37996
44	中国技术进出口总公司	37077
45	中铁十二局集团有限公司	34643
46	安徽省外经建设(集团)有限公司	34234
47	中国河南国际合作集团有限公司	34231
48	中国石油天然气管道工程有限公司	33823
49	中国寰球工程公司	32242
50	中国机械进出口(集团)有限公司	31329

数据来源：商务部对外投资和经济合作司《2010年我国对外承包工程业务完成营业额前50家企业》。

【2010年我国对外承包工程业务新签合同额前50名】 根据国家商务部的有关统计分析报告，2010年我国对外承包工程业务新签合同额前50名如表7-31所列。

2010年我国对外承包工程业务新签合同额前50名的企业 表7-31

（单位：万美元）

序号	企业名称	新签合同额
1	华为技术有限公司	830604
2	中国水利水电建设集团公司	669127
3	中国建筑工程总公司	526094
4	中国中铁股份有限公司	480000
5	中国土木工程集团公司	465370
6	中国葛洲坝集团股份有限公司	456834

二、2010年建筑业发展统计分析

续表

序号	企业名称	新签合同额
7	中工国际工程股份有限公司	404451
8	山东电力建设第三工程公司	404400
9	中国电工设备总公司	348472
10	上海电气集团股份有限公司	344374
11	中国石油集团川庆钻探工程有限公司	328802
12	中国港湾工程有限责任公司	306155
13	中国机械设备进出口总公司	280308
14	山东电力基本建设总公司	263744
15	中铁国际经济合作有限公司	213243
16	中国石油工程建设(集团)公司	186592
17	中国石化集团国际石油工程有限公司	175095
18	中信建设有限责任公司	171370
19	上海贝尔股份有限公司	166363
20	中国石化集团炼化工程有限公司	157282
21	上海建工(集团)总公司	155629
22	上海振华重工(集团)股份有限公司	155030
23	中国水利电力对外公司	152008
24	中国石油天然气管道局	132450
25	中国冶金科工集团有限公司	131427
26	中石油集团长城钻探工程有限公司	129813
27	中国铁建股份有限公司	127000
28	长江岩土工程总公司(武汉)	124271
29	中国重型机械总公司	117452
30	中国路桥工程有限责任公司	110713
31	中国海外工程有限责任公司	110545
32	中国技术进出口总公司	109863
33	国家电网公司	98900
34	中地海外建设集团有限公司	96932

续表

序号	企业名称	新签合同额
35	中国机械进出口(集团)有限公司	96640
36	安徽省外经建设(集团)有限公司	95072
37	中兴通信股份有限公司	93697
38	东方地球物理勘探有限责任公司	91955
39	东方电气股份有限公司	87500
40	中冶成工上海五冶建设有限公司	73565
41	沈阳远大铝业工程有限公司	71969
42	中国华电工程(集团)有限公司	66797
43	中国电力投资集团公司	60296
44	中国中材国际工程股份有限公司	59840
45	中国石化集团胜利石油管理局	51606
46	中国石化集团中原石油勘探局	49216
47	中国江西国际经济技术合作公司	49186
48	中国万宝工程公司	48683
49	中铝国际工程有限责任公司	47355
50	中国河南国际合作集团有限公司	46244

数据来源：商务部对外投资和经济合作司《2010年我国对外承包工程业务新签合同额前50家企业》。

(哈尔滨工业大学)

(十一) 中国500强企业中的建筑业企业

年度中国企业500强入围门槛为上年企业营业收入总额。根据中国企业联合会2011年9月公布的2011中国企业500强年度排行榜入围门槛为2010年营业收入总额1419873万元，共有42家建筑业企业入选2011中国企业500强，比上年增加了5家。上年上榜的38家企业中，37家仍然榜上有名，另有5家企业新入榜。具体如表7-32所列。

入选2011中国企业500强年度排行榜的建筑业企业 表7-32

序号	500强名次		企业名称	营业收入(万元)
	2011年	2010年		
1	6	9	中国中铁股份有限公司	47366265
2	7	8	中国铁建股份有限公司	47015879
3	12	14	中国建筑股份有限公司	37041753
4	19	18	中国交通建设股份有限公司	27357150
5	30	27	中国冶金科工集团有限公司	21713056
6	80	78	中国水利水电建设集团公司	10148156
7	98	80	上海建工(集团)总公司	8585000
8	138	122	广厦控股创业投资有限公司	6035959
9	196	176	北京城建集团有限责任公司	4321296

续表

序号	500强名次		企业名称	营业收入（万元）
	2011年	2010年		
10	203	**	上海城建（集团）公司	4060000
11	207	208	北京建工集团有限责任公司	3933412
12	216	230	中国葛洲坝集团公司	3704335
13	240	**	中国化学工程股份有限公司	3258320
14	252	239	浙江省建设投资集团有限公司	3101645
15	263	266	重庆建工集团股份有限公司	2923386
16	275	270	中天发展控股集团有限公司	2734295
17	277	234	湖南省建筑工程集团总公司	2714049
18	281	330	四川华西集团有限公司	2671700
19	285	327	成都建筑工程集团总公司	2619663
20	305	291	北京市政路桥建设控股（集团）有限公司	2451385
21	308	298	广州市建筑集团有限公司	2428809
22	318	336	广西建工集团有限责任公司	2346788
23	321	333	云南建工集团有限公司	2333215
24	327	350	陕西建工集团总公司	2312286
25	333	362	青建集团股份公司	2228763
26	348	302	广东省建筑工程集团有限公司	2129624
27	364	348	江苏南通三建集团有限公司	2058000
28	372	383	江苏南通二建集团有限公司	2034806
29	403	378	浙江中成控股集团有限公司	1837328
30	406	355	中南控股集团有限公司	1825268
31	419	360	江苏省苏中建设集团股份有限公司	1720446
32	433	434	安徽建工集团有限公司	1651463
33	438	**	四川公路桥梁建设集团有限公司	1643166
34	446	497	河北建工集团有限责任公司	1620000
35	458	411	天津城建集团有限公司	1565900
36	463	**	黑龙江省建设集团有限公司	1534629
37	468	**	中太建设集团股份有限公司	1527046
38	470	408	浙江宝业建设集团有限公司	1518836
39	473	443	北京住总集团有限责任公司	1510600
40	477	429	浙江昆仑控股集团有限公司	1504480
41	491	466	天津市建工集团（控股）有限公司	1443121
42	495	475	浙江八达建设集团有限公司	1428656

数据来源：2011年中国企业发展报告，**表示相应年度未入榜。

（十二）2011"世界500强"中的中国建筑业企业

根据美国《财富》杂志2011年7月发布的2011年度"世界500强"企业最新排名，共有5家中国建筑业企业入选2011"世界500强"排行榜，入选企业与上年相同，5家企业在"世界500强"中的名次均有所提升。具体如表7-33所列。

入选2011"世界500强"排行榜的中国建筑业企业　　　　表7-33

序号	500强名次 2011年	500强名次 2010年	企业名称	营业收入（百万美元）
1	95	137	中国中铁股份有限公司	69973.30
2	105	133	中国铁建股份有限公司	67414.10
3	147	187	中国建筑工程总公司	54721.10
4	211	224	中国交通建设股份有限公司	40414.20
5	297	315	中国冶金科工集团有限公司	32076.30

（哈尔滨工业大学）

三、2010年全国房地产市场运行分析

（一）2010年全国房地产开发情况

根据国家统计局发布的有关数据，2010年我国房地产市场开发情况如下：

【土地开发投资大幅增加】 2010年全国完成房地产开发投资达48267.07亿元，比上年增长33.2%，增幅高于2009年（增长16.1%）同期17.1个百分点，高于同期固定资产投资增幅约9%，是1998年以来的最高水平。房地产开发投资占全国城镇固定资产投资比重为20%。其中，商品住宅完成投资34038.14亿元，增长32.9%，占房地产开发投资的比重为70.5%。表7-34给出了2010年房地产开发企业完成投资及增速情况。2010年全国土地开发投资和土地开发面积存在较大幅度的增加，说明房地产仍然呈现较强的发展态势，房地产产品的供给量将有较高的增长。

2010年房地产开发企业完成投资及增速情况　　　　表7-34

地区	本年完成投资（亿元）	#住宅	比上年同期增长（%）	#住宅
全国总计	48267.07	34038.14	33.2	32.9
一、东部地区	28009.07	19233	32.7	33.2
北京	2901.07	1508.95	24.1	66.4
天津	866.64	565.39	17.9	14.3
河北	2264.83	1785.65	49	46.5
辽宁	3465.76	2481.1	31.3	28.3
上海	1980.68	1229.83	35.5	33.9
江苏	4301.85	3159.94	28.9	30.4
浙江	3030.04	2058.47	34.4	30.2
福建	1818.86	975.13	60.1	31.2
山东	3251.78	2513.4	33.9	35.1
广东	3659.69	2538.02	23.6	21.4
海南	467.87	417.11	62.5	59.3
二、中部地区	10516.65	7859.67	32.4	31.3

续表

地区	本年完成投资(亿元)	#住宅	比上年同期增长(%)	#住宅
山西	592.24	457.45	24.1	21.1
吉林	921.01	731.82	21.7	20.9
黑龙江	843.12	656.93	49.5	48.5
安徽	2251.8	1607.83	34.9	36.8
江西	706.82	544.77	11.4	7
河南	2114.08	1685.21	36.1	36.4
湖北	1618.24	1040.86	34.8	29.4
湖南	1469.33	1134.79	35.5	35.4
三、西部地区	9741.35	6945.47	35.3	33.8
内蒙古	1120.02	782.14	37.3	36.3
广西	1206.22	878.89	48.2	52.3
重庆	1620.26	1091.49	30.8	38.3
四川	2194.63	1535.28	38.2	33.5
贵州	556.69	328.63	49.9	31.7
云南	900.44	654.67	22.1	18.4
西藏	8.96	6.99	−43.1	−38.6
陕西	1160.23	938.53	23.2	20.2
甘肃	266.41	187.93	30.5	35.9
青海	108.19	75.2	48.5	37.8
宁夏	254.37	187.29	56.3	48.5
新疆	344.93	278.43	46.2	47.9

数据来源：国家统计局

2010年全年房地产开发投资和住宅投资都处于高位运行，逐月数据显示全国房地产开发投资和住宅投资的同比增速均超过30%，均超过了2009年的同期水平。如表7-35所示。

2009年、2010年全国房地产开发投资和住宅投资　　　表7-35

月份	2009年				2010年			
	房地产投资(亿元)	同比增长(%)	住宅投资(亿元)	同比增长(%)	房地产投资(亿元)	同比增长(%)	住宅投资(亿元)	同比增长(%)
1~2	—	—	—	—	3144.00	31.1	2233	32.8
1~3	4880	4.1	3422	3.2	6594.00	35.1	4552	33
1~4	7290	4.9	5114	3.4	9932	36.2	6854	34
1~5	10165	6.8	7105	4.4	13917	38.2	9643	35.7
1~6	14505	9.9	10189	7.3	19747	38.1	13692	34.4
1~7	17720	11.6	12427	8.2	23865	37.2	16709	34.5
1~8	21147	14.7	14848	10.9	28355	36.7	19876	33.9
1~9	25050	17.7	17582	13.4	33511	36.4	23512	33.8
1~10	28440	18.9	19954	14.1	38070	36.5	26683	33.8
1~11	31271	17.8	22369	15.7	42697	36.5	30022	34.2
1~12	36232	16.1	25619	14.2	48267	33.2	34038	32.9

数据来源：国家统计局

三、2010年全国房地产市场运行分析

【土地购置面积实现较快增长】 2010年全国房地产开发企业完成土地购置面积为4.1亿平方米，同比增长28.4%，扭转了房地产开发企业土地购置面积连续两年下降的局面。

【土地开发面积继续负增长】 2009年全国房地产开发企业完成开发土地面积为2.30亿平方米，同比减少19.9%，降幅高于2008年14个百分点；2010年开发土地面积继续负增长，完成开发土地面积2.1亿平方米，同比减少约8.7%。如表7-36所示为2000~2010年全国房地产开发企业土地购置面积、开发面积及增速情况。

从逐月数据看，2010年全国房地产购置面积增幅呈不规则变化，在4月、7月、9月和11月出现增幅下降，而其他月份则出现上升。如表7-37所示为2009年、2010年全国房地产开发企业购置土地和开发土地面积的逐月数据。

2000~2010年全国房地产开发企业土地购置、土地开发、房屋施工、新开工和竣工面积及增速情况 表7-36

年度	土地购置面积（亿平方米）	增长（%）	土地开发面积（亿平方米）	增长（%）	房屋施工面积（亿平方米）	增长（%）	房屋新开工面积（亿平方米）	增长（%）	竣工面积（亿平方米）	增长（%）
2000	1.69	41.1	1.17	25.2	—	—	2.96	31.0	2.51	17.3
2001	2.34	38.5	1.53	31.3	5.98	—	3.74	26.4	2.99	19.0
2002	3.14	34.0	1.94	26.8	7.21	20.6	4.28	14.5	3.50	17.1
2003	3.70	17.9	2.09	7.4	11.69	62.2	5.47	26.9	4.15	18.5
2004	4.00	8.2	1.97	−5.3	14.05	19.2	6.04	11.2	4.25	2.4
2005	3.83	−4.0	2.27	14.9	16.44	17.8	6.79	10.6	5.33	25.6
2006	3.68	−3.8	2.71	19.6	19.40	17.0	7.81	15.1	5.30	−0.6
2007	4.06	11.0	2.76	1.6	23.60	21.1	9.46	19.4	5.80	4.3
2008	3.68	−8.6	2.60	−5.6	27.40	16.0	9.80	2.3	5.90	−3.5
2009	3.19	−18.9	2.30	−11.6	31.96	12.8	11.54	12.5	7.02	5.5
2010	4.10	28.4	2.10	−8.7	40.55	26.6	16.38	40.7	7.60	4.5

数据来源：国家统计局网站

2009年、2010年全国房地产开发企业购置土地和开发土地面积 表7-37

月份	2009年				2010年			
	购置土地（亿平方米）	同比增长（%）	开发土地（亿平方米）	同比增长（%）	购置土地（亿平方米）	同比增长（%）	开发土地（亿平方米）	同比增长（%）
1~2	—	—	—	—	0.24	11.2	0.1567	−40.8
1~3	0.47	−40.1	0.52	−11.3	0.62	30	—	—
1~4	0.73	−28.6	0.71	−12.2	0.92	26.4		
1~5	0.99	−28.6	0.88	−13.3	1.29	31.1		
1~6	1.36	−26.5	1.10	−15.2	1.85	35.6		
1~7	1.63	−25.8	1.28	−13.4	2.17	33.3		
1~8	1.86	−25.3	1.49	−9.7	2.57	37.9		
1~9	2.15	−22.1	1.67	−6.6	2.91	35.6		
1~10	2.41	−18.7	1.84	−4.6	3.28	36.2		
1~11	2.71	−15.4	2.03	−2.5	3.61	33.2	1.93	−4.8
1~12	3.19	−18.9	2.30	−19.9	4.10	28.4	2.1	−8.7

数据来源：国家统计局网站

【房屋施工开竣工面积增长】 2010年全国房地产开发企业房屋施工面积为40.55亿平方米，同比增长26.6%；房屋新开工面积16.38亿平方米，同比增长40.7%；房屋竣工面积7.60亿平方米，同比增长4.5%，其中，住宅竣工面积6.12亿平方米，同比增长2.7%。

从逐月数据看，2010年全国房地产开发企业施工面积和新开工面积都呈现增幅高位增长后回落，施工面积同比增幅从1～2月的29.3%最高增至1～3月的35.5%后逐步回落，1～12月为26.6%，但增幅仍高于2009年同期水平，增长13.8个百分点。新开工面积同比增幅从1～2月的37.5%逐步提高，最高增长到1～5月的72.4%后逐步回落，全年增长70.4%，比2009年同期增幅增加28.2个百分点，如表7-38所示。

从逐月数据看，2010年全国房屋与住宅竣工面积同比增幅均呈先增后减的态势，全年各月增幅较2009年水平下降。房屋竣工面积同比增幅从1～2月的8.2%最高增至1～6月的18.2%后逐步回落，1～12月为4.5%，增幅低于2009年同期水平，增幅下降1个百分点。新开工面积同比增幅从1～2月的5.8%逐步提高，最高增长到1～6月的15.5%后逐步回落，全年增长2.7%，比2009年同期增幅下降2.2个百分点，如表7-39所示。

2009年、2010年全国房地产开发企业施工面积和新开工面积　　　　表7-38

月份	2009年				2010年			
	施工面积（亿平方米）	增长（%）	新开工面积（亿平方米）	增长（%）	施工面积（亿平方米）	增长（%）	新开工面积（亿平方米）	增长（%）
1～2	—	—	—	—	20.97	29.30	1.49	37.5
1～3	17.87	12.7	2.01	−16.2	24.22	35.50	3.23	60.80
1～4	20.10	12.4	2.78	−15.6	26.46	31.7	4.57	64.1
1～5	21.85	11.7	3.57	−16.2	28.51	30.5	6.15	72.4
1～6	23.97	12.7	4.79	−10.4	30.84	28.7	8.05	67.9
1～7	25.07	12.5	5.5	−9.1	32.43	29.4	9.22	67.7
1～8	26.29	13.5	6.31	−5.9	33.92	29.1	10.48	66.1
1～9	27.75	15.4	7.32	−0.4	35.54	28.1	11.94	63.1
1～10	28.83	16.4	8.14	3.3	36.98	28.1	13.18	61.9
1～11	29.88	17.2	9.76	15.8	38.43	28.6	14.51	48.7
1～12	31.96	12.8	11.54	12.5	40.55	26.6	16.38	40.7

数据来源：国家统计局网站

2009年、2010年全国房屋和住宅竣工面积　　　　表7-39

月份	2009年竣工面积				2010年竣工面积			
	房屋竣工（亿平方米）	增长（%）	住宅竣工（亿平方米）	增长（%）	房屋竣工（亿平方米）	增长（%）	住宅竣工（亿平方米）	增长（%）
1～2	—	—	—	—	0.61	8.2	0.48	5.8
1～3	0.99	26.3	0.81	26.9	1.11	12	0.89	9.8
1～4	1.32	27.1	1.09	28.5	1.502	13.5	1.20	10.8
1～5	1.62	22.6	1.33	23.6	1.92	18.1	1.53	14.8
1～6	2.07	22.3	1.7	22.9	2.44	18.2	1.96	15.5
1～7	2.54	24.7	2.09	26.6	2.86	12.6	2.31	10.5
1～8	2.92	25.1	2.41	26.8	3.23	10.7	2.62	8.8
1～9	3.34	24.7	2.77	26.7	3.69	10.4	2.99	8.1
1～10	3.77	22.8	3.12	25.1	4.2	11.4	3.4	9
1～11	4.42	26.1	3.67	28.2	4.85	9.6	3.93	7.1
1～12	7.02	5.5	5.77	6.2	7.6	4.5	6.12	2.7

数据来源：国家统计局网站

三、2010年全国房地产市场运行分析

(二) 2010年商品房销售量

【商品房销售面积增幅回落】 2010年全国商品房销售面积10.43亿平方米，比上年增长10.1%，增幅减少32个百分点。其中，商品住宅销售面积增长8.0%，办公楼增长21.9%，商业营业用房增长29.9%。2010年，商品房销售额5.25万亿元，比上年增长18.3%，增幅下降57.2个百分点。其中，商品住宅销售额增长14.4%，办公楼和商业营业用房分别增长31.2%和46.3%。表7-40给出了2010年商品房销售面积和销售额增长情况。

2010年商品房销售面积和销售额增长情况 表7-40

地区	商品房销售面积(万平方米)	销售面积增速(%)	商品房销售额(亿元)	销售额增速(%)
全国总计	104349.11	10.1	52478.72	18.3
一、东部地区	50822.01	4.1	33203.34	10.1
北京	1639.53	−30.6	2915.36	−10.6
天津	1564.52	−1.6	1282.43	17.1
河北	4532.99	52.8	1605.82	65.9
辽宁	6798.15	26.5	3059.88	41.1
上海	2055.53	−39	2959.94	−31.6
江苏	9377.74	−8.5	5430.71	6.4
浙江	4809.96	−13.1	4448.7	2.6
福建	2575.65	−5.4	1610.99	9
山东	9291.21	32.4	3666.42	49.1
广东	7322.01	3.7	5476.48	19.1
海南	854.73	52.3	746.61	112.4
二、中部地区	26223.44	19.9	9138.84	39.7
山西	1163.38	12.5	404.59	44.5
吉林	2319.64	19.3	836.65	47.5
黑龙江	2718.06	34.8	1010.1	54.5
安徽	4113.88	2.1	1732.66	25.7
江西	2469.67	8.3	776.4	28.8
河南	5452.23	25.8	1658.79	43.5
湖北	3513.63	29.3	1313.14	36.8
湖南	4472.97	27.3	1406.52	49.4
三、西部地区	27303.66	13.5	10136.54	32.2
内蒙古	3020.54	17	1065.03	38.8
广西	2793.92	17.2	995.19	28.1
重庆	4314.39	7.8	1846.94	34.1
四川	6396.92	7.2	2647.34	26.4
贵州	1730.69	4.7	581.01	22.3
云南	2959.43	32.7	934.6	43
西藏	19.09	−69.8	5.55	−64.2
陕西	2590.18	24.1	973.44	44.7
甘肃	756.51	8.3	227.81	31.3
青海	281.04	29.6	84.4	54.6
宁夏	935.98	20.7	309.22	29.1
新疆	1504.96	7	466.02	27.2

数据来源：国家统计局网站

从逐月数据看，2010年1~11月商品房销售面积增幅逐月回落，12月商品房销售面积增幅稍有增加。2010年，商品房中的商品住宅、办公楼和营业用房销售面积增幅均逐步回落，增幅低于2009年同期水平，如表7-41所示。

2010年1~11月商品房销售额增幅逐月回落，12月商品房销售面积增幅稍有增加。2010年，商品房中的商品住宅、办公楼和营业用房销售面积增幅均逐步回落，增幅基本低于2009年同期水平，如表7-42所示。

2009年、2010年全国商品房销售面积　　　　　　　　　表7-41

月份	2009年				2010年			
	商品房销售面积（万平方米）	商品房销售面积增长率(%)			商品房销售面积（万平方米）	商品房销售面积增长率(%)		
		住宅	办公楼	营业用房		住宅	办公楼	营业用房
1~2	—	—	—	—	7155.18	38.2	36.6	84.6	43
1~3	11308.74	8.2	8.7	13.1	7.8	15360.92	35.8	34.2	—
1~4	17625.45	17.5	18.6	10.5	13.1	23412.16	32.8	30.3	85.5	56.2
1~5	24644.44	25.5	26.7	1.8	18.3	30189.43	22.5	19.9	74.5	45.7
1~6	34108.59	31.7	33.4	7.6	16.4	39352.53	15.4	12.7	53.2	41.6
1~7	41754.98	37.1	38.8	13.3	21.7	45818.61	9.7	7.1	39.4	36.6
1~8	49416.04	42.9	44.5	18.5	29.4	52704.47	6.7	4.1	30.3	33.3
1~9	58371.02	44.8	46.4	23.5	30.6	63150.23	8.2	5.8	27	33.2
1~10	66368.73	48.4	50.1	28.2	32.9	72428.55	9.1	6.8	26.6	34.5
1~11	75203.15	53	54.4	39.2	39.1	82541.27	9.8	7.4	25.9	35.2
1~12	93713.04	42.1	43.9	30.8	24.2	104349.11	10.1	8	21.9	29.9

数据来源：国家统计局网站

2009年、2010年全国商品房销售额　　　　　　　　　表7-42

月份	2009年				2010年			
	商品房销售额（万亿元）	商品房销售额增长率(%)			商品房销售额（万亿元）	商品房销售额增长率(%)		
		住宅	办公楼	营业用房		住宅	办公楼	营业用房
1~2	—	—	—	—	0.41	70.2	70.8	73.8	63.3
1~3	0.51	23.1	24.7	20	14.4	0.80	57.7	55.2	—
1~4	0.80	35.4	38.6	14	20	1.24	55.5	51.5	106.2	78.4
1~5	1.14	45.3	49	11.6	27.9	1.58	38.4	33.6	112.5	64.4
1~6	1.58	53	57.1	19.9	30.2	1.98	25.4	20.3	91.5	57.1
1~7	1.96	60.4	65.3	22.9	34.2	2.29	16.8	11.7	74.3	47.9
1~8	2.35	69.9	74.6	35.6	43.5	2.64	12.6	7.5	56.5	47.7
1~9	2.75	73.9	78.2	37.1	49.2	3.19	15.9	11.2	49.9	48.2
1~10	3.15	79.2	84.3	43	53.7	3.7	17.3	12.8	52.3	47.1
1~11	3.60	86.8	91.5	58.4	60.4	4.23	17.5	12.8	48.4	50.2
1~12	4.40	75.5	80	66.9	45.5	5.25	18.3	14.4	31.2	46.3

数据来源：国家统计局网站

（三）70个大中城市房屋销售价格分析

【房屋销售价格增幅回落】 根据国家统计局公布的数据，2010年全国房屋销售价格仍然上涨，但从下半年开始呈现涨幅回落趋势。全国房屋销售价格，在2009年同比涨幅为1.51%，环比涨幅为 7.75%。

从同比数据来看，2010 年，全国城市房价仍然呈上涨态势，同比涨幅有所回落，全年同比上涨 9.95%。各季度全国城市房价分别同比上涨 10.63%、12.20%、9.56% 和 7.56%。

从环比数据来看，2010 年全国城市房价累计上涨 6.26%，全年房价呈现不同的变化：年初延续了 2009 年的上涨趋势，1~4 月房价仍快速上涨，月平均涨幅在 1% 以上；5~8 月房价趋于平稳，其中 5 月上涨 0.2%，6 月下降 0.1%，7、8 两月房价呈现稳态；9~12 月的房价略有上涨，月均涨幅不超过 0.3%，如图 7-69 所示。

分类型来看，2010 年全国 70 个大中城市二手住宅和新建住宅价格均呈现阶段性变化：年初上涨较快，从 5 月开始逐步回落，如图 7-70 所示。其中，全年新建住宅环比上涨 7.74%，累计同比上涨 12.15%；二手住宅环比上涨 5.09%，累计同比上涨 7.38%。新建住宅价格上涨快于二手住宅，如图 7-70。

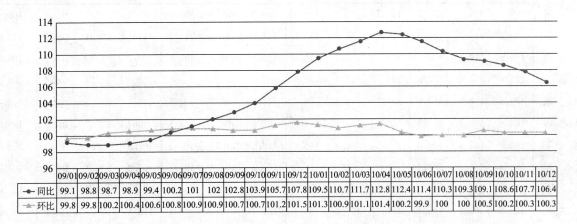

图 7-69　2009~2010 年全国 70 个大中城市房屋销售价格指数运行情况

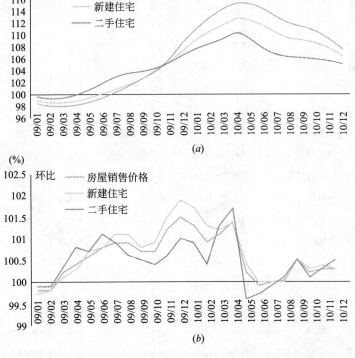

图 7-70　全国 70 个大中城市房屋销售价格分类指数运行情况
(a) 同比指数；(b) 环比指数

【分城市房屋销售价格均上涨】 从同比数据看，2010年全国70个大中城市中，房屋销售价格均累计上涨，详见表7-43。累计涨幅最大的前十个城市分别为三亚48.22%、海口45.68%、岳阳15.26%、兰州11.29%、温州10.75%、安庆9.25%、合肥9.21%、郑州8.82%、乌鲁木齐8.72%、石家庄8.71%，详见图7-71。温州14.94%、湛江12.82%、岳阳12.68%、西安12.08%、金华12.03%、北京11.42%、银川11.20%、北海10.17%。其中，三亚和海口两城市涨幅最大，年累计涨幅均超过45%。与往年不同，2010年中涨幅最大的10个城市中仅有北京是一线城市，其余均为二三线城市。但北京在上年房价已处高位的情况下仍然有11.42%的累计增长，如图7-71所示。

2010年70个大中城市房屋销售价格同比指数　　　　表7-43

地区	1月	2月	3月	4月	5月	6月	7月	8月	9月	10月	11月	12月	全年
全　国	109.5	110.7	111.7	112.8	112.4	111.4	110.3	109.3	109.1	108.6	107.7	106.4	109.95
北　京	110.2	110.7	112.3	114.7	114.3	113.5	112.4	111.5	111.4	111.1	109.1	106.3	111.42
天　津	109.6	110.1	110.7	112.2	112.1	110.5	109.7	108.6	107.8	107.2	107	105.6	109.21
石家庄	102.6	105.5	107.6	108.1	109.1	110.9	110.4	109.1	109.5	108.8	107.8	108.7	108.27
太　原	102.6	102.9	103.5	104.1	104.6	104.5	104.3	103.7	103.5	103.5	103.2	102.3	103.56
呼和浩特	105.9	106.7	107.3	109	109.9	109.2	108.8	108.6	108.7	108	107.7	107.3	108.11
沈　阳	102.7	102.5	103.8	105.2	106.4	106.4	106.9	107	107.2	107.9	108	108.3	106.04
大　连	105	106.8	108.6	110	110	109.9	108.3	107.5	107.2	107.2	107.4	106.1	107.83
长　春	104.5	105.1	105.9	107.5	107.8	107	105.3	105	104.9	103.8	103.8	103.9	105.47
哈尔滨	105.9	106.2	106.1	107.1	107.8	107.4	107.1	107	106.6	106.8	106.3	105.9	106.68
上　海	108.8	109	110.7	111.6	111	110.9	106.8	106	105.4	104.2	103.2	102.2	107.18
南　京	110.4	110.7	111.7	112.3	111.2	109.2	107	105.7	105.1	103.8	102.4	101.7	107.44
杭　州	112.7	113.4	113.9	117.1	115.5	114.5	112.6	108.9	107.2	105.3	102.4	100.5	110.12
宁　波	108	108	108.1	108.6	107.2	104.9	103.9	106.5	105.7	104	102.7	100.8	105.62
合　肥	105.2	107	108.8	110.4	111.4	110.9	108.4	108	108.1	108.3	108.6	109.1	108.68
福　州	103.2	103.3	103.7	104.2	104.5	103	103.3	103.2	103.2	103	102.5	103	103.29
厦　门	108.9	109	109.3	109.6	108	105.7	104	103.7	103.5	102.8	102.8	101.5	105.61
南　昌	107.1	108	108.7	110.4	109.3	108.1	106.5	105.6	106	106	106.1	106.1	107.29
济　南	105.7	105.8	105.8	106.4	106.2	107	107.1	105.8	106.2	105.5	105.2	104.7	106.02
青　岛	106	106.5	108.1	108.9	108.5	107.2	107	106.3	105.7	107	106.3	105.5	106.87
郑　州	104.9	105.1	105.8	107.3	108.1	108.6	108.8	107.7	107.7	108.1	108.8	108.8	107.54
武　汉	103.9	104.9	106.1	107.7	108.7	108.8	108.7	108.5	108.2	108.3	107.7	106.6	107.33
长　沙	108.8	110.3	111.4	111.9	111.2	110.4	109.1	108.3	108.6	107.9	107	107.6	109.40
广　州	110.6	111.3	110.2	109.1	108	105.8	103.8	102.6	102.3	101	100.2	100.4	105.30
深　圳	120.6	120.9	120.1	117.6	114.2	106.6	106.6	105.9	104.8	103.1	102	101.4	109.85
南　宁	105.5	106.5	106.8	107.5	107.2	107.2	106.2	104.9	104.4	103.5	103	102.1	105.37
海　口	131.8	150.1	153.9	153.1	152.2	150.6	147.7	146.2	145	143.3	139.3	135.5	145.68
重　庆	108.8	110.7	111.5	111.6	110.5	110.1	109.8	109.2	109.5	108.5	107.9	106.9	109.63
成　都	105.3	105.8	105.9	106.2	105.9	105.4	104.5	104	103.3	102.6	102.4	102.3	104.46
贵　阳	109.6	110.3	110	109.6	109.2	109.1	108.1	107.8	107.6	106.1	105.7	105.4	108.13
昆　明	110.3	109.2	108.7	108.1	107.5	106.7	105.6	104.6	105.3	106.4	104.8	104.5	106.74
西　安	110	111	112.7	113.4	114	113.7	113.6	113.6	113.2	111.6	110.3	108.2	112.08

三、2010年全国房地产市场运行分析

续表

地区	1月	2月	3月	4月	5月	6月	7月	8月	9月	10月	11月	12月	全年
兰　　州	105.1	105.5	105.2	107.1	107.1	105.4	105.7	106.3	107.8	110.2	111	111.3	107.34
西　　宁	105.9	106	106.5	107	107.3	107.3	107	106.5	106.7	106.5	106.6	106.1	106.62
银　　川	113	113.5	114.8	114.9	114.9	113.8	112.5	110.5	108.9	108.1	105.7	105.2	111.20
乌鲁木齐	106.2	106.8	107.3	107.9	107.5	107	107.3	107.5	107.5	107.7	108.6	108.5	107.49
唐　　山	99.5	101.2	103.4	104	104	104	103.9	103.6	103.1	103	103.2	103.1	102.99
秦 皇 岛	104.8	104.7	105.3	107	106.9	106.7	106.3	105.8	106.7	107.3	107.1	107.9	106.39
包　　头	103.1	103.1	103.1	104.7	104.7	103.2	103.4	103.5	104.1	104.8	105.5	105.1	104.03
丹　　东	105.9	107.7	107.9	108.6	108.6	108.6	109.6	108.4	108.5	108.1	107.3	107.2	108.02
锦　　州	103.8	103.7	103.9	105.1	105.5	105.9	105.3	104.5	104.2	103.8	104	104.1	104.48
吉　　林	105	107.8	108.8	108.8	109	108.1	106.6	106.3	105.9	109.1	108.2	107.6	107.41
牡 丹 江	106	106.5	107.3	108.4	109	109	108.4	108.2	108.5	107.7	107.9	108.2	107.93
无　　锡	105.6	106	106.1	106.2	106	105.7	104.8	104.7	104.6	104.1	103.1	102.5	104.93
扬　　州	105.5	106	106.5	106.8	107	106.8	106.7	105.6	105	105.2	104.7	104.2	105.82
徐　　州	104.4	105.6	107.3	107.5	107.4	107.1	107	105.7	105.7	105.1	102.9	102	105.68
温　　州	115.7	116.5	117.4	121.8	119.2	115.9	114.9	114.3	114	112.2	110.6	108.8	114.94
金　　华	113.4	113.6	116.2	118.9	117.7	114.4	111.5	109.2	109.2	108	107.4	106.5	112.03
蚌　　埠	107.9	109.9	110.9	111.5	111.2	110.8	110.7	109.6	109.1	108.4	108.8	106.7	109.60
安　　庆	104.8	105	106	107.9	108.1	108	108	108.6	108.8	108.6	108	109.1	107.66
泉　　州	102.3	102.6	103.7	104.5	104.4	104.2	103.7	102.6	102.2	101.9	101.3	100.4	102.81
九　　江	103.4	105.3	106.5	107	108.1	107.4	106.6	106	106.1	106.6	106.7	106.6	106.36
赣　　州	104	105.7	106.3	106.6	107.1	107.5	107.2	107.2	107.7	107.9	107.8	108.3	106.95
烟　　台	103.6	103.9	104.1	104.5	104.7	105	105.2	105	105.1	104.8	104.7	104.9	104.63
济　　宁	104.9	105.7	108.5	109.2	108.5	107.8	107	105.4	103.7	103.9	103.7	103.4	105.92
洛　　阳	104.8	105	104.4	105.2	104.9	103.7	104.3	104	104	104.6	104.7	104.5	104.48
平 顶 山	101.1	101.1	101.1	101.3	101.8	101.3	101.3	101.3	101.2	102	102	102.7	101.52
宜　　昌	105.2	108.3	109	110.7	110.7	111.3	110.8	109.9	109.5	109.1	108.9	108.4	109.32
襄　　樊	102.1	102.4	103.4	103.8	105.1	105	105.2	105.5	106	106.2	106.8	107.4	104.92
岳　　阳	110	111.6	112.7	113.3	113.6	113	112.4	111.6	111.7	112.7	113.7	115.6	112.68
常　　德	108	108.9	110.3	111	110.7	110	109.3	108.6	108.3	108.1	107.1	106.2	108.85
惠　　州	103.5	104.1	104	104.2	104	103.9	104	104	104.5	105.6	104.8	104	104.20
湛　　江	111.6	113.5	114	115.6	115.9	116.2	115.3	113.7	112.2	110.7	108.7	107.5	112.82
韶　　关	100.7	100.8	100.9	100.9	101.2	101.3	101.2	101.1	101.3	101.4	102	102.1	101.24
桂　　林	105.8	106.3	107.3	107.3	107.3	106.2	105.4	105.1	104.2	105.2	105.7	106.7	106.03
北　　海	109.7	110.5	111.5	112.4	113.5	111.9	111.3	110.2	110	109.1	107	105.4	110.17
三　　亚	129.2	149.3	152.1	152.3	150.8	150.3	150.4	149.8	150.3	151	149.8	143.3	148.22
泸　　州	104.6	104.9	105.2	105.3	105.5	104.8	104.4	104.1	103.8	103.6	103.2	102.6	104.32
南　　充	104.4	104.6	104.8	104.7	104.1	103.7	102.8	102.3	102.1	101.3	102	102.4	103.25
遵　　义	106.5	107.6	107.9	108	107.2	106.6	106.4	105.7	105.1	104.5	104.2	104.6	106.16
大　　理	106.1	105.9	106.4	105.9	105.9	106.8	105.7	104.9	104.1	104.7	103.3	102.9	105.19

数据来源：国家统计局月度数据

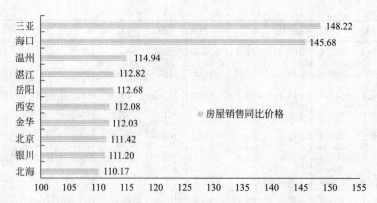

图 7-71 2010 年 70 个大中城市中房屋销售同比价格涨幅最大的前十个城市

从环比数据看，2010 年全国 70 个大中城市中房屋销售价格也均为上涨，详见表 7-44。其中涨幅最大的前十个城市分别为三亚 41.97%、海口 35.74%、岳阳 15.26%、兰州 11.29%、温州 10.75%、安庆 9.25%、合肥 9.21%、郑州 8.82%、乌鲁木齐 8.72% 和石家庄 8.71%，详见图 7-72。

2010 年 70 个大中城市房屋销售价格环比指数　　　　表 7-44

地区	1月	2月	3月	4月	5月	6月	7月	8月	9月	10月	11月	12月	全年
全 国	101.3	100.9	101.1	101.4	100.2	99.9	100	100	100.5	100.2	100.3	100.3	106.26
北 京	101.7	100.4	101.5	102.6	99.9	99.6	100	100	100.2	100.1	100.2	100.2	106.54
天 津	100.6	100.6	100.7	101.6	100.5	99.5	100	100.6	100.2	100.1	100.1	100.8	105.63
石家庄	100.1	99.9	101.1	101	101.7	100.8	100.1	100.3	100.7	100.8	100.6	101.3	108.71
太 原	100.1	100.1	100.5	100.5	100.5	100.3	100.2	100.2	100.1	100.1	100	100.1	102.63
呼和浩特	101.1	100.3	100.8	101.6	100.8	99.8	100.1	100.5	100.3	100.4	100.2	100.5	106.58
沈 阳	99.9	100.3	101.4	101.6	101.2	100.3	100.4	100.4	100.7	101.1	100.4	100.2	108.39
大 连	100.2	100.7	101.1	101.1	100.3	100.2	100	100	100.3	100.5	100.3	100.2	106.16
长 春	99.5	99.8	100.6	101	101.1	100	100.2	100.3	100.3	100.1	100.3	100.3	104.16
哈尔滨	100.4	100.1	100.3	100.9	100.4	100.4	100.4	101	100.5	100.6	100.3	100.1	106.16
上 海	100.7	100	101.9	101.1	100	98.6	99.4	99.6	100	99.9	100.1	100.4	101.98
南 京	100.4	100.3	101.3	100.7	99.5	99.4	99.5	99.7	100.1	100.3	99.9	100.1	101.19
杭 州	100.8	100	100.3	102.5	99.4	99.9	99.5	98.6	100.1	99.7	100	99.8	100.75
宁 波	100.2	100.1	100.4	100.9	99.5	99.4	100.1	100.1	100.5	99.9	99.9	100	100.89
合 肥	102.3	101.2	101.5	101.7	101	99.6	98.5	100.2	100.4	100.7	100.4	101	109.21
福 州	101	100.1	100.4	100.7	100.1	100.1	99.6	100.1	100.4	100.1	100.2	100.1	102.93
厦 门	100.1	100	100.5	100.7	99.8	99	99.6	100.1	100.7	100	100.8	100.1	101.50
南 昌	100.8	100.2	100.6	101.8	99.6	99.3	99.4	100.2	100.9	101.3	101.4	100.6	106.24
济 南	100.6	100.1	100.1	100.6	100.5	100.9	100.4	100.3	101	99.7	100.3	100.4	104.80
青 岛	100.8	100.4	101.1	100.7	100	99.9	100	100	100	101.8	100.1	100.5	105.41
郑 州	101.1	100.4	101	101.6	101	100.6	100.2	99.7	100.8	100.4	100.7	100.1	108.82
武 汉	101	101	101.1	101.3	100.3	100.2	100	99.9	100.1	100.5	100.2	100.2	106.68
长 沙	101.2	101.4	101	101	100	99.9	100	100	100.6	100.4	100.7	100.7	107.32
广 州	100.7	100.2	99.3	100	99.2	99.9	99.5	99.7	100.5	99.9	99.9	101.1	100.29
深 圳	100.2	100	100.4	100.7	99.7	99.1	99.6	99.8	101	100.1	100	100.8	101.49
南 宁	100.6	100.5	100.4	100.6	100	99.5	100.2	100.3	100.3	100.1	100.3	100.3	102.52

三、2010年全国房地产市场运行分析

续表

地区	1月	2月	3月	4月	5月	6月	7月	8月	9月	10月	11月	12月	全年
海口	119.7	114	101.6	100	99.6	98.6	99.4	99.5	99.9	100.2	100.5	100.2	135.74
重庆	100.6	101.5	100.8	100.5	100.2	99.7	100	100.6	101.1	100.6	100.7	100.3	106.79
成都	100.2	100.4	100.5	100.7	100	100	99.5	100.1	100	100.2	100.3	100.5	102.42
贵阳	100.7	100.3	100.4	100.3	100.5	100.3	100.4	100.3	100.4	100.6	100.4	100.6	105.32
昆明	100.5	99.1	100.3	100.5	100	100.3	100.4	100.3	101.2	101.6	100.1	100.1	104.47
西安	103.3	100.4	101.7	101.2	100.1	99.9	100	100.7	100.5	100.2	100.1	99.9	108.24
兰州	99.8	100.9	99.8	103	100.2	99.9	100.3	100.9	101.9	102.4	100.7	101	111.29
西宁	100.3	100.1	100.4	101.1	100.4	100.4	100.7	100.4	101.1	100.7	100.7	100.5	107.01
银川	102.8	100.1	101.1	100.6	100.1	100.1	100	100.1	100	100	100	100	104.97
乌鲁木齐	101.1	100.5	100.5	101.2	100.3	100.3	100.6	100.3	100.5	101.1	101.6	100.2	108.72
唐山	100.3	101.2	100.4	100.4	100.1	100	100.1	100.1	100.1	100.1	100.4	100.1	103.34
秦皇岛	100.5	100	100.7	102	100.1	100.1	100.2	100.4	101.7	100.8	100.7	100.6	108.06
包头	100	100	100	101.8	100.3	100.1	100.3	100	100.8	100.6	100.9	100.3	105.20
丹东	99.3	99.1	99.9	101.3	101	100.4	100.5	100.5	101.3	101.6	100.6	100.8	107.40
锦州	99.8	100.7	100.7	101.5	100.6	100.7	100.3	100.1	100.7	100.3	100	100.1	105.63
吉林	100	100	101.1	100.3	100.7	101.7	100.2	100.3	100.6	100.2	100.6	101	106.89
牡丹江	100.5	100.5	101	101.3	101	100.4	100.1	100.4	100.8	100.4	100.6	100.8	108.08
无锡	100.5	100.3	100.2	100.5	100.1	100.1	99.9	100.1	100.1	100.3	100.4	100.4	102.53
扬州	100.4	100.3	100.5	100.4	100.4	100.2	100.2	100.3	100.3	100.3	100.4	100.4	104.18
徐州	100.1	100.1	100.9	100.1	100.1	100.1	100.1	100.1	100	100.2	100.2	100.1	102.22
温州	100.4	99.8	101.2	104.8	99.8	99.9	100	100.9	103.5	99.4	100	100.7	110.75
金华	101.2	100.3	103.2	103.1	100	97.6	99.5	100	100.8	100.5	100.5	100.4	106.67
蚌埠	100.9	101.6	101.2	100.8	100.3	100.1	100.2	99.5	100.2	100.3	101.2	100.4	106.89
安庆	101.3	100.5	100.9	102	100.5	100.1	100.5	100.5	100.6	100.1	100	101.4	109.25
泉州	99.8	100.1	100.9	100.2	100	100	99.5	99.5	100.2	99.8	100.1	100.1	100.19
九江	101.5	101.5	101.1	100.7	100.9	99.5	99.8	100.1	100.5	100.7	100.5	100.5	107.53
赣州	101.2	101.4	100.5	100.3	100.7	100.5	100.1	100.1	100.9	100.6	100.4	101	107.97
烟台	100.7	100.2	100.3	100.5	100.1	100.2	100.5	100.5	100.4	100.5	100.5	100.6	104.70
济宁	100.3	100.1	100.1	100.4	100.3	100.2	100.2	100.2	100.3	100.5	100.6	100.7	103.97
洛阳	100.3	100.3	100.9	100.6	100.3	99.5	100.1	101.1	100.2	101.2	100.2	100.1	104.89
平顶山	100	100	100	100.2	100.6	100.2	100	100	100	100.9	100.1	100.8	102.83
宜昌	101.2	102.8	100.9	101.6	100	100.7	100.1	100	100.1	100.2	100.2	100.2	108.37
襄樊	100.4	100.4	101	100.7	100.9	100.4	100.3	100.3	100.8	100.3	100.9	101	107.65
岳阳	101	101.3	101	100.8	100.7	100.6	100.9	100.9	101.3	102.1	102	101.7	115.26
常德	101.1	100.9	100.7	100.9	100.1	99.9	100.3	100.3	100.5	100.7	100.7	100.4	106.69
惠州	101.2	100.6	100	100.1	100	100.2	100	100.2	100.6	101.3	99.9	100.2	104.68
湛江	101.1	101	100.5	101	101	100.9	100.5	100.3	100.6	100.1	100.1	100.4	107.76
韶关	100.4	100	100.1	100	100.1	100	100	100	100.2	100.2	100.7	100.3	102.02
桂林	100.6	100.6	100.6	100.4	100.9	99.8	100	99.7	100.3	100.9	101.2	101.3	106.47
北海	101.4	101.6	101.4	101	101.2	99.6	99.6	99.8	100.3	99.9	99.9	100	105.82

续表

地区	1月	2月	3月	4月	5月	6月	7月	8月	9月	10月	11月	12月	全年
三 亚	121.1	116.7	102.5	99.9	99.9	99.5	98.7	99.4	100.3	100	100.2	100.1	141.97
泸 州	100.5	100.4	100.5	100.4	100.3	100	100	100	100.1	100.1	100.1	100.1	102.53
南 充	100.2	100	100.1	100.1	100.3	99.9	99.6	99.7	100	100	100.7	101	101.60
遵 义	100.1	100.4	100.4	100	99.6	100	100.4	100.4	100.8	100.6	100.5	101.1	104.79
大 理	100	100.3	100	100.3	100.2	99.8	99.7	101	100.9	101.3	99.5	100.1	103.13

数据来源：国家统计局月度数据

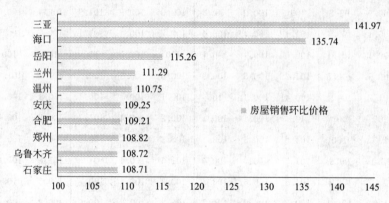

图 7-72　2010 年 70 个大中城市中房屋销售环比价格涨幅最大的前十个城市

【新建住宅销售价格】　2010 年全国 70 个大中城市新建住宅价格呈现上涨，全年累计同比上涨 12.15%，涨幅较 2009 年（同比增长 1.24%）高 10.91 个百分点，环比上涨 7.74%，涨幅较 2009 年（环比上涨 9.03%）回落 1.29 个百分点。详见表 7-45。

就价格的月度同比涨幅而言，1~4 月份，新建住宅价格同比涨幅逐月提升，4 月新建住宅价格同比上涨 15.4%，达到三年来的月度最高升幅，自 5 月开始，新建住宅价格涨幅逐月回落。

就价格的月度环比涨幅而言，1~4 月份，新建住宅价格环比涨幅有所上升，自 5 月份以来保持平稳，环比涨幅不超过 0.5 个百分点，9 月份以来，价格环比涨幅有所上升。

分地区看，新建住宅销售价格累计涨幅最大的前十个城市依次是海口 56.25%、三亚 54.05%、北京 17.87%、金华 16.35%、温州 15.36%、岳阳 14.08%、湛江 13.68%、北海 13.05%、西安 12.84% 和银川 12.56%，如图 7-73。与 2009 年相比，北京市新建住宅价格上涨均处于涨幅前列（2009 年新建住宅销售价格涨幅最大的前十个城市依次是广州 19.72%、金华 14.96%、深圳 14.11%、海口 13.32%、温州 13.09%、湛江 13.06%、北京 13.01%、南京 11.63%、宁波 11.43% 和杭州 11.25%）。

2010 年 70 个大中城市新建住宅房屋销售价格同比指数　　表 7-45

地区	1月	2月	3月	4月	5月	6月	7月	8月	9月	10月	11月	12月	累计
全 国	111.3	113	114.2	115.4	115.1	114.1	112.9	111.7	111.3	110.6	109.3	107.6	112.15
北 京	116	116.9	119	121.5	122	121.5	120.1	118.6	118.2	117.5	114.3	109.9	117.87
天 津	112.7	113.5	113.9	115.6	115.9	114	113.1	111.7	110.2	109.4	109.4	106.8	112.10
石家庄	103.3	108.4	109.8	110.3	111.8	113.7	112.6	111.4	110.7	109.3	109.6	111	110.16
太 原	102.7	102.8	103.2	103.9	104.4	104.1	103.6	103.6	103	102.9	102.9	101.7	103.20
呼和浩特	106.5	107.4	107.8	109.9	110.6	109.9	109.5	109.9	109.3	108.6	108.4	108	108.88
沈 阳	102.8	101.7	102.8	104.2	105.5	106	106.7	107.1	107.5	109	107.8	109.2	105.96
大 连	104.4	106	108.6	110.3	110.3	110.5	108.4	107.7	107.4	108.1	107.4	106.6	107.98
长 春	106	106.8	107.9	110.2	110.2	109.4	108.7	108.3	108	108.2	105.6	105.5	107.90
哈 尔 滨	105.4	105.7	105.7	107.1	107.7	107.5	107.5	108	107.5	108.1	107.7	107.1	107.10

三、2010年全国房地产市场运行分析

续表

地区	1月	2月	3月	4月	5月	6月	7月	8月	9月	10月	11月	12月	累计
上 海	110.2	110.3	111.2	112	111.5	109.5	108	106.3	104.9	103.3	102.3	101.3	107.45
南 京	111.4	112	113.5	114.5	114	113.3	111.4	110.2	109.4	107	104.9	102.7	110.24
杭 州	112.9	114.6	114.8	118.7	117.5	116.7	114.4	110.2	108.5	105.9	102.5	100.2	111.15
宁 波	111.8	111.7	111.9	113.2	112.4	110.5	108.5	107.8	107.5	106.5	105.5	103.5	109.12
合 肥	106.3	108.1	110.1	111.9	113	112.7	109	108.5	108.5	108.4	108.6	108.7	109.47
福 州	105.8	106.1	106.8	108	107.2	106.6	106	105.6	106.3	106.2	105.9	104.6	106.25
厦 门	109.6	109.9	110	110.3	108.6	106.9	105.3	104.7	104.4	103.9	104.7	102.9	106.64
南 昌	108.1	108.9	109.8	112.7	111.3	110	108.1	106.8	107	107.5	108.6	107.5	108.83
济 南	106.2	106.5	106.4	107.4	107.3	108.4	108.7	106.8	107.5	106.9	106.9	106	107.08
青 岛	106.9	107.6	109.2	110	108.7	107.6	107.2	106.6	106.2	108.4	107.7	106.2	107.68
郑 州	104.7	105.1	105.9	107.5	108.3	108.9	109	108.4	108.5	109.1	109.5	108.8	107.82
武 汉	103.6	104.6	105.8	107.5	108.4	108.4	108.2	107.7	107.7	107.6	107.3	106.4	106.94
长 沙	109.6	111.5	112.8	113.4	112.7	111.6	110.5	109.6	110.1	109.7	109.4	109.6	110.85
广 州	122.4	122.7	120.3	117.3	114.5	110.1	106.2	104	103.2	101.1	99.4	100.1	109.55
深 圳	115.2	116.1	115.7	114.2	112	110.2	107.8	105.8	104.5	103.5	102.5	101.6	108.84
南 宁	107	108.1	108.4	109	109	108.9	107.2	105.4	104.2	103	102.4	101.6	106.12
海 口	135.1	158.4	164.8	164.3	164.4	163.8	161	159.3	157.5	155.5	149	144.2	156.25
重 庆	109.1	111.4	112.5	112.8	112.8	111	110.7	110.3	111	110	109.5	108.2	110.75
成 都	106	106.7	106.9	107.5	106.9	106.4	105.8	106	104.8	104.1	103.9	103.8	105.71
贵 阳	110	110.7	110.3	109.9	109.4	109.3	109	107.9	106.5	105.9	105.5	105.3	108.25
昆 明	113.9	111.9	111.3	110.9	110.4	108.6	107.2	105.2	105.9	107.5	105.7	105.4	108.55
西 安	110.2	111.4	113.1	114.5	115.4	115.2	115	114.5	114.2	112.2	110.7	108.1	112.84
兰 州	104.3	104.6	104.4	106.5	106.2	104.2	104.7	105.5	106.9	109.8	110.2	110.3	106.49
西 宁	106.9	107	107.4	108.1	108.4	108.5	108.4	107.7	108.7	108.5	108.8	107.9	108.03
银 川	115.3	115.4	116.2	116.1	116.1	115.8	114.3	111.9	110.1	109	106.2	106.2	112.56
乌鲁木齐	106.3	106.9	107.4	108	108	107.6	107.7	107.9	108.3	108.3	108.7	108.4	107.80
唐 山	98.7	100.4	103.1	103.7	103.8	103.3	103.8	103.5	103.4	103.4	103.8	103.7	102.92
秦皇岛	105.5	105.6	106	108.4	108.6	108.2	107.6	107.3	108.3	109.2	109.6	111.5	108.01
包 头	104.3	104.3	104.3	106.7	106.7	104.5	105	105	105.5	106.4	106.9	106.3	105.50
丹 东	107	109.6	109.9	110.3	110.6	110.3	111.6	109.9	110.1	110.3	110	110.6	110.02
锦 州	106.4	106.1	106.2	106.7	108.1	108.8	107.8	106.2	105.8	105.1	105.3	105.6	106.49
吉 林	104.1	106.7	107.4	107.2	107.3	106	104.6	101.4	104.2	110	109	109.1	106.37
牡丹江	107.5	107.9	108.3	108.4	108.6	108.7	107.8	107.6	107.8	106.5	107.1	107.9	107.83
无 锡	107.2	107.6	107.7	107.9	107.4	107	105.9	105.5	105.5	104.9	103.6	103	106.09
扬 州	105.7	106.2	106.6	106.9	107.2	107.1	107.2	106.1	105.2	105.3	104.8	104.3	106.04
徐 州	105	106.8	109.3	109.6	109.4	109.1	109.1	108.5	107.4	106.7	103.8	102.7	107.23
温 州	116.9	121.3	122.3	126.1	121.6	118.1	117.8	116.7	110.7	108.9	106.7	102.4	115.36
金 华	116.9	116.9	120.9	123.8	122.5	120.3	116.3	113.6	113.9	112.4	111.8	109.3	116.35

第七篇　数据统计与分析

续表

地区	1月	2月	3月	4月	5月	6月	7月	8月	9月	10月	11月	12月	累计
蚌埠	109.8	112.6	113.7	114.1	113.5	113	112.7	111.3	111	110.1	110.5	107.7	111.63
安庆	106.7	106.4	107.8	110.2	110.4	110.1	111.5	111.1	111.2	111	110.2	111.7	109.88
泉州	103.6	103.8	104.7	105.6	105.5	105.1	104.4	103	102.4	102	101.2	100.1	103.43
九江	103.3	105	106.2	106.8	107.7	107	105.9	105.2	105.7	106.3	106.3	106.6	106.00
赣州	104.9	107.8	108.6	108.7	109.8	110.5	110.1	110.2	111.1	111.7	112	113	109.89
烟台	104.4	104.6	104.6	105	104.9	105.2	105.5	105.4	105.4	105.1	105	105.1	105.02
济宁	103.8	104.9	107.1	108.1	107.5	107	106.7	103.5	103.9	104.2	103.2	105.40
洛阳	104.4	104.1	104.4	104.5	103.9	102.5	102	103.5	102.8	103.5	103.5	103.52
平顶山	101.6	101.6	101.6	101.9	102.7	101.9	101.9	101.9	101.9	103.1	103.2	104.3	102.30
宜昌	105.9	110.3	111.1	113.5	114	114.7	114.3	113.4	112.6	112.1	111.7	111.1	112.05
襄樊	102.8	103.4	104.6	105	106.6	106.3	106.7	107.1	107.5	107.5	107.9	108.2	106.14
岳阳	110.9	112.9	114	114.7	115	113.5	113.5	112.6	112.9	114.3	115.7	118.3	114.08
常德	108.8	109.2	110.5	111	110.1	109	108	107	107.4	107.2	107.3	106.1	108.43
惠州	103.1	104.1	104	104	104.3	104.1	104	104.2	104.8	106	105.1	104.4	104.34
湛江	114.5	115.9	115.6	117.2	117.5	117.5	116.4	114.1	112.3	110.5	108.3	106.2	113.68
韶关	101.1	101.3	101.3	101.3	101.6	101.8	101.5	101.4	101.7	101.8	102.7	103	101.71
桂林	105.1	105	105.9	105.9	106.5	105	104.3	104.4	103.1	104.2	103.7	105.1	104.84
北海	112.2	113	114.2	115.7	116.9	115.5	114.5	113.5	113.4	112	109.3	107.1	113.05
三亚	131.2	156.1	157.5	158.2	158.5	158.5	156.5	156.1	156.8	156.6	155.1	147.5	154.05
泸州	105.7	106.2	106.6	106.4	106.3	105.4	104.9	104.5	104	103.6	103.4	102.8	104.96
南充	105.5	105.9	106.1	105.9	105.1	104.8	103.4	102.7	102.4	101.4	102.5	102.5	103.99
遵义	106.6	107.5	107.7	108	107.2	106.4	106.2	105.2	104.4	103.9	103.4	104	105.84
大理	106.1	106.1	107.2	107.2	107.3	109.1	107.1	105.3	103.9	104.7	103	102.6	105.76

数据来源：国家统计局月度数据

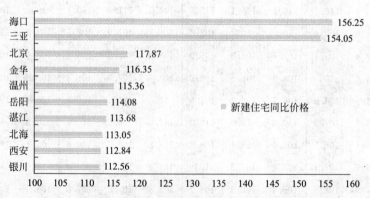

图 7-73　2010 年 70 个大中城市中新建住宅同比价格涨幅最大的前十个城市

从环比数据看，70 个大中城市有 68 个城市新建住宅价格上涨，广州和泉州两市 2010 年新建住宅房价下跌，见表 7-46。全年新建住宅价格涨幅最高的十个城市是三亚 45.56%、海口 43.93%、岳阳 18.25%、赣州 13.10%、安庆 11.65%、秦皇岛 11.42%、石家庄 11.00%、宜昌 10.83%、丹东 10.60% 和兰州 10.28%，均为二三线城市，如图 7-74 所示。

三、2010年全国房地产市场运行分析

2010年70个大中城市新建住宅房屋销售价格同比指数　　表7-46

地区	1月	2月	3月	4月	5月	6月	7月	8月	9月	10月	11月	12月	全年
全 国	101.7	101.3	101.2	101.4	100.4	100	100	100	100.5	100.3	100.4	100.3	107.74
北 京	102.5	100.8	102	102.6	100.9	100	100.3	100	100.1	100	100.1	100.2	109.87
天 津	100.8	100.8	100.6	101.8	101.2	99.3	100.1	100.8	100.1	100	100.5	100.5	106.67
石家庄	100.2	100.2	100.9	101.2	101.9	101.2	100.1	100.2	101.1	101	100.6	101.9	111.00
太 原	99.9	100	100.3	100.6	100.6	100.3	100.1	100	100	100	100	100	101.81
呼和浩特	100.9	100.5	100.8	102.1	100.7	100.1	100.1	100	100.2	100.6	100.2	100.5	107.75
沈 阳	99.9	100.3	101.4	101.2	101.3	100.7	100.5	100.5	100.8	101.6	100.2	100.4	109.15
大 连	100.1	100.2	101.1	101.3	100.1	100.2	100	100.9	100.6	100.5	101.2	100.3	106.68
长 春	99.1	99.7	100.8	103.1	101.9	100	100	100.1	100.2	100.7	100	100.1	105.79
哈尔滨	100.1	100.1	100.4	101.1	100.9	100.7	100.4	101.6	100.2	101.1	100.2	100.1	107.21
上 海	100.6	100.1	100.9	100.8	100.1	99.2	99.7	99.6	99.6	100	100.2	100.3	101.09
南 京	100.5	100.5	102	100.9	99.9	99.6	99.4	99.9	100	100	100	100	102.71
杭 州	100.9	100.1	100	102.7	99.7	99.9	99.3	98.3	100.5	99.3	100	99.6	100.24
宁 波	100.1	100	100.3	101.5	100.2	100	100.3	100.2	100.8	100	100	100	103.44
合 肥	102.5	101.8	101.7	102	101.1	99.8	97.7	100.1	100.3	100.5	100.3	100.7	108.74
福 州	101.9	100.5	100.7	101.2	100	100	100	100	100.7	100	100.2	100	105.30
厦 门	100.2	100	100.1	100.5	100	99.9	100	100	100.6	100	101.5	100	102.82
南 昌	101.3	100.3	100.8	102.4	99.5	99.3	99.2	100.1	101.2	101.5	101.9	100.4	108.13
济 南	100.6	100.3	100.1	100.9	100.4	101.2	100.6	100.3	101.2	99.5	100.4	100.3	105.94
青 岛	101.1	100.7	100.7	100.7	100	100	100	100	100	102.7	100.1	100.4	106.56
郑 州	101	100.5	101	101.6	101	100.7	100.6	100	100.5	100.8	100.6	100.1	108.72
武 汉	100.9	101	101.1	101.4	101.2	100.2	100	99.8	100.1	100.2	100	100.1	106.47
长 沙	101.7	101.7	101.2	101.3	100	99.9	100	100.8	100.8	100.8	100.9	100.8	109.46
广 州	101.6	100.1	98.3	99.7	99.1	99.8	99	99.4	100.7	100	99.9	102.4	99.93
深 圳	100.5	100.8	100.2	100.6	99.8	99.3	99.9	99.7	100.3	100	100	100.5	101.60
南 宁	100.7	100.6	100.3	100.5	100	100.2	99	99.4	100	100.2	100.3	100.3	101.70
海 口	119.1	117	103.4	100	100	100	99.8	99.2	99.9	100.6	100.4	100	143.93
重 庆	100.7	101.8	101	100.5	100.2	99.5	100	100.8	101.4	100.8	100.9	100.3	108.17
成 都	100.2	100.5	100.6	100.7	100.1	100	99.8	100.2	100.1	100.4	100.2	100.1	103.86
贵 阳	100.8	100.3	100.4	100.3	100.5	100.3	100.4	100.2	100.4	100	100.4	100.6	105.32
昆 明	100.7	98.4	100.5	100	100	100	100.5	99.8	101.2	102.1	100.5	100.4	105.18
西 安	103.4	100.3	101.8	101.6	100.4	99.8	100	100.3	100	100.1	100.1	99.7	108.23
兰 州	99.6	100.8	99.9	103.3	99.9	99.7	100	101.1	101.1	102.5	100.4	101	110.28
西 宁	100.4	100.1	100.5	101.7	100.5	100.7	100.8	100.4	101.9	100.8	100.9	100.3	109.36
银 川	103.8	100	100.9	100.6	100	100	100	100	100	100	100.1	100	106.00
乌鲁木齐	101.2	100.6	100.4	101	100.7	100.3	100	100.5	100.5	101	101.8	100	108.39
唐 山	100.1	101.5	100.6	100.1	100	100	100	100	100.1	100	100.6	100.1	103.86
秦皇岛	100.8	100.1	100.5	102.9	100.4	100.3	100.3	100.4	102.1	101.2	101	101	111.42
包 头	100	100	100	102.6	100.5	100.5	100.1	100.7	100.8	100.7	100.4	100	106.35
丹 东	99.1	98.5	99.8	101.8	101.8	100.1	101.8	100.4	101.9	102.5	101.1	101.4	110.60

续表

地区	1月	2月	3月	4月	5月	6月	7月	8月	9月	10月	11月	12月	全年
锦州	99.1	101	101	100.5	101.1	101.1	100.4	100.3	100.8	100.6	100	100.2	106.25
吉林	101.4	100	100.9	100.2	100.8	101.8	100.3	100.4	100.6	100.2	100.7	101.4	109.04
牡丹江	100.3	100.3	100.5	100.3	101.1	100.4	100.2	100.7	101	100.6	100.9	101.4	107.97
无锡	100.7	100.4	100.3	100.6	100.1	100	99.7	100.1	100.2	100.2	100.3	100.3	102.93
扬州	100.5	100.3	100.5	100.4	100.5	100.3	100.2	100.3	100.3	100.5	100.4	100.3	104.39
徐州	100.2	100.1	101.2	100.2	100.1	100.1	100.1	100.1	100	100.2	100	100.1	102.42
温州	102.1	99.6	100	101.1	100	100	100	100	100	100	100	100	102.81
金华	101.6	100	103.4	102.6	100.5	98.5	100.1	100.2	101.3	100.5	100.2	100.2	109.39
蚌埠	101.3	102.4	101.3	100.8	100.4	100.1	100.1	99.1	100.2	100.3	101.3	100.4	108.04
安庆	101.5	100.6	101.3	102.5	100.3	100.2	101.4	100.2	100.2	100	100	101.7	111.65
泉州	100.3	100.2	100.6	100.1	100	99.9	99.3	99.4	100.2	99.6	100.1	100.2	99.89
九江	101.9	101.6	100.9	100.6	101	99.6	99.3	99.9	100.6	101.1	100.3	100.5	107.51
赣州	101.6	102.3	100.6	100.1	101	101.4	100.8	100.1	101.5	101.2	100.9	101.7	113.10
烟台	100.5	100.4	100.4	100.6	100.2	100.5	100.5	100.5	100.5	100.4	100.6	100.6	105.22
济宁	100.3	100.2	100.1	100.5	100.2	100.5	100.5	100.5	100.5	100.5	100.5	100.3	103.14
洛阳	100.2	100.3	100.4	100.4	99.8	99.1	100.1	101.6	100.1	101.6	100.1	100	103.74
平顶山	100	100	100	100.3	100.9	100.4	100	100	100	100.5	100.2	101.2	104.58
宜昌	101.2	103.9	101	102.2	100.5	101	100.1	100	100.1	100.1	100.1	100.2	110.83
襄樊	100.5	100.6	101.1	101	101	100.4	100.5	100.4	100.5	100.3	100.7	100.9	108.19
岳阳	101.3	101.7	101	100.9	100.8	100.6	101.1	100.5	101.5	102.5	102.6	101.9	118.25
常德	101.3	100.6	100.5	100.9	100	99.8	100	100.1	100.8	100.6	100.9	100.4	106.05
惠州	100.6	100.8	100.1	99.9	100.5	100.5	100	100.2	101	101.1	99.9	99.9	104.58
湛江	100.9	100.9	100.3	100.9	100.8	100.8	100.3	100.1	100.5	99.9	100.1	100.5	106.16
韶关	100.6	100.1	100	100	100	100.1	100	100.4	100.3	100.3	101.1	100.4	103.04
桂林	100.5	100.1	99.8	100.2	100.5	99.4	100	99.7	100.2	100.7	100.2	101.5	103.95
北海	101.5	101.8	101.5	101.2	101.2	99.7	99.8	99.7	100.3	99.9	99.9	100	106.66
三亚	122.7	119.3	101.2	100.2	101.2	99.8	97.2	99.2	100	100	100	100.1	145.56
泸州	100.6	100.6	100.7	100.2	100.2	100	100.2	99.9	100.1	99.9	100	100.1	102.73
南充	100.2	100	100	100.1	100.6	100.1	99.5	99.5	100	99.9	100.9	100.7	101.50
遵义	100.1	100.4	100.3	100.4	99.5	100	100.3	100.3	100.6	100.5	100.4	101.3	104.17
大理	100	100.6	100	101.1	100.2	100	99	100.9	100.3	101.3	99.4	100	102.81

数据来源：国家统计局月度数据

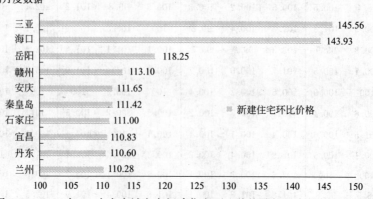

图 7-74　2010 年 70 个大中城市中新建住宅环比价格涨幅最大的前十个城市

【二手住宅销售价格】 2010年全国70个大中城市二手住宅价格全年均同比上涨，累计同比上涨7.38%，涨幅较2009年（同比增长2.42%）高4.96个百分点，环比累计上涨5.09%，涨幅较2009年（环比增长6.90%）低1.81个百分点。

就价格的月度同比涨幅而言，1～4月份，二手住宅价格同比涨幅逐月上升，4月二手住宅价格同比上涨10.5%，自5月开始，新建住宅价格涨幅逐月回落。

就价格的月度环比涨幅而言，1～4月份，二手住宅价格环比涨幅有所上升，自5月份以来二手住宅价格环比涨幅在0.5个百分点以下，其中，5～7月份，二手住宅价格连续三个月环比负增长。

分地区看，70个大中城市中有69个城市二手住宅销售同比价格累计为上涨，见表7-47。其中，涨幅最大的前十个城市依次是三亚42.06%、海口29.97%、温州18.30%、湛江12.29%、兰州11.79%、岳阳11.74%、大连11.44%、杭州11.00%、银川10.94%和常德10.61%，同比下降的城市只有一个，泉州1.08%。详见图7-75。

2010年70个大中城市二手住宅房屋销售价格同比指数 表7-47

地区	1月	2月	3月	4月	5月	6月	7月	8月	9月	10月	11月	12月	累计
全 国	108	108.5	109.5	110.5	109.2	107.7	106.7	106.2	106.2	105.9	105.6	105	107.38
北 京	104	104	105.4	108.4	106.8	105.7	105	104.7	104.8	105	103.9	102.6	105.01
天 津	104.8	105	105.8	107.2	104.8	104.8	103.9	103.4	103.7	103.7	103.3	103.2	104.55
石家庄	101.6	101.2	104.4	104.8	104.7	105	105.3	105.9	105.8	106.6	102.8	103.3	104.28
太 原	103.4	104.4	106	106.6	107.7	108	107.9	107.5	107.2	107.1	106.4	105.6	106.47
呼和浩特	100.4	102.8	103	103.7	104.2	103.7	103.7	103.2	102.9	102.6	103	103.1	103.04
沈 阳	102.7	104	105.4	107.4	108.6	108.1	108.3	108.1	108	107.5	108.1	108.2	107.01
大 连	108.6	111.5	112.8	114.3	114.4	114	112.5	111.4	110.5	110.4	109.5	108	111.44
长 春	102.2	103.1	102.9	102.6	102.3	101.8	100.5	100	100	100.4	101.1	101.3	101.49
哈尔滨	107.4	107.5	107.4	107.7	108.2	107.6	106.5	105.5	105.8	105.2	104.7	103.6	106.32
上 海	108.9	109.1	111.7	112.5	111.5	107.8	106.3	106.2	106.4	105.6	104	103.3	107.75
南 京	110.4	110.5	110.9	111	108.9	104.9	102	100.2	100	100	99.3	99.2	104.54
杭 州	114.1	113.7	114.5	117.7	115.7	114	112.4	108.9	107	106.3	105.1	104.2	111.00
宁 波	105.8	105.6	105.6	105.4	102.5	99.6	98	104	104.8	102.5	99.4	97.4	102.63
合 肥	102.4	104.3	105.8	107.3	108.2	106.8	107.8	107.5	108.4	108.2	108.1	108.7	106.98
福 州	100.7	100.5	100.4	100.3	100	100.4	99.4	99.5	99.7	99.7	99.8	99.9	100.04
厦 门	113.2	113.1	114.4	115.1	112.2	107.4	104.6	103.8	104.2	102.9	101.8	100.1	107.50
南 昌	107.6	107.7	107.6	106.9	105.2	104.5	103.5	103	102.8	102.4	102.2	102.2	104.61
济 南	105.6	105.4	105.5	105.1	104.7	104.8	104.7	104.6	104.8	104	103.4	102.6	104.58
青 岛	105.7	106.5	108.1	109	109.2	108.5	107.2	106.4	106.3	106.7	105.8	105.9	107.22
郑 州	106.4	105.3	105.1	105.6	106.6	107.1	105.9	103.4	103.2	103.1	108.5	108.7	105.75
武 汉	104.5	105.7	107.3	109	109.2	109.9	108.5	108.5	108.6	108.8	107	107.89
长 沙	107.8	109.1	109.2	109.3	108.8	108.6	106.4	105.5	105.2	103.9	103	102.9	106.58
广 州	101.5	101.9	102	102.3	102.1	101.9	101.5	101.4	101.5	101.2	101.2	101.1	101.67
深 圳	124.9	124.7	123.9	121.3	116.2	110.4	105.1	101.6	102.3	102.3	100.7	100.7	110.33
南 宁	104	104.2	104.6	105.8	105.2	105.2	106.6	106.1	106.3	106.4	105.4	103.7	105.35
海 口	129.5	141.7	140.4	137.4	135.8	130.5	127.1	126	125.5	124.1	124.1	121.6	129.97
重 庆	111.4	112.2	112	110.4	109.4	108.8	107.7	105.2	104.3	103	101.5	101.7	107.22
成 都	104.7	104.5	104.4	104.5	104	103.8	103.3	102.7	101.7	101.1	100.5	100.1	102.86
贵 阳	108.7	109.9	109.5	109.6	109.2	108.8	108.7	108.6	108.4	109	108.3	107.5	108.84
昆 明	102.1	103.3	102	101	99.3	101.1	100.8	102.5	103.9	102.9	103.4	103.4	102.14

续表

地区	1月	2月	3月	4月	5月	6月	7月	8月	9月	10月	11月	12月	累计
西安	110.6	109	110	107.9	108	107.2	107	109	107.9	107.6	106.6	106.2	108.05
兰州	109.5	110.2	109.2	110.8	111.8	111.4	110.3	110.1	112.4	113.1	115.6	116.8	111.79
西宁	105.4	105.5	106.3	106.9	107.3	107.5	106.9	106.1	105.8	106	106.1	105.8	106.29
银川	111.6	113.2	116.2	116.4	116.3	113.1	111.2	109.6	108.2	108	105.4	104	110.94
乌鲁木齐	106.5	107.5	106.8	107.2	105.7	105	106	106.3	105.5	106.4	109.2	109.6	106.81
唐山	101.1	103.6	104.8	105.4	105.4	105.1	104.9	104.5	102.8	102.6	102.2	101.7	103.66
秦皇岛	104.4	104	104.9	105.9	105.6	105.3	105.1	104.4	105.4	105.8	104.8	104.4	105.00
包头	101.4	101.8	101.7	101	101	100.8	100.4	100.4	100.7	100.7	100.4	100.2	100.85
丹东	106.5	107.7	108.2	108.7	107.7	108	107.4	107	107.3	105.6	103.1	101.5	106.44
锦州	101.7	101.7	101.7	101.7	100.9	100.9	101.2	101.2	100.3	100.3	100.4	100.3	101.00
吉林	107.6	110.8	112.2	113.2	113.8	113.6	112.3	111.1	110.1	108.5	107.8	105.6	110.46
牡丹江	103.8	105	106.6	108.4	109.5	109.6	109.5	109.5	109.7	109.6	109.3	109.1	108.29
无锡	103.4	103.6	104	104.2	104.2	104.2	103.4	103.3	103.5	103	102.9	102.4	103.52
扬州	104.1	105	105.7	106.4	106.8	106	105.8	105	104.7	105.5	105.2	105	105.43
徐州	104.1	103.9	103.9	103.9	103.9	104	103.3	103.1	102.8	102.6	101.3	100.5	103.12
温州	118.7	117.6	118.6	125.5	122.9	118.8	117.1	116	119.2	116.9	115	114.2	118.30
金华	112.3	112.5	114.4	117	115.5	110.2	107.5	105.8	105.3	104	103	102.7	108.89
蚌埠	105.6	106	107.5	109	108.8	109	109.2	108.7	107.8	107.6	107.6	106.8	107.80
安庆	101.3	102.6	102.8	103.8	103.8	103.8	103.9	103.9	104	103.9	104	104.9	103.57
泉州	99	99.1	99.1	99.4	99.1	99	98.9	99	98.7	98.7	98.6	98.4	98.92
九江	104.7	106.1	107.4	107.7	108.5	107.2	106.6	106.5	106.4	106.6	106.5	106.3	106.63
赣州	102.8	103.2	103.9	104.8	104.6	104.6	104.2	104.1	103.9	103.6	102.9	102.7	103.76
烟台	104.1	104.9	105.6	105.6	106.7	106.9	106.4	105.7	105.9	105.5	105.2	105.3	105.65
济宁	107.1	107.1	114	114.7	113	110.7	108.8	104.5	102.2	102.3	103.6	105	107.58
洛阳	106.6	105.7	107.4	107.1	107.9	107.3	107	107.2	107.5	107.9	108.2	108.6	107.37
平顶山	100.3	100.3	100.3	100.3	100.3	100.2	100.2	100.1	100.1	100.1	100	100	100.18
宜昌	102.4	102.5	102.9	103.2	101.8	101.6	100.9	100.4	100.5	100.7	101	101.3	101.59
襄樊	100.7	100.7	101.3	101.7	102.6	102.7	102.6	102.7	103.6	103.9	104.8	106.1	102.79
岳阳	109.9	110.9	112.2	112.8	112.7	112.9	111.7	111	110.7	111.5	111.7	112.8	111.74
常德	107.1	109.1	110.6	111.9	112.6	112.4	112.3	111.9	110.4	110.3	109.8	109.2	110.61
惠州	103.6	103	102.8	104.1	102.9	102.1	102.5	102.5	103	104.7	104.2	101.9	103.04
湛江	107.1	109.9	112.2	113.8	114.2	115.2	114.7	114.1	113.3	112.1	110.4	110.7	112.29
韶关	100.4	100.3	100.5	100.5	100.7	100.7	100.7	100.6	100.6	100.8	100.6	100.5	100.57
桂林	108.1	110.5	107.7	108.2	107.2	107.1	105.4	105.2	104.9	105.1	105.6	105.1	106.56
北海	106.5	107.6	108.7	108.3	107.4	105.5	104.7	104.1	103.5	103.5	102.9	102.3	105.36
三亚	127.5	142.2	150.4	148.8	140.4	137.8	144.1	143.9	143.9	143.7	143.4	138.8	142.06
泸州	104.9	105.1	105.2	105	105.3	104.3	103.4	102.5	101.8	101.1	100.4	99.4	103.15
南充	102	101.2	101.6	101.6	101.5	100.9	100.7	100.5	100.2	99.9	99.8	100.2	100.84
遵义	107.4	110.6	111	110.4	108.7	109	109.8	110.5	110.8	110.5	111	110.9	110.05
大理	107.3	107.1	105.8	102.9	103.1	101.2	102.7	104.7	106.8	107.1	105.8	105.2	104.94

数据来源：国家统计局月度数据

三、2010年全国房地产市场运行分析

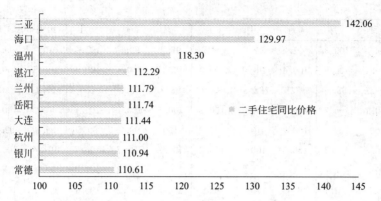

图 7-75　2010年70个大中城市中二手住宅同比价格涨幅最大的前十个城市

从环比数据看，如表 7-48 所示 2010 年二手住宅销售价格上涨的城市有 65 个，其中涨幅最大的前十个城市依次是三亚 34.82%、海口 21.27%、兰州 16.81%、温州 15.18%、岳阳 12.78%、遵义 10.98%、湛江 10.68%、乌鲁木齐 9.80%、牡丹江 9.24% 和常德 9.15%，均为二三线城市。出现二手住宅价格累计环比下降的城市分别为宁波下降 2.69%、泉州下降 1.6%、南京下降 1.02%、泸州下降 0.51% 以及福州下降 0.11%。详见图 7-76。

2010年70个大中城市二手住宅房屋销售价格环比指数　　　表 7-48

地区	1月	2月	3月	4月	5月	6月	7月	8月	9月	10月	11月	12月	累计
全　国	100.9	100.4	101.3	101.7	99.6	99.7	99.9	100.1	100.5	100.1	100.3	100.5	105.09
北　京	100.5	99.8	101.2	102.9	98.4	99.1	99.5	99.8	100.3	100.1	100.4	100.3	102.25
天　津	100.1	100.2	101.2	101.4	99.1	99.9	99.9	100.3	100.5	100	100.1	100.6	103.33
石家庄	99.8	99.2	101.2	100.8	99.8	100.1	99.8	100.3	99.9	100.7	100.3	100.6	103.33
太　原	100.7	100.6	101.4	100.6	101.3	100.5	100	100	100.3	100	100.3	100.3	106.58
呼和浩特	100.2	100.5	100	100.7	100.4	99.8	99.8	100	100	100.2	101	100.3	103.14
沈　阳	99.8	100.5	101.5	102.5	101.1	100.7	100.3	100.2	100.4	100.7	100.2	100.2	108.38
大　连	100.2	101.6	101.6	101.6	100	100.4	100	100.3	99.9	100.7	100.3	100.3	107.85
长　春	100.1	100	100	99.9	100	100	100	100	100	100	101.1	100.4	101.50
哈尔滨	100.8	100.4	100.4	100.5	100.5	99.5	99.9	100	101	100	100.4	100.1	104.06
上　海	101.1	100	103.3	101.2	99.8	98	98.9	100.3	100.4	99.9	100	100.6	103.36
南　京	100.1	100.1	100.6	100.5	98.8	99.1	99.4	99.3	100.1	100.7	100	100.4	98.98
杭　州	100.1	100.1	101	103.2	99.5	99.9	99.7	100	100	100	100.1	100.1	104.23
宁　波	100.5	99.9	100.4	100.3	98.2	98.6	99.9	100	100.4	99.5	99.7	99.9	97.31
合　肥	101.5	101.6	101.4	101.2	100.9	99	101.1	100.2	100.6	100	100	100.6	108.70
福　州	100	99.7	100.1	100	100.1	100.2	99	100.1	100	100.1	100	100.3	99.89
厦　门	100	99.9	101.5	101.5	99.2	97.1	99.4	99.8	101.3	100	100.3	100.3	100.22
南　昌	100	100	100.2	100.6	99.9	99.9	99.7	100	100.4	100.4	100.4	100.8	102.42
济　南	100.8	99.8	100.1	99.6	100	100	100	100	100.7	100	100.2	101.6	102.62
青　岛	100.7	100	102.1	101.1	100	99.6	100	100	100	100.2	100	101	105.93
郑　州	101.7	99.4	101.2	101.3	101.2	100.8	99.6	98	100.3	101.8	101.2	100.4	108.76
武　汉	101.6	101.2	101.2	101	100.6	100	100	99.8	100.4	100	100.3	100.4	106.78
长　沙	100.8	100.9	100.2	100	99.9	99.9	99.9	100	100	100.1	100.1	100.7	102.93
广　州	100.2	100.2	100.1	100.3	100	100	99.9	99.9	100.2	100.2	100.1	100.1	101.21

续表

地区	1月	2月	3月	4月	5月	6月	7月	8月	9月	10月	11月	12月	累计
深圳	100	99.5	100.3	101.2	99.8	98.7	99.2	99.6	101.6	100	99.6	101.3	100.76
南宁	100.7	100.4	100.9	100.4	100.1	100.3	100.5	100.4	100.4	100.5	100.3	100	105.01
海口	122.1	109.7	98.6	97.8	98.8	95.9	98.7	99.8	100	99.4	100.6	100.6	121.27
重庆	100.2	100.1	100.2	100.2	100.1	100.2	100.1	100.1	100.1	100	100.1	100.2	101.61
成都	100.1	100	100.3	100.7	100	100.3	100	99.2	99.6	99.8	99.9	100.2	100.09
贵阳	100.6	100.3	100.5	100.5	100.5	100.3	100.7	100.7	100.7	101.4	100.4	100.6	107.44
昆明	99.8	100.1	99.6	101.3	99.2	99.9	100.5	102.2	101.3	99.9	99.7	100	103.51
西安	102.4	98.7	101.1	99.6	100	99.8	100.2	102.2	100.1	100.5	100.1	101	105.79
兰州	100.7	101.2	99.5	102.3	101.5	100.5	100.9	100.1	103.6	102.2	101.7	101.5	116.81
西宁	100.3	100.1	100.7	100.6	100.5	100.2	100.5	100.2	100.4	100.9	100.6	100.6	105.74
银川	100.8	100.4	102	100.8	99.9	99.9	100	100.1	100.1	100	100	100	104.05
乌鲁木齐	100.6	100.6	99.9	101.4	100.3	100.4	101.1	100.7	100.8	101.6	101.2	100.8	109.80
唐山	100.9	100.6	100.1	100.3	100	99.6	100	100	100	100	100	100.1	101.81
秦皇岛	100	99.9	101	101.1	99.7	99.9	100	100.4	101.5	100.5	100.2	100.2	104.47
包头	100.1	100.1	100	100	100	100	100	100	100	100	100	100	100.20
丹东	99.3	99.9	100	100.7	99.6	100.6	100.2	100.9	100.6	100.4	99.6	99.8	101.60
锦州	100	100	100	100	100	100	100.3	100	100	100	100	100	100.30
吉林	100	100	101.3	101	100.6	101.2	100.1	100.2	100.4	100.1	100.3	100.2	105.52
牡丹江	101.2	101.2	101.9	101.9	101.4	100.4	100.1	100	100.2	100.2	100.2	100.1	109.24
无锡	100.3	100.1	100.2	100.4	100.2	100.2	100	100.3	100.4	100	100.1	100.1	102.63
扬州	100.3	100.1	101	100.6	100.5	100.2	100.3	100.2	100.4	100.3	100.4	100.7	105.11
徐州	100.1	100	100.1	100.1	100.2	100.1	99.9	100	100	100	100	100	100.50
温州	99.2	99.9	101.9	107.5	99.6	99.8	99.9	101.2	105.7	99.2	99.6	101.1	115.18
金华	100.7	100.5	103.9	103.9	99.1	96.5	98.8	99.8	100.4	100.2	99.8	99.9	103.33
蚌埠	100.3	100.1	101.4	101.4	100	100.5	100.6	100	100	100.5	100.5	100.5	106.79
安庆	101.1	100.3	100.2	100.9	100	100	100	100	100.3	100.1	100.4	101.2	105.11
泉州	98.5	100	100	100	100	99.9	100	99.9	100	100	100.1	100	98.40
九江	100.8	101.1	101.4	100.3	101	99.2	100.3	100.6	100.4	100.5	100	100.1	106.26
赣州	100.6	100.3	100.6	101	99.8	100.1	100	100	100	100.1	100	100.2	103.04
烟台	101.4	100.8	100.6	100.1	100	100.1	100.2	100.5	100.2	100.3	100.5	100.6	105.42
济宁	100	99.6	100.1	100.3	100.3	98.9	100.5	100.5	100.8	101	101.6	101.4	105.08
洛阳	100.5	100.5	102.2	101	101.5	100.3	100.3	100.2	100.4	100.6	100.3	100.5	108.60
平顶山	100	100	100	100	100	100	100	100	100	100	100	100	100.00
宜昌	100	100.2	100.4	100.3	98.5	100.1	100	100.1	100.2	101	100.7	100.2	101.69
襄樊	100	100	100.7	100.3	100.6	100.2	100	100.2	101.2	100.3	101	101.2	105.84
岳阳	100.6	100.7	101.3	100.8	100.4	100.7	100.5	101.1	101	101.9	101.2	101.9	112.78
常德	101.4	101.6	101	101.1	100.2	100.1	100.7	100.8	100	101	100.6	100.3	109.15
惠州	99.6	100.1	99.9	100.9	98	99.4	100.4	100.2	100.7	102.5	100	100.2	101.86
湛江	101.5	101.1	100.8	101.2	101.2	101.1	100.9	100.8	100.8	100.5	100	100.3	110.68
韶关	100	100	100.2	100	100.1	100	100	100	100	100.1	100.1	100.1	100.60
桂林	100.9	102.5	99	100.8	99.4	100.8	100.1	99.9	100.6	101.2	100.4	100.5	106.23
北海	100.9	101	101	100.3	100	99.3	99.7	100	100	100	100	100	102.21

三、2010年全国房地产市场运行分析

续表

地区	1月	2月	3月	4月	5月	6月	7月	8月	9月	10月	11月	12月	累计
三亚	118.1	111.5	105.9	99.1	94.1	98.5	104	100.1	100.3	100.1	100.4	100.3	134.82
泸州	100.5	100.5	100.4	100.2	100.3	99.5	99.3	99.5	99.6	99.6	99.7	100.4	99.49
南充	100.4	99.3	100.5	100	99.9	99.5	99.9	100	100	100.1	100.2	100.6	100.39
遵义	100.3	100.7	101.3	100.3	99.8	100	101.5	101.4	102.5	101.2	101.6	99.9	110.98
大理	99.9	99.4	99.8	97.8	100.4	98.9	102.6	101.5	103.4	101.2	99.6	100.5	104.98

数据来源：国家统计局月度数据

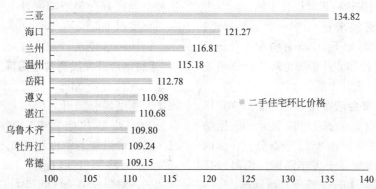

图7-76 2010年70个大中城市中二手住宅环比价格涨幅最大的前十个城市

（四）2010年全国房地产市场季度分析

2010年1季度

【房地产开发投资意愿高涨】 2010年第一季度，全国完成房地产开发投资6594亿元，同比增长35.1%，增幅比上年同期增加31个百分点，较上个季度增加15个百分点，其中商品住宅投资4552亿元，同比增长33.0%；房地产开发企业购置土地面积0.47亿平方米，有大幅度的增加，同比增长30.0%，增幅比上年同期增加70.1个百分点，较上季度增长48.9个百分点。

【房屋供给量提升】 2010年第一季度，全国房地产开发企业房屋施工面积24.22亿平方米，同比增长35.5%，增幅比上年同期增加12.7个百分点；全国商品房新开工面积增长60.8%，增幅比上年同期增加77个百分点；房屋竣工面积1.11亿平方米，同比增长12.0%，其中，住宅竣工面积8914万平方米，增长9.8%。

【房屋成交量增幅较上个季度回落】 2010年第一季度，全国商品房销售面积15361万平方米，同比增加35.8%，增幅比上年同期增加27.6个百分点，较上季度减少6.3个百分点。其中，商品住宅销售面积增长34.2%，增幅较上季度回落9.7个百分点。

【房屋销售价格涨幅趋缓】 2010年第一季度全国70个大中城市房屋销售价格同比上涨10.6%，环比上涨3.3%，涨幅与上季度持平。1、2月份房屋销售价格月度环比涨幅回落，3月份增加。3月份70个大中城市中半数以上的城市房价环比涨幅有所增加。

【房地产开发企业资金相对宽松】 2010年第一季度房地产开发资金来源16250亿元，增长61.4%，增幅比上年同期增加52.2个百分点。国内贷款和企业自筹资金增幅仍属较高水平，但增幅均比上季度有所回落。

2010年2季度

【房地产开发投资意愿仍然高涨】 2010年第二季度，房地产开发投资快速增加至13153亿元，比上年同期增长36.6%，增幅较上个季度增加1.5个百分点，1~5月增幅逐月增加，6月稍有回落；其中商品住宅投资9140亿元，比上年同期增长35.1%，较上个季度增加100.8%；房地产开发企业购置土地面积明显增加，面积总额为18501万平方米，同比增长38.6%。

【房屋供给量继续增长】 2010年第二季度，全国房地产开发企业房屋新开工面积4.82亿平方米，比上年同期增长73.4%，增幅较上个季度增加12.7个百分点，房屋新开工面积比一季度提高49.2%；房屋竣工面积1.33亿平方米，同比增长23.24%，增幅较上个季度增加11.2个百分点，房屋竣工面积比一季度提高19.5%；其中，住宅竣工面积1.07亿平方米，比上年同期增长20.3%。商品房新开工面积增幅1~5月间逐月增加，6月稍有回落，累计增幅达到67.9%。

【房屋成交量增幅继续回落】 2010年第二季度，

全国商品房销售面积 2.40 亿平方米，同比增加 5.43%，增幅上季度减少 30.4 个百分点。各种类型商品房销售面积增幅均逐月下降。

【房屋销售价格仍然上涨，涨幅大幅回落】 2010 年第二季度全国 70 个大中城市房屋销售价格仍然保持上涨，但涨幅在 5 月和 6 月份出现大幅回落。1~4 月房价同比涨幅仍逐月上升，5 月份房价同比涨幅回落 0.4 个百分点，6 月份同比涨幅回落 1 个百分点，前 6 个月房屋销售价格累计同比上涨 12.20 个百分点。从房价环比涨幅来看，2010 年上半年，1 月份和 2 月份房价环比涨幅下降，3 月份和 4 月份房价环比涨幅增加，5 月份和 6 月份房价环比涨幅迅速回落。1~5 月房价环比累计上涨 5.1%

【房地产开发企业资金增幅逐步回落】 2010 年第二季度房地产开发资金来源 17469 亿元，同比增长 28.1%，增幅比一季度回落 33.2 个百分点。国内贷款和企业自筹资金增幅高于去年同期，仍属较高水平，但增幅逐月下降，均比上季度有所回落。

2010 年 3 季度

【房地产开发投资意愿低于第二季度】 2010 年第三季度，房地产开发投资 13764 亿元，同比增长 30.53%，增幅比二季度回落 6.1 个百分点；商品住宅投资 9820 亿元，比上年同期增长 32.8%，增幅较二季度回落 2.2 个百分点；房地产开发企业购置土地面积 1.06 亿平方米，增长 35.6%，增幅较二季度回落 3 个百分点。

【房屋供给量萎缩】 2010 年第三季度，商品房新开工面积 3.89 亿平方米，同比增加 53.8%，增幅低于上季度增幅 19.6 个百分点；房屋竣工面积 1.25 亿平方米，比上年同期下降 1.6%，增幅较上季度降低 24.8 个百分点，住宅竣工面积 1.03 亿平方米，比上年同期下降 3.7%，增幅较上季度降低 24 个百分点。

【房屋交易面积同比增幅持续回落】 2010 年第三季度全国商品房销售面积为 2.38 亿平方米，同比减少 1.9%，增幅比上季度减少 7.3 个百分点。

【房价涨幅趋缓】 2010 年第三季度，房屋销售价格环比上涨 0.5%，涨幅低于第二季度 1 个百分点。

【房地产开发企业资金增幅继续回落】 2010 年第三季度房地产开发资金来源 16785 亿元，增长 9.8%，增幅比二季度回落 18.4 个百分点。国内贷款和企业自筹资金增幅逐月下降，均低于去年同期和上季度水平。

2010 年 4 季度

【房地产开发投资意愿回落】 2010 年第四季度，房地产开发投资 14756 亿元，同比增长 32.0%，增幅比三季度略有提升，但比二季度依然回落 4.7 个百分点，商品住宅投资 10520 亿元，同比增加 31.0%，增幅较上季度回落 1.9 个百分点；房地产开发企业购置土地面积 1.19 亿平方米，同比 14.0%，增幅比三季度回落 11.7 个百分点。

【房屋供给量较三季度略有提升】 2010 年第四季度，全国商品房新开工面积 4.44 亿平方米，同比增加 5.2%，增幅低于上季度增幅 48.5 个百分点，房屋竣工面积 3.91 亿平方米，同比增长 4.3%，比三季度提升 0.7 个百分点。

【房价涨幅增加】 2010 年第四季度，70 大中城市房屋销售价格同比上涨 7.6%，涨幅低于第三季度 2 个百分点；环比上涨 0.8%，涨幅高于第三季度 0.3 个百分点。

【商品房屋销售面积增幅高于第三季度】 2010 年第四季度，商品房销售面积为 4.11 亿平方米，同比增加 16.3%，增幅比上季度增加 18.2 个百分点。

表 7-49 为 2009 年、2010 年全国房地产市场运行按季度数据。

2009 年、2010 年全国房地产市场运行按季度数据　　　　　　　　　　　　　　　　表 7-49

	房地产开发投资（亿元）	商品住宅投资（亿元）	土地购置面积（亿平方米）	新开工面积（亿平方米）	房屋竣工面积（亿平方米）	住宅竣工面积（亿平方米）	商品房销售面积（亿平方米）	资金来源（亿元）	国内贷款（亿元）	企业自筹资金（亿元）
2009 年										
一季度	4880	3422	0.4742	2.01	0.9922	0.8117	1.1309	10070	2545	3791
二季度	9625	6767	0.8902	2.78	1.0778	0.8883	2.28	13633	2836	4450
三季度	10545	7393	0.7807	2.53	1.27	1.07	2.4262	15288	2809	4546
四季度	11182	8037	1.0455	4.22	3.68	3	3.5342	18137	3103	5119
2010 年										
一季度	6594	4552	0.6166	3.23	1.1117	0.8914	1.5361	16250	3674	5602
二季度	13153	9140	1.2335	4.82	1.3283	1.0686	2.4039	17469	2899	6808
三季度	13764	9820	1.0582	3.89	1.25	1.03	2.38	16785	2825	6713
四季度	14756	10526	1.1917	4.44	3.91	3.13	4.11	21990	3142	7582

数据来源：国家统计局数据

(五)2010年全国房地产开发资金结构分析

2010年,我国房地产开发企业本年度资金来源72494亿元,比上年增长25.4%,增幅下降18.8个百分点。其中,国内贷款12540亿元,增长10.3%;利用外资796亿元,增长66.0%;自筹资金26705亿元,增长48.8%;其他资金32454亿元,增长15.9%。在其他资金中,定金及预收款19020亿元,增长17.3%;个人按揭贷款9211亿元,增长7.6%。房地产开发资金来源结构较2009年未发生较大变化,利用外资和其他资金增长较快,国内贷款和其他资金比重下降,其中定金及预收款和个人按揭贷款下半年下降较快。如表7-50和7-51所示。

2010年全国房地产开发资金来源结构　　　　表7-50

(单位:亿元)

月份	本年小计	国内贷款	利用外资	自筹资金	其他资金	定金及预收款	个人按揭贷款
1~2	10469	2489	53	3446	4482	2446	1443
1~3	16250	3674	99	5602	6876	3749	2193
1~4	21603	4552	137	7459	9454	5240	2955
1~5	27288	5550	169	9541	12029	6697	3744
1~6	33719	6573	250	12410	14487	8064	4538
1~7	38876	7539	302	14394	16642	9356	5131
1~8	44363	8460	369	16628	18906	10637	5745
1~9	50504	9398	452	19123	21531	12185	6391
1~10	56923	10443	539	21553	24387	13950	7102
1~11	63220	11245	656	23806	27513	15935	7937
1~12	72494	12540	796	26705	32454	19020	9211
2009年	57128	11293	470	17906	27459	15914	8403

数据来源:国家统计局网站

2010年全国房地产开发资金来源增长　　　　表7-51

(单位:%)

月份	本年小计	国内贷款	利用外资	自筹资金	其他资金	定金及预收款	个人按揭贷款
1~2	69.5	46.1	23.5	50.6	111.9	103.7	168.1
1~3	61.4	44.3	33.7	47.8	91.8	84.7	122.8
1~4	59.9	39.9	17.4	52.5	81.9	73.9	102.1
1~5	57.2	43.6	24.8	54.3	69.8	61.1	88.8
1~6	45.6	34.5	2.8	50.9	47.9	40.1	60.4
1~7	39.4	29.3	10.6	50.7	36	30.3	41.4
1~8	35	27.8	23.9	50.7	26.8	22.1	27.5
1~9	32.5	27.2	26	49.7	22.3	18.7	19.6
1~10	32	26.3	43.4	50.7	21	18.7	15.2
1~11	31.2	25	59	49.6	20.4	19.4	13.2
1~12	25.4	10.3	66	48.8	15.9	17.3	7.6
2009年	44.2	48.5	-35.5	16.9	71.9	63.1	116.2

数据来源:国家统计局网站

【国内贷款增幅快速下降】 从逐月数据看，2010年，全国房地产开发企业本年资金总额72494亿元，全年增幅呈下降趋势，由从1~2月的69.5%下滑到1~12月的25.4%，下降了44.1个百分点。1~12月全国房地产开发国内贷款12540亿元，同比增幅由1~2月的46.1%下滑到1~12月的10.3%，下降了35.8个百分点，下半年国内贷款下降呈快速态势，比2009年下降37.8个百分点。

【个人按揭贷款快速下降】 1~12月全国房地产开发其他资金来源为32454亿元，增幅由1~2月的111.9%下滑到1~12月的15.9%，下降了96个百分点。其中，定金及预收款由1~2月的103.7%下滑到1~12月的17.3%，同比下降86.4个百分点；个人按揭贷款由1~2月的168.1%下滑到1~12月的7.6%，同比下降160.5个百分点，下滑幅度最大。

【利用外资大幅增长】 1~12月全国房地产开发资金利用外资796亿元，增幅由1~2月的23.5%增长到1~12月的66%，较2009年有大幅度增长。

【自筹资金继续增长】 在国内贷款对房地产企业支持力度继续下降的情况下，企业自筹资金继续2009年增长趋势，1~12月的增幅为48%，其中1~5月高达54.3%。2010年全年房地产自筹资金与其他资金来源规模相当，占资金来源比重的36.8%，比2009年提高5.5个百分点。

(六) 2010年全国房地产开发景气指数

2010年全国房地产开发景气指数如表7-52所示。

2010年全国房地产开发景气指数　　　　　　　　　　表7-52

指数类别	月　份										
	1~2	1~3	1~4	1~5	1~6	1~7	1~8	1~9	1~10	1~11	1~12
国房景气指数	105.47	105.89	105.66	105.07	105.06	104.72	104.11	103.52	103.57	103.2	101.79
房地产开发投资	101.83	103.58	104.94	105.56	105.54	105.23	104.89	104.85	104.88	104.82	103.87
本年资金来源	119.67	119.67	118.15	116.69	113.63	111.22	109.74	108.21	106.51	104.74	102.66
土地开发面积	88.39	87.07	88.45	90.15	93.22	94.87	94.42	94.1	94.46	96.42	96.03
商品房空置面积	97.99	99.79	101.78	103.48	104.65	104.77	104.23	103.56	103.04	103.1	103.66
房屋施工面积	109.3	112.04	111.85	111.36	109.39	109.44	109	108.56	108.67	106.25	104.81

数据来源：国家统计局网站

(七) 2011中国500强企业中的房地产企业

根据中国企业联合会2010年9月公布的2011中国企业500强年度排行榜，共有14家房地产开发与经营、物业及房屋装饰、修缮、管理等服务业企业入选2011中国企业500强，比上年增加了5家。上年上榜的9家企业中，8家仍然榜上有名，另有6家企业新入榜。具体如表7-53所列。

入选2011中国企业500强年度排行榜的房地产开发与经营、　　　　表7-53
物业及房屋装饰、修缮、管理等服务业企业

序号	500强名次		企业名称	营业收入（万元）
	2011年	2010年		
1	87	96	上海绿地(集团)有限公司	9478176
2	150	**	绿城房地产集团有限公司	5420000
3	183	**	恒大地产集团	4580140
4	194	247	大连万达集团股份有限公司	4339652
5	233	251	华侨城集团公司	3442354
6	262	226	江苏苏宁环球集团有限公司	2952000
7	290	**	碧桂园控股有限公司	2580411
8	313	203	世纪金源投资集团有限公司	2402798
9	328	427	福佳集团有限公司	2301336
10	368	**	雅居乐地产控股有限公司	2052019

三、2010年全国房地产市场运行分析

续表

序号	500强名次 2011年	500强名次 2010年	企业名称	营业收入（万元）
11	389	**	金地(集团)股份有限公司	1959250
12	448	389	江苏华厦融创置地集团有限公司	1615860
13	449	424	宁波银亿集团有限公司	1615030
14	474	**	龙湖地产有限公司	1509312

数据来源：2011年中国企业发展报告，**表示相应年度未入榜。

（哈尔滨工业大学）

（八）2010年全国住房公积金运行管理情况

2010年，全国住房公积金制度运行平稳。年内，深圳市正式建立住房公积金制度，住房公积金制度覆盖到所有设区城市；住房公积金贷款支持保障性住房建设试点工作正式启动，住房公积金制度在加快保障性住房建设方面进一步发挥积极作用。

2010年，全国住房公积金缴存人数基本稳定，缴存额继续快速增长，提取额和个人住房贷款趋于平稳，资金总体安全完整。全年缴存住房公积金6379.13亿元，提取3314.44亿元，发放个人住房贷款3766.89亿元，发放住房公积金支持保障性住房建设项目贷款（以下简称试点贷款）45.72亿元，实现增值收益249.44亿元，累计提取城市廉租住房建设补充资金398亿元。

1. 住房公积金缴存和提取情况

【缴存稳定增长】截至2010年末，全国343个设区城市全部建立了住房公积金制度，实缴职工人数8606.3万人，较上年末增加575万人，增幅为7.16%，见图7-77。按国家统计局《2010中国统计年鉴》公布的在岗职工人数11823.8万人计算，2010年末住房公积金覆盖率（期末实缴职工人数/在岗人数）为72.79%，较上年末提高3.2个百分点。见图7-78。

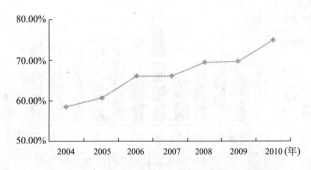

图7-78 2004～2010年全国住房公积金覆盖率增长情况

2010年，全国住房公积金缴存额为6379.13亿元，较上年增长18.32%，受季节性因素影响，每季度末月缴存额较高；截至2010年末，全国住房公积金缴存总额为32470.37亿元，较上年末增长24.4%。由于住房公积金缴存单位以行政和国有企事业单位为主，受宏观经济和就业形势影响相对较小，在国家稳定就业的一系列政策作用下，总体就业形势保持稳定，住房公积金缴存职工人数基本稳定，住房公积金缴存额增幅基本保持在20%～30%的水平。图7-79为2004～2010年全国住房公积金缴存总额增长情况，图7-80为2004～2010年全国住房公积金年度缴存额增长情况，图7-81为2010年全国住房公积金月度缴存额情况。

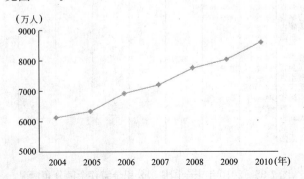

图7-77 2004～2010年全国住房公积金实缴人数增长情况

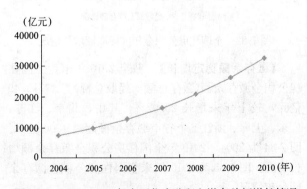

图7-79 2004～2010年全国住房公积金缴存总额增长情况

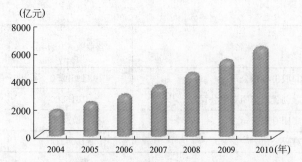

图7-80　2004~2010年全国住房公积金年度缴存额增长情况

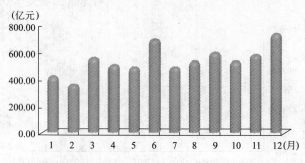

图7-81　2010年全国住房公积金月度缴存额情况

【提取趋于平稳】 2010年，全国住房公积金提取额为3314.44亿元，较上年增长15.93%，占当年缴存额的51.96%。截至2010年末，全国住房公积金提取总额为14756.88亿元，较上年末增加28.97%，占缴存总额的45.45%。图7-82为2004~2010年全国住房公积金年度提取额增长情况；图7-83为2010年全国住房公积金月度提取额情况。

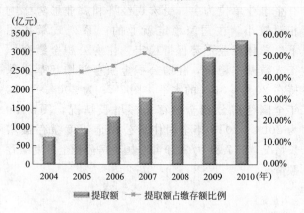

图7-82　全国住房公积金年度提取额增长情况

【缴存余额稳定增长】 截至2010年末，全国住房公积金缴存余额（缴存总额－提取总额）为17713.49亿元，较上年末增长20.92%，其中，北京、江苏、广东、上海、浙江五个省市缴存余额超过1000亿元。图7-84为2004~2010年全国住房公积金缴存余额增长情况；图7-85为2010年末全国住房公积金缴存余额分布情况。

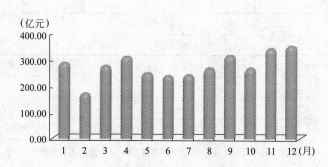

图7-83　2010年全国住房公积金月度提取额情况

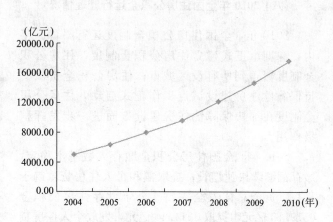

图7-84　全国住房公积金缴存余额增长情况

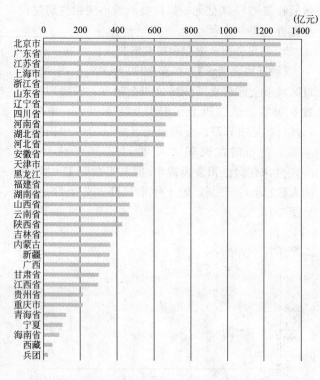

图7-85　2010年末全国住房公积金缴存余额分布情况

三、2010年全国房地产市场运行分析

2. 住房公积金个人住房贷款情况

【政策调整情况】 为规范住房公积金个人住房贷款政策，根据《住房公积金管理条例》和《国务院关于坚决遏制部分城市房价过快上涨的通知》(国发〔2010〕10号)的有关规定，经国务院同意，住房城乡建设部、财政部、人民银行、银监会联合印发《关于规范住房公积金个人住房贷款政策有关问题的通知》，明确规定，严禁使用住房公积金个人住房贷款进行投机性购房；使用住房公积金个人住房贷款购买首套普通自住房，套型建筑面积在90平方米(含)以下的，贷款首付款比例不得低于20%；套型建筑面积在90平方米以上的，贷款首付款比例不得低于30%；第二套住房公积金个人住房贷款的发放对象，仅限于现有人均住房建筑面积低于当地平均水平的缴存职工家庭，且贷款用途仅限于购买改善居住条件的普通自住房。第二套住房公积金个人住房贷款首付款比例不得低于50%，贷款利率不得低于同期首套住房公积金个人住房贷款利率的1.1倍；停止向购买第三套及以上住房的缴存职工家庭发放住房公积金个人住房贷款。

【贷款发放稳中有降】 2010年，全国共发放住房公积金个人住房贷款178.15万笔、3766.87亿元，较上年减少22.75万笔、435.34亿元，降幅为11.32%、10.36%；单笔贷款金额平均为21.14万元，较上年增加0.22万元；全年贷款发放额占缴存额的比例为59.05%，较上年下降18.85个百分点；回收贷款1672.34亿元。

截至2010年末，全国累计发放住房公积金个人贷款1340.22万笔、18570.94亿元，较上年末分别增长15.33%、25.45%。住房公积金个人贷款余额为10899.54亿元，较上年末增长23.79%；全国住房公积金个人贷款率为61.53%，较上年末上升1.43个百分点。截至2010年末，全国住房公积金个人贷款余额相当于全国商业性个人住房贷款余额的17.69%。图7-86为2004~2010年全国住房公积金个人住房贷款增长情况；图7-87为2010年末全国住房公积金月度个人住房贷款发放情况；图7-88为2010年末全国住房公积金个人住房贷款月余额分布情况。

2010年，为促进房地产市场平稳健康发展，国务院及有关部门出台一系列文件，坚决遏制部分城市房价过快上涨，大多数商业银行对首套房贷款停止执行优惠利率，加之年内两次加息，住房公积金和商业银行个人住房贷款利率差明显加大。图7-89为1992年5月~2010年12月26日住房公积金和商业银行个人住房贷款利率对比情况。

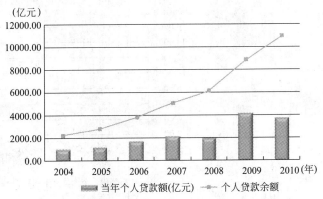

图7-86 全国住房公积金个人住房贷款增长情况

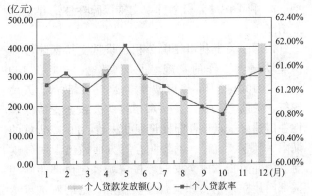

图7-87 2010年全国住房公积金月度个人住房贷款发放情况

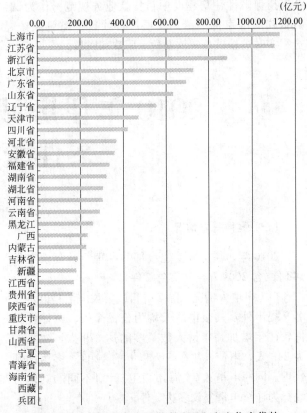

图7-88 2010年末全国住房公积金个人住房贷款月余额分布情况

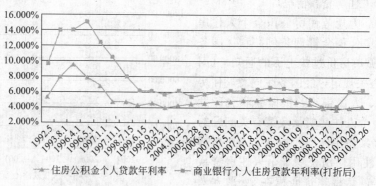

图 7-89 住房公积金和商业银行个人住房贷款利率对比情况

3. 利用住房公积金贷款支持保障性住房建设试点情况

根据《关于利用住房公积金贷款支持保障性住房建设试点工作的实施意见》(建金〔2009〕160号),2010年7月,住房城乡建设部、财政部、人民银行、银监会联合印发《利用住房公积金支持保障性住房建设试点项目贷款管理办法》,对试点贷款的期限、利率、流程、风险防控等方面做出了明确规定。为保障贷款资金安全,住房城乡建设部会同相关部门建立住房公积金督察员制度,定期对试点工作进行现场检查;与质检总局联合发布《住房公积金支持保障性住房建设项目贷款业务规范》作为试点贷款的国家标准;开发项目贷款运行监管系统,全程实时监控试点贷款发放、用款和回收。

截至 2010 年末,全国共有哈尔滨、西安、北京、洛阳、运城、无锡、大连、天津、乌鲁木齐、唐山、攀枝花、福州、长沙、儋州、杭州等 15 城市向 22 个保障性住房建设项目发放试点贷款,金额 45.72 亿元。其中,经济适用住房 25.19 亿元,公共租赁住房 12.33 亿元,城市棚户区改造安置用房 8.20 亿元。

为加强对利用住房公积金贷款支持保障性住房建设试点工作的监督,确保资金安全和试点工作有序推进,住房城乡建设部会同有关部门,组织住房公积金督察员对 28 个试点城市开展全面督察,重点检查试点工作进展、贷款风险控制、项目质量安全管理等方面情况。

四、2010 年住房城乡建设部行政复议案件统计分析

(一) 案件基本情况

2010 年,住房城乡建设部共办理行政复议案件 148 件(含 2009 年结转案件 2 件)。

(1) 申请人情况。除 7 件行政复议申请是以企业名义提出外,其余申请人均为公民个人。群体性案件较往年增加,申请人数最多的达 879 人,次之的为 248 人,申请人数在 5 人以上的 11 件,多为律师代理。同一申请人(上海市孟卫)针对不同的具体行政行为连续申请复议多达 9 件。

(2) 被申请人情况。部机关作为行政复议被申请人的 61 件;直辖市有关住房城乡建设部门作为被申请人的 45 件,其中:北京市 18 件(建委 9 件、规委 9 件),天津市 6 件(规划局 2 件、房管局 4 件),上海市 16 件(房管局 14 件、规划局 1 件、建委 1 件),重庆市 5 件(建委 1 件、规划局 2 件、房管局 2 件);省厅为被申请人的 29 件,其中:江苏 15 件,河北 3 件,广东 2 件,山东 2 件,辽宁、黑龙江、浙江、陕西、河南、湖南、广西各 1 件;其他行政机关为被申请人的 13 件,详见图 7-90 所示。

(3) 复议事项情况。从涉及的业务情况来看,城市房屋拆迁 30 件,城乡规划 26 件,房屋登记 10 件,工程建设 9 件,住房保障 1 件,住房公积金 2 件,经租房 44 件,其他 26 件。从涉及的行政行为情况来

四、2010年住房城乡建设部行政复议案件统计分析

图7-90 2010年部机关行政复议案件被申请人情况分布图（以被申请人为对象划分）

看，政府信息公开65件，行政许可22件，行政不作为18件，行政确认7件，行政处罚2件，行政强制2件，其他32件。

（4）案件审理和结案情况。2010年住房和城乡建设部坚持依法办案，148件行政复议案件全部依法结案。其中，告知8件，函告处理52件。依法受理的案件中，维持83件，终止（经调解撤回）4件，责令履行1件。

（二）案件主要特点

（1）复议案件数量仍然呈较快上升趋势。2010年，住房和城乡建设部行政复议案件总量达到148件。据国务院法制办行政复议司统计，2010年住房和城乡建设部行政复议案件数量排在国务院各部门的第6位❶，约占国务院各部门行政复议案件总量的7%。住房和城乡建设部2010年复议案件总量与2009年的109件相比，上涨近36%。

（2）复议案件中群体性申请人数量增加。2009年申请人数最多的案子为73人，但在2010年复议案件的申请人数最多的达到879人，次之的也有248人。由于涉案人数多，诱发群体性事件的风险加大。

例如，在879人复议某规划局做出的建设项目选址意见书一案中，某规划局的行政许可行为虽无瑕疵，但是由于申请人抱有强烈的怀疑和抵触情绪，稍有处理不当即可能引发群体性事件。后来经住房和城乡建设部实地查看现场，召开调查协调会，与申请人代表对话，做好解释和说明，取得申请人的理解后，才对该案作出了维持的决定。

（3）住房和城乡建设部作为被申请人的案件明显增加。以往以住房和城乡建设部为被申请人的行政复议案件每年仅有1~2件，2009年为5件，2010年陡增至61件。44件为复议"经租房"信息公开的案件，经查确属涉及国家秘密依法不予公开，决定维持。复议住房和城乡建设部不作为的5件，如龚某复议住房和城乡建设部逾期作出撤销房地产评估师注册决定、徐某复议住房和城乡建设部不履行公积金违法行为监管职责、孙某复议住房和城乡建设部资质管理行政不作为、沈某复议住房和城乡建设部信访不作为、隋某复议住房和城乡建设部未履行查处地方违法行为的职能。

（4）规划许可、房屋拆迁仍是复议案件的主要诉求。随着我国城镇化进程的不断加快，城乡规划、房屋拆迁成为当前社会关注的热点。2010年直接复议规划许可文件的26件，拆迁许可文件的30件，房屋登记的10件，占案件总数的45%。例如，一些申请人以规划部门在核发选址意见书、建设工程用地规划许可证时未履行告知听证义务为由，申请撤销原规划许可文件。还有一些通过提出其他复议申请间接复议规划和征收案件，如陈某因对房屋拆迁行政裁决不服，欲通过复议某省厅违规向工作人员颁发《拆迁行政裁决工作人员培训合格证》转而撤销原拆迁行政裁决。

（5）政府信息公开成为复议案件的多发领域。自2008年5月1日《政府信息公开条例》实施以来，因政府信息公开引发的行政复议案件量在行政复议案件总量中一直占较大比例。2010年为65件，占44%，（2008年为25件，占案件总量的21.9%。2009年为23件，占案件总量的21.1%）。根据《行政复议法》的规定，不能对复议决定再申请复议，因此，申请政府信息公开成为群众实现"再复议"的变通方法。实际工作中部分群众因其在城乡规划、房屋拆迁、房屋登记等方面的诉求得不到满足，采

---

❶ 税务和海关因系垂直管理，上报国务院法制办的行政复议案件数量为全系统的复议案件数量，因此分别以342件和289件排在第1位和第2位。

取申请政府信息公开的方式,来实现对原复议事项的再次审理。甚至出现了个别申请人就信息公开向住房和城乡建设部申请行政复议,同时又申请公开行政复议信息,并对此信息公开行为再次循环申请复议的情况。

(6) 要求行政复议监督案件数量有所增加。按照《行政复议法》的规定,复议监督是指上级行政复议机关有权根据复议申请人的申诉或者主动检查,责令下级行政机关依法受理复议申请或者直接受理该复议申请。一些申请人不服地方住房城乡建设部门不予受理复议或不履行行政复议决定,请求住房和城乡建设部依法监督和纠正其行为,或者要求住房和城乡建设部直接受理行政复议申请。2010年复议监督案件共办理20件,较2009年增加了18%,此类案件数量增加较快。

(三) 工作中的主要体会

(1) 复议案件越来越突出地反映社会焦点问题。我国正处在工业化、信息化、城镇化、市场化、国际化深入发展的时期,一些长期矛盾和短期矛盾相互交织。住房和城乡建设部涉及民生的职能多,关系政府形象和社会稳定的事务多,城乡规划、房屋拆迁、房屋登记、保障性住房工作稍有处理不慎,都可能诱发群体性事件或者给公共利益造成损失。住房和城乡建设部群体复议案件增多,复议监督案件明显上升,社会焦点性案件居高不下等情况充分反映了我国经济转型和社会发展过程中的矛盾多发特点。这就要求我们要切实做好行政纠纷的化解工作,为维护社会稳定提供法律保障。如丁某等17人对某省厅2006年向第三人颁发的《房地产价格评估机构资格证书》不服向住房和城乡建设部提起行政复议。经查,该案表面上为复议《房地产价格评估机构资格证书》,其背后的利益诉求为不满该案涉及的旧城改造拆迁补偿条件。案件审理中发现,该省厅向第三人发放《房地产价格评估机构资格证书》时,确存在瑕疵,于法应当予以撤销,但考虑到如果撤销可能导致整个拆迁项目需重新作出估价,该案涉及的旧城改造项目已经整体拆迁完毕,无法重新估价。经多方协调,确认某省厅向第三人发放《房地产价格评估机构资格证书》的具体行政行为违法,但考虑到该行政许可涉及重大公共利益,住房和城乡建设部做出了确认违法但不予撤销的决定。

2011年1月21日《国有土地上房屋征收和补偿条例》正式实施,与《城市房屋拆迁管理条例》相比,国有土地上的房屋征收与补偿法律制度发生了很大变化,与之相应的行政管理程序也要进行很大调整;保障性住房工作在全国范围内短时期同时展开,地方在准入、管理、退出等方面的规定还不够完善和规范,这些情况都可能带来复议风险,特别是群体性复议风险,值得关注。

(2) 复议案件案情复杂性和办理难度越来越大。首先是复议案件的诉求往往表面上比较单一,但是实际上背后的利益诉求和矛盾纠纷复杂。《行政复议法》规定,行政复议机关应当在5个工作日内决定是否受理,受理后60天内作出行政复议决定。实际上,由于近几年来住房和城乡建设部复议案件总量居高不下,即使按照年平均案件总量120件,年工作日251天计算,平均每2天就要办结一个案件,远远低于《行政复议法》规定的时限。紧张的办理时限,导致案件办理难度加大。

其次是协调难。在行政复议中绝大部分申请人能够接受复议决定,但是也存在个别极难协调的案件。如葛某因对拆迁裁决不服,提出复议,后又多次以案中涉及的行政许可、行政裁决、房屋权属行政确认等事由提起行政诉讼。在复议和诉讼过程中,有关建设部门、法院多次到现场了解情况,甚至专门组织办事同志为葛某现场办公,但均因葛某提出的要求超出合法合理范围或不断提出新要求而无法解决。

最后是法律适用难。我国法律法规出台的速度很快,实践中各种新型案件层出不穷,导致准确适用法律的难度加大。对于一些典型疑难案件,立法机关也存在不同看法。例如,违法行为的持续状态如何认定;核发"选址意见书"、"建设用地规划许可证"是否应当按照《行政许可法》第四十七条之规定告知利害关系人听证;复议机关办理行政复议案件过程中获取的信息是否适用《政府信息公开条例》等等。

(3) 复议工作的方式方法越来越需要创新。了解和理解群众的诉求,分析和研究案情,发现案件背后的社会现实和利益纠葛,真正实现息诉止纷、案结事了,真正达到法律效果与社会效果的统一,是复议机关的重要职责。我国城镇化的快速发展对复议工作提出了更高要求。如何在充分考虑我国具体国情民情的基础上,以事实为依据,以法律为准绳,促使行政纠纷的柔性解决,需要我们更加积极的探索和不断创新工作方法。不断优化案件办理工作流程,增强审理透明度;更好地发挥专家作用,加强对重大复杂疑难案件的研究和审理能力;更加注重通过现场调查、会商会审等方式,确保案件审理公正合理；更加注重通过听证会、公开审理等多种方式倾听当事人的诉求，特别是更加有效的采取调解、和解的方式，缓和或者消除申请人与行政机关的对立情绪。如耿某等数十人来部复议其所在小区的围墙被规划部门列入违章，面临强拆。受理案件时耿某等人情绪激动，住房和城乡建设部耐心接待，听取申请人的陈述。后来查明，该小区围墙始建于50年代，但该地区的最新规划中未将此围墙纳入，执法部门依此下达限期拆除通知，引发小区群众不满来申请复议。为此，住房和城乡建设部多次组织有规划部门、执法部门、当事人参加的现场协调会，促进双方充分沟通。

（4）在复议案件审理中越来越体会到依法行政的重要性。从住房和城乡建设部办理的行政复议案件来看，部分领导干部法治意识不够强，执法人员行政行为不够规范，有法不依、执法不严等问题是导致复议申请的直接原因。例如，如被拆迁安置人崔某因安置住房由原来的经济适用住房性质变更为限价商品住房性质，导致安置成本增加，就该项目预售许可证的发放向住房和城乡建设部提起行政复议，经查实该预售许可证虽然形式要件齐全，符合相关法律规定，但存在住房性质变更监管不严，随意性较强的问题。谢某因住房困难申请廉租住房实物配租，当地房管部门给予其廉租住房租金补贴，谢某不服并向住房和城乡建设部提起行政复议，经查实该复议申请应当由当地房管部门受理，但案件中存在廉租住房安置政策文件未向群众公开的问题。杨某等8人复议请求撤销某规划部门作出的《建设用地规划许可证》一案中，规划部门作出规划许可的行政行为虽然在实体上符合法律规定，但是确实出现了使用旧制式文本，导致许可证上出现引用旧法条款的失误。

2010年8月，国务院召开了全国依法行政工作会议，温家宝总理作了重要讲话，指出要解决经济社会发展中出现的新问题，必须深化改革，同时也要求加快推进依法行政，建设法治政府。我们体会降低复议申请，从源头上化解行政矛盾，最根本的要求是依法行政。我们要认真贯彻落实《国务院关于加强法治政府建设的意见》，加强依法行政工作。

（四）小结

2010年住房和城乡建设部行政复议工作在部领导的高度重视下，在部内各司局和地方住房城乡建设部门的积极支持和大力配合下，取得了较好的成效，所有行政复议案件都按期办理，案结事了，未出现因住房和城乡建设部行政复议决定引发行政诉讼败诉的情况。同时，也要看到住房城乡建设部门在履行行政管理职能，建设法治政府的过程中，还存在不少薄弱环节，需要更好地组织对住房城乡建设系统领导干部群众的"六五"法制宣传教育工作，进一步增强执法人员的法治意识、服务意识和责任意识，不断研究完善行政管理各环节，改进和创新执法方式，着力提高政府公信力，促进依法行政。

第八篇

部属单位、社团与部分央企

一、部属单位、社团

住房和城乡建设部科技发展促进中心

【开展可再生能源建筑应用研究与实践】 2010年,住房和城乡建设部科技发展促进中心组织开展了"住房和城乡建设部、财政部可再生能源建筑应用专项"、"可再生能源建筑应用产业发展及经济激励政策研究"、"可再生能源建筑应用示范评估指标的研究"等课题研究。完成《光电建筑应用示范管理办法》、《建筑太阳能光伏系统设计与安装》图集、《可再生能源建筑应用产业发展及经济激励政策研究报告》和《可再生能源建筑应用示范项目验收评估指标研究报告》等研究成果。

为提高可再生能源建筑应用基础数据的采集和分析,组织开展了可再生能源建筑应用监测系统建设,2010年内实现住房和城乡建设部主楼屋顶太阳能光伏建筑一体化等13个项目数据上传。

【示范项目建设】 组织实施"2010年可再生能源建筑应用城市示范和农村地区县级示范"、"2010年太阳能光电建筑应用示范"等示范项目建设。在2009年示范的基础上新增示范城市18个、示范县46个,新增光电建筑应用示范99项(装机容量超过900万千瓦)。通过组织对各示范市、县示范项目和光电示范项目的评审、实地检查、指导与验收,总结可再生能源建筑应用建设经验,促进课题成果的转化,获得大量基础数据。

【组织开展可再生能源建筑应用示范项目管理工作】 2010年,住房和城乡建设部科技发展促进中心累计完成可再生能源建筑应用示范项目检测工作的项目145个,其中120个项目提交了检测报告,100个项目完成验收,下拨76个项目剩余补助资金。

太阳能光电建筑应用示范项目,完成了第一批13个建成示范项目的补助资金拨付工作;组织开展年度第二批太阳能光电建筑应用示范项目评审工作;组织人员对北京、浙江、山东、江西、内蒙古等7省市区2市共计26个示范项目进行检查和指导。

在建设领域节能减排专项监督检查期间,重点对可再生能源建筑应用示范市和农村示范县工作开展情况进行专项检查,检查示范城市14个、示范县16个、示范项目68个。

【"可再生能源与建筑集成示范工程"取得阶段性成果】 "可再生能源与建筑集成示范工程"是由住房和城乡建设部科技发展促进中心负责组织研究的国家"十一五"科技支撑计划课题,该课题旨在通过研究可再生能源与建筑集成技术并进行示范应用,实现该项技术的产业化、提高可再生能源技术在民用建筑中应用的贡献率。

在2009年工作基础上,2010年度住房和城乡建设部科技发展促进中心完成7个示范工程的技术验收工作;对27项新增可再生能源与建筑集成示范工程应用技术进行了评审,对16项推荐列入技术目录的技术进行整理汇总,发布《可再生能源建筑应用集成技术目录》;根据41个"示范工程"的设计、测试和调查数据,遴选出19个重点工程,按照系统设计、与建筑结合要点、系统评价三部分进行了分析,编写完成《可再生能源与建筑集成示范建筑案例集》,首次系统地介绍了可再生能源与建筑集成示范工程的监测技术,并结合课题实施情况分析了我国可再生能源建筑应用在"十一五"期间存在的技术问题,以及"十二五"期间应解决的重点问题。

【建筑能效标识研究】 2010年住房和城乡建设部科技发展促进中心重点围绕"十一五"国家科技支撑计划"建筑能耗统计与能效标识方法"子课题"建筑能效测评标识技术",开展了相关管理制度和技术体系研究。结合建筑能效标识实践过程中的问题,重点加强建筑能效标识能力水平建设,修订《民用建筑能效测评标识管理规定》,发布了25项建筑项目的理论值标识,完成《建筑能效标识技术标准》(征求意见稿)。

【民用建筑能耗统计在全国范围内启动】 2010年是民用建筑能耗统计工作在全国范围内启动之年，为保证有关工作顺利开展，住房和城乡建设部科技发展促进中心重点在完善民用建筑能耗统计基础性、加强日常管理和强化数据分析挖掘三方面开展了工作：印发了《民用建筑能耗和节能信息统计报表制度》，起草了《民用建筑能耗和节能信息统计人员工作手册》和《民用建筑能耗和节能信息统计管理办法》；开展数据分析内容和方法研究；组织开发"民用建筑能耗和节能信息统计数据报送系统"和"建筑能耗和节能信息统计数据分析系统"；配合住房和城乡建设部建筑节能与科技司在宁夏、内蒙古、河北、湖北、云南、黑龙江和北京、重庆8个省（自治区、市）开展了统计工作培训。

【住房和城乡建设部"绿色建筑评价标识"工作进展】 为引导绿色建筑健康发展，受住房和城乡建设部委托，住房和城乡建设部科技发展促进中心2010年共组织评出9项"绿色建筑设计评价标识"项目，协助地方评出18项"绿色建筑设计评价标识"项目，总计完成27项"绿色建筑（设计）评价标识"项目的评价工作。同时完善申报评价管理系统，实现网上申报、管理、自评估、专业评价、专家评审功能。通过评价活动，规范了绿色建筑的发展，提高了绿色建筑的设计水平。

【地方绿色建筑评价标识培训考核工作逐步开展】 为贯彻落实住房和城乡建设部《关于推进一二星级绿色建筑评价标识工作的通知》（建科〔2009〕109号）精神，推进绿色建筑评价标识工作，加强地方绿色建筑评价工作的技术水平和能力建设，2010年，住房和城乡建设部科技发展促进中心针对未获得开展一二星级绿色建筑评价标识工作批复的省市，及时解决申报过程中遇到的问题，帮助其尽快成立地方标识管理机构，组建专家委员会，完善管理技术文件。厦门市、山东省、天津市、湖北省、陕西省、湖南省、青岛市、黑龙江省、吉林省9个省市获得住房和城乡建设部批复，累计获得批复省市达到21个。

【"绿色建筑评价标准框架体系研究"继续深化】 2010年住房和城乡建设部科技发展促进中心组织完成了"绿色建筑评价标准体系研究"课题研究工作。该项研究通过分析我国绿色建筑现行评价体系的应用现状、比较国内外绿色建筑框架的优缺点，分析现行标准体系与绿色建筑评价标准体系的关系，提出符合我国国情的绿色建筑评价标准体系框架、评价指标体系和评价方法。经课题验收专家组评定，有关研究成果达到国际先进水平。有关成果对推进绿色建筑评价标识工作，提高绿色建筑评价的合理性、公平性和普适性，为建立符合我国国情的绿色建筑评价标准体系框架结构奠定了基础。

【开展行业科技成果评估推广，促进科技成果转化】 2010年，住房和城乡建设部科技发展促进中心共受理科技成果评估项目138项，涉及城乡规划、城市建设、村镇建设、建筑节能与新能源利用、节水与水资源开发、信息化等领域。经形式审查和技术审查，有111项申报项目符合科技成果评估要求。经专家评审，其中：达到国际领先水平的3项；达到国际先进水平的24项；达到国内领先水平的69项；达到国内先进水平的14项，其他1项。此外，开展国外技术评估1项。

全年住房和城乡建设部科技发展促进中心共受理推广申报项目160项，经形式审查和技术审查，139项专家评审获得通过，列入2010年全国建设行业科技成果推广项目，此外，缓评3项，不推广12项。

2010年，根据节能减排等新的行业发展要求，重点开展以建立建筑节能技术推广应用、限制与禁止使用技术目录为主要内容的评估推广工作长效机制研究，编制《建筑节能新技术推广及限制禁止使用落后与淘汰技术暂行管理办法》，并配合建筑节能与科技司开展"墙体材料革新"、"节能省地宜居型住宅技术和既有建筑节能改造技术推广行动"和"建筑节能材料淘汰（限制使用）和推广应用制度研究"等工作。通过开展墙体材料推广应用和限制、禁止技术征集，组织全国建筑保温与结构一体化技术和新型结构体系技术交流研讨会等方式促进了相关行业科技成果的转化与应用。

【华夏建设科学技术奖励评审】 "华夏建设科学技术奖"是住房和城乡建设领域重要的科学技术类奖项。2010年度华夏奖奖励办公室接受有效申报项目198项。按评审专业划分：建筑工程101项、城建23项、规划12项、标准规范17项、建筑机械7项、智能信息26项、软科学研究12项。申报评奖单位包括全国主要省（自治区）住房和城乡建设厅、直辖市建委，住房城乡建设部和国资委直属单位，住房城乡建设行业重点企事业单位和相关大专院校科研机构等。由于近年倡导国民经济的可持续发展，申报项目中建筑节能、城市水资源和环境保护方面项目较往年有所增多。

经专业组专家和评审委员会评定，并根据公示期间申报单位提出的实质性异议，最终决议2010度共评出获奖项目86项，其中一等奖10项，二等奖26项，三等奖50项。

【组织开展国家水专项的管理实施与研究工作】 作为住房和城乡建设部水专项研究工作主要参加单位，

科技发展促进中心2010年组织开展了国家水专项"城市水环境系统规划和管理技术研究与示范"项目,牵头组织并具体开展"城市水环境系统设施的监控和预警研究与示范"、"城市水环境系统综合评价体系研究与示范"两课题的研究工作,具体承担"城市水环境综合整治技术集成与基础支撑平台建设"、"城镇水污染控制与治理共性技术综合集成"课题中有关子课题的研究工作,取得阶段性成果,为"十二五"深化有关项目和课题研究,开展示范项目建设奠定了基础。

【科技示范工程项目的组织与管理】 科技示范工程是推进行业科技成果转化的重要手段。2010年,住房和城乡建设部科技发展促进中心配合部有关司局,组织专家评审完成53项科技示范工程的立项申报工作。包括:绿色建筑示范工程10项、低能耗建筑示范工程5项、生态城市示范工程1项、市政公用示范工程11项和建筑工程示范工程26项。

在做好项目申报和验收阶段管理工作的同时,2010年度,住房和城乡建设部科技发展促进中心重点开展了示范工程前期咨询、中期论证等工作,加强了对示范工程项目的过程管理。并配合部建筑节能与科技司,组织召开"双百工程——绿色建筑技术交流及项目管理要求"等会议,促进项目单位的交流沟通。

【广泛开展建筑节能国际合作项目】 2010年度,围绕建筑节能工作,住房和城乡建设部科技发展促进中心广泛开展国际合作项目研究:与联合国开发计划署(UNDP)开展"被动式房屋在中国北方地区及夏热冬冷地区的适用性"项目;与德国环境部启动"中国新建建筑领域碳市场-规划类CDM,新领域方法学,开发一个国内贸易平台"项目,与德国能源署合作开展"被动房和低能耗建筑示范"等国际合作项目。有关项目取得了《欧洲被动式-低能耗建筑技术调研报告》、《被动式-低能耗建筑在中国北方地区及夏热冬冷地区应用的可行性分析报告》等多项研究成果,在上海、天津、哈尔滨、沈阳、唐山、秦皇岛、盘锦建设了示范项目,对推动我国建筑节能技术发展和行业科技进步起到了积极作用。

(住房和城乡建设部科技发展促进中心)

住房和城乡建设部执业资格注册中心

1. 执业资格考试

【考试报名参考人数】

(1) 2010年5月8~11日,全国一级注册建筑师资格考试。全国共有142743人次报名参加考试。

(2) 2010年5月8日、9日,全国二级注册建筑师资格考试。全国共有33254人次报名参加考试。

(3) 2010年9月18日、19日,全国勘察设计注册工程师15个专业基础考试以及16个专业的专业考试。15个专业基础考试报考情况见表1。表2为16个专业考试报考情况。

(4) 2010年10月23日、24日,全国注册城市规划师考试。全国共有16872人、61487人次报名参加考试。

(5) 2010年9月11日、12日,全国一级建造师考试。全国共有499803人、1691437人次报名参加考试。

(6) 2010年6月26日、27日,全国二级建造师考试。全国共有676647人、1819709人次报名参加考试。

(7) 2010年10月24日、25日,全国物业管理师首次考试。全国共有56420人报名参加考试。

15个专业基础考试报考情况　　表1

专　业	报名人数
一级注册结构工程师	30035
注册土木工程师(岩土)	13697
注册公用设备工程师(暖通空调)	7774
注册公用设备工程师(给水排水)	9473
注册公用设备工程师(动力)	2502
注册电气工程师(供配电)	11956
注册电气工程师(发输变电)	4574
注册化工工程师	3757
注册土木工程师(港口与航道工程)	1015
注册土木工程师(水利水电工程)(水利水电工程规划)	1609
注册土木工程师(水利水电工程)(水工结构)	3372
注册土木工程师(水利水电工程)(水利水电工程地质)	352
注册土木工程师(水利水电工程)(水利水电工程移民)	379
注册土木工程师(水利水电工程)(水利水电工程水土保持)	1724
注册环保工程师	10583

16个专业考试报考情况　　　　　　　　　　表2

专　　业	报名人数
一级注册结构工程师	18702
二级注册结构工程师	8750
注册土木工程师(岩土)	4741
注册公用设备工程师(暖通空调)	2408
注册公用设备工程师(给水排水)	4496
注册公用设备工程师(动力)	729
注册电气工程师(供配电)	2805
注册电气工程师(发输变电)	1024
注册化工工程师	1376
注册土木工程师(港口与航道工程)	276
注册土木工程师(水利水电工程)(水利水电工程规划)	482
注册土木工程师(水利水电工程)(水工结构)	1068
注册土木工程师(水利水电工程)(水利水电工程地质)	290
注册土木工程师(水利水电工程)(水利水电工程移民)	217
注册土木工程师(水利水电工程)(水利水电工程水土保持)	717
注册环保工程师	2363

【试题库建设】

(1) 组织完成全国勘察设计注册工程师基础考试题库第一阶段10套试题验收工作。

(2) 继续开展一级建造师考试题库试题征集工作，进一步补充一级建造师试题库，提升试题质量，完善知识点覆盖。初步建立二级建造师考试题库。

(3) 启动注册建筑师考试知识题题库建设工作。与软件编制单位共同商讨有关细节问题；着手编写题库建设需求书籍。

2. 执业资格注册

【一级注册建筑师、一级注册结构工程师和注册土木工程师注册】 2010年共办理一级注册建筑师、一级注册结构工程师和注册土木工程师(岩土)各类注册及证书、印章发放共计36418人次。其中一级注册建筑师各项注册11318人次，一级注册结构工程师各项注册21742人次，注册土木工程师(岩土)各项注册3358人次。全国累计一级注册建筑师有效注册人数22853人、一级注册结构工程师有效注册人数37168人、注册土木工程师(岩土)有效注册人数10148人。全国二级注册建筑师统计备案注册人数20672人，二级注册结构工程师统计备案注册人数6612人。

【公用设备工程师、注册电气工程师和注册化工工程师注册】 2010年4月1日启动了注册公用设备工程师、注册电气工程师和注册化工工程师注册工作。2010年共办理完成注册公用设备工程师注册9973人、注册电气工程师注册7352人、注册化工工程师注册1878人。

【一级建造师注册】 2010年全年共办理审查完成一级建造师注册材料31616人次。全国累计已注册一级建造师215982人。

【城市规划师注册】 2010年全年共办理注册城市规划师注册登记初始、续期换证、变更、转换、注销等9145人次。全国累计注册登记注册城市规划师12647人。

【注册管理相关工作】

(1) 组织开发《全国一级注册建筑师、注册工程师注册人员照片和手写签名数据库》软件工作，并于2010年11月1日起在深圳市开始一级注册建筑师和一级注册结构工程师注册人员照片和手写签名上报的试点工作。

(2) 2010年7月，注册中心在贵州省贵阳市组织召开了全国注册城市规划师注册登记管理会议。会议主要讨论了注册城市规划师考试、注册、继续教育管理等工作，审议《注册城市规划师注册登记申报管理程序》（草案），听取关于改进《全国注册城市规划师注册登记申报信息系统软件》的建议。根据会议意见，注册中心修订颁发《注册城市规划师注册登记申报管理程序》，初步完成《全国注册城市规划师注册登记信息系统》的升级工作。

3. 继续教育工作

【注册建筑师继续教育与相关教材编写】

(1) 2010年初启动注册建筑师第七注册期必修课继续教育工作，举办必修课教材师资培训班，制定并下发了教学计划，各地共培训注册建筑师18000余人。

(2) 通过组织有关专家策划选题，编撰完成注册建筑师第八注册期的必修课教材《职业建筑师业务指导手册》，该选题通过研究借鉴国际通行的职业建筑师执业内容，以标准化服务内容来提高国内注册建筑师的服务水平，促成行业服务规则的建立和建筑业的科学发展；确定注册结构工程师第六注册期的必修课选题《建筑施工新技术》。

(3) 组织中国城市规划学会有关负责人及部分专家，编制完成注册城市规划师第二注册周期继续教育必修课教材初稿。

4. 综合研究与协调

【召开"全国勘察设计注册工程师考试工作座谈会"】 2010年3月，全国勘察设计注册工程师管理委员会秘书处组织召开全国勘察设计注册工程师考试工作座谈会。对2009年度全国勘察设计注册工程师考试和相关工作情况进行总结，提出2010年度考试管理工作的具体要求。

【举办"工程建设执业资格管理工作座谈会和注册建筑师、勘察设计注册工程师管理委员会会议"】 2010年8月26～27日，注册中心在山东省济南市举办"工程建设执业资格管理工作座谈会和注册建筑师、勘察设计注册工程师管理委员会会议"。对2006年以来全国注册建筑师、勘察设计注册工程师和建造师执业资格管理工作情况进行总结，对优秀执业资格管理人员和优秀考试命题专家进行表彰颁奖。出席会议的有关领导对如何做好执业资格管理工作提出具体要求。全国注册建筑师管委会和勘察设计注册工程师管委会委员审议了部分待议文件。

【协调开展桥梁、海洋和材料专业的执业资格启动报批工作】 根据《勘察设计注册工程师总体框架及实施规划》，桥梁工程专业管理委员会、海洋专业管理委员会和材料专业管理委员会拟定各自专业的《暂行规定》、《资格考试实施办法》和《资格考核认定办法》，并上报待审批。

【尚未实施执业资格制度的专业行政许可立项的审批准备】 进一步加大沟通协调力度，积极做好勘察设计注册工程师尚未实施执业资格制度的专业行政许可立项的审批准备工作。积极筹备铁路工程、农业工程、核工业工程、民航工程、电信工程等专业的报批工作。

【首次资格考试的专业命题准备工作】 督促即将进行首次资格考试的专业做好命题准备工作。针对已经启动的机械、冶金、采矿/矿物、石油天然气和道路工程等专业还没有考试的情况，进一步加强与相关部门的沟通协调，争取考试收费标准的尽快审批。同时督促相关专委会做好首次考试的各项准备工作。

【开展相关课题的研究】 督促、指导各有关专业部门修改完善本专业部门在"勘察设计注册工程师执业管理办法"中有关执业范围和签章目录等项目。

【规范与专业委员会之间的制度化建设】 加强委员会秘书处管理制度化建设方面的研究，明确全国委员会和各专业委员会的工作职能、责任和义务，规范与专业委员会之间的工作程序，明确各项工作环节的规章制度。

5. 国际联络

【参加CEPA工作内部协商工作会】 2010年2月，参加CEPA工作内部协商工作会。重点研究香港专业人士投资设立专业事务所，以及通过互认取得内地注册建筑师、注册结构工程师在广东省开展注册执业试点工作问题。内部会议形成的一致意见写入《CEPA补充协议7》，并于5月25日签署。

【完成第五批内地注册城市规划师和香港规划师学会会员资格互认收尾工作】 2010年5月，两地互认最后一批港方参考人员报审获批。至此，历时五年的两地互认培训、考核工作全部结束。

【开展推荐全国百名一级建造师取得英国皇家建造学会正式会员资格工作】 2010年5月下旬，经与英国皇家建造学会进行沟通与协商，拟定了工作方案，设计起草有关文件表格，依据文件规定的推荐条件对申报人员情况进行了认真审核，并报住房和城乡建设部批准，保证所推荐的申报人员为建筑施工企业一线工程管理和工程技术人员，大多数获得过工程类奖项并且具有境外工程项目施工管理经历，外语水平较高。10中旬完成了93人的推荐工作。本次推荐工作是帮助注册执业人员了解国外工程管理情况，分享工程管理经验，推荐优秀人才走出去的一次积极尝试。

【组团出席2010年11月2～5日在韩国光州召开的第十四届中日韩注册建筑师组织交流会】 完成与会人员外事手续办理、会议资料准备、协助落实各项会议议程等工作。

【有关业务交流与外事会谈】

（1）3月31日接待美国绿色建筑委员会代表团来访与交流，向客人介绍国内绿色建筑为主题的继续教育情况。

（2）5月6日，台湾新党主席郁慕明在国台办陪同下与住房和城乡建设部建筑市场司、计划财务与外事司、注册中心就有关台湾开业建筑师资格认定和技师公会组团来大陆交流问题进行商谈。

（3）7月20日，参加住房和城乡建设部建筑市场监管司、计划财务与外事司召集的台湾技师公会代表团一行20多人来访会谈活动，会议介绍了大陆勘察设计注册工程师制度及实施的基本情况。会后，注册中心应台方要求，将大陆注册结构工程师考试、注册管理、继续教育等情况资料进行整理提交台方。

（4）10月中旬，注册中心副主任修璐出席在菲律宾召开的 APEC 建筑师项目中央理事会。会上，台湾代表提议开展 2011 年两岸建筑师考试交流活动。

(5) 12 月 3 日，接待英国结构工程师学会代表来访，双方相互交流信息。

(住房和城乡建设部执业资格注册中心)

住房和城乡建设部人力资源开发中心

【承担住房和城乡建设系统中英艾滋病策略支持项目实施和宣教工作】 受住房和城乡建设部人事司的委托，部人力资源开发中心（以下简称"中心"）依托中英艾滋病策略支持项目，对住房城乡建设系统管理干部、骨干教师开展防艾宣教工作，圆满地完成了 2010 年防艾宣教任务。

①先后在山西和广西组织开展市政公用、市容环卫、园林绿化等行业管理干部和骨干教师防艾宣教培训，共培训学员 219 人，并印制下发宣教海报 900 套和防艾光盘 300 张；②分别于 3 月和 4 月，组织防艾专干人员对防艾工作突出、建筑业农民工管理较为完善的云南省和上海市开展了调研和考察，并完成了调研报告的起草工作。对进一步提升住房城乡建设系统防艾工作的领导能力起到积极的推动作用；③参与中英艾滋病策略支持项目终期评估工作。在对该项目成果评估和经验总结与分析的基础上，完成总结报告的起草工作，并配合部人事司完成行业防艾宣教政策性文件初稿的起草工作。

【承担城乡建设系统重点项目培训工作】 受部有关司局委托，中心结合自身优势，根据部培训计划，对承办的每一培训项目，包括授课师资、培训教材、地点、收费标准及相关服务工作等都进行了精心策划和安排，使各项培训任务都达到预期的效果。2010 年，中心共举办各类人员培训班 19 期，培训学员 2253 人。其中，部委托的重点项目 5 个，举办培训班 8 期，培训学员 1302 名。

【完成部 2010 年专业技术职务任职资格评审工作】 2010 年，中心共受理部属各单位和行业委托评审单位的评审材料 1613 份，在对申报材料审核、分类、装订后，提交评委会进行评审。共召开评审会 33 个，参会专家 300 余人次。截至 12 月底，完成 2010 年度专业技术职务任职资格评审结果的公布和相关收尾工作。

【开展住房和城乡建设系统职业技能鉴定相关工作】 ①组织完成了建设行业砌筑工等 8 个职业（工种）国家职业标准修订；②为配合国家职业大典修订，与国家职业技能鉴定中心共同组织了建设行业典型企业职业（工种）设置调查，并在对涉及土建、市政、园林、物业等行业的调查结果进行汇总归纳，为国家职业大典修订提供了一定的基础资料；③为完善建设行业职业分类体系框架，组织相关协会分头就本行业特有职业（工种）的设置开展了调研，并以建筑业为重点，会同建筑业协会通过发函、走访、召开座谈会等多种形式进行深入调研，在此基础上组织专家反复研究，形成了基本涵盖建筑施工、安装、机械和装饰装修等领域的《建筑业特有职业（工种）分类目录》。

【人事代理服务】 截至 2010 年底，中心人事代理单位达到 800 多家、16000 多人。一年来，中心除进一步简化办事程序，完善"一站式"服务和"首问负责制"外，还通过向客户发放调查问卷、走访等形式，广泛征求人事代理单位意见和需求，并提供相关培训服务，得到了一致好评。

【发挥人才市场配置作用，促进人才服务上台阶】 ①高级人才职位推荐。2010 年，先后为 9 家部属单位和有关企业成功推荐地产副总、注册建筑师、注册结构师、办公室主任等 17 人；为部规划中心、造价协会、中国昆仑工程总公司等 12 家企事业单位的设计制图员、污水处理工程师、预算师、遥感数据分析师、房产销售置业顾问、行政职员等专业岗位的 58 名候选人提供了人才测评服务，提高了用人单位选人用人质量；②人才信息库建设。截止到 2010 年底，人才数据库人才简历数量突破 5 万多份，比上年同期增长 144%，为用人单位招聘工作提供了信息支持；③社会化培训项目发展稳定。中心与工业与信息产业部人才中心合作的"全国电气智能工程师水平考试（NCEE）"项目，共培训和考试 4 场，通过考试人数 1923 人，比 2009 年增长 9.5%。同时，"房地产营销人员能力培训（OSTA）"项目，在试点的基础上，共组织培训和考试

4期，参加人数254人，比2009年增长142%；④人才招聘会效果明显。2010年，由中心牵头、有关部委参加的现场招聘会2场，共有268家单位参会，发布招聘岗位信息近6000个，到会求职者约6700多人。9月和12月中心与新浪地产网合作，成功举办两届全国建设行业人才网络招聘会，吸引了210家建筑、房地产、物业企业上网发布招聘信息2000多个。此外，第四季度还参加了由教育部和人力资源和社会保障部分别举办的高校毕业生服务周网络招聘会活动，共组织82家企业网上发布招聘信息900多个。人力资源开发中心发挥资讯和培训的优势，打造线上线下的多维立体渠道，为流动人员就业起到了桥梁作用。

（住房和城乡建设部人力资源开发中心）

住房和城乡建设部干部学院

【概况】 2010年住房和城乡建设部干部学院主动做好"四个服务"，认真完成各项培训工作。全年共完成培训项目66个，培训班数159个，培训人数12468人，比上年同期增长27%。

【中央党校中央国家机关分校直属班培训工作】 按照中央党校的教学计划安排，举办2010年春、秋两期党员处级干部培训班，共有住房和城乡建设部部机关、部直属事业单位及16个部委的党员处级干部79人参加学习。

【获评"办学先进单位"和"优秀办学单位"】 在中央党校庆祝成立30年的大会上，被中央党校评为"办学先进单位"，被中央党校中央国家机关分校评为"优秀办学单位"，同时通过ISO 9001质量管理体系认证。向寒松、王智勇分别获得中央党校分校"优秀工作者"和中央党校分校"特殊贡献奖"光荣称号。

【围绕部中心工作，为部机关各司局服务】 为部机关各司局服务是干部学院"四个服务"中的最重要部分，学院机构调整后增强了为司局服务的力量，围绕各司局的重点工作，配合司局开展了相应的培训工作。学院2010年与8个司局合作举办了10个培训项目，共计13个班次，培训了2576人，培训人数较上年全年（960人）增加了160%。

【举办城镇住房保障领导干部培训班】 受住房和城乡建设部住房保障司和人事司委托，学院在北京举办了"2010年城镇住房保障领导干部培训班"。副部长齐骥到会并做重要讲话。全国各省地级以上城市住房保障管理部门负责同志及相关人员共389人参加了培训。

【举办部属单位局级领导干部培训班】 为进一步加强部属单位领导班子建设，推动部属单位改革和发展，部人事司委托学院举办部属单位领导干部培训班。来自部属事业单位、部属社会团体的40多名局级领导干部参加了培训。

【举办住房公积金贷款风险管理培训班】 受部住房公积金监管司委托，干部学院分别在西安和重庆举办两期住房公积金贷款风险管理培训班。对来自全国各省市的住房公积金管理中心有关负责同志共540人就加强金融管理法律法规、贷款管理制度、住房公积金贷款管理流程、个人贷款的风险评估、防范的对策及措施进行了培训。

【举办住房城乡建设稽查执法工作专题培训班】 为贯彻落实全国住房城乡建设稽查执法工作座谈会精神，提高建设稽查执法队伍业务素质和综合执法监督能力，全面履行住房城乡建设稽查执法职责，促进住房城乡建设事业可持续健康发展，受部稽查办公室委托，干部学院在上海举办了"住房城乡建设稽查执法工作专题培训班"，共有来自全国15个省市的学员328人参加了培训。

【举办建设系统行政复议工作培训班】 为深入贯彻党和国家关于行政复议工作的要求，不断提高住房城乡建设系统行政复议工作人员的业务素质，受部法规司委托，在昆明、兰州、哈尔滨共举办3期"住房城乡建设系统行政复议工作培训班"，来自全国的共计788名学员参加了培训。

【举办部机关后勤综合素质专题培训班】 为提升机关后勤工作人员的管理水平、业务素质、保障和服务能力，干部学院受部机关服务中心委托举办"机关后勤综合素质专题培训班"。专门为部机关服务中心设计了培训项目，面向部机关服务中心全体工作人员，根据中层干部和一般员工的具体情况对培训内容进行适当的组合。采用每周或双周上课、集中培训、理论讲授、经验交流等多种形式进行了培训。

【其他培训工作】 完成部人事司委托的部属事业单位和部管社团人事部门干部培训班、部计划财务与外事司委托的建筑业企业统计培训班、部办公厅委托的住房城乡建设系统政务信息报送工作培训班。

【加强和地方联系，为地方建设行政主管部门服好务】 继续落实姜伟新部长关于援助青海省干部培训工作的指示，学院举办了第二期"青海省黄南州尖扎、泽库等县干部培训班"。黄南州及尖扎、泽库、同仁、河南等县主管新农村（牧区）规划和建设工作的45名领导干部参加培训。此外，学院还与河南、山西、青海、贵州、湖南、内蒙古等省区联系，开发了"建设系统公务员管理"、"节能改造"、"一级建造师"、"物业师资格考试"等培训课程，全年共完成地方委托培训班6期，培训510人。

【紧跟行业热点，服务行业发展】 学院各培训部门围绕部和司局的重点工作，结合建设领域的相关热点，开展建设行业社会性短期业务培训班，重点开展上海世博会建筑科技新成果系列研讨班、公共租赁住房建设与管理、节能减排、城市规划、法规标准宣贯等专业技术人员培训班和注册建造师、建筑师、规划师、物业师、结构工程师考前培训班。共完成培训班次81个，共培训7962人。

【面向建筑企业培训工作】 学院受中铁四局的委托，开展了"建筑企业劳务管理"培训班。受北京市政集团、武钢工程技术集团、中国核工业第二三建设有限公司、青海省公路工程建设有限公司、长江宜昌航道工程局等单位委托，开展"一级建造师"培训6期，共培训459人。

【继续办好越南培训班，拓展国际合作渠道】 继为越南举办了多期"越南建设系统领导干部培训班"以后，2010年干部学院又和越南建设与都市管理干部学院联合举办了3期关于反腐败、文化体育、城市规划培训班，共计培训52人。

除为越南培训之外，学院尝试扩大与国外的交流与合作，积极参与世界银行环境开发署的培训项目，与美国密苏里州立大学商学院、巴黎HEC商学院的合作培训也在接洽中。

学院在进行好各项培训工作的同时，积极开展好其他各项工作。2010年3月，干部学院被评为"中央国家机关文明单位"，6月被中央综治办授予2009年度"平安单位"光荣称号。

（住房和城乡建设部干部学院）

中国市长协会

【举办"2010中国市长论坛"。】 "2010中国市长论坛"暨中国市长协会四届四次常务理事扩大会于7月17~18日在哈尔滨召开。此次会议由中国市长协会和哈尔滨市人民政府共同主办，黑龙江省市长协会和牡丹江市人民政府共同协办，主题为"加快发展方式转变，推进健康的城镇化"。来自全国近百个城市的市长、有关部门负责人和嘉宾等300多人齐聚美丽的哈尔滨，共商中国城镇化发展大计。

中国市长协会会长、北京市市长郭金龙，中国市长协会执行会长、住房和城乡建设部部长姜伟新，住房和城乡建设部副部长仇保兴，国务院发展研究中心副主任刘世锦，中国市长协会专职副会长陶斯亮以及黑龙江省和哈尔滨市领导出席会议并讲话。

此次论坛在"加快发展方式转变，推进健康的城镇化"的主题下，设5个分议题：①重视东中西部优势互补和区域协调发展，加快产业结构升级转型；②能源资源耗费、环境治理问题，低碳城市建设；③重视政府创新的内容、方式和效果，努力提高城市政府的行政办事效率；④健康城镇化的途径；⑤公共医疗卫生投入与健康的城镇化。

中国经济体制改革研究会会长宋晓梧、国家发改委副秘书长杨伟民、中国改革基金会国民经济研究所所长樊纲、世界自然基金会专家以及雷士照明、强生等国内外知名企业高管就上述问题发表了精彩演讲。

部分城市市长结合城市特点，介绍各自城市在产业结构升级转型，提高城镇化、城乡一体化战略的实践以及自主创新能力、节能降耗、可持续发展等方面的成功经验。

【编辑出版《中国城市发展报告2009》】 2010年5月11日，由中国市长协会主办、国际欧亚科学院中国科学中心承办的《中国城市发展报告（2009）》卷，在京举行首发式。《中国城市发展报告》是一份综合性年度报告，自2001~2002年的第1卷起，已连续出版8卷,系统记述了中国城市的发展过程,它的连续出版将有助于读者了解我国城市发展的全貌,总结城市发展的经验,思考城市发展中的问题。

《中国城市发展报告(2009)》卷以"构建和谐城市,应对金融危机,扩大社会保障"为主题,特邀数十位院士、专家和学者撰稿,全面记叙我国城市发展的进程、热点、焦点和典型案例。《报告》分为六大篇章:论坛篇、综论篇、观察篇、专题篇、案例篇、附录篇,全书共60万字,插图51幅。

第九届、十届全国人大常委会副委员长,国际欧亚科学院中国科学中心主席蒋正华,住房和城乡建设部部长、中国市长协会执行会长姜伟新,分别为《报告》作序。两篇序言均对"构建和谐城市,应对金融危机,扩大社会保障"的主题做了精辟的诠释,对2009年的中国城市发展提出了高屋建瓴的整体思考。

【编辑出版《中国城市状况报告(2010/2011)》】 10月4日,在由联合国人居署、住房和城乡建设部、上海市人民政府在上海共同举办的"2010年世界人居日"庆典活动上,中国市长协会与国际欧亚科学院中国科学中心和联合国人居署联合发布与世博会具有相同主题的英文版《中国城市状况报告(2010/2011)》。

《中国城市状况报告(2010/2011)》第一次用英文向全世界介绍中国的城市状况。报告的主题与2010年世界博览会和世界人居日的主题一致:"城市,让生活更美好"。《中国城市状况报告(2010/2011)》向世界各国推介和评述中国城市发展状况,报告中提出的各种数据和分析,旨在促进读者对建设宜居城市的认识和理解,分享城市发展中的经验和教训,为中国的发展寻求得更加美好和睦的途径。

【成功举办清华-耶鲁环境与城市高级研究班】 2010年5月11~29日,由中央组织部主办、住房城乡建设部承办、中国市长协会具体执行的"清华-耶鲁环境与城市可持续发展高级研究班"在清华大学和耶鲁大学成功举办。参加研究班的学员由国内部分城市的市委书记和市长等组成,共19人。研究班学员在清华大学和耶鲁大学分别听取了环境与可持续发展专题讲座,实地考察了美国纽黑文、纽约、芝加哥和波特兰4个城市的市政设施和城市环境,与相关机构和人员进行了交流。

【成功举办第30期中德城市管理研讨会】 2010年6月9~27日,由中央组织部主办、住房城乡建设部承办、中国市长协会具体执行的"经济结构转型与城市建设管理专题研究班(第30期中德城市管理研讨会)",完成专题研究任务。本期研究班共有21名学员,住房城乡建设部副部长郭允冲任团长,来自14个城市的市委书记、市长和中国建筑股份有限公司、中组部、中国市长协会的同志参加。

【举办第20期新加坡"中国市长研讨班"】 经外交部、住房城乡建设部批准,2010年8月29日至9月7日,中国市长协会组织第20期"中国市长研讨班"赴新加坡学习。

第20期"中国市长研讨班"17位成员来自于全国9个省,出国前由外交部和中国市长协会派员组织业务培训。此次学习考察采取专题讲座、座谈讨论、现场考察、参观访问等多种形式,了解新加坡的社会发展和城市规划、建设、管理以及政府事务管理等方面的情况与经验。

(中国市长协会)

中国建筑工业出版社

1. 图书出版

【概况】 2010年,中国建筑工业出版社围绕部中心工作和重点工作,策划出版了住房建设、节能减排、绿色建筑、城乡规划、市政建设、新技术应用、房地产、质量安全、抗震减灾、新农村建设等方面的选题、图书,做好出版服务工作。注重选题规划,进一步调整出版物结构,加强自主策划,注重选题的系列化。全年共批准选题1500多种,策划申报了20种国家"十二五"规划重点出版物,有10种被列为国家"十二五"重点出版物(其中1种电子出版物和1种音像出版物)。

【重点出版项目】 2010年出版社继续推进重点系列理论、应用图书的出版,通过品牌图书,使出版社在专业出版领域的信誉和优势不断巩固。

"世博会丛书"为传播展示上海世博会建设成果,

出版社适时推出了一系列世博会专题图书。《二〇一〇年上海世博会建筑》一书秉着世博会对工业文明的反思和可持续发展的建设成果传播给广大的专业读者的宗旨编写。全书共收集了七十余个世博场馆，分四部分：一轴四馆、国家馆、企业馆和其他，除了着力介绍新建场馆外，还收罗了众多工业遗产的改建建筑。《上海世博会可持续规划设计》结合作者五年工作实践，总结世博会园区规划中在可持续设计方面的实验与探索，在既有建筑利用、生态要素模拟、可持续规划设计方法以及生态项目落实过程中的控制管理体系和建设实践等方面，进行了系统论述。

"十一五"国家重点规划图书 出版社以建设事业"十一五"规划和市场需求为中心，强调自主策划和原创性选题的开发，抓住优势领域的同时力争多板块同步扩张，突出学术理论、应用技术、文化积累和国家重大建设工程技术图书的出版，致力于在专业出版领域做大做强，努力挖掘优质出版资源，制订重点选题规划，突出学术理论、应用技术、文化积累和国家重大建设工程技术图书的出版。2010年是"十一五"的最后一年，出版社完成了《中国民居建筑丛书》、《北京奥运建筑丛书》、《新农村建设丛书》等"十一五"规划国家重点图书的出版工作。

《新农村建设丛书》该丛书为新闻出版总署"十一五"国家重点规划图书，"十一五"国家科技支撑计划重大项目《村镇空间规划与土地利用关键技术研究》研究成果之一。以倡导新型发展理念和健康生活方式为目标，以农村基础设施建设为主要内容，为新农村建设提供全方位的应用技术，有效地指导村镇人居环境的全面提升。全套丛书共分为十二册，包括《农村规划与村庄整治》、《农村基础设施建设及范例》、《农村电气化与节约用电》、《农村水利与节水灌溉》、《农村用水管理与安全》、《农村信息化与数字农业》、《农村基础设施投资与融资》、《新农村建设政策解读》、《农村土地资源利用与保护》、《农村新型民居与范例》、《农村种植与养殖设施》、《农村建材与工程施工》。

【大型工具书修订】 《建筑施工手册》反映最新施工技术水平，书中囊括许多最新的科研成果，内容系统丰富，实用性强，是建筑工程技术人员的得力助手。该书一直跟踪最新发展的施工技术内容，反映住房城乡建设部在建筑业重点推广的新材料、新技术、新工艺，并紧密结合最新的建筑材料、建筑结构设计、建筑安装施工质量验收等标准、规范、规程进行编写，符合最新规范、规程、标准的要求。手册已历经四次修订，每次修订都突出内容简洁、资料齐全、实用、查找方便，新技术含量高的特点。《建筑施工手册》（第五版）的修订工作召开多次审稿会，基本全部完成手册的审定工作。

《建筑设计资料集》丛书系统、全面，涵盖建筑设计工作的各项专业知识，包括古今中外建筑设计的各个领域；不仅与水、暖、电、卫、建筑结构、建筑经济等专业有着水乳交融的密切关系，而且还涉及哲学、美学、社会学、人体工程学、行为与环境心理学等诸多知识领域。《建筑设计资料集》（第三版）编委会成立，组织14个核心单位参与资料集的编写，确定编写大纲，修编工作全面启动。

【教材与考试用书出版和修订】 出版社抓好春秋两季教材的征订、发稿工作，保质按时完成2010年教材的出版。主动与上级主管部门加强沟通，与各级各专业指导委员会、中国建设教育协会等一起策划教材、组织相关活动，加大对传统经典品牌教材的修订力度，加强教材的研发。出版社教材中心组织编制"十二五"教材出版规划，为社教材工作的长远发展打下良好基础。2010年一、二级建造师考试用书出版码洋1.4亿元，各相关部门密切配合，很好地完成了考试用书的编辑、生产、销售、网上增值服务和打击盗版等任务。并根据部里的工作安排对一级建造师编委会进行了相应调整，为2011年的出版打下了基础。

【标准规范类图书出版】 出版社配合部里工作，出版了《舟曲灾后重建标准规范》、《援疆重要工程建设标准》等规范汇编。标准规范类图书出版量比上年翻了一番，结算效益增长近一倍。社网站"规范大全园地"开办5年来，为广大读者提供及时准确的规范相关信息，提高了出版社规范大全图书的品牌价值，受到了读者的关注和好评。

2. 获奖情况及出版基金情况

【荣获第二届中国出版政府奖三项大奖】 国家新闻出版总署2010年8月31日下发通知，决定开展第二届中国出版政府奖评选活动。此次评选工作历时4个月，最终从3066份符合条件的参评材料中评选出240个奖项，其中出版物奖120个、先进出版单位奖50个、优秀出版人物奖70个。中国建筑工业出版社被评为先进出版单位；《中国古代建筑史》（共5卷）获优秀图书奖；副总编辑张惠珍被评为优秀出版人物（优秀编辑）。中国出版政府奖是我国出版界的国家级奖，每三年评选一次。本次获奖的《中国古代建筑史》是一套按中国古代建筑发展过程而编写的全面、系统描述中国古代建筑历史的巨著，是迄今为止研究中国古代建筑史的最为全面的资料性书籍。按年代分为五卷：原始社会、夏、商、周、秦、汉建筑；三国、两晋、十六国、南北朝、隋唐时期建筑；宋、辽、金、西夏时期建筑；元、明时期的建筑；清代建筑。

【《文化遗产保护与城市文化建设》等获得中华优秀出版物奖】 在中国出版工作者协会主办的第三届"中华优秀出版物奖"评选中，获得图书提名奖（《文化遗产保护与城市文化建设》）、音像出版物提名奖（《建筑业农民工业余学校培训教学片》）、电子出版物奖（《结构工程虚拟现实可视化仿真方法及其应用》）3个奖项。"中华优秀出版物奖"每两年评选一次，是与"五个一工程"奖、"中国出版政府奖"并列的出版界三个大奖项之一。本届评选活动在2010年启动，对2008年1月1日至2009年12月31日期间的出版物和公开发表的论文进行评审，共评出出版物奖和优秀论文奖340项。

【其他奖项】 在第九届"输出版、引进版优秀图书评选"中，出版社共有6种15册图书获奖。并有3种图书获得第三届"中国建筑图书奖"，1种图书获得第一届"中国科普作家协会优秀科普作品奖"。

【获得出版基金情况】《新农村建设丛书》、《中国建筑之道》获得"国家出版基金"；《中国民居之美》获得"经典中国国际出版工程基金"

3. 年度经营管理与转企改制

【经营情况】 2010年，中国建筑工业出版社实际完成出书品种3123种，其中新书1314种，重印书1809种，共计6.23亿字，1382万册，用纸22万令。图书出版码洋6亿元，图书发货码洋5.38亿元，比上年同期增长6.1%。回款实洋2.91亿元，比上年增长2400万元，增幅9.06%。两项指标均创出版社历史最好水平。

【转企改制】 按照中办发〔2009〕16号文件《中共中央办公厅国务院办公厅关于深化中央各部门各单位出版社体制改革的意见》，中国建筑工业出版社进行了清产核资的财务审计、核销事业编制、注销事业法人，产权登记、企业工商注册、签订劳动合同、参加北京市基本养老保险等经营性事业单位转为企业所需的各相关工作。2010年12月21日《新闻出版报》予以通报。转企后出版社名称保持不变，打破了传统事业单位管理模式，逐步完善现代企业制度。

【整合市场资源】 出版社积极主动与部相关司局，行业学协会加强联系，争取部优质出版资源，与设计施工单位、教育科研机构及有影响力的行业网站等加强联系，有针对性地开展调研活动。与北京市建筑设计研究院、深圳市城市规划设计研究院等签署了"战略合作意向书"，合作完成了北京市建筑设计研究院编著的《BIAD建筑设计深度图示》等图书。

【系列活动】 2010年，建工出版社主办了第十八届中国民居学术会议及中国民居建筑图片展、第四届"结构工程新进展国际论坛"、第七届全国高等美术院校建筑与环境艺术设计专业教学年会暨海南国际旅游岛建设发展与地域特色研究高端论坛等活动。参加"第六届国际智能、绿色建筑与建筑节能大会"、"国际风景园林师第47届世界大会"、"全国工程管理专业院长（系主任）会议"等多个行业重要会议，进行图书展示和销售。举行"张祖刚论建筑文化"系列丛书、《中国住房观察与国际比较（第二版）》、建筑史研究文献等图书的首发式等活动。通过举办这些活动，增进了与专家学者的联系，获得了选题信息，进一步扩大了出版社的品牌影响力。

【国际合作】 充分利用法兰克福书展、北京国际图书博览会、中国图书对外推广计划工作小组的杂志和网站等平台扩大出版社的国际影响力，以引进带动输出，和国外知名出版机构建立长期合作关系。《二○一○年上海世博会建筑》相继推出了中、英、德、法、俄5种文版，受到了国务院新闻办、新闻出版总署有关领导的好评，每种文版一次性预购近千册；《上海世博会建筑》和《中国的世界遗产》推出英文网络版，对社图书"走出去"起到了积极推动作用。2010年6月，建工出版社出版的《中国美术艺术全集·建筑艺术编》、《中国古代园林史》等近20种图书被选为国家领导人访问澳大利亚的礼品书，成为传播中华文化的桥梁。10月与中国文物学会等联合在法国巴黎举办"中国建筑文化展"，全方位展示了具有中国特色的建筑文化，为建工出版社实施"走出去"战略进行了又一次有益的尝试。

【推进数字出版】 建工出版社充分认识到信息技术和新的阅读方式给传统出版业带来的机遇和挑战，推动传统出版向数字化转型。努力挖掘资源，进行数字、多媒体出版物选题的开发，社数字中心与相关图书中心合作开发了《城市规划资料集》电子版、《项目经理电子书架》、《现行建筑施工、设计、结构、市政工程规范大全电子版》等产品。探索数字出版盈利模式，与国家图书馆、北大方正公司、超星公司、新华社网站等合作，开展电子图书、电子图片的销售；在建工出版社网站开通面向个人读者（B to C）的电子图书销售业务，已完成 806 种数字图书的制作，上网 245 种。加快推进建立图书、图片数字化资源库等数字化基础工作，制定了《图书数字资源归档管理办法》。进一步丰富网站功能，建立经销商园地，向经销商、读者提供个性化服务。建工出版社网站被评为 2010 年全国出版业网站百强。举办数字出版学习研讨会，积极开展调研，研究如何将数字出版和传统出版协调发展，制定了数字出版发展规划。

【图书发行市场】 建工出版社贯彻执行《出版物发行代理连锁经营管理办法》，加强客户管理，严格合同的签订与执行，同时做好服务，完成年检、发证、评优、奖励等工作，组织好年度发行工作会议。连续几年的规范化管理，使得代理连锁系统在发行工作中持续发挥重要作用。继续加强扩大与新华系统，特别是发达地区大的新华集团的密切合作，与广东新华发行集团合作开展"建筑专业图书市场营销培训"，增加沟通交流，加强信息传递，提高服务水平，满足客户需求。在 2010 年建造师考试用书比上年有所下降的情况下，新华卖场总发货量仍有所增长，市场份额有所上升。针对不同板块图书，进一步创新营销方式，提升客服中心的服务水平，发挥卓越网的作用，积极开拓新的增长点。中国建筑书店 2010 年销售额 5737 万元，比上年增长 1000 万元，同比增长 22％。当当网、新华系统等大客户均有不同程度的增长。

（中国建筑工业出版社）

中 国 建 筑 学 会

【2010'中国建筑学会学术年会在上海举行】 2010 年 5 月 25～28 日，以"世博建筑——绿色创新设计"为主题的 2010'中国建筑学会学术年会在上海举行。中共中央政治局委员、上海市委书记俞正声，住房和城乡建设部副部长郭允冲，中国建筑学会名誉理事长叶如棠，中国建筑学会理事长宋春华等领导同志，以及来自业界的建筑师代表近 1000 人出席了本届会议。会议开幕式上举行了中国建筑学会"新中国成立 60 周年建筑创作大奖颁奖典礼"，并向第五届梁思成建筑奖获得者柴裴义、黄星元，第五届梁思成建筑提名奖获得者黄锡璆，以及中国建筑学会新中国成立 60 周年建筑创作大奖的获奖建筑师代表、设计院代表、建筑使用单位代表颁发了证书和奖牌。

【举办第四届全国建筑设计创新高峰论坛暨第二届山东省绿色建筑设计高峰论坛】 8 月 5～6 日，中国建筑学会和山东省住房和城乡建设厅、烟台市人民政府在烟台隆重举办了"第四届全国建筑设计创新高峰论坛暨第二届山东省绿色建筑设计高峰论坛"。来自全国各地建筑师、城市规划师及部分高等院校的师生共 400 多人参加了会议。论坛主题为"绿色·文化·创新"。会议紧紧围绕创新设计思想、建筑低碳理念、地域文化传承等课题进行研讨和交流，论坛期间还举行了"当代著名建筑师作品展"。

【指南针计划——中国古代发明创造的价值挖掘与展示工作】 由国家文物局、中宣部、科技部、中国科协等十部委联合发文，强调做好"指南针计划——中国古代发明创造的价值挖掘与展示工作"。组织实施"指南针计划"，对发掘祖国文化遗产，提高对古代科技史的研究水平，提高博物馆的展示水平，彰显中华民族的伟大智慧和创造力，增强民族自豪感，动员亿万人民建设创新型国家具都有重要意义。依照文件精神，中国建筑学会成立了中国古代发明创造国家名录认定工作建筑行业专家组，并召开了第一次专家组会议，研究该项目工作的具体方案。

【"长城脚下·建筑艺术博览园"全国大学生设计方案竞赛】 中国建筑学会主办，北京探戈坞旅游开发有限公司承办了"长城脚下·建筑艺术博览园"全国大学生设计方案竞赛。此次竞赛共收到 20 多个省、市、自治区和香港地区的 50 多所高校师生参赛的设计方案 326 项。竞赛评出一等奖 2 项，二等奖 10 项，三等奖 15 项，优秀奖 43 项。此次竞赛层次高，关注面大，亮点多，设计竞赛选题新颖而富有深度；多数设计者重视设计前期的社会调研与基地分析，设计理念表达充分，效果富有感染力；大多数作品普遍注重设计成果的可实施性及实用技术的应用。

【"第一届中国生态人居国际论坛"以"低碳环保住房与建筑"为主题】 为进一步提升海南国际旅游岛的整体水平,打造生态人居的发展模式,加快推进海南绿色、低碳材料的发展和建筑设计的创新,中国建筑学会生态人居学术委员会、中国建筑材料集团有限公司和海南省定安县人民政府携手于11月27～28日在海南举办以"低碳环保住房与建筑"为主题的"第一届中国生态人居国际论坛"。中国建筑学会理事长、原建设部副部长宋春华,海南省省长助理、省旅游委员会主任陆志远,中国建筑材料集团有限公司董事长宋志平,中共定安县委书记孙颖等出席论坛并进行了演讲。会上全体与会代表通过了"第一届(2010)中国生态人居国际论坛定安宣言"。宣言明确提出:"建设生态文明,基本形成节约能源资源和保护生态环境的产业结构、增长方式、消费模式"是21世纪中国的发展战略。生态人居是生态文明社会的缩影,生态人居是"基于发展的理念,在特定条件下,以尊重自然、依托经济、培育社会为前提,既满足人类栖居生活的基本需求,又具备可持续发展能力的人居环境空间体系"。

【"第八届青年建筑师奖"评选】 为培养优秀建筑设计人才,鼓励在建筑设计中勇于探索、脱颖而出的广大青年建筑师,进一步促进建筑设计的繁荣和发展,提高青年建筑师的理论与创作水平,中国建筑学会于2010年8月举办了"第八届青年建筑师奖"的评选工作。刘书兴等36位青年建筑师为此届评选的获奖者。

【第四届中国建筑学会建筑教育奖评审】 10月24日,中国建筑学会在深圳举行了第四届中国建筑学会建筑教育奖评审工作会议,莫天伟等3人为第四届中国建筑学会建筑教育奖的获得者,戴复东等9人为第四届中国建筑学会建筑教育特别奖的获得者。

【第五届中国国际建筑展暨2010中国建筑论坛】 2010年10月20日,中国建筑学会和国家建筑材料展贸中心在北京联合举办第五届中国国际建筑展暨2010中国建筑论坛。在上海世界博览会接近尾声之际,本届论坛围绕"感悟世博·低碳建筑在中国"展开讨论,论坛共计6场,其中以建筑设计为核心的中国建筑论坛主论坛共3场,此外还有与现代建筑设计紧密相连的装饰混凝土、太阳能、石材3场主题论坛。在论坛中各位发言的学者概括总结了上海世界博览会所取得的成就;分别从设计、材料以及地产项目开发等不同的角度,诠释对中国发展低碳建筑的理解与思考。500余位国内外建筑设计师、房地产企业家、建材厂商、使馆商务处官员以及相关政府机构官员出席论坛。本届论坛全面、深入地回顾和总结了上海世界博览会建筑以及先进的节能、环保材料与技术,同时对未来十年的建筑界发展提出新的方向及建议,成为连接建筑界与建材界重要的桥梁和平台。

【开展玉树重点工程项目规划和设计工作】 中国建筑学会受青海省住房和城乡建设厅委托,决定组织全国最强的设计团队和著名设计大师分别对玉树重点工程项目进行规划和设计。中国建筑学会理事长宋春华,副理事长、设计大师崔恺,秘书长周畅率领各设计团队20余人赴玉树地震灾区进行实地调研和察看工程现场,并于9月在玉树和西宁召开座谈会,广泛听取社会各界领导、专家和群众的意见。各相关方面的领导、专家和部分援建单位的负责人出席会议。会上还商定玉树灾后重建项目的设计单位,11月在北京对各位大师所设计的玉树重点工程项目进行了第一次评审论证。

【中国建筑学会所属21个专业分会活动】 各专业分会遵照建设资源节约型、环境友好型社会,推进节能减排的要求,结合本学科特点,积极探索,开拓创新,广泛开展内容丰富、形式多样的学术交流会、技术推广会、专题报告会、科技讲座、人才培训、竞赛活动、专题展览、奖项评定等活动,在业界产生积极影响;分会编辑出版的多种学术、科技刊物,宣传本专业学科建设水平,科技发展成果,刊发近3000篇学术论文和科技文章。各个分会活动各具特色,极大地提升了自身的社会影响力。

【地方学会活动】 全国31个省、自治区、直辖市土木建筑(建筑)学会结合本地区的实际和国家经济建设的中心任务,紧密团结广大会员和建设科技工作者,充分发挥学会桥梁、纽带和政府助手作用,利用学会专家聚集的优势,开展大量形式各异的学术交流等活动,有效提升了学会的影响力和凝聚力。

各个学会努力发挥其长处开展活动,同时注重加强学会间跨地区的横向协作,通过优势互补,极力打造学术活动的优质名牌,使广大会员和建设科技工作者受益匪浅,得到社会的普遍认可。

【国际学术交流活动】 通过接待和派出访问团组,加深了与相关国家和地区建筑师的相互了解和友谊,加强了国际间的合作和交流,了解国际上最新的行业发展趋势,进一步宣传中国的建设成就,也反映了中国建筑行业的整体发展逐步达到国际先进水平。

全年共接待来自美国、朝鲜、西班牙、俄罗斯、日本、韩国、台湾地区等国家和地区的相关建筑师学会、协会等临时访问团组8个,共26人次。2010年共派出或参加临时出访团组4个共13人次,访问美国、日本、菲律宾3个国家,出席3次国际会议,进行1次双边交流。

【刊物出版】 由中国建筑学会主办出版《建筑学报》、《建筑结构学报》、《建筑热能通风空调》、《建筑知识》四种刊物,充分利用其行业宣传优势和导向作用,坚持以高质量、高水平的科技学术期刊奉献给社会,为本行业的发展、学术和科技水平的不断提高,做出积极贡献。各个编辑部积极优化内部资源环境,不断挖掘潜力,坚持开拓进取,在坚持正确办刊方向和保证刊物质量水平的前提下,利用多种形式,积极开展与刊物密切相关的活动,办出特色。

【学会组织建设】 学会坚持重大事项的决策,经过理事会、常务理事会或理事长办公会议决定,由秘书处具体实施;积极为会员服务,不断强化会员管理制度,真正把学会建设成为"会员之家",并努力为会员提供多元化的服务,同时也把广大会员是否满意作为衡量自身工作好坏的基本标准,在学会组织的各项活动中认真贯彻了这一主线,以最大限度为会员提供优惠和服务;完善和加强秘书处内部管理,提高办事效率。

(中国建筑学会)

中国建筑业协会

【概况】 2010年,中国建筑业协会(以下简称中建协)在住房城乡建设部的领导下,在各地和有关行业建筑业(建设)协会及广大会员企业的大力支持下,认真履行"提供服务、反映诉求、规范行为"基本职能,圆满完成了协会年度工作计划。

1. 积极开展调研座谈,为行业改革发展建言献策

【通过人大代表积极向两会建言献策】 3月3日,在全国"两会"召开之际,中建协在北京召开专题会议,邀请建筑行业的全国人大代表与中国社会科学研究院、中国建筑科学研究院、清华大学、同济大学、北京交通大学、哈尔滨工业大学、山东科技大学、西安建筑科技大学的有关专家学者一起共议产业发展大计,共促行业健康发展。会上,根据《中国建筑业产业政策和建筑业发展"十二五"规划研究》课题研究成果,中建协提出《关于尽快修订建筑法的建议》和《关于制订建筑产业发展规划的建议》,并通过建筑行业人大代表向"人代会"正式提交。

【召开纪念邓小平同志关于建筑业和住宅问题谈话30周年座谈会】 4月2日,中建协会长郑一军主持召开了纪念邓小平同志关于建筑业和住宅问题谈话30周年座谈会。从事建筑业的老同志、住房城乡建设部有关业务司的同志、大型建筑业企业的负责人和大专院校科研单位的专家学者30多人参加了会议。重温小平同志的谈话,回顾我国建筑业改革和发展的历程,大家深切体会到,小平同志对建筑业的论断卓有远见,符合中国国情,有力地推动了我国的现代化建设;建筑业要在新时期继续发挥支柱产业的作用,必须在小平同志谈话精神指引下,通过不懈的努力把这个传统产业升级为现代产业,使建筑业成为一个高贡献率的产业,一个低碳产业、绿色产业,一个被社会所尊重的自觉履行社会责任的诚信产业。

【召开建筑行业深化改革、转变发展方式座谈会】 7月13~14日,中建协会长郑一军主持召开会议,邀请部分大型企业负责人、有关协会负责人和专家学者,就建筑行业深化改革、转变发展方式进行座谈,与会同志畅所欲言,对企业转型升级,改进行业管理、加强协会工作等提出了很好的意见和建议。

【继续开展《中国建筑业产业政策和建筑业"十二五"发展规划研究》课题研究】 《中国建筑业产业政策和建筑业"十二五"发展规划研究》课题于2009年4月设立,分为6个专项课题和两个综合课题。专项课题总结中国建筑业30年来改革与发展历程,分析建筑市场与经营模式、建筑业规模与结构调整、建筑业技术进步和节能减排、建筑业人力资源、建设管理体制等方面的现状和存在的问题,提出改革的方向和对策。在专项课题研究的基础上,进行两个综合课题研究,即中国建筑业产业政策和发展战略、中国建筑业发展"十二五"规划的研究。

截至2010年底,各专项课题和综合课题均完成研究报告,总字数60余万字。8月,根据该课题研究成果,中建协向住房城乡建设部报送了《"十二五"时期建筑业发展主要目标和任务》,为建设行政主管部门参与制订国民经济与社会发展"十二五"规划纲要提供依据和参考。

【开展建筑市场不规范行为及建筑业企业资质管理存在问题调研工作】 2010年,中建协先后到山东、上海、浙江、辽宁、江苏等省市进行调研,召开共有66家建筑业企业参加的多次座谈会,对建筑市场不规范行为和建筑业企业资质管理中存在的问题进行了深入研究。郑一军会长指导秘书处起草《关于建立不同资质等级企业市场分工制度、遏制转包挂靠行为的建议》。该报告抓住建筑市场存在的突出问题,分析了转包挂靠行为久治不愈的症结所在,并对解决此问题提出政策性建议。

【开展建筑业特有职业(工种)分类调研工作】 2010年,中建协受住房城乡建设部的委托,开展建筑业特有职业(工种)分类专题调研。调研采取走访和座谈会的方式,先后听取北京建工集团、北京城建集团、天津建工集团等102家建筑业企业(包括总承包、专业承包和劳务企业)的意见,多次向各地区建筑业协会和300多家会员企业发函进行问卷调查及征求意见,并组织中建协有关分支机构进行专业调研。中建协汇总各方意见,数易其稿,完成《建筑业特有职业(工种)分类目录》(送审稿),并报住房城乡建设部人事司。

【组织常务理事单位及各地区和有关行业协会开展调研工作】 2010年,根据行业发展形势,围绕住房城乡建设部的中心工作,中建协向常务理事单位及各地区和有关行业建筑业(建设)协会印发《中国建筑业协会2010年度调研题目》。

【相关课题研究】 中建协受住房城乡建设部委托开展《国外建筑施工承包合同的履约制度及相关问题的研究》、《提高工程质量水平激励机制研究》等课题工作,参与《住房和城乡建设领域应对气候变化的战略规划研究》课题工作,对《施工总承包企业特级资质标准实施办法》、《钢铁产业发展政策》、《水泥工业产业政策》、《产业结构调整指导目录(2005年本)》等文件的征求意见稿提出修改意见。中建协有关分支机构开展《工程建设施工企业质量保证体系研究》、《新形势下建筑工程质量监督管理方式方法研究》等课题工作。

2. 推进行业自律,加强行业诚信建设

【组织开展第二批全国建筑业AAA级信用企业评价工作】 2010年,中建协组织开展第二批全国建筑业AAA级信用企业评价工作,通过申报、初审、专家评价,有114家企业通过了评价。为加强对建筑业AAA级信用企业的动态管理,提高建筑业企业信用评价工作对建筑行业信用建设的示范和推动作用,中建协制订了《建筑业AAA级信用企业动态管理办法》。通过采集信用信息、座谈会、实地考察相结合的方式,对首批全国建筑业AAA级信用企业进行复审。另外,中建协建筑安全分会开展"AAA级安全文明标准化诚信工地"评价工作。

【开展机械租赁行业准入确认】 2010年,经地方、行业建筑业(建设)协会初审、推荐,中建协组织机械管理与租赁分会复核、评审,33家施工机械租赁企业通过了开展跨地区、跨行业经营机械租赁活动的行业确认。截至2010年底,中建协已向184家符合条件的施工机械租赁企业颁发了跨地区、跨行业经营的行业确认书。

3. 开展质量安全服务,促进质量安全工作交流

【开展"鲁班奖"评选工作】 按照国务院清理规范评比达标表彰工作联席会议的文件规定,中建协从2010年开始执行每两年评选一次"鲁班奖"。为避免评选表彰年度申报复查工程过于集中、复查评选时间紧迫而影响工作质量,专家复查和审议工作分两批进行。2010~2011年度中国建设工程鲁班奖(国家优质工程)第一批工程推荐申报工作于5月下旬开始,各地区(行业)协会共推荐申报鲁班奖工程132项。经初审,共有128项工程符合申报要求,其中住宅工程7项、公共建筑工程85项、工业交通水利工程29项、市政园林工程7项。按照申报工程的数量、类别,中建协组织12个复查组(10个地区组和2个专业组)共45名专家,从8月24日~9月22日,分别对128项工程进行现场复查。经过评审,中国2010年上海世博会中国馆(中国国家馆、中国地区馆)、中国科学技术馆新馆等104项工程入选2010~2011年度中国建设工程鲁班奖(国家优质工程)第一批工程。

为鼓励我国建筑业企业实施"走出去"战略,树立企业品牌,提高企业国际竞争力,中建协2010年继续开展境外鲁班奖试评活动。经评审,苏丹麦洛维水电站、新加坡环球影城等9项工程入选中国建设工程鲁班奖(境外工程)。

【组织编制安全标准】 中建协作为建筑安全标准技术归口管理单位,2011年完成《龙门架及井架物料提升机安全技术规范》和《建筑施工承插型盘

扣式钢管支架安全技术规程》等5项标准的报批、《建筑施工竹脚手架安全技术规范》等2项标准的送审和《液压滑模施工安全技术规程》等3项标准的开题工作，完成《脚手架统一标准》的立项申请，并积极做好开题准备工作。

【开展质量安全工作交流活动】 4月22～26日，中建协在贵阳连续举办了两期"全国建筑业企业创精品工程研讨会"，近700人参加本次研讨会。

为响应国家认证认可监督管理委员会和住房城乡建设部联合发布的关于在建筑施工领域质量管理体系认证中应用《工程建设施工企业质量管理规范》的公告，中建协于9月11～12日、12月16～17日分别在武汉和成都举办两期《工程建设施工企业质量管理规范》师资培训班，效果良好。此外，中建协有关分支机构开展工程建设QC小组活动、《卓越绩效评价准则》宣传推广、建筑企业职业经理人评价与资质认证、项目经理培训等活动。

4. 开展科技推广工作，做好专家咨询服务

【开展国家级工法成果推广工作】 3月29日，中建协召开了国家级工法成果推广与经验交流研讨会，向2007～2008年度国家级工法的完成单位颁发了证书，有关专家就工法的开发、选题、编写、推广等作了专题讲座。2007～2008年度共有417项工法入选国家级工法，其中，360项为新工法，57项为升级版。此外，中建协还组织编辑了《2007～2008年度国家级工法汇编》。

【开展第六批全国建筑业新技术应用示范工程评审工作】 第六批全国建筑业新技术应用示范工程共确立145项，另有第五批11项转为第六批，共计156项。截至2010年底，已通过评审的示范工程共有124项，其中国际领先2项，国际先进9项，国内领先72项，国内先进41项。新技术应用示范工程搭建了科技成果转化的平台，成为工程质量好、施工速度快、经济效益高的样板。

【启动首批全国建筑业绿色施工示范工程】 5月6日，中建协召开首批绿色施工示范工程专家初审会议，根据住房城乡建设部《绿色施工导则》，中建协确定凤凰国际传媒中心工程、全国组织干部学院等11项工程为首批绿色施工示范工程，并组织专家对其进行了过程检查和指导。在5月19日举行的绿色施工示范工程启动仪式上，中建协正式推出我国首批11个绿色施工示范工程。此外，中建协修订了《全国建筑业绿色施工示范工程管理办法》（试行），制订了《全国建筑业绿色施工示范工程验收评价主要指标》。

【组织编制技术标准】 受住房城乡建设部委托，中建协组织编制《建筑施工企业信息化评价标准》，并于5月11日召开了专家研讨会，对标准进行了认真细致地审阅和讨论。中建协建筑防水分会组织编制建筑业十项新技术（2010版）防水技术部分，中建协智能建筑分会组织编制国家标准《智能建筑工程施工规范》。

【举办技术交流活动】 5月19日，中建协在上海组织举办"上海世博会工程建筑节能与技术创新经验交流会"，500多名代表参加会议。中建协专家顾问、中国工程院院士徐德龙等专家就我国基础设施、房屋建筑、铁路建设中的节能减排和绿色施工作了演讲，上海建工集团、中建八局等企业介绍了在世博工程建设中开发应用低碳节能环保技术及绿色施工的经验。

6月12～14日，中建协在广州举办"亚运会新建场馆观摩与施工技术应用交流会"。交流会围绕亚运会工程建设中大量采用的新能源、新技术、新材料、新工艺，努力体现"节能、环保、绿色、和谐"的理念，进行广泛的交流。

11月25日，中建协在北京召开"十一五"全国建筑业节能减排经验交流大会。中国科学院院士徐建中，中国工程院院士徐德龙、叶可明出席大会并作特邀报告。北京建工一建、中建八局等8家大型建筑施工企业介绍本单位在"十一五"期间探索绿色施工管理模式、应用节能减排新技术的经验。会议还对"十一五"期间为建筑业科技工作做出突出贡献的先进企业和个人进行了表彰。

12月28~29日，中建协在西安召开了全国建筑业企业特级资质信息化评审标准解读与信息化推进会。来自全国500余家特级、一级施工总承包企业的信息化、项目和资质管理的负责人员参加会议。特级资质标准编写专家就《施工总承包企业特级资质标准实施办法》和《施工总承包企业特级资质信息化考评标准》进行详细的解读，并对相关问题进行了现场答疑。中建一局集团建设发展有限公司、中铁建设集团有限公司等建筑业企业的信息化主管人员介绍了本企业信息化工作的经验和成果。

此外，中建协有关分支机构举办"第二届中小建筑企业暨成长型企业发展论坛"、"中国建筑施工机械租赁发展高峰论坛"、"第四届中国国际建筑干混砂浆生产应用技术研讨会"等活动。

【开展专家咨询活动】 3月17日，应山西省大同市住房和城乡建设委员会邀请，中建协组织建设工程质量与技术方面的资深专家赴大同市，就加强棚户区改造，建设人民满意的安居工程，加强在建桥梁、保障性住房工程质量管理等问题进行实地考查和现场咨询服务。

按照中组部和住房城乡建设部的要求，中建协受住房城乡建设部工程质量安全监管司委托，8月16~23日和11月16日，两次组织专家分别对中国井冈山干部学院、延安干部学院和大连高级经理学院工程建设的规划设计、施工质量、施工安全、施工进度、绿色施工、建筑节能及预算执行等情况进行了现场咨询指导。

5. 积极参与社会公益活动，自觉承担社会责任

【为地震灾区捐建小学】 5·12汶川地震发生后，中建协联合部分常务理事单位共同出资73万元，捐建了四川省广元市利州区荣山镇花园小学。6月1日，花园小学举行竣工典礼。

【捐助玉树地震灾区】 4月14日，青海省玉树县发生大地震。获悉灾情，中建协即向青海省建筑业协会发去慰问信，建筑安全分会将《地震后建筑施工现场复工安全常识挂图》240套寄给青海省安监站。4月20日，中建协召开秘书处和分支机构负责人会议，部署抗震救灾工作。截至4月22日下午，中建协秘书处、分支机构和参股企业的职工为灾区捐款15万元，交住房城乡建设部统一送往灾区。

6. 提供信息统计服务，开展交流与合作

【编辑出版协会刊物】 2010年，中建协出版发行《中国建筑业年鉴》2009年卷，基本完成了2010年卷的编校工作，为建筑行业提供重要数据信息参考。在2010年中国地方志指导小组办公室和中国地方志协会主办的全国地方志系统第二届年鉴评奖中，《中国建筑业年鉴》（2009卷）荣获专业年鉴一等奖。中建协主办的《中国建筑业》杂志、《建筑时报》、协会网站经及《中国建筑业协会工作简报》等，紧密配合行业形势，及时为会员单位传递政策法规、行业信息和中建协重要工作动态。

【开展行业发展统计分析和行业统计】 2010年，中建协继续与住房城乡建设部有关部门合作开展2009年建筑业数据的统计分析工作，并在部办公厅《工作调研与信息》上发表统计分析报告。受第二次全国经济普查领导小组办公室委托，中建协起草《中国建筑业研究报告（2004~2008）》，并已完成初稿。中建协统计专业委员会协助住房城乡建设部有关部门完成建筑业特、一级企业快速调查统计快报工作。

【召开全国建筑行业协会秘书长会议】 1月26日，中建协在海南博鳌召开全国建筑行业协会秘书长会议。来自全国各省、自治区、直辖市及副省级城市的建筑行业协会，各行业建设协会，解放军工程建设协会以及中建协各分支机构的秘书长近百人参加会议。河北省建筑业协会、大连市建筑行业协会、中国冶金建设协会、中国电力建设企业协会、上海市建筑施工行业协会分别就近年来各自开展工作的情况同与会代表进行了交流。

【组织开展海峡两岸建筑业交流合作活动】 1月27日，由中建协和中华营建管理协会共同主办的第九届海峡两岸营建业合作交流会在海南博鳌举行，会议的主题为"加强抢险救灾和灾后重建合作"。交流会上，来自海峡两岸的7位代表分别围绕建筑业技术进步、节能减排和防震抗灾等主题做了发言；海峡两岸建筑施工企业、设计科研单位和大专院校分组进行对口交流，并就促进两岸建筑企业开展实质性合作的途径与方式进行深入广泛的探讨。

【开展对外交流与合作】 9月份，中建协会长郑一军率领代表团赴意大利和土耳其进行了考察访问。代表团与意大利国家建筑业协会举行会谈并签订关于两会友好合作的谅解备忘录，约定双方将在建筑市场、建筑业行业管理、建筑工程技术、建筑节能技术、古建筑保护技术、专业人员培训等方面加强合作。

此外，中建协还完成赴日本建筑节能考察代表团的组织工作；协助住房城乡建设部计划财务与外事司组团赴韩国参加住房城乡建设部和韩国国土海

一、部属单位、社团

洋部举办的"第八届中韩建设产业合作交流会";接待韩国海外建设协会、日本海外建设协会、墨西哥国家建筑业协会等代表团的来访。

7. 加强协会自身建设,提高服务质量

【召开第五次会员代表大会】 按照中建协章程的规定,经住房城乡建设部批准,中建协于7月23日召开了第五次会员代表大会。住房城乡建设部部长姜伟新发来贺信,住房城乡建设部副部长郭允冲、铁道部副部长卢春房出席会议并讲话。会议选举产生协会第五届理事会和领导班子,审议通过第四届理事会工作报告、财务报告、章程修改草案、会费管理办法和《全国建筑行业自律公约》等文件。中建协换届工作及时、圆满地完成,为今后的工作打下良好基础。在新一届领导班子的带领下,中建协将认真贯彻落实科学发展观,团结和依靠广大会员,切实加强行业自律,认真总结行业改革和发展的经验,促进行业加快转变发展方式,为推动我国建筑业的可持续发展做出新的贡献。

【加强分支机构管理】 2010年,按照《分支机构管理办法》,工程质量监督分会、材料分会、混凝土分会、智能建筑分会、建筑安全分会、园林与古建筑施工分会、管理现代化专业委员会等完成换届工作。建筑节能分会和建筑技术分会对负责人和办公地点作了变更,完成登记手续。

(中国建筑业协会)

中国房地产业协会

【配合政府主管部门,围绕宏观调控政策稳定房地产市场】 2010年1季度末,国务院出台了新的"国十条",中国房地产业协会换届大会后不久,积极配合政府贯彻宏观调控政策,抑制投机性需求,防止部分城市房价过快上涨,及时发布季度房地产市场研究报告,引导房地产企业顺应形势,做好市场定位,并积极向有关部门反映行业建议。1月中旬,就房地产市场形势向全国人大财经委进行了汇报;7月上旬和10月中旬,向国家发改委、财政部汇报了上半年和前三季度市场情况及相关建议;11月中旬,向中央财经领导小组书面汇报关于促进"十二五"时期房地产平稳健康发展的建议。之后,中央办公厅将建议印送中央领导。

会同全国商业联合会,举办"商业地产在调整结构与产业升级中如何发挥作用"研讨会,邀请国家发改委、北京市建委、北京市地税局介绍产业、税收、金融政策,联系万科地产、中粮地产等企业的实际,与政府部门探讨了如何引导商业地产平稳发展等问题。

【围绕"十二五"城镇住房建设与房地产发展规划建言献策】 2010年5月,牵头国务院研究发展中心市场研究所、企业研究所,国家发改委投资所、住房和城乡建设部政策研究中心、清华大学房地产研究所等单位,完成"我国'十二五'期间城镇住房发展目标及政策建议的课题研究",及时上报住房和城乡建设部、国家发改委、科技部。在此基础上,根据中共中央"十二五"规划建议,又提出"十二五"时期城镇住房建议与房地产发展规划建议。

为了围绕"调结构、稳市场、转方式、促升级"做好相应政策研究,与中国房地产研究会联合成立由102位专家组成的"房地产业与住房经济政策专家委员会"和"房地产业与住房技术政策专家委员会"两个专家委员会。

中国房地产业协会的企业副会长积极围绕行业发展建言献策。2010年1月下旬,绿地集团董事长张玉良以企业家代表身份参加了温家宝总理主持召开的征求政府工作报告座谈会。7月初,万科集团总裁郁亮以行业代表身份参加温家宝主持召开的上半年经济形势分析会。

【与有关地方政府、相关协会、地方房协合作举办相关活动】 2010年,中国房地产业协会继续与有关地方政府、相关协会、地方房协进行合作,举办2010中国(潍坊)住宅产业暨房地产高峰论坛,会上,有18家副会长单位出席,共签订6个合作项目;成功举办2010年中国(上海)城市土地推介展览会、2010年中国房地产开发企业与建材部品企业采购供应及装饰品牌论坛、2010年中国(北京)国际门窗幕墙博览会;与有关地方政府共同召开"中国城中村改造暨房地产投融资经验交流大会"、"中国轨道交通与同城化地产论坛"、"2010国际塑料门窗及相关产品展览会"、"第一届中国国际门业博览会"、"2010第二届中国西部房车生活文化节"、"2010年国际（文登）休闲养老论坛"等活动；与部住宅产业化促进中心、中国建筑文化中心和北京市建委联合主办第十届中国国际住宅产业博览会；与中国国际贸易促进委员会、中华全国工商业联合会房地产商会在深圳共同主办第十二届中国住交会；与中国市政工程协会、中国建筑设计研究院等单位，在北京共同举办"十一五"期间建筑节能减排成果盘点及有关论坛。

【"广厦奖"评选与相关工作】 "广厦奖"是国家正式审核批准的中国房地产行业的综合性大奖，代表我国房地产综合开发的最高水平和荣誉。为了发挥"广厦奖"的示范带头作用，2010年，中国房地产业协会会同部住宅产业化促进中心，对"广厦奖"管理办法和评价标准进行修订，并及时收集各地评选机构和企业的反馈意见，正确指导地方和企业做好申报推荐工作，协调解决评选中出现的问题，组织召开"广厦奖"评审专家会议和评审委员会工作会议，审定"广厦奖"入围项目名单，并在住房和城乡建设部官方网站、中国房地产业协会网、中国住宅产业网上公示。2010年10月30日，在北京隆重举行2010年度"广厦奖"颁奖大会，对获奖的64个项目和地方的一些评选机构进行表彰。

在"广厦奖"评选工作中，结合国家省地、节能、环保政策，重点突出获奖项目在提高住宅性能与品质方面的示范带动作用，同时拓宽项目的推荐和申报渠道，探索与地方相应奖项衔接的机制，使评选工作从选拔到推荐，从培育到认定，从示范到推广，都有了新的进展。

【行业信用体系建设】 2010年初，商务部信用工作办公室和国资委行业协会办公室批准中国房地产业协会和中国房地产研究会在全国范围开展房地产企业信用评价试点工作。两会成立领导小组、专家委员会和工作办公室，研究制定《房地产行业（开发企业）信用评价工作实施方案》和《房地产行业（开发企业）信用评价指标体系》，起草制定《房地产行业（开发企业）信用评价工作实施细则（试行）》，参照《房地产开发企业资质等级管理规定》调整评价指标及评价分值，并召开部分省市房协负责人会议，就细化指标、评价程序、社会第三方评价机构的选用原则、评价收费方式和标准，以及信息核实、评价结果应用等问题征询各方意见。

为了向消费者和全社会负责，保证公平、公开、公正，会同清华大学在上海中华企业集团、江苏太仓星都房地产有限公司等单位对指标体系进行测试，在此基础上，进一步完善信用评价指标体系，并决定在北京市、河北省、大连市和重庆市进行首批试点。

【协会秘书处建设】 换届后中国房地产业协会秘书处与中国房地产研究会秘书处实现了部门合并，由过去的9个部门精简到5个部门。副秘书长交叉任职并兼任部门主任，各部门责任意识得到加强，工作效率有所提高，在组织重大活动和推进工作中，更多主动迎前、相互补漏。

为加强内部管理和考核工作，秘书处修订了公文、公章、文书、会议、人事、驻会人员考勤六项管理制度，组织部门副主任以上工作人员进行任内述职，试行年度财务预决算，加强对专业委员会的财务管理，开展"小金库"的自查。同时在举办活动中节约开支，严格控制管理费用支出，基本达到两会秘书处合署办公后，财务规范操作，人事公平透明，业务一岗多能，经费略有盈余的效果。

【专业委员会工作】 2010年，各专业委员会开展了相关活动，主要有：产业协作专业委员会以"推广低碳技术、建造百年建筑"为主题，会同中国房地产研究会产业发展和技术委员会承担第二届中国房地产科学发展论坛的组织工作。通过清华百年房地产同学联谊会的人脉关系创建产业联盟，在太阳能与建筑一体化方面展开技术交流和案例教学，在低碳技术和节能减排方面作出尝；商业地产专业委员会抓住商业地产的发展契机，以项目开发为中心，以投融资、规划设计、新技术应用和全过程运营为服务手段，为会员单位编写行业报告，提供信息服务，搭建沟通平台，并在2010年中国零售商大会期间，主办"2010中国商业地产成都圆桌会议暨零售金融与商业地产高峰论坛"，与中国商业联合会共同发表"中国商业地产发展备忘录"；产业与市场研究专业委员会发挥数据研究和分析专长，协助协会参与2010中国房地产行业百强企业测评的研究工作，发布中国房地产指数系统百城价格指数，中央电视台经济频道从2010年下半年起在每月初进行报道；金融专业委员会在南京举办座谈会，邀请金融系统专家围绕宏观调控政策和房地产市场形势，对如何执行差别化的房贷利率等热点问题进行讨论交流；中介专业委员会承担住房和城乡建设部房地产市场监管司下达的"房地产租赁市场"研究课题，为房地产基层门店店长进行业务培训，号召会员单位开展"创诚信企业、诚信员工"活动，对推进房地产经纪企业诚信自律发挥了积极作用；城市开发专业委员会受部房地产市场监管司委托，协助哈尔滨市房产住宅局召开"19+10城市房地产改革与发展交流协作会第二十届年会"，围绕"商品房预售问题"进行研讨。对房地产企业资质等级划分、标准设定、业绩核定、证书年限、延续条件、退出机制等资质管理中的难点问题进行研讨；在新疆生产建设兵团建设局的支持下，在兵团中开展了工业化住宅样板房建设试点；法律专业委员会在配合《城市房地产管理法》修改、商品房预售合同修订、"城中村"改造案例分析汇编等方面，开展相关工作。

为进一步发挥专业委员会的作用，2010年下半年，中国房地产业协会根据房地产新业态的调整变化，按照"职能鲜明、体现特色，突出专业、持续发展"的原则，提出调整分支机构和重新修订管理办法的议案，拟保留和合并、新成立下面10个分支机构：城市开发专业委员会、产业协作专业委员会、产业发展和市场委员会、法律事务专业委员会、金融专业委员会、房地产流通服务委员会、经营管理专业委员会、小城镇开发专业委员会、商业和旅游地产委员会、老年住房委员会。

【信息资源整合服务】 中国房地产业协会、中国房地产业协会以两会网站和所属专业委员会现有网站为基础，与上海克而瑞信息服务公司合作，筹备建成"中房网"。通过"线上测评体系＋线下报告＋服务"的运营模式，为会员单位提供房地产数据研究、交易指数服务。

中国房地产业协会与《城市开发》杂志合作编辑《闪光的足迹》；与中国摄影家协会、《中国国家地理》杂志社、新浪网、中国城市广播联盟合作，共同主办以"记录城市美好生活"为主题的2010"我的城市我的家"摄影大展，共征集作品67万余幅，参与投票人数达到800万。

【开展"两岸四地"交流和国际交往】 在香港举办"两岸四地房地产论坛"；出席"2010中俄房地产公用事业论坛"，与俄罗斯联邦地区发展部住房公用事业署就双方共同关心的住房公用事业等问题进行讨论，参加世界不动产联盟在印尼巴厘岛召开的第61届年会，妥善进行2009年因甲型流感未能如期在北京召开第60届年会的善后工作。

（中国房地产业协会）

中国房地产研究会

【围绕"十二五"规划，参与政策调研和课题研究】 住房保障和公共住房政策委员会承担"公共租赁住房政策和融资机制研究"课题，在住房和城乡建设部住房保障司的重点课题验收会上通过评审；住房公积金和房地产金融委员会完成"完善住房公积金制度"课题研究，并报送部住房公积金监管司；房地产市场委员会针对部分城市房屋租金过快上涨现象，为部房地产市场监管司起草了"部分主要城市租金上涨分析报告"；房地产法规政策委员会在部法规司支持下，参与《基本住房保障法》立法与《城市房地产管理法》修改工作，并将各部委、各省市的汇总意见上报主管部门；住宅产业发展和技术委员会联合中国百年建筑研究院向部建筑节能与科技司申报"中国百年建筑评价指标体系研究"课题，获得立项批复；人居环境委员会与浙江余杭区人民政府合作，举办第六届人居高峰论坛，在城镇化推进方面为当地政府出谋划策；住宅设施委员会参与主编的国家建筑工业行业标准《建筑陶瓷砖模数》于2010年4月14日发布，2010年8月1日起正式实施，参与主编的国家建筑工业行业标准《低温辐射电热膜》和《坐便洁身器》于2010年7月29日发布；房地产产权产籍和测量委员会配合部房地产市场监管司、标准定额司对《房地产登记技术规程》公开征集建议，并对反馈意见进行梳理，形成《房地产登记技术规程》（送审稿）；房屋征收和拆迁委员会协助国务院法制办、部房地产市场监管司对《房屋征收与补偿条例（征求意见稿）》反馈意见进行分析整理，为《条例》修改奠定了基础；军队营房委员会在西藏高寒地区试点开发生态节能型营房，解决战士们长期在高寒地带住宿条件差的困难。

【围绕转变住房发展方式举办报告会、研讨会，引导全行业"调结构、转方式、促升级"】 2010年，房地产开发企业普遍面临发展中的困惑。为帮助会员单位正确判断市场形势和所处客观环境。4月1日，中国房地产研究会与中国房地产业协会联合召开纪念小平同志关于住宅问题谈话30周年报告会，会长刘志峰作主题报告，与会300多位会员重温了小平同志住房改革的重要思想，探讨深化住房改革、完善住房政策的现实意义，为建立符合我国国情的保障房体系和商品房体系理清了思路。中国房地产研究会还举办2010年中国宏观经济与房地产形势报告会，邀请专家学者分别就宏观经济发展态势、房地产市场形势、金融货币政策发表演讲，针对市场热点问题与参会人员展开互动。

6月28日，中国房地产研究会与中国房地产业协会联合召开以"推广低碳技术，建造百年建筑"为主题的第二届中国房地产科学发展论坛。刘志峰作了题为"转变发展方式，建造百年住宅"的报告，号召全行业发展绿色低碳经济，大力推进住宅产业现代化，推广以低排放为特征的建筑，建造长寿命高品质的百年建筑精品。

中国房地产研究会围绕"调结构、转方式、促升级"，分别在北京召开了2010中国房地产技术创新高峰论坛暨第五届健康住宅理论与实践论坛；在潍坊召开2010年房地产科学发展高峰论坛暨住宅产业博览会；在南通召开2010年绿色建筑高峰论坛。帮助会员单位统一认识，转变观念，利用结构调整和科技发展推进住宅产业现代化向前迈进。会领导还在参加第6届中国人居环境高峰论坛、江西房地产"黄金十年峰会"、重庆房地产期刊大会期间，对城镇化项目、低碳住宅项目、公共租赁房建设项目给予指导。

中国房地产研究会以信用评价体系为抓手，联合中国房地产业协会制定信用评价实施细则和指标评价体系，进行相关培训，组织北京、重庆、河北、大连开展试点工作，帮助企业通过信用评价工作塑造品牌，提升形象，促进行业自律，强化企业的社会责任，推动企业进一步优化管理，在住宅质量和产品创新上下功夫。

截止到2010年底，中国房地产研究会共举办报告会、研讨会、各类论坛和技术讲座13个，涉及16个省、直辖市、自治区，全年约有874家企业和会员单位参加活动。充分体现"走出去办活动，不务虚求实效"的工作作风，也为推进全行业转变发展方式、促进住宅产业现代化、帮助企业树立信用品牌形象和社会公信力发挥了应有作用。

【围绕"三个服务"调查研究，在会员与地方政府之间架起沟通桥梁】 刘志峰在天津召开的全国直辖市和部分城市住房保障工作座谈会上，就公共租赁房建设与各地代表座谈交流，将中德住房储蓄银行、国家开发银行天津分行的融资方式介绍给会员单位；副会长兼秘书长苗乐如在信用体系建设座谈会上，与地方协会深入探讨，协同推进试点方案启动，并宣传万科、绿地、保利等房地产骨干企业加快住宅产业化步伐，投身新城镇和新农村建设的做法；调研活动和工作指导，既满足了部分会员的需求，也在会员单位与地方政府、主管部门之间架起沟通和合作桥梁。

【创办"中房网"，加强信息资源整合】 中国房地产研究会、中国房地产业协会与克尔瑞公司合作，筹建"中房网"，重点帮助企业发布房地产信息，在新闻资讯、数据研究、行业测评、专家咨询等方面，为会员单位和全行业服务。"中房网"投入试运行，在五届理事会三次会议期间向大会和全体代表汇报，正式上线运行。

中国房地产研究会加强对会员的信息服务。2010年1～12月，共刊办《房地产研究信息》14期、《房市半月刊》24期。其中，《房地产研究信息》选用各专业委员会、个人会员研究文章、信息动态237篇，会员单位的信息渠道保持畅通。

中国房地产研究会下属各专业委员会加强信息研究工作。住房保障和公共住房政策委员会2010年编发《住房保障工作通讯》14期；房地产产权产籍和测量委员会编发《房地产产权产籍和测量简报》12期；《中国住宅设施》杂志组织专题，定期刊发低碳住宅、节能减排、老年住宅等内容；房地产法规政策委员会接受部住房保障司委托，对有关国家的10部住房保障著作、法规进行翻译。

【专家委员组成住房公共政策和住宅产业高层次研究团队，发挥顾问咨询作用】 中国房地产研究会和中国房地产业协会联合成立"房地产业经济政策专家委员会"和"房地产业技术与政策专家委员会"，成员由胡存智、孔泾源、窦以德、赵冠谦等102位专家组成，分别来自国家发改委、住房和城乡建设部、中国人民银行、中国社科院、北京大学、中国人民大学等政府部门和研究机构。在专家委员会的顾问智囊作用下，两会专家对我国城镇房地产业"十二五"发展规划提出咨询建议和论证评价，参与多场政策讲座和市场形势分析报告会，为会员单位和企业提供了强有力的智力支撑。

中国房地产研究会组织从事百年住宅建设的标准编制单位、建筑设计单位、科研单位、开发企业和相关部品企业、施工企业，成立住宅产业联盟和专家顾问团，形成了产、学、研、用四方关联的产业链，调动会员单位和开发企业进行技术创新和成果转化的积极性。

中国房地产研究会牵头组建了"总工程师委员会"，通过交流协作，优势互补，共同构建住宅产业化技术创新联合体和高层次技术交流平台，充分发挥企业内部专家优势，争取将更多研究课题应用转化到一线项目。

【围绕国际合作交流，举办中日韩住房问题研讨会，定期开展"两岸三地"活动】 中国房地产研究会以东道主名义，在北京举办了第9届中日韩住房问题研讨会。论坛期间，来自中日韩三国的100多位代表，围绕"针对低收入人群的公共住房政策、如何在城市化高速发展中解决外来务工人员住房问题、老龄化社会的居住形态"三个问题展开对话讨论，提出了一些具有国际视野的学术观点和政策建议，达到了扩大交往、提升合作层次和水平、加强住房问题前沿性研究探索、寻找学术共同点的目的，同时也体现了中日韩三方的国际团队合作精神。三方一致认为：尽管中日韩三个国家发展阶段、发展水平不同，但都关注住房问题，有许多经验值得总结交流，有必要加强研究领域合作。

根据三方会长会议磋商，决定第十届中日韩住房问题研讨会于2011年10月16～18日在韩国昌原举办。下届会议主题是："居住与可持续发展"。

按照"两岸三地"业界交流活动安排，苗乐如参加了世界不动产联盟澳门分会成立大会；8月，中国房地产研究会组团赴台湾进行了为期8天的业务交流，走访台北、台中、高雄市等地的绿色建筑和住宅开发项目，与台湾财产法暨经济法研究协会就两岸房地产市场调控机制的相互借鉴，以及相关政策的制定实施，进行探索性研讨。此次考察受到台湾业界和企业界相关人士的重视支持，为两岸房地产业同仁更加深入交流合作打下良好基础。

副会长顾云昌率团到南非、肯尼亚考察城市和住宅建设，与两国法律、金融界人士进行座谈，并拜会联合国人居署官员。

【中国房地产研究会和中国房地产业协会两会秘书处合署办公】 按照住房和城乡建设部党组要求，中国房地产研究会秘书处与中国房地产业协会秘书处实现部门合并，由9个部门精简到5个部门，副秘书长交叉任职并兼任部门主任。

为加强内部管理和考核工作，中国房地产研究会秘书处修订公文、公章、文书、会议、人事、驻会人员考勤六项管理制度，组织部门副主任以上工作人员进行任内述职，试行了年度财务预决算，加强对专业委员会的财务管理，配合审计部门开展"小金库"的驻点自查。同时在举办活动中节约开支，严格控制管理费用支出；财务规范操作，人事公平透明，业务一专多能，组织活动略有盈余。

2010年，一些省市地方房协、学会换届大会期间，中国房地产研究会派员进行工作指导。通过两会资源整合和部门合并，以及与地方房协、学会的扩大联系，提高了为会员单位服务的质量，拓宽为政府部门服务的渠道，提高为行业发展服务的水平，扩大为企业寻求合作的平台，在社团机构改革方面迈出积极的探索步伐，为"十二五"房地产业"开好局，起好步"做出了积极贡献。

（中国房地产研究会）

中国城市规划协会

【概述】 2010年是我国城市规划行业发展的重要一年。中国城市规划协会在住房和城乡建设部的领导下，在协会理事会及全体会员单位的大力支持和积极参与下，按照党的十七大及十七届四中全会、五中全会精神，以全面落实科学发展观和构建社会主义和谐社会为指导，认真贯彻国家有关方针政策，适应新时期我国城市规划行业发展的需要，履行行业代表、协调、服务、自律的职能，充分发挥行业协会在建设和谐社会中的特殊作用，坚持为政府和会员单位服务为己任，围绕2010年中国城市规划协会工作要点和计划开展各项活动，锐意进取，务实创新，对外抓服务，对内抓建设，团结和依靠会员单位，努力发挥协会优势，积极开拓工作领域，增强协会影响力和凝聚力，各项工作都取得了重要进展，推动我国城市规划行业的发展出现新的局面。

【做好全国优秀城乡规划设计奖评选工作，不断提高城乡规划设计水平】 2010年，由中国城市规划协会组织的"优秀城乡规划设计奖"，经全国清理规范评比达标表彰工作联席会议办公室公布，被列为住房和城乡建设部"评比达标表彰保留项目"之一。全国"优秀城乡规划设计奖"评选活动自1998年开始，已圆满地完成了七届。

2010年开展了2009年度全国优秀城乡规划设计奖评选工作。评选活动共收到26个省、自治区、直辖市报送的申报项目496项。按照《全国优秀城乡规划设计奖评选管理办法》的规定，由住房和城乡建设部城乡规划司和中国城市规划协会在"中国城市规划协会专家库"中遴选出评审专家128人次，经过专业评审和综合评审两个阶段，分三个层次，召开10次评审工作会议，共评选出获奖项目248项（含灾后重建60项），其中特等奖1项，一等奖27项，二等奖57项，三等奖103项，表扬奖60项。中国城市规划协会组织专家赴现场进行实地踏勘，广泛听取意见，以先进性、合理性、应急性、实用性和经济性为原则对2009年度全国优秀城乡规划设计奖评选中的特殊类型——"灾后重建规划项目"作为进行了单独评选。对进一步推动中国城乡规划设计工作，提高城乡规划设计水平发挥引导、激励和示范作用。

中国城市规划协会同时开展全国优秀城乡规划设计评选最佳组织奖评选活动。共有36家单位及32名个人获得最佳组织奖。为总结、交流和推广全行业在科研、设计、新技术应用等方面的成果，促进行业技术进步，中国城市规划协会完成《全国优秀城市规划获奖作品集（2009～2010年）》的编辑出版。

【认真主动完成住房和城乡建设部交办的工作】 针对近年来中国城市重大工业灾害、管道泄露等有关城市工业安全重大事故频发的状况，中国城市规划协会受住房和城乡建设部城乡规划司委托，分别于8月29日和9月5日召开了两次"城市规划与城市工业防灾"座谈会。住房和城乡建设部城乡规划司、城市建设司以及来自南京、大连、吉林等城市的规划局，中国城市规划设计研究院、中国城市规划协会地下管线专业委员会的有关负责同志对近年来中国城市发生的重大工业灾难、管道泄露等有关城市工业安全事件进行梳理，并从"城市规划与城市工业防灾"的角度，就这些问题的出现进行了深入的分析与研讨，提出了相应的意见和建议。最终形成《关于城市规划与城市工业防灾问题的报告》，于9月底上报部城乡规划司。

受住房和城乡建设部城乡规划司委托，中国城市规划协会承担《城市空间地理信息应用研究》课题研究工作。该课题从中国城市空间地理信息的发展背景入手，结合城市空间地理信息应用的基本情况，及对境外城市空间地理信息应用的情况及经验借鉴，通过建立三维城市空间地理信息数据库有效平台，实现城市空间地理信息资源的整合与共享，更好地服务于规划编制、管理、监督等部门。中国城市规划协会与9家参研单位对全国规划行业组织课题问卷调查，召开4次课题研讨会，形成了1个总报告、6个分报告和一份问卷分析报告，并于2010年底前完成报告成果并通过住房和城乡建设6部验收。

【结合社会发展形势，针对突出问题，适时召开研讨、交流会，促进行业进步】 3月中旬，中国城市规划协会与住房和城乡建设部城乡规划司、清华大学人居环境研究中心及参加全国人大会议的部分代表在清华大学建筑学院共同倡议发起"美好环境与和谐社会共同缔造"的行动，以便推动《人居环境科学》理论的具体实践，促进社会的和谐可持续发展。会议还对《美好人居环境与和谐社会共同缔造倡议书》进行了认真讨论，并提议在全国选择合适的城市开展"美好环境与和谐社会共同缔造"行动，进行人居环境科学的具体实践。

根据中央援疆工作会议精神，4月29日，中国城市规划协会组织召开"援疆规划研讨会"。会议围绕援疆工作中城乡规划方面的主要问题，以及关于援疆规划的意义与建议等方面进行深入地探讨。并提出和通过了每半年召开一次援疆规划专题研讨会的设想，以共同探讨解决援疆规划过程中遇到的问题和建议。会议为对口支援新疆工作搭建了很好的平台，对下一阶段全面开展援疆城乡规划编制工作打下良好的基础。

6月上旬，中国城市规划协会、住房和城乡建设部城乡规划司、清华大学人居环境研究中心在广东省云浮市举办以"转变发展方式，建设人居环境"为主题的专家研讨会。吴良镛院士作了题为《美好环境与和谐社会共同缔造》的主旨报告，周干峙院士围绕人居环境科学和系统思想作了发言。与会代表围绕云浮、天津、昆山三地的实践作了专题研讨，为其他城市的人居环境建设提供了可借鉴的宝贵经验，也为"人居环境科学理论"的发展和实践的延伸提供了新的领域。会议讨论并通过《美好环境与和谐社会共同缔造云浮共识》。

11月1日，中国城市规划协会与九三学社中央、武汉市人民政府共同主办"数字城市规划"论坛活动。赵宝江会长主持开幕式。会议邀请第十一届全国政协副主席、九三学社中央副主席,住房和城乡建设部副部长、总规划师以及来自财政部、工业和信息化部司局等领导及全国30多个城市的规划编制、管理、城市勘测等部门和高校的学者专家200多位代表参加会议。论坛以"推进数字城市建设,引领规划行业发展"为主题,总结了数字城市建设的前沿理念、成功经验和先进技术,并就数字城市建设等方面所取得的成绩、存在的困惑及面对的挑战,进行了广泛而深入的交流。论坛还组织了论文征集活动,共收到来自14个城市的规划设计院、勘测院、信息中心等单位提交的约60余篇研讨论文。本次会议为推进中国数字城市规划建设,引领规划行业发展以及在规划建设领域的信息化方面起到积极的促进作用。

【完成了《中国城市规划年度报告(2009~2010年)》和相关调研报告撰写工作】 为了更好地反映城市规划工作年度的进展情况,全面透析行业与学科发展的热点问题,协会协同中国城市科学研究会、中国城市规划学会和中国城市规划设计研究院共同编撰了《中国城市规划年度报告(2009~2010年)》。协会承担了"重点篇"、"盘点篇"、"焦点篇"和"动态篇"重要文章的编写与约稿工作。中国城市规划协会领导和上海市城市规划设计研究院、上海市规划和国土资源管理局、武汉市国土资源和规划信息中心、重庆市规划设计研究院、成都市规划设计研究院、北京市城市规划设计研究院的相关领导、专家及学者就现阶段城市规划和建设发展中涉及的重点问题进行全面的剖析、解读和汇总,编写了报告文章,为整个报告的顺利完成发挥了重要的作用。

中国城市规划协会与重庆市规划设计研究院共同组织开展国内部分规划设计院发展水平调研活动,并完成调研报告。报告分析了全国甲级规划编制单位的整体发展水平,并选取10个单位性质和职责类似的规划编制单位,从综合实力、人才建设、发展战略、管理体制、内部管理机制、基层组织等方面与重庆市规划设计研究院作重点分析比较,为重庆市规划设计研究院实现"创全国一流规划院"的发展目标提出相关建议,并完成该调研报告。

【加强区域交流与合作,提高服务的针对性和时效性】 5月中旬,中国城市规划协会派员参加了在济南召开的"第二届环渤海地区规划院院长论坛"。会议邀请住房和城乡建设部城乡规划司处长李枫作《我国城镇化政策回顾和"十二五"展望》主题报告,来自北京、天津、山东等8个规划院的专家作了学术报告。会议围绕环渤海地区规划合作发展、构建区域城乡协调发展等方面进行广泛而深入的探讨。

5月下旬,中国城市规划协会派员参加了在海口市举办的"第五届泛珠三角区域城市规划院院长论坛"。会议在城市规划设计及管理等方面取得了共识,达到加强区域交流与合作的效果。

10月上旬,中国城市规划协会派员参加了在苏州同里召开的"2010年全国省规划院联席会暨第二十届华东地区规划院联席会"。会议进行了学术交流与分组讨论。新、老领导围绕"规划院管理理念与制度创新"、"规划中的城乡一体化"、"规划作为文化创意产业的发展思路"等业界关注的热点话题进行热烈地研讨交流。会议对新形势下城乡规划事业的健康发展起到积极作用。

【通过广交朋友,以国内、国际合作方式开展各项活动】 中国城市规划协会严格按照住房和城乡建设部批准的外事计划,积极筹备组织赴国外考察活动。2010年1月中旬,完成赴肯尼亚、坦桑尼亚进行城市规划管理项目的考察调研活动。5月下旬,组织赴巴西、秘鲁进行城市大容量交通的考察调研活动。9月初,组织赴日本、韩国的调研考察活动。11月下旬完成赴法国、德国"城市环境与历史文化保护"的考察外事计划。圆满完成住房和城乡建设部批准的外事任务。

【加强规划队伍素质建设,抓好继续教育培训工作】 根据中共中央国务院印发的《国家中长期人才发展规划纲要(2010~2020年)》的要求,强化人才教育管理,转变培训办班方式,提高办班质量。9~10月,中国城市规划协会与北京清华城市规划设计研究院联合举办了两期"城乡规划新形势、新问题、新实践研讨班"。来自18个省、自治区、直辖市,50个城市的规划系统的140多名学员参加了学习。邀请14位行业内有影响的专家学者从城市规划评估、城乡统筹发展规划、低碳生态城市、城市综合交通规划、城市安全和灾后重建规划、城市发展模式转型、高铁地铁城市圈发展形势下的城市规划、两型社会城市规划、近期建设规划、控制性详细规划、城乡土地利用和修建性详细规划12个专题进行了讲授研讨。这两期研讨班,对促进中国城乡规划质量水平的提高和技术进步以及行业发展发挥了能动作用。

【二级机构开展各项工作和活动】 规划管理专业委员会于7月中旬在湛江召开"中小城市规划工作会议"。9月在天津召开"规划管理专业委员会年会暨大城市规划局长座谈会"。与会局长结合各自工作实践，分别就如何深入贯彻《城乡规划法》、加强规划的依法行政、创新运用规划管理手段、优化用地审批制度、精心保护城市特色、加强规划管理业务建设、促进规划行业发展等方面进行了经验交流。

规划设计专业委员会于2010年4月上旬在哈尔滨召开"规划设计专业委员会主任、副主任委员会议"，就规划设计专业委员会2010年工作安排和工作设想等问题进行充分的讨论。9月中旬，在成都召开"全国城乡统筹与规划专题交流研讨会"。会议邀请住房和城乡建设部村镇建设司原司长李兵弟等专家做了专题报告，并设置两个城乡统筹与规划分论坛。与会代表就城乡统筹规划编制工作、城乡统筹制度研究、城乡统筹背景下的新农村建设、各地城乡统筹规划及建设实践等问题进行了深入的交流与探讨。

城市勘测专业委员会2010年3月下旬召开"城市勘测专业委员会三届六次常务理事（扩大）会议"。会议总结了2009年全年工作并部署了2010年工作要点。6月上旬，召开理事扩大会并在会上成立《城市勘测》杂志社理事会。完成《城市测量规范》的编写、审查工作。10月中旬，召开"2010城市地理信息系统建设与应用交流会"。会议对加速城市地理信息系统建设、完善以基础地理信息为核心的空间数据基础设施等方面起到促进作用。

地下管线专业委员会于2010年1月中旬召开"中国城市规划协会地下管线专业委员会一届五次主任会议"。5月完成《城市地下管线探测技术与工程项目管理》培训教材的编写工作。5月中旬，应台湾自来水协会的邀请，组织赴台湾考察交流活动。6月末召开"专业委员会主任会"，会上确定组建《地下管线管理》会刊理事会。7月下旬在青岛召开"城市地下管线普查与信息化建设座谈会"。11月下旬，召开了"中国城市规划协会地下管线专业委员会第二次会员代表大会暨成立十五周年纪念大会"。

女规划师工作委员会派代表参加"科学发展与当代中国女性高层论坛"、"全国省区市妇联主席会议"、"关爱中国女性健康专项基金"捐赠和全国妇联妇女研究会举办的"北京＋15"论坛征文活动等。

规划展示专业委员会于2010年3月下旬召开一届五次主任委员会一次会议。10月下旬，在杭州举行一届五次年会。来自全国各地的规划展馆代表围绕"新形势下规划展示行业社会价值的体现及发展趋势思考"展开热烈地讨论。会议同时还举办了新技术的展示会和第二届"规划展示之星"演讲比赛，对规划展示行业把握工作规律，整合行业资源，不断强化自我、增强服务意识做出积极贡献。

（中国城市规划协会）

中国建筑装饰协会

1. 2010年中国建筑装饰行业规模

【全年建筑装饰工程总产值】 2010年，行业完成工程总产值2.1万亿元，比2009年增加2500亿元，增长幅度为13.5%。其中公共建筑装饰装修完成1.15万亿元，比2009年增加了2000亿元，增长幅度为21%；住宅装饰装修完成9500亿元，比2009年增加500亿元，增长幅度为5.2%。在公共建筑装饰装修中，建筑幕墙完成1500亿元，比2009年增加了200亿元，增长幅度为15.4%；在住宅装饰装修中，成品房装修完成了2500亿元，增加600亿元，增长幅度为30%。在行业总产值中，境外工程产值约为300亿元人民币，比2009年增加了50亿元，其中建筑幕墙约为200亿元人民币，约占全部境外产值的70%；2010年建筑幕墙行业境外产值比2009年增加了45亿元，占行业全年境外产值增长的90%。

【建筑装饰企业规模与发展】 2010年，行业内企业总数保持在15万家左右，与2009年基本持平，但企业结构得到了进一步的优化。大企业的发展速度明显高于行业平均增长速度，行业百强企业平均产值比2009年增加了2.7亿元，增长幅度达到35%。高资质企业承接房地产开发商成品房装修的数量大幅度增加，已占住宅装饰装修市场份额的25%左右，挤压了住宅装饰装修中单户装修市场，使专业住宅装饰装修企业增长速度下滑，大量企业呈现负增长。企业加快提高资质等级，全年新增一级资质企业，据不完全统计为90家，占现有一级资质企业总量的7%左右，其中设计施工一体化一级资质一级企业，增加了50家，占新增一级资质企业的55%。

【建筑装饰从业人员结构】 2010年，行业从业者队伍保持在1500万人左右，与2009年基本持平，但从业者结构发生了一定的变化。大企业聚积人才的能力明显提高，企业拥有的高端设计、管理、科技人才数量显著增加；施工现场工人进一步减少，生产加工基地工人数量增加。装饰行业基本生产工人作业形式正在向制造业生产形式转化。随着第一代装修劳动力以每年20~40万的数量退出市场，行业新增劳动力中，接受过系统高等教育的人数增加，全年接受大专院校毕业生15万人，行业内受过高等教育的人数达到180万人。由于新生代劳动力的职业取向发生重大变化，体力劳动岗位遭到歧视，一线施工劳动力补充日益困难。随着资源、能源、农副产品等基础产品价格水平的上涨，劳动力成本继续加大。

2. 全国建筑工程装饰奖评选

【2010年"全国建筑工程装饰奖"的评审工作特点】 ①受北京奥运会、广州亚运会、济南全运会、上海世博会等大型活动基础设施建设和近几年国家建设投资力度加大等因素的拉动，申报全国建筑工程装饰奖的企业及项目数量大幅度增长；②对工程的复查重点进行了改进，把项目的安全隐患，消防隐患作为检查重点；③2010年的获奖项目中，由连续获奖5年以上，甚至连续10年获奖的"装饰明星企业"承建的项目增多。

【2010年"全国建筑工程装饰奖"评选结果】 经过严格、规范的评审，人民大会堂三楼中央大厅、北京银泰中心柏悦酒店等247项公共建筑，北京古玩城幕墙工程、北辰创新科技城4号公寓幕墙工程等111项建筑幕墙工程项目获奖；沈阳奥林匹克体育中心游泳馆及网球中心、第十一届全运会青岛体育中心游泳跳水馆等4项公共建筑，青岛火车站幕墙工程、沈阳奥体中心幕墙工程2项建筑幕墙工程项目，获"全国建筑工程装饰奖"（奥运会、全运会）特别奖；上海世博会中国馆、上海世博会世博中心等44项公共建筑，上海世博会中国馆外幕墙工程、上海世博会西班牙馆外幕墙工程等6项建筑幕墙工程，获"全国建筑工程装饰奖"（世博会）特别奖；另有北京电视中心演播楼剧场、新华联丽景国际酒店等52项工程，获"全国建筑工程装饰奖"设计奖；十一届全运会青岛体育中心游泳跳水馆、青岛奥帆博物馆2项工程获"全国建筑工程装饰奖"（奥运会、全运会）特别设计奖；上海世博会演艺中心、上海世博会西藏馆等18项工程获"全国建筑工程装饰奖"（世博会）特别设计奖。2010年的获奖项目数量，是该奖项实施10年来最多的一年。

3. 年度行业主要工作

【信用体系评价】 2010年，根据企业自愿申报的原则，经过地方协会初审、协会专家评审共进行了43家企业的信用体系评价，其中中建一局集团装饰工程有限公司、神州长城装饰工程有限公司等28家企业获得AAA级认证；北京英豪建筑装饰设计工程有限公司、重庆金飞建筑装饰工程有限公司等12家企业获得AA级认证；国都建设（集团）有限公司、重庆西南铝装饰工程有限公司等3家企业获得A级认证。行业信用体系评价，成为社会、业主评判企业的重要标志，成为规范行业竞争、科学分配资源、推介诚信企业的重要依据。

【编制"十二五"发展规划纲要】 根据中国建筑装饰协会六届五次会长会议及六届四次理事会上确定的2010年协会工作任务，协会秘书处组成包括地方协会和行业内骨干企业在内的"十二五"规划编制组，开始"十二五"行业发展规划纲要的编制工作。中国建筑装饰协会把编制"十二五"发展规划纲要做为一项重要工作，组织力量、动员行业资源，开展了企业、企业调研、规划编制等一系列工作。全面总结"十一五"期间发展状况及成果，对"十二五"行业发展目标、任务、原则、措施进行分析、研究，并编制相应指标与实施体系。

【推动行业产业化进程】 在继续做好行业调研的基础上，抓好在产业化发展中的先进典型企业、先进技术，总结推广经验，推动行业、企业发展方式的转变。

2009年，中国建筑装饰协会命名10个产业化发展试验基地，全部是行业里领军式的大型施工企业，由中国建筑装饰协会给予具体的指导与帮助。在协会产业化协调指导组和专家的指导与帮助下，10个试验基地在提高设计精细化水平、完善机械化加工能力、研发柔性连接技术与部件、施工现场安装专业化、监控手段现代化等技术与管理方面，都取得了较大的进展，进一步提高了设计、部件生产加工、现场装配式施工的指挥与协调能力，为推动行业产业化提供宝贵的经验。

有实力的建筑装饰企业，把推动工程项目管理与技术转型做为重要内容，在进一步完善部件、部品生产加工基地建设的同时，利用社会生产要素，加大对其他材料、部件的集成与整合力度，施工现场的成品化水平也有较大地提高。我国建筑装饰工程总体呈现施工工期有所缩短、现场文明化程度有所提升、工程精度与质量有所提高的特点，行业整体产业化也有所提高。

【装饰工程企业结构优化】 随着行业产业化水平的提高，推动了企业结构的优化，2010年虽然装饰工程企业数量总体基本持平，但微、小企业数量有微幅下降。现存的企业中，企业生存与发展的状态有极大差异，有品牌的大企业，发展速度远远高于其他企业，其中行业百强企业的平均增长速度，高于行业平均增长速度近22个百分点，表明行业在集中化程度越来越高。建筑幕墙产值最高的企业，2010年完成工程产值达到180亿元人民币以上；公共建筑装饰装修产值最高的企业，2010年完成工程产值达到60亿元人民币以上；住宅装饰装修产值最高的企业，2010年完成工程产值达到15亿元人民币以上。

建筑幕墙行业是产业化水平较高的专业行业，50强的产值就达到了600亿元以上，产业集中度高达近40%，建筑幕墙行业按产值量排序的前两家企业，产值超过300亿元，集中度高达20%左右，已经有形成垄断的趋势，要对其提出社会责任、公平竞争、行业义务的要求并加以引导、监督。公共建筑百强企业总产值达到1030亿元以上，产业集中度达到11%，相对比较低。住宅装饰装修的产业集中度水平最低，在公共建筑和住宅装饰装修市场，提高产业集中度仍然是一项重要的工作目标。

公共建筑装饰装修市场按产值量排序，前五家最大企业产值总和在250亿元左右，产业集中度近5%，仍然是产业化发展的重点领域，企业做大、做强的发展空间仍然很大。2010年，公共建筑装饰装修领域的大企业，充分利用国家及社会投资力度大、项目多、市场容量扩展的特点，以雄厚的资金实力、设计与施工服务能力开拓市场，企业做大、做强的步伐加快，并通过改革与再造企业、项目管理模式，形成新的内生动力，形成新生态的装饰业大企业，为企业转变发展方式打下坚实基础，也为产业化发展提供了组织保障。

2010年，以建筑装饰设计、施工企业为核心，整合和集成社会资源的能力进一步提高。工程企业与材料厂商的经济、技术、市场资源的合作更为紧密，适合装饰工程转变运作方式和产业化发展的研发能力得到进一步整合与提升，适应整个产业链完善的体制与机制，对产业化起到了重要的推动作用。建筑装饰工程企业与上游房地产商的合作水平也有了进一步提高，特别是2010年上市的3家装饰公司中，有两家是以精装修商品房的题材进入资本市场的，也为装饰工程企业与房地产商之间的长期战略合作、联盟创造了条件。在上市的装饰企业中，有3家企业，仅商品房精装修一项业务，就占该装饰公司业务量的50%～80%，如果加上商品楼盘其他配套建筑的装饰装修工程业务，上市装饰公司与房地产商合作的业务量的比重则会更高。

2010年以房地产商为龙头的整个产业集群的战略合作，行业间的相互协调、渗透、合作，使建筑装饰行业拥有相对稳定、大批量、可持续的专业工程需求，为装饰部品、部件的标准化、工业化生产加工奠定了基础，为施工的专业化、机械化、规范化提供了发展条件，也会大幅度提高行业、企业的资源利用效率和劳动生产率，进一步提高行业产业化水平。

【建筑装饰行业"两化"融合】 根据建筑装饰行业信息化建设水平和行业产业化发展方向，工业和信息化部信息化推进司委托中国建筑装饰协会开展建筑装饰行业两化融合发展水平评估指标体系、两化融合发展水平评估工作，把建筑装饰行业两化融合工作纳入国家主管部门的指导体系。行业"信息化与工业化"两化融合评估工作，是一项重要的政府职能，对协会工作和行业发展，具有重要的指导作用。为落实工信部信息化推进司2010对协会"开展建筑装饰行业两化融合发展水平评估指标体系研究并进行评估工作"的委托，中国建筑装饰协会多次召开"落实工信部委托我会两化融合工作座谈会"，持续推动此项工作在行业深入发展，为推动"两化"融合奠定了良好的基础。推动建筑装饰行业的两化融合，提高行业的技术装备水平、技术集成整合、创新能力、产品更新换代，将成为未来一段时间内行业转变发展方式，加快产业化步伐，实现可持续发展的重要抓手。

【企业上市】 2010年，浙江亚厦建筑装饰股份有限公司、北京嘉寓门窗幕墙股份有限公司、深圳广田建筑装饰股份有限公司三家企业成功上市，使全行业上市企业数量达到6家，装饰板块已经在资本市场中初步形成。装饰企业的密集上市，对行业产生革命性影响。上市装饰企业以良好的业绩受到资本市场的高度重视，股价上涨很快，市值得到快速提升，反映了资本市场对行业发展前充满信心，资本市场开始对装饰类企业热捧。到2010年底，建筑装饰行业6家上市企业的市值，高达800亿元人民币，形成强大的资本支持。2010年，行业百强企业中，有近40家企业做着上市的前期准备工作。

2010年，上市的深圳广田建筑装饰股份有限公司工程量增长120%；浙江亚厦建筑装饰股份有限公司工程量增长98%；苏州金螳螂建筑装饰股份有限公司工程量增长66%。上市公司工程产值的平均增长率在50%以上，远远高于行业的平均水平，也远高于行业百强企业的平均产值水平。工程市场的快速聚集，特别是特大型工程项目中大量材料、部品的统一规格、质地，更好地体现上市公司标准化、工业化生产加工的优势，将进一步加快工程资源向上市企业的聚集速度，形成高速周转的良性循环。强有力地市场资源和资本的结合，使上市公司的发展方式，由传统的自我积累式的低效增长，转化成为社会化、集约化、高效化的快速增长。

【全国建筑装饰行业百强企业推介】 2010年，行业百强的产值规模、资产总量、创利水平都有了较大提高。以百强推介推动优质建筑装饰企业上市的作用更加明显，对推动行业、企业转变发展方式的作用日益加强，也成为协会掌握行业发展动态的重要途径。百强推介活动结束后，召开行业百强论坛，主题是"拥抱资本、赢得未来"，特别邀请全国著名券商、管理机构在论坛上进行了交流。

行业百强企业代表行业内大企业的水平，其年平均产值在"十一五"期间已经由2005年的3.58亿元，增长到2010年的10.2亿元，5年增长了284.92%，平均年增幅达到26%，高于行业平均水平12个百分点以上。百强企业中的大企业力争建立国家级研发中心，确立正确的研发方向和具体课题，鼓励企业实现更多具有自主知识产权的创新成果。

【全国建筑工程装饰奖明星企业评选】 2010年是建设部批准、由中国建筑装饰协会实施的"全国建筑工程装饰奖"开展的第10年。为了更好地发挥该奖项在提高项目管理、企业创优能力、施工规范化水平等方面的作用，中国建筑装饰协会开展了总结与表彰活动。对连续10年获得该奖项的苏州金螳螂建筑装饰股份有限公司、上海市建筑装饰工程有限公司、浙江亚厦装饰股份有限公司、上海新丽装饰工程有限公司、深圳海外装饰工程有限公司、深圳长城家俱装饰工程有限公司、深圳市科源建设集团有限公司、青岛东亚建筑装饰有限公司、深圳市洪涛装饰股份有限公司、深圳市南利装饰工程有限公司、上海蓝天房屋装饰工程有限公司、武汉凌云建筑装饰工程有限公司、广州珠江装修工程公司、天津华惠安信装饰工程有限公司、广东省装饰有限公司、黑龙江国光建筑装饰工程有限公司、广西建林装饰工程有限责任公司、上海建筑装饰（集团）有限公司、浙江广艺建筑装饰工程有限公司19家企业进行了表彰，命名为明星星级企业；对自2006年之后连续5年获得该奖项的77家企业，命名为明星企业。2010年12月25日在北京召开专题会议，对建筑装饰工程项目创优经验进行交流。

【2010亚太空间设计师北京论坛】 2010年，协会组织了"亚太空间设计师（2010北京）国际论坛"，来自12个国家的设计师参加会议，展示我国建筑装饰设计领域成就。经过近2年的精心准备，2010年10月9日，在北京国际会议中心召开"亚太空间设计师（2010北京）国际论坛"。论坛以"设计生活、创造未来"为主题，12个国家和地区的名牌设计师发表演讲，穿插8次"设计大师面对面"访谈；进行了一系列博览会、展览会以及"筑巢奖"建筑手绘设计大赛等活动，论坛邀请50多位中、外著名的设计师、专家、学者进行学术报告和演讲，并进行了相应的展览、展示活动，收到较好的效果。

【第七次会员代表大会筹备工作】 2010年初，秘书处开始"中国建筑装饰协会第七次会员代表大会"会议的筹备工作，并进行会员重新登记。这项工作涉及面广、消耗时间长、工作难度大，由秘书处组织联络部具体负责。经过细致地工作，截止到2010年10月，会员重新登记工作基本完成，共有2100家直属会员进行了重新登记，并交纳了会费。包括团体会员在内，协会在行业内拥有近1.7万家会员企业，召开第七次会员代表大会的基础性工作已经完成。

2010年10月，协会成立"第七次会员代表大会筹备领导小组"。由于本次会员代表大会将进行协会主要领导的新老交替，住房和城乡建设部对换届工作非常重视，部领导多次同协会会长、秘书长交换意见。为了实现顺利交接、平稳过渡、风清气正的目标，领导小组的组长由会长马挺贵和住房和城乡建设部党组推荐的新会长李秉仁共同担任，徐朋任副组长。下设筹备办公室，刘晓一任主任，秘书处班子成员及相关部门负责人任组员，负责筹备中的各项具体工作。

（中国建筑装饰协会）

中国城市科学研究会

1. 课题研究

【编纂中国城市科学研究会系列年度报告】 先后完成《绿色建筑年度发展报告》、《城市规划发展报告》、《低碳生态城市发展报告》、《城市公共交通发展报告》、《小城镇和村庄建设发展报告》的编写出版工作。

【围绕低碳、生态、可持续发展开展相关课题研究与技术导则编写工作】 中国城市科学研究会(以下简称"城科会")与中国国际经济交流中心合作,开展有关绿色城镇综合试验项目实施方案的研究,针对中国高速城镇化进程,从政策、技术、管理等多个层面探寻中国城镇化健康发展的合理路径,通过以绿色城镇综合试验示范区为试点项目,探索经济、社会、环境协调可持续发展的城镇化模式;

与GTZ(德国技术公司)合作,开展有关低碳生态城市建设指南的研究编写工作;

积极联络亚行项目办,以"低碳生态城市"为重点,争取相关项目支持;

与住房和城乡建设部建筑节能与科技司和德国技术公司(GTZ)合作,计划编制低碳生态城市规划建设发展导则。

与同济大学建筑与城市规划学院合作完成全国市长培训中心城乡规划建设管理系列教材之《低碳生态城市的理论实践》一书的撰写工作。

【与知名企业与咨询机构合作,围绕节能减排与生态城市建设,开展相关课题研究与实践活动】 与UTC(联合技术公司)合作,开展5年期的"生态城市指标体系构建与生态城市示范评价"项目研究工作,完成试点年研究工作计划,并于第六届绿色建筑大会上进行项目成果的发布及介绍。

与全球知名的战略咨询公司麦肯锡咨询公司合作筹建中国城市科学研究院,开展有关城市发展政策咨询方面的工作;

与中国城市规划设计研究院深圳分院、深圳市规划院合作开展《深圳低碳生态城市指标体系》课题;

【积极参与有关国家重大咨询项目研究】 与复旦大学共同承担有关"十二五"规划的城镇化专题研究。在对中国经济发展和结构调整趋势分析的基础上,结合中国资源环境条件和经济社会发展目标,提出新型城镇化发展道路、发展模式的内涵;

完成中国科协决策咨询项目"未来中国城市发展模式研究",在总结中国传统城市发展模式经验教训的基础上,探索科学发展观和建设和谐社会理念下中国城市发展的新模式,以及促进城市发展模式转型的规划技术和政策体系。课题于2009年11月通过中国科协结题验收,并获得好评。根据报告内容,分期上报5期专报,从城市发展新理念、构建城市发展新格局、未来城市发展空间结构、影响城市模式的因素及构建创新型城市等方面进一步提炼观点,阐述问题。

【结合住房和城乡建设部中心工作任务,开展相关技术服务与研究工作】 组织完成部城乡规划司《城乡规划法》实施评估研究项目,对我国中部地区(晋、豫、皖、鄂、湘、赣)《城乡规划法》的实施效果进行评估,提出政策性建议;

开展有关《城乡规划法》配套制度研究——城乡一体化规划管理体制研究工作,采用定性与定量结合的科学系统分析方法,总结各地在城乡统筹规划方面的政策经验和典型做法等,探索建立城乡规划建设一体化的管理体制思路;

组织完成部建筑节能与科技司节能省地型和公共建筑专项研究项目"节能减排与低碳城市研究"、"夏热冬冷地区绿色建筑技术的集成设计研究与技术规范"、"国外推广绿色建筑政策研究"、"公共照明应用LED产品技术导则"项目研究工作;

组织完成部城市建设司"中国人居环境评价指标体系研究"项目,结合城乡建设工作的实际情况,通过比较研究、实例检验、问卷调查等方法对人居环境奖的评价指标体系、评选方法、实施监督机制等方面的问题进行深入研究修订,建立一套更加完善、更加科学,符合我国城乡建设实际的指标体系和评选方法;

组织完成部村镇建设司"宜居小城镇标准研究"项目,研究明确宜居小城镇在解决三农问题和经济发展中的地位和作用，把握宜居小城镇在发展中的问题，总结成功经验，从社会文明、经济发展、规划建设、综合管理等方面提出宜居小城镇标准；

落实第七届亚欧首脑会议要求，完成亚欧生态网的筹建和启动工作。

完成绿色建筑设计标识评价相关文件的更新、修订。完成绿色建筑运行标识评价相关文件的编制工作，根据项目评价情况，组织评审专家对评价实施细则进行修订、细化；

编制《绿色工业建筑评价导则》并发布；

协助部城市建设司完成《城市照明管理规定》的制定，起草《关于切实加强城市照明节能管理严格控制景观照明的通知》；组织开展"半导体照明产品应用示范工程"。

【开展为城市政府提供服务的咨询研究工作】 与部分城市签订战略服务协议，为城市的生态城市规划、建设、管理与可持续发展提供思路与政策指引，与山西省阳泉市就生态新区规划咨询项目达成合作意向，与上海奉贤区南桥新城生态城市规划建设达成咨询服务意向。与合肥滨湖新区签订生态城市规划建设咨询服务意向，签订厦门市集美新城核心区低碳生态地块开发控制指引研究协议和厦门市集美新城低碳生态城市指标体系研究协议。

2. 学术交流

【主办第六届国际智能、绿色建筑与建筑节能大会】 3月29～30日，由城科会主办的第六届国际智能、绿色建筑与建筑节能大会在北京召开。大会的主题是"加快可再生能源应用，推动绿色建筑发展"。主要交流、展示国内外绿色建筑与建筑节能的最新成果、发展趋势和成功案例，研讨绿色建筑与建筑节能技术标准、政策措施、评价体系和检测标识，分享国际国内发展智能、绿色建筑与建筑节能工作新经验，促进我国住房和城乡建设领域的科技创新及绿色建筑与建筑节能的深入开展。展览会展示了国内外绿色建筑、智能建筑、建筑节能和绿色建材等方面的新成果与应用成果。

【主办2010城市发展与规划国际论坛】 6月22～23日，由城科会、河北省住房和城乡建设厅主办的2010城市发展与规划国际论坛在秦皇岛召开。会议以"绿色、生态和数字化：中国城市的发展模式转型"为主题，在为期2天的会议中，与会者围绕"绿色交通、公交优先与城市的可持续发展"、"数字化城市管理"、"中国市政设施的投资与市场化-国际经验与启示"、"中外生态城市理念与范例"、"城市废弃物低碳研究"、"碳减排技术与生态城市建设实践"、"低碳生态城市的规划与设计"、"低碳经济、历史名城与产业发展"、"高寒地区、少数民族地区应急救灾及灾后恢复规划建设"、"气候变化与低碳城市"、"可持续发展的城市规划理论与实践"等议题进行研讨和广泛交流。

【举办第十七届海峡两岸城市发展研讨考察活动】 以城科会副理事长赵宝江为团长的一行22人于9月6～13日赴台参加第十七届海峡两岸城市发展研讨会及参访活动。此次活动由本会与台湾都市计划学会共同主办，会议在台南长荣大学和成功大学举办。来自海峡两岸近百位城市发展方面的专家学者，以"低碳、绿色与生态城市"为主题，进行广泛、深入的交流与探讨。围绕生态城市规划与减碳、生态城市规划的理论与实践、绿色建筑与生态住区、城市生态保育、绿能技术与资源合理利用、城市绿色交通的规划与实践、历史文化名城的保护与更新等相关议题进行14场主题演讲及讲座，集中展现两岸学界在上述相关领域的最新研究成果与学术动向。会向还参访了新竹、台南、台中、南投、台北等城市地区，考察了台湾在城市规划与城市更新、生态与自然环境保护和历史文化遗产保护等方面的多个案例。通过交流增强了彼此在共同推进两岸交流，促进生态城市规划理念发展和实践的历史责任，以"城市让生态更美好"为目标而共同努力。

【参与协办中国（天津滨海）·国际生态城市论坛】 9月28日，由城科会参与协办的中国（天津滨海）·国际生态城市论坛在天津滨海新区召开。论坛以"生态城市创造和谐未来"为主题，由一个主论坛和五个分论坛组成。来自20多个国家和地区的350多名政府官员、专家学者和企业代表围绕绿色发展、生态城镇化、低碳技术应用，发展清洁能源等议题进行交流，提出见解和主张。城科会具体承办"生态城市理论与实践的创新发展"平行论坛；论坛以"什么是真正意义上的生态城市？"、"如何建设真正意义上的生态城市？"和"我们需要怎样的生态城市？"为探讨主题，系统解读与剖析当前国内外有关生态城市最新的理论与实践进展。

【生态城市中国行启动长沙站活动】 10月12日，"生态城市中国行"活动走进第二站长沙，此次活动是继2009年唐山站系列活动之后的又一次学术盛宴。活动由中国城科会生态城市研究委员会、长沙市人民政府主办，长沙市住房与城乡建设委员会承办。活动以"绿色让城市更幸福"为主题展开，通过搭建交流平台，推广交流生态城市建设相关的政策、机制和技术信息，广泛探讨生态城市建设体系与方法，交流生态城市的发展思路与实践经验，引导生态理念和思维，引领行业发展趋势。为城市政府、发展商、规划建设管理部门、规划师、建筑师提供信息共享与交互的平台，促进生态城市建设理念在全国范围内的推广，加强各地区、各城市之间在生态建设与可持续发展方面的合作。住房城乡建设部副部长仇保兴在主题演讲中阐明："现代生态城市规划必须汲取中国传统文化原始生态文明的养料，摈弃西方现代主义对城市规划的种种不良影响，重建"人类—城市—自然"的共生关系，以绿色低碳技术超越工业技术占主导的实践发展模式，重建"人类—城市—历史文化的共生关系，以科学的态度来对待历史文化，以包容传承开放的态度来弘扬民族、地域文化中的精华。"与会专家、长沙市规划管理部门主管领导与参会嘉宾还围绕有关议题进行对话互动，通过交流互动，分享国内有生态城市发展实践方面的经验，总结长沙在生态城市建设方面的特点，交流长沙在生态城市规划建设方面政策的着力点，推行的主要障碍、困难和突破点。

【主办 2010 中国城镇水务发展国际研讨会与技术设备展览会】 11 月 1 日，由城科会、中国城镇供水排水协会、江苏省住房和城乡建设厅及无锡市人民政府联合举办的"2010 中国城镇水务发展国际研讨会与技术设备博览会"在无锡市召开。大会的主题是"推进节水减污，保障供水安全，促进人水和谐"。大会开幕式上，住房和城乡建设部副部长仇保兴、江苏省人民政府副省长何权、无锡市人民政府市长毛小平、新加坡公用事业局助理总裁兼供水署署长陈玉仁、国际水协荣誉主席 David Garman 及企业界代表等嘉宾出席开幕式并致辞或演讲。综合论坛和专题研讨会上，来自国内外的政府官员、专家学者和企业界人士近 180 人发表了演讲，围绕供水水质达标与安全保障、膜法水处理技术及其应用、污水达标处理与再生利用和污泥处理处置技术与应用等议题，在城市水行业改革、水处理技术、水质监测、再生水利用、污泥处理处置、节水管理、给排水系统的运行管理、城市湿地资源保护管理等方面展开专题研讨与广泛交流，分析存在的突出问题及面临的新挑战，探寻解决问题的策略、途经和方法。对促进我国城镇水务行业的健康发展起到积极的作用。

3. 宣传出版

《城市发展研究》杂志 2010 年在城镇化、低碳生态城市、城乡统筹、城市交通、景观设计、区域经济发展、中小城镇发展规划、社会保障方面设置专题栏目，邀稿约稿，在保证出版日期、提高印刷装帧质量、扩大发行和杂志容量上下功夫。按时完成出版任务，全年共出版 12 期。共刊发论文 350 余篇，共计 264 万字。共出版发行增刊 2 期，均为相关学术会议论文集。发行量比 2009 年同期增长 15%。

《低碳生态城市》在中国科协完成杂志申报审批手续。

4. 组织建设工作

【召开第 23 次全国秘书长暨理事、会员单位工作会议】 会议从组织管理工作、学术研究工作、学术交流活动、宣传出版工作、自身建设工作 5 个方面全面回顾了一年来的工作。总结三点学会工作经验：一是通过分支机构的工作加强学会组织工作；二是抓住"可持续发展"这一核心主线，组织研究及学术交流工作；三是有为才能有位，通过自身工作和贡献来确立社会地位。各位理事、秘书长和团体会员单位代表就《城市科学研究奖评选管理办法》（征求意见稿）和城市科学研究面临的形势与任务进行了讨论。与会代表认为：城市科学研究伴随我国城镇化的迅速发展，要积极适应新形势发展要求，紧紧围绕转变城镇发展方式，以增强社团服务意识为切入点，服务于住房和城乡建设部中心工作，以"住房建设、城乡统筹、节能减排、生态安全"为重点题目，开展相关学术交流活动。

会议宣布《关于增补副理事长的决议》，决定增补李兵弟为中国城市科学研究会副理事长；审议并通过《关于调整和增补理事、常务理事人员名单的建议》，增补陆克华、顾朝林为常务理事，增补叶青等 15 人为理事；向北京市城市科学研究会等 25 个省（市）城科会、团体会员颁发团体会员单位证书；颁发《城市发展研究》（2007～2009 年）优秀论文奖，赵燕菁等 13 人分获一、二、三等奖。

【分支机构筹建与换届】 先后申请筹建上报城市水务与水环境专业委员会、城市综合交通专业委员会、住房政策和市场调控研究专业委员会、数字城市研究专业委员会材料，经中国科学技术协会审批，并报经民政部核批登记。正式批准成立住房政策和市场调控研究专业委员会、数字城市研究专业委员会。数字城市专业委员会于 11 月 10 日召开成立大会，住房政策和市场调控研究专业委员会于 11 月 26 日召开成立大会。

中小城市分会、历史文化名城专业委员会按照章程规则，筹备有关换届工作。

【开展评优评奖工作，扩展专家库】 经国务院纠正行业不正之风办公室批准，获得"城市科学研究奖"的组织评选资格。"城市科学研究奖"是一项周期为2年的评比表彰活动。自获得评奖资格后，立即着手评选办法的拟定和征求意见工作。征求意见稿先后经过三次会议讨论，并向理事、地方城科会、会员单位征求意见。积极筹备开展评奖。

根据中国科协《关于开展全国优秀科技工作者推荐评选工作的通知》（科协发组字〔2010〕19号）精神，中国城市科学研究会组织开展推荐评选工作。

为更好地聚集和发扬多学科、多专业专家学者的研究优势，2009年以来广泛搜集社会专家信息，先后发出千余封邀请函，不断补充和完善专家信息库，已补充296名专家入库；扩展专家领域，为配合数据库的管理和应用，起草并计划实施专家库管理办法。

（中国城市科学研究会）

中国土木工程学会

【学术活动】 2010年中国土木工程学会及所属专业分会、专业委员会共举办学术会议70余次，参会人数达万余人次，出版论文集30余种，提交论文3500余篇。为推进土木工程自主创新、引领行业发展，学会重点抓了以下学术交流活动：

（1）2010年11月14～15日，学会与中国工程院土木水利与建筑工程学部、国家自然科学基金委员会工程与材料科学部、北京工业大学在北京共同主办"2010中国（北京）国际建筑科技大会"，这是继"2006西安国际建筑科技大会"、"2009上海国际建筑科技大会"之后的第三届会议，主题为"低碳经济与土木工程科技创新"。中国工程院、科学院多位院士、长江学者、千人计划学者、国家杰出青年科学基金获得者以及来自美国、日本、加拿大、印度、荷兰等国的土木建筑工程科研人员200余人参加会议，录用论文186篇。

（2）2010年4月16～18日，"中国土木工程学会工程风险与保险研究分会成立大会暨首届工程风险与保险研究学术研讨会"在上海同济大学举行。来自全国各地的100余名专家学者参会。

（3）作为中国土木工程学会百年庆典系列活动之一，2010年11月5～6日，由中国工程院土木水利与建筑工程学部支持的"中国土木工程学会第十四届年会暨隧道及地下工程分会第十六届年会"在湖南省长沙市举行。此次年会以"我国隧道及地下工程的新理念与新技术"为主题，来自全国隧道及地下工程领域的专家、学者及工程技术人员约420余人出席大会，围绕"隧道技术施工、风险、防灾、安全"、"工程设计、理论研究及其他"、"面向低碳环保型城市地下空间开发利用的新理念新技术"等主题进行分组报告与讨论。

（4）学会与中国工程院土木水利与建筑工程学部联合，举办了4期"土木工程院士、专家系列讲座"：4月29日，学会邀请蓝天研究员在北京工业大学以"当代大跨度空间结构的发展"为主题，进行精彩报告，参会代表200多人。8月2～10日，在江苏省南京市东南大学，学会邀请王梦恕、吕志涛、孙伟、秦顺全等17位中国工程院院士、专家，就桥梁、材料、隧道与地下工程、空间结构、高速铁路等土木工程相关领域的发展现状与未来方向进行了多场高水平讲座。9月13日，学会邀请刘西拉教授以"中国土木工程师的责任：善于学习，勇于超越"为主题，在北京交通大学进行了精彩的报告，来自设计、施工、管理及高校的代表300余人参加了会议。12月30日，学会邀请中国工程院周丰峻院士、邹德慈院士分别以"地铁工程安全控制技术"、"城市交通规划"为题，在江苏南京进行了精彩的报告，参会代表达200余人。

2010年学会组织召开的学术会议还有：第九届海峡两岸隧道与地下工程学术及技术研讨会、第四届中日岩土工程学术会议、第五届国际土木工程复合材料大会（CICE 2010）、第十五届全国工程建设计算机应用学术会议、第十四届建设行业企业信息化应用发展研讨会、中国土木工程学会防护工程分会第十二次学术年会、第三届工程质量与性能检测鉴定加固学术交流会、第十九届全国桥梁学术会议、第三届城市燃气论坛、广州亚运工程施工创新技术研讨会、第十一届全国土力学及岩土工程学术会议、2010上海国际岩土工程学术交流会、中国风工程研究30周年纪念大会、第十三届空间结构学术会议、高耸结构第20届学术交流会、全国超软土地基排水固结与加固技术研讨会、第十三届全国纤维混凝土学术会议、第七届高强与高性能混凝土学术交流会、中日水处理技术交流会、第八届全国土动力学学术会议等。

【课题研究】 学会承担的"十一五"国家科技支撑计划重点项目"新型城市轨道交通技术"之课题——"城市轨道交通技术发展和创新体系研究与示范"研究课题，已通过住房和城乡建设部、科技部组织的专家验收。该课题历经4年，通过分析、总结我国城市轨道交通技术发展的现状及存在的问题，首次提出从政府监管、投融资、建设管理和运营管理各环节的城市轨道交通可持续发展系列政策和规范性文件的建议，完成《轻轨设计技术规范》等三项技术标准，出版"新型城市轨道交通技术丛书"等。

学会承担的住房和城乡建设部专项课题《城市轨道交通工程抗震设防研究》，已完成《城市地下轨道交通工程抗震设防指南（初稿）》以及《市政公用设施抗震设防专项论证技术要点（地下工程篇）》的编写任务。

学会承担的住房和城乡建设部专项课题《"建设工程抗御地震灾害管理条例"相关问题研究》，已完成《抗震条例》条文（讨论稿）。

学会承担两项技术规范的编制任务：《城市轨道交通地下工程建设风险管理规范》已完成《规范》报批稿，并获得住房和城乡建设部批准发布，于2012年1月1日起施行；《城市轨道交通建设项目管理规范》通过专家审查。

学会承担的住房和城乡建设部《村庄与集镇农房建设实用技术》课题基本完成研究任务。

此外，学会承担的住房和城乡建设部科研项目《基坑支护结构数字化集成优化动态设计系统》、《软土原位测试与软土处理新技术研究》、《软土地区桩基础新技术研究》、《基坑工程支护新技术研究》、《复杂城市环境条件下岩土工程对环境影响的评价与控制技术研究》取得阶段性成果。

【对外交流】
(1) 举办国际会议

8月18～19日，中国土木工程学会隧道及地下工程分会主办、中国岩石力学与工程学会地下空间分会和台湾方面隧道协会协办的"第九届海峡两岸隧道与地下工程学术及技术研讨会"在河南洛阳举行，会议主题为"安全节能环保的隧道及地下工程"。来自海峡两岸的专家、学者、工程技术人员等近300位代表参加研讨会，大会论文集共收录论文85篇，内容涵盖隧道及地下工程科学研究、规划设计、施工建设、安全、环保、运营等各个方面，反映近年来隧道及地下工程领域新技术、新工艺、新设备和新材料的进步和发展。尤其是近代岩土力学理论、信息技术和计算机技术在隧道及地下工程中的应用成为学者们关注的重点。"海峡两岸隧道与地下工程学术与技术研讨会"已成功举办9次，对于促进海峡两岸的隧道与地下工程学界及技术界的交流与了解发挥了积极作用。

6月8日，中国土木工程学会城市公交分会和法国公共交通协会在法国巴黎联合主办"中欧城市公共交通论坛"，近百名代表参加会议。论坛围绕提高城市公共交通性能这一主题展开讨论，从公共交通车辆的制造和运营安全角度交流经验。

4月12～14日，中国土木工程学会土力学及岩土工程分会和日本地盘工学会主办、日本地盘工学会国际部承办的"第四届中日岩土工程研讨会"在日本冲绳召开。来自中国和日本100多个单位的147名代表参加会议，会议论文集共收录108篇论文，内容涉及地下空间开发、环境岩土工程、桩基工程、风险管理等10个研究方向。经过中日双方的相关负责人协商确定，第五届中日岩土工程研讨会将于2012年在中国四川成都召开。

10月10～12日，由中国土木工程学会土力学及岩土工程分会与国际土力学与岩土工程协会(ISSMGE)TC35委员会（现为TC105委员会）联合主办、同济大学和日本山口大学联合承办的"宏微观岩土力学与岩土技术国际研讨会"在上海召开。会议旨在对宏微观土力学与岩土技术进行国际交流，探讨土的宏微观特性、离散单元法数值模拟、岩土工程应用技术的最新国际研究成果与发展趋势。来自美国、英国、日本、加拿大、澳大利亚、西班牙、韩国等十余个国家和地区的180余名专家学者参会，会议共收录论文174篇。

10月28～29日，由中国土木工程学会混凝土及预应力混凝土分会纤维混凝土专业委员会和美国混凝土协会中国分会联合主办，江苏省建筑科学研究院有限公司、东南大学、高性能土木工程材料国家重点实验室等单位共同承办的"第十三届纤维混凝土学术会议暨第二届海峡两岸三地混凝土技术研讨会"在南京召开。来自中国内地、香港和台湾的专家学者、工程技术人员和企业代表共330余人参加大会，共同研讨纤维混凝土及高性能混凝土的新技术、新进展和关注的热点问题。除了20位院士、专家的精彩报告外，还有60余位代表宣读并交流了论文，本次会议共收录论文150篇。

8月27～28日，第二届中日隧道安全与风险研讨会在日本东京举办，作为会议组织单位之一，中国土木工程学会工程风险与保险研究分会理事长黄宏伟率代表团14人赴日参会。

11月13日，中国土木工程学会招投标研究分会与商务部国际官员研修学院共同在北京举办"中葡工程建设招标投标研讨会"，来自中国、安哥拉、佛得角、几内亚比绍、莫桑比克、巴西、东帝汶，以及澳门特别行政区等负责工程建设的官员及专家进行了互动交流。

(2) 出访工作

10月20~25日，学会理事长谭庆琏率团访问越南，与越南建设部、越南土木工程师协会就进一步合作事宜进行深入地讨论，与越南土木工程科技与管理人员就施工进度管理、地下工程及高层建筑施工新技术应用、解决老城区交通拥堵、村镇规划等问题进行了互动交流，加强了同包括越南土木工程协会在内的越南相关单位的合作与联系，促进同越南土木工程界的科学技术交流与合作。

5月16~21日，为配合中国土木工程学会承担的住房和城乡建设部"城市轨道交通地下工程抗震设防"课题研究，以土力学与岩土工程分会副理事长兼秘书长、清华大学教授张建民为团长、课题组专家为团员的代表团赴日本进行轨道交通地下工程抗震减灾技术调研与考察。考察团拜会了日本土木工程学会、日本铁路技术研究所、JR东日本铁路公司、东京地铁公司、仙台城市交通局等单位部门，参观了日本地铁工程、日本新干线工程和仙台在建地铁工程等。

9月22~24日，中国土木工程学会组织"国家游泳中心"项目的相关单位组成代表团前往意大利威尼斯，参加国际桥梁及结构工程协会第34届年会并领取国际桥协2010年度杰出结构大奖，国际桥协主席Combault先生向我国代表颁发了荣誉证书（"国家游泳中心"项目由中国土木工程学会推荐参加国际桥协2010年度杰出结构大奖评选，并成为该奖项2010年度惟一获奖项目）。会议期间，代表团与本届国际桥协主席Combault先生和下届国际桥协主席Popovic先生进行了友好会晤，并商定于2010年12月在北京举行"国家游泳中心"获奖揭牌仪式。

5月14~20日，国际隧道大会在加拿大温哥华召开，大会主题为"瞻望2020隧道"，中国土木工程学会隧道及地下工程分会代表中国土木工程学会作为ITA成员国组团参加了这次大会。参加本次大会的总人数有873人（其中来自中国大陆及港澳台115人），大会共收录论文244篇（其中来自于中国的论文有17篇，内容涉及中国铁路、公路、城市轨道交通、市政建设、环保、安全等诸方面）。会议期间还召开了ITA会员国代表大会，选举产生国际隧道协会新一届的主席团及执委会成员，其中我国白云教授当选为ITA副主席，分管发展和协调成员国关系。

6月5~14日，中国土木工程学会城市公共交通分会副秘书长袁建光率团赴法国参加"中欧城市公共交通论坛"，代表团参观了巴黎举办的欧洲公共交通博览会，与公共交通专业研究机构、欧洲主要的公共交通运营商和供应商进行广泛交流，并参观考察了巴黎公共交通总公司（RATP）总部、巴黎地铁最先进的14号线的中央控制中心、巴黎公共交通系统最优秀的项目—T3有轨电车的维修中心等。

10月19~24日，外事工作委员会主任、上海交通大学刘西拉教授代表谭庆琏理事长出席美国土木工程师学会（ASCE）140届年会，并以"与自然和谐发展"为题进行了精彩演讲。

7月26~31日，中国土木工程学会水工业分会代表团参加在日本名古屋市召开的日本下水道协会第47届研究发表会，共有16人赴日参会，有5人在大会发表演讲，7篇论文进行了交流，会议期间还与日本下水道协会就进一步加强中日双边学术交流达成共识。

11月16~17日，第6届公共交通国际联会（UITP）亚太区大会在香港召开，中国土木工程学会城市公共交通分会常务副理事长王秀宝参加会议并作《大型会展活动的交通组织》的演讲，就全球化对公交经营者的影响、顾客关系管理、不同市场发展的公交经营模式、绿色智能城市的可持续公交发展等议题，与来自世界各地的公共交通行业人员、公共交通专家、学者进行交流。

此外，混凝土及预应力混凝土分会秘书长冯大斌率团赴美参加国际混凝土协会年会并顺访加拿大；作为国际煤气联盟的注册理事，城市燃气分会参加在卡塔尔首都多哈召开的2010年度国际煤气联盟理事会议；城市燃气分会组团赴阿尔及利亚参加第16届世界液化天然气大会；防护工程分会理事长钱七虎率团赴俄罗斯参加"深部岩石力学及采矿"学术研讨会；钱七虎、副秘书长方秦等参加了在英国曼彻斯特举行的首届国际防护结构会议。

(3) 外事来访

5月25日，以美国土木工程师学会主席Blaine D. Leonard教授、国际合作与战略规划部主管Meggan Maughan-Brown女士为首的美国土木工程师学会（ASCE）代表团访问中国土木工程学会，理事长谭庆琏、副理事长袁驷、秘书长张雁、外事委员会主任刘西拉等热情接见了ASCE代表团一行。双方就密切合作、鼓励其会员共同努力实现2025展望签署合作协议,并决定于2011年联合召开主题为"重大基础设施可持续发展"的国际会议。此次来访将有利于推动和促进双方的交流与互动。

4月15日,加拿大土木工程学会主席Gordan Jin教授及夫人Rebecca Law教授、加拿大土木工程学会国际事务委员会主任Todd Chan教授等访问中国土木工程学会。双方就进一步推动可持续发展教学课件编制项目、中国土木工程学会百年庆典活动等方面交换意见,并认为双方要在技术层面上继续加强与深化合作,共同推进两国的土木工程建设的健康可持续发展。

12月26～30日,由中国土木工程学会和香港工程师学会土木部共同组织的"2010香港青年土木建筑科技冬令营"成功举办,来自香港的33名青年土木工程技术人员参加。团员们在内地期间,先后前往武汉、北京、天津等地参观考察了武广高铁、国家大剧院、首都博物馆、国家体育场(鸟巢)、国家游泳中心(水立方)、天津海河特色桥梁等著名工程,并前往清华大学、中国科学技术协会进行访问交流。

此外,中国土木工程学会城市燃气分会接待法国燃气协会同行的来访,就开展境外技术培训事宜进行友好磋商;受中国科协的委托,港口工程分会接待了来自香港的17名大学生来内地实习,港口工程分会积极组织,精心安排,设专人负责他们在京实习期间的学习和生活;工程风险与保险研究分会还分别接待美国德州大学奥斯汀分校Dr Fulvio Tonon博士、葡萄牙LUIS RIBEIRO E SOUSA教授、日本Akutagawa教授的来访;市政工程分会接待法国Marc MIMRAM先生、日本华侨林志翔博士和日本原大林组东京本部设计部部长细川清和一级建筑士的来访。

【出版发行】

(1) 2010年,中国土木工程学会按时、保质保量地完成12期《土木工程学报》的编辑出版工作,出版增刊2期。

(2) 多个分会、委员会编辑出版内容丰富的期刊、简讯等,包括《防护工程》、《建筑市场与招标投标》、《建筑市场与招投标简报》、《煤气与热力》、《城市公共交通》、《公交信息快递》、《公交文摘报》、《预应力技术与工程应用》、《空间结构简讯》、《土木工程师》、《住宅信息》、《住宅建设的创新发展》图文集等。

(3) 以"十一五"国家科技支撑计划重点项目"新型城市轨道交通技术"课题研究成果为基础,2010年陆续出版"新型城市轨道交通技术发展丛书"。包括:《城市轨道交通技术发展和创新体系研究及工程示范》、《城市轨道交通综合造价控制》、《城市轨道交通投融资模式建议》、《城市轨道交通建设项目管理指南》。

(4) 由中国土木工程学会组织广州市地下铁道总公司等单位编写的学会标准《城市轨道交通运营管理指南》于2010年8月由中国建筑工业出版社出版发行。该书提出城市轨道交通运营管理内容和基本原则,明确运营筹备、资源管理、客运组织、行车组织、乘务组织、票务组织、设备和车辆维修管理的原则、目标和内容,分析安全风险管理目标和管理模式,建立了我国城市轨道交通运营服务水平评价指标体系。对我国城市轨道交通运营管理模式具有较强的参考价值和指导意义。

(5) 开展《土木工程名词》修订工作。继2003年正式出版《土木工程名词》后,2010年,又组织学会专家对《土木工程名词》(2003)进行增补、修订,计划出版第二版《土木工程名词》。

(6) 为宣传表彰中国土木工程詹天佑奖获奖工程,促进新技术的推广应用,中国土木工程学会与中国建筑工业出版社联合编辑出版《第九届中国土木工程詹天佑奖获奖工程集锦》大型画册,与中国邮政联合出版发行《第九届中国土木工程詹天佑奖获奖工程宣传邮册》。

【表彰奖励】

(1) 组织召开第九届中国土木工程詹天佑奖颁奖典礼。3月28日,第九届中国土木工程詹天佑奖颁奖典礼在北京电视中心(北京电视台)召开。科技部副部长曹健林,住房和城乡建设部副部长郭允冲,铁道部副部长彭开宙,交通运输部副部长冯正霖,水利部副部长鄂竟平,中国科学技术协会书记处书记冯长根,原建设部副部长、中国土木工程学会理事长谭庆琏,铁道部原副部长、中国土木工程学会副理事长蔡庆华,中国土木工程学会副理事长徐培福,中国土木工程学会副理事长、全国人大环资委副主任、清华大学副校长袁驷,住房和城乡建设部总经济师、科技委常务副主任李秉仁,铁道部总工程师何华武院士,交通运输部总工程师周海涛,水利部原总工程师朱尔明,科技部国家科技奖励工作办公室副主任胡晓军,北京市政府副秘书长徐波、张玉平,以及住房和城乡建设部、铁道部、交通运输部、水利部、科技部、中国科协、中国工程院、北京市政府、北京市科协等单位领导,荣获第九届詹天佑奖的30项工程、191家获奖单位的代表和来自全国各省市的土木建筑科技工作者

800多人参加了颁奖典礼。

（2）组织开展第十届中国土木工程詹天佑奖评选工作：经推荐申报、资格审核、专业预审、评审大会评审、公示以及指导委员会审定等程序，共有30项工程入选第十届中国土木工程詹天佑奖。

（3）经从中国土木工程詹天佑奖历届获奖项目中遴选，2010年中国土木工程学会推荐苏通长江公路大桥、北京工业大学羽毛球馆、重庆长江大桥复线桥三个项目参加2010年度国家科学技术奖评选，其中"苏通长江公路大桥"荣获2010年度国家科技进步奖一等奖。

（4）组织开展2010年中国土木工程詹天佑奖优秀住宅小区金奖评选表彰工作，共有22个项目获得金奖。2010年10月18~19日，住宅工程指导委员会分会在北京组织召开"2010中国土木工程詹天佑奖优秀住宅小区技术交流会"，对获奖项目进行点评和技术交流。

（5）组织开展第九届中国土木工程学会优秀论文奖评选工作，共评选出一等奖5名，二等奖5名，三等奖17名和鼓励奖29名。

（6）组织开展2010年度中国土木工程学会高校优秀毕业生奖评选表彰工作，共有30名同学获得表彰（其中土木工程专业21名，工程管理专业9名）。2010年10月，中国土木工程学会教育工作委员会在湖南省长沙市召开"第十届全国高校土木工程学院（系）院长（主任）工作研讨会"，向获奖代表颁发了证书。

（7）受茅以升科技教育基金会委托组织开展2010年度"茅以升土力学及岩土工程大奖"和"茅以升土力学及岩土工程青年奖"评选工作，南京水利科学研究院郦能惠获得本届"茅以升土力学及岩土工程大奖"，同济大学黄茂松、天津大学郑刚获得本届"茅以升土力学及岩土工程青年奖"。

（8）受中国科协委托，组织开展全国优秀科技工作者的评选推荐工作，由中国土木工程学会推荐的4位专家均获得"全国优秀科技工作者"荣誉称号；还推荐两位"中国科协项目咨询专家库"专家、两位"科协优秀科技宣传人物"、院士世博行人选等；向商务部推荐对外援助成套项目评审专家库12位专家。

（9）国家游泳中心项目荣获国际桥梁及结构工程协会2010年度杰出结构大奖，也是该奖项2010年度惟一获奖项目。2010年12月3日，中国土木工程学会与国际桥协主办，在国家游泳中心举办了揭牌仪式。国际桥协主席波波维奇先生、住房和城乡建设部副部长郭允冲、北京市副市长陈刚、中国土木工程学会理事长谭庆琏、北京市国有资产经营有限责任公司董事长李爱庆分别致辞；中建国际（深圳）设计顾问有限公司总工程师傅学怡代表获奖单位介绍项目情况；陈刚和波波维奇共同为"国家游泳中心"项目揭牌。（该奖项由国际桥协于2000年创立，每年评选1~2项世界上近期修建的最著名、最具创意和技术创新性的工程结构，是国际结构工程的最高奖项。"国家游泳中心"是继2009年度获奖项目"上海卢浦大桥"之后我国境内第二个获此殊荣的项目。）

（10）推荐学会专家当选国际组织职务：市政工程分会秘书长、同济大学白云教授当选国际隧道与地下工程协会副主席；桥梁与结构工程分会副理事长、同济大学葛耀君教授当选国际桥梁与结构工程协会副主席。

【组织建设】

（1）组织召开第八届九次常务理事会及地方学会工作会议；召开地方学会工作会议、专业分会秘书长工作会议；召开《土木工程学报》编辑部理事工作会议；组织召开詹天佑基金会第一届第五次理事会议暨第二届理事会工作会议。

（2）经中国科学技术协会、民政部批准，成立"城市轨道交通技术工作委员会"和"工程防火技术分会"。

（中国土木工程学会）

中国建设监理协会

【组织编写《建设工程监理行业"十二五"发展规划》（草案）】 根据住房城乡建设部《建筑业"十二五"发展规划》编制工作的要求，组织编写《建设工程监理行业"十二五"发展规划》（草案）。《规划》总结工程监理行业"十一五"期间的发展状况，取得的突出成就和积累的监理经验，分析工程监理行业存在的主要问题和"十二五"时期面临的机遇和挑战，提出"十二五"时期工程监理行业发展的指导思想、发展目标、主要任务以及解决主要问题的政策措施。

【组织专家对《建设工程监理规范》、《建设工程监理合同示范文本》进行修改】 根据住房城乡建设部的要求,结合最新出台的有关法律法规和标准规范,协会组织业内专家对《建设工程监理规范》、《建设工程监理合同示范文本》进行修改。通过广泛征询、收集各方面意见,对规范、合同示范文本作了适当调整,补充完善工程监理相关服务和安全生产管理监督的相关内容,使规范和合同范本结构更加合理,内容更加完整,通用性和可操作性更强。

【2010年度监理工程师执业资格考试】 协会组织完成2010年度监理工程师执业资格考试命题和阅卷工作,进一步提高命题水平。2010年报考人数49291人,参加考试人数37899人,考试合格人员10703人,合格率为28.24%。全国取得监理工程师执业资格的人员达17.6万人。

【完善监理工程师注册管理】 协助政府完善监理工程师注册管理工作,热情服务企业,保证审核质量。全年完成初始注册、延续注册和变更注册审查9.9万余人次。全国注册监理工程师总数为11.6万余人。

【注册监理工程师继续教育】 推进监理人员素质的提高。根据监理人才队伍的实际情况,研究制定相应的培训教育规划,组织开展注册监理工程师继续教育,不断提高监理人员的业务素质和执业能力,以适应市场对监理人才的需求。同时继续寻求国际化监理与项目管理培训的渠道,尽快搭建服务平台,为国内监理人员参加国际培训活动创造良好条件。全年完成注册监理工程师继续教育近10万人次。

【开展行业调研和课题研究】 2010年围绕行业热点和突出问题,广泛深入开展调研工作。确定《工程建设监理招标管理办法研究》、《关于工程建设监理人才的现状及加速培养的对策研究》、《关于工程建设监理对施工安全监管的责任研究》、《关于深化工程建设管理体制改革和推进工程建设监理的研究》、《关于工程建设监理理论体系研究》等多项课题。调研报告有:《关于陕西、山西两省建设监理情况的调研报告》(已发表)、《关于山西省建设监理协会开展理论研究和宣传工作的调查》(已发表)、《锦屏水电工程建设监理调查浅议》(已发表)。

【监理对施工安全监管理论研讨会】 2010年7月7~8日,由中国建设监理协会理论研究委员会与江苏省建设监理协会共同举办。就全行业普遍关注、反映强烈的"安全监理"问题,进行广泛、深入地探讨,提出改进建议。

与会代表从不同角度总结"监理对施工安全监管"的现状;从法理层面对该问题作了深入地剖析;从制度上探讨了改进方略和办法。通过研讨进一步提高了关于监理对施工安全监管问题的认识;进一步明辨了相关的工程监理责任体系;坚定了继续搞好工程监理的信心。

【组织评选先进工程监理企业、优秀总监理工程师、优秀监理工程师和优秀协会工作者】 开展监理行业表彰活动。在会员单位内部组织开展评选先进工程监理企业、优秀总监理工程师、优秀监理工程师和优秀协会工作者活动。2010年度共评选出中咨工程建设监理公司等147家先进工程监理企业;北京鸿厦基建工程监理有限公司总监理工程师林建平等155人为优秀总监理工程师;北京地铁监理公司监理工程师周长青等203人为优秀监理工程师;北京市建设监理协会李孟等52人被评为优秀协会工作者。

【推进创建学习型监理组织活动】 在抓好创建活动试点企业的基础上,继续要求试点企业总结经验,推出成果,在全行业开展交流,共同提高创建水平。通过创建活动,塑造良好的企业文化,推动监理企业品牌建设,凝聚更多优秀人才,创建一批在行业内具有公信力,成为能够带动全行业发展的中坚力量。

【推进工程监理与项目管理一体化服务工作】 通过试点项目和试点企业,继续探索实践监理公司创建工程项目管理企业的市场环境、外部条件、行业政策、实现途径和方法步骤,全面总结试点经验,指导工程监理企业全面深入地开展工程监理与项目管理一体化服务活动。试点活动引起全行业广泛关注,不少企业开始尝试一体化服务新模式,并从中获得有益成果。

【推进监理行业国际化进程】 为了推进我国工程监理行业国际化进程,加快提高工程监理企业的项目管理水平,尽快投入国际市场,应德国项目管理协会和英国工程监督及建设监理学会的邀请,中国建设监理协会组成中国建设监理协会工程项目管理考察团,于2010年7月赴德国和英国,重点考察德国工程项目管理实施状况和英国工程质量安全管理情况,与德国项目管理协会和英国工程监督及建设监理学会进行交流,并实地考察德国SMV项目管理咨询公司和柏林新机场工程的项目管理情况。通过考察和对国内外工程管理制度的对比分析，认为我国工程项目管理制度在逐步完善，但在人才资源、管理技术、信息化管理手段等方面还比较落后，需要采取措施不断夯实项目管理的基础，加快提升项目管理水平。

【加强协会自身建设】 组织协会秘书处认真研究、学习和修订《中国建设监理协会秘书处规章制度》，号召大家遵章守纪，按照规章制度的要求履行好岗位职责，规范化开展协会工作。协会还充分发挥和调动工会的作用，组织开展健康的文体活动和摄影竞赛活动，活跃协会气氛，增强协会凝聚力。

（中国建设监理协会秘书处）

中国勘察设计协会

【筹备协会换届　总结第四届理事会工作】 2010年初，中国勘察设计协会召开第四届理事会理事长工作扩大会议，中国勘察设计协会理事长吴奕良主持会议就换届筹备工作小组提交的第四届理事会工作总结初稿进行了讨论研究，确定了工作总结的框架及主要内容。

第四届理事会自2000年9月成立以来，认真贯彻党的十六大、十七大精神，深入贯彻落实科学发展观，坚持解放思想，坚持改革开放，努力与时俱进、求真务实、创建和谐发展环境，实施"提供服务、反映诉求、规范行为"的工作方针，扎实推进各项工作，协会凝聚力日益增强，行业发展不断创新。在原建设部和住房城乡建设部的指导、各同业协会与各会员单位支持与协同努力下，忠实地履行了协会《章程》，在"服务"、"纽带"、"自律"诸方面工作取得了一定的实效。主要在五个方面着力开展了务实、有效的工作：坚持行业改革为"主旋律"，推进市场化方向发展；转变行业发展模式，推进勘察设计单位开展投资机会研究、可行性研究等前期服务业务和为业主提供建设工程全过程、工程全寿命周期管理服务业务的两个延伸；引导行业持续发展，推进开拓技术市场、项目市场和资本市场三个市场；增强行业发展基础，推进队伍素质、信息技术、现代管理和企业形象的四个提升；激励行业奋发有为，编撰《中国工程勘察设计五十年》行业史丛书（2003～2006年）。举行庆祝协会成立20周年会议，激励会员发扬成绩，坚定使命信念（2006年）。举办主题为"咨询发展，设计未来"的全国工程咨询设计行业发展高峰论坛，总结行业近30年改革开放经验（2007年）。贯彻国务院常务会议推进结构调整、转变经济增长方式精神，举办工程总承包和项目管理发展论坛，促进行业"创新发展、走向世界"。隆重举办四届三次常务理事会暨国庆六十周年全国工程勘察设计行业表彰大会（2009年）。

【2009年度优秀工程勘察设计行业奖评选】 组织实施年度优秀工程勘察设计行业奖评选。范围包括：优秀工程勘察项目项，优秀建筑设计项目（含住宅与住宅小区、人防工程、结构专业），优秀市政工程设计项目（含风景园林），优秀标准设计项目，优秀计算机软件项目，建筑环境与设备项，智能化建筑项目。

申报项目经专家评审，由理事长会议审定通过，共确定优秀工程勘察一等奖14项，二等奖42项，三等奖65项；优秀建筑工程设计一等奖25项，二等奖90项，三等奖172项。其中中外合作设计项目一等奖8项，二等奖20项，三等奖19项；优秀住宅与住宅小区项目一等奖2项，二等奖23项，三等奖27项。其中中外合作设计项目二等奖1项，三等奖2项；优秀建筑结构项目一等奖4项，二等奖9项，三等奖18项。其中中外合作设计项目一等奖3项，二等奖1项，三等奖5项；优秀人防工程一等奖4项，二等奖9项，三等奖14项；优秀市政公用工程设计项目一等奖24项，二等奖49项，三等奖82项；优秀风景园林项目一等奖5项，二等奖9项，三等奖20项；优秀标准设计项目一等奖4项，二等奖10项，三等奖16项；优秀计算机软件项目一等奖2项，二等奖5项，三等奖3项；优秀建筑环境与设备项目一等奖2项，二等奖4项，三等奖6项；优秀智能化建筑项目一等奖5项，二等奖12项，三等奖13项。

【编发《中国勘察设计行业发展年度报告（2009～2010）》】 该研究报告分为上篇和下篇。上篇为主报告，包括工程勘察设计行业的发展环境、工程勘察设计行业发展现状、工程勘察设计行业发展展望和预测、工程勘察设计行业发展对策等四部分内容，重点对我国工程勘察设计行业2009年的实际发展状况、未来的发展趋势以及相应的对策做了一定的研究。下篇为专题报告，包括管理创新、业务模式创新与可持续发展、技术创新与科研管理、工程勘察设计行业市场一体化、人本管理、工程勘察行业的市场环境六个部分内容，均分别做相应的研究。以期为从事工程勘察设计工作各有关单位更好地把握新时期行业发展现状及未来发展趋势，提供行业现实发展的相关对策与参考依据，促进工程勘察设计行业的科学发展。全文共10章，约16.5万字。

【召开协会第五届会员代表大会进行换届】 中国勘察设计协会第五届会员代表大会于2010年7月6日在北京召开。第五届理事会由628名理事组成，其中常务理事204名，涵盖工业、能源、交通、军工、民用建筑、农林、水利等各个工程建设领域，覆盖国(境)内的31个省、直辖市、自治区。大会通过协会章程的修订案。选举的第五届理事会理事长、副理事长、秘书长、副秘书长名单如下：

理事长：王素卿。副理事长(16名)：赵俊林 曲际水 贾炳公 郑建钢 张桦 郭成奎 武孟灵 曹光 王玉 李爱民 徐建 白丽亚 施设 沈小克 刘辉 李晓明。秘书长：王子牛。副秘书长(3名)：栗元珍 齐继禄 李促进。

住房城乡建设部副部长郭允冲到会讲话表示祝贺，并从正确认识工程勘察设计行业面临的形势和任务、充分发挥协会在勘察设计行业发展中的重要作用和要继续做好工程勘察设计创优工作等方面作出重要指示，对新一届协会理事会工作提出殷切希望。

当选理事长王素卿在会上作了题为"继往开来 改革创新 促进发展"的讲话，表示不辜负部党组的推荐和会员的信任与重托做好工作；第五届理事会将以"三个做好、一个加强"即做好政府参谋助手工作，做好行业代表工作，做好为企业服务工作和加强行业自律与协会自身建设为努力方向；在住房城乡建设部关怀和指导、同业协会和会员单位大力支持和共同努力下，坚持团结奋进、开拓创新，做出"提供服务、反映诉求、规范行为"的新成绩，为行业又好又快发展做出新贡献。

会员代表大会后召开第五届常务理事会第一次会议。会议认为，协会工作始终要把为工程勘察设计行业发展提供有益、有效的服务作为落脚点、立足点和出发点。为了制定切实可行的发展目标，形成业内共同行动，常务理事会确定"开展调研、厘清思路、明确目标、促进发展"的工作意见，并决定2010年下半年协会重点开展行业调研工作。

在王素卿理事长的指导下，协会秘书处对协会各项工作的规章制度做了进一步修订与完善，并征求各分支机构意见，从2011年起实施。

【组织开展工程勘察设计全行业专题调研工作】 根据协会第五届第一次常务理事会提出的重点工作，经研究确定协会本次开展调研的三个重点课题：①贯彻节能减排，发挥设计主导作用；②发挥评优引导作用，推动技术进步和技术创新，确保质量安全；③推进企业结构调整，实施"走出去"战略，强化自律机制，维护市场秩序。为发动全行业力量共同做好调研工作。协会要求各地方的同业协会负责组织本地区行业情况的调研，各部门的同业协会负责本行业系统的调研，协会的各分会、工作委员会负责本专业领域的调研，协会秘书处负责组织行业面上的调研和专题研究并负责行业调研成果的汇集、归纳和整理工作。

9月，工程勘察设计全行业调研工作启动，得到各有关勘察设计同业协会的充分配合。协会秘书处组织有关人员和专家近20人，组成3个专题调研组分赴北京、上海、武汉、沈阳、郑州、西安等地召开座谈会及实地考察，与60余家勘察设计企业进行交流，听取意见和建议，获得大量第一手资料。至9月30日，协会秘书处收到各单位报送的调研报告58份，调查问卷套表303份。

《工程勘察设计行业专题调研报告》在协会组织专家对调研资料研讨以及协会秘书处几易其稿的基础上，于12月正式提出此次行业专题调研的报告，并呈报给住房城乡建设部领导及有关司局。专题调研报告由总报告及其行业节能减排工作、行业技术创新、行业发展问题和市场与质量等四个分报告组成。在调研报告中，一是反映了勘察设计行业的总体现状：在工程建设落实节能减排国策的主导和关键作用，行业在取得丰硕成果的同时培育了新的经济增长点，因而发展极具潜力；行业的技术创新能力进一步增强，科技成果工程化成绩突出，新技术在企业发展和市场竞争的重要作用凸显；企业立足实际深化改革，转变经营模式，积极实施"走出去"战略。二是分析归纳了影响勘察设计行业健康发展的主要问题：行业在工程建设中的灵魂和先导作用被淡化，地位逐渐边缘化；体制改革进程放慢，部分企业经营模式转变迟缓；专有技术保护比较薄弱，创新技术政策扶持和引导力度不足；标准规范的管理政出多门，修订完善工作滞后；不正当的市场竞争行为普遍存在，违规使用资质资格搅乱市场现象不绝，高端的优秀人才缺乏以及国际竞争力不强等。三是提出了解决存在问题的建议：提升工程勘察设计行业在工程建设中的地位，重视在"产学研"创新体系中的作用，推进高新技术企业资质的认定；营造良好的技术创新政策环境，加大融资、税收、勘察设计收费、技术标准规范国际化和评优引导技术进步等方面的扶持力度；加快建设统一、开放、有序的工程勘察设计市场等。四是协会为应对行业发展进步将开展的主要工作：推进技术创新，提升企业工程技术水平；推动管理创新，促进企业发展战略转型；推进实施"走出去"战略，提高企业国际竞争力；强化诚信评估机制，提升行业自律水平；通畅行业信息渠道，提升行业社会影响力，为企业提供有效服务等。调研工作的成果为推进业内企业的战略转型与业务升级、促进行业又好又快地发展发挥积极作用。

【**总结及研讨行业信息化建设工作**】 中国勘察设计协会信息化工作会议暨工程设计计算机应用工作委员会2010年会于11月在广西壮族自治区首府南宁市举行。会议的任务是总结工程勘察设计行业信息化建设"十一五"的工作和经验，筹划"十二五"的发展。通过交流研讨，提出目标措施，推动全行业信息化建设水平再登上一个新的台阶。到会代表来自建筑、水利、电力、石油、石化、煤炭、铁道、公路、冶金、机械、船舶、航空航天、军队等各行业的100多家勘察设计单位，部分省、市的勘察设计协会信息化工作负责人也出席了会议。

"十一五"期间，企业对信息化带动工程勘察设计现代化的认识不断深化，把信息化工作与事关提高市场竞争力、提升企业综合素质和实现可持续的发展紧密联系，自觉加大了在信息化上的投入，全行业信息化技术得到加快发展；我国勘察设计企业协同设计和工程信息管理水平有了较大的提升，信息共享和信息集成初见成效，全行业信息化建设处于初级集成化阶段；企业积极推进工程设计、项目管理的协同设计，利用信息技术优化设计，提高经济效益，信息化建设创造价值的效果显著；使用正版软件获得了长足进步，大型工程勘察设计企业基本全部实现软件正版化；国产软件的采用得到有效推进，行业涌现大批国产软件用户，国产CAD软件市场占有率大幅提升，许多企业的国产CAD平台软件达到了85%以上的使用率，应用水平得到较大提高。行业信息化建设的成果是协会的工程设计计算机应用工作委员会在指导委员会的指导下，业内专家以及许多软件公司做了大量切实有效的具体工作。

存在的主要问题是：行业的信息化建设发展不平衡，不同规模、不同类型的勘察设计企业信息化建设水平存在很大差距；信息化的技术资源、管理资源的积累与整理工作以及标准规范制定工作滞后，难以满足发展要求，制约信息化水平的提升；部分勘察设计企业信息化建设投入不够，约半数的企业没有信息化工作主管，行业的信息化人才队伍不强。与发达国家先进水平相比，行业信息化水平尚存在较大差距。

王素卿在总结行业"十一五"信息化工作的基础上，提出供业内研究讨论的"十二五"工程勘察设计行业信息化建设工作目标的建议：到'十二五'末，以同行业为主，规划全行业统一集成的信息资源系统，启动全行业信息集成、共享、协同的工作模式；有条件的企业的信息化基础建设、核心业务应用信息系统和综合管理系统达到和接近同行业的世界先进水平，大力扶持中小企业信息化，使其加快发展步伐，缩小行业内不同企业之间的信息技术应用水平差距，创造协调发展的环境。建议采取的措施是：①全行业要继续提高对信息化工作的认识；②协会要开展调研，摸清现状，区别对待，加强指导；③国产软件企业要不断提高产品的适用性、可靠性，满足工程勘察设计企业的实际需要；④充分发挥信息化工作指导委员会和业内信息化专家的作用，推进信息化基础工作和标准化工作；⑤加强业内信息化技术的学习培训和经验交流，积极开展国际间及境内外的交流活动，推进信息化人才队伍建设，关注新技术动态趋势，跟踪发展，力求创新；⑥推动白图替代蓝图工作取得实质性进展，为实现推广电子图档，提高工作效率和促进节能环保做出积极贡献。

此次年会上，为我国工程勘察设计行业提供服务的国内外主要软件厂商参加件产品的推广介绍，涵盖了咨询、设计、管理、安全等方面的高中低不同层次的产品。对BIM、信息安全、云计算等新技术进行了广泛交流。

会上向获荣获"十一五"期间工程勘察设计行业获实施信息化建设先进单位奖的116个单位颁发证书和奖牌。

（中国勘察设计协会）

中国风景园林学会

【概述】 中国风景园林学会在住房和城乡建设部、中国科协和民政部等部门的领导和支持下，努力开展形式多样的学术和行业交流活动，着力加强自身改革和建设，积极开展奖励和评优活动，不断改进会员服务。

【全力办好第47届IFLA世界大会，搭建高水平的学术交流平台】 由住房和城乡建设部和IFLA共同主办，中国风景园林学会、江苏省住房和城乡建设厅、苏州市人民政府、上海市绿化和市容管理局、北京林业大学等5家单位共同承办的第47届国际风景园林师联合会（IFLA）世界大会（暨中国风景园林学会2010年会）于2010年5月28～30日在苏州市成功举行，来自50个国家和地区的3000余人出席了大会，围绕大会主题——"和谐共荣——传统的继承与可持续发展"，进行广泛的交流。大会是IFLA历史上规模最大、参会国家最多、活动内容最丰富的一次大会，受到IFLA领导人、国内外参会代表的肯定和赞赏，在社会上引起强烈反响。

全国政协副主席王志珍出席开幕式并作重要讲话。住房和城乡建设部副部长仇保兴在开幕式上致辞并作大会主旨报告。大会首次设置了永久性纪念物—纪念鼎和纪念墙，并举办了中国风景园林展等5项专业展览。大会同期成功举办了IFLA国际大学生风景园林设计竞赛和大学生营活动。中国大学生包揽了设计竞赛的主要奖项。

【加强自身建设，提升服务能力】 中国风景园林学会于2010年1月在北京召开常务理事会议，审议学会2009年工作总结和2010工作计划，讨论并原则通过学会组织工作委员会设置和职能安排。5月，中国风景园林学会召开全体理事会议，讨论通过《中国风景园林学会理事会工作条例》。

根据《中国风景园林学会分支机构管理办法》，进一步规范所属分支机构的工作。9月，在北京召开"中国风景园林学会分支机构工作会议"，先后完成规划设计、菊花研究两个专业委员会和教育工作委员会3个分支机构的负责人聘任，并积极筹备成立"理论历史与遗产"等4个专业委员会。风景名胜、规划设计专业2个专业委员会成功进行换届改选。

中国风景园林学会继续加强与地方风景园林行政主管部门和地方学（协）会的联系。5月和12月，分别在苏州和昆明召开了"全国各省风景园林学（协）会理事长交流会"和"全国风景园林学（协）会秘书长工作会议"，听取部分学（协）会的工作情况和经验介绍，就加强学（协）会自身建设和改进工作进行讨论，对沟通信息，增进了解，加强合作，进一步整合力量，促进学科和行业工作的开展。

中国风景园林学会秘书处自身建设也取得明显进展，讨论制定"工资"、"考勤"、"考核"等内部管理制度，进一步明确岗位职责，为工作的顺利开展打下了基础。

【办好会员沙龙活动，拓展会员服务内容】 9月，中国风景园林学会秘书处会员部前往北京林业大学，开展现场入会宣传和办理入会手续活动，将服务带到会员身边，方便入会申请，在改善会员服务方面做出积极的尝试。截至2010年底，学会有登记单位会员268个，个人会员1488个，较2009年分别增加25个和988个。

11月下旬，中国风景园林学会在深圳举办主题为"服务与沟通"的第二届会员沙龙活动，70余家单位会员的110余位会员代表参加，通过工作通报、座谈交流、专业讲座、专题考察等系列活动，增进了学会与会员之间、会员与会员之间的相互了解，实现了沟通思想、凝聚力量、增进合作的活动目的，受到参会会员代表的肯定和好评。

【广泛参与国际交往，提升自身的地位和影响】 应IFLA要求，中国风景园林学会为'IFLA杰里科奖'评选提供了赞助，推荐副秘书长、清华大学教授杨锐担任IFLA文化景观委员会委员，加强相关领域的交流与合作。6月，中国风景园林学会和西安市城市规划局联合邀请IFLA前任主席戴安妮·孟塞斯博士赴西安，参加《大西安总体规划发展战略国际论坛》。戴安妮从新西兰的实践和法律层面出发，对大西安总体规划提出很好的建议。10月，中国风景园林学会副秘书长刘晓明作为IFLA代表之一，应邀参加联合国教科文组织在巴黎召开的"国际风景公约可行性专家研讨会"。

5月，中国风景园林学会与IFLA共同组织召开10国风景园林学（协）会会长圆桌会议，澳大利亚、智利、西班牙、美国等9国的风景园林学（协）会会长应邀出席，共同交流各国风景园林学科和行业发展情况及各自学（协）会的基本情况，这次活动加深了各国学会间的了解，增进了彼此间的友谊，为开展合作奠定了基础。

10月，中国风景园林学会组团赴日本横滨参加主题为"风景园林可持续发展的挑战—置身于本土化风景园林的地方智慧和新策略"的第十二届中日韩风景园林学术研讨会。中国风景园林学会副理事长王向荣应邀介绍我国风景园林行业近年发展情况。研讨会上，来自三国的9位学者分别宣读论文，另有9位专家进行专题评议，会议论文归集为'Journal of Landscape Architecture in Asia(Volume 5)'出版。

【积极推荐科技人才，开展科技评价】 应中国科协"关于整理老科学家科技资料"的工作要求，中国风景园林学会采集整理20余位在行业内做出较大贡献的80岁以上的老科学家的学术成长资料。中国风景园林学会推荐李延明、邢福武和胡永红三人参加中国科协组织的"全国优秀科技工作者"评选，获得表彰；推荐科技人员参加"第七届中国青年女科学家奖"评选。另外，中国风景园林学会还推荐孙筱祥、程绪珂两位专家参加2011年度IFLA杰里科奖评选。

中国风景园林学会继续在会员中开展"中国风景园林学会优秀园林工程奖"评选和"中国风景园林学会年会优秀论文"评选。"优秀园林工程奖"共计评出获奖项目125项，含"优秀园林绿化工程奖"大金奖3项、金奖59项，"优秀园林古建工程奖"金奖5项。中国风景园林学会承办"2010 IFLA国际大学生风景园林设计竞赛"，并发动国内大学生参加"中日韩大学生风景园林设计竞赛"，中国大学生在以上竞赛中均取得优异的成绩，摘获了主要奖项。中国风景园林学会继续推荐优秀项目参与2010年度IFLA亚太区风景园林奖评选，《汶川地震灾区风景名胜区灾后重建规划》《2010年上海世界博览会绿地系统规划》分获本年度风景园林规划类一、二等奖，为国家赢得了荣誉。11月，中国风景园林学会启动"中国风景园林学会优秀规划设计奖"的评选工作，并在积极筹备学会"中国风景园林学会终生成就奖（拟定名）"、"中国风景园林学会优秀科技成果"、"中国风景园林学会先进集体"和"中国风景园林学会先进个人"的评选等工作。

【积极宣传行业人士，提升行业社会影响】 受住房和城乡建设部城市建设司的委托，中国风景园林学会借召开第47届IFLA世界大会之机，开展了系列行业宣传工作。4月，在北京召开"钱学森科学思想研讨会——园林与山水城市"，邀请业界知名专家、行业主管领导、文化界专家等围绕钱学森"园林与山水城市"学术思想进行了深入研讨。会议回顾了钱学森先生系统论的思维方法和他对园林学科发展的重要贡献。会议得到中国科协的肯定和支持，在社会上引起了较强烈的反响，提升了行业的知名度和影响力。上半年，中国风景园林学会和地方合作，整理了杭州余森文、合肥吴翼、广州林西三位老一代专家型市长的事迹，委托中央电视台制作宣传片，于5月的IFLA世界大会上播放，对年轻一代的专业人员起到了很好的教育和引导作用。

【举办专业展览，促进地方性园林文化活动】 10月18日～11月18日，中国风景园林学会与开封市人民政府共同主办了"第十届中国菊花展览会"，吸引全国63个城市参展。展会设1个主会场和11个分会场，室外景点170个，展出菊花品种1100多个，145万盆。品种数量和展出规模均创历届之最。为配合此次展会的举办，开封市设计制作了菊花长龙并成功创建一项吉尼斯世界纪录。与此同时，由开封市编纂的新版《菊谱》也于展会期间出版发行。这些活动进一步丰富了展会的内涵，提升了社会影响。鉴于开封市在菊花栽培、研究和应用方面的悠久历史和突出成绩，经开封市申请，学会授予开封市"中国菊花名城"称号。

【积极关注学科建设，努力推动执业认证】 中国风景园林学会于2009年在中国科协立项的"风景园林学科发展研究"课题，于2010年3月底圆满完成，《风景园林学科发展报告》由中国科学技术出版社正式出版发行。4月，参加中国科协组织的"学科建设发布会"。年初，在住房和城乡建设部的支持下，中国风景园林学会组织专家开展"风景园林学科申报一级学科"的相关论证工作。一年来，学会主动联络相关领域专家，多方面协调，统一认识。此项工作得到国务院学位委员会的重视。与此同时，中国风景园林学会多次组织专家，进行了注册风景园林师执业制度的前期调研和准备工作，以推动此项工作的尽早实施。受中国科协委托，中国风景园林学会还承担"中国古代发明创造国家名录认定"的部分工作，对人居环境专业领域的文化遗产开展专项调查，讨论提出推荐名录。

2010年，学会支部进行了换届改选，组成陈晓丽理事长为书记的新一届支部委员会。一年来，学会党支部和学会领导班子按照住房和城乡建设部党委的要求,认真开展"小金库清查"治理,积极参加"创优争先"活动,针对学会自身实际情况,制订工作方案,落实具体措施,务求实效,取得了一定收效。与此同时,学会支部重视积极分子培养和新党员发展,新发展预备党员1名,相关工作得到了部社团党委的肯定。

(中国风景园林学会)

中国安装协会

1. 加强交流,拓展思路,促进行业发展

【召开中国安装协会五届三次理事(扩大)会议暨颁奖大会】 2010年3月24日,协会在北京召开五届三次理事(扩大)会议暨颁奖大会,住房和城乡建设部副部长郭允冲向大会发来贺信,向会议的召开和获得中国安装工程优质奖(中国安装之星)、全国安装行业优秀项目经理的单位和个人表示祝贺。郭允冲在贺信中充分肯定了中国安装协会的工作,并对以后的工作提出了要求。郭允冲指出:中国安装之星是我国安装行业的最高质量奖,表彰安装工程质量最优秀的工程,对推动安装行业的发展具有重要的意义。协会要继续坚持高标准、严要求和公开公正的原则,搞好中国安装之星的评选活动,树立良好的品牌形象,更好地发挥榜样的带动作用,推动安装行业工程质量整体水平和队伍素质的提高。

理事会审议通过了协会秘书长杨存成做的《抓好基础工作,增强服务能力,提高工作水平,开创协会工作新局面》的工作报告,充分肯定了二次理事会以来协会的工作。会议审议通过《全国安装行业先进企业和优秀企业家推荐表彰办法》、《中国安装协会科学技术进步奖评选办法》、《安装行业诚信公约》。对荣获2009年度中国安装工程优质奖(中国安装之星)的企业和优秀项目经理进行表彰。会议还决定,在尚未成立安装行业协会(分会)的地区,建立中国安装协会(会员单位)地区联络组,以推动中国安装协会工作的开展。

【召开协会联络员会议】 5月27~28日,协会在大连召开联络员会议,大家交流做好联络员的经验,并对加强联络员队伍建设,促进联络员开展活动提出建议。会议表彰了103位优秀联络员,并向他们颁发荣誉证书。会议还就建立和加强《安装》杂志通讯员队伍等事宜作了安排,对《安装》杂志通讯员管理办法做了说明。

【召开协会秘书长(扩大)会议】 9月28日,协会在杭州召开秘书长(扩大)会议,各地区协会秘书长和有关建设行业协会秘书长以及协会地区联络组负责人参加会议。与会者分别介绍了各自的工作情况和经验,并对如何做好国家科技部批准设立的"中国安装协会科技进步奖"提出意见和建议。会议通报了国家九个部门组成的评比达标表彰联席办公室批准保留项目"中国安装工程优质奖(中国安装之星)"的情况。

【召开中国安装行业高层论坛暨表彰大会】 12月22~23日,协会在西安召开中国安装行业高层论坛暨表彰大会,200多人参加会议。多位安装企业的董事长、总经理围绕"如何形成和提升安装企业核心竞争力"这一主题发言,并就企业管理创新、可持续发展、转型升级、结构调整、信息建设、风险管理、人力资源、技术质量、市场开拓、打造品牌、国际市场、企业文化、人才培养、资金运作等一些大家关注的问题进行了深入的探讨。会议编纂了论文集,业界有识之士紧紧围绕"如何形成和提升安装企业核心竞争力"这一主题,从不同的角度进行思考和研究。大家认为,通过论坛,开拓了思路、激发了热情、交流了经验、提高了认识,为推动行业发展必将产生积极的影响。

会议表彰了58家先进企业、48位优秀企业家和214名优秀项目经理,并向他们颁发奖牌、奖杯和荣誉证书。住房和城乡建设部人事司副司长郭鹏伟出席会议并讲话。他在讲话中肯定了协会几年来的工作,指出安装协会是一个跨行业协会,不仅要注重追求协会会员的数量,更要注重提升协会的凝聚力和影响力,为会员单位提供多方位服务。

【召开施工企业信息化管理系统应用研讨会】 9月,协会在扬州召开施工企业信息化管理系统应用研讨会,会议就企业信息化管理系统中各模块的应

用、工程项目信息化的管理经验、机电工程材料编码分类及如何进一步做好材料编码工作等进行交流与研讨,进一步地了解了目前安装企业材料编码体系和编码库的研究成果和使用情况,并组织代表观摩了中南建设集团公司的信息管理系统的应用情况。

2. 评优活动与评优体系建设

【开展表彰全国安装行业先进企业和优秀企业家活动】 协会五届三次理事会议通过了《全国安装行业先进企业和优秀企业家评选办法》,决定自2010年开始在行业内开展评选表彰"全国安装行业先进企业和优秀企业家"活动。这项活动得到广大会员单位的积极响应。根据评选办法,经各省、直辖市安装协会(分会)、有关行业建设协会、协会(会员单位)地区联络组推荐,评审委员会审定,共有58家企业和48位企业领导被评为2010年度全国安装行业先进企业和优秀企业家,获奖企业和企业家涵盖电力、冶金、有色、石油、石化、化工、煤炭、核工业等安装行业涉及的各建设领域。

【开展全国安装行业优秀项目经理评选活动】 2010年,协会继续开展全国安装行业优秀项目经理评选活动,评出214名全国安装行业优秀项目经理。获奖人员基本覆盖了安装行业涉及的各个行业。中国安装协会自2000年开展这项活动以来至本次评选工作结束,共有1535名安装行业的项目经理获得此项荣誉,树立了安装行业项目经理良好的形象与市场地位,这些人员为国家工程建设作出了重要贡献,为提高我国工程项目管理水平发挥了积极作用。

【开展中国安装工程优质奖(中国安装之星)评选活动】 中国安装工程优质奖(中国安装之星)是经国家九个部门组成的评比达标表彰联席办公室批准,由中国安装协会组织实施的表彰奖项,是我国安装行业工程最高质量奖。2010年,各地共推荐申报项目98项。协会坚持"高标准、严要求、优中选优"的原则,严格执行评审程序,对各地推荐的项目进行认真地初审,并派出10个专家复查小组对通过初审的93个项目全部进行了现场复查。经过评审和公示,最终,88个工程项目获得2010年度中国安装工程优质奖(中国安装之星)。2010年度中国安装工程优质奖(中国安装之星)的评选活动,突出的特点是对所有通过初审的项目进行现场复查。这一变化产生了两个效果,一是保证了获奖工程的质量水平,二是通过复查工作宣传了奖项,企业对这个奖项有了进一步的了解,参与的积极性提高了,奖项的品牌效应逐渐显现。

【制定行业诚信公约】 推动安装行业诚信建设,是协会工作的重要内容。协会秘书处在广泛征求会员单位意见的基础上,起草《安装行业诚信公约》,并在五届三次理事(扩大)会议获得通过。制定这个公约,旨在希望广大会员单位模范遵守诚信,提高安装企业的公信力,增强行业自律水平,树立行业良好的社会形象,为维护市场秩序做出贡献。会后,协会通过《中国建设报》、《安装》杂志、协会网站等宣传媒体向社会公布,在行业内进行广泛地宣传。为推进《公约》的有效实施,协会将长期坚持诚信建设,把这一内容贯彻于包括各项评比表彰活动在内的所有协会工作中,推动建筑市场的健康有序发展。

3. 掌握行业基本情况,多渠道为企业服务

【继续开展企业生产经营情况调查】 2010年的调查统计工作是协会开展统计工作的第三年,在省、直辖市安装协会(分会)、有关行业建设协会、会员单位的大力协助和支持下,100多家企业参加调查。这些企业来自机械、冶金、电力、石油、化工、电子、轻工、铁路、交通、核工业、一般公用及民用领域,从地域分布上看,涵盖全国各个地区,既有大、中型国企,也有民营企业,具有一定的代表性。通过对各项经济指标的整理和分析,其结果基本上反映出安装企业生产经营的总体情况,协会对于2009年全国安装企业的总体经营状况有了一个整体的认识,对行业发展趋势有了一个初步的判断。为了推动企业之间的横向交流,为企业认清和确立自己的市场定位提供一个参考,协会向会员单位印发了企业生产经营情况分析材料,并公布了2009年建筑业总产值在10亿元以上的安装企业名单和利润总额在2000万元以上的企业名单。

4. 完成政府交办的工作,发挥桥梁纽带作用

【做好课题研究工作】 《建筑业企业行业准入相关问题研究》课题是住房和城乡建设部下达给中国安装协会的第二个课题,该课题研究工作于2009年4月启动,协会与天津大学管理学院组成课题组。课题研究期间,针对建筑业企业行业准入相关问题,课题组进行广泛深入地调研、访谈和问卷调查,在深刻分析建设行业发展成就及存在问题的基础上，深入分析建设领域中"行业结构"、"资质挂靠"以及"跨区域经营"三个问题的现状及产生原因，在充分借鉴国外经验及国内地方城市经验措施的基础上，提出了企业准入的一些实际问题，并有针对性地提出长期与短期相结合的应对策略及措施。

【做好注册建造师考试用书编写等相关工作】 2010年，协会一如既往地认真完成住房和城乡建设部交办的有关注册建造师工作。作为修编机电专业一级建造师考试大纲和考试用书的牵头单位，协会协调中国石油工程建设协会、中国电力建设企业协会、中国冶金建设协会，重新建立编委会，召开编委会会议，落实编写任务。

【完成《建筑业10项新技术(2010)》修编工作】 《建筑业10项新技术》是政府主管部门多年来推进建筑业施工技术进步的一项重要措施，业内广为关注的《建筑业10项新技术(2010)》于2010年12月发布执行。中国安装协会是其中《机电安装工程技术》的编写单位，也是住房和城乡建设部确定的咨询服务单位之一。《机电安装工程技术》中包括管线综合布置、金属矩形风管薄钢板法兰连接、变风量空调、非金属复合板风管施工、大管道闭式循环冲洗、薄壁金属管道新型连接方式、管道工厂化预制、超高层高压垂吊式电缆敷设、预分支电缆施工、电缆穿刺线夹、大型储罐施工11项技术，都是我国建筑业比较成熟、先进的施工技术。

【组织召开《建设工程施工合同(示范文本)》征求意见会】 由住房和城乡建设部建筑市场监管司组织，北京建筑工程学院牵头修改的《建设工程施工合同(示范文本)》，2010年上半年完成初稿。为使修改后的《建设工程施工合同(示范文本)》能够充分反映建设工程的实际情况，切实解决承发包双方在合同签约和执行中遇到的问题，6月，住房和城乡建设部建筑市场监管司委托协会组织召开《建设工程施工合同(示范文本)》征求意见会，对《建设工程施工合同(示范文本)》讨论稿进行了讨论并征求业内有关专家意见。

专家们围绕进一步明确承发包双方在工程施工中的权利和义务这一核心问题，对《建设工程施工合同(示范文本)》逐条逐句进行讨论，提出很多有价值的修改意见。这对于准确反映安装企业意见，进一步修改好示范文本起到积极作用。

5. 加强协会组织建设，壮大协会会员队伍

【组建中国安装协会(会员单位)地区联络组】 为保证协会工作的畅通，协会五届三次理事(扩大)会议决定在没有成立地方安装协会的地区组建中国安装协会(会员单位)地区联络组。会后，秘书处积极调动协会副会长、常务理事、理事等单位的积极性，发挥他们作为协会骨干企业作用，推动没有成立协会的地区尽快成立联络组。截至2010年7月底，除海南、西藏、宁夏、新疆外，16个地区完成了地方联络组的组建工作。地区联络组与各省、市安装协会(分会)一样，在协会开展的各项活动中发挥了重要的作用并积累了一定的工作经验。全国已有11个地方安装协会(分会)，16个地区联络组，加上相关行业的兄弟协会，协会的工作网络初步形成。

【调整秘书处人员结构】 为满足协会工作的需要，2010年秘书处进一步对工作人员进行了调整。使秘书处工作人员的年龄结构和知识结构更加合理。秘书处定期组织开展业务学习，增强责任意识和服务意识，提高业务水平和工作能力。

【积极发展会员】 2010年，有55家企业加入中国安装协会，成为协会的新会员。在这些新会员中，除有独立的安装企业外，各系统建设集团中的安装企业，总承包建设企业中的安装分公司，专业施工承包企业，材料设备生产商、供应商占到半数以上。

【纪念协会成立25周年】 自1985年11月15日协会成立至2010年11月15日，安装协会经历了25年的发展历程。25年来，协会坚持服务宗旨，以推进安装行业健康发展作为主线，在开展行业调研、评优、交流、培训、技术咨询、推动诚信建设等方面做了大量的工作。

6. 发挥分支机构作用，开展专业交流活动

【科技委工作】 协会科技委按照科技部批准的"中国安装协会科学技术进步奖评选办法"，起草《中国安装协会科学技术进步奖评选办法实施细则(试行)》。7月，科技委在广州召开科技委四届二次会议，会上，审议通过了《中国安装协会科学技术进步奖评选办法实施细则(试行)》和奖励基金的筹备办法，研究了开展中国安装协会科学技术进步奖的评选及相关工作。会议为加强技术创新体系建设，开创安装行业科技工作新局面，提出了一些建设性意见和建议。

科委会负责管理的《中国安装协会专家库》已达到236名专家，经过不断的充实和调整，专家库的专家在年龄和专业构成上得到优化。库里的许多专家参与了协会组织的制定政策法规、资质标准、建筑业10项新技术、标准规范、评优、工程复查等工作，专家正在发挥越来越重要的作用。

【电梯委工作】 江苏扬安机电设备工程有限公司作为电梯专业委员会的牵头单位，做了大量工作。一方面完善了专业委组织建设和制度建设，另一方面积极主动地联系安装企业和电梯厂家，对安装企业在电梯安装、维修、制造等现状进行摸底。10月份，电梯专业委员会在扬州召开年会，并就安装行业在电梯安装方面的形势以及电梯维修保养方面的现状和存在的问题等进行了分析和研讨。

【通风空调分会工作】 依托在广州市机电安装有限公司的通风空调分会10月在无锡召开年会。会议在总结分会一年来的工作和提出下一年度工作意见的基础上，进行了技术讲座和技术交流，并汇编了《通风与空调工程技术文选》，从中评选出一等奖2篇，二等奖6篇，三等奖12篇。分会还针对通风空调工程常见的质量通病情况，组织编写《通风空调工程施工质量图解手册》一书，这本书图文并茂、通俗易懂。

【焊接委工作】 依托在中国核工业二三建设有限公司的焊接专业委员会针对核电市场对焊工、焊接技术人员的需求增长的趋势，进行问卷调查。这次调查为摸清情况和焊接委做好下一步的工作打下基础。9月，焊接委在珠海召开年会。会议总结了上一年工作，并就焊接工艺技术的应用组织经验交流。

7. 办好《安装》杂志、《工作通报》和协会网站

【《安装》杂志社工作】 2010年，《安装》杂志社继续以提高办刊质量、扩大发行数量，提高经济效益、努力增收减亏为基本目标，制订了提高杂志办刊质量和经济效益以及增收减亏的相应措施。在5月协会召开的联络员会上，决定建立杂志社通讯员队伍。会后，杂志社向会员单位发出"关于推荐《安装》杂志通讯员通知"，半年内有100多家单位向《安装》杂志社推荐了通讯员，这对杂志的发行、稿源、报道热点等都起到了积极的作用。从第10期起，杂志的版面从原来的48页扩版到64页，增大了杂志容量。编辑部立足内部挖潜，做到了杂志扩版不涨价。2010年，杂志社实现扭亏为赢目标，扩大发行20%。

【协会《工作通报》】 《工作通报》是秘书处通报协会工作情况、沟通工作信息的重要渠道，主要是向协会正副会长、省市协会（分会）、协会各分支机构、有关行业建设协会、协会（会员单位）地区联络组和政府主管部门发送。秘书处一直非常重视这项工作，力求能够全面、准确、及时地反映协会工作情况，希望通过这个渠道，让协会的理事、常务理事特别是政府主管部门及时掌握协会的工作动态，给予协会更多的支持。《工作通报》自创办以来受到了广泛地关心和好评。

【协会网站】 2010年，协会根据工作需要和企业需求对网站进行局部改版，调整了网页，增加了评优表彰系列栏目和企业信息栏目，及时刊登国家有关法律法规、会员单位和行业发展信息，以及各地区、有关行业和相关兄弟协会工作动态等内容，加强了协会与会员及相关协会、单位的沟通，扩大了协会影响力。

（中国安装协会 顾心建）

中国工程建设标准化协会

【工程建设标准英文版翻译出版】 组织完成《建筑给水排水设计规范》等9项英文版标准的翻译出版工作，11月4日，住房和城乡建设部以第797号公告予以公布；组织完成《工业安装工程质量检验评定统一标准》等8项标准的英文翻译工作，并送交专家审核。2008年以来，累计完成65项工程建设标准的翻译出版工作。已翻译的英文版标准，主要是房屋建筑领域的一些大的国家标准、行业标准，其余项目涉及水电、石化、化工、建材等行业的一些国家标准。英文版标准的推广发行工作取得一定进展。根据主管部门的工作安排，积极贯彻落实"工程建设标准走出去战略"，逐步开展对外推广宣传，与埃塞俄比亚建设部建立沟通和交流渠道；同时，通过为国内一些大型对外承包企业提供标准的翻译服务，为扩大中国标准在国外的影响发挥积极作用。表1为住房和城乡建设部公布的工程建设标准（英文版）目录。

住房和城乡建设部公布的工程建设标准(英文版)目录

表1

序号	英文名称	中文名称	标准编号
1	《Code for design of civil buildings》	《民用建筑设计通则》	GB 50352—2005
2	《Design code for residential buildings》	《住宅设计规范》(2003年版)	GB 50096—99
3	《Residential building code》	《住宅建筑规范》	GB 50368—2005
4	《Code for investigation of geotechnical engineering》	《岩土工程勘察规范》	GB 50021—2001
5	《Code for design of building foundation》	《建筑地基基础设计规范》	GB 50007—2002
6	《Load Code for the design of building structures》	《建筑结构荷载规范》(2006年版)	GB 50009—2001
7	《Code for design of masonry structures》	《砌体结构设计规范》	GB 50003—2001
8	《Code for design of timber structures》	《木结构设计规范》(2005年版)	GB 50005—2003
9	《Code for design of concrete structures》	《混凝土结构设计规范》	GB 50010—2002
10	《Code for design of steel structures》	《钢结构设计规范》	GB 50017—2003
11	《Technical code of cold-formed thin-wall steel structures》	《冷弯薄壁型钢结构技术规范》	GB 50018—2002
12	《Technical specification for Welding of steel structure of building》	《建筑钢结构焊接技术规程》	JGJ 81—2002
13	《Code of design on building fire protection and prevention》	《建筑设计防火规范》	GB 50016—2006
14	《Code for fire protection design of tall buildings》	《高层民用建筑设计防火规范》(2005年版)	GB 50045—95
15	《Code of design for sprinkler systems》	《自动喷水灭火系统设计规范》(2005年版)	GB 50084—2001
16	《Code for design of automatic fire alarm system》	《火灾自动报警系统设计规范》	GB 50116—98
17	《Code for design of city gas engineering》	《城镇燃气设计规范》	GB 50028—2006
18	《Standard for lighting design of buildings》	《建筑照明设计标准》	GB 50034—2004
19	《Code for design of heating ventilation and air conditioning》	《采暖通风与空气调节设计规范》	GB 50019—2003
20	《Design standard for energy efficiency of public buildings》	《公共建筑节能设计标准》	GB 50189—2005
21	《Technical code for solar water heating system of civil buildings》	《民用建筑太阳能热水系统应用技术规范》	GB 50364—2005
22	《Design code for protection of structures against lightning》	《建筑物防雷设计规范》(2000年版)	GB 50057—94
23	《Technical code for protection against lightning of building electronic information system》	《建筑物电子信息系统防雷技术规范》	GB 50343—2004
24	《Evaluation standard for green building》	《绿色建筑评价标准》	GB/T 50378—2006
25	《Technical code for glass curtain wall engineering》	《玻璃幕墙工程技术规范》	JGJ 102—2003
26	《Technical specification for application of architectural glass》	《建筑玻璃应用技术规程》	JGJ 113—2003

一、部属单位、社团

续表

序号	英文名称	中文名称	标准编号
27	《Technical code for metal and stone curtain walls engineering》	《金属与石材幕墙工程技术规范》	JGJ 133—2001
28	《Technical specification for retaining and protection of building foundation excavations》	《建筑基坑支护技术规程》	JGJ 120—99
29	《General technical specification for mechanical splicing of bars》	《钢筋机械连接通用技术规程》	JGJ 107—2003
30	《Code for acceptance of construction quality of building foundation》	《建筑地基基础工程施工质量验收规范》	GB 50202—2002
31	《Code for acceptance of construction quality of masonry engineering》	《砌体工程施工质量验收规范》	GB 50203—2002
32	《Code for construction quality acceptance of timber structures》	《木结构工程施工质量验收规范》	GB 50206—2002
33	《Code for acceptance of construction quality of building ground》	《建筑地面工程施工质量验收规范》	GB 50209—2002
34	《Code for construction quality acceptance of building decoration》	《建筑装饰装修工程质量验收规范》	GB 50210—2001
35	《Code for acceptance of construction quality of water supply drainage and heating works》	《建筑给水排水及采暖工程施工质量验收规范》	GB 50242—2002
36	《Code of acceptance for construction quality of ventilation and air conditioning works》	《通风与空调工程施工质量验收规范》	GB 50243—2002
37	《Code for acceptance of energy efficient building construction》	《建筑节能工程施工质量验收规范》	GB 50411—2007
38	《Unified standard for constructional quality acceptance of building engineering》	《建筑工程施工质量验收统一标准》	GB 50300—2001
39	《Code of acceptance of construction quality of electrical installation in building》	《建筑电气工程施工质量验收规范》	GB 50303—2002
40	《Code for acceptance of installation quality of lifts, escalators and passenger conveyors》	《电梯工程施工质量验收规范》	GB 50310—2002
41	《Code for installation and commissioning of sprinkler systems》	《自动喷水灭火系统施工及验收规范》	GB 50261—2005
42	《Code for installation and acceptance of fire alarm system》	《火灾自动报警系统施工及验收规范》	GB 50166—2007
43	《Evaluating standard for excellent quality of building engineering》	《建筑工程施工质量评价标准》	GB/T 50375—2006
44	《Code for design of fire protection for fossil fuel power plants and substations》	《火力发电厂与变电所设计防火规范》	GB 50229—2006
45	《Code for Seismic Design of Buildings》	《建筑抗震设计规范》	GB 50011—2001
46	《Technical Code for Waterproofing of Underground Works》	《地下工程防水技术规范》	GB 50108—2008
47	《Code of Urban Residential Areas Planning & Design》	《城市居住区规划设计规范》	GB 50180—93

续表

序号	英文名称	中文名称	标准编号
48	《Code for Acceptance of Constructional Quality of Concrete Structures》	《混凝土结构工程施工质量验收规范》	GB 50204—2002
49	《Code for Acceptance of Construction Quality of Steel Structures》	《钢结构工程施工质量验收规范》	GB 50205—2001
50	《Code for Acceptance of Construction Quality of Roof》	《屋面工程质量验收规范》	GB 50207—2002
51	《Code for Acceptance of Construction Quality of Underground Waterproof》	《地下防水工程质量验收规范》	GB 50208—2002
52	《Standard for Design of Intelligent Building》	《智能建筑设计标准》	GB/T 50314—2006
53	《Technical Code for Engineering of Security and Protection System》	《安全防范工程技术规范》	GB 50348—2004
54	《Technical Specification for Concrete Structures of Tall Building》	《高层建筑混凝土结构技术规程》	JGJ 3—2002
55	《Code for Electrical Design for Civil Building》	《民用建筑电气设计规范》	JGJ 16—2008
56	《Technical Code for Building Pile Foundations》	《建筑桩基技术规范》	JGJ 94—2008
57	《Code for design of building water supply and drainage》	《建筑给水排水设计规范》（2009版）	GB 50015—2003
58	《Code for Design of Outdoor Water Supply Engineering》	《室外给水设计规范》	GB 50013—2006
59	《Code for Design of Outdoor Wastewater Engineering》	《室外排水设计规范》	GB 50014—2006
60	《Code for Construction and Acceptance of Water and Sewerage Pipeline Works》	《给水排水管道工程施工及验收规范》	GB 50268—2008
61	《Code for Construction and Acceptance of Water and Sewerage Structures》	《给水排水构筑物工程施工及验收规范》	GB 50141—2008
62	《Code for Engineering Design of Generic Cabling System》	《综合布线系统工程设计规范》	GB 50311—2007
63	《Code for engineering acceptance of generic cabling system》	《综合布线系统工程验收规范》	GB 50312—2007
64	《Code for Engineering Surveying》	《工程测量规范》	GB 50026—2007
65	《Code for Design of Boiler Plant》	《锅炉房设计规范》	GB 50041—2008

【组织制订及发布协会标准】 坚持"巩固改革成果、继续完善提高"方针，进一步深化协会标准的试点改革，重点抓好协会标准的编制管理工作。协会各分支机构找准协会标准与国家标准的切入点，充分发挥各方积极性，加大标准的立项及编制工作力度，不断完善协会标准的运行机制。修订发布《工程建设协会标准管理办法》，进一步规范协会标准制订工作，为提高标准质量和水平提供制度保证。全年分两批下达45项协会标准编制计划，其中包括为配合节能减排和新农村建设工作专门立项编制的《村镇住宅建筑节能设计标准》等31个项目。批准发布协会标准18项，完成出版18本，详见表2。这些标准基本上都是"三新"应用领域方面的技术标准，如《组合楼板设计与施工规范》CECS 273、《旋流加强（CHT）型单立管排水系统技术规程》CECS 271、《建筑给水排水薄壁不锈钢管连接技术规程》CECS 277等。《强夯地基处理技术规程》CECS 279、《钢管结构技术规程》CECS 280等协会标准具有较强的实用性，市场应用前景看好。

2010年批准发布的协会标准　　　表2

1	《整体预应力装配式板柱建筑技术规程》	CECS 52：2010
2	《水工混凝土聚苯板保温规程》	CECS 268：2010
3	《灾损建(构)筑物处理技术规范》	CECS 269：2010
4	《给水排水丙烯腈-丁二烯-苯乙烯(ABS)管管道工程技术规程》	CECS 270：2010
5	《旋流加强(CHT)型单立管排水系统技术规程》	CECS 271：2010
6	《预制塑筋水泥聚苯保温墙板应用技术规程》	CECS 272：2010
7	《组合楼板设计与施工规范》	CECS 273：2010
8	《真空破坏器应用技术规程》	CECS 274：2010
9	《苏维托单立管排水系统技术规程》	CECS 275：2010
10	《彗星式纤维滤池工程技术规程》	CECS 276：2010
11	《建筑给水排水薄壁不锈钢管连接技术规程》	CECS 277：2010
12	《剪压法检测混凝土抗压强度技术规程》	CECS 278：2010
13	《强夯地基处理技术规程》	CECS 279：2010
14	《钢管结构技术规程》	CECS 280：2010
15	《自承重砌体墙技术规程》	CECS 281：2010
16	《建筑排水高密度聚乙烯(HDPE)管道工程技术规程》	CECS 282：2010
17	《轻钢构架固模剪力墙结构技术规程》	CECS 283：2010
18	《中小套型住宅厨房和卫生间工程技术规程》	CECS 284：2010

【参与其他各类工程建设标准的编制】　协会有关专业委员会、行业分会积极配合政府主管部门，广泛参与工程建设国家标准定、行业标准、地方标准的制定、修订工作。钢结构委员会积极组织修订《钢结构设计规范》；木结构委员会编制完成国家标准《胶合木结构技术规范》送审稿并通过专家审查，进行《木结构设计规范》的全面修订工作；砌体结构委员会组织编制的国家标准《墙体材料应用统一技术规范》批准发布；城市给水排水委员会完成国家标准《给水排水工程基本术语标准》的编制任务。化工分会对化工工程建设标准进行认真清理，建立化工工程建设标准信息库。

【编辑出版《工程建设标准化》期刊】　《工程建设标准化》期刊由双月刊改为月刊。同时，改进了期刊的栏目设置，加强宣传报道工作的时效性和针对性，稿件水平、编辑质量不断提高。加大期刊赠阅力度，扩大期刊社会影响，联络员队伍建设取得积极进展。

【工程建设标准的宣贯与培训】　继续坚持"抓好针对性，突出实效性，走可持续发展道路"的指导思想确保培训工作的质量和管理水平。通过加强与合作单位的沟通协作，强化课题的针对性和时效性，从培训工作的各个环节入手，进一步加大指导、监督和管理工作力度，确保培训工作的质量和水平。全年共举办《标准化工作导则》、《标准化工作指南》、《岩土工程勘察规范》、《供配电系统设计规范》、《工程建设标准强制性条文》、《工业安装工程施工质量验收统一标准》、《110～750kV架空输电线路设计规范》等各类工程建设标准的宣贯培训班、专项技术研讨班60余期，涉及有关课题近60项，培训各类工程技术人员约2500人次，取得了良好的社会效益。

【工程建设产品的评定与推荐】　2010年，共向市场推荐了近70项符合标准要求的建设产品，被推荐的企业及产品名录及时在《中国工程建设标准化》网站公布。

【工程建设标准化图书服务】　协会书店作为工程建设标准的发行机构，通过集体订购和门市销售等方式，为广大用户提供了全方位、高质量、快捷便利的发行服务，全年共发行各类图书30余万余册。除各类工程建设标准及有关标准的英文版外，其他与标准有关的图书种类也日益丰富，协会书店已经成为国内具有重要影响的专业标准化书店。

【中国工程建设标准化网站】　根据协会工作需要，以及分支机构和会员单位的需求和建议，在网站全面改版基础上，对有关栏目及功能逐步进行了完善，力求更及时、更全面、更直观的发布协会各类标准化工作信息，为协会广大会员、理事单位以及社会各界提供更多的具有协会特色的标准化信息服务。协会网站的点击量累计超过60万人次，在工程建设类网站的排名位居前列。

【协会的组织建设】　钢结构委员会和水运委员会两个长期没有换届的分支机构，完成了换届工作。公路分会正在筹备换届。换届后，分支机构的覆盖面、代表性加强，专业化、年轻化步伐加快。大多数分支机构专职人员得到充实和加强，专职化、年轻化大大提高，秘书长队伍基本实现新老交替。通过开展会员重新登记，协会会员队伍得到壮大，联系越来越紧密。商贸分会的申请登记获得民政部正式批准，协会分支机构的数量扩大到44个。协会会员的管理和服务水平不断提升，新入会的会员单位及时在协会网站公示，同时为会员单位提供免费网络宣传服务。

（中国工程建设标准化协会）

中国公园协会

【**中国公园协会第三届第二次理事会和会长会议按计划召开**】 2010年5月15～16日，在江西南昌市召开协会第三届第二次理事（扩大）会议。与会代表对南昌市的园林绿化和城市湿地公园建设，以及庐山、井冈山的园林绿化进行了学习、参观和考察。协会会长郑坤生做理事会议的总结讲话。

【**2010年中国公园协会会长会议**】 2010年9月13～14日，在上海市召开2010年中国公园协会会长会议。出席会议的会长和会长单位代表讨论研究了协会的工作，参观上海世博园和上海辰山植物园、徐汇区滨江公园、卢湾区滨江公园等公园绿地的建设。广州市市政园林局代表在会上介绍加强公园绿地建设，迎接2010广州亚运会的情况。与会代表认为，上海市和广州市的园林干部职工，艰苦奋斗，努力开拓创新，提升了城市园林绿化水平，为民众创造了越来越好的生活环境，为世界博览会、亚运会等重大国际活动的成功举办做出了贡献，他们的做法和经验，值得大家学习、借鉴。

【**组织城市公园园长、管理干部和技术人员交流培训**】 2010年4月7～9日，在北京举办了公园古树保护培训班，在北海公园、中山公园进行现场教学。

2010年8月23～24日，由中国公园协会和东北林业大学园林学院在哈尔滨市举办全国公园园长（管理干部）培训班。邀请7位专家教授讲课，为77位参加培训人员购买《中国古代园林》、《公园工作手册》等书籍和教材，颁发结业证书。

【**组织召开城市公园研讨会及相关业务考察**】 2010年7月22日，在西安市举办"历史文化遗址与现代公园建设研讨会"。146位会员单位代表，对西安市曲江新区、兴庆宫公园、丰庆公园，黄帝陵、延安的历史文化遗址公园和园林绿化进行了考察。

2010年10月31日，在深圳市召开公园文化与信息交流工作会议。住房和城乡建设部城市建设司、深圳市城市管理局有关负责人到会指导。北京市、深圳市的代表分别介绍举办"皇家园林文化节暨北京公园节"和开展公园文化活动的经验。与会代表参加深圳市第五届公园文化节的开幕活动。

【**组织会员单位考察国外城市公园绿地建设**】 组织北京、南京会员单位的6位代表赴法国和意大利进行城市公园绿地、生物多样性考察。

派员参加2010年11月14～18日在香港召开的国际公园与康乐设施协会第22届全球会员代表大会。

【**完成部城市建设司委托的工作**】 受部城市建设司委托，先后组成四个专家调查组，对河北、山西、江苏、山东、河南、湖北、湖南、广东、贵州的15个城市湿地公园管理现状进行调查研究，完成调研报告并报送住房和城乡建设部城市建设司。

协助部城市建设司完成11月初向28家国家城市湿地公园授牌等工作。完成了组织专家对2010年新申报的国家重点公园进行评审，汇总评审意见报部审批。

作为协办单位之一，参与第七届（济南）园博会闭幕，第八届和第九届园博会举办城市评选，第八届（重庆）园博会和第九届（北京）园博会的筹备会议等有关工作。为第七届（济南）园博会闭幕式出版一期《中国公园》杂志专刊。

【**开通协会网站，按期编发《中国公园杂志》**】 在北京市公园管理中心的大力支持下，中国公园协会网站——中国公园绿地网，于2010年5月开通。为公园绿地管理部门、事业、企业单位之间的交流与合作建立现代化的信息平台。

按期编发了5期《中国公园》杂志与专刊，编辑印发两期《公园信息交流》。

（中国公园协会）

中国建设教育协会

【年度会议】（1）中国建设教育协会四届二次常务理事会议2010年3月20日在天津召开。协会的常务理事或委托的代表、部分专业委员会秘书长等43人参加会议。住房和城乡建设部人事司副巡视员赵琦、处长杜英才，天津国土资源和房屋职业学院书记黄克敬、院长王钊应邀出席会议。会上赵琦就行业发展的动态、部中心的任务及部人事司的工作内容等作了讲话；全体与会代表学习、讨论《国家中长期教育改革和发展规划纲要》（公开征求意见稿）的有关内容；中国建设教育协会理事长李竹成重点介绍了协会2010年度的工作要点。

（2）第九次地方建设教育协会联席会2010年7月8~11日在山西省太原市召开。来自中国建设教育协会和各地方建设教育（人力资源）协会的代表共60多人参加了会议。各地建设教育（人力资源）协会进行了交流。

（3）中国建设教育协会四届三次常务理事会议。根据协会2010年工作要点和四届二次常务理事会议精神，协会部分专业委员会的主任委员作了调整，按照民政部关于分支机构负责人变更需召开会员代表大会或常务理事会通过的规定，协会召开四届三次常务理事会议，会议的主要议题是讨论决定协会部分专业委员会主任委员届中调整问题，并以通讯方式进行表决。此次会议通过郑文堂、王凤君、谢国斌、王政伟、洪崇月为有关专业委员会的主任委员。

【院校领导论坛】（1）第二届全国建设类高等职业院校书记、校（院）长论坛2010年7月26~29日在内蒙古呼伦贝尔市召开，由内蒙古建筑职业技术学院承办。本次论坛的主题是"高职教育·改革创新·科学发展"。共有29个单位65名代表参加了论坛。呼伦贝尔市副市长郑俊，内蒙古建设厅副巡视员张晓等等应邀出席开幕式。

（2）第六届全国建筑类高校书记、校（院）长论坛2010年8月2~5日在河北省张家口市召开，由河北建筑工程学院承办。此次论坛的主题是"落实《国家中长期教育改革和发展规划纲要》、推进'十二五'期间建筑类高校科学发展"，下设5个分题。共有19个院校40位代表参加了论坛。

【全国职业院校技能大赛】（1）2010年全国职业院校技能大赛中职组建筑工程技术技能比赛。由教育部、住房和城乡建设部主办，中国建设教育协会、天津市教委承办，2010年6月22~27日在天津市进行。比赛共设工程测量、工程算量、楼宇智能化三个赛项，来自全国37个省、自治区、直辖市和新疆生产建设兵团、计划单列市的408位学生，比赛设一等奖41名，二等奖82名，三等奖123名，优秀奖162名，优秀指导教师奖41名。

（2）首届全国高等院校学生斯维尔杯BIM系列软件建筑信息模型大赛。由中国建设教育协会主办，中国建设教育协会远程教育部与深圳市斯维尔科技有限公司承办。网络晋级赛2010年1月18日~3月18日，共收到全国380多参赛队提交的作品650件，通过评选，确定70所院校的98个团队获得总决赛参赛资格，2010年4月17日在青岛农业大学进行总决赛，产生了本科和专科七大参赛团队专项奖、参赛团队全能奖、参赛院校组织奖、优秀指导老师奖等四大类奖项。

（3）首届"广联达杯"全国高等院校工程项目管理沙盘模拟大赛总决赛10月27~29日在天津大学举办。此次大赛由中国建设教育协会主办，广联达软件股份有限公司和天津大学承办。来自天津大学、天津理工大学、南京农业大学、山西财经大学、宁夏建设职业技术学院等全国32所院校的团队参加大赛。天津理工大学的团队在总决赛中获取最佳项目管理奖一等奖。

（4）第三届"浙江五洲杯"广联达软件全国高校学生算量大赛总决赛2010年10月27~29日在天津理工大学举办。来自天津理工大学、天津大学、沈阳建筑大学、山东建筑大学、四川建筑职业技术学院、河南建筑职业技术学院等全国152所院校的290名选手参加算量大赛总决赛，厦门理工学院的选手获得算量大赛本科组总冠军，来自浙江工业职业技术学院的选手获得算量大赛专科组总冠军。

【科研服务】（1）科研课题管理。中国建设教育协会以各专业委员会为基础，组织开展建设教育教学科研工作，是协会面向行业开展建设行业人才管理和教育培训咨询服务的重要基础。为此协会对科研工作高度重视，先后制订了相关的课题立项、结题和成果评优管理办法，定期组织开展科研立项和科研成果、论文评优，使协会的科研工作形成制度化。2010年协会加强科研的管理工作，对协会在住房和城乡建设部立项的课题进行整理、落实，对已在协会立项的课题进行了中期检查和进度监督，为科研成果的评比打下了基础。

（2）《建筑工程施工现场专业人员职业标准》编制工作。在住房和城乡建设部人事司、标准定额司直接领导和指导下进行，有关司局领导参与编制工作全过程。本次职业标准的编写，突出以职业活动为导向、职业能力为核心，分行业、分阶段进行。标准文稿编写工作历经近一年。期间，编写组先后召开了三次全体会议和两次分组会，平时利用网络相互联系和沟通，不断统一认识，反复修改，逐步形成了标准征求意见稿。《建筑工程施工现场专业人员职业标准》的征求意见工作从2010年3月下旬开始，5月中旬截止。征求意见得到各省、市、自治区住房和城乡建设主管部门及相关单位的重视和支持。

《建筑工程施工现场专业人员职业标准》（报批稿）形成后，住房和城乡建设部标准主管部门从建设行业职业标准体系建设科学规划的需要，建议本标准扩大适用范围，争取覆盖住房和城乡建设系统管理的主要建设工程领域。

【远程教育】 "中国建设教育网"是为了充分利用互联网技术传递建设教育改革与发展的信息而设立的。通过"中国建设教育网"发布建设事业、建设教育主管部门有关的方针政策和主要领导的重要讲话，发布中国建设教育协会有关的重要举措和活动内容，介绍有关建设教育的新理念、新思想、新论点，交流教育工作者从事建设教育的经验、体会和批评建议，登载有关建设教育改革与发展和中国建设教育协会的重要文献和资料。2010年为满足各领域、各层面受众群的需要，对教育网进行多次的改造。

启动第四届建筑类多媒体课件大赛。2010年底前，已向各专业委员会和各地方建设教育协会下发课件大赛的通知，部署任务，进行分工。课件大赛为广大建筑类院校教师展示课件、发展现代教育技术、深化教学改革创造条件。深化与奥鹏远程教育公司在远程学历教育和职业培训方面的合作，其中《房地产经营与管理》专业的课程设置、证书设计、课件制作等工作取得进展。

【培训工作】 开展教育培训是中国建设教育协会的重要服务内容。协会的专业委员会和广大的会员单位为建设事业的发展提供了人才培养和智力支撑。配合建设部的中心工作举办大量的新技术、新规范、新理论、新标准的培训班。中国建设教育协会培训中心作为协会的下属机构，不断进行内部管理机制的改革，注重培训质量的提高，围绕建设部每年的重点工作，积极举办各类培训班。2010年协会以培训机构工作委员会为管理体系，以培训中心为办学实体，根据部人事司对社团实行的培训自律管理原则，发动专业委员会，沟通地方建设教育协会，整合教学资源，拓宽培训市场，开展了职业培训，取得了较好的成绩。在国际合作的项目上，举办首次楼宇智能化专业考试，完成水暖通风、装饰和道路桥梁专业教学文件的制定和师资培训工作。

（中国建设教育协会 杨苗）

二、中 央 企 业

中国建筑工程总公司

1. 2010年基本概况

2010年中国建筑工程总公司（以下简称中建总公司）面对复杂多变的国内外经济环境，在克服各种不利因素中奋发进取，经营规模快速扩大，营业收入稳步增长，利润总额迅速攀升，主要指标呈现"三高一低"科学发展态势：全年新签合同额、实现营业收入、利润总额三项主要经营指标再创历史新高，利润增长远远高于营业规模增长，成本费用占营业收入比重下降0.2个百分点。

【中建总公司实行新领导体制】 5月18日，中建总公司在北京召开干部大会，中央组织部副部长王尔乘宣布党中央、国务院关于中建总公司主要领导变动的决定并作重要讲话。王尔乘宣布，近日中央决定：孙文杰不再担任中国建筑工程总公司总经理、党组副书记，郭涛不再担任中国建筑工程总公司党组书记、副总经理。按照加快建立具有中国特色现代国有企业制度的有关精神，中建总公司设立董事会。易军任中国建筑工程总公司董事长、党组书记。王尔乘指出：这一决定是在深入考察、广泛听取各方面意见的基础之上，从有利于中建总公司的改革发展，有利于领导班子的平稳过渡考虑，慎重研究做出的，是正常的干部新老交替。充分体现了中央对中建总公司的高度重视和关心以及对易军同志的信任。

【"2011年度财富全球500强企业"中位列第147名】 中建总公司在"2011年度财富全球500强企业"排名中，以547.21亿美元的销售收入名列147位，比上年187位跃升了40名，在69家上榜中国企业中位列第15名；同时，以43.6％的增长率在全球500强收入增长50强中名列35位。在国务院国有资产监督管理委员会2010年中央企业负责人经营业绩考核中，中建总公司第6次评为A级企业。

【奖项及荣誉】 中建总公司2010年获得国家科技进步奖3项，国家优质工程奖15项，鲁班金像奖14项，詹天佑大奖3项；总公司荣获"全国厂务公开民主管理先进单位"称号；中海集团荣获2010年南华早报"杰出中国公司奖"，中海地产品牌价值155.85亿元，连续6年蝉联内地房地产商品牌价值之冠。中国工程院院士张锦秋荣获2010年度何梁何利基金科技最高奖项"科学与技术成就奖"。

2. 经营规模与效益

【主要指标完成情况】 2010年中建总公司规模和效益均创出历史新高，主要财务指标均创历史同期最好水平，综合实力进一步增强。主要指标实际完成情况如表1。

其中中国建筑股份有限公司实现营业收入3704.2亿元，完成预算目标的123.5％，比2009年增长了42.3％。实现净利润为147.2亿元，同比增长56.5％，高于营业收入增幅14个百分点。归属于母公司净利润92.4亿元，同比增长51.6％。实现经济增加值52.4亿元，完成预算目标的138％，同比增长80.8％。

中国建筑工程总公司主要经济指标　　　表1

项目	2009年	2010年	比上年增长(%)
资产总额(亿元)	3,014.94	4,111.76	36.38
所有者权益(亿元)	909.38	1,047.56	15.19
营业收入(亿元)	2,618.28	3,779.19	44.34
利润总额(亿元)	127.45	197.15	54.69
净利润(亿元)	88.61	143.81	62.30
归属于母公司所有者的净利润(亿元)	39.78	45.56	14.53
技术开发投入(亿元)	12.24	32.03	161.68
利税总额(亿元)	228.29	350.4	53.49
应交税金总额(亿元)	146.02	242.81	66.29
全员劳动生产率(万元/人·年)	31.79	31.94	0.47
净资产收益率(%)	14.29	14.66	增加0.37个百分点
总资产报酬率(%)	5.78	6.03	增加0.25个百分点
国有资本保值增值率(%)	122.37	109.2	减少13.17个百分点

【公司战略业务结构调整继续展开推进】 房屋建筑、房地产投资、基础设施建设三大主业收入由2006年占比84.3％、8.9％、5.9％调整优化为2010年的71.7％、12.2％、13.8％。中建设计勘探业务利润占比也由2006年的1.4％上升为2.2％。

【海外机构业务快速增长】 2010年海外机构业务实现38.4亿元净利润，同比增长34.9％。其中港澳地区、新加坡、阿尔及利亚等传统海外地区业绩保持平稳增长态势。新兴海外地区如刚果、利比亚地区都实现了利润的较快增长。

【重大项目】 2010年，中国建筑通过强力推进"大市场、大业主、大项目"营销策略，大大提升了产品结构升级，经营质量进一步提高，巩固并扩大了"占领高端、兼顾中端、放弃低端"的成果。2010年中建总公司平均单项合同额增幅远远超过在施项目个数增幅，见表2。2010年在施项目个数8775个，同比上升8.4％，境内建筑业平均单项合同额为14,377万元，同比增长50.4％。2亿元以上大项目784个，占境内建筑业新签合同额的近8成。5亿元以上大项目282个，占新签合同个数2成。境外平均单项合同额为4,441万美元，境外3000万美元以上项目占境外承包工程合同额的近8成。

2010年中建总公司新签大项目情况（单位：个数）
表2

建筑业务	2009年签订		2010年签订		个数同比增幅(%)
	合计(项)	其中：境外(项)	合计(项)	其中：境外(项)	
2亿元以上	454	45	784	36	72.7
其中：3亿元以上	284	42	514	31	81.0
5亿元以上	160	31	282	15	76.3
10亿元以上	67	11	124	5	234.3

【投资与房地产开发】 2010年中建总公司在宏观调控的大背景下，实现了房地产开发业务健康、稳定的发展。全年完成投资990亿元，为2009年的2倍，其中，房地产业务完成投资764亿元，同比增长76.8%，两年平均增长56.4%，见表3。房地产业务投资已经占到当年完成投资额77.2%。

2008～2010年度投资金额（单位：亿元） 表3

年度	2008年	2009年	2010年	同比增幅%
投资金额	352	498	990	67.8
其中：房地产	312	432	764	56.4

2010年实现房地产销售额594亿元，同比增长26.7%。东部发达地区依然是房地产开发主战场，长三角地区销售额达到130亿元，贡献了两成业绩。环渤海地区实现销售额95亿元，成为销售增长速度最快地区，中海集团2009年末已经预见国内房地产形势的变化，及早应对，迅速销售，2010年上半年已销售具备销售条件住宅的94%，毛利率同比提高近4个百分点，同时，与银行积极对接，尽快回收按揭贷款，回款率在85%以上。中建地产完成了西安"开元壹号"、潍坊"大观天下"、北京"波普工社"、"玲珑山"项目预售，销售情况远超预期。

在销售业绩良好的同时，土地储备也迅速增加。2010年先后在21个城市购入了27幅土地（包括港澳），加上新收购的中海宏洋公司，2010年新增土地储备756万平方米，期末土地储备达4634万平方米。

中建总公司通过投资带动总承包，经营业务中BT业务的比重不断加大，利润贡献度不断上升。2010年BT业务收入贡献了60亿元和5亿元利润，分别占营业收入、利润总额比重1.7%、2.5%。

3. 重组改制、引入战略投资方

【签订《关于重组新疆建工(集团)有限责任公司协议》】 2010年6月18日，中建总公司与新疆维吾尔自治区人民政府签订《关于重组新疆建工(集团)有限责任公司协议》，中建总公司以产权划转和增资方式对新疆建工集团实施重组。中建总公司通过接受无偿划转的方式获得新疆建工股权，并以3亿元现金对新疆建工进行增资，无偿划转及增资完成后中建总公司共持有新疆建工85%的股权，新疆国资委持有新疆建工15%的股权。中建总公司与新疆建工规划，通过产业结构调整、管理再造和拓展境内外市场等方式，将重组后的中建新疆建工集团打造成集房建、地产、基础设施和海外业务于一身，在西部地区投资、建设领域最具影响力的一支劲旅。

【中国对外建设总公司引入战略投资方进行重组改制工作】 根据中国建筑工程总公司《关于同意中国对外建设总公司重组改制的批复》，中国对外建设总公司引入战略投资方进行重组改制工作，其重组改制范围包括中外建及所属全部境内外分公司(含区域公司)、子公司(含控股和参股公司及有产权关系的合资公司)以及合作经营公司。中外建重组改制采取增资扩股方式。战略投资方(联合体)占中外建注册资本的90%，"中国建筑"占注册资本的10%。2010年12月中外建重组改制完成工商变更登记，变更为中国对外建设有限公司。中国对外建设有限公司注册资本10300万元，其中，"中国建筑"出资1030万元，占公司10%股权；北京澳博特投资有限公司出资4944万元人民币，占公司48%股权；贵阳智诚商企业集团投资有限公司出资4326元人民币，占公司42%股权。

【组建为中国建筑装饰集团有限公司】 2010年9月，中建总公司将中建三局东方装饰设计工程有限公司、中建三局装饰有限公司、中国建筑装饰工程有限公司、深圳海外装饰、华鼎装饰、中外园林公司、海南中建装饰七家装饰公司，组建为中国建筑装饰集团有限公司，成为全国最大建筑装饰集团。

【中建财务公司注册资本金扩充】 2010年12月，中建财务公司注册资本金从22480万元增加至106800万元。其中，中建总公司投入现金2.146亿元。中国建筑股份有限公司投入现金8.58亿元，增资完成后，中建总公司和中国建筑股份有限公司分别持有财务公司20%和80%股权。

4. 集团各项管理工作

【集团管控体系建设】 2010年，我们从总部建设开始，明确总部"引领、监控、服务"三大职能，强化战略、人事，投资三大管理能力建设。通过明确总部定位，梳理组织架构，建立标准业务流程等来切实强化集团管控。资金集中管理改变了"三级分割、沉淀固化"的弊端,到2010年末,各工程局资金集中度超过93%,设计院集中度达到96%,分别比上年提高了10%和5%。

中建总公司2010年以编制发布施行《项目管理手册》为契机,强力推进项目标准化工作的开展。2010年新开工项目基本实现了按照《项目管理手册》的全过程标准化动态管理。作为《项目管理手册》的配套、补充和发展,又颁发了《工程项目法律事务工作细则及考核管理办法》、《工程合同评审风险要素指引》、《工程项目商务策划工作指引》等指引文件,以及《房建工程施工专业分包合同》、《工程项目采购/租赁合同》、《建设工程设计合同》等示范(标准)文本。

【转变商业模式】 2010年中建总公司在西安推进城市综合体建设试点基础上,与北京门头沟区签订了滚动投资500亿元合作协议,继续发挥规划设计、投资开发、基础设施建设、房屋建筑工程"四位一体"的综合服务优势。年内先后与河南省、新疆维吾尔自治区、上海浦东新区、天津滨海新区、湖南长株潭一体化经济区、济南西区、福州市、贵阳市、珠海市等省市签订战略合作协议,推进"四位一体"城市综合体开发建设业务。此外,中海集团相继在重庆南川和山东淄博积极探索"统筹城乡发展城镇综合体建设模式",实现了农民、政府、企业多赢效果。

2010年,中建总公司继续推进战略联盟策略。除各省市政府外,相继与中粮集团、中国海洋石油总公司、宝钢集团、中国电信等企业,中国工商银行、广东发展银行、交通银行等金融机构,哈尔滨工业大学、大连理工大学等高等院校签订了战略合作协议,为市场开拓和业务互补等方面提供了双赢的合作平台。

【融资工作】 中建总公司2010年在货币政策趋紧,央行加息两次,存款准备金率提高四次的环境下。整体融资工作科学有效,资金集中管理,进一步提高募集资金合理使用效率,降低了财务费用支出。特别是公司2010年成功发行100亿元十年期中期票据,利率(4.08%/年)比同期贷款利率低23%以上,直接创造效益在10亿元以上。另外,中海集团10年期、10亿美元债券在香港成功发行,获得了52.5亿美元的超额认购,创下了亚洲(除日本)债券市场发行规模最大、期限最长、成本最低的同类债券新记录。由于公司债具有类权益的长期资本性质,缓解了短期还款压力。

【信息化建设】 中建总公司2010年进一步加强了信息化基础管理工作。完成"中国建筑信息化管理制度"的编制工作,该制度覆盖了整个中国建筑国内外信息化建设与应用管理。组织完成了对行政管理、人力资源、科学技术、设计勘察、财务资金、房地产等6大类编码标准的修订工作。为规范信息分类编码标准的管理和应用,制定《中国建筑信息分类编码标准管理规定》,建立编码标准的审批发布、维护管理、推广应用等制度体系,截止到2010年底,中建总公司按计划实现了集团软件正版化率100%的目标。

中建总公司参加国家"十一五"科技支撑课题中的"建筑工程设计与施工过程信息化关键技术研究与应用"、"建筑施工企业管理信息化关键技术研究"、"现代建筑设计与施工一体化关键技术研究"、住房和城乡建设部"十二五信息化技术发展纲要研究"四个课题,均通过国家验收,其中包括信息化表现建筑工程施工工艺标准12套,国家级工法100个,信息化处理典型工程施工组织设计模板50个,设计与施工信息化技术软件8套,软件著作权登记2项,开展进行工程示范23个。在国内外发表论文16篇,培养博士后2名,博士生3名,硕士研究生10名。参与研究及示范的工程技术人员有近千人。在课题任务书要求的考核指标之外,完成了新装置1项、国内专利授权2项、省部级科技奖1项、省部级工法2项。通过课题研究的开展,一大批先进的信息化技术在企业的施工生产中得到应用并取得显著的效益。

【领导班子和人才队伍建设】 中建总公司按照中央有关要求,完善了领导人员管理制度体系建设,制定了《中建总公司领导人员管理办法》及7个配套文件,建立了领导人员管理权限、岗位设置、职数确定、选拔任用、任期管理、考核评价、轮岗交流及退出等制度规范;集中建立了二级机构正职后备队伍,选拔出一批优秀青年骨干。还通过挂职锻炼、岗位轮换交流、交叉任职等多种形式,在大力推进管理骨干人员的经营管理、党群工作"双经历、复合型"能力建设上取得了明显成效。中建总公司总部统筹进行涵盖主要业务领域的800到1000人精英团队建设,并针对总部战略管理职能的需要,提出了"3+2"人才标准(总部管理人员需具备3年工程项目经历和2年海外工作经历),以此推进总部能力建设。

【人力资源】 截至2010年底,中建总公司自有职工152866人,其中,具有高级专业技术职称人员

12165人。中建总公司现有中国工程院院士和全国工程勘察设计大师8人，有突出贡献的中青年专家5人，享受政府特殊津贴专家195人，英国皇家特许建造师119人，一级注册建造师近5988人，一级注册建筑师和一级注册结构工程师935人，高级工以上人员6653人。2010年招收高校毕业生12254人。

【党建工作】 中建总公司按照中组部、国资委在创先争优活动中的指示和要求，紧密结合能力建设在全系统开展创先争优活动。以"央企一流、行业排头"为目标，以"十百千工程"为载体（中建总公司层面评选10个"四强"党委、100个先进党支部、1000名"四优"共产党员），以大项目为重点，将发展和业绩作为评价考核标准，在全系统深入推进创先争优活动。中建三局创新开展了联合党支部、联合工会、联合团支部"三联建"，推进了党员先锋号、工人先锋号、青年文明号"三号联创"活动，把党建带工建、带团建落到实处。中建七局在汶川"8.14"抗击特大泥石流灾害中，李文兴等6名共产党员以大爱无畏的精神，牺牲自己挽回了700多名员工的生命。中组部追授李文兴"防汛抗洪救灾优秀共产党员"称号。在"国家一号高铁工程"的京沪高铁南京站建设中，项目部创先争优打造精品工程，多次受到铁道部表彰。海外机构在特殊环境中开展了形式多样的创先争优活动。中建阿尔及利亚分公司为确保2011世界伊斯兰教长大会的特莱姆森万丽酒店建设，掀起了比、学、赶、帮的热潮，推动了工程的顺利进行。中国驻阿使馆特邀他们做了专题报告。中建刚果（布）国家1号公路项目部身处热带雨林疾病重点疫区，条件十分艰苦。党总支充分发挥"一个党支部一个堡垒、一个党员一面旗帜"的引领鼓舞作用，在原始森林中修建了全长580公里的交通要道，被刚果（布）总理誉为"劈山的人"。

【履行社会责任】 按照国务院国资委的总体部署，中建总公司积极参与青海玉树灾后重建工程设计和施工工作。中建总公司承担玉树灾后重建总任务：房屋881514平方米，公路334.18公里，以及水利、农牧区基础设施、生态修复等工程。

2010年重建任务：结古镇及安冲乡城乡住房、学校、医院总计建筑面积287102平方米，安冲乡公路75公里，桥梁6座。截至2010年底，安冲乡农牧民共实现主体封顶410套，已正式入住的77套，红旗小学主体全面封顶后，砌体完成50%；玉树县第一完全小学基础地梁部分浇注完成，基础回填完成；安冲乡寄宿制学校基础浇注完成，回填完成；玉树州医院围墙完工和完成临时设施施工；结古镇民主村完成部分地槽开挖。中建总公司以农牧民住房建设"交付时间最早、入住套数最多、施工质量最好"三个第一圆满完成2010年玉树灾后重建工作目标，实现了三年重建的良好开局。

在国家调控房地产行业的背景下，中建总公司全年新开工保障住房360万平方米，为响应宏观调控，保障民生做出了应有贡献。

（中国建筑工程总公司）

中国铁路工程总公司

【企业基本情况】 中国铁路工程总公司（China Railway Engineering Corporation，缩写CREC，以下简称"总公司"）是集勘察设计、施工安装、房地产开发、工业制造、科研咨询、工程监理、资本经营、金融信托、资源开发和外经外贸于一体的多功能、特大型企业集团，总部设在北京。总公司具有国家建设部批准的铁路工程施工总承包特级资质、公路工程施工总承包一级资质、市政公用工程施工总承包一级资质以及桥梁工程、隧道工程、公路路基工程专业承包一级资质，城市轨道交通工程专业承包资质，拥有中华人民共和国对外经济合作经营资格证书和进出口企业资格证书。2000年通过质量管理体系认证，同时获得英国皇家UKAS证书。2002年被北京市审定为高新技术企业。2003年通过环境管理体系和职业健康安全管理体系认证。2004年通过香港品质保证局质量/环保/安全综合管理体系认证，并获得国际资格证书。2007年9月12日，经国务院同意，国务院国资委批准，总公司独家发起设立中国中铁股份有限公司，并于2007年12月3日和12月7日，分别在上海证券交易所和香港联合交易所挂牌上市。截至2010年末，全公司职工人数28.7万人，其中在岗职工24.5万人，非在岗职工4.1万人。

另有其他从业人员4.4万人。全公司拥有科技人才13.2万人,其中中国工程院院士4人,国家勘察设计大师6人,国家级专家6人,享受政府特殊津贴275人,教授级高级工程师813人。

总公司整体上市后,主要从事股权管理、非上市单位和存续资产管理。中国中铁股份有限公司(以下简称"股份公司")是总公司经营业务的运营主体,拥有下属子、分公司43家和其他项目机构,主要有中铁一局、二局、三局、四局、五局、六局、七局、八局、九局、十局、大桥局、隧道、电气化局、建工、航空港、上海局、港航局17家施工企业集团;中铁二院、设计咨询、大桥院、西北院、西南院、华铁咨询6家勘察设计科研企业;中铁山桥、宝桥、科工、装备4家工业制造企业;中海外、中铁国际、委内瑞拉分公司、老挝分公司4家国际业务公司;另有中铁置业、资源、信托、物贸、西南、南方、海西、中原和建设分公司等10余家公司。中铁宏达资产管理中心为总公司成立的具有法人资格的全民所有制企业,负责管理学校、医院、主辅分离资产等未进入上市范围的机构和资产。

中国中铁在2010年度世界企业500强(Fortune Global 500)中排名第137位,在中央企业中排名第5位,在中国企业500强中排名第9位,是全球最大的工程承包商之一。

【主要指标】 完成新签合同额7354.8亿元,为年度计划的118.4%,同比增长20.7%。其中国内完成6666.6亿元,海外完成688.2亿元(折合104.3亿美元)。完成企业营业额4718.8亿元,为年度计划的105.8%,同比增长29.0%。其中,国内完成4511.5亿元,海外完成207.3亿元(折合31.4亿美元)。

截至2010年底,总公司资产总额达3959亿元,同比增长24.93%。其中,流动资产3013亿元,同比增长26.44%,流动资产占资产总额76.11%。负债总额3177亿元,其中带息负债852亿元,增速44.65%。表1为中国铁路工程总公司2010年主要业绩指标。

中国铁路工程总公司主要业绩指标(2010年)

表1

项目	2009年	2010年	比上年增长(%)
资产总额(亿元)	3169	3959	24.93
所有者权益(亿元)	700	782	11.71
营业收入(亿元)	3470	4736	36.48
利润总额(亿元)	84	104	23.81
净利润(亿元)	72	82	13.89

续表

项目	2009年	2010年	比上年增长(%)
归属于母公司所有者的净利润	38	41	7.89
技术开发投入(亿元)	61.46	91.2	48.39
利税总额(亿元)	215	283	31.63
应交税金总额(亿元)	142	199	40.14
全员劳动生产率〔万元/(人·年)〕	16.18	16.89	4.39
净资产收益率(%)	10.86	11.00	增加0.14个百分点
总资产报酬率(%)	3.81	3.64	减少0.17个百分点
国有资本保值增值率(%)	111.05	109.73	减少1.32个百分点

【改革发展】 将中国航空港改制注册为中国中铁航空港建设集团有限公司,并完成从总公司注入股份公司等相关工作。顺利完成了北京、上海、广州地区部分企业内部重组,其中将中铁大桥局三公司、中铁五局三公司、中铁二局深圳公司等企业整体重组并入中铁港航局;将中铁建工集团北京公司、中铁三局一公司、中铁一局一公司整体重组并入中铁航空港;将中铁三局华海公司、中铁四局六公司、中铁四局市政分公司、中国中铁上海分公司整体重组并入到新设立的中铁上海局。完成燕丰饭店与华铁咨询公司的并入式重组,燕丰饭店以2009年12月31日经审计的资产账面净值划入华铁咨询,人员、机构随资产整体重组进入。在物贸分公司基础上设立中铁物贸有限责任公司,并于2010年11月28日正式挂牌成立。

【重大项目】 公司参建的国家重点工程京沪高铁全线铺通,由中铁电气化局负责联调联试的先导段达到试运行时速486.1公里,创造了世界铁路运营试验最高记录;参建的福厦高铁、沪宁城际、沪杭高铁、海南东环、宜万铁路相继开通运营,哈大客专TJ-1标在全线率先铺通;公司投资承建的深圳地铁5号线按期实现"洞通"、"轨通"、"电通"目标;参建的京石、石武、兰新、南广等重点工程进展顺利。同时,参建的南水北调中线穿黄工程、广深港高铁狮子洋隧道、青岛海湾大桥、厦门翔安海底隧道、上海闵浦二桥、郑州黄河公铁两用桥等一大批重大工程项目相继贯通或建成通车。全年共获国家建筑工程鲁班奖6项,国家优质工程奖10项,土木工程詹天佑奖7项,火车头优质工程70项。

【走向海外】 在全面推进委内瑞拉北部平原铁路、刚果(金)基础设施建设一揽子合作项目的基础上，先后成功签署伊朗高速铁路、印尼苏门答腊煤炭运输、埃塞俄比亚铁路等重大项目商务合同，加快推进了中老铁路磨万段设计施工总承包项目。全年共新签海外合同额104.3亿美元，完成海外营业额31.4亿美元，同比增长87.8%。截至2010年底，全公司境外在建项目总数312个，涉及51个国家和地区，其中，500万美元以上较大项目202个；上亿美元项目18个。

新签工程项目合同所在的国家和地区有：巴新、毛塔、科特迪瓦、博茨瓦纳、刚果金、赞比亚、摩洛哥、南部苏丹、南非、澳门、马里、安哥拉、尼日利亚、阿根廷、阿联酋、香港、斐济、文莱、埃塞俄比亚、厄瓜多尔、委内瑞拉、贝宁、加纳、萨摩亚、坦桑尼亚、泰国老挝边境、汤加、津巴布韦、塞拉利昂、乌干达、沙特、斯里兰卡、缅甸、孟加拉、哈萨克斯坦、伊朗、蒙古、利比里亚、吉布提等42个；新签道岔及钢结构产品加工项目合同所在国家和地区有：丹麦、孟加拉、美国、韩国、香港、新西兰、马来西亚、加拿大、印尼、越南、约旦、塞尔维亚、捷克、沙特、尼日利亚等15个。

【重大创新】 (1) 推进总部内控体系建设。按照股份公司内控体系建设总体部署，开展了全面梳理管理制度，进行业务尽职调查、管理框架设计、流程图绘制及描述编写、关键控制点辨识与措施制定、重大风险识别与评估、业务流程优化、管理工作改进、内控手册编制。

(2) 产业结构调整。通过调整，企业已逐步形成了以基础建设业务为主，向"上下游并举，协调发展"的纵向一体化发展模式，从勘察设计、业务咨询、施工制造、工程监理、对外承包等，具有工程总承包资质和能力，产业链条较为完整，使企业更有利于全方位参与市场竞争。公司大力实施"一业为主，相关多元"的发展战略，积极涉足矿产资源开发、铁路运营维管、港口航道、金融信托等相关领域，为企业的可持续发展拓展了新的空间。

(3) 管理制度创新。全公司大力加强资金集中管理，首次将资金集中度列为领导人员业绩考核关键指标。全公司合并层面资金归集度达到70%，运用沉淀资金开展内部调剂213.11亿元，同比增加93.81亿元；成功发行120亿元公司债券及67亿元短期融资券，改善了全公司债务结构。积极推进物资集中采购，累计在1943个工程项目上实施了物资集中采购，总额达1215亿元，同比增长92.2%。继续推进大型设备集中采购调配，积极实施委铁项目机车车辆采购，全公司共集中采购施工设备4145台套，总额42亿元，集中采购度由上年的40.8%上升至87.7%。

(4) 推进科技创新。全公司进一步加大科技投入和研发力度，全年新开科研项目1180项，共有481项科技成果通过了鉴定评审，新增省部级工法125项，新增专利授权333项。高速铁路建造技术国家工程实验室顺利完成法人注册，盾构与掘进技术国家重点实验室成功通过可行性建设论证；首次组织完成了铁道部科研项目客运专线无砟道岔的研制，并在沪杭、京沪高速铁路铺设；研制的硬岩盾构成功应用于重庆轨道交通建设项目，填补了硬岩特性与软岩盾构为一体的整机技术国内空白；总部高新技术企业重新认定工作取得了突破；应用性信息化综合管理系统和信息平台建设取得了新的进展。

【"十一五"成绩】 "十一五"期间（2006～2010年）企业规模每年以30%以上的增幅快速增长。2010年完成企业营业额是2005年的3.8倍；完成新签合同额是2005年的3.5倍；实现利润总额是2005年的8.1倍。总资产达到3853亿元，是2005年的3.8倍；净资产743亿元，是2005年的4.9倍。公司被国家授予全国首批"创新型企业"，拥有2个国家级实验室、4个博士后科研工作站、14家国家认可的检测实验中心、4个国家认定的技术中心和15个省部认定的技术中心。在高原、高速和电气化铁路、城市轨道交通、大型桥梁及隧道、高速铁路道岔、钢结构、盾构设备、信息化建设等多个领域拥有核心技术，达到了世界领先或国内领先水平。至2010年底，公司累计获得国家科技进步和发明奖86项，省部级科技进步奖997项，鲁班奖97项，国家优质工程113项，詹天佑大奖62项，全国优秀工程勘察设计奖80项，拥有有效专利983项，国家级工法103项。

【履行社会责任】 广泛开展"三工建设"，认真落实"三不让"承诺，做好农民工和信访维稳工作，有力维护了企业的稳定。在加快国家基础设施建设的同时，为160万农民工提供了就业岗位；大力推动节能减排，全公司万元营业收入综合能耗同比下降5.62%，提前半年完成国资委年度考核目标，公司荣获"首届全国低碳经济示范单位"、2010年首届低碳中国年度创新"领军品牌奖"。特别是在玉树地震抢险救灾中，主动迅速地开展救援，积极参与灾后重建，充分发挥了央企的脊梁作用。

（中国铁路工程总公司办公厅供稿）

中国铁建股份有限公司

【企业概况】 中国铁建股份有限公司(以下简称中国铁建或股份公司)的前身为组建于1948年7月的中国人民解放军铁道兵,1984年集体转业并入铁道部,改称铁道部工程指挥部;1989年成立中国铁道建筑总公司,2000年9月28日与铁道部脱钩,先后划归中央企业工作委员会和国务院国有资产管理委员会管理;2007年11月5日,由中国铁道建筑总公司独家发起成立中国铁建股份有限公司,于2008年3月10日、13日分别在上海证券交易所和香港联合证券交易所成功上市。

中国铁建下辖中国土木工程集团有限公司,中铁十一至二十五局集团有限公司,中铁建设集团有限公司,中铁建电气化局集团有限公司,中铁房地产集团有限公司,中铁第一、第四、第五勘察设计院和上海设计院集团有限公司,中铁物资集团有限公司,昆明中铁大型养路机械集团有限公司,中铁轨道系统集团有限公司,北京铁城建设监理有限责任公司,中铁建(北京)商务管理有限公司,中铁建中非建设有限公司,中国铁建(加勒比)有限公司,中国铁道建设(香港)有限公司,诚合保险经纪(北京)有限责任公司和北京培训中心33个二级单位。在岗职工229070人,拥有1名工程院院士、8名国家勘察设计大师、252名享受国务院特殊津贴的专家。资产总额3501.94亿元,较2009年增长23.75%。主要机械动力设备70120台(套),总功率593.58万千瓦,技术装备率8.99万元/人,动力装备率24.2千瓦/人。业务范围涵盖工程承包、勘察设计咨询、工业制造、房地产开发、物流与物资贸易及资本运营,打造包括科研、规划、勘察、设计、施工、监理、维护、运营、设备制造和投融资等在内的全面完整的建筑业产业链和业内最完善的资质体系,在高原铁路、高速铁路、高速公路、桥梁、隧道和城市轨道交通工程设计及施工领域确立了行业领导地位。兵改工以来,在工程承包、勘察设计等领域获得国家级奖项397项。其中,国家科技进步奖59项;国家勘察设计"四优"奖80项;中国土木工程詹天佑奖46项;中国建设工程鲁班奖71项;国家优质工程奖141项。

中国铁建经营范围遍及除台湾以外的31个省、直辖市、自治区,香港、澳门特别行政区,以及世界45个国家和地区,是中国乃至全球最具实力、最具规模的特大型综合建设集团之一。连续5年入选"世界企业500强",2010年排名第133位;连续13年入选"全球225家最大承包商",2010年排名第1位;连续6年入选"中国企业500强",2010年排名第8位。2008、2009年连续两年为国资委年度业绩考核A级企业,2007~2009年第二任期业绩考核A级企业并获得第二任期"业绩优秀企业奖"。

【主要指标】 (1)新签合同额再创历史新高,业务增长动力强劲。2010年,中国铁建新签合同总额7471.98亿元,比2009年增长24.3%。工程承包主营核心业务继续得到巩固和加强,全年新签工程承包合同6775.92亿元,占新签合同总额的90.7%,比2009年增长22%。其中,新签铁路工程合同4336.77亿元,占新签合同总额的58%,比2009年增长42.2%;新签公路工程合同941.83亿元,占新签合同总额的12.6%,因国内公路项目招标减少,同比下降26.4%;城市轨道交通、市政、房建、水利电力、机场码头工程分别新签工程合同941.83亿元、317.86亿元、530.49亿元、117.73亿元、2.64亿元。

根据加快结构调整、促进产业转型的战略部署,中国铁建非工程承包板块营销工作积极作为,新签合同额696.07亿元,比2009年增长51.3%,实现比工程承包板块更快的发展。勘察设计咨询板块经营持续增长,全年新签勘察、设计、监理、咨询等业务合同额75.79亿元,比2009年增长21.7%。工业制造板块经营快速发展,在加大投资扩大产能的同时,营销工作快速跟进,全年新签工业制造业务合同额87.36亿元,比2009年增长53.8%。物流与物资贸易板块经营大步跨越,全年新签物流与物资贸易合同额402.47亿元。

(2)营业收入快速增长。2010年,中国铁建受国内加大基础设施投资的影响,营业收入比2009年有较快增长。全年实现营业收入4701.59亿元,比2009年增长32.25%。其中,工程承包板块实现营业收入 4284.97 亿元，同比增长 31.91%；勘察设计咨询板块实现营业收入 83.33 亿元，同比增长 9.1%；工业制造板块实现营业收入 92.56 亿元，同比增长 13.68%；房地产开发板块实现营业收入 51.89 亿元，同比增长 98.73%；物流与物资贸易板块实现营业收入 259.09 亿元，同比增长 62.8%。全年实现净利润 43.17 亿元，因沙特麦加轻轨项目亏损，比 2009 年下降 35.88%。

（3）经济运行质量发展平稳。与 2009 年相比，资产总额由 2829.9 亿元增加到 3501.94 亿元，增长 23.75%；净资产由 540.79 亿元增加到 582.31 亿元，增长 7.68%；货币资金由 649.52 亿元增加到 652.07 亿元，增长 0.39%；银行借款比 2009 年增加 88.59 亿元，增长 55.9%。表 1 为中国铁建 2009～2010 年主要经济指标完成情况比较。

中国铁建 2009～2010 年主要经济指标完成情况比较

表 1

项目	2009 年	2010 年	比 2009 年增长或下降(%)
资产总额(亿元)	2829.90	3501.94	23.75
所有者权益(亿元)	540.79	582.31	7.68
营业收入(亿元)	3555.21	4701.59	32.25
利润总额(亿元)	83.07	60.89	-26.70
净利润(亿元)	67.32	43.17	-35.88
归属于母公司所有者的净利润	65.99	42.46	-35.66
技术开发投入(亿元)	62.52	88.29	41.22
利税总额(亿元)	208.00	227.93	9.58
应缴税金总额(亿元)	124.93	167.04	33.71
加权平均净资产收益率(%)	13.12	7.85	增加 5.27 个百分点
总资产报酬率(%)	3.79	2.30	减少 1.49 个百分点

【改革发展】（1）公司治理逐步完善，体制机制深刻变化。从 2005 年 11 月国务院国资委启动中国铁建董事会试点工作以来，董事会试点工作在运行中规范，在探索中完善，特别是坚持外部董事多于内部董事的制度安排，使企业的领导体制、决策机制发生重大变化。5 年来，董事会不断加强自身建设，狠抓战略管理、企业重大问题决策、经理人员考核激励、内控与风险管理、二级单位董事会规范运作试点等全局性重大问题，稳健开展工作，引领企业实现持续快速健康发展，连续被国资委考评为运行良好的中央企业董事会之一。

2008 年 3 月，中国铁建主营业务先后在上海和香港两地整体成功上市，募集资金 407 亿元人民币，对公司抵御席卷全球的金融危机，实现更好更快发展具有决定性作用。上市 3 年来，公司牢固树立回报股东、规范运作、公开透明等适应上市公司要求的理念，进一步规范和明确股东会、董事会、监事会、经理层的权责，形成各负其责、协调运作、有效制衡的公司治理机制。公司战略更加清晰，绩效考核体系更加完善，重大决策更加规范高效，信息披露依法合规，投资者关系管理周密细致，中国铁建先后获 2008 年"最佳首次公开发行"、"2009 中国资本市场十大最佳创富创新奖"、"最具竞争力港股上市公司(10 强)"等近 20 个奖项。

董事会试点和改制上市，使中国铁建实现了由传统的管理体制向以董事会制度为核心的现代公司治理制度的过渡，为保障中国铁建长期持续健康发展和基业长青创造了良好的条件。

（2）业务板块平衡发展，结构调整初见成效。中国铁建通过与同行业国际一流公司和国内同类企业的对标分析，结合自身情况，确定战略转型方向："建筑为本、运营为纲"，把建筑施工的商业模式，逐步调整到以建筑施工与综合特许经营相结合的新的商业模式，向产业上游和利润高端延伸。

工程承包板块升级取得成效。通过增加工程局和设计院注册资本金、投入大量资金购置大型专用设备、整合全系统资源增强中铁建电化局竞争力、积极创造条件推进 EPC 总承包、加强项目管理和工程公司建设等系列措施，推进了工程承包板块经营能力、装备水平、"四电"业务、承包方式、项目管理的升级。"十一五"期间，工程承包板块为中国铁建价值作出很大贡献。

非工程承包板块较快发展。"十一五"期间，中国铁建组建中铁房地产和中铁轨道两个集团公司，明确加快发展勘察设计咨询、工业制造、房地产开发、资本运营和物流贸易等板块的发展方向，进一步加大投入和扶持力度，各板块协同效应进一步增强，实现与工程承包板块的同步发展。2010 年与铜陵有色金属集团控股有限公司合作成功收购厄瓜多尔铜矿，尼日利亚莱基自由贸易区各方关系逐渐理顺，新的利润增长点显现。

（3）企业管控不断加强，质量效益明显提升。中国铁建始终坚持推行精益化管理，走质量效益型发展道路。市场经营管理的制度化、科学化水平明显提高，股份公司对全系统市场经营的统筹协调力度不断加大，"股份公司协调经营、集团公司主体经营、工程公司辅助经营"的营销管理体制逐步建立；责任成本管理不断推进，形成了较为完善的组织体系和制度体系；全面预算管理从无到有，逐步完善。内部控制与风险管理体系逐步建立并发挥作用；财务信息化建设大力推进，集中核算系统、网上财务报表系统、资金集中管理系统投入使用并取得明显成效；设备物资集中招标采购开始起步，制度逐步完善，范围逐步扩大；工程公司建设和架子队建设深入推进，专业化能力明显提升；项目标准化建设稳步推进，项目管理水平不断提高。企业管控的不断加强，对降低成本，提升经济效益，确保工程质量发挥了重要作用。5年获中国建设工程鲁班奖24项、国家优质工程奖89项，中国铁建18个单位承建的12项工程被评为新中国成立60周年"百项经典暨精品工程"。

(4) 薪酬制度改革推进，班子结构不断优化。进一步完善子公司负责人薪酬管理制度，认真执行工效挂钩政策和国资委对企业工资总额调控的要求，在经济增长的前提下提高职工工资收入，在岗职工人均工资47671元。以创建"四好领导班子"为抓手，创新领导班子选用机制，在二级单位副职层面积极推行公开招聘、竞争上岗，领导班子结构明显改善，与2005年末相比，平均年龄降低0.5岁，大学本科以上学历人员所占比例提高了12个百分点。

【管理创新】 (1) 坚持可持续发展战略。1) 践行联合国全球契约。3月，中国铁建加入联合国全球契约组织，积极响应联合国全球契约倡导的覆盖人权、劳工权益、环境保护以及反腐败四个领域的十项原则，以及在冲突地区负责任投资原则等企业与社会、与自然可持续发展原则，并积极融入企业战略与运营。2) 推进全面风险管理。按照国资委《中央企业全面风险管理指引》要求，建立"4+1"全面风险管理组织体系，即业务职能单位、风险管理职能部门、经理层、董事会的四道控制防线和内部审计部门进行监督的管理体系。中国铁建经营坚持风险导向的原则，重视内部控制体系建设，积极开展风险评估与风险管控工作。3) 重视内部信访举报。年内受理来信来访4690件次，接待职工群众来访3660人次。包括各类申诉、揭发检举、工资福利、离退休待遇、劳动就业、伤残病亡待遇、工程款拖欠、工程质量、环境保护等方面内容。信访立案898件次，结案863件次，结案率96%。

(2) 落实内部监控机制。1) 推进党风建设和反腐倡廉工作。2010年加强案件查办、效能监察、专项检查和治理等工作，考核单位2925个，考核个人4665人次，奖励1081人次。追究责任243人，其中纪律处分98人，减扣薪酬处理32人。组织所属单位全面排查，发现并纠正安全质量管理、设备物资招标采购、劳务分包队伍管理、合同管理、责任成本管理等环节存在的问题9083个，发出监察建议书3552份，作出监察决定507项；监督设备物资集中招标采购3617场次，直接降低采购成本26亿元；发现并处理领导人员违规插手招标、规避招标、虚假招标等违纪行为144起；协助修订和完善规章制度1239项，促进了专项治理工作长效机制不断健全。2) 加大内部审计力度。2010年累计完成审计项目2958项，完成年度计划的120%，审计查出并纠正有问题金额309937万元，为企业挽回经济损失8076万元，提交审计报告2337份，提出审计建议10265条。其中进行经济责任审计310项，纠正违规违纪金额18911万元，发现个人经济问题99起，受党政纪处分12人，移交纪检监察部门11人，移送司法机关1人。

(3) 不断规范用人机制。1) 制度建设。2010年制定《中国铁建股份有限公司外部董事管理暂行办法》、《中国铁建股份有限公司总部机关选聘工作人员暂行办法》、《中国铁建股份有限公司机关工作人员职位晋升暂行办法》、《总部机关人员绩效考核办法》、《中国铁建股份有限公司员工学历教育暨职能部门培训班管理暂行办法》，转发中纪委、中组部、监察部联合印发的《关于严厉整治干部选拔任用工作中行贿受贿行为的通知》等3份文件，发出《给领导干部的信》，起草《企业领导人员管理办法》。2) 签订劳动合同。中国铁建尊重保障员工权益，严格遵守《劳动合同法》，规范劳动用工制度。2010年，员工劳动合同签订率99.2%。

(4) 创优评先成绩突出。中国铁建把开展"创建学习型企业、争当知识型职工"活动，作为全面提高职工素质、推进企业实现可持续发展的一项系统性工程常抓不懈。2010年，全系统有131名职工参加省市以上17个工种的技能大赛，25人获得前三名。在中央企业职工技能比赛工程测量工决赛中，中国铁建代表队获得4枚金牌、5枚银牌和1枚铜牌，再一次包揽大赛前四名。全年有6人获"全国技术能手"称号，6人获"中央企业技术能手"和"中央企业青年岗位能手"称号；5人被评为全国劳动模范，2人获全国五一劳动奖章。

【科技创新】 2010年，中国铁建科技创新出现新的飞跃。一是继续保持高速铁路多项成套技术世界先进水平，初步形成具有中国特色、可以走出国门的中国式无砟轨道体系。先后在沪杭、京沪高速铁路试运行中创造世界铁路最高运营速度。二是桥梁建设技术有突破。承建的沪杭高速铁路跨沪杭高速公路主跨160米自锚上承式转体拱桥,为高速铁路同类桥型中跨度最大、速度目标值最高(350公里/小时)、转体重量最大(16800吨)的无砟轨道桥梁,其建造技术达到国际领先水平;承建的沪蓉西高速公路支井河大桥顺利通车,桥梁施工跨度实现飞跃,是世界最大跨度的上承式拱桥。三是隧道及地下工程建设技术继续保持行业领先,从设计到施工,均保持行业领先地位。由中国铁建管理、设计、施工的世界上修建难度最大、技术难题最多的盾构隧道——南京长江隧道建成通车,克服盾构直径超大、水压最高、地质复杂、透水性强、覆土超薄、掘进距离长、水下高压盾构换刀等技术难题,技术水平世界领先。四是高速铁路电气化技术迅速提高。中国铁建研制成功具有自主知识产权的高性能铜镁接触线,形成成套生产技术。五是新产品研制成效显著。独立设计制造的适应不同地质条件的土压平衡式盾构机,形成具有完全自主知识产权的盾构机制造技术。研制的YCP35型平衡冲击压路机、I/II-S-L-800线上砂浆作业车均已形成生产能力并申请专利;"动态变形模量Evd测试仪"和"变形模量Ev2测试仪"在武广等多条高速铁路的路基检测中应用,相关指标被《高速铁路设计规范》所采纳。在国资委中央企业业绩考核中,中国铁建被授予"科技创新特别奖"。显性科技指标屡创佳绩,中国铁建的知名度和影响力不断提升。参建的武昌火车站改扩建工程、武汉北编组站、合肥至武汉铁路、武汉长江隧道、石太铁路客运专线南梁隧道、云南思茅至小勐养高速公路、南京至淮安高速公路7个项目获中国土木工程詹天佑奖。全年获国家科技进步奖4项,省部级科技进步奖50项,财政部中央级建筑施工科技研发项目奖2项;获中国勘察设计协会行业奖6项,省部级勘察设计"四优"奖49项;受理专利382项,授权专利259项;获第十二届中国专利奖优秀奖1项,获省部级工法190项;股份公司技术中心通过北京市认定,创新型企业通过三部委专家评审。

【工程创优】 年内创火车头优质工程49项、铁路优质工程31项、国家优质工程17项。其中,润扬长江公路大桥、华能海门电厂一期1、2号机组新建工程获国家优质工程金质奖,华能通辽宝龙山风电场(148.5MW)工程、华能寿光风力发电项目工程(一期)、京杭运河常州市区段改线工程、黑龙江省松花江大顶子山航电枢纽船闸工程、新建内蒙古东乌铁路四电工程、温福铁路(福建段)II标段青峇隧道工程、滨洲线海拉尔至满洲里段增建二线及博克图至兴安岭段改造工程、国家高速公路广州至昆明(G80)云南罗村口至富宁高速公路工程、绥满国道主干线海林至亚布力公路改扩建工程、国家高速公路网沪陕线陕西境蓝田至商州高速公路蓝田至林岔河段秦岭隧道工程、湘潭市湘江四大桥工程、通惠河北路道路工程、国道104济南零点立交至燕山立交高架桥工程、天津开发区净水厂三期工程、中铁建设大厦工程获国家优质工程银质奖。

【国内工程施工】 2010年,中国铁建完成施工产值4284亿元,占年度计划的126%,比2009年增加986亿元。全系统5000万元以上的在建项目1923项。其中,铁路工程587项;公路工程686项;市政工程156项;城市轨道交通工程183项;水利水电工程74项;房建工程190项;其他工程47项。完成主要实物工程量:桥梁10437座6426公里,完成3214公里;隧道2963座5769公里,完成2690公里。年内,由中国铁建参与建设的大多数重难点工程相继取得突破。1月4日,昌九城际铁路全线铺通,9月20日开通运营;1月28日,郑西铁路客运专线试运行,2月6日正式运营;3月16日,沪宁城际铁路全线铺通,7月1日正式开通;厦门翔安海底隧道4月26日建成通车,青岛胶州湾隧道4月28日贯通,开创中国海底隧道建设新纪元;5月28日,国内盾构直径最大的"万里长江第一隧"——南京长江隧道正式通车,攻克世界六大技术难题,创造中国越江隧道施工的新纪录;9月28日,沪杭高速铁路试运行,最高时速416.6公里,刷新世界铁路运营试验的最高时速,10月26日正式通车营运;11月15日,京沪高速铁路全线铺通,12月3日在枣庄至蚌埠间的先导段试验时速达到486.1公里,再次刷新世界铁路运营试验的最高时速;12月8日,广深港铁路客运专线狮子洋隧道左线盾构机实现江中对接,克服了被专家称为"不可接受风险"的世界性技术难题;12月22日,中国铁路建设史上难度最大、桥隧最多、历时最长、造价最高,被称为"建筑在地下长江上的铁路"——宜万铁路建成通车;12月28日,包西铁路陕西段开通运营,标志着包西铁路全线正式竣工交付使用;12月30日,海南东环高速铁路、东北地区第一条高速铁路——长吉城际铁路及喀和铁路建成通车。

【海外承包】 中国铁建海外市场实施统一规划、统一管理、统一协调的发展战略,逐步建立健全海外发发展体制机制,依托CRCC、CCECC两个品牌,整合海外资源,明确海外组织机构和区域核心竞争

二、中 央 企 业

主体，发挥系统优势，以中国土木工程集团公司、具有海外发展能力的集团公司作为海外发展的主力军，走管控有力、扩张有序、风险可控、效益优先、发展协同的海外发展之路，实现产业输出和标准输出，逐步向跨国集团转变。2010年，中国铁建新签海外合同156项，合同额259.12亿元，占新签合同总额的3.5%。截至2010年底，中国铁建在建海外项目283项，合同额1687.18亿元。海外营业收入224.69亿元，占总营业收入的4.78%。11月13日，迄今世界上设计运能最大、运营模式最复杂、同类工程建设工期最短的轻轨铁路项目——沙特麦加轻轨铁路开通运营。年内在建的主要工程：安哥拉社会住房项目和本格拉铁路大修工程，阿尔及利亚175公里新线电气化铁路、55公里铁路和东西高速公路工程，利比亚沿海铁路及南北铁路工程，以色列特拉维夫红线轻轨工程，土耳其安卡拉-伊斯坦布尔高速铁路二期工程，沙特南北铁路、麦麦高速铁路及200所学校工程，尼日利亚铁路现代化、阿布贾城市铁路和达迈高速公路工程，格鲁吉亚第比利斯绕城铁路工程，蒙古国叶罗河铁路工程，科威特别墅和公用建筑工程，印度Mandi医药大学工程，坦桑尼亚松马卡公路改建工程。

【房地产开发】 2010年，中国铁建完成房地产开发投资275.71亿元，其中企业自有资金投入185.61亿元，分别完成计划的99.4%和87.67%。中国铁建房地产集团有限公司（以下简称中铁地产）完成房地产开发投资235.34亿元，其中企业自有资金投入149.96亿元，分别完成计划的117.67%和99.97%。截至2010年底，中国铁建分别在北京、天津、广州、杭州、重庆、西安、长沙、贵阳、南宁、成都、合肥、长春、济南、厦门等26个城市获得48项房地产开发项目，建设用地总面积646万平方米，规划总建筑面积2012万平方米。其中，中铁地产建设用地总面积428万平方米，规划总建筑面积1422万平方米。年内，中国铁建有29个项目在21个城市进行销售，销售面积183.4万平方米，比2009年增长141.3%；实现营业收入51.89亿元，比2009年增长98.73%。

【履行社会责任】 （1）吸纳社会就业。2010年，中国铁建在国内不断创造就业，生产一线吸纳农民工近200万人；在海外，坚持区域化、属地化经营策略，从高端管理到普通务工，数以万计的当地务工人员加入中国铁建队伍，共谋发展，协同提升。加大高校毕业生招聘力度，年内接收高校毕业生14800人，大大缓解了施工一线专业技术人员紧缺状况，优化了专业技术人员队伍结构，为各单位顺利完成施工生产任务提供了强有力的人力资源保障。

（2）热心公益事业。年内在国务院扶贫开发领导小组、河北省扶贫办公室等具体指导下，中国铁建挂职在河北省万全县、尚义县的扶贫干部，为两县风能发电、新型农业及基础设施等建设提供有效地资金、技术帮助。全年落实资金60余万元，帮助村民修路、打井、购买种子、改善种植技术等，百姓生活得以改善。继续开展"金秋助学"活动，全年资助困难及受灾职工子女3020人，发放助学资金605.81万元；救助困难农民工子女122人，发放助学资金23.42万元。

（3）参与玉树灾后重建。4月14日，青海省玉树地区发生地震，中国铁建迅速组织人员奔赴灾区抗震抢险，并向灾区捐款500万元。同时成立玉树地震灾后重建指挥部，主动请缨，成为6家援建玉树灾后重建中央企业之一。具体负责重建工作的中国铁建二十一局集团公司克难除险，调配优质资源，全力以赴，保质保量开展重建工程建设，该集团公司四公司获"全国抗震救灾英雄集体"称号。

（中国铁建股份有限公司　撰稿人：杨启燕）

中国水利水电建设集团公司

【企业概况】 中国水利水电建设集团公司（Sinohydro Corporation）是中央管理、跨国经营的综合性大型企业，是中国规模最大、科技水平领先、最具实力、行业品牌影响力最强的水利水电建设企业。具有国家施工总承包特级企业资质、对外工程承包经营权、进出口贸易权、AAA级信用等级，被商务部列为重点支持发展的大型外经企业。2010年，公司在全球最大225家国际工程承包商中以总营业额排名第26位，在"中国企业500强"中排名第78位，分别比2005年上升23位、21位，进入中国建筑业企业前五强行列。

自20世纪50年代以来，中国水利水电建设集团公司承担了国内70%以上的大中型水利水电工程建设任务，参建了长江三峡等上百座世界瞩目的大型水电站，总装机容量突破1.3亿千瓦，约占全国水电装机总容量的70%，为中国常规水电装机容量、水电在建规模跃居世界第一作出了突出贡献。

中国水利水电建设集团公司主营业务为：建筑工程；相关工程技术研究、勘察、设计、服务与专用设备制造；水电投资建设与经营；房地产开发经营。具备年完成土石方开挖50000万立方米、混凝土浇筑5000万立方米、水轮发电机组安装3000万千瓦、水工金属结构制作安装80万吨以上的综合施工能力。

中国水利水电建设集团公司拥有19个全资子公司，9个控股公司，2个参股公司。"十一五"期间，集团公司生产经营连续五年保持快速增长，累计实现营业收入3283.93亿元，期末资产总额达1209.93亿元，跨入资产规模、营业收入双超千亿元的中央企业行列。

【生产经营】 2010年，中国水利水电建设集团公司实现营业收入同比增长33.33%。新签合同1347.6亿元，同比增长44.9%，其中：国内水电建筑业务490.7亿元，同比增长41.5%；国内非水电建筑业务306.1亿元，同比增长47.4%；国际业务550.9亿元，同比增长46.7%；合同存量2127.5亿元，同比增长19%；全员劳动生产率77.2万元/（人·年），同比增长31.9%。

"十一五"期间，中国水利水电建设集团公司生产经营连续五年保持快速增长。2010年与2005年相比，营业收入增长3.14倍，利润增长9.65倍，资产总额增长3.52倍，年末合同存量增长2.5倍。营业收入、新签合同、资产规模均超过千亿元。

【经营结构】 2010年，中国水利水电建设集团公司坚持巩固水电建筑业务的核心主业地位，实现了营业收入、新签合同额、利润的稳步增长，与此同时，非水电建筑业务、投资业务也得到长足发展

进一步调整优化国际市场结构，国际经营战略引领作用进一步发挥，管理制度体系和支持保障体系进一步完善，经营管控、管理水平进一步提升，产业结构进一步升级。市场空间不断拓展，新开辟8个国别市场，成功进入西亚市场。卡塔尔区域业务总部在路赛项目的变更索赔中，直接与欧美咨询公司和世界一流承包商同台竞技，合同索赔和新增合同额大幅增加，使区域合同总额接近30亿美元，取得良好效益和品牌效应。2010年，集团公司国际业务合同存量超过1000亿元，营业收入和新签合同增长率均大幅超过我国对外承包业务的总体增长率，在中国外经企业排名中，以新签合同额排名第二、以营业额排名第三。

国内非水电建筑业务持续增长，集团公司已全方位进入公路、铁路、地铁、市政、港航疏浚及其他基础设施领域，实现了经营规模、经营领域的快速扩张，占公司收入的比重大幅提高，经营质量和利润率逐步提升。"十一五"期间，集团公司一举跨入铁路建设领域，承建了举世瞩目的京沪高铁三标项目，并率先完成了轨道铺通任务，以优良的业绩得到了铁道部的充分肯定，奠定了"中国水电铁建"坚实的品牌基础。2010年非水电建筑业务收入、市场营销额都超过"十一五"规划目标值一倍以上，营业收入比2006年增长7.16倍。

稳步推进投资业务发展，调整优化产业结构初见成效。投资开发了相关经营性产业，包括水电、火电、风电等能源项目、房地产项目、高速公路等基础设施项目、矿产项目等。"十一五"末，集团公司投资项目形成的资产总量约400亿元。控股开发项目共计93个，其中电力项目总装机达1352万千瓦，权益装机约1020万千瓦，已投产运营装机395万千瓦。房地产业务以6亿元资金起步，创造了近80亿元的资产规模，累计开工面积186万平方米，累计销售面积113万平方米，累计获得项目用地2671亩，其中2010年新增项目用地1876亩，销售面积44.7万平方米，营业收入、土地储备和利润同比都大幅增长。2010年，共完成投资195.3亿元，其中电力占43%、房地产占35%、基础设施占21%。组织实施的四川邛名、福建武邵两个BOT公路项目按期建成通车运营，培育提升了集团公司非水电基础设施投资、建设能力和资质水平，扩大了"中国水电"品牌在基础设施投资领域的影响。

【企业改革】 2010年3月，集团公司如期向证监会报送了首发上市申请材料，推进公司首发上市工作。

进行管理体制的构建创新。整合集团内的优势资源和力量，构建了适应结构调整优化的组织结构和业务架构。组建专业化公司和投资性公司，打造非水电工程承包、国际业务和投资业务专业化队伍。构建4个事业部和3个国际业务区域总部及福建海西区域总部。调整明确子公司主业结构。加强了两级总部建设，总部的管理和管控能力有很大提高。开展了内部管理体制改革工作，理顺了子企业内部

各级次之间的管理关系，在经营规模不断扩大的情况下，公司总体管理级次基本控制在三级以内。

推进管理机制的变革创新。全面推行以质量效益、安全生产、廉洁从业为主要指标的业绩考核制度。不断调整和强化内部激励、约束、监督机制。不断调整强化市场开发的管理运作机制，公司应对市场变化的能力和开拓市场的能力不断提高。建立健全了安全生产长效管理机制，实现安全生产形势的稳步好转，扭转了"十一五"初期安全生产的被动局面。加强管理创新工作，6项管理创新成果被评为全国企业管理现代化创新成果，28项管理创新成果被评为电力行业管理现代化创新成果。

"十一五"期间，中国水利水电建设集团公司以建立现代企业制度为目标，大力推进主辅分离辅业改制，圆满完成各子企业的公司制改建，实现中国水电集团整体改制，成立股份有限公司。建立规范的股份有限公司治理结构和管理体制，推进规范的董事会建设，制订完善各项议事规则和基本制度，明确了决策、执行、监督等方面的职责权限，形成有效的运作、监督、管理机制并规范运作，进一步提升集团公司治理水平，增强了发展的动力和活力，实现从传统企业制度到现代企业制度的体制变革。

【科技创新】 大力实施建设行业科技领先型企业战略，加强技术创新体系建设，科技资源配置得到优化，科技创新投入逐年加大，自主创新能力不断增强。攻克建造各类特大型水利水电枢纽工程的一系列世界级技术难题，取得引人注目的科技成果，开发出具有自主知识产权的独有技术，系统掌握了铁路、公路、电力、市政等基础设施相关行业的关键技术，提高质量，加快进度，提高效益，进一步彰显科技领先的水电品牌。

"十一五"期间，集团公司荣获"鲁班奖"15项（其中国际工程两项）、国家优质工程金银奖共16项、国家科技进步奖4项，获得专利200余项、国家级工法55项，成立了国家级企业技术中心，在水电施工标准化工作的龙头地位得到强化。节能减排工作体系不断健全，工作扎实有效，全面实现了国资委要求的节能减排考核目标。推进了信息化建设，建立了办公自动化、视频会议、网站系统，逐步构建了多项管理系统，信息化管理和信息化运用水平逐步提高。

【抗震救灾和灾后重建】 中国水利水电建设集团公司是在"5·12"汶川特大地震中受灾最严重的中央企业之一，也是遭受2010年洪灾损失的央企之一。面对"5·12"特大地震灾难，集团公司上下全力以赴抗震救灾，振奋精神，大力开展灾后恢复重建工作，使受灾职工及家属及时得到妥善安置，受灾企业尽快恢复了生产，减轻了损失。热情帮助受灾员工家属克服困难、规范有序实施灾后复建工作，同时积极履行中央企业的社会责任，在汶川地震和玉树地震发生后，大力支援地方救灾和重建工作，得到灾区地方政府和人民的赞誉。2008年9月12日，集团公司被住房与城乡建设部授予"抗震救灾先进集体"荣誉称号。2010年，集团公司积极投入玉树地震灾区重建工作。中央电视台新闻频道记者进行了现场采访，报道了集团公司的先进事迹。

【党建工作和企业文化建设】 建立党建工作新机制。建立公司治理结构与党组织职责明确、有机融合、运转协调的运作机制。积极开展深入学习实践科学发展观活动并取得良好效果，推动公司战略转型升级上水平。各级党委积极参与重大问题的决策，围绕生产经营中心和改革发展大局开展党建工作，为实现各项发展目标提供了坚强的思想保证和组织保障。深入开展"四好"领导班子创建活动，各级班子的思想建设和能力建设不断增强。

积极探索党管干部原则和市场化选聘人才相结合的有效方式，建立健全适应市场经济要求的选人用人新机制。采取公开竞聘、竞争上岗的办法，加大竞争性选拔领导人员和重要岗位人员的工作力度，公开竞聘已经成为公司领导人员选拔的主要方式之一。

各级工会组织充分发挥自身优势和作用，在京沪高铁三标、南水北调等工程项目积极组织开展劳动竞赛、技能大赛等活动，促进生产经营工作。各级团组织深入开展青年突击队、岗位能手等活动，激励青年员工为企业发展不断做出新贡献。

（中国水利水电建设集团公司史志办公室　撰稿人 边建利）

第九篇

2010 年建设大事记

2010年建设大事记

1月

住房和城乡建设部通报2009年扩大农村危房改造试点情况 1月6日，住房城乡建设部通报2009年落实中央安排40亿元（含中央投资15亿元）资金开展的扩大农村危房改造试点工作情况。通报指出，各地认真贯彻中央精神，落实了试点工作的要求，通过各地自查工作和提交的自查报告，各地农村危房改造试点工作进展良好。

四项标准设计获批国家建筑标准设计 1月6日，住房城乡建设部通报批准由中国建筑业协会建筑防水分会、中国建筑标准设计研究院等单位编制的《地下建筑防水构造》等四项标准设计为国家建筑标准设计。

国务院办公厅发布关于促进房地产市场平稳健康发展的通知 1月7日，国务院办公厅印发《关于促进房地产市场平稳健康发展的通知》，提出增加保障性住房和普通商品住房有效供给，合理引导住房消费、抑制投资投机性购房需求，加强防范风险和市场监管，加快推进保障性安居工程建设、全面启动城市和国有工矿棚户区改造工作，落实地方各级人民政府责任等政策措施。通知还要求，各地区、各有关部门要加强监督检查，确保保障性安居工程建设用地和资金的落实。同时，保障性安居工程的建设计划、建设进度和资金使用等情况，要及时向社会公示。

五部门联合发布《关于推进城市和国有工矿棚户区改造工作的指导意见》 1月8日，住房和城乡建设部、国家发展和改革委员会、财政部、国土资源部、中国人民银行联合发布《关于推进城市和国有工矿棚户区改造工作的指导意见》。意见指出，为推进城市和国有工矿棚户区改造工作，各地应做好基础工作、制定完善改造规划和年度计划、多渠道筹集建设资金、落实税费减免政策、健全工作机制。

住房城乡建设部与深圳市政府签署合作框架协议共建国家低碳生态示范市 1月16日，住房城乡建设部与深圳市人民政府在深圳举行共建国家低碳生态示范市合作框架协议签字仪式。住房城乡建设部副部长仇保兴出席仪式并致辞，他强调，建设低碳生态城市是中国城市发展的必然趋势，深圳市是住房城乡建设部开展合作共建的第一个国家低碳生态示范市，希望在低碳生态城市建设、低碳生态技术建筑应用研发等方面积极探索，为全国的低碳生态城市建设发挥示范作用。

全国住房和城乡建设稽查执法工作座谈会在北京召开 1月29日，全国住房和城乡建设稽查执法工作座谈会在北京召开，会议旨在贯彻落实全国住房和城乡建设工作会议精神，总结2009年重点稽查执法工作情况，交流工作经验，分析存在的问题，紧紧围绕住房和城乡建设中心任务，研究部署2010年稽查执法工作。

全国建筑安全生产电视电话会议召开 1月29日，住房和城乡建设部召开全国建筑安全生产电视电话会议，总结2009年建筑安全生产工作，部署2010年建筑安全生产工作。住房和城乡建设部副部长郭允冲在会上强调，要认清形势，坚定信心，深入贯彻落实科学发展观，真抓实干，扎实做好建筑安全生产各项工作，促进建筑安全生产形势的持续稳定好转，为经济社会平稳较快发展做出新的贡献。

2月

住房和城乡建设部安全生产管理委员会召开2010年第一次会议 2月4日，住房和城乡建设部安全生产管理委员会召开2010年第一次会议，传达国务院安委会全体会议和全国安全生产电视电话会议精神。住房和城乡建设部副部长郭允冲在会上强调，要进一步强化住房城乡建设系统安全生产监管力度，努力实现住房城乡建设系统安全生产形势持续稳定好转，为经济社会平稳较快发展提供良好的发展环境和有力支持。

3月

温家宝提出要促进房地产市场平稳健康发展 3月5

日，国务院总理温家宝在十一届全国人大三次会议上所作政府工作报告中指出，要促进房地产市场平稳健康发展。坚决遏制部分城市房价过快上涨势头，满足人民群众的基本住房需求。

住房城乡建设部与法国开发署签订备忘录推动农村可持续发展领域的合作 3月15日，住房城乡建设部，为推动农村可持续发展领域应对气候变化的技术合作，与法国开发署签订了在农村可持续发展领域的合作意向备忘录。

北京市住房保障工作会议召开确定北京住房保障六大任务 3月19日，北京市住房保障工作会议召开，住房和城乡建设部党组书记、部长姜伟新出席并讲话。会议提出2010年北京市住房保障的工作目标，确定住房保障工作的六大任务。

69项工程获得中国安装工程优质奖 中国安装协会3月24日在京召开2009年度中国安装工程优质奖（中国安装之星）颁奖大会和协会五届三次理事（扩大）会。包括"北京首都机场航站楼T3A主楼安装工程"等在内的69项工程荣获了中国安装工程优质奖，213人被评为年度全国安装行业优秀项目经理。

全国城乡规划督察工作专题会议在北京召开 3月25日，全国城乡规划督察工作专题会议召开，会议旨在贯彻落实中央经济工作会议精神，总结交流城乡规划督察工作经验，研究加强城乡规划层级监督的措施，部署城乡规划督察工作。

30项工程获第九届詹天佑奖 3月28日，第九届中国土木工程詹天佑奖颁奖典礼在京隆重举行，北京电视中心等30项工程获詹天佑奖。

第六届国际绿色建筑与建筑节能大会暨新技术与产品博览会召开 3月29日，第六届国际绿色建筑与建筑节能大会暨新技术与产品博览会在北京国际会议中心召开，大会围绕加快可再生能源应用，推动绿色建筑发展的主题进行研讨和展览。

中加携手共谋低碳节能建筑新方案 3月29日，住房城乡建设部与加拿大联邦政府自然资源部及加拿大不列颠哥伦比亚省林业厅在北京签署了一项为期5年的合作谅解备忘录，宣布将携手合作共同推进将现代木结构建筑技术应用于中国建筑节能与减碳领域的工作。根据备忘录，双方建设部门将长期携手探寻适宜中国建筑需要的现代木结构体系，并通过技术研究、建设试点项目、编制技术规范、开展技术合作与推广等一系列工作，共同在中国发展并推广现代木结构建筑技术。

中英共促绿色建筑和生态城市发展 3月29日，住房城乡建设部与大不列颠及北爱尔兰联合王国商务、创新与技能部/英国贸易投资总署在北京签署合作备忘录，双方将在政府间可持续城市合作谅解备忘录的框架下，加强在绿色和节能建筑以及生态城市领域的合作。

4月

"新中国城市雕塑建设成就展"开幕 4月2日，"新中国城市雕塑建设成就展"开幕式暨"新中国城市雕塑建设成就奖暨成就提名奖"颁奖典礼在中国美术馆举行。展览由住房和城乡建设部、文化部主办，由全国城市雕塑建设指导委员会承办，中国艺术研究院中国雕塑院协办，全面展示了新中国60年城市雕塑的辉煌成就，清晰地梳理了新中国城市雕塑建设60年的发展脉络。

全国城镇污水处理设施建设与运行工作现场会在合肥召开 4月7~8日，全国城镇污水处理设施建设与运行工作现场会在安徽省合肥市召开。住房和城乡建设部副部长仇保兴出席会议并讲话。仇保兴强调，城镇污水处理工作是国家节能减排工作的重要内容，要着眼于关系国家全局和长远发展的水资源、水生态、水安全方面的基础性、战略性、前瞻性重大问题，城镇污水处理工作要再上新台阶。

下发《关于进一步加强房地产市场监管完善商品住房预售制度有关问题的通知》 4月13日，住房城乡建设部下发《关于进一步加强房地产市场监管完善商品住房预售制度有关问题的通知》（简称《通知》）。《通知》要求各地切实负起责任，进一步加强房地产市场监管，完善商品住房预售制度，加强预售商品住房交付和质量管理。

加快保障性住房建设、遏制部分城市房价过快上涨 4月13日，住房和城乡建设部召开电视电话会议，就加快保障性住房建设、遏制部分城市房价过快上涨做出部署。

国务院常务会议研究部署遏制部分城市房价过快上涨的政策措施 国务院总理温家宝4月14日主持召开国务院常务会议，研究部署遏制部分城市房价过快上涨的政策措施，包括抑制不合理住房需求、增加住房有效供给、加快保障性安居工程建设、加强市场监管。

住房和城乡建设部启动破坏性地震Ⅰ级响应 4月14日，青海玉树地震发生后，按照《建设系统破坏性地震应急预案》，住房和城乡建设部立即启动Ⅰ级响应，及时开展抗震救灾有关工作。

积极开展抢险救灾工作 住房和城乡建设部积

极组织开展对青海玉树抢险救灾工作。13人专家组已赴灾区开展工作；就近调集629台机械设备、2000余人待命，随时调往灾区。

通知要求做好棚户区改造规划编制工作 4月16日，住房和城乡建设部下发通知，要求做好城市和国有工矿棚户区改造规划编制工作。通知指出，各地要根据《住房城乡建设部、国家发展改革委、财政部、国土资源部、中国人民银行关于推进城市和国有工矿棚户区改造工作的指导意见》的规定，明确规划期限即棚户区改造起止时间，加快棚户区改造，使棚户区群众的居住条件尽快得到改善。

国务院发出通知遏止部分城市房价过快上涨 国务院4月17日发出通知，要求进一步落实各地区、各有关部门的责任，坚决遏制部分城市房价过快上涨，切实解决城镇居民住房问题。通知要求，坚决抑制不合理住房需求，实行更为严格的差别化住房信贷政策，严格限制各种名目的炒房和投机性购房。

《关于加强经济适用住房管理有关问题的通知》发布 4月22日，住房城乡建设部印发《关于加强经济适用住房管理有关问题的通知》，针对部分地方经济适用住房存在的准入退出管理机制不完善、日常监管和服务不到位等问题，做出了规定。

印发《生活垃圾处理技术指南》 住房和城乡建设部、国家发改委和环境保护部4月22日联合下发《生活垃圾处理技术指南》，以指导各地选择适宜的生活垃圾处理技术路线和有序开展生活垃圾处理设施规划、建设、运行和监管为目的，根据《中华人民共和国固体废物污染环境防治法》等相关法律法规、标准规范和技术政策，对怎样处理生活垃圾进行了规定。

三部委发文要求加强廉租住房建设和准入管理 4月23日，住房和城乡建设部、民政部、财政部联合印发《关于加强廉租住房管理有关问题的通知》，针对部分地方廉租住房管理中出现的房源闲置、出借，日常管理和维修养护资金不落实，准入退出管理机制不完善、日常监管和服务不到位等问题做出规定。

5月

规范商业贷款二套房认定标准 为贯彻落实《国务院关于坚决遏制部分城市房价过快上涨的通知》，住房和城乡建设部、中国人民银行、中国银行业监督管理委员会于5月26日联合发出《关于规范商业性个人住房贷款中第二套住房认定标准的通知》，对商业性个人住房贷款中贷款申请人第二套住房认定标准进行规范。

国际风景园林师联合会第47届世界大会召开 5月28日，由住房和城乡建设部、国际风景园林师联合会共同主办，中国建筑文化中心协办的国际风景园林师联合会（IFLA）第47届世界大会在苏州召开。大会的主题为"和谐共荣——传统的继承与可持续发展"，旨在讨论经济全球化、快速城镇化背景下如何传承发展传统的风景园林文化艺术，如何兼顾保护和发展，实现人与自然和谐共处，促进城市健康可持续发展。

6月

国家六部门联合部署住房保障规划编制 6月11日，住房城乡建设部、国家发展改革委、财政部、国土资源部、农业部、国家林业局联合印发《关于做好住房保障规划编制的通知》，部署2010～2012年保障性住房建设规划和"十二五"住房保障规划编制工作。

七部门联合发布《关于加快发展公共租赁住房的指导意见》 6月12日住房和城乡建设部等7部门联合制定发布《关于加快发展公共租赁住房的指导意见》，旨在解决城市中中等偏低收入家庭住房困难。

发布《关于加强城市轨道交通安防设施建设工作的指导意见》 为提高城市轨道交通应对突发事件的能力，确保城市轨道交通持续、稳定和健康发展，6月28日，住房和城乡建设部发布《关于加强城市轨道交通安防设施建设工作的指导意见》，对城市轨道交通安防设施建设工作提出了要求。

发布《关于进一步加强建筑门窗节能性能标识工作的通知》 6月18日，住房城乡建设部下发《关于进一步加强建筑门窗节能性能标识工作的通知》，要求各地加强建筑门窗节能性能标识工作，利用3年左右时间，对全国规模以上门窗企业的主要产品进行节能标识，努力提高当前主要门窗产品的节能性能，使获得标识的门窗广泛应用于新建建筑和既有建筑节能改造。

城市发展与规划国际大会在秦皇岛召开 6月22～23日，2010城市发展与规划国际大会在河北省秦皇岛市召开，会议以"生态、低碳和数字化：中国城市的发展模式转型"为主题，谋求中国城市生态低碳和数字化发展。

加快推进住房信息系统建设工作 6月24日，

住房和城乡建设部在山东省青岛市召开加快住房信息系统建设工作现场会。会议总结了各地在推进房屋登记信息系统建设工作中取得的积极进展和成功经验，指出要加快个人住房信息系统的建设。

7月

《省域城镇体系规划编制审批办法》开始施行　《省域城镇体系规划编制审批办法》自7月1日起正式施行。省域城镇体系规划是省和自治区政府实施城乡规划管理的基本依据，是落实全国城镇体系规划，引导省、自治区城镇化和城镇发展，指导下一层次规划编制的公共政策。

《城市照明管理规定》开始施行　由住房和城乡建设部发布，旨在促进能源节约、改善城市照明环境的《城市照明管理规定》自7月1日起正式施行。

中英两国续签工程管理专业(学位)评估互认协议　住房和城乡建设部高等教育工程管理专业评估委员会(NBCMA)与英国特许建造学会(CIOB)续签工程管理专业(学位)评估互认协议仪式在上海同济大学举行。

全国优秀工程勘察设计奖颁奖大会召开　7月6日，全国优秀工程勘察设计奖颁奖大会在京举行，住房和城乡建设部副部长郭允冲出席并讲话。他强调，大力提升工程勘察设计技术水平、确保工程质量，是我们不可推卸的责任，要振奋精神，开拓进取，共同推动勘察设计事业又好又快发展，取得更大的成绩。

保障性住房管理工作座谈会召开　7月15日，住房和城乡建设部在广州市召开保障性住房管理工作座谈会，贯彻国务院关于加强保障性住房管理的指示精神，落实住房城乡建设部等部门关于加强廉租住房、经济适用住房以及公共租赁住房管理的有关规定。

加强大型公共建筑节能管理　7月16日，住房城乡建设部下发《关于切实加强政府办公和大型公共建筑节能管理工作的通知》，要求各地住房城乡建设行政主管部门严格按照相关要求，会同有关部门切实做好公共建筑的节能管理工作。

全国城市轨道交通工程质量安全管理经验交流会在深圳市召开　7月21日，全国城市轨道交通工程质量安全管理经验交流会在深圳市召开。会议总结了近年城市轨道交通工程质量安全管理工作，分析了当前质量安全形势，交流了各地的经验教训，同时，研究部署城市轨道交通工程质量安全管理重点工作。住房和城乡建设部副部长郭允冲出席会议并讲话。

8月

《房屋建筑和市政基础设施工程质量监督管理规定》发布　8月1日，住房和城乡建设部发布《房屋建筑和市政基础设施工程质量监督管理规定》，加强房屋建筑和市政基础设施工程质量的监督，规范住房和城乡建设主管部门及工程质量监督机构的质量监督行为。规定要求，县级以上地方人民政府建设主管部门应当根据本地区的工程质量状况，逐步建立工程质量信用档案。

六部门联合试行住房公积金督察员制度　为加强住房公积金监管，确保资金安全和有效使用，根据《住房公积金管理条例》，住房和城乡建设部、财政部、国家发展和改革委员会、中国人民银行、审计署、中国银监会6部门联合试行住房公积金督察员制度。督察员主要是对城市住房公积金的操作、管理、决策和监督活动开展督察工作。第一批住房公积金督察员聘任仪式暨培训会议于8月4～5日在北京举行。

住房城乡建设部迅速启动应急预案紧急派出工作组和应急供水车支援舟曲灾区　8月7日深夜，甘肃省舟曲县突发严重泥石流灾害后，住房和城乡建设部迅速启动应急预案，派出工作组，并征调1台应急供水车赶赴灾区开展应急供水。

开展严打建筑施工非法违法行为专项行动　8月9日，住房和城乡建设部发出通知，决定集中开展严厉打击建筑施工非法违法行为的专项行动。通知要求，各地要在继续深入开展"安全生产年"活动的基础上，切实采取有效措施，及时发现、严厉打击建筑施工各类非法违法行为，严肃查处相关责任单位和责任人员，有效防范和遏制建筑生产安全事故，促进全国建筑安全生产形势的持续稳定好转。

全国建设职业技能培训鉴定获新进展　8月13日，住房和城乡建设部发出通知，通报2009年全国建设职业技能培训与鉴定工作，通知指出，2009年，各省(区、市)住房和城乡建设行政主管部门积极拓展培训方式，主动做好鉴定工作，全国建设职业技能培训与鉴定工作取得新进展。全国共培训1337496人，鉴定888692人。四川、湖南、天津等14个省、自治区、直辖市培训总量超过5万人，受到通报表扬。

加强"中国丹霞"世界自然遗产地保护管理　为加强"中国丹霞"世界自然遗产地的保护管理，

住房和城乡建设部8月13日发出通知，要求湖南、浙江、福建、江西、广东、贵州省住房和城乡建设厅加强督促和指导，确保世界自然遗产得到长期有效保护。

国家园林城市申报评审新办法 8月17日，住房和城乡建设部发出通知，对《国家园林城市申报与评审办法》（以下简称《办法》）和《国家园林城市标准》（以下简称《标准》）进行修订，并要求各地认真贯彻执行新《办法》和新《标准》，按照要求做好国家园林城市申报工作。

《关于做好利用住房公积金贷款支持保障性住房建设试点工作的通知》印发 8月20日，住房城乡建设部、财政部、国家发展改革委、人民银行、审计署、银监会印发《关于做好利用住房公积金贷款支持保障性住房建设试点工作的通知》，对做好利用住房公积金贷款支持保障性住房建设试点工作提出明确要求。

《城镇污水处理工作考核暂行办法》出台 8月20日，住房城乡建设部制定出台《城镇污水处理工作考核暂行办法》，办法规定城镇污水处理工作将实现一年一考核，考核指标主要为城镇污水处理设施覆盖率、污水处理率、处理设施利用效率、污染物削减效率以及监督管理指标。

李克强主持召开加快保障性安居工程建设工作座谈会强调加快把保障性住房重大民生工程建设好 8月21日，中共中央政治局常委、国务院副总理李克强在江苏省常州市主持召开加快保障性安居工程建设工作座谈会并讲话。他强调，要认真贯彻落实党中央、国务院的决策部署，以更大的决心更有力的措施，加快把保障性住房重大民生工程建设好，使人民群众住有所居、安居乐业。

仇保兴提出积极探索低碳生态城市发展道路 8月21日，2010年北京勘察设计测绘行业工作会暨首届城市规划设计论坛举办。会议部署了下一步重点工作，表彰了获奖项目和优秀单位。住房和城乡建设部副部长仇保兴、北京市副市长陈刚出席会议并讲话。仇保兴在会上提出，中国城市需要积极实践、探索低碳生态城市发展道路。

舟曲抢险救灾房屋应急鉴定小组完成91栋建筑物安全性应急评估工作 8月30日，甘肃省舟曲受损房屋应急鉴定小组对29栋建筑物进行退水后清淤工作开展前安全性应急评估，均未见明显倾斜和裂缝，可以开始清淤。截至8月30日，应急鉴定小组已对舟曲县城退水后清淤前91栋建筑物进行了安全性应急评估工作。

9月

住房和城乡建设部下发指导意见加强建筑市场资质监管 9月2日，住房城乡建设部就加强建筑市场资质资格动态监管、完善企业和人员准入清出制度下发指导意见，要求强化质量安全事故"一票否决制"，加大对资质资格申报弄虚作假查处力度，加强建筑市场动态监管，加快建立完善基础数据库，加强建筑市场诚信体系建设，切实解决建筑市场中存在的突出问题。

第十五届城博会在河北廊坊举办 9月2日，第十五届中国国际生态建筑建材城市建设博览会暨第三届河北省城市规划建设博览会（以下简称"城博会"）在河北省廊坊市举办。河北省省长陈全国、副省长宋恩华，住房和城乡建设部副部长齐骥，河南省副省长张大卫等出席开幕式。本届城博会以"建设有特色的和谐城市"为主题，以"加强城市生态建设、彰显城市特色魅力、促进城市品牌营销、助推城市和谐发展"为宗旨，是展示生态建筑、生态地产、生态城市等建设领域的一次国际性会议。

加强世界遗产保护管理工作 9月7日，住房和城乡建设部下发《关于进一步加强世界遗产保护管理工作的通知》，要求各地深刻认识保护世界遗产的重要意义，科学推进申报工作，依法开展保护工作，加大宣传力度，加强能力建设，全面改进世界遗产保护管理工作，推进中国世界遗产保护事业健康发展。

加快保障性安居工程建设工作座谈会在北京召开 9月17日，加快保障性安居工程建设工作座谈会17日在北京召开。中共中央政治局常委、国务院副总理李克强出席会议并讲话。他强调，要坚持以人为本、执政为民，着力推进保障性安居工程，加快发展公共租赁住房，促进人民群众安居乐业。

中国建设工程造价管理协会成立20周年 9月16日，中国建设工程造价管理协会成立20年庆典暨第五届理事会第二次会议在京举行。中国建设工程造价管理协会成立于1990年7月，前身为中国工程建设概预算定额委员会。20年来，中国建设工程造价管理协会在工程造价管理的改革与发展中发挥着越来越重要的作用。

税收政策和信贷政策同时出台加强房地产调控 财政部、国家税务总局、住房和城乡建设部9月29日联合发布《关于调整房地产交易环节契税、个人所得税优惠政策的通知》，规定自2010年10月1日起,个人购买首套普通住房契税将下调,对出售自有住房并在1年内重新购房的纳税人不再减免个人所得税;同日,央行与银监会联合宣布,各商业银行暂停发放居民家庭购买第三套及以上住房贷款,并明确了消费贷款不能用于购买住房。

10月

三部委联合发文要求进一步加强房地产市场调控 住房城乡建设部、国土资源部、监察部10月1日发出通知,要求各地立即研究制定贯彻落实该文件的实施细则。房价过高、上涨过快、供应紧张的城市,要在一定时间内限定居民家庭购房套数。住房城乡建设部、监察部等部门将对省级人民政府稳定房价和住房保障工作进行考核与问责,对政策落实不到位、工作不得力的,要进行约谈,直至追究责任。

住房城乡建设部与甘肃省签署《关于贯彻落实国办意见推进甘肃建设事业发展的若干意见》 10月14日,住房和城乡建设部与甘肃省人民政府在京共同签署《住房城乡建设部与甘肃省人民政府关于贯彻落实国办意见推进甘肃建设事业发展的若干意见》。

住房城乡建设部通报前三季度城镇生活垃圾处理设施建设情况 住房和城乡建设部日前发出通报指出,前9个月,全国城镇新建成生活垃圾无害化处理设施67座,新增处理能力23582吨/日。但各省均不同程度存在未按计划完工情况,四季度建设任务十分繁重。

11月

中国现代木结构建筑技术项目联合工作小组成立 11月4日,以住房和城乡建设部副部长仇保兴、加拿大联邦政府自然资源部助理副部长James Farrell、加拿大不列颠哥伦比亚省林业厅厅长Patrick Bell为联合主席的中国现代木结构建筑技术项目联合工作小组在北京成立,双方携手推广木结构建筑技术。

中国城科会数字城市专委会成立 中国城市科学研究会数字城市专业委员会11月10日在北京召开成立大会。住房和城乡建设部副部长、中国城市科学研究会理事长仇保兴出席会议,并发表《深入研究、深化实践,推动我国数字城市健康发展》的讲话,指出,成立数字城市专业委员会,就是要共同研究、探索适合中国国情的数字城市理论、合理的技术系统构成、科学高效的建设模式和运行机制,又好又快推动中国数字城市健康发展。会议还宣布开通"数字城市专业委员会"网站和"数字城市·中国"网站。

进一步规范境外机构和个人购房管理 为落实国务院《关于坚决遏制部分城市房价过快上涨的通知》,住房和城乡建设部、国家外汇管理局于11月15日就加强《关于规范房地产市场外资准入和管理的意见》的实施监管发出通知,规定境外个人在境内只能购买一套用于自住的住房。

预防和有效遏制建筑施工消防事故 11月20日,住房和城乡建设部发出通知,要求认真贯彻落实国务院办公厅《关于进一步做好消防工作坚决遏制重特大火灾事故的通知》精神,立即组织开展对在建工程项目,特别是对既有建筑的改、扩建项目施工消防隐患排查治理工作,积极预防和有效遏制建筑施工消防事故的发生。

青海玉树灾后重建取得重大阶段性成效 据11月23日《中国建设报》报道,城乡居民住房建设目标任务全面完成。玉树地区6县19个乡镇共开工建设农牧民住房11655户,占2010年计划的98.9%,占3年重建计划的69.7%。其中,示范村禅古、甘达及安冲、仲达、巴塘等乡镇部分农牧民已经喜迁新居。共开工城镇居民住房重建项目13667户,占2010年计划的102.4%,占3年城镇居民住房重建任务的72%。完成9509户城乡居民住房维修加固任务,50座寺院的僧舍和公建设施开工建设。

中美共同推进建筑节能与生态城市领域合作 11月24日,住房和城乡建设部副部长仇保兴会见美国能源部助理部长桑德罗一行。住房和城乡建设部与美国能源部达成共识,在建筑与社区节能方面开展合作,对降低能耗、减少排放和污染有利,也有利于促进两国经济社会的可持续发展。为此,双方将通过信息交流共享、技术合作研发、共建示范工程等方式,从建筑单体到社区再到城市开展广泛而深入的合作,促进双方建筑与城市领域的可持续发展。

124项工程通过"全国建筑业新技术应用示范工程"评审 11月24日住房和城乡建设部公布第六批通过评审的"全国建筑业新技术应用示范工程"名单,有124项通过评审。

全国建设工程监理会议召开 11月25日,全国建设工程监理会议在江苏省南京市召开,这是自2005年全国建设工程监理工作会议后工程监理行业召开的又一次会议。会上,住房和城乡建设部副部长郭允冲回顾了五年来的工程监理工作,分析了当前工程监理市场和行业发展面临的形势和存在的问题,强调未来监理工作的指导思想是:坚持以科学发展观为指导,以确保工程质量安全为基本要求,以完善体制机制、加强工程监理制度建设为基础,严格依法监管,严格市场准入和清出,不断规范市场行为,严格依法监理,认真履行监理职责,全面提高监理企业、监理人员的素质,全面提升监理工作水平。

中国城科会住房政策市场调控专委会成立 中国城市科学研究会住房政策和市场调控研究专业委员会(以下简称"住专会")于11月30日成立。住房和城乡建设部副部长、中国城科会理事长仇保兴出席成立大会并作了题为《挑战与对策》的讲话。仇保兴在讲话中根据住专会的工作发展定位提出了创建平台、广泛交流、汇聚人才、明确重点、持续开展研究、服务国家决策6个方面的要求。

12月

《商品房屋租赁管理办法》出台 12月1日,住房和城乡建设部出台《商品房屋租赁管理办法》(住房和城乡建设部令第6号),旨在加强商品房屋租赁管理,规范商品房屋租赁行为,维护租赁双方当事人合法权益,主要从3个方面对房屋租赁作了规定:一是加强商品房屋租赁管理,细化了房屋租赁登记备案制度,对房屋不得出租的情形作了重新规定;二是规范商品房屋租赁行为;三是维护商品房屋租赁双方当事人的合法权益。

玉树灾后重建项目规划设计会战启幕 为确保2011年玉树灾后所有重建项目顺利实施,12月6日,玉树地震灾后重建项目规划设计工作会议在西宁召开。会议对今冬明春"灾后重建项目规划设计大会战"进行了全面部署,对320个大项的项目规划设计任务工作进行了全面衔接落实,对全力以赴推进玉树灾后重建进行了再动员。

第五批中国历史文化名镇名村授牌 12月13日,住房城乡建设部和国家文物局公布河北省涉县固新镇等38个镇、北京市顺义区龙湾屯镇焦庄户村等61个村为第五批中国历史文化名镇、名村,在北京举行授牌仪式。

陈刚要求建筑企业认真学习先进经验,加强沟通合作,实现互利共赢 12月15日以"沟通、合作、共赢"为主题的第八届中国建筑企业高峰论坛在京召开。住房和城乡建设部副部长齐骥出席开幕式,北京市副市长陈刚出席并讲话。陈刚强调建筑企业应适应现代化建设新需求,大力推动技术创新,转变发展方式,提升管理水平,并要加强沟通合作,认真学习先进经验,实现互利共赢。

6项目荣获2010年"迪拜国际改善居住环境最佳范例奖"全球百佳范例称号 12月23日,住房和城乡建设部通报了2010年"迪拜国际改善居住环境最佳范例奖"全球百佳范例获奖项目名单,广东省梅州市龙丰垃圾填埋场CDM综合治理等6个项目荣获2010年"迪拜国际改善居住环境最佳范例奖"全球百佳范例称号。

中国建筑节能协会成立 12月28日,经民政部批准,"中国建筑节能协会"成立大会在北京隆重举行。中国建筑节能协会主要致力于围绕中国节能减排整体战略部署与住房和城乡建设部的节能减排重点任务,充分发挥专业优势、组织协调优势、开拓创新优势,在服务政府、引导行业、联系企业、培育市场等方面充分发挥作用。该协会的成立,标志着中国建筑节能工作进入一个全面发展的崭新阶段。

第十篇

附 录

一、2010 年度会议报道

第七批国家级风景名胜区发布会

2010年1月26日，住房城乡建设部召开了第七批国家级风景名胜区发布会。会上，两院院士周干峙、中国风景名胜区协会会长赵宝江、住房城乡建设部城建司司长陆克华及副司长李如生为第七批国家级风景名胜区授牌。

李如生介绍，第七批国家级风景名胜区共21处，至此，我国国家级风景名胜区已达208处。近年来，我国风景名胜区的开发、利用和管理水平逐步提高，风景名胜区事业的发展保护了一大批珍贵的风景名胜资源，同时在保护生物多样性、维持生态平衡方面也发挥了重要作用，成为了生态文明建设的重要载体。希望各地风景名胜区管理相关部门，进一步明确保护目标，落实管理责任，规范经营方式，实现风景名胜区"科学规划、统一管理、严格保护、有序利用"。

国务院有关部门负责人，第七批国家风景名胜区所在省住房城乡建设主管部门的代表及所在地党委、政府、风景名胜区管理机构的代表出席了发布会。会议还举办了有关《风景名胜区条例》和风景区规划编制的讲座，各方代表就风景名胜区的保护与开发进行了座谈。

（中华人民共和国住房和城乡建设部 www.mohurd.gov.cn 2010年1月28日）

全国住房和城乡建设稽查执法工作座谈会

1月29日，全国住房和城乡建设稽查执法工作座谈会在北京召开。本次会议旨在贯彻落实全国住房和城乡建设工作会议精神，总结2009年重点稽查执法工作情况，交流工作经验，分析存在的问题，紧紧围绕住房和城乡建设中心任务，研究部署2010年稽查执法工作，完善稽查执法机制，提升稽查执法水平，推动建设活动主体行为纳入法制化轨道，促进住房城乡建设事业科学发展。会上，住房和城乡建设部党组成员、副部长陈大卫全面总结了2009年稽查执法工作，并对2010年稽查执法工作进行了部署。

陈大卫表示，2009年，各级住房城乡建设主管部门深入贯彻落实科学发展观，紧紧围绕中心任务，转变观念，开拓创新，真抓实干，推动稽查执法工作体制机制建设，加大对违法违规问题的查处力度，促进了扩内需\保民生政策措施贯彻落实，规范了建设各方主体行为和行政权力运行，稽查执法各项工作取得积极成效。但同时，各地主管部门也应意识到，当前稽查执法工作发展不平衡，部分地区稽查执法体制机制建设亟待加强，个别省份稽查执法工作责任尚待落实。

陈大卫指出，加强稽查执法工作，对保障住房城乡建设中心任务顺利完成，促进政策落实、优化发展环境、规范权力运行、维护社会公共利益和群众合法权益具有重要意义。各级住房城乡建设部门要提高认识，突出重点，加大力度，切实做好住房城乡建设稽查执法工作。

陈大卫强调，稽查执法工作原则是：实事求是，依法稽查；惩防并举，注重预防；服务大局，促进发展。稽查执法工作目标是：遏制违法违规行为，促使建设活动主体行为纳入法制化轨道，推动住房城乡建设事业科学发展，促进经济社会又好又快发展。

陈大卫指出，2010年稽查执法工作的总体思路是：深入贯彻落实科学发展观，紧紧围绕住房城乡建设中心任务，进一步转变稽查执法理念，突出工作重点，加强体制机制建设，强化事前预防和事中监督，注重事后纠偏，依法打击违法违规行为，稳步提升稽查执法水平和效能。

一是进一步完善稽查执法工作体制机制。要按照《关于加强稽查执法工作的若干意见》的要求，继续完善包括协同预防机制、协同联动机制、集体研判制度、警示震慑机制、预警预报制度在内的稽查执法各项制度，畅通稽查执法信息渠道，形成科学、规范的工作体制机制。

二是围绕中心任务进一步做好重点稽查执法工作。继续突出重点，制定工作方案，下大力气做好保障性安居工程监督检查、房地产市场秩序整顿、住房公积金监督检查、城乡规划实施和基础设施建设督察、建筑节能和城镇减排监督检查、建筑市场秩序监督检查、工程建设质量安全和强制性标准实施检查等工作。

三是进一步提升稽查执法工作效能。坚持惩防并举，强化过程监管，从单纯的案件事后查处，向事前预防、事中监督、事后纠偏转变。对侵害群众利益、性质恶劣、影响极坏的案件要一查到底，依法严肃惩戒。坚持城乡统筹，将稽查执法工作覆盖到住房城乡建设全部业务范围，并与行政监管紧密衔接，规范行政执法自由裁量权，实现案件查处到位，惩处有力，专项检查不走过场。

四是进一步加强对稽查执法工作的组织领导。目前尚未建立稽查执法制度的省份要切实增强紧迫感和责任感，争取尽早建立稽查执法制度。要明确承担稽查执法任务的具体部门，将工作责任落到实处。要继续加强稽查执法队伍建设，确保稽查执法队伍的战斗力，适应新形势下工作的需要。上级要继续加强对下级的指导，形成分工负责、协调一致的稽查执法工作体系。

陈大卫强调，住房城乡建设稽查执法工作事关全局，责任重大。各级住房城乡建设主管部门要把稽查执法工作摆在更加突出的位置，列入重要议事日程。要按照部的统一部署，围绕中心任务，振奋精神，坚定信心，齐心协力，扎实工作，为住房城乡建设事业科学发展服务。

住房和城乡建设部稽查办公室主任王早生主持会议，各省、自治区、直辖市住房城乡建设主管部门和省级稽查执法机构的负责人，住房和城乡建设部有关司局和单位负责人参加了会议。云南省住房城乡建设厅、黑龙江省住房城乡建设厅、江苏省住房城乡建设厅、北京市规划委员会、河北省保定市建设局的代表进行了典型经验介绍。

（中华人民共和国住房和城乡建设部 www.mohurd.gov.cn 2010年2月3日）

全国城乡规划督察工作专题会议

3月25日，全国城乡规划督察工作专题会议在北京召开。本次会议旨在贯彻落实中央经济工作会议精神，总结交流城乡规划督察工作经验，研究加强城乡规划层级监督的措施，部署城乡规划督察工作。会议由姜伟新部长主持，仇保兴副部长作工作报告。

姜伟新指出，党中央、国务院高度重视城乡规划和规划实施的督察工作，做好城乡规划督察工作是住房和城乡建设部的重要职责。当前，中央提出要加快推进城镇化和转变经济增长方式，也对加强和改善城乡规划的引导调控作用提出了新的、更高的要求。在这样的形势下，深入开展城乡规划督察工作，提高城乡规划和管理水平，尤为必要和迫切。目前，我部已分四批向51个国务院审批城市总体规划的城市派驻了68名督察员，取得了明显成效。

姜伟新强调，开展城乡规划督察工作的根本目的，就是要按照党中央、国务院的要求，通过强化规划实施的层级监督、实时监督和专家监督，建立反馈快速、处置及时、防患未然的监督机制，实现城乡规划决策、执行、监督的闭合管理。各地必须充分认识城乡规划督察的重要性，切实组织好这项工作。

姜伟新对今后城乡规划督察工作的开展提出了明确要求：

一是要提高认识，加强领导。各有关方面要高度重视城乡规划督察工作，以城乡规划督察工作为抓手，全面推进城乡规划严格实施。

二是健全城乡规划层级监督机制。全面推广城乡规划督察制度，逐步建立起一个完善的、覆盖全国的城乡规划层级监督体系。

会上，仇保兴全面总结了城乡规划督察工作进展和成效，并对城乡规划督察工作进行全面部署。

仇保兴指出，城乡规划督察有利于形成快速反馈和及时处置的监督机制，减少违反规划建设带来的消极影响和经济损失，是城乡规划管理体制机制的制度创新。在当前形势下，建立城乡规划督察制度对于在城乡规划建设领域落实科学发展观，加快生态文明建设，实现健康的城镇化、促进城乡规划领域依法行政和预防腐败具有重要意义。

仇保兴强调，全国城乡规划督察工作目前已取得显著进展和明显成效，初步形成了城乡规划层级监督机制，及时制止了一批侵占公共绿地，破坏历史街区、历史建筑，破坏风景名胜区资源进行商业开发的行为，维护了城市的公共利益和长远利益。从2006年以来，部派城乡规划督察员共发出督察建议书、意见书82份、调研报告及简报200余份，遏制和纠正违法违规行为苗头两百余起。四川、贵州等省派督察员也发出了大量督察意见书、建议书，反映的问题引起了政府和相关部门的高度重视，违法违规行为苗头得到了及时遏制，保证了规划强制性内容的严格实施，保护了不可再生资源，避免了违反规划造成的不可挽回的损失和资源、资金浪费。此外，城乡规划督察工作还强化了城乡规划执行力，协助地方改进了城乡规划管理工作。

仇保兴指出，当前中央明确了以加快推进城镇化来扩大内需的方针。可以预见，今后一段时间，城乡建设将会进入新一轮快速发展的阶段，这就对城乡规划工作提出了新的要求。各级各地政府都要高度重视城乡规划，集中力量做好城乡规划编制和管理工作。城乡规划是各项建设活动的轨道，是配置城乡空间资源的基本手段。只有确保城乡规划科学严格实施，才能保障城乡建设科学发展。城乡规划督察制度对于形成城乡规划编制、审批、实施到规划监督的闭合管理、促进城乡规划严格实施具有重要作用。今后要在现有工作基础上加快推进城乡规划督察制度建设，全面提升城乡规划实施管理水平，实现城镇化健康发展。

一是要加快推进城乡规划督察工作。用三年时间，将部派规划督察员派驻范围扩大到国务院审批城市总体规划的所有城市，将省派规划督察员工作覆盖范围扩大至所有地级市和国家级历史文化名城，地级以上城市要向所辖独立行使规划编制管理权的县城和历史文化名镇派出城乡规划督察员，逐步建立一个覆盖全国的城乡规划层级监督体系。

二是提高城乡规划督察工作效能。督察员要认真履行督察职责，以增强事前事中制止违法违规行为的能力为主线，进一步改进和完善工作方式，不断提高工作质量，努力在发现问题、分析问题和制止违规苗头等环节上下功夫，确保规划督察工作取得实效。

三是加强对督察工作的支持配合。各城市政府要积极支持督察员的工作，自觉接受监督。未派驻督察员城市政府要深刻领会城乡规划督察制度的背景和目的，为督察员进驻做好前期准备工作。已派驻督察员城市政府要继续支持督察员的工作。

相关部委代表，各省、自治区、直辖市住房城乡建设主管部门分管城乡规划督察工作的负责同志，相关城市政府分管城乡规划工作的负责同志，部派城乡规划督察员，住房和城乡建设部有关司局和单位负责人参加了会议。部派城乡规划督察员代表、四川省住房城乡建设厅、昆明市政府、广州市政府的代表进行了典型经验交流。

（中华人民共和国住房和城乡建设部
www.mohurd.gov.cn 2010年3月25日）

第六届国际绿色建筑与建筑节能大会暨新技术与产品博览会

在住房和城乡建设部、科学技术部、国家发展和改革委员会、财政部、环境保护部、工业和信息化部、国家外国专家局等部委和北京市人民政府的鼎力支持下，由中国城市科学研究会、中国绿色建筑委员会、北京市住房和城乡建设委员会主办的"第六届国际绿色建筑与建筑节能大会暨新技术与产品博览会"于2010年3月29日至31日在北京国际会议中心隆重召开。

大会概况

本次大会是在中国政府坚持毫不松懈地加强节能减排和生态环境保护工作，突出抓好建筑领域节能减排，积极应对全球气候变化的战略决策下，召开的又一次国际绿色建筑与建筑节能的盛会。

本届大会的主题是"加快可再生能源应用，推动绿色建筑发展"。

大会还得到了美国能源部（DOE）、美国能源基金会（EF）、全球环境基金（GEF）、欧盟委员会企业与工业总司（EIEC）、英国贸易投资总署（UKTI）、德国交通、建设和城市规划部（BMVBS）、法国生态、能源、可持续发展及国土整治部（MEEDDAT）、加拿大联邦住房署（CMHC）、新加坡国家发展部建设局（BCA）、印度建筑业发展委员会（CIDC）、世界绿色建筑协会（WGBC）及法国驻华大使馆支持与协助。

大会主要交流、展示国内外绿色建筑与建筑节能的最新成果、发展趋势和成功案例，研讨绿色建筑与建筑节能技术标准、政策措施、评价体系和检测标识，分享国际国内发展智能、绿色建筑与节能工作新经验，促进我国住房和城乡建设领域的科技创新及绿色建筑与建筑节能的深入开展。

大会主要内容

大会分为研讨会和展览会两大部分。根据目前国内国际建筑节能与绿色建筑工作实际，围绕"加快可再生能源应用，推动绿色建筑发展"的主题，研讨会安排了1个综合论坛和24个分论坛。展览会展示了国内外绿色建筑、智能建筑、建筑节能和绿色建材等方面的最新技术与应用成果。

3月29日上午为大会的开幕式。会议由中华人民共和国住房和城乡建设部副部长仇保兴主持，全国人大常委会副委员长、九三学社中央主席、中国科协主席韩启德，北京市副市长陈刚，深圳市副市长吕锐锋，德国联邦交通、建设与城市发展部议会国务秘书Jan Mücke，英国驻华大使Sebastian Wood，美国能源部能源效率和再生能源办公室资深理事Mark Ginsberg，联合技术公司副总裁戴尚德以及世界绿色建筑委员会主席Tony Arnel到会并发表致辞或演讲。

另外，出席开幕式的还有住房和城乡建设部长姜伟新、重庆市副市长凌月明、新加坡环境及水源部部长雅国、新加坡驻华大使陈燮荣、保加利亚驻华大使Peychinov、马尔代夫驻华大使Ahmed Latheef等嘉宾。

29日下午为综合论坛。美国绿色建筑协会主席、首席执政官S. Rick Fedrizzi，住房和城乡建设部副部长仇保兴，北京市住房和城乡建设委员会副主任冯可梁，日本前田建设执行董事杉本嘉伸，飞利浦照明全球高级副总裁、大中华区总裁林良琦，新加坡绿建委主席李全盛，德国布伦瑞克理工大学建筑与太阳能科技学院教授M. Norbert Fisch及中国工程院院士、清华大学热能工程系教授江亿8位来自国内外的政府官员、专家学者等在大会综合论坛上发表主题演讲。

3月30日全天为分论坛，共计24个，主题围绕"绿色建筑设计理论、技术和实践"、"绿色建筑智能化技术"、"绿色建材在绿色建筑中的应用"、"绿色照明中的新光源和新技术"、"绿色建筑与住宅房地产健康发展－低碳木结构专题"、"既有建筑节能改造技术及工程实践"、"外墙保温研究及新进展"、"大型公共建筑的节能运行与监管"、"太阳能在建筑中应用"、"绿色施工最新进展"、"可再生能源建筑应用技术理论与实践"、"低碳社区与绿色建筑"、"供热计量改革与建筑节能"、"绿色建筑人文理念与评价实践"、"新型建筑结构体系—节能与结构一体化技术"、"CDM对中国建筑节能的促进"展开。同期还有北京住房和城乡建设委员会主办的"住宅产业化主论坛"、"建筑产品与绿色施工论坛"，德国能源署主办的"德国能源机构论坛"以及由美国能源部主办的"实现绿色建筑的可行技术和解决方案－绿色建筑标准研讨会"。共计有来自国内外的近200名政府官员、专家学者和企业界人士发表演讲。

3月29日—31日为期三天的新技术与产品博览会，共有美国联合技术、飞利浦、GE、巴斯夫等来自国内外的上百家知名企业向与会者展示了绿色建筑规划设计方案及工程实例、建筑智能技术与产品、建筑生态环保新技术新产品、绿色建材技术与产品、既有建筑节能改造的工程实践、可再生能源在建筑上的应用与工程实践、大型公共建筑节能的运行监管与节能服务市场、供热体制改革方案及工程实例、新型外墙保温材料与技术、低碳社区与绿色建筑等方面的最新技术与产品。

大会亮点

"第六届国际绿色建筑与建筑节能大会暨新技术与产品博览会"每年召开一次，与前五届大会相比，本届大会具有以下特点：

一、内容与时俱进：温家宝总理在今年做的工作报告中指出，打好节能减排攻坚战和持久战。要以工业、交通、建筑为重点，大力推进节能，提高能源效率，抓好节能、节水、节地、节材工作，并要积极应对气候变化。大力开发低碳技术，推广高效节能技术，积极发展新能源和可再生能源，加强智能电网建设，推动全球应对气候变化取得新进展。

本届大会坚决贯彻落实党中央国务院关于加强节能减排工作的战略部署，围绕大会主题设置1个综合论坛和24个分论坛，并在以往绿色建筑与建筑节能等研讨、展览主题的基础上，增加了"低碳社区与绿色建筑"等专题讨论和产品技术展示，积极宣传低能耗、低污染、低排放的理念，倡导低碳生产与低碳生活方式。

二、学术水平更高：在大会上发表演讲的国内外专家总人数超过200人。演讲专家包括来自世界绿色建筑协会、美国、英国、德国、新加坡、日本等十几个国家（地区）的国际机构和国内的专家学者。特别是来自国外的许多演讲专家都是由国外主办单位精心挑选并推荐的权威专家。

三、参会嘉宾规模更大：本届大会共有2600多人参会，国内外相关政府部门和社会团体对大会给予了极大的关注。美国、德国、日本、新加坡等都由政府部门出面组织了代表团来参会参展。除了来自国内外知名机构的知名专家参加大会外，国内多个大中城市的70多名市长、副市长，各省（市、自治区）住房和城乡建设部门、环保部门的有关负责人，国内外有关科研机构、大专院校、有关企业的代表都参加了大会。

四、参展范围更广：大会共有150多家参展企业向与会人员展示了国内外建筑节能、绿色建筑、智能建筑和绿色建材的最新技术成果与产品应用实例。展示内容涉及建筑节能、生态环保、智能建筑、既有建筑节能改造、绿色照明、绿色施工、绿色房地产、可再生能源在建筑中的应用、大型公共建筑节能运行管理、新型绿色建材、低碳社区与绿色建筑等方面的新技术与产品。

五、影响力更大、更持久：大会组委会在会前、会中和会后，将通过简讯、简报、新闻稿、采访报道等方式在多家全国性及专业性媒体上介绍大会暨博览会筹备及进展情况。会议期间将召开新闻发布会，邀请全国和专业媒体记者参加宣传报道，进行智能与绿色建筑发展现状和项目情况介绍以及新技术新产品发布。

同时大会设置增值服务网，在官方网站—能源世界网（http：//www.chinagb.net）以最快的速度发布大会进展情况，同时了解国际最新行业动态和知名企业最新产品，这将成为历届大会闭幕后开展经常性、永久性学术和信息交流的平台。

伴随着全球气候和环境变化的压力与挑战，人类越来越认识到建筑及其运行对环境的巨大影响。由此掀起了一场世界范围内关于发展"绿色建筑"的高潮。与此同时，信息和网络时代开创的智能系统，更有助于人类建设一个舒适，高效，安全的生活和工作环境。

在世界人口最多而且城市化快速发展的国家—中国，举办智能与绿色建筑、建筑节能的国际性会议和展览，不仅可以加强信息的交流与合作，更为重要的是能够同步引进国际上最先进的工艺和技术，推动中国建筑业走资源节约型的发展道路。与此同时会议也能为国内外企业提供前所未有的机会和无可比拟的商机。

"国际绿色建筑与建筑节能大会暨新技术与产品博览会"从2005年到2010年成功举办了六届。尤其是在2006年年会上，国务院副总理曾培炎先生，英国皇家约克公爵安德鲁王子阁下在大会上发表了主题演讲，接近20个国家派出部长级官员和相关组织的负责人参加了大会，参会总人数超过了2000人。这充分体现了中国及世界各国政府对发展绿色建筑事业应对气候变化的高度重视和所给予的大力支持。我们坚信，在中国政府和国内外业内专业人士的大力支持下，第六届年会将进一步推进中国绿色智能与节能建筑健康发展，促进全国各地房地产、建筑行业节能减排工作的开展。

（中华人民共和国住房和城乡建设部
www.mohurd.gov.cn 2010年3月29日）

2010年中国城市无车日活动新闻发布会

2010年9月10日，住房和城乡建设部新闻办公室召开2010年中国城市无车日活动新闻发布会，住房和城乡建设部总经济师李秉仁同志出席并作重要讲话，办公厅副主任张志新主持会议，城建司副司长刘贺明参加会议，并回答记者提问，人民日报、新华社、经济日报、光明日报、中央电视台、中央人民广播电台等50多家媒体参加了会议。

一、提高认识，增强开展无车日活动的自觉性

李秉仁同志指出中国城市无车日活动是一项公益性的工作，其目的主要是推进步行、自行车、公共交通等绿色交通系统的建设，提升公众绿色出行理念，要从倡导、发展绿色交通的角度，提高对无车日活动的认识，增强开展无车日活动的自觉性。

李秉仁同志指出随着小汽车保有量的迅猛增长，很多城市的交通拥堵状况日趋严重，但我们的城市无论在土地容量还是环境容量方面，都无法承受小汽车无节制的发展，针对我国城市高密度发展的现实和趋势，转变城市交通发展模式已刻不容缓。开展中国城市无车日活动，是我部积极倡导绿色交通，推动城市交通领域的节能减排、城市交通发展模式转变的重要举措。

李秉仁同志强调各城市要充分认识开展无车日活动的重要意义，增强开展无车日活动的自觉性，站在落实国家发展战略和促进城市可持续发展的高度做好无车日活动的组织和宣传工作。

二、2010年中国无车日活动的主题和主要内容

（一）活动的主题

2010年中国城市无车日活动的主题为：绿色交通，低碳生活。这个主题一方面强调绿色交通的环境友好型和资源节约型特点，使绿色交通出行方式得到应有的保护和重视。绿色交通是对环境影响较小的交通方式，本次活动进一步强调其低能耗、低污染、低排放的特点，建立并保护这些低能耗、节省空间、促进健康生活方式的城市交通系统。另一方面，强调交通出行是日常生活的重要组成部分，在国家发展低碳经济、居民倡导低碳、健康生活的大背景下，要从日常出行开始，要从绿色交通开始。

（二）活动的主要内容

无车日活动包括规定活动内容和参考活动内容两大部分。今年在规定活动内容方面只保留了承诺书包含的三项内容，即宣传活动主题、制定长效机制和划定无小汽车区域，与以往相比，任务更加明确，重点更加突出。在参考活动内容方面，总共设计了近40项丰富多彩的参考活动内容，涉及城市政府、企事业单位、媒体、学校、街道社区等组织活动的主要机构，城市可以根据需要和适应性自行选择。进行这些调整的目的是既保持无车日活动开展的统一性，又给予城市更多的灵活性，以增强活动的吸引力和公众的参与深度。要使民众有深度的参与感，仅由政府规划系列活动是不够的，因此，通过政府部门、民间组织、企事业单位、学校、社区等多方参与的活动计划，才能让无车日活动形式更加丰富多彩。

三、目前开展的工作及下一步打算

2010年8月9日，住房和城乡建设部印发了《关于做好2010年中国城市无车日活动有关工作的通知》（建办城函[2010]606号），对无车日活动做了具体部署，正式启动了今年的无车日活动的相关工作。

为了做好今年的无车日活动，住房和城乡建设部着重加强了如下两方面工作：一是扩大参与无车日活动的城市数量，推动更多城市创建以低碳为特征的绿色交通体系。今年要求已获得或新申报"中国人居环境奖"和"国家园林城市"的城市，签署"中国城市无车日活动承诺书"，开展无车日活动，并将开展活动情况作为"中国人居环境奖"和"国家园林城市"复查内容或评选考核内容，并鼓励其他未签署中国城市无车日活动承诺书的城市组织开展无车日活动。二是加大宣传力度，提供丰富的宣传材料，以多种方式阐释无车日的活动主题。为了做好活动的宣传，住房和城乡建设部专门制作了2010年中国城市无车日活动公益广告片，活动期间，将在中央电视台以及各有关地方电视台播放，还设计和制作了本次活动的宣传海报、发给市民的宣传材料以及2007—2009年无车日活动的画册，供城市参考使用，做好宣传。

李秉仁同志最后强调，城镇化和机动化的快速发展是不可阻挡的，但其发展模式是可以选择和引导的。我们应该清醒地认识到，在当前小汽车交通、尤其是私人小汽车交通快速发展的阶段，转变城市交通发展模式，已经刻不容缓，需要我们尽快采取措施，抓住时机，大力发展绿色交通。

（住房和城乡建设部新闻办公室2010年9月10日）

2010年北方采暖地区供热计量改革工作会议

9月27日,住房和城乡建设部在天津市召开了2010年北方采暖地区供热计量改革工作会议。住房和城乡建设部部长姜伟新主持会议,并作了总结发言。住房和城乡建设部副部长仇保兴作了题为《加大供热计量改革工作力度确保完成建筑节能任务目标》的工作报告。国家发展改革委员会、财政部、国家质检总局、天津市政府相关部门负责人出席了会议。

本次会议旨在贯彻落实国务院印发的《关于进一步加大工作力度,确保实现"十一五"节能减排目标的通知》和住房城乡建设部、国家发改委、财政部、质监总局联合下发的《关于进一步推进供热计量改革工作的意见》文件精神,加大推进供热计量改革力度,促进建筑节能工作。会议的主要任务是总结前一阶段供热计量改革工作经验,研究解决当前存在的主要问题,明确供热计量改革目标,部署下一阶段工作任务。

会议指出,截至2009年底,北方采暖地区安装供热计量装置的面积约4亿平方米,其中1.5亿平方米实现了供热计量收费,比2008年底增加了1亿平方米。2009年北方采暖地区15个省、自治区、直辖市新增新建建筑3.4亿平方米,其中安装分户供热计量装置的有1.6亿平方米,占新建建筑总量的48%。截至今年7月底,北方采暖地区15个省、自治区、直辖市已经完成既有居住建筑供热计量及节能改造的面积1.2亿平方米,占国务院下达的"十一五"期间1.5亿平方米改造任务的80%。

会议认为,各地在推进供热计量改革的过程中,积极探索,取得了许多很好的经验。一是发挥政府主导作用是供热计量改革的基础。二是推进立法是供热计量改革的保障。三是发挥供热企业主力军作用是供热计量收费的关键。四是引入合同能源管理模式是促进供热计量收费的有效途径。五是多渠道筹集资金是可持续推进既有居住建筑供热计量及节能改造的有效方法。

会议指出,虽然供热计量改革取得了阶段性进展,但供热计量收费滞后等问题依然十分突出,改革总体进度不平衡。供热计量改革存在五大障碍:一是组织领导不力。各地供热计量改革一般都是由住房城乡建设主管部门牵头,缺乏省级政府的统筹和协调,大部分城市没有将供热计量改革纳入市政府工作议程。二是供热单位收费主体责任不明确。绝大多数城市都没有将计量收费主体责任真正落实到供热单位身上,供热计量装置的选型安装与计量收费脱节,装表不收费现象日益严重。三是计量价格和收费政策不配套。北方采暖地区127个地级以上采暖城市出台供热计量价格的只有48个,占38%。四是监管不力。很多省市虽然下发了一些文件,但由于责任不明确,措施不配套,部门之间配合不够,没有形成部门联动,缺乏监管合力。五是有些地方选用了不成熟的计量方法。一些没有产品标准的计量技术在工程中大规模应用,埋下了纠纷隐患。

会议要求,下一阶段各地要开展6个方面的重点工作:一是大力推行按用热量计价收费。从2010年开始,北方采暖地区新竣工建筑及完成供热计量改造的既有居住建筑,全面取消以面积计价收费方式,全部实行按用热量计价收费方式。用两年时间,全部完成既有大型公共建筑供热计量改造并实行按用热量计价收费。对于已经安装了供热计量装置的建筑,要坚决取消面积热价,严格实行计量收费。二是完善供热计量监管体制机制。切实加强新建建筑供热计量工程监管,制定供热单位选型、购置、维护管理供热计量器具的实施细则,建立计量装置安装与计量收费衔接机制。对既有居住建筑供热计量及节能改造没有同步改造的,不予通过验收备案,不予拨付中央奖励资金。三是引入节能服务公司模式。各地要积极探索,出台优惠政策,重点扶持一些有实力的节能服务公司,利用市场机制,进行节能改造、计量改造和收费。四是加强供热计量产品质量监管。各级供热主管部门要配合质量监督部门做好供热计量产品质量监管,建立企业监管档案,依法强化供热计量器具型式批准和制造许可监管,开展供热计量器具产品质量监督抽查。五是保质保量完成既有居住建筑供热计量及节能改造工作。各地要精心组织,确保完成"十一五"期间1.5亿平方米的既有居住建筑供热计量及节能改造任务。住房城乡建设部、财政部将根据各地工作进展和节能改造的积极性,及时对改造任务指标进行微调,将任务指标向改造积极性高、改造项目效果好的地区倾斜。六是加强检查和督促。住房城乡建设部将实行供热计量改革进展公开制度,定期公开各省市供热计量进展情况。对推进不力的省市,将给予通报批评。对已获得中国人居环境奖、国家园林城市等荣誉的北方采暖城市,如果住宅供热计量收费面积占集中供热总面积的比例低于25%的,将被要求限期整改。

会上,天津市开发区泰达热电公司、河北省石家庄市政府、河南省安阳市政府、山东省寿光市政府、北京市市政市容委分别作了供热计量改革经验交流,内蒙古自治区包头市建委、吉林省通化县建设局作了既有居住建筑供热计量及节能改造经验交流。

国家发改委、财政部、国家质检总局以及天津市相关部门负责人,北方采暖地区15个省、自治区、直辖市以及新疆生产建设兵团住房城乡建设(供热)主管部门负责人及供热、建筑节能业务处室负责人,北方采暖地区地级以上城市分管市领导、供热主管部门负责人、供热企业负责人共500余人参加了会议,与会人员参观了天津市开发区供热计量收费示范小区。

(摘自《中国建设报》 2010年9月28
记者 张际达)

住房和城乡建设部第五批城乡规划督察员派遣仪式

日前,住房和城乡建设部向唐山、包头、绍兴、佛山等19个城市派驻城乡规划督察员(以下简称"督察员"),对国务院审批的城市总体规划的实施情况加强监督。这是住房和城乡建设部派出的第5批督察员。9月28日,住房和城乡建设部部长姜伟新接见了督察员并合影。9月29日,在督察员派遣仪式上,住房和城乡建设部副部长仇保兴向督察员颁发聘书并讲话。

从2006年开始,住房和城乡建设部已先后向国务院审批城市总体规划的51个城市派出了4批共68名督察员。督察员常住派驻城市,通过列席地方政府和规划主管部门的相关会议、查阅审批资料、踏勘建设项目施工现场等方式开展工作。开展派驻工作4年来,督察员发挥层级监督、实时监督、专家监督的优势,及时发现并遏制了一批重大违法违规行为,规范和完善了地方规划管理体制,维护了城市规划的严肃性和权威性,有效地避免了规划决策失误造成的重大损失和不良后果,在强化地方政府严格实施城乡规划、保护公共利益和不可再生资源等方面发挥了重要作用。

此次派驻后,住房和城乡建设部派驻督察员城市总数将达到70个,覆盖了由国务院审批城市总体规划的所有省会城市、副省级城市和历史文化名城(不含直辖市)。督察员总数达到83名。这是一支具有丰富规划行政管理经验的队伍,绝大部分督察员曾经担任过省级城乡规划主管部门和地方政府及规划部门的领导职务。

据悉,住房和城乡建设部将持续做好督察员队伍建设工作,进一步发挥城乡规划督察制度的优势,强化事前事中监督,努力将违法违规行为遏制在萌芽状态,保障城市总体规划、国家级风景名胜区规划、历史文化名城保护规划的依法实施,为促进城乡经济社会可持续发展作出贡献。

(摘自《中国建设报》 2010年9月30
记者 张际达)

第五届中国数字城市建设技术研讨会暨设备博览会新闻发布会

为推进建设领域电子政务的建设,加强相关技术成果在城市信息化中的交流与应用,进一步提升城乡建设水平，促进行业产业化发展，深入研讨"十二五"数字城市的发展方向和技术要点，住房和城乡建设部决定于 2010 年 11 月 11～13 日在北京召开"第五届中国数字城市建设技术研讨会暨设备博览会"（以下简称"第五届数字城市大会"）。

大会组委会主席、住房和城乡建设部总经济师李秉仁在今天的新闻发布会上介绍，第五届数字城市大会由住房和城乡建设部信息中心主办，北京金建信信息技术咨询有限责任公司、中国电子商务协会建设分会负责承办。大会还得到了科技部、工业和信息化部、中国科学院、九三学社等部委、单位、组织的大力支持。本届大会的主题是"推动行业信息资源规划建设 引导城市信息化建设和谐发展"。

据介绍，大会由研讨会和博览会两大部分组成。研讨会在北京新世纪日航饭店举办，由全球数字城市高峰论坛（主论坛），城乡信息资源规划及建设论坛，数字城市建设与发展（城乡设施生命周期管理）论坛，城市三维技术应用论坛，无线城市及 3G、物联网在城市信息化建设中的应用论坛，建筑业信息化（实体建筑物生命周期管理）论坛和数字房产及房屋权属生命周期管理论坛组成。多位中国科学院院士、中国工程院院士将出席论坛并发表精彩演讲。博览会在北京展览馆同期举办，数字城市建设技术与设备等领域的科研机构及知名企业将展示国内外数字城市建设的最新技术与应用成果。

李秉仁最后表示，当今世界，随着以计算机技术、网络技术、通讯技术等为代表的信息技术的快速发展和应用，为政府的行政管理模式转型提供了技术支撑和保障，城乡建设事业取得了飞速的发展，信息化、数字化技术的深入应用，正在改变我们的传统思维模式和管理模式，我们的城乡建设事业正向着服务型、精细化、人性化的目标迈进，生活更美好的愿望正在逐步成为现实。

另据大会组委会副主席、信息中心副主任倪江波介绍，历届数字大会均得到相关部门及举办城市主要领导和业内权威专家的大力支持。住房和城乡建设部相关领导同志、九三学社中央领导同志、崔俊芝、方天培等院士、专家参加了历届大会，给予大会极大的支持，对大会的举办也给予了高度评价。

据发言人透露，经中国科协及民政部批准，中国城市科学研究会日前成立了中国城市科学研究会数字城市专业委员会（以下简称"数字城市专委会"）。数字城市专委会成立大会将在数字大会举办期间举行。数字城市专委会是中国城市科学研究会的二级全国性学术组织，工作开展依托于住房和城乡建设部信息中心。数字城市专委会由数字城市相关领域研究相关工作的单位及个人自愿组成，是跨行业、跨地区、非营利性的学术组织。成立数字城市专委会目的是为了推进我国"数字城市"建设进程和有序的发展，贯彻落实科学发展观等国家战略，更广泛的团结、联系各行各业的专家、学者、实际工作者，围绕构建数字城市的建设目标，深入开展研究。

（中华人民共和国住房和城乡建设部 www.mohurd.gov.cn 2010 年 10 月 11 日）

第九届中国国际住宅产业博览会

2010 年 10 月 28 日，由中华人民共和国住房和城乡建设部支持，部住宅产业化促进中心、中国房地产业协会、中国建筑文化中心、北京市住房和城乡建设委员会主办的"第九届中国国际住宅产业博览会"（简称"住博会"），在北京展览馆隆重举行。住房和城乡建设部党组成员、副部长齐骥出席开幕式并致辞。

齐骥说，本届住博会以"发展低碳经济、共筑明日之家"为主题，围绕节能省地环保型住宅的建设，展示住宅建设和产业化发展的成果，交流国内外最新的住宅技术，积极推广节能、节地、节水、节材、环保的相关产品，以带动住宅品质和性能的提升，推进住房建设和消费模式的转型，突出国际性、科技性和专业性。

齐骥指出，住宅产业化是建设节能省地环保型住宅的重要途径，各地要贯彻落实科学发展观，实现住宅产业的可持续发展。要积极健全住宅产业化工作机构，推广国家住宅产业化基地、康居示范工程、住宅性能认定、住宅部品认证工作。

齐骥强调，本届住博会既是展示中国住宅节能减排降耗技术和住宅品质的一次盛会，也是促进行业健康发展的现场交流会。他希望住房城乡建设系统所有企事业单位都能贯彻科学发展观，为中国住宅产业发展做出应有的贡献。

本届住博会重点展示我国住宅产业先进技术与产品，推出"明日之家2号"示范展、城市住宅产业化成果展、国内外住宅技术与部品展、住宅产业十大重点推广技术展等。还组织了2010中国房地产与住宅产业暨CSI工业化住宅建筑体系高峰论坛；保障性住房建设和采购管理研讨会；当前经济形势及十二五展望报告会；"广厦奖"颁奖大会；住宅产业化工作座谈会；物业管理与既有建筑节能论坛暨会员单位交流会；2010中国房地产经纪行业发展年会；中日低碳环保型住宅产业化技术交流论坛等一系列活动。

全国政协常委、全国政协人口资源环境委员会副主任、原建设部副部长、中国房地产业协会会长、中国房地产研究会会长刘志峰，住房和城乡建设部有关司负责同志，各省、自治区、直辖市的相关领导，美、英、法等国的驻华使馆官员出席开幕式。

（住房和城乡建设部新闻办公室2010年10月28日）

全国建设工程监理会议

11月25日，全国建设工程监理会议在江苏省南京市召开，这是自2005年全国建设工程监理工作会议后工程监理行业召开的又一次会议。会上，住房和城乡建设部副部长郭允冲回顾了五年来的工程监理工作，分析了当前工程监理市场和行业发展面临的形势和存在的问题，对今后一段时期的工程监理工作提出了要求。江苏省副省长何权出席会议并致辞。

郭允冲指出，5年来，随着我国经济持续快速发展，工程建设取得很大成绩，一大批铁路、公路、城市基础设施项目、住宅项目、工业项目建成，特别是北京奥运、高速铁路、跨海跨江大桥等一大批代表当今世界先进水平的"高、深、大、难"工程项目高质量地建成并投入使用，都凝结了监理行业的心血和汗水。实践证明，工程监理对控制工程质量、进度、投资和加强安全生产管理等方面发挥了积极作用。

郭允冲指出，在总结、肯定监理工作的同时，我们还应清醒地认识到，当前监理市场还存在不少问题，影响了监理行业的健康发展，其中既有监理企业自身存在的问题，比如注册监理工程师数量少、部分监理人员素质不高、职责履行不到位、监理市场恶性竞争等，也有政府监管部门存在的问题和其他一些问题。这些问题影响了工程监理行业的健康发展，需要引起高度重视，切实采取措施加以解决。

郭允冲强调，质量和安全是一切工程的生命线，确保工程质量和安全，不仅是建设问题、经济问题，也是民生问题、政治问题；不仅是实现保增长、调结构、惠民生目标的重要保证，也是监理行业贯彻落实党中央、国务院要求，坚持以人为本的重要体现；不仅是建设、勘察设计、施工单位的基本责任，也是监理单位的基本责任。广大工程监理工作者应以对国家、对人民、对历史、对子孙后代高度负责的态度，把质量安全摆在首位，切实履行监理职责。

郭允冲指出，今后监理工作的指导思想是：坚持以科学发展观为指导，以确保工程质量安全为基本要求，以完善体制机制、加强工程监理制度建设为基础，严格依法监管，严格市场准入和清出，不断规范市场行为，严格依法监理，认真履行监理职责，全面提高监理企业、监理人员的素质，全面提升监理工作水平。

郭允冲要求，政府监管部门要加强监理体制机制的研究，并不断加以完善，要进一步完善法规制度，明确监理职责，要进一步加强市场监管，规范市场秩序，采取各种措施，引导监理企业全面提高素质。广大监理企业要加强自身建设，切实依法履行监理职责。要苦练内功，要全面提高企业素质，加强企业管理，不断提高企业核心竞争力，不断提高监理工作质量,树立良好的企业形象和社会形象。建设单位、施工单位要积极支持配合监理企业依法履行监理职责,共同提高工程建设管理水平。监理行业协会要充分发挥作用,引导监理企业和监理人员依法监理,提高监理从业人员素质。

住房和城乡建设部有关司局负责人,中央纪委监察部、国家发改委、财政部、铁道部、交通运输部、水利部、国务院法制办、国家人防办、总后营房工程管理局的代表,各省、自治区、直辖市、计划单列市、副省级城市建设主管部门负责人,行业协会负责人以及部分企业代表参加了会议。北京、江苏、福建等地建设主管部门的代表及部分企业代表在会上介绍了经验。

(摘自《中国建设报》2010年11月29
记者 翟立、江华、杨洪海)

二、示 范 名 录

第五批(2010年度)国家节水型城市名单

江苏省苏州市
江苏省镇江市
江苏省江阴市
江苏省常熟市
江苏省太仓市
浙江省嘉兴市
浙江省舟山市
山东省泰安市
山东省龙口市
山东省文登市

河南省济源市
湖北省黄石市
湖南省常德市
广东省深圳市
贵州省贵阳市
云南省昆明市
新疆维吾尔自治区乌鲁木齐市

(中华人民共和国住房和城乡建设部
中华人民共和国国家发展和改革委员会)

第五批中国历史文化名镇(村)

中国历史文化名镇

河北省
　涉县固新镇
　武安市冶陶镇
山西省
　天镇县新平堡镇
　阳城县润城镇
上海市
　嘉定区南翔镇
　浦东新区高桥镇
　青浦区练塘镇
　金山区张堰镇
江苏省
　苏州市吴中区东山镇
　无锡市锡山区荡口镇
　兴化市沙沟镇
　江阴市长泾镇

张家港市凤凰镇
浙江省
　　景宁畲族自治县鹤溪镇
　　海宁市盐官镇
福建省
　　宁德市蕉城区霍童镇
　　平和县九峰镇
　　武夷山市五夫镇
　　顺昌县元坑镇
江西省
　　吉安市青原区富田镇
河南省
　　郏县冢头镇
湖北省
　　潜江市熊口镇
湖南省
　　绥宁县寨市镇
　　泸溪县浦市镇
广东省
　　中山市黄圃镇
　　大埔县百侯镇
重庆市
　　荣昌县路孔镇
　　江津区白沙镇
　　巫溪县宁厂镇
四川省
　　屏山县龙华镇
　　富顺县赵化镇
　　犍为县清溪镇
云南省
　　宾川县州城镇
　　洱源县凤羽镇
　　蒙自县新安所镇
陕西省
　　宁强县青木川镇
　　柞水县凤凰镇
甘肃省
　　榆中县金崖镇

中国历史文化名村

北京市
　　顺义区龙湾屯镇焦庄户村
天津市
　　蓟县渔阳镇西井峪村
河北省
　　井陉县南障城镇大梁江村
山西省
　　太原市晋源区晋源镇店头村
　　阳泉市义井镇大阳泉村
　　泽州县北义城镇西黄石村
　　高平市河西镇苏庄村
　　沁水县郑村镇湘峪村
　　宁武县涔山乡王化沟村
　　太谷县北洸镇北洸村
　　灵石县两渡镇冷泉村
　　万荣县高村乡阎景村
　　新绛县泽掌镇光村
江苏省
　　无锡市惠山区玉祁镇礼社村
浙江省
　　建德市大慈岩镇新叶村
　　永嘉县岩坦镇屿北村
　　金华市金东区傅村镇山头下村
　　仙居市白塔镇高迁村
　　庆元县松源镇大济村
　　乐清市仙溪镇南阁村
　　宁海县茶院乡许家山村
　　金华市婺城区汤溪镇寺平村
　　绍兴县稽东镇冢斜村
安徽省
　　休宁县商山乡黄村
　　黟县碧阳镇关麓村
福建省
　　长汀县三洲乡三洲村
　　龙岩市新罗区适中镇中心村
　　屏南县棠口乡漈头村
　　连城县庙前镇芷溪村
　　长乐市航城街道琴江村
　　泰宁县新桥乡大源村
　　福州市马尾区亭江镇闽安村
江西省
　　吉安市吉州区兴桥镇钓源村
　　金溪县双塘镇竹桥村
　　龙南县关西镇关西村

婺源县浙源乡虹关村
浮梁县勒功乡沧溪村
山东省
　　淄博市周村区王村镇李家疃村
湖北省
　　赤壁市赵李桥镇羊楼洞村
　　宣恩县椒园镇庆阳坝村
　　双牌县理家坪乡坦田村
　　祁阳县潘市镇龙溪村
湖南省
　　永兴县高亭乡板梁村
　　辰溪县上蒲溪瑶族乡五宝田村
广东省
　　仁化县石塘镇石塘村
　　梅县水车镇茶山村
　　佛冈县龙山镇上岳古围村
　　佛山市南海区西樵镇松塘村
广西壮族自治区
　　南宁市江南区江西镇扬美村
海南省
　　三亚市崖城镇保平村
　　文昌市会文镇十八行村
　　定安县龙湖镇高林村
四川省
　　阆中市天宫乡天宫院村
贵州省
　　三都县都江镇怎雷村
　　安顺市西秀区大西桥镇鲍屯村
　　雷山县郎德镇上郎德村
　　务川县大坪镇龙潭村
云南省
　　祥云县云南驿镇云南驿村
青海省
　　玉树县仲达乡电达村
新疆维吾尔自治区
　　哈密市五堡乡博斯坦村
　　特克斯县喀拉达拉乡琼库什台村

（中华人民共和国住房和城乡建设部国家文物局
2010年7月22日）

第十二批国家园林城市名单

浙江省余姚市
河南省信阳市
吉林省延吉市

第四批国家园林县城名单

陕西凤县　河南新安县

第四批国家重点公园名单

山西省太原市碑林公园
河南省郑州市碧沙岗公园
河南省郑州市人民公园
湖北省武汉市解放公园
福建省厦门市白鹭洲公园
广西壮族自治区柳州市龙潭公园
陕西省宝鸡市炎帝园

二、示 范 名 录

第七批国家城市湿地公园名单

山东省潍坊市白浪绿洲国家城市湿地公园

第八批国家城市湿地公园名单

江苏省南京市高淳县固城湖城市湿地公园　　福建省厦门市杏林湾湿地公园
山东省昌邑市潍水风情湿地公园

第一批村镇生活垃圾治理全覆盖县（市、区）名单

北京市
　丰台区
　海淀区
　昌平区
　平谷区
江苏省
　南京市江宁区
　江阴市
　溧阳市
　苏州市相城区
　南通市通州区
　扬州市邗江区
　丹阳市
安徽省
　当涂县
　池州九华山风景区
福建省

　永泰县
　厦门市海沧区
　厦门市集美区
　莆田市荔城区
　莆田市湄洲岛旅游度假区
　石狮市
山东省
　淄博市桓台县
　莱芜市莱城区
广东省
　珠海市香洲区
　珠海市高栏港经济区
　珠海市横琴新区
　珠海市高新区
　惠州市惠城区
　惠州市惠阳区
　中山市

第六批全国建筑业新技术应用示范工程名单

北京市

工程名称：国家体育馆

执行单位：北京城建集团有限责任公司
评审意见：国际领先

工程名称：奥林匹克公园(B区)奥运村
执行单位：北京城建集团有限责任公司
评审意见：国际先进

工程名称：鼎固科贸综合楼二期工程
执行单位：北京城建二建设工程有限公司
评审意见：国内先进

工程名称：A380机库工程
执行单位：北京建工集团有限责任公司
　　　　　北京市机械施工有限公司
　　　　　北京长城贝尔芬格伯格建筑工程有限公司
评审意见：国内领先

工程名称：北京汽车博物馆工程
执行单位：中国新兴建设开发总公司
评审意见：国内领先

工程名称：北京地铁四号线西四站工程
执行单位：北京城建集团有限责任公司
评审意见：国内先进(原第五批)

工程名称：安福大厦
执行单位：北京城乡建设集团有限责任公司
评审意见：国内领先(原第五批)

天津市

工程名称：海河综合开发项目富民桥工程
执行单位：天津城建集团有限公司
评审意见：国内领先

工程名称：天津医科大学总医院神经病学中心工程
执行单位：天津市建工工程总承包有限公司
评审意见：国内先进

上海市

工程名称：上海市黄浦区155号东街坊地块发展项目
执行单位：上海市第一建筑有限公司
评审意见：国内领先

工程名称：高宝金融大厦工程
执行单位：上海市第七建筑有限公司
评审意见：国内领先

工程名称：上海市西藏南路越江隧道工程
执行单位：上海市第二市政工程有限公司
评审意见：国内领先

河北省

工程名称：北京奥林匹克公园地下空间(商业)Ⅱ段
执行单位：河北建工集团有限责任公司
评审意见：国内领先

工程名称：南昌市新洪州商业区项目
执行单位：河北建工集团有限责任公司
评审意见：国内先进

工程名称：T3航站楼配套业务及商务用房A楼
执行单位：河北建设集团有限公司
评审意见：国内先进

工程名称：中南大学湘雅医院新医疗区医疗大楼
执行单位：河北建设集团有限公司
　　　　　湖南省第六工程有限公司
评审意见：国内领先(原第五批)

辽宁省

工程名称：沈阳市人民检察院综合业务楼
执行单位：中国建筑一局(集团)有限公司沈阳分公司
评审意见：国内领先

内蒙古自治区

工程名称：内蒙古鄂尔多斯康巴什新区博物馆工程
执行单位：呼和浩特市建筑工程有限责任公司
评审意见：国内先进

工程名称：巨华大酒店
执行单位：内蒙古巨华集团大华建筑安装有限公司
评审意见：国内先进

工程名称：赤峰市医院综合病房楼
执行单位：赤峰鑫盛隆建筑工程有限责任公司

评审意见：国内先进

江苏省

工程名称：国家奥林匹克体育中心英东游泳馆
执行单位：江苏省建工集团有限公司
评审意见：国内领先

工程名称：江苏省科学历史文化中心
执行单位：江苏南通六建建设集团有限公司
评审意见：国内领先

工程名称：江苏新华图书发行配送中心工程
执行单位：南通四建集团有限公司
评审意见：国内领先

工程名称：中国电子科技集团公司第二十八研究所科研大楼
执行单位：江苏江都建设工程有限公司
评审意见：国内先进

工程名称：南京会议展览中心会议中心及9号展馆工程
执行单位：南通新华建筑集团有限公司
评审意见：国内领先

工程名称：侵华日军南京大屠杀遇难同胞纪念馆
执行单位：南京大地建设（集团）股份有限公司 通州建总集团有限公司
评审意见：国内领先

工程名称：南京虹桥·新城市广场
执行单位：江苏武进建筑安装工程有限公司
评审意见：国内先进

工程名称：深圳市江胜大厦
执行单位：江苏省华建建设股份有限公司
评审意见：国内领先

工程名称：山东省青岛市富赛灯具市场一期工程
执行单位：南通建筑工程总承包有限公司
评审意见：国内先进

工程名称：武钢集团新建办公大楼工程
执行单位：正太集团有限公司
评审意见：国内领先

工程名称：南京市突发公共卫生事件应急处置指挥中心
执行单位：江苏弘盛建设工程集团有限公司
评审意见：国内先进

工程名称：海安县行政中心大楼
执行单位：南通华新建工集团有限公司
评审意见：国内先进

工程名称：常州大剧院
执行单位：常州第一建筑集团有限公司
评审意见：国内先进

工程名称：对外经济贸易大学图书信息中心
执行单位：江苏省建工集团有限公司
评审意见：国内领先

工程名称：江苏省国际图书中心
执行单位：江苏通州四建集团有限公司
评审意见：国内领先（原第五批）

山西省

工程名称：太原机场改扩建工程航站楼工程
执行单位：山西省第三建筑工程公司
评审意见：国内领先

工程名称：太原市残疾人职业教育中心
执行单位：山西建筑工程（集团）总公司
评审意见：国内先进

工程名称：阳泉市文化广场工程
执行单位：中铁建工集团有限公司
评审意见：国内先进

安徽省

工程名称：安徽置地投资广场
执行单位：中建三局第一建设工程有限责任公司
评审意见：国内先进

山东省

工程名称：烟台金东世纪A区商住楼

执行单位：山东万鑫建设有限公司
评审意见：国内领先

工程名称：胶济铁路青岛客站改造工程
执行单位：中铁十局集团有限公司
评审意见：国内领先

工程名称：桓台县人民医院病房楼
执行单位：山东齐泰实业集团股份有限公司
评审意见：国内先进

工程名称：重汽翡翠郡南区高层住宅楼
执行单位：山东天齐置业集团股份有限公司
评审意见：国内领先

工程名称：青岛市人民检察院综合业务楼
执行单位：青岛市胶州建设集团有限公司
评审意见：国内先进

工程名称：青岛大剧院工程
执行单位：青建集团股份公司
　　　　　上海建工（集团）总公司
评审意见：国内先进

工程名称：山东重点科技大厦工程1号、2号楼
执行单位：青岛一建集团有限公司
评审意见：国内先进

工程名称：裕龙国际中心A座
执行单位：青岛海川建设集团有限公司
评审意见：国内领先

工程名称：青岛农业科技大厦暨凯悦国际大厦工程
执行单位：青建集团股份公司
评审意见：国内领先

工程名称：卓亭广场
执行单位：莱西市建筑总公司
评审意见：国内领先

工程名称：阳光大厦
执行单位：潍坊昌大建设集团有限公司
评审意见：国内领先

工程名称：山东中烟工业公司济南卷烟厂"十五"后期易地技术改造项目联合工房工程
执行单位：济南一建集团总公司
评审意见：国内领先

工程名称：济南市奥林匹克体育中心网球中心
执行单位：济南四建（集团）有限责任公司
评审意见：国内领先

工程名称：德州市信誉新湖·春天高层住宅工程
执行单位：山东省建设建工（集团）有限责任公司
评审意见：国内先进

工程名称：青岛市体育馆及附属楼工程
执行单位：北京城建集团有限责任公司
评审意见：国内领先

浙江省

工程名称：杭州国际会议中心
执行单位：浙江省长城建设集团股份有限公司
评审意见：国内领先

工程名称：中国杭州黄龙饭店改扩建工程
执行单位：浙江省一建建设集团有限公司
评审意见：国内领先

工程名称：杭州广播电视中心（一期）
执行单位：浙江省建工集团有限责任公司
评审意见：国内领先

工程名称：绍兴市人民检察院办案、专业技术综合用房
执行单位：浙江宝业建设集团有限公司
评审意见：国内领先

工程名称：宁波明州花园酒店工程
执行单位：中天建设集团有限公司
评审意见：国内领先

工程名称：西湖文化广场D区高层商务楼工程
执行单位：浙江省长城建设集团股份有限公司
评审意见：国内领先（原第五批）

二、示 范 名 录

工程名称：中国水利博物馆
执行单位：浙江省一建建设集团有限公司
评审意见：国内先进（原第五批）

福建省

工程名称：福建省农业高新技术实验中心大楼
执行单位：中建七局第三建筑有限公司
评审意见：国内先进

工程名称：福州电力调度指挥中心
执行单位：中天建设集团有限公司
评审意见：国内领先（原第五批）

河南省

工程名称：河南出版大厦
执行单位：河南省第一建筑工程集团有限责任公司
评审意见：国内先进

工程名称：洛阳市交通信息中心防汛抗旱调度中心暨档案大楼
执行单位：河南三建建设集团有限公司
评审意见：国内领先

工程名称：洛阳钼业国际大厦工程
执行单位：河南六建建筑集团有限公司
评审意见：国内领先

工程名称：郑东新区CBD商务中心顺驰广场
执行单位：河南六建建筑集团有限公司
评审意见：国内先进

湖北省

工程名称：湖北省肿瘤医院新建住院大楼
执行单位：山河建设集团有限公司
评审意见：国内领先

工程名称：武汉大学人民医院湖北省人民医院外科综合大楼
执行单位：中天建设集团有限公司
评审意见：国内领先

湖南省

工程名称：重庆大剧院
执行单位：湖南省建筑工程集团总公司
评审意见：国内领先

四川省

工程名称：芙华·幸福彼岸住宅工程
执行单位：成都市第四建筑工程公司
评审意见：国内先进

工程名称：世代春天二期（春天广场）
执行单位：四川省第六建筑有限公司
评审意见：国内领先

工程名称：四川石油管理局西南油气田分公司科研办公用房工程
执行单位：成都建筑工程集团总公司
评审意见：国内领先

工程名称：成都市"锦江明珠"工程
执行单位：成都市第一建筑工程公司
评审意见：国内先进

云南省

工程名称：云南师范大学呈贡校区图文信息中心
执行单位：云南省第二建筑工程公司
评审意见：国内领先

工程名称：昆明市市级党政机关办公用房搬迁建设项目12组团
执行单位：云南建工第四建设有限公司
评审意见：国内领先

工程名称：云南昆钢嘉华水泥建材有限公司曲靖师宗4000T/D水泥生产线建设工程项目安装工程
执行单位：云南省第二安装工程公司
评审意见：国内先进（单项）

工程名称：云南大学科技信息产业研发孵化中心
执行单位：云南工程建设总承包公司
评审意见：国内先进

工程名称：红河剧院
执行单位：云南官房建筑集团股份有限公司
评审意见：国内领先

贵州省

工程名称：加州阳光三期 G 栋工程
执行单位：贵州建工集团第二建筑工程有限责任公司
评审意见：国内领先

工程名称：贵阳山水黔城东区商住楼 A 座
执行单位：贵州建工集团第八建筑工程有限责任公司
评审意见：国内先进

工程名称：铜仁市级机关综合办公楼 1 号楼
执行单位：贵州建工集团第九建筑工程有限责任公司
评审意见：国内先进

工程名称：四川石油管理局西南油气田分公司科研办公用房工程
执行单位：成都建筑工程集团总公司
评审意见：国内领先

陕西省

工程名称：第四军医大学西京医院消化病医疗楼
执行单位：陕西建工集团第五建筑工程有限公司
评审意见：国内先进

工程名称：都市之门工程
执行单位：中天建设集团有限公司第五建设公司
评审意见：国际先进

工程名称：陕西彬长矿区基地办公楼
执行单位：陕西省第六建筑工程公司
评审意见：国内先进

工程名称：西安交通大学第二附属医院医疗综合楼
执行单位：陕西省第三建筑工程公司
评审意见：国内领先

工程名称：陕西花旗实业有限公司环保示范项目
执行单位：陕西航天建筑工程公司
评审意见：国内领先

工程名称：西港国际大厦
执行单位：中天建设集团有限公司第五建设公司
评审意见：国内领先

工程名称：秦苑·帝都古建大厦
执行单位：咸阳古建集团有限公司
评审意见：国内先进

工程名称：法门寺合十舍利塔
执行单位：陕西建工集团总公司
　　　　　陕西省第三建筑工程公司
　　　　　陕西省第五建筑工程公司
　　　　　陕西省机械施工公司
　　　　　陕西省建工集团设备安装工程有限公司
评审意见：国际先进

宁夏回族自治区

工程名称：宁夏博物馆工程
执行单位：宁夏建工集团有限公司
评审意见：国内先进

新疆维吾尔自治区

工程名称：乌鲁木齐保安押运公司综合楼
执行单位：江苏省苏中建设集团股份有限公司
评审意见：国内先进

工程名称：新疆玛纳斯电厂三期机组扩建工程
执行单位：新疆电力建设公司
评审意见：国内先进

广东省

工程名称：广东省博物馆新馆工程
执行单位：广州市建筑机械施工有限公司
评审意见：国内领先

工程名称：广州歌剧院
执行单位：中建三局建设工程股份有限公司（粤）

二、示 范 名 录

评审意见：国内领先

电力系统

工程名称：国电泰州电厂 2×1000MW 火力发电机组工程
执行单位：江苏省电力建设第三工程公司
评审意见：国内领先

中国水利水电建设集团公司

工程名称：广东惠州抽水蓄能电站地下引水发电系统工程施工及机组安装
执行单位：中国水利水电第十四工程局有限公司
评审意见：国内领先

工程名称：乌江彭水水电站引水发电系统工程
执行单位：中国水利水电第十四工程局有限公司
评审意见：国内领先

中国葛洲坝集团公司

工程名称：黄河拉西瓦水电站工程机电安装工程 B 标
执行单位：葛洲坝集团机电建设有限公司
评审意见：国内领先（单项）

煤炭系统

工程名称：神华集团准格尔有限责任公司哈尔乌素露天矿选煤厂
执行单位：中煤建筑安装工程公司
评审意见：国内领先

中国建筑工程总公司

工程名称：广州市珠江新城核心区市政交通项目
执行单位：中国建筑第八工程局有限公司
评审意见：国内领先

工程名称：中国国际贸易中心三期 A 阶段工程
执行单位：中建一局集团建设发展有限公司
评审意见：国内先进

工程名称：岭澳核电站二期常规岛土建工程
执行单位：中国建筑第二工程局有限公司
评审意见：国内领先

工程名称：武广客运专线新建武汉站站房工程
执行单位：中建三局建设工程股份有限公司

评审意见：国际先进

工程名称：重庆中新城上城
执行单位：中建五局第三建设有限公司
评审意见：国内领先

工程名称：武汉新芯集成电路制造公司 FAB12A、FAB12B 厂房
执行单位：中建五局土木工程有限公司
评审意见：国内领先

工程名称：深圳星河发展中心
执行单位：中国建筑第五工程局有限公司
评审意见：国内领先

工程名称：成都成芯半导体制造有限公司八英寸芯片厂项目
执行单位：中国建筑第六工程局有限公司
中建六局第三建筑工程有限公司
评审意见：国内领先

工程名称：山东大学齐鲁医院门诊保健综合楼工程
执行单位：中国建筑第八工程局有限公司
评审意见：国内先进

工程名称：中国科学技术馆新馆
执行单位：中国建筑第八工程局有限公司
中建工业设备安装有限公司
评审意见：国内领先

工程名称：大上海会德丰广场
执行单位：中国建筑股份有限公司（上海）
评审意见：国内领先

工程名称：中国建行洋桥 B 座计算机业务楼
执行单位：中国建筑第七工程局有限公司
评审意见：国内领先

工程名称：广州珠江新城西塔
执行单位：中国建筑股份有限公司
广州市建筑集团有限公司
中国建筑第四工程局有限公司
中建三局建设工程股份有限公司
评审意见：国际领先

工程名称：中央电视台新台址建设工程 A 标段
执行单位：中国建筑股份有限公司
评审意见：国际先进

中国铁道建筑总公司

工程名称：南京长江隧道
执行单位：中铁十四局集团有限公司
评审意见：国内领先

工程名称：广深港铁路客运专线 ZH-1 标综合工程
执行单位：中铁十四局集团有限公司
评审意见：国内领先

中国铁路工程总公司

工程名称：武广客运专线新广州站及相关工程
执行单位：中铁四局集团建筑工程有限公司
评审意见：国内领先

工程名称：安庆香樟里·那水岸小区工程
执行单位：中铁四局集团建筑工程有限公司
评审意见：国内领先

中国冶金科工集团公司

工程名称：广西马江至梧州高速公路路基桥隧工程施工第 L6 合同段
执行单位：中冶交通工程技术有限公司
评审意见：国内先进

工程名称：辽宁省鞍山市骊富家园高层住宅小区
执行单位：中冶东北建设有限公司
评审意见：国内先进

工程名称：天津空港国际中心工程
执行单位：中冶天工建设有限公司
评审意见：国内先进

工程名称：天津钢管集团有限公司 $\varphi258$ 热轧管工程
执行单位：中冶天工建设有限公司
评审意见：国内领先

工程名称：上海浦钢搬迁工程轧钢项目（Ⅱ标轧机单元）
执行单位：中国二十冶建设有限公司
评审意见：国际先进

工程名称：上海宝山钢铁股份有限公司五冷轧带钢工程（冷Ⅰ标）
执行单位：中国二十冶建设有限公司
评审意见：国际先进

三、获奖名单

全国优秀村镇规划设计获奖名单

一等奖(2 个)

天津市东丽区华明示范小城镇规划——西区修建性详细规划
编制单位：天津市城市规划设计研究院
编制人员：黄晶涛　刘洋　马健　李芳　赵大鹏
　　　　　马松　张娜　栾鑫　谭春蕾　李丹

浙江省丽水市景宁畲族自治县澄照乡金丘村建设与整治规划
编制单位：景宁县规划设计室
　　　　　浙江理工大学建工学院
编制人员：洪艳　游张平　柳晓杰　李茹冰
　　　　　周红燕　陈波　陈海洪　叶海军

三、获奖名单

二等奖(19个)

北京市平谷区夏各庄镇总体规划及镇区控制性
　　详细规划
编制单位：北京清华城市规划设计研究院
编制人员：王健　于润东　冯雨　袁牧　恽爽
　　　　　梁伟　王鹏　孟宇　赵楠　刘巍

天津市津南区小站镇总体规划
编制单位：天津市城市规划设计研究院
编制人员：黄晶涛　傅芳生　刘洋　徐婧　赵庆东
　　　　　张蓉　马健　周星宇　李芳　李丹

河北省唐山市黄各庄镇总体规划(2008—2020)
编制单位：河北省城乡规划设计研究院
编制人员：郭健　崔建甫　邢天河　张炜　江明
　　　　　吴威　刘建勇　马红帜　李山华
　　　　　肖乃昌

辽宁省沈阳市新民市大民屯镇方巾牛村建设规划
编制单位：沈阳市规划设计研究院
编制人员：吕正华　冯戈　吴虹　赵明　任峰
　　　　　高鹤鹏　李杰　李昂　李晓楠　王阳

江苏省苏州市金庭(西山)镇总体规划
编制单位：苏州市规划设计研究院有限责任公司
编制人员：相秉军　张杏林　徐克明　李锋
　　　　　钮卫东　俞娟　徐惠珍　张俭生
　　　　　许洁莉　邹新忠

江苏省苏州市昆山市锦溪镇总体规划
编制单位：江苏省村镇建设服务中心
编制人员：李正伦　钟晟　汪晓春　王林容
　　　　　高岳　周艳　陈智乾　李肖亮

江苏省苏州市常熟市沙家浜镇总体规划(2006—
　　2020)
编制单位：江苏省城市规划设计研究院
编制人员：胡海波　赵彬　董向锋　丁志刚
　　　　　尤勇　邵文青　华海荣

浙江省绍兴市绍兴县钱清镇城镇总体规划
编制单位：杭州市城市规划设计研究院
编制人员：王宁　毛利伟　李人杰　孙秀睿
　　　　　王丽　吕佳　周勇　蒋建　陈波君
　　　　　黄选度

浙江省杭州市淳安县汾口镇百亩畈村村庄整治
　　规划
编制单位：浙江省城乡规划设计研究院
编制人员：杨晓光　张勇　张静　孙加凤
　　　　　余顺明　余绍纲　任燕　许小良
　　　　　沈亚光　郝新宇

安徽省合肥市肥西县三河镇木兰、滨峰新农村
　　建设规划
编制单位：合肥市规划设计研究院
编制人员：姚本伦　徐仲明　陶其中　黄闯
　　　　　李星银　徐永　刘泽海　李向东
　　　　　张剑　吴亚伟

湖北省武汉市黄陂区大余湾村核心区修建性详
　　细规划
编制单位：武汉理工大设计研究院
　　　　　武汉理工大学土木工程与建筑学院
编制人员：刘炜　李百浩　徐宇甦　祝笋
　　　　　郭建　黄立　李彩　王骏　邹涵
　　　　　余波

广东省广州市海珠区琶洲街黄埔村古黄埔港历
　　史风貌区环境综合整治规划及景观
　　节点设计
编制单位：广州市城市规划自动化中心
　　　　　华南理工大学建筑学院
编制人员：王玉　冯江　许松辉　沈慷　廖绮晶
　　　　　黎亦众　杨颋　黄晓蓓　王铭　林太志

广州市花都区花东中心镇总体规划(2006—
　　2020)
编制单位：广州市城市规划勘测设计研究院
编制人员：赖寿华　张鹤琼　陈晓明　黄慧明
　　　　　林静　钟尤丽　周茂松　何万春
　　　　　江孟鏱　方舟

广西省南宁市传统村庄建筑风貌研究
编制单位：广西华蓝设计(集团)有限公司
编制人员：徐兵　史大联　林志强　韩文兵
　　　　　李鸣　王万军　黄天意　张琳
　　　　　孙永萍　李宁

重庆市涪陵区大木乡总体规划
编制单位：重庆仁豪城市规划设计有限公司
编制人员：刘俊　廖正福　鲍华兵　张亮　张乐
　　　　　刘佳　李辉　曾永雄　王学刚
　　　　　张国元

贵州省平坝县羊昌布依族苗族自治乡黄土桥村
　　　　黄土桥组村庄建设(整治)规划
编制单位：贵州省建筑设计研究院
编制人员：许剑龙　吴亚国　周成毅　李世屏
　　　　　舒军　罗宁

部分国家与地区乡村建设管理法规收集与综述
编制单位：住房和城乡建设部城乡规划管理
　　　　　中心
编制人员：刘佳福　邢海峰　董金柱　王德
　　　　　刘健

北京市密云县村庄体系规划(2007—2020)
编制单位：中国城市规划设计研究院
编制人员：孔彦鸿　姜立晖　尹广林　倪广友
　　　　　雷祥龙　孙增峰　吴学峰　程小文
　　　　　王巍巍　彭斯

村庄整治技术规范(GB 50445—2008)
编制单位：中国建筑设计研究院
　　　　　北京工业大学
　　　　　北京市市政工程设计研究总院
　　　　　中国城市建设研究院
　　　　　中国疾病预防控制中心环境与健康
　　　　　相关产品安全所
　　　　　武汉市城市规划设计研究院
　　　　　北京市城市规划设计研究院
编制人员：方明　赵辉　单彦名　马东辉
　　　　　赵志军　徐海云　潘力军　冯駣
　　　　　杜遂　魏保军

三等奖(37个)

四川省德阳市什邡市八角镇中心区建设规划
编制单位：北京市城市规划设计研究院
　　　　　中国建筑设计研究院
编制人员：郭沁　徐忠辉　苗苗　高庆磊　何芩
　　　　　齐海娟　魏保义　徐彦峰

天津市汉沽区茶店镇总体规划(2006年—2020)
编制单位：天津市城市规划设计研究院
编制人员：肖煜　刘长湖　申玉珍　张连荣
　　　　　史延冰　杜英新　赵光　李军
　　　　　刘星　周欣荣

河北省保定市涿州市松林店镇(涿州松林店工业
　　　　区)总体规划(2005—2020)
编制单位：南京市规划设计研究院有限责任
　　　　　公司
编制人员：程大林　朱光远　许丰功　沈俊超
　　　　　杨植元　郭辉　殷金兰　陈智慧
　　　　　郑挥　刘向上

山西省大同市左云县县域村镇体系规划
编制单位：山西省城乡规划设计研究院
编制人员：弋雪宁　薛达　王爱科　巨涛
　　　　　翟顺河　刘立群　高晓戍　傅泽秋
　　　　　李青丽　李福

山西省晋城市阳城县北留镇镇区控制性详细规
　　　　划及城市设计
编制单位：浙江省城乡规划设计研究院
编制人员：刘润生　王福定　陈伟明　沈德熙
　　　　　王焱　石华　何冬　袁继良　沈亚光
　　　　　徐磊

内蒙古自治区鄂尔多斯市鄂托克前旗上海庙城
　　　　镇总体规划
编制单位：城市建设研究院
编制人员：邹艳丽　牟连臣　李恩山　王蔚蔚
　　　　　张亮　郑婧

上海市青浦区七百亩村新农村建设规划
编制单位：上海翌德建筑规划设计有限公司
编制人员：于一凡　李继军　徐文生　甘海林
　　　　　肖旭王　渝孙林

江苏省苏州市昆山市玉山镇姜巷自然村建设整
　　　　治规划
编制单位：昆山市规划设计研究院
　　　　　昆山市玉山镇建设管理所

昆山杰思规划技术有限公司
编制人员：龚建新　彭学飞　谢淑华　顾宝昌
　　　　　马俊峰　孙珺　陈晓燕　汤洪燕
　　　　　郝宁宁　潘志勇

江苏省宿迁市皂河镇中心片区控制性详细规划
编制单位：江苏省城市规划设计研究院宿迁
　　　　　分院
　　　　　宿迁市城市规划设计研究院有限
　　　　　公司
编制人员：梅耀林　王治福　胡苏　曲秀丽
　　　　　张量　张琳　安奕洁　朱月河
　　　　　韩雪丽　冒旭海

浙江省江山市保安乡规划
编制单位：海南雅克城市规划设计有限公司
　　　　　江山市城市规划设计院
编制人员：徐根荣　徐丽贤　张丽英　曲萍萍
　　　　　翁冠羽　王永华　毛红英　祝华宏
　　　　　王志军　徐亚军

浙江省温州市洞头县"蓝色海岸"东岙段渔家
　　乐规划
编制单位：温州市城市规划设计研究院
编制人员：杨克明　陈武　项坚　陈朔　刘培蕾
　　　　　董林飞　林海轮　李波　苏友曦
　　　　　黄海卫

浙江省丽水市云和县崇头镇城镇总体规划
编制单位：浙江省城乡规划设计研究院
编制人员：吴琳　汪辉　宗羽飞　何冬　胡锡栋

浙江省江山市和睦彩陶特色文化村规划
编制单位：海南雅克城市规划设计有限公司
　　　　　江山市城市规划设计院
编制人员：徐根荣　张学文　张丽英　徐丽贤
　　　　　曲萍萍　陈齐特　王永华　毛红英
　　　　　王志军　徐亚军

安徽省合肥市肥东县响导乡总体规划（2008—
　　2020）
编制单位：合肥市规划设计研究院
编制人员：黄德清　孙其山　陶其中　刘玉清
　　　　　唐军　张见　刘家铭　韦丽华
　　　　　刘道平　侯佳

安徽省合肥市包河区大圩镇总体规划
编制单位：合肥华祥规划建筑设计有限公司
编制人员：李伦亮　胡雪梅　倪成敬　王仕刚
　　　　　程新龙　杨黎明　柴志　张雨雷
　　　　　李海英　刘纯芳

江西省赣州市于都县葛坳乡总体规划（2006—2020）
编制单位：泰和县城乡规划建筑设计有限公司
　　　　　江西应用技术职业学院
编制人员：张军　李福平　钟晓遇　张嵩辉
　　　　　梁明栋　张卫平　姚贤兆　仲照东
　　　　　陆金平　肖文刚

山东省莱芜市市域村镇体系规划（2009—2030）
编制单位：莱芜市城市规划勘察设计院
编制人员：侯晓龙　许文萍　黄宪斌　任克
　　　　　刘克刚　魏凯　李刚　李京宝
　　　　　宿丽　王婷婷

山东省济南市商河县怀仁镇总体规划（2006—2020）
编制单位：山东省城乡规划设计研究院
编制人员：扈宁　王昕欣　张学强　于兰军
　　　　　王军　曹枭　宋业利　吴金广
　　　　　孙玉峰　张英俊

山东省济南市历城区仲宫镇金钢纂村庄建设
　　规划
编制单位：山东省城乡规划设计研究院
编制人员：唐建平　张竞　张元勋　张东升
　　　　　杨海涛　邵光平　刘勇　赵华富
　　　　　张倩　陈亮

鲁南革命历史纪念馆
编制单位：苍山县城乡规划建筑设计院
编制人员：刘兴勇　李启飞　庞玉国　相勇
　　　　　张洁　马见芝　徐森

湖北省荷沙公路沿线村镇布点规划
编制单位：湖北省城市规划设计研究院
编制人员：黄平　蔡洪　张泉　郑湘晖　陈剑
　　　　　张青　袁铖　陈瑾　李成华　杭小洁

广东省江门市城中村改造和乡村建设规划
编制单位：江门市规划勘察设计研究院
编制人员：曾宪谋　李焱　章海燕　江宁进

周亮棠　郑画滨　杨明豪　张以红
陈静　方刘伟

广东省珠海市斗门中心镇总体规划（2006—2020）
编制单位：珠海市规划设计研究院
编制人员：彭延生　杨峥屏　温灵辉　李雪晴
刘海忠　王波　王冀　谭文杰
向守乾　喻宇

广州市番禺区石楼镇大岭村村庄规划（2007—2010）
编制单位：华南理工大学建筑设计研究院
编制人员：吴庆洲　冯江　孙玥　刘晖　郑莉
张智　敏肖旻　关菲凡　张志强
许宁

广州城市化与村庄发展研究
编制单位：广州市城市规划编制研究中心
　　　　　中共广州市委政策研究室
　　　　　中山大学华南农村研究中心
编制人员：吕传廷　黎云　何磊　王冠贤
刘棕会　麻国庆　吕萌丽　杨明
连玮　曹小曙

城际轨道交通"翠亨站"片区控制性详细规划
编制单位：中山市建筑设计院有限公司
编制人员：苏洧成　薄起航　林兴德　朱建武
林智婷　李洪刚　何晶　何化忠
王萍　伍建华

广东省广州市增城市新农村规划建设指引
编制单位：增城市城市规划设计室
　　　　　增城市新农村规划建设办公室（增城市城乡规划编制研究中心）
编制人员：邓毛颖　蒋万芳　赖伯舟　李伟航
刘慷　刘毓玲　刘浩波　何靖斌
袁南华　湛冬梅

广西省南宁市良庆区那陈镇总体规划（2007—2020）
编制单位：广西壮族自治区城乡规划设计院
编制人员：刘李力　兰波　莫滨　何艺　张耀庆
农何茵　苏敏　黄璇　曾远　熊星

住房和城乡建设部县域村庄整治联系点重庆市永川区村庄整治实施方案
编制单位：重庆大学城市规划与设计研究院
编制人员：段炼　赵万民　李进　刘畅　谭少华
罗跃　黄勇　汪洋　朱猛　郑潇蓉

四川省自贡市大安区团结镇土柱村新农村规划（2007—2010）
编制单位：自贡市城市规划设计研究院有限责任公司
编制人员：吴永生　刘亮辉　周恒　文兴华
闵利兴　张晓阳　肖天舟　陶媛媛
梁多杰　杨文平

四川省成都市新津县兴义镇城乡一体总体规划
编制单位：成都市规划设计研究院
　　　　　四川三众建筑设计有限公司
编制人员：涂海峰　王鹏程　张怡　王小维
聂真　廖强　熊健　郭锋　张显
罗苗青

四川省自贡市大安区大山铺镇江姐村新农村建设规划（2008—2010）
编制单位：自贡市城市规划设计研究院有限责任公司
编制人员：刘亮辉　周恒　张晓阳　刘德基
肖天舟　文兴华　陶媛媛　杨文平
梁多杰　张小丽

甘肃省武威市天祝藏族自治县天堂镇区控制性详细规划
编制单位：兰州市城乡规划设计研究院
编制人员：贾云鸿　宁雅绮　曹军　杨斌
陶世雄　田鑫　杜宇　张安坤　赵宁
马亚君

青海省西宁市大通回族土族自治县长宁镇陈家庄村建设规划
编制单位：青海省规划设计研究院
编制人员：周长亮　杨艳　薛军明　张佩琪

新疆维吾尔自治区昌吉回族自治州奇台县半截沟镇大庄子村居民点建设规划
编制单位：新疆东方瀚宇建筑规划设计有限公司
编制人员：王军　刘正福

湖南省东安县芦洪市镇总体规划（2007—2020）

编制单位：中国建筑设计研究院
编制人员：邵爱云　赵辉　李霞　赵文强
　　　　　宋琳琳　李睿　梁森森　冯新刚

内蒙古自治区鄂尔多斯市达拉特旗展旦召苏木解放滩精品移民小区规划
编制单位：中国建筑设计研究院
编制人员：方明　董艳芳　陈敏　薛玉峰

全国优秀灾后重建村镇规划设计获奖名单

特别贡献奖(1项)

国家汶川地震灾后恢复重建农村建设专项规划
编制单位：国家汶川地震灾后恢复重建农村建设专项规划编制组团队
编制人员：李兵弟　方明　李晓江　白正盛
　　　　　赵辉　徐素君　蔡立力　吴雨冰
　　　　　牛大刚　刘李峰　高黄根　冯新刚
　　　　　单彦名　陈玲　高潮　高宜程
　　　　　岳波　陈亮　董艳芳　熊燕

一等奖(13项)

四川省德阳市什邡市红白镇重建规划
编制单位：北京中联环建文建筑设计有限公司
编制人员：刘光亚　宋兵　王泉　刘君　曾宪丁
　　　　　何源　叶少俊　汪扬子　张雪晖
　　　　　徐琨
　　　　　张亮　魏丽贤

四川省阿坝州汶川县映秀镇鱼子溪村震后重建修建性详细规划及建筑设计
编制单位：天津大学城市规划设计研究院
　　　　　天津大学建筑学院
　　　　　天津大学建筑设计研究院
编制人员：曾坚　陈天　张玉坤　洪再生　王懿娜　臧鑫宇　王蕊　谌谦　田军　王晶

四川省绵阳市平武县平通镇灾后重建详细规划
编制单位：邯郸市规划设计院
　　　　　中煤邯郸设计工程有限责任公司
　　　　　河北省城乡规划设计研究院
编制人员：高瑞宏　梁江海　王峰　时长煜
　　　　　桂宁　鲍龙　王秀允　马洪刚
　　　　　刘建军　兰光恒

四川省绵阳市平武县响岩镇灾后重建规划(2009—2015)
编制单位：保定市城乡规划设计研究院
编制人员：姜健　郭志奇　梁队　赵晓军
　　　　　朱志平　董伦山　王东雨　陈嵩

四川省绵阳市北川羌族自治县擂鼓镇灾后重建规划
编制单位：济南市规划设计研究院
编制人员：徐其华　耿谦　李沛　王秀波
　　　　　马庆迎　王立宇　姜迎全　于星涛
　　　　　徐松涛　陈洪金

四川省绵阳市北川羌族自治县曲山镇灾后重建总体规划(2008—2015)
编制单位：青岛市城市规划设计研究院、青岛市建筑设计研究院股份有限公司
编制人员：宋军　黄黎明　孟广明　王本利
　　　　　张小帆　王金尧　王鹏　孔德智
　　　　　刘建华　王伟

四川省德阳市绵竹市孝德镇大乘村七组农房重建集中居住示范点修建性详细规划
编制单位：苏州市规划设计研究院有限责任公司
编制人员：相秉军　李锋　俞娟　虞林洪
　　　　　徐慧珍　浦磊　金炜琛　张沁　金哲
　　　　　潘铁

四川省德阳市绵竹市汉旺镇灾后重建总体规划(2008—2020)(合并项目)
编制单位：无锡市规划设计研究院
编制人员：鲁晓军　李建华　翁一峰　尤志斌

刘永强　吴堃　江晓　黄洁　程国辉
施莉　陈华　张彦　陶来利　曾清珏
吴波

四川省阿坝州汶川县绵虒镇地震灾后恢复重建规划（2008—2011）
编制单位：珠海市规划设计研究院
编制人员：赖霜　林耀宗　陈德绩　陈仁福
黄亚东　段庄　温灵辉　彭延生　杨炯
李炜

四川省阿坝州汶川县水磨镇地震灾后恢复重建城市设计与总体规划
编制单位：佛山市城市规划勘测设计研究院
北京大学中国城市设计研究中心
中营都市与建筑设计中心
编制人员：陈可石　金灿　朱墨　冯萍　阴劼

周菁　彭雄亮　冯俊　谭长鸿　陈光

四川省成都市都江堰市翠月湖镇五桂村13组灾后重建规划
编制单位：四川三众建筑设计有限公司
编制人员：廖强　杜毅　唐嘉君　林血春　郑淼

四川省成都市彭州龙门山镇灾后重建实施规划
编制单位：成都市规划设计研究院
编制人员：胡滨　张晶　潘庆华　周凌霄　陈诚
涂于华

四川省阿坝州理县桃坪羌寨抢救维修保护规划及保护工程
编制单位：中国建筑设计研究院
编制人员：王力军　陈同滨　俞锋　刘剑　蔡超
周伟　吴东　于文洪　韩真元　钟彦华

二等奖(20项)

陕西省汉中市宁强县燕子砭镇木槽沟灾民新村规划
编制单位：天津市城市规划设计研究院
编制人员：石文华　程富花　魏彤岳　杨军　陈新
陆伟伟　梅荣利　张晶　王魁　刘征

四川省成都市都江堰市龙池镇灾后重建规划
编制单位：重庆市规划设计研究院
编制人员：覃继牧　罗翔　颜毅　陈治刚
喻兰　胡浩　邹畅　代丹　郭大忠

四川省绵阳市安县恢复重建总体规划及产业发展专题研究（合并项目）
编制单位：辽宁省城乡建设规划设计院
编制人员：刘志虹　王士君　陈如铁　张立鹏
赵铮　孙超锋　韦佳　付秋菊
贺金虹　刘大明　胡锡广　王勇军
鲜青松　曾明颖　赵宝宏

四川省阿坝州汶川县银杏乡灾后恢复重建规划（2008—2011）
编制单位：茂名市规划设计研究院
编制人员：张党生　陈玉林　石哲　杨玉蓉
李文茂　黎向辉　黄亚新　周宪良
杨兰彬　邹坚勇

四川省绵阳市北川羌族自治县香泉乡灾后重建规划
编制单位：淄博市规划设计研究院
编制人员：宁伟　周长忠　李鹏　范建强
边立群　郑健　张振华　荆宝桢
赵鹏　王栋

四川省绵阳市北川羌族自治县坝底乡灾后重建规划及场镇详细规划（合并项目）
编制单位：东营市城市规划设计研究院
编制人员：李本军　节连青　张海波　李众
孟凡泉　伍璐　韩勇　曹利军
李向奎　杜友亮　陈福涛　赵凯
刘海源　刘斌　刘兴华

四川省绵阳市北川羌族自治县桂溪乡永利村规划
编制单位：潍坊市规划设计研究院
编制人员：郭兆环　李升　刘安民　李志辉
徐先建　董文科　陈超群　许立鹏
王洪翔　杨磊

四川省德阳市绵竹市东北镇镇域规划（2008—2020）和村庄规划
编制单位：江苏省城市规划设计研究院

编制人员：刘宇红　郑钢涛　刘辉　陈科　刘国英
　　　　　杨宇　赵玉奇　刘金　施卫红　张涛

四川省德阳市绵竹市孝德镇中心区控制性详细规划及修建性详细规划（合并项目）
编制单位：苏州市规划设计研究院有限责任公司
编制人员：相秉军　薛海旻　李锋　钮卫东
　　　　　俞娟　虞林洪　徐惠珍　孙令国
　　　　　黄晓春　庄建伟　黄征洋　吴佳斐

四川省德阳市绵竹市遵道镇总体规划及棚花村四组村庄建设规划（合并项目）
编制单位：常州市规划设计院
编制人员：顾春平　孙秀峰　刘铭　陆元晶
　　　　　马林　屠泳博　宰娟　陈伟前
　　　　　吴强　刘安生　裴泽民　黄国栋
　　　　　潘晔　冷娟妮　陈大维

四川省广元市青川县竹园镇总体规划（2008—2020）
编制单位：杭州市城市规划设计研究院
编制人员：高群　陈伟　毛斌　王波　钱科烽
　　　　　陈宏伟　龙彦　李包相　王祖兴
　　　　　宋文松

四川省广元市青川县桥楼乡灾后重建规划
编制单位：温州市城市规划设计研究院
编制人员：杨介榜　李海鸥　章凌志　陈胜琼
　　　　　刘卫东　胡昕　刘培蕾　庄敏玲
　　　　　许峥　徐银

四川省阿坝州小金县两河集镇修建性详细规划
编制单位：江西省城乡规划设计研究院
编制人员：易桂秀　陈振寿　胡晓锋　李智
　　　　　童嵩　伍端生　鄢安军　胡超
　　　　　林盛均　曾锋

四川省阿坝州汶川县三江乡集镇地震灾后恢复重建控制性详细规划
编制单位：惠州市规划设计研究院

编制人员：李晓峰　李中华　黄广森　李子锋
　　　　　杨晓寅　郑卫华　蒋庭　周聪华
　　　　　余萍　关开片

四川省成都市都江堰市紫坪铺镇灾后重建规划（2008—2020）
编制单位：广州市城市规划勘测设计研究院
编制人员：彭涛　唐勇　艾勇军　余珂　荆万里
　　　　　廖远涛　陈筱玲　易晓峰　朱理铭
　　　　　冯炳燕

四川省成都市对口支援德格县亚丁乡吉龙村白尼寺牧民定居点规划
编制单位：成都市规划设计研究院
编制人员：胡滨　曾九利　张惜秒　张晶　汪小琦
　　　　　王天佑　朱直君　周密　马龙　杨永益

四川省成都市大邑县王泗镇黎庵村社区安置点
编制单位：四川省建筑设计院
编制人员：廖芳　郝晓磊　汤燕　葛军　林晓东
　　　　　黄杨玲　袁志容　王洪涛

四川省阿坝州汶川县漩口镇瓦窑村灾后重建安置规划
编制单位：四川省城乡规划设计研究院
编制人员：梁平　游海涛　张红　袁华明　王荔晓
　　　　　泽仁卓玛　郑辛欣　汪永峰　张先武
　　　　　王宇

四川省阿坝州理县甘堡藏寨灾后重建修建性详细规划
编制单位：四川省城乡规划设计研究院
编制人员：韩华　余鹏　李毅　叶云剑　黄雯
　　　　　刘剑平　陶蓓　王涛　邓艳春　伍小素

四川省德阳市绵竹市汉旺镇灾后恢复重建规划
编制单位：中国城市规划设计研究院
编制人员：顾永涛　易翔　顾京涛　王纯
　　　　　尹强　卢华翔　刘继华　龚宇贵
　　　　　徐莉　马旭

三等奖（26项）

四川省成都市都江堰市大观镇镇区控制性详细规划
编制单位：上海市城市规划设计研究院

上海市闸北区规划和土地管理局
编制人员：凌莉　宋凌　周晞　高方萍　孙宇
　　　　　严非　朱伟刚　王征　张铁亮

四川省绵阳市平武县龙安镇灾后重建实施规划
编制单位：石家庄市规划设计院
编制人员：刘英彩　张奇林　解辽远　何光远
　　　　　马轶杰　李志伟　郑强　南龙
　　　　　盖鹏举　陈晓军

四川省绵阳市平武县南坝镇灾后重建中心区景观绿化与环境整治规划
编制单位：唐山市规划建筑设计研究院
编制人员：王春燕　吴晓坤　庞崇　郭银苹
　　　　　王静瑜　孙志丹　张洁　付大鹏
　　　　　张杨　刘海波

四川省绵阳市北川羌族自治县桂溪乡灾后重建规划
编制单位：潍坊市规划设计研究院
编制人员：郭兆环　李升　杨磊　王洪翔
　　　　　徐先建　陈超群　李磊　刘安民
　　　　　丁志军　韩伦

四川省绵阳市北川羌族自治县青片乡驻地灾后恢复重建规划（2008－2015）
编制单位：威海市规划设计研究院有限公司
编制人员：毕建威　火晓虎　赵振伟　连跃方
　　　　　杨竹青　姜旭　纪晓军　张启玲
　　　　　丛芃　王桥

四川省绵阳市北川羌族自治县擂鼓镇配套公建设施－小学综合楼
编制单位：山东同圆设计集团有限公司
编制人员：张晓峰　吕珏　魏强　冯海文
　　　　　张虎　张南　曹天晴　谢国栋

四川省德阳市绵竹市土门镇总体规划
编制单位：南京市规划设计研究院有限责任公司
编制人员：张正康　童本勤　何世茂　刘新宇
　　　　　刘军　徐冬喜　杨植元　高俊　谢影
　　　　　刘向上

四川省德阳市绵竹市金花镇村庄规划
编制单位：江苏省建设厅城市规划技术咨询中心
编制人员：汪晓春　段威　葛大永　闫海　汪涛
　　　　　钟晟　寇建帮　王林容　郑亚兰
　　　　　陈智乾

四川省德阳市绵竹市金花镇农业及旅游发展规划
编制单位：常州市武进规划与测绘院
编制人员：徐宁　陶涛　何永峰　周新亚
　　　　　储君　周娜　何莺芝　臧磊　朱琳
　　　　　周永永

四川省德阳市绵竹市绵远镇总体规划
编制单位：宿迁市城市规划设计研究院有限公司
　　　　　江苏省城市规划设计研究院宿迁分院
编制人员：梅耀林　王治福　蔡勇　陈勇　陆洲
　　　　　李长辉　张量　李平云　韩雪丽
　　　　　马鑫

四川省广元市青川县关庄镇规划援建项目
编制单位：绍兴市城市规划设计研究院
编制人员：郭建列　林坚　胡宗圻　顾新民
　　　　　唐建新

四川省广元市青川县前进乡村庄规划
编制单位：嘉兴市规划设计研究院有限公司
编制人员：包倍春　朱允良　吴伟民　陈志平
　　　　　林冰　顾星　蔡磊　陈国勤　贺亮
　　　　　史冬行

四川省成都市彭州市龙门山镇国坪村二社灾后重建修建性详细规划
编制单位：厦门市城市规划设计研究院
编制人员：侯雷　陈延鑫　王唯山　邓伟骥
　　　　　刘华　郑辉　吴连丰　何红艳

四川省阿坝州汶川县草坡乡地震灾后恢复重建规划
编制单位：汕头市城市规划设计研究院
编制人员：吴贤文　李桎　肖文锐　孙元德
　　　　　李轶华　吴养国　吴迪　陈银辉
　　　　　孙怀玉　黄玉璇

四川省德阳市绵竹市板桥镇镇区控制性详细规
　　　划(2009—2020)
编制单位：镇江市规划设计研究院
编制人员：徐必胜　何辉鹏　史健洁　朱晓芳
　　　　　任道　李扬

四川省阿坝州汶川县漩口镇灾后恢复重建规划
编制单位：中山市规划设计院
编制人员：沈建桑　聂洪文　张晴　李燚
　　　　　周礼坤　梁航　黄小飞　郭磊
　　　　　陈天凌　陈华熙

四川省阿坝州汶川县克枯乡地震灾后恢复重建
　　　规划(2008—2011)
编制单位：肇庆市城市规划设计院
　　　　　佛山市顺德区规划设计院有限公司
编制人员：陈肇明　林仲贤　张鉴东　李华栋
　　　　　廖涌　许红卫　梁大炜　蒙敬辉
　　　　　毛永灏　吴亚栋

四川省成都市彭州市龙门山镇国坪村灾后村庄
　　　发展总体规划
编制单位：成都市规划设计研究院
编制人员：蔡绍田　晁旭彤　姚南　范黎黎
　　　　　吕梁　张超越

四川省成都市都江堰市青城山镇泰安村九组灾
　　　后重建项目
编制单位：四川三众建筑设计有限公司
编制人员：廖强　张显　唐嘉君　刘宇霜

四川省成都市都江堰市虹口乡高原村安置房
　　　规划
编制单位：四川国鼎建筑设计有限公司
　　　　　成都合什建筑设计咨询有限公司
编制人员：荣小华　周勇刚　唐玲　陈本云
　　　　　曾泰　罗永春　曾庆峰　李泰军
　　　　　王一学　钟军

四川省成都市崇州市文井江镇灾后重建规划
编制单位：成都市规划设计研究院
编制人员：晁旭彤　王磊　张超越　吴坤
　　　　　张晶　汪小琦

四川省绵阳市北川羌族自治县禹里乡修建性详
　　　细规划
编制单位：四川省城乡规划设计研究院
编制人员：梁平　游海涛　田文　张红　袁华明
　　　　　邓永胜　陈川　黄胜坤　郑辛欣
　　　　　王玉梁

四川省成都市都江堰市大观镇欣和新型社区灾
　　　后重建规划
编制单位：成都市规划设计研究院
编制人员：涂海峰　薛晖　王鹏程　黎波　马龙
　　　　　陈茜　陆大明　唐登红　李媚

四川省成都市崇州市街子镇灾后重建规划
　　　(2008—2020)
编制单位：成都市规划设计研究院
编制人员：张晶　阮晨　蒋蓉　陈俞臻　潘睿
　　　　　刘勇　白潇

四川省龙门山地震遗址保护及旅游设施建设项
　　　目规划与设计
编制单位：成都远见旅游规划设计有限公司
　　　　　四川三众建筑设计有限公司
　　　　　四川省海峡建筑设计院有限公司
编制人员：唐光辉　孙伟　刘力铭　廖强　熊健
　　　　　钟天柱　谭光友　温洁　范小东

四川省德阳市什邡市北部山区村镇灾后重建规划
编制单位：中国城市规划设计研究院
编制人员：刘继华　王仲　刘广奇　杨明松
　　　　　易翔　尹强　卢华翔　顾永涛
　　　　　矫雪梅　孙旭东

表扬奖(9项)

四川省绵阳市平武县坝子乡灾后重建总体规划
　　　(2010—2015)
编制单位：秦皇岛市规划设计研究院
编制人员：张志生　张月胜　张维平　郑新蓉
　　　　　王云龙　巩润刚

四川省绵阳市平武县豆叩镇灾后重建总体规划
编制单位：石家庄市规划设计院

编制人员：李卫山　陈晓军　南龙　张岩冰
　　　　　唐正锋　陈小明　张奇林　乔润卓
　　　　　倪春波　梁立杰

四川省绵阳市北川羌族自治县陈家坝乡灾后重建总体规划(2008—2015)
编制单位：青岛市城市规划设计研究院
　　　　　青岛市建筑设计研究院股份有限公司
编制人员：宋军　王鹏　王伟　张小帆　王本利
　　　　　王金尧　黄黎明　孔德智　孟广明
　　　　　刘建华

四川省德阳市绵竹市富新镇控制性详细规划
编制单位：徐州市规划设计院
编制人员：李靖华　陈更　孙强　张宁　袁艳勇
　　　　　杜欢　吕帅　乔学扬　毕勇　吴建堃

四川省德阳市绵竹市富新镇中心区改造规划
编制单位：徐州市规划设计院
编制人员：李靖华　陈更　孙强　袁艳勇　乔学扬
　　　　　王锴　吕帅　白潇潇　毕勇　张宁

四川省阿坝州汶川县萝卜寨新村修建性详细规划
编制单位：江门市规划勘察设计研究院
编制人员：江宁进　杨明豪　张帆　周明
　　　　　李维新　井西振　杨威　贾真颖
　　　　　李仲斌　方刘伟

厦门对口援建彭州市白鹿镇规划
编制单位：海南雅克城市规划设计有限公司
编制人员：车文胜　郭莉　黎元杰　范大林
　　　　　吴斌　曾俊杰　陈凡

四川省成都市都江堰市天马镇向荣新村(老鸹林)灾后重建规划
编制单位：四川三众建筑设计有限公司
编制人员：廖强　熊渝　杜毅　张显　蔡光斌
　　　　　王佐权

四川省广元市青川竹园新区城市设计招标方案综合
编制单位：中国城市规划设计研究院
　　　　　浙江省支援青川县灾后恢复重建指挥部
编制人员：张全　李家志　王小舟　张娟
　　　　　蔡丽萍　李潇　项冉　李浤　孙鹏
　　　　　宋文松

2010~2011年度中国建设工程鲁班奖(国家优质工程)获奖名单

第一批

（排名不分先后）

工程名称：安福大厦
申报单位：北京城乡一建设工程有限责任公司
参建单位：北京中建海外装饰工程有限公司
　　　　　北京市设备安装工程集团有限公司
　　　　　武汉凌云建筑装饰工程有限公司
　　　　　广东省建筑装饰工程有限公司

工程名称：中海大厦
申报单位：中建三局建设工程股份有限公司
参建单位：广东省装饰总公司
　　　　　深圳海外装饰工程有限公司
　　　　　中建三局装饰有限公司
　　　　　上海中远川崎重工钢结构有限公司

工程名称：中国康复研究中心综合康复楼工程
申报单位：北京万兴建筑集团有限公司
参建单位：北京建工四建工程建设有限公司

工程名称：昌平区南环路道路及桥梁工程南环大桥
申报单位：北京城建亚泰建设工程有限公司
　　　　　北京城建集团有限责任公司
　　　　　江阴大桥(北京)工程有限公司
参建单位：北京筑基兴业建设工程有限公司
　　　　　北京城建七建设工程有限公司

工程名称：中国科学技术馆新馆

三、获奖名单

申报单位：中国建筑第八工程局有限公司
参建单位：中建工业设备安装有限公司
　　　　　国都建设(集团)有限公司
　　　　　际高建业有限公司
　　　　　深圳市瑞华建设股份有限公司

工程名称：大港区文化艺术中心工程
申报单位：天津三建建筑工程有限公司
参建单位：深圳市洪涛装饰股份有限公司
　　　　　天津宇达建筑工程有限公司
　　　　　天津中发机电工程有限公司

工程名称：上海烟草(集团)公司天津卷烟厂"十一五"技术改造项目联合工房
申报单位：天津市建工工程总承包有限公司
参建单位：天津四建建筑工程有限公司
　　　　　深圳海外装饰工程有限公司

工程名称：天津市中心妇产科医院迁址新建工程门急诊住院综合楼
申报单位：天津天一建设集团有限公司
参建单位：天津中发机电工程有限公司
　　　　　苏州金螳螂建筑装饰股份有限公司
　　　　　北京丽贝亚建筑装饰工程有限公司

工程名称：天津市快速路南仓道铁东路立交工程
申报单位：中铁六局集团有限公司
　　　　　天津第六市政公路工程有限公司

工程名称：鄂尔多斯会展中心工程
申报单位：河北建设集团有限公司
参建单位：深圳市三鑫幕墙工程有限公司
　　　　　上海中建八局装饰有限责任公司

工程名称：石家庄广播电视采编播综合业务大楼
申报单位：浙江宝业建设集团有限公司
参建单位：深圳市维业装饰集团股份有限公司
　　　　　江苏合发集团有限责任公司
　　　　　河北空调工程安装有限公司
　　　　　太极计算机股份有限公司

工程名称：唐钢城市中水与工业废水深度处理及综合利用工程
申报单位：中国二十二冶集团有限公司

工程名称：大连水泥厂搬迁异地新建5000t/d工程
申报单位：河北省第四建筑工程公司
　　　　　苏州中材建设有限公司

工程名称：内蒙古化工职业学院新校区教学主楼
申报单位：内蒙古兴泰建筑有限责任公司
参建单位：内蒙古兴泰实业有限责任公司

工程名称：赤峰市医院综合病房楼
申报单位：赤峰鑫盛隆建筑工程有限责任公司

工程名称：鄂尔多斯民族剧院
申报单位：湖南德成建设工程有限公司

工程名称：胶建蒙东商贸中心
申报单位：青岛市胶州建设集团有限公司

工程名称：山西丁陶国际大酒店
申报单位：山西四建集团有限公司

工程名称：中国人民银行太原中心支行附属楼
申报单位：山西第八建筑工程有限公司
参建单位：山西省工业设备安装公司
　　　　　山西永华装饰工程有限公司

工程名称：沈阳医学院奉天医院医技、住院楼
申报单位：沈阳天地建设发展有限公司

工程名称：松原市城区第二松花江大桥
申报单位：中国建筑第六工程局有限公司
参建单位：松原市第一建筑工程有限责任公司

工程名称：大庆油田有限责任公司石油科技博物馆
申报单位：江苏南通六建建设集团有限公司
参建单位：江苏南通六建集团元辰设备安装工程有限公司
　　　　　大庆油田建设集团有限责任公司
　　　　　深圳远鹏装饰设计工程有限公司

工程名称：中国2010年上海世博会中国馆(中国国家馆、中国地区馆)
申报单位：上海建工(集团)总公司
参建单位：上海市第四建筑有限公司

　　　　　　上海市安装工程有限公司
　　　　　　上海市机械施工有限公司
　　　　　　上海春沁园林工程建设有限公司
　　　　　　武汉凌云建筑装饰工程有限公司
　　　　　　上海市建筑装饰工程有限公司

工程名称：上海世博演艺中心
申报单位：上海市第四建筑有限公司
参建单位：上海宝立建筑装饰工程有限公司
　　　　　　上海市机械施工有限公司
　　　　　　上海市安装工程有限公司
　　　　　　上海新丽装饰工程有限公司
　　　　　　北京江河幕墙股份有限公司
　　　　　　上海市建筑装饰工程有限公司

工程名称：中国2010年上海世博会主题馆
申报单位：上海市第二建筑有限公司
参建单位：上海市机械施工有限公司
　　　　　　上海宝冶集团有限公司
　　　　　　上海市安装工程有限公司
　　　　　　沈阳远大铝业工程有限公司
　　　　　　上海健尔斯装饰工程有限公司
　　　　　　上海市园林工程有限公司
　　　　　　上海松耳照明工程有限公司
　　　　　　深圳市洪涛装饰股份有限公司

工程名称：世博轴及地下综合体工程
申报单位：上海建工(集团)总公司
参建单位：上海市第七建筑有限公司
　　　　　　上海市机械施工有限公司
　　　　　　上海市安装工程有限公司
　　　　　　上海建工桥隧筑港工程有限公司

工程名称：中国2010年上海世博会—世博中心
申报单位：上海市第七建筑有限公司
参建单位：上海市建筑装饰工程有限公司
　　　　　　上海市安装工程有限公司
　　　　　　上海市机械施工有限公司
　　　　　　上海建筑装饰(集团)有限公司
　　　　　　沈阳远大铝业工程有限公司
　　　　　　浙江亚厦装饰股份有限公司

工程名称：世博村A地块(VIP)生活楼
申报单位：上海建工(集团)总公司

　　　　　　上海市第四建筑有限公司
参建单位：上海市安装工程有限公司
　　　　　　沈阳远大铝业工程有限公司
　　　　　　上海新丽装饰工程有限公司
　　　　　　苏州金螳螂建筑装饰股份有限公司

工程名称：500千伏静安(世博)输变电工程
申报单位：上海市第二建筑有限公司
　　　　　　上海送变电工程公司
参建单位：上海市机械施工有限公司
　　　　　　上海市安装工程有限公司

工程名称：紫竹国际大厦工程(原名浦东世纪花园三期办公楼工程)
申报单位：上海森信建设工程有限公司
参建单位：海艺国际设计工程有限公司

工程名称：无锡市土地交易市场
申报单位：江苏正方园建设集团有限公司
参建单位：无锡王兴幕墙装饰工程有限公司
　　　　　　深圳市美术装饰工程有限公司
　　　　　　江苏港宁装璜有限公司
　　　　　　南京东大智能化系统有限公司
　　　　　　江苏先行工业设备安装有限公司

工程名称：苏州科技文化艺术中心
申报单位：江苏江中集团有限公司
参建单位：中铁建工集团北京安装工程有限公司
　　　　　　深圳海外装饰工程有限公司
　　　　　　深圳市洪涛装饰股份有限公司
　　　　　　苏州金螳螂建筑装饰股份有限公司
　　　　　　沈阳远大铝业工程有限公司

工程名称：太湖文化论坛国际会议中心
申报单位：苏州二建建筑集团有限公司
参建单位：苏州金螳螂建筑装饰股份有限公司
　　　　　　苏州柯利达建筑装饰工程有限公司
　　　　　　苏州文正机电设备安装工程有限公司

工程名称：常州大剧院
申报单位：常州第一建筑集团有限公司
参建单位：常州工业设备安装有限公司

三、获奖名单

    江苏合发集团有限责任公司
    上海世家装饰实业有限公司
    浙江深美装饰工程有限公司
    江苏环亚建设工程有限公司

工程名称：东北电网电力调度交易中心大楼
申报单位：南通四建集团有限公司
参建单位：南通四建装饰工程有限公司
    沈阳远大铝业工程有限公司
    上海延华智能科技股份有限公司
    中国建筑装饰工程有限公司

工程名称：荣超经贸中心
申报单位：江苏省华建建设股份有限公司
参建单位：江苏正裕建筑安装工程有限公司
    江苏扬安机电设备工程有限公司

工程名称：绍兴市人民检察院办案、专业技术综合用房
申报单位：浙江宝业建设集团有限公司
参建单位：浙江亚厦装饰股份有限公司
    上海高新铝质工程股份有限公司

工程名称：台州移动通信枢纽楼工程
申报单位：国强建设集团有限公司
参建单位：浙江龙邦装潢工程有限公司
    浙江中南建设集团有限公司

工程名称：东阳海天大酒店
申报单位：浙江海天建设集团有限公司

工程名称：嘉鸿商务广场
申报单位：温州中城建设集团有限公司
参建单位：江苏龙升幕墙工程有限公司
    温州市中天装饰工程有限公司

工程名称：菏泽大剧院
申报单位：山东菏建建筑集团有限公司
参建单位：中国建筑装饰工程有限公司
    深圳瑞和建筑装饰股份有限公司

工程名称：德州市新城综合楼
申报单位：山东德建集团有限公司
    山东莱钢建设有限公司
参建单位：山东万得福装饰工程有限公司

工程名称：济南奥林匹克体育中心体育场
申报单位：中建八局第二建设有限公司
参建单位：中建八局第二建设有限公司装饰分公司
    江苏沪宁钢机股份有限公司
    深圳市三鑫幕墙工程有限公司
    中建工业设备安装有限公司
    胜利油田胜利工程建设（集团）有限责任公司
    江苏省建工集团有限公司
    北京市中通新型建筑材料公司

工程名称：济南奥林匹克体育中心体育馆
申报单位：北京城建集团有限责任公司
参建单位：北京城建安装工程有限公司
    北京城建九建设工程有限公司
    广东世纪达装饰工程有限公司
    沈阳远大铝业工程有限公司

工程名称：济南奥林匹克体育中心网球馆
申报单位：济南四建（集团）有限责任公司

工程名称：济南奥林匹克体育中心游泳馆
申报单位：中国建筑第五工程局有限公司
参建单位：浙江东南网架股份有限公司
    山东津单幕墙有限公司
    深圳市华辉装饰工程有限公司

工程名称：临沂市博爱家园
申报单位：天元建设集团有限公司
参建单位：山东天元安装工程有限公司
    山东天元装饰工程有限公司

工程名称：第七届中国（济南）国际园林花卉博览园
申报单位：济南园林开发建设集团有限公司
    济南四建（集团）有限责任公司
    山东平安建设集团有限公司
参建单位：山东国舜建设集团有限公司
    山东国宸装饰工程有限公司
    山东富达装饰工程有限公司
    济南百合园林集团有限公司
    山东省机械施工有限公司
    济南城建工程公司

青岛新大地园林工程有限公司
济南长泰建设集团有限公司
同方股份有限公司
山东自立幕墙工程有限公司
青岛日新园林工程有限公司
山东港基建设集团有限公司

工程名称：安徽置地投资广场
申报单位：中建三局第一建设工程有限责任公司
参建单位：武汉凌云建筑装饰工程有限公司
深圳新科特种装饰工程公司
中建三局东方装饰设计工程有限公司

工程名称：厦门地产大厦
申报单位：福建省第五建筑工程公司
参建单位：沈阳远大铝业工程有限公司
福建省广润建筑发展有限公司

工程名称：建发五缘湾营运中心写字楼
申报单位：福建四海建设有限公司

工程名称：赣州市博物馆·城展馆
申报单位：江西建工第一建筑有限责任公司
参建单位：珠海兴业绿色建筑科技有限公司
南京东大智能化系统有限公司
深圳市南利装饰工程有限公司

工程名称：江西省森林防火预警监测总站大楼
申报单位：江西中恒建设集团公司
参建单位：江西宏发建设发展有限公司

工程名称：中国文字博物馆主体馆
申报单位：泰宏建设发展有限公司
参建单位：北京天图设计工程有限公司
北京港源建筑装饰工程有限公司
宜兴市工业设备安装有限公司

工程名称：平顶山市行政服务综合楼
申报单位：平煤建工集团有限公司
参建单位：河南派普建设工程有限公司
中国建筑装饰工程有限公司
河南中建七局建筑装饰工程有限公司

工程名称：武汉大学人民医院外科综合大楼
申报单位：中天建设集团有限公司
参建单位：武汉广通系统工程有限公司
中国联和承造实业有限公司

工程名称：法国阿海珐武汉变压器厂(扬子)项目主厂房
申报单位：中国建筑第七工程局有限公司
参建单位：中建七局安装工程有限公司

工程名称：中南大学新校区图书馆
申报单位：湖南顺天建设集团有限公司

工程名称：宜居·莱茵城 A1、A2、A6、A7 栋及 A2 地下室（1、2 防火分区）
申报单位：湖南省沙坪建筑有限公司
参建单位：湖南沙坪装饰有限公司

工程名称：中南大学湘雅医院新医疗区医疗大楼
申报单位：湖南省第六工程有限公司
河北建设集团有限公司
深圳市鹏城建筑集团有限公司
参建单位：湖南六建机电安装有限责任公司
湖南六建装饰设计工程有限责任公司
深圳市南利装饰工程有限公司
湖南华天装饰有限公司
中国新兴建设开发总公司
深圳市华剑装饰设计工程有限公司

工程名称：广州科学城海格通信产业园
申报单位：汕头市建安(集团)公司
参建单位：广东正升建筑有限公司
广东泰通建设有限公司

工程名称：汶川县第一中学
申报单位：广东耀南建筑工程有限公司

工程名称：大运会国际广播电视新闻中心（MMC）
申报单位：深圳市鹏城建筑集团有限公司
参建单位：深圳市发鹏装饰工程有限公司
深圳市广宁实业有限公司

三、获奖名单

工程名称：长隆酒店二期工程
申报单位：中天建设集团有限公司
参建单位：中天建设集团浙江安装工程有限公司

工程名称：钦州保税港区行政联检大楼及附属配套设施项目
申报单位：广西建工集团第二建筑工程有限责任公司

工程名称：电子科技大学清水河校区主楼工程
申报单位：成都建筑工程集团总公司

工程名称：大城际电梯公寓
申报单位：四川省晟茂建设有限公司

工程名称：都江堰市医疗中心
申报单位：上海市第四建筑有限公司
参建单位：浙江华汇机电设备安装有限公司
　　　　　上海双收建筑工程有限公司
　　　　　上海新丽装饰工程有限公司
　　　　　上海银弓建筑装饰工程有限公司

工程名称：重庆建工产业大厦工程
申报单位：重庆建工集团股份有限公司
参建单位：重庆建工渝远建筑装饰有限公司
　　　　　重庆工业设备安装集团有限公司
　　　　　重庆建工第四建设有限责任公司

工程名称：重庆大剧院
申报单位：湖南省建筑工程集团总公司
参建单位：湖南六建机电安装有限责任公司
　　　　　深圳海外装饰工程有限公司
　　　　　沈阳远大铝业工程有限公司
　　　　　重庆港鑫建筑装饰设计工程有限公司
　　　　　浙江大丰实业有限公司
　　　　　重庆美源建设发展有限公司

工程名称：贵州省民主党派和政协委员活动中心及环境配套工程
申报单位：贵州建工集团总公司

工程名称：云南海埂会议中心项目商务会议中心
申报单位：云南省第二建筑工程公司
参建单位：深圳市奇信建设集团有限公司
　　　　　云南工程建设总承包公司
　　　　　云南艺丰科技工程有限公司
　　　　　盛云科技有限公司

工程名称：玉溪聂耳文化场馆工程（聂耳纪念馆、图书馆、大剧院）
申报单位：云南建工第六建筑工程有限公司
参建单位：南京东大智能化系统有限公司
　　　　　重庆西南铝装饰工程有限公司
　　　　　云南旅游装饰工程有限公司

工程名称：西安飞机工业（集团）有限公司369号总装厂房
申报单位：陕西建工集团第二建筑工程有限公司
参建单位：浙江东南网架股份有限公司

工程名称：西安市人民检察院业务技术综合楼及附属工程
申报单位：陕西省第八建筑工程公司
参建单位：四联智能技术股份有限公司
　　　　　中航长江建设工程有限公司
　　　　　北京市建筑装饰设计工程有限公司

工程名称：陕西花旗实业有限公司环保示范项目1号住宅楼、实验楼
申报单位：陕西航天建筑工程公司

工程名称：都市之门A座及千人会堂
申报单位：中天建设集团有限公司
　　　　　上海绿地建设(集团)有限公司
参建单位：陕西华新建工有限公司

工程名称：宁夏博物馆
申报单位：宁夏建工集团有限公司

工程名称：独山子文体活动中心
申报单位：新疆建工(集团)有限责任公司
参建单位：泉州粤港装饰工程有限公司

工程名称：乌鲁瓦提水利枢纽工程
申报单位：中国水电建设集团十五工程局有限公司
　　　　　葛洲坝新疆工程局(有限公司)

参建单位：新疆江河水利水电工程技术施工
总队
新疆汇通水利电力工程建设有限公司

工程名称：新建北京至天津城际轨道交通工程
申报单位：中铁十七局集团有限公司
中铁二局股份有限公司
中铁电气化局集团有限公司
参建单位：中铁六局集团有限公司
中铁大桥局股份有限公司
中铁十四局集团有限公司
中铁十八局集团有限公司
中铁四局集团有限公司
中铁十一局集团有限公司
中铁二十二局集团有限公司
中国铁路通信信号集团公司

工程名称：北京南站改扩建工程—站房工程
申报单位：中铁建工集团有限公司
参建单位：中铁建工集团北京有限公司
中铁建工集团北京装饰工程有限公司
中铁建工集团北京安装工程有限公司
江苏沪宁钢机股份有限公司

工程名称：新建武汉北编组站
申报单位：中铁大桥局股份有限公司
中铁十二局集团有限公司
参建单位：中铁电气化局集团北京建筑工程有限公司

工程名称：合武铁路大别山隧道
申报单位：中铁隧道集团有限公司
中铁十七局集团有限公司
参建单位：中铁十七局集团第四工程有限公司
中铁十七局集团第五工程有限公司
中铁隧道集团一处有限公司
中铁七局集团有限公司
中铁电气化局集团有限公司

工程名称：舟山港马迹山港区宝钢矿石码头二期工程水工Ⅰ标段
申报单位：中交第三航务工程局有限公司

工程名称：苏通长江公路大桥
申报单位：中交第二航务工程局有限公司
中交第二公路工程局有限公司
参建单位：中铁大桥局股份有限公司
中铁山桥集团有限公司
江苏中泰桥梁钢构股份有限公司
江苏恒基路桥有限公司
中交一公局第三工程有限公司
苏州交通工程集团有限公司
江苏省交通工程集团有限公司
路桥集团国际建设股份有限公司
中交二公局第三工程有限公司
山东省路桥集团有限公司
江苏中压电气工程有限公司

工程名称：神华浙江国华宁海发电厂二期扩建
工程(2×1000MW)
申报单位：浙江省火电建设公司
天津电力建设公司
浙江省建工集团有限责任公司
参建单位：浙江省工业设备安装集团有限公司
中交第三航务工程局有限公司

工程名称：大唐信阳发电有限责任公司 2×660MW 超超临界机组工程
申报单位：河南六建建筑集团有限公司
河南第一火电建设公司
中建二局第二建筑工程有限公司
参建单位：浙江省火电建设公司
河南省第二建设集团有限公司
北京博奇电力科技有限公司

工程名称：江苏宜兴抽水蓄能电站
申报单位：葛洲坝集团第二工程有限公司
中国水利水电第六工程局有限公司
参建单位：中国水利水电第五工程局有限公司
葛洲坝集团机电建设有限公司

工程名称：500kV 桂山变电站
申报单位：广东省输变电工程公司

工程名称：河南郑州东 500 千伏变电站
申报单位：河南送变电建设公司
河南省第二建设集团有限公司

三、获 奖 名 单

工程名称：黄河小浪底水利枢纽工程
申报单位：中国水利水电第十四工程局有限公司
中国水利水电第七工程局有限公司
中国水利水电第六工程局有限公司
中国水电基础局有限公司
中国水利水电第十一工程局有限公司
参建单位：中国水电建设集团十五工程局有限公司
小浪底水利水电工程有限公司

工程名称：山东新矿龙固矿井及选煤厂
申报单位：山东华新建筑工程集团有限责任公司
参建单位：中煤特殊凿井（集团）有限责任公司
中煤第五建设有限公司
中煤国际工程集团北京华宇工程有限公司
中煤第七十一工程处
山东百世建设集团有限公司

工程名称：首钢冷轧薄板生产线工程
申报单位：中国冶金科工集团有限公司
中国二十冶集团有限公司
上海宝冶集团有限公司
中国二十二冶集团有限公司
参建单位：北京首钢建设集团有限公司
北京中冶和坤天冕工程技术有限公司
中冶沈勘工程技术有限公司

工程名称：首钢京唐钢铁联合有限责任公司一期一步冶炼（炼铁一炼钢）工程
申报单位：北京首钢建设集团有限公司
中国二十二冶集团有限公司
参建单位：中国三冶集团有限公司
中国第四冶金建设公司
中国第一冶金建设有限责任公司
九冶建设有限公司

工程名称：中山博览中心
申报单位：中国建筑股份有限公司
参建单位：上海宝冶集团有限公司
深圳广田装饰集团股份有限公司
上海中远川崎重工钢结构有限公司

工程名称：华润中心二期
申报单位：中国建筑第二工程局有限公司
华润建筑有限公司

工程名称：榆林国际大酒店
申报单位：中建五局第三建设有限公司
参建单位：中建五局建筑装饰有限公司
深圳市科源建设集团有限公司
浙江环影装饰工程有限公司

工程名称：上海A30高速公路（界河～外环线）第五标段
申报单位：中国建筑第七工程局有限公司
参建单位：中建七局（上海）有限公司

工程名称：山东广播电视中心综合业务楼
申报单位：中建八局第二建设有限公司
参建单位：中建八局第二建设有限公司装饰分公司
深圳市奇信建设集团有限公司

工程名称：上海哈瓦那大酒店
申报单位：中国建筑第八工程局有限公司
参建单位：上海东方明珠实友建筑装饰工程有限公司
深圳市洪涛装饰股份有限公司
上海置辰工程建设有限公司

工程名称：二三一〇工程场道工程
申报单位：中国航空港建设第三工程总队

工程名称：中国人民解放军后勤工程学院新校区教学主楼
申报单位：北京六建集团公司
参建单位：重庆德辉装饰工程有限公司

工程名称：中粮福临门大厦工程
申报单位：中国新兴建设开发总公司
参建单位：中国新兴保信建设总公司
山东华峰建筑装饰工程有限公司

第十届中国土木工程詹天佑奖

建 筑 工 程

工程名称：上海环球金融中心
参建单位：中国建筑股份有限公司
　　　　　中建三局建设工程股份有限公司
　　　　　上海建工(集团)总公司
　　　　　中建国际建设有限公司
　　　　　中国建筑第二工程局有限公司(沪)
　　　　　中建钢构有限公司
　　　　　中建一局集团建设发展有限公司
　　　　　中建三局第一建设工程有限责任公司
　　　　　上海市第一建筑有限公司
　　　　　上海市安装工程有限公司

工程名称：上海世博会中国馆工程
参建单位：上海建工(集团)总公司
　　　　　上海市第四建筑有限公司
　　　　　华南理工大学建筑设计研究院
　　　　　上海建筑设计研究院有限公司
　　　　　上海市机械施工有限公司
　　　　　上海市安装工程有限公司

工程名称：上海世博会世博轴及地下综合体工程
参建单位：上海建工(集团)总公司
　　　　　华东建筑设计研究院有限公司
　　　　　上海市政工程设计研究总院
　　　　　上海市第七建筑有限公司
　　　　　上海市机械施工有限公司
　　　　　上海市安装工程有限公司

工程名称：上海世博会主题馆
参建单位：上海市第二建筑有限公司
　　　　　上海世博(集团)有限公司
　　　　　同济大学建筑设计研究院(集团)有限公司
　　　　　上海建浩工程顾问有限公司

工程名称：上海世博会世博中心
参建单位：上海市第七建筑有限公司
　　　　　上海世博(集团)有限公司
　　　　　华东建筑设计研究院有限公司
　　　　　上海建科建设监理咨询有限公司

工程名称：上海世博会世博文化中心
参建单位：上海市第四建筑有限公司
　　　　　华东建筑设计研究院有限公司
　　　　　上海市机械施工有限公司
　　　　　上海市安装工程有限公司
　　　　　北京江河幕墙股份有限公司

工程名称：上海光源(SSRF)国家重大科学工程
参建单位：中国科学院上海应用物理研究所
　　　　　上海建筑设计研究院有限公司
　　　　　上海市第七建筑有限公司
　　　　　上海建科建设监理咨询有限公司

工程名称：广东科学中心
参建单位：广东省建筑工程集团有限公司
　　　　　中南建筑设计院股份有限公司
　　　　　广东科学中心
　　　　　广东省建筑科学研究院
　　　　　浙江东南网架股份有限公司
　　　　　广东省基础工程公司
　　　　　广州珠江工程建设监理公司
　　　　　广东建雅室内工程设计施工有限公司
　　　　　广州城建开发装饰有限公司

工程名称：北京银泰中心
参建单位：北京城建集团有限责任公司
　　　　　中国电子工程设计院
　　　　　北京帕克国际工程咨询有限公司
　　　　　北京城建四建设工程有限责任公司
　　　　　北京城建亚泰建设工程有限公司
　　　　　北京城建七建设工程有限责任公司

工程名称：国家图书馆二期暨国家数字图书馆

三、获奖名单

工程
参建单位：中铁建工集团有限公司
　　　　　国家图书馆基建工程办公室
　　　　　北京鸿厦基建工程监理有限公司
　　　　　华东建筑设计研究院有限公司

工程名称：济南奥林匹克体育中心
参建单位：济南市城市建设投资有限公司
　　　　　山东营特建设项目管理有限公司
　　　　　中建国际（深圳）设计顾问有限公司
　　　　　中建八局第二建设有限公司
　　　　　北京城建九建设工程有限公司
　　　　　中国建筑第五工程局有限公司
　　　　　济南四建（集团）有限责任公司
　　　　　济南一建集团总公司
　　　　　山东三箭建设工程股份有限公司
　　　　　中国建筑技术集团有限公司
　　　　　江苏沪宁钢机股份有限公司
　　　　　浙江精工钢结构有限公司

工程名称：陕西法门寺合十舍利塔工程
参建单位：陕西建工集团总公司
　　　　　建学建筑与工程设计所有限公司
　　　　　陕西省建筑科学研究院
　　　　　陕西省第三建筑工程公司
　　　　　陕西建工集团第五建筑工程有限公司
　　　　　陕西建工集团机械施工有限公司
　　　　　陕西建工集团设备安装工程有限公司

工程名称：武汉琴台大剧院
参建单位：武汉建工股份有限公司
　　　　　中国一冶集团有限公司
　　　　　广州珠江外资建筑设计院

工程名称：重庆科技馆
参建单位：重庆建工第三建设有限责任公司
　　　　　重庆市地产集团
　　　　　重庆市设计院
　　　　　中煤国际工程集团重庆设计研究院

工程名称：呼和浩特白塔机场新建航站楼工程
参建单位：河北建设集团有限公司
　　　　　中国民航机场建设集团公司

工程名称：武昌火车站改扩建工程
参建单位：中铁建工集团有限公司
　　　　　武汉铁路局武九扩能工程建设指挥部
　　　　　中铁第四勘察设计院集团有限公司
　　　　　中铁四局集团有限公司

桥　梁　工　程

工程名称：东海大桥
参建单位：中铁大桥局集团有限公司
　　　　　上海同盛大桥建设有限公司
　　　　　上海市政工程设计研究总院
　　　　　中铁大桥勘测设计院有限公司
　　　　　中交第三航务工程勘察设计院有限公司
　　　　　上海城建（集团）公司
　　　　　上海市第二市政工程有限公司
　　　　　路桥集团国际建设股份有限公司
　　　　　上海建工（集团）总公司
　　　　　中交第一航务工程局有限公司
　　　　　中交第三航务工程局有限公司
　　　　　浙江省围海建设集团股份有限公司
　　　　　上海巨一科技发展有限公司
　　　　　中铁武汉大桥工程咨询监理有限公司
　　　　　上海市市政工程管理咨询有限公司

工程名称：苏通长江公路大桥
参建单位：江苏省苏通大桥建设指挥部
　　　　　中交公路规划设计院有限公司
　　　　　中交第二航务工程局有限公司
　　　　　中交第二公路工程局有限公司
　　　　　中铁大桥局集团有限公司
　　　　　中铁山桥集团有限公司
　　　　　武汉大通公路桥梁工程咨询监理有限责任公司
　　　　　江苏法尔胜新日制铁缆索有限公司
　　　　　山东省路桥集团有限公司

工程名称：重庆朝天门长江大桥

参建单位：重庆中港朝天门长江大桥项目建设
有限公司
中交第二航务工程局有限公司
中铁山桥集团有限公司
中铁宝桥集团有限公司
招商局重庆交通科研设计院有限公司
中铁大桥勘测设计院有限公司

铁 道 工 程

工程名称：武汉北编组站
参建单位：中铁大桥局股份有限公司
中铁第一勘察设计院集团有限公司
中铁十二局集团有限公司
中铁电气化局集团有限公司
北京全路通信信号研究设计院
武汉铁路局

工程名称：合肥至武汉铁路
参建单位：中铁第四勘察设计院集团有限公司
沪汉蓉铁路湖北有限责任公司
合武铁路安徽有限公司
中铁四局集团有限公司
中铁十一局集团有限公司
中铁隧道集团有限公司
中铁十二局集团有限公司
中铁大桥局集团有限公司
中铁二十五局集团有限公司
中铁电气化局集团有限公司
中国铁路通信信号集团公司
中铁七局集团有限公司
中铁十七局集团有限公司
中铁十局集团有限公司
中铁二十四局集团有限公司
中国交通建设股份有限公司

隧 道 工 程

工程名称：武汉长江隧道
参建单位：中铁隧道集团有限公司
中铁第四勘察设计院集团有限公司
武汉市城市建设投资开发集团有限公司
武汉市市政建设集团有限公司
中铁隧道股份有限公司

工程名称：石太铁路客运专线南梁隧道
参建单位：中铁十二局集团有限公司
石太铁路客运专线有限责任公司
铁道第三勘察设计院集团有限公司
中铁十一局集团有限公司

公 路 工 程

工程名称：云南思茅至小勐养高速公路
参建单位：云南思小高速公路建设指挥部
云南省交通规划设计研究院
云南省公路工程监理咨询公司
中国云南路建集团股份有限公司
云南阳光道桥股份有限公司
云南第二公路桥梁工程有限公司
云南云桥建设股份有限公司
云南路桥股份有限公司
云南第一公路桥梁工程有限公司
云南第三公路桥梁工程有限责任
公司
云南云岭高速公路养护绿化工程有
限公司
中国葛洲坝集团股份有限公司
中铁十二局集团第二工程有限公司
中铁十八局集团有限公司
浙江省交通工程建设集团有限公司
中交第二航务工程局有限公司
中铁十一局集团第四工程有限公司
中铁一局集团有限公司

工程名称：南京至淮安高速公路
参建单位：江苏省交通工程建设局
南京市公路建设处
淮安市交通工程建设处

三、获奖名单

中交第二公路勘察设计研究院有限公司
江苏省交通规划设计院有限公司
北京路桥通国际工程咨询有限公司
江苏东南交通工程咨询监理有限公司
中交一公局第三工程有限公司
中铁十八局集团有限公司
中铁十五局集团有限公司
南京交通工程有限公司
南京市路桥工程总公司
江苏江南路桥工程有限公司
江苏省镇江市路桥工程总公司

工程名称：新疆乌鲁瓦提水利枢纽工程
参建单位：新疆乌鲁瓦提水利枢纽工程建设管理局
　　　　　新疆水利水电勘测设计研究院
　　　　　中国水电建设集团十五工程局有限公司
　　　　　葛洲坝新疆工程局(有限公司)
　　　　　新疆生产建设兵团建设工程(集团)有限责任公司
　　　　　新疆汇通水利电力工程建设有限公司
　　　　　新疆水利水电工程建设监理中心

工程名称：贵州乌江索风营水电站
参建单位：贵州乌江水电开发有限责任公司
　　　　　中国水电顾问集团贵阳勘测设计研究院
　　　　　中国水利水电第八工程局有限公司
　　　　　中国水利水电第六工程局有限公司
　　　　　中国水利水电第九工程局有限公司
　　　　　中国水电基础局有限公司

水 利 工 程

工程名称：沂河刘家道口节制闸工程
参建单位：淮委·山东省水利厅刘家道口枢纽工程建设管理局
　　　　　中国水电建设集团十五工程局有限公司
　　　　　山东省水利勘测设计院
　　　　　安徽省大禹工程建设监理咨询有限公司
　　　　　安徽水利开发股份有限公司
　　　　　山东水总机械工程有限公司

水 运 工 程

工程名称：天津港北防波堤延伸工程
参建单位：中交一航局第一工程有限公司
　　　　　中交第一航务工程勘察设计院有限公司
　　　　　天津港建设公司
　　　　　天津港工程监理咨询有限公司
　　　　　中交天津港湾工程研究院有限公司

工程名称：青岛港原油码头三期工程
参建单位：中交水运规划设计院有限公司
　　　　　青岛港(集团)有限公司
　　　　　青岛港务局港务工程公司
　　　　　中交一航局第二工程有限公司
　　　　　天津天科工程监理咨询事务所

工程名称：广州港南沙港二期工程
参建单位：广州港集团有限公司
　　　　　中交第四航务工程勘察设计院有限公司
　　　　　中交第四航务工程局有限公司
　　　　　中交一航局第五工程有限公司
　　　　　中交第三航务工程局有限公司
　　　　　长江航道局
　　　　　中交广州航道局有限公司
　　　　　广州港水运工程监理公司
　　　　　广州南华工程管理有限公司
　　　　　广州海建工程监理公司

市 政 工 程

工程名称：北京小红门污水处理厂
参建单位：北京市市政工程设计研究总院
　　　　　北京城市排水集团有限责任公司
　　　　　北京市市政四建设工程有限责任公司

工程名称：上海白龙港污水处理厂升级改造及扩建工程
参建单位：上海白龙港污水处理有限公司
上海市第七建筑有限公司
中国核工业华兴建设有限公司
上海市政工程设计研究总院
北京市市政工程设计研究总院
上海宏波工程咨询管理有限公司
上海市第一市政工程有限公司
上海市政工程勘察设计有限公司

工程名称：北京奥林匹克公园中心区市政配套工程
参建单位：北京市市政工程设计研究总院
北京市公联公路联络线有限责任公司
北京新奥集团有限公司
北京城市排水集团有限责任公司
北京市政建设集团有限责任公司
北京城建道桥建设集团有限公司
北京市公路桥梁建设集团有限公司
北京市市政一建设工程有限责任公司
上海市隧道工程轨道交通设计研究院

住宅小区工程

工程名称：珠海格力广场住宅小区一期A区
参建单位：珠海格力房产有限公司
珠海市建筑设计院
珠海市建安集团公司
中建三局第一建设工程有限责任公司
南通四建集团有限公司
中国建筑第五工程局有限公司
广东省广弘华侨建设投资集团有限公司
广东大潮建筑装饰工程有限公司
深圳市晶宫设计装饰工程有限公司
汕头市建安实业(集团)有限公司

2010年"中国建研院CABR杯"华夏建设科学技术奖获奖项目名单

一等奖(10项)

项目名称：超高层建筑钢—混凝土组合结构关键技术研究(建工—结构)
主要完成单位：中国建筑科学研究院
中国建筑第八工程局
中国国际贸易中心工程部
中建一局建设发展公司
北京香江兴利房地产开发有限公司
主要完成人员：徐培福　肖从真　王翠坤
薛彦涛　孙建超　肖绪文
廖顺雨　马昕　王滔　徐自国
田春雨　翟传明　高华杰　颜锋
陈迎昌

项目名称：CCTV主楼结构施工过程仿真技术即施工模拟分析、变形预调、施工监测的应用(建工—施工)
主要完成单位：中国建筑股份有限公司
中国建筑科学研究院
清华大学
华东建筑设计研究院有限公司
中建三局建设工程股份有限公司
中建一局集团建设发展公司
中建钢构有限公司
主要完成人员：王祥明　张琨　彭明祥　毛志兵
杨晓毅　肖南　郭彦林　王翠坤
刘军进　许立山　姜文伟　戴立先
张鹏　余渊　陈振明

项目名称：《工程结构可靠性设计统一标准》GB 50153—2008(标准规范)
主要完成单位：中国建筑科学研究院
中国铁道科学研究院
铁道部第三勘察设计院集团有限公司
中交公路规划设计院有限公司

中交水运规划设计院有限公司
水电水利规划设计总院
水利部水利水电规划设计总院
大连理工大学
西安建筑科技大学
上海交通大学
主要完成人员：袁振隆　史志华　陈基发　李云贵
邸小坛　刘晓光　李铁夫　张玉玲
赵君黎　杜廷瑞　贡金鑫　姚继涛
沈义生　雷兴顺　鲍卫刚

项目名称：大跨径桥梁混凝土结构服役性能及其提升技术的研究（建工—建材）
主要完成单位：江苏省苏通大桥建设指挥部
东南大学
江苏省建筑科学研究院有限公司
江苏省交通科学研究院股份有限公司
主要完成人员：孙伟　缪昌文　吴寿昌　郭正兴
冯凌云　吴晓明　张云升
刘加平　蒋金洋　秦鸿根
刘建忠　赵健　张亚梅　洪锦祥
万红燕

项目名称：隔震减振新技术在广东科学中心的应用与研究（建工—结构）
主要完成单位：广州大学
广东科学中心
中南建筑设计院股份有限公司
浙江东南网架股份有限公司
广东省建设工程质量安全监督检测总站
鸿印隔震制振（汕头）有限公司
湖南湘银河传感科技有限公司
新蒲建设集团有限公司
广东水利电力职业技术学院
主要完成人员：张季超　周福霖　易和　李霆
陈原　宋建军　周观根　乔军志
陈建志　刘轶　杨国荣　李宏胜
王可怡　许勇　张建林

项目名称：青岛海湾大桥建设工程项目管理信息系统（信息智能）
主要完成单位：山东高速青岛公路有限公司
易建科技（北京）有限公司
清华大学
主要完成人员：姜言泉　邵新鹏　张建平　于天胜
周和　张国庆　周毅　文爱华
马成果　刘洪欣　姜丽　胡振中
吴大鹏　李洪东　许艺

项目名称：《建筑给水排水设计手册》第二版（上、下册）（建工—建筑设计）
主要完成单位：中国建筑设计研究院
主要完成人员：赵锂　陈耀宗　刘振印　赵世明
王峰　王耀堂　马信国　王冠军
杨澎　郭汝艳　朱跃云　刘巍荣
唐祝华　李天如　赵力军

项目名称：城市污水处理氧化沟工艺技术、过程控制与设备成套化研究（城建）
主要完成单位：清华大学
北京工业大学
国祯环保节能科技股份有限公司
主要完成人员：施汉昌　彭永臻　王淦　胡洪营
王淑莹　罗彬　刘艳臣　侯红勋
席劲瑛　杨庆　施慧明　谢荣焕
高守有　王颖哲　王志强

项目名称：工程建设标准对国民经济和社会发展影响研究（软科学）
主要完成单位：住房和城乡建设部标准定额研究所
中国社会科学院数量经济与技术经济研究所
中国科学院数学与系统科学研究院
哈尔滨工业大学管理学院
北京交通大学
清华大学经管学院
中冶集团建筑研究总院
中国水利水电科学研究院
中国石化经济技术研究院
中国建筑标准设计研究院
主要完成人员：王志宏　李铮　王超　李大伟
王芬　陈国义　林常青　史富文
张宏　李雪松　汪寿阳　杨翠红
沈利生　张守健　王元丰

项目名称：大型公共建筑人员疏散模型与疏散引导系统研究（建工—建筑设计）

主要完成单位：中国建筑科学研究院
　　　　　　上海宝星灯饰电器有限公司
　　　　　　中国科学技术大学

主要完成人员：李引擎　刘文利　肖泽南
　　　　　　李强　宋卫国　姜宁　唐海
　　　　　　潘悦　王婉娣　马剑　房志明

二等奖(26项)

项目名称：民用建筑能效测评标识研究与应用
　　　　（建工—建筑节能）
主要完成单位：中国建筑科学研究院
　　　　　　住房和城乡建设部科技发展促进中心
　　　　　　河南省建筑科学研究院
　　　　　　上海建筑科学研究院
　　　　　　深圳建筑科学研究院
　　　　　　四川建筑科学研究院
主要完成人员：梁俊强　徐伟　郝斌　邹瑜
　　　　　　吕晓辰　程杰　周辉　刘幼农
　　　　　　宋业辉　郭梁雨　栾景阳
　　　　　　叶倩

项目名称：中国城市发展问题观察（软科学）
主要完成单位：中国城市规划设计研究院
　　　　　　中国城市规划学会
　　　　　　国务院政策研究室
　　　　　　中国社会科学院社会学所
　　　　　　中国社会科学院财政与贸易经济研究所
主要完成人员：邵益生　石楠　王静霞　杨保军
　　　　　　陈全生　陆学艺　杨之刚
　　　　　　周长青　张菁　陈光金

项目名称：地铁隧道区间双扇防护密闭隔断门研制（建工—门窗）
主要完成单位：中国建筑标准设计研究院
主要完成人员：徐胜　张瑞龙　陈华明　袁代光
　　　　　　刘铮　卢屹东

项目名称：混凝土耐久性标准化试验及评价方法研究（建工—建材）
主要完成单位：中国建筑科学研究院
主要完成人员：冷发光　丁威　张仁瑜　周永祥
　　　　　　田冠飞　赵霄龙　王晶　纪宪坤
　　　　　　何更新　王元　韦庆东　鲍克蒙

项目名称：国家汶川地震灾后恢复重建农村建设专项规划（规划）

主要完成单位：中国建筑设计研究院
　　　　　　四川省城乡规划编制研究中心
主要完成人员：赵辉　方明　高黄根　单彦名
　　　　　　冯新刚　陈玲　高潮　李宏高
　　　　　　宜程　陈涛　岳波　陈亮

项目名称：特大型城市区域绿地系统规划与建设技术研究（城建）
主要完成单位：同济大学
　　　　　　上海市绿化和市容管理局
　　　　　　华东师范大学
　　　　　　上海市园林科学研究所
　　　　　　上海市规划和国土资源管理局
　　　　　　安徽农业大学
主要完成人员：刘滨谊　张浪　刘颂　蔡永立
　　　　　　崔心红　金云峰　李静　姚凯
　　　　　　王鹏　温全平　姜允芳　朱义

项目名称：单桥侧独塔斜拉弯桥结构设计施工技术研究（建工—道桥）
主要完成单位：天津城建设计院有限公司
　　　　　　天津第三市政公路工程有限公司
　　　　　　天津市政公路设备工程有限公司
主要完成人员：韩振勇　张振学　井润胜　崔志刚
　　　　　　汤洪雁　洪全　孙建勋　郭会国
　　　　　　杨冬云　徐建　邬朝霞　司振清

项目名称：钢结构三维施工详图的技术研究与CAD/CAM软件开发（信息智能）
主要完成单位：建研科技股份有限公司
主要完成人员：马恩成　夏绪勇　陈玉林　张晓龙
　　　　　　晋娟茹　张欣　朱恒　郭玉江
　　　　　　陈岱林

项目名称：固体废弃物填埋场堆体稳定性评价及加固措施研究（城建）
主要完成单位：深圳市下坪固体废弃物填埋场

三、获 奖 名 单

浙江大学岩土工程研究所
主要完成人员：王克虹　詹良通　梁顺文　李智勤
　　　　　　　冯勇　　陈云敏　黄晓军　邱昭雯
　　　　　　　孟了　　兰吉武　朱家如　陈石

项目名称：深层地下结构开发关键技术研究（建工—地下空间）
主要完成单位：华东建筑设计研究院有限公司
　　　　　　　上海交通大学
　　　　　　　同济大学
主要完成人员：王卫东　汪大绥　周建龙　翁其平
　　　　　　　陈锦剑　李晓军　柳献　　李进军
　　　　　　　宋青君　沈健　　徐中华　吴江斌

项目名称：超高性能混凝土（UHPC）与自密实混凝土（UHP-SCC）的研发应用及其超高泵送技术（建工—施工）
主要完成单位：中国建筑股份有限公司
　　　　　　　广州市建筑集团有限公司
　　　　　　　中国建筑第四工程局有限公司
　　　　　　　中建三局建设工程股份有限公司
　　　　　　　高科技专家委员会清华大学分会
　　　　　　　中联重工科技发展股份有限公司
　　　　　　　广东粤群混凝土有限公司
　　　　　　　广州市城市建设开发有限公司
主要完成人员：叶浩文　冯乃谦　毛志兵　卢遵荣
　　　　　　　张琨　　顾国荣　徐立斌　向小英
　　　　　　　张杰华　戴彬彬　刘付钧　周正富

项目名称：大吨位轮式起重机吊臂伸缩与控制核心技术研究与应用（建筑机械）
主要完成单位：长沙中联重工科技发展股份有限公司
主要完成人员：张建军　郭纪梅　颜颢　　陈嘉
　　　　　　　许俭波　刘永赞　胡廷江　胡奇飞
　　　　　　　李英智　龙可游

项目名称：富煤缺水区火电厂直接空冷钢—混凝土混合结构体系关键技术研究与国产化（建工—结构）
主要完成单位：中国电力工程顾问集团公司
　　　　　　　西安建筑科技大学
　　　　　　　中国电力工程顾问集团西北电力设计院
　　　　　　　中国电力工程顾问集团东北电力设计院
　　　　　　　中国电力工程顾问集团华北电力设计院工程有限公司
主要完成人员：白国良　赵春莲　李晓文　陈祖茂
　　　　　　　李红星　杨眉　　朱丽华　袁泉
　　　　　　　朱佳宁　张颖　　王彦宏　冉颢

项目名称：超高层全现浇钢筋混凝土筒中筒结构施工综合技术（建工—施工）
主要完成单位：中国建筑一局（集团）有限公司
主要完成人员：孙德明　薛刚　　杨雁翔　沈小峰
　　　　　　　王楠　　何勇　　孔德泉　夏海余
　　　　　　　陈海明　杜新平　李铁　　张军

项目名称：建筑变形测量规范（JGJ8—2007）（标准规范）
主要完成单位：建设综合勘察研究设计院有限公司
　　　　　　　上海岩土工程勘察设计研究院有限公司
　　　　　　　西北综合勘察设计研究院
　　　　　　　南京工业大学
　　　　　　　深圳市勘察测绘院有限公司
　　　　　　　中国有色金属工业西安勘察设计研究院
　　　　　　　北京市测绘设计研究院
　　　　　　　武汉市勘测设计研究院
主要完成人员：王丹　　陆学智　张肇基　潘庆林
　　　　　　　王双龙　王百发　刘广盈　张凤录
　　　　　　　严小平　欧海平　戴建清
　　　　　　　谢征海

项目名称：透水混凝土生态地坪系统成套技术研究（建工—道桥）
主要完成单位：中国建筑股份有限公司
　　　　　　　中国建筑一局（集团）有限公司
主要完成人员：宋中南　石云兴　吴月华　薛刚
　　　　　　　霍亮　　戢文占　罗兰　　张涛
　　　　　　　李艳稳　华成谋　邓明胜
　　　　　　　廖娟

项目名称：北京市城市干道及信号交叉口通行能力研究（规划）
主要完成单位：北京市城市规划设计研究院

北京工业大学
主要完成人员：叶以农　杨孝宽　张宇　徐林
　　　　　　　汪洋　林静　付晶晶　张万超

项目名称：国家标准《实验动物设施建筑技术规范》（标准规范）
主要完成单位：中国建筑科学研究院
　　　　　　　中国医学科学院实验动物所
　　　　　　　北京实验动物管理办公室
　　　　　　　浙江省实验动物质量监督检测站
　　　　　　　中国动物疫病预防控制中心
　　　　　　　中国建筑技术集团有限公司
　　　　　　　暨南大学医学院实验动物中心
　　　　　　　军事医学科学院试验动物中心
主要完成人员：王清勤　赵力　秦川　李根平
　　　　　　　张益昭　许钟麟　萨晓英
　　　　　　　李引擎　曾宇　王荣　田克恭
　　　　　　　田小虎

项目名称：中南集团建筑业管理信息系统（信息智能）
主要完成单位：中南控股集团有限公司
主要完成人员：陈小平　张亦华　黄如福　陈国增

项目名称：预应力钢—混组合桥梁新工艺及其应用（建工—道桥）
主要完成单位：深圳市中南工程科技有限公司
　　　　　　　北京市市政专业设计院有限责任公司
　　　　　　　中铁二局第五工程有限公司
　　　　　　　深圳市桥博市政工程技术有限公司
主要完成人员：李勇　陈宜言　聂建国　余志武
　　　　　　　王锋　蒋光全　方秦汉　刘念琴
　　　　　　　刘四田　李朝永　杜宏彪　唐勇

项目名称：福州市古树名木保护技术研究（城建）
主要完成单位：福州市园林科学研究院
主要完成人员：徐炜　吴隆生　刘向国

项目名称：江苏21世纪人居家园战略规划研究（规划）
主要完成单位：江苏省城市发展研究所
主要完成人员：周岚　宋如亚　陈浩东　朱东风
　　　　　　　崔曙平　于春　何培根　肖屹

项目名称：《游泳池给水排水工程技术规程》CJJ122—2008（标准规范）
主要完成单位：中国建筑设计研究院
主要完成人员：赵锂　赵昕　高峰　杨世兴
　　　　　　　傅文华　周蔚　王耀堂　周克晶

项目名称：杭州市道路停车监管和服务诱导系统（信息智能）
主要完成单位：杭州市数字城管信息处置中心
主要完成人员：李圣权　何江　高广安　周洋
　　　　　　　荀征楠　沈瑶　房立洲

项目名称：奥运村绿色建筑技术研究与应用（建工—建筑节能）
主要完成单位：国奥投资发展有限公司
　　　　　　　北京城建设计研究总院有限责任公司
　　　　　　　北京天鸿圆方建筑设计有限责任公司
　　　　　　　北京城建集团有限责任公司
　　　　　　　清华大学
　　　　　　　北京首都开发控股（集团）有限公司
主要完成人员：刘京　徐亚柯　蔡放　李先庭
　　　　　　　肖燃　刘安　孙清华　王德荣
　　　　　　　安卫华　石文星　金焱　王宏

项目名称：快速公交（BRT）应用技术研究（规划）
主要完成单位：北京城设计研究总院有限责任公司
　　　　　　　杭州市公共交通集团有限公司
　　　　　　　常州市公共交通集团公司
　　　　　　　大连公交客运集团有限公司
主要完成人员：王文红　郭可佳　徐晓冬　沈勇
　　　　　　　王山川　陶宇龙　高桂桂　鲍小奎
　　　　　　　丁强　尚德申　张磊　韩峰

三等奖（50项）

项目名称：北京城市发展模型
主要完成单位：北京市城市规划设计研究院
主要完成人员：龙瀛　杜立群　茅明睿　何莲娜

三、获 奖 名 单

项目名称：大跨度钢屋盖制作安装施工技术
主要完成单位：中国建筑第八工程局有限公司
　　　　　　　中建工业设备安装有限公司
　　　　　　　中建八局第一建设有限公司
主要完成人员：谢刚奎　王玉岭　周洪涛　秦家顺
　　　　　　　陈建定　吴聚龙　张红波　戴耀军

项目名称：大型蒸汽管网水力热力耦合计算模型及应用研究
主要完成单位：山东建筑大学
主要完成人员：田贯三　李恩山　李兴泉　张增刚
　　　　　　　高鲁锋　于畅　王洋　崔永章

项目名称：空调系统现场检测通用测试模块的开发与研究
主要完成单位：中国建筑科学研究院
　　　　　　　北京建筑工程学院
主要完成人员：曹勇　宋业辉　宋波　于丹

项目名称：光纤健康监测技术在广东科学中心中的研究与应用
主要完成单位：广州大学
　　　　　　　广东科学中心
　　　　　　　河南红旗渠建设集团有限公司
　　　　　　　中南建筑设计院股份有限公司
　　　　　　　浙江东南网架股份有限公司
主要完成人员：张季超　邓雪松　李宏胜　谭均挠
　　　　　　　朱文正　杨国荣　王可怡　许勇

项目名称：缓粘结预应力综合技术研究
主要完成单位：中国京冶工程技术有限公司
　　　　　　　中冶建筑研究总院有限公司广东科学中心
主要完成人员：吴转琴　李佩勋　范蕴蕴　尚仁杰
　　　　　　　刘景亮　曾昭波　张强　李谦

项目名称：基于光纤光栅的结构健康监测与损伤检测关键技术研究
主要完成单位：沈阳建筑大学
　　　　　　　大连理工大学
主要完成人员：孙丽　李宏男　梁德志　任亮
　　　　　　　伊廷华　姚敬　张宇　李兵

项目名称：结构抗震混合试验方法研究
主要完成单位：中国建筑科学研究院
主要完成人员：程绍革　王亚勇　赵鹏飞　史铁花
　　　　　　　白雪霜　尹保江　张自平　王菁

项目名称：超高层建筑10kV高压垂吊式电缆研发与敷设安装技术
主要完成单位：中建工业设备安装有限公司
　　　　　　　中国建筑第八工程局有限公司
　　　　　　　远东电缆有限公司
主要完成人员：陈洪兴　谢刚奎　张成林　汪传斌
　　　　　　　丁锐　陈国科　杨廷文　芮立平

项目名称：建筑绿色施工技术研究与应用
主要完成单位：中天建设集团有限公司
主要完成人员：蒋金生　楼永良　卢国豪　张益堂
　　　　　　　方旭慧　陈忠　徐伟　刘玉涛

项目名称：工程项目特殊用途钢材焊接技术研究
主要完成单位：广东省工业设备安装公司
主要完成人员：张广志　李琦　黄伟江　林辉
　　　　　　　刘智勇　魏成权　张卫东　朱筱玲

项目名称：高陡岩石边坡加固与复绿综合防护施工技术
主要完成单位：广东省第一建筑工程有限公司
主要完成人员：陈守辉　丘秉达　孙旭敏
　　　　　　　马天洲　李伟刚　满毅　邝耀国

项目名称：QEM热量分摊系统
主要完成单位：山东联强节能科技有限公司
主要完成人员：吕传玉　于宝军　李凤鸣　刘庆堂

项目名称：建筑机电节能设计研究
主要完成单位：中国建筑设计研究院
　　　　　　　全国智能建筑情报网
　　　　　　　北京国安电气总公司
　　　　　　　北京林业大学工学院
主要完成人员：欧阳东　黄吉文　董玉安　韩宁
　　　　　　　赵世明　宋孝春　陈琪　吕丽

项目名称：高精度岩土热物性测试仪的研究与开发
主要完成单位：中国建筑科学研究院
主要完成人员：朱清宇　杨纯华　沈亮　吕晓辰
　　　　　　　肖龙　魏峥

项目名称：居住建筑节能综合改造关键技术研究与综合示范
主要完成单位：上海市房地产科学研究院
　　　　　　　上海市建筑建材业市场管理总站
　　　　　　　上海市浦东新区建材管理署
主要完成人员：张冰　赵为民　张德明　古小英
　　　　　　　王君若　方霞珍　孙生根　杨靖

项目名称：硬泡聚氨酯保温装饰一体化外墙外保温系统及其施工方法
主要完成单位：万华节能建材股份有限公司
　　　　　　　烟建集团有限公司
　　　　　　　烟台市建筑设计研究股份有限公司
主要完成人员：刘钢　孙国春　于明武　王炳凯
　　　　　　　文爱武　宋修晶　刘祥臣　汪俊波

项目名称：膨胀玻化微珠轻质砂浆及生产应用技术
主要完成单位：北京华伟佳科技有限公司
主要完成人员：刘伟华　叶伟　罗淑湘　严建华
　　　　　　　易永红

项目名称：高层建筑塑料窗雷击试验研究
主要完成单位：中国建筑金属结构协会塑料门窗委员会
　　　　　　　大连实德集团有限公司
　　　　　　　广西地凯科技有限公司
　　　　　　　中建国际（深圳）设计顾问有限公司
　　　　　　　沈阳军区建筑设计院
主要完成人员：李兴林　闫雷光　王东生　张金生
　　　　　　　程先胜　易序彪　孟凡军　薛一心

项目名称：排水管道噪声检测室及测试方法
主要完成单位：北京建筑工程学院
　　　　　　　北京市建设工程物资协会
主要完成人员：吴俊奇　杨海燕　王文海　许萍
　　　　　　　黄忠臣　韩芳　徐丽　秦纪伟

项目名称：七里海地质公园前期地质开发保护与利用技术研究
主要完成单位：天津华北地质勘查局地质研究所
　　　　　　　天津华北地质勘查局
主要完成人员：段焕春　宋小军　秦磊　张宝华
　　　　　　　石文学　詹华明　刘景兰　姚慧敏

项目名称：桩基质量缺陷防治的关键技术研究
主要完成单位：温州中城建设集团有限公司
　　　　　　　浙江大学建筑工程学院
主要完成人员：朱奎　徐日庆　郭印　朱剑锋
　　　　　　　陈林　叶长青　陈中华　潘三豹

项目名称：城市密集建筑区、明暗挖结合立体交叉洞室群地铁车站修建技术
主要完成单位：中铁隧道集团有限公司
　　　　　　　中铁隧道集团二处有限公司
　　　　　　　中铁隧道集团勘测设计院有限公司
主要完成人员：李治国　朱鹏飞　郭卫社　洪开荣
　　　　　　　杨延伟　肖红渠　李志军　吕建英

项目名称：超大特长隧道全比例火灾试验研究
主要完成单位：上海市隧道工程轨道交通设计研究院
　　　　　　　上海长江隧桥建设发展有限公司
　　　　　　　上海市消防局
　　　　　　　上海亚泰消防工程有限公司
　　　　　　　同济大学
主要完成人员：曹文宏　戴晓坚　郑晋丽　王曦
　　　　　　　申伟强　张旭　季倩倩　胡峥

项目名称：新型连续梁用抗震支座（力分布式）的研究、设计和实施
主要完成单位：上海市城市建设设计研究院
　　　　　　　上海公路投资建设发展有限公司
　　　　　　　武汉艾尔格桥梁新技术开发有限公司
　　　　　　　株洲时代新材料科技股份有限公司
主要完成人员：周振兴　闫兴非　陈巧珊　马韩江
　　　　　　　周良　沈桂平　吴成亮　陈忠海

项目名称：无背索独斜塔斜拉桥钢箱梁悬拼施工技术研究
主要完成单位：天津第三市政公路工程有限公司
主要完成人员：阎学成　韩振勇　贾明浩　胡跃
　　　　　　　陈勇　任师魁　王峰　田少刚

项目名称：级配碎石振动成型设计方法、路用

三、获奖名单

    性能及施工技术研究
主要完成单位：天津市市政工程研究院
       石家庄环城公路建设指挥部办公室
主要完成人员：周卫峰　李彦伟　唐秀明　赵永祯
       桂增俭　石鑫　成子满　孟庆营

项目名称：城市道路水泥混凝土路面再生利用技术的研究
主要完成单位：合肥工业大学
       合肥市重点工程建设管理局
主要完成人员：扈惠敏　李德章　柳炳康　葛斌
       詹炳根　李宏卓　朱朝辉　杨伟

项目名称：城市供水行业绩效关键指标研究
主要完成单位：清华大学
       北京首创股份有限公司
主要完成人员：傅涛　潘文堂　常杪　韩伟
       钟丽锦　梁相钦　薛磊　彭丽娟

项目名称：饮用水原水流化填料生物预处理技术
主要完成单位：广东鑫都环保实业有限公司
主要完成人员：丁扣林　刘国庆　沈立　葛克刚
       凌宏卫　肖仲斌　陆金辉　郑毕华

项目名称：沈阳市优质安全饮用水保障关键技术研究
主要完成单位：沈阳建筑大学
主要完成人员：傅金祥　赵玉华　潘俊　唐玉兰
       马兴冠　由昆　张吉库　袁雅姝

项目名称：卵形消化池新技术应用研究
主要完成单位：北京市市政工程设计研究总院
       北京城市排水集团有限责任公司
       北京市市政四建设工程有限责任公司
主要完成人员：何彬　陈希林　马谦　田国伟
       马福利　陈怡　袁晓东　王乃震

项目名称：江苏省集约型园林评价体系研究
主要完成单位：苏州科技学院
主要完成人员：志强　洪亘伟　夏健　王雨村
       王丽萍　屠苏莉　陈蓓

项目名称：天然气燃烧利用过程优化途径的研究
主要完成单位：中国市政工程华北设计研究总院
主要完成人员：项友谦　王启　刘贺明　及鹏
       刘彤　赵自军　刘凤国

项目名称：上海市城市安全战略规划研究
主要完成单位：上海市城市规划设计研究院
主要完成人员：金忠民　王洄　张雁　汪铁骏
       王芸　王莉　杨文耀　倪嘉

项目名称：北京城市道路空间合理利用指南研究
主要完成单位：北京市城市规划设计研究院
主要完成人员：李伟　高扬　冯斐菲　黄斌
       盖春英　史亮　陈蓬勃　薛忠燕

项目名称：城市规划信息系统空间数据标准
主要完成单位：湖北省建设信息中心
       武汉市城市规划信息中心武汉市规划局
主要完成人员：占世良　张文彤　童纯跃　李宗华
       邹江　赵中元　彭明军　周海燕

项目名称：道路隧道设计规范
主要完成单位：上海市隧道工程轨道交通设计研究院
       上海市消防局
       上海市地下建筑设计研究院
主要完成人员：申伟强　曹文宏　乔宗昭　陈鸿
       王曦　杨志豪　郑晋丽　郭志清

项目名称：《镇（乡）村建筑抗震技术规程》JGJ 161—2008
主要完成单位：中国建筑科学研究院
       北京工业大学
       长安大学
       福建省抗震防灾技术中心
       广州大学
主要完成人员：葛学礼　王毅红　张小云　苏经宇
       周云　朱立新　潘文　池家祥

项目名称：《城镇供热厂工程项目建设标准》（建标112—2008）
主要完成单位：中国市政工程华北设计研究总院
       中元国际工程设计研究院

城市建设研究院
主要完成人员：吕国良　廖荣平　王淮　熊维镕
　　　　　　李春林　江绍辉　杨健

项目名称：YDQ26×25-7 液压顶升平桥
主要完成单位：中国建筑科学研究院建筑机械
　　　　　　化研究分院
　　　　　　廊坊凯博建设机械科技有限
　　　　　　公司
　　　　　　东北电业管理局烟塔工程公司
主要完成人员：王东红　李志国　卢宏伟　田学坤
　　　　　　庞桂新　朱远江　吴臻　薛宏

项目名称：大型管道智能施工机械手关键技术研究
主要完成单位：沈阳建筑大学
主要完成人员：李斌　罗继曼　李伟　刘剑
　　　　　　蔺任志　王丹　李秋发　邹彩侠

项目名称：施工企业综合项目管理信息系统
主要完成单位：广东同望科技股份有限公司
主要完成人员：刘洪舟　邓小姝　张铁成　李胜旗
　　　　　　赵军　颜毅　喻国军　许显成

项目名称：基于数字电视家银通平台的城市管
　　　　　理违法停车自助处理系统研究与
　　　　　应用
主要完成单位：杭州市数字城管信息处置中心
主要完成人员：齐同军　王赞萃　戴旭　张燕
　　　　　　周梁　平建军　李楠　童振华

项目名称：哈尔滨市供水管网数字化管理及优
　　　　　化分析系统
主要完成单位：哈尔滨工业大学
　　　　　　哈尔滨供排水集团有限公司
主要完成人员：袁一星　关伟平　高金良　王强

赵明　马悦　吴晨光　孟丽莉

项目名称：建设事业 IC 卡密钥管理系统 V2.0
主要完成单位：中外建设信息有限责任公司
　　　　　　住房和城乡建设部 IC 卡应用服
　　　　　　务中心
主要完成人员：王辉　杜昊　周欣　马虹
　　　　　　申绯斐　杨辉　林宇　张永刚

项目名称：建筑能耗及室内温湿度远程监测技
　　　　　术的应用研究
主要完成单位：浙江省建筑科学设计研究院有
　　　　　　限公司
　　　　　　浙江建科建筑节能科技有限公司
主要完成人员：林奕　罗辉联　李海波　曾宪纯
　　　　　　李蓉樱　张伟东　庄仁剑　王建奎

项目名称：核电常规岛项目管理平台
主要完成单位：中国建筑第二工程局有限公司
主要完成人员：李景芳　王瑞堂　席国栋　程慧敏
　　　　　　吴荣　胡立新　李政　曹众

项目名称：国家机关办公建筑及大型公共建筑
　　　　　能耗监测平台研发
主要完成单位：深圳市建筑科学研究院有限公司
主要完成人员：叶青　刘俊跃　那威　熊咏梅
　　　　　　任中俊　祝书丰　郭永聪　刘芳

项目名称：苏州数字城市三维基础平台系统
　　　　　工程
主要完成单位：苏州市城市规划编制（信息）
　　　　　　中心
　　　　　　苏州科技学院
主要完成人员：高苏新　袁铭　潘吉　刘争齐
　　　　　　李新佳　李宏　蒙立坤　陈继山

2010年中国人居环境奖获奖名单

中国人居环境奖

宁夏回族自治区银川市
江苏省无锡市
安徽省黄山市

江苏省吴江市
山东省寿光市

中国人居环境范例奖

1. 北京市通州区大运河公园建设项目
2. 天津市大板楼节能改造工程
3. 天津市天津大道绿化工程
4. 天津市梅江风景区工程
5. 上海市闵行区立体绿化建设和绿色交通项目
6. 上海市闸北区临汾路街道社区建设项目
7. 上海市农村村庄改造项目
8. 重庆市公园大渡口项目
9. 河北省唐山市中心区再生水回用项目
10. 山西省大同市富乔生活垃圾焚烧发电厂项目
11. 山西省临汾市城市公厕项目
12. 内蒙古自治区美丽草原宜居小镇项目
13. 辽宁省大连市绿色低碳住宅小区项目
14. 辽宁省锦州市东湖公园工程项目
15. 吉林省通化县既有居住建筑供热计量及节能改造项目
16. 黑龙江省大庆油田乘风湖环境综合治理项目
17. 黑龙江省海林农场生态特色小城镇建设项目
18. 江苏省可再生能源在江苏建筑上的推广应用项目
19. 江苏省昆山市锦溪镇古镇保护项目
20. 江苏省宜兴市官林镇规划建设管理项目
21. 江苏省太仓市居民住房改善项目
22. 浙江省杭州市长桥溪水生态修复工程
23. 浙江省奉化市生态滕头和谐家园项目
24. 安徽省芜湖市保兴垾城市排涝及周边环境综合治理项目
25. 安徽省阜阳市城市中心区生态环境建设项目
26. 山东省胶南市海之韵住宅小区海水冲厕示范工程
27. 山东省诸城市辛兴镇新型农村社区建设项目
28. 山东省临沂市临沂城区铁路沿线环境综合整治工程
29. 山东省德州市旧城区改造与环境提升项目
30. 河南省新安县仓头镇小城镇建设项目
31. 湖北省随州市白云湖两岸生态环境建设项目
32. 广东省深圳市南山区商业文化中心区再生水、雨水综合利用项目
33. 四川省长宁县城市绿化项目
34. 青海省西宁市餐厨垃圾处理项目
35. 宁夏回族自治区中卫市沙坡头大道景观水系建设项目

（中华人民共和国住房和城乡建设部）

2010年度中国安装工程优质奖获奖工程

工程名称：广西东亚扶南精糖有限公司精制糖综合能源循环利用项目
承建单位：广西建工集团第一安装有限公司

工程名称：云南盐化股份有限公司"双十"项目10万吨/年离子膜烧碱装置安装工程
承建单位：云南省第二安装工程公司

工程名称：成都京东方光电科技有限公司第4.5代薄膜晶体管液晶显示器件（TFT-LCD）项目洁净系统工程
承建单位：中国电子系统工程第二建设有限公司

工程名称：云南巡检司电厂2×300MW扩建工程输煤系统安装工程
承建单位：中国十五冶金建设有限公司

工程名称：福建三钢2号20000m³/h制氧机组安装工程
承建单位：福建省工业设备安装有限公司

工程名称：东莞市横沥垃圾焚烧发电厂安装工程（一期）
承建单位：湖南省工业设备安装有限公司

工程名称：云南昆钢红河钢铁有限公司二期90m²烧结系统及配套安装工程

承建单位：云南省第二安装工程公司

工程名称：广交会琶洲展馆配套设施项目展馆机电安装工程
承建单位：中建工业设备安装有限公司

工程名称：成都市南部副中心科技创业中心1号2号楼综合安装工程
承建单位：成都市工业设备安装公司

工程名称：无锡惠联热电安装工程
承建单位：江苏华能建设工程集团有限公司

工程名称：安徽山鹰纸业30万吨新闻纸机安装工程
承建单位：中国轻工建设工程有限公司

工程名称：张家港大塚化学有限公司摩擦材料项目安装工程
承建单位：江苏江都安装工程有限公司

工程名称：南京克莉丝汀食品有限公司新建厂房安装工程
承建单位：南通安装集团股份有限公司

工程名称：江阴苏龙热电有限公司西线热网工程
承建单位：江苏天目建设集团有限公司

工程名称：苏州工业园区清源华衍水务有限公司第二污水处理厂一期机电安装工程
承建单位：安徽省工业设备安装公司

工程名称：张家港市第四水厂安装工程
承建单位：江苏兴安建设集团有限公司

工程名称：宝钢五冷轧带钢工程（一期）冷2标
承建单位：上海宝冶集团有限公司

工程名称：搬迁罗泾工程COREX炼铁工程主体单元
承建单位：上海宝冶集团有限公司

工程名称：南通中央商务区二期D-04地块A楼工程
承建单位：南通建筑工程总承包有限公司

工程名称：扬州市邗江区邗上街道社区服务中心
承建单位：江苏邗建集团有限公司

工程名称：上海市陆家嘴金融贸易区X2地块南塔楼（办公楼）
承建单位：中建五局工业设备安装有限公司

工程名称：南通中南公司办公大楼
承建单位：南通市中南建工设备安装有限公司

工程名称：宁波东部新城中心商务区B-4商务楼工程
承建单位：宁波市建设集团股份有限公司设备安装分公司

工程名称：东部新城中央商务区B-2地块项目
承建单位：宁波建工股份有限公司

工程名称：太和广场二期安装工程
承建单位：浙江诸安建设集团有限公司

工程名称：浙江卓信科技软件生产基地
承建单位：中天建设集团有限公司

工程名称：杭州运河宾馆安装工程
承建单位：中天建设集团浙江安装工程有限公司

工程名称：杭州市商业银行营业及办公用房机电安装项目
承建单位：浙江省工业设备安装集团有限公司

工程名称：金华银泰购物中心机电安装工程
承建单位：浙江宝业建设集团有限公司

工程名称：宁波市东钱湖日产50万吨净水厂安装工程
承建单位：河北建设集团有限公司

工程名称：浙江景兴纸业30万吨环保绿色包装纸机安装工程
承建单位：中国轻工建设工程有限公司

三、获奖名单

工程名称：桐昆集团浙江恒通化纤有限公司40万吨聚酯项目
承建单位：江苏天目建设集团有限公司

工程名称：宁波网球中心一期、二期钢结构制作、安装工程
承建单位：五洋建设集团股份有限公司

工程名称：华能玉环电厂海水淡化安装工程
承建单位：浙江华业电力工程股份有限公司

工程名称：浙江恒逸高新材料有限公司40万吨聚酯直纺工程
承建单位：浙江省工业设备安装集团有限公司

工程名称：空客A320系列飞机中国总装线项目机电安装、热电系统工程
承建单位：天津市机电设备安装公司

工程名称：天铁集团冷轧薄板罩式炉、精整线安装工程
承建单位：河北省安装工程公司

工程名称：青岛齐耀瓦锡兰菱重麟山船用柴油机一期设备安装工程
承建单位：湖南六建机电安装有限责任公司

工程名称：顶益国际食品有限公司（天津）新厂工程——电气、工艺系统安装工程
承建单位：中建六局工业设备安装有限公司

工程名称：山东青州100万吨/年加氢制氢联合装置安装工程
承建单位：黑龙江省安装工程公司

工程名称：华电青岛发电有限公司一期海水淡化系统机务设备安装工程
承建单位：盛安建设集团有限公司

工程名称：山东寿光巨能热电3号锅炉安装工程
承建单位：中冶集团华冶资源开发有限责任公司邯郸机电安装分公司

工程名称：山东富卡斯服装厂安装工程
承建单位：山东天元安装工程有限公司

工程名称：济南海尔绿城奥体酒店（济南喜来登酒店）
承建单位：浙江诸安建设集团有限公司

工程名称：800t×185m龙门起重机建造工程
承建单位：中国机械工业机械化施工公司

工程名称：中交第一航务工程局办公大楼安装工程
承建单位：中交一航局安装工程有限公司

工程名称：曹妃甸煤码头起步工程第三标段安装工程
承建单位：中交一航局安装工程有限公司

工程名称：山东蓝星东大化学工业有限公司6万吨/年环氧丙烷技改工程
承建单位：盛安建设集团有限公司

工程名称：北京电视中心工程
承建单位：北京建工博海建设有限公司

工程名称：华锦集团乙烯改扩建工程配套供热项目锅炉界区至新乙烯及油化界区外管廊工程
承建单位：大连建工机电安装工程有限公司

工程名称：金宝街5号地综合楼工程
承建单位：北京市设备安装工程集团有限公司

工程名称：丹东皇冠假日酒店机电安装工程
承建单位：沈阳华维工程有限公司

工程名称：国家体育馆工程
承建单位：北京城建安装工程有限公司

工程名称：奥体中心英东游泳馆改扩建工程
承建单位：南通通博设备安装工程有限公司

工程名称：北京农业生态工程试验基地"配套工程"
承建单位：北京建工博海建设有限公司

工程名称：1.2米量级风洞洞体设备制作、总体安装及调试
承建单位：沈阳工业安装工程股份有限公司

工程名称：中国计量科学研究院实验基地精密空调系统安装工程
承建单位：福建省工业设备安装有限公司

工程名称：北京师范大学体育馆
承建单位：中铁建设集团有限公司

工程名称：大连盛阳重工有限公司新建厂房土建钢结构工程
承建单位：大连建工机电安装工程有限公司

工程名称：神华煤直接液化项目煤液化装置安装工程
承建单位：中国核工业第五建设有限公司

工程名称：陕西天宏1250吨/年多晶硅项目安装工程
承建单位：陕西建工集团设备安装工程有限公司

工程名称：晋城市城南煤气储配站5万立方米干式气柜工程
承建单位：中建七局安装工程有限公司

工程名称：常德卷烟厂"芙蓉王"卷烟生产线技术改造项目安装工程（A标）
承建单位：中建五局工业设备安装有限公司

工程名称：重庆长风化工厂3.5万吨/年苯胺扩建改造工程
承建单位：重庆工业设备安装集团有限公司

工程名称：陕西榆林基泰阳光综合利用发电工程
承建单位：江苏华能建设工程集团有限公司

工程名称：黄石市城市排渍工程和青山湖污水处理厂改扩建设备安装工程
承建单位：中国十五冶金建设有限公司

工程名称：天水市秦州区天河集中供热工程
承建单位：甘肃省第二安装工程公司

工程名称：国电北仑电厂三期2×1000MW发电机组工程
承建单位：国电浙江北仑第三发电有限公司

工程名称：望亭发电厂改建工程3号机组
承建单位：中国华电集团公司望亭发电厂

工程名称：国电石横电厂三期2×300MW工程
承建单位：山东电力建设第二工程公司

工程名称：国华瑞丰（利津）风力发电一期工程
承建单位：国华瑞丰（利津）风力发电有限公司

工程名称：华能东营新能源有限公司河口风电一期工程
承建单位：山东电力建设第二工程公司

工程名称：河北国华定洲发电厂二期2×660MW工程
承建单位：河北国华定洲发电有限责任公司

工程名称：大唐信阳电厂2×660MW（3号机组安装）工程
承建单位：浙江省火电建设公司

工程名称：大唐信阳电厂2×660MW（4号机组安装）工程
承建单位：河南第一火电建设公司

工程名称：开封火电厂2×600MW机组扩建工程
承建单位：开封京源发电有限责任公司

工程名称：东沟芹池π接北留220kV送电线路工程
承建单位：晋城市巨能电网工程有限公司

工程名称：忻州庄磨110kV变电站新建工程
承建单位：山西省忻州供电局送变电工程公司

工程名称：郑庄110kV变电站工程
承建单位：晋城市巨能电网工程有限公司

工程名称：500kV兰溪变电所工程
承建单位：浙江省送变电工程公司

工程名称：500kV栖霞—文登送电线路工程

承建单位：山东送变电工程公司

工程名称：阳信220kV变电站工程
承建单位：山东送变电工程公司

工程名称：地安门220kV变电安装工程
承建单位：北京电力工程公司

工程名称：齐林220kV变电站工程
承建单位：淄博齐林电力工程有限公司

工程名称：山东开发220kV变电站工程

承建单位：山东天润电气集团有限公司

工程名称：杏埠220kV变电站
承建单位：山东五洲电气股份有限公司

工程名称：山东午山220kV变电站工程
承建单位：青岛恒源送变电工程有限公司

工程名称：220KV嘉祥变电站工程
承建单位：山东济宁圣地电业集团有限公司

2010年先进工程监理企业名单

（排名不分先后）

1　中咨工程建设监理公司
2　北京赛瑞斯国际工程咨询有限公司
3　北京双圆工程咨询监理有限公司
4　建研凯勃建设工程咨询有限公司
5　北京帕克国际工程咨询有限公司
6　北京方圆工程监理有限公司
7　北京华城建设监理有限责任公司
8　北京建工京精大房工程建设监理公司
9　天津电力工程监理有限公司
10　天津国际工程建设监理公司
11　河北中原工程项目管理有限公司
12　河北工程建设监理有限公司
13　河北电力建设监理有限责任公司
14　保定建设工程监理有限公司
15　山西省建设监理有限公司
16　山西协诚建设工程项目管理有限公司
17　山西煤炭建设监理咨询公司
18　山西和祥建通工程项目管理有限公司
19　内蒙古沁原工程建设监理有限责任公司
20　内蒙古金鹏建设监理有限公司
21　呼和浩特市宏祥市政工程咨询监理有限责任公司
22　黑龙江百信建设工程监理有限公司
23　黑龙江正信建设工程监理有限公司
24　齐齐哈尔市鑫城建设工程监理有限公司
25　吉林建院工程建设监理咨询有限公司
26　长春国电建设监理有限公司

27　吉林省东南工程管理咨询有限公司
28　沈阳市振东建设工程监理有限公司
29　大连正信建设工程管理有限公司
30　大连理工工程建设监理有限公司
31　上海市建设工程监理有限公司
32　上海市市政工程管理咨询有限公司
33　上海建科建设监理咨询有限公司
34　上海天佑工程咨询有限公司
35　上海建浩工程顾问有限公司
36　上海建通工程建设有限公司
37　上海海龙工程技术发展有限公司
38　上海三维工程建设咨询有限公司
39　山东三强建设咨询有限公司
40　济南中建建筑设计院有限公司
41　山东鲁咨工程咨询有限公司
42　青岛建通工程管理有限公司
43　青岛东方监理有限公司
44　山东天柱建设监理咨询有限公司
45　青岛高园建设咨询管理有限公司
46　江苏建科建设监理有限公司
47　江苏华宁交通工程咨询监理有限公司
48　江苏兴源电力建设监理有限公司
49　苏州工业园区建设监理有限责任公司
50　扬州市建苑工程监理有限责任公司
51　苏州建设监理有限公司
52　连云港市建设监理有限公司
53　安徽省建设监理有限公司

54	合肥市工程建设监理公司	99	云南电力建设监理咨询有限责任公司
55	马鞍山迈世纪工程咨询有限公司	100	中国水利水电建设工程咨询昆明公司
56	安徽国汉建设监理咨询有限公司	101	贵州三力建设监理有限责任公司
57	浙江江南工程管理股份有限公司	102	中煤陕西中安项目管理有限责任公司
58	浙江电力建设监理有限公司	103	陕西省工程监理有限责任公司
59	浙江东南建设管理有限公司	104	陕西建筑工程建设监理公司
60	宁波国际投资咨询有限公司	105	西安铁一院工程咨询监理有限责任公司
61	浙江工程建设监理公司	106	甘肃工程建设监理公司
62	绍兴市工程建设监理有限公司	107	甘肃蓝野建设监理有限公司
63	江西省建设监理总公司	108	宁夏灵州工程监理咨询有限公司
64	江西中昌工程咨询监理有限公司	109	青海智鑫电力监理咨询有限公司
65	江西省赣建工程建设监理有限公司	110	新疆昆仑工程监理有限责任公司
66	福州成建工程监理有限公司	111	新疆建院工程监理咨询有限公司
67	厦门长实工程监理有限公司	112	浙江华东工程咨询有限公司
68	厦门市路桥咨询监理有限公司	113	中国水利水电建设工程咨询西北公司
69	河南海华工程建设监理公司	114	中国水利水电建设工程咨询中南公司
70	河南卓越工程管理有限公司	115	京兴国际工程管理公司
71	河南兴平工程管理有限公司	116	郑州中兴工程监理有限公司
72	河南新恒丰建设监理有限公司	117	北京希达建设监理有限责任公司
73	湖北建设监理公司	118	北京兴电国际工程管理公司
74	武汉工程建设监理咨询有限公司	119	天津辰达工程监理有限公司
75	武汉华胜工程建设科技有限公司	120	河南省中大工程监理有限公司
76	湖北鄂电建设监理有限责任公司	121	北京兴油工程项目管理有限公司
77	湖南电力建设监理咨询有限责任公司	122	寰球工程项目管理(北京)有限公司
78	湖南和天工程项目管理有限公司	123	北京海鑫工程监理公司
79	长沙华星建设监理有限公司	124	胜利油田胜利建设监理有限责任公司
80	广州建筑工程监理有限公司	125	山东齐鲁石化工程有限公司
81	广州珠江工程建设监理公司	126	北京铁城建设监理有限责任公司
82	广州市市政工程监理有限公司	127	乌鲁木齐铁建监理咨询有限公司
83	深圳市中海建设监理有限公司	128	成都西南交大工程建设咨询监理有限责任公司
84	广东工程建设监理有限公司		
85	广东重工建设监理公司	129	铁科院(北京)工程咨询有限公司
86	广州万安建设监理有限公司	130	中煤邯郸中原建设监理咨询有限责任公司
87	广州市广州工程建设监理公司	131	山西诚正建设监理咨询有限公司
88	广西华蓝工程咨询管理有限公司	132	北京远达国际工程管理有限公司
89	广西大通建设监理咨询管理有限公司	133	山西震益工程建设监理有限公司
90	海南肯特工程顾问有限公司	134	理工大学工程兵工程学院南京工程建设监理部
91	重庆联盛建设项目管理有限公司		
92	重庆赛迪工程咨询有限公司	135	中国人民解放军空军工程设计研究局
93	四川康立项目管理有限责任公司	136	湖南长顺工程建设监理有限公司
94	成都衡泰工程管理有限责任公司	137	北京四达贝克斯工程监理有限公司
95	四川省中冶建设工程监理有限责任公司	138	江苏省宏源电力建设监理有限公司
96	四川省兴旺建设工程项目管理有限公司	139	河南立新监理咨询有限公司
97	四川省川建院工程项目管理有限公司	140	广东创成建设监理咨询有限公司
98	四川二滩国际工程咨询有限责任公司	141	山东诚信工程建设监理有限公司

142	北京五环建设监理公司		145	鑫诚建设监理咨询有限公司	
143	陕西兵器建设监理咨询有限公司		146	江西瑞林建设监理有限公司	
144	蚌埠玻璃工业设计研究院		147	天津市华泰建设监理有限公司	

中国建设监理协会
二〇一〇年十月二十日

2010年优秀总监理工程师名单

（排名不分先后）

1	林建平	北京鸿厦基建工程监理有限公司	24	朱红彬	大庆开发区宏伟工程监理有限公司
2	曹 阳	北京银建建设工程管理有限公司	25	高云喜	长春黄金设计院工程建设监理部
3	李晓光	北京致远工程建设监理有限责任公司	26	刘德强	吉林省嘉源建筑工程咨询有限公司
4	王东俊	北京诚信工程监理有限公司	27	周景阳	吉林省华建工程建设监理有限责任公司
5	袁 阳	北京中联环建设工程管理有限公司	28	田世金	吉林梦溪工程管理有限公司
6	罗建军	北京煜金桥通信建设监理咨询有限责任公司	29	张春寒	大连建发工程建设监理咨询有限公司
7	王秋彦	北京蔷薇工程监理有限责任公司	30	周兴华	大连大保建设管理有限公司
8	郭晋兴	泛华建设集团有限公司	31	赵东旭	沈阳市振东建设工程监理有限公司
9	边茂义	天津华地公用工程建设监理有限公司	32	张 驰	沈阳市建筑研究院工程师事务所
10	刘景雨	天津市建设工程监理公司	33	张 弘	沈阳东北工程建设发展有限公司
11	么永喜	唐山理工建设工程项目管理有限公司	34	黄文政	上海富达工程管理咨询有限公司
12	马继新	保定市第三工程建设监理有限公司	35	沈 翔	上海同济工程咨询有限公司
13	笱松平	中煤邯郸中原建设监理咨询有限责任公司	36	孙槐园	上海三凯建设监理有限公司
			37	陈松江	英泰克工程顾问（上海）有限公司
			38	程永昌	上海一测建设咨询有限公司
14	高福源	河北众诚建业工程项目管理有限公司	39	李燕臣	上海同济工程项目管理咨询有限公司
15	李国春	河北方舟工程项目管理有限公司	40	李庆强	山东省建设监理咨询有限公司
16	张跃峰	山西省交通建设工程监理总公司	41	姜 勇	济南市建设监理有限公司
17	刘万江	山西诚正建设监理咨询有限公司	42	王元东	青岛市工程建设监理有限责任公司
18	陈怀耀	山西煤炭建设监理咨询公司	43	杨朝红	山东同力建设项目管理有限公司
19	王江波	山西省建设监理有限公司	44	张文泽	胜利油田胜利建设监理有限责任公司
20	任 昌	内蒙古锐信工程项目管理有限责任公司			
21	张德志	内蒙古万和工程项目管理有限责任公司	45	于水忠	山东德林工程项目管理有限公司
			46	窦木亭	山东恒建工程监理咨询有限公司
22	陈 亮	黑龙江百信建设工程监理有限公司	47	张建华	济宁市东方建设工程监理有限责
23	程 伟	大庆市庆城工程监理有限公司			

		任公司
48	邓大鹏	山东富尔工程咨询管理有限公司
49	王 晟	苏州建设监理有限公司
50	王义鸣	南京南房建设监理咨询有限公司
51	胡向前	江苏华宁交通工程咨询监理公司
52	林 希	无锡华诚建设监理有限公司
53	丁先喜	江苏中拓项目管理咨询有限公司
54	王春林	江苏建发建设项目咨询有限公司
55	胡玉奎	南京工苑建设监理咨询有限责任公司
56	赵能胜	苏州工业园区建设监理有限责任公司
57	陈永新	安徽省建设监理有限公司
58	黄 靖	安徽国汉建设监理咨询有限公司
59	鹿中山	合肥工大建设监理有限责任公司
60	陈恩林	安徽南巽建设项目管理投资有限公司
61	于桓飞	浙江广川工程咨询有限公司
62	鲍伟健	浙江江南工程管理股份有限公司
63	袁支农	浙江联达工程项目管理有限公司
64	卢 甬	浙江嘉宇工程管理有限公司
65	姚祥英	浙江泛华工程监理有限公司
66	裘奔放	浙江华诚工程管理有限公司
67	林 奕	浙江工程建设监理公司
68	龚贤江	宁波国际投资咨询有限公司
69	郭诗怡	江西省赣建工程建设监理有限公司
70	潘儒江	江西诚达工程咨询监理有限公司
71	叶红斌	九江市建设监理有限公司
72	黄春生	福建省中福工程建设监理有限公司
73	蔡镇忠	厦门高诚信建设监理有限公司
74	李天戈	厦门协诚工程建设监理有限公司
75	赖兴庭	厦门中建东北监理咨询有限公司
76	王五岳	河南省华兴建设监理有限公司
77	郭会忠	郑州中原铁道建设工程监理有限公司
78	李 彪	河南建达工程建设监理公司
79	邓 凯	河南宏业建设管理有限公司
80	刘万敏	煤炭工业郑州设计研究院有限公司（原河南中豫建设监理有限公司）
81	唐卫平	铁四院（湖北）工程监理咨询有限公司
82	王远明	武汉土木工程建设监理有限公司
83	张自荣	中铁武汉大桥工程咨询监理有限公司
84	魏庆东	武汉鸿诚工程监理有限责任公司
85	张新安	葛洲坝集团项目管理有限公司
86	汤建勋	湖南长顺工程建设监理有限公司
87	赵飞驰	湖南电力建设监理咨询有限责任公司
88	曹 阳	湖南和天工程项目管理有限公司
89	吴大华	湖南省建设工程项目管理咨询有限公司
90	张雪松	广东天安工程监理有限公司
91	蔡 健	广东华工工程建设监理有限公司
92	蔡辉煜	广东恒胜建设监理有限公司
93	池杨敏	广州市穗高工程监理有限公司
94	赵晓勇	广州市城市建设工程监理公司
95	李显兵	深圳市首嘉工程顾问有限公司
96	陈洪章	深圳市合创建设工程顾问有限公司
97	黄 定	广州市恒茂建设监理有限公司
98	莫细喜	广西大通建设监理咨询有限公司
99	曾德政	广西华蓝工程咨询管理有限公司
100	胡 坤	海南航达工程建设监理有限公司
101	马俊发	海南新世纪建设项目咨询管理有限公司
102	刘克斌	重庆赛迪工程咨询有限公司
103	潘守维	重庆联盛建设项目管理有限公司
104	曹 勇	四川二滩国际工程咨询有限责任公司
105	张 勇	四川省江电建设监理有限责任公司
106	杨 松	成都衡泰工程管理有限责任公司
107	李 俊	云南新迪建设咨询监理有限公司
108	张志刚	昆明建设咨询监理公司
109	闫 兵	云南国开建设监理有限公司
110	王 昆	贵州三维工程建设监理咨询有限公司
111	李智斌	陕西省工程监理有限责任公司
112	董明达	西安高新建设监理有限责任公司
113	戴永强	陕西兵器建设监理咨询有限公司
114	邹 钧	甘肃铁一院工程监理有限责任公司
115	刘宇宏	甘肃西北信诚工程建设监理有限公司
116	梁 斐	银川方圆工程监理咨询有限公司
117	韩保江	青海工程监理有限公司
118	王 宏	新疆天麒工程项目管理咨询有限责任公司
119	李 伟	新疆昆仑工程监理有限责任公司

三、获奖名单

序号	姓名	单位
120	黎 山	中国水利水电建设工程咨询中南公司
121	姚宝永	中国水利水电建设工程咨询北京公司
122	秦建强	葛洲坝集团项目管理有限公司
123	李明安	京兴国际工程管理公司
124	段晓军	郑州中兴工程监理有限公司
125	冯立国	北京希达建设监理有限责任公司
126	王章虎	合肥工大建设监理有限责任公司
127	霍斌兴	天津辰达工程监理有限公司
128	梁俊瑜	山东省正大建设监理有限公司
129	高发光	廊坊中油朗威工程项目管理有限公司
130	王家兴	吉林梦溪工程管理有限公司
131	赵玉成	大庆石油工程监理有限公司
132	王胜利	上海凯悦建设咨询监理有限公司
133	孟 飞	胜利油田胜利建设监理有限责任公司
134	刘 军	北京华夏石化工程监理有限公司
135	易有森	铁四院(湖北)工程监理咨询有限公司
136	曾小怀	中铁武汉大桥工程咨询监理有限公司
137	郝树林	北京铁建工程监理有限公司
138	邓 凯	上海天佑工程咨询有限公司
139	牟宏杰	西安铁一院工程咨询监理有限责任公司
140	吴添泉	煤炭工业济南设计研究院有限公司
141	关玉奇	河南兴平工程管理有限公司
142	李明瑞	北京远达国际工程管理公司
143	陶毅峰	山西震益工程建设监理有限公司
144	郭雨落	包头北雷监理咨询有限公司
145	余承华	空军工程大学工程学院工程监理所
146	李 军	总参工程兵第四设计研究院监理部
147	李宏鹰	中国轻工业南宁设计工程有限公司
148	李英恺	核工业四达建设监理有限公司
149	张占立	广西正远电力工程建设监理有限责任公司
150	鲍东海	湖北中南电力工程建设监理有限责任公司
151	张和平	北京国电德胜工程监理有限公司
152	刘兰贵	河北兴源工程建设监理有限公司
153	王育晋	山西协诚建设工程项目管理有限公司
154	何兰生	甘肃蓝野建设监理有限公司
155	王宪升	河北众诚建业工程项目管理有限公司

中国建设监理协会

二〇一〇年十月二十日

2010年优秀监理工程师名单

(排名不分先后)

序号	姓名	单位
1	周长青	北京地铁监理公司
2	温晓莹	北京市工程咨询公司
3	刘瑞平	北京四方工程建设监理有限责任公司
4	高志强	北京逸群工程咨询有限公司
5	牛灵明	北京方正建设工程管理有限公司
6	宋树清	北京京航联工程建设监理有限责任公司
7	张新瑞	北京建院金厦工程管理有限公司
8	皮德江	北京国金管理咨询有限公司
9	沈宝堂	天津辰达工程监理有限公司
10	张 骥	天津市华泰建设监理有限公司
11	王玉卿	保定市第三工程建设监理有限公司
12	刘子文	秦皇岛秦星工程项目管理有限公司
13	梁宏伟	河北中原工程项目管理有限公司
14	张国壮	河北工程建设监理有限公司
15	赵莉英	河北方舟工程项目管理有限公司
16	李少坡	山西神剑建设监理有限公司
17	俞 钢	山西省建设监理有限公司
18	崔科斌	山西省煤炭建设监理有限公司
19	侯 毅	山西煤炭建设监理咨询公司
20	孙卓惠	山西省建设监理有限公司

21	佘志铭	内蒙古沁原工程建设监理有限责任公司				公司
22	耿效民	内蒙古金鹏建设监理有限公司		55	孔德宽	江苏东方建设项目管理咨询有限公司
23	张素琴	呼和浩特市宏祥市政工程咨询监理有限责任公司		56	吴卫年	南京中南工程咨询有限责任公司
24	崔心红	黑龙江百信建设工程监理有限公司		57	汪 峻	南京工苑建设监理咨询有限责任公司
25	巩卫红	黑龙江鑫鼎建设工程监理咨询有限公司		58	成 强	江苏建科建设监理有限公司
				59	顾建平	南京工大建设监理咨询有限公司
26	周 玲	长春一汽建设监理有限责任公司		60	吴长安	江苏建发建设项目咨询有限公司
27	翟春兰	长春市城达市政工程监理有限公司		61	芮 欣	南京南房建设监理咨询有限公司
28	苏建华	吉林省新都工程建设监理有限责任公司		62	王文举	江苏振星工程监理有限公司
				63	丁 明	安徽省建设监理有限公司
29	贾明峰	辽源市工程建设监理有限公司		64	方桂玲	合肥市工程建设监理公司
30	高金山	吉林梦溪工程建设监理公司		65	储诚志	安徽南巽建设项目管理投资有限公司
31	陶坚芳	吉林省赛得工程管理有限公司		66	鲍 军	合肥工大建设监理有限责任公司
32	董铁成	大连泛华工程建设监理有限公司		67	钱文明	安徽省恒信工程监理有限责任公司
33	褚作荣	大连大开建设咨询监理有限公司				
34	邵彦博	辽宁咨发建设监理预算咨询有限公司		68	王惠强	浙江东南建设管理有限公司
				69	李 杰	浙江处州建设管理有限公司
35	于晓亮	辽宁咨发建设监理预算咨询有限公司		70	沈 健	浙江中誉工程管理有限公司
				71	张学峰	浙江华诚工程管理有限公司
36	殷鸿彬	沈阳市建筑研究院工程师事务所		72	刘明发	浙江嘉宇工程管理有限公司
37	邢 毅	上海新光工程咨询有限公司		73	张德功	浙江建业监理有限公司
38	王 清	上海华铁工程咨询有限公司		74	张德华	杭州市建筑工程监理有限公司
39	李 智	上海申邑工程咨询有限公司		75	陈伟民	浙江致远建设工程咨询监理有限公司
40	徐富贵	上海浦东新区建设监理有限公司				
41	李富生	上海金桥建设监理有限公司		76	王振荣	宁波广天建通工程管理有限公司
42	唐立意	上海现代工程咨询有限公司		77	卓 军	浙江工正建设监理咨询有限公司
43	徐德胜	上海恒基建设项目管理有限公司		78	徐永晖	浙江明康工程咨询有限公司
44	李健纯	山东新昌隆建设咨询有限公司		79	刘朝建	杭州信达投资咨询估价监理有限公司
45	闫业武	滕州市工程建设监理技术服务中心		80	徐 然	江西中昌工程咨询监理有限公司
				81	余小林	江西恒实建设监理咨询有限公司
46	林 峰	烟台新世纪工程项目管理咨询有限公司		82	桓玉柱	南昌华路建设咨询监理有限公司
47	徐永清	泰安市正信建设工程项目管理有限公司		83	林建平	江西省赣州昌顺工程建设监理有限公司
				84	张新刚	厦门港湾咨询监理有限公司
48	聂奎杉	日照日星建设监理有限公司		85	杨建平	福建互华土木工程管理有限公司
49	张 建	山东诚信建设项目管理有限公司		86	靳鹏飞	河南省育兴建设工程管理有限公司
50	宋剑波	德州建设监理有限公司				
51	温培忠	聊城电力工程监理有限公司		87	李云龙	河南省豫建工程管理有限公司
52	孙占南	滨州市工程建设监理公司		88	闫光荣	河南省万安工程建设监理有限公司
53	庄心军	菏泽市建设监理公司				
54	王忠红	扬州市建苑工程监理有限责任		89	席立群	河南工程咨询监理有限公司

三、获奖名单

序号	姓名	单位
90	李长新	黄河工程咨询监理有限责任公司
91	张营周	河南长城铁路工程建设咨询有限公司
92	秦晋江	湖北三峡建设项目管理有限公司
93	贺韬	湖北楚元工程建设咨询有限公司
94	康传河	湖北清江工程管理咨询有限公司
95	万斌	湖北中南市政工程监理有限公司
96	刘仲华	武汉威仕工程监理有限公司
97	薛宏波	湖北联兴建设工程监理有限公司
98	高小刚	武汉金龙建设监理有限责任公司
99	陈环明	武汉科达监理咨询有限公司
100	殷胜华	孝感市环建工程建设监理有限责任公司
101	蔡再坤	湖南电力建设监理咨询有限责任公司
102	刘驰	湖南长顺工程建设监理有限公司
103	朱晓春	湖南和天工程项目管理有限公司
104	李威彬	湖南中湘建设工程监理咨询有限公司
105	彭亮	中机国际工程设计研究院
106	康冬理	常德市怀德建设监理有限公司
107	陶可	长沙工程建设监理有限责任公司
108	刘新华	中山市建设监理有限公司
109	姜丽萍	深圳京圳建设监理公司
110	凌兰章	广州城建开发工程咨询监理有限公司
111	于国华	深圳市深水水务咨询有限公司
112	康伟志	佛山市建诚监理有限公司
113	谢忠曦	广东建设工程监理有限公司
114	王建生	深圳市建艺国际工程顾问有限公司
115	熊渝	珠海市工程监理有限公司
116	钟奇志	深圳市霍克建设监理有限公司
117	刘建华	深圳市燃气工程监理有限公司
118	张学群	南宁品正建设咨询有限责任公司
119	苏庆珑	广西壮族自治区建设监理有限责任公司
120	宁如春	广西华蓝工程咨询管理有限公司
121	李志清	海南航达工程建设监理有限公司
122	刘波	海南新世纪建设项目咨询管理有限公司
123	康祖荣	重庆赛迪工程咨询有限公司
124	朱云	重庆林鸥监理咨询有限公司
125	田毅	重庆联盛建设项目管理有限公司
126	施仲衡	重庆建新建设工程监理咨询有限公司
127	房爱国	成都衡泰工程管理有限责任公司
128	沈友均	四川省中冶建设工程监理有限责任公司
129	曹怀睿	四川省川建院工程项目管理有限公司
130	吴天奇	四川省江电建设监理有限责任公司
131	张俊坤	四川省江电建设监理有限责任公司
132	何学国	四川二滩国际工程咨询有限责任公司
133	卢剑虹	四川二滩国际工程咨询有限责任公司
134	张麟	云南工程建设监理有限公司
135	吴德金	云南发展建设监理有限公司
136	牟松	云南城市建设监理有限公司
137	吴军	云南省公路工程监理咨询公司
138	刘新泽	贵州电力工程建设监理公司
139	赵中	贵州建工监理咨询有限公司
140	王长生	陕西华茂建设监理咨询有限公司
141	张陆华	西安铁一院工程咨询监理有限责任公司
142	徐永旭	西安煤炭建设监理中心
143	杨武	陕西天一建设项目管理有限公司
144	严凯	甘肃工程建设监理公司
145	陈延春	甘肃蓝野建设监理有限公司
146	贾小兰	甘肃省教育工程建设监理公司
147	权志洁	甘肃光明电力工程咨询监理有限公司
148	刘杰	宁夏恒安建设监理咨询有限公司
149	韦金元	青海百鑫工程监理咨询有限公司
150	吴东卫	新疆泽强工程建设监理有限公司
151	张杰	新疆中厦建设工程项目管理有限公司
152	姚建军	巴州智诚工程项目管理服务有限公司
153	武军	新疆高新工程建设监理有限责任公司
154	孙文军	中国水利水电建设工程咨询北京公司
155	董雪中	中国水利水电建设工程咨询中南公司
156	张瑞华	浙江华东工程咨询有限公司
157	李小白	葛洲坝集团项目管理公司

158	吕瑞平	中国水利水电建设工程咨询西北公司	182	胡庆元	天津市路安电气化监理有限公司
159	谢 岩	京兴国际工程管理公司	183	赵西法	山东济铁工程建设监理有限责任公司
160	李洪涛	郑州中兴工程监理有限公司	184	梁 敏	中煤陕西中安项目管理有限责任公司
161	赵秋华	北京希达建设监理有限责任公司	185	艾先文	神东监理有限责任公司
162	程维强	杭州信安建设监理有限公司	186	赵利东	宁夏灵州工程监理咨询有限公司
163	成 涛	北京兴电国际工程管理公司	187	孟 栩	北京远达国际工程管理有限公司
164	杨卫军	中机十院国际工程有限公司	188	吕俊楠	山西震益工程建设监理有限公司
165	范庆雨	中国成达工程有限公司	189	彭 晖	武汉威仕工程监理有限公司
166	任建平	北京华旭工程项目管理有限公司	190	杨顺滨	成都军区工程科研设计院
167	李卫华	北京中岩工程管理有限公司	191	杜福和	北京军区建筑设计研究院工程监理部
168	孙际光	长沙华星建设监理有限公司	192	袁良青	成都海诚建设监理有限公司
169	杨保增	北京兴油工程项目管理有限公司	193	刘学恭	核工业第七研究设计院建设监理公司
170	武 权	西安长庆工程建设监理有限公司	194	魏广东	宁夏兴电工程监理有限责任公司
171	陶紫龙	北京华油鑫业工程监理有限公司	195	张吉河	河南豫电电力建设监理有限公司
172	刘加林	青岛华油工程建设监理有限公司	196	黄伟东	广东创成建设监理咨询有限公司
173	李世明	重庆兴宇工程建设监理有限公司	197	王德峰	山东诚信工程建设监理有限公司
174	岳海林	上海振南工程咨询监理有限责任公司	198	吕 念	山东联诚工程建设监理有限公司
175	熊克齐	南京金陵石化工程监理有限公司	199	苏利军	广东天广工程监理咨询有限公司
176	李 键	胜利油田胜利建设监理有限公司	200	肖 旭	陕西兵器建设监理咨询有限公司
177	方玉虎	华南铁路建设监理公司	201	侯 成	天津仕敏工程建设监理技术咨询有限公司
178	王树森	华铁工程咨询有限责任公司	202	庄维强	山东智诚建设项目管理有限公司
179	田明安	上海华东铁路建设监理有限公司	203	普学贵	天津港保税区中天建设咨询管理有限公司
180	陈俊良	沈阳铁路建设监理有限公司			
181	安太顺	郑州中原铁道建设工程监理有限公司			

中国建设监理协会
二〇一〇年十月二十日

2010年监理协会优秀工作者名单

1	李 孟	北京市建设监理协会	7	赵 亮	吉林省建设监理协会
2	周崇浩	天津市建设监理协会	8	史 轮	辽宁省建设监理协会
3	王 崇	河北省建筑市场发展研究会	9	朱雯倩	上海市建设工程咨询行业协会
4	王 雄	山西省建设监理协会	10	潘 峰	山东省建设监理协会
5	宋晓丽	内蒙古自治区建设监理协会	11	史 娟	江苏省建设监理协会
6	解积文	黑龙江省建设监理协会	12	周铁钧	安徽省建设监理协会

三、获奖名单

13	孙 颖	浙江省建设监理协会	34	刘俊昌	中国建设监理协会石油天然气分会
14	尹 平	江西省建设监理协会	35	于晓兰	中国建设监理协会船舶监理分会
15	林秀英	福建省工程监理与项目管理协会	36	郭荣清	中国铁道工程建设协会建设监理专业委员会
16	赵艳华	河南省建设监理协会			
17	周佳麟	湖北省建设监理协会	37	许以俪	中国煤炭建设协会
18	屠名瑚	湖南省建设监理协会	38	董晓辉	中国冶金建设协会监理委员会
19	许冰纯	广东省建设监理协会	39	张修寅	深圳市监理工程师协会
20	罗 馨	广西建设监理协会	40	殷鞍生	沈阳市建设监理协会
21	林小朝	海南省建设监理协会	41	柯洪清	大连市工程建设监理协会
22	史 红	重庆市建设监理协会	42	郑炳峰	南京建设监理协会
23	冯梦兰	四川省建设工程质量安全与监理协会	43	李小彬	青岛市建设监理协会
24	何 超	云南省建设监理协会	44	茹关荣	杭州市建设监理行业协会
25	杨国华	贵州省建设监理协会	45	张志华	广州市建设监理行业协会
26	倪 平	陕西省建设监理协会	46	王红旗	西安市建设监理协会
27	叶明鉴	甘肃省建设监理协会	47	李永风	济南市建设监理协会
28	景士江	宁夏建筑业联合会	48	叶 钧	宁波市建设监理与招投标咨询行业协会
29	何小燕	青海省建设监理协会			
30	班 琴	新疆建筑业协会	49	林午玲	武汉建设监理协会
31	王平稳	中国建设监理协会水电建设监理分会	50	田长海	长春市建设监理协会
32	周志红	中国建设监理协会机械分会	51	张一鸣	成都建设监理协会
33	高佑良	中国建设监理协会化工监理分会	52	罗晓群	厦门市建设监理协会

中国建设监理协会
二〇一〇年十月二十日

2010年度全国物业管理示范住宅小区(大厦、工业区)名单

全国物业管理示范住宅小区(81个)

项目名称：北京市万科西山庭院
管理单位：北京万科物业服务有限公司

项目名称：上海市古北国际广场
管理单位：上海古北物业管理有限公司

项目名称：上海市陆家嘴花园二期
管理单位：上海陆家嘴物业管理有限公司

项目名称：上海市虹桥华庭
管理单位：狮城怡安(上海)物业管理有限公司

项目名称：天津市富力城天霖园
管理单位：北京恒富物业服务有限公司

项目名称：天津市海景公寓
管理单位：天津市天房物业管理有限公司

项目名称：重庆·财富中心
管理单位：达文物业管理有限公司

项目名称：重庆市学府大道69号(天景花园)
管理单位：重庆市天景物业服务有限公司

项目名称：重庆市中安·翡翠湖
管理单位：重庆翡翠湖物业管理有限公司

项目名称：重庆市协信TOWN城
管理单位：重庆天骄物业管理服务有限公司

项目名称：重庆市上邦国际社区
管理单位：重庆上邦物业管理有限公司

项目名称：河北省石家庄市嘉实·蓝岸小区
管理单位：石家庄市阳光水岸物业服务有限公司

项目名称：河北省秦皇岛市御墅龙湾
管理单位：秦皇岛兴龙物业服务有限公司

项目名称：河北省廊坊市华夏第九园
管理单位：廊坊市幸福基业物业服务有限公司

项目名称：河北省邢台市永辉巴黎
管理单位：河北永辉物业管理有限公司

项目名称：山西省晋中市田森嘉园
管理单位：晋中田森物业管理有限公司

项目名称：山西省晋城市佳润尚城小区
管理单位：山西兰花集团物业管理有限公司

项目名称：内蒙古通辽丽池兰亭小区
管理单位：通辽天蒙物业服务有限公司

项目名称：辽宁省沈阳市凯兴花园
管理单位：沈阳绿建物业服务有限公司

项目名称：辽宁省大连市乾豪·东城天下
管理单位：大连远洋基业物业管理有限公司

项目名称：辽宁省大连市帝柏湾
管理单位：大连国泰盛达酒店管理有限公司

项目名称：辽宁省鞍山市万科城市花园
管理单位：鞍山万科物业服务有限公司

项目名称：辽宁省抚顺市丰远·玫瑰城
管理单位：抚顺浩博物业管理有限公司

项目名称：辽宁省锦州市宝地城
管理单位：锦州宝地物业服务有限责任公司

项目名称：辽宁省盘锦市滨湖四季城小区
管理单位：盘锦市四季城物业管理有限公司

项目名称：辽宁省葫芦岛市宏运奥园小区
管理单位：葫芦岛市宏运物业管理咨询有限公司

项目名称：吉林省长春万科兰乔圣菲
管理单位：长春万科物业服务有限公司

项目名称：吉林省长春市新奥·蓝城A区
管理单位：长春新奥物业管理有限公司

项目名称：吉林省吉林市水韵名城
管理单位：吉林建龙物业服务有限责任公司

项目名称：吉林省吉林市中环滨江花园小区
管理单位：吉林市中环物业服务有限公司

项目名称：吉林省四平市蓝山英郡
管理单位：四平市华宇物业管理有限公司

项目名称：吉林省通化市丽景人家（一期）
管理单位：通化东宝金弘基物业管理有限公司

项目名称：黑龙江省哈尔滨市凯旋城小区
管理单位：黑龙江宝宇物业管理有限公司

项目名称：黑龙江省哈尔滨市通达世家小区
管理单位：黑龙江宝宇物业管理有限公司

项目名称：黑龙江省大庆市银亿阳光城D区
管理单位：大庆银亿物业管理有限公司

项目名称：黑龙江省大庆市广厦小区
管理单位：大庆程宇物业管理有限公司

项目名称：江苏省南京朗诗熙园
管理单位：深圳市莲花物业管理有限公司

项目名称：江苏省南京朗诗国际街区
管理单位：南京朗诗物业管理有限公司

项目名称：江苏省南京万科光明城市
管理单位：南京万科物业管理有限公司

项目名称：江苏省南通市海安县金海国际花园
管理单位：上海东湖物业管理公司

项目名称：江苏省徐州市锦绣年华
管理单位：徐州市立信物业管理有限公司

项目名称：浙江省嘉兴市金都佳苑
管理单位：嘉兴市金都物业管理有限公司

项目名称：浙江省宁波市维科·水岸心境
管理单位：宁波维科物业服务有限公司

项目名称：安徽省安庆市香樟里·那水岸
管理单位：安庆市文采物业管理有限公司

项目名称：安徽省马鞍山市西湖花园蓬莱阁、东晖苑

三、获奖名单

管理单位：马鞍山西湖物业管理有限公司

项目名称：福建省福州市融信·美家美户（融信西班牙）
管理单位：融信（福建）物业管理有限公司

项目名称：福建省漳州市特房·锦绣一方（一期）
管理单位：厦门康乐物业发展有限公司

项目名称：山东省青岛市鲁信长春花园
管理单位：青岛长乐未央物业管理有限公司

项目名称：山东省威海荣成石岛凤凰湖 A 区
管理单位：赤山集团物业服务有限公司

项目名称：山东省东营市东营区新区菊香园、竹香园、桂香园住宅区组团
管理单位：深圳市住宅物业管理有限公司

项目名称：山东省潍坊市昌明花园
管理单位：昌乐县阳光物业管理有限公司

项目名称：山东省泰安市海普嘉园
管理单位：润华集团山东物业管理有限责任公司

项目名称：山东省泰安市肥城锦秀城
管理单位：山东东晨物业管理有限公司

项目名称：山东省临沂市开元·上城国际
管理单位：临沂市现代物业发展有限公司

项目名称：山东省日照市海纳城市花园
管理单位：日照海纳物业管理有限公司

项目名称：河南省郑州市鑫苑·国际城市花园
管理单位：鑫苑物业服务有限公司

项目名称：河南省郑州绿都城
管理单位：郑州通达物业管理有限责任公司

项目名称：河南省焦作市远大南北苑
管理单位：焦作市海富物业管理公司

项目名称：河南省许昌市万象新天
管理单位：河南万象物业管理有限公司

项目名称：湖南省长沙市天一康园
管理单位：湖南电力物业有限公司

项目名称：湖南省长沙市中天枫景住宅小区
管理单位：长沙家佳物业管理有限公司

项目名称：广东省深圳市金地网球花园
管理单位：深圳市金地物业管理有限公司

项目名称：广东省珠海市华发新城（二、三期）
管理单位：珠海华发物业管理服务有限公司

项目名称：广东省佛山"万科四季花城"（一、二、三期）
管理单位：深圳市万科物业服务有限公司

项目名称：广东省广州市时代花园
管理单位：广州市信诚物业管理有限公司

项目名称：广东省广州市逸泉山庄
管理单位：广州城建开发物业有限公司

项目名称：海南省三亚市鸿州·时代海岸
管理单位：海南鸿州物业服务有限公司

项目名称：四川省成都市香颐丽都一期
管理单位：成都和达物业服务有限责任公司

项目名称：四川省成都市凯丽滨江花园
管理单位：成都嘉宝管理顾问有限公司

项目名称：四川省成都市花间集
管理单位：成都洁华物业管理有限公司

项目名称：四川省宜宾市宜都·莱茵河畔一期
管理单位：宜宾雅信物业管理有限公司

项目名称：四川省成都市华润翡翠城·汇锦云天
管理单位：华润置地（成都）物业服务有限公司

项目名称：陕西省西安市紫薇臻品
管理单位：西安紫薇物业管理有限公司

项目名称：陕西省西安曲江公馆
管理单位：西安协和物业管理有限公司

项目名称：青海省西宁市五四西路黄河阳光小区
管理单位：青海黄河物业管理有限责任公司

项目名称：新疆乌鲁木齐市特变·阳光绿景小区
管理单位：新疆新特房物业管理有限责任公司

项目名称：新疆克拉玛依市独山子区众鑫花园
管理单位：独山子石化公司矿区服务事业部公

共事务管理公司

项目名称：新疆克拉玛依市独山子区第十一物业小区

管理单位：独山子石化公司矿区服务事业部公共事务管理公司

项目名称：新疆昌吉州特变·水木融城小区（一期）

管理单位：新疆新特房物业管理有限公司

项目名称：新疆伊宁市经典花园

管理单位：新疆营建物业服务有限责任公司

项目名称：新疆伊宁市仁和世纪嘉苑B区

管理单位：伊犁人和物业服务有限责任公司

全国物业管理示范大厦(53个)

项目名称：北京市中国联通北京分公司总部办公楼

管理单位：北京网信物业管理有限公司

项目名称：北京市中青旅大厦

管理单位：北京世邦魏理仕物业管理服务有限公司

项目名称：北京市中国外文大厦

管理单位：北京市智信恒远物业管理有限公司

项目名称：北京市中国银行信息中心项目

管理单位：新中物业管理(中国)有限公司

项目名称：北京市数字北京大厦

管理单位：北京网信物业管理有限公司

项目名称：北京市新盛大厦

管理单位：北京金融街第一太平戴维斯物业管理有限公司

项目名称：北京市凯旋大厦

管理单位：北京招商局物业管理有限公司

项目名称：北京银行总行大厦

管理单位：北京招商局物业管理有限公司

项目名称：上海市中环现代大厦

管理单位：上海诚信中宁物业服务有限公司

项目名称：上海市渣打银行大厦

管理单位：上海富都物业管理有限公司

项目名称：上海市人民大厦

管理单位：上海上勤高级楼宇管理有限公司

项目名称：上海旗忠森林体育城网球中心

管理单位：上海明华物业公司

项目名称：上海市松江区第二办公中心

管理单位：上海上房物业管理有限公司

项目名称：上海海洋大学图文信息中心大楼

管理单位：上海紫泰物业管理有限公司

项目名称：上海市大华汇智大厦

管理单位：上海德一置行物业管理有限公司

项目名称：上海市永达国际大厦

管理单位：第一太平戴维斯物业顾问(上海)有限公司

项目名称：天津市海河大厦

管理单位：天津市安华物业有限公司

项目名称：天津空港经济区金融中心

管理单位：天津市君怡物业管理有限公司

项目名称：天津空港经济区投资服务中心

管理单位：天津天保物业服务有限公司

项目名称：重庆市江北区行政服务中心

管理单位：重庆大正物业管理有限公司

项目名称：河北省石家庄中华商务中心

管理单位：河北鑫浩物业服务有限公司

项目名称：河北省石家庄市领世商务大厦

管理单位：石家庄恒辉物业服务有限公司

项目名称：河北省廊坊市新奥集团总部大厦

管理单位：廊坊艾力枫社物业服务有限公司

项目名称：河北省沧州市中国石油华北油田公司勘探开发综合楼

管理单位：广东珠港物业管理有限公司

项目名称：河北省邢台市开发区(管委会)办公大楼

管理单位：邢台市环美物业管理有限责任公司

三、获奖名单

项目名称：山西省太原和信商业广场
管理单位：山西恒实文化物业管理有限公司

项目名称：山西省人民代表大会常务委员会办公楼
管理单位：山西通信物业管理有限公司

项目名称：内蒙古鄂尔多斯市林业大厦
管理单位：鄂尔多斯市烽升物业管理有限责任公司

项目名称：内蒙古鄂尔多斯市东胜区党政大楼
管理单位：深圳市明喆物业管理有限公司

项目名称：辽宁省沈阳市东北电网电力调度交易中心大楼
管理单位：深圳市明喆物业管理有限公司

项目名称：江苏省南京舜天研发培训综合业务楼
管理单位：江苏舜天碧波物业管理有限公司

项目名称：江苏省无锡市工商局综合业务大楼
管理单位：无锡金鼎楼宇经营管理有限公司

项目名称：江苏省常州市钟楼区行政中心
管理单位：常州中房物业有限公司

项目名称：江苏省江阴市行政事业中心
管理单位：江阴市直属机关物业服务中心

项目名称：浙江省杭州中级人民法院审判办公楼
管理单位：浙江新成物业管理有限公司

项目名称：浙江省宁波市名汇国际办公楼
管理单位：宁波永成物业管理有限公司

项目名称：浙江省宁波博物馆
管理单位：宁波中建物业管理有限公司

项目名称：安徽省合肥市庐阳区政务中心大楼
管理单位：合肥市房地产经营公司

项目名称：福建省福州市调度通信中心大楼
管理单位：福建亿力电力物业管理有限公司

项目名称：山东省青岛国际金融中心
管理单位：新中物业管理(中国)有限公司

项目名称：山东省青岛市新世界数码港
管理单位：青岛雅园物业管理有限公司

项目名称：广东省深圳市金中环商务大厦
管理单位：深圳市中环物业管理有限公司

项目名称：广东省深圳图书馆
管理单位：深圳市龙城物业管理有限公司

项目名称：广东省深圳市地铁大厦
管理单位：深圳地铁物业管理发展有限公司

项目名称：广东省广州市盈隆广场
管理单位：广州天力物业发展有限公司

项目名称：广东省广州电力调度大楼
管理单位：广州通力达物业管理有限公司

项目名称：广西柳州市中级人民法院办公大楼
管理单位：柳州市有志青年物业服务有限责任公司

项目名称：四川省成都市东方广场一期
管理单位：成都诚信物业管理有限公司

项目名称：四川省成都市天府绿洲大厦
管理单位：四川天府绿洲物业管理有限责任公司

项目名称：中共陕西省委机关西院办公楼
管理单位：西安旅游集团广瑞物业服务有限责任公司

项目名称：陕西省人大常委会办公楼
管理单位：西安创业物业发展有限公司

项目名称：陕西省西安市秦电国际大厦
管理单位：陕西省地方电力物业管理有限公司

项目名称：新疆乌鲁木齐市城建大厦
管理单位：新疆城建物业管理有限公司

全国物业管理示范工业区(2个)

项目名称：上海市张江创新园
管理单位：上海东湖物业管理公司

项目名称：天津市天士力现代中药城
管理单位：天津天时利物业管理有限公司

(中华人民共和国住房和城乡建设部)